- 나의 운을 알고 모든 행동을 하면 백전백승이다.
- 나의 운을 알면 마음이 편안하며 앞날이 보인다.
- 대인관계에 소통하는 데 가장 좋은 책이다.
- 사업하는 사람들은 손님 끄는 데 가장 좋은 책이다.
- 가난의 대는 어느 자식이 끊어줄 것인가를 알 수 있다.
- 나의 유신은 어느 자식이 지킬 것인가를 알 수 있다.
- 이 책은 다양한 사주를 많이 기록하였으며 배우자의 궁합도 많이 다루었다.
- 큰 부자나 큰 인물이나 부귀영화는 대운(大運)에서 발생한다.
- 모든 변화는 일주간지(日柱干支)에서 발생하므로 일주가 제일 중요하다.
- 용신정법(用神定法)의 확률은 85퍼센트 이상이다.
- 세운(歲運)의 확률은 80퍼센트 이상이다.
- 남녀성격의 확률은 90퍼센트 이상이다.
- 질병(疾病)의 확률은 80퍼센트 이상이다.
- 대운과 세운, 남녀성격과 질병을 상세히 설명해놓았다.
- 초보자라도 태어난 생일 일주(日柱)를 찾으면 그 사람의 성격을 알 수 있다.
- 동양사람이나 서양사람이나 태어난 생일 일주(日柱)가 12개 이상이 있다.
- 이 책을 두 번만 읽으면 다른 사람에게 운세를 감정해줄 수 있다.
- 『운명을 개척하는 실전 사주』를 습득하면 정년퇴직이 없으며 평생 직업이다.
- 연예계나 예체능이나 사업을 하던 흥망성쇠는 대운에서 결정된다.
- 건강하고 근면 성실하면 60세가 되든 70세가 되든 대운이 들어오면 무엇을 하든 성공하여 부귀영화를 누릴 수 있다.
- 사주팔자는 미신이 아니라 동양의 성인들이 체험한 통계적인 학문이다.
- 모든 종교는 성인들이 쓴 글이므로 지식을 쌓으면 좋다. 그러나 종교에 너무 빠지지 마라, 종교가 모든 것을 해결해줄 수 없다.
- 재물(財物)은 생명(生命)의 근원이다.
- 『운명을 개척하는 실전 사주』에는 실패와 성공과 부부궁을 많이 다루었다.
- 이 책을 자세히 읽어보고 모두가 부귀영화를 이루소서.

나의 삶을 다스리는 법

나의 삶을 다스리는 법
實戰
실전
四柱
사주
命理
명리
松岩 김서경 지음
韓國學資料院

머리말

안녕하세요. 인생의 운명을 연구하는 역술인 김서경입니다.

사람은 누구나 다 똑같은 사람인데 어떤 사람은 부귀영화를 누리며 행복하게 잘사는 사람이 있는가 하면 어떤 사람은 청백하고 근면하며 성실하게 살아도 발전이 없어 어려운 생활을 하면서 자신의 용렬함과 비관을 일삼다가 끝내는 자기 자신을 포기하는 사람들을 많이 보게 됩니다.

사람의 운명이란 사계절의 변화와 같이 어느 때는 행복하고 어느 때는 불우한 시기가 있습니다. 운이란 쉽게 잘 들어오지 않습니다. 운이 밥 먹듯이 들어와 사업을 한다고 모두 성공하면 세상 모든 사람들이 못 살 사람이 어디 있겠습니까. 그러나 실망하지 마십시오. 우리가 몰라서 그렇지 언젠가는 운이 들어옵니다. 그러기 위해서는 첫째는 건강해야 하며, 둘째는 하나의 특기를 가져야 하며, 세 번째는 근면 성실하게 살아야 합니다.

동양 사람이나 서양 사람이나 연예계나 예체능이나 어떠한 사업을 하든지 운이 들어오면 성공할 수 있습니다. 운이란 하늘에서 돈이 떨어지는 것이 아니며 누가 일확천금을 주는 것도 아닙니다. 운이란 자신이 가는 길이 이로운 길이며 만나는 사람마다 모두 나에게 도움이 되는 사람이며 또한 자연의 환경이 나를 이롭게 만들어 주는 것입니다.

운이란 무엇인가, 사람은 누구나 태어나면 생년과 생월과 생일과 생시가 있습니다. 이렇게 년, 월, 일, 시로 나의 사주가 구성되며 사주팔자는 목(木), 화(火), 토(土), 금(金), 수(水)로 되어있습니다. 나의 사주에 나무가 필요하면 나무를 생하여 주는 수(水)나 똑같은 목(木) 대운이 들어오면 그때에는 무엇을 하든 성공할 수 있습니다.

『운명을 개척하는 실전 사주』는 20여 년이란 긴 시간 동안 철학원을 차려 안주하기보다는 전국을 다니며 임상을 하고 통계적으로 자료를 모으고 분석해 완성했습니다. 기초만 배우면 누구라도 자기의 운명은 물론이고 타인의 운명도 알 수 있으며 앞날의 희망이 보일 것입니다. 나의 대운을 놓치지 마시고 사업이 성공하여 부귀영화를 이루시길 바랍니다. 행복하십시오.

송암 김서경

차 례

사주의 기초

사주의 기초

1. 천간(天干)과 지지(地支) (※꼭 외울것)

☯ **오행(五行)**= 목(木), 화(火), 토(土), 금(金), 수(水)

☯ **천간** = 갑 을 병 정 무 기 경 신 임 계
　 天干 = 甲 乙 丙 丁 戊 己 庚 辛 壬 癸

☯ **지지** = 자 축 인 묘 진 사 오 미 신 유 술 해
　 地支 = 子 丑 寅 卯 辰 巳 午 未 申 酉 戌 亥

☯ **십간천간(十干天干)**

양(陽)	甲	丙	戊	庚	壬	⇨ 적극성(積極性)
	木	火	土	金	水	
음(陰)	乙	丁	己	辛	癸	⇨ 소극성(消極性)

※일지에 따라 적극과 소극성이 달라진다.

☯ **십이지지지(十二支地支)**

양(陽)	子(水)	寅(木)	辰(土)	午(火)	申(金)	戌(土)
	合土	合木	合金	合火	合水	合火
음(陰)	丑(土)	亥(水)	酉(金)	未(土)	巳(火)	卯(木)

※금생수(金生水), 수생목(水生木), 목생화(木生火), 화생토(火生土), 토생금(土生金), 금생수(金生水)
　작용(作用) = 부모(父母)와 자손(子孫)의 관계(關係)

※금극(金剋), 목극(木剋), 토극(土剋), 수극(水剋), 화극(火剋), 금극(金剋)
　작용(作用) = 부부관계(夫婦關係)

※채(体) 해사(亥巳) = 음이지만 양으로 사용

※채(体) 자오(子午) = 양이지만 음으로 사용

2. 육십갑자(六十甲子) (※꼭 외울것)

◑ **육십갑자(六十甲子)의 구성과 순서는 아래와 같다.**

갑(甲) 인(寅)	갑(甲) 진(辰)	갑(甲) 오(午)	갑(甲) 신(申)	갑(甲) 술(戌)	갑(甲) 자(子)
을(乙) 묘(卯)	을(乙) 사(巳)	을(乙) 미(未)	을(乙) 유(酉)	을(乙) 해(亥)	을(乙) 축(丑)
병(丙) 진(辰)	병(丙) 오(午)	병(丙) 신(申)	병(丙) 술(戌)	병(丙) 자(子)	병(丙) 인(寅)
정(丁) 사(巳)	정(丁) 미(未)	정(丁) 유(酉)	정(丁) 해(亥)	정(丁) 축(丑)	정(丁) 묘(卯)
무(戊) 오(午)	무(戊) 신(申)	무(戊) 술(戌)	무(戊) 자(子)	무(戊) 인(寅)	무(戊) 진(辰)
기(己) 미(未)	기(己) 유(酉)	기(己) 해(亥)	기(己) 축(丑)	기(己) 묘(卯)	기(己) 사(巳)
경(庚) 신(申)	경(庚) 술(戌)	경(庚) 자(子)	경(庚) 인(寅)	경(庚) 진(辰)	경(庚) 오(午)
신(辛) 유(酉)	신(辛) 해(亥)	신(辛) 축(丑)	신(辛) 묘(卯)	신(辛) 사(巳)	신(辛) 미(未)
임(壬) 술(戌)	임(壬) 자(子)	임(壬) 인(寅)	임(壬) 진(辰)	임(壬) 오(午)	임(壬) 신(申)
계(癸) 해(亥)	계(癸) 축(丑)	계(癸) 묘(卯)	계(癸) 사(巳)	계(癸) 미(未)	계(癸) 유(酉)
⇩ 자(子) 축(丑)	⇩ 인(寅) 묘(卯)	⇩ 진(辰) 사(巳)	⇩ 오(午) 미(未)	⇩ 신(申) 유(酉)	공망 ⇩ (空亡) 술(戌) 해(亥)

3. 년주(年柱) 세우는 법(法)

● 년주(年柱)를 세우는 법(法)은 그 출생(出生)한 년도(年度)를 그대로 기록(紀錄)하면 된다. 그러나 앞에서 말한 원칙(原則) 외(外)에 특별례(特別例)가 있으니 그것은 입춘절(立春節) 기준(基準)으로 하여 정(定)하는 것이므로 아무리 정월생(正月生)이라 하더라도 입춘절(立春節)이 들기 전(前) 시간(時間)까지는 그 전년도(前年度) 생년년주(生年年柱)로 정(定)하는 것이고 또 십이월생(十二月生)이라 하더라도 입춘절(立春節)이 이미 지난 입절후(入節後) 출생자(出生者)는 신년도년주(新年度年柱)로 정(定)해야 한다.

● 전자(前者)의 예(例)로 경자년도(庚子年度) 1960년 실례(實例)를 들어보면 경자년(庚子年) 입춘(立春)은 초9일인시(初九日寅時)에 입절(立節)하였으므로 경자년 정월 초9일인시전(庚子年正月初九日寅時前)에 출생(出生)한 사람은 날짜상으로는 신년도(新年度)인 경자년생(庚子年生)이 되는 것이 아니고 그 전년도(前年度) 기해년주(己亥年柱)로 정(定)해야 한다.

癸 丁 己

亥 丑 亥

4. 사주구성법(四柱構成法)

1) 신년도(新年度) 출생(出生)하고도 입춘(立春)전(前)이 되어 전년도(前年度) 생(生)이 되는 예(例)

> 정유년(丁酉年)정월오일진시생(正月五日辰時生)
>
> 정월오일사시입춘입절(正月五日巳時立春入節)

실(實)	화(花)	묘(苗)	근(根)
시(時)	일(日)	월(月)	년(年)
甲	丁	辛	丙
辰	未	丑	申

◐ 정유년(丁酉年) 1월 5일 진시생(正月五日辰時生)의 경우 만세력(萬歲曆)을 보면 정유년(丁酉年) 1957년 1월 5일 사시(正月五日巳時)에 입춘(入春)이 든다, 생년(生年) 월(月) 일(日) 시(時)는 날짜상으로는 이미 해가 바뀌고 달이 바뀌었으나 입절(入節)을 원칙(原則)하는 입춘절(立春節)이 들기 전의 시간(時間)이 되어 전년도(前年度) 12월 소한절(小寒節)에 해당하므로 (정유년(丁酉年) 1월이라하여 정유년(丁酉年) 임인월(壬寅月)로 정하면 안 된다) 병신년(丙申年) 신축월(辛丑月)로 정하면 된다.

◐ 다음 일진(日辰)은 오일생(五日生)이므로 만세력(萬歲曆)을 보면 정미(丁未) 일진(日辰)이 된다.

◐ 다음 시간(時間)은 진시생(辰時生)이므로 갑진시(甲辰時)가 된다. 그러므로 정유년(丁酉年) 1월 5일 진시생(辰時生)은 병신년(丙申年) 신축월(辛丑月) 정미일(丁未日) 갑진시(甲辰時)로 완전사주(完全四柱)가 구성(構成)된다.

2) 전년도(前年度)에 출생(出生)하고도 입춘절(立春節)이 지나 신년도생(新年度生)이 되는 예(例)

> 을미년(乙未年) 12월 24일 진시생(辰時生)
>
> 을미년(乙未年) 12월 24일 묘시(卯時) 입춘(立春) 입절(入節)

시(時)　일(日)　월(月)　년(年)

甲　壬　庚　丙
辰　寅　寅　申

☯ 을미년(乙未年)(1955년) 만세력(萬歲曆)을 보면 십이월(十二月)이십사일(二十四日) 묘시(卯時) 입춘(立春)이라고 기록(記錄)되어 있다. 이십사일(二十四日)이 입춘절(立春節)에 든 다음에 출생(出生)하였음이 분명(分明)하기 때문에 신년도(新年度) 정월절(正月節)을 잡아서(입춘(立春)부터는 신년도(新年度) 정월절(正月節)인 까닭임) 을미년(乙未年) 12월 24일은 병신년(丙申年) 경인월(庚寅月)이 된다.

☯ 보통 일진(日辰)은 만세력(萬歲曆)을 보면 경인월(庚寅月) 이십사일은 임인(壬寅) 일진(日辰)이 된다.

☯ 다음 시간(時間)은 진시생(辰時生)이므로 임일(壬日)의 진시(辰時)는 갑진시(甲辰時)가 된다.

☯ 을미년(乙未年) 12월 24일 진시생(辰時生)은 병신년(丙申年) 경인월(庚寅月) 임인일(壬寅日) 갑진시(甲辰時)로 완전사주(完全四柱)가 구성(構成)된다.

3) 그 달에 출생(出生)하고도 다음 달로 정하는 예(例)

갑진년(甲辰年) 2월 23일 묘시생(卯時生)

갑진년(甲辰年) 2월 23일 인시(寅時) 청명(淸明) 입절(入節)

시(時)	일(日)	월(月)	년(年)
丁	甲	戊	甲
卯	申	辰	辰

◕ 갑진년(甲辰年)(1964년) 만세력(萬歲曆)을 보면 2월 23일(二月二十三日寅時) 인시(寅時)에 청명(淸明)이 입절(入節)하고 있다. 2월은 묘월(卯月)이지만 23일 인시(寅時)에 청명(淸明)이 입절(入節)하였고 출생일(出生日)은 2월 23일 묘시(卯時)에 출생(出生)하여 인시(寅時)를 지났으므로 묘월(卯月)로 쓰지 않고 진월(辰月)로 되는 것이다. 그러므로 갑진년(甲辰年) 무진월(戊辰月)이 된다.

◕ 다음 일진日辰은 이십삼일(二十三日)이므로 갑신일(甲申日)이 된다.

◕ 다음 시간(時間)은 묘시생(卯時生)으로 갑일(甲日)의 묘시(卯時)는 정묘시(丁卯時)가 된다.

◕ 갑진년(甲辰年) 2월 23일 묘시생(卯時生)은 갑진년(甲辰年) 무진월(戊辰月) 갑신일(甲申日) 정묘시(丁卯時)로 완전사주(完全四柱)가 구성(構成)된다.

4) 그 달에 출생(出生)하고도 전월생(前月生)이 되는 예(例)

> 갑진년(甲辰年) 8월 2일 해시생(亥時生)
>
> 갑진년(甲辰年) 8월 2일 자시(子時) 백로(白露) 입절(入節)

시(時)	일(日)	월(月)	년(年)
乙	己	壬	甲
亥	未	申	辰

◐ 만세력(萬歲曆)을 보면 (1964년도) 8월 2일 자시(八月二日子時)에 백로(白露)가 입절(入節)하고 있다. 아직 백로입절전(白露入節前) 시간(時間)에 출생(出生)하였기 때문에 팔월(八月)에 출생(出生)하였어도 팔월생(八月生)이 되는 게 아니라 칠월생(七月生)이 되어 갑진년(甲辰年) 임신월(壬申月)이 된다(계유월(癸酉月)이 아님).

◐ 일진(日辰)은 기미일(己未日)이 된다.

◐ 시간(時間)은 해시생(亥時生)이므로 기일주(己日柱)의 해시(亥時)는 을해시(乙亥時)가 된다.

◐ 그러므로 갑진년(甲辰年) 임신월(壬申月) 기미일(己未日) 을해시(乙亥時)로 완전사주(完全四柱)가 구성(構成)된다.

5. 월간조견표(月干早見表)

갑기년-병인두　　을경년-무인두　　병신년-경인두
甲己年-丙寅頭　　乙庚年-戊寅頭　　丙辛年-庚寅頭

정임년-임인두　　무계년-갑인두
丁壬年-壬寅頭　　戊癸年-甲寅頭

月別	月建	갑기년 甲己年	을경년 乙庚年	병신년 丙辛年	정임년 丁壬年	무계년 戊癸年
1월	寅	병인(丙寅)	무인(戊寅)	경인(庚寅)	임인(壬寅)	갑인(甲寅)
2월	卯	정묘(丁卯)	기묘(己卯)	신묘(辛卯)	계묘(癸卯)	을묘(乙卯)
3월	辰	무진(戊辰)	경진(庚辰)	임진(壬辰)	갑진(甲辰)	병진(丙辰)
4월	巳	기사(己巳)	신사(辛巳)	계사(癸巳)	을사(乙巳)	정사(丁巳)
5월	午	경오(庚午)	임오(壬午)	갑오(甲午)	병오(丙午)	무오(戊午)
6월	未	신미(辛未)	계미(癸未)	을미(乙未)	정미(丁未)	기미(己未)
7월	申	임신(壬申)	갑신(甲申)	병신(丙申)	무신(戊申)	경신(庚申)
8월	酉	계유(癸酉)	을유(乙酉)	정유(丁酉)	기유(己酉)	신유(辛酉)
9월	戌	갑술(甲戌)	병술(丙戌)	무술(戊戌)	경술(庚戌)	임술(壬戌)
10월	亥	을해(乙亥)	정해(丁亥)	기해(己亥)	신해(辛亥)	계해(癸亥)
11월	子	병자(丙子)	무자(戊子)	경자(庚子)	임자(壬子)	갑자(甲子)
12월	丑	정축(丁丑)	기축(己丑)	신축(辛丑)	계축(癸丑)	을축(乙丑)

◐ 이 월건(月建)을 정하는데 있어서도 십이지(十二支)배열표(配列表)에 의하는데 원칙외(原則外)에 특별례(特別例)가 있으니 그것은 십이절(十二節)을 표준(標準)으로 하여 월건(月建)을 정해야하는 것이다. 예(例)를 들면 십이지(十二支)배열표(配列表)에 의하여 정월(正月)은 인월(寅月)이 원칙이지만 십이절(十二節)을 표준으로 한다면 정월생(正月生)이라도 아직 입춘설이 들기 전(前)이면 전년도(前年度) 축월(丑月)로 하는 것이고 또 정월생(正月生)이 분명하더라도 경칩(驚蟄)이 입절(立節)한 후에 출생(出生)하였으면 그것은 인월(寅月)로 하지 않고 묘월(卯月), 월건(月建)으로 정(定)해야 한다. 그 하나의 실례(實例)를 들어본다면 1964년 1월22일해시경칩(一月二十二日亥時驚蟄, 1964년 1월 22일 해시(亥時)에 경칩(驚蟄)이 입절(立節)하고 있다. 출생(出生)한 사람은 1964년 1월 22일 자시(子時) 11시부터 다음날 오전 1시 전(前)까지 출생하였으므로 인월(寅月)에 출생(出生)하였으나 경칩(驚蟄)인 묘월(卯月)로 결정(決定)되는 것이다. 요약(要約)해서 말한다면 월건(月建)을 정(定)함에 있어 절기(節氣)를 따라 정월(正月)이라도 경칩(驚蟄)부터는 이월절(二月節)이 되고 또 아무리 정월(正月)이라도 입춘절(立春節)이 들기 전까지는 전년도 소한절(前年度小寒節)이 되는 것과 같이 이하(以下)모두가 십이지절(十二支節)에 의하여 월건(月建)이 결정(決定)되는 것이다.

壬　癸　乙　甲

子　丑　卯　辰

6. 일주(日柱) 세우는 법(法)

☯ 이 법(法)은 간단하다. 만세력(萬歲曆)을 펴보아 그 출생(出生)한 생년(生年), 생월(生月)을 찾아서 출생(出生)한 일진(日辰) 그대로 기록(記錄)하면 된다.

7. 시주(時住) 세우는 법(法)

☯ 먼저 일간(日干)을 기준(基準)하여 시간(時間)을 돌려짚는 요령부터 암기(暗記)해야 하는 바 아래와 같다.

◎ 갑일(甲日)이나 기일(己日)에 출생한 사람은 갑자(甲子)에서 시작
◎ 을일(乙日이)나 경일(庚日에) 출생한 사람은 병자(丙子)에서 시작
◎ 병일(丙日)이나 신일(辛日)에 출생한 사람은 무자(戊子)에서 시작
◎ 정일(丁日)이나 임일(壬日)에 출생한 사람은 경자(庚子)에서 시작
◎ 무일(戊日이)나 계일(癸日)에 출생한 사람은 임자(壬子)에서 시작

정시속견표(定時速見表)					
현재시(時)	생시 (生時)	갑기일 (甲己日)	을경일 (乙庚日)	병신일 (丙辛日)	정임일 (丁壬日)	무계일 (戊癸日)

현재시(時)	생시 (生時)	갑기일 (甲己日)	을경일 (乙庚日)	병신일 (丙辛日)	정임일 (丁壬日)	무계일 (戊癸日)
11시~ 1시(밤)	子時	갑자(甲子)	병자(丙子)	무자(戊子)	경자(庚子)	임자(壬子)
1시~ 3시(새벽)	丑時	을축(乙丑)	정축(丁丑)	기축(己丑)	신축(辛丑)	계축(癸丑)
3시~ 5시	寅時	병인(丙寅)	무인(戊寅)	경인(庚寅)	임인(壬寅)	갑인(甲寅)
5시~ 7시	卯時	정묘(丁卯)	기묘(己卯)	신묘(辛卯)	계묘(癸卯)	을묘(乙卯)
7시~ 9시(오전)	辰時	무진(戊辰)	경진(庚辰)	임진(壬辰)	갑진(甲辰)	병진(丙辰)
9시~11시	巳時	기사(己巳)	신사(辛巳)	계사(癸巳)	을사(乙巳)	정사(丁巳)
11시~13시(낮)	午時	경오(庚午)	임오(壬午)	갑오(甲午)	병오(丙午)	무오(戊午)
13시~15시(오후)	未時	신미(辛未)	계미(癸未)	을미(乙未)	정미(丁未)	기미(己未)
15시~17시	申時	임신(壬申)	갑신(甲申)	병신(丙申)	무신(戊申)	경신(庚申)
17시~19시	酉時	계유(癸酉)	을유(乙酉)	정유(丁酉)	기유(己酉)	신유(辛酉)
19시~21시(저녁)	戌時	갑술(甲戌)	병술(丙戌)	무술(戊戌)	경술(庚戌)	임술(壬戌)
21시~23시	亥時	을해(乙亥)	정해(丁亥)	기해(己亥)	신해(辛亥)	계해(癸亥)

※ 이 표(表)를 보는 법(法)은 간단하다. 가령 오전(午前) 9시 30분(九時三十分)에 출생(出生)이라면 이 표(表)에 오전(午前) 9시에서 열한시 사이에는 사시(巳時)라고 기록(記錄)되어 있으므로 병일(丙日)이 가령 병신일(丙辛日)인 경우 병신일(丙辛日)란 사시(巳時)를 대조하여 보면 계사시(癸巳時)라는 것을 알 수 있다. 즉, 병신일(丙辛日) 사시(巳時)는 계사시(癸巳時)로 결정(決定)되는 것이다.

8. 십이지배절표(十二支配節表)

十二支 숫지	十二支	十二節	十二支 숫자	十二支	十二節
1월	인월(寅月)	입춘(立春)	7월	신월(申月)	입추(立秋)
2월	묘월(卯月)	경칩(驚蟄)	8월	유월(酉月)	백로(白露)
3월	진월(辰月)	청명(淸明)	9월	술월(戌月)	한로(寒露)
4월	사월(巳月)	입하(立夏)	10월	해월(亥月)	입동(立冬)
5월	오월(午月)	망종(芒種)	11월	자월(子月)	대설(大雪)
6월	미월(未月)	소서(小暑)	12월	축월(丑月)	소한(小寒)

9. 대운설정법(大運說定法)

대운(大運)은 생년(生年)의 간지(干支)에 의(依)하여 출생월(出生月)을 기준(基準)하여 정(定)하는 것이다.

- ◐ **양남음녀(陽男陰女)는 월주전(月柱前) 일위(一位)로 순행(順行)한다.**
- ◐ **음남양녀(陰男陽女)는 월주후(月柱後) 일위(一位)로 역행(逆行)한다.**

  여기서 양남음여(陽男陰女) 또는 음남양여(陰男陽女)라 함은 생년(生年)의 천간(天干)이 양간(陽干)인가 음간(陰干)인가를 말한다.
  예(例) 甲丙戊庚壬은 양간년(陽干年)이고, 乙丁己辛癸年은 음간년(陰干年)이다.

- ◐ **정운법(定運法)**
  - ※ **양남음여(陽男陰女)는 미래절(未來節)**
  - ※ **음남양여(陰男陽女)는 과거절(過去節)**

해설(解說)

- ◐ 양남음여(陽男陰女)는 미래절(未來節)이라 함은 甲丙戊庚壬 생(生) 남자(男子)는 양남(陽男)이며, 乙丁己辛癸 생(生) 여자(女子)는 음녀(陰女)다. 이는 각자(各自)의 생일(生日)에서부터 앞날의 입절일(入節日)을 잡아서 운(運)을 계산(計算)하는 법(法)이다.

- ◐ 음남양여(陰男陽女)는 과거절(過去節)이라 함은 乙丁己辛癸 생(生) 남자(男子)는 음남(陰男), 甲丙戊庚壬 생(生)여자(女子)는 양녀(陽女)로 전례(前例)와 반대(反對)로 각자(各自)의 생일(生日)에서부터 지나간 입절일(入節日)을 잡아서 운(運)을 정(定)하는 법(法)이다.

- ◐ 운수(運數)를 계산하는 법法은, 각자(各自)의 생일(生日)부터 법식(法式)에 의(依)하여 절기(節氣)까지를 총계산(總計算) 삼일(三日)에 운(運) 일식(一式)을 정(定)하는데 그 계산(計算) 끝에 이일(二日)이 남으면 일(一)을 더하여 이미 정(定)하여진 운(運)에 일(一)을 가산(加算)하여 세우는 법(法)이다. 만약 계산(計算) 끝에 일(一)이 남으면 일(一)을 끊어버리고 샘하지 않는다.

실례(實例) ❶ 남자(男子)가 양년생(陽年生)인 경우 1964년 1월16일 진시생 (辰時生)

● 이 사주는 양남(陽男)이 되어 병인월건(丙寅月建) 다음 정묘(丁卯)에서 무진(戊辰) 기사(己巳)식으로 앞으로 진행(進行)한다. 운계산(運計算)도 앞으로 순행(順行)하므로 일월십육일(一月十六日)에서 입절일(入節日) 경칩(驚蟄)까지의 일수(日數)는 칠일(七日)이 된다. (7÷3=2...1) 7 나누기 3하면 2가되고 1이 남는다 그러므로 대운수(大運數)는 2가되고 나머지 1은 끊어버리고 샘하지 않는다.

실례(實例) ❷ 여자(女子)가 음년생(陰年生)인 경우 1963년 8월12일 묘시생 (卯時生)

● 이 사주는 계묘생(癸卯生) 음여(陰女)가 되어 신유월건(辛酉月建) 다음 임술(壬戌) 계해(癸亥) 갑자(甲子) 식으로 시작(始作)하여 앞으로 진행(進行)한다. 운계산(運計算)도 앞으로 순행(順行)하므로 8월 12일에서 입절일(入節日) 한로(寒露) 까지의 일수(日數)는 11일이다.(11÷3=3...2) 11을 3으로 나누면 3하고 2가 남는다. 2가 남으면 1을 더 가산(加算)하므로 대운(大運) 3에서 1을 더하면 대운(大運)은 4가 된다.

실례(實例) ❸ 남자(男子)가 음년생(陰年生)인 경우 1963년 2월 5일 신시생(申時生)

☺ 이 사주는 계묘생(癸卯生) 음남(陰男)이 되어 갑인월건(甲寅月建) 뒤 계축(癸丑) 임자(壬子) 신해(辛亥)로 역행(逆行)하여 진행(進行)한다. 운계산(運計算)은 역행(逆行)하여 진행(進行) 하므로 2월 5일에서 지나간 입절일(入節日) 입춘(立春)까지의 일수(日數)는 25일이 된다. (25÷3=8…1) 25 나누기 3하면 8이되고 1이 남는다. 1은 끊어버리고 셈하지 않는다 그러므로 대운수(大運數)는 8로 결정된다.

실례(實例) ❹ 여자(女子)가 양년생(陽年生)인 경우 1964년 8월 24일 축시생(丑時生)

☺ 이 사주는 갑진생(甲辰生) 양여(陽女)가 되어 계유월건(癸酉月建) 뒤 임신(壬申)에서 시작(始作)하여 신미(辛未) 경오(庚午) 식으로 역행으로 거슬러 올라간다. 운계산(運計算)은 뒤로 역행(逆行)하므로 8월 24일에서 입절일(入節日) 백로(白露) 까지의 일수는 23일이다.(23÷3=7…2) 23을 3으로 나누면 7하고 2가 남는다. 2가 남는다. 2가 남으면 1을 더 가산(加算)하므로 대운(大運) 7에서 1을 더하면 대운(大運)은 8이 된다.

십신 (十神)	일간 (日干)	갑(甲) 육친六親
비견 (比肩)	갑(甲)	남(男) = 형제, 친우 , 동서, 동창생 여(女) = 동서간, 형제, 친우 동창생
겁재 (劫財)	을(乙)	남(男) = 동생, 여동생, 누나, 이복형제, 동서 여(女) = 남동생, 동생, 이복형제, 동서, 시아버지
식신 (食神)	병(丙)	남(男) = 손자, 조카, 장모 여(女) = 아들, 딸
상관 (傷官)	정(丁)	남(男) = 외손자, 장인, 처가식구 여(女) = 아들, 딸
편재 (偏財)	무(戊)	남(男) = 부친, 첩, 처의 형제 여(女) = 부친, 시어머니
정재 (正財)	기(己)	남(男) = 처, 아버지 형제 여(女) = 시어머니, 형제
편관 (偏官)	경(庚)	남(男) = 아들, 딸 사촌형제 여(女) = 남편, 남자친구, 정부
정관 (正官)	신(辛)	남(男) = 아들, 딸, 질녀 여(女) = 남편
편인 (偏印)	임(壬)	남(男) = 계모, 이모, 유모 여(女) = 계모, 이모, 유모
정인 (正印)	계(癸)	남(男) = 모친 여(女) = 모친

11. 육신(六神)

(※꼭 외울것)

- **생아자(生兒者)** = 부모(父母) = 나를 낳아주는 부모다. 정인(正印) 편인(偏印)
- **아생자(我生者)** = 자손(子孫) = 내가 낳은 자는 자손이다. 식신(食神) 상관(傷官)
- **극아자(剋我者)** = 관귀(官鬼) 나를 극하는 자는 관귀다. 정관(正官) 편관(偏官)
- **아극자(我剋者)** = 내가 남을 극하는 오행은 처재다. 정재(正財) 편재(偏財)
- **비견자(比肩者)** = 형제(兄弟) = 나와 같은 형제다. 비견(比肩) 겁재(劫財)

> - **인수(印綬)** = 일간(日干)을 생(生)하는 것으로 음, 양이 다른 것
> - **편인(偏印)** = 일간(日干)을 생(生)하는 것으로 음, 양이 같은 것
> - **정관(正)官** = 일간(日干)을 극(剋)하는 것으로 음, 양이 다른 것
> - **편관(偏官)** = 일간(日干)을 극(剋)하는 것으로 음, 양이 같은 것
> - **정재(正)財** = 일간(日干)이 극(剋)하는 것으로 음, 양이 다른 것
> - **편재(偏財)** = 일간(日干)이 극(剋)하는 것으로 음, 양이 같은 것
> - **상관(傷官)** = 일간(日干)이 생(生)하는 것으로 음, 양이 다른 것
> - **식신(食神)** = 일간(日干)이 생(生)하는 것으로 음, 양이 같은 것
> - **겁재(劫財)** = 일간(日干)과 오행(五行)이 같으나 음, 양이 다른 것
> - **비견(比肩)** = 일간(日干)과 오행(五行)이 같으나 음, 양이 같은 것

12. 육친활용개요(六親活用槪要)

(※꼭 외울것)

◑ 인수(印綬)

귀인, 교육, 수양, 학문, 명성, 예술, 결사, 건축, 소식, 수표, 보증, 증권, 계약, 문서, 출판, 신문, 잡지, 학원, 극장, 문화, 교회, 서당, 필방, 통신, 여관, 호텔, 캬바레, 의상, 타자, 편물, 양제, 골통사, 대서, 그림, 창고, 언론

◑ 비견겁(比肩劫)

배신, 극부, 극처, 탈부처, 강압, 탐욕, 쟁투, 쟁재, 의부, 의처, 방적, 아만, 도적

◑ 상관식신(傷官食神)

자궁, 유방, 모략, 구설, 관재, 위법, 불안, 말조심, 사기, 도박, 기예, 재주, 투기, 밀수, 극관

◑ 정관편관(正官偏官)

직장, 법률, 권력, 명예, 병액, 증오, 수려, 행정, 무관, 정부, 군인

◑ 정재편재(正財偏財)

유산, 봉급, 도박, 욕심, 학마, 애인, 횡재, 음식, 대금, 재물, 밀수

13. 월률분야장간조화도(月律分野藏干造化圖)

사(巳)	오(午)	미(未)	신(申)
무(戊) 7일(日) 2분(分)	병(丙) 10일(日) 3분(分)	정(丁) 9일(日) 3분(分)	무(戊) 7일(日) 2분(分)
경(庚) 7일(日) 2분(分)	기(己) 10일(日)	을(乙) 3일(日)	임(壬) 7일(日) 2분(分)
병(丙) 16일(日) 5분(分)	정(丁) 10일(日) 6분(分)	기(己) 18일(日) 6분(分)	경(庚) 16일(日) 5분(分)

진(辰)		유(酉)
을(乙) 9일(日) 3분(分)		
계(癸) 3일(日) 1분(分)	월률분야도 (月律分野圖)	경(庚) 10일(日) 3분(分)
무(戊) 18일(日) 6분(分)		신(辛) 20일(日) 6분(分)

묘(卯)		술(戌)
갑(甲) 10일(日) 3분(分)		신(辛) 9일(日) 3분(分)
		정(丁) 3일(日) 1분(分)
을(乙) 20일(日) 6분(分)		무(戊) 18일(日) 6분(分)

인(寅)	축(丑)	자(子)	해(亥)
무(戊) 7일(日) 2분(分)	계(癸) 9일(日) 3분(分)	임(壬) 10일(日) 3분(分)	무(戊) 7일(日) 2분(分)
병(丙) 7일(日) 2분(分)	신(辛) 3일(日) 3분(分)		갑(甲) 7일(日) 2분(分)
갑(甲) 16일(日) 5분(分)	기(己) 18일(日) 6분(分)	계(癸) 20일(日) 3분(分)	임(壬) 16일(日) 5분(分)

14. 십이지암장법(十二支暗藏法) (※꼭 외울것)

亥	戌	酉	申	未	午	巳	辰	卯	寅	丑	子	地支
‖	‖	‖	‖	‖	‖	‖	‖	‖	‖	‖	‖	
戊	辛	庚	戊	丁	丙	戊	乙	甲	戊	癸	壬	
甲	丁		壬	乙	己	庚	癸		丙	辛		
壬	戊	辛	庚	己	丁	丙	戊	乙	甲	己	癸	

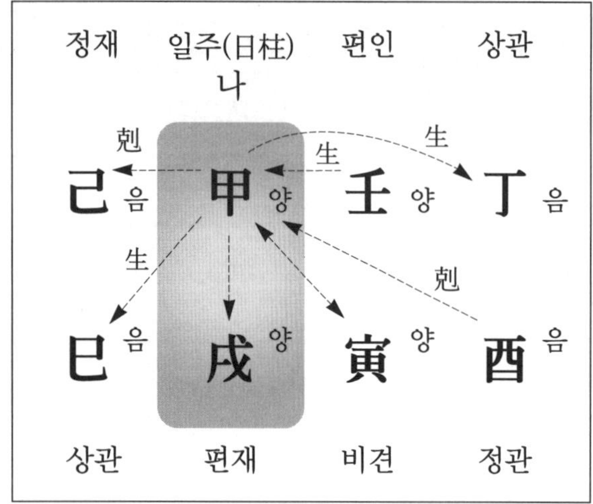

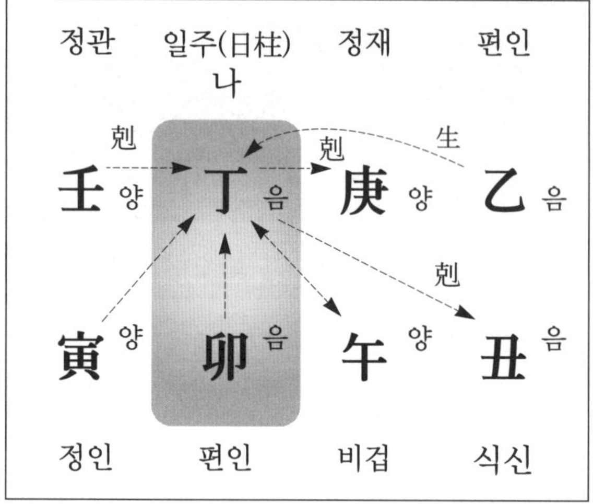

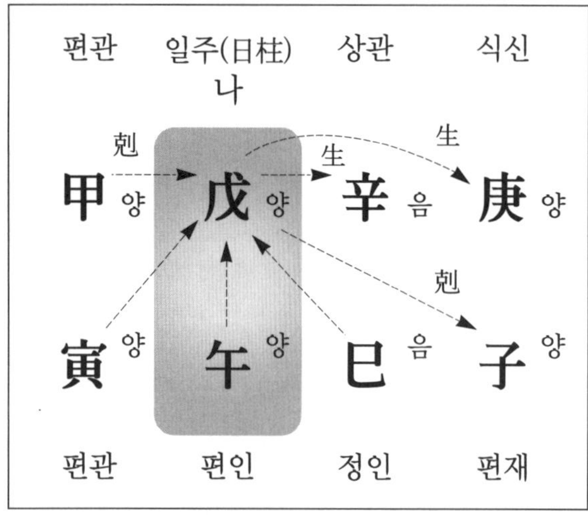

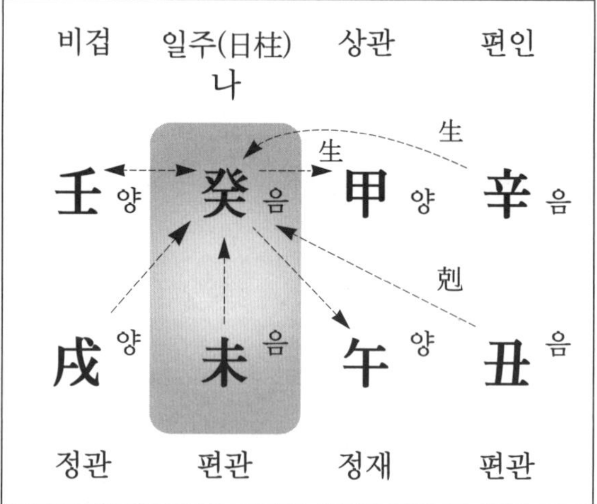

☽ 모든 변화(變化)는 일주(日柱)에서 발생(發生)한다.

① 일주(日柱)는 본인(本人)인 나 자신(自身)이다.
② 내가 남을 생(生)하여주는 오행(五行)은 상관식신(傷官食神)이다.
③ 나를 생(生)하여 주는 오행(五行)은 정인편인(正印偏印)이다.
④ 내가 다른 오행(五行)을 극(剋)하는 것은 정재편재(正財偏財)다.
⑤ 다른 오행(五行)이 일주(日柱) 나를 극(剋)하는 자는 정관편관(正官偏官)이다.
⑥ 일주(日柱) 나와 똑같은 오행(五行)은 비견비겁(比肩比劫)이다.

16. 천간지지합충법(天干地支合沖法) (※꼭 외울것)

☯ 천간합(天干合)

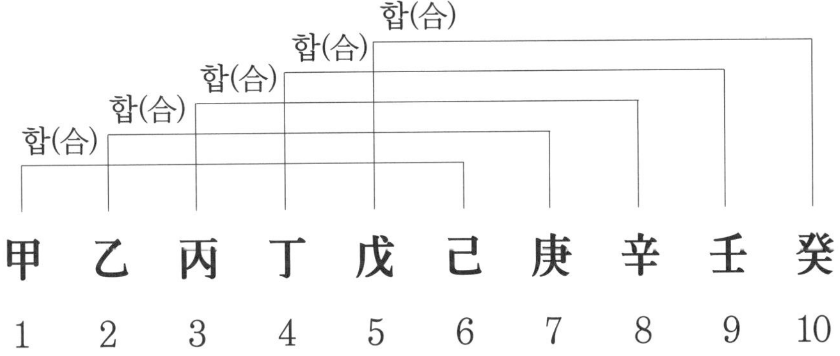

이 천간합(天干合)은 육합(六合)이라 하는데 이는 갑(甲)에서 기(己)까지는 여섯 번째요, 을(乙)에서 경(庚)까지지 또한 여섯 번째 닿는 곳에 합(合)이 이루어진다고 하여 육합(六合)이라고 한다.

※작용(作用)=합(合)은 길(吉), 희(喜), 집(集) ◎ 합(合)은 정이 많다.

☯ 천간충(天干沖)

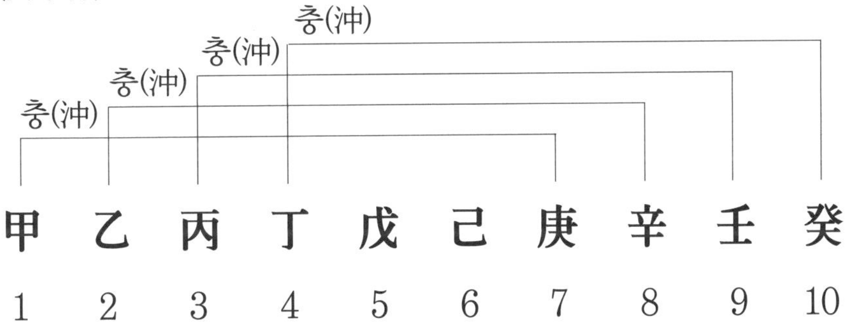

이 천간충(天干沖)을 칠충(七沖)이라고 하는데 이는 갑(甲)에서 경(庚)까지는 일곱 번째요 을(乙)에서 신(辛)까지 또한 일곱 번째 닿는 곳에 충(沖)이 이루어진다고 하여 칠충(七沖)이라고 한다. 이하 동법.

※작용(作用)= 충(沖)은 이탈(離脫), 비(悲), 깨어짐이다.

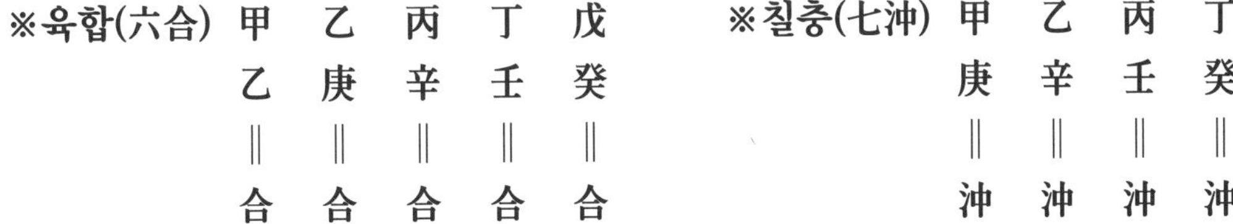

17. 지지합충법(地支合沖法)

☯ 지지합(地支合)

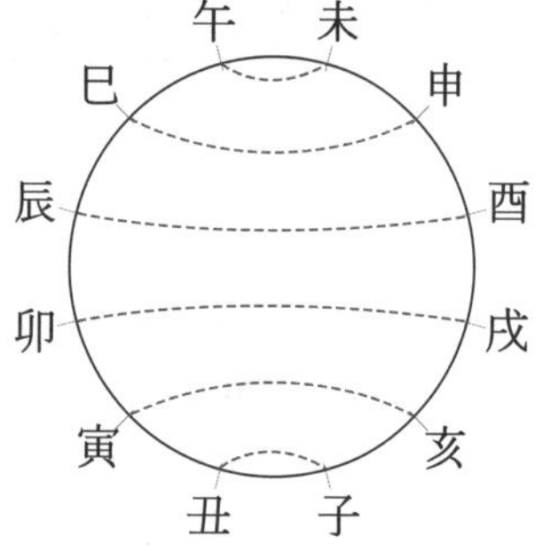

午	巳	辰	卯	寅	子
未	申	酉	戌	亥	丑
=	=	=	=	=	=
합	합	합	합	합	합
화(火)	수(水)	금(金)	화(火)	목(木)	토(土)

☯ 지지충(地支沖)

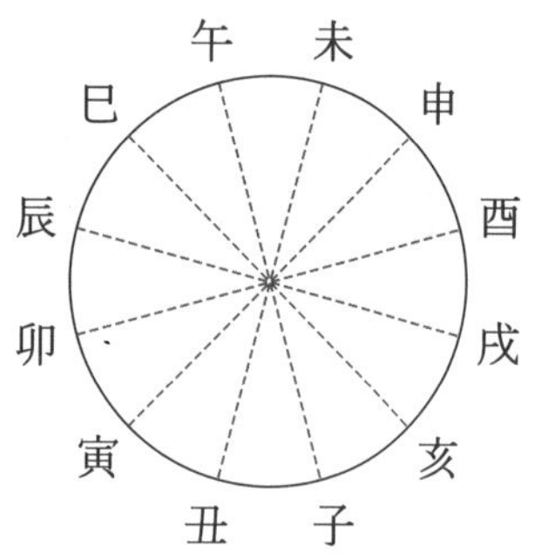

巳	辰	卯	寅	丑	子
亥	戌	酉	申	未	午
=	=	=	=	=	=
沖	沖	沖	沖	沖	沖

※ 작용(作用)=충(沖)은 항상불안정(恒常不安定), 지체(滯滯), ㉕ 상부극자(傷夫剋子) 일시충부부궁부실(日時沖夫婦宮不實)

☯ 십이지지삼합(十二地支三合)

1. 申子辰 = 수국(水局) 동(冬)
2. 巳酉丑 = 금국(金局) 추(秋)
3. 寅午戌 = 화국(火局) 하(夏)
4. 亥卯未 = 목국(木局) 춘(春)

☯ 지지방합(地支方合), 계절합(季節合)

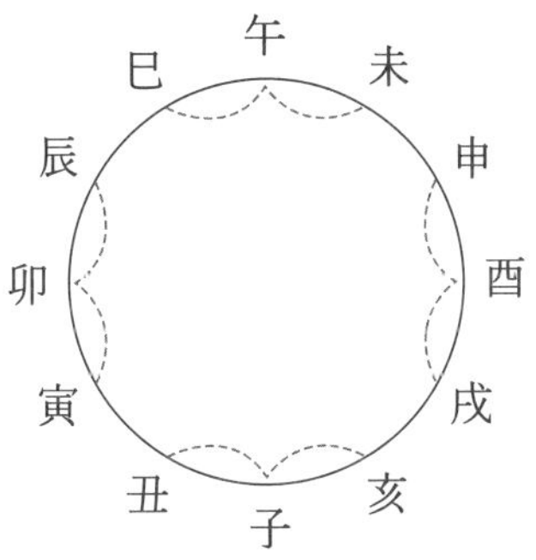

1. 寅卯辰 = 동방(東方) 춘(春)
2. 巳午未 = 남방(南方) 하(夏)
3. 申酉戌 = 서방(西方) 추(秋)
4. 亥子丑 = 북방(北方) 동(冬)

18. 형살법(刑殺法)

(※꼭 외울것)

☯ 삼형살(三刑殺)

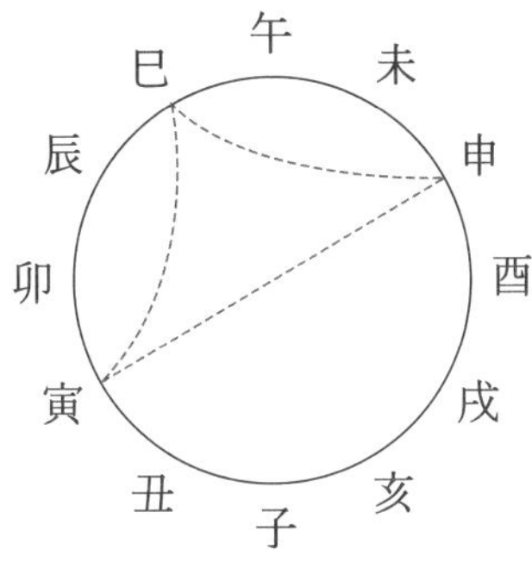

寅巳申 = 無恩之刑 = 寅　巳　寅
　　　　　　　　　　巳　申　申

※작용(作用)= 형살(刑殺)은 관재(官災), 수술(手術)

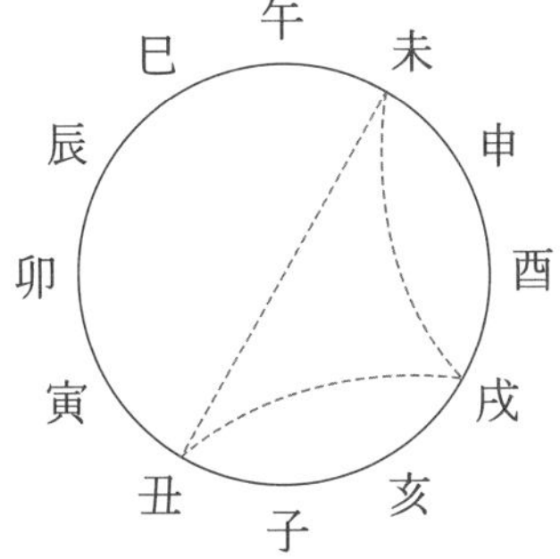

축술미(丑戌未) = 持勢之刑 = 丑　未　丑
　　　　　　　　　　　　戌　戌　未

※작용(作用)= 형살(刑殺)은 관재(官災), 수술(手術)

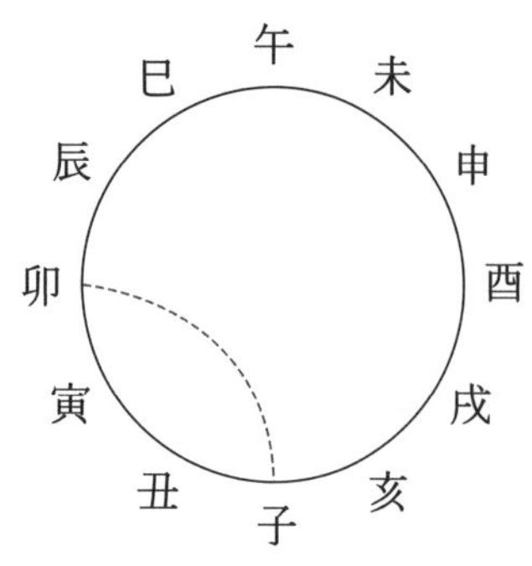

상형살(相刑殺)= 子卯 = 無禮之刑 = 子刑卯, 卯刑子

※작용(作用)= 남에게 해를 준다, 관재(官災), 수술
(手術))

자형살(自刑殺)= 辰午酉亥 = 辰辰, 午午, 酉酉, 亥亥

※작용(作用)= 자형살(自刑殺)은 무력(無力)하고 지
구력(持久力)이 부족하다.

◉ 원진살(怨嗔殺)
(※꼭 외울것)

$$\frac{子}{未} = \frac{寅}{酉} = \frac{辰}{亥} = \frac{丑}{午} = \frac{卯}{申} = \frac{巳}{戌}$$

❖ 배우자(配偶者)가 년년(年年)에 원진살(怨嗔殺)이
있으면 부부(夫婦) 궁(宮)이 부실하다.

※작용(作用)= 일시(日時)에 있으면 부부, 처자 불화
(夫婦, 妻子 不和)

◉ 귀문관살(鬼門關殺)
(※꼭 외울것)

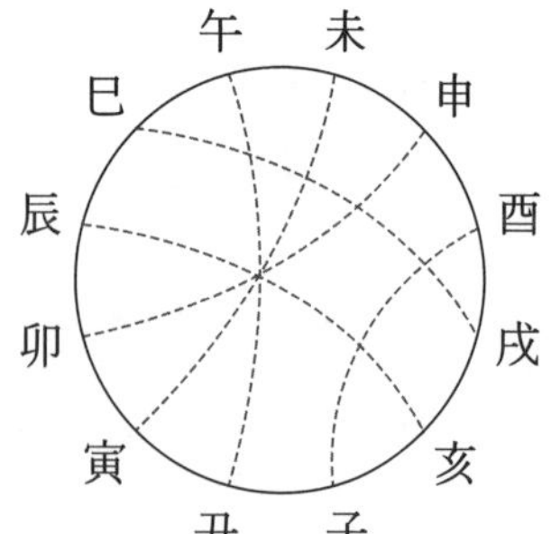

❖ 일주대(日柱對) 생년(生年)으로 본다.

$$\frac{子}{酉} \quad \frac{丑}{午} \quad \frac{寅}{未} \quad \frac{申}{卯} \quad \frac{辰}{亥} \quad \frac{巳}{戌}$$

※작용(作用)= 정신이상(精神異常), 신경과민(神經
過敏)

19. 십이신살(十二神殺)

- **겁살(劫殺)** = 탈재(奪財), 도실(盜失), 속패(速敗)
- **재살(災殺)** = 관재(官災), 수옥(囚獄), 구금(拘禁)
- **천살(天殺)** = 불의손재(不意損才), 천재(天災)
- **지살(地殺)** = 동(動), 이사(移舍), 전근(轉勤), 환경(還境)의 변화
- **년살(年殺)** = 남녀도화작용(男女桃花作用), 당년재앙(當年災殃)
- **월살(月殺)** = 질고(疾苦), 고초살(枯焦殺)
- **망신살(亡身殺)** = 부모객사(父母客死), 패가(敗家)
- **장성(將星)** = 출세(出世), 예술(藝術), 의사(醫師), 합격(合格)
- **반안(攀鞍)** = 출세(出世), 명예(名譽), 부귀(富貴)
- **역마(驛馬)** = 동(動), 여행(旅行), 고독(孤獨)
- **육해(六害)** = 구병(久病), 마병(馬病)
- **화개(華蓋)** = 신앙(信仰), 총명(聰明)

1	2	3	4	5	6
겁(劫),	재(災),	천(天),	지(地),	년(年),	월(月),
망(亡),	장(將),	반(攀),	역(驛),	육(六),	화(華)
7	8	9	10	11	12

巳酉丑(사유축) = 劫起寅(겁기인)

寅午戌(인오술) = 劫起亥(겁기해)

亥卯未(해묘미) = 劫起申(겁기신)

申子辰(신자진) = 劫起巳(겁기사)

사유축(巳酉丑) = 인(寅)에서부터 겁(劫) 재(財) 천(天) 지(地) 년(年)으로 시작

인오술(寅午戌) = 해(亥)에서부터 겁(劫) 재(財) 천(天) 지(地) 년(年)으로 시작

해묘미(亥卯未) = 신(申)에서부터 겁(劫) 재(財) 천(天) 지(地) 년(年)으로 시작

신자진(申子辰) = 사(巳)에서부터 겁(劫) 재(財) 천(天) 지(地) 년(年)으로 시작

20. 흉살(凶殺)

☯ 백호대살(白虎大殺)　　　　　　　　　　　　　　　(※꼭 외울것)

甲	乙	丙	丁	戊	壬	癸
辰	未	戌	丑	辰	戌	丑

❖ 주중(柱中)에 육친(六親)으로 본다.

※작용(作用): 급사(急死), 횡사(橫死), 육친참조(六親參照), 극부(克夫), 극처(克妻)

☯ 괴강살(魁罡殺)　　　　　　　　　　　　　　　　(※꼭 외울것)

庚(경)	庚(경)	壬(임)	壬(임)
辰(진)	戌(술)	辰(진)	戌(술)
日(일)	日(일)	日(일)	日(일)
生(생)	生(생)	生(생)	生(생)

※작용(作用): 남(男) = 군인(軍人), 법관(法官), 경찰(警察)
　　　　　　　여(女) = 정부(情夫), 남편이 무책임, 일가부양, 직업여성, 독수공방

☯ 고란살(孤鸞殺), 신음살(呻吟殺)　　　　　　　　(※꼭 외울것)

甲	乙	丁	戊	辛
寅	巳	巳	申	亥

※작용(作用): 이 일주(日柱)에 출생(出生)한 여명(女命)은 남편(南便)이 바람기가
　　　　　　　있거나 남편과 이별(離別)하여 항상 독수공방(獨守空房)으로 살게
　　　　　　　되는 예가 많다.

※**동지(冬至)**= 子=1양=丑=2양=寅=3양=卯=4양=辰=5양=巳=6양=양노음(陽老陰)
　하지(夏至)= 午=1음=未=2음=申=3음=酉=4음=戌=5음=亥=6음=노음(老陰)

◑ 고과살(孤寡殺)

인묘진생년(寅卯辰生年) 남자(男子)=사(巳)는 상처살(喪妻殺)
　　　　　　　　　　　　여자(女子)=丑(축)은 과숙살(寡宿殺)
사오미생년(巳午未生年) 남자(男子)=신(申)은 상처살(喪妻殺)
　　　　　　　　　　　　여자(女子)=신(辰)은 과숙살(寡宿殺)
신유술생년(申酉戌生年) 남자(男子)=해(亥)은 상처살(喪妻殺)
　　　　　　　　　　　　여자(女子)=미(未)은 과숙살(寡宿殺)
해자축생년(亥子丑生年) 남자(男子)=인(寅)은 상처살(喪妻殺)
　　　　　　　　　　　　여자(女子)=술(戌)은 과숙살(寡宿殺)

❖ 일주대(日柱對) 생년(生年)으로 본다. 상처(喪妻), 부살(夫殺)
※작용(作用): 홀아비, 과부살

◑ 급각살(急脚殺)

인묘진월(寅卯辰月)생인(生人)이 일시(日時)에 해(亥)나 자(子)를 놓은자
사오미월(巳午未月)생인(生人)이 일시(日時)에 묘(卯)나 미(未)를 놓은자
신유술월(申酉戌月)생인(生人)이 일시(日時)에 인(寅)이나 술(戌)를 놓은자
해자축월(亥子丑月)생인(生人)이 일시(日時)에 축(丑)이나 진(辰)를 놓은자

❖ 이 살(殺)은 생월(生月)을 기준으로 하여 생일(生日)또는 생시(生時)로 본다.
※작용(作用): 수족 골절(手足 骨折), 낙상(落傷)

◑ 단교관살(斷橋關殺)

寅月	卯月	辰月	巳月	午月	未月	申月	酉月	戌月	亥月	子月	丑月	
正	二	三	四	五	六	七	八	九	十	十一	十二	= 월지(月支)기준
‖	‖	‖	‖	‖	‖	‖	‖	‖	‖	‖	‖	
寅	卯	申	丑	戌	酉	辰	巳	午	未	亥	子	= 일시(日時)에 있는자

❖ 이 살(殺)은 생월대(生月對), 생일(生日)또는 생시(生時)로 본다.
※작용(作用): 수족 골절(手足 骨折), 낙상(落傷)

☯ 낙정관살(落井關殺)

甲(갑)	乙(을)	丙(병)	丁(정)	戊(무)
己(기)	庚(경)	辛(신)	壬(임)	癸(계)
‖	‖	‖	‖	‖
日	日	日	日	日
生	生	生	生	生
巳 巳	子 子	申 申	戌 戌	卯 卯
일 시	일 시	일 시	일 시	일 시

❖ 일주대(日柱對) 지지일시(地支日時)로 본다.
※작용(作用): 수액(水厄) 함정(陷穽) 물 조심

☯ 탕화살(湯火殺)

(※꼭 외울것)

인(寅) 오(午) 축(丑)
寅(인)日 午(오) 丑(축) 巳(사) 申(신)
午(오)日 午(오) 辰(진) 丑(축)
丑(축)日 午(오) 戌(술) 未(미)

인일생(寅日生)이 지지주중(地支柱中)에 오(午), 축(丑), 사(巳), 신(申)이 있는자.
오일생(午日生)이 지지주중(地支柱中)에 오(午), 진(辰), 축(丑)이 있는자.
축일생(丑日生)이 지지주중(地支柱中)에 오(午), 술(戌), 미(未)이 있는자.

※작용(作用): 화재(火災), 음독(飲毒), 총상(銃傷), 구금(拘禁),
　　　　　　염세증(厭世症)

☯ 음양차석살(陰陽差昔殺)

丙(병)	丁(정)	戊(무)		丙(병)	丁(정)	戊(무)
子(자)	丑(축)	寅(인)		午(오)	未(미)	申(신)

신(辛)　　임(壬)　　계(癸)　　　　신(辛)　　임(壬)　　계(癸)

묘(卯)　　진(辰)　　사(巳)　　　　유(酉)　　술(戌)　　해(亥)

❖ 음양차석살(陰陽差昔殺)은 일주(日柱)나 시(時)로 본다.

※작용(作用): 남녀외숙고독(男女外叔孤獨) 시지(時支)에 있으면 처남 고독

◑ 양인살(羊刃殺)　　　　　　　　　　　　　　　　　　　(※꼭 외울것)

甲　　丙戊　　庚　　壬
‖　　　‖　　　‖　　　‖
卯　　午　　　酉　　子

※작용(作用): 무관(武官), 난폭(亂暴), 잔인(殘忍)
※극(剋)= 부모(父母), 처자(妻子), 부(夫), 형제(兄弟)

◑ 천라지망살(天羅地網殺)

戌(술)　　辰(진)
　　　=
亥(해)　　巳(사)

※작용(作用): 형살(刑殺)과 동일(同一) 악살(惡殺)
　　　　　　술해(戌亥) = 천문성(天文星)은 인자함, 통솔력, 신앙심

◑ 양기(陽氣)와 음기(淫氣)의 시작

　　　　　　　　1　2　3　4　5　6
동지(冬至) = 子　丑　寅　卯　辰　巳　陽老陰

하지(夏至) = 午　未　申　酉　戌　亥　陰老陰
　　　　　　　　1　2　3　4　5　6

☯ 수옥살(囚獄殺)   (※꼭 외울것)

申子辰(신자진) = 午(오)가 수옥살(囚獄殺)
寅午戌(인오술) = 子(자)가 수옥살(囚獄殺)
巳酉丑(사유축) = 卯(묘)가 수옥살(囚獄殺)
亥卯未(해묘미) = 酉(유)가 수옥살(囚獄殺)

※작용(作用): 관재(官災), 구설(口舌), 감금(監禁).

☯ 순중공망(旬中空亡)   (※꼭 외울것)

갑자	계유	술해	갑술	계미	신유	갑신	계사	오미
甲子 =	**癸酉** =	**戌亥**	**甲戌** =	**癸未** =	**申酉**	**甲申** =	**癸巳** =	**午未**
갑오	계묘	진사	갑진	계축	인묘	갑인	계해	자축
甲午 =	**癸卯** =	**辰巳**	**甲辰** =	**癸丑** =	**寅卯**	**甲寅** =	**癸亥** =	**子丑**

※작용(作用): 관재(官災), 구설(口舌), 감금(監禁).
　　　　　　　년(年)에 공망(空亡)은 선조덕무
　　　　　　　월(月)에 공망(空亡)은 부모, 형제, 박연, 이별
　　　　　　　일(日)에 공망(空亡)은 자신, 처, 덕무
　　　　　　　시(時)에 공망(空亡)은 자손, 처, 미래

☯ 천전살(天轉殺)

寅卯辰月(인묘진월)에 乙卯日(을묘일)
巳午未月(사오미월)에 丙午日(병오일)
申酉戌月(신유술월)에 辛酉日(신유일)
亥子丑月(해자축월)에 壬子日(임자일)

❖ 월지(月支)에서 일주(日柱)로 본다.

※작용(作用): 자연(自然)의 방해(妨害)

☯ 지전살(地轉殺)

寅卯辰月(인묘진월)에 辛卯日(신묘일)
巳午未月(사오미월)에 戊午日(무오일)
申酉戌月(신유술월)에 癸酉日(계유일)
亥子丑月(해자축월)에 丙子日(병자일)

❖ 월지(月支)에서 일주(日柱)로 본다.

※작용(作用): 불의지변(不意地變)

☯ 효신살(梟神殺)

❖ 일주(日柱)로만 보며 일지편인(日支編印)을 말함.

※작용(作用): 조실부모(早失父母) 아니면 전모(前母), 서모(庶母),
　　　　　　동방불인지조(東方不人之鳥)

☯ 부벽살(斧劈殺)

寅卯辰月(인묘진월)에 辛卯日(신묘일)
巳午未月(사오미월)에 戊午日(무오일)
申酉戌月(신유술월)에 癸酉日(계유일)
亥子丑月(해자축월)에 丙子日(병자일)

❖ 월지(月支)에서 일시지(日時支)로 본다.

※작용(作用): 비견겁다(比肩劫多)면 속성속패(速成速敗)

☯ 육친가족관계(六親家族關係)　　　　　　　　　　　　(※꼭 외울것)

生我者(생아자) = 印綬(인수) 正印(정인) 偏印(편인)
我生者(아생자) = 食神(식신) 傷官(상관)
　　　　　　　　　※男子 = 部下從業員(부하종업원)
　　　　　　　　　※女子 = 子孫(자손)
比我者(비아자) = 比肩比劫(비견비겁)은 兄弟(형제) 親舊(친구)
我剋者(아극자) = 財(재) 正財(정재) 妻(처) 偏財(편재)=父(부)
剋我者(극아자) = 官(관) 正官(정관) 偏官(편관) 男子 아들, 딸
　　　　　　　　　　　　　　　　　　女子 남편,정부

❖ 正(정) = 陽(양), 陰(음), 陰(음), 陽(양) = 傷官(상관)
　 偏(편) = 陽(양), 陽(양)　　　　　　　 = 食神(식신)

☯ 십간록(十干祿)　　　　　　　　　　　　　　　(※꼭 외울것)

甲祿在, 寅(갑록재, 인) = 甲木(갑목)의 록은, 寅(인)이다.
乙祿在, 卯(을록재, 묘) = 乙木(을목)의 록은, 卯(묘)다.
丙戊祿在, 巳(병무록재, 사) = 丙火(병화)와 戊土(무토)의 록은, 巳(사)다.
丁己祿在, 午(정기록재, 오) = 정화(丁火)와 기토(己土)의 록은, 오(午)다.
庚祿在, 申(경록재, 신) = 경금(庚金)의 록은, 신(申)이다.
辛祿在, 酉(신록재, 유) = 신금(辛金)의 록은, 유(酉)다.
壬祿在, 亥(임록재, 해) = 임수(壬水)의 록은, 해(亥)다.
癸祿在, 子(계록재, 자) = 계수(癸水)의 록은, 자(子)다.

※작용(作用): 록좌인(祿座人) 신뢰(信賴)

	인	묘	진	사	오	미	신	유	술	해	자	축
月支(월지)=	寅	卯	辰	巳	午	未	申	酉	戌	亥	子	丑
	‖	‖	‖	‖	‖	‖	‖	‖	‖	‖	‖	‖
天德(천덕)=	丁	申	壬	辛	亥	甲	癸	庚	丙	乙	巳	庚
	정	신	임	신	해	갑	계	경	병	을	사	경
月德(월덕)=	丙	甲	壬	庚	丙	甲	壬	寅	丙	甲	壬	庚
	병	갑	임	경	병	갑	임	인	병	갑	임	경

❖ 월지대(月支對) 천간(天干)으로 본다. 년월일시(年月日時) 주중(柱中)에 있으면 된다.

※작용(作用): 천덕(天德) = 선조유덕(先祖遺德) 재앙(災殃) 소멸(消滅)
　　　　　　　 월덕(月德) = 횡액(橫厄)을 면한다.

子 年 卯 酉	寅 申 巳 亥	辰 戌 丑 未
1.사정위(四正位)	1.사생지국(四生之局)	1.사고지국(四庫之局)
2.사왕지국(四旺之局)	2.역마지살(驛馬之殺)	2.잡기(雜氣)
3.도화작용(桃花作用)	3.교통작용(交通作俑)	3.고작용(庫作用)
		4.중계작용(中界作用)

☯ 옥당천을귀인(玉堂天乙貴人) (※꼭 외울것)

甲戊庚日柱(갑무경일주)= 丑(축)未(미)= 갑무경일주는 丑(축)이나 未(미)가 玉堂天乙貴人(옥당천을귀인)이다.

乙己日柱(을기일주)= 子(자)申(신)= 을기일주는 子(자)나 申(신)이 天乙貴人(천을귀인)이다.

丁丙日柱(정병일주)= 亥(해)酉(유)= 정병일주는 亥(해)나 酉(유)가 天乙貴人천을 귀인이다.

辛日柱(신일주)= 午(오)寅(인)= 신일주는 午(오)나 寅(인)이 天乙貴人(천을귀인)이다.

壬癸日柱(임계일주)= 卯(묘)巳(사)= 임계일주는 卯(묘)나 巳(사)가 天乙貴人(천을귀인)이다.

❖ 천간일주대(天干日柱對) 지지주중(地支柱中)으로 본다.

※지혜(智慧) 총명(聰明)

21. 왕상휴수사법(旺相休囚死法) (※꼭 외울것)

壬 癸 水	庚 辛 金	戊 己 土	丙 丁 火	甲 乙 木	일주(日柱) / 계절(季節)
휴(休)	수(囚)	사(死)	상(相)	왕(旺)	봄(春) 목(木)
수(囚)	사(死)	상(相)	왕(旺)	휴(休)	여름(夏) 화(火)
상(相)	왕(旺)	휴(休)	수(囚)	사(死)	가을(秋) 금(金)
왕(旺)	휴(休)	수(囚)	사(死)	상(相)	겨울(冬) 수(水)
사(死)	상(相)	왕(旺)	휴(休)	수(囚)	사계(四季) 토(土)
사(死) ‖ 절(節)이 나를 극(剋) 함	수(囚) ‖ 내가 절(節)을 극(剋) 함	휴(休) ‖ 내가 절(節)을 생(生) 함	상(相) ‖ 절(節)이 나를 생(生) 함	왕(旺) ‖ 절(節)과 오행(五行) 동일(同一)	

21. 포태법(胞胎法)

계(癸)	임(壬)	신(辛)	경(庚)	정(丁) 기(己)	병(丙) 무(戊)	을(乙)	갑(甲)	
자(子)	해(亥)	유(酉)	신(申)	오(午)	사(巳)	묘(卯)	인(寅)	**관(冠)**
해(亥)	자(子)	신(申)	유(酉)	사(巳)	오(午)	인(寅)	묘(卯)	**왕(旺)**
술(戌)	축(丑)	미(未)	술(戌)	진(辰)	미(未)	축(丑)	진(辰)	**쇠(衰)**
유(酉)	인(寅)	오(午)	해(亥)	묘(卯)	신(申)	자(子)	사(巳)	**병(病)**
신(申)	묘(卯)	사(巳)	자(子)	인(寅)	유(酉)	해(亥)	오(午)	**사(死)**
미(未)	진(辰)	진(辰)	축(丑)	축(丑)	술(戌)	술(戌)	미(未)	**장(藏)**
오(午)	사(巳)	묘(卯)	인(寅)	자(子)	해(亥)	유(酉)	신(申)	**포(胞)**
사(巳)	오(午)	인(寅)	묘(卯)	해(亥)	자(子)	신(申)	유(酉)	**태(胎)**
진(辰)	미(未)	축(丑)	진(辰)	술(戌)	축(丑)	미(未)	술(戌)	**양(養)**
묘(卯)	신(申)	자(子)	사(巳)	유(酉)	인(寅)	오(午)	해(亥)	**생(生)**
인(寅)	유(酉)	해(亥)	오(午)	신(申)	묘(卯)	사(巳)	자(子)	**욕(浴)**
축(丑)	술(戌)	술(戌)	미(未)	미(未)	진(辰)	진(辰)	축(丑)	**대(帶)**

(※▨▨▨ 부분은 꼭 외울것)

☾ 포태십이운성(胞胎十二運星)

※작용(作用):

관(冠)= 관록(官祿)을 득(得)한다. **왕(旺)**= 만인(萬人)의 선망(善望)이 된다. **쇠(衰)**= 매사(每事) 퇴(退)하는 운(運). **병(病)**= 불의사고(不意事故) 중절상태(中折狀態). **사(死)**= 절망시기(絶望時期) 재기불능(再起不能). **장(藏)**= 타인(他人)으로부터 앙시(仰視). **포(胞)**= 활동불능(活動不能) 대기(待期)한다. **태(胎)**= 무언가 할려고 한다. **양(養)**= 계획성립(計劃成立)하나 성립(成立) 불가능(不可能). **생(生)**= 사업진행(事業進行)에 희망(希望). **욕(浴)**= 매사(每事) 침체(沈滯)가 많다. **대(帶)**= 타인(他人)으로부터 앙시(仰視).

22. 육십갑자납음오행(六十甲子納音五行)

갑자 甲子 을축 乙丑 海中金 해중금	갑술 甲戌 을해 乙亥 山頭火 산두화	갑신 甲申 을유 乙酉 泉中水 천중수	갑오 甲午 을미 乙未 沙中金 사중금	갑진 甲辰 을사 乙巳 覆燈火 복등화	갑인 甲寅 을묘 乙卯 大溪水 대계수
병인 丙寅 정묘 丁卯 爐中火 로중화	병자 丙子 정축 丁丑 潤下水 윤하수	병술 丙戌 정해 丁亥 屋上土 옥상토	병신 丙申 정유 丁酉 山下火 산하화	병오 丙午 정미 丁未 天河水 천하수	병진 丙辰 정사 丁巳 沙中土 사중토
무진 戊辰 기사 己巳 大林木 대림목	무인 戊寅 기묘 己卯 城頭土 성두토	무자 戊子 기축 己丑 霹靂火 벽력화	무술 戊戌 기해 己亥 平地木 평지목	무신 戊申 기유 己酉 大驛土 대역토	무오 戊午 기미 己未 天上火 천상화
경오 庚午 신미 辛未 路傍土 로방토	경진 庚辰 신사 辛巳 白蠟金 백랍금	경인 庚寅 신묘 辛卯 松栢木 송백목	경자 庚子 신축 辛丑 壁上土 벽상토	경술 庚戌 신해 辛亥 釵釧金 채훈금	경신 庚申 신유 辛酉 石榴木 석류목
임신 壬申 계유 癸酉 劍鋒金 검봉금	임오 壬午 계미 癸未 楊柳水 양류수	임진 壬辰 계사 癸巳 長流水 장류수	임인 壬寅 계묘 癸卯 金箔金 금박금	임자 壬子 계축 癸丑 桑柘木 상자목	임술 壬戌 계해 癸亥 大海水 대해수

☯ 납음 오행으로 사주(四柱)를 감정하는 사람은 거의 없으므로 너무 집착하지 말 것.

☯ 이 외에도 신살(神殺)과 길신(吉神) 흉신(凶神)이 많으나 사주(四柱)를 감정하는데 있어서 신살(神殺)은 잘 사용하지 않는다. 상기 기록한 신살(神殺)도 대부분 사용하지 않으며 거기에 몇 가지만 사용하므로 '꼭 외울것' 이라 써놓은 것만 암기하면 된다.

병자년
(丙子年)

병자년 (丙子年)

48년(음) 11월 5일 자(子)시 남자

甲	甲	癸	戊
子	子	亥	子

51	41	31	21	11	1
己	戊	丁	丙	乙	甲
巳	辰	卯	寅	丑	子

이 사주는 갑목일주(甲木日柱)가 초겨울 해월(亥月)에 출생하여 장생(長生)하고 지지(地支)에는 전수국(全水局)을 이루어 갑목일주(甲木日柱)를 생(生)하여 일주(日柱)는 신왕사주(身旺四柱)다. 신왕사주(身旺四柱)에는 일주(日柱)를 제(制)하는 관살(官殺)이나 식신상관(食神傷官)으로 설기(泄氣)함이 좋은데 일주(日柱)를 제(制)하는 관살(官殺)은 없고 갑목일주(甲木日柱)가 설기(泄氣)하는 상관(傷官)도 없다. 년상무토(年上戊土) 편재(偏財)로 용신(用神)하고저 하나 그 무토(戊土)도 무근(無根)이며 왕수(旺水)에 쓸려가 용신(用神)으로 쓸 수가 없다. 그러므로 이 사주는 종강격(從强格)으로 왕수(旺水)가 설기(泄氣)하는 곳은 갑목(甲木)이므로 갑목(甲木)이 용신(用神)이며 수인수(水印綬)는 희신(喜神)이 된다. 이 사주는 남자(男子)의 사주로 36세 묘목대운(卯木大運)에 교수로 취임한 사주며 그 이후로는 운(運)이 없어 평범하게 살고 있는 사주다.

❶ 세운병자년(歲運丙子年): 신축, 문서, 변화, 이사, 전근
❷ 질병(疾病): 간(肝), 풍(風), 냉(冷), 저혈압(低血壓), 비색증(鼻塞症), 중풍(中風)
❸ 남녀성격: (남) 의지 굳다, 무뚝뚝하다, 웃음이 적다, 냉정하다, 임사즉결, 멋쟁이, 권모술수, 눈치가 빠르다, 신경 예민, 처궁불미
　　　　　(여) 의지 굳다, 인자함, 무뚝뚝하다, 웃음이 적다, 부궁불미

세운·질병·남녀성격의 해설 (歲運·疾病·男女性格의 解說)

❶ 세운병자년(歲運丙子年)= ※신축, 문서, 변화, 이사, 전근은 ※세운병자년(歲運丙子年)의 자수(子水)는 갑목일주(甲木日柱)의 인수(印綬)로 세운(歲運)에서 인수운(印綬運)이 들어오면 ※**집을 짓는다든가 또는 증축한다든가 또는 사업체를 벌리는 일이 많으며 또는 문서를 잡는 일이 많다.** 그리고 ※**변화, 이사, 전근**은 ※세운병자년(歲運丙子年)의 자수(子水)는 일지자수(日支子水)와 자자(子子)로 삼합(三合)이 되므로 세운(歲運)에서 일지(日支) 삼합운(三合運)이 들어오면 ※**변화가 생긴다든가 또는 이사를 한다든가 또는 직장을 옮기는 일이 많다.**

❷ 질병(疾病)은 간(肝), 풍(風), 냉(冷), 저혈압(低血壓)은 일주(日柱)에서 발생(發生)하며 ※비색증(鼻塞症), 중풍(中風)은 ※갑목일주(甲木日柱)가 해월(亥月)에 출생하면 ※축농증과 비염과 코막힘을 조심해야 하며 또는 술을 많이 먹으면 중풍(中風)이 걸린다.

❸ 남녀성격은 일주(日柱)에서 발생(發生)한다.

병자년 (丙子年)

49년(음) 12월 2일 축(丑)시 여자

이 사주는 갑목일주(甲木日柱)가 동계축월(冬季丑月)에 출생하여 실시(失時)하고 축중기토(丑中己土)가 년상(年上)에 투출(透出)하여 정재격(正財格)이며 사주에 재(財)가 많아 이런 사주를 재다신약(財多身弱)이라고 한다. 재다신약(財多身弱)은 많은 재(財)가 일주(日柱)의 병(病)이 되므로 많은 재(財)를 제(制)하고 일주(日柱)를 도와주는 비견겁(比肩劫)이 용신(用神)이 되며 수인수(水印綬)는 희신(喜神)이 된다. 이 사주는 여자(女子)의 사주로서 남편이 되는 신금(辛金)이 축중(丑中)에 있어 이것을 관성입묘(官星入墓)라고 한다. 축토(丑土)는 금(金)의 고장(庫藏)으로 여자(女子) 사주에 관성입묘(官星入墓)를 놓은 사람은 사별(死別)을 한다든가 또는 이혼하는 일이 많은데 이 사주의 여자(女子)도 남편과 사별(死別)하고 음식업을 경영하였으나 대운(大運)이 남방화운(南方火運)으로 좋은 운(運)이 없어 고생을 많이 하다가 55세 계수대운(癸水大運)에 인수운(印綬運)이 들어와 돈을 많이 벌어 잘살고 있는 사주다.

[참고: 실시(失時)란 그 월(月)에 출생(出生)하지 않았다는 뜻이다]

🌀 세운·질병·남녀성격의 해설 (歲運·疾病·男女性格의 解說)

❶ 세운병자년(歲運丙子年) = ※신축, 문서는 ※세운병자년(歲運丙子年)의 자수(子水)는 갑목일주(甲木日柱)의 인수(印綬)로 세운(歲運)에서 인수운(印綬運)이 들어오면 ※집을 짓는다든가 또는 증축을 한다든가 또는 사업체를 벌린다든가 또는 문서 잡는 일이 많다.

❷ 질병(疾病)은 일주(日柱)에서 발생(發生)한다.

❸ 남녀성격은 일주(日柱)에서 발생(發生)한다.

병자년 (丙子年)

47년(윤) 2월 4일 신(申)시 남자

壬	甲	癸	丁
申	辰	卯	亥

57	47	37	27	17	7
丁	戊	己	庚	辛	壬
酉	戌	亥	子	丑	寅

이 사주는 갑목일주(甲木日柱)가 중춘묘월(中春卯月) 양인월(羊刃月)에 출생하여 득령(得令)하고 년지(年支) 해중임수(亥中壬水)가 시상(時上)에 투출(透出)하여 일주(日柱)가 신왕사주(身旺四柱)다. 시지(時支) 신중경금(申中庚金)으로 왕성(旺盛)한 목(木)을 제(制)하여야 좋은데 그 신금(申金)은 시상임수(時上壬水)의 실기(泄氣)가 심(甚)한 것이 흠인네 나행히 일시신토(日支辰土)가 생금(生金)하니 신궁경금(申宮庚金)은 힘이 생겨 왕성(旺盛)한 목(木)을 제(制)할 수 있다. 그러므로 신궁경금(申宮庚金)이 용신(用神)이며 토재(土財)는 희신(喜神)이 된다. 이 사주는 남자(男子)의 사주로서 특전사로 근무하다가 47세에 전역하여 사업을 하였으나 월상계수(月上癸水)와 무계합(戊癸合)으로 합거(合去)되어 손해를 많이 보았고 52세 술토대운(戌土大運)에 희신운(喜神運)이 들어와 재산을 복구하고 돈을 많이 벌은 사주다.

❶ 세운병자년(歲運丙子年): 신축, 문서, 변화, 이사, 전근
❷ 질병(疾病): 간(肝), 풍(風), 위(胃), 기관지(氣管支), 천식(喘息), 뇌졸중(腦卒中)
❸ 남녀성격: (남) 의지 굳다, 무뚝뚝하다, 웃음이 적다, 강직하다, 처궁불미, 신앙심, 재복 있다, 처 덕 있다, 재간 있다, 창의력, 이상적인 아이디어가 있다
　　　　　(여) 의지 굳다, 무뚝뚝하다, 웃음이 적다, 시모불합, 부궁불미, 정부

◎ 세운 · 질병 · 남녀성격의 해설(歲運 · 疾病 · 男女性格의 解說)

❶ 세운병자년(歲運丙子年)= ※신축, 문서, 변화, 이사, 전근은 ※세운병자년(歲運丙子年)의 자수(子水)는 갑목일주(甲木日柱)의 인수(印綬)로 세운(歲運)에서 인수운(印綬運)이 들어오면 ※집을 짓는다든가 또는 증축을 한다든가 또는 문서를 잡는다든가 또는 사업체를 벌리는 일이 많다. 그리고 ※변화, 이사, 전근은 ※세운병자년(歲運丙子年)의 자수(子水)는 일지진토(日支辰土)와 자진(子辰)으로 삼합(三合)이 되므로 세운(歲運)에서 일지(日支) 삼합운(三合運)이 들어오면 ※변화가 생긴다든가 또는 이사를 한다든가 또는 직장을 옮기는 일이 많다.

❷ 질병(疾病)은 간, 풍, 위는 일주(日柱)에서 발생(發生)하며 ※기관지, 천식, 뇌졸중은 ※원명사주(源命四柱)에 갑목일주(甲木日柱)가 화국(火局)을 이루면 ※기관지, 천식, 뇌졸중이 발생(發生)한다.

❸ 남녀성격은 일주(日柱)에서 발생(發生)한다.

병자년 (丙子年)

50년(음) 5월 13일 술(戌)시 여자

甲	甲	壬	庚
戌	午	午	寅

57	47	37	27	17	7
丙	丁	戊	己	庚	辛
子	丑	寅	卯	辰	巳

이 사주는 갑목일주(甲木日柱)가 중하오월(中夏午月)에 출생하여 실시(失時)하고 지지(地支)는 인오술(寅午戌)로 화국(火局)을 이루어 갑목일주(甲木日柱)는 설기(泄氣)가 심(甚)하고 고목(枯木)이 되어가고 있다. 다행히 갑목일주(甲木日柱)는 년지인목(年支寅木)에 록근(祿根)하고 인중갑목(寅中甲木)이 시상(時上)에 투출(透出)하여 있으나 갑목일주(甲木日柱)는 신약사주(身弱四柱)로 상관(傷官)을 제(制)하고 일주(日柱)를 보신(補身)하는 수인수(水印綬)가 용신(用神)이 되며 목(木)은 희신(喜神)이 된다. 이 사주는 여자(女子)의 사주로서 전업주부로 살다가 37세 무토대운(戊土大運)에 남편과 사별하고 사업을 경영하였으나 손해를 많이 보았으며 42세 인목대운(寅木大運)에 재산을 복구하고 돈을 많이 벌었으나 47세 정화대운(丁火大運)에 월상임수(月上壬水)와 정임합(丁壬合)으로 합거(合去)되어 재산을 탕진하고 힘들게 살아가고 있는 사주다. 부궁(夫宮)이 부실한 것은 년간지(年干支) 경인생(庚寅生)의 공망(空亡)은 일지오화(日支午火)로서 일시(日時)에 공망(空亡)이 있으면 부궁(夫宮)이 부실하여 재혼하거나 혼자 사는 사람들이 많다.

❶ 세운병자년(歲運丙子年): 이별수, 신축, 문서, 관재, 수술
❷ 질병(疾病): 간(肝), 장(臟)
❸ 남녀성격: (남) 의지 굳다, 무뚝뚝하다, 남에게 잘함, 지구력 부족, 처궁불미, 용두사미, 성
　　　　　　　실하다, 인덕 없다
　　　　　　(여) 의지 굳다, 인정 있다, 부궁불미, 정부, 남자의 근심

세운·질병·남녀성격의 해설 (歲運·疾病·男女性格의 解說)

❶ 세운병자년(歲運丙子年)= ※이별수, 신축, 문서, 관재, 수술 ※세운병자년(歲運丙子年)의 병화(丙火)는 갑목일주의 식신(食神)으로 여자 사주에 상관식신(傷官食神)이 태왕(太旺)인데 세운(歲運)에서 상관(傷官) 식신운(食神運)이 들어오면 ※가정에 불화가 많이 생긴다든가 또는 남편과 떨어져 산다든가 또는 이혼한다든가 또는 남편이 사망하는 수도 있다. 그리고 ※신축, 문서는 ※세운병자년(歲運丙子年)의 자수(子水)는 갑목일주(甲木日柱)의 인수(印綬)로 세운에서 인수운(印綬運)이 들어오면 ※집을 짓는다든가 또는 증축을 한다든가 또는 문서를 잡는 일이 많다. 그리고 ※관재, 수술은 ※세운병자년(歲運丙子年)의 자수(子水)는 일지오화(日支午火)와 자오충(子午沖)으로 세운에서 일지충운(日支沖運)이 들어오면 ※관재수나 수술을 조심해야 한다.

❷ 질병(疾病)은 일주(日柱)에서 발생(發生)한다.

❸ 남녀성격은 일주(日柱)에서 발생(發生)한다.

병자년 (丙子年)

50년(음) 5월 3일 사(巳)시 여자

己	甲	壬	庚
巳	申	午	寅

54	44	34	24	14	4
丙	丁	戊	己	庚	辛
子	丑	寅	卯	辰	巳

이 사주는 갑목일주(甲木日柱)가 중하오월(中夏午月)에 출생하여 실시(失時)하고 지지(地支)는 인사오(寅巳午)로 화국(火局)을 이루어 설기(泄氣)가 심(甚)하여 일주(日柱)는 신약사주(身弱四柱)로 월상임수(月上壬水) 인수(印綬)가 용신(用神)같이 보인다. 그러나 갑목일주는 시상기토(時上己土)와 갑기(甲己)로 합(合)하여 화신토(化神土)로 변(變)하였다. 화신토(化神土)가 오월(午月)에 생(生)을 받아 득령(得令)은 하였으나 년상경금(年上庚金)은 일지신금(日支申金)에 록근(祿根)하여 화신토(化神土)가 금(金)에 설기(泄氣)가 심(甚)하고 년지인목(年支寅木)에 화신토(化神土)가 극(剋)을 받으니 화신토(化神土)가 약(弱)하므로 화신토(化神土)를 생(生)하여 주는 화토운(火土運)을 필요하므로 화(火)가 용신(用神)이며 토(土)가 희신(喜神)이 된다. 이 사주는 여자(女子)의 사주로서 사업을 하였으나 손해를 보다가 54세 병화대운(丙火大運)에 수억금을 벌은 사주다.

❶ 세운병자년(歲運丙子年): 신축, 문서, 변화, 이사, 전근
❷ 질병(疾病): 간(肝), 담(膽), 방광(膀胱), 치질(痔疾), 비색증(鼻塞症)
❸ 남녀성격: (남) 의지 굳다, 무뚝뚝하다, 웃음이 적다, 소식한다, 다재다능, 영리하다, 꾀가 많다, 항상 바쁨, 칭찬받기 좋아함
　　　　　　(여) 의지 굳다, 무뚝뚝하다, 인자함, 영리하다, 다재다능, 이성 고민, 정부, 고독하다, 신경쇠약

☯ 세운 · 질병 · 남녀성격의 해설 (歲運 · 疾病 · 男女性格의 解說)

❶ 세운병자년(歲運丙子年)= ※신축, 문서, 변화, 이사, 전근은 ※세운병자년(歲運丙子年)의 자수(子水)는 갑목일주(甲木日柱)의 인수(印綬)로 세운(歲運)에서 인수운(印綬運)이 들어오면 ※집을 짓는다든가 또는 증축을 한다든가 또는 사업체을 벌리는 일이 많으며 또는 문서를 잡는 일이 많다. 그리고 ※변화, 이사, 전근은 ※세운병자년(歲運丙子年)의 자수(子水)는 일지신금(日支申金)과 자신(子申)으로 삼합(三合)이 되므로 세운(歲運)에서 일지(日支) 삼합운(三合運)이 들어오면 ※변화가 생긴다든가 또는 이사를 한다든가 또는 직장을 옮기는 일이 많다.

❷ 질병(疾病)은 간, 담은 일주(日柱)에서 발생(發生)하며 ※ 방광, 치질, 비색증은 ※원명사주(源命四柱)에 곤랑(滾浪) 도화살(桃花殺)이 있으면 ※방광과 치질과 축농증, 비염, 코막힘을 조심해야 한다.

❸ 남녀성격은 일주(日柱)에서 발생(發生)한다.

병자년 (丙子年)

51년(음) 2월 28일 해(亥)시 남자

乙	甲	辛	辛
亥	戌	卯	卯

60	50	40	30	20	10
乙	丙	丁	戊	己	庚
酉	戌	亥	子	丑	寅

이 사주는 갑목일주(甲木日柱)가 중춘묘월(中春卯月) 양인월(羊刃月)에 출생하여 득령(得令)하고 년지묘목(年支卯木)과 묘중을목(卯中乙木)이 시상(時上)에 투출(透出)하고 시지해수(時支亥水)에 생(生)을 받아 갑목일주(甲木日柱)는 신왕사주(身旺四柱)다. 신왕사주(身旺四柱)에는 일주(日柱)를 제(制)하는 관살(官殺)로 용신(用神)함이 좋은데 년월(年月) 양신금(兩辛金)이 일지(日支) 술중신금(戌中辛金)에 근(根)한다 하나 년월(年月) 양신금(兩辛金)은 모두 자좌묘목(自坐卯木)에 절궁(絶宮)에 앉아 용신(用神)으로 쓸 수가 없다. 그러므로 용신(用神)이 약(弱)할 때는 그 용신(用神)을 돕는 자가 용신(用神)이 되므로 일지술중(日支戌中) 무토재(戊土財)가 용신(用神)이 된다. 이 사주는 남자(男子)의 사주로서 체육(體育)을 전공(專攻)하였으나 초년운(初年運)이 없어 성공하지 못하고 체육관을 경영하였으나 그것마저 실패(失敗)하고 방황하며 살다가 55세 술토대운(戌土大運)에 부동산(不動産) 사업을 경영하여 수억금을 벌은 사주다.

❶ 세운병자년(歲運丙子年): 신축, 문서
❷ 질병(疾病): 간(肝), 담(膽), 위(胃), 위산과다(胃酸過多)
❸ 남녀성격: (남) 의지 굳다, 무뚝뚝하다, 웃음이 적다, 인정 있다, 근면하다, 신앙심, 신용 있다, 충실하다, 재복 있다, 처궁불미, 두뇌 명철, 예감이 빠름
　　　　　　 (여) 의지 굳다, 무뚝뚝하다, 부궁불미, 정부, 재가, 자손근심

☯ 세운·질병·남녀성격의 해설 (歲運·疾病·男女性格의 解說)

❶ 세운병자년(歲運丙子年)= ※신축, 문서는 ※세운병자년(歲運丙子年)의 자수(子水)는 갑목일주(甲木日柱)의 인수(印綬)로 세운(歲運)에서 인수운(印綬運)이 들어오면 ※집을 짓는다든가 또는 증축을 한다든가 또는 문서를 잡는다든가 또는 사업체를 벌리는 일이 많다.

❷ 질병(疾病)은 간(肝), 담(膽)은 일주(日柱)에서 발생(發生)하며 ※위(胃), 위산과다(胃酸過多)는 ※원명사주(源命四柱)에 목(木)이 많고 토(土)가 적으면 ※위를 조심해야 하며 또는 위산과다를 조심해야 한다.

❸ 남녀성격은 일주(日柱)에서 발생(發生)한다.

병자년 (丙子年)

54년(음) 2월 5일 축(丑)시 남자

乙	甲	丁	甲
丑	子	卯	午

59	49	39	29	19	9
癸	壬	辛	庚	己	戊
酉	申	未	午	巳	辰

이 사주는 갑목일주(甲木日柱)가 중춘묘월(中春卯月) 양인월(羊刃月)에 출생하여 득령(得令)하고 묘중을목(卯中乙木) 비겁(比劫)이 시상(時上)에 투출(透出)하고 년상갑목(年上甲木) 비견(比肩)과 일지자수(日支子水) 인수(印綬)가 있어 신왕사주(身旺四柱)다. 신왕사주(身旺四柱)에는 갑목일주(甲木日柱)를 제(制)하는 관살(官殺)이나 갑목일주(甲木日柱)가 설기(泄氣)하는 상관식신(傷官食神)으로 용신(用神)함이 좋은데 갑목일주(甲木日柱)를 제(制)하는 관살(官殺)은 없고 갑목일주(甲木日柱)가 설기(泄氣)하는 상관(傷官)이 월상(月上)에 투출(透出)하여 정화상관(丁火傷官)이 용신(用神)이 되며 이런 격(格)을 가상관격(假傷官格)이라고 한다. 이 사주는 남자(男子)의 사주로서 수사기관에서 근무하여 초년(初年)에 오화대운(午火大運)이 좋아 승진이 빨랐으나 그 이후로는 운(運)이 없어 평범하게 살고 있는 사주다. 그리고 년지오화(年支午火)와 일지자수(日支子水)는 수옥살(囚獄殺)이므로 사주에 수옥살(囚獄殺)을 놓은 사람들은 법조계(法曹界)로 직업을 많이 갖는데 법조계에 직업을 갖지 않으면 감옥(監獄)살이를 한번 할 수 있다.

❶ 세운병자년(歲運丙子年): 신축, 문서, 변화, 이사, 전근
❷ 질병(疾病): 간(肝), 풍(風), 냉(冷), 저혈압(低血壓)
❸ 남녀성격: (남) 의지 굳다, 무뚝뚝하다, 웃음이 적다, 냉정하다, 임사즉결, 멋쟁이, 권모술수, 눈치가 빠르다, 신경 예민, 처궁불미
(여) 의지 굳다, 인자함, 무뚝뚝하다, 웃음이 적다, 부궁불미

세운 · 질병 · 남녀성격의 해설 (歲運 · 疾病 · 男女性格의 解說)

❶ 세운병자년(歲運丙子年)= ※신축, 문서, 변화, 이사, 전근은 ※세운병자년(歲運丙子年)의 자수(子水)는 갑목일주(甲木日柱)의 인수(印綬)로 세운(歲運)에서 인수운(印綬運)이 들어오면 ※집을 짓는다든가 또는 증축을 한다든가 또는 문서를 잡는다든가 사업체를 벌리는 일이 많다. 그리고 ※변화, 이사, 전근은 ※세운병자년(歲運丙子年)의 자수(子水)는 일지자수(日支子水)와 자자(子子)로 삼합(三合)이 되므로 일지(日支) 삼합운(三合運)이 들어오면 ※변화가 생긴다든가 또는 이사를 한다든가 또는 직장을 옮기는 일이 많다.

❷ 질병(疾病)은 일주(日柱)에서 발생(發生)한다.

❸ 남녀성격은 일주(日柱)에서 발생(發生)한다.

병자년 (丙子年)

53년(음) 5월 2일 오(午)시 여자

<table>
<tr><td>庚
午</td><td>甲
午</td><td>戊
午</td><td>癸
巳</td></tr>
</table>

58	48	38	28	18	8
甲 子	癸 亥	壬 戌	辛 酉	庚 申	己 未

이 사주는 갑목일주(甲木日柱)가 중하오월(中夏午月)에 출생하여 실시(失時)하고 지지(地支)는 년월일시(年月日時) 화국(火局)으로 설기(泄氣)가 태심(太甚)하고 갑목일주(甲木日柱)는 고목(枯木)이 되고 있다. 년상계수(年上癸水) 인수(印綬)가 있다 하나 그 계수(癸水)는 무근(無根)이며 물도 말라 많은 상관식신(傷官食神)을 제(制)할 수가 없으므로 이 사주는 목생화(木生火) 화생토(火生土)로 종아(從兒)에서 종재(從財)로 이런 사주를 종재격(從財格)이라고 하며 월상(月上) 무토재(戊土財)가 용신(用神)이며 화상관(火傷官)이 희신(喜神)이 된다. 이 사주는 여자(女子)의 사주로서 무용을 많이 하여 예능(藝能)에 소질이 많았으나 대운(大運)이 서북(西北) 금수운(金水運)으로 좋은 운(運)이 없어 출세를 못한 사주다.

❶ 세운병자년(歲運丙子年): 이별수, 신축, 문서, 관재, 구설, 손재, 수술
❷ 질병(疾病): 간(肝), 장(臟), 기관지(氣管支), 뇌출혈(腦出血)
❸ 남녀성격: (남) 의지 굳다, 무뚝뚝하다, 남에게 잘함, 지구력 부족, 처궁불미, 용두사미, 성
　　　　　　 실하다, 인덕 없다
　　　　　　(여) 의지 굳다, 인정 있다, 부궁불미, 정부, 남자의 근심

🔵 세운 · 질병 · 남녀성격의 해설(歲運 · 疾病 · 男女性格의 解說)

❶ 세운병자년(歲運丙子年)= ※이별수, 신축, 문서, 관재, 구설, 손재, 수술은 ※세운병자년(歲運丙子年)의 병화(丙火)는 갑목일주(甲木日柱)의 식신(食神)으로 여자 사주에 상관식신(傷官食神)이 태왕(太旺)인데 세운(歲運)에서 상관(傷官) 식신운(食神運)이 들어오면 ※가정에 불화가 많이 생긴다든가 또는 남편과 떨어져 산다든가 또는 이혼한다든가 또는 남편이 사망하는 수도 있다. 그리고 ※신축, 문서는 ※세운병자년(歲運丙子年)의 자수(子水)는 갑목일주(甲木日柱)의 인수(印綬)로 세운(歲運)에서 인수운(印綬運)이 들어오면 ※집을 짓는다든가 또는 증축을 한다든가 또는 사업채를 벌리는 일이 많으며 또는 문서를 잡는 일도 많다. 그리고 ※관재, 구설, 손재, 수술은 ※세운병자년(歲運丙子年)의 자수(子水)는 일지오화(日支午火)와 자오충(子午沖)으로 세운(歲運)에서 일지충운(日支沖運)이 들어오면 ※관재수나 구설수나 손재수나 수술을 조심해야 한다.

❷ 질병(疾病)은 간, 장 계통은 일주에서 발생(發生)하며 ※기관지, 뇌출혈은 ※원명사주(源命四柱)에 화국(火局)을 이루면 ※기관지, 뇌출혈을 조심해야 한다.

❸ 남녀성격은 일주(日柱)에서 발생(發生)한다.

병자년 (丙子年)

49년(음) 12월 13일 축(丑)시 여자

丁	乙	丁	己
丑	丑	丑	丑

52	42	32	22	12	2
癸	壬	辛	庚	己	戊
未	午	巳	辰	卯	寅

이 사주는 을목일주(乙木日柱)가 동계축월(冬季丑月)에 출생하여 실시(失時)하고 축중기토(丑中己土)가 년상(年上)에 투출(透出)하여 편재격(偏財格)이다. 그리고 이 사주는 월시상(月時上) 양정화(兩丁火)가 투출(透出)하고 지지(地支)는 전토국(全土局)으로 목생화(木生火) 화생토(火生土)로 종재격(從財格)이다. 그러나 을목일주(乙木日柱)는 인수(印綬)나 비견겁(比肩劫)이 하나도 없으므로 일주(日柱)가 약(弱)할 대로 약(弱)하여 쇠극격(衰極格)이다. 쇠극격(衰極格)에는 쇠(衰)한 자를 상관식신(傷官食神)으로 설기(泄氣)하여 더욱더 쇠(衰)하게 하는 동시 일주(日柱)를 극(剋)하는 관살(官殺)을 제(制)하여야 하기 때문에 상관식신(傷官食神)이 용신(用神)이며 토재(土財)는 희신(喜神)이 된다. 이 사주는 여자(女子)의 사주로서 남편(男便)과 일찍 사별(死別)하고 사업을 경영하였으나 42세 임수대운(壬水大運)에 월상정화(月上丁火)와 대운임수(大運壬水)와 정임합(丁壬合)으로 합거(合去)되어 손해를 많이 보고 오화대운(午火大運)에 사업이 번창하여 재산을 복구하고 잘 살고 있는 사주다. 그리고 부궁(夫宮)이 부실한 것은 여자(女子) 사주에 남편은 관살(官殺)인데 일지축토(日支丑土)는 관살(官殺)의 묘궁(墓宮)으로 여자(女子) 사주에 관성입묘(官星入墓)가 있으면 부궁(夫宮)이 부실하여 재혼하거나 혼자 사는 사람들이 많다.

❶ 세운병자년(歲運丙子年): 신축, 문서, 관재, 불성
❷ 질병(疾病): 간(肝), 담(膽), 풍(風)
❸ 남녀성격: (남) 성질급, 근면 성실, 의지 굳다, 무뚝뚝하다, 봉사정신, 형제불의, 밥을 빨리 먹는다, 재복 있다, 새벽잠이 없다, 신앙심
  (여) 의지 굳다, 무뚝뚝하다, 인자함, 부궁불미, 정부, 재가, 독수공방, 자손근심, 남자 조종 잘한다

세운 · 질병 · 남녀성격의 해설 (歲運 · 疾病 · 男女性格의 解說)

❶ 세운병자년(歲運丙子年)= ※신축, 문서, 관재, 불성은 ※세운병자년(歲運丙子年)의 자수(子水)는 을목일주(乙木日柱)의 인수(印綬)로 세운에서 인수운(印綬運)이 들어오면 ※집을 짓는다든가 또는 증축을 한다든가 또는 사업채를 벌린다든가 또는 문서를 잡는 일이 많다. 그리고 ※관재, 불성은 ※세운병자년(歲運丙子年)의 병화(丙火)는 을목일주(乙木日柱)의 상관(傷官)으로 세운에서 천간(天干) 상관운(傷官運)이 들어오면 ※관재수를 조심해야 하며 또는 모든 일이 잘 풀리지 않고 대차계약도 잘 이루어지지 않는다.

❷ 질병(疾病)과 ❸ 남녀성격은 일주(日柱)에서 발생(發生)한다.

병자년 (丙子年)

庚	乙	丁	庚
辰	亥	亥	寅

59	49	39	29	19	9
辛	壬	癸	甲	乙	丙
巳	午	未	申	酉	戌

이 사주는 을목일주(乙木日柱)가 초겨울 해월(亥月)에 출생하여 득령(得令)하고 년지인목(年支寅木) 비겁(比劫)과 일지해수(日支亥水)에 생(生)을 받아 을목일주(乙木日柱)는 신왕사주(身旺四柱)다. 신왕사주(身旺四柱)에는 일주(日柱)를 제(制)하는 관살(官殺)로 용신(用神)함이 좋은데 다행히 시상(時上) 경금정관(庚金正官)이 있어 경금정관(庚金正官)로 용신(用神)한다. 그리고 토재(土財)는 희신(喜神)이 된다. 그런데 이 사주는 삼귀(三貴)를 가지고 있다. 시상경금(時上庚金)은 정관(正官)이며 시지진토(時支辰土)는 정재(正財)가 되고 해중임수(亥中壬水)는 정인(正印)으로 재관인(財官印) 삼귀(三貴)를 놓아 귀격사주(貴格四柱)로서 국제록(國際祿)까지 먹어본 사주인데 대운(大運)이 남방(南方) 사오미(巳午未) 화운(火運)으로 용신경금(用神庚金)을 극(剋)하여 국제록(國際祿)은 먹어보았으나 출세를 못한 사주다.

❶ 세운병자년(歲運丙子年): 이별수, 신축, 문서, 관재, 불성
❷ 질병(疾病): 풍(風), 냉(冷)
❸ 남녀성격: (남) 의지 굳다, 무뚝뚝하다, 강직하다, 영리하다, 인정 있다, 외유내강, 항상 바쁨, 예감이 빠름, 신앙심, 지혜롭다
　　　　　 (여) 의지 굳다, 무뚝뚝하다, 인자함, 영리하다, 장수한다, 부궁불미

☯ 세운·질병·남녀성격의 해설 (歲運·疾病·男女性格의 解說)

❶ 세운병자년(歲運丙子年)= ※이별수, 신축, 문서, 관재, 불성은 ※세운병자년(歲運丙子年)의 자수(子水)는 을목일주(乙木日柱)의 인수(印綬)로 신왕(身旺)한 여자(女子) 사주에 세운(歲運)에서 인수운(印綬運)이 들어오면 ※가정에 불화가 많이 생긴다든가 또는 남편과 떨어져 산다든가 또는 이혼한다든가 또는 남편이 사망하는 수도 있다. 그리고 ※신축, 문서는 ※세운병자년(歲運丙子年)의 자수(子水)는 을목일주(乙木日柱)의 인수(印綬)로 세운(歲運)에서 인수운(印綬運)이 들어오면 ※집을 짓는다든가 또는 증축을 한다든가 또는 사업체를 벌린다든가 또는 문서을 잡는 일이 많다. 그리고 ※관재, 불성은 ※세운병자년(歲運丙子年)의 병화(丙火)는 을목일주(乙木日柱)의 상관(傷官)으로 세운(歲運)에서 천간(天干) 상관운(傷官運)이 들어오면 ※관재수를 조심해야 하며 모든 일이 잘 풀리지 않고 대차계약도 잘 이루어지지 않는다.

❷ 질병(疾病)은 일주(日柱)에서 발생(發生)한다.

❸ 남녀성격은 일주(日柱)에서 발생(發生)한다.

병자년 (丙子年)

52년(음) 8월 18일 해(亥)시 남자

丁	乙	己	壬
亥	酉	酉	辰

51	41	31	21	11	1
乙	甲	癸	壬	辛	庚
卯	寅	丑	子	亥	戌

이 사주는 을목일주(乙木日柱)가 중추유월(中秋酉月)에 출생하여 실시(失時)하고 월일지(月日支) 양유금(兩酉金)과 년지(年支) 진토재(辰土財)가 있어 재살(財殺)이 태왕(太旺)이다. 다행히 유금살(酉金殺)의 정기(正氣)는 시지해수(時支亥水)를 생(生)하고 그 해수는 을목일주(乙木日柱)를 생(生)하니 이런 사주를 살인상생(殺印相生)이라고 하며 시지(時支) 해중임수(亥中壬水) 인수(印綬)가 용신(用神)이 되고 목비견겁(木比肩劫)은 희신(喜神)이 된다. 이 사주는 남자(男子)의 사주(四柱)로서 다행히 대운(大運)이 수목운(水木運)으로 잘 들어와 고위직(高位職) 공무원(公務員)으로 승승장구(乘勝長驅)하였으며 처자(妻子) 모두 행복하게 잘살고 있는 사주다.

❶ 세운병자년(歲運丙子年): 신축, 문서, 관재, 불성, 신경과민
❷ 질병(疾病): 간(肝), 담(膽), 간경화(肝硬化)
❸ 남녀성격: (남) 무뚝뚝하다, 의지 굳다, 사리 분명, 거취 분명, 만인 신망, 처 덕 있다, 처궁불미, 남에게 잘함, 임기응변, 인정 있다
(여) 의지 굳다, 무뚝뚝하다, 인자함, 근면 성실, 남편 말을 잘 듣는다

◑ 세운·질병·남녀성격의 해설 (歲運·疾病·男女性格의 解說)

❶ 세운병자년(歲運丙子年)= ※신축, 문서, 관재, 불성, 신경과민은 ※세운병자년(歲運丙子年)의 자수(子水)는 을목일주(乙木日柱)의 인수(印綬)로 세운(歲運)에서 인수운(印綬運)이 들어오면 ※집을 짓는다든가 또는 증축을 한다든가 또는 사업체를 벌리는 일이 많으며 문서도 잡는 일이 많다. 그리고 ※관재, 불성은 ※세운병자년(歲運丙子年)의 병화(丙火)는 을목일주(乙木日柱)의 상관(傷官)으로 세운(歲運)에서 천간(天干) 상관운(傷官運)이 들어오면 ※관재수를 조심해야 하며 또는 모든 일이 잘 풀리지 않고 대차계약도 잘 이루어지지 않는다. 그리고 ※신경과민은 ※세운병자년(歲運丙子年)의 자수(子水)는 일지유금(日支酉金)과 자유(子酉)로 귀문관살(鬼門關殺)이므로 세운(歲運)에서 일지(日支) 귀문(鬼門) 관살운(關殺運)이 들어오면 ※그해에는 모든 일에 신경을 많이 쓰게 된다.

❷ 질병(疾病)은 일주(日柱)에서 발생(發生)한다.

❸ 남녀성격은 일주(日柱)에서 발생(發生)한다.

병자년 (丙子年)

53년(음) 5월 3일 자(子)시 여자

丙	乙	戊	癸
子	未	午	巳

58	48	38	28	18	8
甲	癸	壬	辛	庚	己
子	亥	戌	酉	申	未

이 사주는 을목일주가 중하오월(中夏午月)에 출생하여 실시(失時)하고 지지(地支)는 사오미(巳午未) 화국(火局)을 이루고 시상병화(時上丙火)가 투출(透出)하여 상관식신(傷官食神)이 태왕(太旺)이다. 상관식신(傷官食神)을 제(制)하고 을목일주를 생(生)하여 주는 시지자수(時支子水) 인수(印綬)가 용신(用神)이 된다. 이 사주는 여자(女子)의 사주로서 일찍이 남편과 이혼하고 직장생활을 하던 중 우연히 철학관을 찾아 모든 문의를 상담하다가 48세 계수대운(癸水大運)에 운(運)이 들어왔다는 말을 듣고 사업을 경영하다 3년 동안 재산을 탕진하고 남의 집에서 서빙을 하며 살다가 좋은 남자친구를 만나 그 남자친구에게 사업자금을 빌려 53세 해수대운(亥水大運)에 수억금을 번 사주다. 그런데 계수대운(癸水大運)에 왜 사업에 실패하였는가 하면 계수(癸水)는 을목일주의 인수운(印綬運)으로 좋을 것 같으나 그 계수(癸水)는 을목일주를 생(生)하여 주지 않고 월상무토(月上戊土)와 무계합(戊癸合)으로 합거(合去)되어 사통(私通)한 까닭이다. 원명사주(源命四柱) 천간(天干) 년월일시(年月日時) 중 대운(大運)에서 천간합운(天干合運)이 들어오면 사업을 하는 사람은 백전백패며 직장생활을 하는 사람은 근신(勤愼)해야 하며 투기(投機)는 절대 금물이다.

❶ 세운병자년(歲運丙子年): 이별수, 신축, 문서
❷ 질병(疾病): 간(肝), 담(膽), 위장(胃臟)
❸ 남녀성격: (남) 의지 굳다, 무뚝뚝하다, 인정 있다, 총명하다, 근면 성실, 학문, 예술, 자수성가, 처궁불미, 성격이 까다롭다, 옷에 신경, 편식한다, 신앙심
　　　　　(여) 의지 굳다, 무뚝뚝하다, 인자함, 부궁불미, 정부, 시모불합, 자식에게 애정 많음

🌀 **세운 · 질병 · 남녀성격의 해설**(歲運 · 疾病 · 男女性格의 解說)

❶ **세운병자년(歲運丙子年)=** ※이별수, 신축, 문서는 ※세운병자년(歲運丙子年)의 병화(丙火)는 을목일주(乙木日柱)의 상관(傷官)으로 여자(女子) 사주(四柱)에 상관식신(傷官食神)이 태왕(太旺)인데 세운(歲運)에서 상관(傷官) 식신운(食神運)이 들어오면 ※가정에 불화가 많이 생긴다든가 또는 남편과 떨어져 산다든가 또는 이혼한다든가 또는 남편이 사망하는 수도 있다. 그리고 ※신축, 문서는 ※세운병자년(歲運丙子年)의 자수(子水)는 을목일주의 인수(印綬)로 세운(歲運)에서 인수운(印綬運)이 들어오면 ※집을 짓는다든가 또는 증축을 한다든가 또는 사업체를 벌린다든가 또는 문서를 잡는 일이 많다.

❷ 질병(疾病)과 ❸ 남녀성격은 일주(日柱)에서 발생(發生)한다.

병자년 (丙子年)

53년(음) 7월 13일 해(亥)시 여자

丁	乙	庚	癸
亥	巳	申	巳

56	46	36	26	16	6
丙	乙	甲	癸	壬	辛
寅	丑	子	亥	戌	酉

이 사주는 을목일주(乙木日柱)가 초가을 신월(申月)에 출생하여 실시(失時)하고 신궁경금(申宮庚金)이 월상(月上)에 투출(透出)하여 정관격(正官格)으로 신약사주(身弱四柱)다. 다행히 년상계수(年上癸水)가 투출(透出)하여 그 계수(癸水)는 시지(時支) 해중임수(亥中壬水)에 근(根)하므로 관인상생(官印相生)으로 계수인수(癸水印綬)가 용신(用神)이며 목비견겁(木比肩劫)은 희신(喜神)이 된다. 이 사주는 여자(女子)의 사주로서 사업을 경영하여 36세 갑자대운(甲子大運)에 수억 금을 벌었으며 46세 을목대운(乙木大運)에 월상경금(月上庚金)과 을경합(乙庚合)으로 합거(合去)되어 재산을 탕진하고 남편과 이혼하고 병(病)까지 얻어 방광(膀胱) 수술을 하고 힘들게 살아가고 있는 사주다. 방광(膀胱)을 수술하게 된 것은 월간지(月干支) 경신(庚申)과 일간지(日干支) 을사(乙巳)는 천간(天干)으로 을경합(乙庚合)이며 지지(地支)로는 사신합(巳申合)으로 곤랑(滾浪) 도화살(桃花殺)이므로 사주에 곤랑(滾浪) 도화살(桃花殺)이 있으면 방광과 치질과 임질과 비색증(鼻塞症)을 조심해야 한다.

❶ 세운병자년(歲運丙子年): 신축, 문서, 관재
❷ 질병(疾病): 간(肝), 담(膽), 방광(膀胱), 치질(痔疾), 임질(淋疾)
❸ 남녀성격: (남) 의지 굳다, 무뚝뚝하다, 웃음이 적다, 인정 있다, 예의 있다, 명랑하다, 영리하다, 처궁불미, 고독하다, 돈이 잘 빠져나간다
　　　　　　(여) 의지 굳다, 무뚝뚝하다, 인자하다, 부궁불미, 정부, 재가, 애교 많음

🌀 세운·질병·남녀성격의 해설(歲運·疾病·男女性格의 解說)

❶ 세운병자년(歲運丙子年)＝ ※신축, 문서, 관재는 ※세운병자년(歲運丙子年)의 자수(子水)는 을목일주의 인수(印綬)로 세운에서 인수운(印綬運)이 들어오면 ※집을 짓는다든가 또는 증축을 한다든가 또는 사업체를 벌린다든가 문서를 잡는 일이 많다. 그리고 ※관재는 ※세운병자년(歲運丙子年)의 병화(丙火)는 을목일주의 상관(傷官)으로 세운에서 천간(天干) 상관운(傷官運)이 들어오면 ※관재수를 조심해야 한다.

❷ 질병(疾病)은 간, 담은 일주(日柱)에서 발생(發生)하며 ※방광, 치질, 임질은 ※원명사주에 월일간지(月日干支) 을경합(乙庚合) 사신합(巳申合)으로 곤랑도화(滾浪桃花)를 놓고 있다. 원명사주에 곤랑도화를 놓은 사람은 ※방광, 치질, 임질을 조심해야 한다.

❸ 남녀성격은 일주(日柱)에서 발생(發生)한다.

병자년 (丙子年)

57년(음) 5월 15일 사(巳)시 여자

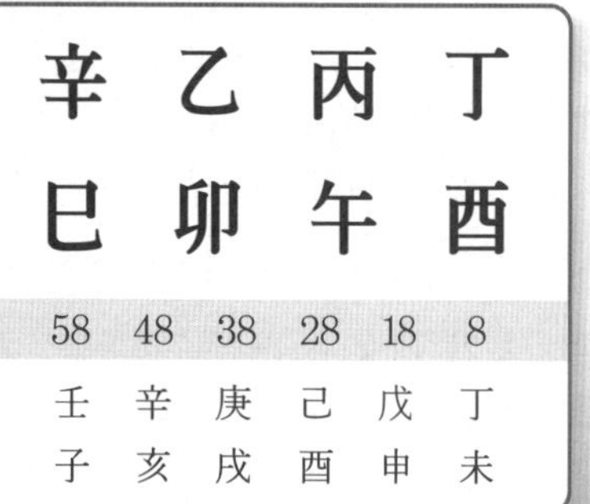

이 사주는 을목일주(乙木日柱)가 중하오월(中夏午月)에 출생하여 실시(失時)하고 오중정화(午中丁火)가 년상(年上)에 투출(透出)하여 식신격(食神格)이며 월시지(月時支) 사오(巳午)로 화국(火局)을 이루고 월상병화(月上丙火)는 시지사화(時支巳火)에 록근(祿根)하여 상관식신(傷官食神)이 태왕(太王)이다. 그러나 을목일주(乙木日柱)는 자좌묘목(自坐卯木)에 록근(祿根)한다 하나 고목(枯木)이 되어가고 있다. 그러므로 많은 상관식신(傷官食神)을 제(制)하면서 을목일주(乙木日柱)를 생(生)하여 주는 수인수(水印綬)가 용신(用神)이며 목비견겁(木比肩劫)은 희신(喜神)이 된다. 이 사주는 여자(女子)의 사주로서 예능을 전공하였으나 운(運)이 없어 성공하지 못하고 고생하다가 사업을 경영하여 48세 신금대운(辛金大運)에 월상병화(月上丙火)와 병신합(丙辛合)으로 합거(合去)되어 재산을 탕진하고 남편(男便)과 이혼(離婚)하고 혼자 살고 있는 사주다.

> **❶ 세운병자년(歲運丙子年):** 이별수, 관재, 수술
> **❷ 질병(疾病):** 중풍(中風), 위산과다(胃酸過多), 기관지(氣管支), 천식(喘息), 뇌졸증(腦卒中), 소화불량(消化不良)
> **❸ 남녀성격:** (남) 의지 굳다, 강직하다, 미남이다, 농담 잘함, 주관이 강함, 인정 있다, 인색하다, 처궁불미, 영리하다, 지구력 부족, 분주 다사, 마음 약
> (여) 의지 굳다, 무뚝뚝하다, 고집 대단, 친정형제 걱정, 부궁불미, 정부, 마음 약, 근심이 많다

세운 · 질병 · 남녀성격의 해설 (歲運 · 疾病 · 男女性格의 解說)

❶ 세운병자년(歲運丙子年)= ※이별수, 관재, 수술은 ※세운병자년(歲運丙子年)의 병화(丙火)는 을목일주의 상관(傷官)으로 여자(女子) 사주(四柱)에 상관식신(傷官食神)이 태왕(太旺)인데 세운에서 상관(傷官) 식신운(食神運)이 들어오면 ※가정에 불화가 많이 생긴다든가 또는 남편과 떨어져 산다든가 또는 이혼한다든가 또는 남편이 사망하는 수도 있다. 그리고 ※관재, 수술은 ※세운병자년(歲運丙子年)의 자수(子水)는 일지묘목(日支卯木)과 자묘(子卯)로 형살(刑殺)이 되므로 세운에서 일지(日支) 형살운(刑殺運)이 들어오면 ※관재수를 조심해야 하며 또는 수술을 조심해야 한다.

❷ 질병(疾病)은 중풍, 위산과다는 일주(日柱)에서 발생하며 ※기관지, 천식, 뇌졸중, 소화불량은 ※을목일주가 화국(火局)을 이루면 ※기관지, 천식, 뇌졸중, 소화불량을 조심해야 한다.

❸ 남녀성격은 일주(日柱)에서 발생(發生)한다.

병자년 (丙子年)

57년(음) 10월 8일 묘(卯)시 남자

己	乙	辛	丁
卯	巳	亥	酉

57	47	37	27	17	7
乙	丙	丁	戊	己	庚
巳	午	未	申	酉	戌

이 사주는 을목일주(乙木日柱)가 초겨울 해월(亥月)에 출생하여 득령(得令)하고 시지묘목(時支卯木)에 록근(祿根)하여 신왕사주(身旺四柱)같이 보인다. 그러나 월상신금(月上辛金) 편관(偏官)은 년지유금(年支酉金)에 록근(祿根)하여 을목일주(乙木日柱)를 극(剋)하고 년상정화(年上丁火)는 일지사화(日支巳火)에 근(根)하여 한편으로는 설기(泄氣)가 심(甚)하고 한편으로는 관(官)에 극(剋)을 받으므로 일주(日柱)는 신약사주(身弱四柱)가 된다. 그러므로 수인수(水印綬)가 용신(用神)이며 목비견겁(木比肩劫)은 희신(喜神)이 된다. 이 사주는 남자(男子)의 사주로서 회사에 근무하였으나 운(運)이 없어 승진이 안되어 고생을 많이 하다가 47세 병화대운(丙火大運)에 퇴사하고 사업을 경영하였으나 월상신금(月上辛金)과 병신합(丙辛合)으로 합거(合去)되어 재산을 탕진하고 처(妻)와 이혼하고 힘들게 살고 있는 사주다. 처궁(妻宮)이 부실한 것은 을사일주(乙巳日柱)의 공망(空亡)은 시지묘목(時支卯木)으로서 일시지(日時支)에 공망(空亡)이 있으면 처궁(妻宮)이 부실하여 재혼(再婚)하거나 혼자 사는 사람들이 많다.

❶ 세운병자년(歲運丙子年): 신축, 문서, 관재, 불성
❷ 질병(疾病): 간(肝), 담(膽)
❸ 남녀성격: (남) 의지 굳다, 무뚝뚝하다, 웃음이 적다, 인정 있다, 예의 있다, 명랑하다, 영리하다, 처궁불미, 고독하다, 돈이 잘 빠져나간다
　　　　　(여) 의지 굳다, 무뚝뚝하다, 인자하다, 부궁불미, 정부, 재가, 애교 많음

세운 · 질병 · 남녀성격의 해설 (歲運 · 疾病 · 男女性格의 解說)

❶ 세운병자년(歲運丙子年)= ※신축, 문서, 관재, 불성은 ※세운병자년(歲運丙子年)의 자수(子水)는 을목일주(乙木日柱)의 인수(印綬)로 세운(歲運)에서 인수운(印綬運)이 들어오면 ※집을 짓는다든가 또는 증축을 한다든가 또는 사업체를 벌린다든가 또는 문서를 잡는 일이 많다. 그리고 ※관재, 불성은 ※세운병자년(歲運丙子年)의 병화(丙火)는 을목일주(乙木日柱)의 상관(傷官)으로 세운(歲運)에서 천간(天干) 상관운(傷官運)이 들어오면 ※관재수를 조심해야 하며 또는 모든 일이 잘 풀리지 않으며 대차계약도 잘 이루어지지 않는다.

❷ 질병(疾病)은 일주(日柱)에서 발생(發生)한다.

❸ 남녀성격은 일주(日柱)에서 발생(發生)한다.

병자년 (丙子年)

59년(음) 10월 29일 사(巳)시 남자

辛	乙	乙	己
巳	卯	亥	亥

57	47	37	27	17	7
己	庚	辛	壬	癸	甲
巳	午	未	申	酉	戌

이 사주는 을목일주(乙木日柱)가 초겨울 해월(亥月)에 출생하여 득령(得令)하고 년지해수(年支亥水) 일지묘목(日支卯木)에 생조를 받아 신왕사주(身旺四柱)다. 신왕사주(身旺四柱)에는 관살(官殺)로 일주(日柱)를 제(制)하거나 상관식신(傷官食神)으로 설기(泄氣)함이 좋은데 시상신금(時上辛金) 편관(偏官)이 있다 하나 시상신금(時上辛金)은 무근(無根)이며 자좌사화(自坐巳火)에 살지(殺地)에 앉아 용신(用神)으로 쓸 수가 없다. 다행히 시지사화(時支巳火)가 있어 사화상관(巳化傷官)으로 설기(泄氣)함으로 이런 사주를 가상관격(假傷官格)이라고 한다. 그러므로 사중병화(巳中丙火) 상관(傷官)이 용신(用神)이 된다. 그리고 이 사주는 남자의 사주로서 공무원으로 52세 오화대운(午火大運)에 고위 공직생활을 하고 있는 사주이다.

❶ 세운병자년(歲運丙子年): 신축, 문서, 관재, 수술
❷ 질병(疾病): 중풍(中風), 위산과다(胃酸過多), 비색증(鼻塞症)
❸ 남녀성격: (남) 의지 굳다, 강직하다, 미남이다, 농담 잘함, 주관이 강함, 인정 있다, 인색하다, 처궁불미, 영리하다, 지구력 부족, 분주 다사, 마음 약
　　　　　(여) 의지 굳다, 무뚝뚝하다, 고집 대단, 친정형제 걱정, 부궁불미, 정부, 마음 약, 근심이 많다

세운·질병·남녀성격의 해설(歲運·疾病·男女性格의 解說)

❶ 세운병자년(歲運丙子年)= ※신축, 문서, 관재, 수술은 ※세운병자년(歲運丙子年)의 자수(子水)는 을목일주(乙木日柱)의 인수(印綬)로 세운(歲運)에서 인수운(印綬運)이 들어오면 ※집을 짓는다든가 또는 증축을 한다든가 또는 사업체를 벌린다든가 또는 문서를 잡는 일이 많다. 그리고 ※관재는 ※세운병자년(歲運丙子年)의 병화(丙火)는 을목일주(乙木日柱)의 상관(傷官)으로 세운(歲運)에서 천간(天干) 상관운(傷官運)이 들어오면 ※관재수를 조심해야 한다. 그리고 ※수술은 ※세운병자년(歲運丙子年)의 자수(子水)는 일지묘목(日支卯木)과 자묘(子卯)로 형살(刑殺)이 되므로 세운(歲運)에서 일지(日支) 형살운(刑殺運)이 들어오면 ※수술을 조심해야 한다.

❷ 질병(疾病)은 ※중풍, 위산과다는 일주(日柱)에서 발생(發生)하며 ※비색증은 ※을목일주(乙木日柱)가 해월(亥月)에 출생하면 ※축농증이나 비염이나 코막힘을 조심해야 한다.

❸ 남녀성격은 일주(日柱)에서 발생(發生)한다.

병자년 (丙子年)

59년(음) 11월 21일 사(巳)시 남자

癸	丙	丙	己
巳	子	子	亥

54	44	34	24	14	4
庚	辛	壬	癸	甲	乙
午	未	申	酉	戌	亥

이 사주는 병화일주(丙火日柱)가 중동자월(中冬子月)에 출생하여 실시(失時)하고 자중계수(子中癸水)가 시상(時上)에 투출(透出)하여 정관격(正官格)이며 지지(地支)는 자자해(子子亥)로 수국(水局)을 이루어 관살(官殺)이 태왕(太旺)으로 일주(日柱)가 심약(甚弱)히다. 병화일주(丙火日柱)는 시지사화(時支巳火)에 록근(祿根)하여 종살(從殺)은 되지 않으며 이 사주는 수화(水火)가 상극(相剋)이 되어있다. 이런 때는 비견겁(比肩劫)이 용신(用神)이 안되며 운(運)에서 목인수(木印綬)를 얻어 수화상극(水火相剋)을 수화기제(水火旣濟)로 관살(官殺)을 화(化)하게 해야 하므로 목인수(木印綬)가 용신(用神)이며 화비견겁(火比肩劫)은 희신(喜神)이 된다. 이 사주는 남자(男子)의 사주로서 교사로 근무하였으나 대운(大運)이 금수운(金水運)으로 좋은 운(運)이 없어 평범하게 살고 있는 사주다.

❶ 세운병자년(歲運丙子年): 변화, 이사, 전근, 관재, 손재, 신액
❷ 질병(疾病): 심장(心臟), 냉증(冷症)
❸ 남녀성격: (남) 예의 있다, 명랑하다, 근심이 많다, 내음외양, 권모술수, 냉정하다, 눈치가 빠름, 고집 대단, 부모형제 덕이 없다, 성질 급, 처궁불미, 자손근심, 말을 잘한다
　　　　　(여) 말을 잘한다, 명랑하다, 금방 좋았다가 금방 싫어짐, 부궁불미, 정부, 재가, 어려운 생활

🌑 세운·질병·남녀성격의 해설 (歲運·疾病·男女性格의 解說)

❶ 세운병자년(歲運丙子年)= ※변화, 이사, 전근, 관재, 손재, 신액은 ※세운병자년(歲運丙子年)의 자수(子水)는 일지자수(日支子水)와 자자(子子)로 삼합(三合)이 되므로 세운(歲運)에서 일지(日支) 삼합운(三合運)이 들어오면 ※변화가 생긴다든가 또는 이사를 한다든가 또는 직장을 옮기는 일이 많다. 그리고 ※관재, 손재, 신액은 ※세운병자년(歲運丙子年)의 자수(子水)는 병화일주(丙火日柱)의 정관(正官)으로 원명사주(源命四柱)에 관살(官殺)이 태왕(太旺)한데 세운(歲運)에서 관살운(官殺運)이 들어오면 ※관재수를 조심해야 하며 또는 손재수를 조심해야 하며 또는 건강을 조심해야 한다. ※일주(日柱)가 약(弱)하고 관살(官殺)이 왕(旺)하면 정관(正官)도 살(殺)로 변하므로 ※관살(官殺)은 질병(疾病)과 관재수와 손재수가 많다.

❷ 질병(疾病)은 일주(日柱)에서 발생(發生)한다.

❸ 남녀성격은 일주(日柱)에서 발생(發生)한다.

병자년 (丙子年)

庚	丙	辛	癸
寅	寅	酉	巳

51	41	31	21	11	1
乙	丙	丁	戊	己	庚
卯	辰	巳	午	未	申

이 사주는 병화일주(丙火日柱)가 중추유월(中秋酉月)에 출생하여 실시(失時)하고 유중신금(酉中辛金)이 월상(月上)에 투출(透出)하여 정재격(正財格)이며 신약사주(身弱四柱)다. 그런데 병화일주(丙火日柱)는 년지사화(年支巳火)에 록근(祿根)하고 일시지(日時支) 양인목(兩寅木)에 장생(長生)하여 4대 4로 신왕사주(身旺四柱)같이 보이나 병화일주(丙火日柱)는 유월(酉月)에 실시(失時)하고 월시상(月時上) 경신금(庚辛金)은 유월(酉月)에 득령(得令)하고 월지유금(月支酉金)은 한 개지만 두 개 이상의 힘을 가지고 있으므로 신약사주(身弱四柱)가 된다. 그러므로 많은 재(財)를 제(制)하고 일주(日柱)를 보신(補身)하는 화비견겁(火比肩劫)이 용신(用神)이며 목인수(木印綬)는 희신(喜神)이 된다. 이 사주는 남자(男子)의 사주로서 사업을 하였으나 51세 을목대운(乙木大運)에 시상경금(時上庚金)과 을경합(乙庚合)으로 합거(合去)되어 손해를 많이 보았으나 56세 묘목희신(卯木喜神) 대운(大運)에 재산을 복구하고 승승장구(乘勝長驅)하고 있는 사주다.

❶ 세운병자년(歲運丙子年): 관재, 손재, 신액, 불성
❷ 질병(疾病): 심장(心臟), 기관지(氣管支)
❸ 남녀성격: (남) 말을 잘한다, 예의 있다, 명랑하다, 남을 생각하지 않고 직선적으로 말함, 용기 있다, 의젓하다, 멋쟁이, 영리하다, 일독십지, 명예우선, 성질 급, 박력 있다, 타의군림, 남을 멸시한다
　　　　　(여) 말을 잘한다, 총명하다, 금방 좋았다가 금방 싫어짐, 박력 있다, 부궁불미

🌀 세운·질병·남녀성격의 해설 (歲運·疾病·男女性格의 解說)

❶ 세운병자년(歲運丙子年)= ※관재, 손재, 신액, 불성은 ※세운병자년(歲運丙子年)의 자수(子水)는 병화일주(丙火日柱)의 정관(正官)으로 원명사주(源命四柱)에 재살(財殺)이 태왕(太旺)한데 세운(歲運)에서 재(財)나 관살운(官殺運)이 들어오면 ※**관재수를 조심해야 하며 또는 손재수를 조심해야 하며 또는 건강을 조심해야 한다.** 그리고 ※불성은 ※세운병자년(歲運丙子年)의 병화(丙火)는 병화일주(丙火日柱)의 비견(比肩)으로 세운(歲運)에서 비견겁운(比肩劫運)이 들어오면 ※**모든 일이 잘 풀리지 않고 대차계약도 잘 이루어지지 않는다.**

❷ 질병(疾病)은 일주(日柱)에서 발생(發生)한다.

❸ 남녀성격은 일주(日柱)에서 발생(發生)한다.

병자년 (丙子年)

53년(음) 9월 25일 미(未)시 여자

乙	丙	壬	癸
未	辰	戌	巳

52	42	32	22	12	2
戊	丁	丙	乙	甲	癸
辰	卯	寅	丑	子	亥

이 사주는 병화일주(丙火日柱)가 계추술월(季秋戌月)에 출생하여 실시(失時)하고 일시지(日時支) 진미토(辰未土)에 설기(泄氣)가 심(甚)하여 신약사주(身弱四柱)다. 그러나 병화일주(丙火日柱)는 년지사화(年支巳火)에 록근(祿根)하고 시상을목(時上乙木)은 미중을목(未中乙木)에 근(根)하여 많은 상관식신(傷官食神)을 제(制)하고 병화일주(丙火日柱)를 생(生)하여 수는 시상을목(時上乙木) 인수(印綬)가 용신(用神)이 되며 화비견겁(火比肩劫)은 희신(喜神)이 된다. 이 사주는 여자(女子)의 사주로서 회사에 근무하다가 42세 정화대운(丁火大運)에 퇴사하여 음식점을 경영하였으나 월상임수(月上壬水)와 대운정화(大運丁火)와 정임합(丁壬合)으로 합거(合去)되어 재산을 탕진하고 남편과 이혼하고 혼자 살다가 47세 묘목대운(卯木大運)에 용신운(用神運)이 들어와 음식점이 잘되어 재산을 복구하였으나 52세 무토대운(戊土大運)에 년상계수(年上癸水)와 무계합(戊癸合)으로 합거(合去)되어 사업이 부실하여 힘들게 살고 있는 사주다. 부궁(夫宮)이 부실한 것은 년간지(年干支) 계사생(癸巳生)의 공망(空亡)은 시지미토(時支未土)이며 월간지(月干支) 임술(壬戌)은 백호관살(白虎官殺)로서 부궁(夫宮)이 더욱더 부실한 사주다.

❶ 세운병자년(歲運丙子年): 변화, 이사, 전근, 불성
❷ 질병(疾病): 혈압(血壓), 심장(心臟), 신경통(神經痛)
❸ 남녀성격: (남) 말을 잘한다, 재간 있다, 남에게 잘함, 배짱 좋다, 손재가 많다, 신앙심, 추리력이 좋다, 재복 있다
　　　　　　(여) 말을 잘한다, 명랑하다, 금방 좋았다가 금방 싫어짐, 고집 대단, 박력 있다, 부궁불미, 정부, 몸과 마음이 피곤함, 신앙심

세운·질병·남녀성격의 해설(歲運·疾病·男女性格의 解說)

❶ 세운병자년(歲運丙子年)= ※변화, 이사, 전근, 불성은 ※세운병자년(歲運丙子年)의 자수(子水)는 일지진토(日支辰土)와 자진(子辰)으로 삼합(三合)이 되므로 세운(歲運)에서 일지(日支) 삼합운(三合運)이 들어오면 ※변화가 생긴다든가 또는 이사를 한다든가 또는 직장을 옮기는 일이 많다. 그리고 ※불성은 ※세운병자년(歲運丙子年)의 병화(丙火)는 병화일주(丙火日柱)의 비견(比肩)으로 세운(歲運)에서 비견겁운(比肩劫運)이 들어오면 ※모든 일이 잘 풀리지 않고 대차계약도 잘 이루어지지 않는다.

❷ 질병(疾病)은 일주(日柱)에서 발생(發生)한다.

❸ 남녀성격은 일주(日柱)에서 발생(發生)한다.

병자년 (丙子年)

54년(음) 7월 20일 유(酉)시 남자

丁	丙	壬	甲
酉	午	申	午

57	47	37	27	17	7
戊	丁	丙	乙	甲	癸
寅	丑	子	亥	戌	酉

이 사주는 병화일주(丙火日柱)가 초가을 신월(申月)에 출생하여 실시(失時)하고 신궁임수(申宮壬水)가 월상(月上)에 투출(透出)하여 편관격(偏官格)으로 신약사주(身弱四柱)이나 년일지(年日支) 양오화(兩午火) 양인(羊刃)과 오중정화(午中丁火)가 시상(時上)에 투출(透出)하고 년상갑목(年上甲木) 인수(印綬)가 있어 병화일주(丙火日柱)는 약화위강(弱化爲强)으로 신왕사주(身旺四柱)다. 신왕사주(身旺四柱)에는 일주(日柱)를 제(制)하는 관살(官殺)로 용신(用神)함이 좋은데 다행히 월상임수(月上壬水)가 투출(透出)하여 임수편관(壬水偏官)으로 용신(用神)한다. 이 사주는 남자(男子)의 사주로서 체육관을 경영하여 해자대운(亥子大運)에는 많은 돈을 벌어 승승장구(乘勝長驅)하며 사업을 확장하였으나 47세 정화대운(丁火大運)에 월상임수(月上壬水)와 정임합(丁壬合)으로 합거(合去)되어 재산을 탕진하고 처(妻)와 이혼하고 방황하며 살고 있는 사주다.

❶ 세운병자년(歲運丙子年): 관재, 수술, 손재, 처액, 불성
❷ 질병(疾病): 혈압(血壓), 심장(心臟), 폐(肺), 비뇨기(泌尿器)
❸ 남녀성격: (남) 말을 잘한다, 명랑하다, 성질 급, 남을 생각하지 않고 직선적으로 말함, 처궁불미, 인내심 부족, 타인 경시, 자립정신, 속성속패, 암기력, 영리하다
(여) 말을 잘한다, 명랑하다, 금방 좋았다가 금방 싫어짐, 시모불합, 남편 말 잘 안 듣는다, 부궁불미, 정부, 영리하다

◎ 세운·질병·남녀성격의 해설 (歲運 · 疾病 · 男女性格의 解說)

❶ 세운병자년(歲運丙子年)= ※관재, 수술, 손재, 처액, 불성은 ※세운병자년(歲運丙子年)의 자수(子水)는 일지오화(日支午火)와 자오충(子午沖)으로 세운(歲運)에서 일지충운(日支沖運)이 들어오면 ※관재수를 조심해야 하며 또는 수술을 조심해야 한다. 그리고 ※손재, 처액은 ※세운병자년(歲運丙子年)의 병화(丙火)는 병화일주의 비견(比肩)으로 신왕(身旺)한 남자 사주에 세운에서 비견겁운(比肩劫運)이 들어오면 ※손재수를 조심해야 하며 또는 가정에 불화가 많이 생긴다든가 또는 처가 가출한다든가 또는 처의 건강을 조심해야 한다. 그리고 ※불성은 ※세운병자년(歲運丙子年)의 병화(丙火)는 병화일주(丙火日柱)의 비견(比肩)으로 세운에서 비견겁운(比肩劫運)이 들어오면 ※모든 일이 잘 풀리지 않고 대차계약도 잘 이루어지지 않는다.

❷ 질병(疾病)은 일주(日柱)에서 발생(發生)한다.

❸ 남녀성격은 일주(日柱)에서 발생(發生)한다.

병자년 (丙子年)

54년(음) 9월 11일 진(辰)시 여자

壬	丙	癸	甲
辰	申	酉	午

60	50	40	30	20	10
丁	戊	己	庚	辛	壬
卯	辰	巳	午	未	申

이 사주는 병화일주(丙火日柱)가 중추유월(中秋酉月)에 출생하여 실시(失時)하고 일지신금(日支申金)과 월시상(月時上) 임계수(壬癸水)가 투출(透出)하여 재살(財殺)이 태왕(太旺)으로 신약사주(身弱四柱)다. 그러나 병화일주(丙火日柱)는 년지오화(年支午火) 양인(羊刃)이 있어 사주에 재(財)가 왕(旺)하므로 많은 재(財)를 제(制)하고 일주(日柱)를 보신(補身)하는 비견겁(比肩劫)이 용신(用神)이며 목인수(木印綬)는 희신(喜神)이 된다. 이 사주는 여자(女子)의 사주로서 미용실을 경영하여 35세 오사대운(午巳大運)에는 돈을 많이 벌었으나 50세 무토대운(戊土大運)에 부동산(不動産)에 투자하여 단 한 번의 실패로 재산을 탕진하고 남편(男便)과 이혼(離婚)하고 혼자 살고 있는 사주다. 부궁(夫宮)이 부실한 것은 년간지(年干支) 갑오생(甲午生)의 공망(空亡)은 시지진토(時支辰土)로서 일시지(日時支)에 공망(空亡)이 있으면 부궁(夫宮)이 부실하여 재혼(再婚)하거나 혼자 사는 사람들이 많다.

❶ 세운병자년(歲運丙子年): 변화, 이사, 전근, 관재, 손재, 신액, 불성
❷ 질병(疾病): 심장 약(心臟 弱)
❸ 남녀성격: (남) 말을 잘한다, 영리하다, 다재다능, 재복 있다, 처 덕 있다, 꾀가 많다, 고독하다
　　　　　　(여) 말을 잘한다, 명랑하다, 금방 좋았다가 금방 싫어짐, 부궁불미, 정부, 시모 불합, 잔병조심, 말조심, 고독하다

☯ 세운 · 질병 · 남녀성격의 해설 (歲運 · 疾病 · 男女性格의 解說)

❶ 세운병자년(歲運丙子年)= ※변화, 이사, 전근, 관재, 손재, 신액, 불성은 ※세운병자년(歲運丙子年)의 자수(子水)는 일지신금(日支申金)과 자신(子申)으로 삼합(三合)이 되므로 세운(歲運)에서 일지(日支) 삼합운(三合運)이 들어오면 ※변화가 생긴다든가 또는 이사를 한다든가 또는 직장을 옮기는 일이 많다. 그리고 ※관재, 손재, 신액은 ※세운병자년(歲運丙子年)의 자수(子水)는 병화일주(丙火日柱)의 정관(正官)으로 원명사주(源命四柱)에 재살(財殺)이 태왕(太旺)인데 세운(歲運)에서 재(財)나 관살운(官殺運)이 들어오면 ※관재수를 조심해야 하며 또는 손재수를 조심해야 하며 또는 건강을 조심해야 한다. 그리고 ※불성은 ※세운병자년(歲運丙子年)의 병화(丙火)는 병화일주(丙火日柱)의 비견(比肩)으로 세운(歲運)에서 비견겁운(比肩劫運)이 들어오면 ※모든 일이 잘 풀리지 않고 대차계약도 잘 이루어지지 않는다.

❷ 질병(疾病)과 ❸ 남녀성격은 일주(日柱)에서 발생(發生)한다.

병자년 (丙子年)

己	丙	癸	乙
丑	戌	未	未

55	45	35	25	15	5
己	戊	丁	丙	乙	甲
丑	子	亥	戌	酉	申

이 사주는 병화일주(丙火日柱)가 하계미월(夏季未月)에 출생하여 실시(失時)하고 미중기토(未中己土)가 시상(時上)에 투출(透出)하여 어느 오행(五行)으로 격(格)을 잡느냐의 기로(岐路)에 서게 된다. 날짜상으로 보면 미중정화(未中丁火)가 사령(司令)하고 있으나 미중정화(未中丁火)가 없으므로 시상기토(時上己土) 본기(本氣)로 격(格)을 잡는다. 그러므로 이 사주는 상관격(傷官格)이다. 그리고 지지(地支)는 미미술(未未戌) 축토(丑土)로 지지(地支)는 전토국(全土局)을 이루어 일주 병화(日柱丙火)는 설기(泄氣)가 심(甚)하다. 다행히 년상을목(年上乙木)이 미중을목(未中乙木)에 근(根)하여 많은 상관식신(傷官食神)을 제(制)하면서 병화일주(丙火日柱)를 생(生)하여 줌으로 을목인수(乙木印綬)가 용신(用神)이 된다. 이 사주는 여자(女子)의 사주로서 병화일주(丙火日柱)의 남편(男便)이 되는 월상계수(月上癸水)가 많은 상관식신(傷官食神)의 극(剋)을 받아 부궁(夫宮)이 부실하여 혼자 살고 있으며 40세 해자수(亥子水) 대운(大運)에 조열(燥熱)한 토(土)를 윤습(潤濕)케 하고 을목용신(乙木用神)을 생(生)하여 사업 성공하여 수억금을 벌어 잘살고 있는 사주다.

❶ 세운병자년(歲運丙子年): 이별수, 불성
❷ 질병(疾病): 혈압(血壓)
❸ 남녀성격: (남) 말을 잘한다, 영리하다, 예의 있다, 인정 있다, 이해심이 많다, 성질 급, 박력 있다, 영리하다, 만인 존경, 알뜰함, 연구심, 배짱 좋다, 돈이 잘 빠져나감, 예감, 신앙심

　　　　　(여) 말을 잘한다, 명랑하다, 예의 있다, 금방 좋았다가 금방 싫어짐, 정부, 재가, 부궁불미, 인정 있다, 남에게 잘함, 배짱 좋다, 신앙심

세운 · 질병 · 남녀성격의 해설 (歲運 · 疾病 · 男女性格의 解說)

❶ 세운병자년(歲運丙子年)= ※이별수, 불성은 ※세운병자년(歲運丙子年)의 자수(子水)는 병화일주의 정관(正官)으로 여자 사주에 상관식신(傷官食神)이 태왕(旺)한데 세운(歲運)에서 관살운(官殺運)이 들어오면 ※가정에 불화가 많이 생긴다든가 또는 남편과 떨어져 산다든가 또는 이혼한다든가 또는 남편이 사망하는 수도 있다. 그리고 ※불성은 ※세운병자년(歲運丙子年)의 병화(丙火)는 병화일주의 비견(比肩)으로 세운에서 비견겁운(比肩劫運)이 들어오면 ※모든 일이 잘 풀리지 않고 대차계약도 잘 이루어지지 않는다.

❷ 질병(疾病)과 ❸ 남녀성격은 일주(日柱)에서 발생(發生)한다.

병자년 (丙子年)

56년(음) 7월 12일 신(申)시 남자

丙	丙	丙	丙
申	辰	申	申

57	47	37	27	17	7
壬	辛	庚	己	戊	丁
寅	丑	子	亥	戌	酉

이 사주는 병화일주(丙火日柱)가 초가을 신월(申月)에 출생하여 실시(失時)하고 년지신금(年支申金)과 시지신금(時支申金)으로 재(財)가 태왕(太旺)이며 일시지(日時支) 신진(申辰)은 수국(水局)이 되어 재살(財殺)이 태왕(太旺)이다. 그러나 병화일주(丙火日柱)는 년월일시(年月日時) 병화(丙火) 천원일기(天元 ·氣)를 이루어 일주(日柱)가 왕(旺)하여 보이나 병화일주(丙火日柱)는 무근(無根)이며 자좌진토(自坐辰土)에 설기(泄氣)가 심(甚)하며 년월시상(年月時上) 비견(比肩)도 무근(無根)이며 자좌신금(自坐申金)에 병궁(病宮)에 앉아 힘이 없다. 그러므로 종재격(從財格)같이 보이나 일시지(日時支) 신진수국(申辰水局)이 있어 수화상극(水火相剋)이 되어 목(木)을 얻어 수화상극(水火相剋)을 수화기제(水火旣濟)로 화(化)하는 것이 좋으므로 목인수(木印綬)가 용신(用神)이 되며 화비견겁(火比肩劫)은 희신(喜神)이 된다. 이 사주는 남자(男子)의 사주로서 철재사업을 경영하였으나 운(運)이 없어 실패하고 현장에서 일용직(日用職)으로 일하고 있는 사주다.

❶ 세운병자년(歲運丙子年): 변화, 이사, 전근, 관재, 손재, 신액, 불성
❷ 질병(疾病): 혈압(血壓), 심장(心臟), 신경통(神經痛)
❸ 남녀 성격: (남) 말을 잘한다, 재간 있다, 남에게 잘함, 배짱 좋다, 손재가 많다, 신앙심, 추리력이 좋다, 재복 있다
　　　　　 (여) 말을 잘한다, 명랑하다, 금방 좋았다가 금방 싫어짐, 고집 대단, 박력 있다, 부궁불미, 정부, 몸과 마음이 피곤함, 신앙심

☯ 세운 · 질병 · 남녀성격의 해설 (歲運 · 疾病 · 男女性格의 解說)

❶ 세운병자년(歲運丙子年)= ※변화, 이사, 전근, 관재, 손재, 신액, 불성은 ※세운병자년(歲運丙子年)의 자수(子水)는 일지진토(日支辰土)와 자진(子辰)으로 삼합(三合)이 되므로 세운(歲運)에서 일지(日支) 삼합운(三合運)이 들어오면 ※변화가 생긴다든가 또는 이사를 한다든가 또는 직장을 옮기는 일이 많다. 그리고 ※관재, 손재, 신액은 ※세운병자년(歲運丙子年)의 자수(子水)는 병화일주(丙火日柱)의 정관(正官)으로 원명사주(源命四柱)에 재살(財殺)이 태왕(太旺)인데 세운(歲運)에서 재(財)나 관살운(官殺運)이 들어오면 ※관재수나 손재수나 건강을 조심해야 한다. 그리고 ※불성은 ※세운병자년(歲運丙子年)의 병화(丙火)는 병화일주의 비견(比肩)으로 세운에서 비견겁운(比肩劫運)이 들어오면 ※모든 일이 잘 풀리지 않고 대차계약도 잘 이루어지지 않는다.

❷ 질병(疾病)은 일주(日柱)에서 발생(發生)한다.

❸ 남녀성격은 일주(日柱)에서 발생(發生)한다.

병자년 (丙子年)

壬	丙	戊	丁
辰	子	申	酉

52	42	32	22	12	2
甲	癸	壬	辛	庚	己
寅	丑	子	亥	戌	酉

이 사주는 병화일주가 초가을 신월(申月)에 출생하여 실시(失時)하고 신궁임수(申宮壬水)가 시상(時上)에 투출(透出)하여 편관격(偏官格)으로 신약사주(身弱四柱)다. 그리고 지지(地支)는 신자진(申子辰) 수국(水局)을 이루고 년지(年支) 유금재(酉金財)로 재살(財殺)이 태왕(太旺)으로 화생토(火生土) 토생금(土生金) 금생수(金生水)로 종살격(從殺格)이다. 그러므로 시상임수(時上壬水) 편관(偏官)이 용신(用神)이며 금재(金財)는 희신(喜神)이 된다. 이 사주는 여자의 사주로서 37세 자수대운(子水大運)에 사업을 경영하여 돈을 많이 벌었으나 42세 계수대운(癸水大運)에 월상무토(月上戊土)와 무계합(戊癸合)으로 합거(合去)되어 재산을 탕진하고 고생하다가 52세 갑목대운(甲木大運)에 종(從)하는 사주에 인수운(印綬運)이 들어와 사업 실패하고 남편과 이혼하고 힘들게 살고 있는 사주다. 부궁(夫宮)이 부실한 것은 년간지(年干支) 정유생(丁酉生)의 공망(空亡)은 시지진토(時支辰土)로서 일시지(日時支)에 공망(空亡)이 있으면 부궁이 부실하여 재혼하거나 혼자 사는 사람들이 많다.

❶ 세운병자년(歲運丙子年): 변화, 이사, 전근, 관재, 손재, 신액
❷ 질병(疾病): 심장(心臟), 냉증(冷症)
❸ 남녀성격: (남) 예의있다, 명랑하다, 근심이 많다, 내음외양, 권모술수, 냉정하다, 눈치가 빠름, 고집 대단, 부모형제 덕이 없다, 성질 급, 처궁불미, 자손근심, 말을 잘한다
　　　　　 (여) 말을 잘한다, 명랑하다, 금방 좋았다가 금방 싫어짐, 부궁불미, 정부, 재가, 어려운 생활

세운·질병·남녀성격의 해설 (歲運·疾病·男女性格의 解說)

❶ 세운병자년(歲運丙子年)= ※변화, 이사, 전근, 관재, 손액, 신액은 ※세운병자년(歲運丙子年)의 자수(子水)는 일지자수(日支子水)와 자자(子子)로 삼합(三合)이 되므로 세운(歲運)에서 일지(日支) 삼합운(三合運)이 들어오면 ※변화가 생긴다든가 또는 이사를 한다든가 또는 직장을 옮기는 일이 많다. 그리고 ※관재, 손재, 신액은 ※세운병자년(歲運丙子年)의 자수(子水)는 병화일주(丙火日柱)의 정관(正官)으로 원명사주(源命四柱)에 재살(財殺)이 태왕(太旺)인데 세운(歲運)에서 재(財)나 관살운(官殺運)이 들어오면 ※관재수나 손재수나 건강을 조심해야 한다.

❷ 질병(疾病)은 일주(日柱)에서 발생(發生)한다.

❸ 남녀성격은 일주(日柱)에서 발생(發生)한다.

병자년 (丙子年)

58년(음) 5월 13일 진(辰)시 여자

甲	丁	戊	戊
辰	丑	午	戌

58	48	38	28	18	8
壬	癸	甲	乙	丙	丁
子	丑	寅	卯	辰	巳

이 사주는 정화일주(丁火日柱)가 중하오월(中夏午月)에 출생하여 록근(祿根)하고 시상갑목(時上甲木) 인수(印綬)가 있어 신왕사주(身旺四柱)같이 보인다. 그러나 년월무토(年月戊土)가 투출(透出)하고 년일시지(年日時支) 진축술토(辰丑戌土)로 상관식신(傷官食神)이 태왕(太旺)으로 정화일주가 설기(泄氣)가 심(甚)하여 많은 상관식신(傷官食神)은 일주(日柱)의 병(病)이 되므로 시상갑목(時上甲木) 인수(印綬)로 많은 상관식신(傷官食神)을 제(制)하면서 정화일주(丁火日柱)를 생(生)하여 줌으로 시상갑목(時上甲木) 인수(印綬)가 용신(用神)이 되며 화비견겁(火比肩劫)은 희신(喜神)이 된다. 이 사주는 여자의 사주로서 조실부모(早失父母)하고 어려서부터 돈이 되는 일이라면 직업을 가리지 않고 일을 하여 자본금을 마련하여 28세 을묘갑인(乙卯甲寅) 대운(大運)에 사업 성공하여 수억금을 벌어서 잘살고 있는 사주인데 여자 사주에 상관식신(傷官食神)이 태왕(太旺)이면 부궁(夫宮)이 부실하여 재혼하거나 혼자 사는 사람들이 많으며 이 사주도 독수공방으로 외롭게 살고 있다.

❶ 세운병자년(歲運丙子年): 이별수, 불성
❷ 질병(疾病): 냉(冷), 하원윤습(下元潤濕)
❸ 남녀성격: (남) 말을 잘한다, 인심 좋다, 예의 있다, 재물 욕심, 재복 있다, 영리하다, 임기응변, 재간 있다, 근면 성실, 주머니 돈 안 떨어진다, 신앙심, 새벽잠이 없다
　　　　　 (여) 명랑하다, 예의 있다, 금방 좋았다가 금방 싫어짐, 부궁불미, 정부, 재가, 인정 있다, 요리솜씨, 말을 잘한다

🔵 세운 · 질병 · 남녀성격의 해설 (歲運 · 疾病 · 男女性格의 解說)

❶ 세운병자년(歲運丙子年)= ※이별수, 불성은 ※세운병자년(歲運丙子年)의 자수(子水)는 정화일주(丁火日柱)의 편관(偏官)으로 남편이 되므로 여자 사주에 상관식신(傷官食神)이 태왕(太旺)인데 세운(歲運)에서 관살운(官殺運)이 들어오면 ※가정에 불화가 많이 생긴다든가 또는 남편과 떨어져 산다든가 또는 이혼한다든가 또는 남편이 사망하는 수도 있다. ※많은 상관식신(傷官食神)은 부성(夫星)이 되는 관살(官殺)을 제(制)하기 때문이다. 그리고 ※불성은 ※세운병자년(歲運丙子年)의 병화(丙火)는 정화일주의 비겁(比劫)으로 세운(歲運)에서 비견겁운(比肩劫運)이 들어오면 ※모든 일이 잘 풀리지 않고 대차계약도 잘 이루어지지 않는다.

❷ 질병(疾病)은 일주(日柱)에서 발생(發生)한다.

❸ 남녀성격은 일주(日柱)에서 발생(發生)한다.

병자년 (丙子年)

58년(음) 9월 25일 묘(卯)시 여자

<table>
<tr><td colspan="4">癸 丁 壬 戊
卯 亥 戌 戌</td></tr>
<tr><td>59</td><td>49</td><td>39</td><td>29</td><td>19</td><td>9</td></tr>
<tr><td>丙</td><td>丁</td><td>戊</td><td>己</td><td>庚</td><td>辛</td></tr>
<tr><td>辰</td><td>巳</td><td>午</td><td>未</td><td>申</td><td>酉</td></tr>
</table>

이 사주는 정화일주(丁火日柱)가 계추술월(季秋戌月)에 출생하여 실시(失時)하고 술중무토(戌中戊土)가 년상(年上)에 투출(透出)하여 상관격(傷官格)으로 설기(泄氣)가 심(甚)하여 신약사주(身弱四柱)다. 다행히 시지묘목(時支卯木) 인수(印綬)가 있어 묘목인수(卯木印綬)로 많은 상관(傷官)을 제(制)하면서 정화일주(丁火日柱)를 생(生)하여 줌으로 묘목인수(卯木印綬)가 용신(用神)이며 화비견겁(火比肩劫)은 희신(喜神)이 된다. 이 사주는 여자(女子)의 사주로서 사업을 경영하였으나 초년(初年)에는 운(運)이 없어 고생을 많이 하다가 44세 오화대운(午火大運)에 사업이 번창하여 수억금을 벌었으며 49세 정화대운(丁火大運)에 월상임수(月上壬水)와 정임합(丁壬合)으로 합거(合去)되어 재산을 탕진하고 남편(男便)과 이혼하고 혼자 살고 있는 사주다. 부궁(夫宮)이 부실한 것은 여자(女子) 사주에 상관식신(傷官食神)이 태왕(太旺)이면 부궁(夫宮)이 부실하여 재혼(再婚)하거나 혼자 사는 사람들이 많다.

세운·질병·남녀성격의 해설 (歲運 · 疾病 · 男女性格의 解說)

❶ 세운병자년(歲運丙子年)= ※이별수, 불성은 ※세운병자년(歲運丙子年)의 자수(子水)는 정화일주(丁火日柱)의 편관(偏官)으로 여자(女子) 사주에 상관식신(傷官食神)이 태왕(太旺)인데 세운(歲運)에서 관살운(官殺運)이 들어오면 ※가정에 불화가 많이 생긴다든가 또는 남편과 떨어져 산다든가 또는 이혼한다든가 또는 남편이 사망하는 수도 있다. 그리고 ※불성은 ※세운병자년(歲運丙子年)의 병화(丙火)는 정화일주(丁火日柱)의 비겁(比劫)으로 세운(歲運)에서 비견겁운(比肩劫運)이 들어오면 ※모든 일이 잘 풀리지 않고 대차계약도 잘 이루어지지 않는다.

❷ 질병(疾病)은 일주(日柱)에서 발생(發生)한다.

❸ 남녀성격은 일주(日柱)에서 발생(發生)한다.

병자년 (丙子年)

51년(음) 9월 24일 사(巳)시 여자

乙	丁	戊	辛
巳	酉	戌	卯

55	45	35	25	15	5
甲	癸	壬	辛	庚	己
辰	卯	寅	丑	子	亥

이 사주는 정화일주(丁火日柱)가 계추술월(季秋戌月)에 출생하여 실시(失時)하고 술중무토(戌中戊土)와 신금(辛金)이 투출(透出)하여 어느 오행(五行)으로 격(格)을 잡느냐의 기로(岐路)에 서게 된다. 날짜상으로 보아 술중무토(戌中戊土)가 사령(司令)하므로 월상무토(月上戊土) 상관(傷官)으로 격(格)을 잡는다. 그러므로 상관격(傷官格)으로 일주(日柱)는 설기(泄氣)가 심(甚)하여 신약사주(身弱四柱)다. 다행히 정화일주(丁火日柱)는 시간지(時干支) 을사인수(乙巳印綬)와 비겁(比劫)이 있으며 시상을목(時上乙木)은 년지묘목(年支卯木)에 록근(祿根)하였으나 사주에 재(財)가 왕(旺)하므로 많은 재(財)를 제(制)하고 일주(日柱)를 보신(補身)하는 화비견겁(火比肩劫)이 용신(用神)이며 목인수(木印綬)는 희신(喜神)이 된다. 이 사주는 여자(女子)의 사주로서 약사(藥師)인데 초년(初年)에는 고생을 많이 하였으나 40세 인목대운(寅木大運)에 돈을 많이 벌어 부동산을 투자하였으나 45세 계수대운(癸水大運)에 월상무토(月上戊土)와 무계합(戊癸合)으로 합거(合去)되어 손해를 많이 보았으며 50세 묘목대운(卯木大運)부터 희신운(喜神運)이 들어와 사업이 번창하여 수억금을 벌었으며 잘살고 있는 사주다.

❶ 세운병자년(歲運丙子年): 신경과민, 불성
❷ 질병(疾病): 심장(心臟), 간(肝), 담(膽)
❸ 남녀성격: (남) 말을 잘한다, 고집 대단, 미남형, 남에게 잘함, 학업 열중, 학업 장애, 재복 있다, 처 덕 있다, 청백하다, 예의 있다, 고독하다
　　　　　　(여) 명랑하다, 예의 있다, 금방 좋았다가 금방 싫어짐, 욕심 많다, 정부, 미모 수려, 이성수신, 자손귀자, 말을 잘한다

🌀 세운·질병·남녀성격의 해설 (歲運·疾病·男女性格의 解說)

❶ 세운병자년(歲運丙子年)= ※신경과민, 불성은 ※세운병자년(歲運丙子年)의 자수(子水)는 일지유금(日支酉金)과 자유(子酉)로 귀문관살(鬼門關殺)이 되므로 세운(歲運)에서 일지(日支) 귀문(鬼門)관살운(關殺運)이 들어오면 ※그해에는 모든 일에 신경을 많이 쓰게 된다. 그리고 ※불성은 ※세운병자년(歲運丙子年)의 병화(丙火)는 정화일주(丁火日柱)의 비겁(比劫)으로 세운(歲運)에서 비견겁운(比肩劫運)이 들어오면 ※모든 일이 잘 풀리지 않고 대차계약도 잘 이루어지지 않는다.

❷ 질병(疾病)은 일주(日柱)에서 발생(發生)한다.

❸ 남녀성격은 일주(日柱)에서 발생(發生)한다.

병자년 (丙子年)

52년(음) 7월 9일 인(寅)시 남자

<table>
<tr><td>壬</td><td>丁</td><td>戊</td><td>壬</td></tr>
<tr><td>寅</td><td>未</td><td>申</td><td>辰</td></tr>
<tr><td>53</td><td>43</td><td>33</td><td>23</td><td>13</td><td>3</td></tr>
<tr><td>甲</td><td>癸</td><td>壬</td><td>辛</td><td>庚</td><td>己</td></tr>
<tr><td>寅</td><td>丑</td><td>子</td><td>亥</td><td>戌</td><td>酉</td></tr>
</table>

이 사주는 정화일주(丁火日柱)가 초가을 신월(申月)에 출생하여 실시(失時)하고 신궁임수(申宮壬水)가 투출(透出)하여 정관격(正官格)으로 일주(日柱)는 신약사주(身弱四柱)다. 년시상(年時上)에 양임수(兩壬水)가 투출(透出)하여 관살(官殺)이 혼잡하여 흠(欠)이다. 다행히 시상임수(時上壬水)는 정화일주(丁火日柱)와 정임(丁壬)으로 합거(合去)하였고 년상임수(年上壬水)는 월지신금(月支申金)에 장생(長生)하고 자고(自庫)인 진중계수(辰中癸水)에 근(根)하여 정관격(正官格)으로 살인상생(殺印相生)을 시키는 목인수(木印綬)가 용신(用神)이며 화비견겁(火比肩劫)은 희신(喜神)이 된다. 이 사주는 남자의 사주로서 재관인(財官印) 삼귀(三貴)를 놓고 있다. 시지(時支) 인중갑목(寅中甲木)은 정인(正印)이며 년상임수(年上壬水)는 정관(正官)이며 신궁경금(申宮庚金)은 정재(正財)로서 재관인(財官印) 삼귀(三貴)를 갖추어져 공직(公職) 생활을 하였으나 운(運)이 없어 승진이 안되어 퇴직하고 사업을 하였으나 43세 계축대운(癸丑大運)에 재산을 탕진하고 처와 이혼하고 방황하며 살다가 53세 갑인대운(甲寅大運)에 사업을 재기하여 돈을 많이 벌어 잘 살고 있는 사주다. 처궁(妻宮)이 부실한 것은 일간지(日干支) 정미일주(丁未日柱)의 공망(空亡)은 시지인목(時支寅木)으로서 일시지(日時支)에 공망(空亡)이 있으면 처궁이 부실하다.

❶ 세운병자년(歲運丙子年): 관재, 손재, 신액, 불성
❷ 질병(疾病): 간(肝), 담(膽)
❸ 남녀성격: (남) 말을 잘한다, 마음이 넓다, 남에게 잘함, 명랑하다, 예의 있다, 편식, 박력 있다, 고집 대단, 성격이 까다롭다, 옷에 신경, 처궁불미
　　　　　　(여) 명랑하다, 예의 있다, 금방 좋았다가 금방 싫어짐, 인덕 없다, 정부, 재가, 부궁불미, 신앙심, 말을 잘한다, 고집 대단

◉ 세운·질병·남녀성격의 해설 (歲運·疾病·男女性格의 解說)

❶ 세운병자년(歲運丙子年)= ※관재, 손재, 신액, 불성은 ※세운병자년(歲運丙子年)의 자수(子水)는 정화일주(丁火日柱)의 편관(偏官)으로 원명사주에 재관(財官)이 왕(旺)한데 세운(歲運)에서 재(財)나 관살운(官殺運)이 들어오면 ※관재수나 손재수나 건강을 조심해야 한다. 그리고 ※불성은 ※세운병자년(歲運丙子年)의 병화(丙火)는 정화일주(丁火日柱)의 비겁(比劫)으로 세운(歲運)에서 비견겁운(比肩劫運)이 들어오면 ※모든 일이 잘 풀리지 않고 대차계약도 잘 이루어지지 않는다.

❷ 질병(疾病)과 ❸ 남녀성격은 일주(日柱)에서 발생(發生)한다.

병자년 (丙子年)

53년(음) 5월 25일 인(寅)시 여자

壬	丁	戊	癸
寅	巳	午	巳

51	41	31	21	11	1
甲	癸	壬	辛	庚	己
子	亥	戌	酉	申	未

이 사주는 정화일주(丁火日柱)가 중하오월(中夏午月)에 출생하여 록근(祿根)하고 년일지(年日支) 양사화(兩巳火)와 시지인목(時支寅木) 인수(印綬)로 신왕사주(身旺四柱)다. 신왕사주(身旺四柱)에는 일주(日柱)를 제(制)하는 관살(官殺)이나 상관식신(傷官食神)으로 설기(泄氣)함이 좋은데 년상계수(年上癸水) 편관(偏官)은 무근(無根)이며 자좌절지(自坐絕地)에 앉았으며 시상임수(時上壬水) 정관(正官)도 무근(無根)이며 자좌인목(自坐寅木)에 설기(泄氣)가 심(甚)하여 용신(用神)으로 쓸 수가 없다. 다행히 월상무토(月上戊土)가 투출(透出)하여 무토상관(戊土傷官)으로 용신(用神)한다. 이 사주는 여자(女子)의 사주로서 화장품 판매업을 하였으나 초년(初年)에는 운(運)이 없어 고생을 많이 하다가 36세 술토대운(戌土大運)에 사업이 번창하여 여러 대리점을 확장하여 경영하였으나 41세 계수대운(癸水大運)에 월상무토(月上戊土)와 무계합(戊癸合)으로 합거(合去)되어 재산을 탕진하고 그 이후로도 운(運)이 없어 남편과 이혼하고 혼자 힘들게 살고 있는 사주다.

❶ 세운병자년(歲運丙子年): 이별수, 불성
❷ 질병(疾病): 심장(心臟), 혈압(血壓), 신경쇠약(神經衰弱), 부인병(婦人病)
❸ 남녀성격: (남) 말을 잘한다, 외유내강, 매사 열중, 예의 있다, 명랑하다, 항상 바쁨, 거짓
　　　　　　말을 못함, 남을 생각하지도 않고 직선적으로 말함, 영리하다, 고독하다
　　　　　　(여) 명랑하다, 예의 있다, 금방 좋았다가 금방 싫어짐, 말을 잘함, 정부, 재가,
　　　　　　부궁불미, 독수공방

세운·질병·남녀성격의 해설 (歲運·疾病·男女性格의 解說)

❶ 세운병자년(歲運丙子年)= ※이별수, 불성은 ※세운병자년(歲運丙子年)의 병화(丙火)는 정화일주의 비겁(比劫)으로 신왕(身旺)한 여자(女子) 사주에 세운에서 비견겁운(比肩劫運)이 들어오면 ※가정에 불화가 많이 생긴다든가 또는 떨어져산다든가 또는 이혼한다든가 또는 남편이 사망하는 수도 있다. 그리고 ※불성은 ※세운병자년(歲運丙子年)의 병화(丙火)는 정화일주의 비겁(比劫)으로 세운에서 비견겁운(比肩劫運)이 들어오면 ※모든 일이 잘 풀리지 않고 대차계약도 잘 이루어지지 않는다.

❷ 질병(疾病)은 심장, 혈압은 일주(日柱)에서 발생(發生)하며 ※신경쇠약, 부인병은 ※정화일주(丁火日柱)가 목화(木火)가 왕(旺)하면 ※신경쇠약이나 부인병을 조심해야 한다.

❸ 남녀성격은 일주(日柱)에서 발생(發生)한다.

병자년 (丙子年)

이 사주는 정화일주(丁火日柱)가 중동자월(中冬子月)에 출생하여 실시(失時)하고 년지해수(年支亥水)와 해자(亥子)로 수국(水局)을 이루고 해중임수(亥中壬水)가 시상(時上)에 투출(透出)하여 관살(官殺)이 태왕(太旺)이며 정화일주는 약(弱)한 불로서 신약사주(身弱四柱)다. 다행히 정화일주(丁火日柱)는 일지묘목(日支卯木)과 시지인목(時支寅木)이 있어 이 왕(旺)한 관살(官殺)은 일지묘목(日支卯木)을 생(生)하고 묘목인수(卯木印綬)는 정화일주를 생(生)하여 살인상생(殺印相生)으로 묘목인수(卯木印綬)가 용신(用神)이며 화비견겁(火比肩劫)은 희신(喜神)이 된다. 이 사주는 여자(女子)의 사주로서 공인중개사로 대운(大運) 경진운(庚辰運)에는 고생을 많이 하다가 49세 신금대운(辛金大運)에 경매 사업을 하였으나 월상병화(月上丙火)와 대운신금(大運辛金)과 병신합(丙辛合)으로 합거(合去)되어 재산을 탕진하였으나 54세 사화대운(巳火大運)에는 사업이 번창하리라고 본다.

---

❶ 세운병자년(歲運丙子年): 이별수, 관재, 손재, 신액, 불성

❷ 질병(疾病): 풍질(風疾)

❸ 남녀성격: (남) 말을 잘한다, 명랑하다, 근심이 많다, 영리하다, 풍류를 즐긴다, 지구력 부족, 처궁불미, 마음 약, 소심하다, 인자한 성품, 운동 잘함

　　　　　(여) 명랑하다, 예의 있다, 금방 좋았다가 금방 싫어짐, 부궁불미, 정부, 친모격 정 많이 한다, 예능에 소질

☯ 세운·질병·남녀성격의 해설 (歲運·疾病·男女性格의 解說)

❶ 세운병자년(歲運丙子年)= ※이별수, 관재, 손재, 신액, 불성은 ※세운병자년(歲運丙子年)의 자수(子水)는 정화일주의 편관(偏官)으로 여자(女子) 사주에 관살(官殺)이 태왕(太旺)인데 세운에서 관살운(官殺運)이 들어오면 ※가정에 불화가 많이 생긴다든가 또는 남편과 떨어져 산다든가 또는 이혼한다든가 또는 남편이 사망하는 수도 있다. 그리고 ※관재, 손재, 신액은 ※세운병자년(歲運丙子年)의 자수(子水)는 정화일주(丁火日柱)의 편관(偏官)으로 원명사주에 관살(官殺)이 왕(旺)한데 세운에서 재(財)나 관살운(官殺運)이 들어오면 ※관재수나 손재수나 건강을 조심해야 한다. 그리고 ※불성은 ※세운병자년(歲運丙子年)의 병화(丙火)는 정화일주의 비겁(比劫)으로 세운에서 비견겁운(比肩劫運)이 들어오면 ※모든 일이 잘 풀리지 않고 대차계약도 잘 이루어지지 않는다.

❷ 질병(疾病)과 ❸ 남녀성격은 일주(日柱)에서 발생(發生)한다.

병자년 (丙子年)

59년(음) 10월 1일 자(子)시 남자

庚	丁	甲	己
子	亥	戌	亥

58	48	38	28	18	8
戊	己	庚	辛	壬	癸
辰	巳	午	未	申	酉

이 사주는 정화일주(丁火日柱)가 계추술월(季秋戌月)에 출생하여 실시(失時)하고 년일지(年日支) 양해수(兩亥水)와 시지자수(時支子水)로 관살(官殺)이 태왕(太旺)으로 정화일주(丁火日柱)가 심약(甚弱)하다. 월상갑목(月上甲木) 인수(印綬)로 용신(用神)하고자 하나 그 갑목(甲木)은 술중무토(戌中戊土)와 신금(辛金)에 재살지(財殺地)에 앉아 힘이 없으며 년상기토(年上己土)와 갑기(甲己)로 합(合)하여 용신(用神)으로 쓸 수가 없다. 그러므로 화생토(火生土) 토생금(土生金) 금생수(金生水)로 사주(四柱)의 기(氣)는 해중임수(亥中壬水)에 집중하여 종살격(從殺格)이다. 그러므로 수관살(水官殺)이 용신(用神)이며 경금재(庚金財)는 희신(喜神)이 된다. 이 사주는 남자(男子)의 사주로서 회사에 근무하였으나 운(運)이 없어 승진이 안되어 고생을 많이 하다가 43세 오화대운(午火大運)에 퇴사하여 사업을 경영하였으나 종(從)하는 사주에 비견운(比肩運)이 들어와 손해를 많이 보았으며 48세 기토대운(己土大運)에 월상갑목(月上甲木)과 갑기합(甲己合)으로 합거(合去)되어 재산을 탕진하고 방황하며 힘들게 살아가고 있는 사주다. 종(從)하는 사주에 비견겁(比肩劫)이나 인수운(印綬運)이 들어오면 대기(大忌)한다.

❶ 세운병자년(歲運丙子年): 관재, 손재, 신액, 불성
❷ 질병(疾病): 심장(心臟), 냉증(冷症)
❸ 남녀성격: (남) 영리하다, 외유내강, 지혜롭다, 지구력 부족, 처세가 좋다, 영리하다, 장수한다, 항상 바쁨, 꿈이 많다, 처 덕 있다, 자손귀자, 명예를 좋아함, 예감 빠름, 신앙심
      (여) 명랑하다, 예의 있다, 금방 좋았다가 금방 싫어짐, 애교 많다, 식복, 남편 의처증, 정부, 자손 근심

🌀 세운·질병·남녀성격의 해설 (歲運 · 疾病 · 男女性格의 解說)

❶ 세운병자년(歲運丙子年)= ※관재, 손재, 신액, 불성은 ※세운병자년(歲運丙子年)의 자수(子水)는 정화일주(丁火日柱)의 편관(偏官)으로 원명사주(源命四柱)에 관살(官殺)이 왕(旺)한데 세운(歲運)에서 재(財)나 관살운(官殺運)이 들어오면 ※관재수나 손재수나 건강을 조심해야 한다. 그리고 ※불성은 ※세운병자년(歲運丙子年)의 병화(丙火)는 정화일주(丁火日柱)의 비겁(比劫)으로 세운(歲運)에서 비견겁운(比肩劫運)이 들어오면 ※모든 일이 잘 풀리지 않고 대차계약도 잘 이루어지지 않는다.

❷ 질병(疾病)과 ❸ 남녀성격은 일주(日柱)에서 발생(發生)한다.

병자년 (丙子年)

<table>
<tr><td colspan="4" align="center">戊 丁 庚 丁
申 丑 戌 酉</td></tr>
<tr><td>52 42 32 22 12 2</td></tr>
<tr><td>丙 乙 甲 癸 壬 辛
辰 卯 寅 丑 子 亥</td></tr>
</table>

이 사주는 정화일주(丁火日柱)가 계추술월(季秋戌月)에 출생하여 실시(失時)하고 술중무토(戌中戊土)가 시상(時上)에 투출(透出)하여 상관격(傷官格)이다. 그리고 지지(地支)는 신유술(申酉戌) 유축(酉丑)으로 전금국(全金局)을 이루고 월상경금(月上庚金)이 투출(透出)하여 재(財)가 태왕(太旺)이다. 일주정화(日柱丁火)와 년상정화(年上丁火)는 술중정화(戌中丁火)에 근(根)한다하나 정화일주(丁火日柱)는 자좌축토(自坐丑土)에 설기(泄氣)가 심(甚)하고 년상정화(年上丁火)는 자좌유금(自坐酉金)의 사지(死地)에 앉아 모두 힘이 없어 많은 재(財)를 제(制)할 수가 없다. 그러므로 화생토(火生土) 토생금(土生金) 금생수(金生水)로 사주(四柱)의 기(氣)는 월상(月上) 경금재(庚金財)로 집중하였으므로 월상(月上) 경금재(庚金財)가 용신(用神)이며 토상관(土傷官)은 희신(喜神)이 된다. 이 사주는 여자(女子)의 사주로서 사업을 경영하였으나 42세 을목대운(乙木大運)에 월상경금(月上庚金)과 을경합(乙庚合)으로 합거(合去)되어 재산을 탕진하고 남편과 이혼하고 혼자 살고 있는 사주다. 부궁(夫宮)이 부실한 것은 일간지(日干支) 정축일주(丁丑日柱)의 공망(空亡)은 시지신금(時支申金)으로 일시지(日時支)에 공망(空亡)이 있으면 부궁이 부실하다.

---

❶ 세운병자년(歲運丙子年): 관재, 손재, 신액, 불성
❷ 질병(疾病): 냉(冷), 하원윤습(下元潤濕)
❸ 남녀성격: (남) 말을 잘한다, 인심 좋다, 예의 있다, 재물 욕심, 재복 있다, 영리하다, 임기응변, 재간 있다, 근면 성실, 주머니 돈 안 떨어진다, 신앙심, 새벽잠이 없다
　　　　　　(여) 명랑하다, 예의 있다, 금방 좋았다가 금방 싫어짐, 부궁불미, 정부, 재가, 인정 있다, 요리솜씨, 말을 잘한다

🔵 세운 · 질병 · 남녀성격의 해설 (歲運 · 疾病 · 男女性格의 解說)

❶ 세운병자년(歲運丙子年)= ※관재, 손재, 신액, 불성은 ※세운병자년(歲運丙子年)의 자수(子水)는 정화일주(丁火日柱)의 편관(偏官)으로 원명사주(源命四柱)에 재(財)가 태왕(太旺)인데 세운(歲運)에서 재(財)나 관살운(官殺運)이 들어오면 ※관재수나 손재수나 건강을 조심해야 한다. 그리고 ※불성은 ※세운병자년(歲運丙子年)의 병화(丙火)는 정화일주(丁火日柱)의 비겁(比劫)으로 세운(歲運)에서 비견겁운(比肩劫運)이 들어오면 ※모든 일이 잘 풀리지 않고 대차계약도 잘 이루어지지 않는다.

❷ 질병(疾病)과 ❸ 남녀성격은 일주(日柱)에서 발생(發生)한다.

병자년 (丙子年)

54년(음) 9월 3일 묘(卯)시 남자

乙	戊	癸	甲
卯	子	酉	午

53	43	33	23	13	3
己	戊	丁	丙	乙	甲
卯	寅	丑	子	亥	戌

이 사주는 무토일주(戊土日柱)가 중추유월(中秋酉月)에 출생하여 진상관격(眞傷官格)이며 자중계수(子中癸水)가 월상(月上)에 투출(透出)하고 시간지(時干支) 을묘목(乙卯木)과 년상갑목(年上甲木)으로 재살(財殺)이 태왕(太旺)으로 신약사주(身弱四柱)다. 다행히 년지오화(年支午火) 양인(羊刃)이 있어 살인상생(殺印相生)으로 화인수(火印綬)가 용신(用神)이며 토비견겁(土比肩劫)은 희신(喜神)이 된다. 이 사주는 남자(男子)의 사주로서 경찰관으로 근무하였으나 운(運)이 없어 승진이 안되어 고생을 많이 하다가 43세 무토대운(戊土大運)에 퇴직하여 주류업을 경영하였으나 월상계수(月上癸水)와 대운무토(大運戊土)와 무계합(戊癸合)으로 합거(合去)되어 재산을 탕진하고 그 이후로도 운(運)이 없어 빌딩 경비원으로 일하고 있는 사주다.

❶ 세운병자년(歲運丙子年): 변화, 이사, 전근, 신축, 문서, 관재, 손재, 신액
❷ 질병(疾病): 비(脾), 위(胃)
❸ 남녀성격: (남) 군자의 성품, 언행 조심, 외강내유, 지혜롭다, 고집 대단, 신경 예민, 권모술수, 처 덕 있다, 돈이 잘 빠져나감, 처 말을 잘 듣는다, 눈치 빠름
(여) 순진, 신용, 하는 일에 겁이 없다, 부궁불미, 정부, 재가, 독수공방, 직업, 재복 있다, 신앙심

세운 · 질병 · 남녀성격의 해설 (歲運 · 疾病 · 男女性格의 解說)

❶ 세운병자년(歲運丙子年)= ※변화, 이사, 전근, 신축, 문서, 관재, 손재, 신액은 ※세운병자년(歲運丙子年)의 자수(子水)는 일지자수(日支子水)와 자자(子子)로 삼합(三合)이 되므로 세운(歲運)에서 일지(日支) 삼합운(三合運)이 들어오면 ※변화가 생긴다든가 또는 이사를 한다든가 또는 직장을 옮기는 일이 많다. 그리고 ※신축, 문서는 ※세운병자년(歲運丙子年)의 병화(丙火)는 무토일주(戊土日柱)의 인수(印綬)로 세운(歲運)에서 인수운(印綬運)이 들어오면 ※집을 짓는다든가 또는 증축을 한다든가 또는 사업체를 벌린다든가 또는 문서를 잡는 일이 많다. 그리고 ※관재, 손재, 신액은 ※세운병자년(歲運丙子年)의 자수(子水)는 무토일주(戊土日柱)의 정재(正財)로 원명사주(源命四柱)에 재살(財殺)이 태왕(太旺)인데 세운(歲運)에서 재(財)나 관살운(官殺運)이 들어오면 ※관재수나 손재수나 건강을 조심해야 한다.

❷ 질병(疾病)은 일주(日柱)에서 발생(發生)한다.

❸ 남녀성격은 일주(日柱)에서 발생(發生)한다.

병자년 (丙子年)

53년(음) 10월 17일 묘(卯)시 남자

乙	戊	癸	癸
卯	寅	亥	巳

55	45	35	25	15	5
丁	戊	己	庚	辛	壬
巳	午	未	申	酉	戌

이 사주는 무토일주(戊土日柱)가 초겨울 해월(亥月)에 출생하여 실시(失時)하고 년월(年月) 양계수(兩癸水)가 투출(透出)하고 시간지(時干支) 을묘목(乙卯木)과 일시지(日時支) 인묘목국(寅卯木局)을 이루어 재살(財殺)이 태왕(太旺)이다. 무토일주(戊土日柱)는 년지사화(年支巳火)에 록근(祿根)한다 하나 사해충(巳亥沖)이며 불이 약(弱)하여 종살(從殺)같이 보인다. 그러나 무토일주(戊土日柱)는 자좌인목(自坐寅木)의 생궁(生宮)에 앉아 종(從)하지 않는다. 그러므로 화인수(火印綬)가 용신(用神)이며 토비견겁(土比肩劫)은 희신(喜神)이 된다. 이 사주는 남자(男子)의 사주(四柱)로서 은행원으로 근무하다 50세 오화대운(午火大運)에 지점장으로 승진하였으며 55세 정사대운(丁巳大運)에도 한층 더 승진하여 승승장구(乘勝長驅)하고 있는 사주다.

❶ 세운병자년(歲運丙子年): 신축, 문서, 관재, 손재, 신액
❷ 질병(疾病): 위산과다(胃酸過多), 위장병(胃腸病), 폐병(肺病), 결핵(結核)
❸ 남녀성격: (남) 군자의 성품, 언행 조심, 의젓하다, 주관이 약하다, 부모무덕, 밥을 조금 먹는다, 산전수전, 처궁불미, 자손귀자
　　　　　(여) 신용 있다, 순진하다, 고집 대단, 정부, 재가, 시모불화, 인덕 없다, 친모봉양

◑ 세운·질병·남녀성격의 해설 (歲運·疾病·男女性格의 解說)

❶ 세운병자년(歲運丙子年)= ※신축, 문서, 관재, 손재, 신액은 ※세운병자년(歲運丙子年)의 병화(丙火)는 무토일주(戊土日柱)의 인수(印綬)로 세운(歲運)에서 인수운(印綬運)이 들어오면 ※집을 짓는다든가 또는 증축을 한다든가 또는 사업체를 벌리는 일이 많으며 문서도 잡는 일이 있다. 그리고 ※관재, 손재, 신액은 ※세운병자년(歲運丙子年)의 자수(子水)는 무토일주(戊土日柱)의 정재(正財)로 원명사주(源命四柱)에 재살(財殺)이 태왕(太旺)인데 세운에서 재(財)나 관살운(官殺運)이 들어오면 ※관재수를 조심해야 하며 또는 손재수를 조심해야 하며 또는 건강을 조심해야 한다.

❷ 질병(疾病)은 비, 위산과다, 신경통, 위장병은 일주(日柱)에서 발생(發生)하며 ※폐병, 결핵은 ※무토일주(戊土日柱)가 재살(財殺)이 태왕(太旺)이면 ※폐병과 결핵을 조심해야 한다.

❸ 남녀성격은 일주(日柱)에서 발생(發生)한다.

병자년 (丙子年)

53년(음) 8월 7일 신(申)시 여자

庚	戊	辛	癸
申	辰	酉	巳

58	48	38	28	18	8
丁	丙	乙	甲	癸	壬
卯	寅	丑	子	亥	戌

이 사주는 무토일주(戊土日柱)가 중추유월(中秋酉月)에 출생하여 실시(失時)하고 유중신금(酉中辛金)이 월상(月上)에 투출(透出)하여 진상관격(盡傷官格)이며 시간지(時干支) 경신금(庚申金)으로 상관식신(傷官食神)이 태왕(太旺)이며 설기(泄氣)가 심(甚)하다. 년지사화(年支巳火) 인수(印綬)로 많은 상관식신(傷官食神)을 제(制)하고 무토일주(戊土日柱)를 생(生)하여 줌으로 사중병화(巳中丙火) 인수(印綬)가 용신(用神)이며 토비견겁(土比肩劫)은 희신(喜神)이 된다. 이 사주는 여자(女子) 사주로서 상관격(傷官格)이며 상관식신(傷官食神)이 태왕(太旺)하여 상관격(傷官格)을 놓은 사람은 고집이 대단하며 무서운 것이 없으며 재주가 비범하며 팔방미인(八方美人)이며 임기응변(臨機應變)과 기술(技術), 기예(技藝) 등 여러 방면에 소질이 있어 무용을 전공하였으나 운(運)이 없어 성공하지 못하고 무용학원을 경영하였으나 그것마저 실패하여 남편(男便)과 이혼(離婚)하고 혼자 살고 있는 사주다. 부궁(夫宮)이 부실한 것은 여자(女子) 사주에 상관식신(傷官食神)이 태왕(太旺)이면 부궁(夫宮)이 부실하여 재혼(再婚)하거나 혼자 사는 사람들이 많다.

❶ 세운병자년(歲運丙子年): 변화, 이사, 전근, 신축, 문서
❷ 질병(疾病): 풍질(風疾), 혈압(血壓)
❸ 남녀성격: (남) 군자의 성품, 언행 조심, 인심 좋다, 이해성이 많다, 화합 잘함, 주관이 강하다, 신의 있다, 재간 있다, 처궁불미, 아이디어가 좋다, 재복 있다, 미인수다
　　　　　 (여) 신용, 순진하다, 욕심 많다, 재복 있다, 부궁불미, 정부, 신앙심

🌀 세운 · 질병 · 남녀성격의 해설 (歲運 · 疾病 · 男女性格의 解說)

❶ 세운병자년(歲運丙子年)= ※변화, 이사, 전근, 신축, 문서는 ※세운병자년(歲運丙子年)의 자수(子水)는 일지진토(日支辰土)와 자진(子辰)으로 삼합(三合)이 되므로 세운(歲運)에서 일지(日支) 삼합운(三合運)이 들어오면 ※변화가 생긴다든가 또는 이사를 한다든가 또는 직장을 옮기는 일이 많다. 그리고 ※신축, 문서는 ※세운병자년(歲運丙子年)의 병화(丙火)는 무토일주(戊土日柱)의 인수(印綬)로 세운(歲運)에서 인수운(印綬運)이 들어오면 ※집을 짓는다든가 또는 증축을 한다든가 또는 사업체를 벌린다든가 또는 문서를 잡는 일이 많다.

❷ 질병(疾病)은 일주(日柱)에서 발생(發生)한다.

❸ 남녀성격은 일주(日柱)에서 발생(發生)한다.

병자년 (丙子年)

癸	戊	庚	甲
丑	午	午	午

52	42	32	22	12	2
丙	乙	甲	癸	壬	辛
子	亥	戌	酉	申	未

이 사주는 무토일주(戊土日柱)가 중하오월(中夏午月) 양인월(羊刃月)에 출생하여 득령(得令)하고 년일지(年日支) 오화양인(午火羊刃)으로 최강의 사주다. 양인사주(羊刃四柱)에는 갑목칠살(甲木七殺)로 무토일주(戊土日柱)를 제(制)함이 좋은데 년상갑목(年上甲木)으로 용신(用神)하고자 하나 그 갑목(甲木)은 근(根)이 없으며 많은 불에 고목(枯木)이 되어 용신(用神)으로 쓸 수가 없다. 다행히 시상계수(時上癸水)가 투출(透出)하여 축중계수(丑中癸水)에 근(根)하니 계수재(癸水財)로 용신(用神)한다. 이 사주는 남자(男子)의 사주로서 특전사에 근무하다가 제대하여 체육관을 경영하였으나 운(運)이 없어 고생을 많이 하다가 47세 해수대운(亥水大運)에 주류(酒類)사업을 경영하여 수억금을 벌었으나 무오일주(戊午日柱)의 공망(空亡)은 시지축토(時支丑土)이며 일시지(日時支) 축오(丑午)는 원진살(怨嗔殺)로서 처궁(妻宮)이 부실하여 재혼(再婚)한 사주다.

❶ 세운병자년(歲運丙子年): 관재, 수술, 자연 재앙, 신축, 문서, 손재, 신액
❷ 질병(疾病): 위(胃), 비(脾), 혈압(血壓)
❸ 남녀성격: (남) 군자의 성품, 언행 조심, 성질 급, 서두른다, 외화내곤, 실패자초, 처궁불미, 재가, 정력 강, 여자 많다, 편식한다
　　　　　 (여) 신용, 순진하다, 고집 대단, 박력 있다, 부궁불미, 정부, 친모봉양

☯ 세운·질병·남녀성격의 해설 (歲運·疾病·男女性格의 解說)

❶ 세운병자년(歲運丙子年)= ※관재, 수술, 자연 재앙, 신축, 문서, 손재, 신액은 ※세운병자년(歲運丙子年)의 자수(子水)는 일지오화(日支午火)와 자오충(子午沖)으로 세운(歲運)에서 일지충운(日支沖運)이 들어오면 ※관재수를 조심해야 하며 또는 수술을 조심해야 하며 또는 자연 재앙을 조심해야 한다. 그리고 ※신축, 문서는 ※세운병자년(歲運丙子年)의 병화(丙火)는 무토일주(戊土日柱)의 인수(印綬)로 세운(歲運)에서 인수운(印綬運)이 들어오면 ※집을 짓는다든가 또는 증축을 한다든가 또는 사업체를 벌리는 일이 많으며 문서도 잡는 일이 있다. 그리고 ※손재, 신액은 ※세운병자년(歲運丙子年)의 자수(子水)는 무토일주(戊土日柱)의 정재(正財)로 신왕(身旺)한 남자(男子) 사주에 재(財)가 쇠약(衰弱)한데 세운(歲運)에서 재운(財運)이 들어오면 ※손재수를 조심해야 하며 또는 건강을 조심해야 한다.

❷ 질병(疾病)은 일주(日柱)에서 발생(發生)한다.

❸ 남녀성격은 일주(日柱)에서 발생(發生)한다.

병자년 (丙子年)

62년(음) 8월 9일 사(巳)시 여자

丁	戊	戊	壬
巳	申	申	寅

60	50	40	30	20	10
壬	癸	甲	乙	丙	丁
寅	卯	辰	巳	午	未

이 사주는 무토일주(戊土日柱)가 초가을 신월(申月)에 출생하여 실시(失時)하고 신궁임수(申宮壬水)가 년상(年上)에 투출(透出)하여 편재격(偏財格)이다. 그리고 월일(月日) 양신금(兩申金)과 신궁임수(申宮壬水)가 투출(透出)하여 설기(泄氣)가 심(甚)하여 일주(日柱)는 신약사주(身弱四柱)로서 많은 식신(食神)을 제(制)하면서 무토일수(戊土日柱)를 생(生)하여 수는 정화인수(丁火印綬)가 용신(用神)이며 토비견겁(土比肩劫)은 희신(喜神)이 된다. 이 사주는 여자(女子)의 사주로서 조실부모(早失父母)하여 공부는 많이 하지 못하였으나 상술에는 뛰어나 일찍 사업을 하여 대운(大運) 오사운(午巳運)에 돈은 많이 벌었으나 병(病)을 얻어 자궁(子宮) 수술한 사주다. 여자(女子) 사주에 상관식신(傷官食神)이 왕(旺)하고 형살(刑殺)이 있으면 자궁(子宮)과 유방(乳房)을 조심해야 한다. 상관(傷官)은 자궁도 되고 유방도 되기 때문이다.

❶ 세운병자년(歲運丙子年): 변화, 이사, 전근, 신축, 문서
❷ 질병(疾病): 위(胃), 잔질(殘疾)
❸ 남녀성격: (남) 군자의 성품, 언행 조심, 신의 있다, 재주 있다, 고독하다, 항상 바쁨, 학업 장애, 처궁불미, 처 덕 있다, 재복 있다
　　　　　(여) 신용 있다, 순진하다, 고집 대단, 부궁불미, 정부, 다재다능

🔵 세운·질병·남녀성격의 해설 (歲運·疾病·男女性格의 解說)

❶ 세운병자년(歲運丙子年)= ※변화, 이사, 전근, 신축, 문서는 ※세운병자년(歲運丙子年)의 자수(子水)는 일지신금(日支申金)과 자신(子申)으로 삼합(三合)이 되므로 세운(歲運)에서 일지(日支) 삼합운(三合運)이 들어오면 ※변화가 생긴다든가 또는 이사를 한다든가 또는 직장을 옮기는 일이 많다. 그리고 ※신축, 문서는 ※세운병자년(歲運丙子年)의 병화(丙火)는 무토일주(戊土日柱)의 인수(印綬)로 세운(歲運)에서 인수운(印綬運)이 들어오면 ※집을 짓는다든가 또는 증축을 한다든가 또는 사업체를 벌리는 일이 많으며 또는 문서를 잡는 일이 있다.

❷ 질병(疾病)은 위, 비는 일주(日柱)에서 발생(發生)하며 ※자궁, 유방은 ※상관식신(傷官食神)이 형살(刑殺)이면 ※자궁이나 유방을 조심해야 한다. 상관식신(傷官食神)은 자궁이나 유방에도 포함된다.

❸ 남녀성격은 일주(日柱)에서 발생(發生)한다.

병자년 (丙子年)

59년(음) 6월 10일 술(戌)시 남자

壬	戊	辛	己
戌	戌	未	亥

52	42	32	22	12	2
乙	丙	丁	戊	己	庚
丑	寅	卯	辰	巳	午

이 사주는 무토일주(戊土日柱)가 하계미월(夏季未月)에 출생하여 득령(得令)하고 미중기토(未中己土)가 년상(年上)에 투출(透出)하고 일시지(日時支) 양술토(兩戌土)로 신왕사주(身旺四柱)다. 신왕사주(身旺四柱)에는 일주(日柱)를 제(制)하는 관살(官殺)이 좋은데 일주(日柱)를 제(制)하는 관살(官殺)은 없고 무토일주(戊土日柱)가 극(剋)하는 년지(年支) 해수재(亥水財)가 있어 년지(年支) 해중임수(亥中壬水)로 용신(用神)한다. 그리고 금(金) 상관식신(傷官食神)은 희신(喜神)이 된다. 이 사주는 남자(男子)의 사주로서 공대(工大) 출신으로 토목전공을 하였으나 대운(大運) 목화운(木火運)으로 좋은 운(運)이 없이 승진이 안되어 고생하다가 퇴사하여 자영업을 하였으나 그것마저 실패하고 처(妻)와 이혼(離婚)하고 혼자 살고 있는 사주다. 남자(男子) 사주에 비견겁(比肩劫)이 태왕(太旺)이면 처궁(妻宮)이 부실하여 재혼(再婚)하거나 혼자 사는 사람들이 많다.

❶ 세운병자년(歲運丙子年): 손재, 처액, 신축, 문서
❷ 질병(疾病): 신장(腎臟), 방광(膀胱)
❸ 남녀성격: (남) 군자의 성품, 언행 조심, 신의 있다, 인심 좋다, 재주 있다, 신뢰한다, 근면하다, 학업 열중, 임사즉결, 고집 대단, 남에게 잘함, 신앙심, 창의력, 돈이 잘 빠져나간다
    (여) 신용 있다, 순진하다, 시모불합, 남편 말 잘 안 듣는다, 부궁불미, 정부, 재가, 독수공방, 일가부양, 친모봉양, 신앙심

◑ 세운·질병·남녀성격의 해설 (歲運·疾病·男女性格의 解說)

❶ 세운병자년(歲運丙子年)= ※손재, 처액, 신축, 문서는 ※세운병자년(歲運丙子年)의 자수(子水)는 무토일주(戊土日柱)의 정재(正財)로 남자 사주에 비견겁(比肩劫)이 태왕(太旺)하고 재(財)가 쇠약(衰弱)한데 세운(歲運)에서 재운(財運)이 들어오면 ※손재수를 조심해야 하며 또는 가정에 불화가 많이 생긴다든가 또는 처가 가출한다든가 또는 처의 건강을 조심해야 한다. 그리고 ※신축, 문서는 ※세운병자년(歲運丙子年)의 병화(丙火)는 무토일주(戊土日柱)의 인수(印綬)로 세운(歲運)에서 인수운(印綬運)이 들어오면 ※집을 짓는다든가 또는 증축을 한다든가 또는 사업체를 벌리는 일이 많으며 또는 문서를 잡는 일이 있다.

❷ 질병(疾病)은 일주(日柱)에서 발생(發生)한다.

❸ 남녀성격은 일주(日柱)에서 발생(發生)한다.

병자년 (丙子年)

65년(음) 9월 7일 오(午)시 여자

戊	戊	乙	乙
午	子	酉	巳

52	42	32	22	12	2
辛	庚	己	戊	丁	丙
卯	寅	丑	子	亥	戌

이 사주는 무토일주(戊土日柱)가 중추유월(中秋酉月)에 출생하여 실시(失時)하여 진상관격(盡傷官格)으로 설기(泄氣)가 심(甚)하다. 그런데 무토일주(戊土日柱)는 년지사화(年支巳火)에 록근(祿根)하고 시지오화(時支午火) 양인(羊刃)과 시상무토(時上戊土)가 있어 신왕사주(身旺四柱)같이 보인다. 그러나 월지유금(月支酉金)은 한 개지만 두 개 이상의 힘을 가지고 있으며 일지(日支) 자수재(子水財)와 년월(年月) 양을목(兩乙木)이 투출(透出)되어 신약사주(身弱四柱)가 된다. 그러므로 년지(年支) 사중병화(巳中丙火) 인수(印綬)가 용신(用神)이며 토비견겁(土比肩劫)이 희신(喜神)이 된다. 이 사주는 여자(女子)의 사주로서 남편이 되는 년월을목(年月乙木)은 모두 무근(無根)이며 월상을목(月上乙木)은 유금살지(酉金殺地)에 앉았고 년상을목(年上乙木)은 사화(巳火)에 설기(泄氣)가 심(甚)하며 일시(日時)는 자오충(子午沖)이며 시지오화(時支午火)는 무자일주(戊子日柱)의 공망(空亡)으로 부궁(夫宮)이 부실하여 재혼(再婚)한 사주다.

❶ 세운병자년(歲運丙子年): 변화, 이사, 전근, 신축, 문서
❷ 질병(疾病): 비(脾), 위(胃)
❸ 남녀성격: (남) 군자의 성품, 언행 조심, 외강내유, 지혜롭다, 고집 대단, 신경 예민, 권모술수, 처 덕 있다, 돈이 잘 빠져나감, 처 말을 잘 듣는다, 눈치 빠름
　　　　　 (여) 순진, 신용, 하는 일에 겁이 없다, 부궁불미, 정부, 재가, 독수공방, 직업, 재복 있다, 신앙심

🔵 세운·질병·남녀성격의 해설 (歲運·疾病·男女性格의 解說)

❶ 세운병자년(歲運丙子年)= ※변화, 이사, 전근, 신축, 문서는 ※세운병자년(歲運丙子年)의 자수(子水)는 일지자수(日支子水)와 자자(子子)로 삼합(三合)이 되므로 세운(歲運)에서 일지(日支) 삼합운(三合運)이 들어오면 ※변화가 생긴다든가 또는 이사를 한다든가 또는 직장을 옮기는 일이 많다. 그리고 ※신축, 문서는 ※세운병자년(歲運丙子年)의 병화(丙火)는 무토일주(戊土日柱)의 인수(印綬)로 세운(歲運)에서 인수운(印綬運)이 들어오면 ※집을 짓는다든가 또는 증축을 한다든가 또는 사업체를 벌린다든가 또는 문서를 잡는 일이 많다.

❷ 질병(疾病)은 일주(日柱)에서 발생(發生)한다.

❸ 남녀성격은 일주(日柱)에서 발생(發生)한다.

병자년 (丙子年)

64년(음) 12월 12일 술(戌)시 여자

壬	戊	丁	甲
戌	辰	丑	辰

53	43	33	23	13	3
辛	壬	癸	甲	乙	丙
未	申	酉	戌	亥	子

이 사주는 무토일주(戊土日柱)가 동계축월(冬季丑月)에 출생하여 득령(得令)하고 심냉지절(甚冷之節)에 토(土)가 얼어있다. 다행히 월상(月上)에 정화(丁火)가 투출(透出)하여 동토(凍土)는 미온지토(微溫之土)가 되어 무토일주(戊土日柱)를 보신(補身)하며 년일시지(年日時支) 진술토(辰戌土)로 일주(日柱)는 신왕사주(身旺四柱)다. 신왕사주(身旺四柱)에는 일주(日柱)를 제(制)하는 관살(官殺)이나 상관식신(傷官食神)으로 설기(泄氣)하면 좋은데 다행히 년상갑목(年上甲木)이 진중을목(辰中乙木)에 근(根)하므로 용신(用神)으로 쓸 수가 있다. 그러므로 갑목편관(甲木偏官)이 용신(用神)이며 수재(水財)는 희신(喜神)이 된다. 이 사주는 여자(女子)의 사주로서 전업주부로 살다가 43세 임수대운(壬水大運)에 사업을 경영하였으나 월상정화(月上丁火)와 대운임수(大運壬水)와 정임합(丁壬合)으로 합거(合去)되어 재산을 탕진하고 힘들게 살고 있는 사주다.

❶ 세운병자년(歲運丙子年): 이별수, 변화, 이사, 전근, 신축, 문서
❷ 질병(疾病): 풍질(風疾), 혈압(血壓)
❸ 남녀성격: (남) 군자의 성품, 언행 조심, 인심 좋다, 이해성이 많다, 화합 잘함, 주관이 강하다, 신의 있다, 재간 있다, 처궁불미, 아이디어가 좋다, 재복 있다, 미인수다
　　　　　(여) 신용, 순진하다, 욕심 많다, 재복 있다, 부궁불미, 정부, 신앙심

🌀 세운·질병·남녀성격의 해설 (歲運·疾病·男女性格의 解說)

❶ 세운병자년(歲運丙子年)= ※이별수, 변화, 이사, 전근, 신축, 문서은 ※세운병자년(歲運丙子年)의 병화(丙火)는 무토일주(戊土日柱)의 인수(印綬)로 신왕(身旺)한 여자(女子) 사주에 세운에서 인수운(印綬運)이 들어오면 ※가정에 불화가 많이 생긴다든가 또는 떨어져 산다든가 또는 이혼한다든가 또는 남편이 사망하는 수도 있다. 그리고 ※변화, 이사, 전근은 ※세운병자년(歲運丙子年)의 자수(子水)는 일지진토(日支辰土)와 자진(子辰)으로 삼합(三合)이 되므로 세운(歲運)에서 일지(日支) 삼합운(三合運)이 들어오면 ※변화가 생긴다든가 또는 이사를 한다든가 또는 직장을 옮기는 일이 많다. 그리고 ※신축, 문서는 ※세운병자년(歲運丙子年)의 병화(丙火)는 무토일주(戊土日柱)의 인수(印綬)로 세운에서 인수운(印綬運)이 들어오면 ※집을 짓는다든가 또는 증축을 한다든가 또는 사업체를 벌린다든가 또는 문서를 잡는 일이 많다.

❷ 질병(疾病)과 ❸ 남녀성격은 일주(日柱)에서 발생(發生)한다.

병자년 (丙子年)

63년(윤) 4월 24일 미(未)시 여자

辛	己	戊	癸
未	丑	午	卯

58	48	38	28	18	8
甲	癸	壬	辛	庚	己
子	亥	戌	酉	申	未

이 사주는 기토일주(己土日柱)가 중하오월(中夏午月)에 출생하여 록근(祿根)하고 일시지(日時支) 축미비견(丑未比肩)과 월상무토(月上戊土) 비겁(比劫)이 투출(透出)하여 일주(日柱)는 신왕사주(身旺四柱)다. 신왕사주(身旺四柱)에는 일주(日柱)를 제(制)하는 관살(官殺)이니 상관식신(傷官食神)으로 설기(泄氣)히면 좋은데 다행히 년지(年支) 묘중을목(卯中乙木) 편관(偏官)이 있어 을목편관(乙木偏官)으로 용신(用神)한다. 그리고 수재(水財)는 희신(喜神)이 된다. 이 사주는 여자(女子)의 사주로서 운(運)이 없어 취업이 안되어 고생하다가 자영업을 하여 38세 임수대운(壬水大運)에 희신운(喜神運)이 들어와 돈을 많이 벌었고 48세 계수대운(癸水大運)에 월상무토(月上戊土)와 무계합(戊癸合)으로 합거(合去)되어 재산을 탕진하고 힘들게 살고 있는 사주다. 그러나 53세 해수대운(亥水大運)에는 사업이 번창하여 재산을 복구하고 돈을 많이 벌 것으로 생각된다.

❶ 세운병자년(歲運丙子年): 이별수, 신축, 문서, 손재, 신액
❷ 질병(疾病): 위(胃), 위경련(胃痙攣), 비(脾)
❸ 남녀성격: (남) 군자의 성품, 언행 조심, 근면 성실, 신용 부실, 부지런하다, 봉사정신, 처궁불미, 의처증, 새벽잠이 없다, 신앙심, 학업 장애
　　　　　(여) 신용 있다, 순진하다, 부궁불미, 독수공방, 남편을 의심한다, 정부, 시모불합, 신앙심, 돈이 잘 빠져나간다, 친정형제 걱정 많이 한다

🌀 세운 · 질병 · 남녀성격의 해설 (歲運 · 疾病 · 男女性格의 解說)

❶ 세운병자년(歲運丙子年)= ※이별수, 신축, 문서, 손재, 신액은 ※세운병자년(歲運丙子年)의 병화(丙火)는 기토일주의 인수(印綬)로 신왕(身旺)한 여자(女子) 사주에 세운에서 인수운(印綬運)이 들어오면 ※가정에 불화가 많이 생긴다든가 또는 떨어져 산다든가 또는 이혼한다든가 또는 남편이 사망하는 수도 있다. 그리고 ※신축, 문서는 ※세운병자년(歲運丙子年)의 병화(丙火)는 기토일주(己土日柱)의 인수(印綬)로 세운에서 인수운(印綬運)이 들어오면 ※집을 짓는다든가 또는 증축을 한다든가 또는 사업체를 벌린다든가 또는 문서를 잡는 일이 많다. 그리고 ※손재, 신액은 ※세운병자년(歲運丙子年)의 자수(子水)는 기토일주의 편재(偏財)로 신왕한 사주에 재(財)가 쇠약(衰弱)한데 세운에서 재운(財運)이 들어오면 ※손재수나 건강을 조심해야 한다.

❷ 질병(疾病)은 일주(日柱)에서 발생(發生)한다.

❸ 남녀성격은 일주(日柱)에서 발생(發生)한다.

병자년 (丙子年)

57년(윤) 8월 1일 유(酉)시 남자

癸	己	己	丁
酉	亥	酉	酉

55	45	35	25	15	5
癸	甲	乙	丙	丁	戊
卯	辰	巳	午	未	申

이 사주는 기토일주(己土日柱)가 중추유월(中秋酉月)에 출생하여 실시(失時)하고 년시지(年時支) 양유금(兩酉金)과 시상계수(時上癸水)는 일지해수(日支亥水)에 근(根)하여 식신(食神)과 재(財)가 태왕(太旺)하여 신약사주(身弱四柱)다. 그러나 기토일주(己土日柱)는 무근(無根)이며 월상기토(月上己土) 비견(比肩)도 무근(無根)이며 자좌유금(自坐酉金)에 설기(泄氣)가 심(甚)하며 년상정화(年上丁火) 인수(印綬)도 무근(無根)이며 자좌유금(自坐酉金)에 사지(死地)에 앉아 기토일주(己土日柱)를 도울 힘이 없다. 그러므로 화생토(火生土) 토생금(土生金) 금생수(金生水)로 사주(四柱)의 기(氣)는 시상계수(時上癸水)로 집중(集中)되어 있으므로 계수편재(癸水偏財)가 용신(用神)이며 금(金) 식신상관(食神傷官)은 희신(喜神)이 된다. 이 사주는 남자(男子)의 사주로서 요리사로 호텔에서 근무하다가 40세 사화대운(巳火大運)에 퇴직하여 자영업을 하였으나 운(運)이 없어 손해를 많이 보았고 45세 갑목대운(甲木大運)에 월상기토(月上己土)와 갑기합(甲己合)으로 합거(合去)되어 재산을 탕진하고 처(妻)와 이혼(離婚)하고 혼자 힘들게 살고 있는 사주다.

❶ 세운병자년(歲運丙子年): 신축, 문서, 관재, 손재, 신액
❷ 질병(疾病): 위(胃), 비(脾)
❸ 남녀성격: (남) 군자의 성품, 언행 조심, 영리하다, 추리력, 선견지명, 외유내강, 현실에 적응 잘한다, 강직하다, 재복 있다, 장수한다, 호인이다
　　　　　　(여) 신용 있다, 순진하다, 남편 좋다, 영리하다, 부궁불미, 정부, 장수한다, 신앙심

☯ 세운·질병·남녀성격의 해설 (歲運·疾病·男女性格의 解說)

❶ 세운병자년(歲運丙子年)= ※신축, 문서, 관재, 손재, 신액은 ※세운병자년(歲運丙子年)의 병화(丙火)는 기토일주(己土日柱)의 인수(印綬)로 세운(歲運)에서 인수운(印綬運)이 들어오면 ※집을 짓는다든가 또는 증축을 한다든가 또는 사업체를 벌린다든가 또는 문서를 잡는 일이 많다. 그리고 ※관재, 손재, 신액은 ※세운병자년(歲運丙子年)의 자수(子水)는 기토일주(己土日柱)의 편재(偏財)로 재(財)가 태왕(太旺)인데 세운(歲運)에서 재(財)나 관살운(官殺運)이 들어오면 ※관재수를 조심해야 하며 또는 손재수를 조심해야 하며 또는 건강을 조심해야 한다.

❷ 질병(疾病)은 일주(日柱)에서 발생(發生)한다.

❸ 남녀성격은 일주(日柱)에서 발생(發生)한다.

병자년(丙子年)

58년(음) 6월 15일 사(巳)시 여자

己	己	己	戊
巳	酉	未	戌

58	48	38	28	18	8
癸	甲	乙	丙	丁	戊
丑	寅	卯	辰	巳	午

이 사주는 기토일주(己土日柱)가 하계미월(夏季未月)에 출생하여 득령(得令)하고 미중기토(未中己土)가 월시상(月時上)에 투출(透出)하고 년간지(年干支) 무술토(戊戌土)로 일주(日柱)는 신왕사주(身旺四柱)다. 신왕사주(身旺四柱)에는 일주(日柱)를 제(制)하는 관살(官殺)이 좋은데 관살(官殺)은 없고 설기(泄氣)하는 식신유금(食神酉金)이 일시(日支)에 있어 유금식신(酉金食神)으로 용신(用神)한다. 그러므로 이 사주는 가상관격(假傷官格)이다. 이 사주는 여자(女子)의 사주로서 약사인데 대운(大運)이 목화운(木火運)으로 운(運)이 없어 고생을 많이 하다가 부동산에 투자하였으나 48세 갑목대운(甲木大運)에 월상기토(月上己土)와 갑기합(甲己合)으로 합거(合去)되어 재산을 탕진하고 남편(男便)과 이혼하고 혼자 살고 있는 사주다. 부궁(夫宮)이 부실한 것은 년간지(年干支) 무술생(戊戌生)의 공망(空亡)은 시지사화(時支巳火)로서 일시지(日時支)에 공망(空亡)이 있으면 부궁(夫宮)이 부실하다.

❶ 세운병자년(歲運丙子年): 이별수, 신경과민, 손재, 신액
❷ 질병(疾病): 위(胃), 비(脾)
❸ 남녀성격: (남) 군자의 성품, 언행 조심, 신의 있다, 남에게 잘함, 문단 수려, 암기력, 처덕 있다, 처궁불미, 언어특성, 운동 잘함, 잔병치레, 식복 있다
(여) 신용 있다, 순진하다, 남편복이 없다, 부궁불미, 독수공방, 정부, 미모 수려, 자손귀자

🔵 세운·질병·남녀성격의 해설(歲運·疾病·男女性格의 解說)

❶ 세운병자년(歲運丙子年)= ※이별수, 신경과민, 손재, 신액은 ※세운병자년(歲運丙子年)의 병화(丙火)는 기토일주(己土日柱)의 인수(印綬)로 신왕(身旺)한 여자(女子) 사주(四柱)에 세운(歲運)에서 인수운(印綬運)이 들어오면 ※가정에 불화가 많이 생긴다든가 또는 남편과 떨어져 산다든가 또는 이혼한다든가 또는 남편이 사망하는 수도 있다. 그리고 ※신경과민은 ※세운병자년(歲運丙子年)의 자수(子水)는 일지유금(日支酉金)과 자유(子酉)로 귀문관살(鬼門關殺)이므로 세운(歲運)에서 일지(日支) 귀문(鬼門) 관살운(關殺運)이 들어오면 ※그해에는 모든 일이 신경을 많이 쓰게 된다. 그리고 ※손재, 신액은 ※세운병자년(歲運丙子年)의 자수(子水)는 기토일주(己土日柱)의 편재(偏財)로 신왕(身旺)한 사주에 재(財)가 쇠약(衰弱)한데 세운(歲運)에서 재운(財運)이 들어오면 ※손재수나 건강을 조심해야 한다.

❷ 질병(疾病)과 ❸ 남녀성격은 일주(日柱)에서 발생(發生)한다.

병자년 (丙子年)

52	42	32	22	12	2
辛	庚	己	戊	丁	丙
巳	辰	卯	寅	丑	子

사주:
己 己 乙 己
巳 未 亥 亥

이 사주는 기토일주(己土日柱)가 초겨울 해월(亥月)에 출생하여 실시(失時)하였으나 일시간지(日時干支) 기미기사(己未己巳)로 기토일주는 약화위강(弱化爲强)으로 신왕사주(身旺四柱)다. 신왕사주에는 일주(日柱)를 제(制)하는 관살(官殺)이 좋은데 다행히 월상(月上)에 을목(乙木)이 투출(透出)하여 그 을목(乙木)은 해중갑목(亥中甲木)에 근(根)하여 있으므로 신왕관왕(身旺官旺)으로 아름답다. 그러므로 을목(乙木)으로 용신(用神)한다. 이 사주는 여자의 사주로서 인목대운(寅木大運)에 행정고시에 합격하고 좋은 남편을 만나 잘살다가 45세 경금대운(庚金大運)에 남편과 사별(死別)하고 재혼한 사주다. 부궁(夫宮)이 부실한 것은 기해생(己亥生)의 공망(空亡)은 시지사화(時支巳火)이며 또 기토일주(己土日柱)의 남편이 되는 목관성(木官星)은 일지미토(日支未土)가 목(木)의 고장(庫藏)으로 여자 사주에 관성입묘(官星入墓)가 있으며 부궁이 부실하여 재혼을 하거나 혼자 사는 사람들이 많다.

---

❶ 세운병자년(歲運丙子年): 이별수, 신축, 문서, 손재, 신액

❷ 질병(疾病): 위(胃), 비(脾), 당뇨(糖尿)

❸ 남녀성격: (남) 군자의 성품, 언행 조심, 성질 급, 고집 대단, 성격이 까다롭다, 편식, 옷에 신경 쓴다, 처궁불미, 남에게 시기를 많이 받는다, 신앙심

(여) 신용 있다, 순진하다, 부궁불미, 이성 구설, 정부, 독수공방, 친모봉양

🌀 세운·질병·남녀성격의 해설 (歲運 · 疾病 · 男女性格의 解說)

❶ 세운병자년(歲運丙子年)= ※이별수, 신축, 문서, 손재, 신액은 ※세운병자년(歲運丙子年)의 병화(丙火)는 기토일주의 인수(印綬)로 신왕(身旺)한 여자(女子) 사주(四柱)에 세운(歲運)에서 인수운(印綬運)이 들어오면 ※가정에 불화가 많이 생긴다든가 또는 떨어져 산다든가 또는 이혼한다든가 또는 남편이 사망하는 수도 있다. 그리고 ※신축, 문서는 ※세운병자년(歲運丙子年)의 병화(丙火)는 기토일주의 인수(印綬)로 세운(歲運)에서 인수운(印綬運)이 들어오면 ※집을 짓는다든가 또는 증축을 한다든가 또는 사업체를 벌린다든가 또는 문서를 잡는 일이 많다. 그리고 ※손재, 신액은 ※세운병자년(歲運丙子年)의 자수(子水)는 기토일주의 편재(偏財)로 신왕(身旺)한 사주에 재(財)가 쇠약(衰弱)한데 세운(歲運)에서 재운(財運)이 들어오면 ※손재수나 건강을 조심해야 한다.

❷ 질병(疾病)과 ❸ 남녀성격은 일주(日柱)에서 발생(發生)한다.

병자년 (丙子年)

54년(음) 4월 11일 오(午)시 여자

庚	己	己	甲
午	巳	巳	午

52	42	32	22	12	2
癸	甲	乙	丙	丁	戊
亥	子	丑	寅	卯	辰

이 사주는 기토일주(己土日柱)가 초여름 사월(巳月)에 출생하여 득령(得令)하고 지지(地支)는 사사오오(巳巳午午)로 인수국(印綬局)을 이루어 신왕사주(身旺四柱)다. 신왕사주(身旺四柱)에는 관살(官殺)로 일주(日柱)를 제(制)하거나 상관식신(傷官食神)으로 설기(泄氣)함이 좋은데 년상갑목(年上甲木)으로 용신(用神)하고자 하나 그 갑목(甲木)은 무근(無根)이며 자좌오화(自坐午火)에 설기(泄氣)가 심(甚)하여 용신(用神)으로 쓸 수가 없다. 그리고 시상경금(時上庚金) 상관(傷官)으로 용신(用神)하고자 하나 그 상관(傷官)도 자좌오화(自坐午火)에 살지(殺地)에 앉아 용신(用神)으로 쓸 수가 없다. 그러므로 이 사주는 왕(旺)한 인수(印綬)가 설기(泄氣)하는 기토일주(己土日柱)가 용신(用神)이며 화인수(火印綬)는 희신(喜神)이 된다. 이 사주는 여자(女子)의 사주로서 교사인데 대운(大運)이 수목운(水木運)으로 좋은 운(運)이 없어 승진도 못하고 교사로서 평범하게 살고 있는 사주다.

❶ 세운병자년(歲運丙子年): 이별수, 신축, 문서, 손재, 신액
❷ 질병(疾病): 위(胃), 비(脾)
❸ 남녀 성격: (남) 군자의 성품, 언행 조심, 외유내강, 강직하다, 미모 수려, 멋쟁이, 학업 열중, 덕망이 있다, 항상 바쁨, 처궁불미, 처 덕 있다
　　　　　　(여) 신용 있다, 순진하다, 남편복이 있다, 자손귀자, 친정 걱정, 물조심, 영리하다

◉ 세운·질병·남녀성격의 해설 (歲運·疾病·男女性格의 解說)

❶ 세운병자년(歲運丙子年)= ※이별수, 신축, 문서, 손재, 신액은 ※세운병자년(歲運丙子年)의 병화(丙火)는 기토일주의 인수(印綬)로 신왕(身旺)한 여자(女子) 사주(四柱)에 세운(歲運)에서 인수운(印綬運)이 들어오면 ※가정에 불화가 많이 생긴다든가 또는 남편과 떨어져 산다든가 또는 이혼한다든가 또는 남편이 사망하는 수도 있다. 그리고 ※신축, 문서는 ※세운병자년(歲運丙子年)의 병화(丙火)는 기토일주의 인수(印綬)로 세운(歲運)에서 인수운(印綬運)이 들어오면 ※집을 짓는다든가 또는 증축을 한다든가 또는 사업체를 벌린다든가 또는 문서를 잡는 일이 많다. 그리고 ※손재, 신액은 ※세운병자년(歲運丙子年)의 자수(子水)는 기토일주의 편재(偏財)로 신왕(身旺)한 사주에 재(財)가 쇠약(衰弱)한데 세운(歲運)에서 재운(財運)이 들어오면 ※손재수나 건강을 조심해야 한다.

❷ 질병(疾病)과 ❸ 남녀성격은 일주(日柱)에서 발생(發生)한다.

병자년 (丙子年)

55년(윤) 3월 27일 오(午)시 여자

庚	己	辛	乙
午	卯	巳	未

56	46	36	26	16	6
丁	丙	乙	甲	癸	壬
亥	戌	酉	申	未	午

이 사주는 기토일주(己土日柱)가 초여름 사월(巳月)에 출생하여 득령(得令)하고 사중경금(巳中庚金)이 시상(時上)에 투출(透出)하여 상관격(傷官格)이다. 그리고 지지(地支)는 사오미(巳午未) 화국(火局)을 이루어 신왕사주(身旺四柱)다. 신왕사주(身旺四柱)에는 일주(日柱)를 제(制)하는 관살(官殺)로 용신(用神)함이 좋은데 다행히 년상을목(年上乙木)이 투출(透出)하여 자고(自庫)인 미중을목(未中乙木)에 근(根)하고 일지묘목(日支卯木)에 록근(祿根)하여 용신(用神)으로 쓸 수가 있다. 그러므로 목편관(木偏官)이 용신(用神)이며 수재(水財)는 희신(喜神)이 된다. 이 사주는 여자(女子)의 사주로서 사업을 경영하였으나 운(運)이 없어 고생을 많이 하다가 46세 병화대운(丙火大運)에 월상신금(月上辛金)과 병신합(丙辛合)을 합거(合去)되어 재산을 탕진하고 남편(男便)과 이혼하고 혼자 힘들게 살고 있는 사주다.

❶ 세운병자년(歲運丙子年): 이별수, 손재, 신액, 관재, 수술
❷ 질병(疾病): 위(胃), 비(脾), 위산과다(胃酸過多)
❸ 남녀성격: (남) 군자의 성품, 언행 조심, 고집 대단, 지구력 부족, 인덕 없다, 마음 약, 처궁불미, 소심하다, 인자한 성품, 운동 잘함, 눈물 많다
　　　　　(여) 신용 있다, 순진하다, 부궁불미, 정부, 재가, 식복 있다, 자손 근심, 남편이 나이가 많은 사람 아니면 나이가 어린 사람을 만나기 쉽다

세운 · 질병 · 남녀성격의 해설 (歲運 · 疾病 · 男女性格의 解說)

❶ 세운병자년(歲運丙子年)= ※이별수, 손재, 신액, 관재, 수술은 ※세운병자년(歲運丙子年)의 병화(丙火)는 기토일주의 인수(印綬)로 신왕(身旺)한 여자(女子) 사주(四柱)에 세운(歲運)에서 인수운(印綬運)이 들어오면 ※가정에 불화가 많이 생긴다든가 또는 떨어져 산다든가 또는 이혼한다든가 또는 남편이 사망하는 수도 있다. 그리고 ※손재, 신액은 ※세운병자년(歲運丙子年)의 자수(子水)는 기토일주의 편재(偏財)로 신왕(身旺)한 사주에 재(財)가 쇠약(衰弱)한데 세운(歲運)에서 재운(財運)이 들어오면 ※손재수나 건강을 조심해야 한다. 그리고 ※관재, 수술은 ※세운병자년(歲運丙子年)의 자수(子水)는 일지묘목(日支卯木)과 자묘(子卯)로 형살(刑殺)이 되므로 세운에서 일지(日支) 형살운(刑殺運)이 들어오면 ※관재수를 조심해야 하며 또는 수술을 조심해야 한다.

❷ 질병(疾病)은 일주(日柱)에서 발생(發生)한다.

❸ 남녀성격은 일주(日柱)에서 발생(發生)한다.

병자년 (丙子年)

55년(음) 9월 10일 진(辰)시 여자

戊	己	丙	乙
辰	未	戌	未
55	45	35	25	15	5
壬	辛	庚	己	戊	丁
辰	卯	寅	丑	子	亥

이 사주는 기토일주(己土日柱)가 계추술월(季秋戌月)에 출생하여 득령(得令)하고 지지(地支)는 전토국(全土局)을 이루고 월시상(月時上) 병무화토(丙戌火土)가 투출(透出)하여 기토일주(己土日柱)는 신왕사주(身旺四柱)다. 신왕사주(身旺四柱)에는 일주(日柱)를 제(制)하는 관살(官殺)이 좋은데 년상을목(年上乙木)으로 용신(用神)하고자 하나 그 을목(乙木)은 많은 화토(火土)에 퇴기(退氣)하여 용신(用神)으로 쓸 수가 없다. 그러므로 이 사주는 비견겁(比肩劫)이 태왕(太旺)하여 종왕사주(從旺四柱)로서 비견겁(比肩劫)이 용신(用神)이며 화인수(火印綬)는 희신(喜神)이 된다. 이 사주는 여자(女子)의 사주로서 기토일주(己土日柱)의 부성(夫星)은 을목(乙木)인데 목(木)의 고장(庫藏)은 미토(未土)로서 년일지(年日支) 양미토(兩未土)는 관성입묘(官星入墓)로 남편과 사별(死別)하고 힘들게 살고 있는 사주다.

❶ 세운병자년(歲運丙子年): 이별수, 신축, 문서, 손재, 신액
❷ 질병(疾病): 위(胃), 비(脾), 당뇨(糖尿)
❸ 남녀성격: (남) 군자의 성품, 언행 조심, 성질 급, 고집 대단, 성격이 까다롭다, 편식, 옷에
　　　　　　신경 쓴다, 처궁불미, 남에게 시기를 많이 받는다, 신앙심
　　　　　　(여) 신용 있다, 순진하다, 부궁불미, 이성 구설, 정부, 독수공방, 친모봉양

세운 · 질병 · 남녀성격의 해설 (歲運 · 疾病 · 男女性格의 解說)

❶ 세운병자년(歲運丙子年)= ※이별수, 신축, 문서, 손재, 신액은 ※세운병자년(歲運丙子年)의 병화(丙火)는 기토일주(己土日柱)의 인수(印綬)로 신왕(身旺)한 여자(女子) 사주(四柱)에 세운(歲運)에서 인수운(印綬運)이 들어오면 ※가정에 불화가 많이 생긴다든가 또는 남편과 떨어져 산다든가 또는 이혼한다든가 또는 남편이 사망하는 수도 있다. 그리고 ※신축, 문서는 ※세운병자년(歲運丙子年)의 병화(丙火)는 기토일주(己土日柱)의 인수(印綬)로 세운(歲運)에서 인수운(印綬運)이 들어오면 ※집을 짓는다든가 또는 증축을 한다든가 또는 사업체를 벌린다든가 또는 문서를 잡는 일이 많다. 그리고 ※손재, 신액은 ※세운병자년(歲運丙子年)의 자수(子水)는 기토일주(己土日柱)의 편재(偏財)로 신왕(身旺)한 사주에 재(財)가 쇠약(衰弱)한데 세운(歲運)에서 재운(財運)이 들어오면 ※손재수나 건강을 조심해야 한다.

❷ 질병(疾病)은 일주(日柱)에서 발생(發生)한다.

❸ 남녀성격은 일주(日柱)에서 발생(發生)한다.

병자년 (丙子年)

53년(음) 10월 8일 오(午)시 남자

庚	己	癸	癸
午	巳	亥	巳

52	42	32	22	12	2
丁	戊	己	庚	辛	壬
巳	午	未	申	酉	戌

이 사주는 기토일주(己土日柱)가 초겨울 해월(亥月)에 출생하여 실시(失時)하고 년월(年月) 양계수(兩癸水)가 투출(透出)하여 신약사주(身弱四柱)다. 그런데 기토일주(己土日柱)는 년일시지(年日時支) 사오(巳午) 인수(印綬)로 4대 4로 신왕사주(身旺四柱) 같이 보이나 월지해수(月支亥水)는 한 개지만 두 개 이상의 힘을 갖고 있기 때문에 신약사주(身弱四柱)가 되며 이 사주에는 재(財)가 태왕(太旺)하므로 재다신약(財多身弱)으로 많은 재(財)를 제(制)하면서 기토일주(己土日柱)를 보신(補身)하는 비견겁(比肩劫)이 용신(用神)이며 화인수(火印綬)가 희신(喜神)이 된다. 이 사주는 남자(男子)의 사주로서 전기(電氣) 기술자로 근무하다 명예퇴직하여 오정사(午丁巳) 대운(大運)에 사업을 하여 수억금을 벌었으나 처궁(妻宮)이 부실하여 재혼(再婚)한 사주다. 처궁(妻宮)이 부실한 것은 년간지(年干支) 계사생(癸巳生)의 공망(空亡)은 시지오화(時支午火)로서 일시지(日時支)에 공망(空亡)이 있으면 처궁(妻宮)이 부실하여 재혼(再婚)하거나 혼자 사는 사람들이 많다.

❶ 세운병자년(歲運丙子年): 신축, 문서, 관재, 손재, 신액
❷ 질병(疾病): 위(胃), 비(脾)
❸ 남녀성격: (남) 군자의 성품, 언행 조심, 외유내강, 강직하다, 미모 수려, 멋쟁이, 학업 열중, 덕망이 있다, 항상 바쁨, 처궁불미, 처 덕 있다
　　　　　(여) 신용 있다, 순진하다, 남편복이 있다, 자손귀자, 친정 걱정, 물조심, 영리하다

🌀 세운·질병·남녀성격의 해설(歲運 · 疾病 · 男女性格의 解說)

❶ 세운병자년(歲運丙子年)= ※신축, 문서, 관재, 손재, 신액은 ※세운병자년(歲運丙子年)의 병화(丙火)는 기토일주(己土日柱)의 인수(印綬)로 세운(歲運)에서 인수운(印綬運)이 들어오면 ※집을 짓는다든가 또는 증축을 한다든가 또는 사업체를 벌린다든가 또는 문서를 잡는 일이 많다. 그리고 ※관재, 손재, 신액은 ※세운병자년(歲運丙子年)의 자수(子水)는 기토일주(己土日柱)의 편재(偏財)로서 원명사주(源命四柱)에 재(財)가 태왕(太旺)인데 세운(歲運)에서 재(財)나 관살운(官殺運)이 들어오면 ※관재수를 조심해야 하며 또는 손재수를 조심해야 하며 또는 건강을 조심해야 한다.

❷ 질병(疾病)은 일주(日柱)에서 발생(發生)한다.

❸ 남녀성격은 일주(日柱)에서 발생(發生)한다.

병자년 (丙子年)

54년(음) 5월 13일 술(戌)시 남자

丙	庚	庚	甲
戌	子	午	午

58	48	38	28	18	8
丙	乙	甲	癸	壬	辛
子	亥	戌	酉	申	未

이 사주는 경금일주(庚金日柱)가 중하오월(中夏午月)에 출생하여 실시(失時)하고 년월지(年月支) 양오화(兩午火)와 시상(時上)에 병화(丙火)가 투출(透出)하여 관살(官殺)이 태왕(太旺)으로 신약사주(身弱四柱)다. 다행히 시지(時支) 술중무토(戌中戊土)가 있어 살인상생(殺印相生)으로 술중무토(戌中戊土) 인수(印綬)가 용신(用神)이며 비견겁(比肩劫)은 희신(喜神)이 된다. 이 사주는 남자의 사주로서 수사과장으로 년지오화(年支午火)의 수옥살(囚獄殺)은 일지자수(日支子水)인데 이 수옥살(囚獄殺)을 놓은 사람은 형권(刑權)을 잡게 되면 감옥(監獄)살이를 면(免)할 수 있지만 형권(刑權)을 잡지 않으면 감옥(監獄)살이를 한번 할 수도 있다.

❶ 세운병자년(歲運丙子年): 변화, 이사, 전근, 관재, 손재, 신액, 내외불화
❷ 질병(疾病): 냉(冷), 대하증(帶下症), 동상(凍傷), 중풍(中風), 기관지(氣管支), 천식(喘息), 치질(痔疾), 종기(腫氣)
❸ 남녀성격: (남) 과감 용단, 청백한 사람, 의리 있다, 남을 무시한다, 두뇌 명철, 추리력, 혁명심, 처궁불미, 재가, 미인수다, 냉정하다, 눈치가 빠름, 신앙심
    (여) 냉정하다, 사람 사귀다 한번 틀어지면 다시 안 봄, 부궁불미, 정부, 재가, 독수공방, 남에게 잘함, 인덕 없다, 남자들의 배신을 잘 당함

🔵 세운 · 질병 · 남녀성격의 해설 (歲運 · 疾病 · 男女性格의 解說)

❶ 세운병자년(歲運丙子年)= ※변화, 이사, 전근, 관재, 손재, 신액, 내외불화는 ※세운병자년(歲運丙子年)의 자수(子水)는 일지자수(日支子水)와 자자(子子)로 삼합(三合)이 되므로 세운에서 일지(日支) 삼합운(三合運)이 들어오면 ※변화가 생긴다든가 또는 이사를 한다든가 또는 직장을 옮기는 일이 많다. 그리고 ※관재, 손재, 신액은 ※세운병자년(歲運丙子年)의 병화(丙火)는 경금일주의 편관(偏官)으로 원명사주에 관살(官殺)이 태왕(太旺)인데 세운에서 재(財)나 관살운(官殺運)이 들어오면 ※관재수나 손재수나 건강을 조심해야 한다. 그리고 ※내외불화는 ※세운병자년(歲運丙子年)의 병화(丙火)는 경금일주의 편관(偏官)으로 세운에서 일주(日柱)를 극(剋)하는 운(運)이 들어오면 ※집에서나 밖에서나 윗사람이나 아랫사람이나 불화가 많이 생긴다.

❷ 질병(疾病)은 냉, 대하증, 동상, 중풍은 일주(日柱)에서 발생(發生)하며 ※기관지, 천식, 치질, 종기는 ※경금일주가 목화관살(木火官殺)이 태왕(太旺)이면 ※기관지, 천식, 치질, 종기를 조심해야 한다.

❸ 남녀성격은 일주(日柱)에서 발생(發生)한다.

병자년 (丙子年)

壬	庚	辛	乙
午	寅	巳	未

53	43	33	23	13	3
丁	丙	乙	甲	癸	壬
亥	戌	酉	申	未	午

이 사주는 경금일주(庚金日柱)가 초여름 사월(巳月)에 출생하여 실시(失時)하고 지지(地支)는 사오미(巳午未) 인오(寅午)로 화국(火局)을 이루어 재살(財殺)이 태왕(太旺)이다. 경금일주(庚金日柱)는 자좌인목(自坐寅木)에 절궁(絶宮)이며 월상신금(月上辛金) 비겁(比劫)은 자좌사화(自坐巳火)에 살지(殺地)에 앉았고 년지미토(年支未土) 인수(印綬)로 살인상생(殺印相生)으로 용신(用神)하고자 하나 그 미토(未土)는 조토(燥土)이며 사오미(巳午未) 화국(火局)으로 화(化)하여 경금일주(庚金日柱)를 도울 힘이 없다. 그러므로 종살격(從殺格)으로 화관살(火官殺)이 용신(用神)이며 목재(木財)는 희신(喜神)이 된다. 이 사주는 여자(女子)의 사주로서 남편과 일찍 사별(死別)하고 힘들게 살고 있는 사주다. 부궁(夫宮)이 부실한 것은 경인일주(庚寅日柱)의 공망(空亡)은 시지오화(時支午火)로서 일시지(日時支)에 공망(空亡)이 있으면 부궁(夫宮)이 부실하여 재혼하거나 혼자 사는 사람들이 많다.

❶ 세운병자년(歲運丙子年): 관재, 손재, 신액, 내외불화
❷ 질병(疾病): 해수(咳嗽), 기관지(氣管支), 월경불순(月經不純), 폐병(肺病)
❸ 남녀성격: (남) 과감 용단, 의리 있다, 임사즉결, 겉으로 냉정하나 속은 온화함, 근면 성실, 용기 있다, 성질 급, 타의군림, 재복 있다, 처 덕 있다
　　　　　 (여) 냉정하다, 사람 사귀다 한번 틀어지면 다시 안 봄, 이성 고민, 직업, 부궁 불미, 정부, 자손귀자, 신경 예민

☯ 세운·질병·남녀성격의 해설 (歲運·疾病·男女性格의 解說)

❶ 세운병자년(歲運丙子年)= ※관재, 손재, 신액, 내외불화는 ※세운병자년(歲運丙子年)의 병화(丙火)는 경금일주의 편관(偏官)으로 원명사주(源命四柱)에 재살(財殺)이 태왕(太旺)인데 세운(歲運)에서 재(財)나 관살운(官殺運)이 들어오면 ※관재수나 손재수나 건강을 조심해야 한다. 그리고 ※내외불화는 ※세운병자년(歲運丙子年)의 병화(丙火)는 경금일주의 편관(偏官)으로 세운(歲運)에서 일주(日柱)를 극(剋)하는 운(運)이 들어오면 ※집에서나 밖에서나 윗사람이나 아랫사람이나 불화가 많이 생긴다.

❷ 질병(疾病)은 해수, 기관지는 일주(日柱)에서 발생(發生)하며 ※월경불순, 폐병은 ※경금일주(庚金日柱)가 목화재살(木火財殺)이 태왕(太旺)이면 ※월경불순과 폐병을 조심해야 한다.

❸ 남녀성격은 일주(日柱)에서 발생(發生)한다.

병자년 (丙子年)

54년(음) 4월 22일 술(戌)시 남자

丙	庚	己	甲
戌	辰	巳	午

54	44	34	24	14	4
乙	甲	癸	壬	辛	庚
亥	戌	酉	申	未	午

이 사주는 경금일주(庚金日柱)가 초여름 사월(巳月)에 출생하여 실시(失時)하고 사중병화(巳中丙火)가 시상(時上)에 투출(透出)하여 편관격(偏官格)으로 신약사주(身弱四柱)다. 다행히 경금일주(庚金日柱)는 양금지토(養金之土)인 진습토(辰濕土)에 앉아 살인상생(殺印相生)으로 진토인수(辰土印綬)가 용신(用神)이며 금비견겁(金比肩劫)은 희신(喜神)이 된다. 이 사주는 남자(男子)의 사주로서 공대(工大)를 졸업하여 토목과에서 일하였으며 대운(大運)이 신유술(申酉戌)로 운(運)이 좋아 현장소장으로 근무하며 돈도 많이 벌어 행복하게 잘살고 있는 사주다.

❶ 세운병자년(歲運丙子年): 변화, 이사, 전근, 관재, 손재, 신액, 내외불화
❷ 질병(疾病): 냉(冷), 풍질(風疾), 기관지(氣管支), 천식(喘息), 치질(痔疾)
❸ 남녀성격: (남) 과감 용단, 신의 있다, 임사즉결, 포부 광대, 매사 끝장본다, 매사 자신, 통솔력, 영웅호걸, 두령격, 자수성가, 처 덕 있다, 냉정하다, 신앙심, 처궁불미
　　　　　(여) 냉정하다, 사람 사귀다 한번 틀어지면 다시 안봄, 부궁불미, 정부, 재가, 직업여성, 일가부양, 재복 있다

◑ 세운·질병·남녀성격의 해설 (歲運·疾病·男女性格의 解說)

❶ 세운병자년(歲運丙子年)= ※변화, 이사, 전근, 관재, 손재, 신액, 내외불화는 ※세운병자년(歲運丙子年)의 자수(子水)는 일지진토(日支辰土)와 자진(子辰)으로 삼합(三合)이 되므로 세운에서 일지(日支) 삼합운(三合運)이 들어오면 ※변화가 생긴다든가 또는 이사를 한다든가 또는 직장을 옮기는 일이 많다. 그리고 ※관재, 손재, 신액은 ※세운병자년(歲運丙子年)의 병화(丙火)는 경금일주(庚金日柱)의 편관(偏官)으로 원명사주(源命四柱)에 재살(財殺)이 태왕(太旺)인데 세운(歲運)에서 재(財)나 관살운(官殺運)이 들어오면 ※관재수나 손재수나 건강을 조심해야 한다. 그리고 ※내외불화는 ※세운병자년(歲運丙子年)의 병화(丙火)는 경금일주(庚金日柱)의 편관(偏官)으로 세운(歲運)에서 일주(日柱)를 극(剋)하는 운(運)이 들어오면 ※집에서나 밖에서나 윗사람이나 아랫사람이나 불화가 많이 생긴다.

❷ 질병(疾病)은 냉, 풍질은 일주(日柱)에서 발생(發生)하며 ※기관지, 천식, 치질은 ※경금일주가 목화재살(木火財殺)이 태왕(太旺)이면 ※기관지와 천식과 치질을 조심해야 한다.

❸ 남녀성격은 일주(日柱)에서 발생(發生)한다.

병자년 (丙子年)

58년(음) 11월 9일 진(辰)시 남자

庚	庚	甲	戊
辰	午	子	戌

56	46	36	26	16	6
庚	己	戊	丁	丙	乙
午	巳	辰	卯	寅	丑

이 사주는 경금일주(庚金日柱)가 중동자월(中冬子月)에 출생하여 실시(失時)하였으나 년간지(年干支) 무술토(戊戌土) 인수(印綬)와 시간지(時干支) 경진(庚辰)으로 비견(比肩)과 인수(印綬)가 있어 일주(日柱)는 신왕사주(身旺四柱)다. 신왕사주(身旺四柱)에는 일주를 제(制)하는 관살(官殺)이나 상관식신(傷官食神)으로 설기(泄氣)함이 좋은데 월지자수(月支子水) 상관(傷官)과 일지(日支) 오중정화(午中丁火) 정관(正官)이 있어 어느 오행(五行)으로 용신(用神)을 잡느냐의 기로(岐路)에 서게 된다. 금수상관(金水傷官)은 냉(冷)하므로 화관(火官)으로 냉(冷)을 온열(溫熱)하여야 하므로 화관살(火官殺)로 용신(用神)한다. 그러므로 오중정화(午中丁火) 정관(正官)이 용신(用神)이며 목재(木財)는 희신(喜神)이 된다. 이 사주는 남자(男子)의 사주로서 51세 사화대운(巳火大運)에 회사 임원으로 승진한 사주다.

❶ 세운병자년(歲運丙子年): 관재, 수술, 자연재앙, 수술, 내외불화
❷ 질병(疾病): 폐(肺), 기관지(氣管支), 월경불순(月經不純), 해수천식(咳嗽喘息), 빈혈(貧血) , 중풍(中風), 비색증(鼻塞症)
❸ 남녀성격: (남) 과감 용단, 냉정하다, 일찍 사회에 참여, 뜻은 크나 성공이 없다, 신경질, 지구력 부족, 성질 급, 남에게 시기를 많이 받는다
　　　　　　(여) 냉정하다, 사람 사귀다 한번 틀어지면 다시 안 봄, 부궁불미, 정부, 재가, 외강내유, 성질 급, 서두른다, 자중한다, 인덕 없다

세운 · 질병 · 남녀성격의 해설 (歲運 · 疾病 · 男女性格의 解說)

❶ 세운병자년(歲運丙子年)= ※관재, 수술, 자연 재앙, 수술, 내외불화는 ※세운병자년(歲運丙子年)의 자수(子水)는 일지오화(日支午火)와 자오충(子午沖)으로 세운(歲運)에서 일지충운(日支沖運)이 들어오면 ※관재수나 수술이나 자연 재앙을 조심해야 한다. 그리고 ※수술은 ※세운병자년(歲運丙子年)의 자수(子水)는 경금일주의 상관(傷官)으로 세운(歲運)에서 일지(日支) 상관운(傷官運)이 들어오면 ※수술을 조심해야 한다. 그리고 ※내외불화는 ※세운병자년(歲運丙子年)의 병화(丙火)는 경금일주의 편관(偏官)으로 세운(歲運)에서 일주(日柱)를 극(剋)하는 운(運)이 들어오면 ※집에서나 밖에서나 윗사람이나 아랫사람이나 불화가 많이 생긴다.

❷ 질병(疾病)은 폐, 기관지, 월경불순, 해수천식, 빈혈은 일주(日柱)에서 발생(發生)하며 ※중풍, 비색증은 ※경금일주가 해자월(亥子月)에 출생하면 ※중풍과 축농증, 비염, 코막힘을 조심해야 한다.

❸ 남녀성격은 일주(日柱)에서 발생(發生)한다.

병자년 (丙子年)

56년(음) 7월 16일 진(辰)시 여자

庚	庚	丙	丙
辰	申	申	申

55	45	35	25	15	5
庚	辛	壬	癸	甲	乙
寅	卯	辰	巳	午	未

이 사주는 경금일주(庚金日柱)가 초가을 신월(申月)에 출생하여 록근(祿根)하고 년일지(年日支) 양신금(兩申金)과 시간지(時干支) 경진(庚辰)으로 인수(印綬)와 비견겁(比肩劫)이 태왕(太旺)하므로 신왕사주(身旺四柱)며 종혁격(從革格)이다. 신왕사주(身旺四柱)에는 일주(日柱)를 제(制)하는 관살(官殺)이나 상관식신(傷官食神)으로 설기(泄氣)하면 좋은네 년월(年月) 양병화(兩丙火) 편관(偏官)이 있으나 모두 무근(無根)이며 자좌병궁(自坐病宮)으로 용신(用神)으로 쓸 수가 없다. 그러므로 이 사주는 경금일주(庚金日柱)가 종혁격(從革格)으로 금비견겁(金比肩劫)이 용신(用神)이며 토인수(土印綬)가 희신(喜神)이 된다. 이 사주는 여자(女子)의 사주로서 여군중위(女軍中尉)로 제대하여 회사에 근무하였으나 부궁(夫宮)이 부실하여 남편(男便)과 이혼(離婚)하고 혼자 평범하게 살고 있는 사주다.

❶ 세운병자년(歲運丙子年): 변화, 이사, 전근, 수술, 내외불화
❷ 질병(疾病): 간(肝), 담(膽)
❸ 남녀성격: (남) 과감 용단, 냉정하다, 냉정하게 보이나 속마음은 따뜻함, 의리 있다, 영리하다, 재간 있다, 처궁불미, 식복 있다, 자손 근심, 항상 바쁨, 꾀가 많다
  (여) 냉정하다, 사람 사귀다 한번 틀어지면 다시 안 봄, 부궁불미, 정부, 재가, 독수공방, 친정형제 걱정, 돈이 잘 빠져나간다, 고독하다, 시모불합, 남편 말 잘 안 듣는다

세운 • 질병 • 남녀성격의 해설 (歲運 · 疾病 · 男女性格의 解說)

❶ 세운병자년(歲運丙子年)= ※변화, 이사, 전근, 수술, 내외불화는 ※세운병자년(歲運丙子年)의 자수(子水)는 일지신금(日支申金)과 자신(子申)으로 삼합(三合)이 되므로 세운(歲運)에서 일지(日支) 삼합운(三合運)이 들어오면 ※변화가 생긴다든가 또는 이사를 한다든가 또는 직장을 옮기는 일이 많다. 그리고 ※수술은 ※세운병자년(歲運丙子年)의 자수(子水)는 경금일주(庚金日柱)의 상관(傷官)으로 세운(歲運)에서 일지(日支) 상관운(傷官運)이 들어오면 ※수술을 조심해야 한다. 그리고 ※내외불화는 ※세운병자년(歲運丙子年)의 병화(丙火)는 경금일주(庚金日柱)의 편관(偏官)으로 세운(歲運)에서 일주(日柱)를 극(剋)하는 운(運)이 들어오면 ※집에서나 밖에서나 윗사람이나 아랫사람이나 불화가 많이 생긴다.

❷ 질병(疾病)은 일주(日柱)에서 발생(發生)한다.

❸ 남녀성격은 일주(日柱)에서 발생(發生)한다.

병자년 (丙子年)

56년(음) 5월 4일 진(辰)시 남자

庚	庚	甲	丙
辰	戌	午	申

58	48	38	28	18	8
庚	己	戊	丁	丙	乙
子	亥	戌	酉	申	未

이 사주는 경금일주(庚金日柱)가 중하오월(中夏午月)에 출생하여 실시(失時)하였으나 년지신금(年支申金)에 록근(祿根)하고 일시간지(日時干支) 경술경진(庚戌庚辰) 인수(印綬)와 비견(比肩)으로 신왕사주(身旺四柱)다. 신왕사주(身旺四柱)에는 일주(日柱)를 제(制)하는 관살(官殺)로 용신(用神)함이 좋은데 오중정화(午中丁火) 정관(正官)으로 용신(用神)한다. 그리고 목재(木財)는 희신(喜神)이 된다. 이 사주는 남자(男子)의 사주로서 신왕관왕(身旺官旺)으로 사주는 잘 타고 났으나 운(運)이 없어 회사에서 승진이 안되어 고생을 많이 하다가 퇴직하여 43세 술토대운(戌土大運)에 사업을 경영하였으나 사업이 부실하여 손해를 보다가 48세 기토대운(己土大運)에 월상갑목(月上甲木)과 대운기토(大運己土)와 갑기합(甲己合)으로 합거(合去)되어 재산을 탕진하고 처(妻)와 이혼(離婚)하고 혼자 힘들게 살고 있는 사주다. 처궁(妻宮)이 부실한 것은 년간지(年干支) 병신생(丙申生)의 공망(空亡)은 시지진토(時支辰土)이며 일시지(日時支)가 진술충(辰戌沖)으로 더욱 더 처궁(妻宮)이 부실한 사주다.

❶ 세운병자년(歲運丙子年): 수술, 내외불화
❷ 질병(疾病): 간(肝) 담(膽)
❸ 남녀성격: (남) 과감 용단, 냉정하다, 고집 대단, 자립정신, 신의 있다, 능력 있다, 임전무퇴, 통솔력, 지혜롭다, 영리하다, 처 덕 있다, 지구력 강하다, 신앙심
　　　　　　(여) 냉정하다, 사람 사귀다 한번 틀어지면 다시 안 봄, 여걸, 부궁불미, 처세가 좋다, 정부, 재가, 남자들이 잘 따름, 직업여성, 신앙심

세운 • 질병 • 남녀성격의 해설 (歲運 · 疾病 · 男女性格의 解說)

❶ 세운병자년(歲運丙子年)= ※수술, 내외불화는 ※세운병자년(歲運丙子年)의 자수(子水)는 경금일주(庚金日柱)의 상관(傷官)으로 세운(歲運)에서 일지(日支) 상관운(傷官運)이 들어오면 ※수술을 조심해야 한다. 그리고 ※내외불화는 ※세운병자년(歲運丙子年)의 병화(丙火)는 경금일주(庚金日柱)의 편관(偏官)으로 세운(歲運)에서 일주(日柱)를 극(剋)하는 운(運)이 들어오면 ※집에서나 밖에서나 윗사람이나 아랫사람이나 불화가 많이 생긴다.

❷ 질병(疾病)은 일주(日柱)에서 발생(發生)한다.

❸ 남녀성격은 일주(日柱)에서 발생(發生)한다.

병자년 (丙子年)

48년(음) 10월 11일 자(子)시 남자

丙	庚	癸	戊
子	子	亥	子

59	49	39	29	19	9
己	戊	丁	丙	乙	甲
巳	辰	卯	寅	丑	子

이 사주는 경금일주(庚金日柱)가 초겨울 해월(亥月)에 출생하여 실시(失時)하고 지지(地支)는 전수국(全水局)을 이루고 월상계수(月上癸水)가 투출(透出)하여 상관식신(傷官食神)이 태왕(太旺)이다. 년상무토(年上戊土) 인수(印綬)가 있다 하나 그 무토(戊土)는 근(根)이 없으면 왕수(旺水)에 쓸려가 힘이 없으므로 용신(用神)으로 쓸 수가 없다. 그러므로 화생토(火生土) 토생금(土生金) 금생수(金生水)로 사주(四柱)의 기(氣)는 월상계수(月上癸水)에 집중하여 종아격(從兒格)이다. 그러므로 계수상관(癸水傷官)이 용신(用神)이 된다. 이 사주는 남자(男子)의 사주로서 재주가 많아 엔지니어로 일하였으나 대운(大運)이 화토운(火土運)으로 좋은 운(運)이 없어 기술(技術)은 좋으나 출세를 못한 사주다.

❶ 세운병자년(歲運丙子年): 변화, 이사, 전근, 자손액, 수술, 내외불화
❷ 질병(疾病): 냉(冷) 대하증(帶下症) 동상(凍傷) 중풍(中風)
❸ 남녀성격: (남) 과감 용단, 청백한 사람, 의리 있다, 남을 무시한다, 두뇌 명철, 추리력, 혁명심, 처궁불미, 재가, 미인수다, 냉정하다, 눈치가 빠름, 신앙심
　　　　　(여) 냉정하다, 사람 사귀다 한번 틀어지면 다시 안 봄, 부궁불미, 정부, 재가, 독수공방, 남에게 잘함, 인덕 없다, 남자들의 배신을 잘 당함

☯ 세운·질병·남녀성격의 해설 (歲運·疾病·男女性格의 解說)

❶ 세운병자년(歲運丙子年)= ※변화, 이사, 전근, 수술, 자손액, 내외불화는 ※세운병자년(歲運丙子年)의 자수(子水)는 일지자수(日支子水)와 자자(子子)로 삼합(三合)이 되므로 세운(歲運)에 일지(日支) 삼합운(三合運)이 들어오면 ※변화가 생긴다든가 또는 이사를 한다든가 또는 직장을 옮기는 일이 많다. 그리고 ※자손액은 ※세운병자년(歲運丙子年)의 병화(丙火)는 경금일주의 편관(偏官)으로 원명사주(源命四柱)에 상관식신(傷官食神)이 태왕(太旺)인데 세운(歲運)에서 관살운(官殺運)이 들어오면 ※자손액을 조심해야 한다. 그리고 ※수술은 ※세운병자년(歲運丙子年)의 자수(子水)는 경금일주(庚金日柱)의 상관(傷官)으로 세운(歲運)에서 일지(日支) 상관운(傷官運)이 들어오면 ※수술을 조심해야 한다. 그리고 ※내외불화는 ※세운병자년(歲運丙子年)의 병화(丙火)는 경금일주의 편관(偏官)으로 세운에서 일주(日柱)를 극(剋)하는 운(運)이 들어오면 ※집에서나 밖에서나 윗사람이나 아랫사람이나 불화가 많이 생긴다.

❷ 질병(疾病)과 ❸ 남녀성격은 일주(日柱)에서 발생(發生)한다.

병자년(丙子年)

48년(음) 11월 1일 자(子)시 여자

<table>
<tr><td>丙</td><td>庚</td><td>癸</td><td>戊</td></tr>
<tr><td>子</td><td>申</td><td>亥</td><td>子</td></tr>
</table>

58	48	38	28	18	8
丁	戊	己	庚	辛	壬
巳	午	未	申	酉	戌

이 사주는 경금일주(庚金日柱)가 초겨울 해월(亥月)에 출생하여 실시(失時)하고 년지자수(年支子水)와 일지신금(日支申金)과 시지자수(時支子水)와 자신해자(子申亥子)로 지지(地支)는 전수국(全水局)을 이루었으며 월상계수(月上癸水)가 투출(透出)하여 식신상관(食神傷官)이 태왕(太旺)으로 종아격(從兒格)같이 보인다. 그러나 경금일주(庚金日柱)는 자좌신금(自坐申金)에 록근(祿根)하여 종(從)하지 않으므로 많은 상관식신(傷官食神)을 제(制)하고 일주(日柱)를 생(生)하여 주는 토인수(土印綬)가 용신(用神)이며 금비견겁(金比肩劫)은 희신(喜神)이 된다.

❶ 세운병자년(歲運丙子年): 변화, 이사, 전근, 이별수, 수술, 내외불화
❷ 질병(疾病): 간(肝) 담(膽)
❸ 남녀성격: (남) 과감 용단, 냉정하다, 냉정하게 보이나 속마음은 따뜻함, 의리 있다, 영리하다, 재간 있다, 처궁불미, 식복 있다, 자손 근심, 항상 바쁨, 꾀가 많다
　　　　　(여) 냉정하다, 사람 사귀다 한번 틀어지면 다시 안 봄, 부궁불미, 정부, 재가, 독수공방, 친정형제 걱정, 돈이 잘 빠져나간다, 고독하다, 시모불합, 남편 말 잘 안 듣는다

세운 · 질병 · 남녀성격의 해설 (歲運 · 疾病 · 男女性格의 解說)

❶ 세운병자년(歲運丙子年)= ※변화, 이사, 전근, 이별수, 수술, 내외불화는 ※세운병자년(歲運丙子年)의 자수(子水)는 일지신금(日支申金)과 자신(子申)으로 삼합(三合)이 되므로 세운(歲運)에 일지(日支) 삼합운(三合運)이 들어오면 ※변화가 생긴다든가 또는 이사를 한다든가 또는 직장을 옮기는 일이 많다. 그리고 ※이별수는 ※세운병자년(歲運丙子年)의 병화(丙火)는 경금일주의 편관(偏官)으로 여자(女子) 사주에 상관식신(傷官食神)이 태왕(太旺)인데 세운에 관살운(官殺運)이 들어오면 ※가정에 불화가 많이 생긴다든가 또는 남편과 떨어져 산다든가 또는 이혼한다든가 또는 남편이 사망하는 수도 있다. 그리고 ※수술은 ※세운병자년(歲運丙子年)의 자수(子水)는 경금일주(庚金日柱)의 상관(傷官)으로 세운(歲運)에서 일지(日支) 상관운(傷官運)이 들어오면 ※수술을 조심해야 한다. 그리고 ※내외불화는 ※세운병자년(歲運丙子年)의 병화(丙火)는 경금일주의 편관(偏官)으로 세운에서 일주(日柱)를 극(剋)하는 운(運)이 들어오면 ※집에서나 밖에서나 윗사람이나 아랫사람이나 불화가 많이 생긴다.

❷ 질병(疾病)과 ❸ 남녀성격은 일주(日柱)에서 발생(發生)한다.

병자년 (丙子年)

63년(음) 11월 9일 해(亥)시 남자

己	辛	甲	癸
亥	丑	子	卯

55	45	35	25	15	5
戊	己	庚	辛	壬	癸
午	未	申	酉	戌	亥

이 사주는 신금일주(辛金日柱)가 중동자월(中冬子月)에 출생하여 실시(失時)하고 지지(地支)는 해자축(亥子丑) 수국(水局)을 이루고 년상계수(年上癸水)와 년지묘목(年支卯木)으로 상관(傷官)과 재(財)가 태왕(太旺)이다. 그러므로 종재격(從財格)같이 보이다. 그러나 신금일주는 양금지토(養金之土)인 자좌축토(自坐丑土)에 근(根)하므로 종(從)하지 않으며 미약(微弱)하나마 축중기토(丑中己土)가 시상(時上)에 투출(透出)하여 기토인수(己土印綬)로 많은 상관식신(傷官食神)을 제(制)하고 일주를 보신(補身)해야 하므로 기토인수(己土印綬)가 용신(用神)이며 금비견겁(金比肩劫)은 희신(喜神)이 된다. 이 사주는 남자(男子)의 사주로서 공부는 많이 하지 못하였으나 기술(技術)과 재주가 비범하여 중소기업을 경영하고 있는 사주인데 대운(大運)이 금토운(金土運)으로 좋은 운(運)을 만나 크게 성공하고 있는 사주다.

❶ 세운병자년(歲運丙子年): 자손액, 손재, 신액, 내외불화
❷ 질병(疾病): 냉(冷) 간(肝) 담(膽) 중풍(中風) 비색증(鼻塞症)
❸ 남녀성격: (남) 과감 용단, 냉정하다, 고집 대단, 신의 있다, 근면하다, 매사 정이 많다, 처와 자식의 덕이 있다, 성격이 까다롭다, 옷에 신경, 편식, 새벽잠이 없다, 식복 있다
   (여) 냉정하다, 사람 사귀다 한번 틀어지면 다시 안 봄, 미모 수려, 남편의 사랑을 받는다, 부지런하다, 친모봉양, 부궁불미, 정부

세운 · 질병 · 남녀성격의 해설 (歲運 · 疾病 · 男女性格의 解說)

❶ 세운병자년(歲運丙子年)= ※자손액, 손재, 신액, 내외불화는 ※세운병자년(歲運丙子年)의 자수(子水)는 신금일주(辛金日柱)의 식신(食神)으로 원명사주(源命四柱)에 상관식신(傷官食神)이 태왕(太旺)인데 세운(歲運)에서 상관(傷官) 식신운(食神運)이 들어오면 ※**자손액을 조심해야 하며 또는 손재수를 조심해야 하며 또는 신액을 조심해야 한다.** 그리고 ※**내외불화**는 ※세운병자년(歲運丙子年)의 병화(丙火)는 신금일주(辛金日柱)의 정관(正官)으로 세운(歲運)에서 일주(日柱)를 극(剋)하는 운(運)이 들어오면 ※**집에서나 밖에서나 윗사람이나 아랫사람이나 불화가 많이 생긴다.**

❷ 질병(疾病)은 냉, 간, 담은 일주(日柱)에서 발생(發生)하며 ※중풍, 비색증은 ※신금일주(辛金日柱)가 해자월(亥子月)에 출생하면 ※중풍과 축농증과 비염과 코막힘을 조심해야 한다.

❸ 남녀성격은 일주(日柱)에서 발생(發生)한다.

병자년 (丙子年)

63년(음) 9월 19일 진(辰)시 여자

壬	辛	壬	癸
辰	亥	戌	卯

51	41	31	21	11	1
戊	丁	丙	乙	甲	癸
辰	卯	寅	丑	子	亥

이 사주는 신금일주(辛金日柱)가 계추술월(季秋戌月)에 출생하여 득령(得令)하고 시지진토(時支辰土) 인수(印綬)가 있어 신왕사주(身旺四柱)같이 보인다. 그러나 년월시상(年月時上) 임계수(壬癸水)는 일지해수(日支亥水)에 근(根)하여 신금일주(辛金日柱)는 설기(泄氣)가 심(甚)하여 신약사주(身弱四柱)다. 그러므로 많은 상관식신(傷官食神)을 제(制)하고 일주(日柱)를 보신(補身)하는 토인수(土印綬)가 용신(用神)이며 금비견겁(金比肩劫)이 희신(喜神)이 된다. 이 사주는 여자(女子)의 사주로 사업을 하였으나 초년운(初年運)이 없어 고생을 많이 하다가 41세 정화대운(丁火大運)에 월상임수(月上壬水)와 정임합(丁壬合)으로 합거(合去)되어 재산을 탕진하고 남편(男便)과 이혼(離婚)하고 혼자 살고 있는 사주다. 부궁(夫宮)이 부실한 것은 여자(女子) 사주에 상관식신(傷官食神)이 태왕(太旺)이면 부궁(夫宮)이 부실한데 년간지(年干支) 계묘생(癸卯生)의 공망(空亡)은 시지진토(時支辰土)로서 더욱더 부궁(夫宮)이 부실하다.

❶ 세운병자년(歲運丙子年): 이별수, 내외불화
❷ 질병(疾病): 폐(肺), 담(膽)
❸ 남녀성격: (남) 과감 용단, 냉정하다, 선견지명, 암기력, 총명하다, 지혜롭다, 항상 바쁨, 집념 대단, 재복 있다, 처 덕 있다, 남에게 잘함, 처궁불미, 장수한다
(여) 냉정하다, 사람 사귀다 한번 틀어지면 다시 안 봄, 부궁불미, 재가, 정부, 인정 있다, 남에게 잘함, 잘하고 욕 먹는다, 자손귀자, 신앙심, 내 것 주고 배신당함, 인덕 없다

세운 · 질병 · 남녀성격의 해설 (歲運 · 疾病 · 男女性格의 解說)

❶ 세운병자년(歲運丙子年)= ※이별수, 내외불화는 ※세운병자년(歲運丙子年)의 자수(子水)는 신금일주(辛金日柱)의 식신(食神)으로 여자(女子) 사주에 상관식신(傷官食神)이 태왕(太旺)인데 세운(歲運)에서 상관(傷官) 식신운(食神運)이 들어오면 ※가정에 불화가 많이 생긴다든가 또는 남편과 떨어져 산다든가 또는 이혼한다든가 또는 남편이 사망하는 수도 있다. 그리고 ※내외불화는 ※세운병자년(歲運丙子年)의 병화(丙火)는 신금일주의 정관(正官)으로 세운(歲運)에서 일주(日柱)를 극(剋)하는 운(運)이 들어오면 ※집에서나 밖에서나 윗사람이나 아랫사람이나 불화가 많이 생긴다.

❷ 질병(疾病)과 ❸ 남녀성격은 일주(日柱)에서 발생(發生)한다.

병자년 (丙子年)

58년(음) 8월 29일 사(巳)시 남자

癸	辛	壬	戊
巳	酉	戌	戌

59	49	39	29	19	9
戊	丁	丙	乙	甲	癸
辰	卯	寅	丑	子	亥

이 사주는 신금일주(辛金日柱)가 계추술월(季秋戌月)에 출생하여 득령(得令)하고 년간지(年干支) 무술토(戊戌土) 인수(印綬)와 일지유금(日支酉金)에 록근(祿根)하여 신왕사주(身旺四柱)다. 신왕사주(身旺四柱)에는 일주(日柱)를 제(制)하는 관살(官殺)로 용신(用神)함이 좋은데 다행히 시지(時支) 사중병화(巳中丙火)가 있어 사중병화(巳中丙火) 정관(正官)으로 용신(用神)히며 목재(木財)는 희신(喜神)이 된다. 이 사주는 남자(男子)의 사주로서 의사인데 인목대운(寅木大運)에 많은 돈을 벌었으나 주색(酒色)으로 인하여 처(妻)와 이혼하고 재혼(再婚)한 사주다. 그리고 49세 정화대운(丁火大運)에 월상임수(月上壬水)와 대운정화(大運丁火)와 정임합(丁壬合)으로 합거(合去)되어 사업이 부실하여 손해를 많이 보고 부동산에 투자하여 재산을 탕진한 사주다. 처궁(妻宮)이 부실한 것은 년간지(年干支) 무술생(戊戌生)의 공망(空亡)은 시지사화(時支巳火)로서 일시지(日時支)에 공망(空亡)이 있으면 처궁(妻宮)이 부실하여 재혼(再婚)하거나 혼자 사는 사람들이 많다.

❶ 세운병자년(歲運丙子年): 내외불화, 신경과민
❷ 질병(疾病): 간(肝), 담(膽), 혈압(血壓)
❸ 남녀성격: (남) 과감 용단, 냉정하다, 청백한 사람, 미남형, 인품 수려, 자수성가, 영리하다, 일독십지, 타인존경, 의처증
　　　　　(여) 냉정하다, 사람 사귀다 한번 틀어지면 다시 안 봄, 부궁불미, 정부, 독수공방, 시모불합, 남편 말 잘 안 듣는다, 미모 수려, 신앙심, 이성수신

🌀 세운 • 질병 • 남녀성격의 해설 (歲運 · 疾病 · 男女性格의 解說)

❶ 세운병자년(歲運丙子年)= ※내외불화, 신경과민은 ※세운병자년(歲運丙子年)의 병화(丙火)는 신금일주(辛金日柱)의 정관(正官)으로 세운(歲運)에서 일주(日柱)를 극(剋)하는 운(運)이 들어오면 ※집에서나 밖에서나 윗사람이나 아랫사람이나 불화가 많이 생긴다. 그리고 ※신경과민은 ※세운병자년(歲運丙子年)의 자수(子水)는 일지유금(日支酉金)과 자유(子酉)로 귀문관살(鬼門關殺)이므로 세운(歲運)에서 일지(日支) 귀문(鬼門) 관살운(關殺運)이 들어오면 ※그해에는 모든 일에 신경을 많이 쓰게 된다.

❷ 질병(疾病)은 일주(日柱)에서 발생(發生)한다.

❸ 남녀성격은 일주(日柱)에서 발생(發生)한다.

병자년 (丙子年)

54년(음) 6월 15일 사(巳)시 남자

癸	辛	辛	甲
巳	未	未	午

58	48	38	28	18	8
丁	丙	乙	甲	癸	壬
丑	子	亥	戌	酉	申

이 사주는 신금일주(辛金日柱)가 하계미월(夏季未月)에 출생하여 득령(得令)하고 일지미토(日支未土)와 월일(月日) 양신금(兩辛金)으로 신왕사주(身旺四柱) 같이 보인다. 그러나 미월(未月)은 토(土)라 하나 미중(未中)에는 정화(丁火)가 있어 조토(燥土)이며 년시지(年時支) 사오미(巳午未)로 화국(火局)을 이루어 연약한 신금(辛金)은 관살(官殺)이 대단히 겁(劫)이 난다. 그러므로 신약사주(身弱四柱)로서 토인수(土印綬)가 용신(用神)이며 금비견겁(金比肩劫)은 희신(喜神)이 된다. 이 사주는 남자(男子)의 사주로서 약사인데 약국을 경영하였으나 대운(大運)이 금수운(金水運)으로 좋은 운(運)이 없어 실패만 거듭하고 재산을 탕진하고 처와 이혼하고 혼자 살고 있는 사주다. 년간지(年干支) 갑오생(甲午生)의 공망(空亡)은 시지사화(時支巳火)로서 처궁(妻宮)이 부실하여 혼자 살거나 재혼(再婚)하는 사람들이 많다.

세운·질병·남녀성격의 해설(歲運·疾病·男女性格의 解說)

❶ 세운병자년(歲運丙子年)= ※관재, 손재, 신액, 내외불화는 ※세운병자년(歲運丙子年)의 병화(丙火)는 신금일주(辛金日柱)의 정관(正官)으로 원명사주(源命四柱)에 재살(財殺)이 태왕(太旺)인데 세운(歲運)에서 재(財)나 관살운(官殺運)이 들어오면 ※관재수를 조심해야 하며 또는 손재수를 조심해야 하며 또는 건강을 조심해야 한다. 그리고 ※내외불화는 ※세운병자년(歲運丙子年)의 병화(丙火)는 신금일주(辛金日柱)의 정관(正官)으로 세운(歲運)에서 일주(日柱)를 극(剋)하는 운(運)이 들어오면 ※집에서나 밖에서나 윗사람이나 아랫사람이나 불화가 많이 생긴다.

❷ 질병(疾病)은 폐, 기관지는 일주(日柱)에서 발생(發生)하며 ※천식, 치질은 ※신금일주(辛金日柱)가 목화재살(木火財殺)이 태왕(太旺)이면 ※천식과 치질을 조심해야 한다.

❸ 남녀성격은 일주(日柱)에서 발생(發生)한다.

병자년 (丙子年)

52년(음) 5월 12일 인(寅)시 여자

庚	辛	乙	壬
寅	巳	巳	辰

60	50	40	30	20	10
己	庚	辛	壬	癸	甲
亥	子	丑	寅	卯	辰

이 사주는 신금일주(辛金日柱)가 초여름 사월(巳月)에 출생하여 실시(失時)하고 일시지(日時支) 사인(巳寅)으로 재관(財官)이 태왕(太旺)하여 아무 곳에도 쓸 수 없는 사주(四柱)같이 보인다. 그러나 이 사주는 사중(巳中)에 병화(丙火)는 정관(正官)이며 인중갑목(寅中甲木)은 정재(正財)이며 년지(年支) 진중무토(辰中戊土)는 정인(正印)으로 재관인(財官印) 삼귀(三貴)를 놓아 귀격(貴格)의 사주다. 그러므로 살인상생(殺印相生)으로 진중무토(辰中戊土) 인수(印綬)가 용신(用神)이며 금비견겁(金比肩劫)은 희신(喜神)이 된다. 이 사주는 여자(女子)의 사주로서 대기업에 근무하다가 퇴사하여 40세 신축대운(辛丑大運)에 사업을 경영하여 수억금을 벌어 잘살고 있는 사주다.

❶ 세운병자년(歲運丙子年): 관재, 손재, 신액, 내외불화
❷ 질병(疾病): 해수(咳嗽), 호흡기(呼吸器), 월경불순(月經不順), 기관지(氣管支), 천식(喘息)
❸ 남녀성격: (남) 과감 용단, 냉정하다, 성질 급, 변화가 많다, 항상 바쁨, 처 덕 있다, 화려하게 보이나 실속이 없다, 예의 있다, 말을 잘한다, 영리하다, 식복 있다
　　　　　(여) 냉정하다, 사람 사귀다 한번 틀어지면 다시 안 봄, 남편 덕, 정부, 이성수신, 의처증 부군, 성질 급, 항상 바쁨, 인덕 없다

🔵 세운 • 질병 • 남녀성격의 해설 (歲運 · 疾病 · 男女性格의 解說)

❶ 세운병자년(歲運丙子年)= ※관재, 손재, 신액, 내외불화는 ※세운병자년(歲運丙子年)의 병화(丙火)는 신금일주(辛金日柱)의 정관(正官)으로 원명사주(源命四柱)에 재살(財殺)이 태왕(太旺)인데 세운(歲運)에서 재(財)나 관살운(官殺運)이 들어오면 ※관재수를 조심해야 하며 또는 손재수를 조심해야 하며 또는 건강을 조심해야 한다. 그리고 ※내외불화는 ※세운병자년(歲運丙子年)의 병화(丙火)는 신금일주(辛金日柱)의 정관(正官)으로 세운(歲運)에서 일주(日柱)를 극(剋)하는 운(運)이 들어오면 ※집에서나 밖에서나 윗사람이나 아랫사람이나 불화가 많이 생긴다.

❷ 질병(疾病)은 해수, 호흡기는 일주(日柱)에서 발생(發生)하며 ※월경불순, 기관지, 천식은 ※신금일주(辛金日柱)가 목화재살(木火財殺)이 태왕(太旺)이면 ※월경불순과 기관지와 천식을 조심해야 한다.

❸ 남녀성격은 일주(日柱)에서 발생(發生)한다.

병자년 (丙子年)

51년(음) 1월 15일 오(午)시 여자

<table>
<tr><td>甲</td><td>辛</td><td>庚</td><td>辛</td></tr>
<tr><td>午</td><td>卯</td><td>寅</td><td>卯</td></tr>
</table>

55	45	35	25	15	5
丙	乙	甲	癸	壬	辛
申	未	午	巳	辰	卯

이 사주는 신금일주(辛金日柱)가 초봄 인월(寅月)에 출생하여 실시(失時)하고 인중갑목(寅中甲木)이 시상(時上)에 투출(透出)하여 정재격(正財格)이며 년일지(年日支) 양묘목재(兩卯木財)와 시지오화(時支午火)로 재살(財殺)이 태왕(太旺)이다. 신금일주(辛金日柱)는 자좌묘목(自坐卯木)에 절궁(絶宮)이며 년월상(年月上) 경신금(庚辛金) 비견겁(比肩劫)도 인묘목(寅卯木)의 절궁(絶宮)에 앉아 신금일주(辛金日柱)를 보신(補身)할 수 없다. 그러므로 신금일주(辛金日柱)는 왕세(旺勢)를 따라 종살(從殺)하게 된다. 그러므로 오화편관(午火偏官)이 용신(用神)이며 목재(木財)는 희신(喜神)이 된다. 이 사주는 여자의 사주로서 일찍 사업을 경영하여 대운(大運) 사오미(巳午未) 목화운(木火運)에 수억금을 벌었으나 시지오화(時支午火)는 신묘일주(辛卯日柱)의 공망(空亡)으로서 부궁(夫宮)이 부실하여 재혼(再婚)한 사주다.

❶ **세운병자년(歲運丙子年)**: 관재, 손재, 신액, 내외불화, 수술
❷ **질병(疾病)**: 풍질(風疾), 냉(冷), 기관지(氣管支)
❸ **남녀성격**: (남) 과감 용단, 냉정하다, 의리 있다, 인정 있다, 고집 대단, 학업 장애, 처궁불미, 재가, 미인수다, 근면하다, 지구력 부족, 소심하다, 운동 잘함, 마음 약
　　　　　(여) 냉정하다, 사람 사귀다 한번 틀어지면 다시 안 봄, 고집 대단, 정부, 재가, 독수공방, 부궁불미, 욕심 많다, 성질 급, 참을성이 없다, 자손 근심

🔵 세운 · 질병 · 남녀성격의 해설 (歲運 · 疾病 · 男女性格의 解說)

❶ **세운병자년(歲運丙子年)**= ※관재, 손재, 신액, 내외불화, 수술은 ※세운병자년(歲運丙子年)의 병화(丙火)는 신금일주(辛金日柱)의 정관(正官)으로 원명사주(源命四柱)에 재살(財殺)이 태왕(太旺)인데 세운(歲運)에서 재(財)나 관살운(官殺運)이 들어오면 **※관재수를 조심해야 하며 또는 손재수를 조심해야 하며 또는 건강을 조심해야 한다.** 그리고 ※내외불화는 ※세운병자년(歲運丙子年)의 병화(丙火)는 신금일주의 정관(正官)으로 세운(歲運)에서 일주(日柱)를 극(剋)하는 운(運)이 들어오면 **※집에서나 밖에서나 윗사람이나 아랫사람이나 불화가 많이 생긴다.** 그리고 ※수술은 ※세운병자년(歲運丙子年)의 자수(子水)는 일지묘목(日支卯木)과 자묘(子卯)로 형살(刑殺)이 되므로 세운에서 일지(日支) 형살운(刑殺運)이 들어오면 **※수술을 조심해야 한다.**

❷ **질병(疾病)**은 일주(日柱)에서 발생(發生)한다.

❸ **남녀성격**은 일주(日柱)에서 발생(發生)한다.

병자년 (丙子年)

47년(음) 10월 16일 인(寅)시 여자

<table>
<tr><td>庚</td><td>辛</td><td>辛</td><td>丁</td></tr>
<tr><td>寅</td><td>亥</td><td>亥</td><td>亥</td></tr>
</table>

53	43	33	23	13	3
丁	丙	乙	甲	癸	壬
巳	辰	卯	寅	丑	子

이 사주는 신금일주(辛金日柱)가 초겨울 해월(亥月)에 출생하여 실시(失時)하고 년일지(年日支) 양해수(兩亥水)와 시지인목(時支寅木)으로 상관(傷官)과 재(財)로 인하여 설기(泄氣)가 태심(太甚)하다. 신금일주(辛金日柱)는 무근(無根)이며 자좌해수(自坐亥水)에 설기(泄氣)가 심(甚)하며 월시상(月時上) 경신금(庚辛金) 비견겁(比肩劫)이 있다 하나 그 비견겁(比肩劫)도 모두 무근(無根)이며 시상경금(時上庚金)은 절궁(絶宮)이며 월상신금(月上辛金)은 자좌해수(自坐亥水)에 설기(泄氣)가 심하여 신금일주를 보신(補身)할 수 없다. 그러므로 금생수(金生水) 수생목(水生木)으로 사주의 기(氣)는 시지(時支) 인중갑목(寅中甲木)에 집중되어 종재격(從財格)이다. 그러므로 인중갑목(寅中甲木) 정재(正財)가 용신(用神)이며 수상관(水傷官)은 희신(喜神)이 된다. 이 사주는 여자의 사주로서 음식업을 경영하였으나 초년(初年)에는 돈을 조금 벌었으나 그 이후로는 운이 없어 고생을 많이 하고 있는 사주다.

❶ 세운병자년(歲運丙子年): 이별수, 내외불화
❷ 질병(疾病): 폐(肺), 담(膽)
❸ 남녀성격: (남) 과감 용단, 냉정하다, 선견지명, 암기력, 총명하다, 지혜롭다, 항상 바쁨, 집념 대단, 재복 있다, 처 덕 있다, 남에게 잘함, 처궁불미, 장수한다
   (여) 냉정하다, 사람 사귀다 한번 틀어지면 다시 안 봄, 부궁불미, 재가, 정부, 인정 있다, 남에게 잘함, 잘하고 욕 먹는다, 자손귀자, 신앙심, 내 것 주고 배신당함, 인덕 없다

🌀 세운·질병·남녀성격의 해설 (歲運·疾病·男女性格의 解說)

❶ 세운병자년(歲運丙子年)= ※이별수, 내외불화는 ※세운병자년(歲運丙子年)의 병화(丙火)는 신금일주(辛金日柱)의 정관(正官)으로 여자(女子) 사주에 상관식신(傷官食神)이 태왕(太旺)인데 세운(歲運)에서 관살운(官殺運)이 들어오면 ※가정에 불화가 많이 생긴다든가 또는 남편과 떨어져 산다든가 또는 이혼한다든가 또는 남편이 사망하는 수도 있다. 그리고 ※내외불화는 ※세운병자년(歲運丙子年)의 병화(丙火)는 신금일주의 정관(正官)으로 세운(歲運)에서 일주(日柱)를 극(剋)하는 운(運)이 들어오면 ※집에서나 밖에서나 윗사람이나 아랫사람이나 불화가 많이 생긴다.

❷ 질병(疾病)은 일주(日柱)에서 발생(發生)한다.

❸ 남녀성격은 일주(日柱)에서 발생(發生)한다.

병자년 (丙子年)

48년(음) 10월 12일 유(酉)시 남자

丁	辛	癸	戊
酉	丑	亥	子

58	48	38	28	18	8
己	戊	丁	丙	乙	甲
巳	辰	卯	寅	丑	子

이 사주는 신금일주(辛金日柱)가 초겨울 해월(亥月)에 출생하여 실시(失時)하고 지지(地支)는 해자축(亥子丑) 수국(水局)을 이루어 월상계수(月上癸水)가 투출(透出)하고 설기(泄氣)가 태심(太甚)하여 신약사주(身弱四柱)다. 이 사주는 상관식신(傷官食神)이 태왕(太旺)하므로 많은 상관식신(傷官食神)을 제(制)하고 일주(日柱)를 보신(補身)하는 토인수(土印綬)가 용신(用神)이며 금비견겁(金比肩劫)은 희신(喜神)이 된다. 이 사주는 남자(男子)의 사주로서 전기, 전자계통에 일을 하여 초년(初年)에는 고생을 많이 하였으나 53세 진토대운(辰土大運)부터 수억금을 벌어 잘살고 있는 사주다.

❶ 세운병자년(歲運丙子年): 자손액, 내외불화, 자연재앙
❷ 질병(疾病): 냉(冷), 간(肝), 담(膽), 중풍(中風), 비색증(鼻塞症)
❸ 남녀성격: (남) 과감 용단, 냉정하다, 고집 대단, 신의 있다, 근면하다, 매사 정이 많다, 처와 자식의 덕이 있다, 성격이 까다롭다, 옷에 신경, 편식, 새벽잠이 없다, 식복 있다
　　　　　(여) 냉정하다, 사람 사귀다 한번 틀어지면 다시 안 봄, 미모 수려, 남편의 사랑을 받는다, 부지런하다, 친모봉양, 부궁불미, 정부

세운·질병·남녀성격의 해설 (歲運·疾病·男女性格의 解說)

❶ 세운병자년(歲運丙子年)= ※자손액, 내외불화, 자연 재앙은 ※세운병자년(歲運丙子年)의 병화(丙火)는 신금일주(辛金日柱)의 정관(正官)으로 원명사주(源命四柱)에 상관식신(傷官食神)이 태왕(太旺)하고 관살(官殺)이 쇠약(衰弱)한데 세운(歲運)에서 관살운(官殺運)이 들어오면 ※**자손액을 조심해야 한다.** 그리고 ※**내외불화**는 ※세운병자년(歲運丙子年)의 병화(丙火)는 신금일주의 정관(正官)으로 세운(歲運)에서 일주(日柱)를 극(剋)하는 운(運)이 들어오면 ※**집에서나 밖에서나 윗사람이나 아랫사람이나 불화가 많이 생긴다.** 그리고 ※**자연재앙**은 ※세운병자년(歲運丙子年)의 자수(子水)는 년지자수(年支子水)와 자자(子子)로 똑같은 오행(五行)이므로 세운(歲運)에서 년지(年支)같은 운(運)이 들어오면 ※**자연재앙을 조심해야 한다.**

❷ 질병(疾病)은 냉, 간, 담은 일주(日柱)에서 발생(發生)하며 ※중풍(中風), 비색증(鼻塞症)은 ※신금일주(辛金日柱)가 해자월(亥子月)에 출생하면 ※중풍과 축농증, 비염, 코막힘을 조심해야 한다.

❸ 남녀성격은 일주(日柱)에서 발생(發生)한다.

병자년 (丙子年)

53년(음) 11월 22일 사(巳)시 남자

乙	壬	甲	癸
巳	子	子	巳

57	47	37	27	17	7
戊	己	庚	辛	壬	癸
午	未	甲	酉	戌	亥

이 사주는 임수일주(壬水日柱)가 중동자월(中冬子月) 양인월(羊刃月)에 출생하여 득령(得令)하고 일지자수(日支子水)와 자중계수(子中癸水)가 년상(年上)에 투출(透出)하여 비견겁(比肩劫)이 태왕(太旺)으로 신왕사주(身旺四柱)다. 신왕사주(身旺四柱)에는 관살(官殺)로 일주(日柱)를 제(制)함이 좋은데 일주(日柱)를 제(制)하는 관살(官殺)은 없고 년시지(年時支) 양사화재(兩巳火財)가 있어 사중(巳中) 병화재(丙火財)로 용신(用神)한다. 그리고 목(木) 상관식신(傷官食神)은 희신(喜神)이 된다. 이 사주는 남자(男子)의 사주로서 회사에 다니다가 운(運)이 없어 고생을 많이 하였고 47세 기토대운(己土大運)에 퇴사하여 사업을 경영하였으나 월상갑목(月上甲木)과 갑기합(甲己合)의 합거(合去)되어 손해를 많이 보고 일용직으로 건축현장에서 일하고 있는 사주다.

❶ 세운병자년(歲運丙子年): 변화, 이사, 전근, 손재, 처액, 자연재앙
❷ 질병(疾病): 냉(冷), 혈압(血壓), 신장(腎臟), 방광(膀胱)
❸ 남녀성격: (남) 털털한 성격, 마음이 넓다, 성질 조급, 고집 대단, 노력은 많이 하나 실속이 없다, 여자 많다, 처궁불미, 용두사미, 돈이 잘 빠져나간다, 꾀가 많다, 신경 예민
　　　　　 (여) 남자 같은 시원한 성격, 새것을 좋아함, 부궁불미, 정부, 재가, 남에게 시기를 많이 받는다, 독수공방, 직업여성

🌀 세운 · 질병 · 남녀성격의 해설 (歲運 · 疾病 · 男女性格의 解說)

❶ 세운병자년(歲運丙子年)= ※변화, 이사, 전근, 손재, 처액, 자연재앙은 ※세운병자년(歲運丙子年)의 자수(子水)는 일지자수(日支子水)와 자자(子子)로 삼합(三合)이 되므로 세운(歲運)에서 일지(日支) 삼합운(三合運)이 들어오면 ※변화가 생긴다든가 또는 이사를 간다든가 또는 직장을 옮기는 일이 많다. 그리고 ※손재, 처액은 ※세운병자년(歲運丙子年)의 병화(丙火)는 임수일주의 편재(偏財)로 비견겁(比肩劫)이 태왕(太旺)하고 재(財)가 쇠약(衰弱)한데 세운(歲運)에서 재운(財運)이 들어오면 ※손재수를 조심해야 하며 또는 가정에 불화가 많이 생긴다든가 또는 처가 말없이 가출한다든가 또는 처의 건강을 조심해야 한다. 그리고 ※자연재앙은 ※세운병자년(歲運丙子年)의 자수(子水)는 일지자수(日支子水)와 자자(子子)로 똑같은 오행(五行)이므로 세운(歲運)에서 일지(日支)같은 운(運)이 들어오면 ※자연재앙을 조심해야 한다.

❷ 질병(疾病)과 ❸ 남녀성격은 일주(日柱)에서 발생(發生)한다.

병자년 (丙子年)

54년(음) 1월 12일 묘(卯)시 여자

癸	壬	丙	甲
卯	寅	寅	午

54	44	34	24	14	4
庚	辛	壬	癸	甲	乙
申	酉	戌	亥	子	丑

이 사주는 임수일주(壬水日柱)가 초봄 인월(寅月)에 출생하여 실시(失時)하고 인중갑목(寅中甲木)과 인중병화(寅中丙火)가 년월상(年月上)에 투출(透出)하여 어느 오행(五行)으로 격(格)을 잡느냐의 기로에 서게 된다. 날짜상으로 보아 인중(寅中)에는 병화(丙火)가 사령(司令)하므로 병화편재(丙火偏財)로 격(格)을 잡는다. 그러므로 편재격(偏財格)이 된다. 그런데 이 사주는 지지(地支)가 목화(木火)로 되어 있고 년월상(年月上) 목화(木火)로 상관(傷官)과 재(財)가 태왕(太旺)이다. 임수일주(壬水日柱)는 무근(無根)이며 자좌인목(自坐寅木)에 설기(泄氣)가 심(甚)하고 시상계수(時上癸水) 비겁(比劫)이 있다 하나 그 비겁(比劫)도 자좌묘목(自坐卯木)에 설기(泄氣)하므로 수생목(水生木) 목생화(木生火)로 이런 사주를 식신(食神) 용재격(用財格)이라고 하며 병화편재(丙火偏財)가 용신(用神)이며 목(木) 상관식신(傷官食神)은 희신(喜神)이 된다. 이 사주는 여자(女子)의 사주로서 일찍 남편과 이혼하고 음식업을 경영하였으나 운(運)이 없어 고생을 많이 하고 있는 사주다. 부궁(夫宮)이 부실한 것은 여자 사주에 상관식신(傷官食神)이 태왕(太旺)이면 부궁이 부실하다.

❶ 세운병자년(歲運丙子年): 관재, 손재, 신액
❷ 질병(疾病): 신장(腎臟), 방광(膀胱), 냉(冷), 습(濕), 자궁(子宮), 유방(乳房)
❸ 남녀성격: (남) 털털한 성격, 지혜롭다, 원만하다, 환경에 적응 잘함, 영리하다, 행운이 따른다, 항상 바쁨, 용기 있다, 타의 군림, 성질 급, 처 덕 있다, 장모봉양
    (여) 남자 같은 시원한 성격, 새것을 좋아함, 영리하다, 남편을 꺾는다, 부궁불미, 정부, 자손귀자, 요리솜씨, 사회활동하면 인기

세운·질병·남녀성격의 해설 (歲運·疾病·男女性格의 解說)

❶ 세운병자년(歲運丙子年)= ※관재, 손재, 신액은 ※세운병자년(歲運丙子年)의 병화(丙火)는 임수일주(壬水日柱)의 편재(偏財)로 사주(四柱)에 재(財)가 태왕(太旺)인데 세운(歲運)에서 재(財)나 관살운(官殺運)이 들어오면 ※관재수를 조심해야 하며 또는 손재수를 조심해야 하며 또는 건강을 조심해야 한다.

❷ 질병(疾病)은 신장, 방광, 냉, 습은 일주(日柱)에서 발생(發生)하며 ※자궁, 유방은 ※여자(女子) 사주에 상관식신(傷官食神)이 태왕(太旺)이면 ※자궁이나 유방을 조심해야 한다. ※상관(傷官)은 자궁과 유방에 속한다.

❸ 남녀성격은 일주(日柱)에서 발생(發生)한다.

병자년 (丙子年)

59년(음) 10월 6일 자(子)시 남자

庚	壬	甲	己
子	辰	戌	亥

59	49	39	29	19	9
戊	己	庚	辛	壬	癸
辰	巳	午	未	申	酉

이 사주는 임수일주(壬水日柱)가 계추술월(季秋戌月)에 출생하여 실시(失時)하고 일지진토(日支辰土)와 년상기토(年上己土)가 투출(透出)하여 관살(官殺)이 태왕(太旺)이다. 다행히 임수일주(壬水日柱)는 년지해수(年支亥水)에 록근(祿根)하고 시지양인(時支羊刃)이 있으나 신약사주(身弱四柱)로서 살인상생(殺印相生)으로 시상경금(時上庚金) 인수(印綬)가 용신(用神)이며 수비견겁(水比肩劫)은 희신(喜神)이 된다. 이 사주는 남자(男子)의 사주로서 주류업을 경영하였으나 초년(初年)에는 고생을 많이 하였고 39세 경금대운(庚金大運)에 사업이 번창하여 수억금을 벌었으나 그 이후로는 운(運)이 없어 고생을 많이 하다가 49세 기토대운(己土大運)에 월상갑목(月上甲木)과 갑기합(甲己合)으로 합거(合去)되어 재산을 탕진하고 처와 이혼하고 방황하며 살고 있는 사주다. 처궁(妻宮)이 부실한 것은 년간지(年干支) 기해생(己亥生)의 공망(空亡)은 일지진토(日支辰土)로서 일시지(日時支)에 공망(空亡)이 있으면 처궁(妻宮)이 부실하여 재혼하거나 혼자 사는 사람들이 많다.

❶ 세운병자년(歲運丙子年): 변화, 이사, 전근, 관재, 손재, 신액
❷ 질병(疾病): 냉(冷), 풍질(風疾), 신장(腎臟), 혈압(血壓)
❸ 남녀 성격: (남) 털털한 성격, 일찍 사회에 진출, 임전무퇴, 자립정신, 재간 있다, 박력 있다, 속전속결, 처궁불미, 어린 시절 잔병, 자손 근심, 아이디어가 좋다
(여) 남자 같은 시원한 성격, 새것을 좋아함, 부궁불미, 재가, 정부, 독수공방, 일가부양, 풍파가 많다

🌀 세운·질병·남녀성격의 해설 (歲運·疾病·男女性格의 解說)

❶ 세운병자년(歲運丙子年)= ※변화, 이사, 전근, 관재, 손재, 신액은 ※세운병자년(歲運丙子年)의 자수(子水)는 일지진토(日支辰土)와 자진(子辰)으로 삼합(三合)이 되므로 세운(歲運)에서 일지(日支) 삼합운(三合運)이 들어오면 **※변화가 생긴다든가 또는 이사를 한다든가 또는 직장을 옮기는 일이 많다. 그리고 ※관재, 손재, 신액은** ※세운병자년(歲運丙子年)의 병화(丙火)는 임수일주의 편재(偏財)로 사주(四柱)에 관살(官殺)이 태왕(太旺)인데 세운(歲運)에서 재(財)나 관살운(官殺運)이 들어오면 **※관재수를 조심해야 하며 또는 손재수를 조심해야 하며 또는 건강을 조심해야 한다.**

❷ 질병(疾病)과 ❸ 남녀성격은 일주(日柱)에서 발생(發生)한다.

병자년(丙子年)

癸	壬	壬	戊
卯	午	戌	戌

58	48	38	28	18	8
丙	丁	戊	己	庚	辛
辰	巳	午	未	申	酉

이 사주는 임수일주(壬水日柱)가 계추술월(季秋戌月)에 출생하여 실시(失時)하고 년간지(年干支) 무술토(戊戌土)와 일지오화(日支午火)로 재살(財殺)이 태왕(太旺)이다. 임수일주(壬水日柱)는 무근(無根)이며 자좌오화(自坐午火)에 절궁(絶宮)이며 월시상(月時上) 임계수(壬癸水) 비견겁(比肩劫)이 있다 하나 모두 무근(無根)이며 살지(殺地)에 앉아 임수일주(壬水日柱)를 보신(補身)할 수가 없다. 이 사주는 수생목(水生木) 목생화(木生火) 화생토(火生土)로 사주의 기(氣)는 무토편관(戊土偏官)에 집중(集中)되어 있으므로 이 사주는 종살격(從殺格)이며 무토편관(戊土偏官)이 용신(用神)이며 화재(火財)는 희신(喜神)이 된다. 이 사주는 여자(女子)의 사주로서 조실부모(早失父母)하고 식당에 허드렛일을 하다가 43세 오화대운(午火大運)에 음식업을 경영하여 수억금을 벌어 잘살고 있는 사주다.

---

❶ 세운병자년(歲運丙子年): 관재, 수술, 자연재앙, 관재, 손재, 신액
❷ 질병(疾病): 신장(腎臟), 방광(膀胱), 자궁(子宮), 기관지(氣管支)
❸ 남녀성격: (남) 털털한 성격, 고집 대단, 신경 예민, 지혜롭다, 명랑하다, 예의 있다, 준법
　　　　　　　정신, 처 덕 있다, 처궁불미, 성실하다, 눈치가 빠름, 운동 잘함
　　　　　　(여) 남자 같은 시원한 성격, 새것을 좋아함, 미모 수려, 남편 덕, 정부, 부궁불
　　　　　　　미, 자손 덕, 눈치가 빠름, 신경 예민, 이성수신

☯ 세운·질병·남녀성격의 해설(歲運·疾病·男女性格의 解說)

❶ 세운병자년(歲運丙子年)= ※관재, 수술, 자연 재앙, 관재, 손재, 신액은 ※세운병자년(歲運丙子年)의 자수(子水)는 일지오화(日支午火)와 자오충(子午沖)으로 세운(歲運)에서 일지충운(日支沖運)이 들어오면 ※관재수를 조심해야 하며 또는 수술을 조심해야 하며 또는 자연재앙을 조심해야 한다. 그리고 ※관재, 손재, 신액은 ※세운병자년(歲運丙子年)의 병화(丙火)는 임수일주(壬水日柱)의 편재(偏財)로 사주(四柱)에 재살(財殺)이 태왕(太旺)인데 세운(歲運)에서 재(財)나 관살운(官殺運)이 들어오면 ※관재수를 조심해야 하며 또는 손재수를 조심해야 하며 또는 건강을 조심해야 한다.

❷ 질병(疾病)은 신장, 방광은 일주(日柱)에서 발생(發生)하고 ※자궁, 기관지는 ※임수일주(壬水日柱)가 화토재살(火土財殺)이 태왕(太旺)이면 ※자궁과 기관지를 조심해야 한다.

❸ 남녀성격은 일주(日柱)에서 발생(發生)한다.

병자년 (丙子年)

52년(음) 10월 6일 진(辰)시 남자

甲	壬	辛	壬
辰	申	亥	辰

55	45	35	25	15	5
丁	丙	乙	甲	癸	壬
巳	辰	卯	寅	丑	子

이 사주는 임수일주(壬水日柱)가 초겨울 해월(亥月)에 출생하여 록근(祿根)하고 해중임수(亥中壬水)가 년상(年上)에 투출(透出)하고 임수일주(壬水日柱)는 자좌신금(自坐申金)에 장생궁(長生宮)으로 신왕사주(身旺四柱)다. 신왕사주(身旺四柱)에는 관살(官殺)로 일주(日柱)를 제(制)함이 좋은데 년시지(年時支) 양진토(兩辰土)로 용신(用神)하고자 하나 그 진토(辰土)는 습토(濕土)로서 일주(日柱)를 제(制)할 수 없다. 다행히 시상갑목(時上甲木)은 해중갑목(亥中甲木)과 진중을목(辰中乙木)에 근(根)하여 왕(旺)하므로 갑목식신(甲木食神)으로 설기(泄氣)하여 이런 사주를 가상관격(假傷官格)이라고 한다. 그러므로 갑목식신(甲木食神)이 용신(用神)이 된다. 이 사주는 남자(男子)의 사주로서 35세 인목대운(寅木大運)에 용신갑목(用神甲木)이 인목(寅木)에 록근(祿根)하여 지방대학 교수에 취임하고 44세에 묘목대운(卯木大運)에 서울 소재에 대학교수(大學敎授)로 취임한 사주다.

❶ 세운병자년(歲運丙子年): 변화, 이사, 전근, 손재, 처액
❷ 질병(疾病): 냉(冷), 신장(腎臟), 방광(膀胱)
❸ 남녀 성격: (남) 털털한 성격, 원만하다, 활발하다, 지혜롭다, 포용력, 만인의 신망, 고집 대단, 박력 있다, 영리하다, 일독십지, 처 덕 있다
　　　　　　(여) 남자 같은 시원한 성격, 새것을 좋아함, 영리하다, 부궁불미, 정부, 예능, 문학에 소질 있다, 친모봉양

세운 • 질병 • 남녀성격의 해설 (歲運 · 疾病 · 男女性格의 解說)

❶ 세운병자년(歲運丙子年)= ※변화, 이사, 전근, 손재, 처액은 ※세운병자년(歲運丙子年)의 자수(子水)는 일지신금(日支申金)과 자신(子申)으로 삼합(三合)이 되므로 세운(歲運)에서 일지(日支) 삼합운(三合運)이 들어오면 ※변화가 생긴다든가 또는 이사를 한다든가 또는 직장을 옮기는 일이 많다. 그리고 ※손재, 처액은 ※세운병자년(歲運丙子年)의 병화(丙火)는 임수일주(壬水日柱)의 편재(偏財)로 비견겁(比肩劫)이 태왕(太旺)하고 재(財)가 쇠약(衰弱)한데 세운(歲運)에서 재운(財運)이 들어오면 ※손재수를 조심해야 하며 또는 가정에 불화가 많이 생긴다든가 또는 처가 말없이 가출한다든가 또는 처의 건강을 조심해야 한다.

❷ 질병(疾病)은 일주(日柱)에서 발생(發生)한다.

❸ 남녀성격은 일주(日柱)에서 발생(發生)한다.

병자년 (丙子年)

53년(음) 8월 1일 해(亥)시 여자

辛	壬	辛	癸
亥	戌	酉	巳

60	50	40	30	20	10
丁	丙	乙	甲	癸	壬
卯	寅	丑	子	亥	戌

이 사주는 임수일주(壬水日柱)가 중추유월(中秋酉月)에 출생하여 득령(得令)하고 유중신금(酉中辛金)이 월시상(月時上)에 투출(透出)되어 인수격(印綬格)이며 시지해수(時支亥水)에 록근(祿根)하여 신왕사주(身旺四柱)다. 신왕사주(身旺四柱)에는 일주(日柱)를 제(制)하는 관살(官殺)이나 상관식신(傷官食神)으로 설기(泄氣)함이 좋은데 다행히 일지(日支) 술중무토(戌中戊土) 편관(偏官)이 있어 술중무토(戌中戊土) 편관(偏官)으로 용신(用神)한다. 그리고 화재(火財)는 희신(喜神)이 된다. 이 사주는 여자(女子)의 사주로서 치과의사인데 치과의원을 여러 번 경영(經營)하였으나 대운(大運)이 수목운(水木運)으로 운(運)이 없어 사업 실패하고 부궁(夫宮)이 부실하여 이혼(離婚)하고 혼자 살고 있는 사주다. 부궁(夫宮)이 부실한 것은 임술일주(壬戌日柱)는 남편이 백호관살(白虎官殺)이므로 여자(女子) 사주에 백호관살(白虎官殺)이 있으면 십중팔구(十中八九) 부궁(夫宮)이 부실하여 재혼(再婚)하거나 혼자 사는 사람들이 많다.

❶ 세운병자년(歲運丙子年): 이별수, 손재, 신액
❷ 질병(疾病): 신장(腎臟), 방광(膀胱)
❸ 남녀성격: (남) 털털한 성격, 선견지명, 남에게 잘함, 욕심 많다, 일찍 사회에 진출, 성질 급, 자수성가, 부모 덕, 재복 있다, 처 덕 있다, 자손귀자, 신앙심, 지구력 강함, 능력 있다
(여) 남자 같은 시원한 성격, 새것을 좋아함, 부궁불미, 정부, 재가, 독수공방, 이성 구설, 재복 있다, 신앙심

🔵 세운 • 질병 • 남녀성격의 해설 (歲運 · 疾病 · 男女性格의 解說)

❶ 세운병자년(歲運丙子年)= ※이별수, 손재, 신액은 ※세운병자년(歲運丙子年)의 자수(子水)는 임수일주(壬水日柱)의 비겁(比劫)으로 신왕(身旺)한 여자(女子) 사주에 세운(歲運)에서 비견겁운(比肩劫運)이 들어오면 ※가정에 불화가 많이 생긴다든가 또는 남편과 떨어져 산다든가 또는 이혼한다든가 또는 남편이 사망하는 수도 있다. 그리고 ※손재, 신액은 ※세운병자년(歲運丙子年)의 병화(丙火)는 임수일주(壬水日柱)의 편재(偏財)로 신왕(身旺)한 사주에 재(財)가 쇠약(衰弱)한데 세운(歲運)에서 재운(財運)이 들어오면 ※손재수를 조심해야 하며 또는 건강을 조심해야 한다.

❷ 질병(疾病)은 일주(日柱)에서 발생(發生)한다.

❸ 남녀성격은 일주(日柱)에서 발생(發生)한다.

병자년 (丙子年)

53년(음) 6월 30일 사(巳)시 여자

乙	壬	庚	癸
巳	辰	申	巳

60	50	40	30	20	10
丙	乙	甲	癸	壬	辛
寅	丑	子	亥	戌	酉

이 사주는 임수일주(壬水日柱)가 초가을 신월(申月)에 출생하여 장생(長生)하고 신궁경금(申宮庚金)이 월상(月上)에 투출(透出)하여 인수격(印綬格)이며 임수일주(壬水日柱)는 자고(自庫)인 진중계수(辰中癸水)에 근(根)하고 년상계수(年上癸水)가 있어 신왕사주(身旺四柱)다. 신왕시주(身旺四柱)에는 일주(日柱)를 제(制)하는 관살(官殺)이 좋은데 일지(日支) 진중무토(辰中戊土) 편관(偏官)으로 용신(用神)하고자 하나 그 진토(辰土)는 습토(濕土)며 월지신금(月支申金)과 신진(申辰)으로 수국(水局)을 이루어 용신(用神)으로 쓸 수가 없다. 그러므로 용신(用神)이 약(弱)할 때는 그 용신(用神)을 돕는 자가 용신(用神)이 되므로 사중(巳中) 병화재(丙火財)로 용신(用神)한다. 이 사주는 여자(女子)의 사주로서 교사(敎師)로 근무하며 평범하게 살고 있는 사주다.

❶ 세운병자년(歲運丙子年): 이별수, 변화, 이사, 전근, 손재, 신액
❷ 질병(疾病): 냉(冷), 풍질(風疾), 신장(腎臟), 혈압(血壓)
❸ 남녀성격: (남) 털털한 성격, 일찍 사회에 진출, 임전무퇴, 자립정신, 재간 있다, 박력 있다, 속전속결, 처궁불미, 어린 시절 잔병, 자손 근심, 아이디어가 좋다
　　　　　(여) 남자 같은 시원한 성격, 새것을 좋아함, 부궁불미, 재가, 정부, 독수공방, 일가부양, 풍파가 많다

🌀 세운·질병·남녀성격의 해설 (歲運·疾病·男女性格의 解說)

❶ 세운병자년(歲運丙子年)= ※이별수, 변화, 이사, 전근, 손재, 신액은 ※세운병자년(歲運丙子年)의 자수(子水)는 임수일주의 비겁(比劫)으로 신왕(身旺)한 여자(女子) 사주에 세운(歲運)에서 비견겁운(比肩劫運)이 들어오면 ※가정에 불화가 많이 생긴다든가 또는 남편과 떨어져 산다든가 또는 이혼한다든가 또는 남편이 사망하는 수도 있다. 그리고 ※변화, 이사, 전근은 ※세운병자년(歲運丙子年)의 자수(子水)는 일지진토(日支辰土)와 자진(子辰)으로 삼합(三合)이 되므로 세운에서 일지(日支) 삼합운(三合運)이 들어오면 ※변화가 생긴다든가 또는 이사를 한다든가 또는 직장을 옮기는 일이 많다. 그리고 ※손재, 신액은 ※세운병자년(歲運丙子年)의 병화(丙火)는 임수일주(壬水日柱)의 편재(偏財)로 신왕(身旺)한 사주에 재(財)가 쇠약(衰弱)한데 세운에서 재운(財運)이 들어오면 ※손재수를 조심해야 하며 또는 건강을 조심해야 한다.

❷ 질병(疾病)은 일주(日柱)에서 발생(發生)한다.

❸ 남녀성격은 일주(日柱)에서 발생(發生)한다.

병자년 (丙子年)

50년(음) 1월 20일 사(巳)시 여자

乙	壬	己	庚
巳	寅	卯	寅

51	41	31	21	11	1
癸	甲	乙	丙	丁	戊
酉	戌	亥	子	丑	寅

이 사주는 임수일주(壬水日柱)가 중춘묘월(中春卯月)에 출생하여 실시(失時)하고 묘중을목(卯中乙木)이 시상(時上)에 투출(透出)하여 상관격(傷官格)이다. 그리고 년일지(年日支) 양인목(兩寅木)과 시지사화(時支巳火)로 목화(木火) 상관식신(傷官食神)이 태왕(太旺)이다. 그러나 임수일주(壬水日柱)는 무근(無根)이며 년상경금(年上庚金) 인수(印綬)가 있다 하나 그 경금(庚金)도 무근(無根)이며 자좌인목(自坐寅木)의 절궁(絶宮)에 앉아 임수일주(壬水日柱)를 생(生)하여 줄 힘이 없다. 그러므로 이 사주는 수생목(水生木) 목생화(木生火)로 식신용재(食神用財)라 하며 화재(火財)가 용신(用神)이며 목(木) 상관식신(傷官食神)은 희신(喜神)이 된다. 이 사주는 여자(女子)의 사주로서 상관(傷官)이 태왕(太旺)인데 시지사화(時支巳火)와 인사형살(寅巳刑殺)로 자궁(子宮)을 수술한 사주다. 상관(傷官)은 자궁(子宮)과 유방(乳房)인데 상관식신(傷官食神)이 태왕(太旺)하고 형살(刑殺)이 있으면 자궁(子宮)과 유방(乳房)을 조심해야 한다.

❶ 세운병자년(歲運丙子年): 관재, 손재, 신액
❷ 질병(疾病): 신장(腎臟), 방광(膀胱), 냉(冷), 습(濕), 자궁(子宮), 유방(乳房)
❸ 남녀성격: (남) 털털한 성격, 지혜롭다, 원만하다, 환경에 적응 잘함, 영리하다, 행운이 따른다, 항상 바쁨, 용기 있다, 타의 군림, 성질 급, 처 덕 있다, 장모봉양
　　　　　(여) 남자 같은 시원한 성격, 새것을 좋아함, 영리하다, 남편을 꺾는다, 부궁불미, 정부, 자손귀자, 요리솜씨, 사회활동하면 인기

세운·질병·남녀성격의 해설(歲運·疾病·男女性格의 解說)

❶ 세운병자년(歲運丙子年)= ※관재, 손재, 신액은 ※세운병자년(歲運丙子年)의 병화(丙火)는 임수일주(壬水日柱)의 편재(偏財)로 사주(四柱)에 상관(傷官)과 재(財)가 태왕(太旺)한데 세운(歲運)에서 재(財)나 관살운(官殺運)이 들어오면 ※관재수를 조심해야 하며 또는 손재수를 조심해야 하며 또는 건강을 조심해야 한다.

❷ 질병(疾病)은 신장, 방광, 냉, 습은 일주(日柱)에서 발생(發生)하며 ※자궁, 유방은 ※여자(女子) 사주에 상관식신(傷官食神)이 태왕(太旺)하고 형살(刑殺)이 있으면 ※자궁과 유방을 조심해야 한다.

❸ 남녀성격은 일주(日柱)에서 발생(發生)한다.

병자년 (丙子年)

47년(음) 10월 18일 인(寅)시 남자

<table>
<tr><td>甲</td><td>癸</td><td>辛</td><td>丁</td></tr>
<tr><td>寅</td><td>丑</td><td>亥</td><td>亥</td></tr>
</table>

57	47	37	27	17	7
乙	丙	丁	戊	己	庚
巳	午	未	申	酉	戌

이 사주는 계수일주(癸水日柱)가 초겨울 해월(亥月)에 출생하여 득령(得令)하고 해중갑목(亥中甲木)이 시상(時上)에 투출(透出)하여 상관격(傷官格)이다. 그리고 계수일주(癸水日柱)는 년월(年月) 양해수(兩亥水)와 축중신금(丑中辛金)이 월상(月上)에 투출(透出)하여 일주는 신왕사주(身旺四柱)다. 다행히 시상(時上)에 갑목(甲木)이 자좌인목(自坐寅木)에 록근(祿根)하여 왕(旺)하므로 이런 사주를 가상관격(假傷官格)이라고 하며 목(木)이 용신(用神)된다. 이 사주는 남자(男子)의 사주로서 체육교사로 근무하였으며 계수일주(癸水日柱)의 자손은 일지축토(日支丑土)인데 계축일주(癸丑日柱)는 백호관살(白虎官殺)이며 계축일주(癸丑日柱)의 공망(空亡)은 시지인목(時支寅木)으로 50세 병화대운(丙火大運)에 자식(子息) 한 명 잃고 퇴직하여 사업을 경영(經營)하였으나 월상신금(月上辛金)과 대운병화(大運丙火)와 병신합(丙辛合)으로 합거(合去)되어 재산을 탕진하고 처(妻)와 이혼하고 혼자 힘들게 살고 있는 사주다. 처궁(妻宮)이 부실한 것은 일간지(日干支) 계축일주(癸丑日柱)의 공망(空亡)은 시지인목(時支寅木)으로서 일시지(日時支)에 공망(空亡)이 있으면 처궁(妻宮)이 부실하여 재혼(再婚)하거나 혼자 사는 사람들이 많다.

❶ 세운병자년(歲運丙子年): 손재, 처액
❷ 질병(疾病): 신장(腎臟), 방광(膀胱), 풍질(風疾)
❸ 남녀성격: (남) 털털한 성격, 근면 성실, 지혜롭다, 지구력 있다, 근심 많다, 처궁불미, 준법정신, 새벽잠이 없다
　　　　　 (여) 남자 같은 시원한 성격, 새것을 좋아함, 이성수신, 애교 많다, 정부, 재가, 부궁불미, 남자들의 인기

◉ 세운·질병·남녀성격의 해설 (歲運·疾病·男女性格의 解說)

❶ 세운병자년(歲運丙子年)= ※손재, 처액은 ※세운병자년(歲運丙子年)의 병화(丙火)는 계수일주(癸水日柱)의 정재(正財)로 신왕(身旺)한 남자(男子) 사주에 재(財)가 쇠약(衰弱)한데 세운(歲運)에서 재운(財運)이 들어오면 ※손재수를 조심해야 하며 또는 가정에 불화가 많이 생긴다든가 또는 처가 말없이 가출한다든가 또는 처의 건강을 조심해야 한다.

❷ 질병(疾病)은 일주(日柱)에서 발생(發生)한다.

❸ 남녀성격은 일주(日柱)에서 발생(發生)한다.

병자년 (丙子年)

47년(윤) 2월 23일 오(午)시 여자

戊	癸	甲	丁
午	亥	辰	亥

57	47	37	27	17	7
庚	己	戊	丁	丙	乙
戌	酉	申	未	午	巳

이 사주는 계수일주(癸水日柱)가 춘계진월(春季辰月)에 출생하여 실시(失時)하고 진중무토(辰中戊土)가 시상(時上)에 투출(透出)하여 정관격(正官格)으로 신약사주(身弱四柱)다. 그러므로 금인수(金印綬)가 용신(用神)이며 수비견겁(水比肩劫)은 희신(喜神)이 된다. 이 사주는 여자(女子)의 사주로서 조실부모(早失父母)하고 빈곤한 가정에서 자라나 한 가정에 가장이 되어 돈이 되는 일이라면 무엇이든지 가리지 않고 일을 하며 고생하였고 42세 신금대운(申金大運)부터 사업을 경영하여 수억금을 벌었으며 47세 기토대운(己土大運)에 월상갑목(月上甲木)과 대운기토(大運己土)와 갑기합(甲己合)으로 합거(合去)되어 손해를 조금 보았으나 52세 유금대운(酉金大運)에 모텔을 경영(經營)하여 사업이 번창해 잘살고 있는 사주다. 그러나 년간지(年干支) 정해생(丁亥生)의 공망(空亡)은 시지오화(時支午火)로 부궁(夫宮)이 부실하여 42세 신금대운(申金大運)에 남편(男便)과 사별(死別)하고 52세 유금대운(酉金大運)에 나이가 자신보다 어린 신랑을 만나 잘살고 있는 사주다.

---

❶ 세운병자년(歲運丙子年): 관재, 손재, 신액
❷ 질병(疾病): 심장(心臟), 냉(冷)
❸ 남녀성격: (남) 털털한 성격, 차분한 성격, 마음이 깊다, 외유내강, 타인 존경, 준법정신, 영리하다, 총명하다, 연구심, 노력으로 끝을 본다, 장수한다, 신앙심
　　　　　(여) 남자 같은 시원한 성격, 새것을 좋아함, 부군 덕, 부궁불미, 독수공방, 정부, 재가, 친정형제 걱정 많이 한다, 자손귀자, 돈이 잘 빠져나감, 신앙심

🔵 세운 · 질병 · 남녀성격의 해설 (歲運 · 疾病 · 男女性格의 解說)

❶ 세운병자년(歲運丙子年)= ※관재, 손재, 신액은 ※세운병자년(歲運丙子年)의 병화(丙火)는 계수일주(癸水日柱)의 정재(正財)로 원명사주(源命四柱)에 재살(財殺)이 왕(旺)한데 세운(歲運)에서 재(財)나 관살운(官殺運)이 들어오면 ※관재수를 조심해야 하며 또는 손재수를 조심해야 하며 또는 건강을 조심해야 한다.

❷ 질병(疾病)은 일주(日柱)에서 발생(發生)한다.

❸ 남녀성격은 일주(日柱)에서 발생(發生)한다.

병자년 (丙子年)

45년(음) 7월 25일 묘(卯)시 남자

乙	癸	甲	乙
卯	酉	申	酉

58	48	38	28	18	8
戊	己	庚	辛	壬	癸
寅	卯	辰	巳	午	未

이 사주는 계수일주(癸水日柱)가 초가을 신월(申月)에 출생하여 득령(得令)하고 년일지(年日支) 양유금(兩酉金) 인수(印綬)로 신왕사주(身旺四柱)다. 신왕사주(身旺四柱)에는 일주(日柱)를 제(制)하는 관살(官殺)이나 설기(泄氣)하는 식신상관(食神傷官)이 좋은데 다행히 시상을목(時上乙木)이 자좌묘목(自坐卯木)에 록근(祿根)하여 이 사주는 가상관격(假傷官格)이며 목(木)이 용신(用神)이 된다. 그런데 계수일주(癸水日柱)의 을목(乙木)은 식신(食神)인데 왜 가상관격(假傷官格)이라고 하느냐의 의문이 갈 것이다. 오행육친(五行六親)으로 보면 가식신격(假食神格)이 맞지만 가식신격(假食神格)이라고 하면 좀 어색감이 있어 통칭(統稱)하여 가상관격(假傷官格)이라고 한다. 이 사주는 남자(男子)의 사주로서 사무관(事務官)인데 초년(初年)에는 운(運)이 없어 승진을 못하였으나 53세 묘목대운(卯木大運)하여 승진하고 잘사는 사주다.

❶ 세운병자년(歲運丙子年): 손재, 처액, 신경과민
❷ 질병(疾病): 신장(腎臟), 심장(心臟), 방광(膀胱), 냉(冷)
❸ 남녀성격: (남) 털털한 성격, 성격이 까다롭다, 매사 철두철미, 박력이 모자란다, 영리하다, 총명하다, 암기력, 남에게 잘함, 호인이다, 고독 자초, 처덕 있다
      (여) 남자 같은 시원한 성격, 새것을 좋아함, 정이 많다, 부궁불미, 정부, 인덕 없다, 눈물 많다

◉ 세운·질병·남녀성격의 해설 (歲運·疾病·男女性格의 解說)

❶ 세운병자년(歲運丙子年)= ※손재, 처액, 신경과민은 ※세운병자년(歲運丙子年)의 병화(丙火)는 계수일주(癸水日柱)의 정재(正財)로 신왕(身旺)한 남자(男子) 사주에 재(財)가 쇠약(衰弱)한데 세운(歲運)에서 재운(財運)이 들어오면 ※손재수를 조심해야 하며 또는 가정에 불화가 많이 생긴다든가 또는 처가 말없이 가출을 한다든가 또는 처의 건강을 조심해야 한다. 그리고 ※신경과민은 ※세운병자년(歲運丙子年)의 자수(子水)는 일지유금(日支酉金)과 자유(子酉)로 귀문관살(鬼門關殺)이 되므로 세운(歲運)에서 일지(日支) 귀문(鬼門) 관살운(關殺運)이 들어오면 ※그해에는 모든 일에 신경을 많이 쓰게 된다.

❷ 질병(疾病)은 일주(日柱)에서 발생(發生)한다.

❸ 남녀성격은 일주(日柱)에서 발생(發生)한다.

병자년(丙子年)

53년(음) 10월 22일 인(寅)시 여자

甲	癸	癸	癸
寅	未	亥	巳

53	43	33	23	13	3
己	戊	丁	丙	乙	甲
巳	辰	卯	寅	丑	子

이 사주는 계수일주(癸水日柱)가 초겨울 해월(亥月)에 출생하여 득령(得令)하고 년월(年月) 양계수(兩癸水) 비견(比肩)이 투출(透出)하여 신왕사주(身旺四柱)다. 그리고 해중갑목(亥中甲木)이 시상(時上)에 투출(透出)하여 상관격(傷官格)이다. 이 사주는 신왕사주(身旺四柱)로서 일지(日支) 미중기토(未中己土) 편관(偏官)으로 용신(用神)하고자 하나 미토(未土)는 목(木)의 고장(庫藏)으로 힘이 약(弱)하므로 용신(用神)으로 쓸 수가 없다. 그러므로 용신(用神)이 약(弱)할 때는 그 용신(用神)을 돕는 자가 용신(用神)이 되므로 년지사중(年支巳中) 병화재(丙火財)가 용신(用神)이 된다. 이 사주는 여자(女子)의 사주로서 목화토운(木火土運)이 모두 좋아 33세부터 피복(被服)장사를 하여 수억금을 벌은 사주다. 그런데 여자(女子) 사주에 시상(時上)에 상관(傷官)을 놓으면 부궁(夫宮)이 부실한데 년간지(年干支) 계사생(癸巳生)의 공망(空亡)은 일지미토(日支未土)로서 일시지(日時支)에 공망(空亡)이 있으면 부궁(夫宮)이 부실하여 재혼(再婚)하거나 혼자 사는 사람들이 많다.

❶ 세운병자년(歲運丙子年): 이별수, 손재, 신액
❷ 질병(疾病): 신장(腎臟), 비(脾), 위(胃)
❸ 남녀성격: (남) 털털한 성격, 의리있다, 신용 있다, 인내심, 지구력, 순진하다, 심술 많다, 꾸준히 노력으로 결실, 성격이 까다롭다, 옷에 신경, 신앙심, 편식, 처궁불미

  (여) 남자 같은 시원한 성격, 새것을 좋아함, 남편복이 없다, 정부, 재가, 인덕 없다

🌀 세운 · 질병 · 남녀성격의 해설 (歲運 · 疾病 · 男女性格의 解說)

❶ 세운병자년(歲運丙子年)= ※이별수, 손재, 신액은 ※세운병자년(歲運丙子年)의 자수(子水)는 계수일주(癸水日柱)의 비견(比肩)으로 신왕(身旺)한 여자(女子) 사주에 세운(歲運)에서 비견겁운(比肩劫運)이 들어오면 ※가정에 불화가 많이 생긴다든가 또는 남편과 떨어져 산다든가 또는 이혼한다든가 또는 남편이 사망하는 수도 있다. 그리고 ※손재, 신액은 ※세운병자년(歲運丙子年)의 병화(丙火)는 계수일주(癸水日柱)의 정재(正財)로 신왕(身旺)한 여자(女子) 사주에 재(財)가 쇠약(衰弱)한데 세운(歲運)에서 재운(財運)이 들어오면 ※손재수를 조심해야 하며 또는 건강을 조심해야 한다.

❷ 질병(疾病)은 일주(日柱)에서 발생(發生)한다.

❸ 남녀성격은 일주(日柱)에서 발생(發生)한다.

병자년 (丙子年)

53년(음) 5월 1일 인(寅)시 여자

甲	癸	戊	癸
寅	巳	午	巳

59	49	39	29	19	9
甲	癸	壬	辛	庚	己
子	亥	戌	酉	申	未

이 사주는 계수일주(癸水日柱)가 중하오월(中夏午月)에 출생하여 실시(失時)하고 지지(地支)는 인오사오(寅午巳午)로 전화국(全火局)을 이루어 계수일주(癸水日柱)는 심약(甚弱)하다. 그러므로 수생목(水生木) 목생화(木生火) 화생토(火生土)로 종살격(從殺格)같이 보인다. 그러나 이 사주는 계수일주(癸水日柱)는 무근(無根)이며 자좌사화(自坐巳火)에 절궁(絶宮)이며 년상계수(年上癸水) 비견(比肩)은 무근(無根)이며 월상무토(月上戊土)와 무계합(戊癸合)으로 합(合)하여 화(火)로 화(化)하여 쇠극격(衰極格)에 해당한다. 그러므로 쇠(衰)한 자는 상관식신(傷官食神)으로 설기(泄氣)하여 더욱 더 쇠(衰)하게 하는 동시 계수일주(癸水日柱)를 극(剋)하는 관살(官殺)을 제(制)하여야 하기 때문에 상관식신(傷官食神)이 용신(用神)이며 화재(火財)는 희신(喜神)이 된다. 이 사주는 여자(女子)의 사주로서 사업을 경영하였으나 49세 계수대운(癸水大運)에 월상무토(月上戊土)와 무계합(戊癸合)으로 합거(合去)되어 재산을 탕진하고 남편(男便)과 이혼(離婚)하고 운(運)이 없어 힘들게 살고 있는 사주다.

❶ 세운병자년(歲運丙子年): 관재, 손재, 신액
❷ 질병(疾病): 비뇨기(泌尿器), 장(臟), 자궁(子宮), 기관지(氣管支)
❸ 남녀성격: (남) 털털한 성격, 인정 많다, 처세가 좋다, 외유내강, 자기실속, 욕심 많다, 영리하다, 처 덕 있다, 자손귀자, 학업 장애
　　　　　 (여) 남자 같은 시원한 성격, 새것을 좋아함, 부궁불미, 이성 고민, 정부, 재복 있다

🌀 세운·질병·남녀성격의 해설 (歲運 · 疾病 · 男女性格의 解說)

❶ 세운병자년(歲運丙子年)= ※관재, 손재, 신액은 ※세운병자년(歲運丙子年)의 병화(丙火)는 계수일주(癸水日柱)의 정재(正財)로 원명사주(源命四柱)에 재살(財殺)이 왕(旺)한데 세운(歲運)에서 재(財)나 관살운(官殺運)이 들어오면 ※관재수를 조심해야 하며 또는 손재수를 조심해야 하며 또는 건강을 조심해야 한다.

❷ 질병(疾病)은 비뇨기, 장은 일주(日柱)에서 발생(發生)하며 ※자궁, 기관지는 ※여자(女子) 사주에 화토재살(火土財殺)이 태왕(太旺)하면 ※자궁과 기관지를 조심해야 한다.

❸ 남녀성격은 일주(日柱)에서 발생(發生)한다.

병자년(丙子年)

51년(음) 1월 27일 인(寅)시 여자

<table>
<tr><td>甲</td><td>癸</td><td>庚</td><td>辛</td></tr>
<tr><td>寅</td><td>卯</td><td>寅</td><td>卯</td></tr>
</table>

51	41	31	21	11	1
丙	乙	甲	癸	壬	辛
申	未	午	巳	辰	卯

이 사주는 계수일주(癸水日柱)가 초봄 인월(寅月)에 출생하여 실시(失時)하고 인중갑목(寅中甲木)이 시상(時上)에 투출(透出)하여 상관격(傷官格)이다. 그리고 지지(地支)는 전목국(全木局)을 이루어 설기(泄氣)가 태심(太甚)하다. 계수일주(癸水日柱)는 무근(無根)이며 자좌묘목(自坐卯木)에 설기(泄氣)가 심(甚)하고 년월(年月) 경신금(庚辛金) 인수(印綬)가 있다 하나 그 경신금(庚辛金)은 모두 무근(無根)이며 인묘목(寅卯木)으로 자좌절궁(自坐絶宮)에 앉아 일주(日柱)를 보신(補身)할 수가 없다. 그러므로 이 사주는 금생수(金生水) 수생목(水生木)으로 종아(從兒)하는 사주이므로 목상관(木傷官)이 용신(用神)이 된다. 이 사주는 여자(女子)의 사주로서 미술선생(美術先生)으로 지냈으며 여자(女子) 사주에 시상(時上)에 상관(傷官)만 있어도 부궁(夫宮)이 부실한데 사주(四柱)에 전(全) 상관식신(傷官食神)으로 부궁(夫宮)이 부실하여 혼자 살고 있는 사주다.

❶ 세운병자년(歲運丙子年): 손재, 신액
❷ 질병(疾病): 풍질(風疾), 신장(腎臟), 방광(膀胱), 냉(冷), 자궁(子宮), 유방(乳房)
❸ 남녀성격: (남) 털털한 성격, 만인 신망, 영리하다, 인자하다, 남에게 잘함, 준법정신, 고집
　　　　　　대단, 식복 있다, 처궁불미, 처 덕 있다, 소심하다, 운동 잘함, 마음 약
　　　　　　(여) 남자 같은 시원한 성격, 새것을 좋아함, 부궁불미, 자손 근심, 정부, 재가,
　　　　　　애교 많다, 생리통이 심하다, 침착하다, 인내심, 눈물 많다, 인덕 있다

세운·질병·남녀성격의 해설(歲運·疾病·男女性格의 解說)

❶ 세운병자년(歲運丙子年)= ※손재, 신액은 ※세운병자년(歲運丙子年)의 병화(丙火)는 계수일주(癸水日柱)의 정재(正財)로 사주에 상관식신(傷官食神)이 태왕(太旺)인데 세운(歲運)에서 재운(財運)이 들어오면 ※손재수를 조심해야 하며 또는 건강을 조심해야 한다.

❷ 질병(疾病)은 풍질, 신장, 방광, 냉은 일주(日柱)에서 발생((發生)하며 ※자궁, 유방은 ※여자(女子) 사주에 상관식신(傷官食神)이 태왕(太旺)이면 ※자궁과 유방을 조심해야 한다.

❸ 남녀성격은 일주(日柱)에서 발생(發生)한다.

병자년 (丙子年)

58년(음) 8월 21일 인(寅)시 남자

甲	癸	辛	戊
寅	丑	酉	戌

52	42	32	22	12	2
丁	丙	乙	甲	癸	壬
卯	寅	丑	子	亥	戌

이 사주는 계수일주(癸水日柱)가 중추유월(中秋酉月)에 출생하여 득령(得令)하고 유중신금(酉中辛金)이 월상(月上)에 투출(透出)하여 인수격(印綬格)으로 신왕사주(身旺四柱)같이 보인다. 그러나 년간지(年干支) 무술토(戊戌土)에 극(剋)을 받고 시간지(時干支) 갑인목(甲寅木)에 설기(泄氣)가 심(甚)하므로 인주(日柱)가 신약사주(身弱四柱)다. 그러므로 월상신금(月上辛金) 인수(印綬)가 용신(用神)이며 수비견겁(水比肩劫)은 희신(喜神)이 된다. 이 사주는 남자(男子)의 사주로서 공대(工大) 전자공학(電子工學)과를 졸업하고 회사에 근무(勤務)하다가 42세 병화대운(丙火大運)에 자기의 기술(技術)만 믿고 퇴사(退社)하여 사업(事業)을 경영하였으나 대운병화(大運丙火)와 월상신금(月上辛金)과 병신합(丙辛合)으로 합거(合去)되어 재산을 탕진하고 그 이후로도 운(運)이 없어 고생을 많이 하다가 처(妻)와 이혼(離婚)하고 아파트 경비원으로 근무하며 혼자 살고 있는 사주다. 처궁(妻宮)이 부실한 것은 일간지(日干支) 계축일주(癸丑日柱)의 공망(空亡)은 시지인목(時支寅木)으로서 일시지(日時支)에 공망(空亡)이 있으면 처궁(妻宮)이 부실하여 재혼(再婚)하거나 혼자 사는 사람들이 많다. 대운(大運)과 사주천간(四柱天干) 년월일시(年月日時) 중 천간합운(天干合運)이 들어오면 사업을 하는 사람은 백전백패(百戰百敗)며 공직이나 회사에 다니는 사람은 근신(勤愼)해야 한다.

❶ 세운병자년(歲運丙子年): 관재, 손재, 신액
❷ 질병(疾病): 신장(腎臟), 방광(膀胱), 풍질(風疾)
❸ 남녀 성격: (남) 털털한 성격, 근면 성실, 지혜롭다, 지구력 있다, 근심 많다, 처궁불미, 준법정신, 새벽잠이 없다
　　　　　　(여) 남자 같은 시원한 성격, 새것을 좋아함, 이성수신, 애교 많다, 정부, 재가, 부궁불미, 남자들의 인기

세운 · 질병 · 남녀성격의 해설 (歲運 · 疾病 · 男女性格의 解說)

❶ 세운병자년(歲運丙子年)= ※관재, 손재, 신액은 ※세운병자년(歲運丙子年)의 병화(丙火)는 계수일주(癸水日柱)의 정재(正財)로 원명사주(源命四柱)에 재살(財殺)이 왕(旺)한데 세운(歲運)에서 재(財)나 관살운(官殺運)이 들어오면 ※관재수를 조심해야 하며 또는 손재수를 조심해야 하며 또는 건강을 조심해야 한다.

❷ 질병(疾病)은 일주(日柱)에서 발생(發生)한다.

❸ 남녀성격은 일주(日柱)에서 발생(發生)한다.

병자년 (丙子年)

57년(음) 9월 6일 묘(卯)시 여자

<table>
<tr><td>乙</td><td>癸</td><td>庚</td><td>丁</td></tr>
<tr><td>卯</td><td>酉</td><td>戌</td><td>酉</td></tr>
</table>

54	44	34	24	14	4
丙	乙	甲	癸	壬	辛
辰	卯	寅	丑	子	亥

이 사주는 계수일주(癸水日柱)가 계추술월(季秋戌月)에 출생하여 실시(失時)하고 술중정화(戌中丁火)가 년상(年上)에 투출(透出)하여 편재격(偏財格)이다. 그러므로 신약사주(身弱四柱) 같이 보인다. 그러나 월상경금(月上庚金)과 년일지(年日支) 양유금(兩酉金) 인수(印綬)와 월지술토(月支戌土)와 일지유금(日支酉金)과 유술(酉戌)로 금국(金局)을 이루어 일주(日柱)는 약화위강(弱化爲强)으로 신왕사주(身旺四柱)다. 신왕사주에는 일주(日柱)를 제(制)하는 관살(官殺)이 좋은데 술중무토(戌中戊土) 관살(官殺)로 용신(用神)하고저 하나 술중무토(戌中戊土)는 경금(庚金)과 유금(酉金) 인수(印綬)에 설기(泄氣)가 심(甚)하여 용신(用神)으로 쓸 수가 없다. 그러므로 용신(用神)이 약(弱)할 때에는 용신(用神)을 돕는 자가 용신(用神)이 되므로 화재(火財)가 용신(用神)이며 토(土)는 희신(喜神)이 된다.

❶ 세운병자년(歲運丙子年): 이별수, 손재, 신액, 신경과민
❷ 질병(疾病): 신장(腎臟), 심장(心臟), 방광(膀胱), 냉(冷)
❸ 남녀성격: (남) 털털한 성격, 성격이 까다롭다, 매사 철두철미, 박력이 모자란다, 영리하다, 총명하다, 암기력, 남에게 잘함, 호인이다, 고독 자초, 처 덕 있다
　　　　　(여) 남자 같은 시원한 성격, 새것을 좋아함, 정이 많다, 부궁불미, 정부, 인덕 없다, 눈물 많다

세운·질병·남녀성격의 해설 (歲運·疾病·男女性格의 解說)

❶ 세운병자년(歲運丙子年)= ※이별수, 손재, 신액, 신경과민은 ※세운병자년(歲運丙子年)의 자수(子水)는 계수일주(癸水日柱)의 비견(比肩)으로 신왕(身旺)한 여자(女子) 사주에 세운(歲運)에서 비견겁운(比肩劫運)이 들어오면 ※가정에 불화가 많이 생긴다든가 또는 남편과 떨어져 산다든가 또는 이혼한다든가 또는 남편이 사망하는 수도 있다. 그리고 ※손재, 신액은 ※세운병자년(歲運丙子年)의 병화(丙火)는 계수일주(癸水日柱)의 정재(正財)로 신왕(身旺)한 사주에 재(財)가 쇠약(衰弱)한데 세운(歲運)에서 재운(財運)이 들어오면 ※손재수를 조심해야 하며 또는 건강을 조심해야 한다. 그리고 ※신경과민은 ※세운병자년(歲運丙子年)의 자수(子水)는 일지유금(日支酉金)과 자유(子酉)로 귀문관살(鬼門關殺)이 되므로 세운(歲運)에서 일지(日支) 귀문(鬼門) 관살운(關殺運)이 들어오면 ※그해에는 모든 일에 신경을 많이 쓰게 된다.

❷ 질병(疾病)과 ❸ 남녀성격은 일주(日柱)에서 발생(發生)한다.

정축년
(丁丑年)

정축년 (丁丑年)

48년(음) 11월 5일 묘(卯)시 남자

丁	甲	癸	戊
卯	子	亥	子

51	41	31	21	11	1
己	戊	丁	丙	乙	甲
巳	辰	卯	寅	丑	子

이 사주는 갑목일주(甲木日柱)가 초겨울 해월(亥月)에 출생하여 득령(得令)하고 지지(地支)는 전수국(全水局)을 이루어 일주(日柱)는 신왕사주(身旺四柱)다. 신왕사주(身旺四柱)에는 일주(日柱)를 제(制)하는 관살(官殺)이나 식신상관(食神傷官)으로 설기(泄氣)함이 좋은데 일주(日柱)를 제(制)하는 관살(官殺)은 없고 설기(泄氣)하는 상관(傷官)이 시상(時上)에 투출(透出)하여 시상정화(時上丁火) 상관(傷官)으로 용신(用神)한다. 이 사주는 남자(女子)의 사주로서 문학가(文學家)로 40세 정묘대운(丁卯大運)까지는 운(運)이 좋았으나 41세 무토대운(戊土大運)부터는 무능(無能)하게 살고 있는 사주다. 이 사주는 무토재(戊土財)가 처(妻)인데 많은 왕수(旺水)에 쓸려가는 형상(形象)으로 재(財)는 돈도 되고 처도 되는데 신왕사주(身旺四柱)에 재(財)가 쇠약하면 처궁(妻宮)이 부실하여 재혼하거나 혼자 사는 사람들이 많다. 이 사주도 처(妻)와 이혼(離婚)하고 혼자서 살고 있는 사주다.

❶ 세운정축년(歲運丁丑年): 관재, 손재, 처액
❷ 질병(疾病): 간(肝), 풍(風), 냉(冷), 저혈압(低血壓), 비색증(鼻塞症)
❸ 남녀성격: (남) 의지 굳다, 무뚝뚝하다, 웃음이 적다, 냉정하다, 임사즉결, 멋쟁이, 권모술수, 눈치가 빠르다, 신경 예민, 처궁불미
　　　　　(여) 의지 굳다, 인자함, 무뚝뚝하다, 웃음이 적다, 부궁불미

◉ 세운 · 질병 · 남녀성격의 해설 (歲運 · 疾病 · 男女性格의 解說)

❶ 세운정축년(歲運丁丑年)= ※관재, 손재, 처액은 ※세운정축년(歲運丁丑年)의 정화(丁火)는 갑목일주(甲木日柱)의 상관(傷官)으로 세운(歲運)에서 천간(天干) 상관운(傷官運)이 들어오면 ※관재수를 조심해야 한다. 그리고 ※손재, 처액은 ※세운정축년(歲運丁丑年)의 축토(丑土)는 갑목일주(甲木日柱)의 정재(正財)로 신왕사주(身旺四柱)에 재(財)가 쇠약(衰弱)한데 세운(歲運)에서 재운(財運)이 들어오면 ※손재수를 조심해야 하며 또는 가정에 불화가 많이 생긴다든가 또는 처가 말없이 가출한다든가 또는 처의 건강을 조심해야 한다.

❷ 질병(疾病)은 간, 풍, 냉, 저혈압은 일주(日柱)에서 발생(發生)하며 ※비색증(鼻塞症)은 ※갑목일주(甲木日柱)가 해자월(亥子月)에 출생하면 ※축농증이 생긴다든가 또는 비염이나 코가 막히는 일이 많다.

❸ 남녀성격은 일주(日柱)에서 발생(發生)한다.

정축년 (丁丑年)

50년(음) 12월 7일 묘(卯)시 여자

丁	甲	己	庚
卯	寅	丑	寅

53	43	33	23	13	3
癸	甲	乙	丙	丁	戊
未	申	酉	戌	亥	子

이 사주는 갑목일주(甲木日柱)가 동계축월(冬季丑月)에 출생하여 실시(失時)하고 축중기토(丑中己土)가 월상(月上)에 투출(透出)하여 정재격(正財格)이며 년상경금(年上庚金)이 투출(透出)하여 축중신금(丑中辛金)에 근(根)하여 신약사주(身弱四柱)가 된다. 그러므로 비견겁(比肩劫)이 용신(用神)이며 수인수(水印綬)는 희신(喜神)이 된다. 이 사주는 여자(女子)의 사주로서 남편은 년상경금(年上庚金)인데 그 경금(庚金)은 자좌인목(自坐寅木)에 절궁(絶宮)이며 월지축토(月支丑土)는 금(金)의 고장(庫藏)으로 관성입묘(官星入墓)로 부궁(夫宮)이 좋지 않아 재혼한 사주다. 여자 사주의 남편은 관살(官殺)인데 관살(官殺)이 투출(透出)되지 않고 관성입묘(官星入墓)만 있어도 부궁(夫宮)이 부실하다. 이 사주는 교사(敎師)의 사주인데 운(運)이 좋지 않아 교사(敎師)로서 정년퇴직(停年退職)한 사주다.

❶ 세운정축년(歲運丁丑年): 관재, 관재, 손재, 신액, 불성
❷ 질병(疾病): 간(肝), 위산과다(胃酸過多)
❸ 남녀성격: (남) 의지 굳다, 무뚝뚝하다, 웃음이 적다, 고집 대단, 영리하다, 두령격, 일독십지, 인정 있다, 인내심 부족, 용기 있다, 청백지인, 남을 무시한다
　　　　　 (여) 의지 굳다, 무뚝뚝하다, 웃음이 적다, 부궁불미, 독수공방, 정부, 남에게 잘함, 돈이 잘 빠져나감, 친정형제 걱정

🌀 세운 · 질병 · 남녀성격의 해설 (歲運 · 疾病 · 男女性格의 解說)

❶ 세운정축년(歲運丁丑年)= ※관재, 관재, 손재, 신액, 불성은 ※세운정축년(歲運丁丑年)의 정화(丁火)는 갑목일주(甲木日柱)의 상관(傷官)으로 세운(歲運)에서 천간(天干) 상관운(傷官運)이 들어오면 ※**관재수를 조심해야 한다.** 그리고 ※**관재, 손재, 신액**은 ※세운정축년(歲運丁丑年)의 축토(丑土)는 갑목일주(甲木日柱)의 정재(正財)로 원명사주(源命四柱)에 재관(財官)이 왕(旺)한데 세운(歲運)에서 재(財)나 관살운(官殺運)이 들어오면 ※**관재수를 조심해야 하며 또는 손재수를 조심해야 하며 또는 건강을 조심해야 한다.** 그리고 ※**불성**은 ※세운정축년(歲運丁丑年)의 정화(丁火)는 갑목일주(甲木日柱)의 상관(傷官)으로 세운(歲運)에서 천간(天干) 상관운(傷官運)이 들어오면 ※**모든 일이 잘 풀리지 않고 대차계약도 잘 이루어지지 않는다.**

❷ 질병(疾病)은 일주(日柱)에서 발생(發生)한다.

❸ 남녀성격은 일주(日柱)에서 발생(發生)한다.

정축년 (丁丑年)

52년(음) 11월 8일 오(午)시 남자

庚	甲	壬	壬
午	辰	子	辰

54	44	34	24	14	4
戊	丁	丙	乙	甲	癸
午	巳	辰	卯	寅	丑

이 사주는 갑목일주(甲木日柱)가 중동자월(中冬子月)에 출생하여 득령(得令)하고 년월(年月) 양임수(兩壬水)가 투출(透出)하여 신왕사주(身旺四柱)다. 신왕사주(身旺四柱)에는 일주(日柱)를 제(制)하는 관살(官殺)이나 상관식신(傷官食神)으로 설기(泄氣)하면 좋은데 시상경금(時上庚金) 편관(偏官)으로 용신(用神)하고자 하나 그 경금(庚金)은 자좌오화(自坐午火)에 살지(殺地)에 앉아 용신(用神)으로 쓸 수가 없으며 용신(用神)이 약(弱)할 때에는 용신(用神)을 돕는 자가 용신(用神)이 되므로 일지진토(日支辰土)가 있어 일지진토(日支辰土) 편재(偏財)로 용신(用神)한다. 이 사주는 남자(男子)의 사주로서 34세 화토대운(火土大運)에 친척의 사업체를 물려 받아 사업에 성공하고 49세 사화대운(巳火大運)부터 크게 성공(成功)하여 수십억을 벌고 있는 사주다.

❶ 세운정축년(歲運丁丑年): 관재, 손재, 처액, 불성
❷ 질병(疾病): 간(肝), 풍(風), 위(胃), 비색증(鼻塞症)
❸ 남녀성격: (남) 의지 굳다, 무뚝뚝하다, 웃음이 적다, 강직하다, 처궁불미, 신앙심, 재복 있다, 처 덕 있다, 재간 있다, 창의력, 이상적인 아이디어가 있다
　　　　　(여) 의지 굳다, 무뚝뚝하다, 웃음이 적다, 시모불합, 부궁불미, 정부

🌀 세운 · 질병 · 남녀성격의 해설 (歲運 · 疾病 · 男女性格의 解說)

❶ 세운정축년(歲運丁丑年)= ※관재, 손재, 처액, 불성은 ※세운정축년(歲運丁丑年)의 정화(丁火)는 갑목일주(甲木日柱)의 상관(傷官)으로 세운(歲運)에서 천간(天干) 상관운(傷官運)이 들어오면 ※**관재수를 조심해야 한다.** 그리고 ※**손재, 처액**은 ※세운정축년(歲運丁丑年)의 축토(丑土)는 갑목일주(甲木日柱)의 정재(正財)로 신왕사주(身旺四柱)에 재(財)가 쇠약(衰弱)한데 세운(歲運)에서 재운(財運)이 들어오면 ※**손재수를 조심해야 하며 또는 가정에 불화가 많이 생긴다든가 또는 처가 말없이 가출한다든가 또는 처의 건강을 조심해야 한다.** 그리고 ※**불성**은 ※세운정축년(歲運丁丑年)의 정화(丁火)는 갑목일주(甲木日柱)의 상관(傷官)으로 세운에서 천간(天干) 상관운(傷官運)이 들어오면 ※**모든 일이 잘 풀리지 않고 대차계약도 잘 이루어지지 않는다.**

❷ 질병(疾病)은 간, 풍, 위는 일주(日柱)에서 발생(發生)하며 ※비색증은 ※갑목일주(甲木日柱)가 해자월(亥子月)에 출생하면 ※축농증과 비염과 코막힘을 조심해야 한다.

❸ 남녀성격은 일주(日柱)에서 발생(發生)한다.

정축년 (丁丑年)

51년(음) 1월 18일 유(酉)시 남자

癸	甲	庚	辛
酉	午	寅	卯

56	46	36	26	16	6
甲	乙	丙	丁	戊	己
申	酉	戌	亥	子	丑

이 사주는 갑목일주(甲木日柱)가 초봄 인월(寅月)에 출생하여 록근(祿根)하고 년지묘목(年支卯木) 양인(羊刃)과 시상계수(時上癸水) 인수(印綬)가 투출(透出)하여 일주(日柱)는 신왕사주(身旺四柱)다. 신왕사주(身旺四柱)에는 일주(日柱)를 제(制)하는 관살(官殺)이나 상관식신(傷官食神)으로 설기(泄氣)하면 좋은데 년월상(年月上) 경신금(庚辛金)과 일지오화(日支午火) 상관(傷官)이 있어 어느 오행(五行)으로 용신(用神)을 잡느냐의 기로(岐路)에 서게 된다. 신왕사주(身旺四柱)에는 관살(官殺)로 용신(用神)함을 우선(優先)으로 하기 때문에 월상경금(月上庚金) 편관(偏官)으로 용신(用神)한다. 월상경금(月上庚金)은 자좌인목(自坐寅木)에 절궁(絶宮)이라고 하나 시지유금(時支酉金)에 근(根)하여 용신(用神)으로 쓸 수가 있다. 인월(寅月)은 봄으로서 나무가 왕성(旺盛)함으로 금(金)으로 목(木)을 제거(除去)함이 좋으므로 다행히 경신금(庚辛金)이 년월(年月)에 투출(透出)되어 있어 좋으나 관살(官殺)이 혼잡(混雜)하여 공부는 많이 못하였으나 기술(技術)을 배워 회사에 다니다가 51세 유금대운(酉金大運)에 사업을 경영하여 수십억을 벌은 사주다.

❶ 세운정축년(歲運丁丑年): 관재, 손재, 처액, 불성
❷ 질병(疾病): 간(肝), 장(臟)
❸ 남녀성격: (남) 의지 굳다, 무뚝뚝하다, 남에게 잘함, 지구력 부족, 처궁불미, 용두사미, 성실하다, 인덕 없다
　　　　　　(여) 의지 굳다, 인정 있다, 부궁불미, 정부, 남자의 근심

☯ 세운·질병·남녀성격의 해설 (歲運·疾病·男女性格의 解說)

❶ 세운정축년(歲運丁丑年)= ※관재, 손재, 처액, 불성은 ※세운정축년(歲運丁丑年)의 정화(丁火)는 갑목일주(甲木日柱)의 상관(傷官)으로 세운(歲運)에서 천간(天干) 상관운(傷官運)이 들어오면 ※관재수를 조심해야 한다. 그리고 ※손재, 처액은 ※세운정축년(歲運丁丑年)의 축토(丑土)는 갑목일주(甲木日柱)의 정재(正財)로 신왕(身旺)한 남자 사주에 재(財)가 쇠약(衰弱)한데 세운(歲運)에서 재운(財運)이 들어오면 ※손재수를 조심해야 하며 또는 가정에 불화가 많이 생긴다든가 또는 처가 말없이 가출한다든가 또는 처의 건강을 조심해야 한다. 그리고 ※불성은 ※세운정축년(歲運丁丑年)의 정화(丁火)는 갑목일주(甲木日柱)의 상관(傷官)으로 세운에서 천간(天干) 상관운(傷官運)이 들어오면 ※모든 일이 잘 풀리지 않고 대차계약도 잘 이루어지지 않는다.

❷ 질병(疾病)은 일주(日柱)에서 발생(發生)한다.

❸ 남녀성격은 일주(日柱)에서 발생(發生)한다.

정축년(丁丑年)

58년(음) 1월 18일 유(酉)시 여자

癸	甲	乙	戊
酉	申	卯	戌

51	41	31	21	11	1
己	庚	辛	壬	癸	甲
酉	戌	亥	子	丑	寅

이 사주는 갑목일주(甲木日柱)가 중춘묘월(中春卯月) 양인월(羊刃月)에 출생하여 득령(得令)하고 묘중을목(卯中乙木)이 월상(月上)에 투출(透出)하고 시상계수(時上癸水)가 갑목(甲木)을 생(生)하여 일주(日柱)는 신왕사주(身旺四柱)다. 신왕사주(身旺四柱)에는 관살(官殺)로 일주(日柱)를 제(制)함이 좋은데 다행히 일지(日支) 신궁경금(申宮庚金)이 있어 경금편관(庚金偏官)으로 왕성(旺盛)한 목(木)을 제(制)하여야 하므로 신궁경금(申宮庚金) 편관(偏官)이 용신(用神)이 되며 토재(土財)는 희신(喜神)이 된다. 이 사주는 여자(女子)의 사주로서 약국에 약사로 근무하다가 31세 신금대운(辛金大運)에 약국을 경영(經營)하여 5년 동안 돈을 많이 벌었으나 41세 경금대운(庚金大運)에 월상을목(月上乙木)과 을경합(乙庚合)으로 합거(合去)되어 손해를 많이 보았고 46세 술토대운(戌土大運)에 용신경금(用神庚金)을 보신(補身)하여 재산을 다시 복구(復舊)한 사주다. 이 사주(四柱)는 사업(事業)에 기복(起伏)이 심(甚)했던 사주다.

❶ 세운정축년(歲運丁丑年): 관재, 손재, 신액, 불성
❷ 질병(疾病): 간(肝), 담(膽)
❸ 남녀성격: (남) 의지 굳다, 무뚝뚝하다, 웃음이 적다, 소식한다, 다재다능, 영리하다, 꾀가 많다, 항상 바쁨, 칭찬받기 좋아함
　　　　　(여) 의지 굳다, 무뚝뚝하다, 인자함, 영리하다, 다재다능, 이성 고민, 정부, 고독하다, 신경쇠약

세운 · 질병 · 남녀성격의 해설(歲運 · 疾病 · 男女性格의 解說)

❶ 세운정축년(歲運丁丑年)= ※관재, 손재, 신액, 불성은 ※세운정축년(歲運丁丑年)의 정화(丁火)는 갑목일주(甲木日柱)의 상관(傷官)으로 세운(歲運)에서 천간(天干) 상관운(傷官運)이 들어오면 ※관재수를 조심해야 한다. 그리고 ※손재, 신액은 ※세운정축년(歲運丁丑年)의 축토(丑土)는 갑목일주(甲木日柱)의 정재(正財)로 신왕(身旺)한 사주에 재(財)가 쇠약(衰弱)한데 세운(歲運)에서 재운(財運)이 들어오면 ※손재수나 건강을 조심해야 한다. 그리고 ※불성은 ※세운정축년(歲運丁丑年)의 정화(丁火)는 갑목일주(甲木日柱)의 상관(傷官)으로 세운(歲運)에서 천간(天干) 상관운(傷官運)이 들어오면 ※모든 일이 잘 풀리지 않고 대차계약도 잘 이루어지지 않는다.

❷ 질병(疾病)은 일주(日柱)에서 발생(發生)한다.

❸ 남녀성격은 일주(日柱)에서 발생(發生)한다.

정축년(丁丑年)

庚	甲	癸	壬
午	戌	卯	辰

52	42	32	22	12	2
己	戊	丁	丙	乙	甲
酉	申	未	午	巳	辰

이 사주는 갑목일주(甲木日柱)가 중춘묘월(中春卯月) 양인월(羊刃月)에 출생하여 득령(得令)하고 년월(年月) 양임계수(兩壬癸水)가 투출(透出)하여 갑목일주(甲木日柱)를 생(生)하여 주니 일주(日柱)는 신왕사주(身旺四柱)다. 신왕사주(身旺四柱)에는 일주(日柱)를 제(制)하는 관살(官殺)로 용신(用神)함이 좋은데 시상경금(時上庚金)으로 용신(用神)하고자 하나 그 경금(庚金)은 자좌오화(自坐午火)에 살지(殺地)에 앉아 용신(用神)으로 쓸 수가 없다. 다행히 시지오화(時支午火)와 일지술토(日支戌土)가 있어 목생화(木生火) 화생토(火生土)로 상관용재(傷官用財)를 이루어 술토재(戌土財)가 용신(用神)이 되며 화(火) 상관식신(傷官食神)은 희신(喜神)이 된다. 이 사주는 남자(男子)의 사주로서 공대(工大) 전자공학(電子工學)을 전공하여 32세 정화대운(丁火大運)에 사업을 경영하여 승승장구(乘勝長驅)하다가 42세 무토대운(戊土大運)에 월상계수(月上癸水)와 무계합(戊癸合)으로 합거(合去)되어 재산을 탕진한 사주다.

❶ 세운정축년(歲運丁丑年): 관재, 복통, 수술, 불성
❷ 질병(疾病): 간(肝), 담(膽), 풍(風)
❸ 남녀성격: (남) 의지 굳다, 무뚝뚝하다, 웃음이 적다, 인정 있다, 근면하다, 신앙심, 신용 있다, 충실하다, 재복 있다, 처궁불미, 두뇌 명철, 예감이 빠름
    (여) 의지 굳다, 무뚝뚝하다, 부궁불미, 정부, 재가, 자손근심

🔵 세운·질병·남녀성격의 해설 (歲運·疾病·男女性格의 解說)

❶ 세운정축년(歲運丁丑年)= ※관재, 복통, 수술, 불성는 ※세운정축년(歲運丁丑年)의 정화(丁火)는 갑목일주(甲木日柱)의 상관(傷官)으로 세운(歲運)에서 천간(天干) 상관운(傷官運)이 들어오면 ※**관재수를 조심해야 한다.** 그리고 ※복통, 수술은 ※세운정축년(歲運丁丑年)의 축토(丑土)는 일지술토(日支戌土)와 축술(丑戌)로 형살(刑殺)이 되므로 세운(歲運)에서 일지(日支) 형살운(刑殺運)이 들어오면 ※**배가 아프다든가 또는 수술을 조심해야 한다.** 그리고 ※불성은 ※세운정축년(歲運丁丑年)의 정화(丁火)는 갑목일주(甲木日柱)의 상관(傷官)으로 세운(歲運)에서 천간(天干) 상관운(傷官運)이 들어오면 ※**모든 일이 잘 풀리지 않고 대차계약도 잘 이루어지지 않는다.**

❷ 질병(疾病)은 간, 담은 일주(日柱)에서 발생(發生)하며 ※풍(風)은 ※갑목일주(甲木日柱)가 봄에 출생하면 ※**풍(風)을 조심해야 한다.**

❸ 남녀성격은 일주(日柱)에서 발생(發生)한다.

53년(음) 5월 2일 신(申)시 여자

壬	甲	戊	癸
申	午	午	巳

58	48	38	28	18	8
甲	癸	壬	辛	庚	己
子	亥	戌	酉	申	未

이 사주는 갑목일주(甲木日柱)가 중하오월(中夏午月)에 출생하여 설기(泄氣)가 심(甚)하여 실시(失時)하고 일지오화(日支午火)와 년지사화(年支巳火)로 상관식신(傷官食神)이 태왕(太旺)하여 갑목일주(甲木日柱)가 고목(枯木)이 되는 현상(現狀)이다. 다행히 시상임수(時上壬水)가 자고(自庫)인 신중임수(申中壬水)에 근(根)히여 많온 상관식신(傷官食神)을 제(制)하면서 갑목일주(甲木日柱)를 생(生)하여 주니 시상임수(時上壬水) 인수(印綬)가 용신(用神)이며 목비견겁(木比肩劫)은 희신(喜神)이 된다. 이 사주는 여자의 사주로서 임용고시(任用考試)에 몇 번 떨어졌으나 학원을 경영하여 38세 임수대운(壬水大運)에 돈을 많이 벌은 사주다.

❶ 세운정축년(歲運丁丑年): 관재, 이별수, 관재, 손재, 신액
❷ 질병(疾病): 간(肝), 장(臟), 기관지(氣管支), 뇌출혈(腦出血), 편도선(扁桃腺)
❸ 남녀성격: (남) 의지 굳다, 무뚝뚝하다, 남에게 잘함, 지구력 부족, 처궁불미, 용두사미, 성실하다, 인덕 없다
　　　　　　(여) 의지 굳다, 인정 있다, 부궁불미, 정부, 남자의 근심

☯ 세운 · 질병 · 남녀성격의 해설 (歲運 · 疾病 · 男女性格의 解說)

❶ 세운정축년(歲運丁丑年)= ※관재, 이별수, 관재, 손재, 신액은 ※세운정축년(歲運丁丑年)의 정화(丁火)는 갑목일주(甲木日柱)의 상관(傷官)으로 세운(歲運)에서 천간(天干) 상관운(傷官運)이 들어오면 ※관재수를 조심해야 한다. 그리고 ※이별수는 ※세운정축년(歲運丁丑年)의 정화(丁火)는 갑목일주(甲木日柱)의 상관(傷官)으로 여자(女子) 사주에 상관식신(傷官食神)이 태왕(太旺)인데 세운(歲運)에서 상관(傷官) 식신운(食神運)이 들어오면 ※가정에 불화가 많이 생긴다든가 또는 남편과 떨어져 산다든가 또는 이혼한다든가 또는 남편이 사망하는 수도 있다. 그리고 ※관재, 손재, 신액은 ※세운정축년(歲運丁丑年)의 축토(丑土)는 갑목일주(甲木日柱)의 정재(正財)로 사주에 재살(財殺)이 왕(旺)한데 세운(歲運)에서 재(財)나 관살운(官殺運)이 들어오면 ※관재수나 손재수나 건강을 조심해야 한다.

❷ 질병(疾病)은 간, 장은 일주(日柱)에서 발생(發生)하며 ※기관지, 뇌출혈, 편도선은 ※갑목일주(甲木日柱)가 상관식신(傷官食神)이 태왕(太旺)인데 세운에서 상관(傷官) 식신운(食神運)이 들어오면 ※기관지, 뇌출혈, 편도선을 조심해야 한다.

❸ 남녀성격은 일주(日柱)에서 발생(發生)한다.

정축년(丁丑年)

50년(음) 7월 4일 인(寅)시 여자

丙	甲	甲	庚
寅	申	申	寅

53	43	33	23	13	3
戊	己	庚	辛	壬	癸
寅	卯	辰	巳	午	未

이 사주는 갑목일주(甲木日柱)가 초가을 신월(申月)에 출생하여 실시(失時)하고 신궁경금(申宮庚金)이 년상(年上)에 투출(透出)하여 편관격(偏官格)이며 갑목일주(甲木日柱)는 자좌신금(自坐申金)에 살지(殺地)에 앉아 갑목일주(甲木日柱)가 허약하다. 년시지(年時支) 양인목(兩寅木)에 근(根)한다 하나 인신충(寅申沖)으로 갑목(甲木)이 뿌리가 뽑혔으며 년상경금(年上庚金)은 갑목일주(甲木日柱)를 갑경충(甲庚沖)하니 이 사주는 많은 편관(偏官)이 일주(日柱)의 병(病)이다. 다행히 시상(時上)에 병화(丙火)가 투출(透出)하여 그 병화(丙火)는 자좌인목(自坐寅木)에 장생(長生)하여 많은 편관(偏官)을 제(制)하니 이런 사주를 식신(食神) 제살격(制殺格)이라고 한다. 그러므로 시상병화(時上丙火) 식신(食神)이 용신(用神)이며 목비견겁(木比肩劫)은 희신(喜神)이 된다. 이 사주는 여자(女子)의 사주로서 사업을 경영하여 48세 묘목대운(卯木大運)에 수억금을 벌어 잘살고 있는 사주다.

---

❶ 세운정축년(歲運丁丑年): 관재, 불성, 관재, 손재, 신액

❷ 질병(疾病): 간(肝), 담(膽), 편도선(扁桃腺), 두통(頭痛)

❸ 남녀성격: (남) 의지 굳다, 무뚝뚝하다, 웃음이 적다, 소식한다, 다재다능, 영리하다, 꾀가 많다, 항상 바쁨, 칭찬받기 좋아함

　　　　　　(여) 의지 굳다, 무뚝뚝하다, 인자함, 영리하다, 다재다능, 이성 고민, 정부, 고독하다, 신경쇠약

☯ 세운 · 질병 · 남녀성격의 해설 (歲運 · 疾病 · 男女性格의 解說)

❶ 세운정축년(歲運丁丑年)= ※관재, 불성, 관재, 손재, 신액은 ※세운정축년(歲運丁丑年)의 정화(丁火)는 갑목일주(甲木日柱)의 상관(傷官)으로 세운(歲運)에서 천간(天干) 상관운(傷官運)이 들어오면 ※관재수를 조심해야 한다. 그리고 ※불성은 ※세운정축년(歲運丁丑年)의 정화(丁火)는 갑목일주의 상관(傷官)으로 세운(歲運)에서 천간(天干) 상관운(傷官運)이 들어오면 ※모든 일이 잘 풀리지 않고 대차계약도 잘 이루어지지 않는다. 그리고 ※관재, 손재, 신액은 ※세운정축년(歲運丁丑年)의 축토(丑土)는 갑목일주의 정재(正財)로 사주에 재살(財殺)이 왕(旺)한데 세운(歲運)에서 재(財)나 관살운(官殺運)이 들어오면 ※관재수나 손재수나 건강을 조심해야 한다.

❷ 질병(疾病)은 간, 담은 일주(日柱)에서 발생(發生)하며 ※편도선, 두통은 ※갑목일주(甲木日柱)가 초가을 신월(申月)에 출생하면 ※편도선과 두통을 조심해야 한다.

❸ 남녀성격은 일주(日柱)에서 발생(發生)한다.

정축년(丁丑年)

52년(음) 11월 29일 사(巳)시 여자

辛	乙	癸	壬
巳	丑	丑	辰

53	43	33	23	13	3
丁	戊	己	庚	辛	壬
未	申	酉	戌	亥	子

이 사주는 을목일주(乙木日柱)가 동계축월(冬季丑月)에 출생하여 실시(失時)하고 축중신금(丑中辛金)이 시상(時上)에 투출(透出)하고 지지(地支)는 사축(巳丑)으로 금국(金局)을 이루어 재살(財殺)이 태왕(太旺)하여 종살격(從殺格)같이 보인다. 그러나 월상계수(月上癸水)는 축중계수(丑中癸水)에 근(根)하고 년상임수(年上壬水)도 자고(自庫)인 진중계수(辰中癸水)에 근(根)하므로 시상신금(時上辛金)은 을목일주(乙木日柱)를 극(剋)하지 않고 년월(年月) 양임계수(兩壬癸水)를 생(生)하니 살인상생(殺印相生)으로 수인수(水印綬)가 용신(用神)이며 목비견겁(木比肩劫)은 희신(喜神)이 된다. 이 사주는 여자의 사주로서 초년 해자운(亥子運)에 부가(富家)에서 출생하여 금낭옥낭으로 자랐으며 학교도 명문대(名門大)에 졸업하였으나 좋은 운(運)이 없어 취업(就業)을 못하고 자영업(自營業)을 경영(經營)하다가 무토대운(戊土大運)에 월상계수(月上癸水)와 무계합(戊癸合)으로 합거(合去)되어 사업(事業)을 실패(失敗)하여 재산(財産)을 탕진(蕩盡)하고 남편과 이혼(離婚)하여 어려운 생활을 하고 있는 사주다. 여자(女子) 사주에 관성입묘(官星入墓)가 있으면 부궁(夫宮)이 부실하므로 재혼(再婚)하는 일이 많다.

❶ 세운정축년(歲運丁丑年): 변화, 이사, 전근, 관재, 손재, 신액
❷ 질병(疾病): 간(肝), 담(膽), 풍(風)
❸ 남녀성격: (남) 성질 급, 근면 성실, 의지 굳다, 무뚝뚝하다, 봉사정신, 형제불의, 밥을 빨리 먹는다, 재복있다, 새벽잠이 없다, 신앙심
　　(여) 의지 굳다, 무뚝뚝하다, 인자함, 부궁불미, 정부, 재가, 독수공방, 자손근심, 남자 조종 잘한다

🌀 세운 · 질병 · 남녀성격의 해설(歲運 · 疾病 · 男女性格의 解說)

❶ 세운정축년(歲運丁丑年)= ※변화, 이사, 전근, 관재, 손재, 신액은 ※세운정축년(歲運丁丑年)의 축토(丑土)는 일지축토(日支丑土)와 축축(丑丑)으로 삼합(三合)이 되므로 세운(歲運)에서 일지(日支) 삼합운(三合運)이 들어오면 ※변화가 생긴다든가 또는 이사를 한다든가 또는 직장을 옮기는 일이 많다. 그리고 ※관재, 손재, 신액은 ※세운정축년(歲運丁丑年)의 축토(丑土)는 을목일주(乙木日柱)의 편재(偏財)로 사주에 재살(財殺)이 왕(旺)한데 세운(歲運)에서 재(財)나 관살운(官殺運)이 들어오면 ※관재수를 조심해야 하며 또는 손재수를 조심해야 하며 또는 건강을 조심해야 한다.

❷ 질병(疾病)과 ❸ 남녀성격은 일주(日柱)에서 발생(發生)한다.

정축년 (丁丑年)

54년(음) 10월 20일 진(辰)시 남자

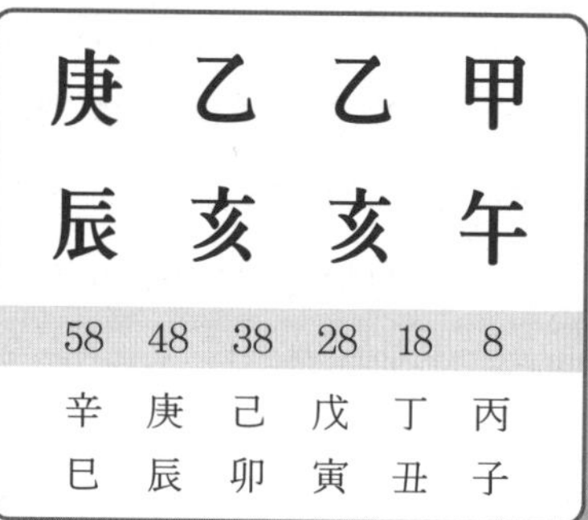

이 사주는 을목일주(乙木日柱)가 초겨울 해월(亥月)에 출생하여 득령(得令)하고 일지해수(日支亥水)에 생(生)을 받아 일주(日柱)는 신왕사주(身旺四柱)다. 신왕사주(身旺四柱)에는 관살(官殺)로 일주(日柱)를 제(制)하거나 상관식신(傷官食神)으로 설기(泄氣)함이 좋은데 다행히 시상(時上)에 경금정관(庚金正官)이 있어 아름답다. 그런데 경금(庚金)이 약(弱)하게 보이나 양금지토(養金之土)인 시지진토(時支辰土)에 생(生)을 받으니 경금용신(庚金用神)이 힘이 생긴다. 그러나 일주(日柱)에 비해 용신(用神)이 약(弱)하다. 그런데 이 사주는 남자(男子)의 사주로서 재관인(財官印) 삼귀(三貴)를 놓아 아름답다. 해중임수(亥中壬水)는 정인(正印)이며 시상경금(時上庚金)은 정관(正官)이며 진중무토(辰中戊土)는 정재(正財)로서 귀격(貴格)을 놓아 28세 무토대운(戊土大運)에 행정고시(行政考試)에 합격하여 사무관(事務官)으로 근무(勤務)하였으나 33세 인목대운(寅木大運)부터 운(運)이 좋지 않아 평범하게 지내다가 53세 진토대운(辰土大運)에 고위직(高位職)으로 승진(昇進)하여 잘살고 있는 사주다.

❶ 세운정축년(歲運丁丑年): 손재, 처액
❷ 질병(疾病): 풍(風), 냉(冷), 비색증(鼻塞症)
❸ 남녀성격: (남) 의지 굳다, 무뚝뚝하다, 강직하다, 영리하다, 인정 있다, 외유내강, 항상 바름, 예감이 빠름, 신앙심, 지혜롭다
　　　　　(여) 의지 굳다, 무뚝뚝하다, 인자함, 영리하다, 장수한다, 부궁불미

세운 · 질병 · 남녀성격의 해설 (歲運 · 疾病 · 男女性格의 解說)

❶ 세운정축년(歲運丁丑年)= ※손재, 처액은 ※세운정축년(歲運丁丑年)의 축토(丑土)는 을목일주(乙木日柱)의 편재(偏財)로 신왕(身旺)한 남자(男子) 사주에 재(財)가 쇠약(衰弱)한데 세운(歲運)에서 재운(財運)이 들어오면 ※손재수를 조심해야 하며 또는 가정에 불화가 생긴다든가 또는 처가 가출한다든가 또는 처의 건강을 조심해야 한다.

❷ 질병(疾病)은 풍, 냉은 일주(日柱)에서 발생(發生)하며 ※비색증은 ※을목일주(乙木日柱)가 해자월(亥子月)에 출생하면 ※축농증이 생긴다든가 또는 코가 막힌다든가 또는 비염으로 고생한다.

❸ 남녀성격은 일주(日柱)에서 발생(發生)한다.

정축년 (丁丑年)

55년(음) 12월 7일 자(子)시 여자

丙	乙	己	乙
子	酉	丑	未

56	46	36	26	16	6
乙	甲	癸	壬	辛	庚
未	午	巳	辰	卯	寅

이 사주는 을목일주(乙木日柱)가 동계축월(冬季丑月)에 출생하여 실시(失時)하고 축중기토(丑中己土)가 월상(月上)에 투출(透出)하여 편재격(偏財格)이다. 그리고 일지유금(日支酉金)과 년지미토(年支未土)가 있어 재관(財官)이 왕(旺)하여 일주(日柱)는 신약사주(身弱四柱)다. 다행히 시지자수(時支子水) 인수(印綬)가 있어 토재(土財)는 유금편관(酉金偏官)을 생(生)히고 유금편관(酉金偏官)은 시지자수(時支子水) 인수(印綬)를 생(生)하고 시지자수(時支子水) 인수(印綬)는 을목일주(乙木日柱)를 생(生)하여 살인상생(殺印相生)으로 수인수(水印綬)가 용신(用神)이며 목비견겁(木比肩劫)은 희신(喜神)이 된다. 이 사주는 여자(女子)의 사주로서 남편이 되는 신금(辛金)이 월지(月支) 축중신금(丑中辛金)인데 그 축토(丑土)는 금(金)의 고장(庫藏)으로 고(庫)는 창고(倉庫)도 되고 금고(金庫)도 되고 묘(墓)도 되므로 남편이 묘(墓)속에 있는 형상(形狀)이 되어 부궁(夫宮)이 부실하여 재혼(再婚)한 사주다. 이 사주는 사업을 경영(經營)하였으나 운(運)이 없어 고생을 많이 하다가 46세 갑목대운(甲木大運)에 월상기토(月上己土)와 갑기합(甲己合)으로 합거(合去)되어 재산을 탕진하고 힘들게 살아가고 있는 사주다.

❶ 세운정축년(歲運丁丑年): 변화, 이사, 전근, 관재, 손재, 신액

❷ 질병(疾病): 간(肝), 담(膽), 간경화(肝硬化)

❸ 남녀성격: (남) 무뚝뚝하다, 의지 굳다, 사리 분명, 거취 분명, 만인 신망, 처 덕 있다, 처궁불미, 남에게 잘함, 임기응변, 인정 있다

　　　　　 (여) 의지 굳다, 무뚝뚝하다, 인자함, 근면 성실, 남편 말을 잘 듣는다

세운·질병·남녀성격의 해설 (歲運·疾病·男女性格의 解說)

❶ 세운정축년(歲運丁丑年)= ※변화, 이사, 전근, 관재, 손재, 신액은 ※세운정축년(歲運丁丑年)의 축토(丑土)는 일지유금(日支酉金)과 유축(酉丑)으로 삼합(三合)이 되므로 세운(歲運)에서 일지(日支) 삼합운(三合運)이 들어오면 ※변화가 생긴다든가 또는 이사를 한다든가 또는 직장을 옮기는 일이 많다. 그리고 ※관재, 손재, 신액은 ※세운정축년(歲運丁丑年)의 축토(丑土)는 을목일주(乙木日柱)의 편재(偏財)로 사주에 재살(財殺)이 왕(旺)한데 세운(歲運)에서 재(財)나 관살운(官殺運)이 들어오면 ※관재수를 조심해야 하며 또는 손재수를 조심해야 하며 또는 건강을 조심해야 한다.

❷ 질병(疾病)과 ❸ 남녀성격은 일주(日柱)에서 발생(發生)한다.

정축년(丁丑年)

55년(음) 10월 17일 묘(卯)시 남자

<table>
<tr><td>己</td><td>乙</td><td>丁</td><td>乙</td></tr>
<tr><td>卯</td><td>未</td><td>亥</td><td>未</td></tr>
</table>

57	47	37	27	17	7
辛 巳	壬 午	癸 未	甲 申	乙 酉	丙 戌

이 사주는 을목일주(乙木日柱)가 초겨울 해월(亥月)에 출생하여 득령(得令)하고 일지미토(日支未土)와 시지묘목(時支卯木)과 해묘미(亥卯未)로 목국(木局)을 이루어 을목일주(乙木日柱)는 신왕사주(身旺四柱)다. 신왕사주(身旺四柱)에는 일주(日柱)를 제(制)하는 관살(官殺)로 용신(用神)함이 좋은데 을목일주(乙木日柱)를 제(制)하는 관살(官殺)은 없고 월상정화(月上丁火)가 미중정화(未中丁火)에 근(根)하여 있고 미중기토(未中己土)가 시상(時上)에 투출(透出)하여 목생화(木生火) 화생토(火生土)로 상관(傷官) 용재격(用財格)이다. 그러므로 기토재(己土財)가 용신(用神)이며 화(火) 상관식신(傷官食神)은 희신(喜神)이 된다. 이 사주는 남자의 사주로서 52세 오화대운(午火大運)에 사업이 번창하여 돈을 많이 벌고 있는 사주다.

❶ 세운정축년(歲運丁丑年): 관재, 복통, 수술, 자연 재앙, 손재, 처액

❷ 질병(疾病): 간(肝), 담(膽), 위장(胃臟), 중풍(中風), 비색증(鼻塞症)

❸ 남녀성격: (남) 의지 굳다, 무뚝뚝하다, 인정 있다, 총명하다, 근면 성실, 학문, 예술, 자수성가, 처궁불미, 성격이 까다롭다, 옷에 신경, 편식한다, 신앙심

　　　　　　(여) 의지 굳다, 무뚝뚝하다, 인자함, 부궁불미, 정부, 시모불합, 자식에게 애정 많음

🔵 세운 · 질병 · 남녀성격의 해설(歲運 · 疾病 · 男女性格의 解說)

❶ 세운정축년(歲運丁丑年)= ※관재, 복통, 수술, 자연재앙, 손재, 처액은 ※세운정축년(歲運丁丑年)의 축토(丑土)는 일지미토(日支未土)와 축미충(丑未沖)으로 세운(歲運)에서 일지충운(日支沖運)이 들어오면 ※관재수를 조심해야 하며 또는 배가 아프다든가 또는 수술을 조심해야 하며 또는 자연재앙을 조심해야 한다. 그리고 ※손재, 처액은 ※세운정축년(歲運丁丑年)의 축토(丑土)는 을목일주(乙木日柱)의 편재(偏財)로 신왕(身旺)한 남자(男子) 사주에 재(財)가 쇠약(衰弱)한데 세운(歲運)에서 재운(財運)이 들어오면 ※손재수를 조심해야 하며 또는 가정에 불화가 많이 생긴다든가 또는 처가 가출한다든가 또는 처의 건강을 조심해야 한다.

❷ 질병(疾病)은 간, 담, 위장은 일주(日柱)에서 발생(發生)하며 ※중풍, 비색증은 ※을목일주(乙木日柱)가 해자월(亥子月)에 출생하면 ※중풍(中風)을 조심해야 하며 또는 축농증이나 비염이나 코막힘을 조심해야 한다.

❸ 남녀성격은 일주(日柱)에서 발생(發生)한다.

정축년(丁丑年)

62년(음) 12월 7일 묘(卯)시 여자

이 사주는 을목일주(乙木日柱)가 중동자월(中冬子月)에 출생하여 득령(得令)하고 년월(年月) 양임수(兩壬水) 인수(印綬)가 투출(透出)하고 년지인목(年支寅木) 비겁(比劫)과 시지묘목(時支卯木) 비견(比肩)이 있어 을목일주(乙木日柱)는 신왕사주(身旺四柱)다. 신왕사주(身旺四柱)에는 일주(日柱)를 제(制)하는 관살(官殺)로 용신(用神)함이 좋은데 일주(日柱)를 제(制)하는 관살(官殺)은 없고 일지(日支) 사중병화(巳中丙火) 상관(傷官)이 있어 병화상관(丙火傷官)으로 설기(泄氣)한다. 그러므로 이런 사주를 가상관격(假傷官格)이라고 하며 병화상관(丙火傷官)이 용신(用神)이 된다. 이 사주는 여자의 사주로서 사업가로 고생을 많이 하다가 49세 정화대운(丁火大運)에 월상임수(月上壬水)와 정임합(丁壬合)으로 합거(合去)되어 재산을 탕진하고 남편(男便)과 이혼(離婚)한 사주다.

---

❶ 세운정축년(歲運丁丑年): 변화, 이사, 전근, 손재, 신액
❷ 질병(疾病): 간(肝), 담(膽), 월경불순(月經不純), 냉(冷), 풍(風)
❸ 남녀성격: (남) 의지 굳다, 무뚝뚝하다, 웃음이 적다, 인정 있다, 예의 있다, 명랑하다, 영리하다, 처궁불미, 고독하다, 돈이 잘 빠져나간다
　　　　　　 (여) 의지 굳다, 무뚝뚝하다, 인자하다, 부궁불미, 정부, 재가, 애교 많음

☯ 세운 · 질병 · 남녀성격의 해설(歲運 · 疾病 · 男女性格의 解說)

❶ 세운정축년(歲運丁丑年)= ※변화, 이사, 전근, 손재, 신액은 ※세운정축년(歲運丁丑年)의 축토(丑土)는 일지사화(日支巳火)와 사축(巳丑)으로 삼합(三合)이 되므로 세운(歲運)에서 일지(日支) 삼합운(三合運)이 들어오면 ※변화가 생긴다든가 또는 이사를 한다든가 또는 직장을 옮기는 일이 많다. 그리고 ※손재, 신액은 ※세운정축년(歲運丁丑年)의 축토(丑土)는 을목일주(乙木日柱)의 편재(偏財)로 신왕사주(身旺四柱)에 재(財)가 쇠약(衰弱)한데 세운(歲運)에서 재운(財運)이 들어오면 ※손재수를 조심해야 하며 또는 건강을 조심해야 한다.

❷ 질병(疾病)은 간, 담은 일주(日柱)에서 발생(發生)하며 그리고 ※월경불순, 냉, 풍은 ※을목일주(乙木日柱)가 자월(子月)에 출생하면 ※월경이 불순하여 배가 아프다든가 또는 손과 발이 차다든가 또는 풍을 조심해야 한다.

❸ 남녀성격은 일주(日柱)에서 발생(發生)한다.

정축년(丁丑年)

63년(음) 2월 18일 미(未)시 남자

癸	乙	乙	癸
未	卯	卯	卯

52	42	32	22	12	2
己	庚	辛	壬	癸	甲
酉	戌	亥	子	丑	寅

이 사주는 을목일주(乙木日柱)가 중춘묘월(中春卯月)에 출생하여 록근(祿根)하고 묘중을목(卯中乙木)이 월상(月上)에 투출(透出)하고 지지(地支)는 년월일지(年月日支) 묘목(卯木)으로 비견(比肩)이 태왕(太旺)이다. 그러므로 이 사주는 신왕사주(身旺四柱)다. 신왕사주(身旺四柱)에는 일주(日柱)를 제(制)하는 관살(官殺)이나 상관식신(傷官食神)으로 설기(泄氣)함이 좋은데 이 사주는 일주(日柱)를 제(制)하는 관살(官殺)도 없고 설기(泄氣)하는 상관식신(傷官食神)도 없다. 그러나 시지(時支) 미토재(未土財)가 있다 하나 많은 비견(比肩)이 재(財)를 극(剋)하므로 재(財)가 쇠약(衰弱)하다. 그러므로 이 사주는 화(火) 상관식신(傷官食神)이 시지미중(時支未中) 기토재(己土財)를 생(生)하여줘야 하므로 상관식신(傷官食神)이 용신(用神)이 된다. 이 사주는 남자(男子)의 사주로서 회사에 다녔으나 운(運)이 없어 승진이 안되어 고생을 많이 하다가 42세 경금대운(庚金大運)에 퇴사하여 사업을 경영하였으나 월상을목(月上乙木)과 을경합(乙庚合)으로 합거(合去)되어 재산을 탕진하고 처(妻)와 이혼(離婚)하고 혼자 살고 있는 사주다. 처궁(妻宮)이 부실한 것은 남자(男子) 사주에 비견겁(比肩劫)이 태왕(太旺)하면 처궁(妻宮)이 부실하여 혼자 살거나 재혼(再婚)하는 사람들이 많다.

❶ 세운정축년(歲運丁丑年): 손재, 처액
❷ 질병(疾病): 중풍(中風), 위산과다(胃酸過多)
❸ 남녀성격: (남) 의지 굳다, 강직하다, 미남이다, 농담 잘함, 주관이 강함, 인정 있다, 인색하다, 처궁불미, 영리하다, 지구력 부족, 분주 다사, 마음 약
　　　　　　 (여) 의지 굳다, 무뚝뚝하다, 고집 대단, 친정형제 걱정, 부궁불미, 정부, 마음 약, 근심이 많다

세운 · 질병 · 남녀성격의 해설(歲運 · 疾病 · 男女性格의 解說)

❶ 세운정축년(歲運丁丑年)= ※손재, 처액은 ※세운정축년(歲運丁丑年)의 축토(丑土)는 을목일주(乙木日柱)의 편재(偏財)로 신왕(身旺)한 남자(男子) 사주에 재(財)가 쇠약(衰弱)한데 세운(歲運)에서 재운(財運)이 들어오면 ※손재수를 조심해야 하며 또는 가정에 불화가 많이 생긴다든가 또는 처가 말없이 가출한다든가 또는 처의 건강을 조심해야 한다.

❷ 질병(疾病)은 일주(日柱)에서 발생(發生)한다.

❸ 남녀성격은 일주(日柱)에서 발생(發生)한다.

정축년 (丁丑年)

60년(음) 12월 26일 사(巳)시 여자

辛	乙	庚	辛
巳	亥	寅	丑

58	48	38	28	18	8
丙	乙	甲	癸	壬	辛
申	未	午	巳	辰	卯

이 사주는 을목일주(乙木日柱)가 초봄 인월(寅月)에 출생하여 득령(得令)하고 일지해수(日支亥水) 인수(印綬)가 있어 신왕사주(身旺四柱)같이 보인다. 그러나 이 사주는 년월시(年月時) 경신금(庚辛金)이 투출(透出)하고 그 경신금(庚辛金)은 년지축토(年支丑土)에 근(根)하여 일주(日柱)를 극(剋)하니 한편으로는 금관살(金官殺)에 극(剋)을 받고 한편으로는 시지(時支) 사중병화(巳中丙火)에 설기(泄氣)가 심(甚)하므로 을목일주(乙木日柱)는 강화위약(强化爲弱)으로 신약사주(身弱四柱)다. 그러므로 수인수(水印綬)가 용신(用神)이며 목비견겁(木比肩劫)은 희신(喜神)이 된다. 이 사주는 여자(女子)의 사주로서 년지축토(年支丑土)는 관성입묘(官星入墓)이며 년간지(年干支) 신축생(辛丑生)의 공망(空亡)은 시지사화(時支巳火)로서 부궁(夫宮)이 부실하여 남편과 이혼(離婚)하고 혼자 살고 있으며 사업을 경영하였으나 운(運)이 없어 고생을 많이 하다가 48세 을목대운(乙木大運)에 월상경금(月上庚金)과 을경합(乙庚合)으로 합거(合去)되어 재산을 탕진하고 힘들게 살아가고 있는 사주다.

❶ 세운정축년(歲運丁丑年): 관재, 손재, 신액, 자연재앙
❷ 질병(疾病): 풍(風), 냉(冷)
❸ 남녀성격: (남) 의지 굳다, 무뚝뚝하다, 강직하다, 영리하다, 인정 있다, 외유내강, 항상 바쁨, 예감이 빠름, 신앙심, 지혜롭다
(여) 의지 굳다, 무뚝뚝하다, 인자함, 영리하다, 장수한다, 부궁불미

🌀 **세운 · 질병 · 남녀성격의 해설** (歲運 · 疾病 · 男女性格의 解說)

❶ 세운정축년(歲運丁丑年)= ※관재, 손재, 신액, 자연재앙은 ※세운정축년(歲運丁丑年)의 축토(丑土)는 을목일주(乙木日柱)의 편재(偏財)로 사주에 재살(財殺)이 왕(旺)한데 세운(歲運)에서 재(財)나 관살운(官殺運)이 들어오면 ※관재수를 조심해야 하며 또는 손재수를 조심해야 하며 또는 건강을 조심해야 한다. 그리고 ※자연재앙은 ※세운정축년(歲運丁丑年)의 축토(丑土)는 년지축토(年支丑土)와 축축(丑丑)으로 똑같은 오행(五行)이므로 세운(歲運)에서 년지(年支) 같은 운(運)이 들어오면 ※자연재앙을 조심해야 한다.

❷ 질병(疾病)은 일주(日柱)에서 발생(發生)한다.

❸ 남녀성격은 일주(日柱)에서 발생(發生)한다.

정축년(丁丑年)

庚	乙	庚	庚
辰	酉	辰	子

53	43	33	23	13	3
丙	乙	甲	癸	壬	辛
戌	酉	申	未	午	巳

이 사주는 을목일주(乙木日柱)가 춘계진월(春季辰月)에 출생하여 실시(失時)하고 년월시상(年月時上) 삼경금(三庚金)은 일지유금(日支酉金)에 근(根)하고 월시지(月時支) 양진토(兩辰土)가 있어 재관(財官)이 태왕(太旺)이다. 그런데 이 사주는 년지자수(年支子水) 인수(印綬)가 있다 하나 을목일주(乙木日柱)는 자좌유금(自坐酉金)에 살지(殺地)에 앉았으며 월상경금(月上庚金)과 을경합금(乙庚合金)으로 금(金)으로 화(化)하여 사주(四柱) 전체는 토금(土金)이 왕(旺)하다. 그러므로 이 사주는 화격(化格)이므로 금(金)이 용신(用神)이며 토(土)는 희신(喜神)이 된다. 이 사주는 남자(男子)의 사주로서 한국전력에 근무하였으나 운(運)이 없어 승진이 안되어 고생을 많이 하다가 38세 신금대운(申金大運)에 퇴사하여 자영업을 경영하여 수억금을 벌었으며 43세 을목대운(乙木大運)에는 월상경금(月上庚金)과 을경합(乙庚合)으로 합거(合去)되어 손해를 많이 보았으나 48세 유금대운(酉金大運)에 다시 사업이 번창하여 돈을 많이 벌어 잘살고 있는 사주다.

❶ 세운정축년(歲運丁丑年): 변화, 이사, 전근, 관재, 손재, 신액
❷ 질병(疾病): 간(肝), 담(膽), 간경화(肝硬化)
❸ 남녀성격: (남) 무뚝뚝하다, 의지 굳다, 사리 분명, 거취 분명, 만인 신망, 처 덕 있다, 처
　　　　　　궁불미, 남에게 잘함, 임기응변, 인정 있다
　　　　　　(여) 의지 굳다, 무뚝뚝하다, 인자함, 근면 성실, 남편 말을 잘 듣는다

🔵 세운·질병·남녀성격의 해설(歲運·疾病·男女性格의 解說)

❶ 세운정축년(歲運丁丑年)= ※변화, 이사, 전근, 관재, 손재, 신액은 ※세운정축년(歲運丁丑年)의 축토(丑土)는 일지유금(日支酉金)과 유축(酉丑)으로 삼합(三合)이 되므로 세운(歲運)에서 일지(日支) 삼합운(三合運)이 들어오면 **※변화가 생긴다든가 또는 이사를 한다든가 또는 직장을 옮기는 일이 많다.** 그리고 ※관재, 손재, 신액은 ※세운정축년(歲運丁丑年)의 축토(丑土)는 을목일주(乙木日柱)의 편재(偏財)로 사주에 재살(財殺)이 왕(旺)한데 세운(歲運)에서 재(財)나 관살운(官殺運)이 들어오면 **※관재수를 조심해야 하며 또는 손재수를 조심해야 하며 또는 건강을 조심해야 한다.**

❷ 질병(疾病)은 일주(日柱)에서 발생(發生)한다.

❸ 남녀성격은 일주(日柱)에서 발생(發生)한다.

정축년(丁丑年)

59년(음) 11월 21일 해(亥)시 남자

己	丙	丙	己
亥	子	子	亥

54	44	34	24	14	4
庚	辛	壬	癸	甲	乙
午	未	申	酉	戌	亥

이 사주는 병화일주(丙火日柱)가 중동자월(中冬子月)에 출생하여 실시(失時)하고 년일시지(年日時支) 해자(亥子)로 지지(地支)는 전수국(全水局)을 이루어 관살(官殺)이 태왕(太旺)이다. 병화일주(丙火日柱)는 무근(無根)이며 자좌살지(自坐殺地)에 앉았으며 월상병화(月上丙火) 비견(比肩)도 무근(無根)이며 자좌살지(自坐殺地)에 앉아 힘이 없으므로 년시상(年時上) 양기토(兩己土) 상관(傷官)으로 많은 관살(官殺)을 제(制)하려고 하나 그 기토상관(己土傷官)도 무근(無根)이며 왕수(旺水)에 쓸려가 힘이 없으므로 관살(官殺)을 제(制)할 수가 없다. 그러므로 이 사주는 왕세(旺勢)를 따라 종살격(從殺格)으로 수관살(水官殺)이 용신(用神)이며 금재(金財)는 희신(喜神)이 된다. 이 사주는 남자(男子)의 사주로서 공부는 많이 못하였으나 일찍 사업을 경영하여 29세 유금대운(酉金大運)에 돈을 많이 벌었으며 임신대운(壬申大運)에는 사업을 확장하여 수억금을 벌었고 44세 신금대운(辛金大運)에 건축사업을 하여 단 한 번의 실패로 재산을 탕진하고 방황하며 살고 있는 사주다. 44세 신금대운(辛金大運)에 실패하게 된 것은 월상병화(月上丙火)와 대운신금(大運辛金)과 병신합(丙辛合)으로 합거(合去)되었기 때문이다.

❶ 세운정축년(歲運丁丑年): 수술, 불성
❷ 질병(疾病): 심장(心臟), 냉증(冷症)
❸ 남녀성격: (남) 예의 있다, 명랑하다, 근심이 많다, 내음외양, 권모술수, 냉정하다, 눈치가 빠름, 고집 대단, 부모형제덕이 없다, 성질 급, 처궁불미, 자손근심, 말을 잘한다
　　　　　　(여) 말을 잘한다, 명랑하다, 금방 좋았다가 금방 싫어짐, 부궁불미, 정부, 재가, 어려운 생활

🔵 세운 · 질병 · 남녀성격의 해설(歲運 · 疾病 · 男女性格의 解說)

❶ 세운정축년(歲運丁丑年)= ※수술, 불성은 ※세운정축년(歲運丁丑年)의 축토(丑土)는 병화일주(丙火日柱)의 상관(傷官)으로 세운(歲運)에서 일지(日支) 상관운(傷官運)이 들어오면 ※수술을 조심해야 한다. 그리고 ※불성은 ※세운정축년(歲運丁丑年)의 정화(丁火)는 병화일주(丙火日柱)의 비겁(比劫)으로 세운에서 비견겁운(比肩劫運)이 들어오면 ※모든 일이 잘 풀리지 않으며 대차계약도 잘 이루어지지 않는다.

❷ 질병(疾病)은 일주(日柱)에서 발생(發生)한다.

❸ 남녀성격은 일주(日柱)에서 발생(發生)한다.

정축년 (丁丑年)

58년(음) 11월 5일 사(巳)시 남자

<table>
<tr><td>癸</td><td>丙</td><td>甲</td><td>戊</td></tr>
<tr><td>巳</td><td>寅</td><td>子</td><td>戌</td></tr>
</table>

57	47	37	27	17	7
庚	己	戊	丁	丙	乙
午	巳	辰	卯	寅	丑

이 사주는 병화일주(丙火日柱)가 중동자월(中冬子月)에 출생하여 실시(失時)하고 자중계수(子中癸水)가 시상(時上)에 투출(透出)하여 정관격(正官格)이다. 그리고 병화일주(丙火日柱)는 추운 겨울에 태어났다 하나 자좌인목(自坐寅木)에 생(生)을 받고 인중 갑목(寅中甲木)이 월상(月上)에 투출(透出)하고 또한 병화일주(丙火日柱)는 시지사화(時支巳火)에 록근(祿根)하여 일주(日柱)가 신왕사주(身旺四柱)같이 보인다. 그러나 년간지(年干支) 무술토(戊戌土)에 설기(泄氣)가 심(甚)하고 자월(子月)에 추운 불이 되어 이 사주는 신약사주(身弱四柱)다. 그러므로 목인수(木印綬)가 용신(用神)이고 화비견겁(火比肩劫)은 희신(喜神)이 된다. 이 사주는 남자(男子)의 사주로서 정관격(正官格)이며 초년(初年)부터 운(運)이 잘 들어와 행정고시(行政考試)에 합격(合格)하고 공무원(公務員)으로 잘 지내고 있는 사주다. 그리고 사오대운(巳午大運)에 한층 더 승진(昇進)하며 부귀영화(富貴榮華)를 누리며 더욱 잘살 것이라고 생각된다.

❶ 세운정축년(歲運丁丑年): 수술, 불성
❷ 질병(疾病): 심장(心臟), 기관지(氣管支)
❸ 남녀성격: (남) 말을 잘한다, 예의 있다, 명랑하다, 남을 생각하지 않고 직선적으로 말함, 용기 있다, 의젓하다, 멋쟁이, 영리하다, 일독십지, 명예우선, 성질 급, 박력 있다, 타의 군림, 남을 멸시한다
      (여) 말을 잘한다, 총명하다, 금방 좋았다가 금방 싫어짐, 박력 있다, 부궁불미

☯ 세운·질병·남녀성격의 해설 (歲運 · 疾病 · 男女性格의 解說)

❶ 세운정축년(歲運丁丑年)= ※수술, 불성은 ※세운정축년(歲運丁丑年)의 축토(丑土)는 병화일주(丙火日柱)의 상관(傷官)으로 세운(歲運)에서 일지(日支) 상관운(傷官運)이 들어오면 ※수술을 조심해야 한다. 그리고 ※불성은 ※세운정축년(歲運丁丑年)의 정화(丁火)는 병화일주(丙火日柱)의 비겁(比劫)으로 세운(歲運)에서 비견겁운(比肩劫運)이 들어오면 ※모든 일이 잘 풀리지 않으며 대차계약도 잘 이루어지지 않는다.

❷ 질병(疾病)은 일주(日柱)에서 발생(發生)한다.

❸ 남녀성격은 일주(日柱)에서 발생(發生)한다.

정축년 (丁丑年)

51년(음) 12월 15일 해(亥)시 남자

己	丙	辛	辛
亥	辰	丑	卯

52	42	32	22	12	2
乙	丙	丁	戊	己	庚
未	申	酉	戌	亥	子

이 사주는 병화일주(丙火日柱)가 동계축월(冬季丑月)에 출생하여 실시(失時)하고 축중신금(丑中辛金)이 년월(年月)에 투출(透出)하고 또한 축중기토(丑中己土)가 시상(時上)에 투출(透出)하여 절기(節氣)상으로 보아 축중(丑中)에는 기토(己土)가 사령(司令)하므로 기토상관(己土傷官)으로 격(格)을 잡는다. 그러므로 상관격(傷官格)이다. 그리고 이 사주는 재살(財殺)이 왕(旺)하여 일주(日柱)는 신약사주(身弱四柱)로서 년지묘목(年支卯木) 인수(印綬)로 용신(用神)한다. 그러므로 목인수(木印綬)가 용신(用神)이며 화비견겁(火比肩劫)은 희신(喜神)이 된다. 이 사주는 남자(男子)의 사주로서 상관격(傷官格)을 놓은 사람은 고집(固執)이 대단하며 무서운 것이 없고 재주가 비범(非凡)하고 팔방미남(八方美男)이며 또 임기응변(臨機應變)과 기예(技藝), 기술(技術) 모든 방면에 다재다능(多才多能)하여 엔지니어로 일하다가 대운(大運)이 좋지 않아 42세 병화대운(丙火大運)에 퇴사하여 사업을 경영하였으나 월상신금(月上辛金)과 대운병화(大運丙火)와 병신합(丙辛合)으로 합거(合去)되어 손해(損害)를 많이 보다가 52세 을목대운(乙木大運)에 사업(事業)이 다시 번창하여 수십억을 벌은 사주다.

❶ 세운정축년(歲運丁丑年): 수술, 불성
❷ 질병(疾病): 혈압(血壓), 심장(心臟), 신경통(神經痛)
❸ 남녀성격: (남) 말을 잘한다, 재간 있다, 남에게 잘함, 배짱 좋다, 손재가 많다, 신앙심, 추리력이 좋다, 재복 있다
　　　　　 (여) 말을 잘한다, 명랑하다, 금방 좋았다가 금방 싫어짐, 고집 대단, 박력 있다, 부궁불미, 정부, 몸과 마음이 피곤함, 신앙심

🔵 세운·질병·남녀성격의 해설 (歲運·疾病·男女性格의 解說)

❶ 세운정축년(歲運丁丑年)= ※수술, 불성은 ※세운정축년(歲運丁丑年)의 축토(丑土)는 병화일주(丙火日柱)의 상관(傷官)으로 세운(歲運)에서 일지(日支) 상관운(傷官運)이 들어오면 ※수술을 조심해야 한다. 그리고 ※불성은 ※세운정축년(歲運丁丑年)의 정화(丁火)는 병화일주(丙火日柱)의 비겁(比劫)으로 세운(歲運)에서 비견겁운(比肩劫運)이 들어오면 ※모든 일이 잘 풀리지 않으며 대차계약도 잘 이루어지지 않는다.

❷ 질병(疾病)은 일주(日柱)에서 발생(發生)한다.

❸ 남녀성격은 일주(日柱)에서 발생(發生)한다.

정축년(丁丑年)

48년(음) 2월 12일 진(辰)시 남자

壬	丙	乙	戊
辰	午	卯	子

55	45	35	25	15	5
辛	庚	己	戊	丁	丙
酉	申	未	午	巳	辰

이 사주는 병화일주(丙火日柱)가 중춘묘월(中春卯月)에 출생하여 득령(得令)하고 묘중을목(卯中乙木)이 월상(月上)에 투출(透出)하고 병화일주(丙火日柱)는 자좌오화(自坐午火) 양인(羊刃)에 근(根)하여 일주(日柱)는 신왕사주(身旺四柱)다. 신왕사주(身旺四柱)에는 일주(日柱)를 제(制)하는 관살(官殺)을 필요로 하기 때문에 다행히 시상임수(時上壬水) 편관(偏官)이 투출(透出)하여 그 임수(壬水)는 자고(自庫)인 진중계수(辰中癸水)에 근(根)하고 년지자수(年支子水)에 근(根)하여 용신(用神)으로 쓸 수가 있다. 일주(日柱)와 용신(用神)과 군비(軍備)를 대조(對照)를 해 볼 때 일주(日柱)가 왕(旺)하고 용신(用神)이 약(弱)하다. 그러므로 임수편관(壬水偏官)이 용신(用神)이며 금재(金財)는 희신(喜神)이 된다. 이 사주는 남자(男子)의 사주로서 수사기관(搜査機關)에 근무(勤務)하고 있는 사람인데 수사기관(搜査機關)에 일하게 된 것은 년지자수(年支子水)의 수옥살(囚獄殺)을 일지오화(日支午火)이므로 이 수옥살(囚獄殺)을 놓은 사람은 법조계(法曹界)나 수사기관(搜査機關)에 가지 않으면 감옥(監獄)살이를 하는 사람이 많다. 그러나 형권(刑權)을 잡으면 감옥살이를 면(免)할 수 있다.

❶ 세운정축년(歲運丁丑年): 수술, 불성
❷ 질병(疾病): 심장(心臟)
❸ 남녀성격: (남) 말을 잘한다, 명랑하다, 성질 급, 남을 생각하지 않고 직선적으로 말함, 처궁불미, 인내심 부족, 타인경시, 자립정신, 속성속패, 암기력, 영리하다
　　　　　(여) 말을 잘한다, 명랑하다, 금방 좋았다가 금방 싫어짐, 시모불합, 남편 말 잘 안 듣는다, 부궁불미, 정부, 영리하다

세운 · 질병 · 남녀성격의 해설(歲運 · 疾病 · 男女性格의 解說)

❶ 세운정축년(歲運丁丑年)= ※수술, 불성은 ※세운정축년(歲運丁丑年)의 축토(丑土)는 병화일주(丙火日柱)의 상관(傷官)으로 세운(歲運)에서 일지(日支) 상관운(傷官運)이 들어오면 ※수술을 조심해야 한다. 그리고 ※불성은 ※세운정축년(歲運丁丑年)의 정화(丁火)는 병화일주(丙火日柱)의 비겁(比劫)으로 세운에서 비견겁운(比肩劫運)이 들어오면 ※모든 일이 잘 풀리지 않으며 대차계약도 잘 이루어지지 않는다.

❷ 질병(疾病)은 일주(日柱)에서 발생(發生)한다.

❸ 남녀성격은 일주(日柱)에서 발생(發生)한다.

정축년(丁丑年)

52년(음) 5월 27일 묘(卯)시 남자

辛	丙	丙	壬
卯	申	午	辰
56	46	36	26	16	6
壬	辛	庚	己	戊	丁
子	亥	戌	酉	申	未

이 사주는 병화일주(丙火日柱)가 중하오월(中夏午月) 양인월(羊刃月)에 출생하여 득령(得令)하고 월상병화(月上丙火)가 투출(透出)하고 시지묘목(時支卯木) 인수(印綬)가 있어 일주(日柱)는 신왕사주(身旺四柱)다. 신왕사주(身旺四柱)에는 일주(日柱)를 제(制)하는 관살(官殺)이 좋은데 다행히 년상임수(年上壬水)가 투출(透出)하여 자고(自庫)인 진중계수(辰中癸水)에 근(根)하고 일지신금(日支申金)에 장생(長生)하여 용신(用神)으로 쓸 수 있다. 그러므로 임수편관(壬水偏官)이 용신(用神)이며 금재(金財)는 희신(喜神)이 된다. 이 사주는 남자의 사주로서 양인격(羊刃格)을 놓은 사람은 무관(武官)이나 수사기관(搜査機關), 체육(體育) 계통(系統)으로 직업(職業)을 많이 종사(從事)하는데 다행히 21세 신금대운(申金大運)에 임수용신(壬水用神)의 장생궁(長生宮)으로 운(運)이 잘 들어와 체육으로 승승장구(乘勝長驅)하다가 31세 유금대운(酉金大運)에 주류업을 경영하여 경금대운(庚金大運)까지 수억금을 벌었다가 51세 해수대운(亥水大運)부터 무능하게 살고 있는 사주다.

❶ 세운정축년(歲運丁丑年): 수술, 불성, 손재, 처액
❷ 질병(疾病): 심장 약(心臟 弱)
❸ 남녀성격: (남) 말을 잘한다, 영리하다, 다재다능, 재복 있다, 처 덕 있다, 꾀가 많다, 고독하다
(여) 말을 잘한다, 명랑하다, 금방 좋았다가 금방 싫어짐, 부궁불미, 정부, 시모 불합, 잔병조심, 말조심, 고독하다

🔵 세운 · 질병 · 남녀성격의 해설 (歲運 · 疾病 · 男女性格의 解說)

❶ 세운정축년(歲運丁丑年)= ※수술, 불성, 손재, 처액은 ※세운정축년(歲運丁丑年)의 축토(丑土)는 병화일주(丙火日柱)의 상관(傷官)으로 세운(歲運)에서 일지(日支) 상관운(傷官運)이 들어오면 ※수술을 조심해야 한다. 그리고 ※불성은 ※세운정축년(歲運丁丑年)의 정화(丁火)는 병화일주(丙火日柱)의 비겁(比劫)으로 세운(歲運)에서 비견겁운(比肩劫運)이 들어오면 ※모든 일이 잘 풀리지 않으며 대차계약도 잘 이루어지지 않는다. 그리고 ※손재, 처액은 ※세운정축년(歲運丁丑年)의 정화(丁火)는 병화일주의 비겁(比劫)으로 신왕(身旺)한 남자 사주에 비견겁(比肩劫)이 왕(旺)하고 재(財)가 쇠약(衰弱)한데 세운에서 비견겁운(比肩劫運)이 들어오면 ※손재수를 조심해야 하며 또는 가정에 불화가 많이 생긴다든가 또는 처가 말없이 가출한다든가 또는 처의 건강을 조심해야 한다.

❷ 질병(疾病)과 ❸ 남녀성격은 일주(日柱)에서 발생(發生)한다.

정축년(丁丑年)

52년(음) 5월 17일 인(寅)시 여자

<table>
<tr><td>庚</td><td>丙</td><td>丙</td><td>壬</td></tr>
<tr><td>寅</td><td>戌</td><td>午</td><td>辰</td></tr>
</table>

51	41	31	21	11	1
庚	辛	壬	癸	甲	乙
子	丑	寅	卯	辰	巳

이 사주는 병화일주(丙火日柱)가 중하오월(中夏午月) 양인월(羊刃月)에 출생하여 득령(得令)하고 월상병화(月上丙火)가 투출(透出)하고 시지인목(時支寅木)에 장생(長生)하고 지지(地支)는 인오술(寅午戌)로 화국(火局)을 이루어 일주(日柱)는 신왕사주(身旺四柱)다. 신왕사주(身旺四柱)에는 병화일주(丙火日柱)를 제(制)하는 관살(官殺)이 좋은데 다행히 년상(年上) 임수편관(壬水偏官)이 자고(自庫)인 진중계수(辰中癸水)에 근(根)하여 용신(用神)으로 쓸 수가 있다. 그러므로 임수편관(壬水偏官)이 용신(用神)이며 금재(金財)는 희신(喜神)이 된다.

❶ 세운정축년(歲運丁丑年): 이별수, 수술, 불성, 관재, 복통, 수술
❷ 질병(疾病): 혈압(血壓)
❸ 남녀성격: (남) 말을 잘한다, 영리하다, 예의 있다, 인정 있다, 이해심이 많다, 성질 급, 박력 있다, 영리하다, 만인 존경, 알뜰함, 연구심, 배짱 좋다, 돈이 잘 빠져나감, 예감, 신앙심

(여) 말을 잘한다, 명랑 하다, 예의 있다, 금방 좋았다가 금방 싫어짐, 정부, 재가, 부궁불미, 인정 있다, 남에게 잘함, 배짱 좋다, 신앙심

☯ 세운·질병·남녀성격의 해설(歲運 · 疾病 · 男女性格의 解說)

❶ 세운정축년(歲運丁丑年)= ※이별수, 수술, 불성, 관재, 복통, 수술은 ※세운정축년(歲運丁丑年)의 정화(丁火)는 병화일주(丙火日柱)의 비겁(比劫)으로 신왕(身旺)한 여자(女子) 사주에 세운(歲運)에서 비견겁운(比肩劫運)이 들어오면 ※가정에 불화가 많이 생긴다든가 또는 남편과 떨어져 산다든가 또는 이혼한다든가 또는 남편이 사망하는 수도 있다. 그리고 ※수술은 ※세운정축년(歲運丁丑年)의 축토(丑土)는 병화일주(丙火日柱)의 상관(傷官)으로 세운(歲運)에서 일지(日支) 상관운(傷官運)이 들어오면 ※수술을 조심해야 한다. 그리고 ※불성은 ※세운정축년(歲運丁丑年)의 정화(丁火)는 병화일주(丙火日柱)의 비겁(比劫)으로 세운(歲運)에서 비견겁운(比肩劫運)이 들어오면 ※모든 일이 잘 풀리지 않으며 대차계약도 잘 이루어지지 않는다. 그리고 ※관재, 복통 수술은 ※세운정축년(歲運丁丑年)의 축토(丑土)는 일지술토(日支戌土)와 축술(丑戌)로 형살(刑殺)이 되므로 세운에서 일지(日支) 형살운(刑殺運)이 들어오면 ※관재수를 조심해야 하며 또는 배가 아프다든가 또는 수술을 조심해야 한다.

❷ 질병(疾病)은 일주(日柱)에서 발생(發生)한다.

❸ 남녀성격은 일주(日柱)에서 발생(發生)한다.

정축년 (丁丑年)

53년(음) 4월 23일 사(巳)시 여자

癸	丙	丁	癸
巳	戌	巳	巳

51	41	31	21	11	1
癸	壬	辛	庚	己	戊
亥	戌	酉	申	未	午

이 사주는 병화일주(丙火日柱)가 초여름 사월(巳月)에 출생하여 록근(祿根)하고 년시지(年時支) 사화(巳火)에 록근(祿根)하고 월상정화(月上丁火)가 투출(透出)하여 신왕사주(身旺四柱)다. 신왕사주에는 일주(日柱)를 제(制)하는 관살(官殺)로 용신(用神)함이 좋은데 년시상(年時上) 양계수(兩癸水)가 있다 하나 그 계수(癸水)는 모두 근(根)이 없고 염열지화(炎熱之火)에 붙이 말라 용신(用神)으로 쓸 수가 없다. 다행히 일지(日支) 술중무토(戌中戊土) 식신(食神)이 있어 무토식신(戊土食神)으로 용신(用神)한다. 그러므로 이런 사주를 가상관격(假傷官格)이라고 한다.

① 세운정축년(歲運丁丑年): 이별수, 수술, 불성, 관재, 복통, 수술
② 질병(疾病): 혈압(血壓)
③ 남녀성격: (남) 말을 잘한다, 영리하다, 예의 있다, 인정 있다, 이해심이 많다, 성질 급, 박력 있다, 영리하다, 만인 존경, 알뜰함, 연구심, 배짱 좋다, 돈이 잘 빠져나감, 예감, 신앙심
    (여) 말을 잘한다, 명랑하다, 예의 있다, 금방 좋았다가 금방 싫어짐, 정부, 재가, 부궁불미, 인정 있다, 남에게 잘함, 배짱 좋다, 신앙심

☯ 세운·질병·남녀성격의 해설 (歲運·疾病·男女性格의 解說)

① 세운정축년(歲運丁丑年)= ※이별수, 수술, 불성, 관재, 복통, 수술은 ※세운정축년(歲運丁丑年)의 정화(丁火)는 병화일주(丙火日柱)의 비겁(比劫)으로 신왕(身旺)한 여자(女子) 사주에 세운(歲運)에서 비견겁운(比肩劫運)이 들어오면 ※가정에 불화가 많이 생긴다든가 또는 남편과 떨어져 산다든가 또는 이혼한다든가 또는 남편이 사망하는 수도 있다. 그리고 ※수술은 ※세운정축년(歲運丁丑年)의 축토(丑土)는 병화일주(丙火日柱)의 상관(傷官)으로 세운(歲運)에서 일지(日支) 상관운(傷官運)이 들어오면 ※수술을 조심해야 한다. 그리고 ※불성은 ※세운정축년(歲運丁丑年)의 정화(丁火)는 병화일주(丙火日柱)의 비겁(比劫)으로 세운(歲運)에서 비견겁운(比肩劫運)이 들어오면 ※모든 일이 잘 풀리지 않으며 대차계약도 잘 이루어지지 않는다. 그리고 ※관재, 복통 수술은 ※세운정축년(歲運丁丑年)의 축토(丑土)는 일지술토(日支戌土)와 축술(丑戌)로 형살(刑殺)이 되므로 세운에서 일지(日支) 형살운(刑殺運)이 들어오면 ※관재수를 조심해야 하며 또는 배가 아프다든가 또는 수술을 조심해야 한다.

② 질병(疾病)은 일주(日柱)에서 발생(發生)한다.

③ 남녀성격은 일주(日柱)에서 발생(發生)한다.

정축년 (丁丑年)

52년(음) 5월 7일 진(辰)시 여자

壬	丙	乙	壬
辰	子	巳	辰

58	48	38	28	18	8
己	庚	辛	壬	癸	甲
亥	子	丑	寅	卯	辰

이 사주는 병화일주(丙火日柱)가 초여름 사월(巳月)에 출생하여 록근(祿根)하였으나 년시상(年時上) 양임수(兩壬水)가 투출(透出)하고 그 임수(壬水)는 자진수국(子辰水局)에 근(根)하여 관살(官殺)이 태왕(太旺)으로 일주(日柱)는 신약사주(身弱四柱)다. 그러므로 이 사주는 살인상생(殺印相生)으로 목인수(木印綬)가 용신(用神)이며 화비견겁(火比肩劫)은 희신(喜神)이 된다. 이 사주는 여자(女子)의 사주로서 어려운 환경에서 공부를 많이 못하였으나 23세 묘목대운(卯木大運)에 피복 장사를 하여 운(運)이 좋아 사업(事業) 성공(成功)하여 돈을 많이 벌었고 28세 임수대운(壬水大運)에는 원명사주(源命四柱)에 관살(官殺)이 태왕(太旺)인데 세운(歲運)에서 편관운(偏官運)이 들어와 손해를 많이 보았으나 33세 인목대운(寅木大運)에 사업이 번창하여 돈을 많이 벌어 결혼하여 잘살다가 48세 경금대운(庚金大運)에 월상을목(月上乙木)과 을경합(乙庚合)으로 합거(合去)되어 재산(財産)을 탕진(蕩盡)하고 남편(男便)과 이혼(離婚)하고 혼자서 힘들게 살고 있는 사주다. 부궁(夫宮)이 부실한 것은 여자(女子) 사주에 관살(官殺)이 태왕(太旺)이면 부궁(夫宮)이 부실하여 혼자 살거나 재혼(再婚)하는 사람들이 많다.

❶ 세운정축년(歲運丁丑年): 수술, 불성
❷ 질병(疾病): 심장(心臟), 냉증(冷症)
❸ 남녀성격: (남) 예의 있다, 명랑하다, 근심이 많다, 내음외양, 권모술수, 냉정하다, 눈치가 빠름, 고집 대단, 부모형제 덕이 없다, 성질 급, 처궁불미, 자손근심, 말을 잘한다
　　　　　(여) 말을 잘한다, 명랑하다, 금방 좋았다가 금방 싫어짐, 부궁불미, 정부, 재가, 어려운 생활

세운 • 질병 • 남녀성격의 해설 (歲運 · 疾病 · 男女性格의 解說)

❶ 세운정축년(歲運丁丑年)= ※수술, 불성은 ※세운정축년(歲運丁丑年)의 축토(丑土)는 병화일주(丙火日柱)의 상관(傷官)으로 세운(歲運)에서 일지(日支) 상관운(傷官運)이 들어오면 ※수술을 조심해야 한다. 그리고 ※불성은 ※세운정축년(歲運丁丑年)의 정화(丁火)는 병화일주(丙火日柱)의 비겁(比劫)으로 세운에서 비견겁운(比肩劫運)이 들어오면 ※모든 일이 잘 풀리지 않으며 대차계약도 잘 이루어지지 않는다.

❷ 질병(疾病)은 일주(日柱)에서 발생(發生)한다.

❸ 남녀성격은 일주(日柱)에서 발생(發生)한다.

정축년(丁丑年)

55년(음) 11월 29일 술(戌)시 여자

<table>
<tr><td>庚</td><td>丁</td><td>己</td><td>乙</td></tr>
<tr><td>戌</td><td>丑</td><td>丑</td><td>未</td></tr>
</table>

58	48	38	28	18	8
乙	甲	癸	壬	辛	庚
未	午	巳	辰	卯	寅

이 사주는 정화일주(丁火日柱)가 동계축월(冬季丑月)에 출생하여 실시(失時)하고 축중기토(丑中己土)가 월상(月上)에 투출(透出)하여 식신격(食神格)이다. 그리고 지지(地支)는 모두 축축미술(丑丑未戌)로 전토국(全土局)을 이루어 일주(日柱)는 신약사주(身弱四柱)다. 신약사주에는 일주(日柱)를 생(生)하여 주는 인수(印綬)나 비견겁(比肩劫)이 용신(用神)인데 년상을목(年上乙木) 인수(印綬)가 미중을목(未中乙木)에 근(根)하였다 하나 그 을목(乙木)은 동목(冬木)이 되어 정화일주(丁火日柱)를 생(生)하여 줄 힘이 없으며 많은 토(土)에 퇴기(退氣)되어 을목인수(乙木印綬)를 용신(用神)으로 쓸 수가 없다. 그러므로 이 사주는 화생토(火生土) 토생금(土生金)으로 상관(傷官) 용재격(用財格)을 이루어 경금재(庚金財)가 용신(用神)이며 토(土) 상관식신(傷官食神)은 희신(喜神)이 된다. 여자(女子) 사주에 상관식신(傷官食神)이 태왕(太旺)이면 부궁(夫宮)이 부실하여 혼자 살거나 재혼하는 사람들이 많다.

---

❶ 세운정축년(歲運丁丑年): 변화, 이사, 전근, 불성, 자연 재앙
❷ 질병(疾病): 냉(冷), 하원윤습(下元潤濕)
❸ 남녀성격: (남) 말을 잘한다, 인심 좋다, 예의 있다, 재물 욕심, 재복 있다, 영리하다, 임기
　　　　　　응변, 재간 있다, 근면 성실, 주머니 돈 안 떨어진다, 신앙심, 새벽잠이 없다
　　　　　　(여) 명랑하다, 예의 있다, 금방 좋았다가 금방 싫어짐, 부궁불미, 정부, 재가,
　　　　　　인정 있다, 요리솜씨, 말을 잘한다

세운 · 질병 · 남녀성격의 해설 (歲運 · 疾病 · 男女性格의 解說)

❶ 세운정축년(歲運丁丑年)= ※변화, 이사, 전근, 불성, 자연재앙은 ※세운정축년(歲運丁丑年)의 축토(丑土)는 일지축토(日支丑土)와 축축(丑丑)으로 삼합(三合)이 되므로 세운(歲運)에서 일지(日支) 삼합운(三合運)이 들어오면 ※변화가 생긴다든가 또는 이사를 한다든가 또는 직장을 옮기는 일이 많다. 그리고 ※불성은 ※세운정축년(歲運丁丑年)의 정화(丁火)는 정화일주(丁火日柱)의 비견(比肩)으로 세운(歲運)에서 비견겁운(比肩劫運)이 들어오면 ※모든 일이 잘 풀리지 않으며 대차계약도 잘 이루어지지 않는다. 그리고 ※자연재앙은 ※세운정축년(歲運丁丑年)의 축토(丑土)는 일지축토(日支丑土)와 축축(丑丑)으로 똑같은 오행(五行)이므로 세운(歲運)에서 일지(日支)같은 운(運)이 들어오면 ※자연재앙을 조심해야 한다.

❷ 질병(疾病)은 일주(日柱)에서 발생(發生)한다.

❸ 남녀성격은 일주(日柱)에서 발생(發生)한다.

정축년(丁丑年)

56년(음) 10월 14일 인(寅)시 여자

壬	丁	己	丙
寅	亥	亥	申

53	43	33	23	13 · 3
癸	甲	乙	丙	丁 戊
巳	午	未	申	酉 戌

이 사주는 정화일주(丁火日柱)가 초겨울 해월(亥月)에 출생하여 실시(失時)하고 해중임수(亥中壬水)가 시상(時上)에 투출(透出)하여 정관격(正官格)이다. 그러나 일지해수(日支亥水)와 년지신금(年支申金)과 재관(財官)이 왕(旺)하여 일주(日柱)는 신약사주(身弱四柱)다. 다행히 시지인목(時支寅木) 인수(印綬)가 있어 임수(壬水)는 정화일주(丁火日柱)를 극(剋)하지 않고 자좌인목(自坐寅木)을 생(生)하고 그 인목(寅木)은 정화(丁火)를 생(生)함으로서 살인상생(殺印相生)으로 인수(印綬)가 용신(用神)이 된다. 그리고 시상임수(時上壬水)는 정관(正官)이며 시지(時支) 인중갑목(寅中甲木)은 정인(正印)이며 년지(年支) 신궁경금(申宮庚金)은 정재(正財)로서 재관인(財官印) 삼귀(三貴)를 이루어 귀격(貴格)의 사주(四柱)다. 이 사주는 여자(女子)의 사주로서 일주(日柱)가 약(弱)한 것이 흠(欠)이라 하나 23세 병화대운(丙火大運)이 좋아 행정고시(行政考試)에 합격(合格)하고 33세 을목대운(乙木大運)부터 운(運)이 좋아 승승장구(乘勝長驅)하다가 48세 오화대운(午火大運)에 고위직(高位職) 공무원(公務員)으로 승진한 사주다.

❶ 세운정축년(歲運丁丑年): 불성
❷ 질병(疾病): 심장(心臟), 냉증(冷症)
❸ 남녀성격: (남) 영리하다, 외유내강, 지혜롭다, 지구력 부족, 처세가 좋다, 영리하다, 장수한다, 항상 바쁨, 꿈이 많다, 처 덕 있다, 자손귀자, 명예를 좋아함, 예감 빠름, 신앙심
　　　　　(여) 명랑하다, 예의 있다, 금방 좋았다가 금방 싫어짐, 애교 많다, 식복, 남편 의처증, 정부, 자손근심

☯ 세운 · 질병 · 남녀성격의 해설 (歲運 · 疾病 · 男女性格의 解說)

❶ 세운정축년(歲運丁丑年)= ※불성은 ※세운정축년(歲運丁丑年)의 정화(丁火)는 정화일주(丁火日柱)의 비견(比肩)으로 세운(歲運)에서 비견겁운(比肩劫運)이 들어오면 ※모든 일이 잘 풀리지 않으며 대차계약도 잘 이루어지지 않는다.

❷ 질병(疾病)은 일주(日柱)에서 발생(發生)한다.

❸ 남녀성격은 일주(日柱)에서 발생(發生)한다.

정축년 (丁丑年)

59년(음) 2월 8일 신(申)시 여자

戊	丁	丁	己
申	酉	卯	亥

57	47	37	27	17	7
癸	壬	辛	庚	己	戊
酉	申	未	午	巳	辰

이 사주는 정화일주(丁火日柱)가 중춘묘월(中春卯月)에 출생하여 득령(得令)하고 월상정화(月上丁火)가 투출(透出)하여 일주(日柱)가 신왕사주(身旺四柱)같이 보인다. 그러나 일시지(日時支) 신유금재(申酉金財)와 년지(年支) 해수관(亥水官)이 있어 재관(財官)이 왕(旺)하여 일주(日柱)는 강화위약(强化爲弱)으로 신약사주(身弱四柱)다. 그러므로 사주에 재(財)가 왕(旺)하므로 많은 재(財)를 제(制)하고 일주(日柱)를 보신(補身)하는 화비견겁(火比肩劫)이 용신(用神)이며 목인수(木印綬)는 희신(喜神)이 된다. 이 사주는 여자(女子)의 사주로서 의과대학을 졸업하여 초년(初年) 오화대운(午火大運)에는 종합병원(綜合病院)에서 전문의(專門醫)로 근무(勤務)하다가 37세 신금대운(辛金大運)에 의원(醫院)을 개원(開院)하였으나 운(運)이 좋지 않아 고생을 많이 하다가 47세 임수대운(壬水大運)에 월상정화(月上丁火)와 정임합(丁壬合)으로 합거(合去)되어 재산을 탕진하고 개인병원에 의사로 근무하고 있는 사주다. 이 사주가 의사(醫師)로 직업을 갖게 된 것은 묘유술(卯酉戌) 중 묘유(卯酉)나 묘술(卯戌)이나 유술(酉戌)이나 두 자만 있어도 의사(醫師)나 약사(藥師)로 직업을 많이 갖게 된다.

❶ 세운정축년(歲運丁丑年): 변화, 이사, 전근, 불성
❷ 질병(疾病): 심장(心臟), 간(肝), 담(膽)
❸ 남녀성격: (남) 말을 잘한다, 고집 대단, 미남형, 남에게 잘함, 학업 열중, 학업 장애, 재복 있다, 처 덕 있다, 청백하다, 예의 있다, 고독하다
　　　　　(여) 명랑하다, 예의 있다, 금방 좋았다가 금방 싫어짐, 욕심 많다, 정부, 미모 수려, 이성수신, 자손귀자, 말을 잘한다

☯ 세운·질병·남녀성격의 해설 (歲運·疾病·男女性格의 解說)

❶ 세운정축년(歲運丁丑年)= ※변화, 이사, 전근, 불성은 ※세운정축년(歲運丁丑年)의 축토(丑土)는 일지유금(日支酉金)과 유축(酉丑)으로 삼합(三合)이 되므로 세운(歲運)에서 일지(日支) 삼합운(三合運)이 들어오면 ※변화가 생긴다든가 또는 이사를 한다든가 또는 직장을 옮기는 일이 많다. 그리고 ※불성은 ※세운정축년(歲運丁丑年)의 정화(丁火)는 정화일주(丁火日柱)의 비견(比肩)으로 세운(歲運)에서 비견겁운(比肩劫運)이 들어오면 ※모든 일이 잘 풀리지 않으며 대차계약도 잘 이루어지지 않는다.

❷ 질병(疾病)은 일주(日柱)에서 발생(發生)한다.

❸ 남녀성격은 일주(日柱)에서 발생(發生)한다.

정축년 (丁丑年)

63년(음) 2월 10일 묘(卯)시 남자

<table>
<tr><td>癸</td><td>丁</td><td>甲</td><td>癸</td></tr>
<tr><td>卯</td><td>未</td><td>寅</td><td>卯</td></tr>
</table>

60	50	40	30	20	10
戊	己	庚	辛	壬	癸
申	酉	戌	亥	子	丑

이 사주는 정화일주(丁火日柱)가 초봄 인월(寅月)에 출생하여 득령(得令)하고 인중갑목(寅中甲木)이 월상(月上)에 투출(透出)하여 인수격(印綬格)이다. 그리고 년시지(年時支) 양묘목(兩卯木) 인수(印綬)가 있어 일주(日柱)는 신왕사주(身旺四柱)다. 신왕사주(身旺四柱)에는 관살(官殺)로 일주(日柱)를 제(制)하거나 상관식신(傷官食神)으로 설기(泄氣)함이 좋은데 년시상(年時上) 양계수(兩癸水)가 투출(透出)하였으나 그 계수(癸水)는 모두 무근(無根)이며 자좌묘목(自坐卯木)에 설기(泄氣)가 심(甚)하여 용신(用神)으로 쓸 수가 없다. 다행히 일지(日支) 미중기토(未中己土) 식신(食神)이 있어 기토식신(己土食神)으로 용신(用神)한다. 그러므로 가식신격(假食神格)이나 가식신격(假食神格)이라고 하면 어색(語塞)한 감이 있어 통칭(統稱)하여 가상관격(假傷官格)이라고 한다.

---

❶ 세운정축년(歲運丁丑年): 복통, 수술, 관재, 변동, 자연재앙, 불성, 손재, 처액

❷ 질병(疾病): 간(肝), 담(膽)

❸ 남녀성격: (남) 말을 잘한다, 마음이 넓다, 남에게 잘함, 명랑하다, 예의 있다, 편식, 박력 있다, 고집 대단, 성격이 까다롭다, 옷에 신경, 처궁불미

　　　　　　(여) 명랑하다, 예의 있다, 금방 좋았다가 금방 싫어짐, 인덕 없다, 정부, 재가, 부궁불미, 신앙심, 말을 잘한다, 고집 대단

◐ 세운·질병·남녀성격의 해설 (歲運·疾病·男女性格의 解說)

❶ 세운정축년(歲運丁丑年)= ※복통, 수술, 관재, 변동, 자연재앙, 불성, 손재, 처액은 ※세운정축년(歲運丁丑年)의 축토(丑土)는 일지미토(日支未土)와 축미충(丑未沖)으로 세운(歲運)에서 일지충운(日支沖運)이 들어오면 ※배가 아프다든가 또는 수술을 한다든가 또는 관재수를 조심해야 하며 또는 변화가 생긴다든가 또는 자연재앙을 조심해야 한다. 그리고 ※불성은 ※세운정축년(歲運丁丑年)의 정화(丁火)는 정화일주(丁火日柱)의 비견(比肩)으로 세운(歲運)에서 비견겁운(比肩劫運)이 들어오면 ※모든 일이 잘 풀리지 않으며 대차계약도 잘 이루어지지 않는다. 그리고 ※손재, 처액은 ※세운정축년(歲運丁丑年)의 정화(丁火)는 정화일주(丁火日柱)의 비견(比肩)으로 신왕(身旺)한 남자(男子) 사주에 재(財)가 쇠약(衰弱)한데 세운(歲運)에서 비견겁운(比肩劫運)이 들어오면 ※손재수를 조심해야 하며 또는 가정에 불화가 많이 생긴다든가 또는 처가 가출한다든가 또는 처의 건강을 조심해야 한다.

❷ 질병(疾病)과 **❸ 남녀성격**은 일주(日柱)에서 발생(發生)한다.

정축년 (丁丑年)

57년(음) 10월 20일 묘(卯)시 여자

이 사주는 정화일주(丁火日柱)가 중동자월(中冬子月)에 출생하여 실시(失時)하고 자중계수(子中癸水)가 시상(時上)에 투출(透出)하여 편관격(偏官格)이다. 그리고 월상임수(月上壬水) 정관(正官)과 년지(年支) 유금재(酉金財)가 있어 재관(財官)이 왕(旺)히여 일주(日柱)는 신약사주(身弱四柱)다. 그러므로 사주에 관살(官殺)이 많으므로 목인수(木印綬)를 얻어 관살(官殺)은 목인수(木印綬)를 생(生)하고 목인수(木印綬)는 일주정화(日柱丁火)를 생(生)하므로서 관살(官殺)이 왕(旺)할 때에는 살인상생(殺印相生)을 시켜줘야 한다. 그러므로 목인수(木印綬)가 용신(用神)이며 화비견겁(火比肩劫)은 희신(喜神)이 된다. 그런데 이 사주는 관살(官殺)이 혼잡(混雜)하여 불길(不吉)하여 보이나 월상임수(月上壬水)는 년상정화(年上丁火)와 정임(丁壬)으로 합거(合去)하였고 시상계수(時上癸水)만이 남아 편관격(偏官格)으로서 관살(官殺)이 많으나 흠(欠)은 아니다. 이 사주는 여자(女子)의 사주로 인목대운(寅木大運)에 의과대학(醫科大學)을 졸업(卒業)하고 39세 묘목대운(卯木大運)에 운(運)이 잘 들어와 의원(醫院)을 개원하여 지금까지 잘살고 있는 사주다.

❶ 세운정축년(歲運丁丑年): 변화, 이사, 전근, 불성
❷ 질병(疾病): 심장(心臟), 혈압(血壓), 신경쇠약(神經衰弱), 부인병(婦人病)
❸ 남녀성격: (남) 말을 잘한다, 외유내강, 매사 열중, 예의 있다, 명랑하다, 항상 바쁨, 거짓
　　　　　　말을 못함, 남을 생각하지도 않고 직선적으로 말함, 영리하다, 고독하다
　　　　　(여) 명랑하다, 예의 있다, 금방 좋았다가 금방 싫어짐, 말을 잘함, 정부, 재가,
　　　　　　부궁불미, 독수공방

세운·질병·남녀성격의 해설 (歲運·疾病·男女性格의 解說)

❶ 세운정축년(歲運丁丑年)= ※변화, 이사, 전근, 불성은 ※세운정축년(歲運丁丑年)의 축토(丑土)는 일지사화(日支巳火)와 사축(巳丑)으로 삼합(三合)이 되므로 세운(歲運)에서 일지(日支) 삼합운(三合運)이 들어오면 ※변화가 생긴다든가 또는 이사를 한다든가 또는 직장을 옮기는 일이 많다. 그리고 ※불성은 ※세운정축년(歲運丁丑年)의 정화(丁火)는 정화일주(丁火日柱)의 비견(比肩)으로 세운(歲運)에서 비견겁운(比肩劫運)이 들어오면 ※모든 일이 잘 풀리지 않으며 대차계약도 잘 이루어지지 않는다.

❷ 질병(疾病)은 일주(日柱)에서 발생(發生)한다.

❸ 남녀성격은 일주(日柱)에서 발생(發生)한다.

정축년(丁丑年)

57년(음) 3월 26일 진(辰)시 여자

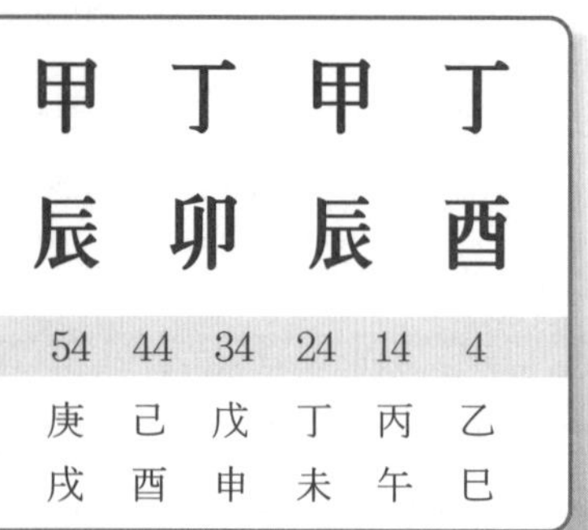

이 사주는 정화일주(丁火日柱)가 춘계진월(春季辰月)에 출생하여 실시(失時)하였으나 월시상(月時上) 양갑목(兩甲木) 인수(印綬)와 일지묘목(日支卯木) 인수(印綬)와 년상정화(年上丁火) 비견(比肩)이 있어 일주(日柱)는 신왕사주(身旺四柱)다. 신왕사주(身旺四柱)에는 일주(日柱)를 제(制)하는 관살(官殺)이나 상관식신(傷官食神)으로 설기(泄氣)하면 좋은데 일주(日柱)를 제(制)하는 관살(官殺)은 없고 년지(年支) 유금재(酉金財)가 있어 유금재(酉金財)가 용신(用神)이며 토(土) 상관식신(傷官食神)은 희신(喜神)이 된다. 이 사주는 여자(女子)의 사주로서 초년(初年)에 운(運)이 없어 사업(事業)에 실패(失敗)를 많이 하였으나 39세 신금대운(申金大運)에 용신운(用神運)이 들어와 음식업(飲食業)을 경영(經營)하여 수억금을 벌었으며 44세 기토대운(己土大運)에 사업(事業)을 확장(擴張)하였으나 대운기토(大運己土)와 월상갑목(月上甲木)과 갑기합(甲己合)으로 합거(合去)되어 재산(財産)을 탕진(蕩盡)하였고 49세 유금대운(酉金大運)에 다시 사업(事業)을 하여 사업을 복구(復舊)하고 많은 돈을 벌고 있는 사주다.

❶ 세운정축년(歲運丁丑年): 이별수, 불성
❷ 질병(疾病): 풍질(風疾)
❸ 남녀성격: (남) 말을 잘한다, 명랑하다, 근심이 많다, 영리하다, 풍류를 즐긴다, 지구력 부족, 처궁불미, 마음 약, 소심하다, 인자한 성품, 운동 잘함
（여) 명랑하다, 예의 있다, 금방 좋았다가 금방 싫어짐, 부궁불미, 정부, 친모격정 많이 한다, 예능에 소질

세운·질병·남녀성격의 해설(歲運·疾病·男女性格의 解說)

❶ 세운정축년(歲運丁丑年)= ※이별수, 불성은 ※세운정축년(歲運丁丑年)의 정화(丁火)는 정화일주(丁火日柱)의 비견(比肩)으로 신왕(身旺)한 여자(女子) 사주에 세운(歲運)에서 비견겁운(比肩劫運)이 들어오면 ※가정에 불화가 많이 생긴다든가 또는 남편과 떨어져 산다든가 또는 이혼한다든가 또는 남편이 사망하는 수도 있다. 그리고 ※불성은 ※세운정축년(歲運丁丑年)의 정화(丁火)는 정화일주(丁火日柱)의 비견(比肩)으로 세운(歲運)에서 비견겁운(比肩劫運)이 들어오면 ※모든 일이 잘 풀리지 않으며 대차계약도 잘 이루어지지 않는다.

❷ 질병(疾病)은 일주(日柱)에서 발생(發生)한다.

❸ 남녀성격은 일주(日柱)에서 발생(發生)한다.

정축년 (丁丑年)

57년(음) 8월 29일 진(辰)시 남자

甲	丁	己	丁
辰	酉	酉	酉

55	45	35	25	15	5
癸	甲	乙	丙	丁	戊
卯	辰	巳	午	未	申

이 사주는 정화일주(丁火日柱)가 중추유월(中秋酉月)에 출생하여 실시(失時)하고 년일지(年日支) 양유금(兩酉金)으로 재(財)가 태왕(太旺)으로 일주(日柱)는 신약사주(身弱四柱)다. 다행히 시상(時上)에 갑목인수(甲木印綬)가 투출(透出)하여 진중을목(辰中乙木)에 근(根)하여 정화일주(丁火日柱)를 생(生)히고 년상(年上)에 정화(丁火)가 있어 종재격(從財格)은 되지 않으며 이 사주는 재(財)가 많으므로 많은 재(財)를 제(制)하고 일주(日柱)를 보신(補身)하는 화비견겁(火比肩劫)이 용신(用神)이며 목인수(木印綬)는 희신(喜神)이 된다. 이 사주는 남자(男子)의 사주로서 공부는 많이 못하였으나 전자계통에 소질이 많아 30세 오화대운(午火大運)부터 사업(事業)을 경영(經營)하여 사화대운(巳火大運)까지 승승장구(乘勝長驅)하여 많은 돈을 벌었으나 45세 갑목대운(甲木大運)에 월상기토(月上己土)와 갑기합(甲己合)으로 합거(合去)되어 사업(事業)을 실패(失敗)하여 재산(財産)을 탕진(蕩盡)하고 처(妻)와 이혼하고 혼자 살고 있는 사주다. 처궁(妻宮)이 부실한 것은 년간지(年干支) 정유생(丁酉生)의 공망(空亡)은 시지진토(時支辰土)로서 일시지(日時支)에 공망(空亡)이 있으면 처궁(妻宮)이 부실하여 혼자 살거나 재혼하는 사람들이 많다.

❶ 세운정축년(歲運丁丑年): 변화, 이사, 전근, 불성
❷ 질병(疾病): 심장(心臟), 간(肝), 담(膽)
❸ 남녀성격: (남) 말을 잘한다, 고집 대단, 미남형, 남에게 잘함, 학업 열중, 학업 장애, 재복 있다, 처 덕 있다, 청백하다, 예의 있다, 고독하다
　　　　　(여) 명랑하다, 예의 있다, 금방 좋았다가 금방 싫어짐, 욕심 많다, 정부, 미모 수려, 이성수신, 자손귀자, 말을 잘한다

🔵 세운 · 질병 · 남녀성격의 해설 (歲運 · 疾病 · 男女性格의 解說)

❶ 세운정축년(歲運丁丑年)= ※변화, 이사, 전근, 불성은 ※세운정축년(歲運丁丑年)의 축토(丑土)는 일지유금(日支酉金)과 유축(酉丑)으로 삼합(三合)이 되므로 세운(歲運)에서 일지(日支) 삼합운(三合運)이 들어오면 ※변화가 생긴다든가 또는 이사를 한다든가 또는 직장을 옮기는 일이 많다. 그리고 ※불성은 ※세운정축년(歲運丁丑年)의 정화(丁火)는 정화일주(丁火日柱)의 비견(比肩)으로 세운(歲運)에서 비견겁운(比肩劫運)이 들어오면 ※모든 일이 잘 풀리지 않으며 대차계약도 잘 이루어지지 않는다.

❷ 질병(疾病)과 ❸ 남녀성격은 일주(日柱)에서 발생(發生)한다.

정축년 (丁丑年)

58년(음) 6월 13일 미(未)시 남자

丁	丁	己	戊
未	未	未	戌

53	43	33	23	13	3
乙	甲	癸	壬	辛	庚
丑	子	亥	戌	酉	申

이 사주는 정화일주(丁火日柱)가 하계미월(夏季未月)에 출생하여 실시(失時)하고 미중기토(未中己土)가 월상(月上)에 투출(透出)하여 식신격(食神格)이다. 그리고 지지(地支)는 미미술토(未未戌土)로 전토국(全土局)을 이루고 년월(年月) 무기토(戊己土)가 있어 상관(傷官)과 식신(食神)이 태왕(太旺)으로 일주(日柱)는 설기(泄氣)가 심(甚)하다. 그러나 정화일주(丁火日柱)는 자좌(自坐) 미중정화(未中丁火)에 근(根)하고 시상정화(時上丁火)도 자좌(自坐) 미중정화(未中丁火)에 근(根)하여 일주(日柱)가 신약사주(身弱四柱)같이 보인다. 그러나 이 사주는 정화(丁火)가 미중정화(未中丁火)에 근(根)하였다고 하나 화(火)는 토(土)를 따라가므로 화생토(火生土)로 종아격(從兒格)이다. 그러므로 토(土) 상관식신(傷官食神)이 용신(用神)이 된다. 종아격(從兒格)이란 일주(日柱)가 상관식신(傷官食神)으로 따라갔다는 뜻이다. 이 사주는 남자(男子)의 사주로서 예능(藝能)에 소질(素質)이 있어 미용실을 경영하여 28세 술토대운(戌土大運)에 돈을 많이 벌었으나 33세 계수대운(癸水大運)에 사업을 확장하다가 년상무토(年上戊土)와 무계합(戊癸合)으로 합거(合去)되어 사업 실패하고 힘들게 살아가고 있는 사주다.

❶ 세운정축년(歲運丁丑年): 복통, 수술, 관재, 변동, 자연재앙, 불성
❷ 질병(疾病): 간(肝), 담(膽)
❸ 남녀성격: (남) 말을 잘한다, 마음이 넓다, 남에게 잘함, 명랑하다, 예의 있다, 편식, 박력
　　　　　 있다, 고집 대단, 성격이 까다롭다, 옷에 신경, 처궁불미
　　　　 (여) 명랑하다, 예의 있다, 금방 좋았다가 금방 싫어짐, 인덕 없다, 정부, 재가,
　　　　　 부궁불미, 신앙심, 말을 잘한다, 고집 대단

세운 · 질병 · 남녀성격의 해설 (歲運 · 疾病 · 男女性格의 解說)

❶ 세운정축년(歲運丁丑年)= ※복통, 수술, 관재, 변동, 자연재앙, 불성은 ※세운정축년(歲運丁丑年)의 축토(丑土)는 일지미토(日支未土)와 축미충(丑未沖)으로 세운(歲運)에서 일지충운(日支沖運)이 들어오면 ※배가 아프다든가 또는 수술을 한다든가 또는 관재수를 조심해야 하며 또는 변화가 생긴다든가 또는 자연재앙을 조심해야 한다. 그리고 ※불성은 ※세운정축년(歲運丁丑年)의 정화(丁火)는 정화일주(丁火日柱)의 비견(比肩)으로 세운(歲運)에서 비견겁운(比肩劫運)이 들어오면 ※모든 일이 잘 풀리지 않으며 대차계약도 잘 이루어지지 않는다.

❷ 질병(疾病)과 ❸ 남녀성격은 일주(日柱)에서 발생(發生)한다.

정축년 (丁丑年)

60년(음) 11월 9일 묘(卯)시 여자

乙	戊	戊	庚
卯	子	子	子

56	46	36	26	16	6
壬	癸	甲	乙	丙	丁
午	未	申	酉	戌	亥

이 사주는 무토일주(戊土日柱)가 중동자월(中冬子月)에 출생하여 실시(失時)하고 년일지(年日支) 양자수(兩子水)와 시간지(時干支) 을묘목(乙卯木)이 있어 재살(財殺)이 태왕(太旺)이다. 무토일주(戊土日柱)는 무근(無根)이며 월상무토(月上戊土) 비견(比肩)이 있다. 하나 그 비견(比肩)도 무근(無根)으로 일주무토(日柱戊土)를 도울 힘이 없다. 그러므로 이 사주는 토생금(土生金) 금생수(金生水) 수생목(水生木)으로 종살격(從殺格)으로 시상을목(時上乙木) 정관(正官)이 용신(用神)이며 자중(子中) 계수재(癸水財)는 희신(喜神)이 된다. 이 사주는 여자(女子)의 사주로서 구두매장을 경영하였으나 운(運)이 없어 고생을 많이 하다가 46세 계수대운(癸水大運)에 월상무토(月上戊土)와 무계합(戊癸合)으로 합거(合去)되어 재산을 탕진하고 남편(男便)과 이혼(離婚)하고 혼자 살고 있는 사주다. 부궁(夫宮)이 부실한 것은 무자일주(戊子日柱)에 태어난 사람은 신용(信用)이 있고 순진(純眞)하나 하는 일에 겁이 없고 부궁(夫宮)이 부실하여 재혼(再婚)을 하거나 나이가 많은 사람에게 시집가는 일이 많다.

❶ 세운정축년(歲運丁丑年): 신축, 문서, 불성
❷ 질병(疾病): 비(脾), 위(胃)
❸ 남녀성격: (남) 군자의 성품, 언행 조심, 외강내유, 지혜롭다, 고집 대단, 신경 예민, 권모술수, 처 덕 있다, 돈이 잘 빠져나감, 처 말을 잘 듣는다, 눈치 빠름
　　　　　(여) 순진, 신용, 하는 일에 겁이 없다, 부궁불미, 정부, 재가, 독수공방, 직업, 재복 있다, 신앙심

세운 · 질병 · 남녀성격의 해설 (歲運 · 疾病 · 男女性格의 解說)

❶ 세운정축년(歲運丁丑年)= ※신축, 문서, 불성은 ※세운정축년(歲運丁丑年)의 정화(丁火)는 무토일주(戊土日柱)의 인수(印綬)로 세운(歲運)에서 인수운(印綬運)이 들어오면 ※집을 짓는다든가 또는 증축을 한다든가 또는 사업을 벌리는 일이 많다. 그리고 ※불성은 ※세운정축년(歲運丁丑年)의 정화(丁火)는 무토일주(戊土日柱)의 비겁(比劫)으로 세운(歲運)에서 비견겁운(比肩劫運)이 들어오면 ※모든 일이 잘 풀리지 않으며 대차계약도 잘 이루어지지 않는다.

❷ 질병(疾病)은 일주(日柱)에서 발생(發生)한다.

❸ 남녀성격은 일주(日柱)에서 발생(發生)한다.

정축년 (丁丑年)

55년(음) 11월 30일 인(寅)시 여자

甲	戊	己	乙
寅	寅	丑	未

58	48	38	28	18	8
乙	甲	癸	壬	辛	庚
未	午	巳	辰	卯	寅

이 사주는 무토일주(戊土日柱)가 동계축월(冬季丑月)에 출생하여 득령(得令)하고 축중기토(丑中己土)가 월상(月上)에 투출(透出)하고 미중(未中)에 기토(己土)가 있어 신왕사주(身旺四柱)같이 보인다. 그러나 축토(丑土)는 동토(冬土)며 습토(濕土)로서 힘이 없다. 그런데 일시지(日時支) 양인목(兩寅木)과 시상갑목(時上甲木)이 투출(透出)하고 년상(年上)에는 을목(乙木)이 미중을목(未中乙木)에 근(根)하여 관살(官殺)이 태왕(太旺)하므로 무토일주(戊土日柱)를 극(剋)하니 일주(日柱)는 강화위약(强化爲弱)으로 신약사주(身弱四柱)다. 그러므로 화인수(火印綬)가 용신(用神)이며 토비견겁(土比肩劫)은 희신(喜神)이 된다. 이 사주는 여자(女子)의 사주로서 초년(初年)에는 운(運)이 없어 사업(事業)에 실패(失敗)를 많이 하였으나 43세 사화대운(巳火大運)에 사업(事業)이 성공(成功)하여 수억금을 벌었고 48세 갑목대운(甲木大運)에 부동산에 투자하였으나 월상기토(月上己土)와 대운갑목(大運甲木)과 갑기합(甲己合)으로 합거(合去)되어 손해를 많이 보았고 53세 오화대운(午火大運)에 사업이 번창하여 돈을 많이 벌고 있는 사주다.

❶ 세운정축년(歲運丁丑年): 신축, 문서
❷ 질병(疾病): 위산과다(胃酸過多), 위장병(胃腸病), 신경 예민(神經 銳敏)
❸ 남녀성격: (남) 군자의 성품, 언행 조심, 의젓하다, 주관이 약하다, 부모무덕, 밥을 조금
　　　　　 먹는다, 처궁불미, 자손귀자
　　　　　 (여) 신용 있다, 순진하다, 고집 대단, 정부, 재가, 시모불화, 인덕 없다, 친모봉양

🌀 세운·질병·남녀성격의 해설 (歲運·疾病·男女性格의 解說)

❶ 세운정축년(歲運丁丑年)= ※신축, 문서는 ※세운정축년(歲運丁丑年)의 정화(丁火)는 무토일주(戊土日柱)의 인수(印綬)로 세운(歲運)에서 인수운(印綬運)이 들어오면 ※집을 짓는다든가 또는 증축을 한다든가 또는 문서를 잡는 일도 있으며 또 사업을 벌리는 일이 많다.

❷ 질병(疾病)은 위산과다, 위장병은 일주(日柱)에서 발생(發生)하며 ※신경 예민은 ※원명사주(源命四柱)에 일지인목(日支寅木)과 년지미토(年支未土)는 귀문관살(鬼門關殺)이므로 원명사주(源命四柱)에 귀문관살(鬼門關殺)이 있으면 ※신경이 예민하여 고생하는 일이 많다.

❸ 남녀성격은 일주(日柱)에서 발생(發生)한다.

정축년 (丁丑年)

58년(음) 9월 6일 진(辰)시 남자

丙	戊	壬	戊
辰	辰	戌	戌

57	47	37	27	17	7
戊	丁	丙	乙	甲	癸
辰	卯	寅	丑	子	亥

이 사주는 무토일주(戊土日柱)가 계추술월(季秋戌月)에 출생하여 득령(得令)하고 지지(地支)는 술술진진(戌戌辰辰)으로 전토국(全土局)을 이루고 년상무토(年上戊土) 비견(比肩)과 시상병화(時上丙火) 인수(印綬)가 있어 일주(日柱)가 신왕(身旺)이다. 신왕사주(身旺四柱)에는 일주(日柱)를 제(制)하는 관살(官殺)로 용신(用神)하거나 상관식신(傷官食神)으로 설기(泄氣)함이 좋은데 이 사주는 일주(日柱)를 제(制)하는 관살(官殺)과 설기(泄氣)하는 식신상관(食神傷官)은 없고 월상임수(月上壬水) 편재(偏財)가 있다 하나 월상임수(月上壬水)는 무근(無根)이며 자좌살지(自坐殺地)에 앉아 용신(用神)으로 쓸 수가 없다. 그러므로 이 사주는 비견겁(比肩劫)이 왕(旺)하므로 종왕사주(從旺四柱)다. 종왕사주(從旺四柱)에는 토비견겁(土比肩劫)이 용신(用神)이며 화인수(火印綬)는 희신(喜神)이 된다. 이 사주는 남자(男子)의 사주로서 공대(工大)에 졸업(卒業)하고 회사(會社)에 근무(勤務)하다가 37세 병화대운(丙火大運)에 퇴사하고 사업을 경영하여 돈을 조금 벌었으나 42세 인목대운(寅木大運)에 용신토(用神土)를 극(剋)하여 사업(事業)이 부실(不實)하다가 47세 정화대운(丁火大運)에 월상임수(月上壬水)와 정임합(丁壬合)으로 합거(合去)되어 사업(事業)을 실패하고 처(妻)와 이혼하고 힘들게 살고 있는 사주다. 처궁(妻宮)이 부실한 것은 남자(男子) 사주에 비견겁(比肩劫)이 태왕(太旺)이면 처궁(妻宮)이 부실하여 혼자 살거나 재혼(再婚)하는 사람들이 많다.

❶ 세운정축년(歲運丁丑年): 신축, 문서
❷ 질병(疾病): 풍질(風疾), 혈압(血壓)
❸ 남녀성격: (남) 군자의 성품, 언행 조심, 인심 좋다, 이해성이 많다, 화합 잘함, 주관이 강하다, 신의 있다, 재간 있다, 처궁불미, 아이디어가 좋다, 재복 있다, 미인수다
　　　　　(여) 신용, 순진하다, 욕심 많다, 재복 있다, 부궁불미, 정부, 신앙심

🌀 세운 · 질병 · 남녀성격의 해설 (歲運 · 疾病 · 男女性格의 解說)

❶ 세운정축년(歲運丁丑年)= ※신축, 문서는 ※세운정축년(歲運丁丑年)의 정화(丁火)는 무토일주(戊土日柱)의 인수(印綬)로 세운(歲運)에서 인수운(印綬運)이 들어오면 ※집을 짓는다든가 또는 증축을 한다든가 또는 문서를 잡는 일도 있으며 또 사업을 벌리는 일이 많다.

❷ 질병(疾病)은 일주(日柱)에서 발생(發生)한다.

❸ 남녀성격은 일주(日柱)에서 발생(發生)한다.

정축년 (丁丑年)

58년(음) 4월 23일 오(午)시 남자

戊	戊	戊	戊
午	午	午	戌

59	49	39	29	19	9
甲	癸	壬	辛	庚	己
子	亥	戌	酉	申	未

이 사주는 무토일주(戊土日柱)가 중하오월(中夏午月) 양인월(羊刃月)에 출생하여 득령(得令)하고 지지(地支)는 오술(午戌)로 전화국(全火局)을 이루고 무토일주(戊土日柱)가 년월일시(年月日時) 무토(戊土)로서 천원일기(天元一氣)를 이루어 사주(四柱)가 왕극(旺極)에 이르렀다. 왕극사주(旺極四柱)에는 인수(印綬)로 무토일주(戊土日柱)를 생(生)하여 더욱 더 왕(旺)하게 해야 하는 법칙(法則)으로 화인수(火印綬)가 용신(用神)이며 토비견겁(土比肩劫)은 희신(喜神)이 된다. 이 사주는 남자(男子)의 사주로서 양인격(羊刃格)을 놓은 사람은 성품(性品)이 강직(剛直)하여 군경(軍警)이나 수사기관(搜査機關)으로 직업을 많이 갖는데 이 사주(四柱)는 특수부대(特殊部隊)에 근무하다가 39세 임수대운(壬水大運)에 전역하여 사업을 경영하였으나 손해를 보다가 44세 술토대운(戌土大運)에 주류업(酒類業)을 경영하여 수억금을 벌었으며 49세 계수대운(癸水大運)에 사업을 확장하였으나 월상무토(月上戊土)와 무계합(戊癸合)으로 합거(合去)되어 재산을 탕진하고 힘들게 살고 있는 사주다.

❶ 세운정축년(歲運丁丑年): 신축, 문서
❷ 질병(疾病): 위(胃), 비(脾), 혈압(血壓)
❸ 남녀성격: (남) 군자의 성품, 언행 조심, 성질 급, 서두른다, 외화내곤, 실패 자초, 처궁불미, 재가, 정력 강, 여자 많다, 편식한다
　　　　　　(여) 신용, 순진하다, 고집 대단, 박력 있다, 부궁불미, 정부, 친모봉양

세운·질병·남녀성격의 해설 (歲運·疾病·男女性格의 解說)

❶ 세운정축년(歲運丁丑年)= ※신축, 문서는 ※세운정축년(歲運丁丑年)의 정화(丁火)는 무토일주(戊土日柱)의 인수(印綬)로 세운(歲運)에서 인수운(印綬運)이 들어오면 ※집을 짓는다든가 또는 증축을 한다든가 또는 문서를 잡는 일도 있으며 또 사업을 벌리는 일이 많다.

❷ 질병(疾病)은 일주(日柱)에서 발생(發生)한다.

❸ 남녀성격은 일주(日柱)에서 발생(發生)한다.

정축년 (丁丑年)

60년(음) 7월 27일 묘(卯)시 여자

乙	戊	乙	庚
卯	申	酉	子

53	43	33	23	13	3
己	庚	辛	壬	癸	甲
卯	辰	巳	午	未	申

이 사주는 무토일주(戊土日柱)가 중추유월(中秋酉月)에 출생하여 실시(失時)하고 일지신금(日支申金)과 신궁경금(申宮庚金)이 년상(年上)에 투출(透出)하고 시간지((時干支) 을묘목(乙卯木) 정관(正官)과 년지(年支) 자수재(子水財)가 있어 일주(日柱)가 심약(甚弱)하다. 무토일주(戊土日柱)를 도외주는 인수(印綬)니 비견겁(比肩劫)이 하나도 없으므로 이 사주는 쇠극격(衰極格)에 해당한다. 쇠(衰)한 자는 상관식신(傷官食神)으로 설기(泄氣)하여 더욱 더 쇠(衰)하게 하는 동시 일주(日柱)를 극(剋)하는 관살(官殺)을 제(制)하여야 하기 때문에 상관식신(傷官食神)이 용신(用神)이며 수재(水財)는 희신(喜神)이 된다. 이 사주는 여자(女子)의 사주로서 어린이집을 경영하여 33세 신금대운(辛金大運)에는 돈을 조금 벌었으나 그 이후로는 운(運)이 없어 고생을 많이 하다가 43세 경금대운(庚金大運)에 월상을목(月上乙木)과 을경합(乙庚合)으로 합거(合去)되어 재산을 탕진하고 남편과 이혼(離婚)하고 혼자 살고 있는 사주다. 부궁(夫宮)이 부실한 것은 여자(女子) 사주에 상관식신(傷官食神)이 태왕(太旺)이면 부궁(夫宮)이 부실하여 재혼(再婚)하거나 혼자 사는 사람들이 많다.

❶ 세운정축년(歲運丁丑年): 신축, 문서
❷ 질병(疾病): 위(胃), 잔질(殘疾), 폐병(肺病), 결핵(結核)
❸ 남녀성격: (남) 군자의 성품, 언행 조심, 신의 있다, 재주 있다, 고독하다, 항상 바쁨, 학업 장애, 처궁불미, 처 덕 있다, 재복 있다
　　　　　 (여) 신용 있다, 순진하다, 고집 대단, 부궁불미, 정부, 다재다능

🔵 **세운 · 질병 · 남녀성격의 해설** (歲運 · 疾病 · 男女性格의 解說)

❶ 세운정축년(歲運丁丑年)= ※신축, 문서는 ※세운정축년(歲運丁丑年)의 정화(丁火)는 무토일주(戊土日柱)의 인수(印綬)로 세운(歲運)에서 인수운(印綬運)이 들어오면 ※집을 짓는다든가 또는 증축을 한다든가 또는 문서를 잡는 일도 있으며 또는 사업을 벌리는 일이 많다.

❷ 질병(疾病)은 위, 잔질은 일주(日柱)에서 발생(發生)하며 ※폐병, 결핵은 ※무토일주(戊土日柱)가 쇠약(衰弱)하면 ※폐병과 결핵을 조심해야 한다.

❸ 남녀성격은 일주(日柱)에서 발생(發生)한다.

50년(음) 1월 16일 인(寅)시 여자

<table>
<tr><td>甲</td><td>戊</td><td>戊</td><td>庚</td></tr>
<tr><td>寅</td><td>戌</td><td>寅</td><td>寅</td></tr>
</table>

59	49	39	29	19	9
壬	癸	甲	乙	丙	丁
申	酉	戌	亥	子	丑

이 사주는 무토일주(戊土日柱)가 초봄 인월(寅月)에 출생하여 실시(失時)하고 인중갑목(寅中甲木)이 시상(時上)에 투출(透出)하여 자좌인목(自坐寅木)에 록근(祿根)하고 년월(年月) 양인목(兩寅木)으로 갑목편관(甲木偏官)이 태왕(太旺)하다. 그러나 무토일주(戊土日柱)는 일지(日支) 술중무토(戌中戊土)에 근(根)하고 월상(月上)에 무토(戊土)가 투출(透出)되었으나 일주(日柱)는 신약사주(身弱四柱)다. 그러므로 사주에 편관(偏官)이 태왕(太旺)하므로 화인수(火印綬)를 얻어 갑목편관(甲木偏官)은 화인수(火印綬)를 생(生)하고 화인수(火印綬)는 무토일주를 생(生)하여줘야 하므로 화인수(火印綬)가 용신(用神)이며 토비견겁(土比肩劫)은 희신(喜神)이 된다. 이 사주는 여자의 사주로서 주류업(酒類業)을 경영하였으나 운(運)이 없이 고생을 많이 하다가 44세 술토대운(戌土大運)에 수억금을 벌었고 49세 계수대운(癸水大運)에는 월상무토(月上戊土)와 무계합(戊癸合)으로 합거(合去)되어 재산을 탕진하고 남편과 이혼하고 혼자 살고 있는 사주다. 부궁(夫宮)이 부실한 것은 여자 사주에 관살(官殺)이 태왕(太旺)이면 부궁이 부실하여 혼자 살거나 재혼하는 사람들이 많다.

❶ 세운정축년(歲運丁丑年): 신축, 문서, 복통, 수술, 관재
❷ 질병(疾病): 신장(腎臟), 방광(膀胱)
❸ 남녀성격: (남) 군자의 성품, 언행 조심, 신의 있다, 인심 좋다, 재주 있다, 신뢰한다, 근면하다, 학업 열중, 임사즉결, 고집 대단, 남에게 잘함, 신앙심, 창의력, 돈이 잘 빠져나간다
　　　　　(여) 신용 있다, 순진하다, 시모불합, 남편 말 잘 안 듣는다, 부궁불미, 정부, 재가, 독수공방, 일가부양, 친모봉양, 신앙심

◑ 세운·질병·남녀성격의 해설 (歲運·疾病·男女性格의 解說)

❶ 세운정축년(歲運丁丑年)= ※신축, 문서, 복통, 수술, 관재는 ※세운정축년(歲運丁丑年)의 정화(丁火)는 무토일주(戊土日柱)의 인수(印綬)로 세운(歲運)에서 인수운(印綬運)이 들어오면 ※집을 짓는다든가 또는 증축을 한다든가 또는 문서를 잡는 일도 있으며 또는 사업을 벌리는 일이 많다. 그리고 ※복통, 수술, 관재는 ※세운정축년(歲運丁丑年)의 축토(丑土)는 일지술토(日支戌土)와 축술(丑戌)로 형살(刑殺)이 되므로 세운(歲運)에서 일지(日支) 형살운(刑殺運)이 들어오면 ※배가 아프다든가 또는 수술을 조심해야 하며 또는 관재수를 조심해야 한다.

❷ 질병(疾病)은 일주(日柱)에서 발생(發生)한다.

❸ 남녀성격은 일주(日柱)에서 발생(發生)한다.

정축년 (丁丑年)

49년(음) 12월 26일 유(酉)시 남자

辛	戊	戊	庚
酉	寅	寅	寅

57	47	37	27	17	7
甲	癸	壬	辛	庚	己
申	未	午	巳	辰	卯

이 사주는 무토일주(戊土日柱)가 초봄 인월(寅月)에 출생하여 실시(失時)하고 년일지(年日支) 양인목(兩寅木)으로 편관(偏官)이 태왕(太旺)하며 그리고 시간지(時干支) 신유상관(辛酉傷官)과 년상경금(年上庚金) 식신(食神)이 투출(透出)하여 무토일주(戊土日柱)는 한편으로는 편관(偏官)에 극(剋)을 많이 받고 한편으로는 상관식신(傷官食神)에 설기(泄氣)가 심(甚)하여 일주(日柱)가 쇠약(衰弱)하다. 다행히 인중갑목(寅中甲木) 편관(偏官)이 무토일주(戊土日柱)를 극(剋)하는데 년시상(年時上) 경신금(庚辛金)이 갑목편관(甲木偏官)을 제(制)하고 있으므로 갑목편관(甲木偏官)은 무토일주(戊土日柱)를 극(剋)하지 못해 중화(中和)가 잘 이루어진 사주다. 그러므로 일주(日柱)가 약(弱)한 것이 흠(欠)이므로 일주(日柱)를 도와주는 화인수(火印綬)가 용신(用神)이며 토비견겁(土比肩劫)은 희신(喜神)이 된다. 이 사주는 남자(男子)의 사주로서 주류업(酒類業)을 경영(經營)하였는데 32세 사화대운(巳火大運)에 돈을 많이 벌었고 37세 임수대운(壬水大運)에는 사업(事業)이 부실하다가 42세 오화대운(午火大運)에 수억금을 벌은 사주다.

❶ 세운정축년(歲運丁丑年): 신축, 문서
❷ 질병(疾病): 위산과다(胃酸過多), 위장병(胃腸病), 폐병(肺病), 결핵(結核)
❸ 남녀성격: (남) 군자의 성품, 언행 조심, 의젓하다, 주관이 약하다, 부모무덕, 밥을 조금
　　　　　　 먹는다, 처궁불미, 자손귀자
　　　　　 (여) 신용 있다, 순진하다, 고집 대단, 정부, 재가, 시모불화, 인덕 없다, 친모봉양

🔵 세운 · 질병 · 남녀성격의 해설 (歲運 · 疾病 · 男女性格의 解說)

❶ 세운정축년(歲運丁丑年)= ※신축, 문서는 ※세운정축년(歲運丁丑年)의 정화(丁火)는 무토일주(戊土日柱)의 인수(印綬)로 세운(歲運)에서 인수운(印綬運)이 들어오면 ※집을 짓는다든가 또는 증축을 한다든가 또는 문서를 잡는 일도 있으며 또는 사업을 벌리는 일이 많다.

❷ 질병(疾病)은 위산과다, 위장병은 일주(日柱)에서 발생(發生)하며 ※폐병, 결핵은 ※무토일주(戊土日柱)가 쇠약(衰弱)하면 ※폐병과 결핵을 조심해야 한다.

❸ 남녀성격은 일주(日柱)에서 발생(發生)한다.

정축년 (丁丑年)

49년(음) 2월 20일 인(寅)시 여자

<table>
<tr><td>甲</td><td>戊</td><td>丁</td><td>己</td></tr>
<tr><td>寅</td><td>申</td><td>卯</td><td>丑</td></tr>
</table>

56	46	36	26	16	6
癸	壬	辛	庚	己	戊
酉	申	未	午	巳	辰

이 사주는 무토일주(戊土日柱)가 중춘묘월(中春卯月)에 출생하여 실시(失時)하고 시간지(時干支) 갑인목(甲寅木) 편관(偏官)이 일주(日柱)를 극(剋)하니 일주(日柱)는 신약사주(身弱四柱)다. 그러므로 화인수(火印綬)가 용신(用神)이며 토비견겁(土比肩劫)은 희신(喜神)이 된다. 이 사주는 여자(女子)의 사주로서 공부는 많이 못하였으나 일찍이 기술(技術)을 배워 31세 오화대운(午火大運)에 사업(事業)을 경영(經營)하여 돈을 많이 벌었으나 36세 신금대운(辛金大運)에 사업(事業)이 부실하여 손해를 많이 보았고 41세 미토대운(未土大運)에 5년 동안은 돈을 많이 벌었으나 46세 임수대운(壬水大運)에 월상정화(月上丁火)와 정임합(丁壬合)으로 합거(合去)되어 재산(財産)을 탕진(蕩盡)하고 남편(男便)과 이혼(離婚)하고 혼자 힘들게 살고 있는 사주다. 부궁(夫宮)이 부실한 것은 무신일주(戊申日柱)의 공망(空亡)은 시지인목(時支寅木)이며 또한 일시(日時)가 상충(相沖)이 되어 부궁(夫宮)이 부실한 사주다.

❶ 세운정축년(歲運丁丑年): 신축, 문서, 자연재앙
❷ 질병(疾病): 위(胃), 잔질(殘疾), 폐병(肺病), 결핵(結核)
❸ 남녀성격: (남) 군자의 성품, 언행 조심, 신의 있다, 재주 있다, 고독하다, 항상 바쁨, 학업 장애, 처궁불미, 처 덕 있다, 재복 있다
　　　　　(여) 신용 있다, 순진하다, 고집 대단, 부궁불미, 정부, 다재다능

🌀 **세운·질병·남녀성격의 해설** (歲運 · 疾病 · 男女性格의 解說)

❶ **세운정축년(歲運丁丑年)=** ※신축, 문서, 자연재앙은 ※세운정축년(歲運丁丑年)의 정화(丁火)는 무토일주(戊土日柱)의 인수(印綬)로 세운(歲運)에서 인수운(印綬運)이 들어오면 ※집을 짓는다든가 또는 증축을 한다든가 또는 문서를 잡는 일도 있으며 또는 사업을 벌리는 일이 많다. 그리고 ※자연재앙은 ※세운정축년(歲運丁丑年)의 축토(丑土)는 년지축토(年支丑土)와 축축(丑丑)으로 똑같은 오행(五行)이므로 세운(歲運)에서 년지(年支) 같은 운(運)이 들어오면 ※자연재앙을 조심해야 한다.

❷ 질병(疾病)은 위, 잔질은 일주(日柱)에서 발생(發生)하며 ※폐병, 결핵은 ※무토일주(戊土日柱)가 쇠약(衰弱)하면 ※폐병과 결핵을 조심해야 한다.

❸ 남녀성격은 일주(日柱)에서 발생(發生)한다.

정축년 (丁丑年)

49년(음) 11월 6일 묘(卯)시 남자

이 사주는 기토일주(己土日柱)가 중동자월(中冬子月)에 출생하여 실시(失時)하여 신약사주(身弱四柱)같이 보인다. 그러나 년일지(年日支) 양축토(兩丑土)는 습토(濕土)라고 하나 월시상(月時上)에 병정화(丙丁火)가 투출(透出)하여 동토(冬土)는 미온지토(微溫之土)가 되어 일주(日柱)를 도와주니 일주(日柱)는 약화위강(弱化爲强)으로 신왕사주(身旺四柱)다. 신왕사주(身旺四柱)에는 일주(日柱)를 제(制)하는 관살(官殺)로 용신(用神)함이 좋은데 다행히 시지묘목(時支卯木)이 있어 묘중을목(卯中乙木) 편관(偏官)으로 용신(用神)한다. 그러므로 목편관(木偏官)이 용신(用神)이며 수재(水財)는 희신(喜神)이 된다. 이 사주는 남자(男子)의 사주로서 공무원(公務員)으로 근무하다가 51세 미토대운(未土大運)에 퇴직하고 사업(事業)을 경영하였으나 신왕사주(身旺四柱)에 비견겁운(比肩劫運)이 들어와 사업(事業)에 실패(失敗)하여 재산(財産)을 탕진(蕩盡)하고 그 이후로도 운(運)이 없어 아파트 경비원(警備員)으로 살아가고 있는 사주다.

---

❶ 세운정축년(歲運丁丑年): 변화, 이사, 전근, 신축, 문서, 자연재앙

❷ 질병(疾病): 위(胃), 위경련(胃痙攣), 비(脾)

❸ 남녀성격: (남) 군자의 성품, 언행 조심, 근면 성실, 신용부실, 부지런하다, 봉사정신, 처궁불미, 의처증, 새벽잠이 없다, 신앙심, 학업 장애

　　　　　　(여) 신용 있다, 순진하다, 부궁불미, 독수공방, 남편을 의심한다, 정부, 시모불합, 신앙심, 돈이 잘 빠져나간다, 친정형제 걱정 많이 한다

🌀 세운·질병·남녀성격의 해설 (歲運·疾病·男女性格의 解說)

❶ 세운정축년(歲運丁丑年)= ※변화, 이사, 전근, 신축, 문서, 자연재앙은 ※세운정축년(歲運丁丑年)의 축토(丑土)는 일지축토(日支丑土)와 축축(丑丑)으로 삼합(三合)이 되므로 세운(歲運)에서 일지(日支) 삼합운(三合運)이 들어오면 ※변화가 생긴다든가 또는 이사를 한다든가 또는 직장을 옮기는 일이 많다. 그리고 ※신축, 문서는 ※세운정축년(歲運丁丑年)의 정화(丁火)는 기토일주의 인수(印綬)로 세운(歲運)에서 인수운(印綬運)이 들어오면 ※집을 짓는다든가 또는 증축을 한다든가 또는 문서를 잡는 일도 많으며 또는 사업을 벌리는 일이 많다. 그리고 ※자연재앙은 ※세운정축년(歲運丁丑年)의 축토(丑土)는 일지축토(日支丑土)와 축축(丑丑)으로 똑같은 오행(五行)이므로 세운에서 일지(日支) 같은 운(運)이 들어오면 ※자연재앙을 조심해야 한다.

❷ 질병(疾病)과 ❸ 남녀성격은 일주(日柱)에서 발생(發生)한다.

정축년 (丁丑年)

52년(음) 11월 3일 미(未)시 남자

辛	己	壬	壬
未	亥	子	辰

56	46	36	26	16	6
戊	丁	丙	乙	甲	癸
午	巳	辰	卯	寅	丑

이 사주는 기토일주(己土日柱)가 중동자월(中冬子月)에 출생하여 실시(失時)하고 년월(年月) 양임수(兩壬水)가 투출(透出)하여 년월지(年月支) 자진수국(子辰水局)과 월일지(月日支) 해자수국(亥子水局)으로 재(財)가 태왕(太旺)이다. 그러나 기토일주(己土日柱)는 년시지(年時支) 진미토(辰未土)에 근(根)하였으므로 종재(從財)가 되지 않는다. 그러므로 이 사주는 재(財)가 태왕(太旺)하므로 재(財)를 제(制)하고 일주(日柱)를 도와주는 비견겁(比肩劫)이 용신(用神)이며 화인수(火印綬)는 희신(喜神)이 된다. 이 사주는 남자(男子)의 사주로서 은행원(銀行員)으로 근무하였으나 초년(初年)에는 운(運)이 없어 고생(苦生)을 많이 하다가 퇴직하여 36세 병진대운(丙辰大運)에 사업을 경영하여 돈을 많이 벌었으며 46세 정화대운(丁火大運)에 년상임수(年上壬水)와 대운정화(大運丁火)와 정임합(丁壬合)으로 합거(合去)되어 손해를 많이 보았으며 51세 사화대운(巳火大運)에 사업이 번창하여 재산을 복구하고 잘살고 있는 사주다. 그리고 남자(男子) 사주에 재(財)가 많으면 재(財)는 돈도 되고 처(妻)도 되는데 이렇게 재(財)가 많은 사람들은 인색(吝嗇)하고 처궁(妻宮)도 불미하여 재혼(再婚)하는 일이 많다.

❶ 세운정축년(歲運丁丑年): 신축, 문서
❷ 질병(疾病): 위(胃), 비(脾), 기관지(氣管支), 폐병(肺病), 결핵(結核)
❸ 남녀성격: (남) 군자의 성품, 언행 조심, 영리하다, 추리력, 선견지명, 외유내강, 현실에 적응 잘한다, 강직하다, 재복 있다, 장수한다, 호인이다
    (여) 신용 있다, 순진하다, 남편 좋다, 영리하다, 부궁불미, 정부, 장수한다, 신앙심

세운·질병·남녀성격의 해설 (歲運·疾病·男女性格의 解說)

❶ 세운정축년(歲運丁丑年)= ※신축, 문서는 ※세운정축년(歲運丁丑年)의 정화(丁火)는 기토일주(己土日柱)의 인수(印綬)로 세운(歲運)에서 인수운(印綬運)이 들어오면 ※집을 짓는다든가 또는 증축을 한다든가 또는 문서를 잡는 일도 많으며 또는 사업을 벌리는 일이 많다.

❷ 질병(疾病)은 위, 비는 일주(日柱)에서 발생(發生)하며 ※기관지, 폐병, 결핵은 ※기토일주(己土日柱)가 쇠약(衰弱)하면 ※기관지와 폐병과 결핵을 조심해야 한다.

❸ 남녀성격은 일주(日柱)에서 발생(發生)한다.

정축년 (丁丑年)

53년(음) 7월 17일 해(亥)시 여자

乙	己	庚	癸
亥	酉	申	巳

54	44	34	24	14	4
丙	乙	甲	癸	壬	辛
寅	丑	子	亥	戌	酉

이 사주는 기토일주(己土日柱)가 초가을 신월(申月)에 출생하여 실시(失時)하고 신궁경금(申宮庚金)이 월상(月上)에 투출(透出)하여 상관격(傷官格)이다. 그리고 일지유금(日支酉金)과 신유(申酉)로 금국(金局)을 이루고 시지(時支) 해수재(亥水財)와 시상을목(時上乙木)이 있어 일주(日柱)가 신약(甚弱)하여 종살격(從殺格)같이 보인다. 그러나 기토일주(己土日柱)는 년지사화(年支巳火)에 생(生)을 받으므로 종살(從殺)이 되지 않고 사중병화(巳中丙火) 인수(印綬)로 많은 상관식신(傷官食神)을 제(制)하고 기토일주(己土日柱)를 생(生)하여줘야 하므로 사중병화(巳中丙火) 인수(印綬)가 용신(用神)이며 토비견겁(土比肩劫)은 희신(喜神)이 된다. 이 사주는 여자(女子)의 사주로서 상관격(傷官格)을 놓은 사람은 고집이 대단하며 무서운 것이 없으며 재주가 비범(非凡)하며 팔방미인(八方美人)이며 기술(技術), 기예(技藝) 등 모든 방면에 다재다능(多才多能)하여 디자인으로 능력(能力)이 뛰어났으나 해자수(亥子水) 대운(大運)에 운(運)이 좋지 않아 그 능력(能力)을 발휘(發揮) 못하고 힘들게 살아가고 있는 사주다.

❶ 세운정축년(歲運丁丑年): 신축, 문서, 변화, 이사, 전근
❷ 질병(疾病): 위(胃), 비(脾)
❸ 남녀성격: (남) 군자의 성품, 언행 조심, 신의 있다, 남에게 잘함, 문단 수려, 암기력, 처덕 있다, 처궁불미, 언어특성, 운동 잘함, 잔병치레, 식복 있다
    (여) 신용 있다, 순진하다, 남편복이 없다, 부궁불미, 독수공방, 정부, 미모 수려, 자손귀자

세운·질병·남녀성격의 해설 (歲運·疾病·男女性格의 解說)

❶ 세운정축년(歲運丁丑年)= ※신축, 문서, 변화, 이사, 전근은 ※세운정축년(歲運丁丑年)의 정화(丁火)는 기토일주(己土日柱)의 인수(印綬)로 세운(歲運)에서 인수운(印綬運)이 들어오면 ※집을 짓는다든가 또는 증축을 한다든가 또는 문서를 잡는 일도 많으며 또는 사업을 벌리는 일이 많다. 그리고 ※변화, 이사, 전근은 ※세운정축년(歲運丁丑年)의 축토(丑土)는 일지유금(日支酉金)과 유축(酉丑)으로 삼합(三合)이 되므로 세운(歲運)에서 일지(日支) 삼합운(三合運)이 들어오면 ※변화가 생긴다든가 또는 이사를 한다든가 또는 직장을 옮기는 일이 많다.

❷ 질병(疾病)은 일주(日柱)에서 발생(發生)한다.

❸ 남녀성격은 일주(日柱)에서 발생(發生)한다.

정축년(丁丑年)

54년(음) 10월 4일 신(申)시 남자

이 사주는 기토일주(己土日柱)가 계추술월(季秋戌月)에 출생하여 득령(得令)하고 년지오화(年支午火)에 록근(祿根)하고 일지(日支) 미중정기(未中丁己)에 근(根)하니 일주(日柱)는 신왕사주(身旺四柱)다. 신왕사주(身旺四柱)에는 일주를 제(制)하는 관살(官殺)로 용신(用神)함이 좋은데 년월(年月) 양갑목(兩甲木)이 투출(透出)하여 좋으나 그 갑목(甲木)은 모두 무근(無根)으로 용신(用神)으로 쓸 수가 없다. 그러므로 용신(用神)이 약(弱)할 때에는 용신(用神)을 돕는 자가 용신(用神)이 되므로 다행히 시상(時上)에 임수(壬水)가 투출(透出)하여 그 임수(壬水)는 자좌신금(自坐申金)에 장생(長生)하여 임수정재(壬水正財)로 용신(用神)하며 상관식신(傷官食神)은 희신(喜神)이 된다. 이 사주는 남자(男子)의 사주로서 사업을 경영하였으나 운(運)이 없어 고생을 많이 하다가 43세 기토대운(己土大運)에 년상갑목(年上甲木)과 갑기합(甲己合)으로 합거(合去)되어 재산을 탕진하고 힘들게 살고 있는 사주다.

---

❶ 세운정축년(歲運丁丑年): 신축, 문서, 복통, 수술, 관재, 변동, 자연재앙
❷ 질병(疾病): 위(胃), 비(脾), 당뇨(糖尿)
❸ 남녀성격: (남) 군자의 성품, 언행 조심, 성질 급, 고집 대단, 성격이 까다롭다, 편식, 옷에
　　　　　　신경 쓴다, 처궁불미, 남에게 시기를 많이 받는다, 신앙심
　　　　　　(여) 신용 있다, 순진하다, 부궁불미, 이성 구설, 정부, 독수공방, 친모봉양

☯ 세운·질병·남녀성격의 해설(歲運·疾病·男女性格의 解說)

❶ 세운정축년(歲運丁丑年)= ※신축, 문서, 복통, 수술, 관재, 변동, 자연재앙은 ※세운정축년(歲運丁丑年)의 정화(丁火)는 기토일주의 인수(印綬)로 세운(歲運)에서 인수운(印綬運)이 들어오면 ※집을 짓는다든가 또는 증축을 한다든가 또는 문서를 잡는 일도 많으며 또는 사업을 벌리는 일이 많다. 그리고 ※복통, 수술, 관재, 변동은 ※세운정축년(歲運丁丑年)의 축토(丑土)는 일지미토(日支未土)와 축미충(丑未沖)으로 세운(歲運)에서 일지충운(日支沖運)이 들어오면 ※배가 아프다든가 또는 수술을 한다든가 또는 관재수를 조심해야 하며 또는 변화가 생기게 된다. 그리고 ※자연재앙은 ※세운정축년(歲運丁丑年)의 축토(丑土)는 일지미토(日支未土)와 축미충(丑未沖)으로 세운(歲運)에서 일지충운(日支沖運)이 들어오면 ※자연재앙을 조심해야 한다.

❷ 질병(疾病)은 일주(日柱)에서 발생(發生)한다.

❸ 남녀성격은 일주(日柱)에서 발생(發生)한다.

정축년(丁丑年)

55년(윤) 3월 17일 신(申)시 남자

壬	己	辛	乙
申	巳	巳	未

51	41	31	21	11	1
乙	丙	丁	戊	己	庚
亥	子	丑	寅	卯	辰

이 사주는 기토일주(己土日柱)가 초여름 사월(巳月)에 출생하여 득령(得令)하고 일지사화(日支巳火)와 년지미토(年支未土)가 있어 일주(日柱)는 신왕사주(身旺四柱)다. 신왕사주(身旺四柱)에는 일주(日柱)를 제(制)하는 관살(官殺)로 용신(用神)함이 좋은데 년상을목(年上乙木)이 투출(透出)하여 미중을목(未中乙木)에 근(根)하였다 하나 월상신금(月上辛金)에 충극(沖剋)을 받으니 을목편관(乙木偏官)이 약(弱)하여 용신(用神)으로 쓸 수 없다. 그러므로 용신(用神)이 약(弱)할 때에는 그 용신(用神)을 돕는 자가 용신(用神)이 되는 법칙(法則)인데 다행히 시상(時上)에 임수(壬水)가 투출(透出)하여 임수정재(壬水正財)가 용신(用神)이며 금(金) 상관식신(傷官食神)은 희신(喜神)이 된다. 이 사주는 남자(男子)의 사주로서 건축사업(建築事業)을 경영하여 초년(初年)에는 운(運)이 없어 고생(苦生)을 많이 하였으나 46세 자수대운(子水大運)에 사업(事業)이 성공(成功)하여 수억금을 벌었으며 그 이후로도 해수대운(亥水大運)이 좋아 부귀영화(富貴榮華)를 누리며 살고 있는 사주다.

❶ 세운정축년(歲運丁丑年): 신축, 문서, 변화, 이사, 전근
❷ 질병(疾病): 위(胃), 비(脾)
❸ 남녀성격: (남) 군자의 성품, 언행 조심, 외유내강, 강직하다, 미모 수려, 멋쟁이, 학업 열중, 덕망이 있다, 항상 바쁨, 처궁불미, 처 덕 있다
　　　　　(여) 신용 있다, 순진하다, 남편복이 있다, 자손귀자, 친정격정, 물조심, 영리하다

☯ 세운·질병·남녀성격의 해설(歲運·疾病·男女性格의 解說)

❶ 세운정축년(歲運丁丑年)= ※신축, 문서, 변화, 이사, 전근은 ※세운정축년(歲運丁丑年)의 정화(丁火)는 기토일주(己土日柱)의 인수(印綬)로 세운(歲運)에서 인수운(印綬運)이 들어오면 ※집을 짓는다든가 또는 증축을 한다든가 또는 문서를 잡는 일도 많으며 또는 사업을 벌리는 일이 많다. 그리고 ※변화, 이사, 전근은 ※세운정축년(歲運丁丑年)의 축토(丑土)는 일지사화(日支巳火)와 사축(巳丑)으로 삼합(三合)이 되므로 세운(歲運)에서 일지(日支) 삼합운(三合運)이 들어오면 ※변화가 생긴다든가 또는 이사를 한다든가 또는 직장을 옮기는 일이 많다.

❷ 질병(疾病)은 일주(日柱)에서 발생(發生)한다.

❸ 남녀성격은 일주(日柱)에서 발생(發生)한다.

정축년(丁丑年)

55년(음) 2월 25일 신(申)시 여자

이 사주는 기토일주(己土日柱)가 중춘묘월(中春卯月)에 출생하여 실시(失時)하고 묘중을목(卯中乙木)이 년상(年上)에 투출(透出)하여 편관격(偏官格)이다. 그리고 일지묘목(日支卯木)과 시상임수(時上壬水)가 있어 재살(財殺)이 태왕(太旺)이다. 기토일주(己土日柱)는 자좌묘목(自坐卯木)에 살지(殺地)에 앉았으며 월상기토(月上己土) 비견(比肩)도 자좌묘목(自坐卯木)에 살지(殺地)에 앉아 종살격(從殺格)같이 보이나 미중정기(未中丁己) 인수(印綬)와 비견(比肩)이 있어 종(從)하지 않으므로 화인수(火印綬)가 용신(用神)이며 토비견겁(土比肩劫)은 희신(喜神)이 된다. 이 사주는 여자(女子)의 사주로서 관살(官殺)이 태왕(太旺)이면 부궁(夫宮)이 부실한데 일간지(日干支) 기묘일주(己卯日柱)의 공망(空亡)은 시지신금(時支申金)으로 일시지(日時支)에 공망(空亡)이 있으면 부궁(夫宮)이 부실하여 재혼하거나 혼자 사는 사람들이 많다. 이 사주는 31세 오화대운(午火大運)에 사업(事業)을 경영(經營)하여 돈은 많이 벌었으나 36세 계수대운(癸水大運)에 5년 동안은 사업(事業)이 부실하여 손해(損害)를 많이 보았고 41세 미토대운(未土大運)에 사업(事業)에 성공(成功)하여 재기하였으며 46세 갑목대운(甲木大運)에는 월상기토(月上己土)와 갑기합(甲己合)으로 합거(合去)되어 재산을 탕진하고 혼자 힘들게 살아가고 있는 사주다.

❶ 세운정축년(歲運丁丑年): 신축, 문서
❷ 질병(疾病): 위(胃), 비(脾), 위산과다(胃酸過多)
❸ 남녀성격: (남) 군자의 성품, 언행 조심, 고집 대단, 지구력 부족, 인덕 없다, 마음 약, 처궁불미, 소심하다, 인자한 성품, 운동 잘함, 눈물 많다
　　　　　(여) 신용 있다, 순진하다, 부궁불미, 정부, 재가, 식복 있다, 자손근심, 남편이 나이가 많은 사람 아니면 나이가 어린 사람을 만나기 쉽다

세운 · 질병 · 남녀성격의 해설(歲運 · 疾病 · 男女性格의 解說)

❶ 세운정축년(歲運丁丑年)= ※신축, 문서는 ※세운정축년(歲運丁丑年)의 정화(丁火)는 기토일주(己土日柱)의 인수(印綬)로 세운(歲運)에서 인수운(印綬運)이 들어오면 ※집을 짓는다든가 또는 증축을 한다든가 또는 문서를 잡는 일도 많으며 또는 사업을 벌리는 일이 많다.

❷ 질병(疾病)은 일주(日柱)에서 발생(發生)한다.

❸ 남녀성격은 일주(日柱)에서 발생(發生)한다.

정축년 (丁丑年)

59년(음) 10월 23일 오(午)시 남자

庚	己	乙	己
午	酉	亥	亥

55	45	35	25	15	5
己	庚	辛	壬	癸	甲
巳	午	未	申	酉	戌

이 사주는 기토일주(己土日柱)가 초겨울 해월(亥月)에 출생하여 실시(失時)하고 년지해수(年支亥水)와 월상(月上)에 을목(乙木)이 투출(透出)하여 재살(財殺)이 태왕(太旺)하여 신약사주(身弱四柱)다. 다행히 기토일주(己土日柱)는 시지오화(時支午火)에 록근(祿根)하여 시지오화(時支午火) 인수(印綬)로 살인상생(殺印相生)을 시켜야 좋으므로 화인수(火印綬)가 용신(用神)이며 토비견겁(土比肩劫)은 희신(喜神)이 된다. 이 사주는 남자(男子)의 사주로서 농협에 근무하였으나 운(運)이 없어 승진(昇進)이 안되어 고생을 많이 하다가 40세 미토대운(未土大運)에 회사를 퇴사하여 사업을 경영하였는데 희신운(喜神運)이 들어와 돈을 조금 벌었고 45세 경금대운(庚金大運)에 월상을목(月上乙木)과 을경합(乙庚合)으로 합거(合去)되어 손해를 많이 보았으나 50세 오화대운(午火大運)에는 사업을 다시 재기(再起)하여 원상복구하고 사업이 번창(繁昌)하고 있는 중이다.

---

❶ 세운정축년(歲運丁丑年): 신축, 문서, 변화, 이사, 전근
❷ 질병(疾病): 위(胃), 비(脾)
❸ 남녀성격: (남) 군자의 성품, 언행 조심, 신의 있다, 남에게 잘함, 문단 수려, 암기력, 처덕 있다, 처궁불미, 언어특성, 운동 잘함, 잔병치레, 식복 있다
　　　　　　(여) 신용 있다, 순진하다, 남편복이 없다, 부궁불미, 독수공방, 정부, 미모 수려, 자손귀자

🔵 세운·질병·남녀성격의 해설(歲運·疾病·男女性格의 解說)

❶ 세운정축년(歲運丁丑年)= ※신축, 문서, 변화, 이사, 전근은 ※세운정축년(歲運丁丑年)의 정화(丁火)는 기토일주(己土日柱)의 인수(印綬)로 세운(歲運)에서 인수운(印綬運)이 들어오면 ※집을 짓는다든가 또는 증축을 한다든가 또는 문서를 잡는 일도 많으며 또는 사업을 벌리는 일이 많다. 그리고 ※변화, 이사, 전근은 ※세운정축년(歲運丁丑年)의 축토(丑土)는 일지유금(日支酉金)과 유축(酉丑)으로 삼합(三合)이 되므로 세운(歲運)에서 일지(日支) 삼합운(三合運)이 들어오면 ※변화가 생긴다든가 또는 이사를 한다든가 또는 직장을 옮기는 일이 많다.

❷ 질병(疾病)은 일주(日柱)에서 발생(發生)한다.

❸ 남녀성격은 일주(日柱)에서 발생(發生)한다.

정축년(丁丑年)

56년(음) 7월 25일 오(午)시 여자

庚	己	丙	丙
午	巳	申	申

58	48	38	28	18	8
庚	辛	壬	癸	甲	乙
寅	卯	辰	巳	午	未

이 사주는 기토일주(己土日柱)가 초가을 신월(申月)에 출생하여 실시(失時)하고 신궁경금(申宮庚金)이 시상(時上)에 투출(透出)하여 상관격(傷官格)이다. 그러나 기토일주(己土日柱)는 시지오화(時支午火)에 록근(祿根)하고 일지사화(日支巳火)에 생(生)을 받고 사중(巳中)에 병화(丙火)가 년월(年月)에 투출(透出)하여 일주(日柱)는 약화위강(弱化爲强)으로 신왕사주(身旺四柱)다. 신왕사주(身旺四柱)에는 일주(日柱)는 제(制)하는 관살(官殺)이나 상관식신(傷官食神)으로 설기(泄氣)함이 좋은데 일주(日柱)는 제(制)하는 관살(官殺)은 없고 시상경금(時上庚金) 상관(傷官)이 있어 그 상관(傷官)으로 용신(用神)한다. 이 사주는 여자(女子)의 사주로서 교사로 근무하고 있는데 여자(女子) 사주에 시상(時上)에 상관(傷官)을 놓으면 부궁(夫宮)이 부실하여 재혼(再婚)하거나 혼자 사는 사람들이 많은데 이 사주도 이혼(離婚)하고 혼자 살고 있는 사주다.

❶ 세운정축년(歲運丁丑年): 이별수, 신축, 문서, 변화, 이사, 전근
❷ 질병(疾病): 위(胃), 비(脾)
❸ 남녀성격: (남) 군자의 성품, 언행 조심, 외유내강, 강직하다, 미모 수려, 멋쟁이, 학업 열중, 덕망이 있다, 항상 바쁨, 처궁불미, 처 덕 있다
　　　　　(여) 신용 있다, 순진하다, 남편복이 있다, 자손귀자, 친정걱정, 물조심, 영리하다

☯ 세운•질병•남녀성격의 해설(歲運·疾病·男女性格의 解說)

❶ 세운정축년(歲運丁丑年)= ※이별수, 신축, 문서, 변화, 이사, 전근은 ※세운정축년(歲運丁丑年)의 정화(丁火)는 기토일주의 인수(印綬)로 신왕(身旺)한 여자(女子) 사주에 세운(歲運)에서 인수운(印綬運)이 들어오면 ※가정에 불화가 많이 생긴다든가 또는 남편과 떨어져 산다든가 또는 이혼한다든가 또는 남편이 사망하는 수도 있다. 그리고 ※신축, 문서는 ※세운정축년(歲運丁丑年)의 정화(丁火)는 기토일주의 인수(印綬)로 세운(歲運)에서 인수운(印綬運)이 들어오면 ※집을 짓는다든가 또는 증축을 한다든가 또는 문서를 잡는 일도 많으며 또는 사업을 벌리는 일이 많다. 그리고 ※변화, 이사, 전근은 ※세운정축년(歲運丁丑年)의 축토(丑土)는 일지사화(日支巳火)와 사축(巳丑)으로 삼합(三合)이 되므로 세운(歲運)에서 일지(日支) 삼합운(三合運)이 들어오면 ※변화가 생긴다든가 또는 이사를 한다든가 또는 직장을 옮기는 일이 많다.

❷ 질병(疾病)은 일주(日柱)에서 발생(發生)한다.

❸ 남녀성격은 일주(日柱)에서 발생(發生)한다.

정축년(丁丑年)

56년(음) 10월 27일 자(子)시 여자

丙	庚	己	丙
子	子	亥	申

57	47	37	27	17	7
癸	甲	乙	丙	丁	戊
巳	午	未	申	酉	戌

이 사주는 경금일주(庚金日柱)가 초겨울 해월(亥月)에 출생하여 실시(失時)하고 일시지(日時支) 양자수(兩子水)로 상관식신(傷官食神)이 태왕(太旺)으로 종아격(從兒格)같이 보인다. 그러나 경금일주(庚金日柱)는 년지신금(年支申金)에 록근(祿根)하여 종(從)하지 않으므로 신약사주(身弱四柱)다. 그러므로 많은 상관식신(傷官食神)을 제(制)하고 일주(日柱)를 보신(補身)하는 토인수(土印綬)가 용신(用神)이며 금비견겁(金比肩劫)은 희신(喜神)이 된다. 이 사주는 여자(女子)의 사주로서 상관식신(傷官食神)이 태왕(太旺)이면 부궁(夫宮)이 부실한데 년시상(年時上) 양병화(兩丙火)가 있다 하나 그 병화(丙火)는 모두 무근(無根)이며 많은 상관식신(傷官食神)에 극(剋)을 받으므로 부궁(夫宮)이 부실하여 재혼(再婚)한 사주다.

❶ 세운정축년(歲運丁丑年): 이별수, 신축, 문서, 내외불화
❷ 질병(疾病): 냉(冷), 대하증(帶下症), 동상(凍傷), 중풍(中風)
❸ 남녀성격: (남) 과감 용단, 청백한 사람, 의리 있다, 남을 무시한다, 두뇌 명철, 추리력, 혁명심, 처궁불미, 재가, 미인수다, 냉정하다, 눈치가 빠름, 신앙심
　　　　　　(여) 냉정하다, 사람 사귀다 한번 틀어지면 다시 안 봄, 부궁불미, 정부, 재가, 독수공방, 남에게 잘함, 인덕 없다, 남자들의 배신을 잘 당함

🔵 세운·질병·남녀성격의 해설 (歲運·疾病·男女性格의 解說)

❶ 세운정축년(歲運丁丑年)= ※이별수, 신축, 문서, 내외불화는 ※세운정축년(歲運丁丑年)의 정화(丁火)는 경금일주(庚金日柱)의 정관(正官)으로 여자(女子) 사주에 상관식신(傷官食神)이 태왕(太旺)인데 세운(歲運)에서 관살운(官殺運)이 들어오면 ※가정에 불화가 많이 생긴다든가 또는 남편과 떨어져 산다든가 또는 이혼한다든가 또는 남편이 사망하는 수도 있다. 그리고 ※신축, 문서는 ※세운정축년(歲運丁丑年)의 축토(丑土)는 경금일주(庚金日柱)의 인수(印綬)로 세운(歲運)에서 인수운(印綬運)이 들어오면 ※집을 짓는다든가 또는 증축을 한다든가 또는 문서를 잡는 일도 많으며 또는 사업을 벌리는 일이 많다. 그리고 ※내외불화는 ※세운정축년(歲運丁丑年)의 정화(丁火)는 경금일주(庚金日柱)의 정관(正官)으로 세운(歲運)에서 일주(日柱)를 극(剋)하는 운(運)이 들어오면 ※집에서나 밖에서나 윗사람이나 아랫사람이나 불화가 많이 생긴다.

❷ 질병(疾病)은 일주(日柱)에서 발생(發生)한다.

❸ 남녀성격은 일주(日柱)에서 발생(發生)한다.

정축년 (丁丑年)

53년(음) 10월 29일 인(寅)시 남자

<table>
<tr><td>戊</td><td>庚</td><td>癸</td><td>癸</td></tr>
<tr><td>寅</td><td>寅</td><td>亥</td><td>巳</td></tr>
</table>

59	49	39	29	19	9
丁	戊	己	庚	辛	壬
巳	午	未	申	酉	戌

이 사주는 경금일주(庚金日柱)가 초겨울 해월(亥月)에 출생하여 실시(失時)하고 년월(年月) 양계수(兩癸水)가 투출(透出)하여 상관식신(傷官食神)에 설기(泄氣)가 심(甚)하며 일시지(日時支) 양인목재(兩寅木財)가 왕(旺)하다. 그러므로 시상무토(時上戊土) 인수(印綬)로 용신(用神)하고자 하나 그 무토(戊土)는 자좌인목(自坐寅木)에 살지(殺地)에 앉아 힘이 없어 용신(用神)으로 쓸 수가 없다. 그러므로 이 사주는 토생금(土生金) 금생수(金生水) 수생목(水生木) 목생화(木生火)로 종살격(從殺格)이므로 년지(年支) 사중병화(巳中丙火)가 용신(用神)이며 인목재(寅木財)가 희신(喜神)이 된다. 이 사주는 남자(男子)의 사주로서 공대(工大)에 졸업하고 회사원으로 근무하다가 운(運)이 없어 승진을 못하고 고생하던 중 54세 오화대운(午火大運)에 퇴사하고 사업을 경영하여 돈을 많이 벌었으며 59세 정사대운(丁巳大運)에도 한층 더 번창하여 잘살 것이라고 본다.

❶ 세운정축년(歲運丁丑年): 신축, 문서, 내외불화
❷ 질병(疾病): 해수(咳嗽), 기관지(氣管支), 비색증(鼻塞症), 중풍(中風)
❸ 남녀성격: (남) 과감 용단, 의리 있다, 임사즉결, 겉으로 냉정하나 속은 온화함, 근면 성실, 용기 있다, 성질급, 타의군림, 재복 있다, 처 덕 있다
　　　　　　 (여) 냉정하다, 사람 사귀다 한번 틀어지면 다시 안 봄, 이성 고민, 직업, 부궁 불미, 정부, 자손귀자, 신경 예민

☯ 세운·질병·남녀성격의 해설 (歲運·疾病·男女性格의 解說)

❶ 세운정축년(歲運丁丑年)= ※신축, 문서, 내외불화는 ※세운정축년(歲運丁丑年)의 축토(丑土)는 경금일주(庚金日柱)의 인수(印綬)로 세운(歲運)에서 인수운(印綬運)이 들어오면 ※집을 짓는다든가 또는 증축을 한다든가 또는 문서를 잡는 일도 많으며 또는 사업을 벌리는 일이 많다. 그리고 ※내외불화는 ※세운정축년(歲運丁丑年)의 정화(丁火)는 경금일주(庚金日柱)의 정관(正官)으로 세운(歲運)에서 일주(日柱)를 극(剋)하는 운(運)이 들어오면 ※집에서나 밖에서나 윗사람이나 아랫사람이나 불화가 많이 생긴다.

❷ 질병(疾病)은 해수, 기관지는 일주(日柱)에서 발생(發生)하며 ※비색증, 중풍은 ※경금일주(庚金日柱)가 해자월(亥子月)에 출생하면 ※비염과 축농증, 코막힘을 조심해야 하며 중풍(中風)은 술을 많이 먹으면 풍(風)을 조심해야 한다.

❸ 남녀성격은 일주(日柱)에서 발생(發生)한다.

정축년 (丁丑年)

53년(음) 12월 20일 술(戌)시 여자

丁
丑
年
甲
子

丙	庚	乙	癸
戌	辰	丑	巳

54	44	34	24	14	4
辛	庚	己	戊	丁	丙
未	午	巳	辰	卯	寅

이 사주는 경금일주(庚金日柱)가 동계축월(冬季丑月)에 출생하여 득령(得令)하고 양금지토(養金之土)인 일지진토(日支辰土)에 생(生)을 받으며 시지(時支) 술중무토(戌中戊土)에 생(生)을 받으므로 일주(日柱)는 신왕사주(身旺四柱)다. 신왕사주(身旺四柱)에는 관살(官殺)로 경금일주(庚金日柱)를 제(制)한이 좋은데 다행히 시상(時上)에 병화(丙火)가 투출(透出)하여 년지사화(年支巳火)에 록근(祿根)하고 술중정화(戌中丁火)에 근(根)하였으므로 병화편관(丙火偏官)이 용신(用神)이며 목재(木財)는 희신(喜神)이 된다. 이 사주는 여자(女子)의 사주로서 49세 오화대운(午火大運)에 사업(事業)을 경영하여 돈을 많이 벌었으며 54세 신금대운(辛金大運)에 시상병화(時上丙火)와 대운신금(大運辛金)과 병신합(丙辛合)으로 합거(合去)되어 재산을 탕진한 사주다.

❶ 세운정축년(歲運丁丑年): 이별수, 신축, 문서, 내외불화
❷ 질병(疾病): 냉(冷), 풍질(風疾)
❸ 남녀성격: (남) 과감 용단, 신의 있다, 임사즉결, 포부 광대, 매사 끝장본다, 매사 자신, 통솔력, 영웅호걸, 두령격, 자수성가, 처 덕 있다, 냉정하다, 신앙심, 처궁불미
(여) 냉정하다, 사람 사귀다 한번 틀어지면 다시 안 봄, 부궁불미, 정부, 재가, 직업여성, 일가부양, 재복 있다

🔵 세운 · 질병 · 남녀성격의 해설 (歲運 · 疾病 · 男女性格의 解說)

❶ 세운정축년(歲運丁丑年)= ※이별수, 신축, 문서, 내외불화는 ※세운정축년(歲運丁丑年)의 축토(丑土)는 경금일주(庚金日柱)의 인수(印綬)로 신왕(身旺)한 여자(女子) 사주에 세운(歲運)에서 인수운(印綬運)이 들어오면 ※가정에 불화가 많이 생긴다든가 또는 남편과 떨어져 산다든가 또는 이혼한다든가 또는 남편이 사망하는 수도 있다. 그리고 ※신축, 문서는 ※세운정축년(歲運丁丑年)의 축토(丑土)는 경금일주(庚金日柱)의 인수(印綬)로 세운(歲運)에서 인수운(印綬運)이 들어오면 ※집을 짓는다든가 또는 증축을 한다든가 또는 문서를 잡는 일도 많으며 또는 사업을 벌리는 일이 많다. 그리고 ※내외불화는 ※세운정축년(歲運丁丑年)의 정화(丁火)는 경금일주(庚金日柱)의 정관(正官)으로 세운(歲運)에서 일주(日柱)를 극(剋)하는 운(運)이 들어오면 ※집에서나 밖에서나 윗사람이나 아랫사람이나 불화가 많이 생긴다.

❷ 질병(疾病)은 일주(日柱)에서 발생(發生)한다.

❸ 남녀성격은 일주(日柱)에서 발생(發生)한다.

정축년 (丁丑年)

55년(음) 11월 22일 술(戌)시 남자

丙	庚	戊	乙
戌	午	子	未
59	49	39	29	19	9
壬	癸	甲	乙	丙	丁
午	未	申	酉	戌	亥

이 사주는 경금일주(庚金日柱)가 중동자월(中冬子月)에 출생하여 실시(失時)하고 일지오화(日支午火)와 시상병화(時上丙火) 관살(官殺)이 있어 한편으로는 자월(子月)에 설기(泄氣)가 심(甚)하며 한편으로는 관살(官殺)에 극(剋)을 받으므로 일주(日柱)는 신약사주(身弱四柱)다. 그러므로 이 사주는 월상무토(月上戊土) 인수(印綬)가 용신(用神)이며 금비견겁(金比肩劫)은 희신(喜神)이 된다. 이 사주는 남자(男子)의 사주로서 회사(會社)에 근무하여 초년(初年)에 신유금(申酉金) 희신운(喜神運)으로 잘 지내다가 49세 계수대운(癸水大運)에 퇴직(退職)하여 사업(事業)을 경영하였으나 월상무토(月上戊土)와 대운계수(大運癸水)와 무계합(戊癸合)으로 합거(合去)되어 손해를 많이 보았고 54세 미토대운(未土大運)에는 사업이 번창하여 돈을 많이 벌어 성공한 사주다.

❶ 세운정축년(歲運丁丑年): 신축, 문서, 내외불화
❷ 질병(疾病): 폐(肺), 기관지(氣管支), 월경불순(月經不純), 해수천식(咳嗽喘息), 빈혈(貧血), 중풍(中風), 비색증(鼻塞症)
❸ 남녀성격: (남) 과감 용단, 냉정하다, 일찍 사회에 참여, 뜻은 크나 성공이 없다, 신경질, 지구력 부족, 성질 급, 남에게 시기를 많이 받는다
　　　　　(여) 냉정하다, 사람 사귀다 한번 틀어지면 다시 안 봄, 부궁불미, 정부, 재가, 외강내유, 성질 급, 서두른다, 자중한다, 인덕 없다

☯ 세운·질병·남녀성격의 해설 (歲運·疾病·男女性格의 解說)

❶ 세운정축년(歲運丁丑年)= ※신축, 문서, 내외불화는 ※세운정축년(歲運丁丑年)의 축토(丑土)는 경금일주(庚金日柱)의 인수(印綬)로 세운(歲運)에서 인수운(印綬運)이 들어오면 ※집을 짓는다든가 또는 증축을 한다든가 또는 문서를 잡는 일도 많으며 또는 사업을 벌리는 일이 많다. 그리고 ※내외불화는 ※세운정축년(歲運丁丑年)의 정화(丁火)는 경금일주(庚金日柱)의 정관(正官)으로 세운(歲運)에서 일주(日柱)를 극(剋)하는 운(運)이 들어오면 ※집에서나 밖에서나 윗사람이나 아랫사람이나 불화가 많이 생긴다.

❷ 질병(疾病)은 폐, 기관지, 월경불순, 해수천식, 빈혈은 일주(日柱)에서 발생(發生)하며 ※중풍, 비색증은 ※경금일주(庚金日柱)가 해자월(亥子月)에 출생하면 ※중풍과 축농증과 비염과 코막힘을 조심해야 한다.

❸ 남녀성격은 일주(日柱)에서 발생(發生)한다.

정축년 (丁丑年)

56년(음) 1월 12일 사(巳)시 남자

辛	庚	庚	丙
巳	申	寅	申

54	44	34	24	14	4
丙	乙	甲	癸	壬	辛
申	未	午	巳	辰	卯

이 사주는 경금일주(庚金日柱)가 초봄 인월(寅月)에 출생하여 실시(失時)하고 인중병화(寅中丙火)가 년상(年上)에 투출(透出)하여 편관격(偏官格)으로 신약사주(身弱四柱) 같이 보이나 경금일주(庚金日柱)는 년일지(年日支) 양신금(兩申金)에 록근(祿根)하고 월시상(月時上) 경신금(庚辛金)이 투출(透出)하여 일주(日柱)는 약화위강(弱化爲强)으로 신왕사주(身旺四柱)다. 신왕사수(身旺四柱)에는 일주(日柱)를 제(制)하는 관살(官殺)로 용신(用神)함이 좋은데 다행히 년상병화(年上丙火)는 시지사화(時支巳火)에 록근(祿根)하여 왕(旺)하므로 년상병화(年上丙火) 편관(偏官)으로 용신(用神)한다. 그리고 목재(木財)는 희신(喜神)이 된다. 이 사주는 남자(男子)의 사주로서 초년(初年)에는 공부를 안 하였으나 물류회사(物流會社)에 근무(勤務)하다가 29세 사화대운(巳火大運)에 퇴사하여 사업을 경영하여 돈을 많이 벌어 결혼(結婚)하였으며 43세 오화대운(午火大運)까지 수억금을 벌었으나 44세 을목대운(乙木大運)에 월상경금(月上庚金)과 을경합(乙庚合)으로 합거(合去)되어 재산을 탕진(蕩盡)하고 처(妻)와 이혼(離婚)하고 혼자 힘들게 살아가고 있는 사주다.

❶ 세운정축년(歲運丁丑年): 신축, 문서, 내외불화
❷ 질병(疾病): 간(肝), 담(膽)
❸ 남녀 성격: (남) 과감 용단, 냉정하다, 냉정하게 보이나 속마음은 따뜻함, 의리 있다, 영리하다, 재간 있다, 처궁불미, 식복 있다, 자손근심, 항상 바쁨, 꾀가 많다
　　　　　(여) 냉정하다, 사람 사귀다 한번 틀어지면 다시 안 봄, 부궁불미, 정부, 재가, 독수공방, 친정형제 걱정, 돈이 잘 빠져나간다, 고독하다, 시모불합, 남편 말 잘 안 듣는다

☯ 세운 · 질병 · 남녀성격의 해설 (歲運 · 疾病 · 男女性格의 解說)

❶ 세운정축년(歲運丁丑年)= ※신축, 문서, 내외불화는 ※세운정축년(歲運丁丑年)의 축토(丑土)는 경금일주(庚金日柱)의 인수(印綬)로 세운(歲運)에서 인수운(印綬運)이 들어오면 ※집을 짓는다든가 또는 증축을 한다든가 또는 문서를 잡는 일도 많으며 또는 사업을 벌리는 일이 많다. 그리고 ※내외불화는 ※세운정축년(歲運丁丑年)의 정화(丁火)는 경금일주(庚金日柱)의 정관(正官)으로 세운(歲運)에서 일주(日柱)를 극(剋)하는 운(運)이 들어오면 ※집에서나 밖에서나 윗사람이나 아랫사람이나 불화가 많이 생긴다.

❷ 질병(疾病)과 ❸ 남녀성격은 일주(日柱)에서 발생(發生)한다.

정축년 (丁丑年)

53년(음) 1월 15일 축(丑)시 여자

<table>
<tr><td>丁</td><td>庚</td><td>甲</td><td>癸</td></tr>
<tr><td>丑</td><td>戌</td><td>寅</td><td>巳</td></tr>
</table>

52	42	32	22	12	2
庚	己	戊	丁	丙	乙
申	未	午	巳	辰	卯

이 사주는 경금일주(庚金日柱)가 초봄 인월(寅月)에 출생하여 실시(失時)하고 인중갑목(寅中甲木)이 월상(月上)에 투출(透出)하여 편재격(偏財格)이다. 그리고 년지사화(年支巳火)와 시상(時上)에 정화(丁火)가 투출(透出)하고 재관(財官)이 왕(旺)하여 일주(日柱)는 신약사주(身弱四柱)다. 다행히 일지(日支) 술중무토(戌中戊土) 인수(印綬)와 시지(時支) 축중기토(丑中己土) 인수(印綬)가 있어 살인상생(殺印相生)으로 토인수(土印綬)가 용신(用神)이며 금비견겁(金比肩劫)은 희신(喜神)이 된다. 이 사주는 여자(女子)의 사주로서 42세 기토대운(己土大運)에 사업을 경영하였으나 월상갑목(月上甲木)과 대운기토(大運己土)와 갑기합(甲己合)으로 합거(合去)되어 재산을 탕진하였고 47세 미토대운(未土大運)부터 사업이 번창하여 경금대운(庚金大運)까지 수억금을 벌은 사주다.

❶ 세운정축년(歲運丁丑年): 복통, 수술, 관재, 신축, 문서, 내외불화
❷ 질병(疾病): 간(肝), 담(膽)
❸ 남녀성격: (남) 과감 용단, 냉정하다, 고집 대단, 자립정신, 신의 있다, 능력 있다, 임전무퇴, 통솔력, 지혜롭다, 영리하다, 처 덕 있다, 지구력 강하다, 신앙심
(여) 냉정하다, 사람 사귀다 한번 틀어지면 다시 안 봄, 여걸, 부궁불미, 처세가 좋다, 정부, 재가, 남자들이 잘 따름, 직업여성, 신앙심

세운·질병·남녀성격의 해설 (歲運·疾病·男女性格의 解說)

❶ 세운정축년(歲運丁丑年)= ※복통, 수술, 관재, 신축, 문서, 내외불화는 ※세운정축년(歲運丁丑年)의 축토(丑土)는 일지술토(日支戌土)와 축술(丑戌)로 형살(刑殺)이 되므로 세운(歲運)에서 일지(日支) 형살운(刑殺運)이 들어오면 ※배가 아프다든가 또는 수술을 한다든가 또는 관재수를 조심해야 한다. 그리고 ※신축, 문서는 ※세운정축년(歲運丁丑年)의 축토(丑土)는 경금일주(庚金日柱)의 인수(印綬)로 세운(歲運)에서 인수운(印綬運)이 들어오면 ※집을 짓는다든가 또는 증축을 한다든가 또는 문서를 잡는 일도 많으며 또는 사업을 벌리는 일이 많다. 그리고 ※내외불화는 ※세운정축년(歲運丁丑年)의 정화(丁火)는 경금일주(庚金日柱)의 정관(正官)으로 세운(歲運)에서 일주(日柱)를 극(剋)하는 운(運)이 들어오면 ※집에서나 밖에서나 윗사람이나 아랫사람이나 불화가 많이 생긴다.

❷ 질병(疾病)은 일주(日柱)에서 발생(發生)한다.

❸ 남녀성격은 일주(日柱)에서 발생(發生)한다.

정축년 (丁丑年)

47년(음) 5월 2일 오(午)시 남자

壬	庚	丙	丁
午	午	午	亥

55	45	35	25	15	5
庚	辛	壬	癸	甲	乙
子	丑	寅	卯	辰	巳

이 사주는 경금일주(庚金日柱)가 중하오월(中夏午月)에 출생하여 실시(失時)하고 월시지(月時支) 양오화(兩午火)와 년월(年月) 병정화(丙丁火)가 투출(透出)하여 재살(財殺)이 태왕(太旺)이다. 그러나 경금일주(庚金日柱)를 도와주는 인수(印綬)나 비견겁(比肩劫)이 하나도 없으므로 이 사주는 쇠극격(衰極格)에 해당하므로 쇠(衰)한 자는 상관식신(傷官食神)으로 설기(泄氣)하여 너욱 더 쇠(衰)하게 하는 동시 일주(日柱)를 극(剋)하는 관살(官殺)을 제(制)하여야 하기 때문에 상관식신(傷官食神)이 용신(用神)이 되므로 년지(年支) 해중임수(亥中壬水)가 용신(用神)이며 목재(木財)는 희신(喜神)이 된다. 이 사주는 남자(男子)의 사주로서 체육선생(體育先生)으로서 근무(勤務)하였으나 45세 신금대운(辛金大運)에 퇴직하여 사업을 경영하였으나 실패하고 처(妻)와 이혼(離婚)하고 힘들게 실고 있는 사주다. 사주에 관살(官殺)이 많으면 결혼(結婚)을 늦게 한다든가 재혼하는 사람들이 많다.

❶ 세운정축년(歲運丁丑年): 신축, 문서, 관재, 손재, 신액, 내외불화
❷ 질병(疾病): 폐(肺), 기관지(氣管支), 월경불순(月經不純), 해수천식(咳嗽喘息), 빈혈(貧血)
❸ 남녀성격: (남) 과감 용단, 냉정하다, 일찍 사회에 참여, 뜻은 크나 성공이 없다, 신경질, 지구력 부족, 성질 급, 남에게 시기를 많이 받는다
　　　　　(여) 냉정하다, 사람 사귀다 한번 틀어지면 다시 안 봄, 부궁불미, 정부, 재가, 외강내유, 성질 급, 서두른다, 자중한다, 인덕 없다

🔅 세운 · 질병 · 남녀성격의 해설 (歲運 · 疾病 · 男女性格의 解說)

❶ 세운정축년(歲運丁丑年)= ※신축, 문서, 관재, 손재, 신액, 내외불화는 ※세운정축년(歲運丁丑年)의 축토(丑土)는 경금일주(庚金日柱)의 인수(印綬)로 세운(歲運)에서 인수운(印綬運)이 들어오면 ※집을 짓는다든가 또는 증축을 한다든가 또는 문서를 잡는 일도 많으며 또는 사업을 벌리는 일이 많다. 그리고 ※관재, 손재, 신액은 ※세운정축년(歲運丁丑年)의 정화(丁火)는 경금일주(庚金日柱)의 정관(正官)으로 사주에 재살(財殺)이 태왕(太旺)인데 세운(歲運)에서 재(財)나 관살운(官殺運)이 들어오면 ※관재수나 손재수나 건강을 조심해야 한다. 그리고 ※내외불화는 ※세운정축년(歲運丁丑年)의 정화(丁火)는 경금일주(庚金日柱)의 정관(正官)으로 세운에서 일주(日柱)를 극(剋)하는 운(運)이 들어오면 ※집에서나 밖에서나 윗사람이나 아랫사람이나 불화가 많이 생긴다.

❷ 질병(疾病)과 ❸ 남녀성격은 일주(日柱)에서 발생(發生)한다.

정축년 (丁丑年)

47년(음) 10월 5일 오(午)시 여자

壬	庚	辛	丁
午	子	亥	亥

57	47	37	27	17	7
丁	丙	乙	甲	癸	壬
巳	辰	卯	寅	丑	子

이 사주는 경금일주(庚金日柱)가 초겨울 해월(亥月)이 출생하여 실시(失時)하고 해중임수(亥中壬水)가 시상(時上)에 투출(透出)하여 식신격(食神格)이다. 그리고 년월일지(年月日支) 수국(水局)을 이루어 상관식신(傷官食神)에 설기(泄氣)가 태심(太甚)하다. 그리고 경금일주(庚金日柱)는 무근(無根)이며 자좌자수(自坐子水)에 설기(泄氣)가 심(甚)하며 월상신금(月上辛金) 비겁(比劫)도 근(根)이 없으며 자좌해수(自坐亥水)에 설기(泄氣)가 심(甚)하여 경금일주를 도와줄 수 없으므로 이 사주는 월상신금(月上辛金) 비겁(比劫)이 있다 하나 쇠극격(衰極格)에 해당하므로 쇠(衰)한 자는 상관식신(傷官食神)으로 설기(泄氣)하여 더욱더 쇠(衰)하게 하는 동시 일주(日柱)를 극(剋)하는 관살(官殺)을 제(制)하여야 하기 때문에 상관식신(傷官食神)이 용신(用神)이며 목재(木財)는 희신(喜神)이 된다.

❶ 세운정축년(歲運丁丑年): 이별수, 신축, 문서, 내외불화
❷ 질병(疾病): 냉(冷), 대하증(帶下症), 동상(凍傷), 중풍(中風)
❸ 남녀성격: (남) 과감 용단, 청백한 사람, 의리 있다, 남을 무시한다, 두뇌 명철, 추리력, 혁명심, 처궁불미, 재가, 미인수다, 냉정하다, 눈치가 빠름, 신앙심
　　　　　(여) 냉정하다, 사람 사귀다 한번 틀어지면 다시 안 봄, 부궁불미, 정부, 재가, 독수공방, 남에게 잘함, 인덕 없다, 남자들의 배신을 잘 당함

🌀 세운·질병·남녀성격의 해설 (歲運·疾病·男女性格의 解說)

❶ 세운정축년(歲運丁丑年)= ※이별수, 신축, 문서, 내외불화는 ※세운정축년(歲運丁丑年)의 정화(丁火)는 경금일주(庚金日柱)의 정관(正官)으로 여자(女子) 사주에 상관식신(傷官食神)이 태왕(太旺)인데 세운(歲運)에서 관살운(官殺運)이 들어오면 ※가정에 불화가 많이 생긴다든가 또는 남편과 떨어져 산다든가 또는 이혼한다든가 또는 남편이 사망하는 수도 있다. 그리고 ※신축, 문서는 ※세운정축년(歲運丁丑年)의 축토(丑土)는 경금일주(庚金日柱)의 인수(印綬)로 세운(歲運)에서 인수운(印綬運)이 들어오면 ※집을 짓는다든가 또는 증축을 한다든가 또는 문서를 잡는 일도 많으며 또는 사업을 벌리는 일이 많다. 그리고 ※내외불화는 ※세운정축년(歲運丁丑年)의 정화(丁火)는 경금일주(庚金日柱)의 정관(正官)으로 세운(歲運)에서 일주(日柱)를 극(剋)하는 운(運)이 들어오면 ※집에서나 밖에서나 윗사람이나 아랫사람이나 불화가 많이 생긴다.

❷ 질병(疾病)과 ❸ 남녀성격은 일주(日柱)에서 발생(發生)한다.

정축년 (丁丑年)

51년(음) 11월 29일 축(丑)시 남자

己	辛	庚	辛
丑	丑	子	卯

56	46	36	26	16	6
甲	乙	丙	丁	戊	己
午	未	申	酉	戌	亥

이 사주는 신금일주가 중동자월(中冬子月)에 출생하여 실시(失時)하였으나 신금일주는 일시지(日時支) 양금지토(養金支土)인 양축토(兩丑土)에 생(生)을 받으며 년월(年月) 경신금(庚辛金)이 투출(透出)하여 일주는 약화위강(弱化爲强)으로 신왕사주(身旺四柱)나. 신왕사주에는 관살(官殺)로 용신(用神)하거나 상관으로 설기(泄氣)함이 좋은데 다행히 월지자수(月支子水)가 있어 사수상관(子水傷官)으로 설기하는데 배설구가 약(弱)하던 중 년지(年支) 묘목재(卯木財)가 있어 금생수(金生水) 수생목(水生木)으로 상관(傷官) 용재격(用財格)이라고 한다. 그러므로 년지(年支) 묘목재(卯木財)가 용신(用神)이며 자수식신(子水食神)은 희신(喜神)이 된다.

❶ 세운정축년(歲運丁丑年): 신축, 문서, 변화, 이사, 전근, 자연재앙, 내외불화
❷ 질병(疾病): 냉(冷), 간(肝), 담(膽)
❸ 남녀성격: (남) 과감 용단, 냉정하다, 고집 대단, 신의 있다, 근면하다, 매사 정이 많다, 처와 자식의 덕이 있다, 성격이 까다롭다, 옷에 신경, 편식, 새벽잠이 없다, 식복 있다
(여) 냉정하다, 사람 사귀다 한번 틀어지면 다시 안 봄, 미모 수려, 남편의 사랑을 받는다, 부지런하다, 친모봉양, 부궁불미, 정부

◉ 세운·질병·남녀성격의 해설(歲運·疾病·男女性格의 解說)

❶ 세운정축년(歲運丁丑年)= ※신축, 문서, 변화, 이사, 전근, 자연재앙, 내외불화는 ※세운정축년(歲運丁丑年)의 축토(丑土)는 신금일주(辛金日柱)의 인수(印綬)로 세운(歲運)에서 인수운(印綬運)이 들어오면 ※집을 짓는다든가 또는 증축을 한다든가 또는 문서를 잡는 일도 많으며 또는 사업을 벌리는 일이 많다. 그리고 ※변화, 이사, 전근은 ※세운정축년(歲運丁丑年)의 축토(丑土)는 일지축토(日支丑土)와 축축(丑丑)으로 삼합(三合)이 되므로 세운(歲運)에서 일지(日支) 삼합운(三合運)이 들어오면 ※변화가 생긴다든가 또는 이사를 한다든가 또는 직장을 옮기는 일이 많다. 그리고 ※자연재앙은 ※세운정축년(歲運丁丑年)의 축토(丑土)는 일지축토(日支丑土)와 축축(丑丑)으로 똑같은 오행(五行)이므로 세운(歲運)에서 일지(日支)같은 운(五行運)이 들어오면 ※자연재앙을 조심해야 한다. 그리고 ※내외불화는 ※세운정축년(歲運丁丑年)의 정화(丁火)는 신금일주(辛金日柱)의 편관(偏官)으로 세운(歲運)에서 일주(日柱)를 극(剋)하는 운(運)이 들어오면 ※집에서나 밖에서나 윗사람이나 아랫사람이나 불화가 많이 생긴다.

❷ 질병(疾病)과 ❸ 남녀성격은 일주(日柱)에서 발생(發生)한다.

정축년 (丁丑年)

54년(음) 11월 27일 해(亥)시 여자

己	辛	丙	甲
亥	亥	子	午

54	44	34	24	14	4
庚	辛	壬	癸	甲	乙
午	未	申	酉	戌	亥

이 사주는 신금일주(辛金日柱)가 중동자월(中冬子月)에 출생하여 실시(失時)하고 일시지(日時支) 양해수(兩亥水)가 있어 상관식신(傷官食神)이 태왕(太旺)이다. 그런데 이 사주는 시상(時上)에 기토인수(己土印綬)가 있다고 하나 그 인수(印綬)는 무근(無根)이며 왕수(旺水)에 쓸려가 신금일주(辛金日柱)를 보신(補身)할 수가 없다. 신금일주는 월상병화(月上丙火)와 병신합수(丙辛合水)로 화(化)하여 화격(化格)이 되므로 수(水) 상관식신(傷官食神)이 용신(用神)이 된다. 이 사주는 여자(女子)의 사주로서 34세 임수대운(壬水大運)에 화장품 사업을 하여 돈을 많이 벌었으나 44세 신금대운(辛金大運)에 월상병화(月上丙火)와 병신합(丙辛合)으로 합거(合去)되어 재산을 탕진하고 남편과 이혼하고 혼자 살고 있는 사주다.

❶ 세운정축년(歲運丁丑年): 이별수, 신축, 문서, 내외불화
❷ 질병(疾病): 폐(肺), 담(膽)
❸ 남녀성격: (남) 과감 용단, 냉정하다, 선견지명, 암기력, 총명하다, 지혜롭다, 항상 바쁨, 집념 대단, 재복 있다, 처 덕 있다, 남에게 잘함, 처궁불미, 장수한다
　　　　　　(여) 냉정하다, 사람 사귀다 한번 틀어지면 다시 안 봄, 부궁불미, 재가, 정부, 인정 있다, 남에게 잘함, 잘하고 욕 먹는다, 자손귀자, 신앙심, 내 것 주고 배신당함, 인덕 없다

🔵 세운·질병·남녀성격의 해설 (歲運·疾病·男女性格의 解說)

❶ 세운정축년(歲運丁丑年)= ※이별수, 신축, 문서, 내외불화는 ※세운정축년(歲運丁丑年)의 정화(丁火)는 신금일주(辛金日柱)의 편관(偏官)으로 여자(女子) 사주에 상관식신(傷官食神)이 태왕(太旺)인데 세운(歲運)에서 관살운(官殺運)이 들어오면 ※가정에 불화가 많이 생긴다든가 또는 남편과 떨어져 산다든가 또는 이혼한다든가 또는 남편이 사망하는 수도 있다. 그리고 ※신축, 문서는 ※세운정축년(歲運丁丑年)의 축토(丑土)는 신금일주(辛金日柱)의 인수(印綬)로 세운(歲運)에서 인수운(印綬運)이 들어오면 ※집을 짓는다든가 또는 증축을 한다든가 또는 문서를 잡는 일도 많으며 또는 사업을 벌리는 일이 많다. 그리고 ※내외불화는 ※세운정축년(歲運丁丑年)의 정화(丁火)는 신금일주의 편관(偏官)으로 세운(歲運)에서 일주(日柱)를 극(剋)하는 운(運)이 들어오면 ※집에서나 밖에서나 윗사람이나 아랫사람이나 불화가 많이 생긴다.

❷ 질병(疾病)과 ❸ 남녀성격은 일주(日柱)에서 발생(發生)한다.

정축년 (丁丑年)

54년(음) 12월 7일 오(午)시 여자

甲	辛	丙	甲
午	酉	子	午

58	48	38	28	18	8
庚	辛	壬	癸	甲	乙
午	未	申	酉	戌	亥

이 사주는 신금일주(辛金日柱)가 중동자월(中冬子月)에 출생하여 실시(失時)하고 년시상(年時上) 갑오갑오(甲午甲午)로 재살(財殺)이 태왕(太旺)이다. 그리고 신금일주(辛金日柱)는 자좌유금(自坐酉金)에 록근(祿根)하여 종(從)하지 않는다. 그러므로 이 사주는 신약사주(身弱四柱)로서 토인수(土印綬)가 용신(用神)이며 금비견겁(金比肩劫)은 희신(喜神)이 된다. 이 사주는 여자(女子)의 사주로서 간호사(看護師)로 근무(勤務)하다가 43세 신금대운(申金大運)에 퇴사하고 사업을 경영하여 돈을 많이 벌었으나 48세 신금대운(辛金大運)에 월상병화(月上丙火)와 병신합(丙辛合)으로 합거(合去)되어 재산(財産)을 탕진(蕩盡)하였고 53세 미토대운(未土大運)에 사업(事業)이 다시 번창하여 원상복구(原狀復舊)하였으며 수억금을 벌어 잘살고 있는 사주다.

---

❶ 세운정축년(歲運丁丑年): 이별수, 변화, 이사, 전근, 신축, 문서

❷ 질병(疾病): 간(肝), 담(膽), 혈압(血壓)

❸ 남녀성격: (남) 과감 용단, 냉정하다, 청백한 사람, 미남형, 인품 수려, 자수성가, 영리하다, 일독십지, 타인 존경, 의처증

(여) 냉정하다, 사람 사귀다 한번 틀어지면 다시 안 봄, 부궁불미, 정부, 독수공방, 시모불합, 남편 말 잘 안 듣는다, 미모 수려, 신앙심, 이성수신

🔵 세운·질병·남녀성격의 해설(歲運·疾病·男女性格의 解說)

❶ 세운정축년(歲運丁丑年)= ※이별수, 변화, 이사, 전근, 신축, 문서는 ※세운정축년(歲運丁丑年)의 정화(丁火)는 신금일주(辛金日柱)의 편관(偏官)으로 여자(女子) 사주에 관살(官殺)이 태왕(太旺)인데 세운(歲運)에서 관살운(官殺運)이 들어오면 ※가정에 불화가 많이 생긴다든가 또는 남편과 떨어져 산다든가 또는 이혼한다든가 또는 남편이 사망하는 수도 있다. 그리고 ※변화, 이사, 전근은 ※세운정축년(歲運丁丑年)의 축토(丑土)는 일지유금(日支酉金)과 유축(酉丑)으로 삼합(三合)이 되므로 세운(歲運)에서 일지(日支) 삼합운(三合運)이 들어오면 ※변화가 생긴다든가 또는 이사를 한다든가 또는 직장을 옮기는 일이 많다. 그리고 ※신축, 문서는 ※세운정축년(歲運丁丑年)의 축토(丑土)는 신금일주의 인수(印綬)로 세운에서 인수운(印綬運)이 들어오면 ※집을 짓는다든가 또는 증축을 한다든가 또는 문서를 잡는 일도 많으며 또는 사업을 벌리는 일이 많다.

❷ 질병(疾病)은 일주(日柱)에서 발생(發生)한다.

❸ 남녀성격은 일주(日柱)에서 발생(發生)한다.

정축년 (丁丑年)

54년(음) 2월 12일 진(辰)시 남자

壬	辛	丁	甲
辰	未	卯	午

57	47	37	27	17	7
癸	壬	辛	庚	己	戊
酉	申	未	午	巳	辰

이 사주는 신금일주(辛金日柱)가 중춘묘월(中春卯月)에 출생하여 실시(失時)하고 년지(年支) 오중정화(午中丁火)가 월상(月上)에 투출(透出)하여 재살(財殺)이 태왕(太旺)이다. 다행히 신금일주(辛金日柱)는 미중기토(未中己土)에 근(根)하고 시지(時支) 진습토(辰濕土)에 생(生)을 받으므로 토인수(土印綬)가 용신(用神)이며 금비견겁(金比肩劫)은 희신(喜神)이 된다. 이 사주는 남자(男子)의 사주로서 사업(事業)을 하였으나 대운(大運)이 오미화운(午未火運)을 만나 초년(初年)에는 운(運)이 없었으며 47세 임수대운(壬水大運)에 월상정화(月上丁火)와 정임합(丁壬合)으로 합거(合去)되어 사업에 실패하였다. 그러나 다행히 투자자의 도움을 받아 52세 신금대운(申金大運)에 사업(事業)을 다시 경영(經營)하여 사업이 번창하였으며 재산을 원상복구(原狀復舊)하고 잘살고 있는 사주다.

---

❶ 세운정축년(歲運丁丑年): 신축, 문서, 복통, 수술, 관재, 자연재앙
❷ 질병(疾病): 폐(肺), 기관지(氣管支)
❸ 남녀성격: (남) 과감 용단, 냉정하다, 고집 대단, 정복력 강함, 노력은 많이 하나 실속이 없다, 재복 있다, 처궁불미, 성격이 까다롭다, 편식한다, 옷에 신경 쓴다
　　　　　 (여) 냉정하다, 사람 사귀다 한번 틀어지면 다시 안 봄, 부궁불미, 재가, 정부, 말조심, 요리솜씨, 친모봉양, 인덕 없다

☯ 세운 · 질병 · 남녀성격의 해설 (歲運 · 疾病 · 男女性格의 解說)

❶ 세운정축년(歲運丁丑年)= ※신축, 문서, 복통, 수술, 관재, 자연재앙은 ※세운정축년(歲運丁丑年)의 축토(丑土)는 신금일주(辛金日柱)의 인수(印綬)로 세운(歲運)에서 인수운(印綬運)이 들어오면 ※집을 짓는다든가 또는 증축을 한다든가 또는 문서를 잡는 일도 많으며 또는 사업을 벌리는 일이 많다. 그리고 ※복통, 수술, 관재는 ※세운정축년(歲運丁丑年)의 축토(丑土)는 일지미토(日支未土)와 축미충(丑未沖)으로 세운(歲運)에서 일지충운(日支沖運)이 들어오면 ※배가 아프다든가 또는 수술을 조심해야 하며 또는 관재수를 조심해야 한다. 그리고 ※자연재앙은 ※세운정축년(歲運丁丑年)의 축토(丑土)는 일지미토(日支未土)와 축미충(丑未沖)으로 세운(歲運)에서 일지충운(日支沖運) 들어오면 ※자연재앙을 조심해야 한다.

❷ 질병(疾病)은 일주(日柱)에서 발생(發生)한다.

❸ 남녀성격은 일주(日柱)에서 발생(發生)한다.

정축년 (丁丑年)

55년(음) 2월 27일 오(午)시 여자

甲	辛	己	乙
午	巳	卯	未

55	45	35	25	15	5
乙	甲	癸	壬	辛	庚
酉	申	未	午	巳	辰

이 사주는 신금일주(辛金日柱)가 중춘묘월(中春卯月)에 출생하여 실시(失時)하고 묘중을목(卯中乙木)이 년상(年上)에 투출(透出)하여 편재격(偏財格)이다. 그리고 지지(地支)는 년일시지(年日時支) 사오미(巳午未) 화국(火局)을 이루어 재살(財殺)이 태왕(太旺)이다. 월상기토(月上己土) 인수(印綬)로 용신(用神)하고자 하나 그 기토(己土)는 자좌묘목(自坐卯木)에 살지(殺地)에 앉았고 년상을목(年上乙木)에 극(剋)을 받아 힘이 없으므로 용신(用神)으로 쓸 수가 없다. 그리고 신금일주(辛金日柱)도 자좌사화(自坐巳火)에 살지(殺地)에 앉아 힘이 없으므로 이 사주는 재살(財殺)이 태왕(太旺)하므로 종살격(從殺格)이다. 그러므로 시지(時支) 오중정화(午中丁火) 편관(偏官)이 용신(用神)이며 갑목재(甲木財)는 희신(喜神)이 된다.

❶ 세운정축년(歲運丁丑年): 변화, 이사, 전근, 관재, 손재, 신액, 신축, 문서
❷ 질병(疾病): 해수(咳嗽), 호흡기(呼吸器)
❸ 남녀성격: (남) 과감 용단, 냉정하다, 성질 급, 변화가 많다, 항상 바쁨, 처 덕 있다, 화려하게 보이나 실속이 없다, 예의 있다, 말을 잘한다, 영리하다, 식복 있다
　　　　　　(여) 냉정하다, 사람 사귀다 한번 틀어지면 다시 안 봄, 남편 덕, 정부, 이성수신, 의처증 부군, 성질급, 항상 바쁨, 인덕 없다

세운 · 질병 · 남녀성격의 해설 (歲運 · 疾病 · 男女性格의 解說)

❶ 세운정축년(歲運丁丑年)= ※변화, 이사, 전근, 관재, 손재, 신액, 신축, 문서는 ※세운정축년(歲運丁丑年)의 축토(丑土)는 일지사화(日支巳火)와 사유(巳酉)로 삼합(三合)이 되므로 세운(歲運)에서 일지(日支) 삼합운(三合運)이 들어오면 ※변화가 생긴다든가 또는 이사를 한다든가 또는 직장을 옮기는 일이 많다. 그리고 ※관재, 손재, 신액은 ※세운정축년(歲運丁丑年))의 정화(丁火)는 신금일주(辛金日柱)의 편관(偏官)으로 원명사주(源命四柱)에 재살(財殺)이 태왕(太旺)인데 세운(歲運)에서 재(財)나 관살운(官殺運)이 들어오면 ※관재수나 손재수나 건강을 조심해야 한다. 그리고 ※신축, 문서는 ※세운정축년(歲運丁丑年)의 축토(丑土)는 신금일주(辛金日柱)의 인수(印綬)로 세운(歲運)에서 인수운(印綬運)이 들어오면 ※집을 짓는다든가 또는 증축을 한다든가 또는 문서를 잡는 일도 많으며 또는 사업을 벌리는 일이 많다.

❷ 질병(疾病)은 일주(日柱)에서 발생(發生)한다.

❸ 남녀성격은 일주(日柱)에서 발생(發生)한다.

정축년 (丁丑年)

54년(음) 3월 3일 미(未)시 남자

<table>
<tr><td>乙</td><td>辛</td><td>丁</td><td>甲</td></tr>
<tr><td>未</td><td>卯</td><td>卯</td><td>午</td></tr>
</table>

51	41	31	21	11	1
癸	壬	辛	庚	己	戊
酉	申	未	午	巳	辰

이 사주는 신금일주(辛金日柱)가 중춘묘월(中春卯月)에 출생하여 실시(失時)하고 묘중을목(卯中乙木)이 시상(時上)에 투출(透出)하여 편재격(偏財格)이다. 그리고 년지오화(年支午火)와 시지미토(時支未土)와 오미(午未)로 화국(火局)을 이루고 월상정화(月上丁火)가 투출(透出)하여 재살(財殺)이 태왕(太旺)으로 일주(日柱)가 심약(甚弱)하다. 그러므로 시지미토(時支未土) 인수(印綬)가 용신(用神)이 될 것 같으나 그 미토(未土)는 오미화국(午未火局)으로 화(化)하여 일주(日柱)를 생(生)할 수가 없으므로 이 사주는 종살격(從殺格)이다. 그러므로 월상정화(月上丁火) 편관(偏官)이 용신(用神)이며 목재(木財)는 희신(喜神)이 된다. 이 사주는 남자의 사주로서 회사에 근무하였으나 초년운이 없어 고생을 많이 하다가 46세 신금대운(申金大運)에 퇴사하고 사업을 경영하였으나 실패하고 힘들게 살고 있는 사주다.

❶ 세운정축년(歲運丁丑年): 신축, 문서, 관재, 손재, 신액, 내외불화
❷ 질병(疾病): 풍질(風疾), 냉(冷), 기관지(氣管支)
❸ 남녀성격: (남) 과감 용단, 냉정하다, 의리 있다, 인정 있다, 고집 대단, 학업 장애, 처궁불미, 재가, 미인수다, 근면하다, 지구력 부족, 소심하다, 운동 잘함, 마음 약
(여) 냉정하다, 사람 사귀다 한번 틀어지면 다시 안 봄, 고집 대단, 정부, 재가, 독수공방, 부궁불미, 욕심 많다, 성질 급, 참을성이 없다, 자손근심

세운 · 질병 · 남녀성격의 해설 (歲運 · 疾病 · 男女性格의 解說)

❶ 세운정축년(歲運丁丑年)= ※신축, 문서, 관재, 손재, 신액, 내외불화는 ※세운정축년(歲運丁丑年)의 축토(丑土)는 신금일주(辛金日柱)의 인수(印綬)로 세운(歲運)에서 인수운(印綬運)이 들어오면 ※집을 짓는다든가 또는 증축을 한다든가 또는 문서를 잡는다든가 또는 사업을 벌리는 일이 많다. 그리고 ※관재, 손재, 신액은 ※세운정축년(歲運丁丑年))의 정화(丁火)는 신금일주의 편관(偏官)으로 원명사주(源命四柱)에 재살(財殺)이 태왕(太旺)인데 세운에서 재(財)나 관살운(官殺運)이 들어오면 ※관재수나 손재수나 건강을 조심해야 한다. 그리고 ※내외불화는 ※세운정축년(歲運丁丑年)의 정화(丁火)는 신금일주의 편관(偏官)으로 세운(歲運)에서 일주(日柱)를 극(剋)하는 운(運)이 들어오면 ※집에서나 밖에서나 윗사람이나 아랫사람이나 불화가 많이 생긴다.

❷ 질병(疾病)은 일주(日柱)에서 발생(發生)한다.

❸ 남녀 성격은 일주(日柱)에서 발생(發生)한다.

정축년 (丁丑年)

59년(음) 10월 25일 사(巳)시 남자

癸	辛	乙	己
巳	亥	亥	亥

56	46	36	26	16	6
己	庚	辛	壬	癸	甲
巳	午	未	申	酉	戌

이 사주는 신금일주(辛金日柱)가 초겨울 해월(亥月)에 출생하여 실시(失時)하고 년일지(年日支) 양해수(兩亥水)와 시상계수(時上癸水)가 투출(透出)하여 상관식신(傷官食神)이 태왕(太旺)이다. 그러므로 이 사주는 신약사주(身弱四柱)다. 년상기토(年上己土) 인수(印綬)기 용신(用神)이 될 것 같으나 그 기토(己土)는 무근(無根)이며 지지수국(地支水局)에 쓸려가 힘이 없으므로 신금일주(辛金日柱)를 생(生)하여 줄 힘이 없으며 신금일주도 무근(無根)이며 자좌해수(自坐亥水)에 설기(泄氣)가 심(甚)하여 이 사주는 년상기토(年上己土) 인수(印綬)가 있다고 하나 쇠극격(衰極格)에 해당하므로 쇠(衰)한 자는 상관식신(傷官食神)으로 설기(泄氣)하여 더욱 더 쇠(衰)하게 하는 동시 일주(日柱)를 극(剋)하는 관살(官殺)을 제(制)하여야 하기 때문에 상관식신(傷官食神)이 용신(用神)이며 목재(木財)는 희신(喜神)이 된다.

❶ 세운정축년(歲運丁丑年): 자손액, 신축, 문서, 내외불화
❷ 질병(疾病): 폐(肺), 담(膽)
❸ 남녀성격: (남) 과감 용단, 냉정하다, 선견지명, 암기력, 총명하다, 지혜롭다, 항상 바쁨, 집념 대단, 재복 있다, 처 덕 있다, 남에게 잘함, 처궁불미, 장수한다
　　　　　(여) 냉정하다, 사람 사귀다 한번 틀어지면 다시 안 봄, 부궁불미, 재가, 정부, 인정 있다, 남에게 잘함, 잘하고 욕 먹는다, 자손귀자, 신앙심, 내 것 주고 배신당함, 인덕 없다

🔵 세운 · 질병 · 남녀성격의 해설 (歲運 · 疾病 · 男女性格의 解說)

❶ 세운정축년(歲運丁丑年)= ※자손액, 신축, 문서, 내외불화는 ※세운정축년(歲運丁丑年)의 정화(丁火)는 신금일주(辛金日柱)의 편관(偏官)으로 남자 사주에 상관식신(傷官食神)이 태왕(太旺)인데 세운(歲運)에서 관살운(官殺運)이 들어오면 ※자손액을 조심해야 한다. 그리고 ※신축, 문서는 ※세운정축년(歲運丁丑年)의 축토(丑土)는 신금일주(辛金日柱)의 인수(印綬)로 세운(歲運)에서 인수운(印綬運)이 들어오면 ※집을 짓는다든가 또는 증축을 한다든가 또는 문서를 잡는다든가 또는 사업을 벌리는 일이 많다. 그리고 ※내외불화는 ※세운정축년(歲運丁丑年)의 정화(丁火)는 신금일주(辛金日柱)의 편관(偏官)으로 세운(歲運)에서 일주(日柱)를 극(剋)하는 운(運)이 들어오면 ※집에서나 밖에서나 윗사람이나 아랫사람이나 불화가 많이 생긴다.

❷ 질병(疾病)은 일주(日柱)에서 발생(發生)한다.

❸ 남녀성격은 일주(日柱)에서 발생(發生)한다.

정축년 (丁丑年)

58년(음) 6월 27일 술(戌)시 여자

戊 辛 庚 戊
戌 酉 申 戌
51 41 31 21 11 1
甲 乙 丙 丁 戊 己
寅 卯 辰 巳 午 未

이 사주는 신금일주(辛金日柱)가 초가을 신월(申月)에 출생하여 득령(得令)하고 신궁경금(申宮庚金)이 월상(月上)에 투출(透出)하고 년시간지(年時干支) 무술무술(戊戌戊戌) 인수(印綬)로 신금일주(辛金日柱)를 생(生)하여 주고 신금일주(辛金日柱)는 자좌유금(自坐酉金)에 록근(祿根)하여 일주(日柱)가 왕극(旺極)에 이르렀다. 왕극자(旺極者)는 토인수(土印綬)로 일주(日柱)를 생(生)하여 더욱 더 왕(旺)하게 해야 하므로 토인수(土印綬)가 용신(用神)이며 금비견겁(金比肩劫)은 희신(喜神)이 된다. 이 사주는 여자(女子)의 사주로서 의사인데 36세 진토대운(辰土大運)에 용신운(用神運)이 들어와 돈을 많이 벌었으며 41세 을목대운(乙木大運)에 월상경금(月上庚金)과 을경합(乙庚合)으로 합거(合去)되어 사업(事業)이 부실하여 손해를 많이 보고 그 이후로도 운(運)이 없어 힘들게 살고 있는 사주다.

❶ 세운정축년(歲運丁丑年): 이별수, 변화, 이사, 전근, 신축, 문서

❷ 질병(疾病): 간(肝), 담(膽), 혈압(血壓)

❸ 남녀성격: (남) 과감 용단, 냉정하다, 청백한 사람, 미남형, 인품 수려, 자수성가, 영리하다, 일독십지, 타인 존경, 의처증

　　　　(여) 냉정하다, 사람 사귀다 한번 틀어지면 다시 안 봄, 부궁불미, 정부, 독수공방, 시모불합, 남편 말 잘 안 듣는다, 미모 수려, 신앙심, 이성수신

세운·질병·남녀성격의 해설(歲運·疾病·男女性格의 解說)

❶ 세운정축년(歲運丁丑年)= ※이별수, 변화, 이사, 전근, 신축, 문서는 ※세운정축년(歲運丁丑年)의 축토(丑土)는 신금일주(辛金日柱)의 인수(印綬)로 신왕(身旺)한 여자 사주에 세운(歲運)에서 인수운(印綬運)이 들어오면 ※가정에 불화가 많이 생긴다든가 또는 남편과 떨어져 산다든가 또는 이혼한다든가 또는 남편이 사망하는 수도 있다. 그리고 ※변화, 이사, 전근은 ※세운정축년(歲運丁丑年)의 축토(丑土)는 일지유금(日支酉金)과 유축(酉丑)으로 삼합(三合)이 되므로 세운(歲運)에서 일지(日支) 삼합운(三合運)이 들어오면 ※변화가 생긴다든가 또는 이사를 한다든가 또는 직장을 옮기는 일이 많다. 그리고 ※신축, 문서는 ※세운정축년(歲運丁丑年)의 축토(丑土)는 신금일주의 인수(印綬)로 세운(歲運)에서 인수운(印綬運)이 들어오면 ※집을 짓는다든가 또는 증축을 한다든가 또는 문서를 잡는다든가 또는 사업을 벌리는 일이 많다.

❷ 질병(疾病)과 ❸ 남녀성격은 일주(日柱)에서 발생(發生)한다.

정축년 (丁丑年)

72년(음) 10월 12일 자(子)시 남자

庚	壬	辛	壬
子	子	亥	子

57	47	37	27	17	7
丁	丙	乙	甲	癸	壬
巳	辰	卯	寅	丑	子

이 사주는 임수일주(壬水日柱)가 초겨울 해월(亥月)에 출생하여 록근(祿根)하고 지지(地支)는 전수국(全水局)을 이루었으며 천간(天干)도 전금수(全金水)로 일주(日柱)가 태왕(太旺)이다. 그런데 이 사주는 비견겁(比肩劫)이 왕(旺)하므로 종왕격(從旺格)이다. 종왕격(從旺格)이면 비견겁(比肩劫)이 용신(用神)인데 이 사주는 일주(日柱)가 왕극(旺極)에 이르러 왕극자(旺極者)는 금인수(金印綬)로 일주(日柱)를 생(生)하여 더욱 더 왕(旺)하게 해야 한다. 그러므로 인수신금(印綬辛金)이 용신(用神)이며 수비견겁(水比肩劫)은 희신(喜神)이 된다. 이 사주는 남자(男子)의 사주로서 윤하격(潤下格)을 놓은 사람들은 문학(文學)에 밝으며 머리가 좋아 말솜씨나 글로서 먹고 사는 팔자(八字)가 되므로 이 사주도 공부(工夫)를 많이 하여 박사학위(博士學位)를 받았으나 교수(敎授)가 되지 못하고 학원강사(學院講師)로 일하고 있는 사주다. 사주에 비견겁(比肩劫)이 태왕(太旺)이면 처궁(妻宮)이 부실하여 결혼(結婚)을 늦게 한다거나 결혼(結婚)을 하여도 재혼(再婚)하는 일이 많다. 이 사주도 결혼(結婚)을 못하고 혼자 살고 있는 사주다.

❶ 세운정축년(歲運丁丑年): 손재, 처액
❷ 질병(疾病): 냉(冷), 혈압(血壓), 신장(腎臟), 방광(膀胱), 중풍(中風)
❸ 남녀성격: (남) 털털한 성격, 마음이 넓다, 성질 조급, 고집 대단, 노력은 많이 하나 실속이 없다, 여자 많다, 처궁불미, 용두사미, 돈이 잘 빠져나간다, 꾀가 많다, 신경 예민
　　　　　　(여) 남자 같은 시원한 성격, 새것을 좋아함, 부궁불미, 정부, 재가, 남에게 시기를 많이 받는다, 독수공방, 직업여성

세운·질병·남녀성격의 해설 (歲運·疾病·男女性格의 解說)

❶ 세운정축년(歲運丁丑年)= ※손재, 처액은 ※세운정축년(歲運丁丑年)의 정화(丁火)는 임수일주(壬水日柱)의 정재(正財)로 원명사주(源命四柱)에 비견겁(比肩劫)이 태왕(太旺)한데 세운(歲運)에 재운(財運)이 들어오면 ※손재수를 조심해야 하며 또는 가정에 불화가 많이 생긴다든가 또는 처가 가출한다든가 또는 처의 건강을 조심해야 한다.

❷ 질병(疾病)은 냉, 혈압, 신장, 방광은 일주(日柱)에서 발생(發生)하며 ※중풍은 ※임수일주(壬水日柱)가 해자월(亥子月)에 출생하면 ※중풍을 조심해야 한다.

❸ 남녀성격은 일주(日柱)에서 발생(發生)한다.

정축년 (丁丑年)

63년(음) 11월 10일 진(辰)시 남자

甲	壬	甲	癸
辰	寅	子	卯

56	46	36	26	16	6
戊	己	庚	辛	壬	癸
午	未	申	酉	戌	亥

이 사주는 임수일주(壬水日柱)가 중동자월(中冬子月) 양인월(羊刃月)에 출생하여 득령(得令)하고 자중계수(子中癸水)가 년상(年上)에 투출(透出)하여 일주(日柱)가 신왕사주(身旺四柱)같이 보인다. 그러나 월시상(月時上) 양갑목(兩甲木)은 일지인목(日支寅木)에 록근(祿根)하고 년지묘목(年支卯木)이 있어 상관식신(傷官食神)이 태왕(太旺)하여 설기(泄氣)가 심(甚)하므로 금인수(金印綬)가 많은 상관식신(傷官食神)을 제(制)하고 일주(日柱)를 생(生)하여줘야 하므로 금인수(金印綬)가 용신(用神)이며 수비견겁(水比肩劫)은 희신(喜神)이 된다. 이 사주는 남자(男子)의 사주로서 상관식신(傷官食神)이 태왕(太旺)하여 상관식신(傷官食神)이 많은 사람은 기술(技術), 예능(藝能) 등 재주나 말로서 먹고 사는 팔자(八字)인데 이 사주는 부동산업(不動産業)을 경영(經營)하여 36세 경신인수(庚申印綬) 대운(大運)에 수억금을 벌었으나 46세 기토대운(己土大運)에 건축사업(建築事業)을 하여 월상갑목(月上甲木)과 갑기합(甲己合)으로 합거(合去)되어 단 한 번의 실패(失敗)로 재산(財産)을 모두 탕진(蕩盡)한 사주다. 그리고 이 사주를 보면 시지진토(時支辰土) 편관(偏官)은 남자(男子) 사주의 자식(子息)인데 많은 상관식신(傷官食神)에 극(剋)을 받고 있으므로 이런 사주들은 자손액을 조심해야 한다. 이 사주도 자식(子息) 한 명 잃은 사주다.

❶ 세운정축년(歲運丁丑年): 자손액
❷ 질병(疾病): 신장(腎臟), 방광(膀胱), 냉(冷), 습(濕)
❸ 남녀성격: (남) 털털한 성격, 지혜롭다, 원만하다, 환경에 적응 잘함, 영리하다, 행운이 따른다, 항상 바쁨, 용기 있다, 타의 군림, 성질 급, 처 덕 있다, 장모봉양
　　　　　 (여) 남자 같은 시원한 성격, 새것을 좋아함, 영리하다, 남편을 꺾는다, 부궁불미, 정부, 자손귀자, 요리솜씨, 사회활동하면 인기

세운 · 질병 · 남녀성격의 해설 (歲運 · 疾病 · 男女性格의 解說)

❶ 세운정축년(歲運丁丑年)= ※자손액은 ※세운정축년(歲運丁丑年)의 축토(丑土)는 임수일주(壬水日柱)의 정관(正官)으로 남자(男子) 사주에 상관식신(傷官食神)이 태왕(太旺)하고 관살(官殺)이 약(弱)할 때 세운(歲運)에서 토관살운(土官殺運)이 들어오면 ※**자손액을 조심해야 한다.**

❷ 질병(疾病)은 일주(日柱)에서 발생(發生)한다.

❸ 남녀성격은 일주(日柱)에서 발생(發生)한다.

정축년 (丁丑年)

62년(음) 11월 24일 미(未)시 여자

丁	壬	壬	壬
未	辰	子	寅

54	44	34	24	14	4
丙	丁	戊	己	庚	辛
午	未	申	酉	戌	亥

이 사주는 임수일주(壬水日柱)가 중동자월(中冬子月) 양인월(羊刃月)에 출생하여 득령(得令)하고 년월(年月) 양임수(兩壬水)가 투출(透出)하여 일주(日柱)는 신왕사주(身旺四柱)다. 신왕사주(身旺四柱)에는 관살(官殺)로 일주(日柱)를 제(制)하거나 상관식신(傷官食神)으로 설기(泄氣)하면 좋은데 다행히 시지(時支) 미중기토(未中己土)가 있어 기토정관(己土正官)이 용신(用神)이며 화재(火財)는 희신(喜神)이 된다. 이 사주는 여자(女子)의 사주로서 사업을 경영하였으나 초년(初年)에는 운(運)이 없어 고생을 많이 하다가 44세 정화대운(丁火大運)에 학원을 경영하였으나 월상임수(月上壬水)와 대운정화(大運丁火)와 정임합(丁壬合)으로 합거(合去)되어 손해를 많이 보았고 49세 미토대운(未土大運)에 주류업을 경영하여 수억금을 벌었으나 남편과 이혼하고 재혼한 사주다. 부궁(夫宮)이 부실한 것은 일간지(日干支) 임진일주(壬辰日柱)의 공망(空亡)은 시지미토(時支未土)로서 일시지(日時支)에 공망(空亡)이 있으면 부궁(夫宮)이 부실하여 재혼하거나 혼자 사는 사람들이 많다.

❶ 세운정축년(歲運丁丑年): 이별수, 손재, 신액
❷ 질병(疾病): 냉(冷), 풍질(風疾), 신장(腎臟), 혈압(血壓)
❸ 남녀성격: (남) 털털한 성격, 일찍 사회에 진출, 임전무퇴, 자립정신, 재간 있다, 박력 있다, 속전속결, 처궁불미, 어린 시절 잔병, 자손근심, 아이디어가 좋다
　　　　　(여) 남자 같은 시원한 성격, 새것을 좋아함, 부궁불미, 재가, 정부, 독수공방, 일가부양, 풍파가 많다

☯ 세운·질병·남녀성격의 해설 (歲運·疾病·男女性格의 解說)

❶ 세운정축년(歲運丁丑年)= ※이별수, 손재, 신액은 ※세운정축년(歲運丁丑年)의 축토(丑土)는 임수일주(壬水日柱)의 정관(正官)이며 백호관살(白虎官殺)이므로 신왕(身旺)한 여자 사주에 세운(歲運)에서 백호(白虎) 관살운(官殺運)이 들어오면 ※가정에 불화가 많이 생긴다든가 또는 남편과 떨어져 산다든가 또는 이혼한다든가 또는 남편이 사망하는 수도 있다. 그리고 ※손재, 신액은 ※세운정축년(歲運丁丑年)의 정화(丁火)는 임수일주(壬水日柱)의 정재(正財)로 원명사주(源命四柱)에 비견겁(比肩劫)이 왕(旺)하고 재(財)가 약(弱)한데 세운(歲運)에 재운(財運)이 들어오면 ※손재수를 조심해야 하며 또는 건강을 조심해야 한다.

❷ 질병(疾病)은 일주(日柱)에서 발생(發生)한다.

❸ 남녀성격은 일주(日柱)에서 발생(發生)한다.

정축년(丁丑年)

58년(음) 5월 18일 진(辰)시 남자

甲	壬	戊	戊
辰	午	午	戌

51	41	31	21	11	1
甲	癸	壬	辛	庚	己
子	亥	戌	酉	申	未

이 사주는 임수일주(壬水日柱)가 중하오월(中夏午月)에 출생하여 실시(失時)하고 년월(年月) 양무토(兩戊土)가 투출(透出)하고 지지(地支)는 오술(午戌)로 화국(火局)을 이루어 갑목식신(甲木食神)만 빼놓고 전부 화토(火土)로서 재살(財殺)이 태왕(太旺)하므로 종살격(從殺格)같이 보인다. 그러나 시상갑목(時上甲木) 식신(食神)이 투출(透出)하여 그 갑목(甲木)은 진중을목(辰中乙木)에 근(根)하고 임수일주(壬水日柱)에 생(生)을 받아 무토편관(戊土偏官)을 제(制)하니 이런 사주를 식신(食神) 제살격(制殺格)이라고 한다. 그러므로 갑목식신(甲木食神)이 용신(用神)이며 수비견겁(水比肩劫)은 희신(喜神)이 된다. 이 사주는 여자(女子)의 사주(四柱)로서 보험회사(保險會社) 영업직(營業職)으로 근무하고 있었으나 초년(初年)에는 운(運)이 없어 고생(苦生)을 많이 하였고 46세 해수대운(亥水大運)부터는 운(運)이 좋아 하는 일마다 잘 풀렸으며 51세 갑목대운(甲木大運)에 실내건축 사업을 겸업(兼業)하여 돈을 많이 벌었고 그 이후로도 운(運)이 좋아 승승장구(乘勝長驅)하고 있는 사주다.

❶ 세운정축년(歲運丁丑年): 관재, 손재, 신액
❷ 질병(疾病): 신장(腎臟), 방광(膀胱), 기관지(氣管支), 자궁(子宮)
❸ 남녀성격: (남) 털털한 성격, 고집 대단, 신경예민, 지혜롭다, 명랑하다, 예의 있다, 준법정신, 처 덕 있다, 처궁불미, 성실하다, 눈치가 빠름, 운동 잘함
　　　　　(여) 남자 같은 시원한 성격, 새것을 좋아함, 미모 수려, 남편 덕, 정부, 부궁불미, 자손 덕, 눈치가 빠름, 신경 예민, 이성수신

🌀 세운 · 질병 · 남녀성격의 해설(歲運 · 疾病 · 男女性格의 解說)

❶ 세운정축년(歲運丁丑年)= ※관재, 손재, 신액은 ※세운정축년(歲運丁丑年)의 축토(丑土)는 임수일주(壬水日柱)의 정관(正官)으로 원명사주(源命四柱)에 재살(財殺)이 태왕(太旺)인데 세운(歲運)에서 재(財)나 관살운(官殺運)이 들어오면 ※관재수를 조심해야 하며 또는 손재수를 조심해야 하며 또는 건강을 조심해야 한다.

❷ 질병(疾病)은 신장, 방광은 일주(日柱)에서 발생(發生)하며 ※기관지, 자궁은 ※임수일주(壬水日柱)가 원명사주(源命四柱)에 재살(財殺)이 태왕(太旺)이면 ※기관지와 자궁을 조심해야 한다.

❸ 남녀성격은 일주(日柱)에서 발생(發生)한다.

정축년 (丁丑年)

58년(음) 9월 10일 인(寅)시 남자

<table>
<tr><td>壬</td><td>壬</td><td>壬</td><td>戊</td></tr>
<tr><td>寅</td><td>申</td><td>戌</td><td>戌</td></tr>
</table>

56	46	36	26	16	6
戊	丁	丙	乙	甲	癸
辰	卯	寅	丑	子	亥

이 사주는 임수일주(壬水日柱)가 계추술월(季秋戌月)에 출생하여 실시(失時)하고 술중무토(戌中戊土)가 년상(年上)에 투출(透出)하여 일주(日柱)는 신약사주(身弱四柱)다. 어떻게 보면 월일시(月日時) 삼임수(三壬水)는 일지신금(日支申金)에 장생(長生)하여 4 대 4로 신왕사주(身旺四柱)같이 보이나 월지술토(月支戌土)는 한 개지만 두 개 이상의 힘을 가지고 있으며 또한 조토(燥土)로서 일주(日柱)는 신약사주(身弱四柱)다. 그러므로 살인상생(殺印相生)으로 금인수(金印綬)가 용신(用神)이며 수비견겁(水比肩劫)은 희신(喜神)이 된다. 이 사주는 남자(男子)의 사주로서 편관격(偏官格)을 놓은 사람은 행동에 제지를 받으며 환경(環境)에 제약(制約)을 받고 자기 사업이 불가하며 욕심이 많고 자손에 대한 노고(勞苦)가 많고 군인이나 정치가 같은 권력, 영웅호걸의 기상(氣像)을 갖고 있어 군인이나 경찰이나 수사기관(搜査機關), 무관(武官)으로 직업을 가지게 되는 경우가 많은데 만약 사업을 하게 되면 운(運)이 없는 사람들은 사업 실패를 자초하며 이와 반대로 대운(大運)이 잘 들어오면 크게 성공하는 사주다. 이 사주는 경찰관(警察官)으로 근무하다가 운(運)이 없어 승진이 안되어 퇴직하고 46세 정화대운(丁火大運)에 사업을 경영하였으나 시상임수(時上壬水)와 정임합(丁壬合)으로 합거(合去)되어 재산을 탕진하고 처(妻)와 이혼하고 혼자 살고 있는 사주다.

❶ 세운정축년(歲運丁丑年): 관재, 손재, 신액
❷ 질병(疾病): 냉(冷), 신장(腎臟), 방광(膀胱)
❸ 남녀성격: (남) 털털한 성격, 원만하다, 활발하다, 지혜롭다, 포용력, 만인의 신망, 고집 대단, 박력 있다, 영리하다, 일독십지, 처 덕 있다
    (여) 남자 같은 시원한 성격, 새것을 좋아함, 영리하다, 부궁불미, 정부, 예능, 문학에 소질 있다, 친모봉양

세운·질병·남녀성격의 해설 (歲運·疾病·男女性格의 解說)

❶ 세운정축년(歲運丁丑年)= ※관재, 손재, 신액은 ※세운정축년(歲運丁丑年)의 축토(丑土)는 임수일주(壬水日柱)의 정관(正官)으로 원명사주(源命四柱)에 재살(財殺)이 태왕(太旺)인데 세운(歲運)에서 재(財)나 관살운(官殺運)이 들어오면 ※관재수를 조심해야 하며 또는 손재수를 조심해야 하며 또는 건강을 조심해야 한다.

❷ 질병(疾病)은 일주(日柱)에서 발생(發生)한다.

❸ 남녀성격은 일주(日柱)에서 발생(發生)한다.

정축년 (丁丑年)

58년(음) 8월 30일 진(辰)시 여자

<table>
<tr><td>甲</td><td>壬</td><td>壬</td><td>戊</td></tr>
<tr><td>辰</td><td>戌</td><td>戌</td><td>戌</td></tr>
</table>

51	41	31	21	11	1
丙	丁	戊	己	庚	辛
辰	巳	午	未	申	酉

이 사주는 임수일주가 계추술월(季秋戌月)에 출생하여 실시(失時)하고 술중무토(戌中戊土)가 년상(年上)에 투출(透出)하여 편관격(偏官格)이다. 지지(地支)는 전토국(全土局)을 이루고 년상(年上)에 무토(戊土)가 투출(透出)하여 종살격(從殺格) 같이 보인다. 그러나 시상(時上)에 갑목식신(甲木食神)이 투출(透出)하여 그 갑목(甲木)은 진중을목(辰中乙木)에 근(根)하고 년월(年月) 양 임수(兩壬水)의 생(生)을 받아 많은 토살(土殺)을 제(制)하니 이런 사주를 식신(食神) 제살격(制殺格)이라고 한다. 그러므로 갑목식신(甲木食神)이 용신(用神)이며 수비견겁(水比肩劫)은 희신(喜神)이 된다. 이 사주는 여자의 사주로서 사업을 경영하였으나 46세 사화대운(巳火大運)에 사업 실패하고 남편과 이혼하고 혼자 살고 있는 사주다. 년간지(年干支) 무술생(戊戌生)의 공망(空亡)은 시지진토(時支辰土)로서 부궁(夫宮)이 부실하다.

❶ 세운정축년(歲運丁丑年): 이별수, 복통, 수술, 관재, 손재, 신액
❷ 질병(疾病): 신장(腎臟), 방광(膀胱)
❸ 남녀성격: (남) 털털한 성격, 선견지명, 남에게 잘함, 욕심 많다, 일찍 사회에 진출, 성질 급, 자수성가, 부모 덕, 재복 있다, 처 덕 있다, 자손귀자, 신앙심, 지구력 강함, 능력 있다
　　　　　(여) 남자 같은 시원한 성격, 새것을 좋아함, 부궁불미, 정부, 재가, 독수공방, 이성 구설, 재복 있다, 신앙심

세운·질병·남녀성격의 해설 (歲運·疾病·男女性格의 解說)

❶ 세운정축년(歲運丁丑年)= ※이별수, 복통, 수술, 관재, 손재, 신액은 ※세운정축년(歲運丁丑年)의 축토(丑土)는 임수일주(壬水日柱)의 정관(正官)으로 여자 사주에 관살(官殺)이 태왕(太旺)인데 세운(歲運)에서 관살운(官殺運)이 들어오면 ※가정에 불화가 많이 생긴다든가 또는 남편과 떨어져 산다든가 또는 이혼한다든가 또는 남편이 사망하는 수도 있다. 그리고 ※ 복통, 수술, 관재는 ※세운정축년(歲運丁丑年)의 축토(丑土)는 일지술토(日支戌土)와 축술(丑戌)로 형살(刑殺)이 되므로 세운(歲運)에서 일지(日支) 형살운(刑殺運)이 들어오면 ※배가 아프다든가 또는 수술을 한다든가 또는 관재수를 조심해야 한다. 그리고 ※손재, 신액은 ※세운정축년(歲運丁丑年)의 축토는 임수일주의 정관(正官)으로 원명사주(源命四柱)에 관살(官殺)이 태왕(太旺)인데 세운(歲運)에 재(財)나 관살운(官殺運)이 들어오면 ※손재수나 건강을 조심해야 한다.

❷ 질병(疾病)과 ❸ 남녀성격은 일주(日柱)에서 발생(發生)한다.

정축년 (丁丑年)

62년(음) 1월 29일 사(巳)시 여자

乙	壬	壬	壬
巳	寅	寅	寅

60	50	40	30	20	10
丙	丁	戊	己	庚	辛
申	酉	戌	亥	子	丑

이 사주는 임수일주(壬水日柱)가 초봄 인월(寅月)에 출생하여 실시(失時)하고 원신을목(原神乙木)이 시상(時上)에 투출(透出)하고 년일지(年日支) 양인목(兩寅木)으로 상관식신(傷官食神)이 태왕(太旺)이다. 그러나 임수일주(壬水日柱)는 년월(年月) 양임수(兩壬水) 비견(比肩)이 있다 하나 그 비견(比肩)은 모두 근(根)이 없고 자좌인목(自坐寅木)에 설기(泄氣)가 심(甚)하여 수생목(水生木) 목생화(木生火)로 사주의 기(氣)는 시지사중(時支巳中) 병화재(丙火財)로 집중(集中)되어 있으므로 이런 사주를 상관(傷官) 용재격(用財格)이라고 한다. 그러므로 병화재(丙火財)가 용신(用神)이며 목(木) 상관식신(傷官食神)은 희신(喜神)이 된다. 이 사주는 여자(女子)의 사주로서 음식점을 경영하였는데 상관(傷官) 용재격(用財格)을 이루어 음식(飮食)솜씨는 좋으나 대운(大運)이 목화운(木火運)이 없어 사업 실패하고 남편(男便)과 이혼하고 혼자 힘들게 살아가고 있는 사주다. 부궁(夫宮)이 부실한 것은 시상(時上)에 상관(傷官)만 놓아도 부궁(夫宮)이 부실한데 년월일(年月日) 식신(食神)이 태왕(太旺)하여 부궁(夫宮)이 부실한 사주다. 그리고 일지인목(日支寅木)과 시지사화(時支巳火)는 인사(寅巳)로 형살(刑殺)이 되므로 상관식신(傷官食神)이 태왕(太旺)하고 형살(刑殺)이 되면 유방(乳房)이나 자궁(子宮)을 조심해야 한다. 상관(傷官)은 유방(乳房)도 되고 자궁(子宮)도 되기 때문에 이 사주도 자궁(子宮)을 수술한 사주다.

❶ 세운정축년(歲運丁丑年): 이별수
❷ 질병(疾病): 신장(腎臟), 방광(膀胱), 냉(冷), 습(濕)
❸ 남녀성격: (남) 털털한 성격, 지혜롭다, 원만하다, 환경에 적응 잘함, 영리하다, 행운이 따른다, 항상 바쁨, 용기 있다, 타의 군림, 성질 급, 처 덕 있다, 장모봉양
(여) 남자 같은 시원한 성격, 새것을 좋아함, 영리하다, 남편을 꺾는다, 부궁불미, 정부, 자손귀자, 요리솜씨, 사회활동하면 인기

🔵 세운 · 질병 · 남녀성격의 해설 (歲運 · 疾病 · 男女性格의 解說)

❶ 세운정축년(歲運丁丑年)= ※이별수는 ※세운정축년(歲運丁丑年)의 축토(丑土)는 임수일주(壬水日柱)의 정관(正官)으로 여자 사주에 상관식신(傷官食神)이 태왕(太旺)인데 세운(歲運)에서 토관살운(土官殺運)이 들어오면 ※가정에 불화가 많이 생긴다든가 또는 남편과 떨어져 산다든가 또는 이혼한다든가 또는 남편이 사망하는 수도 있다.

❷ 질병(疾病)과 ❸ 남녀성격은 일주(日柱)에서 발생(發生)한다.

정축년 (丁丑年)

62년(음) 12월 24일 축(丑)시 여자

辛	壬	癸	壬
丑	戌	丑	寅

54	44	34	24	14	4
丁	戊	己	庚	辛	壬
未	申	酉	戌	亥	子

이 사주는 임수일주(壬水日柱)가 동계축월(冬季丑月)에 출생하여 실시(失時)하고 축중계수(丑中癸水)와 신금(辛金)이 투출(透出)하여 시상신금(時上辛金) 인수(印綬)로 격(格)을 잡는다. 그러므로 인수격(印綬格)이다. 그러나 임수일주(壬水日柱)는 자좌(自坐) 술중무토(戌中戊土)에 살지(殺地)에 앉았으며 년월(年月) 임계수(壬癸水) 비견겁(比肩劫)도 살지(殺地)와 인목(寅木)에 설기(泄氣)가 심(甚)하여 일주(日柱)는 신약사주(身弱四柱)로서 시상신금(時上辛金) 인수(印綬)가 용신(用神)이며 수비견겁(水比肩劫)은 희신(喜神)이 된다. 이 사주는 여자(女子)의 사주로서 39세 유금대운(酉金大運)에 사업을 경영하여 돈을 많이 벌었으나 44세 무토대운(戊土大運)에 월상계수(月上癸水)와 무계합(戊癸合)으로 합거(合去)되어 손해를 많이 보았고 49세 신금대운(申金大運)에 사업이 번창하여 재산을 복구하고 승승장구(乘勝長驅)하고 있으나 부궁(夫宮)이 부실하여 남편과 이혼하고 재혼(再婚)한 사주다. 부궁(夫宮)이 부실한 것은 일간지(日干支) 임술일주(壬戌日柱)의 공망(空亡)은 시지축토(時支丑土)이며 임술일주(壬戌日柱)는 백호관살(白虎官殺)이므로 부궁(夫宮)이 더욱더 부실한 사주다.

❶ 세운정축년(歲運丁丑年): 복통, 수술, 관재
❷ 질병(疾病): 신장(腎臟), 방광(膀胱)
❸ 남녀성격: (남) 털털한 성격, 선견지명, 남에게 잘함, 욕심 많다, 일찍 사회에 진출, 성질 급, 자수성가, 부모 덕, 재복 있다, 처 덕 있다, 자손귀자, 신앙심, 지구력 강함, 능력 있다
　　　　　 (여) 남자 같은 시원한 성격, 새것을 좋아함, 부궁불미, 정부, 재가, 독수공방, 이성 구설, 재복 있다, 신앙심

세운·질병·남녀성격의 해설 (歲運·疾病·男女性格의 解說)

❶ 세운정축년(歲運丁丑年)= ※복통, 수술, 관재는 ※세운정축년(歲運丁丑年)의 축토(丑土)는 일지 술토(日支戌土)와 축술(丑戌)로 형살(刑殺)이 되므로 세운(歲運)에서 일지(日支) 형살운(刑殺運)이 들어오면 ※배가 아프다든가 또는 수술을 한다든가 또는 관재수를 조심해야 한다.

❷ 질병(疾病)은 일주(日柱)에서 발생(發生)한다.

❸ 남녀성격은 일주(日柱)에서 발생(發生)한다.

정축년 (丁丑年)

61년(음) 12월 10일 신(申)시 남자

庚	癸	辛	辛
申	丑	丑	丑

53	43	33	23	13	3
乙	丙	丁	戊	己	庚
未	申	酉	戌	亥	子

이 사주는 계수일주(癸水日柱)가 동계축월(冬季丑月)에 출생하여 실시(失時)하였으나 축중신금(丑中辛金)이 년월(年月)에 투출(透出)하여 인수격(印綬格)이다. 그리고 시간지(時干支)에 경신금(庚申金)이 있어 일주(日柱)는 신왕사주(身旺四柱)다. 그러나 천간금수(天干金水)와 지지(地支) 전축토(全丑土)로 하늘은 차고 땅은 얼어 천한지동(天寒之冬)으로 축토(丑土)는 동토(凍土)가 되어 용신(用神)으로 쓸 수가 없다. 그러므로 토생금(土生金) 금생수(金生水)로 기종금수(氣從金水)하여 종강사주(從强四柱)다. 그러므로 수비견겁(水比肩劫)이 용신(用神)이며 금인수(金印綬)는 희신(喜神)이 된다. 이 사주는 남자(男子)의 사주로서 사업가(事業家)인데 초년(初年)에는 운(運)이 없어 고생(苦生)을 많이 하였고 38세 유금대운(酉金大運)에 5년 동안은 돈을 많이 벌었으나 43세 병화대운(丙火大運)에 월상신금(月上辛金)과 대운병화(大運丙火)와 병신합(丙辛合)으로 합거(合去)되어 재산(財産)을 탕진하고 48세 신금대운(申金大運)에 사업을 번창하여 재기(再起)하고 있는 사주다.

❶ 세운정축년(歲運丁丑年): 변화, 이사, 전근, 손재, 처액, 자연재앙
❷ 질병(疾病): 신장(腎臟), 방광(膀胱), 풍질(風疾)
❸ 남녀성격: (남) 털털한 성격, 근면 성실, 지혜롭다, 지구력 있다, 근심 많다, 처궁불미, 준법정신, 새벽잠이 없다
(여) 남자 같은 시원한 성격, 새것을 좋아함, 이성수신, 애교 많다, 정부, 재가, 부궁불미, 남자들의 인기

◑ 세운·질병·남녀성격의 해설 (歲運·疾病·男女性格의 解說)

❶ 세운정축년(歲運丁丑年)= ※변화, 이사, 전근, 손재, 처액, 자연재앙은 ※세운정축년(歲運丁丑年)의 축토(丑土)는 일지축토(日支丑土)와 축축(丑丑)으로 삼합이 되므로 세운에서 일지(日支) 삼합운(三合運)이 들어오면 ※변화가 생긴다든가 또는 이사를 한다든가 또는 직장을 옮기는 일이 많다. 그리고 ※손재, 처액은 ※세운정축년(歲運丁丑年)의 정화(丁火)는 계수일주의 편재(偏財)로 신왕(身旺)한 남자 사주에 세운에서 재운(財運)이 들어오면 ※손재수가 생긴다든가 또는 가정에 불화가 많이 생긴다든가 또는 처가 가출한다든가 또는 처의 건강을 조심해야 한다. 그리고 ※자연재앙은 ※세운정축년(歲運丁丑年)의 축토(丑土)는 년지축토(年支丑土)와 축축(丑丑)으로 똑같은 오행(五行)이므로 세운에서 년지(年支)같은 운(運)이 들어오면 ※자연재앙을 조심해야 한다.

❷ 질병(疾病)과 ❸ 남녀성격은 일주(日柱)에서 발생(發生)한다.

정축년 (丁丑年)

60년(음) 10월 13일 유(酉)시 여자

辛	癸	丁	庚
酉	亥	亥	子

58	48	38	28	18	8
辛	壬	癸	甲	乙	丙
巳	午	未	申	酉	戌

이 사주는 계수일주(癸水日柱)가 초겨울 해월(亥月)에 출생하여 득령(得令)하고 년일지(年日支) 해자수(亥子水)가 있어 비견겁(比肩劫)이 태왕(太旺)인데 년상경금(年上庚金) 인수(印綬)와 시간지(時干支) 신유금(辛酉金) 인수(印綬)가 있어 일주(日柱)가 태왕(太旺)이다. 그런데 이 사주는 종강사주(從强四柱)냐 아니면 종왕사주(從旺四柱)이냐의 기로(岐路)에 서게 된다. 그러나 이런 때에는 년상경금(年上庚金)과 시간지(時干支) 신유금(辛酉金)은 물의 원천(源泉)이며 또한 비견겁(比肩劫)이 인수(印綬)보다 더 많으므로 금(金)은 물을 따라감으로 이런 사주를 종왕사주(從旺四柱)라고 한다. 종왕사주(從旺四柱)에는 비견겁(比肩劫)이 용신(用神)이고 금인수(金印綬)가 희신(喜神)이 된다. 그런데 이 사주는 월상정화(月上丁火)가 있다 하나 그 정화(丁火)는 근(根)이 없고 자좌해수(自坐亥水)에 살지(殺地)에 앉아 힘이 없으므로 왕극사주(旺極四柱)에 해당한다. 그러므로 왕극사주(旺極四柱)에는 인수(印綬)로 일주(日柱)를 생(生)하여 더욱 더 왕(旺)하게 해야 하는 법칙으로 금인수(金印綬)가 용신(用神)이 되며 비견겁(比肩劫)은 희신(喜神)이 된다. 이 사주는 여자(女子)의 사주로서 33세 신금대운(申金大運)부터 사업(事業)을 하여 계수대운(癸水大運)까지 수억금을 벌었으나 43세 미토대운(未土大運)에 사업 실패하여 재산(財産)을 탕진하고 어렵게 살아가고 있는 사주다.

☯ 세운·질병·남녀성격의 해설 (歲運·疾病·男女性格의 解說)

❶ 세운정축년(歲運丁丑年)= ※손재, 신액은 ※세운정축년(歲運丁丑年)의 정화(丁火)는 계수일주(癸水日柱)의 편재(偏財)로 신왕(身旺)한 여자(女子) 사주에 비견겁(比肩劫)이 많고 재(財)가 쇠약(衰弱)한데 세운(歲運)에서 재운(財運)이 들어오면 ※손재수를 조심해야 하며 또는 건강을 조심해야 한다.

❷ 질병(疾病)과 ❸ 남녀성격은 일주(日柱)에서 발생(發生)한다.

정축년(丁丑年)

60년(음) 10월 23일 축(丑)시 남자

癸	癸	戊	庚
丑	酉	子	子

58	48	38	28	18	8
甲	癸	壬	辛	庚	己
午	巳	辰	卯	寅	丑

이 사주는 계수일주(癸水日柱)가 중동자월(中冬子月)에 출생하여 록근(祿根)하고 년지자수(年支子水)와 일시지(日時支) 유축금국(酉丑金局)과 년상경금(年上庚金)이 투출(透出)하여 일주(日柱)는 신왕사주(身旺四柱)다. 신왕사주(身旺四柱)에는 일주(日柱)를 제(制)하는 관살(官殺)이나 식신상관(食神傷官)으로 설기(泄氣)함이 좋은데 월상(月上)에 무토(戊土)가 투줄(透出)하여 있으나 그 무토정관(戊土正官)은 근(根)이 없고 많은 수국(水局)에 쓸려가 힘이 없으므로 용신(用神)으로 쓸 수가 없으며 시지(時支) 축중기토(丑中己土)가 있다고 하나 그 기토(己土)는 습토(濕土)이며 일지유금(日支酉金)과 유축(酉丑)으로 생합(生合)하여 용신(用神)으로 쓸 수가 없다. 그러므로 이 사주는 종왕사주(從旺四柱)가 되므로 수비견겁(水比肩劫)이 용신(用神)이며 금인수(金印綬)는 희신(喜神)이 된다.

❶ 세운정축년(歲運丁丑年): 손재, 처액, 변화, 이사, 전근
❷ 질병(疾病): 신장(腎臟), 심장(心臟), 방광(膀胱), 냉(冷), 중풍(中風)
❸ 남녀성격: (남) 털털한 성격, 성격이 까다롭다, 매사 철두철미, 박력이 모자란다, 영리하다, 총명하다, 암기력, 남에게 잘함, 호인이다, 고독 자초, 처 덕 있다
　　　　　 (여) 남자 같은 시원한 성격, 새것을 좋아함, 정이 많다, 부궁불미, 정부, 인덕 없다, 눈물 많다

세운 · 질병 · 남녀성격의 해설 (歲運 · 疾病 · 男女性格의 解說)

❶ 세운정축년(歲運丁丑年)= ※손재, 처액, 변화, 이사, 전근은 ※세운정축년(歲運丁丑年)의 정화(丁火)는 계수일주(癸水日柱)의 편재(偏財)로 원명사주(源命四柱)에 비견겁(比肩劫)이 태왕(太旺)하고 재(財)가 쇠약(衰弱)한데 세운(歲運)에서 재운(財運)이 들어오면 ※손재수를 조심해야 하며 또는 처가 가출한다든가 또는 처의 건강을 조심해야 한다. 그리고 ※변화, 이사, 전근은 ※세운정축년(歲運丁丑年)의 축토(丑土)는 일지유금(日支酉金)과 유축(酉丑)으로 삼합(三合)이 되므로 세운(歲運)에서 일지(日支) 삼합운(三合運)이 들어오면 ※변화가 생긴다든가 또는 이사를 한다든가 또는 직장을 옮기는 일이 많다.

❷ 질병(疾病)은 신장, 심장, 방광, 냉은 일주(日柱)에서 발생(發生)며 ※중풍은 ※계수일주(癸水日柱)가 해자월(亥子月)에 출생하면 ※중풍을 조심해야 한다.

❸ 남녀성격은 일주(日柱)에서 발생(發生)한다.

정축년 (丁丑年)

63년(음) 1월 16일 진(辰)시 여자

丙	癸	甲	癸
辰	未	寅	卯

58	48	38	28	18	8
庚	己	戊	丁	丙	乙
申	未	午	巳	辰	卯

이 사주는 계수일주(癸水日柱)가 초봄 인월(寅月)에 출생하여 실시(失時)하고 인중갑목(寅中甲木)이 월상(月上)에 투출(透出)하여 상관격(傷官格)이다. 그리고 지지(地支)는 년월지(年月支) 인묘목(寅卯木)으로 목국(木局)을 이루고 시상병화(時上丙火)가 투출(透出)하고 일시지(日時支) 진미토(辰未土)가 있어 수생목(水生木) 목생화(木生火) 화생토(火生土)로 재살(財殺)이 태왕(太旺)이다. 계수일주(癸水日柱)는 무근(無根)이며 자좌살지(自坐殺地)에 앉았으며 년상계수(年上癸水) 비견(比肩)이 있다 하나 년상계수(年上癸水) 비견(比肩)도 무근(無根)이며 자좌묘목(自坐卯木)에 설기(泄氣)가 심(甚)하여 힘이 없으므로 계수일주(癸水日柱)를 도와줄 힘이 없다. 그러므로 이 사주는 쇠극격(衰極格)에 해당하므로 쇠(衰)한 자는 상관식신(傷官食神)으로 설기(泄氣)하여 더욱 더 쇠(衰)하는 동시 계수일주(癸水日柱)를 극(剋)하는 관살(官殺)을 제(制)하여야 하기 때문에 시상갑목(時上甲木) 상관(傷官)이 용신(用神)이며 화재(火財)는 희신(喜神)이 된다.

❶ 세운정축년(歲運丁丑年): 이별수, 복통, 수술, 관재, 변동, 자연 재앙
❷ 질병(疾病): 신장(腎臟), 비(脾), 위(胃)
❸ 남녀성격: (남) 털털한 성격, 의리 있다, 신용 있다, 인내심, 지구력, 순진하다, 심술 많다, 꾸준히 노력으로 결실, 성격이 까다롭다, 옷에 신경, 신앙심, 편식, 처궁불미
　　　　　(여) 남자 같은 시원한 성격, 새것을 좋아함, 남편복이 없다, 정부, 재가, 인덕 없다

🔵 세운·질병·남녀성격의 해설 (歲運·疾病·男女性格의 解說)

❶ 세운정축년(歲運丁丑年)= ※이별수, 복통, 수술, 관재, 변동, 자연재앙은 ※세운정축년(歲運丁丑年)의 축토(丑土)는 계수일주의 편관(偏官)으로 여자 사주에 상관식신(傷官食神)이 태왕(太旺)인데 세운(歲運)에서 관살운(官殺運)이 들어오면 ※가정에 불화가 많이 생긴다든가 또는 남편과 떨어져 산다든가 또는 이혼한다든가 또는 남편이 사망하는 수도 있다. 그리고 ※복통, 수술, 관재, 변동, 자연재앙은 ※세운정축년(歲運丁丑年)의 축토(丑土)는 일지미토(日支未土)와 축미충(丑未沖)으로 세운(歲運)에서 일지충운(日支沖運)이 들어오면 ※배가 아프다든가 또는 수술을 한다든가 또는 관재수를 조심해야 하며 또는 변화가 생기게 되며 또는 자연재앙을 조심해야 한다.

❷ 질병(疾病)은 일주(日柱)에서 발생(發生)한다.

❸ 남녀 성격은 일주(日柱)에서 발생(發生)한다.

정축년 (丁丑年)

62년(음) 3월 21일 인(寅)시 여자

甲	癸	甲	壬
寅	巳	辰	寅

57	47	37	27	17	7
戊	己	庚	辛	壬	癸
戌	亥	子	丑	寅	卯

이 사주는 계수일주(癸水日柱)가 춘계진월(春季辰月)에 출생하여 실시(失時)하고 월시상(月時上) 양갑목(兩甲木)은 년시지(年時支) 양인목(兩寅木)에 록근(祿根)하여 상관식신(傷官食神)에 설기(泄氣)가 태심(太甚)하다. 년상임수(年上壬水) 비겁(比劫)이 있다 하나 그 임수(壬水)도 자좌인목(自坐寅木)에 설기(泄氣)가 심(甚)하여 일수(日柱)를 도울 힘이 없다. 그러므로 수생목(水生木) 목생화(木生火) 화생토(火生土)로 사주의 기(氣)는 진중무토(辰中戊土)에 집중되어 있으므로 진중무토(辰中戊土) 정관(正官)이 용신(用神)이며 화재(火財)는 희신(喜神)이 된다. 이 사주는 여자(女子)의 사주로서 42세 자수대운(子水大運)에 사업을 경영하여 손해를 많이 보다가 47세 기토대운(己土大運)에 월상갑목(月上甲木)과 갑기합(甲己合)으로 합거(合去)되어 재산을 탕진하고 병(病)까지 얻어 자궁(子宮) 수술한 사주다. 자궁(子宮)을 수술한 것은 여자(女子) 사주에 상관식신(傷官食神)이 태왕(太旺)하고 형살(刑殺)이 있으면 자궁(子宮)과 유방(乳房)을 조심해야 한다.

❶ 세운정축년(歲運丁丑年): 이별수, 변화, 이사, 전근
❷ 질병(疾病): 비뇨기(泌尿器), 장(臟)
❸ 남녀성격: (남) 털털한 성격, 인정 많다, 처세가 좋다, 외유내강, 자기 실속, 욕심 많다, 영리하다, 처 덕 있다, 자손귀자, 학업 장애
　　　　　　(여) 남자 같은 시원한 성격, 새것을 좋아함, 부궁불미, 이성 고민, 정부, 재복 있다

🌐 세운 · 질병 · 남녀성격의 해설 (歲運 · 疾病 · 男女性格의 解說)

❶ 세운정축년(歲運丁丑年)= ※이별수, 변화, 이사, 전근은 ※세운정축년(歲運丁丑年)의 축토(丑土)는 계수일주의 편관(偏官)으로 여자 사주에 상관식신(傷官食神)이 태왕(太旺)인데 세운(歲運)에서 관살운(官殺運)이 들어오면 ※가정에 불화가 많이 생긴다든가 또는 남편과 떨어져 산다든가 또는 이혼한다든가 또는 남편이 사망하는 수도 있다. 그리고 ※변화, 이사, 전근은 ※세운정축년(歲運丁丑年)의 축토(丑土)는 일지사화(日支巳火)와 사축(巳丑)으로 삼합(三合)이 되므로 세운(歲運)에서 일지(日支) 삼합운(三合運)이 들어오면 ※변화가 생긴다든가 또는 이사를 한다든가 또는 직장을 옮기는 일이 많다.

❷ 질병(疾病)은 일주(日柱)에서 발생(發生)한다.

❸ 남녀성격은 일주(日柱)에서 발생(發生)한다.

정축년 (丁丑年)

57년(음) 5월 3일 묘(卯)시 여자

乙	癸	乙	丁
卯	卯	巳	酉

52	42	32	22	12	2
辛	庚	己	戊	丁	丙
亥	戌	酉	申	未	午

이 사주는 계수일주(癸水日柱)가 초여름 사월(巳月)에 출생하여 실시(失時)하고 월시상(月時上) 양을목(兩乙木)은 일시지(日時支) 양묘목(兩卯木)에 근(根)하고 상관식신(傷官食神)이 태왕(太旺)하여 설기(泄氣)가 태심(太甚)하므로 일주(日柱)는 신약사주(身弱四柱)다. 다행히 년지유금(年支酉金) 인수(印綬)가 있어 그 유금인수(酉金印綬)로 많은 상관식신(傷官食神)을 제(制)하고 계수일주(癸水日柱)를 보신(補身)해야 하므로 유금인수(酉金印綬)가 용신(用神)이며 수비견겁(水比肩劫)은 희신(喜神)이 된다. 이 사주는 여자(女子)의 사주로서 37세 유금대운(酉金大運)에 사업을 경영하여 수억금을 벌었으며 42세 경금대운(庚金大運)에 월상을목(月上乙木)과 을경합(乙庚合)으로 합거(合去)되어 손해를 많이 보았으며 그 이후로도 운(運)이 없어 고생을 많이 하다가 52세 신금대운(辛金大運)에 사업이 번창하여 재산을 복구하고 잘살고 있는 사주다.

☯ 세운·질병·남녀성격의 해설 (歲運·疾病·男女性格의 解說)

❶ 세운정축년(歲運丁丑年)= ※이별수, 손재, 신액은 ※세운정축년(歲運丁丑年)의 축토(丑土)는 계수일주(癸水日柱)의 편관(偏官)으로 여자(女子) 사주에 상관식신(傷官食神)이 태왕(太旺)인데 세운(歲運)에서 관살운(官殺運)이 들어오면 ※가정에 불화가 많이 생긴다든가 또는 남편과 떨어져 산다든가 또는 이혼한다든가 또는 남편이 사망하는 수도 있다. 그리고 ※손재, 신액은 ※세운정축년(歲運丁丑年)의 정화(丁火)는 계수일주(癸水日柱)의 편재(偏財)로 신약사주(身弱四柱)에 세운(歲運)에서 재운(財運)이 들어오면 ※손재수를 조심해야 하며 또는 건강을 조심해야 한다.

❷ 질병(疾病)은 일주(日柱)에서 발생(發生)한다.

❸ 남녀성격은 일주(日柱)에서 발생(發生)한다.

정축년 (丁丑年)

58년(음) 6월 9일 진(辰)시 여자

丙	癸	己	戊
辰	卯	未	戌

56	46	36	26	16	6
癸	甲	乙	丙	丁	戊
丑	寅	卯	辰	巳	午

이 사주는 계수일주(癸水日柱)가 하계미월(夏季未月)에 출생하여 실시(失時)하고 미중기토(未中己土)가 월상(月上)에 투출(透出)하여 편관격(偏官格)이다. 그리고 년간지(年干支) 무술토(戊戌土)와 월간지(月干支) 기미토(己未土)와 시간지(時干支) 병진화토(丙辰火土)로 재살(財殺)이 태왕(太旺)이다. 계수일주(癸水日柱)를 도와주는 인수(印綬)나 비견겁(比肩劫)은 하나도 없으므로 이 사주는 쇠극격(衰極格)이다. 쇠(衰)한 자는 상관식신(傷官食神)으로 설기(泄氣)하여 더욱 더 쇠(衰)하게 하는 동시 계수일주(癸水日柱)를 극(剋)하는 관살(官殺)을 제(制)하여야 하기 때문에 일지(日支) 묘중을목(卯中乙木) 식신(食神)으로 용신(用神)한다. 그리고 병화재(丙火財)는 희신(喜神)이 된다. 이 사주는 여자(女子)의 사주로서 전업 주부로 살다가 41세 묘목대운(卯木大運)에 사업을 경영하여 돈을 많이 벌었으나 46세 갑목대운(甲木大運)에 월상기토(月上己土)와 갑기합(甲己合)으로 합거(合去)되어 재산을 탕진하고 남편(男便)과 이혼하고 어렵게 살고 있는 사주다.

❶ 세운정축년(歲運丁丑年): 이별수, 관재, 손재, 신액
❷ 질병(疾病): 풍질(風疾), 신장(腎臟), 방광(膀胱), 냉(冷)
❸ 남녀성격: (남) 털털한 성격, 만인 신망, 영리하다, 인자하다, 남에게 잘함, 준법정신, 고집 대단, 식복 있다, 처궁불미, 처 덕 있다, 소심하다, 운동 잘함, 마음 약
　　　　　 (여) 남자 같은 시원한 성격, 새것을 좋아함, 부궁불미, 자손근심, 정부, 재가, 애교 많다, 생리통이 심하다, 침착하다, 인내심, 눈물 많다, 인덕 있다

🔵 세운 · 질병 · 남녀성격의 해설 (歲運 · 疾病 · 男女性格의 解說)

❶ 세운정축년(歲運丁丑年)= ※이별수, 관재, 손재, 신액은 ※세운정축년(歲運丁丑年)의 축토(丑土)는 계수일주(癸水日柱)의 편관(偏官)으로 여자(女子) 사주에 관살(官殺)이 태왕(太旺)인데 세운(歲運)에서 관살운(官殺運)이 들어오면 ※가정에 불화가 많이 생긴다든가 또는 남편과 떨어져 산다든가 또는 이혼한다든가 또는 남편이 사망하는 수도 있다. 그리고 ※ 관재, 손재, 신액은 ※세운정축년(歲運丁丑年)의 축토(丑土)는 계수일주(癸水日柱)의 편관(偏官)으로 원명사주(源命四柱)에 재살(財殺)이 태왕(太旺)인데 세운(歲運)에서 재(財)나 관살운(官殺運)이 들어오면 ※관재수나 손재수나 건강을 조심해야 한다.

❷ 질병(疾病)은 일주(日柱)에서 발생(發生)한다.

❸ 남녀성격은 일주(日柱)에서 발생(發生)한다.

정축년 (丁丑年)

59년(음) 12월 28일 인(寅)시 남자

<table>
<tr><td>甲</td><td>癸</td><td>丁</td><td>己</td></tr>
<tr><td>寅</td><td>丑</td><td>丑</td><td>亥</td></tr>
</table>

57	47	37	27	17	7
辛	壬	癸	甲	乙	丙
未	申	酉	戌	亥	子

이 사주는 계수일주(癸水日柱)가 동계축월(冬季丑月)에 출생하여 실시(失時)하고 축중기토(丑中己土)가 년상(年上)에 투출(透出)하여 편관격(偏官格)으로 일주(日柱)가 심약(甚弱)하다. 다행히 계수일주(癸水日柱)는 년지(年支) 해중임수(亥中壬水)에 근(根)하고 일지(日支) 축중계수(丑中癸水)에 근(根)하므로 금인수(金印綬)가 용신(用神)이며 수비견겁(水比肩劫)은 희신(喜神)이 된다. 이 사주는 남자(男子)의 사주로서 물류회사에 근무하다가 36세 술토대운(戌土大運)에 퇴사하여 자영업(自營業)을 경영하여 37세 계수대운(癸水大運)에 모든 일이 순탄(順坦)하게 잘 풀렸으며 42세 유금대운(酉金大運)에 사업이 번창하여 수억금을 벌어 부동산에 투자하였다가 47세 임수대운(壬水大運)에 월상정화(月上丁火)와 정임합(丁壬合)으로 합거(合去)되어 손해를 많이 보았고 52세 신금대운(辛金大運)부터 사업이 번창하여 재산을 복구하고 승승장구(乘勝長驅)하고 있는 사주다.

☯ 세운·질병·남녀성격의 해설 (歲運·疾病·男女性格의 解說)

❶ 세운정축년(歲運丁丑年)= ※변화, 이사, 전근, 관재, 손재, 신액, 자연재앙은 ※세운정축년(歲運丁丑年)의 축토(丑土)는 일지축토(日支丑土)와 축축(丑丑)으로 삼합(三合)이 되므로 세운(歲運)에서 일지(日支) 삼합운(三合運)이 들어오면 ※변화가 생긴다든가 또는 이사를 한다든가 또는 직장을 옮기는 일이 많다. 그리고 ※관재, 손재, 신액은 ※세운정축년(歲運丁丑年)의 축토(丑土)는 계수일주(癸水日柱)의 편관(偏官)으로 원명사주(源命四柱)에 재살(財殺)이 태왕(太旺)인데 세운에서 재(財)나 관살운(官殺運)이 들어오면 ※관재수나 손재수나 건강을 조심해야 한다. 그리고 ※자연재앙은 ※세운정축년(歲運丁丑年)의 축토(丑土)는 일지축토(日支丑土)와 축축(丑丑)으로 똑같은 오행(五行)이므로 세운(歲運)에서 일지(日支)같은 운(運)이 들어오면 ※자연재앙을 조심해야 한다.

❷ 질병(疾病)과 ❸ 남녀성격은 일주(日柱)에서 발생(發生)한다.

무인년
(戊寅年)

무인년(戊寅年)

47년(음) 10월 29일 해(亥)시 여자

乙	甲	壬	丁
亥	子	子	亥

59	49	39	29	19	9
戊	丁	丙	乙	甲	癸
午	巳	辰	卯	寅	丑

이 사주는 갑목일주(甲木日柱)가 중동자월(中冬子月)에 출생하여 득령(得令)하고 지지(地支)는 해자(亥子)로 전수국(全水局)을 이루고 월상임수(月上壬水)가 투출(透出)하여 일주(日柱)는 신왕사주(身旺四柱)다. 신왕사주(身旺四柱)에는 관살(官殺)로 용신(用神)하거나 상관 식신(傷官食神)으로 설기(泄氣)함이 좋은데 일주(日柱)를 제(制)하는 관살(官殺)은 없고 설기(泄氣)하는 상관(傷官)이 년상정화(年上丁火)가 있다 하나 그 정화(丁火)는 근(根)이 없으며 자좌살지(自坐殺地)에 앉았고 월상임수(月上壬水)와 정임합목(丁壬合木)으로 목(木)으로 화(化)하여 사주(四柱) 전부가 수목(水木)으로 되어 있다. 그러므로 이 사주는 종강(從強)이냐 종왕사주(從旺四柱)냐 기로에 서게 된다. 이 사주는 갑을목(甲乙木)만 빼놓고 전부 수인수(水印綬)로 되어 있어 종강사주(從強四柱)다. 종강사주(從強四柱)에는 인수(印綬)가 용신(用神)인데 왕수(旺水)가 갑목(甲木)으로 설기(泄氣)함으로서 갑목(甲木) 비견겁(比肩劫)이 용신(用神)이고 수인수(水印綬)가 희신(喜神)이 된다. 이 사주는 여자(女子)의 사주로서 자궁(子宮)을 수술하고 남편과 이혼하고 혼자 살고 있는 사주다.

❶ 세운무인년(歲運戊寅年): 손재, 처액
❷ 질병(疾病): 간(肝), 풍(風), 냉(冷), 저혈압(低血壓), 유방(乳房), 자궁(子宮)
❸ 남녀성격: (남) 의지 굳다, 무뚝뚝하다, 웃음이 적다, 냉정하다, 임사즉결, 멋쟁이, 권모술수, 눈치가 빠르다, 신경 예민, 처궁불미
　　　　　(여) 의지 굳다, 인자함, 무뚝뚝하다, 웃음이 적다, 부궁불미

세운 · 질병 · 남녀성격의 해설 (歲運 · 疾病 · 男女性格의 解說)

❶ 세운무인년(歲運戊寅年)= ※손재, 처액은 ※세운무인년(歲運戊寅年)의 무토(戊土)는 갑목일주의 편재(偏財)로 신왕(身旺)한 남자 사주에 재(財)가 쇠약(衰弱)한데 세운(歲運)에서 재운(財運)이 들어오면 ※손재수가 생긴다든가 또는 가정에 불화가 많이 생긴다든가 또는 처가 말없이 가출한다든가 또는 처의 건강을 조심해야 한다.

❷ 질병(疾病)은 간, 풍, 냉, 저혈압은 일주(日柱)에서 발생(發生)하여 ※유방, 자궁은 ※원명사주(源命四柱)가 인수(印綬)가 태왕(太旺)하고 상관(傷官)이 약(弱)한데 세운(歲運)에서 상관(傷官)이나 인수운(印綬運)이 들어오면 ※유방과 자궁을 조심해야 한다. [암기] 상관(傷官)은 유방(乳房)도 되고 자궁(子宮)도 되기 때문이다.

❸ 남녀성격은 일주(日柱)에서 발생(發生)한다.

무인년 (戊寅年)

48년(음) 4월 21일 오(午)시 여자

庚	甲	丁	戊
午	寅	巳	子

58	48	38	28	18	8
辛	壬	癸	甲	乙	丙
亥	子	丑	寅	卯	辰

이 사주는 갑목일주(甲木日柱)가 초여름 사월(巳月)에 출생하여 실시(失時)하고 사중(巳中)에 무토(戊土)와 경금(庚金)이 투출(透出)하여 어느 오행(五行)으로 격(格)을 잡느냐의 기로(岐路)에 서게 된다. 날짜상으로 보아 사중(巳中)에는 병화(丙火)가 사령(司令)하는데 병화(丙火)는 없고 경금(庚金)이 투출(透出)하여 시상경금(時上庚金) 편관(偏官)으로 격(格)을 잡는다. 그러므로 편관격(偏官格)이다. 그리고 일주(日柱)는 화(火) 상관식신(傷官食神)에 설기(泄氣)가 심(甚)하고 한편으로는 경금(庚金)에 극(剋)을 받으므로 일주(日柱)는 신약사주(身弱四柱)로서 사주에 상관식신(傷官食神)이 많으므로 수인수(水印綬)로 상관식신(傷官食神)을 제(制)하고 일주(日柱)를 생(生)하여줘야 하므로 년지자수(年支子水) 인수(印綬)가 용신(用神)이며 목비견겁(木比肩劫)은 희신(喜神)이 된다. 이 사주는 여자(女子)의 사주로서 48세 임수대운(壬水大運)에 사업을 경영하였으나 월상정화(月上丁火)와 정임합(丁壬合)으로 합거(合去)되어 재산을 탕진하고 남편과 이혼하고 53세 자수인수(子水印綬) 대운(大運)에 경매사업을 하여 재산을 복구하고 돈을 많이 벌어 잘살고 있는 사주다. 부궁(夫宮)이 부실한 것은 년간지(年干支) 무자생(戊子生)의 공망(空亡)은 시지오화(時支午火)로서 일시지(日時支)에 공망(空亡)이 있으면 부궁이 부실하다.

❶ 세운무인년(歲運戊寅年): 변화, 이사, 전근, 관재, 손재, 신액
❷ 질병(疾病): 간(肝), 위산과다(胃酸過多)
❸ 남녀성격: (남) 의지 굳다, 무뚝뚝하다, 웃음이 적다, 고집 대단, 영리하다, 두령격, 일독십지, 인정 있다, 인내심 부족, 용기 있다, 청백지인, 남을 무시한다
　　　　　 (여) 의지 굳다, 무뚝뚝하다, 웃음이 적다, 부궁불미, 독수공방, 정부, 남에게 잘함, 돈이 잘 빠져나감, 친정형제 걱정

🌀 세운 · 질병 · 남녀성격의 해설 (歲運 · 疾病 · 男女性格의 解說)

❶ 세운무인년(歲運戊寅年)= ※변화, 이사, 전근, 관재, 손재, 신액은 ※세운무인년(歲運戊寅年)의 인목(寅木)은 일지인목(日支寅木)과 인인(寅寅)으로 삼합(三合)이 되므로 세운(歲運)에서 일지(日支) 삼합운(三合運)이 들어오면 ※변화가 생긴다든가 또는 이사를 한다든가 또는 직장을 옮기는 일이 많다. 그리고 ※관재, 손재, 신액은 ※세운무인년(歲運戊寅年)의 무토(戊土)는 갑목일주의 편재(偏財)로 사주에 재관(財官)이 왕(旺)한데 세운에서 재(財)나 관살운(官殺運)이 들어오면 ※관재수나 손재수나 건강을 조심해야 한다.

❷ 질병(疾病)과 ❸ 남녀성격은 일주(日柱)에서 발생(發生)한다.

무인년 (戊寅年)

48년(음) 6월 12일 오(午)시 남자

庚	甲	己	戊
午	辰	未	子

57	47	37	27	17	7
乙	甲	癸	壬	辛	庚
丑	子	亥	戌	酉	申

이 사주는 갑목일주(甲木日柱)가 하계미월(夏季未月)에 출생하여 실시(失時)하고 미중기토(未中己土)가 월상(月上)에 투출(透出)하여 정재격(正財格)이다. 그리고 년상무토(年上戊土) 일지진토(日支辰土)가 있어 재살(財殺)이 태왕(太旺)하므로 일주(日柱)는 신약사주(身弱四柱)다. 다행히 갑목일주(甲木日柱)는 진중을목(辰中乙木)에 근(根)하고 년지자수(年支子水) 인수(印綬)가 있어 종재(從財)하지 않으며 많은 토재(土財)를 제(制)하고 일주(日柱)를 보신(補身)하는 목비견겁(木比肩劫)이 용신(用神)이며 수인수(水印綬)는 희신(喜神)이 된다. 이 사주는 남자(男子)의 사주로서 토목공사(土木工事)에 근무(勤務)하다가 퇴사하여 42세 해수대운(亥水大運)에 사업을 경영하여 수억 금을 벌었으며 47세 갑목대운(甲木大運)에 월상기토(月上己土)와 갑기합(甲己合)으로 합거(合去)되어 단 한 번의 실패로 재산(財産)을 탕진(蕩盡)하고 처(妻)와 이혼하고 혼자 살다가 52세 자수대운(子水大運)에 부동산 중개업을 하여 돈을 많이 벌어 재혼(再婚)하여 잘살고 있는 사주다. 처궁(妻宮)이 부실한 것은 년간지(年干支) 무자생(戊子生)의 공망(空亡)은 시지오화(時支午火)이며 남자(男子) 사주에 재(財)가 많으면 처궁(妻宮)이 더욱더 부실하여 혼자 살거나 재혼하는 사람들이 많다.

❶ 세운무인년(歲運戊寅年): 관재, 손재, 신액
❷ 질병(疾病): 간(肝), 풍(風), 위(胃)
❸ 남녀성격: (남) 의지 굳다, 무뚝뚝하다, 웃음이 적다, 강직하다, 처궁불미, 신앙심, 재복 있다, 처 덕 있다, 재간 있다, 창의력, 이상적인 아이디어가 있다
    (여) 의지 굳다, 무뚝뚝하다, 웃음이 적다, 시모불합, 부궁불미, 정부

🌐 세운 · 질병 · 남녀성격의 해설 (歲運 · 疾病 · 男女性格의 解說)

❶ 세운무인년(歲運戊寅年)= ※관재, 손재, 신액은 ※세운무인년(歲運戊寅年)의 무토(戊土)는 갑목일주(甲木日柱)의 편재(偏財)로 사주에 재살(財殺)이 왕(旺)한데 세운(歲運)에서 재(財)나 관살운(官殺運)이 들어오면 ※관재수를 조심해야 하며 또는 손재수를 조심해야 하며 또는 건강을 조심해야 한다.

❷ 질병(疾病)은 일주(日柱)에서 발생(發生)한다.

❸ 남녀성격은 일주(日柱)에서 발생(發生)한다.

무인년 (戊寅年)

53년(음) 5월 2일 술(戌)시 남자

甲	甲	戊	癸
戌	午	午	巳

52	42	32	22	12	2
壬	癸	甲	乙	丙	丁
子	丑	寅	卯	辰	巳

이 사주는 갑목일주(甲木日柱)가 중하오월(中夏午月)에 출생하여 실시(失時)하고 지지(地支)는 인오사오(寅午巳午)로 화국(火局)을 이루고 월상무토(月上戊土)가 투출(透出)하여 상관(傷官)과 재(財)가 태왕(太旺)이다. 갑목일주(甲木日柱)는 근(根)이 없으며 자좌오화(自坐午火)에 설기(泄氣)가 심(甚)하고 시상갑목(時上甲木) 비견(比肩)이 있다 하나 그 비견(比肩)도 근(根)이 없으며 술중무신(戌中戊辛)에 재살지(財殺地)에 앉았고 년상계수(年上癸水) 인수(印綬)가 있다 하나 그 인수(印綬)도 근(根)이 없어 물이 말라 버렸다. 그러므로 이 사주는 목생화(木生火) 화생토(火生土)로 상관(傷官) 용재격(用財格)이 되므로 토재(土財)가 용신(用神)이며 화(火) 상관식신(傷官食神)은 희신(喜神)이 된다. 이 사주는 남자(男子)의 사주로서 상관(傷官) 용재격(用財格)을 놓은 사람은 음식(飮食)솜씨가 좋아 제빵회사에 다니다가 갑인대운(甲寅大運)에 회사를 퇴사하여 사업(事業)을 경영(經營)하였으나 종(從)하는 사주에 비견겁운(比肩劫運)이 들어와 손해를 많이 보다가 42세 계수대운(癸水大運)에 월상무토(月上戊土)와 무계합(戊癸合)으로 합거(合去)되어 재산(財産)을 탕진(蕩盡)하고 처(妻)와 이혼하고 혼자 살고 있는 사주다. 종(從)하는 사주에 비견겁(比肩劫)이나 인수운(印綬運)이 들어오면 십중팔구 사업을 실패하게 된다.

❶ 세운무인년(歲運戊寅年): 변화, 이사, 전근, 관재, 손재, 신액
❷ 질병(疾病): 간(肝), 장(臟)
❸ 남녀성격: (남) 의지 굳다, 무뚝뚝하다, 남에게 잘함, 지구력 부족, 처궁불미, 용두사미, 성실하다, 인덕 없다
　　　　　　 (여) 의지 굳다, 인정 있다, 부궁불미, 정부, 남자의 근심

◉ **세운·질병·남녀성격의 해설** (歲運·疾病·男女性格의 解說)

❶ 세운무인년(歲運戊寅年)= ※변화, 이사, 전근, 관재, 손재, 신액은 ※세운무인년(歲運戊寅年)의 인목(寅木)은 일지오화(日支午火)와 인오(寅午)로 삼합(三合)이 되므로 세운(歲運)에서 일지(日支) 삼합운(三合運)이 들어오면 ※**변화가 생긴다든가 또는 이사를 한다든가 또는 직장을 옮기는 일이 많다.** 그리고 ※관재, 손재, 신액은 ※세운무인년(歲運戊寅年)의 무토(戊土)는 갑목일주(甲木日柱)의 편재(偏財)로 사주에 재살(財殺)이 왕(旺)한데 세운(歲運)에서 재(財)나 관살운(官殺運)이 들어오면 ※**관재수를 조심해야 하며 또는 손재수를 조심해야 하며 또는 건강을 조심해야 한다.**

❷ 질병(疾病)과 ❸ 남녀성격은 일주(日柱)에서 발생(發生)한다.

무인년 (戊寅年)

56년(음) 6월 9일 오(午)시 남자

庚	甲	乙	丙
午	申	未	申

57	47	37	27	17	7
辛	庚	己	戊	丁	丙
丑	子	亥	戌	酉	申

이 사주는 갑목일주(甲木日柱)가 하계미월(夏季未月)에 출생하여 실시(失時)하고 시지오화(時支午火)와 오미(午未)로 화국(火局)을 이루고 년상병화(年上丙火)가 투출(透出)하여 상관식신(傷官食神)이 왕(旺)하며 년지신금(年支申金)과 일지(日支) 신중경금(申中庚金)이 시상(時上)에 투출(透出)하여 한편으로는 상관(傷官)에 설기(泄氣)가 심(甚)하고 한편으로는 경금편관(庚金偏官)의 극(剋)을 받으며 갑목일주(甲木日柱)는 자좌신금(自坐申金)에 살지(殺地)에 앉아 일주(日柱)가 심약(甚弱)하다. 월상을목(月上乙木) 비겁(比劫)이 있다 하나 일주가 쇠약(衰弱)하므로 목생화(木生火) 화생토(火生土) 토생금(土生金)으로 사주의 기(氣)는 시상경금(時上庚金) 편관(偏官)에 집중되어 있으므로 종살(從殺)하는 사주다. 그러므로 경금편관(庚金偏官)이 용신(用神)이며 토재(土財)는 희신(喜神)이 된다. 이 사주는 남자의 사주로서 27세 무술대운(戊戌大運)에 자동차 정비 사업을 하여 돈을 많이 벌었으나 37세 기토대운(己土大運)에 갑목일주(甲木日柱)와 갑기합(甲己合)으로 합거(合去)되어 손해를 많이 보았으며 42세 해수대운(亥水大運)에 종(從)하는 사주에 인수운(印綬運)이 들어와 재산을 탕진하고 아파트 경비원으로 힘들게 살고 있는 사주다.

❶ 세운무인년(歲運戊寅年): 관재, 손재, 신액, 관재, 수술, 자연재앙
❷ 질병(疾病): 간(肝), 담(膽)
❸ 남녀성격: (남) 의지 굳다, 무뚝뚝하다, 웃음이 적다, 소식한다, 다재다능, 영리하다, 꾀가 많다, 항상 바쁨, 칭찬받기 좋아함
（여) 의지 굳다, 무뚝뚝하다, 인자함, 영리하다, 다재다능, 이성 고민 정부, 고독하다, 신경쇠약

세운·질병·남녀성격의 해설 (歲運·疾病·男女性格의 解說)

❶ 세운무인년(歲運戊寅年)= ※관재, 손재, 신액, 관재, 수술, 자연재앙은 ※세운무인년(歲運戊寅年)의 무토(戊土)는 갑목일주(甲木日柱)의 편재(偏財)로 사주에 재살(財殺)이 왕(旺)한데 세운(歲運)에서 재(財)나 관살운(官殺運)이 들어오면 ※관재수를 조심해야 하며 또는 손재수를 조심해야 하며 또는 건강을 조심해야 한다. 그리고 ※관재, 수술, 자연재앙은 ※세운무인년(歲運戊寅年)의 인목(寅木)은 일지신금(日支申金)과 인신충(寅申沖)으로 세운(歲運)에서 일지충운(日支沖運)이 들어오면 ※관재수를 조심해야 하며 또는 수술을 조심해야 하며 또는 자연재앙을 조심해야 한다.

❷ 질병(疾病)은 일주(日柱)에서 발생(發生)한다.

❸ 남녀성격은 일주(日柱)에서 발생(發生)한다.

무인년 (戊寅年)

56년(음) 10월 1일 미(未)시 남자

辛	甲	戊	丙
未	戌	戌	申

51	41	31	21	11	1
甲	癸	壬	辛	庚	己
辰	卯	寅	丑	子	亥

이 사주는 갑목일주(甲木日柱)가 계추술월(季秋戌月)에 출생하여 실시(失時)하고 술중신금(戌中辛金)이 시상(時上)에 투출(透出)하여 정관격(正官格)이다. 그리고 지지(地支)는 월일시(月日時) 미술토(未戌土)와 년지신금(年支申金)과 시상신금(時上辛金)이 투출(透出)하여 재살(財殺)이 태왕(太旺)이다. 갑목일주(甲木日柱)는 근(根)이 없으며 일주(日柱)를 도와주는 인수(印綬)나 비견겁(比肩劫)이 하나도 없으므로 쇠극격(衰極格)에 해당한다. 쇠(衰)한 자는 상관식신(傷官食神)으로 설기(泄氣)하여 더욱더 쇠(衰)하게 하는 동시 일주(日柱)를 극(剋)하는 관살(官殺)을 제(制)하여야 하기 때문에 년상병화(年上丙火) 식신(食神)이 용신(用神)이며 토재(土財)는 희신(喜神)이 된다. 그리고 이 사주는 남자(男子)의 사주로서 정관격(正官格)을 놓은 사람은 용모가 단정하고 거취가 분명하며 가정교육을 잘 받고 성정(性情)이 순박하고 인덕(仁德)이 있고 문장이 투출하고 명예와 신용을 중요시 하며 장관(長官)이나 차관(次官)으로 직업을 많이 갖게 되는데 좋은 대운(大運)이 잘 들어와야 성공할 수 있으며 좋은 대운(大運)이 들어오지 않으면 평상지인(平常之人)으로 살게 되는 경우가 많다. 이 사주는 남자(男子)의 사주로서 공무원(公務員)의 사주다.

❶ 세운무인년(歲運戊寅年): 변화, 이사, 전근, 관재, 손재, 신액
❷ 질병(疾病): 간(肝), 담(膽)
❸ 남녀성격: (남) 의지 굳다, 무뚝뚝하다, 웃음이 적다, 인정 있다, 근면하다, 신앙심, 신용 있다, 충실하다, 재복 있다, 처궁불미, 두뇌 명철, 예감이 빠름
　　　　　(여) 의지 굳다, 무뚝뚝하다, 부궁불미, 정부, 재가, 자손근심

🌀 세운 · 질병 · 남녀성격의 해설 (歲運 · 疾病 · 男女性格의 解說)

❶ 세운무인년(歲運戊寅年)= ※변화, 이사, 전근, 관재, 손재, 신액은 ※세운무인년(歲運戊寅年)의 인목(寅木)은 일지술토(日支戌土)와 인술(寅戌)로 삼합(三合)이 되므로 세운(歲運)에서 일지(日支) 삼합운(三合運)이 들어오면 ※변화가 생긴다든가 또는 이사를 한다든가 또는 직장을 옮기는 일이 많다. 그리고 ※관재, 손재, 신액은 ※세운무인년(歲運戊寅年)의 무토(戊土)는 갑목일주의 편재(偏財)로 원명사주(源命四柱)에 재살(財殺)이 태왕(太旺)인데 세운(歲運)에서 재(財)나 관살운(官殺運)이 들어오면 ※관재수를 조심해야 하며 또는 손재수를 조심해야 하며 또는 건강을 조심해야 한다.

❷ 질병(疾病)은 일주(日柱)에서 발생(發生)한다.

❸ 남녀성격은 일주(日柱)에서 발생(發生)한다.

무인년 (戊寅年)

56년(음) 4월 18일 묘(卯)시 여자

丁	甲	癸	丙
卯	午	巳	申

57	47	37	27	17	7
丁	戊	己	庚	辛	壬
亥	子	丑	寅	卯	辰

이 사주는 갑목일주(甲木日柱)가 초여름 사월(巳月)에 출생하여 실시(失時)하고 사중병화(巳中丙火)가 년상(年上)에 투출(透出)하여 식신격(食神格)이며 일지오화(日支午火)와 사오(巳午)로 화국(火局)을 이루고 시상정화(時上丁火)가 투출(透出)하여 상관식신(傷官食神)이 대왕(太旺)이다. 다행히 갑목일주(甲木日柱)는 시지묘목(時支卯木) 양인(羊刃)에 근(根)하여 종(從)하지 않는다. 그러므로 많은 상관식신(傷官食神)을 제(制)하고 일주(日柱)를 생(生)하여 주는 수인수(水印綬)가 용신(用神)이며 목비견겁(木比肩劫)은 희신(喜神)이 된다. 식신격(食神格)을 놓은 사람은 의식주(衣食住)가 좋으며 예절(禮節)이 있고 지적(知的)인 생활을 하며 교육계(教育界)나 예체능(藝體能) 계통(系統)으로 소질(素質)이 있는 사주다. 이 사주는 여자(女子)의 사주로서 교사(教師)로 근무(勤務)하다가 52세 자수대운(子水大運)에 교장직(校長職)으로 취임(就任)하게 된 사주다.

❶ 세운무인년(歲運戊寅年): 변화, 이사, 전근, 관재, 손재, 신액
❷ 질병(疾病): 간(肝), 장(臟), 기관지(氣管支), 천식(喘息), 뇌출혈(腦出血)
❸ 남녀성격: (남) 의지 굳다, 무뚝뚝하다, 남에게 잘함, 지구력 부족, 처궁불미, 용두사미, 성실하다, 인덕 없다
　　　　　　(여) 의지 굳다, 인정 있다, 부궁불미, 정부, 남자의 근심

🌀 세운 · 질병 · 남녀성격의 해설 (歲運 · 疾病 · 男女性格의 解說)

❶ 세운무인년(歲運戊寅年)= ※변화, 이사, 전근, 관재, 손재, 신액은 ※세운무인년(歲運戊寅年)의 인목(寅木)은 일지오화(日支午火)와 인오(寅午)로 삼합(三合)이 되므로 세운(歲運)에서 일지(日支) 삼합운(三合運)이 들어오면 ※변화가 생긴다든가 또는 이사를 한다든가 또는 직장을 옮기는 일이 많다. 그리고 ※관재, 손재, 신액은 ※세운무인년(歲運戊寅年)의 무토(戊土)는 갑목일주의 편재(偏財)로 원명사주(源命四柱)에 재살(財殺)이 태왕(太旺)인데 세운(歲運)에서 재(財)나 관살운(官殺運)이 들어오면 ※관재수를 조심해야 하며 또는 손재수를 조심해야 하며 또는 건강을 조심해야 한다.

❷ 질병(疾病)은 간, 장은 일주(日柱)에서 발생(發生)하며 ※기관지, 천식, 뇌출혈은 ※원명사주(源命四柱)에 갑목일주(甲木日柱)가 화(火) 상관식신(傷官食神)이 태왕(太旺)이면 ※기관지와 천식과 뇌출혈을 조심해야 한다.

❸ 남녀성격은 일주(日柱)에서 발생(發生)한다.

무인년(戊寅年)

56년(음) 8월 10일 오(午)시 여자

庚	甲	丁	丙
午	申	酉	申

52	42	32	22	12	2
辛	壬	癸	甲	乙	丙
卯	辰	巳	午	未	申

이 사주는 갑목일주(甲木日柱)가 중추유월(中秋酉月)에 출생하여 실시(失時)하고 년일지(年日支) 양신금(兩申金)과 신궁경금(申宮庚金)이 시상(時上)에 투출(透出)하여 한편으로는 상관식신(傷官食神)에 설기(泄氣)가 심(甚)하고 한편으로는 관살(官殺)에 극(剋)을 받으므로 갑목일주(甲木日柱)는 심약(甚弱)하다. 그리고 갑목일주(甲木日柱)를 도와주는 인수(印綬)나 비견겁(比肩劫)이 하나도 없으므로 쇠극격(衰極格)에 해당한다. 쇠(衰)한 자는 상관식신(傷官食神)으로 설기(泄氣)하여 더욱더 쇠(衰)하게 하는 동시 일주(日柱)를 극(剋)하는 관살(官殺)을 제(制)하여야 하기 때문에 월상정화(月上丁火) 상관(傷官)이 용신(用神)이며 토재(土財)는 희신(喜神)이 된다. 이 사주는 여자(女子)의 사주로서 37세 사화대운(巳火大運)에 음식점을 경영하여 돈을 많이 벌었으나 42세 임수대운(壬水大運)에 월상정화(月上丁火)와 정임합(丁壬合)으로 합거(合去)되어 재산을 탕진하고 남편(男便)과 이혼하고 혼자 살고 있는 사주다. 부궁(夫宮)이 부실한 것은 여자 사주에 관살(官殺)이 태왕(太旺)이면 부궁(夫宮)이 부실하여 결혼(結婚)을 늦게 한다든가 또는 재혼을 하거나 혼자 사는 사람들이 많다.

❶ 세운무인년(歲運戊寅年): 관재, 손재, 신액, 관재, 수술, 자연 재앙
❷ 질병(疾病): 간(肝), 담(膽)
❸ 남녀성격: (남) 의지 굳다, 무뚝뚝하다, 웃음이 적다, 소식한다, 다재다능, 영리하다, 꾀가 많다, 항상 바쁨, 칭찬받기 좋아함
　　　　　(여) 의지 굳다, 무뚝뚝하다, 인자함, 영리하다, 다재다능, 이성 고민, 정부, 고독하다, 신경쇠약

세운·질병·남녀성격의 해설 (歲運·疾病·男女性格의 解說)

❶ 세운무인년(歲運戊寅年)= ※관재, 손재, 신액, 관재, 수술, 자연재앙은 ※세운무인년(歲運戊寅年)의 무토(戊土)는 갑목일주(甲木日柱)의 편재(偏財)로 원명사주(源命四柱)에 재살(財殺)이 태왕(太旺)인데 세운(歲運)에서 재(財)나 관살운(官殺運)이 들어오면 **※관재수를 조심해야 하며 또는 손재수를 조심해야 하며 또는 건강을 조심해야 한다. 그리고 ※관재, 수술, 자연재앙은 ※세운무인년(歲運戊寅年)의 인목(寅木)은 일지신금(日支申金)과 인신충(寅申沖)으로 세운(歲運)에서 일지충운(日支沖運)이 들어오면 ※관재수를 조심해야 하며 또는 수술을 조심해야 하며 또는 자연재앙을 조심해야 한다.**

❷ 질병(疾病)과 ❸ 남녀성격은 일주(日柱)에서 발생(發生)한다.

무인년 (戊寅年)

54년(음) 10월 10일 사(巳)시 여자

<table>
<tr><td>辛</td><td>乙</td><td>甲</td><td>甲</td></tr>
<tr><td>巳</td><td>丑</td><td>戌</td><td>午</td></tr>
</table>

59	49	39	29	19	9
戊	己	庚	辛	壬	癸
辰	巳	午	未	申	酉

이 사주는 을목일주(乙木日柱)가 계추술월(季秋戌月)에 출생하여 실시(失時)하고 술중신금(戌中辛金)이 시상(時上)에 투출(透出)하여 편관격(偏官格)이다. 그리고 지지(地支)는 오술사오(午戌巳午)로 화국(火局)을 이루어 을목일주(乙木日柱)는 심약(甚弱)하다. 을목일주(乙木日柱)는 자좌(自坐) 축중신금(丑中辛金)에 살지(殺地)에 앉았으며 년월(年月) 양갑목(兩甲木) 비겁(比劫)이 있다 하나 년상갑목(年上甲木)은 자좌오화(自坐午火)에 설기(泄氣)가 심(甚)하며 월상갑목(月上甲木) 비겁(比劫)도 술중신금(戌中辛金)에 살지(殺地)에 앉아 을목일주(乙木日柱)를 도와줄 수가 없다. 그러므로 목생화(木生火) 화생토(火生土) 토생금(土生金)으로 사주의 기(氣)는 시상신금(時上辛金)에 집중되어 있으므로 종살격(從殺格)이다. 그러므로 시상신금(時上辛金) 편관(偏官)이 용신(用神)이며 토재(土財)는 희신(喜神)이 된다. 이 사주는 여자(女子)의 사주로서 사업을 경영하였으나 운(運)이 없어 고생을 많이 하다가 49세 기토대운(己土大運)에 년상갑목(年上甲木)과 갑기합(甲己合)으로 합거(合去)되어 재산을 탕진하고 남편(男便)과 이혼하고 혼자 살고 있는 사주다. 부궁(夫宮)이 부실한 것은 여자(女子) 사주에 남편(男便)은 시상신금(時上辛金) 편관(偏官)인데 시지사화(時支巳火)에 살지(殺地)에 앉았고 일지축토(日支丑土)는 금(金)의 고장(庫藏)으로 남편(男便)이 무덤에 있는 형상(形象)이 되어 부궁(夫宮)이 부실한 사주다.

❶ 세운무인년(歲運戊寅年): 관재, 손재, 신액
❷ 질병(疾病): 간(肝), 담(膽), 풍(風)
❸ 남녀성격: (남) 성질 급, 근면성실, 의지 굳다, 무뚝뚝하다, 봉사정신, 형제불의, 밥을 빨리 먹는다, 재복 있다, 새벽잠이 없다, 신앙심
　　　　　　(여) 의지 굳다, 무뚝뚝하다, 인자함, 부궁불미, 정부, 재가, 독수공방, 자손근심, 남자 조종 잘한다

🌀 **세운·질병·남녀성격의 해설** (歲運 · 疾病 · 男女性格의 解說)

❶ 세운무인년(歲運戊寅年)= ※관재, 손재, 신액은 ※세운무인년(歲運戊寅年)의 무토(戊土)는 을목일주(乙木日柱)의 정재(正財)로 원명사주(源命四柱)에 재살(財殺)이 태왕(太旺)인데 세운(歲運)에서 재(財)나 관살운(官殺運)이 들어오면 ※관재수를 조심해야 하며 또는 손재수를 조심해야 하며 또는 건강을 조심해야 한다.

❷ 질병(疾病)과 ❸ 남녀성격은 일주(日柱)에서 발생(發生)한다.

무인년 (戊寅年)

53년(음) 10월 14일 자(子)시 여자

丙	乙	癸	癸
子	亥	亥	巳

56	46	36	26	16	6
己	戊	丁	丙	乙	甲
巳	辰	卯	寅	丑	子

이 사주는 을목일주(乙木日柱)가 초겨울 해월(亥月)에 출생하여 득령(得令)하고 일시지(日時支) 해자수(亥子水)와 자중계수(子中癸水)가 년월(年月)에 투출(透出)하여 을목일주(乙木日柱)는 신왕사주(身旺四柱)다. 신왕사주(身旺四柱)에는 관살(官殺)로 일주(日柱)를 제(制)하거나 상관식신(傷官食神)으로 설기(泄氣)함이 좋은데 다행히 시상병화(時上丙火)가 투출(透出)하여 년지사화(年支巳火)에 근(根)하여 있으므로 시상병화(時上丙火) 상관(傷官)으로 설기(泄氣)하므로 이런 사주를 가상관격(假傷官格)이라고 한다. 그러므로 화(火) 상관식신(傷官食神)이 용신(用神)이 된다. 이 사주는 여자(女子)의 사주로서 31세 인목대운(寅木大運)부터 운(運)이 잘 들어와 모든 일이 순탄(順坦)하게 잘 풀렸으며 46세 무토대운(戊土大運)에 월상계수(月上癸水)와 무계합(戊癸合)으로 합거(合去)되어 운(運)이 좋지 않아 자궁(子宮) 수술을 한 사주다. 자궁(子宮) 수술을 하게 된 것은 시상(時上)에 병화상관(丙火傷官)은 유방(乳房)도 되고 자궁(子宮)도 되는데 상관(傷官)이 쇠약하고 인수(印綬)가 태왕(太旺)인데 세운(歲運)에서 수인수(水印綬) 운(運)이 들어오면 유방(乳房)이나 자궁(子宮)을 조심해야 하며 또는 자손액(子孫厄)을 조심해야 한다.

❶ 세운무인년(歲運戊寅年): 이별수, 손재, 신액
❷ 질병(疾病): 풍(風), 냉(冷)
❸ 남녀성격: (남) 의지 굳다, 무뚝뚝하다, 강직하다, 영리하다, 인정 있다, 외유내강, 항상 바쁨, 예감이 빠름, 신앙심, 지혜롭다
　　　　　　(여) 의지 굳다, 무뚝뚝하다, 인자함, 영리하다, 장수한다, 부궁불미

세운·질병·남녀성격의 해설 (歲運·疾病·男女性格의 解說)

❶ 세운무인년(歲運戊寅年)= ※이별수, 손재, 신액은 ※세운무인년(歲運戊寅年)의 인목(寅木)은 을목일주(乙木日柱)의 비겁(比劫)으로 신왕(身旺)한 여자(女子) 사주에 세운(歲運)에서 비견겁운(比肩劫運)이 들어오면 ※가정에 불화가 많이 생긴다든가 또는 남편과 떨어져 산다든가 또는 이혼한다든가 또는 남편이 사망하는 수도 있다. 그리고 ※손재, 신액은 ※세운무인년(歲運戊寅年)의 무토(戊土)는 을목일주(乙木日柱)의 정재(正財)로 신왕(身旺)한 사주에 재(財)가 쇠약(衰弱)한데 세운(歲運)에서 재운(財運)이 들어오면 ※손재수를 조심해야 하며 또는 건강을 조심해야 한다.

❷ 질병(疾病)은 일주(日柱)에서 발생(發生)한다.

❸ 남녀성격은 일주(日柱)에서 발생(發生)한다.

무인년(戊寅年)

65년(음) 5월 1일 축(丑)시 남자

<table>
<tr><td>丁</td><td>乙</td><td>辛</td><td>乙</td></tr>
<tr><td>丑</td><td>酉</td><td>巳</td><td>巳</td></tr>
</table>

58	48	38	28	18	8
乙	丙	丁	戊	己	庚
亥	子	丑	寅	卯	辰

이 사주는 을목일주(乙木日柱)가 초여름 사월(巳月)에 출생하여 실시(失時)하고 년지사화(年支巳火)와 사사(巳巳)로 화국(火局)을 이루었으며 시상(時上)에 정화(丁火)가 투출(透出)하여 상관(傷官)이 태왕(太旺)이며 월일시지(月日時支) 사유축(巳酉丑)으로 금국(金局)을 이루었으며 유중신금(酉中辛金)이 월상(月上)에 투출(透出)하여 을목일주(乙木日柱)는 한편으로는 상관식신(傷官食神)에 설기(泄氣)가 심(甚)하고 한편으로는 편관(偏官)에 극(剋)을 받으므로 일주는 심약(甚弱)하다. 을목일주(乙木日柱)는 근(根)이 없으며 자좌유금(自坐酉金)에 살지(殺地)에 앉았으며 년상을목(年上乙木) 비견(比肩)도 근(根)이 없으며 자좌사화(自坐巳火)에 설기(泄氣)가 심(甚)하여 을목일주(乙木日柱)를 도와줄 힘이 없다. 그러므로 이 사주는 쇠극격(衰極格)에 해당하므로 쇠(衰)한 자는 상관식신(傷官食神)으로 설기(泄氣)하여 더욱더 쇠(衰)하게 하는 동시 일주(日柱)를 극(剋)하는 관살(官殺)을 제(制)하여야 하기 때문에 시상정화(時上丁火) 식신(食神)이 용신(用神)이며 토재(土財)는 희신(喜神)이 된다. 이 사주는 남자(男子)의 사주로서 전기(電氣) 사업을 경영하여 38세 정화대운(丁火大運)에 수억금을 벌어 잘살고 있는 사주다.

❶ 세운무인년(歲運戊寅年): 관재, 손재, 신액
❷ 질병(疾病): 간(肝), 담(膽), 간경화(肝硬化), 기관지(氣管支), 뇌출혈(腦出血)
❸ 남녀성격: (남) 무뚝뚝하다, 의지 굳다, 사리분명, 거취 분명, 만인 신망, 처 덕 있다, 처궁 불미, 남에게 잘함, 임기응변, 인정 있다
　　　　　 (여) 의지 굳다, 무뚝뚝하다, 인자함, 근면 성실, 남편 말을 잘 듣는다

☯ 세운·질병·남녀성격의 해설 (歲運·疾病·男女性格의 解說)

❶ 세운무인년(歲運戊寅年)= ※관재, 손재, 신액은 ※세운무인년(歲運戊寅年)의 무토(戊土)는 을목일주(乙木日柱)의 정재(正財)로 원명사주(源命四柱)에 재살(財殺)이 태왕(太旺)인데 세운(歲運)에서 재(財)나 관살운(官殺運)이 들어오면 ※관재수를 조심해야 하며 또는 손재수를 조심해야 하며 또는 건강을 조심해야 한다.

❷ 질병(疾病)은 간, 담, 간경화는 일주(日柱)에서 발생(發生)하며 ※기관지, 뇌출혈은 ※을목일주(乙木日柱)가 사오월(巳午月) 여름에 태어나고 화국(火局)을 이루면 ※기관지와 뇌출혈을 조심해야 한다.

❸ 남녀성격은 일주(日柱)에서 발생(發生)한다.

무인년 (戊寅年)

54년(음) 1월 5일 사(巳)시 여자

辛	乙	丙	甲
巳	未	寅	午

51	41	31	21	11	1
庚	辛	壬	癸	甲	乙
申	酉	戌	亥	子	丑

이 사주는 을목일주(乙木日柱)가 초봄 인월(寅月)에 출생하여 득령(得令)하고 인중병화(寅中丙火)와 갑목(甲木)이 년월(年月)에 투출(透出)하여 어느 오행(五行)으로 격(格)을 잡느냐의 기로(岐路)에 서게 된다. 년상갑목(年上甲木)은 비겁(比劫)이 되므로 비견겁(比肩劫)은 격(格)을 주지 않으며 건록격(建祿格)에서 다루기로 한다. 그러므로 월상병화(月上丙火) 상관(傷官)으로 격(格)을 잡는다. 그러므로 상관격(傷官格)이다. 년지오화(年支午火)와 월지인목(月支寅木)과 인오(寅午)로 화국(火局)을 이루고 일시지(日時支) 사미(巳未)로 화국(火局)을 이루어 을목일주는 신약사주(身弱四柱)가 된다. 그러므로 많은 상관식신(傷官食神)을 제(制)하고 을목일주(乙木日柱)를 생(生)하여 주는 수인수(水印綬)가 용신(用神)이며 목비견겁(木比肩劫)은 희신(喜神)이 된다. 이 사주는 여자의 사주로서 상관격(傷官格)을 놓은 사람은 고집이 대단하며 무서운 것이 없으며 재주가 비범(非凡)하며 팔방미인이며 임기응변(臨機應變)과 기술, 예체능 모든 방면(方面)에 소질이 있어 초년(初年)에 모든 일이 잘 풀렸으나 그 이후로는 운(運)이 없어 무능(無能)한 삶을 살고 있는 사주다.

❶ 세운무인년(歲運戊寅年): 관재, 손재, 신액, 신경과민
❷ 질병(疾病): 간(肝), 담(膽), 위장(胃臟)
❸ 남녀성격: (남) 의지 굳다, 무뚝뚝하다, 인정 있다, 총명하다, 근면 성실, 학문, 예술, 자수
　　　　　　성가, 처궁불미, 성격이 까다롭다, 옷에 신경, 편식한다, 신앙심
　　　　　(여) 의지 굳다, 무뚝뚝하다, 인자함, 부궁불미, 정부, 시모불합, 자식에게 애정
　　　　　　많음

🌀 세운·질병·남녀성격의 해설 (歲運·疾病·男女性格의 解說)

❶ 세운무인년(歲運戊寅年)= ※관재, 손재, 신액, 신경과민은 ※세운무인년(歲運戊寅年)의 무토(戊土)는 을목일주(乙木日柱)의 정재(正財)로 원명사주(源命四柱)에 재살(財殺)이 태왕(太旺)인데 세운(歲運)에서 재(財)나 관살운(官殺運)이 들어오면 ※관재수를 조심해야 하며 또는 손재수를 조심해야 하며 또는 건강을 조심해야 한다. 그리고 ※신경과민은 ※세운무인년(歲運戊寅年)의 인목(寅木)은 일지미토(日支未土)와 인미(寅未)로 귀문관살(鬼門關殺)이 되므로 세운(歲運)에서 일지(日支) 귀문(鬼門) 관살운(關殺運)이 들어오면 ※모든 일에 신경을 많은 쓰게 된다.

❷ 질병(疾病)은 일주(日柱)에서 발생(發生)한다.

❸ 남녀성격은 일주(日柱)에서 발생(發生)한다.

무인년 (戊寅年)

57년(윤) 8월 7일 사(巳)시 여자

辛	乙	己	丁
巳	巳	酉	酉

53	43	33	23	13	3
乙	甲	癸	壬	辛	庚
卯	寅	丑	子	亥	戌

이 사주는 을목일주(乙木日柱)가 중추유월(中秋酉月)에 출생하여 실시(失時)하고 유중신금(酉中辛金)이 시상(時上)에 투출(透出)하여 편관격(偏官格)이다. 그리고 지지(地支)는 년월(年月) 양유금(兩酉金) 금국(金局)과 일시지(日時支) 양사화(兩巳火)로 화국(火局)을 이루고 년상(年上)에 정화(丁火)가 투출(透出)하여 을목일주(乙木日柱)는 심약(甚弱)하다. 을목일주(乙木日柱)를 도와주는 인수(印綬)나 비견겁(比肩劫)이 하나도 없으므로 쇠극격(衰極格)에 해당한다. 쇠(衰)한 자는 상관식신(傷官食神)으로 설기(泄氣)하여 더욱더 쇠(衰)하게 하는 동시 일주(日柱)를 극(剋)하는 관살(官殺)을 제(制)하여야 하기 때문에 상관식신(傷官食神)이 용신(用神)이며 토재(土財)는 희신(喜神)이 된다. 이 사주는 여자(女子)의 사주로서 사업을 경영하여 38세 축토대운(丑土大運)에 돈을 조금 벌었으나 43세 갑목대운(甲木大運)에 월상기토(月上己土)와 갑기합(甲己合)으로 합거(合去)되어 재산을 탕진하고 남편(男便)과 이혼하고 혼자 살고 있는 사주다. 부궁(夫宮)이 부실한 것은 년간지(年干支) 정유생(丁酉生)의 공망(空亡)은 일지사화(日支巳火)로서 일시지(日時支)에 공망(空亡)이 있으면 부궁(夫宮)이 부실하다.

❶ 세운무인년(歲運戊寅年): 관재, 손재, 신액, 관재, 수술
❷ 질병(疾病): 간(肝), 담(膽)
❸ 남녀성격: (남) 의지 굳다, 무뚝뚝하다, 웃음이 적다, 인정 있다, 예의 있다, 명랑하다, 영리하다, 처궁불미, 고독하다, 돈이 잘 빠져나간다
　　　　　　(여) 의지 굳다, 무뚝뚝하다, 인자하다, 부궁불미, 정부, 재가, 애교 많음

🔵 세운·질병·남녀성격의 해설 (歲運·疾病·男女性格의 解說)

❶ 세운무인년(歲運戊寅年)= ※관재, 손재, 신액, 관재, 수술은 ※세운무인년(歲運戊寅年)의 무토(戊土)는 을목일주(乙木日柱)의 정재(正財)로 원명사주(源命四柱)에 재살(財殺)이 태왕(太旺)인데 세운(歲運)에서 재(財)나 관살운(官殺運)이 들어오면 ※관재수를 조심해야 하며 또는 손재수를 조심해야 하며 또는 건강을 조심해야 한다. 그리고 ※관재, 수술은 ※세운무인년(歲運戊寅年)의 인목(寅木)은 일지사화(日支巳火)와 인사형살(寅巳刑殺)이 되므로 세운(歲運)에서 일지(日支) 형살운(刑殺運)이 들어오면 ※관재수를 조심해야 하며 또는 수술을 조심해야 한다.

❷ 질병(疾病)은 일주(日柱)에서 발생(發生)한다.

❸ 남녀성격은 일주(日柱)에서 발생(發生)한다.

무인년(戊寅年)

56년(음) 1월 7일 묘(卯)시 여자

己	乙	庚	丙
卯	卯	寅	申

54	44	34	24	14	4
甲	乙	丙	丁	戊	己
申	酉	戌	亥	子	丑

이 사주는 을목일주(乙木日柱)가 초봄 인월(寅月)에 출생하여 득령(得令)하고 인중병화(寅中丙火)가 년상(年上)에 투출(透出)하여 상관격(傷官格)이다. 그리고 을목일주(乙木日柱)는 일시지(日時支) 양묘목(兩卯木)에 록근(祿根)하여 을목일주(乙木日柱)는 신왕사주(身旺四柱)다. 신왕사주(身旺四柱)에는 관살(官殺)로 일주(日柱)를 제(制)하거나 상관식신(傷官食神)으로 설기(泄氣)함이 좋은데 월상(月上)에 경금정관(庚金正官)과 년상(年上)에 병화상관(丙火傷官)이 있어 어느 오행(五行)으로 용신(用神)을 잡느냐의 기로(岐路)에 서게 된다. 그러나 신왕사주(身旺四柱)에는 관살(官殺)로 용신(用神)함을 우선하기 때문에 월상경금(月上庚金) 정관(正官)으로 용신(用神)한다. 그리고 토재(土財)는 희신(喜神)이 된다. 이 사주는 남자(男子)의 사주로서 44세 을목대운(乙木大運)에 사업을 경영하였으나 월상경금(月上庚金)과 을경합(乙庚合)으로 합거(合去)되어 손해를 많이 보았고 49세 유금대운(酉金大運)에 용신경금(用神庚金)을 보신(補身)하여 사업(事業)을 재기하여 재산을 복구하고 승승장구(乘勝長驅)하다가 54세 갑목대운(甲木大運)에 사업이 부실해져 손해를 보고 있는 중이다.

❶ 세운무인년(歲運戊寅年): 이별수, 손재, 신액

❷ 질병(疾病): 중풍(中風), 위산과다(胃酸過多)

❸ 남녀성격: (남) 의지 굳다, 강직하다, 미남이다, 농담 잘함, 주관이 강함, 인정 있다, 인색하다, 처궁불미, 영리하다, 지구력 부족, 분주 다사, 마음 약

(여) 의지 굳다, 무뚝뚝하다, 고집 대단, 친정형제 걱정, 부궁불미, 정부, 마음 약, 근심이 많다

🔵 세운·질병·남녀성격의 해설(歲運·疾病·男女性格의 解說)

❶ 세운무인년(歲運戊寅年)= ※이별수, 손재, 신액은 ※세운무인년(歲運戊寅年)의 인목(寅木)은 을목일주(乙木日柱)의 비겁(比劫)으로 신왕(身旺)한 여자(女子) 사주에 세운(歲運)에서 비견겁운(比肩劫運)이 들어오면 ※가정에 불화가 많이 생긴다든가 또는 남편과 떨어져 산다든가 또는 이혼한다든가 또는 남편이 사망하는 수도 있다. 그리고 ※손재, 신액은 ※세운무인년(歲運戊寅年)의 무토(戊土)는 을목일주(乙木日柱)의 정재(正財)로 신왕(身旺)한 사주에 재(財)가 쇠약(衰弱)한데 세운(歲運)에서 재운(財運)이 들어오면 ※손재수를 조심해야 하며 또는 건강을 조심해야 한다.

❷ 질병(疾病)과 ❸ 남녀성격은 일주(日柱)에서 발생(發生)한다.

무인년 (戊寅年)

54년(음) 5월 8일 자(子)시 여자

丙	乙	庚	甲
子	未	午	午

51	41	31	21	11	1
甲	乙	丙	丁	戊	己
子	丑	寅	卯	辰	巳

이 사주는 을목일주(乙木日柱)가 중하오월(中夏午月)에 출생하여 실시(失時)하고 년지오화(年支午火)와 일지미토(日支未土)와 화국(火局)을 이루고 시상(時上)에 병화상관(丙火傷官)이 투출(透出)하여 상관식신(傷官食神)이 태왕(太旺)이다. 다행히 을목일주(乙木日柱)는 시지자수(時支子水) 인수(印綬)가 있어 많은 상관식신(傷官食神)을 제(制)하고 을목일주(乙木日柱)를 생(生)하여 주므로 자수인수(子水印綬)가 용신(用神)이며 목비견겁(木比肩劫)은 희신(喜神)이 된다. 이 사주는 여자(女子)의 사주로서 상관식신(傷官食神)이 많은 사람들은 교육계(敎育界)나 예체능(藝體能)이나 기술(技術)에 소질이 있기 때문에 이 사주도 디자인과를 졸업(卒業)하고 사업을 경영하여 36세 인목대운(寅木大運)에 돈을 조금 벌었고 41세 을목대운(乙木大運)에 월상경금(月上庚金)과 을경합(乙庚合)으로 합거(合去)되어 재산을 탕진하고 남편과 이혼하고 혼자 살고 있는 사주다. 부궁(夫宮)이 부실한 것은 여자(女子) 사주에 상관식신(傷官食神)이 태왕(太旺)이면 부궁(夫宮)이 부실하다.

❶ 세운무인년(歲運戊寅年): 신경과민
❷ 질병(疾病): 간(肝), 담(膽), 위장(胃臟), 기관지(氣管支), 천식(喘息), 편도선(扁桃腺), 뇌출혈(腦出血)
❸ 남녀성격: (남) 의지 굳다, 무뚝뚝하다, 인정 있다, 총명하다, 근면 성실, 학문, 예술, 자수성가, 처궁불미, 성격이 까다롭다, 옷에 신경, 편식한다, 신앙심
　　　　　(여) 의지 굳다, 무뚝뚝하다, 인자함, 부궁불미, 정부, 시모불합, 자식에게 애정 많음

세운 · 질병 · 남녀성격의 해설 (歲運 · 疾病 · 男女性格의 解說)

❶ 세운무인년(歲運戊寅年)= ※신경과민은 ※세운무인년(歲運戊寅年)의 인목(寅木)은 일지미토(日支未土)와 인미(寅未)로 귀문관살(鬼門關殺)이 되므로 세운(歲運)에서 일지(日支) 귀문(鬼門) 관살운(關殺運)이 들어오면 ※그해에는 모든 일에 신경을 많은 쓰게 된다.

❷ 질병(疾病)은 간, 담, 위장은 일주(日柱)에서 발생(發生)하며 ※기관지, 천식, 편도선, 뇌출혈은 ※원명사주(源命四柱)에 을목일주(乙木日柱)가 사오월(巳午月)에 출생하고 화국(火局)을 이루면 ※기관지, 천식, 편도선, 뇌출혈을 조심해야 한다.

❸ 남녀성격은 일주(日柱)에서 발생(發生)한다.

무인년(戊寅年)

58년(음) 4월 20일 진(辰)시 남자

庚	乙	戊	戊
辰	卯	午	戌

60	50	40	30	20	10
甲	癸	壬	辛	庚	己
子	亥	戌	酉	申	未

이 사주는 을목일주(乙木日柱)가 중하오월(中夏午月)에 출생하여 실시(失時)하고 지지(地支)는 오술화국(午戌火局)과 년월(年月) 양무토(兩戊土)가 투출(透出)하고 시간지(時干支) 경진토금(庚辰土金)이 있어 재살(財殺)이 태왕(太旺)이다. 다행히 을목일주(乙木日柱)는 자좌묘목(自坐卯木)에 록근(祿根)하고 시지진토(時支辰土)와 묘진(卯辰)으로 목국(木局)을 이루어 종(從)은 되지 않으나 재살(財殺)이 태왕(太旺)이다. 그러므로 이 사주는 수인수(水印綬)로 살인상생(殺印相生)을 시켜야 하므로 수인수(水印綬)가 용신(用神)이며 목비견겁(木比肩劫)은 희신(喜神)이 된다. 이 사주는 남자(男子)의 사주로서 은행(銀行)에 근무하다가 45세 술토대운(戌土大運)에 퇴사(退社)하여 사업(事業)을 경영(經營)하였으나 50세 계수대운(癸水大運)에 월상무토(月上戊土)와 무계합(戊癸合)으로 합거(合去)되어 재산을 탕진(蕩盡)하였고 55세 해수대운(亥水大運)부터는 사업(事業)을 복구(復舊)하고 한층 더 번창(繁昌)하리라고 보며 대운(大運) 70세까지 승승장구(乘勝長驅)하리라고 본다.

❶ 세운무인년(歲運戊寅年): 관재, 손재, 신액
❷ 질병(疾病): 중풍(中風), 위산과다(胃酸過多), 편도선(扁桃腺), 뇌출혈(腦出血)
❸ 남녀성격: (남) 의지 굳다, 강직하다, 미남이다, 농담 잘함, 주관이 강함, 인정 있다, 인색하다, 처궁불미, 영리하다, 지구력 부족, 분주 다사, 마음 약
　　　　　 (여) 의지 굳다, 무뚝뚝하다, 고집 대단, 친정형제 걱정, 부궁불미, 정부, 마음 약, 근심이 많다

세운·질병·남녀성격의 해설(歲運·疾病·男女性格의 解說)

❶ 세운무인년(歲運戊寅年)= ※관재, 손재, 신액은 ※세운무인년(歲運戊寅年)의 무토(戊土)는 을목일주(乙木日柱)의 정재(正財)로서 원명사주(源命四柱)에 재관(財官)이 왕(旺)한데 세운(歲運)에서 재(財)나 관살운(官殺運)이 들어오면 ※관재수를 조심해야 하며 또는 손재수를 조심해야 하며 또는 수술을 조심해야 한다.

❷ 질병(疾病)은 중풍, 위산과다는 일주(日柱)에서 발생(發生)하며 ※편도선, 뇌출혈은 ※을목일주(乙木日柱)가 오월(午月)에 출생하고 화국(火局)을 이루면 ※편도선을 조심해야 하며 또는 뇌출혈도 조심해야 한다.

❸ 남녀성격은 일주(日柱)에서 발생(發生)한다.

무인년 (戊寅年)

57년(음) 11월 10일 진(辰)시 여자

壬	丙	壬	丁
辰	子	子	酉

52	42	32	22	12	2
戊	丁	丙	乙	甲	癸
午	巳	辰	卯	寅	丑

이 사주는 병화일주(丙火日柱)가 중동자월(中冬子月)에 출생하여 실시(失時)하고 지지(地支)는 월일시지(月日時支) 자진수국(子辰水局)과 월시상(月時上) 양임수(兩壬水)가 투출(透出)하여 재살(財殺)이 태왕(太旺)이다. 병화일주(丙火日柱)는 무근(無根)이며 지좌지수(自坐子水)에 살지(殺地)에 앉았으며 년상정하(年上丁火) 비겁(比劫)이 있다 하나 그 정화(丁火)도 근(根)이 없으며 자좌유금(自坐酉金)에 사지(死地)에 앉아 일주(日柱)를 도울 힘이 없다. 그러므로 이 사주는 종살격(從殺格)같이 보이나 쇠극격(衰極格)에 해당한다. 쇠(衰)한 자는 상관식신(傷官食神)으로 설기(泄氣)하여 더욱더 쇠(衰)하게 하는 동시 일주(日柱)를 극(剋)하는 관살(官殺)을 제(制)하여야 하기 때문에 시지진토(時支辰土) 식신(食神)이 용신(用神)이며 금재(金財)는 희신(喜神)이 된다. 이 사주는 여자(女子)의 사주로서 37세 진토대운(辰土大運)에 공인중개사를 하여 돈을 많이 벌었으나 42세 정화대운(丁火大運)에 월상임수(月上壬水)와 정임합(丁壬合)으로 합거(合去)되어 재산을 탕진하고 남편과 이혼(離婚)하고 52세 무토대운(戊土大運)에 경매사업을 하여 재산을 복구한 사주다. 부궁(夫宮)이 부실한 것은 여자(女子) 사주에 관살(官殺)이 태왕(太旺)이면 부궁(夫宮)이 부실한데 년간지(年干支) 정유생(丁酉生)의 공망(空亡)은 시지진토(時支辰土)로서 부궁(夫宮)이 더욱더 부실한 사주다.

❶ 세운무인년(歲運戊寅年): 신축, 문서
❷ 질병(疾病): 심장(心臟), 냉증(冷症)
❸ 남녀성격: (남) 예의 있다, 명랑하다, 근심이 많다, 내음외양, 권모술수, 냉정하다, 눈치가 빠름, 고집 대단, 부모형제 덕이 없다, 성질 급, 처궁불미, 자손근심, 말을 잘한다
　　　　　 (여) 말을 잘한다, 명랑하다, 금방 좋았다가 금방 싫어짐, 부궁불미, 정부, 재가, 어려운 생활

◉ 세운·질병·남녀성격의 해설(歲運·疾病·男女性格의 解說)

❶ 세운무인년(歲運戊寅年)= ※신축, 문서는 ※세운무인년(歲運戊寅年)의 인목(寅木)은 병화일주(丙火日柱)의 인수(印綬)로 세운(歲運)에서 인수운(印綬運)이 들어오면 ※집을 짓는다든가 또는 증축을 한다든가 또는 사업체를 벌리는 일이 많다.

❷ 질병(疾病)은 일주(日柱)에서 발생(發生)한다.

❸ 남녀성격은 일주(日柱)에서 발생(發生)한다.

무인년 (戊寅年)

59년(음) 11월 11일 오(午)시 남자

甲	丙	丙	己
午	寅	子	亥

51	41	31	21	11	1
庚	辛	壬	癸	甲	乙
午	未	申	酉	戌	亥

이 사주는 병화일주(丙火日柱)가 중동자월(中冬子月)에 출생하여 실시(失時)하고 년지해수(年支亥水)와 해자(亥子)로 수국(水局)을 이루어 일주(日柱)가 신약(身弱)이다. 그러나 병화일주(丙火日柱)는 자좌인목(自坐寅木)이 장생궁(長生宮)이며 인중병화(寅中丙火)와 갑목(甲木)이 월시상(月時上)에 투출(透出)하고 또 병화일주(丙火日柱)는 시지오화(時支午火) 양인(羊刃)을 놓아 병화일주(丙火日柱)는 약화위강(弱化爲强)으로 신왕사주(身旺四柱)다. 신왕사주(身旺四柱)에는 관살(官殺)로 일주(日柱)를 제(制)함이 좋은데 다행히 년월지(年月支) 해자관살(亥子官殺)이 있어 신왕관왕(身旺官旺)으로 해중임수(亥中壬水) 편관(偏官)이 용신(用神)이며 금재(金財)는 희신(喜神)이 된다. 이 사주는 남자(男子)의 사주로서 36세 신금대운(申金大運)에 사업을 경영하여 돈을 많이 벌었으나 41세 신금대운(辛金大運)에 월상병화(月上丙火)와 병신합(丙辛合)으로 합거(合去)되어 단 한 번의 실패로 재산(財産)을 모두 탕진(蕩盡)하고 그 후로는 운(運)이 없어 무능(無能)하게 살고 있는 사주다.

❶ 세운무인년(歲運戊寅年): 신축, 문서, 변화, 이사, 전근
❷ 질병(疾病): 심장(心臟), 기관지(氣管支)
❸ 남녀성격: (남) 말을 잘한다, 예의 있다, 명랑하다, 남을 생각하지 않고 직선적으로 말함, 용기 있다, 의젓하다, 멋쟁이, 영리하다, 일독십지, 명예 우선, 성질 급, 박력 있다, 타의 군림, 남을 멸시한다
　　　　(여) 말을 잘한다, 총명하다, 금방 좋았다가 금방 싫어짐, 박력 있다, 부궁불미

🔵 세운 • 질병 • 남녀성격의 해설 (歲運 · 疾病 · 男女性格의 解說)

❶ 세운무인년(歲運戊寅年)= ※신축, 문서, 변화, 이사, 전근은 ※세운무인년(歲運戊寅年)의 인목(寅木)은 병화일주(丙火日柱)의 인수(印綬)로 세운(歲運)에서 인수운(印綬運)이 들어오면 ※집을 짓는다든가 또는 증축을 한다든가 또는 사업체를 벌리는 일이 많다. 그리고 ※변화, 이사, 전근은 ※세운무인년(歲運戊寅年)의 인목(寅木)은 일지인목(日支寅木)과 인인(寅寅)으로 삼합(三合)이 되므로 세운(歲運)에서 일지(日支) 삼합운(三合運)이 들어오면 ※변화가 생긴다든가 또는 이사를 한다든가 또는 직장을 옮기는 일이 많다.

❷ 질병(疾病)은 일주(日柱)에서 발생(發生)한다.

❸ 남녀성격은 일주(日柱)에서 발생(發生)한다.

58년(음) 6월 22일 진(辰)시 남자

壬	丙	己	戊
辰	辰	未	戌

51	41	31	21	11	1
乙	甲	癸	壬	辛	庚
丑	子	亥	戌	酉	申

이 사주는 병화일주(丙火日柱)가 하계미월(夏季未月)에 출생하여 실시(失時)하고 미중기토(未中己土)가 월상(月上)에 투출(透出)하여 진상관격(盡傷官格)이다. 그리고 년간지(年干支) 무술토(戊戌土)와 시지(時支)는 전부 토국(土局)으로 상관식신(傷官食神)이 태왕(太旺)이다. 그리고 병화일주(丙火日柱)는 인수(印綬)나 비건겁(比肩劫)이 하나도 없으므로 쇠극격(衰極格)에 해당한다. 그러므로 쇠(衰)한 자는 상관식신(傷官食神)으로 설기(泄氣)하여 더욱더 쇠(衰)하게 하는 동시 일주(日柱)를 극(剋)하는 관살(官殺)을 제(制)하여야 하기 때문에 기토상관(己土傷官)이 용신(用神)이며 금재(金財)는 희신(喜神)이 된다. 이 사주는 남자(男子)의 사주로서 30세 술토대운(戌土大運)에 임용고시에 합격하여 교사로 근무하였으나 운(運)이 없어 승진이 안되어 평범하게 살다가 51세 을목대운(乙木大運)에 자식(子息) 한 명 잃은 사주다.

❶ 세운무인년(歲運戊寅年): 신축, 문서, 자손액
❷ 질병(疾病): 혈압(血壓), 심장(心臟), 신경통(神經痛)
❸ 남녀성격: (남) 말을 잘한다, 재간 있다, 남에게 잘함, 배짱 좋다, 손재가 많다, 신앙심, 추리력이 좋다, 재복 있다
　　　　　　(여) 말을 잘한다, 명랑하다, 금방 좋았다가 금방 싫어짐, 고집 대단, 박력 있다, 부궁불미, 정부, 몸과 마음이 피곤함, 신앙심

세운 · 질병 · 남녀성격의 해설 (歲運 · 疾病 · 男女性格의 解說)

❶ 세운무인년(歲運戊寅年)= ※신축, 문서, 자손액은 ※세운무인년(歲運戊寅年)의 인목(寅木)은 병화일주(丙火日柱)의 인수(印綬)로 세운(歲運)에서 인수운(印綬運)이 들어오면 **※집을 짓는다든가 또는 증축을 한다든가 또는 사업체를 벌리는 일이 많다.** 그리고 **※자손액은** ※세운무인년(歲運戊寅年)의 무토(戊土)는 병화일주(丙火日柱)의 식신(食神)으로 원명사주(源命四柱)에 상관식신(傷官食神)이 태왕(太旺)하고 관살(官殺)이 쇠약(衰弱)한데 세운(歲運)에서 상관(傷官) 식신운(食神運)이 들어오면 **※자손액을 조심해야 한다.**

[참고] 관살(官殺)은 남자(男子) 사주에 자손이 되기 때문이다.

❷ 질병(疾病)은 일주(日柱)에서 발생(發生)한다.

❸ 남녀성격은 일주(日柱)에서 발생(發生)한다.

무인년 (戊寅年)

55년(음) 4월 24일 사(巳)시 남자

癸	丙	壬	乙
巳	午	午	未

53	43	33	23	13	3
丙	丁	戊	己	庚	辛
子	丑	寅	卯	辰	巳

이 사주는 병화일주(丙火日柱)가 중하오월(中夏午月) 양인월(羊刃月)에 출생하여 득령(得令)하고 지지(地支)는 전부 사오미(巳午未)로 화국(火局)을 이루어 염상격(炎上格)으로 신왕사주(身旺四柱)다. 신왕사주(身旺四柱)에는 일주(日柱)를 제(制)하는 관살(官殺)이나 상관식신(傷官食神)으로 설기(泄氣)하면 좋은데 월시상(月時上) 임계수(壬癸水) 관살(官殺)이 있다 하나 그 임계수(壬癸水)는 근(根)이 없고 물이 말랐으므로 용신(用神)으로 쓸 수가 없다. 그러므로 년지(年支) 미중기토(未中己土) 상관(傷官)이 용신(用神)이며 이런 사주를 가상관격(假傷官格)이라고 한다. 염상격(炎上格)을 놓은 사람은 기세(氣勢)가 당당(堂堂)하며 무관(武官)이나 군경(軍警)이나 수사기관(搜査機關)으로 직업을 갖는 사람들이 많다. 이 사주는 남자(男子)의 사주로서 형사(刑事)로 근무(勤務)하다가 48세 축토대운(丑土大運)이 좋아 형사(刑事) 반장(班長)으로 승진(昇進)하여 잘살고 있는 사주다.

❶ 세운무인년(歲運戊寅年): 신축, 문서, 변화, 이사, 전근
❷ 질병(疾病): 심장(心臟)
❸ 남녀성격: (남) 말을 잘한다, 명랑하다, 성질 급, 남을 생각하지 않고 직선적으로 말함, 처궁불미, 인내심 부족, 타인 경시, 자립정신, 속성속패, 암기력, 영리하다
　　　　　(여) 말을 잘한다, 명랑하다, 금방 좋았다가 금방 싫어짐, 시모불합, 남편 말 잘 안 듣는다, 부궁불미, 정부, 영리하다

🌐 세운·질병·남녀성격의 해설 (歲運·疾病·男女性格의 解說)

❶ 세운무인년(歲運戊寅年)= ※신축, 문서, 변화, 이사, 전근은 ※세운무인년(歲運戊寅年)의 인목(寅木)은 병화일주(丙火日柱)의 인수(印綬)로 세운(歲運)에서 인수운(印綬運)이 들어오면 ※집을 짓는다든가 또는 증축을 한다든가 또는 문서를 잡는다든가 또는 사업체를 벌리는 일이 많다. 그리고 ※변화, 이사, 전근은 ※세운무인년(歲運戊寅年)의 인목(寅木)은 일지오화(日支午火)와 인오(寅午)로 삼합(三合)이 되므로 세운(歲運)에서 일지(日支) 삼합운(三合運)이 들어오면 ※변화가 생긴다든가 또는 이사를 한다든가 또는 직장을 옮기는 일이 많다.

❷ 질병(疾病)은 일주(日柱)에서 발생(發生)한다.

❸ 남녀성격은 일주(日柱)에서 발생(發生)한다.

무인년 (戊寅年)

56년(음) 8월 22일 신(申)시 남자

丙	丙	丁	丙
申	申	酉	申

54	44	34	24	14	4
癸	壬	辛	庚	己	戊
卯	寅	丑	子	亥	戌

이 사주는 병화일주(丙火日柱)가 중추유월(中秋酉月)에 출생하여 실시(失時)하고 지지(地支)는 전신유금(全申酉金)으로 금국(金局)을 이루고 병화일주(丙火日柱)는 년월일시(年月日時) 병정화(丙丁火)로 화(火) 천원일기(天元一氣)를 이루어 화(火)가 금(金)을 극(剋)하므로 신왕사주(身旺四柱)같이 보이나 년월일시(年月日時) 병정화(丙丁火)는 모두 근(根)이 없고 사지(死地)에 앉아 힘이 없다. 그러나 금(金)은 유월(酉月)에 득령(得令)하여 왕(旺)하므로 종재(從財)같이 보인다. 그러나 이 사주는 종재(從財)가 되지 않으며 재(財)가 왕(旺)하므로 비견겁(比肩劫)이 용신(用神)이며 목인수(木印綬)는 희신(喜神)이 된다. 이 사주는 남자(男子)의 사주로서 건축(建築) 자재상(資材商)을 하여 초년(初年)에 고생(苦生)을 많이 하다가 44세 임수대운(壬水大運)에 월상정화(月上丁火)와 정임합(丁壬合)으로 합거(合去)되어 재산(財産)을 탕진(蕩盡)하였으나 49세 인목대운(寅木大運)에 병화일주(丙火日柱)의 인수운(印綬運)으로 재산을 복구하고 평범(平凡)하게 살아가고 있는 사주다.

❶ 세운무인년(歲運戊寅年): 신축, 문서, 관재, 수술, 자연재앙
❷ 질병(疾病): 심장 약(心臟 弱)
❸ 남녀성격: (남) 말을 잘한다, 영리하다, 다재다능, 재복 있다, 처 덕 있다, 꾀가 많다, 고독하다
　　　　　 (여) 말을 잘한다, 명랑하다, 금방 좋았다가 금방 싫어짐, 부궁불미, 정부, 시모 불합, 잔병 조심, 말조심, 고독하다

🌀 세운 · 질병 · 남녀성격의 해설 (歲運 · 疾病 · 男女性格의 解說)

❶ 세운무인년(歲運戊寅年)= ※신축, 문서, 관재, 수술, 자연재앙은 ※세운무인년(歲運戊寅年)의 인목(寅木)은 병화일주(丙火日柱)의 인수(印綬)로 세운(歲運)에서 인수운(印綬運)이 들어오면 ※집을 짓는다든가 또는 증축을 한다든가 또는 문서를 잡는다든가 또는 사업체를 벌리는 일이 많다. 그리고 ※관재, 수술, 자연재앙은 ※세운무인년(歲運戊寅年)의 인목(寅木)은 일지신금(日支申金)과 인신충(寅申沖)이 되므로 세운(歲運)에서 일지충운(日支沖運)이 들어오면 ※관재수를 조심해야 하며 또는 수술을 조심해야 하며 또는 자연재앙을 조심해야 한다.

❷ 질병(疾病)은 일주(日柱)에서 발생(發生)한다.

❸ 남녀성격은 일주(日柱)에서 발생(發生)한다.

무인년(戊寅年)

53년(음) 8월 25일 진(辰)시 여자

<table>
<tr><td>壬</td><td>丙</td><td>辛</td><td>癸</td></tr>
<tr><td>辰</td><td>戌</td><td>酉</td><td>巳</td></tr>
</table>

52	42	32	22	12	2
丁	丙	乙	甲	癸	壬
卯	寅	丑	子	亥	戌

이 사주는 병화일주(丙火日柱)가 중추유월(中秋酉月)에 출생하여 실시(失時)하고 유중신금(酉中辛金)이 월상(月上)에 투출(透出)하여 정재격(正財格)이다. 그리고 일시지(日時支) 진술토(辰戌土)와 년시상(年時上) 임계수(壬癸水) 관살(官殺)이 있어 일주(日柱)는 신약사주(身弱四柱)다. 다행히 병화일주(丙火日柱)는 년지사화(年支巳火)에 록근(祿根)하여 사중병화(巳中丙火)가 용신(用神)이며 목인수(木印綬)는 희신(喜神)이 된다. 이 사주는 여자(女子)의 사주로서 보험회사(保險會社)에 다니다가 42세 병화대운(丙火大運)에 대운(大運)이 들어왔다는 말을 듣고 사업(事業)을 하다가 월상신금(月上辛金)과 대운병화(大運丙火)와 병신합(丙辛合)으로 합거(合去)되어 알뜰히 모은 돈을 탕진(蕩盡)하고 47세 인목대운(寅木大運)에 부동산에 투자하여 원상복구(原狀復舊)하였으나 52세 정화대운(丁火大運)에 시상임수(時上壬水)와 정임합(丁壬合)으로 합거(合去)되어 재산(財産)을 탕진(蕩盡)한 사주다. 이 사주는 기복(起伏)이 심(甚)했던 사주다.

❶ 세운무인년(歲運戊寅年): 신축, 문서, 변화, 이사, 전근
❷ 질병(疾病): 혈압(血壓)
❸ 남녀성격: (남) 말을 잘한다, 영리하다, 예의 있다, 인정 있다, 이해심이 많다, 성질 급, 박력 있다, 영리하다, 만인 존경, 알뜰함, 연구심, 배짱 좋다, 돈이 잘 빠져나감, 예감, 신앙심
　　　　　(여) 말을 잘한다, 명랑하다, 예의 있다, 금방 좋았다가 금방 싫어짐, 정부, 재가, 부궁불미, 인정 있다, 남에게 잘함, 배짱 좋다, 신앙심

🔵 세운·질병·남녀성격의 해설 (歲運·疾病·男女性格의 解說)

❶ 세운무인년(歲運戊寅年)= ※신축, 문서, 변화, 이사, 전근은 ※세운무인년(歲運戊寅年)의 인목(寅木)은 병화일주(丙火日柱)의 인수(印綬)로 세운(歲運)에서 인수운(印綬運)이 들어오면 ※집을 짓는다든가 또는 증축을 한다든가 또는 문서를 잡는다든가 또는 사업체를 벌리는 일이 많다. 그리고 ※변화, 이사, 전근은 ※세운무인년(歲運戊寅年)의 인목(寅木)은 일지술토(日支戌土)와 인술(寅戌)로 삼합(三合)이 되므로 세운(歲運)에서 일지(日支) 삼합운(三合運)이 들어오면 ※변화가 생긴다든가 또는 이사를 한다든가 또는 직장을 옮기는 일이 많다.

❷ 질병(疾病)은 일주(日柱)에서 발생(發生)한다.

❸ 남녀성격은 일주(日柱)에서 발생(發生)한다.

무인년 (戊寅年)

58년(음) 4월 21일 사(巳)시 남자

癸	丙	戊	戊
巳	辰	午	戌

60	50	40	30	20	10
甲	癸	壬	辛	庚	己
子	亥	戌	酉	申	未

이 사주는 병화일주(丙火日柱)가 중하오월(中夏午月) 양인월(羊刃月)에 출생하여 득령(得令)하고 시지사화(時支巳火)와 사오(巳午)로 화국(火局)을 이루어 신왕사주(身旺四柱)같이 보이나 년월무토(年月戊土)가 투출(透出)하고 년일지(年日支) 진술토(辰戌土)로 병화일주(丙火日柱)기 토식신(土食神)에 설기(泄氣)가 심(甚)히여 일주(日柱)는 신약사주(身弱四柱)다. 그러므로 목인수(木印綬)가 용신(用神)이며 화비견겁(火比肩劫)은 희신(喜神)이 된다. 이 사주는 남자(男子)의 사주로서 체육(體育)을 전공(專攻)하였는데 운(運)이 없어 성공(成功)도 못하고 체육관(體育館)을 경영(經營)하였으나 하는 일마다 실패(失敗)하여 가정에 불화(不和)가 끊임이 없다가 결국은 처(妻)와 이혼(離婚)하고 자식(子息) 한 명 잃은 사주다. 사주(四柱)에 운(運)이 없는 사람들은 직장생활(職場生活)을 하면 큰 돈은 못 벌어도 처자(妻子)를 거느리고 평범하게 살아갈 수 있다.

❶ 세운무인년(歲運戊寅年): 신축, 문서, 자손액
❷ 질병(疾病): 혈압(血壓), 심장(心臟), 신경통(神經痛)
❸ 남녀성격: (남) 말을 잘한다, 재간 있다, 남에게 잘함, 배짱 좋다, 손재가 많다, 신앙심, 추리력이 좋다, 재복 있다
　　　　　 (여) 말을 잘한다, 명랑하다, 금방 좋았다가 금방 싫어짐, 고집 대단, 박력 있다, 부궁불미, 정부, 몸과 마음이 피곤함, 신앙심

◐ 세운·질병·남녀성격의 해설 (歲運·疾病·男女性格의 解說)

❶ 세운무인년(歲運戊寅年)= ※신축, 문서, 자손액은 ※세운무인년(歲運戊寅年)의 인목(寅木)은 병화일주(丙火日柱)의 인수(印綬)로 세운(歲運)에서 인수운(印綬運)이 들어오면 ※집을 짓는다든가 또는 증축을 한다든가 또는 문서를 잡는다든가 또는 사업체를 벌리는 일이 많다. 그리고 ※자손액은 ※세운무인년(歲運戊寅年)의 무토(戊土)는 병화일주(丙火日柱)의 식신(食神)으로 원명사주(源命四柱)에 상관식신(傷官食神)이 태왕(太旺)하고 관살(官殺)이 쇠약(衰弱)한데 세운(歲運)에서 상관(傷官) 식신운(食神運)이 들어오면 ※자손액을 조심해야 한다.

❷ 질병(疾病)은 일주(日柱)에서 발생(發生)한다.

❸ 남녀성격은 일주(日柱)에서 발생(發生)한다.

무인년(戊寅年)

61년(음) 4월 19일 인(寅)시 남자

庚	丙	癸	辛
寅	寅	巳	丑

59	49	39	29	19	9
丁	戊	己	庚	辛	壬
亥	子	丑	寅	卯	辰

이 사주는 병화일주(丙火日柱)가 초여름 사월(巳月)에 출생하여 록근(祿根)하고 일시지(日時支) 양인목(兩寅木)에 장생(長生)하여 일주(日柱)는 신왕사주(身旺四柱)다. 신왕사주(身旺四柱)에는 관살(官殺)로 일주(日柱)를 제(制)하거나 상관식신(傷官食神)으로 설기(泄氣)함이 좋은데 월상계수(月上癸水) 정관(正官)이 있다 하나 그 계수(癸水)는 근(根)이 없어 용신(用神)으로 쓸 수가 없으며 다행히 년지축토(年支丑土)가 있어 축토상관(丑土傷官)으로 설기(泄氣)하는데 축중신금(丑中辛金)이 년상(年上)에 투출(透出)하여 화생토(火生土) 토생금(土生金)으로 상관(傷官) 용재격(用財格)을 이루고 있다. 그러므로 년상(年上) 신금재(辛金財)가 용신(用神)이며 토(土) 상관식신(傷官食神)은 희신(喜神)이 된다. 이 사주는 남자(男子)의 사주로서 국제상사(國際商社)에 근무(勤務)하다가 44세 축토대운(丑土大運)에 용신신금(用神辛金)을 보신(補身)하여 돈을 많이 벌었으나 49세 무토대운(戊土大運)에 월상계수(月上癸水)와 무계합(戊癸合)으로 합거(合去)되어 모든 일이 잘 풀리지 않고 손재(損財)를 많이 보고 있는 사주다.

❶ 세운무인년(歲運戊寅年): 신축, 문서, 변화, 이사, 전근
❷ 질병(疾病): 심장(心臟), 기관지(氣管支)
❸ 남녀성격: (남) 말을 잘한다, 예의 있다, 명랑하다, 남을 생각하지 않고 직선적으로 말함, 용기 있다, 의젓하다, 멋쟁이, 영리하다, 일독십지, 명예 우선, 성질 급, 박력 있다, 타의 군림, 남을 멸시한다
　　(여) 말을 잘한다, 총명하다, 금방 좋았다가 금방 싫어짐, 박력 있다, 부궁불미

☯ 세운 · 질병 · 남녀성격의 해설(歲運 · 疾病 · 男女性格의 解說)

❶ 세운무인년(歲運戊寅年)= ※신축, 문서, 변화, 이사, 전근은 ※세운무인년(歲運戊寅年)의 인목(寅木)은 병화일주(丙火日柱)의 인수(印綬)로 세운(歲運)에서 인수운(印綬運)이 들어오면 ※집을 짓는다든가 또는 증축을 한다든가 또는 문서를 잡는다든가 또는 사업체를 벌리는 일이 많다. 그리고 ※변화, 이사, 전근은 ※세운무인년(歲運戊寅年)의 인목(寅木)은 일지인목(日支寅木)과 인인(寅寅)으로 삼합(三合)이 되므로 세운(歲運)에서 일지(日支) 삼합운(三合運)이 들어오면 ※변화가 생긴다든가 또는 이사를 한다든가 또는 직장을 옮기는 일이 많다.

❷ 질병(疾病)은 일주(日柱)에서 발생(發生)한다.

❸ 남녀성격은 일주(日柱)에서 발생(發生)한다.

무인년 (戊寅年)

壬	丁	戊	丙
寅	丑	戌	申

60	50	40	30	20	10
壬	癸	甲	乙	丙	丁
辰	巳	午	未	申	酉

이 사주는 정화일주(丁火日柱)가 계추술월(季秋戌月)에 출생하여 실시(失時)하고 술중무토(戌中戊土)가 월상(月上)에 투출(透出)하여 진상관격(眞傷官格)이다. 그리고 년지신금(年支申金)과 신궁임수(申宮壬水)가 시상(時上)에 투출(透出)하여 정화일주(丁火日柱)는 한편으로 상관식신(傷官食神)에 설기(泄氣)가 심(甚)하고 한편으로는 관(官)에 극(剋)을 받으므로 일주(日柱)는 신약사주(身弱四柱)다. 다행히 시지인목(時支寅木) 인수(印綬)에 생(生)을 받아 시지인목(時支寅木) 인수(印綬)가 용신(用神)이며 화비견겁(火比肩劫)은 희신(喜神)이 된다. 이 사주는 여자(女子)의 사주로서 디자인과를 공부(工夫)하고 피복(被服)장사를 하여 30세 을목대운(乙木大運)에 돈을 조금 벌었고 40세 갑오대운(甲午大運)부터 운(運)이 잘 들어와 승승장구(乘勝長驅)하여 수억금을 벌어 잘살고 있는 사주다.

❶ 세운무인년(歲運戊寅年): 이별수, 신축, 문서, 관재, 불성

❷ 질병(疾病): 냉(冷), 하원윤습(下元潤濕)

❸ 남녀성격: (남) 말을 잘한다, 인심 좋다, 예의 있다, 재물욕심, 재복 있다, 영리하다, 임기응변, 재간 있다, 근면 성실, 주머니 돈 안 떨어진다, 신앙심, 새벽잠이 없다

　(여) 명랑하다, 예의 있다, 금방 좋았다가 금방 싫어짐, 부궁불미, 정부, 재가, 인정 있다, 요리솜씨, 말을 잘한다

세운 · 질병 · 남녀성격의 해설 (歲運 · 疾病 · 男女性格의 解說)

❶ 세운무인년(歲運戊寅年)= ※이별수, 신축, 문서, 관재, 불성은 ※세운무인년(歲運戊寅年)의 무토(戊土)는 정화일주(丁火日柱)의 상관(傷官)으로 원명사주(源命四柱)에 상관식신(傷官食神)이 왕(旺)한데 세운(歲運)에서 상관(傷官) 식신운(食神運)이 들어오면 ※가정에 불화가 생긴다든가 또는 남편과 떨어져 산다든가 또는 이혼한다든가 또는 남편이 사망하는 수도 있다. 그리고 ※신축, 문서는 ※세운무인년(歲運戊寅年)의 인목(寅木)은 정화일주(丁火日柱)의 인수(印綬)로 세운(歲運)에서 인수운(印綬運)이 들어오면 ※집을 짓는다든가 또는 증축을 한다든가 또는 사업체를 벌리는 일이 많다. 그리고 ※관재, 불성은 ※세운무인년(歲運戊寅年)의 무토(戊土)는 정화일주(丁火日柱)의 상관(傷官)으로 세운에서 천간(天干) 상관운(傷官運)이 들어오면 ※관재수를 조심해야 하며 또는 모든 일이 잘 풀리지 않고 대차계약도 잘 이루어지지 않는다.

❷ 질병(疾病)과 ❸ 남녀성격은 일주(日柱)에서 발생(發生)한다.

무인년 (戊寅年)

59년(음) 7월 30일 묘(卯)시 남자

이 사주는 정화일주(丁火日柱)가 초가을 신월(申月)에 출생하여 실시(失時)하고 신궁임수(申宮壬水)가 월상(月上)에 투출(透出)하여 정관격(正官格)이다. 그런데 년지해수(年支亥水)와 일지해수(日支亥水)와 시상계수(時上癸水)가 있어 관살(官殺)이 혼잡(混雜)이라 흠(欠)이다. 그리고 일주(日柱)는 신약사주(身弱四柱)인데 관살(官殺)은 시지묘목(時支卯木)을 생(生)하고 묘목인수(卯木印綬)는 정화일주(丁火日柱)를 생(生)하니 이런 사주를 살인상생(殺印相生)이라고 한다. 그러므로 시지묘목(時支卯木) 인수(印綬)가 용신(用神)이며 화비견겁(火比肩劫)은 희신(喜神)이 된다. 이 사주는 남자(男子)의 사주로서 교사(敎師)로 근무(勤務)하다가 초년(初年)에는 운(運)이 없어 고생을 많이 하다가 53세 묘목대운(卯木大運)부터 교장직(校長職)에 취임(就任)하여 처자(妻子) 모두 행복(幸福)하게 잘살고 있는 사주다. 남자(男子) 사주에 관살(官殺)이 많으면 관살(官殺)은 벼슬도 되고 자식(子息)도 되므로 이렇게 관살(官殺)이 많은 사람들은 양방득자(兩房得子)라고 바람을 피운다든가 장가를 두 번 갈 수도 있다.

❶ 세운무인년(歲運戊寅年): 신축, 문서, 관재, 불성
❷ 질병(疾病): 심장(心臟), 냉증(冷症)
❸ 남녀성격: (남) 영리하다, 외유내강, 지혜롭다, 지구력 부족, 처세가 좋다, 영리하다, 장수한다, 항상 바쁨, 꿈이 많다, 처 덕 있다, 자손귀자, 명예를 좋아함, 예감 빠름, 신앙심
　　　　　(여) 명랑하다, 예의 있다, 금방 좋았다가 금방 싫어짐, 애교 많다, 식복, 남편 의처증, 정부, 자손근심

◉ 세운 · 질병 · 남녀성격의 해설 (歲運 · 疾病 · 男女性格의 解說)

❶ 세운무인년(歲運戊寅年)= ※신축, 문서, 관재, 불성은 ※세운무인년(歲運戊寅年)의 인목(寅木)은 정화일주(丁火日柱)의 인수(印綬)로 세운(歲運)에서 인수운(印綬運)이 들어오면 ※집을 짓는다든가 또는 증축을 한다든가 또는 문서를 잡는다든가 또는 사업체를 벌리는 일이 많다. 그리고 ※관재, 불성은 ※세운무인년(歲運戊寅年)의 무토(戊土)는 정화일주(丁火日柱)의 상관(傷官)으로 세운(歲運)에서 천간(天干) 상관운(傷官運)이 들어오면 ※관재수를 조심해야 하며 또는 모든 일이 잘 풀리지 않고 대차계약도 잘 이루어지지 않는다.

❷ 질병(疾病)은 일주(日柱)에서 발생(發生)한다.

❸ 남녀성격은 일주(日柱)에서 발생(發生)한다.

무인년(戊寅年)

56년(음) 8월 23일 사(巳)시 남자

乙	丁	丁	丙
巳	酉	酉	申

54	44	34	24	14	4
癸	壬	辛	庚	己	戊
卯	寅	丑	子	亥	戌

이 사주는 정화일주(丁火日柱)가 중추유월(中秋酉月)에 출생하여 실시(失時)하고 년일지(年日支) 신유금(申酉金)이 있어 신약사주(身弱四柱)같이 보인다. 그러나 정화일주(丁火日柱)는 년월일(年月日) 비견겁(比肩劫)은 시지사화(時支巳火)에 근(根)하고 시상을목(時上乙木) 인수(印綬)가 있어 일주(日柱)는 약화위강(弱化爲强)으로 신왕사주(身旺四柱)다. 신왕사주(身旺四柱)에는 관살(官殺)로 일주(日柱)를 제(制)하거나 상관식신(傷官食神)으로 설기(泄氣)함이 좋은데 일주(日柱)를 제(制)하는 관살(官殺)과 상관식신(傷官食神)은 없고 유중(酉中) 신금재(辛金財)가 있어 유중(酉中) 신금재(辛金財)가 용신(用神)이며 토(土) 상관식신(傷官食神)은 희신(喜神)이 된다. 이 사주는 남자(男子)의 사주로서 사업가(事業家)인데 34세 신금대운(辛金大運)에 년상병화(年上丙火)와 병신합(丙辛合)으로 합거(合去)되어 손해(損害)를 많이 보았으나 39세 축토대운(丑土大運)에 재산을 원상복구(原狀復舊)하고 44세 임수대운(壬水大運)에 월상정화(月上丁火)와 정임합(丁壬合)으로 합거(合去)되어 재산(財産)을 모두 탕진(蕩盡)하고 그 이후로는 운(運)이 없어 아파트 경비원으로 근무(勤務)하며 힘들게 살고 있는 사주다.

❶ 세운무인년(歲運戊寅年): 신축, 문서, 관재, 불성
❷ 질병(疾病): 심장(心臟), 간(肝), 담(膽)
❸ 남녀성격: (남) 말을 잘한다, 고집 대단, 미남형, 남에게 잘함, 학업 열중, 학업 장애, 재복 있다, 처 덕 있다, 청백하다, 예의 있다, 고독하다
　　　　　 (여) 명랑하다, 예의 있다, 금방 좋았다가 금방 싫어짐, 욕심 많다, 정부, 미모 수려, 이성수신, 자손귀자, 말을 잘한다

세운·질병·남녀성격의 해설 (歲運·疾病·男女性格의 解說)

❶ 세운무인년(歲運戊寅年)= ※신축, 문서, 관재, 불성은 ※세운무인년(歲運戊寅年)의 인목(寅木)은 정화일주(丁火日柱)의 인수(印綬)로 세운(歲運)에서 인수운(印綬運)이 들어오면 ※집을 짓는다든가 또는 증축을 한다든가 또는 문서를 잡는다든가 또는 사업체를 벌리는 일이 많다. 그리고 ※관재, 불성은 ※세운무인년(歲運戊寅年)의 무토(戊土)는 정화일주(丁火日柱)의 상관(傷官)으로 세운(歲運)에서 천간(天干) 상관운(傷官運)이 들어오면 ※관재수를 조심해야 하며 또는 모든 일이 잘 풀리지 않고 대차계약도 잘 이루어지지 않는다.

❷ 질병(疾病)은 일주(日柱)에서 발생(發生)한다.

❸ 남녀성격은 일주(日柱)에서 발생(發生)한다.

무인년 (戊寅年)

60년(음) 4월 24일 술(戌)시 여자

庚	丁	辛	庚
戌	未	巳	子

55	45	35	25	15	5
乙	丙	丁	戊	己	庚
亥	子	丑	寅	卯	辰

이 사주는 정화일주(丁火日柱)가 초여름 사월(巳月)에 출생하여 득령(得令)하고 사중경금(巳中庚金)이 시상(時上)에 투출(透出)하여 정재격(正財格)이다. 그리고 년월(年月) 경신금(庚辛金)은 술중신금(戌中辛金)에 근(根)하여 재(財)가 태왕(太旺)이다. 그러므로 일주(日柱)는 신약사주(身弱四柱)로서 재(財)가 많으므로 비견겁(比肩劫)으로 많은 재(財)를 제(制)하고 일주(日柱)를 도와줘야 하므로 화비견겁(火比肩劫)이 용신(用神)이며 목인수(木印綬)는 희신(喜神)이 된다. 이 사주는 여자(女子)의 사주로서 미술(美術)을 전공(專攻)하였는데 30세 인목대운(寅木大運)부터 운(運)이 잘 들어와 미대(美大) 교수(教授)로 근무(勤務)하고 있는 사주다. 35세 정화대운(丁火大運)에 운(運)이 좋아 모든 일이 잘 풀렸으나 40세 축토대운(丑土大運)에 유방(乳房) 수술을 한 사주다. 유방(乳房)을 수술하게 된 것은 일시지(日時支) 미술토(未戌土)는 상관식신(傷官食神)이며 상관식신(傷官食神)이 형살(刑殺)이면 유방(乳房)과 자궁(子宮)을 조심해야 한다.

❶ 세운무인년(歲運戊寅年): 신축, 문서, 신경과민, 관재, 불성

❷ 질병(疾病): 간(肝), 담(膽)

❸ 남녀성격: (남) 말을 잘한다, 마음이 넓다, 남에게 잘함, 명랑하다, 예의 있다, 편식, 박력 있다, 고집 대단, 성격이 까다롭다, 옷에 신경, 처궁불미

　　　　　(여) 명랑하다, 예의 있다, 금방 좋았다가 금방 싫어짐, 인덕 없다, 정부, 재가, 부궁불미, 신앙심, 말을 잘한다, 고집 대단

세운·질병·남녀성격의 해설(歲運·疾病·男女性格의 解說)

❶ 세운무인년(歲運戊寅年)= ※신축, 문서, 신경과민, 관재, 불성은 ※세운무인년(歲運戊寅年)의 인목(寅木)은 정화일주(丁火日柱)의 인수(印綬)로 세운(歲運)에서 인수운(印綬運)이 들어오면 ※집을 짓는다든가 또는 증축을 한다든가 또는 사업체를 벌리는 일이 많다. 그리고 ※신경과민은 ※세운무인년(歲運戊寅年)의 인목(寅木)은 일지미토(日支未土)와 인미(寅未)로 귀문관살(鬼門關殺)이 되므로 세운(歲運)에서 일지(日支) 귀문(鬼門) 관살운(關殺運)이 들어오면 ※모든 일에 신경을 많이 쓰게 된다. 그리고 ※관재, 불성은 ※세운무인년(歲運戊寅年)의 무토(戊土)는 정화일주(丁火日柱)의 상관(傷官)으로 세운에서 천간(天干) 상관운(傷官運)이 들어오면 ※관재수를 조심해야 하며 또는 모든 일이 잘 풀리지 않고 대차계약도 잘 이루어지지 않는다.

❷ 질병(疾病)과 ❸ 남녀성격은 일주(日柱)에서 발생(發生)한다.

무인년 (戊寅年)

58년(음) 8월 25일 해(亥)시 여자

辛	丁	辛	戊
亥	巳	酉	戌

60	50	40	30	20	10
乙	丙	丁	戊	己	庚
卯	辰	巳	午	未	申

이 사주는 정화일주(丁火日柱)가 중추유월(中秋酉月)에 출생하여 실시(失時)하고 유중신금(酉中辛金)이 월시상(月時上)에 투출(透出)하고 시지(時支)에 해수(亥水)가 있어 재관(財官)이 태왕(太旺)이다. 정화일주(丁火日柱)는 자좌사화(自坐巳火)에 근(根)하여 종살(從殺)은 되지 않고 재(財)기 왕(旺)하므로 비견겁(比肩劫)이 용신(用神)이며 목인수(木印綬)는 희신(喜神)이 된다. 이 사주는 여자(女子)의 사주로서 사업가(事業家)인데 30세 무토대운(戊土大運)에 사업(事業)을 경영하여 손해(損害)를 많이 보았으나 35세 오화대운(午火大運)부터 49세 정사대운(丁巳大運)까지 운(運)이 승승장구(乘勝長驅)하여 수억금을 벌은 사주다. 그러나 무술생(戊戌生)의 공망(空亡)은 일지사화(日支巳火)인데 일시지(日時支)에 공망(空亡)이 있으면 부궁(夫宮)이 부실하여 재혼(再婚)하거나 혼자 사는 사람들이 많은데 이 사주도 재혼(再婚)한 사주다.

❶ 세운무인년(歲運戊寅年): 신축, 문서, 관재, 수술, 관재, 불성
❷ 질병(疾病): 심장(心臟), 혈압(血壓)
❸ 남녀성격: (남) 말을 잘한다, 외유내강, 매사 열중, 예의 있다, 명랑하다, 항상 바쁨, 거짓말을 못함, 남을 생각하지도 않고 직선적으로 말함, 영리하다, 고독하다
　　　　　 (여) 명랑하다, 예의 있다, 금방 좋았다가 금방 싫어짐, 말을 잘함, 정부, 재가, 부궁불미, 독수공방

🔵 세운·질병·남녀성격의 해설 (歲運·疾病·男女性格의 解說)

❶ 세운무인년(歲運戊寅年)= ※신축, 문서, 관재, 수술, 관재, 불성은 ※세운무인년(歲運戊寅年)의 인목(寅木)은 정화일주(丁火日柱)의 인수(印綬)로 세운(歲運)에서 인수운(印綬運)이 들어오면 ※집을 짓는다든가 또는 증축을 한다든가 또는 사업체를 벌리는 일이 많다. 그리고 ※관재, 수술은 ※세운무인년(歲運戊寅年)의 인목(寅木)은 일지사화(日支巳火)와 인사형살(寅巳刑殺)이 되므로 세운(歲運)에서 일지(日支) 형살운(刑殺運)이 들어오면 ※관재수를 조심해야 하며 또는 수술을 조심해야 한다. 그리고 ※관재, 불성은 ※세운무인년(歲運戊寅年)의 무토(戊土)는 정화일주(丁火日柱)의 상관(傷官)으로 세운(歲運)에서 천간(天干) 상관운(傷官運)이 들어오면 ※관재수를 조심해야 하며 또는 모든 일이 잘 풀리지 않고 대차계약도 잘 이루어지지 않는다.

❷ 질병(疾病)은 일주(日柱)에서 발생(發生)한다.

❸ 남녀성격은 일주(日柱)에서 발생(發生)한다.

무인년(戊寅年)

58년(음) 9월 5일 사(巳)시 여자

乙	丁	壬	戊
巳	卯	戌	戌

53	43	33	23	13	3
丙	丁	戊	己	庚	辛
辰	巳	午	未	申	酉

이 사주는 정화일주(丁火日柱)가 계추술월(季秋戌月)에 출생하여 실시(失時)하고 술중무토(戌中戊土)가 년상(年上)에 투출(透出)하여 진상관격(盡傷官格)이다. 그리고 년지술토(年支戌土)가 있어 정화일주(丁火日柱)는 상관(傷官)에 설기(泄氣)가 심(甚)하여 신약사주(身弱四柱)다. 그러나 정화일주는 자좌묘목(自坐卯木)에 생(生)을 받고 묘중을목(卯中乙木)이 시상(時上)에 투출(透出)하여 정화일주(丁火日柱)를 생(生)하고 정화일주는 시지사화(時支巳火)에 근(根)하므로 일주가 신왕사주(身旺四柱)같이 보인다. 그러나 월지술토(月支戌土)는 한 개이지만 두 개이상의 힘을 갖고 있으므로 신약사주(身弱四柱)가 된다. 그러므로 상관(傷官)이 왕(旺)하므로 목인수(木印綬)로 많은 상관(傷官)을 제(制)하고 일주(日柱)를 생(生)하여줘야 하므로 목인수(木印綬)가 용신(用神)이며 화비견겁(火比肩劫)은 희신(喜神)이 된다.

❶ 세운무인년(歲運戊寅年): 이별수, 신축, 문서, 관재, 불성
❷ 질병(疾病): 풍질(風疾)
❸ 남녀성격: (남) 말을 잘한다, 명랑하다, 근심이 많다, 영리하다, 풍류를 즐긴다, 지구력 부족, 처궁불미, 마음 약, 소심하다, 인자한 성품, 운동 잘함
　　　　　(여) 명랑하다, 예의 있다, 금방 좋았다가 금방 싫어짐, 부궁불미, 정부, 친모격정 많이 한다, 예능에 소질

🔵 세운 · 질병 · 남녀성격의 해설 (歲運 · 疾病 · 男女性格의 解說)

❶ 세운무인년(歲運戊寅年)= ※이별수, 신축, 문서, 관재, 불성은 ※세운무인년(歲運戊寅年)의 무토(戊土)는 정화일주(丁火日柱)의 상관(傷官)으로 여자 사주에 상관식신(傷官食神)이 태왕(太旺)인데 세운(歲運)에서 상관(傷官) 식신운(食神運)이 들어오면 ※가정에 불화가 생긴다든가 또는 남편과 떨어져 산다든가 또는 이혼한다든가 또는 남편이 사망하는 수도 있다. 그리고 ※신축, 문서는 ※세운무인년(歲運戊寅年)의 인목(寅木)은 정화일주(丁火日柱)의 인수(印綬)로 세운(歲運)에서 인수운(印綬運)이 들어오면 ※집을 짓는다든가 또는 증축을 한다든가 또는 사업체를 벌리는 일이 많다. 그리고 ※관재, 불성은 ※세운무인년(歲運戊寅年)의 무토(戊土)는 정화일주(丁火日柱)의 상관(傷官)으로 세운에서 천간(天干) 상관운(傷官運)이 들어오면 ※관재수를 조심해야 하며 또는 모든 일이 잘 풀리지 않고 대차계약도 잘 이루어지지 않는다.

❷ 질병(疾病)은 일주(日柱)에서 발생(發生)한다.

❸ 남녀성격은 일주(日柱)에서 발생(發生)한다.

59년(음) 3월 18일 사(巳)시 남자

乙	丁	戊	己
巳	丑	辰	亥

57	47	37	27	17	7
壬	癸	甲	乙	丙	丁
戌	亥	子	丑	寅	卯

이 사주는 정화일주(丁火日柱)가 춘계진월(春季辰月)에 출생하여 실시(失時)하고 진중을목(辰中乙木)과 무토(戊土)가 투출(透出)하여 어느 오행(五行)으로 격(格)을 잡느냐의 기로(岐路)에 서게 된다. 날짜상으로 보아 진중(辰中)에는 무토(戊土)가 사령(司令)하므로 월상무토(月上戊土) 상관(傷官)으로 격(格)을 잡는다. 그러므로 상관격(傷官格)이다. 정화일수(丁火日柱)는 시상을복(時上乙木)에 생(生)을 받고 시지사화(時支巳火)에 근(根)하고 있으나 일주는 신약사주(身弱四柱)로서 많은 상관식신(傷官食神)을 제(制)하고 일주(日柱)를 생(生)하여줘야 하므로 목인수(木印綬)가 용신(用神)이며 화비견겁(火比肩劫)은 희신(喜神)이 된다. 이 사주는 남자(男子)의 사주로서 회사에 근무하다가 42세 자수대운(子水大運)에 퇴사하여 사업을 경영하였으나 손해를 많이 보았으며 47세 계수대운(癸水大運)에 월상무토(月上戊土)와 무계합(戊癸合)으로 합거(合去)되어 재산을 탕진하고 처와 이혼하고 혼자 살고 있는 사주다. 처궁(妻宮)이 부실한 것은 년간지(年干支) 기해생(己亥生)의 공망(空亡)은 시지사화(時支巳火)로서 일시지(日時支)에 공망(空亡)이 있으면 처궁(妻宮)이 부실하여 재혼하거나 혼자 사는 사람들이 많다.

❶ 세운무인년(歲運戊寅年): 신축, 문서, 관재, 불성
❷ 질병(疾病): 냉(冷), 하원윤습(下元潤濕)
❸ 남녀성격: (남) 말을 잘한다, 인심좋다, 예의 있다, 재물 욕심, 재복 있다, 영리하다, 임기응변, 재간 있다, 근면 성실, 주머니 돈 안 떨어진다, 신앙심, 새벽잠이 없다
      (여) 명랑하다, 예의 있다, 금방 좋았다가 금방 싫어짐, 부궁불미, 정부, 재가, 인정 있다, 요리솜씨, 말을 잘한다

🌑 세운·질병·남녀성격의 해설 (歲運·疾病·男女性格의 解說)

❶ 세운무인년(歲運戊寅年)= ※신축, 문서, 관재, 불성은 ※세운무인년(歲運戊寅年)의 인목(寅木)은 정화일주(丁火日柱)의 인수(印綬)로 세운(歲運)에서 인수운(印綬運)이 들어오면 ※집을 짓는다든가 또는 증축을 한다든가 또는 사업체를 벌리는 일이 많다. 그리고 ※관재, 불성은 ※세운무인년(歲運戊寅年)의 무토(戊土)는 정화일주의 상관(傷官)으로 세운(歲運)에서 천간(天干) 상관운(傷官運)이 들어오면 ※관재수를 조심해야 하며 또는 모든 일이 잘 풀리지 않고 대차계약도 잘 이루어지지 않는다.

❷ 질병(疾病)과 ❸ 남녀성격은 일주(日柱)에서 발생(發生)한다.

무인년 (戊寅年)

65년(음) 6월 4일 해(亥)시 남자

이 사주는 정화일주(丁火日柱)가 중하오월(中夏午月)에 출생하여 록근(祿根)하고 년지사화(年支巳火)와 일지사화(日支巳火)가 있어 정화일주(丁火日柱)는 신왕사주(身旺四柱)다. 신왕사주(身旺四柱)에는 일주(日柱)를 제(制)하는 관살(官殺)로 용신(用神)함이 좋은데 다행히 시지(時支) 해중임수(亥中壬水)가 월상(月上)에 투출(透出)하여 임수정관(壬水正官)으로 용신(用神)하며 금재(金財)는 희신(喜神)이 된다. 이 사주는 남자(男子)의 사주로 외국기업(外國企業)에 근무(勤務)하다가 39세 무토대운(戊土大運)에 퇴사하여 사업을 경영하였으나 운(運)이 없어 고생을 많이 하다가 44세 인목대운(寅木大運)에 용신임수(用神壬水)가 인목(寅木)에 설기(泄氣)가 심(甚)하여 재산을 탕진하고 무능(無能)하게 살다가 빌딩 경비원으로 일하며 힘들게 살고 있는 사주다.

❶ 세운무인년(歲運戊寅年): 신축, 문서, 관재, 수술, 관재, 불성
❷ 질병(疾病): 심장(心臟), 혈압(血壓)
❸ 남녀성격: (남) 말을 잘한다, 외유내강, 매사 열중, 예의 있다, 명랑하다, 항상 바쁨, 거짓
　　　　　　말을 못함, 남을 생각하지도 않고 직선적으로 말함, 영리하다, 고독하다
　　　　　(여) 명랑하다, 예의 있다, 금방 좋았다가 금방 싫어짐, 말을 잘함, 정부, 재가,
　　　　　　부궁불미, 독수공방

☯ 세운 · 질병 · 남녀성격의 해설 (歲運 · 疾病 · 男女性格의 解說)

❶ 세운무인년(歲運戊寅年)= ※신축, 문서, 관재, 수술, 관재, 불성은 ※세운무인년(歲運戊寅年)의 인목(寅木)은 정화일주(丁火日柱)의 인수(印綬)로 세운(歲運)에서 인수운(印綬運)이 들어오면 ※집을 짓는다든가 또는 증축을 한다든가 또는 사업체를 벌리는 일이 많다. 그리고 ※관재, 수술은 ※세운무인년(歲運戊寅年)의 인목(寅木)은 일지사화(日支巳火)와 인사형살(寅巳刑殺)이 되므로 세운(歲運)에서 일지(日支) 형살운(刑殺運)이 들어오면 ※관재수를 조심해야 하며 또는 수술을 조심해야 한다. 그리고 ※관재, 불성은 ※세운무인년(歲運戊寅年)의 무토(戊土)는 정화일주(丁火日柱)의 상관(傷官)으로 세운(歲運)에서 천간(天干) 상관운(傷官運)이 들어오면 ※관재수를 조심해야 하며 또는 모든 일이 잘 풀리지 않고 대차계약도 잘 이루어지지 않는다.

❷ 질병(疾病)은 일주(日柱)에서 발생(發生)한다.

❸ 남녀성격은 일주(日柱)에서 발생(發生)한다.

무인년 (戊寅年)

48년(음) 11월 29일 술(戌)시 여자

壬	戊	甲	戊
戌	子	子	子

57	47	37	27	17	7
戊	己	庚	辛	壬	癸
午	未	申	酉	戌	亥

이 사주는 무토일주(戊土日柱)가 중동자월(中冬子月)에 출생하여 실시(失時)하고 년일지(年日支) 양자수(兩子水)와 시상임수(時上壬水)가 투출(透出)하여 재살(財殺)이 태왕(太旺)이다. 그러나 무토일주(戊土日柱)는 시지술토(時支戌土)에 근(根)하고 술중무토(戌中戊土)가 년상(年上)에 투출(透出)하여 많은 재(財)를 제(制)하고 일수(日柱)를 도와수는 비견겁(比肩劫)이 용신(用神)이며 화인수(火印綬)는 희신(喜神)이 된다. 이 사주는 여자(女子)의 사주로서 은행(銀行)에 근무하다가 47세 기토대운(己土大運)에 퇴사(退社)하여 사업(事業)을 경영(經營)하였으나 월상갑목(月上甲木)과 대운기토(大運己土)와 갑기합(甲己合)으로 합거(合去)되어 재산을 탕진하고 남편(男便)과 이혼하고 혼자 살다가 52세 미토대운(未土大運)에 화장품 사업을 시작하여 돈을 많이 벌었고 57세 무토대운(戊土大運)에 음식업을 경영하여 수억금을 벌어 잘살고 있는 사주다.

❶ 세운무인년(歲運戊寅年): 관재, 손재, 신액, 불성
❷ 질병(疾病): 비(脾) 위(胃) 기관지(氣管支) 폐(肺)
❸ 남녀성격: (남) 군자의 성품, 언행 조심, 외강내유, 지혜롭다, 고집 대단, 신경 예민, 권모술수, 처 덕 있다, 돈이 잘 빠져나감, 처 말을 잘 듣는다, 눈치 빠름
　　　　　(여) 순진, 신용, 하는 일에 겁이 없다, 부궁불미, 정부, 재가, 독수공방, 직업, 재복 있다, 신앙심

🌑 세운 · 질병 · 남녀성격의 해설 (歲運 · 疾病 · 男女性格의 解說)

❶ 세운무인년(歲運戊寅年)= ※관재, 손재, 신액, 불성은 ※세운무인년(歲運戊寅年)의 인목(寅木)은 무토일주(戊土日柱)의 편관(偏官)으로 원명사주(源命四柱)에 재살(財殺)이 왕(旺)한데 세운(歲運)에서 재(財)나 관살운(官殺運)이 들어오면 ※관재수를 조심해야 하며 또는 손재수를 조심해야 하며 또는 건강을 조심해야 한다. 그리고 ※불성은 ※세운무인년(歲運戊寅年)의 무토(戊土)는 무토일주(戊土日柱)의 비견(比肩)으로 세운(歲運)에서 비견겁운(比肩劫運)이 들어오면 ※모든 일이 잘 풀리지 않고 대차계약도 잘 이루어지지 않는다.

❷ 질병(疾病)은 비, 위는 일주(日柱)에서 발생(發生)하며 ※기관지, 폐는 ※무토일주(戊土日柱)가 쇠약(衰弱)하면 ※기관지와 폐를 조심해야 한다.

❸ 남녀성격은 일주(日柱)에서 발생(發生)한다.

무인년 (戊寅年)

49년(음) 12월 26일 인(寅)시 여자

甲	戊	戊	庚
寅	寅	寅	寅

53	43	33	23	13	3
壬	癸	甲	乙	丙	丁
申	酉	戌	亥	子	丑

이 사주는 무토일주(戊土日柱)가 초봄 인월(寅月)에 출생하여 실시(失時)하고 인중갑목(寅中甲木)이 시상(時上)에 투출(透出)하여 편관격(偏官格)이다. 그리고 지지(地支)는 전부 인목(寅木)으로 목국(木局)을 이루고 시상갑목(時上甲木)이 투출(透出)하여 일주(日柱)를 극(剋)하니 무토일주(戊土日柱)는 갑목편관(甲木偏官)이 대단히 겁(怯)이 난다. 그러므로 년상경금(年上庚金) 식신(食神)으로 식신제살(食神制殺)로 인목(寅木)을 제(制)하려고 하나 그 경금(庚金)은 근(根)이 없으며 자좌인목(自坐寅木)에 절궁(絶宮)으로 많은 인목편관(寅木偏官)을 제(制)할 수가 없다. 그러므로 이 사주는 종살격(從殺格) 같이 보이나 무토일주(戊土日柱)는 자좌인목(自坐寅木)이 장생궁(長生宮)으로 종살(從殺)하지 않는다. 그러므로 화인수(火印綬)가 용신(用神)이며 토비견겁(土比肩劫)은 희신(喜神)이 된다. 이 사주는 여자(女子)의 사주로서 전업주부로 살다가 38세 술토대운(戌土大運)에 음식업을 개업하여 돈을 조금 벌었고 43세 계수대운(癸水大運)에 월상무토(月上戊土)와 무계합(戊癸合)으로 합거(合去)되어 재산을 탕진하고 남편과 이혼하고 혼자 살고 있는 사주다. 부궁(夫宮)이 부실한 것은 여자(女子) 사주에 관살(官殺)이 태왕(太旺)이면 부궁(夫宮)이 부실하여 재혼(再婚)하거나 혼자 사는 사람들이 많다.

❶ 세운무인년(歲運戊寅年): 변화, 이사, 전근, 불성
❷ 질병(疾病): 위산과다(胃酸過多), 위장병(胃腸病)
❸ 남녀성격: (남) 군자의 성품, 언행 조심, 의젓하다, 주관이 약하다, 부모무덕, 밥을 조금 먹는다, 처궁불미, 자손귀자
　　　　　　(여) 신용 있다, 순진하다, 고집 대단, 정부, 재가, 시모불화, 인덕 없다, 친모봉양

세운 · 질병 · 남녀성격의 해설 (歲運 · 疾病 · 男女性格의 解說)

❶ 세운무인년(歲運戊寅年)= ※변화, 이사, 전근, 불성은 ※세운무인년(歲運戊寅年)의 인목(寅木)은 일지인목(日支寅木)과 인인(寅寅)으로 삼합(三合)이 되므로 세운(歲運)에서 일지(日支) 삼합운(三合運)이 들어오면 ※변화가 생긴다든가 또는 이사를 한다든가 또는 직장을 옮기는 일이 많다. 그리고 ※불성은 ※세운무인년(歲運戊寅年)의 무토(戊土)는 무토일주(戊土日柱)의 비견(比肩)으로 세운(歲運)에서 비견겁운(比肩劫運)이 들어오면 ※모든 일이 잘 풀리지 않고 대차계약도 잘 이루어지지 않는다.

❷ 질병(疾病)과 ❸ 남녀성격은 일주(日柱)에서 발생(發生)한다.

50년(음) 8월 19일 오(午)시 남자

戊	戊	乙	庚
午	辰	酉	寅

53	43	33	23	13	3
辛	庚	己	戊	丁	丙
卯	寅	丑	子	亥	戌

이 사주는 무토일주(戊土日柱)가 중추유월(中秋酉月)에 출생하여 실시(失時)하고 상관격(傷官格)으로 설기(泄氣)가 심(甚)한데 년상경금(年上庚金)이 투출(透出)하여 월상을목(月上乙木)과 을경합금(乙庚合金)으로 화(化)하여 일주(日柱)는 신약사주(身弱四柱)다. 그러므로 화인수(火印綬)가 용신(用神)이며 토비견겁(土比肩劫)은 희신(喜神)이 된다. 이 사주는 남자(男子)의 사주로서 엔지니어로 기술(技術)은 좋으나 대운(大運)이 좋지 않아 승진(昇進)이 안되어 고생하다가 43세 경금대운(庚金大運)에 퇴사하여 사업을 경영하였으나 월상을목(月上乙木)과 을경합(乙庚合)으로 합거(合去)되어 재산을 탕진하고 방황하며 살다가 48세 인목대운(寅木大運)에 사업을 재기하여 평범하게 살았으나 53세 신금대운(辛金大運)에 진상관(盡傷官)에 상관대운(傷官大運)으로 화용신(火用神)이 설기(泄氣)가 심(甚)하여 재산을 탕진하고 처와 이혼하고 힘들게 살고 있는 사주다. 처궁(妻宮)이 부실한 것은 경인생(庚寅生)의 공망(空亡)은 시지오화(時支午火)로서 일시지(日時支)에 공망(空亡)이 있으면 처궁(妻宮)이 부실하여 재혼하거나 혼자 사는 사람들이 많다.

❶ 세운무인년(歲運戊寅年): 불성, 자연재앙
❷ 질병(疾病): 풍질(風疾), 혈압(血壓)
❸ 남녀성격: (남) 군자의 성품, 언행 조심, 인심 좋다, 이해성이 많다, 화합 잘함, 주관이 강하다, 신의 있다, 재간 있다, 처궁불미, 아이디어가 좋다, 재복 있다, 미인수다
　　　　　(여) 신용, 순진하다, 욕심 많다, 재복 있다, 부궁불미, 정부, 신앙심

🌀 세운·질병·남녀성격의 해설 (歲運·疾病·男女性格의 解說)

❶ 세운무인년(歲運戊寅年)= ※불성, 자연재앙은 ※세운무인년(歲運戊寅年)의 무토(戊土)는 무토일주(戊土日柱)의 비견(比肩)으로 세운(歲運)에서 비견겁운(比肩劫運)이 들어오면 ※모든 일이 잘 풀리지 않고 대차계약도 잘 이루어지지 않는다. 그리고 ※자연재앙은 ※세운무인년(歲運戊寅年)의 인목(寅木)은 년지인목(年支寅木)과 인인(寅寅)으로 똑같은 오행(五行)이므로 세운(歲運)에서 년지(年支)같은 운(運)이 들어오면 ※자연재앙을 조심해야 한다.

❷ 질병(疾病)은 일주(日柱)에서 발생(發生)한다.

❸ 남녀성격은 일주(日柱)에서 발생(發生)한다.

무인년 (戊寅年)

53년(음) 5월 26일 유(酉)시 여자

辛	戊	戊	癸
酉	午	午	巳

51	41	31	21	11	1
甲	癸	壬	辛	庚	己
子	亥	戌	酉	申	未

이 사주는 무토일주(戊土日柱)가 중하오월(中夏午月) 양인월(羊刃月)에 출생하여 득령(得令)하고 일지오화(日支午火)와 년지사화(年支巳火)와 월상무토(月上戊土)가 있어 일주(日柱)는 신왕사주(身旺四柱)다. 신왕사주(身旺四柱)에는 일주(日柱)를 제(制)하는 관살(官殺)이나 식신상관(食神傷官)으로 설기(泄氣)하면 좋은데 일주(日柱)를 제(制)하는 관살(官殺)은 없고 설기(泄氣)하는 상관(傷官)이 시상(時上)에 있어 시상신금(時上辛金) 상관(傷官)으로 설기(泄氣)하므로 이런 사주를 가상관격(假傷官格)이라고 한다. 그러므로 시상신금(時上辛金) 상관(傷官)이 용신(用神)이 된다. 이 사주는 여자(女子)의 사주로서 초년(初年) 경신신유(庚申辛酉) 대운(大運)이 잘 들어와 임용고시에 합격하여 교사로 근무하다가 그 이후로는 운(運)이 없어 평범하게 살고 있는 사주다.

❶ 세운무인년(歲運戊寅年): 이별수, 변화, 이사, 전근, 불성
❷ 질병(疾病): 위(胃), 비(脾), 혈압(血壓)
❸ 남녀성격: (남) 군자의 성품, 언행 조심, 성질 급, 서두른다, 외화내곤, 실패 자초, 처궁불미, 재가, 정력 강, 여자 많다, 편식한다
　　　　　　(여) 신용, 순진하다, 고집 대단, 박력 있다, 부궁불미, 정부, 친모봉양

☯ 세운·질병·남녀성격의 해설 (歲運·疾病·男女性格의 解說)

❶ 세운무인년(歲運戊寅年)= ※이별수, 변화, 이사, 전근, 불성은 ※세운무인년(歲運戊寅年)의 무토(戊土)는 무토일주(戊土日柱)의 비견(比肩)으로 신왕(身旺)한 여자 사주에 세운(歲運)에서 비견겁운(比肩劫運)이 들어오면 ※가정에 불화가 생긴다든가 또는 남편과 떨어져 산다든가 또는 이혼한다든가 또는 남편이 사망하는 수도 있다. 그리고 ※변화, 이사, 전근은 ※세운무인년(歲運戊寅年)의 인목(寅木)은 일지오화(日支午火)와 인오(寅午)로 삼합(三合)이 되므로 세운(歲運)에서 일지(日支) 삼합운(三合運)이 들어오면 ※변화가 생긴다든가 또는 이사를 한다든가 또는 직장을 옮기는 일이 많다. 그리고 ※불성은 ※세운무인년(歲運戊寅年)의 무토(戊土)는 무토일주(戊土日柱)의 비견(比肩)으로 세운(歲運)에서 비견겁운(比肩劫運)이 들어오면 ※모든 일이 잘 풀리지 않고 대차계약도 잘 이루어지지 않는다.

❷ 질병(疾病)은 일주(日柱)에서 발생(發生)한다.

❸ 남녀성격은 일주(日柱)에서 발생(發生)한다.

무인년 (戊寅年)

57년(윤) 8월 10일 사(巳)시 여자

丁	戊	己	丁
巳	申	酉	酉

52	42	32	22	12	2
乙	甲	癸	壬	辛	庚
卯	寅	丑	子	亥	戌

이 사주는 무토일주(戊土日柱)가 중추유월(中夏午月)에 출생하여 실시(失時)하고 년지유금(年支酉金)과 일지신금(日支申金)이 있어 신약사주(身弱四柱)같이 보인다. 그러나 무토일주(戊土日柱)는 년시상(年時上) 양정화(兩丁火)는 시지사화(時支巳火)에 근(根)히여 무토일주(戊土日柱)를 생(生)히여 주고 일상기토(月上己土)가 투출(透出)하여 무토일주(戊土日柱)는 약화위강(弱化爲强)으로 신왕사주(身旺四柱)다. 신왕사주(身旺四柱)에는 관살(官殺)로 용신(用神)하거나 상관식신(傷官食神)으로 설기(泄氣)하면 좋은데 일주(日柱)를 제(制)하는 관살(官殺)은 없고 설기(泄氣)하는 유금(酉金)이 있어 유금상관(酉金傷官)으로 용신(用神)한다. 이런 사주를 가상관격(假傷官格)이라고 한다. 이 사주는 여자(女子)의 사주로서 37세 축토대운(丑土大運)에 사업을 경영하여 손해는 보지 않았으나 42세 갑목대운(甲木大運)에 월상기토(月上己土)와 갑기합(甲己合)으로 합거(合去)되어 재산을 탕진한 사주다.

---

❶ 세운무인년(歲運戊寅年): 이별수, 관재, 수술, 자연재앙, 불성
❷ 질병(疾病): 위(胃), 잔질(殘疾)
❸ 남녀성격: (남) 군자의 성품, 언행 조심, 신의 있다, 재주 있다, 고독하다, 항상 바쁨, 학업 장애, 처궁불미, 처 덕 있다, 재복 있다
　　　　　　(여) 신용 있다, 순진하다, 고집 대단, 부궁불미, 정부, 다재다능

⚉ 세운·질병·남녀성격의 해설 (歲運·疾病·男女性格의 解說)

❶ 세운무인년(歲運戊寅年)= ※이별수, 관재, 수술, 자연재앙, 불성은 ※세운무인년(歲運戊寅年)의 무토(戊土)는 무토일주(戊土日柱)의 비견(比肩)으로 신왕(身旺)한 여자 사주에 세운(歲運)에서 비견겁운(比肩劫運)이 들어오면 ※가정에 불화가 생긴다든가 또는 남편과 떨어져 산다든가 또는 이혼한다든가 또는 남편이 사망하는 수도 있다. 그리고 ※관재, 수술, 자연재앙은 ※세운무인년(歲運戊寅年)의 인목(寅木)은 일지신금(日支申金)과 인신충(寅申沖)으로 세운(歲運)에서 일지충운(日支沖運)이 들어오면 ※관재수를 조심해야 하며 또는 수술을 조심해야 하며 또는 자연재앙을 조심해야 한다. 그리고 ※불성은 ※세운무인년(歲運戊寅年)의 무토(戊土)는 무토일주(戊土日柱)의 비견(比肩)으로 세운(歲運)에서 비견겁운(比肩劫運)이 들어오면 ※모든 일이 잘 풀리지 않고 대차계약도 잘 이루어지지 않는다.

❷ 질병(疾病)은 일주(日柱)에서 발생(發生)한다.

❸ 남녀성격은 일주(日柱)에서 발생(發生)한다.

무인년(戊寅年)

58년(음) 6월 4일 술(戌)시 남자

壬	戊	己	戊
戌	戌	未	戌

56	46	36	26	16	6
乙	甲	癸	壬	辛	庚
丑	子	亥	戌	酉	申

이 사주는 무토일주(戊土日柱)가 하계미월(夏季未月)에 출생하여 득령(得令)하고 미중기토(未中己土)가 월상(年上)에 투출(透出)하고 년일간지(年日干支) 양무술(兩戊戌) 비견(比肩)과 시지 술토(時支戌土)가 있어 비견겁(比肩劫)이 태왕(太旺)으로 신왕사주(身旺四柱)다. 신왕사주(身旺四柱)에는 일주(日柱)를 제(制)하는 관살(官殺)이나 상관식신(傷官食神)으로 설기(泄氣)하면 좋은데 일주(日柱)를 제(制)하는 관살(官殺)은 없고 설기(泄氣)하는 상관식신(傷官食神)도 없으며 시상임수(時上壬水) 편재(偏財)로 용신(用神)하고자 하나 시상임수(時上壬水)는 무근(無根)이며 자좌살지(自坐殺地)에 앉아 용신(用神)을 쓸 수가 없다. 그러므로 이 사주는 비견겁(比肩劫)이 태왕(太旺)하므로 종왕격(從旺格)이다. 종왕격(從旺格)에는 비견겁(比肩劫)이 용신(用神)이며 화인수(火印綬)는 희신(喜神)이 된다.

❶ 세운무인년(歲運戊寅年): 변화, 이사, 전근, 손재, 처액, 불성
❷ 질병(疾病): 신장(腎臟), 방광(膀胱)
❸ 남녀성격: (남) 군자의 성품, 언행 조심, 신의 있다, 인심 좋다, 재주 있다, 신뢰한다, 근면하다, 학업 열중, 임사즉결, 고집 대단, 남에게 잘함, 신앙심, 창의력, 돈이 잘 빠져나간다
　　　　　(여) 신용 있다, 순진하다, 시모불합, 남편 말 잘 안 듣는다, 부궁불미, 정부, 재가, 독수공방, 일가부양, 친모봉양, 신앙심

세운 · 질병 · 남녀성격의 해설(歲運 · 疾病 · 男女性格의 解說)

❶ 세운무인년(歲運戊寅年)= ※변화, 이사, 전근, 손재, 처액, 불성은 ※세운무인년(歲運戊寅年)의 인목(寅木)은 일지술토(日支戌土)와 인술(寅戌)로 삼합(三合)이 되므로 세운(歲運)에서 일지(日支) 삼합운(三合運)이 들어오면 ※변화가 생긴다든가 또는 이사를 한다든가 또는 직장을 옮기는 일이 많다. 그리고 ※손재, 처액은 ※세운무인년(歲運戊寅年)의 무토(戊土)는 무토일주의 비견(比肩)으로 남자 사주에 비견겁(比肩劫)이 태왕(太旺)하고 재(財)가 쇠약(衰弱)한데 세운에서 비견겁운(比肩劫運)이 들어오면 ※손재수를 조심해야 하며 또는 가정에 불화가 많이 생긴다든가 또는 처가 말없이 가출한다든가 또는 처의 건강을 조심해야 한다. 그리고 ※불성은 ※세운무인년(歲運戊寅年)의 무토(戊土)는 무토일주의 비견(比肩)으로 세운에서 비견겁운(比肩劫運)이 들어오면 ※모든 일이 잘 풀리지 않고 대차계약도 잘 이루어지지 않는다.

❷ 질병(疾病)과 ❸ 남녀성격은 일주(日柱)에서 발생(發生)한다.

무인년 (戊寅年)

58년(음) 8월 6일 신(申)시 여자

庚	戊	辛	戊
申	戌	酉	戌

53	43	33	23	13	3
乙	丙	丁	戊	己	庚
卯	辰	巳	午	未	申

이 사주는 무토일주(戊土日柱)가 중추유월(中秋酉月)에 출생하여 실시(失時)하고 유중신금(酉中辛金)이 월상(月上)에 투출(透出)하여 상관격(傷官格)이다. 무토일주(戊土日柱)는 자좌술토(自坐戌土)에 근(根)하고 년간지(年干支) 무술토(戊戌土)가 있어 4 대 4로 일주(日柱)가 신왕사주(身旺四柱)같이 보인다. 그러니 월지유금(月支酉金)은 한 개지만 두 개 이상의 힘을 갖고 있으므로 일주(日柱)는 신약사주(身弱四柱)다. 그러므로 화인수(火印綬)가 용신(用神)이며 토비견겁(土比肩劫)은 희신(喜神)이 된다. 이 사주는 여자(女子)의 사주로서 의사(醫師)로 23세 무오대운(戊午大運)부터 운(運)이 잘 들어와 대학병원에 근무(勤務)하다가 38세 사화대운(巳火大運)에 의원(醫院)을 개원하여 돈을 수억금을 벌었고 43세 병화대운(丙火大運)에 부동산에 투자하였으나 월상신금(月上辛金)과 대운병화(大運丙火)와 병신합(丙辛合)으로 합거(合去)되어 재산을 탕진하고 남편과 이혼(離婚)하고 혼자 살고 있는 사주다. 부궁(夫宮)이 부실한 것은 여자(女子) 사주에 상관식신(傷官食神)이 태왕(太旺)이면 부궁(夫宮)이 부실하여 재혼(再婚)하거나 혼자 사는 사람들이 많다.

❶ 세운무인년(歲運戊寅年): 변화, 이사, 전근, 불성
❷ 질병(疾病): 신장(腎臟), 방광(膀胱)
❸ 남녀성격: (남) 군자의 성품, 언행 조심, 신의 있다, 인심 좋다, 재주 있다, 신뢰한다, 근면하다, 학업 열중, 임사즉결, 고집 대단, 남에게 잘함, 신앙심, 창의력, 돈이 잘 빠져나간다
　　　　　(여) 신용 있다, 순진하다, 시모불합, 남편 말 잘 안 듣는다, 부궁불미, 정부, 재가, 독수공방, 일가부양, 친모봉양, 신앙심

세운 · 질병 · 남녀성격의 해설 (歲運 · 疾病 · 男女性格의 解說)

❶ 세운무인년(歲運戊寅年)= ※변화, 이사, 전근, 불성은 ※세운무인년(歲運戊寅年)의 인목(寅木)은 일지술토(日支戌土)와 인술(寅戌)로 삼합(三合)이 되므로 세운(歲運)에서 일지(日支) 삼합운(三合運)이 들어오면 ※변화가 생긴다든가 또는 이사를 한다든가 또는 직장을 옮기는 일이 많다. 그리고 ※불성은 ※세운무인년(歲運戊寅年)의 무토(戊土)는 무토일주(戊土日柱)의 비견(比肩)으로 세운(歲運)에서 비견겁운(比肩劫運)이 들어오면 ※모든 일이 잘 풀리지 않고 대차계약도 잘 이루어지지 않는다.

❷ 질병(疾病)은 일주(日柱)에서 발생(發生)한다.

❸ 남녀성격은 일주(日柱)에서 발생(發生)한다.

무인년(戊寅年)

48년(음) 8월 18일 신(申)시 여자

庚	戊	辛	戊
申	申	酉	子

54	44	34	24	14	4
乙	丙	丁	戊	己	庚
卯	辰	巳	午	未	申

이 사주는 무토일주(戊土日柱)가 중추유월(中秋酉月)에 출생하여 실시(失時)하고 유중신금(酉中辛金)이 월상(月上)에 투출(透出)하여 상관격(傷官格)이다. 그리고 일시지(日時支) 양신금(兩申金)과 신궁경금(申宮庚金)이 시상(時上)에 투출(透出)하여 상관식신(傷官食神)이 태왕(太旺)이다. 무토일주(戊土日柱)는 근(根)이 없으며 자좌신금(自坐申金)에 토생금(土生金)으로 설기(泄氣)가 심(甚)하고 년상무토(年上戊土) 비견(比肩)이 있다 하나 그 비견(比肩)도 근(根)이 없어 무토일주(戊土日柱)를 도울 힘이 없다. 그러므로 이 사주는 토생금(土生金) 금생수(金生水)로 이런 사주를 상관(傷官) 용재격(用財格)이라고 한다. 그러므로 자수재(子水財)가 용신(用神)이며 금(金) 상관식신(傷官食神)은 희신(喜神)이 된다. 이 사주는 여자(女子)의 사주로서 손재주가 좋아 한복(韓服)을 전공(專攻)하였으나 운(運)이 없어 고생을 많이 하다가 39세 사화대운(巳火大運)에 사업을 경영하여 손해를 많이 보았으며 44세 병화대운(丙火大運)에 월상신금(月上辛金)과 병신합(丙辛合)으로 합거(合去)되어 재산을 탕진하고 남편과 이혼하고 혼자 살고 있는 사주다. 부궁(夫宮)이 부실한 것은 여자(女子) 사주에 상관식신(傷官食神)이 태왕(太旺)이면 부궁(夫宮)이 부실하여 재혼(再婚)하거나 혼자 사는 사람들이 많다.

❶ 세운무인년(歲運戊寅年): 관재, 수술, 자연재앙, 불성
❷ 질병(疾病): 위(胃), 잔질(殘疾)
❸ 남녀성격: (남) 군자의 성품, 언행 조심, 신의 있다, 재주 있다, 고독하다, 항상 바쁨, 학업 장애, 처궁불미, 처 덕 있다, 재복 있다
　　　　　(여) 신용 있다, 순진하다, 고집 대단, 부궁불미, 정부, 다재다능

⊙ **세운·질병·남녀성격의 해설**(歲運·疾病·男女性格의 解說)

❶ 세운무인년(歲運戊寅年)= ※관재, 수술, 자연재앙, 불성은 ※세운무인년(歲運戊寅年)의 인목(寅木)은 일지신금(日支申金)과 인신충(寅申沖)으로 세운(歲運)에서 일지충운(日支沖運)이 들어오면 ※관재수를 조심해야 하며 또는 수술을 조심해야 하며 또는 자연재앙을 조심해야 한다. 그리고 ※불성은 ※세운무인년(歲運戊寅年)의 무토(戊土)는 무토일주(戊土日柱)의 비견(比肩)으로 세운(歲運)에서 비견겁운(比肩劫運)이 들어오면 ※모든 일이 잘 풀리지 않고 대차계약도 잘 이루어지지 않는다.

❷ 질병(疾病)과 ❸ 남녀성격은 일주(日柱)에서 발생(發生)한다.

무인년(戊寅年)

49년(음) 6월 3일 술(戌)시 여자

甲	己	庚	己
戌	丑	午	丑

53	43	33	23	13	3
丙	乙	甲	癸	壬	辛
子	亥	戌	酉	申	未

이 사주는 기토일주(己土日柱)가 중하오월(中夏午月)에 출생하여 득령(得令)하고 오중기토(午中己土)가 년상(年上)에 투출(透出)하고 지지(地支)는 전부 화토국(火土局)으로 일주(日柱)는 신왕사주(身旺四柱)다. 신왕사주(身旺四柱)에는 일주(日柱)를 제(制)하는 관살(官殺)이나 상관식신(傷官食神)으로 설기(泄氣)하면 좋은데 시상갑목(時上甲木) 정관(正官)이 투출(透出)하여 그 갑목(甲木)으로 용신(用神)하고자 하나 그 갑목(甲木)은 근(根)이 없으며 기토일주(己土日柱)와 갑기합토(甲己合土)로 화(化)하여 화신토(化神土)가 되었으며 지지(地支)는 전부 화토(火土)로서 화신토(化神土)가 왕(旺)하다. 그러므로 토비견겁(土比肩劫)이 용신(用神)이며 화인수(火印綬)는 희신(喜神)이 된다. 이 사주는 여자(女子)의 사주로서 43세 을목대운(乙木大運)에 사업을 경영하여 월상경금(月上庚金)과 대운을목(大運乙木)과 을경합(乙庚合)으로 합거(合去)되어 손해를 많이 보다가 48세 해수대운(亥水大運)에 재산을 탕진하고 고생을 많이 하다가 53세 병화대운(丙火大運)에 음식업(飮食業)을 경영하여 돈을 많이 벌어 재산을 복구하고 잘살고 있는 사주다.

❶ 세운무인년(歲運戊寅年): 이별수, 불성
❷ 질병(疾病): 위(胃), 위경련(胃痙攣), 비(脾)
❸ 남녀성격: (남) 군자의 성품, 언행 조심, 근면 성실, 신용부실, 부지런하다, 봉사정신, 처궁불미, 의처증, 새벽잠이 없다, 신앙심, 학업 장애
　　　　　(여) 신용 있다, 순진하다, 부궁불미, 독수공방, 남편을 의심한다, 정부, 시모불합, 신앙심, 돈이 잘 빠져나간다, 친정형제 걱정 많이 한다

◎ 세운·질병·남녀성격의 해설 (歲運·疾病·男女性格의 解說)

❶ 세운무인년(歲運戊寅年)= ※이별수, 불성은 ※세운무인년(歲運戊寅年)의 무토(戊土)는 기토일주(己土日柱)의 비겁(比劫)으로 신왕(身旺)한 여자(女子) 사주에 세운(歲運)에서 비견겁운(比肩劫運)이 들어오면 ※가정에 불화가 많이 생긴다든가 또는 남편과 떨어져 산다든가 또는 이혼한다든가 또는 남편이 사망하는 수도 있다. 그리고 ※불성은 ※세운무인년(歲運戊寅年)의 무토(戊土)는 기토일주(己土日柱)의 비겁(比劫)으로 세운(歲運)에서 비견겁운(比肩劫運)이 들어오면 ※모든 일이 잘 풀리지 않고 대차계약도 잘 이루어지지 않는다.

❷ 질병(疾病)은 일주(日柱)에서 발생(發生)한다.

❸ 남녀성격은 일주(日柱)에서 발생(發生)한다.

무인년(戊寅年)

59년(음) 10월 13일 오(午)시 남자

庚	己	乙	己
午	亥	亥	亥

52	42	32	22	12	2
己	庚	辛	壬	癸	甲
巳	午	未	申	酉	戌

이 사주는 기토일주(己土日柱)가 초겨울 해월(亥月)에 출생하여 실시(失時)하고 년일지(年日支) 양해수(兩亥水)와 월상을목(月上乙木)이 투출(透出)하여 재살(財殺)이 태왕(太旺)이다. 다행히 기토일주(己土日柱)는 시지오화(時支午火)에 록근(祿根)하여 종(從)하지 않는다. 그러므로 많은 재(財)를 제(制)하고 기토일주(己土日柱)를 보신(補身)하는 비견겁(比肩劫)이 용신(用神)이며 화인수(火印綬)는 희신(喜神)이 된다. 이 사주는 남자(男子)의 사주로서 국제상사(國際商社)에 근무(勤務)하였으나 초년(初年)에는 운(運)이 없어 승진(昇進)이 안되어 고생(苦生)을 많이 하다가 47세 오화대운(午火大運)에 운(運)이 잘 들어와 승진(昇進)하였으며 자영업(自營業)도 겸업(兼業)하여 수억금을 벌은 사주다. 앞으로도 운(運)이 좋아 사업(事業)이 한층 더 번창(繁昌)하리라고 본다.

❶ 세운무인년(歲運戊寅年): 관재, 손재, 신액, 불성
❷ 질병(疾病): 위(胃), 비(脾), 기관지(氣管支), 폐병(肺病)
❸ 남녀성격: (남) 군자의 성품, 언행 조심, 영리하다, 추리력, 선견지명, 외유내강, 현실에 적응 잘한다, 강직하다, 재복 있다, 장수한다, 호인이다
　　　　　　(여) 신용 있다, 순진하다, 남편 좋다, 영리하다, 부궁불미, 정부, 장수한다, 신앙심

☯ 세운·질병·남녀성격의 해설(歲運·疾病·男女性格의 解說)

❶ 세운무인년(歲運戊寅年)= ※관재, 손재, 신액, 불성은 ※세운무인년(歲運戊寅年)의 인목(寅木)은 기토일주(己土日柱)의 정관(正官)으로 원명사주(源命四柱)에 재살(財殺)이 태왕(太旺)인데 세운(歲運)에서 재(財)나 관살운(官殺運)이 들어오면 **관재수를 조심해야 하며 또는 손재수를 조심해야 하며 또는 건강을 조심해야 한다.** 그리고 ※불성은 ※세운무인년(歲運戊寅年)의 무토(戊土)는 기토일주(己土日柱)의 비겁(比劫)으로 세운(歲運)에서 비견겁운(比肩劫運)이 들어오면 ※**모든 일이 잘 풀리지 않고 대차계약도 잘 이루어지지 않는다.**

❷ 질병(疾病)은 위, 비는 일주(日柱)에서 발생(發生)하며 ※기관지, 폐병은 ※기토일주(己土日柱)가 재살(財殺)이 태왕(太旺)이면 ※기관지를 조심해야 하며 또는 폐병을 조심해야 한다.

❸ 남녀성격은 일주(日柱)에서 발생(發生)한다.

무인년(戊寅年)

57년(윤) 8월 11일 축(丑)시 남자

乙	己	己	丁
丑	酉	酉	酉

59	49	39	29	19	9
癸	甲	乙	丙	丁	戊
卯	辰	巳	午	未	申

이 사주는 기토일주(己土日柱)가 중추유월(中秋酉月)에 출생하여 실시(失時)하고 년일지(年日支) 양유금(兩酉金)과 시지축토(時支丑土)와 유축(酉丑)으로 금국(金局)을 이루어 기토일주(己土日柱)가 설기(泄氣)가 심(甚)하다. 그러므로 년상정화(年上丁火) 인수(印綬)로 많은 상관(傷官)을 제(制)하고 기토일주(己土日柱)를 생(生)한 것 같으나 년상정화(年上丁火)는 근(根)이 없으며 자좌유금(自坐酉金)에 사궁(死宮)이며 기토일주(己土日柱)는 시지(時支) 축중기토(丑中己土)에 근(根)한다고 하나 그 축토(丑土)는 일지유금(日支酉金)과 유축(酉丑)으로 금국(金局)이 되어 기토일주(己土日柱)를 도울 힘이 없으므로 목생화(木生火) 화생토(火生土) 토생금(土生金)으로 종아격(從兒格)이다. 그러므로 유중신금(酉中辛金) 식신(食神)이 용신(用神)이 된다. 이 사주는 남자(男子)의 사주로서 예능(藝能)과 기술(技術)에 소질(素質)이 있어 자동차 정비공(整備工)으로 일하다가 29세 병화대운(丙火大運)에 카센터를 경영하였으나 운(運)이 없어 고생을 많이 하다가 49세 갑목대운(甲木大運)에 월상기토(月上己土)와 갑기합(甲己合)으로 합거(合去)되어 재산을 탕진하고 다시 남의 카센터 정비공으로 일하고 있는 사주다.

❶ 세운무인년(歲運戊寅年): 불성
❷ 질병(疾病): 위(胃), 비(脾), 기관지(氣管支), 폐병(肺病)
❸ 남녀성격: (남) 군자의 성품, 언행 조심, 신의 있다, 남에게 잘함, 문단 수려, 암기력, 처덕 있다, 처궁불미, 언어특성, 운동잘함, 잔병치레, 식복 있다
   (여) 신용 있다, 순진하다, 남편복이 없다, 부궁불미, 독수공방, 정부, 미모 수려, 자손귀자

세운 · 질병 · 남녀성격의 해설 (歲運 · 疾病 · 男女性格의 解說)

❶ 세운무인년(歲運戊寅年)= ※불성은 ※세운무인년(歲運戊寅年)의 무토(戊土)는 기토일주(己土日柱)의 비겁(比劫)으로 세운(歲運)에서 비견겁운(比肩劫運)이 들어오면 ※모든 일이 잘 풀리지 않고 대차계약도 잘 이루어지지 않는다.

❷ 질병(疾病)은 위, 비는 일주(日柱)에서 발생(發生)하며 ※기관지, 폐병은 ※원명사주(源命四柱)에 기토일주(己土日柱)가 쇠약(衰弱)하면 ※기관지를 조심해야 하며 또는 폐병을 조심해야 한다.

❸ 남녀성격은 일주(日柱)에서 발생(發生)한다.

무인년(戊寅年)

58년(음) 6월 25일 술(戌)시 여자

甲	己	庚	戊
戌	未	申	戌

51	41	31	21	11	1
甲	乙	丙	丁	戊	己
寅	卯	辰	巳	午	未

이 사주는 기토일주(己土日柱)가 초가을 신월(申月)에 출생하여 실시(失時)하고 신궁경금(申宮庚金)이 월상(月上)에 투출(透出)하여 상관격(傷官格)이다. 그러므로 일주(日柱)가 신약사주(弱四柱)같이 보인다. 그러나 기토일주(己土日柱)는 자좌(自坐) 미중정기(未中丁己) 인수(印綬)와 비견(比肩)에 근(根)하고 시지술토(時支戌土) 비겁(比劫)이 있고 년간지(年干支) 무술토(戊戌土) 비겁(比劫)이 있어 일주(日柱)는 신왕사주(身旺四柱)다. 신왕사주(身旺四柱)에는 관살(官殺)로 일주(日柱)를 제(制)하거나 상관(傷官)으로 설기(泄氣)함이 좋은데 시상갑목(時上甲木) 정관(正官)이 있다 하나 그 갑목(甲木)은 근(根)이 없어 용신(用神)으로 쓸 수가 없다. 그러므로 월상경금(月上庚金) 상관(傷官)으로 용신(用神)할 것 같으나 기토일주(己土日柱)는 시상갑목(時上甲木)과 갑기합토(甲己合土)로 토(土)로 화(化)하여 화격(化格)이 된다. 그러므로 토(土)가 용신(用神)이며 화인수(火印綬)가 희신(喜神)이 된다.

❶ 세운무인년(歲運戊寅年): 이별수, 불성, 신경과민
❷ 질병(疾病): 위(胃), 비(脾), 당뇨(糖尿)
❸ 남녀성격: (남) 군자의 성품, 언행 조심, 성질 급, 고집 대단, 성격이 까다롭다, 편식, 옷에
　　　　　신경 쓴다, 처궁불미, 남에게 시기를 많이 받는다, 신앙심
　　　　(여) 신용 있다, 순진하다, 부궁불미, 이성구설, 정부, 독수공방, 친모봉양

◉ 세운·질병·남녀성격의 해설(歲運·疾病·男女性格의 解說)

❶ 세운무인년(歲運戊寅年)= ※이별수, 불성, 신경과민은 ※세운무인년(歲運戊寅年)의 무토(戊土)는 기토일주(己土日柱)의 비겁(比劫)으로 신왕(身旺)한 여자(女子) 사주에 세운에서 비견겁운(比肩劫運)이 들어오면 ※가정에 불화가 많이 생긴다든가 또는 남편과 떨어져 산다든가 또는 이혼한다든가 또는 남편이 사망하는 수도 있다. 그리고 ※불성은 ※세운무인년(歲運戊寅年)의 무토(戊土)는 기토일주(己土日柱)의 비겁(比劫)으로 세운에서 비견겁운(比肩劫運)이 들어오면 ※모든 일이 잘 풀리지 않고 대차계약도 잘 이루어지지 않는다. 그리고 ※신경과민은 ※세운무인년(歲運戊寅年)의 인목(寅木)은 일지미토(日支未土)와 인미(寅未)로 귀문관살(鬼門關殺)이 되므로 세운에서 일지(日支) 귀문(鬼門) 관살운(關殺運)이 들어오면 ※그해에는 모든 일에 신경을 많이 쓰게 된다.

❷ 질병(疾病)은 일주(日柱)에서 발생(發生)한다.

❸ 남녀성격은 일주(日柱)에서 발생(發生)한다.

무인년(戊寅年)

58년(음) 9월 7일 인(寅)시 남자

丙	己	壬	戊
寅	巳	戌	戌

57	47	37	27	17	7
戊	丁	丙	乙	甲	癸
辰	卯	寅	丑	子	亥

이 사주는 기토일주(己土日柱)가 계추술월(季秋戌月)에 출생하여 득령(得令)하고 년간지(年干支) 무술토(戊戌土) 비겁(比劫)과 시상병화(時上丙火) 인수(印綬)는 일지사화(日支巳火)에 근(根)하여 일주(日柱)를 생(生)하므로 일주(日柱)는 신왕사주(身旺四柱)다. 신왕사주(身旺四柱)에는 관살(官殺)로 일주(官殺)를 제(制)함이 좋은데 다행히 시지인중(時支寅中) 갑목정관(甲木正官)으로 용신(用神)한다. 그리고 수재(水財)는 희신(喜神)이 된다. 이 사주는 남자(男子)의 사주로서 사업을 하였으나 초년(初年)에는 운(運)이 없어 고생을 많이 하다가 42세 인목대운(寅木大運)에 사업이 번창하여 돈을 많이 벌었고 47세 정화대운(丁火大運)에는 월상임수(月上壬水)와 정임합(丁壬合)으로 합거(合去)되어 손해를 많이 보다가 52세 묘목대운(卯木大運)에 사업이 다시 번창하고 있는 사주다.

❶ 세운무인년(歲運戊寅年): 관재, 수술, 손재, 처액, 불성
❷ 질병(疾病): 위(胃), 비(脾)
❸ 남녀성격: (남) 군자의 성품, 언행 조심, 외유내강, 강직하다, 미모 수려, 멋쟁이, 학업 열중, 덕망이 있다, 항상 바쁨, 처궁불미, 처 덕 있다
　　　　　　(여) 신용 있다, 순진하다, 남편복이 있다, 자손귀자, 친정격정, 물조심, 영리하다

세운·질병·남녀성격의 해설(歲運·疾病·男女性格의 解說)

❶ 세운무인년(歲運戊寅年)= ※관재, 수술, 손재, 처액, 불성은 ※세운무인년(歲運戊寅年)의 인목(寅木)은 일지사화(日支巳火)와 인사(寅巳)로 형살(刑殺)이 되므로 세운(歲運)에서 일지(日支) 형살운(刑殺運)이 들어오면 ※관재수가 생긴다든가 또는 수술하는 일이 많다. 그리고 ※손재, 처액은 ※세운무인년(歲運戊寅年)의 무토(戊土)는 기토일주(己土日柱)의 비겁(比劫)으로 원명사주(源命四柱)에 비견겁(比肩劫)이 왕(旺)하고 재(財)가 쇠약(衰弱)한데 세운에서 비견겁운(比肩劫運)이 들어오면 ※손재수가 생긴다든가 또는 가정에 불화가 많이 생긴다든가 또는 처가 가출한다든가 또는 처의 건강을 조심해야 한다. 그리고 ※불성은 ※세운무인년(歲運戊寅年)의 무토(戊土)는 기토일주(己土日柱)의 비겁(比劫)으로 세운(歲運)에서 비견겁운(比肩劫運)이 들어오면 ※모든 일이 잘 풀리지 않고 대차계약도 잘 이루어지지 않는다.

❷ 질병(疾病)은 일주(日柱)에서 발생(發生)한다.

❸ 남녀성격은 일주(日柱)에서 발생(發生)한다.

무인년 (戊寅年)

59년(음) 5월 21일 미(未)시 여자

辛	己	庚	己
未	卯	午	亥

54	44	34	24	14	4
丙	乙	甲	癸	壬	辛
子	亥	戌	酉	申	未

이 사주는 기토일주(己土日柱)가 중하오월(中夏午月)에 출생하여 록근(祿根)하고 오중기토(午中己土)가 년상(年上)에 투출(透出)하고 시지미토(時支未土)가 있어 일주(日柱)는 신왕사주(身旺四柱)다. 신왕사주(身旺四柱)에는 일주(日柱)를 제(制)하는 관살(官殺)이나 상관식신(傷官食神)으로 설기(泄氣)하면 좋은데 다행히 일지(日支) 묘중을목(卯中乙木)이 있어 묘중을목(卯中乙木) 편관(偏官)으로 용신(用神)한다. 그리고 수재(水財)는 희신(喜神)이 된다. 이 사주는 여자(女子)의 사주로서 39세 술토대운(戌土大運)에 사업(事業)을 시작하여 손해(損害)를 보다가 44세 을목대운(乙木大運)에 부동산에 투자하였으나 월상경금(月上庚金)과 을경합(乙庚合)으로 합거(合去)되어 재산(財産)을 탕진(蕩盡)하였으나 49세 해수대운(亥水大運)에 사업(事業)을 재기(再起)하여 재산을 원상복구(原狀復舊)하고 모든 일이 잘 풀리며 사업(事業)이 번창(繁昌)하여 돈을 많이 벌은 사주다.

❶ 세운무인년(歲運戊寅年): 이별수, 불성
❷ 질병(疾病): 위(胃), 비(脾), 위산과다(胃酸過多)
❸ 남녀성격: (남) 군자의 성품, 언행 조심, 고집 대단, 지구력 부족, 인덕 없다, 마음 약, 처궁불미, 소심하다, 인자한 성품, 운동 잘함, 눈물 많다
　　　　　　 (여) 신용 있다, 순진하다, 부궁불미, 정부, 재가, 식복 있다, 자손근심, 남편이 나이가 많은 사람 아니면 나이가 어린 사람을 만나기 쉽다

세운 · 질병 · 남녀성격의 해설 (歲運 · 疾病 · 男女性格의 解說)

❶ 세운무인년(歲運戊寅年)= ※이별수, 불성은 ※세운무인년(歲運戊寅年)의 무토(戊土)는 기토일주(己土日柱)의 비겁(比劫)으로 신왕(身旺)한 여자(女子) 사주에 세운(歲運)에서 비견겁운(比肩劫運)이 들어오면 ※가정에 불화가 많이 생긴다든가 또는 남편과 떨어져 산다든가 또는 이혼한다든가 또는 남편이 사망하는 수도 있다. 그리고 ※불성은 ※세운무인년(歲運戊寅年)의 무토(戊土)는 기토일주(己土日柱)의 비겁(比劫)으로 세운(歲運)에서 비견겁운(比肩劫運)이 들어오면 ※모든 일이 잘 풀리지 않고 대차계약도 잘 이루어지지 않는다.

❷ 질병(疾病)은 일주(日柱)에서 발생(發生)한다.

❸ 남녀성격은 일주(日柱)에서 발생(發生)한다.

무인년 (戊寅年)

49년(음) 12월 27일 술(戌)시 남자

甲	己	戊	庚
戌	卯	寅	寅

57	47	37	27	17	7
甲	癸	壬	辛	庚	己
申	未	午	巳	辰	卯

이 사주는 기토일주(己土日柱)가 초봄 인월(寅月)에 출생하여 실시(失時)하고 인중갑목(寅中甲木)이 시상(時上)에 투출(透出)하여 정관격(正官格)이다. 그리고 지지(地支)는 년월일(年月日) 인인묘목(寅寅卯木)과 시상(時上)에 갑목(甲木)이 투출(透出)하여 관살(官殺)이 태왕(太旺)하여 신약사주(身弱四柱)다. 그러나 기토일주(己土日柱)는 시지(時支) 술중무토(戌中戊土)에 근(根)하고 술중무토(戌中戊土)가 월상(月上)에 투출(透出)하여 종(從)하지 않으므로 많은 관살(官殺)을 휘어잡는 화인수(火印綬)로 관인상생(官印相生)을 시켜야 좋으므로 화인수(火印綬)가 용신(用神)이며 토비견겁(土比肩劫)은 희신(喜神)이 된다. 이 사주는 남자(男子)의 사주로서 42세 오화대운(午火大運)에 사업을 경영하여 돈을 많이 벌었으나 47세 계수대운(癸水大運)에 월상무토(月上戊土)와 무계합(戊癸合)으로 합거(合去)되어 재산을 탕진하고 처(妻)와 이혼(離婚)하고 혼자 살고 있는 사주다.

❶ 세운무인년(歲運戊寅年): 관재, 손재, 신액, 불성, 자연재앙
❷ 질병(疾病): 위(胃), 비(脾), 위산과다(胃酸過多)
❸ 남녀성격: (남) 군자의 성품, 언행 조심, 고집 대단, 지구력 부족, 인덕 없다, 마음 약, 처궁불미, 소심하다, 인자한 성품, 운동 잘함, 눈물 많다
　　　　　(여) 신용 있다, 순진하다, 부궁불미, 정부, 재가, 식복 있다, 자손근심, 남편이 나이가 많은 사람 아니면 나이가 어린 사람을 만나기 쉽다

☯ 세운·질병·남녀성격의 해설 (歲運·疾病·男女性格의 解說)

❶ 세운무인년(歲運戊寅年)= ※관재, 손재, 신액, 불성, 자연재앙은 ※세운무인년(歲運戊寅年)의 인목(寅木)은 기토일주(己土日柱)의 정관(正官)으로 원명사주(源命四柱)에 관살(官殺)이 태왕(太旺)인데 세운(歲運)에서 재(財)나 관살운(官殺運)이 들어오면 ※관재수나 손재수나 건강을 조심해야 한다. 그리고 ※불성은 ※세운무인년(歲運戊寅年)의 무토(戊土)는 기토일주(己土日柱)의 비겁(比劫)으로 세운(歲運)에서 비견겁운(比肩劫運)이 들어오면 ※모든 일이 잘 풀리지 않고 대차계약도 잘 이루어지지 않는다. 그리고 ※자연재앙은 ※세운무인년(歲運戊寅年)의 인목(寅木)은 년지인목(年支寅木)과 인인(寅寅)으로 똑같은 오행(五行)이므로 세운(歲運)에서 년지(年支) 같은 운(運)이 들어오면 ※자연재앙을 조심해야 한다.

❷ 질병(疾病)은 일주(日柱)에서 발생(發生)한다.

❸ 남녀성격은 일주(日柱)에서 발생(發生)한다.

무인년 (戊寅年)

51년(음) 8월 6일 미(未)시 여자

辛	己	丙	辛
未	酉	申	卯

51	41	31	21	11	1
壬	辛	庚	己	戊	丁
寅	丑	子	亥	戌	酉

이 사주는 기토일주(己土日柱)가 초가을 신월(申月)에 출생하여 실시(失時)하고 일지유금(日支酉金)과 신유(申酉)로 금국(金局)을 이루고 유중신금(酉中辛金)이 년시상(年時上)에 투출(透出)하여 상관식신(傷官食神)이 태왕(太旺)하여 종아(從兒)할 것 같으나 년지(年支) 묘중을목(卯中乙木) 편관(偏官)은 나의 남편이며 벼슬도 되므로 많은 상관식신(傷官食神)에 극(剋)을 받으므로 이런 사주를 제살태과(制殺太過)라고 한다. 그리고 상관식신(傷官食神)은 일주(日柱)의 병(病)이 되므로 화인수(火印綬)로 많은 상관식신(傷官食神)을 제(制)하고 일주(日柱)를 생(生)하여줘야 하므로 화인수(火印綬)가 용신(用神)이며 토비견겁(土比肩劫)은 희신(喜神)이 된다. 이 사주는 여자(女子)의 사주로서 전업주부로 살다가 51세 임수대운(壬水大運)에 부동산(不動産)에 투자하여 재산을 탕진하고 남편(男便)과 이혼하고 혼자 살고 있는 사주다. 부궁(夫宮)이 부실한 것은 여자(女子) 사주에 상관식신(傷官食神)이 태왕(太旺)이면 부궁(夫宮)이 부실한데 년간지(年干支) 신묘생(辛卯生)의 공망(空亡)은 시지미토(時支未土)로서 부궁(夫宮)이 더욱더 부실한 사주다.

❶ 세운무인년(歲運戊寅年): 이별수, 불성

❷ 질병(疾病): 위(胃), 비(脾)

❸ 남녀성격: (남) 군자의 성품, 언행 조심, 신의 있다, 남에게 잘함, 문단 수려, 암기력, 처덕 있다, 처궁불미, 언어특성, 운동잘함, 잔병치레, 식복 있다

(여) 신용 있다, 순진하다, 남편복이 없다, 부궁불미, 독수공방, 정부, 미모 수려, 자손귀자

🔵 세운·질병·남녀성격의 해설 (歲運·疾病·男女性格의 解說)

❶ 세운무인년(歲運戊寅年)= ※이별수, 불성은 ※세운무인년(歲運戊寅年)의 인목(寅木)은 기토일주(己土日柱)의 정관(正官)으로 여자(女子) 사주에 상관식신(傷官食神)이 태왕(太旺)인데 세운(歲運)에서 관살운(官殺運)이 들어오면 ※가정에 불화가 많이 생긴다든가 또는 남편과 떨어져 산다든가 또는 이혼한다든가 또는 남편이 사망하는 수도 있다. 그리고 ※불성은 ※세운무인년(歲運戊寅年)의 무토(戊土)는 기토일주(己土日柱)의 비겁(比劫)으로 세운(歲運)에서 비견겁운(比肩劫運)이 들어오면 ※모든 일이 잘 풀리지 않고 대차계약도 잘 이루어지지 않는다.

❷ 질병(疾病)은 일주(日柱)에서 발생(發生)한다.

❸ 남녀성격은 일주(日柱)에서 발생(發生)한다.

무인년(戊寅年)

51년(음) 11월 28일 미(未)시 여자

癸	庚	庚	辛
未	子	子	卯

54	44	34	24	14	4
丙	乙	甲	癸	壬	辛
午	巳	辰	卯	寅	丑

이 사주는 경금일주(庚金日柱)가 중동자월(中冬子月)에 출생하여 실시(失時)하고 일지자수(日支子水)와 자중계수(子中癸水)가 시상(時上)에 투출(透出)하여 상관격(傷官格)이다. 그러므로 일주(日柱)는 신약사주(身弱四柱)로서 미중기토(未中己土) 인수(印綬)가 용신(用神)이며 금비견겁(金比肩劫)은 희신(喜神)이 된다. 이 사주는 여자(女子)의 사수로서 수류업(酒類業)을 하였으나 초년(初年)에는 운(運)이 없어 고생을 많이 하였으나 39세 진토대운(辰土大運)에는 돈을 많이 벌었고 44세 을목대운(乙木大運)에는 월상경금(月上庚金)과 을경합(乙庚合)으로 합거(合去)되어 재산을 탕진하고 남편(男便)과 이혼하고 혼자 힘들게 살고 있는 사주다. 부궁(夫宮)이 부실한 것은 년간지(年干支) 신묘생(辛卯生)의 공망(空亡)은 시지미토(時支未土)로서 일시지(日時支)에 공망(空亡)이 있으면 부궁(夫宮)이 부실하여 재혼(再婚)하거나 혼자 사는 사람들이 많다.

❶ 세운무인년(歲運戊寅年): 신축, 문서
❷ 질병(疾病): 냉(冷), 대하증(帶下症), 동상(凍傷), 중풍(中風), 비색증(鼻塞症), 월경불순(月經不純)
❸ 남녀성격: (남) 과감 용단, 청백한 사람, 의리 있다, 남을 무시한다, 두뇌 명철, 추리력, 혁명심, 처궁불미, 재가, 미인수다, 냉정하다, 눈치가 빠름, 신앙심
　　　　　　(여) 냉정하다, 사람 사귀다 한번 틀어지면 다시 안 봄, 부궁불미, 정부, 재가, 독수공방, 남에게 잘함, 인덕 없다, 남자들의 배신을 잘 당함

세운·질병·남녀성격의 해설(歲運·疾病·男女性格의 解說)

❶ 세운무인년(歲運戊寅年)= ※신축, 문서는 ※세운무인년(歲運戊寅年)의 무토(戊土)는 경금일주(庚金日柱)의 인수(印綬)로 세운(歲運)에서 인수운(印綬運)이 들어오면 ※집을 짓는다든가 또는 증축을 한다든가 또는 문서를 잡는다든가 또는 사업체를 벌리는 일이 많다.

❷ 질병(疾病)은 냉, 대하증, 동상, 중풍은 일주(日柱)에서 발생(發生)하며 ※비색증은 ※경금일주(庚金日柱)가 해자월(亥子月)에 출생하면 ※축농증과 비염과 코막힘을 조심해야 한다. 그리고 ※월경불순은 ※경금일주(庚金日柱)가 해자월(亥子月)에 출생하면 ※월경이 불순하여 배가 많이 아프다.

❸ 남녀성격은 일주(日柱)에서 발생(發生)한다.

무인년 (戊寅年)

51년(음) 11월 18일 진(辰)시 남자

庚	庚	庚	辛
辰	寅	子	卯

53	43	33	23	13	3
甲	乙	丙	丁	戊	己
午	未	申	酉	戌	亥

이 사주는 경금일주(庚金日柱)가 중동자월(中冬子月)에 출생하여 실시(失時)하여 신약사주(身弱四柱)다. 그러나 경금일주는 년월일시(年月日時) 경신금(庚辛金)으로 천원일기(天元一氣)를 이루고 그 경신금(庚辛金)은 시지진토(時支辰土)에 근(根)하므로 일주(日柱)는 약화위강(弱化爲强)으로 신왕사주(身旺四柱)다. 신왕사주에는 일주(日柱)를 제(制)하는 관살(官殺)이나 상관식신(傷官食神)으로 설기(泄氣)함이 좋은데 일주(日柱)를 제(制)하는 관살(官殺)은 없고 년일지(年日支) 인묘목재(寅卯木財)가 있어 이런 사주를 상관(傷官) 용재격(用財格)이라고 하며 목재(木財)가 용신(用神)이며 수(水) 상관식신(傷官食神)은 희신(喜神)이 된다. 이 사주는 남자(男子)의 사주로서 건축(建築) 자재업(資材業)을 경영하였으나 운(運)이 없어 고생을 많이 하다가 43세 을목대운(乙木大運)에 월상경금(月上庚金)과 을경합(乙庚合)으로 합거(合去)되어 재산을 탕진하고 힘들게 살고 있는 사주다.

☯ 세운·질병·남녀성격의 해설 (歲運·疾病·男女性格의 解說)

❶ 세운무인년(歲運戊寅年)= ※변화, 이사, 전근, 신축, 문서, 자연재앙은 ※세운무인년(歲運戊寅年)의 인목(寅木)은 일지인목(日支寅木)과 인인(寅寅)으로 삼합(三合)이 되므로 세운(歲運)에서 일지(日支) 삼합운(三合運)이 들어오면 ※변화가 생긴다든가 또는 이사를 한다든가 또는 직장을 옮기는 일이 많다. 그리고 ※신축, 문서는 ※세운무인년(歲運戊寅年)의 무토(戊土)는 경금일주(庚金日柱)의 인수(印綬)로 세운에서 인수운(印綬運)이 들어오면 ※집을 짓는다든가 또는 증축을 한다든가 또는 문서를 잡는다든가 또는 사업체를 벌리는 일이 많다. 그리고 ※자연재앙은 ※세운무인년(歲運戊寅年)의 인목(寅木)은 일지인목(日支寅木)과 인인(寅寅)으로 똑같은 오행(五行)이므로 세운에서 일지(日支)같은 운(運)이 들어오면 ※자연재앙을 조심해야 한다.

❷ 질병(疾病)은 일주(日柱)에서 발생(發生)한다.

❸ 남녀성격은 일주(日柱)에서 발생(發生)한다.

무인년(戊寅年)

52년(음) 8월 13일 사(巳)시 남자

辛	庚	己	壬
巳	辰	酉	辰

52	42	32	22	12	2
乙	甲	癸	壬	辛	庚
卯	寅	丑	子	亥	戌

이 사주는 경금일주(庚金日柱)가 중추유월(中秋酉月) 양인월(羊刃月)에 출생하여 득령(得令)하고 유중신금(酉中辛金)이 시상(時上)에 투출(透出)하고 년일지(年日支) 양진토(兩辰土)가 일주(日柱)를 생(生)하니 일주(日柱)는 신왕사주(身旺四柱)다. 신왕사주(身旺四柱)에는 관실(官殺)로 일주(日柱)를 제(制)함이 좋은데 다행히 시지(時支) 사중병화(巳中丙火) 편관(偏官)이 있어 병화편관(丙火偏官)이 용신(用神)이며 목재(木財)는 희신(喜神)이 된다. 이 사주는 남자(男子)의 사주로서 양인격(羊刃格)이므로 양인격(羊刃格)을 놓은 사람은 군경(軍警)이나 무관(武官)으로 직업(職業)을 많이 갖는데 이 사주는 운동(運動)은 많이 하였으나 운(運)이 없어 체육선생(體育先生)으로 직업을 갖지 못하고 체육관(體育館)을 경영(經營)하였으나 42세 갑목대운(甲木大運)에 월상기토(月上己土)와 갑기합(甲己合)으로 합거(合去)되어 재산을 탕진(蕩盡)하고 47세 인목대운(寅木大運)에 음식업을 경영하여 재산을 복구하고 수억금을 벌었으나 52세 을목대운(乙木大運)에 일주경금(日柱庚金)과 을경합(乙庚合)으로 합거(合去)되어 손해를 많이 보았고 57세 묘목대운(卯木大運)에 사업이 번창하여 돈을 많이 벌어 잘살고 있는 사주다. 이 사주는 기복(起伏)이 심(甚)했던 사주다.

❶ 세운무인년(歲運戊寅年): 신축, 문서
❷ 질병(疾病): 냉(冷), 풍질(風疾)
❸ 남녀성격: (남) 과감 용단, 신의 있다, 임사즉결, 포부 광대, 매사 끝장본다, 매사 자신, 통솔력, 영웅호걸, 두령격, 자수성가, 처 덕 있다, 냉정하다, 신앙심, 처궁불미
　　　　　(여) 냉정하다, 사람 사귀다 한번 틀어지면 다시 안봄, 부궁불미, 정부, 재가, 직업여성, 일가부양, 재복 있다

◐ **세운·질병·남녀성격의 해설**(歲運·疾病·男女性格의 解說)

❶ 세운무인년(歲運戊寅年)= ※신축, 문서는 ※세운무인년(歲運戊寅年)의 무토(戊土)는 경금일주(庚金日柱)의 인수(印綬)로 세운(歲運)에서 인수운(印綬運)이 들어오면 ※집을 짓는다든가 또는 증축을 한다든가 또는 문서를 잡는다든가 또는 사업체를 벌리는 일이 많다.

❷ 질병(疾病)은 일주(日柱)에서 발생(發生)한다.

❸ 남녀성격은 일주(日柱)에서 발생(發生)한다.

무인년(戊寅年)

53년(음) 6월 8일 오(午)시 여자

<table>
<tr><td>壬</td><td>庚</td><td>己</td><td>癸</td></tr>
<tr><td>午</td><td>午</td><td>未</td><td>巳</td></tr>
</table>

57	47	37	27	17	7
乙	甲	癸	壬	辛	庚
丑	子	亥	戌	酉	申

이 사주는 경금일주(庚金日柱)가 하계미월(夏季未月)에 출생하여 득령(得令)하고 미중기토(未中己土)가 월상(月上)에 투출(透出)하였으나 지지(地支)는 전부 화국(火局)으로 일주(日柱)는 신약사주(身弱四柱)로서 살인상생(殺印相生)으로 토인수(土印綬)가 용신(用神)이며 금비견겁(金比肩劫)은 희신(喜神)이 된다. 이 사주는 여자(女子)의 사주로서 전업 주부로 살다가 47세 갑목대운(甲木大運)에 모텔을 임대하여 경영하였으나 월상기토(月上己土)와 갑기합(甲己合)으로 합거(合去)되어 손해를 많이 보았고 52세 자수대운(子水大運)에는 오피스텔에 투자하였으나 일지오화(日支午火)와 자오충(子午沖)으로 재산을 탕진하고 남편(男便)과 이혼하고 혼자 살고 있는 사주다. 부궁(夫宮)이 부실한 것은 여자(女子) 사주에 관살(官殺)이 태왕(太旺)이면 부궁(夫宮)이 부실한데 년간지(年干支) 계사생(癸巳生)의 공망(空亡)은 일지오화(日支午火)로서 부궁(夫宮)이 더욱더 부실한 사주다.

[참고] 대운(大運)에서 왕(旺)한 오행(五行)과 충(沖)이 되면 손재수나 건강을 조심해야 한다.

❶ 세운무인년(歲運戊寅年): 변화, 이사, 전근, 신축, 문서
❷ 질병(疾病): 폐(肺), 기관지(氣管支), 월경불순(月經不純), 해수천식(咳嗽喘息), 빈혈(貧血)
❸ 남녀성격: (남) 과감 용단, 냉정하다, 일찍 사회에 참여, 뜻은 크나 성공이 없다, 신경질, 지구력 부족, 성질 급, 남에게 시기를 많이 받는다
　　　　　　(여) 냉정하다, 사람 사귀다 한번 틀어지면 다시 안 봄, 부궁불미, 정부, 재가, 외강내유, 성질 급, 서두른다, 자중한다, 인덕 없다

세운 · 질병 · 남녀성격의 해설(歲運 · 疾病 · 男女性格의 解說)

❶ 세운무인년(歲運戊寅年)= ※변화, 이사, 전근, 신축, 문서는 ※세운무인년(歲運戊寅年)의 인목(寅木)은 일지오화(日支午火)와 인오(寅午)로 삼합(三合)이 되므로 세운(歲運)에서 일지(日支) 삼합운(三合運)이 들어오면 ※변화가 생긴다든가 또는 이사를 한다든가 또는 직장을 옮기는 일이 많다. 그리고 ※신축, 문서는 ※세운무인년(歲運戊寅年)의 무토(戊土)는 경금일주(庚金日柱)의 인수(印綬)로 세운(歲運)에서 인수운(印綬運)이 들어오면 ※집을 짓는다든가 또는 증축을 한다든가 또는 문서를 잡는다든가 또는 사업체를 벌리는 일이 많다.

❷ 질병(疾病)은 일주(日柱)에서 발생(發生)한다.

❸ 남녀성격은 일주(日柱)에서 발생(發生)한다.

무인년(戊寅年)

54년(음) 6월 4일 술(戌)시 남자

丙	庚	庚	甲
戌	申	午	午

52	42	32	22	12	2
丙	乙	甲	癸	壬	辛
子	亥	戌	酉	申	未

이 사주는 경금일주(庚金日柱)가 중하오월(中夏午月)에 출생하여 실시(失時)하고 년지오화(年支午火)와 시상병화(時上丙火)가 투출(透出)하여 관살(官殺)이 태왕(太旺)이다. 그러나 경금일주(庚金日柱)는 자좌신금(自坐申金)에 록근(祿根)하고 신궁경금(申宮庚金)이 월상(月上)에 투출(透出)히고 시지(時支) 술중무도(戌中戊土)에 근(根)하였으나 일주(日柱)는 신약사주(身弱四柱)로서 토인수(土印綬)가 용신(用神)이며 금비견겁(金比肩劫)은 희신(喜神)이 된다. 이 사주는 남자(男子)의 사주로서 애니메이션을 전공(專攻)하여 초년(初年) 27세 유금대운(酉金大運)에 좋은 직장(職場)에 취직(就職)하여 승승장구(乘勝長驅)하였으나 32세 갑목대운(甲木大運)에 재관(財官)이 왕(旺)하여 모든 일이 정체(停滯)가 되었고 37세 술토대운(戌土大運)에 회사를 퇴사하고 사업을 경영(經營)하여 돈을 많이 벌었고 42세 을목대운(乙木大運)에 월상경금(月上庚金)과 을경합(乙庚合)으로 합거(合去)되어 재산(財産)을 탕진(蕩盡)하고 그 이후로는 운(運)이 없어 무능(無能)하게 살고 있는 사주다.

❶ 세운무인년(歲運戊寅年): 관재, 수술, 자연재앙, 신축, 문서
❷ 질병(疾病): 간(肝), 담(膽)
❸ 남녀 성격: (남) 과감 용단, 냉정하다, 냉정하게 보이나 속마음은 따뜻함, 의리 있다, 영리하다, 재간 있다, 처궁불미, 식복 있다, 자손근심, 항상 바쁨, 꾀가 많다
(여) 냉정하다, 사람 사귀다 한번 틀어지면 다시 안 봄, 부궁불미, 정부, 재가, 독수공방, 친정형제 걱정, 돈이 잘 빠져나간다, 고독하다, 시모불합, 남편 말 잘 안 듣는다

세운 · 질병 · 남녀성격의 해설(歲運 · 疾病 · 男女性格의 解說)

❶ 세운무인년(歲運戊寅年)= ※관재, 수술, 자연재앙, 신축, 문서는 ※세운무인년(歲運戊寅年)의 인목(寅木)은 일지신금(日支申金)과 인신충(寅申沖)으로 세운(歲運)에서 일지충운(日支沖運)이 들어오면 ※관재수를 조심해야 하며 또는 수술을 조심해야 하며 또는 자연재앙을 조심해야 한다. 그리고 ※신축, 문서는 ※세운무인년(歲運戊寅年)의 무토(戊土)는 경금일주(庚金日柱)의 인수(印綬)로 세운(歲運)에서 인수운(印綬運)이 들어오면 ※집을 짓는다든가 또는 증축을 한다든가 또는 문서를 잡는다든가 또는 사업체를 벌리는 일이 많다.

❷ 질병(疾病)과 ❸ 남녀성격은 일주(日柱)에서 발생(發生)한다.

무인년(戊寅年)

54년(음) 5월 23일 술(戌)시 여자

丙	庚	庚	甲
戌	戌	午	午

56	46	36	26	16	6
甲	乙	丙	丁	戊	己
子	丑	寅	卯	辰	巳

이 사주는 경금일주(庚金日柱)가 중하오월(中夏午月)에 출생하여 실시(失時)하고 년지오화(年支午火)와 일지술토(日支戌土)와 오술(午戌)로 화국(火局)을 이루고 시상병화(時上丙火)가 투출(透出)하여 재살(財殺)이 태왕(太旺)이다. 그러므로 이 사주는 신약사주(身弱四柱)로서 일주(日柱)를 생(生)하여 주는 토인수(土印綬)가 용신(用神)이며 금비견겁(金比肩劫)은 희신(喜神)이 된다. 이 사주는 여자(女子)의 사주로서 약사(藥師)로 근무(勤務)하다가 41세 인목대운(寅木大運)에 약국을 개업하였으나 원명사주(源命四柱)에 재살(財殺)이 태왕(太旺)인데 대운(大運)에서 재운(財運)이 들어와 손해를 조금 보았고 46세 을목대운(大運)에는 월상경금(月上庚金)과 을경합(乙庚合)으로 합거(合去)되어 재산(財産)을 탕진(蕩盡)하였으나 51세 축토인수(丑土印綬) 대운(大運)에 경매사업(競賣事業)을 하여 원상복구(原狀復舊)하였고 56세 갑목대운(甲木大運)에 재산을 탕진하고 남편(男便)과 이혼한 사주다. 부궁(夫宮)이 부실한 것은 여자(女子) 사주에 관살(官殺)이 태왕(太旺)이면 부궁(夫宮)이 부실한데 시간지(時干支) 병술(丙戌)은 백호관살(白虎官殺)이며 술토(戌土)는 관살(官殺)의 묘궁(墓宮)으로 부궁(夫宮)이 더욱더 부실한 사주다.

❶ 세운무인년(歲運戊寅年): 변화, 이사, 전근, 신축, 문서
❷ 질병(疾病): 간(肝), 담(膽)
❸ 남녀성격: (남) 과감 용단, 냉정하다, 고집 대단, 자립정신, 신의 있다, 능력 있다, 임전무퇴, 통솔력, 지혜롭다, 영리하다, 처 덕 있다, 지구력 강하다, 신앙심
　　　　　(여) 냉정하다, 사람 사귀다 한번 틀어지면 다시 안 봄, 여걸, 부궁불미, 처세가 좋다, 정부, 재가, 남자들이 잘 따름, 직업여성, 신앙심

🌀 세운·질병·남녀성격의 해설(歲運·疾病·男女性格의 解說)

❶ 세운무인년(歲運戊寅年)= ※변화, 이사, 전근, 신축, 문서는 ※세운무인년(歲運戊寅年)의 인목(寅木)은 일지술토(日支戌土)와 인술(寅戌)로 삼합(三合)이 되므로 세운에서 일지(日支) 삼합운(三合運)이 들어오면 ※변화가 생긴다든가 또는 이사를 한다든가 또는 직장을 옮기는 일이 많다. 그리고 ※신축, 문서는 ※세운무인년(歲運戊寅年)의 무토(戊土)는 경금일주의 인수(印綬)로 세운에서 인수운(印綬運)이 들어오면 ※집을 짓는다든가 또는 증축을 한다든가 또는 문서를 잡는다든가 또는 사업체를 벌리는 일이 많다.

❷ 질병(疾病)과 ❸ 남녀성격은 일주(日柱)에서 발생(發生)한다.

무인년(戊寅年)

48년(음) 10월 11일 축(丑)시 여자

丁	庚	癸	戊
丑	子	亥	子

51	41	31	21	11	1
丁	戊	己	庚	辛	壬
巳	午	未	申	酉	戌

이 사주는 경금일주(庚金日柱)가 초겨울 해월(亥月)에 출생하여 실시(失時)하고 지지(地支)는 전해자축(全亥子丑) 수국(水局)이며 월상계수(月上癸水)가 투출(透出)하여 상관식신(傷官食神)이 태왕(太旺)이다. 그러므로 종아격(從兒格)같이 보이나 경금일주(庚金日柱)는 시지(時支) 축중기토(丑中己土)에 근(根)하고 년상무토(年上戊土)도 축중기토(丑中己土)에 근(根)하여 종(從)하지 않으므로 많은 상관식신(傷官食神)을 제(制)하고 일주(日柱)를 보신(補身)하는 토인수(土印綬)가 용신(用神)이며 금비견겁(金比肩劫)은 희신(喜神)이 된다. 이 사주는 여자(女子)의 사주로서 손재주와 기술(技術)이 좋아 31세 기토대운(己土大運)에 사업을 경영하여 미토대운(未土大運)까지 수억금을 벌었으며 41세 무토대운(戊土大運)에 월상계수(月上癸水)와 무계합(戊癸合)으로 합거(合去)되어 손해를 많이 보았고 46세 오화대운(午火大運)에 왕(旺)한 자수(子水)와 대운오화(大運午火)와 자오충(子午沖)으로 재산을 탕진하고 남편과 이혼하고 힘들게 살고 있는 사주다. 부궁(夫宮)이 부실한 것은 여자(女子) 사주에 상관식신(傷官食神)이 태왕(太旺)이면 부궁(夫宮)이 부실하여 재혼하거나 혼자 사람들이 많다.

[참고] 원명사주(源命四柱)에 상관식신(傷官食神)이 태왕(太旺)인데 세운에서 태왕(太旺)한 오행(五行)과 충(沖)을 하면 손재수나 건강을 조심해야 한다.

❶ 세운무인년(歲運戊寅年): 신축, 문서
❷ 질병(疾病): 냉(冷), 대하증(帶下症), 동상(凍傷), 중풍(中風)
❸ 남녀성격: (남) 과감 용단, 청백한 사람, 의리 있다, 남을 무시한다, 두뇌 명철, 추리력, 혁명심, 처궁불미, 재가, 미인수다, 냉정하다, 눈치가 빠름, 신앙심
　　　　　(여) 냉정하다, 사람 사귀다 한번 틀어지면 다시 안 봄, 부궁불미, 정부, 재가, 독수공방, 남에게 잘함, 인덕 없다, 남자들의 배신을 잘 당함

세운·질병·남녀성격의 해설(歲運 · 疾病 · 男女性格의 解說)

❶ 세운무인년(歲運戊寅年)= ※신축, 문서는 ※세운무인년(歲運戊寅年)의 무토(戊土)는 경금일주(庚金日柱)의 인수(印綬)로 세운(歲運)에서 인수운(印綬運)이 들어오면 ※집을 짓는다든가 또는 증축을 한다든가 또는 문서를 잡는다든가 또는 사업체를 벌리는 일이 많다.

❷ 질병(疾病)과 ❸ 남녀성격은 일주(日柱)에서 발생(發生)한다.

무인년(戊寅年)

53년(음) 4월 27일 술(戌)시 남자

丙	庚	戊	癸
戌	寅	午	巳

51	41	31	21	11	1
壬	癸	甲	乙	丙	丁
子	丑	寅	卯	辰	巳

이 사주는 경금일주(庚金日柱)가 중하오월(中夏午月)에 출생하여 실시(失時)하고 지지(地支)는 인오술(寅午戌) 사오(巳午)로 화국(火局)을 이루어 재살(財殺)이 태왕(太旺)이다. 다행히 시지 술중무토(戌中戊土)가 월상(月上)에 투출(透出)하여 살인상생(殺印相生)으로 토인수(土印綬)가 용신(用神)이며 금비견겁(金比肩劫)은 희신(喜神)이 된다. 이 사주는 남자(男子)의 사주로서 경찰관(警察官)으로 근무하였으나 운(運)이 없어 승진이 안되어 고생을 많이 하다가 46세 축토대운(丑土大運)에 파출소(派出所) 경사(警査)로 승진(昇進)한 사주다.

❶ 세운무인년(歲運戊寅年): 변화, 이사. 전근, 신축, 문서, 관재, 손재, 신액

❷ 질병(疾病): 해수(咳嗽), 기관지(氣管支), 폐병(肺病), 결핵(結核)

❸ 남녀성격: (남) 과감용단, 의리 있다, 임사즉결, 겉으로 냉정하나 속은 온화함, 근면 성실, 용기 있다, 성질 급, 타의 군림, 재복 있다, 처 덕 있다

　　　　　(여) 냉정하다, 사람 사귀다 한번 틀어지면 다시 안 봄, 이성 고민, 직업, 부궁 불미, 정부, 자손귀자, 신경 예민

☯ 세운·질병·남녀성격의 해설(歲運·疾病·男女性格의 解說)

❶ 세운무인년(歲運戊寅年)= ※변화, 이사, 전근, 신축, 문서, 관재, 손재, 신액은 ※세운무인년(歲運戊寅年)의 인목(寅木)은 일지인목(日支寅木)과 인인(寅寅)으로 삼합(三合)이 되므로 세운(歲運)에서 일지(日支) 삼합운(三合運)이 들어오면 ※변화가 생긴다든가 또는 이사를 한다든가 또는 직장을 옮기는 일이 많다. 그리고 ※신축, 문서는 ※세운무인년(歲運戊寅年)의 무토(戊土)는 경금일주(庚金日柱)의 인수(印綬)로 세운(歲運)에서 인수운(印綬運)이 들어오면 ※집을 짓는다든가 또는 증축을 한다든가 또는 문서를 잡는다든가 또는 문서를 잡는다든가 또는 사업체를 벌리는 일이 많다. 그리고 ※관재, 손재, 신액은 ※세운무인년(歲運戊寅年)의 인목(寅木)은 경금일주의 편재(偏財)로 원명사주에 재살(財殺)이 태왕(太旺)인데 세운(歲運)에서 재(財)나 관살운(官殺運)이 들어오면 ※관재수나 손재수나 건강을 조심해야 한다.

❷ 질병(疾病)은 해수, 기관지는 일주(日柱)에서 발생(發生)하며 ※폐병, 결핵은 ※경금일주(庚金日柱)가 원명사주(源命四柱)에 재살(財殺)이 태왕(太旺)이면 ※폐병과 결핵을 조심해야 한다.

❸ 남녀성격은 일주(日柱)에서 발생(發生)한다.

무인년(戊寅年)

54년(음) 5월 14일 오(午)시 여자

甲	辛	庚	甲
午	丑	午	午

53	43	33	23	13	3
甲	乙	丙	丁	戊	己
子	丑	寅	卯	辰	巳

이 사주는 신금일주(辛金日柱)가 중하오월(中夏午月)에 출생하여 실시(失時)하고 년시지(年時支) 양오화(兩午火)로 화국(火局)을 이루었고 년시상(年時上) 양갑목(兩甲木)이 투출(透出)하여 재살(財殺)이 태왕(太旺)이다. 그러므로 종살격(從殺格)같이 보인다. 그러나 신금일주(辛金日柱)는 지좌축토(自坐丑土)인 양금지토(養金之土)에 앉아 염열지화(炎熱之火)는 축습토(丑濕土)에 냉각(冷却)됨으로 살인상생(殺印相生)으로 축토인수(丑土印綬)가 용신(用神)이며 금비견겁(金比肩劫)은 희신(喜神)이 된다. 이 사주는 여자(女子)의 사주로서 은행원(銀行員)으로 근무(勤務)하였으나 초년(初年)에는 운(運)이 없어 승진이 안되어 고생을 많이 하였으나 48세 축토대운(丑土大運)에 과장(課長)으로 승진(昇進)하여 잘살고 있는 사주다.

❶ 세운무인년(歲運戊寅年): 신축, 문서, 관재, 손재, 신액
❷ 질병(疾病): 냉(冷), 간(肝), 담(膽), 월경불순(月經不純), 폐병(肺病), 기관지(氣管支), 치질(痔疾)
❸ 남녀성격: (남) 과감 용단, 냉정하다, 고집 대단, 신의 있다, 근면하다, 매사 정이 많다, 처와 자식의 덕이 있다, 성격이 까다롭다, 옷에 신경, 편식, 새벽잠이 없다, 식복 있다
　　　　　(여) 냉정하다, 사람 사귀다 한번 틀어지면 다시 안 봄, 미모 수려, 남편의 사랑을 받는다, 부지런하다, 친모봉양, 부궁불미, 정부

☯ 세운·질병·남녀성격의 해설 (歲運·疾病·男女性格의 解說)

❶ 세운무인년(歲運戊寅年)= ※신축, 문서, 관재, 손재, 신액은 ※세운무인년(歲運戊寅年)의 무토(戊土)는 신금일주(辛金日柱)의 인수(印綬)로 세운(歲運)에서 인수운(印綬運)이 들어오면 ※집을 짓는다든가 또는 증축을 한다든가 또는 문서를 잡는다든가 또는 사업체를 벌리는 일이 많다. 그리고 ※관재, 손재, 신액은 ※세운무인년(歲運戊寅年)의 인목(寅木)은 신금일주(辛金日柱)의 정관(正官)으로 원명사주(源命四柱)에 재살(財殺)이 태왕(太旺)인데 세운에서 재(財)나 관살운(官殺運)이 들어오면 ※관재수를 조심해야 하며 또는 손재수를 조심해야 하며 또는 건강을 조심해야 한다.

❷ 질병(疾病)은 냉, 간, 담은 일주(日柱)에서 발생(發生)하며 ※월경불순, 폐병, 기관지, 치질은 ※신금일주(辛金日柱)가 목화재살(木火財殺)이 태왕(太旺)이면 ※월경불순과 폐병과 기관지와 치질은 조심해야 한다.

❸ 남녀성격은 일주(日柱)에서 발생(發生)한다.

무인년(戊寅年)

55년(음) 11월 3일 축(丑)시 남자

己	辛	戊	乙
丑	亥	子	未

53	43	33	23	13	3
壬	癸	甲	乙	丙	丁
午	未	申	酉	戌	亥

이 사주는 신금일주(辛金日柱)가 중동자월(中冬子月)에 출생하여 실시(失時)하고 지지(地支)는 해자축(亥子丑) 수국(水局)을 이루고 년상을목(年上乙木)은 미중을목(未中乙木)에 근(根)하여 상관(傷官)과 재(財)가 태왕(太旺)이다. 그러나 신금일주(辛金日柱)는 시간지(時干支) 기축(己丑) 인수(印綬)에 생(生)을 받고 월상무토(月上戊土) 인수(印綬)와 년시미토(年支未土) 인수(印綬)가 있어 신금일주(辛金日柱)는 약화위강(弱化爲强)으로 신왕사주(身旺四柱)다. 신왕사주(身旺四柱)에는 관살(官殺)로 일주(日柱)를 제(制)함이 좋은데 일주(日柱)를 제(制)하는 관살(官殺)은 없고 해자수(亥子水)로 설기(泄氣)를 하는데 년상을목(年上乙木)이 있어 그 해자(亥子) 상관식신(傷官食神)은 년상을목(年上乙木)을 생(生)하여 이런 사주를 상관(傷官) 용재격(用財格)이라고 한다. 이 사주는 남자의 사주로서 중고자동차매매센터를 경영하였으나 운(運)이 없어 고생을 많이 하다가 48세 계수대운(癸水大運)에 월상무토(月上戊土)와 무계합(戊癸合)으로 합거(合去)되어 재산을 탕진한 사주다.

❶ 세운무인년(歲運戊寅年): 신축, 문서

❷ 질병(疾病): 폐(肺), 담(膽), 중풍(中風), 비색증(鼻塞症)

❸ 남녀성격: (남) 과감 용단, 냉정하다, 선견지명, 암기력, 총명하다, 지혜롭다, 항상 바쁨, 집념 대단, 재복 있다, 처 덕 있다, 남에게 잘함, 처궁불미, 장수한다

  (여) 냉정하다, 사람 사귀다 한번 틀어지면 다시 안 봄, 부궁불미, 재가, 정부, 인정 있다, 남에게 잘함, 잘하고 욕 먹는다, 자손귀자, 신앙심, 내 것 주고 배신당함, 인덕 없다

세운 · 질병 · 남녀성격의 해설(歲運 · 疾病 · 男女性格의 解說)

❶ 세운무인년(歲運戊寅年)= ※신축, 문서는 ※세운무인년(歲運戊寅年)의 무토(戊土)는 신금일주(辛金日柱)의 인수(印綬)로 세운(歲運)에서 인수운(印綬運)이 들어오면 ※집을 짓는다든가 또는 증축을 한다든가 또는 문서를 잡는다든가 또는 사업체를 벌리는 일이 많다.

❷ 질병(疾病)은 폐, 담은 일주(日柱)에서 발생(發生)하며 ※중풍, 비색증은 ※신금일주(辛金日柱)가 해자월(亥子月)에 출생하면 ※축농증과 비염과 코막힘을 조심해야 하며 술을 많이 마시면 중풍을 조심해야 한다.

❸ 남녀성격은 일주(日柱)에서 발생(發生)한다.

무인년(戊寅年)

57년(음) 10월 24일 해(亥)시 여자

己	辛	壬	丁
亥	酉	子	酉

57	47	37	27	17	7
戊	丁	丙	乙	甲	癸
午	巳	辰	卯	寅	丑

이 사주는 신금일주(辛金日柱)가 중동자월(中冬子月)에 출생하여 실시(失時)하고 시지(時支) 해중임수(亥中壬水)는 월상(月上)에 투출(透出)하여 상관식신(傷官食神)이 태왕(太旺)이다. 그러므로 이 사주는 신약사주(身弱四柱)로서 많은 상관식신(傷官食神)을 제(制)하고 신금일주(辛金日柱)를 생(生)하여 주는 토인수(土印綬)가 용신(用神)이며 금비견겁(金比肩劫)은 희신(喜神)이 된다. 이 사주는 여자(女子)의 사주로서 초년(初年)에는 예능을 전공하였으나 운(運)이 없어 성공하지 못하고 37세 병화대운(丙火大運)에 사업을 경영하였으나 일주신금(日柱辛金)과 대운병화(大運丙火)와 병신합(丙辛合)으로 합거(合去)되어 손해를 많이 보았고 42세 진토대운(辰土大運)에 인수운(印綬運)이 들어와 재산을 복구하고 승승장구(乘勝長驅)하였으나 47세 정화대운(丁火大運)에 월상임수(月上壬水)와 정인합(丁壬合)으로 합거(合去)되어 재산을 탕진하고 힘들게 살고 있는 사주다.

① 세운무인년(歲運戊寅年): 신축, 문서
② 질병(疾病): 간(肝), 담(膽), 혈압(血壓), 비색증(鼻塞症), 월경불순(月經不純)
③ 남녀성격: (남) 과감 용단, 냉정하다, 청백한 사람, 미남형, 인품 수려, 자수성가, 영리하다, 일독십지, 타인 존경, 의처증
　　　　　　(여) 냉정하다, 사람 사귀다 한번 틀어지면 다시 안 봄, 부궁불미, 정부, 독수공방, 시모불합, 남편 말 잘 안 듣는다, 미모 수려, 신앙심, 이성수신

세운·질병·남녀성격의 해설 (歲運·疾病·男女性格의 解說)

① 세운무인년(歲運戊寅年)= ※신축, 문서는 ※세운무인년(歲運戊寅年)의 무토(戊土)는 신금일주(辛金日柱)의 인수(印綬)로 세운(歲運)에서 인수운(印綬運)이 들어오면 ※집을 짓는다든가 또는 증축을 한다든가 또는 문서를 잡는다든가 또는 사업체를 벌리는 일이 많다.

② 질병(疾病)은 간, 담, 혈압은 일주(日柱)에서 발생(發生)하며 ※비색증, 월경불순은 ※여자(女子) 사주에 신금일주(辛金日柱)가 해자월(亥子月)에 출생하면 ※비염과 축농증과 코막힘을 조심해야 하며 월경이 불순하여 배가 많이 아프다.

③ 남녀성격은 일주(日柱)에서 발생(發生)한다.

무인년 (戊寅年)

54년(음) 6월 15일 오(午)시 남자

甲	辛	辛	甲
午	未	未	午

58	48	38	28	18	8
丁	丙	乙	甲	癸	壬
丑	子	亥	戌	酉	申

이 사주는 신금일주(辛金日柱)가 하계미월(夏季未月)에 출생하여 득령(得令)하고 일지미토(日支未土) 인수(印綬)가 있어 신왕사주(身旺四柱)같이 보인다. 그러나 년간지(年干支) 시간지(時干支) 갑오갑오(甲午甲午)로 재살(財殺)이 태왕(太旺)이며 미월(未月)은 토(土)라 하나 화기(火氣)가 염열(炎熱)하며 오미(午未)로 화국(火局)을 이루어 일주(日柱)는 신약사주(身弱四柱)다. 그러므로 토인수(土印綬)가 용신(用神)이며 금비견겁(金比肩劫)은 희신(喜神)이 된다. 이 사주는 남자(男子)의 사주로서 초년(初年)에는 유금대운(酉金大運) 희신운(喜神運)이 들어와 공부를 잘하여 한의사(韓醫師)로 근무(勤務)하다가 술토대운(戌土大運)에 직접 한의원(韓醫院)을 개원하여 술토대운(戌土大運)에는 돈을 많이 벌었으나 38세 을목대운(乙木大運)에 원명사주(源命四柱)에 재살(財殺)이 태왕(太旺)한데 대운(大運)에서 편재운(偏財運)이 들어와 병원(病院)이 부실하였고 해자대운(亥子大運)에는 평범(平凡)하게 살고 있는 사주다.

❶ 세운무인년(歲運戊寅年): 신축, 문서, 신경과민
❷ 질병(疾病): 폐(肺), 기관지(氣管支)
❸ 남녀성격: (남) 과감 용단, 냉정하다, 고집 대단, 정복력 강함, 노력은 많이 하나 실속이 없다, 재복 있다, 처궁불미, 성격이 까다롭다, 편식한다, 옷에 신경 쓴다
　　　　　(여) 냉정하다, 사람 사귀다 한번 틀어지면 다시 안 봄, 부궁불미, 재가, 정부, 말조심, 요리솜씨, 친모봉양, 인덕 없다

세운·질병·남녀성격의 해설 (歲運·疾病·男女性格의 解說)

❶ 세운무인년(歲運戊寅年)= ※신축, 문서, 신경과민은 ※세운무인년(歲運戊寅年)의 무토(戊土)는 신금일주(辛金日柱)의 인수(印綬)로 세운(歲運)에서 인수운(印綬運)이 들어오면 ※집을 짓는다든가 또는 증축을 한다든가 또는 문서를 잡는다든가 또는 사업체를 벌리는 일이 많다. 그리고 ※신경과민은 ※세운무인년(歲運戊寅年)의 인목(寅木)은 일지미토(日支未土)와 인미(寅未)로 귀문관살(鬼門關殺)이 되므로 세운(歲運)에서 일지(日支) 귀문(鬼門) 관살운(關殺運)이 들어오면 ※그 해에는 모든 일에 신경을 많이 쓰게 된다.

❷ 질병(疾病)은 일주(日柱)에서 발생(發生)한다.

❸ 남녀성격은 일주(日柱)에서 발생(發生)한다.

무인년(戊寅年)

이 사주는 신금일주(辛金日柱)가 초여름 사월(巳月)에 출생하여 실시(失時)하고 일지사화(日支巳火)와 년지오화(年支午火)와 년상갑목(年上甲木)이 있어 재살(財殺)이 태왕(太旺)이다. 그러므로 종살격(從殺格)같이 보인다. 그러나 신금일주(辛金日柱)는 시지(時支) 진습토(辰濕土) 인수(印綬)기 있어 종(從)은 히지 않는다. 그러므로 이 사주는 화생토(火生土) 토생금(土生金)으로 살인상생(殺印相生)으로 진토인수(辰土印綬)가 용신(用神)이며 금비견겁(金比肩劫)은 희신(喜神)이 된다. 이 사주는 남자의 사주로서 회사에 근무하다가 운(運)이 없어 승진이 안되어 고생을 많이 하다가 퇴사하고 39세 유금대운(酉金大運)에 사업을 시작하여 희신운(喜神運)이 들어와 돈을 많이 벌었고 44세 갑목대운(甲木大運)에는 월상기토(月上己土)와 갑기합(甲己合)으로 합거(合去)되어 재산(財産)을 탕진(蕩盡)하고 처와 이혼하고 혼자 살고 있는 사주다. 처궁(妻宮)이 부실한 것은 남자 사주에 관살(官殺)이 태왕(太旺)이면 처궁(妻宮)이 부실한데 년간지(年干支) 갑오생(甲午生)의 공망(空亡)은 시지진토(時支辰土)로서 일시지(日時支)에 공망(空亡)이 있으면 처궁이 부실하다.

❶ 세운무인년(歲運戊寅年): 신축, 문서, 관재, 수술

❷ 질병(疾病): 해수(咳嗽), 호흡기(呼吸器)

❸ 남녀성격: (남) 과감 용단, 냉정하다, 성질 급, 변화가 많다, 항상 바쁨, 처 덕 있다, 화려하게 보이나 실속이 없다, 예의 있다, 말을 잘한다, 영리하다, 식복 있다

(여) 냉정하다, 사람 사귀다 한번 틀어지면 다시 안 봄, 남편 덕, 정부, 이성수신, 의처증 부군, 성질 급, 항상 바쁨, 인덕 없다

세운·질병·남녀성격의 해설 (歲運·疾病·男女性格의 解說)

❶ 세운무인년(歲運戊寅年)= ※신축, 문서, 관재, 수술은 ※세운무인년(歲運戊寅年)의 무토(戊土)는 신금일주(辛金日柱)의 인수(印綬)로 세운(歲運)에서 인수운(印綬運)이 들어오면 ※집을 짓는다든가 또는 증축을 한다든가 또는 문서를 잡는다든가 또는 사업체를 벌리는 일이 많다. 그리고 ※관재, 수술은 ※세운무인년(歲運戊寅年)의 인목(寅木)은 일지사화(日支巳火)와 인사형살(寅巳刑殺)이 되므로 세운에서 일지(日支) 형살운(刑殺運)이 들어오면 ※관재수를 조심해야 하며 또는 수술을 조심해야 한다.

❷ 질병(疾病)은 일주(日柱)에서 발생(發生)한다.

❸ 남녀성격은 일주(日柱)에서 발생(發生)한다.

무인년 (戊寅年)

54년(음) 3월 3일 사(巳)시 여자

癸	辛	丁	甲
巳	卯	卯	午

60	50	40	30	20	10
辛	壬	癸	甲	乙	丙
酉	戌	亥	子	丑	寅

이 사주는 신금일주(辛金日柱)가 중춘묘월(中春卯月)에 출생하여 실시(失時)하고 일지묘목(日支卯木)과 년상갑목(年上甲木)이 투출(透出)하고 월상정화(月上丁火)는 년지오화(年支午火)에 록근(祿根)하고 년지오화(年支午火)는 시지사화(時支巳火)와 사오(巳午)로 화국(火局)을 이루어 사주는 재살(財殺)이 태왕(太旺)하여 일주(日柱)가 심약(甚弱)하다. 신금일주를 생(生)하여 주는 토인수(土印綬)나 비견겁(比肩劫)은 하나도 없다. 그러므로 이 사주는 쇠극격(衰極格)에 해당하므로 쇠(衰)한 자는 상관식신(傷官食神)으로 설기(泄氣)하여 더욱더 쇠(衰)하게 하는 동시 일주(日柱)를 극(剋)하는 관살(官殺)을 제(制)하여야 하기 때문에 시상계수(時上癸水) 식신(食神)이 용신(用神)이며 목재(木財)는 희신(喜神)이 된다. 이 사주는 여자의 사주로서 전업주부로 살다가 50세 임수대운(壬水大運)에 부동산에 투자하였으나 월상정화(月上丁火)와 정임합(丁壬合)으로 합거(合去)되어 재산을 탕진한 사주다.

❶ 세운무인년(歲運戊寅年): 신축, 문서, 관재, 손재, 신액

❷ 질병(疾病): 풍질(風疾), 냉(冷), 기관지(氣管支)

❸ 남녀성격: (남) 과감 용단, 냉정하다, 의리 있다, 인정 있다, 고집 대단, 학업 장애, 처궁불미, 재가, 미인수다, 근면하다, 지구력 부족, 소심하다, 운동 잘함, 마음 약

　(여) 냉정하다, 사람 사귀다 한번 틀어지면 다시 안 봄, 고집 대단, 정부, 재가, 독수공방, 부궁불미, 욕심 많다, 성질 급, 참을성이 없다, 자손근심

🔵 세운·질병·남녀성격의 해설 (歲運·疾病·男女性格의 解說)

❶ 세운무인년(歲運戊寅年)= ※신축, 문서, 관재, 손재, 신액은 ※세운무인년(歲運戊寅年)의 무토(戊土)는 신금일주(辛金日柱)의 인수(印綬)로 세운(歲運)에서 인수운(印綬運)이 들어오면 ※집을 짓는다든가 또는 증축을 한다든가 또는 문서를 잡는다든가 또는 사업체를 벌리는 일이 많다. 그리고 ※관재, 손재, 신액은 ※세운무인년(歲運戊寅年)의 인목(寅木)은 신금일주(辛金日柱)의 정관(正官)으로 원명사주(源命四柱)에 재살(財殺)이 태왕(太旺)인데 세운에서 재(財)나 관살운(官殺運)이 들어오면 ※관재수를 조심해야 하며 또는 손재수를 조심해야 하며 또는 건강을 조심해야 한다.

❷ 질병(疾病)은 일주(日柱)에서 발생(發生)한다.

❸ 남녀성격은 일주(日柱)에서 발생(發生)한다.

무인년(戊寅年)

53년(음) 4월 18일 사(巳)시 여자

이 사주는 신금일주(辛金日柱)가 초여름 사월(巳月)에 출생하여 실시(失時)하고 지지(地支)는 전사화(全巳火)로 화국(火局)을 이루고 월상(月上)에 정화(丁火)가 투출(透出)하여 관살(官殺)이 태왕(太旺)이다. 그러므로 신금일주(辛金日柱)가 심약(甚弱)하다. 그리므로 관살(官殺)이 태왕(太旺)하여 종살격(從殺格)같이 보이나 신금일주(辛金日柱)를 생(生)하여 주는 토인수(土印綬)나 비견겁(比肩劫)이 하나도 없으므로 이 사주는 쇠극격(衰極格)에 해당한다. 쇠(衰)한 자는 상관식신(傷官食神)으로 설기(泄氣)하여 더욱더 쇠(衰)하게 하는 동시 일주(日柱)를 극(剋)하는 관살(官殺)을 제(制)하여야 하기 때문에 시상계수(時上癸水) 식신(食神)으로 용신(用神)이며 목재(木財)는 희신(喜神)이 된다. 이 사주는 여자(女子)의 사주로서 사업을 경영하였으나 운(運)이 없이 고생을 많이 하다가 42세 임수대운(壬水大運)에 월상정화(月上丁火)와 정임합(丁壬合)으로 합거(合去)되어 손해를 많이 보다가 47세 술토대운(戌土大運)에 쇠극격(衰極格)에 인수운(印綬運)이 들어와 재산을 탕진하고 남편(男便)과 이혼하고 혼자 힘들게 살고 있는 사주다.

❶ 세운무인년(歲運戊寅年): 신축, 문서, 관재, 수술
❷ 질병(疾病): 해수(咳嗽), 호흡기(呼吸器)
❸ 남녀성격: (남) 과감 용단, 냉정하다, 성질 급, 변화가 많다, 항상 바쁨, 처 덕 있다, 화려하게 보이나 실속이 없다, 예의 있다, 말을 잘한다, 영리하다, 식복 있다
　　　　　　(여) 냉정하다, 사람 사귀다 한번 틀어지면 다시 안 봄, 남편 덕, 정부, 이성수신, 의처증 부군, 성질 급, 항상 바쁨, 인덕 없다

🔵 세운·질병·남녀성격의 해설(歲運·疾病·男女性格의 解說)

❶ 세운무인년(歲運戊寅年)= ※신축, 문서, 관재, 수술은 ※세운무인년(歲運戊寅年)의 무토(戊土)는 신금일주(辛金日柱)의 인수(印綬)로 세운(歲運)에서 인수운(印綬運)이 들어오면 ※집을 짓는다든가 또는 증축을 한다든가 또는 문서를 잡는다든가 또는 사업체를 벌리는 일이 많다. 그리고 ※관재, 수술은 ※세운무인년(歲運戊寅年)의 인목(寅木)은 일지사화(日支巳火)와 인사형살(寅巳刑殺)이 되므로 세운에서 일지(日支) 형살운(刑殺運)이 들어오면 ※관재수를 조심해야 하며 또는 수술을 조심해야 한다.

❷ 질병(疾病)은 일주(日柱)에서 발생(發生)한다.

❸ 남녀성격은 일주(日柱)에서 발생(發生)한다.

무인년 (戊寅年)

57년(음) 10월 14일 해(亥)시 남자

己	辛	辛	丁
亥	亥	亥	酉

59	49	39	29	19	9
乙	丙	丁	戊	己	庚
巳	午	未	申	酉	戌

이 사주는 신금일주(辛金日柱)가 초겨울 해월(亥月)에 출생하여 실시(失時)하고 일시지(日時支) 양해수(兩亥水)로 상관식신(傷官食神)이 태왕(太旺)이다. 그러나 신금일주(辛金日柱)는 년지유금(年支酉金)에 록근(祿根)하고 유중신금(酉中辛金)이 월상(月上)에 투출(透出)하여 종(從)하지 않는다. 그러므로 일주(日柱)가 신약사주(身弱四柱)로서 많은 상관식신(傷官食神)을 제(制)하고 일주(日柱)를 생(生)하여 주는 토인수(土印綬)가 용신(用神)이며 금비견겁(金比肩劫)은 희신(喜神)이 된다. 이 사주는 남자(男子)의 사주로서 공대(工大)에 전자공학(電子工學)과를 졸업하고 회사(會社)에 근무(勤務)하다가 44세 미토대운(未土大運)에 사업(事業)을 경영(經營)하여 돈을 많이 벌었으나 49세 병화대운(丙火大運)에 월상신금(月上辛金)과 병신합(丙辛合)으로 합거(合去)되어 재산(財産)을 모두 탕진(蕩盡)하고 힘들게 살아가고 있는 사주다.

❶ 세운무인년(歲運戊寅年): 신축, 문서
❷ 질병(疾病): 폐(肺), 담(膽), 중풍(中風), 비색증(鼻塞症)
❸ 남녀성격: (남) 과감 용단, 냉정하다, 선견지명, 암기력, 총명하다, 지혜롭다, 항상 바쁨, 집념 대단, 재복 있다, 처 덕 있다, 남에게 잘함, 처궁불미, 장수한다
(여) 냉정하다, 사람 사귀다 한번 틀어지면 다시 안 봄, 부궁불미, 재가, 정부, 인정 있다, 남에게 잘함, 잘하고 욕 먹는다, 자손귀자, 신앙심, 내 것 주고 배신당함, 인덕 없다

세운·질병·남녀성격의 해설 (歲運·疾病·男女性格의 解說)

❶ 세운무인년(歲運戊寅年)= ※신축, 문서는 ※세운무인년(歲運戊寅年)의 무토(戊土)는 신금일주(辛金日柱)의 인수(印綬)로 세운(歲運)에서 인수운(印綬運)이 들어오면 ※집을 짓는다든가 또는 증축을 한다든가 또는 문서를 잡는다든가 또는 사업체를 벌리는 일이 많다.

❷ 질병(疾病)은 폐, 담은 일주(日柱)에서 발생(發生)하며 ※중풍, 비색증은 ※신금일주(辛金日柱)가 해자월(亥子月)에 출생하면 ※술을 많이 마시면 중풍을 조심해야 하며 또는 코막힘과 비염과 축농증을 조심해야 한다.

❸ 남녀성격은 일주(日柱)에서 발생(發生)한다.

무인년 (戊寅年)

56년(음) 3월 5일 유(酉)시 남자

己	壬	壬	丙
酉	子	辰	申

57	47	37	27	17	7
戊	丁	丙	乙	甲	癸
戌	酉	申	未	午	巳

戊寅年 甲子

이 사주는 임수일주(壬水日柱)가 춘계진월(春季辰月)에 출생하여 실시(失時)하였으나 년지신금(年支申金)과 일지자수(日支子水)와 월지진토(月支辰土)로 신자진(申子辰) 수국(水局)을 이루어 윤하격(潤下格)으로 일주(日柱)가 신왕사주(身旺四柱)다. 신왕사주(身旺四柱)에는 일주(日柱)를 제(制)하는 관살(官殺)이나 상관식신(傷官食神)으로 설기(泄氣)함이 좋은데 시상기토(時上己土) 정관(正官)이 있다 하나 그 기토(己土)는 무근(無根)이며 자좌유금(自坐酉金)에 설기(泄氣)가 심(甚)하고 진중무토(辰中戊土) 편관(偏官)이 있다 하나 그 진토(辰土)는 습토(濕土)며 수(水)로 화(化)하여 용신(用神)으로 쓸 수가 없다. 그리고 년상병화(年上丙火) 편재(偏財)가 있다 하나 그 병화(丙火)도 무근(無根)이며 자좌병궁(自坐丙宮)에 앉아 용신(用神)으로 쓸 수가 없다. 그러므로 임수일주(壬水日柱)가 신자진(申子辰) 수국(水局)으로 윤하격(潤下格)이며 윤하격에는 수비견겁(水比肩劫)이 용신(用神)이며 금인수(金印綬)는 희신(喜神)이 된다. 이 사주는 남자(男子)의 사주로서 윤하격(潤下格)을 놓으면 문학(文學)과 문장(文章)이 좋으며 교육계(教育界)로 직업을 많이 갖는데 이 사주는 출판사(出版社)에 근무(勤務)하다가 42세 신금대운(申金大運)에 사업(事業)을 경영(經營)하여 돈을 많이 벌었고 47세 정화대운(丁火大運)에는 월상임수(月上壬水)와 정임합(丁壬合)으로 합거(合去)되어 재산(財産)을 탕진(蕩盡)하고 52세 유금대운(酉金大運)에 다시 재기하여 재산을 복구하고 잘살고 있는 사주다.

❶ 세운무인년(歲運戊寅年): 내외불화

❷ 질병(疾病): 냉(冷), 혈압(血壓), 신장(腎臟), 방광(膀胱)

❸ 남녀성격: (남) 털털한 성격, 마음이 넓다, 성질 조급, 고집 대단, 노력은 많이 하나 실속이 없다, 여자 많다, 처궁불미, 용두사미, 돈이 잘 빠져나간다, 꾀가 많다, 신경 예민

(여) 남자 같은 시원한 성격, 새것을 좋아함, 부궁불미, 정부, 재가, 남에게 시기를 많이 받는다, 독수공방, 직업여성

세운 · 질병 · 남녀성격의 해설 (歲運 · 疾病 · 男女性格의 解說)

❶ 세운무인년(歲運戊寅年)= ※내외불화는 ※세운무인년(歲運戊寅年)의 무토(戊土)는 임수일주의 편관(偏官)으로 세운(歲運)에서 일주(日柱)를 극(剋)하는 운(運)이 들어오면 ※집에서나 밖에서나 윗사람이나 아랫사람이나 불화가 많이 생긴다.

❷ 질병(疾病)과 ❸ 남녀성격은 일주(日柱)에서 발생(發生)한다.

무인년(戊寅年)

59년(음) 10월 16일 사(巳)시 여자

乙	壬	乙	己
巳	寅	亥	亥

57	47	37	27	17	7
辛	庚	己	戊	丁	丙
巳	辰	卯	寅	丑	子

이 사주는 임수일주(壬水日柱)가 초겨울 해월(亥月)에 출생하여 록근(祿根)하고 년지해수(年支亥水)가 있어 신왕사주(身旺四柱)같이 보인다. 그러나 월시상(月時上) 양을목(兩乙木)이 투출(透出)되고 그 을목(乙木)은 일지인목(日支寅木)에 근(根)하고 또 시지(時支) 사화재(巳火財)가 있어 일주(日柱)는 강화위약(强化爲弱)이 된다. 그러므로 금인수(金印綬)가 용신(用神)이며 수비견겁(水比肩劫)은 희신(喜神)이 된다. 이 사주는 여자(女子)의 사주로서 사업을 경영하였으나 운(運)이 없어 고생을 많이 하다가 47세 경금대운(庚金大運)에 월상을목(月上乙木)과 을경합(乙庚合)으로 합거(合去)되어 재산을 탕진하고 남편(男便)과 이혼하고 혼자 살고 있는 사주다. 부궁(夫宮)이 부실한 것은 년간지(年干支) 기해생(己亥生)의 공망(空亡)은 시지사화(時支巳火)로서 일시지(日時支)에 공망(空亡)이 있으면 부궁(夫宮)이 부실하여 재혼(再婚)하거나 혼자 사는 사람들이 많다.

❶ 세운무인년(歲運戊寅年): 변화, 이사, 전근, 자연재앙, 내외불화
❷ 질병(疾病): 신장(腎臟), 방광(膀胱), 냉(冷), 습(濕)
❸ 남녀성격: (남) 털털한 성격, 지혜롭다, 원만하다, 환경에 적응 잘함, 영리하다, 행운이 따른다, 항상 바쁨, 용기 있다, 타의 군림, 성질 급, 처 덕 있다, 장모봉양
　　　　　 (여) 남자 같은 시원한 성격, 새것을 좋아함, 영리하다, 남편을 꺾는다, 부궁불미, 정부, 자손귀자, 요리솜씨, 사회활동하면 인기

🔵 세운 · 질병 · 남녀성격의 해설(歲運 · 疾病 · 男女性格의 解說)

❶ 세운무인년(歲運戊寅年)= ※변화, 이사, 전근, 자연재앙, 내외불화는 ※세운무인년(歲運戊寅年)의 인목(寅木)은 일지인목(日支寅木)과 인인(寅寅)으로 삼합(三合)이 되므로 세운(歲運)에서 일지(日支) 삼합운(三合運)이 들어오면 ※변화가 생긴다든가 또는 이사를 한다든가 또는 직장을 옮기는 일이 많다. 그리고 ※자연재앙은 ※세운무인년(歲運戊寅年)의 인목(寅木)은 일지인목(日支寅木)과 인인(寅寅)으로 똑같은 오행(五行)이므로 세운(歲運)에서 일지(日支) 같은 운(運)이 들어오면 ※자연 재앙을 조심해야 한다. 그리고 ※내외불화는 ※세운무인년(歲運戊寅年)의 무토(戊土)는 임수일주(壬水日柱)의 편관(偏官)으로 세운(歲運)에서 일주(日柱)를 극(剋)하는 운(運)이 들어오면 ※집에서나 밖에서나 윗사람이나 아랫사람이나 불화가 많이 생긴다.

❷ 질병(疾病)은 일주(日柱)에서 발생(發生)한다.

❸ 남녀성격은 일주(日柱)에서 발생(發生)한다.

무인년 (戊寅年)

59년(음) 2월 3일 술(戌)시 여자

庚	壬	丁	己
戌	辰	卯	亥

58	48	38	28	18	8
癸	壬	辛	庚	己	戊
酉	申	未	午	巳	辰

이 사주는 임수일주(壬水日柱)가 중춘묘월(中春卯月)에 출생하여 실시(失時)하고 일시지(日時支) 진술토(辰戌土)와 년상기토(年上己土) 정관(正官)이 있어 관살(官殺)이 많아 일주(日柱)는 신약사주(身弱四柱)다. 다행히 임수일주(壬水日柱)는 년지해수(年支亥水)에 록근(祿根)하고 시상경금(時上庚金) 인수(印綬)가 투출(透出)되어 살인상생(殺印相生)으로 시상경금(時上庚金) 인수(印綬)가 용신(用神)이며 수비견겁(水比肩劫)은 희신(喜神)이 된다. 이 사주는 여자(女子)의 사주로서 디자인을 전공(專攻)하여 38세 신금대운(辛金大運)에 사업(事業)을 경영하여 돈을 많이 벌었으나 48세 임수대운(壬水大運)에 월상정화(月上丁火)와 정임합(丁壬合)으로 합거(合去)되어 재산(財産)을 탕진(蕩盡)하고 남편과 이혼하고 혼자 힘들게 살다가 53세 신금대운(申金大運)에 인수운(印綬運)이 들어와 사업이 번창하여 잘살고 있는 사주다. 부궁(夫宮)이 부실한 것은 임진일주(壬辰日柱)는 부궁(夫宮)이 부실한데 년간지(年干支) 기해생(己亥生)의 공망(空亡)은 일지진토(日支辰土)로서 부궁(夫宮)이 더욱더 부실한 사주다.

❶ 세운무인년(歲運戊寅年): 관재, 손재, 신액, 내외불화
❷ 질병(疾病): 냉(冷), 풍질(風疾), 신장(腎臟), 혈압(血壓)
❸ 남녀성격: (남) 털털한 성격, 일찍 사회에 진출, 임전무퇴, 자립정신, 재간 있다, 박력 있다, 속전속결, 처궁불미, 어린 시절 잔병, 자손근심, 아이디어가 좋다
     (여) 남자 같은 시원한 성격, 새것을 좋아함, 부궁불미, 재가, 정부, 독수공방, 일가부양, 풍파가 많다

세운·질병·남녀성격의 해설 (歲運·疾病·男女性格의 解說)

❶ 세운무인년(歲運戊寅年)= ※관재, 손재, 신액, 내외불화는 ※세운무인년(歲運戊寅年)의 무토(戊土)는 임수일주(壬水日柱)의 편관(偏官)으로 원명사주(源命四柱)에 재살(財殺)이 왕(旺)한데 세운에서 재(財)나 관살운(官殺運)이 들어오면 ※관재수나 손재수나 건강을 조심해야 한다. 그리고 ※내외불화는 ※세운무인년(歲運戊寅年)의 무토(戊土)는 임수일주의 편관(偏官)으로 세운(歲運)에서 일주(日柱)를 극(剋)하는 운(運)이 들어오면 ※집에서나 밖에서나 윗사람이나 아랫사람이나 불화가 많이 생긴다.

❷ 질병(疾病)은 일주(日柱)에서 발생(發生)한다.

❸ 남녀성격은 일주(日柱)에서 발생(發生)한다.

무인년(戊寅年)

58년(음) 7월 19일 묘(卯)시 여자

癸	壬	庚	戊
卯	午	申	戌

58	48	38	28	18	8
甲	乙	丙	丁	戊	己
寅	卯	辰	巳	午	未

이 사주는 임수일주(壬水日柱)가 초가을 신월(申月)에 출생하여 장생(長生)하고 신궁경금(申宮庚金)이 월상(月上)에 투출(透出)하여 인수격(印綬格)이다. 그리고 시상계수(時上癸水)가 있어 일주(日柱)는 신왕사주(身旺四柱)다. 신왕사주(身旺四柱)에는 관살(官殺)로 일주(日柱)를 제(制)함이 좋은데 다행히 년상무토(年上戊土)가 있어 그 무토(戊土)는 자좌술토(自坐戌土)에 근(根)하어 있으므로 무토편관(戊土偏官)으로 용신(用神)한다. 그러므로 무토편관(戊土偏官)이 용신(用神)이며 화재(火財)는 희신(喜神)이 된다. 이 사주는 여자(女子)의 사주로서 초년운(初年運)이 잘 들어와 대학병원(大學病院)의 전문의(專門醫)로 근무(勤務)하다가 48세 을목대운(乙木大運)에 의원(醫院)을 개원하였으나 월상경금(月上庚金)과 을경합(乙庚合)으로 합거(合去)되어 손해(損害)를 많이 보다가 개인병원의 의사로 다시 근무하고 있는 사주다.

❶ 세운무인년(歲運戊寅年): 변화, 이사, 전근, 내외불화
❷ 질병(疾病): 신장(腎臟), 방광(膀胱)
❸ 남녀성격: (남) 털털한 성격, 고집 대단, 신경 예민, 지혜롭다, 명랑하다, 예의 있다, 준법정신, 처 덕 있다, 처궁불미, 성실하다, 눈치가 빠름, 운동 잘함
(여) 남자 같은 시원한 성격, 새것을 좋아함, 미모 수려, 남편 덕, 정부, 부궁불미, 자손 덕, 눈치가 빠름, 신경 예민, 이성수신

🌀 세운·질병·남녀성격의 해설(歲運·疾病·男女性格의 解說)

❶ 세운무인년(歲運戊寅年)= ※변화, 이사, 전근, 내외불화는 ※세운무인년(歲運戊寅年)의 인목(寅木)은 일지오화(日支午火)와 인오(寅午)로 삼합(三合)이 되므로 세운(歲運)에서 일지(日支) 삼합운(三合運)이 들어오면 ※변화가 생긴다든가 또는 이사를 한다든가 또는 직장을 옮기는 일이 많다. 그리고 ※내외불화는 ※세운무인년(歲運戊寅年)의 무토(戊土)는 임수일주(壬水日柱)의 편관(偏官)으로 세운(歲運)에서 일주(日柱)를 극(剋)하는 운(運)이 들어오면 ※집에서나 밖에서나 윗사람이나 아랫사람이나 불화가 많이 생긴다.

❷ 질병(疾病)은 일주(日柱)에서 발생(發生)한다.

❸ 남녀성격은 일주(日柱)에서 발생(發生)한다.

무인년(戊寅年)

58년(음) 3월 7일 사(巳)시 남자

乙	壬	丙	戊
巳	申	辰	戌

54	44	34	24	14	4
壬	辛	庚	己	戊	丁
戌	酉	申	未	午	巳

이 사주는 임수일주(壬水日柱)가 춘계진월(春季辰月)에 출생하여 실시(失時)하고 진중무토(辰中戊土)와 을목(乙木)이 투출(透出)하여 어느 오행(五行)으로 격(格)을 잡느냐의 기로(岐路)에 서게 된다. 날짜상으로 보아 진중(辰中)에는 을목(乙木)이 사령(司令)하므로 시상을목(時上乙木) 상관(傷官)으로 격(格)을 잡는다. 그러므로 상관격(傷官格)이며 사주에 재살(財殺)이 태왕(太旺)하다. 다행히 임수일주는 자좌신금(自坐申金)에 장생(長生)하여 종(從)하지 않으며 살인상생(殺印相生)으로 금인수(金印綬)가 용신(用神)이며 수비견겁(水比肩劫)은 희신(喜神)이 된다. 이 사주는 남자(男子)의 사주로서 외국어(外國語)에 능통(能通)하여 국제상사(國際商社)에 근무(勤務)하다가 44세 신유대운(申酉大運)이 잘 들어와 승승장구(乘勝長驅)하며 높은 직위(職位)에 승진한 사주다.

❶ 세운무인년(歲運戊寅年): 관재, 손재, 신액, 관재, 수술, 자연재앙, 내외불화
❷ 질병(疾病): 냉(冷), 신장(腎臟), 방광(膀胱), 치질(痔疾), 비색증(鼻塞症)
❸ 남녀성격: (남) 털털한 성격, 원만하다, 활발하다, 지혜롭다, 포용력, 만인의 신망, 고집 대단, 박력 있다, 영리하다, 일독십지, 처 덕 있다
　　　　　 (여) 남자 같은 시원한 성격, 새것을 좋아함, 영리하다, 부궁불미, 정부, 예능, 문학에 소질 있다, 친모봉양

🌀 세운 · 질병 · 남녀성격의 해설 (歲運 · 疾病 · 男女性格의 解說)

❶ 세운무인년(歲運戊寅年)= ※관재, 손재, 신액, 관재, 수술, 자연재앙, 내외불화는 ※세운무인년(歲運戊寅年)의 무토(戊土)는 임수일주(壬水日柱)의 편관(偏官)으로 원명사주(源命四柱)에 재살(財殺)이 왕(旺)한데 세운에서 재(財)나 관살운(官殺運)이 들어오면 ※관재수나 손재수나 건강을 조심해야 한다. 그리고 ※관재, 수술, 자연재앙은 ※세운무인년(歲運戊寅年)의 인목(寅木)은 일지신금(日支申金)과 인신충(寅申沖)으로 세운(歲運)에서 일지충운(日支沖運)이 들어오면 ※관재수나 수술이나 자연 재앙을 조심해야 한다. 그리고 ※내외불화는 ※세운무인년(歲運戊寅年)의 무토(戊土)는 임수일주(壬水日柱)의 편관(偏官)으로 세운(歲運)에서 일주(日柱)를 극(剋)하는 운(運)이 들어오면 ※집에서나 밖에서나 윗사람이나 아랫사람이나 불화가 많이 생긴다.

❷ 질병(疾病)은 냉, 신장, 방광은 일주(日柱)에서 발생(發生)하며 ※치질, 비색증은 ※임수일주가 화토재살(火土財殺)이 왕(旺)하면 ※치질을 조심해야 하며 또는 비염, 코막힘, 축농증을 조심해야 한다.

❸ 남녀성격은 일주(日柱)에서 발생(發生)한다.

무인년(戊寅年)

59년(음) 1월 2일 유(酉)시 여자

이 사주는 임수일주(壬水日柱)가 초봄 인월(寅月)에 출생하여 실시(失時)하고 인중병화(寅中丙火)가 월상(月上)에 투출(透出)하여 편재격(偏財格)으로 일주(日柱)가 신약사주(身弱四柱)다. 그러나 임수일주(壬水日柱)는 년지해수(年支亥水)에 록근(祿根)하고 시지유금(時支酉金)에 생(生)을 받으니 살인상생(殺印相生)으로 금인수(金印綬)가 용신(用神)이며 수비견겁(水比肩劫)은 희신(喜神)이 된다. 이 사주는 여자(女子)의 사주로서 사업을 하였는데 38세 경금대운(庚金大運)에 용신운(用神運)이 들어와 많은 돈을 벌었으나 오화대운(午火大運)에는 용신유금(用神酉金)이 극(剋)을 받아 손해(損害)를 많이 보았으며 48세 신금대운(辛金大運)에는 월상병화(月上丙火)와 병신합(丙辛合)으로 합거(合去)되어 재산(財産)을 탕진(蕩盡)하고 남편(男便)과 이혼(離婚)하고 혼자 살고 있는 사주다.

❶ 세운무인년(歲運戊寅年): 이별수, 변화, 이사, 전근, 내외불화
❷ 질병(疾病): 신장(腎臟), 방광(膀胱)
❸ 남녀성격: (남) 털털한 성격, 선견지명, 남에게 잘함, 욕심 많다, 일찍 사회에 진출, 성질 급, 자수성가, 부모 덕, 재복 있다, 처 덕 있다, 자손귀자, 신앙심, 지구력 강함, 능력 있다
　　　　　(여) 남자 같은 시원한 성격, 새것을 좋아함, 부궁불미, 정부, 재가, 독수공방, 이성 구설, 재복 있다, 신앙심

◉ 세운·질병·남녀성격의 해설(歲運·疾病·男女性格의 解說)

❶ 세운무인년(歲運戊寅年)= ※이별수, 변화, 이사, 전근, 내외불화는 ※세운무인년의 무토(戊土)는 임수일주(壬水日柱)의 편관(偏官)으로 원명사주에 관살(官殺)이 왕(旺)한데 세운(歲運)에서 관살운(官殺運)이 들어오면 ※가정에 불화가 많이 생긴다든가 또는 남편과 떨어져 산다든가 또는 이혼한다든가 또는 남편이 사망하는 수도 있다. 그리고 ※변화, 이사, 전근은 ※세운무인년(歲運戊寅年)의 인목(寅木)은 일지술토(日支戌土)와 인술(寅戌)로 삼합(三合)이 되므로 세운(歲運)에서 일지(日支) 삼합운(三合運)이 들어오면 ※변화가 생긴다든가 또는 이사를 한다든가 또는 직장을 옮기는 일이 많다. 그리고 ※내외불화는 ※세운무인년(歲運戊寅年)의 무토(戊土)는 임수일주(壬水日柱)의 편관(偏官)으로 세운(歲運)에서 일주(日柱)를 극(剋)하는 운(運)이 들어오면 ※집에서나 밖에서나 윗사람이나 아랫사람이나 불화가 많이 생긴다.

❷ 질병(疾病)과 ❸ 남녀성격은 일주(日柱)에서 발생(發生)한다.

무인년(戊寅年)

62년(음) 1월 29일 묘(卯)시 여자

<table>
<tr><td>癸</td><td>壬</td><td>壬</td><td>壬</td></tr>
<tr><td>卯</td><td>寅</td><td>寅</td><td>寅</td></tr>
</table>

60	50	40	30	20	10
丙	丁	戊	己	庚	辛
申	酉	戌	亥	子	丑

이 사주는 임수일주(壬水日柱)가 초봄 인월(寅月)에 출생하여 실시(失時)하고 지지(地支)는 년월(年月) 양인목(兩寅木)과 시지묘목(時支卯木)이 있어 지지(地支)는 전목국(全木局)을 이루었고 임수일주(壬水日柱)는 년월(年月) 양임수(兩壬水)와 시상계수(時上癸水)가 있어 임수일주(壬水日柱)는 수(水) 천원일기(天元一氣)를 이루었으나 근(根)이 없어 자좌인목(自坐寅木)에 설기(泄氣)가 심(甚)하다. 그러므로 금인수(金印綬)로 많은 상관식신(傷官食神)을 제(制)하고 일주(日柱)를 생(生)하여줘야 하므로 금인수(金印綬)가 용신(用神)이며 수비견겁(水比肩劫)은 희신(喜神)이 된다. 이 사주는 여자(女子)의 사주로서 상관식신(傷官食神)이 태왕(太旺)이면 기술(技術)과 예체능(藝體能)에 소질이 있어 체육선수로 운동을 많이 하였으나 운(大運)이 없어 성공을 못하고 40세 무토대운(戊土大運)에 사업을 경영하였으나 시상계수(時上癸水)와 무계합(戊癸合)으로 합거(合去)되어 재산을 탕진한 사주다.

❶ 세운무인년(歲運戊寅年): 변화, 이사, 전근, 내외불화, 자연재앙
❷ 질병(疾病): 신장(腎臟), 방광(膀胱), 냉(冷), 습(濕)
❸ 남녀성격: (남) 털털한 성격, 지혜롭다, 원만하다, 환경에 적응 잘함, 영리하다, 행운이 따른다, 항상 바쁨, 용기 있다, 타의 군림, 성질 급, 처 덕 있다, 장모봉양
(여) 남자 같은 시원한 성격, 새것을 좋아함, 영리하다, 남편을 꺾는다, 부궁불미, 정부, 자손귀자, 요리솜씨, 사회활동하면 인기

세운 · 질병 · 남녀성격의 해설 (歲運 · 疾病 · 男女性格의 解說)

❶ 세운무인년(歲運戊寅年)= ※변화, 이사, 전근, 내외불화, 자연재앙은 ※세운무인년(歲運戊寅年)의 인목(寅木)은 일지인목(日支寅木)과 인인(寅寅)으로 삼합(三合)이 되므로 세운(歲運)에서 일지(日支) 삼합운(三合運)이 들어오면 ※변화가 생긴다든가 또는 이사를 한다든가 또는 직장을 옮기는 일이 많다. 그리고 ※내외불화는 ※세운무인년(歲運戊寅年)의 무토(戊土)는 임수일주(壬水日柱)의 편관(偏官)으로 세운(歲運)에서 일주(日柱)를 극(剋)하는 운(運)이 들어오면 ※집에서나 밖에서나 윗사람이나 아랫사람이나 불화가 많이 생긴다. 그리고 ※자연재앙은 ※세운무인년(歲運戊寅年)의 인목(寅木)은 년지인목(年支寅木)과 인인(寅寅)으로 똑같은 오행(五行)이므로 세운(歲運)에서 년지(年支) 같은 운(運)이 들어오면 ※자연재앙을 조심해야 한다.

❷ 질병(疾病)과 ❸ 남녀성격은 일주(日柱)에서 발생(發生)한다.

무인년(戊寅年)

62년(음) 1월 29일 사(巳)시 남자

乙	壬	壬	壬
巳	寅	寅	寅

51	41	31	21	11	1
戊	丁	丙	乙	甲	癸
申	未	午	巳	辰	卯

이 사주는 임수일주(壬水日柱)가 초봄 인월(寅月)에 출생하여 실시(失時)하고 원신을목(元神乙木)이 시상(時上)에 투출(透出)하고 년일지(年日支) 양인목(兩寅木)으로 상관식신(傷官食神)이 태왕(太旺)이며 시지사화(時支巳火)가 있어 일주(日柱)가 신약사주(身弱四柱)같이 보인다. 그러나 임수일주(壬水日柱)는 무근(無根)이며 자좌인목(自坐寅木)에 설기(泄氣)가 심(甚)하며 년월(年月) 양임수(兩壬水) 비견(比肩)도 자좌인목(自坐寅木)에 설기(泄氣)가 심(甚)하다. 그러므로 수생목(水生木) 목생화(木生火)로 상관(傷官) 용재격(用財格)으로 시지(時支) 사화재(巳火財)가 용신(用神)이며 목(木) 상관식신(傷官食神)은 희신(喜神)이 된다. 이 사주는 남자(男子)의 사주로서 31세 병화대운(丙火大運)부터 사업을 경영하여 수억금을 벌었으며 41세 정화대운(丁火大運)에 월상임수(月上壬水)와 정임합(丁壬合)으로 합거(合去)되어 재산을 탕진하고 일용직으로 일하고 있는 사주다.

❶ 세운무인년(歲運戊寅年): 변화, 이사, 전근, 내외불화, 자연재앙
❷ 질병(疾病): 신장(腎臟), 방광(膀胱), 냉(冷), 습(濕)
❸ 남녀성격: (남) 털털한 성격, 지혜롭다, 원만하다, 환경에 적응 잘함, 영리하다, 행운이 따른다, 항상 바쁨, 용기 있다, 타의 군림, 성질 급, 처 덕 있다, 장모봉양
     (여) 남자 같은 시원한 성격, 새것을 좋아함, 영리하다, 남편을 꺾는다, 부궁불미, 정부, 자손귀자, 요리솜씨, 사회활동하면 인기

🔵 세운·질병·남녀성격의 해설(歲運·疾病·男女性格의 解說)

❶ 세운무인년(歲運戊寅年)= ※변화, 이사, 전근, 내외불화, 자연재앙은 ※세운무인년(歲運戊寅年)의 인목(寅木)은 일지인목(日支寅木)과 인인(寅寅)으로 삼합(三合)이 되므로 세운(歲運)에서 일지(日支) 삼합운(三合運)이 들어오면 ※변화가 생긴다든가 또는 이사를 한다든가 또는 직장을 옮기는 일이 많다. 그리고 ※내외불화는 ※세운무인년(歲運戊寅年)의 무토(戊土)는 임수일주(壬水日柱)의 편관(偏官)으로 세운(歲運)에서 일주(日柱)를 극(剋)하는 운(運)이 들어오면 ※집에서나 밖에서나 윗사람이나 아랫사람이나 불화가 많이 생긴다. 그리고 ※자연재앙은 ※세운무인년(歲運戊寅年)의 인목(寅木)은 년지인목(年支寅木)과 인인(寅寅)으로 똑같은 오행(五行)이므로 세운(歲運)에서 년지(年支) 같은 운(運)이 들어오면 ※자연재앙을 조심해야 한다.

❷ 질병(疾病)은 일주(日柱)에서 발생(發生)한다.

❸ 남녀성격은 일주(日柱)에서 발생(發生)한다.

무인년 (戊寅年)

45년(음) 7월 5일 유(酉)시 여자

辛	癸	甲	乙
酉	丑	申	酉

59	49	39	29	19	9
庚	己	戊	丁	丙	乙
寅	丑	子	亥	戌	酉

이 사주는 계수일주(癸水日柱)가 초가을 신월(申月)에 출생하여 득령(得令)하고 년시지(年時支) 양유금(兩酉金)과 유중신금(酉中辛金)이 시상(時上)에 투출(透出)하여 계수일주(癸水日柱)가 신왕(身旺)이다. 신왕사주(身旺四柱)에는 일주(日柱)를 제(制)하는 관살(官殺)이나 상관식신(傷官食神)으로 설기(泄氣)함이 좋은데 일지(日支) 죽중기토(丑中己土) 편관(偏官)이 있다 하나 그 축토(丑土)는 습토(濕土)이며 유축금국(酉丑金局)으로 화(化)하였고 년상을목(年上乙木) 식신(食神)은 근(根)이 없으며 자좌유금(自坐酉金)에 살지(殺地)에 앉았고 월상갑목(月上甲木) 상관(傷官)도 자좌살지(自坐殺地)에 앉아 갑을목(甲乙木) 상관식신(傷官食神)으로 용신(用神)으로 쓸 수가 없다. 그러므로 이 사주는 인수(印綬)가 태왕(太旺)하므로 종강사주(從强四柱)다. 왕(旺)한 금(金)이 분설(分泄)하는 곳은 계수일주(癸水日柱)이므로 계수(癸水) 비견겁(比肩劫)이 용신(用神)이며 금인수(金印綬)는 희신(喜神)이 된다. 이 사주는 여자(女子)의 사주로서 44세 자수대운(子水大運)에 경매사업(競買事業)을 하여 수억금을 벌었으며 49세 기토대운(己土大運)에 월상갑목(月上甲木)과 갑기합(甲己合)으로 합거(合去)되어 재산(財産)을 탕진(蕩盡)하고 그 이후로도 고생(苦生)을 많이 하다가 59세 경금대운(庚金大運)에 사업을 재기하여 재산을 복구한 사주다.

❶ 세운무인년(歲運戊寅年): 수술, 내외불화
❷ 질병(疾病): 신장(腎臟), 방광(膀胱), 풍질(風疾)
❸ 남녀성격: (남) 털털한 성격, 근면 성실, 지혜롭다, 지구력 있다, 근심 많다, 처궁불미, 준법정신, 새벽잠이 없다
　　　　　(여) 남자 같은 시원한 성격, 새것을 좋아함, 이성수신, 애교 많다, 정부, 재가, 부궁불미, 남자들의 인기

◉ 세운·질병·남녀성격의 해설 (歲運·疾病·男女性格의 解說)

❶ 세운무인년(歲運戊寅年)= ※수술, 내외불화는 ※세운무인년(歲運戊寅年)의 인목(寅木)은 계수일주(癸水日柱)의 상관(傷官)으로 세운(歲運)에서 일지(日支) 상관운(傷官運)이 들어오면 ※수술을 조심해야 한다. 그리고 ※내외불화는 ※세운무인년(歲運戊寅年)의 무토(戊土)는 계수일주(癸水日柱)의 정관(正官)으로 세운(歲運)에서 일주(日柱)를 극(剋)하는 운(運)이 들어오면 ※집에서나 밖에서나 윗사람이나 아랫사람이나 불화가 많이 생긴다.

❷ 질병(疾病)과 ❸ 남녀성격은 일주(日柱)에서 발생(發生)한다.

무인년 (戊寅年)

45년(음) 7월 15일 진(辰)시 남자

丙	癸	甲	乙
辰	亥	申	酉

55	45	35	25	15	5
戊	己	庚	辛	壬	癸
寅	卯	辰	巳	午	未

이 사주는 계수일주(癸水日柱)가 초가을 신월(申月)에 출생하여 득령(得令)하고 년지유금(年支酉金) 인수(印綬)와 일지해수(日支亥水)에 근(根)하여 일주(日柱)는 신왕사주(身旺四柱)다. 신왕사주(身旺四柱)에는 일주(日柱)를 제(制)하는 관살(官殺)이나 상관식신(傷官食神)으로 설기(泄氣)함이 좋은데 시지(時支) 진중무토(辰中戊土) 정관(正官)이 있다 하나 그 무토(戊土)는 습토(濕土)로서 용신(用神)으로는 힘이 없으며 시상(時上) 병화재(丙火財)가 있다 하나 그 병화((丙火)도 근(根)이 없으며 자좌(自坐) 진습토(辰濕土)에 설기(泄氣)가 심(甚)하여 재(財)로도 용신(用神)으로 쓸 수가 없다. 년상을목(年上乙木)은 자좌유금(自坐酉金)에 살지(殺地)며 월상갑목(月上甲木)도 자좌신금(自坐申金)에 살지(殺地)인데 그 년상을목(年上乙木)을 진중을목(辰中乙木)에 근(根)하고 월상갑목(月上甲木)은 자좌살지(自坐殺地)라 하나 일지(日支) 해중갑목(亥中甲木)에 근(根)하니 월상갑목(月上甲木)으로 계수일주(癸水日柱)가 설기(泄氣)함으로 월상갑목(月上甲木) 상관(傷官)이 용신(用神)이 된다. 이 사주는 남자(男子)의 사주로서 60세 인목대운(寅木大運)에 부동산사업을 하여 수억금을 벌어 잘 살고 있는 사주다.

❶ 세운무인년(歲運戊寅年): 수술, 내외불화
❷ 질병(疾病): 심장(心臟), 냉(冷)
❸ 남녀성격: (남) 털털한 성격, 차분한 성격, 마음이 깊다, 외유내강, 타인 존경, 준법정신, 영리하다, 총명하다, 연구심, 노력으로 끝을 본다, 장수한다, 신앙심
(여) 남자 같은 시원한 성격, 새것을 좋아함, 부군 덕, 부궁불미, 독수공방, 정부, 재가, 친정형제 걱정 많이 한다, 자손귀자, 돈이 잘 **빠져나감**, 신앙심

세운·질병·남녀성격의 해설 (歲運·疾病·男女性格의 解說)

❶ 세운무인년(歲運戊寅年)= ※수술, 내외불화는 ※세운무인년(歲運戊寅年)의 인목(寅木)은 계수일주(癸水日柱)의 상관(傷官)으로 세운(歲運)에서 일지(日支) 상관운(傷官運)이 들어오면 ※**수술을 조심해야 한다.** 그리고 ※내외불화는 ※세운무인년(歲運戊寅年)의 무토(戊土)는 계수일주(癸水日柱)의 정관(正官)으로 세운에서 일주(日柱)를 극(剋)하는 운(運)이 들어오면 ※**집에서나 밖에서나 윗사람이나 아랫사람이나 불화가 많이 생긴다.**

❷ 질병(疾病)은 일주(日柱)에서 발생(發生)한다.

❸ 남녀성격은 일주(日柱)에서 발생(發生)한다.

무인년(戊寅年)

46년(음) 8월 1일 인(寅)시 여자

甲	癸	丙	丙
寅	酉	申	戌

56	46	36	26	16	6
庚	辛	壬	癸	甲	乙
寅	卯	辰	巳	午	未

이 사주는 계수일주(癸水日柱)가 초가을 신월(申月)에 출생하여 득령(得令)하고 일지유금(日支酉金) 인수(印綬)가 있어 일주(日柱)가 신왕사주(身旺四柱)같이 보인다. 그러나 시간지(時干支) 갑인목(甲寅木)에 설기(泄氣)가 심(甚)하고 년월(年月) 양병화(兩丙火)는 시지(時支) 인중병화(寅中丙火)에 근(根)하고 년지(年支) 술중무토(戌中戊土)에 극(剋)을 받으니 재관(財官)이 왕(旺)하여 일주(日柱)는 강화위약(強化爲弱)으로 신약사주(身弱四柱)다. 그러므로 금인수(金印綬)가 용신(用神)이며 수비견겁(水比肩劫)은 희신(喜神)이 된다. 이 사주는 여자(女子)의 사주로서 전업주부로 살다가 46세 신금대운(辛金大運)에 주식에 투자하였으나 월상병화(月上丙火)와 병신합(丙辛合)으로 합거(合去)되어 재산(財産)을 모두 탕진(蕩盡)하고 남편과 이혼하고 혼자 살다가 56세 경금대운(庚金大運)에 사업을 재기(再起)하여 재산을 복구(復舊)하고 평범하게 살고 있는 사주다.

❶ 세운무인년(歲運戊寅年): 관재, 손재, 신액, 수술, 내외불화
❷ 질병(疾病): 신장(腎臟), 심장(心臟), 방광(膀胱), 냉(冷)
❸ 남녀성격: (남) 털털한 성격, 성격이 까다롭다, 매사 철두철미, 박력이 모자란다, 영리하다, 총명하다, 암기력, 남에게 잘함, 호인이다, 고독 자초, 처 덕 있다
　　　　　 (여) 남자 같은 시원한 성격, 새것을 좋아함, 정이 많다, 부궁불미, 정부, 인덕 없다, 눈물 많다

☯ 세운 · 질병 · 남녀성격의 해설(歲運 · 疾病 · 男女性格의 解說)

❶ 세운무인년(歲運戊寅年)= ※관재, 손재, 신액, 수술, 내외불화는 ※세운무인년(歲運戊寅年)의 무토(戊土)는 계수일주(癸水日柱)의 정관(正官)으로 원명사주(源命四柱)에 재관(財官)이 왕(旺)한데 세운(歲運)에서 재(財)나 관살운(官殺運)이 들어오면 ※**관재수나 손재수나 건강을 조심해야 한다.** 그리고 ※**수술**은 ※세운무인년(歲運戊寅年)의 인목(寅木)은 계수일주(癸水日柱)의 상관(傷官)으로 세운(歲運)에서 일지(日支) 상관운(傷官運)이 들어오면 ※**수술을 조심해야 한다.** 그리고 ※**내외불화**는 ※세운무인년(歲運戊寅年)의 무토(戊土)는 계수일주(癸水日柱)의 정관(正官)으로 세운(歲運)에서 일주(日柱)를 극(剋)하는 운(運)이 들어오면 ※**집에서나 밖에서나 윗사람이나 아랫사람이나 불화가 많이 생긴다.**

❷ 질병(疾病)은 일주(日柱)에서 발생(發生)한다.

❸ 남녀성격은 일주(日柱)에서 발생(發生)한다.

무인년 (戊寅年)

51년(음) 1월 7일 인(寅)시 남자

甲	癸	庚	辛
寅	未	寅	卯

52	42	32	22	12	2
甲	乙	丙	丁	戊	己
申	酉	戌	亥	子	丑

이 사주는 계수일주(癸水日柱)가 초봄 인월(寅月)에 출생하여 실시(失時)하고 인중갑목(寅中甲木)이 시상(時上)에 투출(透出)하여 상관격(傷官格)이다. 그리고 지지(地支)는 년일지(年日支) 묘미(卯未)로 목국(木局)이 되고 월시지(月時支) 양인목(兩寅木)이 있어 지지(地支)는 전부 목국(木局)으로 되어 있다. 계수일주(癸水日柱)는 근(根)이 없으며 자좌살지(自坐殺地)에 앉았으며 년월(年月) 경신금(庚辛金) 인수(印綬)가 있다고 하나 그 경신금(庚辛金)도 근(根)이 없으며 인묘목(寅卯木)에 절궁(絶宮)이 되어 계수일주(癸水日柱)를 생(生)하여 줄 힘이 없다. 그러므로 금생수(金生水) 수생목(水生木)으로 종아격(從兒格)으로 갑목(甲木)이 용신(用神)이 된다. 이 사주는 남자(男子)의 사주로서 47세 유금대운(酉金大運)에 사업을 경영하였으나 종(從)하는 사주에 인수운(印綬運)이 들어와 재산을 탕진하고 52세 갑목대운(甲木大運)에 사업을 재기하여 재산을 복구하고 잘살고 있는 사주다.

❶ 세운무인년(歲運戊寅年): 수술, 내외불화, 신경과민
❷ 질병(疾病): 신장(腎臟), 비(脾), 위(胃)
❸ 남녀성격: (남) 털털한 성격, 의리 있다, 신용 있다, 인내심, 지구력, 순진하다, 심술 많다, 꾸준히 노력으로 결실, 성격이 까다롭다, 옷에 신경, 신앙심, 편식, 처궁불미

　　　　　(여) 남자 같은 시원한 성격, 새것을 좋아함, 남편복이 없다, 정부, 재가, 인덕 없다

◉ 세운·질병·남녀성격의 해설(歲運·疾病·男女性格의 解說)

❶ 세운무인년(歲運戊寅年)= ※수술, 내외불화, 신경과민은 ※세운무인년(歲運戊寅年)의 인목(寅木)은 계수일주(癸水日柱)의 상관(傷官)으로 세운(歲運)에서 일지(日支) 상관운(傷官運)이 들어오면 ※수술을 조심해야 한다. 그리고 ※내외불화는 ※세운무인년(歲運戊寅年)의 무토(戊土)는 계수일주(癸水日柱)의 정관(正官)으로 세운(歲運)에서 일주(日柱)를 극(剋)하는 운(運)이 들어오면 ※집에서나 밖에서나 윗사람이나 아랫사람이나 불화가 많이 생긴다. 그리고 ※신경과민은 ※세운무인년의 인목(寅木)은 일지미토(日支未土)와 인미(寅未)로 귀문관살(鬼門關殺)이 되므로 세운(歲運)에서 일지(日支) 귀문(鬼門) 관살운(關殺運)이 들어오면 ※그해에는 모든 일에 신경을 많이 쓰게 된다.

❷ 질병(疾病)과 ❸ 남녀성격은 일주(日柱)에서 발생(發生)한다.

무인년 (戊寅年)

50년(음) 1월 11일 오(午)시 여자

戊	癸	戊	庚
午	巳	寅	寅

58	48	38	28	18	8
壬	癸	甲	乙	丙	丁
申	酉	戌	亥	子	丑

이 사주는 계수일주(癸水日柱)가 초봄 인월(寅月)에 출생하여 실시(失時)하고 인중무토(寅中戊土)가 월시상(月時上)에 투출(透出)하여 정관격(正官格)으로 신약사주(身弱四柱)다. 그리고 지지(地支)는 인오사오(寅午巳午)로 화국(火局)을 이루고 월시상(月時上) 무토(戊土)가 두출(透出)하여 재살(財殺)이 태왕(太旺)이다. 그러나 계수일주(癸水日柱)는 무근(無根)이며 년상경금(年上庚金) 인수(印綬)가 있다 하나 그 경금(庚金)도 근(根)이 없으며 자좌인목(自坐寅木)에 절궁(絶宮)으로 계수일주(癸水日柱)를 생(生)하여 줄 수가 없다. 그러므로 금생수(金生水) 수생목(水生木) 목생화(木生火) 화생토(火生土)로 종살격(從殺格)이다. 무토정관(戊土正官)이 용신(用神)이며 화재(火財)는 희신(喜神)이 된다.

❶ 세운무인년(歲運戊寅年): 관재, 손재, 신액, 관재, 수술, 자연재앙, 내외불화

❷ 질병(疾病): 비뇨기(泌尿器), 장(臟)

❸ 남녀성격: (남) 털털한 성격, 인정 많다, 처세가 좋다, 외유내강, 자기 실속, 욕심 많다, 영리하다, 처 덕 있다, 자손귀자, 학업 장애

　　　　　(여) 남자 같은 시원한 성격, 새것을 좋아함, 부궁불미, 이성 고민, 정부, 재복 있다

세운 · 질병 · 남녀성격의 해설 (歲運 · 疾病 · 男女性格의 解說)

❶ 세운무인년(歲運戊寅年)= ※관재, 손재, 신액, 관재, 수술, 자연재앙, 내외불화는 ※세운무인년(歲運戊寅年)의 무토(戊土)는 계수일주(癸水日柱)의 정관(正官)으로 원명사주(源命四柱)에 재관(財官)이 왕(旺)한데 세운(歲運)에서 재(財)나 관살운(官殺運)이 들어오면 **※관재수나 손재수나 건강을 조심해야 한다.** 그리고 ※관재, 수술은 ※세운무인년(歲運戊寅年)의 인목(寅木)은 일지사화(日支巳火)와 인사형살(寅巳刑殺)이 되므로 세운(歲運)에서 일지(日支) 형살운(刑殺運)이 들어오면 **※관재수나 수술을 조심해야 한다.** 그리고 ※자연재앙은 ※세운무인년(歲運戊寅年)의 인목(寅木)은 년지인목(年支寅木)과 인인(寅寅)으로 똑같은 오행(五行)이므로 세운(歲運)에서 년지(年支)같은 운(運)이 들어오면 **※자연재앙을 조심해야 한다.** 그리고 ※내외불화는 ※세운무인년(歲運戊寅年)의 무토(戊土)는 계수일주(癸水日柱)의 정관(正官)으로 세운(歲運)에서 일주(日柱)를 극(剋)하는 운(運)이 들어오면 **※집에서나 밖에서나 윗사람이나 아랫사람이나 불화가 많이 생긴다.**

❷ 질병(疾病)은 일주(日柱)에서 발생(發生)한다.

❸ 남녀 성격은 일주(日柱)에서 발생(發生)한다.

무인년(戊寅年)

甲	癸	己	庚
寅	卯	卯	寅

59	49	39	29	19	9
乙	甲	癸	壬	辛	庚
酉	申	未	午	巳	辰

이 사주는 계수일주(癸水日柱)가 중춘묘월(中春卯月)에 출생하여 실시(失時)하고 년시지(年時支) 양인목(兩寅木)과 일지묘목(日支卯木)과 인중갑목(寅中甲木)이 시상(時上)에 투출(透出)하여 상관식신(傷官食神)이 태왕(太旺)이다. 계수일주(癸水日柱)는 근(根)이 없으며 자좌묘목(自坐卯木)에 설기(泄氣)가 심(甚)하고 년상경금(年上庚金) 인수(印綬)가 있다 하나 그 경금(庚金)도 근(根)이 없으며 자좌인목(自坐寅木) 절궁(絶宮)에 앉아 계수일주(癸水日柱)를 생(生)하여 줄 힘이 없다. 그러므로 계수일주는 수생목(水生木)으로 종아(從兒)하게 되므로 상관식신(傷官食神)이 용신(用神)이 된다. 이 사주는 남자의 사주로서 교사로 근무한 사주다.

❶ 세운무인년(歲運戊寅年): 수술, 자손액, 자연재앙, 내외불화
❷ 질병(疾病): 풍질(風疾), 신장(腎臟), 방광(膀胱), 냉(冷)
❸ 남녀성격: (남) 털털한 성격, 만인 신망, 영리하다, 인자하다, 남에게 잘함, 준법정신, 고집 대단, 식복 있다, 처궁불미, 처 덕 있다, 소심하다, 운동 잘함, 마음 약
　　　　　(여) 남자 같은 시원한 성격, 새것을 좋아함, 부궁불미, 자손근심, 정부, 재가, 애교 많다, 생리통이 심하다, 침착하다, 인내심, 눈물 많다, 인덕 있다

☯ 세운·질병·남녀성격의 해설 (歲運·疾病·男女性格의 解說)

❶ 세운무인년(歲運戊寅年)= ※수술, 자손액, 자연재앙, 내외불화는 ※세운무인년(歲運戊寅年)의 인목(寅木)은 계수일주(癸水日柱)의 상관(傷官)으로 세운(歲運)에서 일지(日支) 상관운(傷官運)이 들어오면 ※수술을 조심해야 한다. 그리고 ※자손액은 ※세운무인년의 인목(寅木)은 계수일주의 상관(傷官)으로 원명사주(源命四柱)에 상관식신(傷官食神)이 태왕(太旺)하고 관살(官殺)이 쇠약(衰弱)한데 세운(歲運)에서 상관(傷官) 식신운(食神運)이 들어오면 ※자손액을 조심해야 한다. 그리고 ※자연재앙은 ※세운무인년(歲運戊寅年)의 인목(寅木)은 년지인목(年支寅木)과 인인(寅寅)으로 똑같은 오행(五行)이므로 세운(歲運)에서 년지(年支) 같은 운(運)이 들어오면 ※자연재앙을 조심해야 한다. 그리고 ※내외불화는 ※세운무인년(歲運戊寅年)의 무토(戊土)는 계수일주(癸水日柱)의 정관(正官)으로 세운에서 일주(日柱)를 극(剋)하는 운(運)이 들어오면 ※집에서나 밖에서나 윗사람이나 아랫사람이나 불화가 많이 생긴다.

❷ 질병(疾病)은 일주(日柱)에서 발생(發生)한다.

❸ 남녀성격은 일주(日柱)에서 발생(發生)한다.

무인년(戊寅年)

53년(음) 8월 12일 오(午)시 여자

<table>
<tr><td>戊</td><td>癸</td><td>辛</td><td>癸</td></tr>
<tr><td>午</td><td>酉</td><td>酉</td><td>巳</td></tr>
</table>

56	46	36	26	16	6
丁	丙	乙	甲	癸	壬
卯	寅	丑	子	亥	戌

이 사주는 계수일주(癸水日柱)가 중추유월(中秋酉月)에 출생하여 득령(得令)하고 유중신금(酉中辛金)이 월상(月上)에 투출(透出)하고 일지유금(日支酉金)이 있어 신왕사주(身旺四柱)다. 신왕사주(身旺四柱)에는 관살(官殺)로 일주(日柱)를 제(制)함이 좋은데 다행히 시상(時上)에 무토정관(戊土正官)이 두출(透出)하여 시지오화(時支午火)에 생(生)을 받으니 무토정관(戊土正官)이 용신(用神)이며 화재(火財)는 희신(喜神)이 된다. 이 사주는 여자(女子)의 사주로서 공무원(公務員)으로 근무(勤務)하였으나 운(運)이 없어 승진(昇進)이 안되어 고생을 많이 하다가 46세 병화대운(丙火大運)에 부동산에 투자하여 손해를 많이 보고 남편(男便)과 이혼하고 혼자 살다가 56세 정화대운(丁火大運)에 사업을 경영하여 재산을 복구하고 잘살고 있는 사주다. 부궁(夫宮)이 부실한 것은 계사생(癸巳生)의 공망(空亡)은 시지오화(時支午火)인데 시(時)는 자손(子孫) 자리도 되고 배우자(配偶者) 자리도 되는데 일시지(日時支)에 공망(空亡)이 있으면 부궁(夫宮)이 부실하여 재혼(再婚)하거나 혼자 사는 사람들이 많다.

❶ 세운무인년(歲運戊寅年): 수술, 내외불화
❷ 질병(疾病): 신장(腎臟), 심장(心臟), 방광(膀胱), 냉(冷)
❸ 남녀성격: (남) 털털한 성격, 성격이 까다롭다, 매사 철두철미, 박력이 모자란다, 영리하다, 총명하다, 암기력, 남에게 잘함, 호인이다, 고독 자초, 처 덕 있다
　　　　　(여) 남자 같은 시원한 성격, 새것을 좋아함, 정이 많다, 부궁불미, 정부, 인덕 없다, 눈물 많다

세운·질병·남녀성격의 해설(歲運·疾病·男女性格의 解說)

❶ 세운무인년(歲運戊寅年)= ※수술, 내외불화는 ※세운무인년(歲運戊寅年)의 인목(寅木)는 계수일주(癸水日柱)의 상관(傷官)으로 세운(歲運)에서 일지(日支) 상관운(傷官運)이 들어오면 ※수술을 조심해야 한다. 그리고 ※내외불화는 ※세운무인년(歲運戊寅年)의 무토(戊土)는 계수일주(癸水日柱)의 정관(正官)으로 세운(歲運)에서 일주(日柱)를 극(剋)하는 운(運)이 들어오면 ※집에서나 밖에서나 윗사람이나 아랫사람이나 불화가 많이 생긴다.

❷ 질병(疾病)은 일주(日柱)에서 발생(發生)한다.

❸ 남녀성격은 일주(日柱)에서 발생(發生)한다.

무인년 (戊寅年)

52년(음) 11월 17일 신(申)시 남자

庚	癸	壬	壬
申	丑	子	辰

51	41	31	21	11	1
戊	丁	丙	乙	甲	癸
午	巳	辰	卯	寅	丑

이 사주는 계수일주(癸水日柱)가 중동자월(中冬子月)에 출생하여 록근(祿根)하고 지지(地支)는 자진자축(子辰子丑)으로 수국(水局)을 이루고 년월임수(年月壬水)가 투출(透出)하고 시간지(時干支) 경신금(庚申金) 인수(印綬)가 있어 일주(日柱)가 신왕(身旺)한 사주다. 신왕사주(身旺四柱)에는 관살(官殺)로 일주(日柱)를 제(制)하기니 상관식신(傷官食神)으로 설기(泄氣)함이 좋은데 년일지(年日支) 진축토(辰丑土) 관살(官殺)이 있다 하나 그 진토(辰土)와 축토(丑土)는 습토(濕土)이며 자진자축(子辰子丑)으로 수국(水局)을 이루어 용신(用神)으로 쓸 수가 없다. 그러므로 이 사주는 비견겁(比肩劫)이 태왕(太旺)하므로 종왕사주(從旺四柱)다. 종왕사주(從旺四柱)에는 비견겁(比肩劫)이 용신(用神)이며 금인수(金印綬)는 희신(喜神)이 된다. 이 사주는 남자(男子)의 사주로서 윤하격(潤下格)을 놓은 사람은 문장(文章)이 좋은데 공부(工夫)는 많이 하였으나 시험운(試驗運)이 없어 고생을 많이 하다가 인쇄소(印刷所)에 근무(勤務)하다가 41세 정화대운(丁火大運)에 인쇄사업(印刷事業)을 경영(經營)하였으나 월상임수(月上壬水)와 정임합(丁壬合)으로 합거(合去)되어 재산을 탕진하고 그 이후로도 운(運)이 없어 고생을 많이 하다가 51세 무토대운(戊土大運)에 계수일주(癸水日柱)와 무계합(戊癸合)으로 합거(合去)되어 병(病)까지 얻어 힘들게 살고 있는 사주다.

❶ 세운무인년(歲運戊寅年): 수술, 내외불화
❷ 질병(疾病): 신장(腎臟), 방광(膀胱), 풍질(風疾)
❸ 남녀성격: (남) 털털한 성격, 근면 성실, 지혜롭다, 지구력 있다, 근심 많다, 처궁불미, 준법정신, 새벽잠이 없다
　　　　　　(여) 남자 같은 시원한 성격, 새것을 좋아함, 이성수신, 애교 많다, 정부, 재가, 부궁불미, 남자들의 인기

☯ 세운·질병·남녀성격의 해설 (歲運·疾病·男女性格의 解說)

❶ 세운무인년(歲運戊寅年)= ※수술, 내외불화는 ※세운무인년(歲運戊寅年)의 인목(寅木)는 계수일주(癸水日柱)의 상관(傷官)으로 세운(歲運)에서 일지(日支) 상관운(傷官運)이 들어오면 ※수술을 조심해야 한다. 그리고 ※내외불화는 ※세운무인년(歲運戊寅年)의 무토(戊土)는 계수일주(癸水日柱)의 정관(正官)으로 세운에서 일주(日柱)를 극(剋)하는 운(運)이 들어오면 ※집에서나 밖에서나 윗사람이나 아랫사람이나 불화가 많이 생긴다.

❷ 질병(疾病)과 ❸ 남녀성격은 일주(日柱)에서 발생(發生)한다.

기묘년
(己卯年)

기묘년 (己卯年)

58년(음) 4월 29일 술(戌)시 남자

甲	甲	戊	戊
戌	子	午	戌

57	47	37	27	17	7
甲	癸	壬	辛	庚	己
子	亥	戌	酉	申	未

이 사주는 갑목일주(甲木日柱)가 중하오월(中夏午月)에 출생하여 실시(失時)하고 년지술토(年支戌土)와 월지오화(月支午火)와 오술(午戌)로 화국(火局)을 이루고 년월무토(年月戊土)가 투출(透出)하여 상관(傷官)과 재(財)가 태왕(太旺)으로 신약사주(身弱四柱)다. 사주에 재(財)가 많을 때에는 비견겁(比肩劫)으로 많은 재(財)를 제(制)하고 일주(日柱)를 도와주는 비견겁(比肩劫)이 용신(用神)이며 수인수(水印綬)가 희신(喜神)이 된다. 이 사주는 남자(男子)의 사주로서 은행원(銀行員)으로 초년(初年)에는 운(運)이 없어 승진(昇進)이 안되어 고생을 많이 하다가 52세 해수대운(亥水大運)에 지점장으로 승진하였고 앞으로도 계속 갑자대운(甲子大運)이 잘 들어와 승승장구(乘勝長驅)하며 화목하게 잘 살 것으로 생각된다. 그리고 사주(四柱)에 재(財)가 많으면 재(財)는 돈도 되고 처(妻)도 되는데 사주(四柱)에 재(財)가 많은 사람은 인색(吝嗇)하며 처궁(妻宮)이 부실하여 결혼을 늦게 한다든가 또는 재혼(再婚)하는 사람들이 많다.

❶ 세운기묘년(歲運己卯年): 관재, 손재, 신액, 관재, 수술
❷ 질병(疾病): 간(肝), 풍(風), 냉(冷), 저혈압(低血壓), 기관지(氣管支), 편도선(扁桃腺)
❸ 남녀성격: (남) 의지 굳다, 무뚝뚝하다, 웃음이 적다, 냉정하다, 임사즉결, 멋쟁이, 권모술수, 눈치가 빠르다, 신경 예민, 처궁불미
(여) 의지 굳다, 인자함, 무뚝뚝하다, 웃음이 적다, 부궁불미

세운 · 질병 · 남녀성격의 해설 (歲運 · 疾病 · 男女性格의 解說)

❶ 세운기묘년(歲運己卯年)= ※관재, 손재, 신액, 관재, 수술은 ※세운기묘년(歲運己卯年)의 기토(己土)는 갑목일주(甲木日柱)의 정재(正財)로 원명사주에 재살(財殺)이 태왕(太旺)인데 세운에서 재(財)나 관살운(官殺運)이 들어오면 ※관재수나 손재수나 건강을 조심해야 한다. 그리고 ※관재, 수술은 ※세운기묘년(歲運己卯年)의 묘목(卯木)은 일지자수(日支子水)와 자묘(子卯)로 형살(刑殺)이 되므로 세운에서 일지(日支) 형살운(刑殺運)이 들어오면 ※관재수를 조심해야 하며 또는 수술을 조심해야 한다.

❷ 질병(疾病)은 간, 풍, 냉, 저혈압은 일주(日柱)에서 발생(發生)하며 ※기관지, 편도선은 ※원명사주(源命四柱)에 갑목일주(甲木日柱)가 오월(午月)에 출생하고 화국(火局)을 이루면 ※기관지와 편도선을 조심해야 한다.

❸ 남녀성격은 일주(日柱)에서 발생(發生)한다.

기묘년 (己卯年)

58년(음) 4월 19일 사(巳)시 여자

己	甲	丁	戊
巳	寅	巳	戌

60	50	40	30	20	10
辛	壬	癸	甲	乙	丙
亥	子	丑	寅	卯	辰

이 사주는 갑목일주(甲木日柱)가 초여름 사월(巳月)에 출생하여 실시(失時)하고 사중(巳中)에 무토(戊土)가 년상(年上)에 투출(透出)하여 편재격(偏財格)이다. 그리고 지지(地支)는 인사술(寅巳戌) 화국(火局)을 이루고 월상(月上)에 정화(丁火)가 투출(透出)하여 상관(傷官)과 재(財)가 태왕(太旺)이다. 다행히 갑목일주(甲木日柱)는 자좌인목(自坐寅木)에 록근(祿根)하여 종(從)하지 않는다. 이 사주는 상관식신(傷官食神)이 왕(旺)하므로 수인수(水印綬)로 상관식신(傷官食神)을 제(制))하고 갑목일주(甲木日柱)를 생(生)하여 주는 수인수(水印綬)가 용신(用神)이며 목비견겁(木比肩劫)은 희신(喜神)이 된다. 이 사주는 여자의 사주로서 자궁(子宮) 수술을 하였는데 자궁 수술하게 된 것은 상관식신(傷官食神)은 자궁(子宮)과 유방(乳房)도 되므로 상관(傷官)이 많고 형살(刑殺)이 되면 자궁과 유방을 조심해야 한다. 그리고 40세 계수대운(癸水大運)부터 조그마한 음식점(飲食店)을 경영하였으나 년상무토(年上戊土)와 무계합(戊癸合)으로 합거(合去)되어 재산을 탕진하고 남편과 이혼한 사주다. 부궁(夫宮)이 부실한 것은 년간지(年干支) 무술생(戊戌生)의 공망(空亡)은 시지사화(時支巳火)로서 일시지(日時支)에 공망(空亡)이 있으면 부궁이 부실하다.

❶ 세운기묘년(歲運己卯年): 관재, 손재, 신액
❷ 질병(疾病): 간(肝), 위산과다(胃酸過多), 자궁(子宮), 유방(乳房)
❸ 남녀성격: (남) 의지 굳다, 무뚝뚝하다, 웃음이 적다, 고집 대단, 영리하다, 투령격, 일독십지, 인정 있다, 인내심 부족, 용기 있다, 청백지인, 남을 무시한다
　　　　　 (여) 의지 굳다, 무뚝뚝하다, 웃음이 적다, 부궁불미, 독수공방, 정부, 남에게 잘함, 돈이 잘 빠져나감, 친정형제 걱정

세운·질병·남녀성격의 해설 (歲運 · 疾病 · 男女性格의 解說)

❶ 세운기묘년(歲運己卯年)= ※관재, 손재, 신액은 ※세운기묘년(歲運己卯年)의 기토(己土)는 갑목일주(甲木日柱)의 정재(正財)로 원명사주(源命四柱)에 재살(財殺)이 태왕(太旺)인데 세운(歲運)에서 재(財)나 관살운(官殺運)이 들어오면 ※관재수를 조심해야 하며 또는 손재수를 조심해야 하며 또는 건강을 조심해야 한다.

❷ 질병(疾病)은 간, 위산과다는 일주(日柱)에서 발생(發生)하며 ※자궁, 유방은 ※원명사주(源命四柱)에 상관식신(傷官食神)이 왕(旺)하고 상관(傷官)이 형살(刑殺)이 되면 ※자궁과 유방을 조심해야 한다.

❸ 남녀성격은 일주(日柱)에서 발생(發生)한다.

기묘년 (己卯年)

55년(음) 6월 24일 진(辰)시 남자

戊	甲	甲	乙
辰	辰	申	未

51	41	31	21	11	1
戊	己	庚	辛	壬	癸
寅	卯	辰	巳	午	未

이 사주는 갑목일주(甲木日柱)가 초가을 신월(申月)에 출생하여 실시(失時)하고 일시지(日時支) 양진토(兩辰土)와 시상무토(時上戊土)가 투출(透出)하고 재살(財殺)이 태왕(太旺)하여 종살격(從殺格)같이 보인다. 그러나 갑목일주(甲木日柱)는 자좌(自坐) 진중을목(辰中乙木)에 근(根)하고 년상을목(年上乙木) 비겁(比劫)이 미중을목(未中乙木)에 근(根)하여 있으므로 종살(從殺)은 되지 않으며 재(財)가 왕(旺)하므로 비견겁(比肩劫)으로 많은 재(財)를 제(制)하고 일주(日柱)를 보신(補身)하는 비견겁(比肩劫)이 용신(用神)이며 수인수(水印綬)는 희신(喜神)이 된다. 이 사주는 남자(男子)의 사주로서 공대(工大) 토목과(土木課)를 졸업(卒業)하고 현장(現場)에 근무(勤務)하였으나 초년운(初年運)이 없어 승진(昇進)이 안되어 고생을 많이 하다가 41세 기토대운(己土大運)에 퇴사하여 사업을 경영하였으나 월상갑목(月上甲木)과 갑기합(甲己合)으로 합거(合去)되어 손해를 많이 보았으며 46세 묘목대운(卯木大運)에 용신운(用神運)이 들어와 사업이 번창하여 재산을 복구하였고 51세 무토(戊土) 편재운(偏財格)에 원명사주(源命四柱)에 재살(財殺)이 왕(旺)한데 대운(大運)에서 편재운(偏財運)이 들어와 손해(損害)를 조금 보았으며 56세 인목대운(寅木大運)에 사업(事業)이 번창(繁昌)하고 있는 사주다.

❶ 세운기묘년(歲運己卯年): 관재, 손재, 신액
❷ 질병(疾病): 간(肝), 풍(風), 위(胃)
❸ 남녀성격: (남) 의지 굳다, 무뚝뚝하다, 웃음이 적다, 강직하다, 처궁불미, 신앙심, 재복 있다, 처 덕 있다, 재간 있다, 창의력, 이상적인 아이디어가 있다
　　　　　 (여) 의지 굳다, 무뚝뚝하다, 웃음이 적다, 시모불합, 부궁불미, 정부

🌀 **세운 · 질병 · 남녀성격의 해설** (歲運 · 疾病 · 男女性格의 解說)

❶ 세운기묘년(歲運己卯年)= ※관재, 손재, 신액은 ※세운기묘년(歲運己卯年)의 기토(己土)는 갑목일주(甲木日柱)의 정재(正財)로 원명사주(源命四柱)에 재살(財殺)이 태왕(太旺)인데 세운(歲運)에서 재(財)나 관살운(官殺運)이 들어오면 ※관재수를 조심해야 하며 또는 손재수를 조심해야 하며 또는 건강을 조심해야 한다.

❷ 질병(疾病)은 일주(日柱)에서 발생(發生)한다.

❸ 남녀성격은 일주(日柱)에서 발생(發生)한다.

기묘년 (己卯年)

55년(음) 6월 14일 묘(卯)시 남자

丁	甲	癸	乙
卯	午	未	未

58	48	38	28	18	8
丁	戊	己	庚	辛	壬
丑	寅	卯	辰	巳	午

이 사주는 갑목일주(甲木日柱)가 하계미월(夏季未月)에 출생하여 실시(失時)하고 미중정화(未中丁火)가 시상(時上)에 투출(透出)하여 상관격(傷官格)이다. 그리고 일지오화(日支午火)와 오미(午未)로 화국(火局)을 이루었고 시상(時上)에 정화(丁火)가 투출(透出)하여 갑목일주(甲木日柱)는 고목(枯木)이 되어 가고 있다. 다행히 갑목일주(甲木日柱)는 시지묘목(時支卯木) 양인(羊刃)에 근(根)하고 묘중을목(卯中乙木)이 년상(年上)에 투출(透出)하였으나 신약사주(身弱四柱)다. 이 사주는 미월(未月)은 토(土)라 하나 화기(火氣)가 염열(炎熱)하여 갑목일주(甲木日柱)가 고목(枯木)이 되어 감으로 수인수(水印綬)가 많은 상관식신(傷官食神)을 제(制)하고 일주(日柱)를 생(生)하여줘야 하므로 수인수(水印綬)가 용신(用神)이며 목비견겁(木比肩劫)은 희신(喜神)이 된다. 그리고 이 사주는 남자(男子)의 사주로서 회사에 근무하였으나 운(運)이 없어 고생을 많이 하다가 43세 묘목대운(卯木大運)에 퇴사하여 사업을 경영하여 수억금을 벌었으며 48세 무토대운(戊土大運)에 월상계수(月上癸水)와 무계합(戊癸合)으로 합거(合去)되어 손해를 많이 보았으며 53세 인목대운(寅木大運)에 갑목일주(甲木日柱)가 록근(祿根)하여 사업이 번창하여 잘살고 있는 사주다.

❶ 세운기묘년(歲運己卯年): 관재, 손재, 신액
❷ 질병(疾病): 간(肝), 장(臟), 기관지(氣管支), 편도선(扁桃腺), 뇌출혈(腦出血)
❸ 남녀성격: (남) 의지 굳다, 무뚝뚝하다, 남에게 잘함, 지구력 부족, 처궁불미, 용두사미, 성실하다, 인덕 없다
　　　　　　(여) 의지 굳다, 인정 있다, 부궁불미, 정부, 남자의 근심

⊙ 세운·질병·남녀성격의 해설 (歲運·疾病·男女性格의 解說)

❶ 세운기묘년(歲運己卯年)= ※관재, 손재, 신액은 ※세운기묘년(歲運己卯年)의 기토(己土)는 갑목일주(甲木日柱)의 정재(正財)로 원명사주(源命四柱)에 재살(財殺)이 태왕(太旺)인데 세운(歲運)에서 재(財)나 관살운(官殺運)이 들어오면 ※관재수를 조심해야 하며 또는 손재수를 조심해야 하며 또는 건강을 조심해야 한다.

❷ 질병(疾病)은 간, 장은 일주(日柱)에서 발생(發生)하며 ※기관지, 편도선, 뇌출혈은 ※갑목일주(甲木日柱)가 사오미월(巳午未月)에 출생하고 화국(火局)을 이루면 ※기관지, 편도선, 뇌출혈을 조심해야 한다.

❸ 남녀성격은 일주(日柱)에서 발생(發生)한다.

기묘년 (己卯年)

56년(음) 8월 10일 오(午)시 여자

庚	甲	丁	丙
午	申	酉	申

52	42	32	22	12	2
辛	壬	癸	甲	乙	丙
卯	辰	巳	午	未	申

이 사주는 갑목일주(甲木日柱)가 중추유월(中秋酉月)에 출생하여 실시(失時)하고 년일지(年日支) 양신금(兩申金)과 신궁경금(申宮庚金)이 시상(時上)에 투출(透出)하여 종살격(從殺格)같이 보인다. 그러나 이 사주는 갑목일주(甲木日柱)가 갑목(甲木) 하나만 빼놓고 일주(日柱)를 생(生)하여 주는 인수(印綬)나 비견겁(比肩劫)은 하나도 없다. 그러므로 쇠극격(衰極格)에 해당한다.

쇠(衰)한 자는 상관식신(傷官食神)으로 설기(泄氣)하여 더욱 더 쇠(衰)하게 하는 동시 갑목일주(甲木日柱)를 극(剋)하는 관살(官殺)을 제(制)하여야 하기 때문에 상관식신(傷官食神)이 용신(用神)이며 토재(土財)는 희신(喜神)이 된다. 이 사주는 여자(女子)의 사주로서 초년(初年) 27세 오화대운(午火大運)에 호텔리어로 근무(勤務)하다가 37세 사화대운(巳火大運)에 호텔 매니저로 승진(昇進)하였고 42세 임수대운(壬水大運)에는 화용신(火用神)을 극(剋)하면서 월상정화(月上丁火)와 정임합(丁壬合)으로 합거(合去)되어 퇴사(退社)하여 자영업(自營業)을 개업하여 평범하게 살고 있는 사주다.

❶ 세운기묘년(歲運己卯年): 관재, 손재, 신액, 신경과민
❷ 질병(疾病): 간(肝), 담(膽)
❸ 남녀성격: (남) 의지 굳다, 무뚝뚝하다, 웃음이 적다, 소식한다, 다재다능, 영리하다, 꾀가 많다, 항상 바쁨, 칭찬받기 좋아함
　　　　　(여) 의지 굳다, 무뚝뚝하다, 인자함, 영리하다, 다재다능, 이성 고민, 정부, 고독하다, 신경쇠약

🔵 세운·질병·남녀성격의 해설 (歲運·疾病·男女性格의 解說)

❶ 세운기묘년(歲運己卯年)= ※관재, 손재, 신액, 신경과민은 ※세운기묘년(歲運己卯年)의 기토(己土)는 갑목일주(甲木日柱)의 정재(正財)로 원명사주(源命四柱)에 재살(財殺)이 태왕(太旺)인데 세운(歲運)에서 재(財)나 관살운(官殺運)이 들어오면 ※관재수를 조심해야 하며 또는 손재수를 조심해야 하며 또는 건강을 조심해야 한다. 그리고 ※신경과민은 ※세운기묘년(歲運己卯年)의 묘목(卯木)은 일지신금(日支申金)과 묘신(卯申)으로 귀문관살(鬼門關殺)이 되므로 세운(歲運)에서 일지(日支) 귀문(鬼門) 관살운(關殺運)이 들어오면 ※그해에는 모든 일에 신경을 많이 쓰게 된다.

❷ 질병(疾病)은 일주(日柱)에서 발생(發生)한다.

❸ 남녀성격은 일주(日柱)에서 발생(發生)한다.

기묘년 (己卯年)

56년(음) 10월 1일 술(戌)시 남자

甲	甲	戊	丙
戌	戌	戌	申

51	41	31	21	11	1
甲	癸	壬	辛	庚	己
辰	卯	寅	丑	子	亥

이 사주는 갑목일주(甲木日柱)가 계추술월(季秋戌月)에 출생하여 실시(失時)하고 술중무토(戌中戊土)가 월상(月上)에 투출(透出)하여 편재격(偏財格)이다. 그리고 일시지(日時支) 양술토(兩戌土)와 년지신금(年支申金) 편관(偏官)이 있어 일주(日柱)가 심약(甚弱)하다. 갑목일주(甲木日柱)는 근(根)이 없으며 술중신금(戌中辛金)에 자좌살지(自坐殺地)며 시상갑목(時上甲木) 비견(比肩)도 근(根)이 없으며 술중신금(戌中辛金)에 자좌살지(自坐殺地) 앉아 비견(比肩)으로도 용신(用神)으로 쓸 수가 없다. 그리고 년상병화(年上丙火) 식신(食神)으로 식신제살(食神制殺)을 할 것 같으나 그 병화((丙火)는 술중정화(戌中丁火)에 근(根)하였다고 하나 자좌신금(自坐申金)에 병궁(病宮)에 앉아 힘이 없으므로 식신(食神) 제살격(制殺格)도 안된다. 그러므로 목생화(木生火) 화생토(火生土) 토생금(土生金)으로 종살격(從殺格)이다. 그러므로 금편관(金偏官)이 용신(用神)이며 토재(土財)는 희신(喜神)이 된다. 이 사주는 남자(男子)의 사주로서 공대(工大)에 졸업(卒業)하고 회사(會社)에 근무(勤務)하다가 임수대운(壬水大運)에 퇴사(退社)하여 36세 인목대운(寅木大運)에 용신운(用神運)이 들어왔다는 말을 듣고 사업(事業)을 하다가 손해(損害)를 많이 보았고 41세 계수대운(癸水大運)에 월상무토(月上戊土)와 무계합(戊癸合)으로 합거(合去)되어 재산(財産)을 탕진(蕩盡)하고 처와 이혼(離婚)하고 힘들게 살아가고 있는 사주다. 처궁(妻宮)이 부실한 것은 남자(男子) 사주에 재(財)가 태왕(太旺)이면 처궁이 부실하여 결혼이 늦다거나 또는 재혼하거나 혼자 사는 사람들이 많다.

❶ 세운기묘년(歲運己卯年): 관재, 손재, 신액
❷ 질병(疾病): 간(肝), 담(膽)
❸ 남녀성격: (남) 의지 굳다, 무뚝뚝하다, 웃음이 적다, 인정 있다, 근면하다, 신앙심, 신용 있다, 충실하다, 재복 있다, 처궁불미, 두뇌 명철, 예감이 빠름
　　　　　 (여) 의지 굳다, 무뚝뚝하다, 부궁불미, 정부, 재가, 자손근심

🌀 세운·질병·남녀성격의 해설 (歲運·疾病·男女性格의 解說)

❶ 세운기묘년(歲運己卯年)= ※관재, 손재, 신액은 ※세운기묘년(歲運己卯年)의 기토(己土)는 갑목일주(甲木日柱)의 정재(正財)로 원명사주(源命四柱)에 재살(財殺)이 태왕(太旺)인데 세운(歲運)에서 재(財)나 관살운(官殺運)이 들어오면 ※관재수를 조심해야 하며 또는 손재수를 조심해야 하며 또는 건강을 조심해야 한다.

❷ 질병(疾病)과 ❸ 남녀성격은 일주(日柱)에서 발생(發生)한다.

기묘년 (己卯年)

56년(음) 10월 1일 사(巳)시 남자

己	甲	戊	丙
巳	戌	戌	申

51	41	31	21	11	1
甲	癸	壬	辛	庚	己
辰	卯	寅	丑	子	亥

이 사주는 갑목일주(甲木日柱)가 계추술월(季秋戌月)에 출생하여 실시(失時)하고 술중무토(戌中戊土)가 월상(月上)에 투출(透出)하여 편재격(偏財格)이다. 그리고 일지술토(日支戌土)와 시상기토(時上己土)와 년지신금(年支申金)이 있어 재살(財殺)이 태왕(太旺)으로 종살격(從殺格) 같기도 하고 쇠극격(衰極格) 같기도 하다. 그러나 갑목일주(甲木日柱)는 시상기토(時上己土)와 갑기합(甲己合)으로 화신토(化神土)로 화(化)하여 화신토(化神土)가 술월(戌月)에 득령(得令)하고 화토(火土)가 많으므로 화신(化神)이 왕(旺)하다. 그러므로 토(土)가 용신(用神)이 된다. 이 사주는 남자(男子)의 사주로서 은행원(銀行員)으로 26세 축토대운(丑土大運)에 은행(銀行) 대리(代理)로 근무(勤務)하다가 그 이후로는 운(運)이 없어 승진(昇進)이 안되어 고생하던 중 41세 계수대운(癸水大運)에 은행을 퇴사(退社)하고 사업(事業)을 경영(經營)하였으나 대운계수(大運癸水)와 월상무토(月上戊土)와 무계합(戊癸合)으로 합거(合去)되어 재산(財産)을 탕진(蕩盡)하고 처(妻)와 이혼하고 혼자 힘들게 살다가 공인중개소를 개업하여 56세 진토대운(辰土大運)에 경매사업을 하여 돈을 많이 벌은 사주다. 처궁(妻宮)이 부실한 것은 남자(男子) 사주에 재(財)가 태왕(太旺)이면 처궁(妻宮)이 부실한데 년간지(年干支) 병신생(丙申生)의 공망(空亡)은 시지사화(時支巳火)로서 일시지(日時支)에 공망(空亡)이 있으면 처궁(妻宮)이 부실하여 재혼하거나 혼자 사는 사람들이 많다.

❶ 세운기묘년(歲運己卯年): 관재, 손재, 신액
❷ 질병(疾病): 간(肝), 담(膽)
❸ 남녀성격: (남) 의지 굳다, 무뚝뚝하다, 웃음이 적다, 인정 있다, 근면하다, 신앙심, 신용 있다, 충실하다, 재복 있다, 처궁불미, 두뇌 명철, 예감이 빠름
  (여) 의지 굳다, 무뚝뚝하다, 부궁불미, 정부, 재가, 자손근심

◑ 세운 • 질병 • 남녀성격의 해설(歲運 · 疾病 · 男女性格의 解說)

❶ 세운기묘년(歲運己卯年)= ※관재, 손재, 신액은 ※세운기묘년(歲運己卯年)의 기토(己土)는 갑목일주(甲木日柱)의 정재(正財)로 원명사주(源命四柱)에 재살(財殺)이 태왕(太旺)인데 세운(歲運)에서 재(財)나 관살운(官殺運)이 들어오면 ※관재수를 조심해야 하며 또는 손재수를 조심해야 하며 또는 건강을 조심해야 한다.

❷ 질병(疾病)은 일주(日柱)에서 발생(發生)한다.

❸ 남녀성격은 일주(日柱)에서 발생(發生)한다.

기묘년 (己卯年)

57년(음) 8월 26일 진(辰)시 여자

戊	甲	己	丁
辰	午	酉	酉

56	46	36	26	16	6
乙	甲	癸	壬	辛	庚
卯	寅	丑	子	亥	戌

이 사주는 갑목일주(甲木日柱)가 중추유월(中秋酉月)에 출생하여 실시(失時)하였으며 편관격(偏官格)이다. 그리고 시간지(時干支) 무진토(戊辰土)와 일지오화(日支午火)가 있어 재관(財官)이 태왕(太旺)이다. 갑목일주(甲木日柱)를 생(生)하여 주는 수인수(水印綬)나 목비견겁(木比肩劫)이 하나도 없으므로 종살격(從殺格) 같기도 하고 쇠극격(衰極格) 같기도 하다. 그러나 갑목일주(甲木日柱)는 월상(月上)에 기토(己土)가 있어 갑목일주(甲木日柱)는 월상기토(月上己土)와 갑기합(甲己合)으로 화(化)하여 화신토(化神土)가 되어 그 화신토(化神土)는 유월(酉月)에 설기(泄氣)가 심(甚)하다고 하나 시간지(時干支) 무진토(戊辰土)와 일지오화(日支午火)와 오중정화(午中丁火)가 년상(年上)에 투출(透出)하여 화신토(化神土)가 왕(旺)하다. 그러므로 토(土)가 용신(用神)이며 화(火)는 희신(喜神)이 된다. 이 사주는 여자(女子)의 사주로서 교사로 근무하다가 41세 축토대운(丑土大運)에 지도교사(指導教師)로 승진(昇進)하고 평범(平凡)하게 살아가고 있는 사주다. 만약 이런 사주가 사업(事業)을 하게 되면 운(運)이 없어 십중팔구(十中八九) 망(亡)하는 사주다.

❶ 세운기묘년(歲運己卯年): 관재, 손재, 신액
❷ 질병(疾病): 간(肝), 장(臟), 편도선(扁桃腺), 두통(頭痛)
❸ 남녀성격: (남) 의지 굳다, 무뚝뚝하다, 남에게 잘함, 지구력 부족, 처궁불미, 용두사미, 성
　　　　　　실하다, 인덕 없다
　　　　　　(여) 의지 굳다, 인정 있다, 부궁불미, 정부, 남자의 근심

세운 · 질병 · 남녀성격의 해설 (歲運 · 疾病 · 男女性格의 解說)

❶ 세운기묘년(歲運己卯年)= ※관재, 손재, 신액은 ※세운기묘년(歲運己卯年)의 기토(己土)는 갑목일주(甲木日柱)의 정재(正財)로 원명사주(源命四柱)에 재살(財殺)이 태왕(太旺)인데 세운(歲運)에서 재(財)나 관살운(官殺運)이 들어오면 ※관재수를 조심해야 하며 또는 손재수를 조심해야 하며 또는 건강을 조심해야 한다.

❷ 질병(疾病)은 간, 장은 일주(日柱)에서 발생(發生)하며 ※편도선, 두통은 ※원명사주(源命四柱)에 갑목일주(甲木日柱)가 신유월(申酉月)에 출생하면 ※편도선과 두통이 심하다.

❸ 남녀성격은 일주(日柱)에서 발생(發生)한다.

기묘년 (己卯年)

54년(음) 4월 7일 축(丑)시 남자

이 사주는 을목일주(乙木日柱)가 초여름 사월(巳月)에 출생하여 실시(失時)하고 년지오화(年支午火)와 사오(巳午)로 화국(火局)을 이루었고 오중정화(午中丁火)가 시상(時上)에 투출(透出)하여 일시지(日時支) 양축토(兩丑土)를 생(生)하니 일주(日柱)가 심약(甚弱)하다. 그러니 을목일주(乙木日柱)는 무근(無根)이며 자좌(自坐) 축중신금(丑中辛金)에 살지(殺地)에 앉았고 년상갑목(年上甲木) 비겁(比劫)은 근(根)이 없으며 자좌오화(自坐午火)에 설기(泄氣)가 심(甚)하고 월상기토(月上己土)와 갑기(甲己)로 합(合)하여 일주(日柱)를 도울 힘이 없다. 그러므로 이 사주는 목생화(木生火) 화생토(火生土)로 상관(傷官) 용재격(用財格)을 이루어 토재(土財)가 용신(用神)이며 화(火) 상관식신(傷官食神)은 희신(喜神)이 된다. 이 사주는 남자(男子)의 사주로서 건축업(建築業)을 하였으나 초년(初年)에는 운(運)이 없어 고생을 많이 하였으나 54세 술토대운(戌土大運)에 사업이 번창하여 수억금을 벌었으며 59세 을목대운(乙木大運)에는 종(從)하는 사주에 비견겁운(比肩劫運)이 들어와 사업실패하고 힘들게 살고 있는 사주다.

❶ 세운기묘년(歲運己卯年): 관재, 손재, 신액

❷ 질병(疾病): 간(肝), 담(膽), 풍(風), 기관지(氣管支), 편도선(扁桃腺), 두통(頭痛)

❸ 남녀성격: (남) 성질 급, 근면 성실, 의지 굳다, 무뚝뚝하다, 봉사정신, 형제불의, 밥을 빨리 먹는다, 재복 있다, 새벽잠이 없다, 신앙심

　　　　　(여) 의지 굳다, 무뚝뚝하다, 인자함, 부궁불미, 정부, 재가, 독수공방, 자손근심, 남자 조종 잘한다

세운 · 질병 · 남녀성격의 해설(歲運 · 疾病 · 男女性格의 解說)

❶ 세운기묘년(歲運己卯年)= ※관재, 손재, 신액은 ※세운기묘년(歲運己卯年)의 기토(己土)는 을목일주(乙木日柱)의 편재(偏財)로 원명사주(源命四柱)에 재살(財殺)이 태왕(太旺)인데 세운(歲運)에서 재(財)나 관살운(官殺運)이 들어오면 ※관재수를 조심해야 하며 또는 손재수를 조심해야 하며 또는 건강을 조심해야 한다.

❷ 질병(疾病)은 간, 담, 풍은 일주(日柱)에서 발생(發生)하며 ※기관지, 편도선, 두통은 ※원명사주(源命四柱)에 을목일주(乙木日柱)가 사오월(巳午月)에 출생하고 화국(火局)을 이루면 ※기관지와 편도선과 두통을 조심해야 한다.

❸ 남녀성격은 일주(日柱)에서 발생(發生)한다.

기묘년 (己卯年)

54년(음) 6월 19일 진(辰)시 남자

庚	乙	辛	甲
辰	亥	未	午

57	47	37	27	17	7
丁	丙	乙	甲	癸	壬
丑	子	亥	戌	酉	申

이 사주는 을목일주(乙木日柱)가 하계미월(夏季未月)에 출생하여 실시(失時)하고 년지오화(年支午火)와 오미(午未)로 화국(火局)을 이루어 설기(泄氣)가 심(甚)하다. 그리고 월시상(月時上) 경신금(庚辛金)은 시지진토(時支辰土)에 근(根)하여 일주을목(日柱乙木)을 극(剋)하니 일주(日柱)가 심약(甚弱)하다. 다행히 을목일주(乙木日柱)는 일지해수(日支亥水)에 근(根)하고 해중갑목(亥中甲木)이 년상(年上)에 투출(透出)하였으나 신약사주(身弱四柱)이며 오미화국(午未火局)을 이루어 상관(傷官)이 태왕(太旺)하므로 많은 상관식신(傷官食神)을 제(制)하고 일주(日柱)를 생(生)하여 주는 수인수(水印綬)가 용신(用神)이며 목비견겁(木比肩劫)은 희신(喜神)이 된다. 이 사주는 남자의 사주로서 법무사(法務士)에서 일을 하다가 공인중개사(公認仲介士)로 직업(職業)을 바꾸어 37세 을목대운(乙木大運)에 사업(事業)을 하였으나 재산(財産)을 탕진(蕩盡)하고 42세 해수대운(亥水大運)에 경매사업(競買事業)을 하여 원상복구(原狀復舊)하고 47세 병화대운(丙火大運)에는 월상신금(月上辛金)과 병신합(丙辛合)으로 합거(合去)되어 재산(財産)을 탕진하였고 52세 자수대운(子水大運)에 다시 재기(再起)하여 재산을 복구(復舊)하여 잘살아가고 있는 사주다.

❶ 세운기묘년(歲運己卯年): 변화, 이사, 전근, 관재, 손재, 신액
❷ 질병(疾病): 풍(風), 냉(冷)
❸ 남녀성격: (남) 의지 굳다, 무뚝뚝하다, 강직하다, 영리하다, 인정 있다, 외유내강, 항상 바쁨, 예감이 빠름, 신앙심, 지혜롭다
 　　　　　　(여) 의지 굳다, 무뚝뚝하다, 인자함, 영리하다, 장수한다, 부궁불미

세운·질병·남녀성격의 해설 (歲運·疾病·男女性格의 解說)

❶ 세운기묘년(歲運己卯年)= ※변화, 이사, 전근, 관재, 손재, 신액은 ※세운기묘년(歲運己卯年)의 묘목(卯木)은 일지해수(日支亥水)와 해묘(亥卯)로 삼합(三合)이 되므로 세운(歲運)에서 일지(日支) 삼합운(三合運)이 들어오면 ※변화가 생긴다든가 또는 이사를 한다든가 또는 직장을 옮기는 일이 많다. 그리고 ※관재, 손재, 신액은 ※세운기묘년(歲運己卯年)의 기토(己土)는 을목일주의 편재(偏財)로 원명사주(源命四柱)에 재살(財殺)이 태왕(太旺)인데 세운에서 재(財)나 관살운(官殺運)이 들어오면 ※관재수를 조심해야 하며 또는 손재수를 조심해야 하며 또는 건강을 조심해야 한다.

❷ 질병(疾病)은 일주(日柱)에서 발생(發生)한다.

❸ 남녀성격은 일주(日柱)에서 발생(發生)한다.

기묘년 (己卯年)

59년(음) 7월 28일 진(辰)시 여자

이 사주는 을목일주(乙木日柱)가 초가을 신월(申月)에 출생하여 실시(失時)하고 신궁임수(申宮壬水)와 경금(庚金)이 투출(透出)되어 어느 오행(五行)으로 격(格)을 잡느냐의 기로(岐路)에 서게 된다. 그러므로 28일은 신궁경금(申宮庚金)이 사령(司令)하므로 시상경금(時上庚金)으로 격(格)을 잡는다. 그러므로 정관격(正官格)이다. 재관(財官)이 왕(旺)하므로 일주(日柱)가 신약사주(身弱四柱)로서 월상임수(月上壬水) 인수(印綬)가 용신(用神)이며 목비견겁(木比肩劫)은 희신(喜神)이 된다. 그리고 이 사주는 시지(時支) 진중무토(辰中戊土)는 정재(正財)이며 시상경금(時上庚金)은 정관(正官)이며 월상임수(月上壬水)는 정인(正印)으로서 경금정관(庚金正官)은 월지신금(月支申金)에 록근(祿根)하고 월상임수(月上壬水)는 자좌신금(自坐申金)에 장생궁(長生宮)이며 년지해수(年支亥水)에 록근(祿根)하니 재관인(財官印) 삼귀(三貴)를 놓아 귀격(貴格)의 사주다. 이 사주는 여자(女子)의 사주로서 28세 해수대운(亥水大運)에 행정고시(行政考試) 합격(合格)하고 공직생활(公職生活)을 하던 중 38세 자수대운(子水大運)에 한층 더 승진(昇進)하였고 남편(男便)도 잘 만나 행복(幸福)하게 살아가고 있는 사주다.

❶ 세운기묘년(歲運己卯年): 관재, 손재, 신액. 관재, 수술, 자연재앙
❷ 질병(疾病): 간(肝), 담(膽), 간경화(肝硬化)
❸ 남녀성격: (남) 무뚝뚝하다, 의지 굳다, 사리 분명, 거취 분명, 만인 신망, 처 덕 있다, 처궁불미, 남에게 잘함, 임기응변, 인정 있다
　　　　　　(여) 의지 굳다, 무뚝뚝하다, 인자함, 근면 성실, 남편 말을 잘 듣는다

세운·질병·남녀성격의 해설 (歲運·疾病·男女性格의 解說)

❶ 세운기묘년(歲運己卯年)= ※관재, 손재, 신액, 관재, 수술, 자연재앙은 ※세운기묘년(歲運己卯年)의 기토(己土)는 을목일주(乙木日柱)의 편재(偏財)로 원명사주(源命四柱)에 재살(財殺)이 태왕(太旺)인데 세운(歲運)에서 재(財)나 관살운(官殺運)이 들어오면 ※관재수를 조심해야 하며 또는 손재수를 조심해야 하며 또는 건강을 조심해야 한다. 그리고 ※관재, 수술, 자연재앙은 ※세운기묘년(歲運己卯年)의 묘목(卯木)은 일지유금(日支酉金)과 묘유(卯酉)로 충(沖)이 되므로 세운(歲運)에서 일지충운(日支沖運)이 들어오면 ※관재수나 수술이나 자연재앙을 조심해야 한다.

❷ 질병(疾病)은 일주(日柱)에서 발생(發生)한다.

❸ 남녀성격은 일주(日柱)에서 발생(發生)한다.

기묘년 (己卯年)

67년(음) 6월 23일 자(子)시 여자

丙	乙	丁	丁
子	未	未	未

53	43	33	23	13	3
癸	壬	辛	庚	己	戊
丑	子	亥	戌	酉	申

이 사주는 을목일주(乙木日柱)가 하계미월(夏季未月)에 출생하여 실시(失時)하고 미중정화(未中丁火)가 월상(月上)에 투출(透出)하여 식신격(食神格)이다. 그러므로 일주(日柱)가 신약(身弱)이다. 미월(未月)은 토(土)라 하나 미중(未中)에는 정화(丁火)가 있어 화기(火氣)가 염열(炎熱)하여 을목일주(乙木日柱)는 고목(枯木)이 되어가고 있다. 다행히 을목일주는 미중을목(未中乙木)에 근(根)하고 시지자수(時支子水) 인수(印綬)가 있어 자수인수(子水印綬)로 많은 상관식신(傷官食神)을 제(制)하고 일주(日柱)를 생(生)하여 주는 수인수(水印綬)가 용신(用神)이며 목비견겁(木比肩劫)은 희신(喜神)이 된다. 이 사주는 여자(女子)의 사주로서 식신격(食神格)을 놓은 사람은 의식주(衣食住)가 좋으며 예절(禮節)이 바르고 지적(知的)인 행동을 하며 예술(藝術)에도 능통하며 교육(敎育)이나 언론기관(言論機關)에도 많이 직업을 갖는데 이 사주도 방송국 예능(藝能) 프로에 근무하고 있으며 38세 해수대운(亥水大運)에 승진(昇進)하여 앞으로도 행복(幸福)하게 잘살 것이라고 생각한다.

❶ 세운기묘년(歲運己卯年): 변화, 이사, 전근, 관재, 손재, 신액
❷ 질병(疾病): 간(肝), 담(膽), 위장(胃臟)
❸ 남녀성격: (남) 의지 굳다, 무뚝뚝하다, 인정 있다, 총명하다, 근면 성실, 학문, 예술, 자수성가, 처궁불미, 성격이 까다롭다, 옷에 신경, 편식한다, 신앙심
　　　　　　(여) 의지 굳다, 무뚝뚝하다, 인자함, 부궁불미, 정부, 시모불합, 자식에게 애정 많음

🌀 세운·질병·남녀성격의 해설 (歲運·疾病·男女性格의 解說)

❶ 세운기묘년(歲運己卯年)= ※변화, 이사, 전근, 관재, 손재, 신액은 ※세운기묘년(歲運己卯年)의 묘목(卯木)은 일지미토(日支未土)와 묘미(卯未)로 삼합(三合)이 되므로 세운(歲運)에서 일지(日支) 삼합운(三合運)이 들어오면 ※변화가 생긴다든가 또는 이사를 한다든가 또는 직장을 옮기는 일이 많다. 그리고 ※관재, 손재, 신액은 ※세운기묘년(歲運己卯年)의 기토(己土)는 을목일주(乙木日柱)의 편재(偏財)로 원명사주(源命四柱)에 재살(財殺)이 태왕(太旺)인데 세운(歲運)에서 재(財)나 관살운(官殺運)이 들어오면 ※관재수나 손재수나 건강을 조심해야 한다.

❷ 질병(疾病)은 일주(日柱)에서 발생(發生)한다.

❸ 남녀성격은 일주(日柱)에서 발생(發生)한다.

기묘년 (己卯年)

68년(음) 5월 9일 축(丑)시 여자

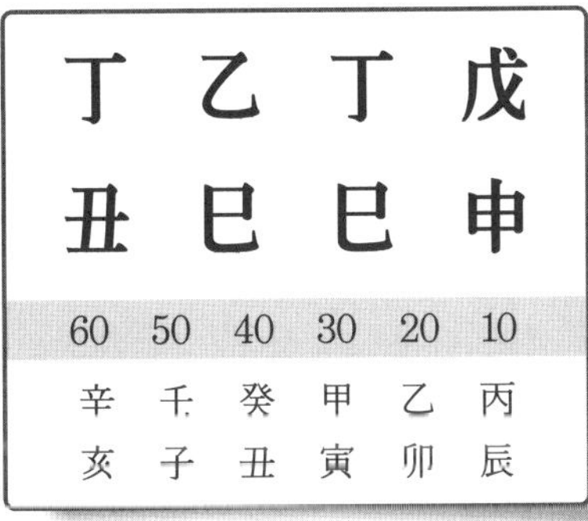

이 사주는 을목일주(乙木日柱)가 초여름 사월(巳月)에 출생하여 실시(失時)하고 일지사화(日支巳火)와 화국(火局)을 이루고 월시상(月時上) 양정화(兩丁火)가 투출(透出)되어 화(火)가 왕(旺)하다. 그리고 년상무토(年上戊土)와 년지신금(年地申金)이 있어 목생화(木生火) 화생토(火生土) 토생금(土生金)으로 종살격(從殺格) 같이 보이나 을목일주(乙木日柱)를 도와주는 인수(印綬)나 비견겁(比肩劫)이 하나도 없으므로 쇠극격(衰極格)에 해당한다. 쇠(衰)한 자는 상관식신(傷官食神)으로 설기(泄氣)하여 더욱더 쇠(衰)하게 하는 동시 일주(日柱)를 극(剋)하는 관살(官殺)을 제(制)하여야 하기 때문에 화(火) 상관식신(傷官食神)이 용신(用神)이며 토재(土財)는 희신(喜神)이 된다. 이 사주는 여자(女子)의 사주로서 40세 계수대운(癸水大運)에 사업(事業)을 하여 재산(財産)을 탕진(蕩盡)하고 남편과 이혼하고 혼자 힘들게 살고 있는 사주다. 부궁(夫宮)이 부실한 것은 여자(女子) 사주에 상관식신(傷官食神)이 태왕(太旺)이면 부궁(夫宮)이 부실하여 재혼하거나 혼자 사는 사람들이 많다.

❶ 세운기묘년(歲運己卯年): 관재, 손재, 신액
❷ 질병(疾病): 간(肝), 담(膽), 기관지(氣管支), 천식(喘息), 편도선(扁桃腺), 두통(頭痛), 뇌출혈(腦出血)
❸ 남녀성격: (남) 의지 굳다, 무뚝뚝하다, 웃음이 적다, 인정 있다, 예의 있다, 명랑하다, 영리하다, 처궁불미, 고독하다, 돈이 잘 빠져나간다
　　　　　(여) 의지 굳다, 무뚝뚝하다, 인자하다, 부궁불미, 정부, 재가, 애교 많음

🔵 세운·질병·남녀성격의 해설 (歲運·疾病·男女性格의 解說)

❶ 세운기묘년(歲運己卯年)= ※관재, 손재, 신액은 ※세운기묘년(歲運己卯年)의 기토(己土)는 을목일주(乙木日柱)의 편재(偏財)로 원명사주(源命四柱)에 재살(財殺)이 태왕(太旺)인데 세운(歲運)에서 재(財)나 관살운(官殺運)이 들어오면 ※관재수를 조심해야 하며 또는 손재수를 조심해야 하며 또는 건강을 조심해야 한다.

❷ 질병(疾病)은 간, 담은 일주(日柱)에서 발생(發生)하며 ※기관지, 천식, 편도선, 두통, 뇌출혈은 ※원명사주(源命四柱)에 을목일주(乙木日柱)가 화국(火局)을 이루면 ※기관지와 천식과 편도선과 두통과 뇌출혈을 조심해야 한다.

❸ 남녀성격은 일주(日柱)에서 발생(發生)한다.

기묘년 (己卯年)

辛	乙	戊	丙
巳	卯	戌	午

55	45	35	25	15	5
甲	癸	壬	辛	庚	己
辰	卯	寅	丑	子	亥

이 사주는 을목일주(乙木日柱)가 계추술월(季秋戌月)에 출생하여 실시(失時)하고 술중무토(戌中戊土)와 신금(辛金)이 월시상(月時上)에 투출(透出)되어 있다. 그러므로 어느 오행(五行)으로 격(格)을 잡느냐의 기로(岐路)에 서게 된다. 이 사주는 날짜상으로 보아 월상무토(月上戊土)로 격(格)을 잡는다. 그러므로 정재격(正財格)이다. 그리고 이 사주는 재살(財殺)이 왕(旺)하고 상관식신(傷官食神)에 설기(泄氣)가 심(甚)하여 종살격(從殺格)같이 보이나 을목일주(乙木日柱)는 자좌묘목(自坐卯木)에 록근(祿根)하므로 종(從)하지 않는다. 그러므로 목비견겁(木比肩劫)으로 많은 재(財)를 제(制)하고 일주(日柱)를 생(生)하여줘야 하므로 목비견겁(木比肩劫)이 용신(用神)이며 수인수(水印綬)는 희신(喜神)이 된다. 이 사주는 남자(男子)의 사주로서 의사(醫師)로 종합병원(綜合病院)에 근무(勤務)하다가 35세 임인대운(壬寅大運)에 의원(醫院)을 개원하여 수억금을 벌었으며 앞으로도 묘목대운(卯木大運)과 갑목대운(甲木大運)까지는 수억금을 벌 것이라고 생각된다.

❶ 세운기묘년(歲運己卯年): 변화, 이사, 전근, 관재, 손재, 신액
❷ 질병(疾病): 중풍(中風), 위산과다(胃酸過多), 기관지(氣管支), 편도선(扁桃腺), 두통(頭痛)
❸ 남녀성격: (남) 의지 굳다, 강직하다, 미남이다, 농담 잘함, 주관이 강함, 인정 있다, 인색하다, 처궁불미, 영리하다, 지구력 부족, 분주 다사, 마음 약
　　　　　 (여) 의지 굳다, 무뚝뚝하다, 고집 대단, 친정형제 걱정, 부궁불미, 정부, 마음 약, 근심이 많다

◎ 세운·질병·남녀성격의 해설 (歲運·疾病·男女性格의 解說)

❶ 세운기묘년(歲運己卯年)= ※변화, 이사, 전근, 관재, 손재, 신액은 ※세운기묘년(歲運己卯年)의 묘목(卯木)은 일지묘목(日支卯木)과 묘묘(卯卯)로 삼합(三合)이 되므로 세운(歲運)에서 일지(日支) 삼합운(三合運)이 들어오면 ※변화가 생긴다든가 또는 이사를 한다든가 또는 직장을 옮기는 일이 많다. 그리고 ※관재, 손재, 신액은 ※세운기묘년(歲運己卯年)의 기토(己土)는 을목일주(乙木日柱)의 편재(偏財)로 원명사주(源命四柱)에 재살(財殺)이 태왕(太旺)인데 세운(歲運)에서 재(財)나 관살운(官殺運)이 들어오면 ※관재수나 손재수나 건강을 조심해야 한다.

❷ 질병(疾病)은 일주(日柱)에서 발생(發生)한다.

❸ 남녀성격은 일주(日柱)에서 발생(發生)한다.

기묘년 (己卯年)

51년(음) 2월 9일 축(丑)시 남자

丁	乙	辛	辛
丑	卯	卯	卯

53	43	33	23	13	3
乙	丙	丁	戊	己	庚
酉	戌	亥	子	丑	寅

이 사주는 을목일주(乙木日柱)가 중춘묘월(中春卯月)에 출생하여 록근(祿根)하고 년일지(年日支) 양묘목(兩卯木)으로 비견(比肩)이 태왕(太旺)하므로 일주(日柱)는 신왕사주(身旺四柱)이다. 신왕사주(身旺四柱)에는 관살(官殺)로 일주(日柱)를 제(制)하거니 상관식신(傷官食神)으로 설기(泄氣)함이 좋은데 년월(年月) 양신금(兩辛金)은 자좌묘목(自坐自坐)에 절궁(絶宮)이라 하나 그 양신금(兩辛金)은 시지(時支) 축중신금(丑中辛金)에 근(根)하여 용신(用神)으로 쓸 수가 있다. 그러므로 신금편관(辛金偏官)이 용신(用神)이며 토재(土財)는 희신(喜神)이 된다. 이 사주는 남자(男子)의 사주로서 수산물(水産物) 사업(事業)을 하였으나 43세 병화대운(丙火大運)에 월상신금(月上辛金)과 병신합(丙辛合)으로 합거(合去)되어 재산(財産)을 탕진(蕩盡)하였으나 48세 술토대운(戌土大運)에 재기(再起)하여 재산을 복구(復舊)하였고 53세 을목대운(乙木大運)에 신왕사주(身旺四柱)에 비견겁(比肩劫)이 태왕(太旺)하고 시지(時支) 축토재(丑土財)는 쇠약(衰弱)한데 비견겁(比肩劫)이 축토재(丑土財)를 극(剋)하여 처(妻)와 사별(死別)하고 58세 유금대운(酉金大運)에 다시 사업(事業)을 하여 수억금을 벌어 잘살고 있는 사주다.

❶ 세운기묘년(歲運己卯年): 변화, 이사, 전근, 손재, 처액
❷ 질병(疾病): 중풍(中風), 위산과다(胃酸過多)
❸ 남녀성격: (남) 의지 굳다, 강직하다, 미남이다, 농담 잘함, 주관이 강함, 인정 있다, 인색하다, 처궁불미, 영리하다, 지구력 부족, 분주 다사, 마음 약
　　　　　　(여) 의지 굳다, 무뚝뚝하다, 고집 대단, 친정형제 걱정, 부궁불미, 정부, 마음 약, 근심이 많다

🌀 세운·질병·남녀성격의 해설 (歲運·疾病·男女性格의 解說)

❶ 세운기묘년(歲運己卯年)= ※변화, 이사, 전근, 손재, 처액은 ※세운기묘년(歲運己卯年)의 묘목(卯木)은 일지묘목(日支卯木)과 묘묘(卯卯)로 삼합(三合)이 되므로 세운(歲運)에서 일지(日支) 삼합운(三合運)이 들어오면 ※변화가 생긴다든가 또는 이사를 한다든가 또는 직장을 옮기는 일이 많다. 그리고 ※손재, 처액은 ※세운기묘년의 기토(己土)는 을목일주의 편재(偏財)로 원명사주에 비견겁(比肩劫)이 태왕(太旺)하고 재(財)가 쇠약(衰弱)한데 세운(歲運)에서 재운(財運)이 들어오면 ※손재수를 조심해야 하며 또는 가정에 불화가 많이 생긴다든가 또는 처가 가출한다든가 또는 처의 건강을 조심해야 한다.

❷ 질병(疾病)과 ❸ 남녀성격은 일주(日柱)에서 발생(發生)한다.

기묘년 (己卯年)

49년(윤) 7월 10일 인(寅)시 여자

이 사주는 을목일주(乙木日柱)가 초가을 신월(申月)에 출생하여 실시(失時)하고 신궁임수(申宮壬水)가 월상(月上)에 투출(透出)하여 인수격(印綬格)이다. 그리고 년간지(年干支) 기축토재(己丑土財)와 일지(日支) 미토재(未土財)와 시상(時上) 무토재(戊土財)와 월지신금(月支申金) 정관(正官)이 있어 재관(財官)이 태왕(太旺)하므로 일주(日柱)는 신약사주(身弱四柱)다. 그러므로 수인수(水印綬)가 용신(用神)이며 목비견겁(木比肩劫)은 희신(喜神)이 된다. 이 사주는 여자(女子)의 사주로서 보험회사(保險會社)에 근무하여 38세 자수대운(子水大運)에 모든 일이 잘 풀렸으며 돈도 많이 벌었으나 42세 정화대운(丁火大運)에는 월상임수(月上壬水)와 정임합(丁壬合)으로 합거(合去)되어 재산(財産)을 탕진(蕩盡)하고 남편(男便)과 이혼(離婚)하고 혼자서 힘들게 살아가고 있는 사주다. 부궁(夫宮)이 부실한 것은 년지축토(年支丑土)는 금(金)의 고장(庫藏)으로서 여자 사주에 관성입묘(官星入墓)가 있으면 부궁(夫宮)이 부실한데 년간지(年干支) 기축생(己丑生)의 공망(空亡)은 일지미토(日支未土)로서 부궁(夫宮)이 더욱더 부실하여 재혼하거나 혼자 사는 사람들이 많다.

❶ 세운기묘년(歲運己卯年): 변화, 이사, 전근, 관재, 손재, 신액
❷ 질병(疾病): 간(肝), 담(膽), 위장(胃臟)
❸ 남녀성격: (남) 의지 굳다, 무뚝뚝하다, 인정 있다, 총명하다, 근면 성실, 학문, 예술, 자수성가, 처궁불미, 성격이 까다롭다, 옷에 신경, 편식한다, 신앙심
　　　　　(여) 의지 굳다, 무뚝뚝하다, 인자함, 부궁불미, 정부, 시모불합, 자식에게 애정 많음

🔵 세운 · 질병 · 남녀성격의 해설 (歲運 · 疾病 · 男女性格의 解說)

❶ 세운기묘년(歲運己卯年)= ※변화, 이사, 전근, 관재, 손재, 신액은 ※세운기묘년(歲運己卯年)의 묘목(卯木)은 일지미토(日支未土)와 묘미(卯未)로 삼합(三合)이 되므로 세운(歲運)에서 일지(日支) 삼합운(三合運)이 들어오면 ※변화가 생긴다든가 또는 이사를 한다든가 또는 직장을 옮기는 일이 많다. 그리고 ※관재, 손재, 신액은 ※세운기묘년(歲運己卯年)의 기토(己土)는 을목일주(乙木日柱)의 편재(偏財)로 원명사주(源命四柱)에 재살(財殺)이 태왕(太旺)인데 세운(歲運)에서 재(財)나 관살운(官殺運)이 들어오면 ※관재수나 손재수나 건강을 조심해야 한다.

❷ 질병(疾病)과 ❸ 남녀성격은 일주(日柱)에서 발생(發生)한다.

기묘년 (己卯年)

戊	丙	庚	丙
子	子	子	申

51	41	31	21	11	1
丙	乙	甲	癸	壬	辛
午	巳	辰	卯	寅	丑

이 사주는 병화일주(丙火日柱)가 중동자월(中冬子月)에 출생하여 실시(失時)하고 일시지(日時支) 양자수(兩子水)와 년지신금(年支申金)과 월지자수(月支子水)와 자신(子申)으로 지지(地支)는 전수국(全水局)을 이루고 있다. 그러나 병화일주(丙火日柱)는 근(根)이 없으며 자좌살지(自坐殺地)에 앉았고 년상병화(年上丙火) 비견(比肩)이 있다 하나 그 병화(丙火)도 근(根)이 없으며 자좌사지(自坐死地)에 앉아 병화일주(丙火日柱)를 도울 힘이 없다. 그러므로 화생토(火生土) 토생금(土生金) 금생수(金生水)로 종살격(從殺格)으로 사주의 기(氣)는 월지(月支) 자중계수(子中癸水)에 집중되어 자중계수(子中癸水) 정관(正官)이 용신(用神)이며 금재(金財)는 희신(喜神)이 된다. 이 사주는 남자(男子)의 사주로서 회사에 근무하였으나 운(運)이 없어 고생을 많이 하다가 41세 을목대운(乙木大運)에 퇴사하여 사업을 경영하였으나 월상경금(月上庚金)과 을경합(乙庚合)으로 합거(合去)되어 손해를 많이 보다가 46세 사화대운(巳火大運)에 재산을 탕진하고 처와 이혼하고 혼자 살고 있는 사주다. 처궁(妻宮)이 부실한 것은 남자(男子) 사주에 관살(官殺)이 태왕(太旺)이면 처궁(妻宮)이 부실하여 결혼이 늦다거나 재혼(再婚)하는 사람들이 많다.

❶ 세운기묘년(歲運己卯年): 관재, 신축, 문서
❷ 질병(疾病): 심장(心臟), 냉증(冷症)
❸ 남녀성격: (남) 예의 있다, 명랑하다, 근심이 많다, 내음외양, 권모술수, 냉정하다, 눈치가 빠름, 고집 대단, 부모형제 덕이 없다, 성질 급, 처궁불미, 자손근심, 말을 잘한다
　　　　　 (여) 말을 잘한다, 명랑하다, 금방 좋았다가 금방 싫어짐, 부궁불미, 정부, 재가, 어려운 생활

🌑 세운 · 질병 · 남녀성격의 해설 (歲運 · 疾病 · 男女性格의 解說)

❶ 세운기묘년(歲運己卯年)= ※관재, 신축, 문서는 ※세운기묘년(歲運己卯年)의 기토(己土)는 병화일주(丙火日柱)의 상관(傷官)으로 세운(歲運)에서 천간(天干) 상관운(傷官運)이 들어오면 ※관재수를 조심해야 한다. 그리고 ※신축, 문서는 ※세운기묘년(歲運己卯年)의 묘목(卯木)은 병화일주(丙火日柱)의 인수(印綬)로 세운(歲運)에서 인수운(印綬運)이 들어오면 ※집을 짓는다든가 또는 증축을 한다든가 또는 사업체를 벌리는 일이 많다.

❷ 질병(疾病)과 ❸ 남녀성격은 일주(日柱)에서 발생(發生)한다.

기묘년 (己卯年)

56년(음) 11월 24일 사(巳)시 남자

<table>
<tr><td>癸</td><td>丙</td><td>庚</td><td>丙</td></tr>
<tr><td>巳</td><td>寅</td><td>子</td><td>申</td></tr>
</table>

54	44	34	24	14	4
丙	乙	甲	癸	壬	辛
午	巳	辰	卯	寅	丑

이 사주는 병화일주(丙火日柱)가 중동자월(中冬子月)에 출생하여 실시(失時)하고 자중계수(子中癸水)가 시상(時上)에 투출(透出)하여 정관격(正官格)으로 일주(日柱)가 신약사주(身弱四柱)다. 그러나 병화일주(丙火日柱)는 자좌인목(自坐寅木)에 장생궁(長生宮)이며 시지사화(時支巳火)에 록근(祿根)하고 시지(時支) 시중병화(巳中丙火)기 년상(年上)에 투출(透出)하여 일주(日柱)가 신왕사주(身旺四柱)같이 보인다. 그러나 월지자수(月支子水)는 한 개지만 두 개 이상의 힘을 가지고 있으며 월상(月上) 경금재(庚金財)는 년지신금(年支申金)에 록근(祿根)하니 재관(財官)이 왕(旺)하여 일주(日柱)가 약(弱)하므로 목인수(木印綬)가 용신(用神)이며 화비견겁(火比肩劫)은 희신(喜神)이 된다. 이 사주는 남자(男子)의 사주로서 정관격(正官格)을 놓은 사람은 용모(容貌)가 단정(端正)하고 가정교육(家庭敎育)을 잘 받았고 성정(性情)이 순박(淳朴)하고 인덕(人德)이 있고 문장(文章)이 투출(透出)하여 공직생활(公職生活)로 직업을 많이 갖는다. 이 사주도 묘목대운(卯木大運)에 행정고시에 합격하여 승진이 빨랐으며 49세 사화대운(巳火大運)부터 병오대운(丙午大運)까지 운(運)이 승승장구(乘勝長驅)하여 장관(長官)이나 차관직(次官職)으로 승진(昇進)할 수 있는 좋은 운(運)이다.

❶ 세운기묘년(歲運己卯年): 관재, 신축, 문서
❷ 질병(疾病): 심장(心臟), 기관지(氣管支)
❸ 남녀성격: (남) 말을 잘한다, 예의 있다, 명랑하다, 남을 생각하지 않고 직선적으로 말함, 용기 있다, 의젓하다, 멋쟁이, 영리하다, 일독십지, 명예 우선, 성질 급, 박력 있다, 타의 군림, 남을 멸시한다
　　　　　(여) 말을 잘한다, 총명하다, 금방 좋았다가 금방 싫어짐, 박력 있다, 부궁불미

☯ 세운 · 질병 · 남녀성격의 해설 (歲運 · 疾病 · 男女性格의 解說)

❶ 세운기묘년(歲運己卯年)= ※관재, 신축, 문서는 ※세운기묘년(歲運己卯年)의 기토(己土)는 병화일주(丙火日柱)의 상관(傷官)으로 세운(歲運)에서 천간(天干) 상관운(傷官運)이 들어오면 **※관재수를 조심해야 한다.** 그리고 **※신축, 문서는** ※세운기묘년(歲運己卯年)의 묘목(卯木)은 병화일주(丙火日柱)의 인수(印綬)로 세운(歲運)에서 인수운(印綬運)이 들어오면 **※집을 짓는다든가 또는 증축을 한다든가 또는 사업체를 벌리는 일이 많다.**

❷ 질병(疾病)은 일주(日柱)에서 발생(發生)한다.

❸ 남녀성격은 일주(日柱)에서 발생(發生)한다.

기묘년 (己卯年)

57년(음) 1월 14일 진(辰)시 여자

壬	丙	壬	丁
辰	辰	寅	酉

57	47	37	27	17	7
戊	丁	丙	乙	甲	癸
申	未	午	巳	辰	卯

이 사주는 병화일주(丙火日柱)가 초봄 인월(寅月)에 출생하여 득령(得令)하고 년상(年上)에 정화(丁火)가 투출(透出)하여 신왕사주(身旺四柱)같이 보인다. 그러나 월시상(月時上) 양임수(兩壬水)가 투출(透出)하여 진중계수(辰中癸水)에 근(根)하여 일주(日柱)를 극(剋)하고 일시지(日時支) 양진토(兩辰土)에 설기(泄氣)가 심(甚)하므로 이 사수는 강화위약(强化爲弱)으로 목인수(木印綬)가 용신(用神)이며 화비견겁(火比肩劫)이 희신(喜神)이 된다. 이 사주는 여자(女子)의 사주로서 공부(工夫)는 많이 못하였으나 초년(初年)부터 사업(事業)을 하여 고생(苦生)을 하였으나 27세 을목대운(乙木大運)부터 운(運)이 잘 들어와 돈을 많이 벌었고 또 결혼(結婚)도 하였으며 그 이후로도 37세 병오대운(丙午大運)까지는 사업(事業)이 승승장구(乘勝長驅)하여 수억금을 벌었으나 47세 정화대운(丁火大運)에는 월상임수(月上壬水)와 정임합(丁壬合)으로 합거(合去)되어 재산(財産)을 탕진(蕩盡)하고 남편과 이혼(離婚)하고 혼자 살고 있는 사주다. 부궁(夫宮)이 부실한 것은 년간지(年干支) 정유생(丁酉生)의 공망(空亡)은 일시지(日時支) 양진토(兩辰土)로서 여자(女子) 사주에 일시지(日時支)에 공망(空亡)이 있으면 부궁(夫宮)이 부실하여 재혼(再婚)하거나 혼자 사는 사람들이 많다.

❶ 세운기묘년(歲運己卯年): 관재, 신축, 문서
❷ 질병(疾病): 혈압(血壓), 심장(心臟), 신경통(神經痛)
❸ 남녀성격: (남) 말을 잘한다, 재간 있다, 남에게 잘함, 배짱 좋다, 손재가 많다, 신앙심, 추리력이 좋다, 재복 있다
　　　　　(여) 말을 잘한다, 명랑하다, 금방 좋았다가 금방 싫어짐, 고집 대단, 박력 있다, 부궁불미, 정부, 몸과 마음이 피곤함, 신앙심

세운 · 질병 · 남녀성격의 해설 (歲運 · 疾病 · 男女性格의 解說)

❶ 세운기묘년(歲運己卯年)= ※관재, 신축, 문서는 ※세운기묘년(歲運己卯年)의 기토(己土)는 병화일주(丙火日柱)의 상관(傷官)으로 세운(歲運)에서 천간(天干) 상관운(傷官運)이 들어오면 ※관재수를 조심해야 한다. 그리고 ※신축, 문서는 ※세운기묘년(歲運己卯年)의 묘목(卯木)은 병화일주(丙火日柱)의 인수(印綬)로 세운(歲運)에서 인수운(印綬運)이 들어오면 ※집을 짓는다든가 또는 증축을 한다든가 또는 사업체를 벌리는 일이 많다.

❷ 질병(疾病)은 일주(日柱)에서 발생(發生)한다.

❸ 남녀성격은 일주(日柱)에서 발생(發生)한다.

기묘년 (己卯年)

54년(음) 9월 21일 사(巳)시 남자

癸	丙	甲	甲
巳	午	戌	午

57	47	37	27	17	7
庚	己	戊	丁	丙	乙
辰	卯	寅	丑	子	亥

이 사주는 병화일주(丙火日柱)가 계추술월(季秋戌月)에 출생하여 실시(失時)하였으나 년월갑목(年月甲木) 인수(印綬)가 투출(透出)하였고 년일시지(年日時支) 사오(巳午)로 비견겁(比肩劫)이 있어 일주(日柱)는 신왕사주(身旺四柱)다. 신왕사주(身旺四柱)에는 일주(日柱)를 제(制)하는 관살(官殺)이나 관살(官殺)이나 상관식신(傷官食神)으로 설기(泄氣)함이 좋은데 시상계수(時上癸水) 정관(正官)이 있다 하나 그 계수(癸水)는 근(根)이 없으며 많은 불에 물이 말라 힘이 없으므로 용신(用神)으로 쓸 수가 없다. 다행히 월지(月支) 술중무토(戌中戊土) 식신(食神)이 있어 무토식신(戊土食神)으로 용신(用神)한다. 이 사주는 남자(男子)의 사주로서 년일지(年日支) 양오화(兩午火)는 양인(羊刃)으로 양인(羊刃)을 놓은 사람들은 강직(剛直)한 성격(性格)이므로 수사기관(搜査機關)이나 군경(軍警)이나 무관(武官)으로 직업(職業)을 많이 갖는데 이 사주는 특전사로서 근무(勤務)하고 있는 사주다. 그러나 좋은 운(運)이 없어 특전사 중사(中士)로 근무(勤務)하다가 47세 기토대운(己土大運)에 퇴직(退職)하여 사업(事業)을 하다가 월상갑목(月上甲木)과 기토대운(己土大運)과 갑기합(甲己合)으로 합거(合去)되어 재산(財産)을 탕진(蕩盡)하고 어려운 생활을 하고 있는 사주다.

❶ 세운기묘년(歲運己卯年): 관재, 신축, 문서
❷ 질병(疾病): 심장(心臟)
❸ 남녀성격: (남) 말을 잘한다, 명랑하다, 성질 급, 남을 생각하지 않고 직선적으로 말함, 처궁불미, 인내심 부족, 타인 경시, 자립정신, 속성속패, 암기력, 영리하다
　　　　　 (여) 말을 잘한다, 명랑하다, 금방 좋았다가 금방 싫어짐, 시모불합, 남편 말 잘 안 듣는다, 부궁불미, 정부, 영리하다

☯ 세운 · 질병 · 남녀성격의 해설(歲運 · 疾病 · 男女性格의 解說)

❶ 세운기묘년(歲運己卯年)= ※관재, 신축, 문서는 ※세운기묘년(歲運己卯年)의 기토(己土)는 병화일주(丙火日柱)의 상관(傷官)으로 세운(歲運)에서 천간(天干) 상관운(傷官運)이 들어오면 ※관재수를 조심해야 한다. 그리고 ※신축, 문서는 ※세운기묘년(歲運己卯年)의 묘목(卯木)은 병화일주(丙火日柱)의 인수(印綬)로 세운(歲運)에서 인수운(印綬運)이 들어오면 ※집을 짓는다든가 또는 증축을 한다든가 또는 사업체를 벌리는 일이 많다.

❷ 질병(疾病)은 일주(日柱)에서 발생(發生)한다.

❸ 남녀성격은 일주(日柱)에서 발생(發生)한다.

기묘년 (己卯年)

54년(음) 9월 11일 인(寅)시 여자

庚	丙	癸	甲
寅	申	酉	午

60	50	40	30	20	10
丁	戊	己	庚	辛	壬
卯	辰	巳	午	未	申

이 사주는 병화일주(丙火日柱)가 중추유월(中秋酉月)에 출생하여 실시(失時)하고 일지신금(日支申金)과 신유(申酉)로 금국(金局)을 이루고 신궁경금(申宮庚金)이 시상(時上)에 투출(透出)하고 월상(月上)에 계수정관(癸水正官)이 투출(透出)하여 재관(財官)이 왕(旺)하여 신약사주(身弱四柱)다. 그러나 병화일주(丙火日柱)는 년지오화(年支午火) 양인(羊刃)을 놓고 년상갑목(年上甲木)은 시지인목(時支寅木)에 록근(祿根)하여 병화(丙火)를 생(生)하고 있다. 그러나 이 사주는 재(財)가 많으므로 비견겁(比肩劫)으로 많은 재(財)를 제(制)하고 일주(日柱)를 보신(補身)해야 하므로 화비견겁(火比肩劫)이 용신(用神)이며 목인수(木印綬)는 희신(喜神)이 된다. 이 사주는 여자(女子)의 사주로서 귀금속업(貴金屬業)을 경영하여 35세 오화대운(午火大運)부터 50세 사화대운(巳火大運)까지 수억금을 벌었으나 50세 무토대운(戊土大運)에 월상계수(月上癸水)와 무계합(戊癸合)으로 합거(合去)되어 재산(財産)을 탕진(蕩盡)하고 힘들게 살아가고 있는 사주다.

❶ 세운기묘년(歲運己卯年): 관재, 신축, 문서, 신경과민
❷ 질병(疾病): 심장 약(心臟 弱)
❸ 남녀성격: (남) 말을 잘한다, 영리하다, 다재다능, 재복 있다, 처 덕 있다, 꾀가 많다, 고독하다
  　　　　(여) 말을 잘한다, 명랑하다, 금방 좋았다가 금방 싫어짐, 부궁불미, 정부, 시모불합, 잔병조심, 말조심, 고독하다

세운 · 질병 · 남녀성격의 해설 (歲運 · 疾病 · 男女性格의 解說)

❶ 세운기묘년(歲運己卯年)= ※관재, 신축, 문서, 신경과민은 ※세운기묘년(歲運己卯年)의 기토(己土)는 병화일주(丙火日柱)의 상관(傷官)으로 세운(歲運)에서 천간(天干) 상관운(傷官運)이 들어오면 ※관재수를 조심해야 한다. 그리고 ※신축, 문서는 ※세운기묘년(歲運己卯年)의 묘목(卯木)은 병화일주(丙火日柱)의 인수(印綬)로 세운(歲運)에서 인수운(印綬運)이 들어오면 ※집을 짓는다든가 또는 증축을 한다든가 또는 사업체를 벌리는 일이 많다. 그리고 ※신경과민은 ※세운기묘년(歲運己卯年)의 묘목(卯木)은 일지신금(日支申金)과 묘신(卯申)으로 귀문관살(鬼門關殺)이 되므로 세운에서 일지(日支) 귀문(鬼門) 관살운(關殺運)이 들어오면 ※그 해에는 모든 일에 신경을 많이 쓰게 된다.

❷ 질병(疾病)은 일주(日柱)에서 발생(發生)한다.

❸ 남녀성격은 일주(日柱)에서 발생(發生)한다.

기묘년 (己卯年)

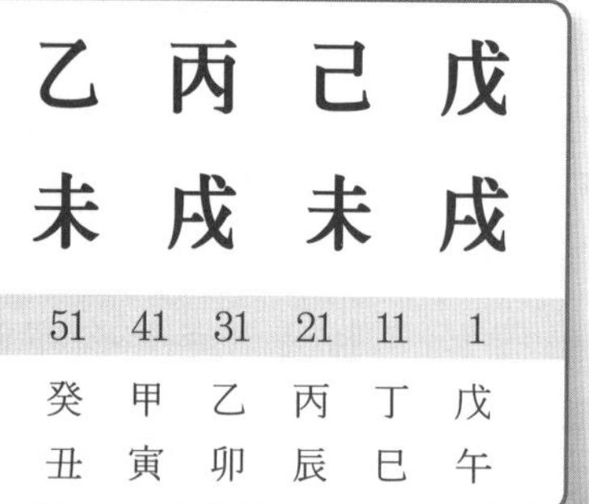

이 사주는 병화일주(丙火日柱)가 하계미월(夏季未月)에 출생하여 실시(失時)하고 미중(未中)에 을목(乙木)과 기토(己土)가 월시상(月時上)에 투출(透出)하여 어느 오행(五行)으로 격(格)을 잡느냐의 기로(岐路)에 서게 된다. 이 사주는 22일에 태어났으므로 월상기토(月上己土)로 격(格)을 잡는다. 그러므로 상관격(傷官格)이다. 병화일주(丙火日柱)는 많은 상관(傷官)에 설기(泄氣)가 심(甚)하여 종아(從兒)같이 보인다. 그러나 그 병화일주(丙火日柱)는 술중정화(戌中丁火)에 근(根)하고 시상을목(時上乙木)은 미중을목(未中乙木)에 근(根)하여 종(從)하지 않는다. 그러므로 시상을목(時上乙木) 인수(印綬)로 많은 상관식신(傷官食神)을 제(制)하고 일주(日柱)를 보신(補身)해야 하므로 목인수(木印綬)가 용신(用神)이며 화비견겁(火比肩劫)은 희신(喜神)이 된다.

❶ 세운기묘년(歲運己卯年): 이별수, 관재, 신축, 문서
❷ 질병(疾病): 혈압(血壓)
❸ 남녀성격: (남) 말을 잘한다, 영리하다, 예의 있다, 인정 있다, 이해심이 많다, 성질 급, 박력 있다, 영리하다, 만인 존경, 알뜰함, 연구심, 배짱 좋다, 돈이 잘 빠져나감, 예감, 신앙심
　　　　　(여) 말을 잘한다, 명랑하다, 예의 있다, 금방 좋았다가 금방 싫어짐, 정부, 재가, 부궁불미, 인정 있다, 남에게 잘함, 배짱 좋다, 신앙심

◎ 세운·질병·남녀성격의 해설 (歲運 · 疾病 · 男女性格의 解說)

❶ 세운기묘년(歲運己卯年)= ※이별수, 관재, 신축, 문서는 ※세운기묘년(歲運己卯年)의 기토(己土)는 병화일주(丙火日柱)의 상관(傷官)으로 여자 사주에 상관식신(傷官食神)이 태왕(太旺)인데 세운(歲運)에서 상관(傷官) 식신운(食神運)이 들어오면 ※가정에 불화가 많이 생긴다든가 또는 남편과 떨어져 산다든가 또는 이혼한다든가 또는 남편이 사망하는 수도 있다. 그리고 ※ 관재는 ※세운기묘년(歲運己卯年)의 기토(己土)는 병화일주(丙火日柱)의 상관(傷官)으로 세운(歲運)에서 천간(天干) 상관운(傷官運)이 들어오면 ※관재수를 조심해야 한다. 그리고 ※신축, 문서는 ※세운기묘년(歲運己卯年)의 묘목(卯木)은 병화일주(丙火日柱)의 인수(印綬)로 세운(歲運)에서 인수운(印綬運)이 들어오면 ※집을 짓는다든가 또는 증축을 한다든가 또는 사업체를 벌리는 일이 많다.

❷ 질병(疾病)은 일주(日柱)에서 발생(發生)한다.

❸ 남녀성격은 일주(日柱)에서 발생(發生)한다.

기묘년 (己卯年)

58년(음) 7월 23일 신(申)시 남자

丙	丙	庚	戊
申	戌	申	戌

51	41	31	21	11	1
丙	乙	甲	癸	壬	辛
寅	丑	子	亥	戌	酉

이 사주는 병화일주(丙火日柱)가 초가을 신월(申月)에 출생하여 실시(失時)하고 신궁경금(申宮庚金)이 월상(月上)에 투출(透出)하여 편재격(偏財格)이다. 그리고 지지(地支)는 년월일시(年月日時) 신술신술(申戌申戌)로 금국(金局)을 이루고 년상무토(年上戊土)가 투출(透出)하여 상관(傷官)과 재(財)가 태왕(太旺)하므로 종재격(從財格)같이 보인다. 그러나 병화일주(丙火日柱)는 술중정화(戌中丁火)에 근(根)하고 시상병화(時上丙火)가 투출(透出)하여 종(從)하지 않는다. 그러므로 많은 재(財)를 제(制)하고 일주(日柱)를 보신(補身)하는 화비견겁(火比肩劫)이 용신(用神)이며 목인수(木印綬)는 희신(喜神)이 된다. 이 사주는 남자(男子)의 사주로서 회사(會社)에 근무(勤務)하다가 41세 을목대운(乙木大運)에 퇴사하여 건축(建築) 현장(現場)에서 건축기술(建築技術)을 배워 46세 축토대운(丑土大運)에 사업(事業)을 경영(經營)하였으나 화용신(火用神)이 축토대운(丑土大運)에 설기(泄氣)가 심(甚)하여 손해를 많이 보았고 51세 병화대운(丙火大運)에 용신운(用神運)이 들어와 수억금을 벌었으며 승승장구(乘勝長驅)하고 있는 사주다.

❶ 세운기묘년(歲運己卯年): 관재, 신축, 문서
❷ 질병(疾病): 혈압(血壓)
❸ 남녀성격: (남) 말을 잘한다, 영리하다, 예의 있다, 인정 있다, 이해심이 많다, 성질 급, 박력있다, 영리하다, 만인 존경, 알뜰함, 연구심, 배짱 좋다, 돈이 잘 빠져나감, 예감, 신앙심
      (여) 말을 잘한다, 명랑하다, 예의 있다, 금방 좋았다가 금방 싫어짐, 정부, 재가, 부궁불미, 인정 있다, 남에게 잘함, 배짱 좋다, 신앙심

🌀 세운 · 질병 · 남녀성격의 해설 (歲運 · 疾病 · 男女性格의 解說)

❶ 세운기묘년(歲運己卯年)= ※관재, 신축, 문서는 ※세운기묘년(歲運己卯年)의 기토(己土)는 병화일주(丙火日柱)의 상관(傷官)으로 세운(歲運)에서 천간(天干) 상관운(傷官運)이 들어오면 ※관재수를 조심해야 한다. 그리고 ※신축, 문서는 ※세운기묘년(歲運己卯年)의 묘목(卯木)은 병화일주(丙火日柱)의 인수(印綬)로 세운(歲運)에서 인수운(印綬運)이 들어오면 ※집을 짓는다든가 또는 증축을 한다든가 또는 사업체를 벌리는 일이 많다.

❷ 질병(疾病)은 일주(日柱)에서 발생(發生)한다.

❸ 남녀성격은 일주(日柱)에서 발생(發生)한다.

기묘년 (己卯年)

54년(음) 5월 19일 오(午)시 남자

甲	丙	庚	甲
午	午	午	午

56	46	36	26	16	6
丙	乙	甲	癸	壬	辛
子	亥	戌	酉	申	未

이 사주는 병화일주(丙火日柱)가 중하오월(中夏午月) 양인월(羊刃月)에 출생하여 득령(得令)하고 지지(地支)는 전오화(全午火)로서 화국(火局)을 이루고 년시상(年時上) 양갑목(兩甲木)이 일주(日柱)를 생(生)하여 일주가 신왕사주다. 신왕사주(身旺四柱)에는 일주(日柱)를 제(制)하는 관살(官殺)이나 상관식신(傷官食神)으로 설기(泄氣)함이 좋은데 일주(日柱)를 제(制)하는 관살(官殺)은 없고 설기(泄氣)하는 상관(傷官)도 없다. 월상(月上) 경금재(庚金財)로 용신(用神)하고자 하나 그 경금(庚金)은 근(根)이 없으므로 경금재(庚金財)로도 용신(用神)으로 쓸 수가 없다. 그러므로 이 사주는 년시상(年時上) 양갑목(兩甲木)은 목생화(木生火)로 화(火)를 따라감으로 종왕사주(從旺四柱)다. 종왕사주(從旺四柱)에는 비견겁(比肩劫)이 용신(用神)이며 목인수(木印綬)는 희신(喜神)이 된다. 이 사주는 남자(男子)의 사주로서 36세 갑목대운(甲木大運)에 사업을 경영하여 돈을 조금 벌어 결혼(結婚)을 하였고 41세 술토대운(戌土大運)에는 오술(午戌)로 화국(火局)을 이루어 무난(無難)하였으나 46세 을목대운(乙木大運)에 월상경금(月上庚金)과 을경합(乙庚合)으로 합거(合去)되어 재산을 탕진하고 처(妻)와 이혼하고 혼자 살고 있는 사주다.

❶ 세운기묘년(歲運己卯年): 관재, 신축, 문서
❷ 질병(疾病): 심장(心臟)
❸ 남녀성격: (남) 말을 잘한다, 명랑하다, 성질 급, 남을 생각하지 않고 직선적으로 말함, 처궁불미, 인내심 부족, 타인 경시, 자립정신, 속성속패, 암기력, 영리하다
   (여) 말을 잘한다, 명랑하다, 금방 좋았다가 금방 싫어짐, 시모불합, 남편 말 잘 안 듣는다, 부궁불미, 정부, 영리하다

세운 · 질병 · 남녀성격의 해설 (歲運 · 疾病 · 男女性格의 解說)

❶ 세운기묘년(歲運己卯年)= ※관재, 신축, 문서는 ※세운기묘년(歲運己卯年)의 기토(己土)는 병화일주(丙火日柱)의 상관(傷官)으로 세운(歲運)에서 천간(天干) 상관운(傷官運)이 들어오면 ※관재수를 조심해야 한다. 그리고 ※신축, 문서는 ※세운기묘년(歲運己卯年)의 묘목(卯木)은 병화일주(丙火日柱)의 인수(印綬)로 세운(歲運)에서 인수운(印綬運)이 들어오면 ※집을 짓는다든가 또는 증축을 한다든가 또는 사업체를 벌린다든가 또는 문서를 잡는 일이 많다.

❷ 질병(疾病)은 일주(日柱)에서 발생(發生)한다.

❸ 남녀성격은 일주(日柱)에서 발생(發生)한다.

기묘년 (己卯年)

54년(음) 10월 22일 사(巳)시 여자

이 사주는 정화일주(丁火日柱)가 초겨울 해월(亥月)에 출생하여 실시(失時)하고 일지축토(日支丑土)와 해축(亥丑)으로 수국(水局)을 이루어 신약사주(身弱四柱)같이 보인다. 그러나 정화일주(丁火日柱)는 년지오화(年支午火)에 록근(祿根)하고 시지사화(時支巳火)에 근(根)하고 년월시(年月時) 갑을목(甲乙木)이 정화일주(丁火日柱)를 생(生)하여 주니 정화일주(丁火日柱)는 약화위강(弱化爲强)으로 신왕사주(身旺四柱)다. 신왕사주(身旺四柱)에는 일주(日柱)를 제(制)하는 관살(官殺)로 용신(用神)하거나 상관식신(傷官食神)으로 설기(泄氣)함이 좋은데 다행히 해중(亥中)에 임수정관(壬水正官)이 있어 임수정관(壬水正官)으로 용신(用神)한다. 그리고 금재(金財)는 희신(喜神)이 된다. 이 사주는 여자(女子)의 사주로서 초년(初年)에 운(運)이 잘 들어와 행정고시(行政考試)에 합격(合格)하고 공무원(公務員)으로 근무(勤務)하였으나 그 후로는 운(運)이 미사오(未巳午) 화국(火局)으로 좋은 운(運)이 없어 승진(昇進)이 안되어 평범(平凡)하게 살아가고 있는 사주다.

❶ 세운기묘년(歲運己卯年): 신축, 문서, 이별수
❷ 질병(疾病): 냉(冷), 하원윤습(下元潤濕)
❸ 남녀성격: (남) 말을 잘한다, 인심 좋다, 예의 있다, 재물 욕심, 재복 있다, 영리하다, 임기응변, 재간 있다, 근면 성실, 주머니 돈 안 떨어진다, 신앙심, 새벽잠이 없다
　　　　　(여) 명랑하다, 예의 있다, 금방 좋았다가 금방 싫어짐, 부궁불미, 정부, 재가, 인정 있다, 요리솜씨, 말을 잘한다

세운 · 질병 · 남녀성격의 해설 (歲運 · 疾病 · 男女性格의 解說)

❶ 세운기묘년(歲運己卯年)= ※신축, 문서, 이별수는 ※세운기묘년(歲運己卯年)의 묘목(卯木)은 정화일주(丁火日柱)의 인수(印綬)로 세운에서 인수운(印綬運)이 들어오면 ※집을 짓는다든가 또는 증축을 한다든가 또는 사업체를 벌린다든가 또는 문서를 잡는 일이 많다. 그리고 ※이별수는 ※세운기묘년(歲運己卯年)의 묘목(卯木)은 정화일주(丁火日柱)의 인수(印綬)로 신왕(身旺)한 여자(女子) 사주에 세운(歲運)에서 인수운(印綬運)이 들어오면 ※가정에 불화가 많이 생긴다든가 또는 남편과 떨어져 산다든가 또는 이혼을 한다든가 또는 남편이 사망하는 수도 있다.

❷ 질병(疾病)은 일주(日柱)에서 발생(發生)한다.

❸ 남녀성격은 일주(日柱)에서 발생(發生)한다.

기묘년 (己卯年)

62년(음) 11월 19일 미(未)시 여자

丁	丁	壬	壬
未	亥	子	寅

53	43	33	23	13	3
丙	丁	戊	己	庚	辛
午	未	申	酉	戌	亥

이 사주는 정화일주(丁火日柱)가 중동자월(中冬子月)에 출생하여 실시(失時)하고 일지해수(日支亥水)와 해자(亥子)로 수국(水局)을 이루고 해중임수(亥中壬水)가 년월(年月)에 투출(透出)하여 관살(官殺)이 태왕(太旺)하므로 정화일주(丁火日柱)는 신약사주(身弱四柱)다. 다행히 년지(年支) 인중갑목(寅中甲木) 인수(印綬)가 있어 실인상생(殺印相生)으로 목인수(木印綬)가 용신(用神)이며 화비견겁(火比肩劫)은 희신(喜神)이 된다. 이 사주는 여자(女子)의 사주로서 공인중개사를 하다가 43세 정화대운(丁火大運)에 부동산에 투자하여 재산을 탕진하고 남편(男便)과 이혼하고 혼자 살고 있는 사주다. 부궁(夫宮)이 부실한 것은 여자(女子) 사주에 관살(官殺)이 태왕(太旺)하면 부궁(夫宮)이 부실하다. 오히려 관살(官殺)이 이렇게 많으면 남자(男子)가 잘 따르지 않으므로 결혼(結婚)을 하려면 적극성(積極性)을 보이든가 아니면 공부(工夫)를 많이 해서 좋은 직장(職場)에 다니면 좋은 남편을 만날 수 있으나 그렇지 않으면 돈 벌어주고도 좋은 소리 못 듣는다. 앞으로 53세 병오대운(丙午大運)에는 좋은 운(運)이 들어와 무슨 일을 하여도 크게 성공하리라고 본다.

❶ 세운기묘년(歲運己卯年): 신축, 문서, 변화, 이사, 전근
❷ 질병(疾病): 심장(心臟), 냉증(冷症)
❸ 남녀성격: (남) 영리하다, 외유내강, 지혜롭다, 지구력 부족, 처세가 좋다, 영리하다, 장수
　　　　　　한다, 항상 바쁨, 꿈이 많다, 처 덕 있다, 자손귀자, 명예를 좋아함, 예감
　　　　　　빠름, 신앙심
　　　　　(여) 명랑하다, 예의 있다, 금방 좋았다가 금방 싫어짐, 애교 많다, 식복, 남편
　　　　　　의처증, 정부, 자손근심

☯ 세운 · 질병 · 남녀성격의 해설 (歲運 · 疾病 · 男女性格의 解說)

❶ 세운기묘년(歲運己卯年)= ※신축, 문서, 변화, 이사, 전근은 ※세운기묘년(歲運己卯年)의 묘목(卯木)은 정화일주(丁火日柱)의 인수(印綬)로 세운에서 인수운(印綬運)이 들어오면 ※집을 짓는다든가 또는 증축을 한다든가 또는 사업체를 벌리는 일이 많다. 그리고 ※변화, 이사, 전근은 ※세운기묘년(歲運己卯年)의 묘목(卯木)은 일지해수(日支亥水)와 해묘(亥卯)로 삼합(三合)이 되므로 세운(歲運)에서 일지(日支) 삼합운(三合運)이 들어오면 ※변화가 생긴다든가 또는 이사를 한다든가 또는 직장을 옮기는 일이 많다.

❷ 질병(疾病)과 ❸ 남녀성격은 일주(日柱)에서 발생(發生)한다.

기묘년 (己卯年)

61년(음) 7월 22일 술(戌)시 여자

庚	丁	丙	辛
戌	酉	申	丑

52	42	32	22	12	2
壬	辛	庚	己	戊	丁
寅	丑	子	亥	戌	酉

이 사주는 정화일주(丁火日柱)가 초가을 신월(申月)에 출생하여 실시(失時)하고 신궁경금(申宮庚金)이 시상(時上)에 투출(透出)하고 월일시지(月日時支) 신유술(申酉戌) 금국(金局)을 이루고 년상(年上)에 신금(辛金)이 투출(透出)하여 그 신금(辛金)은 년지축토(年支丑土)에 근(根)하므로 사주 진부가 금국(金局)으로 되어 있다. 정화일주(丁火日柱)는 시지(時支) 술중정화(戌中丁火)에 근(根)한다고 하나 힘이 없고 월상병화(月上丙火) 비겁(比劫)은 근(根)이 없으며 년상신금(年上辛金)과 병신합(丙辛合)으로 수(水)로 화(化)하여 일주(日柱)를 도울 수가 없다. 그러므로 이 사주는 화생토(火生土) 토생금(土生金)으로 종재격(從財格)같이 보이나 쇠극격(衰極格)에 해당한다. 쇠(衰)한 자는 상관식신(傷官食神)으로 설기(泄氣)하여 더욱더 쇠(衰)하게 하는 동시 일주(日柱)를 극(剋)하는 관살(官殺)을 제(制)하여야 하기 때문에 토상관(土傷官)이 용신(用神)이며 금재(金財)는 희신(喜神)이 된다. 이 사주는 여자(女子)의 사주로서 은행원(銀行員)으로 근무(勤務)하다가 초년(初年)에는 운(運)이 없어 승진이 안되어 고생을 많이 하였으나 32세 경금대운(庚金大運)에 대리직(代理職)에 승진하였고 47세 축토대운(丑土大運)에 과장(課長)으로 승진한 사주다.

❶ 세운기묘년(歲運己卯年): 신축, 문서, 관재, 수술, 변동
❷ 질병(疾病): 심장(心臟), 간(肝), 담(膽)
❸ 남녀성격: (남) 말을 잘한다, 고집 대단, 미남형, 남에게 잘함, 학업 열중, 학업 장애, 재복 있다, 처 덕 있다, 청백하다, 예의 있다, 고독하다
　　　　　(여) 명랑하다, 예의 있다, 금방 좋았다가 금방 싫어짐, 욕심 많다, 정부, 미모 수려, 이성수신, 자손귀자, 말을 잘한다

🌀 세운·질병·남녀성격의 해설 (歲運·疾病·男女性格의 解說)

❶ 세운기묘년(歲運己卯年)= ※신축, 문서, 관재, 수술, 변동은 ※세운기묘년(歲運己卯年)의 묘목(卯木)은 정화일주(丁火日柱)의 인수(印綬)로 세운(歲運)에서 인수운(印綬運)이 들어오면 ※집을 짓는다든가 또는 증축을 한다든가 또는 사업체를 벌린다든가 또는 문서를 잡는 일이 많다. 그리고 ※관재, 수술, 변동은 ※세운기묘년(歲運己卯年)의 묘목(卯木)은 일지유금(日支酉金)과 묘유(卯酉)로 충(沖)이 되므로 세운(歲運)에서 일지충운(日支沖運)이 들어오면 ※관재수를 조심해야 하며 또는 수술을 조심해야 하며 또는 변화가 생기게 된다.

❷ 질병(疾病)은 일주(日柱)에서 발생(發生)한다.

❸ 남녀성격은 일주(日柱)에서 발생(發生)한다.

기묘년 (己卯年)

62년(음) 2월 5일 술(戌)시 여자

庚	丁	癸	壬
戌	未	卯	寅

51	41	31	21	11	1
丁	戊	己	庚	辛	壬
酉	戌	亥	子	丑	寅

이 사주는 정화일주(丁火日柱)가 중춘묘월(中春卯月)에 출생하여 득령(得令)하고 년지인목(年支寅木)에 생(生)을 받으니 일주(日柱)는 신왕사주(身旺四柱)같이 보인다. 그러나 정화일주(丁火日柱)는 일시지(日時支) 미술토(未戌土)에 설기(泄氣)가 심(甚)하고 시상(時上) 경금재(庚金財)가 투출(透出)하였으며 년월(年月) 임계수(壬癸水)에 극(剋)을 받으므로 일주(日柱)는 신약사주(身弱四柱)다. 그러므로 목인수(木印綬)가 용신(用神)이며 화비견겁(火比肩劫)은 희신(喜神)이 된다. 이 사주는 여자(女子)의 사주로서 보험회사(保險會社)에 근무(勤務)하였으나 대운(大運)이 좋지 않아 승진이 안되어 고생을 많이 하다가 41세 무토대운(戊土大運)에 회사를 퇴사하고 사업(事業)을 경영하였으나 월상계수(月上癸水)와 무계합(戊癸合)으로 합거(合去)되어 재산을 탕진하고 남편(男便)과 이혼하고 병(病)까지 얻어 자궁(子宮)을 수술(手術)한 사주다. 자궁(子宮)을 수술하게 된 것은 일지미토(日支未土)와 시지술토(時支戌土)는 상관식신(傷官食神)이므로 상관식신(傷官食神)은 자궁(子宮)도 되고 유방(乳房)도 되므로 상관식신(傷官食神)이 형살(刑殺)이 되면 자궁(子宮)과 유방(乳房)을 조심해야 한다.

❶ 세운기묘년(歲運己卯年): 신축, 문서, 변화, 이사, 전근
❷ 질병(疾病): 간(肝), 담(膽)
❸ 남녀성격: (남) 말을 잘한다, 마음이 넓다, 남에게 잘함, 명랑하다, 예의 있다, 편식, 박력
    있다, 고집 대단, 성격이 까다롭다, 옷에 신경, 처궁불미
    (여) 명랑하다, 예의 있다, 금방 좋았다가 금방 싫어짐, 인덕 없다, 정부, 재가,
    부궁불미, 신앙심, 말을 잘한다, 고집 대단

☯ 세운·질병·남녀성격의 해설 (歲運·疾病·男女性格의 解說)

❶ 세운기묘년(歲運己卯年)= ※신축, 문서, 변화, 이사, 전근은 ※세운기묘년(歲運己卯年)의 묘목(卯木)은 정화일주(丁火日柱)의 인수(印綬)로 세운에서 인수운(印綬運)이 들어오면 ※**집을 짓는** 다든가 또는 증축을 한다든가 또는 사업체를 벌린다든가 또는 문서를 잡는 일이 많다. 그리고 ※**변화, 이사, 전근**은 ※세운기묘년(歲運己卯年)의 묘목(卯木)은 일지미토(日支未土)와 묘미(卯未)로 삼합(三合)이 되므로 세운(歲運)에서 일지(日支) 삼합운(三合運)이 들어오면 ※**변화가 생긴** 다든가 또는 이사를 한다든가 또는 직장을 옮기는 일이 많다.

❷ 질병(疾病)과 ❸ 남녀성격은 일주(日柱)에서 발생(發生)한다.

기묘년 (己卯年)

62년(음) 4월 16일 사(巳)시 남자

이 사주는 정화일주(丁火日柱)가 초여름 사월(巳月)에 출생하여 득령(得令)하고 일시지(日時支) 양사화(兩巳火)와 년지인목(年支寅木)에 생(生)을 받고 월시상(月時上) 양을목(兩乙木)으로 일주(日柱)가 신왕(身旺)하므로 신왕사주(身旺四柱)다. 신왕사주(身旺四柱)에는 관살(官殺)로 일주(日柱)를 제(制)하거나 상관식신(傷官食神)으로 설기(泄氣)함이 좋은데 년상임수(年上壬水) 정관(正官)이 있다고 하나 그 임수(壬水)는 근(根)이 없으며 자좌인목(自坐寅木)에 설기(泄氣)가 심(甚)하여 용신(用神)으로 쓸 수가 없다. 그러므로 이 사주는 비견겁(比肩劫)이 태왕(太旺)하고 양을목(兩乙木)과 년지인목(年支寅木)은 목생화(木生火)로 불을 따라감으로 종왕격(從旺格)이다. 종왕격(從旺格)에는 비견겁(比肩劫)이 용신(用神)이 된다. 그러나 이 사주는 왕극격(旺極格)에 해당하므로 왕극사주(旺極四柱)에는 목인수(木印綬)로 더욱더 왕(旺)하게 해야 하는 법칙(法則)이므로 목인수(木印綬)가 용신(用神)이 되며 비견겁(比肩劫)은 희신(喜神)이 된다. 이 사주는 남자(男子)의 사주로서 백화점(百貨店)에서 판매원으로 근무(勤務)하였으나 승진이 안되어 고생을 많이 하다가 46세 경금대운(庚金大運)에 자영업(自營業)을 하였으나 목용신(木用神)을 대운경금(大運庚金)이 극(剋)하여 사업(事業)을 실패(失敗)하고 건축(建築) 현장(現場)에 다니면서 일용직(日用職)으로 일하고 있는 사주다.

❶ 세운기묘년(歲運己卯年): 신축, 문서
❷ 질병(疾病): 심장(心臟), 혈압(血壓)
❸ 남녀성격: (남) 말을 잘한다, 외유내강, 매사 열중, 예의 있다, 명랑하다, 항상 바쁨, 거짓
　　　　　　말을 못함, 남을 생각하지도 않고 직선적으로 말함, 영리하다, 고독하다
　　　　　(여) 명랑하다, 예의 있다, 금방 좋았다가 금방 싫어짐, 말을 잘함, 정부, 재가,
　　　　　　부궁불미, 독수공방

🔵 세운 · 질병 · 남녀성격의 해설 (歲運 · 疾病 · 男女性格의 解說)

❶ 세운기묘년(歲運己卯年)= ※신축, 문서는 ※세운기묘년(歲運己卯年)의 묘목(卯木)은 정화일주(丁火日柱)의 인수(印綬)로 세운(歲運)에서 인수운(印綬運)이 들어오면 ※집을 짓는다든가 또는 증축을 한다든가 또는 사업체를 벌린다든가 또는 문서를 잡는 일이 많다.

❷ 질병(疾病)은 일주(日柱)에서 발생(發生)한다.

❸ 남녀성격은 일주(日柱)에서 발생(發生)한다.

기묘년 (己卯年)

56년(음) 7월 23일 술(戌)시 남자

庚	丁	丙	丙
戌	卯	申	申

54	44	34	24	14	4
壬	辛	庚	己	戊	丁
寅	丑	子	亥	戌	酉

이 사주는 정화일주(丁火日柱)가 초가을 신월(申月)에 출생하여 실시(失時)하고 신궁경금(申宮庚金)이 시상(時上)에 투출(透出)하여 편재격(偏財格)이다. 그리고 년지신금(年支申金)과 시지술토(時支戌土)와 신술(申戌)로 금국(金局)을 이루어 재(財)가 태왕(太旺)하다. 그러나 정화일주(丁火日柱)는 자좌묘목(自坐卯木)에 생(生)을 받고 년월(年月) 양병화(兩丙火)가 투출(透出)되었다고 하나 자좌신금(自坐申金)에 사지(死地)에 앉아 힘이 없다. 그러므로 신약사주(身弱四柱)로서 많은 금재(金財)를 제(制)하고 일주(日柱)를 도와주는 비견겁(比肩劫)이 용신(用神)이며 목인수(木印綬)는 희신(喜神)이 된다. 이 사주는 남자(男子)의 사주로서 전자계통(電子系統)에 소질(素質)이 있어 전자회사(電子會社)에 다니다가 44세 신금대운(辛金大運)에 퇴사하여 피씨(PC)방을 경영(經營)하였으나 월상병화(月上丙火)와 병신합(丙辛合)으로 합거(合去)되어 재산(財産)을 탕진(蕩盡)하고 처(妻)와 이혼(離婚)하고 혼자서 힘들게 살아가고 있는 사주다. 처궁(妻宮)이 부실한 것은 남자(男子) 사주에 재(財)가 태왕(太旺)하면 처궁(妻宮)이 부실하여 재혼하거나 혼자 사는 사람들이 많다.

❶ 세운기묘년(歲運己卯年): 신축, 문서, 변화, 이사, 전근
❷ 질병(疾病): 풍질(風疾)
❸ 남녀성격: (남) 말을 잘한다, 명랑하다, 근심이 많다, 영리하다, 풍류를 즐긴다, 지구력 부족, 처궁불미, 마음 약, 소심하다, 인자한 성품, 운동 잘함
　　　　　(여) 명랑하다, 예의 있다, 금방 좋았다가 금방 싫어짐, 부궁불미, 정부, 친모걱정 많이 한다, 예능에 소질

🌓 세운 • 질병 • 남녀성격의 해설 (歲運 · 疾病 · 男女性格의 解說)

❶ 세운기묘년(歲運己卯年)= ※신축, 문서, 변화, 이사, 전근은 ※세운기묘년(歲運己卯年)의 묘목(卯木)은 정화일주(丁火日柱)의 인수(印綬)로 세운에서 인수운(印綬運)이 들어오면 ※집을 짓는다든가 또는 증축을 한다든가 또는 사업체를 벌린다든가 또는 문서를 잡는 일이 많다. 그리고 ※변화, 이사, 전근은 ※세운기묘년(歲運己卯年)의 묘목(卯木)은 일지묘목(日支卯木)과 묘묘(卯卯)로 삼합(三合)이 되므로 세운(歲運)에서 일지(日支) 삼합운(三合運)이 들어오면 ※변화가 생긴다든가 또는 이사를 한다든가 또는 직장을 옮기는 일이 많다.

❷ 질병(疾病)은 일주(日柱)에서 발생(發生)한다.

❸ 남녀성격은 일주(日柱)에서 발생(發生)한다.

기묘년 (己卯年)

癸	丁	己	庚
卯	巳	卯	寅

56	46	36	26	16	6
癸	甲	乙	丙	丁	戊
酉	戌	亥	子	丑	寅

이 사주는 정화일주(丁火日柱)가 중춘묘월(中春卯月)에 출생하여 득령(得令)하고 년시지(年時支) 인묘목(寅卯木)과 일지사화(日支巳火)에 근(根)하여 일주(日柱)는 신왕사주(身旺四柱)다. 신왕사주(身旺四柱)에는 관살(官殺)로 일주(日柱)를 제(制)하거나 상관식신(傷官食神)으로 설기(泄氣)함이 좋은데 시상계수(時上癸水) 편관(偏官)이 있다 하나 그 계수(癸水)는 근(根)이 없으며 자좌묘목(自坐卯木)에 설기(泄氣)가 심(甚)하여 용신(用神)으로 쓸 수가 없다. 년상경금(年上庚金) 정재(正財)가 있다 하나 그 재(財)도 근(根)이 없으며 자좌인목(自坐寅木)에 절궁(絶宮)으로 용신(用神)으로 쓸 수가 없으며 월상기토(月上己土) 식신(食神)이 있다 하나 그 기토(己土)도 근(根)이 없으며 자좌묘목(自坐卯木)에 살지(殺地)에 앉아 용신(用神)으로 쓸 수가 없다. 그러므로 이 사주는 종강사주(從强四柱)다. 많은 목인수(木印綬)가 설기(泄氣)하는 곳은 정화일주(丁火日柱)로 설기(泄氣)해야 하므로 화비견겁(火比肩劫)이 용신(用神)이며 목인수(木印綬)는 희신(喜神)이 된다. 이 사주는 여자(女子)의 사주로서 좋은 운(運)이 없어 고생을 많이 하고 있는 사주다.

❶ 세운기묘년(歲運己卯年): 신축, 문서, 이별수
❷ 질병(疾病): 심장(心臟), 혈압(血壓)
❸ 남녀성격: (남) 말을 잘한다, 외유내강, 매사 열중, 예의 있다, 명랑하다, 항상 바쁨, 거짓말을 못함, 남을 생각하지도 않고 직선적으로 말함, 영리하다, 고독하다
　　　　　(여) 명랑하다, 예의 있다, 금방 좋았다가 금방 싫어짐, 말을 잘함, 정부, 재가, 부궁불미, 독수공방

⊙ 세운·질병·남녀성격의 해설 (歲運·疾病·男女性格의 解說)

❶ 세운기묘년(歲運己卯年)= ※신축, 문서, 이별수는 ※세운기묘년(歲運己卯年)의 묘목(卯木)은 정화일주(丁火日柱)의 인수(印綬)로 세운(歲運)에서 인수운(印綬運)이 들어오면 ※집을 짓는다든가 또는 증축을 한다든가 또는 사업체를 벌린다든가 또는 문서를 잡는 일이 많다. 그리고 ※이별수는 ※세운기묘년(歲運己卯年)의 묘목(卯木)은 정화일주(丁火日柱)의 인수(印綬)로 신왕(身旺)한 여자(女子) 사주에 세운(歲運)에서 인수운(印綬運)이 들어오면 ※가정에 불화가 많이 생긴다든가 또는 남편과 떨어져 산다든가 또는 이혼한다든가 또는 남편이 사망하는 수도 있다.

❷ 질병(疾病)은 일주(日柱)에서 발생(發生)한다.

❸ 남녀성격은 일주(日柱)에서 발생(發生)한다.

기묘년 (己卯年)

53년(음) 9월 16일 술(戌)시 남자

庚	丁	壬	癸
戌	未	戌	巳

55	45	35	25	15	5
丙	丁	戊	己	庚	辛
辰	巳	午	未	申	酉

이 사주는 정화일주(丁火日柱)가 계추술월(季秋戌月)에 출생하여 실시(失時)하고 일시지(日時支) 미술토(未戌土)에 설기(泄氣)가 심(甚)하고 시상(時上) 경금재(庚金財)가 투출(透出)되어 일주(日柱)는 신약사주(身弱四柱)다. 다행히 정화일주(丁火日柱)는 미중정화(未中丁火)에 근(根)하고 년지사화(年支巳火) 비겁(比劫)이 있어 종(從)하지 않으며 많은 상관식신(傷官食神)을 제(制)하고 일주(日柱)를 생(生)하여 주는 목인수(木印綬)가 용신(用神)이며 화비견겁(火比肩劫)은 희신(喜神)이 된다. 이 사주는 남자(男子)의 사주로서 50세 사화대운(巳火大運)에 사업을 경영하여 운(運)이 좋아 수억금을 벌었으나 자식(子息) 한 명 잃은 사주다. 자식(子息)을 잃게 된 것은 상관식신(傷官食神)이 태왕(太旺)하고 관살(官殺)은 쇠약(衰弱)한데 관살(官殺)은 나의 자식되므로 많은 상관식신(傷官食神)이 관살(官殺)을 극(剋)하고 월간지(月干支) 임술(壬戌)은 백호대살(白虎大殺)이므로 남자(男子) 사주에 관(官) 백호대살(白虎大殺)이 있는 사람은 자손액(子孫厄)을 조심해야 한다.

❶ 세운기묘년(歲運己卯年): 신축, 문서, 변화, 이사, 전근, 자손액
❷ 질병(疾病): 간(肝), 담(膽)
❸ 남녀성격: (남) 말을 잘한다, 마음이 넓다, 남에게 잘함, 명랑하다, 예의 있다, 편식, 박력 있다, 고집 대단, 성격이 까다롭다, 옷에 신경, 처궁불미
　　　　　(여) 명랑하다, 예의 있다, 금방 좋았다가 금방 싫어짐, 인덕 없다, 정부, 재가, 부궁불미, 신앙심, 말을 잘한다, 고집 대단

세운 · 질병 · 남녀성격의 해설 (歲運 · 疾病 · 男女性格의 解說)

❶ 세운기묘년(歲運己卯年)= ※신축, 문서, 변화, 이사, 전근, 자손액은 ※세운기묘년(歲運己卯年)의 묘목(卯木)은 정화일주의 인수(印綬)로 세운에서 인수운(印綬運)이 들어오면 ※집을 짓는다든가 또는 증축을 한다든가 또는 사업체를 벌리는 일이 많다. 그리고 ※변화, 이사, 전근은 ※세운기묘년(歲運己卯年)의 묘목(卯木)은 일지미토(日支未土)와 묘미(卯未)로 삼합(三合)이 되므로 세운에서 일지(日支) 삼합운(三合運)이 들어오면 ※변화가 생긴다든가 또는 이사를 한다든가 또는 직장을 옮기는 일이 많다. 그리고 ※자손액은 ※세운기묘년(歲運己卯年)의 기토(己土)는 정화일주의 식신(食神)으로 남자 사주에 상관식신(傷官食神)이 태왕(太旺)하고 관살(官殺)이 쇠약(衰弱)한데 세운에서 상관(傷官) 식신운(食神運)이 들어오면 ※자손액을 조심해야 한다.

❷ 질병(疾病)과 ❸ 남녀성격은 일주(日柱)에서 발생(發生)한다.

기묘년 (己卯年)

53년(음) 10월 27일 신(申)시 남자

庚	戊	癸	癸
申	子	亥	巳

58	48	38	28	18	8
丁	戊	己	庚	辛	壬
巳	午	未	申	酉	戌

이 사주는 무토일주(戊土日柱)가 초겨울 해월(亥月)에 출생하여 실시(失時)하고 일지자수(日支子水)와 해자(亥子)로 수국(水局)을 이루고 자중계수(子中癸水)가 년월(年月)에 투출(透出)하여 재(財)가 태왕(太旺)하다. 그리고 무토일주(戊土日柱)는 년지사화(年支巳火)에 록근(祿根)한다 하니 그 년지사화(年支巳火)는 월지해수(月支亥水)에 사해충극(巳亥沖剋)으로 힘이 없으므로 무토일주(戊土日柱)를 생(生)하여 줄 힘이 없다. 그러므로 이 사주는 토생금(土生金) 금생수(金生水)로 상관(傷官) 용재격(用財格)을 이루어 계수재(癸水財)가 용신(用神)이며 상관식신(傷官食神)은 희신(喜神)이 된다. 이 사주는 남자(男子)의 사주로서 28세 경신대운(庚申大運)에 주류업을 경영하여 수억금을 벌었으나 그 이후로는 운(運)이 없어 처(妻)와 이혼하고 혼자 힘들게 살고 있는 사주다.

❶ 세운기묘년(歲運己卯年): 관재, 수술, 관재, 손재, 신액, 불성
❷ 질병(疾病): 비(脾), 위(胃)
❸ 남녀성격: (남) 군자의 성품, 언행조심, 외강내유, 지혜롭다, 고집 대단, 신경 예민, 권모술수, 처 덕 있다, 돈이 잘 빠져나감, 처 말을 잘 듣는다, 눈치 빠름
　　　　　 (여) 순진, 신용, 하는 일에 겁이 없다, 부궁불미, 정부, 재가, 독수공방, 직업, 재복 있다, 신앙심

세운 · 질병 · 남녀성격의 해설 (歲運 · 疾病 · 男女性格의 解說)

❶ 세운기묘년(歲運己卯年)= ※관재, 수술, 관재, 손재, 신액, 불성은 ※세운기묘년(歲運己卯年)의 묘목(卯木)은 일지자수(日支子水)와 자묘(子卯)로 형살(刑殺)이 되므로 세운(歲運)에서 일지(日支) 형살운(刑殺運)이 들어오면 ※관재수나 수술을 조심해야 한다. 그리고 ※관재, 손재, 신액은 ※세운기묘년(歲運己卯年)의 묘목(卯木)은 무토일주의 정관(正官)으로 원명사주(源命四柱)에 재(財)가 태왕(太旺)인데 세운(歲運)에서 재(財)나 관살운(官殺運)이 들어오면 ※관재수나 손재수나 건강을 조심해야 한다. 그리고 ※불성은 ※세운기묘년(歲運己卯年)의 기토(己土)는 무토일주(戊土日柱)의 비겁(比劫)으로 세운(歲運)에서 비견겁운(比肩劫運)이 들어오면 ※모든 일이 잘 풀리지 않고 대차계약도 잘 이루어지지 않는다.

❷ 질병(疾病)은 비, 위는 일주(日柱)에서 발생(發生)하며 ※기관지, 폐는 ※무토일주(戊土日柱)가 쇠약(衰弱)하면 ※기관지와 폐를 조심해야 한다.

❸ 남녀성격은 일주(日柱)에서 발생(發生)한다.

기묘년 (己卯年)

58년(음) 1월 12일 묘(卯)시 여자

乙	戊	甲	戊
卯	寅	寅	戌

59	49	39	29	19	9
戊	己	庚	辛	壬	癸
申	酉	戌	亥	子	丑

이 사주는 무토일주(戊土日柱)가 초봄 인월(寅月)에 출생하여 실시(失時)하고 인중갑목(寅中甲木)이 월상(月上)에 투출(透出)하여 편관격(偏官格)이다. 그리고 일지인목(日支寅木)과 시간지(時干支) 을묘목(乙卯木)이 있어 관살(官殺)이 태왕(太旺)으로 종살격(從殺格)같이 보인다. 그러나 무토일주(戊土日柱)는 자좌인목(自坐寅木)이 장생궁(長生宮)이라 종(從)이 안되며 년간지(年干支) 무술토(戊戌土) 비견(比肩)이 있어 신약사주(身弱四柱)다. 관살(官殺)이 많고 일주(日柱)가 약(弱)할 때에는 운(運)에서 화인수(火印綬)를 얻어 살인상생(殺印相生)을 시켜야 좋으므로 화인수(火印綬)가 용신(用神)이며 토비견겁(土比肩劫)은 희신(喜神)이 된다. 이 사주는 여자(女子)의 사주로서 44세 술토대운(戌土大運)에 부동산에 투자하여 수억금을 벌었으나 49세 기토대운(己土大運)에 월상갑목(月上甲木)과 갑기합(甲己合)으로 합거(合去)되어 재산을 탕진하고 남편과 이혼하고 혼자 살고 있는 사주다.

세운 · 질병 · 남녀성격의 해설 (歲運 · 疾病 · 男女性格의 解說)

❶ 세운기묘년(歲運己卯年)= ※이별수, 관재, 손재, 신액, 불성은 ※세운기묘년(歲運己卯年)의 묘목(卯木)은 무토일주(戊土日柱)의 정관(正官)으로 여자(女子) 사주에 관살(官殺)이 태왕(太旺)인데 세운(歲運)에서 관살운(官殺運)이 들어오면 ※가정에 불화가 많이 생긴다든가 또는 남편과 떨어져 산다든가 또는 이혼한다든가 또는 남편이 사망하는 수도 있다. 그리고 ※관재, 손재, 신액은 ※세운기묘년(歲運己卯年)의 묘목(卯木)은 무토일주의 정관(正官)으로 원명사주(源命四柱)에 관살(官殺)이 태왕(太旺)인데 세운(歲運)에서 재(財)나 관살운(官殺運)이 들어오면 ※관재수나 손재수나 건강을 조심해야 한다. 그리고 ※불성은 ※세운기묘년(歲運己卯年)의 기토(己土)는 무토일주(戊土日柱)의 비겁(比劫)으로 세운(歲運)에서 비견겁운(比肩劫運)이 들어오면 ※모든 일이 잘 풀리지 않고 대차계약도 잘 이루어지지 않는다.

❷ 질병(疾病)과 ❸ 남녀성격은 일주(日柱)에서 발생(發生)한다.

기묘년 (己卯年)

58년(음) 11월 7일 유(酉)시 남자

辛	戊	甲	戊
酉	辰	子	戌

57	47	37	27	17	7
庚	己	戊	丁	丙	乙
午	巳	辰	卯	寅	丑

이 사주는 무토일주(戊土日柱)가 중동자월(中冬子月)에 출생하여 실시(失時)하고 시간지(時干支) 신유금(辛酉金) 상관(傷官)과 월상갑목(月上甲木) 편관(偏官)이 투출(透出)하여 재살(財殺)이 왕(旺)하여 일주(日柱)는 신약사주(身弱四柱)다. 그러므로 화인수(火印綬)가 용신(用神)이며 토비건겁(土比肩劫)은 희신(喜神)이 된다. 이 사주는 남자(男子)의 사주로서 초년(初年)에는 공부(工夫)를 안 하였으나 일찍 기술(技術)을 배워 회사(會社)에 근무(勤務)하다가 37세 무토대운(戊土大運)에 퇴사하여 사업(事業)을 경영하여 번창(繁昌)하였고 47세 기토대운(己土大運)에 월상갑목(月上甲木)과 갑기합(甲己合)으로 합거(合去)되어 손해를 많이 보았으며 52세 사화대운(巳火大運)에 모든 일이 잘 풀리며 사업(事業)이 번창(繁昌)하여 돈을 많이 벌고 있는 사주다. 아무리 공부(工夫)를 못하여도 자기 특성(特性)에 맞는 기술(技術) 한 가지만 있고 근면 성실(勤勉 誠實)하게 살아가면 대운(大運)이 들어올 때 대성공(大成功)하는 것이고 아무리 공부(工夫)를 많이 하고 똑똑하여도 운(運)이 없으면 크게 성공(成功)하지는 못한다.

❶ 세운기묘년(歲運己卯年): 관재, 손재, 신액, 불성
❷ 질병(疾病): 풍질(風疾), 혈압(血壓), 폐병(肺病), 결핵(結核)
❸ 남녀성격: (남) 군자의 성품, 언행 조심, 인심좋다, 이해성이 많다, 화합 잘함, 주관이 강하다, 신의 있다, 재간 있다, 처궁불미, 아이디어가 좋다, 재복 있다, 미인 수다
　　　　　　(여) 신용, 순진하다, 욕심 많다, 재복 있다, 부궁불미, 정부, 신앙심

🌀 세운·질병·남녀성격의 해설 (歲運·疾病·男女性格의 解說)

❶ 세운기묘년(歲運己卯年)= ※관재, 손재, 신액, 불성은 ※세운기묘년(歲運己卯年)의 묘목(卯木)은 무토일주의 정관(正官)으로 원명사주(源命四柱)에 재살(財殺)이 태왕(太旺)인데 세운(歲運)에서 재(財)나 관살운(官殺運)이 들어오면 ※관재수나 손재수나 건강을 조심해야 한다. 그리고 ※불성은 ※세운기묘년(歲運己卯年)의 기토(己土)는 무토일주(戊土日柱)의 비겁(比劫)으로 세운(歲運)에서 비견겁운(比肩劫運)이 들어오면 ※모든 일이 잘 풀리지 않고 대차계약도 잘 이루어지지 않는다.

❷ 질병(疾病)은 풍질, 혈압은 일주(日柱)에서 발생(發生)하며 ※폐병, 결핵은 ※무토일주(戊土日柱)가 쇠약(衰弱)하면 ※폐병과 결핵을 조심해야 한다.

❸ 남녀성격은 일주(日柱)에서 발생(發生)한다.

기묘년 (己卯年)

52년(윤) 5월 20일 인(寅)시 여자

甲	戊	丁	壬
寅	午	未	辰

51	41	31	21	11	1
辛	壬	癸	甲	乙	丙
丑	寅	卯	辰	巳	午

이 사주는 무토일주(戊土日柱)가 하계미월(夏季未月)에 출생하여 득령(得令)하고 미중정화(未中丁火)가 월상(月上)에 투출(透出)하여 인수격(印綬格)이다. 그리고 일지오화(日支午火) 양인(羊刃)이 있어 일주(日柱)는 신왕사주(身旺四柱)다. 신왕사주(身旺四柱)에는 관살(官殺)로 일주(日柱)를 제(制)함이 좋은데 다행히 시상(時上)에 갑목편관(甲木偏官)이 자좌인목(自坐寅木)에 근(根)하여 아름답다. 그러나 무토일주(戊土日柱)와 갑목편관(甲木偏官)과 힘을 대조(對照)하여 볼 때에 갑목편관(甲木偏官)이 약(弱)하고 무토일주(戊土日柱)가 왕(旺)하다. 그러므로 갑목편관(甲木偏官)이 용신(用神)이며 수재(水財)는 희신(喜神)이 된다. 이 사주는 여자(女子)의 사주로서 일찍 행정고시(行政考試)에 합격(合格)하여 좋은 남편(男便)을 만나 행복하게 살며 36세 묘목대운(卯木大運)에 용신갑목(用神甲木)을 보신(補身)하여 승진하였고 46세 인목대운(寅木大運)에도 중책(重責)을 맡아 승승장구(乘勝長驅)하며 잘살고 있는 사주다. 여자(女子) 사주에 신왕관왕(身旺官旺)이고 대운(大運)이 잘 들어오면 남편(男便)도 영귀(榮貴)히 된다.

❶ 세운기묘년(歲運己卯年): 이별수, 불성
❷ 질병(疾病): 위(胃), 비(脾), 혈압(血壓)
❸ 남녀성격: (남) 군자의 성품, 언행 조심, 성질 급, 서두른다, 외화내곤, 실패 자초, 처궁불미, 재가, 정력 강, 여자 많다, 편식한다
　　　　　　(여) 신용, 순진하다, 고집 대단, 박력 있다, 부궁불미, 정부, 친모봉양

🌀 세운 • 질병 • 남녀성격의 해설 (歲運 · 疾病 · 男女性格의 解說)

❶ 세운기묘년(歲運己卯年)= ※이별수, 불성은 ※세운기묘년(歲運己卯年)의 기토(己土)는 무토일주(戊土日柱)의 비겁(比劫)으로 신왕(身旺)한 여자(女子) 사주에 세운(歲運)에서 비견겁운(比肩劫運)이 들어오면 ※가정에 불화가 많이 생긴다든가 또는 남편과 떨어져 산다든가 또는 이혼한다든가 또는 남편이 사망하는 수도 있다. 그리고 ※불성은 ※세운기묘년(歲運己卯年)의 기토(己土)는 무토일주(戊土日柱)의 비겁(比劫)으로 세운(歲運)에서 비견겁운(比肩劫運)이 들어오면 ※모든 일이 잘 풀리지 않고 대차계약도 잘 이루어지지 않는다.

❷ 질병(疾病)은 일주(日柱)에서 발생(發生)한다.

❸ 남녀성격은 일주(日柱)에서 발생(發生)한다.

기묘년 (己卯年)

丁	戊	甲	乙
巳	申	申	未

58	48	38	28	18	8
庚	己	戊	丁	丙	乙
寅	丑	子	亥	戌	酉

이 사주는 무토일주(戊土日柱)가 초가을 신월(申月)에 출생하여 실시(失時)하고 일지신금(日支申金)과 신신(申申)으로 금국(金局)을 이루고 년월(年月)에 갑을목(甲乙木)은 미중을목(未中乙木)에 근(根)하여 있어 일주(日柱)가 신약사주(身弱四柱)다. 다행히 무토일주(戊土日柱)는 시지사화(時支巳火)에 록근(祿根)하고 시상(時上)에 정화(丁火)가 투출(透出)하여 시상정화(時上丁火) 인수(印綬)가 용신(用神)이며 토비견겁(土比肩劫)은 희신(喜神)이 된다. 이 사주는 여자(女子)의 사주로서 상관식신(傷官食神)이 태왕(太旺)하므로 상관식신(傷官食神)이 왕(旺)한 사람은 교육계(敎育界)나 언론기관(言論機關)이나 문예(文藝)나 문교행정(文敎行政)으로 직업(職業)을 많이 갖는데 이 사주는 미술을 전공하여 28세 정화대운(丁火大運)에 미술교사(美術敎師)로 임용(任用)되어 근무(勤務)하고 있는 사주다. 그리고 무토일주(戊土日柱)의 남편(男便)은 갑을목(甲乙木)인데 월상갑목(月上甲木)은 자좌신금(自坐申金)에 살지(殺地)에 앉았고 년상을목(年上乙木)은 미중을목(未中乙木)에 근(根)한다고 하나 그 미토(未土)는 목(木)의 고장(庫藏)으로 재혼한 사주다. 여자(女子) 사주에 관성입묘(官星入墓)가 있으면 부궁(夫宮)이 부실하여 재혼하거나 혼자 사는 사람들이 많다.

❶ 세운기묘년(歲運己卯年): 신경과민, 불성
❷ 질병(疾病): 위(胃), 잔질(殘疾)
❸ 남녀성격: (남) 군자의 성품, 언행 조심, 신의 있다, 재주 있다, 고독하다, 항상 바쁨, 학업 장애, 처궁불미, 처 덕 있다, 재복 있다
　　　　　(여) 신용 있다, 순진하다, 고집 대단, 부궁불미, 정부, 다재다능

세운 · 질병 · 남녀성격의 해설 (歲運 · 疾病 · 男女性格의 解說)

❶ 세운기묘년(歲運己卯年)= ※신경과민, 불성은 ※세운기묘년(歲運己卯年)의 묘목(卯木)은 일지신금(日支申金)과 묘신(卯申)으로 귀문관살(鬼門關殺)이 되므로 세운(歲運)에서 일지(日支) 귀문(鬼門) 관살운(關殺運)이 들어오면 ※그해에는 모든 일에 신경을 많이 쓰게 된다. 그리고 ※불성은 ※세운기묘년(歲運己卯年)의 기토(己土)는 무토일주(戊土日柱)의 비겁(比劫)으로 세운(歲運)에서 비견겁운(比肩劫運)이 들어오면 ※모든 일이 잘 풀리지 않고 대차계약도 잘 이루어지지 않는다.

❷ 질병(疾病)은 일주(日柱)에서 발생(發生)한다.

❸ 남녀성격은 일주(日柱)에서 발생(發生)한다.

기묘년 (己卯年)

60년(음) 11월 19일 자(子)시 남자

壬	戊	己	庚
子	戌	丑	子

60	50	40	30	20	10
乙	甲	癸	壬	辛	庚
未	午	巳	辰	卯	寅

이 사주는 무토일주(戊土日柱)가 동계축월(冬季丑月)에 출생하고 축중기토(丑中己土)가 월상(月上)에 투출(透出)하고 일지술토(日支戌土)에 근(根)하여 일주(日柱)는 신왕사주(身旺四柱)같이 보인다. 그러나 축토(丑土)는 토(土)라 하나 수기(水氣)가 많으며 년지자수(年支子水)와 자축(子丑)으로 수국(水局)을 이루고 시간지(時干支) 임자수(壬子水)가 있어 토생금(土生金) 금생수(金生水)로 사주의 기(氣)는 시상임수(時上壬水)에 집중(集中)되어 있으므로 이 사주는 신약사주(身弱四柱)가 된다. 그러므로 화인수(火印綬)가 용신(用神)이며 토비견겁(土比肩劫)은 희신(喜神)이 된다. 이 사주는 남자(男子)의 사주로서 공대(工大)에 토목과(土木課)를 졸업(卒業)하고 회사(會社)에 근무(勤務)하였으나 운(運)이 없어 승진이 안되어 고생을 많이 하다가 45세 사화대운(巳火大運)에 퇴사하여 건축사업을 하여 수억금을 벌었으며 50세 갑목대운(甲木大運)에 월상기토(月上己土)와 갑기합(甲己合)으로 합거(合去)되어 손해를 많이 보았으나 55세 오화대운(午火大運)에는 좋은 운(運)이 들어와 사업이 번창하여 잘살게 되리라고 본다.

❶ 세운기묘년(歲運己卯年): 관재, 손재, 신액, 불성
❷ 질병(疾病): 신장(腎臟), 방광(膀胱)
❸ 남녀성격: (남) 군자의 성품, 언행 조심, 신의 있다, 인심 좋다, 재주 있다, 신뢰한다, 근면하다, 학업 열중, 임사즉결, 고집 대단, 남에게 잘함, 신앙심, 창의력, 돈이 잘 빠져나간다
　　　　　(여) 신용 있다, 순진하다, 시모불합, 남편 말 잘 안 듣는다, 부궁불미, 정부, 재가, 독수공방, 일가부양, 친모봉양, 신앙심

세운·질병·남녀성격의 해설 (歲運·疾病·男女性格의 解說)

❶ 세운기묘년(歲運己卯年)= ※관재, 손재, 신액, 불성은 ※세운기묘년(歲運己卯年)의 묘목(卯木)은 무토일주의 정관(正官)으로 원명사주(源命四柱)에 재(財)가 태왕(太旺)인데 세운(歲運)에서 재(財)나 관살운(官殺運)이 들어오면 ※관재수를 조심해야 하며 또는 손재수를 조심해야 하며 또는 건강을 조심해야 한다. 그리고 ※불성은 ※세운기묘년(歲運己卯年)의 기토(己土)는 무토일주(戊土日柱)의 비겁(比劫)으로 세운(歲運)에서 비견겁운(比肩劫運)이 들어오면 ※모든 일이 잘 풀리지 않고 대차계약도 잘 이루어지지 않는다.

❷ 질병(疾病)과 ❸ 남녀성격은 일주(日柱)에서 발생(發生)한다.

기묘년 (己卯年)

61년(음) 11월 4일 오(午)시 여자

戊	戊	庚	辛
午	寅	子	丑

59	49	39	29	19	9
丙	乙	甲	癸	壬	辛
午	巳	辰	卯	寅	丑

이 사주는 무토일주(戊土日柱)가 중동자월(中冬子月)에 출생하여 실시(失時)하고 년지축토(年支丑土)와 자축(子丑)으로 수국(水局)을 이루고 년월(年月) 경신금(庚辛金)이 투출(透出)하여 상관식신(傷官食神)은 축중신금(丑中辛金)에 근(根)하였으며 무토일주(戊土日柱)는 자좌인목(自坐寅木)에 실지(殺地)에 앉아 일주(日柱)는 신약사주(身弱四柱)다. 그러므로 상관식신(傷官食神)이 왕(旺)하므로 화인수(火印綬)로 많은 상관식신(傷官食神)을 제(制)하고 일주(日柱)를 보신(補身)해야 하므로 화인수(火印綬)가 용신(用神)이며 토비견겁(土比肩劫)은 희신(喜神)이 된다. 이 사주는 여자의 사주로서 49세 을목대운(乙木大運)에 부동산에 투자하였으나 월상경금(月上庚金)과 을경합(乙庚合)으로 합거(合去)되어 재산을 탕진하였으나 54세 사화대운(巳火大運)부터는 운(運)이 좋아 돈을 많이 벌 수 있을 거라고 생각된다.

❶ 세운기묘년(歲運己卯年): 이별수, 관재, 손재, 신액, 불성
❷ 질병(疾病): 위산과다(胃酸過多), 위장병(胃腸病)
❸ 남녀성격: (남) 군자의 성품, 언행 조심, 의젓하다, 주관이 약하다, 부모무덕, 밥을 조금 먹는다, 처궁불미, 자손귀자
      (여) 신용 있다, 순진하다, 고집 대단, 정부, 재가, 시모불화, 인덕 없다, 친모봉양

세운·질병·남녀성격의 해설 (歲運·疾病·男女性格의 解說)

❶ 세운기묘년(歲運己卯年)= ※이별수, 관재, 손재, 신액, 불성은 ※세운기묘년(歲運己卯年)의 묘목(卯木)은 무토일주의 정관(正官)으로 여자 사주에 상관식신(傷官食神)이 태왕(太旺)인데 세운에서 관살운(官殺運)이 들어오면 ※가정에 불화가 많이 생긴다든가 또는 남편과 떨어져 산다든가 또는 이혼한다든가 또는 남편이 사망하는 수도 있다. 그리고 ※관재, 손재, 신액은 ※세운기묘년(歲運己卯年)의 묘목(卯木)은 무토일주의 정관(正官)으로 원명사주(源命四柱)에 재살(財殺)이 태왕(太旺)인데 세운(歲運)에서 재(財)나 관살운(官殺運)이 들어오면 ※관재수를 조심해야 하며 또는 손재수를 조심해야 하며 또는 건강을 조심해야 한다. 그리고 ※불성은 ※세운기묘년(歲運己卯年)의 기토(己土)는 무토일주(戊土日柱)의 비겁(比劫)으로 세운에서 비견겁운(比肩劫運)이 들어오면 ※모든 일이 잘 풀리지 않고 대차계약도 잘 이루어지지 않는다.

❷ 질병(疾病)은 일주(日柱)에서 발생(發生)한다.

❸ 남녀성격은 일주(日柱)에서 발생(發生)한다.

기묘년 (己卯年)

58년(음) 4월 23일 오(午)시 남자

戊	戊	戊	戊
午	午	午	戌

59	49	39	29	19	9
甲	癸	壬	辛	庚	己
子	亥	戌	酉	申	未

이 사주는 무토일주(戊土日柱)가 중하오월(中夏午月) 양인월(羊刃月)에 출생하여 득령(得令)하고 일시지(日時支) 양오화(兩午火)와 년지술토(年支戌土)와 오술(午戌)로 화국(火局)을 이루고 년월일시(年月日時) 천간무토(天干戊土)는 천원일기(天元一氣)를 이루어 무토일주(戊土日柱)는 태왕사주(太旺四柱)다. 이 사주는 종왕격(從旺格)으로 무토(戊土) 비견겁(比肩劫)이 용신(用神)이나 이 사주는 왕극사주(旺極四柱)로서 왕(旺)한 자는 더욱더 왕(旺)하게 하는 법칙(法則)이므로 화인수(火印綬)가 용신(用神)이며 토비견겁(土比肩劫)은 희신(喜神)이 된다. 이 사주는 남자(男子)의 사주로서 군장교(軍將校)로 근무(勤務)하였으나 초년(初年)에 운(運)이 없어 승진(昇進)이 늦었으며 44세 술토대운(戌土大運)에 오술(午戌)로 화국(火局)을 이루어 승진하였고 49세 계수대운(癸水大運)에 전역(轉役)하여 사업(事業)을 경영하였으나 년상무토(年上戊土)와 무계합(戊癸合)으로 합거(合去)되어 사업(事業)이 부실하여 손해(損害)를 많이 보고 있는 사주다. 앞으로도 운(運)이 없어 사업(事業)을 계속하게 되면 재산(財産)을 모두 탕진(蕩盡)하고 힘들게 살아갈 것이라고 본다.

❶ 세운기묘년(歲運己卯年): 손재, 처액, 불성
❷ 질병(疾病): 위(胃), 비(脾), 혈압(血壓)
❸ 남녀성격: (남) 군자의 성품, 언행 조심, 성질 급, 서두른다, 외화내곤, 실패 자초, 처궁불미, 재가, 정력 강, 여자 많다, 편식한다
　　　　　 (여) 신용, 순진하다, 고집 대단, 박력 있다, 부궁불미, 정부, 친모봉양

◎ **세운 · 질병 · 남녀성격의 해설**(歲運 · 疾病 · 男女性格의 解說)

❶ 세운기묘년(歲運己卯年)= ※손재, 처액, 불성은 ※세운기묘년(歲運己卯年)의 기토(己土)는 무토일주(戊土日柱)의 비겁(比劫)으로 원명사주(源命四柱)에 비견겁(比肩劫)이 태왕(太旺)인데 세운(歲運)에서 비견겁운(比肩劫運)이 들어오면 ※손재수를 조심해야 하며 또는 가정의 불화가 많이 생긴다든가 또는 처가 가출한다든가 또는 처의 건강을 조심해야 한다. 그리고 ※불성은 ※세운기묘년(歲運己卯年)의 기토(己土)는 무토일주(戊土日柱)의 비겁(比劫)으로 세운(歲運)에서 비견겁운(比肩劫運)이 들어오면 ※모든 일이 잘 풀리지 않고 대차계약도 잘 이루어지지 않는다.

❷ 질병(疾病)은 일주(日柱)에서 발생(發生)한다.

❸ 남녀성격은 일주(日柱)에서 발생(發生)한다.

기묘년 (己卯年)

59년(음) 1월 29일 미(未)시 여자

이 사주는 기토일주(己土日柱)가 중춘묘월(中春卯月)에 출생하여 실시(失時)하고 년지해수(年支亥水)가 있어 재살(財殺)이 왕(旺)하여 일주(日柱)가 신약사주(身弱四柱)같이 보인다. 그러나 기토일주(己土日柱)는 자좌(自坐) 축중기토(丑中己土)에 근(根)하고 년상기토(年上己土) 비견(比肩)이 있고 시지(時支) 미중정기(未中丁己) 인수(印綬)와 비견(比肩)이 있어 일주(日柱)는 약화위강(弱化爲强)으로 신왕사주(身旺四柱)다. 신왕사주(身旺四柱)에는 일주(日柱)를 제(制)하는 관살(官殺)이 좋은데 다행히 월지(月支) 묘중을목(卯中乙木)이 있어 묘중을목(卯中乙木) 편관(偏官)으로 용신(用神)한다. 그리고 수재(水財)는 희신(喜神)이 된다. 이 사주는 여자(女子)의 사주로서 화장품회사(化粧品會社)에 다니다가 퇴사(退社)하고 34세 오화대운(午火大運)에 사업(事業)을 경영하여 손해(損害)를 많이 보았고 49세 임수대운(壬水大運)에 월상정화(月上丁火)와 정임합(丁壬合)으로 합거(合去)되어 재산을 탕진하고 남편과 이혼(離婚)하고 혼자서 살고 있는 사주다. 부궁(夫宮)이 부실한 것은 일간지(日干支) 기축생(己丑生)의 공망(空亡)은 시지미토(時支未土)로서 부궁(夫宮)이 부실한데 일시(日時)가 축미충(丑未沖)으로 더욱더 부궁(夫宮)이 부실한 사주다.

❶ 세운기묘년(歲運己卯年): 이별수, 불성
❷ 질병(疾病): 위(胃), 위경련(胃痙攣), 비(脾)
❸ 남녀성격: (남) 군자의 성품, 언행 조심, 근면 성실, 신용 부실, 부지런하다, 봉사정신, 처궁불미, 의처증, 새벽잠이 없다, 신앙심, 학업 장애
　　　　　 (여) 신용 있다, 순진하다, 부궁불미, 독수공방, 남편을 의심한다, 정부, 시모불합, 신앙심, 돈이 잘 빠져나간다, 친정형제 걱정 많이 한다

세운·질병·남녀성격의 해설 (歲運·疾病·男女性格의 解說)

❶ 세운기묘년(歲運己卯年)= ※이별수, 불성은 ※세운기묘년(歲運己卯年)의 기토(己土)는 기토일주(己土日柱)의 비견(比肩)으로 신왕(身旺)한 여자 사주에 세운(歲運)에서 비견겁운(比肩劫運)이 들어오면 ※가정에 불화가 많이 생긴다든가 또는 남편과 떨어져 산다든가 또는 이혼한다든가 또는 남편이 사망하는 수도 있다. 그리고 ※불성은 ※세운기묘년(歲運己卯年)의 기토(己土)는 기토일주(己土日柱)의 비견(比肩)으로 세운(歲運)에서 비견겁운(比肩劫運)이 들어오면 ※모든 일이 잘 풀리지 않고 대차계약도 잘 이루어지지 않는다.

❷ 질병(疾病)과 ❸ 남녀성격은 일주(日柱)에서 발생(發生)한다.

기묘년 (己卯年)

59년(음) 10월 13일 미(未)시 남자

辛	己	乙	己
未	亥	亥	亥

52	42	32	22	12	2
己	庚	辛	壬	癸	甲
巳	午	未	申	酉	戌

이 사주는 기토일주(己土日柱)가 초겨울 해월(亥月)에 출생하여 실시(失時)하고 년일지(年日支) 양해수(兩亥水)와 월상(月上)에 을목(乙木)이 투출(透出)하여 재살(財殺)이 태왕(太旺)이다. 그러므로 기토일주(己土日柱)는 시지미토(時支未土)에 근(根)하고 년상기토(年上己土)가 있다고 하나 시지미토(時支未土)는 목(木)의 고장(庫藏)이며 해미(亥未)로 목국(木局)으로 화(化)하였고 년상기토(年上己土)는 왕(旺)한 수(水)에 쓸려가 힘이 없으므로 일주(日柱)를 도울 힘이 없다. 그러므로 이 사주는 토생금(土生金) 금생수(金生水) 수생목(水生木)으로 종살격(從殺格)으로 월상을목(月上乙木) 편관(偏官)이 용신(用神)이며 수재(水財)는 희신(喜神)이 된다. 이 사주는 남자의 사주로서 회사에 근무하였으나 운(運)이 없어 고생을 많이 하다가 42세 경금대운(庚金大運)에 퇴사하여 사업을 경영하였으나 월상을목(月上乙木)과 을경합(乙庚合)으로 합거(合去)되어 손해를 많이 보았으며 47세 오화대운(午火大運)에 종(從)하는 사주에 인수운(印綬運)이 들어와 재산을 탕진하고 처와 이혼한 사주다.

❶ 세운기묘년(歲運己卯年): 변화, 이사, 전근, 관재, 손재, 신액, 불성
❷ 질병(疾病): 위(胃), 비(脾)
❸ 남녀성격: (남) 군자의 성품, 언행 조심, 영리하다, 추리력, 선견지명, 외유내강, 현실에 적응 잘한다, 강직하다, 재복 있다, 장수한다, 호인이다
　　　　　(여) 신용 있다, 순진하다, 남편 좋다, 영리하다, 부궁불미, 정부, 장수한다, 신앙심

◐ 세운 · 질병 · 남녀성격의 해설 (歲運 · 疾病 · 男女性格의 解說)

❶ 세운기묘년(歲運己卯年)= ※변화, 이사, 전근, 관재, 손재, 신액, 불성은 ※세운기묘년(歲運己卯年)의 묘목(卯木)은 일지해수(日支亥水)와 해묘(亥卯)로 삼합(三合)이 되므로 세운(歲運)에서 일지(日支) 삼합운(三合運)이 들어오면 ※변화가 생긴다든가 또는 이사를 한다든가 또는 직장을 옮기는 일이 많다. 그리고 ※관재, 손재, 신액은 ※세운기묘년(歲運己卯年)의 묘목(卯木)은 기토일주의 편관(偏官)으로 원명사주에 재살(財殺)이 태왕(太旺)인데 세운에서 재(財)나 관살운(官殺運)이 들어오면 ※관재수나 손재수나 건강을 조심해야 한다. 그리고 ※불성은 ※세운기묘년(歲運己卯年)의 기토(己土)는 기토일주(己土日柱)의 비견(比肩)으로 세운(歲運)에서 비견겁운(比肩劫運)이 들어오면 ※모든 일이 잘 풀리지 않고 대차계약도 잘 이루어지지 않는다.

❷ 질병(疾病)과 ❸ 남녀성격은 일주(日柱)에서 발생(發生)한다.

기묘년 (己卯年)

63년(음) 7월 16일 묘(卯)시 여자

丁	己	庚	癸
卯	酉	申	卯

52	42	32	22	12	2
丙	乙	甲	癸	壬	辛
寅	丑	子	亥	戌	酉

이 사주는 기토일주(己土日柱)가 초가을 신월(申月)에 출생하여 실시(失時)하고 신궁경금(申宮庚金)이 월상(月上)에 투출(透出)하여 상관격(傷官格)이다. 그리고 일지유금(日支酉金)이 있어 유신(酉申)으로 금국(金局)을 이루어 상관식신(傷官食神)이 태왕(太旺)하며 년시지(年時支) 묘목편관(卯木偏官)이 있어 일주(日柱)는 신약사주(身弱四柱)다. 그런데 시상(時上)에 정화(丁火)가 자좌묘목(自坐卯木)에 생(生)을 받아 많은 상관(傷官)을 제(制)하면서 기토일주(己土日柱)를 생(生)하여 줌으로 종살격(從殺格)같이 보이지 않으나 시지묘목(時支卯木)은 일지유금(日支酉金)에 묘유충(卯酉沖)으로 나무가 뿌리가 뽑혀 정화인수(丁火印綬)를 생(生)하여 줄 힘이 없다. 그러므로 기토일주(己土日柱)는 한편으로는 상관식신(傷官食神)에 설기(泄氣)가 심(甚)하고 묘목(卯木)에 극(剋)을 받아 일주(日柱)가 쇠약(衰弱)하므로 화생토(火生土) 토생금(土生金) 금생수(金生水) 수생목(水生木)으로 사주의 기(氣)는 년지묘목(年支卯木)에 집중되어 있다. 그러므로 종살격(從殺格)이 되므로 묘중을목(卯中乙木) 편관(偏官)이 용신(用神)이며 수재(水財)는 희신(喜神)이 된다. 이 사주는 여자(女子)의 사주로서 의사인데 초년운(初年運)이 잘 들어와 대학교 전문의(專門醫)로 있다가 37세 자수대운(子水大運)에 의원을 개원하여 돈을 많이 벌은 사주다.

❶ 세운기묘년(歲運己卯年): 관재, 수술, 자연재앙, 불성
❷ 질병(疾病): 위(胃), 비(脾)
❸ 남녀성격: (남) 군자의 성품, 언행 조심, 신의 있다, 남에게 잘함, 문단 수려, 암기력, 처덕 있다, 처궁불미, 언어특성, 운동 잘함, 잔병치레, 식복 있다
　　　　　　(여) 신용 있다, 순진하다, 남편복이 없다, 부궁불미, 독수공방, 정부, 미모 수려, 자손귀자

🌀 세운 · 질병 · 남녀성격의 해설 (歲運 · 疾病 · 男女性格의 解說)

❶ 세운기묘년(歲運己卯年)= ※관재, 수술, 자연재앙, 불성은 ※세운기묘년(歲運己卯年)의 묘목(卯木)은 일지유금(日支酉金)과 묘유(卯酉)로 충(沖)이 되므로 세운(歲運)에서 일지충운(日支沖運)이 들어오면 ※관재수를 조심해야 하며 또는 수술을 조심해야 하며 또는 자연재앙을 조심해야 한다. 그리고 ※불성은 ※세운기묘년(歲運己卯年)의 기토(己土)는 기토일주(己土日柱)의 비견(比肩)으로 세운에서 비견겁운(比肩劫運)이 들어오면 ※모든 일이 잘 풀리지 않고 대차계약도 잘 이루어지지 않는다.

❷ 질병(疾病)과 ❸ 남녀성격은 일주(日柱)에서 발생(發生)한다.

기묘년(己卯年)

60년(음) 8월 8일 신(申)시 남자

<table>
<tr><td>壬</td><td>己</td><td>乙</td><td>庚</td></tr>
<tr><td>申</td><td>未</td><td>酉</td><td>子</td></tr>
</table>

53	43	33	23	13	3
辛	庚	己	戊	丁	丙
卯	寅	丑	子	亥	戌

이 사주는 기토일주(己土日柱)가 중추유월(中秋酉月)에 출생하여 실시(失時)하고 년상경금(年上庚金)은 월상을목(月上乙木)과 을경(乙庚)으로 금(金)으로 화(化)하였고 그 경금(庚金)은 시지신금(時支申金)에 록근(祿根)하여 기토일주(己土日柱)가 설기(泄氣)가 심(甚)하며 시상임수(時上壬水)는 자좌신금(自坐申金)에 장생궁(長生宮)이며 년지자수(年支子水)에 근(根)하여 상관(傷官)과 재(財)가 태왕(太旺)이다. 그러므로 종재격(從財格)같이 보인다. 그러나 기토일주(己土日柱)는 자좌(自坐) 미중정기(未中丁己)의 인수(印綬)와 비견(比肩)에 근(根)하여 종(從)하지 않으므로 화인수(火印綬)가 용신(用神)이며 토비견겁(土比肩劫)은 희신(喜神)이된다. 이 사주는 남자(男子)의 사주로서 사진작가(寫眞作家)로 자수대운(子水大運)까지는 고생(苦生)을 많이 하였으나 33세 기토대운(己土大運)에는 예식장의 사진작사(寫眞作家)로 일하면서 돈을 많이 벌어 결혼(結婚)하였고 48세 인목대운(寅木大運)에 스튜디오를 경영하였으나 재산을 탕진하고 힘들게 살고 있는 사주다. 이 사주는 직장생활(職場生活)을 하면 안정된 생활을 할 수 있지만 사업(事業)을 하게 되면 십중팔구(十中八九) 재산을 탕진할 수 있는 운(運)이다.

---

❶ 세운기묘년(歲運己卯年): 변화, 이사, 전근, 불성
❷ 질병(疾病): 위(胃), 비(脾), 당뇨(糖尿)
❸ 남녀성격: (남) 군자의 성품, 언행 조심, 성질 급, 고집 대단, 성격이 까다롭다, 편식, 옷에
　　　　　　신경 쓴다, 처궁불미, 남에게 시기를 많이 받는다, 신앙심
　　　　　　(여) 신용 있다, 순진하다, 부궁불미, 이성 구설, 정부, 독수공방, 친모봉양

☯ 세운·질병·남녀성격의 해설(歲運·疾病·男女性格의 解說)

❶ 세운기묘년(歲運己卯年)= ※변화, 이사, 전근, 불성은 ※세운기묘년의 묘목(卯木)은 일지미토(日支未土)와 묘미(卯未)로 삼합(三合)이 되므로 세운(歲運)에서 일지(日支) 삼합운이 들어오면 ※변화가 생긴다든가 또는 이사를 한다든가 또는 직장을 옮기는 일이 많다. 그리고 ※불성은 ※세운기묘년(歲運己卯年)의 기토(己土)는 기토일주(己土日柱)의 비견(比肩)으로 세운(歲運)에서 비견겁운(比肩劫運)이 들어오면 ※모든 일이 잘 풀리지 않고 대차계약도 잘 이루어지지 않는다.

❷ 질병(疾病)은 일주(日柱)에서 발생(發生)한다.

❸ 남녀성격은 일주(日柱)에서 발생(發生)한다.

기묘년(己卯年)

60년(윤) 6월 17일 해(亥)시 남자

乙	己	甲	庚
亥	巳	申	子

60	50	40	30	20	10
庚	己	戊	丁	丙	乙
寅	丑	子	亥	戌	酉

이 사주는 기토일주(己土日柱)가 초가을 신월(申月)에 출생하여 실시(失時)하고 신궁경금(申宮庚金)이 년상(年上)에 투출(透出)하여 상관격(傷官格)이다. 그리고 년지자수(年支子水)와 시지해수(時支亥水)와 해자(亥子)로 수국(水局)을 이루고 시상을목(時上乙木)이 투출(透出)하여 토생금(土生金) 금생수(金生水) 수생목(水生木)으로 재살(財殺)이 태왕(太旺)이다. 그러므로 화인수(火印綬)가 용신(用神)이며 토비견겁(土比肩劫)은 희신(喜神)이 된다. 이 사주는 남자(男子)의 사주로서 미술(美術)을 전공(專攻)하여 30세 정화대운(丁火大運)에 미술교사(美術敎師)로 임용(任用)되었으며 40세 무토대운(戊土大運)에 부동산 투자하여 돈을 많이 벌었으며 45세 자수대운(子水大運)에 화용신(火用神)의 자수(子水)는 절궁(絶宮)으로 재물에 손해를 많이 본 사주다.

❶ 세운기묘년(歲運己卯年): 관재, 손재, 신액, 불성
❷ 질병(疾病): 위(胃), 비(脾), 치질(痔疾), 방광(膀胱), 성병(性病)
❸ 남녀성격: (남) 군자의 성품, 언행 조심, 외유내강, 강직하다, 미모 수려, 멋쟁이, 학업 열중, 덕망이 있다, 항상 바쁨, 처궁불미, 처 덕 있다
　　　　　(여) 신용 있다, 순진하다, 남편복이 있다, 자손귀자, 친정걱정, 물조심, 영리하다

세운·질병·남녀성격의 해설 (歲運·疾病·男女性格의 解說)

❶ 세운기묘년(歲運己卯年)= ※관재, 손재, 신액, 불성은 ※세운기묘년(歲運己卯年)의 묘목(卯木)은 기토일주(己土日柱)의 편관(偏官)으로 원명사주에 재살(財殺)이 태왕(太旺)인데 세운에서 재(財)나 관살운(官殺運)이 들어오면 ※관재수나 손재수나 건강을 조심해야 한다. 그리고 ※불성은 ※세운기묘년(歲運己卯年)의 기토(己土)는 기토일주(己土日柱)의 비견(比肩)으로 세운(歲運)에서 비견겁운(比肩劫運)이 들어오면 ※모든 일이 잘 풀리지 않고 대차계약도 잘 이루어지지 않는다.

❷ 질병(疾病)은 위, 비는 일주(日柱)에서 발생(發生)하며 ※치질, 방광, 성병은 ※원명사주가 월간지(月干支) 갑신(甲申)과 일간지(日干支) 기사(己巳)로 천간(天干)은 갑기합(甲己合), 지지(地支)는 사신합(巳申合)으로 곤랑도화살(滾浪桃花殺)이므로 원명사주에 곤랑도화살이 있으면 ※치질과 방광, 성병을 조심해야 한다.

❸ 남녀성격은 일주(日柱)에서 발생(發生)한다.

기묘년(己卯年)

63년(음) 1월 12일 묘(卯)시 여자

丁	己	甲	癸
卯	卯	寅	卯

60	50	40	30	20	10
庚	己	戊	丁	丙	乙
申	未	午	巳	辰	卯

이 사주는 기토일주(己土日柱)가 초봄 인월(寅月)에 출생하여 실시(失時)하고 인중갑목(寅中甲木)이 월상(月上)에 투출(透出)하여 정관격(正官格)이다. 그리고 년일시지(年日時支) 삼묘목(三卯木)이 있어 관살(官殺)이 태왕(太旺)하여 종살격(從殺格)같이 보인다. 그러나 많은 관살(官殺)은 기토일주를 극(剋)하지 않고 시상정화(時上丁火) 인수(印綬)를 생(生)함으로서 시상정화(時上丁火) 인수(印綬)가 용신(用神)이며 토비견겁(土比肩劫)은 희신(喜神)이 된다. 이 사주는 여자(女子)의 사주로서 공부(工夫)를 많이 하고 외국어(外國語)를 전공(專攻)하여 30세 정사대운(丁巳大運)에 외무고시(外務考試)에 합격(合格)하고 승승장구(乘勝長驅)하다가 45세 오화대운(午火大運)에 고위직(高位職)에 승진하여 잘 살고 있는 사주다.

❶ 세운기묘년(歲運己卯年): 이별수, 변화, 이사, 전근, 불성
❷ 질병(疾病): 위(胃), 비(脾), 위산과다(胃酸過多)
❸ 남녀성격: (남) 군자의 성품, 언행 조심, 고집 대단, 지구력 부족, 인덕 없다, 마음 약, 처궁불미, 소심하다, 인자한 성품, 운동 잘함, 눈물 많다
　　　　　(여) 신용 있다, 순진하다, 부궁불미, 정부, 재가, 식복있다, 자손근심, 남편이 나이가 많은 사람 아니면 나이가 어린 사람을 만나기 쉽다

🔵 세운 · 질병 · 남녀성격의 해설 (歲運 · 疾病 · 男女性格의 解說)

❶ 세운기묘년(歲運己卯年)= ※이별수, 변화, 이사, 전근, 불성은 ※세운기묘년(歲運己卯年)의 묘목(卯木)은 기토일주(己土日柱)의 편관(偏官)으로 여자 사주에 관살(官殺)이 태왕(太旺)인데 세운(歲運)에서 관살운(官殺運)이 들어오면 ※가정에 불화가 많이 생긴다든가 또는 남편과 떨어져 산다든가 또는 이혼한다든가 또는 남편이 사망하는 수도 있다. 그리고 ※변화, 이사, 전근은 ※세운기묘년(歲運己卯年)의 묘목(卯木)은 일지묘목(日支卯木)과 묘묘(卯卯)로 삼합(三合)이 되므로 세운(歲運)에서 일지(日支) 삼합운(三合運)이 들어오면 ※변화가 생긴다든가 또는 이사를 한다든가 또는 직장을 옮기는 일이 많다. 그리고 ※불성은 ※세운기묘년(歲運己卯年)의 기토(己土)는 기토일주(己土日柱)의 비견(比肩)으로 세운(歲運)에서 비견겁운(比肩劫運)이 들어오면 ※모든 일이 잘 풀리지 않고 대차계약도 잘 이루어지지 않는다.

❷ 질병(疾病)은 일주(日柱)에서 발생(發生)한다.

❸ 남녀성격은 일주(日柱)에서 발생(發生)한다.

기묘년 (己卯年)

63년(음) 7월 26일 해(亥)시 남자

乙	己	辛	癸
亥	未	酉	卯

52	42	32	22	12	2
乙	丙	丁	戊	己	庚
卯	辰	巳	午	未	申

이 사주는 기토일주(己土日柱)가 중추유월(中秋酉月)에 출생하여 실시(失時)하고 유중신금(酉中辛金)이 월상(月上)에 투출(透出)하여 식신격(食神格)이다. 그리고 지지(地支)는 년일시지(年日時支) 해묘미(亥卯未)로 목국(木局)을 이루었고 시상을목(時上乙木)이 투출(透出)하여 일주(日柱)는 신약사주(身弱四柱)다. 그러므로 화인수(火印綬)가 용신(用神)이며 토비견겁(土比肩劫)은 희신(喜神)이 된다. 이 사주는 남자(男子)의 사주로서 의사(醫師)인데 초년(初年) 오화대운(午火大運)에 대학병원(大學病院)에서 근무(勤務)하여 32세 정화대운(丁火大運)까지는 병원(病院)에서도 유능(有能)한 인재(人材)라고 칭찬을 받으며 근무하다가 37세 사화대운(巳火大運)에 의원(醫院)을 개원하여 돈을 많이 벌었으나 42세 병화대운(丙火大運)에 월상신금(月上辛金)과 병신합(丙辛合)으로 합거(合去)되어 의원(醫院)이 부실하여 손해(損害)를 많이 보고 있는 사주다.

❶ 세운기묘년(歲運己卯年): 변화, 이사, 전근, 자연재앙, 불성
❷ 질병(疾病): 위(胃), 비(脾), 당뇨(糖尿)
❸ 남녀성격: (남) 군자의 성품, 언행 조심, 성질 급, 고집 대단, 성격이 까다롭다, 편식, 옷에
　　　　　　신경 쓴다, 처궁불미, 남에게 시기를 많이 받는다, 신앙심
　　　　　　(여) 신용 있다, 순진하다, 부궁불미, 이성 구설, 정부, 독수공방, 친모봉양

🌀 세운·질병·남녀성격의 해설 (歲運 · 疾病 · 男女性格의 解說)

❶ 세운기묘년(歲運己卯年)= ※변화, 이사, 전근, 자연재앙, 불성은 ※세운기묘년(歲運己卯年)의 묘목(卯木)은 일지미토(日支未土)와 묘미(卯未)로 삼합(三合)이 되므로 세운(歲運)에서 일지(日支) 삼합운(三合運)이 들어오면 ※변화가 생긴다든가 또는 이사를 한다든가 또는 직장을 옮기는 일이 많다. 그리고 ※자연재앙은 ※세운기묘년(歲運己卯年)의 묘목(卯木)은 년지묘목(年支卯木)과 묘묘(卯卯)로 똑같은 오행(五行)이므로 세운(歲運)에서 년지(年支) 같은 운(運)이 들어오면 ※자연재앙을 조심해야 한다. 그리고 ※불성은 ※세운기묘년(歲運己卯年)의 기토(己土)는 기토일주(己土日柱)의 비견(比肩)으로 세운(歲運)에서 비견겁운(比肩劫運)이 들어오면 ※모든 일이 잘 풀리지 않고 대차계약도 잘 이루어지지 않는다.

❷ 질병(疾病)은 일주(日柱)에서 발생(發生)한다.

❸ 남녀성격은 일주(日柱)에서 발생(發生)한다.

기묘년 (己卯年)

64년(음) 7월 11일 오(午)시 남자

庚	己	壬	甲
午	亥	申	辰

57	47	37	27	17	7
戊	丁	丙	乙	甲	癸
寅	丑	子	亥	戌	酉

이 사주는 기토일주(己土日柱)가 초가을 신월(申月)에 출생하여 실시(失時)하고 신궁(申宮)에 경금(庚金)과 임수(壬水)가 투출(透出)하여 어느 오행(五行)으로 격(格)을 잡느냐의 기로(岐路)에 서게 된다. 그런데 생일을 보아 11일에 태어났으므로 신궁(申宮)에 임수(壬水)가 사령(司令)하므로 신궁(申宮) 임수재(壬水財)로 격(格)을 잡는다. 그러므로 정재격(從財格)으로 신약사주(身弱四柱)다. 그러나 기토일주(己土日柱)는 시지오화(時支午火)에 록근(祿根)하여 종(從)하지 않으므로 화인수(火印綬)가 용신(用神)이며 토비견겁(土比肩劫)은 희신(喜神)이 된다. 이 사주는 남자(男子)의 사주로서 정재격(從財格)을 놓은 사람은 정당한 재물(財物)을 취득(取得)하기 때문에 공무원(公務員)으로 직업을 갖거나 직장생활(職場生活)을 하는 사람들이 많은데 이 사주는 회사에 근무하다가 37세 병화대운(丙火大運)에 퇴사하여 사업을 경영하여 돈을 많이 벌었으나 42세 자수대운(子水大運)에 화용신(火用神)의 절궁(絶宮)으로 손해를 많이 보고 있는 사주다.

🌀 세운 · 질병 · 남녀성격의 해설 (歲運 · 疾病 · 男女性格의 解說)

❶ 세운기묘년(歲運己卯年)= ※변화, 이사, 전근, 관재, 손재, 신액, 불성은 ※세운기묘년(歲運己卯年)의 묘목(卯木)은 일지해수(日支亥水)와 해묘(亥卯)로 삼합(三合)이 되므로 세운(歲運)에서 일지(日支) 삼합운(三合運)이 들어오면 **※변화가 생긴다든가 또는 이사를 한다든가 또는 직장을 옮기는 일이 많다.** 그리고 ※관재, 손재, 신액은 ※세운기묘년(歲運己卯年)의 묘목(卯木)은 기토일주(己土日柱)의 편관(偏官)으로 원명사주에 재살(財殺)이 태왕(太旺)인데 세운에서 재(財)나 관살운(官殺運)이 들어오면 **※관재수나 손재수나 건강을 조심해야 한다.** 그리고 ※불성은 ※세운기묘년(歲運己卯年)의 기토(己土)는 기토일주(己土日柱)의 비견(比肩)으로 세운에서 비견겁운(比肩劫運)이 들어오면 **※모든 일이 잘 풀리지 않고 대차계약도 잘 이루어지지 않는다.**

❷ 질병(疾病)은 일주(日柱)에서 발생(發生)한다.

❸ 남녀성격은 일주(日柱)에서 발생(發生)한다.

기묘년 (己卯年)

60년(음) 11월 21일 자(子)시 여자

<table>
<tr><td>丙</td><td>庚</td><td>己</td><td>庚</td></tr>
<tr><td>子</td><td>子</td><td>丑</td><td>子</td></tr>
</table>

51	41	31	21	11	1
癸	甲	乙	丙	丁	戊
未	申	酉	戌	亥	子

이 사주는 경금일주(庚金日柱)가 동계축월(冬季丑月)에 출생하여 득령(得令)하고 축중기토(丑中己土)가 월상(月上)에 투출(透出)하여 인수격(印綬格)이다. 그리고 년일천간(年日天干) 경금비견(庚金比肩)이 있어 일주(日柱)가 신왕사주(身旺四柱)같이 보인다. 그러나 축월(丑月)은 토(土)라 하나 수기(水氣)가 많으며 지지자수(地支子水)와 자축(子丑)으로 전수국(全水局)을 이루어 일주(日柱)는 신약사주(身弱四柱)다. 그러므로 상관(傷官)이 많아 토인수(土印綬)로 많은 상관식신(傷官食神)을 제(制)하면서 일주(日柱)를 보신(補身)하여야 하기 때문에 토인수(土印綬)가 용신(用神)이며 금비견겁(金比肩劫)은 희신(喜神)이 된다. 이 사주는 여자(女子)의 사주로서 상관(傷官)이 많으면 기술(技術)이 좋으며 또 손재주가 있으며 음식솜씨도 좋은데 36세 유금대운(酉金大運)에 음식점(飮食店)을 경영하여 돈을 많이 벌었으나 41세 갑목대운(甲木大運)에 사업(事業)을 확장(擴張)하여 경영(經營)하다가 월상기토(月上己土)와 대운갑목(大運甲木)과 갑기합(甲己合)으로 합거(合去)되어 손해(損害)를 많이 보고 있는 사주다.

❶ 세운기묘년(歲運己卯年): 신축, 문서, 관재, 수술

❷ 질병(疾病): 냉(冷), 대하증(帶下症), 동상(凍傷), 중풍(中風)

❸ 남녀성격: (남) 과감 용단, 청백한 사람, 의리 있다, 남을 무시한다, 두뇌 명철, 추리력, 혁명심, 처궁불미, 재가, 미인수다, 냉정하다, 눈치가 빠름, 신앙심

　(여) 냉정하다, 사람 사귀다 한번 틀어지면 다시 안 봄, 부궁불미, 정부, 재가, 독수공방, 남에게 잘함, 인덕 없다, 남자들의 배신을 잘 당함

세운 · 질병 · 남녀성격의 해설 (歲運 · 疾病 · 男女性格의 解說)

❶ 세운기묘년(歲運己卯年)= ※신축, 문서, 관재, 수술은 ※세운기묘년(歲運己卯年)의 기토(己土)는 경금일주(庚金日柱)의 인수(印綬)로 세운(歲運)에서 인수운(印綬運)이 들어오면 ※집을 짓는다든가 또는 증축을 한다든가 또는 사업체를 벌리는 일이 많다. 그리고 ※관재, 수술은 ※세운기묘년의 묘목(卯木)은 일지자수(日支子水)와 자묘(子卯)로 형살(刑殺)이 되므로 세운(歲運)에서 일지(日支) 형살운(刑殺運)이 들어오면 ※관재수를 조심해야 하며 또는 수술을 조심해야 한다.

❷ 질병(疾病)은 일주(日柱)에서 발생(發生)한다.

❸ 남녀성격은 일주(日柱)에서 발생(發生)한다.

기묘년 (己卯年)

54년(음) 5월 3일 진(辰)시 남자

庚	庚	己	甲
辰	寅	巳	午

51	41	31	21	11	1
乙	甲	癸	壬	辛	庚
亥	戌	酉	申	未	午

이 사주는 경금일주(庚金日柱)가 초여름 사월(巳月)에 출생하여 실시(失時)하고 지지(地支)는 년지오화(年支午火)와 사오(巳午)로 화국(火局)을 이루고 년상갑목(年上甲木)은 일지인목(日支寅木)에 록근(祿根)하여 재살(財殺)이 태왕(太旺)으로 신약사주(身弱四柱)다. 그러므로 살인상생(殺印相生)으로 토인수(土印綬)가 용신(用神)이며 금비견겁(金比肩劫)은 희신(喜神)이 된다. 이 사주는 남자(男子)의 사주로서 공부(工夫)보다 사업(事業)에 관심(關心)이 많아 31세 계수대운(癸水大運)에 사업을 하여 손해를 많이 보았고 36세 유금대운(酉金大運)에 경금일주(庚金日柱)를 보신(補身)하여 돈을 많이 벌었고 41세 갑목대운(甲木大運)에는 진토용신(辰土用神)을 극(剋)하여 다시 손해(損害)를 많이 보았으며 46세 술토대운(戌土大運)에는 재산을 복구(復舊)하고 돈을 많이 벌었으나 51세 을목대운(乙木大運)에 을경합(乙庚合)으로 합거(合去)되어 재산(財產)을 탕진(蕩盡)하고 무능(無能)하며 어려운 생활(生活)을 하고 있는 사주다. 이 사주도 기복(起伏)이 심(甚)했던 사주다.

❶ 세운기묘년(歲運己卯年): 신축, 문서, 관재, 손재, 신액
❷ 질병(疾病): 해수(咳嗽), 기관지(氣管支), 폐병(肺病), 결핵(結核)
❸ 남녀성격: (남) 과감 용단, 의리 있다, 임사즉결, 겉으로 냉정하나 속은 온화함, 근면 성실, 용기 있다, 성질 급, 타의 군림, 재복 있다, 처 덕 있다
　　　　　(여) 냉정하다, 사람 사귀다 한번 틀어지면 다시 안 봄, 이성 고민, 직업, 부궁 불미, 정부, 자손귀자, 신경 예민

세운·질병·남녀성격의 해설 (歲運·疾病·男女性格의 解說)

❶ 세운기묘년(歲運己卯年)= ※신축, 문서, 관재, 손재, 신액은 ※세운기묘년(歲運己卯年)의 기토(己土)는 경금일주(庚金日柱)의 인수(印綬)로 세운에서 인수운(印綬運)이 들어오면 ※집을 짓는다든가 또는 증축을 한다든가 또는 사업체를 벌리는 일이 많다. 그리고 ※관재, 손재, 신액은 ※세운기묘년(歲運己卯年)의 묘목(卯木)은 경금일주의 정재(正財)로 원명사주(源命四柱)에 재살(財殺)이 태왕(太旺)인데 세운에서 재(財)나 관살운(官殺運)이 들어오면 ※관재수나 손재수나 건강을 조심해야 한다.

❷ 질병(疾病)은 해수, 기관지는 일주(日柱)에서 발생(發生)하며 ※폐병, 결핵은 ※원명사주(源命四柱)에 목화재관(木火財官)이 태왕(太旺)하면 ※폐병과 결핵을 조심해야 한다.

❸ 남녀성격은 일주(日柱)에서 발생(發生)한다.

기묘년 (己卯年)

69년(음) 7월 21일 진(辰)시 남자

<table>
<tr><td>庚</td><td>庚</td><td>壬</td><td>己</td></tr>
<tr><td>辰</td><td>辰</td><td>申</td><td>酉</td></tr>
</table>

58	48	38	28	18	8
丙	丁	戊	己	庚	辛
寅	卯	辰	巳	午	未

이 사주는 경금일주(庚金日柱)가 초가을 신월(申月)에 출생하여 록근(祿根)하고 신궁임수(申宮壬水)가 월상(月上)에 투출(透出)하여 식신격(食神格)이다. 그리고 년지유금(年支酉金) 양인(羊刃)과 신유(申酉)로 금국(金局)을 이루고 일시간지(日時干支) 경진(庚辰)으로 일주(日柱)가 신왕사주(身旺四柱)다. 다행히 월상(月上)에 임수(壬水)가 투출(透出)하여 식신(食神)으로 설기(泄氣)하므로 이런 사주를 가상관격(假傷官格)이라고 한다. 그러므로 임수식신(壬水食神)이 용신(用神)이다. 이 사주는 남자(男子)의 사주로서 공대(工大)를 졸업하였고 아이디어가 좋아 벤처기업에 입사(入社)하여 연구원(研究員)으로 근무하다가 대운(大運)이 좋지 않아 승진(昇進)이 안되어 퇴사(退社)한 뒤 사업(事業)을 경영하였으나 38세 무토대운(戊土大運)에 용신임수(用神壬水)를 극(剋)하여 사업(事業)에 실패(失敗)하고 다시 회사(會社)에 근무(勤務)하고 있는 사주다. 경진일주(庚辰日柱)에 경진시(庚辰時)를 놓으면 자손액(子孫厄)을 조심해야 한다.

❶ 세운기묘년(歲運己卯年): 신축, 문서, 손재, 처액
❷ 질병(疾病): 냉(冷), 풍질(風疾)
❸ 남녀성격: (남) 과감 용단, 신의 있다, 임사즉결, 포부 광대, 매사 끝장본다, 매사 자신, 통솔력, 영웅호걸, 두령격, 자수성가, 처 덕 있다, 냉정하다, 신앙심, 처궁불미
　　　　　　(여) 냉정하다, 사람 사귀다 한번 틀어지면 다시 안봄, 부궁불미, 정부, 재가, 직업여성, 일가부양, 재복 있다

세운 · 질병 · 남녀성격의 해설 (歲運 · 疾病 · 男女性格의 解說)

❶ 세운기묘년(歲運己卯年)= ※신축, 문서, 손재, 처액은 ※세운기묘년(歲運己卯年)의 기토(己土)는 경금일주(庚金日柱)의 인수(印綬)로 세운(歲運)에서 인수운(印綬運)이 들어오면 ※집을 짓는다든가 또는 증축을 한다든가 또는 사업체를 벌리는 일이 많다. 그리고 ※손재, 처액은 ※세운기묘년(歲運己卯年)의 묘목(卯木)은 경금일주(庚金日柱)의 정재(正財)로 남자 사주에 비견겁(比肩劫)이 태왕(太旺)인데 세운(歲運)에서 재운(財運)이 들어오면 ※손재수를 조심해야 하며 또는 가정에 불화가 많이 생긴다든가 또는 처가 말없이 가출한다든가 또는 처의 건강을 조심해야 한다.

❷ 질병(疾病)은 일주(日柱)에서 발생(發生)한다.

❸ 남녀성격은 일주(日柱)에서 발생(發生)한다.

기묘년(己卯年)

50년(음) 4월 19일 해(亥)시 남자

丁	庚	辛	庚
亥	午	巳	寅

51	41	31	21	11	1
丁	丙	乙	甲	癸	壬
亥	戌	酉	申	未	午

이 사주는 경금일주(庚金日柱)가 초여름 사월(巳月)에 출생하여 실시(失時)하고 일지오화(日支午火)와 사오(巳午)로 화국(火局)을 이루고 시상(時上)에 정화(丁火)가 투출(投出)하여 일지오화(日支午火)에 록근(祿根)하고 년지인목(年支寅木)이 있어 재살(財殺)이 태왕(太旺)이다. 그러나 경금일주(庚金日柱)는 근(根)이 없으며 자좌오화(自坐午火)에 살지(殺地)에 앉았고 월상신금(月上辛金) 비겁(比劫)도 자좌사화(自坐巳火)에 살지(殺地)에 앉았으며 년상경금(年上庚金) 비견(比肩)은 자좌인목(自坐寅木)에 절궁(絶宮)으로 경금일주(庚金日柱)를 도울 힘이 없다. 그러므로 이 사주는 재살(財殺)이 왕(旺)하므로 종살격(從殺格)같이 보인다. 그러나 시지(時支) 해중임수(亥中壬水) 식신(食神)이 있어 많은 관살(官殺)을 제(制)하므로 이런 사주를 식신(食神) 제살격(制殺格)이라고 한다. 그러므로 해중임수(亥中壬水) 식신(食神)이 용신(用神)이며 금비견겁(金比肩劫)은 희신(喜神)이 된다. 이 사주는 남자(男子)의 사주로서 회사에 다니다가 51세 정화대운(丁火大運)에 명예퇴직하여 56세 해수대운(亥水大運)에 사업을 경영하여 수억금을 벌은 사주다.

❶ 세운기묘년(歲運己卯年): 신축, 문서, 관재, 손재, 신액
❷ 질병(疾病): 폐(肺), 기관지(氣管支), 월경불순(月經不純), 해수천식(咳嗽喘息), 빈혈(貧血)
❸ 남녀성격: (남) 과감 용단, 냉정하다, 일찍 사회에 참여, 뜻은 크나 성공이 없다, 신경질,
　　　　　　　지구력 부족, 성질 급, 남에게 시기를 많이 받는다
　　　　　　(여) 냉정하다, 사람 사귀다 한번 틀어지면 다시 안 봄, 부궁불미, 정부, 재가,
　　　　　　　외강내유, 성질 급, 서두른다, 자중한다, 인덕 없다

🌀 세운·질병·남녀성격의 해설 (歲運·疾病·男女性格의 解說)

❶ 세운기묘년(歲運己卯年)= ※신축, 문서, 관재, 손재, 신액은 ※세운기묘년(歲運己卯年)의 기토(己土)는 경금일주(庚金日柱)의 인수(印綬)로 세운(歲運)에서 인수운(印綬運)이 들어오면 ※**집을 짓는다든가 또는 증축을 한다든가 또는 사업체를 벌리는 일이 많다.** 그리고 ※관재, 손재, 신액은 ※세운기묘년(歲運己卯年)의 묘목(卯木)은 경금일주의 정재(正財)로 원명사주(源命四柱)에 재살(財殺)이 태왕(太旺)인데 세운에서 재(財)나 관살운(官殺運)이 들어오면 ※**관재수나 손재수나 건강을 조심해야 한다.**

❷ 질병(疾病)은 일주(日柱)에서 발생(發生)한다.

❸ 남녀성격은 일주(日柱)에서 발생(發生)한다.

기묘년 (己卯年)

丁	庚	丁	辛
亥	申	酉	卯

53	43	33	23	13	3
辛	壬	癸	甲	乙	丙
卯	辰	巳	午	未	申

이 사주는 경금일주(庚金日柱)가 중추유월(中秋酉月) 양인월(羊刃月)에 출생하여 득령(得令)하고 유중신금(酉中辛金)이 년상(年上)에 투출(透出)하고 경금일주(庚金日柱)는 자좌신금(自坐申金)에 록근(祿根)하니 일주(日柱)는 신왕사주(身旺四柱)다. 신왕사주(身旺四柱)에는 관살(官殺)로 일주(日柱)를 제(制)하거나 상관식신(傷官食神)으로 설기(泄氣)함이 좋은데 년월(年月) 양정화(兩丁火)가 있다고 하나 그 정화(丁火)는 모두 근(根)이 없으며 자좌살지(自坐殺地) 사지(死地)에 앉아 용신(用神)으로 쓸 수가 없다. 다행히 시지해수(時支亥水)가 있어 해중임수(亥中壬水)로 용신(用神)한다. 그러므로 이 사주는 시지(時支) 해중임수(亥中壬水) 식신(食神)이 용신(用神)이며 년지묘목(年支卯木)은 희신(喜神)이 된다.

❶ 세운기묘년(歲運己卯年): 신축, 문서, 신경과민, 손재, 처액
❷ 질병(疾病): 간(肝), 담(膽)
❸ 남녀성격: (남) 과감 용단, 냉정하다, 냉정하게 보이나 속마음은 따뜻함, 의리 있다, 영리하다, 재간 있다, 처궁불미, 식복 있다, 자손근심, 항상 바쁨, 꾀가 많다
　　　　　 (여) 냉정하다, 사람 사귀다 한번 틀어지면 다시 안 봄, 부궁불미, 정부, 재가, 독수공방, 친정형제 걱정, 돈이 잘 빠져나간다, 고독하다, 시모불합, 남편 말 잘 안 듣는다

🔮 세운·질병·남녀성격의 해설 (歲運·疾病·男女性格의 解說)

❶ 세운기묘년(歲運己卯年)= ※신축, 문서, 신경과민, 손재, 처액은 ※세운기묘년(歲運己卯年)의 기토(己土)는 경금일주(庚金日柱)의 인수(印綬)로 세운(歲運)에서 인수운(印綬運)이 들어오면 ※집을 짓는다든가 또는 증축을 한다든가 또는 사업체를 벌리는 일이 많다. 그리고 ※신경과민은 ※세운기묘년(歲運己卯年)의 묘목(卯木)은 일지신금(日支申金)과 묘신(卯申)으로 귀문관살(鬼門關殺)이 되므로 세운(歲運)에서 일지(日支) 귀문(鬼門) 관살운(關殺運)이 들어오면 ※그해에는 모든 일에 신경을 많이 쓰게 된다. 그리고 ※손재, 처액은 ※세운기묘년(歲運己卯年)의 묘목(卯木)은 경금일주(庚金日柱)의 정재(正財)로 남자 사주에 비견겁(比肩劫)이 태왕(太旺)인데 세운(歲運)에서 재운(財運)이 들어오면 ※손재수를 조심해야 하며 또는 가정에 불화가 많이 생긴다든가 또는 처가 말없이 가출한다든가 또는 처의 건강을 조심해야 한다.

❷ 질병(疾病)과 ❸ 남녀성격은 일주(日柱)에서 발생(發生)한다.

기묘년(己卯年)

58년(음) 6월 16일 진(辰)시 여자

庚	庚	己	戊
辰	戌	未	戌

58	48	38	28	18	8
癸	甲	乙	丙	丁	戊
丑	寅	卯	辰	巳	午

이 사주는 경금일주(庚金日柱)가 하계미월(夏季未月)에 출생하여 득령(得令)하고 미중기토(未中己土)가 월상(月上)에 투출(透出)하여 인수격(印綬格)이다. 그리고 지지(地支)는 전토국(全土局)을 이루었고 년월(年月) 무기토(戊己土)와 일시천간(日時天干) 양경금(兩庚金)으로 일주(日柱)가 태왕(太旺)하다. 그러므로 이 사주는 종왕격(從旺格)이냐 종강격(從强格)이냐의 기로(岐路)에 서게 된다. 이 사주는 인수(印綬)가 태왕(太旺)하므로 종강사주(從强四柱)다. 종강사주(從强四柱)에는 인수(印綬)가 용신(用神)이고 비견겁(比肩劫)이 희신(喜神)인데 이 사주는 왕극격(旺極格)에 해당하므로 왕(旺)한 자는 인수(印綬)로 일주(日柱)를 생(生)하여 더욱더 왕(旺)하게 해야 하는 법칙(旺)이므로 토인수(土印綬)가 용신(用神)이며 비견겁(比肩劫)은 희신(喜神)이 된다. 이 사주는 여자(女子)의 사주로서 모델 일을 하다가 사업을 하여 33세 진토대운(辰土大運)에 용신운(用神運)이 들어와 돈을 많이 벌었으며 38세 을목대운(乙木大運)에는 시상경금(時上庚金)과 을경합(乙庚合)으로 합거(合去)되어 손해를 보고 그 이후로는 운(運)이 없어 평범하게 살고 있는 사주다.

❶ 세운기묘년(歲運己卯年): 이별수, 손재, 신액
❷ 질병(疾病): 간(肝), 담(膽)
❸ 남녀성격: (남) 과감 용단, 냉정하다, 고집 대단, 자립정신, 신의 있다, 능력 있다, 임전무퇴, 통솔력, 지혜롭다, 영리하다, 처 덕 있다, 지구력 강하다, 신앙심
　　　　　　(여) 냉정하다, 사람 사귀다 한번 틀어지면 다시 안 봄, 여걸, 부궁불미, 처세가 좋다, 정부, 재가, 남자들이 잘 따름, 직업여성, 신앙심

세운 · 질병 · 남녀성격의 해설 (歲運 · 疾病 · 男女性格의 解說)

❶ 세운기묘년(歲運己卯年)= ※이별수, 손재, 신액은 ※세운기묘년(歲運己卯年)의 기토(己土)는 경금일주(庚金日柱)의 인수(印綬)로 신왕(身旺)한 여자(女子) 사주에 세운(歲運)에서 인수운(印綬運)이 들어오면 ※가정에 불화가 많이 생긴다든가 또는 남편과 떨어져 산다든가 또는 이혼한다든가 또는 남편이 사망하는 수도 있다. 그리고 ※손재, 신액은 ※세운기묘년(歲運己卯年)의 묘목(卯木)은 경금일주(庚金日柱)의 정재(正財)로 신왕(身旺)한 사주에 재(財)가 쇠약(衰弱)한 세운(歲運)에서 재운(財運)이 들어오면 ※손재수를 조심해야 하며 또는 건강을 조심해야 한다.

❷ 질병(疾病)은 일주(日柱)에서 발생(發生)한다.

❸ 남녀성격은 일주(日柱)에서 발생(發生)한다.

기묘년 (己卯年)

60년(윤) 6월 18일 사(巳)시 남자

<table>
<tr><td>辛</td><td>庚</td><td>甲</td><td>庚</td></tr>
<tr><td>巳</td><td>午</td><td>申</td><td>子</td></tr>
</table>

60	50	40	30	20	10
庚	己	戊	丁	丙	乙
寅	丑	子	亥	戌	酉

이 사주는 경금일주가 초가을 신월(申月)에 출생하여 득령(得令)하고 신궁경금(申宮庚金)이 년상(年上)에 투출(透出)하고 또 시상(時上)에 신금(辛金)이 투출(透出)하여 일주(日柱)는 신왕사주(身旺四柱)다. 신왕사주(身旺四柱)에는 관살(官殺)로 일주(日柱)를 제(制)히거니 상관식신(傷官食神)으로 설기(泄氣)함이 좋은데 년지자수(年支子水) 상관(傷官)과 일지(日支) 오중정화(午中丁火) 정관(正官)으로 어느 오행(五行)으로 용신(用神)을 잡느냐의 기로(岐路)에 서게 된다. 그러나 신왕사주에는 관살(官殺)을 우선(優先)으로 하기 때문에 오중정화(午中丁火) 정관(正官)으로 용신(用神)한다. 그러므로 화정관(火正官)이 용신(用神)이며 목재(木財)는 희신(喜神)이 된다. 이 사주는 남자의 사주로서 형사계(刑事系)에 근무(勤務)하고 있는데 대운(大運)이 좋지 않아 승진이 늦은 사주다. 이 사주는 년지자수(年支子水)와 일지오화(日支午火)는 수옥살(囚獄殺)이므로 수옥살(囚獄殺)을 놓은 사람은 법조계(法曹界)나 수사기관(搜査機關)으로 직업을 갖는 사람들이 많다. 만약에 형권(刑權)을 잡지 않으면 감옥(監獄)살이를 하기 쉬우니까 항상 근신(謹愼)하면서 살아야 한다.

❶ 세운기묘년(歲運己卯年): 신축, 문서, 손재, 처액
❷ 질병(疾病): 폐(肺), 기관지(氣管支), 월경불순(月經不純), 해수천식(咳嗽喘息), 빈혈(貧血)
❸ 남녀성격: (남) 과감 용단, 냉정하다, 일찍 사회에 참여, 뜻은 크나 성공이 없다, 신경질, 지구력 부족, 성질 급, 남에게 시기를 많이 받는다
　　　　　(여) 냉정하다, 사람 사귀다 한번 틀어지면 다시 안 봄, 부궁불미, 정부, 재가, 외강내유, 성질 급, 서두른다, 자중한다, 인덕 없다

◑ 세운 · 질병 · 남녀성격의 해설 (歲運 · 疾病 · 男女性格의 解說)

❶ 세운기묘년(歲運己卯年)= ※신축, 문서, 손재, 처액은 ※세운기묘년(歲運己卯年)의 기토(己土)는 경금일주(庚金日柱)의 인수(印綬)로 세운(歲運)에서 인수운(印綬運)이 들어오면 ※집을 짓는다든가 또는 증축을 한다든가 또는 사업체를 벌리는 일이 많다. 그리고 ※손재, 처액은 ※세운기묘년(歲運己卯年)의 묘목(卯木)은 경금일주(庚金日柱)의 정재(正財)로 남자 사주에 비견겁(比肩劫)이 태왕(太旺)인데 세운(歲運)에서 재운(財運)이 들어오면 ※손재수를 조심해야 하며 또는 가정에 불화가 많이 생긴다든가 또는 처가 말없이 가출한다든가 또는 처의 건강을 조심해야 한다.

❷ 질병(疾病)은 일주(日柱)에서 발생(發生)한다.

❸ 남녀성격은 일주(日柱)에서 발생(發生)한다.

기묘년 (己卯年)

60년(음) 8월 29일 축(丑)시 여자

丁	庚	丙	庚
丑	辰	戌	子

54	44	34	24	14	4
庚	辛	壬	癸	甲	乙
辰	巳	午	未	申	酉

이 사주는 경금일주(庚金日柱)가 계추술월(季秋戌月)에 출생하여 득령(得令)하고 술중정화(戌中丁火)가 시상(時上)에 투출(透出)하여 정관격(正官格)이다. 그리고 경금일주(庚金日柱)는 자좌진토(自坐辰土)에 근(根)하고 시지축토(時支丑土) 인수(印綬)가 있어 일주(日柱)는 신왕사주(身旺四柱)다. 신왕사주(身旺四柱)에는 관살(官殺)로 일주(日柱)를 제(制)하거나 상관식신(傷官食神)으로 설기(洩氣)함이 좋은데 술중정화(戌中丁火)가 시상(時上)에 투출(透出)하여 그 정화정관(丁火正官)으로 용신(用神)한다. 그리고 목재(木財)는 희신(喜神)이 된다. 이 사주는 여자(女子)의 사주로서 39세 오화대운(午火大運)에 사업을 경영하여 수억금을 벌었으며 44세 신금대운(辛金大運)에 부동산에 투자하였으나 월상병화(月上丙火)와 병신합(丙辛合)으로 합거(合去)되어 재산을 탕진하고 남편과 이혼하고 혼자 살고 있는 사주다. 부궁(夫宮)이 부실한 것은 년간지(年干支) 경자생(庚子生)의 공망(空亡)은 일지진토(日支辰土)로서 부궁(夫宮)이 부실한데 월간지(月干支) 병술(丙戌)은 백호관살(白虎官殺)이므로 부궁(夫宮)이 더욱더 부실한 사주다.

❶ 세운기묘년(歲運己卯年): 이별수, 신축, 문서
❷ 질병(疾病): 냉(冷), 풍질(風疾)
❸ 남녀성격: (남) 과감 용단, 신의 있다, 임사즉결, 포부 광대, 매사 끝장본다, 매사 자신, 통솔력, 영웅호걸, 두령격, 자수성가, 처 덕 있다, 냉정하다, 신앙심, 처궁불미
　　　　　(여) 냉정하다, 사람 사귀다 한번 틀어지면 다시 안 봄, 부궁불미, 정부, 재가, 직업여성, 일가부양, 재복 있다

🌀 세운·질병·남녀성격의 해설(歲運·疾病·男女性格의 解說)

❶ 세운기묘년(歲運己卯年)= ※이별수, 신축, 문서는 ※세운기묘년(歲運己卯年)의 기토(己土)는 경금일주(庚金日柱)의 인수(印綬)로 신왕(身旺)한 여자 사주에 세운(歲運)에서 인수운(印綬運)이 들어오면 ※가정에 불화가 많이 생긴다든가 또는 남편과 떨어져 산다든가 또는 이혼한다든가 또는 남편이 사망하는 수도 있다. 그리고 ※신축, 문서는 ※세운기묘년(歲運己卯年)의 기토(己土)는 경금일주(庚金日柱)의 인수(印綬)로 세운(歲運)에서 인수운(印綬運)이 들어오면 ※집을 짓는다든가 또는 증축을 한다든가 또는 사업체를 벌리는 일이 많다.

❷ 질병(疾病)은 일주(日柱)에서 발생(發生)한다.

❸ 남녀성격은 일주(日柱)에서 발생(發生)한다.

기묘년 (己卯年)

58년(음) 8월 9일 미(未)시 여자

<table>
<tr><td>乙</td><td>辛</td><td>辛</td><td>戊</td></tr>
<tr><td>未</td><td>丑</td><td>酉</td><td>戌</td></tr>
</table>

54	44	34	24	14	4
乙	丙	丁	戊	己	庚
卯	辰	巳	午	未	申

이 사주는 신금일주(辛金日柱)가 중추유월(中秋酉月)에 출생하여 득령(得令)하고 유중신금(酉中辛金)이 월상(月上)에 투출(透出)하였고 년간지(年干支) 무술토(戊戌土) 인수(印綬)와 일시지(日時支) 축미토(丑未土) 인수(印綬)가 있어 일주(日柱)는 신왕사수(身旺四柱)다. 신왕사주(身旺四柱)에는 관살(官殺)로 일구(日柱)를 제(制)하거니 상관식신(傷官食神)으로 설기(泄氣)함이 좋은데 이 사주에는 일주(日柱)를 제(制)하는 관살(官殺)과 설기(泄氣)하는 상관식신(傷官食神)이 없으며 시상을목(時上乙木) 편재(偏財)가 있다. 그 을목(乙木)은 미중을목(未中乙木)에 근(根)하였다고 하나 너무 쇠약(衰弱)하여 용신(用神)으로 쓸 수가 없다. 그러므로 이 사주는 종왕사주(從旺四柱)이므로 비견겁(比肩劫)이 용신(用神)이며 토인수(土印綬)는 희신(喜神)이 된다. 이 사주는 여자(女子)의 사주로서 49세 진토대운(辰土大運)에 사업을 경영하여 수억금을 벌어 잘살고 있는 사주다.

❶ 세운기묘년(歲運己卯年): 이별수, 신축, 문서, 손재, 신액

❷ 질병(疾病): 냉(冷), 간(肝), 담(膽)

❸ 남녀성격: (남) 과감 용단, 냉정하다, 고집 대단, 신의 있다, 근면하다, 매사 정이 많다, 처와 자식의 덕이 있다, 성격이 까다롭다, 옷에 신경, 편식, 새벽잠이 없다, 식복 있다

　　　　　(여) 냉정하다, 사람 사귀다 한번 틀어지면 다시 안 봄, 미모 수려, 남편의 사랑을 받는다, 부지런하다, 친모봉양, 부궁불미, 정부

세운·질병·남녀성격의 해설 (歲運·疾病·男女性格의 解說)

❶ 세운기묘년(歲運己卯年)= ※이별수, 신축, 문서, 손재, 신액은 ※세운기묘년(歲運己卯年)의 기토(己土)는 신금일주(辛金日柱)의 인수(印綬)로 신왕(身旺)한 여자 사주에 세운(歲運)에서 인수운(印綬運)이 들어오면 ※가정에 불화가 많이 생긴다든가 또는 남편과 떨어져 산다든가 또는 이혼한다든가 또는 남편이 사망하는 수도 있다. 그리고 ※신축, 문서는 ※세운기묘년(歲運己卯年)의 기토(己土)는 신금일주(辛金日柱)의 인수(印綬)로 세운에서 인수운(印綬運)이 들어오면 ※집을 짓는다든가 또는 증축을 한다든가 또는 사업체를 벌리는 일이 많다. 그리고 ※손재, 신액은 ※세운기묘년(歲運己卯年)의 묘목(卯木)은 신금일주의 편재(偏財)로 신왕(身旺)한 사주에 재(財)가 쇠약(衰弱)한 세운에서 재운(財運)이 들어오면 ※손재수를 조심해야 하며 또는 건강을 조심해야 한다.

❷ 질병(疾病)과 ❸ 남녀성격은 일주(日柱)에서 발생(發生)한다.

기묘년(己卯年)

51년(음) 12월 10일 해(亥)시 여자

己	辛	辛	辛
亥	亥	丑	卯

60	50	40	30	20	10
丁	丙	乙	甲	癸	壬
未	午	巳	辰	卯	寅

이 사주는 신금일주(辛金日柱)가 동계축월(冬季丑月)에 출생하여 득령(得令)하고 축중신금(丑中辛金)이 년월(年月)에 투출(透出)하고 시상기토(時上己土) 인수(印綬)가 있어 일주(日柱)는 신왕사주(身旺四柱)다. 신왕사주에는 관살(官殺)로 일주(日柱)를 제(制)함이 좋은데 일주는 제(制)하는 관살(官殺)은 없고 설기(泄氣)하는 상관(傷官)이 일지(日支) 해중임수(亥中壬水)가 있어 해중임수(亥中壬水)로 설기(泄氣)하는데 배설구(排泄口)가 약(弱)하던 중 년지(年支) 묘중을목(卯中乙木)이 있어 해중임수(亥中壬水)는 년지(年支) 묘중을목(卯中乙木)을 생(生)하므로 이런 사주를 상관(傷官) 용재격(用財格)이라고 한다. 그러므로 년지(年支) 묘중을목(卯中乙木)이 용신(用神)이며 해중임수(亥中壬水) 상관(傷官)은 희신(喜神)이 된다.

---

❶ 세운기묘년(歲運己卯年): 이별수, 변화, 이사, 전근, 신축, 문서
❷ 질병(疾病): 폐(肺), 담(膽)
❸ 남녀성격: (남) 과감 용단, 냉정하다, 선견지명, 암기력, 총명하다, 지혜롭다, 항상 바쁨, 집념 대단, 재복 있다, 처 덕 있다, 남에게 잘함, 처궁불미, 장수한다
(여) 냉정하다, 사람 사귀다 한번 틀어지면 다시 안 봄, 부궁불미, 재가, 정부, 인정 있다, 남에게 잘함, 잘하고 욕 먹는다, 자손귀자, 신앙심, 내 것 주고 배신당함, 인덕 없다

☯ 세운 · 질병 · 남녀성격의 해설(歲運 · 疾病 · 男女性格의 解說)

❶ 세운기묘년(歲運己卯年)= ※이별수, 변화, 이사, 전근, 신축, 문서는 ※세운기묘년(歲運己卯年)의 기토(己土)는 신금일주(辛金日柱)의 인수(印綬)로 신왕(身旺)한 여자 사주에 세운(歲運)에서 인수운(印綬運)이 들어오면 ※가정에 불화가 많이 생긴다든가 또는 남편과 떨어져 산다든가 또는 이혼한다든가 또는 남편이 사망하는 수도 있다. 그리고 ※변화, 이사, 전근은 ※세운기묘년(歲運己卯年)의 묘목(卯木)은 일지해수(日支亥水)와 해묘(亥卯)로 삼합(三合)이 되므로 세운(歲運)에서 일지(日支) 삼합운(三合運)이 들어오면 ※변화가 생긴다든가 또는 이사를 한다든가 또는 직장을 옮기는 일이 많다. 그리고 ※신축, 문서는 ※세운기묘년(歲運己卯年)의 기토(己土)는 신금일주(辛金日柱)의 인수(印綬)로 세운(歲運)에서 인수운(印綬運)이 들어오면 ※집을 짓는다든가 또는 증축을 한다든가 또는 사업체를 벌리는 일이 많다.

❷ 질병(疾病)과 ❸ 남녀성격은 일주(日柱)에서 발생(發生)한다.

기묘년 (己卯年)

53년(음) 7월 29일 오(午)시 남자

甲	辛	庚	癸
午	酉	申	巳

60	50	40	30	20	10
甲	乙	丙	丁	戊	己
寅	卯	辰	巳	午	未

이 사주는 신금일주(辛金日柱)가 초가을 신월(申月)에 출생하여 득령(得令)하고 신궁경금(申宮庚金)이 월상(月上)에 투출(透出)하고 신금일주(辛金日柱)는 자좌유금(自坐酉金)에 록근(祿根)하여 일주(日柱)는 신왕사주(身旺四柱)다. 신왕사주(身旺四柱)에는 일주(日柱)를 제(制)하는 관살(官殺)이 좋은데 시지(時支) 오중정화(午中丁火) 편관(偏官)이 있어 오중정화(午中丁火) 편관(偏官)으로 용신(用神)한다. 그리고 목재(木財)는 희신(喜神)이 된다. 이 사주는 남자(男子)의 사주로서 자동차 판매원으로서 일하다가 35세 사화대운(巳火大運)에 돈을 많이 벌었고 40세 병화대운(丙火大運)에는 일주신금(日柱辛金)과 병신합(丙辛合)으로 합거(合去)되어 손해를 많이 보고 힘들게 살다가 55세 묘목대운(卯木大運)부터 운(運)이 잘 들어와 수억금을 벌어 지금까지 잘살고 있는 사주다.

❶ 세운기묘년(歲運己卯年): 신축, 문서, 손재, 처액, 관재, 수술, 자연재앙
❷ 질병(疾病): 간(肝), 담(膽), 혈압(血壓)
❸ 남녀성격: (남) 과감 용단, 냉정하다, 청백한 사람, 미남형, 인품 수려, 자수성가, 영리하다, 일독십지, 타인 존경, 의처증
　　　　　(여) 냉정하다, 사람 사귀다 한번 틀어지면 다시 안 봄, 부궁불미, 정부, 독수공방, 시모불합, 남편 말 잘 안 듣는다, 미모 수려, 신앙심, 이성수신

🔵 세운 · 질병 · 남녀성격의 해설 (歲運 · 疾病 · 男女性格의 解說)

❶ 세운기묘년(歲運己卯年)= ※신축, 문서, 손재, 처액, 관재, 수술, 자연재앙은 ※세운기묘년(歲運己卯年)의 기토(己土)는 신금일주(辛金日柱)의 인수(印綬)로 세운(歲運)에서 인수운(印綬運)이 들어오면 ※집을 짓는다든가 또는 증축을 한다든가 또는 사업체를 벌리는 일이 많다. 그리고 ※손재, 처액은 ※세운기묘년(歲運己卯年)의 묘목(卯木)은 신금일주(辛金日柱)의 편재(偏財)로 남자 사주에 비견겁(比肩劫)이 태왕(太旺)인데 세운(歲運)에서 재운(財運)이 들어오면 ※손재수를 조심해야 하며 또는 가정에 불화가 많이 생긴다든가 또는 처가 말없이 가출한다든가 또는 처의 건강을 조심해야 한다. 그리고 ※관재, 수술, 자연재앙은 ※세운기묘년(歲運己卯年)의 묘목(卯木)은 일지유금(日支酉金)과 묘유(卯酉)로 충(沖)이 되므로 세운(歲運)에서 일지충운(日支沖運)이 들어오면 ※관재수나 수술이나 자연재앙을 조심해야한다.

❷ 질병(疾病)은 일주(日柱)에서 발생(發生)한다.

❸ 남녀성격은 일주(日柱)에서 발생(發生)한다.

기묘년(己卯年)

53년(음) 6월 9일 오(午)시 남자

<table>
<tr><td>甲</td><td>辛</td><td>己</td><td>癸</td></tr>
<tr><td>午</td><td>未</td><td>未</td><td>巳</td></tr>
</table>

54	44	34	24	14	4
癸	甲	乙	丙	丁	戊
丑	寅	卯	辰	巳	午

이 사주는 신금일주(辛金日柱)가 하계미월(夏季未月)에 출생하여 득령(得令)하고 미중기토(未中己土)가 월상(月上)에 투출(透出)하여 인수격(印綬格)이며 신금일주(辛金日柱)는 자좌(自坐) 미중기토(未中己土)에 근(根)하여 일주(日柱)가 신왕사주(身旺四柱)같이 보인다. 그러나 미월(未月)은 토(土)라 하나 화기(火氣)가 염열(炎熱)하고 년시지(年時支) 사오(巳午)로 사오미(巳午未) 화국(火局)을 이루었고 시상갑목(時上甲木)이 투출(透出)하여 화(火)를 생(生)함으로서 재살(財殺)이 왕(旺)하여 신금일주(辛金日柱)는 강화위약(强化爲弱)이 된다. 그러므로 토인수(土印綬)가 용신(用神)이며 비견겁(比肩劫)은 희신(喜神)이 된다. 이 사주는 남자(男子)의 사주로서 한의사(韓醫師)로 근무하다가 44세 갑목대운(甲木大運)에 한의원(韓醫院)을 개원(開院)하였으나 월상기토(月上己土)와 갑기합(甲己合)으로 합거(合去)되어 손해(損害)를 많이 보았으며 49세 인목대운(寅木大運)에는 원명사주(源命四柱)에 재살(財殺)이 태왕(太旺)인데 대운(大運)에서 재운(財運)이 들어와 재산(財産)을 탕진(蕩盡)하고 다른 한의원에 근무하며 살고 있는 사주다.

❶ 세운기묘년(歲運己卯年): 신축, 문서, 변화, 이사, 전근
❷ 질병(疾病): 폐(肺), 기관지(氣管支)
❸ 남녀성격: (남) 과감 용단, 냉정하다, 고집 대단, 정복력 강함, 노력은 많이 하나 실속이 없다, 재복 있다, 처궁불미, 성격이 까다롭다, 편식한다, 옷에 신경 쓴다
　　　　　　(여) 냉정하다, 사람 사귀다 한번 틀어지면 다시 안 봄, 부궁불미, 재가, 정부, 말조심, 요리솜씨, 친모봉양, 인덕 없다

세운·질병·남녀성격의 해설 (歲運·疾病·男女性格의 解說)

❶ 세운기묘년(歲運己卯年)= ※신축, 문서, 변화, 이사, 전근은 ※세운기묘년(歲運己卯年)의 기토(己土)는 신금일주(辛金日柱)의 인수(印綬)로 세운(歲運)에서 인수운(印綬運)이 들어오면 ※집을 짓는다든가 또는 증축을 한다든가 또는 사업체를 벌리는 일이 많다. 그리고 ※변화, 이사, 전근은 ※세운기묘년(歲運己卯年)의 묘목(卯木)은 일지미토(日支未土)와 묘미(卯未)로 삼합(三合)이 되므로 세운(歲運)에서 일지(日支) 삼합운(三合運)이 들어오면 ※변화가 생긴다든가 또는 이사를 한다든가 또는 직장을 옮기는 일이 많다.

❷ 질병(疾病)은 일주(日柱)에서 발생(發生)한다.

❸ 남녀성격은 일주(日柱)에서 발생(發生)한다.

기묘년 (己卯年)

壬	辛	己	甲
辰	巳	巳	午

56	46	36	26	16	6
癸	甲	乙	丙	丁	戊
亥	子	丑	寅	卯	辰

이 사주는 신금일주(辛金日柱)가 초여름 사월(巳月)에 출생하여 실시(失時)하고 일지사화(日支巳火)와 년지오화(年支午火)와 사오(巳午)로 화국(火局)을 이루어 일주(日柱)가 심약(甚弱)하다. 다행히 시지진(時支辰) 습토인수(濕土印綬)가 있어 염열지화(炎熱之火)는 진습토(辰濕土)에 냉각(冷却)되므로 화생토(火生土) 토생금(土生金)으로 살인상생(殺印相生)으로 시지진토(時支辰土) 인수(印綬)가 용신(用神)이며 금비견겁(金比肩劫)은 희신(喜神)이 된다. 이 사주는 여자(女子)의 사주로서 사업을 하였으나 초년(初年)에는 운(運)이 없어 고생을 많이 하다가 41세 축토대운(丑土大運)에 수억금을 벌었으며 46세 갑목대운(甲木大運)에 월상기토(月上己土)와 갑기합(甲己合)으로 합거(合去)되어 재산을 탕진하고 남편(男便)과 이혼하고 그 이후로도 운(運)이 없어 혼자 힘들게 살고 있는 사주다. 부궁(夫宮)이 부실한 것은 년간지(年干支) 갑오생(甲午生)의 공망(空亡)은 일지사화(日支巳火)로서 부궁(夫宮)이 부실하여 재혼하거나 혼자 사는 사람들이 많다.

❶ 세운기묘년(歲運己卯年): 신축, 문서, 관재, 손재, 신액

❷ 질병(疾病): 해수(咳嗽), 호흡기(呼吸器)

❸ 남녀성격: (남) 과감 용단, 냉정하다, 성질 급, 변화가 많다, 항상 바쁨, 처 덕 있다, 화려하게 보이나 실속이 없다, 예의 있다, 말을 잘한다, 영리하다, 식복 있다

(여) 냉정하다, 사람 사귀다 한번 틀어지면 다시 안 봄, 남편 덕, 정부, 이성수 신, 의처증 부군, 성질 급, 항상 바쁨, 인덕 없다

세운 · 질병 · 남녀성격의 해설 (歲運 · 疾病 · 男女性格의 解說)

❶ 세운기묘년(歲運己卯年)= ※신축, 문서, 관재, 손재, 신액은 ※세운기묘년(歲運己卯年)의 기토(己土)는 신금일주(辛金日柱)의 인수(印綬)로 세운(歲運)에서 인수운(印綬運)이 들어오면 ※**집을 짓는다든가 또는 증축을 한다든가 또는 사업체를 벌리는 일이 많다.** 그리고 ※**관재, 손재, 신액**은 ※세운기묘년(歲運己卯年)의 묘목(卯木)은 신금일주(辛金日柱)의 편재(偏財)로 원명사주(源命四柱)에 재살(財殺)이 태왕(太旺)인데 세운(歲運)에서 재(財)나 관살운(官殺運)이 들어오면 ※**관재수를 조심해야 하며 또는 손재수를 조심해야 하며 또는 건강을 조심해야 한다.**

❷ 질병(疾病)은 일주(日柱)에서 발생(發生)한다.

❸ 남녀성격은 일주(日柱)에서 발생(發生)한다.

기묘년 (己卯年)

戊	辛	丙	甲
戌	卯	寅	午

51	41	31	21	11	1
庚	辛	壬	癸	甲	乙
申	酉	戌	亥	子	丑

이 사주는 신금일주(辛金日柱)가 초봄 인월(寅月)에 출생하여 실시(失時)하고 인중(寅中)에 무병갑(戊丙甲)이 모두 투출(透出)되어 있다. 생일을 보아 1일이므로 무토(戊土)가 사령(司令)하여 인수격(印綬格)이다. 그리고 인중병화(寅中丙火)와 년상갑목(年上甲木)이 투출(透出)하였고 년지오화(年支午火)와 월지인목(月支寅木)과 시지술토(時支戌土)로 인오술(寅午戌) 화국(火局)을 이루어 재살(財殺)이 태왕(太旺)이다. 그러므로 종살격(從殺格)같이 보이나 시상(時上)에 무토(戊土)가 술중무토(戌中戊土)에 근(根)하여 있으므로 많은 관살(官殺)은 무토인수(戊土印綬)를 생(生)하고 그 무토(戊土)는 신금일주(辛金日柱)를 생(生)하므로 무토인수(戊土印綬)가 용신(用神)이며 금비견겁(金比肩劫)은 희신(喜神)이 된다.

---

❶ 세운기묘년(歲運己卯年): 신축, 문서, 변화, 이사, 전근, 관재, 손재, 신액

❷ 질병(疾病): 풍질(風疾), 냉(冷), 기관지(氣管支)

❸ 남녀성격: (남) 과감 용단, 냉정하다, 의리 있다, 인정 있다, 고집 대단, 학업 장애, 처궁불미, 재가, 미인수다, 근면하다, 지구력 부족, 소심하다, 운동 잘함, 마음 약
 (여) 냉정하다, 사람 사귀다 한번 틀어지면 다시 안 봄, 고집 대단, 정부, 재가, 독수공방, 부궁불미, 욕심 많다, 성질 급, 참을성이 없다, 자손근심

☯ 세운·질병·남녀성격의 해설 (歲運·疾病·男女性格의 解說)

❶ 세운기묘년(歲運己卯年)= ※신축, 문서, 변화, 이사, 전근, 관재, 손재, 신액은 ※세운기묘년(歲運己卯年)의 기토(己土)는 신금일주(辛金日柱)의 인수(印綬)로 세운(歲運)에서 인수운(印綬運)이 들어오면 ※집을 짓는다든가 또는 증축을 한다든가 또는 사업체를 벌리는 일이 많다. 그리고 ※변화, 이사, 전근은 ※세운기묘년의 묘목(卯木)은 일지묘목(日支卯木)과 묘묘(卯卯)로 삼합(三合)이 되므로 세운(歲運)에서 일지(日支) 삼합운(三合運)이 들어오면 ※변화가 생긴다든가 또는 이사를 한다든가 또는 직장을 옮기는 일이 많다. 그리고 ※관재, 손재, 신액은 ※세운기묘년(歲運己卯年)의 묘목(卯木)은 신금일주의 편재(偏財)로 원명사주(源命四柱)에 재살(財殺)이 태왕(太旺)인데 세운(歲運)에서 재(財)나 관살운(官殺運)이 들어오면 ※관재수를 조심해야 하며 또는 손재수를 조심해야 하며 또는 건강을 조심해야 한다.

❷ 질병(疾病)은 일주(日柱)에서 발생(發生)한다.

❸ 남녀성격은 일주(日柱)에서 발생(發生)한다.

기묘년 (己卯年)

53년(음) 4월 18일 오(午)시 여자

甲	辛	丁	癸
午	巳	巳	巳

52	42	32	22	12	2
癸	壬	辛	庚	己	戊
亥	戌	酉	申	未	午

이 사주는 신금일주(辛金日柱)가 초여름 사월(巳月)에 출생하여 실시(失時)하고 년일지(年日支) 양사화(兩巳火)와 시지오화(時支午火)와 월상정화(月上丁火)가 투출(透出)하여 관살(官殺)이 태왕(太旺)이다. 그러므로 종살격(從殺格)같이 보이나 신금일주(辛金日柱)를 생(生)하여 주는 인수(印綬)나 비견겁(比肩劫)이 하나도 없으므로 쇠극격(衰極格)에 해당한다. 쇠(衰)한 자는 상관식신(傷官食神)으로 설기(泄氣)하여 더욱더 쇠(衰)하게 하는 동시 일주(日柱)를 극(剋)하는 관살(官殺)을 제(制)하여야 하기 때문에 상관식신(傷官食神)이 용신(用神)이며 목재(木財)는 희신(喜神)이 된다. 이 사주는 여자(女子)의 사주로서 47세 술토대운(戌土大運)에 부동산에 투자하였으나 술중무토(戌中戊土)가 년상계수(年上癸水) 용신(用神)을 극(剋)하여 손해를 많이 보았고 52세 계수대운(癸水大運)에 모텔을 임대하여 수억금을 벌어 잘살고 있는 사주다.

❶ 세운기묘년(歲運己卯年): 신축, 문서, 관재, 손재, 신액
❷ 질병(疾病): 해수(咳嗽), 호흡기(呼吸器), 폐병(肺病), 결핵(結核), 월경불순(月經不純)
❸ 남녀성격: (남) 과감 용단, 냉정하다, 성질 급, 변화가 많다, 항상 바쁨, 처 덕 있다, 화려하게 보이나 실속이 없다, 예의 있다, 말을 잘한다, 영리하다, 식복 있다
(여) 냉정하다, 사람 사귀다 한번 틀어지면 다시 안 봄, 남편 덕, 정부, 이성수신, 의처증 부군, 성질 급, 항상 바쁨, 인덕 없다

☯ 세운·질병·남녀성격의 해설 (歲運·疾病·男女性格의 解說)

❶ 세운기묘년(歲運己卯年)= ※신축, 문서, 관재, 손재, 신액은 ※세운기묘년(歲運己卯年)의 기토(己土)는 신금일주의 인수(印綬)로 세운(歲運)에서 인수운(印綬運)이 들어오면 ※집을 짓는다든가 또는 증축을 한다든가 또는 사업체를 벌리는 일이 많다. 그리고 ※관재, 손재, 신액은 ※세운기묘년(歲運己卯年)의 묘목(卯木)은 신금일주의 편재(偏財)로 원명사주(源命四柱)에 재살(財殺)이 태왕(太旺)인데 세운(歲運)에서 재(財)나 관살운(官殺運)이 들어오면 ※관재수나 손재수나 건강을 조심해야 한다.

❷ 질병(疾病)은 해수, 호흡기는 일주(日柱)에서 발생(發生)하며 ※폐병, 결핵, 월경불순은 ※원명사주에 목화재살(木火財殺)이 왕(旺)하면 ※폐병, 결핵, 월경불순을 조심해야 한다.

❸ 남녀성격은 일주(日柱)에서 발생(發生)한다.

기묘년 (己卯年)

52년(음) 12월 26일 사(巳)시 남자

癸 辛 甲 癸
巳 卯 寅 巳

52	42	32	22	12	2
戊	己	庚	辛	壬	癸
申	酉	戌	亥	子	丑

이 사주는 신금일주(辛金日柱)가 초봄 인월(寅月)에 출생하여 실시(失時)하고 인중갑목(寅中甲木)이 월상(月上)에 투출(透出)하여 정재격(正財格)이다. 그리고 일지묘목(日支卯木)과 인묘(寅卯)로 목국(木局)을 이루고 년시지(年時支) 양사화(兩巳火) 정관(正官)이 있어 재관(財官)이 태왕(太旺)이다. 그러나 신금일주(辛金日柱)는 근(根)이 없으며 일주(日柱)를 도와주는 인수(印綬)나 비견겁(比肩劫)이 하나도 없으므로 쇠극격(衰極格)에 해당한다. 쇠(衰)한 자는 상관식신(傷官食神)으로 설기(洩氣)하여 더욱더 쇠(衰)하게 하는 동시 일주를 극(剋)하는 관살(官殺)을 제(制)하여야 하기 때문에 상관식신(傷官食神)이 용신(用神)이며 목재(木財)는 희신(喜神)이 된다. 초년 해자운(亥子運)이 잘 들어와 공직생활을 하고 있는 사주다.

❶ 세운기묘년(歲運己卯年): 신축, 문서, 변화, 이사, 전근, 관재, 손재, 신액

❷ 질병(疾病): 풍질(風疾), 냉(冷), 기관지(氣管支)

❸ 남녀성격: (남) 과감 용단, 냉정하다, 의리 있다, 인정 있다, 고집 대단, 학업 장애, 처궁불미, 재가, 미인수다, 근면하다, 지구력 부족, 소심하다, 운동 잘함, 마음 약
(여) 냉정하다, 사람 사귀다 한번 틀어지면 다시 안 봄, 고집 대단, 정부, 재가, 독수공방, 부궁불미, 욕심 많다, 성질 급, 참을성이 없다, 자손근심

세운 · 질병 · 남녀성격의 해설 (歲運 · 疾病 · 男女性格의 解說)

❶ 세운기묘년(歲運己卯年)= ※신축, 문서, 변화, 이사, 전근, 관재, 손재, 신액은 ※세운기묘년(歲運己卯年)의 기토(己土)는 신금일주의 인수(印綬)로 세운에서 인수운(印綬運)이 들어오면 ※**집을 짓는다든가 또는 증축을 한다든가 또는 사업체를 벌리는 일이 많다.** 그리고 ※**변화, 이사, 전근**은 ※세운기묘년의 묘목(卯木)은 일지묘목(日支卯木)과 묘묘(卯卯)로 삼합(三合)이 되므로 세운에서 일지(日支) 삼합운(三合運)이 들어오면 ※**변화가 생긴다든가 또는 이사를 한다든가 또는 직장을 옮기는 일이 많다.** 그리고 ※**관재, 손재, 신액**은 ※세운기묘년(歲運己卯年)의 묘목(卯木)은 신금일주의 편재(偏財)로 원명사주(源命四柱)에 재살(財殺)이 태왕(太旺)인데 세운(歲運)에서 재(財)나 관살운(官殺運)이 들어오면 ※**관재수나 손재수나 건강을 조심해야 한다.**

❷ 질병(疾病)은 일주(日柱)에서 발생(發生)한다.

❸ 남녀성격은 일주(日柱)에서 발생(發生)한다.

<h1 align="center">기묘년 (己卯年)</h1>

52년(음) 11월 16일 진(辰)시 남자

甲	壬	壬	壬
辰	子	子	辰

52	42	32	22	12	2
戊	丁	丙	乙	甲	癸
午	巳	辰	卯	寅	丑

이 사주는 임수일주(壬水日柱)가 중동자월(中冬子月) 양인월(羊刃月)에 출생하여 득령(得令)하고 년지진토(年支辰土)와 시지진토(時支辰土)는 자진자진(子辰子辰)으로 전수국(全水局)을 이루었고 년월(年月) 양임수(兩壬水) 비견(比肩)이 있어 일주(日柱)가 태왕(太旺)이며 윤하격(潤下格)이다. 윤하격(潤下格)에는 비견겁(比肩劫)이 용신(用神)이며 금인수(金印綬)는 희신(喜神)이 되는데 이 사주는 시상갑목(時上甲木)이 투출(透出)하여 왕수(旺水)가 시상갑목(時上甲木)으로 설기(泄氣)할 수 있음으로 이런 사주를 가상관격(假傷官格)이라고 한다. 이 사주는 남자의 사주로서 윤하격(潤下格)을 놓은 사람은 문학(文學)이나 교육계(教育界)나 언론기관(言論機關)으로 직업을 많이 갖는데 이 사주는 교사(教師)로서 갑인(甲寅) 을묘대운(乙卯大運)이 잘 들어와 고등학교(高等學校) 교사(教師)로 임용(任用)되었으나 그 이후로는 좋은 운(運)이 없어 평범(平凡)하게 지내는 사주다. 그리고 시간지(時干支) 갑진(甲辰)은 백호관살(白虎官殺)이며 진중무토(辰中戊土)는 편관(偏官)으로 나의 자식(子息)이 되므로 그 진토(辰土)는 왕수(旺水)에 쓸려가는 형상(形象)이 되어 자식(子息) 한 명 교통사고로 잃은 사주다.

❶ 세운기묘년(歲運己卯年): 관재, 수술, 내외불화
❷ 질병(疾病): 냉(冷), 혈압(血壓), 신장(腎臟), 방광(膀胱)
❸ 남녀성격: (남) 털털한 성격, 마음이 넓다, 성질 조급, 고집 대단, 노력은 많이 하나 실속이 없다, 여자 많다, 처궁불미, 용두사미, 돈이 잘 빠져나간다, 꾀가 많다, 신경 예민
　　　　　 (여) 남자 같은 시원한 성격, 새것을 좋아함, 부궁불미, 정부, 재가, 남에게 시기를 많이 받는다, 독수공방, 직업여성

◉ 세운·질병·남녀성격의 해설 (歲運·疾病·男女性格의 解說)

❶ 세운기묘년(歲運己卯年)= ※관재, 수술, 내외불화는 ※세운기묘년(歲運己卯年)의 묘목(卯木)은 일지자수(日支子水)와 자묘형살(子卯刑殺)이 되므로 세운(歲運)에서 일지(日支) 형살운(刑殺運)이 들어오면 ※관재수를 조심해야 하며 또는 수술을 조심해야 한다. 그리고 ※내외불화는 ※세운기묘년(歲運己卯年)의 기토(己土)는 임수일주(壬水日柱)의 정관(正官)으로 세운(歲運)에서 일주(日柱)를 극(剋)하는 운(運)이 들어오면 ※집에서나 밖에서나 윗사람이나 아랫사람이나 불화가 많이 생긴다.

❷ 질병(疾病)과 ❸ 남녀성격은 일주(日柱)에서 발생(發生)한다.

<h1 style="text-align:center">기묘년 (己卯年)</h1>

52년(음) 11월 6일 해(亥)시 여자

辛	壬	壬	壬
亥	寅	子	辰

55	45	35	25	15	5
丙	丁	戊	己	庚	辛
午	未	申	酉	戌	亥

이 사주는 임수일주(壬水日柱)가 중동자월(中冬子月) 양인월(羊刃月)에 출생하여 득령(得令)하고 년지진토(年支辰土)와 자진(子辰)으로 수국(水局)을 이루었고 임수일주(壬水日柱)는 년월(年月) 양임수(兩壬水) 비견(比肩)과 시지해수(時支亥水)에 록근(祿根)하여 일주(日柱)가 신왕사주(身旺四柱)다. 신왕사주(身旺四柱)에는 관살(官殺)로 일주(日柱)를 제(制)함이 좋은데 년지(年支) 진중무토(辰中戊土) 편관(偏官)으로 용신(用神)하고자 하나 그 진토(辰土)는 습토(濕土)로서 월지자수(月支子水)와 자진(子辰)으로 수국(水局)을 이루어 용신(用神)으로 쓸 수가 없다. 다행히 일지인 목(日支寅木)이 있어 인중갑목(寅中甲木) 식신(食神)으로 용신(用神)한다. 이 사주는 여자(女子)의 사주로서 회사에 근무하다가 45세 정화대운(丁火大運)에 퇴사(退社)하고 사업(事業)을 경영하였으나 월상임수(月上壬水)와 정임합(丁壬合)으로 합거(合去)되어 재산(財産)을 탕진(蕩盡)하고 남편(男便)과 사별(死別)하고 혼자 어려운 생활을 하고 있는 사주다. 부궁(夫宮)이 부실한 것은 년지(年支) 진중무토(辰中戊土) 편관(偏官)이 남편(男便)인데 왕수(旺水)에 쓸려가는 형상(形象)이 되므로 부궁(夫宮)이 부실하여 재혼(再婚)하거나 혼자 사는 사람들이 많다.

❶ 세운기묘년(歲運己卯年): 수술, 내외불화
❷ 질병(疾病): 신장(腎臟), 방광(膀胱), 냉(冷), 습(濕)
❸ 남녀성격: (남) 털털한 성격, 지혜롭다, 원만하다, 환경에 적응 잘함, 영리하다, 행운이 따른다, 항상 바쁨, 용기 있다, 타의 군림, 성질 급, 처 덕 있다, 장모봉양
　　　　　　(여) 남자 같은 시원한 성격, 새것을 좋아함, 영리하다, 남편을 꺾는다, 부궁불미, 정부, 자손귀자, 요리솜씨, 사회활동하면 인기

☯ 세운·질병·남녀성격의 해설 (歲運·疾病·男女性格의 解說)

❶ 세운기묘년(歲運己卯年)= ※수술, 내외불화는 ※세운기묘년(歲運己卯年)의 묘목(卯木)은 임수일주(壬水日柱)의 상관(傷官)으로 세운(歲運)에서 일지(日支) 상관운(傷官運)이 들어오면 ※수술을 조심해야 한다. 그리고 ※내외불화는 ※세운기묘년(歲運己卯年)의 기토(己土)는 임수일주(壬水日柱)의 정관(正官)으로 세운(歲運)에서 일주(日柱)를 극(剋)하는 운(運)이 들어오면 ※집에서나 밖에서나 윗사람이나 아랫사람이나 불화가 많이 생긴다.

❷ 질병(疾病)은 일주(日柱)에서 발생(發生)한다.

❸ 남녀성격은 일주(日柱)에서 발생(發生)한다.

기묘년 (己卯年)

56년(음) 4월 16일 술(戌)시 여자

庚	壬	癸	丙
戌	辰	巳	申

57	47	37	27	17	7
丁	戊	己	庚	辛	壬
亥	子	丑	寅	卯	辰

이 사주는 임수일주(壬水日柱)가 초여름 사월(巳月)에 출생하여 실시(失時)하고 사중병화(巳中丙火)가 년상(年上)에 투출(透出)하여 편재격(偏財格)으로 신약사주(身弱四柱)다. 그러나 임수일주(壬水日柱)는 년지신금(年支申金)에 장생(長生)하고 월상계수(月上癸水) 비겁(比劫)과 시상경금(時上庚金) 인수(印綬)가 있어 신왕사주(身旺四柱)같이 보이나 일시지(日時支) 진술토(辰戌土) 편관(偏官)이 있어 재살(財殺)이 왕(旺)하므로 일주(日柱)는 신약사주(身弱四柱)다. 그러므로 금인수(金印綬)가 용신(用神)이며 수비견겁(水比肩劫)은 희신(喜神)이 된다. 이 사주는 여자(女子)의 사주로서 음식점(飮食店)을 개업하여 초년(初年)에 운(運)이 없어 고생을 많이 하다가 47세 무토대운(戊土大運)에는 월상계수(月上癸水)와 무계합(戊癸合)으로 합거(合去)되어 재산을 탕진하고 남편(男便)과 이혼하고 허드렛일을 하며 혼자 살다가 52세 자수대운(子水大運)에 음식점을 개업하여 돈을 많이 벌어 잘살고 있는 사주다. 부궁(夫宮)이 부실한 것은 년간지(年干支) 병신생(丙申生)의 공망(空亡)은 일지진토(日支辰土)이며 일시지(日時支) 진술충(辰戌沖)으로 더욱더 부궁(夫宮)이 부실한 사주다.

❶ 세운기묘년(歲運己卯年): 수술, 내외불화

❷ 질병(疾病): 냉(冷), 풍질(風疾), 신장(腎臟), 혈압(血壓)

❸ 남녀성격: (남) 털털한 성격, 일찍 사회에 진출, 임전무퇴, 자립정신, 재간 있다, 박력 있다, 속전속결, 처궁불미, 어린 시절 잔병, 자손근심, 아이디어가 좋다

(여) 남자 같은 시원한 성격, 새것을 좋아함, 부궁불미, 재가, 정부, 독수공방, 일가부양, 풍파가 많다

세운 · 질병 · 남녀성격의 해설 (歲運 · 疾病 · 男女性格의 解說)

❶ 세운기묘년(歲運己卯年)= ※수술, 내외불화는 ※세운기묘년(歲運己卯年)의 묘목(卯木)은 임수일주(壬水日柱)의 상관(傷官)으로 세운(歲運)에서 일지(日支) 상관운(傷官運)이 들어오면 ※수술을 조심해야 한다. 그리고 ※내외불화는 ※세운기묘년(歲運己卯年)의 기토(己土)는 임수일주(壬水日柱)의 정관(正官)으로 세운(歲運)에서 일주(日柱)를 극(剋)하는 운(運)이 들어오면 ※집에서나 밖에서나 윗사람이나 아랫사람이나 불화가 많이 생긴다.

❷ 질병(疾病)은 일주(日柱)에서 발생(發生)한다.

❸ 남녀성격은 일주(日柱)에서 발생(發生)한다.

기묘년 (己卯年)

62년(음) 1월 9일 묘(卯)시 남자

癸	壬	壬	壬
卯	午	寅	寅

57	47	37	27	17	7
戊	丁	丙	乙	甲	癸
申	未	午	巳	辰	卯

이 사주는 임수일주(壬水日柱)가 초봄 인월(寅月)에 출생하여 실시(失時)하고 일지오화(日支午火)와 년지인목(年支寅木)과 인오(寅午)로 화국(火局)을 이루어 상관(傷官)과 재(財)가 왕(旺)하다. 그러나 임수일주(壬水日柱)는 년월(年月) 양비견(兩比肩)과 시상계수(時上癸水) 비겁(比劫)이 있어 수(水) 천원일기(天元一氣)를 이루어 신왕사주(身旺四柱)같이 보인다. 그러나 임수일주(壬水日柱)는 무근(無根)이며 년월시(年月時) 비견겁(比肩劫)도 무근(無根)이며 자좌인목(自坐寅木)에 설기(泄氣)가 심(甚)하다. 상관(傷官)과 재(財)는 인월(寅月)에 득령(得令)하여 왕(旺)하여 있으므로 수생목(水生木) 목생화(木生火)로 상관(傷官) 용재격(用財格)이다. 그러므로 화재(火財)가 용신(用神)이며 목(木) 상관식신(傷官食神)은 희신(喜神)이 된다. 이 사주는 남자(男子)의 사주로서 엔지니어로 회사(會社)에 근무하다가 37세 병화대운(丙火大運)에 퇴사(退社)하여 사업(事業)을 경영하여 오화대운(午火大運)까지 수억금을 벌었으며 47세 정화대운(丁火大運)에는 사업(事業)이 부실하여 손해(損害)를 많이 보고 있으며 앞으로도 좋은 운(運)이 없어 계속 사업을 하게 되면 재산(財産)을 모두 탕진(蕩盡)하기 쉬운 사주다.

❶ 세운기묘년(歲運己卯年): 수술, 내외불화
❷ 질병(疾病): 신장(腎臟), 방광(膀胱)
❸ 남녀성격: (남) 털털한 성격, 고집 대단, 신경 예민, 지혜롭다, 명랑하다, 예의 있다, 준법
　　　　　 정신, 처 덕 있다, 처궁불미, 성실하다, 눈치가 빠름, 운동 잘함
　　　　 (여) 남자 같은 시원한 성격, 새것을 좋아함, 미모 수려, 남편 덕, 정부, 부궁불
　　　　　 미, 자손 덕, 눈치가 빠름, 신경 예민, 이성수신

세운·질병·남녀성격의 해설 (歲運·疾病·男女性格의 解說)

❶ 세운기묘년(歲運己卯年)= ※수술, 내외불화는 ※세운기묘년(歲運己卯年)의 묘목(卯木)은 임수일주(壬水日柱)의 상관(傷官)으로 세운(歲運)에서 일지(日支) 상관운(傷官運)이 들어오면 ※수술을 조심해야 한다. 그리고 ※내외불화는 ※세운기묘년(歲運己卯年)의 기토(己土)는 임수일주(壬水日柱)의 정관(正官)으로 세운(歲運)에서 일주(日柱)를 극(剋)하는 운(運)이 들어오면 ※집에서나 밖에서나 윗사람이나 아랫사람이나 불화가 많이 생긴다.

❷ 질병(疾病)은 일주(日柱)에서 발생(發生)한다.

❸ 남녀성격은 일주(日柱)에서 발생(發生)한다.

기묘년 (己卯年)

己	壬	癸	壬
酉	申	丑	寅

52	42	32	22	12	2
己	戊	丁	丙	乙	甲
未	午	巳	辰	卯	寅

이 사주는 임수일주(壬水日柱)가 동계축월(冬季丑月)에 출생하여 실시(失時)하고 축중계수(丑中癸水)와 기토(己土)가 투출(透出)하여 어느 오행(五行)으로 격(格)을 잡느냐의 기로(岐路)에 서게 된다. 날짜상으로 보아 축중계수(丑中癸水)가 사령(司令)하고 있으니 계수(癸水)는 비겁(比劫)으로 격(格)을 주지 않으므로 시상기토(時上己土) 본기(本氣)로 격(格)을 잡는다. 그러므로 정관격(正官格)이다. 임수일주(壬水日柱)가 축월(丑月)에 실시(失時)하였으나 자좌신금(自坐申金)에 장생(長生)하고 시지유금(時支酉金) 인수(印綬)와 년월(年月) 양임계수(兩壬癸水) 비견겁(比肩劫)이 있어 일주(日柱)는 약화위강(弱化爲强)으로 신왕사주(身旺四柱)다. 신왕사주(身旺四柱)에는 일주(日柱)를 제(制)하는 관살(官殺)로 용신(用神)하거나 상관식신(傷官食神)으로 설기(泄氣)함이 좋은데 시상기토(時上己土)는 자좌유금(自坐酉金)에 설기(泄氣)가 심(甚)하여 용신(用神)으로 쓸 수가 없으며 년지(年支) 인중갑목(寅中甲木) 식신(食神)으로 용신(用神)한다. 이 사주는 남자(男子)의 사주로서 공무원(公務員)인데 운(運)이 없어 승진이 안되어 평범하게 살고 있는 사주다.

---

❶ 세운기묘년(歲運己卯年): 수술, 내외불화, 신경과민
❷ 질병(疾病): 냉(冷), 신장(腎臟), 방광(膀胱)
❸ 남녀성격: (남) 털털한 성격, 원만하다, 활발하다, 지혜롭다, 포용력, 만인의 신망, 고집 대단, 박력 있다, 영리하다, 일독십지, 처 덕 있다
　　　　　(여) 남자 같은 시원한 성격, 새것을 좋아함, 영리하다, 부궁불미, 정부, 예능, 문학에 소질 있다, 친모봉양

🔵 세운 · 질병 · 남녀성격의 해설 (歲運 · 疾病 · 男女性格의 解說)

❶ 세운기묘년(歲運己卯年)= ※수술, 내외불화, 신경과민은 ※세운기묘년(歲運己卯年)의 묘목(卯木)은 임수일주(壬水日柱)의 상관(傷官)으로 세운(歲運)에서 일지(日支) 상관운(傷官運)이 들어오면 ※수술을 조심해야 한다. 그리고 ※내외불화는 ※세운기묘년(歲運己卯年)의 기토(己土)는 임수일주(壬水日柱)의 정관(正官)으로 세운(歲運)에서 일주(日柱)를 극(剋)하는 운(運)이 들어오면 ※집에서나 밖에서나 윗사람이나 아랫사람이나 불화가 많이 생긴다. 그리고 ※신경과민은 ※세운기묘년(歲運己卯年)의 묘목(卯木)은 일지신금(日支申金)과 묘신(卯申)으로 귀문관살(鬼門關殺)이 되므로 세운에서 일지(日支) 귀문(鬼門) 관살운(關殺運)이 들어오면 ※그해에는 모든 일에 신경을 많이 쓰게 된다.

❷ 질병(疾病)과 ❸ 남녀성격은 일주(日柱)에서 발생(發生)한다.

기묘년 (己卯年)

48년(음) 11월 3일 진(辰)시 여자

甲	壬	癸	戊
辰	戌	亥	子

59	49	39	29	19	9
丁	戊	己	庚	辛	壬
巳	午	未	申	酉	戌

이 사주는 임수일주(壬水日柱)가 초겨울 해월(亥月)에 출생하여 록근(祿根)하고 년지자수(年支子水) 양인(羊刃)과 자중계수(子中癸水)가 월상(月上)에 투출(透出)하여 일주(日柱)는 신왕사주(身旺四柱)다. 신왕사주(身旺四柱)에는 일주(日柱)를 제(制)하는 관살(官殺)이나 상관식신(傷官食神)으로 설기(泄氣)함이 좋은데 다행히 술중무토(戌中戊土) 편관(偏官)이 년상(年上)에 투출(透出)하고 해중갑목(亥中甲木) 식신(食神)이 시상(時上)에 투출(透出)하여 어느 오행(五行)으로 용신(用神)을 잡느냐의 기로(岐路)에 서게 된다. 신왕사주(身旺四柱)에는 관살(官殺)로 용신(用神)함을 우선으로 하기 때문에 술중무토(戌中戊土) 편관(偏官)으로 용신(用神)한다. 그리고 화재(火財)는 희신(喜神)이 된다. 이 사주는 여자(女子)의 사주로서 사업(事業)을 하여 초년(初年)에는 운(運)이 없어 고생(苦生)을 많이 하다가 44세 미토대운(未土大運)에 수억금을 벌었으며 49세 무토대운(戊土大運)에는 월상계수(月上癸水)와 무계합(戊癸合)으로 합거(合去)되어 손해를 많이 보았고 54세 오화대운(午火大運)에 사업이 번창하여 돈을 많이 벌어 잘살고 있는 사주다. 그러나 임술일주(壬戌日柱)는 백호관살(白虎官殺)이며 시간지(時干支)에 갑진(甲辰)도 백호관살(白虎官殺)이므로 부궁(夫宮)이 부실하여 재혼(再婚)한 사주다.

❶ 세운기묘년(歲運己卯年): 수술, 내외불화
❷ 질병(疾病): 신장(腎臟), 방광(膀胱)
❸ 남녀성격: (남) 털털한 성격, 선견지명, 남에게 잘함, 욕심 많다, 일찍 사회에 진출, 성질 급, 자수성가, 부모 덕, 재복 있다, 처 덕 있다, 자손귀자, 신앙심, 지구력 강함, 능력 있다
(여) 남자 같은 시원한 성격, 새것을 좋아함, 부궁불미, 정부, 재가, 독수공방, 이성 구설, 재복 있다, 신앙심

🌀 세운·질병·남녀성격의 해설 (歲運·疾病·男女性格의 解說)

❶ 세운기묘년(歲運己卯年)= ※수술, 내외불화는 ※세운기묘년(歲運己卯年)의 묘목(卯木)은 임수일주(壬水日柱)의 상관(傷官)으로 세운(歲運)에서 일지(日支) 상관운(傷官運)이 들어오면 ※수술을 조심해야 한다. 그리고 ※내외불화는 ※세운기묘년(歲運己卯年)의 기토(己土)는 임수일주(壬水日柱)의 정관(正官)으로 세운에서 일주(日柱)를 극(剋)하는 운(運)이 들어오면 ※집에서나 밖에서나 윗사람이나 아랫사람이나 불화가 많이 생긴다.

❷ 질병(疾病)과 ❸ 남녀성격은 일주(日柱)에서 발생(發生)한다.

기묘년 (己卯年)

乙	壬	乙	癸
巳	午	卯	巳

51	41	31	21	11	1
辛	庚	己	戊	丁	丙
酉	申	未	午	巳	辰

이 사주는 임수일주(壬水日柱)가 중춘묘월(中春卯月)에 출생하여 실시(失時)하고 묘중을목(卯中乙木)이 월시상(月時上)에 투출(透出)하여 상관격(傷官格)이다. 그리고 지지(地支)는 년일시지(年日時支) 사오(巳午)로 화국(火局)을 이루어 상관(傷官)과 재(財)가 태왕(太旺)이다. 임수일주(壬水日柱)는 무근(無根)이며 목화상관(木火傷官)에 설기(泄氣)가 심(甚)하고 년상계수(年上癸水) 비겁(比劫)이 있다 하나 그 비겁(比劫)도 무근(無根)이며 물이 말랐으므로 일주(日柱)를 도울 힘이 없다. 그러므로 수생목(水生木) 목생화(木生火)로 종재격(從財格)같이 보이나 이 사주는 쇠극격(衰極格)에 해당하므로 쇠(衰)한 자는 상관식신(傷官食神)으로 설기(泄氣)하여 더욱더 쇠(衰)하게 하는 동시 일주(日柱)를 극(剋)하는 관살(官殺)을 제(制)하여야 하기 때문에 을목상관(乙木傷官)이 용신(用神)이며 화재(火財)는 희신(喜神)이 된다. 이 사주는 여자(女子)의 사주로서 초년운(初年運)은 좋았으나 41세 경금대운(庚金大運)부터 운(運)이 없어 고생을 많이 하고 힘들게 살고 있는 사주다.

❶ 세운기묘년(歲運己卯年): 이별수, 수술, 내외불화
❷ 질병(疾病): 신장(腎臟), 방광(膀胱)
❸ 남녀성격: (남) 털털한 성격, 고집 대단, 신경 예민, 지혜롭다, 명랑하다, 예의 있다, 준법정신, 처 덕 있다, 처궁불미, 성실하다, 눈치가 빠름, 운동 잘함
　　　　　(여) 남자 같은 시원한 성격, 새것을 좋아함, 미모 수려, 남편 덕, 정부, 부궁불미, 자손 덕, 눈치가 빠름, 신경 예민, 이성수신

세운 · 질병 · 남녀성격의 해설 (歲運 · 疾病 · 男女性格의 解說)

❶ 세운기묘년(歲運己卯年)= ※이별수, 수술, 내외불화는 ※세운기묘년(歲運己卯年)의 기토(己土)는 임수일주(壬水日柱)의 정관(正官)으로 여자 사주에 상관식신(傷官食神)이 태왕(太旺)인데 세운(歲運)에서 관살운(官殺運)이 들어오면 ※가정에 불화가 많이 생긴다든가 또는 남편과 떨어져 산다든가 또는 이혼한다든가 또는 남편이 사망하는 수도 있다. 그리고 ※수술은 ※세운기묘년(歲運己卯年)의 묘목(卯木)은 임수일주(壬水日柱)의 상관(傷官)으로 세운에서 일지(日支) 상관운(傷官運)이 들어오면 ※수술을 조심해야 한다. 그리고 ※내외불화는 ※세운기묘년(歲運己卯年)의 기토(己土)는 임수일주(壬水日柱)의 정관(正官)으로 세운에서 일주(日柱)를 극(剋)하는 운(運)이 들어오면 ※집에서나 밖에서나 윗사람이나 아랫사람이나 불화가 많이 생긴다.

❷ 질병(疾病)과 ❸ 남녀성격은 일주(日柱)에서 발생(發生)한다.

기묘년 (己卯年)

58년(음) 4월 27일 술(戌)시 여자

庚	壬	戊	戊
戌	戌	午	戌

53	43	33	23	13	3
壬	癸	甲	乙	丙	丁
子	丑	寅	卯	辰	巳

이 사주는 임수일주(壬水日柱)가 중하오월(中夏午月)에 출생하여 실시(失時)하고 지지(地支)는 오술오술(午戌午戌)로 화국(火局)을 이루었으며 년월무토(年月戊土)가 투출(透出)하여 재살(財殺)이 태왕(太旺)이다. 임수일주(壬水日柱)는 자좌(自坐) 술중무토(戌中戊土) 살지(殺地)에 앉았고 년월(年月) 양무토(兩戊土)가 임수(壬水)를 극(剋)하므로 종살격(從殺格)같이 보인다. 그러나 시상(時上)에 경금인수(庚金印綬)가 투출(透出)하여 화생토(火生土) 토생금(土生金)으로 사주의 기(氣)는 시상경금(時上庚金)에 집중하여 시상경금(時上庚金) 인수(印綬)가 용신(用神)이며 수비견겁(水比肩劫)은 희신(喜神)이 된다. 이 사주는 여자(女子)의 사주로서 53세 임수대운(壬水大運)에 주류업(酒類業)을 경영하여 돈은 많이 벌었으나 남편과 이혼한 사주다. 부궁(夫宮)이 부실한 것은 여자(女子) 사주에 관살(官殺)이 태왕(太旺)이면 부궁(夫宮)이 부실하여 재혼(再婚)하거나 혼자 사는 사람들이 많다.

❶ 세운기묘년(歲運己卯年): 이별수, 수술, 내외불화
❷ 질병(疾病): 신장(腎臟), 방광(膀胱)
❸ 남녀성격: (남) 털털한 성격, 선견지명, 남에게 잘함, 욕심 많다, 일찍 사회에 진출, 성질 급, 자수성가, 부모 덕, 재복 있다, 처 덕 있다, 자손귀자, 신앙심, 지구력 강함, 능력 있다
　　　　　　(여) 남자 같은 시원한 성격, 새것을 좋아함, 부궁불미, 정부, 재가, 독수공방, 이성 구설, 재복 있다, 신앙심

세운 · 질병 · 남녀성격의 해설 (歲運 · 疾病 · 男女性格의 解說)

❶ 세운기묘년(歲運己卯年) = ※이별수, 수술, 내외불화는 ※세운기묘년(歲運己卯年)의 기토(己土)는 임수일주(壬水日柱)의 정관(正官)으로 여자 사주에 관살(官殺)이 태왕(太旺)인데 세운(歲運)에서 관살운(官殺運)이 들어오면 ※가정에 불화가 많이 생긴다든가 또는 남편과 떨어져 산다든가 또는 이혼한다든가 또는 남편이 사망하는 수도 있다. 그리고 ※수술은 ※세운기묘년(歲運己卯年)의 묘목(卯木)은 임수일주(壬水日柱)의 상관(傷官)으로 세운(歲運)에서 일지(日支) 상관운(傷官運)이 들어오면 ※수술을 조심해야 한다. 그리고 ※내외불화는 ※세운기묘년(歲運己卯年)의 기토(己土)는 임수일주(壬水日柱)의 정관(正官)으로 세운에서 일주(日柱)를 극(剋)하는 운(運)이 들어오면 ※집에서나 밖에서나 윗사람이나 아랫사람이나 불화가 많이 생긴다.

❷ 질병(疾病)과 ❸ 남녀성격은 일주(日柱)에서 발생(發生)한다.

기묘년 (己卯年)

52년(음) 11월 17일 해(亥)시 여자

癸	癸	壬	壬
亥	丑	子	辰

59	49	39	29	19	9
丙	丁	戊	己	庚	辛
午	未	申	酉	戌	亥

이 사주는 계수일주(癸水日柱)가 중동자월(中冬子月)에 출생하여 록근(祿根)하고 일시지(日時支) 해자축(亥子丑)으로 수국(水局)을 이루고 년월(年月) 양임수(兩壬水)와 일시(日時) 양계수(兩癸水)로 수(水) 천원일기(天元一氣)를 이루어 일주(日柱)가 신왕(身旺)이다. 신왕사주(身旺四柱)에는 일주(日柱)를 제(制)하는 관살(官殺)이나 상관식신(傷官食神)으로 설기(泄氣)함이 좋은데 년일지(年日支) 진축토(辰丑土) 관살(官殺)이 있다 하나 년지진토(年支辰土)는 습토(濕土)며 월지자수(月支子水)와 자진(子辰)으로 수국(水局)을 이루었고 일지축토(日支丑土)도 습토(濕土)며 해자축(亥子丑)으로 수국(水局)을 이루어 관살(官殺)이 힘이 없으므로 용신(用神)으로 쓸 수가 없다. 그러므로 계수일주(癸水日柱)는 지지(地支)가 전수국(全水局)을 이루어 윤하격(潤下格)으로 윤하격(潤下格)에는 수비견겁(水比肩劫)이 용신(用神)이며 금인수(金印綬)는 희신(喜神)이 된다. 이 사주는 여자(女子)의 사주로서 초년(初年)부터 주류업을 하여 34세 유금대운(酉金大運)에 수억금을 벌었으며 39세 무토대운(戊土大運)에 시상계수(時上癸水)와 무계합(戊癸合)으로 합거(合去)되어 손해를 많이 보았으나 44세 신금대운(申金大運)에 사업이 번창하여 돈은 많이 벌었으나 부궁(夫宮)이 부실하여 재혼한 사주다. 부궁(夫宮)이 부실한 것은 년일지(年日支) 진축토(辰丑土)는 계수일주(癸水日柱)의 관살(官殺)로 남편인데 왕수(旺水)에 쓸려가는 형상(形象)이며 일간지(日干支) 계축(癸丑)은 백호관살(白虎官殺)이므로 부궁(夫宮)이 더욱더 부실한 사주다.

❶ 세운기묘년(歲運己卯年): 내외불화
❷ 질병(疾病): 신장(腎臟), 방광(膀胱), 풍질(風疾)
❸ 남녀성격: (남) 털털한 성격, 근면 성실, 지혜롭다, 지구력 있다, 근심 많다, 처궁불미, 준법정신, 새벽잠이 없다
　　　　　 (여) 남자 같은 시원한 성격, 새것을 좋아함, 이성수신, 애교 많다, 정부, 재가, 부궁불미, 남자들의 인기

🌀 세운 • 질병 • 남녀성격의 해설 (歲運 · 疾病 · 男女性格의 解說)

❶ 세운기묘년(歲運己卯年)= ※내외불화는 ※세운기묘년(歲運己卯年)의 기토(己土)는 계수일주(癸水日柱)의 편관(偏官)으로 세운(歲運)에서 일주(日柱)를 극(剋)하는 운(運)이 들어오면 ※집에서나 밖에서나 윗사람이나 아랫사람이나 불화가 많이 생긴다.

❷ 질병(疾病)과 ❸ 남녀성격은 일주(日柱)에서 발생(發生)한다.

기묘년 (己卯年)

83년(음) 10월 27일 해(亥)시 여자

<table>
<tr><td>癸</td><td>癸</td><td>癸</td><td>癸</td></tr>
<tr><td>亥</td><td>亥</td><td>亥</td><td>亥</td></tr>
</table>

52	42	32	22	12	2
己	戊	丁	丙	乙	甲
巳	辰	卯	寅	丑	子

이 사주는 계수일주(癸水日柱)가 초겨울 해월(亥月)에 출생하여 득령(得令)하고 지지(地支)는 전해수(全亥水)로 수국(水局)을 이루고 계수일주(癸水日柱)도 년월시(年月時) 계수(癸水)로서 계수(癸水) 천원일기(天元一氣)를 이루어 일주(日柱)가 태왕(太旺)하다. 이 사주는 사주 전체가 비견겁(比肩劫)이 태왕(太旺)하므로 종왕격(從旺格)이다. 종왕격(從旺格)에는 비견겁(比肩劫)이 용신(用神)이며 금인수(金印綬)는 희신(喜神)인데 이 사주는 왕극격(旺極格)이므로 왕극(旺極)한 사주에는 인수(印綬)로 일주(日柱)를 생(生)하여 더욱더 왕(旺)하게 해야 하는 법칙이므로 금인수(金印綬)가 용신(用神)이며 수비견겁(水比肩劫)은 희신(喜神)이 된다. 이 사주는 여자(女子)의 사주로서 일찍 결혼하였으나 이혼하고 미용실(美容室)을 경영하고 있는데 대운(大運)이 좋지 않아 고생을 많이 하며 힘들게 살고 있는 사주다. 부궁(夫宮)이 부실한 것은 계수일주(癸水日柱)의 남편은 토관(土官)인데 토관(土官)은 왕(旺)한 수(水)에 쓸려가는 이치(理致)이므로 부궁(夫宮)이 부실하여 나이가 많은 사람과 결혼하면 해로(偕老)할 수 있다.

❶ 세운기묘년(歲運己卯年): 변화, 이사, 전근, 내외불화
❷ 질병(疾病): 심장(心臟), 냉(冷)
❸ 남녀성격: (남) 털털한 성격, 차분한 성격, 마음이 깊다, 외유내강, 타인 존경, 준법정신, 영리하다, 총명하다, 연구심, 노력으로 끝을 본다, 장수한다, 신앙심
　　　　　　(여) 남자 같은 시원한 성격, 새것을 좋아함, 부군 덕, 부궁불미, 독수공방, 정부, 재가, 친정형제 걱정 많이 한다, 자손귀자, 돈이 잘 빠져나감, 신앙심

◎ 세운·질병·남녀성격의 해설 (歲運·疾病·男女性格의 解說)

❶ 세운기묘년(歲運己卯年)= ※변화, 이사, 전근, 내외불화는 ※세운기묘년의 묘목(卯木)은 일지해수(日支亥水)와 해묘(亥卯)로 삼합(三合)이 되므로 세운에서 일지(日支) 삼합운(三合運)이 들어오면 ※변화가 생긴다든가 또는 이사를 한다든가 또는 직장을 옮기는 일이 많다. 그리고 ※내외불화는 ※세운기묘년(歲運己卯年)의 기토(己土)는 계수일주(癸水日柱)의 편관(偏官)으로 세운에서 일주(日柱)를 극(剋)하는 운(運)이 들어오면 ※집에서나 밖에서나 윗사람이나 아랫사람이나 불화가 많이 생긴다.

❷ 질병(疾病)과 ❸ 남녀성격은 일주(日柱)에서 발생(發生)한다.

기묘년 (己卯年)

75년(음) 10월 21일 술(戌)시 남자

壬	癸	丁	乙
戌	酉	亥	卯

55	45	35	25	15	5
辛	壬	癸	甲	乙	丙
巳	午	未	申	酉	戌

이 사주는 계수일주(癸水日柱)가 초겨울 해월(亥月)에 출생하여 득령(得令)하고 해중임수(亥中壬水)가 시상(時上)에 투출(透出)하였으며 일지유금(日支酉金)에 생(生)을 받아 일주(日柱)는 신왕사주(身旺四柱)다. 신왕사주(身旺四柱)에는 관살(官殺)로 일주(日柱)를 제(制)하거나 상관식신(傷官食神)으로 설기(泄氣)함이 좋은데 다행히 시지(時支) 술중무토(戌中戊土) 정관(正官)이 있어 술중무토(戌中戊土) 정관(正官)으로 용신(用神)한다. 그리고 화재(火財)는 희신(喜神)이 된다. 이 사주는 남자(男子)의 사주로서 한의사(韓醫師)인데 한방병원에서 근무하고 있는 사주다. 이 사주가 의사 직종(職種)으로 가게 된 것은 지지(地支)에 묘유술(卯酉戌) 중 묘유(卯酉)나 유술(酉戌)이나 묘술(卯戌) 두 글자만 있어도 의사로 직업을 갖는 사람이 많으며 만약에 의사로 직업을 갖지 않으면 역술가(易術家)로 직업을 갖는 사람도 많다. 그리고 계수일주(癸水日柱)의 처(妻)는 월상정화(月上丁火)인데 그 정화(丁火)는 자좌해중(自坐亥中) 살지(殺地)에 앉았으며 시지술토(時支戌土)는 화(火)의 고장(庫藏)으로서 고(庫)는 창고도 되고 무덤도 되는데 처(妻)가 무덤에 있는 형상(形象)이 되어 결혼이 늦어지고 있는 사주다.

❶ 세운기묘년(歲運己卯年): 관재, 수술, 자연재앙, 내외불화
❷ 질병(疾病): 신장(腎臟), 심장(心臟), 방광(膀胱), 냉(冷)
❸ 남녀성격: (남) 털털한 성격, 성격이 까다롭다, 매사 철두철미, 박력이 모자란다, 영리하다, 총명하다, 암기력, 남에게 잘함, 호인이다, 고독 자초, 처 덕 있다
　　　　　(여) 남자 같은 시원한 성격, 새것을 좋아함, 정이 많다, 부궁불미, 정부, 인덕 없다, 눈물 많다

☯ 세운 · 질병 · 남녀성격의 해설 (歲運 · 疾病 · 男女性格의 解說)

❶ 세운기묘년(歲運己卯年)= ※관재, 수술, 자연재앙, 내외불화는 ※세운기묘년(歲運己卯年)의 묘목(卯木)은 일지유금(日支酉金)과 묘유충(卯酉沖)으로 세운(歲運)에서 일지충운(日支沖運)이 들어오면 ※관재수나 수술이나 자연재앙을 조심해야 한다. 그리고 ※내외불화는 ※세운기묘년(歲運己卯年)의 기토(己土)는 계수일주(癸水日柱)의 편관(偏官)으로 세운(歲運)에서 일주(日柱)를 극(剋)하는 운(運)이 들어오면 ※집에서나 밖에서나 윗사람이나 아랫사람이나 불화가 많이 생긴다.

❷ 질병(疾病)은 일주(日柱)에서 발생(發生)한다.

❸ 남녀성격은 일주(日柱)에서 발생(發生)한다.

기묘년 (己卯年)

67년(음) 10월 14일 인(寅)시 여자

甲	癸	辛	丁
寅	未	亥	未

58	48	38	28	18	8
丁	丙	乙	甲	癸	壬
巳	辰	卯	寅	丑	子

이 사주는 계수일주(癸水日柱)가 초겨울 해월(亥月)에 출생하여 득령(得令)하고 월상신금(月上辛金) 인수(印綬)가 있어 일주(日柱)가 신왕사주(身旺四柱)같이 보이나 해중갑목(亥中甲木) 상관(傷官)이 시상(時上)에 투출(透出)하고 년일지(年日支) 미중기토(未中己土) 편관(偏官)과 년상정화(年上丁火) 편재(偏財)가 있어 일주(癸水日柱)는 강화위약(强化爲弱)으로 신약사주(身弱四柱)다. 그러므로 금인수(金印綬)가 용신(用神)이며 수비견겁(水比肩劫)은 희신(喜神)이 된다. 이 사주는 여자(女子)의 사주로서 사업을 경영하였으나 운(運)이 없어 고생을 많이 하다가 재산을 탕진하고 남편(男便)과 이혼하고 혼자 살고 있는 사주다. 부궁(夫宮)이 부실한 것은 시상(時上)에 상관(傷官)을 놓으면 부궁(夫宮)이 부실한데 년간지(年干支) 정미생(丁未生)의 공망(空亡)은 시지인목(時支寅木)으로 일시지(日時支)에 공망(空亡)이 있으면 재혼(再婚)하거나 혼자 사는 사람들이 많다.

❶ 세운기묘년(歲運己卯年): 변화, 이사, 전근, 내외불화
❷ 질병(疾病): 신장(腎臟), 비(脾), 위(胃)
❸ 남녀성격: (남) 털털한 성격, 의리 있다, 신용 있다, 인내심, 지구력, 순진하다, 심술 많다,
　　　　　　꾸준히 노력으로 결실, 성격이 까다롭다, 옷에 신경, 신앙심, 편식, 처궁불미
　　　　　(여) 남자 같은 시원한 성격, 새것을 좋아함, 남편복이 없다, 정부, 재가, 인덕
　　　　　　없다

🌀 세운·질병·남녀성격의 해설 (歲運·疾病·男女性格의 解說)

❶ 세운기묘년(歲運己卯年)= ※변화, 이사, 전근, 내외불화는 ※세운기묘년의 묘목(卯木)은 일지미토(日支未土)와 묘미(卯未)로 삼합(三合)이 되므로 세운(歲運)에서 일지(日支) 삼합운(三合運)이 들어오면 ※변화가 생긴다든가 또는 이사를 한다든가 또는 직장을 옮기는 일이 많다. 그리고 ※내외불화는 ※세운기묘년(歲運己卯年)의 기토(己土)는 계수일주(癸水日柱)의 편관(偏官)으로 세운(歲運)에서 일주(日柱)를 극(剋)하는 운(運)이 들어오면 ※집에서나 밖에서나 윗사람이나 아랫사람이나 불화가 많이 생긴다.

❷ 질병(疾病)은 일주(日柱)에서 발생(發生)한다.

❸ 남녀성격은 일주(日柱)에서 발생(發生)한다.

62년(음) 9월 24일 유(酉)시 여자

辛	癸	庚	壬
酉	巳	戌	寅

54	44	34	24	14	4
甲	乙	丙	丁	戊	己
辰	巳	午	未	申	酉

이 사주는 계수일주(癸水日柱)가 계추술월(季秋戌月)에 출생하여 실시(失時)하고 술중신금(戌中辛金)이 시상(時上)에 투출(透出)하여 시지유금(時支酉金)에 록근(祿根)하고 월상경금(月上庚金) 인수(印綬)와 년상임수(年上壬水) 비겁(比劫)이 있어 일주(日柱)는 약화위강(弱化爲强)으로 신왕사주(身旺四柱)다. 신왕사주(身旺四柱)에는 일주(日柱)를 제(制)하는 관살(官殺)이나 상관식신(傷官食神)으로 설기(泄氣)함이 좋은데 술중무토(戌中戊土) 정관(正官)으로 용신(用神)한다. 그리고 일지(日支) 사화재(巳火財)는 희신(喜神)이 된다. 이 사주는 여자(女子)의 사주로서 사업을 경영하여 39세 오화대운(午火大運)에 운(運)이 좋아 수억금을 벌었으며 44세 을목대운(乙木大運)에는 월상경금(月上庚金)과 을경합(乙庚合)으로 합거(合去)되어 손해를 많이 보았고 49세 사화대운(巳火大運)에 사업을 재기(再起)하여 재산을 복구하고 잘살고 있는 사주다. 임인생(壬寅生)의 공망(空亡)은 일지사화(日支巳火)인데 일시지(日時支)에 공망(空亡)이 있으면 부궁(夫宮)이 부실하여 재혼(再婚)하거나 혼자 사는 사람들이 많다. 그러나 이 사주는 재물이 많아 오히려 남편(男便)을 이기고 사는 사주다.

❶ 세운기묘년(歲運己卯年): 내외불화
❷ 질병(疾病): 비뇨기(泌尿器), 장(臟), 자궁(子宮), 유방(乳房)
❸ 남녀성격: (남) 털털한 성격, 인정 많다, 처세가 좋다, 외유내강, 자기 실속, 욕심 많다, 영리하다, 처 덕 있다, 자손귀자, 학업 장애
　　　　　 (여) 남자 같은 시원한 성격, 새것을 좋아함, 부궁불미, 이성 고민, 정부, 재복 있다

☯ 세운 · 질병 · 남녀성격의 해설 (歲運 · 疾病 · 男女性格의 解說)

❶ 세운기묘년(歲運己卯年)= ※내외불화는 ※세운기묘년(歲運己卯年)의 기토(己土)는 계수일주(癸水日柱)의 편관(偏官)으로 세운(歲運)에서 일주(日柱)를 극(剋)하는 운(運)이 들어오면 ※집에서나 밖에서나 윗사람이나 아랫사람이나 불화가 많이 생긴다.

❷ 질병(疾病)은 비뇨기, 장은 일주(日柱)에서 발생(發生)하며 ※자궁, 유방은 ※여자(女子) 사주에 상관(傷官)이 형살(刑殺)이면 ※자궁과 유방을 조심해야 한다.

❸ 남녀성격은 일주(日柱)에서 발생(發生)한다.

기묘년 (己卯年)

62년(음) 2월 1일 오(午)시 남자

戊	癸	癸	壬
午	卯	卯	寅

60	50	40	30	20	10
己	戊	丁	丙	乙	甲
酉	申	未	午	巳	辰

이 사주는 계수일주(癸水日柱)가 중춘묘월(中春卯月)에 출생하여 실시(失時)하고 년일지(年日支) 인묘목(寅卯木)으로 상관식신(傷官食神)에 설기(泄氣)가 심(甚)하고 년지인목(年支寅木)과 시지오화(時支午火)와 인오(寅午)로 화국(火局)을 이루었고 시상무토(時上戊土)가 투출(透出)하여 그 화(火)는 무토정관(戊土正官)을 생(生)하여 재관(財官)이 태왕(太旺)이다. 계수일주(癸水日柱)는 자좌묘목(自坐卯木)에 설기(泄氣)가 심(甚)하고 년월(年月) 임계수(壬癸水) 비견겁(比肩劫)은 모두 근(根)이 없으며 자좌(自坐) 인묘목(寅卯木)에 설기(泄氣)가 심(甚)하여 일주(日柱)를 도울 힘이 없다. 그러므로 수생목(水生木) 목생화(木生火) 화생토(火生土)로 사주의 기(氣)는 시상무토(時上戊土)로 집중되어 무토정관(戊土正官)이 용신(用神)이며 화재(火財)는 희신(喜神)이 된다. 이 사주는 남자의 사주로서 공무원의 사주다.

❶ 세운기묘년(歲運己卯年): 변화, 이사, 전근, 내외불화, 자연재앙

❷ 질병(疾病): 풍질(風疾), 신장(腎臟), 방광(膀胱), 냉(冷)

❸ 남녀성격: (남) 털털한 성격, 만인 신망, 영리하다, 인자하다, 남에게 잘함, 준법정신, 고집 대단, 식복 있다, 처궁불미, 처 덕 있다, 소심하다, 운동 잘함, 마음 약

　　　　(여) 남자 같은 시원한 성격, 새것을 좋아함, 부궁불미, 자손근심, 정부, 재가, 애교 많다, 생리통이 심하다, 침착하다, 인내심, 눈물 많다, 인덕 있다

세운·질병·남녀성격의 해설 (歲運·疾病·男女性格의 解說)

❶ 세운기묘년(歲運己卯年)= ※변화, 이사, 전근, 내외불화, 자연재앙은 ※세운기묘년의 묘목(卯木)은 일지묘목(日支卯木)과 묘묘(卯卯)로 삼합(三合)이 되므로 세운(歲運)에서 일지(日支) 삼합운(三合運)이 들어오면 ※변화가 생긴다든가 또는 이사를 한다든가 또는 직장을 옮기는 일이 많다. 그리고 ※내외불화는 ※세운기묘년(歲運己卯年)의 기토(己土)는 계수일주(癸水日柱)의 편관(偏官)으로 세운(歲運)에서 일주(日柱)를 극(剋)하는 운(運)이 들어오면 ※집에서나 밖에서나 윗사람이나 아랫사람이나 불화가 많이 생긴다. 그리고 ※자연재앙은 ※세운기묘년(歲運己卯年)의 묘목(卯木)은 일지묘목(日支卯木)과 묘묘(卯卯)로 똑같은 오행(五行)이므로 세운에서 일지(日支)같은 운(運)이 들어오면 ※자연재앙을 조심해야 한다.

❷ 질병(疾病)은 일주(日柱)에서 발생(發生)한다.

❸ 남녀성격은 일주(日柱)에서 발생(發生)한다.

기묘년 (己卯年)

60년(윤) 6월 21일 술(戌)시 여자

壬	癸	甲	庚
戌	酉	申	子

52	42	32	22	12	2
戊	己	庚	辛	壬	癸
寅	卯	辰	巳	午	未

이 사주는 계수일주(癸水日柱)가 초가을 신월(申月)에 출생하여 득령(得令)하고 신궁임수(申宮壬水)와 년상경금(年上庚金)이 투출(透出)하여 어느 오행(五行)으로 격(格)을 잡느냐의 기로(岐路)에 서게 된다. 생일을 보아 21일이므로 신궁(申宮)에는 경금(庚金)이 사령(司令)하므로 경금(庚金)으로 격(格)을 삼는다. 그러므로 인수격(印綬格)이다. 그리고 지지(地支)는 신유술(申酉戌) 금국(金局)을 이루어 일주(日柱)는 신왕사주(身旺四柱)다. 신왕사주(身旺四柱)에는 일주(日柱)를 제(制)하는 관살(官殺)이나 상관식신(傷官食神)으로 설기(泄氣)함이 좋은데 다행히 시지(時支) 술중무토(戌中戊土) 정관(正官)이 있어 그 정관(正官)으로 용신(用神)한다. 그리고 화재(火財)는 희신(喜神)이 된다. 이 사주는 여자(女子)의 사주로서 초년(初年)에 운(運)이 잘 들어와 공부를 많이 하여 연구원(研究員)으로 근무하며 지금까지 잘살고 있는 사주다.

❶ 세운기묘년(歲運己卯年): 관재, 수술, 자연재앙, 내외불화
❷ 질병(疾病): 신장(腎臟), 심장(心臟), 방광(膀胱), 냉(冷), 자궁(子宮), 유방(乳房)
❸ 남녀성격: (남) 털털한 성격, 성격이 까다롭다, 매사 철두철미, 박력이 모자란다, 영리하다, 총명하다, 암기력, 남에게 잘함, 호인이다, 고독 자초, 처 덕 있다
　　　　　(여) 남자 같은 시원한 성격, 새것을 좋아함, 정이 많다, 부궁불미, 정부, 인덕 없다, 눈물 많다

세운·질병·남녀성격의 해설 (歲運·疾病·男女性格의 解說)

❶ 세운기묘년(歲運己卯年)= ※관재, 수술, 자연재앙, 내외불화는 ※세운기묘년(歲運己卯年)의 묘목(卯木)은 일지유금(日支酉金)과 묘유충(卯酉沖)으로 세운(歲運)에서 일지충운(日支沖運)이 들어오면 ※관재수나 수술이나 자연재앙을 조심해야 한다. 그리고 ※내외불화는 ※세운기묘년(歲運己卯年)의 기토(己土)는 계수일주(癸水日柱)의 편관(偏官)으로 세운(歲運)에서 일주(日柱)를 극(剋)하는 운(運)이 들어오면 ※집에서나 밖에서나 윗사람이나 아랫사람이나 불화가 많이 생긴다.

❷ 질병(疾病)은 신장, 심장, 방광, 냉은 일주(日柱)에서 발생(發生)하며 ※자궁, 유방은 ※인수(印綬)가 태왕(太旺)하고 상관(傷官)이 쇠약(衰弱)하면 ※자궁과 유방을 조심해야 한다.

❸ 남녀성격은 일주(日柱)에서 발생(發生)한다.

기묘년 (己卯年)

61년(음) 12월 10일 축(丑)시 남자

<table>
<tr><td>癸</td><td>癸</td><td>辛</td><td>辛</td></tr>
<tr><td>丑</td><td>丑</td><td>丑</td><td>丑</td></tr>
</table>

53	43	33	23	13	3
乙	丙	丁	戊	己	庚
未	申	酉	戌	亥	子

이 사주는 계수일주(癸水日柱)가 동계축월(冬季丑月)에 출생하여 실시(失時)하고 축중신금(丑中辛金)이 년월(年月)에 투출(透出)하여 인수격(印綬格)이며 지지축토(地支丑土)는 습토(濕土)라고 하나 계수일주(癸水日柱)를 극(剋)하므로 신약사주(身弱四柱)다. 그러므로 금인수(金印綬)가 용신(用神)이며 수비견겁(水比肩劫)은 희신(喜神)이 된다. 이 사주는 남자(男子)의 사주로서 공부보다 기술을 배워 회사에 근무하다가 퇴사하여 건축 현장을 다니면서 건축(建築) 기술자(技術者)로 일하다가 38세 유금대운(酉金大運)에 건축 사업을 하여 돈을 많이 벌어 사업을 확장 하였으나 43세 병화대운(丙火大運)에 월상신금(月上辛金)과 병신합(丙辛合)으로 합거(合去)되어 손해를 많이 보았고 48세 신금대운(申金大運)에 사업이 번창하여 재산을 복구하고 돈을 많이 벌은 사주다. 이 사주는 돈은 많이 벌었으나 자식(子息)을 한 명 잃었는데 자식(子息)을 잃게 된 것은 시간지(時干支) 계축(癸丑)은 백호관살(白虎官殺)이므로 남자(男子) 사주의 편관(偏官)은 자식(子息)인데 남자(男子) 사주에 백호관살(白虎官殺)이 있는 사람들은 자손액(子孫厄)을 조심해야 하며 항상 자손에게 관심을 많이 가져야 한다.

❶ 세운기묘년(歲運己卯年): 내외불화

❷ 질병(疾病): 신장(腎臟), 방광(膀胱), 풍질(風疾), 혈압(血壓)

❸ 남녀성격: (남) 털털한 성격, 근면 성실, 지혜롭다, 지구력 있다, 근심 많다, 처궁불미, 준법정신, 새벽잠이 없다

(여) 남자 같은 시원한 성격, 새것을 좋아함, 이성수신, 애교 많다, 정부, 재가, 부궁불미, 남자들의 인기

세운·질병·남녀성격의 해설 (歲運·疾病·男女性格의 解說)

❶ 세운기묘년(歲運己卯年)= ※내외불화는 ※세운기묘년(歲運己卯年)의 기토(己土)는 계수일주(癸水日柱)의 편관(偏官)으로 세운(歲運)에서 일주(日柱)를 극(剋)하는 운(運)이 들어오면 ※집에서나 밖에서나 윗사람이나 아랫사람이나 불화가 많이 생긴다.

❷ 질병(疾病)은 신장, 방광, 풍질은 일주(日柱)에서 발생(發生)하며 ※혈압은 ※계수일주(癸水日柱)가 겨울에 출생하면 ※중풍을 조심해야 한다.

❸ 남녀성격은 일주(日柱)에서 발생(發生)한다.

경진년
(庚辰年)

경진년(庚辰年)

丙	甲	癸	癸
寅	子	亥	巳

51	41	31	21	11	1
丁	戊	己	庚	辛	壬
巳	午	未	申	酉	戌

이 사주는 갑목일주(甲木日柱)가 초겨울 해월(亥月)에 출생하여 장생(長生)하고 일지자수(日支子水) 인수(印綬)와 년월(年月) 양계수(兩癸水) 인수(印綬)가 투출(透出)하였고 갑목일주(甲木日柱)가 시지인목(時支寅木)에 록근(祿根)하여 일주(日柱)는 신왕사주(身旺四柱)다. 신왕사주(身旺四柱)에는 관살(官殺)로 일주(日柱)를 제(制)하거나 상관식신(傷官食神)으로 설기(泄氣)함이 좋은데 갑목일주(甲木日柱)를 제(制)하는 관살(官殺)은 없고 시상(時上)에 병화식신(丙火食神)이 투출(透出)하여 자좌인목(自坐寅木)에 장생(長生)하고 년지사화(年支巳火)에 록근(祿根)하여 시상병화(時上丙火) 식신(食神)이 용신(用神)이 된다. 그러므로 병화식신(丙火食神)으로 설기(泄氣)하므로 이런 사주를 가상관격(假傷官格)이라고 한다. 이 사주는 남자의 사주로서 가상관격(假傷官格)을 놓은 사람은 교육계(敎育界)로 직업을 많이 갖는데 이 사주는 사법고시에 합격하여 변호사(辯護士)로 개업하여 46세 오화대운(午火大運)에 운(運)이 잘 들어와 크게 성공하여 명예(名譽)와 부(富)를 겸한 사주다.

❶ 세운경진년(歲運庚辰年): 변화, 이사, 전근, 내외불화, 손재, 처액

❷ 질병(疾病): 간(肝), 풍(風), 냉(冷), 저혈압(低血壓)

❸ 남녀성격: (남) 의지 굳다, 무뚝뚝하다, 웃음이 적다, 냉정하다, 임사즉결, 멋쟁이, 권모술수, 눈치가 빠르다, 신경 예민, 처궁불미

(여) 의지 굳다, 인자함, 무뚝뚝하다, 웃음이 적다, 부궁불미

◎ 세운·질병·남녀성격의 해설(歲運·疾病·男女性格의 解說)

❶ 세운경진년(歲運庚辰年)= ※변화, 이사, 전근, 내외불화, 손재, 처액은 ※세운경진년(歲運庚辰年)의 진토(辰土)는 일지자수(日支子水)와 자진(子辰)으로 삼합(三合)이 되므로 세운에서 일지(日支) 삼합운(三合運)이 들어오면 ※변화가 생긴다든가 또는 이사를 한다든가 또는 직장을 옮기는 일이 많다. 그리고 ※내외불화는 ※세운경진년(歲運庚辰年)의 경금(庚金)은 갑목일주(甲木日柱)의 편관(偏官)으로 세운에서 일주(日柱)를 극(剋)하는 운(運)이 들어오면 ※집에서나 밖에서나 윗사람이나 아랫사람이나 불화가 많이 생긴다. 그리고 ※손재, 처액은 ※세운경진년(歲運庚辰年)의 진토(辰土)는 갑목일주의 편재(偏財)로 신왕(身旺)한 남자 사주에 세운에서 재운(財運)이 들어오면 ※손재수를 조심해야 하며 또는 가정에 불화가 많이 생긴다든가 또는 처가 말없이 가출한다든가 또는 처의 건강을 조심해야 한다.

❷ 질병(疾病)과 ❸ 남녀성격은 일주(日柱)에서 발생(發生)한다.

경진년 (庚辰年)

51년(음) 2월 8일 오(午)시 남자

庚	甲	辛	辛
午	寅	卯	卯

53	43	33	23	13	3
乙	丙	丁	戊	己	庚
酉	戌	亥	子	丑	寅

이 사주는 갑목일주(甲木日柱)가 중춘묘월(中春卯月) 양인월(羊刃月)에 출생하여 득령(得令)하고 년지묘목(年支卯木)과 갑목일주(甲木日柱)는 자좌인목(自坐寅木)에 록근(祿根)하여 일주(日柱)는 신왕사주(身旺四柱)다. 신왕사주(身旺四柱)에는 일주(日柱)를 제(制)하는 관살(官殺)이나 상관식신(傷官食神)으로 설기(泄氣)함이 좋은데 년월(年月) 양신금(兩辛金)과 시상경금(時上庚金) 관살(官殺)이 있다고 하나 모두 근(根)이 없으며 시상경금(時上庚金)은 자좌오화(自坐午火)에 살지(殺地)에 앉았고 년월(年月) 양신금(兩辛金)도 자좌묘목(自坐卯木)에 절궁(絕宮)이 되어 관살(官殺)로 용신(用神)으로 쓸 수가 없다. 다행히 시지(時支) 오중정화(午中丁火)가 있어 정화상관(丁火傷官)이 용신(用神)이며 이런 사주를 가상관격(假傷官格)이라고 한다. 이 사주는 남자(男子)의 사주로서 고등학교 체육교사(體育敎師)로 근무하였으나 대운(大運)이 좋지 않아 승진이 안되어 고생하다가 퇴직하여 58세 유금대운(酉金大運)에 사업을 경영하였으나 화용신(火用神)에 사궁(死宮)으로 재산을 탕진하고 힘든 생활을 하고 있는 사주다.

❶ 세운경진년(歲運庚辰年): 손재, 처액, 내외불화
❷ 질병(疾病): 간(肝) 위산과다(胃酸過多)
❸ 남녀성격: (남) 의지 굳다, 무뚝뚝하다, 웃음이 적다, 고집 대단, 영리하다, 두령격, 일독십지, 인정 있다, 인내심 부족, 용기 있다, 청백지인, 남을 무시한다
(여) 의지 굳다, 무뚝뚝하다, 웃음이 적다, 부궁불미, 독수공방, 정부, 남에게 잘함, 돈이 잘 빠져나감, 친정형제 걱정

세운 · 질병 · 남녀성격의 해설 (歲運 · 疾病 · 男女性格의 解說)

❶ 세운경진년(歲運庚辰年)= ※손재, 처액, 내외불화는 ※세운경진년(歲運庚辰年)의 진토(辰土)는 갑목일주의 편재(偏財)로 신왕(身旺)한 남자 사주에 세운(歲運)에서 재운(財運)이 들어오면 ※손재수를 조심해야 하며 또는 가정에 불화가 많이 생긴다든가 또는 처가 말없이 가출한다든가 또는 처의 건강을 조심해야 한다. 그리고 ※내외불화는 ※세운경진년(歲運庚辰年)의 경금(庚金)은 갑목일주(甲木日柱)의 편관(偏官)으로 세운(歲運)에서 일주(日柱)를 극(剋)하는 운(運)이 들어오면 ※집에서나 밖에서나 윗사람이나 아랫사람이나 불화가 많이 생긴다.

❷ 질병(疾病)은 일주(日柱)에서 발생(發生)한다.

❸ 남녀성격은 일주(日柱)에서 발생(發生)한다.

경진년 (庚辰年)

庚	甲	乙	丁
午	辰	巳	酉

59	49	39	29	19	9
己	庚	辛	壬	癸	甲
亥	子	丑	寅	卯	辰

이 사주는 갑목일주(甲木日柱)가 초여름에 사월(巳月)에 출생하여 실시(失時)하고 시지오화(時支午火)와 사오(巳午)로 화국(火局)을 이루었고 오중정화(午中丁火)가 년상(年上)에 투출(透出)하여 설기(泄氣)가 심(甚)하며 또한 시상경금(時上庚金)은 년지유금(年支酉金)에 근(根)하여 한편으로는 관살(官殺)에 극(剋)을 받고 한편으로는 상관식신(傷官食神)에 설기(泄氣)가 심(甚)하여 일주(日柱)는 신약사주(身弱四柱)다. 갑목일주(甲木日柱)는 진중을목(辰中乙木)에 근(根)하고 진중을목(辰中乙木)은 월상(月上)에 투출(透出)하여 종(從)하지 않는다. 그러므로 수인수(水印綬)가 용신(用神)이며 목비견겁(木比肩劫)은 희신(喜神)이 된다. 이 사주는 남자(男子)의 사주로서 회사의 광고부서에 근무하고 있으며 초년(初年) 인묘운(寅卯運)으로 운(運)이 좋아 모든 일이 잘 풀리고 회사에 신임(信任)을 얻었으나 39세 신금대운(辛金大運)부터는 운(運)이 좋지 않아 승진(昇進)이 안되어 명예퇴직(名譽退職)을 하고 자영업을 시작하였으나 운(運)이 없어 재산을 탕진하였고 54세 자수대운(子水大運)에 운(運)이 들어와 사업이 번창하고 있는 사주다.

❶ 세운경진년(歲運庚辰年): 변화, 이사, 전근, 내외불화
❷ 질병(疾病): 간(肝), 풍(風), 위(胃)
❸ 남녀성격: (남) 의지 굳다, 무뚝뚝하다, 웃음이 적다, 강직하다, 처궁불미, 신앙심, 재복 있다, 처 덕 있다, 재간 있다, 창의력, 이상적인 아이디어가 있다
　　　　　(여) 의지 굳다, 무뚝뚝하다, 웃음이 적다, 시모불합, 부궁불미, 정부

◯ 세운·질병·남녀성격의 해설 (歲運·疾病·男女性格의 解說)

❶ 세운경진년(歲運庚辰年)= ※변화, 이사, 전근, 내외불화는 ※세운경진년(歲運庚辰年)의 진토(辰土)는 일지진토(日支辰土)와 진진(辰辰)으로 삼합(三合)이 되므로 세운(歲運)에서 일지(日支) 삼합운(三合運)이 들어오면 ※변화가 생긴다든가 또는 이사를 한다든가 또는 직장을 옮기는 일이 많다. 그리고 ※내외불화는 ※세운경진년(歲運庚辰年)의 경금(庚金)은 갑목일주(甲木日柱)의 편관(偏官)으로 세운(歲運)에서 일주(日柱)를 극(剋)하는 운(運)이 들어오면 ※집에서나 밖에서나 윗사람이나 아랫사람이나 불화가 많이 생긴다.

❷ 질병(疾病)은 일주(日柱)에서 발생(發生)한다.

❸ 남녀성격은 일주(日柱)에서 발생(發生)한다.

경진년 (庚辰年)

54년(음) 5월 7일 진(辰)시 남자

戊	甲	庚	甲
辰	午	午	午

60	50	40	30	20	10
丙	乙	甲	癸	壬	辛
子	亥	戌	酉	申	未

이 사주는 갑목일주(甲木日柱)가 중하오월(中夏午月)에 출생하여 실시(失時)하고 년일지(年日支) 양오화(兩午火)로 지지(地支)는 화국(火局)을 이루었고 시간지(時干支) 무진토(戊辰土)가 있어 일주(日柱)가 심약(甚弱)하다. 갑목일주(甲木日柱)는 근(根)이 없으며 자좌오화(自坐午火)에 설기(泄氣)가 심(甚)하고 년상갑목(年上甲木) 비견(比肩)도 근(根)이 없으며 자좌오화(自坐午火)에 설기(泄氣)가 심(甚)하여 갑목일주(甲木日柱)를 도울 수가 없다. 그러므로 목생화(木生火) 화생토(火生土)로 사주의 기(氣)는 시상무토(時上戊土)에 집중되어 종재격(從財格)이다. 그러므로 시상무토(時上戊土) 편재(偏財)가 용신(用神)이며 화(火) 상관식신(傷官食神)은 희신(喜神)이 된다.

❶ 세운경진년(歲運庚辰年): 자손액, 내외불화, 관재, 손재, 신액
❷ 질병(疾病): 간(肝), 장(臟), 기관지(氣管支), 천식(喘息), 뇌출혈(腦出血)
❸ 남녀성격: (남) 의지 굳다, 무뚝뚝하다, 남에게 잘함, 지구력 부족, 처궁불미, 용두사미, 성실하다, 인덕 없다
　　　　　　(여) 의지 굳다, 인정 있다, 부궁불미, 정부, 남자의 근심

◉ 세운 · 질병 · 남녀성격의 해설 (歲運 · 疾病 · 男女性格의 解說)

❶ 세운경진년(歲運庚辰年)= ※자손액, 내외불화, 관재, 손재, 신액은 ※세운경진년(歲運庚辰年)의 경금(庚金)은 갑목일주의 편관(偏官)으로 남자 사주에 상관식신(傷官食神)이 태왕(太旺)이고 관살(官殺)이 쇠약(衰弱)한데 세운에서 관살운(官殺運)이 들어오면 ※**자손액을 조심해야 한다. 그리고 ※내외불화**는 ※세운경진년(歲運庚辰年)의 경금(庚金)은 갑목일주(甲木日柱)의 편관(偏官)으로 세운(歲運)에서 일주(日柱)를 극(剋)하는 운(運)이 들어오면 ※**집에서나 밖에서나 윗사람이나 아랫사람이나 불화가 많이 생긴다.** 그리고 ※ 관재, 손재, 신액은 ※세운경진년(歲運庚辰年)의 경금(庚金)은 갑목일주의 편관(偏官)으로 원명사주에 재살(財殺)이 왕(旺)한데 세운에서 재(財)나 관살운(官殺運)이 들어오면 ※**관재수나 손재수나 건강을 조심해야 한다.**

❷ 질병(疾病)은 간, 장은 일주(日柱)에서 발생(發生)하며 ※기관지, 천식, 뇌출혈은 ※원명사주(源命四柱)에 갑목일주(甲木日柱)가 화(火) 상관식신(傷官食神)이 태왕(太旺)이면 ※**기관지, 천식, 뇌출혈을 조심해야 한다.**

❸ 남녀성격은 일주(日柱)에서 발생(發生)한다.

경진년 (庚辰年)

56년(음) 8월 10일 진(辰)시 남자

이 사주는 갑목일주(甲木日柱)가 중추유월(中秋酉月)에 출생하여 실시(失時)하고 년지신금(年支申金)과 일지신금(日支申金)으로 지지(地支)는 금국(金局)을 이루고 시간지(時干支) 무진토(戊辰土) 편재(偏財)로 재살(財殺)이 태왕(太旺)이다. 년월(年月) 병정화(丙丁火) 상관식신(傷官食神)으로 관살(官殺)을 제(制)히려고 하나 그 병정화(丙丁火)는 사지(死地)와 병궁(病宮)에 앉아 힘이 없으므로 관살(官殺)을 제(制)할 수가 없으며 갑목일주를 보신(補身)하는 인수(印綬)나 비견겁(比肩劫)이 하나도 없으므로 쇠극격(衰極格)에 해당한다. 쇠(衰)한 자는 상관식신(傷官食神)으로 설기(泄氣)하여 더욱더 쇠(衰)하게 하는 동시 일주(日柱)를 극(剋)하는 관살(官殺)을 제(制)하여야 하기 때문에 상관식신(傷官食神)이 용신(用神)이며 토재(土財)는 희신(喜神)이 된다. 이 사주는 남자의 사주로서 철재상사(鐵材商社)를 경영하여 48세 임수대운(壬水大運)에 사업을 확장하였으나 월상정화(月上丁火)와 정임합(丁壬合)으로 합거(合去)되어 재산을 탕진하고 일용직으로 일하고 있는 사주다.

❶ 세운경진년(歲運庚辰年): 변화, 이사, 전근, 내외불화, 관재, 신액, 손재
❷ 질병(疾病): 간(肝), 담(膽)
❸ 남녀성격: (남) 의지 굳다, 무뚝뚝하다, 웃음이 적다, 소식한다, 다재다능, 영리하다, 꾀가 많다, 항상 바쁨, 칭찬받기 좋아함
　　　　　　(여) 의지 굳다, 무뚝뚝하다, 인자함, 영리하다, 다재다능, 이성 고민 정부, 고독하다, 신경쇠약

세운 · 질병 · 남녀성격의 해설 (歲運 · 疾病 · 男女性格의 解說)

❶ 세운경진년(歲運庚辰年)= ※변화, 이사, 전근, 내외불화, 관재, 손재, 신액은 ※세운경진년(歲運庚辰年)의 진토(辰土)는 일지신금(日支申金)과 신진(申辰)으로 삼합(三合)이 되므로 세운(歲運)에서 일지(日支) 삼합운(三合運)이 들어오면 ※**변화가 생긴다든가 또는 이사를 한다든가 또는 직장을 옮기는 일이 많다.** 그리고 ※내외불화는 ※세운경진년(歲運庚辰年)의 경금(庚金)은 갑목일주(甲木日柱)의 편관(偏官)으로 세운에서 일주(日柱)를 극(剋)하는 운(運)이 들어오면 ※**집에서나 밖에서나 윗사람이나 아랫사람이나 불화가 많이 생긴다.** 그리고 ※관재, 손재, 신액은 ※세운경진년(歲運庚辰年)의 경금(庚金)은 갑목일주의 편관(偏官)으로 원명사주에 재살(財殺)이 왕(旺)한데 세운에서 재(財)나 관살운(官殺運)이 들어오면 ※**관재수나 손재수나 건강을 조심해야 한다.**

❷ 질병(疾病)과 ❸ 남녀성격은 일주(日柱)에서 발생(發生)한다.

경진년 (庚辰年)

56년(음) 10월 1일 오(午)시 여자

庚	甲	戊	丙
午	戌	戌	申

59	49	39	29	19	9
壬	癸	甲	乙	丙	丁
辰	巳	午	未	申	酉

이 사주는 갑목일주(甲木日柱)가 계추술월(季秋戌月)에 출생하여 실시(失時)하고 술중무토(戌中戊土)가 월상(月上)에 투출(透出)하여 편재격(偏財格)으로 신약사주(身弱四柱)다. 지지(地支)는 오술(午戌) 화국(火局)을 이루고 시상경금(時上庚金)은 년지신금(年支申金)에 록근(祿根)하여 재살(財殺)이 태왕(太旺)이다. 갑목일주(甲木日柱)는 근(根)이 없으며 일주(日柱)를 보신(補身)하는 인수(印綬)나 비견겁(比肩劫)이 하나도 없으므로 쇠극격(衰極格)에 해당한다. 쇠(衰)한 자는 상관식신(傷官食神)으로 설기(泄氣)하여 더욱더 쇠(衰)하게 하는 동시 일주(日柱)를 극(剋)하는 관살(官殺)을 제(制)하여야 하기 때문에 시지오화(時支午火) 상관(傷官)이 용신(用神)이며 토재(土財)는 희신(喜神)이 된다. 이 사주는 여자(用神)의 사주로서 44세 오화대운(午火大運)에 음식업을 경영하여 수억금을 벌었으며 49세 계수대운(癸水大運)에 부동산에 투자하였으나 월상무토(月上戊土)와 무계합(戊癸合)으로 합거(合去)되어 재산을 탕진하고 54세 사화대운(巳火大運)에 재산을 복구하고 돈을 많이 벌은 사주다. 이 사주도 기복(起伏)이 심(甚)했던 사주다.

❶ 세운경진년(歲運庚辰年): 복통, 수술, 자연재앙, 관재, 손재, 신액, 내외불화
❷ 질병(疾病): 간(肝), 담(膽)
❸ 남녀성격: (남) 의지 굳다, 무뚝뚝하다, 웃음이 적다, 인정 있다, 근면하다, 신앙심, 신용 있다, 충실하다, 재복 있다, 처궁불미, 두뇌명철, 예감이 빠름
　　　　　　(여) 의지 굳다, 무뚝뚝하다, 부궁불미, 정부, 재가, 자손근심

🔵 세운·질병·남녀성격의 해설(歲運·疾病·男女性格의 解說)

❶ 세운경진년(歲運庚辰年)= ※복통, 수술, 자연재앙, 관재, 손재, 신액, 내외불화는 ※세운경진년(歲運庚辰年)의 진토(辰土)는 일지술토(日支戌土)와 진술충(辰戌沖)이 되므로 세운에서 일지충운(日支沖運)이 들어오면 ※배가 아프다든가 또는 수술을 한다든가 또는 자연재앙을 조심해야 한다. 그리고 ※관재, 손재, 신액은 ※세운경진년(歲運庚辰年)의 경금(庚金)은 갑목일주의 편관(偏官)으로 원명사주에 재살(財殺)이 왕(旺)한데 세운에서 재(財)나 관살운(官殺運)이 들어오면 ※관재수나 손재수나 건강을 조심해야 한다. 그리고 ※내외불화는 ※세운경진년(歲運庚辰年)의 경금(庚金)은 갑목일주(甲木日柱)의 편관(偏官)으로 세운에서 일주(日柱)를 극(剋)하는 운(運)이 들어오면 ※집에서나 밖에서나 윗사람이나 아랫사람이나 불화가 많이 생긴다.

❷ 질병(疾病)과 ❸ 남녀성격은 일주(日柱)에서 발생(發生)한다.

경진년(庚辰年)

57년(음) 10월 27일 진(辰)시 여자

<table>
<tr><td>戊</td><td>甲</td><td>壬</td><td>丁</td></tr>
<tr><td>辰</td><td>子</td><td>子</td><td>酉</td></tr>
</table>

56	46	36	26	16	6
戊	丁	丙	乙	甲	癸
午	巳	辰	卯	寅	丑

이 사주는 갑목일주(甲木日柱)가 중동자월(中冬子月)에 출생하여 득령(得令)하고 일지자수(日支子水)와 월상임수(月上壬水) 인수(印綬)가 투출(透出)하여 일주(日柱)는 신왕사주(身旺四柱)다. 신왕사주(身旺四柱)에는 관살(官殺)로 일주(日柱)를 제(制)한이 좋은데 년지유금(年支酉金) 정관(正官)으로 용신(用神)하고자 하나 그 유금(酉金)은 일주지(日柱之) 인수(印綬) 수국(水局)을 생(生)하여 힘이 없으므로 용신(用神)으로 쓸 수가 없다. 용신(用神)이 약(弱)할 때에는 용신(用神)을 돕는 자가 용신(用神)이 되므로 시간지(時干支) 무진토(戊辰土) 편재(偏財)가 있어 시상무토(時上戊土) 편재(偏財)가 용신(用神)이며 금관살(金官殺)은 희신(喜神)이 된다. 이 사주는 여자(女子)의 사주로서 예능(藝能)에 소질이 있었으나 운(運)이 없어 고생을 많이 하다가 41세 진토대운(辰土大運)에 사업을 하여 돈을 많이 벌었으나 46세 정화대운(丁火大運)에는 월상임수(月上壬水)와 정임합(丁壬合)으로 합거(合去)되어 재산을 탕진하였고 그 이후로는 운(運)이 없어 고생을 많이 하고 있는 사주다.

❶ 세운경진년(歲運庚辰年): 변화, 이사, 전근, 내외불화
❷ 질병(疾病): 간(肝), 풍(風), 냉(冷), 저혈압(低血壓), 월경불순(月經不純)
❸ 남녀성격: (남) 의지 굳다, 무뚝뚝하다, 웃음이 적다, 냉정하다, 임사즉결, 멋쟁이, 권모술수, 눈치가 빠르다, 신경 예민, 처궁불미
(여) 의지 굳다, 인자함, 무뚝뚝하다, 웃음이 적다, 부궁불미

세운·질병·남녀성격의 해설(歲運·疾病·男女性格의 解說)

❶ 세운경진년(歲運庚辰年)= ※변화, 이사, 전근, 내외불화는 ※세운경진년(歲運庚辰年)의 진토(辰土)는 일지자수(日支子辰)와 자진(子辰)으로 삼합(三合)이 되므로 세운에서 일지(日支) 삼합운(三合運)이 들어오면 ※변화가 생긴다든가 또는 이사를 한다든가 또는 직장을 옮기는 일이 많다. 그리고 ※내외불화는 ※세운경진년(歲運庚辰年)의 경금(庚金)은 갑목일주(甲木日柱)의 편관(偏官)으로 세운(歲運)에서 일주(日柱)를 극(剋)하는 운(運)이 들어오면 ※집에서나 밖에서나 윗사람이나 아랫사람이나 불화가 많이 생긴다.

❷ 질병(疾病)은 간, 풍, 냉, 저혈압은 일주(日柱)에서 발생(發生)하며 ※월경불순은 ※갑목일주(甲木日柱)가 해자월(亥子月)에 출생하면 ※월경이 불순하여 배가 많이 아프다.

❸ 남녀성격은 일주(日柱)에서 발생(發生)한다.

경진년 (庚辰年)

58년(음) 11월 23일 진(辰)시 남자

戊	甲	甲	戊
辰	申	子	戌

51	41	31	21	11	1
庚	己	戊	丁	丙	乙
午	巳	辰	卯	寅	丑

이 사주는 갑목일주(甲木日柱)가 중동자월(中冬子月)에 출생하여 득령(得令)하고 월상갑목(月上甲木)이 있어 신왕사주(身旺四柱) 같이 보인다. 그러나 년간지(年干支) 무술토(戊戌土) 편재(偏財)와 시간지(時干支) 무진토(戊辰土) 편재(偏財)와 일지신금(日支申金) 편관(偏官)이 있어 재살(財殺)이 태왕(太旺)하여 살인상생(殺印相生)으로 수인수(水印綬)가 용신(用神)이며 목비견겁(木比肩劫)은 희신(喜神)이 된다. 이 사주는 남자(男子)의 사주로서 부가(富家)에서 태어나 부족함이 없이 살았으며 해외 유학 가서 외국어를 잘하여 국제상사(國際商社)에 근무하다가 41세 기토대운(己土大運)에 퇴사하여 사업을 경영하였으나 대운기토(大運己土)와 월상갑목(月上甲木)과 갑기합(甲己合)으로 합거(合去)되어 재산을 탕진하고 처(妻)와 이혼하고 혼자 살고 있는 사주다.

❶ 세운경진년(歲運庚辰年): 변화, 이사, 전근, 관재, 손재, 신액, 내외불화
❷ 질병(疾病): 간(肝), 담(膽), 중풍(中風), 비색증(鼻塞症)
❸ 남녀성격: (남) 의지 굳다, 무뚝뚝하다, 웃음이 적다, 소식한다, 다재다능, 영리하다, 꾀가 많다, 항상 바쁨, 칭찬받기 좋아함
    (여) 의지 굳다, 무뚝뚝하다, 인자함, 영리하다, 다재다능, 이성 고민 정부, 고독하다, 신경쇠약

☯ 세운·질병·남녀성격의 해설 (歲運·疾病·男女性格의 解說)

❶ 세운경진년(歲運庚辰年)= ※변화, 이사, 전근, 관재, 손재, 신액, 내외불화는 ※세운경진년(歲運庚辰年)의 진토(辰土)는 일지신금(日支申金)과 신진(申辰)으로 삼합(三合)이 되므로 세운에서 일지(日支) 삼합운(三合運)이 들어오면 ※변화가 생긴다든가 또는 이사를 한다든가 또는 직장을 옮기는 일이 많다. 그리고 ※관재, 손재, 신액은 ※세운경진년(歲運庚辰年)의 경금(庚金)은 갑목일주의 편관(偏官)으로 원명사주에 재살(財殺)이 왕(旺)한데 세운에서 재(財)나 관살운(官殺運)이 들어오면 ※관재수나 손재수나 건강을 조심해야 한다. 그리고 ※내외불화는 ※세운경진년(歲運庚辰年)의 경금(庚金)은 갑목일주의 편관(偏官)으로 세운에서 일주(日柱)를 극(剋)하는 운(運)이 들어오면 ※집에서나 밖에서나 윗사람이나 아랫사람이나 불화가 많이 생긴다.

❷ 질병(疾病)은 간, 담은 일주(日柱)에서 발생(發生)하며 ※중풍, 비색증은 ※갑목일주(甲木日柱)가 자월(子月)에 출생하면 ※중풍과 축농증이나 비염, 코막힘을 조심해야 한다.

❸ 남녀성격은 일주(日柱)에서 발생(發生)한다.

경진년 (庚辰年)

59년(음) 11월 10일 자(子)시 여자

丙	乙	丙	己
子	丑	子	亥

59	49	39	29	19	9
壬	辛	庚	己	戊	丁
午	巳	辰	卯	寅	丑

이 사주는 을목일주(乙木日柱)가 중동자월(中冬子月)에 출생하여 득령(得令)하고 년지해수(年支亥水)와 일지축토(日支丑土)와 해자축(亥子丑)으로 수국(水局)을 이루어 일주(日柱)는 신왕사주(身旺四柱)다. 신왕사주(身旺四柱)에는 관살(官殺)로 일주(日柱)를 제(制)하거나 상관식신(傷官食神)으로 설기(泄氣)함이 좋은데 일주(日柱)를 제(制)하는 관살(官殺)은 없고 월시상(月時上) 병화상관(丙火傷官)이 있다 하나 그 병화(丙火)는 모두 자좌살지(自坐殺地)에 앉아 용신(用神)으로 쓸 수가 없으며 축중기토(丑中己土)가 년상(年上)에 투출(透出)하였으나 왕수(旺水)에 쓸려가 힘이 없으므로 용신(用神)으로 쓸 수가 없다. 그러므로 이 사주는 종강격(從强格)으로 왕수(旺水)가 설기(泄氣)하는 곳은 을목(乙木)이므로 비견겁(比肩劫)이 용신(用神)이며 수인수(水印綬)는 희신(喜神)이 된다. 이 사주는 여자(女子)의 사주로서 은행원(銀行員)으로 근무하였으나 운(運)이 없어 승진은 늦었으나 평범하게 살고 있는 사주다.

❶ 세운경진년(歲運庚辰年): 손재, 신액, 내외불화
❷ 질병(疾病): 간(肝), 담(膽), 중풍(中風), 풍(風), 냉(冷), 월경불순(月經不純)
❸ 남녀성격: (남) 성질 급, 근면 성실, 의지 굳다, 무뚝뚝하다, 봉사정신, 형제불의, 밥을 빨리 먹는다, 재복 있다, 새벽잠이 없다, 신앙심
　　　　　 (여) 의지 굳다, 무뚝뚝하다, 인자함, 부궁불미, 정부, 재가, 독수공방, 자손근심, 남자 조종 잘한다

☯ 세운·질병·남녀성격의 해설(歲運·疾病·男女性格의 解說)

❶ 세운경진년(歲運庚辰年)= ※손재, 신액, 내외불화는 ※세운경진년(歲運庚辰年)의 진토(辰土)는 을목일주(乙木日柱)의 정재(正財)로 신왕(身旺)한 여자 사주에 재(財)가 쇠약(衰弱)한데 세운에서 재운(財運)이 들어오면 ※손재수를 조심해야 하며 또는 건강을 조심해야 한다. 그리고 ※내외불화는 ※세운경진년(歲運庚辰年)의 경금(庚金)은 갑목일주(甲木日柱)의 정관(正官)으로 세운에서 일주(日柱)를 극(剋)하는 운(運)이 들어오면 ※집에서나 밖에서나 윗사람이나 아랫사람이나 불화가 많이 생긴다.

❷ 질병(疾病)은 간, 담, 중풍은 일주(日柱)에서 발생(發生)하며 ※풍, 냉, 월경불순은 ※을목일주(乙木日柱)가 자월(子月)에 출생하면 ※풍, 냉을 조심해야 하며 월경불순이 심하여 배가 많이 아프게 된다.

❸ 남녀성격은 일주(日柱)에서 발생(發生)한다.

경진년 (庚辰年)

59년(음) 7월 18일 진(辰)시 남자

庚	乙	壬	己
辰	亥	申	亥

54	44	34	24	14	4
丙	丁	戊	己	庚	辛
寅	卯	辰	巳	午	未

이 사주는 을목일주(乙木日柱)가 초가을 신월(申月)에 출생하여 실시(失時)하고 신궁임수(申宮壬水)와 경금(庚金)이 월시(月時)에 투출(透出)하여 어느 오행(五行)으로 격(格)을 잡느냐의 기로(岐路)에 서게 된다. 날짜상으로 보아 18일이므로 본기(本氣)인 경금(庚金)으로 격(格)을 잡는다. 그러므로 정관격(正官格)으로 신약사주(身弱四柱)다. 그러나 신궁(申宮)에 임수(壬水)가 월상(月上)에 투출(透出)하여 그 임수(壬水)는 년일지(年日支) 양해수(兩亥水)에 록근(祿根)하였으나 일주(日柱)가 조금 약(弱)하다. 그러므로 수인수(水印綬)가 용신(用神)이며 목비견겁(木比肩劫)은 희신(喜神)이 된다. 이 사주는 남자의 사주로서 공부는 많이 했으나 좋은 운(運)이 없어 외국인 회사에 근무하다가 44세 정화대운(丁火大運)에 퇴사하여 사업을 경영하였으나 월상임수(月上壬水)와 정임합(丁壬合)으로 합거(合去)되어 손해를 조금 보았고 49세 묘목대운(卯木大運)에 희신운(喜神運)이 들어와 사업이 번창하고 있는 사주다. 아무리 사주가 좋아도 운(運)이 없으면 그 사주는 성공하기 어렵다.

❶ 세운경진년(歲運庚辰年): 관재, 손재, 신액, 내외불화, 신경과민
❷ 질병(疾病): 풍(風), 냉(冷)
❸ 남녀성격: (남) 의지 굳다, 무뚝뚝하다, 강직하다, 영리하다, 인정 있다, 외유내강, 항상 바쁨, 예감이 빠름, 신앙심, 지혜롭다
　　　　　　(여) 의지 굳다, 무뚝뚝하다, 인자함, 영리하다, 장수한다, 부궁불미

☯ 세운·질병·남녀성격의 해설(歲運 · 疾病 · 男女性格의 解說)

❶ 세운경진년(歲運庚辰年)= ※관재, 손재, 신액, 내외불화, 신경과민은 ※세운경진년(歲運庚辰年)의 경금(庚金)은 을목일주의 정관(正官)으로 원명사주에 재살(財殺)이 왕(旺)한데 세운에서 재(財)나 관살운(官殺運)이 들어오면 ※관재수나 손재수나 건강을 조심해야 한다. 그리고 ※내외불화는 ※세운경진년(歲運庚辰年)의 경금(庚金)은 을목일주의 정관(正官)으로 세운에서 일주(日柱)를 극(剋)하는 운(運)이 들어오면 ※집에서나 밖에서나 윗사람이나 아랫사람이나 불화가 많이 생긴다. 그리고 ※신경과민은 ※세운경진년(歲運庚辰年)의 진토(辰土)는 일지해수(日支亥水)와 진해(辰亥)로 귀문관살(鬼門關殺)이 되므로 세운에서 일지(日支) 귀문(鬼門) 관살운(關殺運)이 들어오면 ※그해에는 모든 일에 신경을 많이 쓰게 된다.

❷ 질병(疾病)은 일주(日柱)에서 발생(發生)한다.

❸ 남녀성격은 일주(日柱)에서 발생(發生)한다.

58년(음) 7월 22일 축(丑)시 여자

이 사주는 을목일주(乙木日柱)가 초가을 신월(申月)에 출생하여 실시(失時)하고 신궁경금(申宮庚金)이 월상(月上)에 투출(透出)하여 정관격(正官格)이다. 그러나 이 사주는 지지(地支)가 신유술(申酉戌) 유축(酉丑)으로 지지(地支)는 전금국(全金局)을 이루고 일상경금(月上庚金)이 투출(透出)하여 재살(財殺)이 태왕(太旺)이다. 그러므로 을목일주(乙木日柱)는 심약(甚弱)하다. 을목일주는 자좌살지(自坐殺地)에 앉았고 월상경금(月上庚金)과 을경합금(乙庚合金)으로 화신금(化神金)이 되었고 지지(地支)는 전부 금국(金局)을 이루어 화신금(化神金)이 용신(用神)이며 토재(土財)는 희신(喜神)이 된다. 이 사주는 여자(女子)의 사주로서 예능(藝能)을 전공하였으나 운(運)이 없어 성공 못하고 고생하다가 44세 진토대운(辰土大運)에 사업을 경영하여 돈을 많이 벌었고 49세 을목대운(乙木大運)에는 월상경금(月上庚金)과 을경합(乙庚合)으로 합거(合去)되어 재산을 탕진하고 힘들게 살고 있는 사주다.

---

❶ 세운경진년(歲運庚辰年): 이별수, 관재, 손재, 신액, 내외불화

❷ 질병(疾病): 간(肝), 담(膽), 간경화(肝硬化)

❸ 남녀성격: (남) 무뚝뚝하다, 의지 굳다, 사리 분명, 거취 분명, 만인 신망, 처 덕 있다, 처궁불미, 남에게 잘함, 임기응변, 인정 있다

(여) 의지 굳다, 무뚝뚝하다, 인자함, 근면 성실, 남편 말을 잘 듣는다

🌀 세운·질병·남녀성격의 해설(歲運·疾病·男女性格의 解說)

❶ 세운경진년(歲運庚辰年)= ※이별수, 관재, 손재, 신액, 내외불화는 ※세운경진년(歲運庚辰年)의 경금(庚金)은 을목일주(乙木日柱)의 정관(正官)으로 여자 사주에 관살(官殺)이 태왕(太旺)한데 세운(歲運)에서 관살운(官殺運)이 들어오면 ※가정에 불화가 많이 생긴다든가 또는 남편과 떨어져 산다든가 또는 이혼한다든가 또는 남편이 사망하는 수도 있다. 그리고 ※관재, 손재, 신액은 ※세운경진년(歲運庚辰年)의 경금(庚金)은 을목일주의 정관(正官)으로 원명사주(源命四柱)에 재살(財殺)이 왕(旺)한데 세운에서 재(財)나 관살운(官殺運)이 들어오면 ※관재수나 손재수나 건강을 조심해야 한다. 그리고 ※내외불화는 ※세운경진년(歲運庚辰年)의 경금(庚金)은 을목일주의 정관(正官)으로 세운에서 일주(日柱)를 극(剋)하는 운(運)이 들어오면 ※집에서나 밖에서나 윗사람이나 아랫사람이나 불화가 많이 생긴다.

❷ 질병(疾病)은 일주(日柱)에서 발생(發生)한다.

❸ 남녀성격은 일주(日柱)에서 발생(發生)한다.

경진년(庚辰年)

58년(음) 6월 1일 진(辰)시 남자

庚	乙	己	戊
辰	未	未	戌

57	47	37	27	17	7
乙	甲	癸	壬	辛	庚
丑	子	亥	戌	酉	申

이 사주는 을목일주(乙木日柱)가 하계미월(夏季未月)에 출생하여 실시(失時)하고 미중기토(未中己土)가 월상(月上)에 투출(透出)하여 편재격(偏財格)이다. 그리고 지지(地支)는 미술미진(未戌未辰)으로 전토국(全土局)을 이루었고 월시상(月時上) 무기토(戊己土)가 투출(透出)되어 재(財)가 태왕(太旺)이며 시상경금(時上庚金)이 투출(透出)하여 재살(財殺)이 태왕(太旺)이다. 을목일주(乙木日柱)는 미중을목(未中乙木)에 근(根)한다고 하나 시상경금(時上庚金)과 을경(乙庚)으로 합(合)하여 화신금(化神金)이 되어 많은 토(土)가 금(金)을 생(生)하니 완전 화신금(化神金)이 왕(旺)하다. 그러므로 금(金)이 용신(用神)이며 토(土)가 희신(喜神)이 된다. 이 사주는 남자의 사주로서 초년(初年)에는 토금운(土金運)으로 운(運)이 좋아 은행에 일찍 승진(昇進)하였으나 37세 계수대운(癸水大運)부터 운(運)이 없어 퇴사하고 공인중개사를 하였으나 운(運)이 없어 고생을 많이 하다가 47세 갑목대운(甲木大運)에 월상기토(月上己土)와 갑기합(甲己合)으로 합거(合去)되어 재산을 탕진하고 처와 이혼하고 혼자 살고 있는 사주다. 사주에 재(財)가 많은 사람들은 인색(吝嗇)하며 처궁(妻宮)이 좋지 않아 자신이 참아가며 처를 잘 보살펴야 해로(偕老)할 수 있다.

❶ 세운경진년(歲運庚辰年): 관재, 손재, 신액, 내외불화
❷ 질병(疾病): 간(肝), 담(膽), 위장(胃臟)
❸ 남녀성격: (남) 의지 굳다, 무뚝뚝하다, 인정 있다, 총명하다, 근면 성실, 학문, 예술, 자수성가, 처궁불미, 성격이 까다롭다, 옷에 신경, 편식한다, 신앙심
　　　　　(여) 의지 굳다, 무뚝뚝하다, 인자함, 부궁불미, 정부, 시모불합, 자식에게 애정 많음

🔵 세운·질병·남녀성격의 해설 (歲運·疾病·男女性格의 解說)

❶ 세운경진년(歲運庚辰年)= ※관재, 손재, 신액, 내외불화는 ※세운경진년(歲運庚辰年)의 경금(庚金)은 을목일주의 정관(正官)으로 원명사주(源命四柱)에 재살(財殺)이 왕(旺)한데 세운(歲運)에서 재(財)나 관살운(官殺運)이 들어오면 ※관재수나 손재수나 건강을 조심해야 한다. 그리고 ※내외불화는 ※세운경진년(歲運庚辰年)의 경금(庚金)은 을목일주의 정관(正官)으로 세운에서 일주(日柱)를 극(剋)하는 운(運)이 들어오면 ※집에서나 밖에서나 윗사람이나 아랫사람이나 불화가 많이 생긴다.

❷ 질병(疾病)과 ❸ 남녀성격은 일주(日柱)에서 발생(發生)한다.

경진년 (庚辰年)

50년(음) 5월 24일 자(子)시 여자

丙	乙	癸	庚
子	巳	未	寅
51	41	31	21	11	1
丁	戊	己	庚	辛	壬
丑	寅	卯	辰	巳	午

이 사주는 을목일주(乙木日柱)가 하계미월(夏季未月)에 출생하여 실시(失時)하고 일지사화(日支巳火)와 사미(巳未)로 화국(火局)을 이루고 사중병화(巳中丙火)가 시상(時上)에 투출(透出)하여 상관(傷官)에 설기(泄氣)가 심(甚)하며 년상경금(年上庚金)에 극(剋)을 받으니 일주(日柱)는 신약사주(身弱四柱)나. 그러므로 이 사주는 화(火)가 왕(旺)하므로 수인수(水印綬)로 많은 상관식신(傷官食神)을 제(制)하면서 일주(日柱)를 생(生)하여줘야 하므로 수인수(水印綬)가 용신(用神)이며 목비견겁(木比肩劫)은 희신(喜神)이 된다. 이 사주는 여자(女子)의 사주로서 미대를 졸업하고 36세 묘목대운(卯木大運)에 미술선생으로 임용(任用)된 사주다. 그런데 이 사주는 일지사화(日支巳火)와 년지인목(年支寅木)과 인사형살(寅巳刑殺)이 되어 있다. 여자 사주에 상관형살(傷官刑殺)이 있으면 자궁(子宮)과 유방(乳房)을 조심해야 하며 51세 정화대운(丁火大運)에 유종이 있어 수술 받고 건강을 회복하고 있는 중이다.

❶ 세운경진년(歲運庚辰年): 이별수, 내외불화
❷ 질병(疾病): 간(肝), 담(膽)
❸ 남녀성격: (남) 의지 굳다, 무뚝뚝하다, 웃음이 적다, 인정 있다, 예의 있다, 명랑하다, 영리하다, 처궁불미, 고독하다, 돈이 잘 빠져나간다
　　　　　　(여) 의지 굳다, 무뚝뚝하다, 인자하다, 부궁불미, 정부, 재가, 애교 많음

세운·질병·남녀성격의 해설 (歲運·疾病·男女性格의 解說)

❶ 세운경진년(歲運庚辰年)= ※이별수, 내외불화는 ※세운경진년(歲運庚辰年)의 경금(庚金)은 을목일주(乙木日柱)의 정관(正官)으로 여자(女子) 사주에 상관(傷官)이 왕(旺)한데 세운(歲運)에서 관살운(官殺運)이 들어오면 ※가정에 불화가 많이 생긴다든가 남편과 떨어져 산다든가 또는 이혼한다든가 또는 남편이 사망하는 수도 있다. 그리고 ※내외불화는 ※세운경진년(歲運庚辰年)의 경금(庚金)은 을목일주(乙木日柱)의 정관(正官)으로 세운(歲運)에서 일주(日柱)를 극(剋)하는 운(運)이 들어오면 ※집에서나 밖에서나 윗사람이나 아랫사람이나 불화가 많이 생긴다.

❷ 질병(疾病)은 일주(日柱)에서 발생(發生)한다.

❸ 남녀성격은 일주(日柱)에서 발생(發生)한다.

경진년 (庚辰年)

48년(음) 10월 26일 미(未)시 남자

癸	乙	癸	戊
未	卯	亥	子

54	44	34	24	14	4
己	戊	丁	丙	乙	甲
巳	辰	卯	寅	丑	子

이 사주는 을목일주(乙木日柱)가 초겨울 해월(亥月)에 출생하여 득령(得令)하고 년지(年支) 자중인수(子中印綬)와 자중계수(子中癸水)가 월시상(月時上)에 투출(透出)하여 일주(日柱)는 신왕사주(身旺四柱)다. 신왕사주(身旺四柱)에는 일주(日柱)를 제(制)하는 관살(官殺)이나 식신상관(食神傷官)으로 설기(泄氣)하면 좋은데 일주(日柱)를 제(制)하는 관살(官殺)은 없고 년상무토(年上戊土) 정재(正財)로 용신(用神)한다. 다행히 년상무토(年上戊土)는 시지(時支) 미중기토(未中己土)에 근(根)하므로 용신(用神)으로 쓸 수가 있다. 그러므로 토재(土財)가 용신(用神)이며 화(火) 상관식신(傷官食神)은 희신(喜神)이 된다. 이 사주는 남자(男子)의 사주로서 을목일주가 지지(地支)에 해묘미(亥卯未) 목국(木局)을 이루어 곡직격(曲直格)을 이루었으므로 곡직격(曲直格)을 이룬 사람들은 문장(文章)이 좋아 교육계(敎育界)나 문학(文學)으로 재능이 있는데 24세 병화대운(丙火大運)에 출판사에 근무하여 회사에서 인정받고 일하다가 43세 정화대운(丁火大運)에 중책을 맡았으며 무토대운(戊土大運)에는 월상계수(月上癸水)와 무계합(無癸合)으로 합거(合去)되어 퇴사하고 49세 진토대운(辰土大運)부터는 사업을 경영하여 번창하며 64세까지 수억금을 벌은 사주다.

❶ 세운경진년(歲運庚辰年): 손재, 처액, 내외불화
❷ 질병(疾病): 중풍(中風), 위산과다(胃酸過多)
❸ 남녀성격: (남) 의지 굳다, 강직하다, 미남이다, 농담 잘함, 주관이 강함, 인정 있다, 인색하다, 처궁불미, 영리하다, 지구력 부족, 분주 다사, 마음 약
　　　　　(여) 의지 굳다, 무뚝뚝하다, 고집 대단, 친정형제 걱정, 부궁불미, 정부, 마음 약, 근심이 많다

☯ 세운·질병·남녀성격의 해설 (歲運·疾病·男女性格의 解說)

❶ 세운경진년(歲運庚辰年)= ※손재, 처액, 내외불화는 ※세운경진년(歲運庚辰年)의 진토(辰土)는 을목일주(乙木日柱)의 정재(正財)로 신왕사주(身旺四柱)에 재(財)가 쇠약(衰弱)한데 세운(歲運)에서 재운(財運)이 들어오면 ※손재수를 조심해야 하며 또는 가정에 불화가 많이 생긴다든가 또는 처가 가출한다든가 또는 처의 건강을 조심해야 한다. 그리고 ※내외불화는 ※세운경진년(歲運庚辰年)의 경금(庚金)은 을목일주(乙木日柱)의 정관(正官)으로 세운(歲運)에서 일주(日柱)를 극(剋)하는 운(運)이 들어오면 ※집에서나 밖에서나 윗사람이나 아랫사람이나 불화가 많이 생긴다.

❷ 질병(疾病)과 ❸ 남녀성격은 일주(日柱)에서 발생(發生)한다.

경진년 (庚辰年)

48년(음) 10월 16일 인(寅)시 여자

戊	乙	癸	戊
寅	巳	亥	子

53	43	33	23	13	3
丁	戊	己	庚	辛	壬
巳	午	未	申	酉	戌

이 사주는 을목일주(乙木日柱)가 초겨울 해월(亥月)에 출생하여 득령(得令)하고 년지자수(年支子水) 인수(印綬)와 자중(子中)에 계수(癸水)가 월상(月上)에 투출(透出)하였고 시지인목(時支寅木)에 근(根)하여 일주(日柱)는 신왕사주(身旺四柱)다. 년시상(年時上) 무토재(戊土財)기 약(弱)하다고 하나 ㅡ 무토재(戊土財)는 일지(日支) 사중무토(巳中戊土)에 근(根)하므로 무토정재(戊土正財)로 용신(用神)으로 쓸 수 있다. 그러므로 무토재(戊土財)가 용신(用神)이며 화(火) 상관식신(傷官食神)은 희신(喜神)이 된다. 이 사주는 여자(女子)의 사주로서 초년(初年)에는 고생을 많이 하였으나 38세 미토대운(未土大運)에 용신운(用神運)이 들어와 사업을 하여 돈을 많이 벌었고 43세 무토대운(戊土大運)에 월상계수(月上癸水)와 무계합(戊癸合)으로 합거(合去)되어 손해를 많이 보았고 48세 오화대운(午火大運)부터 운(運)이 승승장구(乘勝長驅)하여 수억금을 벌어 잘살고 있는 사주다. 그러나 을사일주(乙巳日柱)의 공망(空亡)은 시지인목(時支寅木)으로서 부궁(夫宮)이 부실하여 재혼한 사주다. 일시지(日時支)에 공망(空亡)이 있으면 부궁(夫宮)이 부실하여 재혼(再婚)하거나 혼자 사는 사람들이 많다.

❶ 세운경진년(歲運庚辰年): 내외불화, 손재, 신액
❷ 질병(疾病): 간(肝), 담(膽)
❸ 남녀성격: (남) 의지 굳다, 무뚝뚝하다, 웃음이 적다, 인정 있다, 예의 있다, 명랑하다, 영리하다, 처궁불미, 고독하다, 돈이 잘 빠져나간다
(여) 의지 굳다, 무뚝뚝하다, 인자하다, 부궁불미, 정부, 재가, 애교 많음

◉ 세운·질병·남녀성격의 해설 (歲運 · 疾病 · 男女性格의 解說)

❶ 세운경진년(歲運庚辰年)= ※내외불화, 손재, 신액은 ※세운경진년(歲運庚辰年)의 경금(庚金)은 을목일주(乙木日柱)의 정관(正官)으로 세운(歲運)에서 일주(日柱)를 극(剋)하는 운(運)이 들어오면 ※집에서나 밖에서나 윗사람이나 아랫사람이나 불화가 많이 생긴다. 그리고 ※손재, 신액은 ※세운경진년(歲運庚辰年)의 진토(辰土)는 을목일주(乙木日柱)의 정재(正財)로 신왕(身旺)한 사주에 재(財)가 쇠약(衰弱)한데 세운에서 재운(財運)이 들어오면 ※손재수를 조심해야 하며 또는 건강을 조심해야 한다.

❷ 질병(疾病)은 일주(日柱)에서 발생(發生)한다.

❸ 남녀성격은 일주(日柱)에서 발생(發生)한다.

경진년 (庚辰年)

47년(음) 6월 18일 축(丑)시 남자

이 사주는 을목일주(乙木日柱)가 하계미월(夏季未月)에 출생하여 실시(失時)하고 미중(未中)에 정화(丁火)가 년월시상(年月時上)에 투출(透出)하여 화기(火氣)가 염열(炎熱)하다. 그러나 을목일주(乙木日柱)는 년지해수(年支亥水)와 월지미토(月支未土)와 일지묘목(日支卯木)과 해묘미(亥卯未) 목국(木局)으로 곡직격(曲直格)을 이루어 을목일주(乙木日柱)가 신왕사주(身旺四柱)같이 보이나 미월(未月)은 토(土)라 하나 미중(未中)에는 정화(丁火)가 있고 화기(火氣)가 염열(炎熱)한데 정화(丁火)가 투출(透出)되어 을목일주(乙木日柱)가 말라 고목(枯木)이 되어 가므로 수인수(水印綬)로 화(火) 상관식신(傷官食神)을 제(制)하면서 일주(日柱)를 생(生)하여줘야 하므로 수인수(水印綬)가 용신(用神)이며 목비견겁(木比肩劫)은 희신(喜神)이 된다. 이 사주는 남자의 사주로서 초년(初年)에는 직장생활을 하다가 39세 계수대운(癸水大運)부터 사업을 경영하여 수억금을 벌었고 49세 임수대운(壬水大運)에 월상정화(月上丁火)와 정임합(丁壬合)으로 합거(合去)되어 손해를 많이 보았고 54세 인목대운(寅木大運)에 사업이 번창하여 재산을 복구하고 잘살고 있는 사주다. 남자 사주에 상관식신(傷官食神)이 태왕(太旺)이면 자손액(子孫厄)을 조심해야 한다.

❶ 세운경진년(歲運庚辰年): 자손액, 내외불화
❷ 질병(疾病): 중풍(中風), 위산과다(胃酸過多)
❸ 남녀성격: (남) 의지 굳다, 강직하다, 미남이다, 농담 잘함, 주관이 강함, 인정 있다, 인색하다, 처궁불미, 영리하다, 지구력 부족, 분주 다사, 마음 약
　　　　　(여) 의지 굳다, 무뚝뚝하다, 고집 대단, 친정형제 걱정, 부궁불미, 정부, 마음 약, 근심이 많다

세운 · 질병 · 남녀성격의 해설 (歲運 · 疾病 · 男女性格의 解說)

❶ 세운경진년(歲運庚辰年)= ※자손액, 내외불화는 ※세운경진년(歲運庚辰年)의 경금(庚金)은 을목일주(乙木日柱)의 정관(正官)으로 원명사주(源命四柱)에 상관식신(傷官食神)이 태왕(太旺)인데 세운에서 관살운(官殺運)이 들어오면 ※자손액을 조심해야 한다. 그리고 ※내외불화는 ※세운경진년(歲運庚辰年)의 경금(庚金)은 을목일주(乙木日柱)의 정관(正官)으로서 세운에서 일주(日柱)를 극(剋)하는 운(運)이 들어오면 ※집에서 밖에서나 윗사람이나 아랫사람이나 불화가 많이 생긴다.

❷ 질병(疾病)은 일주(日柱)에서 발생(發生)한다.

❸ 남녀성격은 일주(日柱)에서 발생(發生)한다.

경진년 (庚辰年)

56년(음) 1월 28일 사(巳)시 남자

癸	丙	辛	丙
巳	子	卯	申

59	49	39	29	19	9
丁	丙	乙	甲	癸	壬
酉	申	未	午	巳	辰

이 사주는 병화일주(丙火日柱)가 중춘묘월(中春卯月)에 출생하여 득령(得令)하고 병화일주(丙火日柱)는 시지사화(時支巳火)에 록근(祿根)하고 시지(時支) 사중병화(巳中丙火)는 년상(年上)에 투출(透出)하여 일주(日柱)는 신왕사주(身旺四柱)다. 신왕사주(身旺四柱)에는 관살(官殺)로 일주(日柱)를 제(制)함이 좋은데 시상세수(時上癸水)는 일지자수(日支子水)에 록근(祿根)하여 시상계수(時上癸水) 정관(正官)으로 용신(用神)한다. 그러므로 수정관(水正官)이 용신(用神)이며 금재(金財)는 희신(喜神)이 된다. 이 사주는 남자(男子)의 사주로서 의사(醫師)로 근무하였으나 초년운(初年運)이 없어 평범하게 지내다가 49세 병화대운(丙火大運)에 의원을 개원하였으나 대운병화(大運丙火)는 월상신금(月上辛金)과 병신합(丙辛合)으로 합거(合去)되어 재산을 탕진하였으나 54세 신금대운(申金大運)에 희신운(喜神運)이 들어와 의원이 번창하여 재산을 복구하였고 앞으로도 유금대운(酉金大運)이 좋아 더 번창하리라고 본다. 그리고 이 사주는 년간지(年干支) 병신생(丙申生)의 공망(空亡)은 시지사화(時支巳火)인데 시(時)는 자손(子孫) 자리도 되고 처(妻) 자리도 되므로 일시(日時)에 공망(空亡)이 있으면 남자든 여자든 배우자 운(運)이 부실하여 재혼하는 일이 많으며 이 사주도 50세 병화대운(丙火大運)에 재혼한 사주다.

❶ 세운경진년(歲運庚辰年): 변화, 이사, 전근
❷ 질병(疾病): 심장(心臟), 냉증(冷症)
❸ 남녀성격: (남) 예의 있다, 명랑하다, 근심이 많다, 내음외양, 권모술수, 냉정하다, 눈치가 빠름, 고집 대단, 부모형제 덕이 없다, 성질 급, 처궁불미, 자손근심, 말을 잘한다
　　　　　(여) 말을 잘한다, 명랑하다, 금방 좋았다가 금방 싫어짐, 부궁불미, 정부, 재가, 어려운 생활

◉ **세운·질병·남녀성격의 해설** (歲運·疾病·男女性格의 解說)

❶ **세운경진년(歲運庚辰年)**= ※변화, 이사, 전근은 ※세운경진년(歲運庚辰年)의 진토(辰土)는 일지자수(日支子水)와 자진(子辰)으로 삼합(三合)이 되므로 세운(歲運)에서 일지(日支) 삼합운(三合運)이 들어오면 ※변화가 생긴다든가 또는 이사를 한다든가 또는 직장을 옮기는 일이 많다.

❷ **질병(疾病)**은 일주(日柱)에서 발생(發生)한다.

❸ **남녀성격**은 일주(日柱)에서 발생(發生)한다.

경진년 (庚辰年)

甲	丙	戊	丙
午	寅	戌	申

54	44	34	24	14	4
甲	癸	壬	辛	庚	己
辰	卯	寅	丑	子	亥

이 사주는 병화일주(丙火日柱)가 계추술월(季秋戌月)에 출생하여 실시(失時)하고 술중무토(戌中戊土)가 월상(月上)에 투출(透出)하여 식신격(食神格)으로 신약(身弱)해 보이나 병화일주(丙火日柱)는 자좌인목(自坐寅木)에 장생(長生)하고 인중갑목(寅中甲木)이 시상(時上)에 투출(透出)하고 시지오화(時支午火) 양인(羊刃)이 있고 인오술(寅午戌) 화국(火局)을 이루어 염상격(炎上格)이다. 그러나 격(格)과 용신(用神)은 별 개의 것으로 신왕사주(身旺四柱)에는 관살(官殺)로 일주(日柱)를 제(制)하거나 상관식신(傷官食神)으로 설기(泄氣)함이 좋은데 다행히 월상무토(月上戊土) 식신(食神)이 투출(透出)하여 무토식신(戊土食神)으로 설기(泄氣)하는데 배설구(排泄口)가 약(弱)하던 중 년지(年支) 신금재(申金財)가 있어 토생금(土生金)으로 이런 사주를 상관(傷官) 용재격(用財格)이라고 한다. 그러므로 신금재(申金財)가 용신(用神)이며 식신상관(食神傷官)은 희신(喜神)이 된다. 병화일주(丙火日柱)가 염상격(炎上格)을 놓으면 기세가 당당하며 추진력이 있으며 과감 용단하다. 이 사주는 남자(男子)의 사주로서 초년(初年)에는 물류회사에 근무하다가 44세 계수대운(癸水大運)에 사업을 경영하였으나 재산을 탕진하고 그 이후로도 운(運)이 없어 고생을 많이 하다가 처(妻)와 이혼하고 혼자 힘들게 살고 있는 사주다.

❶ 세운경진년(歲運庚辰年): 손재, 처액
❷ 질병(疾病): 심장(心臟), 기관지(氣管支)
❸ 남녀성격: (남) 말을 잘한다, 예의 있다, 명랑하다, 남을 생각하지 않고 직선적으로 말함, 용기 있다, 의젓하다, 멋쟁이, 영리하다, 일독십지, 명예 우선, 성질 급, 박력 있다, 타의 군림, 남을 멸시한다
(여) 말을 잘한다, 총명하다, 금방 좋았다가 금방 싫어짐, 박력 있다, 부궁불미

☯ 세운·질병·남녀성격의 해설 (歲運 · 疾病 · 男女性格의 解說)

❶ 세운경진년(歲運庚辰年)= ※손재, 처액은 ※세운경진년(歲運庚辰年)의 경금(庚金)은 병화일주(丙火日柱)의 편재(偏財)로 신왕사주(身旺四柱)에 재(財)가 쇠약(衰弱)한데 세운에서 재운(財運)이 들어오면 ※손재수를 조심해야 하며 또는 가정에 불화가 많이 생긴다든가 또는 처가 가출한다든가 또는 처의 건강을 조심해야 한다.

❷ 질병(疾病)은 일주(日柱)에서 발생(發生)한다.

❸ 남녀성격은 일주(日柱)에서 발생(發生)한다.

경진년 (庚辰年)

56년(음) 11월 14일 축(丑)시 남자

己	丙	庚	丙
丑	辰	子	申

57	47	37	27	17	7
丙	乙	甲	癸	壬	辛
午	巳	辰	卯	寅	丑

이 사주는 병화일주(丙火日柱)가 중동자월(中冬子月)에 출생하여 실시(失時)하고 지지(地支)는 년지신금(年支申金)과 월지자수(月支子水)와 일지진토(日支辰土)와 신자진(申子辰)으로 수국(水局)을 이루고 월상(月上) 경금재(庚金財)는 년지신금(年支申金)에 록근(祿根)하여 신약사주(身弱四柱)다. 그러나 병화일주(丙火日柱)는 근(根)이 없으며 자좌진토(自坐辰土)에 설기(泄氣)가 심(甚)하며 년상병화(年上丙火) 비견(比肩)도 근(根)이 없으며 자좌신금(自坐申金)의 사지(死地)에 앉아 병화일주(丙火日柱)를 도울 힘이 없다. 그러므로 이 사주는 화생토(火生土) 토생금(土生金) 금생수(金生水)로 종살격(從殺格)이다. 그러므로 자중계수(子中癸水) 정관(正官)이 용신(用神)이며 금재(金財)는 희신(喜神)이 된다. 이 사주는 남자(男子)의 사주로서 초년(初年)에는 정비공으로 일하다가 40세 갑목대운(甲木大運)에 자동차공업소를 경영하였으나 고생을 많이 하였고 42세 진토대운(辰土大運)에는 사업이 번창하여 돈을 조금 벌어 사업을 확장하여 경영하던 중 47세 을목대운(乙木大運)에 월상경금(月上庚金)과 을경합(乙庚合)으로 합거(合去)되어 사업이 부실하여 재산을 탕진하고 그 이후로 다시 남의 공업사에 일하러 다니는 사주다.

❶ 세운경진년(歲運庚辰年): 변화, 이사, 전근, 관재, 손재, 신액
❷ 질병(疾病): 혈압(血壓), 심장(心臟), 신경통(神經痛)
❸ 남녀성격: (남) 말을 잘한다, 재간 있다, 남에게 잘함, 배짱 좋다, 손재가 많다, 신앙심, 추리력이 좋다, 재복 있다
　　　　　 (여) 말을 잘한다, 명랑하다, 금방 좋았다가 금방 싫어짐, 고집 대단, 박력 있다, 부궁불미, 정부, 몸과 마음이 피곤함, 신앙심

◉ **세운·질병·남녀성격의 해설**(歲運·疾病·男女性格의 解說)

❶ 세운경진년(歲運庚辰年)= ※변화, 이사, 전근, 관재, 손재, 신액은 ※세운경진년(歲運庚辰年)의 진토(辰土)는 일지진토(日支辰土)와 진진(辰辰)으로 삼합(三合)이 되므로 세운에서 일지(日支) 삼합운(三合運)이 들어오면 ※변화가 생긴다든가 또는 이사를 한다든가 또는 직장을 옮기는 일이 많다. 그리고 ※관재, 손재, 신액은 ※세운경진년(歲運庚辰年)의 경금(庚金)은 병화일주의 편재(偏財)로 원명사주(源命四柱)에 재살(財殺)이 태왕(太旺)인데 세운에서 재(財)나 관살운(官殺運)이 들어오면 ※관재수나 손재수나 건강을 조심해야 한다.

❷ 질병(疾病)과 ❸ 남녀성격은 일주(日柱)에서 발생(發生)한다.

경진년 (庚辰年)

壬	丙	甲	丙
辰	午	午	申

60	50	40	30	20	10
庚	己	戊	丁	丙	乙
子	亥	戌	酉	申	未

이 사주는 병화일주(丙火日柱)가 중하오월(中夏午月) 양인월(羊刃月)에 출생하여 득령(得令)하고 일지오화(日支午火) 양인(羊刃)과 월갑목(月甲木) 인수(印綬)와 병화비견(丙火比肩)이 있어 일주(日柱)는 신왕사주(身旺四柱)다. 양인격(羊刃格)에는 임수편관(壬水偏官)을 좋아하는데 다행히 임수편관(壬水偏官)이 자고(自庫)인 진중계수(辰中癸水)에 근(根)하고 년지신금(年支申金)에 장생(長生)하여 용신(用神)으로 쓸 수가 있다. 그러나 일주(日柱)와 임수편관(壬水偏官)과 군비(軍備)를 대조해 볼 때 일주(日柱)는 왕(旺)하고 임수편관(壬水偏官)은 약(弱)하므로 임수편관(壬水偏官)을 도우는 운(運)이 들어와야 좋다. 그러므로 임수편관(壬水偏官)이 용신(用神)이며 금재(金財)는 희신(喜神)이 된다. 이 사주는 남자(男子)의 사주로서 사법고시(司法考試)는 많이 보았으나 모두 실패하고 법무사(法務士)에 일하는 사람인데 초년(初年) 유금대운(酉金大運)에는 돈을 많이 벌었으나 그 이후로는 평범하게 지내다가 55세 해수대운(亥水大運)에 운(運)이 좋아 승승장구(乘勝長驅)하고 있는 사주다. 그러나 남자 사주에 비견겁(比肩劫)이 태왕(太旺)이고 재(財)가 쇠약(衰弱)하면 처궁(妻宮)이 부실하여 재혼(再婚)하거나 혼자 사는 사람들이 많은데 이 사주도 재혼(再婚)한 사주다.

❶ 세운경진년(歲運庚辰年): 손재, 처액

❷ 질병(疾病): 심장(心臟)

❸ 남녀성격: (남) 말을 잘한다, 명랑하다, 성질 급, 남을 생각하지 않고 직선적으로 말함, 처궁불미, 인내심 부족, 타인 경시, 자립정신, 속성속패, 암기력, 영리하다

  (여) 말을 잘한다, 명랑하다, 금방 좋았다가 금방 싫어짐, 시모불합, 남편 말 잘 안 듣는다, 부궁불미, 정부, 영리하다

☯ 세운 · 질병 · 남녀성격의 해설 (歲運 · 疾病 · 男女性格의 解說)

❶ 세운경진년(歲運庚辰年)= ※손재, 처액은 ※세운경진년(歲運庚辰年)의 경금(庚金)은 병화일주(丙火日柱)의 편재(偏財)로 원명사주(源命四柱)에 비견겁(比肩劫)이 태왕(太旺)이고 재(財)가 쇠약(衰弱)한데 세운(歲運)에서 재운(財運)이 들어오면 ※손재수를 조심해야 하며 또는 가정에 불화가 많이 생긴다든가 또는 처가 가출한다든가 또는 처의 건강을 조심해야 한다.

❷ 질병(疾病)은 일주(日柱)에서 발생(發生)한다.

❸ 남녀성격은 일주(日柱)에서 발생(發生)한다.

경진년 (庚辰年)

56년(음) 8월 22일 신(申)시 여자

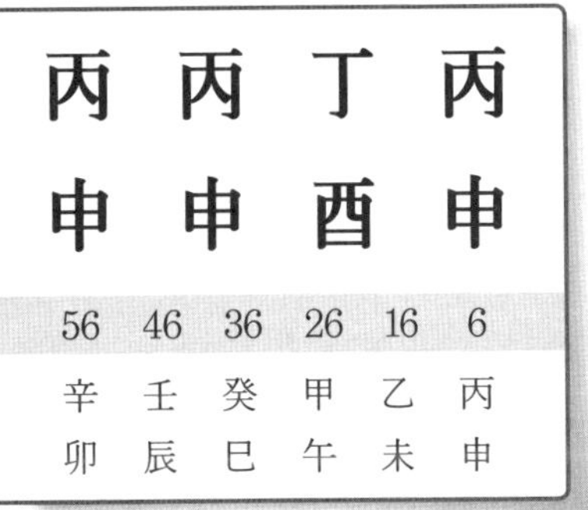

이 사주는 병화일주(丙火日柱)가 중추유월(中秋酉月)에 출생하여 실시(失時)하고 년일시지(年日時支) 삼신금(三申金)으로 지지(地支)는 전금국(全金局)을 이루고 병화일주(丙火日柱)는 년월(年月) 병정화(丙丁火)와 시상병화(時上丙火) 비견(比肩)이 있어 병화일주(丙火日柱)는 천원일기(天元一氣)를 이루어 신왕사주(身旺四柱)같이 보인다. 그러나 병화일주(丙火日柱)는 근(根)이 없으며 년월시상(年月時上) 비견겁(比肩劫)도 모두 근(根)이 없으며 자좌사지(自坐死地)와 살지(殺地)에 앉았으며 금(金)은 유월(酉月)에 득령(得令)하여 왕(旺)하므로 일주(日柱)는 신약사주(身弱四柱)가 된다. 그러므로 사주(四柱)에 재(財)가 왕(旺)하므로 많은 재(財)를 제(制)하면서 일주(日柱)를 보신(補身)해야 하는 비견겁(比肩劫)이 용신(用神)이며 목인수(木印綬)는 희신(喜神)이 된다. 이 사주는 여자(女子)의 사주로서 귀금속(貴金屬) 가게을 경영하여 45세 사화대운(巳火大運)까지는 돈을 많이 벌었으나 46세 임수대운(壬水大運)에는 월상정화(月上丁火)와 정임합(丁壬合)으로 합거(合去)되어 사업이 부실해 재산을 탕진하여 사업을 그만두고 무능하게 살아가고 있는 사주다. 사주에 이렇게 재(財)가 많으면 남편에게 돈 벌어주고도 좋은 소리 못 듣는다.

❶ 세운경진년(歲運庚辰年): 변화, 이사, 전근, 관재, 손재, 신액
❷ 질병(疾病): 심장 약(心臟 弱)
❸ 남녀성격: (남) 말을 잘한다, 영리하다, 다재다능, 재복 있다, 처 덕 있다, 꾀가 많다, 고독하다
　　　　　 (여) 말을 잘한다, 명랑하다, 금방 좋았다가 금방 싫어짐, 부궁불미, 정부, 시모 불합, 잔병조심, 말조심, 고독하다

세운 · 질병 · 남녀성격의 해설 (歲運 · 疾病 · 男女性格의 解說)

❶ 세운경진년(歲運庚辰年)= ※변화, 이사, 전근, 관재, 손재, 신액은 ※세운경진년(歲運庚辰年)의 진토(辰土)는 일지신금(日支申金)과 신진(申辰)으로 삼합(三合)이 되므로 세운(歲運)에서 일지(日支) 삼합운(三合運)이 들어오면 ※변화가 생긴다든가 또는 이사를 한다든가 또는 직장을 옮기는 일이 많다. 그리고 ※관재, 손재, 신액은 ※세운경진년(歲運庚辰年)의 경금(庚金)은 병화일주(丙火日柱)의 편재(偏財)로 원명사주(源命四柱)에 재(財)가 왕(旺)한데 세운(歲運)에서 재운(財運)이 들어오면 ※관재수나 손재수나 건강을 조심해야 한다.

❷ 질병(疾病)과 ❸ 남녀성격은 일주(日柱)에서 발생(發生)한다.

경진년 (庚辰年)

58년(음) 5월 22일 축(丑)시 남자

己	丙	己	戊
丑	戌	未	戌

60	50	40	30	20	10
乙	甲	癸	壬	辛	庚
丑	子	亥	戌	酉	申

이 사주는 병화일주(丙火日柱)가 하계미월(夏季未月)에 출생하여 실시(失時)하고 미중기토(未中己土)가 월시상(月時上)에 투출(透出)하여 상관격(傷官格)이다. 그리고 지지(地支)는 미술축술(未戌丑戌)로 전토국(全土局)을 이루었고 년월시(年月時)도 무기토(戊己土)가 투출(透出)하여 상관식신(傷官食神)이 태왕(太旺)이다. 병화일주(丙火日柱)는 술중정화(戌中丁火)에 근(根)한다고 하나 화(火)는 토(土)를 따라감으로 화생토(火生土)로 종아(從兒)하게 되는 사주다. 그러므로 토(土) 상관식신(傷官食神)이 용신(用神)이다. 이 사주는 남자(男子)의 사주로서 자동차 판매원인데 35세 술토대운(戌土大運)에 돈을 많이 벌었으나 40세 계수대운(癸水大運)에는 년상무토(年上戊土)와 무계합(戊癸合)으로 합거(合去)되어 재산을 탕진하고 45세 해수대운(亥水大運)에 포태법(胞胎法)으로 용신(用神)이 절궁(絶宮)이 되어 하는 일마다 되는 일이 없어 고생을 많이 하다가 50세 갑목대운(甲木大運)에는 중국에 다니며 보따리장사를 하다가 그마저도 손해를 보아 처(妻)와 이혼하고 혼자 살고 있는 사주다.

❶ 세운경진년(歲運庚辰年): 복통, 수술, 관재, 자연재앙
❷ 질병(疾病): 혈압(血壓)
❸ 남녀성격: (남) 말을 잘한다, 영리하다, 예의 있다, 인정 있다, 이해심이 많다, 성질 급, 박력 있다, 영리하다, 만인 존경, 알뜰함, 연구심, 배짱 좋다, 돈이 잘 빠져나감, 예감, 신앙심
(여) 말을 잘한다, 명랑하다, 예의 있다, 금방 좋았다가 금방 싫어짐, 정부, 재가, 부궁불미, 인정 있다, 남에게 잘함, 배짱 좋다, 신앙심

☯ 세운·질병·남녀성격의 해설 (歲運·疾病·男女性格의 解說)

❶ 세운경진년(歲運庚辰年)= ※복통, 수술, 관재, 자연재앙은 ※세운경진년(歲運庚辰年)의 진토(辰土)는 일지술토(日支戌土)와 진술충(辰戌沖)이 되므로 세운(歲運)에서 일지충운(日支沖運)이 들어오면 ※배가 아프다든가 또는 수술을 한다든가 또는 관재수를 조심해야 하며 또는 자연 재앙을 조심해야 한다.

❷ 질병(疾病)은 일주(日柱)에서 발생(發生)한다.

❸ 남녀성격은 일주(日柱)에서 발생(發生)한다.

경진년 (庚辰年)

丙	丙	戊	庚
申	子	子	子

52	42	32	22	12	2
壬	癸	甲	乙	丙	丁
午	未	申	酉	戌	亥

이 사주는 병화일주(丙火日柱)가 중동자월(中冬子月)에 출생하여 실시(失時)하고 년월일(年月日) 삼자수(三子水)와 시지신금(時支申金)과 일지자수(日支子水)와 자신(子申)으로 수국(水局)을 이루어 재살(財殺)이 태왕(太旺)이다. 병화일주(丙火日柱)는 근(根)이 없으며 자월(子月)에 추운 불이고 시상병화(時上丙火) 비견(比肩)이 있다 하나 그 비견(比肩)도 근(根)이 없으며 자좌신금(自坐申金)에 병궁(病宮)에 앉아 일주(日柱)를 도울 힘이 없다. 그러므로 화생토(火生土) 토생금(土生金) 금생수(金生水)로 종살격(從殺格)이므로 자중계수(子中癸水) 정관(正官)이 용신(用神)이며 금재(金財)는 희신(喜神)이 된다. 이 사주는 여자(女子)의 사주로서 주류업을 하였는데 신유대운(申酉大運)에는 돈을 많이 벌었고 42세 계수대운(癸水大運)에 월상무토(月上戊土)와 무계합(戊癸合)으로 합거(合去)되어 재산을 탕진하고 남편과 이혼하고 힘들게 살고 있는 사주다. 부궁(夫宮)이 부실한 것은 여자 사주에 관살(官殺)이 태왕(太旺)이면 부궁(夫宮)이 부실한데 병자일주(丙子日柱)의 공망(空亡)은 시지신금(時支申金)으로 부궁(夫宮)이 더욱 더 부실한 사주다.

❶ 세운경진년(歲運庚辰年): 변화, 이사, 전근, 관재, 손재, 신액
❷ 질병(疾病): 심장(心臟), 냉증(冷症)
❸ 남녀성격: (남) 예의 있다, 명랑하다, 근심이 많다, 내음외양, 권모술수, 냉정하다, 눈치가 빠름, 고집 대단, 부모형제 덕이 없다, 성질 급, 처궁불미, 자손근심, 말을 잘한다
　　　　　(여) 말을 잘한다, 명랑하다, 금방 좋았다가 금방 싫어짐, 부궁불미, 정부, 재가, 어려운 생활

🔵 세운·질병·남녀성격의 해설 (歲運 · 疾病 · 男女性格의 解說)

❶ 세운경진년(歲運庚辰年)= ※변화, 이사, 전근, 관재, 손재, 신액은 ※세운경진년(歲運庚辰年)의 진토(辰土)는 일지자수(日支子水)와 자진(子辰)으로 삼합(三合)이 되므로 세운(歲運)에서 일지(日支) 삼합운(三合運)이 들어오면 ※변화가 생긴다든가 또는 이사를 한다든가 또는 직장을 옮기는 일이 많다. 그리고 ※관재, 손재, 신액은 ※세운경진년(歲運庚辰年)의 경금(庚金)은 병화일주(丙火日柱)의 편재(偏財)로 원명사주(源命四柱)에 재(財)가 왕(旺)한데 세운(歲運)에서 재운(財運)이 들어오면 ※관재수나 손재수나 건강을 조심해야 한다.

❷ 질병(疾病)과 ❸ 남녀성격은 일주(日柱)에서 발생(發生)한다.

경진년 (庚辰年)

54년(음) 8월 11일 미(未)시 남자

<table>
<tr><td>乙</td><td>丙</td><td>壬</td><td>甲</td></tr>
<tr><td>未</td><td>寅</td><td>申</td><td>午</td></tr>
</table>

51	41	31	21	11	1
戊	丁	丙	乙	甲	癸
寅	丑	子	亥	戌	酉

이 사주는 병화일주(丙火日柱)가 초가을 신월(申月)에 출생하여 실시(失時)하고 신궁임수(申宮壬水)가 월상(月上)에 투출(透出)하여 편관격(偏官格)으로 일주(日柱)는 신약사주(身弱四柱)같이 보인다. 그러나 병화일주(丙火日柱)는 자좌인목(自坐寅木)에 장생(長生)하고 년지오화(年支午火) 양인(羊刃)이 있으며 년상갑목(年上甲木)은 인중갑목(寅中甲木)에 근(根)하고 시상을목(時上乙木)은 미중을목(未中乙木)에 근(根)하여 일주병화(日柱丙火)를 생(生)하니 일주(日柱)는 약화위강(弱化爲强)으로 신왕사주(身旺四柱)가 된다. 신왕사주(身旺四柱)에는 관살(官殺)로 일주(日柱)를 제(制)함이 좋은데 다행히 월상(月上)에 임수(壬水)가 투출(透出)하여 그 임수(壬水)는 자좌신금(自坐申金)에 장생(長生)하니 신왕관왕(身旺官旺)이다. 그러나 일주(日柱)의 비해 임수편관(壬水偏官)이 약(弱)하므로 임수편관(壬水偏官)이 용신(用神)이며 금재(金財)는 희신(喜神)이 된다. 이 사주는 남자(男子)의 사주로서 백화점에 근무하며 26세 해수대운(亥水大運)부터 백화점에서 능력을 인정받고 있다가 36세 자수대운(子水大運)에 지점을 직접 개업하여 돈을 많이 벌었으며 41세 정화대운(丁火大運)에 월상임수(月上壬水)와 정임합(丁壬合)으로 합거(合去)되어 재산을 탕진하고 그 이후로는 운(運)이 없어 무능하게 살아가고 있는 사주다.

❶ 세운경진년(歲運庚辰年): 손재, 처액
❷ 질병(疾病): 심장(心臟), 기관지(氣管支)
❸ 남녀성격: (남) 말을 잘한다, 예의 있다, 명랑하다, 남을 생각하지 않고 직선적으로 말함, 용기 있다, 의젓하다, 멋쟁이, 영리하다, 일독십지, 명예 우선, 성질급, 박력 있다, 타의 군림, 남을 멸시한다
　　　　　(여) 말을 잘한다, 총명하다, 금방 좋았다가 금방 싫어짐, 박력 있다, 부궁불미

🔵 세운·질병·남녀성격의 해설 (歲運·疾病·男女性格의 解說)

❶ 세운경진년(歲運庚辰年)= ※손재, 처액은 ※세운경진년(歲運庚辰年)의 경금(庚金)은 병화일주(丙火日柱)의 편재(偏財)로 신왕사주(身旺四柱)에 재(財)가 약(弱)한데 세운(歲運)에서 재운(財運)이 들어오면 ※손재수를 조심해야 하며 또는 가정에 불화가 많이 생긴다든가 또는 처가 가출한다든가 또는 처의 건강을 조심해야 한다.

❷ 질병(疾病)은 일주(日柱)에서 발생(發生)한다.

❸ 남녀성격은 일주(日柱)에서 발생(發生)한다.

경진년 (庚辰年)

56년(음) 12월 5일 유(酉)시 여자

己	丁	辛	丙
酉	丑	丑	申

51	41	31	21	11	1
乙	丙	丁	戊	己	庚
未	申	酉	戌	亥	子

이 사주는 정화일주(丁火日柱)가 동계축월(冬季丑月)에 출생하여 실시(失時)하고 지지(地支)는 유축축신(酉丑丑申)으로 금국(金局)을 이루고 월상신금(月上辛金)이 투출(透出)하여 상관(傷官)과 재(財)가 태왕(太旺)으로 일주(日柱)는 신약사주(身弱四柱)다. 그러므로 이 사주는 화생토(火生土) 토생금(土生金)으로 종재격(從財格)같이 보이나 정화일주(丁火日柱)는 무근(無根)이며 자좌축토(自坐丑土)에 설기(泄氣)가 심(甚)하고 년상병화(年上丙火) 비겁(比劫)이 있다 하나 그 비겁(比劫)도 근(根)이 없으며 자좌신금(子坐申金)에 사지(死地)에 앉아 정화일주(丁火日柱)를 도울 힘이 없다. 그러므로 년상병화(年上丙火) 비겁(比劫)이 있다 하나 쇠극격(衰極格)에 해당하므로 쇠(衰)한 자는 상관식신(傷官食神)으로 설기(泄氣)하여 더욱 더 쇠(衰)하게 하는 동시 일주(日柱)를 극(剋)하는 관살(官殺)을 제(制)하여야 하기 때문에 상관식신(傷官食神)이 용신(用神)이며 금재(金財)는 희신(喜神)이 된다. 이 사주는 여자(女子)의 사주로서 일찍 남편과 이혼하고 허드렛일을 하다가 36세 유금대운(酉金大運)에 돈을 많이 벌었고 41세 신금대운(申金大運)에 수억금을 벌어 잘 살고 있는 사주다.

❶ 세운경진년(歲運庚辰年): 수술, 관재, 손재, 신액
❷ 질병(疾病): 냉(冷), 하원윤습(下元潤濕)
❸ 남녀성격: (남) 말을 잘한다, 인심 좋다, 예의 있다, 재물욕심, 재복 있다, 영리하다, 임기응변, 재간 있다, 근면 성실, 주머니 돈 안 떨어진다, 신앙심, 새벽잠이 없다
　　　　　 (여) 명랑하다, 예의 있다, 금방 좋았다가 금방 싫어짐, 부궁불미, 정부, 재가, 인정 있다, 요리솜씨, 말을 잘한다

🌀 세운 · 질병 · 남녀성격의 해설 (歲運 · 疾病 · 男女性格의 解說)

❶ 세운경진년(歲運庚辰年)= ※수술, 관재, 손재, 신액은 세운경진년(歲運庚辰年)의 진토(辰土)는 정화일주(丁火日柱)의 상관(傷官)으로 세운(歲運)에서 일지(日支) 상관운(傷官運)이 들어오면 ※수술을 조심해야 한다. 그리고 ※관재, 손재, 신액은 ※세운경진년(歲運庚辰年)의 경금(庚金)은 정화일주(丁火日柱)의 정재(正財)로 원명사주(源命四柱)에 재(財)가 태왕(太旺)인데 세운(歲運)에서 재(財)나 관살운(官殺運)이 들어오면 ※관재수나 손재수나 건강을 조심해야 한다.

❷ 질병(疾病)은 일주(日柱)에서 발생(發生)한다.

❸ 남녀성격은 일주(日柱)에서 발생(發生)한다.

경진년 (庚辰年)

57년(음) 9월 20일 묘(卯)시 남자

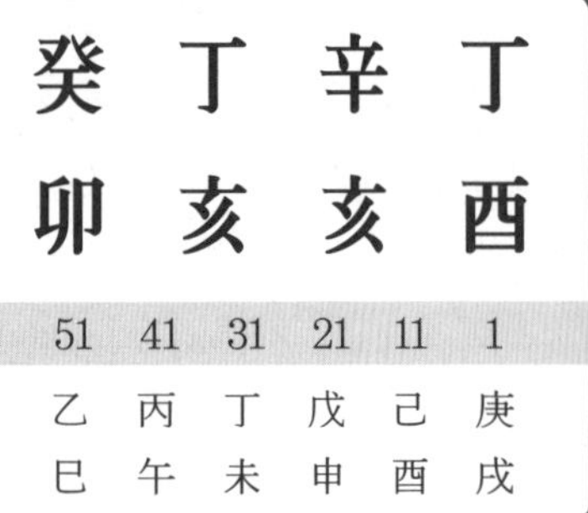

이 사주는 정화일주(丁火日柱)가 초겨울 해월(亥月)에 출생하여 실시(失時)하고 일지해수(日支亥水)와 시상계수(時上癸水)가 투출(透出)하였으며 월상신금(月上辛金)은 년지유금(年支酉金)에 록근(祿根)하여 재살(財殺)이 태왕(太旺)이다. 다행히 시지묘목(時支卯木) 인수(印綬)가 있어 많은 관살(官殺)은 정화일주(丁火日柱)를 극(剋)하지 않고 묘목인수(卯木印綬)를 생(生)하고 그 묘목(卯木)은 정화일주(丁火日柱)를 생(生)하여 살인상생(殺印相生)으로 묘목인수(卯木印綬)가 용신(用神)이며 화비견겁(火比肩劫)은 희신(喜神)이 된다. 이 사주는 남자(男子)의 사주로서 약사(藥師)로 근무하다가 41세 병화대운(丙火大運)에 약국을 개업하였으나 월상신금(月上辛金)과 병신합(丙辛合)으로 합거(合去)되어 손해를 많이 보았고 46세 오화대운(午火大運)에 희신운(喜神運)이 들어와 약국이 번창하여 돈을 많이 벌은 사주다. 그리고 앞으로도 운(運)이 좋아 한층 더 번창하며 돈도 많이 벌어 잘살게 될 것이라고 본다.

❶ 세운경진년(歲運庚辰年): 수술, 관재, 손재, 신액
❷ 질병(疾病): 심장(心臟), 냉증(冷症)
❸ 남녀성격: (남) 영리하다, 외유내강, 지혜롭다, 지구력 부족, 처세가 좋다, 영리하다, 장수한다, 항상 바쁨, 꿈이 많다, 처 덕 있다, 자손귀자, 명예를 좋아함, 예감 빠름, 신앙심
　　　　　　(여) 명랑하다, 예의 있다, 금방 좋았다가 금방 싫어짐, 애교 많다, 식복, 남편의처증, 정부, 자손근심

세운 • 질병 • 남녀성격의 해설 (歲運 · 疾病 · 男女性格의 解說)

❶ 세운경진년(歲運庚辰年)= ※수술, 관재, 손재, 신액은 ※세운경진년(歲運庚辰年)의 진토(辰土)는 정화일주(丁火日柱)의 상관(傷官)으로 세운(歲運)에서 일지(日支) 상관운(傷官運)이 들어오면 ※수술을 조심해야 한다. 그리고 ※관재, 손재, 신액은 ※세운경진년(歲運庚辰年)의 경금(庚金)은 정화일주(丁火日柱)의 정재(正財)로 원명사주(源命四柱)에 재살(財殺)이 왕(旺)한데 세운(歲運)에서 재(財)나 관살운(官殺運)이 들어오면 ※관재수를 조심해야 하며 또는 손재수를 조심해야 하며 또는 건강을 조심해야 한다.

❷ 질병(疾病)은 일주(日柱)에서 발생(發生)한다.

❸ 남녀성격은 일주(日柱)에서 발생(發生)한다.

경진년 (庚辰年)

이 사주는 정화일주(丁火日柱)가 중추유월(中秋酉月)에 출생하여 실시(失時)하고 년일지(年日支) 양유금(兩酉金)으로 재(財)가 왕(旺)하다. 그러나 정화일주(丁火日柱)는 시간지(時干支) 병오(丙午) 비견겁(比肩劫)이 있으며 오중정화(午中丁火)가 년상(年上)에 투출(透出)하여 화(火)는 금(金)을 극(剋)하므로 일주(日柱)는 신왕사주(身旺四柱)같이 보인다. 그러나 금(金)은 유월(酉月)에 득령(得令)하고 정화일주(丁火日柱)는 유월(酉月)에 실시(失時)하였으므로 재(財)가 왕(旺)하여 일주(日柱)는 신약사주(身弱四柱)다. 그러므로 많은 재(財)를 제(制)하면서 정화일주(丁火日柱)를 보신(補身)하는 비견겁(比肩劫)이 용신(用神)이며 목인수(木印綬)는 희신(喜神)이 된다. 이 사주는 여자(女子)의 사주로서 치과의사로 고생을 많이 하다가 45세 갑목대운(甲木大運)에 월상기토(月上己土)와 갑기합(甲己合)으로 합거(合去)되어 재산을 탕진하고 50세 인목대운(寅木大運)에 희신운(喜神運)이 들어와 의원을 다른 곳으로 옮겨 번창하고 돈을 많이 벌고 있는 사주다. 앞으로도 운(運)이 좋아 더욱더 성공하며 많은 돈을 벌 것으로 생각된다.

❶ 세운경진년(歲運庚辰年): 수술, 관재, 손재, 신액
❷ 질병(疾病): 심장(心臟), 간(肝), 담(膽)
❸ 남녀성격: (남) 말을 잘한다, 고집 대단, 미남형, 남에게 잘함, 학업 열중, 학업 장애, 재복 있다, 처 덕 있다, 청백하다, 예의 있다, 고독하다
　　　　　(여) 명랑하다, 예의 있다, 금방 좋았다가 금방 싫어짐, 욕심 많다, 정부, 미모 수려, 이성수신, 자손귀자, 말을 잘한다

☯ 세운 · 질병 · 남녀성격의 해설 (歲運 · 疾病 · 男女性格의 解說)

❶ 세운경진년(歲運庚辰年)= ※수술, 관재, 손재, 신액은 ※세운경진년(歲運庚辰年)의 진토(辰土)는 정화일주(丁火日柱)의 상관(傷官)으로 세운(歲運)에서 일지(日支) 상관운(傷官運)이 들어오면 ※ **수술을 조심해야 한다.** 그리고 ※**관재, 손재, 신액**은 ※세운경진년(歲運庚辰年)의 경금(庚金)은 정화일주(丁火日柱)의 정재(正財)로 원명사주(源命四柱)에 재(財)가 왕(旺)한데 세운(歲運)에서 재(財)나 관살운(官殺運)이 들어오면 ※**관재수를 조심해야 하며 또는 손재수를 조심해야 하며 또는 건강을 조심해야 한다.**

❷ 질병(疾病)은 일주(日柱)에서 발생(發生)한다.

❸ 남녀성격은 일주(日柱)에서 발생(發生)한다.

경진년 (庚辰年)

59년(음) 2월 18일 묘(卯)시 여자

이 사주는 정화일주(丁火日柱)가 중춘묘월(中春卯月)에 출생하여 득령(得令)하고 년지해수(年支亥水)와 월지묘목(月支卯木)과 일지미토(日支未土)와 해묘미(亥卯未)로 목국(木局)을 이루었고 또 시지묘목(時支卯木) 인수(印綬)가 있어 일주(日柱)는 신왕사주(身旺四柱)다. 신왕사주(身旺四柱)에는 관살(官殺)로 일주(日柱)를 제(制)함이 좋은데 다행히 년지(年支) 해중임수(亥中壬水) 정관(正官)이 있어 해중임수(亥中壬水) 정관(正官)으로 용신(用神)한다. 그리고 금재(金財)는 희신(喜神)이 된다. 이 사주는 여자(女子)의 사주로서 예능(藝能)을 전공하였으나 초년(初年)에는 운(運)이 없어 성공하지 못하고 보험설계사를 하였으나 그것마저 운(運)이 없어 고생만 하다가 48세 신금대운(申金大運)에 희신운(喜神運)이 들어와 의류업(衣類業)을 하여 돈이 많이 벌었고 앞으로도 운(運)이 좋아 크게 성공하며 돈을 많이 벌 것으로 생각된다.

❶ 세운경진년(歲運庚辰年): 수술, 손재, 신액
❷ 질병(疾病): 간(肝), 담(膽), 신경통(神經痛) 신경질(神經質), 부인병(婦人病)
❸ 남녀성격: (남) 말을 잘한다, 마음이 넓다, 남에게 잘함, 명랑하다, 예의 있다, 편식, 박력 있다, 고집 대단, 성격이 까다롭다, 옷에 신경, 처궁불미
　　　　　(여) 명랑하다, 예의 있다, 금방 좋았다가 금방 싫어짐, 인덕 없다, 정부, 재가, 부궁불미, 신앙심, 말을 잘한다, 고집 대단

세운 · 질병 · 남녀성격의 해설 (歲運 · 疾病 · 男女性格의 解說)

❶ 세운경진년(歲運庚辰年)= ※수술, 손재, 신액은 ※ 세운경진년(歲運庚辰年)의 진토(辰土)는 정화일주(丁火日柱)의 상관(傷官)으로 세운(歲運)에서 일지(日支) 상관운(傷官運)이 들어오면 ※수술을 조심해야 한다. 그리고 ※손재, 신액은 ※세운경진년(歲運庚辰年)의 경금(庚金)은 정화일주(丁火日柱)의 정재(正財)로 신왕(身旺)한 사주에 재(財)가 쇠약(衰弱)한데 세운(歲運)에서 재운(財運)이 들어오면 ※손재수를 조심해야 하며 또는 건강을 조심해야 한다.

❷ 질병(疾病)은 간, 담은 일주(日柱)에서 발생(發生)하며 ※신경통, 신경질, 부인병은 ※정화일주(丁火日柱)가 인묘월(寅卯月)에 출생하고 신왕(身旺)한 사주는 ※신경통과 신경질, 부인병을 조심해야 한다.

❸ 남녀성격은 일주(日柱)에서 발생(發生)한다.

경진년(庚辰年)

58년(음) 8월 25일 진(辰)시 남자

甲	丁	辛	戊
辰	巳	酉	戌

51	41	31	21	11	1
丁	丙	乙	甲	癸	壬
卯	寅	丑	子	亥	戌

이 사주는 정화일주(丁火日柱)가 중추유월(中秋酉月)에 출생하여 실시(失時)하고 유중신금(酉中辛金)이 월상(月上)에 투출(透出)하여 편재격(偏財格)으로 신약사주(身弱四柱)다. 그러나 정화일주(丁火日柱)는 자좌사화(自坐巳火)에 근(根)하고 시상갑목(時上甲木) 인수(印綬)는 자좌(自坐) 진중을목(辰中乙木)에 근(根)하여 일주(日柱)를 생(生)하고 있다. 그러나 일주(日柱)는 신약사주(身弱四柱)로서 많은 재(財)를 제(制)하고 일주(日柱)를 보신(補身)해야 하는 비견겁(比肩劫)이 용신(用神)이며 목인수(木印綬)는 희신(喜神)이 된다. 그리고 편재격(偏財格)을 놓은 사람은 완고(頑固)하며 자수성가(自手成家) 하며 편처동거(偏妻同居) 할 수 있으며 환경의 지배를 받으며 또 부귀(富貴)를 누릴 소질(素質)이 있으며 투기(投機) 사업(事業)쪽으로 직업을 많이 갖게 된다. 이 사주는 남자(男子)의 사주로서 국제상사(國際商社)에 근무하다가 41세 병화대운(丙火大運)에 퇴사하여 사업을 경영하였으나 월상신금(月上辛金)과 병신합(丙辛合)으로 합거(合去)되어 손해를 많이 보았으며 46세 인목대운(寅木大運)에는 사업이 번창하여 수억금을 벌고 있는 사주다. 앞으로도 운(運)이 좋아 사업이 번창하며 승승장구(乘勝長驅)하리라고 본다.

❶ 세운경진년(歲運庚辰年): 수술, 관재, 손재, 신액
❷ 질병(疾病): 심장(心臟), 혈압(血壓)
❸ 남녀성격: (남) 말을 잘한다, 외유내강, 매사 열중, 예의 있다, 명랑하다, 항상 바쁨, 거짓말을 못함, 남을 생각하지도 않고 직선적으로 말함, 영리하다, 고독하다
　　　　　　(여) 명랑하다, 예의 있다, 금방 좋았다가 금방 싫어짐, 말을 잘함, 정부, 재가, 부궁불미, 독수공방

◐ 세운·질병·남녀성격의 해설(歲運·疾病·男女性格의 解說)

❶ 세운경진년(歲運庚辰年)= ※수술, 관재, 손재, 신액은 ※ 세운경진년(歲運庚辰年)의 진토(辰土)는 정화일주(丁火日柱)의 상관(傷官)으로 세운(歲運)에서 일지(日支) 상관운(傷官運)이 들어오면 ※수술을 조심해야 한다. 그리고 ※ 관재, 손재, 신액은 ※세운경진년(歲運庚辰年)의 경금(庚金)은 정화일주(丁火日柱)의 정재(正財)로 원명사주(源命四柱)에 재(財)가 왕(旺)한데 세운에서 재(財)나 관살운(官殺運)이 들어오면 ※관재수를 조심해야 하며 또는 손재수를 조심해야 하며 또는 건강을 조심해야 한다.

❷ 질병(疾病)과 ❸ 남녀성격은 일주(日柱)에서 발생(發生)한다.

경진년 (庚辰年)

58년(음) 3월 2일 진(辰)시 남자

甲	丁	丙	戊
辰	卯	辰	戌

55	45	35	25	15	5
壬	辛	庚	己	戊	丁
戌	酉	申	未	午	巳

이 사주는 정화일주(丁火日柱)가 춘계진월(春季辰月)에 출생하여 실시(失時)하고 진중무토(辰中戊土)가 년상(年上)에 투출(透出)하여 상관격(傷官格)으로 일주(日柱)는 신약사주(身弱四柱)다. 그러나 정화일주(丁火日柱)는 자좌묘목(自坐卯木)에 생(生)을 받고 시상갑목(時上甲木)은 자좌(自坐) 진중을목(辰中乙木)에 근(根)하여 일주(日柱)를 생(生)하여 주어도 상관식신(傷官食神)에 설기(泄氣)가 심(甚)하여 신약사주(身弱四柱)로서 많은 상관식신(傷官食神)을 제(制)하고 일주(日柱)를 보신(補身)해야 하는 목인수(木印綬)가 용신(用神)이며 화비견겁(火比肩劫)은 희신(喜神)이 된다. 이 사주는 남자(男子)의 사주로서 공대(工大) 전자공학을 전공하여 회사에 근무하였으나 운(運)이 없어 승진도 못하고 고생만 하다가 45세 신금대운(辛金大運)에 회사를 퇴사하여 컴퓨터수리점을 개업하였으나 월상병화(月上丙火)와 병신합(丙辛合)으로 합거(合去)되어 손해를 많이 보고 그 이후로도 운(運)이 없어 처(妻)와 이혼하고 무능(無能)하게 혼자 살아가고 있는 사주다. 처궁(妻宮)이 부실한 것은 년간지(年干支) 무술생(戊戌生)의 공망(空亡)은 시지진토(時支辰土)로서 일시지(日時支)에 공망(空亡)이 있으면 남자든 여자든 배우자운(配偶者運)이 부실하여 재혼(再婚)하거나 혼자 사는 사람들이 많다.

---

❶ 세운경진년(歲運庚辰年): 수술

❷ 질병(疾病): 풍질(風疾)

❸ 남녀성격: (남) 말을 잘한다, 명랑하다, 근심이 많다, 영리하다, 풍류를 즐긴다, 지구력 부족, 처궁불미, 마음 약, 소심하다, 인자한 성품, 운동 잘함

  (여) 명랑하다, 예의 있다, 금방 좋았다가 금방 싫어짐, 부궁불미, 정부, 친모 걱정 많이 한다, 예능에 소질

🌀 세운·질병·남녀성격의 해설 (歲運·疾病·男女性格의 解說)

❶ 세운경진년(歲運庚辰年)= ※수술은 ※세운경진년(歲運庚辰年)의 진토(辰土)는 정화일주(丁火日柱)의 상관(傷官)으로 세운(歲運)에서 일지(日支) 상관운(傷官運)이 들어오면 **※수술을 조심해야** 한다.

❷ 질병(疾病)은 일주(日柱)에서 발생(發生)한다.

❸ 남녀성격은 일주(日柱)에서 발생(發生)한다.

59년(음) 10월 21일 유(酉)시 여자

이 사주는 정화일주(丁火日柱)가 초겨울 해월(亥月)에 출생하여 실시(失時)하고 년지해수(年支亥水)와 시지(時支) 유금재(酉金財)가 있어 재관(財官)이 왕(旺)하며 또한 년시상(年時上) 양기토(兩己土)는 미중기토(未中己土)에 근(根)하여 있으므로 정화일주(丁火日柱)는 한편으로는 실기(泄氣)가 심(甚)하고 한편으로는 관(官)에 극(剋)을 받아 일주(日柱)는 신약사주(身弱四柱)다.

다행히 정화일주(丁火日柱)는 자좌(自坐) 미중정화(未中丁火)에 근(根)하고 미중을목(未中乙木)이 월상(月上)에 투출(透出)하여 화생토(火生土) 토생금(土生金) 금생수(金生水) 수생목(水生木)으로 해수관(亥水官)은 일주정화(日柱丁火)를 극(剋)하지 않고 월상을목(月上乙木)을 생(生)하고 그 을목(乙木)은 정화일주(丁火日柱)를 생(生)하므로 을목인수(乙木印綬)가 용신(用神)이며 화비견겁(火比肩劫)은 희신(喜神)이 된다. 이 사주는 여자(女子)의 사주로서 31세 인목대운(寅木大運)에 행정고시(行政考試)에 합격하여 사무관으로 근무하다가 41세 묘목(卯木) 인수운(印綬運)에 승진하여 중앙청사에 근무하고 있는 사주다. 그러나 그 이후로는 운(運)이 없어 더 이상 승진이 안되었으며 평범하게 살아가고 있다.

---

❶ 세운경진년(歲運庚辰年): 수술, 관재, 손재, 신액
❷ 질병(疾病): 간(肝), 담(膽)
❸ 남녀성격: (남) 말을 잘한다, 마음이 넓다, 남에게 잘함, 명랑하다, 예의 있다, 편식, 박력 있다, 고집 대단, 성격이 까다롭다, 옷에 신경, 처궁불미
　　　　　 (여) 명랑하다, 예의 있다, 금방 좋았다가 금방 싫어짐, 인덕 없다, 정부, 재가, 부궁불미, 신앙심, 말을 잘한다, 고집 대단

세운·질병·남녀성격의 해설 (歲運·疾病·男女性格의 解說)

❶ 세운경진년(歲運庚辰年)= ※수술, 관재, 손재, 신액은 ※세운경진년(歲運庚辰年)의 진토(辰土)는 정화일주(丁火日柱)의 상관(傷官)으로 세운에서 일지(日支) 상관운(傷官運)이 들어오면 ※수술을 조심해야 한다. 그리고 ※관재, 손재, 신액은 ※세운경진년(歲運庚辰年)의 경금(庚金)은 정화일주(丁火日柱)의 정재(正財)로 원명사주(源命四柱)에 재살(財殺)이 왕(旺)한데 세운에서 재(財)나 관살운(官殺運)이 들어오면 ※관재수를 조심해야 하며 또는 손재수를 조심해야 하며 또는 건강을 조심해야 한다.

❷ 질병(疾病)과 ❸ 남녀성격은 일주(日柱)에서 발생(發生)한다.

경진년(庚辰年)

58년(음) 5월 23일 사(巳)시 남자

<table>
<tr><td>乙</td><td>丁</td><td>己</td><td>戊</td></tr>
<tr><td>巳</td><td>亥</td><td>未</td><td>戌</td></tr>
</table>

60	50	40	30	20	10
乙	甲	癸	壬	辛	庚
丑	子	亥	戌	酉	申

이 사주는 정화일주(丁火日柱)가 하계미월(夏季未月)에 출생하여 실시(失時)하고 미중기토(未中己土)가 월상(月上)에 투출(透出)하여 식신격(食神格)이다. 그리고 년간지(年干支) 무술토(戊戌土) 상관(傷官)에 설기(泄氣)가 심(甚)하여 일주(日柱)는 신약사주(身弱四柱)다. 그러나 정화일주(丁火日柱)는 시지사화(時支巳火)에 근(根)하고 시상을목(時上乙木)은 미중을목(未中乙木)에 근(根)하므로 시상을목(根) 인수(印綬)로 많은 상관식신(傷官食神)을 제(制)하고 정화일주(丁火日柱)를 생(生)하여줘야 하므로 을목인수(乙木印綬)가 용신(用神)이며 화비견겁(火比肩劫)은 희신(喜神)이 된다. 이 사주는 남자(男子)의 사주로서 식신격(食神格)을 놓은 사람은 의식주(衣食住)가 좋으며 예절이 있고 지적(知的)인 생활과 예술(藝術)과 교사(教師)나 언론기관(言論機關)으로 직업을 많이 갖는데 이 사주는 교사(教師)로 근무하였으나 운(運)이 없어 승진이 안되어 고생하다가 지금까지도 평범한 교사로 근무하고 있으며 자식 한 명 잃은 사주다. 자식(子息)을 한 명 잃게 된 것은 남자 사주에 상관식신(傷官食神)이 태왕(太旺)이고 관살(官殺)이 쇠약(衰弱)한데 세운(歲運)에서 상관(傷官) 식신운(食神運)이 들어오면 자손액(子孫厄)을 조심해야 한다.

❶ 세운경진년(歲運庚辰年): 수술, 자손액
❷ 질병(疾病): 심장(心臟), 냉증(冷症)
❸ 남녀성격: (남) 영리하다, 외유내강, 지혜롭다, 지구력 부족, 처세가 좋다, 영리하다, 장수한다, 항상 바쁨, 꿈이 많다, 처 덕 있다, 자손귀자, 명예를 좋아함, 예감 빠름, 신앙심
　　　　　　(여) 명랑하다, 예의 있다, 금방 좋았다가 금방 싫어짐, 애교 많다, 식복, 남편 의처증, 정부, 자손근심

세운·질병·남녀성격의 해설 (歲運·疾病·男女性格의 解說)

❶ 세운경진년(歲運庚辰年)= ※수술, 자손액은 ※세운경진년(歲運庚辰年)의 진토(辰土)는 정화일주(丁火日柱)의 상관(傷官)으로 세운에서 일지(日支) 상관운(傷官運)이 들어오면 **※수술을 조심해야 한다.** 그리고 **※자손액**은 ※세운경진년(歲運庚辰年)의 진토(辰土)는 정화일주(丁火日柱)의 상관(傷官)으로 남자 사주에 상관식신(傷官食神)이 태왕(太旺)이고 관살(官殺)이 쇠약(衰弱)한데 세운에서 상관(傷官) 식신운(食神運)이 들어오면 **※자손액을 조심해야 한다.**

❷ 질병(疾病)과 ❸ 남녀성격은 일주(日柱)에서 발생(發生)한다.

경진년 (庚辰年)

戊	戊	戊	辛
午	子	戌	丑

55	45	35	25	15	5
壬	癸	甲	乙	丙	丁
辰	巳	午	未	申	酉

이 사주는 무토일주(戊土日柱)가 계추술월(季秋戌月)에 출생하여 득령(得令)하고 술중신금(戌中辛金)과 월시상(月時上) 무토(戊土)가 투출(透出)하여 어느 오행(五行)으로 격(格)을 잡느냐의 기로(岐路)에 서게 된다. 생일로 보아 무토비견(戊土比肩)이 사령(司令)하고 있는데 무토비견(戊土比肩)은 격(格)을 주지 않으므로 년상신금(年上辛金)으로 격(格)을 잡는다. 그러므로 상관격(傷官格)이다. 무토일주(戊土日柱)는 시간지(時干支) 무오인수(戊午印綬)와 비견(比肩)이 있고 월간지(月干支) 무술비견(戊戌比肩)이 있어 신왕사주(身旺四柱)로 신왕사주에는 일주(日柱)를 제(制)하는 관살(官殺)이나 상관식신(傷官食神)으로 설기(泄氣)함이 좋은데 다행히 년상신금(年上辛金) 상관(傷官)이 있어 상관(傷官)으로 설기(泄氣)하는데 배설구(排泄口)가 약(弱)하던 중 일지자수(日支子水)가 있어 토생금(土生金) 금생수(金生水)로 상관(傷官) 용재격(用財格)을 이루어 일지(日支) 자수재(子水財)가 용신(用神)이며 상관식신(傷官食神)은 희신(喜神)이 된다. 이 사주는 남자(男子)의 사주로서 체육관을 경영하였으나 초년(初年)부터 운이 없어 고생을 많이 하였고 45세 계수대운(癸水大運)에 음식업을 경영하였으나 월상무토(月上戊土)와 무계합(戊癸合)으로 합거(合去)되어 재산을 탕진하고 처와 이혼하고 힘들게 살아가고 있는 사주다. 처궁(妻宮)이 부실한 것은 무자일주(戊子日柱)의 공망(空亡)은 시지오화(時支午火)이며 또한 일시(日時)가 자오(子午)로 상충(相沖)되어 더욱 더 처궁(妻宮)이 부실하다.

❶ 세운경진년(歲運庚辰年): 변화, 이사, 전근
❷ 질병(疾病): 비(脾), 위(胃)
❸ 남녀성격: (남) 군자의 성품, 언행 조심, 외강내유, 지혜롭다, 고집 대단, 신경 예민, 권모술수, 처 덕 있다, 돈이 잘 빠져나감, 처 말을 잘 듣는다, 눈치 빠름
　　　　　　(여) 순진, 신용, 하는 일에 겁이 없다, 부궁불미, 정부, 재가, 독수공방, 직업, 재복 있다, 신앙심

◉ 세운·질병·남녀성격의 해설(歲運·疾病·男女性格의 解說)

❶ 세운경진년(歲運庚辰年)= ※변화, 이사, 전근은 ※세운경진년(歲運庚辰年)의 진토(辰土)는 일지자수(日支子水)와 자진(子辰)으로 삼합(三合)이 되므로 세운(歲運)에서 일지(日支) 삼합운(三合運)이 들어오면 ※변화가 생긴다든가 또는 이사를 한다든가 또는 직장을 옮기는 일이 많다.

❷ 질병(疾病)과 ❸ 남녀성격은 일주(日柱)에서 발생(發生)한다.

경진년(庚辰年)

51년(음) 3월 3일 묘(卯)시 여자

이 사주는 무토일주(戊土日柱)가 춘계진월(春季辰月)에 출생하여 득령(得令)하고 진중을목(辰中乙木)이 시상(時上)에 투출(透出)하여 정관격(正官格)으로 일주(日柱)는 신약사주(身弱四柱)다. 그러나 지지(地支)는 인묘진(寅卯辰)으로 목국(木局)을 이루었고 시상(時上)에 을목(乙木)이 투출(透出)하여 관살(官殺)이 태왕(太旺)으로 종살격(從殺格)같이 보인다. 그러나 무토일주(戊土日柱)는 자좌인목(自坐寅木)에 살지(殺地)라고 하나 병화(丙火)와 무토(戊土)의 생궁(生宮)이므로 종(從)하지 않으며 미약하나마 진중무토(辰中戊土)에 근(根)하여 있으므로 일주(日柱)는 신약사주(身弱四柱)다. 그러므로 화인수(火印綬)가 용신(用神)이며 토비견겁(土比肩劫)은 희신(喜神)이 된다. 이 사주는 여자(女子)의 사주로서 미용실을 경영하여 초년(初年) 오미대운(午未大運)에는 돈을 많이 벌었으며 39세 병화대운(丙火大運)에 사업을 확장하였으나 년상신금(年上辛金)과 병신합(丙辛合)으로 합거(合去)되어 재산을 탕진하고 남편과 이혼하고 지금까지 혼자 힘들게 살아가고 있는 사주다. 여자(女子) 사주에 관살(官殺)은 남편(男便)이 되는데 관살(官殺)이 태왕(太旺)이면 오히려 남자가 없으므로 결혼을 하려면 적극성을 보여야 재혼(再婚)할 수 있다.

❶ 세운경진년(歲運庚辰年): 형제 횡액

❷ 질병(疾病): 위산과다(胃酸過多), 위장병(胃腸病), 폐병(肺病), 결핵(結核)

❸ 남녀성격: (남) 군자의 성품, 언행 조심, 의젓하다, 주관이 약하다, 부모무덕, 밥을 조금 먹는다, 처궁불미, 자손귀자

　　　　　(여) 신용 있다, 순진하다, 고집 대단, 정부, 재가, 시모불화, 인덕 없다, 친모봉양

세운 · 질병 · 남녀성격의 해설 (歲運 · 疾病 · 男女性格의 解說)

❶ 세운경진년(歲運庚辰年)= ※형제 횡액은 ※세운경진년(歲運庚辰年)의 진토(辰土)는 무토일주(戊土日柱)의 비견(比肩)으로 형제(兄弟)가 되므로 사주(四柱)에 관살(官殺)이 태왕(太旺)인데 세운(歲運)에서 비견겁운(比肩劫運)이 들어오면 ※형제 중에 횡액을 조심해야 한다.

❷ 질병(疾病)은 비, 위산과다, 신경통, 위장병은 일주(日柱)에서 발생(發生)하며 ※폐병, 결핵은 ※무토일주가 관살(官殺)이 태왕(太旺)이면 ※폐병과 결핵을 조심해야 한다.

❸ 남녀성격은 일주(日柱)에서 발생(發生)한다.

52년(음) 4월 29일 미(未)시 남자

己	戊	乙	壬
未	辰	巳	辰

55	45	35	25	15	5
辛	庚	己	戊	丁	丙
亥	戌	酉	申	未	午

이 사주는 무토일주(戊土日柱)가 초여름 사월(巳月)에 출생하여 록근(祿根)하고 자좌진토(自坐辰土)와 시간지(時干支) 기미비겁(己未比劫)으로 일주(日柱)는 신왕사주(身旺四柱)다. 신왕사주(身旺四柱)에는 일주(日柱)를 제(制)하는 관살(官殺)이나 상관식신(傷官食神)으로 설기(泄氣)함이 좋은데 월상을목(月上乙木)은 진중을목(辰中乙木)에 근(根)하였다고 하나 자좌사화(自坐巳火)에 설기(泄氣)가 심(甚)하여 용신(用神)으로 쓸 수가 없다. 용신(用神)이 약(弱)할 때에는 용신(用神)을 돕는 자가 용신(用神)이 되므로 다행히 년상임수(年上壬水)가 투출(透出)하여 그 임수(壬水)는 자고(自庫)인 진중계수(辰中癸水)에 근(根)하여 있으므로 임수재(壬水財)로 용신(用神)한다. 그리고 금(金) 상관식신(傷官食神)은 희신(喜神)이 된다. 이 사주는 남자의 사주로서 사업가로 45세 경금대운(庚金大運)에 월상을목(月上乙木)과 을경합(乙庚合)으로 합거(合去)되어 재산을 탕진하고 혼자 살고 있는 사주다.

❶ 세운경진년(歲運庚辰年): 손재, 처액, 변화, 이사, 전근, 자연재앙
❷ 질병(疾病): 풍질(風疾), 혈압(血壓)
❸ 남녀성격: (남) 군자의 성품, 언행 조심, 인심 좋다, 이해성이 많다, 화합 잘함, 주관이 강하다, 신의 있다, 재간 있다, 처궁불미, 아이디어가 좋다, 재복 있다, 미인수다
(여) 신용, 순진하다, 욕심 많다, 재복 있다, 부궁불미, 정부, 신앙심

◯ 세운 · 질병 · 남녀성격의 해설 (歲運 · 疾病 · 男女性格의 解說)

❶ 세운경진년(歲運庚辰年)= ※손재, 처액, 변화, 이사, 전근, 자연재앙은 ※세운경진년(歲運庚辰年)의 진토(辰土)는 무토일주의 비견(比肩)으로 남자 사주에 비견겁(比肩劫)이 태왕(太旺)이고 재(財)가 쇠약(衰弱)한데 세운에서 비견겁운(比肩劫運)이 들어오면 ※**손재수를 조심해야 하며 또는 가정에 불화가 많이 생긴다든가 또는 처가 말없이 가출한다든가 또는 처의 건강을 조심해야 한다.** 그리고 ※**변화, 이사, 전근**은 ※세운경진년(歲運庚辰年)의 진토(辰土)는 일지진토(日支辰土)와 진진(辰辰)으로 삼합(三合)이 되므로 세운에서 일지(日支) 삼합운(三合運)이 들어오면 ※**변화가 생긴다든가 또는 이사를 한다든가 또는 직장을 옮기는 일이 많다.** 그리고 ※**자연재앙**은 ※세운경진년(歲運庚辰年)의 진토(辰土)는 년지진토(年支辰土)와 진진(辰辰)으로 똑같은 오행(五行)이므로 세운에서 년지(年支) 같은 운(運)이 들어오면 ※**자연재앙을 조심해야 한다.**

❷ 질병(疾病)과 ❸ 남녀성격은 일주(日柱)에서 발생(發生)한다.

경진년 (庚辰年)

53년(음) 7월 26일 인(寅)시 여자

甲	戊	庚	癸
寅	午	申	巳

51	41	31	21	11	1
丙	乙	甲	癸	壬	辛
寅	丑	子	亥	戌	酉

이 사주는 무토일주(戊土日柱)가 초가을 신월(申月)에 출생하여 실시(失時)하고 신궁경금(申宮庚金)이 월상(月上)에 투출(透出)하여 식신격(食神格)이다. 그리고 시간지(時干支) 갑인편관(甲寅偏官)이 있어 한편으로는 경신금(庚申金)에 설기(泄氣)가 심(甚)하고 한편으로는 갑목(甲木)에 극(剋)을 받으므로 일주(日柱)는 신약사주(身弱四柱)다. 다행히 무토일주(戊土日柱)는 자좌오화(自坐午火) 양인(羊刃)에 근(根)하고 년지사화(年支巳火)에 록근(祿根)한다고 하나 일주(日柱)가 신약사주(身弱四柱)로서 화인수(火印綬)가 용신(用神)이며 토비견겁(土比肩劫)은 희신(喜神)이 된다. 이 사주는 여자(女子)의 사주로서 양인(羊刃)을 놓은 사람들은 군경(軍警)이나 수사기관(搜査機關), 체육계통(體育系統)으로 많이 직업을 갖는데 이 사주는 체육선생(體育先生)으로 근무하였으나 초년(初年)부터 운(運)이 없어 평범한 교사(敎師)생활을 하고 있는 사주다. 그리고 무토일주(戊土日柱)의 월지신금(月支申金)과 년지사화(年支巳火)는 사신형살(巳申刑殺)이 되므로 상관식신(傷官食神)이 형살(刑殺)이면 유방(乳房)과 자궁(子宮)을 조심해야 한다. 그리고 이 사주도 유종이 있어 수술한 사주다.

❶ 세운경진년(歲運庚辰年): 이별수
❷ 질병(疾病): 위(胃), 비(脾), 혈압(血壓)
❸ 남녀성격: (남) 군자의 성품, 언행 조심, 성질 급, 서두른다, 외화내곤, 실패 자초, 처궁불미, 재가, 정력 강, 여자 많다, 편식한다
　　　　　　(여) 신용, 순진하다, 고집 대단, 박력 있다, 부궁불미, 정부, 친모봉양

세운·질병·남녀성격의 해설(歲運·疾病·男女性格의 解說)

❶ 세운경진년(歲運庚辰年)= ※이별수는 ※세운경진년(歲運庚辰年)의 경금(庚金)은 무토일주(戊土日柱)의 식신(食神)이므로 사주(四柱)에 식신상관(食神傷官)이 왕(旺)한데 세운에서 식신(食神) 상관운(傷官運)이 들어오면 ※가정에 불화가 많이 생긴다든가 또는 남편과 떨어져 산다든가 또는 이혼을 한다든가 또는 남편이 사망하는 수도 있다.

❷ 질병(疾病)은 일주(日柱)에서 발생(發生)한다.

❸ 남녀성격은 일주(日柱)에서 발생(發生)한다.

경진년 (庚辰年)

68년(음) 8월 14일 인(寅)시 남자

甲	戊	辛	戊
寅	申	酉	申

51	41	31	21	11	1
丁	丙	乙	甲	癸	壬
卯	寅	丑	子	亥	戌

이 사주는 무토일주(戊土日柱)가 중추유월(中秋酉月)에 출생하여 실시(失時)하고 년일지(年日支) 양신금(兩申金)으로 금국(金局)을 이루었고 시간지(時干支) 갑인편관(甲寅偏官)이 일주(日柱)를 극(剋)하여 일주(日柱)가 심약(甚弱)하다. 무토일주(戊土日柱)는 근(根)이 없으며 자좌신금(自坐申金)에 설기(泄氣)가 심(甚)하며 년상무토(年上戊土) 비견(比肩)이 있다 하나 그 비견(比肩)도 근(根)이 없으며 자좌신금(自坐申金)에 설기(泄氣)가 심(甚)하여 무토일주(戊土日柱)를 도울 힘이 없다. 그러므로 이 사주도 쇠극격(衰極格)에 해당하므로 쇠(衰)한 자는 상관(傷官)으로 설기(泄氣)하여 더욱더 쇠(衰)하게 하는 동시 무토일주(戊土日柱)를 극(剋)하는 관살(官殺)을 제(制)하여야 하기 때문에 상관식신(傷官食神)이 용신(用神)이며 수재(水財)는 희신(喜神)이 된다. 이 사주는 남자(男子)의 사주로서 자동차정비기술자로 정비기술에는 능통(能通)하였으나 초년(初年)부터 운(運)이 없어 직장생활하다가 퇴사하여 정비센터를 경영하였으나 41세 병화대운(丙火大運)에 월상신금(月上辛金)과 병신합(丙辛合)으로 합거(合去)되어 재산을 탕진하고 다시 남의 정비센터에서 일을 하고 있는 사주다.

❶ 세운경진년(歲運庚辰年): 변화, 이사, 전근, 자손액
❷ 질병(疾病): 위(胃), 잔질(殘疾)
❸ 남녀성격: (남) 군자의 성품, 언행 조심, 신의 있다, 재주 있다, 고독하다, 항상 바쁨, 학업 장애, 처궁불미, 처 덕 있다, 재복 있다
　　　　　(여) 신용 있다, 순진하다, 고집 대단, 부궁불미, 정부, 다재다능

🔵 **세운·질병·남녀성격의 해설**(歲運·疾病·男女性格의 解說)

❶ 세운경진년(歲運庚辰年)= ※변화, 이사, 전근, 자손액은 ※세운경진년(歲運庚辰年)의 진토(辰土)는 일지신금(日支申金)과 신진(申辰)으로 삼합(三合)이 되므로 세운(歲運)에서 일지(日支) 삼합운(三合運)이 들어오면 ※변화가 생긴다든가 또는 이사를 한다든가 또는 직장을 옮기는 일이 많다. 그리고 ※자손액은 ※세운경진년의 경금(庚金)은 무토일주의 식신(食神)으로 원명사주(源命四柱)에 상관식신(傷官食神)이 태왕(太旺)이고 관살(官殺)이 쇠약(衰弱)한데 세운(歲運)에서 상관(傷官) 식신운(食神運)이 들어오면 ※자손액을 조심해야 한다.

❷ 질병(疾病)은 일주(日柱)에서 발생(發生)한다.

❸ 남녀성격은 일주(日柱)에서 발생(發生)한다.

경진년 (庚辰年)

68년(음) 8월 4일 신(申)시 여자

庚	戊	辛	戊
申	戌	酉	申

56	46	36	26	16	6
乙	丙	丁	戊	己	庚
卯	辰	巳	午	未	申

이 사주는 무토일주(戊土日柱)가 중추유월(中秋酉月)에 출생하여 실시(失時)하고 유중신금(酉中辛金)이 월상(月上)에 투출(透出)하여 상관격(傷官格)이다. 그리고 지지(地支)는 신유술(申酉戌)로 전금국(全金局)을 이루고 월시상(月時上) 경신금(庚辛金)이 있어 상관식신(傷官食神)이 태왕(太旺)이다. 그러므로 종아격(從兒格)같이 보인다. 그러나 무토일주(戊土日柱)는 자좌술중(自坐戌中) 정화인수(丁火印綬)와 무토비견(戊土比肩)이 있어 종(從)하지 않으므로 신약사주(身弱四柱)다. 그러므로 많은 상관식신(傷官食神)을 제(制)하고 일주(日柱)를 보신(補身)하는 화인수(火印綬)가 용신(用神)이며 비견겁(比肩劫)은 희신(喜神)이 된다. 이 사주는 여자(女子)의 사주로서 초년(初年)부터 사업을 경영하여 정사대운(丁巳大運)까지 수억금을 벌은 사주다. 그러나 여자(女子) 사주에 상관식신(傷官食神)이 태왕(太旺)이면 부궁(夫宮)이 부실하여 재혼하거나 혼자 사는 사람들이 많은데 이 사주도 재혼(再婚)한 사주다.

❶ 세운경진년(歲運庚辰年): 이별수, 복통, 관재, 수술, 자연재앙

❷ 질병(疾病): 신장(腎臟), 방광(膀胱)

❸ 남녀성격: (남) 군자의 성품, 언행 조심, 신의 있다, 인심 좋다, 재주 있다, 신뢰한다, 근면하다, 학업열중, 임사즉결, 고집 대단, 남에게 잘함, 신앙심, 창의력, 돈이 잘 빠져나간다

　　　　　 (여) 신용 있다, 순진하다, 시모불합, 남편 말 잘 안 듣는다, 부궁불미, 정부, 재가, 독수공방, 일가부양, 친모봉양, 신앙심

세운·질병·남녀성격의 해설 (歲運·疾病·男女性格의 解說)

❶ 세운경진년(歲運庚辰年)= ※이별수, 복통, 관재, 수술, 자연재앙은 ※세운경진년(歲運庚辰年)의 경금(庚金)은 무토일주(戊土日柱)의 식신(食神)으로 여자 사주(四柱)에 상관식신(傷官食神)이 태왕(太旺)한데 세운에서 상관(傷官) 식신운(食神運)이 들어오면 ※가정에 불화가 많이 생긴다든가 또는 남편과 떨어져 산다든가 또는 이혼을 한다든가 또는 남편이 사망하는 수도 있다. 그리고 ※복통, 관재, 수술, 자연재앙은 ※세운경진년(歲運庚辰年)의 진토(辰土)는 일지술토(日支戌土)와 진술충(辰戌沖)이 되므로 세운에서 일지충운(日支沖運)이 들어오면 ※배가 아프다든가 또는 관재수를 조심해야 하며 또는 수술을 조심해야 하며 또는 자연재앙을 조심해야 한다.

❷ 질병(疾病)은 일주(日柱)에서 발생(發生)한다.

❸ 남녀성격은 일주(日柱)에서 발생(發生)한다.

경진년 (庚辰年)

66년(음) 9월 13일 진(辰)시 남자

丙	戊	戊	丙
辰	午	戌	午

54	44	34	24	14	4
甲	癸	壬	辛	庚	己
辰	卯	寅	丑	子	亥

이 사주는 무토일주(戊土日柱)가 계추술월(季秋戌月)에 출생하여 득령(得令)하고 술중무토(戌中戊土)가 월상(月上)에 투출(透出)하고 년간지(年干支) 병오인수(丙午印綬)와 시간지(時干支) 병진(丙辰)과 일지오화(日支午火) 양인(羊刃)으로 최강격(最強格)의 사주다. 그러므로 이 사주는 왕극격(旺極格)에 해당하므로 왕극자(旺極者)는 병화인수(丙火印綬)로 무토일주(戊土日柱)를 생(生)하여 더욱 더 강하게 하는 법칙으로 화인수(火印綬)가 용신(用神)이며 토비견겁(土比肩劫)은 희신(喜神)이 된다. 이 사주는 남자(男子)의 사주로서 양인격(羊刃格)을 놓은 사람은 군경(軍警)이나 수사기관(搜査機關)이나 체육관(體育館)과 같은 과격한 일을 직업으로 많이 갖는데 이 사주는 특전사로 근무하다가 39세 인목대운(寅木大運)에 전역(轉役)하여 사업을 경영하였으나 손해를 많이 보다가 44세 계수대운(癸水大運)에 월상무토(月上戊土)와 무계합(戊癸合)으로 합거(合去)되어 재산을 탕진하고 처(妻)와 이혼하고 혼자 살아가고 있는 사주다. 이렇게 운(運)이 없는 사주들은 공직(公職)이나 직장(職場)생활을 하면 큰 돈은 못 벌어도 처자(妻子)를 거느리며 가정을 지키며 살아갈 수 있으나 사업을 하면 패가망신(敗家亡身)하게 된다.

❶ 세운경진년(歲運庚辰年): 손재, 처액
❷ 질병(疾病): 위산과다(胃酸過多), 위장병(胃腸病)
❸ 남녀성격: (남) 군자의 성품, 언행 조심, 의젓하다, 주관이 약하다, 부모무덕, 밥을 조금
　　　　　　먹는다, 처궁불미, 자손귀자
　　　　　(여) 신용 있다, 순진하다, 고집 대단, 정부, 재가, 시모불화, 인덕 없다, 친모봉양

◑ 세운 · 질병 · 남녀성격의 해설 (歲運 · 疾病 · 男女性格의 解說)

❶ 세운경진년(歲運庚辰年)= ※손재, 처액은 ※세운경진년(歲運庚辰年)의 진토(辰土)는 무토일주의 비견(比肩)으로 남자 사주에 비견겁(比肩劫)이 태왕(太旺)이고 재(財)가 쇠약(衰弱)한데 세운에서 비견겁운(比肩劫運)이 들어오면 ※손재수를 조심해야 하며 또는 가정에 불화가 많이 생긴다든가 또는 처가 말없이 가출한다든가 또는 처의 건강을 조심해야 한다.

❷ 질병(疾病)은 일주(日柱)에서 발생(發生)한다.

❸ 남녀성격은 일주(日柱)에서 발생(發生)한다.

64년(음) 2월 17일 묘(卯)시 여자

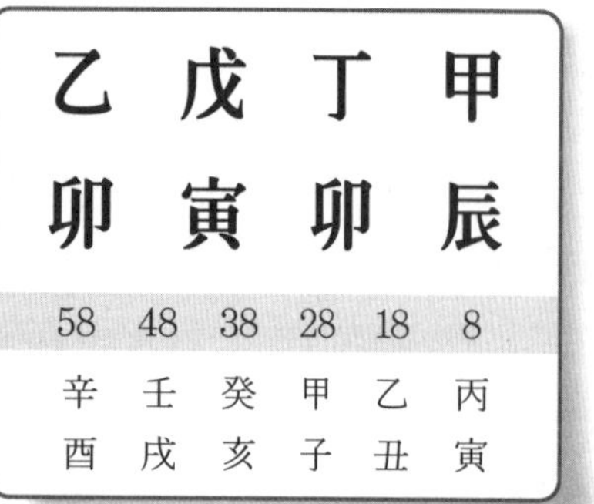

이 사주는 무토일주(戊土日柱)가 중춘묘월(中春卯月)에 출생하여 실시(失時)하고 묘중을목(卯中乙木)이 시상(時上)에 투출(透出)하여 정관격(正官格)이다. 그리고 지지(地支)는 인묘진(寅卯辰)으로 전목국(全木局)을 이루고 년시상(年時上) 갑을목(甲乙木)이 투출(透出)하여 무토일주(戊土日柱)는 심약(甚弱)하다. 다행히 월상(月上)에 정화인수(丁火印綬)가 투출(透出)하여 많은 관살(官殺)은 무토일주(戊土日柱)를 극(剋)하지 않고 월상정화(月上丁火) 인수(印綬)를 생(生)하며 정화인수(丁火印綬)는 무토일주(戊土日柱)를 생(生)하므로 정화인수(丁火印綬)가 용신(用神)이며 토비견겁(土比肩劫)은 희신(喜神)이 된다. 이 사주는 여자(女子)의 사주로서 피부관리실을 경영하였으나 초년(初年)부터 운(運)이 없어 사업이 부실하여 힘들게 살아가고 있는 사주이며 사주에 관살(官殺)은 여자 사주에 남편(男便)이 되므로 사주에 관살(官殺)이 태왕(太旺)이면 부궁(夫宮)이 부실한데 년간지(年干支) 갑진생(甲辰生)의 공망(空亡)은 일지인목(日支寅木)으로 부궁(夫宮)이 더욱더 부실하여 결혼이 늦다거나 결혼을 하여도 재혼(再婚)하거나 혼자 사는 사람들이 많은데 이 사주도 아직 결혼을 못한 사주다.

❶ 세운경진년(歲運庚辰年): 자연재앙
❷ 질병(疾病): 위산과다(胃酸過多), 위장병(胃腸病), 폐병(肺病) ,결핵(結核)
❸ 남녀성격: (남) 군자의 성품, 언행 조심, 의젓하다, 주관이 약하다, 부모무덕, 밥을 조금 먹는다, 처궁불미, 자손귀자
(여) 신용 있다, 순진하다, 고집 대단, 정부, 재가, 시모불화, 인덕 없다, 친모봉양

세운 · 질병 · 남녀성격의 해설 (歲運 · 疾病 · 男女性格의 解說)

❶ 세운경진년(歲運庚辰年)= ※자연재앙은 ※세운경진년(歲運庚辰年)의 진토(辰土)는 년지진토(年支辰土)와 진진(辰辰)으로 똑같은 오행(五行)이므로 세운(歲運)에서 년지(年支) 같은 운(運)이 들어오면 ※자연재앙을 조심해야 한다.

❷ 질병(疾病)은 위산과다, 위장병은 일주(日柱)에서 발생(發生)하며 ※폐병, 결핵은 ※원명사주(源命四柱)에 무토일주(戊土日柱)가 쇠약(衰弱)하면 ※폐병이나 결핵을 조심해야 한다.

❸ 남녀성격은 일주(日柱)에서 발생(發生)한다.

경진년 (庚辰年)

乙	己	丙	己
亥	丑	子	丑

56	46	36	26	16	6
庚	辛	壬	癸	甲	乙
午	未	申	酉	戌	亥

이 사주는 기토일주(己土日柱)가 중동자월(中冬子月)에 출생하여 실시(失時)하고 지지(地支)는 해자축(亥子丑)으로 수국(水局)을 이루고 시상을목(時上乙木)은 해중갑목(亥中甲木)에 근(根)하여 있으므로 재살(財殺)이 태왕(太旺)이다. 어떻게 보면 기토일주(己土日柱)는 자좌(自坐) 축중기토(丑中己土)에 근(根)하고 월상병화(月上丙火) 인수(印綬)가 있고 년간지(年干支) 기축비견(己丑比肩)으로 신왕사주(身旺四柱)같이 보이나 년일지(年日支) 양축토(兩丑土)는 습토(濕土)로서 일주(日柱)를 보신(補身)하는데 힘이 약(弱)하다. 그러므로 신약사주(身弱四柱)로서 사주에 재(財)가 많으므로 많은 수재(水財)를 제(制)하고 일주(日柱)를 도와줘야 하는 토비견겁(土比肩劫)이 용신(用神)이며 화인수(火印綬)는 희신(喜神)이 된다. 이 사주는 남자(男子)의 사주로서 은행에 근무하였으나 초년(初年)부터 운(運)이 없어 승진이 안되어 고생을 많이 하다가 51세 미토대운(未土大運)에 퇴직하여 음식업(飮食業)을 경영하여 돈을 조금 벌었다가 56세 경금대운(庚金大運)에 용신토(用神土)가 경금(庚金)에 설기(泄氣)가 심(甚)하여 사업에 실패하고 무위도식(無爲徒食)하며 지내다가 61세 오화대운(午火大運)에 음식업을 개업하여 사업이 번창하고 있는 중이다.

❶ 세운경진년(歲運庚辰年): 관재, 불성
❷ 질병(疾病): 위(胃), 위경련(胃痙攣), 비(脾)
❸ 남녀성격: (남) 군자의 성품, 언행 조심, 근면 성실, 신용 부실, 부지런하다, 봉사정신, 처궁불미, 의처증, 새벽잠이 없다, 신앙심, 학업 장애
　　　　　(여) 신용 있다, 순진하다, 부궁불미, 독수공방, 남편을 의심한다, 정부, 시모불합, 신앙심, 돈이 잘 빠져나간다, 친정형제 걱정 많이 한다

🔵 세운 · 질병 · 남녀성격의 해설 (歲運 · 疾病 · 男女性格의 解說)

❶ 세운경진년(歲運庚辰年)= ※관재, 불성은 ※세운경진년(歲運庚辰年)의 경금(庚金)은 기토일주(己土日柱)의 상관(傷官)으로 세운(歲運)에서 천간(天干) 상관운(傷官運)이 들어오면 ※관재수를 조심해야 한다. 그리고 ※불성은 ※세운경진년의 경금(庚金)은 기토일주(己土日柱)의 상관(傷官)으로 세운(歲運)에서 천간(天干) 상관운(傷官運)이 들어오면 ※모든 일이 잘 풀리지 않고 대차계약도 잘 이루어지지 않는다.

❷ 질병(疾病)은 일주(日柱)에서 발생(發生)한다.

❸ 남녀성격은 일주(日柱)에서 발생(發生)한다.

경진년 (庚辰年)

49년(음) 11월 16일 축(丑)시 여자

乙	己	丙	己
丑	亥	子	丑

51	41	31	21	11	1
壬	辛	庚	己	戊	丁
午	巳	辰	卯	寅	丑

이 사주는 기토일주(己土日柱)가 중동자월(中冬子月)에 출생하여 실시(失時)하고 지지(地支)는 해자축(亥子丑)으로 전수국(全水局)을 이루었으며 시상을목(時上乙木)은 해중갑목(亥中甲木)에 근(根)하여 재살(財殺)이 태왕(太旺)이다. 기토일주(己土日柱)는 년간지(年干支) 기축비견(己丑比肩)이 있고 시지축토(時支丑土)와 월상병화(月上丙火)가 있어 신왕사주(身旺四柱)같이 보이나 년시지(年時支) 양축토(兩丑土)는 습토(濕土)이며 수(水)로 화(化)하여 일주(日柱)는 신약사주(身弱四柱)다. 그러므로 많은 수재(水財)를 제(制)하면서 기토일주(己土日柱)를 보신(補身)하는 토비견겁(土比肩劫)이 용신(用神)이며 화인수(火印綬)는 희신(喜神)이 된다. 이 사주는 여자(女子)의 사주로서 회사에 근무하다가 41세 신금대운(辛金大運)에 퇴사하여 사업을 경영하다가 손해를 많이 보았고 46세 사화대운(巳火大運)에는 사업이 번창하여 복구하였으며 51세 임수대운(壬水大運)에는 원명사주(源命四柱)에 재살(財殺)이 왕(旺)한데 세운에서 재운(財運)이 들어와 손해를 많이 보고 56세 오화대운(午火大運)에 사업이 번창하여 돈을 많이 벌은 사주다.

❶ 세운경진년(歲運庚辰年): 관재, 불성, 신경과민
❷ 질병(疾病): 위(胃), 비(脾)
❸ 남녀성격: (남) 군자의 성품, 언행 조심, 영리하다, 추리력, 선견지명, 외유내강, 현실에 적
　　　　　　 응 잘한다, 강직하다, 재복 있다, 장수한다, 호인이다
　　　　　 (여) 신용 있다, 순진하다, 남편 좋다, 영리하다, 부궁불미, 정부, 장수 한다,
　　　　　　 신앙심

세운·질병·남녀성격의 해설 (歲運·疾病·男女性格의 解說)

❶ 세운경진년(歲運庚辰年)= ※관재, 불성, 신경과민은 ※세운경진년(歲運庚辰年)의 경금(庚金)은 기토일주(己土日柱)의 상관(傷官)으로 세운에서 천간(天干) 상관운(傷官運)이 들어오면 ※관재수를 조심해야 한다. 그리고 ※불성은 ※세운경진년(歲運庚辰年)의 경금(庚金)은 기토일주(己土日柱)의 상관(傷官)으로 세운에서 천간(天干) 상관운(傷官運)이 들어오면 ※모든 일이 잘 풀리지 않고 대차계약도 잘 이루어지지 않는다. 그리고 ※신경과민은 ※세운경진년(歲運庚辰年)의 진토(辰土)는 일지해수(日支亥水)와 진해(辰亥)로 귀문관살(鬼門關殺)이 되므로 세운에서 일지(日支) 귀문(鬼門) 관살운(關殺運)이 들어오면 ※그해에는 모든 일에 신경을 많이 쓰게 된다.

❷ 질병(疾病)과 ❸ 남녀성격은 일주(日柱)에서 발생(發生)한다.

경진년 (庚辰年)

癸	己	丙	辛
酉	酉	申	卯

60	50	40	30	20	10
庚	辛	壬	癸	甲	乙
寅	卯	辰	巳	午	未

이 사주는 기토일주(己土日柱)가 초가을 신월(申月)에 출생하여 실시(失時)하고 일시지(日時支) 양유금(兩酉金)과 유중신금(酉中辛金)이 년상(年上)에 투출(透出)하여 상관식신(傷官食神)이 태왕(太旺)이다. 기토일주(己土日柱)는 무근(無根)이며 월상병화(月上丙火) 인수(印綬)가 있다고 하나 ㄱ 병화(丙火)도 무근(無根)이며 자좌병궁(自坐病宮)에 앉아 기토일수(己土日柱)를 생(生)하여 줄 힘이 없으며 년상신금(年上辛金)과 병신합수(丙辛合水)로 수(水)로 화(化)하였다. 그러므로 이 사주는 쇠극격(衰極格)에 해당하므로 쇠(衰)한 자는 상관식신(傷官食神)으로 설기(泄氣)하여 더욱더 쇠(衰)하게 하는 동시 기토일주(己土日柱)를 극(剋)하는 관살(官殺)을 제(制)하여야 하기 때문에 상관식신(傷官食神)이 용신(用神)이며 수재(水財)는 희신(喜神)이 된다. 이 사주는 남자(男子)의 사주로서 건축사업가로 40세 임진대운(壬辰大運)에는 돈을 많이 벌었고 50세 신금대운(辛金大運)에 월상병화(月上丙火)와 병신합(丙辛合)으로 합거(合去)되어 재산을 탕진하고 어려운 생화를 하며 살고 있는 사주다.

❶ 세운경진년(歲運庚辰年): 관재, 불성, 자손액

❷ 질병(疾病): 위(胃), 비(脾)

❸ 남녀성격: (남) 군자의 성품, 언행 조심, 신의 있다, 남에게 잘함, 문단 수려, 암기력, 처덕 있다, 처궁불미, 언어특성, 운동 잘함, 잔병치례, 식복 있다

　　　　　(여) 신용 있다, 순진하다, 남편복이 없다, 부궁불미, 독수공방, 정부, 미모 수려, 자손귀자

◐ 세운 · 질병 · 남녀성격의 해설 (歲運 · 疾病 · 男女性格의 解說)

❶ 세운경진년(歲運庚辰年)= ※관재, 불성, 자손액은 ※세운경진년(歲運庚辰年)의 경금(庚金)은 기토일주(己土日柱)의 상관(傷官)으로 세운에서 천간(天干) 상관운(傷官運)이 들어오면 ※관재수를 조심해야 한다. 그리고 ※불성은 ※세운경진년의 경금(庚金)은 기토일주(己土日柱)의 상관(傷官)으로 세운에서 천간(天干) 상관운(傷官運)이 들어오면 ※모든 일이 잘 풀리지 않고 대차계약도 잘 이루어지지 않는다. 그리고 ※자손액은 ※세운경진년(歲運庚辰年)의 경금(庚金)은 기토일주(己土日柱)의 상관(傷官)으로 사주에 상관식신(傷官食神)이 태왕(太旺)하고 관살(官殺)이 쇠약(衰弱)한데 세운에서 상관(傷官) 식신운(食神運)이 들어오면 ※자손액을 조심해야 한다.

❷ 질병(疾病)과 ❸ 남녀성격은 일주(日柱)에서 발생(發生)한다.

경진년(庚辰年)

51년(음) 8월 16일 신(申)시 남자

이 사주는 기토일주(己土日柱)가 중추유월(中秋酉月)에 출생하여 실시(失時)하고 유중신금(酉中辛金)이 년상(年上)에 투출(透出)하여 식신격(食神格)이다. 그리고 시간지(時干支) 임수재(壬水財)와 신궁경금(申宮庚金) 상관(傷官)이 있어 신약사주(身弱四柱)다. 그러므로 많은 상관식신(傷官食神)을 제(制)하고 일주(日柱)를 생(生)하여 주는 화인수(火印綬)가 용신(用神)이며 토비견겁(土比肩劫)은 희신(喜神)이 된다. 이 사주는 남자(男子)의 사주로서 초년운(初年運)이 잘 들어와 사업을 경영하여 사화대운(巳火大運)까지는 승승장구(乘勝長驅)하였으나 43세 임수대운(壬水大運)부터 운(運)이 없어 손해를 많이 보고 그 이후로도 운(運)이 없어 무능(無能)하게 살다가 자식(子息)을 한 명 잃은 사주다. 자식 한 명 잃게 된 것은 기토일주(己土日柱)의 자식은 년지묘목(年支卯木) 편관(偏官)인데 그 묘목(卯木)은 많은 상관식신(傷官食神)에 충극(沖剋)을 받고 있는데 일지미토(日支未土)는 목(木)의 고장(庫藏)으로서 자손액(子孫厄)이 더욱더 부실한 사주다.

---

❶ 세운경진년(歲運庚辰年): 관재, 불성, 자손액

❷ 질병(疾病): 위(胃), 비(脾), 당뇨(糖尿)

❸ 남녀성격: (남) 군자의 성품, 언행 조심, 성질 급, 고집 대단, 성격이 까다롭다, 편식, 옷에 신경 쓴다, 처궁불미, 남에게 시기를 많이 받는다, 신앙심

　　　　　(여) 신용 있다, 순진하다, 부궁불미, 이성 구설, 정부, 독수공방, 친모봉양

세운 · 질병 · 남녀성격의 해설(歲運 · 疾病 · 男女性格의 解說)

❶ 세운경진년(歲運庚辰年)= ※관재, 불성, 자손액은 ※세운경진년(歲運庚辰年)의 경금(庚金)은 기토일주(己土日柱)의 상관(傷官)으로 세운에서 천간(天干) 상관운(傷官運)이 들어오면 ※관재수를 조심해야 한다. 그리고 ※불성은 ※세운경진년의 경금(庚金)은 기토일주(己土日柱)의 상관(傷官)으로 세운에서 천간(天干) 상관운(傷官運)이 들어오면 ※모든 일이 잘 풀리지 않고 대차계약도 잘 이루어지지 않는다. 그리고 ※ 자손액은 ※세운경진년(歲運庚辰年)의 경금(庚金)은 기토일주(己土日柱)의 상관(傷官)으로 사주에 상관식신(傷官食神)이 태왕(太旺)하고 관살(官殺)이 쇠약(衰弱)한데 세운에서 상관(傷官) 식신운(食神運)이 들어오면 ※자손액을 조심해야 한다.

❷ 질병(疾病)은 일주(日柱)에서 발생(發生)한다.

❸ 남녀성격은 일주(日柱)에서 발생(發生)한다.

경진년 (庚辰年)

56년(음) 7월 25일 오(午)시 여자

庚	己	丙	丙
午	巳	申	申

58	48	38	28	18	8
庚	辛	壬	癸	甲	乙
寅	卯	辰	巳	午	未

이 사주는 기토일주(己土日柱)가 초가을 신월(申月)에 출생하여 실시(失時)하고 신궁경금(申宮庚金)이 시상(時上)에 투출(透出)하여 상관격(傷官格)이다. 그리고 기토일주(己土日柱)는 자좌사화(自坐巳火)에 근(根)하고 사중병화(巳中丙火)가 년월(年月)에 투출(透出)히여 일주(日柱)를 생(生)하고 시지오화(時支午火)에 록근(祿根)하여 일주(日柱)는 신왕사주(身旺四柱)다. 신왕사주(身旺四柱)에는 관살(官殺)로 일주를 제(制)하거나 상관식신(傷官食神)으로 설기(泄氣)함이 좋은데 다행히 시상(時上)에 경금상관(庚金傷官)이 투출(透出)하여 상관(傷官)이 용신(用神)이 된다. 이런 사주를 가상관격(假傷官格)이라고 한다. 이 사주는 여자의 사주로서 무용을 전공하였으나 초년운(初年運)이 없어 능력을 인정 못 받았고 43세 진토대운(辰土大運)에 학원을 경영하여 돈을 조금 벌었으나 48세 신금대운(辛金大運)에 병(病)을 얻어 자궁(子宮)을 수술한 사주다. 자궁을 수술하게 된 것은 여자 사주에 상관(傷官)이 왕(旺)하고 형살(刑殺)이 있으면 자궁(子宮)과 유방(乳房)을 조심해야 한다.

❶ 세운경진년(歲運庚辰年): 이별수, 관재, 불성
❷ 질병(疾病): 위(胃), 비(脾)
❸ 남녀성격: (남) 군자의 성품, 언행 조심, 외유내강, 강직하다, 미모 수려, 멋쟁이, 학업 열중, 덕망이 있다, 항상 바쁨, 처궁불미, 처 덕 있다
　　　　　　(여) 신용 있다, 순진하다, 남편복이 있다, 자손귀자, 친정걱정, 물조심, 영리하다

🌐 세운 · 질병 · 남녀성격의 해설 (歲運 · 疾病 · 男女性格의 解說)

❶ 세운경진년(歲運庚辰年)= ※이별수, 관재, 불성은 ※세운경진년(歲運庚辰年)의 진토(辰土)는 기토일주(己土日柱)의 비겁(比劫)으로 신왕(身旺)한 여자 사주에 세운에서 비견겁운(比肩劫運)이 들어오면 ※가정에 불화가 많이 생긴다든가 또는 남편과 떨어져 산다든가 또는 이혼한다든가 또는 남편이 사망하는 수도 있다. 그리고 ※관재는 ※세운경진년(歲運庚辰年)의 경금(庚金)은 기토일주(己土日柱)의 상관(傷官)으로 세운에서 천간(天干) 상관운(傷官運)이 들어오면 ※관재수를 조심해야 한다. 그리고 ※불성은 ※세운경진년의 경금(庚金)은 기토일주(己土日柱)의 상관(傷官)으로 세운에서 천간(天干) 상관운(傷官運)이 들어오면 ※모든 일이 잘 풀리지 않고 대차계약도 잘 이루어지지 않는다.

❷ 질병(疾病)은 일주(日柱)에서 발생(發生)한다.

❸ 남녀성격은 일주(日柱)에서 발생(發生)한다.

경진년(庚辰年)

63년(음) 3월 13일 묘(卯)시 여자

丁	己	丙	癸
卯	卯	辰	卯

60	50	40	30	20	10
壬	辛	庚	己	戊	丁
戌	酉	申	未	午	巳

이 사주는 기토일주(己土日柱)가 춘계진월(春季辰月)에 출생하여 득령(得令)하고 진중계수(辰中癸水)가 년상(年上)에 투출(透出)하여 편재격(偏財格)이다. 그리고 기토일주(己土日柱)는 월시상(月時上) 병정화(丙丁火) 인수(印綬)가 있어 신왕사주(旺四柱)같이 보인다. 그러나 진토(辰土)는 습토(濕土)며 묘진목국(卯辰木局)으로 화(化)하여 힘이 약(弱)하고 월시상(月時上) 병정화(丙丁火)는 무근(無根)으로 기토일주(己土日柱)를 생(生)하여 준다고 하나 사주에는 재살(財殺)이 왕(旺)하므로 기토일주(己土日柱)는 신약사주(身弱四柱)가 된다. 그러므로 화인수(火印綬)가 용신(用神)이며 비견겁(比肩劫)은 희신(喜神)이 된다. 이 사주는 여자(女子)의 사주로서 약사(藥師)로 근무하다가 기미대운(己未大運)까지는 모든 일이 순탄하게 잘 풀렸으나 40세 경금대운(庚金大運)에 약국을 개업하여 손해를 많이 보고 그 이후로도 운(運)이 없어 고생을 많이 하다가 다른 약국의 약사로 일하고 있는 사주다. 여자(女子) 사주에 관살(官殺)이 태왕(太旺)이면 부궁(夫宮)이 부실하여 재혼(再婚)하거나 혼자 사는 사람들이 많은데 이 사주도 남편과 이혼한 사주다.

❶ 세운경진년(歲運庚辰年): 관재, 불성
❷ 질병(疾病): 위(胃), 비(脾), 위산과다(胃酸過多)
❸ 남녀성격: (남) 군자의 성품, 언행 조심, 고집 대단, 지구력 부족, 인덕 없다, 마음 약, 처
　　　　　　궁불미, 소심하다, 인자한 성품, 운동 잘함, 눈물 많다
　　　　　(여) 신용 있다, 순진하다, 부궁불미, 정부, 재가, 식복 있다, 자손근심, 남편이
　　　　　　나이가 많은 사람 아니면 나이가 어린 사람을 만나기 쉽다

세운·질병·남녀성격의 해설(歲運·疾病·男女性格의 解說)

❶ 세운경진년(歲運庚辰年)= ※관재, 불성은 ※세운경진년(歲運庚辰年)의 경금(庚金)은 기토일주(己土日柱)의 상관(傷官)으로 세운(歲運)에서 천간(天干) 상관운(傷官運)이 들어오면 ※관재수를 조심해야 한다. 그리고 ※불성은 ※세운경진년의 경금(庚金)은 기토일주(己土日柱)의 상관(傷官)으로 세운(歲運)에서 천간(天干) 상관운(傷官運)이 들어오면 ※모든 일이 잘 풀리지 않고 대차계약도 잘 이루어지지 않는다.

❷ 질병(疾病)은 일주(日柱)에서 발생(發生)한다.

❸ 남녀성격은 일주(日柱)에서 발생(發生)한다.

경진년 (庚辰年)

59년(음) 10월 13일 해(亥)시 여자

이 사주는 기토일주(己土日柱)가 초겨울 해월(亥月)에 출생하여 실시(失時)하고 지지(地支)는 전해수(全亥水)로 수국(水局)을 이루었고 월시상(水局) 양을목(兩乙木)은 해중갑목(亥中甲木)에 근(根)하여 재살(財殺)이 태왕(太旺)으로 일주(日柱)가 심약(甚弱)하다. 그러므로 이 사주는 종살격(從殺格)으로 시상을목(時上乙木) 편관(偏官)이 용신(用神)이며 수재(水財)는 희신(喜神)이 된다. 이 사주는 여자(女子)의 사주로서 국세상사(國際商社)에 근무하여 인묘대운(寅卯大運)에 운(運)이 잘 들어와 승진도 남보다 빨랐으며 남편도 잘 만나 행복하게 잘 살다가 48세 경금대운(庚金大運)에 퇴사하여 사업을 경영하였으나 월상을목(月上乙木)과 을경합(乙庚合)으로 합거(合去)되어 단 한 번의 실패로 재산을 탕진하고 남편과 이혼하고 그 이후로도 운(運)이 없어 힘들게 살고 있는 사주다.

❶ 세운경진년(歲運庚辰年): 관재, 불성, 신경과민
❷ 질병(疾病): 위(胃), 비(脾)
❸ 남녀성격: (남) 군자의 성품, 언행 조심, 영리하다, 추리력, 선견지명, 외유내강, 현실에 적응 잘한다, 강직하다, 재복 있다, 장수한다, 호인이다
　　　　　 (여) 신용 있다, 순진하다, 남편 좋다, 영리하다, 부궁불미, 정부, 장수한다, 신앙심

세운 · 질병 · 남녀성격의 해설 (歲運 · 疾病 · 男女性格의 解說)

❶ 세운경진년(歲運庚辰年)= ※관재, 불성, 신경과민은 ※세운경진년(歲運庚辰年)의 경금(庚金)은 기토일주(己土日柱)의 상관(傷官)으로 세운(歲運)에서 천간(天干) 상관운(傷官運)이 들어오면 ※관재수를 조심해야 한다. 그리고 ※불성은 ※세운경진년의 경금(庚金)은 기토일주(己土日柱)의 상관(傷官)으로 세운(歲運)에서 천간(天干) 상관운(傷官運)이 들어오면 ※모든 일이 잘 풀리지 않고 대차계약도 잘 이루어지지 않는다. 그리고 ※신경과민은 ※세운경진년(歲運庚辰年)의 진토(辰土)는 일지해수(日支亥水)와 진해(辰亥)로 귀문관살(鬼門關殺)이 되므로 세운(歲運)에서 일지(日支) 귀문(鬼門) 관살운(關殺運)이 들어오면 ※그해에는 모든 일에 신경을 많이 쓰게 된다.

❷ 질병(疾病)은 일주(日柱)에서 발생(發生)한다.

❸ 남녀성격은 일주(日柱)에서 발생(發生)한다.

경진년(庚辰年)

59년(음) 11월 14일 해(亥)시 남자

乙	己	丙	己
亥	巳	子	亥

52	42	32	22	12	2
庚	辛	壬	癸	甲	乙
午	未	申	酉	戌	亥

이 사주는 기토일주(己土日柱)가 중동자월(中冬子月)에 출생하여 실시(失時)하고 년시지(年時支) 양해수(兩亥水)로 재(財)가 태왕(太旺)하며 시상을목(時上乙木)은 해중갑목(亥中甲木)에 근(根)하여 재살(財殺)이 태왕(太旺)이다. 그러나 기토일주(己土日柱)는 자좌사화(自坐巳火)에 근(根)하였고 사중병화(巳中丙火)가 월상(月上)에 투출(透出)하고 년상기토(年上己土) 비견(比肩)이 있어 신왕사주(身旺四柱)같이 보인다. 그러나 사주에 재살(財殺)이 태왕(太旺)으로 일주(日柱)는 신약사주(身弱四柱)다. 그러므로 많은 재(財)를 제(制)하고 일주(日柱)를 보신(補身)하는 토비견겁(土比肩劫)이 용신(用神)이며 화인수(火印綬)는 희신(喜神)이 된다. 이 사주는 남자(男子)의 사주로서 사업을 경영하여 초년(初年)부터 운(運)이 없어 고생을 많이 하였으나 47세 미토대운(未土大運)에 용신(用神)을 보신(補身)하여 돈을 많이 벌었고 52세 경금대운(庚金大運)에 시상을목(時上乙木)과 을경합(乙庚合)으로 합거(合去)되어 손해를 보고 있으나 앞으로 오화대운(午火大運)에는 한층 더 사업이 번창하며 돈을 많이 벌 것으로 생각된다. 그러나 남자(男子) 사주에 재(財)가 많으면 재(財)는 돈도 되고 처(妻)도 되는데 오히려 재(財)가 많으면 여자가 없으며 기사일주(己巳日柱)의 공망(空亡)은 시지해수(時支亥水)인데 사해충(巳亥沖)까지 있으니 처궁(妻宮)이 더욱더 부실하여 혼자 살고 있는 사주다.

❶ 세운경진년(歲運庚辰年): 관재, 불성
❷ 질병(疾病): 위(胃), 비(脾)
❸ 남녀성격: (남) 군자의 성품, 언행 조심, 외유내강, 강직하다, 미모 수려, 멋쟁이, 학업 열중, 덕망이 있다, 항상 바쁨, 처궁불미, 처 덕 있다
　　　　　　(여) 신용 있다, 순진하다, 남편복이 있다, 자손귀자, 친정걱정, 물조심, 영리하다

◯ 세운 · 질병 · 남녀성격의 해설 (歲運 · 疾病 · 男女性格의 解說)

❶ 세운경진년(歲運庚辰年)= ※관재, 불성은 ※세운경진년(歲運庚辰年)의 경금(庚金)은 기토일주(己土日柱)의 상관(傷官)으로 세운(歲運)에서 천간(天干) 상관운(傷官運)이 들어오면 ※관재수를 조심해야 한다. 그리고 ※불성은 ※세운경진년의 경금(庚金)은 기토일주(己土日柱)의 상관(傷官)으로 세운(歲運)에서 천간(天干) 상관운(傷官運)이 들어오면 ※모든 일이 잘 풀리지 않고 대차계약도 잘 이루어지지 않는다.

❷ 질병(疾病)과 ❸ 남녀성격은 일주(日柱)에서 발생(發生)한다.

경진년 (庚辰年)

60년(음) 9월 20일 사(巳)시 남자

辛	庚	丁	庚
巳	子	亥	子

60	50	40	30	20	10
癸	壬	辛	庚	己	戊
巳	辰	卯	寅	丑	子

이 사주는 경금일주(庚金日柱)가 초거울 해월(亥月)에 출생하여 실시(失時)하고 년일지(年日支) 양자수(兩子水)로 수국(水局)을 이루어 신약사주(身弱四柱)다. 그러나 경금일주는 무근(無根)이며 자좌자수(自坐子水)에 설기(泄氣)가 심(甚)하며 년상경금(年上庚金) 비견(比肩)도 근(根)이 없으며 자좌자수(自坐子水)에 설기(泄氣)가 심(甚)하여 경금일주를 도울 힘이 없으며 시상신금(時上辛金)도 무근(無根)이며 자좌사화(自坐巳火)에 살지(殺地)에 앉아 힘이 없으므로 일주(日柱)를 도울 힘이 없다. 그런데 이 사주는 상관식신(傷官食神)이 태왕(太旺)하고 월상정화(月上丁火)는 시지사화(時支巳火)에 근(根)하여 있다고 하나 관살(官殺)은 상관식신(傷官食神)에 극(剋)을 많이 받고 있다. 관살(官殺)은 벼슬도 되고 록(祿)도 되는데 많은 상관식신이 관살(官殺)을 제(制)하여 상관식신(傷官食神)은 일주의 병(病)이 되므로 상관을 제(制)하는 토인수(土印綬)가 용신(用神)이며 목재(木財)는 희신(喜神)이 된다.

❶ 세운경진년(歲運庚辰年): 변화, 이사, 전근, 신축, 문서, 불성
❷ 질병(疾病): 냉(冷), 대하증(帶下症), 동상(凍傷), 중풍(中風)
❸ 남녀성격: (남) 과감 용단, 청백한 사람, 의리 있다, 남을 무시한다, 두뇌 명철, 추리력, 혁명심, 처궁불미, 재가, 미인수다, 냉정하다, 눈치가 빠름, 신앙심
　　　　　(여) 냉정하다, 사람 사귀다 한번 틀어지면 다시 안 봄, 부궁불미, 정부, 재가, 독수공방, 남에게 잘함, 인덕 없다, 남자들의 배신을 잘 당함

🔵 세운·질병·남녀성격의 해설(歲運·疾病·男女性格의 解說)

❶ 세운경진년(歲運庚辰年)= ※변화, 이사, 전근, 신축, 문서, 불성은 ※세운경진년(歲運庚辰年)의 진토(辰土)는 일지자수(日支子水)와 자진(子辰)으로 삼합(三合)이 되므로 세운(歲運)에서 일지(日支) 삼합운(三合運)이 들어오면 ※변화가 생긴다든가 또는 이사를 한다든가 또는 직장을 옮기는 일이 많다. 그리고 ※신축, 문서는 ※세운경진년(歲運庚辰年)의 진토(辰土)는 경금일주(庚金日柱)의 인수(印綬)로 세운에서 인수운(印綬運)이 들어오면 ※집을 짓는다든가 또는 증축을 한다든가 또는 사업체를 벌리는 일이 많다. 그리고 ※불성은 ※세운경진년(歲運庚辰年)의 경금(庚金)은 경금일주(庚金日柱)의 비견(比肩)으로 세운(歲運)에서 비견겁운(比肩劫運)이 들어오면 ※모든 일이 잘 풀리지 않고 대차계약도 잘 이루어지지 않는다.

❷ 질병(疾病)은 일주(日柱)에서 발생(發生)한다.

❸ 남녀성격은 일주(日柱)에서 발생(發生)한다.

경진년 (庚辰年)

67년(음) 6월 18일 해(亥)시 여자

丁	庚	丁	丁
亥	寅	未	未

55	45	35	25	15	5
癸	壬	辛	庚	己	戊
丑	子	亥	戌	酉	申

이 사주는 경금일주(庚金日柱)가 하계미월(夏季未月)에 출생하여 득령(得令)은 하였으나 미중정화(未中丁火)가 투출(透出)하여 정관격(正官格)이며 년시상(年時上)에 양정화(兩丁火)가 투출(透出)하여 관(官)이 왕(旺)하며 또한 일지인목(日支寅木)이 있어 재관(財官)이 태왕(太旺)이다. 그러므로 일주(日柱)는 신약사주(身弱四柱)로 토인수(土印綬)가 용신(用神)이며 비견겁(比肩劫)은 희신(喜神)이 된다. 이 사주는 여자(女子)의 사주로서 초년운(初年運)에는 토금운(土金運)이 잘 들어와 회사 임원(任員)의 비서로 근무하다가 40세 해수대운(亥水大運)에 퇴사하여 화장품사업을 경영하였으나 사업에 실패하고 화장품판매원으로서 일하고 있는 사주다. 사주에 관살(官殺)이 태왕(太旺)하면 부궁(夫宮)이 부실한데 년간지(年干支) 정미생(丁未生)의 공망(空亡)은 일지인목(日支寅木)으로 부궁(夫宮)이 부실하여 이혼하고 혼자 살고 있는 사주다.

❶ 세운경진년(歲運庚辰年): 신축, 문서, 불성
❷ 질병(疾病): 해수(咳嗽), 기관지(氣管支), 폐병(肺病), 결핵(結核), 월경불순(月經不純)
❸ 남녀성격: (남) 과감 용단, 의리 있다, 임사즉결, 겉으로 냉정하나 속은 온화함, 근면 성실, 용기 있다, 성질 급, 타의 군림, 재복 있다, 처 덕 있다
　　　　　　(여) 냉정하다, 사람 사귀다 한번 틀어지면 다시 안 봄, 이성 고민, 직업, 부궁 불미, 정부, 자손귀자, 신경 예민

세운·질병·남녀성격의 해설 (歲運·疾病·男女性格의 解說)

❶ 세운경진년(歲運庚辰年)= ※신축, 문서, 불성은 ※세운경진년(歲運庚辰年)의 진토(辰土)는 경금일주(庚金日柱)의 인수(印綬)로 세운(歲運)에서 인수운(印綬運)이 들어오면 ※집을 짓는다든가 또는 증축을 한다든가 또는 사업체를 벌리는 일이 많다. 그리고 ※불성은 ※세운경진년(歲運庚辰年)의 경금(庚金)은 경금일주(庚金日柱)의 비견(比肩)으로 세운(歲運)에서 비견겁운(比肩劫運)이 들어오면 ※모든 일이 잘 풀리지 않고 대차계약도 잘 이루어지지 않는다.

❷ 질병(疾病)은 혈압, 치질, 해수, 기관지, 호흡기, 신경통은 일주(日柱)에서 발생(發生)하며 ※폐병, 결핵, 월경불순은 ※원명사주(源命四柱)에 경금일주(庚金日柱)가 재관(財官)이 왕(旺)하면 ※폐병, 결핵, 월경불순을 조심해야 한다.

❸ 남녀성격은 일주(日柱)에서 발생(發生)한다.

경진년 (庚辰年)

70년(음) 3월 25일 진(辰)시 남자

庚	庚	庚	庚
辰	辰	辰	戌

52	42	32	22	12	2
丙	乙	甲	癸	壬	辛
戌	酉	申	未	午	巳

이 사주는 경금일주(庚金日柱)가 춘계진월(春季辰月)에 출생하여 득령(得令)하고 지지(地支)는 진술(辰戌)로 전토국(全土局)을 이루었고 경금일주(庚金日柱)는 년월일시(年月日時) 경금(庚金)으로 천원일기(天元一氣)를 이루어 경금일주(庚金日柱)는 왕극(旺極)에 이르렀다. 왕극지(旺極者)는 토인수(土印綬)로 경금(庚金)을 생(生)하여 더욱더 강(强)하게 하는 법칙이므로 토인수(土印綬)가 용신(用神)이며 금비견겁(金比肩劫)은 희신(喜神)이 된다. 이 사주는 남자(男子)의 사주로서 공대(工大)를 졸업하고 27세 미토대운(未土大運)부터 운(運)이 잘 들어와 대기업 연구원으로 근무하고 있으며 앞으로도 신유대운(申酉大運)이 잘 들어와 프로젝트팀에서 인정을 받고 승승장구(乘勝長驅)하리라고 본다.

❶ 세운경진년(歲運庚辰年): 신축, 문서, 변화, 이사, 전근, 손재, 처액
❷ 질병(疾病): 냉(冷), 풍질(風疾)
❸ 남녀성격: (남) 과감 용단, 신의 있다, 임사즉결, 포부 광대, 매사 끝장본다, 매사 자신, 통솔력, 영웅호걸, 두령격, 자수성가, 처 덕 있다, 냉정하다, 신앙심, 처궁불미
　　　　　　(여) 냉정하다, 사람 사귀다 한번 틀어지면 다시 안봄, 부궁불미, 정부, 재가, 직업여성, 일가부양, 재복 있다

🔵 세운 · 질병 · 남녀성격의 해설 (歲運 · 疾病 · 男女性格의 解說)

❶ 세운경진년(歲運庚辰年)= ※신축, 문서, 변화, 이사, 전근, 손재, 처액은 ※세운경진년(歲運庚辰年)의 진토(辰土)는 경금일주(庚金日柱)의 인수(印綬)로 세운(歲運)에서 인수운(印綬運)이 들어오면 ※집을 짓는다든가 또는 증축을 한다든가 또는 사업체를 벌리는 일이 많다. 그리고 ※변화, 이사, 전근은 ※세운경진년(歲運庚辰年)의 진토(辰土)는 일지진토(日支辰土)와 진진(辰辰)으로 삼합(三合)이 되므로 세운에서 일지(日支) 삼합운(三合運)이 들어오면 ※변화가 생긴다든가 또는 이사를 한다든가 또는 직장을 옮기는 일이 많다. 그리고 ※손재, 처액은 ※세운경진년(歲運庚辰年)의 경금(庚金)은 경금일주(庚金日柱)의 비견(比肩)으로 신왕사주(身旺四柱)에 세운에서 비견겁운(比肩劫運)이 들어오면 ※손재수를 조심해야 하며 또는 가정에 불화가 많이 생긴다든가 또는 처가 말없이 가출한다든가 또는 처의 건강을 조심해야 한다.

❷ 질병(疾病)은 일주(日柱)에서 발생(發生)한다.

❸ 남녀성격은 일주(日柱)에서 발생(發生)한다.

경진년 (庚辰年)

66년(음) 5월 22일 오(午)시 남자

壬	庚	乙	丙
午	午	未	午

60	50	40	30	20	10
辛	庚	己	戊	丁	丙
丑	子	亥	戌	酉	申

이 사주는 경금일주(庚金日柱)가 하계미월(夏季未月)에 출생하여 득령(得令)하고 미중을목(未中乙木)이 월상(月上)에 투출(透出)하여 정재격(正財格)이다. 그러나 경금일주(庚金日柱)는 미중기토(未中己土)에 근(根)한다고 하나 그 기토(己土)는 조토(燥土)며 오미화국(午未火局)을 이루어 경금(庚金)을 생(生)할 수가 없으며 지지(地支)는 전화국(全火局)이며 년상병화(年上丙火)까지 투출(透出)되어 재살(財殺)이 태왕(太旺)하므로 일주(日柱)가 심약(甚弱)하다. 경금일주(庚金日柱)는 자좌오화(自坐午火)에 살지(殺地)에 앉아 힘이 없으며 시상임수(時上壬水) 식신(食神)으로 많은 관살(官殺)을 제(制)하려고 하여도 그 임수(壬水)도 무근(無根)이며 자좌오화(自坐午火)에 앉아 물이 말라 많은 관살(官殺)을 제(制)할 수가 없다. 그러므로 이 사주는 종살격(從殺格)이므로 년상병화(年上丙火) 편관(偏官)이 용신(用神)이며 목재(木財)는 희신(喜神)이 된다. 이 사주는 남자(男子)의 사주로서 사업을 경영하였으나 운(運)이 없어 고생을 많이 하다가 40세 기토대운(己土大運)에 종(從)하는 사주(四柱)에 인수운(印綬運)이 들어와 재산을 탕진하고 무위도식(無爲徒食)하며 살고 있는 사주다.

❶ 세운경진년(歲運庚辰年): 신축, 문서, 불성
❷ 질병(疾病): 폐(肺), 기관지(氣管支), 월경불순(月經不純), 해수천식(咳嗽喘息), 빈혈(貧血)
❸ 남녀성격: (남) 과감 용단, 냉정하다, 일찍 사회에 참여, 뜻은 크나 성공이 없다, 신경질, 지구력 부족, 성질 급, 남에게 시기를 많이 받는다
　　　　　 (여) 냉정하다, 사람 사귀다 한번 틀어지면 다시 안 봄, 부궁불미, 정부, 재가, 외강내유, 성질 급, 서두른다, 자중한다, 인덕 없다

세운 · 질병 · 남녀성격의 해설 (歲運 · 疾病 · 男女性格의 解說)

❶ 세운경진년(歲運庚辰年)= ※신축, 문서, 불성은 ※세운경진년(歲運庚辰年)의 진토(辰土)는 경금일주(庚金日柱)의 인수(印綬)로 세운에서 인수운(印綬運)이 들어오면 **※집을 짓는다든가 또는 증축을 한다든가 또는 사업체를 벌리는 일이 많다.** 그리고 ※ 불성은 ※세운경진년(歲運庚辰年)의 경금(庚金)은 경금일주(庚金日柱)의 비견(比肩)으로 세운(歲運)에서 비견겁운(比肩劫運)이 들어오면 **※모든 일이 잘 풀리지 않고 대차계약도 잘 이루어지지 않는다.**

❷ 질병(疾病)은 일주(日柱)에서 발생(發生)한다.

❸ 남녀성격은 일주(日柱)에서 발생(發生)한다.

경진년 (庚辰年)

67년(음) 9월 20일 해(亥)시 남자

丁	庚	庚	丁
亥	申	戌	未

55	45	35	25	15	5
甲	乙	丙	丁	戊	己
辰	巳	午	未	申	酉

이 사주는 경금일주(庚金日柱)가 계추술월(季秋戌月)에 출생하여 득령(得令)하고 술중정화(戌中丁火)가 년시상(年時上)에 투출(透出)하여 정관격(正官格)이다. 그리고 경금일주(庚金日柱)는 자좌신금(自坐申金)에 록근(祿根)하고 신궁경금(申宮庚金)이 월상(月上)에 투출(透出)히여 일주(日柱)는 신왕사주(身旺四柱)다. 신왕사주에는 일주(日柱)를 제(制)하는 관살(官殺)이나 식신상관(食神傷官)으로 설기(泄氣)함이 좋은데 년상정화(年上丁火) 정관(正官)과 시지해수(時支亥水) 식신(食神)이 있어 어느 오행(五行)으로 용신(用神)을 잡느냐의 기로(岐路)에 서게 된다. 그러나 신왕사주(身旺四柱)에는 관살(官殺)로 용신(用神)함을 우선으로 하기 때문에 년상정화(年上丁火) 정관(正官)으로 용신(用神)한다. 그리고 목재(木財)는 희신(喜神)이 된다. 이 사주는 사업가로서 35세 병오대운(丙午大運)에 수억금을 벌은 사주다.

❶ 세운경진년(歲運庚辰年): 변화, 이사, 전근, 신축, 문서, 불성

❷ 질병(疾病): 간(肝), 담(膽)

❸ 남녀성격: (남) 과감 용단, 냉정하다, 냉정하게 보이나 속마음은 따뜻함, 의리 있다, 영리하다, 재간 있다, 처궁불미, 식복 있다, 자손근심, 항상 바쁨, 꾀가 많다

　　　　　(여) 냉정하다, 사람 사귀다 한번 틀어지면 다시 안 봄, 부궁불미, 정부, 재가, 독수공방, 친정형제 걱정, 돈이 잘 빠져나간다, 고독하다, 시모불합, 남편 말 잘 안 듣는다

세운·질병·남녀성격의 해설 (歲運·疾病·男女性格의 解說)

❶ 세운경진년(歲運庚辰年)= ※변화, 이사, 전근, 신축, 문서, 불성은 ※세운경진년(歲運庚辰年)의 진토(辰土)는 일지신금(日支申金)과 신진(申辰)으로 삼합(三合)이 되므로 세운에서 일지(日支) 삼합운(三合運)이 들어오면 ※변화가 생긴다든가 또는 이사를 한다든가 또는 직장을 옮기는 일이 많다. 그리고 ※신축, 문서는 ※세운경진년(歲運庚辰年)의 진토(辰土)는 경금일주(庚金日柱)의 인수(印綬)로 세운(歲運)에서 인수운(印綬運)이 들어오면 ※집을 짓는다든가 또는 증축을 한다든가 또는 사업체를 벌리는 일이 많다. 그리고 ※ 불성은 ※세운경진년(歲運庚辰年)의 경금(庚金)은 경금일주(庚金日柱)의 비견(比肩)으로 세운(歲運)에서 비견겁운(比肩劫運)이 들어오면 ※모든 일이 잘 풀리지 않고 대차계약도 잘 이루어지지 않는다.

❷ 질병(疾病)과 ❸ 남녀성격은 일주(日柱)에서 발생(發生)한다.

경진년 (庚辰年)

66년(음) 9월 5일 유(酉)시 여자

乙	庚	戊	丙
酉	戌	戌	午

53	43	33	23	13	3
壬	癸	甲	乙	丙	丁
辰	巳	午	未	申	酉

이 사주는 경금일주(庚金日柱)가 계추술월(季秋戌月)에 출생하여 득령(得令)하고 술중무토(戌中戊土)가 월상(月上)에 투출(透出)하여 인수격(印綬格)이다. 그리고 일지술토(日支戌土)와 시지(時支) 유금양인(酉金羊刃)이 있어 일주(日柱)는 신왕사주(身旺四柱)다. 양인격(羊刃格)에는 일주를 제(制)하는 병화편관(丙火偏官)을 우선으로 하기 때문에 년상병화(年上丙火) 편관(偏官)이 용신(用神)이며 목재(木財)는 희신(喜神)이 된다. 이 사주는 여자(女子)의 사주로서 공대(工大)를 졸업하여 건축사무소에 근무하며 건축설계를 하였으며 33세 갑목대운(甲木大運)부터 운(運)이 잘 들어와 회사에서 인정받고 승진도 빨랐다. 앞으로도 사화대운(巳火大運)이 잘 들어와 중책에서 근무하리라고 본다. 양인격(羊刃格)을 놓은 사람들은 강인한 성격이며 추진력이 있어 어떤 일에도 잘 처리하며 남들에게 인정도 받는다.

❶ 세운경진년(歲運庚辰年): 이별수, 신축, 문서, 복통, 수술, 관재
❷ 질병(疾病): 간(肝), 담(膽)
❸ 남녀성격: (남) 과감 용단, 냉정하다, 고집 대단, 자립정신, 신의 있다, 능력 있다, 임전무퇴, 통솔력, 지혜롭다, 영리하다, 처 덕 있다, 지구력 강하다, 신앙심
　　　　　　(여) 냉정하다, 사람 사귀다 한번 틀어지면 다시 안 봄, 여걸, 부궁불미, 처세가 좋다, 정부, 재가, 남자들이 잘 따름, 직업여성, 신앙심

☯ 세운·질병·남녀성격의 해설 (歲運·疾病·男女性格의 解說)

❶ 세운경진년(歲運庚辰年)= ※이별수, 신축, 문서, 복통, 수술, 관재는 ※세운경진년(歲運庚辰年)의 경금(庚金)은 경금일주의 비견(比肩)으로 신왕(身旺)한 여자 사주에 세운(歲運)에서 비견겁운(比肩劫運)이 들어오면 ※가정에 불화가 많이 생긴다든가 또는 남편과 떨어져 산다든가 또는 이혼한다든가 또는 남편이 사망하는 수도 있다. 그리고 ※신축, 문서는 ※세운경진년(歲運庚辰年)의 진토(辰土)는 경금일주(庚金日柱)의 인수(印綬)로 세운(歲運)에서 인수운(印綬運)이 들어오면 ※집을 짓는다든가 또는 증축을 한다든가 또는 사업체를 벌리는 일이 많다. 그리고 ※복통, 수술, 관재는 ※세운경진년(歲運庚辰年)의 진토(辰土)는 일지술토(日支戌土)와 진술(辰戌)로 충(沖)이 되므로 세운(歲運)에서 일지충운(日支沖運)이 들어오면 ※배가 아프다든가 또는 수술을 조심해야 하며 또는 관재수도 조심해야 한다.

❷ 질병(疾病)과 ❸ 남녀성격은 일주(日柱)에서 발생(發生)한다.

경진년 (庚辰年)

壬	庚	癸	癸
午	午	亥	卯

55	45	35	25	15	5
丁	戊	己	庚	辛	壬
巳	午	未	申	酉	戌

이 사주는 경금일주(庚金日柱)가 초겨울 해월(亥月)에 출생하여 실시(失時)하고 해중임수(亥中壬水)가 시상(時上)에 투출(透出)하여 식신격(食神格)이다. 그리고 년월(年月)에 양계수(兩癸水) 상관(傷官)이 투출(透出)하여 설기(泄氣)가 심(甚)하고 일시지(日時支) 양오화(兩午火)에 극(剋)을 받으니 일주(日柱)가 심약(甚弱)하다. 경금일주(庚金日柱)를 도와주는 인수(印綬)의 비견겁(比肩劫)은 하나도 없으므로 이 사주는 쇠극격(衰極格)에 해당한다. 쇠(衰)한 자는 상관식신(傷官食神)으로 설기(泄氣)하여 더욱더 쇠(衰)하게 하는 동시 경금일주(庚金日柱)를 극(剋)하는 관살(官殺)을 제(制)하여야 하기 때문에 식신상관(食神傷官)이 용신(用神)이며 목재(木財)를 희신(喜神)이 된다. 이 사주는 남자(男子)의 사주로서 회사에 다니다가 퇴사하여 40세 미토대운(未土大運)에 사업을 경영하여 재산을 모두 탕진하고 일용직(日用職)으로 일하고 있는 사주다.

❶ 세운경진년(歲運庚辰年): 신축, 문서, 불성
❷ 질병(疾病): 폐(肺), 기관지(氣管支), 월경불순(月經不純), 해수천식(咳嗽喘息), 빈혈(貧血) ,중풍(中風), 비색증(鼻塞症)
❸ 남녀성격: (남) 과감 용단, 냉정하다, 일찍 사회에 참여, 뜻은 크나 성공이 없다, 신경질, 지구력 부족, 성질 급, 남에게 시기를 많이 받는다
(여) 냉정하다, 사람 사귀다 한번 틀어지면 다시 안 봄, 부궁불미, 정부, 재가, 외강내유, 성질 급, 서두른다, 자중한다, 인덕 없다

🌐 세운 · 질병 · 남녀성격의 해설 (歲運 · 疾病 · 男女性格의 解說)

❶ 세운경진년(歲運庚辰年)= ※신축, 문서, 불성은 ※세운경진년(歲運庚辰年)의 진토(辰土)는 경금일주(庚金日柱)의 인수(印綬)로 세운에서 인수운(印綬運)이 들어오면 ※집을 짓는다든가 또는 증축을 한다든가 또는 사업체를 벌리는 일이 많다. 그리고 ※불성은 ※세운경진년(歲運庚辰年)의 경금(庚金)은 경금일주(庚金日柱)의 비견(比肩)으로 세운(歲運)에서 비견겁운(比肩劫運)이 들어오면 ※모든 일이 잘 풀리지 않고 대차계약도 잘 이루어지지 않는다.

❷ 질병(疾病)은 폐, 기관지, 월경불순, 해수천식, 빈혈은 일주(日柱)에서 발생(發生)하며 ※중풍과 비색증은 ※경금일주(庚金日柱)가 해월(亥月)에 출생하면 ※중풍을 조심해야 하며 축농증이나 비염이나 코막힘을 조심해야 한다.

❸ 남녀성격은 일주(日柱)에서 발생(發生)한다.

경진년(庚辰年)

58년(음) 7월 17일 신(申)시 남자

甲	庚	庚	戊
申	辰	申	戌

53	43	33	23	13	3
丙	乙	甲	癸	壬	辛
寅	丑	子	亥	戌	酉

이 사주는 경금일주(庚金日柱)가 초가을 신월(申月)에 출생하여 록근(祿根)하고 신궁경금(申宮庚金)과 무토(戊土)가 년월(年月)에 투출(透出)하고 년지술토(年支戌土)와 일지진토(日支辰土)와 시지신금(時支申金)이 있어 일주(日柱)가 태왕(太旺)이다. 시상갑목(時上甲木) 편재(偏財)로 용신(用神)하고자 하나 그 갑목(甲木)은 근(根)이 없으며 자좌살지(自坐殺地)에 앉아 용신(用神)으로 쓸 수가 없다. 그러므로 이 사주는 전부 토금(土金)으로 왕극격(旺極格)에 해당한다. 왕극자(旺極者)는 토인수(土印綬)로 경금일주(庚金日柱)를 생(生)하여 더욱더 왕(旺)하게 해야 하는 법칙이므로 토인수(土印綬)가 용신(用神)이며 비견겁(比肩劫)은 희신(喜神)이 된다. 이 사주는 남자(男子)의 사주로서 회사에 근무하다가 48세 축토대운(丑土大運)에 사업을 경영하여 수억금을 벌어 잘살고 있는 사주다.

❶ 세운경진년(歲運庚辰年): 변화, 이사, 전근, 손재, 처액, 자연재앙
❷ 질병(疾病): 냉(冷), 풍질(風疾)
❸ 남녀성격: (남) 과감 용단, 신의 있다, 임사즉결, 포부 광대, 매사 끝장 본다, 매사 자신, 통솔력, 영웅호걸, 두령격, 자수성가, 처 덕 있다, 냉정하다, 신앙심, 처궁 불미
　　　　　(여) 냉정하다, 사람 사귀다 한번 틀어지면 다시 안 봄, 부궁불미, 정부, 재가, 직업여성, 일가부양, 재복 있다

세운·질병·남녀성격의 해설(歲運·疾病·男女性格의 解說)

❶ 세운경진년(歲運庚辰年)= ※변화, 이사, 전근, 손재, 처액, 자연재앙은 ※세운경진년(歲運庚辰年)의 진토(辰土)는 일지진토(日支辰土)와 진진(辰辰)으로 삼합(三合)이 되므로 세운에서 일지(日支) 삼합운(三合運)이 들어오면 ※변화가 생긴다든가 또는 이사를 한다든가 또는 직장을 옮기는 일이 많다. 그리고 ※손재, 처액은 ※세운경진년(歲運庚辰年)의 경금(庚金)은 경금일주(庚金日柱)의 비견(比肩)으로 남자 사주에 비견겁(比肩劫)이 태왕(太旺)이고 재(財)가 쇠약(衰弱)한데 세운에서 비견겁운(比肩劫運)이 들어오면 ※손재수를 조심해야 하며 또는 가정에 불화가 많이 생긴다든가 또는 처가 말없이 가출한다든가 또는 처의 건강을 조심해야 한다. 그리고 ※ 자연재앙은 ※세운경진년(歲運庚辰年)의 진토(辰土)는 일지진토(日支辰土)와 진진(辰辰)으로 똑같은 오행(五行)이므로 세운에서 일지(日支) 같은 운(運)이 들어오면 ※자연재앙을 조심해야 한다.

❷ 질병(疾病)과 ❸ 남녀성격은 일주(日柱)에서 발생(發生)한다.

경진년 (庚辰年)

61년(음) 11월 27일 사(巳)시 여자

<table>
<tr><td colspan="4">癸 辛 庚 辛
巳 丑 子 丑</td></tr>
<tr><td>51 41 31 21 11 1</td></tr>
<tr><td>丙 乙 甲 癸 壬 辛
午 巳 辰 卯 寅 丑</td></tr>
</table>

이 사주는 신금일주(辛金日柱)가 중동자월(中冬子月)에 출생하여 실시(失時)하고 자중계수(子中癸水)가 시상(時上)에 투출(透出)하여 식신격(食神格)이다. 그리고 신축일주(辛丑日柱)는 년간지(年干支) 신축(辛丑)과 월상경금(月上庚金)이 투출(透出)하여 일주(日柱)는 신왕사주(身旺四柱)나. 신왕사주(身旺四柱)에는 관살(官殺)로 일주(日柱)를 제(制)하여야 하므로 시지(時支) 사중병화(巳中丙火) 정관(正官)으로 용신(用神)한다. 그리고 목재(木財)는 희신(喜神)이 된다. 이 사주는 여자(女子)의 사주로서 회사에 근무하다가 41세 을목대운(乙木大運)에 퇴사하여 사업을 경영하였으나 월상경금(月上庚金)과 을경합(乙庚合)으로 합거(合去)되어 손해를 많이 보았고 46세 사화대운(巳火大運)에 수억금을 벌었고 51세 병화대운(丙火大運)에 년상신금(年上辛金)과 병신합(丙辛合)으로 합거(合去)되어 손해를 많이 보고 남편과 이혼한 사주다. 부궁(夫宮)이 부실한 것은 녀간지(年干支) 신축생(辛丑生)의 공망(空亡)은 시지사화(時支巳火)로서 일시지(日時支)에 공망(空亡)이 있으면 부궁(夫宮)이 부실하여 재혼하거나 혼자 사는 사람들이 많다.

❶ 세운경진년(歲運庚辰年): 이별수, 신축, 문서
❷ 질병(疾病): 냉(冷), 간(肝). 담(膽)
❸ 남녀성격: (남) 과감 용단, 냉정하다, 고집 대단, 신의 있다, 근면하다, 매사 정이 많다, 처와 자식의 덕이 있다, 성격이 까다롭다, 옷에 신경, 편식, 새벽잠이 없다, 식복 있다
　　　　　　(여) 냉정하다, 사람 사귀다 한번 틀어지면 다시 안 봄, 미모 수려, 남편의 사랑을 받는다, 부지런하다, 친모봉양, 부궁불미, 정부

세운 · 질병 · 남녀성격의 해설 (歲運 · 疾病 · 男女性格의 解說)

❶ 세운경진년(歲運庚辰年)= ※이별수, 신축, 문서는 ※세운경진년(歲運庚辰年)의 경금(庚金)은 신금일주(辛金日柱)의 비겁(比劫)으로 신왕(身旺)한 여자 사주에 세운(歲運)에서 비견겁운(比肩劫運)이 들어오면 ※가정에 불화가 많이 생긴다든가 또는 남편과 떨어져 산다든가 또는 이혼한다든가 또는 남편이 사망하는 수도 있다. 그리고 ※신축, 문서는 ※세운경진년(歲運庚辰年)의 진토(辰土)는 신금일주(辛金日柱)의 인수(印綬)로 세운(歲運)에서 인수운(印綬運)이 들어오면 ※집을 짓는다든가 또는 증축을 한다든가 또는 사업체를 벌리는 일이 많다.

❷ 질병(疾病)과 ❸ 남녀성격은 일주(日柱)에서 발생(發生)한다.

경진년(庚辰年)

51년(음) 10월 9일 오(午)시 남자

甲	辛	戊	辛
午	亥	戌	卯

60	50	40	30	20	10
壬	癸	甲	乙	丙	丁
辰	巳	午	未	申	酉

이 사주는 신금일주(辛金日柱)가 계추술월(季秋戌月)에 출생하여 득령(得令)하고 술중무신(戌中戊辛)이 년월(年月)에 투출(透出)하여 어느 오행(五行)으로 격(格)을 잡느냐의 기로(岐路)에 서게 된다. 날짜상으로 보아 신금(辛金)이 사령(司令)하고 있으나 비견겁(比肩劫)은 격(格)을 주지 않으므로 월상무토(月上戊土) 인수(印綬)로 격(格)을 잡는다. 그러므로 인수격(印綬格)이며 신왕사주(身旺四柱)다. 신왕사주(身旺四柱)에는 일주(日柱)를 제(制)하는 관살(官殺)로 용신(用神)함을 우선으로 하기 때문에 오중정화(午中丁火) 편관(偏官)으로 용신(用神)한다. 그리고 목재(木財)는 희신(喜神)이 된다. 이 사주는 남자(男子)의 사주로서 의사로 근무하였으나 초년(初年)에는 운(運)이 없어 고생을 많이 하다가 45세 오사대운(午巳大運)에 의원을 개원하여 돈을 많이 벌어 잘살고 있는 사주다.

❶ 세운경진년(歲運庚辰年): 손재, 처액, 신축, 문서, 불성
❷ 질병(疾病): 폐(肺) 담(膽)
❸ 남녀성격: (남) 과감 용단, 냉정하다, 선견지명, 암기력, 총명하다, 지혜롭다, 항상 바쁨, 집념 대단, 재복 있다, 처 덕 있다, 남에게 잘함, 처궁불미, 장수한다
　　　　　 (여) 냉정하다, 사람 사귀다 한번 틀어지면 다시 안 봄, 부궁불미, 재가, 정부, 인정 있다, 남에게 잘함, 잘하고 욕 먹는다, 자손귀자, 신앙심, 내 것 주고 배신당함, 인덕 없다

◑ 세운·질병·남녀성격의 해설(歲運·疾病·男女性格의 解說)

❶ 세운경진년(歲運庚辰年)= ※손재, 처액, 신축, 문서, 불성은 ※세운경진년(歲運庚辰年)의 경금(庚金)은 신금일주((辛金日柱)의 비겁(比劫)으로 신왕사주(身旺四柱)에 세운에서 비견겁운(比肩劫運)이 들어오면 ※손재수를 조심해야 하며 또는 가정에 불화가 많이 생긴다든가 또는 처가 가출한다든가 또는 처의 건강을 조심해야 한다. 그리고 ※신축, 문서는 ※세운경진년(歲運庚辰年)의 진토(辰土)는 신금일주(辛金日柱)의 인수(印綬)로 세운(歲運)에서 인수운(印綬運)이 들어오면 ※집을 짓는다든가 또는 증축을 한다든가 또는 사업체를 벌리는 일이 많다. 그리고 ※불성은 ※세운경진년(歲運庚辰年)의 경금(庚金)은 신금일주(辛金日柱)의 비겁(比劫)으로 세운(歲運)에서 비견겁운(比肩劫運)이 들어오면 ※모든 일이 잘 풀리지 않고 대차계약도 잘 이루어지지 않는다.

❷ 질병(疾病)과 ❸ 남녀성격은 일주(日柱)에서 발생(發生)한다.

경진년 (庚辰年)

53년(음) 7월 29일 미(未)시 남자

乙	辛	庚	癸
未	酉	申	巳

60	50	40	30	20	10
甲	乙	丙	丁	戊	己
寅	卯	辰	巳	午	未

이 사주는 신금일주(辛金日柱)가 초가을 신월(申月)에 출생하여 득령(得令)하고 신궁경금(申宮庚金)이 월상(月上)에 투출(透出)하였으며 신금일주(辛金日柱)는 자좌유금(自坐酉金)에 록근(祿根)하여 일주(日柱)는 신왕사주(身旺四柱)다. 신왕사주(身旺四柱)에는 괸살(官殺)로 일주(日柱)를 제(制)함이 좋은네 나행히 년지(年支) 사중병화(巳中丙火) 정관(正官)으로 용신(用神)한다.

그리고 목재(木財)는 희신(喜神)이 된다. 이 사주는 남자(男子)의 사주로서 가정형편이 어려워 공부는 많이 하지 못하였지만 어려서부터 노동일을 하면서 현장에서 일하다가 35세 사화대운(巳火大運)에 건축 자재상을 경영하여 돈을 많이 벌었고 40세 병화대운(丙火大運)에 신금일주(辛金日柱)와 병신합(丙辛合)으로 합거(合去)되어 재산을 탕진하고 처와 이혼(離婚)하고 고생하며 살다가 55세 묘목대운(卯木大運)에 다시 사업을 경영하여 사업이 번창하여 돈을 많이 벌고 있는 사주다.

❶ 세운경진년(歲運庚辰年): 신축, 문서, 손재, 처액, 불성
❷ 질병(疾病): 간(肝), 담(膽). 혈압(血壓)
❸ 남녀성격: (남) 과감 용단, 냉정하다, 청백한 사람, 미남형, 인품 수려, 자수성가, 영리하다, 일독십지, 타인 존경, 의처증
　　　　　　 (여) 냉정하다, 사람 사귀다 한번 틀어지면 다시 안 봄, 부궁불미, 정부, 독수공방, 시모불합, 남편 말 잘 안 듣는다, 미모 수려, 신앙심, 이성수신

☯ 세운 • 질병 • 남녀성격의 해설 (歲運 · 疾病 · 男女性格의 解說)

❶ 세운경진년(歲運庚辰年)= ※신축, 문서, 손재, 처액, 불성은 ※세운경진년(歲運庚辰年)의 진토(辰土)는 신금일주(辛金日柱)의 인수(印綬)로 세운에서 인수운(印綬運)이 들어오면 ※집을 짓는다든가 또는 증축을 한다든가 또는 사업체를 벌리는 일이 많다. 그리고 ※손재, 처액은 ※세운경진년(歲運庚辰年)의 경금(庚金)은 신금일주(辛金日柱)의 비겁(比劫)으로 신왕사주(身旺四柱)에 세운에서 비견겁운(比肩劫運)이 들어오면 ※손재수를 조심해야 하며 또는 가정에 불화가 많이 생긴다든가 또는 처가 가출한다든가 또는 처의 건강을 조심해야 한다. 그리고 ※불성은 ※세운경진년(歲運庚辰年)의 경금(庚金)은 신금일주(辛金日柱)의 비겁(比劫)으로 세운(歲運)에서 비견겁운(比肩劫運)이 들어오면 ※모든 일이 잘 풀리지 않고 대차계약도 잘 이루어지지 않는다.

❷ 질병(疾病)은 일주(日柱)에서 발생(發生)한다.

❸ 남녀성격은 일주(日柱)에서 발생(發生)한다.

경진년(庚辰年)

53년(음) 6월 9일 유(酉)시 남자

丁	辛	己	癸
酉	未	未	巳

54	44	34	24	14	4
癸	甲	乙	丙	丁	戊
丑	寅	卯	辰	巳	午

이 사주는 신금일주(辛金日柱)가 하계미월(夏季未月)에 출생하여 득령(得令)하고 미중정기(未中丁己)가 월시상(月時上)에 투출(透出)하여 어느 오행(五行)으로 격(格)을 잡느냐의 기로(岐路)에 서게 된다. 날짜상으로 보아 시상정화(時上丁火)가 사령(司令)하므로 편관격(偏官格)이다. 그리고 신금일주(辛金日柱)는 시지유금(時支酉金)에 록근(祿根)하고 월상기토(月上己土)가 투출(透出)하여 일주(日柱)는 신왕사주(身旺四柱)다. 신왕사주(身旺四柱)에는 관살(官殺)로 일주(日柱)를 제(制)함이 좋은데 시상정화(時上丁火)가 자좌유금(自坐酉金)에 사지(死地)라고 하나 년지사화(年支巳火)에 근(根)하므로 용신(用神)으로 쓸 수가 있다. 그러므로 시상정화(時上丁火)가 용신(用神)이며 목재(木財)는 희신(喜神)이 된다. 이 사주는 남자(男子)의 사주로서 시골에서 살다가 서울로 올라와 가락시장에 일을 하면서 장사를 배워 49세 인목대운(寅木大運)에 수억금을 벌은 사주다.

❶ 세운경진년(歲運庚辰年): 신축, 문서, 손재, 처액, 불성
❷ 질병(疾病): 폐(肺), 기관지(氣管支)
❸ 남녀성격: (남) 과감 용단, 냉정하다, 고집 대단, 정복력 강함, 노력은 많이 하나 실속이 없다, 재복 있다, 처궁불미, 성격이 까다롭다, 편식한다, 옷에 신경 쓴다
（여) 냉정하다, 사람 사귀다 한번 틀어지면 다시 안 봄, 부궁불미, 재가, 정부, 말조심, 요리솜씨, 친모봉양, 인덕 없다

☯ 세운·질병·남녀성격의 해설(歲運·疾病·男女性格의 解說)

❶ 세운경진년(歲運庚辰年)= ※신축, 문서, 손재, 처액, 불성은 ※세운경진년(歲運庚辰年)의 진토(辰土)는 신금일주(辛金日柱)의 인수(印綬)로 세운에서 인수운(印綬運)이 들어오면 ※집을 짓는다든가 또는 증축을 한다든가 또는 사업체를 벌리는 일이 많다. 그리고 ※손재, 처액은 ※세운경진년(歲運庚辰年)의 경금(庚金)은 신금일주((辛金日柱)의 비겁(比劫)으로 신왕사주(身旺四柱)에 세운에서 비견겁운(比肩劫運)이 들어오면 ※손재수를 조심해야 하며 또는 가정에 불화가 많이 생긴다든가 또는 처가 가출한다든가 또는 처의 건강을 조심해야 한다. 그리고 ※불성은 ※세운경진년(歲運庚辰年)의 경금(庚金)은 신금일주(辛金日柱)의 비겁(比劫)으로 세운(歲運)에서 비견겁운(比肩劫運)이 들어오면 ※모든 일이 잘 풀리지 않고 대차계약도 잘 이루어지지 않는다.

❷ 질병(疾病)은 일주(日柱)에서 발생(發生)한다.

❸ 남녀성격은 일주(日柱)에서 발생(發生)한다.

경진년 (庚辰年)

甲	辛	乙	癸
午	巳	卯	巳

58	48	38	28	18	8
己	庚	辛	壬	癸	甲
酉	戌	亥	子	丑	寅

이 사주는 신금일주(辛金日柱)가 중춘묘월(中春卯月)에 출생하여 실시(失時)하고 묘중을목(卯中乙木)이 월상(月上)에 투출(透出)하여 편재격(偏財格)이다. 그리고 지지(地支)는 년지사화(年支巳火)와 일시지(日時支) 사오(巳午)로 재살(財殺)이 태왕(太旺)이다. 그러므로 종살격(從殺格)같이 보인나. 그러나 신금일수(辛金日柱)를 도와주는 인수(印綬)나 비견겁(比肩劫)은 하나도 없으므로 이 사주는 쇠극격(衰極格)에 해당하므로 쇠(衰)한 자는 상관식신(傷官食神)으로 설기(泄氣)하여 더욱더 쇠(衰)하게 하는 동시 신금일주(辛金日柱)를 극(剋)하는 관살(官殺)을 제(制)하여야 하기 때문에 년상계수(年上癸水) 식신(食神)이 용신(用神)이며 목재(木財)는 희신(喜神)이 된다. 이 사주는 남자(男子)의 사주로서 한의사인데 43세 해수대운(亥水大運)에 수억금을 벌었으나 48세 경금대운(庚金大運)에 손해를 많이 보고 그 이후로도 운(運)이 없어 평범하게 살고 있는 사주다.

❶ 세운경진년(歲運庚辰年): 신축, 문서, 불성
❷ 질병(疾病): 해수(咳嗽), 호흡기(呼吸器), 폐병(肺病), 결핵(結核)
❸ 남녀성격: (남) 과감 용단, 냉정하다, 성질 급, 변화가 많다, 항상 바쁨, 처 덕 있다, 화려하게 보이나 실속이 없다, 예의 있다, 말을 잘한다, 영리하다, 식복 있다
(여) 냉정하다, 사람사귀다 한번 틀어지면 다시 안 봄, 남편 덕, 정부, 이성수신, 의처증 부군, 성질급, 항상 바쁨, 인덕 없다

⦿ 세운·질병·남녀성격의 해설 (歲運·疾病·男女性格의 解說)

❶ 세운경진년(歲運庚辰年)= ※신축, 문서, 불성은 ※세운경진년(歲運庚辰年)의 진토(辰土)는 신금일주(辛金日柱)의 인수(印綬)로 세운에서 인수운(印綬運)이 들어오면 ※집을 짓는다든가 또는 증축을 한다든가 또는 사업체를 벌리는 일이 많다. 그리고 ※불성은 ※세운경진년(歲運庚辰年)의 경금(庚金)은 신금일주(辛金日柱)의 비겁(比劫)으로 세운에서 비견겁운(比肩劫運)이 들어오면 ※모든 일이 잘 풀리지 않고 대차계약도 잘 이루어지지 않는다.

❷ 질병(疾病)은 해수, 호흡기는 일주(日柱)에서 발생(發生)하며 ※폐병, 결핵은 ※신금일주(辛金日柱)가 목화재살(木火財殺)이 태왕(太旺)이면 ※폐병과 결핵을 조심해야 한다.

❸ 남녀성격은 일주(日柱)에서 발생(發生)한다.

경진년 (庚辰年)

52년(음) 12월 26일 사(巳)시 여자

<table>
<tr><td>癸</td><td>辛</td><td>甲</td><td>癸</td></tr>
<tr><td>巳</td><td>卯</td><td>寅</td><td>巳</td></tr>
</table>

58	48	38	28	18	8
庚	己	戊	丁	丙	乙
申	未	午	巳	辰	卯

이 사주는 신금일주(辛金日柱)가 초봄 인월(寅月)에 출생하여 실시(失時)하고 인중갑목(寅中甲木)이 월상(月上)에 투출(透出)하여 정재격(正財格)이다. 그리고 년시지(年時支) 양사화(兩巳火)와 월일지(月日支) 인묘(寅卯)로 재관(財官)이 태왕(太旺)이다. 그러므로 종살격(從殺格)같이 보인다. 그러나 신금일주(辛金日柱)를 도와주는 인수(印綬)나 비견겁(比肩劫)이 하나도 없으므로 쇠극격(衰極格)에 해당하므로 쇠(衰)한 자는 상관식신(傷官食神)으로 설기(泄氣)하여 더욱더 쇠(衰)하게 하는 동시 일주를 극(剋)하는 관살(官殺)을 제(制)하여야 하기 때문에 식신상관(食神傷官)이 용신(用神)이며 목재(木財)는 희신(喜神)이 된다. 이 사주는 여자(女子)의 사주로서 사업을 하였으나 고생을 많이 하다가 48세 기토대운(己土大運)에 월상갑목(月上甲木)과 갑기합(甲己合)으로 합거(合去)되어 재산을 탕진한 사주다.

① 세운경진년(歲運庚辰年): 신축, 문서, 불성
② 질병(疾病): 풍질(風疾), 냉(冷), 기관지(氣管支), 폐병(肺病), 결핵(結核),
　　　　　　월경불순(月經不純)
③ 남녀성격: (남) 과감 용단, 냉정하다, 의리 있다, 인정 있다, 고집 대단, 학업 장애, 처궁불미, 재가, 미인수다, 근면하다, 지구력 부족, 소심하다, 운동 잘함, 마음 약
　　　　　　(여) 냉정하다, 사람 사귀다 한번 틀어지면 다시 안 봄, 고집 대단, 정부, 재가, 독수공방, 부궁불미, 욕심 많다, 성질 급, 참을성이 없다, 자손근심

☯ 세운·질병·남녀성격의 해설 (歲運 · 疾病 · 男女性格의 解說)

① 세운경진년(歲運庚辰年)= ※신축, 문서, 불성은 ※세운경진년(歲運庚辰年)의 진토(辰土)는 신금일주(辛金日柱)의 인수(印綬)로 세운(歲運)에서 인수운(印綬運)이 들어오면 ※집을 짓는다든가 또는 증축을 한다든가 또는 사업체를 벌리는 일이 많다. 그리고 ※불성은 ※세운경진년(歲運庚辰年)의 경금(庚金)은 신금일주(辛金日柱)의 비겁(比劫)으로 세운(歲運)에서 비견겁운(比肩劫運)이 들어오면 ※모든 일이 잘 풀리지 않고 대차계약도 잘 이루어지지 않는다.

② 질병(疾病)은 풍질, 냉, 기관지는 일주(日柱)에서 발생(發生)하며 ※폐병, 결핵, 월경불순은 ※신금일주(辛金日柱)가 목화재살(木火財殺)이 태왕(太旺)이면 ※폐병과 결핵과 월경불순을 조심해야 한다.

③ 남녀성격은 일주(日柱)에서 발생(發生)한다.

경진년 (庚辰年)

61년(음) 12월 18일 미(未)시 남자

乙 辛 辛 辛
未 酉 丑 丑

56	46	36	26	16	6
乙	丙	丁	戊	己	庚
未	申	酉	戌	亥	子

이 사주는 신금일주(辛金日柱)가 동계축월(冬季丑月)에 출생하여 득령(得令)하고 축중신금(丑中辛金)이 년월(年月)에 투출(透出)하였고 지지(地支)는 유축(酉丑)으로 전부 금국(金局)을 이루어 일주(日柱)는 신왕사주(身旺四柱)다. 신왕사주(身旺四柱)에는 관살(官殺)로 일주(日柱)를 제(制)하거나 상관식신(傷官食神)으로 설기(泄氣)함이 좋은데 일주(日柱)를 제(制)하는 관살(官殺)도 없고 설기(泄氣)하는 상관식신(傷官食神)도 없으며 시상(時上) 을목재(乙木財)가 미중을목(未中乙木)에 근(根)하였다 하나 그 을목(乙木)은 많은 비견겁(比肩劫)에 극(剋)을 당하여 그 재(財)로 용신(用神)으로 쓸 수가 없다. 그러므로 이 사주는 왕극격(旺極格)에 해당하므로 왕(旺)한 자는 인수(印綬)로 일주(日柱)를 생(生)하여 더욱더 강(强)하게 해야 하는 법칙이므로 토인수(土印綬)가 용신(用神)이며 금비견겁(金比肩劫)은 희신(喜神)이 된다. 이 사주는 사업가로서 41세 유금대운(酉金大運)에 수억금을 벌은 사주다.

❶ 세운경진년(歲運庚辰年): 신축, 문서, 손재, 처액, 불성
❷ 질병(疾病): 간(肝), 담(膽), 혈압(血壓)
❸ 남녀성격: (남) 과감 용단, 냉정하다, 청백한 사람, 미남형, 인품 수려, 자수성가, 영리하다, 일독십지, 타인 존경, 의처증
　　　　　　(여) 냉정하다, 사람 사귀다 한번 틀어지면 다시 안 봄, 부궁불미, 정부, 독수공방, 시모불합, 남편 말 잘 안 듣는다, 미모 수려, 신앙심, 이성수신

🔵 세운·질병·남녀성격의 해설 (歲運·疾病·男女性格의 解說)

❶ 세운경진년(歲運庚辰年)= ※신축, 문서, 손재, 처액, 불성은 ※세운경진년(歲運庚辰年)의 진토(辰土)는 신금일주(辛金日柱)의 인수(印綬)로 세운(歲運)에서 인수운(印綬運)이 들어오면 ※집을 짓는다든가 또는 증축을 한다든가 또는 사업체를 벌리는 일이 많다. 그리고 ※손재, 처액은 ※세운경진년(歲運庚辰年)의 경금(庚金)은 신금일주(辛金日柱)의 비겁(比劫)으로 신왕사주(身旺四柱)에 세운에서 비견겁운(比肩劫運)이 들어오면 ※손재수를 조심해야 하며 또는 가정에 불화가 많이 생긴다든가 또는 처가 가출한다든가 또는 처의 건강을 조심해야 한다. 그리고 ※불성은 ※세운경진년(歲運庚辰年)의 경금(庚金)은 신금일주(辛金日柱)의 비겁(比劫)으로 세운(歲運)에서 비견겁운(比肩劫運)이 들어오면 ※모든 일이 잘 풀리지 않고 대차계약도 잘 이루어지지 않는다.

❷ 질병(疾病)과 ❸ 남녀성격은 일주(日柱)에서 발생(發生)한다.

경진년 (庚辰年)

66년(음) 4월 23일 오(午)시 여자

<table>
<tr><td>甲</td><td>辛</td><td>甲</td><td>丙</td></tr>
<tr><td>午</td><td>丑</td><td>午</td><td>午</td></tr>
</table>

52	42	32	22	12	2
戊	己	庚	辛	壬	癸
子	丑	寅	卯	辰	巳

이 사주는 신금일주(辛金日柱)가 중하오월(中夏午月)에 출생하여 실시(失時)하고 년시지(年時支) 양오화(兩午火)와 년상(年上)에 병화(丙火)가 투출(透出)하고 월시상(月時上) 양갑목(兩甲木)이 투출(透出)하여 재살(財殺)이 태왕(太旺)이다. 그러므로 종살격(從殺格)같이 보인다. 그러나 신금일주(辛金日柱)는 양금지토(養金之土)인 축습토(丑濕土) 인수(印綬)에 근(根)하므로 종(從)하지 않는다. 그러므로 염열지화(炎熱之火)는 축습토(丑濕土)에 냉각(冷却)되므로 살인상생(殺印相生)으로 축토인수(丑土印綬)가 용신(用神)이며 금비견겁(金比肩劫)은 희신(喜神)이 된다. 이 사주는 여자(女子)의 사주로서 피복장사를 하였으나 운(運)이 없어 고생을 많이 하다가 47세 축토대운(丑土大運)에 운(運)이 좋아 사업이 번창하며 돈을 많이 벌고 있는 사주다.

❶ 세운경진년(歲運庚辰年): 신축, 문서, 불성
❷ 질병(疾病): 냉(冷), 간(肝), 담(膽), 치질(痔疾), 폐병(肺病), 결핵(結核)
❸ 남녀성격: (남) 과감 용단, 냉정하다, 고집 대단, 신의 있다, 근면하다, 매사 정이 많다, 처
　　　　　　 와 자식의 덕이 있다, 성격이 까다롭다, 옷에 신경, 편식, 새벽잠이 없다,
　　　　　　 식복 있다
　　　　　 (여) 냉정하다, 사람 사귀다 한번 틀어지면 다시 안 봄, 미모 수려, 남편의 사랑
　　　　　　 을 받는다, 부지런하다, 친모봉양, 부궁불미, 정부

🌑 세운 · 질병 · 남녀성격의 해설 (歲運 · 疾病 · 男女性格의 解說)

❶ 세운경진년(歲運庚辰年)= ※신축, 문서, 불성은 ※세운경진년(歲運庚辰年)의 진토(辰土)는 신금일주(辛金日柱)의 인수(印綬)로 세운에서 인수운(印綬運)이 들어오면 **※집을 짓는다든가 또는 증축을 한다든가 또는 사업체를 벌리는 일이 많다.** 그리고 ※불성은 ※세운경진년(歲運庚辰年)의 경금(庚金)은 신금일주(辛金日柱)의 비겁(比劫)으로 세운에서 비견겁운(比肩劫運)이 들어오면 ※ **모든 일이 잘 풀리지 않고 대차계약도 잘 이루어지지 않는다.**

❷ 질병(疾病)은 냉, 간, 담은 일주(日柱)에서 발생(發生)하며 ※치질, 폐병, 결핵, 월경불순은 ※원명사주(源命四柱)에 목화재살(木火財殺)이 태왕(太旺)이면 ※치질과 폐병과 결핵과 월경불순을 조심해야 한다.

❸ 남녀성격은 일주(日柱)에서 발생(發生)한다.

경진년 (庚辰年)

| 辛 | 壬 | 辛 | 壬 |
| 亥 | 子 | 亥 | 寅 |

51	41	31	21	11	1
乙	丙	丁	戊	己	庚
巳	午	未	申	酉	戌

이 사주는 임수일주(壬水日柱)가 초겨울 해월(亥月)에 출생하여 록근(祿根)하고 해중임수(亥中壬水)가 년상(年上)에 투출(透出)하였고 일시지(日時支) 해자수(亥子水)로 일주(日柱)는 신왕사주(身旺四柱)다. 신왕사주(身旺四柱)에는 관살(官殺)로 일주(日柱)를 제(制)함이 좋은데 일주(日柱)를 제(制)하는 관살(官殺)은 없고 다행히 시지(時支) 인중갑목(寅中甲木) 식신(食神)이 있어 인중갑목(寅中甲木) 식신(食神)으로 용신(用神)한다. 이 사주는 여자(女子)의 사주로서 주류업(酒類業)을 경영하였는데 초년(初年)부터 운(運)이 없어 고생을 많이 하였고 41세 병화대운(丙火大運)에 월상신금(月上辛金)과 병신합(丙辛合)으로 합거(合去)되어 재산을 탕진하고 남편과 이혼(離婚)하고 혼자서 힘들게 살아가고 있는 사주다. 부궁(夫宮)이 부실한 것은 임수일주가 윤하격(潤下格)을 놓으면 부궁(夫宮)이 부실하다.

❶ 세운경진년(歲運庚辰年): 이별수, 변화, 이사, 전근, 신축, 문서
❷ 질병(疾病): 냉(冷), 혈압(血壓), 신장(腎臟), 방광(膀胱)
❸ 남녀성격: (남) 털털한 성격, 마음이 넓다, 성질 조급, 고집 대단, 노력은 많이 하나 실속이 없다, 여자 많다, 처궁불미, 용두사미, 돈이 잘 빠져나간다, 꾀가 많다, 신경 예민
　　　　　(여) 남자 같은 시원한 성격, 새것을 좋아함, 부궁불미, 정부, 재가, 남에게 시기를 많이 받는다, 독수공방, 직업여성

◉ 세운·질병·남녀성격의 해설 (歲運 · 疾病 · 男女性格의 解說)

❶ 세운경진년(歲運庚辰年)= ※이별수, 변화, 이사, 전근, 신축, 문서는 ※세운경진년(歲運庚辰年)의 경금(庚金)은 임수일주(壬水日柱)의 인수(印綬)로 신왕(身旺)한 여자 사주에 세운(歲運)에서 인수운(印綬運)이 들어오면 ※가정에 불화가 많이 생긴다든가 또는 남편과 떨어져 산다든가 또는 이혼한다든가 또는 남편이 사망하는 수도 있다. 그리고 ※변화, 이사, 전근은 ※세운경진년(歲運庚辰年)의 진토(辰土)는 일지자수(日支子水)와 자진(子辰)으로 삼합(三合)이 되므로 세운(歲運)에서 일지(日支) 삼합운(三合運)이 들어오면 ※변화가 생긴다든가 또는 이사를 한다든가 또는 직장을 옮기는 일이 많다. 그리고 ※신축, 문서는 ※세운경진년(歲運庚辰年)의 경금(庚金)은 임수일주(壬水日柱)의 인수(印綬)로 세운(歲運)에서 인수운(印綬運)이 들어오면 ※집을 짓는다든가 또는 증축을 한다든가 또는 사업체를 벌리는 일이 많다.

❷ 질병(疾病)과 ❸ 남녀성격은 일주(日柱)에서 발생(發生)한다.

경진년(庚辰年)

甲	壬	丙	甲
辰	寅	子	午

51	41	31	21	11	1
庚	辛	壬	癸	甲	乙
午	未	申	酉	戌	亥

이 사주는 임수일주(壬水日柱)가 중동자월(中冬子月) 양인월(羊刃月)에 출생하여 득령(得令)하였으나 년시상(年時上) 양갑목(兩甲木) 식신(食神)은 일지(日支) 인중갑목(寅中甲木)에 근(根)하고 월상병화(月上丙火)는 년지오화(年支午火)에 근(根)하여 상관(傷官)과 재(財)가 태왕(太旺)이다. 그러므로 이 사주는 신약사주(身弱四柱)로 상관식신(傷官食神)이 왕(旺)하므로 금인수(金印綬)로 많은 상관식신(傷官食神)을 제(制)하고 임수일주(壬水日柱)를 보신(補身)해야 하므로 금인수(金印綬)가 용신(用神)이며 수비견겁(水比肩劫)은 희신(喜神)이 된다. 이 사주는 여자(女子)의 사주로서 예능(藝能)이 소질이 있어 옷 디자이너로 전공하여 31세 임신대운(壬申大運)부터 사업을 경영하여 젊어서 수억금을 벌었으나 41세 신금대운(辛金大運)에 월상병화(月上丙火)와 병신합(丙辛合)으로 합거(合去)되어 재산을 탕진하였으며 50세 미토대운(未土大運)에 남편(男便)이 횡사(橫死)한 사주다. 임수일주(壬水日柱)의 남편(男便)은 시지(時支) 진중무토(辰中戊土)인데 그 진토(辰土)는 갑진(甲辰) 백호대살(白虎大殺)이며 많은 식신(食神)에 극(剋)을 받으므로 부궁(夫宮)이 부실하여 십중팔구(十中八九) 혼자 살거나 재혼하는 사람들이 많다.

❶ 세운경진년(歲運庚辰年): 신축, 문서, 이별수

❷ 질병(疾病): 신장(腎臟), 방광(膀胱), 냉(冷), 습(濕)

❸ 남녀성격: (남) 털털한 성격, 지혜롭다, 원만하다, 환경에 적응 잘함, 영리하다, 행운이 따른다, 항상 바쁨, 용기 있다, 타의 군림, 성질 급, 처 덕 있다, 장모봉양

    (여) 남자 같은 시원한 성격, 새것을 좋아함, 영리하다, 남편을 꺾는다, 부궁불미, 정부, 자손귀자, 요리솜씨, 사회활동하면 인기

🔵 세운 · 질병 · 남녀성격의 해설(歲運 · 疾病 · 男女性格의 解說)

❶ 세운경진년(歲運庚辰年)= ※신축, 문서, 이별수는 ※세운경진년(歲運庚辰年)의 경금(庚金)은 임수일주(壬水日柱)의 인수(印綬)로 세운(歲運)에서 인수운(印綬運)이 들어오면 ※집을 짓는다든가 또는 증축을 한다든가 또는 사업체를 벌리는 일이 많다. 그리고 ※이별수는 ※세운경진년의 진토(辰土)는 임수일주의 편관(偏官)으로 상관식신(傷官食神)이 왕(旺)한데 세운(歲運)에서 관살운(官殺運)이 들어오면 ※가정에 불화가 많이 생긴다든가 또는 남편과 떨어져 산다든가 또는 이혼한다든가 또는 남편이 사망하는 수도 있다.

❷ 질병(疾病)과 ❸ 남녀성격은 일주(日柱)에서 발생(發生)한다.

경진년 (庚辰年)

戊	壬	辛	戊
申	辰	酉	戌

59	49	39	29	19	9
丁	丙	乙	甲	癸	壬
卯	寅	丑	子	亥	戌

이 사주는 임수일주(壬水日柱)가 중추유월(中秋酉月)에 출생하여 득령(得令)하고 유중신금(酉中辛金)이 월상(月上)에 투출(透出)하여 인수격(印綬格)이다. 그리고 임수일주(壬水日柱)는 자고(自庫)인 진중계수(辰中癸水)에 근(根)하고 시지신금(時支申金)에 장생(長生)히여 일주(日柱)는 신왕시주(身旺四柱)다. 신왕사주(身旺四柱)에는 일주(日柱)를 제(制)하는 관살(官殺)이 좋은데 다행히 년시상(年時上) 양무토(兩戊土)가 술중무토(戌中戊土)에 근(根)하므로 무토편관(戊土偏官)으로 용신(用神)한다. 그리고 화재(火財)는 희신(喜神)이다. 이 사주는 남자(男子)의 사주로서 종합병원 치과의사(齒科醫師)로 근무하다가 39세 을목대운(乙木大運)에 의원(醫院)을 개원(開院)하였으나 사업이 부실하였고 49세 병화대운(丙火大運)에 월상신금(月上辛金)과 병신합(丙辛合)으로 합거(合去)되어 재산을 탕진하였으며 의원을 폐업하고 다른 병원에 의사로 근무하고 있는 사주다.

❶ 세운경진년(歲運庚辰年): 신축, 문서, 변화, 이사, 전근, 자연재앙
❷ 질병(疾病): 냉(冷), 풍질(風疾), 신장(腎臟), 혈압(血壓)
❸ 남녀성격: (남) 털털한 성격, 일찍 사회에 진출, 임전무퇴, 자립정신, 재간 있다, 박력 있다, 속전속결, 처궁불미, 어린 시절 잔병, 자손근심, 아이디어가 좋다
    (여) 남자 같은 시원한 성격, 새것을 좋아함, 부궁불미, 재가, 정부, 독수공방, 일가부양, 풍파가 많다

🔵 세운·질병·남녀성격의 해설 (歲運·疾病·男女性格의 解說)

❶ 세운경진년(歲運庚辰年)= ※신축, 문서, 변화, 이사, 전근, 자연 재앙은 ※세운경진년(歲運庚辰年)의 경금(庚金)은 임수일주의 인수(印綬)로 세운(歲運)에서 인수운(印綬運)이 들어오면 ※집을 짓는다든가 또는 증축을 한다든가 또는 사업채를 벌리는 일이 많다. 그리고 ※변화, 이사, 전근은 ※세운경진년(歲運庚辰年)의 진토(辰土)는 일지진토(日支辰土)와 진진(辰辰)으로 삼합(三合)이 되므로 세운에서 일지(日支) 삼합운(三合運)이 들어오면 ※변화가 생긴다든가 또는 이사를 한다든가 또는 직장을 옮기는 일이 많다. 그리고 ※ 자연재앙은 ※세운경진년(歲運庚辰年)의 진토(辰土)는 일지진토(日支辰土)와 진진(辰辰)으로 똑같은 오행(五行)이므로 세운에서 년지(年支) 같은 운(運)이 들어오면 ※자연재앙을 조심해야 한다.

❷ 질병(疾病)은 일주(日柱)에서 발생(發生)한다.

❸ 남녀성격은 일주(日柱)에서 발생(發生)한다.

경진년(庚辰年)

60년(음) 7월 1일 미(未)시 여자

丁	壬	甲	庚
未	午	申	子

55	45	35	25	15	5
戊	己	庚	辛	壬	癸
寅	卯	辰	巳	午	未

이 사주는 임수일주(壬水日柱)가 초가을 신월(申月)에 출생하여 득령(得令)하고 신궁경금(申宮庚金)이 년상(年上)에 투출(透出)하여 인수격(印綬格)이다. 그리고 년지자수(年支子水) 양인(羊刃)이 있어 일주(日柱)는 신왕사주(身旺四柱)다. 신왕사주(身旺四柱)에는 일주(日柱)를 제(制)하는 관살(官殺)이나 상관식신(傷官食神)으로 설기(泄氣)함이 좋은데 시지미중(時支未中) 기토정관(己土正官)이 있다고 하나 그 정관(正官)은 약(弱)하므로 용신(用神)이 약(弱)할 때에는 용신(用神)을 돕는 자가 용신(用神)이 되므로 화재(火財)가 용신(用神)이 된다. 그러므로 화재(火財)가 용신(用神)이며 토(土)는 희신(喜神)이 된다. 이 사주는 여자(女子)의 사주로서 여경(女警)으로 근무하였는데 초년(初年)에는 운(運)이 좋았으나 35세 경금대운(庚金大運)부터는 운(運)이 없어 승진(昇進)이 안되어 평범하게 살아가고 있는 사주다. 년지자수(年支子水)와 일지오화(日支午火)는 수옥살(囚獄殺)이 되므로 이 수옥살(囚獄殺)을 놓은 사람들은 수사기관(搜查機關)으로 직업을 많이 갖는다. 만약 수사기관(搜查機關)으로 직업을 갖지 않으면 감옥(監獄)살이를 할 수도 있다.

❶ 세운경진년(歲運庚辰年): 신축, 문서, 이별수

❷ 질병(疾病): 신장(腎臟), 방광(膀胱)

❸ 남녀성격: (남) 털털한 성격, 고집 대단, 신경 예민, 지혜롭다, 명랑하다, 예의 있다, 준법 정신, 처 덕 있다, 처궁불미, 성실하다, 눈치가 빠름, 운동 잘함

　　　　　(여) 남자 같은 시원한 성격, 새것을 좋아함, 미모 수려, 남편 덕, 정부, 부궁불미, 자손 덕, 눈치가 빠름, 신경 예민, 이성수신

세운·질병·남녀성격의 해설 (歲運·疾病·男女性格의 解說)

❶ 세운경진년(歲運庚辰年)= ※신축, 문서, 이별수는 ※세운경진년(歲運庚辰年)의 경금(庚金)은 임수일주(壬水日柱)의 인수(印綬)로 세운(歲運)에서 인수운(印綬運)이 들어오면 ※집을 짓는다든가 또는 증축을 한다든가 또는 사업체를 벌리는 일이 많다. 그리고 ※이별수는 ※세운경진년(歲運庚辰年)의 경금(庚金)은 임수일주(壬水日柱)의 인수(印綬)로 신왕(身旺)한 여자 사주에 세운(歲運)에서 인수운(印綬運)이 들어오면 ※가정에 불화가 많이 생긴다든가 또는 남편과 떨어져 산다든가 또는 이혼한다든가 또는 남편이 사망하는 수도 있다.

❷ 질병(疾病)은 일주(日柱)에서 발생(發生)한다.

❸ 남녀성격은 일주(日柱)에서 발생(發生)한다.

경진년 (庚辰年)

53년(음) 6월 10일 묘(卯)시 여자

癸	壬	己	癸
卯	申	未	巳

56	46	36	26	16	6
乙	甲	癸	壬	辛	庚
丑	子	亥	戌	酉	申

이 사주는 임수일주(壬水日柱)가 하계미월(夏季未月)에 출생하여 실시(失時)하고 미중기토(未中己土)가 월상(月上)에 투출(透出)하여 정관격(正官格)이다. 그리고 년지사화(年支巳火)와 사미(巳未)로 화국(火局)을 이루고 시지묘목(時支卯木)이 있어 임수일주(壬水日柱)가 한편으로는 설기(泄氣)기 심(甚)하고 힌편으로는 과(官)에 극(剋)을 받으므로 일주(日柱)는 신약사주(身弱四柱)가 된다. 그러므로 금인수(金印綬)가 용신(用神)이며 수비견겁(水比肩劫)은 희신(喜神)이 된다. 이 사주는 여자(女子)의 사주로서 36세 계수대운(癸水大運)부터 음식업(飮食業)을 경영하여 수억금을 벌었으나 46세 갑목대운(甲木大運)에 월상기토(月上己土)와 갑기합(甲己合)으로 합거(合去)되어 손해를 조금 보았고 51세 자수대운(子水大運)에 다시 사업이 번창하여 수억금을 벌은 사주다. 이렇게 운(運)이 잘 들어오면 무엇을 하든 성공(成功)할 수가 있다.

❶ 세운경진년(歲運庚辰年): 신축, 문서, 변화, 이사, 전근
❷ 질병(疾病): 냉(冷), 신장(腎臟), 방광(膀胱)
❸ 남녀성격: (남) 털털한 성격, 원만하다, 활발하다, 지혜롭다, 포용력, 만인의 신망, 고집 대단, 박력 있다, 영리하다, 일독십지, 처 덕 있다
　　　　　　(여) 남자 같은 시원한 성격, 새것을 좋아함, 영리하다, 부궁불미, 정부, 예능, 문학에 소질 있다, 친모봉양

◑ 세운 · 질병 · 남녀성격의 해설(歲運 · 疾病 · 男女性格의 解說)

❶ 세운경진년(歲運庚辰年)= ※신축, 문서, 변화, 이사, 전근은 ※세운경진년(歲運庚辰年)의 경금(庚金)은 임수일주(壬水日柱)의 인수(印綬)로 세운(歲運)에서 인수운(印綬運)이 들어오면 ※집을 짓는다든가 또는 증축을 한다든가 또는 사업체를 벌리는 일이 많다. 그리고 ※변화, 이사, 전근은 ※세운경진년(歲運庚辰年)의 진토(辰土)는 일지신금(日支申金)과 신진(申辰)으로 삼합(三合)이 되므로 세운(歲運)에서 일지(日支) 삼합운(三合運)이 들어오면 ※변화가 생긴다든가 또는 이사를 한다든가 또는 직장을 옮기는 일이 많다.

❷ 질병(疾病)은 일주(日柱)에서 발생(發生)한다.

❸ 남녀성격은 일주(日柱)에서 발생(發生)한다.

경진년 (庚辰年)

58년(음) 4월 27일 진(辰)시 여자

甲	壬	戊	戊
辰	戌	午	戌

53	43	33	23	13	3
壬	癸	甲	乙	丙	丁
子	丑	寅	卯	辰	巳

이 사주는 임수일주(壬水日柱)가 중하오월(中夏午月)에 출생하여 실시(失時)하고 년일지(年日支) 양술토(兩戌土)와 오술(午戌)로 화국(火局)을 이루고 년월(年月) 양무토(兩戊土) 편관(偏官)이 투출(透出)하여 사주(四柱) 전체가 시상갑목(時上甲木)만 빼고 화토재살(火土財殺)이 태왕(太旺)이다. 그러므로 종살격(從殺格)같이 보인다. 그러나 이 사주는 많은 토(土)들이 임수일주(壬水日柱)의 병(病)이 되는데 다행히 시상갑목(時上甲木) 식신(食神)이 진중을목(辰中乙木)에 근(根)하고 임수일주(壬水日柱)의 생(生)을 받아 많은 편관(偏官)을 제(制)하므로 이런 사주를 식신(食神) 제살격(制殺格)이라고 한다. 그러므로 시상갑목(時上甲木) 식신(食神)이 용신(用神)이며 수비견겁(水比肩劫)이 희신(喜神)이 된다. 이 사주는 여자(女子)의 사주로서 사업을 경영하여 33세 갑인대운(甲寅大運)에 수억금을 벌은 사주다.

❶ 세운경진년(歲運庚辰年): 이별수, 신축, 문서, 복통, 관재, 수술
❷ 질병(疾病): 신장(腎臟), 방광(膀胱)
❸ 남녀성격: (남) 털털한 성격, 선견지명, 남에게 잘함, 욕심 많다, 일찍 사회에 진출, 성질 급, 자수성가, 부모 덕, 재복 있다, 처 덕 있다, 자손귀자, 신앙심, 지구력 강함, 능력있다
(여) 남자 같은 시원한 성격, 새것을 좋아함, 부궁불미, 정부, 재가, 독수공방, 이성 구설, 재복 있다, 신앙심

🔵 세운·질병·남녀성격의 해설 (歲運·疾病·男女性格의 解說)

❶ 세운경진년(歲運庚辰年)= ※이별수, 신축, 문서, 복통, 관재, 수술은 ※세운경진년(歲運庚辰年)의 진토(辰土)는 임수일주(壬水日柱)의 편관(偏官)으로 원명사주(源命四柱)에 관살(官殺)이 태왕(太旺)인데 세운(歲運)에서 관살운(官殺運)이 들어오면 ※가정에 불화가 많이 생긴다든가 또는 남편과 떨어져 산다든가 또는 이혼한다든가 또는 남편이 사망하는 수도 있다. 그리고 ※신축, 문서는 ※세운경진년(歲運庚辰年)의 경금(庚金)은 임수일주(壬水日柱)의 인수(印綬)로 세운(歲運)에서 인수운(印綬運)이 들어오면 ※집을 짓는다든가 또는 증축을 한다든가 또는 사업체를 벌리는 일이 많다. 그리고 ※복통, 관재, 수술은 ※세운경진년(歲運庚辰年)의 진토(辰土)는 일지술토(日支戌土)와 진술충(辰戌沖)이 되므로 세운(歲運)에서 일지충운(日支沖運)이 들어오면 ※배가 아프다든가 또는 관재수를 조심해야 하며 또는 수술을 조심해야 한다.

❷ 질병(疾病)과 ❸ 남녀성격은 일주(日柱)에서 발생(發生)한다.

경진년 (庚辰年)

58년(음) 5월 18일 사(巳)시 남자

乙	壬	戊	戊
巳	午	午	戌

51	41	31	21	11	1
甲	癸	壬	辛	庚	己
子	亥	戌	酉	申	未

이 사주는 임수일주(壬水日柱)가 중하오월(中夏午月)에 출생하여 실시(失時)하고 지지(地支)는 오술사오(午戌巳午)로 화국(火局)을 이루었고 년월무토(年月戊土)가 투출(透出)하여 재살(財殺)이 태왕(太旺)이다. 그러므로 종살격(從殺格)같이 보인다. 그러나 임수일주(壬水日柱)를 도와주는 인수(印綬)나 비견겁(比肩劫)이 하나도 없으므로 쇠극격(衰極格)에 해당한다. 쇠(衰)한 자는 상관식신(傷官食神)으로 설기(泄氣)하여 더욱더 쇠(衰)하게 하는 동시 일주(日柱)를 극(剋)하는 관살(官殺)을 제(制)하여야 하기 때문에 목(木) 상관식신(傷官食神)이 용신(用神)이며 화재(火財)는 희신(喜神)이 된다. 이 사주는 남자(男子)의 사주로서 인테리어 기술자인데 기술(技術)은 좋으나 41세 계수대운(癸水大運)에 월상무토(月上戊土)와 무계합(戊癸合)으로 합거(合去)되어 재산을 탕진하고 처(妻)와 이혼하고 고생을 많이 하다가 51세 갑목대운(甲木大運)에 사업이 번창하여 수억금을 벌어 재혼하여 잘살고 있는 사주다. 처궁(妻宮)이 부실한 것은 사주(四柱)에 재(財)는 돈도 되고 처(妻)도 되는데 오히려 재(財)가 많으면 여자(女子)가 없으며 년간지(年干支) 무술생(戊戌生)의 공망(空亡)은 시지사화(時支巳火)로서 처궁(妻宮)이 부실한 사주다.

❶ 세운경진년(歲運庚辰年): 신축, 문서, 관재, 손재, 신액
❷ 질병(疾病): 신장(腎臟), 방광(膀胱)
❸ 남녀성격: (남) 털털한 성격, 고집 대단, 신경 예민, 지혜롭다, 명랑하다, 예의 있다, 준법 정신, 처 덕 있다, 처궁불미, 성실하다, 눈치가 빠름, 운동 잘함
　　　　　(여) 남자 같은 시원한 성격, 새것을 좋아함, 미모 수려, 남편 덕, 정부, 부궁불미, 자손 덕, 눈치가 빠름, 신경 예민, 이성수신

세운 · 질병 · 남녀성격의 해설 (歲運 · 疾病 · 男女性格의 解說)

❶ 세운경진년(歲運庚辰年)= ※신축, 문서, 관재, 손재, 신액은 ※세운경진년(歲運庚辰年)의 경금(庚金)은 임수일주(壬水日柱)의 인수(印綬)로 세운(歲運)에서 인수운(印綬運)이 들어오면 ※집을 짓는다든가 또는 증축을 한다든가 또는 사업체를 벌리는 일이 많다. 그리고 ※관재, 손재, 신액은 ※세운경진년(歲運庚辰年)의 진토(辰土)는 임수일주(壬水日柱)의 편관(偏官)으로 원명사주(源命四柱)에 재살(財殺)이 태왕(太旺)인데 세운(歲運)에서 재(財)나 관살운(官殺運)이 들어오면 ※관재수를 조심해야 하며 또는 손재수를 조심해야 하며 또는 건강을 조심해야 한다.

❷ 질병(疾病)과 ❸ 남녀성격은 일주(日柱)에서 발생(發生)한다.

경진년 (庚辰年)

53년(음) 8월 21일 오(午)시 남자

<table>
<tr><td>丙</td><td>壬</td><td>辛</td><td>癸</td></tr>
<tr><td>午</td><td>午</td><td>酉</td><td>巳</td></tr>
</table>

57	47	37	27	17	7
乙	丙	丁	戊	己	庚
卯	辰	巳	午	未	申

이 사주는 임수일주(壬水日柱)가 중추유월(中秋酉月)에 출생하여 득령(得令)하고 유중신금(酉中辛金)이 월상(月上)에 투출(透出)하여 인수격(印綬格)이며 년상계수(年上癸水)가 있어 일주(日柱)는 신왕사주(身旺四柱)다. 신왕사주(身旺四柱)는 관살(官殺)로 일주(日柱)를 제(制)함이 좋은데 일주(日柱)를 제(制)하는 관살(官殺)은 없고 화재(火財)가 있으므로 병화편재(丙火偏財)로 용신(用神)한다. 그리고 목상관(木傷官)은 희신(喜神)이 된다. 이 사주는 남자(男子)의 사주로서 공부는 많이 못하였으나 어려서부터 인테리어 기술을 배워 건축회사에 인정을 받아 하청(下請)을 받아 32세 오화대운(午火大運)에 돈을 많이 벌었고 37세 정화대운(丁火大運)에는 일주임수(日柱壬水)와 정임합(丁壬合)으로 합거(合去)되어 손해를 조금 보았고 42세 사화대운(巳火大運)에 사업이 번창하여 수억금을 벌었으나 47세 병화대운(丙火大運)에 건축 사업을 하여 재산을 탕진한 사주다. 재산을 탕진하게 된 이유는 병화대운(丙火大運)과 월상신금(月上辛金)과 병신합(丙辛合)으로 합거(合去)되었기 때문이다. 그리고 이 사주도 기복(起伏)이 심했던 사주다. 그리고 년간지(年干支) 계사생(癸巳生)의 공망(空亡)은 일시지(日時支) 오화(午火)이며 또한 시상(時上)에 병화(丙火)는 년지사화(年支巳火)에 근(根)하므로 재(財)가 이렇게 많으면 처궁(妻宮)이 부실한데다 일시지(日時支) 공망(空亡)까지 있으므로 해로(偕老)하기 힘든 사주이며 이 사주도 재혼(再婚)한 사주다.

❶ 세운경진년(歲運庚辰年): 신축, 문서
❷ 질병(疾病): 신장(腎臟), 방광(膀胱)
❸ 남녀성격: (남) 털털한 성격, 고집 대단, 신경 예민, 지혜롭다, 명랑하다, 예의 있다, 준법
　　　　　　정신, 처 덕 있다, 처궁불미, 성실하다, 눈치가 빠름, 운동 잘함
　　　　　(여) 남자 같은 시원한 성격, 새것을 좋아함, 미모 수려, 남편 덕, 정부, 부궁불
　　　　　　미, 자손 덕, 눈치가 빠름, 신경 예민, 이성수신

☯ 세운·질병·남녀성격의 해설(歲運·疾病·男女性格의 解說)

❶ 세운경진년(歲運庚辰年)= ※신축, 문서는 ※세운경진년(歲運庚辰年)의 경금(庚金)은 임수일주(壬水日柱)의 인수(印綬)로 세운(歲運)에서 인수운(印綬運)이 들어오면 ※집을 짓는다든가 또는 증축을 한다든가 또는 사업체를 벌리는 일이 많다.

❷ 질병(疾病)은 일주(日柱)에서 발생(發生)한다.

❸ 남녀성격은 일주(日柱)에서 발생(發生)한다.

경진년 (庚辰年)

54년(음) 1월 23일 축(丑)시 남자

癸	癸	丙	甲
丑	丑	寅	午

53	43	33	23	13	3
壬	辛	庚	己	戊	丁
申	未	午	巳	辰	卯

이 사주는 계수일주(癸水日柱)가 초봄 인월(寅月)에 출생하여 실시(失時)하고 인중갑목(寅中甲木)과 병화(丙火)가 투출(透出)하여 어느 오행(五行)으로 격(格)을 잡느냐의 기로(岐路)에 서게 된다. 생일로 보아 갑목(甲木)이 사령(司令)하므로 상관격(傷官格)이다. 그리고 월상병화(月上丙火)는 년지오화(年支午火)에 근(根)하고 일시지(日時支) 양축토(兩丑土)기 계수일주(癸水日柱)를 극(剋)하므로 종살격(從殺格)같이 보인다. 그러나 계수일주(癸水日柱)는 축중계수(丑中癸水)에 근(根)하므로 종(從)하지 않는다. 그러므로 금인수(金印綬)가 용신(用神)이며 수비견겁(水比肩劫)은 희신(喜神)이 된다. 이 사주는 남자(男子)의 사주로서 회사에 다녔으나 운(運)이 없어 승진이 안되어 고생을 많이 하다가 48세 미토대운(未土大運)에 퇴사하여 자영업(自營業)을 하였으나 손해를 많이 보았고 53세 임수대운(壬水大運)에는 돈을 많이 벌었으나 자식(子息) 한 명을 잃게 된 사주다. 자식(子息)을 잃게 된 것은 계수일주(癸水日柱)의 자식(子息)은 관살(官殺)인데 일시지(日時支) 양축토(兩丑土)가 자식(子息)이며 그 축토(丑土)들은 계축(癸丑) 백호관살(白虎官殺)이므로 백호관살(白虎官殺)의 자식(子息)이 있는 사람은 항상 자손액(子孫厄)을 조심해야 하며 년상갑목(年上甲木) 상관(傷官)과 월지(月支) 인중갑목(寅中甲木)이 축토(丑土)를 극(剋)하므로 더욱더 자손액(子孫厄)을 조심해야 한다.

❶ 세운경진년(歲運庚辰年): 신축, 문서
❷ 질병(疾病): 신장(腎臟), 방광(膀胱), 풍질(風疾)
❸ 남녀성격: (남) 털털한 성격, 근면 성실, 지혜롭다, 지구력 있다, 근심 많다, 처궁불미, 준법정신, 새벽잠이 없다
　　　　　　(여) 남자 같은 시원한 성격, 새것을 좋아함, 이성수신, 애교 많다, 정부, 재가, 부궁불미, 남자들의 인기

세운 · 질병 · 남녀성격의 해설 (歲運 · 疾病 · 男女性格의 解說)

❶ 세운경진년(歲運庚辰年)= ※신축, 문서는 ※세운경진년(歲運庚辰年)의 경금(庚金)은 계수일주(癸水日柱)의 인수(印綬)로 세운(歲運)에서 인수운(印綬運)이 들어오면 ※집을 짓는다든가 또는 증축을 한다든가 또는 사업체를 벌리는 일이 많다.

❷ 질병(疾病)은 일주(日柱)에서 발생(發生)한다.

❸ 남녀성격은 일주(日柱)에서 발생(發生)한다.

경진년(庚辰年)

53년(음) 12월 3일 해(亥)시 남자

癸	癸	乙	癸
亥	亥	丑	巳

51	41	31	21	11	1
己	庚	辛	壬	癸	甲
未	申	酉	戌	亥	子

이 사주는 계수일주(癸水日柱)가 동계축월(冬季丑月)에 출생하여 실시(失時)하고 축중계수(丑中癸水)가 년시상(年時上)에 투출(透出)하였으며 일시지(日時支) 양해수(兩亥水)가 있어 일주(日柱)는 신왕사주(身旺四柱)다. 신왕사주(身旺四柱)에는 일주(日柱)를 제(制)하는 관살(官殺)이나 식신상관(食神傷官)으로 설기(泄氣)함이 좋은데 축중기토(丑中己土) 편관(偏官)으로 용신(用神)하고자 하나 그 기토(己土)는 습토(濕土)며 수(水)로 화(化)하여 용신(用神)으로는 약(弱)하므로 용신(用神)으로 쓸 수가 없다. 용신(用神)이 약(弱)할 때에는 용신(用神)을 돕는 자가 용신(用神)인데 다행히 년지사중(年支巳中) 병화재(丙火財)가 있어 사중(巳中) 병화재(丙火財)로 용신(用神)한다. 이 사주는 남자(男子)의 사주로서 사업을 경영하였으나 운(運)이 없어 고생을 많이 하다가 41세 경금대운(庚金大運)에 월상을목(月上乙木)과 을경합(乙庚合)으로 합거(合去)되어 재산을 탕진하고 처와 이혼하고 빌딩 경비원으로 일하고 있는 사주다. 처궁(妻宮)이 부실한 것은 남자(男子) 사주에 비견겁(比肩劫)이 태왕(太旺)이면 처궁(妻宮)이 부실하여 재혼하거나 혼자 사는 사람들이 많다.

❶ 세운경진년(歲運庚辰年): 신축, 문서, 신경과민
❷ 질병(疾病): 심장(心臟), 냉(冷)
❸ 남녀성격: (남) 털털한 성격, 차분한 성격, 마음이 깊다, 외유내강, 타인 존경, 준법정신, 영리하다, 총명하다, 연구심, 노력으로 끝을 본다, 장수한다, 신앙심
　　　　　　(여) 남자 같은 시원한 성격, 새것을 좋아함, 부군 덕, 부궁불미, 독수공방, 정부, 재가, 친정형제 걱정 많이 한다, 자손귀자, 돈이 잘 빠져나감, 신앙심

☯ 세운·질병·남녀성격의 해설(歲運·疾病·男女性格의 解說)

❶ 세운경진년(歲運庚辰年)= ※신축, 문서, 신경과민은 ※세운경진년(歲運庚辰年)의 경금(庚金)은 계수일주(癸水日柱)의 인수(印綬)로 세운(歲運)에서 인수운(印綬運)이 들어오면 ※집을 짓는다든가 또는 증축을 한다든가 또는 사업체를 벌리는 일이 많다. 그리고 ※신경과민은 ※세운경진년(歲運庚辰年)의 진토(辰土)는 일지해수(日支亥水)와 진해(辰亥)로 귀문관살(鬼門關殺)이 되므로 세운(歲運)에서 일지(日支) 귀문(鬼門) 관살운(關殺運)이 들어오면 ※그해에는 모든 일에 신경을 많이 쓰게 된다.

❷ 질병(疾病)은 일주(日柱)에서 발생(發生)한다.

❸ 남녀성격은 일주(日柱)에서 발생(發生)한다.

경진년(庚辰年)

53년(음) 8월 12일 신(申)시 여자

<table>
<tr><td>庚</td><td>癸</td><td>辛</td><td>癸</td></tr>
<tr><td>申</td><td>酉</td><td>酉</td><td>巳</td></tr>
</table>

56	46	36	26	16	6
丁	丙	乙	甲	癸	壬
卯	寅	丑	子	亥	戌

이 사주는 계수일주(癸水日柱)가 중추유월(中秋酉月)에 출생하여 득령(得令)하고 유중신금(酉中辛金)이 월상(月上)에 투출(透出)하여 인수격(印綬格)이다. 그리고 시간지(時干支) 경신인수(庚申印綬)와 일지유금(日支酉金)이 있어 일주(日柱)는 신왕사주(身旺四柱)다. 신왕사주(身旺四柱)에는 관살(官殺)로 일주(日柱)를 제(制)함이 좋은데 일주(日柱)를 제(制)하는 관살(官殺)은 없고 년지사중(年支巳中) 병화재(丙火財)가 있어 병화재(丙火財)로 용신(用神)한다. 그러므로 사중(巳中) 병화재(丙火財)가 용신(用神)이며 목상관(木傷官)은 희신(喜神)이 된다. 이 사주는 여자(女子)의 사주로서 사업을 경영하였으나 운(運)이 없이 고생을 많이 하다가 46세 병화대운(丙火大運)에 월상신금(月上辛金과 병신합(丙辛合)으로 합거(合去)되어 재산을 탕진하고 남편과 이혼하고 혼자 살다가 51세 인목대운(寅木大運)에 귀인(貴人)의 도움을 받아 사업을 재기하여 재산을 복구하고 사업이 승승장구(乘勝長驅)하며 수억금을 벌어 잘살고 있는 사주다.

❶ 세운경진년(歲運庚辰年): 이별수, 신축, 문서
❷ 질병(疾病): 신장(腎臟), 심장(心臟), 방광(膀胱), 냉(冷)
❸ 남녀성격: (남) 털털한 성격, 성격이 까다롭다, 매사 철두철미, 박력이 모자란다, 영리하다, 총명하다, 암기력, 남에게 잘함, 호인이다, 고독자초, 처 덕 있다
      (여) 남자 같은 시원한 성격, 새것을 좋아함, 정이 많다, 부궁불미, 정부, 인덕 없다, 눈물 많다

세운·질병·남녀성격의 해설(歲運·疾病·男女性格의 解說)

❶ 세운경진년(歲運庚辰年)= ※이별수, 신축, 문서는 ※세운경진년(歲運庚辰年)의 경금(庚金)은 계수일주의 인수(印綬)로 신왕(身旺)한 여자(女子) 사주에 세운(歲運)에서 인수운(印綬運)이 들어오면 ※가정에 불화가 많이 생긴다든가 또는 남편과 떨어져 산다든가 또는 이혼을 한다든가 또는 남편이 사망하는 수도 있다. 그리고 ※신축, 문서는 ※세운경진년(歲運庚辰年)의 경금(庚金)은 계수일주(癸水日柱)의 인수(印綬)로 세운(歲運)에서 인수운(印綬運)이 들어오면 ※집을 짓는다든가 또는 증축을 한다든가 또는 사업체를 벌리는 일이 많다.

❷ 질병(疾病)은 일주(日柱)에서 발생(發生)한다.

❸ 남녀성격은 일주(日柱)에서 발생(發生)한다.

경진년(庚辰年)

53년(음) 6월 21일 묘(卯)시 여자

乙	癸	己	癸
卯	未	未	巳

53	43	33	23	13	3
乙	甲	癸	壬	辛	庚
丑	子	亥	戌	酉	申

이 사주는 계수일주(癸水日柱)가 하계미월(夏季未月)에 출생하여 실시(失時)하고 미중기토(未中己土)가 월상(月上)에 투출(透出)하여 편관격(偏官格)이다. 미월(未月)은 토(土)라 하나 화기(火氣)가 염열(炎熱)하고 년지사화(年支巳火)와 사미(巳未)로 화국(火局)을 이루어 재살(財殺)이 태왕(太旺)이다. 계수일주(癸水日柱)는 무근(無根)이며 자좌(自坐) 미중기토(未中己土) 살지(殺地)에 앉았으며 년상계수(年上癸水) 비견(比肩)이 있다 하나 그 비견(比肩)도 무근(無根)이며 자좌절지(自坐絶地)에 앉아 계수일주를 도울 힘이 없다. 그러므로 이 사주는 종살격(從殺格)같이 보이나 쇠극격(衰極格)에 해당한다. 쇠(衰)한 자는 상관식신(傷官食神)으로 설기(泄氣)하여 더욱더 쇠(衰)하게 하는 동시 일주(日柱)를 극(剋)하는 관살(官殺)을 제(制)하여야 하기 때문에 목(木) 상관식신(傷官食神)이 용신(用神)이며 화재(火財)는 희신(喜神)이 된다. 이 사주는 여자(女子)의 사주로서 보험설계사를 하였으나 초년운(初年運)이 없어 고생을 많이 하다가 53세 을목대운(乙木大運)에 부동산에 투자하여 용신운(用神運)이 들어와 돈을 많이 벌어 잘살고 있는 사주다.

❶ 세운경진년(歲運庚辰年): 신축, 문서, 손재, 불성
❷ 질병(疾病): 신장(腎臟), 비(脾), 위(胃)
❸ 남녀성격: (남) 털털한 성격, 의리 있다, 신용 있다, 인내심, 지구력, 순진하다, 심술 많다, 꾸준히 노력으로 결실, 성격이 까다롭다, 옷에 신경, 신앙심, 편식, 처궁불미
　　　　　(여) 남자 같은 시원한 성격, 새것을 좋아함, 남편복이 없다, 정부, 재가, 인덕 없다

🔵 세운·질병·남녀성격의 해설(歲運·疾病·男女性格의 解說)

❶ 세운경진년(歲運庚辰年)= ※신축, 문서, 손재, 불성은 ※세운경진년(歲運庚辰年)의 경금(庚金)은 계수일주(癸水日柱)의 인수(印綬)로 세운(歲運)에서 인수운(印綬運)이 들어오면 ※집을 짓는다든가 또는 증축을 한다든가 또는 사업체를 벌리는 일이 많다. 그리고 ※손재, 불성은 ※세운경진년(歲運庚辰年)의 경금(庚金)은 계수일주의 인수(印綬)로 종(從)하는 사주에 세운에서 인수운(印綬運)이 들어오면 ※손재수를 조심해야 하며 또는 모든 일이 잘 풀리지 않고 대차계약도 잘 이루어지지 않는다.

❷ 질병(疾病)은 일주(日柱)에서 발생(發生)한다.

❸ 남녀성격은 일주(日柱)에서 발생(發生)한다.

경진년(庚辰年)

53년(음) 5월 1일 유(酉)시 남자

辛	癸	戊	癸
酉	巳	午	巳

52	42	32	22	12	2
己	戊	丁	丙	乙	甲
酉	申	未	午	巳	辰

이 사주는 계수일주(癸水日柱)가 중하오월(中夏午月)에 출생하여 실시(失時)하고 년일지(年日支) 양사화(兩巳火)로 화국(火局)을 이루었고 월상무토(月上戊土)가 투출(透出)하여 재살(財殺)이 태왕(太旺)이다. 그러나 계수일주(癸水日柱)는 시지유금(時支酉金) 인수(印綬)와 유중신금(酉中辛金)이 시상(時上)에 두출(透出)하였으나 일주(日柱)는 신약사주(身弱四柱)로서 재(財)가 왕(旺)하므로 수비견겁(水比肩劫)이 용신(用神)이며 금인수(金印綬)는 희신(喜神)이 된다. 이 사주는 남자(男子)의 사주로서 회사에 근무하다가 승진(昇進)이 안되어 퇴사하고 42세 계수대운(癸水大運)에 사업을 경영하여 월상무토(月上戊土)와 무계합(戊癸合)으로 합거(合去)되어 재산을 탕진하고 그 이후로도 운(運)이 없어 고생을 많이 하다가 52세 임자대운(壬子大運)에 사업이 번창하여 수억금을 벌어 잘 살고 있는 사주며 앞으로 신해대운(辛亥大運)에도 운(運)이 좋아 승승장구(乘勝長驅)하리라고 생각된다. 그리고 남자(男子) 사주에 계수일주(癸水日柱)가 화토재살(火土財殺)이 태왕(太旺)이면 치질(痔疾), 임질(淋疾), 비색증(鼻塞症)을 조심해야 한다.

❶ 세운경진년(歲運庚辰年): 신축, 문서, 관재, 손재, 신액
❷ 질병(疾病): 비뇨기(泌尿器), 장(臟)
❸ 남녀성격: (남) 털털한 성격, 인정 많다, 처세가 좋다, 외유내강, 자기실속, 욕심 많다, 영리하다, 처 덕 있다, 자손귀자, 학업장애
　　　　　　(여) 남자 같은 시원한 성격, 새것을 좋아함, 부궁불미, 이성고민, 정부, 재복 있다

🌀 **세운 · 질병 · 남녀성격의 해설**(歲運 · 疾病 · 男女性格의 解說)

❶ 세운경진년(歲運庚辰年)= ※신축, 문서, 관재, 손재, 신액은 ※세운경진년(歲運庚辰年)의 경금(庚金)은 계수일주(癸水日柱)의 인수(印綬)로 세운(歲運)에서 인수운(印綬運)이 들어오면 ※**집을 짓는다든가 또는 증축을 한다든가 또는 사업체를 벌리는 일이 많다.** 그리고 ※관재, 손재, 신액은 ※세운경진년(歲運庚辰年)의 진토(辰土)는 계수일주(癸水日柱)의 정관(正官)으로 원명사주(源命四柱)에 재살(財殺)이 왕(旺)한데 세운(歲運)에서 재(財)나 관살운(官殺運)이 들어오면 ※**관재수를 조심해야 하며 또는 손재수를 조심해야 하며 또는 건강을 조심해야 한다.**

❷ 질병(疾病)은 일주(日柱)에서 발생(發生)한다.

❸ 남녀성격은 일주(日柱)에서 발생(發生)한다.

경진년 (庚辰年)

53년(음) 1월 8일 술(戌)시 여자

壬	癸	甲	癸
戌	卯	寅	巳

54	44	34	24	14	4
庚	己	戊	丁	丙	乙
申	未	午	巳	辰	卯

이 사주는 계수일주(癸水日柱)가 초봄 인월(寅月)에 출생하여 실시(失時)하고 인중갑목(寅中甲木)이 월상(月上)에 투출(透出)하여 상관격(傷官格)이다. 그리고 일지묘목(日支卯木)과 묘인(卯寅)으로 목국(木局)을 이루어 상관식신(傷官食神)이 태왕이며 년지(年支) 사화재(巳火財)와 시지(時支) 술중무토(戌中戊土) 정관(正官)이 있어 일주(日柱)가 심약(甚弱)하다. 계수일주는 무근(無根)이며 자좌묘목(自坐卯木)에 설기(泄氣)가 심(甚)하고 시상임수(時上壬水) 비겁(比劫)은 술중무토(戌中戊土)에 자좌살지(自坐殺地)에 앉았고 년상계수(年上癸水) 비견(比肩)도 무근(無根)이며 자좌절지(自坐絶地)에 앉아 일주를 도울 힘이 없다. 그러므로 수생목(水生木) 목생화(木生火) 화생토(火生土)로 종살격(從殺格)이다. 그러므로 술중무토(戌中戊土) 정관(正官)이 용신(用神)이며 화재(火財)는 희신(喜神)이 된다. 이 사주는 여자의 사주로서 초년(初年)부터 사업을 시작하여 운(運)이 잘 들어와 돈을 많이 벌었으며 44세 기토대운(己土大運)에 월상갑목(月上甲木)과 갑기합(甲己合)으로 합거(合去)되어 손해를 많이 보았으나 49세 미토대운(未土大運)에 수억금을 벌은 사주다.

❶ 세운경진년(歲運庚辰年): 신축, 문서, 손재, 불성, 신액
❷ 질병(疾病): 풍질(風疾), 신장(腎臟), 방광(膀胱), 냉(冷)
❸ 남녀성격: (남) 털털한 성격, 만인 신망, 영리하다, 인자하다, 남에게 잘함, 준법정신, 고집
　　　　　대단, 식복 있다, 처궁불미, 처 덕 있다, 소심하다, 운동 잘함, 마음 약
　　　　　(여) 남자 같은 시원한 성격, 새것을 좋아함, 부궁불미, 자손근심, 정부, 재가,
　　　　　애교 많다, 생리통이 심하다, 침착하다, 인내심, 눈물 많다, 인덕 있다

세운 · 질병 · 남녀성격의 해설 (歲運 · 疾病 · 男女性格의 解說)

❶ 세운경진년(歲運庚辰年)= ※신축, 문서, 손재, 불성, 신액은 ※세운경진년(歲運庚辰年)의 경금(庚金)은 계수일주의 인수(印綬)로 세운에서 인수운(印綬運)이 들어오면 ※집을 짓는다든가 또는 증축을 한다든가 또는 사업체를 벌리는 일이 많다. 그리고 ※손재, 불성, 신액은 ※세운경진년(歲運庚辰年)의 경금(庚金)은 계수일주의 인수(印綬)로 종(從)하는 사주에 세운에서 인수운(印綬運)이 들어오면 ※손재수를 조심해야 하며 또는 모든 일이 잘 풀리지 않고 대차계약도 잘 이루어지지 않으며 또는 건강을 조심해야 한다.

❷ 질병(疾病)은 일주(日柱)에서 발생(發生)한다.

❸ 남녀성격은 일주(日柱)에서 발생(發生)한다.

경진년 (庚辰年)

乙	癸	甲	癸
卯	卯	寅	巳

56	46	36	26	16	6
戊	己	庚	辛	壬	癸
申	酉	戌	亥	子	丑

이 사주는 계수일주(癸水日柱)가 초봄 인월(寅月)에 출생하여 실시(失時)하고 인중갑목(寅中甲木)이 월상(月上)에 투출(透出)하여 상관격(傷官格)이다. 그리고 일시지(日時支) 양묘목(兩卯木)과 시상을목(時上乙木)이 투출(透出)하여 상관식신(傷官食神)이 대왕(太旺)이며 년지(年支) 사화재(巳火財)가 있어 일주(日柱)가 심약(甚弱)하다. 계수일주(癸水日柱)는 무근(無根)이며 자좌묘목(自坐卯木)에 설기(泄氣)가 심(甚)하고 년상계수(年上癸水) 비견(比肩)이 있다 하나 그 비견(比肩)도 무근(無根)이며 자좌사화(自坐巳火)에 절지(絶地)에 앉아 일주(日柱)를 도울 힘이 없다. 그러므로 이 사주는 수생목(水生木) 목생화(木生火)로 종재격(從財格)같이 보이나 쇠극격(衰極格)에 해당하므로 쇠(衰)한 자는 상관식신(傷官食神)으로 설기(泄氣)하여 더욱더 쇠(衰)하게 하는 동시 일주(日柱)를 극(剋)하는 관살(官殺)을 제(制)하여야 하기 때문에 월상갑목(月上甲木) 상관(傷官)이 용신(用神)이며 화재(火財)는 희신(喜神)이 된다. 이 사주는 남자(男子)의 사주로서 기술은 좋으나 운(運)이 없어 고생을 많이 하고 있는 사주다.

❶ 세운경진년(歲運庚辰年): 신축, 문서, 자손액

❷ 질병(疾病): 풍질(風疾), 신장(腎臟), 방광(膀胱), 냉(冷)

❸ 남녀성격: (남) 털털한 성격, 만인 신망, 영리하다, 인자하다, 남에게 잘함, 준법정신, 고집 대단, 식복 있다, 처궁불미, 처 덕 있다, 소심하다, 운동 잘함, 마음 약

(여) 남자 같은 시원한 성격, 새것을 좋아함, 부궁불미, 자손근심, 정부, 재가, 애교 많다, 생리통이 심하다, 침착하다, 인내심, 눈물 많다, 인덕 있다

◉ 세운·질병·남녀성격의 해설(歲運·疾病·男女性格의 解說)

❶ 세운경진년(歲運庚辰年)= ※신축, 문서, 자손액은 ※세운경진년(歲運庚辰年)의 경금(庚金)은 계수일주(癸水日柱)의 인수(印綬)로 세운에서 인수운(印綬運)이 들어오면 ※집을 짓는다든가 또는 증축을 한다든가 또는 사업체를 벌리는 일이 많다. 그리고 ※자손액은 ※세운경진년(歲運庚辰年)의 진토(辰土)는 계수일주의 정관(正官)으로 남자 사주에 관살(官殺)은 자식이 되므로 남자 사주에 상관식신(傷官食神)이 태왕(太旺)인데 세운에서 관살운(官殺運)이 들어오면 ※자손액을 조심해야 한다.

❷ 질병(疾病)은 일주(日柱)에서 발생(發生)한다.

❸ 남녀성격은 일주(日柱)에서 발생(發生)한다.

경진년 (庚辰年)

53년(음) 9월 22일 축(丑)시 여자

癸	癸	壬	癸
丑	丑	戌	巳

53	43	33	23	13	3
戊	丁	丙	乙	甲	癸
辰	卯	寅	丑	子	亥

이 사주는 계수일주(癸水日柱)가 계추술월(季秋戌月)에 출생하여 실시(失時)하고 일시지(日時支) 양축토(兩丑土)와 년월지(年月支) 사술재관(巳戌財官)이 있어 재살(財殺)이 왕(旺)하다. 그러나 계수일주(癸水日柱)는 년월일시(年月日時) 수(水)로 천원일기(天元一氣)를 이루었으나 년월(年月) 임계수(壬癸水)는 자좌살지(自坐殺地) 절지(絶地)에 앉아 힘이 없으며 일시상(日時上) 양계수(兩癸水)도 축중계수(丑中癸水)에 근(根)한다고 하나 그래도 약(弱)하므로 신약사주(身弱四柱)다. 그러므로 금인수(金印綬)가 용신(用神)이며 수비견겁(水比肩劫)은 희신(喜神)이 된다. 이 사주는 여자(女子)의 사주로서 어려서부터 국악(國樂)을 하였으나 초년(初年)부터 운(運)이 없어 실력을 발휘 못하고 학원(學院)을 경영하였으나 43세 정화대운(丁火大運)에 월상임수(月上壬水)와 정임합(丁壬合)으로 합거(合去)되어 재산을 탕진하고 남편과 이혼(離婚)하고 혼자서 살고 있는 사주다. 월간지(月干支) 임술(壬戌)과 일시간지(日時干支) 계축(癸丑)은 모두 백호관살(白虎官殺)이므로 여자(女子) 사주에 백호관살(白虎官殺)이 있으면 부궁(夫宮)이 부실하여 남편(男便)이 횡사(橫死)한다든가 그렇지 않으면 이혼(離婚)하는 사람들이 많다. 이 사주도 재혼(再婚)하였으나 그래도 부궁(夫宮)이 좋지 않아 혼자 살고 있는 사주다.

---

❶ 세운경진년(歲運庚辰年): 신축, 문서
❷ 질병(疾病): 신장(腎臟) 방광(膀胱) 풍질(風疾)
❸ 남녀성격: (남) 털털한 성격, 근면 성실, 지혜롭다, 지구력 있다, 근심 많다, 처궁불미, 준
　　　　　　 법정신, 새벽잠이 없다
　　　　　 (여) 남자 같은 시원한 성격, 새것을 좋아함, 이성수신, 애교 많다, 정부, 재가,
　　　　　　 부궁불미, 남자들의 인기

◑ 세운·질병·남녀성격의 해설 (歲運·疾病·男女性格의 解說)

❶ 세운경진년(歲運庚辰年)= ※신축, 문서는 ※세운경진년(歲運庚辰年)의 경금(庚金)은 계수일주(癸水日柱)의 인수(印綬)로 세운(歲運)에서 인수운(印綬運)이 들어오면 ※집을 짓는다든가 또는 증축을 한다든가 또는 사업체를 벌리는 일이 많다.

❷ 질병(疾病)은 일주(日柱)에서 발생(發生)한다.

❸ 남녀성격은 일주(日柱)에서 발생(發生)한다.

신사년
(辛巳年)

신사년 (辛巳年)

64년(음) 10월 8일 자(子)시 남자

甲	甲	乙	甲
子	子	亥	辰

59	49	39	29	19	9
辛	庚	己	戊	丁	丙
巳	辰	卯	寅	丑	子

이 사주는 갑목일주(甲木日柱)가 초겨울 해월(亥月)에 출생하여 득령(得令)하고 해중갑목(亥中甲木)이 년시상(年時上)에 투출(透出)하고 지지(地支)는 자진해자(子辰亥子)로 전수국(全水局)을 이루고 천간(天干)은 목(木) 천원일기(天元一氣)를 이루어 일주(日柱)가 신왕(身旺)이다. 신왕사주(身旺四柱)에는 일주(日柱)를 제(制)하는 관살(官殺)이나 상관식신(傷官食神)으로 설기(泄氣)함이 좋은데 년지(年支) 진중무토(辰中戊土) 편재(偏財)가 있다고 하나 그 진토(辰土)는 습토(濕土)이며 자진(子辰)으로 수국(水局)으로 화(化)하여 용신(用神)으로 쓸 수가 없다. 그러므로 이 사주는 종강격(從强格)으로 비견겁(比肩劫)이 용신(用神)이며 수인수(水印綬)는 희신(喜神)이 된다. 이 사주는 남자(男子)의 사주로서 공부를 많이 하여 인목대운(寅木大運)에 의대(醫大) 교수(教授)로 취임한 사주다. 그런데 갑목일주(甲木日柱)는 비견겁(比肩劫)이 태왕(太旺)이고 년지(年支) 진토재(辰土財)는 약(弱)한데 남자(男子) 사주에 재(財)는 돈도 되고 처(妻)도 되므로 많은 비견겁(比肩劫)이 약(弱)한 재(財)를 극(剋)하므로 처궁(妻宮)이 부실하여 재혼(再婚)하거나 혼자 사는 사람들이 많다.

❶ 세운신사년(歲運辛巳年): 내외불화
❷ 질병(疾病): 간(肝), 풍(風), 냉(冷), 저혈압(低血壓), 비색증(鼻塞症), 중풍(中風)
❸ 남녀성격: (남) 의지 굳다, 무뚝뚝하다, 웃음이 적다, 냉정하다, 임사즉결, 멋쟁이, 권모술수, 눈치가 빠르다, 신경 예민, 처궁불미
　　　　　　(여) 의지 굳다, 인자함, 무뚝뚝하다, 웃음이 적다, 부궁불미

세운 · 질병 · 남녀성격의 해설(歲運 · 疾病 · 男女性格의 解說)

❶ 세운신사년(歲運辛巳年)= ※내외불화는 ※세운신사년(歲運辛巳年)의 신금(辛金)은 갑목일주(甲木日柱)의 정관(正官)으로 세운(歲運)에서 일주(日柱)를 극(剋)하는 운(運)이 들어오면 ※집에서나 밖에서나 윗사람이나 아랫사람이나 불화가 많이 생긴다.

❷ 질병(疾病)은 간, 풍, 냉, 저혈압은 일주(日柱)에서 발생(發生)하며 ※비색증, 중풍은 ※원명사주(源命四柱)에 갑목일주(甲木日柱)가 해월(亥月)에 출생하면 ※축농증이나 비염, 코막힘을 조심해야 하며 술을 많이 마시면 중풍을 조심해야 한다.

❸ 남녀성격은 일주(日柱)에서 발생(發生)한다.

신사년 (辛巳年)

52년(음) 11월 18일 인(寅)시 남자

丙	甲	壬	壬
寅	寅	子	辰

51	41	31	21	11	1
戊	丁	丙	乙	甲	癸
午	巳	辰	卯	寅	丑

이 사주는 갑목일주(甲木日柱)가 중동자월(中冬子月)에 출생하여 득령(得令)하고 년월(年月) 양임수(兩壬水)가 투출(透出)하여 그 임수(壬水)는 자진수국(子辰水局)에 근(根)하고 갑목일주(甲木日柱)는 일시지(日時支) 양인목(兩寅木)에 록근(祿根)하여 일주(日柱)가 신왕사주(身旺四柱)다. 신왕사주(身旺四柱)에는 관살(官殺)로 일주(日柱)를 제(制)하거나 상관식신(傷官食神)으로 설기(泄氣)함이 좋은데 일주(日柱)를 제(制)하는 관살(官殺)은 없고 다행히 시상(時上)에 병화식신(丙火食神)이 투출(透出)하여 그 병화식신(丙火食神)은 자좌(自坐) 인중병화(寅中丙火)에 근(根)하므로 아름답다. 그러므로 병화식신(丙火食神)으로 용신(用神)한다. 이런 사주는 가상관격(假傷官格)이라고 한다. 이 사주는 남자(男子)의 사주로서 가상관격(假傷官格)을 놓는 사람은 교수(敎授)나 교육계(敎育界)쪽으로 직업을 많이 갖는데 이 사주는 금융감독원에서 일하고 있는 사주다. 초년(初年)에는 운(運)이 없어 평범하게 지내다가 46세 사화대운(巳火大運)부터 운(運)이 잘 들어와 승진(昇進)하면서 승승장구(乘勝長驅)하고 있는 사주다.

❶ 세운신사년(歲運辛巳年): 관재, 수술, 내외불화
❷ 질병(疾病): 간(肝), 위산과다(胃酸過多)
❸ 남녀성격: (남) 의지 굳다, 무뚝뚝하다, 웃음이 적다, 고집 대단, 영리하다, 두령격, 일독십지, 인정 있다, 인내심 부족, 용기 있다, 청백지인, 남을 무시한다
　　　　　　(여) 의지 굳다, 무뚝뚝하다, 웃음이 적다, 부궁불미, 독수공방, 정부, 남에게 잘함, 돈이 잘 빠져나감, 친정형제 걱정

🔵 세운 · 질병 · 남녀성격의 해설 (歲運 · 疾病 · 男女性格의 解說)

❶ 세운신사년(歲運辛巳年)= ※관재, 수술, 내외불화는 ※세운신사년(歲運辛巳年)의 사화(巳火)는 일지인목(日支寅木)과 사인(巳寅)으로 형살(刑殺)이 되므로 세운(歲運)에서 일지(日支) 형살운(刑殺運)이 들어오면 ※관재수를 조심해야 하며 또는 수술을 조심해야 한다. 그리고 ※내외불화는 ※세운신사년(歲運辛巳年)의 신금(辛金)은 갑목일주(甲木日柱)의 정관(正官)으로 세운(歲運)에서 일주(日柱)를 극(剋)하는 운(運)이 들어오면 ※집에서나 밖에서나 윗사람이나 아랫사람이나 불화가 많이 생긴다.

❷ 질병(疾病)은 일주(日柱)에서 발생(發生)한다.

❸ 남녀성격은 일주(日柱)에서 발생(發生)한다.

신사년 (辛巳年)

58년(음) 6월 10일 진(辰)시 남자

戊	甲	己	戊
辰	辰	未	戌

54	44	34	24	14	4
乙	甲	癸	壬	辛	庚
丑	子	亥	戌	酉	申

이 사주는 갑목일주(甲木日柱)가 하계미월(夏季未月)에 출생하여 실시(失時)하고 미중기토(未中己土)가 월상(月上)에 투출(透出)하여 정재격(正財格)이다. 그리고 지지(地支)는 미술진진(未戌辰辰)으로 전토국(全土局)을 이루었고 월시상(月時上) 양무토(兩戊土)가 투출(透出)하여 사주 전체가 토재(土財)로 되어 있다. 그러므로 갑목일주(甲木日柱)는 신중을복(辰中乙木)에 근(根)하여 재다신약(財多身弱)으로 비겁(比劫)이 용신(用神) 같기도 하고 또한 사주에 재(財)가 많아 종재(從財) 같기도 하다. 그러나 이 사주는 월상기토(月上己土)와 갑목일주(甲木日柱)는 갑기합토(甲己合土)로 토(土)로 화(化)하여 화신토(化神土)가 넘쳐난다. 그러므로 화신토(化神土)가 용신(用神)이며 화상관(火傷官)은 희신(喜神)이 된다. 이 사주는 남자(男子)의 사주로서 술토대운(戌土大運)에 농협에 근무하였으나 운(運)이 없어 승진(昇進)이 안되어 44세 갑목대운(甲木大運)에 사업을 경영하였으나 월상기토(月上己土)와 갑기합(甲己合)으로 합거(合去)되어 재산을 탕진하고 처(妻)와 이혼하고 혼자 살고 있는 사주다. 남자(男子) 사주에 재(財)는 돈도 되고 처(妻)도 되는데 재(財)가 많으면 오히려 없으므로 결혼을 늦게 한다든가 재혼하는 일이 많다.

❶ 세운신사년(歲運辛巳年): 관재, 손재, 신액, 내외불화
❷ 질병(疾病): 간(肝), 풍(風), 위(胃)
❸ 남녀성격: (남) 의지 굳다, 무뚝뚝하다, 웃음이 적다, 강직하다, 처궁불미, 신앙심, 재복 있다, 처 덕 있다, 재간 있다, 창의력, 이상적인 아이디어가 있다
　　　　　(여) 의지 굳다, 무뚝뚝하다, 웃음이 적다, 시모불합, 부궁불미, 정부

세운 · 질병 · 남녀성격의 해설 (歲運 · 疾病 · 男女性格의 解說)

❶ 세운신사년(歲運辛巳年)= ※관재, 손재, 신액, 내외불화는 ※세운신사년(歲運辛巳年)의 신금(辛金)은 갑목일주(甲木日柱)의 정관(正官)으로 원명사주(源命四柱)에 재(財)나 관살(官殺)이 왕(旺)한데 세운(歲運)에서 재(財)나 관살운(官殺運)이 들어오면 ※관재수를 조심해야 하며 또는 손재수를 조심해야 하며 또는 건강을 조심해야 한다. 그리고 ※내외불화는 ※세운신사년(歲運辛巳年)의 신금(辛金)은 갑목일주(甲木日柱)의 정관(正官)으로 세운(歲運)에서 일주(日柱)를 극(剋)하는 운(運)이 들어오면 ※집에서나 밖에서나 윗사람이나 아랫사람이나 불화가 많이 생긴다.

❷ 질병(疾病)은 일주(日柱)에서 발생(發生)한다.

❸ 남녀성격은 일주(日柱)에서 발생(發生)한다.

신사년 (辛巳年)

54년(음) 5월 7일 진(辰)시 남자

<table>
<tr><td>戊</td><td>甲</td><td>庚</td><td>甲</td></tr>
<tr><td>辰</td><td>午</td><td>午</td><td>午</td></tr>
</table>

60	50	40	30	20	10
丙	乙	甲	癸	壬	辛
子	亥	戌	酉	申	未

이 사주는 갑목일주(甲木日柱)가 중하오월(中夏午月)에 출생하여 실시(失時)하고 년일지(年日支) 양오화(兩午火)로 화국(火局)을 이루어 갑목일주(甲木日柱)가 고목(枯木)이 되는 형상(形象)이다. 그리고 시간지(時干支) 무진토(戊辰土) 편재(偏財)와 월상경금(月上庚金)이 있어 일주(日柱)가 심약(甚弱)하다. 갑목일주(甲木日柱)는 자좌오화(自坐午火)에 설기(泄氣)가 심(甚)하고 년상갑목(年上甲木) 비견(比肩)도 자좌오화(自坐午火)에 설기(泄氣)가 심(甚)하여 갑목일주(甲木日柱)를 도와 줄 힘이 없다. 그러므로 이 사주는 목생화(木生火) 화생토(火生土) 토생금(土生金)으로 종살격(從殺格)이다. 그러므로 월상경금(月上庚金) 편관(偏官)이 용신(用神)이며 토재(土財)는 희신(喜神)이 된다. 이 사주는 남자(男子)의 사주로서 인테리어 기술자인데 기술(技術)은 좋으나 운(運)이 없어 고생을 많이 하였고 45세 술토대운(戌土大運)에 희신운(喜神運)이 들어와 돈을 조금 벌었으나 50세 을목대운(乙木大運)에 월상경금(月上庚金)과 을경합(乙庚合)으로 합거(合去)되어 재산을 탕진하고 힘들게 살고 있는 사주다. 종(從)하는 사주에는 비견겁(比肩劫)이나 인수운(印綬運)이 들어오면 사업을 하는 사람은 백전백패(百戰百敗)며 직장생활을 하는 사람은 근신(勤愼)해야 한다.

❶ 세운신사년(歲運辛巳年): 자손액, 내외불화
❷ 질병(疾病): 간(肝), 장(臟)
❸ 남녀성격: (남) 의지 굳다, 무뚝뚝하다, 남에게 잘함, 지구력 부족, 처궁불미, 용두사미, 성실하다, 인덕 없다
　　　　　　(여) 의지 굳다, 인정 있다, 부궁불미, 정부, 남자의 근심

🔵 세운·질병·남녀성격의 해설 (歲運·疾病·男女性格의 解說)

❶ 세운신사년(歲運辛巳年)= ※자손액, 내외불화는 ※세운신사년(歲運辛巳年)의 사화(巳火)는 갑목일주(甲木日柱)의 식신(食神)으로 원명사주(源命四柱)에 상관식신(傷官食神)이 태왕(太旺)이고 관살(官殺)이 쇠약(衰弱)한데 세운(歲運)에서 상관(傷官) 식신운(食神運)이 들어오면 ※**자손액을 조심해야 한다.** 그리고 ※**내외불화**는 ※세운신사년(歲運辛巳年)의 신금(辛金)은 갑목일주(甲木日柱)의 정관(正官)으로 세운(歲運)에서 일주(日柱)를 극(剋)하는 운(運)이 들어오면 ※**집에서나 밖에서나 윗사람이나 아랫사람이나 불화가 많이 생긴다.**

❷ 질병(疾病)은 일주(日柱)에서 발생(發生)한다.

❸ 남녀성격은 일주(日柱)에서 발생(發生)한다.

신사년 (辛巳年)

庚	甲	丁	丙
午	申	酉	申

52	42	32	22	12	2
辛	壬	癸	甲	乙	丙
卯	辰	巳	午	未	申

이 사주는 갑목일주(甲木日柱)가 중추유월(中秋酉月)에 출생하여 실시(失時)하고 년일지(年日支) 양신금(兩申金)과 신궁경금(申宮庚金)이 시상(時上)에 투출(透出)하여 관살(官殺)이 태왕(太旺)이다. 그리고 년월(年月) 병정화(丙丁火)는 시지오화(時支午火)에 근(根)하여 한편으로는 상관식신(傷官食神)에 설기(泄氣)가 심(甚)하고 한편으로는 관살(官殺)에 극(剋)을 받으니 일주(日柱)가 심약(甚弱)하며 갑목일주(甲木日柱)를 도와주는 인수(印綬)와 비견겁(比肩劫)은 하나도 없으므로 이 사주는 쇠극격(衰極格)에 해당한다. 쇠(衰)한 자는 상관식신(傷官食神)으로 설기(泄氣)하여 더욱더 쇠(衰)하게 하는 동시 일주(日柱)를 극(剋)하는 관살(官殺)을 제(制)하여야 하기 때문에 상관식신(傷官食神)이 용신(用神)이며 토재(土財)는 희신(喜神)이 된다. 그리고 이 사주는 여자(女子)의 사주로서 사업을 경영하여 37세 사화대운(巳火大運)에 수억금을 벌었으나 42세 임수대운(壬水大運)에 월상정화(月上丁火)와 정임합(丁壬合)으로 합거(合去)되어 재산을 탕진하고 남편과 이혼하고 힘들게 살고 있는 사주다.

❶ 세운신사년(歲運辛巳年): 이별수, 관재, 손재, 신액

❷ 질병(疾病): 간(肝), 담(膽)

❸ 남녀성격: (남) 의지 굳다, 무뚝뚝하다, 웃음이 적다, 소식한다, 다재다능, 영리하다, 꾀가 많다, 항상 바쁨, 칭찬받기 좋아함

　　　　　(여) 의지 굳다, 무뚝뚝하다, 인자함, 영리하다, 다재다능, 이성 고민 정부, 고독하다, 신경쇠약

세운·질병·남녀성격의 해설 (歲運·疾病·男女性格의 解說)

❶ 세운신사년(歲運辛巳年)= ※이별수, 관재, 손재, 신액은 ※세운신사년(歲運辛巳年)의 신금(辛金)은 갑목일주(甲木日柱)의 정관(正官)으로 원명사주(源命四柱)에 관살(官殺)이 태왕(太旺)인데 세운에서 관살운(官殺運)이 들어오면 ※가정에 불화가 많이 생긴다든가 또는 남편과 떨어져 산다든가 또는 이혼한다든가 또는 남편이 사망하는 수도 있다. 그리고 ※관재, 손재, 신액은 ※세운신사년(歲運辛巳年)의 신금(辛金)은 갑목일주(甲木日柱)의 정관(正官)으로 원명사주(源命四柱)에 관살(官殺)이 태왕(太旺)인데 세운(歲運)에서 재(財)나 관살운(官殺運)이 들어오면 ※관재수를 조심해야 하며 또는 손재수를 조심해야 하며 또는 건강을 조심해야 한다.

❷ 질병(疾病)과 ❸ 남녀성격은 일주(日柱)에서 발생(發生)한다.

신사년 (辛巳年)

58년(음) 5월 10일 사(巳)시 남자

<table>
<tr><td>己</td><td>甲</td><td>戊</td><td>戊</td></tr>
<tr><td>巳</td><td>戌</td><td>午</td><td>戌</td></tr>
</table>

54	44	34	24	14	4
甲	癸	壬	辛	庚	己
子	亥	戌	酉	申	未

이 사주는 갑목일주(甲木日柱)가 중하오월(中夏午月)에 출생하여 실시(失時)하고 지지(地支)는 오술사오(午戌巳午)로 화국(火局)을 이루었고 년월(年月) 양무토(兩戊土)가 투출(透出)하여 재(財)가 태왕(太旺)이다. 그러므로 목생화(木生火) 화생토(火生土)로 종재격(從財格)같이 보인다. 그러나 갑목일주(甲木日柱)는 시상기토(時上己土)와 갑기합토(甲己合土)로 토(土)로 화(化)하였는데 사주 전체가 토(土)로 화신토(化神土)가 왕(旺)하므로 토(土)가 용신(用神)이며 화(火) 상관식신(傷官食神)은 희신(喜神)이 된다. 이 사주는 남자(男子)의 사주로서 은행원으로 근무하였으나 초년(初年)에는 운(運)이 없어 승진도 안 되었으나 39세 술토대운(戌土大運)에 대리로 승진하였으나 그 이후로도 운(運)이 없어 퇴사하고 사업을 경영하였으나 49세 해수대운(亥水大運)에 토용신(土用神)의 절궁(絶宮)으로 사업이 부실하여 재산을 탕진하고 처(妻)와 이혼하고 혼자서 힘들게 살아가고 있는 사주다. 이 사주가 처궁(妻宮)이 부실한 것은 재(財)는 돈도 되고 처(妻)도 되는데 재(財)가 이렇게 많으면 오히려 여자가 없으며 또 년간지(年干支) 무술생(戊戌生)의 공망(空亡)은 시지사화(時支巳火)로서 더욱더 처궁(妻宮)이 부실하므로 이런 사주들은 여자에게 최선을 다해줘야 백년해로(百年偕老)할 수 있다.

---

❶ 세운신사년(歲運辛巳年): 관재, 손재, 신액, 내외불화
❷ 질병(疾病): 간(肝), 담(膽)
❸ 남녀성격: (남) 의지 굳다, 무뚝뚝하다, 웃음이 적다, 인정 있다, 근면하다, 신앙심, 신용 있다, 충실하다, 재복 있다, 처궁불미, 두뇌 명철, 예감이 빠름
　　　　　(여) 의지 굳다, 무뚝뚝하다, 부궁불미, 정부, 재가, 자손근심

🔵 세운 • 질병 • 남녀성격의 해설 (歲運 · 疾病 · 男女性格의 解說)

❶ 세운신사년(歲運辛巳年)= ※관재, 손재, 신액, 내외불화은 ※세운신사년(歲運辛巳年)의 신금(辛金)은 갑목일주(甲木日柱)의 정관(正官)으로 원명사주(源命四柱)에 재(財)가 태왕(太旺)인데 세운(歲運)에서 재(財)나 관살운(官殺運)이 들어오면 ※관재수를 조심해야 하며 또는 손재수를 조심해야 하며 또는 건강을 조심해야 한다. 그리고 ※내외불화는 ※세운신사년(歲運辛巳年)의 신금(辛金)은 갑목일주(甲木日柱)의 정관(正官)으로 세운(歲運)에서 일주(日柱)를 극(剋)하는 운(運)이 들어오면 ※집에서나 밖에서나 윗사람이나 아랫사람이나 불화가 많이 생긴다.

❷ 질병(疾病)과 ❸ 남녀성격은 일주(日柱)에서 발생(發生)한다.

신사년 (辛巳年)

64년(음) 1월 23일 오(午)시 남자

庚	甲	丁	甲
午	寅	卯	辰

60	50	40	30	20	10
癸	壬	辛	庚	己	戊
酉	申	未	午	巳	辰

이 사주는 갑목일주(甲木日柱)가 중춘묘월(中春卯月) 양인월(羊刃月)에 출생하여 득령(得令)하고 지지(地支)는 년월일(年月日) 인묘진(寅卯辰)으로 목국(木局)을 이루었고 년상갑목(年上甲木)이 투출(透出)하여 일주(日柱)는 신왕(身旺)이다. 신왕사주(身旺四柱)에는 관살(官殺)로 일주(口柱)를 제(制)하거나 상관식신(傷官食神)으로 설기(泄氣)함이 좋은데 목(木)이 왕성(旺盛)한 때에는 경금(庚金)으로 목(木)을 제(制)하여야 좋은데 시상경금(時上庚金)으로 용신(用神)하고자 하나 그 경금(庚金)은 년지진토(年支辰土)에 근(根)한다고 하나 그 진토(辰土)는 너무 멀리 있으며 인묘진(寅卯辰) 목국(木局)으로 화(化)하여 시상경금(時上庚金)을 생(生)하여줄 수가 없다. 그리고 또 경금(庚金)은 자좌오화(自坐午火)에 살지(殺地)에 앉아 용신(用神)으로 쓸 수가 없다. 그러므로 월상정화(月上丁火) 상관(傷官)으로 용신(用神)한다. 이런 사주를 가상관격(假傷官格)이라고 한다. 이 사주는 남자(男子)의 사주로서 체육교사(體育教師)로 근무하고 있는 사주다.

❶ 세운신사년(歲運辛巳年): 관재, 수술, 자손액, 내외불화
❷ 질병(疾病): 간(肝), 위산과다(胃酸過多)
❸ 남녀성격: (남) 의지 굳다, 무뚝뚝하다, 웃음이 적다, 고집 대단, 영리하다, 두령격, 일독십지, 인정 있다, 인내심 부족, 용기 있다, 청백지인, 남을 무시한다
　　　　　 (여) 의지 굳다, 무뚝뚝하다, 웃음이 적다, 부궁불미, 독수공방, 정부, 남에게 잘함, 돈이 잘 빠져나감, 친정형제 걱정

☯ 세운 · 질병 · 남녀성격의 해설(歲運 · 疾病 · 男女性格의 解說)

❶ 세운신사년(歲運辛巳年)= ※관재, 수술, 자손액, 내외불화는 ※세운신사년(歲運辛巳年)의 사화(巳火)는 일지인목(日支寅木)과 인사형살(寅巳刑殺)이므로 세운(歲運)에서 일지(日支) 형살운(刑殺運)이 들어오면 ※관재수를 조심해야 하며 또는 수술을 조심해야 한다. 그리고 ※자손액은 ※세운신사년(歲運辛巳年)의 신금(辛金)은 갑목일주(甲木日柱)의 정관(正官)으로 원명사주(源命四柱)에 상관식신(傷官食神)이 태왕(太旺)이고 관살(官殺)이 쇠약(衰弱)한데 세운(歲運)에서 관살운(官殺運)이 들어오면 ※자손액을 조심해야 한다. 그리고 ※내외불화는 ※세운신사년(歲運辛巳年)의 신금(辛金)은 갑목일주(甲木日柱)의 정관(正官)으로 세운(歲運)에서 일주(日柱)를 극(剋)하는 운(運)이 들어오면 ※집에서나 밖에서나 윗사람이나 아랫사람이나 불화가 많이 생긴다.

❷ 질병(疾病)과 ❸ 남녀성격은 일주(日柱)에서 발생(發生)한다.

신사년(辛巳年)

64년(음) 1월 23일 신(申)시 여자

壬	甲	丁	甲
申	寅	卯	辰

51	41	31	21	11	1
辛	壬	癸	甲	乙	丙
酉	戌	亥	子	丑	寅

이 사주는 갑목일주(甲木日柱)가 중춘묘월(中春卯月) 양인월(羊刃月)에 출생하여 득령(得令)하고 년상갑목(年上甲木)은 진중을목(辰中乙木)에 근(根)하고 지지(地支)는 년월일(年月日) 인묘진(寅卯辰)으로 목국(木局)을 이루어 신왕사주(身旺四柱)다. 신왕사주(身旺四柱)에는 관살(官殺)로 일주(日柱)를 제(制)함이 좋은데 다행히 시지(時支) 신궁경금(申宮庚金)이 있어 그 경금편관(庚金偏官)이 용신(用神)이며 토재(土財)는 희신(喜神)이 된다. 이 사주는 여자(女子)의 사주로서 체육(體育)을 전공하여 체육선수였으나 운(運)이 없어 운동을 그만두고 체육관을 경영하였는데 운(運)이 없어 고생을 많이 하다가 46세 술토대운(戌土大運)에 체육관을 그만두고 음식업을 개업하여 사업이 번창하여 돈을 많이 벌었으며 앞으로 신유대운(辛酉大運)에도 용신운(用神運)이 들어와 크게 성공하리라고 본다. 그러나 일시(日時)가 인신충(寅申沖)이며 년간지(年干支) 갑진생(甲辰生)의 공망(空亡)은 일지인목(日支寅木)으로 부궁(夫宮)이 부실하여 일찍 남편(男便)과 이혼하고 혼자 살고 있는 사주다.

❶ 세운신사년(歲運辛巳年): 관재, 수술, 내외불화
❷ 질병(疾病): 간(肝), 위산과다(胃酸過多)
❸ 남녀성격: (남) 의지 굳다, 무뚝뚝하다, 웃음이 적다, 고집 대단, 영리하다, 두령격, 일독십지, 인정 있다, 인내심 부족, 용기 있다, 청백지인, 남을 무시한다
　　　　　(여) 의지 굳다, 무뚝뚝하다, 웃음이 적다, 부궁불미, 독수공방, 정부, 남에게 잘함, 돈이 잘 빠져나감, 친정형제 걱정

세운·질병·남녀성격의 해설(歲運·疾病·男女性格의 解說)

❶ 세운신사년(歲運辛巳年)= ※관재, 수술, 내외불화는 ※세운신사년(歲運辛巳年)의 사화(巳火)는 일지인목(日支寅木)과 인사형살(寅巳刑殺)이므로 세운(歲運)에서 일지(日支) 형살운(刑殺運)이 들어오면 ※관재수를 조심해야 하며 또는 수술을 조심해야 한다. 그리고 ※내외불화는 ※세운신사년(歲運辛巳年)의 신금(辛金)은 갑목일주(甲木日柱)의 정관(正官)으로 세운(歲運)에서 일주(日柱)를 극(剋)하는 운(運)이 들어오면 ※집에서나 밖에서나 윗사람이나 아랫사람이나 불화가 많이 생긴다.

❷ 질병(疾病)은 일주(日柱)에서 발생(發生)한다.

❸ 남녀성격은 일주(日柱)에서 발생(發生)한다.

신사년 (辛巳年)

61년(음) 12월 22일 미(未)시 여자

癸	乙	辛	辛
未	丑	丑	丑

53	43	33	23	13	3
丁	丙	乙	甲	癸	壬
未	午	巳	辰	卯	寅

이 사주는 을목일주(乙木日柱)가 동계축월(冬季丑月)에 출생하여 실시(失時)하고 축중신금(丑中辛金)이 년월(年月)에 투출(透出)하여 재살(財殺)이 태왕(太旺)으로 시상계수(時上癸水) 인수(印綬)가 용신(用神)이 될 것 같으나 그 계수(癸水)는 자좌(自坐) 미중기토(未中己土)에 살지(殺地)에 앉아 용신(用神)으로 쓸 수가 없다. 그러므로 이 사주는 종살격(從殺格)으로 월상신금(月上辛金) 편관(偏官)이 용신(用神)이며 토재(土財)는 희신(喜神)이 된다. 이 사주는 여자(女子)의 사주로서 43세 병화대운(丙火大運)에 사업을 경영하였으나 월상신금(月上辛金)과 병신합(丙辛合)으로 합거(合去)되어 재산을 탕진하고 남편과 사별(死別)하고 혼자 살고 있는 사주다. 부궁(夫宮)이 부실한 것은 일지축토(日支丑土)는 관살(官殺)의 묘궁(墓宮)으로 여자 사주에 관성입묘(官星入墓)가 있으면 부궁(夫宮)이 부실하다.

❶ 세운신사년(歲運辛巳年): 이별수, 변화, 이사, 전근, 관재, 손재, 신액
❷ 질병(疾病): 간(肝), 담(膽), 풍(風)
❸ 남녀성격: (남) 성질 급, 근면 성실, 의지 굳다, 무뚝뚝하다, 봉사정신, 형제불의, 밥을 빨리 먹는다, 재복 있다, 새벽잠이 없다, 신앙심
       (여) 의지 굳다, 무뚝뚝하다, 인자함, 부궁불미, 정부, 재가, 독수공방, 자손근심, 남자 조종 잘한다

◐ 세운·질병·남녀성격의 해설(歲運·疾病·男女性格의 解說)

❶ 세운신사년(歲運辛巳年)= ※이별수, 변화, 이사, 전근, 관재, 손재, 신액은 ※세운신사년(歲運辛巳年)의 신금(辛金)은 을목일주(乙木日柱)의 편관(偏官)으로 여자(女子) 사주에 관살(官殺)이 태왕(太旺)인데 세운(歲運)에서 관살운(官殺運)이 들어오면 ※가정에 불화가 많이 생긴다든가 또는 남편과 떨어져 산다든가 또는 이혼한다든가 또는 남편이 사망하는 수도 있다. 그리고 ※변화, 이사, 전근은 ※세운신사년(歲運辛巳年)의 사화(巳火)는 일지축토(日支丑土)와 사축(巳丑)으로 삼합(三合)이 되므로 세운에서 일지(日支) 삼합운(三合運)이 들어오면 ※변화가 생긴다든가 또는 이사를 한다든가 또는 직장을 옮기는 일이 많다. 그리고 ※관재, 손재, 신액은 ※세운신사년(歲運辛巳年)의 신금(辛金)은 을목일주의 편관(偏官)으로 원명사주(源命四柱)에 재살(財殺)이 태왕(太旺)인데 세운(歲運)에서 재(財)나 관살운(官殺運)이 들어오면 ※관재수를 조심해야 하며 또는 손재수를 조심해야 하며 또는 건강을 조심해야 한다.

❷ 질병(疾病)과 ❸ 남녀성격은 일주(日柱)에서 발생(發生)한다.

신사년 (辛巳年)

59년(음) 11월 20일 진(辰)시 여자

庚	乙	丙	己
辰	亥	子	亥

56	46	36	26	16	6
壬	辛	庚	己	戊	丁
午	巳	辰	卯	寅	丑

이 사주는 을목일주(乙木日柱)가 중동자월(中冬子月)에 출생하여 득령(得令)하고 년일지(年日支) 양해수(兩亥水)로 일주(日柱)는 신왕사주(身旺四柱)다. 신왕사주(身旺四柱)에는 관살(官殺)로 일주(日柱)를 제(制)하거나 상관식신(傷官食神)으로 설기(泄氣)함이 좋은데 다행히 시상경금(時上庚金) 정관(正官)이 투출(透出)하여 그 경금(庚金)은 자좌(自坐) 양금지토(養金之土)인 진토(辰土)에 근(根)하므로 시상경금(時上庚金) 정관(正官)이 용신(用神)이며 진중무토(辰中戊土) 정재(正財)는 희신(喜神)이 된다. 진중무토(辰中戊土)는 정재(正財)이고 시상경금(時上庚金)은 정관(正官)이며 해중임수(亥中壬水)는 정인(正印)으로서 재관인(財官印) 삼귀(三貴)를 놓아 귀격사주(貴格四柱)다. 이 사주는 여자(女子)의 사주로서 41세 진토대운(辰土大運)에 사업을 경영하여 50세 신금운(辛金大運)까지 수억금을 벌어 잘살고 있으나 기해생(己亥生)의 공망(空亡)은 시지진토(時支辰土)로서 일시지(日時支)에 공망(空亡)이 있으면 부궁(夫宮)이 부실하여 재혼(再婚)하거나 혼자 사는 사람들이 많은데 이 사주도 재혼한 사주다.

❶ 세운신사년(歲運辛巳年): 관재, 수술, 자연재앙, 내외불화
❷ 질병(疾病): 풍(風), 냉(冷)
❸ 남녀성격: (남) 의지 굳다, 무뚝뚝하다, 강직하다, 영리하다, 인정 있다, 외유내강, 항상 바쁨, 예감이 빠름, 신앙심, 지혜롭다
　　　　　　(여) 의지 굳다, 무뚝뚝하다, 인자함, 영리하다, 장수한다, 부궁불미

세운 · 질병 · 남녀성격의 해설 (歲運 · 疾病 · 男女性格의 解說)

❶ 세운신사년(歲運辛巳年)= ※관재, 수술, 자연재앙, 내외불화는 ※세운신사년(歲運辛巳年)의 사화(巳火)는 일지해수(日支亥水)와 사해충(巳亥沖)으로 세운(歲運)에서 일지충운(日支沖運)이 들어오면 ※관재수를 조심해야 하며 또는 수술을 조심해야 하며 또는 자연재앙을 조심해야 한다. 그리고 ※내외불화는 ※세운신사년(歲運辛巳年)의 신금(辛金)은 을목일주(乙木日柱)의 편관(偏官)으로 세운(歲運)에서 일주(日柱)를 극(剋)하는 운(運)이 들어오면 ※집에서나 밖에서나 윗사람이나 아랫사람이나 불화가 많이 생긴다.

❷ 질병(疾病)은 일주(日柱)에서 발생(發生)한다.

❸ 남녀성격은 일주(日柱)에서 발생(發生)한다.

신사년 (辛巳年)

丁	乙	甲	庚
亥	酉	申	子

55	45	35	25	15	5
庚	己	戊	丁	丙	乙
寅	丑	子	亥	戌	酉

이 사주는 을목일주(乙木日柱)가 초가을 신월(申月)에 출생하여 실시(失時)하고 신궁경금(申宮庚金)이 년상(年上)에 투출(透出)하여 정관격(正官格)이다. 그리고 일지유금(日支酉金)과 신유(申酉)로 금국(金局)을 이루어 관살(官殺)이 태왕(太旺)이다. 다행히 년지자수(年支子水)와 시지해수(時支亥水)가 있어 살인상생(殺印相生)으로 수인수(水印綬)가 용신(用神)이며 비견겁(比肩劫)은 희신(喜神)이 된다. 그리고 이 사주는 남자(男子)의 사주로서 일찍 사업을 하여 해자대운(亥子大運)에 돈을 많이 벌었으나 45세 기토대운(己土大運)에 월상갑목(月上甲木)과 갑기합(甲己合)으로 합거(合去)되어 재산을 탕진하고 신경과민(神經過敏)으로 정신과 치료를 받고 있는 사주다. 신경이 과민한 것은 년지자수(年支子水)와 일지유금(日支酉金)은 자유(子酉)로 귀문관살(鬼門關殺)이 되므로 사주에 귀문관살(鬼門關殺)이 있고 신경을 많이 쓰면 신경과민(神經過敏)으로 고생하게 된다.

❶ 세운신사년(歲運辛巳年): 관재, 손재, 신액, 변화, 이사, 전근
❷ 질병(疾病): 간(肝), 담(膽), 간경화(肝硬化)
❸ 남녀성격: (남) 무뚝뚝하다, 의지 굳다, 사리 분명, 거취 분명, 만인 신망, 처 덕 있다, 처 궁불미, 남에게 잘함, 임기응변, 인정 있다
　　　　　 (여) 의지 굳다, 무뚝뚝하다, 인자함, 근면 성실, 남편 말을 잘 듣는다

☯ 세운·질병·남녀성격의 해설 (歲運·疾病·男女性格의 解說)

❶ 세운신사년(歲運辛巳年)= ※관재, 손재, 신액, 변화, 이사, 전근은 ※세운신사년(歲運辛巳年)의 신금(辛金)은 을목일주(乙木日柱)의 편관(偏官)으로 원명사주(源命四柱)에 관살(官殺)이 태왕(太旺)인데 세운(歲運)에서 관살운(官殺運)이 들어오면 ※관재수를 조심해야 하며 또는 손재수를 조심해야 하며 또는 건강을 조심해야 한다. 그리고 ※변화, 이사, 전근은 ※세운신사년(歲運辛巳年)의 사화(巳火)는 일지유금(日支酉金)과 사유(巳酉)로 삼합(三合)이 되므로 세운(歲運)에서 일지(日支) 삼합운(三合運)이 들어오면 ※변화가 생긴다든가 또는 이사를 한다든가 또는 직장을 옮기는 일이 많다.

❷ 질병(疾病)은 일주(日柱)에서 발생(發生)한다.

❸ 남녀성격은 일주(日柱)에서 발생(發生)한다.

신사년 (辛巳年)

55년(음) 3월 12일 해(亥)시 남자

丁	乙	己	乙
亥	未	卯	未

60	50	40	30	20	10
癸	甲	乙	丙	丁	戊
酉	戌	亥	子	丑	寅

이 사주는 을목일주(乙木日柱)가 중춘묘월(中春卯月)에 출생하여 록근(祿根)하고 묘중을목(卯中乙木)이 년상(年上)에 투출(透出)하고 월일시(月日時) 해묘미(亥卯未) 목국(木局)을 이루어 일주(日柱)는 신왕사주(身旺四柱)며 곡직격(曲直格)이다. 곡직격(曲直格)을 놓은 사람은 문필이 좋으며 문장도 좋고 성격이 대쪽같이 곧은 사람이므로 문장으로 직업을 많이 갖게 된다. 그런데 이 사주는 시상(時上)에 정화(丁火)가 투출(透出)되어 있고 그 정화(丁火)는 자좌해수(自坐亥水)에 살지(殺地)라고 하나 미중정화(未中丁火)에 근(根)하고 월상기토(月上己土)는 자좌묘목(自坐卯木)에 살지(殺地)라고 하나 년일지(年日支) 양미토(兩未土)에 근(根)하므로 목생화(木生火) 화생토(火生土)로 토재(土財)가 용신(用神)이며 화(火) 상관식신(傷官食神)은 희신(喜神)이 된다. 이 사주는 남자(男子)의 사주로서 문학을 전공하였는데 30세 병화대운(丙火大運)에는 모든 일이 잘 풀렸으나 그 이후로는 운(運)이 없어 서점을 경영하였으나 서점마저 잘되지 않아 50세 갑목대운(甲木大運)에 월상기토(月上己土)와 갑기합(甲己合)으로 합거(合去)되어 재산을 탕진하였으나 55세 술토대운(戌土大運)에 출판사를 경영하여 사업이 번창하여 재산을 복구한 사주다.

❶ 세운신사년(歲運辛巳年): 내외불화, 수술
❷ 질병(疾病): 간(肝), 담(膽), 위장(胃臟)
❸ 남녀성격: (남) 의지 굳다, 무뚝뚝하다, 인정 있다, 총명하다, 근면 성실, 학문, 예술, 자수
　　　　　　　성가, 처궁불미, 성격이 까다롭다, 옷에 신경, 편식한다, 신앙심
　　　　　　(여) 의지 굳다, 무뚝뚝하다, 인자함, 부궁불미, 정부, 시모불합, 자식에게 애정
　　　　　　　많음

🌀 세운 · 질병 · 남녀성격의 해설 (歲運 · 疾病 · 男女性格의 解說)

❶ 세운신사년(歲運辛巳年)= ※내외불화, 수술은 ※세운신사년(歲運辛巳年)의 신금(辛金)은 을목일주(乙木日柱)의 편관(偏官)으로 세운(歲運)에서 일주(日柱)를 극(剋)하는 운(運)이 들어오면 ※집에서나 밖에서나 윗사람이나 아랫사람이나 불화가 많이 생긴다. 그리고 ※수술은 ※세운신사년(歲運辛巳年)의 사화(巳火)는 을목일주의 상관(傷官)으로 세운에서 일지(日支) 상관운(傷官運)이 들어오면 ※수술을 조심해야 한다.

❷ 질병(疾病)은 일주(日柱)에서 발생(發生)한다.

❸ 남녀성격은 일주(日柱)에서 발생(發生)한다.

55년(음) 4월 23일 오(午)시 여자

壬	乙	壬	乙
午	巳	午	未

58	48	38	28	18	8
戊	丁	丙	乙	甲	癸
子	亥	戌	酉	申	未

이 사주는 을목일주(乙木日柱)가 중하오월(中夏午月)에 출생하여 실시(失時)하고 년일시지(年日時支) 사오미(巳午未)로 화국(火局)을 이루어 을목일주(乙木日柱)가 고목(枯木)이 되어 가고 있다. 월시상(月時上) 양임수(兩壬水) 인수(印綬)가 있다고 하나 그 인수(壬水)는 근(根)이 없으며 자좌오화(自坐午火)에 설궁(絶宮)으로 물이 말랐으므로 을목일주(乙木日柱)을 생(生)히여줄 힘이 없다. 그리고 년상을목(年上乙木)이 있다고 하나 그 년상을목(年上乙木)은 미중을목(未中乙木)에 근(根)한다고 하나 그 을목(乙木)도 고목(枯木)이 되어 일주(日柱)를 도울 힘이 없으므로 이 사주는 수생목(水生木) 목생화(木生火) 화생토(火生土)로 상관(傷官) 용재격(用財格)을 이루어 미중(未中) 기토재(己土財)가 용신(用神)이며 화(火) 상관식신(傷官食神)은 희신(喜神)이 된다. 이 사주는 여자(女子)의 사주로서 화장품 매장을 경영하였는데 초년(初年)에는 운(運)이 없어 고생을 많이 하였으나 38세 병술대운(丙戌大運)에 십 년 동안 수억금을 벌었으며 48세 정화대운(丁火大運)에는 월상임수(月上壬水)와 정임합(丁壬合)으로 합거(合去)되어 손해를 많이 본 사주다.

❶ 세운신사년(歲運辛巳年): 내외불화, 변화, 이사, 전근
❷ 질병(疾病): 간(肝), 담(膽)
❸ 남녀성격: (남) 의지 굳다, 무뚝뚝하다, 웃음이 적다, 인정 있다, 예의 있다, 명랑하다, 영리하다, 처궁불미, 고독하다, 돈이 잘 빠져나간다
　　　　　(여) 의지 굳다, 무뚝뚝하다, 인자하다, 부궁불미, 정부, 재가, 애교 많음

세운·질병·남녀성격의 해설 (歲運·疾病·男女性格의 解說)

❶ 세운신사년(歲運辛巳年)= ※내외불화, 변화, 이사, 전근은 ※세운신사년(歲運辛巳年)의 신금(辛金)은 을목일주(乙木日柱)의 편관(偏官)으로 세운(歲運)에서 일주(日柱)를 극(剋)하는 운(運)이 들어오면 ※집에서나 밖에서나 윗사람이나 아랫사람이나 불화가 많이 생긴다. 그리고 ※변화, 이사, 전근은 ※세운신사년(歲運辛巳年)의 사화(巳火)는 일지사화(日支巳火)와 사사(巳巳)로 삼합(三合)이 되므로 세운(歲運)에서 일지(日支) 삼합운(三合運)이 들어오면 ※변화가 생긴다든가 또는 이사를 한다든가 또는 직장을 옮기는 일이 많다.

❷ 질병(疾病)은 일주(日柱)에서 발생(發生)한다.

❸ 남녀성격은 일주(日柱)에서 발생(發生)한다.

신사년 (辛巳年)

53년(음) 1월 20일 신(申)시 남자

甲	乙	甲	癸
申	卯	寅	巳

60	50	40	30	20	10
戊	己	庚	辛	壬	癸
申	酉	戌	亥	子	丑

이 사주는 을목일주(乙木日柱)가 초봄 인월(寅月)에 출생하여 득령(得令)하고 인중갑목(寅中甲木)이 월시상(月時上)에 투출(透出)하고 을목일주(乙木日柱)는 자좌묘목(自坐卯木)에 록근(祿根)하여 을목일주(乙木日柱)는 신왕사주(身旺四柱)다. 신왕사주(身旺四柱)에는 일주(日柱)를 제(制)하는 관살(官殺)이나 상관식신(傷官食神)으로 설기(泄氣)함이 좋은데 다행히 시지(時支) 신궁경금(申宮庚金)이 있어 그 경금정관(庚金正官)이 용신(用神)이며 토재(土財)는 희신(喜神)이 된다. 사주에 비견겁(比肩劫)이 많으면 관(官)으로 용신(用神)하는 것이 원칙이며 나무가 왕성(旺盛)할 때에는 그 많은 나무를 제(制)하는 금(金)이 필요하므로 시지신금(時支申金) 정관(正官)이 중요하다. 이 사주는 남자(男子)의 사주로서 공인회계사에 합격하여 회계사무소에 근무하다가 45세 술토대운(戌土大運)에 회계사무소를 개업하여 희신운(喜神運)이 들어와 돈을 많이 벌었고 50세 기토대운(己土大運)에는 월상갑목(月上甲木)과 갑기합(甲己合)으로 합거(合去)되어 사업이 부실하였고 55세 유금대운(酉金大運)에 용신운(用神運)이 들어와 사업이 번창하고 있는 중이다. 앞으로도 운(運)이 좋아 화목한 가정을 이루며 돈을 많이 벌 수 있으리라고 본다.

---

❶ 세운신사년(歲運辛巳年): 내외불화, 자연재앙
❷ 질병(疾病): 중풍(中風), 위산과다(胃酸過多)
❸ 남녀성격: (남) 의지 굳다, 강직하다, 미남이다, 농담 잘함, 주관이 강함, 인정 있다, 인색하다, 처궁불미, 영리하다, 지구력 부족, 분주 다사, 마음 약
　　　　　　(여) 의지 굳다, 무뚝뚝하다, 고집 대단, 친정형제 걱정, 부궁불미, 정부, 마음 약, 근심이 많다

세운・질병・남녀성격의 해설 (歲運・疾病・男女性格의 解說)

❶ 세운신사년(歲運辛巳年)= ※내외불화, 자연재앙은 ※세운신사년(歲運辛巳年)의 신금(辛金)은 을목일주(乙木日柱)의 편관(偏官)으로 세운(歲運)에서 일주(日柱)를 극(剋)하는 운(運)이 들어오면 ※집에서나 밖에서나 윗사람이나 아랫사람이나 불화가 많이 생긴다. 그리고 ※자연재앙은 ※세운신사년(歲運辛巳年)의 사화(巳火)는 년지사화(年支巳火)와 사사(巳巳)로 똑같은 오행(五行)이므로 세운(歲運)에서 년지(年支)같은 운(運)이 들어오면 ※자연재앙을 조심해야 한다.

❷ 질병(疾病)은 일주(日柱)에서 발생(發生)한다.

❸ 남녀성격은 일주(日柱)에서 발생(發生)한다.

신사년 (辛巳年)

53년(음) 10월 14일 해(亥)시 여자

<table>
<tr><td>丁</td><td>乙</td><td>癸</td><td>癸</td></tr>
<tr><td>亥</td><td>亥</td><td>亥</td><td>巳</td></tr>
</table>

56	46	36	26	16	6
己	戊	丁	丙	乙	甲
巳	辰	卯	寅	丑	子

이 사주는 을목일주(乙木日柱)가 초겨울 해월(亥月)에 출생하여 득령(得令)하고 일시지(日時支) 양해수(兩亥水)와 년월(年月) 양계수(兩癸水)가 투출(透出)하여 일주(日柱)는 신왕사주(身旺四柱)다. 다행히 시상(時上)에 정화(丁火)가 투출(透出)하여 그 정화(丁火)는 년지사화(年支巳火)에 근(根)하므로 정화식신(丁火食神)으로 설기(泄氣)한다. 그러므로 이런 사주를 가상관격(假傷官格)이라고 한다. 그러므로 상관(傷官)이 용신(用神)이 된다. 이 사주는 여자(女子)의 사주로서 초년운(初年運)이 잘 들어와 인목대운(寅木大運)에 전문대학 교수로 취임하였고 45세 묘목대운(卯木大運)까지는 모든 일이 순탄하고 평범하게 잘 지냈으나 51세 진토대운(辰土大運)에 자식(子息) 한 명 잃은 사주다. 여자(女子)의 자식은 상관식신(傷官食神)인데 인수(印綬)가 태왕(太旺)하고 상관식신(傷官食神)이 쇠약(衰弱)한데 세운(歲運)에서 인수(印綬)나 상관운(傷官運)이 들어오면 자손액(子孫厄)을 조심해야 하며 또는 자궁(子宮)이나 유방(乳房)을 조심해야 한다.

❶ 세운신사년(歲運辛巳年): 내외불화, 관재, 수술, 자연재앙
❷ 질병(疾病): 풍(風), 냉(冷)
❸ 남녀성격: (남) 의지 굳다, 무뚝뚝하다, 강직하다, 영리하다, 인정 있다, 외유내강, 항상 바쁨, 예감이 빠름, 신앙심, 지혜롭다
(여) 의지 굳다, 무뚝뚝하다, 인자함, 영리하다, 장수한다, 부궁불미

세운·질병·남녀성격의 해설 (歲運·疾病·男女性格의 解說)

❶ 세운신사년(歲運辛巳年)= ※내외불화, 관재, 수술, 자연재앙은 ※세운신사년(歲運辛巳年)의 신금(辛金)은 을목일주(乙木日柱)의 편관(偏官)으로 세운(歲運)에서 일주(日柱)를 극(剋)하는 운(運)이 들어오면 ※집에서나 밖에서나 윗사람이나 아랫사람이나 불화가 많이 생긴다. 그리고 ※관재, 수술, 자연재앙은 ※세운신사년(歲運辛巳年)의 사화(巳火)는 일지해수(日支亥水)와 사해충(巳亥沖)으로 세운(歲運)에서 일지충운(日支沖運)이 들어오면 ※관재수를 조심해야 하며 또는 수술을 조심해야 하며 또는 자연재앙을 조심해야 한다.

❷ 질병(疾病)은 일주(日柱)에서 발생(發生)한다.

❸ 남녀성격은 일주(日柱)에서 발생(發生)한다.

신사년 (辛巳年)

丁	乙	戊	丙
丑	丑	戌	申

54	44	34	24	14	4
甲	癸	壬	辛	庚	己
辰	卯	寅	丑	子	亥

이 사주는 을목일주(乙木日柱)가 계추술월(季秋戌月)에 출생하여 실시(失時)하고 술중정화(戌中丁火)와 무토(戊土)가 투출(透出)하여 어느 오행(五行)으로 격(格)을 잡느냐의 기로(岐路)에 서게 된다. 날짜상으로 보아 술중무토(戌中戊土)가 사령(司令)하므로 월상무토(月上戊土) 정재(正財)로 격(格)을 잡는다. 그러므로 정재격(正財格)이다. 그리고 이 사주는 년지신금(年支申金)과 일시지(日時支) 양축토(兩丑土)로 재살(財殺)이 태왕(太旺)한데 을목일주(乙木日柱)를 도와주는 인수(印綬)나 비견겁(比肩劫)은 하나도 없으므로 쇠극격(衰極格)에 해당한다. 쇠(衰)한 자는 상관(傷官)으로 설기(泄氣)하여 더욱더 쇠(衰)하게 하는 동시 일주(日柱)를 극(剋)하는 관살(官殺)을 제(制)하여야 하기 때문에 상관식신(傷官食神)이 용신(用神)이며 토재(土財)는 희신(喜神)이 된다. 이 사주는 남자(男子)의 사주로서 운(運)이 없어 일용직(日用職)으로 힘들게 일하고 있는 사주다.

❶ 세운신사년(歲運辛巳年): 관재, 손재, 신액, 변화, 이사, 전근, 내외불화
❷ 질병(疾病): 간(肝), 담(膽), 풍(風)
❸ 남녀성격: (남) 성질 급, 근면 성실, 의지 굳다, 무뚝뚝하다, 봉사정신, 형제불의, 밥을 빨리 먹는다, 재복 있다, 새벽잠이 없다, 신앙심
　　　　　 (여) 의지 굳다, 무뚝뚝하다, 인자함, 부궁불미, 정부, 재가, 독수공방, 자손근심, 남자 조종 잘한다

◉ 세운·질병·남녀성격의 해설 (歲運·疾病·男女性格의 解說)

❶ 세운신사년(歲運辛巳年)= ※관재, 손재, 신액, 변화, 이사, 전근, 내외불화는 ※세운신사년(歲運辛巳年)의 신금(辛金)은 을목일주(乙木日柱)의 편관(偏官)으로 원명사주(源命四柱)에 재살(財殺)이 태왕(太旺)인데 세운(歲運)에서 재살운(財殺運)이 들어오면 ※관재수를 조심해야 하며 또는 손재수를 조심해야 하며 또는 건강을 조심해야 한다. 그리고 ※변화, 이사, 전근은 ※세운신사년(歲運辛巳年)의 사화(巳火)는 일지축토(日支丑土)와 사축(巳丑)으로 삼합(三合)이 되므로 세운(歲運)에서 일지(日支) 삼합운(三合運)이 들어오면 ※변화가 생긴다든가 또는 이사를 한다든가 또는 직장을 옮기는 일이 많다. 그리고 ※내외불화는 ※세운신사년(歲運辛巳年)의 신금(辛金)은 을목일주(乙木日柱)의 편관(偏官)으로 세운(歲運)에서 일주(日柱)를 극(剋)하는 운(運)이 들어오면 ※집에서나 밖에서나 윗사람이나 아랫사람이나 불화가 많이 생긴다.

❷ 질병(疾病)은 일주(日柱)에서 발생(發生)한다.

❸ 남녀성격은 일주(日柱)에서 발생(發生)한다.

신사년 (辛巳年)

56년(음) 1월 28일 오(午)시 남자

甲	丙	辛	丙
午	子	卯	申

59	49	39	29	19	9
丁	丙	乙	甲	癸	壬
酉	申	未	午	巳	辰

이 사주는 병화일주(丙火日柱)가 중춘묘월(中春卯月)에 출생하여 득령(得令)하고 원신갑목(源神甲木)이 시상(時上)에 투출(透出)하고 병화일주(丙火日柱)는 시지오화(時支午火) 양인(羊刃)을 두어 일주(日柱)는 신왕사주(身旺四柱)다. 신왕사주(身旺四柱)에는 일주(日柱)를 제(制)하는 관살(官殺)이나 상관식신(傷官食神)으로 설기(泄氣)함이 좋은데 다행히 일지(日支) 자중계수(子中癸水) 정관(正官)이 있어 계수정관(癸水正官)이 용신(用神)이며 금재(金財)는 희신(喜神)이 된다. 이 사주는 남자(男子)의 사주로서 제약회사 근무하였으나 초년(初年)에는 운(運)이 없어 승진이 안되어 고생을 많이 하다가 49세 병화대운(丙火大運)에 퇴사하여 사업을 경영하였으나 월상신금(月上辛金)과 병신합(丙辛合)으로 합거(合去)되어 손해를 많이 보았으며 54세 신금대운(申金大運)에는 용신자수(用神子水)를 보신(補身)하여 사업이 번창하여 재산을 복구하고 잘살고 있으며 앞으로도 유금대운(酉金大運)에 한층 더 사업이 번창하며 승승장구(乘勝長驅)하리라고 본다.

❶ 세운신사년(歲運辛巳年): 손재, 처액
❷ 질병(疾病): 심장(心臟), 냉증(冷症)
❸ 남녀성격: (남) 예의 있다, 명랑하다, 근심이 많다, 내음외양, 권모술수, 냉정하다, 눈치가 빠름, 고집 대단, 부모형제 덕이 없다, 성질 급, 처궁불미, 자손근심, 말을 잘한다
(여) 말을 잘한다, 명랑하다, 금방 좋았다가 금방 싫어짐, 부궁불미, 정부, 재가, 어려운 생활

🌓 세운·질병·남녀성격의 해설 (歲運 · 疾病 · 男女性格의 解說)

❶ 세운신사년(歲運辛巳年)= ※손재, 처액은 ※세운신사년(歲運辛巳年)의 신금(辛金)은 병화일주(丙火日柱)의 정재(正財)로서 신왕(身旺)한 사주(四柱)에 재(財)가 쇠약(衰弱)한데 세운(歲運)에서 재운(財運)이 들어오면 ※손재수를 조심해야 하며 또는 가정에 불화가 많이 생긴다든가 또는 처가 가출한다든가 또는 처의 건강을 조심해야 한다.

❷ 질병(疾病)은 일주(日柱)에서 발생(發生)한다.

❸ 남녀성격은 일주(日柱)에서 발생(發生)한다.

신사년 (辛巳年)

50년(음) 10월 18일 오(午)시 여자

甲	丙	丁	庚
午	寅	亥	寅

56	46	36	26	16	6
辛	壬	癸	甲	乙	丙
巳	午	未	申	酉	戌

이 사주는 병화일주(丙火日柱)가 초겨울 해월(亥月)에 출생하여 실시(失時)하고 해중갑목(亥中甲木)이 시상(時上)에 투출(透出)하고 그 갑목(甲木)은 년일지(年日支) 양인목(兩寅木)에 근(根)하였으며 병화일주(丙火日柱)는 자좌인목(自坐寅木)에 장생(長生)하고 시지오화(時支午火) 양인(羊刃)이 있어 일주(日柱)는 약화위강(弱化爲强)으로 신왕사주(身旺四柱)다. 다행히 해중임수(亥中壬水) 편관(偏官)이 있어 편관(偏官)으로 용신(用神)한다. 그리고 금재(金財)는 희신(喜神)이 된다. 이 사주는 여자(女子)의 사주로서 초년(初年)에는 신유재(申酉財)가 용신임수(用神壬水)를 생(生)하여 운(運)이 좋아 세무공무원으로 근무하면서 평범하게 잘 지냈으나 51세 오화대운(午火大運)에 해수용신(亥水用神)이 포태법(胞胎法)으로 사궁(死宮)에 임(臨)하여 남편과 사별(死別)하고 혼자 살고 있는 사주다. 부궁(夫宮)이 부실한 것은 년간지(年干支) 경인생(庚寅生)의 공망(空亡)은 시지오화(時支午火)로서 시(時)는 자손(子孫) 자리도 되고 배우자(配偶者) 자리도 되므로 일시지(日時支)에 공망(空亡)이 있으면 부궁(夫宮)이 부실하여 재혼하거나 혼자 사는 사람들이 많다.

❶ 세운신사년(歲運辛巳年): 이별수, 관재, 수술
❷ 질병(疾病): 심장(心臟), 기관지(氣管支)
❸ 남녀성격: (남) 말을 잘한다, 예의 있다, 명랑하다, 남을 생각하지 않고 직선적으로 말함, 용기 있다, 의젓하다, 멋쟁이, 영리하다, 일독십지, 명예 우선, 성질 급, 박력 있다, 타의 군림, 남을 멸시한다
(여) 말을 잘한다, 총명하다, 금방 좋았다가 금방 싫어짐, 박력 있다, 부궁불미

🔵 세운·질병·남녀성격의 해설 (歲運·疾病·男女性格의 解說)

❶ 세운신사년(歲運辛巳年)= ※이별수, 관재, 수술은 ※세운신사년(歲運辛巳年)의 사화(巳火)는 병화일주(丙火日柱)의 비견(比肩)으로 신왕(身旺)한 여자 사주에 세운(歲運)에서 인수(印綬)나 비견겁운(比肩劫運)이 들어오면 ※가정에 불화가 많이 생긴다든가 또는 남편과 떨어져 산다든가 또는 이혼한다든가 또는 남편이 사망하는 수도 있다. 그리고 ※관재, 수술은 ※세운신사년(歲運辛巳年)의 사화(巳火)는 일지인목(日支寅木)과 인사형살(寅巳刑殺)이므로 세운(歲運)에서 일지(日支) 형살운(刑殺運)이 들어오면 ※관재수를 조심해야 하며 또는 수술을 조심해야 한다.

❷ 질병(疾病)은 일주(日柱)에서 발생(發生)한다.

❸ 남녀성격은 일주(日柱)에서 발생(發生)한다.

신사년 (辛巳年)

58년(음) 2월 21일 신(申)시 남자

丙	丙	丙	戊
申	辰	辰	戌

59	49	39	29	19	9
壬	辛	庚	己	戊	丁
戌	酉	申	未	午	巳

이 사주는 병화일주(丙火日柱)가 춘계진월(春季辰月)에 출생하여 실시(失時)하고 진중무토(辰中戊土)가 년상(年上)에 투출(透出)하여 식신격(食神格)이다. 그리고 지지(地支)는 진술식신(辰戌食神)과 시지(時支) 신금재(申金財)가 있어 일주(日柱)가 심약(甚弱)하다. 그러나 병화일주(丙火日柱)는 무근(無根)이며 자좌진토(自坐辰土)에 설기(泄氣)가 심(甚)하고 월시상(月時上) 비견(比肩)이 있다 하나 월상병화(月上丙火)도 자좌진토(自坐辰土)에 설기(泄氣)가 심(甚)하며 시상병화(時上丙火)는 자좌신금(自坐申金)에 사지(死地)에 앉아 일주병화(日柱丙火)를 도와줄 수가 없으므로 이 사주는 화생토(火生土) 토생금(土生金)으로 종재격(從財格)이다. 그러므로 금재(金財)가 용신(用神)이며 토(土) 상관식신(傷官食神)이 희신(喜神)이 된다. 이런 사주를 상관(傷官) 용재격(用財格)이라고 한다. 이 사주는 남자(男子)의 사주로서 물류사업을 하였으나 초년(初年)에는 운(運)이 없어 고생을 많이 하였으나 39세 경신대운(庚申大運)부터 운(運)이 잘 들어와 수억금을 벌었으며 49세 신금대운(辛金大運)에는 월상병화(月上丙火)와 병신합(丙辛合)으로 합거(合去)되어 손해를 많이 보았고 54세 유금대운(酉金大運)에는 사업을 재기하여 원상복구(原狀復舊)하고 돈을 많이 벌고 있는 사주다.

❶ 세운신사년(歲運辛巳年): 불성, 손재
❷ 질병(疾病): 혈압(血壓),심장(心臟), 신경통(神經痛)
❸ 남녀성격: (남) 말을 잘한다, 재간 있다, 남에게 잘함, 배짱 좋다, 손재가 많다, 신앙심, 추리력이 좋다, 재복 있다
　　　　　(여) 말을 잘한다, 명랑하다, 금방 좋았다가 금방 싫어짐, 고집 대단, 박력 있다, 부궁불미, 정부, 몸과 마음이 피곤함, 신앙심

☯ 세운 · 질병 · 남녀성격의 해설 (歲運 · 疾病 · 男女性格의 解說)

❶ 세운신사년(歲運辛巳年)= ※불성, 손재는 ※세운신사년(歲運辛巳年)의 사화(巳火)는 병화일주(丙火日柱)의 비견(比肩)이므로 종(從)하는 사주에서 세운(歲運)에서 인수(印綬)나 비견겁운(比肩劫運)이 들어오면 ※모든 일이 잘 풀리지 않고 대차계약도 잘 이루어지지 않으며 또는 손재수를 조심해야 한다.

❷ 질병(疾病)은 일주(日柱)에서 발생(發生)한다.

❸ 남녀성격은 일주(日柱)에서 발생(發生)한다.

신사년 (辛巳年)

54년(음) 9월 21일 진(辰)시 남자

壬	丙	甲	甲
辰	午	戌	午

57	47	37	27	17	7
庚	己	戊	丁	丙	乙
辰	卯	寅	丑	子	亥

이 사주는 병화일주(丙火日柱)가 계추술월(季秋戌月)에 출생하여 실시(失時)하였으나 년일지(年日支) 양오화(兩午火) 양인(羊刃)과 년월상(年月上) 양갑목(兩甲木) 인수(印綬)가 투출(透出)하여 일주(日柱)는 신왕사주(身旺四柱)다. 양인격(羊刃格)에는 임수편관(壬水偏官)으로 일주(日柱)를 제(制)함이 좋은데 다행히 시상임수(時上壬水) 편관(偏官)이 자고(自庫)인 진중계수(辰中癸水)에 근(根)하므로 임수편관(壬水偏官)이 용신(用神)이며 금재(金財)는 희신(喜神)이 된다. 이 사주는 남자(男子)의 사주로서 초년(初年)에는 해자(亥子) 용신운(用神運)이 들어와 육군사관학교를 졸업하고 직업군인이 되어 근무하였으나 운(運)이 없어 승진이 안되어 고생을 많이 하다가 인목대운(寅木大運)은 임수용신(壬水用神)의 병궁(病宮)으로 전역하여 회사에 취업을 하려고 했으나 취업이 안되어 사업을 경영하여 47세 기토대운(己土大運)에 년상갑목(年上甲木)과 갑기합(甲己合)으로 합거(合去)되어 재산을 탕진하고 처(妻)와 이혼(離婚)하고 일용직을 하며 혼자서 외롭게 살아가고 있는 사주다. 이렇게 운(運)이 없는 사람들은 승진이 안되더라도 정년퇴직까지 공직생활(公職生活)을 하면 처자(妻子)를 거느리고 평범하게 살아갈 수 있으나 사업을 하게 되면 패가망신(敗家亡身)한다.

❶ 세운신사년(歲運辛巳年): 손재, 처액
❷ 질병(疾病): 심장(心臟)
❸ 남녀성격: (남) 말을 잘한다, 명랑하다, 성질 급, 남을 생각하지 않고 직선적으로 말함, 처궁불미, 인내심 부족, 타인경시, 자립정신, 속성속패, 암기력, 영리하다
(여) 말을 잘한다, 명랑하다, 금방 좋았다가 금방 싫어짐, 시모불합, 남편 말 잘 안 듣는다, 부궁불미, 정부, 영리하다

세운 · 질병 · 남녀성격의 해설 (歲運 · 疾病 · 男女性格의 解說)

❶ 세운신사년(歲運辛巳年)= ※손재, 처액은 ※세운신사년(歲運辛巳年)의 신금(辛金)은 병화일주(丙火日柱)의 정재(正財)로 신왕(身旺)한 남자 사주에 재(財)가 쇠약(衰弱)한데 세운(歲運)에서 재운(財運)이 들어오면 ※손재수를 조심해야 하며 또는 가정에 불화가 많이 생긴다든가 또는 처가 가출한다든가 또는 처의 건강을 조심해야 한다.

❷ 질병(疾病)은 일주(日柱)에서 발생(發生)한다.

❸ 남녀성격은 일주(日柱)에서 발생(發生)한다.

신사년 (辛巳年)

54년(음) 7월 10일 신(申)시 여자

丙	丙	壬	甲
申	申	申	午

51	41	31	21	11	1
丙	丁	戊	己	庚	辛
寅	卯	辰	巳	午	未

이 사주는 병화일주(丙火日柱)가 초가을 신월(申月)에 출생하여 실시(失時)하고 신궁임수(申宮壬水)가 월상(月上)에 투출(透出)하여 편관격(偏官格)이다. 병화일주(丙火日柱)는 자좌신금(自坐申金)에 병궁(病宮)이며 시상병화(時上丙火) 비견(比肩)도 자좌신금(自坐申金)에 병궁(病宮)으로 약(弱)히니 년지오화(年支午火) 양인(羊刃)에 근(根)하였으나 신약사주(身弱四柱)로서 사주에 재(財)가 많으므로 재(財)가 많을 때에는 비견겁(比肩劫)으로 재(財)를 제(制)하면서 일주(日柱)를 보신(補身)해야 하므로 비견겁(比肩劫)이 용신(用神)이며 목인수(木印綬)는 희신(喜神)이 된다. 이 사주는 여자(女子)의 사주로서 초년(初年)에는 어려운 가정환경에서 공부는 많이 못하고 평범한 회사에 근무하다가 41세 정화대운(丁火大運)에 퇴사하여 사업을 경영하였으나 월상임수(月上壬水)와 정임합(丁壬合)으로 합거(合去)되어 재산을 탕진하고 46세 묘목인수(卯木印綬) 대운(大運)부터 운(運)이 잘 들어와 수억금을 벌은 사주다. 편관격(偏官格)을 놓은 여자(女子)는 돈을 벌어서 남편에게 주고도 좋은 소리 못 들으며 남편에게 시달림을 많이 받게 되며 남편복이 없어 스스로가 개척(開拓)하면서 살아야 한다.

---

❶ 세운신사년(歲運辛巳年): 관재, 손재, 신액, 관재, 수술

❷ 질병(疾病): 심장 약(心臟 弱)

❸ 남녀 성격: (남) 말을 잘한다, 영리하다, 다재다능, 재복 있다, 처 덕 있다, 꾀가 많다, 고독하다

　　　　　　 (여) 말을 잘한다, 명랑하다, 금방 좋았다가 금방 싫어짐, 부궁불미, 정부, 시모불합, 잔병조심, 말조심, 고독하다

세운 · 질병 · 남녀성격의 해설 (歲運 · 疾病 · 男女性格의 解說)

❶ 세운신사년(歲運辛巳年)= ※관재, 손재, 신액, 관재, 수술은 ※세운신사년(歲運辛巳年)의 신금(辛金)은 병화일주(丙火日柱)의 정재(正財)로서 원명사주(源命四柱)에 재관(財官)이 왕(旺)한데 세운(歲運)에서 재(財)나 관살운(官殺運)이 들어오면 ※관재수를 조심해야 하며 또는 손재수를 조심해야 하며 또는 건강을 조심해야 한다. 그리고 ※관재, 수술은 ※세운신사년(歲運辛巳年)의 사화(巳火)는 일지신금(日支申金)과 사신형살(巳申刑殺)이 되므로 세운(歲運)에서 일지(日支) 형살운(刑殺運)이 들어오면 ※관재수를 조심해야 하며 또는 수술을 조심해야 한다.

❷ 질병(疾病)과 ❸ 남녀성격은 일주(日柱)에서 발생(發生)한다.

신사년 (辛巳年)

54년(음) 2월 27일 유(酉)시 여자

丁	丙	丁	甲
酉	戌	卯	午

58	48	38	28	18	8
辛	壬	癸	甲	乙	丙
酉	戌	亥	子	丑	寅

이 사주는 병화일주(丙火日柱)가 중춘묘월(中春卯月)에 출생하여 득령(得令)하고 원신갑목(源神甲木)이 년상(年上)에 투출(透出)하였고 병화일주(丙火日柱)는 술중정화(戌中丁火)에 근(根)하고 년지오화(年支午火) 양인(羊刃)과 오중정화(午中丁火)가 월시상(月時上)에 투출(透出)하여 일주(日柱)는 신왕사주(身旺四柱)다. 신왕사주(身旺四柱)에는 관살(官殺)로 일주(日柱)를 제(制)하거나 식신상관(食神傷官)으로 설기(泄氣)함이 좋은데 일주(日柱)를 제(制)하는 관살(官殺)은 없고 다행히 술중무토(戌中戊土)가 있어 무토식신(戊土食神)으로 설기(泄氣)하는데 배설구(排泄口)가 약(弱)하던 중 시지(時支) 유금재(酉金財)가 있어 유금(酉金)으로 다시 설기(泄氣)한다. 그러므로 화생토(火生土) 토생금(土生金)으로 금재(金財)가 용신(用神)이며 토(土) 상관식신(傷官食神)은 희신(喜神)이 된다. 이런 사주를 식신(食神) 용재격(用財格)이라고 한다. 이 사주는 여자(女子)의 사주로서 약사(藥師)로 근무하면서 평범하게 살고 있는 사주다.

❶ 세운신사년(歲運辛巳年): 이별수, 손재, 신액
❷ 질병(疾病): 혈압(血壓)
❸ 남녀성격: (남) 말을 잘한다, 영리하다, 예의 있다, 인정 있다, 이해심이 많다, 성질 급, 박력 있다, 영리하다, 만인 존경, 알뜰함, 연구심, 배짱 좋다, 돈이 잘 빠져나감, 예감, 신앙심
(여) 말을 잘한다, 명랑하다, 예의 있다, 금방 좋았다가 금방 싫어짐, 정부, 재가, 부궁불미, 인정 있다, 남에게 잘함, 배짱 좋다, 신앙심

◑ 세운 · 질병 · 남녀성격의 해설 (歲運 · 疾病 · 男女性格의 解說)

❶ 세운신사년(歲運辛巳年)= ※이별수, 손재, 신액은 ※세운신사년(歲運辛巳年)의 사화(巳火)는 병화일주의 비견(比肩)으로 신왕(身旺)한 여자 사주에 세운에서 비견겁운(比肩劫運)이 들어오면 ※가정에 불화가 많이 생긴다든가 또는 남편과 떨어져 산다든가 또는 이혼한다든가 또는 남편이 사망하는 수도 있다. 그리고 ※손재, 신액은 ※세운신사년(歲運辛巳年)의 신금(辛金)은 병화일주(丙火日柱)의 정재(正財)로 신왕사주(身旺四柱)에 재(財)가 쇠약(衰弱)한데 세운(歲運)에서 재운(財運)이 들어오면 ※손재수를 조심해야 하며 또는 건강을 조심해야 한다.

❷ 질병(疾病)은 일주(日柱)에서 발생(發生)한다.

❸ 남녀성격은 일주(日柱)에서 발생(發生)한다.

신사년 (辛巳年)

56년(음) 6월 1일 사(巳)시 남자

癸	丙	乙	丙
巳	子	未	申

60	50	40	30	20	10
辛	庚	己	戊	丁	丙
丑	子	亥	戌	酉	申

이 사주는 병화일주(丙火日柱)가 하계미월(夏季未月)에 출생하여 실시(失時)하고 미중을목(未中乙木)이 월상(月上)에 투출(透出)하여 인수격(印綬格)이다. 그리고 병화일주(丙火日柱)는 시지사화(時支巳火)에 록근(祿根)하고 사중병화(巳中丙火)가 년상(年上)에 투출(透出)하여 신왕사주(身旺四柱)같이 보인다. 그러나 병화일수(丙火日柱)는 한편으로는 설기(泄氣)가 심(甚)하고 한편으로는 수관(水官)의 극(剋)을 받으므로 일주(日柱)는 신약사주(身弱四柱)다. 그러므로 목인수(木印綬)가 용신(用神)이며 화비견겁(火比肩劫)은 희신(喜神)이 된다. 이 사주는 남자(男子)의 사주로서 회사에 근무하다가 45세 해수대운(亥水大運)에 퇴사하여 사업을 경영하였으나 손해를 많이 보았고 50세 경금대운(庚金大運)에 월상을목(月上乙木)과 을경합(乙庚合)으로 합거(合去)되어 재산을 탕진하고 처(妻)와 이혼하고 혼자 살고 있는 사주다. 처궁(妻宮)이 부실한 것은 년간지(年干支) 병신생(丙申生)의 공망(空亡)은 시지사화(時支巳火)로서 시지(時支)는 자손(子孫) 자리도 되고 배우자(配偶者) 자리도 되므로 일시지(日時支)에 공망(空亡)이 있으면 처궁(妻宮)이 부실하여 재혼(再婚)하거나 혼자 사는 사람들이 많다.

---

❶ 세운신사년(歲運辛巳年): 손재, 신액
❷ 질병(疾病): 심장(心臟), 냉증(冷症)
❸ 남녀성격: (남) 예의 있다, 명랑하다, 근심이 많다, 내음외양, 권모술수, 냉정하다, 눈치가 빠름, 고집 대단, 부모형제 덕이 없다, 성질 급, 처궁불미, 자손근심, 말을 잘한다

　　　　　(여) 말을 잘한다, 명랑하다, 금방 좋았다가 금방 싫어짐, 부궁불미, 정부, 재가, 어려운 생활

☯ 세운·질병·남녀성격의 해설 (歲運·疾病·男女性格의 解說)

❶ 세운신사년(歲運辛巳年)= ※손재, 신액은 ※세운신사년(歲運辛巳年)의 신금(辛金)은 병화일주(丙火日柱)의 정재(正財)로 원명사주(源命四柱)에 재관(財官)이 왕(旺)한데 세운(歲運)에서 재(財)나 관살운(官殺運)이 들어오면 ※손재수를 조심해야 하며 또는 건강을 조심해야 한다.

❷ 질병(疾病)은 일주(日柱)에서 발생(發生)한다.

❸ 남녀성격은 일주(日柱)에서 발생(發生)한다.

신사년 (辛巳年)

56년(음) 7월 12일 진(辰)시 남자

壬	丙	丙	丙
辰	辰	申	申

57	47	37	27	17	7
壬	辛	庚	己	戊	丁
寅	丑	子	亥	戌	酉

이 사주는 병화일주(丙火日柱)가 초가을 신월(申月)에 출생하여 실시(失時)하고 신궁임수(申宮壬水)가 시상(時上)에 투출(透出)하여 편관격(偏官格)이다. 그리고 년월(年月) 양신금(兩申金)과 일시(日時) 양진토(兩辰土)로 재살(財殺)이 태왕(太旺)이다. 병화일주(丙火日柱)는 무근(無根)이며 자좌진토(自坐辰土)에 설기(泄氣)가 심(甚)하며 년월(年月) 양병화(兩丙火) 비견(比肩)도 자좌신금(自坐申金)에 병궁(病宮)에 앉아 힘이 없으므로 병화일주(丙火日柱)를 도와줄 수가 없다. 그러므로 화생토(火生土) 토생금(土生金) 금생수(金生水)로 종살격(從殺格)이므로 임수편관(壬水偏官)이 용신(用神)이며 금재(金財)는 희신(喜神)이 된다. 이 사주는 남자(男子)의 사주로서 공부는 많이 못하였으나 주류업에 일하다가 32세 해수대운(亥水大運)부터 주류업을 경영하여 사업이 번창하였으며 46세 자수대운(子水大運)까지 수억금을 벌은 사주다. 그리고 47세 신금대운(辛金大運)에 년상병화(年上丙火)와 병신합(丙辛合)으로 합거(合去)되어 재산을 탕진하였고 그 이후로는 무능(無能)하게 살아가고 있는 사주다. 사주에 편관격(偏官格)을 놓으면 행동에 제지를 많이 받으며 환경에 제약(制約)도 받으며 자기 사업은 불가(不可)하며 욕심은 태산 같으며 자식으로 인하여 노고(勞苦)가 많으며 군인이나 정치가 영웅호걸(英雄豪傑)이므로 운(運)만 잘 들어오면 부귀영화(富貴榮華)를 누릴 수 있다.

❶ 세운신사년(歲運辛巳年): 관재, 손재, 신액
❷ 질병(疾病): 혈압(血壓), 심장(心臟), 신경통(神經痛)
❸ 남녀성격: (남) 말을 잘한다, 재간 있다, 남에게 잘함, 배짱 좋다, 손재가 많다, 신앙심, 추리력이 좋다, 재복 있다
　　　　　　(여) 말을 잘한다, 명랑하다, 금방 좋았다가 금방 싫어짐, 고집 대단, 박력 있다, 부궁불미, 정부, 몸과 마음이 피곤함, 신앙심

☯ 세운·질병·남녀성격의 해설 (歲運·疾病·男女性格의 解說)

❶ 세운신사년(歲運辛巳年)= ※관재, 손재, 신액은 ※세운신사년(歲運辛巳年)의 신금(辛金)은 병화일주(丙火日柱)의 정재(正財)로 원명사주(源命四柱)에 재살(財殺)이 태왕(太旺)인데 세운(歲運)에서 재(財)나 관살운(官殺運)이 들어오면 ※관재수를 조심해야 하며 또는 손재수를 조심해야 하며 또는 건강을 조심해야 한다.

❷ 질병(疾病)은 일주(日柱)에서 발생(發生)한다.

❸ 남녀성격은 일주(日柱)에서 발생(發生)한다.

신사년 (辛巳年)

61년(음) 11월 3일 축(丑)시 남자

辛	丁	庚	辛
丑	丑	子	丑

51	41	31	21	11	1
甲	乙	丙	丁	戊	己
午	未	申	酉	戌	亥

이 사주는 정화일주(丁火日柱)가 중동자월(中冬子月)에 출생하여 실시(失時)하고 년월시상(年月時上) 경신금(庚辛金)은 모두 축중신금(丑中辛金)에 근(根)하므로 화생토(火生土) 토생금(土生金) 금생수(金生水)로 종살격(從殺格)같이 보인다. 그러나 정화일주(丁火日柱)를 도와주는 인수(印綬)나 비견겁(比肩劫)은 하나도 없으므로 쇠극격(衰極格)에 해당한다. 쇠(衰)한 자는 상관식신(傷官食神)으로 설기(泄氣)하여 더욱더 쇠(衰)하게 하는 동시 일주(日柱)를 극(剋)하는 관살(官殺)을 제(制)하여야 하기 때문에 상관식신(傷官食神)이 용신(用神)이며 금재(金財)는 희신(喜神)이 된다. 이 사주는 남자(男子)의 사주로서 사업가인데 36세 신금대운(申金大運)에 희신운(喜神運)이 들어와 돈을 많이 벌었으나 41세 을목대운(乙木大運)에 월상경금(月上庚金)과 을경합(乙庚合)으로 합거(合去)되어 손해를 많이 보았고 46세 미토대운(未土大運)에 사업이 번창하여 돈을 많이 벌은 사주다.

❶ 세운신사년(歲運辛巳年): 관재, 손재, 신액, 변화, 이사, 전근
❷ 질병(疾病): 냉(冷), 하원윤습(下元潤濕)
❸ 남녀성격: (남) 말을 잘한다, 인심 좋다, 예의 있다, 재물 욕심, 재복 있다, 영리하다, 임기응변, 재간 있다, 근면성실, 주머니 돈 안 떨어진다, 신앙심, 새벽잠이 없다
　　　　　　(여) 명랑하다, 예의 있다, 금방 좋았다가 금방 싫어짐, 부궁불미, 정부, 재가, 인정 있다, 요리솜씨, 말을 잘한다

◉ 세운 • 질병 • 남녀성격의 해설 (歲運 · 疾病 · 男女性格의 解說)

❶ 세운신사년(歲運辛巳年)= ※관재, 손재, 신액, 변화, 이사, 전근은 ※세운신사년(歲運辛巳年)의 신금(辛金)은 정화일주(丁火日柱)의 편재(偏財)로 원명사주(源命四柱)에 재살(財殺)이 태왕(太旺)인데 세운(歲運)에서 재(財)나 관살운(官殺運)이 들어오면 ※관재수를 조심해야 하며 또는 손재수를 조심해야 하며 또는 건강을 조심해야 한다. 그리고 ※변화, 이사, 전근은 ※세운신사년(歲運辛巳年)의 사화(巳火)는 일지축토(日支丑土)와 사축(巳丑)으로 삼합(三合)이 되므로 세운(歲運)에서 일지(日支) 삼합운(三合運)이 들어오면 ※변화가 생긴다든가 또는 이사를 한다든가 또는 직장을 옮기는 일이 많다.

❷ 질병(疾病)은 일주(日柱)에서 발생(發生)한다.

❸ 남녀성격은 일주(日柱)에서 발생(發生)한다.

신사년(辛巳年)

59년(음) 10월 1일 묘(卯)시 여자

癸	丁	甲	己
卯	亥	戌	亥

52	42	32	22	12	2
庚	己	戊	丁	丙	乙
辰	卯	寅	丑	子	亥

이 사주는 정화일주(丁火日柱)가 계추술월(季秋戌月)에 출생하여 실시(失時)하고 년일지(年日支) 양해수(兩亥水)와 시상계수(時上癸水)가 투출(透出)하여 한편으로는 상관식신(傷官食神)에 설기(泄氣)가 심(甚)하고 한편으로는 관살(官殺)에 극(剋)을 받으므로 일주(日柱)는 신약사주(身弱四柱)다. 다행히 시지묘목(時支卯木) 인수(印綬)가 있으며 해중갑목(亥中甲木)이 월상(月上)에 투출(透出)하여 정화일주(丁火日柱)를 생(生)함으로 살인상생(殺印相生)으로 갑목인수(甲木印綬)가 용신(用神)이며 화비견겁(火比肩劫)은 희신(喜神)이 된다. 이 사주는 여자(女子)의 사주로서 미용실을 경영하였는데 초년(初年)에는 운(運)이 없어 고생을 많이 하였으나 37세 인목대운(寅木大運)에 갑목용신(甲木用神)이 인목(寅木)에 록근(祿根)하여 돈을 많이 벌었고 42세 기토대운(己土大運)에 월상갑목(月上甲木)과 갑기합(甲己合)으로 합거(合去)되어 사업이 부실하였고 47세 묘목인수(卯木印綬) 대운(大運)에 돈을 많이 벌어 잘살고 있는 사주다.

❶ 세운신사년(歲運辛巳年): 관재, 수술, 자연 재앙, 관재, 손재, 신액
❷ 질병(疾病): 심장(心臟), 냉증(冷症)
❸ 남녀성격: (남) 영리하다, 외유내강, 지혜롭다, 지구력 부족, 처세가 좋다, 영리하다, 장수
한다, 항상 바쁨, 꿈이 많다, 처 덕 있다, 자손귀자, 명예를 좋아함, 예감
빠름, 신앙심
(여) 명랑하다, 예의 있다, 금방 좋았다가 금방 싫어짐, 애교 많다, 식복, 남편
의처증, 정부, 자손근심

세운 · 질병 · 남녀성격의 해설 (歲運 · 疾病 · 男女性格의 解說)

❶ 세운신사년(歲運辛巳年)= ※관재, 수술, 자연재앙, 관재, 손재, 신액은 ※세운신사년(歲運辛巳年)의 사화(巳火)는 일지해수(日支亥水)와 사해충(巳亥沖)이 되므로 세운(歲運)에 일지충운(日支沖運)이 들어오면 ※관재수를 조심해야 하며 또는 수술을 조심해야 하며 또는 자연재앙을 조심해야 한다. 그리고 ※관재, 손재, 신액은 ※세운신사년(歲運辛巳年)의 신금(辛金)은 정화일주(丁火日柱)의 편재(偏財)로 원명사주(源命四柱)에 관살(官殺)이 태왕(太旺)인데 세운(歲運)에서 재(財)나 관살운(官殺運)이 들어오면 ※관재수를 조심해야 하며 또는 손재수를 조심해야 하며 또는 건강을 조심해야 한다.

❷ 질병(疾病)과 ❸ 남녀성격은 일주(日柱)에서 발생(發生)한다.

신사년 (辛巳年)

59년(음) 2월 8일 술(戌)시 남자

庚	丁	丁	己
戌	酉	卯	亥

53	43	33	23	13	3
辛	壬	癸	甲	乙	丙
酉	戌	亥	子	丑	寅

이 사주는 정화일주(丁火日柱)가 중춘묘월(中春卯月)에 출생하여 득령(得令)하고 월상정화(月上丁火)가 투출(透出)하여 일주(日柱)가 신왕사주(身旺四柱)같이 보인다. 그러나 일시지(日時支) 유술(酉戌)로 금국(金局)을 이루고 시상(時上) 경금재(庚金財)가 투출(透出)히었으며 년지해중(年支亥中) 임수정관(壬水正官)이 있어 일주(日柱)는 강화위약(强化爲弱)으로 신약사주(身弱四柱)다. 사주(四柱)에 재(財)가 많으므로 재(財)를 제(制)하고 일주(日柱)를 도와주는 비견겁(比肩劫)이 용신(用神)이며 목인수(木印綬)는 희신(喜神)이 된다. 이 사주는 남자(男子)의 사주로서 공무원(公務員)생활을 하다가 운(運)이 없어 승진(昇進)이 안되어 퇴직하고 사업을 경영하였으나 43세 임수대운(壬水大運)에 월상정화(月上丁火)와 정임합(丁壬合)으로 합거(合去)되어 재산을 탕진하고 처와 이혼(離婚)하고 부동산중개업을 하고 있는 사주다. 이렇게 운(運)이 없는 사주들은 공직(公職)생활이나 회사에 다니면 처자(妻子)를 거느리고 가정을 지켜가며 평범하게 살아갈 수 있으나 사업을 하게 되면 패가망신(敗家亡身)한다.

❶ 세운신사년(歲運辛巳年): 관재, 신액, 손재, 변화, 이사, 전근
❷ 질병(疾病): 심장(心臟), 간(肝), 담(膽)
❸ 남녀성격: (남) 말을 잘한다, 고집 대단, 미남형, 남에게 잘함, 학업 열중, 학업 장애, 재복 있다, 처 덕 있다, 청백하다, 예의 있다, 고독하다
　　　　　(여) 명랑하다, 예의 있다, 금방 좋았다가 금방 싫어짐, 욕심 많다, 정부, 미모 수려, 이성수신, 자손귀자, 말을 잘한다

세운 · 질병 · 남녀성격의 해설 (歲運 · 疾病 · 男女性格의 解說)

❶ 세운신사년(歲運辛巳年)= ※관재, 신액, 손재, 변화, 이사, 전근은 ※세운신사년(歲運辛巳年)의 신금(辛金)은 정화일주(丁火日柱)의 편재(偏財)로 원명사주(源命四柱)에 재살(財殺)이 태왕(太旺)인데 세운(歲運)에서 재(財)나 관살운(官殺運)이 들어오면 ※관재수를 조심해야 하며 또는 손재수를 조심해야 하며 또는 건강을 조심해야 한다. 그리고 ※변화, 이사, 전근은 ※세운신사년(歲運辛巳年)의 사화(巳火)는 일지유금(日支酉金)과 사유(巳酉)로 삼합(三合)이 되므로 세운(歲運)에서 일지(日支) 삼합운(三合運)이 들어오면 ※변화가 생긴다든가 또는 이사를 한다든가 또는 직장을 옮기는 일이 많다.

❷ 질병(疾病)과 ❸ 남녀성격은 일주(日柱)에서 발생(發生)한다.

신사년(辛巳年)

58년(음) 6월 13일 미(未)시 여자

丁	丁	己	戊
未	未	未	戌

57	47	37	27	17	7
癸	甲	乙	丙	丁	戊
丑	寅	卯	辰	巳	午

이 사주는 정화일주(丁火日柱)가 하계미월(夏季未月)에 출생하여 실시(失時)하고 미중기토(未中己土)가 월상(月上)에 투출(透出)하여 식신격(食神格)이다. 그리고 지지(地支)는 전부 미술(未戌)로 토국(土局)을 이루었고 년월(年月) 무기토(戊己土)가 투출(透出)하여 상관식신(傷官食神)이 태왕(太旺)이다. 정화일주(丁火日柱)와 시상정화(時上丁火) 비견(比肩)은 자좌(自坐) 미중정화(未中丁火)에 근(根)한다고 하나 많은 토(土) 상관식신(傷官食神)에 설기(泄氣)가 심(甚)하며 화(火)는 토(土)를 따라가므로 화생토(火生土)로 종아(從兒)하게 된다. 그러므로 토(土) 상관식신(傷官食神)이 용신(用神)이 된다. 이 사주는 여자(女子)의 사주로서 간호사로 근무하다가 퇴사하여 37세 을묘대운(乙卯大運)에 미용클리닉을 경영하여 손해를 많이 보다가 47세 갑목대운(甲木大運)에 월상기토(月上己土)와 갑기합(甲己合)으로 합거(合去)되어 재산을 탕진하고 병(病)까지 얻어 자궁(子宮) 수술을 한 사주다. 자궁(子宮)을 수술하게 된 것은 상관식신(傷官食神)이 태왕(太旺)한데 년지술토(年支戌土)와 월지미토(月支未土)는 미술(未戌)로 형살(刑殺)이 되므로 상관(傷官)이 태왕(太旺)하고 형살(刑殺)이 있으면 자궁(子宮)과 유방(乳房)을 조심해야 한다. 상관(傷官)은 자궁(子宮)도 되고 유방(乳房)도 되기 때문이다. 그리고 상관식신(傷官食神)이 태왕(太旺)이면 부궁(夫宮)이 부실하여 백년해로(百年偕老)하기 힘들며 재혼하거나 혼자 사는 사람들이 많다. 이 사주도 일찍 이혼하여 혼자 살고 있는 사주다.

❶ 세운신사년(歲運辛巳年): 불성, 손재
❷ 질병(疾病): 간(肝), 담(膽)
❸ 남녀성격: (남) 말을 잘한다, 마음이 넓다, 남에게 잘함, 명랑하다, 예의 있다, 편식, 박력 있다, 고집 대단, 성격이 까다롭다, 옷에 신경, 처궁불미
　　　　　　(여) 명랑하다, 예의 있다, 금방 좋았다가 금방 싫어짐, 인덕 없다, 정부, 재가, 부궁불미, 신앙심, 말을 잘한다, 고집 대단

세운·질병·남녀성격의 해설(歲運·疾病·男女性格의 解說)

❶ 세운신사년(歲運辛巳年)= ※불성, 손재는 ※세운신사년(歲運辛巳年)의 사화(巳火)는 정화일주(丁火日柱)의 비겁(比劫)으로 종(從)하는 사주에 세운(歲運)에서 비견겁운(比肩劫運)이 들어오면 ※ 모든 일이 잘 풀리지 않고 대차계약도 잘 이루어지지 않고 또는 손재수를 조심해야 한다.

❷ 질병(疾病)과 ❸ 남녀성격은 일주(日柱)에서 발생(發生)한다.

신사년 (辛巳年)

58년(음) 4월 22일 오(午)시 남자

<table>
<tr><td>丙</td><td>丁</td><td>戊</td><td>戊</td></tr>
<tr><td>午</td><td>巳</td><td>午</td><td>戌</td></tr>
<tr><td>60</td><td>50</td><td>40</td><td>30</td><td>20</td><td>10</td></tr>
<tr><td>甲</td><td>癸</td><td>壬</td><td>辛</td><td>庚</td><td>己</td></tr>
<tr><td>子</td><td>亥</td><td>戌</td><td>酉</td><td>申</td><td>未</td></tr>
</table>

이 사주는 정화일주(丁火日柱)가 중하오월(中夏午月)에 출생하여 록근(祿根)하고 지지(地支)는 사오오술(巳午午戌)로 화국(火局)을 이루어 정화일주(丁火日柱)는 염상격(炎上格)이다. 염상격(炎上格)에는 비견겁(比肩劫)이 용신(用神)인데 년월(年月)에 양무토(兩戊土)가 투출(透出)히 었고 그 무토(戊土)는 년지술도(年支戌土)에 근(根)하여 정화일주(丁火日柱)는 상관(傷官)으로 설기(泄氣)하므로 상관(傷官)이 용신(用神)이다. 이 사주는 남자(男子)의 사주로서 염상격(炎上格)을 놓은 사람은 기세(氣勢)가 당당하며 추진력이 있으며 남에게 지고 사는 성격이 아니며 포부가 광대(廣大)하여 남의 밑에서는 일을 못하는 사주다. 초년(初年)부터 자동차 정비기술을 배워 카센터를 경영하였으나 초년(初年)에는 운(運)이 없어 고생을 많이 하다가 45세 술토대운(戌土大運)에 돈을 수억금을 벌었으나 50세 계수대운(癸水大運)에 년상무토(年上戊土)와 무계합(戊癸合)으로 합거(合去)되어 손해를 많이 보고 있는 중이다. 앞으로도 운(運)이 없어 고생하리라고 본다.

❶ 세운신사년(歲運辛巳年): 손재, 처액, 변화, 이사, 전근
❷ 질병(疾病): 심장(心臟), 혈압(血壓)
❸ 남녀성격: (남) 말을 잘한다, 외유내강, 매사 열중, 예의 있다, 명랑하다, 항상 바쁨, 거짓말을 못함, 남을 생각하지도 않고 직선적으로 말함, 영리하다, 고독하다
(여) 명랑하다, 예의 있다, 금방 좋았다가 금방 싫어짐, 말을 잘함, 정부, 재가, 부궁불미, 독수공방

🔵 세운·질병·남녀성격의 해설 (歲運·疾病·男女性格의 解說)

❶ 세운신사년(歲運辛巳年)= ※손재, 처액, 변화, 이사, 전근은 ※세운신사년(歲運辛巳年)의 신금(辛金)은 정화일주(丁火日柱)의 편재(偏財)로 신왕(身旺)한 남자 사주에 재(財)가 쇠약(衰弱)한데 세운(歲運)에서 재운(財運)이 들어오면 ※손재수를 조심해야 하며 또는 가정에 불화가 많이 생긴다든가 또는 처가 가출한다든가 또는 처의 건강을 조심해야 한다. 그리고 ※변화, 이사, 전근은 ※세운신사년(歲運辛巳年)의 사화(巳火)는 일지사화(日支巳火)와 사사(巳巳)로 삼합(三合)이 되므로 세운(歲運)에서 일지(日支) 삼합운(三合運)이 들어오면 ※변화가 생긴다든가 또는 이사를 한다든가 또는 직장을 옮기는 일이 많다.

❷ 질병(疾病)은 일주(日柱)에서 발생(發生)한다.

❸ 남녀성격은 일주(日柱)에서 발생(發生)한다.

신사년 (辛巳年)

63년(음) 3월 1일 묘(卯)시 여자

<table>
<tr><td>癸</td><td>丁</td><td>乙</td><td>癸</td></tr>
<tr><td>卯</td><td>卯</td><td>卯</td><td>卯</td></tr>
</table>

54	44	34	24	14	4
辛	庚	己	戊	丁	丙
酉	申	未	午	巳	辰

이 사주는 정화일주(丁火日柱)가 중춘묘월(中春卯月)에 출생하여 득령(得令)하고 묘중을목(卯中乙木)이 월상(月上)에 투출(透出)하고 지지(地支)는 전부 묘목인수(卯木印綬)로 일주(日柱)가 신왕(身旺)이다. 신왕사주(身旺四柱)에는 일주(日柱)를 제(制)하는 관살(官殺)이나 상관식신(傷官食神)으로 설기(泄氣)함이 좋은데 년시상(年時上) 양계수(兩癸水) 편관(偏官)이 있다 하나 양계수(兩癸水)는 근(根)이 없으며 자좌묘목(自坐卯木)에 설기(泄氣)가 심(甚)하므로 용신(用神)으로 쓸 수가 없다. 그러므로 정화일주(丁火日柱)는 목인수(木印綬)가 태왕(太旺)하므로 종강사주(從强四柱)다. 그러므로 왕(旺)한 목인수(木印綬)가 설기(泄氣)하는 곳은 정화(丁火)로서 정화(丁火) 비견겁(比肩劫)이 용신(用神)이며 목인수(木印綬)는 희신(喜神)이 된다. 이 사주는 여자(女子)의 사주로서 백화점판매원으로 일하다가 29세 오화대운(午火大運)에 지점을 개업하여 돈을 많이 벌었고 34세 기토대운(己土大運)부터 운(運)이 없어 사업이 부실하여 고생을 많이 한 사주다.

❶ 세운신사년(歲運辛巳年): 이별수, 손재, 신액
❷ 질병(疾病): 풍질(風疾)
❸ 남녀성격: (남) 말을 잘한다, 명랑하다, 근심이 많다, 영리하다, 풍류를 즐긴다, 지구력 부족, 처궁불미, 마음 약, 소심하다, 인자한 성품, 운동 잘함
　　　　　(여) 명랑하다, 예의 있다, 금방 좋았다가 금방 싫어짐, 부궁불미, 정부, 친모격정 많이 한다, 예능에 소질

◯ 세운·질병·남녀성격의 해설 (歲運·疾病·男女性格의 解說)

❶ 세운신사년(歲運辛巳年)= ※이별수, 손재, 신액은 ※세운신사년(歲運辛巳年)의 사화(巳火)는 정화일주(丁火日柱)의 비겁(比劫)으로 신왕(身旺)한 여자 사주에 세운에서 비견겁운(比肩劫運)이 들어오면 ※가정에 불화가 많이 생긴다든가 또는 남편과 떨어져 산다든가 또는 이혼한다든가 또는 남편이 사망하는 수도 있다. 그리고 ※손재, 신액은 ※세운신사년(歲運辛巳年)의 신금(辛金)은 정화일주(丁火日柱)의 편재(偏財)로서 신왕(身旺)한 사주에 재(財)가 쇠약(衰弱)한데 세운(歲運)에서 재운(財運)이 들어오면 ※손재수를 조심해야 하며 또는 건강을 조심해야 한다.

❷ 질병(疾病)은 일주(日柱)에서 발생(發生)한다.

❸ 남녀성격은 일주(日柱)에서 발생(發生)한다.

신사년 (辛巳年)

이 사주는 정화일주(丁火日柱)가 중춘묘월(中春卯月)에 출생하여 득령(得令)하고 년일지(年日支) 인묘목(寅卯木) 인수(印綬)로 일주(日柱)는 신왕사주(身旺四柱)다. 신왕사주(身旺四柱)에는 일주(日柱)를 제(制)하는 관살(官殺)이나 상관식신(傷官食神)으로 설기(泄氣)함이 좋은데 년월(年月) 임계수(壬癸水) 관살(官殺)이 시지신금(時支申金)에 근(根)한다고 하나 그 임계수(壬癸水)는 너무 멀리 있으며 자좌(自坐) 인묘목(寅卯木)에 설기(泄氣)가 심(甚)하여 용신(用神)으로 쓸 수가 없다. 용신(用神)이 약(弱)할 때에는 용신(用神)을 돕는 자가 용신(用神)이 되므로 시지(時支) 신금재(申金財)가 용신(用神)이며 토(土) 상관식신(傷官食神)은 희신(喜神)이 된다. 이 사주는 남자(男子)의 사주로서 세무공무원(稅務公務員)으로 근무하였으나 초년(初年)에는 운(運)이 없어 승진(昇進)이 안되어 고생을 많이 하고 모든 일이 순탄치 않았으며 47세 신금대운(申金大運)에 승진(昇進)하였으며 앞으로도 유금대운(酉金大運)이 좋아 모든 일이 풀리며 화목(和睦)한 가정이 이루며 잘살 것이라고 본다.

❶ 세운신사년(歲運辛巳年): 손재, 처액
❷ 질병(疾病): 풍질(風疾)
❸ 남녀성격: (남) 말을 잘한다, 명랑하다, 근심이 많다, 영리하다, 풍류를 즐긴다, 지구력 부족, 처궁불미, 마음 약, 소심하다, 인자한 성품, 운동 잘함
　　　　　(여) 명랑하다, 예의 있다, 금방 좋았다가 금방 싫어짐, 부궁불미, 정부, 친모격정 많이 한다, 예능에 소질

세운 • 질병 • 남녀성격의 해설 (歲運 · 疾病 · 男女性格의 解說)

❶ 세운신사년(歲運辛巳年)= ※손재, 처액은 ※세운신사년(歲運辛巳年)의 신금(辛金)은 정화일주(丁火日柱)의 편재(偏財)로 신왕(身旺)한 남자 사주에 재(財)가 쇠약(衰弱)한데 세운(歲運)에서 재운(財運)이 들어오면 ※손재수를 조심해야 하며 또는 가정에 불화가 많이 생긴다든가 또는 처가 가출한다든가 또는 처의 건강을 조심해야 한다.

❷ 질병(疾病)은 일주(日柱)에서 발생(發生)한다.

❸ 남녀성격은 일주(日柱)에서 발생(發生)한다.

신사년 (辛巳年)

65년(음) 6월 4일 사(巳)시 여자

乙	丁	壬	乙
巳	巳	午	巳

52	42	32	22	12	2
戊	丁	丙	乙	甲	癸
子	亥	戌	酉	申	未

이 사주는 정화일주(丁火日柱)가 중하오월(中夏午月)에 출생하여 록근(祿根)하고 년일시지(年日時支) 사화(巳火)로 지지(地支)는 전화국(全火局)을 이루었으며 년시상(年時上) 양을목(兩乙木) 인수(印綬)가 투출(透出)하여 일주(日柱)는 신왕사주(身旺四柱)다. 신왕사주(身旺四柱)에는 관살(官殺)로 일주(日柱)를 제(制)하거나 상관식신(傷官食神)으로 설기(泄氣)하면 좋은데 월상임수(月上壬水) 정관(正官)으로 용신(用神)하고자 하나 임수정관(壬水正官)은 무근(無根)이며 지지화국(地支火局)에 물이 말랐으며 정화일주(丁火日柱)와 정임합목(丁壬合木)으로 목(木)으로 화(化)하였으므로 종왕사주(從旺四柱)다. 종왕사주(從旺四柱)에는 비견겁(比肩劫)이 용신(用神)이며 목인수(木印綬)는 희신(喜神)이 된다. 이 사주는 여자(女子)의 사주로서 체육교사(體育敎師)로 근무하고 있는 사주다.

❶ 세운신사년(歲運辛巳年): 이별수, 변화, 이사, 전근, 손재, 신액
❷ 질병(疾病): 심장(心臟), 혈압(血壓)
❸ 남녀성격: (남) 말을 잘한다, 외유내강, 매사 열중, 예의 있다, 명랑하다, 항상 바쁨, 거짓
말을 못함, 남을 생각하지도 않고 직선적으로 말함, 영리하다, 고독하다
(여) 명랑하다, 예의 있다, 금방 좋았다가 금방 싫어짐, 말을 잘함, 정부, 재가,
부궁불미, 독수공방

🌙 세운 · 질병 · 남녀성격의 해설 (歲運 · 疾病 · 男女性格의 解說)

❶ 세운신사년(歲運辛巳年)= ※이별수, 변화, 이사, 전근, 손재, 신액은 ※세운신사년(歲運辛巳年)의 사화(巳火)는 정화일주(丁火日柱)의 비겁(比劫)으로 신왕(身旺)한 여자 사주에 세운(歲運)에서 비견겁운(比肩劫運)이 들어오면 **※가정에 불화가 많이 생긴다든가 또는 남편과 떨어져 산다든가 또는 이혼한다든가 또는 남편이 사망하는 수도 있다.** 그리고 ※변화, 이사, 전근은 ※세운신사년(歲運辛巳年)의 사화(巳火)는 일지사화(日支巳火)와 사사(巳巳)로 삼합(三合)이 되므로 세운(歲運)에서 일지(日支) 삼합운(三合運)이 들어오면 **※변화가 생긴다든가 또는 이사를 한다든가 또는 직장을 옮기는 일이 많다.** 그리고 ※손재, 신액은 ※세운신사년(歲運辛巳年)의 신금(辛金)은 정화일주의 편재(偏財)로서 신왕(身旺)한 사주에 재(財)가 쇠약(衰弱)한데 세운(歲運)에서 재운(財運)이 들어오면 **※손재수를 조심해야 하며 또는 건강을 조심해야 한다.**

❷ 질병(疾病)과 ❸ 남녀성격은 일주(日柱)에서 발생(發生)한다.

신사년 (辛巳年)

63년(음) 10월 26일 유(酉)시 여자

辛	戊	甲	癸
酉	子	子	卯

59	49	39	29	19	9
庚	己	戊	丁	丙	乙
午	巳	辰	卯	寅	丑

이 사주는 무토일주(戊土日柱)가 중동자월(中冬子月)에 출생하여 실시(失時)하고 자중계수(子中癸水) 년상(年上)에 투출(透出)하여 정재격(正財格)이다. 그리고 지지(地支)는 자자(子子)로 수국(水局)을 이루고 시간지(時干支) 신유금(辛酉金)에 설기(泄氣)기 심(甚)하다. 그리므로 토생금(土生金) 금생수(金生水) 수생목(水生木)으로 종살격(從殺格)같이 보이나 무토일주(戊土日柱)를 생(生)하여 주는 인수(印綬)나 비견겁(比肩劫)은 하나도 없으므로 쇠극격(衰極格)에 해당하므로 쇠(衰)한 자는 상관식신(傷官食神)으로 설기(泄氣)하여 더욱더 쇠(衰)하게 하는 동시 일주(日柱)를 극(剋)하는 관살(官殺)을 제(制)하여야 하기 때문에 상관식신(傷官食神)이 용신(用神)이며 수재(水財)는 희신(喜神)이 된다. 이 사주는 여자(女子)의 사주로서 정재격(從財格)을 놓은 사람은 마음이 여리며 정당한 돈 봉급(俸給)이나 부동산(不動産) 자기가 노력하여 정당한 보수를 받고 사는 사주인데 초년(初年)부터 사업을 경영하여 34세 묘목대운(卯木大運)에 사업이 번창하여 수억금을 벌었으나 39세 무토대운(戊土大運)에 사업을 확장하여 경영하다가 년상계수(年上癸水)와 무계합(戊癸合)으로 합거(合去)되어 재산을 탕진하고 힘들게 살고 있는 사주다.

❶ 세운신사년(歲運辛巳年): 신축, 문서, 관재
❷ 질병(疾病): 비(脾), 위(胃)
❸ 남녀성격: (남) 군자의 성품, 언행 조심, 외강내유, 지혜롭다, 고집 대단, 신경 예민, 권모술수, 처 덕 있다, 돈이 잘 빠져나감, 처 말을 잘 듣는다, 눈치 빠름
　　　　　(여) 순진, 신용, 하는 일에 겁이 없다, 부궁불미, 정부, 재가, 독수공방, 직업, 재복 있다, 신앙심

🔵 세운·질병·남녀성격의 해설 (歲運·疾病·男女性格의 解說)

❶ 세운신사년(歲運辛巳年)= ※신축, 문서, 관재는 ※세운신사년(歲運辛巳年)의 사화(巳火)는 무토일주(戊土日柱)의 인수(印綬)로 세운(歲運)에서 인수운(印綬運)이 들어오면 ※집을 짓는다든가 또는 증축을 한다든가 또는 사업체를 벌리는 일이 많으며 또는 문서를 잡는 일도 있다. 그리고 ※관재는 ※세운신사년(歲運辛巳年)의 신금(辛金)은 무토일주(戊土日柱)의 상관(傷官)으로 세운(歲運)에서 천간(天干) 상관운(傷官運)이 들어오면 ※관재수를 조심해야 한다.

❷ 질병(疾病)은 일주(日柱)에서 발생(發生)한다.

❸ 남녀성격은 일주(日柱)에서 발생(發生)한다.

신사년(辛巳年)

59년(음) 7월 21일 진(辰)시 남자

<table>
<tr><td>丙</td><td>戊</td><td>壬</td><td>己</td></tr>
<tr><td>辰</td><td>寅</td><td>申</td><td>亥</td></tr>
</table>

55	45	35	25	15	5
丙	丁	戊	己	庚	辛
寅	卯	辰	巳	午	未

이 사주는 무토일주(戊土日柱)가 초가을 신월(申月)에 출생하여 실시(失時)하고 신궁임수(申宮壬水)가 월상(月上)에 투출(透出)하여 편재격(偏財格)으로 신약사주(身弱四柱)다. 그러나 무토일주(戊土日柱)는 시간지(時干支) 병화인수(丙火印綬)와 진토비견(辰土比肩)이 있고 무토일주(戊土日柱)는 자좌인목(自坐寅木)에 살지(殺地)라고 하나 무토일주(戊土日柱)의 생궁(生宮)으로서 좀처럼 종(從)하지 않는다. 그러므로 일주(日柱)가 약(弱)하므로 화인수(火印綬)가 용신(用神)이며 비견겁(比肩劫)은 희신(喜神)이 된다. 이 사주는 편재격(偏財格)으로서 편재격(偏財格)을 놓은 사람들은 환경에 지배를 받으며 또 완고하고 공공의 재물(財物)이며 일확천금(一攫千金)을 꿈꾸며 투기(投機) 사업을 좋아하며 자수성가하는 사람들이 많다. 이 사주는 남자(男子)의 사주로서 공부는 많이 하지 못하였으나 요리를 배워 호텔에 근무하다가 35세 무토대운(戊土大運)에 음식업을 경영하여 수억금을 벌었으며 45세 정화대운(丁火大運)에 월상임수(月上壬水)와 정임합(丁壬合)으로 합거(合去)되어 재산을 탕진하고 다시 호텔 요리사로 근무하고 있는 사주다.

☯ 세운·질병·남녀성격의 해설 (歲運 · 疾病 · 男女性格의 解說)

❶ 세운신사년(歲運辛巳年)= ※신축, 문서, 관재, 관재, 수술은 ※세운신사년(歲運辛巳年)의 사화(巳火)는 무토일주의 인수(印綬)로 세운(歲運)에서 인수운(印綬運)이 들어오면 ※집을 짓는다든가 또는 증축을 한다든가 또는 사업체를 벌리는 일이 많으며 또는 문서를 잡는 일도 있다. 그리고 ※관재는 ※세운신사년(歲運辛巳年)의 신금(辛金)은 무토일주(戊土日柱)의 상관(傷官)으로 세운(歲運)에서 천간(天干) 상관운(傷官運)이 들어오면 ※관재수를 조심해야 한다. 그리고 ※ 관재, 수술은 ※세운신사년(歲運辛巳年)의 사화(巳火)는 일지인목(日支寅木)과 인사형살(寅巳刑殺)이 되므로 세운에서 일지(日支) 형살운(刑殺運)이 들어오면 ※관재수를 조심해야 하며 또는 수술을 조심해야 한다.

❷ 질병(疾病)과 ❸ 남녀성격은 일주(日柱)에서 발생(發生)한다.

신사년 (辛巳年)

癸	戊	乙	庚
亥	辰	酉	子

60	50	40	30	20	10
己	庚	辛	壬	癸	甲
卯	辰	巳	午	未	申

이 사주는 무토일주(戊土日柱)가 중추유월(中秋酉月)에 출생하고 실시(失時)하여 상관격(傷官格)이다. 그리고 년간지(年干支) 경자(庚子)와 시간지(時干支) 계해(癸亥)로 금수(金水)가 태왕(太旺)이다. 무토일주(戊土日柱)는 진중무토(辰中戊土)에 근(根)힌디고 히니 진토(辰土)는 습도(濕土)며 년지자수(年支子水)와 자진수국(子辰水局)으로 화(化)하였고 월지유금(月支酉金)과 진유(辰酉)로 생합(生合)하여 무토일주를 도와줄 힘이 없다. 그러므로 토생금(土生金) 금생수(金生水) 수생목(水生木)으로 월상을목(月上乙木)이 용신(用神)같이 보이나 그 을목(乙木)은 자좌유금(自坐酉金)의 살지(殺地)며 년상경금(年上庚金)과 을경합(乙庚合)으로 금(金)으로 화(化)하여 용신(用神)으로 쓸 수가 없다. 그러므로 토생금(土生金) 금생수(金生水)로 수재(水財)가 용신(用神)이며 이런 사주를 종재격(從財格)이라고 한다.

❶ 세운신사년(歲運辛巳年): 이별수, 신축, 문서, 관재
❷ 질병(疾病): 풍질(風疾), 혈압(血壓)
❸ 남녀성격: (남) 군자의 성품, 언행 조심, 인심 좋다, 이해성이 많다, 화합 잘함, 주관이 강하다, 신의 있다, 재간 있다, 처궁불미, 아이디어가 좋다, 재복 있다, 미인수다
　　　　　　(여) 신용, 순진하다, 욕심 많다, 재복 있다, 부궁불미, 정부, 신앙심

🔵 세운·질병·남녀성격의 해설 (歲運·疾病·男女性格의 解說)

❶ 세운신사년(歲運辛巳年)= ※이별수, 신축, 문서, 관재는 ※세운신사년(歲運辛巳年)의 신금(辛金)은 무토일주(戊土日柱)의 상관(傷官)으로 여자 사주에 상관식신(傷官食神)이 태왕(太旺)인데 세운(歲運)에서 상관(傷官) 식신운(食神運)이 들어오면 ※가정에 불화가 많이 생긴다든가 또는 남편과 떨어져 산다든가 또는 이혼한다든가 또는 남편이 사망하는 수도 있다. 그리고 ※신축, 문서는 ※세운신사년(歲運辛巳年)의 사화(巳火)는 무토일주(戊土日柱)의 인수(印綬)로 세운(歲運)에서 인수운(印綬運)이 들어오면 ※집을 짓는다든가 또는 증축을 한다든가 또는 사업채를 벌리는 일이 많으며 또는 문서를 잡는 일도 있다. 그리고 ※관재는 ※세운신사년(歲運辛巳年)의 신금(辛金)은 무토일주(戊土日柱)의 상관(傷官)으로 세운(歲運)에서 천간(天干) 상관운(傷官運)이 들어오면 ※관재수를 조심해야 한다.

❷ 질병(疾病)은 일주(日柱)에서 발생(發生)한다.

❸ 남녀성격은 일주(日柱)에서 발생(發生)한다.

신사년 (辛巳年)

60년(윤) 6월 6일 인(寅)시 여자

甲	戊	癸	庚
寅	午	未	子

57	47	37	27	17	7
丁	戊	己	庚	辛	壬
丑	寅	卯	辰	巳	午

이 사주는 무토일주(戊土日柱)가 하계미월(夏季未月)에 출생하여 득령(得令)하고 일지오화(日支午火) 양인(羊刃)과 오미화국(午未火局)을 이루어 무토일주(戊土日柱)가 신왕사주(身旺四柱)같이 보인다. 그러나 월상계수(月上癸水)는 년지자수(年支子水)에 록근(祿根)하고 시간지(時干支) 갑인목(甲寅木) 편관(偏官)이 있어 일주(日柱)는 강화위약(强化爲弱)이 된다. 그러므로 화인수(火印綬)가 용신(用神)이며 비견겁(比肩劫)은 희신(喜神)이 된다. 이 사주는 여자(女子)의 사주로서 양인격(羊刃格)에는 양인(羊刃)이 약(弱)하면 양인(羊刃)을 도와주는 비견겁(比肩劫)이나 인수운(印綬運)이 좋으며 만약에 양인(羊刃)이 왕(旺)하고 편관(偏官)이 약(弱)할 때에는 편관운(偏官運)에 성공한다. 그리고 양인격(羊刃格)을 놓은 사람들은 군경(軍警)이나 수사기관(搜査機關), 체육(體育)계통으로 직업을 많이 갖는데 이 사주는 경찰관으로서 근무하고 있는 사주로 운(運)이 없어 승진이 늦었으며 평범하게 살아가는 사주다. 년지자수(年支子水)의 수옥살(囚獄殺)은 일지오화(日支午火)로서 수옥살(囚獄殺)을 놓은 사람들은 법조계(法曹界)로 직업을 많이 갖으며 법조계로 가지 않으면 감옥(監獄)살이를 한번 할 수도 있다.

❶ 세운신사년(歲運辛巳年): 신축, 문서, 관재
❷ 질병(疾病): 위(胃), 비(脾), 혈압(血壓)
❸ 남녀성격: (남) 군자의 성품, 언행 조심, 성질 급, 서두른다, 외화내곤, 실패자초, 처궁불
　　　　　　미, 재가, 정력 강, 여자 많다, 편식한다
　　　　　(여) 신용, 순진하다, 고집 대단, 박력 있다, 부궁불미, 정부, 친모봉양

🔵 세운·질병·남녀성격의 해설 (歲運·疾病·男女性格의 解說)

❶ 세운신사년(歲運辛巳年)= ※신축, 문서, 관재는 ※세운신사년(歲運辛巳年)의 사화(巳火)는 무토일주(戊土日柱)의 인수(印綬)로 세운(歲運)에서 인수운(印綬運)이 들어오면 **※집을 짓는다든가 또는 증축을 한다든가 또는 사업체를 벌리는 일이 많고 또는 문서를 잡는 일도 있다.** 그리고 ※ **관재**는 ※세운신사년(歲運辛巳年)의 신금(辛金)은 무토일주(戊土日柱)의 상관(傷官)으로 세운(歲運)에서 천간(天干) 상관운(傷官運)이 들어오면 **※관재수를 조심해야 한다.**

❷ 질병(疾病)은 일주(日柱)에서 발생(發生)한다.

❸ 남녀성격은 일주(日柱)에서 발생(發生)한다.

신사년 (辛巳年)

이 사주는 무토일주(戊土日柱)가 하계미월(夏季未月)에 출생하여 득령(得令)하고 미중정화(未中丁火)가 년월상(年月上)에 투출(透出)하여 인수격(印綬格)으로 신왕사주(身旺四柱)다. 신왕사주(身旺四柱)에는 일주(日柱)를 제(制)하는 관살(官殺)이나 상관식신(傷官食神)으로 설기(泄氣)함이 좋은데 일주(日柱)를 제(制)하는 관살(官殺)은 없고 시상인수(時上壬水) 편재(偏財)가 투출(透出)하여 편재(偏財)로 용신(用神)하고자 하나 그 임수(壬水)는 자좌(自坐) 술중무토(戌中戊土) 살지(殺地)에 앉았으며 일주무토(日柱戊土)의 극(剋)을 받아 약(弱)하므로 용신(用神)으로 쓸 수가 없다. 용신(用神)이 약(弱)할 때에는 용신(用神)을 돕는 자가 용신(用神)이 되므로 신궁경금(申宮庚金) 식신(食神)이 용신(用神)이 된다. 이 사주는 남자(男子)의 사주로서 무역회사에 근무하다가 44세 묘목대운(卯木大運)에 퇴사하여 사업을 경영하였으나 묘목대운(卯木大運)은 신금용신(申金用神)의 절궁(絶宮)으로 사업이 부실하여 손해를 많이 보았고 49세 임수대운(壬水大運)에 월상정화(月上丁火)와 정임합(丁壬合)으로 합거(合去)되어 재산을 탕진하고 그 이후로는 운(運)이 없어 무능(無能)하게 살아가고 있는 사주다.

❶ 세운신사년(歲運辛巳年): 관재, 관재, 수술
❷ 질병(疾病): 위(胃), 잔질(殘疾)
❸ 남녀성격: (남) 군자의 성품, 언행 조심, 신의 있다, 재주 있다, 고독하다, 항상 바쁨, 학업 장애, 처궁불미, 처 덕 있다, 재복 있다
　　　　　　(여) 신용 있다, 순진하다, 고집 대단, 부궁불미, 정부, 다재다능

세운·질병·남녀성격의 해설 (歲運·疾病·男女性格의 解說)

❶ 세운신사년(歲運辛巳年)= ※관재, 관재, 수술은 ※세운신사년(歲運辛巳年)의 신금(辛金)은 무토일주(戊土日柱)의 상관(傷官)으로 세운(歲運)에서 천간(天干) 상관운(傷官運)이 들어오면 ※관재수를 조심해야 한다. 그리고 ※관재, 수술은 ※세운신사년(歲運辛巳年)의 사화(巳火)는 일지신금(日支申金)과 사신형살(巳申刑殺)이 되므로 세운(歲運)에서 일지(日支) 형살운(刑殺運)이 들어오면 ※관재수를 조심해야 하며 또는 수술을 조심해야 한다.

❷ 질병(疾病)은 일주(日柱)에서 발생(發生)한다.

❸ 남녀성격은 일주(日柱)에서 발생(發生)한다.

신사년 (辛巳年)

58년(음) 8월 6일 인(寅)시 남자

甲	戊	辛	戊
寅	戌	酉	戌

57	47	37	27	17	7
丁	丙	乙	甲	癸	壬
卯	寅	丑	子	亥	戌

이 사주는 무토일주(戊土日柱)가 중추유월(中秋酉月)에 출생하여 실시(失時)하고 유중신금(酉中辛金)이 월상(月上)에 투출(透出)하여 상관격(傷官格)으로 일주(日柱)는 신약사주(身弱四柱)다. 년간지(年干支) 무술비견(戊戌比肩)과 일간지(日干支) 무술비견(戊戌比肩)이 있어 4대 4로 신왕사주(身旺四柱)같이 보이나 월지유금(月支酉金)은 한 개지만 두 개 이상의 힘을 갖고 있으므로 일주(日柱)는 신약사주(身弱四柱)가 된다. 그러므로 화인수(火印綬)가 용신(用神)이며 토비견겁(土比肩劫)은 희신(喜神)이 된다. 이 사주는 남자(男子)의 사주로서 미대 조각과을 전공하여 취업하려고 하였으나 운(運)이 없어 취업을 못하고 자기 사업을 경영하였으나 운(運)이 없어 하는 일마다 손해를 많이 보았고 47세 병화대운(丙火大運)에 월상신금(月上辛金)과 병신합(丙辛合)으로 합거(合去)되어 재산을 탕진하고 처(妻)와 이혼(離婚)하고 혼자 힘들게 살아가고 있는 사주다.

❶ 세운신사년(歲運辛巳年): 신축, 문서, 관재, 신경과민
❷ 질병(疾病): 신장(腎臟), 방광(膀胱)
❸ 남녀성격: (남) 군자의 성품, 언행 조심, 신의 있다, 인심 좋다, 재주 있다, 신뢰한다, 근면하다, 학업 열중, 임사즉결, 고집 대단, 남에게 잘함, 신앙심, 창의력, 돈이 잘 빠져나간다
　　　　　(여) 신용 있다, 순진하다, 시모불합, 남편 말 잘 안 듣는다, 부궁불미, 정부, 재가, 독수공방, 일가부양, 친모봉양, 신앙심

☯ 세운·질병·남녀성격의 해설 (歲運·疾病·男女性格의 解說)

❶ 세운신사년(歲運辛巳年)= ※신축, 문서, 관재, 신경과민은 ※세운신사년(歲運辛巳年)의 사화(巳火)는 무토일주(戊土日柱)의 인수(印綬)로 세운(歲運)에서 인수운(印綬運)이 들어오면 ※집을 짓는다든가 또는 증축을 한다든가 또는 사업체를 벌리는 일이 많고 또는 문서를 잡는 일도 있다. 그리고 ※관재는 ※세운신사년(歲運辛巳年)의 신금(辛金)은 무토일주(戊土日柱)의 상관(傷官)으로 세운(歲運)에서 천간(天干) 상관운(傷官運)이 들어오면 ※관재수를 조심해야 한다. 그리고 ※신경과민은 ※세운신사년의 사화(巳火)는 일지술토(日支戌土)와 사술(巳戌)로 귀문관살(鬼門關殺)이 되므로 세운(歲運)에서 일지(日支) 귀문(鬼門) 관살운(關殺運)이 들어오면 ※그 해에는 모든 일에 신경을 많이 쓰게 된다.

❷ 질병(疾病)은 일주(日柱)에서 발생(發生)한다.

❸ 남녀성격은 일주(日柱)에서 발생(發生)한다.

신사년 (辛巳年)

51년(음) 2월 22일 인(寅)시 남자

甲	戊	辛	辛
寅	辰	卯	卯

58	48	38	28	18	8
乙	丙	丁	戊	己	庚
酉	戌	亥	子	丑	寅

이 사주는 무토일주(戊土日柱)가 중춘묘월(中春卯月)에 출생하여 실시(失時)하고 원신갑목(源神甲木)이 시상(時上)에 투출(透出)하였으며 지지(地支)는 인묘진(寅卯辰)으로 전목국(全木局)을 이루어 관살(官殺)이 태왕(太旺)이다. 그러므로 무토일주(戊土日柱)는 시상갑목(時上甲木)이 대단히 겁이 난다. 그러므로 년월(年月) 양신금(兩辛金)으로 많은 관살(官殺)을 제(制)하려고 하나 년월(年月) 양신금(兩辛金)은 근(根)이 없으며 자좌묘목(自坐卯木)에 모두 절궁(絶宮)에 앉아 갑목편관(甲木偏官)을 제(制)할 힘이 없다. 그러므로 무토일주는 왕세(旺勢)를 따라 종살(從殺)하게 되므로 목편관(木偏官)이 용신(用神)이며 수재(水財)는 희신(喜神)이 된다. 이 사주는 남자(男子)의 사주로서 엔지니어로 회사에 근무하다가 43세 해수대운(亥水大運)에 회사를 퇴사하고 사업을 경영하여 희신운(喜神運)이 들어와 수억금을 벌었으며 48세 병화대운(丙火大運)에 년상신금(年上辛金)과 병신합(丙辛合)으로 합거(合去)되어 재산을 탕진하였고 58세 을목대운(乙木大運)에 용신갑목(用神甲木)을 보신(補身)하여 사업이 번창하여 재산을 복구한 사주다.

❶ 세운신사년(歲運辛巳年): 신축, 문서, 관재, 불성, 손재
❷ 질병(疾病): 풍질(風疾), 혈압(血壓)
❸ 남녀성격: (남) 군자의 성품, 언행 조심, 인심 좋다, 이해성이 많다, 화합 잘함, 주관이 강하다, 신의 있다, 재간 있다, 처궁불미, 아이디어가 좋다, 재복 있다, 미인수다
　　　　　(여) 신용, 순진하다, 욕심 많다, 재복 있다, 부궁불미, 정부, 신앙심

◑ 세운·질병·남녀성격의 해설 (歲運·疾病·男女性格의 解說)

❶ 세운신사년(歲運辛巳年)= ※신축, 문서, 관재, 불성, 손재는 ※세운신사년(歲運辛巳年)의 사화(巳火)는 무토일주(戊土日柱)의 인수(印綬)로 세운(歲運)에서 인수운(印綬運)이 들어오면 ※집을 짓는다든가 또는 증축을 한다든가 또는 사업채를 벌리는 일이 많고 또는 문서를 잡는 일도 있다. 그리고 ※관재는 ※세운신사년(歲運辛巳年)의 신금(辛金)은 무토일주(戊土日柱)의 상관(傷官)으로 세운(歲運)에서 천간(天干) 상관운(傷官運)이 들어오면 ※관재수를 조심해야 한다. 그리고 ※불성, 손재는 ※세운신사년(歲運辛巳年)의 사화(巳火)는 무토일주의 인수(印綬)로 종(從)하는 사주에 세운에서 인수운(印綬運)이 들어오면 ※모든 일이 잘 풀리지 않으며 또는 손재수를 조심해야 한다.

❷ 질병(疾病)과 ❸ 남녀성격은 일주(日柱)에서 발생(發生)한다.

신사년 (辛巳年)

52년(음) 10월 22일 묘(卯)시 남자

乙	戊	壬	壬
卯	子	子	辰

60	50	40	30	20	10
戊	丁	丙	乙	甲	癸
午	巳	辰	卯	寅	丑

이 사주는 무토일주(戊土日柱)가 중동자월(中冬子月)에 출생하여 실시(失時)하고 년월(年月) 양임수(兩壬水)가 투출(透出)하였으며 지지(地支)는 년지진토(年支辰土)와 자진(子辰)으로 수국(水局)을 이루었고 시간지(時干支) 을묘목(乙卯木) 정관(正官)으로 재관(財官)이 태왕(太旺)이다. 그러므로 무토일주는 년지(年支) 진중무토(辰中戊土)에 근(根)한다고 하나 그 진토(辰土)는 습토(濕土)며 수(水)로 화(化)하여 일주(日柱)를 도울 힘이 없다. 그러므로 이 사주는 종살격(從殺格)으로 사주의 기는 시상을목(時上乙木)에 집중되므로 시상을목(時上乙木) 정관(正官)이 용신(用神)이며 수재(水財)는 희신(喜神)이 된다. 이 사주는 남자의 사주로서 은행에 취업하여 갑인을묘(甲寅乙卯) 대운(大運)이 잘 들어와 승진이 빨랐고 40세 병화대운(丙火大運)에 무토일주(戊土日柱)의 인수운(印綬運)으로 종(從)하는 사주에 인수운(印綬運)이 들어와 모든 일이 잘 풀리지 않았으며 45세 진토대운(辰土大運)에 승진이 안되어 퇴사하고 50세 정화대운(丁火大運)에 사업을 하였으나 년상임수(年上壬水)와 정임합(丁壬合)으로 합거(合去)되어 재산을 탕진하고 힘들게 살고 있는 사주다.

❶ 세운신사년(歲運辛巳年): 신축, 문서, 관재, 불성, 손재
❷ 질병(疾病): 비(脾), 위(胃)
❸ 남녀성격: (남) 군자의 성품, 언행 조심, 외강내유, 지혜롭다, 고집 대단, 신경 예민, 권모
술수, 처 덕 있다, 돈이 잘 빠져나감, 처 말을 잘 듣는다, 눈치빠름
(여) 순진, 신용, 하는 일에 겁이 없다, 부궁불미, 정부, 재가, 독수공방, 직업,
재복 있다, 신앙심

세운·질병·남녀성격의 해설 (歲運·疾病·男女性格의 解說)

❶ 세운신사년(歲運辛巳年)= ※신축, 문서, 관재, 불성, 손재는 ※세운신사년(歲運辛巳年)의 사화(巳火)는 무토일주(戊土日柱)의 인수(印綬)로 세운(歲運)에서 인수운(印綬運)이 들어오면 ※집을 짓는다든가 또는 증축을 한다든가 또는 사업체를 벌리는 일이 많고 또는 문서를 잡는 일도 있다. 그리고 ※관재는 ※세운신사년(歲運辛巳年)의 신금(辛金)은 무토일주(戊土日柱)의 상관(傷官)으로 세운(歲運)에서 천간(天干) 상관운(傷官運)이 들어오면 ※관재수를 조심해야 한다. 그리고 ※불성, 손재는 ※세운신사년(歲運辛巳年)의 사화(巳火)는 무토일주의 인수(印綬)로 종(從)하는 사주에 세운에서 인수운(印綬運)이 들어오면 ※모든 일이 잘 풀리지 않으며 또는 손재수를 조심해야 한다.

❷ 질병(疾病)과 ❸ 남녀성격은 일주(日柱)에서 발생(發生)한다.

신사년 (辛巳年)

52년(음) 10월 23일 묘(卯)시 여자

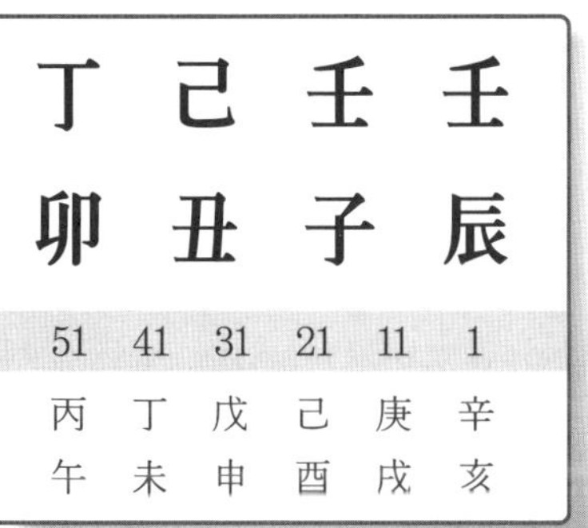

이 사주는 기토일주(己土日柱)가 중동자월(中冬子月)에 출생하여 실시(失時)하고 년월(年月) 양임수(兩壬水)가 투출(透出)하여 임수(壬水)는 년월지(年月支) 자진수국(子辰水局)에 근(根)하여 재(財)가 태왕(太旺)이며 시지(時支) 묘중을목(卯中乙木) 편관(偏官)이 있어 일주(日柱)는 신약사주(身弱四柱)다. 기토일주(己土日柱)는 자좌(自坐) 축중기토(丑中己土)에 근(根)하고 진중무토(辰中戊土)에 근(根)한다고 하나 진축토(辰丑土)는 습토(濕土)며 자진자축(子辰子丑)으로 수국(水局)을 이루어 힘이 없으므로 이 사주는 종살격(從殺格)같이 보이나 시상(時上)에 정화인수(丁火印綬)가 투출(透出)하여 수생목(水生木) 목생화(木生火) 화생토(火生土)로 사주의 기(氣)는 기토일주에 집중되어 있다. 그러므로 기토일주(己土日柱)가 약(弱)하다고 하나 종(從)하지 않는다. 사주에 재(財)가 많으므로 많은 수재(水財)를 제(制)하고 기토일주를 도와주는 토비견겁(土比肩劫)이 용신(用神)이며 화인수(火印綬)는 희신(喜神)이 된다. 이 사주는 여자의 사주로서 남의 음식점에 허드렛일을 하면서 고생을 많이 하였으나 46세 미토대운(未土大運)에 음식점을 개업하여 용신운(用神運)이 들어와 사업이 번창하였으며 병오대운(丙午大運)까지 수억금을 벌은 사주다.

❶ 세운신사년(歲運辛巳年): 신축, 문서, 변화, 이사, 전근
❷ 질병(疾病): 위(胃), 위경련(胃痙攣), 비(脾)
❸ 남녀성격: (남) 군자의 성품, 언행 조심, 근면 성실, 신용 부실, 부지런하다, 봉사정신, 처궁불미, 의처증, 새벽잠이 없다, 신앙심, 학업 장애
　　　　　 (여) 신용 있다, 순진하다, 부궁불미, 독수공방, 남편을 의심한다, 정부, 시모불합, 신앙심, 돈이 잘 빠져나간다, 친정형제 걱정 많이 한다

세운·질병·남녀성격의 해설 (歲運·疾病·男女性格의 解說)

❶ 세운신사년(歲運辛巳年)= ※신축, 문서, 변화, 이사, 전근은 ※세운신사년(歲運辛巳年)의 사화(巳火)는 기토일주(己土日柱)의 인수(印綬)로 세운(歲運)에서 인수운(印綬運)이 들어오면 ※집을 짓는다든가 또는 증축을 한다든가 또는 사업체를 벌리는 일이 많고 또는 문서를 잡는 일도 있다. 그리고 ※변화, 이사, 전근은 ※세운신사년의 사화(巳火)는 일지축토(日支丑土)와 사축(巳丑)으로 삼합(三合)이 되므로 세운(歲運)에서 일지(日支) 삼합운(三合運)이 들어오면 ※변화가 생긴다든가 또는 이사를 한다든가 또는 직장을 옮기는 일이 많다.

❷ 질병(疾病)과 ❸ 남녀성격은 일주(日柱)에서 발생(發生)한다.

신사년 (辛巳年)

58년(음) 10월 8일 인(寅)시 남자

丙	己	癸	戊
寅	亥	亥	戌

56	46	36	26	16	6
己	戊	丁	丙	乙	甲
巳	辰	卯	寅	丑	子

이 사주는 기토일주(己土日柱)가 초겨울 해월(亥月)에 출생하여 실시(失時)하고 일지해수(日支亥水)와 해해(亥亥)로 수국(水局)을 이루었고 월상계수(月上癸水)가 투출(透出)하여 재(財)가 태왕(太旺)이며 시지(時支) 인중갑목(寅中甲木)이 있어 재살(財殺)이 태왕(太旺)이다. 다행히 년간지(年干支) 무술비겁(戊戌比劫)이 있고 인중병화(寅中丙火)가 시상(時上)에 투출(透出)하여 일주(日柱)를 생(生)하여도 일주(日柱)는 신약사주(身弱四柱)다. 사주에 재(財)가 많을 때에는 비견겁(比肩劫)으로 많은 재(財)를 제(制)하고 기토일주(己土日柱)를 보신(補身)해야 하므로 비견겁(比肩劫)이 용신(用神)이며 화인수(火印綬)는 희신(喜神)이 된다. 이 사주는 남자(男子)의 사주로서 병화대운(丙火大運)에 운(運)이 잘 들어와 대기업에 취업하여 근무하다가 36세 정화대운(丁火大運)에 과장으로 승진하여 모든 일이 순탄하게 잘 풀리고 있다가 41세 묘목대운(卯木大運)에 퇴사하여 사업을 경영하였으나 운(運)이 없어 고생을 많이 하다가 46세 무토대운(戊土大運)에 월상계수(月上癸水)와 무계합(戊癸合)으로 합거(合去)되어 재산을 탕진하고 공인중개사를 하고 있는 사주다.

❶ 세운신사년(歲運辛巳年): 신축, 문서, 관재, 수술, 자연재앙

❷ 질병(疾病): 위(胃), 비(脾)

❸ 남녀성격: (남) 군자의 성품, 언행 조심, 영리하다, 추리력, 선견지명, 외유내강, 현실에 적응 잘한다, 강직하다, 재복 있다, 장수한다, 호인이다

（여) 신용 있다, 순진하다, 남편 좋다, 영리하다, 부궁불미, 정부, 장수한다, 신앙심

🔵 세운·질병·남녀성격의 해설 (歲運·疾病·男女性格의 解說)

❶ 세운신사년(歲運辛巳年)= ※신축, 문서, 관재, 수술, 자연재앙은 ※세운신사년(歲運辛巳年)의 사화(巳火)는 기토일주(己土日柱)의 인수(印綬)로 세운(歲運)에서 인수운(印綬運)이 들어오면 ※집을 짓는다든가 또는 증축을 한다든가 또는 사업체를 벌리는 일이 많고 또는 문서를 잡는 일도 있다. 그리고 ※관재, 수술, 자연재앙은 ※세운신사년(歲運辛巳年)의 사화(巳火)는 일지해수(日支亥水)와 사해충(巳亥沖)으로 세운(歲運)에서 일지충운(日支沖運)이 들어오면 ※관재수를 조심해야 하며 또는 수술을 조심해야 하며 또는 자연재앙을 조심해야 한다.

❷ 질병(疾病)은 일주(日柱)에서 발생(發生)한다.

❸ 남녀성격은 일주(日柱)에서 발생(發生)한다.

신사년 (辛巳年)

58년(음) 2월 14일 묘(卯)시 남자

丁	己	乙	戊
卯	酉	卯	戌

51	41	31	21	11	1
辛	庚	己	戊	丁	丙
酉	申	未	午	巳	辰

이 사주는 기토일주(己土日柱)가 중춘묘월(中春卯月)에 출생하여 실시(失時)하고 묘중을목(卯中乙木)이 월상(月上)에 투출(透出)하여 편관격(偏官格)이다. 기토일주(己土日柱)는 년간지(年干支) 무술비겁(戊戌比劫)이 있고 시상정화(時上丁火) 인수(印綬)가 있다고 하니 기토일주(己土日柱)는 자좌유금(自坐酉金)에 설기(泄氣)가 심(甚)하고 월상을목(月上乙木)에 극(剋)을 받아 일주(日柱)는 신약사주(身弱四柱)다. 사주에 편관(偏官)이 많아 살인상생(殺印相生)을 시켜야 좋으므로 화인수(火印綬)가 용신(用神)이며 토비견겁(土比肩劫)은 희신(喜神)이 된다. 이 사주는 남자(男子)의 사주로서 사업을 경영하여 초년(初年)에는 운(運)이 좋아 돈을 많이 벌었으나 41세 경금대운(庚金大運)에 월상을목(月上乙木)과 을경합(乙庚合)으로 합거(合去)되어 손해를 많이 보았고 46세 신금대운(申金大運)에 정화용신(丁火用神)의 신금대운(申金大運)은 포태법(胞胎法)으로 병궁(病宮)이 되므로 재산을 탕진하고 처(妻)와 이혼하고 아파트 경비원으로 일하고 있는 사주다.

[음양(陰陽)구분 안함]

❶ 세운신사년(歲運辛巳年): 신축, 문서, 변화, 이사, 전근
❷ 질병(疾病): 위(胃), 비(脾)
❸ 남녀성격: (남) 군자의 성품, 언행 조심, 신의 있다, 남에게 잘함, 문단 수려, 암기력, 처덕 있다, 처궁불미, 언어 특성, 운동 잘함, 잔병치레, 식복 있다
　　　　　(여) 신용 있다, 순진하다, 남편복이 없다, 부궁불미, 독수공방, 정부, 미모 수려, 자손귀자

🌑 세운 · 질병 · 남녀성격의 해설 (歲運 · 疾病 · 男女性格의 解說)

❶ 세운신사년(歲運辛巳年)= ※신축, 문서, 변화, 이사, 전근은 ※세운신사년(歲運辛巳年)의 사화(巳火)는 기토일주(己土日柱)의 인수(印綬)로 세운(歲運)에서 인수운(印綬運)이 들어오면 ※집을 짓는다든가 또는 증축을 한다든가 또는 사업체를 벌리는 일이 많고 또는 문서를 잡는 일도 있다. 그리고 ※변화, 이사, 전근은 ※세운신사년(歲運辛巳年)의 사화(巳火)는 일지유금(日支酉金)과 사유(巳酉)로 삼합(三合)이 되므로 세운(歲運)에서 일지(日支) 삼합운(三合運)이 들어오면 ※변화가 생긴다든가 또는 이사를 한다든가 또는 직장을 옮기는 일이 많다.

❷ 질병(疾病)은 일주(日柱)에서 발생(發生)한다.

❸ 남녀성격은 일주(日柱)에서 발생(發生)한다.

신사년 (辛巳年)

59년(음) 5월 1일 해(亥)시 여자

<table>
<tr><td>乙</td><td>己</td><td>庚</td><td>己</td></tr>
<tr><td>亥</td><td>未</td><td>午</td><td>亥</td></tr>
</table>

60	50	40	30	20	10
丙	乙	甲	癸	壬	辛
子	亥	戌	酉	申	未

이 사주는 기토일주(己土日柱)가 중하오월(中夏午月)에 출생하여 득령(得令)하고 오중기토(午中己土)가 년상(年上)에 투출(透出)하고 일지미토(日支未土)와 오미(午未)로 화국(火局)을 이루어 일주(日柱)는 신왕사주(身旺四柱)다. 신왕사주(身旺四柱)에는 일주(日柱)를 제(制)하는 관살(官殺)로 용신(用神)함이 좋은데 다행히 시상을목(時上乙木)이 투출(透出)하여 을목편관(乙木偏官)으로 용신(用神)한다. 그리고 수재(水財)는 희신(喜神)이 된다. 시지해중(時支亥中)에는 임수(壬水)와 갑목(甲木)이 있어 임수(壬水)는 정재(正財)며 갑목(甲木)은 정관(正官)으로 재관(財官)을 잘 이루어 귀격(貴格)의 사주다. 이 사주는 여자(女子)의 사주로서 증권회사에 근무하다가 초년(初年)에는 운(運)이 없고 고생을 많이 하였고 40세 갑목대운(甲木大運)에 퇴사하여 사업을 경영하였으나 년상기토(年上己土)와 대운갑목과 갑기합(甲己合)으로 합거(合去)되어 손해를 많이 본 사주다. 55세 해수대운(亥水大運)에는 돈을 많이 벌 수 있으리라고 본다.

❶ 세운신사년(歲運辛巳年): 이별수, 신축, 문서
❷ 질병(疾病): 위(胃), 비(脾), 당뇨(糖尿)
❸ 남녀성격: (남) 군자의 성품, 언행 조심, 성질 급, 고집 대단, 성격이 까다롭다, 편식, 옷에 신경 쓴다, 처궁불미, 남에게 시기를 많이 받는다, 신앙심
(여) 신용 있다, 순진하다, 부궁불미, 이성 구설, 정부, 독수공방, 친모봉양

☯ 세운 · 질병 · 남녀성격의 해설 (歲運 · 疾病 · 男女性格의 解說)

❶ 세운신사년(歲運辛巳年)= ※이별수, 신축, 문서는 ※세운신사년(歲運辛巳年)의 사화(巳火)는 기토일주(己土日柱)의 인수(印綬)로 신왕(身旺)한 여자 사주에 세운(歲運)에서 인수운(印綬運)이 들어오면 ※가정에 불화가 많이 생긴다든가 또는 남편과 떨어져 산다든가 또는 이혼한다든가 또는 남편이 사망하는 수도 있다. 그리고 ※신축, 문서는 ※세운신사년(歲運辛巳年)의 사화(巳火)는 기토일주(己土日柱)의 인수(印綬)로 세운(歲運)에서 인수운(印綬運)이 들어오면 ※집을 짓는다든가 또는 증축을 한다든가 또는 사업체를 벌리는 일이 많고 또는 문서를 잡는 일도 있다.

❷ 질병(疾病)은 일주(日柱)에서 발생(發生)한다.

❸ 남녀성격은 일주(日柱)에서 발생(發生)한다.

신사년 (辛巳年)

70년(음) 3월 14일 사(巳)시 여자

己	己	庚	庚
巳	巳	辰	戌

55	45	35	25	15	5
甲	乙	丙	丁	戊	己
戌	亥	子	丑	寅	卯

이 사주는 기토일주(己土日柱)가 춘계진월(春季辰月)에 출생하여 득령(得令)하고 시간지(時干支) 기사(己巳)로 비견(比肩)과 인수(印綬)가 있어 기토일주(己土日柱)는 신왕사주(身旺四柱)다. 신왕사주(身旺四柱)에는 일주(日柱)를 제(制)하는 관살(官殺)이나 상관식신(傷官食神)으로 설기(泄氣)힘이 좋은데 일주(日柱)를 제(制)하는 관살(官殺)은 없고 설기(泄氣)하는 상관경금(傷官庚金)이 년월(年月)에 투출(透出)되어 경금상관(庚金傷官)이 용신(用神)이 된다. 그러므로 가상관격(假傷官格)이다. 이 사주는 여자(女子)의 사주로서 공부를 많이 하여 대학원까지 졸업하였으나 운(運)이 없어 교수로 채용되지 못하고 시간제 강사로 근무하다가 35세 병화대운(丙火大運)에 학원을 경영하였으나 금용신(金用神)이 대운병화(大運丙火)의 극(剋)을 받아 사업을 실패하고 다시 시간제 강사로 일하고 있는 사주다. 사주는 잘 타고났으나 운(運)이 없어 성공을 못한 사주다.

❶ 세운신사년(歲運辛巳年): 이별수, 신축, 문서, 변화, 이사, 전근
❷ 질병(疾病): 위(胃), 비(脾)
❸ 남녀성격: (남) 군자의 성품, 언행 조심, 외유내강, 강직하다, 미모 수려, 멋쟁이, 학업 열중, 덕망이 있다, 항상 바쁨, 처궁불미, 처 덕 있다
　　　　　　(여) 신용 있다, 순진하다, 남편복이 있다, 자손귀자, 친정걱정, 물조심, 영리하다

◉ 세운 · 질병 · 남녀성격의 해설 (歲運 · 疾病 · 男女性格의 解說)

❶ 세운신사년(歲運辛巳年)= ※이별수, 신축, 문서, 변화, 이사, 전근은 ※세운신사년(歲運辛巳年)의 사화(巳火)는 기토일주(己土日柱)의 인수(印綬)로 신왕(身旺)한 여자 사주에 세운(歲運)에서 인수운(印綬運)이 들어오면 ※가정에 불화가 많이 생긴다든가 또는 남편과 떨어져 산다든가 또는 이혼한다든가 또는 남편 사망하는 수도있다. 그리고 ※신축, 문서는 ※세운신사년(歲運辛巳年)의 사화(巳火)는 기토일주(己土日柱)의 인수(印綬)로 세운(歲運)에서 인수운(印綬運)이 들어오면 ※집을 짓는다든가 또는 증축을 한다든가 또는 사업체를 벌리는 일이 많고 또는 문서를 잡는 일도 있다. 그리고 ※변화, 이사, 전근은 ※세운신사년(歲運辛巳年)의 사화(巳火)는 일지사화(日支巳火)와 사사(巳巳)로 삼합(三合)이 되므로 세운에서 일지(日支) 삼합운(三合運)이 들어오면 ※변화가 생긴다든가 또는 이사를 한다든가 또는 직장을 옮기는 일이 많다.

❷ 질병(疾病)과 ❸ 남녀성격은 일주(日柱)에서 발생(發生)한다.

신사년 (辛巳年)

55년(음) 2월 25일 묘(卯)시 여자

이 사주는 기토일주(己土日柱)가 중춘묘월(中春卯月)에 출생하여 실시(失時)하고 묘중을목(卯中乙木)이 년상(年上)에 투출(透出)하여 편관격(偏官格)이다. 그리고 지지(地支)는 년지미토(年支未土)와 묘미(卯未)로 목국(木局)을 이루고 일시지(日時支) 묘묘목국(卯卯木局)과 년상을목(年上乙木)이 투출(透出)하여 종살격(從殺格)같이 보인다. 그러나 시상(時上)에 정화인수(丁火印綬)가 투출(透出)하여 묘목편관(卯木偏官)은 기토일주(己土日柱)를 극(剋)하지 않고 시상정화(時上丁火)를 생(生)하고 그 정화(丁火)는 기토일주를 생(生)함으로 화인수(火印綬)가 용신(用神)이며 토비견겁(土比肩劫)은 희신(喜神)이 된다. 이 사주는 여자(女子)의 사주로서 초년(初年) 사오대운(巳午大運)에 회사에서 인정받는 인재였으나 36세 계수대운(癸水大運)부터는 운(運)이 없어 승진이 안되어 퇴사하고 41세 미토대운(未土大運)에 사업을 경영하여 돈을 많이 벌었으나 46세 갑목대운(甲木大運)에 월상기토(月上己土)와 갑기합(甲己合)으로 합거(合去)되어 재산을 탕진하고 남편(男便)과 이혼(離婚)하고 혼자 사는 사주다. 여자 사주에 관살(官殺)이 태왕(太旺)이면 부궁(夫宮)이 부실하다.

---

❶ 세운신사년(歲運辛巳年): 신축, 문서

❷ 질병(疾病): 위(胃), 비(脾), 위산과다(胃酸過多), 폐병(肺病), 결핵(結核)

❸ 남녀성격: (남) 군자의 성품, 언행 조심, 고집 대단, 지구력 부족, 인덕 없다, 마음 약, 처궁불미, 소심하다, 인자한 성품, 운동 잘함, 눈물 많다

　　　　　(여) 신용 있다, 순진하다, 부궁불미, 정부, 재가, 식복 있다, 자손근심, 남편이 나이가 많은 사람 아니면 나이가 어린 사람을 만나기 쉽다

세운·질병·남녀성격의 해설 (歲運·疾病·男女性格의 解說)

❶ 세운신사년(歲運辛巳年)= ※신축, 문서는 ※세운신사년(歲運辛巳年)의 사화(巳火)는 기토일주(己土日柱)의 인수(印綬)로 세운(歲運)에서 인수운(印綬運)이 들어오면 ※집을 짓는다든가 또는 증축을 한다든가 또는 사업체를 벌리는 일이 많고 또는 문서를 잡는 일도 있다.

❷ 질병(疾病)은 위, 비, 위산과다는 일주(日柱)에서 발생(發生)하며 ※폐병, 결핵은 ※기토일주(己土日柱)가 재살(財殺)이 태왕(太旺)하면 ※폐병과 결핵을 조심해야 한다.

❸ 남녀성격은 일주(日柱)에서 발생(發生)한다.

신사년 (辛巳年)

50년(음) 2월 7일 해(亥)시 여자

乙	己	己	庚
亥	未	卯	寅

56	46	36	26	16	6
癸	甲	乙	丙	丁	戊
酉	戌	亥	子	丑	寅

이 사주는 기토일주(己土日柱)가 중춘묘월(中春卯月)에 출생하여 실시(失時)하고 묘중을목(卯中乙木)이 시상(時上)에 투출(透出)하여 편관격(偏官格)이다. 지지(地支)는 해묘미(亥卯未) 인묘(寅卯)로 전목국(全木局)을 이루어 기토일주(己土日柱)는 심약(甚弱)하여 종살격(從殺格)같이 보인다. 그러나 미중(未中)에는 정화인수(丁火印綬)와 기토비견(己土比肩)이 있어 종(種)하지 않으므로 화인수(火印綬)로 살인상생(殺印相生)을 시켜야 좋으므로 화인수(火印綬)가 용신(用神)이며 토비견겁(土比肩劫)은 희신(喜神)이 된다. 이 사주는 여자(女子)의 사주로서 전업주부로 살다가 41세 해수대운(亥水大運)에 사업을 경영하였으나 손해를 많이 보았고 46세 갑목대운(甲木大運)에 월상기토(月上己土)와 갑기합(甲己合)으로 합거(合去)되어 재산을 탕진하고 남편(男便)과 이혼하고 혼자 힘들게 살다가 재혼(再婚)하여 51세 술토대운(戌土大運)에 사업을 다시 경영하여 수억금을 벌어 잘 살고 있는 사주다. 부궁(夫宮)이 부실한 것은 여자(女子) 사주에 관살(官殺)이 태왕(太旺)이면 부궁(夫宮)이 부실한데 일지미토(日支未土)는 관살(官殺)의 묘궁(墓宮)으로 부궁(夫宮)이 더욱더 부실한 사주다.

❶ 세운신사년(歲運辛巳年): 신축, 문서
❷ 질병(疾病): 위(胃), 비(脾), 당뇨(糖尿)
❸ 남녀 성격: (남) 군자의 성품, 언행 조심, 성질 급, 고집 대단, 성격이 까다롭다, 편식, 옷에 신경 쓴다, 처궁불미, 남에게 시기를 많이 받는다, 신앙심
　　　　　　(여) 신용 있다, 순진하다, 부궁불미, 이성 구설, 정부, 독수공방, 친모봉양

◉ 세운·질병·남녀성격의 해설 (歲運·疾病·男女性格의 解說)

❶ 세운신사년(歲運辛巳年)= ※신축, 문서는 ※세운신사년(歲運辛巳年)의 사화(巳火)는 기토일주(己土日柱)의 인수(印綬)로 세운(歲運)에서 인수운(印綬運)이 들어오면 ※집을 짓는다든가 또는 증축을 한다든가 또는 사업체를 벌리는 일이 많고 또는 문서를 잡는 일도 있다.

❷ 질병(疾病)은 일주(日柱)에서 발생(發生)한다.

❸ 남녀성격은 일주(日柱)에서 발생(發生)한다.

신사년 (辛巳年)

49년(음) 11월 6일 신(申)시 남자

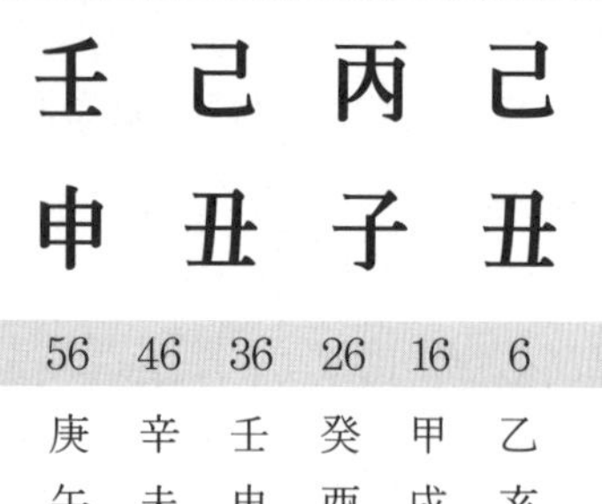

이 사주는 기토일주(己土日柱)가 중동자월(中冬子月)에 출생하여 실시(失時)하고 년일지(年日支) 양축토(兩丑土)는 습토(濕土)로서 자축(子丑)으로 수국(水局)을 이루고 시상임수(時上壬水) 정재(正財)는 자좌신금(自坐申金)에 장생(長生)하여 상관(傷官)과 재(財)가 태왕(太旺)하므로 기토일주(己土日柱)는 신약사주(身弱四柱)다. 어떻게 보면 년간지(年干支) 기축비견(己丑比肩)과 일지(日支) 축중기토(丑中己土)에 근(根)하고 월상병화(月上丙火) 인수(印綬)가 투출(透出)하여 신왕사주(身旺四柱)같이 보이나 년일지(年日支) 양축토(兩丑土)는 습토(濕土)며 자축수국(子丑水局)으로 화(化)하였고 월상병화(月上丙火) 인수(印綬)가 있다고 하나 그 병화(丙火)는 근(根)이 없으며 자월(子月)에 약(弱)한 불이 되어 기토일주(己土日柱)를 생(生)하여 준다고 하여도 힘이 없으므로 일주(日柱)는 신약사주(身弱四柱)다. 그러므로 화인수(火印綬)가 용신(用神)이며 토비견겁(土比肩劫)은 희신(喜神)이 된다. 이 사주는 남자(男子)의 사주로서 건축현장에 일용직(日用職)으로 일하다가 51세 미토대운(未土大運)에 건축사업을 하여 돈을 많이 벌었으며 61세 오화대운(午火大運)에도 운(運)이 좋아 승승장구(乘勝長驅)하고 있는 사주다.

◑ 세운 · 질병 · 남녀성격의 해설 (歲運 · 疾病 · 男女性格의 解說)

❶ 세운신사년(歲運辛巳年)= ※신축, 문서, 변화, 이사, 전근은 ※세운신사년(歲運辛巳年)의 사화(巳火)는 기토일주(己土日柱)의 인수(印綬)로 세운(歲運)에서 인수운(印綬運)이 들어오면 ※집을 짓는다든가 또는 증축을 한다든가 또는 사업체를 벌리는 일이 많고 또는 문서를 잡는 일도 있다. 그리고 ※변화, 이사, 전근은 ※세운신사년(歲運辛巳年)의 사화(巳火)는 일지축토(日支丑土)와 사축(巳丑)으로 삼합(三合)이 되므로 세운(歲運)에서 일지(日支) 삼합운(三合運)이 들어오면 ※변화가 생긴다든가 또는 이사를 한다든가 또는 직장을 옮기는 일이 많다.

❷ 질병(疾病)과 ❸ 남녀성격은 일주(日柱)에서 발생(發生)한다.

신사년 (辛巳年)

54년(음) 11월 16일 진(辰)시 여자

庚	庚	丙	甲
辰	子	子	午

51	41	31	21	11	1
庚	辛	壬	癸	甲	乙
午	未	申	酉	戌	亥

이 사주는 경금일주(庚金日柱)가 중동자월(中冬子月)에 출생하여 실시(失時)하고 일지자수(日支子水)로 상관(傷官)에 설기(泄氣)가 심(甚)하여 일주(日柱)는 신약사주(身弱四柱)다. 다행히 경금일주(庚金日柱)는 시간지(時干支) 경진(庚辰)으로 인수(印綬)외 비견(比肩)이 있어 시지(時支) 진중무토(辰中戊土) 인수(印綬)가 용신(用神)이며 비견겁(比肩劫)은 희신(喜神)이 된다.

이 사주는 여자의 사주로서 상관격(傷官格)을 놓은 사람은 무서운 것이 없으며 고집이 대단하며 재주가 비범하며 팔방미인(八方美人)이며 임기응변에 능통하고 기술(技術)과 예능(藝能)에 소질이 있는데 이 사주는 수영선수로 지내다가 운(運)이 없어 성공을 못하고 36세 신금대운(申金大運)에 체육센터의 수영강사로 일하다가 41세 신금대운(辛金大運)에 수영강사를 그만두고 사업을 경영하였으나 월상병화(月上丙火)와 병신합(丙辛合)으로 합거(合去)되어 손해를 조금 보았으며 46세 미토대운(未土大運)에 용신운(用神運)이 들어와 돈을 많이 벌었고 그 이후로도 운(運)이 좋아 잘살고 있는 사주다.

❶ 세운신사년(歲運辛巳年): 불성, 손재
❷ 질병(疾病): 냉(冷), 대하증(帶下症), 동상(凍傷), 중풍(中風), 비색증(鼻塞症)
❸ 남녀성격: (남) 과감 용단, 청백한 사람, 의리 있다, 남을 무시한다, 두뇌 명철, 추리력, 혁명심, 처궁불미, 재가, 미인수다, 냉정하다, 눈치가 빠름, 신앙심
　　　　　 (여) 냉정하다, 사람 사귀다 한번 틀어지면 다시 안 봄, 부궁불미, 정부, 재가, 독수공방, 남에게 잘함, 인덕 없다, 남자들의 배신을 잘 당함

🔵 세운·질병·남녀성격의 해설 (歲運·疾病·男女性格의 解說)

❶ 세운신사년(歲運辛巳年)= ※불성, 손재는 ※세운신사년(歲運辛巳年)의 신금(辛金)은 경금일주(庚金日柱)의 비겁(比劫)으로 세운(歲運)에서 비견겁운(比肩劫運)이 들어오면 ※모든 일이 잘 풀리지 않고 대차계약도 잘 이루어지지 않고 또는 손재수를 조심해야 한다.

❷ 질병(疾病)은 냉, 대하증, 동상, 중풍은 일주(日柱)에서 발생(發生)하며 ※비색증은 ※경금일주(庚金日柱)가 해자월(亥子月)에 출생하면 ※축농증이나 비염과 코막힘을 조심해야 한다.

❸ 남녀성격은 일주(日柱)에서 발생(發生)한다.

신사년 (辛巳年)

54년(음) 5월 3일 인(寅)시 남자

戊	庚	己	甲
寅	寅	巳	午

51	41	31	21	11	1
乙	甲	癸	壬	辛	庚
亥	戌	酉	申	未	午

이 사주는 경금일주(庚金日柱)가 초여름 사월(巳月)에 출생하여 실시(失時)하고 사중무토(巳中戊土)가 시상(時上)에 투출(透出)하여 인수격(印綬格)이다. 그리고 지지(地支)는 인사오(寅巳午)로 화국(火局)을 이루고 년상갑목(年上甲木)은 인중갑목(寅中甲木)에 근(根)하여 재살(財殺)이 태왕(太旺)하다. 경금일주(庚金日柱)는 자좌인목(自坐寅木)에 절궁(絶宮)에 앉아 종살격(從殺格)같이 보인다. 그러나 시상무토(時上戊土) 인수(印綬)는 자좌인목(自坐寅木)에 살지(殺地)라고 하나 월상기토(月上己土)가 시지오화(時支午火)에 록근(祿根)하여 목생화(木生火) 화생토(火生土) 토생금(土生金)으로 살인상생(殺印相生)으로 기토인수(己土印綬)가 용신(用神)이며 비견겁(比肩劫)은 희신(喜神)이 된다. 이 사주는 남자(男子)의 사주로서 한국전력에 근무하다가 41세 갑목대운(甲木大運)에 월상기토(月上己土)와 갑기합(甲己合)으로 합거(合去)되어 퇴사하여 조명(照明)사업을 경영하였으나 사업 실패한 사주다.

🌓 세운·질병·남녀성격의 해설 (歲運·疾病·男女性格의 解說)

❶ 세운신사년(歲運辛巳年)= ※불성, 관재, 손재, 신액, 관재, 수술은 ※세운신사년(歲運辛巳年)의 신금(辛金)은 경금일주(庚金日柱)의 비겁(比劫)으로 세운(歲運)에서 비견겁운(比肩劫運)이 들어오면 ※모든 일이 잘 풀리지 않고 대차계약도 잘 이루어지지 않는다. 그리고 ※관재, 손재, 신액은 ※세운신사년(歲運辛巳年)의 사화(巳火)는 경금일주(庚金日柱)의 편관(偏官)으로 원명사주(源命四柱)에 재살(財殺)이 태왕(太旺)인데 세운(歲運)에서 재(財)나 관살운(官殺運)이 들어오면 ※관재수나 손재수나 건강을 조심해야 한다. 그리고 ※관재, 수술은 ※세운신사년(歲運辛巳年)의 사화(巳火)는 일지인목(日支寅木)과 인사형살(寅巳刑殺)이 되므로 세운(歲運)에서 일지(日支) 형살운(刑殺運)이 들어오면 ※관재수를 조심해야 하며 또는 수술을 조심해야 한다.

❷ 질병(疾病)은 일주(日柱)에서 발생(發生)한다.

❸ 남녀성격은 일주(日柱)에서 발생(發生)한다.

신사년 (辛巳年)

65년(음) 4월 26일 축(丑)시 남자

丁	庚	辛	乙
丑	辰	巳	巳

57	47	37	27	17	7
乙	丙	丁	戊	己	庚
亥	子	丑	寅	卯	辰

이 사주는 경금일주(庚金日柱)가 초여름 사월(巳月)에 출생하여 실시(失時)하고 원신정화(源神丁火)가 시상(時上)에 투출(透出)하고 년지사화(年支巳火)와 사사(巳巳)로 화국(火局)을 이루어 일주(日柱)는 신약사주(身弱四柱)다. 그러므로 토인수(土印綬)가 용신(用神)이며 비견겁(比肩劫)은 희신(喜神)이 된다. 이 사주는 남자(喜神)의 사수로서 IT회사에 근무하나가 42세 축토대운(丑土大運)에 팀장으로 승진하여 승승장구(乘勝長驅)하였으나 47세 병화대운(丙火大運)부터 운(運)이 없어 퇴사하여 자영업(自營業)을 경영하였으나 월상신금(月上辛金)과 병신합(丙辛合)으로 합거(合去)되어 재산을 탕진한 사주다. 그리고 자식(子息) 한 명 잃었는데 자식을 잃게 된 것은 시상정화(時上丁火)는 경금(庚金)의 자손(子孫)인데 시간지(時干支) 정축(丁丑)은 백호대살(白虎大殺)이므로 남자(男子) 사주나 여자(女子) 사주나 백호대살(白虎大殺)의 자손이 있는 사주는 자손액(子孫厄)을 항상 조심해야 한다.

❶ 세운신사년(歲運辛巳年): 관재, 손재, 신액, 불성, 자연재앙
❷ 질병(疾病): 냉(冷), 풍질(風疾)
❸ 남녀성격: (남) 과감 용단, 신의 있다, 임사즉결, 포부 광대, 매사 끝장 본다, 매사 자신, 통솔력, 영웅호걸, 두령격, 자수성가, 처 덕 있다, 냉정하다, 신앙심, 처궁 불미
　　　　　(여) 냉정하다, 사람 사귀다 한번 틀어지면 다시 안 봄, 부궁불미, 정부, 재가, 직업여성, 일가부양, 재복 있다

🔵 세운·질병·남녀성격의 해설 (歲運·疾病·男女性格의 解說)

❶ 세운신사년(歲運辛巳年)= ※관재, 손재, 신액, 불성, 자연재앙은 ※세운신사년(歲運辛巳年)의 사화(巳火)는 경금일주(庚金日柱)의 편관(偏官)으로 원명사주(源命四柱)에 재살(財殺)이 태왕(太旺)인데 세운(歲運)에서 재(財)나 관살운(官殺運)이 들어오면 ※관재수나 손재수나 건강을 조심해야 한다. 그리고 ※불성은 ※세운신사년(歲運辛巳年)의 신금(辛金)은 경금일주(庚金日柱)의 비겁(比劫)으로 세운(歲運)에서 비견겁운(比肩劫運)이 들어오면 ※모든 일이 잘 풀리지 않고 대차계약도 잘 이루어지지 않는다. 그리고 ※자연재앙은 ※세운신사년(歲運辛巳年)의 사화(巳火)는 년지사화(年支巳火)와 사사(巳巳)로 똑같은 오행(五行)이므로 세운(歲運)에서 년지(年支) 같은 운(運)이 들어오면 ※자연재앙을 조심해야 한다.

❷ 질병(疾病)과 ❸ 남녀성격은 일주(日柱)에서 발생(發生)한다.

신사년 (辛巳年)

66년(음) 2월 21일 사(巳)시 여자

辛	庚	辛	丙
巳	午	卯	午

52	42	32	22	12	2
乙	丙	丁	戊	己	庚
酉	戌	亥	子	丑	寅

이 사주는 경금일주(庚金日柱)가 중춘묘월(中春卯月)에 출생하여 실시(失時)하고 편재격(偏財格)이다. 그리고 년간지(年干支) 병오(丙午)와 일시지(日時支) 사오(巳午)로 재살(財殺)이 태왕(太旺)이다. 경금일주(庚金日柱)는 자좌오화(自坐午火)에 살지(殺地)에 앉았으며 월상신금(月上辛金) 비겁(比劫)은 자좌묘목(自坐卯木)에 절궁(絶宮)에 앉았으며 시상신금(時上辛金) 비겁(比劫)도 자좌사화(自坐巳火)에 살지(殺地)에 앉아 경금일주(庚金日柱)를 도울 수가 없다. 그러므로 이 사주는 목화재살(木火財殺)이 태왕(太旺)하여 종살격(從殺格)이다. 그러므로 년상병화(年上丙火)가 용신(用神)이며 묘목재(卯木財)는 희신(喜神)이 된다. 이 사주는 여자(喜神)의 사주로서 항공사 스튜어디스로 근무하다가 32세 정화대운(丁火大運)에 승진하여 본사로 발령받았으며 모든 일이 순탄하게 잘 풀려 승승장구하였으나 42세 병화대운(丙火大運)에 회사를 퇴사하고 사업을 경영하였으나 월상신금(月上辛金)과 병신합(丙辛合)으로 합거(合去)되어 손해를 많이 보고 그 이후로도 운(運)이 없어 평범하게 살고 있는 사주다.

☯ 세운 · 질병 · 남녀성격의 해설 (歲運 · 疾病 · 男女性格의 解說)

❶ 세운신사년(歲運辛巳年)= ※관재, 손재, 신액, 불성은 ※세운신사년(歲運辛巳年)의 사화(巳火)는 경금일주(庚金日柱)의 편관(偏官)으로 원명사주(源命四柱)에 재살(財殺)이 태왕(太旺)인데 세운(歲運)에서 재(財)나 관살운(官殺運)이 들어오면 ※관재수를 조심해야 하며 또는 손재수를 조심해야 하며 또는 건강을 조심해야 한다. 그리고 ※불성은 ※세운신사년(歲運辛巳年)의 신금(辛金)은 경금일주(庚金日柱)의 비겁(比劫)으로 세운(歲運)에서 비견겁운(比肩劫運)이 들어오면 ※모든 일이 잘 풀리지 않고 대차계약도 잘 이루어지지 않는다.

❷ 질병(疾病)은 일주(日柱)에서 발생(發生)한다.

❸ 남녀성격은 일주(日柱)에서 발생(發生)한다.

신사년 (辛巳年)

60년(음) 10월 10일 해(亥)시 남자

<table>
<tr><td>丁</td><td>庚</td><td>丁</td><td>庚</td></tr>
<tr><td>亥</td><td>申</td><td>亥</td><td>子</td></tr>
</table>

53	43	33	23	13	3
癸	壬	辛	庚	己	戊
巳	辰	卯	寅	丑	子

이 사주는 경금일주(庚金日柱)가 초겨울 해월(亥月)에 출생하여 실시(失時)하고 년지자수(年支子水)와 시지해수(時支亥水)와 해자(亥子)로 수국(水局)을 이루어 경금일주(庚金日柱)는 설기(泄氣)가 심(甚)하여 신약사주(身弱四柱)다. 그러므로 토인수(土印綬)도 낳은 상관식신(傷官食神)을 제(制)히면서 경금일주(庚金日柱)를 생(生)하여줘야 하므로 토인수(土印綬)가 용신(用神)이며 비견겁(比肩劫)은 희신(喜神)이 된다. 이 사주는 남자(男子)의 사주로서 나이트클럽의 웨이터로 근무하다가 43세 임수대운(壬水大運)에 주점을 경영하였으나 월상정화(月上丁火)와 정임합(丁壬合)으로 합거(合去)되어 손해를 많이 보았고 48세 진토인수(辰土印綬) 대운(大運)에 사업이 번창하여 돈을 많이 벌었으나 53세 계수대운(癸水大運)에는 원명사주(源命四柱)에 상관식신(傷官食神)이 태왕(太旺)인데 대운(大運)에서 상관운(傷官運)이 들어오면 설기(泄氣)가 태심(太甚)하여 사업이 부실해져 손해를 볼 것이라고 생각된다.

❶ 세운신사년(歲運辛巳年): 불성, 관재, 수술
❷ 질병(疾病): 간(肝), 담(膽)
❸ 남녀성격: (남) 과감 용단, 냉정하다, 냉정하게 보이나 속마음은 따뜻함, 의리 있다, 영리하다, 재간 있다, 처궁불미, 식복 있다, 자손근심, 항상 바쁨, 꾀가 많다
　　　　　　(여) 냉정하다, 사람 사귀다 한번 틀어지면 다시 안 봄, 부궁불미, 정부, 재가, 독수공방, 친정형제 걱정, 돈이 잘 빠져나간다, 고독하다, 시모불합, 남편 말 잘 안 듣는다

세운·질병·남녀성격의 해설 (歲運·疾病·男女性格의 解說)

❶ 세운신사년(歲運辛巳年)= ※불성, 관재, 수술은 ※세운신사년(歲運辛巳年)의 신금(辛金)은 경금일주(庚金日柱)의 비겁(比劫)으로 세운(歲運)에서 비견겁운(比肩劫運)이 들어오면 ※모든 일이 잘 풀리지 않고 대차계약도 잘 이루어지지 않는다. 그리고 ※관재, 수술은 ※세운신사년(歲運辛巳年)의 사화(巳火)는 일지신금(日支申金)과 사신(巳申)으로 형살(刑殺)이 되므로 세운(歲運)에서 일지(日支) 형살운(刑殺運)이 들어오면 ※관재수를 조심해야 하며 또는 수술을 조심해야 한다.

❷ 질병(疾病)은 혈압, 간, 담은 일주(日柱)에서 발생(發生)하며 ※중풍, 비색증은 ※경금일주(庚金日柱)가 해자월(亥子月)에 출생하면 ※중풍과 축농증과 비염과 코막힘을 조심해야 한다.

❸ 남녀성격은 일주(日柱)에서 발생(發生)한다.

신사년 (辛巳年)

59년(음) 10월 24일 술(戌)시 여자

<table>
<tr><td>丙</td><td>庚</td><td>乙</td><td>己</td></tr>
<tr><td>戌</td><td>戌</td><td>亥</td><td>亥</td></tr>
</table>

55	45	35	25	15	5
辛	庚	己	戊	丁	丙
巳	辰	卯	寅	丑	子

이 사주는 경금일주(庚金日柱)가 초겨울 해월(亥月)에 출생하여 실시(失時)하고 년지해수(年支亥水)로 설기(泄氣)가 심(甚)하다. 그리고 시상병화(時上丙火)는 술중정화(戌中丁火)에 근(根)하여 경금일주(庚金日柱)를 극(剋)하므로 한편으로는 설기(泄氣)가 심(甚)하고 한편으로는 병화편관(丙火偏官)에 극(剋)을 받으므로 일주(日柱)는 신약사주(身弱四柱)다. 그러므로 토인수(土印綬)로 많은 상관식신(傷官食神)을 제(制)하고 경금일주(庚金日柱)를 생(生)하여줘야 하므로 토인수(土印綬)가 용신(用神)이며 비견겁(比肩劫)은 희신(喜神)이 된다. 이 사주는 여자(女子)의 사주로서 증권회사에 근무하다가 운(運)이 없어 승진(昇進)이 안되어 퇴사하고 45세 경금대운(庚金大運)에 공인중개소를 경영하였으나 월상을목(月上乙木)과 을경합(乙庚合)으로 합거(合去)되어 손해를 많이 보고 남편과 이혼(離婚)한 사주다. 부궁(夫宮)이 부실한 것은 경금일주(庚金日柱)의 남편(男便)은 시상병화(時上丙火) 편관(偏官)인데 시간지(時干支) 병술(丙戌)은 백호관살(白虎官殺)이며 일시지(日時支) 양술토(兩戌土)는 관살(官殺)의 고장(庫藏)으로 부궁이 더욱더 부실하며 여자(女子) 사주에 일시(日時)에 백호관살(白虎官殺)이 있으면 백년해로(百年偕老)하기 힘들다.

❶ 세운신사년(歲運辛巳年): 불성, 신경과민
❷ 질병(疾病): 간(肝), 담(膽)
❸ 남녀성격: (남) 과감 용단, 냉정하다, 고집 대단, 자립정신, 신의 있다, 능력 있다, 임전무퇴, 통솔력, 지혜롭다, 영리하다, 처 덕 있다, 지구력 강하다, 신앙심
　　　　　(여) 냉정하다, 사람 사귀다 한번 틀어지면 다시 안 봄, 여걸, 부궁불미, 처세가 좋다, 정부, 재가, 남자들이 잘 따름, 직업여성, 신앙심

◎ 세운·질병·남녀성격의 해설 (歲運·疾病·男女性格의 解說)

❶ 세운신사년(歲運辛巳年)= ※불성, 신경과민은 ※세운신사년(歲運辛巳年)의 신금(辛金)은 경금일주(庚金日柱)의 비겁(比劫)으로 세운(歲運)에서 비견겁운(比肩劫運)이 들어오면 ※모든 일이 잘 풀리지 않고 대차계약도 잘 이루어지지 않는다. 그리고 ※신경과민은 ※세운신사년(歲運辛巳年)의 사화(巳火)는 일지술토(日支戌土)와 사술(巳戌)로 귀문관살(鬼門關殺)이 되므로 세운(歲運)에서 일지(日支) 귀문(鬼門) 관살운(關殺運)이 들어오면 ※그해에는 모든 일에 신경을 많이 쓰게 된다.

❷ 질병(疾病)과 ❸ 남녀성격은 일주(日柱)에서 발생(發生)한다.

신사년 (辛巳年)

60년(음) 10월 20일 묘(卯)시 남자

己	庚	戊	庚
卯	午	子	子

59	49	39	29	19	9
甲	癸	壬	辛	庚	己
午	巳	辰	卯	寅	丑

이 사주는 경금일주(庚金日柱)가 중동자월(中冬子月)에 출생하여 실시(失時)하고 년지자수(年支子水)에 설기(洩氣)가 심(甚)하고 일지오화(日支午火)에 극(剋)을 받아 일주가(日柱)가 심약(甚弱)하다 다행히 오중기토(午中己土)가 시상(詩上)에 투출(透出)하여 금생수(金生水) 수생목(水生木) 목생화(木生火) 화생토(火生土)로 살인상생(殺印相生)으로 사상기토(詩上己土) 인수(印綬)가 용신(用神)이며 금비견겁(金比肩劫)은 희신(喜神)이 된다. 이 사주는 남자의 사주로서 경찰관으로 근무하였으나 초년부터 운(運)이 없어 승진이 안되어 고생을 많이 하다가 39세 임수대운(壬水大運)에 퇴직(退職)하여 주류업(酒類業)을 경영하였으나 손해(損害)를 많이 보았고 44세 진토대운(辰土大運)에 용신운(用神運)이 들어와 수억금을 벌었으며 49세 계수대운(癸水大運)에 사업을 확장하였으나 월상무토(月上戊土)와 무계합(戊癸合)으로 합거(合去)되어 손해(損害)를 많이 보고 어려운 생활을 하고 있는 사주다.

❶ 세운신사년(歲運辛巳年): 불성
❷ 질병(疾病): 폐(肺), 기관지(氣管支), 월경불순(月經不純), 해수천식(咳嗽喘息), 빈혈(貧血)
　　　　　중풍(中風), 비색증(鼻塞症)
❸ 남녀성격: (남) 과감 용단, 냉정하다, 일찍 사회에 참여, 뜻은 크나 성공이 없다, 신경질,
　　　　　지구력 부족, 성질 급, 남에게 시기를 많이 받는다
　　　　　(여) 냉정하다, 사람 사귀다 한번 틀어지면 다시 안 봄, 부궁불미, 정부, 재가,
　　　　　외강내유, 성질 급, 서두른다, 자중한다, 인덕 없다

세운 · 질병 · 남녀성격의 해설 (歲運 · 疾病 · 男女性格의 解說)

❶ 세운신사년(歲運辛巳年)= ※불성은 ※세운신사년(歲運辛巳年)의 신금(辛金)은 경금일주(庚金日柱)의 비겁(比劫)으로 세운(歲運)에서 비견겁운(比肩劫運)이 들어오면 ※모든 일이 잘 풀리지 않고 대차계약도 잘 이루어지지 않는다.

❷ 질병(疾病)은 폐, 기관지, 월경불순, 해수천식, 빈혈은 일주(日柱)에서 발생(發生)하며 ※중풍, 비색증은 ※경금일주가 해자월(亥子月)에 출생하면 ※중풍과 축농증과 비염과 코막힘을 조심해야 한다.

❸ 남녀성격은 일주(日柱)에서 발생(發生)한다.

신사년 (辛巳年)

71년(음) 9월 24일 해(亥)시 여자

丁	庚	己	辛
亥	子	亥	亥

59	49	39	29	19	9
乙	甲	癸	壬	辛	庚
巳	辰	卯	寅	丑	子

이 사주는 경금일주(庚金日柱)가 초겨울 해월(亥月)에 출생하여 실시(失時)하고 년지해수(年支亥水)와 일시지(日時支) 해자(亥子)로 지지(地支)는 전수국(全水局)을 이루어 경금일주(庚金日柱)는 설기(泄氣)가 태심(太甚)하다. 경금일주(庚金日柱)는 근(根)이 없으며 자좌자수(自坐子水)에 설기(泄氣)가 심(甚)하고 월상기토(月上己土) 인수(印綬)도 무근(無根)이며 왕수(旺水)에 쓸려가 일주(日柱)를 도울 힘이 없으며 년상신금(年上辛金) 비겁(比劫)도 무근(無根)이며 자좌해수(自坐亥水)에 설기(泄氣)가 심(甚)하여 경금일주(庚金日柱)를 도울 힘이 없다. 그러므로 금생수(金生水)로 종아(從兒)하게 된다. 종아(從兒)란 자식을 따라갔다는 뜻이므로 상관식신(傷官食神)이 용신(用神)이 된다. 이 사주는 여자(女子)의 사주로서 주점을 경영하여 29세 임수대운(壬水大運)에 시상정화(時上丁火)와 정임합(丁壬合)으로 합거(合去)되어 손해를 조금 보았고 39세 계수대운(癸水大運)에 수억금을 벌었으나 남편과 이혼한 사주다. 부궁(夫宮)이 부실한 것은 여자 사주에 상관식신(傷官食神)이 태왕(太旺)이면 부궁(夫宮)이 부실하여 결혼이 늦다거나 재혼하는 사람들이 많다.

❶ 세운신사년(歲運辛巳年): 이별수, 불성
❷ 질병(疾病): 냉(冷), 대하증(帶下症), 동상(凍傷), 중풍(中風)
❸ 남녀성격: (남) 과감 용단, 청백한 사람, 의리 있다, 남을 무시한다, 두뇌 명철, 추리력, 혁명심, 처궁불미, 재가, 미인수다, 냉정하다, 눈치가 빠름, 신앙심
　　　　　　(여) 냉정하다, 사람 사귀다 한번 틀어지면 다시 안 봄, 부궁불미, 정부, 재가, 독수공방, 남에게 잘함, 인덕 없다, 남자들의 배신을 잘 당함

🌀 세운 · 질병 · 남녀성격의 해설 (歲運 · 疾病 · 男女性格의 解說)

❶ 세운신사년(歲運辛巳年)= ※이별수, 불성은 ※세운신사년(歲運辛巳年)의 사화(巳火)는 경금일주(庚金日柱)의 편관(偏官)으로 여자(女子) 사주에 상관식신(傷官食神)이 태왕(太旺)인데 세운(歲運)에서 관살운(官殺運)이 들어오면 ※가정에 불화가 많이 생긴다든가 또는 남편과 떨어져 산다든가 또는 이혼한다든가 또는 남편이 사망하는 수도 있다. 그리고 ※불성은 ※세운신사년(歲運辛巳年)의 신금(辛金)은 경금일주(庚金日柱)의 비겁(比劫)으로 세운(歲運)에서 비견겁운(比肩劫運)이 들어오면 ※모든 일이 잘 풀리지 않고 대차계약도 잘 이루어지지 않는다.

❷ 질병(疾病)은 일주(日柱)에서 발생(發生)한다.

❸ 남녀성격은 일주(日柱)에서 발생(發生)한다.

신사년 (辛巳年)

61년(음) 1월 23일 해(亥)시 남자

己	辛	辛	辛
亥	丑	卯	丑

51	41	31	21	11	1
乙	丙	丁	戊	己	庚
酉	戌	亥	子	丑	寅

이 사주는 신금일주(辛金日柱)가 중춘묘월(中春卯月)에 출생하여 실시(失時)하였으나 신금일주(辛金日柱)는 양금지토(養金之土)인 자좌축토(自坐丑土)에 근(根)하고 축중신금(丑中辛金)이 월상(月上)에 투출(透出)하고 년간지(年干支) 신축(辛丑)은 비견(比肩)과 인수(印綬)로서 신금일주(辛金日柱))는 약화위강(弱化爲强)으로 신왕사주(身旺四柱)다. 신왕사주(身旺四柱)에는 일주(日柱)를 제(制)하는 관살(官殺)이나 상관식신(傷官食神)으로 설기(泄氣)함이 좋은데 일주(日柱)를 제(制)하는 관살(官殺)은 없고 설기(泄氣)하는 상관(傷官)이 해중임수(亥中壬水)에 있어 해중임수(亥中壬水)로 설기(泄氣)하는데 배설구(排泄口)가 약(弱)하던 중 다행히 월지묘목(月支卯木)이 있어 금생수(金生水) 수생목(水生木)으로 사주의 기(氣)는 월지묘목(月支卯木)에 있으므로 묘목재(卯木財)가 용신(用神)이며 수(水) 상관식신(傷官食神)은 희신(喜神)이 된다. 이런 사주를 상관(傷官) 용재격(用財格)이라고 한다. 이 사주는 남자(男子)의 사주로서 36세 해수대운(亥水大運)부터 호프집을 경영하여 돈을 많이 벌었으나 41세 병화대운(丙火大運)에 사업을 확장하여 경영하다가 단 한 번의 실패로 재산을 모두 탕진하고 힘들게 살아가고 있다.

❶ 세운신사년(歲運辛巳年): 변화, 이사, 전근, 불성
❷ 질병(疾病): 냉(冷), 간(肝), 담(膽)
❸ 남녀성격: (남) 과감 용단, 냉정하다, 고집 대단, 신의 있다, 근면하다, 매사 정이 많다, 처와 자식의 덕이 있다, 성격이 까다롭다, 옷에 신경, 편식, 새벽잠이 없다, 식복 있다
　　　　　(여) 냉정하다, 사람 사귀다 한번 틀어지면 다시 안 봄, 미모 수려, 남편의 사랑을 받는다, 부지런하다, 친모봉양, 부궁불미, 정부

🔵 세운·질병·남녀성격의 해설 (歲運·疾病·男女性格의 解說)

❶ 세운신사년(歲運辛巳年)= ※변화, 이사, 전근, 불성은 ※세운신사년(歲運辛巳年)의 사화(巳火)는 일지축토(日支丑土)와 사축(巳丑)으로 삼합(三合)이 되므로 세운에서 일지(日支) 삼합운(三合運)이 들어오면 ※변화가 생긴다든가 또는 이사를 한다든가 또는 직장을 옮기는 일이 많다. 그리고 ※불성은 ※세운신사년(歲運辛巳年)의 신금(辛金)은 신금일주(辛金日柱)의 비견(比肩)으로 세운에서 비견겁운(比肩劫運)이 들어오면 ※모든 일이 잘 풀리지 않고 대차계약도 잘 이루어지지 않는다.

❷ 질병(疾病)과 ❸ 남녀 성격은 일주(日柱)에서 발생(發生)한다.

신사년 (辛巳年)

60년(음) 10월 1일 해(亥)시 여자

己	辛	丁	庚
亥	亥	亥	子

54	44	34	24	14	4
辛	壬	癸	甲	乙	丙
巳	午	未	申	酉	戌

이 사주는 신금일주(辛金日柱)가 초겨울 해월(亥月)에 출생하여 실시(失時)하고 년지자수(年支子水)와 일시지(日時支) 양해수(兩亥水)로 지지(地支)는 전수국(全水局)을 이루었다. 신금일주(辛金日柱)는 무근(無根)이며 자좌해수(自坐亥水)에 설기(泄氣)가 심(甚)하고 시상기토(時上己土) 인수(印綬)도 무근(無根)이며 왕수(旺水)에 쓸려가 힘이 없으므로 신금일주(辛金日柱)를 도울 수가 없다. 그리고 년상경금(年上庚金) 비겁(比劫)도 무근(無根)이며 자좌자수(自坐子水)에 설기(泄氣)가 심(甚)하여 신금일주(辛金日柱)를 도울 수가 없으므로 신금일주는 금생수(金生水)로 종아(從兒)하게 된다. 종아(從兒)란 자식을 따라갔다는 뜻이므로 상관식신(傷官食神)이 용신(用神)이 된다. 이 사주는 여자(女子)의 사주로서 사업을 경영하여 34세 계수대운(癸水大運)에 수억금을 벌었으나 39세 미토대운(未土大運)에 종(從)하는 사주에 인수운(印綬運)이 들어와 재산을 탕진하고 남편과 이혼하고 혼자 살고 있는 사주다. 여자 사주에 상관식신(傷官食神)이 태왕(太旺)이면 부궁(夫宮)이 부실하다.

❶ 세운신사년(歲運辛巳年): 이별수, 관재, 수술, 자연재앙
❷ 질병(疾病): 폐(肺), 담(膽)
❸ 남녀성격: (남) 과감 용단, 냉정하다, 선견지명, 암기력, 총명하다, 지혜롭다, 항상 바쁨, 집념 대단, 재복 있다, 처 덕 있다, 남에게 잘함, 처궁불미, 장수한다
　　　　　　(여) 냉정하다, 사람 사귀다 한번 틀어지면 다시 안 봄, 부궁불미, 재가, 정부, 인정 있다, 남에게 잘함, 잘하고 욕 먹는다, 자손귀자, 신앙심, 내 것 주고 배신당함, 인덕 없다

🔵 세운·질병·남녀성격의 해설 (歲運·疾病·男女性格의 解說)

❶ 세운신사년(歲運辛巳年)= ※이별수, 관재, 수술, 자연재앙은 ※세운신사년(歲運辛巳年)의 사화(巳火)는 신금일주(辛金日柱)의 정관(正官)으로 여자(女子) 사주에 상관식신(傷官食神)이 태왕(太旺)인데 세운(歲運)에서 관살운(官殺運)이 들어오면 ※가정에 불화가 많이 생긴다든가 또는 남편과 떨어져 산다든가 또는 이혼한다든가 또는 남편이 사망하는 수도 있다. 그리고 ※관재, 수술, 자연재앙은 ※세운신사년(歲運辛巳年)의 사화(巳火)는 일지해수(日支亥水)와 사해충(巳亥沖)으로 세운(歲運)에서 일지충운(日支沖運)이 들어오면 ※관재수나 수술이나 자연재앙을 조심해야 한다.

❷ 질병(疾病)과 ❸ 남녀성격은 일주(日柱)에서 발생(發生)한다.

신사년 (辛巳年)

61년(음) 4월 14일 인(寅)시 남자

庚	辛	癸	辛
寅	酉	巳	丑

57	47	37	27	17	7
丁	戊	己	庚	辛	壬
亥	子	丑	寅	卯	辰

이 사주는 신금일주(辛金日柱)가 초여름 사월(巳月)에 출생하여 실시(失時)하고 사중경금(巳中庚金)이 시상(時上)에 투출(透出)하고 신금일주(辛金日柱)는 자좌유금(自坐酉金)에 록근(祿根)하고 년간지(年干支) 신축(辛丑) 비견(比肩)과 인수(印綬)로 신금일주(辛金日柱)는 야화위강(弱化爲强)으로 신왕사주(身旺四柱)다. 신왕사수(身旺四柱)에는 일주(日柱)를 제(制)하는 관살(官殺)이나 상관식신(傷官食神)으로 설기(泄氣)함이 좋은데 다행히 월지(月支) 사중병화(巳中丙火) 정관(正官)으로 용신(用神)한다. 그리고 목재(木財)는 희신(喜神)이 된다. 이 사주는 남자(男子)의 사주로서 초년(初年) 묘인대운(卯寅大運)에 희신운(喜神運)이 잘 들어와 좋은 회사에 근무하다가 그 이후로는 운(運)이 없어 승진이 안되어 퇴사하고 42세 축토대운(丑土大運)에 사업을 경영하였으나 용신병화(用神丙火)가 축토(丑土)에 설기(泄氣)가 심(甚)하여 손해를 많이 보았고 47세 무토대운(戊土大運)에는 월상계수(月上癸水)와 무계합(戊癸合)으로 합거(合去)되어 재산을 탕진하고 무능(無能)하게 살아가고 있는 사주다.

❶ 세운신사년(歲運辛巳年): 변화, 이사, 전근, 불성
❷ 질병(疾病): 간(肝), 담(膽), 혈압(血壓)
❸ 남녀성격: (남) 과감 용단, 냉정하다, 청백한 사람, 미남형, 인품 수려, 자수성가, 영리하다, 일독십지, 타인 존경, 의처증
　　　　　(여) 냉정하다, 사람 사귀다 한번 틀어지면 다시 안 봄, 부궁불미, 정부, 독수공방, 시모불합, 남편 말 잘 안 듣는다, 미모 수려, 신앙심, 이성수신

세운 · 질병 · 남녀성격의 해설 (歲運 · 疾病 · 男女性格의 解說)

❶ 세운신사년(歲運辛巳年)= ※변화, 이사, 전근, 불성은 ※세운신사년(歲運辛巳年)의 사화(巳火)는 일지유금(日支酉金)과 사유(巳酉)로 삼합(三合)이 되므로 세운(歲運)에서 일지(日支) 삼합운(三合運)이 들어오면 ※변화가 생긴다든가 또는 이사를 한다든가 또는 직장을 옮기는 일이 많다. 그리고 ※불성은 ※세운신사년(歲運辛巳年)의 신금(辛金)은 신금일주(辛金日柱)와 비견(比肩)으로 세운(歲運)에서 비견겁운(比肩劫運)이 들어오면 ※모든 일이 잘 풀리지 않고 대차계약도 잘 이루어지지 않는다.

❷ 질병(疾病)은 일주(日柱)에서 발생(發生)한다.

❸ 남녀성격은 일주(日柱)에서 발생(發生)한다.

신사년(辛巳年)

54년(음) 4월 13일 술(戌)시 여자

戊	辛	己	甲
戌	未	巳	午

53	43	33	23	13	3
癸	甲	乙	丙	丁	戊
亥	子	丑	寅	卯	辰

이 사주는 신금일주(辛金日柱)가 초여름 사월(巳月)에 출생하여 실시(失時)하고 년지오화(年支午火)와 일지미토(日支未土)로 사오미(巳午未) 화국(火局)을 이루어 일주(日柱)가 신약사주(身弱四柱)같이 보인다. 그러나 시간지(時干支) 무술토(戊戌土) 인수(印綬)가 있고 오중기토(午中己土)가 월상(月上)에 투출(透出)하고 년상갑목(年上甲木)은 월상기토(月上己土)와 갑기합토(甲己合土)로 화(化)하여 신금일주(辛金日柱)는 약화위강(弱化爲强)으로 신왕사주(身旺四柱)다. 신왕사주(身旺四柱)에는 일주(日柱)를 제(制)하는 관살(官殺)로 용신(用神)함이 좋은데 다행히 월지(月支) 사중병화(巳中丙火) 정관(正官)이 있어 병화정관(丙火正官)이 용신(用神)이며 목재(木財)는 희신(喜神)이 된다. 이 사주는 여자(女子)의 사주로서 초년(初年) 묘인대운(卯寅大運)에 희신운(喜神運)이 들어와 한의학을 졸업하고 한의원에 근무하다가 43세 갑목대운(甲木大運)에 한의원을 개원하였으나 월상기토(月上己土)와 갑기합(甲己合)으로 합거(合去)되어 손해를 많이 보았고 그 이후로도 운(運)이 없어 고생을 많이 하고 남편과 이혼하고 혼자 살고 있는 사주다. 부궁(夫宮)이 부실한 것은 신미일주(辛未日柱)의 공망(空亡)은 시지술토(時支戌土)로서 부궁이 부실하다.

❶ 세운신사년(歲運辛巳年): 이별수, 불성
❷ 질병(疾病): 폐(肺), 기관지(氣管支)
❸ 남녀성격: (남) 과감 용단, 냉정하다, 고집 대단, 정복력 강함, 노력은 많이 하나 실속이 없다, 재복 있다, 처궁불미, 성격이 까다롭다, 편식한다, 옷에 신경 쓴다
　　　　　　(여) 냉정하다, 사람 사귀다 한번 틀어지면 다시 안 봄, 부궁불미, 재가, 정부, 말조심, 요리솜씨, 친모봉양, 인덕 없다

세운·질병·남녀성격의 해설(歲運·疾病·男女性格의 解說)

❶ 세운신사년(歲運辛巳年)= ※이별수, 불성은 ※세운신사년(歲運辛巳年)의 신금(辛金)은 신금일주(辛金日柱)의 비견(比肩)으로 신왕(身旺)한 여자 사주에 세운(歲運)에서 비견겁운(比肩劫運)이 들어오면 ※가정에 불화가 많이 생긴다든가 또는 남편과 떨어져 산다든가 또는 이혼한다든가 또는 남편이 사망하는 수도 있다. 그리고 ※불성은 ※세운신사년(歲運辛巳年)의 신금(辛金)은 신금일주의 비견(比肩)으로 세운(歲運)에서 비견겁운(比肩劫運)이 들어오면 ※모든 일이 잘 풀리지 않고 대차계약도 잘 이루어지지 않는다.

❷ 질병(疾病)과 ❸ 남녀성격은 일주(日柱)에서 발생(發生)한다.

신사년 (辛巳年)

54년(음) 2월 22일 진(辰)시 남자

이 사주는 신금일주(辛金日柱)가 중춘묘월(中春卯月)에 출생하여 실시(失時)하고 원신갑목(源神甲木)이 년상(年上)에 투출(透出)하고 년일지(年日支) 사오(巳午)로 화국(火局)을 이루었으며 월상정화(月上丁火)가 투출(透出)하여 재살(財殺)이 태왕(太旺)이다. 다행히 신금일주(辛金日柱)는 시지(時支) 진습토(辰濕土) 인수(印綬)가 있어 왕(旺)한 관살(官殺)은 신금일주(辛金日柱)를 극(剋)하지 않고 시지(時支) 진습토(辰濕土)를 생(生)하여 화생토(火生土) 토생금(土生金)으로 시지(時支) 진습토(辰濕土) 인수(印綬)가 용신(用神)이며 비견겁(比肩劫)은 희신(喜神)이 된다. 이 사주는 남자(男子)의 사주로서 공부는 많이 못하였으나 기술을 배워 회사에 다니다가 기술은 좋으나 운(運)이 없어 승진이 안되어 퇴사하고 48세 신금대운(申金大運)에 사업을 경영하여 희신운(喜神運)이 들어와 돈을 많이 벌었고 앞으로 유금대운(酉金大運)에도 사업이 한층 더 번창하며 잘살 것이라고 생각된다.

❶ 세운신사년(歲運辛巳年): 변화, 이사, 전근, 관재, 손재, 신액
❷ 질병(疾病): 해수(咳嗽), 호흡기(呼吸器)
❸ 남녀성격: (남) 과감 용단, 냉정하다, 성질 급, 변화가 많다, 항상 바쁨, 처 덕 있다, 화려
　　　　　　하게 보이나 실속이 없다, 예의 있다, 말을 잘한다, 영리하다, 식복 있다
　　　　　　(여) 냉정하다, 사람 사귀다 한번 틀어지면 다시 안 봄, 남편 덕, 정부, 이성수
　　　　　　신, 의처증 부군, 성질 급, 항상 바쁨, 인덕 없다

🔵 세운·질병·남녀성격의 해설 (歲運·疾病·男女性格의 解說)

❶ 세운신사년(歲運辛巳年)= ※변화, 이사, 전근, 관재, 손재, 신액은 ※세운신사년(歲運辛巳年)의 사화(巳火)는 일지사화(日支巳火)와 사사(巳巳)로 삼합(三合)이 되므로 세운(歲運)에서 일지(日支) 삼합운(三合運)이 들어오면 ※변화가 생긴다든가 또는 이사를 한다든가 또는 직장을 옮기는 일이 많다. 그리고 ※관재, 손재, 신액은 ※세운신사년(歲運辛巳年)의 사화(巳火)는 신금일주(辛金日柱)의 정관(正官)으로 원명사주(源命四柱)에 재살(財殺)이 태왕(太旺)인데 세운(歲運)에서 재(財)나 관살운(官殺運)이 들어오면 ※관재수를 조심해야 하며 또는 손재수를 조심해야 하며 또는 건강을 조심해야 한다.

❷ 질병(疾病)은 일주(日柱)에서 발생(發生)한다.

❸ 남녀성격은 일주(日柱)에서 발생(發生)한다.

"""

신사년 (辛巳年)

51년(음) 1월 15일 오(午)시 남자

<table>
<tr><td>甲</td><td>辛</td><td>庚</td><td>辛</td></tr>
<tr><td>午</td><td>卯</td><td>寅</td><td>卯</td></tr>
</table>

55	45	35	25	15	5
甲	乙	丙	丁	戊	己
申	酉	戌	亥	子	丑

이 사주는 신금일주(辛金日柱)가 초봄 인월(寅月)에 출생하여 실시(失時)하고 인중갑목(寅中甲木)이 시상(時上)에 투출(透出)하여 정재격(正財格)이다. 그리고 년월일(年月日) 인묘(寅卯)로 목국(木局)을 이루고 시지오화(時支午火)와 월지인목(月支寅木)과 인오(寅午)로 화국(火局)을 이루어 재살(財殺)이 태왕(太旺)이다. 신금일주(辛金日柱)는 무근(無根)이며 자좌묘목(自坐卯木)에 절궁(絶宮)이며 월상경금(月上庚金) 비겁(比劫)도 자좌인목(自坐寅木)에 절궁(絶宮)이며 년상신금(年上辛金) 비견(比肩)도 자좌묘목(自坐卯木)에 절궁(絶宮)에 앉아 힘이 없으므로 일주(日柱)를 도울 힘이 없다. 그러므로 신금일주(辛金日柱)는 왕세(旺勢)를 따라감으로 종살격(從殺格)이다. 그러므로 시지오화(時支午火) 편관(偏官)이 용신(用神)이며 목재(木財)는 희신(喜神)이 된다. 이 사주는 남자(男子)의 사주로서 대기업에 근무하다가 운(運)이 없어 승진이 안되어 퇴사하고 50세 유금대운(酉金大運)에 사업을 경영하였으나 종(從)하는 사주에 비견운(比肩運)이 들어와 재산을 탕진하였고 55세 갑목대운(甲木大運)에 희신운(喜神運)이 들어와 재산을 복구한 사주다.

❶ 세운신사년(歲運辛巳年): 관재, 손재, 신액, 불성
❷ 질병(疾病): 풍질(風疾), 냉(冷), 기관지(氣管支)
❸ 남녀성격: (남) 과감용단, 냉정하다, 의리 있다, 인정 있다, 고집 대단, 학업 장애, 처궁불미, 재가, 미인수다, 근면하다, 지구력 부족, 소심하다, 운동 잘함, 마음 약
      (여) 냉정하다, 사람 사귀다 한번 틀어지면 다시 안 봄, 고집 대단, 정부, 재가, 독수공방, 부궁불미, 욕심 많다, 성질 급, 참을성이 없다, 자손근심

세운 • 질병 • 남녀성격의 해설 (歲運 · 疾病 · 男女性格의 解說)

❶ 세운신사년(歲運辛巳年)= ※관재, 손재, 신액, 불성은 ※세운신사년(歲運辛巳年)의 사화(巳火)는 신금일주(辛金日柱)의 정관(正官)으로 원명사주(源命四柱)에 재살(財殺)이 태왕(太旺)인데 세운(歲運)에서 재(財)나 관살운(官殺運)이 들어오면 ※관재수나 손재수나 건강을 조심해야 한다. 그리고 ※불성은 ※세운신사년(歲運辛巳年)의 신금(辛金)은 신금일주의 비견(比肩)으로 세운(歲運)에서 비견겁운(比肩劫運)이 들어오면 ※모든 일이 잘 풀리지 않고 대차계약도 잘 이루어지지 않는다.

❷ 질병(疾病)은 일주(日柱)에서 발생(發生)한다.

❸ 남녀성격은 일주(日柱)에서 발생(發生)한다.

신사년 (辛巳年)

53년(음) 7월 19일 축(丑)시 남자

己	辛	庚	癸
丑	亥	申	巳

57	47	37	27	17	7
甲	乙	丙	丁	戊	己
寅	卯	辰	巳	午	未

이 사주는 신금일주(辛金日柱)가 초가을 신월(申月)에 출생하여 득령(得令)하고 신궁경금(申宮庚金)이 월상(月上)에 투출(透出)하고 시간지(時干支) 기축인수(己丑印綬)로 일주(日柱)는 신왕사주(身旺四柱)다. 신왕사주(身旺四柱)에는 일주(日柱)를 제(制)하는 관살(官殺)이나 상관식신(傷官食神)으로 설기(泄氣)함이 좋은데 년지(年支) 사중병화(巳中丙火)와 일지해수(日支亥水) 상관(傷官)이 있어 어느 오행(五行)으로 용신(用神)을 잡느냐의 기로(岐路)에 서게 된다. 신왕사주(身旺四柱)에는 관살(官殺)로 용신(用神)함을 우선으로 하기 때문에 년지(年支) 사중병화(巳中丙火) 정관(正官)이 용신(用神)이며 목재(木財)는 희신(喜神)이 된다. 이 사주는 남자(男子)의 사주로서 초년(初年) 정사대운(丁巳大運)에 용신운(用神運)이 잘 들어와 행정고시(行政考試)에 합격하여 정부청사에 근무하면서 승진도 빨랐으며 묘목대운(卯木大運)에는 고위직(高位職)으로 근무하고 있는 사주다.

❶ 세운신사년(歲運辛巳年): 손재, 처액, 관재, 수술, 자연재앙
❷ 질병(疾病): 폐(肺), 담(膽)
❸ 남녀성격: (남) 과감 용단, 냉정하다, 선견지명, 암기력, 총명하다, 지혜롭다, 항상 바쁨, 집념 대단, 재복 있다, 처 덕 있다, 남에게 잘함, 처궁불미, 장수한다
　　　　　 (여) 냉정하다, 사람 사귀다 한번 틀어지면 다시 안 봄, 부궁불미, 재가, 정부, 인정 있다, 남에게 잘함, 잘하고 욕 먹는다, 자손귀자, 신앙심, 내 것 주고 배신당함, 인덕 없다

🔵 세운·질병·남녀성격의 해설 (歲運·疾病·男女性格의 解說)

❶ 세운신사년(歲運辛巳年)= ※손재, 처액, 관재, 수술, 자연재앙은 ※세운신사년(歲運辛巳年)의 신금(辛金)은 신금일주(辛金日柱)의 비견(比肩)으로 신왕(身旺)한 남자 사주에 세운(歲運)에서 비견겁운(比肩劫運)이 들어오면 ※손재수를 조심해야 하며 가정에 불화가 생긴다든가 또는 처가 가출한다든가 또는 처의 건강을 조심해야 한다. 그리고 ※관재, 수술, 자연재앙은 ※세운신사년(歲運辛巳年)의 사화(巳火)는 일지해수(日支亥水)와 사해충(巳亥沖)으로 세운(歲運)에서 일지충운(日支沖運)이 들어오면 ※관재수를 조심해야 하며 또는 수술을 조심해야 하며 또는 자연재앙을 조심해야 한다.

❷ 질병(疾病)은 일주(日柱)에서 발생(發生)한다.

❸ 남녀성격은 일주(日柱)에서 발생(發生)한다.

신사년 (辛巳年)

53년(음) 4월 18일 진(辰)시 남자

이 사주는 신금일주(辛金日柱)가 초여름 사월(巳月)에 출생하여 실시(失時)하고 년일지(年日支) 양사화(兩巳火)와 월상정화(月上丁火)가 투출(透出)하여 관살(官殺)이 태왕(太旺)으로 신금일주(辛金日柱)는 관살(官殺)이 대단히 겁(劫)이 난다. 그러나 신금일주(辛金日柱)는 시지(時支) 진습토(辰濕土)에 근(根)하므로 왕(旺)한 관살(官殺)은 신금일주(辛金日柱)를 극(剋)하지 않고 시지(時支) 진습토(辰濕土)를 생(生)하고 진습토(辰濕土)는 신금일주(辛金日柱)를 생(生)하므로 진중무토(辰中戊土) 인수(印綬)가 용신(用神)이며 비견겁(比肩劫)은 희신(喜神)이 된다. 이 사주는 남자(男子)의 사주로서 국제상사(國際商社)에 근무하였으나 운(運)이 없어 승진이 안돼 고생하다가 43세 축토인수(丑土印綬) 대운(大運)에 승진하여 승승장구(乘勝長驅)하다가 48세 임수대운(壬水大運)에는 운(運)이 없어 평범하게 살다가 53세 자수대운(子水大運)에 퇴사하여 사업을 경영하였으나 대운자수(大運子水)는 토용신(土用神)의 절궁(絶宮)으로 재산을 탕진하고 힘들게 살고 있는 사주다.

❶ 세운신사년(歲運辛巳年): 변화, 이사, 전근, 자연재앙
❷ 질병(疾病): 해수(咳嗽), 호흡기(呼吸器)
❸ 남녀성격: (남) 과감 용단, 냉정하다, 성질 급, 변화가 많다, 항상 바쁨, 처 덕 있다, 화려하게 보이나 실속이 없다, 예의 있다, 말을 잘한다, 영리하다, 식복 있다
(여) 냉정하다, 사람 사귀다 한번 틀어지면 다시 안 봄, 남편덕, 정부, 이성수신, 의처증 부군, 성질 급, 항상 바쁨, 인덕 없다

세운 • 질병 • 남녀성격의 해설 (歲運 · 疾病 · 男女性格의 解說)

❶ 세운신사년(歲運辛巳年)= ※변화, 이사, 전근, 자연재앙은 ※세운신사년(歲運辛巳年)의 사화(巳火)는 일지사화(日支巳火)와 사사(巳巳)로 삼합(三合)이 되므로 세운(歲運)에서 일지(日支) 삼합운(三合運)이 들어오면 ※변화가 생긴다든가 또는 이사를 한다든가 또는 직장을 옮기는 일이 많다. 그리고 ※자연재앙은 ※세운신사년(歲運辛巳年)의 사화(巳火)는 년지사화(年支巳火)와 사사(巳巳)로 똑같은 오행(五行)이므로 세운(歲運)에서 년지(年支) 같은 운(運)이 들어오면 ※자연재앙을 조심해야 한다.

❷ 질병(疾病)은 일주(日柱)에서 발생(發生)한다.

❸ 남녀성격은 일주(日柱)에서 발생(發生)한다.

신사년 (辛巳年)

癸	壬	戊	壬
卯	子	申	辰

59	49	39	29	19	9
壬	癸	甲	乙	丙	丁
寅	卯	辰	巳	午	未

이 사주는 임수일주(壬水日柱)가 초가을 신월(申月)에 출생하여 장생(長生)하고 일지자수(日支子水)와 년지진토(年支辰土)와 신자진(申子辰)으로 수국(水局)을 이루어 윤하격(潤下格)이다. 윤하격(潤下格)에는 수(水)가 용신(用神)이고 금인수(金印綬)는 희신(喜神)이 되는데 이 사주는 월상(月上)에 무토편관(戊土偏官)이 부출(透出)되어 진중무토(辰中戊土)에 근(根)하여 용신(用神)으로 쓸 수가 있다. 이 사주는 비견겁(比肩劫)이 태왕(太旺)하므로 많은 비견겁(比肩劫)을 제(制)하는 월상무토(月上戊土) 편관(偏官)이 용신(用神)이며 화재(火財)는 희신(喜神)이 된다. 이 사주는 여자(女子)의 사주로서 윤하격(潤下格)을 놓은 사람은 문장이 좋으며 문학과 학문계통의 직업을 많이 갖게 되며 이 사주도 초년(初年) 사오대운(巳午大運)이 잘 들어와 34세 사화대운(巳火大運)에 대학교수로 취임하여 모든 일이 순탄하게 잘 풀렸으며 44세 진토대운(辰土大運)에 학과장으로 승진한 사주다.

❶ 세운신사년(歲運辛巳年): 이별수, 신축, 문서
❷ 질병(疾病): 냉(冷), 혈압(血壓), 신장(腎臟), 방광(膀胱)
❸ 남녀성격: (남) 털털한 성격, 마음이 넓다, 성질 조급, 고집 대단, 노력은 많이 하나 실속이 없다, 여자 많다, 처궁불미, 용두사미, 돈이 잘 빠져나간다, 꾀가 많다, 신경 예민
   (여) 남자 같은 시원한 성격, 새것을 좋아함, 부궁불미, 정부, 재가, 남에게 시기를 많이 받는다, 독수공방, 직업여성

세운 · 질병 · 남녀성격의 해설 (歲運 · 疾病 · 男女性格의 解說)

❶ 세운신사년(歲運辛巳年)= ※이별수, 신축, 문서는 ※세운신사년(歲運辛巳年)의 신금(辛金)은 임수일주(壬水日柱)의 인수(印綬)로 신왕(身旺)한 여자 사주에 세운(歲運)에서 인수운(印綬運)이 들어오면 ※가정에 불화가 많이 생긴다든가 또는 남편과 떨어져 산다든가 또는 이혼한다든가 또는 남편이 사망하는 수도 있다. 그리고 ※신축, 문서는 ※세운신사년(歲運辛巳年)의 신금(辛金)은 임수일주(壬水日柱)의 인수(印綬)로 세운(歲運)에서 인수운(印綬運)이 들어오면 ※집을 짓는다든가 또는 증축을 한다든가 또는 사업체를 벌리는 일이 많고 또는 문서를 잡는 일도 있다.

❷ 질병(疾病)은 일주(日柱)에서 발생(發生)한다.
❸ 남녀성격은 일주(日柱)에서 발생(發生)한다.

신사년 (辛巳年)

52년(윤) 5월 4일 술(戌)시 남자

庚	壬	丙	壬
戌	寅	午	辰

54	44	34	24	14	4
壬	辛	庚	己	戊	丁
子	亥	戌	酉	申	未

이 사주는 임수일주(壬水日柱)가 중하오월(中夏午月)에 출생하여 실시(失時)하고 일시지(日時支) 인술(寅戌)로 인오술(寅午戌) 화국(火局)을 이루고 월상병화(月上丙火)가 투출(透出)하여 재살(財殺)이 태왕(太旺)이다. 다행히 년상임수(年上壬水) 비견(比肩)이 자고(自庫)인 진중계수(辰中癸水)에 근(根)하여 임수일주(壬水日柱)를 도와주며 시상경금(時上庚金) 인수(印綬)가 투출(透出)하여 자좌술중(自坐戌中) 신금(辛金)에 근(根)하여 임수일주(壬水日柱)를 생(生)하므로 금인수(金印綬)가 용신(用神)이며 수비견겁(水比肩劫)은 희신(喜神)이 된다. 이 사주는 남자(男子)의 사주로서 초년(初年)부터 운(運)이 잘 들어와 회사에서 인정받고 근무하다가 44세 신금대운(辛金大運)에 퇴사하여 사업을 경영하였으나 월상병화(月上丙火)와 병신합(丙辛合)으로 합거(合去)되어 재산을 탕진하였고 49세 해수대운(亥水大運)부터 희신운(喜神運)이 들어와 사업을 복구하고 임자대운(壬子大運)까지 수억금을 벌은 사주다.

❶ 세운신사년(歲運辛巳年): 신축, 문서, 관재, 수술
❷ 질병(疾病): 신장(腎臟), 방광(膀胱), 냉(冷), 습(濕)
❸ 남녀성격: (남) 털털한 성격, 지혜롭다, 원만하다, 환경에 적응 잘함, 영리하다, 행운이 따른다, 항상 바쁨, 용기 있다, 타의 군림, 성질 급, 처 덕 있다, 장모봉양
　　　　　(여) 남자 같은 시원한 성격, 새것을 좋아함, 영리하다, 남편을 꺾는다, 부궁불미, 정부, 자손귀자, 요리솜씨, 사회활동하면 인기

세운 · 질병 · 남녀성격의 해설 (歲運 · 疾病 · 男女性格의 解說)

❶ 세운신사년(歲運辛巳年)= ※신축, 문서, 관재, 수술은 ※세운신사년(歲運辛巳年)의 신금(辛金)은 임수일주(壬水日柱)의 인수(印綬)로 세운(歲運)에서 인수운(印綬運)이 들어오면 ※집을 짓는다든가 또는 증축을 한다든가 또는 사업체를 벌리는 일이 많고 또는 문서를 잡는 일도 있다. 그리고 ※관재, 수술은 ※세운신사년(歲運辛巳年)의 사화(巳火)는 일지인목(日支寅木)과 인사(寅巳)로 형살(刑殺)이 되므로 세운(歲運)에서 일지(日支) 형살운(刑殺運)이 들어오면 ※관재수를 조심해야 하며 또는 수술을 조심해야 한다.

❷ 질병(疾病)은 일주(日柱)에서 발생(發生)한다.

❸ 남녀성격은 일주(日柱)에서 발생(發生)한다.

신사년 (辛巳年)

58년(음) 5월 28일 진(辰)시 남자

甲	壬	己	戊
辰	辰	未	戌

58	48	38	28	18	8
乙	甲	癸	壬	辛	庚
丑	子	亥	戌	酉	申

이 사주는 임수일주(壬水日柱)가 하계미월(夏季未月)에 출생하여 실시(失時)하고 미중기토(未中己土)가 월상(月上)에 투출(透出)하여 정관격(正官格)이다. 그리고 년간지(年干支) 무술토(戊戌土)와 월일시지(月日時支) 미진토(未辰土)로 관살(官殺)이 태왕(太旺)하여 종살격(從殺格)같이 보인다. 그러나 시상갑목(時上甲木) 식신(食神)이 투출(透出)하여 그 갑목(甲木)은 진중을목(辰中乙木)에 근(根)하고 임수(壬水)에 생(生)을 받아 많은 관살(官殺)을 제(制)하니 이런 사주를 식신(食神) 제살격(制殺格)이라고 한다. 그러므로 시상갑목(時上甲木) 식신(食神)이 용신(用神)이며 수비견겁(水比肩劫)은 희신(喜神)이 된다. 이 사주는 사업가로서 초년에는 고생을 많이 하였으나 43세 해수대운(亥水大運)에 수억금을 벌은 사주다.

❶ 세운신사년(歲運辛巳年): 신축, 문서, 관재, 손재, 신액
❷ 질병(疾病): 냉(冷), 풍질(風疾), 신장(腎臟), 혈압(血壓), 치질(痔疾), 비색증(鼻塞症)
❸ 남녀성격: (남) 털털한 성격, 일찍 사회에 진출, 임전무퇴, 자립정신, 재간 있다, 박력 있다, 속전속결, 처궁불미, 어린 시절 잔병, 자손근심, 아이디어가 좋다
　　　　　(여) 남자 같은 시원한 성격, 새것을 좋아함, 부궁불미, 재가, 정부, 독수공방, 일가부양, 풍파가 많다

◉ 세운 · 질병 · 남녀성격의 해설 (歲運 · 疾病 · 男女性格의 解說)

❶ 세운신사년(歲運辛巳年)= ※신축, 문서, 관재, 손재, 신액은 ※세운신사년(歲運辛巳年)의 신금(辛金)은 임수일주(壬水日柱)의 인수(印綬)로 세운(歲運)에서 인수운(印綬運)이 들어오면 ※집을 짓는다든가 또는 증축을 한다든가 또는 사업체를 벌리는 일이 많고 또는 문서를 잡는 일도 있다. 그리고 ※관재, 손재, 신액은 ※세운신사년(歲運辛巳年)의 사화(巳火)는 임수일주의 편재(偏財)로 원명사주에 관살(官殺)이 태왕(太旺)인데 세운에서 재(財)나 관살운(官殺運)이 들어오면 ※관재수를 조심해야 하며 또는 손재수를 조심해야 하며 또는 건강을 조심해야 한다.

❷ 질병(疾病)은 냉, 풍질, 신장, 혈압은 일주(日柱)에서 발생(發生)하며 ※치질, 비색증은 ※임수일주(壬水日柱)가 재살(財殺)이 태왕(太旺)이면 ※치질을 조심해야 하며 또는 축농증이나 비염, 코막힘을 조심해야 한다.

❸ 남녀성격은 일주(日柱)에서 발생(發生)한다.

신사년 (辛巳年)

53년(음) 2월 18일 인(寅)시 여자

<table>
<tr><td>壬</td><td>壬</td><td>乙</td><td>癸</td></tr>
<tr><td>寅</td><td>午</td><td>卯</td><td>巳</td></tr>
</table>

51	41	31	21	11	1
辛	庚	己	戊	丁	丙
酉	申	未	午	巳	辰

이 사주는 임수일주(壬水日柱)가 중춘묘월(中春卯月)에 출생하여 실시(失時)하고 묘중을목(卯中乙木)이 월상(月上)에 투출(透出)하여 상관격(傷官格)이다. 그리고 년지사화(年支巳火)와 일시지(日時支) 인오(寅午)로 화국(火局)을 이루어 상관(傷官)과 재(財)가 태왕(太旺)이다. 임수일주(壬水日柱)는 무근(無根)이며 자좌오화(自坐午火)에 절궁(絶宮)이며 년상계수(年上癸水) 비겁(比劫)도 무근(無根)이며 자좌사화(自坐巳火)에 절궁(絶宮)이며 시상임수(時上壬水) 비견(比肩)도 무근(無根)이며 자좌인목(自坐寅木)에 설기(泄氣)가 심(甚)하여 일주(日柱)를 도와줄 힘이 없다. 그러므로 이 사주는 수생목(水生木) 목생화(木生火)로 종(從)하므로 상관(傷官) 용재격(用財格)이다. 그러므로 화재(火財)가 용신(用神)이며 목(木) 상관식신(傷官食神)은 희신(喜神)이 된다. 이 사주는 여자(女子)의 사주로서 주부(主婦)로 평범하게 살다가 46세 신금대운(申金大運)에 사업을 경영하였으나 그 신금대운(申金大運)은 임수일주의 인수(印綬)로 종(從)하는 사주에 인수운(印綬運)이 들어와 재산을 탕진하고 병(病)까지 얻어 자궁(子宮) 수술한 사주다. 자궁(子宮)을 수술하게 된 것은 년지사화(年支巳火)와 시지인목(時支寅木)은 인사형살(寅巳刑殺)이며 상관(傷官)이 태왕(太旺)이고 형살(刑殺)이 있으면 자궁(子宮)과 유방(乳房)을 조심해야 한다.

❶ 세운신사년(歲運辛巳年): 신축, 문서, 자연재앙
❷ 질병(疾病): 신장(腎臟), 방광(膀胱)
❸ 남녀성격: (남) 털털한 성격, 고집 대단, 신경 예민, 지혜롭다, 명랑하다, 예의 있다, 준법
　　　　　　정신, 처 덕 있다, 처궁불미, 성실하다, 눈치가 빠름, 운동 잘함
　　　　　(여) 남자 같은 시원한 성격, 새것을 좋아함, 미모 수려, 남편 덕, 정부, 부궁불
　　　　　　미, 자손 덕, 눈치가 빠름, 신경 예민, 이성수신

🔵 세운·질병·남녀성격의 해설 (歲運·疾病·男女性格의 解說)

❶ 세운신사년(歲運辛巳年)= ※신축, 문서, 자연재앙은 ※세운신사년(歲運辛巳年)의 신금(辛金)은 임수일주(壬水日柱)의 인수(印綬)로 세운(歲運)에서 인수운(印綬運)이 들어오면 ※집을 짓는다든가 또는 증축을 한다든가 또는 사업체를 벌리는 일이 많고 또는 문서를 잡는 일도 있다. 그리고 ※자연재앙은 ※세운신사년(歲運辛巳年)의 사화(巳火)는 년지사화(年支巳火)와 사사(巳巳)로 똑같은 오행(五行)이므로 세운(歲運)에서 년지(年支)같은 운(運)이 들어오면 ※자연재앙을 조심해야 한다.

❷ 질병(疾病)과 ❸ 남녀성격은 일주(日柱)에서 발생(發生)한다.

53년(음) 8월 11일 사(巳)시 여자

乙	壬	辛	癸
巳	申	酉	巳

57	47	37	27	17	7
丁	丙	乙	甲	癸	壬
卯	寅	丑	子	亥	戌

이 사주는 임수일주(壬水日柱)가 중추유월(中秋酉月)에 출생하여 득령(得令)하고 유중신금(酉中辛金)이 월상(月上)에 투출(透出)하여 인수격(印綬格)이다. 그리고 임수일주(壬水日柱)는 자좌신금(自坐申金)에 장생(長生)하여 일주(日柱)는 신왕사주(身旺四柱)다. 신왕사수(身旺四柱)에는 일수(日柱)를 제(制)하는 관살(官殺)이나 상관식신(傷官食神)으로 설기(泄氣)함이 좋은데 이 사주는 인수(印綬)가 태왕(太旺)하므로 년지(年支) 사중병화(巳中丙火)로 많은 인수(印綬)를 제(制)하여야 좋으므로 사중(巳中) 병화재(丙火財)가 용신(用神)이며 목(木) 상관식신(傷官食神)은 희신(喜神)이 된다. 이 사주는 여자(女子)의 사주로서 예술(藝術)에 능해 디자인을 전공하여 교수직(教授職)을 희망하였으나 초년운(初年運)이 없어 교수가 되지 못하여 보석디자인회사를 경영하였으나 47세 병화대운(丙火大運)에 월상신금(月上辛金)과 병신합(丙辛合)으로 합거(合去)되어 손해를 많이 보았고 52세 인목희신(寅木喜神) 대운(大運)에 사업이 번창하여 재산을 복구하고 잘살고 있는 사주다.

❶ 세운신사년(歲運辛巳年): 이별수, 신축, 문서, 자연재앙
❷ 질병(疾病): 냉(冷), 신장(腎臟), 방광(膀胱)
❸ 남녀성격: (남) 털털한 성격, 원만하다, 활발하다, 지혜롭다, 포용력, 만인의 신망, 고집 대단, 박력 있다, 영리하다, 일독십지, 처 덕 있다
　　　　　 (여) 남자 같은 시원한 성격, 새것을 좋아함, 영리하다, 부궁불미, 정부, 예능, 문학에 소질 있다, 친모봉양

세운·질병·남녀성격의 해설 (歲運·疾病·男女性格의 解說)

❶ 세운신사년(歲運辛巳年)= ※이별수, 신축, 문서, 자연재앙은 ※세운신사년(歲運辛巳年)의 신금(辛金)은 임수일주(壬水日柱)의 인수(印綬)로 신왕(身旺)한 여자 사주에 세운(歲運)에서 인수운(印綬運)이 들어오면 ※가정에 불화가 많이 생긴다든가 또는 남편과 떨어져 산다든가 또는 이혼한다든가 또는 남편이 사망하는 수도 있다. 그리고 ※신축, 문서는 ※세운신사년(歲運辛巳年)의 신금(辛金)은 임수일주의 인수(印綬)로 세운에서 인수운(印綬運)이 들어오면 ※집을 짓는다든가 또는 증축을 한다든가 또는 사업체를 벌리는 일이 많고 또는 문서를 잡는 일도 있다. 그리고 ※자연재앙은 ※세운신사년(歲運辛巳年)의 사화(巳火)는 년지사화(年支巳火)와 사사(巳巳)로 똑같은 오행(五行)이므로 세운에서 년지(年支) 같은 운(運)이 들어오면 ※자연재앙을 조심해야 한다.

❷ 질병(疾病)과 ❸ 남녀성격은 일주(日柱)에서 발생(發生)한다.

신사년 (辛巳年)

55년(음) 9월 13일 오(午)시 남자

丙	壬	丙	乙
午	戌	戌	未

56	46	36	26	16	6
庚	辛	壬	癸	甲	乙
辰	巳	午	未	申	酉

이 사주는 임수일주(壬水日柱)가 계추술월(季秋戌月)에 출생하여 실시(失時)하고 시지오화(時支午火)와 오술(午戌)로 화국(火局)을 이루었고 월시상(月時上) 양병화(兩丙火)가 투출(透出)하여 재살(財殺)이 태왕(太旺)이다. 그러므로 이 사주는 종살격(從殺格)같이 보인다. 그러나 임수일주(壬水日柱)를 도와주는 인수(印綬)나 비견겁(比肩劫)이 하나도 없어 쇠극격(衰極格)에 해당하므로 쇠(衰)한 자는 상관식신(傷官食神)으로 설기(泄氣)하여 더욱더 쇠(衰)하게 하는 동시 임수일주(壬水日柱)를 극(剋)하는 관살(官殺)을 제(制)하여야 하기 때문에 상관(傷官)이 용신(用神)이며 화재(火財)는 희신(喜神)이 된다. 이 사주는 남자(男子)의 사주로서 공부는 많이 못하였으나 기술을 배워 회사 근무하였으나 승진이 안되어 고생을 많이 하다가 41세 오사대운(午巳大運)에 사업을 경영하여 돈을 많이 벌었고 46세 신금대운(辛金大運)에 사업을 확장하였으나 월상병화(月上丙火)와 병신합(丙辛合)으로 합거(合去)되어 손해를 많이 보았고 51세 사화대운(巳火大運)에 재산을 복구하고 잘살고 있는 사주다.

❶ 세운신사년(歲運辛巳年): 관재, 손재, 신액, 신축, 문서
❷ 질병(疾病): 신장(腎臟), 방광(膀胱)
❸ 남녀성격: (남) 털털한 성격, 선견지명, 남에게 잘함, 욕심 많다, 일찍 사회에 진출, 성질 급, 자수성가, 부모 덕, 재복 있다, 처 덕 있다, 자손귀자, 신앙심, 지구력 강함, 능력 있다
　　　　　(여) 남자 같은 시원한 성격, 새것을 좋아함, 부궁불미, 정부, 재가, 독수공방, 이성 구설, 재복 있다, 신앙심

세운 · 질병 · 남녀성격의 해설 (歲運 · 疾病 · 男女性格의 解說)

❶ 세운신사년(歲運辛巳年)= ※관재, 손재, 신액, 신축, 문서는 ※세운신사년(歲運辛巳年)의 사화(巳火)는 임수일주(壬水日柱)의 편재(偏財)로 사주에 재살(財殺)이 태왕(太旺)인데 세운(歲運)에서 재(財)나 관살운(官殺運)이 들어오면 ※관재수를 조심해야 하며 또는 손재수를 조심해야 하며 또는 건강을 조심해야 한다. 그리고 ※신축, 문서는 ※세운신사년(歲運辛巳年)의 신금(辛金)은 임수일주(壬水日柱)의 인수(印綬)로 세운(歲運)에서 인수운(印綬運)이 들어오면 ※집을 짓는다든가 또는 증축을 한다든가 또는 사업체를 벌리는 일이 많고 또는 문서를 잡는 일도 있다.

❷ 질병(疾病)과 ❸ 남녀성격은 일주(日柱)에서 발생(發生)한다.

신사년 (辛巳年)

72년(음) 11월 22일 진(辰)시 여자

甲	壬	壬	壬
辰	辰	子	子

57	47	37	27	17	7
丙	丁	戊	己	庚	辛
午	未	申	酉	戌	亥

이 사주는 임수일주(壬水日柱)가 중동자월(中冬子月) 양인월(羊刃月)에 출생하여 득령(得令)하고 년월(年月) 양임수(兩壬水) 비견(比肩)과 년지자수(年支子水) 양인(羊刃)이 있어 일주(日柱)는 신왕사주(身旺四柱)다. 신왕사주(身旺四柱)에는 관살(官殺)로 용신(用神)함을 우선으로 하며 사주에 비견겁(比肩劫)이 태왕(太旺)하므로 많은 비견겁(比肩劫)을 제(制)하는 관살(官殺)이 용신(用神)이며 화재(火財)는 희신(喜神)이 된다. 이 사주는 여자(女子)의 사주로서 체육교사인데 결혼을 하여 2년도 못 되어 이혼한 사주다. 임수일주(壬水日柱)의 남편(壬水日柱)은 관살(官殺)인데 시간지(時干支) 갑진(甲辰)은 백호관살(白虎官殺)이며 여자(女子) 사주에 백호관살(白虎官殺)이 있으면 십중팔구(十中八九) 재혼하거나 혼자 사는 사람들이 많다.

❶ 세운신사년(歲運辛巳年): 이별수, 신축, 문서
❷ 질병(疾病): 냉(冷), 풍질(風疾), 신장(腎臟), 혈압(血壓)
❸ 남녀성격: (남) 털털한 성격, 일찍 사회에 진출, 임전무퇴, 자립정신, 재간 있다, 박력 있다, 속전속결, 처궁불미, 어린 시절 잔병, 자손근심, 아이디어가 좋다
　　　　　　(여) 남자 같은 시원한 성격, 새것을 좋아함, 부궁불미, 재가, 정부, 독수공방, 일가부양, 풍파가 많다

세운 · 질병 · 남녀성격의 해설 (歲運 · 疾病 · 男女性格의 解說)

❶ 세운신사년(歲運辛巳年)= ※이별수, 신축, 문서는 ※세운신사년(歲運辛巳年)의 신금(辛金)은 임수일주(壬水日柱)의 인수(印綬)로 신왕(身旺)한 여자 사주에 세운(歲運)에서 인수운(印綬運)이 들어오면 ※가정에 불화가 많이 생긴다든가 또는 남편과 떨어져 산다든가 또는 이혼한다든가 또는 남편이 사망하는 수도 있다. 그리고 ※신축, 문서는 ※세운신사년(歲運辛巳年)의 신금(辛金)은 임수일주(壬水日柱)의 인수(印綬)로 세운(歲運)에서 인수운(印綬運)이 들어오면 ※집을 짓는다든가 또는 증축을 한다든가 또는 사업체를 벌리는 일이 많고 또는 문서를 잡는 일도 있다.

❷ 질병(疾病)은 일주(日柱)에서 발생(發生)한다.

❸ 남녀성격은 일주(日柱)에서 발생(發生)한다.

신사년 (辛巳年)

72년(음) 10월 12일 진(辰)시 여자

甲	壬	辛	壬
辰	子	亥	子

53	43	33	23	13	3
乙	丙	丁	戊	己	庚
巳	午	未	申	酉	戌

이 사주는 임수일주(壬水日柱)가 초겨울 해월(亥月)에 출생하여 록근(祿根)하고 해중갑목(亥中甲木)이 시상(時上)에 투출(透出)하여 식신격(食神格)이다. 그리고 지지(地支)는 해자자진(亥子子辰)으로 전수국(全水局)을 이루었고 월상신금(月上辛金) 인수(印綬)와 년상임수(年上壬水) 비견(比肩)이 있어 일주(日柱)는 신왕사주(身旺四柱)다. 사주에 많은 비견겁(比肩劫)이 일주(日柱)의 병(病)이 되는데 이럴 때에는 토관살(土官殺)로 비견겁(比肩劫)을 제(制)하면 좋으나 시지(時支) 진중무토(辰中戊土) 편관(偏官)이 있다고 하나 그 무토(戊土)는 습토(濕土)로서 힘이 없어 많은 비견겁(比肩劫)을 제(制)할 수가 없다. 다행히 시상갑목(時上甲木) 식신(食神)이 투출(透出)되어 갑목(甲木)으로 설기(泄氣)한다. 그러므로 시상갑목(時上甲木) 식신(食神)이 용신(用神)이 된다. 이 사주는 여자(女子)의 사주로서 주류업을 경영하였으나 운(運)이 없어 고생하고 있는 중이며 시간지(時干支) 갑진(甲辰)은 백호관살(白虎官殺)이므로 여자 사주에 백호관살(白虎官殺)이 있으면 결혼을 하여도 해로(偕老)하기 힘들며 재혼하거나 혼자 사는 사람들이 많으며 이 사주도 남편과 이혼한 사주다.

❶ 세운신사년(歲運辛巳年): 이별수, 신축, 문서
❷ 질병(疾病): 냉(冷), 혈압(血壓), 신장(腎臟), 방광(膀胱)
❸ 남녀성격: (남) 털털한 성격, 마음이 넓다, 성질 조급, 고집 대단, 노력은 많이 하나 실속이 없다, 여자 많다, 처궁불미, 용두사미, 돈이 잘 빠져나간다, 꾀가 많다, 신경 예민
　　　　　(여) 남자 같은 시원한 성격, 새것을 좋아함, 부궁불미, 정부, 재가, 남에게 시기를 많이 받는다, 독수공방, 직업여성

세운·질병·남녀성격의 해설 (歲運·疾病·男女性格의 解說)

❶ 세운신사년(歲運辛巳年)= ※이별수, 신축, 문서는 ※세운신사년(歲運辛巳年)의 신금(辛金)은 임수일주(壬水日柱)의 인수(印綬)로 신왕(身旺)한 여자 사주에 세운(歲運)에서 인수운(印綬運)이 들어오면 ※가정에 불화가 많이 생긴다든가 또는 남편과 떨어져 산다든가 또는 이혼한다든가 또는 남편이 사망하는 수도 있다. 그리고 ※신축, 문서는 ※세운신사년(歲運辛巳年)의 신금(辛金)은 임수일주(壬水日柱)의 인수(印綬)로 세운(歲運)에서 인수운(印綬運)이 들어오면 ※집을 짓는다든가 또는 증축을 한다든가 또는 사업체를 벌리는 일이 많고 또는 문서를 잡는 일도 있다.

❷ 질병(疾病)과 ❸ 남녀성격은 일주(日柱)에서 발생(發生)한다.

신사년 (辛巳年)

'61년(음) 10월 9일 축(丑)시 여자

癸	癸	己	辛
丑	丑	亥	丑

57	47	37	27	17	7
乙	甲	癸	壬	辛	庚
巳	辰	卯	寅	丑	子

이 사주는 계수일주(癸水日柱)가 초거울 해월(亥月)에 출생하여 득령(得令)하고 일시상(日時上) 양계수(兩癸水)는 축중계수(丑中癸水)에 근(根)하고 년상신금(年上辛金) 인수(印綬)는 축중신금(丑中辛金)에 근(根)하여 일주(日柱)는 신왕사주(身旺四柱)다. 신왕사주(身旺四柱)에는 일주(日柱)를 제(制)히는 관살(官殺)이나 상관식신(傷官食神)으로 설기(泄氣)함이 좋은데 년일시지(年日時支) 축토(丑土)는 습토(濕土)로서 용신(用神)이 안될 것 같으나 해월(亥月)은 소춘절(小春節)이므로 월상(月上)에 기토(己土)가 투출(透出)하여 기토편관(己土偏官)이 용신(用神)이며 화재(火財)는 희신(喜神)이 된다. 이 사주는 여자(女子)의 사주로서 공부는 많이 하였으나 운(運)이 없어 취업이 안되어 피복과 악세사리 장사를 하였으나 운(運)이 없어 손해를 많이 보았으며 47세 갑목대운(甲木大運)에는 월상기토(月上己土)와 갑기합(甲己合)으로 합거(合去)되어 재산을 탕진하고 남편(男便)과 사별(死別)하고 혼자 살고 있는 사주다. 부궁(夫宮)이 부실한 것은 일시지(日時支) 계축계축(癸丑癸丑)은 백호관살(白虎官殺)이므로 여자 사주에 백호관살(白虎官殺)이 있으면 백년해로(百年偕老)하기 힘들며 나이가 많은 사람에게 시집을 가면 좋다.

❶ 세운신사년(歲運辛巳年): 이별수, 변화, 이사, 전근
❷ 질병(疾病): 신장(腎臟), 방광(膀胱), 풍질(風疾)
❸ 남녀성격: (남) 털털한 성격, 근면 성실, 지혜롭다, 지구력 있다, 근심 많다, 처궁불미, 준법정신, 새벽잠이 없다
　　　　　 (여) 남자 같은 시원한 성격, 새것을 좋아함, 이성수신, 애교 많다, 정부, 재가, 부궁불미, 남자들의 인기

세운·질병·남녀성격의 해설 (歲運·疾病·男女性格의 解說)

❶ 세운신사년(歲運辛巳年)= ※이별수, 변화, 이사, 전근은 ※세운신사년(歲運辛巳年)의 신금(辛金)은 계수일주(癸水日柱)의 인수(印綬)로 신왕(身旺)한 여자 사주에 세운(歲運)에서 인수운(印綬運)이 들어오면 ※가정에 불화가 많이 생긴다든가 또는 남편과 떨어져 산다든가 또는 이혼한다든가 또는 남편이 사망하는 수도 있다. 그리고 ※변화, 이사, 전근은 ※세운신사년(歲運辛巳年)의 사화(巳火)는 일지축토(日支丑土)와 사축(巳丑)으로 삼합(三合)이 되므로 세운(歲運)에서 일지(日支) 삼합운(三合運)이 들어오면 ※변화가 생긴다든가 또는 이사를 한다든가 또는 직장을 옮기는 일이 많다.

❷ 질병(疾病)과 ❸ 남녀성격은 일주(日柱)에서 발생(發生)한다.

신사년 (辛巳年)

56년(음) 7월 19일 해(亥)시 남자

癸	癸	丙	丙
亥	亥	申	申

55	45	35	25	15	5
壬	辛	庚	己	戊	丁
寅	丑	子	亥	戌	酉

이 사주는 계수일주(癸水日柱)가 초가을 신월(申月)에 출생하여 득령(得令)하고 년지신금(年支申金) 인수(印綬)와 시간지(時干支) 계해(癸亥)로 일주(日柱)는 신왕사주(身旺四柱)다. 신왕사주(身旺四柱)에는 일주(日柱)를 제(制)하는 관살(官殺)이나 식신상관(食神傷官)으로 설기(泄氣)함이 좋은데 일주(日柱)를 제(制)하는 관살(官殺)은 없고 또 상관(傷官)으로 설기(泄氣)하는 식신상관(食神傷官)도 없다. 그런데 년월(年月) 양병화재(兩丙火財)가 있어 재(財)로 용신(用神)하고자 하나 그 병화(丙火)는 모두 무근(無根)이며 자좌신금(自坐申金)에 병궁(病宮)에 앉아 용신(用神)으로 쓸 수가 없다. 그러므로 이 사주는 금(金)은 물을 따라감으로 금생수(金生水)로 종왕격(從旺格)이 된다. 그러므로 수비견겁(水比肩劫)이 용신(用神)이며 금인수(金印綬)는 희신(喜神)이 된다, 이 사주는 남자(男子)의 사주로서 공부를 많이 하여 외교관에 근무하여 초년운(初年運)이 잘 들어와 승진이 빨랐으며 45세 신금대운(辛金大運)부터는 운(運)이 없어 평범하게 지내고 있는 사주다.

❶ 세운신사년(歲運辛巳年): 관재, 수술, 자연재앙, 신축, 문서
❷ 질병(疾病): 심장(心臟), 냉(冷)
❸ 남녀성격: (남) 털털한 성격, 차분한 성격, 마음이 깊다, 외유내강, 타인 존경, 준법정신, 영리하다, 총명하다, 연구심, 노력으로 끝을 본다, 장수한다, 신앙심
　　　　　(여) 남자 같은 시원한 성격, 새것을 좋아함, 부군 덕, 부궁불미, 독수공방, 정부, 재가, 친정형제 걱정 많이 한다, 자손귀자, 돈이 잘 빠져나감, 신앙심

☯ 세운·질병·남녀성격의 해설 (歲運 · 疾病 · 男女性格의 解說)

❶ 세운신사년(歲運辛巳年)= ※관재, 수술, 자연재앙, 신축, 문서는 ※세운신사년(歲運辛巳年)의 사화(巳火)는 일지해수(日支亥水)와 사해충(巳亥沖)으로 세운(歲運)에서 일지충운(日支沖運)이 들어오면 ※관재수를 조심해야 하며 또는 수술을 조심해야 하며 또는 자연재앙을 조심해야 한다. 그리고 ※신축, 문서는 ※세운신사년(歲運辛巳年)의 신금(辛金)은 계수일주(癸水日柱)의 인수(印綬)로 세운(歲運)에서 인수운(印綬運)이 들어오면 ※집을 짓는다든가 또는 증축을 한다든가 또는 사업체를 벌리는 일이 많고 또는 문서를 잡는 일도 있다.

❷ 질병(疾病)은 일주(日柱)에서 발생(發生)한다.

❸ 남녀성격은 일주(日柱)에서 발생(發生)한다.

신사년 (辛巳年)

57년(음) 8월 5일 인(寅)시 남자

甲	癸	戊	丁
寅	酉	申	酉

57	47	37	27	17	7
壬	癸	甲	乙	丙	丁
寅	卯	辰	巳	午	未

이 사주는 계수일주(癸水日柱)가 초가을 신월(申月)에 출생하여 득령(得令)하고 월상무토(月上戊土)가 투출(透出)하여 정관격(正官格)이다. 그리고 년일지(年日支) 양유금(兩酉金)으로 계수일주(癸水日柱)는 신왕사주(身旺四柱)다. 신왕사주에는 일주를 제(制)하는 관살(官殺)이나 식신상관(食神傷官)으로 설기(泄氣)힘이 좋은데 월상무토(月上戊土) 정관(正官)이 있다고 하나 그 무토(戊土)는 근(根)이 없으며 자좌신금(子坐申金)에 설기(泄氣)가 심(甚)하므로 용신(用神)으로 쓸 수가 없다. 다행히 시상갑목(時上甲木) 상관(傷官)이 투출(透出)하여 그 갑목(甲木)은 자좌인목(自坐寅木)에 록근(祿根)하여 시상갑목(時上甲木) 상관(傷官)으로 용신(用神)한다. 이 사주는 남자의 사주로서 37세 갑목대운(甲木大運)에 공대교수로 취임하였는데 52세 묘목대운(卯木大運)에 용신운(用神運)이 들어와 학과장으로 승진한 사주다.

❶ 세운신사년(歲運辛巳年): 신축, 문서, 변화, 이사, 전근, 손재, 처액
❷ 질병(疾病): 신장(腎臟), 심장(心臟), 방광(膀胱), 냉(冷)
❸ 남녀성격: (남) 털털한 성격, 성격이 까다롭다, 매사 철두철미, 박력이 모자란다, 영리하다, 총명하다, 암기력, 남에게 잘함, 호인이다, 고독 자초, 처 덕 있다
　　　　　(여) 남자 같은 시원한 성격, 새것을 좋아함, 정이 많다, 부궁불미, 정부, 인덕 없다, 눈물 많다

세운 · 질병 · 남녀성격의 해설 (歲運 · 疾病 · 男女性格의 解說)

❶ 세운신사년(歲運辛巳年)= ※신축, 문서, 변화, 이사, 전근, 손재, 처액은 ※세운신사년(歲運辛巳年)의 신금(辛金)은 계수일주(癸水日柱)의 인수(印綬)로 세운에서 인수운(印綬運)이 들어오면 ※집을 짓는다든가 또는 증축을 한다든가 또는 사업체를 벌리는 일이 많고 또는 문서를 잡는 일도 있다. 그리고 ※변화, 이사, 전근은 ※세운신사년(歲運辛巳年)의 사화(巳火)는 일지유금(日支酉金)과 사유(巳酉)로 삼합(三合)이 되므로 세운에서 일지(日支) 삼합운(三合運)이 들어오면 ※변화가 생긴다든가 또는 이사를 한다든가 또는 직장을 옮기는 일이 많다. 그리고 ※손재, 처액은 ※세운신사년의 사화(巳火)는 계수일주(癸水日柱)의 정재(正財)로 신왕사주(身旺四柱)에 재(財)가 쇠약(衰弱)한데 세운에서 재운(財運)이 들어오면 ※손재수가 생긴다든가 또는 가정에 불화가 많이 생긴다든가 또는 처가 가출한다든가 또는 처의 건강을 조심해야 한다.

❷ 질병(疾病)과 ❸ 남녀성격은 일주(日柱)에서 발생(發生)한다.

신사년 (辛巳年)

57년(음) 6월 13일 진(辰)시 여자

丙	癸	丁	丁
辰	未	未	酉

60	50	40	30	20	10
癸	壬	辛	庚	己	戊
丑	子	亥	戌	酉	申

이 사주는 계수일주(癸水日柱)가 하계미월(夏季未月)에 출생하여 실시(失時)하고 미중정화(未中丁火)가 년월(年月)에 투출(透出)하여 편재격(偏財格)이다. 그리고 시간지(時干支) 병진(丙辰)으로 재살(財殺)이 태왕(太旺)이다. 다행히 계수일주(癸水日柱)는 년지유금(年支酉金) 인수(印綬)가 있어 종(從)하지 않는다. 그러므로 사주에는 재(財)가 많으므로 수비견겁(水比肩劫)으로 많은 재(財)를 제(制)하고 일주(日柱)를 보신(補身)해야 하는 비견겁(比肩劫)이 용신(用神)이며 금인수(金印綬)는 희신(喜神)이 된다. 이 사주는 여자(女子)의 사주로서 회사에 근무하다가 50세 임수대운(壬水大運)에 퇴사하여 사업을 경영하였으나 월상정화(月上丁火)와 정임합(丁壬合)으로 합거(合去)되어 손해를 많이 보았으나 55세 자수대운(子水大運)에 용신운(用神運)이 들어와 사업이 번창하여 재산을 복구하고 잘살고 있는 사주다. 그러나 년간지(年干支) 정유생(丁酉生)의 공망(空亡)은 시지진토(時支辰土)로서 남편과 이혼(離婚)하고 재혼하였는데 재물이 있어 부궁(夫宮)이 부실하여도 남편을 이기며 살고 있는 사주다.

❶ 세운신사년(歲運辛巳年): 신축, 문서, 관재, 손재, 신액
❷ 질병(疾病): 신장(腎臟), 비(脾), 위(胃)
❸ 남녀성격: (남) 털털한 성격, 의리 있다, 신용 있다, 인내심, 지구력, 순진하다, 심술 많다, 꾸준히 노력으로 결실, 성격이 까다롭다, 옷에 신경, 신앙심, 편식, 처궁불미
　　　　　(여) 남자 같은 시원한 성격, 새것을 좋아함, 남편복이 없다, 정부, 재가, 인덕 없다

세운 · 질병 · 남녀성격의 해설 (歲運 · 疾病 · 男女性格의 解說)

❶ 세운신사년(歲運辛巳年)= ※신축, 문서, 관재, 손재, 신액은 ※세운신사년(歲運辛巳年)의 신금(辛金)은 계수일주(癸水日柱)의 인수(印綬)로 세운에서 인수운(印綬運)이 들어오면 ※집을 짓는다든가 또는 증축을 한다든가 또는 사업체를 벌리는 일이 많고 또는 문서를 잡는 일도 있다. 그리고 ※ 관재, 손재, 신액은 ※세운신사년(歲運辛巳年)의 사화(巳火)는 계수일주(癸水日柱)의 정재(正財)로 원명사주(源命四柱)에 재살(財殺)이 태왕(太旺)인데 세운(歲運)에서 재(財)나 관살운(官殺運)이 들어오면 ※관재수를 조심해야 하며 또는 손재수를 조심해야 하며 또는 건강을 조심해야 한다.

❷ 질병(疾病)과 ❸ 남녀성격은 일주(日柱)에서 발생(發生)한다.

신사년 (辛巳年)

戊	癸	戊	癸
午	巳	午	卯

56	46	36	26	16	6
甲	癸	壬	辛	庚	己
子	亥	戌	酉	申	未

이 사주는 계수일주(癸水日柱)가 중하오월(中夏午月)에 출생하여 실시(失時)하고 지지(地支)는 사오(巳午)로 화국(火局)을 이루었고 월시상(月時上)에 양무토(兩戊土)가 투출(透出)하여 재살(財殺)이 태왕(太旺)으로 종살격(從殺格) 같기도 하고 쇠극격(衰極格) 같기도 하다. 그러나 이 사주는 일시(日時) 무계합화(戊癸合火)로 화(火)로 화(化)하였는데 년월상(年月上) 무계합화(戊癸合火)로 화(化)하여 사주 전체가 화(火)로 되어 있다. 그러므로 화(火)가 용신(用神)이며 목(木) 상관식신(傷官食神)은 희신(喜神)이 된다. 이 사주는 여자(女子)의 사주로서 초년(初年)에 부모의 음덕으로 공부를 많이 하여 공직생활을 하였으나 운(運)이 없어 승진을 못하고 고생을 많이 하다가 46세 계수대운(癸水大運)에 남편과 이혼(離婚)하고 혼자 살고 있는 사주다. 부궁(夫宮)이 부실한 것은 년간지(年干支) 계묘생(癸卯生)의 공망(空亡)은 일지사화(日支巳火)로서 일시지(日時支)에 공망(空亡)이 있으면 부궁이 부실하여 재혼하거나 혼자 사는 사람들이 많다.

❶ 세운신사년(歲運辛巳年): 변화, 이사, 전근, 신축, 문서
❷ 질병(疾病): 비뇨기(泌尿器), 장(臟), 자궁(子宮)
❸ 남녀성격: (남) 털털한 성격, 인정 많다, 처세가 좋다, 외유내강, 자기 실속, 욕심 많다, 영리하다, 처 덕 있다, 자손귀자, 학업 장애
　　　　　(여) 남자 같은 시원한 성격, 새것을 좋아함, 부궁불미, 이성 고민, 정부, 재복 있다

세운 · 질병 · 남녀성격의 해설 (歲運 · 疾病 · 男女性格의 解說)

❶ 세운신사년(歲運辛巳年)= ※변화, 이사, 전근, 신축, 문서는 ※세운신사년(歲運辛巳年)의 사화(巳火)는 일지사화(日支巳火)와 사사(巳巳)로 삼합(三合)이 되므로 세운(歲運)에서 일지(日支) 삼합운(三合運)이 들어오면 ※변화가 생긴다든가 또는 이사를 한다든가 또는 직장을 옮기는 일이 많다. 그리고 ※신축, 문서는 ※세운신사년(歲運辛巳年)의 신금(辛金)은 계수일주(癸水日柱)의 인수(印綬)로 세운(歲運)에서 인수운(印綬運)이 들어오면 ※집을 짓는다든가 또는 증축을 한다든가 또는 사업체를 벌리는 일이 많고 또는 문서를 잡는 일도 있다.

❷ 질병(疾病)은 비뇨기, 장은 일주(日柱)에서 발생(發生)하며 ※자궁은 ※계수일주가 화토재살(火土財殺)이 태왕(太旺)이면 ※자궁을 조심해야 한다.

❸ 남녀성격은 일주(日柱)에서 발생(發生)한다.

신사년 (辛巳年)

63년(음) 2월 6일 사(巳)시 여자

<table>
<tr><td>丁
巳</td><td>癸
卯</td><td>甲
寅</td><td>癸
卯</td></tr>
<tr><td>52</td><td>42</td><td>32</td><td>22</td><td>12</td><td>2</td></tr>
<tr><td>庚
申</td><td>己
未</td><td>戊
午</td><td>丁
巳</td><td>丙
辰</td><td>乙
卯</td></tr>
</table>

이 사주는 계수일주(癸水日柱)가 초봄 인월(寅月)에 출생하여 실시(失時)하고 인중갑목(寅中甲木)이 월상(月上)에 투출(透出)하여 상관격(傷官格)이다. 그리고 년일지(年日支) 양묘목(兩卯木) 식신(食神)과 시간지(時干支) 정사(丁巳)로 상관(傷官)과 재(財)가 태왕(太旺)이다. 그러므로 수생목(水生木) 목생화(木生火)로 종재격(正財格)같이 보인다, 그러나 이 사주는 계수일주(癸水日柱)는 무근(無根)이며 자좌묘목(自坐卯木)에 설기(泄氣)가 심(甚)하고 년상계수(年上癸水) 비견(比肩)도 무근(無根)이며 자좌묘목(自坐卯木)에 설기(泄氣)가 심(甚)하여 쇠극격(衰極格)에 해당한다. 그러므로 쇠(衰)한 자는 상관식신(傷官食神)으로 설기(泄氣)하여 더욱더 쇠(衰)하게 하는 동시 일주(日柱)를 극(剋)하는 관살(官殺)을 제(制)하여야 하기 때문에 상관식신(傷官食神)이 용신(用神)이며 화재(火財)는 희신(喜神)이 된다. 이 사주는 여자(女子)의 사주로서 초년운(初年運)이 잘 들어와 증권회사에 다니면서 승승장구(乘勝長驅)하였으나 42세 기토대운(己土大運)부터 운(運)이 없어 평범하게 지내다가 병(病)까지 얻어 유방(乳房)을 수술한 사주다. 유방(乳房)을 수술하게 된 것은 시지(時支) 사화재(巳火財)와 월지인목(月支寅木) 상관(傷官)과 인사형살(寅巳刑殺)이 되므로 여자(女子) 사주에 상관식신(傷官食神)이 태왕(太旺)하고 형살(刑殺)이 있으면 자궁(子宮)과 유방(乳房)을 조심해야 한다.

❶ 세운신사년(歲運辛巳年): 신축, 문서
❷ 질병(疾病): 풍질(風疾), 신장(腎臟), 방광(膀胱), 냉(冷)
❸ 남녀성격: (남) 털털한 성격, 만인 신망, 영리하다, 인자하다, 남에게 잘함, 준법정신, 고집
　　　　　대단, 식복 있다, 처궁불미, 처 덕 있다, 소심하다, 운동 잘함, 마음약
　　　　(여) 남자 같은 시원한 성격, 새것을 좋아함, 부궁불미, 자손근심, 정부, 재가,
　　　　　애교 많다, 생리통이 심하다, 침착하다, 인내심, 눈물 많다, 인덕 있다

🌀 세운 · 질병 · 남녀성격의 해설 (歲運 · 疾病 · 男女性格의 解說)

❶ 세운신사년(歲運辛巳年)= ※신축, 문서는 ※세운신사년(歲運辛巳年)의 신금(辛金)은 계수일주(癸水日柱)의 인수(印綬)로 세운에서 인수운(印綬運)이 들어오면 ※집을 짓는다든가 또는 증축을 한다든가 또는 사업체를 벌리는 일이 많고 또는 문서를 잡는 일도 있다.

❷ 질병(疾病)은 일주(日柱)에서 발생(發生)한다.

❸ 남녀성격은 일주(日柱)에서 발생(發生)한다.

신사년 (辛巳年)

61년(음) 12월 10일 축(丑)시 남자

癸	癸	辛	辛
丑	丑	丑	丑

53	43	33	23	13	3
乙	丙	丁	戊	己	庚
未	申	酉	戌	亥	子

이 사주는 계수일주(癸水日柱)가 동계축월(冬季丑月)에 출생하여 실시(失時)하고 축중신금(丑中辛金)이 년월(年月)에 투출(透出)하여 인수격(印綬格)이다. 그리고 계수일주(癸水日柱)는 축중계수(丑中癸水)에 근(根)하고 시상계수(時上癸水) 비견(比肩)도 축중계수(丑中癸水)에 근(根)하여 살인상생(殺印相生)으로 신왕사주(身旺四柱)같이 보인다. 그러나 축토(丑土)는 습토(濕土)라고 하나 축월(丑月)은 이양(二陽)이므로 온기가 있어 계수일주(癸水日柱)를 극(剋)하므로 신약사주(身弱四柱)가 된다. 그러므로 금인수(金印綬)가 용신(用神)이며 수비견겁(水比肩劫)은 희신(喜神)이 된다. 이 사주는 남자(男子)의 사주로서 건축회사에 다니다가 초년(初年)에는 운(運)이 없어 승진이 안되어 퇴사하고 38세 유금대운(酉金大運)에 건축자재상을 하여 돈을 많이 벌었으나 자식(子息) 한 명 잃었는데 자식 한 명 잃게 된 것은 일시(日時) 양계축(兩癸丑)은 백호관살(白虎官殺)이므로 관살(官殺)은 나의 자식(子息)이므로 백호관살(白虎官殺)을 놓은 사람은 자손액(子孫厄)을 조심해야 한다. 그리고 43세 병화대운(丙火大運)에는 월상신금(月上辛金)과 병신합(丙辛合)으로 합거(合去)되어 손해를 조금 보았고 48세 신금대운(申金大運)에는 사업이 번창하고 있는 사주다.

❶ 세운신사년(歲運辛巳年): 변화, 이사, 전근, 신축, 문서
❷ 질병(疾病): 신장(腎臟), 방광(膀胱), 풍질(風疾)
❸ 남녀성격: (남) 털털한 성격, 근면 성실, 지혜롭다, 지구력 있다, 근심 많다, 처궁불미, 준법정신, 새벽잠이 없다
　　　　　　(여) 남자 같은 시원한 성격, 새것을 좋아함, 이성수신, 애교 많다, 정부, 재가, 부궁불미, 남자들의 인기

세운·질병·남녀성격의 해설 (歲運·疾病·男女性格의 解說)

❶ 세운신사년(歲運辛巳年)= ※변화, 이사, 전근, 신축, 문서는 ※세운신사년(歲運辛巳年)의 사화(巳火)는 일지축토(日支丑土)와 사축(巳丑)으로 삼합(三合)이 되므로 세운에서 일지(日支) 삼합운(三合運)이 들어오면 ※변화가 생긴다든가 또는 이사를 한다든가 또는 직장을 옮기는 일이 많다. 그리고 ※신축, 문서는 ※세운신사년(歲運辛巳年)의 신금(辛金)은 계수일주의 인수(印綬)로 세운에서 인수운(印綬運)이 들어오면 ※집을 짓는다든가 또는 증축을 한다든가 또는 사업체를 벌리는 일이 많고 또는 문서를 잡는 일도 있다.

❷ 질병(疾病)은 일주(日柱)에서 발생(發生)한다.

❸ 남녀성격은 일주(日柱)에서 발생(發生)한다.

<h1 align="center">신사년 (辛巳年)</h1>

60년(음) 12월 4일 미(未)시 남자

己	癸	己	庚
未	丑	丑	子

55	45	35	25	15	5
乙	甲	癸	壬	辛	庚
未	午	巳	辰	卯	寅

이 사주는 계수일주(癸水日柱)가 동계축월(冬季丑月)에 출생하여 실시(失時)하고 축중기토(丑中己土)가 월시상(月時上)에 투출(透出)하여 편관격(偏官格)이다. 그리고 일시지(日時支) 축미토(丑未土)가 있어 편관(偏官)이 태왕(太旺)이다. 다행히 계수일주(癸水日柱)는 년지자수(年支子水)에 근(根)하고 년상(年上)에 경금인수(庚金印綬)가 투출(透出)되어 토생금(土生金) 금생수(金生水)로 살인상생(殺印相生)으로 경금인수(庚金印綬)가 용신(用神)이며 수비견겁(水比肩劫)은 희신(喜神)이 된다. 이 사주는 남자(男子)의 사주로서 회사에 근무하다가 운(運)이 없어 승진이 안되어 퇴사하고 공인중개소를 경영하였으나 그것마저 운(運)이 없어 고생하다가 처와 이혼(離婚)하고 자식(子息) 한 명 잃었는데 자식 한 명 잃게 된 것은 계축일주(癸丑日柱)는 백호관살(白虎官殺)이므로 남자(男子) 사주에 관살(官殺)은 자식(子息)이 되므로 백호관살(白虎官殺)을 놓은 사람들은 자손액(子孫厄)을 조심해야 한다. 그리고 사주에 편관(偏官)이 태왕(太王)인데 편관(偏官)은 나의 자식이므로 남자 사주에 관살(官殺)이 태왕(太旺)이면 처궁(妻宮)이 부실하여 재혼하거나 혼자 사는 사람들이 많다.

---

❶ 세운신사년(歲運辛巳年): 신축, 문서, 변화, 이사, 전근
❷ 질병(疾病): 신장(腎臟), 방광(膀胱), 풍질(風疾)
❸ 남녀성격: (남) 털털한 성격, 근면 성실, 지혜롭다, 지구력 있다, 근심 많다, 처궁불미, 준
　　　　　　법정신, 새벽잠이 없다
　　　　　(여) 남자 같은 시원한 성격, 새것을 좋아함, 이성수신, 애교 많다, 정부, 재가,
　　　　　　부궁불미, 남자들의 인기

세운·질병·남녀성격의 해설 (歲運·疾病·男女性格의 解說)

❶ 세운신사년(歲運辛巳年)= ※신축, 문서, 변화, 이사, 전근은 ※세운신사년(歲運辛巳年)의 신금(辛金)은 계수일주(癸水日柱)의 인수(印綬)로 세운(歲運)에서 인수운(印綬運)이 들어오면 ※집을 짓는다든가 또는 증축을 한다든가 또는 사업체를 벌리는 일이 많고 또는 문서를 잡는 일도 있다. 그리고 변화, 이사, 전근은 ※세운신사년(歲運辛巳年)의 사화(巳火)는 일지축토(日支丑土)와 사축(巳丑)으로 삼합(三合)이 되므로 세운(歲運)에서 일지(日支) 삼합운(三合運)이 들어오면 ※변화가 생긴다든가 또는 이사를 한다든가 또는 직장을 옮기는 일이 많다.

❷ 질병(疾病)과 ❸ 남녀성격은 일주(日柱)에서 발생(發生)한다.

임오년
(壬午年)

임오년 (壬午年)

50년(음) 12월 17일 묘(卯)시 남자

丁	甲	己	庚
卯	子	丑	寅

54	44	34	24	14	4
乙	甲	癸	壬	辛	庚
未	午	巳	辰	卯	寅

이 사주는 갑목일주(甲木日柱)가 동계축월(冬季丑月)에 출생하여 실시(失時)하고 축중기토(丑中己土)가 월상(月上)에 투출(透出)하여 정재격(正財格)으로 신약사주(身弱四柱)다. 그러나 갑목일주(甲木日柱)는 년지인목(年支寅木)에 록근(祿根)하고 시지묘목(時支卯木) 양인(羊刃)과 일시자수(日支子水)에 생(生)을 받아 4 대 4로 신왕사주(身旺四柱)같이 보이나 월지축토(月支丑土)는 한 개지만 두 개 이상의 힘을 가지고 있으며 월상기토(月上己土)와 갑목일주(甲木日柱)와 갑기합토(甲己合土)로 되어 일주(日柱)는 신약사주(身弱四柱)다. 그러므로 수인수(水印綬)가 용신(用神)이며 비견겁(比肩劫)은 희신(喜神)이 된다. 이 사주는 남자(男子)의 사주로서 회사에 근무하다가 54세 을목대운(乙木大運)에 퇴사하여 사업을 경영하였으나 년상경금(年上庚金)과 을경합(乙庚合)으로 합거(合去)되어 재산을 탕진하고 그 이후로도 운(運)이 없어 고생을 많이 하다고 있는 사주다.

❶ 세운임오년(歲運壬午年): 관재, 수술, 자연재앙, 신축, 문서
❷ 질병(疾病): 간(肝), 풍(風), 냉(冷), 저혈압(低血壓)
❸ 남녀성격: (남) 의지 굳다, 무뚝뚝하다, 웃음이 적다, 냉정하다, 임사즉결, 멋쟁이, 권모술수, 눈치가 빠르다, 신경 예민, 처궁불미
　　　　　 (여) 의지 굳다, 인자함, 무뚝뚝하다, 웃음이 적다, 부궁불미

🔵 세운 · 질병 · 남녀성격의 해설 (歲運 · 疾病 · 男女性格의 解說)

❶ 세운임오년(歲運壬午年)= ※관재, 수술, 지연재앙, 신축, 문서는 ※세운임오년(歲運壬午年)의 오화(午火)는 일지자수(日支子水)와 자오충(子午沖)으로 세운(歲運)에서 일지충운(日支沖運)이 들어오면 ※관재수를 조심해야 하며 또는 수술을 조심해야 하며 또는 자연재앙을 조심해야 한다. 그리고 ※신축, 문서는 ※세운임오년(歲運壬午年)의 임수(壬水)는 갑목일주(甲木日柱)의 인수(印綬)로 세운(歲運)에서 인수운(印綬運)이 들어오면 ※집을 짓는다든가 또는 증축을 한다든가 또는 사업체를 벌린다든가 또는 문서를 잡는 일도 있다.

❷ 질병(疾病)은 일주(日柱)에서 발생(發生)한다.

❸ 남녀성격은 일주(日柱)에서 발생(發生)한다.

임오년 (壬午年)

庚	甲	乙	戊
午	寅	卯	子

52	42	32	22	12	2
辛	庚	己	戊	丁	丙
酉	申	未	午	巳	辰

이 사주는 갑목일주(甲木日柱)가 중춘묘월(中春卯月) 양인월(羊刃月)에 출생하여 득령(得令)하고 묘중을목(卯中乙木)이 월상(月上)에 투출(透出)하고 갑목일주(甲木日柱)는 자좌인목(自坐寅木)에 록근(祿根)하여 일주(日柱)는 신왕사주(身旺四柱)다. 목(木)이 왕성(旺盛)할 때에는 목(木)을 쳐주는 금(金)이 좋은데 시상경금(時上庚金) 편관(偏官)이 있다고 하나 그 경금(庚金)은 자좌오화(自坐午火)에 살지(殺地)에 앉아 용신(用神)으로 쓸 수가 없다. 그리고 년상(年上) 무토재(戊土財)로 용신(用神)하고자 하나 그 무토(戊土)는 근(根)이 없으며 많은 비견겁(比肩劫)에 극(剋)을 받으므로 토재(土財)로도 용신(用神)으로 쓸 수가 없다. 다행히 시지오화(時支午火)가 있어 오화상관(午火傷官)으로 용신(用神)한다. 그러므로 화(火) 상관식신(傷官食神)이 용신(用神)이며 토재(土財)는 희신(喜神)이 된다. 이 사주는 남자(男子)의 사주로서 초년(初年)에는 운(運)이 잘 들어와 좋은 회사에 취업하여 능력을 인정 받았으나 42세 경금대운(庚金大運)부터는 운(運)이 없어 퇴사하고 자영업을 하다가 실패하고 아파트 경비원으로 근무하고 있는 사주다.

❶ 세운임오년(歲運壬午年): 신축, 문서, 변화, 이사, 전근
❷ 질병(疾病): 간(肝), 위산과다(胃酸過多)
❸ 남녀성격: (남) 의지 굳다, 무뚝뚝하다, 웃음이 적다, 고집 대단, 영리하다, 두령격, 일독십지, 인정 있다, 인내심 부족, 용기 있다, 청백지인, 남을 무시한다
(여) 의지 굳다, 무뚝뚝하다, 웃음이 적다, 부궁불미, 독수공방, 정부, 남에게 잘함, 돈이 잘 빠져나감, 친정형제 걱정

🌀 세운·질병·남녀성격의 해설 (歲運·疾病·男女性格의 解說)

❶ 세운임오년(歲運壬午年)= ※신축, 문서, 변화, 이사, 전근은 ※세운임오년(歲運壬午年)의 임수(壬水)는 갑목일주(甲木日柱)의 인수(印綬)로 세운(歲運)에서 인수운(印綬運)이 들어오면 ※집을 짓는다든가 또는 증축을 한다든가 또는 사업체를 벌리는 일이 많고 또는 문서를 잡는 일도 있다. 그리고 ※변화, 이사, 전근은 ※세운임오년(歲運壬午年)의 오화(午火)는 일지인목(日支寅木)과 인오(寅午)로 삼합(三合)이 되므로 세운(歲運)에서 일지(日支) 삼합운(三合運)이 들어오면 ※변화가 생긴다든가 또는 이사를 한다든가 또는 직장을 옮기는 일이 많다.

❷ 질병(疾病)은 일주(日柱)에서 발생(發生)한다.

❸ 남녀성격은 일주(日柱)에서 발생(發生)한다.

임오년 (壬午年)

48년(음) 8월 14일 인(寅)시 여자

丙	甲	辛	戊
寅	辰	酉	子
53	43	33	23	13	3
乙	丙	丁	戊	己	庚
卯	辰	巳	午	未	申

이 사주는 갑목일주(甲木日柱)가 중추유월(中秋酉月)에 출생하여 실시(失時)하고 유중신금(酉中辛金)이 월상(月上)에 투출(透出)하여 정관격(正官格)으로 신약사주(身弱四柱)다. 그러나 갑목일주(甲木日柱)는 시지인목(時支寅木)에 록근(祿根)하고 진중을목(辰中乙木)에 근(根)하였으며 년지자수(年支子水)에 생(生)을 받았으나 그래도 신약(身弱)히므로 사주(四柱)에 관(官)이 왕(旺)하므로 관살(官殺)이 왕(旺)할 때에는 살인상생(殺印相生)을 시켜 일주(日柱)를 생(生)하여줘야 하므로 수인수(水印綬)가 용신(用神)이며 목비견겁(木比肩劫)은 희신(喜神)이 된다. 이 사주는 여자(女子)의 사주로서 조실부모(早失父母)하고 장녀로서 돈을 벌어 가정을 꾸려가며 동생들을 키우며 고생을 많이 하고 늦게 결혼하였으나 시지인목(時支寅木)은 갑진일주(甲辰日柱)의 공망(空亡)이므로 일시지(日時支)에 공망(空亡)이 있으면 부궁(夫宮)이 부실하여 재혼(再婚)하는 일이 많은데 이 사주도 일찍 이혼하고 고생을 많이 하였으나 53세 을묘대운(乙卯大運)에 희신운(喜神運)이 들어와 모텔 임대업을 하여 수억금을 벌어 잘살고 있는 사주다. 앞으로도 갑인대운(甲寅大運)이 잘 들어와 장수하며 돈을 많이 벌 것으로 생각된다.

---

❶ 세운임오년(歲運壬午年): 신축, 문서, 수술
❷ 질병(疾病): 간(肝), 풍(風), 위(胃)
❸ 남녀성격: (남) 의지 굳다, 무뚝뚝하다, 웃음이 적다, 강직하다, 처궁불미, 신앙심, 재복 있다, 처 덕 있다, 재간 있다, 창의력, 이상적인 아이디어가 있다
　　　　　　(여) 의지 굳다, 무뚝뚝하다, 웃음이 적다, 시모불합, 부궁불미, 정부

☯ 세운·질병·남녀성격의 해설 (歲運·疾病·男女性格의 解說)

❶ 세운임오년(歲運壬午年)= ※신축, 문서, 수술은 ※세운임오년(歲運壬午年)의 임수(壬水)는 갑목일주(甲木日柱)의 인수(印綬)로 세운(歲運)에서 인수운(印綬運)이 들어오면 ※집을 짓는다든가 또는 증축을 한다든가 또는 사업체를 벌리는 일이 많고 또는 문서를 잡는 일도 있다. 그리고 ※수술은 ※세운임오년(歲運壬午年)의 오화(午火)는 갑목일주(甲木日柱)의 상관(傷官)으로 세운(歲運)에서 일지(日支) 상관운(傷官運)이 들어오면 ※수술을 조심해야 한다.

❷ 질병(疾病)은 일주(日柱)에서 발생(發生)한다.

❸ 남녀성격은 일주(日柱)에서 발생(發生)한다.

임오년 (壬午年)

53년(음) 5월 2일 사(巳)시 여자

己	甲	戊	癸
巳	午	午	巳

58	48	38	28	18	8
甲	癸	壬	辛	庚	己
子	亥	戌	酉	申	未

이 사주는 갑목일주(甲木日柱)가 중하오월(中夏午月)에 출생하여 실시(失時)하고 오중기토(午中己土)가 시상(時上)에 투출(透出)하고 지지(地支)는 사오사오(巳午巳午)로 화국(火局)을 이루었고 월상무토(月上戊土)와 시상기토(時上己土)가 투출(透出)하여 상관(傷官)과 재(財)가 태왕(太旺)이다. 갑목일주(甲木日柱)는 근(根)이 없으며 자좌오화(自坐午火)에 설기(泄氣)가 심(甚)하여 고목(枯木)이 되어가고 있다. 년상계수(年上癸水) 인수(印綬)가 있다고 하나 그 계수(癸水)도 근(根)이 없으며 화국(火局)에 물이 말라 갑목일주(甲木日柱)를 생(生)하여줄 힘이 없으므로 목생화(木生火) 화생토(火生土)로 종재(從財) 같기도 하고 또 계수인수(癸水印綬)가 있다고 하여도 쇠극격(衰極格) 같기도 하다. 그러나 갑목일주(甲木日柱)는 시상기토(時上己土)와 갑기합토(甲己合土)로 토(土)로 화(化)하였으며 년상계수(年上癸水)와 월상무토(月上戊土)와 무계합화(戊癸合火)로 화(火)로 화(化)하여 사주 전체가 화토(火土)로 되어 있다. 그러므로 화신토(化神土)가 용신(用神)이며 화(火) 상관식신(傷官食神)은 희신(喜神)이 된다. 이 사주는 여자(女子)의 사주로서 년간지(年干支) 계사생(癸巳生)의 공망(空亡) 일지오화(日支午火)로서 일시지(日時支)에 공망(空亡)이 있으면 부궁(夫宮)이 부실하여 남편과 이혼하고 혼자 살고 있는 사주다.

---

❶ 세운임오년(歲運壬午年): 신축, 문서, 변화, 이사, 전근
❷ 질병(疾病): 간(肝), 장(臟)
❸ 남녀성격: (남) 의지 굳다, 무뚝뚝하다, 남에게 잘함, 지구력 부족, 처궁불미, 용두사미, 성실하다, 인덕 없다
　　　　　　(여) 의지 굳다, 인정 있다, 부궁불미, 정부, 남자의 근심

☯ 세운 · 질병 · 남녀성격의 해설(歲運 · 疾病 · 男女性格의 解說)

❶ 세운임오년(歲運壬午年)= ※신축, 문서, 변화, 이사, 전근은 ※세운임오년(歲運壬午年)의 임수(壬水)는 갑목일주(甲木日柱)의 인수(印綬)로 세운(歲運)에서 인수운(印綬運)이 들어오면 ※집을 짓는다든가 또는 증축을 한다든가 또는 사업체를 벌리는 일이 많고 또는 문서를 잡는 일도 있다. 그리고 ※변화, 이사, 전근은 ※세운임오년(歲運壬午年)의 오화(午火)는 일지오화(日支午火)와 오오(午午)로 삼합(三合)이 되므로 세운(歲運)에서 일지(日支) 삼합운(三合運)이 들어오면 ※변화가 생긴다든가 또는 이사를 한다든가 또는 직장을 옮기는 일이 많다.

❷ 질병(疾病)과 ❸ 남녀성격은 일주(日柱)에서 발생(發生)한다.

임오년 (壬午年)

56년(음) 8월 10일 인(寅)시 남자

이 사주는 갑목일주(甲木日柱)가 중추유월(中秋酉月)에 출생하여 실시(失時)하고 년지신금(年支申金)과 일지신금(日支申金)으로 관살(官殺)이 태왕(太旺)이다. 갑목일주(甲木日柱)는 시지인목(時支寅木)에 록근(祿根)한다고 하나 자좌신금(自坐申金) 살지(殺地)에 앉았으며 인목비견(寅木比肩)은 인신충(寅申沖)으로 관살(官殺)이 대단히 겁(劫)이 난다. 다행히 인중병화(寅中丙火)가 시상(時上)에 투출(透出)하여 많은 관살(官殺)을 제(制)하니 이런 사주를 식신(食神) 제살격(制殺格)이라고 한다. 그러므로 화식신(火食神)이 용신(用神)이며 목비견겁(木比肩劫)은 희신(喜神)이 된다. 이 사주는 남자(男子)의 사주로서 일찍 기술을 배워 회사에 다녔으나 운(運)이 없어 승진이 안되어 자영업을 경영하다가 손해를 많이 보았으며 처(妻)와 이혼(離婚)하고 일용직으로 노동을 하다가 53세 인목대운(寅木大運)에 사업을 재기하여 희신운(喜神運)이 들어와 사업이 번창하고 있으며 재혼한 사주이다. 남자 사주에 관살(官殺)이 태왕(太旺)이면 관살(官殺)은 남자(男子) 사주에 자식이므로 자식이 많으면 처궁(妻宮)이 부실하여 재혼한다든가 또는 혼자 사는 사람들이 많다.

❶ 세운임오년(歲運壬午年): 신축, 문서, 수술
❷ 질병(疾病): 간(肝), 담(膽), 두통(頭痛), 신경 예민(神經 銳敏)
❸ 남녀성격: (남) 의지 굳다, 무뚝뚝하다, 웃음이 적다, 소식한다, 다재다능, 영리하다, 꾀가 많다, 항상 바쁨, 칭찬받기 좋아함
　　　　　 (여) 의지 굳다, 무뚝뚝하다, 인자함, 영리하다, 다재다능, 이성 고민 정부, 고독하다, 신경쇠약

🌀 세운·질병·남녀성격의 해설 (歲運·疾病·男女性格의 解說)

❶ 세운임오년(歲運壬午年)= ※신축, 문서, 수술은 ※세운임오년(歲運壬午年)의 임수(壬水)는 갑목일주(甲木日柱)의 인수(印綬)로 세운(歲運)에서 인수운(印綬運)이 들어오면 ※집을 짓는다든가 또는 증축을 한다든가 또는 사업체를 벌리는 일이 많고 또는 문서를 잡는 일도 있다. 그리고 ※수술은 ※세운임오년(歲運壬午年)의 오화(午火)는 갑목일주(甲木日柱)의 상관(傷官)으로 세운(歲運)에서 일지(日支) 상관운(傷官運)이 들어오면 ※수술을 조심해야 한다.

❷ 질병(疾病)은 간, 담은 일주(日柱)에서 발생(發生)하며 ※두통, 신경 예민은 ※갑신일주(甲申日柱)가 관살(官殺)이 태왕(太旺)이면 ※두통, 신경이 예민하다.

❸ 남녀성격은 일주(日柱)에서 발생(發生)한다.

임오년 (壬午年)

52년(음) 6월 6일 신(申)시 여자

壬	甲	丁	壬
申	戌	未	辰

57	47	37	27	17	7
辛	壬	癸	甲	乙	丙
丑	寅	卯	辰	巳	午

이 사주는 갑목일주(甲木日柱)가 하계미월(夏季未月)에 출생하여 실시(失時)하고 미중정화(未中丁火)가 월상(月上)에 투출(透出)하여 상관격(傷官格)이다. 그리고 지지(地支)는 년월일(年月日) 진미(辰未) 술토재(戌土財)와 시지신궁(時支申宮) 경금편관(庚金偏官)으로 재살(財殺)이 태왕(太旺)이다. 다행히 시상임수(時上壬水)는 자좌신궁(自坐申宮) 임수(壬水)에 근(根)하여 갑목일주(甲木日柱)를 생(生)하여 주므로 살인상생(殺印相生)으로 임수인수(壬水印綬)가 용신(用神)이며 목비견겁(木比肩劫)은 희신(喜神)이 된다. 이 사주는 여자(女子)의 사주로 초년(初年)부터 사업을 하여 운(運)이 잘 들어와 하는 일들이 순탄하게 잘 풀렸으며 37세 계묘대운(癸卯大運)부터 인목대운(寅木大運)까지 운(運)이 잘 들어와 사업이 번창하여 수억금을 벌었으나 47세 임수대운(壬水大運)에 사업을 확장하다가 월상정화(月上丁火)와 정임합(丁壬合)으로 합거(合去)되어 손해를 많이 보았고 52세 인목대운(寅木大運)에 사업이 번창하여 재산을 복구하고 잘살고 있는 사주다.

❶ 세운임오년(歲運壬午年): 수술, 신축, 문서, 변화, 이사, 전근
❷ 질병(疾病): 간(肝), 담(膽)
❸ 남녀성격: (남) 의지 굳다, 무뚝뚝하다, 웃음이 적다, 인정 있다, 근면하다, 신앙심, 신용 있다, 충실하다, 재복 있다, 처궁불미, 두뇌 명철, 예감이 빠름
　　　　　　(여) 의지 굳다, 무뚝뚝하다, 부궁불미, 정부, 재가, 자손근심

🔵 세운 · 질병 · 남녀성격의 해설 (歲運 · 疾病 · 男女性格의 解說)

❶ 세운임오년(歲運壬午年)= ※수술, 신축, 문서, 변화, 이사, 전근은 ※세운임오년(歲運壬午年)의 오화(午火)는 갑목일주(甲木日柱)의 상관(傷官)으로 세운(歲運)에서 일지(日支) 상관운(傷官運)이 들어오면 ※수술을 조심해야 한다. 그리고 ※신축, 문서는 ※세운임오년(歲運壬午年)의 임수(壬水)는 갑목일주(甲木日柱)의 인수(印綬)로 세운(歲運)에서 인수운(印綬運)이 들어오면 ※집을 짓는다든가 또는 증축을 한다든가 또는 사업체를 벌리는 일이 많고 또는 문서를 잡는 일도 있다. 그리고 ※변화, 이사, 전근은 ※세운임오년(歲運壬午年)의 오화(午火)는 일지술토(日支戌土)와 오술(午戌)로 삼합(三合)이 되므로 세운(歲運)에서 일지(日支) 삼합운(三合運)이 들어오면 ※변화가 생긴다든가 또는 이사를 한다든가 또는 직장을 옮기는 일이 많다.

❷ 질병(疾病)은 일주(日柱)에서 발생(發生)한다.

❸ 남녀성격은 일주(日柱)에서 발생(發生)한다.

임오년 (壬午年)

54년(음) 1월 24일 미(未)시 남자

辛	甲	丙	甲
未	寅	寅	午

52	42	32	22	12	2
壬	辛	庚	己	戊	丁
申	未	午	巳	辰	卯

이 사주는 갑목일주(甲木日柱)가 초봄 인월(寅月)에 출생하여 록근(祿根)하고 인중병화(寅中丙火)와 갑목(甲木)이 투출(透出)되어 어느 오행(五行)으로 격(格)을 잡느냐의 기로에 서게 된다. 갑목(甲木) 비견겁(比肩劫)은 격(格)을 주지 않으므로 월상병화(月上丙火) 식신(食神)으로 격(格)을 잡는다. 그러므로 식신격(食神格)이다. 갑목일주는 자좌인목(自坐寅木)에 록근(祿根)하여 일주(日柱)는 신왕사주(身旺四柱)다. 신왕사주에는 일주(日柱)를 제(制)하는 관살(官殺)이나 상관식신(傷官食神)으로 설기(泄氣)함이 좋은데 시상신금(時上辛金) 정관(正官)으로 용신(用神)하고저 하나 그 신금(辛金)은 미중기토(未中己土)에 생(生)을 받는다고 하나 미중(未中)에는 정화(丁火)가 있어 조토(燥土)이므로 힘이 없어 신금정관(辛金正官)을 용신(用神)으로 쓸 수가 없으며 시지(時支) 미토재(未土財)로 용신(用神)하고자 하나 그 미토(未土)도 많은 비견겁(比肩劫)에 극(剋)을 받으므로 용신(用神)으로 쓸 수가 없다. 다행히 월상병화(月上丙火) 식신(食神)이 투출(透出)하여 년지오화(年支午火)에 근(根)하므로 월상병화(月上丙火) 식신(食神)이 용신(用神)이 된다. 이 사주는 공무원의 사주로서 오화대운(午火大運)에 승승장구하였으나 그 이후로는 평범한 사주다.

❶ 세운임오년(歲運壬午年): 신축, 문서, 변화, 이사, 전근
❷ 질병(疾病): 간(肝), 위산과다(胃酸過多)
❸ 남녀성격: (남) 의지 굳다, 무뚝뚝하다, 웃음이 적다, 고집 대단, 영리하다, 두령격, 일독십지, 인정 있다, 인내심 부족, 용기 있다, 청백지인, 남을 무시한다
　　　　　(여) 의지 굳다, 무뚝뚝하다, 웃음이 적다, 부궁불미, 독수공방, 정부, 남에게 잘함, 돈이 잘 빠져나감, 친정형제 걱정

🔵 세운 · 질병 · 남녀성격의 해설 (歲運 · 疾病 · 男女性格의 解說)

❶ 세운임오년(歲運壬午年)= ※신축, 문서, 변화, 이사, 전근은 ※세운임오년(歲運壬午年)의 임수(壬水)는 갑목일주(甲木日柱)의 인수(印綬)로 세운(歲運)에서 인수운(印綬運)이 들어오면 ※집을 짓는다든가 또는 증축을 한다든가 또는 사업체를 벌리는 일이 많고 또는 문서를 잡는 일도 있다. 그리고 ※변화, 이사, 전근은 ※세운임오년(歲運壬午年)의 오화(午火)는 일지인목(日支寅木)과 인오(寅午)로 삼합(三合)이 되므로 세운(歲運)에서 일지(日支) 삼합운(三合運)이 들어오면 ※변화가 생긴다든가 또는 이사를 한다든가 또는 직장을 옮기는 일이 많다.

❷ 질병(疾病)과 ❸ 남녀성격은 일주(日柱)에서 발생(發生)한다.

임오년 (壬午年)

54년(음) 3월 16일 진(辰)시 남자

戊	甲	戊	甲
辰	辰	辰	午

56	46	36	26	16	6
甲	癸	壬	辛	庚	己
戌	酉	申	未	午	巳

이 사주는 갑목일주(甲木日柱)가 춘계진월(春季辰月)에 출생하여 실시(失時)하고 진중무토(辰中戊土)가 월시상(月時上)에 투출(透出)하여 편재격(偏財格)이다. 그리고 년지오화(年支午火)와 월일시(月日時) 삼진토(三辰土)와 월시상(月時上) 양무토(兩戊土)로 목생화(木生火) 화생토(火生土)로 종재격(從財格)같이 보인다. 그러나 갑목일주(甲木日柱)는 진중을목(辰中乙木)에 근(根)하고 년상갑목(年上甲木)은 자좌오화(自坐午火)에 설기(泄氣)가 심(甚)하다고 하나 월일시(月日時) 삼진중(三辰中) 을목(乙木)에 근(根)하므로 종(從)하지 않는다. 사주에 재(財)가 태왕(太旺)하므로 비견겁(比肩劫)으로 많은 재(財)를 제(制)하고 일주(日柱)를 보신(補身)해야 하므로 비견겁(比肩劫)이 용신(用神)이며 수인수(水綬)는 희신(喜神)이 된다. 이 사주는 남자(男子)의 사주로서 회사에 근무하다가 46세 계수대운(癸水大運)에 퇴사하여 건축사업을 하였으나 시상무토(時上戊土)와 무계합(戊癸合)으로 합거(合去)되어 재산을 탕진하고 방황하다가 56세 갑목대운(甲木大運)에 사업을 재기하여 사업이 번창하여 재산을 복구하고 잘살고 있는 사주다.

❶ 세운임오년(歲運壬午年): 신축, 문서, 자연재앙, 수술
❷ 질병(疾病): 간(肝), 풍(風), 위(胃)
❸ 남녀성격: (남) 의지 굳다, 무뚝뚝하다, 웃음이 적다, 강직하다, 처궁불미, 신앙심, 재복 있다, 처 덕 있다, 재간 있다, 창의력, 이상적인 아이디어가 있다
　　　　　 (여) 의지 굳다, 무뚝뚝하다, 웃음이 적다, 시모불합, 부궁불미, 정부

🌑 세운·질병·남녀성격의 해설 (歲運·疾病·男女性格의 解說)

❶ 세운임오년(歲運壬午年)= ※신축, 문서, 자연재앙, 수술은 ※세운임오년(歲運壬午年)의 임수(壬水)는 갑목일주(甲木日柱)의 인수(印綬)로 세운(歲運)에서 인수운(印綬運)이 들어오면 ※집을 짓는다든가 또는 증축을 한다든가 또는 사업체를 벌리는 일이 많고 또는 문서를 잡는 일도 있다. 그리고 ※자연재앙은 ※세운임오년(歲運壬午年)의 오화(午火)는 년지오화(年支午火)와 오오(午午)로 똑같은 오행(五行)이므로 세운에서 년지(年支) 같은 운(運)이 들어오면 ※자연재앙을 조심해야 한다. 그리고 ※수술은 ※세운임오년(歲運壬午年)의 오화(午火)는 갑목일주(甲木日柱)의 상관(傷官)으로 세운에서 일지(日支) 상관운(傷官運)이 들어오면 ※수술을 조심해야 한다.

❷ 질병(疾病)은 일주(日柱)에서 발생(發生)한다.

❸ 남녀성격은 일주(日柱)에서 발생(發生)한다.

임오년(壬午年)

60년(음) 10월 15일 미(未)시 남자

癸	乙	丁	庚
未	丑	亥	子

51	41	31	21	11	1
癸	壬	辛	庚	己	戊
巳	辰	卯	寅	丑	子

이 사주는 을목일주(乙木日柱)가 초겨울 해월(亥月)에 출생하여 득령(得令)하고 년지자수(年支子水)와 일지축토(日支丑土)와 해자축(亥子丑)으로 수국(水局)을 이루어 일주(日柱)는 신왕사주(身旺四柱)다. 신왕사주(身旺四柱)에는 일주(日柱)를 제(制)하는 관살(官殺)이나 식신상관(食神傷官)으로 설기(泄氣)하면 좋은네 년상경금(年上庚金) 정관(正官)이 있다고 하나 무근(無根)이며 자좌자수(自坐子水)에 사궁(死宮)으로 용신(用神)으로 쓸 수가 없다. 다행히 시지(時支) 미중기토(未中己土)가 있어 미중(未中) 기토재(己土財)로 용신(用神)한다. 그리고 화상관(火傷官)은 희신(喜神)이 된다. 이 사주는 남자(男子)의 사주로서 회사에 근무하다가 운(運)이 없어 승진이 안되어 고생을 많이 하다가 퇴사하고 41세 임수대운(壬水大運)에 사업을 경영하였으나 대운임수(大運壬水)와 월상정화(月上丁火)와 정임합(丁壬合)으로 합거(合去)되어 재산을 탕진하고 처와 이혼(離婚)하고 혼자 힘들게 살다가 46세 진토대운(辰土大運)에 사업이 번창하여 돈을 많이 벌고 재혼(再婚)하여 잘살고 있는 사주다.

❶ 세운임오년(歲運壬午年): 신축, 문서
❷ 질병(疾病): 간(肝), 담(膽), 풍(風)
❸ 남녀성격: (남) 성질 급, 근면 성실, 의지 굳다, 무뚝뚝하다, 봉사정신, 형제불의, 밥을 빨리 먹는다, 재복 있다, 새벽잠이 없다, 신앙심
　　　　　(여) 의지 굳다, 무뚝뚝하다, 인자함, 부궁불미, 정부, 재가, 독수공방, 자손근심, 남자 조종 잘한다

☯ 세운 · 질병 · 남녀성격의 해설 (歲運 · 疾病 · 男女性格의 解說)

❶ 세운임오년(歲運壬午年)= ※신축, 문서는 ※세운임오년(歲運壬午年)의 임수(壬水)는 을목일주(乙木日柱)의 인수(印綬)로 세운(歲運)에서 인수운(印綬運)이 들어오면 ※집을 짓는다든가 또는 증축을 한다든가 또는 사업체를 벌리는 일이 많고 또는 문서를 잡는 일도 있다.

❷ 질병(疾病)은 간, 담, 피부는 일주(日柱)에서 발생(發生)하며 ※혈압, 비색증은 ※을목일주(乙木日柱)가 해자월(亥子月)에 출생하면 ※혈압을 조심해야 하며 축농증이나 비염이나 코막힘을 조심해야 한다.

❸ 남녀성격은 일주(日柱)에서 발생(發生)한다.

임오년(壬午年)

59년(음) 11월 20일 해(亥)시 여자

丁	乙	丙	己
亥	亥	子	亥

56	46	36	26	16	6
壬	辛	庚	己	戊	丁
午	巳	辰	卯	寅	丑

이 사주는 을목일주(乙木日柱)가 중동자월(中冬子月)에 출생하여 득령(得令)하고 년일시지(年日時支) 삼해수(三亥水)로 지지(地支)는 전수국(全水局)을 이루어 일주(日柱)가 신왕사주(身旺四柱)다. 신왕사주(身旺四柱)에는 일주(日柱)를 제(制)하는 관살(官殺)이나 식신상관(食神傷官)으로 설기(泄氣)함이 좋은데 일주(日柱)를 제(制)하는 관살(官殺)은 없고 월시상(月時上) 병정화(丙丁火) 상관식신(傷官食神)이 있다고 하나 모두 무근(無根)이며 자좌살지(自坐殺地)에 앉아 용신(用神)으로 쓸 수가 없으며 년상(年上) 기토편재(己土偏財)로 용신(用神)하고자 하나 그 기토(己土)도 무근(無根)이며 왕수(旺水)에 쓸려가 용신(用神)으로 쓸 수가 없다. 그러므로 이 사주는 종강격(從强格)으로 왕(旺)한 인수(印綬)가 설기(泄氣)하는 곳은 을목(乙木)이므로 비견겁(比肩劫)이 용신(用神)이며 수인수(水印綬)는 희신(喜神)이 된다. 이 사주는 여자(女子)의 사주로서 자궁(子宮)을 수술한 사주다.

❶ 세운임오년(歲運壬午年): 이별수, 신축, 문서, 자궁, 유방

❷ 질병(疾病): 풍(風), 냉(冷)

❸ 남녀성격: (남) 의지 굳다, 무뚝뚝하다, 강직하다, 영리하다, 인정 있다, 외유내강, 항상 바쁨, 예감이 빠름, 신앙심, 지혜롭다

(여) 의지 굳다, 무뚝뚝하다, 인자함, 영리하다, 장수한다, 부궁불미

◐ 세운 · 질병 · 남녀성격의 해설(歲運 · 疾病 · 男女性格의 解說)

❶ 세운임오년(歲運壬午年)= ※이별수, 신축, 문서, 사궁, 유방은 ※세운임오년(歲運壬午年)의 임수(壬水)는 을목일주(乙木日柱)의 인수(印綬)로 신왕(身旺)한 여자 사주에 세운(歲運)에서 인수운(印綬運)이 들어오면 ※가정에 불화가 많이 생긴다든가 또는 남편과 떨어져 산다든가 또는 이혼한다든가 또는 남편이 사망하는 수도 있다. 그리고 ※신축, 문서는 ※세운임오년(歲運壬午年)의 임수(壬水)는 을목일주(乙木日柱)의 인수(印綬)로 세운(歲運)에서 인수운(印綬運)이 들어오면 ※집을 짓는다든가 또는 증축을 한다든가 또는 사업체를 벌리는 일이 많고 또는 문서를 잡는 일도 있다. 그리고 ※자궁, 유방은 ※세운임오년(歲運壬午年)의 임수(壬水)는 을목일주(乙木日柱)의 인수(印綬)로 원명사주(源命四柱)에 인수(印綬)가 태왕(太旺)이고 상관식신(傷官食神)이 쇠약(衰弱)한데 세운에서 인수운(印綬運)이 들어오면 ※자궁과 유방을 조심해야 한다.

❷ 질병(疾病)은 일주(日柱)에서 발생(發生)한다.

❸ 남녀성격은 일주(日柱)에서 발생(發生)한다.

임오년 (壬午年)

58년(음) 7월 22일 해(亥)시 여자

丁	乙	庚	戊
亥	酉	申	戌

59	49	39	29	19	9
甲	乙	丙	丁	戊	己
寅	卯	辰	巳	午	未

이 사주는 을목일주(乙木日柱)가 초가을 신월(申月)에 출생하여 실시(失時)하고 신궁경금(申宮庚金)이 월상(月上)에 투출(透出)하여 정관격(正官格)이다. 그리고 지지(地支)는 신유술(申酉戌)로 금국(金局)을 이루었고 년상무토(年上戊土)가 투출(透出)되어 재관(財官)이 태왕(太旺)이다. 을목일주(乙木日柱)는 자좌유금(自坐酉金)에 살지(殺地)라고 하나 시지해수(時支亥水) 인수(印綬)가 있어 살인상생(殺印相生)으로 수인수(水印綬)가 용신(用神)이며 비견겁(比肩劫)은 희신(喜神)이 된다. 이 사주는 여자(女子)의 사주로서 년상무토(年上戊土)는 정재(正財)이며 월상경금(月上庚金)은 정관(正官)이며 해중임수(亥中壬水)는 정인(正印)으로 재관인(財官印) 삼귀(三貴)를 놓아 공부는 많이 하였으나 운(運)이 없어 보험설계사로 근무하였으나 승진이 안되어 퇴사하고 49세 을목대운(乙木大運)에 사업을 경영하여 대운을목(大運乙木)과 월상경금(月上庚金)과 을경합(乙庚合)으로 합거(合去)되어 재산을 탕진하고 남편(男便)과 이혼(離婚)하고 혼자 힘들게 살고 있는 사주다. 부궁(夫宮)이 부실한 것은 여자(女子) 사주에 관살(官殺)이 태왕(官殺)이면 부궁(夫宮)이 부실하여 재혼(再婚)하거나 혼자 사는 사람들이 많다.

❶ 세운임오년(歲運壬午年): 신축, 문서
❷ 질병(疾病): 간(肝), 담(膽), 간경화(肝硬化)
❸ 남녀성격: (남) 무뚝뚝하다, 의지 굳다, 사리 분명, 거취 분명, 만인 신망, 처 덕 있다, 처궁불미, 남에게 잘함, 임기응변, 인정 있다
　　　　　(여) 의지 굳다, 무뚝뚝하다, 인자함, 근면 성실, 남편 말을 잘 듣는다

◐ **세운·질병·남녀성격의 해설** (歲運·疾病·男女性格의 解說)

❶ 세운임오년(歲運壬午年)= ※신축, 문서는 ※세운임오년(歲運壬午年)의 임수(壬水)는 을목일주(乙木日柱)의 인수(印綬)로 세운(歲運)에서 인수운(印綬運)이 들어오면 ※집을 짓는다든가 또는 증축을 한다든가 또는 사업체를 벌리는 일이 많고 또는 문서를 잡는 일도 있다.

❷ 질병(疾病)은 일주(日柱)에서 발생(發生)한다.

❸ 남녀성격은 일주(日柱)에서 발생(發生)한다.

임오년(壬午年)

59년(음) 2월 6일 진(辰)시 여자

<table>
<tr><td>庚</td><td>乙</td><td>丁</td><td>己</td></tr>
<tr><td>辰</td><td>未</td><td>卯</td><td>亥</td></tr>
</table>

57	47	37	27	17	7
癸	壬	辛	庚	己	戊
酉	申	未	午	巳	辰

이 사주는 을목일주(乙木日柱)가 중춘묘월(中春卯月)에 출생하여 록근(祿根)하고 년지해수(年支亥水) 인수(印綬)와 일지미토(日支未土)와 해묘미(亥卯未)로 목국(木局)을 이루어 일주(日柱)는 신왕사주(身旺四柱)다. 신왕사주(身旺四柱)에는 일주(日柱)를 제(制)하는 관살(官殺)이 좋은데 다행히 시상경금(時上庚金) 정관(正官)이 투출(透出)하여 자좌진토(自坐辰土)에 생(生)을 받으므로 신왕관왕(身旺官旺)이다. 그러나 일주(日柱)와 경금정관(庚金正官)과 강약을 대조해볼 때 일주(日柱)는 왕(旺)하고 경금정관(庚金正官)은 약(弱)하므로 경금정관(庚金正官)이 용신(用神)이며 토재(土財)는 희신(喜神)이 된다. 이 사주는 여자(女子)의 사주로서 어려서 공부를 많이 하였으나 운(運)이 없어 취업이 안되어 고생하다가 37세 신금대운(辛金大運)에 사업을 경영하여 미토대운(未土大運)까지 수억금을 벌었으나 47세 임수대운(壬水大運)에 월상정화(月上丁火)와 정임합(丁壬合)으로 합거(合去)되어 재산을 탕진하고 52세 신금대운(申金大運)부터 사업이 번창하여 재산을 복구하고 있는 사주다.

---

❶ 세운임오년(歲運壬午年): 이별수, 신축, 문서

❷ 질병(疾病): 간(肝), 담(膽), 위장(胃臟)

❸ 남녀성격: (남) 의지 굳다, 무뚝뚝하다, 인정 있다, 총명하다, 근면 성실, 학문, 예술, 자수 성가, 처궁불미, 성격이 까다롭다, 옷에 신경, 편식한다, 신앙심

　　　　　(여) 의지 굳다, 무뚝뚝하다, 인자함, 부궁불미, 정부, 시모불합, 자식에게 애정 많음

☯ 세운 · 질병 · 남녀성격의 해설(歲運 · 疾病 · 男女性格의 解說)

❶ 세운임오년(歲運壬午年)= ※이별수, 신축, 문서는 ※세운임오년(歲運壬午年)의 임수(壬水)는 을목일주(乙木日柱)의 인수(印綬)로 신왕(身旺)한 여자 사주에 세운(歲運)에서 인수운(印綬運)이 들어오면 ※가정에 불화가 많이 생긴다든가 또는 남편과 떨어져 산다든가 또는 이혼을 한다든가 또는 남편이 사망하는 수도 있다. 그리고 ※신축, 문서는 ※세운임오년(歲運壬午年)의 임수(壬水)는 을목일주(乙木日柱)의 인수(印綬)로 세운(歲運)에서 인수운(印綬運)이 들어오면 ※집을 짓는다든가 또는 증축을 한다든가 또는 사업체를 벌리는 일이 많고 또는 문서를 잡는 일도 있다.

❷ 질병(疾病)은 일주(日柱)에서 발생(發生)한다.

❸ 남녀성격은 일주(日柱)에서 발생(發生)한다.

임오년 (壬午年)

72년(음) 6월 3일 해(亥)시 여자

丁	乙	丁	壬
亥	巳	未	子

52	42	32	22	12	2
辛丑	壬寅	癸卯	甲辰	乙巳	丙午

이 사주는 을목일주(乙木日柱)가 하계미월(夏季未月)에 출생하여 실시(失時)하고 미중정화(未中丁火)가 월시상(月時上)에 투출(透出)하였고 일지사화(日支巳火)와 사미(巳未)로 화국(火局)을 이루어 상관식신(傷官食神)이 태왕(太旺)이다. 다행히 년간지(年干支) 임자인수(壬子印綬)와 시지(時支) 해중임수(亥中壬水) 인수(印綬)가 있어 임수인수(壬水印綬)로 많은 상관식신(傷官食神)을 제(制)하고 을목일주(乙木日柱)를 생(生)하여줘야 하므로 수인수(水印綬)가 용신(用神)이며 목비견겁(木比肩劫)은 희신(喜神)이 된다. 이 사주는 여자(女子)의 사주로서 어려서부터 화장품 사업을 하였으나 27세 진토대운(辰土大運)에 수용신(水用神)의 고장(庫藏)으로 손해를 많이 보았으며 남편과 이혼(離婚)하고 혼자서 살다가 32세 계수대운(癸水大運)부터 대운(大運)이 들어와 화장품 대리점을 하면서 수억금을 벌어 재혼(再婚)하여 잘살고 있는 사주다. 부궁(夫宮)이 부실한 것은 여자 사주에 상관식신(傷官食神)이 태왕(太旺)이면 부궁이 부실하여 결혼이 늦다든가 재혼하는 사람들이 많다.

① 세운임오년(歲運壬午年): 이별수, 신축, 문서
② 질병(疾病): 간(肝), 담(膽)
③ 남녀성격: (남) 의지 굳다, 무뚝뚝하다, 웃음이 적다, 인정 있다, 예의 있다, 명랑하다, 영리하다, 처궁불미, 고독하다, 돈이 잘 빠져나간다
(여) 의지 굳다, 무뚝뚝하다, 인자하다, 부궁불미, 정부, 재가, 애교 많음

세운·질병·남녀성격의 해설 (歲運·疾病·男女性格의 解說)

① 세운임오년(歲運壬午年)= ※이별수, 신축, 문서는 ※세운임오년(歲運壬午年)의 오화(午火)는 을목일주(乙木日柱)의 식신(食神)으로 여자 사주에 상관식신(傷官食神)이 태왕(太旺)인데 세운(歲運)에서 상관(傷官) 식신운(食神運)이 들어오면 ※가정에 불화가 많이 생긴다든가 또는 남편과 떨어져 산다든가 또는 이혼을 한다든가 또는 남편이 사망하는 수도 있다. 그리고 ※신축, 문서는 ※세운임오년(歲運壬午年)의 임수(壬水)는 을목일주(乙木日柱)의 인수(印綬)로 세운(歲運)에서 인수운(印綬運)이 들어오면 ※집을 짓는다든가 또는 증축을 한다든가 또는 사업체를 벌리는 일이 많고 또는 문서를 잡는 일도 있다.

② 질병(疾病)은 일주(日柱)에서 발생(發生)한다.

③ 남녀성격은 일주(日柱)에서 발생(發生)한다.

임오년 (壬午年)

68년(음) 1월 17일 신(申)시 남자

甲	乙	甲	戊
申	卯	寅	申

56	46	36	26	16	6
庚	己	戊	丁	丙	乙
申	未	午	巳	辰	卯

이 사주는 을목일주(乙木日柱)가 초봄 인월(寅月)에 출생하여 득령(得令)하고 인중갑목(寅中甲木)이 월시상(月時上)에 투출(透出)하고 을목일주(乙木日柱)는 자좌묘목(自坐卯木)에 록근(祿根)하여 을목일주(乙木日柱)는 신왕사주(身旺四柱)다. 춘목(春木)에 무금(無金)이면 불시기(不時機)인데 다행히 년시지(年時支) 신궁경금(申宮庚金)이 있어 경금정관(庚金正官)이 용신(用神)이며 토재(土財)는 희신(喜神)이 된다. 이 사주는 남자(男子)의 사주로서 체육을 전공하였으나 21세 진토대운(辰土大運)에는 실력도 있고 능력도 인정받았으나 26세 정화대운(丁火大運)부터는 용신신금(用神申金)을 극(剋)하여 하는 일마다 막힘이 많았으며 36세 무토대운(戊土大運)에는 체육관을 경영하여 돈은 조금 벌었으나 41세 오화대운(午火大運)에 용신신금(用神申金)을 극(剋)하여 재산을 탕진하고 무위도식(無爲徒食)하며 살고 있는 사주다. 그리고 년지신금(年支申金)과 일지묘목(日支卯木)은 묘신(卯申)으로 귀문관살(鬼門關殺)이므로 사주에 귀문관살(鬼門關殺)이 있는 사람들은 신경이 예민하고 신경과민이 있어 결혼도 못하고 혼자 살고 있는 사주다. 이런 사주들은 직장생활을 하면 큰 돈은 못 벌어도 평범하게 살아갈 수가 있으나 사업을 하게 되면 패가망신(敗家亡身)하게 된다.

❶ 세운임오년(歲運壬午年): 신축, 문서
❷ 질병(疾病): 중풍(中風), 위산과다(胃酸過多)
❸ 남녀성격: (남) 의지 굳다, 강직하다, 미남이다, 농담 잘함, 주관이 강함, 인정 있다, 인색하다, 처궁불미, 영리하다, 지구력 부족, 분주 다사, 마음 약
　　　　　　(여) 의지 굳다, 무뚝뚝하다, 고집 대단, 친정형제 걱정, 부궁불미, 정부, 마음 약, 근심이 많다

세운·질병·남녀성격의 해설 (歲運·疾病·男女性格의 解說)

❶ 세운임오년(歲運壬午年)= ※신축, 문서는 ※세운임오년(歲運壬午年)의 임수(壬水)는 을목일주(乙木日柱)의 인수(印綬)로 세운(歲運)에서 인수운(印綬運)이 들어오면 ※집을 짓는다든가 또는 증축을 한다든가 또는 사업체를 벌리는 일이 많고 또는 문서를 잡는 일도 있다.

❷ 질병(疾病)은 일주(日柱)에서 발생(發生)한다.

❸ 남녀성격은 일주(日柱)에서 발생(發生)한다.

임오년 (壬午年)

77년(음) 5월 1일 사(巳)시 여자

辛	乙	丙	丁
巳	巳	午	巳

57	47	37	27	17	7
壬	辛	庚	己	戊	丁
子	亥	戌	酉	申	未

이 사주는 을목일주(乙木日柱)가 중하오월(中夏午月)에 출생하여 실시(失時)하고 오중정화(午中丁火)가 년상(年上)에 투출(透出)하여 식신격(食神格)이다. 그리고 지지(地支)는 사사오(巳巳午)로 전화국(全火局)을 이루었고 년월(年月) 병정화(丙丁火)가 투출(透出)하여 식신상관(食神傷官)이 태왕(太旺)이다. 그리므로 이 사주는 목생화(木生火)로 종아(從兒)하게 된다. 그러므로 화(火)가 용신(用神)이다. 이 사주는 여자(女子)의 사주로서 20대 초반에 결혼하였으나 남편과 사별(死別)하고 혼자 살고 있는 사주이며 상관식신(傷官食神)이 태왕(太旺)하면 나보다 남에게 잘 베푸는 성품이며 모든 방면에 재능이 있고 언변(言辯)도 좋아 텔레마케팅을 하고 있는 사주다. 그리고 시상신금(時上辛金) 편관(偏官)은 여자(女子) 사주에 남편인데 많은 상관식신(傷官食神)에 극(剋)을 받으므로 부궁(夫宮)이 부실하여 재혼하는 일이 많으며 또 상관식신(傷官食神)이 태왕(太旺)이면 아이를 못 낳는다거나 아이를 가져도 나팔관에 임신하는 수도 있다. 이렇게 상관식신(傷官食神)이 많은 여자는 나이가 많은 사람에게 시집을 가면 좋다.

❶ 세운임오년(歲運壬午年): 이별수, 신축, 문서
❷ 질병(疾病): 간(肝), 담(膽)
❸ 남녀성격: (남) 의지 굳다, 무뚝뚝하다, 웃음이 적다, 인정 있다, 예의 있다, 명랑하다, 영리하다, 처궁불미, 고독하다, 돈이 잘 빠져나간다
　　　　　　(여) 의지 굳다, 무뚝뚝하다, 인자하다, 부궁불미, 정부, 재가, 애교 많음

🌐 세운·질병·남녀성격의 해설 (歲運·疾病·男女性格의 解說)

❶ 세운임오년(歲運壬午年)= ※이별수, 신축, 문서는 ※세운임오년(歲運壬午年)의 오화(午火)는 을목일주(乙木日柱)의 식신(食神)으로 여자 사주에 상관식신(傷官食神)이 태왕(太旺)인데 세운(歲運)에서 상관(傷官) 식신운(食神運)이 들어오면 ※가정에 불화가 많이 생긴다든가 또는 남편과 떨어져 산다든가 또는 이혼을 한다든가 또는 남편이 사망하는 수도 있다. 그리고 ※신축, 문서는 ※세운임오년(歲運壬午年)의 임수(壬水)는 을목일주(乙木日柱)의 인수(印綬)로 세운(歲運)에서 인수운(印綬運)이 들어오면 ※집을 짓는다든가 또는 증축을 한다든가 또는 사업체를 벌리는 일이 많고 또는 문서를 잡는 일도 있다.

❷ 질병(疾病)은 일주(日柱)에서 발생(發生)한다.

❸ 남녀성격은 일주(日柱)에서 발생(發生)한다.

임오년(壬午年)

67년(음) 5월 13일 진(辰)시 남자

庚	乙	丙	丁
辰	卯	午	未

55	45	35	25	15	5
庚	辛	壬	癸	甲	乙
子	丑	寅	卯	辰	巳

이 사주는 을목일주(乙木日柱)가 중하오월(中夏午月)에 출생하여 실시(失時)하고 오중정화(午中丁火)가 년상(年上)에 투출(透出)하여 식신격(食神格)이다. 그리고 년지미토(年支未土)와 오미(午未)로 화국(火局)을 이루었고 년월(年月) 병정화(丙丁火)가 투출(透出)하여 상관식신(傷官食神)이 태왕(太旺)이다. 을목일주(乙木日柱)는 자좌묘목(自坐卯木)에 록근(祿根)하고 시지진토(時支辰土)와 묘진(卯辰)으로 목국(木局)을 이루고 있으나 을목일주(乙木日柱)는 고목(枯木)이 되어가고 있으므로 상관식신(傷官食神)을 제(制)하고 을목일주(乙木日柱)를 생(生)하여 주는 수인수(水印綬)가 용신(用神)이며 목비견겁(木比肩劫)은 희신(喜神)이 된다. 이 사주는 남자(男子)의 사주로서 초년운(初年運)이 잘 들어와 대기업에 근무하여 인묘대운(寅卯大運)에 승진하여 승승장구(乘勝長驅)하고 있는 사주다. 그리고 시상경금(時上庚金)은 정관(正官)인데 을목일주(乙木日柱)의 관살(官殺)은 자식(子息)이 되므로 많은 상관식신(傷官食神)에게 경금정관(庚金正官)이 극(剋)을 받으므로 자손액(子孫厄)이 두려운 사주이며 자식 한 명 잃은 사주다.

❶ 세운임오년(歲運壬午年): 신축, 문서, 자손액
❷ 질병(疾病): 중풍(中風), 위산과다(胃酸過多)
❸ 남녀 성격: (남) 의지 굳다, 강직하다, 미남이다, 농담 잘함, 주관이 강함, 인정 있다, 인색하다, 처궁불미, 영리하다, 지구력 부족, 분주 다사, 마음 약
　　　　　　(여) 의지 굳다, 무뚝뚝하다, 고집 대단, 친정형제 걱정, 부궁불미, 정부, 마음 약, 근심이 많다

🔵 세운 · 질병 · 남녀성격의 해설(歲運 · 疾病 · 男女性格의 解說)

❶ 세운임오년(歲運壬午年)= ※신축, 문서, 자손액은 ※세운임오년(歲運壬午年)의 임수(壬水)는 을목일주(乙木日柱)의 인수(印綬)로 세운(歲運)에서 인수운(印綬運)이 들어오면 ※집을 짓는다든가 또는 증축을 한다든가 또는 사업체를 벌리는 일이 많고 또는 문서를 잡는 일도 있다. 그리고 ※자손액은 ※세운임오년(歲運壬午年)의 오화(午火)는 을목일주(乙木日柱)의 식신(食神)으로 남자 사주에 상관식신(傷官食神)이 태왕(太旺)이고 관살(官殺)이 쇠약(衰弱)할 때 세운(歲運)에서 상관(傷官) 식신운(食神運)이 들어오면 ※자손액을 조심해야 한다.

❷ 질병(疾病)은 일주(日柱)에서 발생(發生)한다.

❸ 남녀성격은 일주(日柱)에서 발생(發生)한다.

임오년 (壬午年)

66년(음) 10월 2일 자(子)시 여자

戊	丙	己	丙
子	子	亥	午

52	42	32	22	12	2
癸	甲	乙	丙	丁	戊
巳	午	未	申	酉	戌

이 사주는 병화일주(丙火日柱)가 초겨울 해월(亥月)에 출생하여 실시(失時)하고 해중무토(亥中戊土)가 시상(時上)에 투출(透出)하여 식신격(食神格)이다. 그리고 일시지(日時支) 양자수(兩子水)로 관살(官殺)이 태왕(太旺)이다. 다행히 병화일주(丙火日柱)는 시지오화(時支午火) 양인(羊刃)과 년상병화(年上丙火)가 투출(透出)하였으나 일수(日柱)는 신약사수(身弱四柱)며 수화(水火)가 상극(相剋)이 되어 있다. 그러므로 목인수(木印綬)가 용신(用神)이며 화비견겁(火比肩劫)은 희신(喜神)이 된다. 이 사주는 여자(女子)의 사주로서 경찰관으로 평범하게 살아가고 있는 사주다. 년지오화(年支午火)와 일지자수(日支子水)는 수옥살(囚獄殺)이므로 수옥살(囚獄殺)을 놓은 사람들은 법조계(法曹界)로 간다거나 만약 법조계(法曹界)로 가지 않으면 남자든 여자든 감옥(監獄)살이를 한번 할 수 있다.

❶ 세운임오년(歲運壬午年): 이별수, 관재, 수술, 자연재앙, 내외불화
❷ 질병(疾病): 심장(心臟), 냉증(冷症)
❸ 남녀성격: (남) 예의 있다, 명랑하다, 근심이 많다, 내음외양, 권모술수, 냉정하다, 눈치가 빠름, 고집 대단, 부모형제 덕이 없다, 성질 급, 처궁불미, 자손근심, 말을 잘한다
　　　　　(여) 말을 잘한다, 명랑하다, 금방 좋았다가 금방 싫어짐, 부궁불미, 정부, 재가, 어려운 생활

🔵 세운·질병·남녀성격의 해설 (歲運 · 疾病 · 男女性格의 解說)

❶ 세운임오년(歲運壬午年)= ※이별수, 관재, 수술, 자연재앙, 내외불화는 ※세운임오년(歲運壬午年)의 임수(壬水)는 병화일주(丙火日柱)의 편관(偏官)으로 여자 사주에 관살(官殺)이 태왕(太旺)인데 세운(歲運)에서 관살운(官殺運)이 들어오면 ※가정에 불화가 많이 생긴다든가 또는 남편과 떨어져 산다든가 또는 이혼을 한다든가 또는 남편이 사망하는 수도 있다. 그리고 ※관재, 수술, 자연재앙은 ※세운임오년(歲運壬午年)의 오화(午火)는 일지자수(日支子水)와 자오충(子午沖)으로 세운(歲運)에서 일지충운(日支沖運)이 들어오면 ※관재수를 조심해야 하며 또는 수술을 조심해야 하며 또는 자연재앙을 조심해야 한다. 그리고 ※내외불화는 ※세운임오년(歲運壬午年)의 임수(壬水)는 병화일주(丙火日柱)의 편관(偏官)으로 세운(歲運)에서 일주(日柱)를 극(剋)하는 운(運)이 들어오면 ※집에서나 밖에서나 윗사람이나 아랫사람이나 불화가 많이 생긴다.

❷ 질병(疾病)과 ❸ 남녀성격은 일주(日柱)에서 발생(發生)한다.

임오년 (壬午年)

56년(음) 11월 24일 사(巳)시 남자

<table>
<tr><td>癸</td><td>丙</td><td>庚</td><td>丙</td></tr>
<tr><td>巳</td><td>寅</td><td>子</td><td>申</td></tr>
</table>

54	44	34	24	14	4
丙	乙	甲	癸	壬	辛
午	巳	辰	卯	寅	丑

이 사주는 병화일주(丙火日柱)가 중동자월(中冬子月)에 출생하여 실시(失時)하고 자중계수(子中癸水)가 시상(時上)에 투출(透出)하여 정관격(正官格)이다. 그리고 월상경금(月上庚金) 편재(偏財)는 년지신금(年支申金)에 록근(祿根)하고 년지신금(年支申金)과 월지자수(月支子水)와 자신(子申)으로 수국(水局)을 이루어 병화일주(丙火日柱)는 신약사주(身弱四柱)다. 다행히 병화일주(丙火日柱)는 자좌인목(自坐寅木)에 장생(長生)하고 시지사화(時支巳火)에 록근(祿根)하고 사중병화(巳中丙火)가 년상(年上)에 투출(透出)하여 중강격(中强格)은 된다. 그러므로 목인수(木印綬)가 용신(用神)이며 화비견겁(火比肩劫)은 희신(喜神)이 된다. 이 사주는 남자(男子)의 사주로서 공직(公職) 생활을 하다가 초년운(初年運)이 잘 들어와 승진도 하고 모든 일이 순탄하게 잘 풀렸으며 44세 을목대운(乙木大運)에 퇴직하여 사업을 경영하였으나 대운을목(大運乙木)과 월상경금(月上庚金)과 을경합(乙庚合)으로 합거(合去)되어 손해를 많이 보았고 49세 사화대운(巳火大運)에 희신운(喜神運)이 들어와 사업이 번창하며 승승장구하고 있는 중이다. 앞으로도 운(運)이 좋아 정화대운(丁火大運)까지는 크게 성공하리라고 본다.

❶ 세운임오년(歲運壬午年): 변화, 이사, 전근, 내외불화
❷ 질병(疾病): 심장(心臟), 기관지(氣管支)
❸ 남녀성격: (남) 말을 잘한다, 예의 있다, 명랑하다, 남을 생각하지 않고 직선적으로 말함, 용기 있다, 의젓하다, 멋쟁이, 영리하다, 일독십지, 명예 우선, 성질 급, 박력 있다, 타의 군림, 남을 멸시한다
　　　　(여) 말을 잘한다, 총명하다, 금방 좋았다가 금방 싫어짐, 박력 있다, 부궁불미

🌀 세운·질병·남녀성격의 해설 (歲運·疾病·男女性格의 解說)

❶ 세운임오년(歲運壬午年)= ※변화, 이사, 전근, 내외불화는 ※세운임오년(歲運壬午年)의 오화(午火)는 일지인목(日支寅木)과 인오(寅午)로 삼합(三合)이 되므로 세운(歲運)에서 일지(日支) 삼합운(三合運)이 들어오면 ※변화가 생긴다든가 또는 이사를 한다든가 또는 직장을 옮기는 일이 많다. 그리고 ※내외불화는 ※세운임오년(歲運壬午年)의 임수(壬水)는 병화일주(丙火日柱)의 편관(偏官)으로 세운(歲運)에서 일주(日柱)를 극(剋)하는 운(運)이 들어오면 ※집에서나 밖에서나 윗사람이나 아랫사람이나 불화가 많이 생긴다.

❷ 질병(疾病)과 ❸ 남녀성격은 일주(日柱)에서 발생(發生)한다.

임오년 (壬午年)

56년(음) 11월 14일 술(戌)시 남자

戊	丙	庚	丙
戌	辰	子	申

57	47	37	27	17	7
丙	乙	甲	癸	壬	辛
午	巳	辰	卯	寅	丑

이 사주는 병화일주(丙火日柱)가 중동자월(中冬子月)에 출생하여 실시(失時)하고 년지신금(年支申金)과 일지진토(日支辰土)와 신자진(申子辰)으로 수국(水局)을 이루었고 월상경금(月上庚金) 편재(偏財)가 투출(透出)하여 그 경금(庚金)은 년지신금(年支申金)에 록근(祿根)하여 재살(財殺)이 태왕(太旺)이다. 병화일주(丙火日柱)는 무근(無根)이며 자좌진토(自坐辰土)에 설기(泄氣)가 심(甚)하고 년상병화(年上丙火) 비견(比肩)도 무근(無根)이며 자좌신금(自坐申金)에 사지(死地)에 앉아 병화일주(丙火日柱)를 도와줄 힘이 없다. 그러므로 화생토(火生土) 토생금(土生金) 금생수(金生水)로 종살격(從殺格)이다. 그러므로 자중계수(子中癸水) 정관(正官)이 용신(用神)이며 금재(金財)는 희신(喜神)이 된다. 이 사주는 남자(男子)의 사주로서 회사에 근무하였으나 운(運)이 없어 고생하다가 47세 을목대운(乙木大運)에 퇴사하여 사업을 경영하였으나 월상경금(月上庚金)과 을경합(乙庚合)으로 합거(合去)되어 재산을 탕진하고 처와 이혼하고 힘들게 살고 있는 사주다. 처궁(妻宮)이 부실한 것은 년간지(年干支) 병신생(丙申生)의 공망(空亡)은 일지진토(日支辰土)며 일시(日時)에 상충(相沖)까지 있어 처궁(妻宮)이 더욱더 부실한 사주다.

❶ 세운임오년(歲運壬午年): 관재, 손재, 신액, 내외불화
❷ 질병(疾病): 혈압(血壓), 심장(心臟), 신경통(神經痛)
❸ 남녀성격: (남) 말을 잘한다, 재간 있다, 남에게 잘함, 배짱 좋다, 손재가 많다, 신앙심, 추리력이 좋다, 재복 있다
　　　　　 (여) 말을 잘한다, 명랑하다, 금방 좋았다가 금방 싫어짐, 고집 대단, 박력 있다, 부궁불미, 정부, 몸과 마음이 피곤함, 신앙심

🌀 세운·질병·남녀성격의 해설 (歲運·疾病·男女性格의 解說)

❶ 세운임오년(歲運壬午年)= ※관재, 손재, 신액, 내외불화는 ※세운임오년(歲運壬午年)의 임수(壬水)는 병화일주(丙火日柱)의 편관(偏官)으로 원명사주(源命四柱)에 재살(財殺)이 태왕(太旺)인데 세운(歲運)에서 재(財)나 관살운(官殺運)이 들어오면 ※관재수를 조심해야 하며 또는 손재수를 조심해야 하며 또는 건강을 조심해야 한다. 그리고 ※내외불화는 ※세운임오년(歲運壬午年)의 임수(壬水)는 병화일주(丙火日柱)의 편관(偏官)으로 세운(歲運)에서 일주(日柱)를 극(剋)하는 운(運)이 들어오면 ※집에서나 밖에서나 윗사람이나 아랫사람이나 불화가 많이 생긴다.

❷ 질병(疾病)과 ❸ 남녀성격은 일주(日柱)에서 발생(發生)한다.

임오년(壬午年)

50년(음) 9월 28일 해(亥)시 여자

己	丙	丙	庚
亥	午	戌	寅

60	50	40	30	20	10
庚	辛	壬	癸	甲	乙
辰	巳	午	未	申	酉

이 사주는 병화일주(丙火日柱)가 계추술월(季秋戌月)에 출생하여 실시(失時)하였으나 병화일주(丙火日柱)는 자좌오화(自坐午火) 양인(羊刃)과 년지인목(年支寅木)에 장생(長生)하고 지지(地支)는 인오술(寅午戌)로 화국(火局)을 이루어 약화위강(弱化爲强)으로 신왕사주(身旺四柱)다. 양인(羊刃)을 놓은 사람은 임수(壬水) 편관운(偏官運)이 좋으므로 해중임수(亥中壬水) 편관(偏官)으로 용신(用神)한다. 그리고 금재(金財)는 희신(喜神)이 된다. 이 사주는 여자(女子)의 사주로서 초년(初年)에 자영업을 하여 44세 임수대운(壬水大運)까지는 운(運)이 좋아 돈을 많이 벌었으나 45세 오화대운(午火大運)부터 사업이 부실하다가 50세 신금대운(辛金大運)에 월상병화(月上丙火)와 병신합(丙辛合)으로 합거(合去)되어 재산을 탕진하고 남편과 이혼하고 혼자 힘들게 살아가고 있는 사주다.

❶ 세운임오년(歲運壬午年): 이별수, 변화, 이사, 전근, 내외불화
❷ 질병(疾病): 심장(心臟)
❸ 남녀성격: (남) 말을 잘한다, 명랑하다, 성질 급, 남을 생각하지 않고 직선적으로 말함, 처궁불미, 인내심 부족, 타인 경시, 자립정신, 속성속패, 암기력, 영리하다
　　　　　 (여) 말을 잘한다, 명랑하다, 금방 좋았다가 금방 싫어짐, 시모불합, 남편 말 잘 안 듣는다, 부궁불미, 정부, 영리하다

세운 · 질병 · 남녀성격의 해설 (歲運 · 疾病 · 男女性格의 解說)

❶ 세운임오년(歲運壬午年)= ※이별수, 변화, 이사, 전근, 내외불화는 ※세운임오년(歲運壬午年)의 오화(午火)는 병화일주(丙火日柱)의 비겁(比劫)으로 신왕(身旺)한 여자 사주에 세운(歲運)에서 비견겁운(比肩劫運)이 들어오면 ※가정에 불화가 많이 생긴다든가 또는 남편과 떨어져 산다든가 또는 이혼을 한다든가 또는 남편이 사망하는 수도 있다. 그리고 ※변화, 이사, 전근은 ※세운임오년(歲運壬午年)의 오화(午火)는 일지오화(日支午火)와 오오(午午)로 삼합(三合)이 되므로 세운(歲運)에서 일지(日支) 삼합운(三合運)이 들어오면 ※변화가 생긴다든가 또는 이사를 한다든가 또는 직장을 옮기는 일이 많다. 그리고 ※내외불화는 ※세운임오년(歲運壬午年)의 임수(壬水)는 병화일주(丙火日柱)의 편관(偏官)으로 세운(歲運)에서 일주(日柱)를 극(剋)하는 운(運)이 들어오면 ※집에서나 밖에서나 윗사람이나 아랫사람이나 불화가 많이 생긴다.

❷ 질병(疾病)과 ❸ 남녀성격은 일주(日柱)에서 발생(發生)한다.

임오년 (壬午年)

53년(음) 7월 4일 유(酉)시 남자

丁	丙	庚	癸
酉	申	申	巳

52	42	32	22	12	2
甲	乙	丙	丁	戊	己
寅	卯	辰	巳	午	未

이 사주는 병화일주(丙火日柱)가 초가을 신월(申月)에 출생하여 실시(失時)하고 월상경금(月上庚金)이 투출(透出)하여 편재격(偏財格)이다. 그리고 지지(地支)는 일시(日時) 신유금국(申酉金局)이며 년상계수(年上癸水)가 투출(透出)하여 재살(財殺)이 태왕(太旺)이다. 그러니 병화일주(丙火日柱)는 년지사화(年支巳火)에 록근(祿根)하므로 종(從)하지 않으며 시상정화(時上丁火) 비겁(比劫)으로 많은 재(財)를 제(制)하고 일주(日柱)를 보신(補身)해야 하므로 비견겁(比肩劫)이 용신(用神)이며 목인수(木印綬)는 희신(喜神)이 된다. 이 사주는 남자(男子)의 사주로서 농협에 근무를 하여 초년운(初年運)이 잘 들어와 승진도 빨랐으며 47세 묘목대운(卯木大運)에는 지점장으로 승진하였으며 갑인대운(甲寅大運)에도 운(運)이 잘 들어와 모든 일이 순탄하며 부귀와 화목한 가정을 이루며 잘살고 있는 사주며 퇴직하고도 사업을 하여 승승장구(乘勝長驅)하고 있는 사주다.

❶ 세운임오년(歲運壬午年): 관재, 손재, 신액, 내외불화
❷ 질병(疾病): 심장 약(心臟 弱)
❸ 남녀성격: (남) 말을 잘한다, 영리하다, 다재다능, 재복 있다, 처 덕 있다, 꾀가 많다, 고독하다
　　　　　　(여) 말을 잘한다, 명랑하다, 금방 좋았다가 금방 싫어짐, 부궁불미, 정부, 시모 불합, 잔병조심, 말조심, 고독하다

◑ 세운·질병·남녀성격의 해설(歲運·疾病·男女性格의 解說)

❶ 세운임오년(歲運壬午年)= ※관재, 손재, 신액, 내외불화는 ※세운임오년(歲運壬午年)의 임수(壬水)는 병화일주(丙火日柱)의 편관(偏官)으로 원명사주(源命四柱)에 재살(財殺)이 태왕(太旺)인데 세운(歲運)에서 재(財)나 관살운(官殺運)이 들어오면 ※관재수를 조심해야 하며 또는 손재수를 조심해야 하며 또는 건강을 조심해야 한다. 그리고 ※내외불화는 ※세운임오년(歲運壬午年)의 임수(壬水)는 병화일주(丙火日柱)의 편관(偏官)으로 세운(歲運)에서 일주(日柱)를 극(剋)하는 운(運)이 들어오면 ※집에서나 밖에서나 윗사람이나 아랫사람이나 불화가 많이 생긴다.

❷ 질병(疾病)은 일주(日柱)에서 발생(發生)한다.

❸ 남녀성격은 일주(日柱)에서 발생(發生)한다.

임오년(壬午年)

58년(음) 9월 24일 인(寅)시 남자

<table>
<tr><td>庚</td><td>丙</td><td>壬</td><td>戊</td></tr>
<tr><td>寅</td><td>戌</td><td>戌</td><td>戌</td></tr>
<tr><td>51</td><td>41</td><td>31</td><td>21</td><td>11</td><td>1</td></tr>
<tr><td>戊</td><td>丁</td><td>丙</td><td>乙</td><td>甲</td><td>癸</td></tr>
<tr><td>辰</td><td>卯</td><td>寅</td><td>丑</td><td>子</td><td>亥</td></tr>
</table>

이 사주는 병화일주(丙火日柱)가 계추술월(季秋戌月)에 출생하여 실시(失時)하고 술중무토(戌中戊土)가 년상(年上)에 투출(透出)하여 식신격(食神格)이다. 그리고 지지(地支)는 년일지(年日支) 양술토(兩戌土)로 식신(食神)이 태왕(太旺)하다. 다행히 병화일주(丙火日柱)는 시지인목(時支寅木)에 장생(長生)하고 술중정화(戌中丁火)에 근(根)하므로 종(從)하지 않는다. 그러므로 많은 식신(食神)을 제(制)하고 일주(日柱)를 생(生)하여 주는 목인수(木印綬)가 용신(用神)이며 화비견겁(火比肩劫)은 희신(喜神)이 된다. 이 사주는 남자(男子)의 사주로서 사업가인데 31세 병인대운(丙寅大運)부터 운(運)이 잘 들어와 돈을 많이 벌었고 41세 정화대운(丁火大運)에는 월상임수(月上壬水)와 정임합(丁壬合)으로 합거(合去)되어 손해를 많이 보았고 46세 묘목대운(卯木大運)에 사업이 번창하여 재산을 원상복구하고 51세 무토대운(戊土大運)에 재산을 탕진하고 자식(子息) 한 명을 잃고 힘들게 살고 있는 사주다.

❶ 세운임오년(歲運壬午年): 자손액, 변화, 이사, 전근
❷ 질병(疾病): 혈압(血壓)
❸ 남녀성격: (남) 말을 잘한다, 영리하다, 예의 있다, 인정 있다, 이해심이 많다, 성질 급, 박력 있다, 영리하다, 만인 존경, 알뜰함, 연구심, 배짱 좋다, 돈이 잘 빠져나감, 예감, 신앙심
　　　　　(여) 말을 잘한다, 명랑하다, 예의 있다, 금방 좋았다가 금방 싫어짐, 정부, 재가, 부궁불미, 인정 있다, 남에게 잘함, 배짱 좋다, 신앙심

세운·질병·남녀성격의 해설(歲運·疾病·男女性格의 解說)

❶ 세운임오년(歲運壬午年)= ※자손액, 변화, 이사, 전근은 ※세운임오년(歲運壬午年)의 임수(壬水)는 병화일주(丙火日柱)의 편관(偏官)으로 자식(子息)이 되므로 남자 사주에 상관식신(傷官食神)이 태왕(太旺)하고 관살(官殺)이 쇠약(衰弱)할 때 세운(歲運)에서 관살운(官殺運)이 들어오면 ※**자손액을 조심해야 한다.** 그리고 ※**변화, 이사, 전근**은 ※세운임오년(歲運壬午年)의 오화(午火)는 일지술토(日支戌土)와 오술(午戌)로 삼합(三合)이 되므로 세운(歲運)에서 일지(日支) 삼합운(三合運)이 들어오면 ※**변화가 생긴다든가 또는 이사를 한다든가 또는 직장을 옮기는 일이 많다.**

❷ 질병(疾病)은 일주(日柱)에서 발생(發生)한다.

❸ 남녀성격은 일주(日柱)에서 발생(發生)한다.

임오년 (壬午年)

63년(음) 10월 4일 사(巳)시 여자

<table>
<tr><td colspan="4">癸　丙　癸　癸
巳　寅　亥　卯</td></tr>
<tr><td>56　46　36　26　16　6</td></tr>
<tr><td>己　戊　丁　丙　乙　甲
巳　辰　卯　寅　丑　子</td></tr>
</table>

이 사주는 병화일주(丙火日柱)가 초겨울 해월(亥月)에 출생하여 실시(失時)하고 년월시상(年月時上) 삼계수(三癸水)가 투출(透出)하여 관살(官殺)이 태왕(太旺)이다. 병화일주(丙火日柱)는 수화상극(水火相剋)이 되어 있어 다행히 병화일주(丙火日柱)는 자좌인목(自坐寅木)에 장생(長生)하고 시지사화(時支巳火)에 록근(祿根)하고 년지묘목(年支卯木) 인수(印綬)가 있어 살인상생(殺印相生)으로 목인수(木印綬)가 용신(用神)이며 화비견겁(火比肩劫)은 희신(喜神)이 된다. 이 사주는 여자(女子)의 사주로서 초년(初年)부터 사업을 경영하여 인묘대운(寅卯大運)까지 돈을 많이 벌었으나 46세 무토대운(戊土大運)에 년상계수(年上癸水)와 무계합(戊癸合)으로 합거(合去)되어 재산을 탕진하고 남편과 이혼(離婚)하고 혼자 살고 있는 사주다. 부궁(夫宮)이 부실한 것은 년간지(年干支) 계묘생(癸卯生)의 공망(空亡)은 시지사화(時支巳火)인데 일시(日時)에 공망(空亡)이 있으면 부궁(夫宮)이 부실한데 거기에다 관살(官殺)이 태왕(太旺)하므로 더욱더 부궁(夫宮)이 부실하여 해로(偕老) 하기 힘든 사주며 재혼(再婚)하거나 혼자 사는 사람들이 많다.

❶ 세운임오년(歲運壬午年): 이별수, 변화, 이사, 전근
❷ 질병(疾病): 심장(心臟), 기관지(氣管支)
❸ 남녀성격: (남) 말을 잘한다, 예의 있다, 명랑하다, 남을 생각하지 않고 직선적으로 말함, 용기 있다, 의젓하다, 멋쟁이, 영리하다, 일독십지, 명예 우선, 성질 급, 박력 있다, 타의 군림, 남을 멸시한다
　　　　(여) 말을 잘한다, 총명하다, 금방 좋았다가 금방 싫어짐, 박력 있다, 부궁불미

◎ 세운·질병·남녀성격의 해설 (歲運·疾病·男女性格의 解說)

❶ 세운임오년(歲運壬午年)= ※이별수, 변화, 이사, 전근은 ※세운임오년(歲運壬午年)의 임수(壬水)는 병화일주(丙火日柱)의 편관(偏官)으로 여자 사주에 관살(官殺)이 태왕(太旺)인데 세운(歲運)에서 관살운(官殺運)이 들어오면 ※가정에 불화가 많이 생긴다든가 또는 남편과 떨어져 산다든가 또는 이혼을 한다든가 또는 남편이 사망하는 수도 있다. 그리고 ※변화, 이사, 전근은 ※세운임오년(歲運壬午年)의 오화(午火)는 일지인목(日支寅木)과 인오(寅午)로 삼합(三合)이 되므로 세운(歲運)에서 일지(日支) 삼합운(三合運)이 들어오면 ※변화가 생긴다든가 또는 이사를 한다든가 또는 직장을 옮기는 일이 많다.

❷ 질병(疾病)과 ❸ 남녀성격은 일주(日柱)에서 발생(發生)한다.

임오년 (壬午年)

庚	丙	己	戊
寅	申	未	戌

53	43	33	23	13	3
癸	甲	乙	丙	丁	戊
丑	寅	卯	辰	巳	午

이 사주는 병화일주(丙火日柱)가 하계미월(夏季未月)에 출생하여 실시(失時)하고 미중기토(未中己土)가 월상(月上)에 투출(透出)하여 상관격(傷官格)이다. 그리고 년간지(年干支) 무술토(戊戌土) 식신(食神)과 시상경금(時上庚金) 편재(偏財)가 투출(透出)하여 그 경금(庚金)은 일지신금(日支申金)에 근(根)하므로 상관(傷官)과 재(財)가 태왕(太旺)이다. 그러나 병화일주(丙火日柱)는

시지인목(時支寅木)에 장생(長生)하므로 시지(時支) 인중갑목(寅中甲木) 인수(印綬)로 많은 상관식신(傷官食神)을 제(制)하고 일주(日柱)를 생(生)하여줘야 하므로 갑목인수(甲木印綬)가 용신(用神)이며 화비견겁(火比肩劫)은 희신(喜神)이 된다. 이 사주는 여자(女子)의 사주로서 어려서부터 사업을 하여 37세 묘목대운(卯木大運)까지 수억금을 벌었으나 43세 갑목대운(甲木大運)에 월상기토(月上己土)와 갑기합(甲己合)으로 합거(合去)되어 손해를 많이 보았고 48세 인목대운(寅木大運)에 병화일주(丙火日柱)의 장생궁(長生宮)으로 사업이 번창하여 재산을 복구하고 돈은 많이 벌었으나 여자 사주에 상관식신(傷官食神)이 태왕(太旺)이면 부궁(夫宮)이 부실한데 일시(日時)에 인신상충(寅申相沖)이 되어 부궁(夫宮)이 더욱더 부실하여 재혼(再婚)한 사주다.

❶ 세운임오년(歲運壬午年): 이별수, 내외불화

❷ 질병(疾病): 심장 약(心臟 弱)

❸ 남녀성격: (남) 말을 잘한다, 영리하다, 다재다능, 재복 있다, 처 덕 있다, 꾀가 많다, 고독하다

　　　　　 (여) 말을 잘한다, 명랑하다, 금방 좋았다가 금방 싫어짐, 부궁불미, 정부, 시모 불합, 잔병조심, 말조심, 고독하다

☯ 세운·질병·남녀성격의 해설 (歲運·疾病·男女性格의 解說)

❶ 세운임오년(歲運壬午年)= ※이별수, 내외불화는 ※세운임오년(歲運壬午年)의 임수(壬水)는 병화일주(丙火日柱)의 편관(偏官)으로 여자 사주에 상관식신(傷官食神)이 태왕(太旺)인데 세운(歲運)에서 관살운(官殺運)이 들어오면 ※가정에 불화가 많이 생긴다든가 또는 남편과 떨어져 산다든가 또는 이혼을 한다든가 또는 남편이 사망하는 수도 있다. 그리고 ※내외불화는 ※세운임오년(歲運壬午年)의 임수(壬水)는 병화일주(丙火日柱)의 편관(偏官)으로 세운(歲運)에서 일주(日柱)를 극(剋)하는 운(運)이 들어오면 ※집에서나 밖에서나 윗사람이나 아랫사람이나 불화가 많이 생긴다.

❷ 질병(疾病)과 ❸ 남녀성격은 일주(日柱)에서 발생(發生)한다.

임오년 (壬午年)

61년(음) 11월 3일 오(午)시 여자

丙	丁	庚	辛
午	丑	子	丑

59	49	39	29	19	9
丙	乙	甲	癸	壬	辛
午	巳	辰	卯	寅	丑

이 사주는 정화일주(丁火日柱)가 중동자월(中冬子月)에 출생하여 실시(失時)하고 년월(年月) 경신금(庚辛金)이 투출(透出)하여 그 경신금(庚辛金)은 축중신금(丑中辛金)에 근(根)하므로 재살(財殺)이 태왕(太旺)이다. 다행히 정화일주(丁火日柱)는 시지오화(時支午火)에 록근(祿根)히고 시상병화(時上丙火)가 두출(透出)하였으나 신약사주(身弱四柱)로서 사주에 재(財)가 많으므로 비견겁(比肩劫)이 용신(用神)이며 목인수(木印綬)는 희신(喜神)이 된다. 이 사주는 여자(女子)의 사주로서 초년(初年) 인묘대운(寅卯大運)이 잘 들어와 회사에 취업하고 승진이 빨랐으며 39세 갑목대운(甲木大運)까지는 승승장구(乘勝長驅)하였으나 44세 진토대운(辰土大運)에는 화용신(火用神)이 진토대운(辰土大運)에 설기(泄氣)가 심(甚)하여 모든 일이 풀리지 않았으며 49세 을목대운(乙木大運)에 퇴사하여 공인중개소를 경영하였으나 손해를 보고 있는 중이다. 앞으로 사오대운(巳午大運)에는 운(運)이 좋아 사업이 번창하여 돈을 많이 벌 것으로 생각된다.

❶ 세운임오년(歲運壬午年): 관재, 손재, 신액, 내외불화
❷ 질병(疾病): 냉(冷), 하원윤습(下元潤濕)
❸ 남녀성격: (남) 말을 잘한다, 인심 좋다, 예의 있다, 재물 욕심, 재복 있다, 영리하다, 임기응변, 재간 있다, 근면 성실, 주머니 돈 안 떨어진다, 신앙심, 새벽잠이 없다
  (여) 명랑하다, 예의 있다, 금방 좋았다가 금방 싫어짐, 부궁불미, 정부, 재가, 인정 있다, 요리솜씨, 말을 잘한다

◎ 세운·질병·남녀성격의 해설 (歲運·疾病·男女性格의 解說)

❶ 세운임오년(歲運壬午年)= ※관재, 손재, 신액, 내외불화는 ※세운임오년(歲運壬午年)의 임수(壬水)는 정화일주(丁火日柱)의 정관(正官)으로 원명사주(源命四柱)에 재살(財殺)이 태왕(太旺)인데 세운(歲運)에서 재(財)나 관살운(官殺運)이 들어오면 ※관재수를 조심해야 하며 또는 손재수를 조심해야 하며 또는 건강을 조심해야 한다. 그리고 ※내외불화는 ※세운임오년(歲運壬午年)의 임수(壬水)는 정화일주(丁火日柱)의 정관(正官)으로 세운(歲運)에서 일주(日柱)를 극(剋)하는 운(運)이 들어오면 ※집에서나 밖에서나 윗사람이나 아랫사람이나 불화가 많이 생긴다.

❷ 질병(疾病)은 일주(日柱)에서 발생(發生)한다.

❸ 남녀성격은 일주(日柱)에서 발생(發生)한다.

임오년 (壬午年)

50년(음) 5월 6일 진(辰)시 여자

甲	丁	壬	庚
辰	亥	午	寅
55	45	35	25	15	5
丙	丁	戊	己	庚	辛
子	丑	寅	卯	辰	巳

이 사주는 정화일주(丁火日柱)가 중하오월(中夏午月)에 출생하여 록근(祿根)하고 년지인목(年支寅木)에 생(生)을 받으며 인중갑목(寅中甲木)이 시상(時上)에 투출(透出)하여 정화일주(丁火日柱)를 생(生)하여주므로 정화일주는 신왕사주(身旺四柱)다. 신왕사주(身旺四柱)에는 일주(日柱)를 제(制)하는 관살(官殺)이 좋은데 다행히 월상임수(月上壬水)가 일지해수(日支亥水)에 록근(祿根)하여 월상임수(月上壬水) 정관(正官)으로 용신(用神)한다. 그리고 년상경금(年上庚金)은 정재(正財)며 월상임수(月上壬水)는 정관(正官)이며 시상갑목(時上甲木)은 정인(正印)으로 재관인(財官印) 삼귀(三貴)를 이루어 귀격(貴格)이다. 이 사주는 여자의 사주로서 공부를 많이 하여 대기업에 취업하였으나 운이 없어 승진이 안되어 45세 정화대운(丁火大運)에 퇴사하고 보험설계사로 근무하였으나 운(運)이 없어 하는 일마다 풀리지 않았으며 55세 병화대운(丙火大運)에 남편과 이혼하고 힘들게 살았으나 60세 자수대운(子水大運)에 음식점을 경영하여 사업이 번창하고 있는 중이다. 아무리 나이가 많아도 몸만 건강하고 일만 하면 대운(大運)이 잘 들어올 땐 사업을 성공할 수가 있다.

❶ 세운임오년(歲運壬午年): 이별수, 내외불화
❷ 질병(疾病): 심장(心臟), 냉증(冷症)
❸ 남녀성격: (남) 영리하다, 외유내강, 지혜롭다, 지구력 부족, 처세가 좋다, 영리하다, 장수한다, 항상 바쁨, 꿈이 많다, 처 덕 있다, 자손귀자, 명예를 좋아함, 예감 빠름, 신앙심
　　　　　(여) 명랑하다, 예의 있다, 금방 좋았다가 금방 싫어짐, 애교 많다, 식복, 남편 의처증, 정부, 자손근심

🌀 세운 · 질병 · 남녀성격의 해설 (歲運 · 疾病 · 男女性格의 解說)

❶ 세운임오년(歲運壬午年)= ※이별수, 내외불화는 ※세운임오년(歲運壬午年)의 오화(午火)는 정화일주(丁火日柱)의 비견(比肩)으로 신왕(身旺)한 여자 사주에 세운(歲運)에서 비견겁운(比肩劫運)이 들어오면 ※가정에 불화가 많이 생긴다든가 또는 남편과 떨어져 산다든가 또는 이혼을 한다든가 또는 남편이 사망하는 수도 있다. 그리고 ※내외불화는 ※세운임오년(歲運壬午年)의 임수(壬水)는 정화일주(丁火日柱)의 정관(正官)으로 세운(歲運)에서 일주(日柱)를 극(剋)하는 운(運)이 들어오면 ※집에서나 밖에서나 윗사람이나 아랫사람이나 불화가 많이 생긴다.

❷ 질병(疾病)과 ❸ 남녀성격은 일주(日柱)에서 발생(發生)한다.

임오년 (壬午年)

55년(음) 8월 18일 술(戌)시 남자

庚	丁	乙	乙
戌	酉	酉	未

58	48	38	28	18	8
己	庚	辛	壬	癸	甲
卯	辰	巳	午	未	申

이 사주는 정화일주(丁火日柱)가 중추유월(中秋酉月)에 출생하여 실시(失時)하고 일지유금(日支酉金)과 시상경금(時上庚金)이 투출(透出)하여 재(財)가 태왕(太旺)이다. 정화일주(丁火日柱)는 무근(無根)이며 자좌사지(自坐死地)에 앉아 화생토(火生土) 토생금(土生金)으로 종재격(從財格)같이 보인다. 그러나 그 정화(丁火)는 시지(時支) 술중정화(戌中丁火)에 근(根)하고 미중정화(未中丁火)에도 근(根)하였으며 미중을목(未中乙木) 인수(印綬)가 년월(年月)에 투출(透出)하여 정화일주(丁火日柱)를 생(生)하여 주므로 종(從)하지 않는다. 그러므로 사주에 재(財)가 많으므로 많은 재(財)를 제(制)하고 일주(日柱)를 도와주는 비견겁(比肩劫)이 용신(用神)이며 목인수(木印綬)는 희신(喜神)이 된다. 이 사주는 남자(男子)의 사주로서 33세 오화대운(午火大運)에 종합병원에 의사(醫師)로 근무하면서 능력 있고 인정받는 사람이었고 43세 사화대운(巳火大運)에 의원을 개원하여 돈을 많이 벌었으며 48세 경금대운(庚金大運)부터는 운(運)이 없어 평범하게 살고 있는 사주다.

❶ 세운임오년(歲運壬午年): 관재, 손재, 신액, 내외불화
❷ 질병(疾病): 심장(心臟), 간(肝), 담(膽)
❸ 남녀성격: (남) 말을 잘한다, 고집 대단, 미남형, 남에게 잘함, 학업 열중, 학업 장애, 재복 있다, 처 덕 있다, 청백하다, 예의 있다, 고독하다
　　　　　　(여) 명랑하다, 예의 있다, 금방 좋았다가 금방 싫어짐, 욕심 많다, 정부, 미모 수려, 이성수신, 자손귀자, 말을 잘한다

세운·질병·남녀성격의 해설 (歲運·疾病·男女性格의 解說)

❶ 세운임오년(歲運壬午年)= ※관재, 손재, 신액, 내외불화는 ※세운임오년(歲運壬午年)의 임수(壬水)는 정화일주(丁火日柱)의 정관(正官)으로 원명사주(源命四柱)에 재살(財殺)이 태왕(太旺)인데 세운(歲運)에서 재(財)나 관살운(官殺運)이 들어오면 ※관재수를 조심해야 하며 또는 손재수를 조심해야 하며 또는 건강을 조심해야 한다. 그리고 ※내외불화는 ※세운임오년(歲運壬午年)의 임수(壬水)는 정화일주(丁火日柱)의 정관(正官)으로 세운(歲運)에서 일주(日柱)를 극(剋)하는 운(運)이 들어오면 ※집에서나 밖에서나 윗사람이나 아랫사람이나 불화가 많이 생긴다.

❷ 질병(疾病)은 일주(日柱)에서 발생(發生)한다.

❸ 남녀성격은 일주(日柱)에서 발생(發生)한다.

임오년(壬午年)

54년(음) 7월 21일 진(辰)시 여자

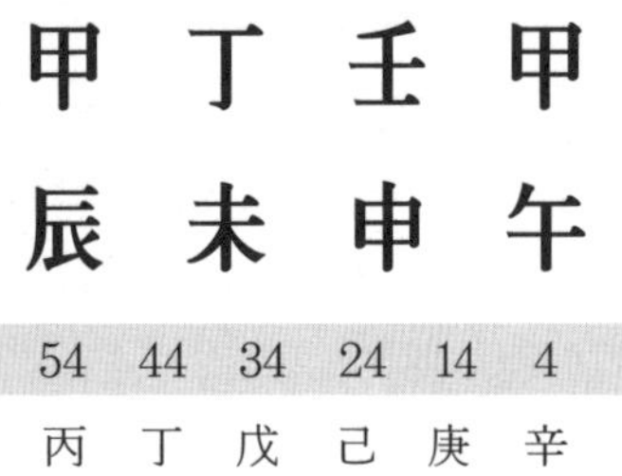

이 사주는 정화일주(丁火日柱)가 초가을 신월(申月)에 출생하여 실시(失時)하고 신궁임수(申宮壬水)가 월상(月上)에 투출(透出)하여 정관격(正官格)으로 신약사주(身弱四柱)다. 그러나 정화일주(丁火日柱)는 년지오화(年支午火)에 록근(祿根)하고 미중정화(未中丁火)에 근(根)하였으며 년시상(年時上) 양갑목(兩甲木) 인수(印綬)가 투출(透出)하여 관인상생(官印相生)으로 목인수(木印綬)가 용신(用神)이며 화비견겁(火比肩劫)은 희신(喜神)이 된다. 그리고 신궁경금(申宮庚金)은 정재(正財)이며 월상임수(月上壬水)는 정관(正官)이며 시상갑목(時上甲木)은 정인(正印)으로서 재관인(財官印) 삼귀(三貴)를 놓아 귀격(貴格)의 사주다. 이 사주는 여자(女子)의 사주로서 초년(初年)에 운(運)이 잘 들어와 공부도 많이 하여 29세 사화대운(巳火大運)에 국제상사(國際商社)에 취업하여 근무하였으나 34세 무토대운(戊土大運)부터는 운(運)이 없어 평범하게 지내다가 44세 정화대운(丁火大運)에 퇴사하고 사업을 경영하였으나 월상임수(月上壬水)와 정임합(丁壬合)으로 합거(合去)되어 손해를 조금 보았고 49세 묘목대운(卯木大運)부터 병화대운(丙火大運)까지 수억금을 벌었으나 년간지(年干支) 갑오생(甲午生)의 공망(空亡)은 시지진토(時支辰土)로서 일시지(日時支)에 공망(空亡) 있으면 부궁(夫宮)이 부실하여 재혼(再婚)한 사주다.

❶ 세운임오년(歲運壬午年): 자연재앙, 내외불화
❷ 질병(疾病): 간(肝), 담(膽)
❸ 남녀성격: (남) 말을 잘한다, 마음이 넓다, 남에게 잘함, 명랑하다, 예의 있다, 편식, 박력 있다, 고집 대단, 성격이 까다롭다, 옷에 신경, 처궁불미
　　　　　(여) 명랑하다, 예의 있다, 금방 좋았다가 금방 싫어짐, 인덕 없다, 정부, 재가, 부궁불미, 신앙심, 말을 잘한다, 고집 대단

세운 · 질병 · 남녀성격의 해설(歲運 · 疾病 · 男女性格의 解說)

❶ 세운임오년(歲運壬午年)= ※자연재앙, 내외불화는 ※세운임오년(歲運壬午年)의 오화(午火)는 년지오화(年支午火)와 오오(午午)로 똑같은 오행(五行)이므로 세운(歲運)에서 년지(年支) 같은 운(運)이 들어오면 ※자연재앙을 조심해야 한다. 그리고 ※내외불화는 ※세운임오년(歲運壬午年)의 임수(壬水)는 정화일주(丁火日柱)의 정관(正官)으로 세운(歲運)에서 일주(日柱)를 극(剋)하는 운(運)이 들어오면 ※집에서나 밖에서나 윗사람이나 아랫사람이나 불화가 많이 생긴다.

❷ 질병(疾病)과 ❸ 남녀성격은 일주(日柱)에서 발생(發生)한다.

임오년 (壬午年)

54년(음) 6월 1일 해(亥)시 남자

辛	丁	庚	甲
亥	巳	午	午

53	43	33	23	13	3
丙	乙	甲	癸	壬	辛
子	亥	戌	酉	申	未

이 사주는 정화일주(丁火日柱)가 중하오월(中夏午月)에 출생하여 록근(祿根)하고 년지오화(年支午火)와 일지사화(日支巳火)가 있어 일주(日柱)는 신왕사주(日柱)다. 신왕사주(日柱)에는 일주(日柱)를 제(制)하는 관살(官殺)로 용신(用神)함이 좋은데 다행히 시지해중(時支亥中) 임수(壬水)가 있어 임수정관(壬水正官)으로 용신(用神)한다. 그러므로 해중임수(亥中壬水) 정관(正官)이 용신(用神)이며 금재(金財)는 희신(喜神)이 된다. 이 사주는 남자의 사주로서 초년운(初年運)이 잘 들어와 공부를 많이 하여 대기업에 입사하여 승진이 빨랐으나 33세 갑목대운(甲木大運)부터는 운(運)이 없어 평범하게 지내다가 43세 을목대운(乙木大運)에 퇴사하고 48세 해수대운(亥水大運)에 사업을 경영하여 수억금을 벌은 사주다. 앞으로 자수대운(子水大運)이 좋아 사업이 번창하며 많은 돈을 벌 것으로 생각한다.

❶ 세운임오년(歲運壬午年): 손재, 처액, 자연재앙, 내외불화
❷ 질병(疾病): 심장(心臟), 혈압(血壓)
❸ 남녀성격: (남) 말을 잘한다, 외유내강, 매사 열중, 예의 있다, 명랑하다, 항상 바쁨, 거짓말을 못함, 남을 생각하지도 않고 직선적으로 말함, 영리하다, 고독하다
　　　　　　(여) 명랑하다, 예의 있다, 금방 좋았다가 금방 싫어짐, 말을 잘함, 정부, 재가, 부궁불미, 독수공방

🔵 세운 · 질병 · 남녀성격의 해설 (歲運 · 疾病 · 男女性格의 解說)

❶ 세운임오년(歲運壬午年)= ※손재, 처액, 자연재앙, 내외불화는 ※세운임오년(歲運壬午年)의 오화(午火)는 정화일주(丁火日柱)와 비견(比肩)으로 신왕(身旺)한 남자 사주에 세운(歲運)에서 비견겁운(比肩劫運)이 들어오면 ※손재수를 조심해야 하며 또는 가정에 불화가 많이 생긴다든가 또는 처가 가출한다든가 또는 처의 건강을 조심해야 한다. 그리고 ※자연재앙은 ※세운임오년(歲運壬午年)의 오화(午火)는 년지오화(年支午火)와 오오(午午)로 똑같은 오행(五行)이므로 세운(歲運)에서 년지(年支) 같은 운(運)이 들어오면 ※자연재앙을 조심해야 한다. 그리고 ※내외불화는 ※세운임오년(歲運壬午年)의 임수(壬水)는 정화일주(丁火日柱)의 정관(正官)으로 세운(歲運)에서 일주(日柱)를 극(剋)하는 운(運)이 들어오면 ※집에서나 밖에서나 윗사람이나 아랫사람이나 불화가 많이 생긴다.

❷ 질병(疾病)은 일주(日柱)에서 발생(發生)한다.

❸ 남녀성격은 일주(日柱)에서 발생(發生)한다.

59년(음) 7월 10일 진(辰)시 여자

이 사주는 정화일주(丁火日柱)가 초가을 신월(申月)에 출생하여 실시(失時)하고 신궁임수(申宮壬水)가 월상(月上)에 투출(透出)하여 정관격(正官格)으로 일주(日柱)는 신약사주(身弱四柱)다. 그러나 정화일주(丁火日柱)는 자좌묘목(自坐卯木)에 생(生)을 받고 시상갑목(時上甲木)은 진중을목(辰中乙木)에 근(根)하여 수생목(水生木) 목생화(木生火)로 관인상생(官印相生)으로 목인수(木印綬)가 용신(用神)이며 화비견겁(火比肩劫)은 희신(喜神)이 된다. 임수정관(壬水正官)은 자좌신금(自坐申金)에 장생(長生)하고 년지해수(年支亥水)에 록근(祿根)하였으며 시상갑목(時上甲木)도 년지해수(年支亥水)에 장생궁(長生宮)으로 재관인(財官印) 삼귀(三貴)를 놓아 귀격(貴格)의 사주이다. 이 사주는 여자(女子)의 사주로서 29세 을목인수(乙木印綬) 대운(大運)에 마케팅컨설팅회사에 입사하여 능력을 인정 받았으나 34세 해수대운(亥水大運)부터 운(運)이 없어 승진이 안되어 평범하게 지내다가 44세 자수대운(子水大運)에 퇴사하고 사업을 경영하였으나 손해를 많이 보다가 49세 정화대운(丁火大運)에 월상임수(月上壬水)와 정임합(丁壬合)으로 합거(合去)되어 재산을 탕진한 사주다.

❶ 세운임오년(歲運壬午年): 관재, 손재, 신액, 내외불화
❷ 질병(疾病): 풍질(風疾)
❸ 남녀성격: (남) 말을 잘한다, 명랑하다, 근심이 많다, 영리하다, 풍류를 즐긴다, 지구력 부족, 처궁불미, 마음 약, 소심하다, 인자한 성품, 운동 잘함
　　　　　(여) 명랑하다, 예의 있다, 금방 좋았다가 금방 싫어짐, 부궁불미, 정부, 친모격 정 많이 한다, 예능에 소질

세운 • 질병 • 남녀성격의 해설 (歲運 · 疾病 · 男女性格의 解說)

❶ 세운임오년(歲運壬午年)= ※관재, 손재, 신액, 내외불화는 ※세운임오년(歲運壬午年)의 임수(壬水)는 정화일주(丁火日柱)의 정관(正官)으로 원명사주(源命四柱)에 재관(財官)이 태왕(太旺)인데 세운(歲運)에서 재(財)나 관살운(官殺運)이 들어오면 **※관재수를 조심해야 하며 또는 손재수를 조심해야 하며 또는 건강을 조심해야 한다.** 그리고 ※내외불화는 ※세운임오년(歲運壬午年)의 임수(壬水)는 정화일주(丁火日柱)의 정관(正官)으로 세운(歲運)에서 일주(日柱)를 극(剋)하는 운(運)이 들어오면 **※집에서나 밖에서나 윗사람이나 아랫사람이나 불화가 많이 생긴다.**

❷ 질병(疾病)은 일주(日柱)에서 발생(發生)한다.

❸ 남녀성격은 일주(日柱)에서 발생(發生)한다.

임오년 (壬午年)

64년(음) 6월 19일 유(酉)시 여자

己	丁	辛	甲
酉	丑	未	辰

57	47	37	27	17	7
乙	丙	丁	戊	己	庚
丑	寅	卯	辰	巳	午

이 사주는 정화일주(丁火日柱)가 하계미월(夏季未月)에 출생하여 실시(失時)하고 미중기토(未中己土)가 시상(時上)에 투출(透出)하여 식신격(食神格)이다. 그리고 일시지(日時支) 유축(酉丑)으로 금국(金局)을 이루고 유중신금(酉中辛金)이 월상(月上)에 투출(透出)하여 상관(傷官)과 재(財)기 태왕(太旺)이다. 일주(日柱)는 자좌축토(自坐丑土)에 설기(泄氣)한다고 하나 미중정화(未中丁火)에 근(根)하고 년상갑목(年上甲木) 인수(印綬)가 투출(透出)되어 그 갑목(甲木)은 진중을목(辰中乙木)에 근(根)하여 일주(日柱)를 생(生)하므로 목인수(木印綬)가 용신(用神)이며 화비견겁(火比肩劫)은 희신(喜神)이 된다. 이 사주는 여자의 사주로서 공부는 많이 못하였으나 일찍 장사를 하여 27세 무진대운(戊辰大運)까지 고생을 많이 하였으나 37세 정묘대운(丁卯大運)부터는 운(運)이 승승장구하여 돈을 수억금을 벌은 사주다. 앞으로도 인목대운(寅木大運)과 을목대운(乙木大運)이 잘 들어와 사업이 한층 더 번창하며 많은 돈을 벌 것으로 생각한다. 공부를 많이 못하여도 몸만 건강하고 기술(技術)만 있으면 대운(大運)이 들어올 때 무엇이든 하면 크게 성공할 수 있다.

❶ 세운임오년(歲運壬午年): 이별수, 내외불화
❷ 질병(疾病): 냉(冷), 하원윤습(下元潤濕)
❸ 남녀성격: (남) 말을 잘한다, 인심 좋다, 예의 있다, 재물 욕심, 재복 있다, 영리하다, 임기응변, 재간 있다, 근면 성실, 주머니 돈 안 떨어진다, 신앙심, 새벽잠이 없다
　　　　　(여) 명랑하다, 예의 있다, 금방 좋았다가 금방 싫어짐, 부궁불미, 정부, 재가, 인정 있다, 요리솜씨, 말을 잘한다

세운 · 질병 · 남녀성격의 해설 (歲運 · 疾病 · 男女性格의 解說)

❶ 세운임오년(歲運壬午年)= ※이별수, 내외불화는 ※세운임오년(歲運壬午年)의 임수(壬水)는 정화일주의 정관(正官)으로 여자 사주에 상관식신(傷官食神)이 태왕(太旺)인데 세운(歲運)에서 관살운(官殺運)이 들어오면 ※가정에 불화가 많이 생긴다든가 또는 남편과 떨어져 산다든가 또는 이혼을 한다든가 또는 남편이 사망하는 수도 있다. 그리고 ※내외불화는 ※세운임오년(歲運壬午年)의 임수(壬水)는 정화일주의 정관(正官)으로 세운(歲運)에서 일주(日柱)를 극(剋)하는 운이 들어오면 ※집에서나 밖에서나 윗사람이나 아랫사람이나 불화가 많이 생긴다.

❷ 질병(疾病)은 일주(日柱)에서 발생(發生)한다.

❸ 남녀성격은 일주(日柱)에서 발생(發生)한다.

임오년 (壬午年)

68년(음) 7월 12일 묘(卯)시 남자

<table>
<tr><td>癸</td><td>丁</td><td>己</td><td>戊</td></tr>
<tr><td>卯</td><td>未</td><td>未</td><td>申</td></tr>
</table>

51	41	31	21	11	1
乙	甲	癸	壬	辛	庚
丑	子	亥	戌	酉	申

이 사주는 정화일주(丁火日柱)가 하계미월(夏季未月)에 출생하여 실시(失時)하고 미중기토(未中己土)가 월상(月上)에 투출(透出)하여 식신격(食神格)이다. 그리고 일지미토(日支未土)와 년상무토(年上戊土) 상관(傷官)이 있어 상관식신(傷官食神)이 태왕(太旺)이다. 다행히 시지묘목(時支卯木) 인수(印綬)가 있어 묘목인수(卯木印綬)로 많은 상관식신(傷官食神)을 제(制)하면서 정화일주(丁火日柱)를 생(生)하여줘야 하므로 목인수(木印綬)가 용신(用神)이며 화비견겁(火比肩劫)은 희신(喜神)이 된다. 이 사주는 남자(男子)의 사주로서 어려서 건축 기술을 배워 기술은 좋으나 운(運)이 없어 승진이 안되어 고생을 많이 하다가 41세 갑목대운(甲木大運)에 퇴사하여 건축자재상을 경영하였으나 월상기토(月上己土)와 갑기합(甲己合)으로 합거(合去)되어 재산을 탕진하고 처(妻)와 이혼하고 혼자 힘들게 살고 있는 사주다. 처궁(妻宮)이 부실한 것은 년간지(年干支) 무신생(戊申生)의 공망(空亡)은 시지묘목(時支卯木)으로 일시지(日時支)에 공망(空亡)이 있으면 처궁(妻宮)이 부실하여 재혼(再婚)하거나 혼자 사는 사람들이 많다.

---

❶ 세운임오년(歲運壬午年): 자손액, 내외불화
❷ 질병(疾病): 간(肝), 담(膽)
❸ 남녀성격: (남) 말을 잘한다, 마음이 넓다, 남에게 잘함, 명랑하다, 예의 있다, 편식, 박력 있다, 고집 대단, 성격이 까다롭다, 옷에 신경, 처궁불미
　　　　　　(여) 명랑하다, 예의 있다, 금방 좋았다가 금방 싫어짐, 인덕 없다, 정부, 재가, 부궁불미, 신앙심, 말을 잘한다, 고집 대단

세운 • 질병 • 남녀성격의 해설 (歲運 · 疾病 · 男女性格의 解說)

❶ 세운임오년(歲運壬午年)= ※자손액, 내외불화는 ※세운임오년(歲運壬午年)의 임수(壬水)는 정화일주(丁火日柱)의 정관(正官)으로 자식(子息)이 되므로 남자 사주에 상관식신(傷官食神)이 태왕(太旺)하고 관살(官殺)이 쇠약(衰弱)할 때 세운(歲運)에서 관살운(官殺運)이 들어오면 ※자손액을 조심해야 한다. 그리고 ※내외불화는 ※세운임오년(歲運壬午年)의 임수(壬水)는 정화일주(丁火日柱)의 정관(正官)으로 세운(歲運)에서 일주(日柱)를 극(剋)하는 운(運)이 들어오면 ※집에서나 밖에서나 윗사람이나 아랫사람이나 불화가 많이 생긴다.

❷ 질병(疾病)은 일주(日柱)에서 발생(發生)한다.

❸ 남녀성격은 일주(日柱)에서 발생(發生)한다.

임오년 (壬午年)

68년(음) 9월 24일 자(子)시 여자

壬	戊	癸	戊
子	子	亥	申

52	42	32	22	12	2
丁	戊	己	庚	辛	壬
巳	午	未	申	酉	戌

이 사주는 무토일주(戊土日柱)가 초겨울 해월(亥月)에 출생하여 실시(失時)하고 해중임수(亥中壬水)가 시상(時上)에 투출(透出)하여 편재격(偏財格)이다. 그리고 일시지(日時支) 양자수(兩子水)와 자중계수(子中癸水)가 월상(月上)에 투출(透出)하고 년지(年支) 신궁경금(申宮庚金) 식신(食神)이 있어 상관(傷官)과 재(財)가 태왕(太旺)이나. 무토일주(戊土日柱)는 무근(無根)이며 년상무토(年上戊土) 비견(比肩)도 무근(無根)으로 일주(日柱)를 도와줄 수 없으므로 토생금(土生金) 금생수(金生水)로 종재격(從財格)이다. 그러므로 수재(水財)가 용신(用神)이며 금(金) 상관식신(傷官食神)은 희신(喜神)이 된다. 이 사주는 여자(女子)의 사주로서 일찍 미용 기술을 배워 22세 경금대운(庚金大運)부터 미용실을 경영하여 31세 신금대운(申金大運)까지 돈을 많이 벌어 결혼하였으나 32세 기토대운(己土大運)부터 운(運)이 없어 고생을 많이 하고 있는 사주다. 종(從)하는 사주에 인수(印綬)나 비견겁운(比肩劫運)이 들어오면 사업하는 사는 사람은 실패를 하게 된다.

❶ 세운임오년(歲運壬午年): 관재, 손재, 신액, 신축, 문서, 관재, 수술, 자연재앙
❷ 질병(疾病): 비(脾), 위(胃)
❸ 남녀성격: (남) 군자의 성품, 언행 조심, 외강내유, 지혜롭다, 고집 대단, 신경 예민, 권모술수, 처 덕 있다, 돈이 잘 빠져나감, 처 말을 잘 듣는다, 눈치 빠름
　　　　　　(여) 순진, 신용, 하는 일에 겁이 없다, 부궁불미, 정부, 재가, 독수공방, 직업, 재복 있다, 신앙심

🔵 세운·질병·남녀성격의 해설 (歲運·疾病·男女性格의 解說)

❶ 세운임오년(歲運壬午年)= ※관재, 손재, 신액, 신축, 문서, 관재, 수술, 자연재앙은 ※세운임오년(歲運壬午年)의 임수(壬水)는 무토일주(戊土日柱)의 편재(偏財)로 원명사주(源命四柱)에 재(財)가 태왕(太旺)인데 세운에서 재(財)나 관살운(官殺運)이 들어오면 ※관재수나 손재수나 건강을 조심해야 한다. 그리고 ※신축, 문서는 ※세운임오년(歲運壬午年)의 임수(壬水)는 무토일주(戊土日柱)의 인수(印綬)로 세운에서 인수운(印綬運)이 들어오면 ※집을 짓는다든가 또는 증축을 한다든가 또는 사업체를 벌리는 일이 많다. 그리고 ※관재, 수술, 자연재앙은 ※세운임오년(歲運壬午年)의 오화(午火)는 일지자수(日支子水)와 자오충(子午沖)으로 세운에서 일지충운(日支沖運)이 들어오면 ※관재수나 수술이나 자연재앙을 조심해야 한다.

❷ 질병(疾病)과 ❸ 남녀성격은 일주(日柱)에서 발생(發生)한다.

임오년 (壬午年)

67년(음) 6월 6일 축(丑)시 남자

癸	戊	丁	丁
丑	寅	未	未

52	42	32	22	12	2
辛	壬	癸	甲	乙	丙
丑	寅	卯	辰	巳	午

이 사주는 무토일주(戊土日柱)가 하계미월(夏季未月)에 출생하여 득령(得令)하고 미중정화(未中丁火)가 년월(年月)에 투출(透出)하여 인수격(印綬格)이며 무토일주(戊土日柱)는 신왕사주(身旺四柱)다. 신왕사주(身旺四柱)에는 일주(日柱)를 제(制)하는 관살(官殺)이나 식신상관(食神傷官)으로 설기(泄氣)함이 좋은데 다행히 인중갑목(寅中甲木)이 있어 인중갑목(寅中甲木) 편관(偏官)으로 용신(用神)한다. 그리고 수재(水財)는 희신(喜神)이 된다. 이 사주는 남자(男子)의 사주로서 회사에 다니다가 37세 묘목대운(卯木大運)에 승진하여 승승장구(乘勝長驅)하다가 42세 임수대운(壬水大運)에 퇴사하여 사업을 경영하였으나 년상정화(年上丁火)와 정임합(丁壬合)으로 합거(合去)되어 손해(損害)를 많이 보고 있는 중이다. 그러나 앞으로 인목대운(寅木大運)에는 용신운(用神運)이 들어와 사업이 번창하며 돈을 많이 벌 것으로 생각된다.

❶ 세운임오년(歲運壬午年): 신축, 문서, 변화, 이사, 전근, 손재, 처액
❷ 질병(疾病): 위산과다(胃酸過多), 위장병(胃腸病)
❸ 남녀성격: (남) 군자의 성품, 언행 조심, 의젓하다, 주관이 약하다, 부모무덕, 밥을 조금
　　　　　　 먹는다, 처궁불미, 자손귀자
　　　　　 (여) 신용 있다, 순진하다, 고집 대단, 정부, 재가, 시모불화, 인덕 없다, 친모봉양

세운 · 질병 · 남녀성격의 해설(歲運 · 疾病 · 男女性格의 解說)

❶ 세운임오년(歲運壬午年)= ※신축, 문서, 변화, 이사, 전근, 손재, 처액은 ※세운임오년(歲運壬午年)의 오화(午火)는 무토일주(戊土日柱)의 인수(印綬)로 세운(歲運)에서 인수운(印綬運)이 들어오면 ※집을 짓는다든가 또는 증축을 한다든가 또는 사업체를 벌린다든가 또는 문서를 잡는 일도 있다. 그리고 ※변화, 이사, 전근은 ※세운임오년(歲運壬午年)의 오화(午火)는 일지인목(日支寅木)과 인오(寅午)로 삼합(三合)이 되므로 세운에서 일지(日支) 삼합운(三合運)이 들어오면 ※변화가 생긴다든가 또는 이사를 한다든가 또는 직장을 옮기는 일이 많다. 그리고 ※손재, 처액은 ※세운임오년(歲運壬午年)의 임수(壬水)는 무토일주(戊土日柱)의 편재(偏財)로서 신왕사주(身旺四柱)에 재(財)가 약(弱)한데 세운에서 재운(財運)이 들어오면 ※손재수를 조심해야 하며 또는 가정에 불화가 많이 생긴다든가 또는 처가 가출한다든가 또는 처의 건강을 조심해야 한다.

❷ 질병(疾病)과 ❸ 남녀성격은 일주(日柱)에서 발생(發生)한다.

임오년 (壬午年)

67년(음) 5월 26일 유(酉)시 여자

辛	戊	丙	丁
酉	辰	午	未

52	42	32	22	12	2
壬	辛	庚	己	戊	丁
子	亥	戌	酉	申	未

이 사주는 무토일주(戊土日柱)가 중하오월(中夏午月) 양인월(羊刃月)에 출생하여 득령(得令)하고 오중정화(午中丁火)가 년상(年上)에 투출(透出)하여 인수격(印綬格)이며 년지미토(年支未土)와 오미(午未)로 화국(火局)을 이루어 무토일주(戊土日柱)는 신왕사주(身旺四柱)다. 신왕사주(身旺四柱)에는 일주(日柱)를 제(制)하는 관살(官殺)이나 식신상관(食神傷官)으로 설기(泄氣)함이 좋은데 일주(日柱)를 제(制)하는 관살(官殺)은 없고 설기(泄氣)하는 상관신금(傷官辛金)이 시상(時上)에 투출(透出)하여 그 신금(辛金)은 자좌유금(自坐酉金)에 록근(祿根)하여 아름답다. 그러므로 이런 사주를 가상관격(假傷官格)이라고 하며 시상신금(時上辛金) 상관(傷官)이 용신(用神)이 된다. 이 사주는 여자(女子)의 사주로서 초년(初年)에 운(運)이 잘 들어와 공부를 많이 하여 문학을 전공하였고 37세 경금대운(庚金大運)에 용신운(用神運)이 들어와 대학교 국문학(國文學) 교수로 취임한 사주다.

❶ 세운임오년(歲運壬午年): 이별수, 신축, 문서, 손재
❷ 질병(疾病): 풍질(風疾), 혈압(血壓)
❸ 남녀성격: (남) 군자의 성품, 언행 조심, 인심 좋다, 이해성이 많다, 화합 잘함, 주관이 강하다, 신의 있다, 재간 있다, 처궁불미, 아이디어가 좋다, 재복 있다, 미인수다
　　　　　(여) 신용, 순진하다, 욕심 많다, 재복 있다, 부궁불미, 정부, 신앙심

◉ 세운·질병·남녀성격의 해설(歲運·疾病·男女性格의 解說)

❶ 세운임오년(歲運壬午年)= ※이별수, 신축, 문서, 손재는 ※세운임오년(歲運壬午年)의 오화(午火)는 무토일주(戊土日柱)의 인수(印綬)로 신왕(身旺)한 여자 사주에 인수운(印綬運)이 들어오면 ※가정에 불화가 많이 생긴다든가 또는 남편과 떨어져 산다든가 또는 이혼을 한다든가 또는 남편이 사망하는 수도 있다. 그리고 ※신축, 문서는 ※세운임오년(歲運壬午年)의 오화(午火)는 무토일주의 인수(印綬)로 세운에서 인수운(印綬運)이 들어오면 ※집을 짓는다든가 또는 증축을 한다든가 또는 사업체를 벌린다든가 또는 문서를 잡는 일도 있다. 그리고 ※손재는 ※세운임오년(歲運壬午年)의 임수(壬水)는 무토일주의 편재(偏財)로 신왕사주(身旺四柱)에 재(財)가 쇠약(衰弱)한데 세운에서 재운(財運)이 들어오면 ※손재수를 조심해야 한다.

❷ 질병(疾病)은 일주(日柱)에서 발생(發生)한다.

❸ 남녀성격은 일주(日柱)에서 발생(發生)한다.

임오년 (壬午年)

67년(음) 5월 16일 유(酉)시 남자

辛	戊	丙	丁
酉	午	午	未

56	46	36	26	16	6
庚	辛	壬	癸	甲	乙
子	丑	寅	卯	辰	巳

이 사주는 무토일주(戊土日柱)가 중하오월(中夏午月) 양인월(羊刃月)에 출생하여 득령(得令)하고 오중정화(午中丁火)가 년상(年上)에 투출(透出)하여 인수격(印綬格)이며 지지(地支)는 오미(午未)로 화국(火局)을 이루어 일주(日柱)는 신왕사주(身旺四柱)다. 신왕사주(身旺四柱)에는 일주(日柱)를 제(制)하는 관살(官殺)이나 상관식신(傷官食神)으로 설기(泄氣)함이 좋은데 일주(日柱)를 제(制)하는 관살(官殺)은 없고 설기(泄氣)하는 상관신금(傷官辛金)이 시상(時上)에 투출(透出)하고 그 신금(辛金)은 자좌유금(自坐酉金)에 록근(祿根)하여 아름답다. 그러므로 이런 사주를 가상관격(假傷官格)이라고 하며 신금(辛金)이 용신(用神)이 된다. 이 사주는 남자(男子)의 사주로서 경호업체에 근무하였으나 운(運)이 없어 퇴사하고 36세 임수대운(壬水大運)에 체육관을 경영하였으나 운(運)이 없어 손해를 많이 보고 결혼 못 하고 혼자 살고 있는 사주다. 사주는 잘 타고났으나 초년(初年)에 운이 없다.

❶ 세운임오년(歲運壬午年): 신축, 문서, 변화, 이사, 전근, 손재, 처액
❷ 질병(疾病): 위(胃), 비(脾), 혈압(血壓)
❸ 남녀성격: (남) 군자의 성품, 언행 조심, 성질 급, 서두른다, 외화내곤, 실패 자초, 처궁불미, 재가, 정력 강, 여자 많다, 편식한다
(여) 신용, 순진하다, 고집 대단, 박력 있다, 부궁불미, 정부, 친모봉양

세운·질병·남녀성격의 해설 (歲運·疾病·男女性格의 解說)

❶ 세운임오년(歲運壬午年)= ※신축, 문서, 변화, 이사, 전근, 손재, 처액은 ※세운임오년(歲運壬午年)의 오화(午火)는 무토일주(戊土日柱)의 인수(印綬)로 세운에서 인수운(印綬運)이 들어오면 ※집을 짓는다든가 또는 증축을 한다든가 또는 사업체를 벌린다든가 또는 문서를 잡는 일도 있다. 그리고 ※변화, 이사, 전근은 ※세운임오년(歲運壬午年)의 오화(午火)는 일지오화(日支午火)와 오오(午午)로 삼합(三合)이 되므로 세운에서 일지(日支) 삼합운(三合運)이 들어오면 ※변화가 생긴다든가 또는 이사를 한다든가 또는 직장을 옮기는 일이 많다. 그리고 ※손재, 처액은 ※세운임오년(歲運壬午年)의 임수(壬水)는 무토일주(戊土日柱)의 편재(偏財)로 신왕사주(身旺四柱)에 재(財)가 쇠약(衰弱)한데 세운에서 재운(財運)이 들어오면 ※손재수를 조심해야 하며 또는 가정에 불화가 많이 생긴다든가 또는 처가 가출한다든가 또는 처의 건강을 조심해야 한다.

❷ 질병(疾病)과 ❸ 남녀성격은 일주(日柱)에서 발생(發生)한다.

임오년 (壬午年)

68년(음) 8월 14일 자(子)시 여자

壬	戊	辛	戊
子	申	酉	申

59	49	39	29	19	9
乙	丙	丁	戊	己	庚
卯	辰	巳	午	未	申

이 사주는 무토일주(戊土日柱)가 중추유월(中秋酉月)에 출생하여 실시(失時)하고 유중신금(酉中辛金)이 월상(月上)에 투출(透出)하여 상관격(傷官格)이다. 그리고 지지(地支)는 년일지(年日支) 양신금(兩申金)으로 상관식신(傷官食神)이 태왕(太旺)하며 시간지(時干支) 임지(壬子)로 상관(傷官)과 재(財)가 태왕(太旺)이다. 무토일주(戊土日柱)는 무근(無根)이며 자좌신금(自坐申金)에 설기(泄氣)가 심(甚)하고 년상무토(年上戊土) 비견(比肩)도 무근(無根)이며 자좌신금(自坐申金)에 설기(泄氣)가 심(甚)하여 무토일주(戊土日柱)를 도와줄 힘이 없다. 그러므로 토생금(土生金) 금생수(金生水)로 종재격(從財格)이다. 그러므로 임수재(壬水財)가 용신(用神)이며 금(金) 상관식신(傷官食神)은 희신(喜神)이 된다. 이 사주는 여자(女子)의 사주로서 귀금속 대리점을 하였으나 운(運)이 없어 손해를 많이 보고 아직까지 결혼(結婚) 못 하고 혼자 살고 있는 사주다. 여자(女子) 사주에 상관식신(傷官食神)이 태왕(太旺)이면 부궁(夫宮)이 부실하여 결혼이 늦다든가 재혼(再婚)하는 사람들이 많다.

❶ 세운임오년(歲運壬午年): 신축, 문서, 관재, 손재, 신액
❷ 질병(疾病): 위(胃), 잔질(殘疾)
❸ 남녀성격: (남) 군자의 성품, 언행 조심, 신의 있다, 재주 있다, 고독하다, 항상 바쁨, 학업 장애, 처궁불미, 처 덕 있다, 재복 있다
   (여) 신용 있다, 순진하다, 고집 대단, 부궁불미, 정부, 다재다능

⊙ 세운·질병·남녀성격의 해설 (歲運 · 疾病 · 男女性格의 解說)

❶ 세운임오년(歲運壬午年)= ※신축, 문서, 관재, 손재, 신액은 ※세운임오년(歲運壬午年)의 오화(午火)는 무토일주(戊土日柱)의 인수(印綬)로 세운(歲運)에서 인수운(印綬運)이 들어오면 ※집을 짓는다든가 또는 증축을 한다든가 또는 사업체를 벌린다든가 또는 문서를 잡는 일도 있다. 그리고 ※관재, 손재, 신액은 ※세운임오년(歲運壬午年)의 임수(壬水)는 무토일주(戊土日柱)의 편재(偏財)로 원명사주(源命四柱)에 재(財)가 태왕(太旺)인데 세운(歲運)에서 재(財)나 관살운(官殺運)이 들어오면 ※관재수나 손재수나 건강을 조심해야 한다.

❷ 질병(疾病)은 일주(日柱)에서 발생(發生)한다.

❸ 남녀성격은 일주(日柱)에서 발생(發生)한다.

임오년 (壬午年)

68년(음) 10월 5일 해(亥)시 여자

癸	戊	癸	戊
亥	戌	亥	申

56	46	36	26	16	6
丁	戊	己	庚	辛	壬
巳	午	未	申	酉	戌

이 사주는 무토일주(戊土日柱)가 초겨울 해월(亥月)에 출생하여 실시(失時)하고 월시상(月時上) 양계수(兩癸水)가 투출(透出)하여 재(財)가 태왕(太旺)이다. 그러나 무토일주(戊土日柱)는 자좌술중(自坐戌中) 무토(戊土)에 근(根)하고 술중무토(戌中戊土)가 년상(年上)에 투출(透出)하여 많은 재(財)를 제(制)하고 일주(日柱)를 도와주는 비견겁(比肩劫)이 용신(用神)이며 화인수(火印綬)는 희신(喜神)이 된다. 이 사주는 여자(女子)의 사주로서 공대(工大)를 졸업하였으나 초년(初年)에는 운(運)이 없어 취업이 안되어 장사를 하였으나 고생을 많이 하였고 36세 기미대운(己未大運)에 용신운(用神運)이 들어와 사업이 번창하여 수억금을 벌었으며 앞으로도 오정사(午丁巳) 대운(大運)이 잘 들어와 수십억을 벌 것으로 생각된다.

❶ 세운임오년(歲運壬午年): 신축, 문서, 변화, 이사, 전근, 관재, 손재, 신액
❷ 질병(疾病): 신장(腎臟), 방광(膀胱)
❸ 남녀성격: (남) 군자의 성품, 언행 조심, 신의 있다, 인심 좋다, 재주 있다, 신뢰한다, 근면하다, 학업 열중, 임사즉결, 고집 대단, 남에게 잘함, 신앙심, 창의력, 돈이 잘 빠져나간다
　　　　　 (여) 신용 있다, 순진하다, 시모불합, 남편 말 잘 안 듣는다, 부궁불미, 정부, 재가, 독수공방, 일가부양, 친모봉양, 신앙심

☯ 세운 · 질병 · 남녀성격의 해설 (歲運 · 疾病 · 男女性格의 解說)

❶ 세운임오년(歲運壬午年)= ※신축, 문서, 변화, 이사, 전근, 관재, 손재, 신액은 ※세운임오년(歲運壬午年)의 오화(午火)는 무토일주(戊土日柱)의 인수(印綬)로 세운(歲運)에서 인수운(印綬運)이 들어오면 ※집을 짓는다든가 또는 증축을 한다든가 또는 사업체를 벌린다든가 또는 문서를 잡는 일도 있다. 그리고 ※변화, 이사, 전근은 ※세운임오년(歲運壬午年)의 오화(午火)는 일지술토(日支戌土)와 오술(午戌)로 삼합(三合)이 되므로 세운(歲運)에서 일지(日支) 삼합운(三合運)이 들어오면 ※변화가 생긴다든가 또는 이사를 한다든가 또는 직장을 옮기는 일이 많다. 그리고 ※관재, 손재, 신액은 ※세운임오년(歲運壬午年)의 임수(壬水)는 무토일주(戊土日柱)의 편재(偏財)로 원명사주(源命四柱)에 재(財)가 태왕(太旺)인데 세운(歲運)에서 재(財)나 관살운(官殺運)이 들어오면 ※관재수나 손재수나 건강을 조심해야 한다.

❷ 질병(疾病)은 일주(日柱)에서 발생(發生)한다.

❸ 남녀성격은 일주(日柱)에서 발생(發生)한다.

임오년 (壬午年)

72년(음) 11월 18일 진(辰)시 여자

丙	戊	壬	壬
辰	子	子	子

55	45	35	25	15	5
丙	丁	戊	己	庚	辛
午	未	申	酉	戌	亥

이 사주는 무토일주(戊土日柱)가 중동자월(中冬子月)에 출생하여 실시(失時)하고 년지자수(年支子水)와 일시지(日時支) 자진(子辰)으로 수국(水局)을 이루어 지지(地支)는 전수국(全水局)이며 년월(年月) 양임수(兩壬水)가 투출(透出)하여 사주 전체가 수(水)로 되어 있다. 무토일주는 진중무토(辰中戊土)에 근(根)한다고 하나 그 진토(辰土)는 동토(冬土)며 자진수국(子辰水局)으로 화(化)하였고 월상병화(月上丙火) 인수(印綬)가 있다고 하나 그 병화(丙火)도 무근(無根)이며 자좌진토(自坐辰土)에 설기(泄氣)가 심(甚)하여 일주(日柱)를 도와줄 힘이 없다. 그러므로 이 사주는 재(財)가 태왕(太旺)하므로 종재격(從財格)이다. 그러므로 수재(水財)가 용신(用神)이며 금(金) 상관식신(傷官食神)은 희신(喜神)이 된다. 이 사주는 여자(女子)의 사주로서 30세 유금대운(酉金大運)에 장사를 하여 수억금을 벌은 사주다.

❶ 세운임오년(歲運壬午年): 신축, 문서, 관재, 수술, 자연재앙, 관재, 손재, 신액
❷ 질병(疾病): 비(脾), 위(胃)
❸ 남녀성격: (남) 군자의 성품, 언행 조심, 외강내유, 지혜롭다, 고집 대단, 신경 예민, 권모술수, 처 덕 있다, 돈이 잘 빠져나감, 처 말을 잘 듣는다, 눈치빠름
　　　　　(여) 순진, 신용, 하는 일에 겁이 없다, 부궁불미, 정부, 재가, 독수공방, 직업, 재복 있다, 신앙심

🌀 세운·질병·남녀성격의 해설 (歲運·疾病·男女性格의 解說)

❶ 세운임오년(歲運壬午年)= ※신축, 문서, 관재, 수술, 자연재앙, 관재, 손재, 신액은 ※세운임오년(歲運壬午年)의 오화(午火)는 무토일주(戊土日柱)의 인수(印綬)로 세운(歲運)에서 인수운(印綬運)이 들어오면 ※집을 짓는다든가 또는 증축을 한다든가 또는 사업체를 벌린다든가 또는 문서를 잡는 일도 있다. 그리고 ※관재, 수술, 자연재앙은 ※세운임오년(歲運壬午年)의 오화(午火)는 일지자수(日支子水)와 자오충(子午沖)으로 세운(歲運)에서 일지충운(日支沖運)이 들어오면 ※관재수를 조심해야 하며 또는 수술을 조심해야 하며 또는 자연재앙을 조심해야 한다. 그리고 ※관재, 손재, 신액은 ※세운임오년(歲運壬午年)의 임수(壬水)는 무토일주(戊土日柱)의 편재(偏財)로 원명사주(源命四柱)에 재(財)가 태왕(太旺)인데 세운(歲運)에서 재(財)나 관살운(官殺運)이 들어오면 ※관재수나 손재수나 건강을 조심해야 한다.

❷ 질병(疾病)과 ❸ 남녀성격은 일주(日柱)에서 발생(發生)한다.

임오년 (壬午年)

72년(음) 11월 8일 진(辰)시 남자

丙	戊	壬	壬
辰	寅	子	子

58	48	38	28	18	8
戊	丁	丙	乙	甲	癸
午	巳	辰	卯	寅	丑

이 사주는 무토일주(戊土日柱)가 중동자월(中冬子月)에 출생하여 실시(失時)하고 년지자수(年支子水)와 년월(年月) 양임수(兩壬水)가 투출(透出)하여 재(財)가 태왕(太旺)이다. 그리고 무토일주(戊土日柱)는 자좌(自坐) 인중갑목(寅中甲木)에 살지(殺地)라고 하나 무토일주(戊土日柱)의 인목(寅木)은 생궁(生宮)이며 인중병화(寅中丙火)가 시상(時上)에 투출(透出)하여 인수(印綬)가 힘이 있으므로 종(從)하지 않는다. 그러므로 많은 재(財)를 제(制)하는 비견겁(比肩劫)이 용신(用神)이며 화인수(火印綬)는 희신(喜神)이 된다. 이 사주는 남자(男子)의 사주로서 초년(初年)에 사업을 하여 운(運)이 없어 손해를 많이 보았고 38세 병진대운(丙辰大運)에 희신운(喜神運)이 들어와 사업이 번창하여 돈을 많이 벌었으나 아직 결혼을 못 한 사주다. 사주에 재(財)가 많으면 처궁(妻宮)이 부실한데 년간지(年干支) 임자생(壬子生)의 공망(空亡)은 일지인목(日支寅木)으로 처궁(妻宮)이 더욱더 부실하다.

❶ 세운임오년(歲運壬午年): 신축, 문서, 변화, 이사, 전근, 관재, 손재, 신액
❷ 질병(疾病): 위산과다(胃酸過多), 위장병(胃腸病)
❸ 남녀성격: (남) 군자의 성품, 언행 조심, 의젓하다, 주관이 약하다, 부모무덕, 밥을 조금 먹는다, , 처궁불미, 자손귀자
　　　　　　(여) 신용 있다, 순진하다, 고집 대단, 정부, 재가, 시모불화, 인덕 없다, 친모봉양

☯ 세운·질병·남녀성격의 해설 (歲運·疾病·男女性格의 解說)

❶ 세운임오년(歲運壬午年)= ※신축, 문서, 변화, 이사, 전근, 관재, 손재, 신액은 ※세운임오년(歲運壬午年)의 오화(午火)는 무토일주(戊土日柱)의 인수(印綬)로 세운(歲運)에서 인수운(印綬運)이 들어오면 ※집을 짓는다든가 또는 증축을 한다든가 또는 사업체를 벌린다든가 또는 문서를 잡는 일도 있다. 그리고 ※변화, 이사, 전근은 ※세운임오년(歲運壬午年)의 오화(午火)는 일지인목(日支寅木)과 인오(寅午)로 삼합(三合)이 되므로 세운에서 일지(日支) 삼합운(三合運)이 들어오면 ※변화가 생긴다든가 또는 이사를 한다든가 또는 직장을 옮기는 일이 많다. 그리고 ※관재, 손재, 신액은 ※세운임오년(歲運壬午年)의 임수(壬水)는 무토일주(戊土日柱)의 편재(偏財)로 원명사주(源命四柱)에 재(財)가 태왕(太旺)인데 세운(歲運)에서 재(財)나 관살운(官殺運)이 들어오면 ※관재수나 손재수나 건강을 조심해야 한다.

❷ 질병(疾病)과 ❸ 남녀성격은 일주(日柱)에서 발생(發生)한다.

임오년 (壬午年)

69년(음) 3월 28일 진(辰)시 남자

戊	己	己	己
辰	丑	巳	酉

53	43	33	23	13	3
癸	甲	乙	丙	丁	戊
亥	子	丑	寅	卯	辰

이 사주는 기토일주(己土日柱)가 초여름 사월(巳月)에 출생하여 득령(得令)하고 년월(年月) 양기토(兩己土)와 시간지(時干支) 무진토(戊辰土)로 비견겁(比肩劫)이 태왕(太旺)이다. 그러므로 일주(日柱)는 신왕사주(身旺四柱)다. 신왕사주(身旺四柱)에는 관살(官殺)로 일주(日柱)를 제(制)히거나 상관식신(傷官食神)으로 설기(泄氣)함이 좋은데 일주(日柱)를 제(制)하는 관살(官殺)은 없고 년지유금(年支酉金) 식신(食神)이 있어 유금식신(酉金食神)으로 설기(泄氣)하므로 이런 사주를 가상관격(假傷官格)이라고 하며 년지유금(年支酉金) 식신(食神)이 용신(用神)이 된다. 이 사주는 남자(男子)의 사주로서 회사에 근무하다가 운(運)이 없어 승진(昇進)이 안되어 퇴사하고 사업을 경영하였으나 운(運)이 없어 고생을 많이 하다가 손해(損害)를 많이 보고 아직까지 결혼을 못하고 혼자 살고 있는 사주다. 처궁(妻宮)이 부실한 것은 남자(男子) 사주에 비견겁(比肩劫)이 태왕(太旺)이면 처궁(妻宮)이 부실하여 결혼이 늦다든가 결혼을 하여도 재혼(再婚)하는 사람들이 많다.

❶ 세운임오년(歲運壬午年): 손재, 처액, 신축, 문서
❷ 질병(疾病): 위(胃), 위경련(胃痙攣), 비(脾)
❸ 남녀성격: (남) 군자의 성품, 언행 조심, 근면 성실, 신용 부실, 부지런하다, 봉사정신, 처궁불미, 의처증, 새벽잠이 없다, 신앙심, 학업 장애
　　　　　　(여) 신용 있다, 순진하다, 부궁불미, 독수공방, 남편을 의심한다, 정부, 시모불합, 신앙심, 돈이 잘 빠져나간다, 친정형제 걱정 많이 한다

🔵 세운 · 질병 · 남녀성격의 해설 (歲運 · 疾病 · 男女性格의 解說)

❶ 세운임오년(歲運壬午年)= ※손재, 처액, 신축, 문서는 ※세운임오년(歲運壬午年)의 임수(壬水)는 기토일주의 정재(正財)로서 원명사주(源命四柱)에 비견겁(比肩劫)이 태왕(太旺)인데 세운(歲運)에서 재운(財運)이 들어오면 ※손재수를 조심해야 하며 또는 가정에 불화가 많이 생긴다든가 또는 처가 가출한다든가 또는 처의 건강을 조심해야 한다. 그리고 ※신축, 문서는 ※세운임오년(歲運壬午年)의 오화(午火)는 기토일주(己土日柱)의 인수(印綬)로 세운(歲運)에서 인수운(印綬運)이 들어오면 ※집을 짓는다든가 또는 증축을 한다든가 또는 사업체를 벌린다든가 또는 문서를 잡는 일도 있다.

❷ 질병(疾病)은 일주(日柱)에서 발생(發生)한다.

❸ 남녀성격은 일주(日柱)에서 발생(發生)한다.

임오년 (壬午年)

64년(음) 1월 8일 사(巳)시 여자

<table>
<tr><td>己</td><td>己</td><td>丙</td><td>甲</td></tr>
<tr><td>巳</td><td>亥</td><td>寅</td><td>辰</td></tr>
</table>

55	45	35	25	15	5
庚	辛	壬	癸	甲	乙
申	酉	戌	亥	子	丑

이 사주는 기토일주(己土日柱)가 초봄 인월(寅月)에 출생하여 실시(失時)하고 인중갑목(寅中甲木)과 병화(丙火)가 년월(年月)에 투출(透出)하여 어느 오행(五行)으로 격(格)을 잡느냐의 기로(岐路)에 서게 된다. 날짜상으로 보아 8일이므로 인중(寅中)에 병화(丙火)가 사령(司令)하므로 병화인수(丙火印綬)로 격(格)을 잡는다. 그러므로 인수격(印綬格)이다. 그리고 기토일주(己土日柱)는 일지해수(日支亥水)와 월지인목(月支寅木)과 년상갑목(年上甲木)이 투출(透出)하여 재관(財官)이 태왕(太旺)하여 신약사주(身弱四柱)같이 보이나 기토일주(己土日柱)는 시간지(時干支) 기사(己巳) 인수(印綬)와 비견(比肩)이 있고 월상병화(月上丙火) 인수(印綬)가 투출(透出)하였으며 년지(年支) 진중무토(辰中戊土)가 있어 일주(日柱)는 약화위강(弱化爲强)으로 신왕사주(身旺四柱)다. 신왕사주(身旺四柱)에는 관살(官殺)로 용신(用神)함이 좋은데 년상갑목(年上甲木) 정관(正官)이 있어 그 정관(正官)으로 용신(用神)한다. 그리고 일지해중(日支亥中) 임수재(壬水財)는 희신(喜神)이 된다. 이 사주는 여자(女子)의 사주로서 초년운(初年運)이 잘 들어와 공부를 많이 하여 청사에 근무하고 있는 사주인데 35세 임수대운(壬水大運)에 승진하여 승승장구하고 있는 사주다.

❶ 세운임오년(歲運壬午年): 이별수, 신축, 문서

❷ 질병(疾病): 위(胃), 비(脾)

❸ 남녀성격: (남) 군자의 성품, 언행 조심, 영리하다, 추리력, 선견지명, 외유내강, 현실에 적응 잘한다, 강직하다, 재복 있다, 장수한다, 호인이다

(여) 신용 있다, 순진하다, 남편 좋다, 영리하다, 부궁불미, 정부, 장수한다, 신앙심

세운·질병·남녀성격의 해설 (歲運 · 疾病 · 男女性格의 解說)

❶ 세운임오년(歲運壬午年)= ※이별수, 신축, 문서는 ※세운임오년(歲運壬午年)의 오화(午火)는 기토일주(己土日柱)의 인수(印綬)로 신왕(身旺)한 여자 사주에 세운(歲運)에서 인수운(印綬運)이 들어오면 ※가정에 불화가 많이 생긴다든가 또는 남편과 떨어져 산다든가 또는 이혼한다든가 또는 남편이 사망하는 수도 있다. 그리고 ※신축, 문서는 ※세운임오년(歲運壬午年)의 오화(午火)는 기토일주(己土日柱)의 인수(印綬)로 세운(歲運)에서 인수운(印綬運)이 들어오면 ※집을 짓는다든가 또는 증축을 한다든가 또는 사업체를 벌린다든가 또는 문서를 잡는 일도 있다.

❷ 질병(疾病)과 ❸ 남녀성격은 일주(日柱)에서 발생(發生)한다.

임오년 (壬午年)

63년(음) 7월 16일 오(午)시 남자

庚	己	庚	癸
午	酉	申	卯

59	49	39	29	19	9
甲	乙	丙	丁	戊	己
寅	卯	辰	巳	午	未

이 사주는 기토일주(己土日柱)가 초가을 신월(申月)에 출생하여 실시(失時)하고 신궁경금(申宮庚金)이 월시상(月時上)에 투출(透出)하여 상관격(傷官格)이다. 일지유금(日支酉金)과 신유(申酉)로 금국(金局)을 이루어 상관식신(傷官食神)이 태왕(太旺)이다. 그리므로 기토일주(己土日柱)는 신약사주(身弱四柱)로서 시지오화(時支午火) 인수(印綬)에 생(生)을 받으므로 종(從)하지 않는다. 그러므로 시지오화(時支午火) 인수(印綬)로 많은 상관식신(傷官食神)을 제(制)하면서 일주(日柱)를 보신(補身)해야 하므로 화인수(火印綬)가 용신(用神)이며 토비견겁(土比肩劫)은 희신(喜神)이 된다. 이 사주는 남자(男子)의 사주로서 형편이 어려운 가정에서 공부는 많이 못하였으나 제빵 기술(技術)을 배워 제과점에 근무하다가 34세 사화대운(巳火大運)에 사업을 경영하여 수억금을 벌은 사주다. 아무리 공부를 못하여도 몸이 건강하고 기술이 있고 근면 성실(勤勉 誠實)하고 대운(大運)이 잘 들어오면 크게 성공할 수 있다. 상관격(傷官格)을 놓은 사람들은 무서운 것이 없으며 고집이 대단하며 재주가 비범하고 팔방미남(八方美男)이며 임기응변(臨機應變)이 좋으며 기술과 예체능에 소질이 많으므로 기술직(技術職)으로 직업을 갖는 사람들이 많다.

❶ 세운임오년(歲運壬午年): 신축, 문서
❷ 질병(疾病): 위(胃), 비(脾), 폐병(肺病), 결핵(結核)
❸ 남녀성격: (남) 군자의 성품, 언행 조심, 신의 있다, 남에게 잘함, 문단 수려, 암기력, 처덕 있다, 처궁불미, 언어특성, 운동 잘함, 잔병치레, 식복 있다
　　　　　 (여) 신용 있다, 순진하다, 남편복이 없다, 부궁불미, 독수공방, 정부, 미모 수려, 자손귀자

🌀 세운 · 질병 · 남녀성격의 해설 (歲運 · 疾病 · 男女性格의 解說)

❶ 세운임오년(歲運壬午年)= ※신축, 문서는 ※세운임오년(歲運壬午年)의 오화(午火)는 기토일주(己土日柱)의 인수(印綬)로 세운(歲運)에서 인수운(印綬運)이 들어오면 ※집을 짓는다든가 또는 증축을 한다든가 또는 사업체를 벌린다든가 또는 문서를 잡는 일도 있다.

❷ 질병(疾病)은 위, 비는 일주(日柱)에서 발생(發生)하며 ※폐병, 결핵은 ※기토일주(己土日柱)가 쇠약(衰弱)하면 ※폐병과 결핵을 조심해야 한다.

❸ 남녀성격은 일주(日柱)에서 발생(發生)한다.

임오년 (壬午年)

51년(음) 6월 15일 술(戌)시 여자

甲	己	乙	辛
戌	未	未	卯

57	47	37	27	17	7
辛	庚	己	戊	丁	丙
丑	子	亥	戌	酉	申

이 사주는 기토일주(己土日柱)가 하계미월(夏季未月)에 출생하여 득령(得令)하고 미중을목(未中乙木)이 월상(月上)에 투출(透出)하여 편관격(偏官格)이다. 그리고 일지미토(日支未土)와 시지술토(時支戌土)가 있어 일주(日柱)는 신왕사주(身旺四柱)다. 신왕사주(身旺四柱)에는 일주(日柱)를 제(制)하는 관살(官殺)이 좋은데 다행히 월상을목(月上乙木)이 미중을목(未中乙木)에 근(根)하고 년지묘목(年支卯木)에 록근(祿根)하여 월상을목(月上乙木)으로 많은 비견겁(比肩劫)을 제(制)하여야 하므로 월상을목(月上乙木)이 용신(用神)이며 수재(水財)는 희신(喜神)이 된다. 이 사주는 여자(女子)의 사주로서 초년(初年)에 회사에 근무하였으나 운(運)이 없어 고생을 많이 하였고 37세 기토대운(己土大運)에는 퇴사하고 사업을 하였으나 손해를 많이 보고 남편(男便)과 이혼(離婚)하고 혼자 살면서 방황하다가 52세 자수희신(子水喜神) 대운(大運)에 음식업을 경영하여 수억금을 벌어 잘 살고 있는 사주다. 부궁(夫宮)이 부실한 것은 기토일주(己土日柱)의 남편(男便)은 갑목(甲木)이므로 월일지(月日支) 미토(未土)는 목(木)의 고장(庫藏)으로서 여자(女子) 사주에 관성(官星)의 묘궁(墓宮)이 있으면 부궁(夫宮)이 부실하여 재혼하거나 혼자 사는 사람들이 많다.

❶ 세운임오년(歲運壬午年): 이별수, 신축, 문서
❷ 질병(疾病): 위(胃), 비(脾), 당뇨(糖尿)
❸ 남녀성격: (남) 군자의 성품, 언행 조심, 성질 급, 고집 대단, 성격이 까다롭다, 편식, 옷에
　　　　　　신경 쓴다, 처궁불미, 남에게 시기를 많이 받는다, 신앙심
　　　　　　(여) 신용 있다, 순진하다, 부궁불미, 이성 구설, 정부, 독수공방, 친모봉양

◑ **세운·질병·남녀성격의 해설**(歲運·疾病·男女性格의 解說)

❶ 세운임오년(歲運壬午年)= ※이별수, 신축, 문서는 ※세운임오년(歲運壬午年)의 오화(午火)는 기토일주(己土日柱)의 인수(印綬)로 신왕(身旺)한 여자 사주에 세운(歲運)에서 인수운(印綬運)이 들어오면 ※가정에 불화가 많이 생긴다든가 또는 남편과 떨어져 산다든가 또는 이혼한다든가 또는 남편이 사망하는 수도 있다. 그리고 ※신축, 문서는 ※세운임오년(歲運壬午年)의 오화(午火)는 기토일주의 인수(印綬)로 세운에서 인수운(印綬運)이 들어오면 ※집을 짓는다든가 또는 증축을 한다든가 또는 사업체를 벌리는 일이 많다.

❷ 질병(疾病)은 일주(日柱)에서 발생(發生)한다.

❸ 남녀성격은 일주(日柱)에서 발생(發生)한다.

임오년 (壬午年)

54년(음) 6월 13일 미(未)시 남자

辛	己	辛	甲
未	巳	未	午

59	49	39	29	19	9
丁	丙	乙	甲	癸	壬
丑	子	亥	戌	酉	申

이 사주는 기토일주(己土日柱)가 하계미월(夏季未月)에 출생하여 득령(得令)하고 지지(地支)는 오미사미(午未巳未)로 화국(火局)을 이루어 일주(日柱)는 신왕사주(身旺四柱)다. 신왕사주(身旺四柱)에는 일주(日柱)를 제(制)하는 관살(官殺)이나 상관식신(傷官食神)으로 설기(泄氣)함이 좋은데 일주(日柱)를 제(制)하는 년상갑목(年上甲木)은 무근(無根)이며 자좌오화(自坐午火)에 설기(泄氣)가 심(甚)하여 용신(用神)으로 쓸 수가 없다. 다행히 월시상(月時上)에 양신금(兩辛金)이 투출(透出)되어 신금식신(辛金食神)으로 설기(泄氣)하므로 이런 사주를 가상관격(假傷官格)이라고 하며 금식신(金食神)이 용신(用神)이 된다. 이 사주는 남자(男子)의 사주로서 회사에 근무하였으나 운(運)이 없어 승진이 안되어 49세 병화대운(丙火大運)에 퇴사하여 조그만한 사업을 경영하였으나 시상신금(時上辛金)과 대운병화(大運丙火)와 병신합(丙辛合)으로 합거(合去)되어 재산을 탕진하고 처(妻)와 이혼하고 일용직(日用職)으로 일하며 힘들게 살고 있는 사주다.

❶ 세운임오년(歲運壬午年): 손재, 처액, 신축, 문서, 자연재앙
❷ 질병(疾病): 위(胃), 비(脾)
❸ 남녀성격: (남) 군자의 성품, 언행 조심, 외유내강, 강직하다, 미모 수려, 멋쟁이, 학업 열중, 덕망이 있다, 항상 바쁨, 처궁불미, 처 덕 있다
　　　　　 (여) 신용 있다, 순진하다, 남편복이 있다, 자손귀자, 친정걱정, 물조심, 영리하다

◑ 세운·질병·남녀성격의 해설 (歲運·疾病·男女性格의 解說)

❶ 세운임오년(歲運壬午年)= ※손재, 처액, 신축, 문서, 자연재앙은 ※세운임오년(歲運壬午年)의 임수(壬水)는 기토일주의 정재(正財)로 신왕(身旺)한 남자(男子) 사주에 세운에서 재운(財運)이 들어오면 ※손재수를 조심해야 하며 또는 가정에 불화가 많이 생긴다든가 또는 처가 가출한다든가 또는 처의 건강을 조심해야 한다. 그리고 ※신축, 문서는 ※세운임오년(歲運壬午年)의 오화(午火)는 기토일주의 인수(印綬)로 세운(歲運)에서 인수운(印綬運)이 들어오면 ※집을 짓는다든가 또는 증축을 한다든가 또는 사업체를 벌린다든가 또는 문서를 잡는 일도 있다. 그리고 ※자연재앙은 ※세운임오년의 오화(午火)는 년지오화(年支午火)와 오오(午午)로 똑같은 오행(五行)이므로 세운에서 년지(年支)같은 운(運)이 들어오면 ※자연재앙을 조심해야 한다.

❷ 질병(疾病)과 ❸ 남녀성격은 일주(日柱)에서 발생(發生)한다.

임오년 (壬午年)

63년(음) 1월 12일 유(酉)시 남자

癸	己	甲	癸
酉	卯	寅	卯

51	41	31	21	11	1
戊	己	庚	辛	壬	癸
申	酉	戌	亥	子	丑

이 사주는 기토일주(己土日柱)가 초봄 인월(寅月)에 출생하여 실시(失時)하고 인중갑목(寅中甲木)이 월상(月上)에 투출(透出)하여 정관격(正官格)이다. 그리고 년지묘목(年支卯木)과 일지묘목(日支卯木)으로 지지(地支)는 목국(木局)을 이루어 관살(官殺)이 태왕(太旺)으로 종살격(從殺格) 같기도 하고 갑기합토(甲己合土)로 화격(化格) 같기도 하나 인월(寅月)과 묘목(卯木)이 많아 합이 불화(合以不化)로 화격(化格)도 되지 않는다. 그리고 기토일주(己土日柱)를 도와주는 비견겁(比肩劫)이나 인수(印綬)가 하나도 없으므로 쇠극격(衰極格)에 해당하므로 쇠(衰)한 자는 상관식신(傷官食神)으로 설기(泄氣)하여 더욱더 쇠(衰)하게 하는 동시 기토일주(己土日柱)를 극(剋)하는 관살(官殺)을 제(制)하여야 하기 때문에 상관식신(傷官食神)이 용신(用神)이며 수재(水財)는 희신(喜神)이 된다. 이 사주는 남자(男子)의 사주로서 체육(體育)을 전공하였으나 체육교사로 취임이 안되어 체육관을 경영하였으나 사업이 부실하여 손해(損害)를 많이 보았고 46세 유금대운(酉金大運)에 주류업(酒類業)을 경영하여 돈을 많이 벌은 사주다.

❶ 세운임오년(歲運壬午年): 신축, 문서, 관재, 손재, 신액
❷ 질병(疾病): 위(胃), 비(脾), 위산과다(胃酸過多)
❸ 남녀성격: (남) 군자의 성품, 언행 조심, 고집 대단, 지구력 부족, 인덕 없다, 마음 약, 처궁불미, 소심하다, 인자한 성품, 운동 잘함, 눈물 많다
　　　　　　(여) 신용 있다, 순진하다, 부궁불미, 정부, 재가, 식복 있다, 자손근심, 남편이 나이가 많은 사람 아니면 나이가 어린 사람을 만나기 쉽다

세운 · 질병 · 남녀성격의 해설 (歲運 · 疾病 · 男女性格의 解說)

❶ 세운임오년(歲運壬午年)= ※신축, 문서, 관재, 손재, 신액은 ※세운임오년(歲運壬午年)의 오화(午火)는 기토일주의 인수(印綬)로 세운(歲運)에서 인수운(印綬運)이 들어오면 ※집을 짓는다든가 또는 증축을 한다든가 또는 사업체를 벌린다든가 또는 문서를 잡는 일도 있다. 그리고 ※관재, 손재, 신액은 ※세운임오년(歲運壬午年)의 임수(壬水)는 기토일주의 정재(正財)로 원명사주(源命四柱)에 재살(財殺)이 태왕(太旺)인데 세운(歲運)에서 재(財)나 관살운(官殺運)이 들어오면 ※관재수나 손재수나 건강을 조심해야 한다.

❷ 질병(疾病)은 일주(日柱)에서 발생(發生)한다.

❸ 남녀성격은 일주(日柱)에서 발생(發生)한다.

임오년 (壬午年)

62년(음) 1월 26일 신(申)시 여자

壬	己	壬	壬
申	亥	寅	寅

59	49	39	29	19	9
丙	丁	戊	己	庚	辛
申	酉	戌	亥	子	丑

이 사주는 기토일주(己土日柱)가 초봄 인월(寅月)에 출생하여 실시(失時)하고 년월시상(年月時上) 삼임수(三壬水)가 투출(透出)하여 그 임수(壬水)는 일지해수(日支亥水)에 록근(祿根)하고 시지신금(時支申金)에 장생(長生)하여 재살(財殺)이 태왕(太旺)으로 종살격(從殺格)같이 보인다. 그러나 기토일주(己土日柱)를 도와주는 인수(印綬)나 비견겁(比肩劫)이 하나도 없으므로 쇠극격(衰極格)에 해당하므로 쇠(衰)한 자는 상관식신(傷官食神)으로 설기(泄氣)하여 더욱 더 쇠(衰)하게 하는 동시 기토일주(己土日柱)를 극(剋)하는 관살(官殺)을 제(制)하여야 하기 때문에 시지(時支) 신궁경금(申宮庚金) 상관(傷官)이 용신(用神)이며 수재(水財)는 희신(喜神)이 된다. 이 사주는 여자(女子)의 사주로서 은행에 근무하고 있는데 초년운(初年運)이 잘 들어와 승진이 빨랐으며 결혼(結婚)도 일찍하여 좋은 남편 만나 잘살고 있는 사주며 앞으로 54세 유신대운(酉申大運)에는 용신운(用神運)이 들어와 부귀(富貴)와 화목한 가정을 이루며 잘살 것이라고 생각된다.

❶ 세운임오년(歲運壬午年): 관재, 손재, 신액, 신축, 문서
❷ 질병(疾病): 위(胃), 비(脾), 폐병(肺病), 결핵(結核)
❸ 남녀성격: (남) 군자의 성품, 언행 조심, 영리하다, 추리력, 선견지명, 외유내강, 현실에 적응 잘한다, 강직하다, 재복 있다, 장수한다, 호인이다
　　　　　(여) 신용 있다, 순진하다, 남편 좋다, 영리하다, 부궁불미, 정부, 장수한다, 신앙심

🌀 세운·질병·남녀성격의 해설 (歲運·疾病·男女性格의 解說)

❶ 세운임오년(歲運壬午年)= ※관재, 손재, 신액, 신축, 문서는 ※세운임오년(歲運壬午年)의 임수(壬水)는 기토일주(己土日柱)의 정재(正財)로서 원명사주(源命四柱)에 재살(財殺)이 태왕(太旺)인데 세운(歲運)에서 재(財)나 관살운(官殺運)이 들어오면 ※관재수를 조심해야 하며 또는 손재수를 조심해야 하며 또는 건강을 조심해야 한다. 그리고 ※신축, 문서는 ※세운임오년(歲運壬午年)의 오화(午火)는 기토일주(己土日柱)의 인수(印綬)로 세운(歲運)에서 인수운(印綬運)이 들어오면 ※집을 짓는다든가 또는 증축을 한다든가 또는 사업체를 벌린다든가 또는 문서를 잡는 일도 있다.

❷ 질병(疾病)은 위, 비는 일주(日柱)에서 발생(發生)하며 ※폐병, 결핵은 ※기토일주(己土日柱)가 재관(財官)이 태왕(太旺)이면 ※폐병, 결핵을 조심해야 한다.

❸ 남녀성격은 일주(日柱)에서 발생(發生)한다.

임오년(壬午年)

44년(음) 7월 15일 오(午)시 여자

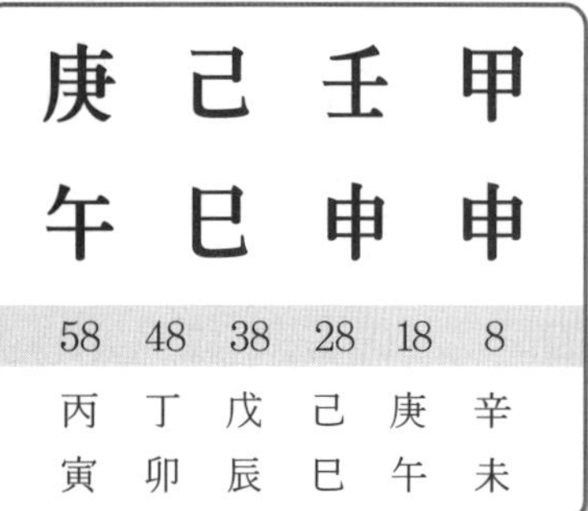

이 사주는 기토일주(己土日柱)가 초가을 신월(申月)에 출생하여 실시(失時)하고 신궁경금(申宮庚金)과 임수(壬水)가 투출(透出)하여 어느 오행(五行)으로 격(格)을 잡느냐의 기로(岐路)에 서게 된다. 날짜상으로 보아 15일이므로 신궁경금(申宮庚金)이 사령(司令)하므로 경금상관(庚金傷官)으로 격(格)을 잡는다. 그러므로 상관격(傷官格)이다. 그리고 이 사주는 년지신금(年支申金)과 월상임수(月上壬水)가 투출(透出)하여 상관(傷官)과 재(財)가 태왕(太旺)이다. 다행히 기토일주(己土日柱)는 시지오화(時支午火)에 록근(祿根)하고 일지사화(日支巳火)에 생(生)을 받으므로 화인수(火印綬)로 많은 상관식신(傷官食神)을 제(制)하고 기토일주(己土日柱)를 도와줘야 하므로 화인수(火印綬)가 용신(用神)이며 토비견겁(土比肩劫)은 희신(喜神)이 된다. 이 사주는 여자의 사주로서 초년(初年)에는 부모의 음덕(蔭德)으로 공부를 많이 하여 국제상사에 근무하면서 47세 진토대운(辰土大運)까지 승승장구(乘勝長驅)하였으나 48세 정화대운(丁火大運)에 퇴사하여 사업을 경영하였으나 월상임수(月上壬水)와 정임합(丁壬合)으로 합거(合去)되어 손해를 많이 보았고 58세 병화인수(丙火印綬) 대운(大運)에 사업이 번창하여 재산을 복구하고 잘살고 있는 사주다.

---

❶ 세운임오년(歲運壬午年): 신축, 문서

❷ 질병(疾病): 위(胃), 비(脾)

❸ 남녀성격: (남) 군자의 성품, 언행 조심, 외유내강, 강직하다, 미모 수려, 멋쟁이, 학업 열중, 덕망이 있다, 항상 바쁨, 처궁불미, 처 덕 있다

　　　　　(여) 신용 있다, 순진하다, 남편복이 있다, 자손귀자, 친정걱정, 물조심, 영리하다

🌀 세운·질병·남녀성격의 해설 (歲運·疾病·男女性格의 解說)

❶ 세운임오년(歲運壬午年)= ※신축, 문서는 ※세운임오년(歲運壬午年)의 오화(午火)는 기토일주의 인수(印綬)로 세운에서 인수운(印綬運)이 들어오면 ※집을 짓는다든가 또는 증축을 한다든가 또는 사업체를 벌린다든가 또는 문서를 잡는 일도 있다.

❷ 질병(疾病)은 위, 비, 변비, 설사, 피부는 일주(日柱)에서 발생(發生)하며 ※방광, 치질은 ※년간지(年干支) 갑신(甲申)과 일간지(日干支) 기사(己巳)는 천간(天干)으로 갑기합(甲己合), 지지(地支)로는 사신합(巳申合)으로 곤랑(滾浪) 도화살(桃花殺)이므로 사주에 곤랑(滾浪) 도화살(桃花殺)이 있으면 ※방광과 치질을 조심해야 한다.

❸ 남녀성격은 일주(日柱)에서 발생(發生)한다.

임오년 (壬午年)

60년(음) 11월 21일 진(辰)시 남자

庚	庚	己	庚
辰	子	丑	子

59	49	39	29	19	9
乙	甲	癸	壬	辛	庚
未	午	巳	辰	卯	寅

이 사주는 경금일주(庚金日柱)가 동계축월(冬季丑月)에 출생하여 득령(得令)하고 축중기토(丑中己土)가 월상(月上)에 투출(透出)하여 인수격(印綬格)이다. 그리고 년시상(年時上) 양경금(兩庚金) 비견(比肩)이 있고 시지진토(時支辰土)에 생(生)을 받으므로 일주(日柱)는 신왕사주(身旺四柱)다. 신왕사주(身旺四柱)에는 일주(日柱)를 제(制)하는 관살(官殺)이나 식신상관(食神傷官)으로 설기(泄氣)함이 좋은데 경금일주(庚金日柱)를 제(制)하는 관살(官殺)은 없고 년일지(年日支) 양자수(兩子水)가 있어 자수상관(子水傷官)으로 설기(泄氣)하므로 년지자수(年支子水) 상관(傷官)이 용신(用神)이 된다. 이 사주는 남자(男子)의 사주로서 초년(初年)에는 물류회사에 다니다가 39세 계수대운(癸水大運)에 주류업을 경영하여 돈을 많이 벌었고 44세 사화대운(巳火大運)에 그 사화(巳火)는 수용신(水用神)의 절궁(絶宮)으로 사업이 부실하였고 49세 갑목대운(甲木大運)에는 월상기토(月上己土)와 갑기합(甲己合)으로 합거(合去)되어 재산을 탕진하고 힘들게 살고 있는 사주다. 앞으로도 운(運)이 없어 직장생활을 하면 평범하게 살 수 있으나 사업을 하게 되면 패가망신한다.

❶ 세운임오년(歲運壬午年): 관재, 수술, 자연재앙
❷ 질병(疾病): 냉(冷), 대하증(帶下症), 동상(凍傷), 중풍(中風), 비색증(鼻塞症)
❸ 남녀성격: (남) 과감 용단, 청백한 사람, 의리 있다, 남을 무시한다, 두뇌 명철, 추리력, 혁명심, 처궁불미, 재가, 미인수다, 냉정하다, 눈치가 빠름, 신앙심
　　　　　(여) 냉정하다, 사람 사귀다 한번 틀어지면 다시 안 봄, 부궁불미, 정부, 재가, 독수공방, 남에게 잘함, 인덕 없다, 남자들의 배신을 잘 당함

🔵 세운·질병·남녀성격의 해설 (歲運·疾病·男女性格의 解說)

❶ 세운임오년(歲運壬午年)= ※관재, 수술, 자연재앙은 ※세운임오년(歲運壬午年)의 오화(午火)는 일지자수(日支子水)와 자오충(子午沖)으로 세운(歲運)에서 일지충운(日支沖運)이 들어오면 ※관재수를 조심해야 하며 또는 수술을 조심해야 하며 또는 자연재앙을 조심해야 한다.

❷ 질병(疾病)은 냉, 대하증, 동상, 중풍은 일주(日柱)에서 발생(發生)하며 ※비색증은 ※경금일주(庚金日柱)가 축월(丑月)에 출생하면 ※축농증이나 비염이나 코막힘을 조심해야 한다.

❸ 남녀성격은 일주(日柱)에서 발생(發生)한다.

임오년 (壬午年)

65년(음) 11월 10일 유(酉)시 여자

乙	庚	丁	乙
酉	寅	亥	巳

52	42	32	22	12	2
癸	壬	辛	庚	己	戊
巳	辰	卯	寅	丑	子

이 사주는 경금일주(庚金日柱)가 초겨울 해월(亥月)에 출생하여 실시(失時)하고 일지(日支) 인목재(寅木財)와 년지(年支) 사중병화(巳中丙火) 편관(偏官)과 월상정화(月上丁火)가 투출(透出)하여 금생수(金生水) 수생목(水生木) 목생화(木生火)로 사주의 기(氣)는 월상정화(月上丁火)에 집중되어 재살(財殺)이 태왕(太旺)이다. 다행히 경금일주(庚金日柱)는 시지유금(時支酉金) 양인(羊刃)이 있어 종(從)하지 않으므로 토인수(土印綬)가 용신(用神)이며 금비견겁(金比肩劫)은 희신(喜神)이 된다. 이 사주는 여자(女子)의 사주로서 어린이집 선생님으로 근무하다가 42세 임수대운(壬水大運)에 어린이집을 그만두고 직접 어린이집을 운영하였으나 임수대운(壬水大運)과 월상정화(月上丁火)와 정임합(丁壬合)으로 합거(合去)되어 손해를 많이 보았다. 그러나 47세 진토대운(辰土大運)에 용신운(用神運)이 들어와 사업이 번창하리라고 본다.

❶ 세운임오년(歲運壬午年): 변화, 이사, 전근, 관재, 손재, 신액
❷ 질병(疾病): 해수(咳嗽), 기관지(氣管支), 폐병(肺病), 결핵(結核)
❸ 남녀성격: (남) 과감 용단, 의리 있다, 임사즉결, 겉으로 냉정하나 속은 온화함, 근면 성실, 용기 있다, 성질 급, 타의 군림, 재복 있다, 처 덕 있다
　　　　　　(여) 냉정하다, 사람 사귀다 한번 틀어지면 다시 안 봄, 이성 고민, 직업, 부궁 불미, 정부, 자손귀자, 신경 예민

☯ 세운 · 질병 · 남녀성격의 해설 (歲運 · 疾病 · 男女性格의 解說)

❶ 세운임오년(歲運壬午年)= ※변화, 이사, 전근, 관재, 손재, 신액은 ※세운임오년(歲運壬午年)의 오화(午火)는 일지인목(日支寅木)과 인오(寅午)로 삼합(三合)이 되므로 세운(歲運)에서 일지(日支) 삼합운(三合運)이 들어오면 ※변화가 생긴다든가 또는 이사를 한다든가 또는 직장을 옮기는 일이 많다. 그리고 ※관재, 손재, 신액은 ※세운임오년(歲運壬午年)의 오화(午火)는 경금일주(庚金日柱)의 정관(正官)으로 원명사주(源命四柱)에 재살(財殺)이 태왕(太旺)인데 세운(歲運)에서 재(財)나 관살운(官殺運)이 들어오면 ※관재수나 손재수나 건강을 조심해야 한다.

❷ 질병(疾病)은 해수, 기관지는 일주(日柱)에서 발생(發生)하며 ※폐병, 결핵은 ※경금일주(庚金日柱)가 쇠약(衰弱)하면 ※폐병과 결핵을 조심해야 한다.

❸ 남녀성격은 일주(日柱)에서 발생(發生)한다.

임오년 (壬午年)

61년(음) 5월 4일 해(亥)시 여자

丁	庚	甲	辛
亥	辰	午	丑

57	47	37	27	17	7
庚	己	戊	丁	丙	乙
子	亥	戌	酉	申	未

이 사주는 경금일주(庚金日柱)가 중하오월(中夏午月)에 출생하여 실시(失時)하고 오중정화(午中丁火)가 시상(時上)에 투출(透出)하여 정관격(正官格)으로 신약사주(身弱四柱)다. 그러나 경금일주(庚金日柱))는 양금지토(養金之土)인 자좌진토(自坐辰土)에 생(生)을 받고 년간지(時干支) 신축(辛丑) 비겁(比劫)과 인수(印綬)가 있으나 경금일주(庚金日柱)는 시지(時支) 해중임수(亥中壬水) 식신(食神)에 설기(泄氣)가 심(甚)하며 한편으로는 관(官)에 극(剋)을 받으므로 신약사주(身弱四柱)로서 토인수(土印綬)가 용신(用神)이며 금비견겁(金比肩劫)은 희신(喜神)이 된다. 이 사주는 여자(女子)의 사주로서 초년운(初年運)이 잘 들어와 공부를 열심히 하여 대기업에 근무하였으며 유금대운(酉金大運)부터 무술대운(戊戌大運)까지 승진하여 승승장구하다가 47세 기토대운(己土大運)에 회사를 퇴사하여 사업을 경영하였으나 월상갑목(月上甲木)과 갑기합(甲己合)으로 합거(合去)되어 손해를 많이 보았고 남편(男便)과 이혼하고 혼자 살고 있는 사주다. 부궁(夫宮)이 부실한 것은 년간지(年干支) 신축생(辛丑生)의 공망(空亡)은 일지진토(日支辰土)로서 일시지(日時支)에 공망(空亡)이 있으면 남자든 여자든 배우자운(配偶者運)이 부실하여 재혼(再婚)하거나 혼자 사는 사람들이 많다.

❶ 세운임오년(歲運壬午年): 관재, 손재, 신액
❷ 질병(疾病): 냉(冷), 풍질(風疾)
❸ 남녀성격: (남) 과감 용단, 신의 있다, 임사즉결, 포부 광대, 매사 끝장 본다, 매사 자신, 통솔력, 영웅호걸, 두령격, 자수성가, 처 덕 있다, 냉정하다, 신앙심, 처궁 불미
　　　　　(여) 냉정하다, 사람 사귀다 한번 틀어지면 다시 안 봄, 부궁불미, 정부, 재가, 직업여성, 일가부양, 재복 있다

🌀 세운 • 질병 • 남녀성격의 해설 (歲運 · 疾病 · 男女性格의 解說)

❶ 세운임오년(歲運壬午年)= ※관재, 손재, 신액은 ※세운임오년(歲運壬午年)의 오화(午火)는 경금일주(庚金日柱)의 정관(正官)으로 원명사주(源命四柱)에 재살(財殺)이 태왕(太旺)인데 세운(歲運)에서 재(財)나 관살운(官殺運)이 들어오면 ※관재수를 조심해야 하며 또는 손재수를 조심해야 하며 또는 건강을 조심해야 한다.

❷ 질병(疾病)은 일주(日柱)에서 발생(發生)한다.

❸ 남녀성격은 일주(日柱)에서 발생(發生)한다.

임오년 (壬午年)

60년(음) 3월 17일 해(亥)시 남자

丁	庚	庚	庚
亥	午	辰	子

58	48	38	28	18	8
丙	乙	甲	癸	壬	辛
戌	酉	申	未	午	巳

이 사주는 경금일주(庚金日柱)가 춘계진월(春季辰月)에 출생하여 득령(得令)하고 년월(年月) 양경금(兩庚金) 비견(比肩)이 투출(透出)되어 일주(日柱)는 신왕사주(身旺四柱)다. 신왕사주(身旺四柱)에는 일주(日柱)를 제(制)하는 관살(官殺)이나 상관식신(傷官食神)으로 설기(泄氣)함이 좋은데 시상정화(時上丁火)는 일지오화(日支午火)에 근(根)하므로 시상정화(時上丁火) 정관(正官)으로 용신(用神)한다. 그리고 목재(木財)는 희신(喜神)이 된다. 이 사주는 남자(男子)의 사주로서 법무부에 근무하다가 48세 ·을목대운(乙木大運)에 퇴직하여 법무소를 개업하였으나 운(運)이 없어 고생을 많이 하고 있는 사주다. 년지자수(年支子水)와 일지오화(日支午火)는 수옥살(囚獄殺)이므로 사주에 수옥살(囚獄殺)을 놓은 사람은 법조계(法曹界)나 군경이나 무관이나 수사기관(搜査機關)으로 직업을 갖는 사람들이 많다.

---

❶ 세운임오년(歲運壬午年): 관직 사퇴, 변화, 이사, 전근, 자연재앙

❷ 질병(疾病): 폐(肺), 기관지(氣管支), 월경불순(月經不純), 해수천식(咳嗽喘息), 빈혈(貧血)

❸ 남녀성격: (남) 과감 용단, 냉정하다, 일찍 사회에 참여, 뜻은 크나 성공이 없다, 신경질, 지구력 부족, 성질 급, 남에게 시기를 많이 받는다

　　　　　(여) 냉정하다, 사람 사귀다 한번 틀어지면 다시 안 봄, 부궁불미, 정부, 재가, 외강내유, 성질 급, 서두른다, 자중한다, 인덕 없다

🔵 세운·질병·남녀성격의 해설 (歲運 · 疾病 · 男女性格의 解說)

❶ 세운임오년(歲運壬午年)= ※관직 사퇴, 변화, 이사, 전근, 자연재앙은 ※세운임오년(歲運壬午年)의 임수(壬水)는 경금일주(庚金日柱)의 식신(食神)으로 신왕사주(身旺四柱)에 관살(官殺)이 쇠약(衰弱)한데 세운(歲運)에서 상관(傷官) 식신운(食神運)이 들어오면 ※관직 사퇴를 조심해야 한다. 그리고 ※변화, 이사, 전근은 ※세운임오년(歲運壬午年)의 오화(午火)는 일지오화(日支午火)와 오오(午午)로 삼합(三合)이 되므로 세운(歲運)에서 일지(日支) 삼합운(三合運)이 들어오면 ※변화가 생긴다든가 또는 이사를 한다든가 또는 직장을 옮기는 일이 많다. 그리고 ※ 자연재앙은 ※세운임오년(歲運壬午年)의 오화(午火)는 일지오화(日支午火)와 오오(午午)로 똑같은 오행(五行)이므로 세운(歲運)에서 일지(日支) 같은 운(運)이 들어오면 ※자연재앙을 조심해야 한다.

❷ 질병(疾病)은 일주(日柱)에서 발생(發生)한다.

❸ 남녀성격은 일주(日柱)에서 발생(發生)한다.

임오년 (壬午年)

57년(음) 5월 20일 축(丑)시 남자

丁	庚	丙	丁
丑	申	午	酉

54	44	34	24	14	4
庚	辛	壬	癸	甲	乙
子	丑	寅	卯	辰	巳

이 사주는 경금일주(庚金日柱)가 중하오월(中夏午月)에 출생하여 실시(失時)하고 오중정화(午中丁火)가 년시상(年時上)에 투출(透出)하여 정관격(正官格)이며 월상병화(月上丙火)가 투출(透出)되어 관살(官殺)이 태왕(太旺)이다. 경금일주(庚金日柱)는 자좌신금(自坐申金)에 록근(祿根)하고 년지유금(年支酉金) 양인(羊刃)이 있으며 그 유금(酉金)은 시지축토(時支丑土)와 유축(酉丑)으로 금국(金局)을 이루어도 신약사주(身弱四柱)다. 그러므로 토인수(土印綬)가 용신(用神)이며 금비견겁(金比肩劫)은 희신(喜神)이 된다. 이 사주는 남자(男子)의 사주로서 회사에 근무하였으나 초년운(初年運)이 없어 승진(昇進)이 안되어 고생하다가 44세 신금대운(辛金大運)에 퇴사하여 사업을 경영하였으나 월상병화(月上丙火)와 대운신금(大運辛金)과 병신합(丙辛合)으로 합거(合去)되어 손해를 많이 보았고 49세 축토대운(丑土大運)부터는 용신운(用神運)이 들어와 사업이 번창하고 재산을 복구하고 58세 경금대운(庚金大運)까지는 돈을 많이 벌 것으로 생각된다. 그러나 시상정화(時上丁火)는 정관(正官)인데 관살(官殺)은 남자(男子) 사주에 자식(子息)이므로 정축(丁丑)은 백호관살(白虎官殺)이므로 자식(子息) 한 명 잃은 사주다. 남자(男子) 사주에 백호관살(白虎官殺)이 있으면 자손액(子孫厄)을 조심해야 한다.

❶ 세운임오년(歲運壬午年): 관재, 손재, 신액
❷ 질병(疾病): 간(肝), 담(膽)
❸ 남녀성격: (남) 과감 용단, 냉정하다, 냉정하게 보이나 속마음은 따뜻함, 의리 있다, 영리하다, 재간 있다, 처궁불미, 식복 있다, 자손근심, 항상 바쁨, 꾀가 많다
　　　　　　(여) 냉정하다, 사람 사귀다 한번 틀어지면 다시 안 봄, 부궁불미, 정부, 재가, 독수공방, 친정형제 걱정, 돈이 잘 빠져나간다, 고독하다, 시모불합, 남편 말 잘 안 듣는다

세운・질병・남녀성격의 해설 (歲運・疾病・男女性格의 解說)

❶ 세운임오년(歲運壬午年)= ※관재, 손재, 신액은 ※세운임오년(歲運壬午年)의 오화(午火)는 경금일주(庚金日柱)의 정관(正官)으로 사주(四柱)에 재살(財殺)이 태왕(太旺)인데 세운(歲運)에서 재(財)나 관살운(官殺運)이 들어오면 ※관재수를 조심해야 하며 또는 손재수를 조심해야 하며 또는 건강을 조심해야 한다.

❷ 질병(疾病)과 ❸ 남녀성격은 일주(日柱)에서 발생(發生)한다.

임오년 (壬午年)

57년(음) 5월 10일 사(巳)시 여자

辛	庚	丙	丁
巳	戌	午	酉

60	50	40	30	20	10
壬	辛	庚	己	戊	丁
子	亥	戌	酉	申	未

이 사주는 경금일주(庚金日柱)가 중하오월(中夏午月)에 출생하여 실시(失時)하고 지지(地支)는 사오술(巳午戌)로 화국(火局)을 이루고 년월(年月) 병정화(丙丁火)가 투출(透出)하여 관살(官殺)이 태왕(太旺)이다. 그러나 경금일주(庚金日柱)는 년지유금(年支酉金) 양인(羊刃)이 있으며 자좌(自坐) 술중신금(戌中辛金)에 근(根)하고 술중신금(戌中辛金)이 시상(時上)에 투출(透出)하여도 경금일주는 신약사주(身弱四柱)로서 토인수(土印綬)가 용신(用神)이며 비견겁(比肩劫)은 희신(喜神)이 된다. 이 사주는 여자(女子)의 사주로서 초년에는 회사에 근무하다가 40세 경금대운(庚金大運)에 퇴사하고 정수기 방문 판매하여 돈을 많이 벌어 대리점을 직접 운영하여 술토대운(戌土大運)까지는 돈을 많이 벌었으나 50세 신금대운(辛金大運)에 월상병화(月上丙火)와 병신합(丙辛合)으로 합거(合去)되어 사업이 부실하여 손해를 많이 보았으며 남편과 이혼하고 혼자 살고 있는 사주다. 부궁(夫宮)이 부실한 것은 일지술토(日支戌土)는 관살(官殺)의 묘궁(墓宮)으로 여자 사주에 관성입묘(官星入墓)가 있으면 부궁(夫宮)이 부실하여 백년해로(百年偕老)하기 힘들다.

❶ 세운임오년(歲運壬午年): 관재, 손재, 신액, 변화, 이사, 전근
❷ 질병(疾病): 간(肝), 담(膽)
❸ 남녀성격: (남) 과감 용단, 냉정하다, 고집 대단, 자립정신, 신의 있다, 능력 있다, 임전무퇴, 통솔력, 지혜롭다, 영리하다, 처 덕 있다, 지구력 강하다, 신앙심
      (여) 냉정하다, 사람 사귀다 한번 틀어지면 다시 안 봄, 여걸, 부궁불미, 처세가 좋다, 정부, 재가, 남자들이 잘 따름, 직업여성, 신앙심

🌀 세운 · 질병 · 남녀성격의 해설 (歲運 · 疾病 · 男女性格의 解說)

❶ 세운임오년(歲運壬午年)= ※관재, 손재, 신액, 변화, 이사, 전근은 ※세운임오년(歲運壬午年)의 오화(午火)는 경금일주(庚金日柱)의 정관(正官)으로 사주(四柱)에 관살(官殺)이 태왕(太旺)인데 세운(歲運)에서 재(財)나 관살운(官殺運)이 들어오면 ※관재수를 조심해야 하며 또는 손재수를 조심해야 하며 또는 건강을 조심해야 한다. 그리고 ※변화, 이사, 전근은 ※세운임오년(歲運壬午年)의 오화(午火)는 일지술토(日支戌土)와 오술(午戌)로 삼합(三合)이 되므로 세운에서 일지(日支) 삼합운(三合運)이 들어오면 ※변화가 생긴다든가 또는 이사를 한다든가 또는 직장을 옮기는 일이 많다.

❷ 질병(疾病)과 ❸ 남녀성격은 일주(日柱)에서 발생(發生)한다.

임오년 (壬午年)

56년(음) 7월 16일 해(亥)시 남자

丁	庚	丙	丙
亥	申	申	申

56	46	36	26	16	6
壬	辛	庚	己	戊	丁
寅	丑	子	亥	戌	酉

이 사주는 경금일주(庚金日柱)가 초가을 신월(申月)에 출생하여 록근(祿根)하고 년지신금(年支申金)과 일지신금(日支申金)으로 종혁격(從革格)이다. 종혁격(從革格)에는 금(金)이 용신(用神)이고 토(土)가 희신(喜神)인데 이 사주는 년월(年月) 양병화(兩丙火)가 투출(透出)되고 시상정화(時上丁火) 정관(正官)이 있다고 하나 년월(年月) 양병화(兩丙火)는 무근(無根)이며 자좌신금(自坐申金)에 병궁(病宮)이며 시상정화(時上丁火) 정관(正官)은 자좌해수(自坐亥水)에 살지(殺地)에 앉아 용신(用神)으로 쓸 수가 없다. 그러나 시지(時支) 해중임수(亥中壬水)가 있어 경금일주(庚金日柱)가 해중임수(亥中壬水)로 설기(泄氣)하므로 식신상관(食神傷官)이 용신(用神)이며 이런 사주를 가상관격(假傷官格)이라고 한다. 사주에 격(格)과 용신(用神)은 별개(別個)의 문제로서 종혁격(從革格)이라고 하여 무조건 금(金)이 용신(用神)이고 토(土)가 희신(喜神)이라고 하면 안되며 관살(官殺)이 근(根)이 있으면 관살(官殺)로 용신(用神)하고 근(根)이 없으면 관살(官殺)을 쓸 수가 없다. 이 사주는 남자(男子)의 사주로서 형사(刑事)로 근무하고 있는 사주다.

❶ 세운임오년(歲運壬午年): 자손액, 불성
❷ 질병(疾病): 간(肝), 담(膽)
❸ 남녀성격: (남) 과감 용단, 냉정하다, 냉정하게 보이나 속마음은 따뜻함, 의리 있다, 영리하다, 재간 있다, 처궁불미, 식복 있다, 자손근심, 항상 바쁨, 꾀가 많다
　　　　　(여) 냉정하다, 사람 사귀다 한번 틀어지면 다시 안 봄, 부궁불미, 정부, 재가, 독수공방, 친정형제 걱정, 돈이 잘 빠져나간다, 고독하다, 시모불합, 남편 말 잘 안 듣는다

세운·질병·남녀성격의 해설 (歲運·疾病·男女性格의 解說)

❶ 세운임오년(歲運壬午年)= ※자손액, 불성은 ※세운임오년(歲運壬午年)의 임수(壬水)는 경금일주(庚金日柱)의 식신(食神)으로 남자 사주에 관살(官殺)이 쇠약(衰弱)한데 세운(歲運)에서 상관(傷官) 식신운(食神運)이 들어오면 ※자손액을 조심해야 한다. 그리고 ※불성은 ※세운임오년(歲運壬午年)의 임수(食神)는 경금일주(庚金日柱)의 식신(食神)으로 세운(歲運)에서 식신(食神) 상관운(傷官運)이 들어오면 ※모든 일이 잘 풀리지 않고 대차계약도 잘 이루어지지 않는다.

❷ 질병(疾病)은 일주(日柱)에서 발생(發生)한다.

❸ 남녀성격은 일주(日柱)에서 발생(發生)한다.

임오년 (壬午年)

52년(음) 12월 25일 축(丑)시 남자

丁	庚	甲	癸
丑	寅	寅	巳

51	41	31	21	11	1
戊	己	庚	辛	壬	癸
申	酉	戌	亥	子	丑

이 사주는 경금일주(庚金日柱)가 초봄 인월(寅月)에 출생하여 실시(失時)하고 인중갑목(寅中甲木)이 월상(月上)에 투출(透出)하여 편재격(偏財格)이다. 그리고 일지인목(日支寅木)이 있어 재(財)가 태왕(太旺)이며 시상정화(時上丁火)는 년지사화(年支巳火)에 근(根)하여 재살(財殺)이 태왕(太旺)으로 종살격(從殺格) 같이 보인다. 그러나 시지축토(時支丑土) 인수(印綬)가 있어 사주에 많은 재(財)는 시상정화(時上丁火)를 생(生)하고 그 정화(丁火)는 일주경금(日柱庚金)을 극(剋)하지 않고 자좌축토(自坐丑土)를 생(生)하며 축토인수(丑土印綬)는 경금일주를 생(生)하므로 축토인수(丑土印綬)가 용신(用神)이며 금비견겁(金比肩劫)은 희신(喜神)이 된다. 이 사주는 남자의 사주로서 회사에 근무하여 31세 경금대운(庚金大運)부터 운이 잘 들어와 승승장구하였으며 46세 유금대운(酉金大運)에 희신운(喜神運)이 들어와 팀장으로 승진하였으나 51세 무토대운(戊土大運)에 퇴사하고 사업을 경영하였으나 년상계수(年上癸水)와 무계합(戊癸合)으로 합거(合去)되어 손해를 많이 보았고 56세 신금대운(申金大運)에 사업이 번창하여 재산을 복구하고 잘살고 있는 사주다.

❶ 세운임오년(歲運壬午年): 관재, 손재, 신액, 변화, 이사, 전근
❷ 질병(疾病): 해수(咳嗽), 기관지(氣管支)
❸ 남녀성격: (남) 과감 용단, 의리 있다, 임사즉결, 겉으로 냉정하나 속은 온화함, 근면 성실, 용기 있다, 성질 급, 타의 군림, 재복 있다, 처 덕 있다
　　　　　 (여) 냉정하다, 사람 사귀다 한번 틀어지면 다시 안 봄, 이성 고민, 직업, 부궁 불미, 정부, 자손귀자, 신경 예민

🌀 세운 · 질병 · 남녀성격의 해설 (歲運 · 疾病 · 男女性格의 解說)

❶ 세운임오년(歲運壬午年)= ※관재, 손재, 신액, 변화, 이사, 전근은 ※세운임오년(歲運壬午年)의 오화(午火)는 경금일주(庚金日柱)의 정관(正官)으로 사주(四柱)에 재살(財殺)이 왕(旺)한데 세운(歲運)에서 재(財)나 관살운(官殺運)이 들어오면 ※관재수를 조심해야 하며 또는 손재수를 조심해야 하며 또는 건강을 조심해야 한다. 그리고 ※변화, 이사, 전근은 ※세운임오년(歲運壬午年)의 오화(午火)는 일지인목(日支寅木)과 인오(寅午)로 삼합(三合)이 되므로 세운에서 일지(日支) 삼합운(三合運)이 들어오면 ※변화가 생긴다든가 또는 이사를 한다든가 또는 직장을 옮기는 일이 많다.

❷ 질병(疾病)과 ❸ 남녀성격은 일주(日柱)에서 발생(發生)한다.

임오년 (壬午年)

53년(음) 5월 9일 오(午)시 여자

甲	辛	戊	癸
午	丑	午	巳

56	46	36	26	16	6
甲	癸	壬	辛	庚	己
子	亥	戌	酉	申	未

이 사주는 신금일주(辛金日柱)가 중하오월(中夏午月)에 출생하여 실시(失時)하고 년지사화(年支巳火)와 시간지(時干支) 갑오(甲午)로 재살(財殺)이 태왕(太旺)이다. 다행히 신금일주(辛金日柱)는 양금지토(養金之土)인 자좌축토(自坐丑土)에 근(根)하여 많은 관살(官殺)은 축습토(丑濕土) 인수(印綬)를 생(生)하고 축토인수(丑土印綬)는 신금일주(辛金日柱)를 생(生)하므로 살인상생(殺印相生)으로 축토인수(丑土印綬)가 용신(用神)이며 금비견겁(金比肩劫)은 희신(喜神)이 된다. 이 사주는 여자(女子)의 사주로서 초년운(初年運)이 잘 들어와 좋은 회사에 취업하여 승진(昇進)도 빨랐으며 하는 일마다 잘 풀렸으나 36세 임수대운(壬水大運)부터 운(運)이 없어 평범하게 지냈으며 46세 계수대운(癸水大運)에는 월상무토(月上戊土)와 무계합(戊癸合)으로 합거(合去)되어 회사를 퇴사하고 사업을 경영하였으나 토용신(土用神)의 해수대운(亥水大運)은 절궁(絶宮)으로 운(運)이 없어 재산을 탕진하고 남편과 이혼하고 혼자 살고 있는 사주다. 부궁(夫宮)이 부실한 것은 년간지(年干支) 계사생(癸巳生)의 공망(空亡)은 시지오화(時支午火)로서 부궁(夫宮)이 부실하다.

❶ 세운임오년(歲運壬午年): 관재, 손재, 신액, 관재, 불성
❷ 질병(疾病): 냉(冷) 간(肝) 담(膽)
❸ 남녀성격: (남) 과감 용단, 냉정하다, 고집 대단, 신의 있다, 근면하다, 매사 정이 많다, 처와 자식의 덕이 있다, 성격이 까다롭다, 옷에 신경, 편식, 새벽잠이 없다, 식복 있다
　　　　　　(여) 냉정하다, 사람 사귀다 한번 틀어지면 다시 안 봄, 미모 수려, 남편의 사랑을 받는다, 부지런하다, 친모봉양, 부궁불미, 정부

세운•질병•남녀성격의 해설 (歲運 · 疾病 · 男女性格의 解說)

❶ 세운임오년(歲運壬午年)= ※관재, 손재, 신액, 관재, 불성은 ※세운임오년(歲運壬午年)의 오화(午火)는 신금일주(辛金日柱)의 편관(偏官)으로 사주(四柱)에 관살(官殺)이 태왕(太旺)인데 세운(歲運)에서 재(財)나 관살운(官殺運)이 들어오면 ※관재수를 조심해야 하며 또는 손재수를 조심해야 하며 또는 건강을 조심해야 한다. 그리고 ※관재, 불성은 ※세운임오년(歲運壬午年)의 임수(壬水)는 신금일주(辛金日柱)의 상관(傷官)으로 세운(歲運)에서 천간(天干) 상관운(傷官運)이 들어오면 ※관재수를 조심해야 하며 또는 모든 일이 잘 풀리지 않고 대차계약도 잘 이루어지지 않는다.

❷ 질병(疾病)과 ❸ 남녀성격은 일주(日柱)에서 발생(發生)한다.

임오년 (壬午年)

59년(음) 10월 25일 사(巳)시 남자

<table>
<tr><td>癸</td><td>辛</td><td>乙</td><td>己</td></tr>
<tr><td>巳</td><td>亥</td><td>亥</td><td>亥</td></tr>
</table>

56	46	36	26	16	6
己	庚	辛	壬	癸	甲
巳	午	未	申	酉	戌

이 사주는 신금일주(辛金日柱)가 초겨울 해월(亥月)에 출생하여 실시(失時)하고 원신을목(源神乙木)이 월상(月上)에 투출(透出)하였으며 지지(地支)는 월일시(月日時) 삼해수(三亥水)와 시상계수(時上癸水)가 투출(透出)하여 상관식신(傷官食神)이 태왕(太旺)이다. 신금일주는 무근(無根)이며 자좌해수(自坐亥水)에 설기(泄氣)가 심(甚)하고 년상기토(年上己土) 인수(印綬)로 많은 상관(傷官)을 제(制)하고 일주(日柱)를 생(生)하여주려고 하나 년상기토(年上己土)도 무근(無根)이며 왕(旺)한 물에 쓸려가 힘이 없으므로 신금일주를 도울 힘이 없다. 그러므로 토생금(土生金) 금생수(金生水) 수생목(水生木)으로 사주에 기(氣)는 월상을목(月上乙木)에 집중되어 있다. 그러므로 월상을목(月上乙木) 편재(偏財)가 용신(用神)이며 해수상관(亥水傷官)은 희신(喜神)이 된다. 이 사주는 사업가로서 26세 임신대운(壬申大運)에 돈을 많이 벌었으나 그 이후로는 운이 없어 처와 이혼하고 자식 한 명 잃은 사주다.

❶ 세운임오년(歲運壬午年): 관재, 불성, 자손액
❷ 질병(疾病): 폐(肺), 담(膽)
❸ 남녀성격: (남) 과감 용단, 냉정하다, 선견지명, 암기력, 총명하다, 지혜롭다, 항상 바쁨, 집념 대단, 재복 있다, 처 덕 있다, 남에게 잘함, 처궁불미, 장수한다
　　　　　　(여) 냉정하다, 사람 사귀다 한번 틀어지면 다시 안 봄, 부궁불미, 재가, 정부, 인정 있다, 남에게 잘함, 잘하고 욕 먹는다, 자손귀자, 신앙심, 내 것 주고 배신당함, 인덕 없다

세운·질병·남녀성격의 해설 (歲運·疾病·男女 性格의 解說)

❶ 세운임오년(歲運壬午年)= ※관재, 불성, 자손액은 ※ 세운임오년(歲運壬午年)의 임수(壬水)는 신금일주(辛金日柱)의 상관(傷官)으로 세운(歲運)에서 천간(天干) 상관운(傷官運)이 들어오면 ※**관재수를 조심해야 하며 또는 모든 일이 잘 풀리지 않고 대차계약도 잘 이루어지지 않는다. 그리고 ※자손액은** ※세운임오년(歲運壬午年)의 임수(壬水)는 신금일주(辛金日柱)의 상관(傷官)으로 남자 사주에 상관식신(傷官食神)이 태왕(太旺)하고 관살(官殺)이 쇠약(衰弱)한데 세운(歲運)에서 상관(傷官) 식신운(食神運)이 들어오면 ※**자손액을 조심해야 한다.**

❷ 질병(疾病)은 일주(日柱)에서 발생(發生)한다.

❸ 남녀성격은 일주(日柱)에서 발생(發生)한다.

임오년 (壬午年)

57년(음) 7월 22일 오(午)시 여자

甲	辛	戊	丁
午	酉	申	酉

57	47	37	27	17	7
甲	癸	壬	辛	庚	己
寅	丑	子	亥	戌	酉

이 사주는 신금일주(辛金日柱)가 초가을 신월(申月)에 출생하여 득령(得令)하고 년지유금(年支酉金)과 일지유금(日支酉金)에 록근(祿根)하여 일주(日柱)는 신왕사주(身旺四柱)다. 신왕사주(身旺四柱)에는 일주(日柱)를 제(制)하는 관살(官殺)로 용신(用神)함이 좋은데 년상정화(年上丁火) 편관(偏官)이 시지오화(時支午火)에 근(根)하여 많은 비견겁(比肩劫)을 제(制)하여야 좋으므로 년상정화(年上丁火) 편관(偏官)이 용신(用神)이며 목재(木財)는 희신(喜神)이 된다. 이 사주는 여자(女子)의 사주로서 편관(偏官)이 용신(用神)이면 남편(男便)에게 돈 벌어서 주고도 좋은 소리 못 들으며 남편에게 시달림을 많이 받는다. 사주는 신왕관왕(身旺官旺)으로 공부를 잘하여 좋은 회사에 근무하였으나 운(運)이 없어 승진(昇進)이 안되어 고생하다가 47세 계수대운(癸水大運)에 퇴사하여 사업을 경영하였으나 월상무토(月上戊土)와 대운계수(大運癸水)와 무계합(戊癸合)으로 합거(合去)되어 손해를 많이 보았고 그 이후로도 운(運)이 없어 남편과 이혼(離婚)하고 혼자 살고 있는 사주다. 아무리 사주(四柱)가 좋아도 용신운(用神運)이 들어오지 않으면 그 사주는 파격(破格)이 된다. 그러나 57세 갑인대운(甲寅大運)부터는 희신운(喜神運)이 들어와 재산을 복구하고 돈을 많이 벌 것으로 생각된다.

❶ 세운임오년(歲運壬午年): 관재, 불성
❷ 질병(疾病): 간(肝), 담(膽), 혈압(血壓)
❸ 남녀성격: (남) 과감 용단, 냉정하다, 청백한 사람, 미남형, 인품 수려, 자수성가, 영리하다, 일독십지, 타인 존경, 의처증
　　　　　 (여) 냉정하다, 사람 사귀다 한번 틀어지면 다시 안 봄, 부궁불미, 정부, 독수공방, 시모불합, 남편 말 잘 안 듣는다, 미모 수려, 신앙심, 이성수신

세운 · 질병 · 남녀성격의 해설 (歲運 · 疾病 · 男女性格의 解說)

❶ 세운임오년(歲運壬午年)= ※관재, 불성은 ※세운임오년(歲運壬午年)의 임수(壬水)는 신금일주(辛金日柱)의 상관(傷官)으로 세운(歲運)에서 천간(天干) 상관운(傷官運)이 들어오면 ※관재수를 조심해야 하며 또는 모든 일이 잘 풀리지 않고 대차계약도 잘 이루어지지 않는다.

❷ 질병(疾病)은 일주(日柱)에서 발생(發生)한다.

❸ 남녀성격은 일주(日柱)에서 발생(發生)한다.

임오년 (壬午年)

66년(음) 5월 23일 오(午)시 여자

甲	辛	乙	丙
午	未	未	午

51	41	31	21	11	1
己	庚	辛	壬	癸	甲
丑	寅	卯	辰	巳	午

이 사주는 신금일주(辛金日柱)가 하계미월(夏季未月)에 출생하여 득령(得令)하고 미중을목(未中乙木)이 월상(月上)에 투출(透出)하여 편재격(偏財格)이다. 그리고 년간지(年干支) 병오(丙午)와 년월일시(年月日時) 오미오미(午未午未)로 화국(火局)을 이루어 신금일주(辛金日柱)는 신약사주(身弱四柱)다. 그러므로 토인수(土印綬)가 용신(用神)이며 금비견겁(金比肩劫)은 희신(喜神)이 된다. 이 사주는 여자(女子)의 사주로서 한방병원에 한의사로 근무하다가 36세 묘목대운(卯木大運)에 한의원을 개원하였으나 원명사주(源命四柱)에 재살(財殺)이 태왕(太旺)한데 대운(大運)에서 재운(財運)이 들어와 손해를 많이 보았고 41세 경금대운(庚金大運)에 월상을목(月上乙木)과 을경합(乙庚合)으로 합거(合去)되어 재산을 탕진하고 다른 한방병원에 근무하고 있는 사주다. 아무리 똑똑하고 기술(技術)이 좋아도 운(運)이 없으면 모든 일이 잘 풀리지 않는다.

❶ 세운임오년(歲運壬午年): 관재, 손재, 신액, 관재, 불성
❷ 질병(疾病): 폐(肺), 기관지(氣管支), 장(臟), 치질(痔疾)
❸ 남녀성격: (남) 과감 용단, 냉정하다, 고집 대단, 정복력 강함, 노력은 많이 하나 실속이
　　　　　　없다, 재복 있다, 처궁불미, 성격이 까다롭다, 편식한다, 옷에 신경 쓴다
　　　　　(여) 냉정하다, 사람 사귀다 한번 틀어지면 다시 안 봄, 부궁불미, 재가, 정부,
　　　　　　말조심, 요리솜씨, 친모봉양, 인덕 없다

세운 · 질병 · 남녀성격의 해설 (歲運 · 疾病 · 男女性格의 解說)

❶ 세운임오년(歲運壬午年)= ※관재, 손재, 신액, 관재, 불성은 ※세운임오년(歲運壬午年)의 오화(午火)는 신금일주(辛金日柱)의 편관(偏官)으로 사주(四柱)에 관살(官殺)이 태왕(太旺)인데 세운(歲運)에서 재(財)나 관살운(官殺運)이 들어오면 ※관재수를 조심해야 하며 또는 손재수를 조심해야 하며 또는 건강을 조심해야 한다. 그리고 ※관재, 불성은 ※세운임오년(歲運壬午年)의 임수(壬水)는 신금일주(辛金日柱)의 상관(傷官)으로 세운(歲運)에서 천간(天干) 상관운(傷官運)이 들어오면 ※관재수를 조심해야 하며 또는 모든 일이 잘 풀리지 않고 대차계약도 잘 이루어지지 않는다.

❷ 질병(疾病)은 폐, 기관지는 일주(日柱)에서 발생(發生)하며 ※장, 치질은 ※신금일주(辛金日柱)가 화토(火土)가 태왕(太旺)이면 ※장과 치질을 조심해야 한다.

❸ 남녀성격은 일주(日柱)에서 발생(發生)한다.

임오년 (壬午年)

66년(음) 4월 3일 축(丑)시 여자

己	辛	癸	丙
丑	巳	巳	午

55	45	35	25	15	5
丁	戊	己	庚	辛	壬
亥	子	丑	寅	卯	辰

이 사주는 신금일주(辛金日柱)가 초여름 사월(巳月)에 출생하여 실시(失時)하고 사중병화(巳中丙火)가 년상(年上)에 투출(透出)하여 정관격(正官格)이다. 그리고 지지(地支)는 년지오화(年支午火)와 월일지(月日支) 양사화(兩巳火)로 관살(官殺)이 태왕(太旺)이다. 다행히 시지(時支) 축습토(丑濕土)가 있어 이 염열지회(炎熱之火)는 축습토(丑濕土)에 냉각(冷却)되므로 축토인수(丑土印綬)가 용신(用神)이며 금비견겁(金比肩劫)은 희신(喜神)이 된다. 이 사주는 여자(女子)의 사주로서 어려서부터 장사를 하였으나 운(運)이 없이 고생을 많이 하다가 35세 기축대운(己丑大運)에 수억 금을 벌어 잘살고 있는 사주다.

❶ 세운임오년(歲運壬午年): 이별수, 관재, 손재, 신액, 관재, 불성
❷ 질병(疾病): 해수(咳嗽), 호흡기(呼吸器)
❸ 남녀성격: (남) 과감 용단, 냉정하다, 성질 급, 변화가 많다, 항상 바쁨, 처 덕 있다, 화려하게 보이나 실속이 없다, 예의 있다, 말을 잘한다, 영리하다, 식복 있다
 　　　　　(여) 냉정하다, 사람 사귀다 한번 틀어지면 다시 안 봄, 남편 덕, 정부, 이성수신, 의처증 부군, 성질 급, 항상 바쁨, 인덕 없다

☯ 세운·질병·남녀성격의 해설 (歲運·疾病·男女性格의 解說)

❶ 세운임오년(歲運壬午年)= ※이별수, 관재, 손재, 신액, 관재, 불성은 ※세운임오년(歲運壬午年)의 오화(午火)는 신금일주(辛金日柱)의 편관(偏官)으로 여자 사주에 관살(官殺)이 태왕(太旺)인데 세운(歲運)에서 관살운(官殺運)이 들어오면 ※가정에 불화가 많이 생긴다든가 또는 남편과 떨어져 산다든가 또는 이혼한다든가 또는 남편이 사망하는 수도 있다. 그리고 ※관재, 손재, 신액은 ※세운임오년(歲運壬午年)의 오화(午火)는 신금일주(辛金日柱)의 편관(偏官)으로 사주(四柱)에 관살(官殺)이 태왕(太旺)인데 세운(歲運)에서 재(財)나 관살운(官殺運)이 들어오면 ※관재수를 조심해야 하며 또는 손재수를 조심해야 하며 또는 건강을 조심해야 한다. 그리고 ※관재, 불성은 ※세운임오년(歲運壬午年)의 임수(壬水)는 신금일주(辛金日柱)의 상관(傷官)으로 세운(歲運)에서 천간(天干) 상관운(傷官運)이 들어오면 ※관재수를 조심해야 하며 또는 모든 일이 잘 풀리지 않고 대차계약도 잘 이루어지지 않는다.

❷ 질병(疾病)은 일주(日柱)에서 발생(發生)한다.

❸ 남녀성격은 일주(日柱)에서 발생(發生)한다.

임오년 (壬午年)

63년(음) 12월 29일 미(未)시 남자

<table>
<tr><td>乙</td><td>辛</td><td>丙</td><td>甲</td></tr>
<tr><td>未</td><td>卯</td><td>寅</td><td>辰</td></tr>
</table>

57	47	37	27	17	7
壬申	辛未	庚午	己巳	戊辰	丁卯

이 사주는 신금일주가 초봄 인월(寅月)에 출생하여 실시(失時)하고 인중병화(寅中丙火)와 갑목(甲木)이 년월(年月)에 투출(透出)하여 어느 오행(五行)으로 격(格)을 잡느냐의 기로(岐路)에 서게 된다. 날짜상으로 보아 29일이므로 원신갑목(源神甲木)이 사령(司令)하므로 정재격(正財格)이다. 그리고 지지(地支)는 인묘진(寅卯辰) 목국(木局)과 년시상(年時上) 갑을목(甲乙木)이 투출(透出)하여 재관(財官)이 태왕(太旺)이다. 그러므로 이 사주는 종살격(從殺格)같이 보인다. 그러나 년지 진토(年支辰土) 인수(印綬)와 시지미토(時支未土) 인수(印綬)가 있어 종(從)은 하지 않으므로 사주에 재(財)가 많으므로 금비견겁(金比肩劫)이 용신(用神)이며 토인수(土印綬)는 희신(喜神)이 된다. 이 사주는 남자의 사주로서 사업을 하였으나 고생을 많이 하다가 37세 경금대운(庚金大運)에 시상을목(時上乙木)과 을경합(乙庚合)으로 합거(合去)되어 재산을 탕진하고 처(妻)와 이혼하고 혼자 살고 있는 사주다. 남자 사주에 재(財)가 많으면 처궁(妻宮)이 부실하여 혼자 살거나 재혼하는 사람들이 많다.

❶ 세운임오년(歲運壬午年): 관재, 손재, 신액, 관재, 불성
❷ 질병(疾病): 풍질(風疾), 냉(冷), 기관지(氣管支)
❸ 남녀성격: (남) 과감 용단, 냉정하다, 의리 있다, 인정 있다, 고집 대단, 학업 장애, 처궁불미, 재가, 미인수다, 근면하다, 지구력 부족, 소심하다, 운동 잘함, 마음 약
　　　　　(여) 냉정하다, 사람 사귀다 한번 틀어지면 다시 안 봄, 고집 대단, 정부, 재가, 독수공방, 부궁불미, 욕심 많다, 성질 급, 참을성이 없다, 자손근심

🔵 세운·질병·남녀성격의 해설 (歲運·疾病·男女性格의 解說)

❶ 세운임오년(歲運壬午年)= ※관재, 손재, 신액, 관재, 불성은 ※세운임오년(歲運壬午年)의 오화(午火)는 신금일주(辛金日柱)의 편관(偏官)으로 사주(四柱)에 관살(官殺)이 태왕(太旺)인데 세운(歲運)에서 재(財)나 관살운(官殺運)이 들어오면 ※관재수를 조심해야 하며 또는 손재수를 조심해야 하며 또는 건강을 조심해야 한다. 그리고 ※관재, 불성은 ※세운임오년(歲運壬午年)의 임수(壬水)는 신금일주(辛金日柱)의 상관(傷官)으로 세운(歲運)에서 천간(天干) 상관운(傷官運)이 들어오면 ※관재수를 조심해야 하며 또는 모든 일이 잘 풀리지 않고 대차계약도 잘 이루어지지 않는다.

❷ 질병(疾病)은 일주(日柱)에서 발생(發生)한다.

❸ 남녀성격은 일주(日柱)에서 발생(發生)한다.

임오년 (壬午年)

66년(윤) 3월 22일 진(辰)시 남자

壬	辛	癸	丙
辰	未	巳	午

58	48	38	28	18	8
己	戊	丁	丙	乙	甲
亥	戌	酉	申	未	午

이 사주는 신금일주(辛金日柱)가 초여름 사월(巳月)에 출생하여 실시(失時)하고 사중병화(巳中丙火)가 년상(年上)에 투출(透出)하여 정관격(正官格)이다. 그리고 지지(地支)는 사오미(巳午未)로 화국(火局)을 이루어 관살(官殺)이 태왕(太旺)으로 연약한 신금일주(辛金日柱)는 관살(官殺)이 대단히 겁(劫)이 난다. 다행히 시지(時支) 진습토(辰濕土) 인수(印綬)가 있어 염열지화(炎熱之火)는 시지(時支) 진습토(辰濕土)에 냉각(冷却)되므로 진습토(辰濕土) 인수(印綬)는 신금일주를 생(生)하므로 살인상생(殺印相生)으로 진토인수(辰土印綬)가 용신(用神)이며 금비견겁(金比肩劫)은 희신(喜神)이 된다. 이 사주는 의사의 사주로서 33세 신금대운(申金大運)에 희신운(喜神運)이 들어와 종합병원에 전문의로 근무하고 있다가 43세 유금대운(酉金大運)에 의원을 개원하여 사업이 번창하여 돈을 많이 벌고 있는 사주다.

❶ 세운임오년(歲運壬午年): 관재, 손재, 신액, 관재, 불성, 자연재앙
❷ 질병(疾病): 폐(肺), 기관지(氣管支)
❸ 남녀성격: (남) 과감 용단, 냉정하다, 고집 대단, 정복력 강함, 노력은 많이 하나 실속이 없다, 재복 있다, 처궁불미, 성격이 까다롭다, 편식한다, 옷에 신경 쓴다
　　　　　 (여) 냉정하다, 사람 사귀다 한번 틀어지면 다시 안 봄, 부궁불미, 재가, 정부, 말조심, 요리솜씨, 친모봉양, 인덕 없다

세운 · 질병 · 남녀성격의 해설 (歲運 · 疾病 · 男女性格의 解說)

❶ 세운임오년(歲運壬午年)= ※관재, 손재, 신액, 관재, 불성, 자연재앙은 ※세운임오년(歲運壬午年)의 오화(午火)는 신금일주(辛金日柱)의 편관(偏官)으로 사주(四柱)에 관살(官殺)이 태왕(太旺)인데 세운(歲運)에서 재(財)나 관살운(官殺運)이 들어오면 ※관재수를 조심해야 하며 또는 손재수를 조심해야 하며 또는 건강을 조심해야 한다. 그리고 ※관재, 불성은 ※세운임오년(歲運壬午年)의 임수(壬水)는 신금일주(辛金日柱)의 상관(傷官)으로 세운(歲運)에서 천간(天干) 상관운(傷官運)이 들어오면 ※관재수를 조심해야 하며 또는 모든 일이 잘 풀리지 않고 대차계약도 잘 이루어지지 않는다. 그리고 ※자연재앙은 ※세운임오년(歲運壬午年)의 오화(午火)는 년지오화(年支午火)와 오오(午午)로 똑같은 오행(五行)이므로 세운(歲運)에서 년지(年支) 같은 운(運)이 들어오면 ※자연재앙을 조심해야 한다.

❷ 질병(疾病)과 ❸ 남녀성격은 일주(日柱)에서 발생(發生)한다.

임오년 (壬午年)

60년(음) 11월 12일 해(亥)시 여자

<table>
<tr><td>己</td><td>辛</td><td>戊</td><td>庚</td></tr>
<tr><td>亥</td><td>卯</td><td>子</td><td>子</td></tr>
</table>

57	47	37	27	17	7
壬	癸	甲	乙	丙	丁
午	未	申	酉	戌	亥

이 사주는 신금일주(辛金日柱)가 중동자월(中冬子月)에 출생하여 실시(失時)하고 년지자수(年支子水)와 시지해수(時支亥水)로 지지(地支)는 수국(水局)을 이루고 일지묘목(日支卯木)이 있어 상관(傷官)과 재(財)가 태왕(太旺)이다. 신금일주(辛金日柱)는 무근(無根)이며 자좌묘목(自坐卯木)에 절궁(絶宮)이며 월시상(月時上) 무기토(戊己土) 인수(印綬)도 무근(無根)이며 왕수(旺水)에 쏠려가 신금일주를 도울 수가 없으며 년상경금(年上庚金) 비겁(比劫)도 무근(無根)이며 자좌자수(自坐子水)에 사궁(死宮)으로 신금일주를 도울 수가 없으므로 토생금(土生金) 금생수(金生水) 수생목(水生木)으로 사주의 기(氣)는 일지묘목(日支卯木)에 집중되어 있으므로 묘목재(卯木財)가 용신(用神)이며 수상관(水傷官)은 희신(喜神)이 된다.

❶ 세운임오년(歲運壬午年): 이별수, 관재, 불성
❷ 질병(疾病): 풍질(風疾), 냉(冷), 기관지(氣管支), 비색증(鼻塞症), 월경불순(月經不純)
❸ 남녀성격: (남) 과감 용단, 냉정하다, 의리 있다, 인정 있다, 고집 대단, 학업 장애, 처궁불미, 재가, 미인수다, 근면하다, 지구력 부족, 소심하다, 운동 잘함, 마음 약
(여) 냉정하다, 사람 사귀다 한번 틀어지면 다시 안 봄, 고집 대단, 정부, 재가, 독수공방, 부궁불미, 욕심 많다, 성질 급, 참을성이 없다, 자손근심

세운·질병·남녀성격의 해설 (歲運·疾病·男女性格의 解說)

❶ 세운임오년(歲運壬午年)= ※이별수, 관재, 불성은 ※세운임오년(歲運壬午年)의 임수(壬水)는 신금일주(辛金日柱)의 상관(傷官)으로 여자 사주에 상관식신(傷官食神)이 태왕(太旺)인데 세운에서 상관(傷官) 식신운(食神運)이 들어오면 ※가정에 불화가 많이 생긴다든가 또는 남편과 떨어져 산다든가 또는 이혼한다든가 또는 남편이 사망하는 수도 있다. 그리고 ※관재, 불성은 ※세운임오년(歲運壬午年)의 임수(壬水)는 신금일주(辛金日柱)의 상관(傷官)으로 세운(歲運)에서 천간(天干) 상관운(傷官運)이 들어오면 ※관재수를 조심해야 하며 또는 모든 일이 잘 풀리지 않고 대차 계약도 잘 이루어지지 않는다.

❷ 질병(疾病)은 풍질, 냉, 지관지는 일주(日柱)에서 발생(發生)하며 ※비색증, 월경불순은 ※신금일주가 자월(子月)에 출생하면 ※축농증이나 비염과 월경불순을 조심해야 한다.

❸ 남녀성격은 일주(日柱)에서 발생(發生)한다.

임오년 (壬午年)

62년(음) 12월 14일 진(辰)시 여자

甲	壬	癸	壬
辰	子	丑	寅

51	41	31	21	11	1
丁	戊	己	庚	辛	壬
未	申	酉	戌	亥	子

이 사주는 임수일주(壬水日柱)가 동계축월(冬季丑月)에 출생하여 실시(失時)하고 축중계수(丑中癸水)가 월상(月上)에 투출(透出)하고 임수일주(壬水日柱)는 자좌자수(自坐子水) 양인(羊刃)에 근(根)하여 일지자수(日支子水)는 시지진토(時支辰土)와 자진(子辰)으로 수국(水局)을 이루고 월지축토(月支丑土)와 자축(子丑)으로 수국(水局)을 이루어 일주(日柱)는 신왕사주(身旺四柱)다. 신왕사주(身旺四柱)에는 일주(日柱)를 제(制)하는 관살(官殺)이나 식신상관(食神傷官)으로 설기(泄氣)함이 좋은데 월시지(月時支) 진축토(辰丑土) 관살(官殺)이 있다 하나 그 축토(丑土)는 습토(濕土)이며 자진자축(子辰子丑)으로 수국(水局)으로 화(化)하여 힘이 없어 용신(用神)으로 쓸 수가 없다. 다행히 시상갑목(時上甲木)은 진중을목(辰中乙木)에 근(根)하고 년지인목(年支寅木)에 록근(祿根)하여 시상갑목(時上甲木) 식신(食神)이 용신(用神)이다. 이런 사주를 가상관격(假傷官格)이라고 한다.

❶ 세운임오년(歲運壬午年): 이별수, 관재, 수술, 자연재앙, 불성
❷ 질병(疾病): 냉(冷), 혈압(血壓), 신장(腎臟), 방광(膀胱)
❸ 남녀성격: (남) 털털한 성격, 마음이 넓다, 성질 조급, 고집 대단, 노력은 많이 하나 실속이 없다, 여자 많다, 처궁불미, 용두사미, 돈이 잘 빠져 나간다, 꾀가 많다, 신경 예민
(여) 남자 같은 시원한 성격, 새것을 좋아함, 부궁불미, 정부, 재가, 남에게 시기를 많이 받는다, 독수공방, 직업여성

세운 • 질병 • 남녀성격의 해설 (歲運 · 疾病 · 男女性格의 解說)

❶ 세운임오년(歲運壬午年)= ※이별수, 관재, 수술, 자연재앙, 불성은 ※세운임오년(歲運壬午年)의 임수(壬水)는 임수일주의 비견(比肩)으로 신왕(身旺)한 여자 사주에 세운에서 비견겁운(比肩劫運)이 들어오면 ※가정에 불화가 많이 생긴다든가 또는 남편과 떨어져 산다든가 또는 이혼한다든가 또는 남편이 사망하는 수도 있다. 그리고 ※관재, 수술, 자연재앙은 ※세운임오년(歲運壬午年)의 오화(午火)는 일지자수(日支子水)와 자오충(子午沖)으로 세운에서 일지충운(日支沖運)이 들어오면 ※관재수를 조심해야 하며 또는 수술을 조심해야 하며 자연재앙을 조심해야 한다. 그리고 ※불성은 ※세운임오년(歲運壬午年)의 임수(壬水)는 임수일주의 비견(比肩)으로 세운(歲運)에서 비견겁운(比肩劫運)이 들어오면 ※모든 일이 잘 풀리지 않고 대차계약도 잘 이루어지지 않는다.

❷ 질병(疾病)과 ❸ 남녀성격은 일주(日柱)에서 발생(發生)한다.

임오년 (壬午年)

62년(음) 1월 29일 인(寅)시 여자

壬	壬	壬	壬
寅	寅	寅	寅

60	50	40	30	20	10
丙	丁	戊	己	庚	辛
申	酉	戌	亥	子	丑

이 사주는 임수일주(壬水日柱)가 초봄 인월(寅月)에 출생하여 실시(失時)하고 년지인목(年支寅木)과 일시지(日時支) 양인목(兩寅木)으로 지지(地支)는 전목국(全木局)을 이루었으며 임수일주(壬水日柱)도 년월일시(年月日時) 임수(壬水)로 임수(壬水) 천원일기(天元一氣)를 이루어 사주가 신왕사주(身旺四柱)같이 보인다. 그러나 인목(寅木)은 인월(寅月)에 득령(得令)하고 임수(壬水)는 무근(無根)이며 자좌인목(自坐寅木)에 설기(泄氣)가 심(甚)하고 년월시(年月時) 삼인수(三印綬) 비견(比肩)도 모두 무근(無根)이며 자좌인목(自坐寅木)에 설기(泄氣)가 심(甚)하여 이 사주는 수생목(水生木)으로 종아(從兒)하게 된다. 그러므로 목(木)이 용신(用神)이며 수(水)가 희신(喜神)이 된다. 이 사주는 여자(女子)의 사주로서 예능(藝能)에 소질이 있어 연극배우로 전공하였으나 운(運)이 없어 성공하지 못하고 35세 해수대운(亥水大運)에 연기학원을 운영하여 손해는 보지 않았으나 45세 술토대운(戌土大運)에 사업을 확장하여 경영하다가 재산을 탕진하고 남편과 이혼(離婚)하고 혼자 살고 있는 사주다.

---

❶ 세운임오년(歲運壬午年): 변화, 이사, 전근, 불성

❷ 질병(疾病): 신장(腎臟), 방광(膀胱), 냉(冷), 습(濕)

❸ 남녀성격: (남) 털털한 성격, 지혜롭다, 원만하다, 환경에 적응 잘함, 영리하다, 행운이 따른다, 항상 바쁨, 용기 있다, 타의 군림, 성질 급, 처 덕 있다, 장모봉양

　　　　　(여) 남자 같은 시원한 성격, 새것을 좋아함, 영리하다, 남편을 꺾는다, 부궁불미, 정부, 자손귀자, 요리솜씨, 사회활동하면 인기

🔵 세운 • 질병 • 남녀성격의 해설 (歲運 · 疾病 · 男女性格의 解說)

❶ 세운임오년(歲運壬午年)= ※변화, 이사, 전근, 불성은 ※세운임오년(歲運壬午年)의 오화(午火)는 일지인목(日支寅木)과 인오(寅午)로 삼합(三合)이 되므로 세운(歲運)에서 일지(日支) 삼합운(三合運)이 들어오면 ※변화가 생긴다든가 또는 이사를 한다든가 또는 직장을 옮기는 일이 많다. 그리고 ※불성은 ※세운임오년(歲運壬午年)의 임수(壬水)는 임수일주(壬水日柱)의 비견(比肩)으로 세운(歲運)에서 비견겁운(比肩劫運)이 들어오면 ※모든 일이 잘 풀리지 않고 대차계약도 잘 이루어지지 않는다.

❷ 질병(疾病)은 일주(日柱)에서 발생(發生)한다.

❸ 남녀성격은 일주(日柱)에서 발생(發生)한다.

임오년(壬午年)

72년(음) 7월 21일 인(寅)시 여자

壬	壬	戊	壬
寅	辰	申	子

57	47	37	27	17	7
壬	癸	甲	乙	丙	丁
寅	卯	辰	巳	午	未

이 사주는 임수일주(壬水日柱)가 초가을 신월(申月)에 출생하여 장생(長生)하고 신궁임수(申宮壬水)와 무토(戊土)가 투출(透出)하여 어느 오행(五行)으로 격(格)을 잡느냐의 기로에 서게 된다. 비견겁(比肩劫)은 격(格)을 주지 않으므로 월상무토(月上戊土) 편관(偏官)으로 격(格)을 잡는다. 그러므로 편관격(偏官格)이다. 그리고 지지(地支)는 신자진(申子辰) 수국(水局)을 이루어 윤하격(潤下格)이다. 윤하격(潤下格)에는 수(水)가 용신(用神)이고 금(金)이 희신(喜神)인데 이 사주는 신궁무토(申宮戊土)가 월상(月上)에 투출(透出)하고 그 무토(戊土)는 미약(微弱)하나마 진중무토(辰中戊土)에 근(根)하였으므로 사주에 비견겁(比肩劫)이 많으므로 무토편관(戊土偏官)으로 많은 비견겁(比肩劫)을 제(制)하여 하므로 무토편관(戊土偏官)이 용신(用神)이며 화재(火財)는 희신(喜神)이 된다.

[참고: 격(格)과 용신(用神)은 별개의 성질이라는 것을 기억해두자]

❶ 세운임오년(歲運壬午年): 이별수, 불성, 손재
❷ 질병(疾病): 냉(冷), 풍질(風疾), 신장(腎臟), 혈압(血壓)
❸ 남녀성격: (남) 털털한 성격, 일찍 사회에 진출, 임전무퇴, 자립정신, 재간 있다, 박력 있다, 속전속결, 처궁불미, 어린 시절 잔병, 자손근심, 아이디어가 좋다
  (여) 남자 같은 시원한 성격, 새것을 좋아함, 부궁불미, 재가, 정부, 독수공방, 일가부양, 풍파가 많다

세운·질병·남녀성격의 해설(歲運·疾病·男女性格의 解說)

❶ 세운임오년(歲運壬午年)= ※이별수, 불성, 손재는 ※세운임오년(歲運壬午年)의 임수(壬水)는 임수일주(壬水日柱)의 비견(比肩)으로 신왕(身旺)한 여자 사주에 세운에서 비견겁운(比肩劫運)이 들어오면 ※가정에 불화가 많이 생긴다든가 또는 남편과 떨어져 산다든가 또는 이혼한다든가 또는 남편이 사망하는 수도 있다. 그리고 ※불성은 ※세운임오년(歲運壬午年)의 임수(壬水)는 임수일주의 비견(比肩)으로 세운(歲運)에서 비견겁운(比肩劫運)이 들어오면 ※모든 일이 잘 풀리지 않고 대차계약도 잘 이루어지지 않는다. 그리고 ※손재는 ※세운임오년(歲運壬午年)의 오화(午火)는 임수일주의 정재(正財)로 신왕한 사주에 재(財)가 쇠약(衰弱)한데 세운에서 재운(財運)이 들어오면 ※손재수를 조심해야 한다.

❷ 질병(疾病)과 ❸ 남녀성격은 일주(日柱)에서 발생(發生)한다.

임오년 (壬午年)

67년(음) 6월 10일 신(申)시 여자

戊	壬	丁	丁
申	午	未	未

57	47	37	27	17	7
癸	壬	辛	庚	己	戊
丑	子	亥	戌	酉	申

이 사주는 임수일주(壬水日柱)가 하계미월(夏季未月)에 출생하여 실시(失時)하고 미중정화(未中丁火)가 년월(年月)에 투출(透出)하고 일지오화(日支午火)와 월지미토(月支未土)와 오미화국(午未火局)을 이루고 시상무토(時上戊土)가 투출(透出)하여 재살(財殺)이 태왕(太旺)이다. 다행히 임수일주(壬水日柱)는 시지신금(時支申金)에 장생(長生)하여 근(根)하므로 살인상생(殺印相生)으로 금인수(金印綬)가 용신(用神)이며 비견겁(比肩劫)은 희신(喜神)이 된다. 이 사주는 여자(女子)의 사주로서 회사에 근무하다가 37세 신금대운(辛金大運)에 공인중개소를 경영하여 돈을 많이 벌었고 해수대운(亥水大運)에는 경매사업을 하여 돈을 많이 벌었으며 앞으로도 자수대운(子水大運)이 잘 들어와 돈을 많이 벌 것으로 생각된다. 그러나 임수일주(壬水日柱)가 여자 사주에 화토재살(火土財殺)이 태왕(太旺)하면 자궁(子宮)을 조심해야 하는데 이 사주도 자궁(子宮)을 수술한 사주다.

❶ 세운임오년(歲運壬午年): 관재, 손재, 신액, 변화, 이사, 전근, 자연재앙
❷ 질병(疾病): 신장(腎臟), 방광(膀胱)
❸ 남녀성격: (남) 털털한 성격, 고집 대단, 신경 예민, 지혜롭다, 명랑하다, 예의 있다, 준법
　　　　　　 정신, 처 덕 있다, 처궁불미, 성실하다, 눈치가 빠름, 운동 잘함
　　　　　 (여) 남자 같은 시원한 성격, 새것을 좋아함, 미모 수려, 남편 덕, 정부, 부궁불
　　　　　　 미, 자손 덕, 눈치가 빠름, 신경 예민, 이성수신

☯ 세운 • 질병 • 남녀성격의 해설 (歲運 · 疾病 · 男女性格의 解說)

❶ 세운임오년(歲運壬午年)= ※관재, 손재, 신액, 변화, 이사, 전근, 자연재앙은 ※세운임오년(歲運壬午年)의 오화(午火)는 임수일주의 정재(正財)로 원명사주에 재살(財殺)이 태왕(太旺)인데 세운에서 재(財)나 관살운(官殺運)이 들어오면 **※관재수를 조심해야 하며 또는 손재수를 조심해야 하며 또는 건강을 조심해야 한다.** 그리고 **※변화, 이사, 전근**은 ※세운임오년(歲運壬午年)의 오화(午火)는 일지오화(日支午火)와 오오(午午)로 삼합(三合)이 되므로 세운에서 일지(日支) 삼합운(三合運)이 들어오면 **※변화가 생긴다든가 또는 이사를 한다든가 또는 직장을 옮기는 일이 많다.** 그리고 **※ 자연재앙**은 ※세운임오년(歲運壬午年)의 오화(午火)는 일지오화(日支午火)와 오오(午午)로 똑같은 오행(五行)이므로 세운에서 일지(日支)같은 운(運)이 들어오면 **※자연재앙을 조심해야한다.**

❷ 질병(疾病)과 ❸ 남녀성격은 일주(日柱)에서 발생(發生)한다.

임오년 (壬午年)

64년(음) 12월 16일 축(丑)시 여자

辛	壬	丁	甲
丑	申	丑	辰

54	44	34	24	14	4
辛	壬	癸	甲	乙	丙
未	申	酉	戌	亥	子

이 사주는 임수일주(壬水日柱)가 동계축월(冬季丑月)에 출생하여 실시(失時)하고 축중신금(丑中辛金)이 시상(時上)에 투출(透出)하여 인수격(印綬格)이다. 그리고 임수일주(壬水日柱)는 자좌신금(子坐申金)에 장생(長生)하고 년월(年月) 진축토(辰丑土)는 습토(濕土)로서 신왕사주(身旺四柱)같이 보인다. 그러나 월상(月上)에 정화(丁火)가 투출(透出)하여 그 동토(冬土)는 미온지토(微溫之土)가 되어 임수일주(壬水日柱)를 극(剋)할 수 있으므로 임수일주(壬水日柱)는 신약사주(身弱四柱)가 된다. 그러므로 금인수(金印綬)가 용신(用神)이며 수비견겁(水比肩劫)은 희신(喜神)이 된다. 이 사주는 여자(女子)의 사주로서 예술성(藝術性)에 많아 미술(美術)을 전공하였으나 24세부터 갑술대운(甲戌大運)까지는 운(運)이 없어 고생을 많이 하다가 34세 계수대운(癸水大運)에 대학교수로 취임하였고 43세 유금대운(酉金大運)까지 승승장구(乘勝長驅)하였으나 44세 임수대운(壬水大運)에는 월상정화(月上丁火)와 정임합(丁壬合)으로 합거(合去)되어 모든 일이 잘 풀리지 않았으며 남편과 이혼한 사주다. 부궁(夫宮)이 부실한 것은 년간지(年干支) 갑진(甲辰)은 백호관살(白虎官殺)이며 월간지(月干支) 정축(丁丑)도 백호관살(白虎官殺)이므로 임수일주(壬水日柱)에 백호관살(白虎官殺)이 있으면 부궁이 부실하여 재혼하거나 혼자 사는 사람들이 많다.

❶ 세운임오년(歲運壬午年): 관재, 손재, 신액, 불성
❷ 질병(疾病): 냉(冷), 신장(腎臟), 방광(膀胱)
❸ 남녀성격: (남) 털털한 성격, 원만하다, 활발하다, 지혜롭다, 포용력, 만인의 신망, 고집 대단, 박력 있다, 영리하다, 일독십지, 처 덕 있다
　　　　　　(여) 남자 같은 시원한 성격, 새것을 좋아함, 영리하다, 부궁불미, 정부, 예능, 문학에 소질 있다, 친모봉양

🔵 세운·질병·남녀성격의 해설 (歲運·疾病·男女性格의 解說)

❶ 세운임오년(歲運壬午年)= ※관재, 손재, 신액, 불성은 ※세운임오년(歲運壬午年)의 오화(午火)는 임수일주의 정재(正財)로 원명사주에 재살(財殺)이 태왕(太旺)인데 세운에서 재(財)나 관살운(官殺運)이 들어오면 ※관재수를 조심해야 하며 또는 손재수를 조심해야 하며 또는 건강을 조심해야 한다. 그리고 ※불성은 ※세운임오년(歲運壬午年)의 임수(壬水)는 임수일주의 비견(比肩)으로 세운(歲運)에서 비견겁운(比肩劫運)이 들어오면 ※모든 일이 잘 풀리지 않고 대차계약도 잘 이루어지지 않는다.

❷ 질병(疾病)과 ❸ 남녀성격은 일주(日柱)에서 발생(發生)한다.

임오년 (壬午年)

62년(음) 6월 22일 술(戌)시 남자

庚	壬	丁	壬
戌	戌	未	寅

55	45	35	25	15	5
癸	壬	辛	庚	己	戊
丑	子	亥	戌	酉	申

이 사주는 임수일주(壬水日柱)가 하계미월(夏季未月)에 출생하여 실시(失時)하고 미중정화(未中丁火)가 월상(月上)에 투출(透出)하여 정재격(正財格)이다. 그리고 지지(地支)는 년지인목(年支寅木)과 일시지(日時支) 양술토(兩戌土)로 인술(寅戌)로 화국(火局)을 이루어 재살(財殺)이 태왕(太旺)이다. 다행히 시상(時上)에 경금(庚金)이 투출(透出)하여 경금(庚金)은 술중신금(戌中辛金)에 근(根)하여 살인상생(殺印相生)으로 금인수(金印綬)가 용신(用神)이며 수비견겁(水比肩劫)은 희신(喜神)이 된다. 이 사주는 남자(男子)의 사주로서 공대(工大)에 졸업하고 현장에 근무하다가 토목공사를 많이 배워 35세 신금대운(辛金大運)에 현장소장으로 근무하였으며 운(運)이 좋아 승승장구(乘勝長驅)하였으나 45세 임수대운(壬水大運)에 퇴사하고 건축사업을 경영하였으나 월상정화(月上丁火)와 임수대운(壬水大運)과 정임합(丁壬合)으로 합거(合去)되어 손해를 많이 보고 있는 사주다. 그러나 앞으로 50세 자계수(子癸水) 대운(大運)에는 운(運)이 잘 들어와 사업이 번창하고 돈을 많이 벌 것으로 생각된다.

❶ 세운임오년(歲運壬午年): 변화, 이사, 전근, 불성
❷ 질병(疾病): 신장(腎臟), 방광(膀胱)
❸ 남녀성격: (남) 털털한 성격, 선견지명, 남에게 잘함, 욕심 많다, 일찍 사회에 진출, 성질급, 자수성가, 부모 덕, 재복 있다, 처 덕 있다, 자손귀자, 신앙심, 지구력 강함, 능력 있다
　　　　　 (여) 남자 같은 시원한 성격, 새것을 좋아함, 부궁불미, 정부, 재가, 독수공방, 이성 구설, 재복 있다, 신앙심

세운·질병·남녀성격의 해설 (歲運·疾病·男女性格의 解說)

❶ 세운임오년(歲運壬午年)= ※변화, 이사, 전근, 불성은 ※세운임오년(歲運壬午年)의 오화(午火)는 일지술토(日支戌土)와 오술(午戌)로 삼합(三合)이 되므로 세운(歲運)에서 일지(日支) 삼합운(三合運)이 들어오면 ※변화가 생긴다든가 또는 이사를 한다든가 또는 직장을 옮기는 일이 많다. 그리고 ※불성은 ※세운임오년(歲運壬午年)의 임수(壬水)는 임수일주(壬水日柱)의 비견(比肩)으로 세운(歲運)에서 비견겁운(比肩劫運)이 들어오면 ※모든 일이 잘 풀리지 않고 대차계약도 잘 이루어지지 않는다.

❷ 질병(疾病)은 일주(日柱)에서 발생(發生)한다.

❸ 남녀성격은 일주(日柱)에서 발생(發生)한다.

임오년 (壬午年)

61년(음) 11월 18일 해(亥)시 남자

辛	壬	庚	辛
亥	辰	子	丑

56	46	36	26	16	6
甲	乙	丙	丁	戊	己
午	未	申	酉	戌	亥

이 사주는 임수일주(壬水日柱)가 중동자월(中冬子月) 양인월(羊刃月)에 출생하여 득령(得令)하고 년지축토(年支丑土)와 시지해수(時支亥水)와 해자축(亥子丑) 수국(水局)을 이루었고 년월시상(年月時上) 경신금(庚辛金)은 축중신금(丑中辛金)에 근(根)하여 인수일주(壬水日柱)를 생(生)하니 임수일주(壬水日柱)는 신왕사주(身旺四柱)다. 신왕사수(身旺四柱)에는 일주(日柱)를 제(制)하는 관살(官殺)이나 상관식신(傷官食神)으로 설기(泄氣)함이 좋은데 년일지(年日支) 진축토(辰丑土) 관살(官殺)이 있다고 하나 그 진축토(辰丑土)는 습토(濕土)이며 수(水)로 화(化)하여 힘이 없으므로 용신(用神)으로 쓸 수가 없다. 그러므로 토생금(土生金) 금생수(金生水)로 수(水)가 용신(用神)이며 금(金)은 희신(喜神)이 된다. 이 사주는 남자(男子)의 사주로서 체육(體育)을 전공하였으나 초년(初年)에는 운(運)이 없어 고생을 하다가 36세 유금대운(酉金大運)에 체육교사로 취임한 사주이며 그 이후로도 평범하게 살아가고 있는 사주다.

❶ 세운임오년(歲運壬午年): 손재, 처액, 불성
❷ 질병(疾病): 냉(冷), 풍질(風疾), 신장(腎臟), 혈압(血壓)
❸ 남녀성격: (남) 털털한 성격, 일찍 사회에 진출, 임전무퇴, 자립정신, 재간 있다, 박력 있다, 속전속결, 처궁불미, 어린 시절 잔병, 자손근심, 아이디어가 좋다
　　　　　　(여) 남자 같은 시원한 성격, 새것을 좋아함, 부궁불미, 재가, 정부, 독수공방, 일가부양, 풍파가 많다

🌀 세운 · 질병 · 남녀성격의 해설 (歲運 · 疾病 · 男女性格의 解說)

❶ 세운임오년(歲運壬午年)= ※손재, 처액, 불성은 ※세운임오년(歲運壬午年)의 오화(午火)는 임수일주(壬水日柱)의 정재(正財)로 신왕(身旺)한 남자 사주에 재(財)가 쇠약(衰弱)한데 세운(歲運)에서 재운(財運)이 들어오면 ※손재수를 조심해야 하며 또는 가정에 불화가 많이 생긴다든가 또는 처가 가출한다든가 또는 처의 건강을 조심해야 한다. 그리고 ※불성은 ※세운임오년(歲運壬午年)의 임수(壬水)는 임수일주(壬水日柱)의 비견(比肩)으로 세운(歲運)에서 비견겁운(比肩劫運)이 들어오면 ※모든 일이 잘 풀리지 않고 대차계약도 잘 이루어지지 않는다.

❷ 질병(疾病)은 일주(日柱)에서 발생(發生)한다.

❸ 남녀성격은 일주(日柱)에서 발생(發生)한다.

임오년 (壬午年)

52년(음) 11월 6일 해(亥)시 여자

辛	壬	壬	壬
亥	寅	子	辰

55	45	35	25	15	5
丙	丁	戊	己	庚	辛
午	未	申	酉	戌	亥

이 사주는 임수일주(壬水日柱)가 중동자월(中冬子月) 양인월(羊刃月)에 출생하여 득령(得令)하고 년월일(年月日) 삼임수(三壬水)가 투출(透出)하고 시간지(時干支) 신해인수(辛亥印綬)와 비견(比肩)이 있어 일주(日柱)는 신왕사주(身旺四柱)다. 신왕사주(身旺四柱)에는 일주(日柱)를 제(制)하는 관살(官殺)이나 상관식신(傷官食神)으로 설기(泄氣)함이 좋은데 년지(年支) 진중무토(辰中戊土) 편관(偏官)으로 많은 비견겁(比肩劫)을 제(制)하고자 하나 진토(辰土)는 습토(濕土)로서 힘이 없으며 월지자수(月支子水)와 자진(子辰)으로 수국(水局)으로 화(化)하여 용신(用神)으로 쓸 수가 없다. 다행히 일지인목(日支寅木)이 있어 인중갑목(寅中甲木) 식신(食神)으로 용신(用神)한다. 이런 사주를 가상관격(假傷官格)이라고 한다. 이 사주는 여자(女子)의 사주로서 교사(教師)로 평범하게 살았던 사주다.

---

❶ 세운임오년(歲運壬午年): 이별수, 변화, 이사, 전근, 불성
❷ 질병(疾病): 신장(腎臟), 방광(膀胱), 냉(冷), 습(濕)
❸ 남녀성격: (남) 털털한 성격, 지혜롭다, 원만하다, 환경에 적응 잘함, 영리하다, 행운이 따른다, 항상 바쁨, 용기 있다, 타의 군림, 성질 급, 처 덕 있다, 장모봉양
　　　　　(여) 남자 같은 시원한 성격, 새것을 좋아함, 영리하다, 남편을 꺾는다, 부궁불미, 정부, 자손귀자, 요리솜씨, 사회활동하면 인기

☯ 세운·질병·남녀성격의 해설 (歲運·疾病·男女性格의 解說)

❶ 세운임오년(歲運壬午年)= ※이별수, 변화, 이사, 전근, 불성은 ※세운임오년(歲運壬午年)의 임수(壬水)는 임수일주(壬水日柱)의 비견(比肩)으로 신왕(身旺)한 여자 사주에 세운에서 비견겁운(比肩劫運)이 들어오면 ※가정에 불화가 많이 생긴다든가 또는 남편과 떨어져 산다든가 또는 이혼한다든가 또는 남편이 사망하는 수도 있다. 그리고 ※변화, 이사, 전근은 ※세운임오년(歲運壬午年)의 오화(午火)는 일지인목(日支寅木)과 인오(寅午)로 삼합(三合)이 되므로 세운(歲運)에서 일지(日支) 삼합운(三合運)이 들어오면 ※변화가 생긴다든가 또는 이사를 한다든가 또는 직장을 옮기는 일이 많다. 그리고 ※불성은 ※세운임오년(歲運壬午年)의 임수(壬水)는 임수일주(壬水日柱)의 비견(比肩)으로 세운(歲運)에서 비견겁운(比肩劫運)이 들어오면 ※모든 일이 잘 풀리지 않고 대차계약도 잘 이루어지지 않는다.

❷ 질병(疾病)과 ❸ 남녀성격은 일주(日柱)에서 발생(發生)한다.

임오년 (壬午年)

53년(음) 5월 21일 축(丑)시 남자

癸	癸	戊	癸
丑	丑	午	巳

58	48	38	28	18	8
壬	癸	甲	乙	丙	丁
子	丑	寅	卯	辰	巳

이 사주는 계수일주(癸水日柱)가 중하오월(中夏午月)에 출생하여 실시(失時)하고 년지사화(年支巳火)와 사오(巳午)로 화국(火局)을 이루고 사중무토(巳中戊土)가 월상(月上)에 투출(透出)하여 재살(財殺)이 태왕(太旺)이다. 그러나 계수일주(癸水日柱)는 축중계수(丑中癸水)에 근(根)하고 시상계수(時上癸水) 비견(比肩)도 축중계수(丑中癸水)에 근(根)하여 종(從)하지 않으므로 신약사주(身弱四柱)로서 금인수(金印綬)가 용신(用神)이며 수비견겁(水比肩劫)은 희신(喜神)이 된다. 이 사주는 남자(男子)의 사주로서 회사에 근무하였으나 운(運)이 없어 평범하게 지내다가 퇴사하여 48세 계수대운(癸水大運)에 자영업을 경영하다가 월상무토(月上戊土)와 대운계수(大運癸水)와 무계합(戊癸合)으로 합거(合去)되어 손해를 많이 보아 방황하며 살다가 오토바이 사고로 다리를 다쳐 장애인이 되었다. 일지축토(日支丑土)와 월지오화(月支午火)는 축오(丑午)로 탕화살(湯火殺)이므로 이 탕화살(湯火殺)이 있는 사람들은 화상, 흉터, 화재, 사고를 조심해야 한다. 그러나 58세 임수대운(壬水大運)에 희신운(喜神運)이 들어와 음식점을 경영하여 사업이 번창하고 있는 중이다.

❶ 세운임오년(歲運壬午年): 관재, 손재, 신액, 불성
❷ 질병(疾病): 신장(腎臟), 방광(膀胱), 풍질(風疾)
❸ 남녀성격: (남) 털털한 성격, 근면 성실, 지혜롭다, 지구력 있다, 근심 많다, 처궁불미, 준법정신, 새벽잠이 없다
　　　　　(여) 남자 같은 시원한 성격, 새것을 좋아함, 이성수신, 애교 많다, 정부, 재가, 부궁불미, 남자들의 인기

세운 · 질병 · 남녀성격의 해설 (歲運 · 疾病 · 男女性格의 解說)

❶ 세운임오년(歲運壬午年)= ※관재, 손재, 신액, 불성은 ※세운임오년(歲運壬午年)의 오화(午火)는 계수일주(癸水日柱)의 편재(偏財)로서 원명사주(源命四柱)에 재살(財殺)이 태왕(太旺)인데 세운(歲運)에서 재(財)나 관살운(官殺運)이 들어오면 ※관재수를 조심해야 하며 또는 손재수를 조심해야 하며 또는 건강을 조심해야 한다. 그리고 ※불성은 ※세운임오년(歲運壬午年)의 임수(壬水)는 계수일주(癸水日柱)의 비겁(比劫)으로 세운(歲運)에서 비견겁운(比肩劫運)이 들어오면 ※모든 일이 잘 풀리지 않고 대차계약도 잘 이루어지지 않는다.

❷ 질병(疾病)은 일주(日柱)에서 발생(發生)한다.

❸ 남녀성격은 일주(日柱)에서 발생(發生)한다.

임오년 (壬午年)

52년(음) 11월 27일 해(亥)시 여자

<table>
<tr><td>癸</td><td>癸</td><td>癸</td><td>壬</td></tr>
<tr><td>亥</td><td>亥</td><td>丑</td><td>辰</td></tr>
</table>

52	42	32	22	12	2
丁	戊	己	庚	辛	壬
未	申	酉	戌	亥	子

이 사주는 계수일주(癸水日柱)가 동계축월(冬季丑月)에 출생하여 실시(失時)하고 축중계수(丑中癸水)가 월시상(月時上)에 투출(透出)하였으며 지지(地支)는 일시지(日時支) 양해수(兩亥水)와 천간(天干)은 모두 임계수(壬癸水)로 천원일기(天元一氣)를 이루어 비견겁(比肩劫)이 태왕(太旺)이다. 신왕사주(身旺四柱)에는 관살(官殺)로 일주(日柱)를 제(制)하거나 상관식신(傷官食神)으로 설기(泄氣)함이 좋은데 년월(年月) 진축토(辰丑土) 관살(官殺)이 있다고 하나 진축토(辰丑土)는 습토(濕土)로서 해수(亥水)와 해축(亥丑)으로 수국(水局)을 이루어 토관살(土官殺)이 약(弱)하므로 용신(用神)으로 쓸 수가 없다. 그러므로 이 사주는 비견겁(比肩劫)이 태왕(太旺)하므로 종왕격(從旺格)이다. 종왕격(從旺格)에는 비견겁(比肩劫)이 용신(用神)이며 금인수(金印綬)는 희신(喜神)이 된다. 이 사주는 전업주부로서 살다가 52세 정화대운(丁火大運)에 부동산에 투자하였으나 년상임수(年上壬水)와 대운정화와 정임합(丁壬合)으로 합거(合去)되어 재산을 탕진하고 힘들게 살고 있는 사주다.

❶ 세운임오년(歲運壬午年): 이별수, 손재, 신액
❷ 질병(疾病): 심장(心臟), 냉(冷)
❸ 남녀성격: (남) 털털한 성격, 차분한 성격, 마음이 깊다, 외유내강, 타인 존경, 준법정신, 영리하다, 총명하다, 연구심, 노력으로 끝을 본다, 장수한다, 신앙심
　　　　　 (여) 남자 같은 시원한 성격, 새것을 좋아함, 부군 덕, 부궁불미, 독수공방, 정부, 재가, 친정형제 걱정 많이 한다, 자손귀자, 돈이 잘 빠져나감, 신앙심

세운·질병·남녀성격의 해설 (歲運·疾病·男女性格의 解說)

❶ 세운임오년(歲運壬午年)= ※이별수, 손재, 신액은 ※세운임오년(歲運壬午年)의 임수(壬水)는 계수일주(癸水日柱)의 비겁(比劫)으로 신왕(身旺)한 여자 사주에 세운(歲運)에서 비견겁운(比肩劫運)이 들어오면 ※가정에 불화가 많이 생긴다든가 또는 남편과 떨어져 산다든가 또는 이혼한다든가 또는 남편이 사망하는 수도 있다. 그리고 ※손재, 신액은 ※세운임오년(歲運壬午年)의 오화(午火)는 계수일주(癸水日柱)의 편재(偏財)로 비견겁(比肩劫)이 태왕(太旺)이고 재(財)가 쇠약(衰弱)한데 세운(歲運)에서 재운(財運)이 들어오면 ※손재수를 조심해야 하며 또는 건강을 조심해야 한다.

❷ 질병(疾病)과 ❸ 남녀성격은 일주(日柱)에서 발생(發生)한다.

임오년 (壬午年)

53년(음) 2월 9일 진(辰)시 남자

丙	癸	乙	癸
辰	酉	卯	巳

56	46	36	26	16	6
己	庚	辛	壬	癸	甲
酉	戌	亥	子	丑	寅

이 사주는 계수일주(癸水日柱)가 중춘묘월(中春卯月)에 출생하여 실시(失時)하고 묘중을목(卯中乙木)이 월상(月上)에 투출(透出)하여 식신격(食神格)이다. 그리고 시상병화(時上丙火)는 년지사화(年支巳火)에 록근(祿根)하므로 식신(食神)과 재(財)가 태왕(太旺)히므로 일주(日柱)는 신약시주(身弱四柱)다. 그러므로 금인수(金印綬)가 용신(用神)이며 수비견겁(水比肩劫)은 희신(喜神)이 된다. 이 사주는 남자(男子)의 사주로서 일찍 사업을 하여 45세 해수대운(亥水大運)까지 돈을 많이 벌었으나 46세 경금대운(庚金大運)에 건축사업을 하여 재산을 탕진하였다. 재산을 탕진한 것은 대운경금(大運庚金)은 계수일주(癸水日柱)의 인수운(印綬運)으로 좋을 것 같으나 그 경금(庚金)은 월상을목(月上乙木)과 을경합(乙庚合)으로 합거(合去)되어 재산을 탕진하게 된 것이다. 그 이후로도 운(運)이 없어 방황하고 처(妻)와 이혼하고 어렵게 살고 있는 사주다.

❶ 세운임오년(歲運壬午年): 관재, 손재, 신액, 불성
❷ 질병(疾病): 신장(腎臟), 심장(心臟), 방광(膀胱), 냉(冷), 중풍(中風)
❸ 남녀성격: (남) 털털한 성격, 성격이 까다롭다, 매사 철두철미, 박력이 모자란다, 영리하다, 총명하다, 암기력, 남에게 잘함, 호인이다, 고독 자초, 처 덕 있다
　　　　　　(여) 남자 같은 시원한 성격, 새것을 좋아함, 정이 많다, 부궁불미, 정부, 인덕 없다, 눈물 많다

☯ 세운 · 질병 · 남녀성격의 해설 (歲運 · 疾病 · 男女性格의 解說)

❶ 세운임오년(歲運壬午年)= ※관재, 손재, 신액, 불성은 ※세운임오년(歲運壬午年)의 오화(午火)는 계수일주(癸水日柱)의 편재(偏財)로서 원명사주(源命四柱)에 재살(財殺)이 왕(旺)한데 세운(歲運)에서 재(財)나 관살운(官殺運)이 들어오면 ※관재수를 조심해야 하며 또는 손재수를 조심해야 하며 또는 건강을 조심해야 한다. 그리고 ※불성은 ※세운임오년(歲運壬午年)의 임수(壬水)는 계수일주(癸水日柱)의 비겁(比劫)으로 세운(歲運)에서 비견겁운(比肩劫運)이 들어오면 ※모든 일이 잘 풀리지 않고 대차계약도 잘 이루어지지 않는다.

❷ 질병(疾病)은 신장, 심장, 방광, 냉은 일주(日柱)에서 발생(發生)하며 ※중풍은 ※계수일주(癸水日柱)가 인묘월(寅卯月)에 출생하면 ※중풍을 조심해야 한다.

❸ 남녀성격은 일주(日柱)에서 발생(發生)한다.

임오년 (壬午年)

53년(음) 4월 20일 축(丑)시 여자

癸	癸	丁	癸
丑	未	巳	巳

52	42	32	22	12	2
癸	壬	辛	庚	己	戊
亥	戌	酉	申	未	午

이 사주는 계수일주(癸水日柱)가 초여름 사월(巳月)에 출생하여 실시(失時)하고 년지사화(年支巳火)와 일지미토(日支未土)와 사미(巳未)로 화국(火局)을 이루고 월상정화(月上丁火)가 투출(透出)하여 재살(財殺)이 태왕(太旺)이다. 그러므로 종살격(從殺格) 같이 보인다. 계수일주(癸水日柱)는 자좌(自坐) 미중기토(未中己土)에 살지(殺地)라고 하나 시상계수(時上癸水) 비견(比肩)이 축중계수(丑中癸水)에 근(根)하여 일주(日柱)를 보신(補身)하므로 종(從)하지 않는다. 그러므로 사주에 재(財)가 많으므로 많은 재(財)를 제(制)하고 계수일주(癸水日柱)를 보신(補身)하는 비견겁(比肩劫)이 용신(用神)이며 금인수(金印綬)는 희신(喜神)이 된다. 이 사주는 여자(女子)의 사주로서 한복점을 경영하여 초년(初年) 신유대운(辛酉大運)에는 돈을 많이 벌었으나 42세 임술대운(壬戌大運)에 사업이 부실하여 손해를 많이 보았고 남편과 이혼(離婚)한 사주다. 부궁(夫宮)이 부실한 것은 여자 사주에 시간지(時干支) 계축(癸丑)은 백호관살(白虎官殺)이며 거기에다 일시지(日時支) 상충(相沖)까지 있어 부궁(夫宮)이 더욱 더 부실한 사주며 52세 계해대운(癸亥大運)부터 운(運)이 잘 들어와 수억금을 벌어 잘살고 있는 사주다.

❶ 세운임오년(歲運壬午年): 관재, 손재, 신액, 불성
❷ 질병(疾病): 신장(腎臟), 비(脾), 위(胃)
❸ 남녀성격: (남) 털털한 성격, 의리 있다, 신용 있다, 인내심, 지구력, 순진하다, 심술 많다, 꾸준히 노력으로 결실, 성격이 까다롭다, 옷에 신경, 신앙심, 편식, 처궁불미
(여) 남자 같은 시원한 성격, 새것을 좋아함, 남편복이 없다, 정부, 재가, 인덕 없다

세운·질병·남녀성격의 해설 (歲運·疾病·男女性格의 解說)

❶ 세운임오년(歲運壬午年)= ※관재, 손재, 신액, 불성은 ※세운임오년(歲運壬午年)의 오화(午火)는 계수일주(癸水日柱)의 편재(偏財)로서 원명사주(源命四柱)에 재살(財殺)이 왕(旺)한데 세운(歲運)에서 재(財)나 관살운(官殺運)이 들어오면 ※관재수나 손재수나 건강을 조심해야 한다. 그리고 ※불성은 ※세운임오년(歲運壬午年)의 임수(壬水)는 계수일주(癸水日柱)의 비겁(比劫)으로 세운(歲運)에서 비견겁운(比肩劫運)이 들어오면 ※모든 일이 잘 풀리지 않고 대차계약도 잘 이루어지지 않는다.

❷ 질병(疾病)과 ❸ 남녀성격은 일주(日柱)에서 발생(發生)한다.

임오년 (壬午年)

49년(윤) 7월 8일 인(寅)시 남자

甲	癸	壬	己
寅	巳	申	丑

58	48	38	28	18	8
丙	丁	戊	己	庚	辛
寅	卯	辰	巳	午	未

이 사주는 계수일주(癸水日柱)가 초가을 신월(申月)에 출생하여 득령(得令)하고 신궁임수(申宮壬水)가 월상(月上)에 투출(透出)하여 신왕사주(身旺四柱)같이 보인다. 그러나 시간지(時干支) 갑인목(甲寅木)과 년간지(年干支) 기축편관(己丑偏官)으로 한편으로는 상관식신(傷官食神)에 설기(泄氣)기 심(甚)하고 한편으로는 관살(官殺)의 극(剋)을 받으므로 일주(日柱)는 신약사주(身弱四柱)다. 그러므로 금인수(金印綬)가 용신(用神)이며 수비견겁(水比肩劫)은 희신(喜神)이 된다. 이 사주는 남자(男子)의 사주로서 전자회사의 기술직(技術職)으로 근무하였으나 운(運)이 없어 승진(昇進)이 안되어 고생을 많이 하다가 53세 묘목대운(卯木大運)에 퇴사하여 사업을 경영하였으나 운(運)이 없어 사업이 부실하여 재산을 탕진하고 방황하며 살다가 교통사고(交通事故)로 사망(死亡)한 사주다. 사망(死亡)하게 된 것은 계사일주(癸巳日主)에 갑인시(甲寅時)를 놓은 사람들은 누구든지 교통사고를 조심해야 하며 죽지 않으면 평생 장애(障碍)를 갖고 살아가게 된다.

❶ 세운임오년(歲運壬午年): 관재, 손재, 신액, 불성
❷ 질병(疾病): 비뇨기(泌尿器), 장(臟)
❸ 남녀성격: (남) 털털한 성격, 인정 많다, 처세가 좋다, 외유내강, 자기 실속, 욕심 많다, 영리하다, 처 덕 있다, 자손귀자, 학업 장애
　　　　　　(여) 남자 같은 시원한 성격, 새것을 좋아함, 부궁불미, 이성 고민, 정부, 재복 있다

◉ 세운·질병·남녀성격의 해설 (歲運·疾病·男女性格의 解說)

❶ 세운임오년(歲運壬午年)= ※관재, 손재, 신액, 불성은 ※세운임오년(歲運壬午年)의 오화(午火)는 계수일주(癸水日柱)의 편재(偏財)로서 원명사주(源命四柱)에 재살(財殺)이 왕(旺)한데 세운(歲運)에서 재(財)나 관살운(官殺運)이 들어오면 ※관재수를 조심해야 하며 또는 손재수를 조심해야 하며 또는 건강을 조심해야 한다. 그리고 ※불성은 ※세운임오년(歲運壬午年)의 임수(壬水)는 계수일주(癸水日柱)의 비겁(比劫)으로 세운(歲運)에서 비견겁운(比肩劫運)이 들어오면 ※모든 일이 잘 풀리지 않고 대차계약도 잘 이루어지지 않는다.

❷ 질병(疾病)은 일주(日柱)에서 발생(發生)한다.

❸ 남녀성격은 일주(日柱)에서 발생(發生)한다.

임오년 (壬午年)

52년(음) 2월 3일 인(寅)시 남자

<table>
<tr><td>甲</td><td>癸</td><td>壬</td><td>壬</td></tr>
<tr><td>寅</td><td>卯</td><td>寅</td><td>辰</td></tr>
</table>

53	43	33	23	13	3
戊	丁	丙	乙	甲	癸
申	未	午	巳	辰	卯

이 사주는 계수일주(癸水日柱)가 초봄 인월(寅月)에 출생하여 실시(失時)하고 인중갑목(寅中甲木)이 시상(時上)에 투출(透出)하여 상관격(傷官格)이다. 그리고 지지(地支)는 인묘진(寅卯辰)으로 목국(木局)을 이루어 상관식신(傷官食神)이 태왕(太旺)이다. 계수일주(癸水日柱)는 자좌묘목(自坐卯木)에 설기(泄氣)가 심(甚)하며 월상임수(月上壬水) 비겁(比劫)도 자좌인목(自坐寅木)에 설기(泄氣)가 심(甚)하나 년상임수(年上壬水) 비겁(比劫)은 자좌(自坐) 진중계수(辰中癸水)에 근(根)하여 계수일주(癸水日柱)를 보신(補身)하므로 종(從)하지 않는다. 그러므로 사주에 상관식신(傷官食神)이 태왕(太旺)하므로 많은 상관식신(傷官食神)을 제(制)하는 금인수(金印綬)가 용신(用神)이며 수비견겁(水比肩劫)은 희신(喜神)이 된다. 이 사주는 남자(男子)의 사주로서 가전제품판매원으로 일하였으나 운(運)이 없어 평범하게 살다가 퇴사하여 58세 신금인수(申金印綬) 대운(大運)에 사업을 경영하여 사업이 번창하여 돈을 많이 벌었으나 자식(子息) 한 명 잃었는데 자식 한 명 잃게 된 것은 계수일주(癸水日柱)의 자식(子息)은 관살(官殺)인데 년지(年支) 진중무토(辰中戊土)가 자식이 되는데 그 자식(子息)은 많은 상관식신(傷官食神)에 극(剋)을 받으므로 이런 사주들은 자손액(子孫厄)을 항상 조심해야 한다.

❶ 세운임오년(歲運壬午年): 불성
❷ 질병(疾病): 풍질(風疾), 신장(腎臟), 방광(膀胱), 냉(冷)
❸ 남녀성격: (남) 털털한 성격, 만인 신망, 영리하다, 인자하다, 남에게 잘함, 준법정신, 고집
　　　　　　 대단, 식복 있다, 처궁불미, 처 덕 있다, 소심하다, 운동 잘함, 마음 약
　　　　　 (여) 남자 같은 시원한 성격, 새것을 좋아함, 부궁불미, 자손근심, 정부, 재가,
　　　　　　 애교 많다, 생리통이 심하다, 침착하다, 인내심, 눈물 많다, 인덕 있다

☯ 세운 · 질병 · 남녀성격의 해설 (歲運 · 疾病 · 男女性格의 解說)

❶ 세운임오년(歲運壬午年)= ※불성은 ※세운임오년(歲運壬午年)의 임수(壬水)는 계수일주(癸水日柱)의 비겁(比劫)으로 세운(歲運)에서 비견겁운(比肩劫運)이 들어오면 ※모든 일이 잘 풀리지 않고 대차계약도 잘 이루어지지 않는다.

❷ 질병(疾病)은 일주(日柱)에서 발생(發生)한다.

❸ 남녀성격은 일주(日柱)에서 발생(發生)한다.

임오년 (壬午年)

53년(음) 5월 1일 사(巳)시 남자

丁	癸	戊	癸
巳	巳	午	巳

52	42	32	22	12	2
壬	癸	甲	乙	丙	丁
子	丑	寅	卯	辰	巳

이 사주는 계수일주(癸水日柱)가 중하오월(中夏午月)에 출생하여 실시(失時)하고 오중정화(午中丁火)가 시상(時上)에 투출(透出)하여 편재격(偏財格)이며 지지(地支)는 년일시지(年日時支) 사화(巳火)로 전화국(全火局)을 이루었으며 월상무토(月上戊土)기 투출(透出)하여 재살(財殺)이 태왕(太旺)이다. 그리고 계수일주(癸水日柱)는 무근(無根)이며 자좌사화(自坐巳火)에 절궁(絶宮)이며 년상계수(年上癸水) 비견(比肩)도 자좌사화(自坐巳火)에 절궁(絶宮)으로 [음양구분 안함] 계수일주(癸水日柱)를 도와 줄 수가 없다. 그러므로 재살(財殺)이 태왕(太旺)으로 종살격(從殺格)같이 보인다. 그러나 계수일주(癸水日柱)는 월상무토(月上戊土)와 무계합화(戊癸合化)로 화(火)로 화(化)하여 사주 전국(全局)이 화(火)로 되어 있다. 그러므로 화(火)가 용신(用神)이며 목상관(木傷官)은 희신(喜神)이 된다. 이 사주는 남자(男子)의 사주로서 초년(初年)에 기술(技術)을 배워 직접 사업을 경영하여 32세 갑인대운(甲寅大運)에 돈을 많이 벌었으나 42세 계수대운(癸水大運)에는 월상무토(月上戊土)와 무계합(戊癸合)으로 합거(合去)되어 재산을 탕진하고 방황하다가 처(妻)와 이혼(離婚)하고 혼자 살아가고 있는 사주다.

❶ 세운임오년(歲運壬午年): 관재, 손재, 신액, 불성
❷ 질병(疾病): 비뇨기(泌尿器), 장(臟)
❸ 남녀성격: (남) 털털한 성격, 인정 많다, 처세가 좋다, 외유내강, 자기 실속, 욕심 많다, 영리하다, 처 덕 있다, 자손귀자, 학업장애
　　　　　(여) 남자 같은 시원한 성격, 새것을 좋아함, 부궁불미, 이성 고민, 정부, 재복 있다

세운·질병·남녀성격의 해설 (歲運·疾病·男女性格의 解說)

❶ 세운임오년(歲運壬午年)= ※관재, 손재, 신액, 불성은 ※세운임오년(歲運壬午年)의 오화(午火)는 계수일주(癸水日柱)의 편재(偏財)로서 원명사주(源命四柱)에 재살(財殺)이 왕(旺)한데 세운(歲運)에서 재(財)나 관살운(官殺運)이 들어오면 ※관재수를 조심해야 하며 또는 손재수를 조심해야 하며 또는 건강을 조심해야 한다. 그리고 ※불성은 ※세운임오년(歲運壬午年)의 임수(壬水)는 계수일주(癸水日柱)의 비겁(比劫)으로 세운(歲運)에서 비견겁운(比肩劫運)이 들어오면 ※모든 일이 잘 풀리지 않고 대차계약도 잘 이루어지지 않는다.

❷ 질병(疾病)과 ❸ 남녀성격은 일주(日柱)에서 발생(發生)한다.

임오년 (壬午年)

53년(음) 8월 2일 축(丑)시 여자

癸	癸	辛	癸
丑	亥	酉	巳

60	50	40	30	20	10
丁	丙	乙	甲	癸	壬
卯	寅	丑	子	亥	戌

이 사주는 계수일주(癸水日柱)가 중추유월(中秋酉月)에 출생하여 득령(得令)하고 유중신금(酉中辛金)이 월상(月上)에 투출(透出)하여 인수격(印綬格)이다. 그리고 계수일주(癸水日柱)는 일지 해수(日支亥水)에 근(根)하고 년시상(年時上) 양계수(兩癸水) 비견(比肩)이 투출(透出)되어 일주(日柱)는 신왕사주(身旺四柱)다. 신왕사주에는 일주(日柱)를 제(制)하는 관살(官殺)이나 식신상관(食神傷官)으로 설기(泄氣)함이 좋은데 일주(日柱)를 제(制)하는 시지(時支) 축중기토(丑中己土) 편관(偏官)은 습토(濕土)이며 해축(亥丑)으로 수국(水局)으로 화(化)하여 용신(用神)으로 쓸 수가 없다. 다행히 년지사중(年支巳中) 병화재(丙火財)가 있어 병화재(丙火財)로 용신(用神)한다. 이 사주는 여자의 사주로서 전업주부로 살다가 49세 축토대운(丑土大運)에 남편과 사별하였다. 시간지(時干支) 계축(癸丑)은 백호관살(白虎官殺)이며 여자 사주에 백호관살이 있으면 부궁(夫宮)이 부실하여 재혼하거나 혼자 사는 사람들이 많다. 55세 인목대운(寅木大運)에 음식점을 하여 수억금을 벌은 사주다.

❶ 세운임오년(歲運壬午年): 이별수, 손재, 신액
❷ 질병(疾病): 심장(心臟), 냉(冷)
❸ 남녀성격: (남) 털털한 성격, 차분한 성격, 마음이 깊다, 외유내강, 타인 존경, 준법정신, 영리하다, 총명하다, 연구심, 노력으로 끝을 본다, 장수한다, 신앙심
　　　　　　(여) 남자 같은 시원한 성격, 새것을 좋아함, 부군 덕, 부궁불미, 독수공방, 정부, 재가, 친정형제 걱정 많이 한다, 자손귀자, 돈이 잘 빠져나감, 신앙심

세운·질병·남녀성격의 해설 (歲運·疾病·男女性格의 解說)

❶ 세운임오년(歲運壬午年)= ※이별수, 손재, 신액은 ※세운임오년(歲運壬午年)의 임수(壬水)는 계수일주(癸水日柱)의 비겁(比劫)으로 신왕(身旺)한 여자 사주에 세운(歲運)에서 비견겁운(比肩劫運)이 들어오면 ※가정에 불화가 많이 생긴다든가 또는 남편과 떨어져 산다든가 또는 이혼한다든가 또는 남편이 사망하는 수도 있다. 그리고 ※손재, 신액은 ※세운임오년(歲運壬午年)의 오화(午火)는 계수일주(癸水日柱)의 편재(偏財)로 비견겁(比肩劫)이 태왕(太旺)이고 재(財)가 쇠약(衰弱)한데 세운(歲運)에서 재운(財運)이 들어오면 ※손재수를 조심해야 하며 또는 건강을 조심해야 한다.

❷ 질병(疾病)과 ❸ 남녀성격은 일주(日柱)에서 발생(發生)한다.

계미년
(癸未年)

계미년 (癸未年)

47년(음) 10월 29일 인(寅)시 남자

丙	甲	壬	丁
寅	子	子	亥

51	41	31	21	11	1
丙	丁	戊	己	庚	辛
午	未	申	酉	戌	亥

이 사주는 갑목일주(甲木日柱)가 중동자월(中冬子月)에 출생하여 득령(得令)하고 년일(年日) 해자수(亥子水)로 수국(水局)을 이루고 해중임수(亥中壬水)가 월상(月上)에 투출(透出)하여 일주(日柱)는 신왕사주(身旺四柱)다. 신왕사주(身旺四柱)에는 일주(日柱)를 제(制)하는 관살(官殺)이나 식신상관(食神傷官)으로 설기(泄氣)하면 좋은데 일주(日柱)를 제(制)하는 관살(官殺)은 없고 시상(時上)에 병화식신(丙火食神)이 투출(透出)하여 그 병화식신(丙火食神)은 자좌(自坐) 인중병화(寅中丙火)에 근(根)하여 병화식신(丙火食神)이 왕(旺)하여 아름답다. 그러므로 병화식신(丙火食神)이 용신(用神)이며 이런 사주를 가상관격(假傷官格)이라고 한다. 이 사주는 남자(男子)의 사주로서 초년(初年)에는 공부를 많이 하여 대기업에 근무하였으나 초년운(初年運)이 없어 승진(昇進)도 안 되고 고생을 많이 하다가 퇴사하여 46세 미토대운(未土大運)에 사업을 경영하였으나 병화용신(丙火用神)이 미토대운(未土大運)에 설기(泄氣)가 심(甚)하여 손해(損害)를 많이 보았고 51세 병오대운(丙午大運)에는 용신운(用神運)이 들어와 사업이 번창하고 수억금을 벌어 잘살고 있는 사주다.

세운 · 질병 · 남녀성격의 해설 (歲運 · 疾病 · 男女性格의 解說)

❶ 세운계미년(歲運癸未年)= ※신축, 문서는 ※세운계미년(歲運癸未年)의 계수(癸水)는 갑목일주(甲木日柱)의 인수(印綬)로 세운(歲運)에서 인수운(印綬運)이 들어오면 ※집을 짓는다든가 또는 증축을 한다든가 또는 사업체를 벌린다든가 또는 문서를 잡는 일이 많다.

❷ 질병(疾病)은 간, 풍, 냉, 저혈압은 일주(日柱)에서 발생(發生)하며 ※비색증과 체증은 ※갑목일주(甲木日柱)가 해자월(亥子月)에 출생하면 ※축농증과 비염과 코막힘을 조심해야 하며 또는 음식을 먹으면 잘 체한다.

❸ 남녀성격은 일주(日柱)에서 발생(發生)한다.

계미년(癸未年)

48년(음) 10월 25일 진(辰)시 남자

<table>
<tr><td>戊</td><td>甲</td><td>癸</td><td>戊</td></tr>
<tr><td>辰</td><td>寅</td><td>亥</td><td>子</td></tr>
</table>

54	44	34	24	14	4
己	戊	丁	丙	乙	甲
巳	辰	卯	寅	丑	子

이 사주는 갑목일주(甲木日柱)가 초겨울 해월(亥月)에 출생하여 장생(長生)하고 년지자수(年支子水) 인수(印綬)와 자중계수(子中癸水)가 월상(月上)에 투출(透出)하고 갑목일주(甲木日柱)는 자좌인목(自坐寅木)에 록근(祿根)하여 일주(日柱)는 신왕사주(身旺四柱)다. 신왕사주(身旺四柱)에는 일주(日柱)를 제(制)하는 관살(官殺)이나 상관식신(傷官食神)으로 설기(泄氣)하면 좋은데 일주(日柱)를 제(制)하는 관살(官殺)은 없고 시상무토(時上戊土) 편재(偏財)가 투출(透出)되어 그 무토(戊土)는 진중무토(辰中戊土)에 근(根)하였으므로 시상무토(時上戊土) 편재(偏財)가 용신(用神)이며 화(火) 상관식신(傷官食神)은 희신(喜神)이 된다. 이 사주는 남자(男子)의 사주로서 초년(初年)부터 음식업을 경영하였으나 평범하게 지내다가 44세 무토대운(戊土大運)에 월상계수(月上癸水)와 무계합(戊癸合)으로 합거(合去)되어 손해를 많이 보았고 49세 진토대운(辰土大運)에는 재산을 복구하고 54세 기토대운(己土大運)에 음식업을 확장(擴張)하여 사업하다가 재산을 탕진하였다. 그러나 59세 사화대운(巳火大運)에 희신운(喜神運)이 들어와 사업이 번창하여 재산을 복구하고 잘살고 있는 사주다.

❶ 세운계미년(歲運癸未年): 신축, 문서, 손재, 처액
❷ 질병(疾病): 간(肝), 위산과다(胃酸過多)
❸ 남녀성격: (남) 의지 굳다, 무뚝뚝하다, 웃음이 적다, 고집 대단, 영리하다, 두령격, 일독십지, 인정있다, 인내심 부족, 용기 있다, 청백지인, 남을 무시한다
　　　　　(여) 의지 굳다, 무뚝뚝하다, 웃음이 적다, 부궁불미, 독수공방, 정부, 남에게 잘함, 돈이 잘 빠져나감, 친정형제 걱정

세운·질병·남녀성격의 해설(歲運·疾病·男女性格의 解說)

❶ 세운계미년(歲運癸未年)= ※신축, 문서, 손재, 처액은 ※세운계미년(歲運癸未年)의 계수(癸水)는 갑목일주(甲木日柱)의 인수(印綬)로 세운(歲運)에서 인수운(印綬運)이 들어오면 ※집을 짓는다든가 또는 증축을 한다든가 또는 사업체를 벌린다든가 또는 문서를 잡는 일이 많다. 그리고 ※손재, 처액은 ※세운계미년(歲運癸未年)의 미토(未土)는 갑목일주(甲木日柱)의 정재(正財)로서 신왕사주(身旺四柱)에 재(財)가 쇠약(衰弱)한데 세운(歲運)에서 재운(財運)이 들어오면 ※손재수를 조심해야 하며 또는 가정에 불화가 많이 생긴다든가 또는 처가 가출한다든가 또는 처의 건강을 조심해야 한다.

❷ 질병(疾病)과 ❸ 남녀성격은 일주(日柱)에서 발생(發生)한다.

계미년 (癸未年)

54년(음) 9월 19일 자(子)시 남자

甲	甲	甲	甲
子	辰	戌	午

58	48	38	28	18	8
庚	己	戊	丁	丙	乙
辰	卯	寅	丑	子	亥

이 사주는 갑목일주(甲木日柱)가 계추술월(季秋戌月)에 출생하여 실시(失時)하고 년지오화(年支午火)와 오술(午戌)로 화국(火局)을 이루어 갑목일주(甲木日柱)가 설기(泄氣)가 심(甚)하다. 그러나 갑목일주(甲木日柱)는 년월시상(年月時上) 삼갑목(三甲木) 비견(比肩)이 투출(透出)되이 목(木) 친원일기(天元 氣)를 이루었고 갑목일주(甲木日柱)는 진중을목(辰中乙木)에 근(根)하고 시지자수(時支子水) 인수(印綬)에 생(生)을 받아 일주(日柱)는 신왕사주(身旺四柱)다. 신왕사주(身旺四柱)에는 일주(日柱)를 제(制)하는 관살(官殺)이나 식신상관(食神傷官)으로 설기(泄氣)하면 좋은데 일주(日柱)를 제(制)하는 관살(官殺)은 없고 년지오화(年支午火) 상관(傷官)이 있어 오화상관(午火傷官)으로 설기(泄氣)하는데 배설구(排泄口)가 약(弱)하던 중 월일지(月日支) 진술토(辰戌土)가 있어 화상관(火傷官)은 토(土)를 생(生)함으로서 목생화(木生火) 화생토(火生土)로 술중무토(戌中戊土) 편재(偏財)가 용신(用神)이며 화상관(火傷官)은 희신(喜神)이 된다. 이 사주는 남자(男子)의 사주로서 공대를 졸업하고 회사에 근무하여 38세 무토대운(喜神)까지는 모든 일이 잘 풀렸으나 그 이후로는 운(運)이 없어 평범하게 지내는 사주다.

❶ 세운계미년(歲運癸未年): 신축, 문서, 손재, 처액

❷ 질병(疾病): 간(肝), 풍(風), 위(胃)

❸ 남녀 성격: (남) 의지 굳다, 무뚝뚝하다, 웃음이 적다, 강직하다, 처궁불미, 신앙심, 재복 있다, 처 덕 있다, 재간 있다, 창의력, 이상적인 아이디어가 있다

（여) 의지 굳다, 무뚝뚝하다, 웃음이 적다, 시모불합, 부궁불미, 정부

세운 · 질병 · 남녀성격의 해설 (歲運 · 疾病 · 男女性格의 解說)

❶ 세운계미년(歲運癸未年)= ※신축, 문서, 손재, 처액은 ※세운계미년(歲運癸未年)의 계수(癸水)는 갑목일주(甲木日柱)의 인수(印綬)로 세운(歲運)에서 인수운(印綬運)이 들어오면 ※집을 짓는다든가 또는 증축을 한다든가 또는 사업체를 벌린다든가 또는 문서를 잡는 일이 많다. 그리고 ※손재, 처액은 ※세운계미년(歲運癸未年)의 미토(未土)는 갑목일주(甲木日柱)의 정재(正財)로서 남자 사주에 비견겁(比肩劫)이 태왕(太旺)이고 재(財)가 쇠약(衰弱)한데 세운(歲運)에서 재운(財運)이 들어오면 ※손재수를 조심해야 하며 또는 가정에 불화가 많이 생긴다든가 또는 처가 가출한다든가 또는 처의 건강을 조심해야 한다.

❷ 질병(疾病)과 ❸ 남녀성격은 일주(日柱)에서 발생(發生)한다.

계미년(癸未年)

54년(음) 5월 7일 묘(卯)시 남자

丁	甲	庚	甲
卯	午	午	午

60	50	40	30	20	10
丙	乙	甲	癸	壬	辛
子	亥	戌	酉	申	未

이 사주는 갑목일주(甲木日柱)가 중하오월(中夏午月)에 출생하여 실시(失時)하고 오중정화(午中丁火)가 시상(時上)에 투출(透出)하여 상관격(傷官格)이다. 그리고 년지오화(年支午火)와 일지오화(日支午火)로 화국(火局)을 이루어 갑목일주(甲木日柱)는 고목(枯木)이 되어 가고 있다. 그러나 다행히 시지묘목(時支卯木) 양인(羊刃)에 근(根)하므로 종(從)하지 않는다. 그러므로 많은 상관식신(傷官食神)을 제(制)하고 갑목일주(甲木日柱)를 생(生)하여주는 수인수(水印綬)가 용신(用神)이며 비견겁(比肩劫)은 희신(喜神)이 된다. 이 사주는 남자(男子)의 사주로서 자동차정비업을 하였으나 운(運)이 없어 고생하다가 50세 을목대운(乙木大運)에 월상경금(月上庚金)과 을경합(乙庚合)으로 합거(合去)되어 손해를 많이 보았고 55세 해수대운(亥水大運)에는 사업을 재기(再起)하여 번창하고 돈을 많이 벌었으나 자식(子息) 한 명 잃었는데 자식 한 명 잃게 된 것은 갑목일주(甲木日柱)의 자식(子息)은 월상경금(月上庚金)인데 그 경금(庚金)은 많은 상관식신(傷官食神)에 극(剋)을 받으므로 남자 사주에 상관식신(傷官食神)이 태왕(太旺)하고 관살(官殺)이 쇠약(衰弱)하면 자손액(子孫厄)을 조심해야 한다.

❶ 세운계미년(歲運癸未年): 신축, 문서
❷ 질병(疾病): 간(肝), 장(臟)
❸ 남녀성격: (남) 의지 굳다, 무뚝뚝하다, 남에게 잘함, 지구력 부족, 처궁불미, 용두사미, 성실하다, 인덕 없다
      (여) 의지 굳다, 인정 있다, 부궁불미, 정부, 남자의 근심

⚫ **세운 • 질병 • 남녀성격의 해설**(歲運 · 疾病 · 男女性格의 解說)

❶ 세운계미년(歲運癸未年)= ※신축, 문서는 ※세운계미년(歲運癸未年)의 계수(癸水)는 갑목일주(甲木日柱)의 인수(印綬)로 세운(歲運)에서 인수운(印綬運)이 들어오면 ※집을 짓는다든가 또는 증축을 한다든가 또는 사업체를 벌린다든가 또는 문서를 잡는 일이 많다.

❷ 질병(疾病)은 간, 장은 일주(日柱)에서 발생(發生)하며 ※기관지, 뇌출혈, 편도선, 두통은 ※갑목일주(甲木日柱)가 사오월(巳午月)에 출생하고 화국(火局)을 이루면 ※기관지와 뇌출혈과 편도선과 두통을 조심해야 한다.

❸ 남녀성격은 일주(日柱)에서 발생(發生)한다.

계미년 (癸未年)

55년(음) 8월 5일 술(戌)시 여자

甲	甲	乙	乙
戌	申	酉	未

56	46	36	26	16	6
辛	庚	己	戊	丁	丙
卯	寅	丑	子	亥	戌

이 사주는 갑목일주(甲木日柱)가 중추유월(中秋酉月)에 출생하여 실시(失時)하고 일지신금(日支申金)과 시지술토(時支戌土)와 신유술(申酉戌) 금국(金局)을 이루어 재살(財殺)이 태왕(太旺)이다. 갑목일주(甲木日柱)는 자좌신금(自坐申金)에 절궁(絶宮)이며 시상갑목(時上甲木) 비견(比肩)도 술중무신(戌中戊辛)에 재살지(財殺地)에 앉았고 월상을목(月上乙木)은 자좌유금(自坐酉金)에 살지(殺地)에 앉아 종살격(從殺格)같이 보인다. 그러나 년상을목(年上乙木)은 미중을목(未中乙木)에 근(根)하였으므로 종(從)하지 않는다. 그러므로 관살(官殺)이 많은 사주는 수인수(水印綬)를 얻어 살인상생(殺印相生)을 시켜야 좋으므로 수인수(水印綬)가 용신(用神)이며 목비견겁(木比肩劫)은 희신(喜神)이 된다. 이 사주는 여자(女子)의 사주로서 종합병원에 근무하다가 초년(初年)에 자수대운(子水大運)이 좋아 병원에서도 능력을 인정받고 근무하였으나 그 이후로는 운(運)이 없어 병원을 그만두고 의원을 개원하였으나 사업이 부실하여 손해를 많이 보고 다른 병원에 근무하고 있는 사주다.

❶ 세운계미년(歲運癸未年): 신축, 문서, 관재, 손재, 신액, 자연재앙

❷ 질병(疾病): 간(肝), 담(膽)

❸ 남녀성격: (남) 의지 굳다, 무뚝뚝하다, 웃음이 적다, 소식한다, 다재다능, 영리하다, 꾀가 많다, 항상 바쁨, 칭찬받기 좋아함

　　　　　(여) 의지 굳다, 무뚝뚝하다, 인자함, 영리하다, 다재다능, 이성 고민, 정부, 고독하다, 신경쇠약

☯ 세운 • 질병 • 남녀성격의 해설 (歲運 · 疾病 · 男女性格의 解說)

❶ 세운계미년(歲運癸未年)= ※신축, 문서, 관재, 손재, 신액, 자연재앙은 ※세운계미년(歲運癸未年)의 계수(癸水)는 갑목일주(甲木日柱)의 인수(印綬)로 세운(歲運)에서 인수운(印綬運)이 들어오면 ※집을 짓는다든가 또는 증축을 한다든가 또는 사업체를 벌린다든가 또는 문서를 잡는 일이 많다. 그리고 ※ 관재, 손재, 신액은 ※세운계미년(歲運癸未年)의 미토(未土)는 갑목일주의 정재(正財)로 원명사주에 재살(財殺)이 태왕(太旺)인데 세운에서 재(財)나 관살운(官殺運)이 들어오면 ※관재수나 손재수나 건강을 조심해야한다. 그리고 ※자연재앙은 ※세운계미년(歲運癸未年)의 미토(未土)는 년지미토(年支未土)와 미미(未未)로 똑같은 오행(五行)이므로 세운(歲運)에서 년지 같은 운(運)이 들어오면 ※자연재앙을 조심해야 한다.

❷ 질병(疾病)과 ❸ 남녀성격은 일주(日柱)에서 발생(發生)한다.

계미년(癸未年)

59년(음) 9월 18일 미(未)시 남자

이 사주는 갑목일주(甲木日柱)가 계추술월(季秋戌月)에 출생하여 실시(失時)하고 술중신금(戌中辛金)이 시상(時上)에 투출(透出)하여 정관격(正官格)이다. 그리고 일시지(日時支) 미술토(未戌土)로 재살(財殺)이 태왕(太旺)이다. 갑목일주(甲木日柱)는 술중무신(戌中戊辛)에 재살지(財殺地)에 앉았고 월상갑목(月上甲木) 비견(比肩)도 술중무신(戌中戊辛)에 재살지(財殺地)에 앉아 종살격(從殺格)같이 보이나 갑목일주(甲木日柱)는 년지해수(年支亥水)에 장생(長生)하고 해중갑목(亥中甲木)이 월상(月上)에 투출(透出)하여 종살(從殺)은 되지 않고 사주(四柱)에 재(財)가 많으므로 목비견겁(木比肩劫)이 용신(用神)이며 수인수(水印綬)는 희신(喜神)이 된다. 이 사주는 남자(男子)의 사주로서 공대(工大)를 졸업하고 건축현장에 근무하였으나 운(運)이 없어 승진(昇進)이 안되어 고생을 많이 하다가 43세 기토대운(己土大運)에 퇴사하여 자영업(自營業)을 하였으나 월상갑목(月上甲木)과 갑기합(甲己合)으로 합거(合去)되어 재산을 탕진하고 힘들게 살아가고 있는 사주다.

◑ 세운 · 질병 · 남녀성격의 해설(歲運 · 疾病 · 男女性格의 解說)

❶ 세운계미년(歲運癸未年)= ※신축, 문서, 관재, 손재, 신액, 복통, 수술, 관재는 ※세운계미년(歲運癸未年)의 계수(癸水)는 갑목일주(甲木日柱)의 인수(印綬)로 세운(歲運)에서 인수운(印綬運)이 들어오면 ※집을 짓는다든가 또는 증축을 한다든가 또는 사업체를 벌린다든가 또는 문서를 잡는 일이 많다. 그리고 ※관재, 손재, 신액은 ※세운계미년(歲運癸未年)의 미토(未土)는 갑목일주의 정재(正財)로 원명사주에 재살(財殺)이 태왕(太旺)인데 세운에서 재(財)나 관살운(官殺運)이 들어오면 ※관재수나 손재수나 건강을 조심해야한다. 그리고 ※복통, 수술, 관재는 ※세운계미년(歲運癸未年)의 미토(未土)는 일지술토(日支戌土)와 미술(未戌)로 형살(刑殺)이 되므로 세운(歲運)에서 일지(日支) 형살운(刑殺運)이 들어오면 ※배가 아프다든가 또는 수술을 조심해야 하며 또는 관재수를 조심해야 한다.

❷ 질병(疾病)과 ❸ 남녀성격은 일주(日柱)에서 발생(發生)한다.

계미년 (癸未年)

62년(음) 4월 3일 술(戌)시 여자

甲	甲	乙	壬
戌	辰	巳	寅
51	41	31	21	11	1
己	庚	辛	壬	癸	甲
亥	子	丑	寅	卯	辰

이 사주는 갑목일주(甲木日柱)가 초여름 사월(巳月)에 출생하여 실시(失時)하고 년월시지(年月時支) 인사술(寅巳戌)로 화국(火局)을 이루어 재살(財殺)이 왕(旺)하므로 신약사주(身弱四柱)같이 보인다. 그러나 갑목일주(甲木日柱)는 진중을목(辰中乙木)에 근(根)하고 진중을목(辰中乙木)이 월상(月上)에 투출(透出)하고 시상갑목(時上甲木) 비견(比肩)이 년지인목(年支寅木)에 근(根)하였으며 또한 년상임수(年上壬水) 인수(印綬)가 투출(透出)하여 갑목일주(甲木日柱)는 약화위강(弱化爲强)으로 신왕사주(身旺四柱)다. 신왕사주(身旺四柱)에는 일주(日柱)를 제(制)하는 관살(官殺)이나 상관식신(傷官食神)으로 설기(泄氣)함이 좋은데 다행히 월지사화(月支巳火)와 일시지(日時支) 진술토(辰戌土)가 있어 목생화(木生火) 화생토(火生土)로 상관(傷官) 용재격(用財格)을 이루어 진중(辰中) 무토재(戊土財)가 용신(用神)이며 화비견겁(火比肩劫)은 희신(喜神)이 된다. 이 사주는 여자(女子)의 사주로서 전업주부로 살다가 남편과 이혼하고 공인중개소를 경영하였으나 운(運)이 없어 고생을 많이 하고 있는 사주다. 부궁(夫宮)이 부실한 것은 년간지(年干支) 임인생(壬寅生)의 공망(空亡)은 일지진토(日支辰土)며 또한 일시(日時)가 진술충(辰戌沖)이 되어 있어 부궁(夫宮)이 더욱더 부실하여 이런 사주들은 해로(偕老)하기 힘든 사주다.

❶ 세운계미년(歲運癸未年): 이별수, 신축, 문서
❷ 질병(疾病): 간(肝), 풍(風), 위(胃)
❸ 남녀성격: (남) 의지 굳다, 무뚝뚝하다, 웃음이 적다, 강직하다, 처궁불미, 신앙심, 재복 있다, 처 덕 있다, 재간 있다, 창의력, 이상적인 아이디어가 있다
　　　　　(여) 의지 굳다, 무뚝뚝하다, 웃음이 적다, 시모불합, 부궁불미, 정부

🌀 세운·질병·남녀성격의 해설 (歲運·疾病·男女性格의 解說)

❶ 세운계미년(歲運癸未年)= ※이별수, 신축, 문서는 ※세운계미년(歲運癸未年)의 계수(癸水)는 갑목일주(甲木日柱)의 인수(印綬)로 신왕(身旺)한 여자 사주에 세운(歲運)에서 인수운(印綬運)이 들어오면 ※가정에 불화가 많이 생긴다든가 또는 남편과 떨어져 산다든가 또는 이혼한다든가 또는 남편이 사망하는 수도 있다. 그리고 ※신축, 문서는 ※세운계미년(歲運癸未年)의 계수(癸水)는 갑목일주(甲木日柱)의 인수(印綬)로 세운(歲運)에서 인수운(印綬運)이 들어오면 ※집을 짓는다든가 또는 증축을 한다든가 또는 사업체를 벌린다든가 또는 문서를 잡는 일이 많다.

❷ 질병(疾病)과 ❸ 남녀성격은 일주(日柱)에서 발생(發生)한다.

계미년 (癸未年)

63년(음) 2월 17일 유(酉)시 여자

癸	甲	乙	癸
酉	寅	卯	卯

58	48	38	28	18	8
辛	庚	己	戊	丁	丙
酉	申	未	午	巳	辰

이 사주는 갑목일주(甲木日柱)가 중춘묘월(中春卯月) 양인월(羊刃月)에 출생하여 득령(得令)하고 묘중을목(卯中乙木)이 월상(月上)에 투출(透出)하고 년지묘목(年支卯木) 양인(羊刃)과 갑목일주(甲木日柱)는 자좌인목(自坐寅木)에 록근(祿根)하고 년시상(年時上) 양계수(兩癸水) 인수(印綬)가 투출(透出)하여 일주(日柱)는 신왕사주(身旺四柱)다. 갑목일주(甲木日柱)는 비견겁(比肩劫)이 태왕(太旺)하므로 많은 비견겁(比肩劫)은 일주(日柱)에 병(病)이므로 금관살(金官殺)로 많은 비견겁(比肩劫)을 제(制)하여야 좋으므로 시지(時支) 유중신금(酉中辛金) 정관(正官)이 용신(用神)이며 토재(土財)는 희신(喜神)이 된다. 이 사주는 여자(女子)의 사주로서 옷장사를 하였으나 운(運)이 없어 고생을 많이 하다가 미토대운(未土大運)에 돈을 많이 벌었으나 48세 경금대운(庚金大運)에 사업을 확장하여 경영하다가 월상을목(月上乙木)과 대운경금(大運庚金)과 을경합(乙庚合)으로 합거(合去)되어 재산을 탕진하고 힘들게 살아가고 있는 사주다.

❶ 세운계미년(歲運癸未年): 이별수, 신축, 문서, 손재, 신액
❷ 질병(疾病): 간(肝), 위산과다(胃酸過多)
❸ 남녀성격: (남) 의지 굳다, 무뚝뚝하다, 웃음이 적다, 고집 대단, 영리하다, 두령격, 일독십지, 인정 있다, 인내심 부족, 용기 있다, 청백지인, 남을 무시한다
　　　　　 (여) 의지 굳다, 무뚝뚝하다, 웃음이 적다, 부궁불미, 독수공방, 정부, 남에게 잘함, 돈이 잘 빠져나감, 친정형제 걱정

🔵 세운 · 질병 · 남녀성격의 해설 (歲運 · 疾病 · 男女性格의 解說)

❶ 세운계미년(歲運癸未年)= ※이별수, 신축, 문서, 손재, 신액은 ※세운계미년(歲運癸未年)의 계수(癸水)는 갑목일주의 인수(印綬)로 신왕(身旺)한 여자 사주에 세운에서 인수운(印綬運)이 들어오면 ※가정에 불화가 많이 생긴다든가 또는 남편과 떨어져 산다든가 또는 이혼한다든가 또는 남편이 사망하는 수도 있다. 그리고 ※신축, 문서는 ※세운계미년(歲運癸未年)의 계수(癸水)는 갑목일주의 인수(印綬)로 세운에서 인수운(印綬運)이 들어오면 ※집을 짓는다든가 또는 증축을 한다든가 또는 사업체를 벌린다든가 또는 문서를 잡는 일이 많다. 그리고 ※ 손재, 신액은 ※세운계미년(歲運癸未年)의 미토(未土)는 갑목일주의 정재(正財)로 비견겁(比肩劫)이 태왕(太旺)하고 재(財)가 쇠약(衰弱)한데 세운에서 재운(財運)이 들어오면 ※손재수나 건강을 조심해야 한다.

❷ 질병(疾病)은 일주(日柱)에서 발생(發生)한다.

❸ 남녀성격은 일주(日柱)에서 발생(發生)한다.

계미년 (癸未年)

63년(음) 8월 2일 술(戌)시 여자

丙	乙	辛	癸
戌	丑	酉	卯

57	47	37	27	17	7
丁	丙	乙	甲	癸	壬
卯	寅	丑	子	亥	戌

이 사주는 을목일주(乙木日柱)가 중추유월(中秋酉月)에 출생하여 실시(失時)하고 유중신금(酉中辛金)이 월상(月上)에 투출(透出)하여 편관격(偏官格)이다. 그리고 지지(地支)는 유축금국(酉丑金局)을 이루고 시지(時支) 술토재(戌土財)가 있어 재살(財殺)이 태왕(太旺)이다. 그러나 을목일주(乙木日柱)는 축중기신(丑中己辛)에 재살지(財殺地)에 앉았다고 하나 년지묘목(年支卯木)에 근(根)하고 또한 년상계수(年上癸水)가 투출(透出)하여 그 계수(癸水)는 미약(微弱)하다고 하나 축중계수(丑中癸水)에 근(根)하므로 종(從)하지 않는다. 그러므로 사주에 관살(官殺)이 왕(旺)할 때에는 수인수(水印綬)로 살인상생(殺印相生)을 시켜줘야 좋다. 그러므로 수인수(水印綬)가 용신(用神)이며 목비견겁(木比肩劫)은 희신(喜神)이 된다. 이 사주는 여자(女子)의 사주로서 귀금속가게을 경영하여 32세 자수대운(子水大運)부터 41세 을목대운(乙木大運)까는 돈을 많이 벌었으나 42세 축토대운(丑土大運)에 사주에 재살(財殺)이 왕(旺)한데 재차 재운(財運)이 들어와 재산을 탕진하고 남편과 이혼하고 혼자 살고 있는 사주다. 일지축토(日支丑土)는 관성입묘(官星入墓)로서 여자(女子) 사주에 관살(官殺)은 남편이 되므로 관성(官星)의 묘궁(墓宮)이 있는 사람들은 재혼하거나 혼자 사는 사람들이 많다.

❶ 세운계미년(歲運癸未年): 신축, 문서, 관재, 복통, 수술, 자연재앙
❷ 질병(疾病): 간(肝), 담(膽), 풍(風)
❸ 남녀성격: (남) 성질 급, 근면 성실, 의지 굳다, 무뚝뚝하다, 봉사정신, 형제불의, 밥을 빨리 먹는다, 재복 있다, 새벽잠이 없다, 신앙심
　　　　　(여) 의지 굳다, 무뚝뚝하다, 인자함, 부궁불미, 정부, 재가, 독수공방, 자손근심, 남자 조종 잘한다

🌀 세운·질병·남녀성격의 해설 (歲運·疾病·男女性格의 解說)

❶ 세운계미년(歲運癸未年)= ※신축, 문서, 관재, 복통, 수술, 자연재앙은 ※세운계미년(歲運癸未年)의 계수(癸水)는 을목일주(乙木日柱)의 인수(印綬)로 세운(歲運)에서 인수운(印綬運)이 들어오면 ※집을 짓는다든가 또는 증축을 한다든가 또는 사업체를 벌린다든가 또는 문서를 잡는 일이 많다. 그리고 ※관재, 복통, 수술, 자연재앙은 ※세운계미년(歲運癸未年)의 미토(未土)는 일지축토(日支丑土)와 축미충(丑未沖)으로 세운에서 일지충운(日支沖運)이 들어오면 ※관재수나 복통이나 수술이나 자연재앙을 조심해야 한다.

❷ 질병(疾病)과 ❸ 남녀성격은 일주(日柱)에서 발생(發生)한다.

계미년 (癸未年)

63년(윤) 4월 10일 자(子)시 남자

丙	乙	丁	癸
子	亥	巳	卯

59	49	39	29	19	9
辛	壬	癸	甲	乙	丙
亥	子	丑	寅	卯	辰

이 사주는 을목일주(乙木日柱)가 초여름 사월(巳月)에 출생하여 실시(失時)하고 사중병화(巳中丙火)가 시상(時上)에 투출(透出)하여 상관격(傷官格)이다. 그러나 을목일주(乙木日柱)는 년간지(年干支) 계묘(癸卯) 인수(印綬)와 비견(比肩)이 있고 일시지(日時支) 해자(亥子)로 인수(印綬)가 있어 을목일주(乙木日柱)는 신왕사주(身旺四柱)다. 신왕사주(身旺四柱)에는 일주(日柱)를 제(制)하는 관살(官殺)이나 상관식신(傷官食神)으로 설기(泄氣)하면 좋은데 일주(日柱)를 제(制)하는 관살(官殺)은 없고 설기(泄氣)하는 상관식신(傷官食神)이 월시상(月時上)에 투출(透出)하여 시상병화(時上丙火) 상관(傷官)이 용신(用神)이 된다. 이 사주는 남자(男子)의 사주로서 작곡가인데 초년(初年)부터 운(運)이 없어 돈도 못 벌고 고생만 많이 하며 아직까지 결혼(結婚)도 못하고 혼자 살고 있는 사주다. 그 이후로도 운(運)이 없어 더욱 힘들게 살아가리라고 본다. 이런 사주는 남의 밑에 일하거나 회사에 다니면 안정된 생활을 할 수 있으나 사업을 하게 되면 패가망신(敗家亡身)하는 일이 많다.

❶ 세운계미년(歲運癸未年): 신축, 문서, 변화, 이사, 전근
❷ 질병(疾病): 풍(風), 냉(冷)
❸ 남녀성격: (남) 의지 굳다, 무뚝뚝하다, 강직하다, 영리하다, 인정 있다, 외유내강, 항상 바쁨, 예감이 빠름, 신앙심, 지혜롭다
　　　　　 (여) 의지 굳다, 무뚝뚝하다, 인자함, 영리하다, 장수한다, 부궁불미

세운·질병·남녀성격의 해설 (歲運·疾病·男女性格의 解說)

❶ 세운계미년(歲運癸未年)= ※신축, 문서, 변화, 이사, 전근은 ※세운계미년(歲運癸未年)의 계수(癸水)는 을목일주(乙木日柱)의 인수(印綬)로 세운(歲運)에서 인수운(印綬運)이 들어오면 ※집을 짓는다든가 또는 증축을 한다든가 또는 사업체를 벌린다든가 또는 문서를 잡는 일이 많다. 그리고 ※변화, 이사, 전근은 ※세운계미년(歲運癸未年)의 미토(未土)는 일지해수(日支亥水)와 해미(亥未)로 삼합(三合)이 되므로 세운(歲運)에서 일지(日支) 삼합운(三合運)이 들어오면 ※변화가 생긴다든가 또는 이사를 한다든가 또는 직장을 옮기는 일이 많다.

❷ 질병(疾病)은 일주(日柱)에서 발생(發生)한다.

❸ 남녀성격은 일주(日柱)에서 발생(發生)한다.

계미년(癸未年)

64년(음) 8월 28일 사(巳)시 여자

辛	乙	癸	甲
巳	酉	酉	辰

59	49	39	29	19	9
丁	戊	己	庚	辛	壬
卯	辰	巳	午	未	申

이 사주는 을목일주(乙木日柱)가 중추유월(中秋酉月)에 출생하여 실시(失時)하고 유중신금(酉中辛金)이 시상(時上))에 투출(透出)하여 편관격(偏官格)이다. 그리고 일지유금(日支酉金)과 시지진토(時支辰土)가 있어 재살(財殺)이 태왕(太旺)이다. 을목일주(乙木日柱)는 자좌유금(自坐酉金)에 살지(殺地)라고 하나 월상계수(月上癸水) 인수(印綬)가 투출(透出)하여 살인상생(殺印相生)으로 수인수(水印綬)가 용신(用神)이며 목비견겁(木比肩劫)은 희신(喜神)이 된다. 이 사주는 여자(女子)의 사주로서 백화점판매원으로 일하였으나 초년운(初年運)이 없어 고생을 많이 하였고 44세 사화대운(巳火大運)에 옷가게를 개업하였으나 대운사화(大運巳火)는 수용신(水用神)의 절궁(絶宮)으로 손해(損害)를 많이 보았고 아직까지 결혼 못하고 혼자서 방황하며 살고 있는 사주다. 여자(女子) 사주에 관살(官殺)이 태왕(太旺)하면 부궁(夫宮)이 부실하여 결혼을 늦게 한다거나 나이가 많은 사람에게 결혼하는게 좋다. 그리고 여자 사주에 편관격(偏官格)을 놓으면 남편(男便)에게 돈 벌어 주고도 좋은 소리 못 들으며 남편에게 시달림을 많이 받는다.

❶ 세운계미년(歲運癸未年): 신축, 문서, 관재, 손재, 신액
❷ 질병(疾病): 간(肝), 담(膽), 간경화(肝硬化)
❸ 남녀성격: (남) 무뚝뚝하다, 의지 굳다, 사리 분명, 거취 분명, 만인 신망, 처 덕 있다, 처궁불미, 남에게 잘함, 임기응변, 인정 있다
　　　　　　(여) 의지 굳다, 무뚝뚝하다, 인자함, 근면 성실, 남편 말을 잘 듣는다

세운 · 질병 · 남녀성격의 해설(歲運 · 疾病 · 男女性格의 解說)

❶ 세운계미년(歲運癸未年)= ※신축, 문서, 관재, 손재, 신액은 ※세운계미년(歲運癸未年)의 계수(癸水)는 을목일주(乙木日柱)의 인수(印綬)로 세운(歲運)에서 인수운(印綬運)이 들어오면 ※집을 짓는다든가 또는 증축을 한다든가 또는 사업체를 벌린다든가 또는 문서를 잡는 일이 많다. 그리고 ※관재, 손재, 신액은 ※세운계미년(歲運癸未年)의 미토(未土)는 을목일주(乙木日柱)의 편재(偏財)로 원명사주(源命四柱)에 재살(財殺)이 태왕(太旺)인데 세운(歲運)에서 재(財)나 관살운(官殺運)이 들어오면 ※관재수를 조심해야 하며 또는 손재수를 조심해야 하며 또는 건강을 조심해야 한다.

❷ 질병(疾病)은 일주(日柱)에서 발생(發生)한다.

❸ 남녀성격은 일주(日柱)에서 발생(發生)한다.

계미년 (癸未年)

63년(음) 7월 2일 오(午)시 여자

壬	乙	庚	癸
午	未	申	卯

56	46	36	26	16	6
丙	乙	甲	癸	壬	辛
寅	丑	子	亥	戌	酉

이 사주는 을목일주(乙木日柱)가 초가을 신월(申月)에 출생하여 실시(失時)하고 신궁경금(申宮庚金)과 임수(壬水)가 시상(時上)에 투출(透出)하여 인수격(印綬格)이다. 그러나 을목일주는 일지(日支) 미토재(未土財)와 월간지(月干支) 경신금(庚申金)으로 재살(財殺)이 태왕(太旺)이다. 다행히 년시상(年時上) 임계수(壬癸水) 인수(印綬)가 투출(透出)하였고 을목일주(乙木日柱)는 미중을목(未中乙木)에 근(根)하고 또한 년지묘목(年支卯木)에 록근(祿根)하여도 일주(日柱)가 신약사주(身弱四柱)이므로 수인수(水印綬)로 살인상생(殺印相生)을 시켜야 좋으므로 수인수(水印綬)가 용신(用神)이며 목비견겁(木比肩劫)은 희신(喜神)이 된다. 이 사주는 여자의 사주로서 어려서부터 장사를 하여 계해갑자(癸亥甲子) 대운(大運)까지 용신운(用神運)이 들어와 돈을 수억금을 벌었으며 46세 을목대운(乙木大運)에는 월상경금(月上庚金)과 을경합(乙庚合)으로 합거(合去)되어 손해를 보고 있는 사주다.

❶ 세운계미년(歲運癸未年): 변화, 이사, 전근, 신축, 문서, 관재, 손재, 신액
❷ 질병(疾病): 간(肝), 담(膽), 위장(胃臟)
❸ 남녀성격: (남) 의지 굳다, 무뚝뚝하다, 인정 있다, 총명하다, 근면 성실, 학문, 예술, 자수성가, 처궁불미, 성격이 까다롭다, 옷에 신경, 편식한다, 신앙심
　　　　　 (여) 의지 굳다, 무뚝뚝하다, 인자함, 부궁불미, 정부, 시모불합, 자식에게 애정 많음

☯ 세운·질병·남녀성격의 해설 (歲運·疾病·男女性格의 解說)

❶ 세운계미년(歲運癸未年)= ※변화, 이사, 전근, 신축, 문서, 관재, 손재, 신액은 ※세운계미년(歲運癸未年)의 미토(未土)는 일지미토(日支未土)와 미미(未未)로 삼합(三合)이 되므로 세운에서 일지(日支) 삼합운(三合運)이 들어오면 ※변화가 생긴다든가 또는 이사를 한다든가 또는 직장을 옮기는 일이 많다. 그리고 ※신축, 문서는 ※세운계미년(歲運癸未年)의 계수(癸水)는 을목일주의 인수(印綬)로 세운에서 인수운(印綬運)이 들어오면 ※집을 짓는다든가 또는 증축을 한다든가 또는 사업체를 벌린다든가 또는 문서를 잡는 일이 많다. 그리고 ※관재, 손재, 신액은 ※세운계미년(歲運癸未年)의 미토(未土)는 을목일주의 편재(偏財)로 원명사주에 재살(財殺)이 태왕(太旺)인데 세운(歲運)에서 재(財)나 관살운(官殺運)이 들어오면 ※관재수나 손재수나 건강을 조심해야 한다.

❷ 질병(疾病)과 ❸ 남녀성격은 일주(日柱)에서 발생(發生)한다.

계미년 (癸未年)

62년(음) 4월 4일 자(子)시 여자

丙	乙	乙	壬
子	巳	巳	寅

51	41	31	21	11	1
己	庚	辛	壬	癸	甲
亥	子	丑	寅	卯	辰

이 사주는 을목일주(乙木日柱)가 초여름 사월(巳月)에 출생하여 실시(失時)하고 사중병화(巳中丙火)가 시상(時上)에 투출(透出)하여 상관격(傷官格)이다. 그리고 일지사화(日支巳火)가 있어 설기(泄氣)가 심(甚)하여 신약사주(身弱四柱)같이 보이나 을목일주(乙木日柱)는 년지인목(年支寅木)에 근(根)하고 시지지수(時支子水)에 생(生)을 받고 년상임수(年上壬水) 인수(印綬)는 시지자수(時支子水)에 근(根)하여 일주(日柱)를 생(生)함으로 을목일주(乙木日柱)는 약화위강(弱化爲强)으로 신왕사주(身旺四柱)다. 신왕사주(身旺四柱)에는 일주(日柱)를 제(制)하는 관살(官殺)이나 식신상관(食神傷官)으로 설기(泄氣)함이 좋은데 다행히 시상병화(時上丙火)가 투출(透出)하여 병화상관(丙火傷官)으로 용신(用神)한다. 이 사주는 여자(女子)의 사주로서 어린이집을 경영하였으나 운(運)이 없어 평범하게 살다가 41세 경금대운(庚金大運)에 월상을목(月上乙木)과 을경합(乙庚合)으로 합거(合去)되어 어린이집을 그만두고 병(病)까지 얻어 자궁(子宮) 수술한 사주다. 자궁(子宮) 수술한 것은 일지사화(日支巳火)와 년지인목(年支寅木)과 인사형살(寅巳刑殺)이 되어 있으므로 상관(傷官)에 형살(刑殺)이 있는 사주는 항상 자궁(子宮)과 유방(乳房)을 조심해야 한다.

❶ 세운계미년(歲運癸未年): 이별수, 신축, 문서
❷ 질병(疾病): 간(肝), 담(膽)
❸ 남녀성격: (남) 의지 굳다, 무뚝뚝하다, 웃음이 적다, 인정 있다, 예의 있다, 명랑하다, 영리하다, 처궁불미, 고독하다, 돈이 잘 빠져나간다
　　　　　(여) 의지 굳다, 무뚝뚝하다, 인자하다, 부궁불미, 정부, 재가, 애교 많음

🌀 세운 · 질병 · 남녀성격의 해설 (歲運 · 疾病 · 男女性格의 解說)

❶ 세운계미년(歲運癸未年)= ※이별수, 신축, 문서는 ※세운계미년(歲運癸未年)의 계수(癸水)는 을목일주乙木日柱)의 인수(印綬)로 신왕(身旺)한 여자 사주에 세운(歲運)에서 인수운(印綬運)이 들어오면 ※가정에 불화가 많이 생긴다든가 또는 남편과 떨어져 산다든가 또는 이혼한다든가 또는 남편이 사망하는 수도 있다. 그리고 ※신축, 문서는 ※세운계미년(歲運癸未年)의 계수(癸水)는 을목일주(乙木日柱)의 인수(印綬)로 세운(歲運)에서 인수운(印綬運)이 들어오면 ※집을 짓는다든가 또는 증축을 한다든가 또는 사업체를 벌린다든가 또는 문서를 잡는 일이 많다.

❷ 질병(疾病)은 일주(日柱)에서 발생(發生)한다.

❸ 남녀성격은 일주(日柱)에서 발생(發生)한다.

계미년 (癸未年)

60년(음) 10월 5일 미(未)시 남자

癸	乙	丁	庚
未	卯	亥	子

55	45	35	25	15	5
癸	壬	辛	庚	己	戊
巳	辰	卯	寅	丑	子

이 사주는 을목일주(乙木日柱)가 초겨울 해월(亥月)에 출생하여 득령(得令)하고 자좌묘목(自坐卯木)에 록근(祿根)하고 시상계수(時上癸水) 인수(印綬)는 년지자수(年支子水)에 근(根)하여 일주(日柱)를 생(生)함으로 일주(日柱)는 신왕사주(身旺四柱)다. 신왕사주(身旺四柱)에는 일주(日柱)를 제(制)하는 관살(官殺)이나 식신상관(食神傷官)으로 설기(泄氣)하면 좋은데 일주를 제(制)하는 년상경금(年上庚金) 정관(正官)은 무근(無根)이며 자좌자수(自坐子水)에 설기(泄氣)가 심(甚)하여 힘이 없으므로 용신(用神)으로 쓸 수가 없다. 다행히 월상정화(月上丁火)는 자좌해수(自坐亥水)에 살지(殺地)라고 하나 미중정화(未中丁火)에 근(根)하였으므로 정화식신(丁火食神)으로 용신(用神)하는데 배설구(排泄口)가 약(弱)하던 중 시지(時支) 미중기토(未中己土)가 있어 미중기토(未中己土)로 용신(用神)하며 화상관(火傷官)은 희신(喜神)이 된다. 이 사주는 남자의 사주로서 경찰관으로 근무하고 있는 사주다.

❶ 세운계미년(歲運癸未年): 변화, 이사, 전근, 신축, 문서, 손재, 처액
❷ 질병(疾病): 중풍(中風), 위산과다(胃酸過多)
❸ 남녀성격: (남) 의지 굳다, 강직하다, 미남이다, 농담 잘함, 주관이 강함, 인정 있다, 인색하다, 처궁불미, 영리하다, 지구력 부족, 분주 다사, 마음 약
　　　　　 (여) 의지 굳다, 무뚝뚝하다, 고집 대단, 친정형제 걱정, 부궁불미, 정부, 마음 약, 근심이 많다

세운·질병·남녀성격의 해설 (歲運·疾病·男女性格의 解說)

❶ 세운계미년(歲運癸未年)= ※변화, 이사, 전근, 신축, 문서, 손재, 처액은 ※세운계미년(歲運癸未年)의 미토(未土)는 일지묘목(日支卯木)과 묘미(卯未)로 삼합(三合)이 되므로 세운에서 일지(日支) 삼합운(三合運)이 들어오면 ※변화가 생긴다든가 또는 이사를 한다든가 또는 직장을 옮기는 일이 많다. 그리고 ※신축, 문서는 ※세운계미년(歲運癸未年)의 계수(癸水)는 을목일주의 인수(印綬)로 세운에서 인수운(印綬運)이 들어오면 ※집을 짓는다든가 또는 증축을 한다든가 또는 사업체를 벌린다든가 또는 문서를 잡는 일이 많다. 그리고 ※ 손재, 처액은 ※세운계미년(歲運癸未年)의 미토(未土)는 을목일주의 편재(偏財)로서 신왕(身旺)한 남자 사주에 재(財)가 쇠약(衰弱)한데 세운에서 재운(財運)이 들어오면 ※손재수를 조심해야하며 또는 가정에 불화가 많이 생기다든가 또는 처가 가출한다든가 또는 처의 건강을 조심해야 한다.

❷ 질병(疾病)과 ❸ 남녀성격은 일주(日柱)에서 발생(發生)한다.

계미년 (癸未年)

62년(음) 12월 27일 해(亥)시 여자

丁	乙	癸	壬
亥	丑	丑	寅

55	45	35	25	15	5
丁	戊	己	庚	辛	壬
未	申	酉	戌	亥	子

이 사주는 을목일주(乙木日柱)가 동계축월(冬季丑月)에 출생하여 실시(失時)하고 축중계수(丑中癸水)가 월상(月上)에 투출(透出)하여 인수격(印綬格)이다. 그리고 을목일주는 년지인목(年支寅木)에 근(根)하고 년월(年月) 임계수(壬癸水) 인수(印綬)가 투출(透出)하고 시지해수(時支亥水) 인수(印綬)가 있어 일주(日柱)는 신왕사주(身旺四柱)다. 축월(丑月)은 농토(冬土)라 하나 시상(時上)에 정화(丁火)가 투출(透出)하여 동토(冬土)는 미온지토(微溫之土)가 되므로 축중기토(丑中己土) 편재(偏財)가 용신(用神)이 되며 화(火) 상관식신(傷官食神)은 희신(喜神)이 된다. 이 사주는 여자의 사주로서 35세 술토대운(戌土大運)에 사업을 하여 39세 기토대운(己土大運)까지 돈을 많이 벌었으나 40세 유금대운(酉金大運)에는 토용신(土用神)이 유금(酉金)에 설기(泄氣)가 심(甚)하여 손해를 보았고 45세 무토대운(戊土大運)에 월상계수(月上癸水)와 무계합(戊癸合)으로 합거(合去)되어 재산을 탕진한 사주다.

❶ 세운계미년(歲運癸未年): 이별수, 신축, 문서, 관재, 복통, 수술, 자연재앙
❷ 질병(疾病): 간(肝), 담(膽), 풍(風)
❸ 남녀성격: (남) 성질 급, 근면 성실, 의지 굳다, 무뚝뚝하다, 봉사정신, 형제불의, 밥을 빨리 먹는다, 재복 있다, 새벽잠이 없다, 신앙심

(여) 의지 굳다, 무뚝뚝하다, 인자함, 부궁불미, 정부, 재가, 독수공방, 자손근심, 남자 조종 잘한다

☯ 세운·질병·남녀성격의 해설(歲運·疾病·男女性格의 解說)

❶ 세운계미년(歲運癸未年)= ※이별수, 신축, 문서, 관재, 복통, 수술, 자연재앙은 ※세운계미년(歲運癸未年)의 계수(癸水)는 을목일주(乙木日柱)의 인수(印綬)로 신왕(身旺)한 여자 사주에 세운(歲運)에서 인수운(印綬運)이 들어오면 ※가정에 불화가 많이 생긴다든가 또는 남편과 떨어져 산다든가 또는 이혼한다든가 또는 남편이 사망하는 수도 있다. 그리고 ※신축, 문서는 ※세운계미년(歲運癸未年)의 계수(癸水)는 을목일주(乙木日柱)의 인수(印綬)로 세운(歲運)에서 인수운(印綬運)이 들어오면 ※집을 짓는다든가 또는 증축을 한다든가 또는 사업체를 벌린다든가 또는 문서를 잡는 일이 많다. 그리고 ※관재, 복통, 수술, 자연재앙은 ※세운계미년(歲運癸未年)의 미토(未土)는 일지축토(日支丑土)와 축미충(丑未沖)으로 세운에서 일지충운(日支沖運)이 들어오면 ※관재수나 복통이나 수술이나 자연재앙을 조심해야 한다.

❷ 질병(疾病)과 ❸ 남녀성격은 일주(日柱)에서 발생(發生)한다.

계미년(癸未年)

61년(음) 7월 30일 사(巳)시 남자

辛	乙	丁	辛
巳	巳	酉	丑

51	41	31	21	11	1
辛	壬	癸	甲	乙	丙
卯	辰	巳	午	未	申

이 사주는 을목일주(乙木日柱)가 중추유월(中秋酉月)에 출생하여 실시(失時)하고 유중신금(酉中辛金)이 년시상(年時上)에 투출(透出)하여 편관격(偏官格)이며 년지축토(年支丑土)와 월지유금(月支酉金)과 일지사화(日支巳火)는 사유축(巳酉丑) 금국(金局)을 이루어 재살(財殺)이 태왕(太旺)이다. 을목일주(乙木日柱)는 무근(無根)이며 을목일주(乙木日柱)를 도와주는 인수(印綬)나 비견겁(比肩劫)이 하나도 없으므로 쇠극격(衰極格)에 해당한다. 쇠(衰)한 자는 상관식신(傷官食神)으로 설기(泄氣)하여 더욱더 쇠(衰)하게 하는 동시 을목일주(乙木日柱)를 극(剋)하는 관살(官殺)을 제(制)하여야 하기 때문에 상관식신(傷官食神)이 용신(用神)이며 토재(土財)는 희신(喜神)이 된다. 이 사주는 남자(男子)의 사주로서 외국어를 잘하여 오화대운(午火大運)에 국제상사(國際商社)에 취업하여 40세 사화대운(巳火大運)까지 승승장구하였으나 41세 임수대운(壬水大運)에는 화용신(火用神)을 극(剋)하여 회사를 퇴사하고 사업을 경영하였으나 사업이 부실하여 손해(損害)를 많이 보고 있는 사주다. 앞으로도 운(運)이 없어 사업을 계속 하게 되면 패가망신(敗家亡身)할 수 있다.

❶ 세운계미년(歲運癸未年): 신축, 문서, 관재, 손재, 신액
❷ 질병(疾病): 간(肝), 담(膽)
❸ 남녀성격: (남) 의지 굳다, 무뚝뚝하다, 웃음이 적다, 인정 있다, 예의 있다, 명랑하다, 영리하다, 처궁불미, 고독하다, 돈이 잘 빠져나간다
　　　　　(여) 의지 굳다, 무뚝뚝하다, 인자하다, 부궁불미, 정부, 재가, 애교 많음

세운·질병·남녀성격의 해설 (歲運·疾病·男女性格의 解說)

❶ 세운계미년(歲運癸未年)= ※신축, 문서, 관재, 손재, 신액은 ※세운계미년(歲運癸未年)의 계수(癸水)는 을목일주(乙木日柱)의 인수(印綬)로 세운(歲運)에서 인수운(印綬運)이 들어오면 ※집을 짓는다든가 또는 증축을 한다든가 또는 사업체를 벌린다든가 또는 문서를 잡는 일이 많다. 그리고 ※관재, 손재, 신액은 ※세운계미년(歲運癸未年)의 미토(未土)는 을목일주(乙木日柱)의 편재(偏財)로 원명사주(源命四柱)에 재살(財殺)이 태왕(太旺)인데 세운(歲運)에서 재(財)나 관살운(官殺運)이 들어오면 ※관재수를 조심해야 하며 또는 손재수를 조심해야 하며 또는 건강을 조심해야 한다.

❷ 질병(疾病)은 일주(日柱)에서 발생(發生)한다.

❸ 남녀성격은 일주(日柱)에서 발생(發生)한다.

계미년 (癸未年)

59년(음) 7월 19일 자(子)시 여자

戊	丙	壬	己
子	子	申	亥

56	46	36	26	16	6
戊	丁	丙	乙	甲	癸
寅	丑	子	亥	戌	酉

이 사주는 병화일주(丙火日柱)가 초가을 신월(申月)에 출생하여 실시(失時)하고 신궁임수(申宮壬水)가 월상(月上)에 투출(透出)하여 편관격(偏官格)이다. 그리고 지지(地支)는 해자자신(亥子子申)으로 전수국(全水局)을 이루고 월상임수(月上壬水)가 투출(透出)하여 종살격(從殺格)같이 보인나. 그러나 병화일주(丙火日柱)를 도와주는 인수(印綬)나 비견겁(比肩劫)이 하나도 없으므로 쇠극격(衰極格)에 해당하므로 쇠(衰)한 자는 상관식신(傷官食神)으로 설기(泄氣)하여 더욱더 쇠(衰)하게 하는 동시 일주(日柱)를 극(剋)하는 관살(官殺)을 제(制)하여야 하기 때문에 토(土) 상관식신(傷官食神)이 용신(用神)이며 금재(金財)는 희신(喜神)이 된다. 이 사주는 여자(女子)의 사주로 전업주부로서 살다가 41세 자수대운(子水大運)에 사업이 부실하였고 46세 정화대운(丁火大運)에는 월상임수(月上壬水)와 정임합(丁壬合)으로 합거(合去)되어 손해를 많이 보았으나 51세 축토대운(丑土大運)부터 사업이 번창하여 돈을 많이 벌고 있는 사주다.

❶ 세운계미년(歲運癸未年): 이별수, 관재, 손재, 신액

❷ 질병(疾病): 심장(心臟), 냉증(冷症)

❸ 남녀성격: (남) 예의 있다, 명랑하다, 근심이 많다, 내음외양, 권모술수, 냉정하다, 눈치가 빠름, 고집 대단, 부모형제 덕이 없다, 성질 급, 처궁불미, 자손근심, 말을 잘한다

　　　　　(여) 말을 잘한다, 명랑하다, 금방 좋았다가 금방 싫어짐, 부궁불미, 정부, 재가, 어려운 생활

세운 · 질병 · 남녀성격의 해설 (歲運 · 疾病 · 男女性格의 解說)

❶ 세운계미년(歲運癸未年)= ※이별수, 관재, 손재, 신액은 ※세운계미년(歲運癸未年)의 계수(癸水)는 병화일주(丙火日柱)의 정관(正官)으로 여자 사주에 관살(官殺)이 태왕(太旺)인데 세운(歲運)에서 관살운(官殺運)이 들어오면 ※가정에 불화가 많이 생긴다든가 또는 남편과 떨어져 산다든가 또는 이혼한다든가 또는 남편이 사망하는 수도 있다. 그리고 ※ 관재, 손재, 신액은 ※세운계미년(歲運癸未年)의 계수(癸水)는 병화일주(丙火日柱)의 정관(正官)으로 원명사주(源命四柱)에 재살(財殺)이 태왕(太旺)인데 세운(歲運)에서 재(財)나 관살운(官殺運)이 들어오면 ※관재수를 조심해야 하며 또는 손재수를 조심해야 하며 또는 건강을 조심해야 한다.

❷ 질병(疾病)과 ❸ 남녀성격은 일주(日柱)에서 발생(發生)한다.

계미년(癸未年)

58년(음) 7월 3일 유(酉)시 남자

丁	丙	庚	戌
酉	寅	申	戌

57	47	37	27	17	7
丙	乙	甲	癸	壬	辛
寅	丑	子	亥	戌	酉

이 사주는 병화일주(丙火日柱)가 초가을 신월(申月)에 출생하여 실시(失時)하고 신궁경금(申宮庚金)이 월상(月上)에 투출(透出)하였고 지지(地支)는 년월시지(年月時支) 신유술(申酉戌)로 금국(金局)을 이루어 재(財)가 태왕(太旺)이다. 병화일주(丙火日柱)는 자좌인목(自坐寅木)에 장생(長生)하고 시상정화(時上丁火)는 자좌유금(自坐酉金)에 사지(死地)라고 하나 그 정화(丁火)는 인중병화(寅中丙火)에 근(根)하였으나 사주에 재(財)가 많으므로 많은 재(財)를 제(制)하고 일주(日柱)를 보신(補身)하는 비견겁(比肩劫)이 용신(用神)이며 목인수(木印綬)는 희신(喜神)이 된다. 이 사주는 남자(男子)의 사주로서 초년(初年)에는 회사에 다녔으나 운(運)이 없어 고생을 많이 하다가 52세 축토대운(丑土大運)에 사업을 경영하였으나 그 축토(丑土)는 화용신(火用神)이 설기(泄氣)가 심(甚)하여 손해를 보았으나 57세 병인대운(丙寅大運)부터는 사업이 번창하리라고 본다.

❶ 세운계미년(歲運癸未年): 관재, 손재, 신액, 내외불화, 수술
❷ 질병(疾病): 심장(心臟), 기관지(氣管支)
❸ 남녀성격: (남) 말을 잘한다, 예의 있다, 명랑하다, 남을 생각하지 않고 직선적으로 말함, 용기 있다, 의젓하다, 멋쟁이, 영리하다, 일독십지, 명예 우선, 성질 급, 박력 있다, 타의 군림, 남을 멸시한다
  (여) 말을 잘한다, 총명하다, 금방 좋았다가 금방 싫어짐, 박력 있다, 부궁불미

🌀 세운·질병·남녀성격의 해설(歲運·疾病·男女性格의 解說)

❶ 세운계미년(歲運癸未年)= ※관재, 손재, 신액, 내외불화, 수술은 ※세운계미년(歲運癸未年)의 계수(癸水)는 병화일주(丙火日柱)의 정관(正官)으로 원명사주(源命四柱)에 재(財)가 태왕(太旺)인데 세운(歲運)에서 재(財)나 관살운(官殺運)이 들어오면 ※관재수를 조심해야 하며 또는 손재수를 조심해야 하며 또는 건강을 조심해야 한다. 그리고 ※내외불화는 ※세운계미년(歲運癸未年)의 계수(癸水)는 병화일주(丙火日柱)의 정관(正官)으로 세운(歲運)에서 일주(日柱)를 극(剋)하는 운(運)이 들어오면 ※집에서나 밖에서나 윗사람이나 아랫사람이나 불화가 많이 생긴다. 그리고 ※수술은 ※세운계미년(歲運癸未年)의 미토(未土)는 병화일주의 상관(傷官)으로 세운(歲運)에서 일지(日支) 상관운(傷官運)이 들어오면 ※수술을 조심해야 한다.

❷ 질병(疾病)은 일주(日柱)에서 발생(發生)한다.

❸ 남녀성격은 일주(日柱)에서 발생(發生)한다.

계미년 (癸未年)

58년(음) 6월 22일 진(辰)시 남자

壬	丙	己	戊
辰	辰	未	戌

51	41	31	21	11	1
乙	甲	癸	壬	辛	庚
丑	子	亥	戌	酉	申

이 사주는 병화일주(丙火日柱)가 하계미월(夏季未月)에 출생하여 실시(失時)하고 미중기토(未中己土)가 월상(月上)에 투출(透出)하여 상관격(傷官格)이다. 그리고 지지(地支)는 미술진진(未戌辰辰)으로 전토국(全土局)을 이루고 년월(年月) 무기토(戊己土)가 투출(透出)하여 상관식신(傷官食神)이 태왕(太旺)이다. 그러나 병화일주(丙火日柱)를 도와주는 인수(印綬)나 비견겁(比肩劫)이 하나도 없으므로 쇠극격(衰極格)에 해당한다. 쇠(衰)한 자는 상관식신(傷官食神)으로 설기(泄氣)하여 더욱더 쇠(衰)하게 하는 동시 일주(日柱)를 극(剋)하는 관살(官殺)을 제(制)하여야 하기 때문에 상관식신(傷官食神)이 용신(用神)이며 금재(金財)가 희신(喜神)이 된다. 이 사주는 남자(男子)의 사주로서 교사(敎師)로 근무하였으나 운(運)이 없어 평범하게 지내다가 자식(子息) 한 명 잃게 되었는데 자식을 잃게 된 것은 시상임수(時上壬水) 편관(偏官)은 병화일주(丙火日柱)의 자손(子孫)이므로 그 임수편관(壬水偏官)은 많은 상관식신(傷官食神)에게 극(剋)을 받으므로 상관식신(傷官食神)이 태왕(太旺)이고 관살(官殺)이 쇠약(衰弱)한데 세운(歲運)에서 상관(傷官) 식신운(食神運)이 들어오면 자손액(子孫厄)을 조심해야 한다.

❶ 세운계미년(歲運癸未年): 내외불화, 자손액
❷ 질병(疾病): 혈압(血壓), 심장(心臟), 신경통(神經痛)
❸ 남녀성격: (남) 말을 잘한다, 재간 있다, 남에게 잘함, 배짱 좋다, 손재가 많다, 신앙심, 추리력이 좋다, 재복 있다
　　　　　(여) 말을 잘한다, 명랑하다, 금방 좋았다가 금방 싫어짐, 고집 대단, 박력 있다, 부궁불미, 정부, 몸과 마음이 피곤함, 신앙심

⚫ **세운 · 질병 · 남녀성격의 해설** (歲運 · 疾病 · 男女性格의 解說)

❶ **세운계미년(歲運癸未年)**= ※**내외불화, 자손액**은 ※세운계미년(歲運癸未年)의 계수(癸水)는 병화일주(丙火日柱)의 정관(正官)으로 세운(歲運)에서 일주(日柱)를 극(剋)하는 운(運)이 들어오면 ※**집에서나 밖에서나 윗사람이나 아랫사람이나 불화가 많이 생긴다.** 그리고 ※**자손액**은 ※세운계미년(歲運癸未年)의 미토(未土)는 병화일주(丙火日柱)의 상관(傷官)으로 원명사주(源命四柱)에 상관식신(傷官食神)이 태왕(太旺)이고 관살(官殺)이 쇠약(衰弱)한데 세운(歲運)에서 상관(傷官) 식신운(食神運)이 들어오면 ※**자손액을 조심해야 한다.**

❷ **질병(疾病)**과 ❸ **남녀성격**은 일주(日柱)에서 발생(發生)한다.

계미년 (癸未年)

57년(음) 10월 9일 진(辰)시 남자

壬	丙	辛	丁
辰	午	亥	酉

57	47	37	27	17	7
乙	丙	丁	戊	己	庚
巳	午	未	申	酉	戌

이 사주는 병화일주(丙火日柱)가 초겨울 해월(亥月)에 출생하여 실시(失時)하고 해중임수(亥中壬水)가 년상(年上)에 투출(透出)하여 편관격(偏官格)이다. 그리고 월상신금(月上辛金) 정재(正財)는 년지유금(年支酉金)에 록근(祿根)하여 재살(財殺)이 태왕(太旺)이다. 그리고 병화일주(丙火日柱)는 자좌오화(自坐午火) 양인(羊刃)에 근(根)하고 오중정화(午中丁火)가 년상(年上)에 투출(透出)하였으나 신약사주(身弱四柱)로서 목인수(木印綬)가 용신(用神)이며 화비견겁(火比肩劫)은 희신(喜神)이 된다. 이 사주는 남자(男子)의 사주로서 회사에 근무하다가 초년(初年)에는 운(運)이 없어 고생을 많이 하다가 47세 병화대운(丙火大運)에 퇴사하고 사업을 경영하였으나 월상신금(月上辛金)과 병화대운(丙火大運)과 병신합(丙辛合)으로 합거(合去)되어 손해를 많이 보았고 52세 오화대운(午火大運)부터 사업이 번창하여 돈을 많이 벌고 있는 사주다.

❶ 세운계미년(歲運癸未年): 관재, 손재, 신액, 내외불화, 수술
❷ 질병(疾病): 심장(心臟)
❸ 남녀성격: (남) 말을 잘한다, 명랑하다, 성질 급, 남을 생각하지 않고 직선적으로 말함, 처궁불미, 인내심 부족, 타인 경시, 자립정신, 속성속패, 암기력, 영리하다
(여) 말을 잘한다, 명랑하다, 금방 좋았다가 금방 싫어짐, 시모불합, 남편 말 잘 안 듣는다, 부궁불미, 정부, 영리하다

🔵 세운·질병·남녀성격의 해설 (歲運·疾病·男女性格의 解說)

❶ 세운계미년(歲運癸未年)= ※관재, 손재, 신액, 내외불화, 수술은 ※세운계미년(歲運癸未年)의 계수(癸水)는 병화일주(丙火日柱)의 정관(正官)으로 원명사주(源命四柱)에 재살(財殺)이 태왕(太旺)인데 세운(歲運)에서 재(財)나 관살운(官殺運)이 들어오면 ※관재수를 조심해야 하며 또는 손재수를 조심해야 하며 또는 건강을 조심해야 한다. 그리고 ※내외불화는 ※세운계미년(歲運癸未年)의 계수(癸水)는 병화일주(丙火日柱)의 정관(正官)으로 세운(歲運)에서 일주(日柱)를 극(剋)하는 운(運)이 들어오면 ※집에서나 밖에서나 윗사람이나 아랫사람이나 불화가 많이 생긴다. 그리고 ※수술은 ※세운계미년(歲運癸未年)의 미토(未土)는 병화일주(丙火日柱)의 상관(傷官)으로 세운(歲運)에서 일지(日支) 상관운(傷官運)이 들어오면 ※수술을 조심해야 한다.

❷ 질병(疾病)은 일주(日柱)에서 발생(發生)한다.

❸ 남녀성격은 일주(日柱)에서 발생(發生)한다.

계미년 (癸未年)

62년(음) 7월 27일 유(酉)시 여자

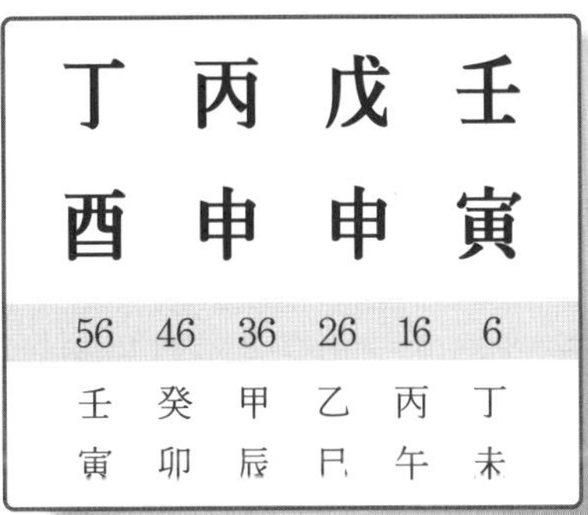

이 사주는 병화일주(丙火日柱)가 초가을 신월(申月)에 출생하여 실시(失時)하고 신궁임수(申宮壬水)가 년상(年上)에 투출(透出)하여 편관격(偏官格)이다. 그리고 일시지(日時支) 신유(申酉)로 지지(地支)는 전금국(全金局)을 이루고 년상임수(年上壬水)가 투출(透出)하여 제살(財殺)이 태왕(太旺)이다. 병화일주(丙火日柱)는 자좌신금(自坐申金)에 병궁(病宮)이라 하나 년지인목(年支寅木)에 장생(長生)하고 시상정화(時上丁火)는 자좌유금(自坐酉金)에 사지(死地)라고 하나 인중병화(寅中丙火)에 근(根)하므로 일주(日柱)를 도울 힘이 있다. 그러므로 많은 재(財)를 제(制)하고 병화일주(丙火日柱)를 도와주는 비견겁(比肩劫)이 용신(用神)이며 목인수(木印綬)는 희신(喜神)이 된다. 이 사주는 여자(女子)의 사주로서 일찍 결혼하여 장사를 하여 사화대운(巳火大運)부터 갑목대운(甲木大運)까지 돈을 수억금을 벌었으나 41세 진토대운(辰土大運)부터는 용신정화(用神丁火)가 대운진토(大運辰土)에 설기(泄氣)가 심(甚)하여 손해를 많이 보고 있는 사주다.

❶ 세운계미년(歲運癸未年): 관재, 손재, 신액, 내외불화, 수술
❷ 질병(疾病): 심장 약(心臟 弱)
❸ 남녀성격: (남) 말을 잘한다, 영리하다, 다재다능, 재복 있다, 처 덕 있다, 꾀가 많다, 고독하다
　　　　　　(여) 말을 잘한다, 명랑하다, 금방 좋았다가 금방 싫어짐, 부궁불미, 정부, 시모 불합, 잔병조심, 말조심, 고독하다

세운·질병·남녀성격의 해설 (歲運·疾病·男女性格의 解說)

❶ 세운계미년(歲運癸未年)= ※관재, 손재, 신액, 내외불화, 수술은 ※세운계미년(歲運癸未年)의 계수(癸水)는 병화일주(丙火日柱)의 정관(正官)으로 원명사주(源命四柱)에 재살(財殺)이 태왕(太旺)인데 세운(歲運)에서 재(財)나 관살운(官殺運)이 들어오면 ※관재수를 조심해야 하며 또는 손재수를 조심해야 하며 또는 건강을 조심해야 한다. 그리고 ※내외불화는 ※세운계미년(歲運癸未年)의 계수(癸水)는 병화일주(丙火日柱)의 정관(正官)으로 세운(歲運)에서 일주(日柱)를 극(剋)하는 운(運)이 들어오면 ※집에서나 밖에서나 윗사람이나 아랫사람이나 불화가 많이 생긴다. 그리고 ※수술은 ※세운계미년(歲運癸未年)의 미토(未土)는 병화일주(丙火日柱)의 상관(傷官)으로 세운(歲運)에서 일지(日支) 상관운(傷官運)이 들어오면 ※수술을 조심해야 한다.

❷ 질병(疾病)은 일주(日柱)에서 발생(發生)한다.

❸ 남녀성격은 일주(日柱)에서 발생(發生)한다.

계미년(癸未年)

62년(음) 5월 16일 해(亥)시 남자

<table>
<tr><td>己</td><td>丙</td><td>丙</td><td>壬</td></tr>
<tr><td>亥</td><td>戌</td><td>午</td><td>寅</td></tr>
</table>

57	47	37	27	17	7
壬	辛	庚	己	戊	丁
子	亥	戌	酉	申	未

이 사주는 병화일주(丙火日柱)가 중하오월(中夏午月) 양인월(羊刃月)에 출생하여 득령(得令)하고 년지인목(年支寅木)과 일지술토(日支戌土)와 인오술(寅午戌)로 화국(火局)을 이루어 신왕사주(身旺四柱)다. 신왕사주(身旺四柱)에는 일주(日柱)를 제(制)하는 관살(官殺)로 용신(用神)함이 좋은데 다행히 년상임수(年上壬水)가 시지해수(時支亥水)에 근(根)하여 왕(旺)하므로 년상임수(年上壬水) 편관(偏官)으로 용신(用神)한다. 그리고 병화일주(丙火日柱)는 월지오화(月支午火)가 양인(羊刃)이므로 양인격(羊刃格)에는 임수편관(壬水偏官)으로 용신(用神)하기 때문에 년상임수(年上壬水) 편관(偏官)이 용신(用神)이며 금재(金財)는 희신(喜神)이 된다. 이 사주는 남자(男子)의 사주로서 육군사관 학교를 나와 직업군인으로 근무하였으나 운(運)이 없어 평범하게 살고 있는 사주다.

❶ 세운계미년(歲運癸未年): 내외불화, 수술, 복통, 수술, 관재
❷ 질병(疾病): 혈압(血壓)
❸ 남녀성격: (남) 말을 잘한다, 영리하다, 예의 있다, 인정 있다, 이해심이 많다, 성질 급, 박력 있다, 영리하다, 만인 존경, 알뜰함, 연구심, 배짱 좋다, 돈이 잘 **빠져나** 감, 예감, 신앙심

        (여) 말을 잘한다, 명랑하다, 예의 있다, 금방 좋았다가 금방 싫어짐, 정부, 재가, 부궁불미, 인정 있다, 남에게 잘함, 배짱 좋다, 신앙심

☯ 세운·질병·남녀성격의 해설 (歲運·疾病·男女性格의 解說)

❶ 세운계미년(歲運癸未年)= ※내외불화, 수술, 복통, 수술, 관재는 ※세운계미년(歲運癸未年)의 계수(癸水)는 병화일주(丙火日柱)의 정관(正官)으로로 세운(歲運)에서 일주(日柱)를 극(剋)하는 운(運)이 들어오면 ※**집에서나 밖에서나 윗사람이나 아랫사람이나 불화가 많이 생긴다.** 그리고 ※**수술**은 ※세운계미년(歲運癸未年)의 미토(未土)는 병화일주(丙火日柱)의 상관(傷官)으로 세운(歲運)에서 일지(日支) 상관운(傷官運)이 들어오면 ※**수술을 조심해야 한다.** 그리고 ※**복통, 수술, 관재**는 ※세운계미년(歲運癸未年)의 미토(未土)는 일지술토(日支戌土)와 미술(未戌)로 형살(刑殺)이 되므로 세운(歲運)에서 일지(日支) 형살운(刑殺運)이 들어오면 ※**배가 아프다든가 또는 수술**을 조심해야 하며 또는 관재수를 조심해야 한다.

❷ 질병(疾病)은 일주(日柱)에서 발생(發生)한다.

❸ 남녀성격은 일주(日柱)에서 발생(發生)한다.

계미년 (癸未年)

61년(음) 8월 1일 해(亥)시 여자

<table>
<tr><td>己</td><td>丙</td><td>丁</td><td>辛</td></tr>
<tr><td>亥</td><td>午</td><td>酉</td><td>丑</td></tr>
</table>

59	49	39	29	19	9
癸	壬	辛	庚	己	戊
卯	寅	丑	子	亥	戌

이 사주는 병화일주(丙火日柱)가 중추유월(中秋酉月)에 출생하여 실시(失時)하고 유중신금(酉中辛金)이 년상(年上)에 투출(透出)하여 정재격(正財格)이며 년지축토(年支丑土)와 유축(酉丑)으로 금국(金局)을 이루어 재(財)가 태왕(太旺)이며 또한 시지(時支) 해중임수(亥中壬水)가 있어 재살(財殺)이 태왕(太旺)이다. 그러므로 많은 재(財)를 제(制)하고 일주를 보신(補身)하는 화비견겁(火比肩劫)이 용신(用神)이며 목인수(木印綬)는 희신(喜神)이 된다. 이 사주는 여자의 사주로서 보험설계사를 하였으나 운(運)이 없어 고생을 많이 하다가 44세 축토대운(丑土大運)에 사업을 경영하여 손해를 많이 보다가 49세 임수대운(壬水大運)에 월상정화(月上丁火)와 정임합(丁壬合)으로 합거(合去)되어 재산을 탕진하고 공인중개소를 하고 있으나 그것마저 운(運)이 없어 방황하며 어렵게 살고 있는 사주다. 그러나 54세 인목대운(寅木大運)에는 사업만 계속하면 재산을 복구하고 돈을 많이 벌 것으로 생각된다.

❶ 세운계미년(歲運癸未年): 관재, 손재, 신액, 내외불화, 수술
❷ 질병(疾病): 심장(心臟), 기관지(氣管支)
❸ 남녀성격: (남) 말을 잘한다, 명랑하다, 성질 급, 남을 생각하지 않고 직선적으로 말함, 처궁불미, 인내심 부족, 타인 경시, 자립정신, 속성속패, 암기력, 영리하다
(여) 말을 잘한다, 명랑하다, 금방 좋았다가 금방 싫어짐, 시모불합, 남편 말 잘 안 듣는다, 부궁불미, 정부, 영리하다

세운 · 질병 · 남녀성격의 해설 (歲運 · 疾病 · 男女性格의 解說)

❶ 세운계미년(歲運癸未年)= ※관재, 손재, 신액, 내외불화, 수술은 ※세운계미년(歲運癸未年)의 계수(癸水)는 병화일주(丙火日柱)의 정관(正官)으로 원명사주(源命四柱)에 재살(財殺)이 태왕(太旺)인데 세운(歲運)에서 재(財)나 관살운(官殺運)이 들어오면 ※관재수를 조심해야 하며 또는 손재수를 조심해야 하며 또는 건강을 조심해야 한다. 그리고 ※내외불화는 ※세운계미년(歲運癸未年)의 계수(癸水)는 병화일주(丙火日柱)의 정관(正官)으로 세운(歲運)에서 일주(日柱)를 극(剋)하는 운(運)이 들어오면 ※집에서나 밖에서나 윗사람이나 아랫사람이나 불화가 많이 생긴다. 그리고 ※수술은 ※세운계미년(歲運癸未年)의 미토(未土)는 병화일주(丙火日柱)의 상관(傷官)으로 세운(歲運)에서 일지(日支) 상관운(傷官運)이 들어오면 ※수술을 조심해야 한다.

❷ 질병(疾病)과 ❸ 남녀성격은 일주(日柱)에서 발생(發生)한다.

계미년 (癸未年)

61년(음) 8월 11일 인(寅)시 남자

庚	丙	丁	辛
寅	辰	酉	丑

54	44	34	24	14	4
辛	壬	癸	甲	乙	丙
卯	辰	巳	午	未	申

이 사주는 병화일주(丙火日柱)가 중추유월(中秋酉月)에 출생하여 실시(失時)하고 유중신금(酉中辛金)이 년상(年上)에 투출(透出)하여 정재격(正財格)이며 년지축토(年支丑土)와 월지유금(月支酉金)과 유축(酉丑)으로 금국(金局)을 이루고 시상경금(時上庚金)이 투출(透出)하여 재(財)가 태왕(太旺)이다. 그러나 병화일주(丙火日柱)는 자좌진토(自坐辰土)에 설기(泄氣)가 심(甚)하나 시지인목(時支寅木)에 장생(長生)하고 월상정화(月上丁火)는 자좌유금(自坐酉金)에 사지(死地)라고 하나 인중병화(寅中丙火)에 근(根)하여 병화일주(丙火日柱)를 도울 힘이 있다. 그러므로 많은 재(財)를 제(制)하고 병화일주(丙火日柱)를 도와주는 비견겁(比肩劫)이 용신(用神)이며 목인수(木印綬)는 희신(喜神)이 된다. 이 사주는 남자(男子)의 사주로서 어려서부터 장사에 소질이 있어 39세 사화대운(巳火大運)에 돈을 수억금을 벌었으나 44세 임수대운(壬水大運)에 월상정화(月上丁火)와 정임합(丁壬合)으로 합거(合去)되어 재산을 탕진하고 힘들게 살고 있는 사주다.

❶ 세운계미년(歲運癸未年): 관재, 손재, 신액, 내외불화, 수술
❷ 질병(疾病): 혈압(血壓), 심장(心臟), 신경통(神經痛)
❸ 남녀성격: (남) 말을 잘한다, 재간 있다, 남에게 잘함, 배짱 좋다, 손재가 많다, 신앙심, 추리력이 좋다, 재복 있다
　　　　　(여) 말을 잘한다, 명랑하다, 금방 좋았다가 금방 싫어짐, 고집 대단, 박력 있다, 부궁불미, 정부, 몸과 마음이 피곤함, 신앙심

☯ 세운·질병·남녀성격의 해설 (歲運·疾病·男女性格의 解說)

❶ 세운계미년(歲運癸未年)= ※관재, 손재, 신액, 내외불화, 수술은 ※세운계미년(歲運癸未年)의 계수(癸水)는 병화일주(丙火日柱)의 정관(正官)으로 원명사주(源命四柱)에 재(財)가 태왕(太旺)인데 세운(歲運)에서 재(財)나 관살운(官殺運)이 들어오면 ※관재수를 조심해야 하며 또는 손재수를 조심해야 하며 또는 건강을 조심해야 한다. 그리고 ※내외불화는 ※세운계미년(歲運癸未年)의 계수(癸水)는 병화일주(丙火日柱)의 정관(正官)으로 세운(歲運)에서 일주(日柱)를 극(剋)하는 운(運)이 들어오면 ※집에서나 밖에서나 윗사람이나 아랫사람이나 불화가 많이 생긴다. 그리고 ※수술은 ※세운계미년(歲運癸未年)의 미토(未土)는 병화일주(丙火日柱)의 상관(傷官)으로 세운(歲運)에서 일지(日支) 상관운(傷官運)이 들어오면 ※수술을 조심해야 한다.

❷ 질병(疾病)과 ❸ 남녀성격은 일주(日柱)에서 발생(發生)한다.

계미년 (癸未年)

58년(음) 9월 15일 해(亥)시 여자

辛	丁	壬	戊
亥	丑	戌	戌

56	46	36	26	16	6
丙	丁	戊	己	庚	辛
辰	巳	午	未	申	酉

이 사주는 정화일주(丁火日柱)가 계추술월(季秋戌月)에 출생하여 실시(失時)하고 술중무토(戌中戊土)가 년상(年上)에 투출(透出)하여 상관격(傷官格)이다. 그리고 년월일지(年月日支) 축술토(丑戌土)로 상관식신(傷官食神)이 태왕(太旺)이며 축중신금(丑中辛金)이 시상(時上)에 투출(透出)하여 화생토(火生土) 도생금(土生金) 금생수(金生水)로 사주에 기(氣)는 월상임수(月上壬水) 정관(正官)으로 집결되어 있다. 그러나 정화일주(丁火日柱)를 도와주는 인수(印綬)나 비견겁(比肩劫)이 하나도 없으므로 쇠극격(衰極格)에 해당하므로 쇠(衰)한 자는 상관식신(傷官食神)으로 설기(泄氣)하여 더욱더 쇠(衰)하게 하는 동시 일주(日柱)를 극(剋)하는 관살(官殺)을 제(制)하여야 하기 때문에 상관식신(傷官食神)이 용신(用神)이며 금재(金財)는 희신(喜神)이 된다. 이 사주는 여자(女子)의 사주로서 디자이너로 일하다가 31세 미토대운(未土大運)부터 사업을 경영하여 40세 무토대운(戊土大運)까지 수억금을 벌었으며 그 이후로는 운(運)이 없어 무능(無能)하게 살고 있는 사주다.

❶ 세운계미년(歲運癸未年): 이별수, 관재, 복통, 수술, 자연재앙
❷ 질병(疾病): 냉(冷), 하원윤습(下元潤濕)
❸ 남녀성격: (남) 말을 잘한다, 인심좋다, 예의 있다, 재물 욕심, 재복 있다, 영리하다, 임기응변, 재간 있다, 근면 성실, 주머니 돈 안 떨어진다, 신앙심, 새벽잠이 없다
　　　　　(여) 명랑하다, 예의 있다, 금방 좋았다가 금방 싫어짐, 부궁불미, 정부, 재가, 인정 있다, 요리솜씨, 말을 잘한다

🌀 세운·질병·남녀성격의 해설 (歲運 · 疾病 · 男女性格의 解說)

❶ 세운계미년(歲運癸未年)= ※이별수, 관재, 복통, 수술, 자연재앙은 ※세운계미년(歲運癸未年)의 미토(未土)는 정화일주(丁火日柱)의 식신(食神)으로 여자 사주에 상관식신(傷官食神)이 태왕(太旺)인데 세운(歲運)에서 상관(傷官) 식신운(食神運)이 들어오면 ※가정에 불화가 많이 생긴다든가 또는 남편과 떨어져 산다든가 또는 이혼한다든가 또는 남편이 사망하는 수도 있다. 그리고 ※관재, 복통, 수술, 자연재앙은 ※세운계미년(歲運癸未年)의 미토(未土)는 일지축토(日支丑土)와 축미충(丑未沖)으로 세운(歲運)에서 일지충운(日支沖運)이 들어오면 ※관재수를 조심해야 하며 또는 배가 아프다든가 또는 수술을 조심해야 하며 또는 자연재앙을 조심해야 한다.

❷ 질병(疾病)은 일주(日柱)에서 발생(發生)한다.

❸ 남녀성격은 일주(日柱)에서 발생(發生)한다.

계미년 (癸未年)

59년(음) 7월 30일 묘(卯)시 여자

癸	丁	壬	己
卯	亥	申	亥

52	42	32	22	12	2
戊	丁	丙	乙	甲	癸
寅	丑	子	亥	戌	酉

이 사주는 정화일주(丁火日柱)가 초가을 신월(申月)에 출생하여 실시(失時)하고 신궁임수(申宮壬水)가 월상(月上)에 투출(透出)하여 정관격(正官格)이다. 그리고 년일지(年日支) 양해수(兩亥水)와 시상계수(時上癸水)가 투출(透出)하여 재살(財殺)이 태왕(太旺)이다. 다행히 정화일주는 시지묘목(時支卯木) 인수(印綬)가 있어 많은 관살(官殺)은 일주(日柱)를 극(剋)하지 않고 묘목인수(卯木印綬)를 생(生)하고 묘목인수(卯木印綬)는 정화일주(丁火日柱)를 생(生)하므로 살인상생(殺印相生)으로 인수(印綬)가 용신(用神)이며 화비견겁(火比肩劫)은 희신(喜神)이 된다. 이 사주는 여자(女子)의 사주로서 42세 정화대운(丁火大運)에 사업을 경영하였으나 월상임수(月上壬水)와 정임합(丁壬合)으로 합거(合去)되어 재산을 탕진한 사주다.

세운·질병·남녀성격의 해설 (歲運·疾病·男女性格의 解說)

❶ 세운계미년(歲運癸未年)= ※이별수, 변화, 이사, 전근, 관재, 손재, 신액은 ※세운계미년(歲運癸未年)의 계수(癸水)는 정화일주(丁火日柱)의 편관(偏官)으로 여자 사주에 관살(官殺)이 태왕(太旺)인데 세운(歲運)에서 관살운(官殺運)이 들어오면 ※가정에 불화가 많이 생긴다든가 또는 남편과 떨어져 산다든가 또는 이혼한다든가 또는 남편이 사망하는 수도 있다. 그리고 ※변화, 이사, 전근은 ※세운계미년(歲運癸未年)의 미토(未土)는 일지해수(日支亥水)와 해미(亥未)로 삼합(三合)이 되므로 세운(歲運)에서 일지(日支) 삼합운(三合運)이 들어오면 ※변화가 생긴다든가 또는 이사를 한다든가 또는 직장을 옮기는 일이 많다. 그리고 ※관재, 손재, 신액은 ※세운계미년(歲運癸未年)의 계수(癸水)는 정화일주(丁火日柱)의 편관(偏官)으로 원명사주(源命四柱)에 재살(財殺)이 태왕(太旺)인데 세운(歲運)에서 재(財)나 관살운(官殺運)이 들어오면 ※관재수나 손재수나 건강을 조심해야 한다.

❷ 질병(疾病)과 ❸ 남녀성격은 일주(日柱)에서 발생(發生)한다.

계미년(癸未年)

60년(음) 7월 16일 유(酉)시 남자

이 사주는 정화일주(丁火日柱)가 초가을 신월(申月)에 출생하여 실시(失時)하고 신궁경금(申宮庚金)이 년상(年上)에 투출(透出)하여 정재격(正財格)이다. 그리고 일시지(日時支) 양유금(兩酉金)으로 재(財)가 태왕(太旺)이며 년지자수(年支子水)는 월지신금(月支申金)과 자신(子申)으로 수국(水局)을 이루어 재살(財殺)이 태왕(太旺)이다. 정화일주(丁火日柱)는 무근(無根)이며 지좌유금(自坐酉金)에 사지(死地)에 앉았고 월상갑목(月上甲木) 인수(印綬)는 무근(無根)이며 자좌(自坐) 신궁경금(申宮庚金)에 살지(殺地)에 앉아 정화일주(丁火日柱)를 도울 힘이 없다. 그러므로 이 사주는 목생화(木生火) 화생토(火生土) 토생금(土生金) 금생수(金生水)로 종살격(從殺格)이다. 그러므로 자중계수(子中癸水) 편관(偏官)이 용신(用神)이며 금재(金財)는 희신(喜神)이 된다. 이 사주는 남자(男子)의 사주로서 농협에 근무하여 초년(初年) 해자대운(亥子大運)에 승승장구(乘勝長驅)하여 차장으로 승진하였으나 그 이후로는 운(運)이 없어 고생을 많이 하다가 46세 축토대운(丑土大運)에 퇴직하고 사업을 경영하여 51세 경금대운(庚金大運)에 수억금을 벌어 잘살고 있는 사주다.

❶ 세운계미년(歲運癸未年): 관재, 손재, 신액, 내외불화
❷ 질병(疾病): 심장(心臟), 간(肝), 담(膽)
❸ 남녀성격: (남) 말을 잘한다, 고집 대단, 미남형, 남에게 잘함, 학업 열중, 학업 장애, 재복 있다, 처 덕 있다, 청백하다, 예의 있다, 고독하다
　　　　　 (여) 명랑하다, 예의 있다, 금방 좋았다가 금방 싫어짐, 욕심많다, 정부, 미모수려, 이성수신, 자손귀자, 말을 잘한다

세운·질병·남녀성격의 해설 (歲運·疾病·男女性格의 解說)

❶ 세운계미년(歲運癸未年)= ※관재, 손재, 신액, 내외불화는 ※세운계미년(歲運癸未年)의 계수(癸水)는 정화일주(丁火日柱)의 편관(偏官)으로 원명사주(源命四柱)에 재살(財殺)이 태왕(太旺)인데 세운(歲運)에서 재(財)나 관살운(官殺運)이 들어오면 ※관재수를 조심해야 하며 또는 손재수를 조심해야 하며 또는 건강을 조심해야 한다. 그리고 ※내외불화는 ※세운계미년(歲運癸未年)의 계수(癸水)는 정화일주(丁火日柱)의 편관(偏官)으로 세운(歲運)에서 일주(日柱)를 극(剋)하는 운(運)이 들어오면 ※집에서나 밖에서나 윗사람이나 아랫사람이나 불화가 많이 생긴다.

❷ 질병(疾病)은 일주(日柱)에서 발생(發生)한다.

❸ 남녀성격은 일주(日柱)에서 발생(發生)한다.

계미년 (癸未年)

59년(음) 2월 18일 축(丑)시 남자

辛	丁	丁	己
丑	未	卯	亥

57	47	37	27	17	7
辛	壬	癸	甲	乙	丙
酉	戌	亥	子	丑	寅

이 사주는 정화일주(丁火日柱)가 중춘묘월(中春卯月)에 출생하여 득령(得令)하고 월상정화(月上丁火) 비견(比肩)이 투출(透出)되어 일주(日柱)는 신왕사주(身旺四柱)같이 보인다. 그러나 미중기토(未中己土)가 년상(年上)에 투출(透出)하고 축중신금(丑中辛金)이 시상(時上)에 투출(透出)하였으며 년지(年支) 해중임수(亥中壬水) 정관(正官)이 있어 목생화(木生火) 화생토(火生土) 토생금(土生金) 금생수(金生水)로 사주에 기(氣)는 해중임수(亥中壬水)에 집결되어 정화일주(丁火日柱)는 강화위약(强化爲弱)으로 신약사주(身弱四柱)다. 그러므로 목인수(木印綬)가 용신(用神)이며 화비견겁(火比肩劫)은 희신(喜神)이 된다. 이 사주는 남자(男子)의 사주로서 일찍 결혼하여 세탁소를 경영하였으나 운(運)이 없어 고생을 많이 하다가 47세 임수대운(壬水大運)에 월상정화(月上丁火)와 정임합(丁壬合)으로 합거(合去)되어 사업이 더욱 부실하여 재산을 탕진하고 처와 이혼(離婚)하고 방황하며 살고 있는 사주다. 이렇게 운(運)이 없는 사람들은 직장생활을 하면 큰 돈은 못 벌어도 가정(家庭)을 이끌어가며 평범하게 살아갈 수 있으나 사업을 하면 패가망신(敗家亡身)하게 된다.

❶ 세운계미년(歲運癸未年): 변화, 이사, 전근, 내외불화
❷ 질병(疾病): 간(肝), 담(膽)
❸ 남녀성격: (남) 말을 잘한다, 마음이 넓다, 남에게 잘함, 명랑하다, 예의 있다, 편식, 박력 있다, 고집 대단, 성격이 까다롭다, 옷에 신경, 처궁불미
　　　　　(여) 명랑하다, 예의 있다, 금방 좋았다가 금방 싫어짐, 인덕 없다, 정부, 재가, 부궁불미, 신앙심, 말을 잘한다, 고집 대단

☯ 세운·질병·남녀성격의 해설 (歲運·疾病·男女性格의 解說)

❶ 세운계미년(歲運癸未年)= ※변화, 이사, 전근, 내외불화는 ※세운계미년(歲運癸未年)의 미토(未土)는 일지미토(日支未土)와 미미(未未)로 삼합(三合)이 되므로 세운(歲運)에서 일지(日支) 삼합운(三合運)이 들어오면 ※변화가 생긴다든가 또는 이사를 한다든가 또는 직장을 옮기는 일이 많다. 그리고 ※내외불화는 ※세운계미년(歲運癸未年)의 계수(癸水)는 정화일주(丁火日柱)의 편관(偏官)으로 세운(歲運)에서 일주(日柱)를 극(剋)하는 운(運)이 들어오면 ※집에서나 밖에서나 윗사람이나 아랫사람이나 불화가 많이 생긴다.

❷ 질병(疾病)은 일주(日柱)에서 발생(發生)한다.

❸ 남녀성격은 일주(日柱)에서 발생(發生)한다.

계미년 (癸未年)

54년(음) 6월 1일 묘(卯)시 여자

<table>
<tr><td>癸</td><td>丁</td><td>庚</td><td>甲</td></tr>
<tr><td>卯</td><td>巳</td><td>午</td><td>午</td></tr>
</table>

58	48	38	28	18	8
甲	乙	丙	丁	戊	己
子	丑	寅	卯	辰	巳

이 사주는 정화일주(丁火日柱)가 중하오월(中夏午月)에 출생하여 록근(祿根)하고 년지오화(年支午火)와 일지사화(日支巳火)로 일주(日柱)는 신왕사주(身旺四柱)다. 신왕사주(身旺四柱)에는 일주(日柱)를 제(制)하는 관살(官殺)이나 식신상관(食神傷官)으로 설기(泄氣)하면 좋은데 시상계수(時上癸水) 편관(偏官)이 있다고 하나 그 계수(癸水)는 무근(無根)이며 자좌묘목(自坐卯木)에 설기(泄氣)가 심(甚)하여 용신(用神)을 쓸 수가 없으며 월상경금(月上庚金) 정재(正財)가 있다고 하나 그 경금(庚金)도 무근(無根)이며 자좌오화(自坐午火)에 살지(殺地)에 앉아 용신(用神)으로 쓸 수가 없다. 그러므로 이 사주는 종왕격(從旺格)으로 화비견겁(火比肩劫)이 용신(用神)이며 목인수(木印綬)는 희신(喜神)이 된다. 이 사주는 여자(女子)의 사주로서 초년운(初年運)이 잘 들어와 사업을 하여 수억금을 벌었으나 48세 을목대운(乙木大運)에 건축사업을 경영하였으나 월상경금(月上庚金)과 대운을목(大運乙木)과 을경합(乙庚合)으로 합거(合去)되어 재산을 탕진하고 남편과 이혼(離婚)하고 혼자 살고 있는 사주다. 부궁(夫宮)이 부실한 것은 년간지(年干支) 갑오생(甲午生)의 공망(空亡)은 일지사화(日支巳火)로서 일시지(日時支)에 공망(空亡)이 부궁(夫宮)이 부실하다.

❶ 세운계미년(歲運癸未年): 내외불화
❷ 질병(疾病): 심장(心臟), 혈압(血壓), 부인병(婦人病), 소화불량(消化不良), 신경통
❸ 남녀성격: (남) 말을 잘한다, 외유내강, 매사 열중, 예의 있다, 명랑하다, 항상 바쁨, 거짓말을 못함, 남을 생각하지도 않고 직선적으로 말함, 영리하다, 고독하다
　　　　　　(여) 명랑하다, 예의 있다, 금방 좋았다가 금방 싫어짐, 말을 잘함, 정부, 재가, 부궁불미, 독수공방

◉ 세운·질병·남녀성격의 해설 (歲運·疾病·男女性格의 解說)

❶ 세운계미년(歲運癸未年)= ※내외불화는 ※세운계미년(歲運癸未年)의 계수(癸水)는 정화일주(丁火日柱)의 편관(偏官)으로 세운(歲運)에서 일주(日柱)를 극(剋)하는 운(運)이 들어오면 ※집에서나 밖에서나 윗사람이나 아랫사람이나 불화가 많이 생긴다.

❷ 질병(疾病)은 심장, 혈압은 일주(日柱)에서 발생(發生)하며 ※부인병, 소화불량, 신경통은 ※화일주(火日柱)가 사오월(巳午月)에 출생하여 화국(火局)을 이루고 목화(木火)가 태왕(太旺)하면 ※부인병과 소화불량과 신경통을 조심해야 한다.

❸ 남녀성격은 일주(日柱)에서 발생(發生)한다.

계미년 (癸未年)

51년(음) 2월 21일 묘(卯)시 남자

癸	丁	辛	辛
卯	卯	卯	卯

57	47	37	27	17	7
乙	丙	丁	戊	己	庚
酉	戌	亥	子	丑	寅

이 사주는 정화일주(丁火日柱)가 중춘묘월(中春卯月)에 출생하여 득령(得令)하고 년일시지(年日時支) 묘목(卯木)으로 인수(印綬)가 태왕(太旺)이다. 그러므로 일주(日柱)는 신왕사주(身旺四柱)로서 신왕사주(身旺四柱)에는 일주(日柱)를 제(制)하는 관살(官殺)이나 식신상관(食神傷官)으로 설기(泄氣)하면 좋은데 시상계수(時上癸水) 편관(偏官)으로 용신(用神)하고자 하나 그 계수(癸水)는 무근(無根)이며 자좌묘목(自坐卯木)에 설기(泄氣)가 심(甚)하여 용신(用神)으로 쓸 수가 없으며 년월(年月) 양신금(兩辛金)이 투출(透出)하여 신금재(辛金財)로 용신(用神)을 하고자 하나 그 신금(辛金)도 모두 자좌묘목(自坐卯木)에 절궁(絶宮)으로 용신(用神)으로 쓸 수가 없다. 그러므로 이 사주는 인수(印綬)가 태왕(太旺)하므로 종강격(從强格)으로 목인수(木印綬)가 태왕(太旺)하여 목인수(木印綬)가 설기(泄氣)하는 곳은 정화(丁火)이므로 정화(丁火) 비견겁(比肩劫)이 용신(用神)이며 목인수(木印綬)는 희신(喜神)이 된다. 이 사주는 남자(男子)의 사주로서 어릴 때부터 선반기술을 배워 37세 정화대운(丁火大運)에 개인사업을 경영하여 돈을 많이 벌었으나 47세 병화대운(丙火大運)부터 운(運)이 없어 재산을 탕진하고 힘들게 살고 있는 사주다.

❶ 세운계미년(歲運癸未年): 변화, 이사, 전근, 내외불화
❷ 질병(疾病): 풍질(風疾)
❸ 남녀성격: (남) 말을 잘한다, 명랑하다, 근심이 많다, 영리하다, 풍류를 즐긴다, 지구력 부족, 처궁불미, 마음 약, 소심하다, 인자한 성품, 운동 잘함
　　　　　(여) 명랑하다, 예의 있다, 금방 좋았다가 금방 싫어짐, 부궁불미, 정부, 친모격 정 많이 한다, 예능에 소질

세운·질병·남녀성격의 해설 (歲運·疾病·男女性格의 解說)

❶ 세운계미년(歲運癸未年)= ※변화, 이사, 전근, 내외불화는 ※세운계미년(歲運癸未年)의 미토(未土)는 일지묘목(日支卯木)과 묘미(卯未)로 삼합(三合)이 되므로 세운(歲運)에서 일지(日支) 삼합운(三合運)이 들어오면 ※변화가 생긴다든가 또는 이사를 한다든가 또는 직장을 옮기는 일이 많다. 그리고 ※내외불화는 ※세운계미년(歲運癸未年)의 계수(癸水)는 정화일주(丁火日柱)의 편관(偏官)으로 세운(歲運)에서 일주(日柱)를 극(剋)하는 운(運)이 들어오면 ※집에서나 밖에서나 윗사람이나 아랫사람이나 불화가 많이 생긴다.

❷ 질병(疾病)과 ❸ 남녀성격은 일주(日柱)에서 발생(發生)한다.

계미년 (癸未年)

52년(음) 11월 11일 술(戌)시 여자

庚	丁	壬	壬
戌	未	子	辰

57	47	37	27	17	7
丙	丁	戊	己	庚	辛
午	未	申	酉	戌	亥

이 사주는 정화일주(丁火日柱)가 중동자월(中冬子月)에 출생하여 실시(失時)하고 년지진토(年支辰土)와 자진(子辰)으로 수국(水局)을 이루고 년월(年月) 양임수(兩壬水)가 투출(透出)하여 관살(官殺)이 태왕(太旺)이다. 정화일주(丁火日柱)는 자좌미중(自坐未中) 정화(丁火)에 근(根)한다 히니 미중기토(未中己土)에 설기(泄氣)가 심(甚)하고 또 정화일주를 도와주는 인수(印綬)나 비견겁(比肩劫)이 하나도 없으므로 쇠극격(衰極格)에 해당한다. 쇠(衰)한 자는 상관식신(傷官食神)으로 설기(泄氣)하여 더욱더 쇠(衰)하게 하는 동시 일주를 극(剋)하는 관살(官殺)을 제(制)하여야 하기 때문에 토(土) 상관식신(傷官食神)이 용신(用神)이며 금재(金財)는 희신(喜神)이 된다. 이 사주는 사업을 하여 52세 미토대운(未土大運)에 돈을 많이 벌었으나 57세 병오대운(丙午大運)에 종(從)하는 사주에 비겁운(比劫運)으로 재산을 탕진한 사주다.

---

❶ 세운계미년(歲運癸未年): 이별수, 변화, 이사, 전근, 관재, 손재, 신액
❷ 질병(疾病): 간(肝), 담(膽)
❸ 남녀성격: (남) 말을 잘한다, 마음이 넓다, 남에게 잘함, 명랑하다, 예의 있다, 편식, 박력 있다, 고집 대단, 성격이 까다롭다, 옷에 신경, 처궁불미
　　　　　(여) 명랑하다, 예의 있다, 금방 좋았다가 금방 싫어짐, 인덕 없다, 정부, 재가, 부궁불미, 신앙심, 말을 잘한다, 고집 대단

☯ 세운 · 질병 · 남녀성격의 해설 (歲運 · 疾病 · 男女性格의 解說)

❶ 세운계미년(歲運癸未年)= ※이별수, 변화, 이사, 전근, 관재, 손재, 신액은 ※세운계미년(歲運癸未年)의 계수(癸水)는 정화일주(丁火日柱)의 편관(偏官)으로 여자 사주에 관살(官殺)이 태왕(太旺)인데 세운(歲運)에서 관살운(官殺運)이 들어오면 ※가정에 불화가 많이 생긴다든가 또는 남편과 떨어져 산다든가 또는 이혼한다든가 또는 남편이 사망하는 수도 있다. 그리고 ※변화, 이사, 전근은 ※세운계미년(歲運癸未年)의 미토(未土)는 일지미토(日支未土)와 미미(未未)로 삼합(三合)이 되므로 세운(歲運)에서 일지(日支) 삼합운(三合運)이 들어오면 ※변화가 생긴다든가 또는 이사를 한다든가 또는 직장을 옮기는 일이 많다. 그리고 ※관재, 손재, 신액은 ※세운계미년(歲運癸未年)의 계수(癸水)는 정화일주(丁火日柱)의 편관(偏官)으로 원명사주(源命四柱)에 재살(財殺)이 태왕(太旺)인데 세운(歲運)에서 재(財)나 관살운(官殺運)이 들어오면 ※관재수를 조심해야 하며 또는 손재수를 조심해야 하며 또는 건강을 조심해야 한다.

❷ 질병(疾病)과 ❸ 남녀성격은 일주(日柱)에서 발생(發生)한다.

계미년 (癸未年)

53년(음) 6월 15일 진(辰)시 남자

이 사주는 정화일주(丁火日柱)가 하계미월(夏季未月)에 출생하여 실시(失時)하고 미중기토(未中己土)가 월상(月上)에 투출(透出)하여 식신격(食神格)이다. 그리고 일시지(日時支) 축진토(丑辰土)가 있어 상관식신(傷官食神)이 태왕(太旺)이다. 그러나 정화일주(丁火日柱)는 년지사화(年支巳火)에 근(根)하고 시상갑목(時上甲木) 인수(印綬)가 투출(透出)하여 갑목인수(甲木印綬)는

진중을목(辰中乙木)에 근(根)하여 많은 상관식신(傷官食神)을 제(制)하고 정화일주(丁火日柱)를 생(生)함으로 시상갑목(時上甲木) 인수(印綬)가 용신(用神)이며 화비견겁(火比肩劫)은 희신(喜神)이 된다. 이 사주는 남자(男子)의 사주로서 초년운(初年運)이 잘 들어와 병화대운(丙火大運)에 외무고시에 합격하여 외무부에 근무하고 있으며 그 이후로도 운(運)이 승승장구하여 승진이 빨랐으며 화목한 가정을 이루며 잘살고 있는 사주다.

---

❶ 세운계미년(歲運癸未年): 자손액, 관재, 복통, 수술, 자연재앙, 내외불화
❷ 질병(疾病): 냉(冷), 하원윤습(下元潤濕)
❸ 남녀성격: (남) 말을 잘한다, 인심 좋다, 예의 있다, 재물 욕심, 재복 있다, 영리하다, 임기
　　　　　　 응변, 재간 있다, 근면 성실, 주머니 돈 안 떨어진다, 신앙심, 새벽잠이 없다
　　　　　 (여) 명랑하다, 예의 있다, 금방 좋았다가 금방 싫어짐, 부궁불미, 정부, 재가,
　　　　　　 인정 있다, 요리솜씨, 말을 잘한다

🔵 세운 · 질병 · 남녀성격의 해설 (歲運 · 疾病 · 男女性格의 解說)

❶ 세운계미년(歲運癸未年)= ※자손액, 관재, 복통, 수술, 자연재앙, 내외불화는 ※세운계미년(歲運癸未年)의 미토(未土)는 정화일주의 식신(식신)으로 남자 사주에 상관식신(傷官食神)이 태왕(太旺)이고 관살(官殺)이 쇠약(衰弱)한데 세운에서 상관(傷官) 식신운(食神運)이 들어오면 ※**자손액을 조심해야 한다.** 그리고 ※**관재, 복통, 수술, 자연재앙**은 ※세운계미년(歲運癸未年)의 미토(未土)는 일지축토(日支丑土)와 축미충(丑未沖)으로 세운(歲運)에서 일지충운(日支沖運)이 들어오면 ※**관재수를 조심해야 하며 또는 배가 아프다든가 또는 수술을 조심해야 하며 또는 자연재앙을 조심해야 한다.** 그리고 ※**내외불화**는 ※세운계미년(歲運癸未年)의 계수(癸水)는 정화일주의 편관(偏官)으로 세운(歲運)에서 일주(日柱)를 극(剋)하는 운(運)이 들어오면 ※**집에서나 밖에서나 윗사람이나 아랫사람이나 불화가 많이 생긴다.**

❷ 질병(疾病)은 일주(日柱)에서 발생(發生)한다.

❸ 남녀성격은 일주(日柱)에서 발생(發生)한다.

계미년 (癸未年)

60년(음) 11월 9일 유(酉)시 여자

辛	戊	戊	庚
酉	子	子	子

56	46	36	26	16	6
壬	癸	甲	乙	丙	丁
午	未	申	酉	戌	亥

이 사주는 무토일주(戊土日柱)가 중동자월(中冬子月)에 출생하여 실시(失時)하고 년일지(年日支) 양자수(兩子水)로 지지(地支)는 전수국(全水局)을 이루고 년시상(年時上) 경신금(庚辛金)은 시지유금(時支酉金)에 근(根)하므로 상관(傷官)과 재(財)가 태왕(太旺)이다. 무토일주(戊土日柱)는 무근(無根)이며 월상무토(月上戊土) 비견(比肩)도 무근(無根)으로 부토일수(戊土日柱)를 도울 힘이 없다. 그러므로 토생금(土生金) 금생수(金生水)로 상관(傷官) 용재격(用財格)으로 수재(水財)가 용신(用神)이며 금(金) 상관식신(傷官食神)은 희신(喜神)이 된다. 이 사주는 여자(女子)의 사주로서 어려운 환경에 태어나 공부는 많이 못하였으나 사업을 경영하여 31세 유금대운(酉金大運)에 돈을 벌어 결혼을 하였으며 41세 신금대운(申金大運)에도 수억금을 벌었으나 46세 계수대운(癸水大運)에 월상무토(月上戊土)와 무계합(戊癸合)으로 합거(合去)되어 손해를 많이 보고 남편과 이혼하였으나 그래도 부궁(夫宮)이 부실하여 혼자 힘들게 살고 있는 사주다. 무자일주(戊子日柱)는 부궁(夫宮)이 부실하여 나이가 많은 사람과 결혼하는 것이 좋다.

❶ 세운계미년(歲運癸未年): 관재, 손재, 신액, 손재, 불성
❷ 질병(疾病): 비(脾), 위(胃)
❸ 남녀성격: (남) 군자의 성품, 언행 조심, 외강내유, 지혜롭다, 고집 대단, 신경 예민, 권모술수, 처 덕 있다, 돈이 잘 빠져나감, 처 말을 잘 듣는다, 눈치 빠름
　　　　　　(여) 순진, 신용, 하는 일에 겁이 없다, 부궁불미, 정부, 재가, 독수공방, 직업, 재복 있다, 신앙심

🔵 세운·질병·남녀성격의 해설 (歲運·疾病·男女性格의 解說)

❶ 세운계미년(歲運癸未年)= ※관재, 손재, 신액, 손재, 불성은 ※세운계미년(歲運癸未年)의 계수(癸水)는 무토일주(戊土日柱)의 정재(正財)로 원명사주에 재(財)가 태왕(太旺)인데 세운에서 재(財)나 관살운(官殺運)이 들어오면 ※관재수를 조심해야 하며 또는 손재수를 조심해야 하며 또는 건강을 조심해야 한다. 그리고 ※손재, 불성은 ※세운계미년(歲運癸未年)의 미토(未土)는 무토일주(戊土日柱)의 비겁(比劫)으로 종(從)하는 사주(四柱)에 비견겁운(比肩劫運)이 들어오면 ※손재수를 조심해야 하며 또는 모든 일이 잘 풀리지 않고 대차계약도 잘 이루어지지 않는다.

❷ 질병(疾病)은 일주(日柱)에서 발생(發生)한다.

❸ 남녀성격은 일주(日柱)에서 발생(發生)한다.

계미년 (癸未年)

59년(음) 5월 20일 술(戌)시 남자

壬	戊	庚	己
戌	寅	午	亥

56	46	36	26	16	6
甲	乙	丙	丁	戊	己
子	丑	寅	卯	辰	巳

이 사주는 무토일주(戊土日柱)가 중하오월(中夏午月) 양인월(羊刃月)에 출생하여 득령(得令)하고 오중기토(午中己土)가 년상(年上)에 투출(透出)하고 일지인목(日支寅木)과 시지술토(時支戌土)와 인오술(寅午戌)로 화국(火局)을 이루어 일주(日柱)는 신왕사주(身旺四柱)다. 신왕사주(身旺四柱)에는 일주(日柱)를 제(制)하는 관살(官殺)이나 식신상관(食神傷官)으로 설기(泄氣)하면 좋은데 다행히 일지(日支) 인중갑목(寅中甲木)이 있어 갑목편관(甲木偏官)으로 용신(用神)한다. 그리고 수재(水財)는 희신(喜神)이 된다. 이 사주는 남자(男子)의 사주로서 31세 묘목대운(卯木大運)에 소방공무원(消防公務員)으로 임용(任用)되어 근무하다가 41세 인목대운(寅木大運)에 운(運)이 좋아 승진(昇進)하였으며 46세 을목대운(乙木大運)에 퇴직하여 주류업을 경영하였으나 월상경금(月上庚金)과 을경합(乙庚合)으로 합거(合去)되어 재산을 탕진하고 그 이후로도 운(運)이 없어 힘들게 살고 있는 사주다. 어느 누구라도 평생 운(運)이 좋을 수가 없으므로 운(運)이 없는 사주들은 공직이나 직장생활을 하면 처자(妻子)를 거느리고 평범하게 살아갈 수 있다.

❶ 세운계미년(歲運癸未年): 손재, 처액, 신경과민
❷ 질병(疾病): 위산과다(胃酸過多), 위장병(胃腸病)
❸ 남녀성격: (남) 군자의 성품, 언행 조심, 의젓하다, 주관이 약하다, 부모무덕, 밥을 조금 먹는다, 처궁불미, 자손귀자
　　　　　(여) 신용 있다, 순진하다, 고집 대단, 정부, 재가, 시모불화, 인덕 없다, 친모봉양

☯ 세운·질병·남녀성격의 해설 (歲運 · 疾病 · 男女性格의 解說)

❶ 세운계미년(歲運癸未年)= ※손재, 처액, 신경과민은 ※세운계미년(歲運癸未年)의 계수(癸水)는 무토일주(戊土日柱)의 정재(正財)로 신왕(身旺)한 남자 사주에 재(財)가 쇠약(衰弱)한데 세운(歲運)에서 재운(財運)이 들어오면 ※손재수를 조심해야 하며 또는 가정에 불화가 많이 생긴다든가 또는 처가 가출한다든가 또는 처의 건강을 조심해야 한다. 그리고 ※신경과민은 ※세운계미년(歲運癸未年)의 미토(未土)는 일지인목(日支寅木)과 인미(寅未)로 귀문관살(鬼門關殺)이 되므로 세운(歲運)에서 일지(日支) 귀문(鬼門) 관살운(關殺運)이 들어오면 ※그해에는 모든 일에 신경을 많이 쓰게 된다.

❷ 질병(疾病)과 ❸ 남녀성격은 일주(日柱)에서 발생(發生)한다.

계미년 (癸未年)

60년(음) 1월 14일 술(戌)시 여자

壬	戊	戊	庚
戌	辰	寅	子

52	42	32	22	12	2
壬	癸	甲	乙	丙	丁
申	酉	戌	亥	子	丑

이 사주는 무토일주(戊土日柱)가 초봄 인월(寅月)에 출생하여 실시(失時)하고 년지자수(年支子水)와 일지진토(日支辰土)는 자진수국(子辰水局)을 이루었으며 일월(日月) 인진(寅辰)은 목국(木局)을 이루고 시상임수(時上壬水) 편재(偏財)는 자진수국(子辰水局)에 근(根)히고 년상경금(年上庚金)이 투출(透出)하여 설기(泄氣)가 심(甚)하다. 무토일주(戊土日柱)는 오행(五行)상으로 4 대 4로 신왕사주(身旺四柱)같이 보이나 인목(寅木)은 한 개이지만 두 개 이상의 힘을 갖고 있으며 토생금(土生金) 금생수(金生水) 수생목(水生木)으로 사주의 기(氣)는 인중갑목(寅中甲木)에 집중되어 있으므로 일주(日柱)는 신약사주(身弱四柱)가 된다. 그러므로 화인수(火印綬)가 용신(用神)이며 비견겁(比肩劫)은 희신(喜神)이 된다. 이 사주는 여자(女子)의 사주로서 전업주부로 살다가 37세 술토대운(戌土大運)에 옷장사를 하여 돈을 많이 벌었고 42세 계수대운(癸水大運)에 사업을 확장(擴張)하여 경영하였으나 월상무토(月上戊土)와 대운계수(大運癸水)와 무계합(戊癸合)으로 합거(合去)되어 재산을 탕진하고 남편(男便)과 이혼(離婚)하고 혼자서 힘들게 살고 있는 사주다. 부궁(夫宮)이 부실한 것은 년간지(年干支) 경자생(庚子生)의 공망(空亡)은 일지진토(日支辰土)로서 부궁(夫宮)이 부실하여 재혼하거나 혼자 사는 사람들이 많다.

❶ 세운계미년(歲運癸未年): 관재, 손재, 신액, 불성
❷ 질병(疾病): 풍질(風疾), 혈압(血壓)
❸ 남녀성격: (남) 군자의 성품, 언행 조심, 인심 좋다, 이해성이 많다, 화합 잘함, 주관이 강하다, 신의 있다, 재간 있다, 처궁불미, 아이디어가 좋다, 재복 있다, 미인 수다
　　　　　(여) 신용, 순진하다, 욕심많다, 재복 있다, 부궁불미, 정부, 신앙심

◐ 세운·질병·남녀성격의 해설(歲運·疾病·男女性格의 解說)

❶ 세운계미년(歲運癸未年)= ※관재, 손재, 신액, 불성은 ※세운계미년(歲運癸未年)의 계수(癸水)는 무토일주(戊土日柱)의 정재(正財)로 원명사주(源命四柱)에 재살(財殺)이 왕(旺)한데 세운(歲運)에서 재(財)나 관살운(官殺運)이 들어오면 ※관재수나 손재수나 건강을 조심해야 한다. 그리고 ※불성은 ※세운계미년(歲運癸未年)의 미토(未土)는 무토일주(戊土日柱)의 비겁(比劫)으로 세운(歲運)에서 비견겁운(比肩劫運)이 들어오면 ※모든 일이 잘 풀리지 않고 대차계약도 잘 이루어지지 않는다.

❷ 질병(疾病)과 ❸ 남녀성격은 일주(日柱)에서 발생(發生)한다.

계미년 (癸未年)

54년(음) 1월 28일 유(酉)시 남자

<table>
<tr><td>辛</td><td>戊</td><td>丙</td><td>甲</td></tr>
<tr><td>酉</td><td>午</td><td>寅</td><td>午</td></tr>
<tr><td>51</td><td>41</td><td>31</td><td>21</td><td>11</td><td>1</td></tr>
<tr><td>壬</td><td>辛</td><td>庚</td><td>己</td><td>戊</td><td>丁</td></tr>
<tr><td>申</td><td>未</td><td>午</td><td>巳</td><td>辰</td><td>卯</td></tr>
</table>

이 사주는 무토일주(戊土日柱)가 초봄 인월(寅月)에 출생하여 실시(失時)하고 인중병화(寅中丙火)와 년상갑목(年上甲木)이 투출(透出)하여 어느 오행(五行)으로 격(格)을 잡느냐의 기로(岐路)에 서게 된다. 날짜상으로 보아 28일이므로 인중(寅中)에는 갑목(甲木)이 사령(司令)하므로 갑목편관(甲木偏官)으로 격(格)을 잡는다. 그러므로 편관격(偏官格)이다. 그리고 무토일주(戊土日柱)는

자좌오화(自坐午火) 양인(羊刃)과 년지오화(年支午火) 양인(羊刃)과 월상병화(月上丙火)가 투출(透出)하여 4 대 4로 신왕사주(身旺四柱)같이 보이나 인월(寅月)을 한 개이지만 두 개 이상의 힘을 갖고 있으므로 한편으로는 편관(偏官)에 극(剋)을 받고 한편으로는 상관(傷官)에 설기(泄氣)가 심(甚)하여 무토일주(戊土日柱)는 신약사주(身弱四柱)다. 그러므로 화인수(火印綬)가 용신(用神)이며 토비견겁(土比肩劫)은 희신(喜神)이 된다. 이 사주는 양인격(羊刃格)으로 양인격(羊刃格)에는 편관(偏官)으로 용신(用神)함이 좋은데 편관(偏官)은 왕(旺)하고 양인(羊刃)이 약(弱)하므로 양인(羊刃)을 돕는 화인수(火印綬)가 용신(用神)이며 토비견겁(土比肩劫)은 희신(喜神)이 된다. 이 사주는 남자(男子)의 사주로서 현역으로 군입대하여 26세 사화대운(巳火大運)에 하사관으로 임관하여 51세 임수대운(壬水大運)에 준위(准尉)로 전역한 사주다.

❶ 세운계미년(歲運癸未年): 관재, 손재, 신액, 불성
❷ 질병(疾病): 위(胃), 비(脾), 혈압(血壓)
❸ 남녀성격: (남) 군자의 성품, 언행 조심, 성질 급, 서두른다, 외화내곤, 실패 자초, 처궁불미, 재가, 정력 강, 여자 많다, 편식한다
　　　　　　(여) 신용, 순진하다, 고집 대단, 박력 있다, 부궁불미, 정부, 친모봉양

🌀 세운 • 질병 • 남녀성격의 해설 (歲運 · 疾病 · 男女性格의 解說)

❶ 세운계미년(歲運癸未年)= ※관재, 손재, 신액, 불성은 ※세운계미년(歲運癸未年)의 계수(癸水)는 무토일주(戊土日柱)의 정재(正財)로 원명사주(源命四柱)에 관(官)이 왕(旺)한데 세운(歲運)에서 재(財)나 관살운(官殺運)이 들어오면 ※관재수나 손재수나 건강을 조심해야 한다. 그리고 ※불성은 ※세운계미년(歲運癸未年)의 미토(未土)는 무토일주(戊土日柱)의 비겁(比劫)으로 세운(歲運)에서 비견겁운(比肩劫運)이 들어오면 ※모든 일이 잘 풀리지 않고 대차계약도 잘 이루어지지 않는다.

❷ 질병(疾病)은 일주(日柱)에서 발생(發生)한다.

❸ 남녀성격은 일주(日柱)에서 발생(發生)한다.

계미년 (癸未年)

56년(음) 7월 4일 신(申)시 여자

庚	戊	丙	丙
申	申	申	申

51	41	31	21	11	1
庚	辛	壬	癸	甲	乙
寅	卯	辰	巳	午	未

이 사주는 무토일주(戊土日柱)가 초가을 신월(申月)에 출생하여 실시(失時)하고 신궁경금(申宮庚金)이 시상(時上)에 투출(透出)하여 식신격(食神格)이다. 그리고 연월일시(年月日時) 신금(申金)으로 식신(食神)이 태왕(太旺)하다. 무토일주(戊土日柱)는 무근(無根)이며 지좌 신금(自坐申金)에 설기(泄氣)기 심(甚)하고 년월(年月) 양병화(兩丙火) 인수(印綬)도 무근(無根)이며 자좌 신금(自坐申金)에 병궁(病宮)에 앉아 무토일주(戊土日柱)를 도울 수가 없다. 그러므로 화생토(火生土) 토생금(土生金)으로 종아격(從兒格)이다. 그러므로 금(金) 상관식신(傷官食神)이 용신(用神)이 된다. 이 사주는 여자(女子)의 사주로서 예능(藝能)에 소질이 있어 무용을 전공하였으나 운(運)이 없어 재능을 발휘 못하고 36세 진토대운(辰土大運)에 무용학원을 개업하였으나 사업이 부실하던 중 41세 신금대운(辛金大運)에 년상병화(年上丙火)와 병신합(丙辛合)으로 합거(合去)되어 재산을 탕진하고 남편과 이혼(離婚)하고 혼자서 힘들게 살다가 51세 경금대운(庚金大運)에 음식업을 하여 수억금을 벌어 잘살고 있는 사주다. 부궁(夫宮)이 부실한 것은 무토(戊土)에 남편(男便)은 목관살(木官殺)인데 사주에 금(金) 식신상관(食神傷官)이 태왕(太旺)이면 부궁(夫宮)이 부실하여 혼자 사는 사람들이 많다.

❶ 세운계미년(歲運癸未年): 손재, 신액, 불성
❷ 질병(疾病): 위(胃), 잔질(殘疾)
❸ 남녀성격: (남) 군자의 성품, 언행 조심, 신의 있다, 재주 있다, 고독하다, 항상 바쁨, 학업 장애, 처궁불미, 처 덕 있다, 재복 있다
　　　　　(여) 신용 있다, 순진하다, 고집 대단, 부궁불미, 정부, 다재다능

🌀 세운·질병·남녀성격의 해설(歲運·疾病·男女性格의 解說)

❶ 세운계미년(歲運癸未年)= ※손재, 신액, 불성은 ※세운계미년(歲運癸未年)의 미토(未土)는 무토일주(戊土日柱)의 비겁(比劫)으로 종(從)하는 사주(四柱)에 세운(歲運)에서 비견겁운(比肩劫運)이 들어오면 ※손재수를 조심해야 하며 또는 건강을 조심해야 하며 또는 모든 일이 잘 풀리지 않고 대차계약도 잘 이루어지지 않는다.

❷ 질병(疾病)은 위, 비는 일주(日柱)에서 발생(發生)하며 ※폐병, 결핵은 ※무토일주(戊土日柱)가 쇠약(衰弱)하면 ※폐병과 결핵을 조심해야 한다.

❸ 남녀성격은 일주(日柱)에서 발생(發生)한다.

계미년 (癸未年)

55년(음) 6월 18일 유(酉)시 여자

辛	戊	癸	乙
酉	戌	未	未

51	41	31	21	11	1
己	戊	丁	丙	乙	甲
丑	子	亥	戌	酉	申

이 사주는 무토일주(戊土日柱)가 하계미월(夏季未月)에 출생하여 득령(得令)하고 년지미토(年支未土)와 일지술토(日支戌土)로 무토일주(戊土日柱)는 신왕사주(身旺四柱)다. 신왕사주(身旺四柱)에는 일주(日柱)를 제(制)하는 관살(官殺)이나 식신상관(食神傷官)으로 설기(泄氣)하면 좋은데 년상을목(年上乙木)과 시상신금(時上辛金)이 투출(透出)하여 어느 오행(五行)으로 용신(用神)을 잡느냐의 기로(岐路)에 서게 된다. 그러나 신왕사주(身旺四柱)에는 관살(官殺)로 용신(用神)함을 우선으로 하기 때문에 년상을목(年上乙木) 정관(正官)으로 용신(用神)한다. 년상을목(年上乙木)은 미중을목(未中乙木)에 근(根)하였으므로 용신(用神)으로 쓸 수가 있다. 그리고 수재(水財)는 희신(喜神)이 된다. 이 사주는 여자(女子)의 사주로서 전업주부로 살다가 41세 무토대운(戊土大運)에 사업을 경영하였으나 월상계수(月上癸水)와 무계합(戊癸合)으로 합거(合去)되어 손해를 많이 보았고 46세 자수대운(子水大運)에 사업이 번창하여 재산을 복구하고 돈을 많이 벌었으나 51세 기토대운(己土大運)부터는 무능(無能)하게 살아가고 있는 사주다.

❶ 세운계미년(歲運癸未年): 이별수, 관재, 복통, 수술
❷ 질병(疾病): 신장(腎臟), 방광(膀胱)
❸ 남녀성격: (남) 군자의 성품, 언행 조심, 신의 있다, 인심 좋다, 재주 있다, 신뢰한다, 근면하다, 학업 열중, 임사즉결, 고집 대단, 남에게 잘함, 신앙심, 창의력, 돈이 잘 빠져나간다
　　　　　(여) 신용 있다, 순진하다, 시모불합, 남편 말 잘 안 듣는다, 부궁불미, 정부, 재가, 독수공방, 일가부양, 친모봉양, 신앙심

세운·질병·남녀성격의 해설 (歲運·疾病·男女性格의 解說)

❶ 세운계미년(歲運癸未年)= ※이별수, 관재, 복통, 수술은 ※세운계미년(歲運癸未年)의 미토(未土)는 무토일주(戊土日柱)의 비겁(比劫)으로 신왕(身旺)한 여자 사주(四柱)에 세운(歲運)에서 비견겁운(比肩劫運)이 들어오면 ※가정에 불화가 많이 생긴다든가 또는 남편과 떨어져 산다든가 또는 이혼한다든가 또는 남편이 사망하는 수도 있다. 그리고 ※관재, 복통, 수술은 ※세운계미년(歲運癸未年)의 미토(未土)는 일지술토(日支戌土)와 미술(未戌)로 형살(刑殺)이 되므로 세운(歲運)에서 일지(日支) 형살운(刑殺運)이 들어오면 ※관재수를 조심해야 하며 또는 배가 아프다든가 또는 수술을 조심해야 한다.

❷ 질병(疾病)과 ❸ 남녀성격은 일주(日柱)에서 발생(發生)한다.

계미년 (癸未年)

58년(음) 6월 4일 술(戌)시 남자

壬	戊	己	戊
戌	戌	未	戌

56	46	36	26	16	6
乙	甲	癸	壬	辛	庚
丑	子	亥	戌	酉	申

이 사주는 무토일주(戊土日柱)가 하계미월(夏季未月)에 출생하여 득령(得令)하고 지지(地支)는 미술토(未戌土)로 전토국(全土局)을 이루고 년월(年月) 무기토(無己土)가 투출(透出)하여 비견겁(比肩劫)이 태왕(太旺)으로 무토일주(戊土日柱)는 신왕사주(身旺四柱)다. 신왕사주(身旺四柱)에는 일주(日柱)를 제(制)하는 관살(官殺)이나 식신상관(食神傷官)으로 설기(泄氣)함이 좋은데 일주(日柱)를 제(制)하는 관살(官殺)은 없고 설기(泄氣)하는 상관식신(傷官食神)도 없다. 시상임수(時上壬水)가 투출(透出)하여 임수재(壬水財)로 용신(用神)하고자 하나 그 임수(壬水)는 무근(無根)이며 자좌술토(自坐戌土)에 살지(殺地)에 앉았으며 많은 비견겁(比肩劫)에 극(剋)을 받으므로 용신(用神)으로 쓸 수가 없다. 그러므로 이 사주는 종왕격(從旺格)으로 비견겁(比肩劫)이 용신(用神)이며 화인수(火印綬)는 희신(喜神)이 된다. 이 사주는 남자(男子)의 사주로서 회사에 근무하였으나 운(運)이 없어 승진(昇進)이 안되어 46세 갑목대운(甲木大運)에 회사에서 퇴사하여 사업을 경영하였으나 재산을 탕진하고 부부 이혼(離婚)하고 혼자 살고 있는 사주다.

❶ 세운계미년(歲運癸未年): 손재, 처액, 관재, 복통, 수술
❷ 질병(疾病): 비(脾), 위(胃)
❸ 남녀성격: (남) 군자의 성품, 언행 조심, 신의 있다, 인심 좋다, 재주 있다, 신뢰한다, 근면하다, 학업 열중, 임사즉결, 고집 대단, 남에게 잘함, 신앙심, 창의력, 돈이 잘 빠져나간다
　　　　　(여) 신용 있다, 순진하다, 시모불합, 남편 말 잘 안 듣는다, 부궁불미, 정부, 재가, 독수공방, 일가부양, 친모봉양, 신앙심

세운·질병·남녀성격의 해설 (歲運·疾病·男女性格의 解說)

❶ 세운계미년(歲運癸未年)= ※손재, 처액, 관재, 복통, 수술은 ※세운계미년(歲運癸未年)의 계수(癸水)는 무토일주의 정재(正財)로 남자 사주에 비견겁(比肩劫)이 태왕(太旺)하고 재(財)가 쇠약(衰弱)한데 세운에서 비견겁운(比肩劫運)이 들어오면 ※손재수를 조심해야 하며 또는 가정에 불화가 많이 생긴다든가 또는 처가 가출한다든가 또는 처의 건강을 조심해야 한다. 그리고 ※관재, 복통, 수술은 ※세운계미년의 미토(未土)는 일지술토(日支戌土)와 미술(未戌)로 형살(刑殺)이 되므로 세운에서 일지(日支) 형살운(刑殺運)이 들어오면 ※관재수를 조심해야 하며 또는 배가 아프다든가 또는 수술을 조심해야 한다.

❷ 질병(疾病)과 ❸ 남녀성격은 일주(日柱)에서 발생(發生)한다.

계미년(癸未年)

59년(음) 11월 23일 자(子)시 여자

壬	戊	丙	己
子	寅	子	亥

55	45	35	25	15	5
壬	辛	庚	己	戊	丁
午	巳	辰	卯	寅	丑

이 사주는 무토일주(戊土日柱)가 중동자월(中冬子月)에 출생하여 실시(失時)하고 년지해수(年支亥水)와 해자수국(亥子水局)을 이루었으며 시간지(時干支) 임자재(壬子財)와 인중갑목(寅中甲木)이 있어 재살(財殺)이 태왕(太旺)이다. 그러나 무토일주(戊土日柱)는 자좌인목(自坐寅木)에 살지(殺地)라 하나 무토일주(戊土日柱)의 생궁(生宮)이며 인중병화(寅中丙火)가 월상(月上)에 투출(透出)하여 종(從)하지 않는다. 그러므로 이 사주는 재(財)가 많으므로 많은 재(財)를 제(制)하고 일주(日柱)를 보신(補身)하는 비견겁(比肩劫)이 용신(用神)이며 화인수(火印綬)는 희신(喜神)이 된다. 이 사주는 여자(女子)의 사주로서 전업 주부로 살다가 남편과 이혼(離婚)하고 45세 신금대운(辛金大運)에 사업을 경영하였으나 월상병화(月上丙火)와 병신합(丙辛合)으로 합거(合去)되어 손해를 많이 보았고 50세 사화대운(巳火大運)부터 사업이 번창하여 재산을 복구하고 잘살고 있는 사주다. 그러나 55세 임수대운(壬水大運)에는 재물과 건강을 조심해야 하며 그 이후로는 운(運)이 좋아 한층 더 발전하여 성공할 것이라고 생각된다.

❶ 세운계미년(歲運癸未年): 관재, 손재, 신액, 신경과민
❷ 질병(疾病): 위산과다(胃酸過多), 위장병(胃腸病)
❸ 남녀성격: (남) 군자의 성품, 언행 조심, 의젓하다, 주관이 약하다, 부모무덕, 밥을 조금 먹는다, 처궁불미, 자손귀자
　　　　　　(여) 신용 있다, 순진하다, 고집 대단, 정부, 재가, 시모불화, 인덕 없다, 친모봉양

세운 · 질병 · 남녀성격의 해설 (歲運 · 疾病 · 男女性格의 解說)

❶ 세운계미년(歲運癸未年)= ※관재, 손재, 신액, 신경과민은 ※세운계미년(歲運癸未年)의 계수(癸水)는 무토일주(戊土日柱)의 정재(正財)로서 원명사주(源命四柱)에 재살(財殺)이 태왕(太旺)인데 세운(歲運)에서 재(財)나 관살운(官殺運)이 들어오면 ※관재수를 조심해야 하며 또는 손재수를 조심해야 하며 또는 건강을 조심해야 한다. 그리고 ※신경과민은 ※세운계미년(歲運癸未年)의 미토(未土)는 일지인목(日支寅木)과 인미(寅未)로 귀문관살(鬼門關殺)이 되므로 세운(歲運)에서 일지(日支) 귀문(鬼門) 관살운(關殺運)이 들어오면 ※그해에는 모든 일에 신경을 많이 쓰게 된다.

❷ 질병(疾病)은 일주(日柱)에서 발생(發生)한다.

❸ 남녀성격은 일주(日柱)에서 발생(發生)한다.

계미년 (癸未年)

53년(음) 8월 28일 신(申)시 남자

壬	己	辛	癸
申	丑	酉	巳

59	49	39	29	19	9
乙	丙	丁	戊	己	庚
卯	辰	巳	午	未	申

이 사주는 기토일주(己土日柱)가 중추유월(中秋酉月)에 출생하여 실시(失時)하고 유중신금(酉中辛金)이 월상(月上)에 투출(透出)하여 식신격(食神格)이다. 그리고 지지(地支)는 년월일지(年月日支) 사유축(巳酉丑)으로 금국(金局)을 이루고 시간지(時干支) 임신(壬申)으로 상관(傷官)과 재(財)가 태왕(太旺)하여 일주(日柱)가 심약(甚弱)하여 종재격(從財格)같이 보인다. 그러나 기토일주(己土日柱)는 년지사화(年支巳火)에 근(根)하고 미약(微弱)하나마 축중기토(丑中己土)에 근(根)하므로 종(從)하지 않는다. 그러므로 사주에 상관식신(傷官食神)이 태왕(太旺)하므로 많은 상관식신(傷官食神)을 제(制)하고 일주(日柱)를 보신(補身)하는 화인수(火印綬)가 용신(用神)이며 토비견겁(土比肩劫)은 희신(喜神)이 된다. 이 사주는 남자(男子)의 사주로서 사업을 경영하였으나 39세 정화대운(丁火大運)에 시상임수(時上壬水)와 정임합(丁壬合)으로 합거(合去)되어 손해를 많이 보았고 44세 사화대운(巳火大運)에 사업이 번창하여 재산을 복구하였으나 49세 병화대운(丙火大運)에 월상신금(月上辛金)과 병신합(丙辛合)으로 합거(合去)되어 재산을 탕진한 사주다.

❶ 세운계미년(歲運癸未年): 관재, 손재, 신액, 관재, 복통, 수술, 자연재앙

❷ 질병(疾病): 위(胃), 위경련(胃痙攣), 비(脾)

❸ 남녀성격: (남) 군자의 성품, 언행 조심, 근면 성실, 신용 부실, 부지런하다, 봉사정신, 처궁불미, 의처증, 새벽잠이 없다, 신앙심, 학업 장애

　　　　　(여) 신용 있다, 순진하다, 부궁불미, 독수공방, 남편을 의심한다, 정부, 시모불합, 신앙심, 돈이 잘 빠져나간다, 친정형제 걱정 많이 한다

◎ 세운·질병·남녀성격의 해설 (歲運·疾病·男女性格의 解說)

❶ 세운계미년(歲運癸未年)= ※관재, 손재, 신액, 관재, 복통, 수술, 자연재앙은 ※세운계미년(歲運癸未年)의 계수(癸水)는 기토일주(己土日柱)의 편재(偏財)로서 원명사주(源命四柱)에 재(財)가 왕(旺)한데 세운(歲運)에서 재(財)나 관살운(官殺運)이 들어오면 ※관재수를 조심해야 하며 또는 손재수를 조심해야 하며 또는 건강을 조심해야 한다. 그리고 ※관재, 복통, 수술, 자연재앙은 ※세운계미년(歲運癸未年)의 미토(未土)는 일지축토(日支丑土)와 축미충(丑未沖)으로 세운(歲運)에서 일지충운(日支沖運)이 들어오면 ※관재수를 조심해야 하며 또는 배가 아프다든가 또는 수술을 조심해야 하며 또는 자연재앙을 조심해야 한다.

❷ 질병(疾病)과 ❸ 남녀성격은 일주(日柱)에서 발생(發生)한다.

계미년 (癸未年)

57년(음) 2월 27일 인(寅)시 여자

丙	己	癸	丁
寅	亥	卯	酉

53	43	33	23	13	3
己	戊	丁	丙	乙	甲
酉	申	未	午	巳	辰

이 사주는 기토일주(己土日柱)가 중춘묘월(中春卯月)에 출생하여 실시(失時)하고 일지해수(日支亥水)와 시지인목(時支寅木)과 인해합목(寅亥合木)으로 재살(財殺)이 태왕(太旺)이다. 그러므로 종살격(從殺格)같이 보이나 시상병화(時上丙火)는 인중병화(寅中丙火)에 근(根)하므로 토생금(土生金) 금생수(金生水) 수생목(水生木) 목생화(木生火)로 사주에 기(氣)는 시상병화(時上丙火)에 집중이 되어 있다. 그러므로 병화인수(丙火印綬)가 용신(用神)이며 토비견겁(土比肩劫)은 희신(喜神)이 된다. 이 사주는 여자(女子)의 사주로서 초년운(初年運)이 잘 들어와 공부를 많이 하여 의과대학(醫科大學)을 졸업하고 종합병원에 근무하여 42세 미토대운(未土大運)까지 승승장구(乘勝長驅)하였고 43세 무토대운(戊土大運)에 의원을 개원하였으나 월상계수(月上癸水)와 무계합(戊癸合)으로 합거(合去)되어 손해를 조금 보았고 53세 기토대운(己土大運)부터 사업이 번창하여 잘살고 있는 사주다.

❶ 세운계미년(歲運癸未年): 변화, 이사, 전근, 관재, 손재, 신액
❷ 질병(疾病): 위(胃), 비(脾)
❸ 남녀성격: (남) 군자의 성품, 언행 조심, 영리하다, 추리력, 선견지명, 외유내강, 현실에 적응 잘한다, 강직하다, 재복 있다, 장수한다, 호인이다
　　　　　(여) 신용 있다, 순진하다, 남편 좋다, 영리하다, 부궁불미, 정부, 장수한다, 신앙심

세운·질병·남녀성격의 해설 (歲運·疾病·男女性格의 解說)

❶ 세운계미년(歲運癸未年)= ※변화, 이사, 전근, 관재, 손재, 신액은 ※세운계미년(歲運癸未年)의 미토(未土)는 일지해수(日支亥水)와 해미(亥未)로 삼합(三合)이 되므로 세운(歲運)에서 일지(日支) 삼합운(三合運)이 들어오면 ※변화가 생긴다든가 또는 이사를 한다든가 또는 직장을 옮기는 일이 많다. 그리고 ※관재, 손재, 신액은 ※세운계미년(歲運癸未年)의 계수(癸水)는 기토일주(己土日柱)의 편재(偏財)로서 원명사주(源命四柱)에 재살(財殺)이 태왕(太旺)인데 세운(歲運)에서 재(財)나 관살운(官殺運)이 들어오면 ※관재수를 조심해야 하며 또는 손재수를 조심해야 하며 또는 건강을 조심해야 한다.

❷ 질병(疾病)은 일주(日柱)에서 발생(發生)한다.

❸ 남녀성격은 일주(日柱)에서 발생(發生)한다.

계미년 (癸未年)

58년(음) 10월 18일 자(子)시 남자

甲	己	癸	戊
子	酉	亥	戌

53	43	33	23	13	3
己	戊	丁	丙	乙	甲
巳	辰	卯	寅	丑	子

이 사주는 기토일주(己土日柱)가 초겨울 해월(亥月)에 출생하여 실시(失時)하고 해중갑목(亥中甲木)이 시상(時上)에 투출(透出)하여 정관격(正官格)이다. 그리고 시지(時支) 자수재(子水財)와 자중계수(子中癸水)가 월상(月上)에 투출(透出)하여 재관(財官)이 대왕(太旺)이다. 그러나 기토일주(己土日柱)는 넌간시(年干支) 무술토(戊戌土) 비겁(比劫)이 있어 그 비견겁(比肩劫)으로 많은 재(財)를 제(制)하고 기토일주(己土日柱)를 보신(補身)해야 하므로 비견겁(比肩劫)이 용신(用神)이며 화인수(火印綬)는 희신(喜神)이 된다. 이 사주는 남자(男子)의 사주로서 가구회사에 다니다가 운(運)이 없어 승진이 안되어 고생하다가 43세 무토대운(戊土大運)에 퇴사하고 가구점을 경영하였으나 월상계수(月上癸水)와 대운무토(大運戊土)와 무계합(戊癸合)으로 합거(合去)되어 손해를 많이 보았고 48세 진토대운(辰土大運)에 평범하게 지내다가 53세 기토대운(己土大運)에 시상갑목(時上甲木)과 갑기합(甲己合)으로 합거(合去)되어 손해를 많이 보고 고생하고 있는 중이다. 그리고 58세 사화인수(巳火印綬) 대운(大運)에는 사업이 번창하여 재산을 복구하리라고 본다.

❶ 세운계미년(歲運癸未年): 관재, 손재, 신액
❷ 질병(疾病): 위(胃), 비(脾), 폐병(肺病), 결핵(結核)
❸ 남녀성격: (남) 군자의 성품, 언행 조심, 신의 있다, 남에게 잘함, 문단 수려, 암기력, 처덕 있다, 처궁불미, 언어특성, 운동 잘함, 잔병치레, 식복 있다
　　　　　(여) 신용 있다, 순진하다, 남편복이 없다, 부궁불미, 독수공방, 정부, 미모 수려, 자손귀자

◯ 세운 · 질병 · 남녀성격의 해설 (歲運 · 疾病 · 男女性格의 解說)

❶ 세운계미년(歲運癸未年)= ※관재, 손재, 신액은 ※ 세운계미년(歲運癸未年)의 계수(癸水)는 기토일주(己土日柱)의 편재(偏財)로서 원명사주(源命四柱)에 재살(財殺)이 태왕(太旺)인데 세운(歲運)에서 재(財)나 관살운(官殺運)이 들어오면 ※관재수를 조심해야 하며 또는 손재수를 조심해야 하며 또는 건강을 조심해야 한다.

❷ 질병(疾病)은 위, 비는 일주(日柱)에서 발생(發生)하며 ※폐병, 결핵은 ※기토일주(己土日柱)가 쇠약(衰弱)하면 ※폐병과 결핵을 조심해야 한다.

❸ 남녀성격은 일주(日柱)에서 발생(發生)한다.

계미년 (癸未年)

63년(음) 9월 27일 술(戌)시 남자

甲	己	癸	癸
戌	未	亥	卯

51	41	31	21	11	1
丁	戊	己	庚	辛	壬
巳	午	未	申	酉	戌

이 사주는 기토일주(己土日柱)가 초겨울 해월(亥月)에 출생하여 실시(失時)하고 해중갑목(亥中甲木)이 시상(時上)에 투출(透出)하여 정관격(正官格)이다. 그리고 지지(地支)는 해묘미(亥卯未) 목국(木局)을 이루고 년월(年月) 양계수(兩癸水)가 투출(透出)하여 재살(財殺)이 태왕(太旺)이다. 그러나 기토일주(己土日柱)는 자좌(自坐) 미중정기(未中丁己) 인수(印綬)와 비견(比肩)이 있고 시지술토(時支戌土)에 근(根)하므로 종(從)하지 않는다. 그러므로 관살(官殺)이 왕(旺)하므로 화인수(火印綬)가 용신(用神)이며 토비견겁(土比肩劫)은 희신(喜神)이 된다. 이 사주는 남자(男子)의 사주로서 자동차 판매원으로 일하다가 41세 무토대운(戊土大運)에 자신이 직접 대리점을 경영하였으나 년상계수(年上癸水)와 대운무토(大運戊土)와 무계합(戊癸合)으로 합거(合去)되어 손해(損害)를 많이 보았고 46세 오화인수(午火印綬) 대운(大運)에 사업이 번창하고 돈을 많이 벌고 있는 사주다. 앞으로도 운(運)이 좋아 크게 성공(成功)하리라고 본다.

세운 · 질병 · 남녀성격의 해설 (歲運 · 疾病 · 男女性格의 解說)

❶ 세운계미년(歲運癸未年)= ※변화, 이사, 전근, 관재, 손재, 신액은 ※세운계미년(歲運癸未年)의 미토(未土)는 일지미토(日支未土)와 미미(未未)로 삼합(三合)이 되므로 세운(歲運)에서 일지(日支) 삼합운(三合運)이 들어오면 ※변화가 생긴다든가 또는 이사를 한다든가 또는 직장을 옮기는 일이 많다. 그리고 ※관재, 손재, 신액은 ※세운계미년(歲運癸未年)의 계수(癸水)는 기토일주(己土日柱)의 편재(偏財)로서 원명사주(源命四柱)에 재살(財殺)이 태왕(太旺)인데 세운(歲運)에서 재(財)나 관살운(官殺運)이 들어오면 ※관재수를 조심해야 하며 또는 손재수를 조심해야 하며 또는 건강을 조심해야 한다.

❷ 질병(疾病)은 일주(日柱)에서 발생(發生)한다.

❸ 남녀성격은 일주(日柱)에서 발생(發生)한다.

계미년(癸未年)

64년(음) 2월 8일 해(亥)시 남자

이 사주는 기토일주(己土日柱)가 중춘묘월(中春卯月)에 출생하여 실시(失時)하고 묘중을목(卯中乙木)이 시상(時上)에 투출(透出)하여 편관격(偏官格)이다. 그리고 시지(時支) 해중갑목(亥中甲木)이 년상(年上)에 투출(透出)하여 재살(財殺)이 태왕(太旺)이다. 기토일주(己土日柱)는 자좌사화(自坐巳火)에 근(根)하고 월상정화(月上丁火)가 있으나 신약사주(身弱四柱)로 화인수(火印綬)가 용신(用神)이며 토비견겁(土比肩劫)은 희신(喜神)이 된다. 이 사주는 남자(男子)의 사주로서 공부를 많이 하여 외국어(外國語)가 능통하고 번역가로 일하였는데 초년(初年)에는 오미대운(午未大運)이 잘 들어와 승승장구(乘勝長驅)하였으나 45세 임수대운(壬水大運)부터 운(運)이 없어 퇴사하고 학원을 경영하였으나 손해를 많이 보고 처(妻)와 이혼(離婚)하고 힘들게 살고 있는 사주다. 처궁(妻宮)이 부실한 것은 일간지(日干支) 기사일주(己巳日柱)의 공망(空亡)은 시지해수(時支亥水)며 거기에 일시상충(日時相沖)까지 있으니 더욱더 처궁(妻宮)이 부실하여 이런 사주들은 백년해로(百年偕老)하기 힘들며 재혼하거나 혼자 사는 사람들이 많다.

❶ 세운계미년(歲運癸未年): 관재, 손재, 신액
❷ 질병(疾病): 위(胃), 비(脾), 폐병(肺病), 결핵(結核)
❸ 남녀성격: (남) 군자의 성품, 언행 조심, 외유내강, 강직하다, 미모 수려, 멋쟁이, 학업 열중, 덕망이 있다, 항상 바쁨, 처궁불미, 처 덕 있다
　　　　　(여) 신용 있다, 순진하다, 남편복이 있다, 자손귀자, 친정걱정, 물조심, 영리하다

◑ 세운·질병·남녀성격의 해설(歲運·疾病·男女性格의 解說)

❶ 세운계미년(歲運癸未年)= ※관재, 손재, 신액은 ※세운계미년(歲運癸未年)의 계수(癸水)는 기토일주(己土日柱)의 편재(偏財)로서 원명사주(源命四柱)에 재살(財殺)이 태왕(太旺)인데 세운(歲運)에서 재(財)나 관살운(官殺運)이 들어오면 ※관재수를 조심해야 하며 또는 손재수를 조심해야 하며 또는 건강을 조심해야 한다.

❷ 질병(疾病)은 위, 비는 일주(日柱)에서 발생(發生)하며 ※폐병, 결핵은 ※기토일주(己土日柱)가 쇠약(衰弱)하면 ※폐병과 결핵을 조심해야 한다.

❸ 남녀성격은 일주(日柱)에서 발생(發生)한다.

계미년 (癸未年)

66년(음) 6월 2일 묘(卯)시 여자

丁	己	乙	丙
卯	卯	未	午

54	44	34	24	14	4
己	庚	辛	壬	癸	甲
丑	寅	卯	辰	巳	午

이 사주는 기토일주(己土日柱)가 하계미월(夏季未月)에 출생하여 득령(得令)하고 미중정화(未中丁火)와 을목(乙木)이 투출(透出)되어 어느 오행(五行)으로 격(格)을 잡느냐의 기로(岐路)에 서게 된다. 날짜상으로 보아 정화(丁火)가 사령(司令)하므로 시상정화(時上丁火)로 격(格)을 잡는다. 그러므로 인수격(印綬格)이다. 그리고 년간지(年干支) 병오인수(丙午印綬)가 있어 기토일주(己土日柱)는 신왕사주(身旺四柱)다. 신왕사주(身旺四柱)에는 일주(日柱)를 제(制)하는 관살(官殺)로 용신(用神)함이 좋은데 다행히 미중을목(未中乙木)이 투출(透出)되어 그 을목(乙木)은 일시지(日時支) 묘목(卯木)에 록근(祿根)하여 용신(用神)이 왕(旺)하므로 월상을목(月上乙木) 편관(偏官)으로 용신(用神)한다. 이 사주는 여자(女子)의 사주로서 39세 묘목대운(卯木大運)에 사업을 경영하여 수억금을 벌었고 44세 경금대운(庚金大運)에 월상을목(月上乙木)과 을경합(乙庚合)으로 합거(合去)되어 손해를 많이 보고 있으나 49세 인목대운(寅木大運)에는 사업이 번창하여 돈을 많이 벌 것으로 생각된다.

❶ 세운계미년(歲運癸未年): 이별수, 변화, 이사, 전근
❷ 질병(疾病): 위(胃), 비(脾), 위산과다(胃酸過多)
❸ 남녀성격: (남) 군자의 성품, 언행 조심, 고집 대단, 지구력 부족, 인덕 없다, 마음 약, 처궁불미, 소심하다, 인자한 성품, 운동 잘함, 눈물 많다
    (여) 신용 있다, 순진하다, 부궁불미, 정부, 재가, 식복 있다, 자손근심, 남편이 나이가 많은 사람 아니면 나이가 어린 사람을 만나기 쉽다

세운·질병·남녀성격의 해설 (歲運·疾病·男女性格의 解說)

❶ 세운계미년(歲運癸未年)= ※이별수, 변화, 이사, 전근은 ※세운계미년(歲運癸未年)의 미토(未土)는 기토일주(己土日柱)의 비견(比肩)으로 신왕(身旺)한 여자 사주에 세운(歲運)에서 비견겁운(比肩劫運)이 들어오면 ※가정에 불화가 많이 생긴다든가 또는 남편과 떨어져 산다든가 또는 이혼한다든가 또는 남편이 사망하는 수도 있다. 그리고 ※변화, 이사, 전근은 ※세운계미년(歲運癸未年)의 미토(未土)는 일지묘목(日支卯木)과 묘미(卯未)로 삼합(三合)이 되므로 세운(歲運)에서 일지(日支) 삼합운(三合運)이 들어오면 ※변화가 생긴다든가 또는 이사를 한다든가 또는 직장을 옮기는 일이 많다.

❷ 질병(疾病)은 일주(日柱)에서 발생(發生)한다.

❸ 남녀성격은 일주(日柱)에서 발생(發生)한다.

계미년 (癸未年)

59년(음) 10월 13일 자(子)시 남자

甲	己	乙	己
子	亥	亥	亥

52	42	32	22	12	2
己	庚	辛	壬	癸	甲
巳	午	未	申	酉	戌

이 사주는 기토일주(己土日柱)가 초겨울 해월(亥月)에 출생하여 실시(失時)하고 해중갑목(亥中甲木)이 시상(時上)에 투출(透出)하여 정관격(正官格)이다. 그리고 지지(地支)는 년월일시(年月日時) 해자수(亥子水)로 재(財)가 태왕(太旺)이며 월시상(月時上) 갑을목(甲乙木)이 투출(透出)하여 재살(財殺)이 태왕(太旺)이다. 기토일수(己土日柱)는 무근(無根)이며 년상기토(年上己土) 비견(比肩)도 무근(無根)으로 일주(日柱)를 도와줄 수 없으므로 이 사주는 종살격(從殺格)이다. 그러므로 목관살(木官殺)이 용신(用神)이며 수재(水財)가 희신(喜神)이 된다. 이 사주는 남자(男子)의 사주로서 은행에 근무하였으나 초년(初年)에는 운(運)이 없어 승진이 안되어 고생을 많이 하다가 42세 경금대운(庚金大運)에 퇴사하여 사업을 경영하였으나 월상을목(月上乙木)과 대운경금(大運庚金)과 을경합(乙庚合)으로 합거(合去)되어 손해를 많이 보고 처(妻)와 이혼(離婚)하고 혼자 힘들게 살아가는 사주다. 처궁(妻宮)이 부실한 것은 사주(四柱)에 재(財)가 많으면 재(財)는 돈도 되고 처(妻)도 되므로 남자 사주에 재(財)가 많은 사주들은 처궁(妻宮)이 부실하여 재혼하거나 혼자 사는 사람들이 많다.

❶ 세운계미년(歲運癸未年): 관재, 손재, 신액, 변화, 이사, 전근
❷ 질병(疾病): 위(胃), 비(脾)
❸ 남녀성격: (남) 군자의 성품, 언행 조심, 영리하다, 추리력, 선견지명, 외유내강, 현실에 적응 잘한다, 강직하다, 재복 있다, 장수한다, 호인이다
　　　　　(여) 신용 있다, 순진하다, 남편 좋다, 영리하다, 부궁불미, 정부, 장수한다, 신앙심

세운·질병·남녀성격의 해설 (歲運·疾病·男女性格의 解說)

❶ 세운계미년(歲運癸未年)= ※관재, 손재, 신액, 변화, 이사, 전근은 ※세운계미년(歲運癸未年)의 계수(癸水)는 기토일주(己土日柱)의 편재(偏財)로서 원명사주(源命四柱)에 재살(財殺)이 태왕(太旺)인데 세운(歲運)에서 재(財)나 관살운(官殺運)이 들어오면 ※관재수를 조심해야 하며 또는 손재수를 조심해야 하며 또는 건강을 조심해야 한다. 그리고 ※변화, 이사, 전근은 ※세운계미년(歲運癸未年)의 미토(未土)는 일지해수(日支亥水)와 해미(亥未)로 삼합(三合)이 되므로 세운(歲運)에서 일지(日支) 삼합운(三合運)이 들어오면 ※변화가 생긴다든가 또는 이사를 한다든가 또는 직장을 옮기는 일이 많다.

❷ 질병(疾病)과 ❸ 남녀성격은 일주(日柱)에서 발생(發生)한다.

계미년 (癸未年)

58년(음) 8월 17일 묘(卯)시 여자

丁	己	辛	戊
卯	酉	酉	戌

57	47	37	27	17	7
乙	丙	丁	戊	己	庚
卯	辰	巳	午	未	申

이 사주는 기토일주(己土日柱)가 중추유월(中秋酉月)에 출생하여 실시(失時)하고 유중신금(酉中辛金)이 월상(月上)에 투출(透出)하여 식신격(食神格)이다. 그리고 월일지(月日支) 양유금(兩酉金)으로 식신(食神)이 태왕(太旺)이다. 기토일주(己土日柱)는 자좌유금(自坐酉金)에 설기(泄氣)가 심(甚)하다고 하나 년간지(年干支) 무술토(戊戌土) 비겁(比劫)과 술중정화(戌中丁火)가 시상(時上)에 투출(透出)하여 많은 상관식신(傷官食神)을 제(制)하고 일주(日柱)를 생(生)하여 주므로 시상정화(時上丁火) 인수(印綬)가 용신(用神)이며 토비견겁(土比肩劫)은 희신(喜神)이 된다. 이 사주는 여자(女子)의 사주로서 의대를 졸업하여 종합병원(綜合病院)에 근무하면서 실력을 인정받았으며 능력도 있어 전문의(專門醫)로 있다가 37세 정사대운(丁巳大運)에 의원(醫院)을 개원하여 수억금을 벌어 부동산(不動産)에 투자하였으나 47세 병화대운(丙火大運)에 월상신금(月上辛金)과 병신합(丙辛合)으로 합거(合去)되어 재산을 탕진하고 남편(男便)과 이혼하고 혼자 살고 있는 사주다. 여자(女子) 사주에 상관식신(傷官食神)이 태왕(太旺)이면 부궁(夫宮)이 부실하여 재혼(再婚)하거나 혼자 사는 사람들이 많다.

❶ 세운계미년(歲運癸未年): 관재, 손재, 신액
❷ 질병(疾病): 위(胃), 비(脾), 폐병(肺病), 결핵(結核), 위처짐증
❸ 남녀성격: (남) 군자의 성품, 언행 조심, 신의 있다, 남에게 잘함, 문단 수려, 암기력, 처덕 있다, 처궁불미, 언어특성, 운동 잘함, 잔병치레, 식복 있다
　　　　　　 (여) 신용 있다, 순진하다, 남편복이 없다, 부궁불미, 독수공방, 정부, 미모 수려, 자손귀자

🌀 세운 · 질병 · 남녀성격의 해설 (歲運 · 疾病 · 男女性格의 解說)

❶ 세운계미년(歲運癸未年)= ※관재, 손재, 신액은 ※세운계미년(歲運癸未年)의 계수(癸水)는 기토일주(己土日柱)의 편재(偏財)로서 원명사주(源命四柱)에 재살(財殺)이 태왕(太旺)인데 세운(歲運)에서 재(財)나 관살운(官殺運)이 들어오면 ※관재수를 조심해야 하며 또는 손재수를 조심해야 하며 또는 건강을 조심해야 한다.

❷ 질병(疾病)은 위, 비는 일주(日柱)에서 발생(發生)하며 ※폐병, 결핵은 기토일주(己土日柱)가 쇠약(衰弱)하면 ※폐병, 결핵을 조심해야 하고 그리고 ※위처짐증은 ※기토일주가 쇠약(衰弱)하고 사주에 금(金) 상관식신(傷官食神)이 태왕(太旺)하면 ※위가 아래로 처져 고생한다.

❸ 남녀성격은 일주(日柱)에서 발생(發生)한다.

계미년 (癸未年)

56년(음) 10월 27일 자(子)시 여자

丙	庚	己	丙
子	子	亥	申

57	47	37	27	17	7
癸	甲	乙	丙	丁	戊
巳	午	未	申	酉	戌

이 사주는 경금일주(庚金日柱)가 초겨울 해월(亥月)에 출생하여 실시(失時)하고 지지(地支)는 해자수국(亥子水局)과 년지신금(年支申金)과 신자수국(申子水局)으로 지지(地支)는 전수국(全水局)을 이루고 경금일주(庚金日柱)는 자좌자수(自坐子水)에 설기(泄氣)가 심(甚)하다고 하나 년지신금(年支申金)에 록근(祿根)하여 종(從)하지 않는다. 그러므로 많은 상관식신(傷官食神)을 제(制)하고 일주(日柱)를 보신(補身)해야 하므로 토인수(土印綬)가 용신(用神)이며 금비견겁(金比肩劫)은 희신(喜神)이 된다. 이 사주는 여자(女子)의 사주로서 일찍 남편과 이혼(離婚)하고 장사를 하였으나 고생을 많이 하였고 42세 미토대운(未土大運)에 사업이 번창하여 돈을 많이 벌었고 그 이후로는 운(運)이 없어 평범하게 살아가고 있는 사주다. 부궁(夫宮)이 부실한 것은 여자 사주에 해자월(亥子月)에 출생하고 상관식신(傷官食神)이 태왕(太旺)이면 부궁(夫宮)이 부실하여 재혼하거나 혼자 사는 사람들이 많다.

❶ 세운계미년(歲運癸未年): 관재, 신축, 문서
❷ 질병(疾病): 냉(冷), 대하증(帶下症), 동상(凍傷), 중풍(中風), 비색증(鼻塞症)
❸ 남녀성격: (남) 과감용단, 청백한 사람, 의리 있다, 남을 무시한다, 두뇌 명철, 추리력, 혁명심, 처궁불미, 재가, 미인수다, 냉정하다, 눈치가 빠름, 신앙심
　　　　　　(여) 냉정하다, 사람 사귀다 한번 틀어지면 다시 안 봄, 부궁불미, 정부, 재가, 독수공방, 남에게 잘함, 인덕 없다, 남자들의 배신을 잘 당함

세운 · 질병 · 남녀성격의 해설 (歲運 · 疾病 · 男女性格의 解說)

❶ 세운계미년(歲運癸未年)= ※관재, 신축, 문서는 ※세운계미년(歲運癸未年)의 계수(癸水)는 경금일주(庚金日柱)의 상관(傷官)으로 세운(歲運)에서 천간(天干) 상관운(傷官運)이 들어오면 **※관재수를 조심해야 한다.** 그리고 ※신축, 문서는 ※세운계미년(歲運癸未年)의 미토(未土)는 경금일주(庚金日柱)의 인수(印綬)로 세운(歲運)에서 인수운(印綬運)이 들어오면 **※집을 짓는다든가 또는 증축을 한다든가 또는 사업체를 벌린다든가 또는 문서를 잡는 일이 많다.**

❷ 질병(疾病)은 냉, 대하증, 동상, 중풍은 일주(日柱)에서 발생(發生)하며 ※월경불순, 비색증은 ※경금일주가 해자월(亥子月)에 출생하면 ※월경불순과 축농증과 비염과 코막힘을 조심해야 한다.

❸ 남녀성격은 일주(日柱)에서 발생(發生)한다.

계미년 (癸未年)

54년(음) 5월 3일 오(午)시 남자

壬	庚	己	甲
午	寅	巳	午

51	41	31	21	11	1
乙	甲	癸	壬	辛	庚
亥	戌	酉	申	未	午

이 사주는 경금일주(庚金日柱)가 초여름 사월(巳月)에 출생하여 실시(失時)하고 지지(地支)는 사오인오(巳午寅午)로 화국(火局)을 이루고 년상갑목(年上甲木)이 투출(透出)하여 재살(財殺)이 태왕(太旺)이다. 그러나 경금일주(庚金日柱)는 시상임수(時上壬水) 식신(食神)으로 제살(制殺)을 하려고 하나 그 임수(壬水)는 무근(無根)이며 화국(火局)에 물이 말라 힘이 없으므로 많은 관살(官殺)을 제(制)할 수가 없다. 그리고 경금일주는 자좌인목(自坐寅木)에 절궁(絶宮)이며 다행히 오중(午中)에 기토(己土)가 월상(月上)에 투출(透出)하여 살인상생(殺印相生)으로 기토인수(己土印綬)가 용신(用神)이 된다. 그러므로 이 사주는 토인수(土印綬)가 용신(用神)이며 금비견겁(金比肩劫)은 희신(喜神)이 된다. 이 사는 남자의 사주로서 회사에 근무하다가 41세 갑목대운(甲木大運)에 퇴사하여 46세 술토대운(戌土大運)에 돈을 많이 벌었으나 51세 을목대운(乙木大運)에 사업에 실패하고 힘들게 사는 사주다.

❶ 세운계미년(歲運癸未年): 관재, 신축, 문서, 신경과민
❷ 질병(疾病): 해수(咳嗽), 기관지(氣管支)
❸ 남녀성격: (남) 과감용단, 의리 있다, 임사즉결, 겉으로 냉정하나 속은 온화함, 근면 성실, 용기 있다, 성질 급, 타의 군림, 재복 있다, 처 덕 있다
　　　　　　(여) 냉정하다, 사람사귀다 한번 틀어지면 다시 안 봄, 이성 고민, 직업, 부궁불미, 정부, 자손귀자, 신경 예민

☯ 세운·질병·남녀성격의 해설 (歲運·疾病·男女性格의 解說)

❶ 세운계미년(歲運癸未年)= ※관재, 신축, 문서, 신경과민은 ※세운계미년(歲運癸未年)의 계수(癸水)는 경금일주(庚金日柱)의 상관(傷官)으로 세운(歲運)에서 천간(天干) 상관운(傷官運)이 들어오면 ※관재수를 조심해야 한다. 그리고 ※신축, 문서는 ※세운계미년(歲運癸未年)의 미토(未土)는 경금일주(庚金日柱)의 인수(印綬)로 세운(歲運)에서 인수운(印綬運)이 들어오면 ※집을 짓는다든가 또는 증축을 한다든가 또는 사업체를 벌린다든가 또는 문서를 잡는 일이 많다. 그리고 ※신경과민은 ※세운계미년(歲運癸未年)의 미토(未土)는 일지인목(日支寅木)과 인미(寅未)로 귀문관살(鬼門關殺)이 되므로 세운(歲運)에서 일지(日支) 귀문(鬼門) 관살운(關殺運)이 들어오면 ※그 해에는 모든 일에 신경을 많이 쓰게 된다.

❷ 질병(疾病)은 일주(日柱)에서 발생(發生)한다.

❸ 남녀성격은 일주(日柱)에서 발생(發生)한다.

계미년 (癸未年)

54년(음) 4월 22일 술(戌)시 여자

丙	庚	己	甲
戌	辰	巳	午

56	46	36	26	16	6
癸	甲	乙	丙	丁	戊
亥	子	丑	寅	卯	辰

이 사주는 경금일주(庚金日柱)가 초여름 사월(巳月)에 출생하여 실시(失時)하고 사중병화(巳中丙火)가 시상(時上)에 투출(透出)하여 편관격(偏官格)이다. 그리고 년지오화(年支午火)와 사오(巳午)로 화국(火局)을 이루고 년상갑목(年上甲木)이 투출(透出)하여 재살(財殺)이 태왕(太旺)이다. 다행히 경금일주는 양금지토(養金之土)인 자좌신토(自坐辰土)에 생(生)을 받으므로 화생토(火生土) 토생금(土生金)으로 살인상생(殺印相生)으로 토인수(土印綬)가 용신(用神)이며 화비견겁(火比肩劫)은 희신(喜神)이 된다. 이 사주는 여자(女子)의 사주로서 초년(初年)부터 장사를 하였으나 운(運)이 없이 고생을 많이 하다가 41세 축토대운(丑土大運)에 수억금을 벌었고 46세 갑목대운(甲木大運)에 월상기토(月上己土)와 갑기합(甲己合)으로 합거(合去)되어 재산을 탕진하고 남편과 이혼하고 혼자 살고 있는 사주다. 부궁(夫宮)이 부실한 것은 시간지(時干支) 병술(丙戌)은 백호관살(白虎官殺)이며 술토(戌土)는 관살(官殺)의 고장(庫藏)이며 거기에 일시상충(日時相沖)까지 있으며 년간지(年干支) 갑오생(甲午生)의 공망(空亡)은 일지진토(日支辰土)로서 부궁이 더욱더 부실한 사주다.

❶ 세운계미년(歲運癸未年): 관재, 신축, 문서
❷ 질병(疾病): 냉(冷), 풍질(風疾)
❸ 남녀성격: (남) 과감용단, 신의 있다, 임사즉결, 포부 광대, 매사 끝장 본다, 매사 자신, 통솔력, 영웅호걸, 두령격, 자수성가, 처 덕 있다, 냉정하다, 신앙심, 처궁불미
　　　　　 (여) 냉정하다, 사람 사귀다 한번 틀어지면 다시 안 봄, 부궁불미, 정부, 재가, 직업여성, 일가부양, 재복 있다

◑ 세운 · 질병 · 남녀성격의 해설 (歲運 · 疾病 · 男女性格의 解說)

❶ 세운계미년(歲運癸未年)= ※관재, 신축, 문서는 ※세운계미년(歲運癸未年)의 계수(癸水)는 경금일주(庚金日柱)의 상관(傷官)으로 세운(歲運)에서 천간(天干) 상관운(傷官運)이 들어오면 ※관재수를 조심해야 한다. 그리고 ※신축, 문서는 ※세운계미년(歲運癸未年)의 미토(未土)는 경금일주(庚金日柱)의 인수(印綬)로 세운(歲運)에서 인수운(印綬運)이 들어오면 ※집을 짓는다든가 또는 증축을 한다든가 또는 사업체를 벌린다든가 또는 문서를 잡는 일이 많다.

❷ 질병(疾病)은 일주(日柱)에서 발생(發生)한다.

❸ 남녀성격은 일주(日柱)에서 발생(發生)한다.

계미년 (癸未年)

54년(음) 6월 14일 축(丑)시 남자

丁	庚	辛	甲
丑	午	未	午

59	49	39	29	19	9
丁	丙	乙	甲	癸	壬
丑	子	亥	戌	酉	申

이 사주는 경금일주(庚金日柱)가 하계미월(夏季未月)에 출생하여 득령(得令)하고 미중정화(未中丁火)가 시상(時上)에 투출(透出)하여 정관격(正官格)이다. 그리고 년월오미(年月午未) 화국(火局)과 일지오화(日支午火)가 있어 재살(財殺)이 태왕(太旺)이다. 다행히 시지(時支) 축습토(丑濕土) 인수(印綬)가 있어 관살(官殺)은 경금일주(庚金日柱)를 극(剋)하지 않고 시지축토(時支丑土)를 생(生)하고 그 축토(丑土)는 경금일주(庚金日柱)를 생(生)함으로 살인상생(殺印相生)으로 시지축토(時支丑土) 인수(印綬)가 용신(用神)이여 금비견겁(金比肩劫)은 희신(喜神)이 된다. 이 사주는 남자(男子)의 사주로서 초년(初年)에 운(運)이 잘 들어와 은행에 취업하여 술토대운(戌土大運)까지는 능력을 인정받았으나 그 이후로는 운(運)이 없어 승진(昇進)이 안되어 퇴사하고 49세 병화대운(丙火大運)에 사업을 경영하였으나 월상신금(月上辛金)과 병신합(丙辛合)으로 합거(合去)되어 재산을 탕진하고 처(妻)와 이혼하고 혼자 살고 있는 사주다. 처궁(妻宮)이 부실한 것은 일시지(日時支)에 축오(丑午)는 원진살(怨嗔殺)이므로 일시지(日時支)에 원진살(怨嗔殺)이 있으면 남자(男子)든 여자(女子)든 배우자운이 부실하여 재혼하거나 혼자 사는 사람들이 많다.

❶ 세운계미년(歲運癸未年): 관재, 신축, 문서
❷ 질병(疾病): 폐(肺), 기관지(氣管支), 월경불순(月經不純), 해수천식(咳嗽喘息), 빈혈(貧血)
❸ 남녀성격: (남) 과감 용단, 냉정하다, 일찍 사회에 참여, 뜻은 크나 성공이 없다, 신경질, 지구력 부족, 성질 급, 남에게 시기를 많이 받는다
　　　　　 (여) 냉정하다, 사람 사귀다 한번 틀어지면 다시 안 봄, 부궁불미, 정부, 재가, 외강내유, 성질 급, 서두른다, 자중한다, 인덕 없다

☯ 세운 · 질병 · 남녀성격의 해설 (歲運 · 疾病 · 男女性格의 解說)

❶ 세운계미년(歲運癸未年)= ※관재, 신축, 문서는 ※세운계미년(歲運癸未年)의 계수(癸水)는 경금일주(庚金日柱)의 상관(傷官)으로 세운(歲運)에서 천간(天干) 상관운(傷官運)이 들어오면 ※관재수를 조심해야 한다. 그리고 ※신축, 문서는 ※세운계미년(歲運癸未年)의 미토(未土)는 경금일주(庚金日柱)의 인수(印綬)로 세운(歲運)에서 인수운(印綬運)이 들어오면 ※집을 짓는다든가 또는 증축을 한다든가 또는 사업체를 벌린다든가 또는 문서를 잡는 일이 많다.

❷ 질병(疾病)은 일주(日柱)에서 발생(發生)한다.

❸ 남녀성격은 일주(日柱)에서 발생(發生)한다.

계미년 (癸未年)

60년(음) 5월 8일 자(子)시 여자

丙	庚	辛	庚
子	申	巳	子

59	49	39	29	19	9
乙	丙	丁	戊	己	庚
亥	子	丑	寅	卯	辰

이 사주는 경금일주(庚金日柱)가 초여름 사월(巳月)에 출생하여 실시(失時)하고 사중병화(巳中丙火)가 시상(時上)에 투출(透出)하여 편관격(偏官格)이다. 그러나 경금일주(庚金日柱)는 자좌신금(自坐申金)에 록근(祿根)하고 년월(年月) 경신금(庚辛金) 비견겁(比肩劫)이 투출(透出)하여 신왕사주(身旺四柱)같이 보이나 년상경금(年上庚金)은 자좌사수(自坐子水)에 설기(泄氣)가 심(甚)하고 일시지(日時支) 자신(子申)으로 수국(水局)을 이루어 설기(泄氣)가 심(甚)하므로 한 편으로는 병화편관(丙火偏官)에 극(剋)을 받고 한 편으로는 상관(傷官)에 설기(泄氣)가 심(甚)하여 일주(日柱)는 신약사주(身弱四柱)다. 그러므로 토인수(土印綬)가 용신(用神)이며 금비견겁(金比肩劫)은 희신(喜神)이 된다. 이 사주는 여자(女子)의 사주로서 증권회사에 근무하다가 퇴사하여 44세 축토대운(丑土大運)에 사업을 경영하여 돈을 많이 벌었고 49세 병화대운(丙火大運)에 월상신금(月上辛金)과 병신합(丙辛合)으로 합거(合去)되어 재산을 탕진하고 힘들게 살고 있는 사주다.

❶ 세운계미년(歲運癸未年): 관재, 신축, 문서
❷ 질병(疾病): 간(肝), 담(膽)
❸ 남녀성격: (남) 과감용단, 냉정하다, 냉정하게 보이나 속마음은 따뜻함, 의리 있다, 영리하다, 재간 있다, 처궁불미, 식복 있다, 자손근심, 항상 바쁨, 꾀가 많다
　　　　　(여) 냉정하다, 사람 사귀다 한번 틀어지면 다시 안 봄, 부궁불미, 정부, 재가, 독수공방, 친정형제 걱정, 돈이 잘 빠져나간다, 고독하다, 시모불합, 남편 말 잘 안 듣는다

세운 · 질병 · 남녀성격의 해설 (歲運 · 疾病 · 男女性格의 解說)

❶ 세운계미년(歲運癸未年)= ※관재, 신축, 문서는 ※세운계미년(歲運癸未年)의 계수(癸水)는 경금일주(庚金日柱)의 상관(傷官)으로 세운(歲運)에서 천간(天干) 상관운(傷官運)이 들어오면 ※관재수를 조심해야 한다. 그리고 ※신축, 문서는 ※세운계미년(歲運癸未年)의 미토(未土)는 경금일주(庚金日柱)의 인수(印綬)로 세운(歲運)에서 인수운(印綬運)이 들어오면 ※집을 짓는다든가 또는 증축을 한다든가 또는 사업체를 벌린다든가 또는 문서를 잡는 일이 많다.

❷ 질병(疾病)은 일주(日柱)에서 발생(發生)한다.

❸ 남녀성격은 일주(日柱)에서 발생(發生)한다.

계미년(癸未年)

戊	庚	丙	丁
寅	戌	午	酉

51	41	31	21	11	1
庚	辛	壬	癸	甲	乙
子	丑	寅	卯	辰	巳

이 사주는 경금일주(庚金日柱)가 중하오월(中夏午月)에 출생하여 실시(失時)하고 오중정화(午中丁火)가 년상(年上)에 투출(透出)하여 정관격(正官格)이다. 그리고 월일시지(月日時支) 인오술(寅午戌)로 화국(火局)을 이루어 재살(財殺)이 태왕(太旺)이다. 다행히 시상무토(時上戊土) 인수(印綬)가 투출(透出)하여 살인상생(殺印相生)으로 토인수(土印綬)가 용신(用神)이며 금비견겁(金比肩劫)은 희신(喜神)이 된다. 이 사주는 남자(男子)의 사주로서 공대(工大)를 졸업하여 토목공사로 근무하였으나 초년운(初年運)이 없어 승진(昇進)이 안되어 고생을 많이 하다가 41세 신금대운(辛金大運)에 퇴사하여 사업을 경영하였으나 월상병화(月上丙火)와 병신합(丙辛合)으로 합거(合去)되어 손해를 많이 보았고 46세 축토대운(丑土大運)에 사업이 번창하여 재산을 복구하고 51세 경금대운(庚金大運)에 희신운(喜神運)이 들어와 수억금을 벌어 잘살고 있는 사주다.

❶ 세운계미년(歲運癸未年): 관재, 신축, 문서, 관재, 복통, 수술
❷ 질병(疾病): 간(肝), 담(膽)
❸ 남녀성격: (남) 과감 용단, 냉정하다, 고집 대단, 자립정신, 신의 있다, 능력있다, 임전무퇴, 통솔력, 지혜롭다, 영리하다, 처 덕 있다, 지구력 강하다, 신앙심
　　　　　　(여) 냉정하다, 사람 사귀다 한번 틀어지면 다시 안 봄, 여걸, 부궁불미, 처세가 좋다, 정부, 재가, 남자들이 잘 따름, 직업여성, 신앙심

☯ 세운·질병·남녀성격의 해설 (歲運·疾病·男女性格의 解說)

❶ 세운계미년(歲運癸未年)= ※관재, 신축, 문서, 관재, 복통, 수술은 ※세운계미년(歲運癸未年)의 계수(癸水)는 경금일주(庚金日柱)의 상관(傷官)으로 세운(歲運)에서 천간(天干) 상관운(傷官運)이 들어오면 ※관재수를 조심해야 한다. 그리고 ※신축, 문서는 ※세운계미년(歲運癸未年)의 미토(未土)는 경금일주(庚金日柱)의 인수(印綬)로 세운(歲運)에서 인수운(印綬運)이 들어오면 ※집을 짓는다든가 또는 증축을 한다든가 또는 사업체를 벌린다든가 또는 문서를 잡는 일이 많다. 그리고 ※관재, 복통, 수술은 ※세운계미년(歲運癸未年)의 미토(未土)는 일지술토(日支戌土)와 미술(未戌)로 형살(刑殺)이므로 세운(歲運)에서 일지(日支) 형살운(刑殺運)이 들어오면 ※관재수를 조심해야 하며 또는 배가 아프다든가 또는 수술을 조심해야 한다.

❷ 질병(疾病)은 일주(日柱)에서 발생(發生)한다.

❸ 남녀성격은 일주(日柱)에서 발생(發生)한다.

계미년 (癸未年)

63년(음) 9월 28일 자(子)시 남자

丙	庚	癸	癸
子	申	亥	卯

52	42	32	22	12	2
丁	戊	己	庚	辛	壬
巳	午	未	申	酉	戌

이 사주는 경금일주(庚金日柱)가 초겨울 해월(亥月)에 출생하고 실시(失時)하고 시지자수(時支子水)와 일지신금(日支申金)과 자신(子申)으로 수국(水局)을 이루고 자중계수(子中癸水)가 년월(年月)에 투출(透出)하여 상관식신(傷官食神)이 태왕(太旺)이다. 그리고 경금일주(庚金日柱)는 지좌신금(自坐申金)에 록근(祿根)하여 종(從)하지 않으므로 많은 상관식신(傷官食神)을 제(制)하고 일주(日柱)를 보신(補身)하는 토인수(土印綬)가 용신(用神)이며 금비견겁(金比肩劫)은 희신(喜神)이 된다. 이 사주는 남자(男子)의 사주로서 엔지니어기술자로 일하다가 42세 무토대운(戊土大運)에 퇴사하여 사업을 경영하였으나 월상계수(月上癸水)와 무계합(戊癸合)으로 합거(合去)되어 사업 실패하여 재산을 탕진하고 자식(子息) 한 명 잃었는데 시상병화(時上丙火) 편관(偏官)이 경금일주(庚金日柱)의 자식인데 그 병화(丙火)는 많은 상관식신(傷官食神)의 극(剋)을 받으므로 자손액(子孫厄)을 조심해야 한다.

❶ 세운계미년(歲運癸未年): 자손액, 관재, 신축, 문서
❷ 질병(疾病): 간(肝), 담(膽)
❸ 남녀성격: (남) 과감 용단, 냉정하다, 냉정하게 보이나 속마음은 따뜻함, 의리 있다, 영리하다, 재간 있다, 처궁불미, 식복 있다, 자손근심, 항상 바쁨, 꾀가 많다
　　　　　(여) 냉정하다, 사람 사귀다 한번 틀어지면 다시 안 봄, 부궁불미, 정부, 재가, 독수공방, 친정형제 걱정, 돈이 잘 빠져나간다, 고독하다, 시모불합, 남편 말 잘 안 듣는다

세운·질병·남녀성격의 해설 (歲運 · 疾病 · 男女性格의 解說)

❶ 세운계미년(歲運癸未年)= ※자손액, 관재, 신축, 문서는 ※세운계미년(歲運癸未年)의 계수(癸水)는 경금일주(庚金日柱)의 상관(傷官)으로 원명사주에 상관식신(傷官食神)이 태왕(太旺)하고 관살(官殺)이 쇠약(衰弱)한데 세운(歲運)에서 상관(傷官) 식신운(食神運)이 들어오면 **※자손액을 조심해야 한다.** 그리고 **※관재**는 ※세운계미년(歲運癸未年)의 계수(癸水)는 경금일주의 상관(傷官)으로 세운에서 천간(天干) 상관운(傷官運)이 들어오면 **※관재수를 조심해야 한다.** 그리고 **※신축, 문서**는 ※세운계미년의 미토(未土)는 경금일주의 인수(印綬)로 세운에서 인수운(印綬運)이 들어오면 **※집을 짓는다든가 또는 증축을 한다든가 또는 사업체를 벌린다든가 또는 문서를 잡는 일이 많다.**

❷ 질병(疾病)과 ❸ 남녀성격은 일주(日柱)에서 발생(發生)한다.

계미년(癸未年)

62년(음) 12월 2일 축(丑)시 여자

丁	庚	壬	壬
丑	子	子	寅

57	47	37	27	17	7
丙	丁	戊	己	庚	辛
午	未	申	酉	戌	亥

이 사주는 경금일주(庚金日柱)가 중동자월(中冬子月)에 출생하여 실시(失時)하고 일지자수(日支子水)와 시지축토(時支丑土)와 자축(子丑)으로 수국(水局)을 이루고 년월(年月) 양임수(兩壬水)가 투출(透出)하여 상관식신(傷官食神)이 태왕(太旺)이다. 시지축토(時支丑土)는 자월(子月)에 동토(冬土)라 하나 시상(時上)에 정화(丁火)가 투출(透出)하여 미온지토(微溫之土)로서 일주(日柱)를 생(生)할 힘이 있다. 그러므로 금생수(金生水) 수생목(水生木) 목생화(木生火) 화생토(火生土)로 사주의 기(氣)는 시지축토(時支丑土)에 집중되어 있으므로 시지축토(時支丑土)가 용신(用神)이며 금비견겁(金比肩劫)은 희신(喜神)이 된다. 이 사주는 여자(女子)의 사주로서 초년(初年)부터 사업을 경영하여 37세 무토대운(戊土大運)에 수억금을 벌었고 47세 정화대운(丁火大運)에 월상임수(月上壬水)와 정임합(丁壬合)으로 합거(合去)되어 재산을 탕진하고 남편과 이혼한 사주다. 부궁(夫宮)이 부실한 것은 여자(女子) 사주에 상관식신(傷官食神)이 태왕(太旺)이면 부궁(夫宮)이 부실하다.

❶ 세운계미년(歲運癸未年): 이별수, 관재, 신축, 문서
❷ 질병(疾病): 냉(冷), 대하증(帶下症), 동상(凍傷), 중풍(中風)
❸ 남녀성격: (남) 과감 용단, 청백한 사람, 의리 있다, 남을 무시한다, 두뇌 명철, 재가, 추리력, 혁명심, 처궁불미, 미인수다, 냉정하다, 눈치가 빠름, 신앙심
　　　　　　(여) 냉정하다, 사람 사귀다 한번 틀어지면 다시 안 봄, 부궁불미, 정부, 재가, 독수공방, 남에게 잘함, 인덕 없다, 남자들의 배신을 잘 당함

🔵 세운·질병·남녀성격의 해설 (歲運·疾病·男女性格의 解說)

❶ 세운계미년(歲運癸未年)= ※이별수, 관재, 신축, 문서는 ※세운계미년(歲運癸未年)의 계수(癸水)는 경금일주(庚金日柱)의 상관(傷官)으로 여자 사주에 상관식신(傷官食神)이 태왕(太旺)이고 관살(官殺)이 쇠약(衰弱)한데 세운(歲運)에서 상관(傷官) 식신운(食神運)이 들어오면 ※가정에 불화가 많이 생긴다든가 또는 남편과 떨어져 산다든가 또는 이혼한다든가 또는 남편이 사망하는 수도 있다. 그리고 ※관재는 ※세운계미년의 계수(癸水)는 경금일주의 상관(傷官)으로 세운에서 천간(天干) 상관운(傷官運)이 들어오면 ※관재수를 조심해야 한다. 그리고 ※신축, 문서는 ※세운계미년의 미토(未土)는 경금일주의 인수(印綬)로 세운에서 인수운(印綬運)이 들어오면 ※집을 짓는다든가 또는 증축을 한다든가 또는 사업체를 벌린다든가 또는 문서를 잡는 일이 많다.

❷ 질병(疾病)과 ❸ 남녀성격은 일주(日柱)에서 발생(發生)한다.

계미년 (癸未年)

66년(음) 4월 23일 오(午)시 여자

甲	辛	甲	丙
午	丑	午	午

52	42	32	22	12	2
戊	己	庚	辛	壬	癸
子	丑	寅	卯	辰	巳

이 사주는 신금일주(辛金日柱)가 중하오월(中夏午月)에 출생하여 실시(失時)하고 년시지(年時支) 양오화(兩午火)와 월시상(月時上) 양갑목(兩甲木)이 투출(透出)하여 재살(財殺)이 태왕(太旺)으로 종살격(從殺格)같이 보인다. 그러나 신금일주(辛金日柱)는 양금지토(養金之土)인 축습토(丑濕土)에 근(根)하므로 왕(旺)한 관살(官殺)은 축습토(丑濕土)에 냉각(冷却)되어 신금일주(辛金日柱)를 극(剋)하지 않고 축토인수(丑土印綬)를 생(生)하며 축토인수(丑土印綬)는 신금일주(辛金日柱)를 생(生)하므로 살인상생(殺印相生)으로 토인수(土印綬)가 용신(用神)이며 금비견겁(金比肩劫)은 희신(喜神)이 된다. 이 사주는 여자(女子)의 사주로서 진토대운(辰土大運)에 항공사 승무원으로 근무하다가 32세 경금대운(庚金大運)까지 잘 근무하였으나 37세 인목대운(寅木大運)에 퇴사하여 사업을 경영하였으나 사업 실패하고 남편과 이혼하고 혼자 살고 있는 사주다. 부궁(夫宮)이 부실한 것은 여자 사주에 관살(官殺)이 태왕(太旺)이면 부궁(夫宮)이 부실한데 일시(日時)에 축오(丑午)는 원진살(怨嗔殺)이므로 부궁(夫宮)이 더욱더 부실하여 재혼하거나 혼자 사는 사람들이 많다.

❶ 세운계미년(歲運癸未年): 신축, 문서, 관재, 복통, 수술, 자연재앙
❷ 질병(疾病): 냉(冷), 간(肝), 담(膽)
❸ 남녀성격: (남) 과감 용단, 냉정하다, 고집 대단, 신의 있다, 근면하다, 매사 정이 많다, 처와 자식의 덕이 있다, 성격이 까다롭다, 옷에 신경, 편식, 새벽잠이 없다, 식복 있다
　　　　　(여) 냉정하다, 사람 사귀다 한번 틀어지면 다시 안 봄, 미모 수려, 남편의 사랑을 받는다, 부지런하다, 친모봉양, 부궁불미, 정부

☯ 세운·질병·남녀성격의 해설 (歲運·疾病·男女性格의 解說)

❶ 세운계미년(歲運癸未年)= ※신축, 문서, 관재, 복통, 수술, 자연재앙은 ※세운계미년(歲運癸未年)의 미토(未土)는 신금일주(辛金日柱)의 인수(印綬)로 세운(歲運)에서 인수운(印綬運)이 들어오면 ※집을 짓는다든가 또는 증축을 한다든가 또는 사업체를 벌린다든가 또는 문서를 잡는 일이 많다. 그리고 ※관재, 복통, 수술, 자연재앙은 ※세운계미년(歲運癸未年)의 미토(未土)는 일지축토(日支丑土)와 축미충(丑未沖)으로 세운(歲運)에서 일지충운(日支沖運)이 들어오면 ※관재수를 조심해야 하며 또는 배가 아프다든가 또는 수술을 조심해야 하며 또는 자연재앙을 조심해야 한다.

❷ 질병(疾病)과 ❸ 남녀성격은 일주(日柱)에서 발생(發生)한다.

계미년 (癸未年)

66년(음) 2월 2일 진(辰)시 남자

壬	辛	庚	丙
辰	亥	寅	午

54	44	34	24	14	4
丙	乙	甲	癸	壬	辛
申	未	午	巳	辰	卯

이 사주는 신금일주(辛金日柱)가 초봄 인월(寅月)에 출생하여 실시(失時)하고 인중병화(寅中丙火)가 년상(年上)에 투출(透出)하여 정관격(正官格)이다. 그리고 월지오화(月支午火)와 인오(寅午)로 화국(火局)을 이루고 일지해수(日支亥水)와 해중임수(亥中壬水)가 시상(時上)에 투출(透出)하여 한편으로는 설기(泄氣)가 심(甚)하고 한편으로는 관살(官殺)에 극(剋)을 받으므로 일주(日柱)는 신약사주(身弱四柱)다. 다행히 진토인수(辰土印綬)가 있어 금생수(金生水) 수생목(水生木) 목생화(木生火) 화생토(火生土) 토생금(土生金)으로 시지(時支) 진중무토(辰中戊土) 인수(印綬)가 용신(用神)이며 금비견겁(金比肩劫)은 희신(喜神)이 된다. 이 사주는 남자의 사주로서 년상병화(年上丙火)는 정관(正官)이며 인중갑목(寅中甲木)은 정재(正財)이며 시지진토(時支辰土)는 정인(正印)으로서 재관인(財官印) 삼귀(三貴)를 잘 이루어 일찍 공무원으로 근무하였으나 운(運)이 없어 승진이 안되어 고생하다가 퇴직하고 행정사로 일하고 있으나 운(運)이 없어 평범하게 살아가고 있는 사주다. 아무리 사주(四柱)가 좋아도 운(運)이 없으면 그 사주는 파격(破格)이다.

❶ 세운계미년(歲運癸未年): 변화, 이사, 전근, 신축, 문서
❷ 질병(疾病): 폐(肺), 담(膽)
❸ 남녀성격: (남) 과감 용단, 냉정하다, 선견지명, 암기력, 총명하다, 지혜롭다, 항상 바쁨,
　　　　　　집념대단, 재복 있다, 처 덕 있다, 남에게 잘함, 처궁불미, 장수한다
　　　　　(여) 냉정하다, 사람 사귀다 한번 틀어지면 다시 안 봄, 부궁불미, 재가, 정부,
　　　　　　인정 있다, 남에게 잘함, 잘하고 욕 먹는다, 자손귀자, 신앙심, 내 것 주고
　　　　　　배신　당함, 인덕 없다

🔵 세운·질병·남녀성격의 해설 (歲運·疾病·男女性格의 解說)

❶ 세운계미년(歲運癸未年)= ※변화, 이사, 전근, 신축, 문서는 ※세운계미년(歲運癸未年)의 미토(未土)는 일지해수(日支亥水)와 해미(亥未)로 삼합(三合)이 되므로 세운(歲運)에서 일지(日支) 삼합운(三合運)이 들어오면 ※변화가 생긴다든가 또는 이사를 한다든가 또는 직장을 옮기는 일이 많다. 그리고 ※신축, 문서는 ※세운계미년(歲運癸未年)의 미토(未土)는 신금일주의 인수(印綬)로 세운에서 인수운(印綬運)이 들어오면 ※집을 짓는다든가 또는 증축을 한다든가 또는 사업체를 벌린다든가 또는 문서를 잡는 일이 많다.

❷ 질병(疾病)과 ❸ 남녀성격은 일주(日柱)에서 발생(發生)한다.

계미년 (癸未年)

65년(음) 2월 6일 신(申)시 여자

丙	辛	己	乙
申	酉	卯	巳

59	49	39	29	19	9
乙	甲	癸	壬	辛	庚
酉	申	未	午	巳	辰

이 사주는 신금일주(辛金日柱)가 중춘묘월(中春卯月)에 출생하여 실시(失時)하고 묘중을목(卯中乙木)이 년상(年上)에 투출(透出)하여 편재격(偏財格)이다. 그리고 년지사화(年支巳火)와 사중병화(巳中丙火)가 시상(時上)에 투출(透出)하여 재관(財官)이 태왕(太旺)이다. 신금일주(辛金日柱)는 자좌유금(自坐酉金)에 녹근(祿根)하고 시지신금(時支申金) 비겁(比劫)과 월상기토(月上己土) 인수(印綬)가 있어 4 대 4로 신왕사주(身旺四柱)같이 보이나 월지묘목(月支卯木)은 한 개지만 두 개이상의 힘을 갖고 있으므로 신약사주(身弱四柱)가 된다. 그러므로 토인수(土印綬)가 용신(用神)이며 금비견겁(金比肩劫)은 희신(喜神)이 된다. 이 사주는 여자(女子)의 사주로서 약사(藥師)로 약국을 개업하였으나 초년(初年)에는 운(運)이 없어 고생을 많이 하다가 44세 미토대운(未土大運)에 용신운(用神運)이 들어와 수억금을 벌은 사주다. 사주(四柱) 지지(地支)에 묘유술(卯酉戌)중 묘유(卯酉)나 묘술(卯戌)이나 유술(酉戌)이나 두 자만 있으면 의료계통(醫療系統)에 직업을 많이 갖게 되며 그렇지 않으면 역술(易術)에도 관심을 많이 갖게 된다.

❶ 세운계미년(歲運癸未年): 신축, 문서
❷ 질병(疾病): 간(肝), 담(膽), 혈압(血壓)
❸ 남녀성격: (남) 과감 용단, 냉정하다, 청백한 사람, 미남형, 인품 수려, 자수성가, 영리하다, 일독십지, 타인 존경, 의처증
　　　　　 (여) 냉정하다, 사람 사귀다 한번 틀어지면 다시 안 봄, 부궁불미, 정부, 독수공방, 시모불합, 남편 말 잘 안 듣는다, 미모 수려, 신앙심, 이성수신

세운·질병·남녀성격의 해설 (歲運·疾病·男女性格의 解說)

❶ 세운계미년(歲運癸未年)= ※신축, 문서는 ※세운계미년(歲運癸未年)의 미토(未土)는 신금일주(辛金日柱)의 인수(印綬)로 세운(歲運)에서 인수운(印綬運)이 들어오면 ※집을 짓는다든가 또는 증축을 한다든가 또는 사업체를 벌린다든가 또는 문서를 잡는 일이 많다.

❷ 질병(疾病)은 일주(日柱)에서 발생(發生)한다.

❸ 남녀성격은 일주(日柱)에서 발생(發生)한다.

계미년 (癸未年)

67년(음) 5월 29일 인(寅)시 남자

<table>
<tr><td>庚</td><td>辛</td><td>丙</td><td>丁</td></tr>
<tr><td>寅</td><td>未</td><td>午</td><td>未</td></tr>
<tr><td>60</td><td>50</td><td>40</td><td>30</td><td>20</td><td>10</td></tr>
<tr><td>庚</td><td>辛</td><td>壬</td><td>癸</td><td>甲</td><td>乙</td></tr>
<tr><td>子</td><td>丑</td><td>寅</td><td>卯</td><td>辰</td><td>巳</td></tr>
</table>

이 사주는 신금일주(辛金日柱)가 중하오월(中夏午月)에 출생하여 실시(失時)하고 오중정화(午中丁火)가 년상(年上)에 투출(透出)하여 편관격(偏官格)이다. 그리고 월지오화(月支午火)와 년지미토(年支未土)와 오미(午未)로 화국(火局)을 이루고 월상병화(月上丙火)가 투출(透出)하여 재살(財殺)이 태왕(太旺)이다. 그러므로 신약사주(身弱四柱)로 토인수(土印綬)가 용신(用神)이며 금비견겁(金比肩劫)은 희신(喜神)이 된다. 이 사주는 남자의 사주로서 철도역무원으로 근무하였으나 운(運)이 없어 퇴사하고 사업을 경영하였으나 40세 임수대운(壬水大運)에 년상정화(年上丁火)와 정임합(丁壬合)으로 합거(合去)되어 재산을 탕진하고 처(妻)와 이혼하고 혼자 살고 있는 사주다. 남자 사주에 관살(官殺)이 태왕(太旺)이면 처궁(妻宮)이 부실한데 년간지(年干支) 정미생(丁未生)의 공망(空亡)은 시지인목(時支寅木)으로 일시지(日時支)에 공망(空亡)이 있으면 처궁(妻宮)이 부실하다.

❶ 세운계미년(歲運癸未年): 변화, 이사, 전근, 신축, 문서, 자연재앙
❷ 질병(疾病): 폐(肺), 기관지(氣管支)
❸ 남녀성격: (남) 과감 용단, 냉정하다, 고집 대단, 정복력 강함, 노력은 많이 하나 실속이
　　　　　 없다, 재복 있다, 처궁불미, 성격이 까다롭다, 편식한다, 옷에 신경 쓴다
　　　　　 (여) 냉정하다, 사람 사귀다 한번 틀어지면 다시 안 봄, 부궁불미, 재가, 정부,
　　　　　 말조심, 요리솜씨, 친모봉양, 인덕 없다

🌐 세운·질병·남녀성격의 해설 (歲運·疾病·男女性格의 解說)

❶ 세운계미년(歲運癸未年)= ※변화, 이사, 전근, 신축, 문서, 자연재앙은 ※세운계미년(歲運癸未年)의 미토(未土)는 일지미토(日支未土)와 미미(未未)로 삼합(三合)이 되므로 세운에서 일지(日支) 삼합운(三合運)이 들어오면 ※**변화가 생긴다든가 또는 이사를 한다든가 또는 직장을 옮기는 일이 많다.** 그리고 ※**신축, 문서**는 ※세운계미년(歲運癸未年)의 미토(未土)는 신금일주(辛金日柱)의 인수(印綬)로 세운(歲運)에서 인수운(印綬運)이 들어오면 ※**집을 짓는다든가 또는 증축을 한다든가 또는 사업체를 벌린다든가 또는 문서를 잡는 일이 많다.** 그리고 ※ **자연재앙**은 ※세운계미년(歲運癸未年)의 미토(未土)는 일지미토(日支未土)와 미미(未未)로 똑같은 오행(五行)이므로 세운(歲運)에서 일지(日支)같은 운(運)이 들어오면 ※**자연재앙을 조심해야 한다.**

❷ 질병(疾病)은 일주(日柱)에서 발생(發生)한다.

❸ 남녀성격은 일주(日柱)에서 발생(發生)한다.

계미년 (癸未年)

63년(음) 12월 19일 오(午)시 여자

<table>
<tr><td>甲</td><td>辛</td><td>乙</td><td>癸</td></tr>
<tr><td>午</td><td>巳</td><td>丑</td><td>卯</td></tr>
</table>

51	41	31	21	11	1
辛	庚	己	戊	丁	丙
未	午	巳	辰	卯	寅

이 사주는 신금일주(辛金日柱)가 동계축월(冬季丑月)에 출생하여 득령(得令)하였으나 일시지(日時支) 사오(巳午)로 화국(火局)을 이루고 월상을목(月上乙木)은 년지묘목(年支卯木)에 록근(祿根)하여 재살(財殺)이 태왕(太旺)으로 신약사주(身弱四柱)다. 그러므로 토인수(土印綬)가 용신(用神)이며 금비견겁(金比肩劫)은 희신(喜神)이 된다. 이 사주는 여자(女子)의 사주로서 공부는 많이 못하였으나 어려서부터 장사를 하여 21세 무진토(戊辰土) 인수운(印綬運)에 돈은 많이 벌어 결혼하였으며 31세 기토대운(己土大運)에 시상갑목(時上甲木)과 갑기합(甲己合)으로 합거(合去)되어 손해를 많이 보았고 그 이후로도 운(運)이 없어 고생하다가 남편(男便)과 이혼하고 공인중개사를 하였으나 그것마저 운(運)이 없어 재산을 탕진하고 다른 공인중개소에서 일하며 힘들게 살고 있는 사주다. 부궁(夫宮)이 부실한 것은 년간지(年干支) 계묘생(癸卯生)의 공망(空亡)은 일지사화(日支巳火)로서 일시지(日時支)에 공망(空亡)이 있으면 부궁(夫宮)이 부실하여 재혼하거나 혼자 사는 사람들이 많다.

세운 · 질병 · 남녀성격의 해설 (歲運 · 疾病 · 男女性格의 解說)

❶ 세운계미년(歲運癸未年)= ※신축, 문서는 ※세운계미년(歲運癸未年)의 미토(未土)는 신금일주(辛金日柱)의 인수(印綬)로 세운(歲運)에서 인수운(印綬運)이 들어오면 ※집을 짓는다든가 또는 증축을 한다든가 또는 사업체를 벌린다든가 또는 문서를 잡는 일이 많다.

❷ 질병(疾病)은 해수, 호흡기는 일주(日柱)에서 발생(發生)하며 ※폐병, 결핵은 ※신금일주(辛金日柱)가 목화재살(木火財殺)이 태왕(太旺)하고 일주(日柱)가 쇠약(衰弱)하면 ※폐병과 결핵을 조심해야 한다.

❸ 남녀성격은 일주(日柱)에서 발생(發生)한다.

계미년 (癸未年)

64년(음) 5월 2일 오(午)시 여자

甲	辛	庚	甲
午	卯	午	辰

52	42	32	22	12	2
甲	乙	丙	丁	戊	己
子	丑	寅	卯	辰	巳

이 사주는 신금일주(辛金日柱)가 중하오월(中夏午月)에 출생하여 실시(失時)하고 년시상(年時上) 양갑목(兩甲木)이 투출(透出)하여 일지(日支) 묘중을목(卯中乙木)에 근(根)하여 재살(財殺)이 태왕(太旺)이다. 다행히 년지(年支) 진습토(辰濕土) 인수(印綬)가 있어 진중무토(辰中戊土) 인수(印綬)가 용신(用神)이며 금비견겁(金比肩劫)은 희신(喜神)이 된다. 이 사주는 여자(女子)의 사주로서 초년(初年)에는 부모의 음덕(蔭德)으로 공부를 많이 하였으나 운(運)이 없어 고생하다가 37세 인목대운(寅木大運)에 사업을 경영하였으나 손해를 많이 보다가 42세 을목대운(乙木大運)에 재산을 탕진하고 남편과 이혼하고 힘들게 살다가 47세 축토대운(丑土大運)에 사업을 재기하여 사업이 번창하여 재산을 복구하고 재혼(再婚)한 사주다. 부궁(夫宮)이 부실한 것은 년간지(年干支) 갑진생(甲辰生)의 공망(空亡)은 일지묘목(日支卯木)으로 일시지(日時支)에 공망(空亡)이 있으면 부궁(夫宮)이 부실하다.

❶ 세운계미년(歲運癸未年): 변화, 이사, 전근, 신축, 문서
❷ 질병(疾病): 풍질(風疾), 냉(冷), 기관지(氣管支)
❸ 남녀성격: (남) 과감 용단, 냉정하다, 의리 있다, 인정 있다, 고집 대단, 학업 장애, 처궁불미, 재가, 미인수다, 근면하다, 지구력 부족, 소심하다, 운동 잘함, 마음 약
     (여) 냉정하다, 사람 사귀다 한번 틀어지면 다시 안 봄, 고집 대단, 정부, 재가, 독수공방, 부궁불미, 욕심 많다, 성질 급, 참을성이 없다, 자손근심

세운 · 질병 · 남녀성격의 해설 (歲運 · 疾病 · 男女性格의 解說)

❶ 세운계미년(歲運癸未年)= ※변화, 이사, 전근, 신축, 문서는 ※세운계미년(歲運癸未年)의 미토(未土)는 일지묘목(日支卯木)과 묘미(卯未)로 삼합(三合)이 되므로 세운(歲運)에서 일지(日支) 삼합운(三合運)이 들어오면 ※변화가 생긴다든가 또는 이사를 한다든가 또는 직장을 옮기는 일이 많다. 그리고 ※ 신축, 문서는 ※세운계미년(歲運癸未年)의 미토(未土)는 신금일주(辛金日柱)의 인수(印綬)로 세운(歲運)에서 인수운(印綬運)이 들어오면 ※집을 짓는다든가 또는 증축을 한다든가 또는 사업체를 벌린다든가 또는 문서를 잡는 일이 많다.

❷ 질병(疾病)은 일주(日柱)에서 발생(發生)한다.

❸ 남녀성격은 일주(日柱)에서 발생(發生)한다.

계미년 (癸未年)

63년(음) 10월 9일 자(子)시 여자

戊	辛	癸	癸
子	未	亥	卯

55	45	35	25	15	5
己	戊	丁	丙	乙	甲
巳	辰	卯	寅	丑	子

이 사주는 신금일주(辛金日柱)가 초겨울 해월(亥月)에 출생하여 실시(失時)하고 시지자수(時支子水)와 해자(亥子)로 수국(水局)을 이루고 년월상(年月上) 양계수(兩癸水)가 투출(透出)하여 상관식신(傷官食神)이 태왕(太旺)이다. 다행히 신금일주(辛金日柱)는 자좌(自坐) 미중기토(未中己土)에 근(根)하고 시상무토(時上戊土)는 미중기토(未中己土)에 근(根)하므로 시상무토(時上戊土) 인수(印綬)로 많은 상관식신(傷官食神)을 제(制)하고 일주(日柱)를 생(生)하여줘야 하므로 무토인수(戊土印綬)가 용신(用神)이며 금비견겁(金比肩劫)은 희신(喜神)이 된다. 이 사주는 여자(女子)의 사주로서 공무원으로 근무하였으나 승진(昇進)이 안되어 고생을 많이 하다가 45세 무토대운(戊土大運)에 퇴사하여 사업을 경영하였으나 년상계수(年上癸水)와 무계합(戊癸合)으로 합거(合去)되어 재산을 탕진하고 힘들게 살고 있는 사주다.

❶ 세운계미년(歲運癸未年): 이별수, 변화, 이사, 전근, 신축, 문서
❷ 질병(疾病): 폐(肺), 기관지(氣管支)
❸ 남녀성격: (남) 과감 용단, 냉정하다, 고집 대단, 정복력 강함, 노력은 많이 하나 실속이 없다, 재복 있다, 처궁불미, 성격이 까다롭다, 편식한다, 옷에 신경 쓴다
　　　　　　(여) 냉정하다, 사람 사귀다 한번 틀어지면 다시 안 봄, 부궁불미, 재가, 정부, 말조심, 요리솜씨, 친모봉양, 인덕 없다

세운 · 질병 · 남녀성격의 해설 (歲運 · 疾病 · 男女性格의 解說)

❶ 세운계미년(歲運癸未年)= ※이별수, 변화, 이사, 전근, 신축, 문서는 ※세운계미년(歲運癸未年)의 계수(癸水)는 신금일주의 식신(食神)으로 여자 사주에 식신상관(食神傷官)이 태왕(太旺)인데 세운에서 식신(食神) 상관운(傷官運)이 들어오면 ※가정에 불화가 많이 생긴다든가 또는 남편과 떨어져 산다든가 또는 이혼한다든가 또는 남편이 사망하는 수도 있다. 그리고 ※변화, 이사, 전근은 ※세운계미년(歲運癸未年)의 미토(未土)는 일지미토(日支未土)와 미미(未未)로 삼합(三合)이 되므로 세운(歲運)에서 일지(日支) 삼합운(三合運)이 들어오면 ※변화가 생긴다든가 또는 이사를 한다든가 또는 직장을 옮기는 일이 많다. 그리고 ※신축, 문서는 ※세운계미년(歲運癸未年)의 미토(未土)는 신금일주의 인수(印綬)로 세운에서 인수운(印綬運)이 들어오면 ※집을 짓는다든가 또는 증축을 한다든가 또는 사업체를 벌린다든가 또는 문서를 잡는 일이 많다.

❷ 질병(疾病)과 ❸ 남녀성격은 일주(日柱)에서 발생(發生)한다.

계미년 (癸未年)

65년(음) 4월 27일 사(巳)시 남자

이 사주는 신금일주(辛金日柱)가 초여름 사월(巳月)에 출생하여 실시(失時)하고 년일시지(年日時支) 사화(巳火)로 지지(地支)는 전화국(全火局)을 이루어 재살(財殺)이 태왕(太旺)이다. 그러나 신금일주(辛金日柱)는 자좌사화(自坐巳火)에 살지(殺地)에 앉았고 월상신금(月上辛金) 비견(比肩)도 자좌사화(自坐巳火)에 살지(殺地)에 앉았으며 시상계수(時上癸水) 식신(食神)으로 많은 관(官)을 제(制)하려고 하나 그 계수(癸水)는 무근(無根)이며 화국(火局)에 물이 말라 관(官)을 제(制)할 수가 없으므로 이 사주는 종살격(從殺格)이다. 그러므로 사중병화(巳中丙火) 정관(正官)이 용신(用神)이며 목재(木財)는 희신(喜神)이 된다. 이 사주는 남자(男子)의 사주로서 초년(初年)에 사업을 하여 무토대운(戊土大運)에 종(從)하는 사주에 인수운(印綬運)이 들어와 손해를 많이 보았고 37세 정화대운(丁火大運)에 수억금을 벌었다가 42세 축토대운(丑土大運)에 재산을 탕진한 사주다. 종(從)하는 사주에 인수(印綬)나 비견겁운(比肩劫運)이 들어오면 사업을 하는 사람은 패가망신하게 된다.

❶ 세운계미년(歲運癸未年): 신축, 문서
❷ 질병(疾病): 해수(咳嗽), 호흡기(呼吸器), 폐병(肺病), 결핵(結核)
❸ 남녀성격: (남) 과감 용단, 냉정하다, 성질 급, 변화가 많다, 항상 바쁨, 처 덕 있다, 화려하게 보이나 실속이 없다, 예의 있다, 말을 잘한다, 영리하다, 식복 있다
   (여) 냉정하다, 사람 사귀다 한번 틀어지면 다시 안 봄, 남편 덕, 정부, 이성수신, 의처증 부군, 성질 급, 항상 바쁨, 인덕 없다

🌐 세운 · 질병 · 남녀성격의 해설 (歲運 · 疾病 · 男女性格의 解說)

❶ 세운계미년(歲運癸未年)= ※신축, 문서는 ※세운계미년(歲運癸未年)의 미토(未土)는 신금일주(辛金日柱)의 인수(印綬)로 세운(歲運)에서 인수운(印綬運)이 들어오면 ※집을 짓는다든가 또는 증축을 한다든가 또는 사업체를 벌린다든가 또는 문서를 잡는 일이 많다.

❷ 질병(疾病)은 해수, 호흡기는 일주(日柱)에서 발생(發生)하며 ※폐병, 결핵은 ※신금일주(辛金日柱)가 재살(財殺)이 태왕(太旺)이면 ※폐병과 결핵을 조심해야 한다.

❸ 남녀성격은 일주(日柱)에서 발생(發生)한다.

계미년 (癸未年)

65년(음) 12월 2일 진(辰)시 여자

甲	壬	戊	乙
辰	子	子	巳

54	44	34	24	14	4
甲	癸	壬	辛	庚	己
午	巳	辰	卯	寅	丑

이 사주는 임수일주(壬水日柱)가 중동자월(中冬子月) 양인월(羊刃月)에 출생하여 득령(得令)하고 일시지(日時支) 자진(子辰)으로 수국(水局)을 이루어 임수일주(壬水日柱)는 신왕사주(身旺四柱)다. 신왕사주(身旺四柱)에는 일주(日柱)를 제(制)하는 관살(官殺)이나 상관식신(傷官食神)으로 설기(泄氣)함이 좋은데 다행히 년지(年支) 사중무토(巳中戊土)가 월상(月上)에 투출(透出)하여 많은 비견겁(比肩劫)을 제(制)하여야 하므로 무토편관(戊土偏官)이 용신(用神)이며 화재(火財)는 희신(喜神)이 된다. 이 사주는 여자(女子)의 사주로서 주류업(酒類業)을 하였으나 초년운(初年運)이 없어 고생을 많이 하다가 남편(男便)과 이혼하고 혼자 힘들게 살고 있는 사주다. 그러나 49세 사화대운(巳火大運)부터 용신운(用神運)이 들어와 돈을 많이 벌 것으로 생각된다. 부궁(夫宮)이 부실한 것은 시간지(時干支) 갑진(甲辰)은 백호관살(白虎官殺)이므로 여자(女子) 사주에 백호관살(白虎官殺)이 있으면 부궁(夫宮)이 부실하여 재혼하거나 혼자 사는 사람들이 많다.

❶ 세운계미년(歲運癸未年): 이별수, 불성
❷ 질병(疾病): 냉(冷), 혈압(血壓), 신장(腎臟), 방광(膀胱)
❸ 남녀성격: (남) 털털한 성격, 마음이 넓다, 성질 조급, 고집 대단, 노력은 많이 하나 실속이 없다, 여자 많다, 처궁불미, 용두사미, 돈이 잘 빠져 나간다, 꾀가 많다, 신경 예민
(여) 남자 같은 시원한 성격, 새것을 좋아함, 부궁불미, 정부, 재가, 남에게 시기를 많이 받는다, 독수공방, 직업여성

🌀 세운 · 질병 · 남녀성격의 해설 (歲運 · 疾病 · 男女性格의 解說)

❶ 세운계미년(歲運癸未年)= ※이별수, 불성은 ※세운계미년(歲運癸未年)의 계수(癸水)는 임수일주(壬水日柱)의 비겁(比劫)으로 신왕(身旺)한 여자(女子) 사주에 세운(歲運)에서 비견겁운(比肩劫運)이 들어오면 ※가정에 불화가 많이 생긴다든가 또는 남편과 떨어져 산다든가 또는 이혼한다든가 또는 남편이 사망하는 수도 있다. 그리고 ※불성은 ※세운계미년(歲運癸未年)의 계수(癸水)는 임수일주(壬水日柱)의 비겁(比劫)으로 세운(歲運)에서 비견겁운(比肩劫運)이 들어오면 ※모든 일이 잘 풀리지 않고 대차계약도 잘 이루어지지 않는다.

❷ 질병(疾病)은 일주(日柱)에서 발생(發生)한다.

❸ 남녀성격은 일주(日柱)에서 발생(發生)한다.

계미년 (癸未年)

66년(음) 4월 24일 술(戌)시 여자

庚	壬	甲	丙
戌	寅	午	午

52	42	32	22	12	2
戊	己	庚	辛	壬	癸
子	丑	寅	卯	辰	巳

이 사주는 임수일주(壬水日柱)가 중하오월(中夏午月)에 출생하여 실시(失時)하고 일시지(日時支) 인목(寅木)과 술토(戌土)로 인오술(寅午戌) 화국(火局)을 이루고 년간지(年干支) 병오(丙午)로 상관(傷官)과 재(財)가 태왕(太旺)으로 종살격(從殺格)같이 보인다. 그러나 시상경금(時上庚金) 인수(印綬)가 투출(透出)하여 그 경금(庚金)은 술중신금(戌中辛金)에 근(根)하여 종(從)하지 않는다. 그러므로 목생화(木生火) 화생토(火生土) 토생금(土生金)으로 사주의 기(氣)는 시상경금(時上庚金)으로 집중되어 있으므로 경금인수(庚金印綬)가 용신(用神)이며 수비견겁(水比肩劫)은 희신(喜神)이 된다. 이 사주는 여자(女子)의 사주로서 일찍 장사를 하여 32세 경금대운(庚金大運)에 돈을 많이 벌었으나 42세 기토대운(己土大運)에 사업을 확장하여 경영하였으나 월상갑목(月上甲木)과 대운기토(大運己土)와 갑기합(甲己合)으로 합거(合去)되어 재산을 탕진하였으나 47세 축토대운(丑土大運)에는 재산을 복구하고 돈을 많이 벌 것으로 생각된다.

❶ 세운계미년(歲運癸未年): 불성, 신경과민
❷ 질병(疾病): 신장(腎臟), 방광(膀胱), 냉(冷), 습(濕), 기관지(氣管支), 자궁(子宮)
❸ 남녀성격: (남) 털털한 성격, 지혜롭다, 원만하다, 환경에 적응 잘함, 영리하다, 행운이 따른다, 항상 바쁨, 용기 있다, 타의 군림, 성질 급, 처 덕 있다, 장모봉양
　　　　　 (여) 남자 같은 시원한 성격, 새것을 좋아함, 영리하다, 남편을 꺾는다, 부궁불미, 정부, 자손귀자, 요리솜씨, 사회활동하면 인기

세운·질병·남녀성격의 해설 (歲運·疾病·男女性格의 解說)

❶ 세운계미년(歲運癸未年)= ※불성, 신경과민은 ※세운계미년(歲運癸未年)의 계수(癸水)는 임수일주(壬水日柱)의 비겁(比劫)으로 세운(歲運)에서 비견겁운(比肩劫運)이 들어오면 ※모든 일이 잘 풀리지 않고 대차계약도 잘 이루어지지 않는다. 그리고 ※신경과민은 ※세운계미년(歲運癸未年)의 미토(未土)는 일지인목(日支寅木)과 인미(寅未)로 귀문관살(鬼門關殺)이 되므로 세운(歲運)에서 일지(日支) 귀문(鬼門) 관살운(關殺運)이 들어오면 ※그해에는 모든 일에 신경을 많이 쓰게 된다.

❷ 질병(疾病)은 신장, 방광, 냉, 습은 일주(日柱)에서 발생(發生)하며 ※기관지, 자궁은 ※임수일주(壬水日柱)가 재살(財殺)이 태왕(太旺)이면 ※기관지와 자궁을 조심해야 한다.

❸ 남녀성격은 일주(日柱)에서 발생(發生)한다.

계미년 (癸未年)

65년(음) 5월 8일 술(戌)시 남자

庚	壬	壬	乙
戌	辰	午	巳

51	41	31	21	11	1
丙	丁	戊	己	庚	辛
子	丑	寅	卯	辰	巳

이 사주는 임수일주(壬水日柱)가 중하오월(中夏午月)에 출생하여 실시(失時)하고 년지사화(年支巳火)와 월지오화(月支午火)와 시지술토(時支戌土)와 오술사오(午戌巳午)로 화국(火局)을 이루어 화토재살(火土財殺)이 태왕(太旺)으로 신약사주(身弱四柱)다. 그러나 임수일주(壬水日柱)는 자고(自庫)인 진중계수(辰中癸水)에 근(根)하고 시상경금(時上庚金) 인수(印綬)는 술중신금(戌中辛金)에 근(根)하여 일주(日柱)를 생(生)하므로 경금인수(庚金印綬)가 용신(用神)이며 수비견겁(水比肩劫)은 희신(喜神)이 된다. 이 사주는 남자(男子)의 사주로서 특전사로 근무하다가 운(運)이 없어 승진이 안되어 41세 정화대운(丁火大運)에 전역하여 사업을 시작하였으나 월상임수(月上壬水)와 정임합(丁壬合)으로 합거(合去)되어 재산을 탕진하고 46세 축토대운(丑土大運)부터 사업이 번창하여 재산을 복구하고 있는 사주다.

❶ 세운계미년(歲運癸未年): 관재, 손재, 신액, 불성
❷ 질병(疾病): 냉(冷), 풍질(風疾), 신장(腎臟), 혈압(血壓), 치질(痔疾), 임질(淋疾), 비색증(鼻塞症)
❸ 남녀성격: (남) 털털한 성격, 일찍 사회에 진출, 임전무퇴, 자립정신, 재간 있다, 박력 있다, 속전속결, 처궁불미, 어린 시절 잔병, 자손근심, 아이디어가 좋다
　　　　　(여) 남자 같은 시원한 성격, 새것을 좋아함, 부궁불미, 재가, 정부, 독수공방, 일가부양, 풍파가 많다

🔵 세운·질병·남녀성격의 해설 (歲運·疾病·男女性格의 解說)

❶ 세운계미년(歲運癸未年)= ※관재, 손재, 신액, 불성은 ※세운계미년(歲運癸未年)의 미토(未土)는 임수일주(壬水日柱)의 정관(正官)으로 원명사주(源命四柱)에 재살(財殺)이 태왕(太旺)인데 세운(歲運)에서 재(財)나 관살운(官殺運)이 들어오면 ※관재수를 조심해야 하며 또는 손재수를 조심해야 하며 또는 건강을 조심해야 한다. 그리고 ※불성은 ※세운계미년(歲運癸未年)의 계수(癸水)는 임수일주(壬水日柱)의 비겁(比劫)으로 세운(歲運)에서 비견겁운(比肩劫運)이 들어오면 ※모든 일이 잘 풀리지 않고 대차계약도 잘 이루어지지 않는다.

❷ 질병(疾病)은 냉, 풍질, 혈압은 일주(日柱)에서 발생(發生)하며 ※치질, 임질, 비색증은 ※임수일주(壬水日柱)가 재살(財殺)이 태왕(太旺)이면 ※치질과 임질과 비색증을 조심해야 한다.

❸ 남녀성격은 일주(日柱)에서 발생(發生)한다.

계미년 (癸未年)

60년(음) 11월 3일 묘(卯)시 여자

癸	壬	戊	庚
卯	午	子	子

54	44	34	24	14	4
壬	癸	甲	乙	丙	丁
午	未	申	酉	戌	亥

이 사주는 임수일주(壬水日柱)가 중동자월(中冬子月) 양인월(羊刃月)에 출생하여 득령(得令)하고 년지자수(年支子水)와 자중계수(子中癸水)가 시상(時上)에 투출(透出)하여 일주(日柱)는 신왕사주(身旺四柱)다. 신왕사주(身旺四柱)에는 일주(日柱)를 제(制)하는 관살(官殺)이나 상관식신(傷官食神)으로 설기(泄氣)함이 좋은데 월상무토(月上戊土) 편관(偏官)이 있다고 하나 그 무토편관(戊土偏官)은 경금(庚金)에 설기(泄氣)가 심(甚)하여 용신(用神)으로 쓸 수가 없다. 그러므로 용신(用神)이 약(弱)할 때에는 용신(用神)을 돕는 자가 용신(用神)이 되므로 오중정화(午中丁火) 정재(正財)로 용신(用神)한다. 그리고 목(木) 상관식신(傷官食神)은 희신(喜神)이 된다. 이 사주는 여자(女子)의 사주로서 법원에 근무하고 있는 사주인데 법원에 근무하게 된 것은 년지자수(年支子水)와 일지오화(日支午火)는 수옥살(囚獄殺)이므로 이 수옥살(囚獄殺)이 있는 사주는 법조계(法曹界)로 직업을 많이 갖는다. 만약 법조계(法曹界)로 직업을 갖지 않으면 감옥(監獄)살이를 한번 할 수 있다.

❶ 세운계미년(歲運癸未年): 이별수, 불성
❷ 질병(疾病): 신장(腎臟), 방광(膀胱)
❸ 남녀성격: (남) 털털한 성격, 고집 대단, 신경 예민, 지혜롭다, 명랑하다, 예의 있다, 준법
정신, 처 덕 있다, 처궁불미, 성실하다, 눈치가 빠름, 운동 잘함
(여) 남자 같은 시원한 성격, 새것을 좋아함, 미모 수려, 남편 덕, 정부, 부궁불
미, 자손 덕, 눈치가 빠름, 신경 예민, 이성수신

세운·질병·남녀성격의 해설 (歲運·疾病·男女性格의 解說)

❶ 세운계미년(歲運癸未年)= ※이별수, 불성은 ※세운계미년(歲運癸未年)의 계수(癸水)는 임수일주(壬水日柱)의 비겁(比劫)으로 신왕(身旺)한 여자(女子) 사주에 세운(歲運)에서 비견겁운(比肩劫運)이 들어오면 ※가정에 불화가 많이 생긴다든가 또는 남편과 떨어져 산다든가 또는 이혼한다든가 또는 남편이 사망하는 수도 있다. 그리고 ※불성은 ※세운계미년(歲運癸未年)의 계수(癸水)는 임수일주(壬水日柱)의 비겁(比劫)으로 세운(歲運)에서 비견겁운(比肩劫運)이 들어오면 ※모든 일이 잘 풀리지 않고 대차계약도 잘 이루어지지 않는다.

❷ 질병(疾病)은 일주(日柱)에서 발생(發生)한다.

❸ 남녀성격은 일주(日柱)에서 발생(發生)한다.

계미년(癸未年)

66년(윤) 3월 23일 술(戌)시 남자

庚	壬	癸	丙
戌	申	巳	午

58	48	38	28	18	8
己	戊	丁	丙	乙	甲
亥	戌	酉	申	未	午

이 사주는 임수일주(壬水日柱)가 초여름 사월(巳月)에 출생하여 실시(失時)하고 사중병화(巳中丙火)가 년상(年上)에 투출(透出)하여 편재격(偏財格)이다. 그리고 년지오화(年支午火)와 시지술토(時支戌土)와 사오술(巳午戌)로 화국(火局)을 이루어 재살(財殺)이 태왕(太旺)이다. 그러나 임수일주(壬水日柱)는 사좌신금(自坐申金)에 장생(長生)하고 신궁경금(申宮庚金)이 시상(時上)에 투출(透出)하고 월상계수(月上癸水) 비겁(比劫)이 있어 4 대 4로 신왕사주(身旺四柱)같이 보이나 사월(巳月)은 한 개지만 두 개 이상의 힘을 갖고 있으므로 신약사주(身弱四柱)가 된다. 그러므로 사주(四柱)의 재(財)가 많으므로 많은 재(財)를 제(制)하고 일주(日柱)를 보신(補身)하는 비견겁(比肩劫)이 용신(用神)이며 금인수(金印綬)는 희신(喜神)이 된다. 이 사주는 남자(男子)의 사주인데 화학연구원으로 근무하고 있으며 43세 유금대운(酉金大運)에 회사에서 능력을 인정 받아 승진하고 가정(家庭)도 화목하게 잘살고 있는 사주다.

❶ 세운계미년(歲運癸未年): 관재, 손재, 신액, 불성
❷ 질병(疾病): 냉(冷), 신장(腎臟), 방광(膀胱)
❸ 남녀성격: (남) 털털한 성격, 원만하다, 활발하다, 지혜롭다, 포용력, 만인의 신망, 고집 대단, 박력 있다, 영리하다, 일독십지, 처 덕 있다
　　　　　(여) 남자 같은 시원한 성격, 새것을 좋아함, 영리하다, 부궁불미, 정부, 예능, 문학에 소질있다, 친모봉양

🔵 세운 · 질병 · 남녀성격의 해설(歲運 · 疾病 · 男女性格의 解說)

❶ 세운계미년(歲運癸未年)= ※관재, 손재, 신액, 불성은 ※세운계미년(歲運癸未年)의 미토(未土)는 임수일주(壬水日柱)의 정관(正官)으로 원명사주(源命四柱)에 재살(財殺)이 태왕(太旺)인데 세운(歲運)에서 재(財)나 관살운(官殺運)이 들어오면 ※관재수를 조심해야 하며 또는 손재수를 조심해야 하며 또는 건강을 조심해야 한다. 그리고 ※불성은 ※세운계미년(歲運癸未年)의 계수(癸水)는 임수일주(壬水日柱)의 비겁(比劫)으로 세운(歲運)에서 비견겁운(比肩劫運)이 들어오면 ※모든 일이 잘 풀리지 않고 대차계약도 잘 이루어지지 않는다.

❷ 질병(疾病)은 일주(日柱)에서 발생(發生)한다.

❸ 남녀성격은 일주(日柱)에서 발생(發生)한다.

계미년 (癸未年)

66년(음) 5월 14일 자(子)시 여자

庚	壬	甲	丙
子	戌	午	午

59	49	39	29	19	9
戊	己	庚	辛	壬	癸
子	丑	寅	卯	辰	巳

이 사주는 임수일주(壬水日柱)가 중하오월(中夏午月)에 출생하여 실시(失時)하고 년지오화(年支午火)와 일지술토(日支戌土)와 오술(午戌)로 화국(火局)을 이루고 년월(年月) 갑목(甲木)과 병화(丙火)가 투출(透出)하여 재살(財殺)이 태왕(太旺)이다. 그러나 임수일주(壬水日柱)는 시지자수(時支子水) 양인(羊刃)이 있어 종(從)하지 않는다. 그러므로 많은 재(財)를 제(制)하고 일주(日柱)를 보신(補身)해야 하므로 비견겁(比肩劫)이 용신(用神)이며 금인수(金印綬)는 희신(喜神)이 된다. 이 사주는 여자(女子)의 사주로서 치과의사로 병원에 근무하다가 39세 경금대운(庚金大運)에 치과 의원을 개원하여 돈을 많이 벌었고 44세 인목대운(寅木大運)부터는 사업이 부실하여 평범하게 살고 있는 사주다.

① 세운계미년(歲運癸未年): 관재, 손재, 신액, 불성, 관재, 복통, 수술
② 질병(疾病): 신장(腎臟), 방광(膀胱)
③ 남녀성격: (남) 털털한 성격, 선견지명, 남에게 잘함, 욕심 많다, 일찍 사회에 진출, 성질 급, 자수성가, 부모 덕, 재복 있다, 처 덕 있다, 자손귀자, 신앙심, 지구력 강함, 능력있다
    (여) 남자 같은 시원한 성격, 새것을 좋아함, 부궁불미, 정부, 재가, 독수공방, 이성구설, 재복 있다, 신앙심

◯ 세운 · 질병 · 남녀성격의 해설 (歲運 · 疾病 · 男女性格의 解說)

① 세운계미년(歲運癸未年)= ※관재, 손재, 신액, 불성, 관재, 복통, 수술은 ※세운계미년(歲運癸未年)의 미토(未土)는 임수일주(壬水日柱)의 정관(正官)으로 원명사주(源命四柱)에 재살(財殺)이 태왕(太旺)인데 세운(歲運)에서 재(財)나 관살운(官殺運)이 들어오면 ※관재수를 조심해야 하며 또는 손재수를 조심해야 하며 또는 건강을 조심해야 한다. 그리고 ※불성은 ※세운계미년(歲運癸未年)의 계수(癸水)는 임수일주(壬水日柱)의 비겁(比劫)으로 세운(歲運)에서 비견겁운(比肩劫運)이 들어오면 ※모든 일이 잘 풀리지 않고 대차계약도 잘 이루어지지 않는다. 그리고 ※관재, 복통, 수술은 ※세운계미년(歲運癸未年)의 미토(未土)는 일지술토(日支戌土)와 미술(未戌)로 형살(刑殺)이 되므로 세운(歲運)에서 일지(日支) 형살운(刑殺運)이 들어오면 ※관재수를 조심해야 하며 또는 배가 아프다든가 또는 수술을 조심해야 한다.

② 질병(疾病)은 일주(日柱)에서 발생(發生)한다.

③ 남녀성격은 일주(日柱)에서 발생(發生)한다.

계미년 (癸未年)

52년(음) 2월 2일 인(寅)시 남자

이 사주는 임수일주(壬水日柱)가 초봄 인월(寅月)에 출생하여 실시(失時)하고 년지진토(年支辰土)와 인진(寅辰)으로 목국(木局)을 이루고 일시지(日時支) 양인목(兩寅木)으로 식신(食神)이 태왕(太旺)이다. 그리고 임수일주(壬水日柱)는 년월시(年月時) 삼임수(三壬水) 비견(比肩)으로 수(水) 천원일기(天元一氣)를 이루어 신왕사주(身旺四柱)같이 보이나 임수일주(壬水日柱)는 무근(無根)이며 자좌인목(自坐寅木)에 설기(泄氣)가 심(甚)하고 월시상(月時上) 양임수(兩壬水)도 자좌인목(自坐寅木)에 설기(泄氣)가 심(甚)하며 년상임수(年上壬水)는 자좌(自坐) 진중계수(辰中癸水)에 근(根)하여 종아(從兒)하지 않으므로 금인수(金印綬)로 많은 상관식신(傷官食神)을 제(制)하고 임수일주(壬水日柱)를 보신(補身)해야 하므로 금인수(金印綬)가 용신(用神)이며 수비견겁(水比肩劫)은 희신(喜神)이 된다. 이 사주는 남자의 사주로서 회사에 근무하다가 운(運)이 없어 승진이 안되어 고생하던 중 43세 정화대운(丁火大運)에 사업을 경영하였으나 시상임수(時上壬水)와 정임합(丁壬合)으로 합거(合去)되어 재산을 탕진하고 그 이후로도 운(運)이 없어 고생을 많이 하다가 58세 신금대운(申金大運)에 용신운(用神運)이 들어와 사업이 번창하고 있는 중이다.

❶ 세운계미년(歲運癸未年): 불성, 신경과민
❷ 질병(疾病): 신장(腎臟), 방광(膀胱), 냉(冷), 습(濕)
❸ 남녀성격: (남) 털털한 성격, 지혜롭다, 원만하다, 환경에 적응 잘함, 영리하다, 행운이 따른다, 항상 바쁨, 용기 있다, 타의 군림, 성질 급, 처 덕 있다, 장모봉양
(여) 남자 같은 시원한 성격, 새것을 좋아함, 영리하다, 남편을 꺾는다, 부궁불미, 정부, 자손귀자, 요리솜씨, 사회활동하면 인기

세운·질병·남녀성격의 해설 (歲運·疾病·男女性格의 解說)

❶ 세운계미년(歲運癸未年)= ※불성, 신경과민은 ※세운계미년(歲運癸未年)의 계수(癸水)는 임수일주(壬水日柱)의 비겁(比劫)으로 세운(歲運)에서 비견겁운(比肩劫運)이 들어오면 ※모든 일이 잘 풀리지 않고 대차계약도 잘 이루어지지 않는다. 그리고 ※신경과민은 ※세운계미년(歲運癸未年)의 미토(未土)는 일지인목(日支寅木)과 인미(寅未)로 귀문관살(鬼門關殺)이 되므로 세운(歲運)에서 일지(日支) 귀문(鬼門) 관살운(關殺運)이 들어오면 ※그 해에는 모든 일에 신경을 많이 쓰게 된다.

❷ 질병(疾病)과 ❸ 남녀성격은 일주(日柱)에서 발생(發生)한다.

계미년 (癸未年)

53년(음) 1월 7일 인(寅)시 여자

壬	壬	甲	癸
寅	寅	寅	巳

55	45	35	25	15	5
庚	己	戊	丁	丙	乙
申	未	午	巳	辰	卯

이 사주는 임수일주(壬水日柱)가 초봄 인월(寅月)에 출생하여 실시(失時)하고 인중갑목(寅中甲木)이 월상(月上)에 투출(透出)하여 식신격(食神格)이다. 그리고 일시지(日時支) 양인목(兩寅木)으로 식신(食神)이 태왕(太旺)이다. 임수일주(壬水日柱)는 무근(無根)이며 자좌인목(自坐寅木)에 설기(泄氣)가 심(甚)하고 시상임수(時上壬水) 비견(比肩)도 무근(無根)이며 자좌인목(自坐寅木)에 설기(泄氣)가 심(甚)하다. 그러므로 수생목(水生木) 목생화(木生火)로 종재격(從財格)이므로 년지사중(年支巳中) 병화재(丙火財)가 용신(用神)이며 목식신(木食神)은 희신(喜神)이 된다. 이 사주는 여자(女子)의 사주로서 전업 주부로 살다가 45세 기토대운(己土大運)에 사업을 경영하였으나 월상갑목(月上甲木)과 갑기합(甲己合)으로 합거(合去)되어 재산을 탕진하고 병(病)까지 얻어 자궁(子宮) 수술한 사주다.

---

❶ 세운계미년(歲運癸未年): 이별수, 불성, 신경과민
❷ 질병(疾病): 신장(腎臟), 방광(膀胱), 냉(冷), 습(濕)
❸ 남녀성격: (남) 털털한 성격, 지혜롭다, 원만하다, 환경에 적응 잘함, 영리하다, 행운이 따른다, 항상 바쁨, 용기 있다, 타의 군림, 성질 급, 처 덕 있다, 장모봉양
　　　　　(여) 남자 같은 시원한 성격, 새것을 좋아함, 영리하다, 남편을 꺾는다, 부궁불미, 정부, 자손귀자, 요리솜씨, 사회활동하면 인기

세운 · 질병 · 남녀성격의 해설 (歲運 · 疾病 · 男女性格의 解說)

❶ 세운계미년(歲運癸未年)= ※이별수, 불성, 신경과민은 ※세운계미년(歲運癸未年)의 미토(未土)는 임수일수(壬水日柱)의 정관(正官)으로 여자 사주에 상관식신(傷官食神)이 태왕(太旺)인데 세운(歲運)에서 관살운(官殺運)이 들어오면 ※가정에 불화가 많이 생긴다든가 또는 남편과 떨어져 산다든가 또는 이혼한다든가 또는 남편이 사망하는 수도 있다. 그리고 ※ 불성은 ※세운계미년(歲運癸未年)의 계수(癸水)는 임수일주(壬水日柱)의 비겁(比劫)으로 세운(歲運)에서 비견겁운(比肩劫運)이 들어오면 ※모든 일이 잘 풀리지 않고 대차계약도 잘 이루어지지 않는다. 그리고 ※ 신경과민은 ※세운계미년(歲運癸未年)의 미토(未土)는 일지인목(日支寅木)과 인미(寅未)로 귀문관살(鬼門關殺)이 되므로 세운(歲運)에서 일지(日支) 귀문(鬼門) 관살운(關殺運)이 들어오면 ※그 해에는 모든 일에 신경을 많이 쓰게 된다.

❷ 질병(疾病)과 ❸ 남녀성격은 일주(日柱)에서 발생(發生)한다.

계미년 (癸未年)

58년(음) 4월 18일 축(丑)시 남자

癸	癸	丁	戊
丑	丑	巳	戌

51	41	31	21	11	1
癸	壬	辛	庚	己	戊
亥	戌	酉	申	未	午

이 사주는 계수일주(癸水日柱)가 초여름 사월(巳月)에 출생하여 실시(失時)하고 사중무토(巳中戊土)가 년상(年上)에 투출(透出)하여 정관격(正官格)이다. 그리고 월상정화(月上丁火)가 투출(透出)하여 재살(財殺)이 태왕(太旺)으로 종살격(從殺格)같이 보인다. 그러나 계수일주(癸水日柱)는 자좌(自坐) 축중계수(丑中癸水)에 근(根)하고 시상계수(時上癸水) 비견(比肩)도 축중계수(丑中癸水)에 근(根)하므로 종(從)하지 않는다. 그러므로 사주의 기(氣)는 관살(官殺)에 집중되어 있으므로 살인상생(殺印相生)을 시키는 금인수(金印綬)가 용신(用神)이며 수비견겁(水比肩劫)은 희신(喜神)이 된다. 이 사주는 남자(男子)의 사주로서 초년(初年)부터 운(運)이 잘 들어와 대기업에 취업하여 36세 유금대운(酉金大運)에는 승진(昇進)하여 승승장구하였으나 자식(子息)을 한 명 잃었는데 자식(子息) 한명 잃게 된 것은 일시간지(日時干支) 계축계축(癸丑癸丑)은 백호관살(白虎官殺)이므로 남자(男子) 사주에 백호관살(白虎官殺)이 있는 사람은 자손액(子孫厄)을 조심해야 한다. 그리고 41세 임수대운(壬水大運)부터 운(運)이 없어 평범하게 지냈으며 56세 해수대운(亥水大運)부터는 한층 더 승진하여 성공하여 잘 살 것이라고 생각된다.

❶ 세운계미년(歲運癸未年): 복통, 관재, 수술, 자연재앙, 불성
❷ 질병(疾病): 신장(腎臟), 방광(膀胱), 풍질(風疾)
❸ 남녀성격: (남) 털털한 성격, 근면 성실, 지혜롭다, 지구력 있다, 근심 많다, 처궁불미, 준법정신, 새벽잠이 없다
　　　　　　(여) 남자 같은 시원한 성격, 새것을 좋아함, 이성수신, 애교 많다, 정부, 재가, 부궁불미, 남자들의 인기

세운·질병·남녀성격의 해설 (歲運·疾病·男女性格의 解說)

❶ 세운계미년(歲運癸未年)= ※복통, 관재, 수술, 자연재앙, 불성은 ※세운계미년(歲運癸未年)의 미토(未土)는 일지축토(日支丑土)와 축미충(丑未沖)으로 세운(歲運)에서 일지충운(日支沖運)이 들어오면 ※배가 아프다든가 또는 관재수를 조심해야 하며 또는 수술을 조심해야 하며 또는 자연재앙을 조심해야 한다. 그리고 ※불성은 ※세운계미년(歲運癸未年)의 계수(癸水)는 계수일주(癸水日柱)의 비견(比肩)으로 세운(歲運)에서 비견겁운(比肩劫運)이 들어오면 ※모든 일이 잘 풀리지 않고 대차계약도 잘 이루어지지 않는다.

❷ 질병(疾病)과 ❸ 남녀성격은 일주(日柱)에서 발생(發生)한다.

계미년 (癸未年)

59년(음) 11월 8일 축(丑)시 여자

癸	癸	乙	己
丑	亥	亥	亥

51	41	31	21	11	1
辛	庚	己	戊	丁	丙
巳	辰	卯	寅	丑	子

이 사주는 계수일주(癸水日柱)가 초겨울 해월(亥月)에 출생하여 득령(得令)하고 년일지(年日支) 양해수(兩亥水)와 시상계수(時上癸水)가 투출(透出)하여 일주(日柱)는 신왕사주(身旺四柱)다. 신왕사주(身旺四柱)에는 일주(日柱)를 제(制)하는 관살(官殺)이나 상관식신(傷官食神)으로 설기(泄氣)하면 좋은데 년상기토(年上己土) 편관(偏官)으로 용신(用神)하고자 하나 그 기토(己土)는 근(根)이 없으며 많은 물에 쓸려가 힘이 없으므로 용신(用神)으로 쓸 수가 없다. 다행히 월상을목(月上乙木)이 투출(透出)하여 그 을목(乙木)은 해중갑목(亥中甲木)에 근(根)하므로 월상을목(月上乙木) 식신(食神)으로 용신(用神)한다. 이 사주는 여자(女子)의 사주로서 초년(初年)부터 사업을 시작하였으나 26세부터 인묘대운(寅卯大運)까지 돈을 많이 벌었으나 41세 경금대운(庚金大運)에 월상을목(月上乙木)과 을경합(乙庚合)으로 합거(合去)되어 재산을 탕진하고 남편과 사별(死別)하고 혼자 힘들게 살고 있는 사주다.

❶ 세운계미년(歲運癸未年): 이별수, 변화, 이사, 전근
❷ 질병(疾病): 심장(心臟), 냉(冷)
❸ 남녀성격: (남) 털털한 성격, 차분한 성격, 마음이 깊다, 외유내강, 타인존경, 준법정신, 영리하다, 총명하다, 연구심, 노력으로 끝을 본다, 장수한다, 신앙심
　　　　　 (여) 남자 같은 시원한 성격, 새것을 좋아함, 부군 덕, 부궁불미, 독수공방, 정부, 재가, 친정형제 걱정 많이 한다, 자손귀자, 돈이 잘 빠져나감, 신앙심

세운·질병·남녀성격의 해설 (歲運·疾病·男女性格의 解說)

❶ 세운계미년(歲運癸未年)= ※이별수, 변화, 이사, 전근은 ※세운계미년(歲運癸未年)의 계수(癸水)는 계수일주(癸水日柱)의 비견(比肩)으로 신왕(身旺)한 여자(女子) 사주에 세운(歲運)에서 비견겁운(比肩劫運)이 들어오면 ※가정에 불화가 많이 생긴다든가 또는 남편과 떨어져 산다든가 또는 이혼한다든가 또는 남편이 사망하는 수도 있다. 그리고 ※변화, 이사, 전근은 ※세운계미년(歲運癸未年)의 미토(未土)는 일지해수(日支亥水)와 해미(亥未)로 삼합(三合)이 되므로 세운(歲運)에서 일지(日支) 삼합운(三合運)이 들어오면 ※변화가 생긴다든가 또는 이사를 한다든가 또는 직장을 옮기는 일이 많다.

❷ 질병(疾病)과 ❸ 남녀성격은 일주(日柱)에서 발생(發生)한다.

계미년 (癸未年)

60년(음) 1월 19일 인(寅)시 여자

甲	癸	戊	庚
寅	酉	寅	子

53	43	33	23	13	3
壬	癸	甲	乙	丙	丁
申	酉	戌	亥	子	丑

이 사주는 계수일주(癸水日柱)가 초봄 인월(寅月)에 출생하여 실시(失時)하고 인중갑목(寅中甲木)이 시상(時上)에 투출(透出)하여 상관격(傷官格)으로 일주(日柱)는 신약사주(身弱四柱)다. 그러나 계수일주(癸水日柱)는 자좌유금(自坐酉金)에 생(生)을 받고 년지자수(年支子水)에 록근(祿根)하고 년상경금(年上庚金)이 두출(透出)하였어노 일주(日柱)는 신약사수(身弱四柱)로서 많은 상관(傷官)을 제(制)하고 일주(日柱)를 생(生)하여 주는 금인수(金印綬)가 용신(用神)이며 수비견겁(水比肩劫)은 희신(喜神)이 된다. 이 사주는 여자(女子)의 사주로서 일찍 사업을 경영하여 28세 해수대운(亥水大運)에 돈을 많이 벌었고 그 이후로는 운(運)이 없어 손해를 많이 보다가 43세 계수대운(癸水大運)에 월상무토(月上戊土)와 무계합(戊癸合)으로 합거(合去)되어 재산을 탕진하고 남편과 이혼하고 혼자 힘들게 살다가 48세 유금대운(酉金大運)에 사업을 재기하여 재산을 복구하고 앞으로도 운(運)이 좋아 수억금을 벌 수 있는 사주다. 부궁(夫宮)이 부실한 것은 여자 사주에 시상(時上)에 상관(傷官)이 있으면 부궁(夫宮)이 부실하여 재혼하거나 혼자 사는 사람들이 많다.

❶ 세운계미년(歲運癸未年): 불성

❷ 질병(疾病): 신장(腎臟), 심장(心臟), 방광(膀胱), 냉(冷), 중풍(中風), 손발시림, 비색증(鼻塞症)

❸ 남녀성격: (남) 털털한 성격, 성격이 까다롭다, 매사 철두철미, 박력이 모자란다, 영리하다, 총명하다, 암기력, 남에게 잘함, 호인이다, 고독자초, 처덕 있다

　　　　　(여) 남자 같은 시원한 성격, 새것을 좋아함, 정이 많다, 부궁불미, 정부, 인덕 없다, 눈물많다

◉ 세운 · 질병 · 남녀성격의 해설 (歲運 · 疾病 · 男女性格의 解說)

❶ 세운계미년(歲運癸未年)= ※불성은 ※세운계미년(歲運癸未年)의 계수(癸水)는 계수일주(癸水日柱)의 비견(比肩)으로 세운(歲運)에서 비견겁운(比肩劫運)이 들어오면 ※모든 일이 잘 풀리지 않고 대차계약도 잘 이루어지지 않는다.

❷ 질병(疾病)은 신장, 심장, 방광, 냉은 일주(日柱)에서 발생(發生)하며 ※중풍, 손발 시림, 비색증은 ※계수일주(癸水日柱)가 인묘월(寅卯月)에 출생하면 ※중풍과 손발이 시린다든가 또는 축농증과 비염과 코막힘을 조심해야 한다.

❸ 남녀성격은 일주(日柱)에서 발생(發生)한다.

계미년 (癸未年)

61년(음) 1월 5일 축(丑)시 여자

癸	癸	庚	辛
丑	未	寅	丑

55	45	35	25	15	5
丙	乙	甲	癸	壬	辛
申	未	午	巳	辰	卯

이 사주는 계수일주(癸水日柱)가 초봄 인월(寅月)에 출생하여 실시(失時)하고 지지(地支)는 축미토(丑未土)로 편관(偏官)이 왕(旺)하다. 계수일주(癸水日柱)는 자좌(自坐) 미중기토(未中己土)에 살지(殺地)라고 하나 년월(年月) 경신금(庚辛金)이 투출(透出)하여 그 경신금(庚辛金)은 축중신금(丑中辛金)에 근(根)하여 일주(日柱)를 생(生)하므로 사주에 토관(土官)이 많기 때문에 살인상생(殺印相生)을 시키는 금인수(金印綬)가 용신(用神)이며 수비견겁(水比肩劫)은 희신(喜神)이 된다. 이 사주는 여자(女子)의 사주로서 예능(藝能)을 전공하여 연극배우로 일하였으나 운(運)이 없어 고생을 많이 하다가 40세 오화대운(午火大運)에 연기학원을 경영하여 재산을 탕진하고 45세 을목대운(乙木大運)에는 남편(男便)과 이혼하고 혼자 살고 있는 사주다. 부궁(夫宮)이 부실한 것은 시간지(時干支) 계축(癸丑)은 백호관살(白虎官殺)이므로 여자(女子) 사주에 백호관살(白虎官殺)이 있으면 십중팔구(十中八九) 재혼하거나 그렇지 않으면 혼자 사는 사람들이 많다.

☯ 세운 · 질병 · 남녀성격의 해설 (歲運 · 疾病 · 男女性格의 解說)

❶ 세운계미년(歲運癸未年)= ※변화, 이사, 전근, 불성, 자연재앙은 ※세운계미년(歲運癸未年)의 미토(未土)는 일지미토(日支未土)와 미미(未未)로 삼합(三合)이 되므로 세운에서 일지(日支) 삼합운(三合運)이 들어오면 ※변화가 생긴다든가 또는 이사를 한다든가 또는 직장을 옮기는 일이 많다. 그리고 ※불성은 ※세운계미년(歲運癸未年)의 계수(癸水)는 계수일주의 비견(比肩)으로 세운에서 비견겁운(比肩劫運)이 들어오면 ※모든 일이 잘 풀리지 않고 대차계약도 잘 이루어지지 않는다. 그리고 ※자연재앙은 ※세운계미년(歲運癸未年)의 미토(未土)는 일지미토(日支未土)와 미미(未未)로 똑같은 오행(五行)이므로 세운에서 일지(日支)같은 운(運)이 들어오면 ※자연재앙을 조심해야 한다.

❷ 질병(疾病)과 ❸ 남녀성격은 일주(日柱)에서 발생(發生)한다.

계미년 (癸未年)

62년(음) 1월 20일 인(寅)시 여자

甲	癸	壬	壬
寅	巳	寅	寅

57	47	37	27	17	7
丙	丁	戊	己	庚	辛
申	酉	戌	亥	子	丑

이 사주는 계수일주(癸水日柱)가 초봄 인월(寅月)에 출생하여 실시(失時)하고 인중갑목(寅中甲木)이 시상(時上)에 투출(透出)하여 상관격(傷官格)이다. 그리고 년시지(年時支) 양인목(兩寅木)과 일지사화(日支巳火)로 상관(傷官)과 재(財)가 태왕(太旺)이다. 계수일주는 무근(無根)이며 자좌사화(自坐巳火)에 절궁(絕宮)이며 년월(年月) 양임수(兩壬水) 비겁(比劫)이 있다 하나 그

비겁(比劫)도 무근(無根)이며 자좌인목(自坐寅木)에 설기(泄氣)가 심(甚)하여 계수일주(癸水日柱)를 도울 힘이 없다. 그러므로 수생목(水生木) 목생화(木生火)로 상관(傷官) 용재격(用財格)이다. 그러므로 사중병화(巳中丙火) 정재(正財)가 용신(用神)이며 목상관(木傷官)은 희신(喜神)이 된다. 이 사주는 여자(女子)의 사주로서 일찍 이혼하고 음식장사를 경영하였으나 운(運)이 없어 고생하다가 47세 정화대운(丁火大運)에 년상임수(年上壬水)와 정임합(丁壬合)으로 합거(合去)되어 재산을 탕진하고 병까지 얻어 유방(乳房)을 수술한 사주다. 유방(乳房)을 수술하게 된 것은 상관식신(傷官食神)이 태왕(太旺)하고 일지사화(日支巳火)와 인사형살(寅巳刑殺)이 되어 있으므로 여자 사주에 상관식신(傷官食神)이 태왕(太旺)하고 형살(刑殺)이 있으면 유방과 자궁을 조심해야 한다.

❶ 세운계미년(歲運癸未年): 불성
❷ 질병(疾病): 비뇨기(泌尿器), 장(臟), 중풍(中風), 손발 시림, 월경불순(月經不純)
❸ 남녀성격: (남) 털털한 성격, 인정 많다, 처세가 좋다, 외유내강, 자기 실속, 욕심 많다, 영리하다, 처 덕 있다, 자손귀자, 학업 장애
　　　　　(여) 남자 같은 시원한 성격, 새것을 좋아함, 부궁불미, 이성 고민, 정부, 재복 있다

🔵 세운·질병·남녀성격의 해설 (歲運·疾病·男女性格의 解說)

❶ 세운계미년(歲運癸未年)= ※불성은 ※세운계미년(歲運癸未年)의 계수(癸水)는 계수일주(癸水日柱)의 비견(比肩)으로 세운(歲運)에서 비견겁운(比肩劫運)이 들어오면 ※모든 일이 잘 풀리지 않고 대차계약도 잘 이루어지지 않는다.

❷ 질병(疾病)은 비뇨기, 장은 일주(日柱)에서 발생(發生)하며 ※중풍, 손발 시림, 월경불순은 ※계수일주(癸水日柱)가 인묘월(寅卯月)에 출생하면 ※중풍과 손발이 시른다든가 또는 월경이 불순하여 배가 아프다.

❸ 남녀성격은 일주(日柱)에서 발생(發生)한다.

계미년 (癸未年)

62년(음) 2월 1일 오(午)시 남자

戊	癸	癸	壬
午	卯	卯	寅

60	50	40	30	20	10
己	戊	丁	丙	乙	甲
酉	申	未	午	巳	辰

이 사주는 계수일주(癸水日柱)가 중춘묘월(中春卯月)에 출생하여 실시(失時)하고 년일지(年日支) 인묘(寅卯)로 상관식신(傷官食神)이 태왕(太旺)하며 시간지(時干支) 무오(戊午)로 일주(日柱)는 신약사주(身弱四柱)다. 계수일주(癸水日柱)는 무근(無根)이며 자좌묘목(自坐卯木)에 설기(泄氣)가 심(甚)하고 년월상(年月上) 임계수(壬癸水) 비견겁(比肩劫)이 있으나 그 비견겁(比肩劫)도 무근(無根)이며 인묘목(寅卯木)에 설기(泄氣)가 심(甚)하여 계수일주(癸水日柱)를 도울 힘이 없다. 그러므로 수생목(水生木) 목생화(木生火) 화생토(火生土)로 사주의 기(氣)는 시상무토(時上戊土)에 집중되어 종살격(從殺格)으로 시상무토(時上戊土) 정관(正官)이 용신(用神)이며 화재(火財)는 희신(喜神)이 된다. 이 사주는 남자(男子)의 사주로서 공부보다 초년(初年)부터 사업을 경영하여 30세 병오대운(丙午大運)까지 수억금을 벌었고 40세 정화대운(丁火大運)에 사업을 확장하였으나 년상임수(年上壬水)와 정임합(丁壬合)으로 합거(合去)되어 손해를 많이 보다가 45세 미토대운(未土大運)에 사업을 재기하여 재산을 복구하고 잘살고 있는 사주다.

❶ 세운계미년(歲運癸未年): 변화, 이사, 전근, 불성
❷ 질병(疾病): 풍질(風疾), 신장(腎臟), 방광(膀胱), 냉(冷)
❸ 남녀성격: (남) 털털한 성격, 만인 신망, 영리하다, 인자하다, 남에게 잘함, 준법정신, 고집
　　　　　 대단, 식복 있다, 처궁불미, 처 덕 있다, 소심하다, 운동 잘함, 마음 약
　　　　 (여) 남자 같은 시원한 성격, 새것을 좋아함, 부궁불미, 자손근심, 정부, 재가,
　　　　　 애교 많다, 생리통이 심하다, 침착하다, 인내심, 눈물 많다, 인덕 있다

세운 · 질병 · 남녀성격의 해설 (歲運 · 疾病 · 男女性格의 解說)

❶ 세운계미년(歲運癸未年)= ※변화, 이사, 전근, 불성은 ※세운계미년(歲運癸未年)의 미토(未土)는 일지묘목(日支卯木)과 묘미(卯未)로 삼합(三合)이 되므로 세운(歲運)에서 일지(日支) 삼합운(三合運)이 들어오면 ※변화가 생긴다든가 또는 이사를 한다든가 또는 직장을 옮기는 일이 많다. 그리고 ※불성은 ※세운계미년(歲運癸未年)의 계수(癸水)는 계수일주(癸水日柱)의 비견(比肩)으로 세운(歲運)에서 비견겁운(比肩劫運)이 들어오면 ※모든 일이 잘 풀리지 않고 대차계약도 잘 이루어지지 않는다.

❷ 질병(疾病)은 일주(日柱)에서 발생(發生)한다.

❸ 남녀성격은 일주(日柱)에서 발생(發生)한다.

계미년 (癸未年)

63년(음) 7월 30일 술(戌)시 여자

壬	癸	辛	癸
戌	亥	酉	卯
57	47	37	27	17	7
丁	丙	乙	甲	癸	壬
卯	寅	丑	子	亥	戌

이 사주는 계수일주(癸水日柱)가 중추유월(中秋酉月)에 출생하여 득령(得令)하고 유중신금(酉中辛金)이 월상(月上)에 투출(透出)하여 인수격(印綬格)이다. 그리고 계수일주(癸水日柱)는 자좌해수(自坐亥水)에 근(根)하고 해중임수(亥中壬水)가 시상(時上)에 투출(透出)하여 일주(日柱)는 신왕사주(身旺四柱)다. 신왕사주(身旺四柱)에는 일주(日柱)를 제(制)하는 관살(官殺)이나 상관식신(傷官食神)으로 설기(泄氣)하면 좋은데 신왕사주(身旺四柱)에는 관살(官殺)로 용신(用神)함을 우선으로 하기 때문에 시지(時支) 술중무토(戌中戊土) 정관(正官)으로 용신(用神)한다. 이 사주는 여자(女子)의 사주로서 약사로 근무하다가 42세 축토대운(丑土大運)에 약국을 개업하였으나 47세 병화대운(丙火大運)에 월상신금(月上辛金)과 병신합(丙辛合)으로 합거(合去)되어 손해를 많이 보고 남편과 이혼한 사주다. 부궁(夫宮)이 부실한 것은 시간지(時干支) 임술(壬戌)은 백호관살(白虎官殺)이므로 여자 사주에 백호관살(白虎官殺)이 있으면 십중팔구(十中八九) 재혼하거나 혼자 사는 사람들이 많다.

❶ 세운계미년(歲運癸未年): 이별수, 변화, 이사, 전근
❷ 질병(疾病): 심장(心臟), 냉(冷)
❸ 남녀성격: (남) 털털한 성격, 차분한 성격, 마음이 깊다, 외유내강, 타인 존경, 준법정신, 영리하다, 총명하다, 연구심, 노력으로 끝을 본다, 장수한다, 신앙심
　　　　　　(여) 남자 같은 시원한 성격, 새것을 좋아함, 부군 덕, 부궁불미, 독수공방, 정부, 재가, 친정형제 걱정 많이 한다, 자손귀자, 돈이 잘 빠져나감, 신앙심

세운 · 질병 · 남녀성격의 해설 (歲運 · 疾病 · 男女性格의 解說)

❶ 세운계미년(歲運癸未年)= ※이별수, 변화, 이사, 전근은 ※세운계미년(歲運癸未年)의 계수(癸水)는 계수일주의 비견(比肩)으로 신왕(身旺)한 여자(女子) 사주에 세운(歲運)에서 비견겁운(比肩劫運)이 들어오면 ※가정에 불화가 많이 생긴다든가 또는 남편과 떨어져 산다든가 또는 이혼한다든가 또는 남편이 사망하는 수도 있다. 그리고 ※변화, 이사, 전근은 ※세운계미년(歲運癸未年)의 미토(未土)는 일지해수(日支亥水)와 해미(亥未)로 삼합(三合)이 되므로 세운에서 일지(日支) 삼합운(三合運)이 들어오면 ※변화가 생긴다든가 또는 이사를 한다든가 또는 직장을 옮기는 일이 많다.

❷ 질병(疾病)과 ❸ 남녀성격은 일주(日柱)에서 발생(發生)한다.

계미년 (癸未年)

甲	癸	己	庚
寅	巳	卯	子

60	50	40	30	20	10
乙	甲	癸	壬	辛	庚
酉	申	未	午	巳	辰

이 사주는 계수일주(癸水日柱)가 중춘묘월(中春卯月)에 출생하여 실시(失時)하고 시간지(時干支) 갑인(甲寅)과 일지사화(日支巳火)가 있어 상관(傷官)과 재(財)가 태왕(太旺)이다. 계수일주(癸水日柱)는 년지자수(年支子水)에 록근(祿根)하고 년상경금(年上庚金) 인수(印綬)가 투출(透出)하여 그 경금인수(庚金印綬)로 많은 상관식신(傷官食神)을 제(制)하고 일주(日柱)를 생(生)하여

줘야 하므로 경금인수(庚金印綬)가 용신(用神)이며 수비견겁(水比肩劫)은 희신(喜神)이 된다. 이 사주는 남자(男子)의 사주로서 중화요리 가게을 경영하였으나 운(運)이 없어 고생을 많이 하다가 45세 미토대운(未土大運)에 오토바이 사고로 한쪽 다리에 장애(障碍)를 입고 처(妻)와 이혼(離婚)하고 혼자 힘들게 살고 있는 사주다. 처궁(妻宮)이 부실한 것은 년간지(年干支) 경자생(庚子生)의 공망(空亡)은 일지사화(日支巳火)로서 일시(日時)에 공망(空亡)이 있으면 남자(男子)든 여자(女子)든 배우자운(配偶者運)이 부실하여 해로(偕老)하기 힘든 사주다. 그리고 장애(障碍)를 입게 된 것은 계사일주(癸巳日主)의 갑인시(甲寅時)를 놓은 사람들은 항상 교통사고(交通事故)를 조심해야 한다.

❶ 세운계미년(歲運癸未年): 불성

❷ 질병(疾病): 비뇨기(泌尿器), 장(臟), 중풍(中風)

❸ 남녀성격: (남) 털털한 성격, 인정 많다, 처세가 좋다, 외유내강, 자기 실속, 욕심 많다, 영리하다, 처 덕 있다, 자손귀자, 학업 장애

　　　　　　(여) 남자 같은 시원한 성격, 새것을 좋아함, 부궁불미, 이성 고민, 정부, 재복 있다

◐ 세운·질병·남녀성격의 해설 (歲運·疾病·男女性格의 解說)

❶ 세운계미년(歲運癸未年)= ※불성은 ※세운계미년(歲運癸未年)의 계수(癸水)는 계수일주(癸水日柱)의 비견(比肩)으로 세운(歲運)에서 비견겁운(比肩劫運)이 들어오면 ※모든 일이 잘 풀리지 않고 대차계약도 잘 이루어지지 않는다.

❷ 질병(疾病)은 비뇨기, 장은 일주(日柱)에서 발생(發生)하며 ※중풍은 ※계수일주(癸水日柱)가 인묘월(寅卯月)에 출생하면 ※중풍을 조심해야 한다.

❸ 남녀성격은 일주(日柱)에서 발생(發生)한다.

갑신년
(甲申年)

갑신년 (甲申年)

62년(음) 2월 22일 자(子)시 남자

甲	甲	癸	壬
子	子	卯	寅

53	43	33	23	13	3
己	戊	丁	丙	乙	甲
酉	申	未	午	巳	辰

이 사주는 갑목일주(甲木日柱)가 중춘묘월(中春卯月) 양인월(羊刃月)에 출생하여 득령(得令)하고 인중갑목(寅中甲木)이 시상(時上)에 투출(透出)하고 년월(年月) 양임계수(兩壬癸水) 인수(印綬)는 일시지(日時支) 양자수(兩子水)에 근(根)하므로 인수(印綬)와 비견겁(比肩劫)으로만 되어 있어 일주(日柱)는 대왕사주(太旺四柱)로 종왕사주(從旺四柱)냐 종강격(從强格)이냐의 기로(岐路)에 서게 된다. 이런 때에는 수인수(水印綬)는 목(木)을 생(生)함으로 종왕격(從旺格)이다. 종왕격(從旺格)에는 비견겁(比肩劫)이 용신(用神)이며 수인수(水印綬)는 희신(喜神)인데 이 사주는 왕극격(旺極格)에 해당하므로 왕극격(旺極格)에는 인수(印綬)로 일주(日柱)를 생(生)하여 더욱더 왕(旺)하게 하는 법칙이므로 수인수(水印綬)가 용신(用神)이며 비견겁(比肩劫)은 희신(喜神)이 된다. 이 사주는 남자(男子)의 사주로서 일찍 사업을 시작하여 43세 무토대운(戊土大運)에 월상계수(月上癸水)와 무계합(戊癸合)으로 합거(合去)되어 재산을 탕진하고 일용직으로 일하고 있는 사주다.

❶ 세운갑신년(歲運甲申年): 변화, 이사, 전근, 손재, 처액, 불성
❷ 질병(疾病): 간(肝), 풍(風), 냉(冷), 저혈압(低血壓), 비색증(鼻塞症), 체증(滯症)
❸ 남녀성격: (남) 의지 굳다, 무뚝뚝하다, 웃음이 적다, 냉정하다, 임사즉결, 멋쟁이, 권모술수, 눈치가 빠르다, 신경 예민, 처궁불미
　　　　　 (여) 의지 굳다, 인자함, 무뚝뚝하다, 웃음이 적다, 부궁불미

🌀 세운 · 질병 · 남녀성격의 해설 (歲運 · 疾病 · 男女性格의 解說)

❶ 세운갑신년(歲運甲申年)= ※변화, 이사, 전근, 손재, 처액, 불성은 ※세운갑신년(歲運甲申年)의 신금(申金)은 일지자수(日支子水)와 자신(子申)으로 삼합(三合)이 되므로 세운(歲運)에서 일지(日支) 삼합운(三合運)이 들어오면 ※변화가 생긴다든가 또는 이사를 한다든가 또는 직장을 옮기는 일이 많다. 그리고 ※손재, 처액, 불성은 ※세운갑신년(歲運甲申年)의 갑목(甲木)은 갑목일주(甲木日柱)의 비견(比肩)으로 남자 사주에 비견겁(比肩劫)이 태왕(太旺)인데 세운(歲運)에서 비견겁운(比肩劫運)이 들어오면 ※손재수를 조심해야 하며 또는 가정에 불화가 많이 생긴다든가 또는 처가 가출한다든가 또는 처의 건강을 조심해야 하며 또는 모든 일이 잘 풀리지 않고 대차계약도 잘 이루어지지 않는다.

❷ 질병(疾病)은 일주(日柱)에서 발생(發生)한다.

❸ 남녀성격은 일주(日柱)에서 발생(發生)한다.

갑신년 (甲申年)

61년(음) 12월 11일 사(巳)시 여자

<table>
<tr><td>己</td><td>甲</td><td>辛</td><td>辛</td></tr>
<tr><td>巳</td><td>寅</td><td>丑</td><td>丑</td></tr>
</table>

56	46	36	26	16	6
丁	丙	乙	甲	癸	壬
未	午	巳	辰	卯	寅

이 사주는 갑목일주(甲木日柱)가 동계축월(冬季丑月)에 출생하여 실시(失時)하고 축중신금(丑中辛金)이 년월(年月)에 투출(透出)하여 정관격(正官格)이다. 그리고 시간지(時干支) 기사(己巳)로 재관(財官)이 태왕(太旺)이다. 그러나 갑목일주(甲木日柱)는 자좌인목(自坐寅木)에 록근(祿根)하므로 수인수(水印綬)가 용신(用神)이며 비견겁(比肩劫)은 희신(喜神)이 된다. 이 사주는 여자(女子)의 사주로서 부모의 음덕(蔭德)으로 공부를 많이 하였고 운(運)이 잘 들어와 대기업에 근무를 하였으나 41세 사화대운(巳火大運)부터 운(運)이 없어 고생하다가 46세 병화대운(丙火大運)에 퇴사하고 사업을 경영하였으나 년상신금(年上辛金)과 병신합(丙辛合)으로 합거(合去)되어 재산을 탕진하고 남편(男便)과 이혼하고 혼자 살고 있는 사주다. 부궁(夫宮)이 부실한 것은 년간지(年干支) 신축생(辛丑生)의 공망(空亡)은 시지사화(時支巳火)이며 갑목일주(甲木日柱)의 남편이 되는 신금(辛金)은 자좌축토(自坐丑土)에 앉았으므로 축토(丑土)는 금(金)의 고장(庫藏)으로서 남편이 무덤에 있는 형상(形象)이 되어 이런 사주들은 부궁(夫宮)이 부실하여 재혼(再婚)하거나 혼자 사는 사람들이 많다.

❶ 세운갑신년(歲運甲申年): 관재, 수술, 자연 재앙, 관재, 손재, 신액
❷ 질병(疾病): 간(肝), 위산과다(胃酸過多)
❸ 남녀성격: (남) 의지 굳다, 무뚝뚝하다, 웃음이 적다, 고집 대단, 영리하다, 두령격, 일독십지, 인정 있다, 인내심 부족, 용기 있다, 청백지인, 남을 무시한다
　　　　　(여) 의지 굳다, 무뚝뚝하다, 웃음이 적다, 부궁불미, 독수공방, 정부, 남에게 잘함, 돈이 잘 빠져나감, 친정형제 걱정

☯ 세운 · 질병 · 남녀성격의 해설 (歲運 · 疾病 · 男女性格의 解說)

❶ 세운갑신년(歲運甲申年)= ※관재, 수술, 자연재앙, 관재, 손재, 신액은 ※세운갑신년(歲運甲申年)의 신금(申金)은 일지인목(日支寅木)과 인신충(寅申沖)으로 세운(歲運)에서 일지충운(日支沖運)이 들어오면 ※관재수를 조심해야 하며 또는 수술을 조심해야 하며 또는 자연재앙을 조심해야 한다. 그리고 ※관재, 손재, 신액은 ※세운갑신년(歲運甲申年)의 신금(申金)은 갑목일주(甲木日柱)의 편관(偏官)으로 원명사주(源命四柱)에 재관(財官)이 태왕(太旺)인데 세운(歲運)에서 재(財)나 관살운(官殺運)이 들어오면 ※관재수나 손재수나 건강을 조심해야 한다.

❷ 질병(疾病)은 일주(日柱)에서 발생(發生)한다.

❸ 남녀성격은 일주(日柱)에서 발생(發生)한다.

갑신년 (甲申年)

60년(음) 4월 21일 술(戌)시 남자

甲	甲	辛	庚
戌	辰	巳	子

57	47	37	27	17	7
丁	丙	乙	甲	癸	壬
亥	戌	酉	申	未	午

이 사주는 갑목일주(甲木日柱)가 초여름 사월(巳月)에 출생하여 실시(失時)하고 사중경금(巳中庚金)이 년상(年上)에 투출(透出)하여 편관격(偏官格)이다. 그리고 년월(年月) 양경신금(兩庚辛金)과 일시지(日時支) 진술토(辰戌土)로 재살(財殺)이 태왕(太旺)이다. 갑목일주는 자좌(自坐) 진중을목(辰中乙木)에 근(根)하고 년시자수(年支子水) 인수(印綬)가 있으나 일주(日柱)는 신약사주(身弱四柱)로서 살인상생(殺印相生)을 시켜야 좋으므로 수인수(水印綬)가 용신(用神)이며 목비견겁(木比肩劫)은 희신(喜神)이 된다. 이 사주는 남자의 사주로서 소프트웨어 회사에 다녔으나 운(運)이 없어 승진이 안되어 고생을 많이 하다가 42세 유금대운(酉金大運)에 퇴사하여 사업을 경영하였으나 사업이 부실하여 손해를 보던 중 47세 병화대운(丙火大運)에 월상신금(月上辛金)과 병신합(丙辛合)으로 합거(合去)되어 재산을 탕진하고 처와 이혼하고 힘들게 살고 있는 사주다. 처궁(妻宮)이 부실한 것은 년간지(年干支) 경자생(庚子生)의 공망(空亡)은 일지진토(日支辰土)로서 처궁이 부실한 사주다.

❶ 세운갑신년(歲運甲申年): 변화, 이사, 전근, 관재, 손재, 신액, 불성

❷ 질병(疾病): 간(肝), 풍(風), 위(胃)

❸ 남녀성격: (남) 의지 굳다, 무뚝뚝하다, 웃음이 적다, 강직하다, 처궁불미, 신앙심, 재복 있다, 처 덕 있다, 재간 있다, 창의력, 이상적인 아이디어가 있다

(여) 의지 굳다, 무뚝뚝하다, 웃음이 적다, 시모불합, 부궁불미, 정부

세운 · 질병 · 남녀성격의 해설 (歲運 · 疾病 · 男女性格의 解說)

❶ 세운갑신년(歲運甲申年)= ※변화, 이사, 전근, 관재, 손재, 신액, 불성은 ※세운갑신년(歲運甲申年)의 신금(申金)은 일지진토(日支辰土)와 자진(子辰)으로 삼합(三合)이 되므로 세운(歲運)에서 일지(日支) 삼합운(三合運)이 들어오면 ※변화가 생긴다든가 또는 이사를 한다든가 또는 직장을 옮기는 일이 많다. 그리고 ※관재, 손재, 신액은 ※세운갑신년(歲運甲申年)의 신금(申金)은 갑목일주(甲木日柱)의 편관(偏官)으로 원명사주(源命四柱)에 재살(財殺)이 태왕(太旺)인데 세운(歲運)에서 재(財)나 관살운(官殺運)이 들어오면 ※관재수를 조심해야 하며 또는 손재수를 조심해야 하며 또는 건강을 조심해야 한다. 그리고 ※불성은 ※세운갑신년(歲運甲申年)의 갑목(甲木)은 갑목일주(甲木日柱)의 비견(比肩)으로 세운(歲運)에서 비견겁운(比肩劫運)이 들어오면 ※모든 일이 잘 풀리지 않고 대차계약도 잘 이루어지지 않는다.

❷ 질병(疾病)과 ❸ 남녀성격은 일주(日柱)에서 발생(發生)한다.

갑신년 (甲申年)

57년(음) 11월 28일 오(午)시 남자

<table>
<tr><td>庚</td><td>甲</td><td>癸</td><td>丁</td></tr>
<tr><td>午</td><td>午</td><td>丑</td><td>酉</td></tr>
</table>

54	44	34	24	14	4
丁	戊	己	庚	辛	壬
未	申	酉	戌	亥	子

이 사주는 갑목일주(甲木日柱)가 동계축월(冬季丑月)에 출생하여 실시(失時)하고 축중계수(丑中癸水)가 월상(月上)에 투출(透出)하여 인수격(印綬格)이다. 그리고 일시지(日時支) 양오화(兩午火)와 오중정화(午中丁火)가 년상(年上)에 투출(透出)하고 년월지(年月支) 유축(酉丑)으로 금국(金局)을 이루었으며 시상(時上)에 경금(庚金)이 투출(透出)하여 한편으로는 관살(官殺)에 극(剋)을 받고 한편으로는 상관(傷官)에 설기(泄氣)가 심(甚)하다. 갑목일주(甲木日柱)는 자좌오화(自坐午火)에 설기(泄氣)가 심(甚)하고 시상경금(時上庚金)이 갑목일주(甲木日柱)를 충극(沖剋)하여 시상경금(時上庚金)이 대단히 겁(劫)이 난다. 그러나 상관(傷官)이 관살(官殺)을 제(制)하므로 중화(中和)가 잘 이루어져 있다. 그러므로 경금(庚金)은 일주(日柱)를 극(剋)하지 못한다. 그러나 일주(日柱)가 약(弱)한 것이 흠(欠)인데 월상계수(月上癸水)는 축중계수(丑中癸水)에 근(根)하여 갑목일주(甲木日柱)를 생(生)하므로 수인수(水印綬)가 용신(用神)이며 목비견겁(木比肩劫)은 희신(喜神)이 된다. 이 사주는 남자(男子)의 사주로서 회사에 근무하다가 44세 무토대운(戊土大運)에 퇴사하여 사업을 경영하였으나 월상계수(月上癸水)와 무계합(戊癸合)으로 합거(合去)되어 재산을 탕진하고 일용직(日用職)으로 힘들게 살고 있는 사주다.

🌀 세운 · 질병 · 남녀성격의 해설 (歲運 · 疾病 · 男女性格의 解說)

❶ 세운갑신년(歲運甲申年)= ※관재, 손재, 신액, 불성은 ※세운갑신년(歲運甲申年)의 신금(申金)은 갑목일주(甲木日柱)의 편관(偏官)으로 원명사주(源命四柱)에 재살(財殺)이 태왕(太旺)인데 세운(歲運)에서 재(財)나 관살운(官殺運)이 들어오면 ※관재수를 조심해야 하며 또는 손재수를 조심해야 하며 또는 건강을 조심해야 한다. 그리고 ※불성은 ※세운갑신년(歲運甲申年)의 갑목(甲木)은 갑목일주(甲木日柱)의 비견(比肩)으로 세운(歲運)에서 비견겁운(比肩劫運)이 들어오면 ※모든 일이 잘 풀리지 않고 대차계약도 잘 이루어지지 않는다.

❷ 질병(疾病)과 ❸ 남녀성격은 일주(日柱)에서 발생(發生)한다.

갑신년 (甲申年)

63년(음) 6월 20일 유(酉)시 남자

癸	甲	庚	癸
酉	申	申	卯

51	41	31	21	11	1
甲	乙	丙	丁	戊	己
寅	卯	辰	巳	午	未

이 사주는 갑목일주(甲木日柱)가 초가을 신월(申月)에 출생하여 실시(失時)하고 신궁경금(申宮庚金)이 월상(月上)에 투출(透出)하여 편관격(偏官格)이다. 그리고 일시지(日時支) 신유금(申酉金)으로 관살(官殺)이 태왕(太旺)이다. 다행히 시상계수(時上癸水)가 투출(透出)하여 많은 관살(官殺)은 갑목일주(甲木日柱)를 극(剋)하지 않고 계수인수(癸水印綬)를 생(生)하고 계수인수(癸水印綬)는 갑목일주(甲木日柱)를 생(生)하므로 살인상생(殺印相生)으로 수인수(水印綬)가 용신(用神)이며 목비견겁(木比肩劫)은 희신(喜神)이 된다. 이 사주는 남자(男子)의 사주로서 건축 자재상에서 일하며 고생을 많이 하였고 41세 을목대운(乙木大運)에 사업을 경영하였으나 월상경금(月上庚金)과 을목대운(乙木大運)과 을경합(乙庚合)으로 합거(合去)되어 손해를 많이 보았고 46세 묘목대운(卯木大運)에 사업이 번창하여 수억금을 벌어 잘살고 있는 사주다. 앞으로도 운(運)이 좋아 돈을 많이 벌 것으로 생각된다.

❶ 세운갑신년(歲運甲申年): 관재, 손재, 신액, 변화, 이사, 전근, 불성
❷ 질병(疾病): 간(肝), 담(膽)
❸ 남녀성격: (남) 의지 굳다, 무뚝뚝하다, 웃음이 적다, 소식한다, 다재다능, 영리하다, 꾀가 많다, 항상 바쁨, 칭찬받기 좋아함
(여) 의지 굳다, 무뚝뚝하다, 인자함, 영리하다, 다재다능, 이성 고민 정부, 고독하다, 신경쇠약

🌀 세운·질병·남녀성격의 해설 (歲運·疾病·男女性格의 解說)

❶ 세운갑신년(歲運甲申年)= ※관재, 손재, 신액, 변화, 이사, 전근, 불성은 ※세운갑신년(歲運甲申年)의 신금(申金)은 갑목일주(甲木日柱)의 편관(偏官)으로 원명사주(源命四柱)에 관살(官殺)이 태왕(太旺)인데 세운(歲運)에서 재(財)나 관살운(官殺運)이 들어오면 ※관재수를 조심해야 하며 또는 손재수를 조심해야 하며 또는 건강을 조심해야 한다. 그리고 ※변화, 이사, 전근은 ※세운갑신년(歲運甲申年)의 신금(申金)은 일지신금(日支申金)과 신신(申申)으로 삼합(三合)이 되므로 세운(歲運)에서 일지(日支) 삼합운(三合運)이 들어오면 ※변화가 생긴다든가 또는 이사를 한다든가 또는 직장을 옮기는 일이 많다. 그리고 ※불성은 ※세운갑신년(歲運甲申年)의 갑목(甲木)은 갑목일주(甲木日柱)의 비견(比肩)으로 세운(歲運)에서 비견겁운(比肩劫運)이 들어오면 ※모든 일이 잘 풀리지 않고 대차계약도 잘 이루어지지 않는다.

❷ 질병(疾病)과 ❸ 남녀성격은 일주(日柱)에서 발생(發生)한다.

갑신년(甲申年)

63년(음) 6월 10일 축(丑)시 여자

乙	甲	己	癸
丑	戌	未	卯

53	43	33	23	13	3
乙	甲	癸	壬	辛	庚
丑	子	亥	戌	酉	申

이 사주는 갑목일주(甲木日柱)가 하계미월(夏季未月)에 출생하여 실시(失時)하고 미중기토(未中己土)가 월상(月上)에 투출(透出)하여 정재격(正財格)으로 일주(日柱)는 신약사주(身弱四柱)다. 그러나 갑목일주(甲木日柱)는 년지묘목(年支卯木) 양인(羊刃)에 근(根)하고 묘중을목(卯中乙木)이 시상(時上)에 투출(透出)하여 많은 토재(土財)를 제(制)하고 일주(日柱)를 보신(補身)하는 시상을목(時上乙木)이 용신(用神)이며 수비견겁(水比肩劫)은 희신(喜神)이 된다. 이 사주는 여자(女子)의 사주로서 초년(初年)부터 사업을 시작하여 33세 계해대운(癸亥大運)에 수억금을 벌었으나 43세 갑목대운(甲木大運)에 월상기토(月上己土)와 갑기합(甲己合)으로 합거(合去)되어 손해를 많이 보았으며 남편과 사별(死別)하고 혼자 살다가 48세 자수대운(子水大運)에 사업이 번창하고 있는 사주다. 부궁(夫宮)이 부실한 것은 시지축토(時支丑土)는 관살(官殺)의 묘궁(墓宮)으로 관살(官殺)은 여자 사주에 남편이므로 남편이 무덤에 있는 형상(形象)이 되어 여자(女子) 사주에 관살(官殺)이 투출되지 않아도 관살(官殺)의 묘궁(墓宮)만 있어도 부궁(夫宮)이 부실하다.

❶ 세운갑신년(歲運甲申年): 관재, 손재, 신액, 불성
❷ 질병(疾病): 간(肝), 담(膽)
❸ 남녀성격: (남) 의지 굳다, 무뚝뚝하다, 웃음이 적다, 인정 있다, 근면하다, 신앙심, 신용 있다, 충실하다, 재복 있다, 처궁불미, 두뇌 명철, 예감이 빠름
　　　　　(여) 의지 굳다, 무뚝뚝하다, 부궁불미, 정부, 재가, 자손근심

☯ **세운·질병·남녀성격의 해설**(歲運·疾病·男女性格의 解說)

❶ 세운갑신년(歲運甲申年)= ※관재, 손재, 신액, 불성은 ※세운갑신년(歲運甲申年)의 신금(申金)은 갑목일주(甲木日柱)의 편관(偏官)으로 원명사주(源命四柱)에 재(財)가 태왕(太旺)인데 세운(歲運)에서 재(財)나 관살운(官殺運)이 들어오면 ※관재수를 조심해야 하며 또는 손재수를 조심해야 하며 또는 건강을 조심해야 한다. 그리고 ※불성은 ※세운갑신년(歲運甲申年)의 갑목(甲木)은 갑목일주(甲木日柱)의 비견(比肩)으로 세운(歲運)에서 비견겁운(比肩劫運)이 들어오면 ※모든 일이 잘 풀리지 않고 대차계약도 잘 이루어지지 않는다.

❷ 질병(疾病)은 일주(日柱)에서 발생(發生)한다.

❸ 남녀성격은 일주(日柱)에서 발생(發生)한다.

갑신년 (甲申年)

58년(음) 8월 2일 오(午)시 남자

庚	甲	辛	戊
午	午	酉	戌

58	48	38	28	18	8
丁	丙	乙	甲	癸	壬
卯	寅	丑	子	亥	戌

이 사주는 갑목일주(甲木日柱)가 중추유월(中秋酉月)에 출생하여 실시(失時)하고 유중신금(酉中辛金)이 월상(月上)에 투출(透出)하여 정관격(正官格)이다. 그리고 년지술토(年支戌土)와 유술(酉戌)로 금국(金局)을 이루고 시상경금(時上庚金)이 투출(透出)하여 재살(財殺)이 태왕(太旺)이다. 갑목일주(甲木日柱)는 무근(無根)이며 자좌오화(自坐午火)에 설기(泄氣)가 심(甚)하다. 갑목일주(甲木日柱)를 도와주는 인수(印綬)나 비견겁(比肩劫)이 하나도 없으므로 쇠극격(衰極格)에 해당하므로 쇠(衰)한 자는 상관식신(傷官食神)으로 설기(泄氣)하여 더욱더 쇠(衰)하게 하는 동시 일주(日柱)를 극(剋)하는 관살(官殺)을 제(制)하여야 하기 때문에 상관식신(傷官食神)이 용신(用神)이며 토재(土財)는 희신(喜神)이 된다. 이 사주는 남자(男子)의 사주로서 한의사인데 43세 축토대운(丑土大運)에 한의원을 개원하여 수억금을 벌었으나 48세 병화대운(丙火大運)에 주식에 투자했다가 월상신금(月上辛金)과 병신합(丙辛合)으로 합거(合去)되어 재산을 탕진하고 고생을 많이 하고 있는 사주다. 그러나 58세 정화대운(丁火大運)부터는 사업이 번창하여 돈을 많이 벌 것으로 생각된다.

❶ 세운갑신년(歲運甲申年): 관재, 손재, 신액, 불성
❷ 질병(疾病): 간(肝), 장(臟)
❸ 남녀성격: (남) 의지 굳다, 무뚝뚝하다, 남에게 잘함, 지구력 부족, 처궁불미, 용두사미, 성실하다, 인덕 없다
      (여) 의지 굳다, 인정 있다, 부궁불미, 정부, 남자의 근심

세운·질병·남녀성격의 해설 (歲運 · 疾病 · 男女性格의 解說)

❶ 세운갑신년(歲運甲申年)= ※관재, 손재, 신액, 불성은 ※세운갑신년(歲運甲申年)의 신금(申金)은 갑목일주(甲木日柱)의 편관(偏官)으로 원명사주(源命四柱)에 재살(財殺)이 태왕(太旺)인데 세운(歲運)에서 재(財)나 관살운(官殺運)이 들어오면 ※관재수를 조심해야 하며 또는 손재수를 조심해야 하며 또는 건강을 조심해야 한다. 그리고 ※불성은 ※세운갑신년(歲運甲申年)의 갑목(甲木)은 갑목일주(甲木日柱)의 비견(比肩)으로 세운(歲運)에서 비견겁운(比肩劫運)이 들어오면 ※모든 일이 잘 풀리지 않고 대차계약도 잘 이루어지지 않는다.

❷ 질병(疾病)은 일주(日柱)에서 발생(發生)한다.

❸ 남녀성격은 일주(日柱)에서 발생(發生)한다.

갑신년 (甲申年)

66년(음) 4월 16일 오(午)시 여자

<table>
<tr><td>庚</td><td>甲</td><td>癸</td><td>丙</td></tr>
<tr><td>午</td><td>午</td><td>巳</td><td>午</td></tr>
</table>

60	50	40	30	20	10
丁	戊	己	庚	辛	壬
亥	子	丑	寅	卯	辰

이 사주는 갑목일주(甲木日柱)가 초여름 사월(巳月)에 출생하여 실시(失時)하고 사중병화(巳中丙火)가 년상(年上)에 투출(透出)하여 식신격(食神格)이다. 그리고 지지(地支)는 년일시지(年日時支) 오화(午火)로서 상관식신(傷官食神)이 태왕(太旺)이다. 그러나 갑목일주(甲木日柱)는 무근(無根)이며 자좌오화(自坐午火)에 설기(泄氣)가 심(甚)하고 월상계수(月上癸水) 인수(印綬)가 있다 하나 그 인수(印綬)도 무근(無根)이며 물이 말라 힘이 없으므로 갑목일주(甲木日柱)를 생(生)하여 줄 힘이 없다. 그러므로 목생화(木生火)로 종아격(從兒格)이므로 화(火) 상관식신(傷官食神)이 용신(用神)이 된다. 이 사주는 여자(女子)의 사주로서 학원강사로 일하다가 40세 기토대운(己土大運)에 학원을 경영하였으나 갑목일주(甲木日柱)와 갑기합(甲己合)으로 합거(合去)되어 재산을 탕진하고 다른 학원에서 강사로 일하고 있는 사주다. 갑목일주(甲木日柱)의 남편이 되는 경금(庚金)이 시상(時上)에 투출(透出)하였으나 근(根)이 없으며 자좌살지(自坐殺地)에 앉아 부궁(夫宮)이 부실하여 남편과 이혼하고 혼자 살고 있는 사주다. 여자(女子) 사주에 상관식신(傷官食神)이 태왕(太旺)이면 부궁(夫宮)이 부실하며 재혼(再婚)하거나 혼자 사는 사람들이 많다.

❶ 세운갑신년(歲運甲申年): 이별수, 불성
❷ 질병(疾病): 간(肝), 장(臟)
❸ 남녀성격: (남) 의지 굳다, 무뚝뚝하다, 남에게 잘함, 지구력 부족, 처궁불미, 용두사미, 성실하다, 인덕 없다
　　　　　　 (여) 의지 굳다, 인정 있다, 부궁불미, 정부, 남자의 근심

☯ 세운 · 질병 · 남녀성격의 해설 (歲運 · 疾病 · 男女性格의 解說)

❶ 세운갑신년(歲運甲申年)= ※이별수, 불성은 ※세운갑신년(歲運甲申年)의 신금(申金)은 갑목일주(甲木日柱)의 편관(偏官)으로 여자(女子) 사주에 상관식신(傷官食神)이 태왕(太旺)인데 세운(歲運)에서 관살운(官殺運)이 들어오면 ※가정에 불화가 많이 생긴다든가 또는 남편과 떨어져 산다든가 또는 이혼한다든가 또는 남편이 사망하는 수도 있다. 그리고 ※불성은 ※세운갑신년(歲運甲申年)의 갑목(甲木)은 갑목일주(甲木日柱)의 비견(比肩)으로 세운(歲運)에서 비견겁운(比肩劫運)이 들어오면 ※모든 일이 잘 풀리지 않고 대차계약도 잘 이루어지지 않는다.

❷ 질병(疾病)은 일주(日柱)에서 발생(發生)한다.

❸ 남녀성격은 일주(日柱)에서 발생(發生)한다.

갑신년 (甲申年)

66년(음) 11월 21일 미(未)시 여자

癸	乙	庚	丙
未	丑	子	午

58	48	38	28	18	8
甲	乙	丙	丁	戊	己
午	未	申	酉	戌	亥

이 사주는 을목일주(乙木日柱)가 중동자월(中冬子月)에 출생하여 득령(得令)하고 자중계수(子中癸水)가 시상(時上)에 투출(透出)하여 인수격(印綬格)이다. 그러나 년간지(年干支) 병오(丙午)와 일시지(日時支) 축미토(丑未土)로 목생화(木生火) 화생토(火生土) 토생금(土生金)으로 사주의 기(氣)는 월상경금(月上庚金)에 집중되어 있으므로 을목일주(乙木日柱)는 신약사주(身弱四柱)다. 그러므로 수인수(水印綬)가 용신(用神)이며 목비견겁(木比肩劫)은 희신(喜神)이 된다. 이 사주는 여자(女子)의 사주로서 회사에 근무하다가 운(運)이 없어 고생을 많이 하다가 38세 병화대운(丙火大運)에 퇴사하여 사업을 경영하였으나 사업이 부실하여 손해를 많이 보다가 43세 신금대운(申金大運)에 재산을 탕진하고 남편과 이혼하고 힘들게 살아가고 있는 사주다. 부궁(夫宮)이 부실한 것은 일지축토(日支丑土)는 관살(官殺)의 묘궁(墓宮)으로 여자(女子) 사주에 관살(官殺)의 묘궁(墓宮)이 있으면 부궁(夫宮)이 부실한 데 일시지(日時支)가 축미충(丑未沖)으로 부궁(夫宮)이 더욱더 부실하여 재혼하거나 혼자 사는 사람들이 많다.

❶ 세운갑신년(歲運甲申年): 관재, 손재, 신액, 불성
❷ 질병(疾病): 간(肝), 담(膽), 풍(風)
❸ 남녀성격: (남) 성질 급, 근면 성실, 의지 굳다, 무뚝뚝하다, 봉사정신, 형제불의, 밥을 빨리 먹는다, 재복 있다, 새벽잠이 없다, 신앙심
　　　　　(여) 의지 굳다, 무뚝뚝하다, 인자함, 부궁불미, 정부, 재가, 독수공방, 자손근심, 남자 조종 잘한다

☯ 세운 · 질병 · 남녀성격의 해설 (歲運 · 疾病 · 男女性格의 解說)

❶ 세운갑신년(歲運甲申年)= ※관재, 손재, 신액, 불성은 ※세운갑신년(歲運甲申年)의 신금(申金)은 을목일주(乙木日柱)의 정관(正官)으로 원명사주(源命四柱)에 재살(財殺)이 왕(旺)한데 세운(歲運)에서 재(財)나 관살운(官殺運)이 들어오면 ※관재수를 조심해야 하며 또는 손재수를 조심해야 하며 또는 건강을 조심해야 한다. 그리고 ※불성은 ※세운갑신년(歲運甲申年)의 갑목(甲木)은 을목일주(乙木日柱)의 비겁(比劫)으로 세운(歲運)에서 비견겁운(比肩劫運)이 들어오면 ※모든 일이 잘 풀리지 않고 대차계약도 잘 이루어지지 않는다.

❷ 질병(疾病)은 일주(日柱)에서 발생(發生)한다.

❸ 남녀성격은 일주(日柱)에서 발생(發生)한다.

갑신년 (甲申年)

63년(음) 10월 13일 해(亥)시 남자

<table>
<tr><td>丁</td><td>乙</td><td>癸</td><td>癸</td></tr>
<tr><td>亥</td><td>亥</td><td>亥</td><td>卯</td></tr>
</table>

57	47	37	27	17	7
丁	戊	己	庚	辛	壬
巳	午	未	申	酉	戌

이 사주는 을목일주(乙木日柱)가 초겨울 해월(亥月)에 출생하여 득령(得令)하고 일시지(日時支) 양해수(兩亥水)와 년월(年月) 양계수(兩癸水)가 투출(透出)하여 신왕사주(身旺四柱)다. 신왕사주(身旺四柱)에는 일주(日柱)를 제(制)하는 관살(官殺)이나 상관식신(傷官食神)으로 설기(泄氣)하면 좋은데 일주(日柱)를 제(制)하는 관살(官殺)은 없고 시상정화(時上丁火)가 투출(透出)하여 시상정화(時上丁火)는 자좌해수(自坐亥水)에 살지(殺地)라고 하나 해월(亥月)은 소춘절(小春節)이므로 정화식신(丁火食神)을 쓸 수가 있다. 이 사주는 수생목(水生木) 목생화(木生火)로 화(火)가 용신(用神)이며 목비견겁(木比肩劫)은 희신(喜神)이 된다. 이 사주는 남자(男子)의 사주로서 초년(初年)에는 공부를 많이 하여 교수직(敎授職)을 원했으나 운(運)이 없어 취임이 안되어 학원을 경영하였으나 학원조차 잘되지 않아 47세 무토대운(戊土大運)에 월상계수(月上癸水)와 무토대운(戊土大運)과 무계합(戊癸合)으로 합거(合去)되어 재산을 탕진하고 무위도식(無爲徒食)을 하며 결혼도 못하고 혼자 살고 있는 사주다. 그러나 52세 오화대운(午火大運)부터 무슨 사업이든 사업을 하면 크게 성공(成功)하리라고 본다.

❶ 세운갑신년(歲運甲申年): 손재, 처액, 불성
❷ 질병(疾病): 풍(風), 냉(冷)
❸ 남녀성격: (남) 의지 굳다, 무뚝뚝하다, 강직하다, 영리하다, 인정 있다, 외유내강, 항상 바쁨, 예감이 빠름, 신앙심, 지혜롭다
    (여) 의지 굳다, 무뚝뚝하다, 인자함, 영리하다, 장수한다, 부궁불미

◐ 세운·질병·남녀성격의 해설(歲運·疾病·男女性格의 解說)

❶ 세운갑신년(歲運甲申年)= ※손재, 처액, 불성은 ※세운갑신년(歲運甲申年)의 갑목(甲木)은 을목일주(乙木日柱)의 비겁(比劫)으로 신왕(身旺)한 남자(男子) 사주에 세운(歲運)에서 비견겁운(比肩劫運)이 들어오면 ※손재수를 조심해야 하며 가정에 불화가 많이 생긴다든가 또는 처가 가출한다든가 또는 처의 건강을 조심해야 한다. 그리고 ※불성은 ※세운갑신년(歲運甲申年)의 갑목(甲木)은 을목일주(乙木日柱)의 비겁(比劫)으로 세운(歲運)에서 비견겁운(比肩劫運)이 들어오면 ※모든 일이 잘 풀리지 않고 대차계약도 잘 이루어지지 않는다.

❷ 질병(疾病)은 일주(日柱)에서 발생(發生)한다.

❸ 남녀성격은 일주(日柱)에서 발생(發生)한다.

갑신년 (甲申年)

63년(음) 6월 21일 유(酉)시 여자

乙	乙	庚	癸
酉	酉	申	卯

60	50	40	30	20	10
丙	乙	甲	癸	壬	辛
寅	丑	子	亥	戌	酉

이 사주는 을목일주(乙木日柱)가 초가을 신월(申月)에 출생하여 실시(失時)하고 신궁경금(申宮庚金)이 월상(月上)에 투출(透出)하여 정관격(正官格)이다. 그리고 일시지(日時支) 양유금(兩酉金)으로 관살(官殺)이 태왕(太旺)이다. 그러나 을목일주(乙木日柱)는 자좌유금(自坐酉金)에 살지(殺地)라 하나 년지묘목(年支卯木)에 록근(祿根)하여도 일주(日柱)가 심약(甚弱)하여 종살격(從殺格)같이 보인다. 그러나 다행히 년상계수(年上癸水) 인수(印綬)가 투출(透出)하여 많은 관살(官殺)은 을목일주(乙木日柱)를 극(剋)하지 않고 년상계수(年上癸水)를 생(生)함으로 살인상생(殺印相生)으로 수인수(水印綬)가 용신(用神)이며 목비견겁(木比肩劫)은 희신(喜神)이 된다. 이 사주는 여자(女子)의 사주로서 어려서부터 장사를 배워 30세 계해대운(癸亥大運)에 돈을 수억금을 벌었고 40세 갑목대목(甲木大木)에도 운(運)이 좋아 돈을 많이 벌어 잘살고 있는 사주다.

❶ 세운갑신년(歲運甲申年): 이별수, 관재, 손재, 신액, 불성
❷ 질병(疾病): 간(肝), 담(膽), 간경화(肝硬化)
❸ 남녀성격: (남) 무뚝뚝하다, 의지 굳다, 사리 분명, 거취 분명, 만인 신망, 처 덕 있다, 처
　　　　　　궁불미, 남에게 잘함, 임기응변, 인정 있다
　　　　　　(여) 의지 굳다, 무뚝뚝하다, 인자함, 근면 성실, 남편 말을 잘 듣는다

☯ 세운·질병·남녀성격의 해설 (歲運·疾病·男女性格의 解說)

❶ 세운갑신년(歲運甲申年)= ※이별수, 관재, 손재, 신액, 불성은 ※세운갑신년(歲運甲申年)의 신금(申金)은 을목일주(乙木日柱)의 정관(正官)으로 여자(女子) 사주에 관살(官殺)이 태왕(太旺)인데 세운(歲運)에서 관살운(官殺運)이 들어오면 ※가정에 불화가 많이 생긴다든가 또는 남편과 떨어져 산다든가 또는 이혼한다든가 또는 남편이 사망하는 수도 있다. 그리고 ※관재, 손재, 신액은 ※세운갑신년(歲運甲申年)의 신금(申金)은 을목일주(乙木日柱)의 정관(正官)으로 원명사주(源命四柱)에 관살(官殺)이 태왕(太旺)한데 세운(歲運)에서 재(財)나 관살운(官殺運)이 들어오면 ※관재수나 손재수나 건강을 조심해야 한다. 그리고 ※불성은 ※세운갑신년(歲運甲申年)의 갑목(甲木)은 을목일주(乙木日柱)의 비겁(比劫)으로 세운(歲運)에서 비견겁운(比肩劫運)이 들어오면 ※모든 일이 잘 풀리지 않고 대차계약도 잘 이루어지지 않는다.

❷ 질병(疾病)은 일주(日柱)에서 발생(發生)한다.

❸ 남녀성격은 일주(日柱)에서 발생(發生)한다.

갑신년 (甲申年)

62년(음) 11월 27일 인(寅)시 남자

戊	乙	壬	壬
寅	未	子	寅

55	45	35	25	15	5
戊	丁	丙	乙	甲	癸
午	巳	辰	卯	寅	丑

이 사주는 을목일주(乙木日柱)가 중동자월(中冬子月)에 출생하여 득령(得令)하고 년월(年月) 양임수(兩壬水)가 투출(透出)하고 년시지(年時支) 양인목(兩寅木)에 근(根)하여 일주(日柱)는 신왕사주(身旺四柱)다. 신왕사주(身旺四柱)에는 일주(日柱)를 제(制)하는 관살(官殺)이나 식신상관(食神傷官)으로 설기(泄氣)하면 좋은데 일주(日柱)를 제(制)하는 관살(官殺)은 없고 일지(日支) 미중기토(未中己土)와 시상무토(時上戊土)가 투출(透出)하여 시상무토(時上戊土) 정재(正財)로 용신(用神)한다. 그러므로 토재(土財)가 용신(用神)이며 화(火) 상관식신(傷官食神)은 희신(喜神)이 된다. 이 사주는 남자(男子)의 사주로서 사업을 경영하여 35세 병진대운(丙辰大運)에 돈을 조금 벌었으나 45세 정화대운(丁火大運)에는 월상임수(月上壬水)와 정임합(丁壬合)으로 합거(合去)되어 손해를 많이 보았고 50세 사화대운(巳火大運)부터 사업이 번창하고 있는 사주다.

❶ 세운갑신년(歲運甲申年): 손재, 처액, 불성
❷ 질병(疾病): 간(肝), 담(膽), 위장(胃臟)
❸ 남녀성격: (남) 의지 굳다, 무뚝뚝하다, 인정 있다, 총명하다, 근면 성실, 학문, 예술, 자수성가, 처궁불미, 성격이 까다롭다, 옷에 신경, 편식한다, 신앙심
　　　　　(여) 의지 굳다, 무뚝뚝하다, 인자함, 부궁불미, 정부, 시모불합, 자식에게 애정 많음

세운 · 질병 · 남녀성격의 해설 (歲運 · 疾病 · 男女性格의 解說)

❶ 세운갑신년(歲運甲申年)= ※손재, 처액, 불성은 ※세운갑신년(歲運甲申年)의 갑목(甲木)은 을목일주(乙木日柱)의 비겁(比劫)으로 신왕(身旺)한 남자(男子) 사주에 세운(歲運)에서 비견겁운(比肩劫運)이 들어오면 ※손재수를 조심해야 하며 가정에 불화가 많이 생긴다든가 또는 처가 가출한다든가 또는 처의 건강을 조심해야 한다. 그리고 ※불성은 ※세운갑신년(歲運甲申年)의 갑목(甲木)은 을목일주(乙木日柱)의 비겁(比劫)으로 세운(歲運)에서 비견겁운(比肩劫運)이 들어오면 ※모든 일이 잘 풀리지 않고 대차계약도 잘 이루어지지 않는다.

❷ 질병(疾病)은 일주(日柱)에서 발생(發生)한다.

❸ 남녀성격은 일주(日柱)에서 발생(發生)한다.

갑신년 (甲申年)

62년(음) 6월 5일 자(子)시 여자

丙	乙	丙	壬
子	巳	午	寅

60	50	40	30	20	10
庚	辛	壬	癸	甲	乙
子	丑	寅	卯	辰	巳

이 사주는 을목일주(乙木日柱)가 중하오월(中夏午月)에 출생하여 실시(失時)하고 일지사화(日支巳火)와 사오(巳午)로 화국(火局)을 이루고 사중(巳中)에 병화(丙火)가 월시상(月時上)에 투출(透出)하여 식신상관(食神傷官)이 태왕(太旺)이다. 다행히 을목일주(乙木日柱)는 년지인목(年支寅木)에 근(根)하고 시지자수(時支子水)에 생(生)을 받음으로 시지자수(時支子水) 인수(印綬)로 많은 상관식신(傷官食神)을 제(制)하고 을목일주(乙木日柱)를 보신(補身)해야 하므로 자수인수(子水印綬)가 용신(用神)이며 목비견겁(木比肩劫)은 희신(喜神)이 된다. 이 사주는 여자(女子)의 사주로서 공부를 많이 하여 30세 계수대운(癸水大運)에 국제상사(國際商社)에 취업하여 대운(大運)이 잘 들어와 승진이 빨랐고 40세 임인대운(壬寅大運)부터 운(運)이 승승장구(乘勝長驅)하여 회사의 중역을 맡고 있는 사주다. 그러나 상관식신(傷官食神)이 태왕(太旺)이면 부궁(夫宮)이 부실한데 년간지(年干支) 임인생(壬寅生)의 공망(空亡)은 일지사화(日支巳火)로서 부궁(夫宮)이 더욱더 부실하여 재혼한 사주다.

❶ 세운갑신년(歲運甲申年): 이별수, 관재, 수술, 불성
❷ 질병(疾病): 간(肝), 담(膽)
❸ 남녀성격: (남) 의지 굳다, 무뚝뚝하다, 웃음이 적다, 인정 있다, 예의있다, 명랑하다, 영리하다, 처궁불미, 고독하다, 돈이 잘 빠져나간다
　　　　　　(여) 의지 굳다, 무뚝뚝하다, 인자하다, 부궁불미, 정부, 재가, 애교 많음

세운·질병·남녀성격의 해설 (歲運·疾病·男女性格의 解說)

❶ 세운갑신년(歲運甲申年)= ※이별수, 관재, 수술, 불성은 ※세운갑신년(歲運甲申年)의 신금(申金)은 을목일주(乙木日柱)의 정관(正官)으로 여자(女子) 사주에 상관식신(傷官食神)이 태왕(太旺)인데 세운(歲運)에서 관살운(官殺運)이 들어오면 ※가정에 불화가 많이 생긴다든가 또는 남편과 떨어져 산다든가 또는 이혼한다든가 또는 남편이 사망하는 수도 있다. 그리고 ※관재, 수술은 ※세운갑신년(歲運甲申年)의 신금(申金)은 일지사화(日支巳火)와 사신(巳申)으로 형살(刑殺)이 되므로 세운(歲運)에서 일지(日支) 형살운(刑殺運)이 들어오면 ※관재수나 수술을 조심해야 한다. 그리고 ※불성은 ※세운갑신년(歲運甲申年)의 갑목(甲木)은 을목일주의 비겁(比劫)으로 세운에서 비견겁운(比肩劫運)이 들어오면 ※모든 일이 잘 풀리지 않고 대차계약도 잘 이루어지지 않는다.

❷ 질병(疾病)과 ❸ 남녀성격은 일주(日柱)에서 발생(發生)한다.

갑신년 (甲申年)

63년(음) 9월 23일 신(申)시 남자

甲	乙	癸	癸
申	卯	亥	卯

51	41	31	21	11	1
丁	戊	己	庚	辛	壬
巳	午	未	申	酉	戌

이 사주는 을목일주(乙木日柱)가 초겨울 해월(亥月)에 출생하여 득령(得令)하고 을목일주(乙木日柱)는 자좌묘목(自坐卯木)에 록근(祿根)하고 년월(年月) 양계수(兩癸水) 인수(印綬)가 투출(透出)하여 일주(日柱)는 신왕사주(身旺四柱)다. 신왕사주(身旺四柱)에는 일주(日柱)를 제(制)하는 관살(官殺)이나 상관식신(傷官食神)으로 설기(洩氣)함이 좋은데 다행히 시지(時支) 신궁경금(申宮庚金) 정관(正官)이 있어 신궁경금(申宮庚金) 정관(正官)으로 용신(用神)한다. 이 사주는 남자(男子)의 사주로서 형편(形便)이 어려운 가정에 태어나 공부는 많이 못하였으나 장사를 배워 26세 신금대운(申金大運)에 장사를 하여 돈을 많이 벌어 결혼하였고 36세 미토대운(未土大運)에 돈을 많이 벌었으나 41세 무토대운(戊土大運)에 년상계수(年上癸水)와 무계합(戊癸合)으로 합거(合去)되어 재산을 탕진하고 처(妻)와 이혼(離婚)하고 혼자 살고 있는 사주다.

❶ 세운갑신년(歲運甲申年): 손재, 처액, 불성
❷ 질병(疾病): 중풍(中風), 위산과다(胃酸過多), 비색증(鼻塞症), 손발시림
❸ 남녀성격: (남) 의지 굳다, 강직하다, 미남이다, 농담 잘함, 주관이 강함, 인정 있다, 인색하다, 처궁불미, 영리하다, 지구력 부족, 분주 다사, 마음 약
      (여) 의지 굳다, 무뚝뚝하다, 고집 대단, 친정형제 걱정, 부궁불미, 정부, 마음 약, 근심이 많다

☯ 세운·질병·남녀성격의 해설 (歲運·疾病·男女性格의 解說)

❶ 세운갑신년(歲運甲申年) – ※손재, 처액, 불성은 ※세운갑신년(歲運甲申年)의 갑목(甲木)은 을목일주(乙木日柱)의 비겁(比劫)으로 신왕(身旺)한 남자(男子) 사주에 세운(歲運)에서 비견겁운(比肩劫運)이 들어오면 ※손재수를 조심해야 하며 가정에 불화가 많이 생긴다든가 또는 처가 가출한다든가 또는 처의 건강을 조심해야 한다. 그리고 ※불성은 ※세운갑신년(歲運甲申年)의 갑목(甲木)은 을목일주(乙木日柱)의 비겁(比劫)으로 세운(歲運)에서 비견겁운(比肩劫運)이 들어오면 ※모든 일이 잘 풀리지 않고 대차계약도 잘 이루어지지 않는다.

❷ 질병(疾病)은 중풍, 위산과다는 일주(日柱)에서 발생(發生)하며 ※비색증, 손발 시림은 ※을목일주가 해자월(亥子月)에 출생하면 ※축농증, 비염, 코막힘을 조심해야 하며 또는 손발이 시린다.

❸ 남녀성격은 일주(日柱)에서 발생(發生)한다.

갑신년 (甲申年)

58년(음) 7월 22일 진(辰)시 여자

<table>
<tr><td>庚</td><td>乙</td><td>庚</td><td>戊</td></tr>
<tr><td>辰</td><td>酉</td><td>申</td><td>戌</td></tr>
</table>

59	49	39	29	19	9
甲	乙	丙	丁	戊	己
寅	卯	辰	巳	午	未

이 사주는 을목일주(乙木日柱)가 초가을 신월(申月)에 출생하여 실시(失時)하고 신궁경금(申宮庚金)이 월시상(月時上)에 투출(透出)하여 정관격(正官格)이다. 그리고 지지(地支)는 년지술토(年支戌土)와 신유술(申酉戌)로 금국(金局)을 이루어 재살(財殺)이 태왕(太旺)이다. 을목일주(乙木日柱)는 무근(無根)이며 자좌살시(自坐殺地)에 앉았으며 을목일주(乙木日柱)를 도와주는 인수(印綬)나 비견겁(比肩劫)은 하나도 없으므로 쇠극격(衰極格)같이 보인다. 그러나 을목일주(乙木日柱)는 시상경금(時上庚金)과 을경합금(乙庚合金)으로 금(金)으로 화(化)하였는데 사주 전체가 토금(土金)이므로 화격(化格)이다. 그러므로 금(金)이 용신(用神)이고 토(土)가 희신(喜神)이 된다. 이 사주는 여자(女子)의 사주로서 관살(官殺)이 태왕(太旺)하므로 부궁(夫宮)이 부실한데다 년간지(年干支) 무술생(戊戌生)의 공망(空亡)은 시지진토(時支辰土)로서 부궁(夫宮)이 더욱더 부실하여 재혼(再婚)한 사주다.

① 세운갑신년(歲運甲申年): 이별수, 관재, 손재, 신액, 불성
② 질병(疾病): 간(肝), 담(膽), 간경화(肝硬化)
③ 남녀성격: (남) 무뚝뚝하다, 의지 굳다, 사리 분명, 거취 분명, 만인 신망, 처 덕 있다, 처궁불미, 남에게 잘함, 임기응변, 인정 있다
　　　　　 (여) 의지 굳다, 무뚝뚝하다, 인자함, 근면 성실, 남편 말을 잘 듣는다

세운 · 질병 · 남녀성격의 해설 (歲運 · 疾病 · 男女性格의 解說)

① 세운갑신년(歲運甲申年)= ※이별수, 관재, 손재, 신액, 불성은 ※세운갑신년(歲運甲申年)의 신금(申金)은 을목일주(乙木日柱)의 정관(正官)으로 여자 사주에 관살(官殺)이 태왕(太旺)인데 세운(歲運)에서 관살운(官殺運)이 들어오면 ※가정에 불화가 많이 생긴다든가 또는 남편과 떨어져 산다든가 또는 이혼한다든가 또는 남편이 사망하는 수도 있다. 그리고 ※관재, 손재, 신액은 ※세운갑신년(歲運甲申年)의 신금(申金)은 을목일주(乙木日柱)의 정관(正官)으로 원명사주(源命四柱)에 재살(財殺)이 태왕(太旺)인데 세운에서 재(財)나 관살운(官殺運)이 들어오면 ※관재수를 조심해야 하며 또는 손재수를 조심해야 하며 또는 건강을 조심해야 한다. 그리고 ※불성은 ※세운갑신년(歲運甲申年)의 갑목(甲木)은 을목일주의 비겁(比劫)으로 세운에서 비견겁운(比肩劫運)이 들어오면 ※모든 일이 잘 풀리지 않고 대차계약도 잘 이루어지지 않는다.

② 질병(疾病)과 ③ 남녀성격은 일주(日柱)에서 발생(發生)한다.

갑신년 (甲申年)

66년(음) 4월 27일 축(丑)시 여자

丁	乙	甲	丙
丑	巳	午	午

53	43	33	23	13	3
戊	己	庚	辛	壬	癸
子	丑	寅	卯	辰	巳

이 사주는 을목일주(乙木日柱)가 중하오월(中夏午月)에 출생하여 실시(失時)하고 오중정화(午中丁火)가 시상(時上)에 투출(透出)하여 식신격(食神格)이다. 그리고 년지오화(年支午火)와 일지사화(日支巳火)와 사오(巳午)로 화국(火局)을 이루고 사중병화(巳中丙火)가 년상(年上)에 투출(透出)하여 상관식신(傷官食神)이 태왕(太旺)이다. 을목일주(乙木日柱)는 무근(無根)이며 자좌사화(自坐巳火)에 설기(泄氣)가 심(甚)하며 많은 화국(火局)에 고목(枯木)이 되어가고 있으며 월상갑목(月上甲木) 비겁(比劫)도 무근(無根)이며 자좌오화(自坐午火)에 설기(泄氣)가 심(甚)하며 고목(枯木)이 되어 을목일주(乙木日柱)를 도울 수가 없다. 그러므로 목생화(木生火) 화생토(火生土)로 종재격(從財格)이다. 종재격(從財格)에는 토재(土財)가 용신(用神)이며 화(火) 상관식신(傷官食神)은 희신(喜神)이 된다. 이 사주는 여자(女子)의 사주로서 예능(藝能)을 전공하였으나 운(運)이 없어 성공하지 못하고 지금까지도 혼자 살고 있는 사주다. 여자(女子) 사주에 상관식신(傷官食神)이 태왕(太旺)이면 부궁(夫宮)이 부실한데 시지축토(時支丑土)는 관성(官星)의 묘궁(墓宮)으로 더욱더 부궁(夫宮)이 부실하므로 나이가 많은 사람과 결혼하면 좋다.

❶ 세운갑신년(歲運甲申年): 이별수, 관재, 수술

❷ 질병(疾病): 간(肝), 담(膽)

❸ 남녀성격: (남) 의지 굳다, 무뚝뚝하다, 웃음이 적다, 인정 있다, 예의 있다, 명랑하다, 영리하다, 처궁불미, 고독하다, 돈이 잘 빠져나간다

　　　　　　(여) 의지 굳다, 무뚝뚝하다, 인자하다, 부궁불미, 정부, 재가, 애교 많음

🌀 세운·질병·남녀성격의 해설 (歲運·疾病·男女性格의 解說)

❶ 세운갑신년(歲運甲申年)= ※이별수, 관재, 수술은 ※세운갑신년(歲運甲申年)의 신금(申金)은 을목일주(乙木日柱)의 정관(正官)으로 여자(女子) 사주에 상관식신(傷官食神)이 태왕(太旺)인데 세운(歲運)에서 관살운(官殺運)이 들어오면 ※가정에 불화가 많이 생긴다든가 또는 남편과 떨어져 산다든가 또는 이혼한다든가 또는 남편이 사망하는 수도 있다. 그리고 ※관재, 수술은 ※세운갑신년(歲運甲申年)의 신금(申金)은 일지사화(日支巳火)와 사신(巳申)으로 형살(刑殺)이 되므로 세운(歲運)에서 일지(日支) 형살운(刑殺運)이 들어오면 ※관재수나 수술을 조심해야 한다.

❷ 질병(疾病)은 일주(日柱)에서 발생(發生)한다.

❸ 남녀성격은 일주(日柱)에서 발생(發生)한다.

갑신년 (甲申年)

61년(음) 11월 2일 자(子)시 여자

戊	丙	庚	辛
子	子	子	丑

59	49	39	29	19	9
丙	乙	甲	癸	壬	辛
午	巳	辰	卯	寅	丑

이 사주는 병화일주(丙火日柱)가 중동자월(中冬子月)에 출생하여 실시(失時)하고 년지축토(年支丑土)와 자축(子丑)으로 수국(水局)을 이루고 일시지(日時支) 양자수(兩子水)로 지지(地支)는 전수국(全水局)을 이루었으며 년월(年月) 경신금(庚辛金)은 축중신금(丑中辛金)에 근(根)하여 일주(日柱)가 쇠약(衰弱)하다. 그러므로 화생토(火生土) 토생금(土生金) 금생수(金生水)로 종살격(從殺格)같이 보이나 병화일주(丙火日柱)를 도와주는 비견겁(比肩劫)이나 인수(印綬)가 하나도 없으므로 쇠극격(衰極格)에 해당한다. 쇠(衰)한 자는 상관식신(傷官食神)으로 설기(泄氣)하여 더욱더 쇠(衰)하게 하는 동시 일주(日柱)를 극(剋)하는 관살(官殺)을 제(制)하여야 하기 때문에 식신상관(食神傷官)이 용신(用神)이며 금재(金財)는 희신(喜神)이 된다. 이 사주는 여자(女子)의 사주로서 전업주부로 살다가 39세 갑목대운(甲木大運)에 사업을 경영하여 손해를 많이 보았고 44세 진토대운(辰土大運)에 사업이 번창하여 재산을 복구하였으나 49세 을목대운(乙木大運)부터는 운(運)이 없어 손해를 많이 보고 있는 사주다.

❶ 세운갑신년(歲運甲申年): 신축, 문서, 변화, 이사, 전근
❷ 질병(疾病): 심장(心臟), 냉증(冷症)
❸ 남녀성격: (남) 예의 있다, 명랑하다, 근심이 많다, 내음외양, 권모술수, 냉정하다, 눈치가 빠름, 고집 대단, 부모형제 덕이 없다, 성질 급, 처궁불미, 자손근심, 말을 잘한다
　　　　　(여) 말을 잘한다, 명랑하다, 금방 좋았다가 금방 싫어짐, 부궁불미, 정부, 재가, 어려운 생활

세운 · 질병 · 남녀성격의 해설 (歲運 · 疾病 · 男女性格의 解說)

❶ 세운갑신년(歲運甲申年)= ※신축, 문서, 변화, 이사, 전근은 ※세운갑신년(歲運甲申年)의 갑목(甲木)은 병화일주(丙火日柱)의 인수(印綬)로 세운(歲運)에서 인수운(印綬運)이 들어오면 ※집을 짓는다든가 또는 증축을 한다든가 또는 사업체를 벌린다든가 또는 문서를 잡는 일이 많다. 그리고 ※변화, 이사, 전근은 ※세운갑신년(歲運甲申年)의 신금(申金)은 일지자수(日支子水)와 자신(子申)으로 삼합(三合)이 되므로 세운(歲運)에서 일지(日支) 삼합운(三合運)이 들어오면 ※변화가 생긴다든가 또는 이사를 한다든가 또는 직장을 옮기는 일이 많다.

❷ 질병(疾病)과 ❸ 남녀성격은 일주(日柱)에서 발생(發生)한다.

갑신년 (甲申年)

62년(음) 10월 28일 오(午)시 남자

甲	丙	辛	壬
午	寅	亥	寅

54	44	34	24	14	4
丁	丙	乙	甲	癸	壬
巳	辰	卯	寅	丑	子

이 사주는 병화일주(丙火日柱)가 초겨울 해월(亥月)에 출생하여 실시(失時)하고 해중임수(亥中壬水)가 년상(年上)에 투출(透出)하여 편관격(偏官格)으로 일주(日柱)는 신약사주(身弱四柱)다. 그러나 병화일주(丙火日柱)는 년지인목(年支寅木)에 장생(長生)하고 자좌인목(自坐寅木)에 장생(長生)하고 인중갑목(寅中甲木)이 시상(時上)에 투출(透出)하였으며 시지오화(時支午火) 양인(羊刃)이 있어 일주(日柱)는 약화위강(弱化爲强)으로 신왕사주(身旺四柱)다. 신왕사주(身旺四柱)에는 일주(日柱)를 제(制)하는 관살(官殺)이 좋은데 다행히 년상임수(年上壬水)가 해중임수(亥中壬水)에 록근(祿根)하여 임수편관(壬水偏官)이 용신(用神)이며 금재(金財)는 희신(喜神)이 된다. 이 사주는 남자(男子)의 사주로서 공부는 많이 하였으나 운(運)이 없어 취업이 늦었으며 취업 후에도 운이 없어 고생을 많이 하다가 44세 병화대운(丙火大運)에 퇴사하고 사업을 경영하였으나 월상신금(月上辛金)과 대운병화(大運丙火)와 병신합(丙辛合)으로 합거(合去)되어 재산을 탕진하고 방황하며 살고 있는 사주다. 사주(四柱)는 잘 타고났으나 운(運)이 없어 고생을 많이 하고 있는 사주다.

❶ 세운갑신년(歲運甲申年): 신축, 문서, 관재, 수술, 자연재앙
❷ 질병(疾病): 심장(心臟), 기관지(氣管支)
❸ 남녀성격: (남) 말을 잘한다, 예의 있다, 명랑하다, 남을 생각하지 않고 직선적으로 말함, 용기 있다, 의젓하다, 멋쟁이, 영리하다, 일독십지, 명예 우선, 성질 급, 박력 있다, 타의 군림, 남을 멸시한다
　　　　　(여) 말을 잘한다, 총명하다, 금방 좋았다가 금방 싫어짐, 박력 있다, 부궁불미

🌀 세운 · 질병 · 남녀성격의 해설 (歲運 · 疾病 · 男女性格의 解說)

❶ 세운갑신년(歲運甲申年)= ※신축, 문서, 관재, 수술, 자연재앙은 ※세운갑신년(歲運甲申年)의 갑목(甲木)은 병화일주(丙火日柱)의 인수(印綬)로 세운(歲運)에서 인수운(印綬運)이 들어오면 ※집을 짓는다든가 또는 증축을 한다든가 또는 사업체를 벌린다든가 또는 문서를 잡는 일이 많다. 그리고 ※관재, 수술, 자연재앙은 ※세운갑신년(歲運甲申年)의 신금(申金)은 일지인목(日支寅木)과 인신충(寅申沖)으로 세운(歲運)에서 일지충운(日支沖運)이 들어오면 ※관재수를 조심해야 하며 또는 수술을 조심해야 하며 또는 자연재앙을 조심해야 한다.

❷ 질병(疾病)은 일주(日柱)에서 발생(發生)한다.

❸ 남녀성격은 일주(日柱)에서 발생(發生)한다.

갑신년(甲申年)

58년(음) 6월 22일 축(丑)시 여자

<table>
<tr><td>己</td><td>丙</td><td>己</td><td>戊</td></tr>
<tr><td>丑</td><td>辰</td><td>未</td><td>戌</td></tr>
</table>

60	50	40	30	20	10
癸	甲	乙	丙	丁	戊
丑	寅	卯	辰	巳	午

이 사주는 병화일주(丙火日柱)가 하계미월(夏季未月)에 출생하여 실시(失時)하고 미중기토(未中己土)가 월시상(月時上)에 투출(透出)하여 상관격(傷官格)이다. 그리고 지지(地支)는 진술미축(辰戌未丑)으로 전토국(全土局)을 이루고 천간(天干)도 무기토(戊己土)로 상관식신(傷官食神)이 태왕(太旺)이다. 그러니 병화일수(丙火日柱)는 무근(無根)이며 병화일주를 도와주는 인수(印綬)나 비견겁(比肩劫)이 하나도 없으므로 화생토(火生土)로 종아격(從兒格)이므로 토(土) 상관식신(傷官食神)이 용신(用神)이 된다. 이 사주는 여자(女子)의 사주로서 일찍 결혼하였으나 자식(子息)을 못 낳아 이혼하고 음식점을 경영하였으나 운(運)이 없어 손해를 많이 보고 병(病)까지 얻어 자궁(子宮) 수술을 한 사주다. 여자(女子) 사주에 상관식신(傷官食神)이 태왕(太旺)이면 무자식(無子息) 팔자(八字)이며 자궁(子宮) 수술을 하게 된 것은 년지술토(年支戌土)와 월지미토(月支未土)와 미술(未戌)로 형살(刑殺)이 되므로 상관식신(傷官食神)이 태왕(太旺)하고 형살(刑殺)이 있으면 자궁(子宮)과 유방(乳房)을 조심해야 한다. 상관(傷官)은 자궁(子宮)과 유방(乳房)이다. 그리고 여자(女子) 사주에 상관식신(傷官食神)이 태왕(太旺)이면 자손(子孫)이 귀하다.

❶ 세운갑신년(歲運甲申年): 신축, 문서, 변화, 이사, 전근

❷ 질병(疾病): 혈압(血壓), 심장(心臟), 신경통(神經痛)

❸ 남녀성격: (남) 말을 잘한다, 재간 있다, 남에게 잘함, 배짱 좋다, 손재가 많다, 신앙심, 추리력이 좋다, 재복 있다

(여) 말을 잘한다, 명랑하다, 금방 좋았다가 금방 싫어짐, 고집 대단, 박력 있다, 부궁불미, 정부, 몸과 마음이 피곤함, 신앙심

🔵 세운·질병·남녀성격의 해설 (歲運·疾病·男女性格의 解說)

❶ 세운갑신년(歲運甲申年)= ※신축, 문서, 변화, 이사, 전근은 ※세운갑신년(歲運甲申年)의 갑목(甲木)은 병화일주(丙火日柱)의 인수(印綬)로 세운(歲運)에서 인수운(印綬運)이 들어오면 ※집을 짓는다든가 또는 증축을 한다든가 또는 사업체를 벌린다든가 또는 문서를 잡는 일이 많다. 그리고 ※변화, 이사, 전근은 ※세운갑신년(歲運甲申年)의 신금(申金)은 일지진토(日支辰土)와 신진(申辰)으로 삼합(三合)이 되므로 세운(歲運)에서 일지(日支) 삼합운(三合運)이 들어오면 ※변화가 생긴다든가 또는 이사를 한다든가 또는 직장을 옮기는 일이 많다.

❷ 질병(疾病)과 ❸ 남녀성격은 일주(日柱)에서 발생(發生)한다.

갑신년 (甲申年)

54년(음) 1월 16일 오(午)시 여자

甲	丙	丙	甲
午	午	寅	午

55	45	35	25	15	5
庚	辛	壬	癸	甲	乙
申	酉	戌	亥	子	丑

이 사주는 병화일주(丙火日柱)가 초봄 인월(寅月)에 출생하여 득령(得令)하고 인중(寅中)에 갑목(甲木)과 병화(丙火)가 투출(透出)하여 인수격(印綬格)이다. 그리고 년지오화(年支午火)와 일시지(日時支) 양오화(兩午火)로 사주 전체가 목화(木火)로 왕극사주(旺極四柱)다. 왕극사주(旺極四柱)에는 목인수(木印綬)로 일주(日柱)를 생(生)하여 더욱더 왕(旺)하게 하는 법칙이므로 목인수(木印綬)가 용신(用神)이며 화비견겁(火比肩劫)은 희신(喜神)이 된다. 이 사주는 여자(女子)의 사주로서 보험회사에 근무하다가 45세 신금대운(辛金大運)에 퇴사하여 사업을 경영하였으나 월상병화(月上丙火)와 대운신금(大運辛金)과 병신합(丙辛合)으로 합거(合去)되어 손해를 많이 보았고 그 이후로도 운(運)이 없어 재산을 탕진하고 남편(男便)과 이혼(離婚)하고 혼자 살고 있는 사주다.

❶ 세운갑신년(歲運甲申年): 이별수, 신축, 문서
❷ 질병(疾病): 심장(心臟), 신경통(神經痛), 신경질(神經質), 부인병(婦人病)
❸ 남녀성격: (남) 말을 잘한다, 명랑하다, 성질 급, 남을 생각하지 않고 직선적으로 말함, 처궁불미, 인내심 부족, 타인 경시, 자립정신, 속성속패, 암기력, 영리하다
　　　　　 (여) 말을 잘한다, 명랑하다, 금방 좋았다가 금방 싫어짐, 시모불합, 남편 말 잘 안듣는다, 부궁불미, 정부, 영리하다

◐ 세운·질병·남녀성격의 해설 (歲運·疾病·男女性格의 解說)

❶ 세운갑신년(歲運甲申年)= ※이별수, 신축, 문서는 ※세운갑신년(歲運甲申年)의 갑목(甲木)은 병화일주(丙火日柱)의 인수(印綬)로 신왕(身旺)한 여자(女子) 사주에 세운(歲運)에서 인수운(印綬運)이 들어오면 ※가정에 불화가 많이 생긴다든가 또는 남편과 떨어져 산다든가 또는 이혼한다든가 또는 남편이 사망하는 수도 있다. 그리고 ※신축, 문서는 ※세운갑신년(歲運甲申年)의 갑목(甲木)은 병화일주(丙火日柱)의 인수(印綬)로 세운(歲運)에서 인수운(印綬運)이 들어오면 ※집을 짓는다든가 또는 증축을 한다든가 또는 사업체를 벌린다든가 또는 문서를 잡는 일이 많다.

❷ 질병(疾病)은 심장은 일주(日柱)에서 발생(發生)하며 ※신경통, 신경질, 부인병은 ※병화일주가 인묘(寅卯)월에 출생하고 비견겁(比肩劫)이 태왕하면 ※신경통, 신경질, 부인병을 조심해야 한다.

❸ 남녀성격은 일주(日柱)에서 발생(發生)한다.

갑신년 (甲申年)

58년(음) 10월 5일 자(子)시 남자

戊	丙	癸	戊
子	申	亥	戌

57	47	37	27	17	7
己	戊	丁	丙	乙	甲
巳	辰	卯	寅	丑	子

이 사주는 병화일주(丙火日柱)가 초겨울 해월(亥月)에 출생하여 실시(失時)하고 해중무토(亥中戊土)가 시상(時上)에 투출(透出)하여 식신격(食神格)이다. 그리고 일시지(日時支) 자신(子申)으로 수국(水局)을 이루고 자중계수(子中癸水)가 월상(月上)에 투출(透出)하여 재살(財殺)이 태왕(太旺)이다. 그러므로 화생토(火生土) 토생금(土生金) 금생수(金生水)로 종살격(從殺格)같이 보이나 병화일주(丙火日柱)를 도와주는 비견겁(比肩劫)이나 인수(印綬)가 하나도 없으므로 쇠극격(衰極格)에 해당하므로 쇠(衰)한 자는 상관식신(傷官食神)으로 설기(泄氣)하여 더욱더 쇠(衰)하게 하는 동시 일주(日柱)를 극(剋)하는 관살(官殺)을 제(制)하여야 하기 때문에 무토식신(戊土食神)이 용신(用神)이며 금재(金財)는 희신(喜神)이 된다. 이 사주는 남자의 사주로서 회사에 다녔으나 운이 없어 고생을 많이 하다가 47세 무토대운(戊土大運)에 월상계수(月上癸水)와 무계합(戊癸合)으로 합거(合去)되어 재산을 탕진하였으나 52세 진토대운(辰土大運)부터는 사업이 번창하여 재산을 복구한 사주다.

❶ 세운갑신년(歲運甲申年): 변화, 이사, 전근, 관재, 손재, 신액, 신축, 문서
❷ 질병(疾病): 심장 약(心臟 弱)
❸ 남녀성격: (남) 말을 잘한다, 영리하다, 다재다능, 재복 있다, 처 덕 있다, 꾀가 많다, 고독하다
(여) 말을 잘한다, 명랑하다, 금방 좋았다가 금방 싫어짐, 부궁불미, 정부, 시모 불합, 잔병조심, 말조심, 고독하다

☯ 세운 · 질병 · 남녀성격의 해설 (歲運 · 疾病 · 男女性格의 解說)

❶ 세운갑신년(歲運甲申年)= ※변화, 이사, 전근, 관재, 손재, 신액, 신축, 문서는 ※세운갑신년(歲運甲申年)의 신금(申金)은 일지신금(日支申金)과 신신(申申)으로 삼합이 되므로 세운에서 일지(日支) 삼합운(三合運)이 들어오면 ※변화가 생긴다든가 또는 이사를 한다든가 또는 직장을 옮기는 일이 많다. 그리고 ※관재, 손재, 신액은 ※세운갑신년(歲運甲申年)의 신금(申金)은 병화일주의 편재(偏財)로 원명사주에 재살(財殺)이 태왕(太旺)인데 세운에서 재(財)나 관살운(官殺運)이 들어오면 ※관재수나 손재수나 건강을 조심해야 한다. 그리고 ※신축, 문서는 ※세운갑신년(歲運甲申年)의 갑목(甲木)은 병화일주의 인수(印綬)로 세운(歲運)에서 인수운(印綬運)이 들어오면 ※집을 짓는다든가 또는 증축을 한다든가 또는 사업체를 벌린다든가 또는 문서를 잡는 일이 많다.

❷ 질병(疾病)과 ❸ 남녀성격은 일주(日柱)에서 발생(發生)한다.

갑신년 (甲申年)

58년(음) 5월 22일 해(亥)시 여자

己	丙	戊	戊
亥	戌	午	戌

60	50	40	30	20	10
壬	癸	甲	乙	丙	丁
子	丑	寅	卯	辰	巳

이 사주는 병화일주(丙火日柱)가 중하오월(中夏午月) 양인월(羊刃月)에 출생하여 득령(得令)하고 오중기토(午中己土)가 시상(時上)에 투출(透出)하여 상관격(傷官格)이다. 그리고 년월(年月) 양무토(兩戊土) 식신(食神)과 년일지(年日支) 양술토(兩戌土)로 상관식신(傷官食神)이 태왕(太旺)하고 병화일주(丙火日柱)가 설기(泄氣)가 심(甚)하여 신약사주(身弱四柱)로서 많은 상관식신(傷官食神)을 제(制)하고 병화일주(丙火日柱)를 생(生)하여 주는 목인수(木印綬)가 용신(用神)이며 화비견겁(火比肩劫)은 희신(喜神)이 된다. 이 사주는 여자(女子)의 사주로서 입시학원의 논술교사로 근무하다가 30세 을목대운(乙木大運)에 퇴사하여 논술학원을 경영하여 수억금을 벌었으며 40세 갑목대운(甲木大運)에 시상기토(時上己土)와 갑기합(甲己合)으로 합거(合去)되어 손해를 많이 보았으며 남편(男便)과 이혼(離婚)하였고 45세 인목대운(寅木大運)에 사업을 재기(再起)하여 돈을 많이 벌은 사주다. 그리고 50세 계수대운(癸水大運)부터는 평범하게 살아가고 있는 사주다. 부궁(夫宮)이 부실한 것은 여자(女子) 사주에 시지해수(時支亥水) 편관(偏官)은 남편(男便)인데 많은 상관식신(傷官食神)이 관(官)을 극(剋)하므로 여자 사주에 상관식신(傷官食神)이 태왕(太旺)이면 부궁(夫宮)이 부실하여 재혼하거나 혼자 사는 사람들이 많다.

❶ 세운갑신년(歲運甲申年): 신축, 문서
❷ 질병(疾病): 혈압(血壓)
❸ 남녀성격: (남) 말을 잘한다, 영리하다, 예의 있다, 인정 있다, 이해심이 많다, 성질 급, 박력 있다, 영리하다, 만인 존경, 알뜰함, 연구심, 배짱 좋다, 돈이 잘 빠져나감, 예감, 신앙심
(여) 말을 잘한다, 명랑하다, 예의 있다, 금방 좋았다가 금방 싫어짐, 정부, 재가, 부궁불미, 인정 있다, 남에게 잘함, 배짱좋다, 신앙심

🌀 세운 · 질병 · 남녀성격의 해설 (歲運 · 疾病 · 男女性格의 解說)

❶ 세운갑신년(歲運甲申年)= ※신축, 문서는 ※세운갑신년(歲運甲申年)의 갑목(甲木)은 병화일주(丙火日柱)의 인수(印綬)로 세운(歲運)에서 인수운(印綬運)이 들어오면 ※집을 짓는다든가 또는 증축을 한다든가 또는 사업체를 벌린다든가 또는 문서를 잡는 일이 많다.

❷ 질병(疾病)은 일주(日柱)에서 발생(發生)한다.

❸ 남녀성격은 일주(日柱)에서 발생(發生)한다.

갑신년 (甲申年)

63년(음) 6월 12일 해(亥)시 남자

己	丙	己	癸
亥	子	未	卯
58	48	38	28	18	8
癸	甲	乙	丙	丁	戊
丑	寅	卯	辰	巳	午

이 사주는 병화일주(丙火日柱)가 하계미월(夏季未月)에 출생하여 실시(失時)하고 미중기토(未中己土)가 월시상(月時上)에 투출(透出)하여 상관격(傷官格)이다. 그리고 일시지(日時支) 해자수국(亥子水局)을 이루고 년상계수(年上癸水)가 투출(透出)하여 일주(日柱)는 신약사주(身弱四柱)다. 다행히 년지묘목(年支卯木) 인수(印綬)가 있어 묘목인수(卯木印綬)가 용신(用神)이며 화비견겁(火比肩劫)은 희신(喜神)이 된다. 이 사주는 남자(男子)의 사주로서 초년(初年)에 기술을 배워 회사에 근무하다가 38세 을목대운(乙木大運)에 사업을 경영하여 수억금을 벌었으나 48세 갑목대운(甲木大運)에 사업을 확장하여 경영하다가 월상기토(月上己土)와 갑기합(甲己合)으로 합거(合去)되어 손해를 많이 보고 있는 사주다. 상관격(傷官格)을 놓은 사람들은 무서운 것이 없으며 고집이 대단하고 재주가 비범하고 팔방미남(八方美男)이며 임기응변(臨機應變)에 능통하며 기술(技術)과 예체능(藝體能) 모든 방면에 소질이 많은 사람이다.

❶ 세운갑신년(歲運甲申年): 신축, 문서, 변화, 이사, 전근
❷ 질병(疾病): 심장(心臟), 냉증(冷症)
❸ 남녀성격: (남) 예의 있다, 명랑하다, 근심이 많다, 내음외양, 권모술수, 냉정하다, 눈치가 빠름, 고집 대단, 부모형제 덕이 없다, 성질 급, 처궁불미, 자손근심, 말을 잘한다
　　　　　 (여) 말을 잘한다, 명랑하다, 금방 좋았다가 금방 싫어짐, 부궁불미, 정부, 재가, 어려운 생활

세운 · 질병 · 남녀성격의 해설 (歲運 · 疾病 · 男女性格의 解說)

❶ 세운갑신년(歲運甲申年)= ※신축, 문서, 변화, 이사, 전근은 ※세운갑신년(歲運甲申年)의 갑목(甲木)은 병화일주(丙火日柱)의 인수(印綬)로 세운(歲運)에서 인수운(印綬運)이 들어오면 ※집을 짓는다든가 또는 증축을 한다든가 또는 사업체를 벌린다든가 또는 문서를 잡는 일이 많다. 그리고 ※변화, 이사, 전근은 ※세운갑신년(歲運甲申年)의 신금(申金)은 일지자수(日支子水)와 자신(子申)으로 삼합(三合)이 되므로 세운(歲運)에서 일지(日支) 삼합운(三合運)이 들어오면 ※변화가 생긴다든가 또는 이사를 한다든가 또는 직장을 옮기는 일이 많다.

❷ 질병(疾病)은 일주(日柱)에서 발생(發生)한다.

❸ 남녀성격은 일주(日柱)에서 발생(發生)한다.

갑신년(甲申年)

61년(음) 8월 21일 술(戌)시 남자

戊	丙	丁	辛
戌	寅	酉	丑

57	47	37	27	17	7
辛	壬	癸	甲	乙	丙
卯	辰	巳	午	未	申

이 사주는 병화일주(丙火日柱)가 중추유월(中秋酉月)에 출생하여 실시(失時)하고 유중신금(酉中辛金)이 년상(年上)에 투출(透出)하여 정재격(正財格)이다. 그리고 시간지(時干支) 무술토(戊戌土)로 설기(泄氣)가 심(甚)하여 병화일주(丙火日柱)는 신약사주(身弱四柱)다. 사주에 재(財)가 많으므로 많은 재(財)를 제(制)하고 병화일주(丙火日柱)를 도와주는 비견겁(比肩劫)이 용신(用神)이며 목인수(木印綬)는 희신(喜神)이 된다. 이 사주는 남자(男子)의 사주로서 초년운(初年運)이 잘 들어와 대기업에 입사하여 승진(昇進)도 빨랐으며 42세 사화대운(巳火大運)에 회사의 중책을 맡았으나 47세 임수대운(壬水大運)에 지방(地方) 지점으로 파견(派遣)이 돼 회사를 퇴사하고 사업을 경영하였으나 운(運)이 없어 손해를 많이 보고 있는 사주다. 어느 누구든 운(運)이 평생 잘 들어올 수 없으므로 운(運)이 없을 때에는 자존심이 상(傷)하더라도 직장(職場)생활하면 평범하게 살아갈 수 있으며 사업을 하게 되면 패가망신(敗家亡身)하게 된다.

❶ 세운갑신년(歲運甲申年): 신축, 문서, 관재, 수술, 자연재앙
❷ 질병(疾病): 심장(心臟), 기관지(氣管支)
❸ 남녀성격: (남) 말을 잘한다, 예의 있다, 명랑하다, 남을 생각하지 않고 직선적으로 말함, 용기 있다, 의젓하다, 멋쟁이, 영리하다, 일독십지, 명예 우선, 성질 급, 박력 있다, 타의 군림, 남을 멸시한다
　　　　(여) 말을 잘한다, 총명하다, 금방 좋았다가 금방 싫어짐, 박력 있다, 부궁불미

🔵 세운·질병·남녀성격의 해설 (歲運·疾病·男女性格의 解說)

❶ 세운갑신년(歲運甲申年)= ※신축, 문서, 관재, 수술, 자연재앙은 ※세운갑신년(歲運甲申年)의 갑목(甲木)은 병화일주(丙火日柱)의 인수(印綬)로 세운(歲運)에서 인수운(印綬運)이 들어오면 ※집을 짓는다든가 또는 증축을 한다든가 또는 사업체를 벌린다든가 또는 문서를 잡는 일이 많다. 그리고 ※관재, 수술, 자연재앙은 ※세운갑신년(歲運甲申年)의 신금(申金)은 일지인목(日支寅木)과 인신충(寅申沖)으로 세운(歲運)에서 일지충운(日支沖運)이 들어오면 ※관재수를 조심해야 하며 또는 수술을 조심해야 하며 또는 자연재앙을 조심해야 한다.

❷ 질병(疾病)은 일주(日柱)에서 발생(發生)한다.

❸ 남녀성격은 일주(日柱)에서 발생(發生)한다.

갑신년(甲申年)

65년(음) 8월 25일 해(亥)시 여자

辛	丁	乙	乙
亥	丑	酉	巳

56	46	36	26	16	6
辛	庚	己	戊	丁	丙
卯	寅	丑	子	亥	戌

이 사주는 정화일주(丁火日柱)가 중추유월(中秋酉月)에 출생하여 실시(失時)하고 유중신금(酉中辛金)이 시상(時上)에 투출(透出)하여 편재격(偏財格)이다. 그리고 년월일지(年月日支) 사유축(巳酉丑)으로 금국(金局)을 이루고 시지해수(時支亥水)가 있어 재관(財官)이 태왕(太旺)하다. 그러나 정화일주(丁火日柱)는 년지(年支) 사중병화(巳中丙火)에 근(根)하고 근(根)이 없는 년월(年月) 양을목(兩乙木) 인수(印綬)가 있어 종(從)하지 않는다. 그러므로 사중병화(巳中丙火) 비겁(比劫)으로 많은 재(財)를 제(制)하고 일주(日柱)를 보신(補身)해야 하므로 사중병화(巳中丙火) 비겁(比劫)이 용신(用神)이며 목인수(木印綬)는 희신(喜神)이 된다. 이 사주는 여자(女子)의 사주로서 농협에 근무하였으나 운(運)이 없어 승진이 안되어 고생을 많이 하다가 46세 경금대운(庚金大運)에 퇴사하여 사업을 경영하였으나 월상을목(月上乙木)과 을경합(乙庚合)으로 합거(合去)되어 손해를 많이 보고 있는 사주다. 그러나 51세 인목대운(寅木大運)에는 운(運)이 잘 들어와 돈을 많이 벌 것으로 생각된다.

❶ 세운갑신년(歲運甲申年): 관재, 손재, 신액, 신축, 문서
❷ 질병(疾病): 냉(冷), 하원윤습(下元潤濕)
❸ 남녀성격: (남) 말을 잘한다, 인심 좋다, 예의 있다, 재물 욕심, 재복 있다, 영리하다, 임기응변, 재간 있다, 근면 성실, 주머니 돈 안 떨어진다, 신앙심, 새벽잠이 없다
(여) 명랑하다, 예의 있다, 금방 좋았다가 금방 싫어짐, 부궁불미, 정부, 재가, 인정 있다, 요리솜씨, 말을 잘한다

🌀 세운·질병·남녀성격의 해설 (歲運·疾病·男女性格의 解說)

❶ 세운갑신년(歲運甲申年)= ※관재, 손재, 신액, 신축, 문서는 ※세운갑신년(歲運甲申年)의 신금(申金)은 정화일주(丁火日柱)의 정재(正財)로 원명사주(源命四柱)에 재관(財官)이 태왕(太旺)인데 세운(歲運)에서 재(財)나 관살운(官殺運)이 들어오면 ※관재수를 조심해야 하며 또는 손재수를 조심해야 하며 또는 건강을 조심해야 한다. 그리고 ※신축, 문서는 ※세운갑신년(歲運甲申年)의 갑목(甲木)은 정화일주(丁火日柱)의 인수(印綬)로 세운(歲運)에서 인수운(印綬運)이 들어오면 ※집을 짓는다든가 또는 증축을 한다든가 또는 사업체를 벌린다든가 또는 문서를 잡는 일이 많다.

❷ 질병(疾病)은 일주(日柱)에서 발생(發生)한다.

❸ 남녀성격은 일주(日柱)에서 발생(發生)한다.

갑신년 (甲申年)

63년(음) 6월 23일 미(未)시 남자

<table>
<tr><td>丁</td><td>丁</td><td>庚</td><td>癸</td></tr>
<tr><td>未</td><td>亥</td><td>申</td><td>卯</td></tr>
</table>

51	41	31	21	11	1
甲	乙	丙	丁	戊	己
寅	卯	辰	巳	午	未

이 사주는 정화일주(丁火日柱)가 초가을 신월(申月)에 출생하여 실시(失時)하고 신궁경금(申宮庚金)이 월상(月上)에 투출(透出)하여 정재격(正財格)이다. 그리고 일지해수(日支亥水)와 년상계수(年上癸水)가 투출(透出)하여 재살(財殺)이 태왕(太旺)이다. 정화일주(丁火日柱)는 자좌해수(自坐亥水)에 살지(殺地)라고 하나 년지묘목(年支卯木) 인수(印綬)가 있으며 시상정화(時上丁火) 비견(比肩)은 미중정화(未中丁火)에 근(根)하므로 종(從)하지 않는다. 그러므로 많은 재(財)를 제(制)하고 일주(日柱)를 보신(補身)하는 비견겁(比肩劫)이 용신(用神)이며 목인수(木印綬)는 희신(喜神)이 된다. 이 사주는 남자(男子)의 사주로서 초년운(初年運)이 잘 들어와 공부를 많이 하여 외국계 회사에 근무하여 운(運)이 좋아 승진(昇進)도 빨랐으며 46세 묘목대운(卯木大運)에는 한층 더 승진(昇進)하여 승승장구(乘勝長驅)하고 있는 중이다. 앞으로도 갑인대운(甲寅大運)이 잘 들어와 회사의 임원(任員)이 되며 크게 성공(成功)하리라고 본다.

❶ 세운갑신년(歲運甲申年): 관재, 손재, 신액, 신축, 문서
❷ 질병(疾病): 심장(心臟), 냉증(冷症)
❸ 남녀성격: (남) 영리하다, 외유내강, 지혜롭다, 지구력 부족, 처세가 좋다, 영리하다, 장수한다, 항상 바쁨, 꿈이 많다, 처 덕 있다, 자손귀자, 명예를 좋아함, 예감 빠름, 신앙심
　　　　　(여) 명랑하다, 예의 있다, 금방 좋았다가 금방 싫어짐, 애교 많다, 식복, 남편 의처증, 정부, 자손근심

세운 · 질병 · 남녀성격의 해설 (歲運 · 疾病 · 男女性格의 解說)

❶ 세운갑신년(歲運甲申年)= ※관재, 손재, 신액, 신축, 문서는 ※세운갑신년(歲運甲申年)의 신금(申金)은 정화일주(丁火日柱)의 정재(正財)로 원명사주(源命四柱)에 재관(財官)이 태왕(太旺)인데 세운(歲運)에서 재(財)나 관살운(官殺運)이 들어오면 ※**관재수나 손재수나 건강을 조심해야 한다.** 그리고 ※**신축, 문서는** ※세운갑신년(歲運甲申年)의 갑목(甲木)은 정화일주(丁火日柱)의 인수(印綬)로 세운(歲運)에서 인수운(印綬運)이 들어오면 ※**집을 짓는다든가 또는 증축을 한다든가 또는 사업체를 벌린다든가 또는 문서를 잡는 일이 많다.**

❷ 질병(疾病)은 일주(日柱)에서 발생(發生)한다.

❸ 남녀성격은 일주(日柱)에서 발생(發生)한다.

갑신년(甲申年)

65년(음) 5월 13일 사(巳)시 여자

이 사주는 정화일주(丁火日柱)가 중하오월(中夏午月)에 출생하여 록근(祿根)하고 년지사화(年支巳火)와 시지사화(時支巳火)가 있어 일주(日柱)는 신왕사주(身旺四柱)다. 신왕사주(身旺四柱)에는 일주(日柱)를 제(制)하는 관살(官殺)이나 식신상관(食神傷官)으로 설기(泄氣)하면 좋은데 월상임수(月上壬水) 정관(正官)으로 용신(用神)하고자 하나 그 임수(壬水)는 무근(無根)이며 자좌오화(自坐午火)에 물이 말라 힘이 없으므로 용신(用神)으로 쓸 수가 없다. 용신(用神)이 약(弱)할 때에는 용신(用神)을 돕는 자가 용신(用神)이 되므로 일지(日支) 유금재(酉金財)로 용신(用神)한다. 그러므로 금재(金財)가 용신(用神)이며 토(土) 상관식신(傷官食神)은 희신(喜神)이 된다. 이 사주는 여자(女子)의 사주로서 초년운(初年運)이 잘 들어와 대기업에 입사하여 33세 유금대운(酉金大運)에 승진(昇進)하였으며 그 이후로는 평범하게 지내다가 술토대운(戌土大運)에 금용신(金用神)을 생(生)하여 한층 더 승진하고 잘살고 있는 사주다. 그러나 48세 정해대운(丁亥大運)부터는 운(運)이 없으므로 회사(會社)생활이나 재물(財物)을 조심해야 한다.

❶ 세운갑신년(歲運甲申年): 이별수, 신축, 문서
❷ 질병(疾病): 심장(心臟), 간(肝), 담(膽)
❸ 남녀성격: (남) 말을 잘한다, 고집 대단, 미남형, 남에게 잘함, 학업 열중, 학업 장애, 재복 있다, 처 덕 있다, 청백하다, 예의 있다, 고독하다
　　　　　(여) 명랑하다, 예의 있다, 금방 좋았다가 금방 싫어짐, 욕심 많다, 정부, 미모 수려, 이성수신, 자손귀자, 말을 잘한다

🌀 세운·질병·남녀성격의 해설 (歲運 · 疾病 · 男女性格의 解說)

❶ 세운갑신년(歲運甲申年)= ※이별수, 신축, 문서는 ※세운갑신년(歲運甲申年)의 갑목(甲木)은 정화일주(丁火日柱)의 인수(印綬)로 신왕(身旺)한 여자(女子) 사주에 세운(歲運)에서 인수운(印綬運)이 들어오면 ※가정에 불화가 많이 생긴다든가 또는 남편과 떨어져 산다든가 또는 이혼한다든가 또는 남편이 사망하는 수도 있다. 그리고 ※신축, 문서는 ※세운갑신년(歲運甲申年)의 갑목(甲木)은 정화일주(丁火日柱)의 인수(印綬)로 세운(歲運)에서 인수운(印綬運)이 들어오면 ※집을 짓는다든가 또는 증축을 한다든가 또는 사업체를 벌린다든가 또는 문서를 잡는 일이 많다.

❷ 질병(疾病)은 일주(日柱)에서 발생(發生)한다.

❸ 남녀성격은 일주(日柱)에서 발생(發生)한다.

갑신년 (甲申年)

63년(음) 7월 14일 해(亥)시 남자

辛	丁	庚	癸
亥	未	申	卯

58	48	38	28	18	8
甲	乙	丙	丁	戊	己
寅	卯	辰	巳	午	未

이 사주는 정화일주(丁火日柱)가 초가을 신월(申月)에 출생하여 실시(失時)하고 신궁경금(申宮庚金)이 월상(月上)에 투출(透出)하여 정재격(正財格)이다. 그리고 년지(年支) 해중임수(亥中壬水)와 시상계수(時上癸水)가 투출(透出)하여 재살(財殺)이 태왕(太旺)이다. 정화일주(丁火日柱)는 자좌(自坐) 미중정화(未中丁火)에 근(根)하고 년지묘목(年支卯木) 인수(印綬)가 있어 종(從)하지 않으므로 살인상생(殺印相生)으로 목인수(木印綬)가 용신(用神)이며 화비견겁(火比肩劫)은 희신(喜神)이 된다. 월상경금(月上庚金)은 정재(正財)며 해중임수(亥中壬水)는 정관(正官)이며 해중갑목(亥中甲木)은 정인(正印)으로서 재관인(財官印) 삼귀(三貴)를 갖추어 귀격(貴格)의 사주다. 이 사주는 남자(男子)의 사주로서 초년(初年)부터 운(運)이 잘 들어와 사법고시(司法考試)에 합격하여 지방법원의 판사로 근무하다가 38세 병화대운(丙火大運)에 판사를 퇴직하고 변호사사무실을 개업하였으나 시상신금(時上辛金)과 병신합(丙辛合)으로 합거(合去)되어 고생을 많이 하고 있는 사주다. 그러나 53세 묘목대운(卯木大運)에는 운(運)이 잘 들어와 승승장구하리라고 본다.

❶ 세운갑신년(歲運甲申年): 관재, 손재, 신액, 신축, 문서
❷ 질병(疾病): 간(肝), 담(膽)
❸ 남녀성격: (남) 말을 잘한다, 마음이 넓다, 남에게 잘함, 명랑하다, 예의 있다, 편식, 박력 있다, 고집 대단, 성격이 까다롭다, 옷에 신경, 처궁불미
(여) 명랑하다, 예의 있다, 금방 좋았다가 금방 싫어짐, 인덕 없다, 정부, 재가, 부궁불미, 신앙심, 말을 잘한다, 고집 대단

세운 · 질병 · 남녀성격의 해설 (歲運 · 疾病 · 男女性格의 解說)

❶ 세운갑신년(歲運甲申年)= ※관재, 손재, 신액, 신축, 문서는 ※세운갑신년(歲運甲申年)의 신금(申金)은 정화일주(丁火日柱)의 정재(正財)로 원명사주(源命四柱)에 재살(財殺)이 태왕(太旺)인데 세운(歲運)에서 재(財)나 관살운(官殺運)이 들어오면 ※관재수나 손재수나 건강을 조심해야 한다. 그리고 ※신축, 문서는 ※세운갑신년(歲運甲申年)의 갑목(甲木)은 정화일주(丁火日柱)의 인수(印綬)로 세운(歲運)에서 인수운(印綬運)이 들어오면 ※집을 짓는다든가 또는 증축을 한다든가 또는 사업체를 벌린다든가 또는 문서를 잡는 일이 많다.

❷ 질병(疾病)은 일주(日柱)에서 발생(發生)한다.

❸ 남녀성격은 일주(日柱)에서 발생(發生)한다.

갑신년 (甲申年)

61년(음) 8월 12일 오(午)시 여자

丙	丁	丁	辛
午	巳	酉	丑

56	46	36	26	16	6
癸	壬	辛	庚	己	戊
卯	寅	丑	子	亥	戌

이 사주는 정화일주(丁火日柱)가 중추유월(中秋酉月)에 출생하여 실시(失時)하고 유중신금(酉中辛金)이 년상(年上)에 투출(透出)하여 편재격(偏財格)이다. 그리고 년지축토(年支丑土)와 일지사화(日支巳火)와 사유축(巳酉丑) 금국(金局)을 이루어 신약사주(身弱四柱)같이 보인다. 그러니 정화일주(丁火日柱)는 일지(日支) 사중병화(巳中丙火)에 근(根)하고 사중병화(巳中丙火)가 시상(時上)에 투출(透出)하고 시지오화(時支午火)에 록근(祿根)하고 오중정화(午中丁火)가 월상(月上)에 투출(透出)하여 정화일주는 약화위강(弱化爲强)으로 신왕사주(身旺四柱)다. 그러나 일주(日柱)를 제(制)하는 관살(官殺)은 없고 신금재(辛金財)가 있어 신금재(辛金財)로 용신(用神)한다. 그러므로 년상신금(年上辛金)이 용신(用神)이며 토(土) 상관식신(傷官食神)은 희신(喜神)이 된다. 이 사주는 여자(女子)의 사주로서 전업주부로 살다가 41세 축토대운(丑土大運)에 사업을 경영하여 돈을 많이 벌은 사주다.

❶ 세운갑신년(歲運甲申年): 이별수, 관재, 수술, 신축, 문서
❷ 질병(疾病): 심장(心臟), 혈압(血壓)
❸ 남녀성격: (남) 말을 잘한다, 외유내강, 매사 열중, 예의 있다, 명랑하다, 항상 바쁨, 거짓말을 못함, 남을 생각하지도 않고 직선적으로 말함, 영리하다, 고독하다
　　　　　(여) 명랑하다, 예의 있다, 금방 좋았다가 금방 싫어짐, 말을 잘함, 정부, 재가, 부궁불미, 독수공방

🌀 세운 · 질병 · 남녀성격의 해설 (歲運 · 疾病 · 男女性格의 解說)

❶ 세운갑신년(歲運甲申年)= ※이별수, 관재, 수술, 신축, 문서는 ※세운갑신년(歲運甲申年)의 갑목(甲木)은 정화일주의 인수(印綬)로 신왕(身旺)한 여자 사주에 세운에서 인수운(印綬運)이 들어오면 ※가정에 불화가 많이 생긴다든가 또는 남편과 떨어져 산다든가 또는 이혼한다든가 또는 남편이 사망하는 수도 있다. 그리고 ※관재, 수술은 ※세운갑신년(歲運甲申年)의 신금(申金)은 일지사화(日支巳火)와 사신(巳申)으로 형살(刑殺)이 되므로 세운에서 일지(日支) 형살운(刑殺運)이 들어오면 ※관재수나 수술을 조심해야 한다. 그리고 ※신축, 문서는 ※세운갑신년(歲運甲申年)의 갑목(甲木)은 정화일주의 인수(印綬)로 세운에서 인수운(印綬運)이 들어오면 ※집을 짓는다든가 또는 증축을 한다든가 또는 사업체를 벌린다든가 또는 문서를 잡는 일이 많다.

❷ 질병(疾病)과 ❸ 남녀성격은 일주(日柱)에서 발생(發生)한다.

갑신년 (甲申年)

54년(음) 10월 12일 축(丑)시 여자

辛	丁	甲	甲
丑	卯	戌	午

60	50	40	30	20	10
戊	己	庚	辛	壬	癸
辰	巳	午	未	申	酉

이 사주는 정화일주(丁火日柱)가 계추술월(季秋戌月)에 출생하여 실시(失時)하고 술중신금(戌中辛金)이 시상(時上)에 투출(透出)하여 편재격(偏財格)이다. 그리고 정화일주(丁火日柱)는 년지 오화(年支午火)에 록근(祿根)하고 년월(年月) 양갑목(兩甲木) 인수(印綬)는 일지묘목(日支卯木)에 근(根)하여 정화일주(丁火日柱)를 생(生)하므로 신왕사주(身旺四柱)다. 신왕사주에는 일주를 제(制)하는 관살(官殺)로 용신(用神)함이 좋은데 일주(日柱)를 제(制)하는 관살(官殺)은 없고 시상신금(時上辛金) 편재(偏財)가 있어 시상신금(時上辛金) 편재(偏財)로 용신(用神)한다. 그리고 토(土) 상관식신(傷官食神)은 희신(喜神)이 된다. 이 사주는 여자의 사주로서 초년(初年)에는 장사를 하여 운(運)이 좋아 돈을 많이 벌었으나 45세 오화대운(午火大運)에 용신신금(用神辛金)을 극(剋)하여 손해를 많이 보다가 50세 기토대운에는 월상갑목(月上甲木)과 갑기합(甲己合)으로 합거(合去)되어 재산을 탕진한 사주다.

❶ 세운갑신년(歲運甲申年): 이별수, 신축, 문서, 신경과민
❷ 질병(疾病): 풍질(風疾)
❸ 남녀성격: (남) 말을 잘한다, 명랑하다, 근심이 많다, 영리하다, 풍류를 즐긴다, 지구력 부족, 처궁불미, 마음 약, 소심하다, 인자한 성품, 운동 잘함
　　　　　　(여) 명랑하다, 예의 있다, 금방 좋았다가 금방 싫어짐, 부궁불미, 정부, 친모격정 많이 한다, 예능에 소질

☯ 세운·질병·남녀성격의 해설 (歲運·疾病·男女性格의 解說)

❶ 세운갑신년(歲運甲申年)= ※이별수, 신축, 문서, 신경과민은 ※세운갑신년(歲運甲申年)의 갑목(甲木)은 정화일주의 인수(印綬)로 신왕(身旺)한 여자 사주에 세운에서 인수운(印綬運)이 들어오면 ※가정에 불화가 많이 생긴다든가 또는 남편과 떨어져 산다든가 또는 이혼한다든가 또는 남편이 사망하는 수도 있다. 그리고 ※신축, 문서는 ※세운갑신년(歲運甲申年)의 갑목(甲木)은 정화일주의 인수(印綬)로 세운에서 인수운(印綬運)이 들어오면 ※집을 짓는다든가 또는 증축을 한다든가 또는 사업체를 벌린다든가 또는 문서를 잡는 일이 많다. 그리고 ※신경과민은 ※세운갑신년(歲運甲申年)의 신금(申金)은 일지묘목(日支卯木)과 묘신(卯申)으로 귀문관살(鬼門關殺)이므로 세운에서 일지(日支) 귀문(鬼門) 관살운(關殺運)이 들어오면 ※그해에는 모든 일에 신경을 많이 쓰게 된다.

❷ 질병(疾病)과 ❸ 남녀성격은 일주(日柱)에서 발생(發生)한다.

갑신년 (甲申年)

庚	丁	辛	壬
子	丑	亥	辰

57	47	37	27	17	7
乙	丙	丁	戊	己	庚
巳	午	未	申	酉	戌

이 사주는 정화일주(丁火日柱)가 초겨울 해월(亥月)에 출생하여 실시(失時)하고 해중임수(亥中壬水)가 년상(年上)에 투출(透出)하여 정관격(正官格)이다. 그리고 지지(地支)는 월일시(月日時) 해자축(亥子丑)으로 수국(水局)을 이루고 월시상(月時上) 경신 금재(庚辛金財)가 투출(透出)하여 재살(財殺)이 태왕(太旺)이다. 그러나 정화일수(丁火日柱)를 도와주는 인수(印綬)나 비견섭(比肩劫)은 하나도 없으므로 쇠극격(衰極格)이다. 쇠(衰)한 자는 상관식신(傷官食神)으로 설기(泄氣)하여 더욱더 쇠(衰)하게 하는 동시 일주(日柱)를 극(剋)하는 관살(官殺)을 제(制)하여야 하기 때문에 토(土) 상관식신(傷官食神)이 용신(用神)이며 금재(金財)는 희신(喜神)이 된다. 이 사주는 여자(女子)의 사주로서 초년(初年)에 부모의 음덕(蔭德)으로 공부도 많이 하고 잘 살았으나 운(運)이 없어 취업은 안되고 눈은 높아 사소한 일은 하기 싫어 사업을 경영하다가 47세 병화대운(丙火大運)에 월상신금(月上辛金)과 병신합(丙辛合)으로 합거(合去)되어 재산을 탕진하고 그 이후로도 운(運)이 없어 힘들게 살아가고 있는 사주다.

❶ 세운갑신년(歲運甲申年): 관재, 손재, 신액, 신축, 문서
❷ 질병(疾病): 냉(冷), 하원윤습(下元潤濕)
❸ 남녀성격: (남) 말을 잘한다, 인심 좋다, 예의 있다, 재물 욕심, 재복 있다, 영리하다, 임기응변, 재간 있다, 근면 성실, 주머니 돈 안 떨어진다, 신앙심, 새벽잠이 없다
　　　　　　(여) 명랑하다, 예의 있다, 금방 좋았다가 금방 싫어짐, 부궁불미, 정부, 재가, 인정 있다, 요리솜씨, 말을 잘한다

🔵 세운·질병·남녀성격의 해설 (歲運·疾病·男女性格의 解說)

❶ 세운갑신년(歲運甲申年)= ※관재, 손재, 신액, 신축, 문서는 ※세운갑신년(歲運甲申年)의 신금(申金)은 정화일주(丁火日柱)의 정재(正財)로 원명사주(源命四柱)에 재살(財殺)이 태왕(太旺)인데 세운(歲運)에서 재(財)나 관살운(官殺運)이 들어오면 ※관재수나 손재수나 건강을 조심해야 한다. 그리고 ※신축, 문서는 ※세운갑신년(歲運甲申年)의 갑목(甲木)은 정화일주(丁火日柱)의 인수(印綬)로 세운(歲運)에서 인수운(印綬運)이 들어오면 ※집을 짓는다든가 또는 증축을 한다든가 또는 사업체를 벌린다든가 또는 문서를 잡는 일이 많다.

❷ 질병(疾病)은 일주(日柱)에서 발생(發生)한다.

❸ 남녀성격은 일주(日柱)에서 발생(發生)한다.

갑신년 (甲申年)

丙	丁	丁	癸
午	巳	巳	巳

60	50	40	30	20	10
癸	壬	辛	庚	己	戊
亥	戌	酉	申	未	午

이 사주는 정화일주(丁火日柱)가 초여름 사월(巳月)에 출생하여 득령(得令)하고 년일시지(年日時支) 사오(巳午)로 지지(地支)는 전화국(全火局)을 이루고 월시상(月時上) 병정화(丙丁火)가 투출(透出)하여 비견겁(比肩劫)이 태왕(太旺)이다. 그러므로 신왕사주(身旺四柱)에는 일주(日柱)를 제(制)하는 관살(官殺)이나 상관식신(傷官食神)으로 설기(泄氣)하면 좋은데 년상계수(年上癸水) 편관(偏官)이 있다 하나 그 편관(偏官)은 무근(無根)이며 많은 불에 물이 말라 용신(用神)으로 쓸 수가 없다. 그러므로 염상격(炎上格)으로서 비견겁(比肩劫)이 용신(用神)이며 목인수(木印綬)는 희신(喜神)이 된다. 이 사주는 여자의 사주로서 염상격(炎上格)을 놓은 사람들은 기세가 당당하며 추진력이 있어 40세 신금대운(辛金大運)에 사업을 경영하여 재산을 탕진하고 남편과 이혼하고 혼자 힘들게 살고 있는 사주다. 비견겁(比肩劫)이 태왕(太旺)이면 부궁(夫宮)이 부실하여 재혼하거나 혼자 사는 사람들이 많다.

❶ 세운갑신년(歲運甲申年): 이별수, 관재, 수술, 신축, 문서

❷ 질병(疾病): 심장(心臟), 혈압(血壓)

❸ 남녀성격: (남) 말을 잘한다, 외유내강, 매사 열중, 예의 있다, 명랑하다, 항상 바쁨, 거짓 말을 못함, 남을 생각하지도 않고 직선적으로 말함, 영리하다, 고독하다

(여) 명랑하다, 예의 있다, 금방 좋았다가 금방 싫어짐, 말을 잘함, 정부, 재가, 부궁불미, 독수공방

⊙ 세운·질병·남녀성격의 해설 (歲運·疾病·男女性格의 解說)

❶ 세운갑신년(歲運甲申年)= ※이별수, 관재, 수술, 신축, 문서는 ※세운갑신년(歲運甲申年)의 갑목(甲木)은 정화일주의 인수(印綬)로 신왕(身旺)한 여자 사주에 세운에서 인수운(印綬運)이 들어오면 ※가정에 불화가 많이 생긴다든가 또는 남편과 떨어져 산다든가 또는 이혼한다든가 또는 남편이 사망하는 수도 있다. 그리고 ※관재, 수술은 ※세운갑신년(歲運甲申年)의 신금(申金)은 일지사화(日支巳火)와 사신(巳申)으로 형살(刑殺)이 되므로 세운에서 일지(日支) 형살운(刑殺運)이 들어오면 ※관재수나 수술을 조심해야 한다. 그리고 ※신축, 문서는 ※세운갑신년(歲運甲申年)의 갑목(甲木)은 정화일주의 인수(印綬)로 세운에서 인수운(印綬運)이 들어오면 ※집을 짓는다든가 또는 증축을 한다든가 또는 사업체를 벌린다든가 또는 문서를 잡는 일이 많다.

❷ 질병(疾病)과 ❸ 남녀성격은 일주(日柱)에서 발생(發生)한다.

갑신년 (甲申年)

51년(음) 11월 16일 해(亥)시 여자

癸	戊	庚	辛
亥	子	子	卯

58	48	38	28	18	8
丙	乙	甲	癸	壬	辛
午	巳	辰	卯	寅	丑

이 사주는 무토일주(戊土日柱)가 중동자월(中冬子月)에 출생하여 실시(失時)하고 자중계수(子中癸水)가 시상(時上)에 투출(透出)하여 정재격(正財格)이다. 그리고 일시지(日時支) 해자수(亥子水)로 지지(地支)는 전수국(全水局)이며 년월(年月) 경신금(庚辛金)이 투출(透出)하여 무토일주(戊土日柱)가 쇠약(衰弱)하다. 무토일주(戊土日柱)를 도와주는 비견겹(比肩劫)이나 인수(印綬)가 하나도 없으므로 쇠극격(衰極格)에 해당하므로 쇠(衰)한 자는 상관식신(傷官食神)으로 설기(泄氣)하여 더욱더 쇠(衰)하게 하는 동시 일주(日柱)를 극(剋)하는 관살(官殺)을 제(制)하여야 하기 때문에 상관식신(傷官食神)이 용신(用神)이며 수재(水財)는 희신(喜神)이 된다. 이 사주는 여자(女子)의 사주로서 전업주부로 살다가 38세 갑목대운(甲木大運)에 사업을 경영하다가 손해를 많이 보았고 48세 을목대운(乙木大運)에 월상경금(月上庚金)과 을경합(乙庚合)으로 합거(合去)되어 재산을 탕진하고 남변(男便)과 이혼하고 혼자 힘들게 살고 있는 사주다.

❶ 세운갑신년(歲運甲申年): 변화, 이사, 전근, 관재, 손재, 신액
❷ 질병(疾病): 비(脾), 위(胃), 폐병(肺病), 결핵(結核)
❸ 남녀성격: (남) 군자의 성품, 언행 조심, 외강내유, 지혜롭다, 고집 대단, 신경 예민, 권모술수, 처 덕 있다, 돈이 잘 빠져나감, 처 말을 잘 듣는다, 눈치 빠름
(여) 순진, 신용, 하는 일에 겁이 없다, 부궁불미, 정부, 재가, 독수공방, 직업, 재복 있다, 신앙심

🔵 세운·질병·남녀성격의 해설 (歲運·疾病·男女性格의 解說)

❶ 세운갑신년(歲運甲申年)= ※변화, 이사, 전근, 관재, 손재, 신액은 ※세운갑신년(歲運甲申年)의 신금(申金)은 일지자수(日支子水)와 자신(子申)으로 삼합(三合)이 되므로 세운(歲運)에서 일지(日支) 삼합운(三合運)이 들어오면 ※변화가 생긴다든가 또는 이사를 한다든가 또는 직장을 옮기는 일이 많다. 그리고 ※관재, 손재, 신액은 ※세운갑신년(歲運甲申年)의 갑목(甲木)은 무토일주(戊土日柱)의 편관(偏官)으로 원명사주(源命四柱)에 재관(財官)이 태왕(太旺)인데 세운(歲運)에서 재(財)나 관살운(官殺運)이 들어오면 ※관재수나 손재수나 건강을 조심해야 한다.

❷ 질병(疾病)은 비, 위는 일주(日柱)에서 발생(發生)하며 ※폐병, 결핵은 ※무토일주(戊土日柱)가 쇠약(衰弱)하면 ※폐병과 결핵을 조심해야 한다.

❸ 남녀성격은 일주(日柱)에서 발생(發生)한다.

갑신년 (甲申年)

63년(음) 1월 11일 자(子)시 여자

<table>
<tr><td>壬</td><td>戊</td><td>甲</td><td>癸</td></tr>
<tr><td>子</td><td>寅</td><td>寅</td><td>卯</td></tr>
</table>

60	50	40	30	20	10
庚	己	戊	丁	丙	乙
申	未	午	巳	辰	卯

이 사주는 무토일주(戊土日柱)가 초봄 인월(寅月)에 출생하여 실시(失時)하고 인중갑목(寅中甲木)이 월상(月上)에 투출(透出)하여 편관격(偏官格)이다. 그리고 년지묘목(年支卯木)과 월일(月日) 양인목(兩寅木)으로 관살(官殺)이 태왕(太旺)이며 시간지(時干支) 임자수(壬子水)와 자중계수(子中癸水)가 년상(年上)에 투출(透出)하여 재살(財殺)이 태왕(太旺)으로 종살격(從殺格)같이 보인다. 그러나 무토일주(戊土日柱)를 도와주는 비견겁(比肩劫)이나 인수(印綬)가 하나도 없으므로 쇠극격(衰極格)에 해당한다. 쇠(衰)한 자는 상관식신(傷官食神)으로 설기(泄氣)하여 더욱더 쇠(衰)하게 하는 동시 일주(日柱)를 극(剋)하는 관살(官殺)을 제(制)하여야 하기 때문에 상관식신(傷官食神)이 용신(用神)이며 금재(金財)는 희신(喜神)이 된다. 이 사주는 여자(女子)의 사주로서 45세 오화대운(午火大運)에 사업을 경영하였으나 단 한 번의 실패로 재산을 탕진하고 남편과 이혼하고 혼자 살고 있는 사주다.

❶ 세운갑신년(歲運甲申年): 이별수, 관재, 수술, 자연재앙, 관재, 손재, 신액
❷ 질병(疾病): 위산과다(胃酸過多), 위장병(胃腸病)
❸ 남녀성격: (남) 군자의 성품, 언행조심, 의젓하다, 주관이 약하다, 부모무덕, 밥을 조금 먹는다, 처궁불미, 자손귀자
　　　　　　(여) 신용 있다, 순진하다, 고집 대단, 정부, 재가, 시모불화, 인덕 없다, 친모봉양

세운 · 질병 · 남녀성격의 해설 (歲運 · 疾病 · 男女性格의 解說)

❶ 세운갑신년(歲運甲申年)= ※이별수, 관재, 수술, 자연재앙, 관재, 손재, 신액은 ※세운갑신년(歲運甲申年)의 갑목(甲木)은 무토일주(戊土日柱)의 편관(偏官)으로 여자 사주(四柱)에 관살(官殺)이 태왕(太旺)인데 세운(歲運)에서 관살운(官殺運)이 들어오면 ※가정에 불화가 많이 생긴다든가 또는 남편과 떨어져 산다든가 또는 이혼한다든가 또는 남편이 사망하는 수도 있다. 그리고 ※관재, 수술, 자연재앙은 ※세운갑신년(歲運甲申年)의 신금(申金)은 일지인목(日支寅木)과 인신충(寅申沖)으로 세운(歲運)에서 일지충운(日支沖運)이 들어오면 ※관재수나 수술이나 자연재앙을 조심해야 한다. 그리고 ※관재, 손재, 신액은 ※세운갑신년(歲運甲申年)의 갑목(甲木)은 무토일주(戊土日柱)의 편관(偏官)으로 원명사주(源命四柱)에 재살(財殺)이 태왕(太旺)인데 세운(歲運)에서 재(財)나 관살운(官殺運)이 들어오면 ※관재수나 손재수나 건강을 조심해야 한다.

❷ 질병(疾病)과 ❸ 남녀성격은 일주(日柱)에서 발생(發生)한다.

갑신년 (甲申年)

62년(음) 2월 26일 해(亥)시 남자

癸	戊	癸	壬
亥	辰	卯	寅

52	42	32	22	12	2
己	戊	丁	丙	乙	甲
酉	申	未	午	巳	辰

이 사주는 무토일주(戊土日柱)가 중춘묘월(中春卯月)에 출생하여 실시(失時)하고 지지(地支)는 년월일지(年月日支) 인묘진(寅卯辰)으로 목국(木局)을 이루었으며 시간지(時干支) 계해(癸亥)와 년월(年月) 임계수(壬癸水)가 투출(透出)하여 재살(財殺)이 태왕(太旺)이다. 무토일주(戊土日柱)는 자좌(自坐) 진중무토(辰中戊土)에 근(根)한다고 하나 그 진토(辰土)는 인묘진(寅卯辰)으로 목국(木局)으로 화(化)하여 힘이 없으므로 이 사주는 재살(財殺)이 태왕(太旺)하므로 종살격(從殺格)이다. 그러므로 목관살(木官殺)이 용신(用神)이며 수재(水財)는 희신(喜神)이 된다. 이 사주는 남자(男子)의 사주로서 37세 미토대운(未土大運)부터 일찍 피씨방을 경영하였으나 사업이 부실하였고 42세 무토대운(戊土大運)에 월상계수(月上癸水)와 무계합(戊癸合)으로 합거(合去)되어 재산을 탕진하고 혼자 살고 있는 사주다. 처궁(妻宮)이 부실한 것은 재(財)가 많으면 처궁(妻宮)이 부실한데 년간지(年干支) 임인생(壬寅生)의 공망(空亡)은 일지진토(日支辰土)로서 일시지(日時支)에 공망(空亡)이 있으면 처궁(妻宮)이 부실하여 재혼하거나 혼자 사는 사람들이 많다.

❶ 세운갑신년(歲運甲申年): 변화, 이사, 전근, 관재, 손재, 신액
❷ 질병(疾病): 풍질(風疾), 혈압(血壓)
❸ 남녀성격: (남) 군자의 성품, 언행 조심, 인심 좋다, 이해성이 많다, 화합 잘함, 주관이 강하다, 신의 있다, 재간 있다, 처궁불미, 아이디어가 좋다, 재복 있다, 미인수다
　　　　　　(여) 신용, 순진하다, 욕심 많다, 재복 있다, 부궁불미, 정부, 신앙심

◑ 세운·질병·남녀성격의 해설 (歲運·疾病·男女性格의 解說)

❶ 세운갑신년(歲運甲申年)= ※변화, 이사, 전근, 관재, 손재, 신액는 ※세운갑신년(歲運甲申年)의 신금(申金)은 일지진토(日支辰土)와 신진(申辰)으로 삼합(三合)이 되므로 세운(歲運)에서 일지(日支) 삼합운(三合運)이 들어오면 ※변화가 생긴다든가 또는 이사를 한다든가 또는 직장을 옮기는 일이 많다. 그리고 ※관재, 손재, 신액은 세운갑신년(歲運甲申年)의 갑목(甲木)은 무토일주(戊土日柱)의 편관(偏官)으로 원명사주(源命四柱)에 재살(財殺)이 태왕(太旺)인데 세운(歲運)에서 재(財)나 관살운(官殺運)이 들어오면 ※관재수를 조심해야 하며 또는 손재수를 조심해야 하며 또는 건강을 조심해야 한다.

❷ 질병(疾病)은 일주(日柱)에서 발생(發生)한다.

❸ 남녀성격은 일주(日柱)에서 발생(發生)한다.

갑신년 (甲申年)

58년(음) 12월 28일 진(辰)시 여자

丙	戊	丙	己
辰	午	寅	亥

60	50	40	30	20	10
壬	辛	庚	己	戊	丁
申	未	午	巳	辰	卯

이 사주는 무토일주(戊土日柱)가 초봄 인월(寅月)에 출생하여 실시(失時)하였으나 인중병화(寅中丙火)가 월시상(月時上)에 투출(透出)하여 인수격(印綬格)이다. 그리고 무토일주(戊土日柱)는 자좌오화(自坐午火) 양인(羊刃)과 오중기토(午中己土)가 년상(年上)에 투출(透出)하여 일주(日柱)는 신왕사주(身旺四柱)다. 신왕사주(身旺四柱)에는 일주(日柱)를 제(制)하는 관살(官殺)이나 식신상관(食神傷官)으로 설기(泄氣)하면 좋은데 다행히 인중갑목(寅中甲木) 편관(偏官)이 있어 그 편관(偏官)으로 용신(用神)한다. 그리고 수재(水財)는 희신(喜神)이 된다. 이 사주는 여자(女子)의 사주로서 교사로 근무하였으나 운(運)이 없어 평범하게 지내다가 45세 오화대운(午火大運)에 남편(男便)과 사별(死別)하고 혼자 살고 있는 사주다. 부궁(夫宮)이 부실한 것은 년간지(年干支) 기해생(己亥生)의 공망(空亡)은 시지진토(時支辰土)로서 일시지(日時支)에 공망(空亡)이 있으면 부궁(夫宮)이 부실하여 재혼(再婚)하거나 혼자 사는 사람들이 많다.

❶ 세운갑신년(歲運甲申年): 관직 사퇴, 내외불화
❷ 질병(疾病): 위(胃), 비(脾), 혈압(血壓)
❸ 남녀성격: (남) 군자의 성품, 언행 조심, 성질 급, 서두른다, 외화내곤, 실패 자초, 처궁불미, 재가, 정력 강, 여자 많다, 편식한다
　　　　　(여) 신용, 순진하다, 고집 대단, 박력 있다, 부궁불미, 정부, 친모봉양

🌀 세운·질병·남녀성격의 해설 (歲運·疾病·男女性格의 解說)

❶ 세운갑신년(歲運甲申年)= ※관직 사퇴, 내외불화는 ※세운갑신년(歲運甲申年)의 신금(申金)은 무토일주(戊土日柱)의 식신(食神)으로 신왕(身旺)한 사주에 관살(官殺)이 쇠약(衰弱)한데 세운(歲運)에서 상관(傷官) 식신운(食神運)이 들어오면 **※관직 사퇴를 조심해야 한다.** 그리고 **※내외불화**는 ※세운갑신년(歲運甲申年)의 갑목(甲木)은 무토일주(戊土日柱)의 편관(偏官)으로 세운(歲運)에서 일주(日柱)를 극(剋)하는 운(運)이 들어오면 **※집에서나 밖에서나 윗사람이나 아랫사람이나 불화가 많이 생긴다.**

❷ 질병(疾病)은 일주(日柱)에서 발생(發生)한다.

❸ 남녀성격은 일주(日柱)에서 발생(發生)한다.

갑신년 (甲申年)

59년(음) 10월 22일 술(戌)시 여자

壬	戊	乙	己
戌	申	亥	亥

55	45	35	25	15	5
辛	庚	己	戊	丁	丙
巳	辰	卯	寅	丑	子

이 사주는 무토일주(戊土日柱)가 초겨울 해월(亥月)에 출생하여 실시(失時)하고 해중임수(亥中壬水)가 시상(時上)에 투출(透出)하여 편재격(偏財格)이다. 그리고 년지해수(年支亥水)로 재(財)가 태왕(太旺)이며 월상을목(月上乙木)이 투출(透出)하여 그 을목(乙木)은 해중갑목(亥中甲木)에 근(根)하여 재산(財殺)이 태왕(太旺)으로 종살격(從殺格)같이 보인다. 그러나 무토일주는 시지(時支) 술중무토(戌中戊土)에 근(根)하므로 종(從)하지 않는다, 그러므로 많은 재(財)를 제(制)하고 무토일주(戊土日柱)를 보신(補身)하는 비견겁(比肩劫)이 용신(用神)이며 화인수(火印綬)는 희신(喜神)이 된다. 이 사주는 여자(女子)의 사주로서 35세 기토대운(己土大運)에 어린이집을 경영하여 돈을 많이 벌었고 40세 묘목대운(卯木大運)부터 사업이 부실하여 손해를 많이 보았고 45세 경금대운(庚金大運)에 월상을목(月上乙木)과 을경합(乙庚合)으로 합거(合去)되어 재산을 탕진하고 힘들게 살아가고 있는 사주다.

❶ 세운갑신년(歲運甲申年): 변화, 이사, 전근, 관재, 손재, 신액, 내외불화
❷ 질병(疾病): 위(胃), 잔질(殘疾)
❸ 남녀성격: (남) 군자의 성품, 언행 조심, 신의 있다, 재주 있다, 고독하다, 항상 바쁨, 학업 장애, 처궁불미, 처 덕 있다, 재복 있다
　　　　　 (여) 신용 있다, 순진하다, 고집 대단, 부궁불미, 정부, 다재다능

◉ 세운·질병·남녀성격의 해설 (歲運·疾病·男女性格의 解說)

❶ 세운갑신년(歲運甲申年)= ※변화, 이사, 전근, 관재, 손재, 신액, 내외불화는 ※세운갑신년(歲運甲申年)의 신금(申金)은 일지신금(日支申金)과 신신(申申)으로 삼합(三合)이 되므로 세운(歲運)에서 일지(日支) 삼합운(三合運)이 들어오면 ※변화가 생긴다든가 또는 이사를 한다든가 또는 직장을 옮기는 일이 많다. 그리고 ※관재, 손재, 신액은 세운갑신년(歲運甲申年)의 갑목(甲木)은 무토일주(戊土日柱)의 편관(偏官)으로 원명사주(源命四柱)에 재살(財殺)이 태왕(太旺)인데 세운에서 재(財)나 관살운(官殺運)이 들어오면 ※관재수를 조심해야 하며 또는 손재수를 조심해야 하며 또는 건강을 조심해야 한다. 그리고 ※내외불화는 ※세운갑신년(歲運甲申年)의 갑목(甲木)은 무토일주(戊土日柱)의 편관(偏官)으로 세운에서 일주(日柱)를 극(剋)하는 운(運)이 들어오면 ※집에서나 밖에서나 윗사람이나 아랫사람이나 불화가 많이 생긴다.

❷ 질병(疾病)은 일주(日柱)에서 발생(發生)한다.

❸ 남녀성격은 일주(日柱)에서 발생(發生)한다.

갑신년(甲申年)

59년(음) 6월 10일 유(酉)시 여자

辛	戊	辛	己		
酉	戌	未	亥		
58	48	38	28	18	8
丁	丙	乙	甲	癸	壬
丑	子	亥	戌	酉	申

이 사주는 무토일주(戊土日柱)가 하계미월(夏季未月)에 출생하여 득령(得令)하고 미중기토(未中己土)가 년상(年上)에 투출(透出)하고 일지(日支) 술중무토(戌中戊土)가 있어 일주(日柱)는 신왕사주(身旺四柱)다. 신왕사주(身旺四柱)에는 일주(日柱)를 제(制)하는 관살(官殺)이 상관식신(傷官食神)으로 설기(泄氣)하면 좋은데 일주(日柱)를 제(制)하는 관살(官殺)은 없고 시간지(時干支) 신유상관(辛酉傷官)이 있어 신금상관(辛金傷官)으로 설기(泄氣)하는데 배설구(排泄口)가 약(弱)하던 중 년지(年支) 해중임수(亥中壬水)가 있어 토생금(土生金) 금생수(金生水)로 해중(亥中) 임수(壬水財)가 용신(用神)이며 금(金) 상관식신(傷官食神)은 희신(喜神)이 된다. 이 사주는 여자(女子)의 사주로서 일찍 사업을 경영하였으나 고생을 많이 하고 남편(男便)과 이혼하여 혼자 힘들게 살다가 43세 해수대운(亥水大運)에 수억금 벌었으며 48세 병화대운(丙火大運)에 부동산(不動產)에 투자하였으나 시상신금(時上辛金)과 병신합(丙辛合)으로 합거(合去)되어 손해를 많이 보았고 53세 자수대운(子水大運)에 용신운(用神運)이 들어와 사업이 한층 번창하여 재산을 복구하고 있는 사주다. 부궁(夫宮)이 부실한 것은 일간지(日干支) 무술생(戊戌生)은 부궁(夫宮)이 부실하여 재혼(再婚)하거나 혼자 사는 사람들이 많다.

❶ 세운갑신년(歲運甲申年): 내외불화
❷ 질병(疾病): 신장(腎臟), 방광(膀胱)
❸ 남녀성격: (남) 군자의 성품, 언행 조심, 신의 있다, 인심 좋다, 재주 있다, 신뢰한다, 근면하다, 학업 열중, 임사즉결, 고집 대단, 남에게 잘함, 신앙심, 창의력, 돈이 잘 빠져나간다
(여) 신용 있다, 순진하다, 시모불합, 남편 말 잘 안 듣는다, 부궁불미, 정부, 재가, 독수공방, 일가부양, 친모봉양, 신앙심

세운 • 질병 • 남녀성격의 해설(歲運 · 疾病 · 男女性格의 解說)

❶ **세운갑신년(歲運甲申年)= ※내외불화**는 ※세운갑신년(歲運甲申年)의 갑목(甲木)은 무토일주(戊土日柱)의 편관(偏官)으로 세운(歲運)에서 일주(日柱)를 극(剋)하는 운(運)이 들어오면 **※집에서나 밖에서나 윗사람이나 아랫사람이나 불화가 많이 생긴다.**

❷ **질병(疾病)은 일주(日柱)에서 발생(發生)한다.**

❸ **남녀성격은 일주(日柱)에서 발생(發生)한다.**

갑신년 (甲申年)

63년(음) 3월 2일 술(戌)시 남자

壬	戊	乙	癸
戌	辰	卯	卯

57	47	37	27	17	7
己	庚	辛	壬	癸	甲
酉	戌	亥	子	丑	寅

이 사주는 무토일주가 중춘묘월(中春卯月)에 출생하여 실시(失時)하고 묘중을목(卯中乙木)이 월상(月上)에 투출(透出)하여 정관격(正官格)이며 년지묘목(年支卯木)과 일지진토(日支辰土)와 묘진(卯辰)으로 목국(木局)을 이루었으며 년시상(年時上) 임계수(壬癸水)기 투출(透出)하여 재살(財殺)이 태왕(太旺)이다. 다행히 무토일주는 시지(時支) 술중무토(戌中戊土)에 근(根)하므로 종(從)하지 않는다. 그러므로 관(官)이 많으므로 화인수(火印綬)로 살인상생(殺印相生)을 시켜야 좋으므로 화인수(火印綬)가 용신(用神)이며 토비견겁(土比肩劫)은 희신(喜神)이 된다. 이 사주는 남자(男子)의 사주로서 체육을 전공하였으나 운이 없어 성공 못하고 체육관을 경영하였으나 운이 없어 손해를 많이 보고 처(妻)와 이혼하고 혼자 살고 있는 사주다. 처궁(妻宮)이 부실한 것은 남자 사주에 관(官)이 많으면 처궁이 부실한데 년간지(年干支) 계묘생(癸卯生)의 공망(空亡)은 일지진토(日支辰土)로서 처궁이 부실하다.

❶ 세운갑신년(歲運甲申年): 변화, 이사, 전근, 관재, 손재, 신액, 내외불화
❷ 질병(疾病): 풍질(風疾), 혈압(血壓)
❸ 남녀성격: (남) 군자의 성품, 언행 조심, 인심 좋다, 이해성이 많다, 화합 잘함, 주관이 강하다, 신의 있다, 재간 있다, 처궁불미, 아이디어가 좋다, 재복 있다, 미인수다
    (여) 신용, 순진하다, 욕심 많다, 재복 있다, 부궁불미, 정부, 신앙심

☯ 세운 · 질병 · 남녀성격의 해설 (歲運 · 疾病 · 男女性格의 解說)

❶ 세운갑신년(歲運甲申年)= ※변화, 이사, 전근, 관재, 손재, 신액, 내외불화는 ※세운갑신년(歲運甲申年)의 신금(申金)은 일지진토(日支辰土)와 신진(申辰)으로 삼합(三合)이 되므로 세운(歲運)에서 일지(日支) 삼합운(三合運)이 들어오면 ※변화가 생긴다든가 또는 이사를 한다든가 또는 직장을 옮기는 일이 많다. 그리고 ※관재, 손재, 신액은 세운갑신년(歲運甲申年)의 갑목(甲木)은 무토일주(戊土日柱)의 편관(偏官)으로 원명사주(源命四柱)에 재살(財殺)이 태왕(太旺)인데 세운에서 재(財)나 관살운(官殺運)이 들어오면 ※관재수를 조심해야 하며 또는 손재수를 조심해야 하며 또는 건강을 조심해야 한다. 그리고 ※내외불화는 ※세운갑신년(歲運甲申年)의 갑목(甲木)은 무토일주(戊土日柱)의 편관(偏官)으로 세운에서 일주(日柱)를 극(剋)하는 운(運)이 들어오면 ※집에서나 밖에서나 윗사람이나 아랫사람이나 불화가 많이 생긴다.

❷ 질병(疾病)과 ❸ 남녀성격은 일주(日柱)에서 발생(發生)한다.

갑신년 (甲申年)

癸	戊	戊	甲
亥	戌	辰	午

58	48	38	28	18	8
甲	癸	壬	辛	庚	己
戌	酉	申	未	午	巳

이 사주는 무토일주(戊土日柱)가 춘계진월(春季辰月)에 출생하여 득령(得令)하고 진중무토(辰中戊土)가 월상(月上)에 투출(透出)하고 무토일주(戊土日柱)는 자좌(自坐) 술중무토(戌中戊土)에 근(根)하고 년지오화(年支午火) 양인(羊刃)이 있어 일주(日柱)는 신왕사주(身旺四柱)다. 양인격(羊刃格)에는 갑목편관(甲木偏官)으로 용신(用神)함이 좋은데 다행히 년상갑목(年上甲木)은 시지(時支) 해중갑목(亥中甲木)에 근(根)하므로 년상갑목(年上甲木) 편관(偏官)으로 용신(用神)한다. 그리고 수재(水財)는 희신(喜神)이 된다. 이 사주는 남자(男子)의 사주로서 강력계 형사로 근무하였으나 38세 임수대운(壬水大運)에 승진하여 근무하면서 평범하게 살다가 48세 계수대운(癸水大運)에 퇴직하여 사업을 경영하였으나 월상무토(月上戊土)와 대운계수(大運癸水)와 무계합(戊癸合)으로 합거(合去)되어 재산을 탕진하고 그 이후로도 운(運)이 없어 고생을 많이 하다가 58세 갑목용신(甲木用神) 대운(大運)부터 사업이 번창하여 재산을 복구하고 있는 사주다.

❶ 세운갑신년(歲運甲申年): 관직 사퇴, 내외불화
❷ 질병(疾病): 신장(腎臟), 방광(膀胱)
❸ 남녀성격: (남) 군자의 성품, 언행 조심, 신의 있다, 인심 좋다, 재주 있다, 신뢰한다, 근면하다, 학업 열중, 임사즉결, 고집 대단, 남에게 잘함, 신앙심, 창의력, 돈이 잘 빠져나간다
　　　　　(여) 신용 있다, 순진하다, 시모불합, 남편 말 잘 안 듣는다, 부궁불미, 정부, 재가, 독수공방, 일가부양, 친모봉양, 신앙심

세운 · 질병 · 남녀성격의 해설 (歲運 · 疾病 · 男女性格의 解說)

❶ 세운갑신년(歲運甲申年)= ※관직 사퇴, 내외불화는 ※세운갑신년(歲運甲申年)의 신금(申金)은 무토일주(戊土日柱)의 식신(食神)으로 신왕(身旺)한 사주에 관살(官殺)이 쇠약(衰弱)한데 세운(歲運)에서 상관(傷官) 식신운(食神運)이 들어오면 ※관직 사퇴를 조심해야 한다. 그리고 ※내외불화는 ※세운갑신년(歲運甲申年)의 갑목(甲木)은 무토일주(戊土日柱)의 편관(偏官)으로 세운(歲運)에서 일주(日柱)를 극(剋)하는 운(運)이 들어오면 ※집에서나 밖에서나 윗사람이나 아랫사람이나 불화가 많이 생긴다.

❷ 질병(疾病)은 일주(日柱)에서 발생(發生)한다.

❸ 남녀성격은 일주(日柱)에서 발생(發生)한다.

갑신년 (甲申年)

61년(음) 7월 14일 오(午)시 여자

庚	己	丙	辛
午	丑	申	丑

55	45	35	25	15	5
壬	辛	庚	己	戊	丁
寅	丑	子	亥	戌	酉

이 사주는 기토일주(己土日柱)가 초가을 신월(申月)에 출생하여 실시(失時)하고 신궁경금(申宮庚金)이 시상(時上)에 투출(透出)하여 상관격(傷官格)으로 신약사주(身弱四柱)같이 보인다. 그러나 기토일주(己土日柱)는 시지오화(時支午火)에 록근(祿根)하고 년일지(年日支) 양축토(兩丑土)는 습토(濕土)라고 하니 시지오화(時支午火)와 월상병화(月上丙火)가 투출(透出)하여 그 축토(丑土)는 미온지토(微溫之土)가 되어 일주기토(日柱己土)를 도울 힘이 있으므로 신왕사주(身旺四柱)다. 신왕사주(身旺四柱)에는 관살(官殺)로 일주(日柱)를 제(制)함이 좋은데 일주(日柱)를 제(制)하는 관살(官殺)은 없고 설기(泄氣)하는 경금(庚金)이 시상(時上)에 투출(透出)하여 그 경금(庚金)으로 용신(用神)한다. 이 사주는 여자(女子)의 사주로서 35세 경금대운(庚金大運)에 의류매장을 경영하여 돈을 많이 벌었고 40세 자수대운(子水大運)에 금용신(金用神)이 대운자수(大運子水)에 설기(泄氣)가 심(甚)하여 손해를 많이 보았고 45세 신금대운(辛金大運)에 월상병화(月上丙火)와 병신합(丙辛合)으로 합거(合去)되어 재산을 탕진하고 남편(男便)과 이혼하고 혼자 살고 있는 사주다. 부궁(夫宮)이 부실한 것은 여자(女子) 사주에 시상(時上)에 상관(傷官)이 있으면 부궁(夫宮)이 부실한데 일시(日時)에 축오(丑午)는 원진살(怨嗔殺)이며 기축일주(己丑日柱)에 시지오화(時支午火)는 공망(空亡)으로 부궁(夫宮)이 더욱더 부실한 사주다.

❶ 세운갑신년(歲運甲申年): 수술, 내외불화
❷ 질병(疾病): 위(胃), 위경련(胃痙攣), 비(脾)
❸ 남녀성격: (남) 군자의 성품, 언행 조심, 근면 성실, 신용 부실, 부지런하다, 봉사정신, 처궁불미, 의처증, 새벽잠이 없다, 신앙심, 학업 장애
　　　　　　 (여) 신용 있다, 순진하다, 부궁불미, 독수공방, 남편을 의심한다, 정부, 시모불합, 신앙심, 돈이 잘 빠져나간다, 친정형제 걱정 많이 한다

세운 · 질병 · 남녀성격의 해설 (歲運 · 疾病 · 男女性格의 解說)

❶ 세운갑신년(歲運甲申年)= ※수술, 내외불화는 ※세운갑신년(歲運甲申年)의 신금(申金)은 기토일주(己土日柱)의 상관(傷官)으로 세운(歲運)에서 일지(日支) 상관운(傷官運)이 들어오면 ※수술을 조심해야 한다. 그리고 ※내외불화는 ※세운갑신년(歲運甲申年)의 갑목(甲木)은 기토일주(己土日柱)의 정관(正官)으로 세운에서 일주(日柱)를 극(剋)하는 운(運)이 들어오면 ※집에서나 밖에서나 윗사람이나 아랫사람이나 불화가 많이 생긴다.

❷ 질병(疾病)과 ❸ 남녀성격은 일주(日柱)에서 발생(發生)한다.

갑신년 (甲申年)

60년(음) 7월 18일 미(未)시 여자

辛	己	乙	庚
未	亥	酉	子

51	41	31	21	11	1
己	庚	辛	壬	癸	甲
卯	辰	巳	午	未	申

이 사주는 기토일주(己土日柱)가 중추유월(中秋酉月)에 출생하여 실시(失時)하고 유중신금(酉中辛金)이 시상(時上)에 투출(透出)하여 식신격(食神格)이다. 그리고 년일지(年日支) 해자수국(亥子水局)을 이루어 상관(傷官)과 재(財)가 태왕(太旺)으로 종재격(從財格)같이 보인다. 그러나 기토일주(己土日柱)는 시지(時支) 미중정기(未中丁己) 인수(印綬)와 비견(比肩)에 근(根)하므로 종(從)하지 않으므로 많은 상관식신(傷官食神)을 제(制)하고 기토일주(己土日柱)를 생(生)하여 주는 화인수(火印綬)가 용신(用神)이며 토비견겁(土比肩劫)은 희신(喜神)이 된다. 이 사주는 여자(女子)의 사주로서 미용실을 경영하여 36세 사화대운(巳火大運)에 사업이 번창해 돈을 많이 벌었으나 41세 경금대운(庚金大運)에 재산을 탕진한 사주다.

❶ 세운갑신년(歲運甲申年): 이별수, 수술, 내외불화, 관재, 손재, 신액
❷ 질병(疾病): 위(胃), 비(脾)
❸ 남녀성격: (남) 군자의 성품, 언행 조심, 영리하다, 추리력, 선견지명, 외유내강, 현실에 적응 잘한다, 강직하다, 재복 있다, 장수한다, 호인이다
(여) 신용 있다, 순진하다, 남편 좋다, 영리하다, 부궁불미, 정부, 장수한다, 신앙심

🔵 세운·질병·남녀성격의 해설(歲運·疾病·男女性格의 解說)

❶ 세운갑신년(歲運甲申年)= ※이별수, 수술, 내외불화, 관재, 손재, 신액은 ※세운갑신년(歲運甲申年)의 갑목(甲木)은 기토일주의 정관(正官)으로 원명사주(源命四柱)에 상관식신(傷官食神)이 태왕(太旺)인데 세운(歲運)에서 관살운(官殺運)이 들어오면 ※**가정에 불화가 많이 생긴다든가 또는 남편과 떨어져 산다든가 또는 이혼한다든가 또는 남편이 사망하는 수도 있다.** 그리고 ※**수술**은 ※세운갑신년(歲運甲申年)의 신금(申金)은 기토일주의 상관(傷官)으로 세운(歲運)에서 일지(日支) 상관운(傷官運)이 들어오면 ※**수술을 조심해야 한다.** 그리고 ※**내외불화**는 ※세운갑신년(歲運甲申年)의 갑목(甲木)은 기토일주(己土日柱)의 정관(正官)으로 세운(歲運)에서 일주(日柱)를 극(剋)하는 운(運)이 들어오면 ※**집에서나 밖에서나 윗사람이나 아랫사람이나 불화가 많이 생긴다.** 그리고 ※**관재, 손재, 신액**은 ※세운갑신년(歲運甲申年)의 갑목(甲木)은 기토일주의 정관(正官)으로 사주에 재살(財殺)이 태왕(太旺)인데 세운(歲運)에서 재(財)나 관살운(官殺運)이 들어오면 ※**관재수나 손재수나 건강을 조심해야 한다.**

❷ 질병(疾病)과 ❸ 남녀성격은 일주(日柱)에서 발생(發生)한다.

갑신년 (甲申年)

57년(윤) 8월 11일 축(丑)시 남자

이 사주는 기토일주(己土日柱)가 중추유월(中秋酉月)에 출생하여 실시(失時)하고 년일지(年日支) 양유금(兩酉金)과 시지축토(時支丑土)가 있어 유축(酉丑)으로 금국(金局)을 이루었으며 축토(丑土)는 금(金)으로 화(化)하여 지지(地支)는 전금국(全金局)으로 되어 있다. 기토일주(己土日柱)는 자좌유금(自坐酉金)에 설기(泄氣)가 심(甚)하고 월상기토(月上己土) 비견(比肩)도 자좌유금(自坐酉金)에 설기(泄氣)가 심(甚)하며 년상정화(年上丁火) 인수(印綬)가 있다 하나 그 정화(丁火)도 근(根)이 없으며 자좌유금(自坐酉金)에 사지(死地)에 앉아 기토일주(己土日柱)를 생(生)할 수가 없다. 그러므로 화생토(火生土) 토생금(土生金)으로 종아격(從兒格)이므로 금식신(金食神)이 용신(用神)이 된다. 이 사주는 남자(男子)의 사주로서 회사에 근무하다가 운(運)이 없어 승진이 안되어 고생을 많이 하다가 44세 사화대운(巳火大運)에 퇴사하여 사업을 경영하였으나 사업이 부실하여 손해를 많이 보던 중 49세 갑목대운(甲木大運)에 월상기토(月上己土)와 갑기합(甲己合)으로 합거(合去)되어 재산을 탕진하고 자식(子息) 한 명 잃은 사주다. 자식(子息)을 잃게 된 것은 시상을목(時上乙木)은 기토일주(己土日柱)의 편관(偏官)으로 자식이 되는데 많은 상관식신(傷官食神)에 극(剋)을 받으면 자손액(子孫厄)을 항상 조심해야 한다.

❶ 세운갑신년(歲運甲申年): 수술, 내외불화
❷ 질병(疾病): 위(胃), 비(脾)
❸ 남녀성격: (남) 군자의 성품, 언행 조심, 신의 있다, 남에게 잘함, 문단 수려, 암기력, 처덕 있다, 처궁불미, 언어특성, 운동 잘함, 잔병치레, 식복 있다
　　　　　(여) 신용 있다, 순진하다, 남편복이 없다, 부궁불미, 독수공방, 정부, 미모 수려, 자손귀자

세운·질병·남녀성격의 해설 (歲運·疾病·男女性格의 解說)

❶ 세운갑신년(歲運甲申年)= ※수술, 내외불화는 ※세운갑신년(歲運甲申年)의 신금(申金)은 기토일주(己土日柱)의 상관(傷官)으로 세운(歲運)에서 일지(日支) 상관운(傷官運)이 들어오면 ※수술을 조심해야 한다. 그리고 ※내외불화는 ※세운갑신년(歲運甲申年)의 갑목(甲木)은 기토일주(己土日柱)의 정관(正官)으로 세운(歲運)에서 일주(日柱)를 극(剋)하는 운(運)이 들어오면 ※집에서나 밖에서나 윗사람이나 아랫사람이나 불화가 많이 생긴다.

❷ 질병(疾病)과 ❸ 남녀성격은 일주(日柱)에서 발생(發生)한다.

갑신년 (甲申年)

57년(음) 7월 20일 오(午)시 여자

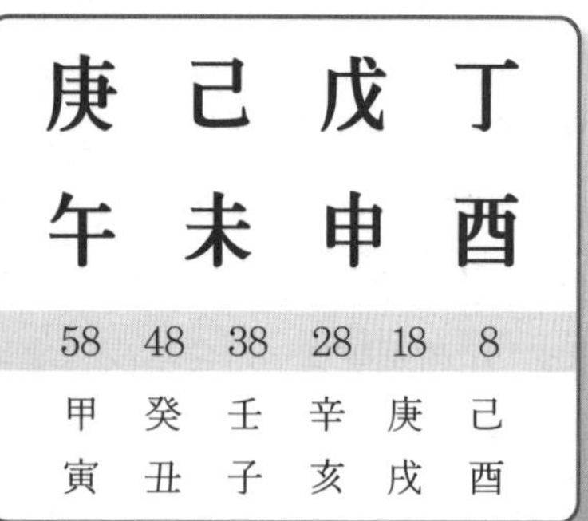

이 사주는 기토일주(己土日柱)가 초가을 신월(申月)에 출생하여 실시(失時)하고 신궁경금(申宮庚金)이 시상(時上)에 투출(透出)하여 상관격(傷官格)이며 년지유금(年支酉金)과 월지신금(月支申金)과 신유(申酉)로 금국(金局)을 이루어 신약사주(身弱四柱) 같이 보인다. 그러나 기토일주는 시지오화(時支午火)에 록근(祿根)하고 자좌(自坐) 미중기토(未中己土)에 근(根)하고 오중정화(午中丁火)가 년상(年上)에 투출(透出)하였으며 월상무토(月上戊土) 비겁(比劫)이 있어 기토일주는 약화위강(弱化爲强)으로 신왕사주(身旺四柱)다. 신왕사주에는 일주(日柱)를 제(制)하는 관살(官殺)이 좋은데 일주(日柱)를 제(制)하는 관살(官殺)은 없고 시상경금(時上庚金) 상관(傷官)으로 설기(泄氣)하므로 금(金) 상관식신(傷官食神)이 용신(用神)이 된다. 이 사주는 여자의 사주로서 전업주부로 살다가 노래방을 경영하였으나 자수대운(子水大運)에 금용신(金用神)이 설기(泄氣)가 심(甚)하여 손해를 많이 보았고 48세 계수대운(癸水大運)에는 월상무토(月上戊土)와 무계합(戊癸合)으로 합거(合去)되어 재산을 탕진하고 남편과 이혼하고 혼자 살고 있는 사주다. 부궁(夫宮)이 부실한 것은 기토(己土)의 남편은 목관살(木官殺)인데 일지미토(日支未土)는 목(木)의 고장(庫藏)으로 여자 사주에 관성(官星)의 묘궁(墓宮)이 있으면 부궁(夫宮)이 부실하다.

❶ 세운갑신년(歲運甲申年): 수술, 내외불화
❷ 질병(疾病): 위(胃), 비(脾), 당뇨(糖尿)
❸ 남녀성격: (남) 군자의 성품, 언행 조심, 성질 급, 고집 대단, 성격이 까다롭다, 편식, 옷에
　　　　　　 신경 쓴다, 처궁불미, 남에게 시기를 많이 받는다, 신앙심
　　　　　　 (여) 신용 있다, 순진하다, 부궁불미, 이성 구설, 정부, 독수공방, 친모봉양

세운·질병·남녀성격의 해설 (歲運·疾病·男女性格의 解說)

❶ 세운갑신년(歲運甲申年)= ※수술, 내외불화는 ※세운갑신년(歲運甲申年)의 신금(申金)은 기토일주(己土日柱)의 상관(傷官)으로 세운(歲運)에서 일지(日支) 상관운(傷官運)이 들어오면 ※수술을 조심해야 한다. 그리고 ※내외불화는 ※세운갑신년(歲運甲申年)의 갑목(甲木)은 기토일주(己土日柱)의 정관(正官)으로 세운에서 일주(日柱)를 극(剋)하는 운(運)이 들어오면 ※집에서나 밖에서나 윗사람이나 아랫사람이나 불화가 많이 생긴다.

❷ 질병(疾病)은 일주(日柱)에서 발생(發生)한다.

❸ 남녀성격은 일주(日柱)에서 발생(發生)한다.

갑신년 (甲申年)

49년(음) 8월 15일 인(寅)시 남자

丙	己	癸	己
寅	巳	酉	丑

59	49	39	29	19	9
丁	戊	己	庚	辛	壬
卯	辰	巳	午	未	申

이 사주는 기토일주(己土日柱)가 중추유월(中秋酉月)에 출생하여 실시(失時)하고 년지축토(年支丑土)와 일지사화(日支巳火)와 사유축(巳酉丑)으로 금국(金局)을 이루어 설기(泄氣)가 심(甚)하다. 어떻게 보면 년간지(年干支) 기축비견(己丑比肩)과 일간지(日干支) 기사(己巳)와 시상병화(時上丙火) 인수(印綬)가 투출(透出)하여 신왕사주(身旺四柱)같이 보이나 일지사화(日支巳火)는 유월(酉月)에 실시(失時)하고 사유축(巳酉丑)으로 금(金)으로 화(化)하므로 신약사주(身弱四柱)다. 그러므로 화인수(火印綬)가 용신(用神)이며 토비견겁(土比肩劫)은 희신(喜神)이 된다. 이 사주는 남자(男子)의 사주로서 초년(初年)에는 건축현장에서 일하다가 39세 기사대운(己巳大運)에 건축사업을 경영하여 하청을 받아 수억금을 벌었으며 49세 무토대운(戊土大運)에 사업을 확장하다가 월상계수(月上癸水)와 무계합(戊癸合)으로 합거(合去)되어 손해를 많이 보고 힘들게 살다가 59세 정화대운(丁火大運)에 사업이 번창하여 재산을 복구하고 잘살고 있는 사주다.

---

❶ 세운갑신년(歲運甲申年): 내외불화, 관재, 수술
❷ 질병(疾病): 위(胃), 비(脾)
❸ 남녀성격: (남) 군자의 성품, 언행 조심, 외유내강, 강직하다, 미모 수려, 멋쟁이, 학업 열중, 덕망이 있다, 항상 바쁨, 처궁불미, 처 덕 있다
　　　　　(여) 신용 있다, 순진하다, 남편복이 있다, 자손귀자, 친정걱정, 물조심, 영리하다

🔵 세운·질병·남녀성격의 해설 (歲運·疾病·男女性格의 解說)

❶ 세운갑신년(歲運甲申年)= ※내외불화, 관재, 수술은 ※세운갑신년(歲運甲申年)의 갑목(甲木)은 기토일주(己土日柱)의 정관(正官)으로 세운(歲運)에서 일주(日柱)를 극(剋)하는 운(運)이 들어오면 ※집에서나 밖에서나 윗사람이나 아랫사람이나 불화가 많이 생긴다. 그리고 ※관재, 수술은 ※세운갑신년(歲運甲申年)의 신금(申金)은 일지사화(日支巳火)와 사신(巳申)으로 형살(刑殺)이 되므로 세운(歲運)에서 일지(日支) 형살운(刑殺運)이 들어오면 ※관재수를 조심해야 하며 또는 수술을 조심해야 한다.

❷ 질병(疾病)은 일주(日柱)에서 발생(發生)한다.

❸ 남녀성격은 일주(日柱)에서 발생(發生)한다.

갑신년 (甲申年)

51년(음) 1월 3일 유(酉)시 여자

이 사주는 기토일주(己土日柱)가 초봄 인월(寅月)에 출생하여 실시(失時)하고 년일지(年日支) 양묘목(兩卯木)으로 관살(官殺)이 태왕(太旺)이며 년월(年月) 경신금(庚辛金)은 시지유금(時支酉金)에 근(根)하였으며 시상계수(時上癸水)가 투출(透出)하여 토생금(土生金) 금생수(金生水) 수생목(水生木)으로 종살격(從殺格)같이 보인다. 그러나 기토일주(己土日柱)는 무근(無根)이며 기토일주(己土日柱)를 도와주는 비견겁(比肩劫)이나 인수(印綬)가 하나도 없으므로 쇠극격(衰極格)이므로 쇠(衰)한 자는 상관식신(傷官食神)으로 설기(泄氣)하여 더욱더 쇠(衰)하게 하는 동시 일주(日柱)를 극(剋)하는 관살(官殺)을 제(制)하여야 하기 때문에서 상관식신(傷官食神)이 용신(用神)이며 수재(水財)는 희신(喜神)이 된다. 이 사주는 여자(女子)의 사주로서 약사로 근무하다가 44세 오화대운(午火大運)부터 약국을 개업하였으나 손해를 많이 보고 힘들게 살고 있는 사주다.

❶ 세운갑신년(歲運甲申年): 수술, 내외불화, 관재, 손재, 신액
❷ 질병(疾病): 위(胃), 비(脾), 위산과다(胃酸過多)
❸ 남녀성격: (남) 군자의 성품, 언행 조심, 고집 대단, 지구력 부족, 인덕 없다, 마음 약, 처궁불미, 소심하다, 인자한 성품, 운동 잘함, 눈물 많다
(여) 신용 있다, 순진하다, 부궁불미, 정부, 재가, 식복 있다, 자손근심, 남편이 나이가 많은 사람 아니면 나이가 어린 사람을 만나기 쉽다

세운 · 질병 · 남녀성격의 해설 (歲運 · 疾病 · 男女性格의 解說)

❶ 세운갑신년(歲運甲申年)= ※수술, 내외불화, 관재, 손재, 신액은 ※세운갑신년(歲運甲申年)의 신금(申金)은 기토일주(己土日柱)의 상관(傷官)으로 세운에서 일지(日支) 상관운(傷官運)이 들어오면 ※수술을 조심해야 한다. 그리고 ※내외불화는 ※세운갑신년(歲運甲申年)의 갑목(甲木)은 기토일주의 정관(正官)으로 세운에서 일주(日柱)를 극(剋)하는 운(運)이 들어오면 ※집에서나 밖에서나 윗사람이나 아랫사람이나 불화가 많이 생긴다. 그리고 ※관재, 손재, 신액은 ※세운갑신년(歲運甲申年)의 갑목(甲木)은 기토일주의 정관(正官)으로 원명사주(源命四柱)에 재살(財殺)이 태왕(太旺)인데 세운에서 재(財)나 관살운(官殺運)이 들어오면 ※관재수나 손재수나 건강을 조심해야 한다.

❷ 질병(疾病)은 일주(日柱)에서 발생(發生)한다.

❸ 남녀성격은 일주(日柱)에서 발생(發生)한다.

갑신년 (甲申年)

58년(음) 10월 8일 인(寅)시 남자

<table>
<tr><td>丙</td><td>己</td><td>癸</td><td>戊</td></tr>
<tr><td>寅</td><td>亥</td><td>亥</td><td>戌</td></tr>
</table>

56	46	36	26	16	6
己	戊	丁	丙	乙	甲
巳	辰	卯	寅	丑	子

이 사주는 기토일주(己土日柱)가 초겨울 해월(亥月)에 출생하여 실시(失時)하고 일지해수(日支亥水)와 월상계수(月上癸水)가 투출(透出)하여 재(財)가 태왕(太旺)이다. 기토일주(己土日柱)는 자좌무근(自坐無根)이라 하나 년간지(年干支) 무술토(戊戌土) 비겁(比劫)과 시상병화(時上丙火) 인수(印綬)가 투출(透出)하였으나 신약사주(身弱四柱)로서 많은 재(財)를 제(制)하고 일수(日柱)를 보신(補身)하는 비견겁(比肩劫)이 용신(用神)이며 화인수(火印綬)는 희신(喜神)이 된다. 이 사주는 남자(男子)의 사주로서 은행에 근무하여 36세 정화대운(丁火大運)까지는 승진도 잘 되었고 평범하게 살다가 46세 무토대운(戊土大運)에 월상계수(月上癸水)와 무계합(戊癸合)으로 합거(合去)되어 어떠한 일로 퇴사하여 사업을 경영하였으나 손해를 많이 보았으나 51세 진토대운(辰土大運)부터 사업이 번창하여 잘살고 있는 사주다.

❶ 세운갑신년(歲運甲申年): 수술, 내외불화, 관재, 손재, 신액
❷ 질병(疾病): 위(胃), 비(脾), 폐병(肺病), 결핵(結核)
❸ 남녀성격: (남) 군자의 성품, 언행 조심, 영리하다, 추리력, 선견지명, 외유내강, 현실에 적응 잘한다, 강직하다, 재복 있다, 장수한다, 호인이다
　　　　　　(여) 신용 있다, 순진하다, 남편 좋다, 영리하다, 부궁불미, 정부, 장수한다, 신앙심

🌐 세운 · 질병 · 남녀성격의 해설 (歲運 · 疾病 · 男女性格의 解說)

❶ 세운갑신년(歲運甲申年)= ※수술, 내외불화, 관재, 손재, 신액은 ※세운갑신년(歲運甲申年)의 신금(申金)은 기토일주(己土日柱)의 상관(傷官)으로 세운(歲運)에서 일지(日支) 상관운(傷官運)이 들어오면 ※수술을 조심해야 한다. 그리고 ※내외불화는 ※세운갑신년(歲運甲申年)의 갑목(甲木)은 기토일주(己土日柱)의 정관(正官)으로 세운(歲運)에서 일주(日柱)를 극(剋)하는 운(運)이 들어오면 ※집에서나 밖에서나 윗사람이나 아랫사람이나 불화가 많이 생긴다. 그리고 ※관재, 손재, 신액은 ※세운갑신년(歲運甲申年)의 갑목(甲木)은 기토일주(己土日柱)의 정관(正官)으로 원명사주(源命四柱)에 재관(財官)이 태왕(太旺)인데 세운(歲運)에서 재(財)나 관살운(官殺運)이 들어오면 ※관재수나 손재수나 건강을 조심해야 한다.

❷ 질병(疾病)은 위, 비는 일주(日柱)에서 발생(發生)하며 ※폐병, 결핵은 ※기토일주(己土日柱)가 쇠약(衰弱)하면 ※폐병과 결핵을 조심해야 한다.

❸ 남녀성격은 일주(日柱)에서 발생(發生)한다.

갑신년 (甲申年)

56년(음) 10월 16일 자(子)시 남자

이 사주는 기토일주(己土日柱)가 초겨울 해월(亥月)에 출생하여 실시(失時)하고 해중갑목(亥中甲木)이 시상(時上)에 투출(透出)하여 정관격(正官格)이다. 그리고 일지축토(日支丑土)와 시지자수(時支子水)가 있어 지지(地支)는 해자축(亥子丑)으로 수국(水局)을 이루어 기토일주(己土日柱)가 심약(甚弱)하다. 기토일주는 자좌(自坐) 축중기토(丑中己土)에 근(根)한다고 하나 축토(丑土)는 습토(濕土)며 해자축(亥子丑)으로 수(水)로 화(化)하였고 월상기토(月上己土) 비견(比肩)도 무근(無根)으로 힘이 없으며 년상병화(年上丙火) 인수(印綬)가 있다고 하나 그 병화(丙火)도 무근(無根)이며 자좌 신금(自坐申金)에 병궁(病宮)에 앉아 기토일주를 생(生)할 수가 없다. 그러므로 화생토(火生土) 토생금(土生金) 금생수(金生水) 수생목(水生木)으로 종살격(從殺格)이다. 그러므로 시상갑목(時上甲木) 정관(正官)이 용신(用神)이며 수재(水財)는 희신(喜神)이 된다. 이 사주는 사업가로서 임인계묘(壬寅癸卯) 대운(大運)에 수억금을 벌었으나 46세 갑목대운(甲木大運)에 사업을 확장하여 경영하였으나 월상기토(月上己土)와 갑기합(甲己合)으로 합거(合去)되어 재산을 탕진한 사주다.

❶ 세운갑신년(歲運甲申年): 수술, 관재, 손재, 신액, 자연재앙

❷ 질병(疾病): 위(胃), 위경련(胃痙攣), 비(脾)

❸ 남녀성격: (남) 군자의 성품, 언행 조심, 근면 성실, 신용 부실, 부지런하다, 봉사정신, 처궁불미, 의처증, 새벽잠이 없다, 신앙심, 학업 장애

　　　　　(여) 신용 있다, 순진하다, 부궁불미, 독수공방, 남편을 의심한다, 정부, 시모불합, 신앙심, 돈이 잘 빠져나간다, 친정형제 걱정 많이 한다

세운 • 질병 • 남녀성격의 해설 (歲運 · 疾病 · 男女性格의 解說)

❶ 세운갑신년(歲運甲申年)= ※수술, 관재, 손재, 신액, 자연재앙은 ※세운갑신년(歲運甲申年)의 신금(申金)은 기토일주의 상관(傷官)으로 세운(歲運)에서 일지(日支) 상관운(傷官運)이 들어오면 ※**수술을 조심해야 한다.** 그리고 ※**관재, 손재, 신액**은 ※세운갑신년(歲運甲申年)의 갑목(甲木)은 기토일주의 정관(正官)으로 원명사주(源命四柱)에 재관(財官)이 태왕(太旺)인데 세운에서 재(財)나 관살운(官殺運)이 들어오면 ※**관재수나 손재수나 건강을 조심해야 한다.** 그리고 ※**자연재앙**은 ※세운갑신년(歲運甲申年)의 신금(申金)은 년지신금(年支申金)과 신신(申申)으로 똑같은 오행(五行)이므로 세운에서 년지(年支)같은 운(運)이 들어오면 ※**자연재앙을 조심해야 한다.**

❷ 질병(疾病)과 ❸ 남녀성격은 일주(日柱)에서 발생(發生)한다.

갑신년 (甲申年)

54년(음) 11월 16일 진(辰)시 남자

庚	庚	丙	甲
辰	子	子	午

59	49	39	29	19	9
壬	辛	庚	己	戊	丁
午	巳	辰	卯	寅	丑

이 사주는 경금일주(庚金日柱)가 중동자월(中冬子月)에 출생하여 실시(失時)하고 일지자수(日支子水)와 시지진토(時支辰土)와 자진수국(子辰水局)을 이루어 상관식신(傷官食神)이 태왕(太旺)이며 월상병화(月上丙火)는 년지오화(年支午火)에 근(根)하여 경금일주(庚金日柱)는 한편으로는 설기(泄氣)기 심(甚)하고 한편으로는 관살(官殺)에 극(剋)을 받으므로 일주(日柱)는 신약사주(身弱四柱)다. 다행히 시간지(時干支) 경진(庚辰) 인수(印綬)와 비견(比肩)이 있어 토인수(土印綬)로 많은 상관식신(傷官食神)을 제(制)하고 일주(日柱)를 보신(補身)해야 하므로 토인수(土印綬)가 용신(用神)이며 금비견겁(金比肩劫)은 희신(喜神)이 된다. 이 사주는 남자(男子)의 사주로서 회사에 근무하다가 39세 경진대운(庚辰大運)에 퇴사하여 주류업을 경영하여 수억금을 벌었으며 49세 신금대운(辛金大運)에 사업을 확장하여 경영하였으나 월상병화(月上丙火)와 병신합(丙辛合)으로 합거(合去)되어 재산을 탕진하고 그 이후로도 운(運)이 없어 방황하며 힘들게 살아가고 있는 사주다.

❶ 세운갑신년(歲運甲申年): 변화, 이사, 전근

❷ 질병(疾病): 냉(冷), 대하증(帶下症), 동상(凍傷), 중풍(中風), 비색증(鼻塞症)

❸ 남녀성격: (남) 과감 용단, 청백한 사람, 의리 있다, 남을 무시한다, 두뇌 명철, 추리력, 혁명심, 처궁불미, 재가, 미인수다, 냉정하다, 눈치가 빠름, 신앙심

　　　　　(여) 냉정하다, 사람 사귀다 한번 틀어지면 다시 안 봄, 부궁불미, 정부, 재가, 독수공방, 남에게 잘함, 인덕 없다, 남자들의 배신을 잘 당함

세운 · 질병 · 남녀성격의 해설 (歲運 · 疾病 · 男女性格의 解說)

❶ 세운갑신년(歲運甲申年)= ※변화, 이사, 전근은 ※세운갑신년(歲運甲申年)의 신금(申金)은 일지자수(日支子水)와 자신(子申)으로 삼합(三合)이 되므로 세운(歲運)에서 일지(日支) 삼합운(三合運)이 들어오면 ※변화가 생긴다든가 또는 이사를 한다든가 또는 직장을 옮기는 일이 많다.

❷ 질병(疾病)은 냉, 대하증, 동상, 중풍은 일주(日柱)에서 발생(發生)하며 ※비색증은 ※경금일주(庚金日柱)가 해자월(亥子月)에 출생하면 ※축농증과 비염과 코막힘을 조심해야 한다.

❸ 남녀성격은 일주(日柱)에서 발생(發生)한다.

57년(음) 6월 20일 술(戌)시 여자

丙	庚	丁	丁
戌	寅	未	酉

57	47	37	27	17	7
癸	壬	辛	庚	己	戊
丑	子	亥	戌	酉	申

이 사주는 경금일주(庚金日柱)가 하계미월(夏季未月)에 출생하여 득령(得令)하고 미중정화(未中丁火)가 년월(年月)에 투출(透出)하여 정관격(正官格)이다. 그리고 시상병화(時上丙火)는 술중정화(戌中丁火)에 근(根)하여 관살(官殺)이 태왕(太旺)이다. 그러나 경금일주(庚金日柱)는 년지유금(年支酉金) 양인(羊刃)과 시지 술토(時支戌土)와 월지(月支) 미중기토(未中己土)가 있어 신왕사주(身旺四柱) 같이 보인다. 그러나 미월(未月)은 토(土)라 하나 화기(火氣)가 염열(炎熱)하며 년월시상(年月時上) 병정화(丙丁火)가 투출(透出)하여 일주는 신약사주(身弱四柱)가 된다. 그러므로 토인수(土印綬)가 용신(用神)이며 금비견겁(金比肩劫)은 희신(喜神)이 된다. 이 사주는 여자(女子)의 사주로서 전업 주부로 살다가 47세 임수대운(壬水大運)에 부동산에 투자하였으나 년상정화(年上丁火)와 정임합(丁壬合)으로 합거(合去)되어 재산을 탕진하고 남편과 이혼하고 혼자 살고 있는 사주다. 부궁(夫宮)이 부실한 것은 경금일주의 남편은 관살(官殺)인데 시간지(時干支) 병술(丙戌)은 백호관살(白虎官殺)이므로 여자 사주에 백호관살(白虎官殺)이 있는 사람은 부궁이 부실하다.

❶ 세운갑신년(歲運甲申年): 관재, 수술, 자연재앙, 관재, 손재, 신액
❷ 질병(疾病): 해수(咳嗽), 기관지(氣管支)
❸ 남녀성격: (남) 과감 용단, 의리 있다, 임사즉결, 겉으로 냉정하나 속은 온화함, 근면 성실, 용기 있다, 성질 급, 타의 군림, 재복 있다, 처 덕 있다
　　　　　　(여) 냉정하다, 사람 사귀다 한번 틀어지면 다시 안 봄, 이성 고민, 직업, 부궁 불미, 정부, 자손귀자, 신경 예민

🌀 세운 · 질병 · 남녀성격의 해설 (歲運 · 疾病 · 男女性格의 解說)

❶ 세운갑신년(歲運甲申年)= ※관재, 수술, 자연재앙, 관재, 손재, 신액은 ※세운갑신년(歲運甲申年)의 신금(申金)은 일지인목(日支寅木)과 인신충(寅申沖)으로 세운(歲運)에서 일지충운(日支沖運)이 들어오면 ※관재수를 조심해야 하며 또는 수술을 조심해야 하며 또는 자연재앙을 조심해야 한다. 그리고 ※관재, 손재, 신액은 ※세운갑신년(歲運甲申年)의 갑목(甲木)은 경금일주(庚金日柱)의 편재(偏財)로 원명사주(源命四柱)에 재살(財殺)이 태왕(太旺)인데 세운(歲運)에서 재(財)나 관살운(官殺運)이 들어오면 ※관재수나 손재수나 건강을 조심해야 한다.

❷ 질병(疾病)은 일주(日柱)에서 발생(發生)한다.

❸ 남녀성격은 일주(日柱)에서 발생(發生)한다.

갑신년 (甲申年)

54년(음) 4월 22일 인(寅)시 남자

戊	庚	己	甲
寅	辰	巳	午

54	44	34	24	14	4
乙	甲	癸	壬	辛	庚
亥	戌	酉	申	未	午

이 사주는 경금일주(庚金日柱)가 초여름 사월(巳月)에 출생하여 실시(失時)하고 사중무토(巳中戊土)가 시상(時上)에 투출(透出)하여 인수격(印綬格)이다. 그리고 년월시지(年月時支) 오사인(午巳寅)으로 화국(火局)을 이루어 재살(財殺)이 태왕(太旺)하므로 일주(日柱)는 신약사주(身弱四柱)다. 그러므로 토인수(土印綬)가 용신(用神)이며 금비견겁(金比肩劫)은 희신(喜神)이 된다.

이 사주는 남자(男子)의 사주로서 회사에 근무하였으나 초년(初年)부터 신유대운(申酉大運)이 잘 들어와 승승장구(乘勝長驅)하였고 승진도 빨랐으며 44세 갑목대운(甲木大運)에 퇴사하고 사업을 경영하였으나 월상기토(月上己土)와 갑기합(甲己合)으로 합거(合去)되어 손해를 많이 보았고 49세 술토대운(戌土大運)에 사업이 번창하여 재산을 복구하고 돈을 많이 벌었으나 54세 을목대운(乙木大運)에 원명사주(源命四柱)에 재살(財殺)이 왕(旺)한데 세운(歲運)에서 재운(財運)이 들어와 손해를 보고 있는 중이다.

❶ 세운갑신년(歲運甲申年): 변화, 이사, 전근, 관재, 손재, 신액
❷ 질병(疾病): 냉(冷), 풍질(風疾)
❸ 남녀성격: (남) 과감 용단, 신의 있다, 임사즉결, 포부 광대, 매사 끝장 본다, 매사 자신, 통솔력, 영웅호걸, 두령격, 자수성가, 처 덕 있다, 냉정하다, 신앙심, 처궁 불미
　　　　　　 (여) 냉정하다, 사람 사귀다 한번 틀어지면 다시 안 봄, 부궁불미, 정부, 재가, 직업여성, 일가부양, 재복 있다

🌀 세운 · 질병 · 남녀성격의 해설 (歲運 · 疾病 · 男女性格의 解說)

❶ 세운갑신년(歲運甲申年)= ※변화, 이사, 전근, 관재, 손재, 신액은 ※세운갑신년(歲運甲申年)의 신금(申金)은 일지진토(日支辰土)와 신진(申辰)으로 삼합(三合)이 되므로 세운(歲運)에서 일지(日支) 삼합운(三合運)이 들어오면 ※변화가 생긴다든가 또는 이사를 한다든가 또는 직장을 옮기는 일이 많다. 그리고 ※관재, 손재, 신액은 ※세운갑신년(歲運甲申年)의 갑목(甲木)은 경금일주(庚金日柱)의 편재(偏財)로 원명사주(源命四柱)에 재살(財殺)이 태왕(太旺)인데 세운(歲運)에서 재(財)나 관살운(官殺運)이 들어오면 ※관재수를 조심해야 하며 또는 손재수를 조심해야 하며 또는 건강을 조심해야 한다.

❷ 질병(疾病)은 일주(日柱)에서 발생(發生)한다.

❸ 남녀성격은 일주(日柱)에서 발생(發生)한다.

갑신년(甲申年)

53년(음) 2월 6일 유(酉)시 남자

乙	庚	乙	癸
酉	午	卯	巳

55	45	35	25	15	5
己	庚	辛	壬	癸	甲
酉	戌	亥	子	丑	寅

이 사주는 경금일주(庚金日柱)가 중춘묘월(中春卯月)에 출생하여 실시(失時)하고 묘중을목(卯中乙木)이 월시상(月時上)에 투출(透出)하여 정재격(正財格)이다. 그리고 년일지(年日支) 사오(巳午)로 화국(火局)을 이루어 재살(財殺)이 태왕(太旺)이다. 경금일주(庚金日柱)는 시지유금(時支酉金) 양인(羊刃)에 근(根)하므로 종(從)하지 않는다. 그러므로 토인수(土印綬)가 용신(用神)이며 금비견겁(金比肩劫)은 희신(喜神)이 된다. 이 사주는 남자(男子)의 사주로서 물류회사에 근무하였으나 운(運)이 없어 고생을 많이 하다가 35세 신금대운(辛金大運)에 회사를 퇴사하고 사업을 경영하여 돈을 많이 벌었으나 45세 경금대운(庚金大運)에 사업을 확장하였으나 월상을목(月上乙木)과 을경합(乙庚合)으로 합거(合去)되어 손해를 많이 보았고 50세 술토대운(戌土大運)부터 용신운(用神運)이 들어와 수억금을 벌어 잘살고 있는 사주다. 이 사주(四柱)도 기복(起伏)이 심(甚)했던 사주다.

❶ 세운갑신년(歲運甲申年): 관재, 손재, 신액

❷ 질병(疾病): 폐(肺), 기관지(氣管支), 월경불순(月經不純), 해수천식(咳嗽喘息), 빈혈(貧血), 폐병(肺病), 결핵(結核)

❸ 남녀성격: (남) 과감 용단, 냉정하다, 일찍 사회에 참여, 뜻은 크나 성공이 없다, 신경질, 지구력 부족, 성질 급, 남에게 시기를 많이 받는다

(여) 냉정하다, 사람 사귀다 한번 틀어지면 다시 안 봄, 부궁불미, 정부, 재가, 외강내유, 성질 급, 서두른다, 자중한다, 인덕 없다

☯ 세운·질병·남녀성격의 해설(歲運·疾病·男女性格의 解說)

❶ 세운갑신년(歲運甲申年)= ※관재, 손재, 신액은 ※세운갑신년(歲運甲申年)의 갑목(甲木)은 경금일주(庚金日柱)의 편재(偏財)로 원명사주(源命四柱)에 재살(財殺)이 태왕(太旺)인데 세운(歲運)에서 재(財)나 관살운(官殺運)이 들어오면 ※관재수를 조심해야 하며 또는 손재수를 조심해야 하며 또는 건강을 조심해야 한다.

❷ 질병(疾病)은 폐, 기관지, 월경불순, 해수천식, 빈혈은 일주(日柱)에서 발생(發生)하며 ※폐병, 결핵은 ※경금일주(庚金日柱)가 재살(財殺)이 태왕(太旺)하면 ※폐병과 결핵을 조심해야 한다.

❸ 남녀성격은 일주(日柱)에서 발생(發生)한다.

갑신년 (甲申年)

56년(음) 7월 16일 자(子)시 여자

<table>
<tr><td>丙</td><td>庚</td><td>丙</td><td>丙</td></tr>
<tr><td>子</td><td>申</td><td>申</td><td>申</td></tr>
</table>

55	45	35	25	15	5
庚	辛	壬	癸	甲	乙
寅	卯	辰	巳	午	未

이 사주는 경금일주(庚金日柱)가 초가을 신월(申月)에 출생하여 록근(祿根)하고 년일지(年日支) 양신금(兩申金)으로 종혁격(從革格)이다. 종혁격(從革格)에는 비견겁(比肩劫)이 용신(用神)이며 토인수(土印綬)가 희신(喜神)인데 이 사주는 년월시(年月時) 병화편관(丙火偏官)이 투출(透出)하였고 시지자수(時支子水) 상관(傷官)이 있어 어느 오행(五行)으로 용신(用神)을 잡느냐의 기로에 서게 된다. 종혁격(從革格)이라도 관살(官殺)이나 상관식신(傷官食神)이 있으면 관살(官殺)로 용신(用神)하거나 그렇지 않으면 상관식신(傷官食神)으로 용신(用神)을 잡는데 이 사주는 년월시상(年月時上) 병화편관(丙火偏官)은 모두 무근(無根)이며 살지(殺地)와 병궁(病宮)에 앉아 용신(用神)을 쓸 수가 없다. 다행히 시지자수(時支子水) 상관(傷官)이 있어 상관(傷官)으로 설기(泄氣)하므로 자수상관(子水傷官)이 용신(用神)이 된다. 이 사주는 여자(女子)의 사주로서 한국전력에 근무하며 평범하게 살고 있는 사주다.

❶ 세운갑신년(歲運甲申年): 이별수, 변화, 이사, 전근
❷ 질병(疾病): 간(肝), 담(膽)
❸ 남녀성격: (남) 과감 용단, 냉정하다, 냉정하게 보이나 속마음은 따뜻함, 의리 있다, 영리하다, 재간 있다, 처궁불미, 식복 있다, 자손근심, 항상 바쁨, 꾀가 많다
    (여) 냉정하다, 사람 사귀다 한번 틀어지면 다시 안 봄, 부궁불미, 정부, 재가, 독수공방, 친정형제 걱정, 돈이 잘 빠져나간다, 고독하다, 시모불합, 남편 말 잘 안 듣는다

🔵 세운·질병·남녀성격의 해설 (歲運·疾病·男女性格의 解說)

❶ 세운갑신년(歲運甲申年)= ※이별수, 변화, 이사, 전근은 ※세운갑신년(歲運甲申年)의 신금(申金)은 경금일주의 비견(比肩)으로 신왕(身旺)한 여자(女子) 사주에 세운(歲運)에서 비견겁운(比肩劫運)이 들어오면 ※가정에 불화가 많이 생긴다든가 또는 남편과 떨어져 산다든가 또는 이혼한다든가 또는 남편이 사망하는 수도 있다. 그리고 ※변화, 이사, 전근은 ※세운갑신년(歲運甲申年)의 신금(申金)은 일지신금(日支申金)과 신신(申申)으로 삼합(三合)이 되므로 세운에서 일지(日支) 삼합운(三合運)이 들어오면 ※변화가 생긴다든가 또는 이사를 한다든가 또는 직장을 옮기는 일이 많다.

❷ 질병(疾病)은 일주(日柱)에서 발생(發生)한다.

❸ 남녀성격은 일주(日柱)에서 발생(發生)한다.

갑신년 (甲申年)

56년(음) 9월 7일 축(丑)시 남자

<table>
<tr><td>丁</td><td>庚</td><td>戊</td><td>丙</td></tr>
<tr><td>丑</td><td>戌</td><td>戌</td><td>申</td></tr>
</table>

59	49	39	29	19	9
甲	癸	壬	辛	庚	己
辰	卯	寅	丑	子	亥

이 사주는 경금일주(庚金日柱)가 계추술월(季秋戌月)에 출생하여 득령(得令)하고 술중정화(戌中丁火)가 시상(時上)에 투출(透出)하여 정관격(正官格)이다. 그리고 지지(地支)는 년지신금(年支申金)과 일시지(日時支) 축술토(丑戌土)로 일주(日柱)는 신왕사주(身旺四柱)다. 신왕사주(身旺四柱)에는 일주(日柱)를 제(制)하는 관살(官殺)로 용신(用神)함이 좋은데 다행히 시상정화(時上丁火)는 자좌축토(自坐丑土)에 설기(泄氣)가 심(甚)하다고 하나 술중정화(戌中丁火)에 근(根)하였으므로 용신(用神)으로 쓸 수가 있다. 그러므로 정화정관(丁火正官)이 용신(用神)이며 목재(木財)는 희신(喜神)이 된다. 이 사주는 남자(男子)의 사주로서 공대(工大)를 졸업하여 건축회사에 근무하였으나 초년(初年)에는 운(運)이 없어 고생을 많이 하다가 44세 인목대운(寅木大運)에 용신정화(用神丁火)를 생(生)하여 모든 일이 잘 풀렸으며 승진도 하였으며 54세 묘목대운(卯木大運)에 회사를 퇴직하고 사업을 경영하여 수억금을 벌어 잘살고 있는 사주다.

❶ 세운갑신년(歲運甲申年): 손재, 신액, 처액, 자연재앙
❷ 질병(疾病): 간(肝), 담(膽)
❸ 남녀성격: (남) 과감 용단, 냉정하다, 고집 대단, 자립정신, 신의 있다, 능력 있다, 임전무퇴, 통솔력, 지혜롭다, 영리하다, 처 덕 있다, 지구력 강하다, 신앙심
　　　　　(여) 냉정하다, 사람 사귀다 한번 틀어지면 다시 안 봄, 여걸, 부궁불미, 처세가 좋다, 정부, 재가, 남자들이 잘 따름, 직업여성, 신앙심

🌀 세운·질병·남녀성격의 해설 (歲運·疾病·男女性格의 解說)

❶ 세운갑신년(歲運甲申年)= ※손재, 신액, 처액, 자연재앙은 ※세운갑신년(歲運甲申年)의 갑목(甲木)은 경금일주(庚金日柱)의 편재(偏財)로 신왕(身旺)한 남자(男子) 사주에 재(財)가 쇠약(衰弱)한데 세운(歲運)에서 재운(財運)이 들어오면 ※손재수를 조심해야 하며 또는 건강을 조심해야 하며 또는 가정에 불화가 많이 생긴다든가 또는 처가 가출한다든가 또는 처의 건강을 조심해야 한다. 그리고 ※자연재앙은 ※세운갑신년(歲運甲申年)의 신금(申金)은 년지신금(年支申金)과 신신(申申)으로 똑같은 오행(五行)이므로 세운(歲運)에서 년지(年支) 같은 운(運)이 들어오면 ※자연재앙을 조심해야 한다.

❷ 질병(疾病)은 일주(日柱)에서 발생(發生)한다.

❸ 남녀성격은 일주(日柱)에서 발생(發生)한다.

갑신년(甲申年)

53년(음) 5월 28일 해(亥)시 여자

丁	庚	己	癸
亥	申	未	巳

60	50	40	30	20	10
乙	甲	癸	壬	辛	庚
丑	子	亥	戌	酉	申

이 사주는 경금일주(庚金日柱)가 하계미월(夏季未月)에 출생하여 득령(得令)하고 미중기토(未中己土)와 정화(丁火)가 투출(透出)하여 어느 오행(五行)으로 격(格)을 잡느냐의 기로에 서게 된다. 날짜상으로 보아 월상기토(月上己土)가 사령(司令)하므로 기토(己土)로 격(格)을 집는다. 그러므로 인수격(印綬格)이나. 그리고 경금일주(庚金日柱)는 자좌신금(自坐申金)에 록근(祿根)히여 일주(日柱)는 신왕사주(身旺四柱)다. 신왕사주(身旺四柱)에는 관살(官殺)로 일주(日柱)를 제(制)하여야 하므로 시상정화(時上丁火) 정관(正官)이 용신(用神)이며 목재(木財)는 희신(喜神)이 된다. 이 사주는 여자(女子)의 사주로서 예능(藝能)을 전공하였으나 운(運)이 없어 성공하지 못하고 학원을 경영하였으나 운(運)이 없어 손해를 많이 보다가 50세 갑목대운(甲木大運)에 월상기토(月上己土)와 갑기합(甲己合)으로 합거(合去)되어 재산을 탕진하고 남편과 이혼하고 힘들게 살고 있는 사주다.

甲申年 甲子

❶ 세운갑신년(歲運甲申年): 이별수, 변화, 이사, 전근

❷ 질병(疾病): 간(肝), 담(膽)

❸ 남녀성격: (남) 과감 용단, 냉정하다, 냉정하게 보이나 속마음은 따뜻함, 의리 있다, 영리하다, 재간 있다, 처궁불미, 식복 있다, 자손근심, 항상 바쁨, 꾀가 많다

　(여) 냉정하다, 사람 사귀다 한번 틀어지면 다시 안 봄, 부궁불미, 정부, 재가, 독수공방, 친정형제 걱정, 돈이 잘 빠져나간다, 고독하다, 시모불합, 남편 말 잘 안 듣는다

🌀 세운·질병·남녀성격의 해설(歲運·疾病·男女性格의 解說)

❶ 세운갑신년(歲運甲申年)= ※이별수, 변화, 이사, 전근은 ※세운갑신년(歲運甲申年)의 신금(申金)은 경금일주(庚金日柱)의 비견(比肩)으로 신왕(身旺)한 여자(女子) 사주에 세운(歲運)에서 비견겁운(比肩劫運)이 들어오면 ※가정에 불화가 많이 생긴다든가 또는 남편과 떨어져 산다든가 또는 이혼한다든가 또는 남편이 사망하는 수도 있다. 그리고 ※변화, 이사, 전근은 ※세운갑신년(歲運甲申年)의 신금(申金)은 일지신금(日支申金)와 신신(申申)으로 삼합(三合)이 되므로 세운(歲運)에서 일지(日支) 삼합운(三合運)이 들어오면 ※변화가 생긴다든가 또는 이사를 한다든가 또는 직장을 옮기는 일이 많다.

❷ 질병(疾病)은 일주(日柱)에서 발생(發生)한다.

❸ 남녀성격은 일주(日柱)에서 발생(發生)한다.

갑신년 (甲申年)

52년(음) 5월 21일 사(巳)시 남자

辛	庚	丙	壬
巳	寅	午	辰

58	48	38	28	18	8
壬	辛	庚	己	戊	丁
子	亥	戌	酉	申	未

이 사주는 경금일주(庚金日柱)가 중하오월(中夏午月)에 출생하여 실시(失時)하고 일시지(日時支) 인사(寅巳)로 지지(地支)는 화국(火局)을 이루었으며 월상병화(月上丙火)는 시지사화(時支巳火)에 록근(祿根)하여 재살(財殺)이 태왕(太旺)이다. 다행히 시지진(時支辰) 습토(濕土) 인수(印綬)가 있어 살인상생(殺印相生)으로 토인수(土印綬)가 용신(用神)이며 금비견겁(金比肩劫)은 희신(喜神)이 된다. 이 사주는 남자(男子)의 사주로서 어려서부터 사업을 경영하여 기유경술(己酉庚戌) 대운(大運)까지 수억금을 벌었으나 48세 신금대운(辛金大運)에 사업을 확장하여 경영하였으나 월상병화(月上丙火)와 대운신금(大運辛金)과 병신합(丙辛合)으로 합거(合去)되어 재산을 탕진하고 처(妻)와 이혼하고 혼자 힘들게 살고 있는 사주다. 어느 누구라도 운(運)이 평생 좋을 수가 없으므로 돈을 많이 벌었을 때에는 재산을 탕진하게 될 것을 생각해두어야 한다.

❶ 세운갑신년(歲運甲申年): 관재, 수술, 자연재앙, 관재, 손재, 신액
❷ 질병(疾病): 해수(咳嗽), 기관지(氣管支)
❸ 남녀성격: (남) 과감 용단, 의리 있다, 임사즉결, 겉으로 냉정하나 속은 온화함, 근면 성실, 용기 있다, 성질 급, 타의 군림, 재복 있다, 처 덕 있다
　　　　　　(여) 냉정하다, 사람 사귀다 한번 틀어지면 다시 안 봄, 이성 고민, 직업, 부궁 불미, 정부, 자손귀자, 신경 예민

☯ 세운 · 질병 · 남녀성격의 해설(歲運 · 疾病 · 男女性格의 解說)

❶ 세운갑신년(歲運甲申年)= ※관재, 수술, 자연재앙, 관재, 손재, 신액은 ※세운갑신년(歲運甲申年)의 신금(申金)은 일지인목(日支寅木)과 인신충(寅申沖)으로 세운(歲運)에서 일지충운(日支沖運)이 들어오면 ※관재수를 조심해야 하며 또는 수술을 조심해야 하며 또는 자연재앙을 조심해야 한다. 그리고 ※관재, 손재, 신액은 ※세운갑신년(歲運甲申年)의 갑목(甲木)은 경금일주(庚金日柱)의 편재(偏財)로 원명사주(源命四柱)에 재살(財殺)이 태왕(太旺)인데 세운(歲運)에서 재(財)나 관살운(官殺運)이 들어오면 ※관재수를 조심해야 하며 또는 손재수를 조심해야 하며 또는 건강을 조심해야 한다.

❷ 질병(疾病)은 일주(日柱)에서 발생(發生)한다.

❸ 남녀성격은 일주(日柱)에서 발생(發生)한다.

갑신년 (甲申年)

66년(음) 4월 23일 오(午)시 남자

甲	辛	甲	丙
午	丑	午	午

59	49	39	29	19	9
庚	己	戊	丁	丙	乙
子	亥	戌	酉	申	未

이 사주는 신금일주(辛金日柱)가 중하오월(中夏午月)에 출생하여 실시(失時)하고 년지오화(年支午火)와 시지오화(時支午火)로 화국(火局)을 이루었으며 월시상(月時上) 양갑목(兩甲木) 정재(正財)와 년상병화(年上丙火) 정관(正官)이 투출(透出)하여 재살(財殺)이 태왕(太旺)히므로 종살격(從殺格)같이 보인다. 그러나 신금일주(辛金日柱)는 자좌(自坐) 양금지토(養金之土)인 축토(丑土)에 근(根)하여 염열지화(炎熱之火)는 축습토(丑濕土)에 냉각(冷却)되므로 목생화(木生火) 화생토(火生土) 토생금(土生金)으로 축토인수(丑土印綬)가 용신(用神)이 된다. 그리고 금비견겁(金比肩劫)은 희신(喜神)이 된다. 이 사주는 남자(男子)의 사주로서 초년운(初年運)이 잘 들어와 신문기자로 근무하여 실력도 있고 능력을 인정받아 승진(昇進)이 빨랐으며 34세 유금대운(酉金大運)에 더욱더 승승장구(乘勝長驅)하여 다른 신문사에 스카웃되어 한층 더 승진(昇進)하고 잘 풀려 잘살고 있는 사주다.

❶ 세운갑신년(歲運甲申年): 관재, 손재, 신액
❷ 질병(疾病): 냉(冷), 간(肝), 담(膽), 월경불순(月經不純), 치질(痔疾), 기관지(氣管支), 폐병(肺病), 결핵(結核)
❸ 남녀성격: (남) 과감 용단, 냉정하다, 고집 대단, 신의 있다, 근면하다, 매사 정이 많다, 처와 자식의 덕이 있다, 성격이 까다롭다, 옷에 신경, 편식, 새벽잠이 없다, 식복 있다
　　　　　(여) 냉정하다, 사람 사귀다 한번 틀어지면 다시 안 봄, 미모 수려, 남편의 사랑을 받는다, 부지런하다, 친모봉양, 부궁불미, 정부

💠 세운·질병·남녀성격의 해설 (歲運·疾病·男女性格의 解說)

❶ 세운갑신년(歲運甲申年)= ※관재, 손재, 신액은 ※세운갑신년(歲運甲申年)의 갑목(甲木)은 신금일주(辛金日柱)의 정재(正財)로 원명사주(源命四柱)에 재살(財殺)이 태왕(太旺)인데 세운(歲運)에서 재(財)나 관살운(官殺運)이 들어오면 ※관재수를 조심해야 하며 또는 손재수를 조심해야 하며 또는 건강을 조심해야 한다.
❷ 질병(疾病)은 냉, 간, 담은 일주(日柱)에서 발생(發生)하며 ※월경불순, 치질, 기관지, 폐병, 결핵은 ※신금일주(辛金日柱)가 재살(財殺)이 태왕(太旺)이면 ※월경불순과 치질과 기관지와 폐병과 결핵을 조심해야 한다.
❸ 남녀성격은 일주(日柱)에서 발생(發生)한다.

갑신년 (甲申年)

70년(음) 10월 29일 진(辰)시 여자

<table>
<tr><td>壬</td><td>辛</td><td>丁</td><td>庚</td></tr>
<tr><td>辰</td><td>亥</td><td>亥</td><td>戌</td></tr>
</table>

56	46	36	26	16	6
辛	壬	癸	甲	乙	丙
巳	午	未	申	酉	戌

이 사주는 신금일주(辛金日柱)가 초겨울 해월(亥月)에 출생하여 실시(失時)하고 해중임수(亥中壬水)가 시상(時上)에 투출(透出)하여 상관격(傷官格)이다. 그리고 일지해수(日支亥水)와 해해(亥亥)로 수국(水局)을 이루어 일주(日柱)는 신약사주(身弱四柱)다. 다행히 년간지(年干支) 경술(庚戌)의 비겁(比劫)과 인수(印綬)가 있으며 시지진토(時支辰土)가 있으므로 술중무토(戌中戊土) 인수(印綬)로 많은 상관식신(傷官食神)을 제(制)하고 일주(日柱)를 생(生)하여줘야 하므로 술중무토(戌中戊土) 인수(印綬)가 용신(用神)이며 금비견겁(金比肩劫)은 희신(喜神)이 된다. 이 사주는 여자의 사주로서 음식업을 경영하여 31세 신금대운(申金大運)에 돈을 많이 벌었으나 36세 계수대운(癸水大運)에 사업이 부실하여 손해를 많이 보고 남편(男便)과 이혼하고 혼자 살고 있는 사주다. 부궁(夫宮)이 부실한 것은 여자(女子) 사주에 상관식신(傷官食神)이 태왕(太旺)이면 부궁(夫宮)이 부실한데 신금일주(辛金日柱)의 남편(男便)은 관살(官殺)인데 년지술토(年支戌土)는 관살(官殺)의 묘궁(墓宮)이므로 부궁(夫宮)이 더욱더 부실한 사주다.

❶ 세운갑신년(歲運甲申年): 불성, 손재
❷ 질병(疾病): 폐(肺), 담(膽), 월경불순(月經不純), 비색증(鼻塞症)
❸ 남녀성격: (남) 과감 용단, 냉정하다, 선견지명, 암기력, 총명하다, 지혜롭다, 항상 바쁨,
　　　　　　집념 대단, 재복 있다, 처 덕 있다, 남에게 잘함, 처궁불미, 장수한다
　　　　　(여) 냉정하다, 사람 사귀다 한번 틀어지면 다시 안 봄, 부궁불미, 재가, 정부,
　　　　　　인정 있다, 남에게 잘함, 잘하고 욕 먹는다, 자손귀자, 신앙심, 내 것 주고
　　　　　　배신 당함, 인덕 없다

세운 • 질병 • 남녀성격의 해설 (歲運 · 疾病 · 男女性格의 解說)

❶ 세운갑신년(歲運甲申年)= ※불성, 손재는 ※세운갑신년(歲運甲申年)의 갑목(甲木)은 신금일주(辛金日柱)의 정재(正財)로서 신약사주(身弱四柱)에 세운(歲運)에서 재(財)나 관살운(官殺運)이 들어오면 ※모든 일이 잘 풀리지 않고 대차계약도 잘 이루어지지 않으며 또는 손재수를 조심해야 한다.

❷ 질병(疾病)은 폐, 담은 일주(日柱)에서 발생(發生)하며 ※월경불순, 비색증은 ※신금일주(辛金日柱)가 해자월(亥子月)에 출생하면 ※월경불순과 축농증과 비염과 코막힘을 조심해야 한다.

❸ 남녀성격은 일주(日柱)에서 발생(發生)한다.

갑신년 (甲申年)

69년(음) 7월 2일 오(午)시 남자

甲	辛	壬	己
午	酉	申	酉

52	42	32	22	12	2
丙	丁	戊	己	庚	辛
寅	卯	辰	巳	午	未

이 사주는 신금일주(辛金日柱)가 초가을 신월(申月)에 출생하여 득령(得令)하고 신궁임수(申宮壬水)가 월상(月上)에 투출(透出)하여 상관격(傷官格)이다. 그리고 년일지(年日支) 양유금(兩酉金)에 록근(祿根)하여 일주(日柱)는 신왕사주(身旺四柱)다. 신왕사주(身旺四柱)에는 일주(日柱)를 제(制)하는 관살(官殺)로 용신(用神)함이 좋은데 다행히 시지(時支) 오중정화(午中丁火) 편관(偏官)이 있어 많은 비견겁(比肩劫)을 제(制)하므로 오중정화(午中丁火) 편관(偏官)이 용신(用神)이며 목재(木財)는 희신(喜神)이 된다. 이 사주는 남자(男子)의 사주로서 초년운(初年運)이 잘 들어와 사화대운(巳火大運)에 대기업에 취업하였으나 32세 무진대운(戊辰大運)에 화용신(火用神)이 설기(泄氣)가 심(甚)하여 모든 일이 잘 풀리지 않았고 42세 정화대운(丁火大運)에 화용신(火用神)을 도와주면 좋은데 월상임수(月上壬水)와 정임합(丁壬合)으로 합거(合去)되어 하는 일마다 잘 풀리지 않는 중이다. 그러나 47세 묘목대운(卯木大運)부터는 희신운(喜神運)이 들어와 용신(用神)을 보신(補身)하여 모든 일 잘 풀리며 승승장구(乘勝長驅)하리라고 본다.

❶ 세운갑신년(歲運甲申年): 손재, 신액, 처액
❷ 질병(疾病): 간(肝), 담(膽), 혈압(血壓)
❸ 남녀성격: (남) 과감 용단, 냉정하다, 청백한 사람, 미남형, 인품 수려, 자수성가, 영리하다, 일독십지, 타인 존경, 의처증
   (여) 냉정하다, 사람 사귀다 한번 틀어지면 다시 안 봄, 부궁불미, 정부, 독수공방, 시모불합, 남편 말 잘 안 듣는다, 미모 수려, 신앙심, 이성수신

🌑 세운 • 질병 • 남녀성격의 해설 (歲運 · 疾病 · 男女性格의 解說)

❶ 세운갑신년(歲運甲申年)= ※손재, 신액, 처액은 ※세운갑신년(歲運甲申年)의 갑목(甲木)은 신금일주(辛金日柱)의 정재(正財)로 남자(男子) 사주에 비견겁(比肩劫)이 태왕(太旺)이고 재(財)가 쇠약(衰弱)한데 세운(歲運)에서 재운(財運)이 들어오면 ※손재수를 조심해야 하며 또는 건강을 조심해야 하며 또는 가정에 불화가 많이 생긴다든가 또는 처가 가출한다든가 또는 처의 건강을 조심해야 한다.

❷ 질병(疾病)은 일주(日柱)에서 발생(發生)한다.

❸ 남녀성격은 일주(日柱)에서 발생(發生)한다.

갑신년 (甲申年)

67년(음) 5월 29일 인(寅)시 남자

壬	辛	丙	丁
辰	未	午	未

60	50	40	30	20	10
庚	辛	壬	癸	甲	乙
子	丑	寅	卯	辰	巳

이 사주는 신금일주(辛金日柱)가 중하오월(中夏午月)에 출생하여 실시(失時)하고 오중정화(午中丁火)가 년상(年上)에 투출(透出)하여 편관격(偏官格)이다. 그리고 년지미토(年支未土)와 오미(午未)로 화국(火局)을 이루고 월상병화(月上丙火)가 투출(透出)하여 관살(官殺)이 태왕(太旺)이다. 다행히 신금일주(辛金日柱)는 시지진(時支辰) 습토(濕土)가 있어 화생토(火生土) 토생금(土生金)으로 살인상생(殺印相生)으로 진토인수(辰土印綬)가 용신(用神)이며 금비견겁(金比肩劫)은 희신(喜神)이 된다. 이 사주는 남자(男子)의 사주로서 공부를 많이 하여 대학교수(大學敎授)에 임용(任用)되기 원하였으나 운(運)이 없어 임용(任用)이 안 되었고 학원을 경영하였으나 학원마저 실패(失敗)하여 재산을 탕진하고 다른 학원에 강사로 일하고 있으며 아직도 결혼 못하고 미혼(未婚)으로 살고 있는 사주다. 처궁(妻宮)이 부실한 것은 사주(四柱)에 관살(官殺)이 많으면 관살(官殺)을 남자(男子) 사주에 자식(子息)이 되므로 자식이 많으면 처궁(妻宮)이 부실하여 재혼(再婚)하거나 혼자 사는 사람들이 많다.

❶ 세운갑신년(歲運甲申年): 관재, 손재, 신액
❷ 질병(疾病): 폐(肺), 기관지(氣管支), 치질(痔疾), 임질(淋疾), 폐병(肺病), 결핵(結核)
❸ 남녀성격: (남) 과감 용단, 냉정하다, 고집 대단, 정복력 강함, 노력은 많이 하나 실속이
　　　　　 없다, 재복 있다, 처궁불미, 성격이 까다롭다, 편식한다, 옷에 신경 쓴다
　　　　 (여) 냉정하다, 사람 사귀다 한번 틀어지면 다시 안 봄, 부궁불미, 재가, 정부,
　　　　　 말조심, 요리솜씨, 친모봉양, 인덕 없다

🌀 세운·질병·남녀성격의 해설 (歲運·疾病·男女性格의 解說)

❶ 세운갑신년(歲運甲申年)= ※관재, 손재, 신액은 ※세운갑신년(歲運甲申年)의 갑목(甲木)은 신금일주(辛金日柱)의 정재(正財)로 원명사주(源命四柱)에 재살(財殺)이 태왕(太旺)인데 세운(歲運)에서 재(財)나 관살운(官殺運)이 들어오면 ※관재수를 조심해야 하며 또는 손재수를 조심해야 하며 또는 건강을 조심해야 한다.

❷ 질병(疾病)은 폐, 기관지는 일주(日柱)에서 발생(發生)하며 ※치질, 임질, 폐병, 결핵은 ※신금일주(辛金日柱)가 목화재살(木火財殺)이 태왕(太旺)이면 ※치질, 임질, 폐병, 결핵을 조심해야 한다.

❸ 남녀성격은 일주(日柱)에서 발생(發生)한다.

갑신년 (甲申年)

66년(음) 3월 2일 사(巳)시 남자

癸	辛	辛	丙
巳	巳	卯	午

54	44	34	24	14	4
丁	丙	乙	甲	癸	壬
酉	申	未	午	巳	辰

이 사주는 신금일주(辛金日柱)가 중춘묘월(中春卯月)에 출생하여 실시(失時)하고 년지오화(年支午火)와 일시지(日時支) 양사화(兩巳火)로 화국(火局)을 이루고 년상병화(年上丙火)가 투출(透出)하여 관살(官殺)이 태왕(太旺)이다. 그러므로 신금일주(辛金日柱)는 관살(官殺)이 대단히 겁(劫)이 난다. 시상계수(時上癸水) 식신(食神)으로도 넓은 관살(官殺)을 제(制)하려고 하나 시상계수(時上癸水)는 근(根)이 없어 물이 말라 힘이 없으므로 용신(用神)으로 쓸 수가 없으며 신금일주(辛金日柱)도 무근(無根)이며 자좌사화(自坐巳火)에 살지(殺地)에 앉았으며 월상신금(月上辛金) 비견(比肩)도 근(根)이 없으며 자좌묘목(自坐卯木)에 절궁(絶宮)으로 신금일주(辛金日柱)를 도울 힘이 없다. 그러므로 금생수(金生水) 수생목(水生木) 목생화(木生火)로 종살격(從殺格)이다. 그러므로 화(火)가 용신(用神)이며 목재(木財)는 희신(喜神)이 된다. 이 사주는 남자(男子)의 사주로서 사업을 경영하여 29세 오화대운(午火大運)부터 을목대운(乙木大運)까지 돈을 많이 벌었으나 39세 미토대운(未土大運)에 종(從)하는 사주에 인수운(印綬運)이 들어와 재산을 탕진한 사주다.

❶ 세운갑신년(歲運甲申年): 관재, 손재, 신액, 관재, 수술
❷ 질병(疾病): 해수(咳嗽), 호흡기(呼吸器)
❸ 남녀성격: (남) 과감 용단, 냉정하다, 성질 급, 변화가 많다, 항상 바쁨, 처 덕 있다, 화려하게 보이나 실속이 없다, 예의 있다, 말을 잘한다, 영리하다, 식복 있다
　　　　　　 (여) 냉정하다, 사람 사귀다 한번 틀어지면 다시 안 봄, 남편 덕, 정부, 이성수신, 의처증 부군, 성질 급, 항상 바쁨, 인덕 없다

세운 · 질병 · 남녀성격의 해설 (歲運 · 疾病 · 男女性格의 解說)

❶ 세운갑신년(歲運甲申年)= ※관재, 손재, 신액, 관재, 수술은 ※세운갑신년(歲運甲申年)의 갑목(甲木)은 신금일주의 정재(正財)로 원명사주(源命四柱)에 재살(財殺)이 태왕(太旺)인데 세운에서 재(財)나 관살운(官殺運)이 들어오면 ※관재수를 조심해야 하며 또는 손재수를 조심해야 하며 또는 건강을 조심해야 한다. 그리고 ※관재, 수술은 ※세운갑신년(歲運甲申年)의 신금(申金)은 일지사화(日支巳火)와 사신(巳申)으로 형살(刑殺)이 되므로 세운에서 일지(日支) 형살운(刑殺運)이 들어오면 ※관재수나 수술을 조심해야 한다.

❷ 질병(疾病)과 ❸ 남녀성격은 일주(日柱)에서 발생(發生)한다.

갑신년 (甲申年)

66년(음) 3월 12일 오(午)시 여자

甲	辛	辛	丙
午	卯	卯	午

59	49	39	29	19	9
乙	丙	丁	戊	己	庚
酉	戌	亥	子	丑	寅

이 사주는 신금일주(辛金日柱)가 중춘묘월(中春卯月)에 출생하여 실시(失時)하고 년간지(年干支) 병오(丙午)와 시지오화(時支午火)가 있어 재살(財殺)이 태왕(太旺)이다. 신금일주(辛金日柱)는 무근(無根)이며 자좌묘목(自坐卯木)에 절궁(絶宮)이며 월상신금(月上辛金) 비견(比肩)도 무근(無根)이며 자좌묘목(自坐卯木)에 절궁(絶宮)으로 신금일주(辛金日柱)를 도울 힘이 없다. 그러므로 종살격(從殺格)으로 년상병화(年上丙火) 정관(正官)이 용신(用神)이며 목재(木財)는 희신(喜神)이 된다. 이 사주는 여자(女子)의 사주로서 초년(初年)부터 장사를 하였으나 운(運)이 없어 고생을 많이 하다가 39세 정화대운(丁火大運)에 사업이 번창하여 수억금을 벌었으나 44세 해수대운(亥水大運)에 사업을 확장하여 경영하다가 대운해수(大運亥水)는 화용신(火用神)의 절궁(絶宮)으로 재산을 탕진하고 남편(男便)과 이혼하고 혼자 힘들게 살고 있는 사주다. 부궁(夫宮)이 부실한 것은 년간지(年干支) 병오생(丙午生)의 공망(空亡)은 일지묘목(日支卯木)으로 부궁(夫宮)이 부실한 사주다.

🔵 세운 · 질병 · 남녀성격의 해설 (歲運 · 疾病 · 男女性格의 解說)

❶ 세운갑신년(歲運甲申年)= ※관재, 손재, 신액, 신경과민은 ※세운갑신년(歲運甲申年)의 갑목(甲木)은 신금일주의 정재(正財)로 원명사주(源命四柱)에 재살(財殺)이 태왕(太旺)인데 세운에서 재(財)나 관살운(官殺運)이 들어오면 ※관재수나 손재수나 건강을 조심해야 한다. 그리고 ※신경과민은 ※세운갑신년(歲運甲申年)의 신금(申金)은 일지묘목(日支卯木)과 묘신(卯申)으로 귀문관살(鬼門關殺)이므로 세운에서 일지(日支) 귀문(鬼門) 관살운(關殺運)이 들어오면 ※그해에는 모든 일에 신경을 많이 쓰게 된다.

❷ 질병(疾病)은 일주(日柱)에서 발생(發生)한다.

❸ 남녀성격은 일주(日柱)에서 발생(發生)한다.

갑신년 (甲申年)

71년(음) 10월 5일 사(巳)시 여자

癸	辛	己	辛
巳	亥	亥	亥

55	45	35	25	15	5
乙	甲	癸	壬	辛	庚
巳	辰	卯	寅	丑	子

이 사주는 신금일주(辛金日柱)가 초겨울 해월(亥月)에 출생하여 실시(失時)하고 년일지(年日支) 양해수(兩亥水)와 시상계수(時上癸水)가 투출(透出)하여 상관식신(傷官食神)이 태왕(太旺)하다. 그러나 신금일주(辛金日柱)는 무근(無根)이며 자좌해수(自坐亥水)에 설기(泄氣)가 심(甚)하며 월상기토(月上己土) 인수(印綬)도 무근(無根)이며 왕수(王水)에 쓸려가 힘이 없으므로 신금일주(辛金日柱)를 도울 수가 없으며 년상신금(年上辛金) 비견(比肩)이 있다 하나 그 비견(比肩)도 무근(無根)이며 자좌해수(自坐亥水)에 설기(泄氣)가 심(甚)하여 신금일주(辛金日柱)를 도울 수가 없다. 그러므로 토생금(土生金) 금생수(金生水)로 종아(從兒)하는 사주다. 그러므로 수상관(水傷官)이 용신(用神)이 된다. 이 사주는 여자(女子)의 사주로서 상관식신(傷官食神)이 태왕(太旺)하면 손재주와 기술이 좋아 의류디자이너로 일하다가 35세 계수대운(癸水大運)에 사업을 경영하여 수억금을 벌었으나 아직 결혼을 못한 사주이다. 부궁(夫宮)이 부실한 것은 여자 사주에 상관식신(傷官食神)이 태왕(太旺)이면 부궁(夫宮)이 부실하여 재혼하거나 결혼이 늦다거나 혼자 사는 사람들이 많다.

❶ 세운갑신년(歲運甲申年): 불성, 손재
❷ 질병(疾病): 폐(肺), 담(膽), 월경불순(月經不純), 비색증(鼻塞症)
❸ 남녀성격: (남) 과감 용단, 냉정하다, 선견지명, 암기력, 총명하다, 지혜롭다, 항상 바쁨, 집념 대단, 재복 있다, 처 덕 있다, 남에게 잘함, 처궁불미, 장수한다
　　　　　 (여) 냉정하다, 사람 사귀다 한번 틀어지면 다시 안 봄, 부궁불미, 재가, 정부, 인정 있다, 남에게 잘함, 잘하고 욕 먹는다, 자손귀자, 신앙심, 내 것 주고 배신당함, 인덕 없다

세운 · 질병 · 남녀성격의 해설 (歲運 · 疾病 · 男女性格의 解說)

❶ 세운갑신년(歲運甲申年)= ※불성, 손재는 ※세운갑신년(歲運甲申年)의 신금(申金)은 신금일주(辛金日柱)의 비겁(比劫)으로 종(從)하는 사주에 세운(歲運)에서 비견겁운(比肩劫運)이 들어오면 ※모든 일이 잘 풀리지 않고 대차계약도 잘 이루어지지 않으며 또는 손재수를 조심해야 한다.

❷ 질병(疾病)은 폐, 담은 일주(日柱)에서 발생(發生)하며 ※월경불순, 비색증은 ※신금일주(辛金日柱)가 해자월(亥子月)에 출생하면 ※월경불순이나 축농증, 비염, 코막힘을 조심해야 한다.

❸ 남녀성격은 일주(日柱)에서 발생(發生)한다.

갑신년 (甲申年)

71년(음) 10월 5일 해(亥)시 여자

<table>
<tr><td>己</td><td>辛</td><td>己</td><td>辛</td></tr>
<tr><td>亥</td><td>亥</td><td>亥</td><td>亥</td></tr>
</table>

55	45	35	25	15	5
乙	甲	癸	壬	辛	庚
巳	辰	卯	寅	丑	子

이 사주는 신금일주(辛金日柱)가 초겨울 해월(亥月)에 출생하여 실시(失時)하고 년월일시(年月日時) 해수(亥水)로 지지(地支)는 전수국(全水局)을 이루었다. 신금일주(辛金日柱)는 무근(無根)이며 자좌해수(自坐亥水)에 설기(泄氣)가 심(甚)하고 월시상(月時上) 양기토(兩己土) 인수(印綬)가 있다고 하나 그 기토(己土)도 무근(無根)이며 왕수(王水)에 쓸려가 힘이 없으므로 일주(日柱)를 도울 힘이 없으며 년상신금(年上辛金) 비견(比肩)도 무근(無根)이며 자좌해수(自坐亥水)에 설기(泄氣)가 심(甚)하여 일주(日柱)를 도울 힘이 없다. 그러므로 토생금(土生金) 금생수(金生水)로 종아격(從兒格)으로 수(水) 상관식신(傷官食神)이 용신(用神)이 된다. 이 사주는 여자(女子)의 사주로서 지방 공무원으로 근무하고 있으나 일찍 남편(男便)과 이혼(離婚)하고 혼자 살고 있는데 여자(女子) 사주에 상관식신(傷官食神)이 태왕(太旺)이면 부궁(夫宮)이 부실하여 재혼(再婚)하거나 결혼을 늦게 한다거나 혼자 사는 사람들이 많다.

❶ 세운갑신년(歲運甲申年): 불성, 손재
❷ 질병(疾病): 폐(肺), 담(膽), 월경불순(月經不純), 비색증(鼻塞症)
❸ 남녀성격: (남) 과감 용단, 냉정하다, 선견지명, 암기력, 총명하다, 지혜롭다, 항상 바쁨, 집념 대단, 재복 있다, 처 덕 있다, 남에게 잘함, 처궁불미, 장수한다
　　　　　(여) 냉정하다, 사람 사귀다 한번 틀어지면 다시 안 봄, 부궁불미, 재가, 정부, 인정 있다, 남에게 잘함, 잘하고 욕 먹는다, 자손귀자, 신앙심, 내 것 주고 배신당함, 인덕 없다

세운 · 질병 · 남녀성격의 해설 (歲運 · 疾病 · 男女性格의 解說)

❶ 세운갑신년(歲運甲申年)= ※불성, 손재는 ※세운갑신년(歲運甲申年)의 신금(申金)은 신금일주(辛金日柱)의 비겁(比劫)으로 종(從)하는 사주에 세운(歲運)에서 비견겁운(比肩劫運)이 들어오면 ※모든 일이 잘 풀리지 않고 대차계약도 잘 이루어지지 않으며 또는 손재수를 조심해야 한다.

❷ 질병(疾病)은 폐, 담은 일주(日柱)에서 발생(發生)하며 ※월경불순, 비색증, 폐병, 결핵은 ※신금일주(辛金日柱)가 해자월(亥子月)에 출생하면 ※월경불순이나 축농증이나 비염이나 코막힘을 조심해야 한다.

❸ 남녀성격은 일주(日柱)에서 발생(發生)한다.

갑신년 (甲申年)

64년(음) 7월 24일 진(辰)시 여자

甲	壬	壬	甲
辰	子	申	辰

58	48	38	28	18	8
丙	丁	戊	己	庚	辛
寅	卯	辰	巳	午	未

이 사주는 임수일주(壬水日柱)가 초가을 신월(申月)에 출생하여 장생(長生)하고 신궁임수(申宮壬水)가 월상(月上)에 투출(透出)하고 월일시(月日時) 신자진(申子辰)으로 수국(水局)을 이루어 임수일주(壬水日柱)는 신왕사주(身旺四柱)다. 신왕사주에는 일주(日柱)를 제(制)하는 관살(官殺)이나 식신상관(食神傷官)으로 설기(泄氣)하면 좋은데 일주(日柱)를 제(制)하는 년시지(年時支) 양진토(兩辰土)와 년시상(年時上) 양갑목(兩甲木)이 있어 어느 오행(五行)으로 용신(用神)을 잡느냐의 기로에 서게 된다. 그러나 신왕사주(身旺四柱)에는 관살(官殺)로 용신함을 우선하지만 년시지(年時支) 양진토(兩辰土)는 습토(濕土)이며 수국(水局)에 화(化)하여 힘이 없으므로 용신(用神)으로 쓸 수가 없다. 그러므로 년상갑목(年上甲木) 식신(食神)으로 용신(用神)한다. 이 사주는 여자(女子)의 사주로서 교사(敎師)로 근무하면서 승진시험을 많이 보았으나 운(運)이 없어 승진이 안되어 평범하게 살고 있는 사주다.

❶ 세운갑신년(歲運甲申年): 이별수, 변화, 이사, 전근, 신축, 문서
❷ 질병(疾病): 냉(冷), 혈압(血壓), 신장(腎臟), 방광(膀胱)
❸ 남녀성격: (남) 털털한 성격, 마음이 넓다, 성질 조급, 고집 대단, 노력은 많이 하나 실속이 없다, 여자 많다, 처궁불미, 용두사미, 돈이 잘 빠져 나간다, 꾀가 많다, 신경 예민
(여) 남자 같은 시원한 성격, 새것을 좋아함, 부궁불미, 정부, 재가, 남에게 시기를 많이 받는다, 독수공방, 직업여성

세운·질병·남녀성격의 해설 (歲運·疾病·男女性格의 解說)

❶ 세운갑신년(歲運甲申年)= ※이별수, 변화, 이사, 전근, 신축, 문서는 ※세운갑신년(歲運甲申年)의 신금(申金)은 임수일주의 인수로 신왕(身旺)한 여자 사주에 세운에서 인수운(印綬運)이 들어오면 ※가정에 불화가 많이 생긴다든가 또는 남편과 떨어져 산다든가 또는 이혼한다든가 또는 남편이 사망하는 수도 있다. 그리고 ※변화, 이사, 전근은 ※세운갑신년(歲運甲申年)의 신금(申金)은 일지자수(日支子水)와 자신(子申)으로 삼합(三合)이 되므로 세운에서 일지(日支) 삼합운(三合運)이 들어오면 ※변화가 생긴다든가 또는 이사를 한다든가 또는 직장을 옮기는 일이 많다. 그리고 ※신축, 문서는 ※세운갑신년(歲運甲申年)의 신금(申金)은 임수일주의 인수(印綬)로 세운에서 인수운(印綬運)이 들어오면 ※집을 짓는다든가 또는 증축을 한다든가 또는 사업체를 벌리는 일이 많다.

❷ 질병(疾病)과 ❸ 남녀성격은 일주(日柱)에서 발생(發生)한다.

갑신년 (甲申年)

63년(음) 2월 5일 묘(卯)시 여자

癸	壬	甲	癸
卯	寅	寅	卯

52	42	32	22	12	2
庚	己	戊	丁	丙	乙
申	未	午	巳	辰	卯

이 사주는 임수일주(壬水日柱)가 초봄 인월(寅月)에 출생하여 실시(失時)하고 인중갑목(寅中甲木)이 월상(月上)에 투출(透出)하여 식신격(食神格)이다. 그리고 년지묘목(年支卯木)과 일시지(日時支) 인묘목(寅卯木)으로 상관식신(傷官食神)이 태왕(太旺)이다. 그러나 임수일주(壬水日柱)는 무근(無根)이며 자좌인목(自坐寅木)에 설기(泄氣)가 심(甚)하고 년시상(年時上) 양계수(兩癸水) 비겁(比劫)이 있다 하나 그 비겁(比劫)도 모두 자좌묘목(自坐卯木)에 설기(泄氣)가 심(甚)하여 임수일주(壬水日柱)를 도울 수가 없다. 그러므로 수생목(水生木)으로 종아격(從兒格)이므로 목(木) 상관식신(傷官食神)이 용신(用神)이다. 이 사주는 여자(女子)의 사주로서 연극배우로 일하였는데 운(運)이 없어 성공(成功) 못하고 혼자 살고 있는 사주다. 부궁(夫宮)이 부실한 것은 여자 사주에 상관식신(傷官食神)이 태왕(太旺)이면 부궁(夫宮)이 부실하여 재혼하거나 혼자 사는 사람들이 많다.

❶ 세운갑신년(歲運甲申年): 이별수, 신축, 문서, 관재, 수술, 자연재앙
❷ 질병(疾病): 신장(腎臟), 방광(膀胱), 냉(冷), 습(濕)
❸ 남녀성격: (남) 털털한 성격, 지혜롭다, 원만하다, 환경에 적응 잘함, 영리하다, 행운이 따른다, 항상 바쁨, 용기 있다, 타의 군림, 성질 급, 처 덕 있다, 장모봉양
　　　　　(여) 남자 같은 시원한 성격, 새것을 좋아함, 영리하다, 남편을 꺾는다, 부궁불미, 정부, 자손귀자, 요리솜씨, 사회활동하면 인기

세운 · 질병 · 남녀성격의 해설 (歲運 · 疾病 · 男女性格의 解說)

❶ 세운갑신년(歲運甲申年)= ※이별수, 신축, 문서, 관재, 수술, 자연재앙은 ※세운갑신년(歲運甲申年)의 갑목(甲木)은 임수일주의 식신(食神)으로 여자 사주에 상관식신이 태왕(太旺)인데 세운에서 상관(傷官) 식신운(食神運)이 들어오면 ※가정에 불화가 많이 생긴다든가 또는 남편과 떨어져 산다든가 또는 이혼한다든가 또는 남편이 사망하는 수도 있다. 그리고 ※신축, 문서는 ※세운갑신년(歲運甲申年)의 신금(申金)은 임수일주의 인수(印綬)로 세운에서 인수운(印綬運)이 들어오면 ※집을 짓는다든가 또는 증축을 한다든가 또는 사업체를 벌리는 일이 많다. 그리고 ※관재, 수술, 자연재앙은 ※세운갑신년(歲運甲申年)의 신금(申金)은 일지인목(日支寅木)과 인신충(寅申沖)으로 세운에서 일지충운(日支沖運)이 들어오면 ※관재수나 수술이나 자연재앙을 조심해야 한다.

❷ 질병(疾病)과 ❸ 남녀성격은 일주(日柱)에서 발생(發生)한다.

갑신년 (甲申年)

62년(음) 1월 19일 묘(卯)시 남자

癸	壬	壬	壬
卯	辰	寅	寅
54	44	34	24	14	4
戊	丁	丙	乙	甲	癸
申	未	午	巳	辰	卯

이 사주는 임수일주(壬水日柱)가 초봄 인월(寅月)에 출생하여 실시(失時)하고 지지(地支)는 인묘진(寅卯辰) 목국(木局)을 이루어 상관식신(傷官食神)이 태왕(太旺)이다. 임수일주(壬水日柱)는 년월시상(年月時上) 임계수(壬癸水)가 투출(透出)하여 수(水) 천원일기(天元一氣)를 이루고 임수일주(壬水日柱)는 자고(白庫)인 진중계수(辰中癸水)에 근(根)하여 신왕사주(身旺四柱)같이 보이나 그 진토(辰土)는 인묘진(寅卯辰) 목국(木局)으로 화(化)하였으며 습토(濕土)라 하나 임수일주(壬水日柱)가 극(剋)을 받음으로 신약사주(身弱四柱)다. 그러므로 금인수(金印綬)가 용신(用神)이며 수비견겁(水比肩劫)은 희신(喜神)이 된다. 이 사주는 남자(男子)의 사주로서 특전사에 근무하다가 운(運)이 없어 승진도 잘 안 되었고 44세 정화대운(丁火大運)에 전역하여 사업을 경영하였으나 월상임수(月上壬水)와 정임합(丁壬合)으로 합거(合去)되어 손해를 많이 보았고 그 이후로도 운(運)이 없어 은행청원경찰로 근무하고 있는 사주다.

❶ 세운갑신년(歲運甲申年): 변화, 이사, 전근, 신축, 문서
❷ 질병(疾病): 냉(冷), 풍질(風疾), 신장(腎臟), 혈압(血壓)
❸ 남녀성격: (남) 털털한 성격, 일찍 사회에 진출, 임전무퇴, 자립정신, 재간 있다, 박력 있다, 속전속결, 처궁불미, 어린 시절 잔병, 자손근심, 아이디어가 좋다
    (여) 남자 같은 시원한 성격, 새것을 좋아함, 부궁불미, 재가, 정부, 독수공방, 일가부양, 풍파가 많다

🔵 세운 · 질병 · 남녀성격의 해설 (歲運 · 疾病 · 男女性格의 解說)

❶ 세운갑신년(歲運甲申年)= ※변화, 이사, 전근, 신축, 문서는 ※세운갑신년(歲運甲申年)의 신금(申金)은 일지진토(日支辰土)와 신진(申辰)으로 삼합(三合)이 되므로 세운(歲運)에서 일지(日支) 삼합운(三合運)이 들어오면 ※변화가 생긴다든가 또는 이사를 한다든가 또는 직장을 옮기는 일이 많다. 그리고 ※신축, 문서는 ※세운갑신년(歲運甲申年)의 신금(申金)은 임수일주(壬水日柱)의 인수(印綬)로 세운(歲運)에서 인수운(印綬運)이 들어오면 ※집을 짓는다든가 또는 증축을 한다든가 또는 사업체를 벌리는 일이 많다.

❷ 질병(疾病)은 일주(日柱)에서 발생(發生)한다.

❸ 남녀성격은 일주(日柱)에서 발생(發生)한다.

갑신년 (甲申年)

61년(음) 9월 7일 술(戌)시 여자

庚	壬	戊	辛
戌	午	戌	丑

58	48	38	28	18	8
甲	癸	壬	辛	庚	己
辰	卯	寅	丑	子	亥

이 사주는 임수일주(壬水日柱)가 계추술월(季秋戌月)에 출생하여 실시(失時)하고 술중무토(戌中戊土)와 신금(辛金)이 년월(年月)에 투출(透出)하여 어느 오행(五行)으로 격(格)을 잡느냐의 기로에 서게 된다. 날짜상으로 보아 술중신금(戌中辛金)이 사령(司令)하므로 년상신금(年上辛金)으로 격(格)을 잡으므로 인수격(印綬格)이다. 그러나 사주에 재살(財殺)이 태왕(太旺)하므로 신약사주(身弱四柱)로서 시상경금(時上庚金) 인수(印綬)가 용신(用神)이며 수비견겁(水比肩劫)은 희신(喜神)이 된다. 이 사주는 여자(女子)의 사주로서 종합병원에 의사(醫師)로 근무하여 초년(初年)에 운(運)이 잘 들어와 능력이 있어 실력을 인정받아 전문의로 근무하다가 38세 임수대운(壬水大運)에 의원(醫院)을 개원하여 돈을 많이 벌었고 48세 계수대운(癸水大運)에 월상무토(月上戊土)와 무계합(戊癸合)으로 합거(合去)되어 의원이 부실하여 손해를 보고 있는 중이다. 아무리 영리(怜悧)하고 기술(技術)이 좋아도 운(運)이 없으면 모든 일이 잘 풀리지 않는다. 여자(女子) 사주에 관살(官殺)이 태왕(太旺)이면 부궁(夫宮)이 부실하여 재혼(再婚)하거나 혼자 사는 사람들이 많은데 여자가 능력이 있으면 부궁(夫宮)이 부실하여도 남자를 이기고 산다.

❶ 세운갑신년(歲運甲申年): 신축, 문서
❷ 질병(疾病): 신장(腎臟), 방광(膀胱), 기관지(氣管支), 자궁(子宮)
❸ 남녀성격: (남) 털털한 성격, 고집 대단, 신경 예민, 지혜롭다, 명랑하다, 예의 있다, 준법정신, 처 덕 있다, 처궁불미, 성실하다, 눈치가 빠름, 운동 잘함
　　　　　(여) 남자 같은 시원한 성격, 새것을 좋아함, 미모 수려, 남편 덕, 정부, 부궁불미, 자손 덕, 눈치가 빠름, 신경 예민, 이성수신

◐ 세운·질병·남녀성격의 해설(歲運·疾病·男女性格의 解說)

❶ 세운갑신년(歲運甲申年)= ※신축, 문서는 ※세운갑신년(歲運甲申年)의 신금(申金)은 임수일주(壬水日柱)의 인수(印綬)로 세운(歲運)에서 인수운(印綬運)이 들어오면 ※집을 짓는다든가 또는 증축을 한다든가 또는 사업체를 벌리는 일이 많다.

❷ 질병(疾病)은 신장, 방광은 일주(日柱)에서 발생(發生)하며 ※기관지, 자궁은 ※임수일주(壬水日柱)가 재살(財殺)이 태왕(太旺)이면 ※기관지와 자궁을 조심해야 한다.

❸ 남녀성격은 일주(日柱)에서 발생(發生)한다.

갑신년 (甲申年)

61년(음) 6월 26일 술(戌)시 여자

庚	壬	乙	辛
戌	申	未	丑

51	41	31	21	11	1
辛	庚	己	戊	丁	丙
丑	子	亥	戌	酉	申

이 사주는 임수일주(壬水日柱)가 하계미월(夏季未月)에 출생하여 실시(失時)하고 미중을목(未中乙木)이 월상(月上)에 투출(透出)하여 상관격(傷官格)이다. 그리고 년월지(年月支) 축미토(丑未土)와 시지술토(時支戌土)가 있어 일주(日柱)는 신약사주(身弱四柱)다. 다행히 임수일주(壬水日柱)는 자좌신금(自坐申金)에 장생(長生)하고 신궁경금(申宮庚金)이 시상(時上)에 투출(透出)하였고 년상신금(年上辛金)이 투출(透出)하였어도 일주(日柱)는 신약(身弱)하므로 금인수(金印綬)가 용신(用神)이며 수비견겁(水比肩劫)은 희신(喜神)이 된다. 이 사주는 여자(女子)의 사주로서 공부는 많이 하였으나 운(運)이 없어 취업이 안되어 사업을 경영하였는데 31세 기토대운(己土大運)에 손해를 조금 보았고 36세 해수대운(亥水大運)에 수억금을 벌어 결혼도 하였으나 41세 경금대운(庚金大運)에 월상을목(月上乙木)과 을경합(乙庚合)으로 합거(合去)되어 손해를 조금 보았고 46세 자수대운(子水大運)부터 사업이 번창하여 재산을 복구하고 잘살고 있는 사주다.

❶ 세운갑신년(歲運甲申年): 자궁 수술, 변화, 이사, 전근, 신축, 문서
❷ 질병(疾病): 냉(冷), 신장(腎臟), 방광(膀胱)
❸ 남녀성격: (남) 털털한 성격, 원만하다, 활발하다, 지혜롭다, 포용력, 만인의 신망, 고집 대단, 박력 있다, 영리하다, 일독십지, 처 덕 있다
　　　　　(여) 남자 같은 시원한 성격, 새것을 좋아함, 영리하다, 부궁불미, 정부, 예능, 문학에 소질 있다, 친모봉양

세운 · 질병 · 남녀성격의 해설 (歲運 · 疾病 · 男女性格의 解說)

❶ 세운갑신년(歲運甲申年)= ※자궁 수술, 변화, 이사, 전근, 신축, 문서는 ※세운갑신년(歲運甲申年)의 신금(申金)은 임수일주(壬水日柱)의 인수(印綬)로 원명사주(源命四柱)에 상관(傷官)이 쇠약(衰弱)하고 인수(印綬)가 태왕(太旺)인데 세운에서 인수운(印綬運)이 들어오면 **※자궁과 유방을 조심해야 한다.** 그리고 ※변화, 이사, 전근은 ※세운갑신년(歲運甲申年)의 신금(申金)은 일지신금(日支申金)과 신신(申申)으로 삼합(三合)이 되므로 세운(歲運)에서 일지(日支) 삼합운(三合運)이 들어오면 ※변화가 생긴다든가 또는 이사를 한다든가 또는 직장을 옮기는 일이 많다. 그리고 ※신축, 문서는 ※세운갑신년(歲運甲申年)의 신금(申金)은 임수일주의 인수(印綬)로 세운에서 인수운(印綬運)이 들어오면 ※집을 짓는다든가 또는 증축을 한다든가 또는 사업체를 벌리는 일이 많다.

❷ 질병(疾病)과 ❸ 남녀성격은 일주(日柱)에서 발생(發生)한다.

갑신년 (甲申年)

58년(음) 8월 30일 오(午)시 남자

丙	壬	壬	戊
午	戌	戌	戌

59	49	39	29	19	9
戊	丁	丙	乙	甲	癸
辰	卯	寅	丑	子	亥

이 사주는 임수일주(壬水日柱)가 계추술월(季秋戌月)에 출생하여 실시(失時)하고 술중무토(戌中戊土)가 년상(年上)에 투출(透出)하였으며 년일지(年日支) 양술토(兩戌土)와 시간지(時干支) 병오(丙午)로 재살(財殺)이 태왕(太旺)이다. 임수일주(壬水日柱)는 무근(無根)이며 자좌살지(自坐殺地)에 앉았으며 월상임수(月上壬水) 비견(比肩)도 자좌술토(自坐戌土)에 살지(殺地)에 앉아 임수일주(壬水日柱)를 도울 수가 없다. 그러므로 종살격(從殺格)이므로 무토편관(戊土偏官)이 용신(用神)이며 병화재(丙火財)는 희신(喜神)이 된다. 이 사주는 남자(男子)의 사주로서 회사에 근무하였으나 초년운(初年運)이 없어 승진(昇進)이 안되어 고생을 많이 하다가 39세 병인대운(丙寅大運)에 퇴사하여 사업을 경영하여 운(運)이 잘 들어와 수억금을 벌었으나 49세 정화대운(丁火大運)에 월상임수(月上壬水)와 정임합(丁壬合)으로 합거(合去)되어 재산을 탕진하고 처(妻)와 이혼하고 일용직(日用職)으로 일하고 있는 사주다. 처궁(妻宮)이 부실한 것은 남자(男子) 사주에 관살(官殺)이 태왕(太旺)이면 처궁(妻宮)이 부실하여 재혼(再婚)하거나 혼자 사는 사람들이 많다.

세운·질병·남녀성격의 해설 (歲運·疾病·男女性格의 解說)

❶ 세운갑신년(歲運甲申年)= ※신축, 문서는 ※세운갑신년(歲運甲申年)의 신금(申金)은 임수일주(壬水日柱)의 인수(印綬)로 세운(歲運)에서 인수운(印綬運)이 들어오면 ※집을 짓는다든가 또는 증축을 한다든가 또는 사업체를 벌리는 일이 많다.

❷ 질병(疾病)은 신장, 방광은 일주(日柱)에서 발생(發生)하며 ※치질, 임질, 비색증은 ※임수일주(壬水日柱)가 화토재살(火土財殺)이 태왕(太旺)이면 ※치질, 임질, 축농증, 비염, 코막힘을 조심해야 한다.

❸ 남녀성격은 일주(日柱)에서 발생(發生)한다.

갑신년 (甲申年)

56년(음) 7월 28일 유(酉)시 여자

이 사주는 임수일주(壬水日柱)가 초가을 신월(申月)에 출생하여 장생(長生)하고 년일지(年日支) 양신금(兩申金)과 시지유금(時支酉金) 인수(印綬)가 있어 일주(日柱)는 신왕사주(身旺四柱)다. 신왕사주(身旺四柱)에는 일주(日柱)를 제(制)하는 관살(官殺)이나 식신상관(食神傷官)으로 설기(泄氣)하면 좋은데 일주(日柱)를 제(制)하는 시상기토(時上己土) 정관(正官)은 무근(無根)이며 자좌유금(自坐酉金)에 설기(泄氣)가 심(甚)하여 용신(用神)으로 쓸 수가 없으며 년월(年月) 양병화재(兩丙火財)가 있다고 하나 그 병화(丙火)도 무근(無根)이며 자좌신금(自坐申金)에 병궁(病宮)에 앉아 용신(用神)으로 쓸 수가 없다. 그러므로 이 사주는 종강격(從强格)이므로 사주에 많은 금(金)이 설기(泄氣)하는 곳은 임수(壬水)이므로 수비견겁(水比肩劫)이 용신(用神)이며 금인수(金印綬)는 희신(喜神)이 된다. 이 사주는 여자(女子)의 사주로서 은행원으로 근무하다가 39세 임수대운(壬水大運)에 승진하였고 그 이후로는 운(運)이 없어 평범하게 살아가고 있는 사주다.

❶ 세운갑신년(歲運甲申年): 이별수, 변화, 이사, 전근, 자연재앙
❷ 질병(疾病): 냉(冷), 신장(腎臟), 방광(膀胱)
❸ 남녀성격: (남) 털털한 성격, 원만하다, 활발하다, 지혜롭다, 포용력, 만인의 신망, 고집 대단, 박력 있다, 영리하다, 일독십지, 처 덕 있다
　　　　　　(여) 남자 같은 시원한 성격, 새것을 좋아함, 영리하다, 부궁불미, 정부, 예능, 문학에 소질 있다, 친모봉양

◑ 세운 · 질병 · 남녀성격의 해설 (歲運 · 疾病 · 男女性格의 解說)

❶ 세운갑신년(歲運甲申年)= ※이별수, 변화, 이사, 전근, 자연재앙은 ※세운갑신년(歲運甲申年)의 신금(申金)은 임수일주의 인수(印綬)로 신왕한 여자 사주에 세운에서 인수운(印綬運)이 들어오면 ※가정에 불화가 많이 생긴다든가 또는 남편과 떨어져 산다든가 또는 이혼한다든가 또는 남편이 사망하는 수도 있다. 그리고 ※변화, 이사, 전근은 ※세운갑신년(歲運甲申年)의 신금(申金)은 일지신금(日支申金)와 신신(申申)으로 삼합(三合)이 되므로 세운에서 일지(日支) 삼합운(三合運)이 들어오면 ※변화가 생긴다든가 또는 이사를 한다든가 또는 직장을 옮기는 일이 많다. 그리고 ※자연재앙은 ※세운갑신년(歲運甲申年)의 신금(申金)은 일지신금(日支申金)과 신신(申申)으로 똑같은 오행(五行)이므로 세운에서 일지(日支) 같은 운(運)이 들어오면 ※자연재앙을 조심해야 한다.

❷ 질병(疾病)과 ❸ 남녀성격은 일주(日柱)에서 발생(發生)한다.

갑신년 (甲申年)

63년(음) 1월 25일 인(寅)시 남자

壬	壬	甲	癸
寅	辰	寅	卯

55	45	35	25	15	5
戊	己	庚	辛	壬	癸
申	酉	戌	亥	子	丑

이 사주는 임수일주(壬水日柱)가 초봄 인월(寅月)에 출생하여 실시(失時)하고 인중갑목(寅中甲木)이 월상(月上)에 투출(透出)하여 식신격(食神格)이다. 그리고 년월일지(年月日支) 인묘진(寅卯辰)으로 목국(木局)을 이루었으며 시지인목(時支寅木)이 있어 상관식신(傷官食神)이 태왕(太旺)으로 일주(日柱)가 심약(甚弱)하다. 그러나 임수일주(壬水日柱)는 자고(自庫)인 진중계수(辰中癸水)에 근(根)하고 진중계수(辰中癸水)가 년상(年上)에 투출(透出)하고 시상임수(時上壬水) 비견(比肩)이 있어 종(從)하지 않는다. 그러므로 많은 상관식신(傷官食神)을 제(制)하고 임수일주(壬水日柱)를 생(生)하여 주는 금인수(金印綬)가 용신(用神)이며 수비견겁(水比肩劫)은 희신(喜神)이 된다. 이 사주는 사업가로서 30세 해수대운(亥水大運)부터 사업을 경영하여 경금대운(庚金大運)까지 수억금 벌었으나 40세 술토대운(戌土大運)부터 운(運)이 없어 손해를 보고 있는 사주다.

❶ 세운갑신년(歲運甲申年): 자손액, 변화, 이사, 전근, 신축, 문서
❷ 질병(疾病): 냉(冷), 풍질(風疾), 신장(腎臟), 혈압(血壓)
❸ 남녀성격: (남) 털털한 성격, 일찍 사회에 진출, 임전무퇴, 자립정신, 재간 있다, 박력 있다, 속전속결, 처궁불미, 어린 시절 잔병, 자손근심, 아이디어가 좋다
　　　　　(여) 남자 같은 시원한 성격, 새것을 좋아함, 부궁불미, 재가, 정부, 독수공방, 일가부양, 풍파가 많다

☯ 세운·질병·남녀성격의 해설 (歲運·疾病·男女性格의 解說)

❶ 세운갑신년(歲運甲申年)= ※자손액, 변화, 이사, 전근, 신축, 문서는 ※세운갑신년(歲運甲申年)의 갑목(甲木)은 임수일주의 식신(食神)으로 원명사주(源命四柱)에 상관식신(傷官食神)이 태왕(太旺)하고 관살(官殺)이 쇠약(衰弱)한데 세운에서 상관(傷官) 식신운(食神運)이 들어오면 ※**자손액을 조심해야 한다.** 그리고 ※**변화, 이사, 전근**은 ※세운갑신년(歲運甲申年)의 신금(申金)은 일지 진토(日支辰土)와 신진(申辰)으로 삼합(三合)이 되므로 세운에서 일지(日支) 삼합운(三合運)이 들어오면 ※**변화가 생긴다든가 또는 이사를 한다든가 또는 직장을 옮기는 일이 많다.** 그리고 ※**신축, 문서**는 ※세운갑신년(歲運甲申年)의 신금(申金)은 임수일주의 인수(印綬)로 세운에서 인수운(印綬運)이 들어오면 ※**집을 짓는다든가 또는 증축을 한다든가 또는 사업체를 벌리는 일이 많다.**

❷ 질병(疾病)과 ❸ 남녀성격은 일주(日柱)에서 발생(發生)한다.

갑신년 (甲申年)

63년(음) 7월 20일 오(午)시 여자

戊	癸	庚	癸
午	丑	申	卯

51	41	31	21	11	1
丙	乙	甲	癸	壬	辛
寅	丑	子	亥	戌	酉

이 사주는 계수일주(癸水日柱)가 초가을 신월(申月)에 출생하여 득령(得令)하고 신궁경금(申宮庚金)이 월상(月上)에 투출(透出)하여 인수격(印綬格)이다. 그리고 계수일주(癸水日柱)는 축중계수(丑中癸水)에 근(根)하고 축중계수(丑中癸水)가 년상(年上)에 투출(透出)하여 일주(日柱)는 신왕사주(身旺四柱)다. 신왕사주(身旺四柱)에는 일주(日柱)를 제(制)하는 관살(官殺)로 용신(用神)함이 좋은데 다행히 시상무토(時上戊土) 정관(正官)이 투출(透出)하고 그 무토정관(戊土正官)은 시지오화(時支午火)에 생(生)을 받아 힘이 있으므로 무토정관(戊土正官)이 용신(用神)이며 화재(火財)는 희신(喜神)이 된다. 이 사주는 여자(女子)의 사주로서 공부는 많이 하였으나 운(運)이 없어 취업이 안되어 장사를 하였으나 그것마저 손해를 보다가 41세 을목대운(乙木大運)에 월상경금(月上庚金)과 을경합(乙庚合)으로 합거(合去)되어 재산을 탕진하고 남편(男便)과 이혼(離婚)하고 혼자 살고 있는 사주다. 부궁(夫宮)이 부실한 것은 일간지(日干支) 계축(癸丑)은 백호관살(白虎官殺)이며 시지오화(時支午火)는 일지축토(日支丑土)와 축오(丑午)로 원진살(怨嗔殺)이 되어 있으므로 부궁(夫宮)이 더욱더 부실한 사주다.

❶ 세운갑신년(歲運甲申年): 이별수, 신축, 문서
❷ 질병(疾病): 신장(腎臟), 방광(膀胱), 풍질(風疾)
❸ 남녀성격: (남) 털털한 성격, 근면 성실, 지혜롭다, 지구력 있다, 근심 많다, 처궁불미, 준법정신, 새벽잠이 없다
　　　　　　(여) 남자 같은 시원한 성격, 새것을 좋아함, 이성수신, 애교 많다, 정부, 재가, 부궁불미, 남자들의 인기

세운 · 질병 · 남녀성격의 해설 (歲運 · 疾病 · 男女性格의 解說)

❶ 세운갑신년(歲運甲申年)= ※이별수, 신축, 문서는 ※세운갑신년(歲運甲申年)의 신금(申金)은 계수일주(癸水日柱)의 인수(印綬)로 신왕(身旺)한 여자(女子) 사주에 세운(歲運)에서 인수운(印綬運)이 들어오면 ※가정에 불화가 많이 생긴다든가 또는 남편과 떨어져 산다든가 또는 이혼한다든가 또는 남편이 사망하는 수도 있다. 그리고 ※신축, 문서는 ※세운갑신년(歲運甲申年)의 신금(申金)은 계수일주(癸水日柱)의 인수(印綬)로 세운(歲運)에서 인수운(印綬運)이 들어오면 ※집을 짓는다든가 또는 증축을 한다든가 또는 사업체를 벌리는 일이 많다.

❷ 질병(疾病)과 ❸ 남녀성격은 일주(日柱)에서 발생(發生)한다.

갑신년 (甲申年)

63년(음) 10월 1일 술(戌)시 여자

壬	癸	癸	癸
戌	亥	亥	卯

57	47	37	27	17	7
己	戊	丁	丙	乙	甲
巳	辰	卯	寅	丑	子

이 사주는 계수일주(癸水日柱)가 초겨울 해월(亥月)에 출생하여 득령(得令)하고 일지해수(日支亥水)와 해중임수(亥中壬水)가 시상(時上)에 투출(透出)하고 년월(年月) 양계수(兩癸水)가 투출(透出)하여 일주(日柱)는 신왕사주(身旺四柱)다. 신왕사주(身旺四柱)에는 일주(日柱)를 제(制)하는 관살(官殺)로 용신(用神)함이 좋은데 다행히 시지(時支) 술중무토(戌中戊土) 정관(正官)이 있어 많은 비견겁(比肩劫)을 제(制)하여야 좋으므로 술중무토(戌中戊土) 정관(正官)이 용신(用神)이며 화재(火財)는 희신(喜神)이 된다. 이 사주는 여자의 사주로서 회사에 근무하다가 42세 묘목대운(卯木大運)에 사업을 경영하였으나 대운묘목(大運卯木)은 술중무토(戌中戊土) 정관(正官)을 극(剋)하여 손해를 많이 보았고 47세 무토대운(戊土大運)에 년상계수(年上癸水)와 무계합(戊癸合)으로 합거(合去)되어 재산을 탕진한 사주다.

❶ 세운갑신년(歲運甲申年): 이별수, 신축, 문서, 관재
❷ 질병(疾病): 심장(心臟), 냉(冷)
❸ 남녀성격: (남) 털털한 성격, 차분한 성격, 마음이 깊다, 외유내강, 타인 존경, 준법정신, 영리하다, 총명하다, 연구심, 노력으로 끝을 본다, 장수한다, 신앙심
　　　　　　(여) 남자 같은 시원한 성격, 새것을 좋아함, 부군 덕, 부궁불미, 독수공방, 정부, 재가, 친정형제 걱정 많이 한다, 자손귀자, 돈이 잘 빠져나감, 신앙심

세운 · 질병 · 남녀성격의 해설 (歲運 · 疾病 · 男女性格의 解說)

❶ 세운갑신년(歲運甲申年)= ※이별수, 신축, 문서, 관재는 ※세운갑신년(歲運甲申年)의 신금(申金)은 계수일주(癸水日柱)의 인수(印綬)로 신왕(身旺)한 여자(女子) 사주에 세운(歲運)에서 인수운(印綬運)이 들어오면 ※가정에 불화가 많이 생긴다든가 또는 남편과 떨어져 산다든가 또는 이혼한다든가 또는 남편이 사망하는 수도 있다. 그리고 ※신축, 문서는 ※세운갑신년(歲運甲申年)의 신금(申金)은 계수일주(癸水日柱)의 인수(印綬)로 세운(歲運)에서 인수운(印綬運)이 들어오면 ※집을 짓는다든가 또는 증축을 한다든가 또는 사업체를 벌리는 일이 많다. 그리고 ※관재는 ※세운갑신년(歲運甲申年)의 갑목(甲木)은 계수일주(癸水日柱)의 상관(傷官)으로 세운(歲運)에서 천간(天干) 상관운(傷官運)이 들어오면 ※관재수를 조심해야 한다.

❷ 질병(疾病)과 ❸ 남녀성격은 일주(日柱)에서 발생(發生)한다.

갑신년 (甲申年)

59년(음) 7월 16일 해(亥)시 남자

癸	癸	壬	己
亥	酉	申	亥

54	44	34	24	14	4
丙	丁	戊	己	庚	辛
寅	卯	辰	巳	午	未

이 사주는 계수일주(癸水日柱)가 초가을 신월(申月)에 출생하여 득령(得令)하고 일지유금(日支酉金)과 신유(申酉)로 금국(金局)을 이루고 년시지(年時支) 양해수(兩亥水) 비겁(比劫)이 있으며 월시상(月時上) 임계수(壬癸水) 비견겁(比肩劫)이 있어 일주(日柱)는 신왕사주(身旺四柱)다. 신왕사주(身旺四柱)에는 일주(日柱)를 제(制)하는 관살(官殺)이나 식신상관(食神傷官)으로 설기(泄氣)하면 좋은데 일주(日柱)를 제(制)하는 년상기토(年上己土)는 무근(無根)이며 왕수(旺水)에 쓸려가 힘이 없으므로 용신(用神)으로 쓸 수가 없다. 그리고 설기(泄氣)하는 상관(傷官)도 없으므로 이 사주는 비견겁(比肩劫)이 태왕(太旺)하므로 종왕격(從旺格)이다. 그러므로 비견겁(比肩劫)이 용신(用神)이며 금인수(金印綬)는 희신(喜神)이 된다. 이 사주는 남자(男子)의 사주로서 공부는 많이 하였으나 운(運)이 없어 취업을 못하고 무위도식(無爲徒食)하다가 39세 진토대운(辰土大運)에 주류업을 경영하였으나 희신신금(喜神申金) 인수(印綬)를 생(生)하여 손해는 보지 않았으나 44세 정화대운(丁火大運)에 월상임수(月上壬水)와 정임합(丁壬合)으로 합거(合去)되어 재산을 탕진하고 아파트 경비원으로 일하고 있는 사주다.

❶ 세운갑신년(歲運甲申年): 신축, 문서, 관재
❷ 질병(疾病): 신장(腎臟), 심장(心臟), 방광(膀胱), 냉(冷)
❸ 남녀성격: (남) 털털한 성격, 성격이 까다롭다, 매사 철두철미, 박력이 모자란다, 영리하다, 총명하다, 암기력, 남에게 잘함, 호인이다, 고독 자초, 처덕 있다
　　　　　　(여) 남자 같은 시원한 성격, 새것을 좋아함, 정이 많다, 부궁불미, 정부, 인덕 없다, 눈물 많다

☯ 세운·질병·남녀성격의 해설 (歲運·疾病·男女性格의 解說)

❶ 세운갑신년(歲運甲申年)= ※신축, 문서, 관재는 ※세운갑신년(歲運甲申年)의 신금(申金)은 계수일주(癸水日柱)의 인수(印綬)로 세운(歲運)에서 인수운(印綬運)이 들어오면 ※집을 짓는다든가 또는 증축을 한다든가 또는 사업체를 벌리는 일이 많다. 그리고 ※관재는 ※세운갑신년(歲運甲申年)의 갑목(甲木)은 계수일주(癸水日柱)의 상관(傷官)으로 세운(歲運)에서 천간(天干) 상관운(傷官運)이 들어오면 ※관재수를 조심해야 한다.

❷ 질병(疾病)은 일주(日柱)에서 발생(發生)한다.

❸ 남녀성격은 일주(日柱)에서 발생(發生)한다.

갑신년(甲申年)

甲	癸	乙	戊
寅	未	卯	戌

51	41	31	21	11	1
己	庚	辛	壬	癸	甲
酉	戌	亥	子	丑	寅

이 사주는 계수일주(癸水日柱)가 중춘묘월(中春卯月)에 출생하여 실시(失時)하고 묘중을목(卯中乙木)이 월상(月上)에 투출(透出)하여 식신격(食神格)이다. 그리고 지지(地支)는 일지미토(日支未土)와 묘미(卯未)로 목국(木局)을 이루고 시간지(時干支) 갑인상관(甲寅傷官)이 있어 상관식신(傷官食神)이 태왕(太旺)이다. 그리고 년간지(年干支) 무술토(戊戌土) 정관(正官)이 있어 일주(日柱)가 심약(甚弱)하다. 계수일주(癸水日柱)는 무근(無根)이며 자좌(自坐) 미중기토(未中己土)에 살지(殺地)에 앉았으며 계수일주를 도와주는 인수(印綬)나 비견겁(比肩劫)이 하나도 없으므로 쇠극격(衰極格)에 해당한다. 쇠(衰)한 자는 상관식신(傷官食神)으로 설기(泄氣)하여 더욱더 쇠(衰)하게 하는 동시 일주(日柱)를 극(剋)하는 관살(官殺)을 제(制)하여야 하기 때문에 상관식신(傷官食神)이 용신(用神)이며 화재(火財)는 희신(喜神)이 된다. 이 사주는 미술교사의 사주다.

❶ 세운갑신년(歲運甲申年): 이별수, 신축, 문서, 관재
❷ 질병(疾病): 신장(腎臟), 비(脾), 위(胃)
❸ 남녀성격: (남) 털털한 성격, 의리 있다, 신용 있다, 인내심, 지구력, 순진하다, 심술 많다, 꾸준히 노력으로 결실, 성격이 까다롭다, 옷에 신경, 신앙심, 편식, 처궁불미
　　　　　 (여) 남자 같은 시원한 성격, 새것을 좋아함, 남편복이 없다, 정부, 재가, 인덕 없다

🌀 세운·질병·남녀성격의 해설(歲運·疾病·男女性格의 解說)

❶ 세운갑신년(歲運甲申年)= ※이별수, 신축, 문서, 관재는 ※세운갑신년(歲運甲申年)의 갑목(甲木)은 계수일주(癸水日柱)의 상관(傷官)으로 여자(女子) 사주에 상관식신(傷官食神)이 태왕(太旺)인데 세운에서 상관(傷官) 식신운(食神運) 들어오면 ※가정에 불화가 많이 생긴다든가 또는 남편과 떨어져 산다든가 또는 이혼한다든가 또는 남편이 사망하는 수도 있다. 그리고 ※신축, 문서는 ※세운갑신년(歲運甲申年)의 신금(申金)은 계수일주(癸水日柱)의 인수(印綬)로 세운(歲運)에서 인수운(印綬運)이 들어오면 ※집을 짓는다든가 또는 증축을 한다든가 또는 사업체를 벌리는 일이 많다. 그리고 ※관재는 ※세운갑신년(歲運甲申年)의 갑목(甲木)은 계수일주의 상관(傷官)으로 세운에서 천간(天干) 상관운(傷官運)이 들어오면 ※관재수를 조심해야 한다.

❷ 질병(疾病)은 일주(日柱)에서 발생(發生)한다.

❸ 남녀성격은 일주(日柱)에서 발생(發生)한다.

갑신년 (甲申年)

60년(음) 2월 9일 유(酉)시 남자

辛	癸	己	庚
酉	巳	卯	子

60	50	40	30	20	10
乙	甲	癸	壬	辛	庚
酉	申	未	午	巳	辰

이 사주는 계수일주(癸水日柱)가 중춘묘월(中春卯月)에 출생하여 실시(失時)하여 신약사주(身弱四柱)같이 보이나 년간지(年干支) 경자인수(庚子印綬)와 비견(比肩)이 있고 시간지(時干支) 신유인수(辛酉印綬)로 일주(日柱)는 약화위강(弱化爲强)으로 신왕사주(身旺四柱)다. 신왕사주(身旺四柱)에는 일주(日柱)를 제(制)하는 관살(官殺)이나 식신상관(食神傷官)으로 설기(泄氣)함이 좋은데 월상기토(月上己土) 편관(偏官)으로 용신(用神)하고자 하나 자좌묘목(自坐卯木)에 살지(殺地)에 앉아 힘이 없으므로 용신(用神)을 쓸 수가 없다. 용신(用神)이 약(弱)할 때에는 용신(用神)을 돕는 자가 용신(用神)이 되므로 일지사중(日支巳中) 병화재(丙火財)가 용신(用神)이 된다. 이 사주는 남자(男子)의 사주로서 25세 사화대운(巳火大運)에 회계사 시험에 합격하여 29세에 회계법인에 취업하였으며 35세 오화대운(午火大運)에 운(運)이 잘 들어와 승승장구(乘勝長驅)하였고 지금까지도 잘살고 있는 사주다. 그러나 앞으로는 운(運)이 없어 근신(謹愼)해야 할 사주다.

❶ 세운갑신년(歲運甲申年): 신축, 문서, 관재, 수술, 관재
❷ 질병(疾病): 비뇨기(泌尿器), 장(臟)
❸ 남녀성격: (남) 털털한 성격, 인정 많다, 처세가 좋다, 외유내강, 자기 실속, 욕심 많다, 영리하다, 처 덕 있다, 자손귀자, 학업 장애
(여) 남자 같은 시원한 성격, 새것을 좋아함, 부궁불미, 이성 고민, 정부, 재복 있다

🌀 세운·질병·남녀성격의 해설 (歲運·疾病·男女性格의 解說)

❶ 세운갑신년(歲運甲申年)= ※신축, 문서, 관재, 수술, 관재는 ※세운갑신년(歲運甲申年)의 신금(申金)은 계수일주(癸水日柱)의 인수(印綬)로 세운(歲運)에서 인수운(印綬運)이 들어오면 ※집을 짓는다든가 또는 증축을 한다든가 또는 사업체를 벌리는 일이 많다. 그리고 ※관재, 수술은 ※세운갑신년(歲運甲申年)의 신금(申金)은 일지사화(日支巳火)와 사신(巳申)으로 형살(刑殺)이 되므로 세운(歲運)에서 일지(日支) 형살운(刑殺運)이 들어오면 ※관재수를 조심해야 하며 또는 수술을 조심해야 한다. 그리고 ※관재는 ※세운갑신년(歲運甲申年)의 갑목(甲木)은 계수일주의 상관(傷官)으로 세운에서 천간(天干) 상관운(傷官運)이 들어오면 ※관재수를 조심해야 한다.

❷ 질병(疾病)은 일주(日柱)에서 발생(發生)한다.

❸ 남녀성격은 일주(日柱)에서 발생(發生)한다.

갑신년(甲申年)

63년(음) 2월 6일 술(戌)시 남자

壬	癸	甲	癸
戌	卯	寅	卯

58	48	38	28	18	8
戊	己	庚	辛	壬	癸
申	酉	戌	亥	子	丑

이 사주는 계수일주(癸水日柱)가 초봄 인월(寅月)에 출생하여 실시(失時)하고 인중갑목(寅中甲木)이 월상(月上)에 투출(透出)하여 상관격(傷官格)이다. 그리고 년일지(年日支) 묘목(卯木)이 있어 상관식신(傷官食神)이 태왕(太旺)이다. 계수일주(癸水日柱)는 무근(無根)이며 자좌묘목(自坐卯木)에 설기(泄氣)가 심(甚)하고 시상임수(時上壬水) 비겁(比劫)도 무근(無根)이며 자좌(自坐) 술중무토(戌中戊土)에 살지(殺地)에 앉아 힘이 없어 일주(日柱)를 도울 수가 없으며 년상계수(年上癸水) 비견(比肩)도 자좌묘목(自坐卯木)에 설기(泄氣)가 심(甚)하여 일주(日柱)를 도울 수가 없다. 그러므로 시지술토(時支戌土)는 정관(正官)이므로 관(官)은 나의 벼슬도 되고 나의 자식도 되는데 많은 상관식신(傷官食神)이 관(官)을 극(剋)하므로 상관식신(傷官食神)이 일주(日柱)의 병(病)이 된다. 그러므로 금인수(金印綬)로 많은 상관식신(傷官食神)을 제(制)하여야 하므로 금인수(金印綬)가 용신(用神)이 된다.

세운·질병·남녀성격의 해설 (歲運·疾病·男女性格의 解說)

❶ 세운갑신년(歲運甲申年)= ※자손액, 신축, 문서, 관재는 ※세운갑신년(歲運甲申年)의 갑목(甲木)은 계수일주의 상관(傷官)으로 남자 사주에 상관식신(傷官食神)이 태왕(太旺)하고 관살(官殺)이 쇠약(衰弱)한데 세운에서 상관(傷官) 식신운(食神運)이 들어오면 ※**자손액을 조심해야 한다.** 그리고 ※**신축, 문서**는 ※세운갑신년(歲運甲申年)의 신금(申金)은 계수일주의 인수(印綬)로 세운(歲運)에서 인수운(印綬運)이 들어오면 ※**집을 짓는다든가 또는 증축을 한다든가 또는 사업체를 벌리는 일이 많다.** 그리고 ※**관재**는 ※세운갑신년(歲運甲申年)의 갑목(甲木)은 계수일주의 상관(傷官)으로 세운에서 천간(天干) 상관운(傷官運)이 들어오면 ※**관재수를 조심해야 한다.**

❷ 질병(疾病)은 일주(日柱)에서 발생(發生)한다.

❸ 남녀성격은 일주(日柱)에서 발생(發生)한다.

갑신년 (甲申年)

63년(음) 1월 26일 술(戌)시 여자

<table>
<tr><td>壬</td><td>癸</td><td>甲</td><td>癸</td></tr>
<tr><td>戌</td><td>巳</td><td>寅</td><td>卯</td></tr>
</table>

55	45	35	25	15	5
庚	己	戊	丁	丙	乙
申	未	午	巳	辰	卯

이 사주는 계수일주(癸水日柱)가 초봄 인월(寅月)에 출생하여 실시(失時)하고 인중갑목(寅中甲木)이 월상(月上)에 투출(透出)하여 상관격(傷官格)이다. 그리고 년지묘목(年支卯木)과 인묘(寅卯)로 목국(木局)을 이루어 상관식신(傷官食神)이 태왕(太旺)으로 신약사주(身弱四柱)다. 계수일주(癸水日柱)는 무근(無根)이며 자좌사화(自坐巳火)에 절궁(絶宮)이며 시상임수(時上壬水)

비겁(比劫)도 무근(無根)이며 자좌(自坐) 술중무토(戌中戊土)에 살지(殺地)에 앉았으며 년상계수(年上癸水) 비견(比肩)도 무근(無根)이며 자좌묘목(自坐卯木)에 설기(泄氣)가 심(甚)하여 일주(日柱)를 도울 힘이 없다. 그러므로 수생목(水生木) 목생화(木生火) 화생토(火生土)로 사주의 기(氣)는 술중무토(戌中戊土)에 집중되어 종살격(從殺格)이므로 술중무토(戌中戊土) 정관(正官)이 용신(用神)이며 화재(火財)는 희신(喜神)이 된다. 이 사주는 여자(女子)의 사주로서 30세 사화대운(巳火大運)부터 오화대운(午火大運)까지 사업을 경영하여 돈을 많이 벌어 잘살고 있는 사주다.

❶ 세운갑신년(歲運甲申年): 이별수, 신축, 문서, 관재, 수술
❷ 질병(疾病): 비뇨기(泌尿器), 장(臟)
❸ 남녀성격: (남) 털털한 성격, 인정 많다, 처세가 좋다, 외유내강, 자기 실속, 욕심 많다, 영리하다, 처 덕 있다, 자손귀자, 학업 장애
　　　　　　(여) 남자 같은 시원한 성격, 새것을 좋아함, 부궁불미, 이성 고민, 정부, 재복 있다

🌀 세운 · 질병 · 남녀성격의 해설 (歲運 · 疾病 · 男女性格의 解說)

❶ 세운갑신년(歲運甲申年)= ※이별수, 신축, 문서, 관재, 수술은 ※세운갑신년(歲運甲申年)의 갑목(甲木)은 계수일주의 상관(傷官)으로 여자(女子) 사주에 상관식신(傷官食神)이 태왕(太旺)인데 세운에서 상관(傷官) 식신운(食神運) 들어오면 ※가정에 불화가 많이 생긴다든가 또는 남편과 떨어져 산다든가 또는 이혼한다든가 또는 남편이 사망하는 수도 있다. 그리고 ※신축, 문서는 ※세운갑신년(歲運甲申年)의 신금(申金)은 계수일주(癸水日柱)의 인수(印綬)로 세운에서 인수운(印綬運)이 들어오면 ※집을 짓는다든가 또는 증축을 한다든가 또는 사업체를 벌리는 일이 많다. 그리고 ※관재, 수술은 ※세운갑신년(歲運甲申年)의 신금(申金)은 일지사화(日支巳火)와 사신(巳申)으로 형살(刑殺)이 되므로 세운에서 일지(日支) 형살운(刑殺運)이 들어오면 ※관재수나 수술을 조심해야 한다.

❷ 질병(疾病)과 ❸ 남녀성격은 일주(日柱)에서 발생(發生)한다.

갑신년 (甲申年)

62년(음) 6월 23일 신(申)시 남자

庚	癸	丁	壬
申	亥	未	寅

55	45	35	25	15	5
癸	壬	辛	庚	己	戊
丑	子	亥	戌	酉	申

이 사주는 계수일주(癸水日柱)가 하계미월(夏季未月)에 출생하여 실시(失時)하고 미중정화(未中丁火)가 월상(月上)에 투출(透出)하여 편재격(偏財格)으로 신약사주(身弱四柱)다. 그러나 계수일주(癸水日柱)는 자좌해수(自坐亥水)에 근(根)하였으며 시간지(時干支) 경신금(庚申金) 인수(印綬)가 있으며 신궁임수(申宮壬水)가 년상(年上)에 투출(透出)하여 일주(日柱)는 약화위강(弱化爲强)으로 신왕사주(身旺四柱)다. 신왕사주(身旺四柱)에는 일주(日柱)를 제(制)하는 관살(官殺)이나 식신상관(食神傷官)으로 설기(泄氣)하면 좋은데 다행히 미중기토(未中己土) 편관(偏官)이 있어 미중기토(未中己土) 편관(偏官)으로 용신(用神)한다. 그리고 화재(火財)는 희신(喜神)이 된다. 이 사주는 남자(男子)의 사주로서 연구원인데 30세 술토대운(戌土大運)에는 회사에서 능력을 인정받아 승진(昇進)하여 승승장구(乘勝長驅)하였으나 35세 신금대운(辛金大運)부터 운(運)이 없어 평범하게 살아가는 사주며 앞으로도 운(運)이 없어 힘이 들어도 근신(謹愼)하며 계속 직장(職場) 생활을 하면 처(妻)와 자식(子息)을 지킬 수 있으나 만약 사업을 하게 되면 패가망신(敗家亡身)하게 된다.

❶ 세운갑신년(歲運甲申年): 신축, 문서, 관재
❷ 질병(疾病): 심장(心臟), 냉(冷)
❸ 남녀성격: (남) 털털한 성격, 차분한 성격, 마음이 깊다, 외유내강, 타인 존경, 준법정신, 영리하다, 총명하다, 연구심, 노력으로 끝을 본다, 장수한다, 신앙심
(여) 남자 같은 시원한 성격, 새것을 좋아함, 부군 덕, 부궁불미, 독수공방, 정부, 재가, 친정형제 걱정 많이 한다, 자손귀자, 돈이 잘 빠져나감, 신앙심

☯ 세운 · 질병 · 남녀성격의 해설 (歲運 · 疾病 · 男女性格의 解說)

❶ 세운갑신년(歲運甲申年)= ※신축, 문서, 관재는 ※세운갑신년(歲運甲申年)의 신금(申金)은 계수일주(癸水日柱)의 인수(印綬)로 세운(歲運)에서 인수운(印綬運)이 들어오면 **※집을 짓는다든가 또는 증축을 한다든가 또는 사업체를 벌리는 일이 많다.** 그리고 **※관재는** ※세운갑신년(歲運甲申年)의 갑목(甲木)은 계수일주(癸水日柱)의 상관(傷官)으로 세운(歲運)에서 천간(天干) 상관운(傷官運)이 들어오면 **※관재수를 조심해야 한다.**

❷ 질병(疾病)은 일주(日柱)에서 발생(發生)한다.

❸ 남녀성격은 일주(日柱)에서 발생(發生)한다.

을유년

(乙酉年)

을유년 (乙酉年)

이 사주는 갑목일주(甲木日柱)가 동계축월(冬季丑月)에 출생하여 실시(失時)하고 축중신금(丑中辛金)이 년월(年月)에 투출(透出)하여 정관격(正官格)이다. 그리고 년월축토(年月丑土)가 있어 재관(財官)이 왕(旺)하다. 그러나 갑목일주(甲木日柱)는 자좌자수(自坐子水)에 생(生)을 받고 시지묘목(時支卯木) 양인(羊刃)이 있어도 일주(日柱)는 신약사주(身弱四柱)로서 살인상생(殺印相生)으로 수인수(水印綬)가 용신(用神)이며 목비견겁(木比肩劫)은 희신(喜神)이 된다. 이 사주는 여자(女子)의 사주로서 초년운(初年運)이 잘 들어와 공부를 많이 하여 공무원으로서 근무하였으나 38세 사화대운(巳火大運) 이후로는 운(運)이 없어 평범하게 살고 있는 사주며 43세 병화대운(丙火大運)에 남편과 이혼하고 혼자 살고 있는 사주다. 부궁(夫宮)이 부실한 것은 월상신금(月上辛金) 정관(正官)은 갑목일주(甲木日柱)의 남편인데 자좌축토(自坐丑土)는 금(金)의 고장(庫藏)으로서 여자(女子) 사주에 관성묘궁(官星墓宮)이 있으면 부궁(夫宮)이 부실하여 재혼하거나 혼자 사는 사람들이 많다.

❶ 세운을유년(歲運乙酉年): 관재, 손재, 신액, 신경과민, 불성
❷ 질병(疾病): 간(肝), 풍(風), 냉(冷), 저혈압(低血壓)
❸ 남녀성격: (남) 의지 굳다, 무뚝뚝하다, 웃음이 적다, 냉정하다, 임사즉결, 멋쟁이, 권모술수, 눈치가 빠르다, 신경 예민, 처궁불미
　　　　　 (여) 의지 굳다, 인자함, 무뚝뚝하다, 웃음이 적다, 부궁불미

⊙ 세운 · 질병 · 남녀성격의 해설 (歲運 · 疾病 · 男女性格의 解說)

❶ 세운을유년(歲運乙酉年)= ※관재, 손재, 신액, 신경과민, 불성은 ※세운을유년(歲運乙酉年)의 유금(酉金)은 갑목일주(甲木日柱)의 정관(正官)으로 원명사주(源命四柱)에 재살(財殺)이 태왕(太旺)인데 세운(歲運)에서 재(財)나 관살운(官殺運)이 들어오면 ※관재수나 손재수나 건강을 조심해야 한다. 그리고 ※신경과민은 ※세운을유년(歲運乙酉年)의 유금(酉金)은 일지자수(日支子水)와 자유(子酉)로 귀문관살(鬼門關殺)이므로 세운(歲運)에서 일지(日支) 귀문(鬼門) 관살운(關殺運)이 들어오면 ※그해에는 모든 일에 신경을 많이 쓰게 된다. 그리고 ※불성은 ※세운을유년(歲運乙酉年)의 을목(乙木)은 갑목일주(甲木日柱)의 비겁(比劫)으로 세운(歲運)에서 비견겁운(比肩劫運)이 들어오면 ※모든 일이 잘 풀리지 않고 대차계약도 잘 이루어지지 않는다.

❷ 질병(疾病)은 일주(日柱)에서 발생(發生)한다.

❸ 남녀성격은 일주(日柱)에서 발생(發生)한다.

을유년 (乙酉年)

62년(음) 4월 13일 축(丑)시 여자

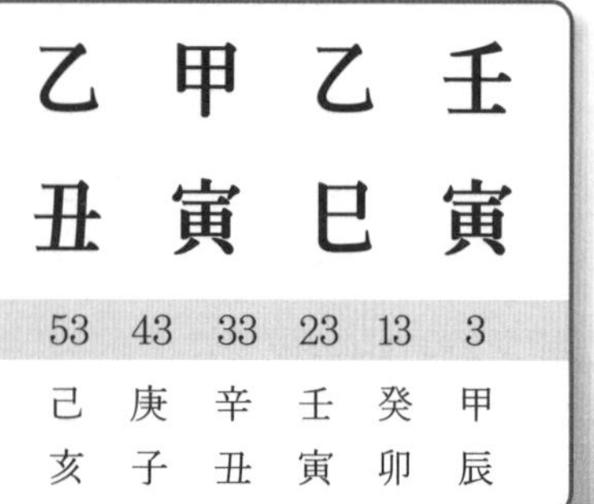

이 사주는 갑목일주(甲木日柱)가 초여름 사월(巳月)에 출생하여 실시(失時)하였으나 갑목일주(甲木日柱)는 자좌인목(自坐寅木)에 록근(祿根)하고 년지인목(年支寅木)에 록근(祿根)하고 월시상(月時上) 양을목(兩乙木) 비겁(比劫)이 투출(透出)하여 일주(日柱)는 약화위강(弱化爲强)으로 신왕사주(身旺四柱)다. 신왕사주(身旺四柱)에는 일주(日柱)를 제(制)하는 관살(官殺)이나 식신상관(食神傷官)으로 설기(泄氣)하면 좋은데 일주(日柱)를 제(制)하는 관살(官殺)은 없고 월지(月支) 사중병화(巳中丙火) 식신(食神)이 있어 식신(食神)으로 용신(用神)한다. 그러므로 화상관(火傷官)이 용신(用神)이 된다. 이 사주는 여자(女子)의 사주로서 회사에 근무하다가 43세 경금대운(庚金大運)에 퇴사하여 사업을 경영하였으나 월상을목(月上乙木)과 을경합(乙庚合)으로 합거(合去)되어 재산을 탕진하고 남편(男便)과 이혼(離婚)하고 혼자 살고 있는 사주다. 부궁(夫宮)이 부실한 것은 시지축토(時支丑土)는 관성(官星)의 묘궁(墓宮)이며 갑인일주(甲寅日柱)의 공망(空亡)이 되므로 부궁(夫宮)이 더욱더 부실한 사주다. 그 이후로도 운(運)이 없어 고생을 많이 하고 있는 중이다.

❶ 세운을유년(歲運乙酉年): 이별수, 불성
❷ 질병(疾病): 간(肝), 위산과다(胃酸過多)
❸ 남녀성격: (남) 의지 굳다, 무뚝뚝하다, 웃음이 적다, 고집 대단, 영리하다, 두령격, 일독십지, 인정 있다, 인내심 부족, 용기 있다, 청백지인, 남을 무시한다
　　　　　(여) 의지 굳다, 무뚝뚝하다, 웃음이 적다, 부궁불미, 독수공방, 정부, 남에게 잘함, 돈이 잘 빠져나감, 친정형제 걱정

🔵 세운·질병·남녀성격의 해설 (歲運 · 疾病 · 男女性格의 解說)

❶ 세운을유년(歲運乙酉年)= ※이별수, 불성은 ※세운을유년(歲運乙酉年)의 을목(乙木)은 갑목일주(甲木日柱)의 비겁(比劫)으로 신왕(身旺)한 여자(女子) 사주에 세운(歲運)에서 비견겁운(比肩劫運)이 들어오면 ※가정에 불화가 많이 생긴다든가 또는 남편과 떨어져 산다든가 또는 이혼한다든가 또는 남편이 사망하는 수도 있다. 그리고 ※불성은 ※세운을유년(歲運乙酉年)의 을목(乙木)은 갑목일주(甲木日柱)의 비겁(比劫)으로 세운(歲運)에서 비견겁운(比肩劫運)이 들어오면 ※모든 일이 잘 풀리지 않고 대차계약도 잘 이루어지지 않는다.

❷ 질병(疾病)은 일주(日柱)에서 발생(發生)한다.

❸ 남녀성격은 일주(日柱)에서 발생(發生)한다.

을유년 (乙酉年)

59년(음) 2월 15일 오(午)시 남자

庚	甲	丁	己
午	辰	卯	亥

56	46	36	26	16	6
辛	壬	癸	甲	乙	丙
酉	戌	亥	子	丑	寅

이 사주는 갑목일주(甲木日柱)가 중춘묘월(中春卯月) 양인월(羊刃月)에 출생하여 득령(得令)하고 년지해수(年支亥水)에 장생(長生)하고 갑목일주(甲木日柱)는 진중을목(辰中乙木)에 근(根)하여 일주(日柱)는 신왕사주(身旺四柱)다. 신왕사주(身旺四柱)에는 일주(日柱)를 제(制)히는 관살(官殺)이나 식신상관(食神傷官)으로 설기(洩氣)하면 좋은데 시상경금(時上庚金) 편관(偏官)으로 용신(用神)하고자 하나 그 경금(庚金)은 자좌오화(自坐午火) 살지(殺地)에 앉아 힘이 없으므로 용신(用神)으로 쓸 수가 없다. 용신(用神)이 약(弱)할 때에는 용신(用神)을 돕는 자가 용신(用神)이 되므로 일지(日支) 진중무토(辰中戊土) 편재(偏財)로 용신(用神)한다. 그리고 화(火) 상관식신(傷官食神)은 희신(喜神)이 된다. 이 사주는 남자(男子)의 사주로서 양인격(羊刃格)을 놓은 사람들은 성격이 강인하여 체육을 전공하였으나 운(運)이 없어 성공(成功)을 못하고 체육관을 경영하였으나 그것마저 실패하고 처(妻)와 이혼(離婚)하고 혼자 방황하다가 51세 술토대운(戌土大運)에 사업을 경영하여 사업이 번창하여 재혼하여 잘살고 있는 사주다. 처궁(妻宮)이 부실한 것은 년간지(年干支) 기해생(己亥生)의 공망(空亡)은 일지진토(日支辰土)로 처궁(妻宮)이 부실하여 재혼하거나 혼자 사는 사람들이 많다.

❶ 세운을유년(歲運乙酉年): 손재, 처액, 불성
❷ 질병(疾病): 간(肝), 풍(風), 위(胃)
❸ 남녀성격: (남) 의지 굳다, 무뚝뚝하다, 웃음이 적다, 강직하다, 처궁불미, 신앙심, 재복 있다, 처 덕 있다, 재간 있다, 창의력, 이상적인 아이디어가 있다
　　　　　(여) 의지 굳다, 무뚝뚝하다, 웃음이 적다, 시모불합, 부궁불미, 정부

🌑 **세운 · 질병 · 남녀성격의 해설**(歲運 · 疾病 · 男女性格의 解說)

❶ 세운을유년(歲運乙酉年)= ※손재, 처액, 불성은 ※세운을유년(歲運乙酉年)의 을목(乙木)은 갑목일주(甲木日柱)의 비겁(比劫)으로 신왕(身旺)한 남자(男子) 사주에 세운(歲運)에서 비견겁운(比肩劫運)이 들어오면 ※손재수를 조심해야 하며 또는 가정에 불화가 많이 생긴다든가 또는 처가 가출한다든가 또는 처의 건강을 조심해야 한다. 그리고 ※불성은 ※세운을유년(歲運乙酉年)의 을목(乙木)은 갑목일주(甲木日柱)의 비겁(比劫)으로 세운(歲運)에서 비견겁운(比肩劫運)이 들어오면 ※모든 일이 잘 풀리지 않고 대차계약도 잘 이루어지지 않는다.

❷ 질병(疾病)과 ❸ 남녀성격은 일주(日柱)에서 발생(發生)한다.

을유년(乙酉年)

59년(음) 4월 5일 신(申)시 남자

壬	甲	己	己
申	午	巳	亥

52	42	32	22	12	2
癸	甲	乙	丙	丁	戊
亥	子	丑	寅	卯	辰

이 사주는 갑목일주(甲木日柱)가 초여름 사월(巳月)에 출생하여 실시(失時)하고 일지오화(日支午火)와 사오(巳午)로 화국(火局)을 이루고 오중기토(午中己土)가 년월(年月)에 투출(透出)하여 일주(日柱)는 신약사주(身弱四柱)다. 다행히 시지해수(時支亥水) 인수(印綬)가 있으며 해중임수(亥中壬水)가 시상(時上)에 투출(透出)하였고 그 시상임수(時上壬水)는 자좌신금(子坐申金)에 장생(長生)하여 살인상생(殺印相生)으로 수인수(水印綬)가 용신(用神)이며 목비견겁(木比肩劫)은 희신(喜神)이 된다. 이 사주는 남자(男子)의 사주로서 초년(初年) 인묘대운(寅卯大運)이 잘 들어와 공부를 많이 하여 건축설계사로 근무하다가 42세 갑목대운(甲木大運)에 퇴사하여 사업을 경영하였으나 월상기토(月上己土)와 갑기합(甲己合)으로 합거(合去)되어 손해를 많이 보다가 47세 자수대운(子水大運)부터 사업이 번창하여 수억금을 벌었으며 앞으로도 운(運)이 좋아 승승장구(乘勝長驅)하리라고 본다.

❶ 세운을유년(歲運乙酉年): 관재, 손재, 신액, 불성
❷ 질병(疾病): 간(肝), 장(臟), 기관지(氣管支), 뇌출혈(腦出血)
❸ 남녀성격: (남) 의지 굳다, 무뚝뚝하다, 남에게 잘함, 지구력 부족, 처궁불미, 용두사미, 성실하다, 인덕 없다
　　　　　　(여) 의지 굳다, 인정 있다, 부궁불미, 정부, 남자의 근심

세운·질병·남녀성격의 해설 (歲運·疾病·男女性格의 解說)

❶ 세운을유년(歲運乙酉年)= ※관재, 손재, 신액, 불성은 ※세운을유년(歲運乙酉年)의 유금(酉金)은 갑목일주(甲木日柱)의 정관(正官)으로 원명사주(源命四柱)에 재살(財殺)이 태왕(太旺)인데 세운(歲運)에서 재(財)나 관살운(官殺運)이 들어오면 ※관재수를 조심해야 하며 또는 손재수를 조심해야 하며 또는 건강을 조심해야 한다. 그리고 ※불성은 ※세운을유년(歲運乙酉年)의 을목(乙木)은 갑목일주(甲木日柱)의 비겁(比劫)으로 세운(歲運)에서 비견겁운(比肩劫運)이 들어오면 ※모든 일이 잘 풀리지 않고 대차계약도 잘 이루어지지 않는다.

❷ 질병(疾病)은 간, 장은 일주(日柱)에서 발생(發生)하며 ※기관지, 뇌출혈은 ※갑목일주(甲木日柱)가 사오월(巳午月)에 출생하고 화국(火局)을 이루면 ※기관지와 뇌출혈을 조심해야 한다.

❸ 남녀성격은 일주(日柱)에서 발생(發生)한다.

을유년 (乙酉年)

58년(음) 7월 21일 묘(卯)시 여자

이 사주는 갑목일주(甲木日柱)가 초가을 신월(申月)에 출생하여 실시(失時)하고 신궁경금(申宮庚金)이 월상(月上)에 투출(透出)하여 편관격(偏官格)이다. 그리고 일지신금(日支申金)과 년간지(年干支) 무술토(戊戌土)로 재살(財殺)이 태왕(太旺)이다. 그러니 갑목일주(甲木日柱)는 시지묘목(時支卯木) 양인(羊刃)에 근(根)하였다 하나 갑목일주는 자좌신금(自坐申金)에 살지(殺地)에

앉았으며 월상경금(月上庚金)이 충극(沖剋)하므로 이 사주는 많은 편관(偏官)이 갑목일주의 병(病)이 된다. 다행히 시상정화(時上丁火) 상관(傷官)이 투출(透出)하여 그 정화(丁火)는 술중정화(戌中丁火)에 근(根)하고 자좌묘목(自坐卯木)에 생(生)을 받으므로 능히 편관(偏官)을 제(制)할 수가 있으므로 이런 사주를 식신(食神) 제살격(制殺格)이라고 한다. 그러므로 화(火)가 용신(用神)이며 목비견겁(木比肩劫)은 희신(喜神)이 된다. 이 사주는 여자(女子)의 사주로서 일찍 사업하여 정화대운(丁火大運)부터 병화대운(丙火大運)까지 돈을 수억금을 벌었으며 49세 을목대운(乙木大運)에 월상경금(月上庚金)과 을경합(乙庚合)으로 합거(合去)되어 손해를 많이 보고 있는 중이다.

❶ 세운을유년(歲運乙酉年): 이별수, 관재, 손재, 신액
❷ 질병(疾病): 간(肝), 담(膽)
❸ 남녀성격: (남) 의지 굳다, 무뚝뚝하다, 웃음이 적다, 소식한다, 다재다능, 영리하다, 꾀가 많다, 항상 바쁨, 칭찬받기 좋아함
　　　　　(여) 의지 굳다, 무뚝뚝하다, 인자함, 영리하다, 다재다능, 이성 고민 정부, 고독하다, 신경쇠약

🌀 세운·질병·남녀성격의 해설 (歲運·疾病·男女性格의 解說)

❶ 세운을유년(歲運乙酉年)= ※이별수, 관재, 손재, 신액은 ※세운을유년(歲運乙酉年)의 유금(酉金)은 갑목일주(甲木日柱)의 정관(正官)으로 여자(女子) 사주에 관살(官殺)이 태왕(太旺)인데 세운(歲運)에서 관살운(官殺運)이 들어오면 ※가정에 불화가 많이 생긴다든가 또는 남편과 떨어져 산다든가 또는 이혼한다든가 또는 남편이 사망하는 수도 있다. 그리고 ※관재, 손재, 신액은 ※세운을유년(歲運乙酉年)의 유금(酉金)은 갑목일주(甲木日柱)의 정관(正官)으로 원명사주(源命四柱)에 재살(財殺)이 태왕(太旺)인데 세운(歲運)에서 재(財)나 관살운(官殺運)이 들어오면 ※관재수를 조심해야 하며 또는 손재수를 조심해야 하며 또는 건강을 조심해야 한다.

❷ 질병(疾病)과 ❸ 남녀성격은 일주(日柱)에서 발생(發生)한다.

을유년 (乙酉年)

57년(음) 9월 7일 진(辰)시 남자

戊	甲	庚	丁
辰	戌	戌	酉

57	47	37	27	17	7
甲	乙	丙	丁	戊	己
辰	巳	午	未	申	酉

이 사주는 갑목일주(甲木日柱)가 계추술월(季秋戌月)에 출생하여 실시(失時)하고 술중무토(戌中戊土)가 시상(時上)에 투출(透出)하고 일시지(日時支) 진술(辰戌)로 재(財)가 태왕(太旺)이며 년지유금(年支酉金)과 월지술토(月支戌土)와 유술(酉戌)로 금국(金局)을 이루고 월상경금(月上庚金)이 투출(透出)하여 재살(財殺)이 태왕(太旺)으로 종살격(從殺格)같이 보인다. 그러나 갑목일주를 도와주는 인수(印綬)나 비견겁(比肩劫)이 하나도 없으므로 쇠극격(衰極格)에 해당하므로 쇠(衰)한 자는 상관식신(傷官食神)으로 설기(泄氣)하여 더욱더 쇠(衰)하게 하는 동시 일주(日柱)를 극(剋)하는 관살(官殺)을 제(制)하여야 하기 때문에 년상정화(年上丁火) 상관(傷官)이 용신(用神)이며 토재(土財)는 희신(喜神)이 된다. 이 사주는 남자의 사주로서 어려서부터 중국집의 배달원으로 일하다가 27세 정화대운(丁火大運)부터 중화요리집을 경영하여 46세 오화대운(午火大運)까지 수억금을 벌었으나 47세 을목대운(乙木大運)에 월상경금(月上庚金)과 을경합(乙庚合)으로 합거(合去)되어 손해를 많이 보았고 52세 사화대운(巳火大運)에 사업이 번창하여 돈을 많이 벌고 있는 사주다.

❶ 세운을유년(歲運乙酉年): 관재, 손재, 신액, 불성, 자연재앙
❷ 질병(疾病): 간(肝), 담(膽)
❸ 남녀성격: (남) 의지 굳다, 무뚝뚝하다, 웃음이 적다, 인정 있다, 근면하다, 신앙심, 신용 있다, 충실하다, 재복 있다, 처궁불미, 두뇌 명철, 예감이 빠름
　　　　　(여) 의지 굳다, 무뚝뚝하다, 부궁불미, 정부, 재가, 자손근심

☯ 세운·질병·남녀성격의 해설 (歲運·疾病·男女性格의 解說)

❶ 세운을유년(歲運乙酉年)= ※관재, 손재, 신액, 불성, 자연재앙은 ※세운을유년(歲運乙酉年)의 유금(酉金)은 갑목일주(甲木日柱)의 정관(正官)으로 원명사주(源命四柱)에 재살(財殺)이 태왕(太旺)인데 세운(歲運)에서 재(財)나 관살운(官殺運)이 들어오면 ※**관재수를 조심해야 하며 또는 손재수를 조심해야 하며 또는 건강을 조심해야 한다.** 그리고 ※**불성**은 ※세운을유년(歲運乙酉年)의 을목(乙木)은 갑목일주의 비겁(比劫)으로 세운(歲運)에서 비견겁운(比肩劫運)이 들어오면 ※**모든 일이 잘 풀리지 않고 대차계약도 잘 이루어지지 않는다.** 그리고 ※**자연재앙**은 ※세운을유년(歲運乙酉年)의 유금(酉金)은 년지유금(年支酉金)과 유유(酉酉)로 똑같은 오행(五行)이므로 세운(歲運)에서 년지(年支) 같은 운(運)이 들어오면 ※**자연재앙을 조심해야 한다.**

❷ 질병(疾病)은 일주(日柱)에서 발생(發生)한다.

❸ 남녀성격은 일주(日柱)에서 발생(發生)한다.

을유년 (乙酉年)

59년(음) 1월 4일 오(午)시 남자

庚	甲	丙	己
午	子	寅	亥

52	42	32	22	12	2
庚	辛	壬	癸	甲	乙
申	酉	戌	亥	子	丑

이 사주는 갑목일주(甲木日柱)가 초봄 인월(寅月)에 출생하여 록근(祿根)하고 인중병화(寅中丙火)가 월상(月上)에 투출(透出)하여 식신격(食神格)이다. 그리고 년일지(年日支) 해자(亥子)로 수국(水局)을 이루어 갑목일주는 신왕사주(身旺四柱)다. 신왕사주에는 일주(日柱)를 제(制)하는 관살(官殺)이나 식신상관(食神傷官)으로 설기(泄氣)하면 좋은데 시상경금(時上庚金) 편관(偏官)이 있다고 하나 그 경금(庚金)은 자좌오화(自坐午火)에 살지(殺地)에 앉아 용신(用神)으로 쓸 수가 없다. 다행히 월상병화(月上丙火)가 투출(透出)하여 그 병화(丙火)는 시지오화(時支午火)에 근(根)하여 병화식신(丙火食神)이 용신(用神)이며 토재(土財)는 희신(喜神)이 된다. 이 사주는 남자의 사주로서 한국전력회사에 근무하였으나 초년운(初年運)이 없어 승진이 안되었고 37세 술토대운(戌土大運)에 퇴사하여 전기사업을 하여 돈을 많이 벌었으나 42세 신금대운(辛金大運)에 월상병화(月上丙火)와 병신합(丙辛合)으로 합거(合去)되어 재산을 탕진하고 그 이후로도 운(運)이 없어 방황하고 있는 사주다.

❶ 세운을유년(歲運乙酉年): 손재, 처액, 불성, 신경과민
❷ 질병(疾病): 간(肝), 풍(風), 냉(冷), 저혈압(低血壓)
❸ 남녀성격: (남) 의지 굳다, 무뚝뚝하다, 웃음이 적다, 냉정하다, 임사즉결, 멋쟁이, 권모술수, 눈치가 빠르다, 신경 예민, 처궁불미
　　　　　 (여) 의지 굳다, 인자함, 무뚝뚝하다, 웃음이 적다, 부궁불미

세운 · 질병 · 남녀성격의 해설 (歲運 · 疾病 · 男女性格의 解說)

❶ 세운을유년(歲運乙酉年)= ※손재, 처액, 불성, 신경과민은 ※세운을유년(歲運乙酉年)의 을목(乙木)은 갑목일주(甲木日柱)의 비겁(比劫)으로 신왕(身旺)한 남자(男子) 사주에 세운(歲運)에서 비견겁운(比肩劫運)이 들어오면 ※손재수를 조심해야 하며 또는 가정에 불화가 많이 생긴다든가 또는 처가 가출한다든가 또는 처의 건강을 조심해야 한다. 그리고 ※불성은 ※세운을유년(歲運乙酉年)의 을목(乙木)은 갑목일주(甲木日柱)의 비겁(比劫)으로 세운(歲運)에서 비견겁운(比肩劫運)이 들어오면 ※모든 일이 잘 풀리지 않고 대차계약도 잘 이루어지지 않는다. 그리고 ※신경과민은 ※세운을유년(歲運乙酉年)의 유금(酉金)은 일지자수(日支子水)와 자유(子酉)로 귀문관살(鬼門關殺)이므로 세운(歲運)에서 일지(日支) 귀문(鬼門) 관살운(關殺運)이 들어오면 ※그해에는 모든 일에 신경을 많이 쓰게 된다.

❷ 질병(疾病)과 ❸ 남녀성격은 일주(日柱)에서 발생(發生)한다.

을유년 (乙酉年)

60년(음) 10월 14일 해(亥)시 여자

乙	甲	丁	庚
亥	子	亥	子

58	48	38	28	18	8
辛	壬	癸	甲	乙	丙
巳	午	未	申	酉	戌

이 사주는 갑목일주(甲木日柱)가 초겨울 해월(亥月)에 출생하여 장생(長生)하고 년일시지(年日時支) 해자수국(亥子水局)으로 지지(地支)는 전수국(全水局)을 이루고 시상을목(時上乙木)이 투출(透出)하여 일주(日柱)는 신왕사주(身旺四柱)다. 신왕사주(身旺四柱)에는 일주(日柱)는 제(制)하는 관살(官殺)이나 식신상관(食神傷官)으로 설기(泄氣)하면 좋은데 년상경금(年上庚金) 편관(偏官)이 있다고 하나 그 경금(庚金)은 근(根)이 없으며 자좌자수(自坐子水)에 사궁(死宮)으로 용신(用神)으로 쓸 수가 없다. 그리고 월상정화(月上丁火)는 자좌해수(自坐亥水)에 살지(殺地)라고 하나 목(木)에 생(生)을 받는다. 그러나 이 사주는 인수(印綬)가 태왕(太旺)하므로 왕(旺)한 인수(印綬)가 설기(泄氣)하는 곳은 갑목(甲木)이므로 비견겁(比肩劫)이 용신(用神)이며 수인수(水印綬)는 희신(喜神)이 된다. 이 사주는 여자(女子)의 사주로서 사업을 하여 38세 계수대운(癸水大運)에 돈을 많이 벌었으나 43세 미토대운(未土大運)부터 사업이 부실하다가 48세 임수대운(壬水大運)에 월상정화(月上丁火)와 정임합(丁壬合)으로 합거(合去)되어 재산을 탕진한 사주다.

❶ 세운을유년(歲運乙酉年): 이별수, 불성, 신경과민
❷ 질병(疾病): 간(肝), 풍(風), 냉(冷), 저혈압(低血壓)
❸ 남녀성격: (남) 의지 굳다, 무뚝뚝하다, 웃음이 적다, 냉정하다, 임사즉결, 멋쟁이, 권모술수, 눈치가 빠르다, 신경 예민, 처궁불미
(여) 의지 굳다, 인자함, 무뚝뚝하다, 웃음이 적다, 부궁불미

🔵 세운 · 질병 · 남녀성격의 해설 (歲運 · 疾病 · 男女性格의 解說)

❶ 세운을유년(歲運乙酉年)= ※이별수, 불성, 신경과민은 ※세운을유년(歲運乙酉年)의 을목(乙木)은 갑목일주의 비견(比肩)으로 신왕(身旺)한 여자 사주에 세운(歲運)에서 비견겁운(比肩劫運)이 들어오면 ※가정에 불화가 많이 생긴다든가 또는 남편과 떨어져 산다든가 또는 이혼한다든가 또는 남편이 사망하는 수도 있다. 그리고 ※불성은 ※세운을유년(歲運乙酉年)의 을목(乙木)은 갑목일주의 비겁(比劫)으로 세운(歲運)에서 비견겁운(比肩劫運)이 들어오면 ※모든 일이 잘 풀리지 않고 대차계약도 잘 이루어지지 않는다. 그리고 ※신경과민은 ※세운을유년(歲運乙酉年)의 유금(酉金)은 일지자수(日支子水)와 자유(子酉)로 귀문관살(鬼門關殺)이므로 세운에서 일지(日支) 귀문(鬼門) 관살운(關殺運)이 들어오면 ※그해에는 모든 일에 신경을 많이 쓰게 된다.

❷ 질병(疾病)과 ❸ 남녀성격은 일주(日柱)에서 발생(發生)한다.

을유년 (乙酉年)

56년(음) 7월 21일 축(丑)시 여자

이 사주는 을목일주(乙木日柱)가 초가을 신월(申月)에 출생하여 실시(失時)하고 년지신금(年支申金)과 일시지(日時支) 양축토(兩丑土)로 재관(財官)이 태왕(太旺)이다. 을목일주(乙木日柱)는 무근(無根)이며 을목일주(乙木日柱)를 도와주는 인수(印綬)나 비견겁(比肩劫)은 하나도 없으므로 쇠극격(衰極格)에 해당한다. 쇠(衰)한 자는 상관식신(傷官食神)으로 설기(泄氣)히여 디욱디 쇠(衰)하게 하는 동시 일주를 극(剋)하는 관살(官殺)을 제(制)하여야 하기 때문에 상관식신(傷官食神)이 용신(用神)이며 토재(土財)는 희신(喜神)이 된다. 이 사주는 여자(女子)의 사주로서 전업주부로 살다가 46세 신금대운(辛金大運)에 남편과 이혼하고 사업을 경영하였으나 년상병화(年上丙火)와 대운신금(大運辛金)과 병신합(丙辛合)으로 합거(合去)되어 손해를 많이 보았으며 51세 묘목대운(卯木大運)에 종(從)하는 사주에 비견겁운(比肩劫運)이 들어와 사업을 실패하고 재산을 탕진하고 힘들게 살고 있는 사주다.

---

❶ 세운을유년(歲運乙酉年): 변화, 이사, 전근, 관재, 손재, 신액, 불성

❷ 질병(疾病): 간(肝), 담(膽), 풍(風)

❸ 남녀성격: (남) 성질 급, 근면 성실, 의지 굳다, 무뚝뚝하다, 봉사정신, 형제불의, 밥을 빨리 먹는다, 재복 있다, 새벽잠이 없다, 신앙심

　　　　　(여) 의지 굳다, 무뚝뚝하다, 인자함, 부궁불미, 정부, 재가, 독수공방, 자손근심, 남자 조종 잘한다

◎ 세운·질병·남녀성격의 해설 (歲運·疾病·男女性格의 解說)

❶ 세운을유년(歲運乙酉年)= ※변화, 이사, 전근, 관재, 손재, 신액, 불성은 ※세운을유년(歲運乙酉年)의 유금(酉金)은 일지축토(日支丑土)와 유축(酉丑)으로 삼합(三合)이 되므로 세운(歲運)에서 일지(日支) 삼합운(三合運)이 들어오면 ※변화가 생긴다든가 또는 이사를 한다든가 또는 직장을 옮기는 일이 많다. 그리고 ※관재, 손재, 신액은 ※세운을유년(歲運乙酉年)의 유금(酉金)은 을목일주(乙木日柱)의 편관(偏官)으로 원명사주(源命四柱)에 재살(財殺)이 태왕(太旺)인데 세운(歲運)에서 재(財)나 관살운(官殺運)이 들어오면 ※관재수를 조심해야 하며 또는 손재수를 조심해야 하며 또는 건강을 조심해야 한다. 그리고 ※불성은 ※세운을유년(歲運乙酉年)의 을목(乙木)은 을목일주(乙木日柱)의 비견(比肩)으로 세운(歲運)에서 비견겁운(比肩劫運)이 들어오면 ※모든 일이 잘 풀리지 않고 대차계약도 잘 이루어지지 않는다.

❷ 질병(疾病)과 ❸ 남녀성격은 일주(日柱)에서 발생(發生)한다.

을유년 (乙酉年)

53년(음) 6월 13일 진(辰)시 여자

庚	乙	己	癸
辰	亥	未	巳

55	45	35	25	15	5
乙	甲	癸	壬	辛	庚
丑	子	亥	戌	酉	申

이 사주는 을목일주(乙木日柱)가 하계미월(夏季未月)에 출생하여 실시(失時)하고 미중기토(未中己土)가 월상(月上)에 투출(透出)하여 편재격(偏財格)이다. 그리고 년지사화(年支巳火)와 월지미토(月支未土)와 사미(巳未)로 화국(火局)을 이루고 시간지(時干支) 경진(庚辰)은 정관(正官)과 정재(正財)로 재관(財官)이 태왕(太旺)이다. 그러나 을목일주(乙木日柱)는 해중임수(亥中壬水)에 생(生)을 받고 년상계수(年上癸水) 인수(印綬)가 있어 살인상생(殺印相生)으로 수인수(水印綬)가 용신(用神)이며 목비견겁(木比肩劫)은 희신(喜神)이 된다. 그리고 시지(時支) 진중무토(辰中戊土)는 정재(正財)며 시상경금(時上庚金)은 정관(正官)이며 해중임수(亥中壬水)는 정인(正印)으로서 재관인(財官印) 삼귀(三貴)를 잘 놓아 귀격(貴格)의 사주다. 이 사주는 여자(女子)의 사주로서 25세 임수대운(壬水大運)에 세무공무원으로 일하다가 45세 갑목대운(甲木大運)에 퇴직하여 사업을 경영하였으나 월상기토(月上己土)와 갑기합(甲己合)으로 합거(合去)되어 손해를 많이 보았으나 50세 자수대운(子水大運)에 사업이 번창하여 재산을 복구하고 잘살고 있는 사주다.

❶ 세운을유년(歲運乙酉年): 관재, 손재, 신액, 불성
❷ 질병(疾病): 풍(風), 냉(冷)
❸ 남녀성격: (남) 의지 굳다, 무뚝뚝하다, 강직하다, 영리하다, 인정 있다, 외유내강, 항상 바쁨, 예감이 빠름, 신앙심, 지혜롭다
　　　　　　(여) 의지 굳다, 무뚝뚝하다, 인자함, 영리하다, 장수한다, 부궁불미

🔵 세운 · 질병 · 남녀성격의 해설 (歲運 · 疾病 · 男女性格의 解說)

❶ 세운을유년(歲運乙酉年)= ※관재, 손재, 신액, 불성은 ※세운을유년(歲運乙酉年)의 유금(酉金)은 을목일주(乙木日柱)의 편관(偏官)으로 원명사주(源命四柱)에 재살(財殺)이 태왕(太旺)인데 세운(歲運)에서 재(財)나 관살운(官殺運)이 들어오면 ※관재수를 조심해야 하며 또는 손재수를 조심해야 하며 또는 건강을 조심해야 한다. 그리고 ※불성은 ※세운을유년(歲運乙酉年)의 을목(乙木)은 을목일주(乙木日柱)의 비견(比肩)으로 세운(歲運)에서 비견겁운(比肩劫運)이 들어오면 ※모든 일이 잘 풀리지 않고 대차계약도 잘 이루어지지 않는다.

❷ 질병(疾病)은 일주(日柱)에서 발생(發生)한다.

❸ 남녀성격은 일주(日柱)에서 발생(發生)한다.

을유년 (乙酉年)

53년(음) 2월 21일 인(寅)시 남자

戊	乙	乙	癸
寅	酉	卯	巳

60	50	40	30	20	10
己	庚	辛	壬	癸	甲
酉	戌	亥	子	丑	寅

이 사주는 을목일주(乙木日柱)가 중춘묘월(中春卯月)에 출생하여 록근(祿根)하고 묘중을목(卯中乙木)이 월상(月上)에 투출(透出)하고 시지인목(時支寅木)에 근(根)하여 을목일주(乙木日柱)는 신왕사주(身旺四柱)다. 신왕사주(身旺四柱)에는 일주(日柱)를 제(制)하는 관살(官殺)로 용신(用神)함이 좋은데 다행히 일지유금(日支酉金) 편관(偏官)이 있어 유금편관(酉金偏官)으로 용신(用神)한다. 그리고 토재(土財)는 희신(喜神)이 된다. 이 사주는 남자(男子)의 사주로서 의사로 종합병원에 근무하다가 50세 경금대운(庚金大運)에 의원을 개원하였으나 월상을목(月上乙木)과 을경합(乙庚合)으로 합거(合去)되어 손해를 많이 보았고 55세 술토대운(戌土大運)에 의원을 이전하여 사업이 번창하여 돈을 많이 벌고 있는 사주다.

❶ 세운을유년(歲運乙酉年): 변화, 이사, 전근, 손재, 처액, 불성, 자연재앙
❷ 질병(疾病): 간(肝), 담(膽), 간경화(肝硬化)
❸ 남녀성격: (남) 무뚝뚝하다, 의지 굳다, 사리 분명, 거취 분명, 만인 신망, 처 덕 있다, 처궁불미, 남에게 잘함, 임기응변, 인정 있다
(여) 의지 굳다, 무뚝뚝하다, 인자함, 근면 성실, 남편말을 잘 듣는다

◑ 세운·질병·남녀성격의 해설 (歲運·疾病·男女性格의 解說)

❶ 세운을유년(歲運乙酉年)= ※변화, 이사, 전근, 손재, 처액, 불성, 자연재앙은 ※세운을유년(歲運乙酉年)의 유금(酉金)은 일지유금(日支酉金)과 유유(酉酉)로 삼합이 되므로 세운에서 일지(日支)삼합운(三合運)이 들어오면 ※변화가 생긴다든가 또는 이사를 한다든가 또는 직장을 옮기는 일이 많다. 그리고 ※손재, 처액은 ※세운을유년(歲運乙酉年)의 을목(乙木)은 을목일주(乙木日柱)의 비견(比肩)으로 신왕(身旺)한 남자 사주에 세운에서 비견겁운(比肩劫運)이 들어오면 ※손재수를 조심해야 하며 또는 가정에 불화가 많이 생긴다든가 또는 처가 가출한다든가 또는 처의 건강을 조심해야 한다. 그리고 ※불성은 ※세운을유년(歲運乙酉年)의 을목(乙木)은 을목일주(乙木日柱)의 비견(比肩)으로 세운에서 비견겁운(比肩劫運)이 들어오면 ※모든 일이 잘 풀리지 않고 대차계약도 잘 이루어지지 않는다. 그리고 ※자연재앙은 ※세운을유년(歲運乙酉年)의 유금(酉金)은 일지유금(日支酉金)과 유유(酉酉)로 똑같은 오행(五行)이므로 세운에서 일지(日支)같은 운(運)이 들어오면 ※자연재앙을 조심해야 한다.

❷ 질병(疾病)은 일주(日柱)에서 발생(發生)한다.

❸ 남녀성격은 일주(日柱)에서 발생(發生)한다.

을유년 (乙酉年)

52년(음) 3월 25일 축(丑)시 여자

丁	乙	甲	壬
丑	未	辰	辰

55	45	35	25	15	5
戊	己	庚	辛	壬	癸
戌	亥	子	丑	寅	卯

이 사주는 을목일주(乙木日柱)가 춘계진월(春季辰月)에 출생하여 실시(失時)하고 년일시지(年日時支) 진축미토(辰丑未土)로 지지(地支)는 전토국(全土局)을 이루어 재다신약(財多身弱)이다. 다행히 월상갑목(月上甲木) 비겁(比劫)은 진중을목(辰中乙木)에 근(根)하고 년상임수(年上壬水) 인수(印綬)는 자고(自庫)인 진중계수(辰中癸水)에 근(根)하여 일주(日柱)를 보신(補身)하여도 신약사주(身弱四柱)로서 많은 토재(土財)를 제(制)하고 일주(日柱)를 보신(補身)하는 목비견겁(木比肩劫)이 용신(用神)이며 수인수(水印綬)는 희신(喜神)이 된다. 이 사주는 여자(女子)의 사주로서 전업주부로 살다가 40세 자수대운(子水大運)에 사업을 경영하여 돈을 많이 벌었으나 45세 기토대운(己土大運)에 월상갑목(月上甲木)과 갑기합(甲己合)으로 합거(合去)되어 손해를 많이 보았고 50세 해수대운(亥水大運)에 사업이 번창하여 재산을 복구하고 잘살고 있는 사주다. 그러나 시지정축(時支丁丑)은 백호대살(白虎大殺)이며 축토(丑土)는 관성(官星)의 묘궁(墓宮)이며 일시(日時) 축미충(丑未沖)이 되어 있어 부궁(夫宮)이 부실하여 이혼하고 혼자 살고 있는 사주다.

❶ 세운을유년(歲運乙酉年): 관재, 손재, 신액, 불성
❷ 질병(疾病): 간(肝), 담(膽), 위장(胃臟)
❸ 남녀성격: (남) 의지 굳다, 무뚝뚝하다, 인정 있다, 총명하다, 근면 성실, 학문, 예술, 자수 성가, 처궁불미, 성격이 까다롭다, 옷에 신경, 편식한다, 신앙심
　　　　　 (여) 의지 굳다, 무뚝뚝하다, 인자함, 부궁불미, 정부, 시모불합, 자식에게 애정 많음

🔵 세운·질병·남녀성격의 해설 (歲運·疾病·男女性格의 解說)

❶ 세운을유년(歲運乙酉年)= ※관재, 손재, 신액, 불성은 ※세운을유년(歲運乙酉年)의 유금(酉金)은 을목일주(乙木日柱)의 편관(偏官)으로 원명사주(源命四柱)에 재(財)가 태왕(太旺)인데 세운(歲運)에서 재(財)나 관살운(官殺運)이 들어오면 ※관재수를 조심해야 하며 또는 손재수를 조심해야 하며 또는 건강을 조심해야 한다. 그리고 ※불성은 ※세운을유년(歲運乙酉年)의 을목(乙木)은 을목일주(乙木日柱)의 비견(比肩)으로 세운(歲運)에서 비견겁운(比肩劫運)이 들어오면 ※모든 일이 잘 풀리지 않고 대차계약도 잘 이루어지지 않는다.

❷ 질병(疾病)은 일주(日柱)에서 발생(發生)한다.

❸ 남녀성격은 일주(日柱)에서 발생(發生)한다.

을유년 (乙酉年)

53년(음) 7월 13일 해(亥)시 남자

丁	乙	庚	癸
亥	巳	申	巳

55	45	35	25	15	5
甲	乙	丙	丁	戊	己
寅	卯	辰	巳	午	未

이 사주는 을목일주(乙木日柱)가 초가을 신월(申月)에 출생하여 실시(失時)하고 신궁경금(申宮庚金)이 월상(月上)에 투출(透出)하여 정관격(正官格)이다. 그리고 년일지(年日支) 양사화(兩巳火)가 있어 한편으로는 관(官)에 극(剋)을 받고 한편으로는 상관식신(傷官食神)에 설기(泄氣)가 심(甚)하여 일주(日柱)는 신약사주(身弱四柱)다. 다행히 을목일주(乙木日柱)는 시지(時支) 해중임수(亥中壬水)에 생(生)을 받음으로 살인상생(殺印相生)으로 수인수(水印綬)가 용신(用神)이며 목비견겁(木比肩劫)은 희신(喜神)이 된다. 이 사주는 남자(男子)의 사주로서 철도청에 근무하였으나 초년(初年) 운(運)이 없어 고생을 많이 하다가 45세 을목대운(乙木大運)에 퇴사하여 사업을 경영하였으나 월상경금(月上庚金)과 대운을목(大運乙木)과 을경합(乙庚合)으로 합거(合去)되어 손해를 많이 보았고 50세 묘목대운(卯木大運)부터 희신운(喜神運)이 들어와 사업이 번창하여 돈을 많이 벌어 잘살고 있는 사주다.

❶ 세운을유년(歲運乙酉年): 변화, 이사, 전근, 관재, 손재, 신액, 불성
❷ 질병(疾病): 간(肝), 담(膽)
❸ 남녀성격: (남) 의지 굳다, 무뚝뚝하다, 웃음이 적다, 인정 있다, 예의있다, 명랑하다, 영리하다, 처궁불미, 고독하다, 돈이 잘 빠져나간다
　　　　　(여) 의지 굳다, 무뚝뚝하다, 인자하다, 부궁불미, 정부, 재가, 애교 많음

🌀 세운 · 질병 · 남녀성격의 해설 (歲運 · 疾病 · 男女性格의 解說)

❶ 세운을유년(歲運乙酉年)= ※변화, 이사, 전근, 관재, 손재, 신액, 불성은 ※세운을유년(歲運乙酉年)의 유금(酉金)은 일지사화(日支巳火)와 사유(巳酉)로 삼합이 되므로 세운에서 일지(日支) 삼합운(三合運)이 들어오면 ※변화가 생긴다든가 또는 이사를 한다든가 또는 직장을 옮기는 일이 많다. 그리고 ※관재, 손재, 신액은 ※세운을유년(歲運乙酉年)의 유금(酉金)은 을목일주(乙木日柱)의 편관(偏官)으로 원명사주(源命四柱)에 관(官)이 태왕(太旺)인데 세운(歲運)에서 재(財)나 관살운(官殺運)이 들어오면 ※관재수를 조심해야 하며 또는 손재수를 조심해야 하며 또는 건강을 조심해야 한다. 그리고 ※불성은 ※세운을유년(歲運乙酉年)의 을목(乙木)은 을목일주(乙木日柱)의 비견(比肩)으로 세운(歲運)에서 비견겁운(比肩劫運)이 들어오면 ※모든 일이 잘 풀리지 않고 대차계약도 잘 이루어지지 않는다.

❷ 질병(疾病)과 ❸ 남녀성격은 일주(日柱)에서 발생(發生)한다.

을유년 (乙酉年)

59년(음) 6월 27일 자(子)시 남자

<table>
<tr><td>丙</td><td>乙</td><td>辛</td><td>己</td></tr>
<tr><td>子</td><td>卯</td><td>未</td><td>亥</td></tr>
</table>

58	48	38	28	18	8
乙	丙	丁	戊	己	庚
丑	寅	卯	辰	巳	午

이 사주는 을목일주(乙木日柱)가 하계미월(夏季未月)에 출생하여 실시(失時)하고 미중기토(未中己土)가 년상(年上)에 투출(透出)하여 편재격(偏財格)이다. 그러나 을목일주는 년월일지(年月日支) 해묘미(亥卯未)로 목국(木局)을 이루고 시지자수(時支子水) 인수(印綬)가 있어 일주(日柱)는 신왕사주(身旺四柱)다. 신왕사주에는 일주를 제(制)하는 관살(官殺)이나 상관식신(傷官食神)으로 설기(泄氣)하면 좋은데 월상신금(月上辛金)은 미중정화(未中丁火)가 있어 조토(燥土)로서 신금(辛金)을 생(生)할 수 없을 거 같으나 년시지(年時支) 해자수(亥子水)가 있어 조토는 습토(濕土)가 되어 신금(辛金)을 생(生)함으로 월상신금(月上辛金) 편관(偏官)이 용신(用神)이며 토재(土財)는 희신(喜神)이 된다. 이 사주는 남자의 사주로서 무진대운(戊辰大運)부터 희신운(喜神運)이 들어와 회사에서 능력을 인정받고 승승장구하다가 48세 병화대운(丙火大運)에 사업을 경영하였으나 월상신금(月上辛金)과 병신합(丙辛合)으로 합거(合去)되어 재산을 탕진하고 처(妻)와 이혼하고 혼자 살고 있는 사주다.

❶ 세운을유년(歲運乙酉年): 손재, 처액, 관재, 수술, 불성
❷ 질병(疾病): 중풍(中風), 위산과다(胃酸過多)
❸ 남녀성격: (남) 의지 굳다, 강직하다, 미남이다, 농담 잘함, 주관이 강함, 인정 있다, 인색하다, 처궁불미, 영리하다, 지구력 부족, 분주 다사, 마음 약
　　　　　 (여) 의지 굳다, 무뚝뚝하다, 고집 대단, 친정형제 걱정, 부궁불미, 정부, 마음 약, 근심이 많다

☯ 세운·질병·남녀성격의 해설 (歲運·疾病·男女性格의 解說)

❶ 세운을유년(歲運乙酉年)= ※손재, 처액, 관재, 수술, 불성은 ※세운을유년(歲運乙酉年)의 을목(乙木)은 을목일주(乙木日柱)의 비견(比肩)으로 신왕(身旺)한 남자 사주에 세운(歲運)에서 비견겁운(比肩劫運)이 들어오면 ※손재수를 조심해야 하며 또는 가정에 불화가 많이 생긴다든가 또는 처가 가출한다든가 또는 처의 건강을 조심해야 한다. 그리고 ※관재, 수술은 ※세운을유년(歲運乙酉年)의 유금(酉金)은 일지묘목(日支卯木)과 묘유충(卯酉沖)으로 세운에서 일지충운(日支沖運)이 들어오면 ※관재수를 조심해야 하며 또는 수술을 조심해야 한다. 그리고 ※불성은 ※세운을유년(歲運乙酉年)의 을목(乙木)은 을목일주(乙木日柱)의 비견(比肩)으로 세운에서 비견겁운(比肩劫運)이 들어오면 ※모든 일이 잘 풀리지 않고 대차계약도 잘 이루어지지 않는다.

❷ 질병(疾病)과 ❸ 남녀성격은 일주(日柱)에서 발생(發生)한다.

을유년 (乙酉年)

64년(음) 7월 7일 술(戌)시 여자

丙	乙	壬	甲
戌	未	申	辰

52	42	32	22	12	2
丙	丁	戊	己	庚	辛
寅	卯	辰	巳	午	未

이 사주는 을목일주(乙木日柱)가 초가을 신월(申月)에 출생하여 실시(失時)하고 신궁임수(申宮壬水)가 월상(月上)에 투출(透出)하여 인수격(印綬格)이다. 그리고 년일시지(年日時支) 진미술토(辰未戌土)로 토재(土財)와 월지신금(月支申金)이 있어 재살(財殺)이 태왕(太旺)이다. 다행히 신궁임수(申宮壬水)가 월상(月上)에 투출(透出)하여 관인상생(官印相生)으로 인수(印綬)가 용신(用神)이며 목비견겁(木比肩劫)은 희신(喜神)이 된다. 이 사주는 여자(女子)의 사주로서 회사에 다니다가 운(運)이 없어 승진(昇進)이 안되어 고생을 많이 하다가 42세 정화대운(丁火大運)에 퇴사하고 사업을 경영하였으나 월상임수(月上壬水)와 정임합(丁壬合)으로 합거(合去)되어 손해(損害)를 많이 보았고 47세 묘목대운(卯木大運)에 희신운(喜神運)이 들어와 사업이 번창(繁昌)하고 있는 중이며 앞으로 인목대운(寅木大運)에도 돈을 많이 벌 것으로 생각된다.

❶ 세운을유년(歲運乙酉年): 관재, 손재, 신액, 불성
❷ 질병(疾病): 간(肝), 담(膽), 위장(胃臟)
❸ 남녀성격: (남) 의지 굳다, 무뚝뚝하다, 인정 있다, 총명하다, 근면 성실, 학문, 예술, 자수성가, 처궁불미, 성격이 까다롭다, 옷에 신경, 편식한다, 신앙심
　　　　　 (여) 의지 굳다, 무뚝뚝하다, 인자함, 부궁불미, 정부, 시모불합, 자식에게 애정 많음

🌑 세운 · 질병 · 남녀성격의 해설 (歲運 · 疾病 · 男女性格의 解說)

❶ 세운을유년(歲運乙酉年)= ※관재, 손재, 신액, 불성은 ※세운을유년(歲運乙酉年)의 유금(酉金)은 을목일주(乙木日柱)의 편관(偏官)으로 원명사주(源命四柱)에 재관(財官)이 태왕(太旺)인데 세운(歲運)에서 재(財)나 관살운(官殺運)이 들어오면 ※관재수를 조심해야 하며 또는 손재수를 조심해야 하며 또는 건강을 조심해야 한다. 그리고 ※불성은 ※세운을유년(歲運乙酉年)의 을목(乙木)은 을목일주(乙木日柱)의 비견(比肩)으로 세운(歲運)에서 비견겁운(比肩劫運)이 들어오면 ※모든 일이 잘 풀리지 않고 대차계약도 잘 이루어지지 않는다.

❷ 질병(疾病)은 일주(日柱)에서 발생(發生)한다.

❸ 남녀성격은 일주(日柱)에서 발생(發生)한다.

을유년(乙酉年)

66년(음) 6월 18일 진(辰)시 남자

庚	乙	乙	丙
辰	未	未	午

51	41	31	21	11	1
辛	庚	己	戊	丁	丙
丑	子	亥	戌	酉	申

이 사주는 을목일주(乙木日柱)가 하계미월(夏季未月)에 출생하여 실시(失時)하고 년지오화(年支午火)와 오미(午未)로 화국(火局)을 이루고 년상병화(年上丙火)가 투출(透出)하여 상관식신(傷官食神)이 태왕(太旺)이다. 그리고 일시지(日時支) 진미토재(辰未土財)와 시상경금(時上庚金)이 투출(透出)하여 목생화(木生火) 화생토(火生土) 토생금(土生金)으로 재관(財官)이 태왕(太旺)이다. 그러나 을목일주(乙木日柱)는 자좌(自坐) 미중을목(未中乙木)에 근(根)하고 진중을목(辰中乙木)에 근(根)하여 종(從)하지 않으므로 사주에 상관식신(傷官食神)이 태왕(太旺)하여 을목일주(乙木日柱)가 고목(枯木)이 되어가므로 많은 상관식신(傷官食神)을 제(制)하고 을목일주(乙木日柱)를 생(生)하여 주는 수인수(水印綬)가 용신(用神)이며 목비견겁(木比肩劫)은 희신(喜神)이 된다. 이 사주는 남자(男子)의 사주로서 36세 해수대운(亥水大運)에 휴대폰 대리점을 경영하여 수억금을 벌었으며 41세 경금대운(庚金大運)에는 손해를 조금 보았으나 46세 자수대운(子水大運)에 한층 더 사업이 번창하여 돈을 많이 벌 것으로 생각된다.

❶ 세운을유년(歲運乙酉年): 관재, 손재, 신액, 불성
❷ 질병(疾病): 간(肝), 담(膽), 위장(胃臟)
❸ 남녀성격: (남) 의지 굳다, 무뚝뚝하다, 인정 있다, 총명하다, 근면 성실, 학문, 예술, 자수 성가, 처궁불미, 성격이 까다롭다, 옷에 신경, 편식한다, 신앙심
　　　　　(여) 의지 굳다, 무뚝뚝하다, 인자함, 부궁불미, 정부, 시모불합, 자식에게 애정 많음

세운·질병·남녀성격의 해설(歲運·疾病·男女性格의 解說)

❶ 세운을유년(歲運乙酉年)= ※관재, 손재, 신액, 불성은 ※세운을유년(歲運乙酉年)의 유금(酉金)은 을목일주(乙木日柱)의 편관(偏官)으로 원명사주(源命四柱)에 재살(財殺)이 태왕(太旺)인데 세운(歲運)에서 재(財)나 관살운(官殺運)이 들어오면 ※관재수를 조심해야 하며 또는 손재수를 조심해야 하며 또는 건강을 조심해야 한다. 그리고 ※불성은 ※세운을유년(歲運乙酉年)의 을목(乙木)은 을목일주(乙木日柱)의 비견(比肩)으로 세운(歲運)에서 비견겁운(比肩劫運)이 들어오면 ※모든 일이 잘 풀리지 않고 대차계약도 잘 이루어지지 않는다.

❷ 질병(疾病)은 일주(日柱)에서 발생(發生)한다.

❸ 남녀성격은 일주(日柱)에서 발생(發生)한다.

을유년 (乙酉年)

壬	丙	乙	丙
辰	子	未	午

53	43	33	23	13	3
己	庚	辛	壬	癸	甲
丑	寅	卯	辰	巳	午

이 사주는 병화일주(丙火日柱)가 하계미월(夏季未月)에 출생하여 실시(失時)하고 미중을목(未中乙木)이 월상(月上)에 투출(透出)하여 인수격(印綬格)이다. 그리고 년간지(年干支) 병오(丙午)로 비견(比肩)과 양인(羊刃)이 있어 병화일주(丙火日柱)는 신왕사주(身旺四柱)같이 보인다. 그러나 미월(未月)은 화기(火氣)가 염열(炎熱)하다고 하나 미중(未中)에는 기토(己土)가 있으며 일시지(日時支) 자진(子辰)은 수국(水局)을 이루고 시상임수(時上壬水)가 투출(透出)하여 일주(日柱)는 신약사주(身弱四柱)다. 그러므로 목인수(木印綬)가 용신(用神)이며 화비견겁(火比肩劫)은 희신(喜神)이 된다. 이 사주는 여자(女子)의 사주로서 초년(初年)부터 장사를 하였으나 33세 신금대운(辛金大運)에 고생을 많이 하였고 38세 묘목대운(卯木大運)에 사업이 번창하여 돈을 많이 벌었고 43세 경금대운(庚金大運)에 월상을목(月上乙木)과 을경합(乙庚合)으로 합거(合去)되어 손해를 보고 있는 사주다. 앞으로 인목대운(寅木大運)에는 돈을 많이 벌 것으로 생각된다. 이 사주도 기복(起伏)이 심(甚)했던 사주다.

❶ 세운을유년(歲運乙酉年): 신축, 문서, 신경과민
❷ 질병(疾病): 심장(心臟), 냉증(冷症)
❸ 남녀성격: (남) 예의 있다, 명랑하다, 근심이 많다, 내음외양, 권모술수, 냉정하다, 눈치가 빠름, 고집 대단, 부모형제 덕이 없다, 성질 급, 처궁불미, 자손근심, 말을 잘한다
      (여) 말을 잘한다, 명랑하다, 금방 좋았다가 금방 싫어짐, 부궁불미, 정부, 재가, 어려운 생활

세운 · 질병 · 남녀성격의 해설 (歲運 · 疾病 · 男女性格의 解說)

❶ 세운을유년(歲運乙酉年)= ※신축, 문서, 신경과민은 ※세운을유년(歲運乙酉年)의 을목(乙木)은 병화일주(丙火日柱)의 인수(印綬)로 세운(歲運)에서 인수운(印綬運)이 들어오면 ※집을 짓는다든가 또는 증축을 한다든가 또는 사업체를 벌린다든가 또는 문서를 잡는 일이 많다. 그리고 ※신경과민은 ※세운을유년(歲運乙酉年)의 유금(酉金)은 일지자수(日支子水)와 자유(子酉)로 귀문관살(鬼門關殺)이므로 세운(歲運)에서 일지(日支) 귀문(鬼門) 관살운(關殺運)이 들어오면 ※그해에는 모든 일에 신경을 많이 쓰게 된다.

❷ 질병(疾病)과 ❸ 남녀성격은 일주(日柱)에서 발생(發生)한다.

을유년 (乙酉年)

66년(음) 9월 21일 인(寅)시 남자

庚	丙	戊	丙
寅	寅	戌	午

52	42	32	22	12	2
甲	癸	壬	辛	庚	己
辰	卯	寅	丑	子	亥

이 사주는 병화일주(丙火日柱)가 계추술월(季秋戌月)에 출생하여 실시(失時)하고 술중무토(戌中戊土)가 월상(月上)에 투출(透出)하여 식신격(食神格)으로 병화일주(丙火日柱)가 설기(泄氣)가 심(甚)하다. 그러나 병화일주(丙火日柱)는 일시지(日時支) 양인목(兩寅木)에 장생(長生)하고 년간지(年干支) 병오(丙午) 비견(比肩)과 양인(羊刃)이 있어 병화일주(丙火日柱)는 약화위강(弱化爲强)으로 신왕사주(身旺四柱)다. 신왕사주(身旺四柱)에는 일주(日柱)를 제(制)하는 관살(官殺)이나 식신상관(食神傷官)으로 설기(泄氣)하면 좋은데 일주(日柱)를 제(制)하는 관살(官殺)은 없고 설기(泄氣)하는 월상무토(月上戊土) 식신(食神)이 있어 무토식신(戊土食神)으로 용신(用神)한다. 그러나 배설구(排泄口) 약(弱)하던 중 시상경금(時上庚金)이 투출(透出)하여 경금(庚金)으로 설기(泄氣)한다. 그러므로 무토식신(戊土食神)이 용신(用神)이며 금재(金財)는 희신(喜神)이 된다. 이 사주는 남자(男子)의 사주로서 초년(初年)에 신축대운(辛丑大運)이 잘 들어와 대기업에 취업하였으나 그 이후로는 운(運)이 없어 평범하게 살고 있는 사주다.

❶ 세운을유년(歲運乙酉年): 신축, 문서, 손재, 처액
❷ 질병(疾病): 심장(心臟), 기관지(氣管支)
❸ 남녀성격: (남) 말을 잘한다, 예의 있다, 명랑하다, 남을 생각하지 않고 직선적으로 말함, 용기 있다, 의젓하다, 멋쟁이, 영리하다, 일독십지, 명예 우선, 성질 급, 박력 있다, 타의 군림, 남을 멸시한다
　　　　　(여) 말을 잘한다, 총명하다, 금방 좋았다가 금방 싫어짐, 박력 있다, 부궁불미

세운 · 질병 · 남녀성격의 해설 (歲運 · 疾病 · 男女性格의 解說)

❶ 세운을유년(歲運乙酉年)= ※신축, 문서, 손재, 처액은 ※세운을유년(歲運乙酉年)의 을목(乙木)은 병화일주(丙火日柱)의 인수(印綬)로 세운(歲運)에서 인수운(印綬運)이 들어오면 ※집을 짓는다든가 또는 증축을 한다든가 또는 사업체를 벌린다든가 또는 문서를 잡는 일이 많다. 그리고 ※손재, 처액은 ※세운을유년(歲運乙酉年)의 유금(酉金)은 병화일주의 정재(正財)로서 신왕(身旺)한 남자 사주에 재(財)가 쇠약(衰弱)한데 세운에서 재운(財運)이 들어오면 ※손재수를 조심해야 하며 또는 가정에 불화가 많이 생긴다든가 또는 처가 가출한다든가 또는 처의 건강을 조심해야 한다.

❷ 질병(疾病)과 ❸ 남녀성격은 일주(日柱)에서 발생(發生)한다.

을유년 (乙酉年)

61년(음) 6월 10일 해(亥)시 남자

<table>
<tr><td>己</td><td>丙</td><td>乙</td><td>辛</td></tr>
<tr><td>亥</td><td>辰</td><td>未</td><td>丑</td></tr>
</table>

55	45	35	25	15	5
己	庚	辛	壬	癸	甲
丑	寅	卯	辰	巳	午

이 사주는 병화일주(丙火日柱)가 하계미월(夏季未月)에 출생하여 실시(失時)하고 미중을목(未中乙木)과 기토(己土)가 월시상(月時上)에 투출(透出)하여 어느 오행(五行)으로 격(格)을 잡느냐의 기로에 서게 된다. 날짜상으로 보아 을목(乙木)이 사령(司令)하므로 을목(乙木)으로 격(格)을 집는다. 그러므로 인수격(印綬格)이다. 그리고 이 사주는 년월일(年月日) 진미축토(辰未丑土)와 시상기토(時上己土)가 투출(透出)하여 상관식신(傷官食神)이 태왕(太旺)하므로 월상을목(月上乙木)으로 많은 상관식신(傷官食神)을 제(制)하고 병화일주(丙火日柱)를 생(生)하여줘야 하므로 목인수(木印綬)가 용신(用神)이며 화비견겁(火比肩劫)은 희신(喜神)이 된다. 이 사주는 남자(男子)의 사주로서 상관식신(傷官食神)이 많은 사람들은 기술(技術)이 좋아 어려서부터 엔지니어로 근무하다가 40세 묘목대운(卯木大運)에 사업을 경영하여 수억금을 벌었으며 45세 경금대운(庚金大運)에 사업 확장하여 손해를 많이 보았고 50세 인목대운(寅木大運)부터 사업이 번창하고 있는 사주다.

❶ 세운을유년(歲運乙酉年): 신축, 문서, 관재, 손재, 신액
❷ 질병(疾病): 혈압(血壓), 심장(心臟), 신경통(神經痛)
❸ 남녀성격: (남) 말을 잘한다, 재간 있다, 남에게 잘함, 배짱 좋다, 손재가 많다, 신앙심, 추리력이 좋다, 재복 있다
(여) 말을 잘한다, 명랑하다, 금방 좋았다가 금방 싫어짐, 고집 대단, 박력 있다, 부궁불미, 정부, 몸과 마음이 피곤함, 신앙심

세운 · 질병 · 남녀성격의 해설 (歲運 · 疾病 · 男女性格의 解說)

❶ 세운을유년(歲運乙酉年)= ※신축, 문서, 관재, 손재, 신액은 ※세운을유년(歲運乙酉年)의 을목(乙木)은 병화일주(丙火日柱)의 인수(印綬)로 세운(歲運)에서 인수운(印綬運)이 들어오면 ※집을 짓는다든가 또는 증축을 한다든가 또는 사업체를 벌린다든가 또는 문서를 잡는 일이 많다. 그리고 ※관재, 손재, 신액은 ※세운을유년(歲運乙酉年)의 유금(酉金)은 병화일주(丙火日柱)의 정재(正財)로서 사주(四柱)에 상관(傷官)과 재(財)가 왕(旺)한데 세운(歲運)에서 재(財)나 관살운(官殺運)이 들어오면 ※관재수를 조심해야 하며 또는 손재수를 조심해야 하며 또는 건강을 조심해야 한다.

❷ 질병(疾病)은 일주(日柱)에서 발생(發生)한다.

❸ 남녀성격은 일주(日柱)에서 발생(發生)한다.

을유년(乙酉年)

58년(음) 6월 12일 자(子)시 남자

<table>
<tr><td>戊</td><td>丙</td><td>己</td><td>戊</td></tr>
<tr><td>子</td><td>午</td><td>未</td><td>戌</td></tr>
</table>

54	44	34	24	14	4
乙	甲	癸	壬	辛	庚
丑	子	亥	戌	酉	申

이 사주는 병화일주(丙火日柱)가 하계미월(夏季未月)에 출생하여 실시(失時)하고 미중기토(未中己土)가 월상(月上)에 투출(透出)하여 상관격(傷官格)이다. 그리고 년간지(年干支) 무술토(戊戌土)와 시상무토(時上戊土)가 투출(透出)하여 상관식신(傷官食神)이 태왕(太旺)이다. 그리고 시지(時支) 자중계수(子中癸水)는 병화일주(丙火日柱)의 정관(正官)인데 관(官)은 벼슬과 록(祿)도 되고 자손(子孫)도 되는데 많은 상관식신(傷官食神)이 자수정관(子水正官)을 극(剋)하여 이런 사주를 제살태과(制殺太過)라고 한다. 그러므로 많은 토(土)가 사주에 병(病)이므로 목인수(木印綬)로 많는 상관식신(傷官食神)을 제(制)하고 병화일주(丙火日柱)를 생(生)하여줘야 하므로 목인수(木印綬)가 용신(用神)이며 비견겁(比肩劫)은 희신(喜神)이 된다. 이 사주는 남자(男子)의 사주로서 39세 해수대운(亥水大運)부터 사업을 경영하였으나 손해를 보았고 44세 갑목대운(甲木大運)에 월상기토(月上己土)와 갑기합(甲己合)으로 합거(合去)되어 손해를 많이 보고 자식(子息) 한 명 잃고 처(妻)와 이혼하고 혼자 살다가 54세 을목대운(乙木大運)에 사업을 재기하여 사업이 번창하고 있는 사주다. 자식(子息) 한 명 잃게 된 것은 시지(時支) 자중계수(子中癸水)가 자손(子孫)인데 많은 상관식신(傷官食神)이 자수정관(子水正官)을 극(剋)하므로 이런 사주들은 항상 자손액(子孫厄)을 조심해야 한다.

❶ 세운을유년(歲運乙酉年): 신축, 문서
❷ 질병(疾病): 심장(心臟)
❸ 남녀성격: (남) 말을 잘한다, 명랑하다, 성질 급, 남을 생각하지 않고 직선적으로 말함, 처궁불미, 인내심 부족, 타인 경시, 자립정신, 속성속패, 암기력, 영리하다
　　　　　　(여) 말을 잘한다, 명랑하다, 금방 좋았다가 금방 싫어짐, 시모불합, 남편 말 잘 안 듣는다, 부궁불미, 정부, 영리하다

☯ 세운 · 질병 · 남녀성격의 해설(歲運 · 疾病 · 男女性格의 解說)

❶ 세운을유년(歲運乙酉年)= ※신축, 문서는 ※세운을유년(歲運乙酉年)의 을목(乙木)은 병화일주(丙火日柱)의 인수(印綬)로 세운(歲運)에서 인수운(印綬運)이 들어오면 ※집을 짓는다든가 또는 증축을 한다든가 또는 사업체를 벌린다든가 또는 문서를 잡는 일이 많다.

❷ 질병(疾病)은 일주(日柱)에서 발생(發生)한다.

❸ 남녀성격은 일주(日柱)에서 발생(發生)한다.

을유년 (乙酉年)

58년(음) 8월 4일 해(亥)시 여자

己	丙	辛	戊
亥	申	酉	戌

53	43	33	23	13	3
乙	丙	丁	戊	己	庚
卯	辰	巳	午	未	申

이 사주는 병화일주(丙火日柱)가 중추유월(中秋酉月)에 출생하여 실시(失時)하고 유중신금(酉中辛金)이 월상(月上)에 투출(透出)하여 정재격(正財格)이다. 그리고 지지(地支)는 신유술(申酉戌)로 금국(金局)을 이루고 시지해수(時支亥水)가 있어 재살(財殺)이 태왕(太旺)이다. 그러나 병화일주(丙火日柱)는 무근(無根)이며 인수(印綬)나 비견겁(比肩劫)이 하나도 없으므로 쇠극격(衰極格)에 해당한다. 쇠(衰)한 자는 상관식신(傷官食神)으로 설기(泄氣)하여 더욱더 쇠(衰)하게 하는 동시 일주(日柱)를 극(剋)하는 관살(官殺)을 제(制)하여야 하기 때문에 토(土) 상관식신(傷官食神)이 용신(用神)이며 금재(金財)는 희신(喜神)이 된다. 이 사주는 여자(女子)의 사주로서 전업주부로 살다가 공인중개소를 개업하였으나 운(運)이 없어 고생을 많이 하다가 43세 병화대운(丙火大運)에 경매 사업을 하였으나 월상신금(月上辛金)과 병신합(丙辛合)으로 합거(合去)되어 손해를 많이 보았고 48세 진토대운(辰土大運)에 용신운(用神運)이 들어와 재산을 복구하고 수억금을 벌어 잘살고 있는 사주다.

❶ 세운을유년(歲運乙酉年): 신축, 문서, 관재, 손재, 신액
❷ 질병(疾病): 심장 약(心臟 弱)
❸ 남녀성격: (남) 말을 잘한다, 영리하다, 다재다능, 재복 있다, 처 덕 있다, 꾀가 많다, 고독하다
　　　　　 (여) 말을 잘한다, 명랑하다, 금방 좋았다가 금방 싫어짐, 부궁불미, 정부, 시모 불합, 잔병조심, 말조심, 고독하다

🌀 세운·질병·남녀성격의 해설(歲運·疾病·男女性格의 解說)

❶ 세운을유년(歲運乙酉年)= ※신축, 문서, 관재, 손재, 신액은 ※세운을유년(歲運乙酉年)의 을목(乙木)은 병화일주(丙火日柱)의 인수(印綬)로 세운(歲運)에서 인수운(印綬運)이 들어오면 ※집을 짓는다든가 또는 증축을 한다든가 또는 사업체를 벌린다든가 또는 문서를 잡는 일이 많다. 그리고 ※관재, 손재, 신액은 ※세운을유년(歲運乙酉年)의 유금(酉金)은 병화일주(丙火日柱)의 정재(正財)로서 사주(四柱)에 재살(財殺)이 태왕(太旺)인데 세운(歲運)에서 재(財)나 관살운(官殺運)이 들어오면 ※관재수를 조심해야 하며 또는 손재수를 조심해야 하며 또는 건강을 조심해야 한다.

❷ 질병(疾病)은 일주(日柱)에서 발생(發生)한다.

❸ 남녀성격은 일주(日柱)에서 발생(發生)한다.

을유년 (乙酉年)

62년(음) 1월 13일 인(寅)시 여자

庚	丙	壬	壬
寅	戌	寅	寅

54	44	34	24	14	4
丙	丁	戊	己	庚	辛
申	酉	戌	亥	子	丑

이 사주는 병화일주(丙火日柱)가 초봄 인월(寅月)에 출생하여 장생(長生)하고 년지인목(年支寅木)과 시지인목(時支寅木)이 있어 일주(日柱)는 신왕사주(身旺四柱)다. 신왕사주에는 일주(日柱)를 제(制)하는 관살(官殺)이나 식신상관(食神傷官)으로 설기(泄氣)하면 좋은데 년월(年月) 양임수(兩壬水) 편관(偏官)으로 용신(用神)하고자 하나 그 임수(壬水)는 근(根)이 없으며 자좌인목(自坐寅木)에 설기(泄氣)가 심(甚)하여 용신(用神)으로 쓸 수가 없다. 그리고 시상(時上) 경금재(庚金財)가 있다고 하나 그 경금(庚金)도 근(根)이 없으며 자좌인목(自坐寅木)에 절궁(絶宮)으로 힘이 없어 그 재(財)로도 용신(用神)으로 쓸 수가 없다. 다행히 일지(日支) 술중무토(戌中戊土) 식신(食神)이 있어 무토식신(戊土食神)으로 용신(用神)한다. 이 사주는 여자의 사주로서 초년(初年)부터 장사를 하였으나 운(運)이 없어 고생을 많이 하다가 34세 무술대운(戊戌大運)에 수억금을 벌었으나 44세 정화대운(丁火大運)에 월상임수(月上壬水)와 정임합(丁壬合)으로 합거(合去)되어 재산을 탕진한 사주다.

❶ 세운을유년(歲運乙酉年): 이별수, 신축, 문서
❷ 질병(疾病): 혈압(血壓)
❸ 남녀성격: (남) 말을 잘한다, 영리하다, 예의 있다, 인정 있다, 이해심이 많다, 성질 급, 박력 있다, 영리하다, 만인 존경, 알뜰함, 연구심, 배짱 좋다, 돈이 잘 빠져나감, 예감, 신앙심
　　　　　(여) 말을 잘한다, 명랑하다, 예의 있다, 금방 좋았다가 금방 싫어짐, 정부, 재가, 부궁불미, 인정 있다, 남에게 잘함, 배짱 좋다, 신앙심

세운 · 질병 · 남녀성격의 해설 (歲運 · 疾病 · 男女性格의 解說)

❶ 세운을유년(歲運乙酉年)= ※이별수, 신축, 문서는 ※세운을유년(歲運乙酉年)의 을목(乙木)은 병화일주(丙火日柱)의 인수(印綬)로 신왕(身旺)한 여자(女子) 사주에 세운(歲運)에서 인수운(印綬運)이 들어오면 ※가정에 불화가 많이 생긴다든가 또는 남편과 떨어져 산다든가 또는 이혼한다든가 또는 남편이 사망하는 수도 있다. 그리고 ※신축, 문서는 ※세운을유년(歲運乙酉年)의 을목(乙木)은 병화일주(丙火日柱)의 인수(印綬)로 세운(歲運)에서 인수운(印綬運)이 들어오면 ※집을 짓는다든가 또는 증축을 한다든가 또는 사업체를 벌린다든가 또는 문서를 잡는 일이 많다.

❷ 질병(疾病)은 일주(日柱)에서 발생(發生)한다.

❸ 남녀성격은 일주(日柱)에서 발생(發生)한다.

을유년 (乙酉年)

58년(음) 6월 22일 축(丑)시 여자

己	丙	己	戊
丑	辰	未	戌

60	50	40	30	20	10
癸	甲	乙	丙	丁	戊
丑	寅	卯	辰	巳	午

이 사주는 병화일주(丙火日柱)가 하계미월(夏季未月)에 출생하여 실시(失時)하고 미중기토(未中己土)가 월시상(月時上)에 투출(透出)하여 상관격(傷官格)이다. 그리고 년간지(年干支) 무술토(戊戌土)와 시간지(時干支) 기축(己丑)으로 사주(四柱) 전체가 식신상관(食神傷官)이 태왕(太旺)이다. 그러므로 회생토(火生土)로 종아격(從兒格)이므로 토(土)가 용신(用神)이 된다. 이 사주는 여자(女子)의 사주로서 디자인 공부를 하였으나 운(運)이 없어 취업을 못하고 30세 병화대운(丙火大運)부터 의류매장을 하여 돈을 조금 벌어 결혼하였으나 자식(子息)이 생기지 않아 남편(男便)과 이혼(離婚)하고 40세 을목대운(乙木大運)에 종(從)하는 사주에 인수운(印綬運)이 들어와 사업이 부실하여 재산을 탕진하고 병(病)까지 얻어 자궁(子宮)을 수술한 사주다. 자궁(子宮)을 수술하게 된 것은 상관식신(傷官食神)이 태왕(太旺)하고 형살(刑殺)이 있으면 자궁(子宮)과 유방(乳房)을 조심해야 한다. 그리고 그 이후로도 운(運)이 없어 고생을 많이 하고 자식(子息)도 없으며 혼자 힘들게 살아가고 있는 사주다. 여자(女子) 사주에 상관식신(傷官食神)이 태왕(太旺)이면 부궁(夫宮)이 부실하며 무자식(無子息)으로 살아가는 경우가 많다.

❶ 세운을유년(歲運乙酉年): 신축, 문서
❷ 질병(疾病): 혈압(血壓), 심장(心臟), 신경통(神經痛)
❸ 남녀성격: (남) 말을 잘한다, 재간있다, 남에게 잘함, 배짱좋다, 손재가 많다, 신앙심, 추리력이 좋다, 재복있다
　　　　　　 (여) 말을 잘한다, 명랑하다, 금방 좋았다가 금방 싫어짐, 고집 대단, 박력있다, 부궁불미, 정부, 몸과 마음이 피곤함, 신앙심

세운 · 질병 · 남녀성격의 해설 (歲運 · 疾病 · 男女性格의 解說)

❶ 세운을유년(歲運乙酉年)= ※신축, 문서는 ※세운을유년(歲運乙酉年)의 을목(乙木)은 병화일주(丙火日柱)의 인수(印綬)로 세운(歲運)에서 인수운(印綬運)이 들어오면 ※집을 짓는다든가 또는 증축을 한다든가 또는 사업체를 벌린다든가 또는 문서를 잡는 일이 많다.

❷ 질병(疾病)은 일주(日柱)에서 발생(發生)한다.

❸ 남녀성격은 일주(日柱)에서 발생(發生)한다.

을유년(乙酉年)

63년(음) 5월 22일 해(亥)시 남자

己	丙	己	癸
亥	辰	未	卯

51	41	31	21	11	1
癸	甲	乙	丙	丁	戊
丑	寅	卯	辰	巳	午

이 사주는 병화일주(丙火日柱)가 하계미월(夏季未月)에 출생하여 실시(失時)하고 미중기토(未中己土)가 월시상(月時上)에 투출(透出)하여 식신격(食神格)이다. 그리고 일지진토(日支辰土)가 있어 상관식신(傷官食神)이 태왕(太旺)이다. 시지(時支) 해중임수(亥中壬水)는 편관(偏官)으로 관살(官殺)은 나의 벼슬이며 록(祿)도 되고 자손(子孫)도 되는데 많은 상관식신(傷官食神)이 편관(偏官)을 극(剋)하여 이런 사주(四柱)를 제살태과(制殺太過)라고 하며 많은 상관식신(傷官食神)은 일주(日柱)의 병(病)이 되므로 목인수(木印綬)로 많은 상관식신(傷官食神)을 제(制)하고 병화일주(丙火日柱)를 생(生)하여줘야 하므로 년지묘목(年支卯木) 인수(印綬)가 용신(用神)이며 비견겁(比肩劫)은 희신(喜神)이 된다. 이 사주는 남자(男子)의 사주로서 31세 을목대운(乙木大運)부터 주점을 경영하여 40세 묘목대운(卯木大運)까지 수억금을 벌었으며 41세 갑목대운(甲木大運)에 사업을 확장하여 경영하다가 월상기토(月上己土)와 갑기합(甲己合)으로 합거(合去)되어 손해를 많이 보고 처(妻)와 이혼하고 혼자 살다가 46세 인목대운(寅木大運)에 사업이 다시 번창하여 돈을 많이 벌어 재혼(再婚)하고 잘살고 있는 사주다. 처궁(妻宮)이 부실한 것은 년간지(年干支) 계묘생(癸卯生)의 공망(空亡)은 일지진토(日支辰土)로서 일시지(日時支)에 공망(空亡)이 있으면 처궁(妻宮)이 부실하여 재혼(再婚)하거나 혼자 사는 사람들이 많다.

❶ 세운을유년(歲運乙酉年): 신축, 문서
❷ 질병(疾病): 혈압(血壓), 심장(心臟), 신경통(神經痛)
❸ 남녀성격: (남) 말을 잘한다, 재간 있다, 남에게 잘함, 배짱좋다, 손재가 많다, 신앙심, 추리력이 좋다, 재복 있다
(여) 말을 잘한다, 명랑하다, 금방 좋았다가 금방 싫어짐, 고집 대단, 박력 있다, 부궁불미, 정부, 몸과 마음이 피곤함, 신앙심

세운 · 질병 · 남녀성격의 해설 (歲運 · 疾病 · 男女性格의 解說)

❶ 세운을유년(歲運乙酉年)= ※신축, 문서는 ※세운을유년(歲運乙酉年)의 을목(乙木)은 병화일주(丙火日柱)의 인수(印綬)로 세운(歲運)에서 인수운(印綬運)이 들어오면 ※집을 짓는다든가 또는 증축을 한다든가 또는 사업체를 벌린다든가 또는 문서를 잡는 일이 많다.

❷ 질병(疾病)은 일주(日柱)에서 발생(發生)한다.

❸ 남녀성격은 일주(日柱)에서 발생(發生)한다.

을유년 (乙酉年)

이 사주는 정화일주(丁火日柱)가 초겨울 해월(亥月)에 출생하여 실시(失時)하고 일지축토(日支丑土)와 시지자수(時支子水)와 해자축(亥子丑)으로 수국(水局)을 이루어 재살(財殺)이 태왕(太旺)이다. 그러나 정화일주(丁火日柱)는 년지사화(年支巳火)에 근(根)하고 월상정화(月上丁火) 비견(比肩)이 있으며 년상을목(年上乙木)은 해중갑목(亥中甲木)에 근(根)하였으나 신약사주(身弱四柱)로서 목인수(木印綬)로 살인상생(殺印相生)을 시켜야 좋으므로 년상을목(年上乙木) 인수(印綬)가 용신(用神)이며 화비견겁(火比肩劫)은 희신(喜神)이 된다. 이 사주는 여자(女子)의 사주로서 화훼기술을 배워서 26세 경금대운(庚金大運)에 꽃가게를 경영하였으나 사업이 부실하였고 31세 인목대운(寅木大運)부터 45세 묘목대운(卯木大運)까지 사업이 번창하여 수억금을 벌어 잘살고 있는 사주다.

❶ 세운을유년(歲運乙酉年): 신축, 문서, 변화, 이사, 전근, 관재, 손재, 신액
❷ 질병(疾病): 냉(冷), 하원윤습(下元潤濕)
❸ 남녀성격: (남) 말을 잘한다, 인심 좋다, 예의 있다, 재물 욕심, 재복 있다, 영리하다, 임기응변, 재간 있다, 근면 성실, 주머니 돈 안 떨어진다, 신앙심, 새벽잠이 없다
　　　　　(여) 명랑하다, 예의 있다, 금방 좋았다가 금방 싫어짐, 부궁불미, 정부, 재가, 인정 있다, 요리솜씨, 말을 잘한다

◎ 세운·질병·남녀성격의 해설 (歲運·疾病·男女性格의 解說)

❶ 세운을유년(歲運乙酉年)= ※신축, 문서, 변화, 이사, 전근, 관재, 손재, 신액은 ※세운을유년(歲運乙酉年)의 을목(乙木)은 정화일주(丁火日柱)의 인수(印綬)로 세운(歲運)에서 인수운(印綬運)이 들어오면 ※집을 짓는다든가 또는 증축을 한다든가 또는 사업체를 벌린다든가 또는 문서를 잡는 일이 많다. 그리고 ※변화, 이사, 전근은 ※세운을유년(歲運乙酉年)의 유금(酉金)은 일지축토(日支丑土)와 유축(酉丑)으로 삼합이 되므로 세운(歲運)에서 일지(日支) 삼합운(三合運)이 들어오면 ※변화가 생긴다든가 또는 이사를 한다든가 또는 직장을 옮기는 일이 많다. 그리고 ※관재, 손재, 신액은 ※세운을유년(歲運乙酉年)의 유금(酉金)은 정화일주의 편재(偏財)로 원명사주(源命四柱)에 재살(財殺)이 태왕(太旺)인데 세운(歲運)에서 재(財)나 관살운(官殺運)이 들어오면 ※관재수나 손재수나 건강을 조심해야 한다.

❷ 질병(疾病)은 일주(日柱)에서 발생(發生)한다.

❸ 남녀성격은 일주(日柱)에서 발생(發生)한다.

을유년(乙酉年)

60년(음) 7월 6일 인(寅)시 남자

壬	丁	甲	庚
寅	亥	申	子

54	44	34	24	14	4
庚	己	戊	丁	丙	乙
寅	丑	子	亥	戌	酉

이 사주는 정화일주(丁火日柱)가 초가을 신월(申月)에 출생하여 실시(失時)하고 신궁임수(申宮壬水)와 경금(庚金)이 년시상(年時上)에 투출(透出)하여 어느 오행(五行)으로 격(格)을 잡느냐의 기로에 서게 된다. 날짜상으로 보아 시상임수(時上壬水)로 격(格)을 잡는다. 그러므로 정관격(正官格)이며 년일지(年日支) 해자수국(亥子水局)에 시상임수(時上壬水)가 근(根)하여 재살(財殺)이 태왕(太旺)이다. 그러나 정화일주(丁火日柱)는 시지인목(時支寅木)에 근(根)하고 인중갑목(寅中甲木)이 월상(月上)에 투출(透出)하여 종(從)하지 않으므로 관인상생(官印相生)으로 목인수(木印綬)가 용신(用神)이며 화비견겁(火比肩劫)은 희신(喜神)이 된다. 이 사주는 남자(男子)의 사주로서 회사에 근무하였으나 초년운(初年運)이 없어 승진이 안되어 고생하다가 44세 기토대운(己土大運)에 퇴사하여 사업을 경영하였으나 월상갑목(月上甲木)과 대운기토(大運己土)와 갑기합(甲己合)으로 합거(合去)되어 재산을 탕진하고 방황하며 힘들게 살아가고 있는 사주다.

❶ 세운을유년(歲運乙酉年): 신축, 문서, 관재, 손재, 신액
❷ 질병(疾病): 심장(心臟), 냉증(冷症)
❸ 남녀성격: (남) 영리하다, 외유내강, 지혜롭다, 지구력 부족, 처세가 좋다, 영리하다, 장수한다, 항상 바쁨, 꿈이 많다, 처 덕 있다, 자손귀자, 명예를 좋아함, 예감 빠름, 신앙심
(여) 명랑하다, 예의 있다, 금방 좋았다가 금방 싫어짐, 애교 많다, 식복, 남편 의처증, 정부, 자손근심

🔵 세운·질병·남녀성격의 해설 (歲運·疾病·男女性格의 解說)

❶ 세운을유년(歲運乙酉年)= ※신축, 문서, 관재, 손재, 신액은 ※세운을유년(歲運乙酉年)의 을목(乙木)은 정화일주(丁火日柱)의 인수(印綬)로 세운(歲運)에서 인수운(印綬運)이 들어오면 ※집을 짓는다든가 또는 증축을 한다든가 또는 사업체를 벌린다든가 또는 문서를 잡는 일이 많다. 그리고 ※관재, 손재, 신액은 ※세운을유년(歲運乙酉年)의 유금(酉金)은 정화일주(丁火日柱)의 편재(偏財)로 원명사주(源命四柱)에 재살(財殺)이 태왕(太旺)인데 세운(歲運)에서 재(財)나 관살운(官殺運)이 들어오면 ※관재수를 조심해야 하며 또는 손재수를 조심해야 하며 또는 건강을 조심해야 한다.

❷ 질병(疾病)은 일주(日柱)에서 발생(發生)한다.

❸ 남녀성격은 일주(日柱)에서 발생(發生)한다.

59년(음) 8월 10일 묘(卯)시 여자

<table>
<tr><td>癸</td><td>丁</td><td>癸</td><td>己</td></tr>
<tr><td>卯</td><td>酉</td><td>酉</td><td>亥</td></tr>
</table>

59	49	39	29	19	9
己	戊	丁	丙	乙	甲
卯	寅	丑	子	亥	戌

이 사주는 정화일주(丁火日柱)가 중추유월(中秋酉月)에 출생하여 실시(失時)하고 일지유금(日支酉金)으로 금국(金局)을 이루고 월시상(月時上) 양계수(兩癸水)는 년지해수(年支亥水)에 근(根)하여 재살(財殺)이 태왕(太旺)이다. 정화일주는 시지묘목(時支卯木)에 근(根)하여 살인상생(殺印相生)으로 묘목인수(卯木印綬)가 용신(用神)이 될 것 같으나 그 묘목(卯木)은 일지유금(日支酉金)과 묘유충(卯酉沖)으로 충극(沖剋)되어 나무가 뿌리가 뽑혀 정화일주를 생(生)하여줄 수가 없으므로 이 사주는 종살격(從殺格)이다. 종살격에는 수관살(水官殺)이 용신(用神)이며 금재(金財)는 희신(喜神)이 된다. 이 사주는 여자의 사주로서 어려서부터 조실부모(早失父母)하여 소녀가장으로 살다가 24세 해수대운(亥水大運)에 장사를 하여 38세 자수대운(子水大運)까지 돈을 많이 벌었으나 39세 정화대운(丁火大運)부터 운(運)이 없어 손해를 많이 보고 남편과 이혼하고 혼자 살고 있는 사주다.

❶ 세운을유년(歲運乙酉年): 신축, 문서, 변화, 이사, 전근, 관재, 손재, 신액
❷ 질병(疾病): 심장(心臟), 간(肝), 담(膽)
❸ 남녀성격: (남) 말을 잘한다, 고집 대단, 미남형, 남에게 잘함, 학업 열중, 학업 장애, 재복 있다, 처 덕 있다, 청백하다, 예의 있다, 고독하다
　　　　　(여) 명랑하다, 예의 있다, 금방 좋았다가 금방 싫어짐, 욕심 많다, 정부, 미모 수려, 이성수신, 자손귀자, 말을 잘한다

☯ 세운 · 질병 · 남녀성격의 해설 (歲運 · 疾病 · 男女性格의 解說)

❶ 세운을유년(歲運乙酉年)= ※신축, 문서, 변화, 이사, 전근, 관재, 손재, 신액은 ※세운을유년(歲運乙酉年)의 을목(乙木)은 정화일주(丁火日柱)의 인수(印綬)로 세운(歲運)에서 인수운(印綬運)이 들어오면 ※집을 짓는다든가 또는 증축을 한다든가 또는 사업체를 벌린다든가 또는 문서를 잡는 일이 많다. 그리고 ※변화, 이사, 전근은 ※세운을유년(歲運乙酉年)의 유금(酉金)은 일지유금(日支酉金)과 유유(酉酉)로 삼합(三合)이 되므로 세운에서 일지(日支) 삼합운(三合運)이 들어오면 ※변화가 생긴다든가 또는 이사를 한다든가 또는 직장을 옮기는 일이 많다. 그리고 ※관재, 손재, 신액은 ※세운을유년(歲運乙酉年)의 유금(酉金)은 정화일주의 편재(偏財)로 원명사주(源命四柱)에 재살(財殺)이 태왕(太旺)인데 세운에서 재(財)나 관살운(官殺運)이 들어오면 ※관재수를 조심해야 하며 또는 손재수를 조심해야 하며 또는 건강을 조심해야 한다.

❷ 질병(疾病)은 일주(日柱)에서 발생(發生)한다.

❸ 남녀성격은 일주(日柱)에서 발생(發生)한다.

을유년 (乙酉年)

62년(음) 6월 7일 인(寅)시 남자

<table>
<tr><td>壬</td><td>丁</td><td>丁</td><td>壬</td></tr>
<tr><td>寅</td><td>未</td><td>未</td><td>寅</td></tr>
</table>

60	50	40	30	20	10
癸	壬	辛	庚	己	戊
丑	子	亥	戌	酉	申

이 사주는 정화일주(丁火日柱)가 하계미월(夏季未月)에 출생하여 실시(失時)하였으나 미중정화(未中丁火)가 월상(月上)에 투출(透出)하고 미월(未月)은 토(土)라 하나 화기(火氣)가 염열(炎熱)하고 년시지(年時支) 양인목(兩寅木) 인수(印綬)가 있어 일주(日柱)는 신왕사주(身旺四柱)다. 신왕사주(身旺四柱)에는 일주(日柱)를 제(制)하는 관살(官殺)이나 식신상관(食神傷官)으로 설기(泄氣)하면 좋은데 년시상(年時上) 양임수(兩壬水)는 무근(無根)이며 자좌인목(自坐寅木)에 설기(泄氣)가 심(甚)하여 용신(用神)으로 쓸 수가 없다. 그러므로 미중기토(未中己土) 식신(食神)으로 설기(泄氣)하므로 미중기토(未中己土) 식신(食神)이 용신(用神)이 된다. 이 사주는 남자(男子)의 사주로서 초년(初年)부터 장사를 하였으나 운(運)이 없어 고생을 많이 하였고 35세 술토대운(戌土大運)에 돈을 많이 벌어 결혼하였으며 그 이후로는 운(運)이 없어 고생하다가 45세 해수대운(亥水大運)에 재산을 탕진하고 처(妻)와 이혼(離婚)하고 혼자 힘들게 살고 있는 사주다. 그리고 이 사주는 일지미토(日支未土)와 년지인목(年支寅木)은 귀문관살(鬼門關殺)이므로 사주(四柱)에 귀문관살(鬼門關殺)이 있는 사람은 신경이 예민하여 신경과민(神經過敏)으로 고생을 많이 한다.

❶ 세운을유년(歲運乙酉年): 신축, 문서

❷ 질병(疾病): 간(肝), 담(膽)

❸ 남녀성격: (남) 말을 잘한다, 마음이 넓다, 남에게 잘함, 명랑하다, 예의 있다, 편식, 박력 있다, 고집 대단, 성격이 까다롭다, 옷에 신경, 처궁불미

　　　　　(여) 명랑하다, 예의 있다, 금방 좋았다가 금방 싫어짐, 인덕 없다, 정부, 재가, 부궁불미, 신앙심, 말을 잘한다, 고집 대단

세운·질병·남녀성격의 해설 (歲運·疾病·男女性格의 解說)

❶ 세운을유년(歲運乙酉年)= ※신축, 문서는 ※세운을유년(歲運乙酉年)의 을목(乙木)은 정화일주(丁火日柱)의 인수(印綬)로 세운(歲運)에서 인수운(印綬運)이 들어오면 ※집을 짓는다든가 또는 증축을 한다든가 또는 사업체를 벌린다든가 또는 문서를 잡는 일이 많다.

❷ 질병(疾病)은 일주(日柱)에서 발생(發生)한다.

❸ 남녀성격은 일주(日柱)에서 발생(發生)한다.

을유년 (乙酉年)

60년(음) 10월 7일 자(子)시 여자

庚	丁	丁	庚
子	巳	亥	子

56	46	36	26	16	6
辛	壬	癸	甲	乙	丙
巳	午	未	申	酉	戌

이 사주는 정화일주(丁火日柱)가 초겨울 해월(亥月)에 출생하여 실시(失時)하고 년시지(年時支) 양자수(兩子水)로 해자수국(亥子水局)을 이루었으며 년시상(年時上) 양경금(兩庚金)이 투출(透出)되어 재살(財殺)이 태왕(太旺)이다. 다행히 정화일주(丁火日柱)는 일지사화(日支巳火)에 근(根)하고 월상정화(月上丁火)가 투출(透出)하였으나 신약사주(身弱四柱)로서 사주에 관살(官殺)이 태왕(太旺)하므로 목인수(木印綬)로 살인상생(殺印相生) 시킴이 좋다. 그러므로 목인수(木印綬)가 용신(用神)이며 화비견겁(火比肩劫)은 희신(喜神)이 된다. 이 사주는 여자(女子)의 사주로서 공부는 많이 하였으나 운(運)이 없어 취업이 안되어 사업을 하다가 재산을 탕진하고 남편(男便)과 이혼(離婚)하고 혼자 살고 있는 사주다. 그러나 51세 오화대운(午火大運)에 희신운(喜神運)이 들어와 사업이 번창하고 있는 중이다. 부궁(夫宮)이 부실한 것은 년간지(年干支) 경자생(庚子生)의 공망(空亡)은 일지사화(日支巳火)로서 일시(日時)에 공망(空亡)이 있으면 남자(男子)든 여자(女子)든 부궁(夫宮)이 부실하여 재혼(再婚)하거나 혼자 사는 사람들이 많다.

❶ 세운을유년(歲運乙酉年): 신축, 문서, 변화, 이사, 전근
❷ 질병(疾病): 심장(心臟), 혈압(血壓)
❸ 남녀성격: (남) 말을 잘한다, 외유내강, 매사 열중, 예의 있다, 명랑하다, 항상 바쁨, 거짓말을 못함, 남을 생각하지도 않고 직선적으로 말함, 영리하다, 고독하다
　　　　　 (여) 명랑하다, 예의 있다, 금방 좋았다가 금방 싫어짐, 말을 잘함, 정부, 재가, 부궁불미, 독수공방

🌀 세운 · 질병 · 남녀성격의 해설 (歲運 · 疾病 · 男女性格의 解說)

❶ 세운을유년(歲運乙酉年)= ※신축, 문서, 변화, 이사, 전근은 ※세운을유년(歲運乙酉年)의 을목(乙木)은 정화일주(丁火日柱)의 인수(印綬)로 세운(歲運)에서 인수운(印綬運)이 들어오면 ※집을 짓는다든가 또는 증축을 한다든가 또는 사업체를 벌린다든가 또는 문서를 잡는 일이 많다. 그리고 ※변화, 이사, 전근은 ※세운을유년(歲運乙酉年)의 유금(酉金)은 일지사화(日支巳火)와 사유(巳酉)로 삼합(三合)이 되므로 세운(歲運)에서 일지(日支) 삼합운(三合運)이 들어오면 ※변화가 생긴다든가 또는 이사를 한다든가 또는 직장을 옮기는 일이 많다.

❷ 질병(疾病)과 ❸ 남녀성격은 일주(日柱)에서 발생(發生)한다.

을유년(乙酉年)

63년(음) 6월 3일 유(酉)시 여자

己	丁	己	癸
酉	卯	未	卯

55	45	35	25	15	5
乙	甲	癸	壬	辛	庚
丑	子	亥	戌	酉	申

이 사주는 정화일주(丁火日柱)가 하계미월(夏季未月)에 출생하여 실시(失時)하고 미중기토(未中己土)가 월시상(月時上)에 투출(透出)하여 식신격(食神格)이다. 그리고 년지유금(年支酉金)이 있어 상관(傷官)과 재(財)가 많아 일주(日柱)는 신약사주(身弱四柱)다. 다행히 정화일주(丁火日柱)는 년지묘목(年支卯木) 인수(印綬)와 일지묘목(日支卯木) 인수(印綬)가 있어 묘목인수(卯木印綬)가 용신(用神)이며 화비견겁(火比肩劫)은 희신(喜神)이 된다. 이 사주는 여자(女子)의 사주로서 초년(初年)부터 연기학원에서 연기수업을 받아 연기자(演技者)로 오디션을 봤으나 운(運)이 없어 오디션에 떨어져 연극(演劇)으로 전향(轉向)하였으나 그것마저 운(運)이 없어 성공을 못하고 고생하다가 늦게 결혼하여 45세 갑목대운(甲木大運)에 연기학원을 경영하였으나 월상기토(月上己土)와 대운 갑목(大運甲木)과 갑기합(甲己合)으로 합거(合去)되어 재산을 탕진하고 남편과 이혼하고 혼자 힘들게 살고 있는 사주다. 부궁(夫宮)이 부실한 것은 일시(日時)가 상충(相沖)이 되면 부궁(夫宮)이 부실하여 재혼(再婚)하거나 혼자 사는 사람들이 많다.

❶ 세운을유년(歲運乙酉年): 신축, 문서, 관재, 수술, 자연재앙
❷ 질병(疾病): 풍질(風疾)
❸ 남녀성격: (남) 말을 잘한다, 명랑하다, 근심이 많다, 영리하다, 풍류를 즐긴다, 지구력 부족, 처궁불미, 마음 약, 소심하다, 인자한 성품, 운동 잘함
　　　　　(여) 명랑하다, 예의 있다, 금방 좋았다가 금방 싫어짐, 부궁불미, 정부, 친모걱정 많이 한다, 예능에 소질

☯ 세운·질병·남녀성격의 해설 (歲運·疾病·男女性格의 解說)

❶ 세운을유년(歲運乙酉年)= ※신축, 문서, 관재, 수술, 자연재앙은 ※세운을유년(歲運乙酉年)의 을목(乙木)은 정화일주(丁火日柱)의 인수(印綬)로 세운(歲運)에서 인수운(印綬運)이 들어오면 ※집을 짓는다든가 또는 증축을 한다든가 또는 사업체를 벌린다든가 또는 문서를 잡는 일이 많다. 그리고 ※관재, 수술, 자연재앙은 ※세운을유년(歲運乙酉年)의 유금(酉金)은 일지묘목(日支卯木)과 묘유충(卯酉沖)으로 세운(歲運)에서 일지충운(日支沖運)이 들어오면 ※관재수를 조심해야 하며 또는 수술을 조심해야 하며 자연재앙을 조심해야 한다.

❷ 질병(疾病)은 일주(日柱)에서 발생(發生)한다.

❸ 남녀성격은 일주(日柱)에서 발생(發生)한다.

을유년 (乙酉年)

61년(음) 9월 2일 진(辰)시 여자

甲	丁	戊	辛
辰	丑	戌	丑

59	49	39	29	19	9
甲	癸	壬	辛	庚	己
辰	卯	寅	丑	子	亥

이 사주는 정화일주(丁火日柱)가 계추술월(季秋戌月)에 출생하여 실시(失時)하고 술중무토(戌中戊土)와 신금(辛金)이 투출(透出)하여 편재격(偏財格)이다. 그리고 지지(地支)는 진술축축(辰戌丑丑)으로 전토국(全土局)을 이루고 축중신금(丑中辛金)이 년상(年上)에 투출(透出)하여 상관(傷官)과 재(財)가 태왕(太旺)이다. 그러므로 종재격(從財格)같이 보인다. 그러나 시상갑목(時上甲木) 인수(印綬)가 투출(透出)하여 그 갑목(甲木)은 진중을목(辰中乙木)에 근(根)하여 많은 상관식신(傷官食神)을 제(制)하고 정화일주(丁火日柱)를 생(生)하여 주므로 목인수(木印綬)가 용신(用神)이며 화비견겁(火比肩劫)은 희신(喜神)이 된다. 이 사주는 여자(女子)의 사주로서 상관식신(傷官食神)이 많은 사람들은 예능과 기술에 소질이 있어 39세 임수대운(壬水大運)에 옷가게를 하였으나 손해를 많이 보았고 44세 인목대운(寅木大運)에 사업이 번창하여 수억금을 벌었으며 49세 계수대운(癸水大運)에 사업이 부실하여 손해를 보고 있는 중이다. 그러나 54세 묘목대운(卯木大運)부터 운(運)이 잘 들어와 수억금을 벌 수 있는 사주다.

❶ 세운을유년(歲運乙酉年): 신축, 문서, 변화, 이사, 전근
❷ 질병(疾病): 냉(冷), 하원윤습(下元潤濕)
❸ 남녀성격: (남) 말을 잘한다, 인심 좋다, 예의 있다, 재물 욕심, 재복 있다, 영리하다, 임기
　　　　　 응변, 재간 있다, 근면 성실, 주머니 돈 안 떨어진다, 신앙심, 새벽잠이 없다
　　　　　 (여) 명랑하다, 예의 있다, 금방 좋았다가 금방 싫어짐, 부궁불미, 정부, 재가,
　　　　　 인정 있다, 요리솜씨, 말을 잘한다

🔵 세운 · 질병 · 남녀성격의 해설(歲運 · 疾病 · 男女性格의 解說)

❶ 세운을유년(歲運乙酉年)= ※신축, 문서, 변화, 이사, 전근은 ※세운을유년(歲運乙酉年)의 을목(乙木)은 정화일주(丁火日柱)의 인수(印綬)로 세운(歲運)에서 인수운(印綬運)이 들어오면 ※집을 짓는다든가 또는 증축을 한다든가 또는 사업체를 벌린다든가 또는 문서를 잡는 일이 많다. 그리고 ※변화, 이사, 전근은 ※세운을유년(歲運乙酉年)의 유금(酉金)은 일지축토(日支丑土)와 유축(酉丑)으로 삼합(三合)이 되므로 세운(歲運)에서 일지(日支) 삼합운(三合運)이 들어오면 ※변화가 생긴다든가 또는 이사를 한다든가 또는 직장을 옮기는 일이 많다.

❷ 질병(疾病)은 일주(日柱)에서 발생(發生)한다.

❸ 남녀성격은 일주(日柱)에서 발생(發生)한다.

을유년 (乙酉年)

65년(음) 5월 23일 오(午)시 여자

<table>
<tr><td>丙</td><td>丁</td><td>壬</td><td>乙</td></tr>
<tr><td>午</td><td>未</td><td>午</td><td>巳</td></tr>
</table>

55	45	35	25	15	5
戊	丁	丙	乙	甲	癸
子	亥	戌	酉	申	未

이 사주는 정화일주(丁火日柱)가 중하오월(中夏午月)에 출생하여 록근(祿根)하고 년지사화(年支巳火)와 일지미토(日支未土)와 시지오화(時支午火)로 화국(火局)을 이루고 년시상(年時上) 을목인수(乙木印綬)와 병화비겁(丙火比劫)이 있어 일주(日柱)는 신왕사주(身旺四柱)다. 신왕사주(身旺四柱)에는 일주(日柱)를 제(制)하는 관살(官殺)이나 식신상관(食神傷官)으로 설기(泄氣)하면 좋은데 월상임수(月上壬水) 정관(正官)이 있다고 하나 그 임수(壬水)는 근(根)이 없으며 물이 말라 용신(用神)으로 쓸 수가 없다. 다행히 일지(日支) 미중기토(未中己土)가 있어 미중기토(未中己土) 식신(食神)으로 용신(用神)한다. 그러므로 이런 사주를 가상관격(假傷官格)이라고 한다. 이 사주는 여자(女子)의 사주로서 악세사리 장사를 하다가 운(運)이 없어 손해를 많이 보았고 40세 술토대운(戌土大運)에 금은방을 경영하여 사업이 성공하여 수억금을 벌었으며 앞으로는 운(運)이 없어 근신(謹愼)해야 한다.

❶ 세운을유년(歲運乙酉年): 이별수, 신축, 문서, 손재
❷ 질병(疾病): 간(肝), 담(膽)
❸ 남녀성격: (남) 말을 잘한다, 마음이 넓다, 남에게 잘함, 명랑하다, 예의 있다, 편식, 박력 있다, 고집 대단, 성격이 까다롭다, 옷에 신경, 처궁불미
　　　　　 (여) 명랑하다, 예의 있다, 금방 좋았다가 금방 싫어짐, 인덕 없다, 정부, 재가, 부궁불미, 신앙심, 말을 잘한다, 고집 대단

☯ 세운·질병·남녀성격의 해설 (歲運·疾病·男女性格의 解說)

❶ 세운을유년(歲運乙酉年)= ※이별수, 신축, 문서, 손재는 ※세운을유년(歲運乙酉年)의 을목(乙木)은 정화일주(丁火日柱)의 인수(印綬)로 신왕(身旺)한 여자(女子) 사주에 세운(歲運)에서 인수운(印綬運)이 들어오면 ※가정에 불화가 많이 생긴다든가 또는 남편과 떨어져 산다든가 또는 이혼한다든가 또는 남편이 사망하는 수도 있다. 그리고 ※신축, 문서는 ※세운을유년(歲運乙酉年)의 을목(乙木)은 정화일주(丁火日柱)의 인수(印綬)로 세운(歲運)에서 인수운(印綬運)이 들어오면 ※집을 짓는다든가 또는 증축을 한다든가 또는 사업체를 벌린다든가 또는 문서를 잡는 일이 많다. 그리고 ※손재는 ※세운을유년(歲運乙酉年)의 유금(酉金)은 정화일주(丁火日柱)의 편재(偏財)로 신왕(身旺)한 사주에 비견겁(比肩劫)이 태왕(太旺)한데 세운(歲運)에서 재운(財運)이 들어오면 ※손재수를 조심해야 한다.

❷ 질병(疾病)과 ❸ 남녀성격은 일주(日柱)에서 발생(發生)한다.

을유년 (乙酉年)

66년(음) 4월 10일 신(申)시 남자

庚	戊	癸	丙
申	子	巳	午

53	43	33	23	13	3
己	戊	丁	丙	乙	甲
亥	戌	酉	申	未	午

이 사주는 무토일주(戊土日柱)가 초여름 사월(巳月)에 출생하여 록근(祿根)하고 사중병화(巳中丙火)와 사중경금(巳中庚金)이 년시상(年時上)에 투출(透出)하여 어느 오행(五行)으로 격(格)을 잡느냐의 기로에 서게 된다. 날짜상으로 보아 사중(巳中)에 경금(庚金)이 사령(司令)하므로 시상경금(時上庚金)으로 격(格)을 잡으므로 식신격(食神格)이다. 그리고 년지오화(年支午火)와 사오(巳午)로 화국(火局)을 이루고 년상병화(年上丙火)가 투출(透出)하여 무토일주(戊土日柱)는 신왕사주(身旺四柱)다. 신왕사주에는 일주를 제(制)하는 관살(官殺)이나 식신상관(食神傷官)으로 설기(泄氣)하면 좋은데 일주는 제(制)하는 관살(官殺)은 없고 설기(泄氣)하는 경금식신(庚金食神)이 시상(時上)에 투출(透出)하여 토생금(土生金) 금생수(金生水)로 식신(食神) 용재격(用財格)이다. 그러므로 수재(水財)가 용신(用神)이며 금(金) 상관식신(傷官食神)은 희신(喜神)이 된다. 이 사주는 남자의 사주로서 사업을 경영하여 38세 유금대운(酉金大運)에 수억금을 벌었으며 43세 무토대운(戊土大運)에 월상계수(月上癸水)와 무계합(戊癸合)으로 합거(合去)되어 손해를 많이 보고 있는 사주다.

❶ 세운을유년(歲運乙酉年): 내외불화, 수술, 신경과민
❷ 질병(疾病): 비(脾), 위(胃)
❸ 남녀성격: (남) 군자의 성품, 언행 조심, 외강내유, 지혜롭다, 고집 대단, 신경 예민, 권모술수, 처 덕 있다, 돈이 잘 빠져나감, 처 말을 잘 듣는다, 눈치 빠름
　　　　　(여) 순진, 신용, 하는 일에 겁이 없다, 부궁불미, 정부, 재가, 독수공방, 직업, 재복 있다, 신앙심

☯ 세운·질병·남녀성격의 해설 (歲運·疾病·男女性格의 解說)

❶ 세운을유년(歲運乙酉年)= ※내외불화, 수술, 신경과민은 ※세운을유년(歲運乙酉年)의 을목(乙木)은 무토일주의 정관(正官)으로 세운에서 일주(日柱)를 극하는 운(運)이 들어오면 ※**집에서나 밖에서나 윗사람이나 아랫사람이나 불화가 많이 생긴다.** 그리고 ※**수술**은 ※세운을유년(歲運乙酉年)의 유금(酉金)은 무토일주의 상관(傷官)으로 세운에서 일지(日支) 상관운(傷官運) 들어오면 ※**수술을 조심해야 한다.** 그리고 ※**신경과민**은 ※세운을유년(歲運乙酉年)의 유금(酉金)은 일지자수(日支子水)와 자유(子酉)로 귀문관살(鬼門關殺)이므로 세운에서 일지(日支) 귀문(鬼門) 관살운(關殺運)이 들어오면 ※**그해에는 모든 일에 신경을 많이 쓰게 된다.**

❷ 질병(疾病)과 ❸ 남녀성격은 일주(日柱)에서 발생(發生)한다.

을유년 (乙酉年)

66년(음) 2월 29일 묘(卯)시 여자

<table>
<tr><td>乙</td><td>戊</td><td>辛</td><td>丙</td></tr>
<tr><td>卯</td><td>寅</td><td>卯</td><td>午</td></tr>
</table>

55	45	35	25	15	5
乙	丙	丁	戊	己	庚
酉	戌	亥	子	丑	寅

이 사주는 무토일주(戊土日柱)가 중춘묘월(中春卯月)에 출생하여 실시(失時)하고 묘중을목(卯中乙木)이 시상(時上)에 투출(透出)하여 정관격(正官格)이다. 그리고 일지인목(日支寅木)과 시지묘목(時支卯木)이 있어 관살(官殺)이 태왕(太旺)이다. 그러나 무토일주(戊土日柱)는 년지오화(年支午火) 양인(羊刃)과 년상병화(年上丙火) 인수(印綬)가 투출(透出)하였어도 신약사주(身弱四柱)로서 살인상생(殺印相生)으로 화인수(火印綬)가 용신(用神)이며 토비견겁(土比肩劫)은 희신(喜神)이 된다. 이 사주는 여자의 사주로서 대리운전 콜센터에서 일하였으며 35세 정화대운(丁火大運)에 개인 사업을 하여 돈을 많이 벌었고 40세 해수대운(亥水大運)에 사업이 부실하여 손해를 많이 보았으며 남편과 이혼하고 혼자 살고 있는 사주다. 부궁(夫宮)이 부실한 것은 년간지(年干支) 병오생(丙午生)의 공망(空亡)은 시지묘목(時支卯木)인데 거기에다 관살(官殺)이 혼잡하므로 부궁이 더욱더 부실한 사주다.

❶ 세운을유년(歲運乙酉年): 이별수, 수술, 관재, 손재, 신액
❷ 질병(疾病): 위산과다(胃酸過多), 위장병(胃腸病)
❸ 남녀성격: (남) 군자의 성품, 언행 조심, 의젓하다, 주관이 약하다, 부모무덕, 밥을 조금 먹는다, 처궁불미, 자손귀자
(여) 신용 있다, 순진하다, 고집 대단, 정부, 재가, 시모불화, 인덕 없다, 친모봉양

세운 · 질병 · 남녀성격의 해설 (歲運 · 疾病 · 男女性格의 解說)

❶ 세운을유년(歲運乙酉年)= ※이별수, 수술, 관재, 손재, 신액은 ※세운을유년(歲運乙酉年)의 을목(乙木)은 무토일주(戊土日柱)의 정관(正官)으로 여자(女子) 사주에 관살(官殺)이 태왕(太旺)인데 세운(歲運)에서 관살운(官殺運)이 들어오면 ※가정에 불화가 많이 생긴다든가 또는 남편과 떨어져 산다든가 또는 이혼한다든가 또는 남편이 사망하는 수도 있다. 그리고 ※수술은 ※세운을유년(歲運乙酉年)의 유금(酉金)은 무토일주(戊土日柱)의 상관(傷官)으로 세운(歲運)에서 일지(日支) 상관운(傷官運)이 들어오면 ※수술을 조심해야 한다. 그리고 ※관재, 손재, 신액은 ※세운을유년(歲運乙酉年)의 을목(乙木)은 무토일주(戊土日柱)의 정관(正官)으로 원명사주(源命四柱)에 관살(官殺)이 태왕(太旺)인데 세운(歲運)에서 재(財)나 관살운(官殺運)이 들어오면 ※관재수를 조심해야 하며 또는 손재수를 조심해야 하며 또는 건강을 조심해야 한다.

❷ 질병(疾病)과 ❸ 남녀성격은 일주(日柱)에서 발생(發生)한다.

을유년 (乙酉年)

63년(음) 3월 2일 해(亥)시 남자

<table>
<tr><td>癸</td><td>戊</td><td>乙</td><td>癸</td></tr>
<tr><td>亥</td><td>辰</td><td>卯</td><td>卯</td></tr>
</table>

57	47	37	27	17	7
己	庚	辛	壬	癸	甲
酉	戌	亥	子	丑	寅

이 사주는 무토일주(戊土日柱)가 중춘묘월(中春卯月)에 출생하여 실시(失時)하고 묘중을목(卯中乙木)이 월상(月上)에 투출(透出)하여 정관격(正官格)이다. 그리고 지지(地支)는 년지묘목(年支卯木)과 일지진토(日支辰土)와 묘진(卯辰)으로 목국(木局)을 이루었으며 진중계수(辰中癸水)가 년시상(年時上)에 투출(透出)하고 시지해수(時支亥水)에 근(根)하여 재관(財官)이 태왕(太旺)이다. 그러나 무토일주(戊土日柱)는 진중무토(辰中戊土)에 근(根)한다고 하나 그 진토(辰土)는 습토(濕土)이며 묘목(卯木)과 묘진(卯辰)으로 목국(木局)을 이루어 토(土)가 약(弱)하므로 이 사주는 종살격(從殺格)이다. 그러므로 목관살(木官殺)이 용신(用神)이며 수재(水財)는 희신(喜神)이 된다. 이 사주는 남자(男子)의 사주로서 어려운 환경에 공부는 많이 못하고 기술을 배워 27세 임수대운(壬水大運)에 소규모의 사업을 경영하여 46세 해수대운(亥水大運)까지 희신운(喜神運)이 들어와 수억금을 벌어 잘살고 있는 사주다.

❶ 세운을유년(歲運乙酉年): 내외불화, 수술, 관재, 손재, 신액
❷ 질병(疾病): 풍질(風疾), 혈압(血壓)
❸ 남녀성격: (남) 군자의 성품, 언행 조심, 인심 좋다, 이해성이 많다, 화합 잘함, 주관이 강하다, 신의 있다, 재간 있다, 처궁불미, 아이디어가 좋다, 재복 있다, 미인수다
    (여) 신용, 순진하다, 욕심 많다, 재복 있다, 부궁불미, 정부, 신앙심

세운·질병·남녀성격의 해설 (歲運·疾病·男女性格의 解說)

❶ 세운을유년(歲運乙酉年)= ※내외불화, 수술, 관재, 손재, 신액은 ※세운을유년(歲運乙酉年)의 을목(乙木)은 무토일주(戊土日柱)의 정관(正官)으로 세운(歲運)에서 일주(日柱)를 극(剋)하는 운(運)이 들어오면 ※집에서나 밖에서나 윗사람이나 아랫사람이나 불화가 많이 생긴다. 그리고 ※수술은 ※세운을유년(歲運乙酉年)의 유금(酉金)은 무토일주(戊土日柱)의 상관(傷官)으로 세운(歲運)에서 일지(日支) 상관운(傷官運)이 들어오면 ※수술을 조심해야 한다. 그리고 ※관재, 손재, 신액은 ※세운을유년(歲運乙酉年)의 을목(乙木)은 무토일주의 정관(正官)으로 원명사주(源命四柱)에 재살(財殺)이 태왕(太旺)인데 세운(歲運)에서 재(財)나 관살운(官殺運)이 들어오면 ※관재수를 조심해야 하며 또는 손재수를 조심해야 하며 또는 건강을 조심해야 한다.

❷ 질병(疾病)은 일주(日柱)에서 발생(發生)한다.

❸ 남녀성격은 일주(日柱)에서 발생(發生)한다.

乙酉年 甲子

을유년 (乙酉年)

64년(음) 8월 1일 사(巳)시 여자

丁	戊	壬	甲
巳	午	申	辰

60	50	40	30	20	10
丙	丁	戊	己	庚	辛
寅	卯	辰	巳	午	未

이 사주는 무토일주(戊土日柱)가 초가을 신월(申月)에 출생하여 실시(失時)하고 신궁임수(申宮壬水)가 월상(月上)에 투출(透出)하여 편재격(偏財格)이다. 그러나 무토일주(戊土日柱)는 자좌오화(自坐午火) 양인(羊刃)과 오중정화(午中丁火)가 시상(時上)에 투출(透出)하였고 일시지(日時支) 사오(巳午)로 화국(火局)을 이루었으며 년지진토(年支辰土) 비견(比肩)은 습토(濕土)라고 하나 토기(土氣)가 있으므로 신왕사주(身旺四柱)며 양인격(羊刃格)에는 편관(偏官)으로 용신(用神)함이 좋은데 다행히 년상갑목(年上甲木)이 투출(透出)하여 그 갑목(甲木)은 진중을목(辰中乙木)에 근(根)하고 임수(壬水)에 생(生)을 받으니 갑목편관(甲木偏官)을 용신(用神)으로 쓸 수가 있다. 그러므로 갑목편관(甲木偏官)이 용신(用神)이며 수재(水財)는 희신(喜神)이 된다. 이 사주는 여자(女子)의 사주로서 7급 공무원으로 근무하였으나 운(運)이 없어 고생을 많이 하였고 평범하게 살아가고 있는 사주다.

❶ 세운을유년(歲運乙酉年): 관직 사퇴, 내외불화, 수술
❷ 질병(疾病): 위(胃), 비(脾), 혈압(血壓)
❸ 남녀성격: (남) 군자의 성품, 언행 조심, 성질 급, 서두른다, 외화내곤, 실패자초, 처궁불미, 재가, 정력 강, 여자 많다, 편식한다
　　　　　　(여) 신용, 순진하다, 고집 대단, 박력 있다, 부궁불미, 정부, 친모봉양

☯ 세운·질병·남녀성격의 해설 (歲運·疾病·男女性格의 解說)

❶ 세운을유년(歲運乙酉年)= ※관직 사퇴, 내외불화, 수술은 ※세운을유년(歲運乙酉年)의 유금(酉金)은 무토일주(戊土日柱)의 상관(傷官)으로 신왕(身旺)한 사주에 관살(官殺)이 쇠약(衰弱)한데 세운(歲運)에서 상관(傷官) 식신운(食神運)이 들어오면 **※관직 사퇴를 조심해야 한다. 그리고 ※내외불화**는 ※세운을유년(歲運乙酉年)의 을목(乙木)은 무토일주(戊土日柱)의 정관(正官)으로 세운(歲運)에서 일주(日柱)를 극(剋)하는 운(運)이 들어오면 **※집에서나 밖에서나 윗사람이나 아랫사람이나 불화가 많이 생긴다. 그리고 ※수술**은 ※세운을유년(歲運乙酉年)의 유금(酉金)은 무토일주(戊土日柱)의 상관(傷官)으로 세운(歲運)에서 일지(日支) 상관운(傷官運)이 들어오면 **※수술을 조심해야 한다.**

❷ 질병(疾病)은 일주(日柱)에서 발생(發生)한다.

❸ 남녀성격은 일주(日柱)에서 발생(發生)한다.

을유년 (乙酉年)

57년(음) 7월 9일 인(寅)시 남자

이 사주는 무토일주(戊土日柱)가 하계미월(夏季未月)에 출생하여 득령(得令)하고 미중정화(未中丁火)가 년월(年月)에 투출(透出)하여 인수격(印綬格)이며 신왕사주(身旺四柱)다. 신왕사주(身旺四柱)에는 일주(日柱)를 제(制)하는 관살(官殺)이나 식신상관(食神傷官)으로 설기(泄氣)하면 좋은데 다행히 시상갑목(時上甲木) 편관(偏官)이 자좌(自坐) 인중갑목(寅中甲木)에 근(根)하여 시상갑목(時上甲木) 편관(偏官)으로 용신(用神)한다. 이 사주는 남자(男子)의 사주로서 공무원으로 근무하다가 39세 계수대운(癸水大運)에 일주무토(日主戊土)와 무계합(戊癸合)으로 합거(合去)되어 어떠한 사건으로 퇴직하고 자영업을 하였으나 손해를 많이 보았고 44세 묘목대운(卯木大運)에 용신운(用神運)이 들어와 돈을 많이 벌었고 49세 임수대운(壬水大運)에 월상정화(月上丁火)와 정임합(丁壬合)으로 합거(合去)되어 손해를 많이 보았으며 54세 인목대운(寅木大運)에 용신운(用神運)이 들어와 사업이 번창하고 있는 중이다.

❶ 세운을유년(歲運乙酉年): 관직 사퇴, 내외불화, 수술
❷ 질병(疾病): 위(胃), 잔질(殘疾)
❸ 남녀성격: (남) 군자의 성품, 언행 조심, 신의 있다, 재주 있다, 고독하다, 항상 바쁨, 학업 장애, 처궁불미, 처 덕 있다, 재복 있다
  (여) 신용 있다, 순진하다, 고집 대단, 부궁불미, 정부, 다재다능

🔵 세운·질병·남녀성격의 해설 (歲運·疾病·男女性格의 解說)

❶ 세운을유년(歲運乙酉年)= ※관직 사퇴, 내외불화, 수술은 ※세운을유년(歲運乙酉年)의 유금(酉金)은 무토일주(戊土日柱)의 상관(傷官)으로 신왕(身旺)한 사주에 관살(官殺)이 쇠약(衰弱)한데 세운(歲運)에서 상관(傷官) 식신운(食神運)이 들어오면 ※관직 사퇴를 조심해야 한다. 그리고 ※내외불화는 ※세운을유년(歲運乙酉年)의 을목(乙木)은 무토일주(戊土日柱)의 정관(正官)으로 세운(歲運)에서 일주(日柱)를 극(剋)하는 운(運)이 들어오면 ※집에서나 밖에서나 윗사람이나 아랫사람이나 불화가 많이 생긴다. 그리고 ※수술은 ※세운을유년(歲運乙酉年)의 유금(酉金)은 무토일주(戊土日柱)의 상관(傷官)으로 세운(歲運)에서 일지(日支) 상관운(傷官運)이 들어오면 ※수술을 조심해야 한다.

❷ 질병(疾病)은 일주(日柱)에서 발생(發生)한다.

❸ 남녀성격은 일주(日柱)에서 발생(發生)한다.

을유년 (乙酉年)

58년(음) 6월 4일 유(酉)시 남자

辛	戊	己	戊
酉	戌	未	戌

56	46	36	26	16	6
乙	甲	癸	壬	辛	庚
丑	子	亥	戌	酉	申

이 사주는 무토일주(戊土日柱)가 하계미월(夏季未月)에 출생하여 득령(得令)하고 월상기토(月上己土) 비겁(比劫)이 투출(透出)하였으며 년간지(年干支) 무술토(戊戌土)와 일간지(日干支) 무술토(戊戌土)로 일주(日柱)는 신왕사주(身旺四柱)다. 신왕사주(身旺四柱)에는 일주(日柱)를 제(制)하는 관살(官殺)이나 식신상관(食神傷官)으로 설기(泄氣)하면 좋은데 일주(日柱)를 제(制)하는 관살(官殺)은 없고 설기(泄氣)하는 신금상관(辛金傷官)이 시상(時上)에 투출(透出)하여 자좌유금(自坐酉金)에 록근(祿根)하여 시상신금(時上辛金) 상관(傷官)이 용신(用神)이 된다. 이 사주는 남자(男子)의 사주로서 초년(初年) 신유운(辛酉運)이 잘 들어와 공부를 많이 하여 한의사로 한방병원에 근무하였으나 운(運)이 없어 고생을 많이 하다가 46세 갑목대운(甲木大運)에 사업을 경영하였으나 월상기토(月上己土)와 갑기합(甲己合)으로 합거(合去)되어 손해를 많이 보았고 그 이후로도 운(運)이 없어 고생을 많이 하고 있는 사주다.

❶ 세운을유년(歲運乙酉年): 내외불화, 수술
❷ 질병(疾病): 신장(腎臟), 방광(膀胱)
❸ 남녀성격: (남) 군자의 성품, 언행 조심, 신의 있다, 인심 좋다, 재주 있다, 신뢰한다, 근면하다, 학업열중, 임사즉결, 고집 대단, 남에게 잘함, 신앙심, 창의력, 돈이 잘 빠져나간다
　　　　　(여) 신용 있다, 순진하다, 시모불합, 남편 말 잘 안 듣는다, 부궁불미, 정부, 재가, 독수공방, 일가부양, 친모봉양, 신앙심

세운 · 질병 · 남녀성격의 해설 (歲運 · 疾病 · 男女性格의 解說)

❶ 세운을유년(歲運乙酉年)= ※내외불화, 수술은 ※세운을유년(歲運乙酉年)의 을목(乙木)은 무토일주(戊土日柱)의 정관(正官)으로 세운(歲運)에서 일주(日柱)를 극(剋)하는 운(運)이 들어오면 ※집에서나 밖에서나 윗사람이나 아랫사람이나 불화가 많이 생긴다. 그리고 ※수술은 ※세운을유년(歲運乙酉年)의 유금(酉金)은 무토일주(戊土日柱)의 상관(傷官)으로 세운(歲運)에서 일지(日支) 상관운(傷官運)이 들어오면 ※수술을 조심해야 한다.

❷ 질병(疾病)은 일주(日柱)에서 발생(發生)한다.

❸ 남녀성격은 일주(日柱)에서 발생(發生)한다.

을유년 (乙酉年)

62년(음) 10월 20일 묘(卯)시 여자

乙	戊	辛	壬
卯	午	亥	寅

53	43	33	23	13	3
乙	丙	丁	戊	己	庚
巳	午	未	申	酉	戌

이 사주는 무토일주(戊土日柱)가 초겨울 해월(亥月)에 출생하여 실시(失時)하고 해중임수(亥中壬水)가 년상(年上)에 투출(透出)하여 편재격(偏財格)이며 년시지(年時支) 인묘(寅卯)로 목국(木局)을 이루었으며 시상을목(時上乙木)이 투출(透出)하여 재살(財殺)이 태왕(太旺)이다. 무토일주는 자좌오회(自坐午火) 양인(羊刃)에 근(根)하였으나 신약사주(身弱四柱)로서 목인수(木印綬)로 살인상생(殺印相生)을 시켜야 좋으므로 화인수(火印綬)가 용신(用神)이며 토비견겁(土比肩劫)은 희신(喜神)이 된다. 이 사주는 여자의 사주로서 무용을 전공하였으나 초년운(初年運)이 없어 성공하지 못하고 33세 정화대운(丁火大運)에 요가학원을 경영하였으나 월상임수(月上壬水)와 정임합(丁壬合)으로 합거(合去)되어 손해를 많이 보았고 38세 미토대운(未土大運)에 사업이 번창하여 돈을 많이 벌었으나 43세 병화대운(丙火大運)에 월상신금(月上辛金)과 병신합(丙辛合)으로 합거(合去)되어 손해를 보았고 48세 오화대운(午火大運)에는 용신운(用神運)이 들어와 사업이 번창하여 돈을 많이 벌은 사주다.

❶ 세운을유년(歲運乙酉年): 내외불화, 수술, 관재, 손재, 신액
❷ 질병(疾病): 위(胃), 비(脾), 혈압(血壓)
❸ 남녀성격: (남) 군자의 성품, 언행 조심, 성질 급, 서두른다, 외화내곤, 실패 자초, 처궁불미, 재가, 정력 강, 여자 많다, 편식한다
　　　　　(여) 신용, 순진하다, 고집 대단, 박력 있다, 부궁불미, 정부, 친모봉양

☯ 세운 · 질병 · 남녀성격의 해설 (歲運 · 疾病 · 男女性格의 解說)

❶ 세운을유년(歲運乙酉年)= ※내외불화, 수술, 관재, 손재, 신액은 ※세운을유년(歲運乙酉年)의 을목(乙木)은 무토일주(戊土日柱)의 정관(正官)으로 세운(歲運)에서 일주(日柱)를 극(剋)하는 운(運)이 들어오면 ※집에서나 밖에서나 윗사람이나 아랫사람이나 불화가 많이 생긴다. 그리고 ※수술은 ※세운을유년(歲運乙酉年)의 유금(酉金)은 무토일주(戊土日柱)의 상관(傷官)으로 세운(歲運)에서 일지(日支) 상관운(傷官運)이 들어오면 ※수술을 조심해야 한다. 그리고 ※관재, 손재, 신액은 ※세운을유년(歲運乙酉年)의 을목(乙木)은 무토일주(戊土日柱)의 정관(正官)으로 원명사주(源命四柱)에 재살(財殺)이 태왕(太旺)인데 세운(歲運)에서 재살운(財殺運)이 들어오면 ※관재수나 손재수나 건강을 조심해야 한다.

❷ 질병(疾病)은 일주(日柱)에서 발생(發生)한다.

❸ 남녀성격은 일주(日柱)에서 발생(發生)한다.

을유년(乙酉年)

63년(음) 1월 11일 자(子)시 여자

壬	戊	甲	癸
子	寅	寅	卯

60	50	40	30	20	10
庚	己	戊	丁	丙	乙
申	未	午	巳	辰	卯

이 사주는 무토일주(戊土日柱)가 초봄 인월(寅月)에 출생하여 실시(失時)하고 인중갑목(寅中甲木)이 월상(月上)에 투출(透出)하여 편관격(偏官格)이다. 그리고 년지묘목(年支卯木)과 일지인목(日支寅木)과 인묘(寅卯)로 목국(木局)을 이루고 시간지(時干支) 임자재(壬子財)와 자중계수(子中癸水)가 년상(年上)에 투출(透出)하여 재살(財殺)이 태왕(太旺)이다. 그러므로 무토일주(戊土日柱)는 자좌인목(自坐寅木)에 생궁(生宮)이라고 하나 재살(財殺)이 태왕(太旺)으로 종살격(從殺格)이다. 그러므로 목관살(木官殺)이 용신(用神)이며 수재(水財)는 희신(喜神)이 된다. 이 사주는 여자(女子)의 사주로서 백화점판매직원으로 근무하다가 35세 사화대운(巳火大運)에 의류매장을 경영하여 손해를 많이 보고 남편(男便)과 이혼(離婚)하고 혼자 살고 있는 사주다. 부궁(夫宮)이 부실한 것은 여자(女子) 사주에 관살(官殺)이 태왕(太旺)이면 부궁(夫宮)이 부실하여 재혼(再婚)하거나 혼자 사는 사람들이 많다.

❶ 세운을유년(歲運乙酉年): 이별수, 수술, 관재, 손재, 신액
❷ 질병(疾病): 위산과다(胃酸過多), 위장병(胃腸病)
❸ 남녀성격: (남) 군자의 성품, 언행 조심, 의젓하다, 주관이 약하다, 부모무덕, 밥을 조금 먹는다, , 처궁불미, 자손귀자
　　　　　　(여) 신용 있다, 순진하다, 고집 대단, 정부, 재가, 시모불화, 인덕 없다, 친모봉양

☯ 세운 · 질병 · 남녀성격의 해설 (歲運 · 疾病 · 男女性格의 解說)

❶ 세운을유년(歲運乙酉年)= ※이별수, 수술, 관재, 손재, 신액은 ※세운을유년(歲運乙酉年)의 을목(乙木)은 무토일주(戊土日柱)의 정관(正官)으로 여자(女子) 사주에 관살(官殺)이 태왕(太旺)인데 세운(歲運)에서 관살운(官殺運)이 들어오면 ※가정에 불화가 많이 생긴다든가 또는 남편과 떨어져 산다든가 또는 이혼한다든가 또는 남편이 사망하는 수도 있다. 그리고 ※수술은 ※세운을유년(歲運乙酉年)의 유금(酉金)은 무토일주(戊土日柱)의 상관(傷官)으로 세운(歲運)에서 일지(日支) 상관운(傷官運)이 들어오면 ※수술을 조심해야 한다. 그리고 ※관재, 손재, 신액은 ※세운을유년(歲運乙酉年)의 을목(乙木)은 무토일주(戊土日柱)의 정관(正官)으로 원명사주(源命四柱)에 재살(財殺)이 태왕(太旺)인데 세운(歲運)에서 재살운(財殺運)이 들어오면 ※관재수를 조심해야 하며 또는 손재수를 조심해야 하며 또는 건강을 조심해야 한다.

❷ 질병(疾病)은 일주(日柱)에서 발생(發生)한다.

❸ 남녀성격은 일주(日柱)에서 발생(發生)한다.

을유년 (乙酉年)

56년(음) 8월 15일 사(巳)시 남자

이 사주는 기토일주(己土日柱)가 중추유월(中秋酉月)에 출생하여 실시(失時)하고 년지신금(年支申金)이 있어 설기(泄氣)가 심(甚)하여 신약사주(身弱四柱)같이 보인다. 그러나 기토일주(己土日柱)는 일지축토(日支丑土)가 습토(濕土)라고 하나 년월(年月) 병정화(丙丁火)가 투출(透出)하여 습토(濕土)는 미온지토(微溫之土)가 되어 기토일주(己土日柱)를 보신(補身)할 수가 있으며 시간지(時干支)

기사(己巳) 비견(比肩)과 인수(印綬)가 있어 일주(日柱)는 신왕사주(身旺四柱)다. 신왕사주(身旺四柱)에는 일주(日柱)를 제(制)하는 관살(官殺)이나 상관식신(傷官食神)으로 설기(泄氣)하면 좋은데 일주(日柱)를 제(制)하는 관살(官殺)은 없고 설기(泄氣)하는 신유금(申酉金)이 있어 금(金) 상관식신(傷官食神)으로 용신(用神)한다. 그러므로 이런 사주를 가상관격(假傷官格)이라고 한다. 이 사주는 남자(男子)의 사주로서 주민센터 공무원(公務員)으로서 평범하게 살고 있는 사주다. 만약에 운(運)이 없는 사주에 사업을 했으면 패가망신(敗家亡身)하는 사주다.

❶ 세운을유년(歲運乙酉年): 내외불화, 변화, 이사, 전근
❷ 질병(疾病): 위(胃), 위경련(胃痙攣), 비(脾)
❸ 남녀성격: (남) 군자의 성품, 언행 조심, 근면 성실, 신용 부실, 부지런하다, 봉사정신, 처궁불미, 의처증, 새벽잠이 없다, 신앙심, 학업 장애
　　　　　(여) 신용 있다, 순진하다, 부궁불미, 독수공방, 남편을 의심한다, 정부, 시모불합, 신앙심, 돈이 잘 빠져나간다, 친정형제 걱정 많이 한다

☯ 세운 · 질병 · 남녀성격의 해설 (歲運 · 疾病 · 男女性格의 解說)

❶ 세운을유년(歲運乙酉年)= ※내외불화, 변화, 이사, 전근은 ※세운을유년(歲運乙酉年)의 을목(乙木)은 기토일주(己土日柱)의 편관(偏官)으로 세운(歲運)에서 일주(日柱)를 극(剋)하는 운(運)이 들어오면 ※집에서나 밖에서나 윗사람이나 아랫사람이나 불화가 많이 생긴다. 그리고 ※변화, 이사, 전근은 ※세운을유년(歲運乙酉年)의 유금(酉金)은 일지축토(日支丑土)와 유축(酉丑)으로 삼합(三合)이 되므로 세운(歲運)에 일지(日支) 삼합운(三合運)이 들어오면 ※변화가 생긴다든가 또는 이사를 한다든가 또는 직장을 옮기는 일이 많다.

❷ 질병(疾病)은 일주(日柱)에서 발생(發生)한다.

❸ 남녀성격은 일주(日柱)에서 발생(發生)한다.

을유년 (乙酉年)

57년(음) 6월 29일 자(子)시 남자

甲	己	丁	丁
子	亥	未	酉

56	46	36	26	16	6
辛	壬	癸	甲	乙	丙
丑	寅	卯	辰	巳	午

이 사주는 기토일주(己土日柱)가 하계미월(夏季未月)에 출생하여 득령(得令)하고 미중정화(未中丁火)가 년월(年月)에 투출(透出)하여 인수격(印綬格)이며 신왕사주(身旺四柱)다. 신왕사주(身旺四柱)에는 일주(日柱)를 제(制)하는 관살(官殺)이나 식신상관(食神傷官)으로 설기(泄氣)하면 좋은데 다행히 시상갑목(時上甲木)이 투출(透出)하여 그 갑목(甲木)은 해자수(亥子水)에 생(生)을 받음으로 용신(用神)이 왕(旺)하여 좋다. 그러므로 시상갑목(時上甲木) 정관(正官)이 용신(用神)이며 수재(水財)는 희신(喜神)이 된다. 이 사주는 남자(男子)의 사주로서 무역회사에 근무하다가 36세 계묘대운(癸卯大運)에 회사를 퇴사하고 자영업(自營業)을 하여 수억금을 벌었으나 46세 임수대운(壬水大運)에 년상정화(年上丁火)와 정임합(丁壬合)으로 합거(合去)되어 손해를 많이 보았고 51세 인목대운(寅木大運)에 갑목용신(甲木用神)이 록근(祿根)하여 사업이 번창하고 수억금을 벌어 잘살고 있는 사주다.

❶ 세운을유년(歲運乙酉年): 내외불화, 자연재앙

❷ 질병(疾病): 위(胃), 비(脾)

❸ 남녀성격: (남) 군자의 성품, 언행 조심, 영리하다, 추리력, 선견지명, 외유내강, 현실에 적응 잘한다, 강직하다, 재복 있다, 장수한다, 호인이다

　　　　　(여) 신용 있다, 순진하다, 남편 좋다, 영리하다, 부궁불미, 정부, 장수한다, 신앙심

세운·질병·남녀성격의 해설 (歲運 · 疾病 · 男女性格의 解說)

❶ 세운을유년(歲運乙酉年)= ※내외불화, 자연재앙은 ※세운을유년(歲運乙酉年)의 을목(乙木)은 기토일주(己土日柱)의 편관(偏官)으로 세운(歲運)에서 일주(日柱)를 극(剋)하는 운(運)이 들어오면 ※집에서나 밖에서나 윗사람이나 아랫사람이나 불화가 많이 생긴다. 그리고 ※자연재앙은 ※세운을유년(歲運乙酉年)의 유금(酉金)은 년지유금(年支酉金)과 유유(酉酉)로 똑같은 오행(五行)이므로 세운(歲運)에서 년지(年支) 같은 운(運)이 들어오면 ※자연재앙을 조심해야 한다.

❷ 질병(疾病)은 일주(日柱)에서 발생(發生)한다.

❸ 남녀성격은 일주(日柱)에서 발생(發生)한다.

을유년 (乙酉年)

63년(음) 7월 16일 오(午)시 남자

庚	己	庚	癸
午	酉	申	卯

59	49	39	29	19	9
甲	乙	丙	丁	戊	己
寅	卯	辰	巳	午	未

이 사주는 기토일주(己土日柱)가 초가을 신월(申月)에 출생하여 실시(失時)하고 신궁경금(申宮庚金)이 월시상(月時上)에 투출(透出)하고 월일지(月日支) 신유(申酉)로 금국(金局)을 이루어 상관식신(傷官食神)이 태왕(太旺)이다. 다행히 기토일주(己土日柱)는 시지오화(時支午火)에 록근(祿根)하여 오중정화(午中丁火) 인수(印綬)로 많은 상관식신(傷官食神)을 제(制)하고 일주(日柱)를 보신(補身)해야 하므로 오중정화(午中丁火) 인수(印綬)가 용신(用神)이며 토비견겁(土比肩劫)은 희신(喜神)이 된다. 이 사주는 남자(男子)의 사주로서 상관식신(傷官食神)이 많으면 기술이 좋은데 엔지니어로 대기업에 취업하여 38세 사화대운(巳火大運)까지 승승장구하였으나 자식 한 명 잃었는데 년지묘목(年支卯木) 편관(偏官)이 많은 상관식신(傷官食神)에 극(剋)을 받으므로 자손액(子孫厄)을 조심해야 한다.

❶ 세운을유년(歲運乙酉年): 내외불화, 변화, 이사, 전근, 자손액, 자연재앙
❷ 질병(疾病): 위(胃), 비(脾)
❸ 남녀성격: (남) 군자의 성품, 언행 조심, 신의 있다, 남에게 잘함, 문단 수려, 암기력, 처덕 있다, 처궁불미, 언어특성, 운동 잘함, 잔병치레, 식복 있다
　　　　　(여) 신용 있다, 순진하다, 남편복이 없다, 부궁불미, 독수공방, 정부, 미모 수려, 자손귀자

🌀 세운·질병·남녀성격의 해설 (歲運·疾病·男女性格의 解說)

❶ 세운을유년(歲運乙酉年)= ※내외불화, 변화, 이사, 전근, 자손액, 자연재앙은 ※세운을유년(歲運乙酉年)의 을목(乙木)은 기토일주의 편관(偏官)으로 세운에서 일주(日柱)를 극(剋)하는 운(運)이 들어오면 ※집에서나 밖에서나 윗사람이나 아랫사람이나 불화가 많이 생긴다. 그리고 ※변화, 이사, 전근은 ※세운을유년의 유금(酉金)은 일지유금(日支酉金)과 유유(酉酉)로 삼합이 되므로 세운에 일지(日支) 삼합운(三合運)이 들어오면 ※변화가 생긴다든가 또는 이사를 한다든가 또는 직장을 옮기는 일이 많다. 그리고 ※자손액은 ※세운을유년(歲運乙酉年)의 을목(乙木)은 기토일주의 편관(偏官)으로 남자 사주에 자손이 되는데 원명사주에 상관식신(傷官食神)이 태왕하고 관살(官殺)이 쇠약한데 세운에서 관살운(官殺運)이 들어오면 ※자손액을 조심해야 한다. 그리고 ※자연재앙은 ※세운을유년의 유금(酉金)은 일지유금(日支酉金)과 유유(酉酉)로 똑같은 오행(五行)이므로 세운에서 일지(日支) 같은 운(運)이 들어오면 ※자연재앙을 조심해야 한다.

❷ 질병(疾病)과 ❸ 남녀성격은 일주(日柱)에서 발생(發生)한다.

을유년 (乙酉年)

63년(음) 9월 27일 자(子)시 여자

<table>
<tr><td>甲</td><td>己</td><td>癸</td><td>癸</td></tr>
<tr><td>子</td><td>未</td><td>亥</td><td>卯</td></tr>
</table>

59	49	39	29	19	9
己	戊	丁	丙	乙	甲
巳	辰	卯	寅	丑	子

이 사주는 기토일주(己土日柱)가 초겨울 해월(亥月)에 출생하여 실시(失時)하고 지지(地支)는 해묘미(亥卯未) 목국(木局)을 이루었으며 해중갑목(亥中甲木)이 시상(時上)에 투출(透出)하여 재살(財殺)이 태왕(太旺)이다. 기토일주(己土日柱)는 미중기토(未中己土)에 근(根)한다고 하나 미토(未土)는 목(木)의 고장(庫藏)으로 약(弱)하며 음간(陰干)은 왕세(旺勢)를 따라 종(從)하게 된다.

그러므로 이 사주는 종살격(從殺格)으로 시상갑목(時上甲木)이 용신(用神)이며 수재(水財)는 희신(喜神)이 된다. 이 사주는 여자(女子)의 사주로서 일찍 장사를 하였으나 33세 병화대운(丙火大運)까지는 고생을 많이 하였고 34세 인목대운(寅木大運)에 용신운(用神運)이 들어와 돈을 많이 벌었고 39세 정화대운(丁火大運)에 사업을 확장하여 경영하다가 손해를 조금 보았고 44세 묘목대운(卯木大運)에 사업이 번창하여 돈을 많이 벌은 사주다. 그러나 일지미토(日支未土)는 관성(官星)의 묘궁(墓宮)으로 부궁(夫宮)이 부실하여 재혼(再婚)한 사주다.

❶ 세운을유년(歲運乙酉年): 내외불화, 관재, 손재, 신액
❷ 질병(疾病): 위(胃), 비(脾), 당뇨(糖尿)
❸ 남녀성격: (남) 군자의 성품, 언행 조심, 성질 급, 고집 대단, 성격이 까다롭다, 편식, 옷에 신경 쓴다, 처궁불미, 남에게 시기를 많이 받는다, 신앙심
　　　　　(여) 신용 있다, 순진하다, 부궁불미, 이성 구설, 정부, 독수공방, 친모봉양

세운 · 질병 · 남녀성격의 해설 (歲運 · 疾病 · 男女性格의 解說)

❶ 세운을유년(歲運乙酉年)= ※내외불화, 관재, 손재, 신액은 ※세운을유년(歲運乙酉年)의 을목(乙木)은 기토일주(己土日柱)의 편관(偏官)으로 세운(歲運)에서 일주(日柱)를 극(剋)하는 운(運)이 들어오면 ※집에서나 밖에서나 윗사람이나 아랫사람이나 불화가 많이 생긴다. 그리고 ※관재, 손재, 신액은 ※세운을유년(歲運乙酉年)의 을목(乙木)은 기토일주(己土日柱)의 편관(偏官)으로 원명사주(源命四柱)에 재살(財殺)이 태왕(太旺)인데 세운(歲運)에서 재(財)나 관살운(官殺運)이 들어오면 ※관재수를 조심해야 하며 또는 손재수를 조심해야 하며 또는 건강을 조심해야 한다.

❷ 질병(疾病)은 일주(日柱)에서 발생(發生)한다.

❸ 남녀성격은 일주(日柱)에서 발생(發生)한다.

을유년(乙酉年)

64년(음) 10월 13일 신(申)시 남자

이 사주는 기토일주(己土日柱)가 초겨울 해월(亥月)에 출생하여 실시(失時)하고 해중임수(亥中壬水)와 갑목(甲木)이 년시상(年時上)에 투출(透出)하여 어느 오행(五行)으로 격(格)을 잡느냐의 기로에 서게 된다. 날짜상으로 보아 해중(亥中)에 갑목(甲木)이 사령(司令)하므로 년상갑목(年上甲木)으로 격(格)을 잡는다. 그러므로 정관격(正官格)이며 사주에 재살(財殺)이 태왕(太旺)하므로 종살격(從殺格)같이 보인다. 그러나 기토일주(己土日柱)는 자좌사화(自坐巳火)에 근(根)하고 미약(微弱)하나마 년지(年支) 진중무토(辰中戊土)에 근(根)하여 종(從)하지 않는다. 그러므로 화인수(火印綬)를 얻어 살인상생(殺印相生)을 시켜야 좋으므로 화인수(火印綬)가 용신(用神)이며 토비견겁(土比肩劫)은 희신(喜神)이 된다. 이 사주는 남자(男子)의 사주로서 농협에 근무하다가 42세 묘목대운(卯木大運)에 퇴사하여 사업을 경영하였으나 손해를 많이 보고 47세 경금대운(庚金大運)에 월상을목(月上乙木)과 을경합(乙庚合)으로 합거(合去)되어 재산을 탕진하고 일용직으로 힘들게 살고 있는 사주다.

❶ 세운을유년(歲運乙酉年): 변화, 이사, 전근, 내외불화, 관재, 손재, 신액
❷ 질병(疾病): 위(胃), 비(脾)
❸ 남녀성격: (남) 군자의 성품, 언행 조심, 외유내강, 강직하다, 미모 수려, 멋쟁이, 학업 열중, 덕망이 있다, 항상 바쁨, 처궁불미, 처 덕 있다
　　　　　(여) 신용 있다, 순진하다, 남편복이 있다, 자손귀자, 친정걱정, 물조심, 영리하다

🔵 세운·질병·남녀성격의 해설 (歲運·疾病·男女性格의 解說)

❶ 세운을유년(歲運乙酉年)= ※변화, 이사, 전근, 내외불화, 관재, 손재, 신액은 ※세운을유년의 유금(酉金)은 일지사화(日支巳火)와 사유(巳酉)로 삼합(三合)이 되므로 세운(歲運)에 일지(日支) 삼합운(三合運)이 들어오면 ※변화가 생긴다든가 또는 이사를 한다든가 또는 직장을 옮기는 일이 많다. 그리고 ※내외불화는 ※세운을유년(歲運乙酉年)의 을목(乙木)은 기토일주(己土日柱)의 편관(偏官)으로 세운(歲運)에서 일주(日柱)를 극(剋)하는 운(運)이 들어오면 ※집에서나 밖에서나 윗사람이나 아랫사람이나 불화가 많이 생긴다. 그리고 ※관재, 손재, 신액은 ※세운을유년(歲運乙酉年)의 을목(乙木)은 기토일주의 편관(偏官)으로 원명사주(源命四柱)에 재살(財殺)이 태왕(太旺)인데 세운(歲運)에서 재(財)나 관살운(官殺運)이 들어오면 ※관재수나 손재수나 건강을 조심해야 한다.

❷ 질병(疾病)과 ❸ 남녀성격은 일주(日柱)에서 발생(發生)한다.

을유년(乙酉年)

64년(음) 2월 18일 해(亥)시 여자

이 사주는 기토일주(己土日柱)가 중춘묘월(中春卯月)에 출생하여 실시(失時)하고 묘중을목(卯中乙木)이 시상(時上)에 투출(透出)하여 편관격(偏官格)이다. 그리고 일지묘목(日支卯木)과 시지해수(時支亥水)와 해묘(亥卯)로 목국(木局)을 이루고 년지진토(年支辰土)와 월지묘목(月支卯木)과 묘진(卯辰)으로 목국(木局)을 이루었으며 년상갑목(年上甲木)은 해중갑목(亥中甲木)에 근(根)하여 종살격(從殺格)같이 보인다. 그러나 이 사주는 월상정화(月上丁火)가 투출(透出)하여 있으므로 많은 관살(官殺)은 기토일주(己土日柱)를 극(剋)하지 않고 정화인수(丁火印綬)로 기(氣)가 집중되어 있으므로 화인수(火印綬)가 용신(用神)이며 토비견겁(土比肩劫)은 희신(喜神)이 된다. 이 사주는 여자(女子)의 사주로서 공부는 많이 하였으나 운(運)이 없어 취업을 못하고 과외강사로 일하고 있는 사주다.

---

❶ 세운을유년(歲運乙酉年): 이별수, 내외불화, 관재, 손재, 신액
❷ 질병(疾病): 위(胃), 비(脾), 위산과다(胃酸過多)
❸ 남녀성격: (남) 군자의 성품, 언행 조심, 고집 대단, 지구력 부족, 인덕 없다, 마음 약, 처궁불미, 소심하다, 인자한 성품, 운동 잘함, 눈물 많다
　　　　　(여) 신용 있다, 순진하다, 부궁불미, 정부, 재가, 식복 있다, 자손근심, 남편이 나이가 많은 사람 아니면 나이가 어린 사람을 만나기 쉽다

◉ 세운·질병·남녀성격의 해설(歲運·疾病·男女性格의 解說)

❶ **세운을유년(歲運乙酉年)=** ※이별수, 내외불화, 관재, 손재, 신액은 ※세운을유년(歲運乙酉年)의 을목(乙木)은 기토일주의 편관(偏官)으로 여자 사주에 관살(官殺)이 태왕(太旺)인데 세운(歲運)에서 관살운(官殺運)이 들어오면 ※가정에 불화가 많이 생긴다든가 또는 남편과 떨어져 산다든가 또는 이혼한다든가 또는 남편이 사망하는 수도 있다. 그리고 ※내외불화는 ※세운을유년(歲運乙酉年)의 을목(乙木)은 기토일주(己土日柱)의 편관(偏官)으로 세운(歲運)에서 일주(日柱)를 극(剋)하는 운(運)이 들어오면 ※집에서나 밖에서나 윗사람이나 아랫사람이나 불화가 많이 생긴다. 그리고 ※관재, 손재, 신액은 ※세운을유년(歲運乙酉年)의 을목(乙木)은 기토일주(己土日柱)의 편관(偏官)으로 원명사주(源命四柱)에 재살(財殺)이 태왕(太旺)인데 세운(歲運)에서 재(財)나 관살운(官殺運)이 들어오면 ※관재수나 손재수나 건강을 조심해야 한다.

❷ 질병(疾病)은 일주(日柱)에서 발생(發生)한다.

❸ 남녀성격은 일주(日柱)에서 발생(發生)한다.

을유년 (乙酉年)

68년(윤) 7월 24일 사(巳)시 남자

己	己	辛	戊
巳	丑	酉	申

57	47	37	27	17	7
丁	丙	乙	甲	癸	壬
卯	寅	丑	子	亥	戌

이 사주는 기토일주(己土日柱)가 중추유월(中秋酉月)에 출생하여 실시(失時)하고 유중신금(酉中辛金)이 월상(月上)에 투출(透出)하고 월일시지(月日時支) 사유축(巳酉丑)으로 금국(金局)을 이루고 년지(年支) 신궁경금(申宮庚金) 상관(傷官)이 있어 상관식신(傷官食神)이 태왕(太旺)이다. 기토일주(己土日柱)는 자좌(自坐) 축중기토(丑中己土)에 근(根)하고 시간지(時干支) 기사인수(己巳印綬)와 비견(比肩)과 년상무토(年上戊土)가 투출(透出)되어 신왕사주(身旺四柱)같이 보인다. 그러나 이 사주는 화생토(火生土) 토생금(土生金)으로 사주(四柱)의 기(氣)는 금상관(金傷官)에 집중되어 있으므로 신약사주(身弱四柱)다. 그러므로 화인수(火印綬)로 많은 상관식신(傷官食神)을 제(制)하고 일주(日柱)를 보신(補身)해야 하므로 화인수(火印綬)가 용신(用神)이며 토비견겁(土比肩劫)은 희신(喜神)이 된다. 이 사주는 남자(男子)의 사주로서 기술이 좋아 자동차 정비업체를 경영하였으나 운(運)이 없어 고생을 많이 하고 결혼도 못하고 혼자 살고 있는 사주다.

❶ 세운을유년(歲運乙酉年): 내외불화, 변화, 이사, 전근, 손재, 신액
❷ 질병(疾病): 위(胃), 위경련(胃痙攣), 비(脾)
❸ 남녀성격: (남) 군자의 성품, 언행 조심, 근면 성실, 신용 부실, 부지런하다, 봉사정신, 처궁불미, 의처증, 새벽잠이 없다, 신앙심, 학업 장애
     (여) 신용 있다, 순진하다, 부궁불미, 독수공방, 남편을 의심한다, 정부, 시모불합, 신앙심, 돈이 잘 빠져나간다, 친정형제 걱정 많이 한다

◑ 세운·질병·남녀성격의 해설 (歲運·疾病·男女性格의 解說)

❶ 세운을유년(歲運乙酉年)= ※내외불화, 변화, 이사, 전근, 손재, 신액은 ※세운을유년(歲運乙酉年)의 을목(乙木)은 기토일주의 편관(偏官)으로 세운에서 일주(日柱)를 극(剋)하는 운(運)이 들어오면 ※집에서나 밖에서나 윗사람이나 아랫사람이나 불화가 많이 생긴다. 그리고 ※변화, 이사, 전근은 ※세운을유년(歲運乙酉年)의 유금(酉金)은 일지축토(日支丑土)와 유축(酉丑)으로 삼합이 되므로 세운에 일지(日支) 삼합운(三合運)이 들어오면 ※변화가 생긴다든가 또는 이사를 한다든가 또는 직장을 옮기는 일이 많다. 그리고 ※손재, 신액은 ※세운을유년(歲運乙酉年)의 유금(酉金)은 기토일주의 식신(食神)으로 원명사주(源命四柱)에 상관식신(傷官食神)이 태왕(太旺)하여 설기(泄氣)가 심(甚)한데 세운에서 상관(傷官) 식신운(食神運)이 들어오면 ※손재수나 건강을 조심해야 한다.

❷ 질병(疾病)과 ❸ 남녀성격은 일주(日柱)에서 발생(發生)한다.

을유년 (乙酉年)

69년(음) 6월 30일 인(寅)시 여자

丙	己	壬	己
寅	未	申	酉

59	49	39	29	19	9
戊	丁	丙	乙	甲	癸
寅	丑	子	亥	戌	酉

이 사주는 기토일주(己土日柱)가 초가을 신월(申月)에 출생하여 실시(失時)하고 신궁임수(申宮壬水)가 월상(月上)에 투출(透出)하여 정재격(正財格)이다. 그리고 년지유금(年支酉金)과 신유(申酉)로 금국(金局)을 이루고 시지(時支) 인중갑목(寅中甲木)이 있어 일주(日柱)가 심약(甚弱)하다. 다행히 시상병화(時上丙火) 인수(印綬)가 자좌(自坐) 인중병화(寅中丙火)에 근(根)하여 기토일주(己土日柱)를 생(生)하므로 병화인수(丙火印綬)가 용신(用神)이며 토비견겁(土比肩劫)은 희신(喜神)이 된다. 이 사주는 여자(女子)의 사주로서 34세 해수대운(亥水大運)에 음식업을 경영하였으나 해수(亥水)는 병화인수(丙火印綬)의 절궁(絶宮)으로 손해를 많이 보았고 39세 병화대운(丙火大運)에 용신병화(用神丙火)를 보신(補身)하여 사업이 번창하여 수억금을 벌었으나 44세 자수대운(子水大運)에는 병화용신(丙火用神)이 자수(子水)에 절궁(絶宮)으로 재물과 건강을 조심해야 한다.

❶ 세운을유년(歲運乙酉年): 내외불화, 관재, 손재, 신액, 자연재앙
❷ 질병(疾病): 위(胃), 비(脾). 당뇨(糖尿)
❸ 남녀성격: (남) 군자의 성품, 언행 조심, 성질 급, 고집 대단, 성격이 까다롭다, 편식, 옷에
　　　　　　 신경 쓴다, 처궁불미, 남에게 시기를 많이 받는다, 신앙심
　　　　　　 (여) 신용 있다, 순진하다, 부궁불미, 이성 구설, 정부, 독수공방, 친모봉양

☯ 세운·질병·남녀성격의 해설(歲運 · 疾病 · 男女性格의 解說)

❶ 세운을유년(歲運乙酉年)= ※내외불화, 관재, 손재, 신액, 자연재앙은 ※세운을유년(歲運乙酉年)의 을목(乙木)은 기토일주(己土日柱)의 편관(偏官)으로 세운(歲運)에서 일주(日柱)를 극(剋)하는 운(運)이 들어오면 ※집에서나 밖에서나 윗사람이나 아랫사람이나 불화가 많이 생긴다. 그리고 ※관재, 손재, 신액은 ※세운을유년(歲運乙酉年)의 을목(乙木)은 기토일주(己土日柱)의 편관(偏官)으로 원명사주(源命四柱)에 재살(財殺)이 태왕(太旺)인데 세운(歲運)에서 재(財)나 관살운(官殺運)이 들어오면 ※관재수나 손재수나 건강을 조심해야 한다. 그리고 ※자연재앙은 ※세운을유년(歲運乙酉年)의 유금(酉金)은 년지유금(年支酉金)과 유유(酉酉)로 똑같은 오행(五行)이므로 세운(歲運)에서 년지(年支) 같은 운(運)이 들어오면 ※자연재앙을 조심해야 한다.

❷ 질병(疾病)은 일주(日柱)에서 발생(發生)한다.

❸ 남녀성격은 일주(日柱)에서 발생(發生)한다.

을유년 (乙酉年)

54년(음) 1월 10일 진(辰)시 남자

庚	庚	丙	甲
辰	子	寅	午

57	47	37	27	17	7
壬	辛	庚	己	戊	丁
申	未	午	巳	辰	卯

이 사주는 경금일주(庚金日柱)가 초봄 인월(寅月)에 출생하여 실시(失時)하고 인중병화(寅中丙火)와 갑목(甲木)이 투출(透出)하여 어느 오행(五行)으로 격(格)을 잡느냐의 기로에 서게 된다. 날짜상으로 보아 병화(丙火)가 사령(司令)하므로 병화(丙火)로 격(格)을 잡는다. 그러므로 편관격(偏官格)이다. 그리고 년지오화(年支午火)와 월지인목(月支寅木)과 인오(寅午)로 화국(火局)을 이루었으며 년상갑목(年上甲木)이 투출(透出)하여 재살(財殺)이 태왕(太旺)이다. 경금일주(庚金日柱)는 자좌자수(自坐子水)에 설기(泄氣)가 심(甚)하고 시간지(時干支) 경진(庚辰) 인수(印綬)와 비견(比肩)이 있으나 신약사주(身弱四柱)로서 토인수(土印綬)가 용신(用神)이며 금비견겁(金比肩劫)은 희신(喜神)이 된다. 이 사주는 남자(男子)의 사주로서 초년운(初年運)이 잘 들어와 대기업에 취업하였으나 32세 사화대운(巳火大運)부터 운(運)이 없어 고생을 많이 하다가 42세 오화대운(午火大運)에 퇴사하여 사업을 경영하였으나 재산을 탕진하고 힘들게 살다가 52세 미토대운(未土大運)에 사업을 재기하여 재산을 복구하고 돈을 많이 벌어 잘살고 있는 사주다.

❶ 세운을유년(歲運乙酉年): 관재, 손재, 신액, 신경과민
❷ 질병(疾病): 냉(冷), 대하증(帶下症), 동상(凍傷), 중풍(中風)
❸ 남녀성격: (남) 과감 용단, 청백한 사람, 의리 있다, 남을 무시한다, 두뇌 명철, 추리력, 혁
　　　　　명심, 처궁불미, 재가, 미인수다, 냉정하다, 눈치가 빠름, 신앙심
　　　　(여) 냉정하다, 사람 사귀다 한번 틀어지면 다시 안 봄, 부궁불미, 정부, 재가,
　　　　　독수공방, 남에게 잘함, 인덕 없다, 남자들의 배신을 잘 당함

🌑 세운·질병·남녀성격의 해설 (歲運·疾病·男女性格의 解說)

❶ 세운을유년(歲運乙酉年)= ※관재, 손재, 신액, 신경과민은 ※세운을유년(歲運乙酉年)의 을목(乙木)은 경금일주(庚金日柱)의 정재(正財)로 원명사주(源命四柱)에 재살(財殺)이 태왕(太旺)인데 세운(歲運)에서 재(財)나 관살운(官殺運)이 들어오면 ※관재수를 조심해야 하며 또는 손재수를 조심해야 하며 또는 건강을 조심해야 한다. 그리고 ※신경과민은 ※세운을유년(歲運乙酉年)의 유금(酉金)은 일지자수(日支子水)와 자유(子酉)로 귀문관살(鬼門關殺)이므로 세운(歲運)에서 일지(日支) 귀문(鬼門) 관살운(關殺運)이 들어오면 ※그해에는 모든 일에 신경을 많이 쓰게 된다.

❷ 질병(疾病)과 ❸ 남녀성격은 일주(日柱)에서 발생(發生)한다.

을유년 (乙酉年)

64년(음) 5월 1일 술(戌)시 여자

丙	庚	庚	甲
戌	寅	午	辰

51	41	31	21	11	1
甲	乙	丙	丁	戊	己
子	丑	寅	卯	辰	巳

이 사주는 경금일주(庚金日柱)가 중하오월(中夏午月)에 출생하여 실시(失時)하고 일시지(日時支) 인술(寅戌)로 화국(火局)을 이루고 인중병화(寅中丙火)와 갑목(甲木)이 년시상(年時上)에 투출(透出)하여 재살(財殺)이 태왕(太旺)이다. 다행히 경금일주(庚金日柱)는 년지(年支) 진중무토(辰中戊土)가 있어 목생화(木生火) 화생토(火生土)로 년지(年支) 진중무토(辰中戊土) 인수(印綬)가 용신(用神)이며 금비견겁(金比肩劫)은 희신(喜神)이 된다. 이 사주는 여자(女子)의 사주로서 전업주부로 살다가 41세 을목대운(乙木大運)에 사업을 경영하여 손해를 많이 보았고 46세 축토대운(丑土大運)에 사업이 번창하여 재산을 복구하고 수억금을 벌어 잘살고 있는 사주다. 그러나 시간지(時干支) 병술(丙戌)은 백호대살(白虎大殺)이며 술토(戌土)는 관성입묘(官星入墓)이며 년간지(年干支) 갑진생(甲辰生)의 공망(空亡)은 일지인목(日支寅木)으로 부궁(夫宮)이 더욱더 부실하여 남편(男便)과 이혼(離婚)하고 혼자 살고 있는데 재혼(再婚)하여도 백년해로(百年偕老) 하기 힘든 사주다.

❶ 세운을유년(歲運乙酉年): 관재, 손재, 신액
❷ 질병(疾病): 해수(咳嗽), 기관지(氣管支), 월경불순(月經不純), 폐병(肺病), 결핵(結核)
❸ 남녀성격: (남) 과감 용단, 의리있다, 임사즉결, 겉으로 냉정하나 속은 온화함, 근면 성실, 용기 있다, 성질 급, 타의 군림, 재복 있다, 처 덕 있다
　　　　　　 (여) 냉정하다, 사람 사귀다 한번 틀어지면 다시 안 봄, 이성 고민, 직업, 부궁 불미, 정부, 자손귀자, 신경 예민

세운·질병·남녀성격의 해설 (歲運·疾病·男女性格의 解說)

❶ 세운을유년(歲運乙酉年)= ※관재, 손재, 신액은 ※세운을유년(歲運乙酉年)의 을목(乙木)은 경금일주(庚金日柱)의 정재(正財)로 원명사주(源命四柱)에 재살(財殺)이 태왕(太旺)인데 세운(歲運)에서 재(財)나 관살운(官殺運)이 들어오면 ※관재수를 조심해야 하며 또는 손재수를 조심해야 하며 또는 건강을 조심해야 한다.

❷ 질병(疾病)은 해수, 기관지는 일주(日柱)에서 발생(發生)하며 ※월경불순, 폐병, 결핵은 ※경금일주((庚金日柱)가 사오월(巳午月)에 출생하고 목화재살(木火財殺)이 태왕(太旺)이면 ※월경이 불순하여 배가 아프다든가 또는 폐병과 결핵을 조심해야 한다.

❸ 남녀성격은 일주(日柱)에서 발생(發生)한다.

을유년 (乙酉年)

65년(음) 4월 26일 술(戌)시 여자

丙	庚	辛	乙
戌	辰	巳	巳

54	44	34	24	14	4
丁	丙	乙	甲	癸	壬
亥	戌	酉	申	未	午

이 사주는 경금일주(庚金日柱)가 초여름 사월(巳月)에 출생하여 실시(失時)하고 사중병화(巳中丙火)가 시상(時上)에 투출(透出)하여 편관격(偏官格)이다. 그리고 년지사화(年支巳火)와 술중정화(戌中丁火)가 있어 관살(官殺)이 태왕(太旺)이다. 다행히 경금일주(庚金日柱)는 양금지토(養金之土)인 자좌(自坐) 진중무토(辰中戌土)에 근(根)하여 살인상생(殺印相生)으로 토인수(土印綬)가 용신(用神)이며 금비견겁(金比肩劫)은 희신(喜神)이 된다. 이 사주는 여자(女子)의 사주로서 29세 신금대운(申金大運)에 구두매장을 경영하여 돈을 많이 벌어 결혼도 하고 잘살았으나 34세 을목대운(乙木大運)에 일주경금(日主庚金)과 을경합(乙庚合)으로 합거(合去)되어 손해를 많이 보았고 39세 유금대운(酉金大運)에 사업이 번창하여 돈을 많이 벌었으나 44세 병화대운(丙火大運)에 월상신금(月上辛金)과 병신합(丙辛合)으로 합거(合去)되어 재산을 탕진하고 남편(男便)과 이혼하고 혼자 살고 있는 사주다. 부궁(夫宮)이 부실한 것은 시간지(時干支) 병술(丙戌)은 백호대살(白虎大殺)이며 시지술토(時支戌土)는 관성입묘(官星入墓)이며 일시(日時)가 진술충(辰戌沖)이 되어 있으며 여자(女子) 사주에 관성묘궁(官星墓宮)이 있으면 부궁(夫宮)이 부실하여 재혼(再婚)하거나 혼자 사는 사람들이 많다.

❶ 세운을유년(歲運乙酉年): 관재, 손재, 신액

❷ 질병(疾病): 냉(冷), 풍질(風疾)

❸ 남녀성격: (남) 과감 용단, 신의 있다, 임사즉결, 포부 광대, 매사 끝장 본다, 매사 자신, 통솔력, 영웅호걸, 두령격, 자수성가, 처 덕 있다, 냉정하다, 신앙심, 처궁 불미

　　　　　(여) 냉정하다, 사람 사귀다 한번 틀어지면 다시 안봄, 부궁불미, 정부, 재가, 직업여성, 일가부양, 재복 있다

🌀 세운 · 질병 · 남녀성격의 해설 (歲運 · 疾病 · 男女性格의 解說)

❶ 세운을유년(歲運乙酉年)= ※관재, 손재, 신액은 ※세운을유년(歲運乙酉年)의 을목(乙木)은 경금일주(庚金日柱)의 정재(正財)로 원명사주(源命四柱)에 재살(財殺)이 태왕(太旺)인데 세운(歲運)에서 재(財)나 관살운(官殺運)이 들어오면 ※관재수를 조심해야 하며 또는 손재수를 조심해야 하며 또는 건강을 조심해야 한다.

❷ 질병(疾病)은 일주(日柱)에서 발생(發生)한다.

❸ 남녀성격은 일주(日柱)에서 발생(發生)한다.

을유년 (乙酉年)

66년(음) 5월 22일 술(戌)시 남자

|丙|庚|乙|丙|
|戌|午|未|午|

60	50	40	30	20	10
辛	庚	己	戊	丁	丙
丑	子	亥	戌	酉	申

이 사주는 경금일주(庚金日柱)가 하계미월(夏季未月)에 출생하여 득령(得令)은 하였으나 미월(未月)은 토(土)라 하나 화기(火氣)가 염열(炎熱)하고 년간지(年干支) 병오(丙午)와 일지오화(日支午火)로 오미(午未) 화국(火局)을 이루어 재살(財殺)이 태왕(太旺)이다. 그리고 경금일주(庚金日柱)는 자좌오화(自坐午火)에 살지(殺地)에 앉아 종살격(從殺格)같이 보인다. 그러나 시지(時支) 술중무토(戌中戊土) 인수(印綬)가 있어 종(從)하지 않으므로 목생화(木生火) 화생토(火生土) 토생금(土生金)으로 살인상생(殺印相生)으로 술중무토(戌中戊土) 인수(印綬)가 용신(用神)이며 금비견겁(金比肩劫)은 희신(喜神)이 된다. 이 사주는 남자(男子)의 사주로서 초년운(初年運)이 잘 들어와 세무공무원으로서 일하고 있으며 운(運)이 좋아 승진도 빨랐으며 44세 기토대운(己土大運)까지 승승장구(乘勝長驅)하고 있으나 남자 사주에 관살(官殺)이 태왕(太旺)이면 처궁(妻宮)이 부실하여 재혼하거나 혼자 사는 사람들이 많은데 이 사주도 처(妻)와 이혼한 사주다.

❶ 세운을유년(歲運乙酉年): 관재, 신액, 손재
❷ 질병(疾病): 폐(肺), 기관지(氣管支), 월경불순(月經不純), 해수천식(咳嗽喘息), 빈혈(貧血), 종기(腫氣), 폐병(肺病), 결핵(結核)
❸ 남녀성격: (남) 과감 용단, 냉정하다, 일찍 사회에 참여, 뜻은 크나 성공이 없다, 신경질, 지구력 부족, 성질 급, 남에게 시기를 많이 받는다
(여) 냉정하다, 사람 사귀다 한번 틀어지면 다시 안 봄, 부궁불미, 정부, 재가, 외강내유, 성질 급, 서두른다, 자중한다, 인덕 없다

세운·질병·남녀성격의 해설 (歲運·疾病·男女性格의 解說)

❶ 세운을유년(歲運乙酉年)= ※관재, 신액, 손재는 ※세운을유년(歲運乙酉年)의 을목(乙木)은 경금일주(庚金日柱)의 정재(正財)로 원명사주(源命四柱)에 재살(財殺)이 태왕(太旺)인데 세운(歲運)에서 재(財)나 관살운(官殺運)이 들어오면 ※관재수를 조심해야 하며 또는 손재수를 조심해야 하며 또는 건강을 조심해야 한다.

❷ 질병(疾病)은 폐, 기관지, 월경불순, 해수천식, 빈혈은 일주(日柱)에서 발생(發生)하며 ※종기, 폐병, 결핵은 ※경금일주(庚金日柱)가 목화재살(木火財殺)이 태왕(太旺)이면 ※종기와 폐병과 결핵을 조심해야 한다.

❸ 남녀성격은 일주(日柱)에서 발생(發生)한다.

<h1 style="text-align:center">을유년 (乙酉年)</h1>

65년(음) 6월 7일 묘(卯)시 남자

己	庚	壬	乙
卯	申	午	巳

60	50	40	30	20	10
丙	丁	戊	己	庚	辛
子	丑	寅	卯	辰	巳

이 사주는 경금일주(庚金日柱)가 중하오월(中夏午月)에 출생하여 실시(失時)하고 오중기토(午中己土)가 시상(時上)에 투출(透出)하여 인수격(印綬格)이다. 그리고 년지사화(年支巳火)와 사오(巳午)로 화국(火局)을 이루고 년상을목(年上乙木)은 시지묘목(時支卯木)에 근(根)하여 재살(財殺)이 태왕(太旺)이다. 그러므로 시상기토(時上己土) 인수(印綬)가 용신(用神)이며 금비견겁(金比肩劫)은 희신(喜神)이 된다. 이 사주는 남자(男子)의 사주로서 회사에 근무하였으나 초년(初年)에는 평범하게 지내다가 40세 무토대운(戊土大運)에 퇴사하고 사업을 경영하여 수억금을 벌었으며 45세 인목대운(寅木大運)에 원명사주(源命四柱)에 재살(財殺)이 태왕(太旺)인데 대운(大運)에서 재운(財運)이 들어와 손해를 많이 보고 있는 중이다. 그리고 을사생(乙巳生)을 공망(空亡)은 시지묘목(時支卯木)으로 일시지(日時支)에 공망(空亡)이 있으면 배우자운(配偶者運)이 부실하여 남자(男子)든 여자(女子)든 결혼이 늦다거나 재혼(再婚)하는 일이 많은데 이 사주도 혼자 살고 있는 사주다. 이 사주는 년간지(年干支) 을사(乙巳)와 일간지(日干支) 경신(庚申)으로 천간(天干)은 을경합(乙庚合)이고 지지(地支)는 사신합(巳申合)으로 곤랑도화(滾浪桃花)이므로 사주에 곤랑(滾浪) 도화살(桃花殺)이 있으면 치질, 임질, 매독, 방광을 조심해야 한다.

❶ 세운을유년(歲運乙酉年): 관재, 손재, 신액
❷ 질병(疾病): 간(肝), 담(膽)
❸ 남녀성격: (남) 과감 용단, 냉정하다, 냉정하게 보이나 속마음은 따뜻함, 의리 있다, 영리하다, 재간 있다, 처궁불미, 식복 있다, 자손근심, 항상 바쁨, 꾀가 많다
　　　　　(여) 냉정하다, 사람 사귀다 한번 틀어지면 다시 안 봄, 부궁불미, 정부, 재가, 독수공방, 친정형제 걱정, 돈이 잘 빠져나간다, 고독하다, 시모불합, 남편 말 잘 안 듣는다

🔵 세운·질병·남녀성격의 해설 (歲運·疾病·男女性格의 解說)

❶ 세운을유년(歲運乙酉年)= ※관재, 손재, 신액은 ※세운을유년(歲運乙酉年)의 을목(乙木)은 경금일주(庚金日柱)의 정재(正財)로 원명사주(源命四柱)에 재살(財殺)이 태왕(太旺)인데 세운(歲運)에서 재(財)나 관살운(官殺運)이 들어오면 ※관재수를 조심해야 하며 또는 손재수를 조심해야 하며 또는 건강을 조심해야 한다.

❷ 질병(疾病)과 ❸ 남녀성격은 일주(日柱)에서 발생(發生)한다.

을유년 (乙酉年)

58년(음) 8월 18일 진(辰)시 여자

庚	庚	辛	戊
辰	戌	酉	戌

57	47	37	27	17	7
乙	丙	丁	戊	己	庚
卯	辰	巳	午	未	申

이 사주는 경금일주(庚金日柱)가 중추유월(中秋酉月) 양인월(羊刃月)에 출생하여 득령(得令)하고 유중신금(酉中辛金)이 월상(月上)에 투출(透出)하였으며 년간지(年干支) 무술토(戊戌土) 인수(印綬)와 시간지(時干支) 경진(庚辰) 인수(印綬)와 비견(比肩)이 있으며 월일지(月日支) 유술(酉戌)로 금국(金局)을 이루어 경금일주(庚金日柱)는 왕극(旺極)에 이르렀다. 그러므로 왕극자(旺極者)는 인수(印綬)로 일주(日柱)를 생(生)하여 더욱더 왕(旺)하게 하는 법칙이므로 토인수(土印綬)가 용신(用神)이며 금비견겁(金比肩劫)은 희신(喜神)이 된다. 이 사주는 여자(女子)의 사주로서 전업 주부로 살다가 47세 병화대운(丙火大運)에 사업을 경영하였으나 월상신금(月上辛金)과 대운병화(大運丙火)와 병신합(丙辛合)으로 합거(合去)되어 손해를 많이 보고 남편(男便)과 이혼하고 혼자 힘들게 살다가 52세 진토대운(辰土大運)에 용신운(用神運)이 들어와 사업이 번창하여 재산을 복구하고 돈을 많이 벌고 있는 사주다.

🔵 세운·질병·남녀성격의 해설(歲運·疾病·男女性格의 解說)

❶ 세운을유년(歲運乙酉年)= ※이별수, 손재, 신액은 ※세운을유년(歲運乙酉年)의 유금(酉金)은 경금일주(庚金日柱)의 비겁(比劫)으로 신왕(身旺)한 여자(女子) 사주에 세운(歲運)에서 비견겁운(比肩劫運)이 들어오면 ※가정에 불화가 많이 생긴다든가 또는 남편과 떨어져 산다든가 또는 이혼한다든가 또는 남편이 사망하는 수도 있다. 그리고 ※손재, 신액은 ※세운을유년(歲運乙酉年)의 을목(乙木)은 경금일주(庚金日柱)의 정재(正財)로 신왕(身旺)하고 비견겁(比肩劫)이 많은데 세운(歲運)에서 재운(財運)이 들어오면 ※손재수를 조심해야 하며 또는 건강을 조심해야 한다.

❷ 질병(疾病)은 일주(日柱)에서 발생(發生)한다.

❸ 남녀성격은 일주(日柱)에서 발생(發生)한다.

을유년(乙酉年)

61년(음) 8월 5일 술(戌)시 남자

丙	庚	丁	辛
戌	戌	酉	丑

52	42	32	22	12	2
辛	壬	癸	甲	乙	丙
卯	辰	巳	午	未	申

이 사주는 경금일주(庚金日柱)가 중추유월(中秋酉月) 양인월(羊刃月)에 출생하여 득령(得令)하고 유중신금(酉中辛金)이 년상(年上)에 투출(透出)하고 지지(地支)는 유축금국(酉丑金局)과 일시(日時) 양술토(兩戌土) 인수(印綬)가 있어 경금일주(庚金日柱)는 신왕사주(身旺四柱)다. 신왕사주(身旺四柱)에는 일주(日柱)를 제(制)하는 관살(官殺)이나 식신상관(食神傷官)으로 설기(泄氣)하면 좋은데 다행히 시상(時上)에 병화(丙火)가 투출(透出)하여 그 병화(丙火)는 술중정화(戌中丁火)에 근(根)하였으므로 시상병화(時上丙火) 편관(偏官)으로 용신(用神)한다. 그리고 목재(木財)는 희신(喜神)이 된다. 이 사주는 남자(男子)의 사주로서 초년운(初年運)이 잘 들어와 종합병원에 의사로 근무하다가 37세 사화대운(巳火大運)에 전문의(專門醫)로 근무하며 승승장구(乘勝長驅)하였으며 42세 임수대운(壬水大運)에 의원을 개원하였으나 월상정화(月上丁火)와 정임합(丁壬合)으로 합거(合去)되어 손해를 많이 보고 47세 진토대운(辰土大運)에 화용신(火用神)이 토(土)에 설기(泄氣)가 심(甚)하여 사업이 부실하여 의원을 폐업하고 방황하며 살고 있는 사주다.

❶ 세운을유년(歲運乙酉年): 손재, 신액, 처액
❷ 질병(疾病): 간(肝), 담(膽)
❸ 남녀성격: (남) 과감 용단, 냉정하다, 고집 대단, 자립정신, 신의 있다, 능력 있다, 임전무퇴, 통솔력, 지혜롭다, 영리하다, 처 덕 있다, 지구력 강하다, 신앙심
  (여) 냉정하다, 사람 사귀다 한번 틀어지면 다시 안 봄, 여걸, 부궁불미, 처세가 좋다, 정부, 재가, 남자들이 잘 따름, 직업여성, 신앙심

☯ 세운 • 질병 • 남녀성격의 해설 (歲運 · 疾病 · 男女性格의 解說)

❶ 세운을유년(歲運乙酉年)= ※손재, 신액, 처액은 ※세운을유년(歲運乙酉年)의 을목(乙木)은 경금일주(庚金日柱)의 정재(正財)로 신왕(身旺)한 남자(男子) 사주에 비견겁(比肩劫)이 태왕(太旺)인데 세운(歲運)에서 재운(財運)이 들어오면 ※손재수를 조심해야 하며 또는 건강을 조심해야 하며 또는 가정에 불화가 많이 생긴다든가 또는 처가 가출한다든가 또는 처의 건강을 조심해야 한다.

❷ 질병(疾病)은 일주(日柱)에서 발생(發生)한다.

❸ 남녀성격은 일주(日柱)에서 발생(發生)한다.

"""

을유년 (乙酉年)

62년(음) 5월 20일 사(巳)시 남자

辛	庚	丙	壬
巳	寅	午	寅

55	45	35	25	15	5
壬	辛	庚	己	戊	丁
子	亥	戌	酉	申	未

이 사주는 경금일주(庚金日柱)가 중하오월(中夏午月)에 출생하여 실시(失時)하고 지지(地支)는 인사오(寅巳午)로 전화국(全火局)을 이루고 월상병화(月上丙火)가 투출(透出)하여 재살(財殺)이 태왕(太旺)이다. 그러나 경금일주(庚金日柱)는 무근(無根)이며 자좌인목(自坐寅木)에 절궁(絶宮)이며 시상신금(時上辛金) 비겁(比劫)은 자좌사화(自坐巳火)에 살지(殺地)에 앉아 경금일주(庚金日柱)를 도와줄 힘이 없다. 그리고 년상임수(年上壬水) 식신(食神)으로 많은 관살(官殺)을 제(制)하려고 하나 그 임수(壬水)도 근(根)이 없으며 물이 말라 관살(官殺)을 제(制)할 수가 없다. 그러므로 사주에 목화관살(木火官殺)이 태왕(太旺)하므로 종살격(從殺格)이므로 월상병화(月上丙火) 편관(偏官)이 용신(用神)이며 목재(木財)는 희신(喜神)이 된다. 이 사주는 남자(男子)의 사주로서 수자원공사에 근무하다가 45세 신금대운(辛金大運)에 퇴사하여 사업을 경영하였으나 월상병화(月上丙火)와 대운신금(大運辛金)과 병신합(丙辛合)으로 합거(合去)되어 손해를 많이 보고 처(妻)와 이혼(離婚)하고 방황하며 힘들게 살아가고 있는 사주다.

❶ 세운을유년(歲運乙酉年): 관재, 손재, 신액
❷ 질병(疾病): 해수(咳嗽), 기관지(氣管支), 폐병(肺病), 결핵(結核)
❸ 남녀성격: (남) 과감 용단, 의리 있다, 임사즉결, 겉으로 냉정하나 속은 온화함, 근면 성실, 용기 있다, 성질 급, 타의 군림, 재복 있다, 처 덕 있다
　　　　　(여) 냉정하다, 사람 사귀다 한번 틀어지면 다시 안 봄, 이성 고민, 직업, 부궁 불미, 정부, 자손귀자, 신경 예민

🌀 **세운 · 질병 · 남녀성격의 해설**(歲運 · 疾病 · 男女性格의 解說)

❶ 세운을유년(歲運乙酉年)= ※관재, 손재, 신액은 ※세운을유년(歲運乙酉年)의 을목(乙木)은 경금일주(庚金日柱)의 정재(正財)로 원명사주(源命四柱)에 재살(財殺)이 태왕(太旺)인데 세운(歲運)에서 재(財)나 관살운(官殺運)이 들어오면 ※**관재수를 조심해야 하며 또는 손재수를 조심해야 하며 또는 건강을 조심해야 한다.**

❷ 질병(疾病)은 해수, 기관지는 일주(日柱)에서 발생(發生)하며 ※폐병, 결핵은 ※경금일주(庚金日柱)가 목화재살(木火財殺)이 태왕(太旺)이면 ※폐병과 결핵을 조심해야 한다.

❸ 남녀성격은 일주(日柱)에서 발생(發生)한다.

을유년 (乙酉年)

62년(음) 10월 3일 유(酉)시 여자

丁	辛	庚	壬
酉	丑	戌	寅

57	47	37	27	17	7
甲	乙	丙	丁	戊	己
辰	巳	午	未	申	酉

이 사주는 신금일주(辛金日柱)가 계추술월(季秋戌月)에 출생하여 득령(得令)하고 술중정화(戌中丁火)가 시상(時上)에 투출(透出)하여 편관격(偏官格)이다. 그리고 월일시지(月日時支) 축술유금(丑戌酉金)으로 금국(金局)을 이루고 월상경금(月上庚金)이 투출(透出)하여 신금일주(辛金日柱)는 신왕사주(身旺四柱)다. 신왕사수(身旺四柱)에는 일주(日柱)를 제(制)하는 관살(官殺)이 좋은데 다행히 시상정화(時上丁火)가 투출(透出)하여 그 정화(丁火)는 술중정화(戌中丁火)와 년지(年支) 인중병화(寅中丙火)에 근(根)하였으므로 시상정화(時上丁火) 편관(偏官)이 용신(用神)이며 목재(木財)는 희신(喜神)이 된다. 이 사주는 여자(女子)의 사주로서 어려서부터 장사를 하였으나 초년(初年)에는 운(運)이 없어 고생을 많이 하였으며 27세 정화대운(丁火大運)에 년상임수(年上壬水)와 정임합(丁壬合)으로 합거(合去)되어 재산을 탕진하였고 그 이후로도 운(運)이 없어 남편(男便)과 이혼하였으며 42세 오화대운(午火大運)에 용신운(用神運)이 들어와 사업이 번창하여 재산을 복구하고 수억금을 벌어 재혼(再婚)하고 잘살고 있는 사주다.

❶ 세운을유년(歲運乙酉年): 이별수, 변화, 이사, 전근
❷ 질병(疾病): 냉(冷), 간(肝), 담(膽)
❸ 남녀성격: (남) 과감 용단, 냉정하다, 고집 대단, 신의 있다, 근면하다, 매사 정이 많다, 처와 자식의 덕이 있다, 성격이 까다롭다, 옷에 신경, 편식, 새벽잠이 없다, 식복 있다
　　　　　(여) 냉정하다, 사람 사귀다 한번 틀어지면 다시 안 봄, 미모 수려, 남편의 사랑을 받는다, 부지런하다, 친모봉양, 부궁불미, 정부

세운 · 질병 · 남녀성격의 해설 (歲運 · 疾病 · 男女性格의 解說)

❶ 세운을유년(歲運乙酉年)= ※이별수, 변화, 이사, 전근은 ※세운을유년(歲運乙酉年)의 유금(酉金)은 신금일주의 비견(比肩)으로 신왕(身旺)한 여자 사주에 세운(歲運)에서 비견겁운(比肩劫運)이 들어오면 ※가정에 불화가 많이 생긴다든가 또는 남편과 떨어져 산다든가 또는 이혼한다든가 또는 남편이 사망하는 수도 있다. 그리고 ※변화, 이사, 전근은 ※세운을유년(歲運乙酉年)의 유금(酉金)은 일지축토(日支丑土)와 유축(酉丑)으로 삼합(三合)이 되므로 세운(歲運)에서 일지(日支) 삼합운(三合運)이 들어오면 ※변화가 생긴다든가 또는 이사를 한다든가 또는 직장을 옮기는 일이 많다.
❷ 질병(疾病)과 ❸ 남녀성격은 일주(日柱)에서 발생(發生)한다.

을유년 (乙酉年)

72년(음) 10월 11일 자(子)시 남자

<table>
<tr><td>戊</td><td>辛</td><td>辛</td><td>壬</td></tr>
<tr><td>子</td><td>亥</td><td>亥</td><td>子</td></tr>
</table>

57	47	37	27	17	7
丁	丙	乙	甲	癸	壬
巳	辰	卯	寅	丑	子

이 사주는 신금일주(辛金日柱)가 초겨울 해월(亥月)에 출생하여 실시(失時)하고 해중임수(亥中壬水)가 년상(年上)에 투출(透出)하여 상관격(傷官格)이다. 그리고 년시지(年時支) 양자수(兩子水)와 월일지(月日支) 양해수(兩亥水)로 지지(地支)는 전수국(全水局)을 이루어 신약사주(身弱四柱)다. 신금일주(辛金日柱)는 무근(無根)이며 자좌해수(自坐亥水)에 설기(泄氣)가 심(甚)하고 월상신금(月上辛金) 비견(比肩)도 자좌해수(自坐亥水)에 설기(泄氣)가 심(甚)하여 일주(日柱)를 도울 수가 없고 시상무토(時上戊土) 인수(印綬)로 많은 상관식신(傷官食神)을 제(制)하고 신금일주(辛金日柱)를 생(生)하여주려고 하여도 무근(無根)이며 왕수(旺水)에 쓸려가 신금일주(辛金日柱)를 도울 수가 없다. 그러므로 토생금(土生金) 금생수(金生水)로 종아격(從兒格)으로 수(水) 상관식신(傷官食神)이 용신(用神)이다. 이 사주는 남자(男子)의 사주로서 기술(技術)이 좋아 인테리어사업을 하였으나 운(運)이 없어 재산을 탕진하고 미혼(未婚)으로 살고 있는 사주다.

❶ 세운을유년(歲運乙酉年): 손재, 신액
❷ 질병(疾病): 폐(肺), 담(膽), 비색증(鼻塞症), 폐병(肺病), 결핵(結核), 중풍(中風)
❸ 남녀성격: (남) 과감 용단, 냉정하다, 선견지명, 암기력, 총명하다, 지혜롭다, 항상바쁨, 집념 대단, 재복 있다, 처 덕 있다, 남에게 잘함, 처궁불미, 장수한다
　　　　　(여) 냉정하다, 사람 사귀다 한번 틀어지면 다시 안 봄, 부궁불미, 재가, 정부, 인정 있다, 남에게 잘함, 잘하고 욕 먹는다, 자손귀자, 신앙심, 내 것 주고 배신당함, 인덕 없다

🔵 세운·질병·남녀성격의 해설 (歲運 · 疾病 · 男女性格의 解說)

❶ 세운을유년(歲運乙酉年)= ※손재, 신액은 ※세운을유년(歲運乙酉年)의 유금(酉金)은 신금일주(辛金日柱)의 비견(比肩)으로 종(從)하는 사주에 세운(歲運)에서 비견겁운(比肩劫運)이 들어오면 ※손재수를 조심해야 하며 또는 건강을 조심해야 한다.

❷ 질병(疾病)은 폐, 담은 일주(日柱)에서 발생(發生)하며 ※비색증, 폐병, 결핵, 중풍은 ※신금일주가 해자월(亥子月)에 출생하고 일주(日柱)가 쇠약(衰弱)하면 ※축농증, 비염, 코막힘, 폐병, 결핵, 중풍을 조심해야 한다.

❸ 남녀성격은 일주(日柱)에서 발생(發生)한다.

을유년 (乙酉年)

65년(음) 12월 11일 축(丑)시 남자

<table>
<tr><td>己</td><td>辛</td><td>戊</td><td>乙</td></tr>
<tr><td>丑</td><td>酉</td><td>子</td><td>巳</td></tr>
</table>

59	49	39	29	19	9
壬	癸	甲	乙	丙	丁
午	未	申	酉	戌	亥

이 사주는 신금일주(辛金日柱)가 중동자월(中冬子月)에 출생하여 실시(失時)하였으나 신금일주(辛金日柱)는 자좌유금(自坐酉金)에 록근(祿根)하고 시간지(時干支) 기축인수(己丑印綬)와 월상무토(月上戊土)가 투출(透出)하여 일주(日柱)는 신왕사주(身旺四柱)다. 신왕사주(身旺四柱)에는 일주(日柱)를 제(制)하는 관살(官殺)이나 상관식신(傷官食神)으로 설기(泄氣)하면 좋은데 년지(年支) 사중병화(巳中丙火) 정관(正官)과 월지(月支) 자중계수(子中癸水) 식신(食神)이 있어 어느 오행(五行)으로 용신(用神)을 잡느냐의 기로에 서게 된다. 금수상관(金水傷官)은 냉(冷)하므로 화관살(火官殺)을 필요로 하므로 화관(火官)을 얻어 냉(冷)함을 따뜻하게 해야 하므로 사중병화(巳中丙火) 정관(正官)이 용신(用神)이며 목재(木財)는 희신(喜神)이 된다. 이 사주는 남자(男子)의 사주로서 철강회사에 근무하였으나 운(運)이 없어 고생을 많이 하다가 44세 신금대운(申金大運)에 퇴사하여 사업을 경영하였으나 대운신금(大運申金)은 병화용신(丙火用神)의 병궁(病宮)으로 사업 실패하고 고생하며 힘들게 살고 있는 사주다.

❶ 세운을유년(歲運乙酉年): 변화, 이사, 전근, 손재, 처액
❷ 질병(疾病): 간(肝), 담(膽), 혈압(血壓)
❸ 남녀성격: (남) 과감 용단, 냉정하다, 청백한 사람, 미남형, 인품 수려, 자수성가, 영리하다, 일독십지, 타인 존경, 의처증
　　　　　 (여) 냉정하다, 사람 사귀다 한번 틀어지면 다시 안 봄, 부궁불미, 정부, 독수공방, 시모불합, 남편 말 잘 안 듣는다, 미모 수려, 신앙심, 이성수신

세운 · 질병 · 남녀성격의 해설 (歲運 · 疾病 · 男女性格의 解說)

❶ 세운을유년(歲運乙酉年)= ※변화, 이사, 전근, 손재, 처액은 ※세운을유년(歲運乙酉年)의 유금(酉金)은 일지유금(日支酉金)과 유유(酉酉)로 삼합(三合)이 되므로 세운(歲運)에서 일지(日支) 삼합운(三合運)이 들어오면 ※변화가 생긴다든가 또는 이사를 한다든가 또는 직장을 옮기는 일이 많다. 그리고 ※손재, 처액은 ※세운을유년(歲運乙酉年)의 을목(乙木)은 신금일주(辛金日柱)의 편재(偏財)로 신왕(身旺)한 남자 사주에 세운(歲運)에서 재운(財運)이 들어오면 ※손재수를 조심해야 하며 가정에 불화가 많이 생긴다든가 또는 처가 가출한다든가 또는 처의 건강을 조심해야 한다.

❷ 질병(疾病)과 ❸ 남녀성격은 일주(日柱)에서 발생(發生)한다.

을유년 (乙酉年)

66년(윤) 3월 22일 진(辰)시 남자

<table>
<tr><td>壬</td><td>辛</td><td>癸</td><td>丙</td></tr>
<tr><td>辰</td><td>未</td><td>巳</td><td>午</td></tr>
</table>

58	48	38	28	18	8
己	戊	丁	丙	乙	甲
亥	戌	酉	申	未	午

이 사주는 신금일주(辛金日柱)가 초여름 사월(巳月)에 출생하여 실시(失時)하고 사중병화(巳中丙火)가 년상(年上)에 투출(透出)하여 정관격(正官格)이다. 그리고 년월일지(年月日支) 사오미(巳午未)로 화국(火局)을 이루어 관살(官殺)이 태왕(太旺)이다. 다행히 신금일주(辛金日柱)는 시지(時支) 진습토(辰濕土)가 있어 진중무토(辰中戊土) 인수(印綬)로 살인상생(殺印相生)을 시켜야 좋으므로 진중무토(辰中戊土) 인수(印綬)가 용신(用神)이며 금비견겁(金比肩劫)은 희신(喜神)이 된다. 이 사주는 남자(男子)의 사주로서 어려서부터 장사를 하였으나 운(運)이 없어 고생을 많이 하다가 33세 신금대운(申金大運)에 사업이 번창하여 돈을 많이 벌어 결혼(結婚)하였으며 38세 정화대운(丁火大運)에 시상임수(時上壬水)와 정임합(丁壬合)으로 합거(合去)되어 손해를 많이 보았고 43세 유금대운(酉金大運)에 사업이 번창하여 돈을 많이 벌고 있는 사주(四柱)이며 앞으로 술토(戌土)와 기토대운(己土大運)이 좋아 수억금을 벌 수 있는 사주다.

❶ 세운을유년(歲運乙酉年): 관재, 손재, 신액
❷ 질병(疾病): 폐(肺), 기관지(氣管支), 치질(痔疾), 폐병(肺病), 결핵(結核)
❸ 남녀성격: (남) 과감 용단, 냉정하다, 고집 대단, 정복력 강함, 노력은 많이 하나 실속이 없다, 재복 있다, 처궁불미, 성격이 까다롭다, 편식한다, 옷에 신경 쓴다
　　　　　(여) 냉정하다, 사람 사귀다 한번 틀어지면 다시 안 봄, 부궁불미, 재가, 정부, 말조심, 요리솜씨, 친모봉양, 인덕 없다

세운·질병·남녀성격의 해설 (歲運·疾病·男女性格의 解說)

❶ 세운을유년(歲運乙酉年)= ※관재, 손재, 신액은 ※세운을유년(歲運乙酉年)의 을목(乙木)은 신금일주(辛金日柱)의 편재(偏財)로 원명사주(源命四柱)에 관살(官殺)이 태왕(太旺)인데 세운(歲運)에서 재(財)나 관살운(官殺運)이 들어오면 ※관재수를 조심해야 하며 또는 손재수를 조심해야 하며 또는 건강을 조심해야 한다.

❷ 질병(疾病)은 폐, 기관지는 일주(日柱)에서 발생(發生)하며 ※치질, 폐병, 결핵은 ※신금일주(辛金日柱)가 목화재살(木火財殺)이 태왕(太旺)하면 ※치질과 폐병과 결핵을 조심해야 한다.

❸ 남녀성격은 일주(日柱)에서 발생(發生)한다.

을유년 (乙酉年)

65년(음) 2월 26일 인(寅)시 여자

庚	辛	己	乙
寅	巳	卯	巳

53	43	33	23	13	3
乙	甲	癸	壬	辛	庚
酉	申	未	午	巳	辰

이 사주는 신금일주(辛金日柱)가 중춘묘월(中春卯月)에 출생하여 실시(失時)하고 묘중을목(卯中乙木)이 년상(年上)에 투출(透出)하여 편재격(偏財格)이다. 그리고 지지(地支)는 년일지(年日支) 양사화(兩巳火)와 월시지(月時支) 인묘목(寅卯木)으로 재살(財殺)이 태왕(太旺)이다. 신금일주(辛金日柱)는 무근(無根)이며 자좌사화(自坐巳火)에 살지(殺地)에 앉았으며 월상기토(月上己土) 인수(印綬)도 무근(無根)이며 자좌묘목(自坐卯木)에 살지(殺地)에 앉았으며 시상경금(時上庚金) 비겁(比劫)은 자좌인목(自坐寅木)에 절궁(絶宮)에 앉아 신금일주(辛金日柱)를 도와줄 수가 없다. 그러므로 이 사주는 목화재살(木火財殺)이 태왕(太旺)하므로 종살격(從殺格)이다. 그러므로 화정관(火正官)이 용신(用神)이며 목재(木財)는 희신(喜神)이 된다. 이 사주는 여자의 사주로서 사업을 경영하였으나 재산을 탕진하고 남편(男便)과 이혼(離婚)하고 혼자 살고 있는 사주다. 부궁(夫宮)이 부실한 것은 년간지(年干支) 을사생(乙巳生)의 공망(空亡)은 시지인목(時支寅木)으로 일시지(日時支)에 공망(空亡)이 있으면 부궁(夫宮)이 부실하여 재혼(再婚)하거나 혼자 사는 사람들이 많다.

❶ 세운을유년(歲運乙酉年): 변화, 이사, 전근, 관재, 손재, 신액
❷ 질병(疾病): 해수(咳嗽), 호흡기(呼吸器)
❸ 남녀성격: (남) 과감 용단, 냉정하다, 성질 급, 변화가 많다, 항상 바쁨, 처 덕 있다, 화려하게 보이나 실속이 없다, 예의 있다, 말을 잘한다, 영리하다, 식복 있다
　　　　　 (여) 냉정하다, 사람 사귀다 한번 틀어지면 다시 안 봄, 남편덕, 정부, 이성수신, 의처증 부군, 성질 급, 항상 바쁨, 인덕 없다

◐ 세운 · 질병 · 남녀성격의 해설 (歲運 · 疾病 · 男女性格의 解說)

❶ 세운을유년(歲運乙酉年)= ※변화, 이사, 전근, 관재, 손재, 신액은 ※세운을유년(歲運乙酉年)의 유금(酉金)은 일지사화(日支巳火)와 사유(巳酉)로 삼합(三合)이 되므로 세운에서 일지(日支) 삼합운(三合運)이 들어오면 ※변화가 생긴다든가 또는 이사를 한다든가 또는 직장을 옮기는 일이 많다. 그리고 ※관재, 손재, 신액은 ※세운을유년의 을목(乙木)은 신금일주의 편재(偏財)로 원명사주(源命四柱)에 재살(財殺)이 태왕(太旺)인데 세운에서 재(財)나 관살운(官殺運)이 들어오면 ※관재수나 손재수나 건강을 조심해야 한다.

❷ 질병(疾病)은 일주(日柱)에서 발생(發生)한다.

❸ 남녀성격은 일주(日柱)에서 발생(發生)한다.

을유년 (乙酉年)

66년(음) 4월 13일 사(巳)시 남자

癸	辛	癸	丙
巳	卯	巳	午

52	42	32	22	12	2
己	戊	丁	丙	乙	甲
亥	戌	酉	申	未	午

이 사주는 신금일주(辛金日柱)가 초여름 사월(巳月)에 출생하여 실시(失時)하고 사중병화(巳中丙火)가 년상(年上)에 투출(透出)하여 정관격(正官格)이다. 그리고 지지(地支)는 년월시지(年月時支) 사오(巳午)로 화국(火局)을 이루어 재살(財殺)이 태왕(太旺)이다. 신금일주는 무근(無根)이며 자좌묘목(自坐卯木)에 절궁(絶宮)이며 월시상(月時上) 양계수(兩癸水)로 많은 관살(官殺)을 제(制)할려고 하나 년월(年月) 양계수(兩癸水)도 무근(無根)이며 물이 말라 힘이 없으므로 관살(官殺)을 제(制)할 수가 없다. 그러므로 이 사주는 쇠극격(衰極格)이므로 쇠(衰)한 자는 상관식신(傷官食神)으로 설기(泄氣)하여 더욱 더 쇠(衰)하게 하는 동시 일주를 극(剋)하는 관살(官殺)을 제(制)하여야 하기 때문에 시상계수(時上癸水) 식신(食神)이 용신(用神)이며 목재(木財)는 희신(喜神)이 된다. 이 사주는 남자(男子)의 사주로서 회사에 근무하였으나 운(運)이 없어 승진이 안되어 평범하게 살고 있는 사주다.

❶ 세운을유년(歲運乙酉年): 관재, 손재, 신액, 관재, 수술, 자연재앙
❷ 질병(疾病): 풍질(風疾), 냉(冷), 기관지(氣管支)
❸ 남녀성격: (남) 과감 용단, 냉정하다, 의리 있다, 인정 있다, 고집 대단, 학업 장애, 처궁불미, 재가, 미인수다, 근면하다, 지구력 부족, 소심하다, 운동 잘함, 마음 약
　　　　　(여) 냉정하다, 사람 사귀다 한번 틀어지면 다시 안 봄, 고집 대단, 정부, 재가, 독수공방, 부궁불미, 욕심 많다, 성질 급, 참을성이 없다, 자손근심

세운 · 질병 · 남녀성격의 해설 (歲運 · 疾病 · 男女性格의 解說)

❶ 세운을유년(歲運乙酉年)= ※관재, 손재, 신액, 관재, 수술, 자연재앙은 ※세운을유년(歲運乙酉年)의 을목(乙木)은 신금일주(辛金日柱)의 편재(偏財)로 원명사주(源命四柱)에 관살(官殺)이 태왕(太旺)인데 세운(歲運)에서 재(財)나 관살운(官殺運)이 들어오면 ※관재수를 조심해야 하며 또는 손재수를 조심해야 하며 또는 건강을 조심해야 한다. 그리고 ※관재, 수술, 자연재앙은 ※세운을유년(歲運乙酉年)의 유금(酉金)은 일지묘목(日支卯木)과 묘유충(卯酉沖)으로 세운(歲運)에서 일지충운(日支沖運)이 들어오면 ※관재수를 조심해야 하며 또는 수술을 조심해야 하며 또는 자연재앙을 조심해야 한다.

❷ 질병(疾病)은 일주(日柱)에서 발생(發生)한다.

❸ 남녀성격은 일주(日柱)에서 발생(發生)한다.

을유년 (乙酉年)

62년(음) 10월 13일 사(巳)시 여자

癸	辛	辛	壬
巳	亥	亥	寅

51	41	31	21	11	1
乙	丙	丁	戊	己	庚
巳	午	未	申	酉	戌

이 사주는 신금일주(辛金日柱)가 초거울 해월(亥月)에 출생하여 실시(失時)하고 해중임수(亥中壬水)가 년상(年上)에 투출(透出)하여 상관격(傷官格)이다. 그리고 일지해수(日支亥水)와 시상계수(時上癸水)가 투출(透出)하여 상관식신(傷官食神)이 태왕(太旺)이다. 신금일주(辛金日柱)는 무근(無根)이며 지좌해수(自坐亥水)에 설기(泄氣)가 심(甚)하고 월상신금(月上辛金) 비견(比肩)도 자좌해수(自坐亥水)에 설기(泄氣)가 심(甚)하여 신금일주(辛金日柱)를 도울 힘이 없다. 그러므로 금생수(金生水) 수생목(水生木) 목생화(木生火)로 종살격(從殺格)이다. 그러므로 사중병화(巳中丙火) 정관(正官)이 용신(用神)이며 목재(木財)는 희신(喜神)이 된다. 이 사주는 여자(女子)의 사주로서 보험회사에 다니다가 운(運)이 없어 고생을 많이 하였고 41세 병화대운(丙火大運)에 사업을 경영하였으나 월상신금(月上辛金)과 병신합(丙辛合)으로 합거(合去)되어 손해를 보고 남편(男便)과 이혼하고 혼자 살다가 46세 오화대운(午火大運)에 사업을 재기하여 재산을 복구하고 수억금을 벌어 재혼(再婚)하고 잘살고 있는 사주다. 부궁(夫宮)이 부실한 것은 년간지(年干支) 임인생(壬寅生)의 공망(空亡)은 시지사화(時支巳火)이며 일시(日時)가 상충(相沖)이 되어 더욱더 부궁(夫宮)이 부실한 사주다.

❶ 세운을유년(歲運乙酉年): 손재, 신액
❷ 질병(疾病): 폐(肺), 담(膽)
❸ 남녀성격: (남) 과감 용단, 냉정하다, 선견지명, 암기력, 총명하다, 지혜롭다, 항상바쁨, 집념 대단, 재복 있다, 처 덕 있다, 남에게 잘함, 처궁불미, 장수한다

　　　　　(여) 냉정하다, 사람 사귀다 한번 틀어지면 다시 안 봄, 부궁불미, 재가, 정부, 인정 있다, 남에게 잘함, 잘하고 욕 먹는다, 자손귀자, 신앙심, 내 것 주고 배신당함, 인덕 없다

세운·질병·남녀성격의 해설 (歲運·疾病·男女性格의 解說)

❶ 세운을유년(歲運乙酉年)= ※손재, 신액은 ※세운을유년(歲運乙酉年)의 유금(酉金)은 신금일주(辛金日柱)의 비견(比肩)으로 종(從)하는 사주에 세운(歲運)에서 비견겁운(比肩劫運)이 들어오면 ※손재수를 조심해야 하며 또는 건강을 조심해야 한다.

❷ 질병(疾病)은 일주(日柱)에서 발생(發生)한다.

❸ 남녀성격은 일주(日柱)에서 발생(發生)한다.

을유년 (乙酉年)

60년(음) 10월 1일 술(戌)시 여자

<table>
<tr><td>戊</td><td>辛</td><td>丁</td><td>庚</td></tr>
<tr><td>戌</td><td>亥</td><td>亥</td><td>子</td></tr>
</table>

54	44	34	24	14	4
辛	壬	癸	甲	乙	丙
巳	午	未	申	酉	戌

이 사주는 신금일주(辛金日柱)가 초겨울 해월(亥月)에 출생하여 실시(失時)하고 년일지(年日支) 해자수(亥子水)가 있어 지지(地支)는 수국(水局)으로 설기(泄氣)가 심(甚)하다. 신금일주(辛金日柱)는 무근(無根)이며 자좌해수(自坐亥水)에 설기(泄氣)가 심(甚)하나 시간지(時干支) 무술토(戊戌土) 인수(印綬)가 있어 시상무토(時上戊土) 인수(印綬)로 많은 상관식신(傷官食神)을 제(制)하고 일주(日柱)를 생(生)하여줘야 하므로 시상무토(時上戊土) 인수(印綬)가 용신(用神)이며 금비견겁(金比肩劫)은 희신(喜神)이 된다. 이 사주는 여자(女子)의 사주로서 고등학교 교사(敎師)로 근무하였으나 운(運)이 없어 승진시험에 몇 번 떨어졌으며 39세 미토대운(未土大運)에 승진시험에 합격하여 평범하게 살고 있는 사주다. 그러나 신금(辛金)의 남편(男便)은 월상정화(月上丁火)인데 그 정화(丁火)는 자좌해수(自坐亥水)에 살지(殺地)에 앉았으며 시지술토(時支戌土)는 관살(官殺)의 묘궁(墓宮)으로 여자(女子) 사주에 관살(官殺)의 묘궁(墓宮)이 있으면 부궁(夫宮)이 부실하여 재혼(再婚)하거나 혼자 사는 사람들이 많은데 이 사주도 44세 임수대운(壬水大運)에 남편(男便)과 이혼하고 혼자 살고 있는 사주다.

❶ 세운을유년(歲運乙酉年): 손재, 신액
❷ 질병(疾病): 폐(肺), 담(膽), 월경불순(月經不純), 비색증(鼻塞症)
❸ 남녀성격: (남) 과감 용단, 냉정하다, 선견지명, 암기력, 총명하다, 지혜롭다, 항상 바쁨, 집념 대단, 재복 있다, 처 덕 있다, 남에게 잘함, 처궁불미, 장수한다
　　　　　(여) 냉정하다, 사람 사귀다 한번 틀어지면 다시 안 봄, 부궁불미, 재가, 정부, 인정 있다, 남에게 잘함, 잘하고 욕 먹는다, 자손귀자, 신앙심, 내 것 주고 배신당함, 인덕 없다

세운 • 질병 • 남녀성격의 해설 (歲運 · 疾病 · 男女性格의 解說)

❶ 세운을유년(歲運乙酉年)= ※손재, 신액은 ※세운을유년(歲運乙酉年)의 을목(乙木)은 신금일주의 편재(偏財)로 상관식신(傷官食神)이 태왕(太旺)인데 세운(歲運)에서 재운(財運)이 들어오면 ※손재수를 조심해야 하며 또는 건강을 조심해야 한다.

❷ 질병(疾病)은 폐, 담은 일주(日柱)에서 발생(發生)하며 ※월경불순, 비색증은 ※신금일주(辛金日柱)가 해자월(亥子月)에 출생하면 ※월경불순과 축농증, 비염, 코막힘을 조심해야 한다.

❸ 남녀성격은 일주(日柱)에서 발생(發生)한다.

을유년 (乙酉年)

59년(음) 2월 23일 해(亥)시 남자

이 사주는 임수일주(壬水日柱)가 중춘묘월(中春卯月)에 출생하여 실시(失時)하였으나 년지해수(年支亥水)에 록근(祿根)하고 일지자수(日支子水) 양인(羊刃)과 시간지(時干支) 신해인수(辛亥印綬)와 비견(比肩)이 있어 일주(日柱)는 신왕사주(身旺四柱)다. 신왕사주(身旺四柱)에는 일주(日柱)를 제(制)하는 관살(官殺)이나 식신상관(食神傷官)으로 설기(泄氣)하면 좋은데 년상기토(年上己土) 정관(正官)이 있다고 하나 그 기토(己土)는 무근(無根)으로 용신(用神)으로 쓸 수가 없다. 다행히 월지묘목(月支卯木)이 있어 묘목상관(卯木傷官)으로 설기(泄氣)하는데 배설구(排泄口)가 약(弱)하던 중 월상정화(月上丁火)가 있어 정화(丁火)로 설기(泄氣)한다. 그러므로 이런 사주를 상관(傷官)용재격(用財格)이라고 하며 화재(火財)가 용신(用神)이며 식신상관(食神傷官)은 희신(喜神)이 된다. 이 사주는 남자(男子)의 사주로서 회사에 근무하며 평범하게 살고 있는 사주다.

❶ 세운을유년(歲運乙酉年): 신축, 문서, 신경과민, 관재, 불성
❷ 질병(疾病): 냉(冷), 혈압(血壓), 신장(腎臟), 방광(膀胱)
❸ 남녀성격: (남) 털털한 성격, 마음이 넓다, 성질 조급, 고집 대단, 노력은 많이 하나 실속이 없다, 여자 많다, 처궁불미, 용두사미, 돈이 잘 빠져나간다, 꾀가 많다, 신경 예민
　　　　　　(여) 남자 같은 시원한 성격, 새것을 좋아함, 부궁불미, 정부, 재가, 남에게 시기를 많이 받는다, 독수공방, 직업여성

☯ 세운·질병·남녀성격의 해설 (歲運·疾病·男女性格의 解說)

❶ 세운을유년(歲運乙酉年)= ※신축, 문서, 신경과민, 관재, 불성은 ※세운을유년(歲運乙酉年)의 유금(酉金)은 임수일주의 인수(印綬)로 세운에서 인수운(印綬運)이 들어오면 ※집을 짓는다든가 또는 증축을 한다든가 또는 사업체를 벌린다든가 또는 문서를 잡는 일이 많다. 그리고 ※신경과민은 ※세운을유년(歲運乙酉年)의 유금(酉金)은 일지자수(日支子水)와 자유(子酉)로 귀문관살(鬼門關殺)이므로 세운(歲運)에서 일지(日支) 귀문(鬼門) 관살운(關殺運)이 들어오면 ※그해에는 모든 일에 신경을 많이 쓰게 된다. 그리고 ※관재, 불성은 ※세운을유년(歲運乙酉年)의 을목(乙木)은 임수일주의 상관(傷官)으로 세운에서 천간(天干) 상관운(傷官運)이 들어오면 ※관재수를 조심해야 하며 또는 모든 일이 잘 풀리지 않고 대차계약도 잘 이루어지지 않는다.

❷ 질병(疾病)은 일주(日柱)에서 발생(發生)한다.

❸ 남녀성격은 일주(日柱)에서 발생(發生)한다.

을유년 (乙酉年)

57년(음) 5월 2일 신(申)시 여자

| 戊 | 壬 | 乙 | 丁 |
| 申 | 寅 | 巳 | 酉 |

52	42	32	22	12	2
辛	庚	己	戊	丁	丙
亥	戌	酉	申	未	午

이 사주는 임수일주(壬水日柱)가 초여름 사월(巳月)에 출생하여 실시(失時)하고 사중무토(巳中戊土)가 시상(時上)에 투출(透出)하여 편관격(偏官格)으로 일주(日柱)는 신약사주(身弱四柱)다. 그러나 임수일주(壬水日柱)는 시지신금(時支申金)에 장생(長生)하고 년지유금(年支酉金)에 생(生)을 받으나 신약사주(身弱四柱)로서 금인수(金印綬)가 용신(用神)이며 수비견겁(水比肩劫)은 희신(喜神)이 된다. 이 사주는 여자(女子)의 사주로서 37세 유금대운(酉金大運)에 사업을 경영하여 돈을 많이 벌었으나 42세 경금대운(庚金大運)에 월상을목(月上乙木)과 을경합(乙庚合)으로 합거(合去)되어 손해(損害)를 많이 보았고 그 이후로도 운(運)이 없어 평범하게 지내다가 52세 신금대운(辛金大運)에 사업이 번창하고 있는 중이며 그 이후로도 운(運)이 좋아 수억금을 벌 수 있는 운(運)이다.

❶ 세운을유년(歲運乙酉年): 신축, 문서, 자연재앙, 관재, 불성
❷ 질병(疾病): 신장(腎臟), 방광(膀胱), 냉(冷), 습(濕)
❸ 남녀성격: (남) 털털한 성격, 지혜롭다, 원만하다, 환경에 적응 잘함, 영리하다, 행운이 따른다, 항상 바쁨, 용기 있다, 타의 군림, 성질 급, 처 덕 있다, 장모봉양
　　　　　(여) 남자 같은 시원한 성격, 새것을 좋아함, 영리하다, 남편을 꺾는다, 부궁불미, 정부, 자손귀자, 요리솜씨, 사회활동하면 인기

세운·질병·남녀성격의 해설 (歲運·疾病·男女性格의 解說)

❶ 세운을유년(歲運乙酉年)= ※신축, 문서, 자연재앙, 관재, 불성은 ※세운을유년(歲運乙酉年)의 유금(酉金)은 임수일주(壬水日柱)의 인수(印綬)로 세운(歲運)에서 인수운(印綬運)이 들어오면 ※집을 짓는다든가 또는 증축을 한다든가 또는 사업체를 벌린다든가 또는 문서를 잡는 일이 많다. 그리고 ※자연재앙은 ※세운을유년(歲運乙酉年)의 유금(酉金)은 년지유금(年支酉金)과 유유(酉酉)로 똑같은 오행(五行)이므로 세운(歲運)에서 년지(年支) 같은 운(運)이 들어오면 ※자연재앙을 조심해야 한다. 그리고 ※관재, 불성은 ※세운을유년(歲運乙酉年)의 을목(乙木)은 임수일주(壬水日柱)의 상관(傷官)으로 세운에서 천간(天干) 상관운(傷官運)이 들어오면 ※관재수를 조심해야 하며 또는 모든 일이 잘 풀리지 않고 대차계약도 잘 이루어지지 않는다.

❷ 질병(疾病)은 일주(日柱)에서 발생(發生)한다.

❸ 남녀성격은 일주(日柱)에서 발생(發生)한다.

을유년 (乙酉年)

57년(음) 8월 24일 해(亥)시 남자

辛	壬	己	丁
亥	辰	酉	酉

53	43	33	23	13	3
癸	甲	乙	丙	丁	戊
卯	辰	巳	午	未	甲

이 사주는 임수일주(壬水日柱)가 중추유월(中秋酉月)에 출생하여 득령(得令)하고 년지유금(年支酉金) 인수(印綬)와 유중신금(酉中辛金)이 시상(時上)에 투출(透出)하고 시지해수(時支亥水)에 록근(祿根)하여 임수일주(壬水日柱)는 신왕사주(身旺四柱)다. 신왕사주(身旺四柱)에는 일주를 제(制)하는 관살(官殺)이나 상관식신(傷官食神)으로 설기(泄氣)하면 좋은데 월상기토(月上己土) 정관(正官)이 일지(日支) 진중무토(辰中戊土)에 근(根)하여 용신으로 쓸 수가 있다. 그러므로 월상기토(月上己土) 정관(正官)이 용신(用神)이며 화재(火財)는 희신(喜神)이 된다. 이 사주는 남자(男子)의 사주로서 사업을 경영하여 38세 사화대운(巳火大運)에 수억금을 벌었으며 43세 갑목대운(甲木大運)에 월상기토(月上己土)와 갑기합(甲己合)으로 합거(合去)되어 손해를 많이 보다가 48세 진토대운(辰土大運)에 재산을 복구하고 53세 계수대운(癸水大運)부터는 평범하게 살고 있는 사주다.

❶ 세운을유년(歲運乙酉年): 신축, 문서, 자연재앙, 관재, 불성
❷ 질병(疾病): 냉(冷), 풍질(風疾), 신장(腎臟), 혈압(血壓)
❸ 남녀성격: (남) 털털한 성격, 일찍 사회에 진출, 임전무퇴, 자립정신, 재간 있다, 박력 있다, 속전속결, 처궁불미, 어린 시절 잔병, 자손근심, 아이디어가 좋다
　　　　　 (여) 남자 같은 시원한 성격, 새것을 좋아함, 부궁불미, 재가, 정부, 독수공방, 일가부양, 풍파가 많다

세운 · 질병 · 남녀성격의 해설 (歲運 · 疾病 · 男女性格의 解說)

❶ 세운을유년(歲運乙酉年)= ※신축, 문서, 자연재앙, 관재, 불성은 ※세운을유년(歲運乙酉年)의 유금(酉金)은 임수일주(壬水日柱)의 인수(印綬)로 세운(歲運)에서 인수운(印綬運)이 들어오면 ※집을 짓는다든가 또는 증축을 한다든가 또는 사업체를 벌린다든가 또는 문서를 잡는 일이 많다. 그리고 ※자연재앙은 ※세운을유년(歲運乙酉年)의 유금(酉金)은 년지유금(年支酉金)과 유유(酉酉)로 똑같은 오행(五行)이므로 세운(歲運)에서 년지(年支) 같은 운(運)이 들어오면 ※자연재앙을 조심해야 한다. 그리고 ※관재, 불성은 ※세운을유년(歲運乙酉年)의 을목(乙木)은 임수일주(壬水日柱)의 상관(傷官)으로 세운에서 천간(天干) 상관운(傷官運)이 들어오면 ※관재수를 조심해야 하며 또는 모든 일이 잘 풀리지 않고 대차계약도 잘 이루어지지 않는다.

❷ 질병(疾病)은 일주(日柱)에서 발생(發生)한다.

❸ 남녀성격은 일주(日柱)에서 발생(發生)한다.

을유년 (乙酉年)

58년(음) 9월 20일 진(辰)시 여자

甲	壬	壬	戊
辰	午	戌	戌

58	48	38	28	18	8
丙	丁	戊	己	庚	辛
辰	巳	午	未	申	酉

이 사주는 임수일주(壬水日柱)가 계추술월(季秋戌月)에 출생하여 실시(失時)하고 술중무토(戌中戊土)가 년상(年上)에 투출(透出)하여 편관격(偏官格)이다. 그리고 년지술토(年支戌土)와 일지오화(日支午火)와 시지진토(時支辰土)로서 화토재살(火土財殺)이 태왕(太旺)이다. 임수일주(壬水日柱)는 무근(無根)이며 자좌오화(自坐午火)에 절궁(節궁)이며 월상임수(月上壬水) 비견(比肩)도 자좌(自坐) 술중무토(戌中戊土)에 살지(殺地)에 앉아 임수일주(壬水日柱)를 도울 힘이 없다. 그러므로 목생화(木生火) 화생토(火生土)로 종살격(從殺格)같이 보이나 시상갑목(時上甲木) 식신(食神)이 투출(透出)하여 그 갑목(甲木)은 진중을목(辰中乙木)에 근(根)하고 월일상(月日上) 양임수(兩壬水)에 생(生)을 받아 많은 토살(土殺)을 제(制)하여 이런 사주를 식신(食神) 제살격(制殺格)이라고 한다. 그러므로 갑목식신(甲木食神)이 용신(用神)이며 수비견겁(水比肩劫)은 희신(喜神)이 된다. 이 사주는 여자(女子)의 사주로서 전업주부로 살다가 43세 오화대운(午火大運)에 사업을 경영하였으나 대운오화(大運午火)는 갑목용신(甲木用神)의 사궁(死宮)으로 재산을 탕진하고 남편(男便)과 이혼(離婚)하고 혼자 살고 있는 사주다.

❶ 세운을유년(歲運乙酉年): 신축, 문서, 관재, 불성
❷ 질병(疾病): 신장(腎臟), 방광(膀胱)
❸ 남녀성격: (남) 털털한 성격, 고집 대단, 신경 예민, 지혜롭다, 명랑하다, 예의 있다, 준법
　　　　　　 정신, 처 덕 있다, 처궁불미, 성실하다, 눈치가 빠름, 운동 잘함
　　　　　 (여) 남자 같은 시원한 성격, 새것을 좋아함, 미모 수려, 남편 덕, 정부, 부궁불
　　　　　　 미, 자손 덕, 눈치가 빠름, 신경 예민, 이성수신

세운 · 질병 · 남녀성격의 해설 (歲運 · 疾病 · 男女性格의 解說)

❶ 세운을유년(歲運乙酉年)= ※신축, 문서, 관재, 불성은 ※세운을유년(歲運乙酉年)의 유금(酉金)은 임수일주(壬水日柱)의 인수(印綬)로 세운(歲運)에서 인수운(印綬運)이 들어오면 ※집을 짓는다든가 또는 증축을 한다든가 또는 사업체를 벌린다든가 또는 문서를 잡는 일이 많다. 그리고 ※관재, 불성은 ※세운을유년(歲運乙酉年)의 을목(乙木)은 임수일주(壬水日柱)의 상관(傷官)으로 세운(歲運)에서 천간(天干) 상관운(傷官運)이 들어오면 ※관재수를 조심해야 하며 또는 모든 일이 잘 풀리지 않고 대차계약도 잘 이루어지지 않는다.

❷ 질병(疾病)과 ❸ 남녀성격은 일주(日柱)에서 발생(發生)한다.

을유년(乙酉年)

58년(음) 5월 8일 유(酉)시 남자

己	壬	戊	戊
酉	申	午	戌

55	45	35	25	15	5
甲	癸	壬	辛	庚	己
子	亥	戌	酉	申	未

이 사주는 임수일주(壬水日柱)가 중하오월(中夏午月)에 출생하여 실시(失時)하고 년지술토(年支戌土)와 오술(午戌)로 화국(火局)을 이루고 년월시상(年月時上) 무기토(戊己土)가 투출(透出)하여 재살(財殺)이 태왕(太旺)이다. 다행히 임수일주(壬水日柱)는 자좌신금(自坐申金)에 장생(長生)하고 시지유금(時支酉金)에 생(生)을 받으나 신약사수(身弱四柱)로서 살인상생(殺印相生)으로 금인수(金印綬)가 용신(用神)이며 수비견겁(水比肩劫)은 희신(喜神)이 된다. 이 사주는 남자(男子)의 사주로서 초년운(初年運)이 잘 들어와 대기업에 취업하여 35세 임수대운(壬水大運)까지는 승진도 하고 운(運)이 승승장구(乘勝長驅)하였으나 40세 술토대운(戌土大運)에는 평범하게 지냈으며 45세 계수대운(癸水大運)에 퇴사하여 사업을 경영하였으나 월상무토(月上戊土)와 무계합(戊癸合)으로 합거(合去)되어 손해를 많이 보았고 50세 해수대운(亥水大運)에 사업이 번창하여 수억금을 벌었으며 55세 갑목대운(甲木大運)에는 재물과 건강을 조심해야 하며 60세 자수대운(子水大運)에 운(運)이 좋아 돈을 많이 벌고 승승장구(乘勝長驅)할 것이라 생각된다.

❶ 세운을유년(歲運乙酉年): 신축, 문서, 관재, 불성
❷ 질병(疾病): 냉(冷), 신장(腎臟), 방광(膀胱)
❸ 남녀성격: (남) 털털한 성격, 원만하다, 활발하다, 지혜롭다, 포용력, 만인의 신망, 고집 대단, 박력 있다, 영리하다, 일독십지, 처 덕 있다
　　　　　(여) 남자 같은 시원한 성격, 새것을 좋아함, 영리하다, 부궁불미, 정부, 예능, 문학에 소질 있다, 친모봉양

세운 • 질병 • 남녀성격의 해설 (歲運 · 疾病 · 男女性格의 解說)

❶ 세운을유년(歲運乙酉年)= ※신축, 문서, 관재, 불성은 ※세운을유년(歲運乙酉年)의 유금(酉金)은 임수일주(壬水日柱)의 인수(印綬)로 세운(歲運)에서 인수운(印綬運)이 들어오면 ※집을 짓는다든가 또는 증축을 한다든가 또는 사업체를 벌린다든가 또는 문서를 잡는 일이 많다. 그리고 ※관재, 불성은 ※세운을유년(歲運乙酉年)의 을목(乙木)은 임수일주(壬水日柱)의 상관(傷官)으로 세운(歲運)에서 천간(天干) 상관운(傷官運)이 들어오면 ※관재수를 조심해야 하며 또는 모든 일이 잘 풀리지 않고 대차계약도 잘 이루어지지 않는다.

❷ 질병(疾病)은 일주(日柱)에서 발생(發生)한다.

❸ 남녀성격은 일주(日柱)에서 발생(發生)한다.

을유년 (乙酉年)

60년(음) 10월 12일 진(辰)시 여자

甲	壬	丁	庚
辰	戌	亥	子

58	48	38	28	18	8
辛	壬	癸	甲	乙	丙
巳	午	未	申	酉	戌

이 사주는 임수일주(壬水日柱)가 초겨울 해월(亥月)에 출생하여 록근(祿根)하고 년간지(年干支) 경자(庚子)로 인수(印綬)와 양인(羊刃)이 있어 일주(日柱)는 신왕사주(身旺四柱)다. 신왕사주(身旺四柱)에는 일주(日柱)를 제(制)하는 관살(官殺)이나 식신상관(食神傷官)으로 설기(泄氣)함이 좋은데 시상갑목(時上甲木) 식신(食神)도 왕(旺)하고 술중무토(戌中戊土) 편관(偏官)도 왕(旺)하다. 그러므로 어느 오행(五行)으로 용신(用神)을 잡느냐의 기로에 서게 된다. 신왕사주(身旺四柱)에는 일주를 제(制)하는 관살(官殺)을 우선으로 하기 때문에 술중무토(戌中戊土) 편관(偏官)으로 용신(用神)한다. 이 사주는 여자(女子)의 사주로서 43세 미토대운(未土大運)에 사업을 경영하여 돈을 많이 벌었으나 48세 임수대운(壬水大運)에 월상정화(月上丁火)와 정임합(丁壬合)으로 합거(合去)되어 손해를 보고 있는 중이다.

❶ 세운을유년(歲運乙酉年): 이별수, 신축, 문서, 관재, 불성
❷ 질병(疾病): 신장(腎臟), 방광(膀胱)
❸ 남녀성격: (남) 털털한 성격, 선견지명, 남에게 잘함, 욕심 많다, 일찍 사회에 진출, 성질 급, 자수성가, 부모 덕, 재복 있다, 처 덕 있다, 자손귀자, 신앙심, 지구력 강함, 능력 있다
(여) 남자 같은 시원한 성격, 새것을 좋아함, 부궁불미, 정부, 재가, 독수공방, 이성 구설, 재복 있다, 신앙심

🔵 세운·질병·남녀성격의 해설 (歲運·疾病·男女性格의 解說)

❶ 세운을유년(歲運乙酉年)= ※이별수, 신축, 문서, 관재, 불성은 ※세운을유년(歲運乙酉年)의 유금(酉金)은 임수일주(壬水日柱)의 인수(印綬)로 신왕(身旺)한 여자(女子) 사주에 세운(歲運)에서 인수운(印綬運)이 들어오면 ※가정에 불화가 많이 생긴다든가 또는 남편과 떨어져 산다든가 또는 이혼한다든가 또는 남편이 사망하는 수도 있다. 그리고 ※신축, 문서는 ※세운을유년(歲運乙酉年)의 유금(酉金)은 임수일주(壬水日柱)의 인수(印綬)로 세운(歲運)에서 인수운(印綬運)이 들어오면 ※집을 짓는다든가 또는 증축을 한다든가 또는 사업체를 벌린다든가 또는 문서를 잡는 일이 많다. 그리고 ※관재, 불성은 ※세운을유년(歲運乙酉年)의 을목(乙木)은 임수일주(壬水日柱)의 상관(傷官)으로 세운(歲運)에서 천간(天干) 상관운(傷官運)이 들어오면 ※관재수를 조심해야 하며 또는 모든 일이 잘 풀리지 않고 대차계약도 잘 이루어지지 않는다.

❷ 질병(疾病)과 ❸ 남녀성격은 일주(日柱)에서 발생(發生)한다.

을유년 (乙酉年)

59년(음) 2월 13일 진(辰)시 남자

<table>
<tr><td>甲</td><td>壬</td><td>丁</td><td>己</td></tr>
<tr><td>辰</td><td>寅</td><td>卯</td><td>亥</td></tr>
</table>

55	45	35	25	15	5
辛	壬	癸	甲	乙	丙
酉	戌	亥	子	丑	寅

이 사주는 임수일주(壬水日柱)가 중춘묘월(中春卯月)에 출생하여 실시(失時)하고 일시지(日時支) 인진(寅辰)으로 인묘진(寅卯辰) 목국(木局)을 이루었으며 시상갑목(時上甲木)이 투출(透出)하여 상관식신(傷官食神)이 태왕(太旺)이다. 그러나 임수일주(壬水日柱)는 년지해수(年支亥水)에 록근(祿根)하므로 종(從)하지 않는다. 그러므로 많은 상관식신(傷官食神)을 제(制)하고 임수일주(壬水日柱)를 생(生)하여 주는 금인수(金印綬)가 용신(用神)이며 수비견겁(水比肩劫)은 희신(喜神)이 된다. 이 사주는 남자(男子)의 사주로서 상관식신(傷官食神)이 많은 사람들은 기술과 예체능에 소질이 있어 어려서부터 기술을 배워 회사 근무하다가 35세 계수대운(癸水大運)에 조그마한 사업체를 위임받아 경영하여 44세 해수대운(亥水大運)까지 수억금을 벌었으나 자식(子息) 한명 잃은 사주다.

❶ 세운을유년(歲運乙酉年): 신축, 문서, 관재, 불성, 자손액
❷ 질병(疾病): 신장(腎臟), 방광(膀胱), 냉(冷), 습(濕)
❸ 남녀성격: (남) 털털한 성격, 지혜롭다, 원만하다, 환경에 적응 잘함, 영리하다, 행운이 따른다, 항상 바쁨, 용기 있다, 타의 군림, 성질 급, 처 덕 있다, 장모봉양
　　　　　　(여) 남자 같은 시원한 성격, 새것을 좋아함, 영리하다, 남편을 꺾는다, 부궁불미, 정부, 자손귀자, 요리솜씨, 사회활동하면 인기

세운·질병·남녀성격의 해설 (歲運·疾病·男女性格의 解說)

❶ 세운을유년(歲運乙酉年)= ※신축, 문서, 관재, 불성, 자손액은 ※세운을유년(歲運乙酉年)의 유금(酉金)은 임수일주(壬水日柱)의 인수(印綬)로 세운(歲運)에서 인수운(印綬運)이 들어오면 ※집을 짓는다든가 또는 증축을 한다든가 또는 사업체를 벌린다든가 또는 문서를 잡는 일이 많다. 그리고 ※관재, 불성은 ※세운을유년(歲運乙酉年)의 을목(乙木)은 임수일주(壬水日柱)의 상관(傷官)으로 세운(歲運)에서 천간(天干) 상관운(傷官運)이 들어오면 ※관재수를 조심해야 하며 또는 모든 일이 잘 풀리지 않고 대차계약도 잘 이루어지지 않는다. 그리고 ※자손액은 ※세운을유년(歲運乙酉年)의 을목(乙木)은 임수일주(壬水日柱)의 상관(傷官)으로 원명사주(源命四柱)에 상관식신(傷官食神)이 태왕(太旺)하고 관살(官殺)이 쇠약(衰弱)한데 세운(歲運)에서 상관(傷官) 식신운(食神運)이 들어오면 ※자손액을 조심해야 한다.

❷ 질병(疾病)과 ❸ 남녀성격은 일주(日柱)에서 발생(發生)한다.

을유년 (乙酉年)

63년(음) 2월 5일 사(巳)시 여자

<table>
<tr><td>乙
巳</td><td>壬
寅</td><td>甲
寅</td><td>癸
卯</td></tr>
</table>

52	42	32	22	12	2
庚 申	己 未	戊 午	丁 巳	丙 辰	乙 卯

이 사주는 임수일주(壬水日柱)가 초봄 인월(寅月)에 출생하여 실시(失時)하고 인중갑목(寅中甲木)이 월상(月上)에 투출(透出)하여 식신격(食神格)이다. 그리고 년지묘목(年支卯木)과 일지인목(日支寅木)과 인묘(寅卯)로 목국(木局)을 이루었으며 시상을목(時上乙木)이 투출(透出)하여 상관식신이 태왕이다. 그러나 임수일주는 무근이며 자좌인목(自坐寅木)에 설기(泄氣)가 심(甚)하고 년상계수(年上癸水) 비겁(比劫)도 자좌묘목(自坐卯木)에 설기(泄氣)가 심(甚)하여 임수일주를 도울 힘이 없다. 그러므로 수생목(水生木) 목생화(木生火)로 종재격(從財格)같이 보인다. 그러나 이 사주는 쇠극격(衰極格)에 해당하므로 쇠(衰)한 자는 상관식신(傷官食神)으로 설기(泄氣)하여 더욱더 쇠(衰)하게 하는 동시 일주를 극(剋)하는 관살(官殺)을 제(制)하여야 하기 때문에 상관식신이 용신이며 화재(火財)는 희신(喜神)이 된다.

❶ 세운을유년(歲運乙酉年): 이별수, 신축, 문서, 관재, 불성
❷ 질병(疾病): 신장(腎臟), 방광(膀胱), 냉(冷), 습(濕)
❸ 남녀성격: (남) 털털한 성격, 지혜롭다, 원만하다, 환경에 적응 잘함, 영리하다, 행운이 따른다, 항상 바쁨, 용기 있다, 타의 군림, 성질 급, 처 덕 있다, 장모봉양
　　　　　(여) 남자 같은 시원한 성격, 새것을 좋아함, 영리하다, 남편을 꺾는다, 부궁불미, 정부, 자순귀자, 요리솜씨, 사회활동하면 인기

세운·질병·남녀성격의 해설 (歲運·疾病·男女性格의 解說)

❶ 세운을유년(歲運乙酉年)= ※이별수, 신축, 문서, 관재, 불성은 ※세운을유년(歲運乙酉年)의 을목(乙木)은 임수일주의 상관(傷官)으로 여자 사주에 상관식신이 태왕(太旺)인데 세운에서 상관(傷官) 식신운(食神運)이 들어오면 ※가정에 불화가 많이 생긴다든가 또는 남편과 떨어져 산다든가 또는 이혼한다든가 또는 남편이 사망하는 수도 있다. 그리고 ※신축, 문서는 ※세운을유년(歲運乙酉年)의 유금(酉金)은 임수일주(壬水日柱)의 인수(印綬)로 세운(歲運)에서 인수운(印綬運)이 들어오면 ※집을 짓는다든가 또는 증축을 한다든가 또는 사업체를 벌린다든가 또는 문서를 잡는 일이 많다. 그리고 ※관재, 불성은 ※세운을유년(歲運乙酉年)의 을목(乙木)은 임수일주(壬水日柱)의 상관(傷官)으로 세운(歲運)에서 천간(天干) 상관운(傷官運)이 들어오면 ※관재수를 조심해야 하며 또는 모든 일이 잘 풀리지 않고 대차계약도 잘 이루어지지 않는다.

❷ 질병(疾病)과 ❸ 남녀성격은 일주(日柱)에서 발생(發生)한다.

을유년 (乙酉年)

61년(음) 4월 6일 사(巳)시 여자

丁	癸	癸	辛
巳	丑	巳	丑

56	46	36	26	16	6
己	戊	丁	丙	乙	甲
亥	戌	酉	申	未	午

이 사주는 계수일주(癸水日柱)가 초여름 사월(巳月)에 출생하여 실시(失時)하고 시간지(時干支) 정사(丁巳)로 재살(財殺)이 태왕(太旺)이다. 축토(丑土)는 습토(濕土)라고 하나 사월(巳月)은 여름이며 시상(時上)에 정화(丁火)가 투출(透出)하여 습토(濕土)는 미온지토(微溫之土)가 되어 일주(日柱)를 극(剋)하므로 일주(日柱)가 심약(甚弱)하나. 나행히 축중신금(丑中辛金)이 년상(年上)에 투출(透出)하고 계수일주(癸水日柱)는 자좌(自坐) 축중계수(丑中癸水)에 근(根)하므로 종(從)하지 않는다. 그러므로 금인수(金印綬)가 용신(用神)이며 수비견겁(水比肩劫)은 희신(喜神)이 된다. 이 사주는 여자(女子)의 사주로서 회사에 근무하다가 41세 유금인수(酉金印綬) 대운(大運)에 사업을 하여 돈을 많이 벌었고 46세 무토대운(戊土大運)에 월상계수(月上癸水)와 무계합(戊癸合)으로 합거(合去)되어 손해를 많이 보고 남편(男便)과 이혼하고 혼자 살고 있는 사주다. 부궁(夫宮)이 부실한 것은 년간지(年干支) 신축생(辛丑生)의 공망(空亡)은 시지사화(時支巳火)이며 일간지(日干支) 계축(癸丑)은 백호관살(白虎官殺)이므로 여자(女子) 사주에 백호관살(白虎官殺)만 있어도 부궁(夫宮)이 부실한데 시지공망(時支空亡)까지 있어 부궁(夫宮)이 더욱더 부실한 사주다.

❶ 세운을유년(歲運乙酉年): 신축, 문서, 변화, 이사, 전근
❷ 질병(疾病): 신장(腎臟), 방광(膀胱), 풍질(風疾)
❸ 남녀성격: (남) 털털한 성격, 근면 성실, 지혜롭다, 지구력 있다, 근심 많다, 처궁불미, 준법정신, 새벽잠이 없다
　　　　　　(여) 남자 같은 시원한 성격, 새것을 좋아함, 이성수신, 애교 많다, 정부, 재가, 부궁불미, 남자들의 인기

◎ 세운 · 질병 · 남녀성격의 해설 (歲運 · 疾病 · 男女性格의 解說)

❶ 세운을유년(歲運乙酉年)= ※신축, 문서, 변화, 이사, 전근은 ※세운을유년(歲運乙酉年)의 유금(酉金)은 계수일주(癸水日柱)의 인수(印綬)로 세운(歲運)에서 인수운(印綬運)이 들어오면 ※집을 짓는다든가 또는 증축을 한다든가 또는 사업체를 벌린다든가 또는 문서를 잡는 일이 많다. 그리고 ※변화, 이사, 전근은 ※세운을유년(歲運乙酉年)의 유금(酉金)은 일지축토(日支丑土)와 유축(酉丑)으로 삼합(三合)이 되므로 세운(歲運)에서 일지(日支) 삼합운(三合運)이 들어오면 ※변화가 생긴다든가 또는 이사를 한다든가 또는 직장을 옮기는 일이 많다.

❷ 질병(疾病)과 ❸ 남녀성격은 일주(日柱)에서 발생(發生)한다.

을유년 (乙酉年)

63년(음) 2월 26일 미(未)시 남자

己	癸	乙	癸
未	亥	卯	卯

55	45	35	25	15	5
己	庚	辛	壬	癸	甲
酉	戌	亥	子	丑	寅

이 사주는 계수일주(癸水日柱)가 중춘묘월(中春卯月)에 출생하여 실시(失時)하고 묘중을목(卯中乙木)이 월상(月上)에 투출(透出)하여 식신격(食神格)이다. 그리고 일지해수(日支亥水)와 시지미토(時支未土)와 해묘미(亥卯未)로 목국(木局)을 이루었고 월상(月上)에 을목(乙木)이 투출(透出)하여 상관식신(傷官食神)이 태왕(太旺)이다. 다행히 계수일주(癸水日柱)는 자좌해수(自坐亥水)에 근(根)하고 년상계수(年上癸水) 비견(比肩)이 있어 종(從)하지 않으므로 많은 상관식신(傷官食神)을 제(制)하고 계수일주(癸水日柱)를 생(生)하여 주는 금인수(金印綬)가 용신(用神)이며 수비견겁(水比肩劫)은 희신(喜神)이 된다. 이 사주는 남자(男子)의 사주로서 어려서부터 장사를 하여 44세 해수대운(亥水大運)까지 수억금을 벌었으나 45세 경금대운(庚金大運)에 월상을목(月上乙木)과 을경합(乙庚合)으로 합거(合去)되어 손해를 많이 보고 있는 중이다.

🌀 세운·질병·남녀성격의 해설 (歲運·疾病·男女性格의 解說)

❶ 세운을유년(歲運乙酉年)= ※신축, 문서, 자손액은 ※세운을유년(歲運乙酉年)의 유금(酉金)은 계수일주(癸水日柱)의 인수(印綬)로 세운(歲運)에서 인수운(印綬運)이 들어오면 ※**집을 짓는다든가 또는 증축을 한다든가 또는 사업체를 벌린다든가 또는 문서를 잡는 일이 많다.** 그리고 ※**자손액**은 ※세운을유년(歲運乙酉年)의 을목(乙木)은 계수일주(癸水日柱)의 식신(食神)으로 남자(男子) 사주에 상관식신(傷官食神)이 태왕(太旺)하고 관살(官殺)이 쇠약(衰弱)한데 세운(歲運)에서 상관(傷官) 식신운(食神運)이 들어오면 ※**자손액을 조심해야 한다.**

❷ 질병(疾病)은 일주(日柱)에서 발생(發生)한다.

❸ 남녀성격은 일주(日柱)에서 발생(發生)한다.

을유년(乙酉年)

61년(음) 10월 29일 신(申)시 남자

庚	癸	己	辛
申	酉	亥	丑

59	49	39	29	19	9
癸	甲	乙	丙	丁	戊
巳	午	未	申	酉	戌

이 사주는 계수일주(癸水日柱)가 초겨울 해월(亥月)에 출생하여 득령(得令)하고 년지축토(年支丑土)와 해축(亥丑)으로 수국(水局)을 이루고 일시지(日時支) 신유(申酉)로 금국(金局)을 이루었으며 년시상(年時上) 경신금(庚辛金)이 투출(透出)하여 계수일주(癸水日柱)는 신왕사주(身旺四柱)다. 신왕사주(身旺四柱)에는 일주(日柱)를 세(制)하는 관살(官殺)이나 상관식신(傷官食神)으로 설기(泄氣)하면 좋은데 일주(日柱)를 제(制)하는 월상기토(月上己土) 편관(偏官)이 있다고 하나 그 기토(己土)는 왕(旺)한 물에 쓸려가 힘이 없으므로 일주(日柱)를 제(制)할 수가 없다. 그러므로 이 사주는 금인수(金印綬)가 왕(旺)하므로 종강격(從强格)이며 많은 금인수(金印綬)가 분설(分泄)하는 곳은 계수(癸水)이므로 계수(癸水) 비견겁(比肩劫)이 용신(用神)이며 금인수(金印綬)는 희신(喜神)이 된다. 이 사주는 남자(男子)의 사주로서 초년(初年) 신유대운(申酉大運)에 좋은 회사에 취업하여 승승장구(乘勝長驅)하였으나 39세 을목대운(乙木大運)부터 운(運)이 없어 고생을 많이 하였고 49세 갑목대운(甲木大運)에 퇴사하여 방황하며 살고 있는 사주다.

❶ 세운을유년(歲運乙酉年): 신축, 문서, 변화, 이사, 전근
❷ 질병(疾病): 신장(腎臟), 심장(心臟), 방광(膀胱), 냉(冷)
❸ 남녀성격: (남) 털털한 성격, 성격이 까다롭다, 매사 철두철미, 박력이 모자란다, 영리하다, 총명하다, 암기력, 남에게 잘함, 호인이다, 고독 자초, 처 덕 있다
　　　　　(여) 남자 같은 시원한 성격, 새것을 좋아함, 정이 많다, 부궁불미, 정부, 인덕 없다, 눈물 많다

◎ 세운·질병·남녀성격의 해설(歲運·疾病·男女性格의 解說)

❶ 세운을유년(歲運乙酉年)= ※신축, 문서, 변화, 이사, 전근은 ※세운을유년(歲運乙酉年)의 유금(酉金)은 계수일주(癸水日柱)의 인수(印綬)로 세운(歲運)에서 인수운(印綬運)이 들어오면 ※집을 짓는다든가 또는 증축을 한다든가 또는 사업체를 벌린다든가 또는 문서를 잡는 일이 많다. 그리고 ※변화, 이사, 전근은 ※세운을유년(歲運乙酉年)의 유금(酉金)은 일지유금(日支酉金)과 유유(酉酉)로 삼합(三合)이 되므로 세운(歲運)에서 일지(日支) 삼합운(三合運)이 들어오면 ※변화가 생긴다든가 또는 이사를 한다든가 또는 직장을 옮기는 일이 많다.

❷ 질병(疾病)은 일주(日柱)에서 발생(發生)한다.

❸ 남녀성격은 일주(日柱)에서 발생(發生)한다.

을유년 (乙酉年)

65년(음) 4월 29일 오(午)시 남자

<table>
<tr><td>戊</td><td>癸</td><td>辛</td><td>乙</td></tr>
<tr><td>午</td><td>未</td><td>巳</td><td>巳</td></tr>
</table>

58	48	38	28	18	8
乙	丙	丁	戊	己	庚
亥	子	丑	寅	卯	辰

이 사주는 계수일주(癸水日柱)가 초여름 사월(巳月)에 출생하여 실시(失時)하고 사중무토(巳中戊土)가 시상(時上)에 투출(透出)하여 정관격(正官格)이다. 그리고 년지사화(年支巳火)와 일지미토(日支未土)와 시지오화(時支午火)로 사오미(巳午未) 화국(火局)을 이루어 재살(財殺)이 태왕(太旺)으로 신약사주(身弱四柱)다. 그러나 계수일주는 무근(無根)이며 자좌(自坐) 미중기토(未中己土)에 살지(殺地)에 앉았으며 월상신금(月上辛金) 인수(印綬)도 무근(無根)이며 자좌사화(自坐巳火)에 살지(殺地)에 앉아 계수일주(癸水日柱)를 생(生)하여 줄 수가 없다. 그러므로 화토(火土)가 왕(旺)하므로 종살격(從殺格)같이 보인다. 그러나 이 사주는 시상무토(時上戊土)와 무계합화(戊癸合火)로 화(化)하여 사월(巳月)에 득령(得令)하였으며 화신화(化神火)가 태왕(太旺)이다. 그러므로 화(火)가 용신(用神)이 된다. 이 사주는 남자(男子)의 사주로서 카센터를 경영하였으나 초년(初年)에는 운(運)이 없어 고생을 많이 하였고 38세 정화대운(丁火大運)에 돈을 수억금을 벌었으며 43세 축토대운(丑土大運)에 화용신(火用神)이 설기(泄氣)가 심(甚)하여 손해를 많이 보고 있는 중이다.

❶ 세운을유년(歲運乙酉年): 신축, 문서
❷ 질병(疾病): 신장(腎臟), 비(脾), 위(胃), 치질(痔疾), 임질(淋疾), 비색증(鼻塞症)
❸ 남녀성격: (남) 털털한 성격, 의리 있다, 신용 있다, 인내심, 지구력, 순진하다, 심술 많다,
　　　　　　 꾸준히 노력으로 결실, 성격이 까다롭다, 옷에 신경, 신앙심, 편식, 처궁불미
　　　　 (여) 남자 같은 시원한 성격, 새것을 좋아함, 남편복이 없다, 정부, 재가, 인덕
　　　　　　 없다

세운 · 질병 · 남녀성격의 해설(歲運 · 疾病 · 男女性格의 解說)

❶ 세운을유년(歲運乙酉年)= ※신축, 문서는 ※세운을유년(歲運乙酉年)의 유금(酉金)은 계수일주(癸水日柱)의 인수(印綬)로 세운(歲運)에서 인수운(印綬運)이 들어오면 ※집을 짓는다든가 또는 증축을 한다든가 또는 사업체를 벌린다든가 또는 문서를 잡는 일이 많다.

❷ 질병(疾病)은 신장, 비, 위는 일주(日柱)에서 발생(發生)하며 ※치질, 임질, 비색증은 ※계수일주(癸水日柱)가 화토재살(火土財殺)이 태왕이면 ※치질, 임질, 축농증, 비염, 코막힘을 조심해야 한다.

❸ 남녀성격은 일주(日柱)에서 발생(發生)한다.

을유년(乙酉年)

57년(음) 11월 27일 해(亥)시 여자

癸	癸	癸	丁
亥	巳	丑	酉

56	46	36	26	16	6
己	戊	丁	丙	乙	甲
未	午	巳	辰	卯	寅

이 사주는 계수일주가 동계축월(冬季丑月)에 출생하여 실시(失時)하였으나 축중계수(丑中癸水)가 월상(月上)에 투출(透出)하고 일지사화(日支巳火)와 년지유금(年支酉金)과 사유축(巳酉丑)으로 금국(金局)을 이루고 시간지(時干支) 계해(癸亥) 비견(比肩)과 비겁(比劫)이 있어 일주(日柱)는 신왕사주(身旺四柱)다. 신왕사주에는 일주(日柱)를 제(制)하는 관살(官殺)로 용신(用神)함이 좋은데 축중기토(丑中己土) 편관(偏官)으로 용신(用神)하고자 하나 축토(丑土)는 습토(濕土)이므로 용신(用神)으로 쓸 수가 없다. 용신(用神)이 약(弱)할 때에는 용신(用神)을 돕는 자가 용신(用神)이 되므로 다행히 년상정화(年上丁火)가 일지사화(日支巳火)에 근(根)하여 년상정화(年上丁火) 편재(偏財)로 용신(用神)한다. 이 사주는 여자의 사주로서 36세 정사대운(丁巳大運)에 수억금을 벌었으며 46세 무토대운(戊土大運)에 손해를 많이 보았고 51세 오화대운(午火大運)부터 사업이 번창하여 잘살고 있는 사주다.

❶ 세운을유년(歲運乙酉年): 이별수, 변화, 이사, 전근, 자연재앙
❷ 질병(疾病): 비뇨기(泌尿器), 장(臟)
❸ 남녀성격: (남) 털털한 성격, 인정 많다, 처세가 좋다, 외유내강, 자기 실속, 욕심 많다, 영리하다, 처 덕 있다, 자손귀자, 학업 장애
　　　　　(여) 남자 같은 시원한 성격, 새것을 좋아함, 부궁불미, 이성 고민, 정부, 재복 있다

세운·질병·남녀성격의 해설 (歲運·疾病·男女性格의 解說)

❶ 세운을유년(歲運乙酉年)= ※이별수, 변화, 이사, 전근, 자연재앙은 ※세운을유년(歲運乙酉年)의 유금(酉金)은 계수일주(癸水日柱)의 인수(印綬)로 신왕(身旺)한 여자(女子) 사주에 세운(歲運)에서 인수운(印綬運)이 들어오면 ※가정에 불화가 많이 생긴다든가 또는 남편과 떨어져 산다든가 또는 이혼한다든가 또는 남편이 사망하는 수도 있다. 그리고 ※변화, 이사, 전근은 ※세운을유년(歲運乙酉年)의 유금(酉金)은 일지사화(日支巳火)와 사유(巳酉)로 삼합(三合)이 되므로 세운(歲運)에서 일지(日支) 삼합운(三合運)이 들어오면 ※변화가 생긴다든가 또는 이사를 한다든가 또는 직장을 옮기는 일이 많다. 그리고 ※자연재앙은 ※세운을유년(歲運乙酉年)의 유금(酉金)은 년지유금(年支酉金)과 유유(酉酉)로 똑같은 오행(五行)이므로 세운(歲運)에서 년지(年支) 같은 운(運)이 들어오면 ※자연재앙을 조심해야 한다.

❷ 질병(疾病)과 ❸ 남녀성격은 일주(日柱)에서 발생(發生)한다.

을유년 (乙酉年)

60년(음) 2월 19일 인(寅)시 남자

<table>
<tr><td>甲</td><td>癸</td><td>己</td><td>庚</td></tr>
<tr><td>寅</td><td>卯</td><td>卯</td><td>子</td></tr>
</table>

57	47	37	27	17	7
乙	甲	癸	壬	辛	庚
酉	申	未	午	巳	辰

이 사주는 계수일주(癸水日柱)가 중춘묘월(中春卯月)에 출생하여 실시(失時)하고 일지묘목(日支卯木)과 시간지(時干支) 갑인(甲寅)으로 상관식신(傷官食神)이 태왕(太旺)이다. 다행히 계수일주(癸水日柱)는 년지자수(癸水日柱)에 록근(祿根)하고 년상경금(年上庚金) 인수(印綬)가 투출(透出)하여 종(從)하지 않으므로 많은 상관식신(傷官食神)을 제(制)하고 계수일주(癸水日柱)를 생(生)하여 주는 금인수(金印綬)가 용신(用神)이며 수비견겁(水比肩劫)은 희신(喜神)이 된다. 이 사주는 남자(男子)의 사주로서 교사(教師)로 근무하였으나 초년운(初年運)이 없어 마음 고생을 많이 하였고 52세 신금대운(申金大運)에 교감으로 승진하여 평범하게 살아가고 있는 사주다.

❶ 세운을유년(歲運乙酉年): 신축, 문서, 관재, 수술, 자연재앙, 자손액
❷ 질병(疾病): 풍질(風疾), 신장(腎臟), 방광(膀胱), 냉(冷)
❸ 남녀성격: (남) 털털한 성격, 만인 신망, 영리하다, 인자하다, 남에게 잘함, 준법정신, 고집
　　　　　 대단, 식복 있다, 처궁불미, 처 덕 있다, 소심하다, 운동 잘함, 마음 약
　　　　 (여) 남자 같은 시원한 성격, 새것을 좋아함, 부궁불미, 자손근심, 정부, 재가,
　　　　　 애교 많다, 생리통이 심하다, 침착하다, 인내심, 눈물 많다, 인덕 있다

🌀 세운 · 질병 · 남녀성격의 해설 (歲運 · 疾病 · 男女性格의 解說)

❶ 세운을유년(歲運乙酉年)= ※신축, 문서, 관재, 수술, 자연재앙, 자손액은 ※세운을유년(歲運乙酉年)의 유금(酉金)은 계수일주(癸水日柱)의 인수(印綬)로 세운(歲運)에서 인수운(印綬運)이 들어오면 ※집을 짓는다든가 또는 증축을 한다든가 또는 사업체를 벌린다든가 또는 문서를 잡는 일이 많다. 그리고 ※관재, 수술, 자연재앙은 ※세운을유년(歲運乙酉年)의 유금(酉金)은 일지묘목(日支卯木)과 묘유충(卯酉沖)으로 세운(歲運)에서 일지충운(日支沖運)이 들어오면 ※관재수를 조심해야 하며 또는 수술을 조심해야 하며 또는 자연재앙을 조심해야 한다. 그리고 ※자손액은 ※세운을유년(歲運乙酉年)의 을목(乙木)은 계수일주(癸水日柱)의 식신(食神)으로 남자(男子) 사주에 상관식신(傷官食神)이 태왕(太旺)하고 관살(官殺)이 쇠약(衰弱)한데 세운(歲運)에서 상관(傷官) 식신운(食神運)이 들어오면 ※자손액을 조심해야 한다.

❷ 질병(疾病)은 일주(日柱)에서 발생(發生)한다.

❸ 남녀성격은 일주(日柱)에서 발생(發生)한다.

을유년 (乙酉年)

65년(음) 5월 29일 미(未)시 남자

<table>
<tr><td>己</td><td>癸</td><td>壬</td><td>乙</td></tr>
<tr><td>未</td><td>丑</td><td>午</td><td>巳</td></tr>
</table>

57	47	37	27	17	7
丙	丁	戊	己	庚	辛
子	丑	寅	卯	辰	巳

이 사주는 계수일주(癸水日柱)가 중하오월(中夏午月)에 출생하여 실시(失時)하고 오중기토(午中己土)가 시상(時上)에 투출(透出)하여 편관격(偏官格)이다. 그리고 지지(地支)는 년월시지(年月時支) 사오미(巳午未)로 화국(火局)을 이루어 재살(財殺)이 태왕(太旺)이다. 계수일주(癸水日柱)는 자좌(自坐) 축중계수(丑中癸水)에 근(根)한다고 하나 축습토(丑濕土)는 오월(五月)에 미온지토(微溫之土)가 되어 계수일주(癸水日柱)를 극(剋)하므로 계수일주(癸水日柱)가 심약(甚弱)하다. 그리고 월상임수(月上壬水) 비겁(比劫)이 있다고 하나 비겁(比劫)도 근(根)이 없으며 물이 말라 계수일주(癸水日柱)를 도울 힘이 없다. 그러므로 이 사주는 재살(財殺)이 태왕(太旺)하므로 종살격(從殺格)이다. 그러므로 토관살(土官殺)이 용신(用神)이며 화재(火財)는 희신(喜神)이 된다. 이 사주는 남자(男子)의 사주로서 골동품 판매상을 경영하였으나 37세 무토대운(戊土大運)에 물건을 잘못 사서 재산을 탕진하고 그 이후로도 운(運)이 없어 처(妻)와 이혼(離婚)하고 혼자 살고 있는 사주다.

❶ 세운을유년(歲運乙酉年): 신축, 문서, 변화, 이사, 전근
❷ 질병(疾病): 신장(腎臟), 방광(膀胱), 풍질(風疾)
❸ 남녀성격: (남) 털털한 성격, 근면 성실, 지혜롭다, 지구력 있다, 근심 많다, 처궁불미, 준법정신, 새벽잠이 없다
　　　　　 (여) 남자 같은 시원한 성격, 새것을 좋아함, 이성수신, 애교 많다, 정부, 재가, 부궁불미, 남자들의 인기

🔵 세운 · 질병 · 남녀성격의 해설 (歲運 · 疾病 · 男女性格의 解說)

❶ 세운을유년(歲運乙酉年)= ※신축, 문서, 변화, 이사, 전근은 ※세운을유년(歲運乙酉年)의 유금(酉金)은 계수일주(癸水日柱)의 인수(印綬)로 세운(歲運)에서 인수운(印綬運)이 들어오면 ※집을 짓는다든가 또는 증축을 한다든가 또는 사업체를 벌린다든가 또는 문서를 잡는 일이 많다. 그리고 ※변화, 이사, 전근은 ※세운을유년(歲運乙酉年)의 유금(酉金)은 일지축토(日支丑土)와 유축(酉丑)으로 삼합(三合)이 되므로 세운(歲運)에서 일지(日支) 삼합운(三合運)이 들어오면 ※변화가 생긴다든가 또는 이사를 한다든가 또는 직장을 옮기는 일이 많다.

❷ 질병(疾病)은 일주(日柱)에서 발생(發生)한다.

❸ 남녀성격은 일주(日柱)에서 발생(發生)한다.

을유년 (乙酉年)

65년(음) 1월 7일 인(寅)시 여자

<table>
<tr><td>甲</td><td>癸</td><td>戊</td><td>乙</td></tr>
<tr><td>寅</td><td>巳</td><td>寅</td><td>巳</td></tr>
</table>

59	49	39	29	19	9
甲	癸	壬	辛	庚	己
申	未	午	巳	辰	卯

이 사주는 계수일주(癸水日柱)가 초봄 인월(寅月)에 출생하여 실시(失時)하고 인중무토(寅中戊土)와 갑목(甲木)이 투출(透出)하여 상관(傷官)과 재(財)가 태왕(太旺)이다. 계수일주(癸水日柱)는 무근(無根)이며 계수일주(癸水日柱)를 도와주는 인수(印綬)나 비견겁(比肩劫)이 하나도 없으므로 수생목(水生木) 목생화(木生火) 화생토(火生土)로 종살격(從殺格)같이 보이나 쇠극격(衰極格)에 해당하므로 쇠(衰)한 자는 상관식신(傷官食神)으로 설기(泄氣)하여 더욱 더 쇠(衰)하게 하는 동시 일주(日柱)를 극(剋)하는 관살(官殺)을 제(制)하여야 하기 때문에 시상갑목(時上甲木) 상관(傷官)이 용신(用神)이며 화재(火財)는 희신(喜神)이 된다. 이 사주는 여자(女子)의 사주로서 공부보다 예능에 소질이 있었으나 운(運)이 없어 고생하다가 34세 사화대운(巳火大運)에 학원을 경영하여 수억금을 벌었으며 44세 오화대운(午火大運)에 사업이 번창하여 승승장구(乘勝長驅)하고 있는 사주다.

❶ 세운을유년(歲運乙酉年): 신축, 문서, 변화, 이사, 전근
❷ 질병(疾病): 신장(腎臟), 비뇨기(泌尿器), 장계통
❸ 남녀성격: (남) 털털한 성격, 의리 있다, 신용 있다, 인내심, 지구력, 순진하다, 심술 많다, 꾸준히 노력으로 결실, 성격이 까다롭다, 옷에 신경, 신앙심, 편식, 처궁불미
     (여) 남자 같은 시원한 성격, 새것을 좋아함, 남편복이 없다, 정부, 재가, 인덕 없다

세운·질병·남녀성격의 해설 (歲運·疾病·男女性格의 解說)

❶ 세운을유년(歲運乙酉年)= ※신축, 문서, 변화, 이사, 전근은 ※세운을유년(歲運乙酉年)의 유금(酉金)은 계수일주의 인수(印綬)로 세운에서 인수운(印綬運)이 들어오면 ※집을 짓는다든가 또는 증축을 한다든가 또는 사업채를 벌린다든가 또는 문서를 잡는 일이 많다. 그리고 ※변화, 이사, 전근은 ※세운을유년(歲運乙酉年)의 유금(酉金)은 일지사화(日支巳火)와 사유(巳酉)로 삼합(三合)이 되므로 세운(歲運)에서 일지(日支) 삼합운(三合運)이 들어오면 ※변화가 생긴다든가 또는 이사를 한다든가 또는 직장을 옮기는 일이 많다.

❷ 질병(疾病)은 일주(日柱)에서 발생(發生)한다.

❸ 남녀성격은 일주(日柱)에서 발생(發生)한다.

병술년
(丙戌年)

병술년 (丙戌年)

丁	甲	丁	庚
卯	子	亥	子

58	48	38	28	18	8
辛	壬	癸	甲	乙	丙
巳	午	未	申	酉	戌

이 사주는 갑목일주(甲木日柱)가 초겨월 해월(亥月)에 출생하여 장생(長生)하고 년지자수(年支子水)와 일지자수(日支子水)와 시지묘목(時支卯木) 양인(羊刃)이 있어 일주(日柱)는 신왕사주(身旺四柱)다. 신왕사주(身旺四柱)에는 일주(日柱)를 제(制)하는 관살(官殺)이나 식신상관(食神傷官)으로 설기(泄氣)하면 좋은데 일주(日柱)를 제(制)하는 편관(偏官)이 년상경금(年上庚金)인데 그 경금(庚金)은 근(根)이 없으며 자좌자수(自坐子水)에 사지(死地)에 앉아 용신(用神)으로 쓸 수가 없다. 그러나 월시상(月時上) 양정화(兩丁火)가 투출(透出)하여 그 정화상관(丁火傷官)으로 설기(泄氣)한다. 그러므로 화상관(火傷官)이 용신(用神)이 된다. 이 사주는 여자(女子)의 사주로서 대학원까지 나왔으나 교수로 임용이 안되어 학원을 경영하였으나 43세 미토대운(未土大運)에 평범하였고 48세 임수대운(壬水大運)에 월상정화(月上丁火)와 정임합(丁壬合)으로 합거(合去)되어 손해를 많이 보고 있는 중이다. 그러나 53세 오화대운(午火大運)에는 사업이 번창하여 돈을 많이 벌 것으로 생각된다.

❶ 세운병술년(歲運丙戌年): 손재, 신액
❷ 질병(疾病): 간(肝), 풍(風), 냉(冷), 저혈압(低血壓), 월경불순(月經不純), 손발 시림
❸ 남녀성격: (남) 의지 굳다, 무뚝뚝하다, 웃음이 적다, 냉정하다, 임사즉결, 멋쟁이, 권모술수, 눈치가 빠르다, 신경 예민, 처궁불미
　　　　　 (여) 의지 굳다, 인자함, 무뚝뚝하다, 웃음이 적다, 부궁불미

🌀 세운·질병·남녀성격의 해설 (歲運·疾病·男女性格의 解說)

❶ 세운병술년(歲運丙戌年)= ※손재, 신액은 ※세운병술년(歲運丙戌年)의 술토(戌土)는 갑목일주(甲木日柱)의 편재(偏財)로 신왕사주(身旺四柱)에 재(財)가 쇠약(衰弱)한데 세운(歲運)에서 재운(財運)이 들어오면 ※손재수를 조심해야 하며 또는 건강을 조심해야 한다.

❷ 질병(疾病)은 간, 풍, 냉, 저혈압은 일주(日柱)에서 발생(發生)하며 ※월경불순, 손발 시림은 ※갑목일주(甲木日柱)가 해자월(亥子月)에 출생하며 ※월경이 불순하여 배가 아프다든가 또는 손발이 차다.

❸ 남녀성격은 일주(日柱)에서 발생(發生)한다.

<h1 align="center">병술년(丙戌年)</h1>

59년(음) 2월 25일 오(午)시 남자

庚	甲	丁	己
午	寅	卯	亥

59	49	39	29	19	9
辛	壬	癸	甲	乙	丙
酉	戌	亥	子	丑	寅

이 사주는 갑목일주(甲木日柱)가 중춘묘월(中春卯月) 양인월(羊刃月)에 출생하여 득령(得令)하고 년지해수(年支亥水)에 장생(長生)하고 일지인목(日支寅木)에 록근(祿根)하여 일주(日柱)는 신왕사주(身旺四柱)다. 신왕사주(身旺四柱)에는 일주(日柱)를 제(制)하는 관살(官殺)이나 상관식신(傷官食神)으로 설기(泄氣)하면 좋은데 시상경금(時上庚金) 편관(偏官)으로 용신(用神)하고자 하나 그 경금(경金)은 근(根)이 없으며 자좌오화(自坐午火)에 살지(殺地)에 앉아 용신(用神)으로 쓸 수가 없다. 다행히 오중정화(午中丁火)가 월상(月上)에 투출(透出)하였으므로 월상정화(月上丁火) 상관(傷官)으로 용신(用神)한다. 이 사주는 남자(男子)의 사주로서 경찰관으로 근무하였으나 운(運)이 없어 승진이 안되어 고생하다가 49세 임수대운(壬水大運)에 퇴직하여 사업을 경영하였으나 월상정화(月上丁火)와 대운임수(大運壬水)와 정임합(丁壬合)으로 합거(合去)되어 재산을 탕진하고 힘들게 살아가고 있는 사주다.

❶ 세운병술년(歲運丙戌年): 변화, 이사, 전근, 손재, 처액
❷ 질병(疾病): 간(肝), 위산과다(胃酸過多)
❸ 남녀성격: (남) 의지 굳다, 무뚝뚝하다, 웃음이 적다, 고집 대단, 영리하다, 두령격, 일독십지, 인정 있다, 인내심 부족, 용기 있다, 청백지인, 남을 무시한다
　　　　　 (여) 의지 굳다, 무뚝뚝하다, 웃음이 적다, 부궁불미, 독수공방, 정부, 남에게 잘함, 돈이 잘 빠져나감, 친정형제 걱정

◉ 세운·질병·남녀성격의 해설(歲運·疾病·男女性格의 解說)

❶ 세운병술년(歲運丙戌年)= ※변화, 이사, 전근, 손재, 처액은 ※세운병술년(歲運丙戌年)의 술토(戌土)는 일지인목(日支寅木)과 인술(寅戌)로 삼합(三合)이 되므로 세운(歲運)에서 일지(日支) 삼합운(三合運)이 들어오면 ※변화가 생긴다든가 또는 이사를 한다든가 또는 직장을 옮기는 일이 많다. 그리고 ※손재, 처액은 ※세운병술년(歲運丙戌年)의 술토(戌土)는 갑목일주(甲木日柱)의 편재(偏財)로 남자(男子) 사주에 비견겁(比肩劫)이 태왕(太旺)하고 재(財)가 쇠약(衰弱)한데 세운(歲運)에서 재운(財運)이 들어오면 ※손재수를 조심해야 하며 또는 가정에 불화가 많이 생긴다든가 또는 처가 가출한다든가 또는 처의 건강을 조심해야 한다.

❷ 질병(疾病)은 일주(日柱)에서 발생(發生)한다.

❸ 남녀성격은 일주(日柱)에서 발생(發生)한다.

58년(음) 4월 9일 인(寅)시 남자

이 사주는 갑목일주(甲木日柱)가 초여름 사월(巳月)에 출생하여 실시(失時)하고 사중병화(巳中丙火)와 무토(戊土)가 년시상(年時上)에 투출(透出)하여 어느 오행(五行)으로 격(格)을 잡느냐의 기로에 서게 된다. 날짜상으로 보아 시상병화(時上丙火)가 사령(司令)하므로 시상병화(時上丙火)로 격(格)을 잡는다. 그러므로 식신격(食神格)이다. 그리고 년간지(年干支) 무술토(戊戌土)와 월상정화(月上丁火)가 투출(透出)하여 상관(傷官)과 재(財)가 태왕(太旺)이다. 그러나 갑목일주(甲木日柱)는 진중을목(辰中乙木)에 근(根)하고 시지인목(時支寅木)에 록근(祿根)하였으나 신약사주(身弱四柱)로서 목비견겁(木比肩劫)이 용신(用神)이며 수인수(水印綬)는 희신(喜神)이 된다. 이 사주는 남자(男子)의 사주로서 공대(工大)에 졸업하고 건축 현장으로 일하였으나 운(運)이 없어 승진이 안되어 43세 임수대운(壬水大運)에 사업을 경영하였으나 월상정화(月上丁火)와 정임합(丁壬合)으로 합거(合去)되어 재산을 탕진하고 처와 이혼하고 혼자 힘들게 살아가고 있는 사주다. 처궁(妻宮)이 부실한 것은 갑진일주(甲辰日柱)의 공망(空亡)은 시지인목(時支寅木)으로서 일시지(日時支)에 공망(空亡)이 있으면 처궁(妻宮)이 부실하여 재혼하거나 혼자 사는 사람들이 많다.

❶ 세운병술년(歲運丙戌年): 복통, 수술, 관재, 자연재앙
❷ 질병(疾病): 간(肝), 풍(風), 위(胃), 편도선(扁桃腺), 기관지(氣管支)
❸ 남녀성격: (남) 의지 굳다, 무뚝뚝하다, 웃음이 적다, 강직하다, 처궁불미, 신앙심, 재복 있다, 처 덕 있다, 재간 있다, 창의력, 이상적인 아이디어가 있다
　　　　　(여) 의지 굳다, 무뚝뚝하다, 웃음이 적다, 시모불합, 부궁불미, 정부

🌀 세운·질병·남녀성격의 해설 (歲運·疾病·男女性格의 解說)

❶ 세운병술년(歲運丙戌年)= ※복통, 수술, 관재, 자연재앙은 ※세운병술년(歲運丙戌年)의 술토(戌土)는 일지진토(日支辰土)와 진술충(辰戌沖)으로 세운(歲運)에서 일지충운(日支沖運)이 들어오면 ※배가 아프다든가 또는 수술을 조심해야 하며 또는 관재수를 조심해야 하며 또는 자연재앙을 조심해야 한다.

❷ 질병(疾病)은 간, 풍, 위는 일주(日柱)에서 발생(發生)하며 ※편도선, 기관지는 ※갑목일주(甲木日柱)가 사오월(巳午月)에 출생하고 화국(火局)을 이루면 ※편도선과 기관지를 조심해야 한다.

❸ 남녀성격은 일주(日柱)에서 발생(發生)한다.

병술년 (丙戌年)

56년(음) 8월 20일 진(辰)시 남자

戊	甲	丁	丙
辰	午	酉	申

55	45	35	25	15	5
癸	壬	辛	庚	己	戊
卯	寅	丑	子	亥	戌

이 사주는 갑목일주(甲木日柱)가 중추유월(中秋酉月)에 출생하여 실시(失時)하고 년지유금(年支酉金)과 신유(申酉)로 금국(金局)을 이루고 시간지(時干支) 무진토(戊辰土)로 목생화(木生火) 화생토(火生土) 토생금(土生金)으로 일주(日柱)가 심약(甚弱)하다. 일주(日柱)를 도와주는 인수(印綬)나 비견겁(比肩劫)이 하나도 없으므로 쇠극격(衰極格)에 해당한다. 쇠(衰)한 자는 상관식신(傷官食神)으로 설기(泄氣)하여 더욱더 쇠(衰)하게 하는 동시 일주(日柱)를 극(剋)하는 관살(官殺)을 제(制)하여야 하기 때문에 월상정화(月上丁火) 상관(傷官)으로 용신(用神)한다. 그리고 토재(土財)는 희신(喜神)이 된다. 이 사주는 남자(男子)의 사주로서 직업군인으로 근무하였으나 운(運)이 없어 승진이 안되어 50세 인목대운(寅木大運)에 전역하여 사업을 하였으나 종(從)하는 사주에 갑목일주(甲木日柱)가 인목(寅木)에 록근(祿根)하여 재산을 탕진하고 힘들게 살아가고 있는 사주다. 종(從)하는 사주에 인수(印綬)나 비견겁운(比肩劫運)이 들어오면 재산과 건강을 조심해야 한다.

❶ 세운병술년(歲運丙戌年): 변화, 이사, 전근, 관재, 손재, 신액
❷ 질병(疾病): 간(肝), 장(臟), 편도선(扁桃腺), 두통(頭痛)
❸ 남녀성격: (남) 의지 굳다, 무뚝뚝하다, 남에게 잘함, 지구력 부족, 처궁불미, 용두사미, 성실하다, 인덕 없다
　　　　　 (여) 의지 굳다, 인정 있다, 부궁불미, 정부, 남자의 근심

세운·질병·남녀성격의 해설 (歲運 · 疾病 · 男女性格의 解說)

❶ 세운병술년(歲運丙戌年)= ※변화, 이사, 전근, 관재, 손재, 신액은 ※세운병술년(歲運丙戌年)의 술토(戌土)는 일지오화(日支午火)와 오술(午戌)로 삼합(三合)이 되므로 세운(歲運)에서 일지(日支) 삼합운(三合運)이 들어오면 ※변화가 생긴다든가 또는 이사를 한다든가 또는 직장을 옮기는 일이 많다. 그리고 ※관재, 손재, 신액은 ※세운병술년(歲運丙戌年)의 술토(戌土)는 갑목일주(甲木日柱)의 편재(偏財)로 원명사주(源命四柱)에 재살(財殺)이 태왕(太旺)인데 세운(歲運)에서 재(財)나 관살운(官殺運)이 들어오면 ※관재수를 조심해야 하며 또는 손재수를 조심해야 하며 또는 건강을 조심해야 한다.

❷ 질병(疾病)은 간, 장은 일주(日柱)에서 발생(發生)하며 ※편도선, 두통은 ※갑목일주(甲木日柱)가 신유월(申酉月)에 출생하면 ※편도선과 두통이 심하다.

❸ 남녀성격은 일주(日柱)에서 발생(發生)한다.

병술년 (丙戌年)

56년(음) 8월 10일 오(午)시 남자

庚	甲	丁	丙
午	申	酉	申

58	48	38	28	18	8
癸	壬	辛	庚	己	戊
卯	寅	丑	子	亥	戌

이 사주는 갑목일주(甲木日柱)가 중추유월(中秋酉月)에 출생하여 실시(失時)하고 년일지(年日支) 양신금(兩申金)과 시상경금(時上庚金)이 투출(透出)하여 관살(官殺)이 태왕(太旺)이다. 갑목일주(甲木日柱)는 한편으로는 화(火) 상관식신(傷官食神)에 설기(泄氣)가 심(甚)하고 한편으로는 관살(官殺)에 극(剋)을 받으니 갑목일주(甲木日柱)가 심약(甚弱)하다. 갑목일주(甲木日柱)를 도와주는 인수(印綬)나 비견겁(比肩劫)이 하나도 없으므로 쇠극격(衰極格)에 해당하므로 쇠(衰)한 자는 상관식신(傷官食神)으로 설기(泄氣)하여 더욱더 쇠(衰)하게 하는 동시 일주(日柱)를 극(剋)하는 관살(官殺)을 제(制)하여야 하기 때문에 월상정화(月上丁火) 상관(傷官)으로 용신(用神)한다. 이 사주는 남자(男子)의 사주로서 부모의 음덕(蔭德)으로 공부를 많이 하여 부친의 철근사업을 물려받아 경영하다가 운(運)이 없어 손해를 많이 보다가 48세 임수대운(壬水大運)에 월상정화(月上丁火)와 정임합(丁壬合)으로 합거(合去)되어 재산을 탕진하고 처(妻)와 이혼(離婚)하고 방황하며 살고 있는 사주다. 처궁(妻宮)이 부실한 것은 갑목일주가 관살(官殺)이 태왕(太旺)이면 처궁(妻宮)이 부실한데 거기에다 갑신일주(甲申日柱)의 공망(空亡)은 시지오화(時支午火)로서 일시지(日時支)에 공망(空亡)이 있으면 남자든 여자든 배우자운(配偶者運)이 부실하다.

❶ 세운병술년(歲運丙戌年): 관재, 손재, 신액
❷ 질병(疾病): 간(肝), 담(膽), 편도선(扁桃腺), 두통(頭痛)
❸ 남녀성격: (남) 의지 굳다, 무뚝뚝하다, 웃음이 적다, 소식한다, 다재다능, 영리하다, 꾀가 많다, 항상 바쁨, 칭찬받기 좋아함
　　　　　　(여) 의지 굳다, 무뚝뚝하다, 인자함, 영리하다, 다재다능, 이성 고민 정부, 고독하다, 신경쇠약

🌀 세운·질병·남녀성격의 해설 (歲運·疾病·男女性格의 解說)

❶ 세운병술년(歲運丙戌年)= ※관재, 손재, 신액은 ※세운병술년(歲運丙戌年)의 술토(戌土)는 갑목일주(甲木日柱)의 편재(偏財)로 원명사주(源命四柱)에 재살(財殺)이 태왕(太旺)인데 세운(歲運)에서 재(財)나 관살운(官殺運)이 들어오면 ※관재수를 조심해야 하며 또는 손재수를 조심해야 하며 또는 건강을 조심해야 한다.

❷ 질병(疾病)은 간, 담은 일주(日柱)에서 발생(發生)하며 ※편도선, 두통은 ※갑목일주(甲木日柱)가 신유월(申酉月)에 출생하면 ※편도선과 두통이 심하다.

❸ 남녀성격은 일주(日柱)에서 발생(發生)한다.

병술년 (丙戌年)

56년(음) 12월 2일 술(戌)시 여자

甲	甲	庚	丙
戌	戌	子	申

59	49	39	29	19	9
甲	乙	丙	丁	戊	己
午	未	申	酉	戌	亥

이 사주는 갑목일주(甲木日柱)가 중동자월(中冬子月)에 출생하여 득령(得令)하고 시상갑목(時上甲木)이 투출(透出)하여 일주(日柱)는 신왕사주(身旺四柱)같이 보인다. 그러나 월상경금(月上庚金)은 년지신금(年支申金)에 록근(祿根)하고 일시지(日時支) 양술토재(兩戌土財)가 있어 재살(財殺)이 태왕(太旺)으로 신약사주(身弱四柱)다. 그러므로 수인수(水印綬)로 살인상생(殺印相生)을 시켜야 좋으므로 수인수(水印綬)가 용신(用神)이며 목비견겁(木比肩劫)은 희신(喜神)이 된다. 이 사주는 여자(女子)의 사주로서 전업주부로 살다가 44세 신금대운(申金大運)에 사업을 경영하였으나 손해를 많이 보았고 49세 을목대운(乙木大運)에 부동산에 투자하였으나 월상경금(月上庚金)과 을경합(乙庚合)으로 합거(合去)되어 재산을 탕진하고 남편(男便)과 이혼하고 혼자 힘들게 살아가고 있는 사주다.

❶ 세운병술년(歲運丙戌年): 변화, 이사, 전근, 자연재앙, 관재, 손재, 신액
❷ 질병(疾病): 간(肝), 담(膽)
❸ 남녀성격: (남) 의지 굳다, 무뚝뚝하다, 웃음이 적다, 인정 있다, 근면하다, 신앙심, 신용
　　　　　 있다, 충실하다, 재복 있다, 처궁불미, 두뇌 명철, 예감이 빠름
　　　　　 (여) 의지 굳다, 무뚝뚝하다, 부궁불미, 정부, 재가, 자손근심

⊙ 세운·질병·남녀성격의 해설 (歲運·疾病·男女性格의 解說)

❶ 세운병술년(歲運丙戌年)= ※변화, 이사, 전근, 자연재앙, 관재, 손재, 신액은 ※세운병술년(歲運丙戌年)의 술토(戌土)는 일지술토(日支戌土)와 술술(戌戌)로 삼합(三合)이 되므로 세운(歲運)에서 일지(日支) 삼합운(三合運)이 들어오면 ※변화가 생긴다든가 또는 이사를 한다든가 또는 직장을 옮기는 일이 많다. 그리고 ※자연재앙은 ※세운병술년(歲運丙戌年)의 술토(戌土)는 일지술토(日支戌土)와 술술(戌戌)로 똑같은 오행(五行)이므로 세운(歲運)에서 일지(日支) 같은 운(運)이 들어오면 ※자연재앙을 조심해야 한다. 그리고 ※관재, 손재, 신액은 ※세운병술년(歲運丙戌年)의 술토(戌土)는 갑목일주(甲木日柱)의 편재(偏財)로 원명사주(源命四柱)에 재살(財殺)이 태왕(太旺)인데 세운(歲運)에서 재(財)나 관살운(官殺運)이 들어오면 ※관재수를 조심해야 하며 또는 손재수를 조심해야 하며 또는 건강을 조심해야 한다.

❷ 질병(疾病)은 일주(日柱)에서 발생(發生)한다.

❸ 남녀성격은 일주(日柱)에서 발생(發生)한다.

59년(음) 10월 8일 묘(卯)시 여자

丁	甲	甲	己
卯	午	戌	亥

51	41	31	21	11	1
庚	己	戊	丁	丙	乙
辰	卯	寅	丑	子	亥

이 사주는 갑목일주(甲木日柱)가 계추술월(季秋戌月)에 출생하여 실시(失時)하고 술중정화(戌中丁火)가 시상(時上)에 투출(透出)하여 상관격(傷官格)이다. 일지오화(日支午火)와 오술(午戌)로 화국(火局)을 이루고 오중기토(午中己土)와 정화(丁火)가 년시상(年時上)에 투출(透出)하여 상관(傷官)과 재(財)가 태왕(太旺)이다. 다행히 갑목일주(甲木日柱)는 년지해수(年支亥水)에 장생(長生)하고 해중갑목(亥中甲木)이 월상(月上)에 투출(透出)하였으며 시지묘목(時支卯木) 양인(羊刃)이 있어도 일주(日柱)는 신약사주(身弱四柱)로서 수인수(水印綬)가 용신(用神)이며 목비견겁(木比肩劫)은 희신(喜神)이 된다. 이 사주는 여자(女子)의 사주로서 상관격(傷官格)을 놓은 사람은 모든 방면에 재능이 있어 디자인 공부를 하였으나 기술은 좋아도 운(運)이 없어 취업이 안되어 고생하다가 36세 인목대운(寅木大運)에 의류매장을 경영하여 수억금을 벌었으며 41세 기토대운(己土大運)에는 손해를 많이 보고 남편과 이혼하였으며 46세 묘목대운(卯木大運)에 사업이 번창하여 수억금을 벌어 재혼(再婚)하여 잘살고 있는 사주다. 부궁(夫宮)이 부실한 것은 여자(女子) 사주에 시상(時上)에 상관(傷官)이 있으면 부궁(夫宮)이 부실하여 재혼(再婚)하거나 혼자 사는 사람들이 많다.

❶ 세운병술년(歲運丙戌年): 변화, 이사, 전근
❷ 질병(疾病): 간(肝), 장(臟), 기관지(氣管支), 시력(視力)
❸ 남녀성격: (남) 의지 굳다, 무뚝뚝하다, 남에게 잘함, 지구력 부족, 처궁불미, 용두사미, 성실하다, 인덕 없다
　　　　　(여) 의지 굳다, 인정 있다, 부궁불미, 정부, 남자의 근심

🌀 **세운 · 질병 · 남녀성격의 해설** (歲運 · 疾病 · 男女性格의 解說)

❶ 세운병술년(歲運丙戌年)= ※변화, 이사, 전근은 ※세운병술년(歲運丙戌年)의 술토(戌土)는 일지오화(日支午火)와 오술(午戌)로 삼합(三合)이 되므로 세운(歲運)에서 일지(日支) 삼합운(三合運)이 들어오면 ※변화가 생긴다든가 또는 이사를 한다든가 또는 직장을 옮기는 일이 많다.

❷ 질병(疾病)은 간, 장은 일주(日柱)에서 발생(發生)하며 ※기관지, 시력은 ※갑목일주(甲木日柱)가 오술화국(午戌火局)을 이루고 병정화(丙丁火)가 천간(天干)에 투출(透出)하면 ※기관지를 조심해야 하며 시력을 조심해야 한다.

❸ 남녀성격은 일주(日柱)에서 발생(發生)한다.

병술년 (丙戌年)

59년(음) 11월 29일 사(巳)시 남자

己	甲	丙	己
巳	申	子	亥

57	47	37	27	17	7
庚	辛	壬	癸	甲	乙
午	未	申	酉	戌	亥

이 사주는 갑목일주(甲木日柱)가 중동자월(中冬子月)에 출생하여 득령(得令)하고 년지해수(年支亥水)가 있어 해자수국(亥子水局)을 이루어 일주(日柱)가 신왕사주(身旺四柱)같이 보인다. 그러나 갑목일주(甲木日柱)는 자좌신금(自坐申金)에 살지(殺地)에 앉았으며 시지(時支) 사중병화(巳中丙火)가 월상(月上)에 투출(透出)하여 설기(泄氣)가 심(甚)하며 년시상(年時上) 양기토(兩己土)가 있어 갑목일주(甲木日柱)는 강화위약(强化爲弱)으로 수인수(水印綬)가 용신(用神)이며 목비견겁(木比肩劫)은 희신(喜神)이 된다. 이 사주는 남자(男子)의 사주로서 어려서부터 사업을 하여 27세 계수대운(癸水大運)에 돈을 많이 벌어 결혼도 하고 37세 임수대운(壬水大運)에 사업이 번창하여 수억 금을 벌었으며 47세 신금대운(辛金大運)에는 월상병화(月上丙火)와 병신합(丙辛合)으로 합거(合去)되어 재산을 탕진하고 병(病)까지 얻어 수술을 한 사주이다. 일간지(日干支) 갑신(甲申)과 시간지(時干支) 기사(己巳)로 천간(天干)으로 갑기합(甲己合)이며 일시지(日時支) 사신합(巳申合)으로 곤랑도화(滾浪桃花)이므로 곤랑도화(滾浪桃花)를 놓은 사람은 치질(痔疾), 임질(淋疾), 매독(梅毒), 방광(膀胱)을 조심해야 하는데 방광(膀胱)으로 수술을 한 사주다.

❶ 세운병술년(歲運丙戌年): 관재, 손재, 신액
❷ 질병(疾病): 간(肝), 담(膽), 중풍(中風), 비색증(鼻塞症)
❸ 남녀성격: (남) 의지 굳다, 무뚝뚝하다, 웃음이 적다, 소식한다, 다재다능, 영리하다, 꾀가
　　　　　　 많다, 항상 바쁨, 칭찬받기 좋아함
　　　　　　(여) 의지 굳다, 무뚝뚝하다, 인자함, 영리하다, 다재다능, 이성 고민 정부, 고
　　　　　　 독하다, 신경쇠약

☯ 세운 · 질병 · 남녀성격의 해설(歲運 · 疾病 · 男女性格의 解說)

❶ 세운병술년(歲運丙戌年)= ※관재, 손재, 신액은 ※세운병술년(歲運丙戌年)의 술토(戌土)는 갑목일주(甲木日柱)의 편재(偏財)로 원명사주(源命四柱)에 재살(財殺)이 왕(旺)한데 세운(歲運)에서 재(財)나 관살운(官殺運)이 들어오면 ※관재수를 조심해야 하며 또는 손재수를 조심해야 하며 또는 건강을 조심해야 한다.

❷ 질병(疾病)은 간, 담은 일주(日柱)에서 발생(發生)하며 ※중풍, 비색증은 ※갑목일주(甲木日柱)가 해자월(亥子月)에 출생하면 ※중풍과 축농증과 비염과 코막힘을 조심해야 한다.

❸ 남녀성격은 일주(日柱)에서 발생(發生)한다.

병술년 (丙戌年)

60년(음) 5월 13일 해(亥)시 여자

丁	乙	壬	庚
亥	丑	午	子

51	41	31	21	11	1
丙	丁	戊	己	庚	辛
子	丑	寅	卯	辰	巳

이 사주는 을목일주(乙木日柱)가 중하오월(中夏午月)에 출생하여 실시(失時)하고 오중정화(午中丁火)가 시상(時上)에 투출(透出)하여 식신격(食神格)이다. 그리고 지지(地支)는 년지자수(年支子水)와 일지축토(日支丑土)와 시지해수(時支亥水)가 있어 해자축(亥子丑) 수국(水局)을 이루었으며 해중임수(亥中壬水)가 월상(月上)에 투출(透出)하여 일주(日柱)는 신왕사주(身旺四柱)같이 보이나 을목일주(乙木日柱)는 염열지화(炎熱之火)인 오월(五月)에 출생하고 오중정화(午中丁火)가 시상(時上)에 투출(透出)하여 을목일주는 고목(枯木)이 되어 일주(日柱)는 강화위약(强化爲弱)으로 신약사주(身弱四柱)다. 그러므로 수인수(水印綬)가 용신(用神)이며 목비견겁(木比肩劫)은 희신(喜神)이 된다. 이 사주는 여자(女子)의 사주로서 전업주부로 살다가 36세 인목대운(寅木大運)에 사업을 경영하여 돈을 많이 벌었고 41세 정화대운(丁火大運)에 월상임수(月上壬水)와 정임합(丁壬合)으로 합거(合去)되어 재산을 탕진하고 남편(男便)과 이혼하고 혼자 힘들게 살고 있는 사주다. 부궁(夫宮)이 부실한 것은 일지축토(日支丑土)는 관살(官殺)의 묘궁(墓宮)으로 여자 사주에 관성입묘(官星入墓)가 있으면 부궁(夫宮)이 부실하여 재혼하거나 혼자 사는 사람들이 많다.

❶ 세운병술년(歲運丙戌年): 복통, 수술, 관재, 관재, 불성
❷ 질병(疾病): 간(肝), 담(膽), 풍(風)
❸ 남녀성격: (남) 성질 급, 근면 성실, 의지 굳다, 무뚝뚝하다, 봉사정신, 형제불의, 밥을 빨리 먹는다, 재복 있다, 새벽잠이 없다, 신앙심
      (여) 의지 굳다, 무뚝뚝하다, 인자함, 부궁불미, 정부, 재가, 독수공방, 자손근심, 남자 조종 잘한다

🌀 세운 · 질병 · 남녀성격의 해설 (歲運 · 疾病 · 男女性格의 解說)

❶ 세운병술년(歲運丙戌年)= ※복통, 수술, 관재, 관재, 불성은 ※세운병술년(歲運丙戌年)의 술토(戌土)는 일지축토(日支丑土)와 축술(丑戌)로 형살(刑殺)이 되므로 세운(歲運)에서 일지(日支) 형살운(刑殺運)이 들어오면 ※배가 아프다든가 또는 수술을 조심해야 하며 또는 관재수를 조심해야 한다. 그리고 ※관재, 불성은 ※세운병술년(歲運丙戌年)의 병화(丙火)는 을목일주(乙木日柱)의 상관(傷官)으로 세운(歲運)에서 천간(天干) 상관운(傷官運)이 들어오면 ※관재수를 조심해야 하며 또는 모든 일이 잘 풀리지 않고 대차계약도 잘 이루어지지 않는다.

❷ 질병(疾病)과 ❸ 남녀성격은 일주(日柱)에서 발생(發生)한다.

병술년 (丙戌年)

62년(음) 1월 2일 자(子)시 남자

丙	乙	壬	壬
子	亥	寅	寅

59	49	39	29	19	9
戊	丁	丙	乙	甲	癸
申	未	午	巳	辰	卯

이 사주는 을목일주(乙木日柱)가 초봄 인월(寅月)에 출생하여 득령(得令)하고 년지인목(年支寅木)과 년월(年月) 양임수(兩壬水)가 투출하고 일시지(日時支) 해자수국(亥子水局)에 근(根)하여 을목일주(乙木日柱)를 생(生)하여주니 을목일주(乙木日柱)는 신왕사주(身旺四柱)다. 신왕사주(身旺四柱)에는 일주(日柱)를 제(制)하는 관살(官殺)이 좋은데 일주(日柱)를 제(制)하는 관살(官殺)은 없고 시상병화(時上丙火) 상관(傷官)이 투출(透出)하여 상관(傷官)으로 설기(泄氣)한다. 병화상관(丙火傷官)은 자좌자수(自坐子水)에 살지(殺地)라고 하나 인중병화(寅中丙火)에 근(根)하였으므로 병화상관(丙火傷官)으로 용신(用神)으로 쓸 수가 있다. 그러므로 이런 사주를 가상관격(假傷官格)이라고 하며 병화상관(丙火傷官)이 용신(用神)이 된다. 이 사주는 남자(男子)의 사주로서 초년(初年)에 불우한 환경에서 자라 공부도 많이 못하고 불량배처럼 살다가 29세 을목대운(乙木大運)부터 기술(技術)을 배워 34세 사화대운(巳火大運)에 자립하여 카센터 운영으로 사업 성공하기 시작하여 48세 오화대운(午火大運)까지 용신운(用神運)이 들어와 수억금을 벌은 사주다.

❶ 세운병술년(歲運丙戌年): 손재, 처액, 관재, 불성
❷ 질병(疾病): 풍(風), 냉(冷)
❸ 남녀성격: (남) 의지 굳다, 무뚝뚝하다, 강직하다, 영리하다, 인정 있다, 외유내강, 항상 바쁨, 예감이 빠름, 신앙심, 지혜롭다
 (여) 의지 굳다, 무뚝뚝하다, 인자함, 영리하다, 장수한다, 부궁불미

☯ 세운·질병·남녀성격의 해설 (歲運 · 疾病 · 男女性格의 解說)

❶ 세운병술년(歲運丙戌年)= ※손재, 처액, 관재, 불성은 ※세운병술년(歲運丙戌年)의 술토(戌土)는 을목일주(乙木日柱)의 정재(正財)로 신왕(身旺)한 남자(男子) 사주에 재(財)가 쇠약(衰弱)한데 세운(歲運)에서 재운(財運)이 들어오면 ※손재수를 조심해야 하며 또는 가정에 불화가 많이 생긴다든가 또는 처가 가출한다든가 또는 처의 건강을 조심해야 한다. 그리고 ※관재, 불성은 ※세운병술년(歲運丙戌年)의 병화(丙火)는 을목일주(乙木日柱)의 상관(傷官)으로 세운(歲運)에서 천간(天干) 상관운(傷官運)이 들어오면 ※관재수를 조심해야 하며 또는 모든 일이 잘 풀리지 않고 대차계약도 잘 이루어지지 않는다.

❷ 질병(疾病)은 일주(日柱)에서 발생(發生)한다.

❸ 남녀성격은 일주(日柱)에서 발생(發生)한다.

병술년 (丙戌年)

68년(윤) 7월 20일 진(辰)시 여자

庚	乙	辛	戊
辰	酉	酉	申

52	42	32	22	12	2
乙	丙	丁	戊	己	庚
卯	辰	巳	午	未	申

이 사주는 을목일주(乙木日柱)가 중추유월(中秋酉月)에 출생하여 실시(失時)하고 유중신금(酉中辛金)이 월상(月上)에 투출(透出)하여 편관격(偏官格)이다. 그리고 지지(地支)는 년일지(年日支) 신유(申酉)로 금국(金局)을 이루고 시상경금(時上庚金)이 투출(透出)하여 관살(官殺)이 태왕(太旺)이다. 을목일주(乙木日柱)는 무근(無根)이며 자좌유금(自坐酉金)에 살지(殺地)에 앉았으며 일주(日柱)를 도와주는 인수(印綬)나 비견겁(比肩劫)이 하나도 없으므로 쇠극격(衰極格)같이 보인다. 그러나 을목일주(乙木日柱)는 시상경금(時上庚金)과 을경합금(乙庚合金)으로 화(化)하여 화신금(化神金)이 왕(旺)하므로 화격(化格)이다. 그러므로 금(金)이 용신(用神)이며 토(土)가 희신(喜神)이 된다. 이 사주는 여자(女子)의 사주로서 공무원(公務員)으로 근무하며 평범하게 살다가 37세 사화대운(巳火大運)에 남편과 이혼하고 혼자 살고 있는 사주다. 여자(女子) 사주에 관살(官殺)이 태왕(太旺)이면 부궁(夫宮)이 부실하여 재혼(再婚)하거나 혼자 사는 사람들이 많다.

세운 · 질병 · 남녀성격의 해설 (歲運 · 疾病 · 男女性格의 解說)

❶ 세운병술년(歲運丙戌年)= ※관재, 손재, 신액, 관재, 불성은 ※세운병술년(歲運丙戌年)의 술토(戌土)는 을목일주(乙木日柱)의 정재(正財)로 원명사주(源命四柱)에 재살(財殺)이 태왕(太旺)인데 세운(歲運)에서 재(財)나 관살운(官殺運)이 들어오면 **※관재수를 조심해야 하며 또는 손재수를 조심해야 하며 또는 건강을 조심해야 한다.** 그리고 ※관재, 불성은 ※세운병술년(歲運丙戌年)의 병화(丙火)는 을목일주(乙木日柱)의 상관(傷官)으로 세운(歲運)에서 천간(天干) 상관운(傷官運)이 들어오면 ※관재수를 조심해야 하며 또는 모든 일이 잘 풀리지 않고 대차계약도 잘 이루어지지 않는다.

❷ 질병(疾病)은 간, 담, 간경화는 일주(日柱)에서 발생(發生)하며 ※편도선, 시력은 ※을목일주(乙木日柱)가 신유월(申酉月)에 출생하면 ※편도선과 시력을 조심해야 한다.

❸ 남녀성격은 일주(日柱)에서 발생(發生)한다.

병술년 (丙戌年)

64년(음) 7월 7일 진(辰)시 여자

庚	乙	壬	甲
辰	未	申	辰

52	42	32	22	12	2
丙	丁	戊	己	庚	辛
寅	卯	辰	巳	午	未

이 사주는 을목일주(乙木日柱)가 초가을 신월(申月)에 출생하여 실시(失時)하고 신궁임수(申宮壬水)와 경금(庚金)이 투출(透出)하여 어느 오행(五行)으로 격(格)을 잡느냐의 기로에 서게 된다. 날짜상으로 보아 임수(壬水)가 사령(司令)하므로 인수격(印綬格)이다. 그러나 년지진토(年支辰土)와 일지미토(日支未土)와 시간지(時干支) 경진(庚辰)으로 재관(財官)이 태왕(太旺)하므로 일주(日柱)는 신약사주(身弱四柱)다. 다행히 을목일주(乙木日柱)는 자좌(自坐) 미중을목(未中乙木)에 근(根)하고 월상임수(月上壬水) 인수(印綬)가 투출(透出)하여 살인상생(殺印相生)으로 수인수(水印綬)가 용신(用神)이며 목비견겁(木比肩劫)은 희신(喜神)이 된다. 이 사주는 여자의 사주로서 공인중개소를 경영하였으나 운(運)이 없어 고생을 많이 하다가 42세 정화대운(丁火大運)에 월상임수(月上壬水)와 정임합(丁壬合)으로 합거(合去)되어 재산을 탕진하고 남편과 이혼하고 혼자 살고 있는 사주다. 부궁(夫宮)이 부실한 것은 을미일주(乙未日柱)의 공망(空亡)은 시지진토(時支辰土)로서 일시지(日時支)에 공망(空亡)이 있으면 부궁(夫宮)이 부실하여 재혼하거나 혼자 사는 사람들이 많다.

❶ 세운병술년(歲運丙戌年): 복통, 수술, 관재, 관재, 불성
❷ 질병(疾病): 간(肝), 담(膽), 위장(胃臟)
❸ 남녀성격: (남) 의지 굳다, 무뚝뚝하다, 인정 있다, 총명하다, 근면 성실, 학문, 예술, 자수성가, 처궁불미, 성격이 까다롭다, 옷에 신경, 편식한다, 신앙심
　　　　　(여) 의지 굳다, 무뚝뚝하다, 인자함, 부궁불미, 정부, 시모불합, 자식에게 애정 많음

🔵 세운 · 질병 · 남녀성격의 해설 (歲運 · 疾病 · 男女性格의 解說)

❶ 세운병술년(歲運丙戌年)= ※복통, 수술, 관재, 관재, 불성은 ※세운병술년(歲運丙戌年)의 술토(戌土)는 일지미토(日支未土)와 미술(未戌)로 형살(刑殺)이 되므로 세운(歲運)에서 일지(日支) 형살운(刑殺運)이 들어오면 ※배가 아프다든가 또는 수술을 조심해야 하며 또는 관재수를 조심해야 한다. 그리고 ※관재, 불성은 ※세운병술년(歲運丙戌年)의 병화(丙火)는 을목일주(乙木日柱)의 상관(傷官)으로 세운(歲運)에서 천간(天干) 상관운(傷官運)이 들어오면 ※관재수를 조심해야 하며 또는 모든 일이 잘 풀리지 않고 대차계약도 잘 이루어지지 않는다.

❷ 질병(疾病)은 일주(日柱)에서 발생(發生)한다.

❸ 남녀성격은 일주(日柱)에서 발생(發生)한다.

64년(음) 5월 16일 해(亥)시 여자

丁	乙	庚	甲
亥	巳	午	辰

56	46	36	26	16	6
甲	乙	丙	丁	戊	己
子	丑	寅	卯	辰	巳

이 사주는 을목일주(乙木日柱)가 중하오월(中夏午月)에 출생하여 실시(失時)하고 오중정화(午中丁火)가 시상(時上)에 투출(透出)하여 식신격(食神格)이다. 그리고 일지사화(日支巳火)와 사오(巳午)로 화국(火局)을 이루어 을목일주(乙木日柱)는 고목(枯木)이 되어가고 있다. 다행히 시지해수(時支亥水) 인수(印綬)가 있어 해중임수(亥中壬水) 인수(印綬)로 많은 상관식신(傷官食神)을 제(制)하고 을목일주(乙木日柱)를 생(生)하여줘야 하므로 해중임수(亥中壬水) 인수(印綬)가 용신(用神)이며 목비견겁(木比肩劫)은 희신(喜神)이 된다. 이 사주는 여자(女子)의 사주로서 항공사에 취업하여 31세 묘목대운(卯木大運)에 승진하였고 그 이후로도 운(運)이 평탄하였으며 41세 인목대운(寅木大運)에 과장으로 승진하였으나 46세 을목대운(乙木大運)에 남편(男便)과 사별(死別)하고 혼자 살고 있는 사주다. 부궁(夫宮)이 부실한 것은 을목일주(乙木日柱)의 남편은 월상경금(月上庚金)인데 그 경금(庚金)은 자좌오화(自坐午火)에 살지(殺地)에 앉았으며 일시(日時)가 사해충(巳亥沖)으로 부궁(夫宮)이 더욱더 부실한 사주다.

❶ 세운병술년(歲運丙戌年): 이별수, 관재, 불성
❷ 질병(疾病): 간(肝), 담(膽)
❸ 남녀성격: (남) 의지 굳다, 무뚝뚝하다, 웃음이 적다, 인정 있다, 예의 있다, 명랑하다, 영리하다, 처궁불미, 고독하다, 돈이 잘 빠져나간다
　　　　　　(여) 의지 굳다, 무뚝뚝하다, 인자하다, 부궁불미, 정부, 재가, 애교 많음

◉ 세운·질병·남녀성격의 해설 (歲運·疾病·男女性格의 解說)

❶ 세운병술년(歲運丙戌年)= ※이별수, 관재, 불성은 ※세운병술년(歲運丙戌年)의 병화(丙火)는 을목일주(乙木日柱)의 상관(傷官)으로 여자 사주에 상관식신(傷官食神)이 태왕(太旺)인데 세운(歲運)에서 상관(傷官) 식신운(食神運)이 들어오면 ※가정에 불화가 많이 생긴다든가 또는 남편과 떨어져 산다든가 또는 이혼한다든가 또는 남편이 사망하는 수도 있다. 그리고 ※관재, 불성은 ※세운병술년(歲運丙戌年)의 병화(丙火)는 을목일주(乙木日柱)의 상관(傷官)으로 세운(歲運)에서 천간(天干) 상관운(傷官運)이 들어오면 ※관재수를 조심해야 하며 또는 모든 일이 잘 풀리지 않고 대차계약도 잘 이루어지지 않는다.

❷ 질병(疾病)은 일주(日柱)에서 발생(發生)한다.

❸ 남녀성격은 일주(日柱)에서 발생(發生)한다.

병술년(丙戌年)

61년(음) 8월 10일 술(戌)시 여자

<table>
<tr><td>丙</td><td>乙</td><td>丁</td><td>辛</td></tr>
<tr><td>戌</td><td>卯</td><td>酉</td><td>丑</td></tr>
</table>

56	46	36	26	16	6
癸	壬	辛	庚	己	戊
卯	寅	丑	子	亥	戌

이 사주는 을목일주(乙木日柱)가 중추유월(中秋酉月)에 출생하여 실시(失時)하고 유중신금(酉中辛金)이 년상(年上)에 투출(透出)하여 편관격(偏官格)이다. 그리고 년지축토(年支丑土)와 월지 유금(月支酉金)과 유축(酉丑)으로 금국(金局)을 이루고 시지(時支) 술토재(戌土財)가 있어 재살(財殺)이 태왕(太旺)이다. 다행히 을목(乙木)은 자좌묘목(自坐卯木)에 록근(祿根)하여 종(從)하지 않는다. 그러므로 수인수(水印綬)가 용신(用神)이며 목비견겁(木比肩劫)은 희신(喜神)이 된다. 이 사주는 여자(女子)의 사주로서 초년운(初年運)이 잘 들어와 한의학과를 졸업하여 31세 자수대운(子水大運)에 한의원을 개원하여 돈을 많이 벌었으나 그 이후로는 운(運)이 없어 고생을 많이 하다가 다른 한의원에 근무하고 있는 사주다. 그러나 51세 인목대운(寅木大運)부터 운(運)이 잘 들어와 승승장구(乘勝長驅)하리라고 본다.

❶ 세운병술년(歲運丙戌年): 관재, 손재, 신액, 관재, 불성
❷ 질병(疾病): 중풍(中風), 위산과다(胃酸過多), 편도선(扁桃腺), 두통(頭痛)
❸ 남녀성격: (남) 의지 굳다, 강직하다, 미남이다, 농담 잘함, 주관이 강함, 인정 있다, 인색하다, 처궁불미, 영리하다, 지구력 부족, 분주 다사, 마음 약

        (여) 의지 굳다, 무뚝뚝하다, 고집 대단, 친정형제 걱정, 부궁불미, 정부, 마음 약, 근심이 많다

🌀 세운·질병·남녀성격의 해설(歲運·疾病·男女性格의 解說)

❶ 세운병술년(歲運丙戌年)= ※관재, 손재, 신액, 관재, 불성은 ※세운병술년(歲運丙戌年)의 술토(戌土)는 을목일주(乙木日柱)의 정재(正財)로 원명사주(源命四柱)에 재살(財殺)이 태왕(太旺)인데 세운(歲運)에서 재(財)나 관살운(官殺運)이 들어오면 ※관재수를 조심해야 하며 또는 손재수를 조심해야 하며 또는 건강을 조심해야 한다. 그리고 ※관재, 불성은 ※세운병술년(歲運丙戌年)의 병화(丙火)는 을목일주(乙木日柱)의 상관(傷官)으로 세운(歲運)에서 천간(天干) 상관운(傷官運)이 들어오면 ※관재수를 조심해야 하며 또는 모든 일이 잘 풀리지 않고 대차계약도 잘 이루어지지 않는다.

❷ 질병(疾病)은 중풍, 위산과다는 일주(日柱)에서 발생(發生)하며 ※편도선, 두통은 ※을목일주(乙木日柱)가 신유월(申酉月)에 출생하면 ※편도선과 두통이 심하다.

❸ 남녀성격은 일주(日柱)에서 발생(發生)한다.

병술년 (丙戌年)

60년(음) 3월 12일 해(亥)시 남자

丁	乙	庚	庚
亥	丑	辰	子

59	49	39	29	19	9
丙	乙	甲	癸	壬	辛
戌	酉	申	未	午	巳

이 사주는 을목일주(乙木日柱)가 춘계진월(春季辰月)에 출생하여 실시(失時)하고 년월(年月) 양경금(兩庚金)이 투출(透出)하여 재관(財官)이 태왕(太旺)이다. 다행히 년지자수(年支子水) 인수(印綬)와 시지(時支) 해중임수(亥中壬水) 인수(印綬)가 있어 살인상생(殺印相生)으로 수인수(水印綬)가 용신(用神)이며 목비견겁(木比肩劫)은 희신(喜神)이 된다. 이 사주는 남자(男子)의 사주로서 회사에 근무하다가 운(運)이 없어 고생을 많이 하다가 44세 신금대운(申金大運)에 퇴사하여 사업을 경영하였으나 원명사주(源命四柱)에 재관(財官)이 태왕(太旺)인데 대운신금(大運申金) 정관(正官)이 들어와 손해를 많이 보았고 49세 을목대운(乙木大運)에 년상경금(年上庚金)과 을경합(乙庚合)으로 합거(合去)되어 재산을 탕진한 사주다.

❶ 세운병술년(歲運丙戌年): 복통, 수술, 관재, 관재, 손재, 신액, 관재, 불성
❷ 질병(疾病): 간(肝), 담(膽), 풍(風)
❸ 남녀성격: (남) 성질 급, 근면 성실, 의지 굳다, 무뚝뚝하다, 봉사정신, 형제불의, 밥을 빨리 먹는다, 재복 있다, 새벽잠이 없다, 신앙심
    (여) 의지 굳다, 무뚝뚝하다, 인자함, 부궁불미, 정부, 재가, 독수공방, 자손근심, 남자 조종 잘한다

세운 · 질병 · 남녀성격의 해설 (歲運 · 疾病 · 男女性格의 解說)

❶ 세운병술년(歲運丙戌年)= ※복통, 수술, 관재, 관재, 손재, 신액, 관재, 불성은 ※세운병술년(歲運丙戌年)의 술토(戌土)는 일지축토(日支丑土)와 축술(丑戌)로 형살(刑殺)이 되므로 세운(歲運)에서 일지(日支) 형살운(刑殺運)이 들어오면 ※배가 아프다든가 또는 수술을 조심해야 하며 또는 관재수를 조심해야 한다. 그리고 ※관재, 손재, 신액은 ※세운병술년(歲運丙戌年)의 술토(戌土)는 을목일주(乙木日柱)의 정재(正財)로 원명사주(源命四柱)에 재살(財殺)이 태왕(太旺)인데 세운(歲運)에서 재(財)나 관살운(官殺運)이 들어오면 ※관재수를 조심해야 하며 또는 손재수를 조심해야 하며 또는 건강을 조심해야 한다. 그리고 ※관재, 불성은 ※세운병술년(歲運丙戌年)의 병화(丙火)는 을목일주(乙木日柱)의 상관(傷官)으로 세운(歲運)에서 천간(天干) 상관운(傷官運)이 들어오면 ※관재수를 조심해야 하며 또는 모든 일이 잘 풀리지 않고 대차계약도 잘 이루어지지 않는다.

❷ 질병(疾病)은 일주(日柱)에서 발생(發生)한다.

❸ 남녀성격은 일주(日柱)에서 발생(發生)한다.

병술년(丙戌年)

58년(음) 11월 4일 축(丑)시 남자

丁	乙	甲	戊
丑	丑	子	戌

58	48	38	28	18	8
庚	己	戊	丁	丙	乙
午	巳	辰	卯	寅	丑

이 사주는 을목일주(乙木日柱)가 중동자월(中冬子月)에 출생하여 득령(得令)하고 월상갑목(月上甲木)이 투출(透出)하고 일지축토(日支丑土)와 자축(子丑)으로 수국(水局)을 이루어 신왕사주(身旺四柱)같이 보인다. 그러나 년간지(年干支) 무술토재(戊戌土財)와 일시지(日時支) 양축토재(兩丑土財)가 있으며 시상(時上)에 정화(丁火)가 투출(透出)하여 을목일주(乙木日柱)는 강화위약(强化爲弱)으로 신약사주(身弱四柱)다. 그러므로 많은 토재(土財)를 제(制)하고 을목일주(乙木日柱)를 보신(補身)하는 비견겁(比肩劫)이 용신(用神)이며 수인수(水印綬)는 희신(喜神)이 된다. 이 사주는 남자(男子)의 사주로서 초년운(初年運)이 잘 들어와 의대(醫大)를 졸업하고 종합병원에 근무하다가 묘목대운(卯木大運)에 전문의로 승진하여 승승장구(乘勝長驅)하다가 48세 기토대운(己土大運)에 의원을 개원하였으나 월상갑목(月上甲木)과 대운기토(大運己土)와 갑기합(甲己合)으로 합거(合去)되어 재산을 탕진하고 힘들게 살아가고 있는 사주다.

❶ 세운병술년(歲運丙戌年): 복통, 수술, 관재, 자연재앙, 관재, 불성
❷ 질병(疾病): 간(肝), 담(膽), 풍(風)
❸ 남녀성격: (남) 성질 급, 근면 성실, 의지 굳다, 무뚝뚝하다, 봉사정신, 형제불의, 밥을 빨리 먹는다, 재복 있다, 새벽잠이 없다, 신앙심
(여) 의지 굳다, 무뚝뚝하다, 인자함, 부궁불미, 정부, 재가, 독수공방, 자손근심, 남자 조종 잘한다

☯ 세운·질병·남녀성격의 해설(歲運·疾病·男女性格의 解說)

❶ 세운병술년(歲運丙戌年)= ※복통, 수술, 관재, 자연재앙, 관재, 불성은 ※세운병술년(歲運丙戌年)의 술토(戌土)는 일지축토(日支丑土)와 축술(丑戌)로 형살(刑殺)이 되므로 세운(歲運)에서 일지(日支) 형살운(刑殺運)이 들어오면 ※배가 아프다든가 또는 수술을 조심해야 하며 또는 관재수를 조심해야 한다. 그리고 ※자연재앙은 ※세운병술년(歲運丙戌年)의 술토(戌土)는 년지술토(年支戌土)와 술술(戌戌)로 똑같은 오행(五行)이므로 년지(年支) 같은 운(運)이 들어오면 ※자연재앙을 조심해야 한다. 그리고 ※관재, 불성은 ※세운병술년(歲運丙戌年)의 병화(丙火)는 을목일주(乙木日柱)의 상관(傷官)으로 세운(歲運)에서 천간(天干) 상관운(傷官運)이 들어오면 ※관재수를 조심해야 하며 또는 모든 일이 잘 풀리지 않고 대차계약도 잘 이루어지지 않는다.

❷ 질병(疾病)과 ❸ 남녀성격은 일주(日柱)에서 발생(發生)한다.

병술년 (丙戌年)

58년(음) 9월 14일 자(子)시 남자

戊	丙	壬	戊
子	子	戌	戌

54	44	34	24	14	4
戊	丁	丙	乙	甲	癸
辰	卯	寅	丑	子	亥

이 사주는 병화일주(丙火日柱)가 계추술월(季秋戌月)에 출생하여 실시(失時)하고 술중무토(戌中戊土)가 년시상(年時上)에 투출(透出)하여 식신격(食神格)이다. 그리고 년지술토(年支戌土)가 있어 식신(食神)이 태왕(太旺)이며 일시지(日時支) 양자수(兩子水)와 월상임수(月上壬水)기 투출(透出)하여 병화일주(丙火日柱)는 한편으로는 설기(泄氣)가 심(甚)하고 한편으로는 관살(官殺)에 극(剋)을 받으므로 일주(日柱)가 심약(甚弱)하다. 병화일주(丙火日柱)를 도와주는 인수(印綬)나 비견겁(比肩劫)이 하나도 없으므로 이 사주는 쇠극격(衰極格)에 해당한다. 쇠(衰)한 자는 상관식신(傷官食神)으로 설기(泄氣)하여 더욱더 쇠(衰)하게 하는 동시 일주(日柱)를 극(剋)하는 관살(官殺)을 제(制)하여야 하기 때문에 상관식신(傷官食神)이 용신(用神)이 된다. 이 사주는 남자(男子)의 사주로서 회사에 근무하였으나 운(運)이 없어 고생을 많이 하다가 44세 정화대운(丁火大運)에 퇴사하여 사업을 경영하여 정화대운(丁火大運)에 월상임수(月上壬水)와 정임합(丁壬合)으로 합거(合去)되어 재산을 탕진하고 그 이후로도 운(運)이 없어 방황하며 살고 있는 사주다. 이렇게 운(運)이 없는 사주들은 직장생활을 하면 평범하게 살 수가 있다.

❶ 세운병술년(歲運丙戌年): 자연재앙, 불성
❷ 질병(疾病): 심장(心臟), 냉증(冷症)
❸ 남녀성격: (남) 예의 있다, 명랑하다, 근심이 많다, 내음외양, 권모술수, 냉정하다, 눈치가 빠름, 고집 대단, 부모형제 덕이 없다, 성질 급, 처궁불미, 자손근심, 말을 잘한다
(여) 말을 잘한다, 명랑하다, 금방 좋았다가 금방 싫어짐, 부궁불미, 정부, 재가, 어려운 생활

🌓 세운·질병·남녀성격의 해설 (歲運·疾病·男女性格의 解說)

❶ 세운병술년(歲運丙戌年)= ※자연재앙, 불성은 ※세운병술년(歲運丙戌年)의 술토(戌土)는 년지술토(年支戌土)와 술술(戌戌)로 똑같은 오행(五行)이므로 세운(歲運)에서 년지(年支) 같은 운(運)이 들어오면 ※자연재앙을 조심해야 한다. 그리고 ※불성은 ※세운병술년(歲運丙戌年)의 병화(丙火)는 병화일주(丙火日柱)의 비견(比肩)으로 세운(歲運)에서 비견겁운(比肩劫運)이 들어오면 ※모든 일이 잘 풀리지 않으며 대차계약도 잘 이루어지지 않는다.

❷ 질병(疾病)과 ❸ 남녀성격은 일주(日柱)에서 발생(發生)한다.

병술년 (丙戌年)

59년(음) 7월 9일 인(寅)시 남자

庚	丙	壬	己
寅	寅	申	亥

51	41	31	21	11	1
丙	丁	戊	己	庚	辛
寅	卯	辰	巳	午	未

이 사주는 병화일주(丙火日柱)가 초가을 신월(申月)에 출생하여 실시(失時)하고 신궁임수(申宮壬水)가 월상(月上)에 투출(透出)하여 편관격(偏官格)이다. 병화일주(丙火日柱)는 자좌인목(自坐寅木)에 장생(長生)하고 시지인목(時支寅木)에 장생(長生)하여 신왕사주(身旺四柱)같이 보이나 시상경금(時上庚金)은 월지신금(月支申金)에 록근(祿根)하고 월상임수(月上壬水)는 년지해수(年支亥水)에 록근(祿根)하여 재살(財殺)이 태왕(太旺)으로 일주(日柱)는 신약사주(身弱四柱)로서 목인수(木印綬)가 용신(用神)이며 화비견겁(火比肩劫)은 희신(喜神)이 된다. 이 사주는 남자(男子)의 사주로서 초년(初年) 사화대운(巳火大運)이 잘 들어와 토지주택공사에 취업하여 순탄하였으나 31세 무진대운(戊辰大運)에 운(運)이 없어 고생을 많이 하였고 41세 정화대운(丁火大運)에 월상임수(月上壬水)와 정임합(丁壬合)으로 합거(合去)되어 고생을 많이 하였고 46세 묘목대운(卯木大運)에 인수운(印綬運)이 들어와 회사에서 본부장으로 승진하였으며 51세 병인대운(丙寅大運)에도 운(運)이 잘 들어와 승승장구(乘勝長驅)하고 있는 사주다.

❶ 세운병술년(歲運丙戌年): 변화, 이사, 전근, 불성
❷ 질병(疾病): 심장(心臟), 기관지(氣管支)
❸ 남녀성격: (남) 말을 잘한다, 예의 있다, 명랑하다, 남을 생각하지 않고 직선적으로 말함, 용기 있다, 의젓하다, 멋쟁이, 영리하다, 일독십지, 명예 우선, 성질 급, 박력 있다, 타의 군림, 남을 멸시한다
(여) 말을 잘한다, 총명하다, 금방 좋았다가 금방 싫어짐, 박력 있다, 부궁불미

☯ 세운·질병·남녀성격의 해설 (歲運·疾病·男女性格의 解說)

❶ 세운병술년(歲運丙戌年)= ※변화, 이사, 전근, 불성은 ※세운병술년(歲運丙戌年)의 술토(戌土)는 일지인목(日支寅木)과 인술(寅戌)로 삼합(三合)이 되므로 세운(歲運)에서 일지(日支) 삼합운(三合運)이 들어오면 ※변화가 생긴다든가 또는 이사를 한다든가 또는 직장을 옮기는 일이 많다. 그리고 ※불성은 ※세운병술년(歲運丙戌年)의 병화(丙火)는 병화일주(丙火日柱)의 비견(比肩)으로 세운(歲運)에서 비견겁운(比肩劫運)이 들어오면 ※모든 일이 잘 풀리지 않으며 대차계약도 잘 이루어지지 않는다.

❷ 질병(疾病)은 일주(日柱)에서 발생(發生)한다.

❸ 남녀성격은 일주(日柱)에서 발생(發生)한다.

병술년 (丙戌年)

56년(음) 11월 14일 자(子)시 남자

戊	丙	庚	丙
子	辰	子	申

57	47	37	27	17	7
丙	乙	甲	癸	壬	辛
午	巳	辰	卯	寅	丑

이 사주는 병화일주(丙火日柱)가 중동자월(中冬子月)에 출생하여 실시(失時)하고 일지진토(日支辰土)와 시지자수(時支子水)와 년지신금(年支申金)과 신자진(申子辰)으로 수국(水局)을 이루고 월시상(月時上)에 경금(庚金)과 무토(戊土)가 투출(透出)하여 재살(財殺)이 대왕(太旺)하어 병화일주(丙火日柱)는 신약사주(身弱四柱)다. 병화일주는 근(根)이 없으며 자좌진토(自坐辰土)에 설기(泄氣)가 심(甚)하고 년상병화(年上丙火) 비견(比肩)이 있다 하나 그 비견(比肩)도 무근(無根)이며 자좌신금(自坐申金)에 병궁(病宮)에 앉아 병화일주(丙火日柱)를 도울 수가 없다. 그러므로 이 사주는 화생토(火生土) 토생금(土生金) 금생수(金生水)로 종살격(從殺格)이다. 그러므로 수관살(水官殺)이 용신(用神)이며 금재(金財)는 희신(喜神)이 된다. 이 사주는 남자(男子)의 사주로서 주류업을 하였으나 운(運)이 없어 고생을 많이 하다가 47세 을목대운(乙木大運)에 월상경금(月上庚金)과 을경합(乙庚合)으로 합거(合去)되어 재산을 탕진하고 처(妻)와 이혼하고 일용직으로 혼자 힘들게 살고 있는 사주다. 처궁(妻宮)이 부실한 것은 년간지(年干支) 병신생(丙申生)의 공망(空亡)은 일지진토(日支辰土)로서 일시지(日時支)에 공망(空亡)이 있으면 처궁(妻宮)이 부실하다.

❶ 세운병술년(歲運丙戌年): 복통, 수술, 관재, 자연재앙, 불성
❷ 질병(疾病): 혈압(血壓), 심장(心臟), 신경통(神經痛)
❸ 남녀성격: (남) 말을 잘한다, 재간 있다, 남에게 잘함, 배짱 좋다, 손재가 많다, 신앙심, 추리력이 좋다, 재복 있다
   (여) 말을 잘한다, 명랑하다, 금방 좋았다가 금방 싫어짐, 고집 대단, 박력 있다, 부궁불미, 정부, 몸과 마음이 피곤함, 신앙심

🌀 세운·질병·남녀성격의 해설 (歲運·疾病·男女性格의 解說)

❶ 세운병술년(歲運丙戌年)= ※복통, 수술, 관재, 자연재앙, 불성은 ※세운병술년(歲運丙戌年)의 술토(戌土)는 일지진토(日支辰土)와 진술충(辰戌沖)으로 세운(歲運)에서 일지충운(日支沖運)이 들어오면 ※배가 아프다든가 또는 수술을 조심해야 하며 또는 관재수를 조심해야 하며 또는 자연재앙을 조심해야 한다. 그리고 ※불성은 ※세운병술년(歲運丙戌年)의 병화(丙火)는 병화일주(丙火日柱)의 비견(比肩)으로 세운(歲運)에서 비견겁운(比肩劫運)이 들어오면 ※모든 일이 잘 풀리지 않으며 대차계약도 잘 이루어지지 않는다.

❷ 질병(疾病)과 ❸ 남녀성격은 일주(日柱)에서 발생(發生)한다.

병술년(丙戌年)

60년(음) 6월 24일 진(辰)시 여자

壬	丙	癸	庚
辰	午	未	子

53	43	33	23	13	3
丁	戊	己	庚	辛	壬
丑	寅	卯	辰	巳	午

이 사주는 병화일주(丙火日柱)가 하계미월(夏季未月)에 출생하여 실시(失時)하고 월시상(月時上) 임계수(壬癸水)가 투출(透出)하여 그 임계수(壬癸水)는 년시지(年時支) 자진수국(子辰水局)에 근(根)하고 년상경금(年上庚金)이 투출(透出)하여 재살(財殺)이 태왕(太旺)이다. 그러나 병화일주(丙火日柱)는 월지미토(月支未土)와 오미(午未)로 화국(火局)을 이루었으나 일주(日柱)는 신약사주(身弱四柱)로서 목인수(木印綬)가 용신(用神)이며 화비견겁(火比肩劫)은 희신(喜神)이 된다. 이 사주는 여자(女子)의 사주로서 미용실을 경영하였으나 초년(初年)에는 운(運)이 없어 고생을 많이 하다가 38세 묘목인수(卯木印綬) 대운(大運)에 미용실이 번창하여 돈을 수억금을 벌었으며 43세 무토대운(戊土大運)에 사업을 확장하여 경영하였으나 월상계수(月上癸水)와 무계합(戊癸合)으로 합거(合去)되어 손해를 많이 보고 남편과 이혼하고 혼자 살다가 48세 인목대운(寅木大運)에 용신운(用神運)이 들어와 사업이 번창하여 돈을 많이 벌고 있는 사주다. 부궁(夫宮)이 부실한 것은 년간지(年干支) 경자생(庚子生)의 공망(空亡)은 시지진토(時支辰土)로서 일시지(日時支)에 공망(空亡)이 있으면 부궁(夫宮)이 부실하여 재혼(再婚)하거나 혼자 사는 사람들이 많다.

❶ 세운병술년(歲運丙戌年): 변화, 이사, 전근, 불성
❷ 질병(疾病): 심장(心臟)
❸ 남녀성격: (남) 말을 잘한다, 명랑하다, 성질 급, 남을 생각하지 않고 직선적으로 말함, 처궁불미, 인내심 부족, 타인경시, 자립정신, 속성속패, 암기력, 영리하다
　　　　　(여) 말을 잘한다, 명랑하다, 금방 좋았다가 금방 싫어짐, 시모불합, 남편 말 잘 안 듣는다, 부궁불미, 정부, 영리하다

세운·질병·남녀성격의 해설 (歲運·疾病·男女性格의 解說)

❶ 세운병술년(歲運丙戌年)= ※변화, 이사, 전근, 불성은 ※세운병술년(歲運丙戌年)의 술토(戌土)는 일지오화(日支午火)와 오술(午戌)로 삼합(三合)이 되므로 세운(歲運)에서 일지(日支) 삼합운(三合運)이 들어오면 ※변화가 생긴다든가 또는 이사를 한다든가 또는 직장을 옮기는 일이 많다. 그리고 ※불성은 ※세운병술년(歲運丙戌年)의 병화(丙火)는 병화일주(丙火日柱)의 비견(比肩)으로 세운(歲運)에서 비견겁운(比肩劫運)이 들어오면 ※모든 일이 잘 풀리지 않으며 대차계약도 잘 이루어지지 않는다.

❷ 질병(疾病)과 ❸ 남녀성격은 일주(日柱)에서 발생(發生)한다.

병술년 (丙戌年)

63년(음) 7월 3일 사(巳)시 남자

癸	丙	庚	癸
巳	申	申	卯

54	44	34	24	14	4
甲	乙	丙	丁	戊	己
寅	卯	辰	巳	午	未

이 사주는 병화일주(丙火日柱)가 초가을 신월(申月)에 출생하여 실시(失時)하고 신궁경금(申宮庚金)이 월상(月上)에 투출(透出)하여 편재격(偏財格)이다. 그리고 일지신금(日支申金)과 년시상(年時上) 양계수(兩癸水)가 투출(透出)하여 재관(財官)이 태왕(太旺)이나. 나행히 병화일주(丙火日柱)는 년지묘목(年支卯木)에 생(生)을 받고 시지사화(時支巳火)에 녹근(祿根)하므로 종(從)하지 않으므로 사주에 재(財)가 많아 많은 재(財)를 제(制)하고 병화일주(丙火日柱)를 보신(補身)하는 비견겁(比肩劫)이 용신(用神)이며 목인수(木印綬)는 희신(喜神)이 된다. 이 사주는 남자(男子)의 사주로서 초년운(初年運)이 잘 들어와 외환은행에서 근무하였으며 운(運)이 좋아 승진이 빨랐으며 승승장구(乘勝長驅)하다가 39세 진토대운(辰土大運)부터 평범하게 지내다가 49세 묘목대운(卯木大運)에 인수운(印綬運)이 들어와 한층 더 승진하여 승승장구(乘勝長驅) 하고 있는 사주다.

❶ 세운병술년(歲運丙戌年): 불성, 손재, 신액
❷ 질병(疾病): 심장 약(心臟 弱), 시력(視力)
❸ 남녀성격: (남) 말을 잘한다, 영리하다, 다재다능, 재복 있다, 처 덕 있다, 꾀가 많다, 고독하다
　　　　　(여) 말을 잘한다, 명랑하다, 금방 좋았다가 금방 싫어짐, 부궁불미, 정부, 시모 불합, 잔병조심, 말조심, 고독하다

🔵 세운·질병·남녀성격의 해설 (歲運·疾病·男女性格의 解說)

❶ 세운병술년(歲運丙戌年)= ※불성, 손재, 신액은 ※세운병술년(歲運丙戌年)의 병화(丙火)는 병화일주(丙火日柱)의 비견(比肩)으로 세운(歲運)에서 비견겁운(比肩劫運)이 들어오면 ※모든 일이 잘 풀리지 않으며 대차계약도 잘 이루어지지 않는다. 그리고 ※손재, 신액은 ※세운병술년(歲運丙戌年)의 술토(戌土)는 병화일주(丙火日柱)의 식신(食神)으로 원명사주(源命四柱)에 재살(財殺)이 태왕(太旺)인데 세운(歲運)에서 상관(傷官) 식신운(食神運)이 들어오면 ※손재수를 조심해야 하며 또는 건강을 조심해야 한다.

❷ 질병(疾病)은 심장 약은 일주(日柱)에서 발생(發生)하며 ※시력은 ※병화일주(丙火日柱)가 신유월(申酉月)에 출생하고 금수재살(金水財殺)이 태왕(太旺)하면 ※시력을 조심해야 한다.

❸ 남녀성격은 일주(日柱)에서 발생(發生)한다.

병술년 (丙戌年)

62년(음) 9월 17일 미(未)시 여자

乙	丙	庚	壬
未	戌	戌	寅

52	42	32	22	12	2
甲	乙	丙	丁	戊	己
辰	巳	午	未	申	酉

이 사주는 병화일주(丙火日柱)가 계추술월(季秋戌月)에 출생하여 실시(失時)하고 일시지(日時支) 미술(未戌)로 상관식신(傷官食神)이 태왕(太旺)하며 년월경금(年月庚金)과 임수(壬水)가 투출(透出)하여 재살(財殺)이 태왕(太旺)이다. 그러나 병화일주(丙火日柱)는 년지인목(年支寅木)에 장생(長生)하고 시상을목(時上乙木) 인수(印綬)는 미중을목(未中乙木)에 근(根)하여 병화일주(丙火日柱)를 생(生)하므로 목인수(木印綬)가 용신(用神)이며 화비견겁(火比肩劫)은 희신(喜神)이 된다. 이 사주는 여자(女子)의 사주로서 공부를 많이 하여 32세 병화대운(丙火大運)에 대학교 행정직원으로 근무하였으며 그 이후로도 운(運)이 좋아 승승장구하였으나 일시지(日時支) 미술(未戌)은 형살(刑殺)이므로 상관식신(傷官食神)이 형살(刑殺)이면 자궁(子宮)과 유방(乳房)을 조심해야 하는데 이 사주도 자궁(子宮)에 유종을 수술한 사주다. 그러나 52세 갑목대운(甲木大運)에 운(運)이 좋아 승승장구하리라고 본다.

❶ 세운병술년(歲運丙戌年): 변화, 이사, 전근, 자연재앙, 불성
❷ 질병(疾病): 혈압(血壓)
❸ 남녀성격: (남) 말을 잘한다, 영리하다, 예의 있다, 인정 있다, 이해심이 많다, 성질 급, 박력 있다, 영리하다, 만인 존경, 알뜰함, 연구심, 배짱 좋다, 돈이 잘 빠져나감, 예감, 신앙심
　　　　　　(여) 말을 잘한다, 명랑하다, 예의 있다, 금방 좋았다가 금방 싫어짐, 정부, 재가, 부궁불미, 인정 있다, 남에게 잘함, 배짱 좋다, 신앙심

세운·질병·남녀성격의 해설 (歲運·疾病·男女性格의 解說)

❶ 세운병술년(歲運丙戌年)= ※변화, 이사, 전근, 자연재앙, 불성은 ※세운병술년(歲運丙戌年)의 술토(戌土)는 일지술토(日支戌土)와 술술(戌戌)로 삼합(三合)이 되므로 세운에서 일지(日支) 삼합운(三合運)이 들어오면 ※변화가 생긴다든가 또는 이사를 한다든가 또는 직장을 옮기는 일이 많다. 그리고 ※자연재앙은 ※세운병술년(歲運丙戌年)의 술토(戌土)는 일지술토(日支戌土)와 술술(戌戌)로 똑같은 오행(五行)이므로 세운에서 일지(日支) 같은 운(運)이 들어오면 ※자연재앙을 조심해야 한다. 그리고 ※불성은 ※세운병술년(歲運丙戌年)의 병화(丙火)는 병화일주의 비견(比肩)으로 세운에서 비견겁운(比肩劫運)이 들어오면 ※모든 일이 잘 풀리지 않으며 대차계약도 잘 이루어지지 않는다.

❷ 질병(疾病)과 ❸ 남녀성격은 일주(日柱)에서 발생(發生)한다.

병술년 (丙戌年)

66년(음) 4월 28일 유(酉)시 남자

<table>
<tr><td>丁</td><td>丙</td><td>甲</td><td>丙</td></tr>
<tr><td>酉</td><td>午</td><td>午</td><td>午</td></tr>
</table>

57	47	37	27	17	7
庚	己	戊	丁	丙	乙
子	亥	戌	酉	申	未

이 사주는 병화일주(丙火日柱)가 중하오월(中夏午月) 양인월(羊刃月)에 출생하여 득령(得令)하고 년일지(年日支) 양오화(兩午火)와 년시상(年時上) 병정화(丙丁火)로 비견겁(比肩劫)이 태왕(太旺)으로 신왕사주(身旺四柱)다. 신왕사주(身旺四柱)에는 일주(日柱)를 제(制)하는 관살(官殺)이나 상관식신(傷官食神)으로 설기(泄氣)하면 좋은데 일주(日柱)를 제(制)하는 관살(官殺)은 없고 설기(泄氣)하는 상관(傷官)도 없으나 시지(時支) 유금재(酉金財)가 있어 유금재(酉金財)로 용신(用神)한다. 이 사주는 남자(男子)의 사주로서 건축업을 경영하였으나 37세 무술대운(戊戌大運)에는 용신금(用神金)을 보신(補身)하여 돈을 수억금 벌었으나 처와 이혼하고 혼자 살고 있는 사주다. 남자(男子) 사주에 비견겁(比肩劫)이 태왕(太旺)하고 재(財)가 쇠약(衰弱)하면 처궁(妻宮)이 부실하여 재혼하거나 혼자 사는 사람들이 많다.

---

❶ 세운병술년(歲運丙戌年): 변화, 이사, 전근, 손재, 처액, 불성
❷ 질병(疾病): 심장(心臟)
❸ 남녀성격: (남) 말을 잘한다, 명랑하다, 성질 급, 남을 생각하지 않고 직선적으로 말함, 처궁불미, 인내심 부족, 타인 경시, 자립정신, 속성속패, 암기력, 영리하다
　　　　　　(여) 말을 잘한다, 명랑하다, 금방 좋았다가 금방 싫어짐, 시모불합, 남편 말 잘 안 듣는다, 부궁불미, 정부, 영리하다

🔵 세운 · 질병 · 남녀성격의 해설 (歲運 · 疾病 · 男女性格의 解說)

❶ 세운병술년(歲運丙戌年)= ※변화, 이사, 전근, 손재, 처액, 불성은 ※세운병술년(歲運丙戌年)의 술토(戌土)는 일지오화(日支午火)와 오술(午戌)로 삼합(三合)이 되므로 세운(歲運)에서 일지(日支) 삼합운(三合運)이 들어오면 ※변화가 생긴다든가 또는 이사를 한다든가 또는 직장을 옮기는 일이 많다. 그리고 ※손재, 처액은 ※세운병술년(歲運丙戌年)의 병화(丙火)는 병화일주의 비견(比肩)으로 원명사주(源命四柱)에 비견겁(比肩劫)이 태왕(太旺)하고 재(財)가 쇠약(衰弱)한데 세운에서 비견겁운(比肩劫運)이 들어오면 ※손재수를 조심해야 하며 또는 가정에 불화가 많이 생긴다든가 또는 처가 가출한다든가 또는 처의 건강을 조심해야 한다. 그리고 ※불성은 ※세운병술년(歲運丙戌年)의 병화(丙火)는 병화일주(丙火日柱)의 비견(比肩)으로 세운에서 비견겁운(比肩劫運)이 들어오면 ※모든 일이 잘 풀리지 않으며 대차계약도 잘 이루어지지 않는다.

❷ 질병(疾病)은 일주(日柱)에서 발생(發生)한다.

❸ 남녀성격은 일주(日柱)에서 발생(發生)한다.

병술년 (丙戌年)

65년(음) 4월 12일 인(寅)시 남자

庚	丙	辛	乙
寅	寅	巳	巳

52	42	32	22	12	2
乙	丙	丁	戊	己	庚
亥	子	丑	寅	卯	辰

이 사주는 병화일주(丙火日柱)가 초여름 사월(巳月)에 출생하여 록근(祿根)하고 년지사화(年支巳火)와 일시지(日時支) 양인목(兩寅木)에 장생(長生)하여 일주(日柱)는 신왕사주(身旺四柱)다. 신왕사주(身旺四柱)에는 일주(日柱)를 제(制)하는 관살(官殺)이나 상관식신(傷官食神)으로 설기(泄氣)하면 좋은데 일주(日柱)를 제(制)하는 관살(官殺)은 없고 설기(泄氣)하는 상관식신(傷官食神)도 없으며 월시상(月時上) 경신금(庚辛金)이 투출(透出)하여 재(財)로 용신(用神)하고자 하나 월상신금(月上辛金)은 자좌사화(自坐巳火)에 살지(殺地)에 앉았으며 시상경금(時上庚金)도 자좌인목(自坐寅木)에 절궁(絶宮)에 앉아 용신(用神)으로 쓸 수가 없다. 그러므로 이 사주는 종왕격(從旺格)이다. 종왕격(從旺格)에는 비견겁(比肩劫)이 용신(用神)이며 목인수(木印綬)가 희신(喜神)이 된다.

❶ 세운병술년(歲運丙戌年): 변화, 이사, 전근, 손재, 처액, 불성
❷ 질병(疾病): 심장(心臟), 기관지(氣管支)
❸ 남녀성격: (남) 말을 잘한다, 예의있다, 명랑하다, 남을 생각하지않고 직선적으로 말함, 용기있다, 의젓하다, 멋쟁이, 영리하다, 일독십지, 명예우선, 성질급, 박력있다, 타의군림, 남을 멸시한다
(여) 말을 잘한다, 총명하다, 금방 좋았다가 금방 싫어짐, 박력있다, 부궁불미

🔵 세운 · 질병 · 남녀성격의 해설 (歲運 · 疾病 · 男女性格의 解說)

❶ 세운병술년(歲運丙戌年)= ※변화, 이사, 전근, 손재, 처액, 불성은 ※세운병술년(歲運丙戌年)의 술토(戌土)는 일지인목(日支寅木)과 인술(寅戌)로 삼합(三合)이 되므로 세운(歲運)에서 일지(日支) 삼합운(三合運)이 들어오면 ※변화가 생긴다든가 또는 이사를 한다든가 또는 직장을 옮기는 일이 많다. 그리고 ※손재, 처액은 ※세운병술년(歲運丙戌年)의 병화(丙火)는 병화일주의 비견(比肩)으로 원명사주(源命四柱)에 비견겁(比肩劫)이 태왕(太旺)하고 재(財)가 쇠약(衰弱)한데 세운에서 비견겁운(比肩劫運)이 들어오면 ※손재수를 조심해야 하며 또는 가정에 불화가 많이 생긴다든가 또는 처가 가출한다든가 또는 처의 건강을 조심해야 한다. 그리고 ※불성은 ※세운병술년(歲運丙戌年)의 병화(丙火)는 병화일주(丙火日柱)의 비견(比肩)으로 세운에서 비견겁운(比肩劫運)이 들어오면 ※모든 일이 잘 풀리지 않으며 대차계약도 잘 이루어지지 않는다.

❷ 질병(疾病)은 일주(日柱)에서 발생(發生)한다.

❸ 남녀성격은 일주(日柱)에서 발생(發生)한다.

병술년 (丙戌年)

65년(음) 8월 25일 축(丑)시 여자

이 사주는 정화일주(丁火日柱)가 중추유월(中秋酉月)에 출생하여 실시(失時)하고 유중신금(酉中辛金)이 시상(時上)에 투출(透出)하고 년월일지(年月日支)로 사유축(巳酉丑) 금국(金局)을 이루어 재(財)가 태왕(太旺)이다. 그러나 정화일주(丁火日柱)는 년지(年支) 사중병화(巳中丙火)에 근(根)하므로 종(從)하지 않으며 사중(巳中) 병화비겁(丙火比劫)으로 많은 재(財)를 제(制)하고 일주(日柱)를 보신(補身)해야 하므로 화비견겁(火比肩劫)이 용신(用神)이며 목인수(木印綬)는 희신(喜神)이 된다. 이 사주는 여자(女子)의 사주로서 증권회사에 근무하였으나 초년운(初年運)이 없어 승진이 안되어 고생을 많이 하다가 퇴사하여 사업을 경영하였으나 41세 축토대운(丑土大運)에 사업이 부실하였고 46세 경금대운(庚金大運)에 월상을목(月上乙木)과 을경합(乙庚合)으로 합거(合去)되어 재산을 탕진하고 남편(男便)과 이혼하고 혼자 힘들게 살다가 지금은 공인중개소를 하고 있는 시주다. 그러나 51세 인목대운(寅木大運)에는 운(運)이 잘 들어와 돈을 많이 벌 것으로 생각된다.

❶ 세운병술년(歲運丙戌年): 복통, 수술, 관재, 불성, 수술
❷ 질병(疾病): 냉(冷), 하원윤습(下元潤濕)
❸ 남녀성격: (남) 말을 잘한다, 인심 좋다, 예의 있다, 재물 욕심, 재복 있다, 영리하다, 임기응변, 재간 있다, 근면 성실, 주머니 돈 안 떨어진다, 신앙심, 새벽잠이 없다
　　　　　(여) 명랑하다, 예의 있다, 금방 좋았다가 금방 싫어짐, 부궁불미, 정부, 재가, 인정 있다, 요리솜씨, 말을 잘한다

◐ 세운 • 질병 • 남녀성격의 해설 (歲運 · 疾病 · 男女性格의 解說)

❶ 세운병술년(歲運丙戌年)= ※복통, 수술, 관재, 불성, 수술은 ※세운병술년(歲運丙戌年)의 술토(戌土)는 일지축토(日支丑土)와 축술(丑戌)로 형살(刑殺)이 되므로 세운(歲運)에서 일지(日支) 형살운(刑殺運)이 들어오면 ※배가 아프다든가 또는 수술을 조심해야 하며 또는 관재수를 조심해야 한다. 그리고 ※불성은 ※세운병술년(歲運丙戌年)의 병화(丙火)는 정화일주(丁火日柱)의 비겁(比劫)으로 세운(歲運)에서 비견겁운(比肩劫運)이 들어오면 ※모든 일이 잘 풀리지 않으며 대차계약도 잘 이루어지지 않는다. 그리고 ※수술은 ※세운병술년(歲運丙戌年)의 술토(戌土)는 정화일주의 상관(傷官)으로 세운에서 일지(日支) 상관운(傷官運)이 들어오면 ※수술을 조심해야 한다.

❷ 질병(疾病)은 일주(日柱)에서 발생(發生)한다.

❸ 남녀성격은 일주(日柱)에서 발생(發生)한다.

병술년 (丙戌年)

65년(음) 7월 5일 인(寅)시 여자

<table>
<tr><td>壬</td><td>丁</td><td>癸</td><td>乙</td></tr>
<tr><td>寅</td><td>亥</td><td>未</td><td>巳</td></tr>
</table>

52	42	32	22	12	2
己	戊	丁	丙	乙	甲
丑	子	亥	戌	酉	申

이 사주는 정화일주(丁火日柱)가 하계미월(夏季未月)에 출생하여 실시(失時)하고 미중을목(未中乙木)이 년상(年上)에 투출(透出)하여 인수격(印綬格)이며 년지사화(年支巳火)와 시지인목(時支寅木)이 있어 신왕사주(身旺四柱)같이 보인다. 그러나 월시상(月時上) 임계수(壬癸水)가 투출(透出)하여 그 임계수(壬癸水)는 일지해수(日支亥水)에 근(根)하였으며 미월(未月)은 화기(火氣)가 염열(炎熱)하다고 하나 미중(未中)에는 기토(己土)가 있으므로 설기(泄氣)가 심(甚)하여 신약사주(身弱四柱)다. 그러므로 관살(官殺)이 많아 살인상생(殺印相生)을 시켜야 좋으므로 목인수(木印綬)가 용신(用神)이며 화비견겁(火比肩劫)은 희신(喜神)이 된다. 이 사주는 여자(女子)의 사주로서 여행사에 근무하여 36세 정화대운(丁火大運)까지 운(運)이 좋아 승승장구하였으나 그 이후로는 운(運)이 없어 고생하다가 해수대운(亥水大運)에 퇴사하여 사업을 경영하였으나 42세 무토대운(戊土大運)에 월상계수(月上癸水)와 무계합(戊癸合)으로 합거(合去)되어 재산을 탕진하고 남편(男便)과 이혼하고 혼자 살고 있는 사주다. 부궁(夫宮)이 부실한 것은 년간지(年干支) 을사생(乙巳生)의 공망(空亡)은 시지인목(時支寅木)으로 일시지(日時支)에 공망(空亡)이 있으면 부궁(夫宮)이 부실한데 여자 사주에 관살(官殺)이 혼잡하면 부궁이 더욱더 부실한 사주다.

❶ 세운병술년(歲運丙戌年): 수술, 불성
❷ 질병(疾病): 심장(心臟), 냉증(冷症)
❸ 남녀성격: (남) 영리하다, 외유내강, 지혜롭다, 지구력 부족, 처세가 좋다, 영리하다, 장수한다, 항상 바쁨, 꿈이 많다, 처 덕 있다, 자손귀자, 명예를 좋아함, 예감 빠름, 신앙심
　　　　　　(여) 명랑하다, 예의 있다, 금방 좋았다가 금방 싫어짐, 애교 많다, 식복, 남편 의처증, 정부, 자손근심

☯ 세운·질병·남녀성격의 해설 (歲運·疾病·男女性格의 解說)

❶ 세운병술년(歲運丙戌年)= ※수술, 불성은 ※세운병술년(歲運丙戌年)의 술토(戌土)는 정화일주(丁火日柱)의 상관(傷官)으로 세운(歲運)에서 일지(日支) 상관운(傷官運)이 들어오면 ※수술을 조심해야 한다. 그리고 ※불성은 ※세운병술년(歲運丙戌年)의 병화(丙火)는 정화일주(丁火日柱)의 비겁(比劫)으로 세운에서 비견겁운(比肩劫運)이 들어오면 ※모든 일이 잘 풀리지 않으며 대차계약도 잘 이루어지지 않는다.

❷ 질병(疾病)과 ❸ 남녀성격은 일주(日柱)에서 발생(發生)한다.

66년(음) 6월 20일 묘(卯)시 남자

癸	丁	乙	丙
卯	酉	未	午

51	41	31	21	11	1
辛	庚	己	戊	丁	丙
丑	子	亥	戌	酉	申

이 사주는 정화일주(丁火日柱)가 하계미월(夏季未月)에 출생하여 실시(失時)하고 미중을목(未中乙木)이 월상(月上)에 투출(透出)하여 인수격(印綬格)이며 그 을목(乙木)은 시지묘목(時支卯木)에 록근(祿根)하고 년간지(年干支) 병오(丙午)는 정화일주(丁火日柱)의 비견겁(比肩劫)으로 일주(日柱)는 약화위강(弱化爲强)으로 신왕사주(身旺四柱)다. 신왕사주(身旺四柱)에는 일주(日柱)를 제(制)하는 관살(官殺)이 좋은데 시상계수(時上癸水) 편관(偏官)으로 용신(用神)하고자 하나 그 계수(癸水)는 무근(無根)이며 자좌묘목(自坐卯木)에 설기(泄氣)가 심(甚)하여 용신(用神)으로 쓸 수가 없다. 용신(用神)이 약(弱)할 때에는 용신(用神)을 돕는 자가 용신(用神)이 되므로 일지(日支) 유금재(酉金財)가 용신(用神)이며 토(土) 상관식신(傷官食神)은 희신(喜神)이 된다. 이 사주는 남자(男子)의 사주로서 초년(初年)부터 사업을 경영하여 31세 기토대운(己土大運)까지 평범히 지냈으나 36세 해수대운(亥水大運)에 금용신(金用神)의 사궁(死宮)으로 손해를 많이 보고 41세 경금대운(庚金大運)에 재산을 탕진하고 방황하며 힘들게 살아가고 있는 사주다.

❶ 세운병술년(歲運丙戌年): 손재, 처액, 불성
❷ 질병(疾病): 심장(心臟), 간(肝), 담(膽)
❸ 남녀성격: (남) 말을 잘한다, 고집 대단, 미남형, 남에게 잘함, 학업 열중, 학업 장애, 재복 있다, 처 덕 있다, 청백하다, 예의 있다, 고독하다
(여) 명랑하다, 예의 있다, 금방 좋았다가 금방 싫어짐, 욕심 많다, 정부, 미모 수려, 이성수신, 자손귀자, 말을 잘한다

◉ 세운·질병·남녀성격의 해설 (歲運·疾病·男女性格의 解說)

❶ 세운병술년(歲運丙戌年)= ※손재, 처액, 불성은 ※세운병술년(歲運丙戌年)의 병화(丙火)는 정화일주(丁火日柱)의 비겁(比劫)으로 남자 사주에 비견겁(比肩劫)이 태왕(太旺)하고 재(財)가 쇠약(衰弱)한데 세운(歲運)에서 비견겁운(比肩劫運)이 들어오면 ※손재수를 조심해야 하며 또는 가정에 불화가 많이 생긴다든가 또는 처가 가출한다든가 또는 처의 건강을 조심해야 한다. 그리고 ※불성은 ※세운병술년(歲運丙戌年)의 병화(丙火)는 정화일주(丁火日柱)의 비겁(比劫)으로 세운(歲運)에서 비견겁운(比肩劫運)이 들어오면 ※모든 일이 잘 풀리지 않으며 대차계약도 잘 이루어지지 않는다.

❷ 질병(疾病)은 일주(日柱)에서 발생(發生)한다.

❸ 남녀성격은 일주(日柱)에서 발생(發生)한다.

병술년(丙戌年)

64년(음) 9월 20일 축(丑)시 여자

辛	丁	甲	甲
丑	未	戌	辰

56	46	36	26	16	6
戊	己	庚	辛	壬	癸
辰	巳	午	未	申	酉

이 사주는 정화일주가 계추술월(季秋戌月)에 출생하여 실시(失時)하고 술중신금(戌中辛金)이 시상(時上)에 투출(透出)하여 편재격(偏財格)이다. 그리고 지지(地支)는 진술미축(辰戌未丑)으로 토국(土局)을 이루어 설기(泄氣)가 심(甚)하다. 다행히 년월갑목(年月甲木)이 투출(透出)하여 진중을목(辰中乙木)에 근(根)하여 많은 상관식신(傷官食神)을 제(制)하고 정화일주를 생(生)하여줘야 하므로 갑목인수(甲木印綬)가 용신(用神)이며 화비견겁(火比肩劫)은 희신(喜神)이 된다. 이 사주는 여자의 사주로서 41세 오화대운(午火大運)에 음식업을 경영하여 돈을 많이 벌었으나 46세 기토대운(己土大運)에 년상갑목(年上甲木)과 갑기합(甲己合)으로 합거(合去)되어 손해를 많이 보고 유방(乳房) 수술을 하고 어려운 생활을 하고 있는 사주다. 유방(乳房)을 수술한 것은 여자 사주에 상관식신(傷官食神)이 태왕(太旺)하고 상관식신(傷官食神)에 형살(刑殺)이 있으면 자궁(子宮)과 유방(乳房)을 조심해야 한다.

❶ 세운병술년(歲運丙戌年): 이별수, 복통, 수술, 관재, 불성
❷ 질병(疾病): 간(肝), 담(膽)
❸ 남녀성격: (남) 말을 잘한다, 마음이 넓다, 남에게 잘함, 명랑하다, 예의 있다, 편식, 박력
　　　　　있다, 고집 대단, 성격이 까다롭다, 옷에 신경, 처궁불미
　　　　(여) 명랑하다, 예의 있다, 금방 좋았다가 금방 싫어짐, 인덕 없다, 정부, 재가,
　　　　　부궁불미, 신앙심, 말을 잘한다, 고집 대단

◑ 세운·질병·남녀성격의 해설(歲運·疾病·男女性格의 解說)

❶ 세운병술년(歲運丙戌年)= ※이별수, 복통, 수술, 관재, 불성은 ※세운병술년(歲運丙戌年)의 술토(戌土)는 정화일주의 상관(傷官)으로 여자 사주에 상관식신(傷官食神)이 태왕(太旺)인데 세운에서 상관(傷官) 식신운(食神運)이 들어오면 ※가정에 불화가 많이 생긴다든가 또는 남편과 떨어져 산다든가 또는 이혼한다든가 또는 남편이 사망하는 수도 있다. 그리고 ※복통, 수술, 관재는 ※세운병술년(歲運丙戌年)의 술토(戌土)는 일지미토(日支未土)와 미술(未戌)로 형살(刑殺)이 되므로 세운(歲運)에서 일지(日支) 형살운(刑殺運)이 들어오면 ※배가 아프다든가 또는 수술을 조심해야 하며 또는 관재수를 조심해야 한다. 그리고 ※불성은 ※세운병술년(歲運丙戌年)의 병화(丙火)는 정화일주(丁火日柱)의 비겁(比劫)으로 세운(歲運)에서 비견겁운(比肩劫運)이 들어오면 ※모든 일이 잘 풀리지 않으며 대차계약도 잘 이루어지지 않는다.

❷ 질병(疾病)과 ❸ 남녀성격은 일주(日柱)에서 발생(發生)한다.

병술년 (丙戌年)

이 사주는 정화일주(丁火日柱)가 중추유월(中秋酉月)에 출생하여 실시(失時)하고 유중신금(酉中辛金)이 년시상(年時上)에 투출(透出)하여 편재격(偏財格)이다. 그리고 년월일지(年月日支) 사유축(巳酉丑)으로 금국(金局)을 이루어 재(財)가 태왕(太旺)이나. 그러나 정화일주(丁火日柱)는 일지사화(日支巳火)에 근(根)하고 월상정화(月上丁火)가 두출(透出)하여 종(從)하지 않으므로 많은 재(財)를 제(制)하고 일주를 보신(補身)하는 비견겁(比肩劫)이 용신(用神)이며 목인수(木印綬)는 희신(喜神)이 된다. 이 사주는 남자의 사주로서 전기사업을 하여 초년(初年)에 운이 좋아 돈을 많이 벌었고 39세 사화대운(巳火大運)에 건축업을 하여 수억금을 벌었으며 44세 임수대운(壬水大運)에 월상정화(月上丁火)와 정임합(丁壬合)으로 합거(合去)되어 재산을 탕진하고 처(妻)와 이혼하고 힘들게 살고 있는 사주다. 처궁(妻宮)이 부실한 것은 사주에 재(財)가 태왕(太旺)이면 처궁(妻宮)이 부실한데 년간지(年干支) 신축생(辛丑生)의 공망(空亡)은 일지사화(日支巳火)로서 처궁이 더욱더 부실하다.

❶ 세운병술년(歲運丙戌年): 수술, 불성, 신경과민
❷ 질병(疾病): 심장(心臟), 혈압(血壓)
❸ 남녀성격: (남) 말을 잘한다, 외유내강, 매사 열중, 예의 있다, 명랑하다, 항상 바쁨, 거짓말을 못함, 남을 생각하지도 않고 직선적으로 말함, 영리하다, 고독하다
　　　　　(여) 명랑하다, 예의 있다, 금방 좋았다가 금방 싫어짐, 말을 잘함, 정부, 재가, 부궁불미, 독수공방

🔵 세운·질병·남녀성격의 해설 (歲運·疾病·男女性格의 解說)

❶ 세운병술년(歲運丙戌年)= ※수술, 불성, 신경과민은 ※세운병술년(歲運丙戌年)의 술토(戌土)는 정화일주(丁火日柱)의 상관(傷官)으로 세운(歲運)에서 일지(日支) 상관운(傷官運)이 들어오면 ※**수술을 조심해야 한다.** 그리고 ※**불성**은 ※세운병술년(歲運丙戌年)의 병화(丙火)는 정화일주(丁火日柱)의 비겁(比劫)으로 세운(歲運)에서 비견겁운(比肩劫運)이 들어오면 ※**모든 일이 잘 풀리지 않으며 대차계약도 잘 이루어지지 않는다.** 그리고 ※**신경과민**은 ※세운병술년(歲運丙戌年)의 술토(戌土)는 일지사화(日支巳火)와 사술(巳戌)로 귀문관살(鬼門關殺)이 되므로 세운에서 일지(日支) 귀문(鬼門) 관살운(關殺運)이 들어오면 ※**그해에는 모든 일에 신경을 많이 쓰게 된다.**

❷ 질병(疾病)과 ❸ 남녀성격은 일주(日柱)에서 발생(發生)한다.

병술년(丙戌年)

62년(음) 4월 26일 묘(卯)시 남자

癸	丁	乙	壬
卯	卯	巳	寅

53	43	33	23	13	3
辛	庚	己	戊	丁	丙
亥	戌	酉	申	未	午

이 사주는 정화일주(丁火日柱)가 초여름 사월(巳月)에 출생하여 득령(得令)하고 년일시지(年日時支) 인묘목(寅卯木) 인수(印綬)와 묘중을목(卯中乙木)이 월상(月上)에 투출(透出)하여 신왕사주(身旺四柱)다. 신왕사주(身旺四柱)에는 일주(日柱)를 제(制)하는 관살(官殺)이나 식신상관(食神傷官)으로 설기(泄氣)하면 좋은데 일주(日柱)를 제(制)하는 년시상(年時上) 임계수(壬癸水) 관살(官殺)이 있다고 하나 년상임수(年上壬水)는 무근(無根)이며 자좌인목(自坐寅木)에 설기(泄氣)가 심(甚)하고 시상계수(時上癸水) 편관(偏官)도 자좌묘목(自坐卯木)에 설기(泄氣)가 심(甚)하므로 용신(用神)으로 쓸 수가 없다. 그러므로 이 사주는 인수(印綬)가 태왕(太旺)하므로 종강격(從强格)이다. 그러므로 왕(旺)한 목인수(木印綬)가 설기(泄氣)하는 곳은 정화(丁火)이므로 비견겁(比肩劫)이 용신(用神)이며 목인수(木印綬)는 희신(喜神)이 된다.

❶ 세운병술년(歲運丙戌年): 수술, 불성, 손재, 처액
❷ 질병(疾病): 풍질(風疾)
❸ 남녀성격: (남) 말을 잘한다, 명랑하다, 근심이 많다, 영리하다, 풍류를 즐긴다, 지구력 부족, 처궁불미, 마음 약, 소심하다, 인자한 성품, 운동 잘함
　　　　　　(여) 명랑하다, 예의 있다, 금방 좋았다가 금방 싫어짐, 부궁불미, 정부, 친모격 정 많이 한다, 예능에 소질

세운・질병・남녀성격의 해설 (歲運・疾病・男女性格의 解說)

❶ 세운병술년(歲運丙戌年)= ※수술, 불성, 손재, 처액은 ※세운병술년(歲運丙戌年)의 술토(戌土)는 정화일주(丁火日柱)의 상관(傷官)으로 세운(歲運)에서 일지(日支) 상관운(傷官運)이 들어오면 ※수술을 조심해야 한다. 그리고 ※불성은 ※세운병술년(歲運丙戌年)의 병화(丙火)는 정화일주(丁火日柱)의 비겁(比劫)으로 세운(歲運)에서 비견겁운(比肩劫運)이 들어오면 ※모든 일이 잘 풀리지 않으며 대차계약도 잘 이루어지지 않는다. 그리고 ※손재, 처액은 ※세운병술년(歲運丙戌年)의 병화(丙火)는 정화일주(丁火日柱)와 비겁(比劫)으로 신왕(身旺)한 남자(男子) 사주에 세운(歲運)에서 비견겁운(比肩劫運)이 들어오면 ※손재수를 조심해야 하며 또는 가정에 불화가 많이 생긴다든가 또는 처가 가출한다든가 또는 처의 건강을 조심해야 한다.

❷ 질병(疾病)은 일주(日柱)에서 발생(發生)한다.

❸ 남녀성격은 일주(日柱)에서 발생(發生)한다.

병술년 (丙戌年)

65년(음) 8월 25일 진(辰)시 남자

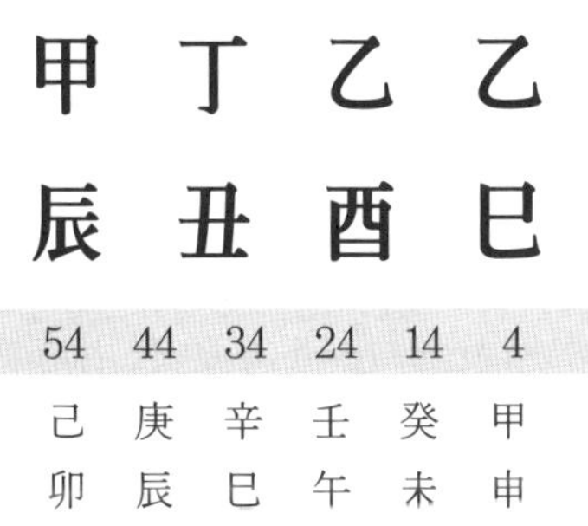

이 사주는 정화일주(丁火日柱)가 중추유월(中秋酉月)에 출생하여 실시(失時)하고 년월일지(年月日支) 사유축(巳酉丑)으로 금국(金局)을 이루어 신약사주(身弱四柱)같이 보인다. 그러나 정화일주는 년지사화(年支巳火)에 근(根)하고 년월(年月) 양을목(兩乙木)은 진중을목(辰中乙木)에 근(根)하였으며 시상갑목(時上甲木) 인수(印綬)도 진중을목(辰中乙木)에 근(根)하여 일수(日柱)를 생(生)하여 주므로 일주는 약화위강(弱化爲强)으로 신왕사주(身旺四柱)가 된다. 그러므로 화생토(火生土) 토생금(土生金)으로 상관(傷官) 용재격(用財格)을 이루어 금재(金財)가 용신(用神)이며 토(土) 상관식신(傷官食神)은 희신(喜神)이 된다. 이 사주는 남자의 사주로서 사업을 경영하여 초년(初年) 신금대운(辛金大運)에 돈을 많이 벌었으나 39세 사화대운(巳火大運)에 사업이 부실하여 손해를 많이 보고 힘들게 살고 있는 사주다.

---

❶ 세운병술년(歲運丙戌年): 복통, 수술, 관재, 불성, 손재, 처액
❷ 질병(疾病): 냉(冷), 하원윤습(下元潤濕)
❸ 남녀성격: (남) 말을 잘한다, 인심 좋다, 예의 있다, 재물 욕심, 재복 있다, 영리하다, 임기
　　　　　　응변, 재간 있다, 근면 성실, 주머니 돈 안 떨어진다, 신앙심, 새벽잠이 없다
　　　　　(여) 명랑하다, 예의 있다, 금방 좋았다가 금방 싫어짐, 부궁불미, 정부, 재가,
　　　　　　인정 있다, 요리솜씨, 말을 잘한다

🌀 세운·질병·남녀성격의 해설 (歲運·疾病·男女性格의 解說)

❶ 세운병술년(歲運丙戌年)= ※복통, 수술, 관재, 불성, 손재, 처액은 ※세운병술년(歲運丙戌年)의 술토(戌土)는 일지축토(日支丑土)와 축술(丑戌)로 형살(刑殺)이 되므로 세운(歲運)에서 일지(日支) 형살운(刑殺運)이 들어오면 ※배가 아프다든가 또는 수술을 조심해야 하며 또는 관재수를 조심해야 한다. 그리고 ※불성은 ※세운병술년(歲運丙戌年)의 병화(丙火)는 정화일주(丁火日柱)의 비겁(比劫)으로 세운(歲運)에서 비견겁운(比肩劫運)이 들어오면 ※모든 일이 잘 풀리지 않으며 대차계약도 잘 이루어지지 않는다. 그리고 ※손재, 처액은 ※세운병술년(歲運丙戌年)의 병화(丙火)는 정화일주(丁火日柱)와 비겁(比劫)으로 신왕(身旺)한 남자(男子) 사주에 세운(歲運)에서 비견겁운(比肩劫運)이 들어오면 ※손재수를 조심해야 하며 또는 가정에 불화가 많이 생긴다든가 또는 처가 가출한다든가 또는 처의 건강을 조심해야 한다.

❷ 질병(疾病)은 일주(日柱)에서 발생(發生)한다.

❸ 남녀성격은 일주(日柱)에서 발생(發生)한다.

66년(음) 5월 29일 축(丑)시 여자

辛	丁	乙	丙
丑	丑	未	午

53	43	33	23	13	3
己	庚	辛	壬	癸	甲
丑	寅	卯	辰	巳	午

이 사주는 정화일주(丁火日柱)가 하계미월(夏季未月)에 출생하여 실시(失時)하고 미중을목(未中乙木)이 월상(月上)에 투출(透出)하여 인수격(印綬格)이다. 그리고 월일시지(月日時支) 축미토(丑未土)와 축중신금(丑中辛金)이 시상(時上)에 투출(透出)하여 상관(傷官)과 재(財)가 태왕(太旺)이다. 정화일주(丁火日柱)는 년지오화(年支午火)에 록근(祿根)하고 년상병화(年上丙火)가 있다고 하나 일주(日柱)는 신약사주(身弱四柱)로서 많은 상관식신(傷官食神)을 제(制)하고 일주(日柱)를 보신(補身)하는 목인수(木印綬)가 용신(用神)이며 화비견겁(火比肩劫)은 희신(喜神)이 된다. 이 사주는 여자(女子)의 사주로서 38세 묘목대운(卯木大運)에 화장품 대리점을 경영하여 수억금을 벌었으며 43세 경금대운(庚金大運)에 월상을목(月上乙木)과 을경합(乙庚合)으로 합거(合去)되어 손해를 많이 보고 있는 중이다. 그러나 인목대운(寅木大運)에는 운(運)이 좋아 돈을 많이 벌 것으로 생각된다.

❶ 세운병술년(歲運丙戌年): 복통, 수술, 관재, 불성, 수술
❷ 질병(疾病): 냉(冷), 하원윤습(下元潤濕)
❸ 남녀성격: (남) 말을 잘한다, 인심 좋다, 예의 있다, 재물 욕심, 재복 있다, 영리하다, 임기응변, 재간 있다, 근면 성실, 주머니 돈 안 떨어진다, 신앙심, 새벽잠이 없다
　　　　　　(여) 명랑하다, 예의 있다, 금방 좋았다가 금방 싫어짐, 부궁불미, 정부, 재가, 인정 있다, 요리솜씨, 말을 잘한다

세운 · 질병 · 남녀성격의 해설 (歲運 · 疾病 · 男女性格의 解說)

❶ 세운병술년(歲運丙戌年)= ※복통, 수술, 관재, 불성, 수술은 ※세운병술년(歲運丙戌年)의 술토(戌土)는 일지축토(日支丑土)와 축술(丑戌)로 형살(刑殺)이 되므로 세운(歲運)에서 일지(日支) 형살운(刑殺運)이 들어오면 ※배가 아프다든가 또는 수술을 조심해야 하며 또는 관재수를 조심해야 한다. 그리고 ※불성은 ※세운병술년(歲運丙戌年)의 병화(丙火)는 정화일주(丁火日柱)의 비겁(比劫)으로 세운(歲運)에서 비견겁운(比肩劫運)이 들어오면 ※모든 일이 잘 풀리지 않으며 대차계약도 잘 이루어지지 않는다. 그리고 ※수술은 ※세운병술년(歲運丙戌年)의 술토(戌土)는 정화일주의 상관(傷官)으로 세운에서 일지(日支) 상관운(傷官運)이 들어오면 ※수술을 조심해야 한다.

❷ 질병(疾病)은 일주(日柱)에서 발생(發生)한다.

❸ 남녀성격은 일주(日柱)에서 발생(發生)한다.

병술년 (丙戌年)

68년(음) 9월 24일 자(子)시 남자

壬	戊	癸	戊
子	子	亥	申

58	48	38	28	18	8
己	戊	丁	丙	乙	甲
巳	辰	卯	寅	丑	子

이 사주는 무토일주(戊土日柱)가 초겨울 해월(亥月)에 출생하여 실시(失時)하고 해중임수(亥中壬水)가 시상(時上)에 투출(透出)하여 편재격(偏財格)이다. 그리고 지지(地支)는 년일지(年日支) 자신(子申)으로 수국(水局)을 이루고 월지해수(月支亥水)와 일시지(日時支) 양자수(兩子水)가 있어 지지(地支)는 전수국(全水局)이며 월시상(月時上)에 임계수(壬癸水)가 투출(透出)하여 재(財)가 태왕(太旺)하므로 신약사주(身弱四柱)다. 그러나 무토일주(戊土日柱)는 무근(無根)이며 자좌자수(自坐子水)에 절궁(絶宮)이며 년상무토(年上戊土) 비견(比肩)도 무근(無根)이며 자좌신금(自坐申金)에 병궁(病宮)에 앉아 일주(日柱)를 도울 힘이 없다. 그러므로 토생금(土生金) 금생수(金生水)로 종재격(從財格)이므로 수재(水財)가 용신(用神)이며 금(金) 상관식신(傷官食神)은 희신(喜神)이 된다. 이 사주는 남자(男子)의 사주로서 38세 정화대운(丁火大運)에 사업을 경영하였으나 종(從)하는 사주에 인수운(印綬運)이 들어와 재산을 탕진하고 처(妻)와 이혼하고 혼자 힘들게 살고 있는 사주다. 처궁(妻宮)이 부실한 것은 남자(男子) 사주에 재(財)가 태왕(太旺)이면 처궁(妻宮)이 부실하여 결혼을 늦게 하거나 재혼(再婚)한다든가 혼자 사는 사람들이 많다.

◉ 세운 · 질병 · 남녀성격의 해설 (歲運 · 疾病 · 男女性格의 解說)

❶ 세운병술년(歲運丙戌年)= ※신축, 문서, 손재, 불성은 ※세운병술년(歲運丙戌年)의 병화(丙火)는 무토일주(戊土日柱)의 인수(印綬)로 세운(歲運)에서 인수운(印綬運)이 들어오면 ※집을 짓는다든가 또는 증축을 한다든가 또는 사업체를 벌린다든가 또는 문서를 잡는 일이 많다. 그리고 ※손재, 불성은 ※세운병술년(歲運丙戌年)의 술토(戌土)는 무토일주의 비견(比肩)으로 종(從)하는 사주에 세운(歲運)에서 비견겁운(比肩劫運)이 들어오면 ※손재수를 조심해야 하며 또는 모든 일이 잘 풀리지 않고 대차계약도 잘 이루어지지 않는다.

❷ 질병(疾病)과 ❸ 남녀성격은 일주(日柱)에서 발생(發生)한다.

병술년(丙戌年)

辛	戊	丙	丁
酉	寅	午	酉

60	50	40	30	20	10
庚	辛	壬	癸	甲	乙
子	丑	寅	卯	辰	巳

이 사주는 무토일주(戊土日柱)가 중하오월(中夏午月) 양인월(羊刃月)에 출생하여 득령(得令)하고 오중정화(午中丁火)가 년상(年上)에 투출(透出)하였으며 월상(月上)에 병화(丙火)가 투출(透出)하여 일주(日柱)는 신왕사주(身旺四柱)다. 신왕사주(身旺四柱)에는 일주(日柱)를 제(制)하는 관살(官殺)이나 식신상관(食神傷官)으로 설기(泄氣)하면 좋은데 일지(日支) 인중갑목(寅中甲木)과 시간지(時干支) 신유상관(辛酉傷官)이 있어 어느 오행(五行)으로 용신(用神)을 잡느냐의 기로에 서게 된다. 신왕사주(身旺四柱)는 관살(官殺)로 용신(用神)함을 우선으로 하기 때문에 인중갑목(寅中甲木) 편관(偏官)으로 용신(用神)한다. 그러므로 목편관(木偏官)이 용신(用神)이며 수재(水財)는 희신(喜神)이 된다. 이 사주는 남자(男子)의 사주로서 체육을 전공하였으나 성공하지 못하고 45세 인목대운(寅木大運)에 사업을 경영하여 수억금을 벌었으나 50세 신금대운(辛金大運)에 월상병화(月上丙火)와 병신합(丙辛合)으로 합거(合去)되어 재산을 탕진하고 아파트경비원으로 근무하며 힘들게 살고 있는 사주다.

❶ 세운병술년(歲運丙戌年): 신축, 문서, 변화, 이사, 전근
❷ 질병(疾病): 위산과다(胃酸過多), 위장병(胃腸病)
❸ 남녀성격: (남) 군자의 성품, 언행 조심, 의젓하다, 주관이 약하다, 부모무덕, 밥을 조금 먹는다, 처궁불미, 자손귀자
　　　　　(여) 신용 있다, 순진하다, 고집 대단, 정부, 재가, 시모불화, 인덕 없다, 친모봉양

세운 · 질병 · 남녀성격의 해설(歲運 · 疾病 · 男女性格의 解說)

❶ 세운병술년(歲運丙戌年)= ※신축, 문서, 변화, 이사, 전근은 ※세운병술년(歲運丙戌年)의 병화(丙火)는 무토일주(戊土日柱)의 인수(印綬)로 세운(歲運)에서 인수운(印綬運)이 들어오면 ※집을 짓는다든가 또는 증축을 한다든가 또는 사업체를 벌린다든가 또는 문서를 잡는 일이 많다. 그리고 ※변화, 이사, 전근은 ※세운병술년(歲運丙戌年)의 술토(戌土)는 일지인목(日支寅木)과 인술(寅戌)로 삼합(三合)이 되므로 세운(歲運)에서 일지(日支) 삼합운(三合運)이 들어오면 ※변화가 생긴다든가 또는 이사를 한다든가 또는 직장을 옮기는 일이 많다.

❷ 질병(疾病)은 일주(日柱)에서 발생(發生)한다.

❸ 남녀성격은 일주(日柱)에서 발생(發生)한다.

병술년(丙戌年)

庚	戊	甲	乙
申	辰	申	未

51	41	31	21	11	1
庚	己	戊	丁	丙	乙
寅	丑	子	亥	戌	酉

이 사주는 무토일주(戊土日柱)가 초가을 신월(申月)에 출생하여 실시(失時)하고 신궁경금(申宮庚金)이 시상(時上)에 투출(透出)하여 식신격(食神格)이며 시지신금(時支申金)이 있어 식신(食神)이 태왕(太旺)이다. 무토일주는 년지(年支) 미중기토(未中己土)에 근(根)하고 미약(微弱)하나마 진중무토(辰中戊土)에 근(根)하므로 종(從)하지 않는다. 그러므로 화인수(火印綬)로 많은 상관식신(傷官食神)을 제(制)하고 일주(日柱)를 보신(補身)해야 하므로 화인수(火印綬)가 용신(用神)이며 토비견겁(土比肩劫)은 희신(喜神)이 된다. 이 사주는 여자(女子)의 사주로서 상관식신(傷官食神)이 태왕(太旺)이면 예능에 소질이 있어 한복집을 경영하여 40세 무토대운(戊土大運)에 수억금을 벌었으나 45세 자수대운(子水大運)에 사업을 확장하여 경영하다가 손해를 많이 보았고 50세 기토대운(己土大運)에 월상갑목(月上甲木)과 갑기합(甲己合)으로 합거(合去)되어 재산을 탕진하고 남편(男便)과 이혼한 사주다. 부궁(夫宮)이 부실한 것은 년지미토(年支未土)는 관성(官星)의 묘궁(墓宮)으로 여자(女子) 사주에 관성(官星)의 묘궁(墓宮)이 있으면 부궁(夫宮)이 부실한데 상관식신(傷官食神)이 태왕(太旺)하여 더욱더 부궁(夫宮)이 부실한 사주다.

❶ 세운병술년(歲運丙戌年): 신축, 문서, 복통, 수술, 관재, 자연재앙
❷ 질병(疾病): 풍질(風疾), 혈압(血壓)
❸ 남녀성격: (남) 군자의 성품, 언행 조심, 인심 좋다, 이해성이 많다, 화합 잘함, 주관이 강하다, 신의 있다, 재간 있다, 처궁불미, 아이디어가 좋다, 재복 있다, 미인수다
　　　　　 (여) 신용, 순진하다, 욕심 많다, 재복 있다, 부궁불미, 정부, 신앙심

☯ 세운 · 질병 · 남녀성격의 해설 (歲運 · 疾病 · 男女性格의 解說)

❶ 세운병술년(歲運丙戌年)= ※신축, 문서, 복통, 수술, 관재, 자연재앙은 ※세운병술년(歲運丙戌年)의 병화(丙火)는 무토일주(戊土日柱)의 인수(印綬)로 세운(歲運)에서 인수운(印綬運)이 들어오면 ※집을 짓는다든가 또는 증축을 한다든가 또는 사업체를 벌린다든가 또는 문서를 잡는 일이 많다. 그리고 ※복통, 수술, 관재, 자연재앙은 ※세운병술년(歲運丙戌年)의 술토(戌土)는 일지진토(日支辰土)와 진술충(辰戌沖)으로 세운(歲運)에서 일지충운(日支沖運)이 들어오면 ※배가 아프다든가 또는 수술을 조심해야 하며 또는 관재수를 조심해야 하며 또는 자연재앙을 조심해야 한다.

❷ 질병(疾病)은 일주(日柱)에서 발생(發生)한다.

❸ 남녀성격은 일주(日柱)에서 발생(發生)한다.

병술년 (丙戌年)

63년(음) 9월 26일 진(辰)시 남자

丙	戊	癸	癸
辰	午	亥	卯

51	41	31	21	11	1
丁	戊	己	庚	辛	壬
巳	午	未	申	酉	戌

이 사주는 무토일주(戊土日柱)가 초겨울 해월(亥月)에 출생하여 실시(失時)하고 년월(年月) 양계수(兩癸水)가 투출(透出)하고 년지묘목(年支卯木) 정관(正官)이 있어 재관(財官)이 태왕(太旺)이다. 다행히 무토일주(戊土日柱)는 자좌오화(自坐午火)에 근(根)하고 시간지(時干支) 병진(丙辰)이 있다고 하나 신약사주(身弱四柱)로서 사주(四柱)에 재(財)가 많으므로 비견겁(比肩劫)으로 많은 재(財)를 제(制)하고 일주(日柱)를 보신(補身)해야 하므로 토비견겁(土比肩劫)이 용신(用神)이며 화인수(火印綬)는 희신(喜神)이 된다. 이 사주는 남자(男子)의 사주로서 어려서부터 공부는 많이 못하였으나 사업에 관심이 많아 31세부터 주류업(酒類業)을 경영하여 기미대운(己未大運)까지 수억금을 벌었으며 41세 무토대운(戊土大運)에는 년상계수(年上癸水)와 무계합(戊癸合)으로 합거(合去)되어 손해를 조금 보았으나 46세 오화대운(午火大運)에 사업이 번창하여 승승장구(乘勝長驅)하고 있는 사주다.

❶ 세운병술년(歲運丙戌年): 신축, 문서, 변화, 이사, 전근
❷ 질병(疾病): 위(胃), 비(脾), 혈압(血壓)
❸ 남녀성격: (남) 군자의 성품, 언행 조심, 성질 급, 서두른다, 외화내곤, 실패 자초, 처궁불미, 재가, 정력 강, 여자 많다, 편식한다
　　　　　　(여) 신용, 순진하다, 고집 대단, 박력 있다, 부궁불미, 정부, 친모봉양

◐ 세운·질병·남녀성격의 해설(歲運·疾病·男女性格의 解說)

❶ 세운병술년(歲運丙戌年)= ※신축, 문서, 변화, 이사, 전근은 ※세운병술년(歲運丙戌年)의 병화(丙火)는 무토일주(戊土日柱)의 인수(印綬)로 세운(歲運)에서 인수운(印綬運)이 들어오면 ※집을 짓는다든가 또는 증축을 한다든가 또는 사업체를 벌린다든가 또는 문서를 잡는 일이 많다. 그리고 ※변화, 이사, 전근은 ※세운병술년(歲運丙戌年)의 술토(戌土)는 일지오화(日支午火)와 오술(午戌)로 삼합(三合)이 되므로 세운(歲運)에서 일지(日支) 삼합운(三合運)이 들어오면 ※변화가 생긴다든가 또는 이사를 한다든가 또는 직장을 옮기는 일이 많다.

❷ 질병(疾病)은 일주(日柱)에서 발생(發生)한다.

❸ 남녀성격은 일주(日柱)에서 발생(發生)한다.

병술년 (丙戌年)

68년(음) 8월 14일 사(巳)시 남자

丁	戊	辛	戊
巳	申	酉	申

51	41	31	21	11	1
丁	丙	乙	甲	癸	壬
卯	寅	丑	子	亥	戌

이 사주는 무토일주(戊土日柱)가 중추유월(中秋酉月)에 출생하여 실시(失時)하고 유중신금(酉中辛金)이 월상(月上)에 투출(透出)하여 상관격(傷官格)이다. 그리고 년일지(年日支) 양신금(兩申金)으로 상관식신(傷官食神)이 태왕(太旺)이다. 다행히 무토일주(戊土日柱)는 시지시화(時支巳火)에 록근(祿根)하고 시상정화(時上丁火)가 투출(透出)하여 정화인수(丁火印綬)로 많은 상관식신(傷官食神)을 제(制)하고 무토일주(戊土日柱)를 보신(補身)해야 하므로 정화인수(丁火印綬)가 용신(用神)이며 토비견겁(土比肩劫)은 희신(喜神)이 된다. 이 사주는 남자(男子)의 사주로서 초년(初年)에 운(運)이 없어 고생을 많이 하다가 전문기술을 가르치는 학원을 경영하였으나 41세 병화대운(丙火大運)에 월상신금(月上辛金)과 병신합(丙辛合)으로 합거(合去)되어 재산을 탕진하고 처(妻)와 이혼(離婚)하고 혼자 살고 있는 사주다. 아무리 궁합(宮合)이 좋다 하더라도 모든 일이 잘 안 풀리고 재산을 탕진하면 부부지간(夫婦之間)에 갈등이 생기며 해로(偕老)하지 못하는 경우가 많다. 이런 사주들은 직장생활을 하면 처자(妻子)를 지키며 평범하게 살아갈 수가 있다.

❶ 세운병술년(歲運丙戌年): 신축, 문서
❷ 질병(疾病): 위(胃), 잔질(殘疾), 폐병(肺病), 결핵(結核)
❸ 남녀성격: (남) 군자의 성품, 언행 조심, 신의 있다, 재주 있다, 고독하다, 항상 바쁨, 학업 장애, 처궁불미, 처 덕 있다, 재복 있다
(여) 신용 있다, 순진하다, 고집 대단, 부궁불미, 정부, 다재다능

세운·질병·남녀성격의 해설 (歲運·疾病·男女性格의 解說)

❶ 세운병술년(歲運丙戌年)= ※신축, 문서는 ※세운병술년(歲運丙戌年)의 병화(丙火)는 무토일주(戊土日柱)의 인수(印綬)로 세운(歲運)에서 인수운(印綬運)이 들어오면 ※집을 짓는다든가 또는 증축을 한다든가 또는 사업체를 벌린다든가 또는 문서를 잡는 일이 많다.

❷ 질병(疾病)은 위, 잔질은 일주(日柱)에서 발생(發生)하며 ※폐병, 결핵은 ※무토일주(戊土日柱)가 쇠약(衰弱)하면 ※폐병과 결핵을 조심해야 한다.

❸ 남녀성격은 일주(日柱)에서 발생(發生)한다.

병술년(丙戌年)

62년(음) 7월 29일 인(寅)시 남자

甲 戊 戊 壬
寅 戌 申 寅

54	44	34	24	14	4
甲	癸	壬	辛	庚	己
寅	丑	子	亥	戌	酉

이 사주는 무토일주(戊土日柱)가 초가을 신월(申月)에 출생하여 실시(失時)하고 신궁임수(申宮壬水)가 년상(年上)에 투출(透出)하여 편재격(偏財格)이다. 그리고 년지인목(年支寅木)과 시간지(時干支) 갑인(甲寅)으로 토생금(土生金) 금생수(金生水) 수생목(水生木)으로 재살(財殺)이 태왕(太旺)이다. 그러나 무토일주(戊土日柱)는 술중무토(戌中戊土)에 근(根)하고 월상무토(月上戊土)가 투출(透出)하였으나 신약사주(身弱四柱)로서 사주에 재살(財殺)이 왕(旺)하므로 인수(印綬)로 살인상생(殺印相生)을 시켜야 좋으므로 화인수(火印綬)가 용신(用神)이며 토비견겁(土比肩劫)은 희신(喜神)이 된다. 이 사주는 남자(男子)의 사주로서 공대(工大)를 졸업하여 현장으로 근무하였으나 운(運)이 없어 고생을 많이 하고 44세 계수대운(癸水大運)에 퇴사하여 사업을 경영하였으나 손해를 많이 보고 49세 축토대운(丑土大運)에 평범하게 살고 있는 사주다.

❶ 세운병술년(歲運丙戌年): 신축, 문서, 변화, 이사, 전근, 자연재앙
❷ 질병(疾病): 신장(腎臟), 방광(膀胱)
❸ 남녀성격: (남) 군자의 성품, 언행 조심, 신의 있다, 인심 좋다, 재주 있다, 신뢰한다, 근면하다, 학업 열중, 임사즉결, 고집 대단, 남에게 잘함, 신앙심, 창의력, 돈이 잘 빠져나간다
　　　　　(여) 신용 있다, 순진하다, 시모불합, 남편 말 잘 안 듣는다, 부궁불미, 정부, 재가, 독수공방, 일가부양, 친모봉양, 신앙심

🔵 세운·질병·남녀성격의 해설(歲運·疾病·男女性格의 解說)

❶ 세운병술년(歲運丙戌年)= ※신축, 문서, 변화, 이사, 전근, 자연재앙은 ※세운병술년(歲運丙戌年)의 병화(丙火)는 무토일주(戊土日柱)의 인수(印綬)로 세운(歲運)에서 인수운(印綬運)이 들어오면 ※집을 짓는다든가 또는 증축을 한다든가 또는 사업체를 벌린다든가 또는 문서를 잡는 일이 많다. 그리고 ※변화, 이사, 전근은 ※세운병술년(歲運丙戌年)의 술토(戌土)는 일지술토(日支戌土)와 술술(戌戌)로 삼합(三合)이 되므로 세운(歲運)에서 일지(日支) 삼합운(三合運)이 들어오면 ※변화가 생긴다든가 또는 이사를 한다든가 또는 직장을 옮기는 일이 많다. 그리고 ※자연재앙은 ※세운병술년(歲運丙戌年)의 술토(戌土)는 일지술토(日支戌土)와 술술(戌戌)로 똑같은 오행(五行)이므로 세운(歲運)에서 일지(日支) 같은 운(運)이 들어오면 ※자연재앙을 조심해야 한다.

❷ 질병(疾病)은 일주(日柱)에서 발생(發生)한다.

❸ 남녀성격은 일주(日柱)에서 발생(發生)한다.

병술년 (丙戌年)

58년(음) 4월 23일 미(未)시 여자

<table>
<tr><td>己</td><td>戊</td><td>戊</td><td>戊</td></tr>
<tr><td>未</td><td>午</td><td>午</td><td>戌</td></tr>
</table>

51	41	31	21	11	1
壬	癸	甲	乙	丙	丁
子	丑	寅	卯	辰	巳

이 사주는 무토일주(戊土日柱)가 중하오월(中夏午月) 양인월(羊刃月)에 출생하여 득령(得令)하고 년지술토(年支戌土)와 월지오화(月支午火)와 오술(午戌)로 화국(火局)을 이루고 시지미토(時支未土)와 일지오화(日支午火)와 오미(午未)로 화국(火局)을 이루어 지지(地支)는 진화국(全火局)이며 무토일주(戊土日柱)는 년월일시(年月日時) 무기토(戊己土)로 토(土) 천원일기(天元一氣)를 이루어 일주(日柱)는 왕극(旺極)에 이르렀다. 왕극자(旺極者)는 인수(印綬)로 일주(日柱)를 생(生)하여 더욱더 왕(旺)하게 하는 법칙이므로 화인수(火印綬)가 용신(用神)이며 토비견겁(土比肩劫)은 희신(喜神)이 된다. 이 사주는 여자(女子)의 사주로서 41세 계수대운(癸水大運)에 사업을 경영하였으나 년상무토(年上戊土)와 무계합(戊癸合)으로 합거(合去)되어 재산을 탕진하고 남편과 이혼하고 혼자 살고 있는 사주다.

❶ 세운병술년(歲運丙戌年): 이별수, 신축, 문서, 변화, 이사, 전근
❷ 질병(疾病): 위(胃), 비(脾), 혈압(血壓)
❸ 남녀성격: (남) 군자의 성품, 언행 조심, 성질 급, 서두른다, 외화내곤, 실패 자초, 처궁불미, 재가, 정력 강, 여자 많다, 편식한다
　　　　　　(여) 신용, 순진하다, 고집 대단, 박력 있다, 부궁불미, 정부, 친모봉양

🌀 세운 · 질병 · 남녀성격의 해설 (歲運 · 疾病 · 男女性格의 解說)

❶ 세운병술년(歲運丙戌年)= ※이별수, 신축, 문서, 변화, 이사, 전근은 ※세운병술년(歲運丙戌年)의 병화(丙火)는 무토일주(戊土日柱)의 인수(印綬)로 신왕(身旺)한 여자(女子) 사주에 세운에서 인수운(印綬運)이 들어오면 ※가정에 불화가 많이 생긴다든가 또는 남편과 떨어져 산다든가 또는 이혼한다든가 또는 남편이 사망하는 수도 있다. 그리고 ※신축, 문서는 ※세운병술년(歲運丙戌年)의 병화(丙火)는 무토일주(戊土日柱)의 인수(印綬)로 세운(歲運)에서 인수운(印綬運)이 들어오면 ※집을 짓는다든가 또는 증축을 한다든가 또는 사업체를 벌린다든가 또는 문서를 잡는 일이 많다. 그리고 ※변화, 이사, 전근은 ※세운병술년(歲運丙戌年)의 술토(戌土)는 일지오화(日支午火)와 오술(午戌)로 삼합(三合)이 되므로 세운(歲運)에서 일지(日支) 삼합운(三合運)이 들어오면 ※변화가 생긴다든가 또는 이사를 한다든가 또는 직장을 옮기는 일이 많다.

❷ 질병(疾病)은 일주(日柱)에서 발생(發生)한다.

❸ 남녀성격은 일주(日柱)에서 발생(發生)한다.

병술년 (丙戌年)

64년(음) 11월 2일 묘(卯)시 남자

乙	戊	乙	甲
卯	子	亥	辰

51	41	31	21	11	1
辛	庚	己	戊	丁	丙
巳	辰	卯	寅	丑	子

이 사주는 무토일주(戊土日柱)가 초겨울 해월(亥月)에 출생하여 실시(失時)하고 해중갑목(亥中甲木)이 년상(年上)에 투출(透出)하여 편관격(偏官格)이다. 그리고 일지자수(日支子水)와 해자(亥子)로 수국(水局)을 이루었으며 시간지(時干支) 을묘목(乙卯木) 정관(正官)과 월상을목(月上乙木)이 투출(透出)하여 관살(官殺)이 태왕(太旺)이다. 무토일주(戊土日柱)는 년지(年支) 진중무토(辰中戊土)에 근(根)한다고 하나 진토(辰土)는 습토(濕土)로서 힘이 없으므로 일주(日柱)를 도와줄 힘이 없다. 그러므로 이 사주는 종살격(從殺格)이다. 종살격(從殺格)에는 목관살(木官殺)이 용신(用神)이며 수재(水財)는 희신(喜神)이 된다. 이 사주는 남자(男子)의 사주로서 공부는 많이 못하였으나 일찍 장사를 배워 26세 인목대운(寅木大運)에 돈을 벌어 결혼하였으며 31세 기토대운(己土大運)에 년상갑목(年上甲木)과 갑기합(甲己合)으로 합거(合去)되어 손해를 많이 보았으나 36세 묘목대운(卯木大運)에 돈을 많이 벌어 사업을 확장하여 경영하다가 41세 경금대운(庚金大運)에 시상을목(時上乙木)과 을경합(乙庚合)으로 합거(合去)되어 재산을 탕진하고 처(妻)과 이혼하고 혼자 살고 있는 사주다. 처궁(妻宮)이 부실한 것은 남자 사주에 관살(官殺)이 태왕(太旺)이면 처궁(妻宮)이 부실한데 년간지(年干支) 갑진생(甲辰生)의 공망(空亡)은 시지묘목(時支卯木)으로 처궁(妻宮)이 더욱더 부실한 사주다.

❶ 세운병술년(歲運丙戌年): 신축, 문서
❷ 질병(疾病): 비(脾), 위(胃), 폐병(肺病), 결핵(結核)
❸ 남녀성격: (남) 군자의 성품, 언행조심, 외강내유, 지혜롭다, 고집 대단, 신경예민, 권모술수, 처덕있다, 돈이 잘 빠져나감, 처 말을 잘 듣는다, 눈치빠름
　　　　　　(여) 순진, 신용, 하는일에 겁이없다, 부궁불미, 정부, 재가, 독수공방, 직업, 재복있다, 신앙심

🔵 세운 · 질병 · 남녀성격의 해설 (歲運 · 疾病 · 男女性格의 解說)

❶ 세운병술년(歲運丙戌年)= ※신축, 문서는 ※세운병술년(歲運丙戌年)의 병화(丙火)는 무토일주의 인수(印綬)로 세운에서 인수운(印綬運)이 들어오면 ※집을 짓는다든가 또는 증축을 한다든가 또는 사업체를 벌린다든가 또는 문서를 잡는 일이 많다.

❷ 질병(疾病)은 비, 위는 일주(日柱)에서 발생(發生)하며 ※폐병, 결핵은 ※무토일주(戊土日柱)가 쇠약(衰弱)하면 ※폐병과 결핵을 조심해야 한다.

❸ 남녀성격은 일주(日柱)에서 발생(發生)한다.

61년(음) 5월 13일 인(寅)시 남자

丙	己	甲	辛
寅	丑	午	丑

56	46	36	26	16	6
戊	己	庚	辛	壬	癸
子	丑	寅	卯	辰	巳

이 사주는 기토일주(己土日柱)가 중하오월(中夏午月)에 출생하여 록근(祿根)하고 년일지(年日支) 양축토(兩丑土)는 습토(濕土)라 하나 오월(五月)에 미온지토(微溫之土)가 되어 기토일주(己土日柱)를 보신(補身)할 수가 있으며 시상병화(時上丙火)가 인중병화(寅中丙火)에 근(根)하여 기토일주(己土日柱)를 생(生)함으로 기토일주(己土日柱)는 신왕사주(身旺四柱)다. 신왕사주(身旺四柱)에는 관살(官殺)로 일주(日柱)를 제(制)함이 좋은데 인중갑목(寅中甲木) 정관(正官)이 월상(月上)에 투출(透出)하여 갑목정관(甲木正官)으로 용신(用神)한다. 그러므로 목정관(木正官)이 용신(用神)이며 수재(水財)는 희신(喜神)이 된다. 이 사주는 남자(男子)의 사주로서 회사에 근무하여 31세 묘목대운(卯木大運)에 승진이 빨라 승승장구(乘勝長驅)하다가 41세 인목대운(寅木大運)에 갑목용신(甲木用神)이 록근(祿根)하여 한층 더 승진하였고 그 이후로는 운(運)이 없어 평범하게 살고 있는 사주다.

❶ 세운병술년(歲運丙戌年): 신축, 문서, 복통, 수술, 관재
❷ 질병(疾病): 위(胃), 위경련(胃痙攣), 비(脾)
❸ 남녀성격: (남) 군자의 성품, 언행 조심, 근면 성실, 신용부실, 부지런하다, 봉사정신, 처궁 불미, 의처증, 새벽잠이 없다, 신앙심, 학업 장애
　　　　　(여) 신용 있다, 순진하다, 부궁불미, 독수공방, 남편을 의심한다, 정부, 시모불 합, 신앙심, 돈이 잘 빠져나간다, 친정형제 걱정 많이 한다

세운·질병·남녀성격의 해설 (歲運·疾病·男女性格의 解說)

❶ 세운병술년(歲運丙戌年)= ※신축, 문서, 복통, 수술, 관재는 ※세운병술년(歲運丙戌年)의 병화(丙火)는 기토일주(己土日柱)의 인수(印綬)로 세운(歲運)에서 인수운(印綬運)이 들어오면 ※집을 짓는다든가 또는 증축을 한다든가 또는 사업체를 벌린다든가 또는 문서를 잡는 일이 많다. 그리고 ※복통, 수술, 관재는 ※세운병술년(歲運丙戌年)의 술토(戌土)는 일지축토(日支丑土)와 축술(丑戌)로 형살(刑殺)이 되므로 세운(歲運)에서 일지(日支) 형살운(刑殺運)이 들어오면 ※배가 아프다든가 또는 수술을 조심해야 하며 또는 관재수를 조심해야 한다.

❷ 질병(疾病)은 일주(日柱)에서 발생(發生)한다.

❸ 남녀성격은 일주(日柱)에서 발생(發生)한다.

병술년(丙戌年)

63년(음) 2월 2일 묘(卯)시 여자

丁	己	甲	癸
卯	亥	寅	卯

53	43	33	23	13	3
庚	己	戊	丁	丙	乙
申	未	午	巳	辰	卯

이 사주는 기토일주(己土日柱)가 초봄 인월(寅月)에 출생하여 실시(失時)하고 인중갑목(寅中甲木)이 월상(月上)에 투출(透出)하여 정관격(正官格)이다. 그리고 년월지(年月支) 인묘(寅卯)로 목국(木局)을 이루었으며 일시지(日時支) 해묘(亥卯)로 목국(木局)을 이루어 지지(地支)는 전목국(全木局)으로 관살(官殺)이 태왕(太旺)이다. 그러므로 종살격(從殺格)같이 보인다. 그러나 관살(官殺)은 기토일주(己土日柱)를 극(剋)하지 않고 수생목(水生木) 목생화(木生火)로 사주에 기(氣)는 시상정화(時上丁火)에 집결되므로 정화인수(丁火印綬)가 용신(用神)이며 토비견겁(土比肩劫)은 희신(喜神)이 된다. 이 사주는 여자(女子)의 사주로서 초년(初年)부터 운(運)이 잘 들어와 치과의사로 병원에서 근무하다가 38세 오화대운(午火大運)에 의원을 개원하여 수억금을 벌었으며 앞으로도 운(運)이 좋아 돈을 많이 벌 것으로 생각된다. 그러나 여자(女子) 사주에 관살(官殺)이 태왕(太旺)이면 부궁(夫宮)이 부실하여 재혼(再婚)하거나 혼자 사는 사람들이 많은데 이 사주(四柱)도 남편(男便)과 이혼(離婚)하고 재혼(再婚)하여 잘살고 있는 사주다.

❶ 세운병술년(歲運丙戌年): 신축, 문서
❷ 질병(疾病): 위(胃), 비(脾), 폐병(肺病), 결핵(結核)
❸ 남녀성격: (남) 군자의 성품, 언행 조심, 영리하다, 추리력, 선견지명, 외유내강, 현실에 적응 잘한다, 강직하다, 재복 있다, 장수한다, 호인이다
　　　　　　(여) 신용 있다, 순진하다, 남편 좋다, 영리하다, 부궁불미, 정부, 장수한다, 신앙심

세운·질병·남녀성격의 해설(歲運·疾病·男女性格의 解說)

❶ 세운병술년(歲運丙戌年)= ※신축, 문서는 ※세운병술년(歲運丙戌年)의 병화(丙火)는 기토일주(己土日柱)의 인수(印綬)로 세운(歲運)에서 인수운(印綬運)이 들어오면 ※집을 짓는다든가 또는 증축을 한다든가 또는 사업체를 벌린다든가 또는 문서를 잡는 일이 많다.

❷ 질병(疾病)은 위, 비는 일주(日柱)에서 발생(發生)하며 ※폐병, 결핵은 ※기토일주(己土日柱)가 쇠약(衰弱)하면 ※폐병과 결핵을 조심해야 한다.

❸ 남녀성격은 일주(日柱)에서 발생(發生)한다.

병술년 (丙戌年)

63년(음) 5월 15일 인(寅)시 여자

丙	己	戊	癸
寅	酉	午	卯

51	41	31	21	11	1
甲	癸	壬	辛	庚	己
子	亥	戌	酉	申	未

이 사주는 기토일주(己土日柱)가 중하오월(中夏午月)에 출생하여 록근(祿根)하고 월상무토(月上戊土)가 투출(透出)하고 시상병화(時上丙火)는 자좌(自坐) 인중병화(寅中丙火)에 근(根)하므로 일주(日柱)는 신왕사주(身旺四柱)다. 신왕사주(身旺四柱)에는 일주(日柱)를 세(制)하는 관살(官殺)이 좋으므로 인중갑목(寅中甲木) 정관(正官)으로 용신(用神)한다. 그리고 수재(水財)는 희신(喜神)이 된다. 이 사주는 여자(女子)의 사주로서 의사로 종합병원(綜合病院)에 근무하였으나 운(運)이 없어 고생을 많이 하다가 36세 술토대운(戌土大運)에 병원을 그만두고 의원을 개원하였으나 운(運)이 없어 고생을 많아 하다가 개인병원에 의사로 근무하다가 46세 해수대운(亥水大運)에 의원을 개원하여 수억금을 벌어 잘살고 있는 사주다. 사주에 묘유술(卯酉戌)중 묘유(卯酉)나 묘술(卯戌)이나 유술(酉戌)이나 두 자만 있으면 의료계(醫療界)로 직업을 갖는 사람들이 많다.

❶ 세운병술년(歲運丙戌年): 이별수, 신축, 문서
❷ 질병(疾病): 위(胃), 비(脾)
❸ 남녀성격: (남) 군자의 성품, 언행 조심, 신의 있다, 남에게 잘함, 문단 수려, 암기력, 처덕 있다, 처궁불미, 언어특성, 운동 잘함, 잔병치레, 식복 있다
　　　　　 (여) 신용 있다, 순진하다, 남편복이 없다, 부궁불미, 독수공방, 정부, 미모 수려, 자손귀자

🌀 세운 · 질병 · 남녀성격의 해설 (歲運 · 疾病 · 男女性格의 解說)

❶ 세운병술년(歲運丙戌年)= ※이별수, 신축, 문서는 ※세운병술년(歲運丙戌年)의 병화(丙火)는 기토일주(己土日柱)의 인수(印綬)로 신왕(身旺)한 여자(女子) 사주에 세운(歲運)에서 인수운(印綬運)이 들어오면 ※가정에 불화가 많이 생긴다든가 또는 남편과 떨어져 산다든가 또는 이혼한다든가 또는 남편이 사망하는 수도 있다. 그리고 ※신축, 문서는 ※세운병술년(歲運丙戌年)의 병화(丙火)는 기토일주(己土日柱)의 인수(印綬)로 세운(歲運)에서 인수운(印綬運)이 들어오면 ※집을 짓는다든가 또는 증축을 한다든가 또는 사업체를 벌린다든가 또는 문서를 잡는 일이 많다.

❷ 질병(疾病)은 일주(日柱)에서 발생(發生)한다.

❸ 남녀성격은 일주(日柱)에서 발생(發生)한다.

병술년 (丙戌年)

66년(음) 5월 11일 오(午)시 여자

<table>
<tr><td>庚</td><td>己</td><td>甲</td><td>丙</td></tr>
<tr><td>午</td><td>未</td><td>午</td><td>午</td></tr>
</table>

58	48	38	28	18	8
戊	己	庚	辛	壬	癸
子	丑	寅	卯	辰	巳

이 사주는 기토일주가 중하오월(中夏午月)에 출생하여 록근(祿根)하고 년지오화(年支午火)와 시지오화(時支午火)와 일지미토(日支未土)로 지지(地支)는 전화국(全火局)을 이루고 월상병화(月上丙火) 인수(印綬)가 투출(透出)하여 일주는 신왕사주(身旺四柱)다. 신왕사주에는 일주(日柱)를 제(制)하는 관살(官殺)이나 식신상관(食神傷官)으로 설기(泄氣)하면 좋은데 월상갑목(月上甲木) 정관(正官)은 무근(無根)이며 자좌오화(自坐午火)에 설기(泄氣)가 심(甚)하고 고목(枯木)으로서 용신(用神)으로 쓸 수가 없으며 시상경금(時上庚金) 상관(傷官)도 무근이며 자좌오화(自坐午火)에 살지(殺地)에 앉아 용신으로 쓸 수가 없다. 그러나 기토일주는 월상갑목(月上甲木)과 갑기합토(甲己合土)로 화신토(化神土)가 화국(火局)에 생(生)을 받아 왕(旺)하므로 토비견겁(土比肩劫)이 용신이며 화인수(火印綬)는 희신(喜神)이 된다.

❶ 세운병술년(歲運丙戌年): 이별수, 신축, 문서, 복통, 수술, 관재
❷ 질병(疾病): 위(胃), 비(脾), 당뇨(糖尿)
❸ 남녀성격: (남) 군자의 성품, 언행 조심, 성질 급, 고집 대단, 성격이 까다롭다, 편식, 옷에
　　　　　신경 쓴다, 처궁불미, 남에게 시기를 많이 받는다, 신앙심
　　　　　(여) 신용 있다, 순진하다, 부궁불미, 이성 구설, 정부, 독수공방, 친모봉양

◑ 세운·질병·남녀성격의 해설 (歲運·疾病·男女性格의 解說)

❶ 세운병술년(歲運丙戌年)= ※이별수, 신축, 문서, 복통, 수술, 관재는 ※세운병술년(歲運丙戌年)의 병화(丙火)는 기토일주의 인수(印綬)로 신왕(身旺)한 여자 사주에 세운에서 인수운(印綬運)이 들어오면 ※가정에 불화가 많이 생긴다든가 또는 남편과 떨어져 산다든가 또는 이혼한다든가 또는 남편이 사망하는 수도 있다. 그리고 ※신축, 문서는 ※세운병술년(歲運丙戌年)의 병화(丙火)는 기토일주(己土日柱)의 인수(印綬)로 세운(歲運)에서 인수운(印綬運)이 들어오면 ※집을 짓는다든가 또는 증축을 한다든가 또는 사업체를 벌린다든가 또는 문서를 잡는 일이 많다. 그리고 ※복통, 수술, 관재는 ※세운병술년(歲運丙戌年)의 술토(戌土)는 일지미토(日支未土)와 미술(未戌)로 형살(刑殺)이 되므로 세운에서 일지(日支) 형살운(刑殺運)이 들어오면 ※배가 아프다든가 또는 수술을 조심해야 하며 또는 관재수를 조심해야 한다.

❷ 질병(疾病)은 일주(日柱)에서 발생(發生)한다.

❸ 남녀성격은 일주(日柱)에서 발생(發生)한다.

병술년 (丙戌年)

68년(윤) 7월 4일 술(戌)시 남자

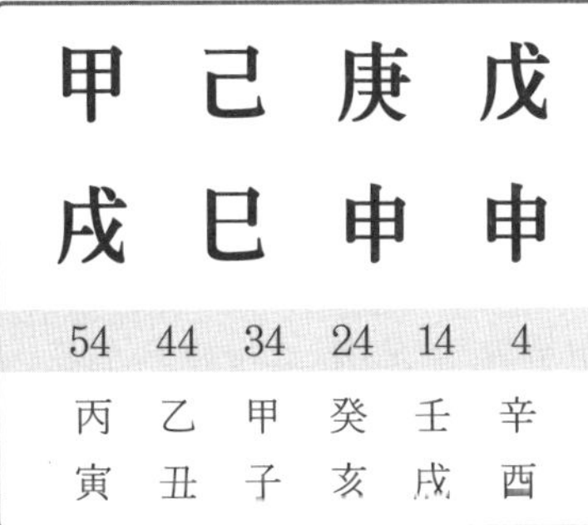

이 사주는 기토일주(己土日柱)가 초가을 신월(申月)에 출생하여 실시(失時)하고 신궁경금(申宮庚金)이 월상(月上)에 투출(透出)하여 상관격(傷官格)이다. 그리고 년지신금(年支申金)과 신신(申申)으로 금국(金局)을 이루어 상관(傷官)이 태왕(太旺)으로 기토일주(己土日柱)가 설기(泄氣)가 심(甚)하다. 그러나 기토일주(己土日柱)는 자좌사화(自坐巳火) 인수(印綬)에 생(生)을 받고 시지 술토(時支戌土)가 있으나 신약사주(身弱四柱)로서 사주에 상관식신(傷官食神)이 태왕(太旺)하므로 화인수(火印綬)로 상관식신(傷官食神)을 제(制)하고 일주(日柱)를 생(生)하여줘야 하므로 사중병화(巳中丙火) 인수(印綬)가 용신(用神)이며 토비견겁(土比肩劫)은 희신(喜神)이 된다. 이 사주는 남자(男子)의 사주로서 한국수자원공사에 일하였으나 운(運)이 없어 승진이 안되어 고생을 많이 하다가 39세 자수대운(子水大運)에 퇴사하여 사업을 경영하다가 손해를 많이 보고 자식(子息) 한 명 잃었는데 기토일주(己土日柱)의 자식(子息)은 시상갑목(時上甲木)인데 그 갑목(甲木)은 많은 상관(傷官)에 극(剋)을 받으므로 자손액(子孫厄)이 두려운 사주다.

❶ 세운병술년(歲運丙戌年): 신축, 문서, 신경과민
❷ 질병(疾病): 위(胃), 비(脾)
❸ 남녀성격: (남) 군자의 성품, 언행 조심, 외유내강, 강직하다, 미모 수려, 멋쟁이, 학업 열중, 덕망이 있다, 항상 바쁨, 처궁불미, 처 덕 있다
　　　　　　(여) 신용 있다, 순진하다, 남편복이 있다, 자손귀자, 친정걱정, 물조심, 영리하다

◉ 세운·질병·남녀성격의 해설 (歲運·疾病·男女性格의 解說)

❶ 세운병술년(歲運丙戌年)= ※신축, 문서, 신경과민은 ※세운병술년(歲運丙戌年)의 병화(丙火)는 기토일주(己土日柱)의 인수(印綬)로 세운(歲運)에서 인수운(印綬運)이 들어오면 **※집을 짓는다든가 또는 증축을 한다든가 또는 사업체를 벌린다든가 또는 문서를 잡는 일이 많다.** 그리고 ※ **신경과민**은 ※세운병술년(歲運丙戌年)의 술토(戌土)는 일지사화(日支巳火)와 사술(巳戌)로 귀문관살(鬼門關殺)이 되므로 세운(歲運)에서 일지(日支) 귀문(鬼門) 관살운(關殺運)이 들어오면 **※그해에는 모든 일에 신경을 많이 쓰게 된다.**

❷ 질병(疾病)은 일주(日柱)에서 발생(發生)한다.

❸ 남녀성격은 일주(日柱)에서 발생(發生)한다.

64년(음) 10월 23일 술(戌)시 남자

甲	己	乙	甲
戌	卯	亥	辰

54	44	34	24	14	4
辛	庚	己	戊	丁	丙
巳	辰	卯	寅	丑	子

이 사주는 기토일주(己土日柱)가 초겨울 해월(亥月)에 출생하여 실시(失時)하고 해중갑목(亥中甲木)이 년시상(年時上)에 투출(透出)하여 정관격(正官格)이다. 그리고 월상을목(月上乙木)은 일지(日支) 묘중을목(卯中乙木)에 근(根)하였으며 월지해수(月支亥水)와 해묘(亥卯)로 목국(木局)을 이루어 관살(官殺)이 태왕(太旺)이다. 그러므로 종살격(從殺格)같이 보이나 시지(時支) 술중무토(戌中戊土) 비겁(比劫)에 근(根)하므로 종(從)하지 않는다. 그러므로 많은 관살(官殺)을 화인수(火印綬)로 순화(純化)시켜 일주(日柱)를 생(生)하여야 하므로 화인수(火印綬)가 용신(用神)이며 토비견겁(土比肩劫)은 희신(喜神)이 된다. 이 사주는 남자(男子)의 사주로서 공부를 많이 하여 대기업에 취업하였으나 39세 묘목대운(卯木大運)에 원명사주(源命四柱)에 재살(財殺)이 태왕(太旺)인데 대운 묘목(大運卯木)이 들어와 폐병(肺病)으로 회사를 퇴사하여 처(妻)와 이혼(離婚)하고 혼자 살고 있는 사주다. 토일주(土日柱)가 관살(官殺)이 태왕(太旺)이면 처궁(妻宮)이 부실한데 년간지(年干支) 갑진생(甲辰生)의 공망(空亡)은 일지묘목(日支卯木)으로 처궁(妻宮)이 더욱 부실한 사주다.

❶ 세운병술년(歲運丙戌年): 신축, 문서
❷ 질병(疾病): 위(胃), 비(脾), 위산과다(胃酸過多), 폐병(肺病), 결핵(結核)
❸ 남녀성격: (남) 군자의 성품, 언행 조심, 고집 대단, 지구력 부족, 인덕 없다, 마음 약, 처궁불미, 소심하다, 인자한 성품, 운동 잘함, 눈물 많다
(여) 신용 있다, 순진하다, 부궁불미, 정부, 재가, 식복 있다, 자손근심, 남편이 나이가 많은 사람 아니면 나이가 어린 사람을 만나기 쉽다

세운·질병·남녀성격의 해설 (歲運·疾病·男女性格의 解說)

❶ 세운병술년(歲運丙戌年)= ※신축, 문서는 ※세운병술년(歲運丙戌年)의 병화(丙火)는 기토일주(己土日柱)의 인수(印綬)로 세운(歲運)에서 인수운(印綬運)이 들어오면 ※집을 짓는다든가 또는 증축을 한다든가 또는 사업체를 벌린다든가 또는 문서를 잡는 일이 많다.

❷ 질병(疾病)은 위, 비, 위산과다는 일주(日柱)에서 발생(發生)하며 ※폐병, 결핵은 ※기토일주(己土日柱)가 쇠약(衰弱)하면 ※폐병과 결핵을 조심해야 한다.

❸ 남녀성격은 일주(日柱)에서 발생(發生)한다.

병술년(丙戌年)

61년(음) 6월 3일 진(辰)시 남자

戊	己	乙	辛
辰	酉	未	丑

53	43	33	23	13	3
己	庚	辛	壬	癸	甲
丑	寅	卯	辰	巳	午

이 사주는 기토일주(己土日柱)가 하계미월(夏季未月)에 출생하여 득령(得令)하고 년시지(年時支) 축진토(丑辰土)는 습토(濕土)라 하나 미월(未月)은 화기(火氣)가 염열(炎熱)하므로 습토(濕土)는 미온지토(微溫之土)가 되어 기토일주(己土日柱)를 보신(補身)할 수가 있다. 그리고 시상무토(時上戊土) 비겁(比劫)이 투출(透出)하여 일주(日柱)는 신왕사주(身旺四柱)다. 신왕사주(身旺四柱)에는 일주(日柱)를 제(制)하는 관살(官殺)이나 상관식신(傷官食神)으로 설기(泄氣)하면 좋은데 다행히 월상을목(月上乙木)이 미중을목(未中乙木)에 근(根)하여 월상을목(月上乙木) 편관(偏官)으로 용신(用神)한다. 그리고 수재(水財)는 희신(喜神)이 된다. 이 사주는 남자(男子)의 사주로서 공무원으로 근무하다가 38세 묘목대운(卯木大運)에 용신운(用神運)이 들어와 승진하여 승승장구(乘勝長驅)하였으나 43세 경금대운(庚金大運)에는 자식(子息) 한 명 잃었는데 자식(子息) 한 명 잃게 된 것은 월상을목(月上乙木)은 기토일주(己土日柱)의 편관(偏官)은 자식(子息)이 되는데 월지미토(月支未土)는 목(木)의 고장(庫藏)이며 년지축토(年支丑土)와 일지유금(日支酉金)과 유축(酉丑)으로 금국(金局)을 이루었으며 년상신금(年上辛金)이 을목(乙木)을 충극(沖剋)하여 자손액(子孫厄)이 두려운 사주로서 이런 사주들은 항상 자손액(子孫厄)을 조심해야 한다.

❶ 세운병술년(歲運丙戌年): 신축, 문서
❷ 질병(疾病): 위(胃), 비(脾)
❸ 남녀성격: (남) 군자의 성품, 언행 조심, 신의 있다, 남에게 잘함, 문단 수려, 암기력, 처덕 있다, 처궁불미, 언어특성, 운동 잘함, 잔병치레, 식복 있다
　　　　　(여) 신용 있다, 순진하다, 남편복이 없다, 부궁불미, 독수공방, 정부, 미모 수려, 자손귀자

세운·질병·남녀성격의 해설(歲運·疾病·男女性格의 解說)

❶ 세운병술년(歲運丙戌年)= ※신축, 문서는 ※세운병술년(歲運丙戌年)의 병화(丙火)는 기토일주(己土日柱)의 인수(印綬)로 세운(歲運)에서 인수운(印綬運)이 들어오면 ※집을 짓는다든가 또는 증축을 한다든가 또는 사업체를 벌린다든가 또는 문서를 잡는 일이 많다.

❷ 질병(疾病)은 일주(日柱)에서 발생(發生)한다.

❸ 남녀성격은 일주(日柱)에서 발생(發生)한다.

병술년 (丙戌年)

63년(음) 6월 25일 오(午)시 여자

庚	己	庚	癸
午	丑	申	卯

58	48	38	28	18	8
丙	乙	甲	癸	壬	辛
寅	丑	子	亥	戌	酉

이 사주는 기토일주(己土日柱)가 초가을 신월(申月)에 출생하여 실시(失時)하고 신궁경금(申宮庚金)이 월시상(月時上)에 투출(透出)하여 상관격(傷官格)이며 기토일주(己土日柱)는 상관(傷官)에 설기(泄氣)가 태심(太甚)하다. 그러나 기토일주(己土日柱)는 시지오화(時支午火)에 록근(祿根)하여 시지(時支) 오중정화(午中丁火) 인수(印綬)로 많은 상관식신(傷官食神)을 제(制)하고 기토일주(己土日柱)를 보신(補身)해야 하므로 화인수(火印綬)가 용신(用神)이며 토비견겁(土比肩劫)은 희신(喜神)이 된다. 이 사주는 여자(女子)의 사주로서 전업주부로 살다가 43세 자수대운(子水大運)에 사업을 경영하였으나 대운자수(大運子水)는 용신오화(用神午火)를 충극(沖剋)하여 재물을 탕진하고 남편(男便)과 이혼(離婚)하고 혼자 살고 있는 사주다. 부궁(夫宮)이 부실한 것은 기토일주(己土日柱)의 남편(男便)은 년지묘목(年支卯木)인데 많은 상관식신(傷官食神)이 묘목편관(卯木偏官)을 극(剋)하며 여자 사주에 상관식신(傷官食神)이 태왕(太旺)이면 부궁(夫宮)이 부실한데 기축일주(己丑日柱)의 공망(空亡)은 시지오화(時支午火)로서 부궁(夫宮)이 더욱더 부실한 사주다.

❶ 세운병술년(歲運丙戌年): 신축, 문서, 복통, 수술, 관재
❷ 질병(疾病): 위(胃), 위경련(胃痙攣), 비(脾)
❸ 남녀성격: (남) 군자의 성품, 언행 조심, 근면 성실, 신용 부실, 부지런하다, 봉사정신, 처궁불미, 의처증, 새벽잠이 없다, 신앙심, 학업 장애
　　　　　(여) 신용 있다, 순진하다, 부궁불미, 독수공방, 남편을 의심한다, 정부, 시모불합, 신앙심, 돈이 잘 빠져나간다, 친정형제 걱정 많이 한다

🌀 세운 · 질병 · 남녀성격의 해설 (歲運 · 疾病 · 男女性格의 解說)

❶ 세운병술년(歲運丙戌年)= ※신축, 문서, 복통, 수술, 관재는 ※세운병술년(歲運丙戌年)의 병화(丙火)는 기토일주(己土日柱)의 인수(印綬)로 세운(歲運)에서 인수운(印綬運)이 들어오면 ※집을 짓는다든가 또는 증축을 한다든가 또는 사업체를 벌린다든가 또는 문서를 잡는 일이 많다. 그리고 ※복통, 수술, 관재는 ※세운병술년(歲運丙戌年)의 술토(戌土)는 일지축토(日支丑土)와 축술(丑戌)로 형살(刑殺)이 되므로 세운(歲運)에서 일지(日支) 형살운(刑殺運)이 들어오면 ※배가 아프다든가 또는 수술을 조심해야 하며 또는 관재수를 조심해야 한다.

❷ 질병(疾病)은 일주(日柱)에서 발생(發生)한다.

❸ 남녀성격은 일주(日柱)에서 발생(發生)한다.

병술년 (丙戌年)

71년(음) 9월 24일 자(子)시 남자

丙	庚	己	辛
子	子	亥	亥

51	41	31	21	11	1
癸	甲	乙	丙	丁	戊
巳	午	未	申	酉	戌

이 사주는 경금일주(庚金日柱)가 초거울 해월(亥月)에 출생하여 실시(失時)하고 년지해수(年支亥水)와 일시지(日時支) 양자수(兩子水)로 상관식신(傷官食神)이 태왕(太旺)이다. 경금일주(庚金日柱)는 무근(無根)이며 자좌자수(自坐子水)에 사지(死地)에 앉았으며 월상기토(月上己土) 인수(印綬)도 무근(無根)이며 많은 물에 쓸려가 일주(日柱)를 도울 수가 없으며 년상신금(年上辛金) 비겁(比劫)도 무근(無根)이며 자좌해수(自坐亥水)에 설기(泄氣)가 심(甚)하여 경금일주(庚金日柱)를 도울 수가 없다. 그러므로 이 사주는 토생금(土生金) 금생수(金生水)로 종아격(從兒格)으로 상관식신(傷官食神)이 용신(用神)이 된다. 이 사주는 남자(男子)의 사주로서 초년(初年) 신유운(申酉運)에는 왕수(旺水)를 건드리지 않아 의류매장을 하여 평범하게 지냈고 31세 을목대운(乙木大運)에 사업이 부실하였고 36세 미토대운(未土大運)에 종(從)하는 사주에 인수운(印綬運)이 들어와 제산을 탕진하고 자식(子息) 한 명 잃었는데 자식 한 명 잃게 된 것은 경금(庚金)의 자식(子息)은 시상병화(時上丙火) 편관(偏官)인데 그 편관(偏官)은 근(根)이 없으며 많은 상관식신(傷官食神)에 극(剋)을 받으므로 이런 사주들은 자손액(子孫厄)을 조심해야 한다.

❶ 세운병술년(歲運丙戌年): 자손액, 신축, 문서
❷ 질병(疾病): 냉(冷), 대하증(帶下症), 동상(凍傷), 중풍(中風)
❸ 남녀성격: (남) 과감 용단, 청백한 사람, 의리 있다, 남을 무시한다, 두뇌 명철, 추리력, 혁명심, 처궁불미, 재가, 미인수다, 냉정하다, 눈치가 빠름, 신앙심
　　　　　　(여) 냉정하다, 사람 사귀다 한번 틀어지면 다시 안 봄, 부궁불미, 정부, 재가, 독수공방, 남에게 잘함, 인덕 없다, 남자들의 배신을 잘 당함

🌑 **세운 · 질병 · 남녀성격의 해설** (歲運 · 疾病 · 男女性格의 解說)

❶ 세운병술년(歲運丙戌年)= ※자손액, 신축, 문서는 ※세운병술년(歲運丙戌年)의 병화(丙火)는 경금일주의 편관(偏官)으로 자식(子息)이 되는데 상관식신(傷官食神)이 태왕(太旺)하고 관살(官殺)이 쇠약(衰弱)한데 세운에서 관살운(官殺運)이 들어오면 ※**자손액을 조심해야 한다.** 그리고 ※**신축, 문서**는 ※세운병술년(歲運丙戌年)의 술토(戌土)는 경금일주(庚金日柱)의 인수(印綬)로 세운(歲運)에서 인수운(印綬運)이 들어오면 ※**집을 짓는다든가 또는 증축을 한다든가 또는 사업체를 벌린다든가 또는 문서를 잡는 일이 많다.**

❷ 질병(疾病)과 ❸ 남녀성격은 일주(日柱)에서 발생(發生)한다.

병술년 (丙戌年)

71년(음) 2월 10일 술(戌)시 남자

丙	庚	辛	辛
戌	寅	卯	亥

51	41	31	21	11	1
乙	丙	丁	戊	己	庚
酉	戌	亥	子	丑	寅

이 사주는 경금일주(庚金日柱)가 중춘묘월(中春卯月)에 출생하여 실시(失時)하고 년지해수(年支亥水)와 해묘(亥卯)로 목국(木局)을 이루었으며 일지인목(日支寅木)과 인묘(寅卯)로 목국(木局)을 이루어 재(財)가 태왕(太旺)이며 인중병화(寅中丙火)가 시상(時上)에 투출(透出)하여 재살(財殺)이 태왕(太旺)이다. 그러나 경금일주(庚金日柱)는 자좌인목(自坐寅木)에 절궁(絶宮)이며 년월(年月) 양신금(兩辛金) 비겁(比劫)도 절궁(絶宮)과 사지(死地)에 앉았으나 시지(時支) 술중신금(戌中辛金)에 근(根)하고 술중무토(戌中戊土) 인수(印綬)가 경금(庚金)을 생(生)하므로 종(從)하지 않는다. 그러므로 살인상생(殺印相生)으로 술중무토(戌中戊土) 인수(印綬)가 용신(用神)이며 금비견겁(金比肩劫)은 희신(喜神)이 된다. 이 사주는 남자(男子)의 사주로서 직업군인으로 근무하며 평범하게 살고 있는 사주다.

❶ 세운병술년(歲運丙戌年): 변화, 이사, 전근, 관재, 손재, 신액, 신축, 문서
❷ 질병(疾病): 해수(咳嗽), 기관지(氣管支)
❸ 남녀성격: (남) 과감 용단, 의리 있다, 임사즉결, 겉으로 냉정하나 속은 온화함, 근면 성실, 용기 있다, 성질 급, 타의 군림, 재복 있다, 처 덕 있다
　　　　　　(여) 냉정하다, 사람 사귀다 한번 틀어지면 다시 안 봄, 이성 고민, 직업, 부궁 불미, 정부, 자손귀자, 신경 예민

세운·질병·남녀성격의 해설 (歲運·疾病·男女性格의 解說)

❶ 세운병술년(歲運丙戌年)= ※변화, 이사, 전근, 관재, 손재, 신액, 신축, 문서는 ※세운병술년(歲運丙戌年)의 술토(戌土)는 일지인목(日支寅木)과 인술(寅戌)로 삼합(三合)이 되므로 세운에서 일지(日支) 삼합운(三合運)이 들어오면 ※변화가 생긴다든가 또는 이사를 한다든가 또는 직장을 옮기는 일이 많다. 그리고 ※관재, 손재, 신액은 ※세운병술년(歲運丙戌年)의 병화(丙火)는 경금일주의 편관(偏官)으로 원명사주(源命四柱)에 재살(財殺)이 태왕(太旺)인데 세운에서 재(財)나 관살운(官殺運)이 들어오면 ※관재수나 손재수나 건강을 조심해야 한다. 그리고 ※신축, 문서는 ※세운병술년(歲運丙戌年)의 술토(戌土)는 경금일주(庚金日柱)의 인수(印綬)로 세운(歲運)에서 인수운(印綬運)이 들어오면 ※집을 짓는다든가 또는 증축을 한다든가 또는 사업체를 벌린다든가 또는 문서를 잡는 일이 많다.

❷ 질병(疾病)은 일주(日柱)에서 발생(發生)한다.

❸ 남녀성격은 일주(日柱)에서 발생(發生)한다.

병술년 (丙戌年)

61년(음) 9월 5일 미(未)시 여자

癸	庚	戊	辛
未	辰	戌	丑

58	48	38	28	18	8
甲	癸	壬	辛	庚	己
辰	卯	寅	丑	子	亥

이 사주는 경금일주가 계추술월(季秋戌月)에 출생하여 득령(得令)하고 월상무토(月上戊土)가 투출(透出)하여 인수격(印綬格)이다. 그리고 년간지(年干支) 신축(辛丑)은 인수(印綬)와 비겁(比劫)이며 일시지(日時支) 진미토(辰未土) 인수(印綬)가 있어 일주(日柱)는 신왕사수(身旺四柱)다. 신왕사주에는 일주(日柱)를 제(制)히는 관살(官殺)이나 상관식신(傷官食神)으로 설기(泄氣)하면 좋은데 일주(日柱)를 제(制)하는 관살(官殺)은 없고 설기(泄氣)하는 상관계수(傷官癸水)가 시상(時上)에 투출(透出)하였으나 그 계수(癸水)는 근(根)이 없으며 자좌(自坐) 미중기토(未中己土)에 살지(殺地)에 앉아 용신으로 쓸 수가 없다. 그러므로 이 사주는 토인수(土印綬)가 왕(旺)하므로 종강격(從强格)이다. 토인수(土印綬)가 분설(分泄)하는 곳은 경금(庚金)으로 비견겁(比肩劫)이 용신(用神)이며 토인수(土印綬)는 희신(喜神)이 된다.

❶ 세운병술년(歲運丙戌年): 이별수, 신축, 문서, 복통, 수술, 관재, 자연재앙
❷ 질병(疾病): 냉(冷), 풍질(風疾)
❸ 남녀성격: (남) 과감 용단, 신의 있다, 임사즉결, 포부 광대, 매사 끝장 본다, 매사 자신, 통솔력, 영웅호걸, 두령격, 자수성가, 처 덕 있다, 냉정하다, 신앙심, 처궁불미
　　　　　(여) 냉정하다, 사람 사귀다 한번 틀어지면 다시 안봄, 부궁불미, 정부, 재가, 직업여성, 일가부양, 재복 있다

🌀 세운·질병·남녀성격의 해설 (歲運·疾病·男女性格의 解說)

❶ 세운병술년(歲運丙戌年)= ※이별수, 신축, 문서, 복통, 수술, 관재, 자연재앙은 ※세운병술년(歲運丙戌年)의 술토(戌土)는 경금일주의 인수(印綬)로 신왕(身旺)한 여자(女子) 사주에 세운에서 인수운(印綬運)이 들어오면 ※가정에 불화가 많이 생긴다든가 또는 남편과 떨어져 산다든가 또는 이혼한다든가 또는 남편이 사망하는 수도 있다. 그리고 ※신축, 문서는 ※세운병술년(歲運丙戌年)의 술토(戌土)는 경금일주(庚金日柱)의 인수(印綬)로 세운(歲運)에서 인수운(印綬運)이 들어오면 ※집을 짓는다든가 또는 증축을 한다든가 또는 사업체를 벌린다든가 또는 문서를 잡는 일이 많다. 그리고 ※복통, 수술, 관재, 자연재앙은 ※세운병술년(歲運丙戌年)의 술토(戌土)는 일지진토(日支辰土)와 진술충(辰戌沖)으로 세운에서 일지충운(日支沖運)이 들어오면 ※배가 아프다든가 또는 수술이나 관재수나 자연재앙을 조심해야 한다.

❷ 질병(疾病)은 일주(日柱)에서 발생(發生)한다.

❸ 남녀성격은 일주(日柱)에서 발생(發生)한다.

병술년(丙戌年)

58년(음) 1월 4일 사(巳)시 여자

辛	庚	甲	戊
巳	午	寅	戌

56	46	36	26	16	6
戊	己	庚	辛	壬	癸
申	酉	戌	亥	子	丑

이 사주는 경금일주(庚金日柱)가 초봄 인월(寅月)에 출생하여 실시(失時)하고 인중갑목(寅中甲木)이 월상(月上)에 투출(透出)하여 편재격(偏財格)이다. 년월일지(年月日支) 인오술(寅午戌) 화국(火局)과 일시지(日時支) 사오(巳午)로 화국(火局)을 이루어 재살(財殺)이 태왕(太旺)이다. 다행히 년상무토(年上戊土)가 술중무토(戌中戊土)에 근(根)하여 일주(日柱)를 생(生)하므로 살인상생(殺印相生)으로 토인수(土印綬)가 용신(用神)이며 금비견겁(金比肩劫)은 희신(喜神)이 된다. 이 사주는 여자의 사주로서 36세 경술대운(庚戌大運)에 사업을 경영하여 돈을 많이 벌었고 46세 기토대운(己土大運)에 사업을 확장하여 재산을 탕진하고 남편과 이혼하고 혼자 살다가 51세 유금대운(酉金大運)에 사업이 번창하여 재산을 복구하고 재혼하여 잘살고 있으며 앞으로 무신대운(戊申大運)이 좋아 한층 더 성공하리라고 본다.

❶ 세운병술년(歲運丙戌年): 변화, 이사, 전근, 관재, 손재, 신액, 신축, 문서
❷ 질병(疾病): 폐(肺), 기관지(氣管支), 월경불순(月經不純), 해수천식(咳嗽喘息), 빈혈(貧血)
❸ 남녀성격: (남) 과감 용단, 냉정하다, 일찍 사회에 참여, 뜻은 크나 성공이 없다, 신경질,
　　　　　　지구력 부족, 성질 급, 남에게 시기를 많이 받는다
　　　　　　(여) 냉정하다, 사람 사귀다 한번 틀어지면 다시 안 봄, 부궁불미, 정부, 재가,
　　　　　　외강내유, 성질 급, 서두른다, 자중한다, 인덕 없다

🔵 세운·질병·남녀성격의 해설(歲運·疾病·男女性格의 解說)

❶ 세운병술년(歲運丙戌年)= ※변화, 이사, 전근, 관재, 손재, 신액, 신축, 문서는 ※세운병술년(歲運丙戌年)의 술토(戌土)는 일지오화(日支午火)와 오술(午戌)로 삼합(三合)이 되므로 세운에서 일지(日支) 삼합운(三合運)이 들어오면 ※변화가 생긴다든가 또는 이사를 한다든가 또는 직장을 옮기는 일이 많다. 그리고 ※관재, 손재, 신액은 ※세운병술년(歲運丙戌年)의 병화(丙火)는 경금일주의 편관(偏官)으로 원명사주(源命四柱)에 재살(財殺)이 태왕(太旺)인데 세운에서 재(財)나 관살운(官殺運)이 들어오면 ※관재수나 손재수나 건강을 조심해야 한다. 그리고 ※신축, 문서는 ※세운병술년(歲運丙戌年)의 술토(戌土)는 경금일주(庚金日柱)의 인수(印綬)로 세운(歲運)에서 인수운(印綬運)이 들어오면 ※집을 짓는다든가 또는 증축을 한다든가 또는 사업체를 벌린다든가 또는 문서를 잡는 일이 많다.

❷ 질병(疾病)과 ❸ 남녀성격은 일주(日柱)에서 발생(發生)한다.

병술년(丙戌年)

58년(음) 6월 26일 진(辰)시 여자

庚	庚	庚	戊
辰	申	申	戌

51	41	31	21	11	1
甲	乙	丙	丁	戊	己
寅	卯	辰	巳	午	未

이 사주는 경금일주(庚金日柱)가 초가을 신월(申月)에 출생하여 록근(祿根)하고 신궁경금(申宮庚金)이 월시상(月時上)에 투출(透出)하고 일지신금(日支申金)이 있어 비견겁(比肩劫)이 태왕(太旺)이며 년간지(年干支) 무술토(戊戌土) 인수(印綬)와 시지진토(時支辰土) 인수(印綬)가 있어 왕극격(旺極格)이다. 왕극격(旺極格)에는 인수(印綬)로 일주(日柱)를 생(生)하여 더욱더 왕(旺)하게 하는 법칙이므로 토인수(土印綬)가 용신(用神)이며 금비견겁(金比肩劫)은 희신(喜神)이 된다. 이 사주는 여자(女子)의 사주로서 장사를 하였으나 초년(初年) 진토대운(辰土大運)에 용신운(用神運)이 들어와 돈을 많이 벌었고 41세 을목대운(乙木大運)부터 사업이 부실하여 재산을 탕진하고 남편과 이혼(離婚)하고 혼자 살고 있는 사주다.

❶ 세운병술년(歲運丙戌年): 이별수, 신축, 문서, 자연재앙
❷ 질병(疾病): 간(肝), 담(膽)
❸ 남녀성격: (남) 과감 용단, 냉정하다, 냉정하게 보이나 속마음은 따뜻함, 의리 있다, 영리하다, 재간 있다, 처궁불미, 식복 있다, 자손근심, 항상 바쁨, 꾀가 많다
　　　　　(여) 냉정하다, 사람 사귀다 한번 틀어지면 다시 안 봄, 부궁불미, 정부, 재가, 독수공방, 친정형제 걱정, 돈이 잘 빠져나간다, 고독하다, 시모불합, 남편 말 잘 안 듣는다

🌀 세운·질병·남녀성격의 해설 (歲運·疾病·男女性格의 解說)

❶ 세운병술년(歲運丙戌年)= ※이별수, 신축, 문서, 자연재앙은 ※세운병술년(歲運丙戌年)의 술토(戌土)는 경금일주의 인수(印綬)로 신왕(身旺)한 여자 사주에 세운에서 인수운(印綬運)이 들어오면 ※가정에 불화가 많이 생긴다든가 또는 남편과 떨어져 산다든가 또는 이혼한다든가 또는 남편이 사망하는 수도 있다. 그리고 ※신축, 문서는 ※세운병술년(歲運丙戌年)의 술토(戌土)는 경금일주의 인수(印綬)로 세운(歲運)에서 인수운(印綬運)이 들어오면 ※집을 짓는다든가 또는 증축을 한다든가 또는 사업체를 벌린다든가 또는 문서를 잡는 일이 많다. 그리고 ※자연재앙은 ※세운병술년(歲運丙戌年)의 술토(戌土)는 년지술토(年支戌土)와 술술(戌戌)로 똑같은 오행(五行)이므로 세운에서 년지(年支) 같은 운(運)이 들어오면 ※자연재앙을 조심해야 한다.

❷ 질병(疾病)은 일주(日柱)에서 발생(發生)한다.

❸ 남녀성격은 일주(日柱)에서 발생(發生)한다.

병술년 (丙戌年)

62년(음) 10월 12일 진(辰)시 남자

庚	庚	辛	壬
辰	戌	亥	寅

59	49	39	29	19	9
丁	丙	乙	甲	癸	壬
巳	辰	卯	寅	丑	子

이 사주는 경금일주(庚金日柱)가 초겨울 해월(亥月)에 출생하여 실시(失時)하고 해중임수(亥中壬水)가 년상(年上)에 투출(透出)하여 식신격(食神格)으로 신약사주(身弱四柱)같이 보이나 경금일주는 자좌(自坐) 술중무토(戌中戊土)에 근(根)하고 술중신금(戌中辛金) 비겁(比劫)이 월상(月上)에 투출(透出)하였으며 시간지(時干支) 경진(庚辰)으로 비견(比肩)과 인수(印綬)가 있어 일주(日柱)는 약화위강(弱化爲强)으로 신왕사주(身旺四柱)다. 다행히 년상임수(年上壬水)가 있어 년상임수(年上壬水) 식신(食神)으로 설기(泄氣)하는데 배설구(排泄口)가 약(弱)하던 중 년지인목(年支寅木)이 있어 금생수(金生水) 수생목(水生木)으로 식신(食神) 용재격(用財格)이다. 그러므로 목재(木財)가 용신(用神)이며 수(水) 상관식신(傷官食神)은 희신(喜神)이 된다. 이 사주 남자(男子)의 사주로서 34세 인목대운(寅木大運)에 음식점을 경영하여 묘목대운(卯木大運)까지 수억금을 벌어 잘살고 있는 사주다.

❶ 세운병술년(歲運丙戌年): 변화, 이사, 전근, 자연재앙. 신축, 문서
❷ 질병(疾病): 간(肝), 담(膽)
❸ 남녀성격: (남) 과감 용단, 냉정하다, 고집 대단, 자립정신, 신의 있다, 능력 있다, 임전무퇴, 통솔력, 지혜롭다, 영리하다, 처 덕 있다, 지구력 강하다, 신앙심
　　　　　(여) 냉정하다, 사람 사귀다 한번 틀어지면 다시 안 봄, 여걸, 부궁불미, 처세가 좋다, 정부, 재가, 남자들이 잘 따름, 직업여성, 신앙심

세운·질병·남녀성격의 해설 (歲運·疾病·男女性格의 解說)

❶ 세운병술년(歲運丙戌年)= ※변화, 이사, 전근, 자연재앙, 신축, 문서는 ※세운병술년(歲運丙戌年)의 술토(戌土)는 일지술토(日支戌土)와 술술(戌戌)로 삼합(三合)이 되므로 세운에서 일지(日支) 삼합운(三合運)이 들어오면 ※변화가 생긴다든가 또는 이사를 한다든가 또는 직장을 옮기는 일이 많다. 그리고 ※자연재앙은 ※세운병술년(歲運丙戌年)의 술토(戌土)는 일지술토(日支戌土)와 술술(戌戌)로 똑같은 오행(五行)이므로 세운에서 일지(日支) 같은 운(運)이 들어오면 ※자연재앙을 조심해야 한다. 그리고 ※신축, 문서는 ※세운병술년(歲運丙戌年)의 술토(戌土)는 경금일주(庚金日柱)의 인수(印綬)로 세운(歲運)에서 인수운(印綬運)이 들어오면 ※집을 짓는다든가 또는 증축을 한다든가 또는 사업체를 벌린다든가 또는 문서를 잡는 일이 많다.

❷ 질병(疾病)은 일주(日柱)에서 발생(發生)한다.

❸ 남녀성격은 일주(日柱)에서 발생(發生)한다.

병술년(丙戌年)

丙	庚	庚	辛
戌	辰	子	丑

52	42	32	22	12	2
甲	乙	丙	丁	戊	己
午	未	申	酉	戌	亥

이 사주는 경금일주(庚金日柱)가 중동자월(中冬子月)에 출생하여 실시(失時)하였으나 경금일주(庚金日柱)는 자좌(自坐) 양금진토(養金辰土)에 생(生)을 받고 시지(時支) 술중무토(戌中戊土) 인수(印綬)가 있으며 년월(年月) 경신금(庚辛金) 비견겁(比肩劫)이 투출(透出)하여 일주(日柱)는 신왕사주(身旺四柱)다. 신왕사주(身旺四柱)에는 일주(日柱)를 제(制)하는 관살(官殺)이나 상관식신(傷官食神)으로 설기(泄氣)하면 좋은데 시상병화(時上丙火) 편관(偏官)도 자좌(自坐) 술중정화(戌中丁火)에 근(根)하였으며 월지자수(月支子水) 상관(傷官)도 왕(旺)하여 어느 오행(五行)으로 용신(用神)을 잡느냐의 기로에 서게 된다. 금수상관(金水傷官)은 냉(冷)하므로 화관(火官)으로 따뜻하게 해야 하므로 시상병화(時上丙火) 편관(偏官)이 용신(用神)이며 목재(木財)는 희신(喜神)이 된다. 이 사주는 남자(男子)의 사주로서 회사에 근무하였으나 운(運)이 없어 퇴사하고 42세 을목대운(乙木大運)에 사업을 경영하였으나 월상경금(月上庚金)과 대운을목(大運乙木)과 을경합(乙庚合)으로 합거(合去)되어 재산을 탕진하고 힘들게 살아가고 있는 사주다.

❶ 세운병술년(歲運丙戌年): 복통, 수술, 관재, 자연재앙, 신축, 문서
❷ 질병(疾病): 냉(冷), 풍질(風疾)
❸ 남녀성격: (남) 과감 용단, 신의 있다, 임사즉결, 포부 광대, 매사 끝장 본다, 매사 자신, 통솔력, 영웅호걸, 두령격, 자수성가, 처 덕 있다, 냉정하다, 신앙심, 처궁불미
　　　　　 (여) 냉정하다, 사람 사귀다 한번 틀어지면 다시 안 봄, 부궁불미, 정부,재가, 직업여성, 일가부양, 재복 있다

🌀 세운·질병·남녀성격의 해설 (歲運·疾病·男女性格의 解說)

❶ 세운병술년(歲運丙戌年)= ※복통, 수술, 관재, 자연재앙, 신축, 문서는 ※세운병술년(歲運丙戌年)의 술토(戌土)는 일지진토(日支辰土)와 진술충(辰戌沖)으로 세운(歲運)에서 일지충운(日支沖運)이 들어오면 ※배가 아프다든가 또는 수술을 조심해야 하며 또는 관재수를 조심해야 하며 또는 자연재앙을 조심해야 한다. 그리고 ※신축, 문서는 ※세운병술년(歲運丙戌年)의 술토(戌土)는 경금일주(庚金日柱)의 인수(印綬)로 세운(歲運)에서 인수운(印綬運)이 들어오면 ※집을 짓는다든가 또는 증축을 한다든가 또는 사업체를 벌린다든가 또는 문서를 잡는 일이 많다.

❷ 질병(疾病)은 일주(日柱)에서 발생(發生)한다.

❸ 남녀성격은 일주(日柱)에서 발생(發生)한다.

병술년 (丙戌年)

61년(음) 5월 14일 술(戌)시 여자

丙	庚	甲	辛
戌	寅	午	丑

54	44	34	24	14	4
庚	己	戊	丁	丙	乙
子	亥	戌	酉	申	未

이 사주는 경금일주(庚金日柱)가 중하오월(中夏午月)에 출생하여 실시(失時)하고 일지인목(日支寅木)과 시지술토(時支戌土)와 인오술(寅午戌)로 화국(火局)을 이루고 인중병화(寅中丙火)와 갑목(甲木)이 월시상(月時上)에 투출(透出)하여 재살(財殺)이 태왕(太旺)이다. 다행히 년간지(年干支) 신축비겁(辛丑比劫)과 인수(印綬)가 있어 살인상생(殺印相生)으로 토인수(土印綬)가 용신(用神)이며 비견겁(比肩劫)은 희신(喜神)이 된다. 이 사주는 여자(女子)의 사주로서 초년(初年)부터 장사를 하여 29세 유금대운(酉金大運)에 돈을 많이 벌어 결혼하였고 34세 무술대운(戊戌大運)에 수억금을 벌었으나 44세 기토대운(己土大運)에 월상갑목(月上甲木)과 갑기합(甲己合)으로 합거(合去)되어 손해를 많이 보고 있는 중이다. 앞으로는 운(運)이 없어 재산과 건강을 조심해야 한다.

❶ 세운병술년(歲運丙戌年): 변화, 이사, 전근, 관재, 손재, 신액. 신축, 문서
❷ 질병(疾病): 해수(咳嗽), 기관지(氣管支)
❸ 남녀성격: (남) 과감 용단, 의리 있다, 임사즉결, 겉으로 냉정하나 속은 온화함, 근면 성실, 용기 있다, 성질 급, 타의 군림, 재복 있다, 처 덕 있다
　　　　　(여) 냉정하다, 사람 사귀다 한번 틀어지면 다시 안 봄, 이성 고민, 직업, 부궁 불미, 정부, 자손귀자, 신경 예민

☯ 세운·질병·남녀성격의 해설 (歲運·疾病·男女性格의 解說)

❶ 세운병술년(歲運丙戌年)= ※변화, 이사, 전근, 관재, 손재, 신액, 신축, 문서는 ※세운병술년(歲運丙戌年)의 술토(戌土)는 일지인목(日支寅木)과 인술(寅戌)로 삼합(三合)이 되므로 세운(歲運)에서 일지(日支) 삼합운(三合運)이 들어오면 ※변화가 생긴다든가 또는 이사를 한다든가 또는 직장을 옮기는 일이 많다. 그리고 ※관재, 손재, 신액은 ※세운병술년(歲運丙戌年)의 병화(丙火)는 경금일주(庚金日柱)의 편관(偏官)으로 원명사주(源命四柱)에 재살(財殺)이 태왕(太旺)인데 세운(歲運)에서 재(財)나 관살운(官殺運)이 들어오면 ※관재수나 손재수나 건강을 조심해야 한다. 그리고 ※신축, 문서는 ※세운병술년(歲運丙戌年)의 술토(戌土)는 경금일주(庚金日柱)의 인수(印綬)로 세운(歲運)에서 인수운(印綬運)이 들어오면 ※집을 짓는다든가 또는 증축을 한다든가 또는 사업체를 벌린다든가 또는 문서를 잡는 일이 많다.

❷ 질병(疾病)은 일주(日柱)에서 발생(發生)한다.

❸ 남녀성격은 일주(日柱)에서 발생(發生)한다.

병술년 (丙戌年)

57년(음) 5월 1일 미(未)시 남자

乙	辛	乙	丁
未	丑	巳	酉

58	48	38	28	18	8
己	庚	辛	壬	癸	甲
亥	子	丑	寅	卯	辰

이 사주는 신금일주(辛金日柱)가 초여름 사월(巳月)에 출생하여 실시(失時)하였으나 년지유금(年支酉金)과 월지사화(月支巳火)와 일지축토(日支丑土)와 사유축(巳酉丑)으로 금국(金局)을 이루고 시지(時支) 미중기토(未中己土) 인수(印綬)가 있어 신금일주(辛金日柱)는 신왕사주(身旺四柱)같이 보인다. 그러나 사월(巳月)은 한 개지만 두 개 이상의 힘을 가지고 있으며 년상정화(年上丁火)가 투출(透出)하였으며 월시상(月時上) 양을목(兩乙木)이 투출(透出)하여 미중을목(未中乙木)에 근(根)하였으므로 재살(財殺)이 왕(旺)하므로 일주(日柱)는 신약사주(身弱四柱)다. 그러므로 토인수(土印綬)가 용신(用神)이며 금비견겁(金比肩劫)은 희신(喜神)이 된다. 이 사주는 남자의 사주로서 사업을 하였으나 초년(初年)에는 운(運)이 없어 고생을 많이 하다가 38세 신축대운(辛丑大運)에 수억금을 벌어 잘살고 있는 사주다.

> ❶ 세운병술년(歲運丙戌年): 복통, 수술, 관재, 관재, 손재, 신액, 신축, 문서
> ❷ 질병(疾病): 냉(冷), 간(肝), 담(膽)
> ❸ 남녀성격: (남) 과감 용단, 냉정하다, 고집 대단, 신의 있다, 근면하다, 매사 정이 많다, 처와 자식의 덕이 있다, 성격이 까다롭다, 옷에 신경, 편식, 새벽잠이 없다, 식복 있다
> (여) 냉정하다, 사람 사귀다 한번 틀어지면 다시 안 봄, 미모 수려, 남편의 사랑을 받는다, 부지런하다, 친모봉양, 부궁불미, 정부

세운·질병·남녀성격의 해설 (歲運·疾病·男女性格의 解說)

❶ 세운병술년(歲運丙戌年)= ※복통, 수술, 관재, 관재, 손재, 신액, 신축, 문서는 ※세운병술년(歲運丙戌年)의 술토(戌土)는 일지축토(日支丑土)와 축술(丑戌)로 형살(刑殺)이 되므로 세운(歲運)에서 일지(日支) 형살운(刑殺運)이 들어오면 ※배가 아프다든가 또는 수술을 조심해야 하며 또는 관재수를 조심해야 한다. 그리고 ※관재, 손재, 신액은 ※세운병술년(歲運丙戌年)의 병화(丙火)는 신금일주(辛金日柱)의 정관(正官)으로 원명사주(源命四柱)에 재살(財殺)이 태왕(太旺)인데 세운(歲運)에서 재(財)나 관살운(官殺運)이 들어오면 ※관재수나 손재수나 건강을 조심해야 한다. 그리고 ※신축, 문서는 ※세운병술년(歲運丙戌年)의 술토(戌土)는 신금일주(辛金日柱)의 인수(印綬)로 세운(歲運)에서 인수운(印綬運)이 들어오면 ※집을 짓는다든가 또는 증축을 한다든가 또는 사업체를 벌린다든가 또는 문서를 잡는 일이 많다.

❷ 질병(疾病)과 ❸ 남녀성격은 일주(日柱)에서 발생(發生)한다.

병술년 (丙戌年)

59년(음) 8월 24일 자(子)시 여자

<table>
<tr><td>戊</td><td>辛</td><td>癸</td><td>己</td></tr>
<tr><td>子</td><td>亥</td><td>酉</td><td>亥</td></tr>
</table>

54	44	34	24	14	4
己	戊	丁	丙	乙	甲
卯	寅	丑	子	亥	戌

이 사주는 신금일주(辛金日柱)가 중추유월(中秋酉月)에 출생하여 록근(祿根)하고 년시상(年時上) 무기토(戊己土) 인수(印綬)가 있어 신왕사주(身旺四柱)같이 보인다. 그러나 신금일주(辛金日柱)는 자좌해수(自坐亥水)에 설기(泄氣)가 심(甚)하고 년상기토(年上己土)도 무근(無根)이며 왕수(旺水)에 쓸려가 힘이 없으며 시상무토(時上戊土) 인수(印綬)도 무근(無根)이며 왕수(旺水)에

쓸려가 힘이 없으므로 일주(日柱)를 도울 힘이 없다. 그러므로 신금일주(辛金日柱)는 4 대 4로 신왕사주(身旺四柱)같이 보이나 금(金)은 물의 결정체이며 해자수(亥子水)의 설기(泄氣)가 심(甚)하여 신약사주(身弱四柱)로서 토인수(土印綬)로 많은 상관식신(傷官食神)을 제(制)하고 신금일주(辛金日柱)를 보신(補身)해야 하므로 토인수(土印綬)가 용신(用神)이며 금비견겁(金比肩劫)은 희신(喜神)이 된다. 이 사주는 여자의 사주로서 디자인은 전공하였으나 운(運)이 없어 취업도 못하고 39세 축토대운(丑土大運)에 사업을 경영하여 돈을 많이 벌었으나 44세 무토대운(戊土大運)에 월상계수(月上癸水)와 무계합(戊癸合)으로 합거(合去)되어 손해를 많이 보고 힘들게 살고 있는 사주다.

❶ 세운병술년(歲運丙戌年): 신축, 문서, 내외불화
❷ 질병(疾病): 폐(肺), 담(膽)
❸ 남녀성격: (남) 과감 용단, 냉정하다, 선견지명, 암기력, 총명하다, 지혜롭다, 항상 바쁨, 집념 대단, 재복 있다, 처 덕 있다, 남에게 잘함, 처궁불미, 장수한다
　　　　　　(여) 냉정하다, 사람 사귀다 한번 틀어지면 다시 안 봄, 부궁불미, 재가, 정부, 인정 있다, 남에게 잘함, 잘하고 욕 먹는다, 자손귀자, 신앙심, 내 것 주고 배신당함, 인덕 없다

세운·질병·남녀성격의 해설 (歲運·疾病·男女性格의 解說)

❶ 세운병술년(歲運丙戌年)= ※신축, 문서, 내외불화는 ※세운병술년(歲運丙戌年)의 술토(戌土)는 신금일주(辛金日柱)의 인수(印綬)로 세운(歲運)에서 인수운(印綬運)이 들어오면 ※집을 짓는다든가 또는 증축을 한다든가 또는 사업체를 벌린다든가 또는 문서를 잡는 일이 많다. 그리고 ※내외불화는 ※세운병술년(歲運丙戌年)의 병화(丙火)는 신금일주의 정관(正官)으로 세운(歲運)에서 일주(日柱)를 극(剋)하는 운(運)이 들어오면 ※집에서나 밖에서나 윗사람이나 아랫사람이나 불화가 많이 생긴다.

❷ 질병(疾病)과 ❸ 남녀성격은 일주(日柱)에서 발생(發生)한다.

병술년 (丙戌年)

59년(음) 11월 6일 해(亥)시 여자

己	辛	乙	己
亥	酉	亥	亥

51	41	31	21	11	1
辛	庚	己	戊	丁	丙
巳	辰	卯	寅	丑	子

이 사주는 신금일주(辛金日柱)가 초겨울 해월(亥月)에 출생하여 실시(失時)하고 년지해수(年支亥水)와 시지해수(時支亥水)로 식신(食神)이 태왕(太旺)이다. 신금일주(辛金日柱)는 자좌유금(自坐酉金)에 록근(祿根)하고 년시상(年時上) 양기토(兩己土) 인수(印綬)가 있다고 하나 그 기토인수(己土印綬)는 모두 무근(無根)이며 낮은 불에 쓸려가 힘이 없으므로 일주(日柱)를 도울 힘이 없다. 그러므로 이 사주는 신약사주(身弱四柱)로서 토인수(土印綬)로 많은 상관식신(傷官食神)을 제(制)하고 일주(日柱)를 생(生)하여줘야 하므로 토인수(土印綬)가 용신(用神)이며 금비견겁(金比肩劫)은 희신(喜神)이 된다. 이 사주는 사업가로서 운(運)이 없어 고생을 많이 하다가 46세 진토대운(辰土大運)에 수억금을 벌어 잘살고 있는 사주다.

❶ 세운병술년(歲運丙戌年): 이별수, 신축, 문서
❷ 질병(疾病): 간(肝), 담(膽), 혈압(血壓), 월경불순(月經不純), 비색증(鼻塞症), 폐병(肺病), 결핵(結核)
❸ 남녀성격: (남) 과감 용단, 냉정하다, 청백한 사람, 미남형, 인품 수려, 자수성가, 영리하다, 일독십지, 타인 존경, 의처증
　　　　　　(여) 냉정하다, 사람 사귀다 한번 틀어지면 다시 안 봄, 부궁불미, 정부, 독수공방, 시모불합, 남편 말 잘 안 듣는다, 미모 수려, 신앙심, 이성수신

🔵 세운 · 질병 · 남녀성격의 해설 (歲運 · 疾病 · 男女性格의 解說)

❶ 세운병술년(歲運丙戌年)= ※이별수, 신축, 문서는 ※세운병술년(歲運丙戌年)의 병화(丙火)는 신금일주(辛金日柱)의 정관(正官)으로 여자 사주에 상관식신(傷官食神)이 태왕(太旺)인데 세운(歲運)에서 관살운(官殺運)이 들어오면 ※가정에 불화가 많이 생긴다든가 또는 남편과 떨어져 산다든가 또는 이혼한다든가 또는 남편이 사망하는 수도 있다. 그리고 ※신축, 문서는 ※세운병술년(歲運丙戌年)의 술토(戌土)는 신금일주의 인수(印綬)로 세운(歲運)에서 인수운(印綬運)이 들어오면 ※집을 짓는다든가 또는 증축을 한다든가 또는 사업체를 벌린다든가 또는 문서를 잡는 일이 많다.

❷ 질병(疾病)은 간, 담, 혈압은 일주(日柱)에서 발생(發生)하며 ※월경불순,비색증은 ※신금일주가 해자월(亥子月)에 출생하면 ※월경불순과 축농증, 비염, 코막힘을 조심해야 하며 ※폐병, 결핵은 ※신금일주가 쇠약(衰弱)하면 ※폐병과 결핵을 조심해야 한다.

❸ 남녀성격은 일주(日柱)에서 발생(發生)한다.

병술년 (丙戌年)

62년(음) 7월 2일 묘(卯)시 남자

辛	辛	丁	壬
卯	未	未	寅

52	42	32	22	12	2
癸	壬	辛	庚	己	戊
丑	子	亥	戌	酉	申

이 사주는 신금일주(辛金日柱)가 하계미월(夏季未月)에 출생하여 득령(得令)하고 일지(日支) 미중기토(未中己土)에 근(根)하였으며 시상신금(時上辛金) 비견(比肩)이 있어 일주(日柱)는 신왕사주(身旺四柱)다. 신왕사주(身旺四柱)에는 일주(日柱)를 제(制)하는 관살(官殺)이나 식신상관(食神傷官)으로 설기(泄氣)하면 좋은데 다행히 월상(月上)에 정화(丁火)가 투출(透出)하여 년지(年支) 인중병화(寅中丙火)에 근(根)하므로 월상정화(月上丁火) 편관(偏官)으로 용신(用神)한다. 그리고 목재(木財)는 희신(喜神)이 된다. 이 사주는 남자(男子)의 사주로서 공부를 많이 하여 의사로 지방병원에 근무하였으나 운(運)이 없어 전문의(專門醫)로 승진이 안되어 37세 해수대운(亥水大運)에 의원을 개원하였으나 손해를 많이 보다가 42세 임수대운(壬水大運)에 월상정화(月上丁火)와 정임합(丁壬合)으로 합거(合去)되어 재산을 탕진하고 처(妻)와 이혼(離婚)하고 방황하며 혼자 힘들게 살고 있는 사주다.

❶ 세운병술년(歲運丙戌年): 복통, 수술, 관재, 신축, 문서
❷ 질병(疾病): 폐(肺), 기관지(氣管支)
❸ 남녀성격: (남) 과감 용단, 냉정하다, 고집 대단, 정복력 강함, 노력은 많이 하나 실속이
　　　　　　　　없다, 재복 있다, 처궁불미, 성격이 까다롭다, 편식한다, 옷에 신경 쓴다
　　　　　　(여) 냉정하다, 사람 사귀다 한번 틀어지면 다시 안 봄, 부궁불미, 재가, 정부,
　　　　　　　　말조심, 요리솜씨, 친모봉양, 인덕 없다

세운·질병·남녀성격의 해설 (歲運·疾病·男女性格의 解說)

❶ 세운병술년(歲運丙戌年)= ※복통, 수술, 관재, 신축, 문서는 ※세운병술년(歲運丙戌年)의 술토(戌土)는 일지미토(日支未土)와 미술(未戌)로 형살(刑殺)이 되므로 세운(歲運)에서 일지(日支) 형살운(刑殺運)이 들어오면 ※배가 아프다든가 또는 수술을 조심해야 하며 또는 관재수를 조심해야 한다. 그리고 ※신축, 문서는 ※세운병술년(歲運丙戌年)의 술토(戌土)는 신금일주(辛金日柱)의 인수(印綬)로 세운(歲運)에서 인수운(印綬運)이 들어오면 ※집을 짓는다든가 또는 증축을 한다든가 또는 사업체를 벌린다든가 또는 문서를 잡는 일이 많다.

❷ 질병(疾病)은 일주(日柱)에서 발생(發生)한다.

❸ 남녀성격은 일주(日柱)에서 발생(發生)한다.

병술년 (丙戌年)

63년(음) 10월 19일 오(午)시 여자

甲	辛	癸	癸
午	巳	亥	卯

51	41	31	21	11	1
己	戊	丁	丙	乙	甲
巳	辰	卯	寅	丑	子

이 사주는 신금일주가 초겨울 해월(亥月)에 출생하여 실시(失時)하고 년월(年月) 양계수(兩癸水)가 투출(透出)하여 식신상관(食神傷官)이 태왕(太旺)이다. 그리고 일시지(日時支) 사오(巳午)로 화국(火局)을 이루고 시상갑목(時上甲木)은 년지묘목(年支卯木)에 근(根)하여 금생수(金生水) 수생목(水生木) 목생화(木生火)로 종살격(從殺格)같이 보인다. 그러나 신금일주를 도와주는 인수(印綬)나 비견겁(比肩劫)이 하나도 없으므로 쇠극격(衰極格)에 해당하므로 쇠(衰)한 자는 상관식신으로 설기(泄氣)하여 더욱더 쇠(衰)하게 하는 동시 일주를 극(剋)하는 관살(官殺)을 제(制)하여야 하기 때문에 상관식신(傷官食神)이 용신(用神)이며 금재(金財)는 희신(喜神)이 된다. 이 사주는 사업가로서 운이 없어 고생을 많이 하다가 46세 진토대운(辰土大運)에 종(從)하는 사주에 인수운(印綬運)이 들어와 재산을 탕진한 사주다.

❶ 세운병술년(歲運丙戌年): 신축, 문서, 신경과민, 손재, 불성
❷ 질병(疾病): 해수(咳嗽), 호흡기(呼吸器)
❸ 남녀성격: (남) 과감 용단, 냉정하다, 성질 급, 변화가 많다, 항상 바쁨, 처 덕 있다, 화려
　　　　　　 하게 보이나 실속이 없다, 예의 있다, 말을 잘한다, 영리하다, 식복 있다
　　　　　　 (여) 냉정하다, 사람 사귀다 한번 틀어지면 다시 안 봄, 남편 덕, 정부, 이성수
　　　　　　 신, 의처증 부군, 성질 급, 항상 바쁨, 인덕 없다

세운·질병·남녀성격의 해설 (歲運·疾病·男女性格의 解說)

❶ 세운병술년(歲運丙戌年)= ※신축, 문서, 신경과민, 손재, 불성은 ※세운병술년(歲運丙戌年)의 술토(戌土)는 신금일주(辛金日柱)의 인수(印綬)로 세운(歲運)에서 인수운(印綬運)이 들어오면 ※집을 짓는다든가 또는 증축을 한다든가 또는 사업체를 벌린다든가 또는 문서를 잡는 일이 많다. 그리고 ※신경과민은 ※세운병술년(歲運丙戌年)의 술토(戌土)는 일지사화(日支巳火)와 사술(巳戌)로 귀문관살이 되므로 세운에서 일지(日支) 귀문(鬼門) 관살운(關殺運)이 들어오면 ※그해에는 모든 일에 신경을 많이 쓰게 된다. 그리고 ※손재, 불성은 ※세운병술년(歲運丙戌年)의 술토(戌土)는 신금일주의 인수(印綬)로 종(從)하는 사주에 세운(歲運)에서 인수운(印綬運)이 들어오면 ※손재수를 조심해야 하며 또는 모든 일이 잘 풀리지 않고 대차계약도 잘 이루어지지 않는다.

❷ 질병(疾病)은 일주(日柱)에서 발생(發生)한다.

❸ 남녀성격은 일주(日柱)에서 발생(發生)한다.

병술년 (丙戌年)

65년(음) 1월 5일 축(丑)시 남자

<table>
<tr><td>己</td><td>辛</td><td>戊</td><td>乙</td></tr>
<tr><td>丑</td><td>卯</td><td>寅</td><td>巳</td></tr>
</table>

51	41	31	21	11	1
壬	癸	甲	乙	丙	丁
申	酉	戌	亥	子	丑

이 사주는 신금일주(辛金日柱)가 초봄 인월(寅月)에 출생하여 실시(失時)하고 일지묘목(日支卯木)과 인묘(寅卯)로 목국(木局)을 이루고 묘중을목(卯中乙木)이 년상(年上)에 투출(透出)하였으며 년지(年支) 사중병화(巳中丙火)가 있어 재관(財官)이 태왕(太旺)이다. 다행히 신금일주(辛金日柱)를 시간지(時干支) 기축인수(己丑印綬)와 월상무토(月上戊土) 인수(印綬)가 있으나 신약사주(身弱四柱)로서 많은 재(財)를 제(制)하고 일주(日柱)를 보신(補身)하는 금비견겁(金比肩劫)이 용신(用神)이며 토인수(土印綬)는 희신(喜神)이 된다. 이 사주는 남자(男子)의 사주로서 컴퓨터 프로그램 학교를 졸업하여 중소기업에 근무하다가 36세 술토대운(戌土大運)에 퇴사하여 컴퓨터사업을 경영하여 돈을 많이 벌었고 41세 계수대운(癸水大運)에 월상무토(月上戊土)와 무계합(戊癸合)으로 합거(合去)되어 손해를 많이 보았으나 46세 유금대운(酉金大運)에 사업이 번창하여 돈을 많이 벌고 있는 사주다.

❶ 세운병술년(歲運丙戌年): 관재, 손재, 신액, 신축, 문서
❷ 질병(疾病): 풍질(風疾), 냉(冷), 기관지(氣管支)
❸ 남녀성격: (남) 과감 용단, 냉정하다, 의리 있다, 인정 있다, 고집 대단, 학업 장애, 처궁불미, 재가, 미인수다, 근면하다, 지구력 부족, 소심하다, 운동 잘함, 마음 약
(여) 냉정하다, 사람 사귀다 한번 틀어지면 다시 안 봄, 고집 대단, 정부, 재가, 독수공방, 부궁불미, 욕심 많다, 성질 급, 참을성이 없다, 자손근심

세운 · 질병 · 남녀성격의 해설 (歲運 · 疾病 · 男女性格의 解說)

❶ 세운병술년(歲運丙戌年)= ※관재, 손재, 신액, 신축, 문서는 ※세운병술년(歲運丙戌年)의 병화(丙火)는 신금일주(辛金日柱)의 정관(正官)으로 원명사주(源命四柱)에 재관(財官)이 태왕(太旺)인데 세운(歲運)에서 재(財)나 관살운(官殺運)이 들어오면 ※관재수나 손재수나 건강을 조심해야 한다. 그리고 ※신축, 문서는 ※세운병술년(歲運丙戌年)의 술토(戌土)는 신금일주(辛金日柱)의 인수(印綬)로 세운(歲運)에서 인수운(印綬運)이 들어오면 ※집을 짓는다든가 또는 증축을 한다든가 또는 사업체를 벌린다든가 또는 문서를 잡는 일이 많다.

❷ 질병(疾病)은 일주(日柱)에서 발생(發生)한다.

❸ 남녀성격은 일주(日柱)에서 발생(發生)한다.

병술년 (丙戌年)

66년(음) 4월 23일 사(巳)시 여자

癸	辛	甲	丙
巳	丑	午	午

52	42	32	22	12	2
戊	己	庚	辛	壬	癸
子	丑	寅	卯	辰	巳

이 사주는 신금일주(辛金日柱)가 중하오월(中夏午月)에 출생하여 실시(失時)하고 년지오화(年支午火)와 시지사화(時支巳火)로 화국(火局)을 이루었으며 년상병화(年上丙火)가 투출(透出)하여 관살(官殺)이 태왕(太旺)으로 종살격(從殺格)같이 보인다. 그러나 신금일주(辛金日柱)는 양금시토(養金之土)인 자좌(自坐) 축습토(丑濕土)에 근(根)하므로 종(從)하지 않는다. 그러므로 염열지화(炎熱之火)는 축습토(丑濕土)에 냉각(冷却)되므로 살인상생(殺印相生)으로 축토인수(丑土印綬)가 용신(用神)이며 금비견겁(金比肩劫)은 희신(喜神)이 된다. 이 사주는 여자(女子)의 사주로서 호텔 종업원으로 근무하였으나 운(運)이 없어 승진이 안되어 고생하다가 42세 기토대운(己土大運)에 퇴사하여 사업을 경영하였으나 월상갑목(月上甲木)과 갑기합(甲己合)으로 합거(合去)되어 사업 실패하고 아직 미혼으로 살고 있는 사주다.

❶ 세운병술년(歲運丙戌年): 이별수, 복통, 수술, 관재, 관재, 손재, 신액
❷ 질병(疾病): 냉(冷), 간(肝), 담(膽)
❸ 남녀성격: (남) 과감 용단, 냉정하다, 고집 대단, 신의 있다, 근면하다, 매사 정이 많다, 처와 자식의 덕이 있다, 성격이 까다롭다, 옷에 신경, 편식, 새벽잠이 없다, 식복 있다
　　　　　(여) 냉정하다, 사람 사귀다 한번 틀어지면 다시 안 봄, 미모 수려, 남편의 사랑을 받는다, 부지런하다, 친모봉양, 부궁불미, 정부

세운·질병·남녀성격의 해설 (歲運·疾病·男女性格의 解說)

❶ 세운병술년(歲運丙戌年)= ※이별수, 복통, 수술, 관재, 관재, 손재, 신액※세운병술년(歲運丙戌年)의 병화(丙火)는 신금일주(辛金日柱)의 정관(正官)으로 여자 사주에 관살(官殺)이 태왕(太旺)인데 세운에서 관살운(官殺運)이 들어오면 ※가정에 불화가 많이 생긴다든가 또는 남편과 떨어져 산다든가 또는 이혼한다든가 또는 남편이 사망하는 수도 있다. 그리고 ※복통, 수술, 관재는 ※세운병술년(歲運丙戌年)의 술토(戌土)는 일지축토(日支丑土)와 축술(丑戌)로 형살(刑殺)이 되므로 세운에서 일지(日支) 형살운(刑殺運)이 들어오면 ※배가 아프다든가 또는 수술이나 관재수를 조심해야 한다. 그리고 ※관재, 손재, 신액은 ※세운병술년(歲運丙戌年)의 병화(丙火)는 신금일주의 정관(正官)으로 원명사주에 재살(財殺)이 태왕(太旺)인데 세운에서 재(財)나 관살운(官殺運)이 들어오면 ※관재수나 손재수나 건강을 조심해야 한다.

❷ 질병(疾病)과 ❸ 남녀성격은 일주(日柱)에서 발생(發生)한다.

병술년(丙戌年)

68년(음) 10월 18일 자(子)시 남자

戊	辛	甲	戊
子	亥	子	申

59	49	39	29	19	9
庚	己	戊	丁	丙	乙
午	巳	辰	卯	寅	丑

이 사주는 신금일주(辛金日柱)가 중동자월(中冬子月)에 출생하여 실시(失時)하고 일시지(日時支) 해자수(亥子水)와 년지신금(年支申金)과 월지자수(月支子水)와 자신(子申)으로 수국(水局)이 되어 지지(地支)는 전수국(全水局)을 이루어 일주(日柱)는 신약사주(身弱四柱)다. 다행히 신금일주(辛金日柱)는 년지신금(年支申金)에 근(根)하였고 년시상(年時上) 양무토(兩戊土)가 근(根)이 없다고 하나 많은 상관식신(傷官食神)을 제(制)하므로 토인수(土印綬)가 용신(用神)이며 비견겁(比肩劫)은 희신(喜神)이 된다. 이 사주는 남자(男子)의 사주로서 주류업을 하였으나 초년운(初年運)이 없어 고생을 많이 하다가 39세 무토대운(戊土大運)부터 사업이 번창하여 수억금을 벌어 잘살고 있는 사주다.

❶ 세운병술년(歲運丙戌年): 신축, 문서, 자손액
❷ 질병(疾病): 폐(肺), 담(膽), 중풍(中風), 비색증(鼻塞症), 폐병(肺病), 결핵(結核)
❸ 남녀성격: (남) 과감 용단, 냉정하다, 선견지명, 암기력, 총명하다, 지혜롭다, 항상 바쁨, 집념 대단, 재복 있다, 처 덕 있다, 남에게 잘함, 처궁불미, 장수한다
　　　　　(여) 냉정하다, 사람 사귀다 한번 틀어지면 다시 안 봄, 부궁불미, 재가, 정부, 인정 있다, 남에게 잘함, 잘하고 욕 먹는다, 자손귀자, 신앙심, 내 것 주고 배신당함, 인덕 없다

⊙ 세운·질병·남녀성격의 해설(歲運·疾病·男女性格의 解說)

❶ 세운병술년(歲運丙戌年)= ※신축, 문서, 자손액은 ※세운병술년(歲運丙戌年)의 술토(戌土)는 신금일주(辛金日柱)의 인수(印綬)로 세운(歲運)에서 인수운(印綬運)이 들어오면 ※집을 짓는다든가 또는 증축을 한다든가 또는 사업체를 벌린다든가 또는 문서를 잡는 일이 많다. 그리고 ※자손액은 ※세운병술년(歲運丙戌年)의 병화(丙火)는 신금일주의 정관(正官)으로 원명사주(源命四柱)에 상관식신(傷官食神)이 태왕(太旺)인데 세운(歲運)에서 관살운(官殺運)이 들어오면 ※자손액을 조심해야 한다.

❷ 질병(疾病)은 폐, 담은 일주(日柱)에서 발생(發生)하며 ※중풍, 비색증은 ※신금일주가 해자월(亥子月)에 출생하면 ※중풍과 축농증, 비염, 코막힘을 조심해야 하며 ※폐병, 결핵은 ※신금일주가 쇠약(衰弱)하면 ※폐병과 결핵을 조심해야 한다.

❸ 남녀성격은 일주(日柱)에서 발생(發生)한다.

병술년 (丙戌年)

68년(음) 3월 15일 진(辰)시 여자

甲	壬	丙	戊
辰	子	辰	申

52	42	32	22	12	2
庚	辛	壬	癸	甲	乙
戌	亥	子	丑	寅	卯

이 사주는 임수일주(壬水日柱)가 춘계진월(春季辰月)에 출생하여 실시(失時)하고 진중무토(辰中戊土)가 년상(年上)에 투출(透出)하여 편관격(偏官格)으로 일주(日柱)가 약(弱)하다. 그러나 년지신금(年支申金)과 월지진토(月支辰土)와 일지자수(日支子水)로 신자진(申子辰) 수국(水局)을 이루어 윤하격(潤下格)으로 신왕사수(身旺四柱)같이 보이나 진월(辰月)은 습토(濕土)라 하나 월상병화(月上丙火)가 투출(透出)하여 습토(濕土)는 미온지토(微溫之土)가 되어 일주(日柱)를 극(剋)하므로 일주(日柱)는 신약사주(身弱四柱)다. 그러므로 금인수(金印綬)가 용신(用神)이며 수비견겁(水比肩劫)은 희신(喜神)이 된다. 이 사주는 여자(女子)의 사주로서 초년(初年)부터 장사를 하여 32세 임자대운(壬子大運)에 수억금을 벌었으나 42세 신금대운(辛金大運)에 월상병화(月上丙火)와 병신합(丙辛合)으로 합거(合去)되어 재산을 탕진하고 남편(男便)과 이혼(離婚)하고 혼자 살고 있는 사주다. 부궁(夫宮)이 부실한 것은 시간지(時干支) 갑진(甲辰)은 백호관살(白虎官殺)이므로 여자(女子) 사주에 백호관살(白虎官殺)이 있으면 십중팔구(十中八九) 부궁(夫宮)이 부실하여 재혼(再婚)하거나 혼자 사는 사람들이 많다.

❶ 세운병술년(歲運丙戌年): 관재, 손재, 신액
❷ 질병(疾病): 냉(冷), 혈압(血壓), 신장(腎臟). 방광(膀胱)
❸ 남녀성격: (남) 털털한 성격, 마음이 넓다, 성질 조급, 고집 대단, 노력은 많이 하나 실속이 없다, 여자 많다, 처궁불미, 용두사미, 돈이 잘 빠져나간다, 꾀가 많다, 신경 예민
(여) 남자 같은 시원한 성격, 새것을 좋아함, 부궁불미, 정부, 재가, 남에게 시기를 많이 받는다, 독수공방, 직업여성

세운·질병·남녀성격의 해설 (歲運·疾病·男女性格의 解說)

❶ 세운병자년(歲運丙子年)= ※관재, 손재, 신액은 ※세운병술년(歲運丙戌年)의 병화(丙火)는 임수일주(壬水日柱)의 편재(偏財)로 원명사주(源命四柱)에 재살(財殺)이 태왕(太旺)인데 세운(歲運)에서 재(財)나 관살운(官殺運)이 들어오면 ※관재수를 조심해야 하며 또는 손재수를 조심해야 하며 또는 건강을 조심해야 한다.

❷ 질병(疾病)은 일주(日柱)에서 발생(發生)한다.

❸ 남녀성격은 일주(日柱)에서 발생(發生)한다.

병술년 (丙戌年)

63년(음) 7월 9일 사(巳)시 여자

乙	壬	庚	癸
巳	寅	申	卯

54	44	34	24	14	4
丙	乙	甲	癸	壬	辛
寅	丑	子	亥	戌	酉

이 사주는 임수일주(壬水日柱)가 초가을 신월(申月)에 출생하여 득령(得令)하고 신궁경금(申宮庚金)이 월상(月上)에 투출(透出)하여 인수격(印綬格)이다. 그리고 년상계수(年上癸水)가 있어 일주(日柱)는 신왕사주(身旺四柱)다. 신왕사주(身旺四柱)에는 일주(日柱)를 제(制)하는 관살(官殺)이나 식신상관(食神傷官)으로 설기(泄氣)하면 좋은데 다행히 시상을목(時上乙木) 상관(傷官)이 있어 상관(傷官)으로 설기(泄氣)하는데 배설구(排泄口)가 약(弱)하던 중 시지(時支) 사중병화(巳中丙火)가 있어 수생목(水生木) 목생화(木生火)로 상관(傷官) 용재격(用財格)을 이루었다. 그러므로 사중(巳中) 병화재(丙火財)가 용신(用神)이며 목(木) 상관식신(傷官食神)은 희신(喜神)이 된다. 이 사주는 여자(女子)의 사주로서 화장품장사를 하였으나 초년(初年)에는 운(運)이 없어 고생을 많이 하다가 34세 갑목대운(甲木大運)에 돈을 많이 벌었고 그 이후로는 운(運)이 없어 고생을 많이 하다가 남편(男便)과 이혼(離婚)하고 혼자 살고 있는 사주다. 부궁(夫宮)이 부실한 것은 년간지(年干支) 계묘생(癸卯生)의 공망(空亡)은 시지사화(時支巳火)로서 일시지(日時支)에 공망(空亡)이 있으면 부궁(夫宮)이 부실하여 재혼(再婚)하거나 혼자 사는 사람들이 많다.

❶ 세운병술년(歲運丙戌年): 변화, 이사, 전근, 손재, 신액
❷ 질병(疾病): 신장(腎臟), 방광(膀胱), 냉(冷), 습(濕)
❸ 남녀성격: (남) 털털한 성격, 지혜롭다, 원만하다, 환경에 적응 잘함, 영리하다, 행운이 따른다, 항상 바쁨, 용기 있다, 타의 군림, 성질 급, 처 덕 있다, 장모봉양
　　　　　(여) 남자 같은 시원한 성격, 새것을 좋아함, 영리하다, 남편을 꺾는다, 부궁불미, 정부, 자손귀자, 요리솜씨, 사회활동하면 인기

세운 • 질병 • 남녀성격의 해설 (歲運 · 疾病 · 男女性格의 解說)

❶ 세운병술년(歲運丙戌年)= ※변화, 이사, 전근, 손재, 신액은 ※세운병술년(歲運丙戌年)의 술토(戌土)는 일지인목(日支寅木)과 인술(寅戌)로 삼합(三合)이 되므로 세운에서 일지(日支) 삼합운(三合運)이 들어오면 ※변화가 생긴다든가 또는 이사를 한다든가 또는 직장을 옮기는 일이 많다. 그리고 ※손재, 신액은 ※세운병술년(歲運丙戌年)의 병화(丙火)는 임수일주의 편재(偏財)로 신왕(身旺)한 사주(四柱)에 재(財)가 쇠약(衰弱)한데 세운에서 재운(財運)이 들어오면 ※손재수를 조심해야 하며 또는 건강을 조심해야 한다.

❷ 질병(疾病)과 ❸ 남녀성격은 일주(日柱)에서 발생(發生)한다.

63년(음) 1월 25일 진(辰)시 남자

甲	壬	甲	癸
辰	辰	寅	卯

55	45	35	25	15	5
戊	己	庚	辛	壬	癸
申	酉	戌	亥	子	丑

이 사주는 임수일주(壬水日柱)가 초봄 인월(寅月)에 출생하여 실시(失時)하고 인중갑목(寅中甲木)이 월시상(月時上)에 투출(透出)하여 식신격(食神格)이며 년지묘목(年支卯木)과 월지인목(月支寅木)과 일지진토(日支辰土)로 인묘진(寅卯辰) 목국(木局)을 이루어 상관식신(傷官食神)이 태왕(太旺)으로 종아격(從兒格) 같이 보인다. 그러니 임수일주(壬水日柱)는 자고(自庫)인 진중계수(辰中癸水)에 근(根)하고 진중계수(辰中癸水)가 년상(年上)에 투출(透出)하여 종(從)하지 않으므로 많은 상관식신(傷官食神)을 제(制)하고 일주(日柱)를 생(生)하여 주는 금인수(金印綬)가 용신(用神)이며 수비견겁(水比肩劫)은 희신(喜神)이 된다. 이 사주는 남자(男子)의 사주로서 대학교 교수인데 초년운(初年運)이 잘 들어와 승승장구(乘勝長驅)하였으며 45세 기토대운(己土大運)에 자식(子息) 한 명 잃었는데 자식 한 명 잃게 된 것은 시지진토(時支辰土) 편관(偏官)은 임수일주(壬水日柱)의 지손(子孫)으로 많은 상관식신(傷官食神)에 극(剋)을 받으며 시간지(時干支) 갑진(甲辰)은 백호관살(白虎官殺)이므로 더욱더 자손액(子孫厄)이 두려운 사주며 항상 자손액을 조심해야 한다.

❶ 세운병술년(歲運丙戌年): 자손액, 복통, 관재, 수술, 자연재앙
❷ 질병(疾病): 냉(冷), 풍질(風疾), 신장(腎臟), 혈압(血壓)
❸ 남녀성격: (남) 털털한 성격, 일찍 사회에 진출, 임전무퇴, 자립정신, 재간 있다, 박력 있다, 속전속결, 처궁불미, 어린 시절 잔병, 자손근심, 아이디어가 좋다
　　　　　 (여) 남자 같은 시원한 성격, 새것을 좋아함, 부궁불미, 재가, 정부, 독수공방, 일가부양, 풍파가 많다

🔵 세운·질병·남녀성격의 해설 (歲運·疾病·男女性格의 解說)

❶ 세운병술년(歲運丙戌年)= ※자손액, 복통, 관재, 수술, 자연재앙은 ※세운병술년(歲運丙戌年)의 술토(戌土)는 임수일주(壬水日柱)의 편관(偏官)으로 남자 사주에 상관식신(傷官食神)이 태왕(太旺)인데 세운(歲運)에서 관살운(官殺運)이 들어오면 ※자손액을 조심해야 한다. 그리고 ※복통, 관재, 수술, 자연재앙은 ※세운병술년(歲運丙戌年)의 술토(戌土)는 일지진토(日支辰土)와 진술충(辰戌沖)으로 세운(歲運)에서 일지충운(日支沖運)이 들어오면 ※배가 아프다든가 또는 관재수를 조심해야 하며 또는 수술을 조심해야 하며 또는 자연재앙을 조심해야 한다.

❷ 질병(疾病)은 일주(日柱)에서 발생(發生)한다.

❸ 남녀성격은 일주(日柱)에서 발생(發生)한다.

병술년 (丙戌年)

戊	壬	甲	辛
申	午	午	亥

54	44	34	24	14	4
庚	己	戊	丁	丙	乙
子	亥	戌	酉	申	未

이 사주는 임수일주(壬水日柱)가 중하오월(中夏午月)에 출생하여 실시(失時)하고 일지오화(日支午火)와 화국(火局)을 이루고 년상무토(年上戊土)가 투출(透出)하여 일주(日柱)는 신약사주(身弱四柱)다. 다행히 년지해수(年支亥水)에 록근(祿根)하고 시지신금(時支申金)에 장생(長生)하였으나 신약사주(身弱四柱)로서 사주(四柱)에 화재(火財)가 많으므로 수비견겁(水比肩劫)으로 많은 화재(火財)를 제(制)하고 일주(日柱)를 보신(補身)해야 하므로 수비견겁(水比肩劫)이 용신(用神)이며 금인수(金印綬)는 희신(喜神)이 된다. 이 사주는 여자(女子)의 사주로서 초년(初年)부터 인수운(印綬運)이 들어와 29세 유금대운(酉金大運)에 회계사로 합격하여 회계법인에 근무하다가 34세 무술대운(戊戌大運)부터 운(運)이 없어 하는 일마다 잘 풀리지 않아 퇴사하여 회계사무소를 경영하였으나 운(運)이 없이 고생하고 있는 중이다. 그러나 49세 해수대운(亥水大運)부터 운(運)이 승승장구(乘勝長驅)하여 모든 일이 잘 풀리며 사업도 번창하리라고 본다.

❶ 세운병술년(歲運丙戌年): 변화, 이사, 전근, 관재, 손재, 신액
❷ 질병(疾病): 신장(腎臟), 방광(膀胱)
❸ 남녀성격: (남) 털털한 성격, 고집 대단, 신경 예민, 지혜롭다, 명랑하다, 예의 있다, 준법 정신, 처 덕 있다, 처궁불미, 성실하다, 눈치가 빠름, 운동 잘함
　　　　　 (여) 남자 같은 시원한 성격, 새것을 좋아함, 미모 수려, 남편 덕, 정부, 부궁불미, 자손 덕, 눈치가 빠름, 신경 예민, 이성수신

🌀 세운 · 질병 · 남녀성격의 해설 (歲運 · 疾病 · 男女性格의 解說)

❶ 세운병술년(歲運丙戌年)= ※변화, 이사, 전근, 관재, 손재, 신액은 ※세운병술년(歲運丙戌年)의 술토(戌土)는 일지오화(日支午火)와 오술(午戌)로 삼합(三合)이 되므로 세운(歲運)에서 일지(日支) 삼합운(三合運)이 들어오면 ※변화가 생긴다든가 또는 이사를 한다든가 또는 직장을 옮기는 일이 많다. 그리고 ※관재, 손재, 신액은 ※세운병술년(歲運丙戌年)의 병화(丙火)는 임수일주(壬水日柱)의 편재(偏財)로 원명사주(源命四柱)에 재살(財殺)이 태왕(太旺)인데 세운(歲運)에서 재(財)나 관살운(官殺運)이 들어오면 ※관재수를 조심해야 하며 또는 손재수를 조심해야 하며 또는 건강을 조심해야 한다.

❷ 질병(疾病)은 일주(日柱)에서 발생(發生)한다.

❸ 남녀성격은 일주(日柱)에서 발생(發生)한다.

병술년 (丙戌年)

庚	壬	丙	丁
戌	申	午	未

60	50	40	30	20	10
庚	辛	壬	癸	甲	乙
子	丑	寅	卯	辰	巳

이 사주는 임수일주(壬水日柱)가 중하오월(中夏午月)에 출생하여 실시(失時)하고 년지미토(年支未土)와 오미(午未)로 화국(火局)을 이루고 년월(年月) 병정화(丙丁火)가 투출(透出)하여 재살(財殺)이 태왕(太旺)이다. 다행히 임수일주(壬水日柱)는 자좌신금(自坐申金)에 장생(長生)하고 시상경금(時上庚金) 인수(印綬)가 투출(透出)하였으나 신약사주(身弱四柱)로서 많은 회재(火財)를 제(制)하고 일주(日柱)를 보신(補身)해야 하므로 수비견겁(水比肩劫)이 용신(用神)이며 금인수(金印綬)는 희신(喜神)이 된다. 이 사주는 남자(男子)의 사주로서 연구원으로 근무하다가 30세 계수대운(癸水大運)까지 승진도 빨랐으며 모든 일이 잘 풀렸으나 그 이후로는 운(運)이 없어 회사에서 인정도 못 받고 고생을 많이 하다가 40세 임수대운(壬水大運)에 퇴사하여 자영업(自營業)을 하였으나 운(運)이 없어 재산을 탕진하고 처(妻)와 이혼하고 혼자 살고 있는 사주다. 처궁(妻宮)이 부실한 것은 남자 사주에 재(財)가 태왕(太旺)이면 처궁(妻宮)이 부실한데 임신일주(壬申日柱)의 공망(空亡)은 시지술토(時支戌土)로서 처궁(妻宮)이 더욱더 부실한 사주다.

❶ 세운병술년(歲運丙戌年): 관재, 손재, 신액
❷ 질병(疾病): 냉(冷), 신장(腎臟), 방광(膀胱), 치질(痔疾), 임질(淋疾), 비색증(鼻塞症)
❸ 남녀성격: (남) 털털한 성격, 원만하다, 활발하다, 지혜롭다, 포용력, 만인의 신망, 고집 대단, 박력 있다, 영리하다, 일독십지, 처 덕 있다
　　　　　 (여) 남자 같은 시원한 성격, 새것을 좋아함, 영리하다, 부궁불미, 정부, 예능, 문학에 소질 있다, 친모봉양

🌀 세운 · 질병 · 남녀성격의 해설 (歲運 · 疾病 · 男女性格의 解說)

❶ 세운병술년(歲運丙戌年)= ※관재, 손재, 신액은 ※세운병술년(歲運丙戌年)의 병화(丙火)는 임수일주(壬水日柱)의 편재(偏財)로 원명사주(源命四柱)에 재살(財殺)이 태왕(太旺)인데 세운(歲運)에서 재(財)나 관살운(官殺運)이 들어오면 ※관재수를 조심해야 하며 또는 손재수를 조심해야 하며 또는 건강을 조심해야 한다.

❷ 질병(疾病)은 냉, 신장, 방광은 일주(日柱)에서 발생(發生)하며 ※치질, 임질, 비색증은 ※임수일주(壬水日柱)가 재살(財殺)이 태왕(太旺)이면 ※치질과 임질과 축농증, 비염, 코막힘을 조심해야 한다.

❸ 남녀성격은 일주(日柱)에서 발생(發生)한다.

병술년 (丙戌年)

63년(음) 2월 25일 진(辰)시 여자

甲	壬	乙	癸
辰	戌	卯	卯

55	45	35	25	15	5
辛	庚	己	戊	丁	丙
酉	申	未	午	巳	辰

이 사주는 임수일주(壬水日柱)가 중춘묘월(中春卯月)에 출생하여 실시(失時)하고 묘중을목(卯中乙木)이 월상(月上)에 투출(透出)하여 상관격(傷官格)이다. 그리고 년지묘목(年支卯木)과 시지진토(時支辰土)와 묘진(卯辰)으로 목국(木局)을 이루었으며 시상갑목(時上甲木)이 투출(透出)하여 상관식신(傷官食神)이 태왕(太旺)이다. 그러나 임수일주는 무근(無根)이며 자좌(自坐) 술중무토(戌中戊土)에 살지(殺地)에 앉았으며 년상계수(年上癸水) 비겁(比劫)도 무근(無根)이며 자좌묘목(自坐卯木)에 설기(泄氣)가 심(甚)하여 임수일주(壬水日柱)를 도울 힘이 없다. 그러므로 쇠극격(衰極格)에 해당하므로 쇠(衰)한 자는 상관식신(傷官食神)으로 설기(泄氣)하여 더욱더 쇠(衰)하게 하는 동시 일주(日柱)를 극(剋)하는 관살(官殺)을 제(制)하여야 하기 때문에 상관식신(傷官食神)이 용신(用神)이며 화재(火財)는 희신(喜神)이 된다. 이 사주는 여자(女子)의 사주로서 회사에 근무하고 있는데 아직까지 결혼 못하고 혼자 살고 있는 사주다. 부궁(夫宮)이 부실한 것은 상관식신(傷官食神)이 태왕(太旺)이면 부궁이 부실한데 거기에다 임술일주(壬戌日柱)와 시간지(時干支) 갑진(甲辰)은 백호관살(白虎官殺)이므로 부궁(夫宮)이 더욱더 부실한 사주다.

❶ 세운병술년(歲運丙戌年): 변화, 이사, 전근, 자연재앙
❷ 질병(疾病): 신장(腎臟), 방광(膀胱)
❸ 남녀성격: (남) 털털한 성격, 선견지명, 남에게 잘함, 욕심 많다, 일찍 사회에 진출, 성질 급, 자수성가, 부모 덕, 재복 있다, 처 덕 있다, 자손귀자, 신앙심, 지구력 강함, 능력 있다
　　　　　 (여) 남자 같은 시원한 성격, 새것을 좋아함, 부궁불미, 정부, 재가, 독수공방, 이성 구설, 재복 있다, 신앙심

세운·질병·남녀성격의 해설 (歲運·疾病·男女性格의 解說)

❶ 세운병술년(歲運丙戌年)= ※변화, 이사, 전근, 자연재앙은 ※세운병술년(歲運丙戌年)의 술토(戌土)는 일지술토(日支戌土)와 술술(戌戌)로 삼합(三合)이 되므로 세운(歲運)에서 일지(日支) 삼합운(三合運)이 들어오면 ※변화가 생긴다든가 또는 이사를 한다든가 또는 직장을 옮기는 일이 많다. 그리고 ※자연재앙은 ※세운병술년(歲運丙戌年)의 술토(戌土)는 일지술토(日支戌土)와 술술(戌戌)로 똑같은 오행(五行)이므로 세운(歲運)에서 일지(日支) 같은 운(運)이 들어오면 ※자연재앙을 조심해야 한다.

❷ 질병(疾病)과 ❸ 남녀성격은 일주(日柱)에서 발생(發生)한다.

병술년 (丙戌年)

65년(음) 6월 29일 오(午)시 여자

<table>
<tr><td>丙</td><td>壬</td><td>癸</td><td>乙</td></tr>
<tr><td>午</td><td>午</td><td>未</td><td>巳</td></tr>
</table>

54	44	34	24	14	4
己	戊	丁	丙	乙	甲
丑	子	亥	戌	酉	申

이 사주는 임수일주(壬水日柱)가 하계미월(夏季未月)에 출생하여 실시(失時)하고 미중을목(未中乙木)이 년상(年上)에 투출(透出)하여 상관격(傷官格)이다. 그리고 년월(年月) 일시지(日時支) 사오미(巳午未)로 화국(火局)을 이루었으며 시상(時上)에 병화(丙火)가 투출(透出)하여 재살(財殺)이 태왕(太旺)이다. 그러므로 수생목(水生木) 목생화(木生火) 화생토(火生土)로 종살격(從殺格)같이 보인다. 그러나 임수일주(壬水日柱)는 무근(無根)이며 자좌오화(自坐午火)에 절궁(絶宮)이며 월상계수(月上癸水) 비겁(比劫)도 무근(無根)이며 자좌(自坐) 미중기토(未中己土)에 살지(殺地)에 앉아 임수일주(壬水日柱)를 도와줄 수가 없으므로 이 사주는 쇠극격(衰極格)에 해당한다. 쇠(衰)한 자는 상관식신(傷官食神)으로 설기(泄氣)하여 더욱더 쇠(衰)하게 하는 동시 일주(日柱)를 극(剋)하는 관살(官殺)을 제(制)하여야 하기 때문에 상관(傷官)이 용신(用神)이며 화재(火財)는 희신(喜神)이 된다. 이 사주는 여자(女子)의 사주로서 전업주부로 살다가 39세 해수대운(亥水大運)에 부동산업을 하다가 재산을 탕진하고 병(病)까지 얻어 자궁(子宮)을 수술한 사주다. 자궁(子宮)을 수술하게 된 것은 임수일주(壬水日柱)가 화토재살(火土財殺)이 태왕(太旺)이면 자궁(子宮)과 기관지(氣管支), 신장(腎臟)을 조심해야 한다.

❶ 세운병술년(歲運丙戌年): 변화, 이사, 전근, 관재, 손재, 신액
❷ 질병(疾病): 신장(腎臟), 방광(膀胱)
❸ 남녀성격: (남) 털털한 성격, 고집 대단, 신경 예민, 지혜롭다, 명랑하다, 예의 있다, 준법 정신, 처 덕 있다, 처궁불미, 성실하다, 눈치가 빠름, 운동 잘함
　　　　　　(여) 남자 같은 시원한 성격, 새것을 좋아함, 미모 수려, 남편 덕, 정부, 부궁불미, 자손 덕, 눈치가 빠름, 신경 예민, 이성수신

🔵 세운·질병·남녀성격의 해설 (歲運·疾病·男女性格의 解說)

❶ 세운병술년(歲運丙戌年)= ※변화, 이사, 전근, 관재, 손재, 신액은 ※세운병술년(歲運丙戌年)의 술토(戌土)는 일지오화(日支午火)와 오술(午戌)로 삼합이 되므로 세운에서 일지(日支) 삼합운(三合運)이 들어오면 ※변화가 생긴다든가 또는 이사를 한다든가 또는 직장을 옮기는 일이 많다. 그리고 ※관재, 손재, 신액은 ※세운병술년(歲運丙戌年)의 병화(丙火)는 임수일주의 편재(偏財)로 원명사주에 재살(財殺)이 태왕(太旺)인데 세운에서 재(財)나 관살운(官殺運)이 들어오면 ※관재수나 손재수나 건강을 조심해야 한다.

❷ 질병(疾病)과 ❸ 남녀성격은 일주(日柱)에서 발생(發生)한다.

병술년 (丙戌年)

65년(음) 10월 22일 자(子)시 여자

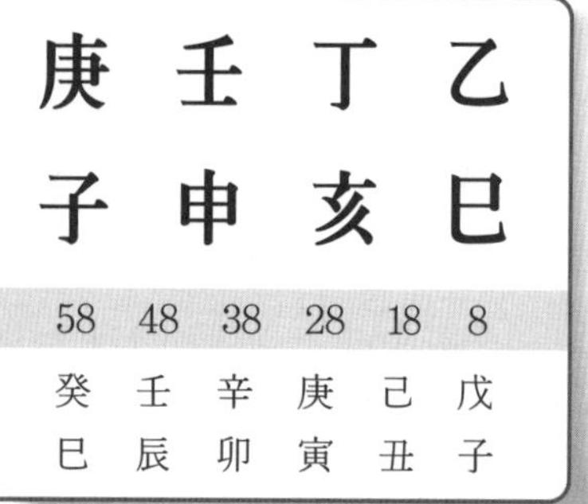

이 사주는 임수일주(壬水日柱)가 초겨울 해월(亥月)에 출생하여 록근(祿根)하고 일지신금(日支申金)에 장생(長生)하고 신궁경금(申宮庚金)이 시상(時上)에 투출(透出)하여 일주(日柱)는 신왕사주(身旺四柱)다. 신왕사주(身旺四柱)에는 일주(日柱)를 제(制)하는 관살(官殺)이나 식신상관(食神傷官)으로 설기(泄氣)하면 좋은데 일주(日柱)를 제(制)하는 관살(官殺)은 없고 설기(泄氣)하는 상관(傷官)이 년상(年上)에 투출(透出)하여 년상을목(年上乙木)으로 설기(泄氣)하는데 배설구(排泄口)가 약(弱)하던 중 년지(年支) 사중병화(巳中丙火)가 있어 수생목(水生木) 목생화(木生火)로 사중(巳中) 병화재(丙火財)가 용신(用神)이며 목(木) 상관식신(傷官食神)이 희신(喜神)이 된다. 이 사주는 여자(女子) 사주로서 가정형편이 어려워 힘들게 자랐으며 어려서부터 장사를 하였으나 운(運)이 없어 고생을 많이 하다가 33세 인목대운(寅木大運)에 돈을 많이 벌어 결혼하였으며 38세 신금대운(辛金大運)에 손해를 조금 보았으나 43세 묘목대운(卯木大運)에 사업이 번창하여 수억금을 벌어 잘살고 있는 사주다. 그러나 48세 임수대운(壬水大運)에는 월상정화(月上丁火)와 대운임수(大運壬水)와 정임합(丁壬合)으로 합거(合去)되어 있으므로 재물과 건강을 조심해야 한다.

---

❶ 세운병술년(歲運丙戌年): 손재, 신액

❷ 질병(疾病): 냉(冷), 신장(腎臟), 방광(膀胱)

❸ 남녀성격: (남) 털털한 성격, 원만하다, 활발하다, 지혜롭다, 포용력, 만인의 신망, 고집 대단, 박력 있다, 영리하다, 일독십지, 처 덕 있다

(여) 남자 같은 시원한 성격, 새것을 좋아함, 영리하다, 부궁불미, 정부, 예능, 문학에 소질 있다, 친모봉양

세운·질병·남녀성격의 해설 (歲運·疾病·男女性格의 解說)

❶ 세운병술년(歲運丙戌年)= ※손재, 신액은 ※세운병술년(歲運丙戌年)의 병화(丙火)는 임수일주(壬水日柱)의 편재(偏財)로 신왕(身旺)한 사주에 재(財)가 쇠약(衰弱)한데 세운(歲運)에서 재운(財運)이 들어오면 ※손재수를 조심해야 하며 또는 건강을 조심해야 한다.

❷ 질병(疾病)은 일주(日柱)에서 발생(發生)한다.

❸ 남녀성격은 일주(日柱)에서 발생(發生)한다.

병술년 (丙戌年)

64년(음) 1월 22일 자(子)시 여자

壬	癸	丁	甲
子	丑	卯	辰

51	41	31	21	11	1
辛	壬	癸	甲	乙	丙
酉	戌	亥	子	丑	寅

이 사주는 계수일주(癸水日柱)가 중춘묘월(中春卯月)에 출생하여 실시(失時)하고 원신갑목(源神甲木)이 년상(年上)에 투출(透出)하여 설기(泄氣)가 심(甚)하다. 계수일주(癸水日柱)는 축중계수(丑中癸水)에 근(根)하고 시간지(時干支) 임자(壬子) 비견겁(比肩劫)이 있으며 일시축토(日支丑土)와 자축(子丑)으로 수국(水局)을 이루어 신왕사주(身旺四柱) 같지만 축토(丑土)는 습토(濕土)라 하나 월상정화(月上丁火)가 투출(透出)하여 년일지(年日支) 진축습토(辰丑濕土)는 미온지토(微溫之土)가 되어 계수일주(癸水日柱)를 극(剋)하므로 신약사주(身弱四柱)가 된다. 그러므로 금인수(金印綬)가 용신(用神)이며 수비견겁(水比肩劫)은 희신(喜神)이 된다. 이 사주는 여자(女子)의 사주로서 약사로 근무하다가 31세 계수대운(癸水大運)에 약국을 경영하여 수억금을 벌었으며 41세 임수대운(壬水大運)에 월상정화(月上丁火)와 정임합(丁壬合)으로 합거(合去)되어 재산을 탕진하고 남편(男便)과 이혼하고 혼자 살고 있는 사주다. 부궁(夫宮)이 부실한 것은 일간지(日干支) 계축(癸丑)은 백호관살(白虎官殺)이므로 여자(女子) 사주에 백호관살(白虎官殺)이 있으면 부궁(夫宮)이 부실하여 재혼(再婚)한다거나 혼자 사는 사람들이 많다.

❶ 세운병술년(歲運丙戌年): 복통, 수술, 관재, 관재, 손재, 신액
❷ 질병(疾病): 신장(腎臟), 방광(膀胱), 풍질(風疾)
❸ 남녀성격: (남) 털털한 성격, 근면 성실, 지혜롭다, 지구력 있다, 근심 많다, 처궁불미, 준법정신, 새벽잠이 없다
　　　　　　(여) 남자 같은 시원한 성격, 새것을 좋아함, 이성수신, 애교 많다, 정부, 재가, 부궁불미, 남자들의 인기

🌐 세운 · 질병 · 남녀성격의 해설 (歲運 · 疾病 · 男女性格의 解說)

❶ 세운병술년(歲運丙戌年)= ※복통, 수술, 관재, 관재, 손재, 신액은 ※세운병술년(歲運丙戌年)의 술토(戌土)는 일지축토(日支丑土)와 축술(丑戌)로 형살(刑殺)이 되므로 세운(歲運)에서 일지(日支) 형살운(刑殺運)이 들어오면 ※배가 아프다든가 또는 수술을 조심해야 하며 관재수를 조심해야 한다. 그리고 ※관재, 손재, 신액은 ※세운병술년(歲運丙戌年)의 병화(丙火)는 계수일주(癸水日柱)의 정재(正財)로 원명사주(源命四柱)에 재살(財殺)이 왕(旺)한데 세운(歲運)에서 재(財)나 관살운(官殺運)이 들어오면 ※관재수를 조심해야 하며 또는 손재수를 조심해야 하며 또는 건강을 조심해야 한다.

❷ 질병(疾病)과 ❸ 남녀성격은 일주(日柱)에서 발생(發生)한다.

병술년 (丙戌年)

60년(음) 10월 13일 축(丑)시 여자

癸	癸	丁	庚
丑	亥	亥	子

58	48	38	28	18	8
辛	壬	癸	甲	乙	丙
巳	午	未	申	酉	戌

이 사주는 계수일주(癸水日柱)가 초겨울 해월(亥月)에 출생하여 득령(得令)하고 년지자수(年支子水)와 일지해수(日支亥水)와 시지축토(時支丑土)로 해자축(亥子丑) 수국(水局)을 이루어 일주(日柱)는 신왕사주(身旺四柱)다. 신왕사주(身旺四柱)에는 일주(日柱)를 제(制)하는 관살(官殺)이나 상관식신(傷官食神)으로 설기(泄氣)하면 좋은데 일주(日柱)를 제(制)하는 시지(時支) 축중기토(丑中己土) 편관(偏官)이 있다고 하나 그 축토(丑土)는 습토(濕土)며 왕수(旺水)에 쓸려가 힘이 없으므로 용신(用神)으로 쓸 수가 없다. 그리고 월상정화(月上丁火) 편재(偏財)가 있다고 하나 그 정화(丁火)도 근(根)이 없으며 자좌해수(自坐亥水)에 살지(殺地)에 앉아 용신(用神)으로 쓸 수가 없다. 그러므로 이 사주는 비견겁(比肩劫)이 태왕(太旺)하므로 종왕격(從旺格)이다. 종왕격(從旺格)에는 비견겁(比肩劫)이 용신(用神)이며 금인수(金印綬)는 희신(喜神)이 된다. 이 사주는 여자(女子)의 사주로서 대운(大運) 금수운(金水運)이 잘 들어와 회사에서 승승장구(乘勝長驅)하였으나 43세 미토대운(未土大運)에 남편과 사별하고 혼자 살고 있는 사주다. 부궁(夫宮)이 부실한 것은 시간지(時干支) 계축(癸丑)은 백호관살(白虎官殺)이며 일간지(日干支) 계해생(癸亥生)의 공망(空亡)은 시지축토(時支丑土)로서 부궁(夫宮)이 더욱더 부실한 사주다.

❶ 세운병술년(歲運丙戌年): 손재, 신액

❷ 질병(疾病): 심장(心臟), 냉(冷)

❸ 남녀성격: (남) 털털한 성격, 차분한 성격, 마음이 깊다, 외유내강, 타인 존경, 준법정신, 영리하다, 총명하다, 연구심, 노력으로 끝을 본다, 장수한다, 신앙심

　　　　　(여) 남자 같은 시원한 성격, 새것을 좋아함, 부군 덕, 부궁불미, 독수공방, 정부, 재가, 친정형제 걱정 많이 한다, 자손귀자, 돈이 잘 빠져나감, 신앙심

세운·질병·남녀성격의 해설 (歲運·疾病·男女性格의 解說)

❶ 세운병술년(歲運丙戌年)= ※손재, 신액은 ※세운병술년(歲運丙戌年)의 병화(丙火)는 계수일주(癸水日柱)의 정재(正財)로 신왕(身旺)한 사주에 재(財)가 쇠약(衰弱)한데 세운(歲運)에서 재운(財運)이 들어오면 ※손재수를 조심해야 하며 또는 건강을 조심해야 한다.

❷ 질병(疾病)은 일주(日柱)에서 발생(發生)한다.

❸ 남녀성격은 일주(日柱)에서 발생(發生)한다.

병술년(丙戌年)

辛	癸	甲	庚
酉	酉	申	子

52	42	32	22	12	2
戊	己	庚	辛	壬	癸
寅	卯	辰	巳	午	未

이 사주는 계수일주(癸水日柱)가 초가을 신월(申月)에 출생하여 득령(得令)하고 신궁경금(申宮庚金)이 년상(年上)에 투출(透出)하고 일시지(日時支) 양유금(兩酉金) 인수(印綬)와 시상신금(時上辛金)이 투출(透出)하여 금인수(金印綬)가 태왕(太旺)하므로 일주(日柱)는 신왕사주(身旺四柱)다. 신왕사주(身旺四柱)에는 일주(日柱)를 제(制)하는 관살(官殺)이나 상관식신(傷官食神)으로 설기(泄氣)하면 좋은데 일주(日柱)를 제(制)하는 관살(官殺)은 없고 설기(泄氣)하는 갑목(甲木)이 월상(月上)에 투출하였으나 그 갑목(甲木)은 무근(無根)이며 자좌신금(自坐申金)에 살지(殺地)에 앉아 용신(用神)으로 쓸 수가 없다. 그러므로 이 사주는 금인수(金印綬)가 많으므로 종강격(從强格)이다. 종강격(從强格)에는 많은 금인수(金印綬)가 설기(泄氣)하는 곳은 계수일주(癸水日柱)이므로 비견겁(比肩劫)이 용신(用神)이며 금인수(金印綬)는 희신(喜神)이 된다. 이 사주는 여자(女子)의 사주로서 외국계 회사에 다니다가 32세 경금대운(庚金大運)에 승승장구(乘勝長驅)하였고 그 이후로는 운(運)이 없어 42세 기토대운(己土大運)에 월상갑목(月上甲木)과 갑기합(甲己合)으로 합거(合去)되어 하는 일마다 잘 풀리지 않았으며 병(病)까지 얻어 자궁(子宮) 수술한 사주다. 자궁(子宮) 수술하게 된 것은 월상갑목(月上甲木)은 상관(傷官)으로 많은 인수(印綬)에 극(剋)을 받고 있으므로 세운(歲運)에서 인수운(印綬運)이 들어오면 자궁(子宮)과 유방(乳房)을 조심해며 상관(傷官)은 자궁(子宮)과 유방(乳房)이 된다.

❶ 세운병술년(歲運丙戌年): 손재, 신액

❷ 질병(疾病): 신장(腎臟), 심장(心臟), 방광(膀胱), 냉(冷)

❸ 남녀성격: (남) 털털한 성격, 성격이 까다롭다, 매사 철두철미, 박력이 모자란다, 영리하다, 총명하다, 암기력, 남에게 잘함, 호인이다, 고독 자초, 처 덕 있다

　　　　　(여) 남자 같은 시원한 성격, 새것을 좋아함, 정이 많다, 부궁불미, 정부, 인덕 없다, 눈물 많다

🔵 세운·질병·남녀성격의 해설 (歲運·疾病·男女性格의 解說)

❶ 세운병술년(歲運丙戌年)= ※손재, 신액은 ※세운병술년(歲運丙戌年)의 병화(丙火)는 계수일주(癸水日柱)의 정재(正財)로 신왕(身旺)한 사주에 재(財)가 쇠약(衰弱)한데 세운(歲運)에서 재운(財運)이 들어오면 ※손재수를 조심해야 하며 또는 건강을 조심해야 한다.

❷ 질병(疾病)과 ❸ 남녀성격은 일주(日柱)에서 발생(發生)한다.

병술년(丙戌年)

58년(음) 5월 19일 인(寅)시 남자

<table>
<tr><td>甲</td><td>癸</td><td>戊</td><td>戊</td></tr>
<tr><td>寅</td><td>未</td><td>午</td><td>戌</td></tr>
</table>

51	41	31	21	11	1
甲	癸	壬	辛	庚	己
子	亥	戌	酉	申	未

이 사주는 계수일주(癸水日柱)가 중하오월(中夏午月)에 출생하여 실시(失時)하고 년지술토(年支戌土)와 오술(午戌)로 화국(火局)을 이루고 년월무토(年月戊土)가 투출(透出)하여 관살(官殺)이 태왕(太旺)이다. 그러나 계수일주(癸水日柱)는 무근(無根)이며 자좌(自坐) 미중기토(未中己土)에 살지(殺地)에 앉았으며 계수일주(癸水日柱)를 도와주는 인수(印綬)나 비견겁(比肩劫)이 하나도 없으므로 쇠극격(衰極格)에 해당한다. 쇠(衰)한 자는 상관식신(傷官食神)으로 설기(泄氣)하여 더욱더 쇠(衰)하게 하는 동시 일주(日柱)를 극(剋)하는 관살(官殺)을 제(制)하여야 하기 때문에 시상 갑목(時上甲木) 상관(傷官)이 용신(用神)이며 화재(火財)는 희신(喜神)이 된다. 이 사주는 남자의 사주로서 운(運)이 없어 인쇄소에 근무하며 고생을 많이 하다가 41세 계수대운(癸水大運)에 퇴사하여 사업을 경영하였으나 손해를 많이 보았고 51세 갑목대운(甲木大運)에 사업이 번창하여 돈을 많이 벌고 있는 사주다.

---

❶ 세운병술년(歲運丙戌年): 복통, 수술, 관재, 관재, 손재, 신액, 자연재앙
❷ 질병(疾病): 신장(腎臟), 비(脾), 위(胃)
❸ 남녀성격: (남) 털털한 성격, 의리 있다, 신용 있다, 인내심, 지구력, 순진하다, 심술 많다, 꾸준히 노력으로 결실, 성격이 까다롭다, 옷에 신경, 신앙심, 편식, 처궁불미
　　　　　 (여) 남자 같은 시원한 성격, 새것을 좋아함, 남편복이 없다, 정부, 재가, 인덕 없다

🌐 세운 · 질병 · 남녀성격의 해설(歲運 · 疾病 · 男女性格의 解說)

❶ 세운병술년(歲運丙戌年)= ※복통, 수술, 관재, 관재, 손재, 신액, 자연재앙은 ※세운병술년(歲運丙戌年)의 술토(戌土)는 일지미토(日支未土)와 미술(未戌)로 형살(刑殺)이 되므로 세운(歲運)에서 일지(日支) 형살운(刑殺運)이 들어오면 ※배가 아프다든가 또는 수술이나 관재수를 조심해야 한다. 그리고 ※관재, 손재, 신액은 ※세운병술년(歲運丙戌年)의 병화(丙火)는 계수일주의 정재(正財)로 원명사주에 재살(財殺)이 태왕(太旺)인데 세운(歲運)에서 재(財)나 관살운(官殺運)이 들어오면 ※관재수나 손재수나 건강을 조심해야 한다. 그리고 ※자연재앙은 ※세운병술년(歲運丙戌年)의 술토(戌土)는 년지술토(年支戌土)와 술술(戌戌)로 똑같은 오행(五行)이므로 세운(歲運)에서 년지(年支) 같은 운(運)이 들어오면 ※자연재앙을 조심해야 한다.

❷ 질병(疾病)과 ❸ 남녀성격은 일주(日柱)에서 발생(發生)한다.

병술년 (丙戌年)

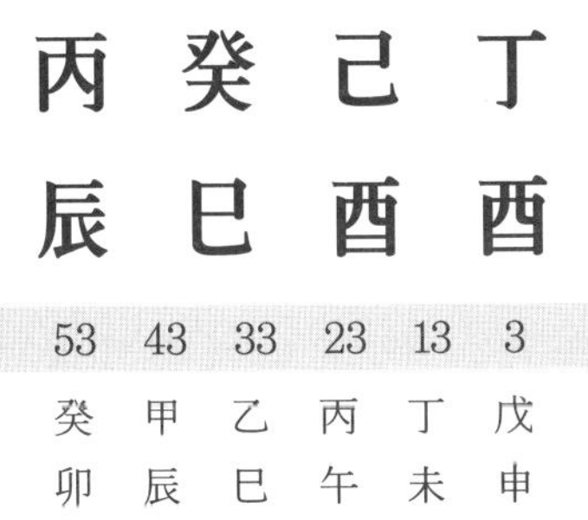

이 사주는 계수일주(癸水日柱)가 중추유월(中秋酉月)에 출생하여 득령(得令)하고 년지유금(年支酉金)이 있어 일주(日柱)는 신왕사주(身旺四柱)같이 보인다. 그러나 계수일주(癸水日柱)는 자좌사화(自坐巳火)에 절궁(絶宮)에 앉았으며 사중병화(巳中丙火)가 시상(時上)에 투출(透出)하고 년월(年月) 정기토(丁己土)와 시지신토(時支辰土)가 있어 일주(日柱)는 강화위약(强化爲弱)으로 신약사주(身弱四柱)다. 그러므로 금인수(金印綬)가 용신(用神)이며 수비견겁(水比肩劫)은 희신(喜神)이 된다. 이 사주는 남자(男子)의 사주로서 회사에 근무하였으나 초년(初年)에 운(運)이 없어 승진이 안되어 고생을 많이 하다가 43세 갑목대운(甲木大運)에 퇴사하여 사업을 경영하였으나 월상기토(月上己土)와 대운갑목(大運甲木)과 갑기합(甲己合)으로 합거(合去)되어 재산을 탕진하고 처(妻)와 이혼히고 고생을 많이 하다가 53세 게수대운(癸水大運)에 사업이 번창하여 재산을 복구하고 재혼하여 잘살고 있는 사주다. 처궁(妻宮)이 부실한 것은 년간지(年干支) 정유생(丁酉生)의 공망(空亡)은 일시지(日時支) 진사(辰巳)로 일시지(日時支)에 공망(空亡)이 있으면 처궁(妻宮)이 부실하여 재혼(再婚)하거나 혼자 사는 사람들이 많다.

❶ 세운병술년(歲運丙戌年): 관재, 손재, 신액, 신경과민

❷ 질병(疾病): 비뇨기(泌尿器), 장(臟)

❸ 남녀성격: (남) 털털한 성격, 인정 많다, 처세가 좋다, 외유내강, 자기 실속, 욕심 많다, 영리하다, 처 덕 있다, 자손귀자, 학업 장애

(여) 남자 같은 시원한 성격, 새것을 좋아함, 부궁불미, 이성 고민, 정부, 재복 있다

🔵 세운·질병·남녀성격의 해설 (歲運·疾病·男女性格의 解說)

❶ 세운병술년(歲運丙戌年)= ※관재, 손재, 신액, 신경과민은 ※세운병술년(歲運丙戌年)의 병화(丙火)는 계수일주(癸水日柱)의 정재(正財)로 원명사주(源命四柱)에 재살(財殺)이 태왕(太旺)인데 세운(歲運)에서 재(財)나 관살운(官殺運)이 들어오면 ※관재수를 조심해야 하며 손재수를 조심해야 하며 또는 건강을 조심해야 한다. 그리고 ※신경과민은 ※세운병술년(歲運丙戌年)의 술토(戌土)는 일지사화(日支巳火)와 사술(巳戌)로 귀문관살(鬼門關殺)이므로 세운(歲運)에서 일지(日支) 귀문(鬼門) 관살운(關殺運)이 들어오면 ※그해에는 모든 일에 신경을 많이 쓰게 된다.

❷ 질병(疾病)과 ❸ 남녀성격은 일주(日柱)에서 발생(發生)한다.

병술년 (丙戌年)

61년(음) 3월 26일 묘(卯)시 여자

乙	癸	癸	辛
卯	卯	巳	丑

59	49	39	29	19	9
己	戊	丁	丙	乙	甲
亥	戌	酉	申	未	午

이 사주는 계수일주(癸水日柱)가 초여름 사월(巳月)에 출생하여 실시(失時)하고 일시지(日時支) 양묘목(兩卯木)과 시상을목(時上乙木)이 투출(透出)하여 상관(傷官)과 재(財)가 태왕(太旺)이다. 그러나 계수일주(癸水日柱)는 자좌묘목(自坐卯木)에 설기(泄氣)가 심(甚)하고 월상계수(月上癸水) 비견(比肩)도 자좌사화(自坐巳火)에 절궁(絶宮)으로 종재격(從財格)같이 보인다. 그러나 년상신금(年上辛金) 인수(印綬)가 축중신금(丑中辛金)에 근(根)하여 일주(日柱)를 생(生)하므로 목생화(木生火) 화생토(火生土) 토생금(土生金) 금생수(金生水)로 년상신금(年上辛金) 인수(印綬)가 용신(用神)이며 수비견겁(水比肩劫)은 희신(喜神)이 된다. 이 사주는 여자(女子)의 사주로서 공부는 많이 하였으나 초년운(初年運)이 없어 회사에 다니다가 퇴사하여 39세 정화대운(丁火大運)에 사업을 경영하였으나 손해를 많이 보았고 44세 유금대운(酉金大運)에 사업이 번창하여 수억금을 벌었으며 49세 무토대운(戊土大運)에 원룸 임대업에 투자하였으나 월상계수(月上癸水)와 무계합(戊癸合)으로 합거(合去)되어 재산을 탕진하고 힘들게 살고 있는 사주다.

❶ 세운병술년(歲運丙戌年): 관재, 손재, 신액
❷ 질병(疾病): 풍질(風疾), 신장(腎臟), 방광(膀胱), 냉(冷)
❸ 남녀성격: (남) 털털한 성격, 만인 신망, 영리하다, 인자하다, 남에게 잘함, 준법정신, 고집
　　　　　　 대단, 식복 있다, 처궁불미, 처 덕 있다, 소심하다, 운동 잘함, 마음 약
　　　　(여) 남자 같은 시원한 성격, 새것을 좋아함, 부궁불미, 자손근심, 정부, 재가,
　　　　　　 애교 많다, 생리통이 심하다, 침착하다, 인내심, 눈물 많다, 인덕 있다

세운 · 질병 · 남녀성격의 해설 (歲運 · 疾病 · 男女性格의 解說)

❶ 세운병술년(歲運丙戌年)= ※관재, 손재, 신액은 ※세운병술년(歲運丙戌年)의 병화(丙火)는 계수일주(癸水日柱)의 정재(正財)로 원명사주(源命四柱)에 재살(財殺)이 태왕(太旺)인데 세운(歲運)에서 재(財)나 관살운(官殺運)이 들어오면 ※관재수를 조심해야 하며 손재수를 조심해야 하며 또는 건강을 조심해야 한다.

❷ 질병(疾病)은 일주(日柱)에서 발생(發生)한다.

❸ 남녀성격은 일주(日柱)에서 발생(發生)한다.

병술년 (丙戌年)

61년(음) 8월 28일 술(戌)시 남자

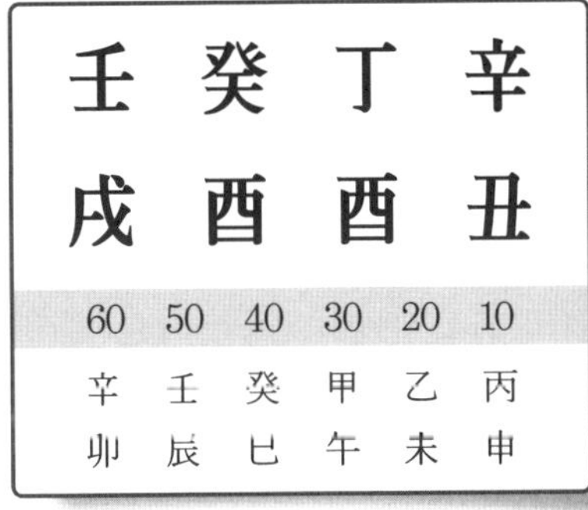

이 사주는 계수일주(癸水日柱)가 중추유월(中秋酉月)에 출생하여 득령(得令)하고 유중신금(酉中辛金)이 년상(年上)에 투출(透出)하여 인수격(印綬格)이며 일지유금(日支酉金) 인수(印綬)가 있어 일주(日柱)는 신왕사주(身旺四柱)다. 신왕사주(身旺四柱)에는 일주(日柱)를 제(制)하는 관살(官殺)이나 식신상관(食神傷官)으로 설기(泄氣)하면 좋은데 다행히 시지(時支) 술중무토(戌中戊土) 정관(正官)이 있어 무토정관(戊土正官)으로 용신(用神)한다. 그리고 화재(火財)는 희신(喜神)이 된다. 이 사주는 남자(男子)의 사주로서 한의사로 근무하다가 35세 오화대운(午火大運)에 한방의원을 개원하여 수억금을 벌었으나 40세 계수대운(癸水大運)에 처(妻)와 사별(死別)하였고 45세 사화대운(巳火大運)에 사업이 더욱 번창하여 돈을 많이 벌어 잘살고 있는 사주다. 처궁(妻宮)이 부실한 것은 계수일주(癸水日柱)의 처(妻)는 월상정화(月上丁火)인데 시간지(時干支) 임술(壬戌)은 백호대살(白虎大殺)이며 시지술토(時支戌土)는 병정화(丙丁火)의 고장(庫藏)으로서 남자(男子) 사주에 화재(火財)의 고장(庫藏)이 있고 백호대살(白虎大殺)이 있으면 처궁(妻宮)이 부실하여 재혼(再婚)하거나 혼자 사는 사람들이 많다.

❶ 세운병술년(歲運丙戌年): 손재, 신액, 처액
❷ 질병(疾病): 신장(腎臟), 심장(心臟), 방광(膀胱), 냉(冷)
❸ 남녀성격: (남) 털털한 성격, 성격이 까다롭다, 매사 철두철미, 박력이 모자란다, 영리하다, 총명하다, 암기력, 남에게 잘함, 호인이다, 고독 자초, 처 덕 있다
　　　　　 (여) 남자 같은 시원한 성격, 새것을 좋아함, 정이 많다, 부궁불미, 정부, 인덕 없다, 눈물 많다

🌐 세운 • 질병 • 남녀성격의 해설 (歲運 · 疾病 · 男女性格의 解說)

❶ 세운병술년(歲運丙戌年)= ※손재, 신액, 처액은 ※세운병술년(歲運丙戌年)의 병화(丙火)는 계수일주(癸水日柱)의 정재(正財)로 신왕(身旺)한 남자 사주(四柱)에 재(財)가 쇠약(衰弱)한데 세운(歲運)에서 재운(財運)이 들어오면 ※손재수를 조심해야 하며 또는 건강을 조심해야 하며 또는 가정에 불화가 많이 생긴다든가 또는 처가 가출한다든가 또는 처의 건강을 조심해야 한다.

❷ 질병(疾病)은 일주(日柱)에서 발생(發生)한다.

❸ 남녀성격은 일주(日柱)에서 발생(發生)한다.

52년(음) 12월 28일 인(寅)시 여자

甲	癸	甲	癸
寅	巳	寅	巳

58	48	38	28	18	8
庚	己	戊	丁	丙	乙
申	未	午	巳	辰	卯

이 사주는 계수일주(癸水日柱)가 초봄 인월(寅月)에 출생하여 실시(失時)하고 인중갑목(寅中甲木)이 월시상(月時上)에 투출(透出)하여 상관격(傷官格)이다. 그리고 시지인목(時支寅木)으로 상관(傷官)에 설기(泄氣)가 심(甚)하며 년일지(年日支) 양사화(兩巳火)로 상관(傷官)과 재(財)가 태왕(太旺)이다. 계수일주는 무근(無根)이며 자좌사화(自坐巳火)에 절궁(絶宮)이며 년상계수(年上癸水) 비견(比肩)도 무근(無根)이며 자좌사화(自坐巳火)에 절궁(絶宮)으로 계수일주(癸水日柱)를 도울 힘이 없다. 그러므로 수생목(水生木) 목생화(木生火)로 상관용재(傷官用財)이나 쇠극격(衰極格)에 해당하므로 쇠(衰)한 자는 상관식신(傷官食神)으로 설기(泄氣)하여 더욱더 쇠(衰)하게 하는 동시 일주(日柱)를 극(剋)하는 관살(官殺)을 제(制)하여야 하기 때문에 상관(傷官)이 용신(用神)이며 화재(火財)는 희신(喜神)이 된다. 이 사주는 여자의 사주로서 옷가게에 근무하다가 43세 오화대운(午火大運)에 직접 사업을 경영하여 수억금을 벌었으나 48세 기토대운(己土大運)에 월상갑목(月上甲木)과 갑기합(甲己合)으로 합거(合去)되어 손해를 많이 보고 병(病)까지 얻어 자궁(子宮) 수술한 사주다. 자궁(子宮)을 수술하게 된 것은 상관식신(傷官食神)이 태왕(太旺)인데 상관(傷官)이 형살(刑殺)이 되면 자궁(子宮)과 유방(乳房)을 조심해야 한다.

❶ 세운병술년(歲運丙戌年): 관재, 손재, 신액, 신경과민
❷ 질병(疾病): 비뇨기(泌尿器), 장(臟)
❸ 남녀성격: (남) 털털한 성격, 인정 많다, 처세가 좋다, 외유내강, 자기 실속, 욕심 많다, 영리하다, 처 덕 있다, 자손귀자, 학업 장애
　　　　　　(여) 남자 같은 시원한 성격, 새것을 좋아함, 부궁불미, 이성 고민, 정부, 재복 있다

🌀 세운·질병·남녀성격의 해설 (歲運 · 疾病 · 男女性格의 解說)

❶ 세운병술년(歲運丙戌年)= ※관재, 손재, 신액, 신경과민은 ※세운병술년(歲運丙戌年)의 병화(丙火)는 계수일주의 정재(正財)로 원명사주(源命四柱)에 상관(傷官)과 재(財)가 태왕(太旺)인데 세운(歲運)에서 재(財)나 상관운(傷官運)이 들어오면 ※**관재수나 손재수나 건강을 조심해야 한다. 그리고 ※신경과민은** ※세운병술년(歲運丙戌年)의 술토(戌土)는 일지사화(日支巳火)와 사술(巳戌)로 귀문관살(鬼門關殺)이므로 세운에서 일지(日支) 귀문(鬼門) 관살운(關殺運)이 들어오면 ※**그해에는 모든 일에 신경을 많이 쓰게 된다.**

❷ 질병(疾病)과 ❸ 남녀성격은 일주(日柱)에서 발생(發生)한다.

정해년

(丁亥年)

정해년 (丁亥年)

55년(음) 11월 16일 묘(卯)시 남자

丁	甲	戊	乙
卯	子	子	未

57	47	37	27	17	7
壬	癸	甲	乙	丙	丁
午	未	申	酉	戌	亥

이 사주는 갑목일주(甲木日柱)가 중동자월(中冬子月)에 출생하여 득령(得令)하고 일지자수(日支子水) 인수(印綬)와 시지묘목(時支卯木) 양인(羊刃)과 년상을목(年上乙木)이 투출(透出)하여 일주(日柱)는 신왕사주(身旺四柱)다. 신왕사주(身旺四柱)에는 일수(日柱)를 제(制)하는 관살(官殺)이나 상관식신(傷官食神)으로 설기(泄氣)하면 좋은데 일주(日柱)를 제(制)하는 관살(官殺)은 없고 설기(泄氣)하는 상관정화(傷官丁火)가 시상(時上)에 투출(透出)하여 설기(泄氣)하는데 배설구(排泄口)가 약(弱)하던 중 다행히 월상무토(月上戊土)는 년지미토(年支未土)에 근(根)하여 있으므로 목생화(木生火) 화생토(火生土)로 상관(傷官) 용재격(用財格)을 이루었다. 그러므로 토재(土財)가 용신(用神)이며 화(火) 상관식신(傷官食神)은 희신(喜神)이 된다. 이 사주는 남자(男子)의 사주로서 회사에 근무하다가 운(運)이 없어 고생을 많이 하다가 47세 계수대운(癸水大運)에 퇴사하여 사업을 경영하였으나 월상무토(月上戊土)와 무계합(戊癸合)으로 합거(合去)되어 손해를 많이 보고 52세 미토대운(未土大運)에 용신운(用神運)이 들어와 사업이 번창하여 재산을 복구하고 수억금을 벌어 잘살고 있는 사주다.

🔵 세운·질병·남녀성격의 해설 (歲運·疾病·男女性格의 解說)

❶ 세운정해년(歲運丁亥年)= ※신축, 문서, 관재, 불성은 ※세운정해년(歲運丁亥年)의 해수(亥水)는 갑목일주(甲木日柱)의 인수(印綬)로 세운(歲運)에서 인수운(印綬運)이 들어오면 **※집을 짓는다든가 또는 증축을 한다든가 또는 사업체를 벌린다든가 또는 문서를 잡는 일이 많다.** 그리고 **※ 관재, 불성**은 ※세운정해년(歲運丁亥年)의 정화(丁火)는 갑목일주(甲木日柱)의 상관(傷官)으로 세운(歲運)에서 천간(天干) 상관운(傷官運)이 들어오면 **※관재수를 조심해야 하며 또는 모든 일이 잘 이루어지지 않고 대차계약도 잘 이루어지지 않는다.**

❷ 질병(疾病)은 일주(日柱)에서 발생(發生)한다.

❸ 남녀성격은 일주(日柱)에서 발생(發生)한다.

정해년 (丁亥年)

62년(음) 6월 14일 오(午)시 여자

庚	甲	丁	壬
午	寅	未	寅

53	43	33	23	13	3
辛	壬	癸	甲	乙	丙
丑	寅	卯	辰	巳	午

이 사주는 갑목일주(甲木日柱)가 하계미월(夏季未月)에 출생하여 실시(失時)하고 미중정화(未中丁火)가 월상(月上)에 투출(透出)하여 상관격(傷官格)이다. 그리고 갑목일주(甲木日柱)는 자좌인목(自坐寅木)에 록근(祿根)하고 년간지(年干支) 임인(壬寅)으로 인수(印綬)와 비견(比肩)이 있어 신왕사주(身旺四柱)같이 보인다. 그러나 미월(未月)은 토(土)라 하나 화기(火氣)가 염열(炎熱)하고 인중(寅中)에는 병화(丙火)가 있으며 시지오화(時支午火)와 인오(寅午)로 화국(火局)을 이루어 갑목일주(甲木日柱)는 신약사주(身弱四柱)다. 그러므로 수인수(水印綬)로 많은 상관식신(傷官食神)을 제(制)하고 갑목일주(甲木日柱)를 생(生)하여줘야 하므로 수인수(水印綬)가 용신(用神)이며 목비견겁(木比肩劫)은 희신(喜神)이 된다. 이 사주는 여자(女子)의 사주로서 공부는 많이 못하였으나 기술이 좋아 디자인을 전공하다가 33세 계묘대운(癸卯大運)에 사업을 경영하여 수억금을 벌어 잘살고 있는 사주다.

❶ 세운정해년(歲運丁亥年): 이별수, 신축, 문서, 관재, 불성
❷ 질병(疾病): 간(肝), 위산과다(胃酸過多)
❸ 남녀성격: (남) 의지 굳다, 무뚝뚝하다, 웃음이 적다, 고집 대단, 영리하다, 두령격, 일독십지, 인정 있다, 인내심 부족, 용기 있다, 청백지인, 남을 무시한다
　　　　　　(여) 의지 굳다, 무뚝뚝하다, 웃음이 적다, 부궁불미, 독수공방, 정부, 남에게 잘함, 돈이 잘 빠져나감, 친정형제 걱정

🔵 세운·질병·남녀성격의 해설 (歲運·疾病·男女性格의 解說)

❶ 세운정해년(歲運丁亥年)= ※이별수, 신축, 문서, 관재, 불성은 ※세운정해년(歲運丁亥年)의 정화(丁火)는 갑목일주(甲木日柱)의 상관(傷官)으로 여자 사주에 상관식신(傷官食神)이 태왕(太旺)인데 세운(歲運)에서 상관(傷官) 식신운(食神運)이 들어오면 ※가정에 불화가 많이 생긴다든가 또는 남편과 떨어져 산다든가 또는 이혼한다는가 또는 남편이 사망하는 수도 있다. 그리고 ※신축, 문서는 ※세운정해년(歲運丁亥年)의 해수(亥水)는 갑목일주의 인수(印綬)로 세운(歲運)에서 인수운(印綬運)이 들어오면 ※집을 짓는다든가 또는 증축을 한다든가 또는 사업체를 벌린다든가 또는 문서를 잡는 일이 많다. 그리고 ※관재, 불성은 ※세운정해년(歲運丁亥年)의 정화(丁火)는 갑목일주의 상관(傷官)으로 세운(歲運)에서 천간(天干) 상관운(傷官運)이 들어오면 ※관재수를 조심해야 하며 또는 모든 일이 잘 이루어지지 않고 대차계약도 잘 이루어지지 않는다.

❷ 질병(疾病)과 ❸ 남녀성격은 일주(日柱)에서 발생(發生)한다.

정해년 (丁亥年)

58년(음) 8월 12일 자(子)시 남자

甲	甲	辛	戊
子	辰	酉	戌

55	45	35	25	15	5
丁	丙	乙	甲	癸	壬
卯	寅	丑	子	亥	戌

이 사주는 갑목일주(甲木日柱)가 중추유월(中秋酉月)에 출생하여 실시(失時)하고 유중신금(酉中辛金)이 월상(月上)에 투출(透出)하여 정관격(正官格)이다. 그리고 년간지(年干支) 무술토(戊戌土) 편재(偏財)가 있어 재관(財官)이 태왕(太旺)이다. 다행히 갑목일주(甲木日柱)는 진중을목(辰中乙木)에 근(根)하고 시간지(時干支) 갑자(甲子)로 비견(比肩)과 인수(印綬)가 있으나 신약사주(身弱四柱)로서 수인수(水印綬)가 용신(用神)이며 목비견겁(木比肩劫)은 희신(喜神)이 된다. 이 사주는 남자(男子)의 사주로서 공대(工大)를 졸업하고 건축 회사에 근무하여 운이 좋아 승진도 빨랐으며 승승장구(乘勝長驅)하여 을목대운(乙木大運)에 현장소장으로 근무하며 돈을 많이 벌었으나 40세 축토대운(丑土大運)부터 모든 일이 잘 풀리지 않고 고생하다가 45세 병화대운(丙火大運)에 퇴사하여 사업을 경영하였으나 월상신금(月上辛金)과 병신합(丙辛合)으로 합거(合去)되어 재산을 탕진하고 50세 인목대운(寅木大運)에 희신운(喜神運)이 들어와 재산을 복구하고 사업이 번창하고 있는 중이다.

❶ 세운정해년(歲運丁亥年): 신축, 문서, 관재, 불성, 신경과민
❷ 질병(疾病): 간(肝), 풍(風), 위(胃)
❸ 남녀성격: (남) 의지 굳다, 무뚝뚝하다, 웃음이 적다, 강직하다, 처궁불미, 신앙심, 재복 있다, 처 덕 있다, 재간 있다, 창의력, 이상적인 아이디어가 있다
　　　　　 (여) 의지 굳다, 무뚝뚝하다, 웃음이 적다, 시모불합, 부궁불미, 정부

☯ 세운·질병·남녀성격의 해설 (歲運 · 疾病 · 男女性格의 解說)

❶ 세운정해년(歲運丁亥年)= ※신축, 문서, 관재, 불성, 신경과민은 ※세운정해년(歲運丁亥年)의 해수(亥水)는 갑목일주(甲木日柱)의 인수(印綬)로 세운(歲運)에서 인수운(印綬運)이 들어오면 ※집을 짓는다든가 또는 증축을 한다든가 또는 사업체를 벌린다든가 또는 문서를 잡는 일이 많다. 그리고 ※관재, 불성은 ※세운정해년(歲運丁亥年)의 정화(丁火)는 갑목일주(甲木日柱)의 상관(傷官)으로 세운(歲運)에서 천간(天干) 상관운(傷官運)이 들어오면 ※관재수를 조심해야 하며 또는 모든 일이 잘 이루어지지 않고 대차계약도 잘 이루어지지 않는다. 그리고 ※신경과민은 ※세운정해년(歲運丁亥年)의 해수(亥水)는 일지진토(日支辰土)와 진해(辰亥)로 귀문관살(鬼門關殺)이 되므로 세운(歲運)에서 일지(日支) 귀문(鬼門) 관살운(關殺運)이 들어오면 ※그해에는 모든 일에 신경을 많이 쓰게 된다.

❷ 질병(疾病)과 ❸ 남녀성격은 일주(日柱)에서 발생(發生)한다.

정해년 (丁亥年)

乙	甲	庚	甲
亥	午	午	午

60	50	40	30	20	10
丙	乙	甲	癸	壬	辛
子	亥	戌	酉	申	未

이 사주는 갑목일주(甲木日柱)가 중하오월(中夏午月)에 출생하여 실시(失時)하고 년지오화(年支午火)와 일지오화(日支午火)로 화국(火局)을 이루어 갑목일주(甲木日柱)는 고목(枯木)이 되어가고 있다. 다행히 시지해수(時支亥水)에 장생(長生)하여 해중임수(亥中壬水) 인수(印綬)로 많은 상관식신(傷官食神)을 제(制)하고 갑목일주(甲木日柱)를 생(生)하여줘야 하므로 해중임수(亥中壬水) 인수(印綬)가 용신(用神)이며 목비견겁(木比肩劫)은 희신(喜神)이 된다. 이 사주는 남자(男子)의 사주로 교사(教師)로 근무하였으나 운(運)이 없어 평범하게 지내다가 45세 술토대운(戌土大運)에 자식(子息) 한 명 잃었는데 자식(子息) 한 명 잃게 된 것은 월상경금(月上庚金) 편관(偏官)은 갑목일주(甲木日柱)의 자손(子孫)으로 그 경금(庚金)은 많은 상관(傷官)에 극(剋)을 받으므로 이런 사주들은 항상 자손액(子孫厄)을 조심해야 한다. 그리고 55세 해수대운(亥水大運)에 교장으로 승진한 사주다.

---

❶ 세운정해년(歲運丁亥年): 자손액, 신축, 문서, 관재, 불성
❷ 질병(疾病): 간(肝), 장(臟)
❸ 남녀성격: (남) 의지 굳다, 무뚝뚝하다, 남에게 잘함, 지구력 부족, 처궁불미, 용두사미, 성실하다, 인덕 없다
　　　　　　(여) 의지 굳다, 인정 있다, 부궁불미, 정부, 남자의 근심

🌀 세운 · 질병 · 남녀성격의 해설 (歲運 · 疾病 · 男女性格의 解說)

❶ 세운정해년(歲運丁亥年)= ※자손액, 신축, 문서, 관재, 불성은 ※세운정해년(歲運丁亥年)의 정화(丁火)는 갑목일주(甲木日柱)의 상관(傷官)으로 남자 사주에 상관식신(傷官食神)이 태왕(太旺)이고 관살(官殺)이 쇠약(衰弱)한데 세운(歲運)에서 상관(傷官) 식신운(食神運)이 들어오면 ※자손액을 조심해야 한다. 그리고 ※신축, 문서는 ※세운정해년(歲運丁亥年)의 해수(亥水)는 갑목일주(甲木日柱)의 인수(印綬)로 세운(歲運)에서 인수운(印綬運)이 들어오면 ※집을 짓는다든가 또는 증축을 한다든가 또는 사업체를 벌린다든가 또는 문서를 잡는 일이 많다. 그리고 ※관재, 불성은 ※세운정해년(歲運丁亥年)의 정화(丁火)는 갑목일주(甲木日柱)의 상관(傷官)으로 세운(歲運)에서 천간(天干) 상관운(傷官運)이 들어오면 ※관재수를 조심해야 하며 또는 모든 일이 잘 이루어지지 않고 대차계약도 잘 이루어지지 않는다.

❷ 질병(疾病)은 일주(日柱)에서 발생(發生)한다.

❸ 남녀성격은 일주(日柱)에서 발생(發生)한다.

정해년 (丁亥年)

55년(음) 8월 5일 오(午)시 남자

庚	甲	乙	乙
午	申	酉	未

54	44	34	24	14	4
己	庚	辛	壬	癸	甲
卯	辰	巳	午	未	申

이 사주는 갑목일주(甲木日柱)가 중추유월(中秋酉月)에 출생하여 실시(失時)하고 일지신금(日支申金)과 신유(申酉)로 금국(金局)을 이루고 신궁경금(申宮庚金)이 시상(時上)에 투출(透出)하여 관살(官殺)이 태왕(太旺)이다. 갑목일주(甲木日柱)는 년월(年月) 양을목(兩乙木) 비겁(比劫)이 미중을목(未中乙木)에 근(根)한다고 하나 월상을목(月上乙木)은 자좌유금(自坐酉金)에 살지(殺地)에 앉았으며 갑목일주(甲木日柱)도 자좌(自坐) 신궁경금(申宮庚金)에 살지(殺地)에 앉았으며 시상경금(時上庚金)이 갑경충극(甲庚沖剋)으로 일주(日柱)가 심약(甚弱)하다. 다행히 시지오화(時支午火) 상관(傷官)이 있어 그 상관(傷官)이 관살(官殺)을 제(制)하므로 이런 사주를 식신(食神) 제살격(制殺格)이라고 한다. 그러므로 화(火) 상관식신(傷官食神)이 용신(用神)이며 목비견겁(木比肩劫)은 희신(喜神)이 된다. 이 사주는 남자(男子)의 사주로서 오화대운(午火大運)에 장사를 하여 돈을 많이 벌었고 39세 사화대운(巳火大運)에도 돈을 많이 벌었으나 44세 경금대운(庚金大運)에 사업 실패하여 재산을 탕진하고 처(妻)와 이혼(離婚)하고 아파트 경비원으로 근무하고 있는 사주다.

❶ 세운정해년(歲運丁亥年): 신축, 문서, 관재, 불성
❷ 질병(疾病): 간(肝), 담(膽)
❸ 남녀성격: (남) 의지 굳다, 무뚝뚝하다, 웃음이 적다, 소식한다, 다재다능, 영리하다, 꾀가 많다, 항상 바쁨, 칭찬받기 좋아함
　　　　　 (여) 의지 굳다, 무뚝뚝하다, 인자함, 영리하다, 다재다능, 이성 고민 정부, 고독하다, 신경쇠약

◉ 세운·질병·남녀성격의 해설 (歲運·疾病·男女性格의 解說)

❶ 세운정해년(歲運丁亥年)= ※신축, 문서, 관재, 불성은 ※세운정해년(歲運丁亥年)의 해수(亥水)는 갑목일주(甲木日柱)의 인수(印綬)로 세운(歲運)에서 인수운(印綬運)이 들어오면 ※집을 짓는다든가 또는 증축을 한다든가 또는 사업체를 벌린다든가 또는 문서를 잡는 일이 많다. 그리고 ※관재, 불성은 ※세운정해년(歲運丁亥年)의 정화(丁火)는 갑목일주(甲木日柱)의 상관(傷官)으로 세운(歲運)에서 천간(天干) 상관운(傷官運)이 들어오면 ※관재수를 조심해야 하며 또는 모든 일이 잘 이루어지지 않고 대차계약도 잘 이루어지지 않는다.

❷ 질병(疾病)은 일주(日柱)에서 발생(發生)한다.

❸ 남녀성격은 일주(日柱)에서 발생(發生)한다.

정해년 (丁亥年)

54년(음) 2월 15일 진(辰)시 남자

이 사주는 갑목일주(甲木日柱)가 중춘묘월(中春卯月) 양인월(羊刃月)에 출생하여 득령(得令)하고 년상갑목(年上甲木)이 투출(透出)하여 일주(日柱)는 신왕사주(身旺四柱)같이 보인다. 그러나 월상정화(月上丁火)는 년지오화(年支午火)에 록근(祿根)하고 그 오화(午火)는 일지술토(日支戌土)와 오술(午戌)로 화국(火局)을 이루었으며 시간지(時干支) 무진토(戊辰土) 편재(偏財)로서 상관(傷官)과 재(財)가 많으므로 일주(日柱)는 강화위약(强化爲弱)으로 신약사주(身弱四柱)다. 그러므로 많은 재(財)를 제(制)하고 일주(日柱)를 보신(補身)하는 비견겁(比肩劫)이 용신(用神)이며 수인수(水印綬)는 희신(喜神)이 된다. 이 사주는 남자(男子)의 사주로서 회사에 근무하였으나 운(運)이 없어 고생을 많이 하다가 51세 신금대운(申金大運)에 퇴사하여 사업을 하였으나 대운신금(大運申金)은 목용신(木用神)의 절궁(絶宮)으로 손해를 많이 보았고 56세 계수대운(癸水大運)에 시상무토(時上戊土)와 무계합(戊癸合)으로 합거(合去)되어 재산을 탕진하고 처(妻)와 이혼하고 혼자 살고 있는 사주다. 처궁(妻宮)이 부실한 것은 년간지(年干支) 갑오생(甲午生)의 공망(空亡)은 시지진토(時支辰土)로서 일시지(日時支)에 공망(空亡)이 있으면 처궁(妻宮)이 부실한데 거기에 일지술토(日支戌土)와 진술충(辰戌沖)으로 처궁(妻宮)이 더욱더 부실한 사주다.

❶ 세운정해년(歲運丁亥年): 신축, 문서, 관재, 불성
❷ 질병(疾病): 간(肝), 담(膽)
❸ 남녀성격: (남) 의지 굳다, 무뚝뚝하다, 웃음이 적다, 인정 있다, 근면하다, 신앙심, 신용 있다, 충실하다, 재복 있다, 처궁불미, 두뇌 명철, 예감이 빠름
　　　　　(여) 의지 굳다, 무뚝뚝하다, 부궁불미, 정부, 재가, 자손근심

◉ 세운·질병·남녀성격의 해설 (歲運·疾病·男女性格의 解說)

❶ 세운정해년(歲運丁亥年)= ※신축, 문서, 관재, 불성은 ※세운정해년(歲運丁亥年)의 해수(亥水)는 갑목일주(甲木日柱)의 인수(印綬)로 세운(歲運)에서 인수운(印綬運)이 들어오면 ※집을 짓는다든가 또는 증축을 한다든가 또는 사업체를 벌린다든가 또는 문서를 잡는 일이 많다. 그리고 ※관재, 불성은 ※세운정해년(歲運丁亥年)의 정화(丁火)는 갑목일주(甲木日柱)의 상관(傷官)으로 세운(歲運)에서 천간(天干) 상관운(傷官運)이 들어오면 ※관재수를 조심해야 하며 또는 모든 일이 잘 이루어지지 않고 대차계약도 잘 이루어지지 않는다.

❷ 질병(疾病)과 ❸ 남녀성격은 일주(日柱)에서 발생(發生)한다.

정해년 (丁亥年)

55년(음) 12월 26일 인(寅)시 남자

丙	甲	庚	丙
寅	辰	寅	申

59	49	39	29	19	9
丙	乙	甲	癸	壬	辛
申	未	午	巳	辰	卯

이 사주는 갑목일주(甲木日柱)가 초봄 인월(寅月)에 출생하여 록근(祿根)하고 일지진토(日支辰土)와 인진(寅辰)으로 목국(木局)을 이루고 시지인목(時支寅木)에 록근(祿根)하여 갑목일주(甲木日柱)는 신왕사주(身旺四柱)다. 신왕사주(身旺四柱)에는 일주(日柱)는 제(制)하는 관살(官殺)이나 식신상관(食神傷官)으로 실기(泄氣)하면 좋은데 월상경금(月上庚金) 편관(偏官)은 년지신금(年支申金)에 록근(祿根)하고 시상병화(時上丙火) 식신(食神)은 자좌인목(自坐寅木)에 장생(長生)하여 편관(偏官)도 왕(旺)하고 상관(傷官)도 왕(旺)하여 어느 오행(五行)으로 용신(用神)을 잡느냐의 기로(岐路)에 서게 된다. 신왕사주(身旺四柱)에는 관살(官殺)로 용신(用神)함을 우선으로 하기 때문에 월상경금(月上庚金) 편관(偏官)으로 용신(用神)한다. 그리고 토재(土財)는 희신(喜神)이 된다. 이 사주는 남자(男子)의 사주로서 사업을 하였으나 사오대운(巳午大運)에 손해를 많이 보다가 49세 을목대운(乙木大運)에 월상경금(月上庚金)과 을경합(乙庚合)으로 합거(合去)되어 재산을 탕진하였고 54세 미토대운(未土大運)에 사업이 번창하여 재산을 복구하고 잘살고 있는 사주다.

❶ 세운정해년(歲運丁亥年): 신축, 문서, 관재, 불성, 신경과민
❷ 질병(疾病): 간(肝), 풍(風), 위(胃)
❸ 남녀성격: (남) 의지 굳다, 무뚝뚝하다, 웃음이 적다, 강직하다, 처궁불미, 신앙심, 재복 있다, 처 덕 있다, 재간 있다, 창의력, 이상적인 아이디어가 있다
　　　　　(여) 의지 굳다, 무뚝뚝하다, 웃음이 적다, 시모불합, 부궁불미, 정부

🌐 **세운 · 질병 · 남녀성격의 해설** (歲運 · 疾病 · 男女性格의 解說)

❶ 세운정해년(歲運丁亥年)= ※신축, 문서, 관재, 불성, 신경과민은 ※세운정해년(歲運丁亥年)의 해수(亥水)는 갑목일주(甲木日柱)의 인수(印綬)로 세운(歲運)에서 인수운(印綬運)이 들어오면 ※집을 짓는다든가 또는 증축을 한다든가 또는 사업체를 벌린다든가 또는 문서를 잡는 일이 많다. 그리고 ※관재, 불성은 ※세운정해년(歲運丁亥年)의 정화(丁火)는 갑목일주의 상관(傷官)으로 세운(歲運)에서 천간(天干) 상관운(傷官運)이 들어오면 ※관재수를 조심해야 하며 또는 모든 일이 잘 이루어지지 않고 대차계약도 잘 이루어지지 않는다. 그리고 ※신경과민은 ※세운정해년(歲運丁亥年)의 해수(亥水)는 일지진토(日支辰土)와 진해(辰亥)로 귀문관살(鬼門關殺)이 되므로 세운(歲運)에서 일지(日支) 귀문(鬼門) 관살운(關殺運)이 들어오면 ※그해에는 모든 일에 신경을 많이 쓰게 된다.

❷ 질병(疾病)과 ❸ 남녀성격은 일주(日柱)에서 발생(發生)한다.

정해년 (丁亥年)

57년(음) 10월 17일 축(丑)시 여자

<table>
<tr><td>乙</td><td>甲</td><td>壬</td><td>丁</td></tr>
<tr><td>丑</td><td>寅</td><td>子</td><td>酉</td></tr>
</table>

60	50	40	30	20	10
戊	丁	丙	乙	甲	癸
午	巳	辰	卯	寅	丑

이 사주는 갑목일주(甲木日柱)가 중동자월(中冬子月)에 출생하여 득령(得令)하고 월상임수(月上壬水) 인수(印綬)와 갑목일주(甲木日柱)는 자좌인목(自坐寅木)에 록근(祿根)하여 일주(日柱)는 신왕사주(身旺四柱)다. 신왕사주에는 일주(日柱)를 제(制)하는 관살(官殺)이 좋은데 다행히 년지유금(年支酉金) 정관(正官)이 있어 유중신금(酉中辛金) 정관(正官)으로 용신(用神)한다. 그리고 토재(土財)는 희신(喜神)이 된다. 이 사주는 여자(女子)의 사주로서 회사에 근무하였으나 운(運)이 없어 승진이 안되어 고생을 많이 하다가 40세 병화대운(丙火大運)에 퇴사하여 사업을 경영하였으나 대운병화(大運丙火)는 용신유금(用神酉金)을 극(剋)하여 손해를 많이 보았고 45세 진토대운(辰土大運)에 용신유금을 보신(補身)하여 사업이 번창하여 수억금을 벌었으며 50세 정화대운(丁火大運)에 월상임수(月上壬水)와 정임합(丁壬合)으로 합거(合去)되어 손해를 많이 보고 남편과 이혼하고 혼자 살고 있는 사주다.

❶ 세운정해년(歲運丁亥年): 이별수, 신축, 문서, 관재, 불성
❷ 질병(疾病): 간(肝), 위산과다(胃酸過多)
❸ 남녀성격: (남) 의지 굳다, 무뚝뚝하다, 웃음이 적다, 고집 대단, 영리하다, 두령격, 일독십지, 인정 있다, 인내심 부족, 용기 있다, 청백지인, 남을 무시한다
　　　　　(여) 의지 굳다, 무뚝뚝하다, 웃음이 적다, 부궁불미, 독수공방, 정부, 남에게 잘함, 돈이 잘 빠져나감, 친정형제 걱정

🔵 세운·질병·남녀성격의 해설 (歲運·疾病·男女性格의 解說)

❶ 세운정해년(歲運丁亥年)= ※이별수, 신축, 문서, 관재, 불성은 ※세운정해년(歲運丁亥年)의 해수(亥水)는 갑목일주(甲木日柱)의 인수(印綬)로 신왕(身旺)한 여자 사주에 세운(歲運)에서 인수운(印綬運)이 들어오면 ※가정에 불화가 많이 생긴다든가 또는 남편과 떨어져 산다든가 또는 이혼한다든가 또는 남편이 사망하는 수도 있다. 그리고 ※신축, 문서는 ※세운정해년(歲運丁亥年)의 해수(亥水)는 갑목일주의 인수(印綬)로 세운(歲運)에서 인수운(印綬運)이 들어오면 ※집을 짓는다든가 또는 증축을 한다든가 또는 사업채를 벌린다든가 또는 문서를 잡는 일이 많다. 그리고 ※관재, 불성은 ※세운정해년(歲運丁亥年)의 정화(丁火)는 갑목일주의 상관(傷官)으로 세운에서 천간(天干) 상관운(傷官運)이 들어오면 ※관재수를 조심해야 하며 또는 모든 일이 잘 이루어지지 않고 대차계약도 잘 이루어지지 않는다.

❷ 질병(疾病)과 ❸ 남녀성격은 일주(日柱)에서 발생(發生)한다.

정해년(丁亥年)

丙	乙	庚	丙
子	丑	寅	申

58	48	38	28	18	8
甲	乙	丙	丁	戊	己
申	酉	戌	亥	子	丑

이 사주는 을목일주(乙木日柱)가 초봄 인월(寅月)에 출생하여 득령(得令)하고 시지자수(時支子水) 인수(印綬)가 있어 신왕사주(身旺四柱)같이 보인다. 그러나 월상경금(月上庚金)은 년지신금(年支申金)에 록근(祿根)하고 인중병화(寅中丙火)가 년시상(年時上)에 투출(透出)하여 설기(泄氣)가 심(甚)하고 한편으로는 관(官)에 극(剋)을 받으므로 을목일주(乙木日柱)는 강화위약(强化爲弱)으로 신약사주(身弱四柱)다. 그러므로 수인수(水印綬)가 용신(用神)이며 목비견겁(木比肩劫)은 희신(喜神)이 된다. 이 사주는 여자(女子)의 사주로서 초년(初年)에는 운(運)이 좋아 대기업에 근무하다가 37세 해수대운(亥水大運)까지 승승장구(乘勝長驅)하였으나 38세 병화대운(丙火大運)부터 운(運)이 없어 고생을 많이 하다가 48세 을목대운(乙木大運)에 퇴사하여 사업을 경영하였으나 월상경금(月上庚金)과 을경합(乙庚合)으로 합거(合去)되어 손해를 보다가 53세 유금대운(酉金大運)에 재산을 탕진하고 힘들게 살아가고 있는 사주다.

❶ 세운정해년(歲運丁亥年): 이별수, 신축, 문서

❷ 질병(疾病): 간(肝), 담(膽), 풍(風)

❸ 남녀성격: (남) 성질 급, 근면 성실, 의지 굳다, 무뚝뚝하다, 봉사정신, 형제불의, 밥을 빨리 먹는다, 재복 있다, 새벽잠이 없다, 신앙심

　　　　　(여) 의지 굳다, 무뚝뚝하다, 인자함, 부궁불미, 정부, 재가, 독수공방, 자손근심, 남자 조종 잘한다

🔵 세운·질병·남녀성격의 해설 (歲運·疾病·男女性格의 解說)

❶ 세운정해년(歲運丁亥年)= ※이별수, 신축, 문서는 ※ 세운정해년(歲運丁亥年)의 정화(丁火)는 을목일주(乙木日柱)의 식신(食神)으로 여자 사주에 상관식신(傷官食神)이 왕(旺)하고 관살(官殺)이 약(弱)한데 세운(歲運)에서 상관(傷官) 식신운(食神運)이 들어오면 ※가정에 불화가 많이 생긴다든가 또는 남편과 떨어져 산다든가 또는 이혼한다는가 또는 남편이 사망하는 수도 있다. 그리고 ※신축, 문서는 ※세운정해년(歲運丁亥年)의 해수(亥水)는 을목일주(乙木日柱)의 인수(印綬)로 세운(歲運)에서 인수운(印綬運)이 들어오면 ※집을 짓는다든가 또는 증축을 한다든가 또는 사업체를 벌린다든가 또는 문서를 잡는 일이 많다.

❷ 질병(疾病)은 일주(日柱)에서 발생(發生)한다.

❸ 남녀성격은 일주(日柱)에서 발생(發生)한다.

정해년 (丁亥年)

59년(음) 1월 15일 해(亥)시 남자

丁	乙	丙	己
亥	亥	寅	亥

56	46	36	26	16	6
庚	辛	壬	癸	甲	乙
申	酉	戌	亥	子	丑

이 사주는 을목일주(乙木日柱)가 초봄 인월(寅月)에 출생하여 득령(得令)하고 인중병화(寅中丙火)가 월상(月上)에 투출(透出)하여 상관격(傷官格)이다. 그리고 년일시지(年日時支) 해수인수(亥水印綬)로 일주(日柱)는 신왕사주(身旺四柱)다. 신왕사주(身旺四柱)에는 일주(日柱)를 제(制)하는 관살(官殺)이나 상관식신(傷官食神)으로 설기(泄氣)하면 좋은데 일주(日柱)를 제(制)하는 관살(官殺)은 없고 월상병화(月上丙火) 상관(傷官)이 있어 병화상관(丙火傷官)으로 설기(泄氣)하므로 상관식신이 용신(用神)이며 이런 사주를 가상관격(假傷官格)이라고 한다. 이 사주는 남자(男子)의 사주로서 공부는 많이 하였으나 초년운(初年運)이 없어 취업이 안되어 장사를 하였으나 41세 술토대운(戌土大運)에 월지인목(月支寅木)과 인술(寅戌)로 화국(火局)을 이루어 돈을 조금 벌었고 46세 신금대운(辛金大運)에 월상병화(月上丙火)와 병신합(丙辛合)으로 합거(合去)되어 재산을 탕진하고 방황하며 힘들게 살아가고 있는 사주다.

❶ 세운정해년(歲運丁亥年): 변화, 이사, 전근, 신축, 문서, 자연재앙
❷ 질병(疾病): 풍(風), 냉(冷)
❸ 남녀성격: (남) 의지 굳다, 무뚝뚝하다, 강직하다, 영리하다, 인정 있다, 외유내강, 항상 바쁨, 예감이 빠름, 신앙심, 지혜롭다
　　　　　　 (여) 의지 굳다, 무뚝뚝하다, 인자함, 영리하다, 장수한다, 부궁불미

🔵 세운·질병·남녀성격의 해설 (歲運·疾病·男女性格의 解說)

❶ 세운정해년(歲運丁亥年)= ※변화, 이사, 전근, 신축, 문서, 자연재앙은 ※세운정해년(歲運丁亥年)의 해수(亥水)는 일지해수(日支亥水)와 해해(亥亥)로 삼합(三合)이 되므로 세운(歲運)에서 일지(日支) 삼합운(三合運)이 들어오면 **※변화가 생긴다든가 또는 이사를 한다든가 또는 직장을 옮기는 일이 많다.** 그리고 ※**신축, 문서**는 ※세운정해년(歲運丁亥年)의 해수(亥水)는 을목일주(乙木日柱)의 인수(印綬)로 세운(歲運)에서 인수운(印綬運)이 들어오면 **※집을 짓는다든가 또는 증축을 한다든가 또는 사업체를 벌린다든가 또는 문서를 잡는 일이 많다.** 그리고 ※ **자연재앙**은 ※세운정해년(歲運丁亥年)의 해수(亥水)는 년지해수(年支亥水)와 해해(亥亥)로 똑같은 오행(五行)이므로 세운(歲運)에서 년지(年支) 같은 운(運)이 들어오면 **※자연재앙을 조심해야 한다.**

❷ 질병(疾病)은 일주(日柱)에서 발생(發生)한다.

❸ 남녀성격은 일주(日柱)에서 발생(發生)한다.

정해년(丁亥年)

57년(음) 6월 15일 진(辰)시 남자

庚	乙	丁	丁
辰	酉	未	酉
52	42	32	22	12	2
辛	壬	癸	甲	乙	丙
丑	寅	卯	辰	巳	午

이 사주는 을목일주(乙木日柱)가 하계미월(夏季未月)에 출생하여 실시(失時)하고 미중정화(未中丁火)가 년월(年月)에 투출(透出)하여 식신격(食神格)이다. 그리고 을목일주(乙木日柱)는 자좌유금(自坐酉金)에 살지(殺地)에 앉았으며 년지유금(年支酉金)과 시간지(時干支) 경진(庚辰)으로 재살(財殺)이 태왕(太旺)이다. 그러므로 종살격(從殺格) 같기도 하고 식신(食神) 제살격(制殺格) 같기도 하다. 그러나 을목일주(乙木日柱)는 시상경금(時上庚金)과 을경합금(乙庚合金)으로 금(金)으로 화(化)하였으며 지지(地支)에 토금(土金)이 화신금(化神金)을 도와줘 왕(旺)할 것 같으나 년월(年月) 양정화(兩丁火)가 화신금(化神金)을 극(剋)하므로 화신금(化神金)이 약(弱)하므로 금(金)을 보신(補身)해야 한다. 그러므로 금(金)이 용신(用神)이며 토(土)가 희신(喜神)이 된다. 이 사주는 남자(男子)의 사주로서 회사에 근무하였으나 운(運)이 없어 승진(昇進)이 안되어 고생하다가 47세 인목대운(寅木大運)에 회사를 퇴사하고 사업을 경영하였으나 금(金)으로 화(化)한 을목(乙木)에 비겁운(比劫運)이 들어와 손해를 많이 보았고 52세 신금대운(辛金大運)에 사업이 번창하여 수억금을 벌어 잘살고 있는 사주다.

❶ 세운정해년(歲運丁亥年): 신축, 문서, 불성, 손재
❷ 질병(疾病): 간(肝), 담(膽), 간경화(肝硬化)
❸ 남녀성격: (남) 무뚝뚝하다, 의지 굳다, 사리 분명, 거취 분명, 만인 신망, 처 덕 있다, 처궁불미, 남에게 잘함, 임기응변, 인정 있다
　　　　　(여) 의지 굳다, 무뚝뚝하다, 인자함, 근면 성실, 남편 말을 잘 듣는다

세운·질병·남녀성격의 해설(歲運·疾病·男女性格의 解說)

❶ 세운정해년(歲運丁亥年)= ※신축, 문서, 불성, 손재는 ※세운정해년(歲運丁亥年)의 해수(亥水)는 을목일주(乙木日柱)의 인수(印綬)로 세운(歲運)에서 인수운(印綬運)이 들어오면 ※집을 짓는다든가 또는 증축을 한다든가 또는 사업체를 벌린다든가 또는 문서를 잡는 일이 많다. 그리고 ※불성, 손재는 ※세운정해년(歲運丁亥年)의 정화(丁火)는 을목일주(乙木日柱)의 식신(食神)으로 을목일주가 금(金)으로 화(化)하였는데 세운(歲運)에서 화신금(化神金)을 극(剋)하는 상관(傷官) 식신운(食神運)이 들어오면 ※모든 일이 잘 풀리지 않고 대차계약도 잘 이루어지지 않으며 또는 손재수를 조심해야 한다.

❷ 질병(疾病)과 ❸ 남녀성격은 일주(日柱)에서 발생(發生)한다.

정해년 (丁亥年)

57년(음) 6월 25일 진(辰)시 여자

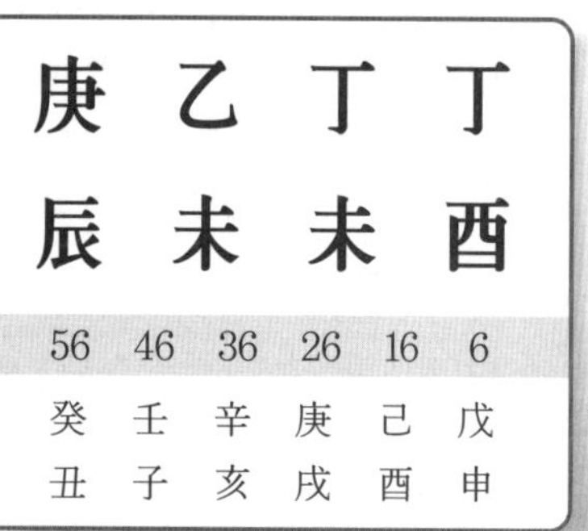

이 사주는 을목일주(乙木日柱)가 하계미월(夏季未月)에 출생하여 실시(失時)하고 미중정화(未中丁火)가 년월(年月)에 투출(透出)하여 식신격(食神格)이다. 그리고 월일시지(月日時支) 미진토재(未辰土財)와 시상경금(時上庚金)은 년지유금(年支酉金)에 근(根)하여 재살(財殺)이 태왕(太旺)이다. 을목일주는 미중을목(未中乙木)에 근(根)한다고 하나 너무 약(弱)하며 목생화(木生火) 화생토(火生土) 토생금(土生金)으로 종살격(從殺格) 같기도 하고 년월(年月) 양정화(兩丁火)로 식신(食神) 제살격(制殺格) 같기도 하다. 그러나 을목일주(乙木日柱)는 시상경금(時上庚金)과 을경합금(乙庚合金)으로 금(金)으로 화(化)하였으며 지지(地支)는 토금(土金)으로 화신금(化神金)이 왕(旺)하여 보이나 년월(年月) 양정화(兩丁火) 식신(食神)이 화신금(化神金)을 극(剋)하여 화신금(化神金)이 약(弱)하므로 화신금(化神金)을 보신(補身)하는 금(金)이 용신(用神)이며 토재(土財)는 희신(喜神)이 된다. 이 사주는 여자의 사주로서 46세 임수대운(壬水大運)에 사업을 경영하였으나 월상정화(月上丁火)와 정임합(丁壬合)으로 합거(合去)되어 손해를 많이 보다가 51세 자수대운(子水大運)에 화격(化格)에 인수운(印綬運)이 들어와 재산을 탕진하고 힘들게 살고 있는 사주다.

❶ 세운정해년(歲運丁亥年): 변화, 이사, 전근, 신축, 문서
❷ 질병(疾病): 간(肝), 담(膽), 위장(胃臟)
❸ 남녀성격: (남) 의지 굳다, 무뚝뚝하다, 인정 있다, 총명하다, 근면 성실, 학문, 예술, 자수성가, 처궁불미, 성격이 까다롭다, 옷에 신경, 편식한다, 신앙심
(여) 의지 굳다, 무뚝뚝하다, 인자함, 부궁불미, 정부, 시모불합, 자식에게 애정 많음

⊙ 세운 • 질병 • 남녀성격의 해설 (歲運 · 疾病 · 男女性格의 解說)

❶ 세운정해년(歲運丁亥年)= ※변화, 이사, 전근, 신축, 문서는 ※세운정해년(歲運丁亥年)의 해수(亥水)는 일지미토(日支未土)와 해미(亥未)로 삼합(三合)이 되므로 세운(歲運)에서 일지(日支) 삼합운(三合運)이 들어오면 ※변화가 생긴다든가 또는 이사를 한다든가 또는 직장을 옮기는 일이 많다. 그리고 ※신축, 문서는 ※세운정해년(歲運丁亥年)의 해수(亥水)는 을목일주의 인수(印綬)로 세운에서 인수운(印綬運)이 들어오면 ※집을 짓는다든가 또는 증축을 한다든가 또는 사업체를 벌린다든가 또는 문서를 잡는 일이 많다.

❷ 질병(疾病)과 ❸ 남녀성격은 일주(日柱)에서 발생(發生)한다.

정해년 (丁亥年)

62년(음) 2월 3일 자(子)시 여자

丙	乙	癸	壬
子	巳	卯	寅

51	41	31	21	11	1
丁	戊	己	庚	辛	壬
酉	戌	亥	子	丑	寅

이 사주는 을목일주(乙木日柱)가 중춘묘월(中春卯月)에 출생하여 록근(祿根)하고 년지인목(年支寅木) 비겁(比劫)과 년월(年月) 임계수(壬癸水) 인수(印綬)가 투출(透出)하여 시지자수(時支子水)에 근(根)하여 을목일주(乙木日柱)를 생(生)하여 주므로 일주(日柱)는 신왕사주(身旺四柱)다. 신왕사주(身旺四柱)에는 일주(日柱)를 제(制)하는 관살(官殺)이나 식신상관(食神傷官)으로 설기(泄氣)하면 좋은데 일주(日柱)를 제(制)하는 관살(官殺)은 없고 설기(泄氣)하는 시상병화(時上丙火) 상관(傷官)이 일지사화(日支巳火)에 근(根)하므로 상관(傷官)으로 용신(用神)한다. 이런 사주를 가상관격(假傷官格)이라고 한다. 이 사주는 여자(女子)의 사주로서 사업을 경영하였으나 운(運)이 없어 손해를 많이 보다가 41세 무토대운(戊土大運)에 월상계수(月上癸水)와 무계합(戊癸合)으로 합거(合去)되어 재산을 탕진하고 남편과 이혼하고 혼자 살고 있는 사주다. 부궁(夫宮)이 부실한 것은 년간지(年干支) 임인생(壬寅生)의 공망(空亡)은 일지사화(日支巳火)로서 부궁(夫宮)이 부실한 사주다.

❶ 세운정해년(歲運丁亥年): 이별수, 신축, 문서, 관재, 수술, 자연재앙
❷ 질병(疾病): 간(肝), 담(膽)
❸ 남녀성격: (남) 의지 굳다, 무뚝뚝하다, 웃음이 적다, 인정 있다, 예의 있다, 명랑하다, 영리하다, 처궁불미, 고독하다, 돈이 잘 빠져나간다
(여) 의지 굳다, 무뚝뚝하다, 인자하다, 부궁불미, 정부, 재가, 애교 많음

◎ 세운·질병·남녀성격의 해설(歲運 · 疾病 · 男女性格의 解說)

❶ 세운정해년(歲運丁亥年)= ※이별수, 신축, 문서, 관재, 수술, 자연재앙은 ※세운정해년(歲運丁亥年)의 해수(亥水)는 을목일주의 인수(印綬)로 신왕(身旺)한 여자 사주에 세운에서 인수운(印綬運)이 들어오면 ※가정에 불화가 많이 생긴다든가 또는 남편과 떨어져 산다든가 또는 이혼한다든가 또는 남편이 사망하는 수도 있다. 그리고 ※신축, 문서는 ※세운정해년(歲運丁亥年)의 해수(亥水)는 을목일주의 인수(印綬)로 세운(歲運)에서 인수운(印綬運)이 들어오면 ※집을 짓는다든가 또는 증축을 한다든가 또는 사업체를 벌린다든가 또는 문서를 잡는 일이 많다. 그리고 ※관재, 수술, 자연재앙은 ※세운정해년(歲運丁亥年)의 해수(亥水)는 일지사화(日支巳火)와 사해충(巳亥沖)으로 세운에서 일지충운(日支沖運)이 들어오면 ※관재수나 수술이나 자연재앙을 조심해야 한다.

❷ 질병(疾病)과 ❸ 남녀성격은 일주(日柱)에서 발생(發生)한다.

정해년(丁亥年)

63년(음) 2월 18일 자(子)시 남자

<table>
<tr><td>丙</td><td>乙</td><td>乙</td><td>癸</td></tr>
<tr><td>子</td><td>卯</td><td>卯</td><td>卯</td></tr>
</table>

52	42	32	22	12	2
己	庚	辛	壬	癸	甲
酉	戌	亥	子	丑	寅

이 사주는 을목일주(乙木日柱)가 중춘묘월(中春卯月)에 출생하여 록근(祿根)하고 년일지(年日支) 양묘목(兩卯木)과 월상을목(月上乙木)이 투출(透出)하여 비견겁(比肩劫)이 태왕(太旺)이며 년상계수(年上癸水) 인수(印綬)는 시지(時支) 자중계수(子中癸水)에 근(根)하여 을목일주(乙木日柱)를 생(生)하므로 을목일주는 신왕사주(身旺四柱)다. 신왕사주(身旺四柱)에는 일주(日柱)를 제(制)하는 관살(官殺)이나 상관식신(傷官食神)으로 설기(泄氣)하면 좋은데 일주(日柱)를 제(制)하는 관살(官殺)은 없고 설기(泄氣)하는 병화상관(丙火傷官)이 시상(時上)에 투출(透出)하였으나 그 병화(丙火)는 근(根)이 없으며 자좌살지(自坐殺地)에 앉아 용신(用神)으로 쓸 수가 없다. 그러므로 이 사주는 비견겁(比肩劫)이 태왕(太旺)하므로 종왕격(從旺格)이므로 목비견겁(木比肩劫)이 용신(用神)이며 수인수(水印綬)는 희신(喜神)이 된다. 이 사주는 남자(男子)의 사주로서 초년운(初年運)이 잘 들어와 공부를 많이 하여 대기업에 근무하다가 42세 경금대운(庚金大運)에 월상을목(月上乙木)과 을경합(乙庚合)으로 합거(合去)되어 상처(喪妻)하고 재혼한 사주다. 처궁(妻宮)이 부실한 것은 비견겁(比肩劫)이 태왕(太旺)하면 처궁(妻宮)이 부실한데 거기에 을묘일주(乙卯日柱)의 공망(空亡)은 시지자수(時支子水)로서 처궁(妻宮)이 더욱더 부실한 사주다.

세운 · 질병 · 남녀성격의 해설 (歲運 · 疾病 · 男女性格의 解說)

❶ 세운정해년(歲運丁亥年)= ※변화, 이사, 전근, 신축, 문서는 ※세운정해년(歲運丁亥年)의 해수(亥水)는 일지묘목(日支卯木)과 해묘(亥卯)로 삼합(三合)이 되므로 세운(歲運)에서 일지(日支) 삼합운(三合運)이 들어오면 ※변화가 생긴다든가 또는 이사를 한다든가 또는 직장을 옮기는 일이 많다. 그리고 ※신축, 문서는 ※세운정해년(歲運丁亥年)의 해수(亥水)는 을목일주의 인수(印綬)로 세운에서 인수운(印綬運)이 들어오면 ※집을 짓는다든가 또는 증축을 한다든가 또는 사업체를 벌린다든가 또는 문서를 잡는 일이 많다.

❷ 질병(疾病)과 ❸ 남녀성격은 일주(日柱)에서 발생(發生)한다.

정해년 (丁亥年)

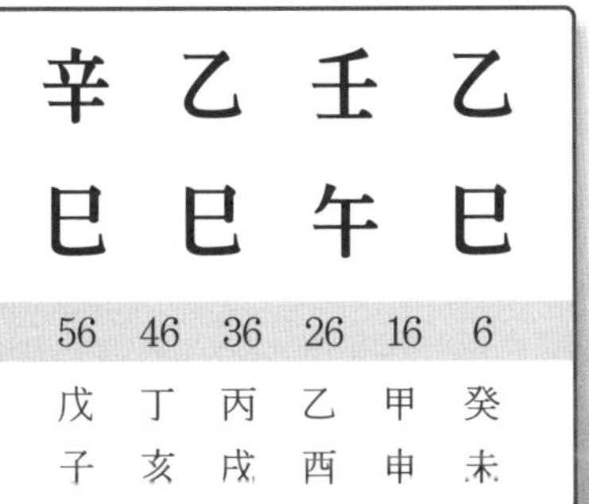

이 사주는 을목일주(乙木日柱)가 중하오월(中夏午月)에 출생하여 실시(失時)하고 년일시지(年日時支) 사화(巳火)로 상관식신(傷官食神)이 태왕(太旺)이다. 을목일주(乙木日柱)는 무근(無根)이며 자좌사화(自坐巳火)에 설기(泄氣)가 심(甚)하고 월상임수(月上壬水) 인수(印綬)도 무근(無根)이며 사좌오화(自坐午火)에 절지(絶地)에 앉아 힘이 없으며 년상을목(年上乙木) 비견(比肩)도 자좌사화(自坐巳火)에 설기(泄氣)가 심(甚)하여 을목일주(乙木日柱)을 도울 수가 없다. 그러므로 이 사주는 목생화(木生火)로 종(從)하게 되므로 화(火) 상관식신(傷官食神)이 용신(用神)이 된다. 이 사주는 여자(女子)의 사주로서 공예를 전공하였으나 운(運)이 없어 성공하지 못하고 36세 병화대운(丙火大運)에 학원을 경영하였으나 시상신금(時上辛金)과 병신합(丙辛合)으로 합거(合去)되어 손해를 많이 보았으며 남편(男便)과 이혼하고 혼자 살고 있는 사주다.

❶ 세운정해년(歲運丁亥年): 이별수, 신축, 문서, 관재, 수술, 자연재앙
❷ 질병(疾病): 간(肝), 담(膽)
❸ 남녀성격: (남) 의지 굳다, 무뚝뚝하다, 웃음이 적다, 인정 있다, 예의 있다, 명랑하다, 영리하다, 처궁불미, 고독하다, 돈이 잘 빠져나간다
  (여) 의지 굳다, 무뚝뚝하다, 인자하다, 부궁불미, 정부, 재가, 애교 많음

☯ 세운 · 질병 · 남녀성격의 해설 (歲運 · 疾病 · 男女性格의 解說)

❶ 세운정해년(歲運丁亥年) = ※이별수, 신축, 문서, 관재, 수술, 자연재앙은 ※세운정해년(歲運丁亥年)의 정화(丁火)는 을목일주의 식신(食神)으로 여자 사주에 상관식신(傷官食神)이 태왕(太旺)하고 관살(官殺)이 쇠약(衰弱)한데 세운(歲運)에서 상관(傷官) 식신운(食神運)이 들어오면 ※가정에 불화가 많이 생긴다든가 또는 남편과 떨어져 산다든가 또는 이혼한다든가 또는 남편이 사망하는 수도 있다. 그리고 ※신축, 문서는 ※세운정해년(歲運丁亥年)의 해수(亥水)는 을목일주의 인수(印綬)로 세운(歲運)에서 인수운(印綬運)이 들어오면 ※집을 짓는다든가 또는 증축을 한다든가 또는 사업체를 벌린다든가 또는 문서를 잡는 일이 많다. 그리고 ※관재, 수술, 자연재앙은 ※세운정해년(歲運丁亥年)의 해수(亥水)는 일지사화(日支巳火)와 사해충(巳亥沖)으로 세운(歲運)에서 일지충운(日支沖運)이 들어오면 ※관재수나 수술이나 자연재앙을 조심해야 한다.

❷ 질병(疾病)은 일주(日柱)에서 발생(發生)한다.

❸ 남녀성격은 일주(日柱)에서 발생(發生)한다.

정해년 (丁亥年)

67년(음) 11월 16일 자(子)시 남자

丙	乙	壬	丁
子	卯	子	未

53	43	33	23	13	3
丙	丁	戊	己	庚	辛
午	未	申	酉	戌	亥

이 사주는 을목일주(乙木日柱)가 중동자월(中冬子月)에 출생하여 득령(得令)하고 시지자수(時支子水) 인수(印綬)와 월상임수(月上壬水)가 투출(透出)하여 일주(日柱)는 신왕사주(身旺四柱)다. 신왕사주(身旺四柱)에는 일주(日柱)를 제(制)하는 관살(官殺)이나 식신상관(食神傷官)으로 설기(泄氣)하면 좋은데 일주(日柱)를 제(制)하는 관살(官殺)은 없고 설기(泄氣)하는 상관식신(傷官食神)이 년시상(年時上)에 투출(透出)하여 상관(傷官)으로 설기(泄氣)하는데 배설구(排泄口)가 약(弱)하던 중 년지(年支) 미중기토(未中己土)가 있어 수생목(水生木) 목생화(木生火) 화생토(火生土)로 이런 사주를 상관(傷官) 용재격(用財格)이라고 한다. 그러므로 토재(土財)가 용신(用神)이며 화(火) 상관식신(傷官食神)은 희신(喜神)이 된다. 이 사주는 남자(男子)의 사주로서 인쇄소에 근무하였으나 초년운(初年運)이 없어 고생을 많이 하다가 38세 신금대운(申金大運)에 사업을 경영하여 손해를 많이 보았고 43세 정화대운(丁火大運)에 월상임수(月上壬水)와 정임합(丁壬合)으로 합거(合去)되어 재산을 탕진하고 방황하며 살고 있는 사주다. 그러나 48세 미토대운(未土大運)부터 운(運)이 좋아 재산을 복구하고 돈을 많이 벌 것으로 생각된다.

❶ 세운정해년(歲運丁亥年): 변화, 이사, 전근, 신축, 문서
❷ 질병(疾病): 중풍(中風), 위산과다(胃酸過多)
❸ 남녀성격: (남) 의지 굳다, 강직하다, 미남이다, 농담 잘함, 주관이 강함, 인정 있다, 인색하다, 처궁불미, 영리하다, 지구력 부족, 분주 다사, 마음 약
(여) 의지 굳다, 무뚝뚝하다, 고집 대단, 친정형제 걱정, 부궁불미, 정부, 마음 약, 근심이 많다

🌀 세운 · 질병 · 남녀성격의 해설 (歲運 · 疾病 · 男女性格의 解說)

❶ 세운정해년(歲運丁亥年)= ※변화, 이사, 전근, 신축, 문서는 ※세운정해년(歲運丁亥年)의 해수(亥水)는 일지묘목(日支卯木)과 해묘(亥卯)로 삼합(三合)이 되므로 세운(歲運)에서 일지(日支) 삼합운(三合運)이 들어오면 ※변화가 생긴다든가 또는 이사를 한다든가 또는 직장을 옮기는 일이 많다. 그리고 ※신축, 문서는 ※세운정해년(歲運丁亥年)의 해수(亥水)는 을목일주(乙木日柱)의 인수(印綬)로 세운(歲運)에서 인수운(印綬運)이 들어오면 ※집을 짓는다든가 또는 증축을 한다든가 또는 사업체를 벌린다든가 또는 문서를 잡는 일이 많다.

❷ 질병(疾病)과 ❸ 남녀성격은 일주(日柱)에서 발생(發生)한다.

정해년 (丁亥年)

60년(음) 5월 24일 해(亥)시 남자

己	丙	壬	庚
亥	子	午	子

57	47	37	27	17	7
戊	丁	丙	乙	甲	癸
子	亥	戌	酉	申	未

이 사주는 병화일주(丙火日柱)가 중하오월(中夏午月) 양인월(羊刃月)에 출생하여 득령(得令)하였으나 년일지(年日支) 양자수(兩子水)와 시지해수(時支亥水)가 있어 해자(亥子)로 수국(水局)을 이루었으며 월상임수(月上壬水)는 해중임수(亥中壬水)에 근(根)하여 관살(官殺)이 태왕(太旺)이며 수화상극(水火相剋)이 되어 있다. 그러므로 살인상생(殺印相生)을 시키는 목인수(木印綬)가 용신(用神)이며 화비견겁(火比肩劫)은 희신(喜神)이 된다. 이 사주는 남자(男子)의 사주로서 형사로 근무하였으나 운(運)이 없어 승진이 안되어 고생을 많이 하다가 37세 병화대운(丙火大運)에 승진하였고 그 이후로는 운(運)이 없어 퇴직하여 주점을 경영하였으나 47세 정화대운(丁火大運)에 월상임수(月上壬水)와 정임합(丁壬合)으로 합거(合去)되어 재산을 탕진하고 처(妻)와 이혼하고 힘들게 살고 있는 사주다. 처궁(妻宮)이 부실한 것은 남자(男子) 사주에 관살(官殺)이 태왕(太旺)이면 처궁(妻宮)이 부실하여 재혼(再婚)하거나 혼자 사는 사람들이 많다.

❶ 세운정해년(歲運丁亥年): 관재, 손재, 신액, 불성
❷ 질병(疾病): 심장(心臟), 냉증(冷症)
❸ 남녀성격: (남) 예의 있다, 명랑하다, 근심이 많다, 내음외양, 권모술수, 냉정하다, 눈치가 빠름, 고집 대단, 부모형제 덕이 없다, 성질 급, 처궁불미, 자손근심, 말을 잘한다
(여) 말을 잘한다, 명랑하다, 금방 좋았다가 금방 싫어짐, 부궁불미, 정부, 재가, 어려운 생활

🌀 세운 • 질병 • 남녀성격의 해설 (歲運 · 疾病 · 男女性格의 解說)

❶ 세운정해년(歲運丁亥年)= ※관재, 손재, 신액, 불성은 ※세운정해년(歲運丁亥年)의 해수(亥水)는 병화일주(丙火日柱)의 편관(偏官)으로 원명사주(源命四柱)에 재살(財殺)이 태왕(太旺)인데 세운(歲運)에서 재(財)나 관살운(官殺運)이 들어오면 ※관재수를 조심해야 하며 또는 손재수를 조심해야 하며 또는 건강을 조심해야 한다. 그리고 ※불성은 ※세운정해년(歲運丁亥年)의 정화(丁火)는 병화일주(丙火日柱)의 비겁(比劫)으로 세운(歲運)에서 비견겁운(比肩劫運)이 들어오면 ※모든 일이 잘 풀리지 않고 대차계약도 잘 이루어지지 않는다.

❷ 질병(疾病)은 일주(日柱)에서 발생(發生)한다.

❸ 남녀성격은 일주(日柱)에서 발생(發生)한다.

정해년 (丁亥年)

60년(음) 10월 16일 오(午)시 여자

<table>
<tr><td>甲</td><td>丙</td><td>丁</td><td>庚</td></tr>
<tr><td>午</td><td>寅</td><td>亥</td><td>子</td></tr>
</table>

59	49	39	29	19	9
辛	壬	癸	甲	乙	丙
巳	午	未	申	酉	戌

이 사주는 병화일주(丙火日柱)가 초겨울 해월(亥月)에 출생하여 실시(失時)하고 년지자수(年支子水)가 있어 해자수국(亥子水局)을 이루어 일주(日柱)는 신약사주(身弱四柱)같이 보인다. 그러나 병화일주(丙火日柱)는 자좌인목(自坐寅木)에 장생(長生)하고 시지오화(時支午火) 양인(羊刃)과 오중정화(午中丁火)가 월상(月上)에 투출(透出)하고 인중갑목(寅中甲木)이 시상(時上)에 투출(透出)하여 일주(日柱)는 약화위강(弱化爲强)으로 신왕사주(身旺四柱)다. 신왕사주(身旺四柱)에는 일주(日柱)를 제(制)하는 관살(官殺)이 좋은데 다행히 해중임수(亥中壬水)가 있어 해중임수(亥中壬水) 편관(偏官)으로 용신(用神)한다. 그리고 금재(金財)는 희신(喜神)이 된다. 이 사주는 여자(女子)의 사주로서 초년운(初年運)이 잘 들어와 통역가로 근무하여 계수대운(癸水大運)까지 승승장구(乘勝長驅)하며 돈을 많이 벌었으나 44세 미토대운(未土大運)이 해수용신(亥水用神)을 극(剋)하여 모든 일이 잘 풀리지 않아 고생하다가 49세 임수대운(壬水大運)에 부동산에 투자하였으나 월상정화(月上丁火)와 정임합(丁壬合)으로 합거(合去)되어 재산을 탕진하고 어려운 생활을 하고 있는 사주다.

---

❶ 세운정해년(歲運丁亥年): 이별수, 불성
❷ 질병(疾病): 심장(心臟), 기관지(氣管支)
❸ 남녀성격: (남) 말을 잘한다, 예의 있다, 명랑하다, 남을 생각하지 않고 직선적으로 말함, 용기 있다, 의젓하다, 멋쟁이, 영리하다, 일독십지, 명예 우선, 성질 급, 박력 있다, 타의 군림, 남을 멸시한다
    (여) 말을 잘한다, 총명하다, 금방 좋았다가 금방 싫어짐, 박력 있다, 부궁불미

◉ 세운·질병·남녀성격의 해설 (歲運·疾病·男女性格의 解說)

❶ 세운정해년(歲運丁亥年)= ※이별수, 불성은 ※세운정해년(歲運丁亥年)의 정화(丁火)는 병화일주(丙火日柱)의 비겁(比劫)으로 신왕(身旺)한 여자(女子) 사주에 세운(歲運)에서 비견겁운(比肩劫運)이 들어오면 ※가정에 불화가 많이 생긴다든가 또는 남편과 떨어져 산다든가 또는 이혼한다든가 또는 남편이 사망하는 수도 있다. 그리고 ※불성은 ※세운정해년(歲運丁亥年)의 정화(丁火)는 병화일주(丙火日柱)의 비겁(比劫)으로 세운(歲運)에서 비견겁운(比肩劫運)이 들어오면 ※모든 일이 잘 풀리지 않고 대차계약도 잘 이루어지지 않는다.

❷ 질병(疾病)은 일주(日柱)에서 발생(發生)한다.

❸ 남녀성격은 일주(日柱)에서 발생(發生)한다.

정해년 (丁亥年)

辛	丙	庚	丁
卯	辰	戌	酉

51	41	31	21	11	1
甲	乙	丙	丁	戊	己
辰	巳	午	未	申	酉

이 사주는 병화일주(丙火日柱)가 계추술월(季秋戌月)에 출생하여 실시(失時)하고 술중신금(戌中辛金)이 시상(時上)에 투출(透出)하여 정재격(正財格)이다. 그리고 월일지(月日支) 진술토(辰戌土)에 설기(泄氣)가 심(甚)하며 월상(月上) 경금재(庚金財)는 년지유금(年支酉金)에 근(根)하여 상관(傷官)과 재(財)가 태왕(太旺)이다. 다행히 병화일주(丙火日柱)는 시지묘목(時支卯木) 인수(印綬)에 생(生)을 받으며 년상정화(年上丁火) 비겁(比劫)이 있어 년상정화(年上丁火) 비겁(比劫)으로 많은 재(財)를 제(制)하고 병화일주(丙火日柱)를 보신(補身)해야 하므로 화비견겁(火比肩劫)이 용신(用神)이며 목인수(木印綬)는 희신(喜神)이 된다. 이 사주는 남자(男子)의 사주로서 기술이 좋아 회사에 근무하다가 36세 오화대운(午火大運)에 회사를 퇴사하고 사업을 경영하여 수억금을 벌었으며 그 이후로도 운(運)이 좋아 승승장구(乘勝長驅)하며 화목하게 잘살고 있는 사주다.

❶ 세운정해년(歲運丁亥年): 관재, 손재, 신액, 불성, 신경과민
❷ 질병(疾病): 혈압(血壓), 심장(心臟), 신경통(神經痛)
❸ 남녀성격: (남) 말을 잘한다, 재간 있다, 남에게 잘함, 배짱 좋다, 손재가 많다, 신앙심, 추리력이 좋다, 재복 있다
　　　　　(여) 말을 잘한다, 명랑하다, 금방 좋았다가 금방 싫어짐, 고집 대단, 박력 있다, 부궁불미, 정부, 몸과 마음이 피곤함, 신앙심

세운 · 질병 · 남녀성격의 해설 (歲運 · 疾病 · 男女性格의 解說)

❶ 세운정해년(歲運丁亥年)= ※관재, 손재, 신액, 불성, 신경과민은 ※세운정해년(歲運丁亥年)의 해수(亥水)는 병화일주(丙火日柱)의 편관(偏官)으로 원명사주(源命四柱)에 재살(財殺)이 태왕(太旺)인데 세운(歲運)에서 재(財)나 관살운(官殺運)이 들어오면 ※관재수를 조심해야 하며 또는 손재수를 조심해야 하며 또는 건강을 조심해야 한다. 그리고 ※불성은 ※세운정해년(歲運丁亥年)의 정화(丁火)는 병화일주(丙火日柱)의 비겁(比劫)으로 세운(歲運)에서 비견겁운(比肩劫運)이 들어오면 ※모든 일이 잘 풀리지 않고 대차계약도 잘 이루어지지 않는다. 그리고 ※신경과민은 ※세운정해년(歲運丁亥年)의 해수(亥水)는 일지진토(日支辰土)와 진해(辰亥)로 귀문관살(鬼門關殺)이 되므로 세운(歲運)에서 일지(日支) 귀문(鬼門) 관살운(關殺運)이 들어오면 ※그해에는 모든 일에 신경을 많이 쓰게 된다.

❷ 질병(疾病)과 ❸ 남녀성격은 일주(日柱)에서 발생(發生)한다.

정해년(丁亥年)

58년(음) 8월 14일 축(丑)시 여자

己	丙	辛	戊
丑	午	酉	戌

56	46	36	26	16	6
乙	丙	丁	戊	己	庚
卯	辰	巳	午	未	申

이 사주는 병화일주(丙火日柱)가 중추유월(中秋酉月)에 출생하여 실시(失時)하고 유중신금(酉中辛金)이 월상(月上)에 투출(透出)하여 정재격(正財格)이다. 그리고 년간지(年干支) 무술토(戊戌土)와 시간지(時干支) 기축토(己丑土)로 상관(傷官)과 재(財)가 태왕(太旺)하여 일주(日柱)는 신약사주(身弱四柱)다. 그러므로 많은 재(財)를 제(制)하고 병화일주(丙火日柱)를 보신(補身)하는 비견겁(比肩劫)이 용신(用神)이며 목인수(木印綬)는 희신(喜神)이 된다. 이 사주는 여자(女子)의 사주로서 의사로 근무하다가 36세 정화대운(丁火大運)에 전문의로 승진하여 승승장구(乘勝長驅)하며 잘 살다가 46세 병화대운(丙火大運)에 의원을 개원하였으나 월상신금(月上辛金)과 병신합(丙辛合)으로 합거(合去)되어 재산을 탕진하고 그 이후로도 운(運)이 없어 고생하다가 남편(男便)과 이혼(離婚)하고 혼자 살고 있는 사주다. 부궁(夫宮)이 부실한 것은 여자(女子) 사주에 상관식신(傷官食神)이 태왕(太旺)이면 부궁(夫宮)이 부실한데 일시지(日時支) 축오(丑午)로 원진살(怨嗔殺)이 있어 부궁(夫宮)이 더욱더 부실한 사주다.

❶ 세운정해년(歲運丁亥年): 관재, 손재, 신액, 불성

❷ 질병(疾病): 심장(心臟)

❸ 남녀성격: (남) 말을 잘한다, 명랑하다, 성질 급, 남을 생각하지 않고 직선0적으로 말함, 처궁불미, 인내심 부족, 타인 경시, 자립정신, 속성속패, 암기력, 영리하다

(여) 말을 잘한다, 명랑하다, 금방 좋았다가 금방 싫어짐, 시모불합, 남편 말 잘 안 듣는다, 부궁불미, 정부, 영리하다

🔵 세운·질병·남녀성격의 해설(歲運·疾病·男女性格의 解說)

❶ 세운정해년(歲運丁亥年)= ※관재, 손재, 신액, 불성은 ※세운정해년(歲運丁亥年)의 해수(亥水)는 병화일주(丙火日柱)의 편관(偏官)으로 원명사주(源命四柱)에 재살(財殺)이 태왕(太旺)인데 세운(歲運)에서 재(財)나 관살운(官殺運)이 들어오면 **※관재수를 조심해야 하며 또는 손재수를 조심해야 하며 또는 건강을 조심해야 한다.** 그리고 **※불성**은 ※세운정해년(歲運丁亥年)의 정화(丁火)는 병화일주(丙火日柱)의 비겁(比劫)으로 세운(歲運)에서 비견겁운(比肩劫運)이 들어오면 **※모든 일이 잘 풀리지 않고 대차계약도 잘 이루어지지 않는다.**

❷ 질병(疾病)은 일주(日柱)에서 발생(發生)한다.

❸ 남녀성격은 일주(日柱)에서 발생(發生)한다.

정해년 (丁亥年)

이 사주는 병화일주(丙火日柱)가 중추유월(中秋酉月)에 출생하여 실시(失時)하고 유중신금(酉中辛金)이 월상(月上)에 투출(透出)하여 정재격(正財格)이다. 그리고 년월일지(年月日支) 신유술(申酉戌)로 금국(金局)을 이루어 화생토(火生土) 토생금(土生金)으로 사주의 기(氣)는 월상신금(月上辛金)에 집중되어 종재격(從財格)같이 보인다. 그러나 병화일주(丙火日柱)를 도와주는 인수(印綬)나 비견겁(比肩劫)이 하나도 없으므로 쇠극격(衰極格)에 해당하므로 쇠(衰)한 자는 상관식신(傷官食神)으로 설기(泄氣)하여 더욱더 쇠(衰)하게 하는 동시 일주(日柱)를 극(剋)하는 관살(官殺)을 제(制)하여야 하기 때문에 상관식신(傷官食神)이 용신(用神)이며 금재(金財)는 희신(喜神)이 된다. 이 사주는 여자(女子)의 사주로서 전업주부로 살다가 38세 사화대운(巳火大運)에 사업을 경영하였으나 종(從)하는 사주(四柱)에 비견운(比肩運)이 들어와 손해를 많이 보았고 43세 병화대운(丙火大運)에 월상신금(月上辛金)과 병신합(丙辛合)으로 합거(合去)되어 재산을 탕진하였으나 48세 진토대운(辰土大運)에 용신운(用神運)이 들어와 사업이 번창하여 재산을 복구하고 수억금을 벌어 잘살고 있는 사주다.

---

❶ 세운정해년(歲運丁亥年): 관재, 손재, 신액, 불성

❷ 질병(疾病): 심장 약(心臟 弱)

❸ 남녀성격: (남) 말을 잘한다, 영리하다, 다재다능, 재복 있다, 처 덕 있다, 꾀가 많다, 고독하다

　　　　　(여) 말을 잘한다, 명랑하다, 금방 좋았다가 금방 싫어짐, 부궁불미, 정부, 시모 불합, 잔병조심, 말조심, 고독하다

세운·질병·남녀성격의 해설 (歲運·疾病·男女性格의 解說)

❶ 세운정해년(歲運丁亥年)= ※관재, 손재, 신액, 불성은 ※세운정해년(歲運丁亥年)의 해수(亥水)는 병화일주(丙火日柱)의 편관(偏官)으로 원명사주(源命四柱)에 재(財)가 태왕(太旺)인데 세운(歲運)에서 재(財)나 관살운(官殺運)이 들어오면 **※관재수를 조심해야 하며 또는 손재수를 조심해야 하며 또는 건강을 조심해야 한다.** 그리고 ※불성은 ※세운정해년(歲運丁亥年)의 정화(丁火)는 병화일주(丙火日柱)의 비겁(比劫)으로 세운(歲運)에서 비견겁운(比肩劫運)이 들어오면 **※모든 일이 잘 풀리지 않고 대차계약도 잘 이루어지지 않는다.**

❷ 질병(疾病)과 ❸ 남녀성격은 일주(日柱)에서 발생(發生)한다.

정해년 (丁亥年)

61년(음) 9월 11일 자(子)시 여자

戊	丙	戊	辛
子	戌	戌	丑

56	46	36	26	16	6
甲	癸	壬	辛	庚	己
辰	卯	寅	丑	子	亥

이 사주는 병화일주(丙火日柱)가 계추술월(季秋戌月)에 출생하여 실시(失時)하고 월시상(月時上) 술중무토(戌中戊土)가 투출(透出)하여 식신격(食神格)이며 년일지(年日支) 축술(丑戌)로 상관식신(傷官食神)이 태왕(太旺)이다. 그러므로 화생토(火生土) 토생금(土生金) 금생수(金生水)로 종살격(從殺格)같이 보이나 쇠극격(衰極格)에 해당하므로 쇠(衰)한 자는 상관식신(傷官食神)으로 설기(泄氣)하여 더욱더 쇠(衰)하게 하는 동시 일주(日柱)를 극(剋)하는 관살(官殺)을 제(制)하여야 하기 때문에 토(土) 상관식신(傷官食神)이 용신(用神)이며 금재(金財)는 희신(喜神)이 된다. 이 사주는 여자(女子)의 사주로서 사주(四柱)에 상관식신(傷官食神)이 태왕(太旺)이면 부궁(夫宮)이 부실한데 이 사주도 혼자 살고 있는 사주다.

❶ 세운정해년(歲運丁亥年): 이별수, 불성
❷ 질병(疾病): 혈압(血壓)
❸ 남녀성격: (남) 말을 잘한다, 영리하다, 예의 있다, 인정 있다, 이해심이 많다, 성질 급, 박력 있다, 영리하다, 만인 존경, 알뜰함, 연구심, 배짱 좋다, 돈이 잘 빠져나감, 예감, 신앙심
　　　　　(여) 말을 잘한다, 명랑하다, 예의 있다, 금방 좋았다가 금방 싫어짐, 정부, 재가, 부궁불미, 인정 있다, 남에게 잘함, 배짱 좋다, 신앙심

🌀 세운 · 질병 · 남녀성격의 해설(歲運 · 疾病 · 男女性格의 解說)

❶ 세운정해년(歲運丁亥年)= ※이별수, 불성은 ※세운정해년(歲運丁亥年)의 해수(亥水)는 병화일주(丙火日柱)의 편관(偏官)으로 여자(女子) 사주에 상관식신(傷官食神)이 태왕(太旺)하고 관살(官殺)이 쇠약(衰弱)한데 세운(歲運)에서 관살운(官殺運)이 들어오면 ※가정에 불화가 많이 생긴다든가 또는 남편과 떨어져 산다든가 또는 이혼한다든가 또는 남편이 사망하는 수도 있다. 그리고 ※불성은 ※세운정해년(歲運丁亥年)의 정화(丁火)는 병화일주의 비겁(比劫)으로 세운에서 비견겁운(比肩劫運)이 들어오면 ※모든 일이 잘 풀리지 않고 대차계약도 잘 이루어지지 않는다.

❷ 질병(疾病)은 일주(日柱)에서 발생(發生)한다.

❸ 남녀성격은 일주(日柱)에서 발생(發生)한다.

정해년 (丁亥年)

61년(음) 11월 2일 자(子)시 남자

戊	丙	庚	辛
子	子	子	丑

51	41	31	21	11	1
甲	乙	丙	丁	戊	己
午	未	申	酉	戌	亥

이 사주는 병화일주(丙火日柱)가 중동자월(中冬子月)에 출생하여 실시(失時)하고 년일시지(年日時支) 자축(子丑)으로 수국(水局)을 이루어 지지(地支)는 전수국(全水局)이며 년월(年月) 경신금(庚辛金)이 투출(透出)하여 재살(財殺)이 태왕(太旺)이다. 그러므로 화생토(火生土) 토생금(土生金) 금생수(金生水)로 종살격(從殺格)같이 보이나 병화일주(丙火日柱)를 노와주는 인수(印綬)나 비견겁(比肩劫)이 하나도 없으므로 쇠극격(衰極格)이므로 쇠(衰)한 자는 상관식신(傷官食神)으로 설기(泄氣)하여 더욱더 쇠(衰)하게 하는 동시 일주(日柱)를 극(剋)하는 관살(官殺)을 제(制)하여야 하기 때문에 시상무토(時上戊土) 식신(食神)이 용신(用神)이며 금재(金財)는 희신(喜神)이 된다. 이 사주는 남자(男子)의 사주로서 초년운(初年運)이 잘 들어와 세무서에 근무하여 36세 신금대운(申金大運)까지 승승장구(乘勝長驅)하였으나 41세 을목대운(乙木大運)에 월상경금(月上庚金)과 을경합(乙庚合)으로 합거(合去)되어 모든 일이 잘 풀리지 않았고 46세 미토대운(未土大運)에 한층 더 승진하여 승승장구(乘勝長驅)하며 잘살고 있는 사주다.

❶ 세운정해년(歲運丁亥年): 관재, 손재, 신액, 불성
❷ 질병(疾病): 심장(心臟), 냉증(冷症)
❸ 남녀성격: (남) 예의 있다, 명랑하다, 근심이 많다, 내음외양, 권모술수, 냉정하다, 눈치가 빠름, 고집 대단, 부모형제 덕이 없다, 성질 급, 처궁불미, 자손근심, 말을 잘한다
　　　　　 (여) 말을 잘한다, 명랑하다, 금방 좋았다가 금방 싫어짐, 부궁불미, 정부, 재가, 어려운 생활

세운·질병·남녀성격의 해설 (歲運·疾病·男女性格의 解說)

❶ 세운정해년(歲運丁亥年)= ※관재, 손재, 신액, 불성은 ※세운정해년(歲運丁亥年)의 해수(亥水)는 병화일주(丙火日柱)의 편관(偏官)으로 원명사주(源命四柱)에 재살(財殺)이 태왕(太旺)인데 세운(歲運)에서 재(財)나 관살운(官殺運)이 들어오면 ※관재수를 조심해야 하며 또는 손재수를 조심해야 하며 또는 건강을 조심해야 한다. 그리고 ※불성은 ※세운정해년(歲運丁亥年)의 정화(丁火)는 병화일주(丙火日柱)의 비겁(比劫)으로 세운(歲運)에서 비견겁운(比肩劫運)이 들어오면 ※모든 일이 잘 풀리지 않고 대차계약도 잘 이루어지지 않는다.

❷ 질병(疾病)과 ❸ 남녀성격은 일주(日柱)에서 발생(發生)한다.

정해년 (丁亥年)

66년(음) 5월 18일 오(午)시 여자

甲	丙	甲	丙
午	寅	午	午

60	50	40	30	20	10
戊	己	庚	辛	壬	癸
子	丑	寅	卯	辰	巳

이 사주는 병화일주(丙火日柱)가 중하오월(中夏午月) 양인월(羊刃月)에 출생하여 득령(得令)하고 년시지(年時支) 양오화(兩午火)와 일지인목(日支寅木)과 인오(寅午)로 화국(火局)을 이루고 년상병화(年上丙火) 비견(比肩)과 월시상(月時上) 양갑목(兩甲木) 인수(印綬)가 투출(透出)하여 종왕격(從旺格)같이 보인다. 그러나 이 사주는 왕극격(旺極格)에 해당하므로 왕(旺)한 자는 인수(印綬)로 일주(日柱)를 생(生)하여 더욱더 왕(旺)하게 하는 법칙이므로 목인수(木印綬)가 용신(用神)이며 화비견겁(火比肩劫)은 희신(喜神)이 된다. 이 사주는 여자(女子)의 사주로서 초년(初年)부터 장사를 하였으나 신금대운(辛金大運)에 년상병화(年上丙火)와 병신합(丙辛合)으로 합거(合去)되어 손해를 많이 보았고 35세 묘목대운(卯木大運)에 수억금을 벌었으며 40세 경금대운(庚金大運)에 갑목용신(甲木用神)을 충극(沖剋)하여 손해를 많이 보았고 45세 인목대운(寅木大運)부터 사업이 번창하고 있는 중이다. 그러나 년간지(年干支) 병오생(丙午生)의 공망(空亡)은 일지인목(日支寅木)으로 부궁(夫宮)이 부실하여 이혼(離婚)한 사주다.

❶ 세운정해년(歲運丁亥年): 이별수, 불성
❷ 질병(疾病): 심장(心臟), 기관지(氣管支)
❸ 남녀성격: (남) 말을 잘한다, 예의 있다, 명랑하다, 남을 생각하지 않고 직선적으로 말함, 용기 있다, 의젓하다, 멋쟁이, 영리하다, 일독십지, 명예 우선, 성질 급, 박력 있다, 타의 군림, 남을 멸시한다
　　　　　　(여) 말을 잘한다, 총명하다, 금방 좋았다가 금방 싫어짐, 박력 있다, 부궁불미

🌀 세운 · 질병 · 남녀성격의 해설 (歲運 · 疾病 · 男女性格의 解說)

❶ 세운정해년(歲運丁亥年)= ※이별수, 불성은 ※세운정해년(歲運丁亥年)의 정화(丁火)는 병화일주(丙火日柱)의 비겁(比劫)으로 신왕(身旺)한 여자(女子) 사주에 세운(歲運)에서 비견겁운(比肩劫運)이 들어오면 ※가정에 불화가 많이 생긴다든가 또는 남편과 떨어져 산다든가 또는 이혼한다든가 또는 남편이 사망하는 수도 있다. 그리고 ※불성은 ※세운정해년(歲運丁亥年)의 정화(丁火)는 병화일주(丙火日柱)의 비겁(比劫)으로 세운(歲運)에서 비견겁운(比肩劫運)이 들어오면 ※모든 일이 잘 풀리지 않고 대차계약도 잘 이루어지지 않는다.

❷ 질병(疾病)은 일주(日柱)에서 발생(發生)한다.

❸ 남녀성격은 일주(日柱)에서 발생(發生)한다.

정해년(丁亥年)

66년(음) 8월 1일 진(辰)시 여자

甲	丁	丁	丙
辰	丑	酉	午

52	42	32	22	12	2
辛	壬	癸	甲	乙	丙
卯	辰	巳	午	未	申

이 사주는 정화일주(丁火日柱)가 중추유월(中秋酉月)에 출생하여 실시(失時)하였으나 년지오화(年支午火)에 록근(祿根)하고 년월(年月) 병정화(丙丁火)가 투출(透出)하였으며 시상갑목(時上甲木)이 진중을목(辰中乙木)에 근(根)하여 일주(日柱)를 생(生)하므로 일주(日柱)는 약화위강(弱化爲强)으로 신왕사주(身旺四柱)다. 신왕사주(身旺四柱)에는 일주(日柱)를 제(制)하는 관살(官殺)이나 식신상관(食神傷官)으로 설기(泄氣)하면 좋은데 다행히 일시지(日時支) 진축토(辰丑土) 상관(傷官)과 월지(月支) 유금재(酉金財)가 있어 화생토(火生土) 토생금(土生金)으로 상관(傷官)용재격(用財格)을 이루어 유금재(酉金財)가 용신(用神)이며 상관식신(傷官食神)은 희신(喜神)이 된다. 이 사주는 여자(女子)의 사주로서 전업주부로 살다가 37세 사화대운(巳火大運)에 장사를 하여 손해를 조금 보았고 42세 임수대운(壬水大運)에 월상정화(月上丁火)와 정임합(丁壬合)으로 합거(合去)되어 재산을 탕진하고 남편(男便)과 이혼하고 혼자 살고 있는 사주다. 부궁(夫宮)이 부실한 것은 정축일주(丁丑日柱)는 백호대살(白虎大殺)이므로 여자(女子) 사주에 일주(日柱)가 백호대살(白虎大殺)이면 부궁(夫宮)이 부실하여 재혼(再婚)하거나 혼자 사는 사람들이 많다.

❶ 세운정해년(歲運丁亥年): 이별수, 불성
❷ 질병(疾病): 냉(冷), 하원윤습(下元潤濕)
❸ 남녀성격: (남) 말을 잘한다, 인심 좋다, 예의 있다, 재물 욕심, 재복 있다, 영리하다, 임기응변, 재간 있다, 근면 성실, 주머니 돈 안 떨어진다, 신앙심, 새벽잠이 없다
　　　　　(여) 명랑하다, 예의 있다, 금방 좋았다가 금방 싫어짐, 부궁불미, 정부, 재가, 인정 있다, 요리솜씨, 말을 잘한다

◉ **세운·질병·남녀성격의 해설**(歲運·疾病·男女性格의 解說)

❶ 세운정해년(歲運丁亥年)= ※이별수, 불성은 ※세운정해년(歲運丁亥年)의 정화(丁火)는 정화일주(丁火日柱)의 비견(比肩)으로 신왕(身旺)한 여자(女子) 사주에 세운(歲運)에서 비견겁운(比肩劫運)이 들어오면 ※가정에 불화가 많이 생긴다든가 또는 남편과 떨어져 산다든가 또는 이혼한다든가 또는 남편이 사망하는 수도 있다. 그리고 ※불성은 ※세운정해년(歲運丁亥年)의 정화(丁火)는 정화일주의 비견(比肩)으로 세운에서 비견겁운(比肩劫運)이 들어오면 ※모든 일이 잘 풀리지 않고 대차계약도 잘 이루어지지 않는다.

❷ 질병(疾病)과 ❸ 남녀성격은 일주(日柱)에서 발생(發生)한다.

정해년 (丁亥年)

65년(음) 3월 2일 축(丑)시 여자

辛	丁	己	乙
丑	亥	卯	巳

51	41	31	21	11	1
乙	甲	癸	壬	辛	庚
酉	申	未	午	巳	辰

이 사주는 정화일주(丁火日柱)가 중춘묘월(中春卯月)에 출생하여 득령(得令)하고 묘중을목(卯中乙木)이 년상(年上)에 투출(透出)하고 년지사화(年支巳火)에 근(根)하여 일주(日柱)는 신왕사주(身旺四柱)다. 신왕사주(身旺四柱)에는 일주(日柱)를 제(制)하는 관살(官殺)로 용신(用神)함이 좋은데 다행히 일지(日支) 해중임수(亥中壬水)가 있어 해중임수(亥中壬水) 정관(正官)으로 용신(用神)한다. 그리고 금재(金財)는 희신(喜神)이 된다. 이 사주는 여자(女子)의 사주로서 31세 계수대운(癸水大運)에 행정고시에 합격하였으나 그 이후로는 운(運)이 없어 평범하게 지내다가 46세 신금대운(申金大運)에 승진하여 승승장구(乘勝長驅)하며 잘살고 있으며 좋은 남편을 만나 화목하게 잘살고 있는 사주다.

❶ 세운정해년(歲運丁亥年): 이별수, 불성, 변화, 이사, 전근
❷ 질병(疾病): 심장(心臟), 냉증(冷症)
❸ 남녀성격: (남) 영리하다, 외유내강, 지혜롭다, 지구력 부족, 처세가 좋다, 장수한다, 항상 바쁨, 꿈이 많다, 처 덕 있다, 자손귀자, 명예를 좋아함, 예감 빠름, 신앙심
　　　　　(여) 명랑하다, 예의 있다, 금방 좋았다가 금방 싫어짐, 애교 많다, 식복, 남편 의처증, 정부, 자손근심

세운·질병·남녀성격의 해설 (歲運·疾病·男女性格의 解說)

❶ 세운정해년(歲運丁亥年)= ※이별수, 불성, 변화, 이사, 전근은 ※세운정해년(歲運丁亥年)의 정화(丁火)는 정화일주(丁火日柱)의 비견(比肩)으로 신왕(身旺)한 여자(女子) 사주에 세운(歲運)에서 비견겁운(比肩劫運)이 들어오면 ※가정에 불화가 많이 생긴다든가 또는 남편과 떨어져 산다든가 또는 이혼한다든가 또는 남편이 사망하는 수도 있다. 그리고 ※불성은 ※세운정해년(歲運丁亥年)의 정화(丁火)는 정화일주(丁火日柱)의 비견(比肩)으로 세운(歲運)에서 비견겁운(比肩劫運)이 들어오면 ※모든 일이 잘 풀리지 않고 대차계약도 잘 이루어지지 않는다. 그리고 ※변화, 이사, 전근은 ※세운정해년(歲運丁亥年)의 해수(亥水)는 일지해수(日支亥水)와 해해(亥亥)로 삼합(三合)이 되므로 세운(歲運)에서 일지(日支) 삼합운(三合運)이 들어오면 ※변화가 생긴다든가 또는 이사를 한다든가 또는 직장을 옮기는 일이 많다.

❷ 질병(疾病)은 일주(日柱)에서 발생(發生)한다.

❸ 남녀성격은 일주(日柱)에서 발생(發生)한다.

정해년(丁亥年)

65년(음) 11월 17일 묘(卯)시 남자

<table>
<tr><td>癸</td><td>丁</td><td>戊</td><td>乙</td></tr>
<tr><td>卯</td><td>酉</td><td>子</td><td>巳</td></tr>
</table>

51	41	31	21	11	1
壬	癸	甲	乙	丙	丁
午	未	申	酉	戌	亥

이 사주는 정화일주(丁火日柱)가 중동자월(中冬子月)에 출생하여 실시(失時)하고 자중계수(子中癸水)가 시상(時上)에 투출(透出)하여 편관격(偏官格)으로 일주(日柱)는 신약사주(身弱四柱)다. 다행히 정화일주(丁火日柱)는 년지사화(年支巳火)에 근(根)하고 시지묘목(時支卯木) 인수(印綬)가 있어 살인상생(殺印相生)으로 목인수(木印綬)기 용신(用神)이며 화비건겁(火比肩劫)은 희신(喜神)이 된다. 이 사주는 남자(男子)의 사주로서 한의사로 한방병원에 근무하였으나 운(運)이 없어 고생을 많이 하다가 41세 계수대운(癸水大運)에 한의원을 경영하였으나 월상무토(月上戊土)와 무계합(戊癸合)으로 합거(合去)되어 재산을 탕진하고 처(妻)와 이혼(離婚)하여 방황하며 혼자 살고 있는 사주다. 처궁(妻宮)이 부실한 것은 년간지(年干支) 을사생(乙巳生)의 공망(空亡)은 시지묘목(時支卯木)이며 일시(日時)가 상충(相沖)이 되어 더욱더 처궁(妻宮)이 부실한 사주다.

❶ 세운정해년(歲運丁亥年): 관재, 손재, 신액, 불성
❷ 질병(疾病): 심장(心臟), 간(肝), 담(膽)
❸ 남녀성격: (남) 말을 잘한다, 고집 대단, 미남형, 남에게 잘함, 학업 열중, 학업 장애, 재복 있다, 처 덕 있다, 청백하다, 예의 있다, 고독하다
　　　　　(여) 명랑하다, 예의 있다, 금방 좋았다가 금방 싫어짐, 욕심 많다, 정부, 미모 수려, 이성수신, 자손귀자, 말을 잘한다

🌀 세운·질병·남녀성격의 해설(歲運·疾病·男女性格의 解說)

❶ 세운정해년(歲運丁亥年)= ※관재, 손재, 신액, 불성은 ※세운정해년(歲運丁亥年)의 해수(亥水)는 정화일주(丁火日柱)의 정관(正官)으로 원명사주(源命四柱)에 재살(財殺)이 태왕(太旺)인데 세운(歲運)에서 재(財)나 관살운(官殺運)이 들어오면 ※관재수를 조심해야 하며 또는 손재수를 조심해야 하며 또는 건강을 조심해야 한다. 그리고 ※불성은 ※세운정해년(歲運丁亥年)의 정화(丁火)는 정화일주(丁火日柱)의 비견(比肩)으로 세운(歲運)에서 비견겁운(比肩劫運)이 들어오면 ※모든 일이 잘 풀리지 않고 대차계약도 잘 이루어지지 않는다.

❷ 질병(疾病)은 일주(日柱)에서 발생(發生)한다.

❸ 남녀성격은 일주(日柱)에서 발생(發生)한다.

정해년 (丁亥年)

癸	丁	壬	丁
卯	未	子	未

59	49	39	29	19	9
戊	丁	丙	乙	甲	癸
午	巳	辰	卯	寅	丑

이 사주는 정화일주(丁火日柱)가 중동자월(中冬子月)에 출생하여 실시(失時)하고 자중계수(子中癸水)가 시상(時上)에 투출(透出)하여 편관격(偏官格)이며 월상임수(月上壬水)가 투출(透出)하여 관살(官殺)이 태왕(太旺)으로 신약사주(身弱四柱)다. 다행히 정화일주(丁火日柱)는 시지묘목(時支卯木)에 생(生)을 받으므로 살인상생(殺印相生)으로 묘목인수(卯木印綬)가 용신(用神)이며 화비견겁(火比肩劫)은 희신(喜神)이 된다. 이 사주는 여자(女子)의 사주로서 초년(初年)에 와인바를 경영하여 29세 을묘대운(乙卯大運)부터 39세 병화대운(丙火大運)까지 수억금 벌어 펀드에 투자하였으나 44세 진토대운(辰土大運)에 손해를 많이 보고 남편(男便)과 이혼하고 혼자 살고 있는 사주다. 부궁(夫宮)이 부실한 것은 여자(女子) 사주에 관살(官殺)이 태왕(太旺)이면 부궁(夫宮)이 부실한데 년간지(年干支) 정미생(丁未生)의 공망(空亡)은 시지묘목(時支卯木)으로 부궁(夫宮)이 더욱더 부실한 사주다.

❶ 세운정해년(歲運丁亥年): 이별수, 불성, 변화, 이사, 전근
❷ 질병(疾病): 간(肝), 담(膽)
❸ 남녀성격: (남) 말을 잘한다, 마음이 넓다, 남에게 잘함, 명랑하다, 예의 있다, 편식, 박력 있다, 고집 대단, 성격이 까다롭다, 옷에 신경, 처궁불미
　　　　　(여) 명랑하다, 예의 있다, 금방 좋았다가 금방 싫어짐, 인덕 없다, 정부, 재가, 부궁불미, 신앙심, 말을 잘한다, 고집 대단

세운 · 질병 · 남녀성격의 해설 (歲運 · 疾病 · 男女性格의 解說)

❶ 세운정해년(歲運丁亥年)= ※이별수, 불성, 변화, 이사, 전근은 ※세운정해년(歲運丁亥年)의 해수(亥水)는 정화일주(丁火日柱)의 정관(正官)으로 여자(女子) 사주에 관살(官殺)이 태왕(太旺)인데 세운(歲運)에서 관살운(官殺運)이 들어오면 ※가정에 불화가 많이 생긴다든가 또는 남편과 떨어져 산다든가 또는 이혼한다든가 또는 남편이 사망하는 수도 있다. 그리고 ※불성은 ※세운정해년(歲運丁亥年)의 정화(丁火)는 정화일주(丁火日柱)의 비견(比肩)으로 세운(歲運)에서 비견겁운(比肩劫運)이 들어오면 ※모든 일이 잘 풀리지 않고 대차계약도 잘 이루어지지 않는다. 그리고 ※변화, 이사, 전근은 ※세운정해년(歲運丁亥年)의 해수(亥水)는 일지미토(日支未土)와 해미(亥未)로 삼합(三合)이 되므로 세운(歲運)에서 일지(日支) 삼합운(三合運)이 들어오면 ※변화가 생긴다든가 또는 이사를 한다든가 또는 직장을 옮기는 일이 많다.

❷ 질병(疾病)과 ❸ 남녀성격은 일주(日柱)에서 발생(發生)한다.

정해년(丁亥年)

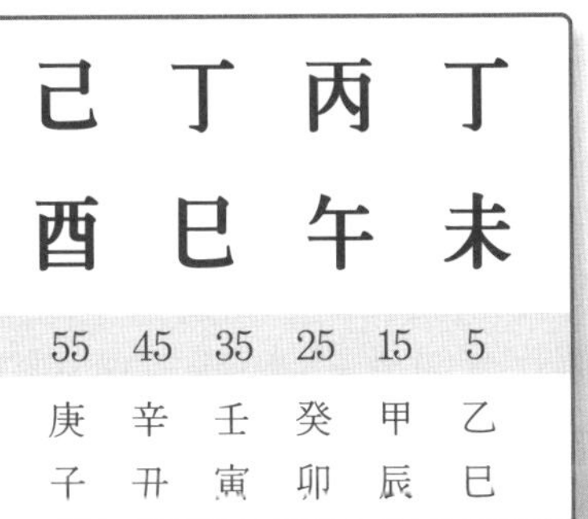

이 사주는 정화일주(丁火日柱)가 중하오월(中夏午月)에 출생하여 록근(祿根)하고 년월일(年月日) 사오미(巳午未)로 화국(火局)을 이루고 년월(年月) 병정화(丙丁火)가 투출(透出)하여 비견겁(比肩劫)이 태왕(太旺)으로 일주(日柱)는 신왕사주(身旺四柱)다. 신왕사주(身旺四柱)에는 일주를 제(制)하는 관살(官殺)이 좋은데 일주(日柱)를 제(制)하는 관살(官殺)은 없고 시지(時支) 유금재(酉金財)가 있어 재(財)로 용신(用神)한다. 그리고 토(土) 상관식신(傷官食神)은 희신(喜神)이 된다. 이 사주는 남자(男子)의 사주로서 회사에 다니다가 초년운(初年運)이 없어 고생을 많이 하다가 40세 인목대운(寅木大運)에 퇴사하여 사업을 경영하였으나 인목대운(寅木大運)은 금용신(金用神)의 절궁(絶宮)으로 [음양구분 안함] 손해를 많이 보다가 45세 신금대운(辛金大運)에 월상병화(月上丙火)와 병신합(丙辛合)으로 합거(合去)되어 재산을 탕진하고 처(妻)와 이혼하고 방황하며 살고 있는 사주다.

❶ 세운병자년(歲運丙子年): 관재, 수술, 자연재앙, 불성, 손재, 처액
❷ 질병(疾病): 심장(心臟), 혈압(血壓)
❸ 남녀성격: (남) 말을 잘한다, 외유내강, 매사 열중, 예의 있다, 명랑하다, 항상 바쁨, 거짓말을 못함, 남을 생각하지도 않고 직선적으로 말함, 영리하다, 고독하다
(여) 명랑하다, 예의 있다, 금방 좋았다가 금방 싫어짐, 말을 잘함, 정부, 재가, 부궁불미, 독수공방

세운·질병·남녀성격의 해설 (歲運·疾病·男女性格의 解說)

❶ 세운병자년(歲運丙子年)= ※관재, 수술, 자연재앙, 불성, 손재, 처액은 ※세운정해년(歲運丁亥年)의 해수(亥水)는 일지사화(日支巳火)와 사해충(巳亥沖)으로 세운(歲運)에서 일지충운(日支沖運)이 들어오면 ※관재수나 수술이나 자연재앙을 조심해야 한다. 그리고 ※불성은 ※세운정해년(歲運丁亥年)의 정화(丁火)는 정화일주의 비견(比肩)으로 세운에서 비견겁운(比肩劫運)이 들어오면 ※모든 일이 잘 풀리지 않고 대차계약도 잘 이루어지지 않는다. 그리고 ※손재, 처액은 ※세운정해년(歲運丁亥年)의 정화(丁火)는 정화일주의 비견(比肩)으로 신왕(身旺)한 남자(男子) 사주에 재(財)가 쇠약(衰弱)한데 세운에서 비견겁운(比肩劫運)이 들어오면 ※손재수를 조심해야 하며 또는 가정에 불화가 많이 생긴다든가 또는 처가 가출한다든가 또는 처의 건강을 조심해야 한다.

❷ 질병(疾病)과 ❸ 남녀성격은 일주(日柱)에서 발생(發生)한다.

정해년 (丁亥年)

61년(음) 2월 19일 유(酉)시 남자

己	丁	辛	辛
酉	卯	卯	丑

60	50	40	30	20	10
乙	丙	丁	戊	己	庚
酉	戌	亥	子	丑	寅

이 사주는 정화일주(丁火日柱)가 중춘묘월(中春卯月)에 출생하여 득령(得令)하고 일지묘목(日支卯木) 인수(印綬)가 있어 신왕사주(身旺四柱)같이 보인다. 그러나 년월(年月) 양신금(兩辛金)이 투출(透出)하여 시지유금(時支酉金)에 근(根)하고 년지축토(年支丑土)와 시지유금(時支酉金)과 유축(酉丑)으로 금국(金局)을 이루어 정화일주(丁火日柱)는 강화위약(强化爲弱)으로 신약사주(身弱四柱)가 된다. 그러므로 사주(四柱)에 재(財)가 많으므로 많은 재(財)를 제(制)하고 일주를 보신(補身)하는 화비견겁(火比肩劫)이 용신(用神)이며 목인수(木印綬)는 희신(喜神)이 된다. 이 사주는 남자(男子)의 사주로서 요리사로 호텔에 근무하다가 40세 정화대운(丁火大運)에 사업을 경영하여 수억금을 벌었으며 45세 해수대운(亥水大運)에 손해를 많이 보다가 50세 병화대운(丙火大運)에 월상신금(月上辛金)과 병신합(丙辛合)으로 합거(合去)되어 재산을 탕진하고 무능(無能)한 삶을 살고 있는 사주다.

❶ 세운정해년(歲運丁亥年): 변화, 이사, 전근, 불성, 관재, 손재, 신액
❷ 질병(疾病): 풍질(風疾)
❸ 남녀성격: (남) 말을 잘한다, 명랑하다, 근심이 많다, 영리하다, 풍류를 즐긴다, 지구력 부족, 처궁불미, 마음 약, 소심하다, 인자한 성품, 운동 잘함
　　　　　　(여) 명랑하다, 예의 있다, 금방 좋았다가 금방 싫어짐, 부궁불미, 정부, 친모격 정 많이 한다, 예능에 소질

🔵 세운·질병·남녀성격의 해설 (歲運 · 疾病 · 男女性格의 解說)

❶ 세운정해년(歲運丁亥年)= ※변화, 이사, 전근, 불성, 관재, 손재, 신액은 ※세운정해년(歲運丁亥年)의 해수(亥水)는 일지묘목(日支卯木)과 해묘(亥卯)로 삼합(三合)이 되므로 세운(歲運)에서 일지(日支) 삼합운(三合運)이 들어오면 **※변화가 생긴다든가 또는 이사를 한다든가 또는 직장을 옮기는 일이 많다.** 그리고 ※불성은 ※세운정해년(歲運丁亥年)의 정화(丁火)는 정화일주(丁火日柱)의 비견(比肩)으로 세운(歲運)에서 비견겁운(比肩劫運)이 들어오면 **※모든 일이 잘 풀리지 않고 대차계약도 잘 이루어지지 않는다.** 그리고 ※관재, 손재, 신액은 ※세운정해년(歲運丁亥年)의 해수(亥水)는 정화일주(丁火日柱)의 정관(正官)으로 원명사주(源命四柱)에 재살(財殺)이 태왕(太旺)인데 세운에서 재(財)나 관살운(官殺運)이 들어오면 **※관재수나 손재수나 건강을 조심해야 한다.**

❷ 질병(疾病)은 일주(日柱)에서 발생(發生)한다.

❸ 남녀성격은 일주(日柱)에서 발생(發生)한다.

정해년 (丁亥年)

丁	丁	甲	癸
未	未	寅	卯

60	50	40	30	20	10
戊	己	庚	辛	壬	癸
申	酉	戌	亥	子	丑

이 사주는 정화일주(丁火日柱)가 초봄 인월(寅月)에 출생하여 득령(得令)하고 인중갑목(寅中甲木)이 월상(月上)에 투출(透出)하고 년지묘목(年支卯木) 인수(印綬)가 있어 정화일주(丁火日柱)는 신왕사주(身旺四柱)다. 신왕사주(身旺四柱)에는 일주(日柱)를 제(制)하는 관살(官殺)이나 식신상관(食神傷官)으로 설기(泄氣)하면 좋은데 년상계수(年上癸水) 편관(偏官)이 있어 그 계수편관(癸水偏官)으로 용신(用神)하고자 하나 그 계수(癸水)는 근(根)이 없으며 자좌(自坐) 인묘목(寅卯木)에 설기(泄氣)가 심(甚)하여 용신(用神)으로 쓸 수가 없다. 다행히 시지(時支) 미중기토(未中己土) 식신(食神)이 있어 식신(食神)으로 설기(泄氣)한다. 그러므로 이런 사주를 가상관격(假傷官格)이라고 하며 미중기토(未中己土)가 용신(用神)이 된다. 이 사주는 남자의 사주로서 회사에 근무하다가 초년운(初年運)이 없어 승진이 안되어 고생을 많이 하다가 45세 술토대운(戌土大運)에 승진하여 승승장구하고 있는 사주다.

❶ 세운정해년(歲運丁亥年): 변화, 이사, 전근, 손재, 처액, 불성
❷ 질병(疾病): 간(肝), 담(膽)
❸ 남녀성격: (남) 말을 잘한다, 마음이 넓다, 남에게 잘함, 명랑하다, 예의 있다, 편식, 박력 있다, 고집 대단, 성격이 까다롭다, 옷에 신경, 처궁불미
(여) 명랑하다, 예의 있다, 금방 좋았다가 금방 싫어짐, 인덕 없다, 정부, 재가, 부궁불미, 신앙심, 말을 잘한다, 고집 대단

🔵 세운·질병·남녀성격의 해설 (歲運·疾病·男女性格의 解說)

❶ 세운정해년(歲運丁亥年)= ※변화, 이사, 전근, 손재, 처액, 불성은 ※세운정해년(歲運丁亥年)의 해수(亥水)는 일지미토(日支未土)와 해미(亥未)로 삼합(三合)이 되므로 세운(歲運)에서 일지(日支) 삼합운(三合運)이 들어오면 ※변화가 생긴다든가 또는 이사를 한다든가 또는 직장을 옮기는 일이 많다. 그리고 ※손재, 처액은 ※세운정해년(歲運丁亥年)의 정화(丁火)는 정화일주(丁火日柱)의 비견(比肩)으로 신왕(身旺)한 남자(男子) 사주에 세운(歲運)에서 비견겁운(比肩劫運)이 들어오면 ※손재수를 조심해야 하며 또는 가정에 불화가 많이 생긴다든가 또는 처가 가출한다든가 또는 처의 건강을 조심해야 한다. 그리고 ※불성은 ※세운정해년(歲運丁亥年)의 정화(丁火)는 정화일주(丁火日柱)의 비견(比肩)으로 세운(歲運)에서 비견겁운(比肩劫運)이 들어오면 ※모든 일이 잘 풀리지 않고 대차계약도 잘 이루어지지 않는다.

❷ 질병(疾病)과 ❸ 남녀성격은 일주(日柱)에서 발생(發生)한다.

정해년 (丁亥年)

63년(음) 3월 1일 신(申)시 여자

이 사주는 정화일주가 중춘묘월(中春卯月)에 출생하여 득령(得令)하고 묘중을목(卯中乙木)이 월상(月上)에 투출(透出)하여 인수격(印綬格)이며 년일지(年日支) 양묘목(兩卯木)으로 일주(日柱)는 신왕사주(身旺四柱)다. 신왕사주에는 관살(官殺)로 용신(用神)함이 좋은데 년상계수(年上癸水) 편관(偏官)으로 용신(用神)하고자 하나 그 계수(癸水)는 근(根)이 없으며 자좌묘목(自坐卯木)에 설기(泄氣)가 심(甚)하여 용신(用神)으로 쓸 수가 없다. 다행히 시상무토(時上戊土)가 투출(透出)하여 무토상관(戊土傷官)으로 설기(泄氣)하는데 배설구(排泄口)가 약(弱)하던 중 시지신금(時支申金)으로 설기(泄氣)하므로 신금재(申金財)가 용신(用神)이며 토(土) 상관식신(傷官食神)은 희신(喜神)이 된다. 이 사주는 여자(女子)의 사주로서 음식업을 하여 34세 기미대운(己未大運)에 수억금을 벌었으나 44세 경금대운(庚金大運)에 월상을목(月上乙木)과 을경합(乙庚合)으로 합거(合去)되어 손해를 많이 본 사주다.

❶ 세운정해년(歲運丁亥年): 이별수, 변화, 이사, 전근, 불성
❷ 질병(疾病): 풍질(風疾)
❸ 남녀성격: (남) 말을 잘한다, 명랑하다, 근심이 많다, 영리하다, 풍류를 즐긴다, 지구력 부족, 처궁불미, 마음 약, 소심하다, 인자한 성품, 운동 잘함
　　　　　　(여) 명랑하다, 예의 있다, 금방 좋았다가 금방 싫어짐, 부궁불미, 정부, 친모걱정 많이 한다, 예능에 소질

세운 · 질병 · 남녀성격의 해설 (歲運 · 疾病 · 男女性格의 解說)

❶ 세운정해년(歲運丁亥年)= ※이별수, 변화, 이사, 전근, 불성은 ※세운정해년(歲運丁亥年)의 정화(丁火)는 정화일주의 비견(比肩)으로 신왕(身旺)한 여자 사주에 세운에서 비견겁운(比肩劫運)이 들어오면 ※가정에 불화가 많이 생긴다든가 또는 남편과 떨어져 산다든가 또는 이혼한다든가 또는 남편이 사망하는 수도 있다. 그리고 ※변화, 이사, 전근은 ※세운정해년(歲運丁亥年)의 해수(亥水)는 일지묘목(日支卯木)과 해묘(亥卯)로 삼합(三合)이 되므로 세운에서 일지(日支) 삼합운(三合運)이 들어오면 ※변화가 생긴다든가 또는 이사를 한다든가 또는 직장을 옮기는 일이 많다. 그리고 ※불성은 ※세운정해년(歲運丁亥年)의 정화(丁火)는 정화일주의 비견(比肩)으로 세운에서 비견겁운(比肩劫運)이 들어오면 ※모든 일이 잘 풀리지 않고 대차계약도 잘 이루어지지 않는다.

❷ 질병(疾病)과 ❸ 남녀성격은 일주(日柱)에서 발생(發生)한다.

정해년 (丁亥年)

60년(음) 11월 9일 해(亥)시 여자

癸	戊	戊	庚
亥	子	子	子

56	46	36	26	16	6
壬	癸	甲	乙	丙	丁
午	未	申	酉	戌	亥

이 사주는 무토일주(戊土日柱)가 중동자월(中冬子月)에 출생하여 실시(失時)하고 자중계수(子中癸水)가 시상(時上)에 투출(透出)하여 정재격(正財格)이다. 그리고 년일지(年日支) 양자수(兩子水)와 시지해수(時支亥水)로 지지(地支)는 전수국(全水局)을 이루어 일주(日柱)가 심약(甚弱)하다. 무토일주(戊土日柱)는 무근(無根)이며 월상무토(月上戊土) 비견(比肩)도 무근(無根)이며 많은 왕수(旺水)에 쓸려가 힘이 없으므로 일주(日柱)를 도울 수가 없다. 그러므로 토생금(土生金) 금생수(金生水)로 이런 사주를 상관(傷官) 용재격(用財格)이라고 하며 수재(水財)가 용신(用神)이며 금(金) 상관식신(傷官食神)은 희신(喜神)이 된다. 이 사주는 여자(女子)의 사주로서 직장에 다니다가 36세 갑목대운(甲木大運)에 퇴사하여 사업을 경영하였으나 손해를 많이 보고 41세 신금대운(申金大運)에 희신운(喜神運)이 들어와 사업이 번창하여 수억금을 벌었고 46세 계수대운(癸水大運)에 사업을 확장하였으나 월상무토(月上戊土)와 무계합(戊癸合)으로 합거(合去)되어 재산을 탕진하고 어려운 생활을 하고 있으나 56세 임수(壬水) 대운에 돈을 많이 벌 것으로 생각된다.

❶ 세운정해년(歲運丁亥年): 관재, 손재, 신액, 신축, 문서
❷ 질병(疾病): 비(脾), 위(胃)
❸ 남녀성격: (남) 군자의 성품, 언행 조심, 외강내유, 지혜롭다, 고집 대단, 신경 예민, 권모술수, 처 덕 있다, 돈이 잘 빠져나감, 처 말을 잘 듣는다, 눈치 빠름
　　　　　　(여) 순진, 신용, 하는 일에 겁이 없다, 부궁불미, 정부, 재가, 독수공방, 직업, 재복 있다, 신앙심

🔵 세운·질병·남녀성격의 해설 (歲運·疾病·男女性格의 解說)

❶ 세운정해년(歲運丁亥年)= ※관재, 손재, 신액, 신축, 문서는 ※세운정해년(歲運丁亥年)의 해수(亥水)는 무토일주(戊土日柱)의 편재(偏財)로 원명사주(源命四柱)에 재(財)가 태왕(太旺)인데 세운(歲運)에서 재(財)나 관살운(官殺運)이 들어오면 ※관재수를 조심해야 하며 또는 손재수를 조심해야 하며 또는 건강을 조심해야 한다. 그리고 ※신축, 문서는 ※세운정해년(歲運丁亥年)의 정화(丁火)는 무토일주(戊土日柱)의 인수(印綬)로 세운(歲運)에서 인수운(印綬運)이 들어오면 ※집을 짓는다든가 또는 증축을 한다든가 또는 사업체를 벌린다든가 또는 문서를 잡는 일이 많다.

❷ 질병(疾病)은 일주(日柱)에서 발생(發生)한다.

❸ 남녀성격은 일주(日柱)에서 발생(發生)한다.

정해년 (丁亥年)

61년(음) 7월 3일 유(酉)시 남자

辛	戊	丙	辛
酉	寅	申	丑

52	42	32	22	12	2
庚	辛	壬	癸	甲	乙
寅	卯	辰	巳	午	未

이 사주는 무토일주(戊土日柱)가 초가을 신월(申月)에 출생하여 실시(失時)하고 년시상(年時上) 양신금(兩辛金)이 투출(透出)하여 시지유금(時支酉金)에 근(根)하여 상관식신(傷官食神)이 태왕(太旺)으로 일주(日柱)는 신약사주(身弱四柱)다. 무토일주(戊土日柱)는 자좌인목(自坐寅木)에 살지(殺地)라 하나 무토(戊土)의 생궁(生宮)이므로 좀처럼 종(從)하지 않으며 인중병화(寅中丙火)가 월상(月上)에 투출(透出)하여 병화인수(丙火印綬)로 많은 상관식신(傷官食神)을 제(制)하고 무토일주(戊土日柱)를 생(生)하여줘야 하므로 병화인수(丙火印綬)가 용신(用神)이며 토비견겁(土比肩劫)은 희신(喜神)이 된다. 이 사주는 남자(男子)의 사주로서 상관식신(傷官食神)이 많은 사람들은 예능(藝能)에 소질이 좋은데 창작만화를 전공하였으며 31세 사화대운(巳火大運)까지 모든 일이 잘 풀렸으나 32세 임수대운(壬水大運)에 병화용신(丙火用神)을 충극(沖剋)하여 모든 일이 잘 풀리지 않았으며 37세 진토대운(辰土大運)에 만화사업을 하며 평범하게 지냈으나 42세 신금대운(辛金大運)에 월상병화(月上丙火)와 병신합(丙辛合)으로 합거(合去)되어 재산을 탕진하고 힘들게 살아가고 있는 사주다.

❶ 세운정해년(歲運丁亥年): 신축, 문서
❷ 질병(疾病): 위산과다(胃酸過多), 위장병(胃腸病)
❸ 남녀성격: (남) 군자의 성품, 언행 조심, 의젓하다, 주관이 약하다, 부모무덕, 밥을 조금 먹는다, 처궁불미, 자손귀자
　　　　　　 (여) 신용 있다, 순진하다, 고집 대단, 정부, 재가, 시모불화, 인덕 없다, 친모봉양

세운 · 질병 · 남녀성격의 해설 (歲運 · 疾病 · 男女性格의 解說)

❶ 세운정해년(歲運丁亥年)= ※신축, 문서는 ※세운정해년(歲運丁亥年)의 정화(丁火)는 무토일주(戊土日柱)의 인수(印綬)로 세운(歲運)에서 인수운(印綬運)이 들어오면 ※집을 짓는다든가 또는 증축을 한다든가 또는 사업체를 벌린다든가 또는 문서를 잡는 일이 많다.

❷ 질병(疾病)은 위산과다, 위장병은 일주(日柱)에서 발생(發生)하며 ※폐병, 결핵은 ※무토일주(戊土日柱)가 쇠약(衰弱)하면 ※폐병과 결핵을 조심해야 한다.

❸ 남녀성격은 일주(日柱)에서 발생(發生)한다.

정해년(丁亥年)

60년(윤) 6월 16일 인(寅)시 남자

甲	戊	甲	庚
寅	辰	申	子

60	50	40	30	20	10
庚	己	戊	丁	丙	乙
寅	丑	子	亥	戌	酉

이 사주는 무토일주(戊土日柱)가 초가을 신월(申月)에 출생하여 실시(失時)하고 신궁경금(申宮庚金)이 년상(年上)에 투출(透出)하여 식신격(食神格)이며 년월일지(年月日支) 신자진(申子辰) 수국(水局)을 이루었으며 월시상(月時上) 양갑목(兩甲木)은 시지(時支) 인중갑목(寅中甲木)에 근(根)하여 일수(日柱)는 신약사주(身弱四柱)다. 그러나 무토일주(戊土日柱)는 자좌(自坐) 진중무토(辰中戊土)에 근(根)한다고 하나 진토(辰土)는 습토(濕土)로 힘이 없어 일주(日柱)를 도울 수가 없으므로 토생금(土生金) 금생수(金生水) 수생목(水生木)으로 사주의 기(氣)는 시상갑목(時上甲木)에 집중되어 있으므로 종살격(從殺格)이다. 그러므로 갑목편관(甲木偏官)이 용신(用神)이며 수재(水財)는 희신(喜神)이 된다. 이 사주는 남자(男子)의 사주로서 토목회사에 근무하다가 45세 자수대운(子水大運)에 건축사업을 경영하여 수억금을 벌었으나 50세 기토대운(己土大運)에 월상갑목(月上甲木)과 갑기합(甲己合)으로 합거(合去)되어 재산을 탕진하고 일용직(日用職)으로 일하고 있는 사주다.

---

❶ 세운정해년(歲運丁亥年): 관재, 손재, 신액, 신축, 문서, 신경과민
❷ 질병(疾病): 풍질(風疾), 혈압(血壓)
❸ 남녀성격: (남) 군자의 성품, 언행 조심, 인심 좋다, 이해성이 많다, 화합 잘함, 주관이 강하다, 신의 있다, 재간 있다, 처궁불미, 아이디어가 좋다, 재복 있다, 미인수다
　　　　　　(여) 신용, 순진하다, 욕심 많다, 재복 있다, 부궁불미, 정부, 신앙심

☯ 세운·질병·남녀성격의 해설(歲運·疾病·男女性格의 解說)

❶ 세운정해년(歲運丁亥年)= ※관재, 손재, 신액, 신축, 문서, 신경과민은 ※세운정해년(歲運丁亥年)의 해수(亥水)는 무토일주의 편재(偏財)로 원명사주에 재살(財殺)이 태왕(太旺)인데 세운에서 재(財)나 관살운(官殺運)이 들어오면 ※**관재수를 조심해야 하며 또는 손재수를 조심해야 하며 또는 건강을 조심해야 한다.** 그리고 ※**신축, 문서**는 ※세운정해년(歲運丁亥年)의 정화(丁火)는 무토일주의 인수로 세운에서 인수운(印綬運)이 들어오면 ※**집을 짓는다든가 또는 증축을 한다든가 또는 사업체를 벌린다든가 또는 문서를 잡는 일이 많다.** 그리고 ※**신경과민**은 ※세운정해년(歲運丁亥年)의 해수(亥水)는 일지진토(日支辰土)와 진해(辰亥)로 귀문관살(鬼門關殺)이므로 세운에서 일지(日支) 귀문(鬼門) 관살운(關殺運)이 들어오면 ※**그해에는 모든 일에 신경을 많이 쓰게 된다.**

❷ 질병(疾病)과 ❸ 남녀성격은 일주(日柱)에서 발생(發生)한다.

정해년 (丁亥年)

57년(음) 12월 22일 유(酉)시 남자

辛	戊	甲	戊
酉	午	寅	戌

58	48	38	28	18	8
庚	己	戊	丁	丙	乙
申	未	午	巳	辰	卯

이 사주는 무토일주(戊土日柱)가 초봄 인월(寅月)에 출생하여 실시(失時)하고 인중갑목(寅中甲木)이 월상(月上)에 투출(透出)하여 편관격(偏官格)이다. 그리고 무토일주(戊土日柱)는 자좌오화(自坐午火) 양인(羊刃)과 년간지(年干支) 무술토(戊戌土)로 인수(印綬)와 비견겁(比肩劫)이 있으며 지지(地支)는 인오술(寅午戌) 화국(火局)을 이루어 신왕사주(身旺四柱)같이 보인다. 그러나 인월(寅月)은 한 개지만 두 개 이상의 힘을 갖고 있으며 시간지(時干支) 신유상관(辛酉傷官)이 있어 한편으로는 상관식신(傷官食神)에 설기(泄氣)가 심(甚)하고 한편으로는 월상갑목(月上甲木)에 극(剋)을 받으므로 일주(日柱)는 신약사주(身弱四柱)며 양인격(羊刃格)이다. 그리고 갑목편관(甲木偏官)은 왕(旺)하고 일주(日柱)는 약(弱)하므로 일주(日柱)를 도와주는 화인수(火印綬)가 용신(用神)이며 토비견겁(土比肩劫)은 희신(喜神)이 된다. 이 사주는 남자(男子)의 사주로서 초년(初年)에 체육을 전공하여 28세 정화대운(丁火大運)부터 스포츠 사업을 경영하여 사오미(巳午未) 화토대운(火土大運)에 수억금을 벌어 잘살고 있는 사주다.

❶ 세운정해년(歲運丁亥年): 신축, 문서, 관재, 손재, 신액
❷ 질병(疾病): 위(胃), 비(脾), 혈압(血壓)
❸ 남녀성격: (남) 군자의 성품, 언행 조심, 성질 급, 서두른다, 외화내곤, 실패 자초, 처궁불미, 재가, 정력 강, 여자 많다, 편식한다
　　　　　　(여) 신용, 순진하다, 고집 대단, 박력 있다, 부궁불미, 정부, 친모봉양

◑ 세운·질병·남녀성격의 해설(歲運·疾病·男女性格의 解說)

❶ 세운정해년(歲運丁亥年)= ※신축, 문서, 관재, 손재, 신액은 ※세운정해년(歲運丁亥年)의 정화(丁火)는 무토일주(戊土日柱)의 인수(印綬)로 세운(歲運)에서 인수운(印綬運)이 들어오면 ※집을 짓는다든가 또는 증축을 한다든가 또는 사업체를 벌린다든가 또는 문서를 잡는 일이 많다. 그리고 ※관재, 손재, 신액은 ※세운정해년(歲運丁亥年)의 해수(亥水)는 무토일주(戊土日柱)의 편재(偏財)로 사주(四柱)에 편관(偏官)이 태왕(太旺)인데 세운(歲運)에서 재(財)나 관살운(官殺運)이 들어오면 ※관재수를 조심해야 하며 또는 손재수를 조심해야 하며 또는 건강을 조심해야 한다.

❷ 질병(疾病)은 일주(日柱)에서 발생(發生)한다.

❸ 남녀성격은 일주(日柱)에서 발생(發生)한다.

정해년 (丁亥年)

60년(음) 9월 28일 인(寅)시 남자

甲	戊	丁	庚
寅	申	亥	子

57	47	37	27	17	7
癸	壬	辛	庚	己	戊
巳	辰	卯	寅	丑	子

이 사주는 무토일주(戊土日柱)가 초겨울 해월(亥月)에 출생하여 실시(失時)하고 해중갑목(亥中甲木)이 시상(時上)에 투출(透出)하여 편관격(偏官格)이다. 그리고 년월지(年月支) 해자수국(亥子水局)으로 재살(財殺)이 태왕(太旺)이다. 무토일주(戊土日柱)는 무근(無根)이며 자좌신금(自坐申金)에 설기(泄氣)가 심(甚)하며 월상정화(月上丁火) 인수(印綬)기 있다 하나 그 정화(丁火)는 자좌해수(自坐亥水)에 살지(殺地)에 앉아 무토일주(戊土日柱)를 생(生)하여줄 힘이 없으므로 화생토(火生土) 토생금(土生金) 금생수(金生水) 수생목(水生木)으로 사주의 기(氣)는 시상갑목(時上甲木)에 집중되어 종살격(從殺格)이다. 그러므로 시상갑목(時上甲木) 편관(偏官)이 용신(用神)이며 수재(水財)는 희신(喜神)이 된다. 이 사주는 남자(男子)의 사주로서 인테리어 사업을 하였으나 37세 신금대운(辛金大運)에 손해를 많이 보다가 42세 묘목대운(卯木大運)에 사업이 번창하여 수어금을 벌어 사업을 확장하였으나 47세 임수대운(壬水大運)에 월상정화(月上丁火)와 정임합(丁壬合)으로 합거(合去)되어 재산을 탕진하고 아파트 경비원으로 힘들게 살고 있는 사주다.

❶ 세운정해년(歲運丁亥年): 관재, 손재, 신액, 신축, 문서
❷ 질병(疾病): 위(胃), 잔질(殘疾)
❸ 남녀성격: (남) 군자의 성품, 언행 조심, 신의 있다, 재주 있다, 고독하다, 항상 바쁨, 학업 장애, 처궁불미, 처 덕 있다, 재복 있다
　　　　　　 (여) 신용 있다, 순진하다, 고집 대단, 부궁불미, 정부, 다재다능

세운·질병·남녀성격의 해설 (歲運·疾病·男女性格의 解說)

❶ 세운정해년(歲運丁亥年)= ※관재, 손재, 신액, 신축, 문서는 ※세운정해년(歲運丁亥年)의 해수(亥水)는 무토일주(戊土日柱)의 편재(偏財)로 원명사주(源命四柱)에 재살(財殺)이 태왕(太旺)인데 세운(歲運)에서 재(財)나 관살운(官殺運)이 들어오면 **※관재수를 조심해야 하며 또는 손재수를 조심해야 하며 또는 건강을 조심해야 한다.** 그리고 **※신축, 문서는** ※세운정해년(歲運丁亥年)의 정화(丁火)는 무토일주(戊土日柱)의 인수(印綬)로 세운(歲運)에서 인수운(印綬運)이 들어오면 ※집을 짓는다든가 또는 증축을 한다든가 또는 사업체를 벌린다든가 또는 문서를 잡는 일이 많다.

❷ 질병(疾病)은 일주(日柱)에서 발생(發生)한다.

❸ 남녀성격은 일주(日柱)에서 발생(發生)한다.

정해년 (丁亥年)

59년(음) 10월 12일 미(未)시 남자

己	戊	乙	己
未	戌	亥	亥

51	41	31	21	11	1
己	庚	辛	壬	癸	甲
巳	午	未	申	酉	戌

이 사주는 무토일주(戊土日柱)가 초거울 해월(亥月)에 출생하여 실시(失時)하고 년지해수(年支亥水)와 월상을목(月上乙木)이 투출(透出)하여 재살(財殺)이 태왕(太旺)으로 신약사주(身弱四柱)같이 보인다. 그러나 무토일주(戊土日柱)는 자좌(自坐) 술중무토(戌中戊土)에 근(根)하고 시간지(時干支) 기미(己未) 비겁(比劫)과 미중기토(未中己土)가 년상(年上)에 투출(透出)하여 일주(日柱)는 약화위강(弱化爲强)으로 신왕사주(身旺四柱)다. 신왕사주(身旺四柱)에는 일주(日柱)를 제(制)하는 관살(官殺)로 용신(用神)함이 좋은데 다행히 월상을목(月上乙木)이 해중갑목(亥中甲木)에 근(根)하므로 월상을목(月上乙木) 정관(正官)으로 용신(用神)한다. 그리고 수재(水財)는 희신(喜神)이 된다. 이 사주는 남자(男子)의 사주로서 조명회사에 다니다가 운(運)이 없어 고생을 많이 하다가 41세 경금대운(庚金大運)에 사업을 경영하였으나 월상을목(月上乙木)과 을경합(乙庚合)으로 합거(合去)되어 손해를 많이 보았으며 46세 오화대운(午火大運)에 목용신(木用神)이 오화(午火)에 설기(泄氣)가 심(甚)하여 재산을 탕진하고 방황하며 힘들게 살고 있는 사주다.

❶ 세운정해년(歲運丁亥年): 신축, 문서, 자연재앙
❷ 질병(疾病): 신장(腎臟), 방광(膀胱)
❸ 남녀성격: (남) 군자의 성품, 언행 조심, 신의 있다, 인심 좋다, 재주 있다, 신뢰한다, 근면
하다, 학업 열중, 임사즉결, 고집 대단, 남에게 잘함, 신앙심, 창의력, 돈이
잘 빠져나간다
(여) 신용 있다, 순진하다, 시모불합, 남편 말 잘 안 듣는다, 부궁불미, 정부, 재
가, 독수공방, 일가부양, 친모봉양, 신앙심

세운 · 질병 · 남녀성격의 해설 (歲運 · 疾病 · 男女性格의 解說)

❶ 세운정해년(歲運丁亥年)= ※신축, 문서, 자연재앙은 ※세운정해년(歲運丁亥年)의 정화(丁火)는 무토일주(戊土日柱)의 인수(印綬)로 세운(歲運)에서 인수운(印綬運)이 들어오면 ※집을 짓는다든가 또는 증축을 한다든가 또는 사업체를 벌린다든가 또는 문서를 잡는 일이 많다. 그리고 ※자연재앙은 ※세운정해년(歲運丁亥年)의 해수(亥水)는 년지해수(年支亥水)와 해해(亥亥)로 똑같은 오행(五行)이므로 세운(歲運)에서 년지(年支) 같은 운(運)이 들어오면 ※자연재앙을 조심해야 한다.

❷ 질병(疾病)은 일주(日柱)에서 발생(發生)한다.

❸ 남녀성격은 일주(日柱)에서 발생(發生)한다.

정해년 (丁亥年)

72년(음) 10월 28일 묘(卯)시 여자

乙	戊	辛	壬
卯	辰	亥	子

59	49	39	29	19	9
乙	丙	丁	戊	己	庚
巳	午	未	申	酉	戌

이 사주는 무토일주(戊土日柱)가 초겨울 해월(亥月)에 출생하여 실시(失時)하고 해중임수(亥中壬水)가 년상(年上)에 투출(透出)하여 편재격(偏財格)이다. 그리고 년지자수(年支子水)와 일지진토(日支辰土)와 자진(子辰)으로 수국(水局)을 이루고 시간지(時干支) 을묘목(乙卯木)은 일지진토(日支辰土)와 묘진(卯辰)으로 목국(木局)을 이루어 재살(財殺)이 태왕(太旺)이다. 그러므로 월상신금(月上辛金)으로 을목정관(乙木正官)을 제(制)할려고 하나 신금(辛金)은 근(根)이 없으며 왕수(旺水)에 침수되어 제살(制殺)을 할 수가 없다. 그리고 무토일주(戊土日柱)는 진중무토(辰中戊土)에 근(根)한다고 하나 그 진토(辰土)는 습토(濕土)며 자진수국(子辰水局)과 묘진목국(卯辰木局)으로 화(化)하여 일주(日柱)를 도울 수가 없으므로 토생금(土生金) 금생수(金生水) 수생목(水生木)으로 종살격(從殺格)이다. 그러므로 시상을목(時上乙木) 정관(正官)이 용신(用神)이며 수재(水財)는 희신(喜神)이 된다. 이 사주는 여자의 사주로서 부궁(夫宮)이 부실하여 남편과 사별(死別)하고 혼자 살고 있는 사주다.

🔵 세운·질병·남녀성격의 해설 (歲運·疾病·男女性格의 解說)

❶ 세운정해년(歲運丁亥年)= ※관재, 손재, 신액, 신축, 문서, 신경과민은 ※세운정해년(歲運丁亥年)의 해수(亥水)는 무토일주의 편재(偏財)로 원명사주에 재살(財殺)이 태왕(太旺)인데 세운에서 재(財)나 관살운(官殺運)이 들어오면 ※관재수나 손재수나 건강을 조심해야 한다. 그리고 ※신축, 문서는 ※세운정해년(歲運丁亥年)의 정화(丁火)는 무토일주(戊土日柱)의 인수(印綬)로 세운(歲運)에서 인수운(印綬運)이 들어오면 ※집을 짓는다든가 또는 증축을 한다든가 또는 사업체를 벌린다든가 또는 문서를 잡는 일이 많다. 그리고 ※신경과민은 ※세운정해년(歲運丁亥年)의 해수(亥水)는 일지진토(日支辰土)와 진해(辰亥)로 귀문관살이므로 세운에서 일지(日支) 귀문(鬼門) 관살운(關殺運)이 들어오면 ※그해에는 모든 일에 신경을 많이 쓰게 된다.

❷ 질병(疾病)과 ❸ 남녀성격은 일주(日柱)에서 발생(發生)한다.

정해년 (丁亥年)

65년(음) 7월 26일 신(申)시 여자

庚	戊	甲	乙
申	申	申	巳

56	46	36	26	16	6
庚	己	戊	丁	丙	乙
寅	丑	子	亥	戌	酉

이 사주는 무토일주(戊土日柱)가 초가을 신월(申月)에 출생하여 실시(失時)하고 신궁경금(申宮庚金)이 시상(時上)에 투출(透出)하고 일시지(日時支) 양신금(兩申金)으로 식신(食神)이 태왕(太旺)으로 일주(日柱)는 신약사주(身弱四柱)다. 그러나 무토일주(戊土日柱)는 년지(年支) 사중병화(巳中丙火)에 근(根)하므로 종(從)하지 않으며 사중병화(巳中丙火) 인수(印綬)로 많은 상관식신(傷官食神)을 제(制)하며 일주(日柱)를 생(生)하여줘야 하므로 화인수(火印綬)가 용신(用神)이며 토비견겁(土比肩劫)은 희신(喜神)이 된다. 이 사주는 여자(女子)의 사주로서 가방 디자이너로 일하다가 36세 무토대운(戊土大運)에 자영업을 경영하여 돈을 조금 벌었으나 41세 자수대운(子水大運)이 사중병화(巳中丙火) 인수(印綬)를 극(剋)하여 손해를 많이 보고 남편과 사별하고 46세 기토대운(己土大運)에 월상갑목(月上甲木)과 갑기합(甲己合)으로 합거(合去)되어 병(病)까지 얻어 유방(乳房)을 수술한 사주다. 유방(乳房) 수술하게 된 것은 년지사화(年支巳火)와 월지신금(月支申金)과 사신형살(巳申刑殺)이므로 상관식신(傷官食神)이 태왕(太旺)하고 형살(刑殺)이 있으면 자궁(子宮)과 유방(乳房)을 조심해야 한다. 그리고 여자(女子) 사주에 상관식신(傷官食神)이 태왕(太旺)이면 부궁(夫宮)이 부실하여 해로(偕老)하기 힘들다.

❶ 세운정해년(歲運丁亥年): 신축, 문서, 관재, 손재, 신액
❷ 질병(疾病): 위(胃), 잔질(殘疾)
❸ 남녀성격: (남) 군자의 성품, 언행 조심, 신의 있다, 재주 있다, 고독하다, 항상 바쁨, 학업 장애, 처궁불미, 처 덕 있다, 재복 있다
    (여) 신용 있다, 순진하다, 고집 대단, 부궁불미, 정부, 다재다능

🌐 **세운 · 질병 · 남녀성격의 해설** (歲運 · 疾病 · 男女性格의 解說)

❶ 세운정해년(歲運丁亥年)= ※신축, 문서, 관재, 손재, 신액은 ※세운정해년(歲運丁亥年)의 정화(丁火)는 무토일주의 인수(印綬)로 세운(歲運)에서 인수운(印綬運)이 들어오면 ※집을 짓는다든가 또는 증축을 한다든가 또는 사업체를 벌린다든가 또는 문서를 잡는 일이 많다. 그리고 ※관재, 손재, 신액은 ※세운정해년(歲運丁亥年)의 해수(亥水)는 무토일주의 편재(偏財)로 사주에 상관(傷官)과 관살(官殺)이 태왕(太旺)인데 세운(歲運)에서 재(財)나 관살운(官殺運)이 들어오면 ※관재수나 손재수나 건강을 조심해야 한다.

❷ 질병(疾病)과 ❸ 남녀성격은 일주(日柱)에서 발생(發生)한다.

정해년 (丁亥年)

69년(음) 3월 28일 오(午)시 여자

이 사주는 기토일주(己土日柱)가 초여름 사월(巳月)에 출생하여 득령(得令)하고 년월기토(年月己土)가 투출(透出)하였으며 시지오화(時支午火)에 록근(祿根)하여 일주(日柱)는 신왕사주(身旺四柱)다. 신왕사주(身旺四柱)에는 일주(日柱)를 제(制)하는 관살(官殺)이 좋은데 일주(日柱)를 제(制)하는 관살(官殺)은 없고 설기(泄氣)하는 상관(傷官)이 시상(時上)에 투출(透出)하여 ㄱ 상관(傷官)은 년지유금(年支酉金)에 근(根)하므로 시상경금(時上庚金) 상관(傷官)이 용신(用神)이 된다. 이 사주는 여자(女子)의 사주로서 화장품장사를 하였으나 초년(初年)에는 고생을 많이 하였으나 33세 신금대운(申金大運)에 사업이 번창해 돈을 많이 벌어 체인점으로 확장하여 43세 유금대운(酉金大運)에 수억금을 벌어 잘살고 있는 사주다. 그러나 일간지(日干支) 기축일주(己丑日柱)의 공망(空亡)은 시지오화(時支午火)이며 일시지(日時支) 축오(丑午)로 원진살(怨嗔殺)이 되어 부궁(夫宮)이 부실하여 재혼(再婚)하거나 혼자 사는 사람들이 많은데 이 사주도 재혼(再婚)한 사주다.

❶ 세운정해년(歲運丁亥年): 이별수, 신축, 문서
❷ 질병(疾病): 위(胃), 위경련(胃痙攣), 비(脾)
❸ 남녀성격: (남) 군자의 성품, 언행 조심, 근면 성실, 신용 부실, 부지런하다, 봉사정신, 처궁불미, 의처증, 새벽잠이 없다, 신앙심, 학업 장애
　　　　　 (여) 신용 있다, 순진하다, 부궁불미, 독수공방, 남편을 의심한다, 정부, 시모불합, 신앙심, 돈이 잘 빠져나간다, 친정형제 걱정 많이 한다

◉ 세운 · 질병 · 남녀성격의 해설 (歲運 · 疾病 · 男女性格의 解說)

❶ 세운정해년(歲運丁亥年)= ※이별수, 신축, 문서는 ※세운정해년(歲運丁亥年)의 정화(丁火)는 기토일주(己土日柱)의 인수(印綬)로 신왕(身旺)한 여자(女子) 사주에 세운(歲運)에서 인수운(印綬運)이 들어오면 ※가정에 불화가 많이 생긴다든가 또는 남편과 떨어져 산다든가 또는 이혼한다든가 또는 남편이 사망하는 수도 있다. 그리고 ※신축, 문서는 ※세운정해년(歲運丁亥年)의 정화(丁火)는 기토일주(己土日柱)의 인수(印綬)로 세운(歲運)에서 인수운(印綬運)이 들어오면 ※집을 짓는다든가 또는 증축을 한다든가 또는 사업체를 벌린다든가 또는 문서를 잡는 일이 많다.

❷ 질병(疾病)은 일주(日柱)에서 발생(發生)한다.

❸ 남녀성격은 일주(日柱)에서 발생(發生)한다.

정해년 (丁亥年)

62년(음) 5월 29일 진(辰)시 여자

戊	己	丙	壬
辰	亥	午	寅

58	48	38	28	18	8
庚	辛	壬	癸	甲	乙
子	丑	寅	卯	辰	巳

이 사주는 기토일주(己土日柱)가 중하오월(中夏午月)에 출생하여 록근(祿根)하고 월상병화(月上丙火) 인수(印綬)가 투출(透出)하였으며 시간지(時干支) 무진토(戊辰土) 비겁(比劫)이 있어 일주(日柱)는 신왕사주(身旺四柱)다. 신왕사주(身旺四柱)에는 관살(官殺)로 용신(用神)함이 좋은데 다행히 년지(年支) 인중갑목(寅中甲木) 정관(正官)이 있어 인중갑목(寅中甲木) 정관(正官)으로 용신(用神)한다. 그리고 수재(水財)는 희신(喜神)이 된다. 이 사주는 여자의 사주로서 회계사 시험에 합격하여 회계법인에 근무하다가 33세 묘목대운(卯木大運)에 퇴사하여 개인 회계사무소를 경영하여 47세 인목대운(寅木大運)까지 승승장구하여 수억금을 벌었고 48세 신금대운(辛金大運)에 모든 일이 잘 풀리지 않고 손해를 보고 있는 중이다.

❶ 세운정해년(歲運丁亥年): 이별수, 변화, 이사, 전근, 신축, 문서, 자연재앙
❷ 질병(疾病): 위(胃), 비(脾)
❸ 남녀성격: (남) 군자의 성품, 언행 조심, 영리하다, 추리력, 선견지명, 외유내강, 현실에 적응 잘한다, 강직하다, 재복 있다, 장수한다, 호인이다
　　　　　　(여) 신용 있다, 순진하다, 남편 좋다, 영리하다, 부궁불미, 정부, 장수한다, 신앙심

세운·질병·남녀성격의 해설 (歲運·疾病·男女性格의 解說)

❶ 세운정해년(歲運丁亥年)= ※이별수, 변화, 이사, 전근, 신축, 문서, 자연재앙은 ※세운정해년(歲運丁亥年)의 정화(丁火)는 기토일주의 인수(印綬)로 신왕(身旺)한 여자(女子) 사주에 세운에서 인수운(印綬運)이 들어오면 ※가정에 불화가 많이 생긴다든가 또는 남편과 떨어져 산다든가 또는 이혼한다든가 또는 남편이 사망하는 수도 있다. 그리고 ※변화, 이사, 전근은 ※세운정해년(歲運丁亥年)의 해수(亥水)는 일지해수(日支亥水)와 해해(亥亥)로 삼합(三合)이 되므로 세운에서 일지(日支) 삼합운(三合運)이 들어오면 ※변화가 생긴다든가 또는 이사를 한다든가 또는 직장을 옮기는 일이 많다. 그리고 ※신축, 문서는 ※세운정해년(歲運丁亥年)의 정화(丁火)는 기토일주의 인수로 세운에서 인수운(印綬運)이 들어오면 ※집을 짓는다든가 또는 증축을 한다든가 또는 사업체를 벌린다든가 또는 문서를 잡는 일이 많다. 그리고 ※자연재앙은 ※세운정해년(歲運丁亥年)의 해수(亥水)는 일지해수(日支亥水)와 해해(해해)로 똑같은 오행(五行)이므로 세운에서 일지(日支)같은 운(運)이 들어오면 ※자연재앙을 조심해야 한다.

❷ 질병(疾病)과 ❸ 남녀성격은 일주(日柱)에서 발생(發生)한다.

정해년 (丁亥年)

57년(음) 7월 10일 오(午)시 여자

庚	己	丁	丁
午	酉	未	酉

51	41	31	21	11	1
癸	壬	辛	庚	己	戊
丑	子	亥	戌	酉	申

이 사주는 기토일주(己土日柱)가 하계미월(夏季未月)에 출생하여 득령(得令)하고 미중정화(未中丁火)가 년월(年月)에 투출(透出)하고 그 정화(丁火)는 시지오화(時支午火)에 록근(祿根)하여 일주(日柱)를 생(生)하여주므로 기토일주(己土日柱)는 신왕사주(身旺四柱)나. 신왕사주(身旺四柱)에는 관살(官殺)로 일주(日柱)를 제(制)함이 좋온데 일주(日柱)를 제(制)하는 관살(官殺)은 없고 시상경금(時上庚金) 상관(傷官)이 일지유금(日支酉金)에 근(根)하여 왕(旺)하므로 시상경금(時上庚金) 상관(傷官)으로 용신(用神)한다. 이 사주는 여자(女子)의 사주로서 초년운(初年運)이 잘 들어와 중학교 교사로서 근무하였으나 41세 임수대운(壬水大運)부터 모든 일이 잘 풀리지 않고 손재(損財)와 고생을 많이 하고 51세 계수대운(癸水大運)에 학교를 퇴직하고 학원을 경영하였으나 금용신(金用神)이 계수(癸水)에 설기(泄氣)가 심(甚)하여 손해를 많이 보았으며 56세 축토대운(丑土大運)에 용신유금(用神酉金)과 유축(酉丑)으로 금국(金局)을 이루어 학원이 번창하여 재산을 복구하고 있는 중이다.

❶ 세운정해년(歲運丁亥年): 이별수, 신축, 문서
❷ 질병(疾病): 위(胃), 비(脾)
❸ 남녀성격: (남) 군자의 성품, 언행 조심, 신의 있다, 남에게 잘함, 문단 수려, 암기력, 처덕 있다, 처궁불미, 언어특성, 운동 잘함, 잔병치레, 식복 있다
　　　　　(여) 신용 있다, 순진하다, 남편복이 없다, 부궁불미, 독수공방, 정부, 미모 수려, 자손귀자

🔵 세운·질병·남녀성격의 해설 (歲運·疾病·男女性格의 解說)

❶ 세운정해년(歲運丁亥年)= ※이별수, 신축, 문서는 ※세운정해년(歲運丁亥年)의 정화(丁火)는 기토일주(己土日柱)의 인수(印綬)로 신왕(身旺)한 여자(女子) 사주에 세운(歲運)에서 인수운(印綬運)이 들어오면 ※가정에 불화가 많이 생긴다든가 또는 남편과 떨어져 산다든가 또는 이혼한다든가 또는 남편이 사망하는 수도 있다. 그리고 ※신축, 문서는 ※세운정해년(歲運丁亥年)의 정화(丁火)는 기토일주(己土日柱)의 인수(印綬)로 세운(歲運)에서 인수운(印綬運)이 들어오면 ※집을 짓는다든가 또는 증축을 한다든가 또는 사업체를 벌린다든가 또는 문서를 잡는 일이 많다.

❷ 질병(疾病)은 일주(日柱)에서 발생(發生)한다.

❸ 남녀성격은 일주(日柱)에서 발생(發生)한다.

정해년 (丁亥年)

61년(음) 10월 15일 묘(卯)시 남자

丁	己	己	辛
卯	未	亥	丑

55	45	35	25	15	5
癸	甲	乙	丙	丁	戊
巳	午	未	申	酉	戌

이 사주는 기토일주(己土日柱)가 초겨울 해월(亥月)에 출생하여 실시(失時)하였으나 기토일주(己土日柱)는 자좌(自坐) 미중정기(未中丁己) 인수(印綬)와 비견(比肩)에 근(根)하고 미중정화(未中丁火)가 시상(時上)에 투출(透出)하고 미약(微弱)하나마 년지(年支) 축중기토(丑中己土)가 있어 일주(日柱)는 신왕사주(身旺四柱)다. 신왕사주(身旺四柱)에는 일주(日柱)를 제(制)하는 관살(官殺)이 좋은데 다행히 시지(時支) 묘중을목(卯中乙木)이 있어 을목편관(乙木偏官)으로 용신(用神)한다. 그리고 수재(水財)는 희신(喜神)이 된다. 이 사주는 남자(男子)의 사주로서 공무원(公務員)으로 근무하며 평범하게 살다가 운(運)이 없어 고생을 많이 하다가 45세 갑목대운(甲木大運)에 퇴직하여 사업(事業)을 경영하였으나 월상기토(月上己土)와 갑기합(甲己合)으로 합거(合去)되어 손해를 많이 보다가 50세 오화대운(午火大運)은 목용신(木用神)의 사궁(死宮)으로 [음양구분 안함] 재산을 탕진하고 힘들게 살아가고 있는 사주(四柱)다.

❶ 세운정해년(歲運丁亥年): 변화, 이사, 전근, 신축, 문서
❷ 질병(疾病): 위(胃), 비(脾), 당뇨(糖尿)
❸ 남녀성격: (남) 군자의 성품, 언행 조심, 성질 급, 고집 대단, 성격이 까다롭다, 편식, 옷에 신경 쓴다, 처궁불미, 남에게 시기를 많이 받는다, 신앙심
　　　　　(여) 신용 있다, 순진하다, 부궁불미, 이성 구설, 정부, 독수공방, 친모봉양

세운 · 질병 · 남녀성격의 해설 (歲運 · 疾病 · 男女性格의 解說)

❶ 세운정해년(歲運丁亥年)= ※변화, 이사, 전근, 신축, 문서는 ※세운정해년(歲運丁亥年)의 해수(亥水)는 일지미토(日支未土)와 해미(亥未)로 삼합(三合)이 되므로 세운(歲運)에서 일지(日支) 삼합운(三合運)이 들어오면 ※변화가 생긴다든가 또는 이사를 한다든가 또는 직장을 옮기는 일이 많다. 그리고 ※신축, 문서는 ※세운정해년(歲運丁亥年)의 정화(丁火)는 기토일주(己土日柱)의 인수(印綬)로 세운(歲運)에서 인수운(印綬運)이 들어오면 ※집을 짓는다든가 또는 증축을 한다든가 또는 사업체를 벌린다든가 또는 문서를 잡는 일이 많다.

❷ 질병(疾病)은 일주(日柱)에서 발생(發生)한다.

❸ 남녀성격은 일주(日柱)에서 발생(發生)한다.

정해년 (丁亥年)

己	己	丁	癸
巳	巳	巳	卯

57	47	37	27	17	7
辛	壬	癸	甲	乙	丙
亥	子	丑	寅	卯	辰

이 사주는 기토일주(己土日柱)가 초여름 사월(巳月)에 출생하여 득령(得令)하고 일시지(日時支) 양사화(兩巳火)와 월상정화(月上丁火) 인수(印綬)가 투출(透出)하여 일주(日柱)는 신왕사주(身旺四柱)다. 신왕사주(身旺四柱)에는 일주(日柱)를 제(制)하는 관살(官殺)로 용신(用神)함이 좋은데 다행히 년지(年支) 묘중을목(卯中乙木) 편관(偏官)이 있어 묘중을목(卯中乙木) 편관(偏官)으로 용신(用神)한다. 그리고 수재(水財)는 희신(喜神)이 된다. 이 사주는 남자(男子)의 사주로서 초년운(初年運)이 잘 들어와 공부를 많이 하여 외국계 대기업에 취업하여 승진이 빨랐으나 42세 축토대운(丑土大運)에 모든 일이 잘 풀리지 않았으며 47세 임수대운(壬水大運)에 월상정화(月上丁火)와 정임합(丁壬合)으로 합거(合去)되어 퇴사하여 사업을 경영하였으나 단 한 번의 실패로 재산을 탕진하고 처(妻)와 이혼(離婚)하고 방황하며 살고 있는 사주다. 처궁(妻宮)이 부실한 것은 년간지(年干支) 계묘생(癸卯生)의 공망(空亡)은 일시지(日時支) 사화(巳火)로서 일시지(日時支)에 공망(空亡)이 있으면 처궁(妻宮)이 부실하여 재혼(再婚)하거나 혼자 사는 사람들이 많다.

❶ 세운정해년(歲運丁亥年): 신축, 문서, 관재, 수술, 자연재앙
❷ 질병(疾病): 위(胃), 비(脾)
❸ 남녀성격: (남) 군자의 성품, 언행 조심, 외유내강, 강직하다, 미모 수려, 멋쟁이, 학업 열중, 덕망이 있다, 항상 바쁨, 처궁불미, 처 덕 있다
　　　　　　(여) 신용 있다, 순진하다, 남편복이 있다, 자손귀자, 친정걱정, 물조심, 영리하다

🌐 세운 · 질병 · 남녀성격의 해설 (歲運 · 疾病 · 男女性格의 解說)

❶ 세운정해년(歲運丁亥年)= ※신축, 문서, 관재, 수술, 자연재앙은 ※세운정해년(歲運丁亥年)의 정화(丁火)는 기토일주(己土日柱)의 인수(印綬)로 세운(歲運)에서 인수운(印綬運)이 들어오면 ※집을 짓는다든가 또는 증축을 한다든가 또는 사업체를 벌린다든가 또는 문서를 잡는 일이 많다. 그리고 ※관재, 수술, 자연재앙은 ※세운정해년(歲運丁亥年)의 해수(亥水)는 일지사화(日支巳火)와 사해충(巳亥沖)으로 세운(歲運)에서 일지충운(日支沖運)이 들어오면 ※관재수를 조심해야 하며 또는 수술을 조심해야 하며 또는 자연재앙을 조심해야 한다.

❷ 질병(疾病)은 일주(日柱)에서 발생(發生)한다.

❸ 남녀성격은 일주(日柱)에서 발생(發生)한다.

정해년 (丁亥年)

乙	己	庚	辛
丑	卯	子	亥

56	46	36	26	16	6
丙	乙	甲	癸	壬	辛
午	巳	辰	卯	寅	丑

이 사주는 기토일주(己土日柱)가 중동자월(中冬子月)에 출생하여 실시(失時)하고 년월시지(年月時支) 해자축(亥子丑)으로 수국(水局)을 이루고 시상을목(時上乙木) 편관(偏官)은 일지묘목(日支卯木)에 근(根)하여 재살(財殺)이 태왕(太旺)이다. 그러나 기토일주(己土日柱)는 시지(時支) 축중기토(丑中己土)에 근(根)한다고 하나 축토(丑土)는 습토(濕土)며 을묘목(乙卯木)에 극(剋)을 받아 힘이 없으며 기토일주(己土日柱)는 자좌살지(自坐殺地)에 앉았으며 시상을목(時上乙木)에 극(剋)을 받으므로 일주(日柱)는 심약(甚弱)하므로 토생금(土生金) 금생수(金生水) 수생목(水生木)으로 종살격(從殺格)이다. 그러므로 시상을목(時上乙木) 편관(偏官)이 용신(用神)이며 수재(水財)는 희신(喜神)이 된다. 이 사주는 여자(女子)의 사주로서 남편(男便)과 사별(死別)하고 혼자 살고 있는 사주다.

---

❶ 세운정해년(歲運丁亥年): 변화, 이사, 전근, 신축, 문서, 관재, 손재, 신액

❷ 질병(疾病): 위(胃), 비(脾), 위산과다(胃酸過多)

❸ 남녀성격: (남) 군자의 성품, 언행 조심, 고집 대단, 지구력 부족, 인덕 없다, 마음 약, 처궁불미, 소심하다, 인자한 성품, 운동 잘함, 눈물 많다

(여) 신용 있다, 순진하다, 부궁불미, 정부, 재가, 식복 있다, 자손근심, 남편이 나이가 많은 사람 아니면 나이가 어린 사람을 만나기 쉽다

☯ 세운·질병·남녀성격의 해설(歲運·疾病·男女性格의 解說)

❶ 세운정해년(歲運丁亥年)= ※ 변화, 이사, 전근, 신축, 문서, 관재, 손재, 신액은 ※세운정해년(歲運丁亥年)의 해수(亥水)는 일지묘목(日支卯木)과 해묘(亥卯)로 삼합(三合)이 되므로 세운(歲運)에서 일지(日支) 삼합운(三合運)이 들어오면 ※**변화가 생긴다든가 또는 이사를 한다든가 또는 직장을 옮기는 일이 많다.** 그리고 ※**신축, 문서**는 ※세운정해년(歲運丁亥年)의 정화(丁火)는 기토일주의 인수(印綬)로 세운(歲運)에서 인수운(印綬運)이 들어오면 ※**집을 짓는다든가 또는 증축을 한다든가 또는 사업체를 벌린다든가 또는 문서를 잡는 일이 많다.** 그리고 ※ 관재, 손재, 신액은 ※세운정해년(歲運丁亥年)의 해수(亥水)는 기토일주의 정재(正財)로 사주에 재살(財殺)이 태왕(太旺)인데 세운에서 재(財)나 관살운(官殺運)이 들어오면 ※**관재수나 손재수나 건강을 조심해야 한다.**

❷ 질병(疾病)은 일주(日柱)에서 발생(發生)한다.

❸ 남녀성격은 일주(日柱)에서 발생(發生)한다.

70년(음) 7월 16일 신(申)시 남자

壬	己	甲	庚
申	巳	申	戌

57	47	37	27	17	7
庚	己	戊	丁	丙	乙
寅	丑	子	亥	戌	酉

이 사주는 기토일주(己土日柱)가 초가을 신월(申月)에 출생하여 실시(失時)하고 신궁경금(申宮庚金)과 임수(壬水)가 투출(透出)하여 어느 오행(五行)으로 격(格)을 잡느냐의 기로에 서게 된다. 날짜상으로 보아 본기(本氣)인 신궁경금(申宮庚金)으로 격(格)을 잡는다. 그러므로 상관격(傷官格)이다. 그리고 년월지(年月支) 신술(申戌)로 금국(金局)과 시지신금(時支申金)이 있어 상관(傷官)이 태왕(太旺)이다. 기토일주(己土日柱)는 자좌사화(自坐巳火)에 근(根)하고 년지술토(年支戌土)가 있으나 신약사주(身弱四柱)로서 사주에 상관(傷官)이 많으므로 일지(日支) 사중병화(巳中丙火) 인수(印綬)로 많은 상관(傷官)을 제(制)하고 기토일주(己土日柱)를 보신(補身)해야 하므로 사중병화(巳中丙火) 인수(印綬)가 용신(用神)이며 토비견겁(土比肩劫)은 희신(喜神)이 된다. 이 사주는 남자(男子)의 사주로서 회사에 근무하며 평범하게 살고 있으나 방광(膀胱) 수술을 한 사주다. 월간지(月干支) 갑신(甲申)과 일간지(日干支) 기사(己巳)는 천간(天干)으로 갑기합(甲己合), 지지(地支)로 사신합(巳申合)이 되어 곤랑도화(滾浪桃花)이므로 사주에 곤랑도화(滾浪桃花)를 놓은 사람은 치질(痔疾)과 임질(淋疾)과 방광(膀胱)과 비색증(鼻塞症)을 조심해야 한다.

❶ 세운정해년(歲運丁亥年): 신축, 문서, 관재, 수술, 자연재앙
❷ 질병(疾病): 위(胃), 비(脾)
❸ 남녀성격: (남) 군자의 성품, 언행 조심, 외유내강, 강직하다, 미모 수려, 멋쟁이, 학업 열중, 덕망이 있다, 항상 바쁨, 처궁불미, 처 덕 있다
　　　　　(여) 신용 있다, 순진하다, 남편복이 있다, 자손귀자, 친정걱정, 물조심, 영리하다

◑ 세운·질병·남녀성격의 해설 (歲運·疾病·男女性格의 解說)

❶ 세운정해년(歲運丁亥年)= ※신축, 문서, 관재, 수술, 자연재앙은 ※세운정해년(歲運丁亥年)의 정화(丁火)는 기토일주(己土日柱)의 인수(印綬)로 세운(歲運)에서 인수운(印綬運)이 들어오면 ※집을 짓는다든가 또는 증축을 한다든가 또는 사업체를 벌린다든가 또는 문서를 잡는 일이 많다. 그리고 ※관재, 수술, 자연재앙은 ※세운정해년(歲運丁亥年)의 해수(亥水)는 일지사화(日支巳火)와 사해충(巳亥沖)으로 세운(歲運)에서 일지충운(日支沖運)이 들어오면 ※관재수를 조심해야 하며 또는 수술을 조심해야 하며 또는 자연재앙을 조심해야 한다.

❷ 질병(疾病)과 ❸ 남녀성격은 일주(日柱)에서 발생(發生)한다.

정해년(丁亥年)

67년(음) 6월 17일 오(午)시 여자

이 사주는 기토일주(己土日柱)가 하계미월(夏季未月)에 출생하여 득령(得令)하고 미중정화(未中丁火)가 년월(年月)에 투출(透出)하고 그 정화(丁火)는 시지오화(時支午火)에 록근(祿根)하므로 일주(日柱)는 신왕사주(身旺四柱)다. 신왕사주(身旺四柱)에는 일주(日柱)를 제(制)하는 관살(官殺)이나 식신상관(食神傷官)으로 설기(泄氣)하면 좋은데 일주(日柱)를 제(制)하는 관살(官殺)은 없고 시상경금(時上庚金) 상관(傷官)이 있어 상관(傷官)으로 설기(泄氣)하고자 하나 그 경금(庚金)은 근(根)이 없으며 자좌오화(自坐午火)에 살지(殺地)에 앉아 용신(用神)으로 쓸 수가 없다. 그러므로 비견겁(比肩劫)이 태왕(太旺)하므로 종왕격(從旺格)이다. 종왕격(從旺格)에는 토비견겁(土比肩劫)이 용신(用神)이며 화인수(火印綬)는 희신(喜神)이 된다. 이 사주는 여자(女子)의 사주로서 35세 신금대운(辛金大運)에 사업을 하였으나 재산을 탕진하고 남편과 이혼하고 혼자 살고 있는 사주다. 부궁(夫宮)이 부실한 것은 여자(女子) 사주에 시상(時上)에 상관(傷官)이 있으면 부궁(夫宮)이 부실한데 기축일주(己丑日柱)의 공망(空亡)은 시지오화(時支午火)며 일시지(日時支) 축오(丑午)로 원진살(怨嗔殺)이 되어 부궁(夫宮)이 더욱더 부실한 사주다.

세운 · 질병 · 남녀성격의 해설 (歲運 · 疾病 · 男女性格의 解說)

❶ 세운정해년(歲運丁亥年)= ※이별수, 신축, 문서는 ※세운정해년(歲運丁亥年)의 정화(丁火)는 기토일주(己土日柱)의 인수(印綬)로 신왕(身旺)한 여자(女子) 사주에 세운(歲運)에서 인수운(印綬運)이 들어오면 ※가정에 불화가 많이 생긴다든가 또는 남편과 떨어져 산다든가 또는 이혼한다든가 또는 남편이 사망하는 수도 있다. 그리고 ※신축, 문서는 ※세운정해년(歲運丁亥年)의 정화(丁火)는 기토일주(己土日柱)의 인수(印綬)로 세운(歲運)에서 인수운(印綬運)이 들어오면 ※집을 짓는다든가 또는 증축을 한다든가 또는 사업체를 벌린다든가 또는 문서를 잡는 일이 많다.

❷ 질병(疾病)과 ❸ 남녀성격은 일주(日柱)에서 발생(發生)한다.

정해년 (丁亥年)

66년(음) 3월 21일 미(未)시 남자

癸	庚	壬	丙
未	子	辰	午

58	48	38	28	18	8
戊	丁	丙	乙	甲	癸
戌	酉	申	未	午	巳

이 사주는 경금일주(庚金日柱)가 춘계진월(春季辰月)에 출생하여 득령(得令)하였으나 월시상(月時上) 임계수(壬癸水) 상관식신(傷官食神)이 투출(透出)하고 월일지(月日支) 자진수국(子辰水局)에 근(根)하여 설기(泄氣)가 심(甚)하고 년간지(年干支) 병오관살(丙午官殺)이 있어 한편으로는 관살(官殺)에 극(剋)을 받고 한편으로는 상관식신(傷官食神)에 설기(泄氣)가 심(甚)하여 일주(日柱)가 심약(甚弱)하다. 다행히 화생토(火生土) 토생금(土生金)으로 살인상생(殺印相生)으로 토인수(土印綬)가 용신(用神)이며 금비견겁(金比肩劫)은 희신(喜神)이 된다. 이 사주는 남자(男子)의 사주로서 체육을 전공하였으나 초년운(初年運)이 없어 성공을 못하고 33세 미토대운(未土大運)에 경비업체를 경영하여 돈을 많이 벌었고 43세 신금희신(申金喜神) 대운(大運)에도 사업이 번창하여 돈은 많이 벌었으나 자식(子息) 한 명 잃었는데 자식 한 명 잃게 된 것은 많은 상관식신(傷官食神)이 병화관살(丙火官殺)을 극(剋)하므로 남자(男子) 사주에 상관식신(傷官食神)이 태왕(太旺)하고 관살(官殺)이 쇠약(衰弱)하면 자손액(子孫厄)을 조심해야 한다.

❶ 세운정해년(歲運丁亥年): 자손액, 내외불화
❷ 질병(疾病): 냉(冷), 대하증(帶下症), 동상(凍傷), 중풍(中風)
❸ 남녀성격: (남) 과감 용단, 청백한 사람, 의리 있다, 남을 무시한다, 두뇌 명철, 추리력, 혁명심, 처궁불미, 재가, 미인수다, 냉정하다, 눈치가 빠름, 신앙심
    (여) 냉정하다, 사람 사귀다 한번 틀어지면 다시 안 봄, 부궁불미, 정부, 재가, 독수공방, 남에게 잘함, 인덕 없다, 남자들의 배신을 잘 당함

세운 · 질병 · 남녀성격의 해설 (歲運 · 疾病 · 男女性格의 解說)

❶ 세운정해년(歲運丁亥年)= ※자손액, 내외불화는 ※세운정해년(歲運丁亥年)의 해수(亥水)는 경금일주(庚金日柱)의 식신(食神)으로 남자 사주에 상관식신(傷官食神)이 태왕(太旺)하고 관살(官殺)이 쇠약(衰弱)한데 세운(歲運)에서 상관(傷官) 식신운(食神運)이 들어오면 ※자손액을 조심해야 한다. 그리고 ※내외불화는 ※세운정해년(歲運丁亥年)의 정화(丁火)는 경금일주(庚金日柱)의 정관(正官)으로 세운(歲運)에서 일주(日柱)를 극(剋)하는 운(運)이 들어오면 ※집에서나 밖에서나 윗사람이나 아랫사람이나 불화가 많이 생긴다.

❷ 질병(疾病)은 일주(日柱)에서 발생(發生)한다.

❸ 남녀성격은 일주(日柱)에서 발생(發生)한다.

정해년 (丁亥年)

64년(음) 9월 3일 진(辰)시 여자

庚	庚	癸	甲
辰	寅	酉	辰

60	50	40	30	20	10
丁	戊	己	庚	辛	壬
卯	辰	巳	午	未	申

이 사주는 경금일주(庚金日柱)가 중추유월(中秋酉月) 양인월(羊刃月)에 출생하여 득령(得令)하고 년지진토(年支辰土) 인수(印綬)와 시간지(時干支) 경진(庚辰) 비견(比肩)과 인수(印綬)가 있어 일주(日柱)는 신왕사주(身旺四柱)다. 신왕사주(身旺四柱)에는 일주(日柱)를 제(制)하는 관살(官殺)이나 식신상관(食神傷官)으로 설기(泄氣)하면 좋은데 일주(日柱)를 제(制)하는 관살(官殺)은 없고 설기(泄氣)하는 상관계수(傷官癸水)가 월상(月上)에 투출(透出)하여 상관(傷官)으로 설기(泄氣)하는데 배설구(排泄口)가 약(弱)하던 중 다행히 년상갑목(年上甲木) 편재(偏財)가 투출(透出)하여 금생수(金生水) 수생목(水生木)으로 상관(傷官) 용재격(用財格)을 이루어 갑목편재(甲木偏財)가 용신(用神)이며 수(水) 상관식신(傷官食神)은 희신(喜神)이 된다. 이 사주는 여자(女子)의 사주로서 수산시장에 일하다가 40세 기토대운(己土大運)에 횟집을 경영하였으나 년상갑목(年上甲木)과 대운기토(大運己土)와 갑기합(甲己合)으로 합거(合去)되어 재산을 탕진하고 그 이후로도 운(運)이 없어 남편(男便)과 이혼(離婚)하고 혼자 살고 있는 사주다. 부궁(夫宮)이 부실한 것은 년간지(年干支) 갑진생(甲辰生)의 공망(空亡)은 일지인목(日支寅木)으로 일시지(日時支)에 공망(空亡)이 있으면 부궁(夫宮)이 부실하여 재혼(再婚)하거나 혼자 사는 사람들이 많다.

❶ 세운정해년(歲運丁亥年): 내외불화

❷ 질병(疾病): 해수(咳嗽), 기관지(氣管支)

❸ 남녀성격: (남) 과감 용단, 의리 있다, 임사즉결, 겉으로 냉정하나 속은 온화함, 근면 성실, 용기 있다, 성질 급, 타의 군림, 재복 있다, 처 덕 있다

　　　　　(여) 냉정하다, 사람 사귀다 한번 틀어지면 다시 안 봄, 이성 고민, 직업, 부궁 불미, 정부, 자손귀자, 신경 예민

⟲ 세운 · 질병 · 남녀성격의 해설 (歲運 · 疾病 · 男女性格의 解說)

❶ 세운정해년(歲運丁亥年)= ※내외불화는 ※세운정해년(歲運丁亥年)의 정화(丁火)는 경금일주(庚金日柱)의 정관(正官)으로 세운(歲運)에서 일주(日柱)를 극(剋)하는 운(運)이 들어오면 ※집에서나 밖에서나 윗사람이나 아랫사람이나 불화가 많이 생긴다.

❷ 질병(疾病)은 일주(日柱)에서 발생(發生)한다.

❸ 남녀성격은 일주(日柱)에서 발생(發生)한다.

정해년 (丁亥年)

65년(음) 8월 28일 자(子)시 남자

丙	庚	乙	乙
子	辰	酉	巳

55	45	35	25	15	5
己	庚	辛	壬	癸	甲
卯	辰	巳	午	未	申

이 사주는 경금일주(庚金日柱)가 중추유월(中秋酉月) 양인월(羊刃月)에 출생하여 득령(得令)하고 자좌(自坐) 양금지토(養金之土)인 진토(辰土)에 생(生)을 받아 일주(日柱)는 신왕사주(身旺四柱)같이 보인다. 년월(年月) 양을목(兩乙木)은 진중을목(辰中乙木)에 근(根)하고 일시지(日時支) 자진(子辰)으로 수국(水局)에 설기(泄氣)가 심(甚)히며 시상병화(時上丙火)는 년지사화(年支巳火)에 근(根)하여 일주(日柱)를 극(剋)하고 있다. 그러므로 금생수(金生水) 수생목(水生木) 목생화(木生火)로 사주의 기(氣)는 시상병화(時上丙火)에 집중되어 있으므로 일주(日柱)는 신약사주(身弱四柱)다. 그러므로 토인수(土印綬)가 용신(用神)이며 금비견겁(金比肩劫)은 희신(喜神)이 된다. 이 사주는 남자(男子)의 사주로서 전자기술을 배워 회사에 근무하다가 40세 사화대운(巳火大運)에 퇴사하여 컴퓨터대리점을 경영하였으나 운(運)이 없어 고생을 많이 하며 힘들게 살고 있는 사주다.

❶ 세운정해년(歲運丁亥年): 관재, 손재, 신액, 내외불화, 신경과민
❷ 질병(疾病): 냉(冷), 풍질(風疾)
❸ 남녀성격: (남) 과감 용단, 신의 있다, 임사즉결, 포부 광대, 매사 끝장 본다, 매사 자신, 통솔력, 영웅호걸, 두령격, 자수성가, 처 덕 있다, 냉정하다, 신앙심, 처궁 불미
　　　　　　(여) 냉정하다, 사람 사귀다 한번 틀어지면 다시 안봄, 부궁불미, 정부, 재가, 직업여성, 일가부양, 재복 있다

🔵 세운·질병·남녀성격의 해설 (歲運·疾病·男女性格의 解說)

❶ 세운정해년(歲運丁亥年)= ※관재, 손재, 신액, 내외불화, 신경과민은 ※세운정해년(歲運丁亥年)의 정화(丁火)는 경금일주의 정관(正官)으로 원명사주(源命四柱)에 재관(財官)이 왕(旺)한데 세운(歲運)에서 재(財)나 관살운(官殺運)이 들어오면 ※관재수나 손재수나 건강을 조심해야 한다. 그리고 ※내외불화는 ※세운정해년(歲運丁亥年)의 정화(丁火)는 경금일주의 정관(正官)으로 세운(歲運)에서 일주(日柱)를 극(剋)하는 운(運)이 들어오면 ※집에서나 밖에서나 윗사람이나 아랫사람이나 불화가 많이 생긴다. 그리고 ※신경과민은 ※세운정해년(歲運丁亥年)의 해수(亥水)는 일지진토(日支辰土)와 진해(辰亥)로 귀문관살(鬼門關殺)이 되므로 세운(歲運)에서 일지(日支) 귀문(鬼門) 관살운(關殺運)이 들어오면 ※그해에는 모든 일에 신경을 많이 쓰게 된다.

❷ 질병(疾病)은 일주(日柱)에서 발생(發生)한다.

❸ 남녀성격은 일주(日柱)에서 발생(發生)한다.

정해년 (丁亥年)

66년(음) 5월 22일 오(午)시 여자

壬	庚	乙	丙
午	午	未	午

51	41	31	21	11	1
己	庚	辛	壬	癸	甲
丑	寅	卯	辰	巳	午

이 사주는 경금일주가 하계미월(夏季未月)에 출생하여 득령(得令)은 하였으나 미월(未月)은 토(土)라 하나 화기(火氣)가 염열(炎熱)하다. 년일시지(年日時支) 양오화(兩午火)로 지지(地支)는 전화국(全火局)을 이루고 월상병화(月上丙火)가 투출(透出)하여 관살(官殺)이 태왕(太旺)하므로 미중기토(未中己土)로 살인상생(殺印相生)을 할 것 같으나 그 미토(未土)는 조토(燥土)가 되어 경금일주를 생(生)할 수가 없다. 그러므로 시상임수(時上壬水)로 많은 관살(官殺)을 제(制)하려고 하나 그 임수(壬水)는 무근(無根)이며 자좌오화(自坐午火)에 물이 말라 많은 관살을 제(制)할 수가 없다. 그러므로 금생수(金生水) 수생목(水生木) 목생화(木生火)로 사주의 기(氣)는 년상병화(年上丙火)에 집중되어 있으므로 종살격(從殺格)이다. 그러므로 년상병화(年上丙火) 편관(偏官)이 용신(用神)이며 목재(木財)는 희신(喜神)이 된다.

❶ 세운정해년(歲運丁亥年): 이별수, 관재, 손재, 신액, 내외불화
❷ 질병(疾病): 폐(肺), 기관지(氣管支), 월경불순(月經不純), 해수천식(咳嗽喘息), 빈혈(貧血)
❸ 남녀성격: (남) 과감 용단, 냉정하다, 일찍 사회에 참여, 뜻은 크나 성공이 없다, 신경질, 지구력 부족, 성질 급, 남에게 시기를 많이 받는다
　　　　　　(여) 냉정하다, 사람 사귀다 한번 틀어지면 다시 안 봄, 부궁불미, 정부, 재가, 외강내유, 성질 급, 서두른다, 자중한다, 인덕 없다

☯ 세운 · 질병 · 남녀성격의 해설 (歲運 · 疾病 · 男女性格의 解說)

❶ 세운정해년(歲運丁亥年)= ※이별수, 관재, 손재, 신액, 내외불화는 ※세운정해년(歲運丁亥年)의 정화(丁火)는 경금일주(庚金日柱)의 정관(正官)으로 여자(女子) 사주에 관살(官殺)이 태왕(太旺)인데 세운(歲運)에서 관살운(官殺運)이 들어오면 ※가정에 불화가 많이 생긴다든가 또는 남편과 떨어져 산다든가 또는 이혼한다는가 또는 남편이 사망하는 수도 있다. 그리고 ※관재, 손재, 신액은 ※세운정해년(歲運丁亥年)의 정화(丁火)는 경금일주(庚金日柱)의 정관(正官)으로 원명사주(源命四柱)에 관살(官殺)이 태왕(太旺)인데 세운(歲運)에서 재(財)나 관살운(官殺運)이 들어오면 ※관재수나 손재수나 건강을 조심해야 한다. 그리고 ※내외불화는 ※세운정해년(歲運丁亥年)의 정화(丁火)는 경금일주의 정관(正官)으로 세운(歲運)에서 일주(日柱)를 극(剋)하는 운(運)이 들어오면 ※집에서나 밖에서나 윗사람이나 아랫사람이나 불화가 많이 생긴다.

❷ 질병(疾病)과 ❸ 남녀성격은 일주(日柱)에서 발생(發生)한다.

정해년 (丁亥年)

68년(음) 7월 25일 미(未)시 여자

癸	庚	庚	戊
未	申	申	申

54	44	34	24	14	4
甲	乙	丙	丁	戊	己
寅	卯	辰	巳	午	未

이 사주는 경금일주(庚金日柱)가 초가을 신월(申月)에 출생하여 록근(祿根)하고 신궁경금(申宮庚金)과 무토(戊土)가 년상(年上)에 투출(透出)하여 어느 오행(五行)으로 격(格)을 잡느냐의 기로(岐路)에 서게 된다. 날짜상으로 보아 본기(本氣)인 경금(庚金)이 사령(司令)히지만 비견겁(比肩劫)은 격(格)을 주시 않으므로 년상무토(年上戊土)로 격(格)을 잡는다. 그러므로 인수격(印綬格)이다. 그러나 경금일주(庚金日柱)가 년월일지(年月日支) 삼신금(三申金)으로 종혁격(從革格)을 이루었다. 종혁격(從革格)에는 금(金)이 용신(用神)이고 토(土)가 희신(喜神)이지만 이 사주는 시상(時上)에 계수(癸水)가 투출(透出)하여 경금(庚金)이 계수(癸水)로 설기(泄氣)하므로 종혁격(從革格)이 가상관격(假傷官格)으로 변한 사주다. 그러므로 수(水) 상관식신(傷官食神)이 용신(用神)이며 금비견겁(金比肩劫)은 희신(喜神)이 된다. 이 사주는 여자(女子)의 사주로서 종혁격(從革格)을 놓은 사람들은 고집이 완강하며 추진력이 있어 사업을 하였으나 병화대운(丙火大運)에 손해를 많이 보았으며 진토대운(辰土大運)에 계수상관(癸水傷官)을 극(剋)하여 재산을 탕진하고 남편(男便)과 이혼하고 혼자 살고 있는 사주다. 부궁(夫宮)이 부실한 것은 여자 사주에 종혁격(從革格)을 놓은 사주는 부궁(夫宮)이 부실하여 재혼(再婚)하거나 혼자 사는 사람들이 많다.

---

❶ 세운정해년(歲運丁亥年): 내외불화

❷ 질병(疾病): 간(肝), 담(膽)

❸ 남녀성격: (남) 과감 용단, 냉정하다, 냉정하게 보이나 속마음은 따뜻함, 의리 있다, 영리하다, 재간 있다, 처궁불미, 식복 있다, 자손근심, 항상 바쁨, 꾀가 많다

　　　　　(여) 냉정하다, 사람 사귀다 한번 틀어지면 다시 안 봄, 부궁불미, 정부, 재가, 독수공방, 친정형제 걱정, 돈이 잘 빠져나간다, 고독하다, 시모불합, 남편 말 잘 안 듣는다

◎ **세운 · 질병 · 남녀성격의 해설** (歲運 · 疾病 · 男女性格의 解說)

❶ 세운정해년(歲運丁亥年)＝ ※내외불화는 ※세운정해년(歲運丁亥年)의 정화(丁火)는 경금일주(庚金日柱)의 정관(正官)으로 세운(歲運)에서 일주(日柱)를 극(剋)하는 운(運)이 들어오면 ※집에서나 밖에서나 윗사람이나 아랫사람이나 불화가 많이 생긴다.

❷ 질병(疾病)은 일주(日柱)에서 발생(發生)한다.

❸ 남녀성격은 일주(日柱)에서 발생(發生)한다.

정해년 (丁亥年)

62년(음) 6월 10일 축(丑)시 여자

丁	庚	丁	壬
丑	戌	未	寅

51	41	31	21	11	1
辛	壬	癸	甲	乙	丙
丑	寅	卯	辰	巳	午

이 사주는 경금일주(庚金日柱)가 하계미월(夏季未月)에 출생하여 득령(得令)하고 일지(日支) 술중신금(戌中辛金)에 근(根)하고 시지(時支) 축습토(丑濕土)가 있어 일주(日柱)는 신왕사주(身旺四柱)다. 신왕사주(身旺四柱)에는 일주(日柱)를 제(制)하는 관살(官殺)이 좋은데 월상(月上)에 정화정관(丁火正官)이 미중정화(未中丁火)에 근(根)하여 정화정관(丁火正官)으로 용신(用神)한다. 그리고 목재(木財)는 희신(喜神)이 된다. 이 사주는 여자(女子)의 사주로서 연구원으로 근무하다가 36세 묘목대운(卯木大運)에 희신운(喜神運)이 들어와 승진하였으며 41세 임수대운(壬水大運)에 월상정화(月上丁火)와 정임합(丁壬合)으로 합거(合去)되어 하는 일마다 잘 풀리지 않고 평범하게 지내다가 46세 인목대운(寅木大運)에 운(運)이 잘 들어와 한층 더 승진하여 승승장구(乘勝長驅)하였으나 남편(男便)과 이혼(離婚)하고 혼자 살고 있는 사주다. 부궁(夫宮)이 부실한 것은 경금일주(庚金日柱)의 남편(男便)은 정화정관(丁火正官)인데 일지술토(日支戌土)는 화(火)의 고장(庫藏)으로 여자(女子) 사주에 관성묘궁(官星墓宮)이 있으면 부궁(夫宮)이 부실하여 재혼(再婚)하거나 혼자 사는 사람들이 많다.

❶ 세운정해년(歲運丁亥年): 내외불화
❷ 질병(疾病): 간(肝), 담(膽)
❸ 남녀성격: (남) 과감 용단, 냉정하다, 고집 대단, 자립정신, 신의 있다, 능력 있다, 임전무퇴, 통솔력, 지혜롭다, 영리하다, 처 덕 있다, 지구력 강하다, 신앙심
　　　　　(여) 냉정하다, 사람 사귀다 한번 틀어지면 다시 안 봄, 여걸, 부궁불미, 처세가 좋다, 정부, 재가, 남자들이 잘 따름, 직업여성, 신앙심

☯ 세운·질병·남녀성격의 해설(歲運·疾病·男女性格의 解說)

❶ 세운정해년(歲運丁亥年)= ※내외불화는 ※세운정해년(歲運丁亥年)의 정화(丁火)는 경금일주(庚金日柱)의 정관(正官)으로 세운(歲運)에서 일주(日柱)를 극(剋)하는 운(運)이 들어오면 ※집에서나 밖에서나 윗사람이나 아랫사람이나 불화가 많이 생긴다.

❷ 질병(疾病)은 일주(日柱)에서 발생(發生)한다.

❸ 남녀성격은 일주(日柱)에서 발생(發生)한다.

정해년(丁亥年)

70년(음) 11월 28일 축(丑)시 남자

丁	庚	戊	庚
丑	辰	子	戌

54	44	34	24	14	4
甲	癸	壬	辛	庚	己
午	巳	辰	卯	寅	丑

이 사주는 경금일주(庚金日柱)가 중동자월(中冬子月)에 출생하여 실시(失時)하였으나 양금지토(養金之土)인 일지진토(日支辰土)에 근(根)하고 년간지(年干支) 경술(庚戌)로 인수(印綬)와 비견(比肩)이 있으며 월상무토(月上戊土)가 투출(透出)하여 일주(日柱)는 신왕사주(身旺四柱)다. 신왕사주(身旺四柱)에는 일주(日柱)를 제(制)하는 관살(官殺)이나 식신상관(食神傷官)으로 설기(泄氣)하면 좋은데 시상정화(時上丁火) 정관(正官)과 월지자수(月支子水) 상관(傷官)이 있어 어느 오행(五行)으로 용신(用神)을 잡느냐의 기로(岐路)에 서게 된다. 금수상관(金水傷官)은 냉(冷)하므로 화관(火官)으로 냉(冷)을 온열(溫熱)로 하여야 하기 때문에 시상정화(時上丁火) 정관(正官)으로 용신(用神)한다. 다행히 시상정화(時上丁火)는 년지(年支) 술중정화(戌中丁火)에 근(根)하므로 용신(用神)으로 쓸 수가 있다. 이 사주는 남자(男子)의 사주로서 회사 기획팀에 근무하다가 29세 묘목대운(卯木大運)에 승진하여 승승장구(乘勝長驅)하였으며 34세 임수대운(壬水大運)에 용신정화(用神丁火)를 극(剋)하여 모든 일이 잘 풀리지 않아 퇴사하고 개인 사업을 하였으나 운(運)이 없어 고생을 많이 하며 아직 결혼도 못하고 혼자 살고 있는 사주다.

❶ 세운정해년(歲運丁亥年): 내외불화, 신경과민
❷ 질병(疾病): 냉(冷), 풍질(風疾)
❸ 남녀성격: (남) 과감 용단, 신의 있다, 임사즉결, 포부 광대, 매사 끝장 본다, 매사 자신, 통솔력, 영웅호걸, 두령격, 자수성가, 처 덕 있다, 냉정하다, 신앙심, 처궁불미
　　　　　　(여) 냉정하다, 사람 사귀다 한번 틀어지면 다시 안 봄, 부궁불미, 정부,재가, 직업여성, 일가부양, 재복 있다

세운·질병·남녀성격의 해설 (歲運·疾病·男女性格의 解說)

❶ 세운정해년(歲運丁亥年)= ※내외불화, 신경과민은 ※세운정해년(歲運丁亥年)의 정화(丁火)는 경금일주(庚金日柱)의 정관(正官)으로 세운(歲運)에서 일주(日柱)를 극(剋)하는 운(運)이 들어오면 ※집에서나 밖에서나 윗사람이나 아랫사람이나 불화가 많이 생긴다. 그리고 ※신경과민은 ※세운정해년(歲運丁亥年)의 해수(亥水)는 일지진토(日支辰土)와 진해(辰亥)로 귀문관살(鬼門關殺)이 되므로 세운에서 일지(日支) 귀문(鬼門) 관살운(關殺運)이 들어오면 ※그해에는 모든 일에 신경을 많이 쓰게 된다.

❷ 질병(疾病)과 ❸ 남녀성격은 일주(日柱)에서 발생(發生)한다.

정해년 (丁亥年)

71년(음) 11월 14일 진(辰)시 여자

庚	庚	庚	辛
辰	寅	子	亥

52	42	32	22	12	2
丙	乙	甲	癸	壬	辛
午	巳	辰	卯	寅	丑

이 사주는 경금일주(庚金日柱)가 중동자월(中冬子月)에 출생하여 실시(失時)하였으나 년월일시(年月日時) 경신금(庚辛金)으로 천원일기(天元一氣)를 이루었으며 그 경신금(庚辛金)은 시지진토(時支辰土)에 생(生)을 받으므로 일주(日柱)는 약화위강(弱化爲强)으로 신왕사주(身旺四柱)다. 신왕사주(身旺四柱)에는 일주(日柱)를 제(制)하는 관살(官殺)로 용신(用神)함이 좋은데 일주(日柱)를 제(制)하는 관살(官殺)은 없고 설기(泄氣)하는 상관식신(傷官食神)이 년월(年月) 해자수국(亥子水局)을 이루어 금생수(金生水) 수생목(水生木)으로 사주의 기(氣)는 일지(日支) 인중갑목(寅中甲木)에 집중되어 있으므로 이런 사주를 상관(傷官) 용재격(用財格)이라고 하며 인중갑목(寅中甲木) 편재(偏財)가 용신(用神)이며 수(水) 상관식신(傷官食神)은 희신(喜神)이 된다. 이 사주는 여자(女子)의 사주로서 미용을 배워 22세 계수대운(癸水大運)에 미용실을 개업하여 37세 갑목대운(甲木大運)까지 수억금을 벌은 사주다. 그 이후로는 평범하게 지내며 아직까지 결혼(結婚)을 못한 사주다. 여자 사주에 비견겁(比肩劫)이 태왕(太旺)하면 부궁(夫宮)이 부실한데 년간지(年干支) 신해생(辛亥生)의 공망(空亡)은 일지인목(日支寅木)으로 부궁이 더욱더 부실한 사주다.

❶ 세운정해년(歲運丁亥年): 내외불화, 자연재앙
❷ 질병(疾病): 해수(咳嗽), 기관지(氣管支)
❸ 남녀성격: (남) 과감 용단, 의리 있다, 임사즉결, 겉으로 냉정하나 속은 온화함, 근면 성실, 용기 있다, 성질 급, 타의 군림, 재복 있다, 처 덕 있다
(여) 냉정하다, 사람 사귀다 한번 틀어지면 다시 안 봄, 이성 고민, 직업, 부궁 불미, 정부, 자손귀자, 신경 예민

🔵 세운·질병·남녀성격의 해설(歲運·疾病·男女性格의 解說)

❶ 세운정해년(歲運丁亥年)= ※내외불화, 자연재앙은 ※세운정해년(歲運丁亥年)의 정화(丁火)는 경금일주(庚金日柱)의 정관(正官)으로 세운(歲運)에서 일주(日柱)를 극(剋)하는 운(運)이 들어오면 ※집에서나 밖에서나 윗사람이나 아랫사람이나 불화가 많이 생긴다. 그리고 ※자연재앙은 ※세운정해년(歲運丁亥年)의 해수(亥水)는 년지해수(年支亥水)와 해해(亥亥)로 똑같은 오행(五行)이므로 세운(歲運)에서 년지(年支)같은 운(運)이 들어오면 ※자연재앙을 조심해야 한다.

❷ 질병(疾病)은 일주(日柱)에서 발생(發生)한다.

❸ 남녀성격은 일주(日柱)에서 발생(發生)한다.

정해년 (丁亥年)

57년(음) 5월 1일 인(寅)시 여자

庚	辛	乙	丁
寅	丑	巳	酉

53	43	33	23	13	3
辛	庚	己	戊	丁	丙
亥	戌	酉	申	未	午

이 사주는 신금일주(辛金日柱)가 초여름 사월(巳月)에 출생하여 실시(失時)하고 년상정화(年上丁火)가 투출(透出)하고 월상을목(月上乙木)은 시지인목(時支寅木)에 근(根)하여 재살(財殺)이 왕(旺)하므로 일주(日柱)는 신약사주(身弱四柱)가 된다. 그러므로 토인수(土印綬)가 용신(用神)이며 금비견겁(金比肩劫)은 희신(喜神)이 된다. 이 사주는 여사(女子)의 사주로서 꽃가게를 경영하여 33세 기유대운(己酉大運)에 돈을 많이 벌었으며 43세 경금대운(庚金大運)에 월상을목(月上乙木)과 을경합(乙庚合)으로 합거(合去)되어 손해를 많이 보았으나 48세 술토대운(戌土大運)과 53세 신금대운(辛金大運)에 운(運)이 승승장구(乘勝長驅)하여 사업을 확장하여 수억금을 벌은 사주다. 이 사주(四柱)를 잘 못 해석하면 년지유금(年支酉金)과 월지사화(月支巳火)와 일지축토(日支丑土)로 사유축(巳酉丑) 금국(金局)을 이루어 신왕사주(身旺四柱)같이 보이나 월령(月令)에 유금(酉金)이나 축토(丑土)가 있고 년일지(年日支)에 사화(巳火)가 있으면 그 사화(巳火)는 금(金)을 따라가지만 사월(巳月)은 화기(火氣)가 염열(炎熱)하므로 사유축(巳酉丑)을 합(合)할 수가 없다. 그러므로 신왕사주(身旺四柱)로 혼동(混同)하기 쉬운 사주다.

❶ 세운정해년(歲運丁亥年): 관재, 손재, 신액, 내외불화
❷ 질병(疾病): 냉(冷), 간(肝), 담(膽)
❸ 남녀성격: (남) 과감 용단, 냉정하다, 고집 대단, 신의 있다, 근면하다, 매사 정이 많다, 처와 자식의 덕이 있다, 성격이 까다롭다, 옷에 신경, 편식, 새벽잠이 없다, 식복 있다
　　　　　(여) 냉정하다, 사람 사귀다 한번 틀어지면 다시 안 봄, 미모 수려, 남편의 사랑을 받는다, 부지런하다, 친모봉양, 부궁불미, 정부

🌀 세운·질병·남녀성격의 해설(歲運 · 疾病 · 男女性格의 解說)

❶ 세운정해년(歲運丁亥年)= ※관재, 손재, 신액, 내외불화는 ※세운정해년(歲運丁亥年)의 정화(丁火)는 신금일주의 편관(偏官)으로 원명사주(源命四柱)에 재살(財殺)이 태왕(太旺)인데 세운(歲運)에서 재(財)나 관살운(官殺運)이 들어오면 ※관재수나 손재수나 건강을 조심해야 한다. 그리고 ※내외불화는 ※세운정해년(歲運丁亥年)의 정화(丁火)는 신금일주의 편관(偏官)으로 세운(歲運)에서 일주(日柱)를 극(剋)하는 운(運)이 들어오면 ※집에서나 밖에서나 윗사람이나 아랫사람이나 불화가 많이 생긴다.

❷ 질병(疾病)과 ❸ 남녀성격은 일주(日柱)에서 발생(發生)한다.

정해년 (丁亥年)

60년(음) 10월 1일 술(戌)시 남자

戊	辛	丁	庚
戌	亥	亥	子

56	46	36	26	16	6
癸	壬	辛	庚	己	戊
巳	辰	卯	寅	丑	子

이 사주는 신금일주(辛金日柱)가 초겨울 해월(亥月)에 출생하여 실시(失時)하고 해중무토(亥中戊土)가 시상(時上)에 투출(透出)하여 인수격(印綬格)이다. 그리고 년일지(年日支) 해자(亥子)로 지지(地支)는 수국(水局)을 이루어 상관식신(傷官食神)이 태왕(太旺)이다. 다행히 신금일주(辛金日柱)는 시지(時支) 술중무토(戌中戊土)가 시상(時上)에 투출(透出)하여 많은 상관(傷官)을 제(制)하고 신금일주를 생(生)하여줘야 하므로 무토인수(戊土印綬)가 용신(用神)이며 금비견겁(金比肩劫)은 희신(喜神)이 된다. 이 사주는 남자(男子)의 사주로서 자식(子息) 한 명 잃었는데 신금일주의 자식(子息)은 월상정화(月上丁火) 편관(偏官)인데 그 정화편관(丁火偏官)은 근(根)이 없으며 많은 상관식신(傷官食神)에 극(剋)을 받고 있으며 시지술토(時支戌土)는 화(火)의 고장(庫藏)으로서 더욱더 자손액(子孫厄)을 조심해야 한다.

❶ 세운정해년(歲運丁亥年): 변화, 이사, 전근, 자손액, 내외불화
❷ 질병(疾病): 폐(肺), 담(膽)
❸ 남녀성격: (남) 과감 용단, 냉정하다, 선견지명, 암기력, 총명하다, 지혜롭다, 항상 바쁨, 집념 대단, 재복 있다, 처 덕 있다, 남에게 잘함, 처궁불미, 장수한다
　　　　　(여) 냉정하다, 사람 사귀다 한번 틀어지면 다시 안 봄, 부궁불미, 재가, 정부, 인정 있다, 남에게 잘함, 잘하고 욕 먹는다, 자손귀자, 신앙심, 내 것 주고 배신당함, 인덕 없다

세운·질병·남녀성격의 해설 (歲運·疾病·男女性格의 解說)

❶ 세운정해년(歲運丁亥年)= ※변화, 이사, 전근, 자손액, 내외불화는 ※세운정해년(歲運丁亥年)의 해수(亥水)는 일지해수(日支亥水)와 해해(亥亥)로 삼합(三合)이 되므로 세운(歲運)에서 일지(日支) 삼합운(三合運)이 들어오면 ※변화가 생긴다든가 또는 이사를 한다든가 또는 직장을 옮기는 일이 많다. 그리고 ※자손액은 ※세운정해년(歲運丁亥年)의 해수(亥水)는 신금일주(辛金日柱)의 상관(傷官)으로 남자 사주에 상관식신(傷官食神)이 태왕(太旺)하고 관살(官殺)이 쇠약(衰弱)한데 세운에서 상관(傷官) 식신운(食神運)이 들어오면 ※자손액을 조심해야 한다. 그리고 ※내외불화는 ※세운정해년(歲運丁亥年)의 정화(丁火)는 신금일주의 편관(偏官)으로 세운에서 일주(日柱)를 극(剋)하는 운(運)이 들어오면 ※집에서나 밖에서나 윗사람이나 아랫사람이나 불화가 많이 생긴다.

❷ 질병(疾病)과 ❸ 남녀성격은 일주(日柱)에서 발생(發生)한다.

정해년 (丁亥年)

58년(음) 8월 29일 축(丑)시 여자

<table>
<tr><td>己</td><td>辛</td><td>壬</td><td>戊</td></tr>
<tr><td>丑</td><td>酉</td><td>戌</td><td>戌</td></tr>
</table>

51	41	31	21	11	1
丙	丁	戊	己	庚	辛
辰	巳	午	未	申	酉

이 사주는 신금일주(辛金日柱)가 계추술월(季秋戌月)에 출생하여 득령(得令)하고 년간지(年干支) 무술토(戊戌土)와 일시지(日時支) 유축금국(酉丑金局)을 이루어 일주(日柱)는 신왕사주(身旺四柱)다. 신왕사주(身旺四柱)에는 관살(官殺)로 일주(日柱)를 제(制)하거나 상관식신(傷官食神)으로 설기(泄氣)하면 좋은데 일주(日柱)를 제(制)하는 관살(官殺)은 없고 설기(泄氣)하는 월상임수(月上壬水) 상관(傷官)이 있으나 그 임수(壬水)는 근(根)이 없으며 자좌살지(自坐殺地)에 앉았으며 년상무토(年上戊土)에 극(剋)을 받아 용신(用神)으로 쓸 수가 없다. 그러므로 이 사주는 토인수(土印綬)가 왕(旺)하므로 종강격(從强格)이다. 토인수(土印綬)가 설기(泄氣)하는 곳은 신금일주(辛金日柱)이므로 비견겁(比肩劫)이 용신(用神)이며 토인수(土印綬)는 희신(喜神)이 된다. 이 사주는 여자(女子)의 사주로서 전업주부로 살다가 41세 정화대운(丁火大運)에 사업을 하였으나 월상임수(月上壬水)와 정임합(丁壬合)으로 합거(合去)되어 손해를 많이 보고 병(病)까지 얻어 자궁(子宮)을 수술한 사주다. 자궁(子宮) 수술하게 된 것은 월상임수(月上壬水)는 상관(傷官)인데 상관(傷官)은 자궁(子宮)도 되고 유방(乳房)도 되는데 많은 인수(印綬)에 극(剋)을 받으므로 세운(歲運)에서 상관운(傷官運)이 들어오면 자궁(子宮)과 유방(乳房)을 조심해야 한다.

❶ 세운정해년(歲運丁亥年): 수술, 내외불화
❷ 질병(疾病): 간(肝), 담(膽), 혈압(血壓)
❸ 남녀성격: (남) 과감 용단, 냉정하다, 청백한 사람, 미남형, 인품 수려, 자수성가, 영리하다, 일독십지, 타인 존경, 의처증
　　　　　　(여) 냉정하다, 사람 사귀다 한번 틀어지면 다시 안 봄, 부궁불미, 정부, 독수공방, 시모불합, 남편 말 잘 안 듣는다, 미모 수려, 신앙심, 이성수신

세운 · 질병 · 남녀성격의 해설 (歲運 · 疾病 · 男女性格의 解說)

❶ 세운정해년(歲運丁亥年)= ※수술, 내외불화는 ※세운정해년(歲運丁亥年)의 해수(亥水)는 신금일주의 상관(傷官)으로 세운(歲運)에서 일지(日支) 상관운(傷官運)이 들어오면 ※수술을 조심해야 한다. 그리고 ※내외불화는 ※세운정해년(歲運丁亥年)의 정화(丁火)는 신금일주의 편관(偏官)으로 세운(歲運)에서 일주(日柱)를 극(剋)하는 운(運)이 들어오면 ※집에서나 밖에서나 윗사람이나 아랫사람이나 불화가 많이 생긴다.

❷ 질병(疾病)과 ❸ 남녀성격은 일주(日柱)에서 발생(發生)한다.

정해년 (丁亥年)

60년(음) 8월 20일 유(酉)시 여자

<table>
<tr><td>丁</td><td>辛</td><td>丙</td><td>庚</td></tr>
<tr><td>酉</td><td>未</td><td>戌</td><td>子</td></tr>
</table>

51	41	31	21	11	1
庚	辛	壬	癸	甲	乙
辰	巳	午	未	申	酉

이 사주는 신금일주(辛金日柱)가 계추술월(季秋戌月)에 출생하여 득령(得令)하고 일지(日支) 미중기토(未中己土)에 근(根)하였으며 시지유금(時支酉金)에 록근(祿根)하여 일주(日柱)는 신왕사주(身旺四柱)다. 신왕사주(身旺四柱)에는 일주(日柱)를 제(制)하는 관살(官殺)이나 식신상관(食神傷官)으로 설기(泄氣)하면 좋은데 시지자수(時支子水) 식신(食神)과 월시상(月時上) 병정화(丙丁火) 관살(官殺)이 있어 어느 오행(五行)으로 용신(用神)을 잡느냐의 기로(岐路)에 서게 된다. 신왕사주(身旺四柱)에는 관살(官殺)로 용신(用神)함을 우선하기 때문에 시상정화(時上丁火) 편관(偏官)으로 용신(用神)한다. 그러므로 화관살(火官殺)이 용신(用神)이며 목재(木財)는 희신(喜神)이 된다. 이 사주는 여자(女子)의 사주로서 의원을 개원하여 오화대운(午火大運)에 수억금을 벌었으며 41세 신금대운(辛金大運)에는 평범하게 지냈고 46세 사화대운(巳火大運)에 운(運)이 잘 들어와 수억금을 벌은 사주다.

❶ 세운정해년(歲運丁亥年): 변화, 이사, 전근, 내외불화, 수술
❷ 질병(疾病): 폐(肺), 기관지(氣管支)
❸ 남녀성격: (남) 과감 용단, 냉정하다, 고집 대단, 정복력 강함, 노력은 많이 하나 실속이
　　　　　　　　없다, 재복 있다, 처궁불미, 성격이 까다롭다, 편식한다, 옷에 신경 쓴다
　　　　　　　(여) 냉정하다, 사람 사귀다 한번 틀어지면 다시 안 봄, 부궁불미, 재가, 정부,
　　　　　　　　　말조심, 요리솜씨, 친모봉양, 인덕 없다

🌀 세운 · 질병 · 남녀성격의 해설(歲運 · 疾病 · 男女性格의 解說)

❶ 세운정해년(歲運丁亥年)= ※변화, 이사, 전근, 내외불화, 수술은 ※세운정해년(歲運丁亥年)의 해수(亥水)는 일지미토(日支未土)와 해미(亥未)로 삼합(三合)이 되므로 세운(歲運)에서 일지(日支) 삼합운(三合運)이 들어오면 **※변화가 생긴다든가 또는 이사를 한다든가 또는 직장을 옮기는 일이 많다.** 그리고 ※내외불화는 ※세운정해년(歲運丁亥年)의 정화(丁火)는 신금일주(辛金日柱)의 편관(偏官)으로 세운(歲運)에서 일주(日柱)를 극(剋)하는 운(運)이 들어오면 **※집에서나 밖에서나 윗사람이나 아랫사람이나 불화가 많이 생긴다.** 그리고 ※수술은 ※세운정해년(歲運丁亥年)의 해수(亥水)는 신금일주의 상관(傷官)으로 세운(歲運)에서 일지(日支) 상관운(傷官運)이 들어오면 ※수술을 조심해야 한다.

❷ 질병(疾病)은 일주(日柱)에서 발생(發生)한다.

❸ 남녀성격은 일주(日柱)에서 발생(發生)한다.

정해년 (丁亥年)

63년(음) 1월 14일 인(寅)시 남자

庚	辛	甲	癸
寅	巳	寅	卯

51	41	31	21	11	1
戊	己	庚	辛	壬	癸
申	酉	戌	亥	子	丑

이 사주는 신금일주(辛金日柱)가 초봄 인월(寅月)에 출생하여 실시(失時)하고 인중갑목(寅中甲木)이 월상(月上)에 투출(透出)하여 정재격(正財格)이다. 그리고 년시지(年時支) 인묘목재(寅卯木財)와 일지(日支) 사중병화(巳中丙火)가 있어 재살(財殺)이 태왕(太旺)이다. 신금일주(辛金日柱)는 자좌(自坐) 사중병화(巳中丙火)에 실지(殺地)에 앉았으며 시상경금(時上庚金)도 무근(無根)이며 자좌인목(自坐寅木)에 절궁(絶宮)에 앉아 신금일주(辛金日柱)를 도울 수가 없으므로 금생수(金生水) 수생목(水生木) 목생화(木生火)로 종살격(從殺格)이다. 그러므로 사중병화(巳中丙火) 정관(正官)이 용신(用神)이며 목재(木財)는 희신(喜神)이 된다. 이 사주는 남자(男子)의 사주로서 초년(初年)부터 사업을 하였으나 운(運)이 없어 고생을 많이 하다가 41세 기토대운(己土大運)에 월상갑목(月上甲木)과 갑기합(甲己合)으로 합거(合去)되어 재산을 탕진하고 처(妻)와 이혼한 사주다. 처궁(妻宮)이 부실한 것은 남자 사주에 재(財)가 태왕(太旺)이면 처궁(妻宮)이 부실한데 년간지(年干支) 계묘생(癸卯生)의 공망(空亡)은 일지사화(日支巳火)로서 처궁(妻宮)이 더욱더 부실한 사주다.

❶ 세운정해년(歲運丁亥年): 관재, 손재, 신액, 내외불화
❷ 질병(疾病): 해수(咳嗽), 호흡기(呼吸器)
❸ 남녀성격: (남) 과감 용단, 냉정하다, 성질 급, 변화가 많다, 항상 바쁨, 처 덕 있다, 화려하게 보이나 실속이 없다, 예의 있다, 말을 잘한다, 영리하다, 식복 있다
　　　　　(여) 냉정하다, 사람 사귀다 한번 틀어지면 다시 안 봄, 남편 덕, 정부, 이성수신, 의처증 부군, 성질 급, 항상 바쁨, 인덕 없다

☯ 세운 · 질병 · 남녀성격의 해설 (歲運 · 疾病 · 男女性格의 解說)

❶ 세운정해년(歲運丁亥年)= ※관재, 손재, 신액, 내외불화는 ※세운정해년(歲運丁亥年)의 정화(丁火)는 신금일주의 편관(偏官)으로 원명사주(源命四柱)에 재관(財官)이 태왕(太旺)인데 세운(歲運)에서 재(財)나 관살운(官殺運)이 들어오면 ※관재수나 손재수나 건강을 조심해야 한다. 그리고 ※내외불화는 ※세운정해년(歲運丁亥年)의 정화(丁火)는 신금일주(辛金日柱)의 편관(偏官)으로 세운에서 일주(日柱)를 극(剋)하는 운(運)이 들어오면 ※집에서나 밖에서나 윗사람이나 아랫사람이나 불화가 많이 생긴다.

❷ 질병(疾病)은 일주(日柱)에서 발생(發生)한다.

❸ 남녀성격은 일주(日柱)에서 발생(發生)한다.

정해년 (丁亥年)

65년(음) 5월 7일 사(巳)시 여자

癸	辛	壬	乙
巳	卯	午	巳

60	50	40	30	20	10
戊	丁	丙	乙	甲	癸
子	亥	戌	酉	申	未

이 사주는 신금일주(辛金日柱)가 중하오월(中夏午月)에 출생하여 실시(失時)하고 년지사화(年支巳火)와 시지사화(時支巳火)로 사오(巳午)로 화국(火局)을 이루고 일지(日支) 묘중을목(卯中乙木)은 년상(年上)에 투출(透出)하여 재살(財殺)이 태왕(太旺)이다. 신금일주(辛金日柱)는 무근(無根)이며 자좌묘목(自坐卯木)에 절궁(絶宮)이며 월시상(月時上) 임계수(壬癸水)로 제살(制殺)할 것 같으나 그 임계수(壬癸水)도 무근(無根)이며 물이 말라 힘이 없으므로 많은 관살(官殺)을 제(制)할 수가 없다. 그러므로 신금일주를 도와주는 인수(印綬)나 비견겁(比肩劫)이 하나도 없으므로 쇠극격(衰極格)에 해당한다. 쇠(衰)한 자는 상관식신(傷官食神)으로 설기(泄氣)하여 더욱더 쇠(衰)하게 하는 동시 일주(日柱)를 극(剋)하는 관살(官殺)을 제(制)하여야 하기 때문에 월상임수(月上壬水) 상관(傷官)이 용신(用神)이 된다.

❶ 세운정해년(歲運丁亥年): 변화, 이사, 전근, 관재, 손재, 신액, 내외불화
❷ 질병(疾病): 풍질(風疾), 냉(冷), 기관지(氣管支)
❸ 남녀성격: (남) 과감 용단, 냉정하다, 의리 있다, 인정 있다, 고집 대단, 학업 장애, 처궁불미, 재가, 미인수다, 근면하다, 지구력 부족, 소심하다, 운동 잘함, 마음 약
　　　　　(여) 냉정하다, 사람 사귀다 한번 틀어지면 다시 안 봄, 고집 대단, 정부, 재가, 독수공방, 부궁불미, 욕심 많다, 성질 급, 참을성이 없다, 자손근심

🔵 세운·질병·남녀성격의 해설 (歲運·疾病·男女性格의 解說)

❶ 세운정해년(歲運丁亥年)= ※변화, 이사, 전근, 관재, 손재, 신액, 내외불화는 ※세운정해년(歲運丁亥年)의 해수(亥水)는 일지묘목(日支卯木)과 해묘(亥卯)로 삼합(三合)이 되므로 세운에서 일지(日支) 삼합운(三合運)이 들어오면 ※변화가 생긴다든가 또는 이사를 한다든가 또는 직장을 옮기는 일이 많다. 그리고 ※관재, 손재, 신액은 ※세운정해년(歲運丁亥年)의 정화(丁火)는 신금일주의 편관(偏官)으로 원명사주에 재살(財殺)이 태왕(太旺)인데 세운에서 재(財)나 관살운(官殺運)이 들어오면 ※관재수나 손재수나 건강을 조심해야 한다. 그리고 ※내외불화는 ※세운정해년(歲運丁亥年)의 정화(丁火)는 신금일주의 편관(偏官)으로 세운에서 일주(日柱)를 극(剋)하는 운(運)이 들어오면 ※집에서나 밖에서나 윗사람이나 아랫사람이나 불화가 많이 생긴다.

❷ 질병(疾病)은 일주(日柱)에서 발생(發生)한다.

❸ 남녀성격은 일주(日柱)에서 발생(發生)한다.

정해년 (丁亥年)

66년(음) 8월 25일 술(戌)시 남자

戊	辛	戊	丙
戌	丑	戌	午

60	50	40	30	20	10
甲	癸	壬	辛	庚	己
辰	卯	寅	丑	子	亥

이 사주는 신금일주(辛金日柱)가 계추술월(季秋戌月)에 출생하여 득령(得令)하고 술중무토(戌中戊土)가 월시상(月時上)에 투출(透出)하여 인수격(印綬格)이며 일시지(日時支) 축술토(丑戌土)가 있어 일주(日柱)는 신왕사주(身旺四柱)다. 신왕사주(身旺四柱)에는 일수(日柱)를 제(制)하는 관살(官殺)이 좋은데 다행히 년상병화(年上丙火) 정관(正官)이 년지오화(年支午火)에 근(根)하므로 년상병화(年上丙火) 정관(正官)으로 용신(用神)한다. 그리고 목재(木財)는 희신(喜神)이 된다. 이 사주는 남자(男子)의 사주로서 자영업(自營業)을 하였으나 고생을 많이 하다가 45세 인목대운(寅木大運)에 운(運)은 좋으나 불구자(不具者)로서 육체적인 노동을 못하여 운(運)이 좋아도 아무 일도 하지 못하고 있는 사주다. 일지축토(日支丑土)와 시지술토(時支戌土)는 탕화살(湯火殺)이므로 일시지(日時支)에 탕화살(湯火殺)이 있으면 몸에 흉터가 생긴다든가 또는 수술을 할 우려가 많으므로 항상 건강을 조심해야 한다. 이 사주(四柱)도 오토바이 사고로 팔과 다리를 많이 다쳐 불구자(不具者)가 된 사주다.

❶ 세운정해년(歲運丁亥年): 수술, 내외불화
❷ 질병(疾病): 냉(冷), 간(肝), 담(膽)
❸ 남녀성격: (남) 과감 용단, 냉정하다, 고집 대단, 신의 있다, 근면하다, 매사 정이 많다, 처와 자식의 덕이 있다, 성격이 까다롭다, 옷에 신경, 편식, 새벽잠이 없다, 식복 있다
　　　　　　(여) 냉정하다, 사람 사귀다 한번 틀어지면 다시 안 봄, 미모 수려, 남편의 사랑을 받는다, 부지런하다, 친모봉양, 부궁불미, 정부

세운 · 질병 · 남녀성격의 해설 (歲運 · 疾病 · 男女性格의 解說)

❶ 세운정해년(歲運丁亥年)= ※수술, 내외불화는 ※세운정해년(歲運丁亥年)의 해수(亥水)는 신금일주(辛金日柱)의 상관(傷官)으로 세운(歲運)에서 일지(日支) 상관운(傷官運)이 들어오면 ※수술을 조심해야 한다. 그리고 ※내외불화는 ※세운정해년(歲運丁亥年)의 정화(丁火)는 신금일주(辛金日柱)의 편관(偏官)으로 세운(歲運)에서 일주(日柱)를 극(剋)하는 운(運)이 들어오면 ※집에서나 밖에서나 윗사람이나 아랫사람이나 불화가 많이 생긴다.

❷ 질병(疾病)은 일주(日柱)에서 발생(發生)한다.

❸ 남녀성격은 일주(日柱)에서 발생(發生)한다.

정해년 (丁亥年)

64년(음) 10월 15일 묘(卯)시 여자

辛	辛	乙	甲
卯	未	亥	辰

54	44	34	24	14	4
己	庚	辛	壬	癸	甲
巳	午	未	申	酉	戌

이 사주는 신금일주(辛金日柱)가 초겨울 해월(亥月)에 출생하여 실시(失時)하고 해중갑목(亥中甲木)이 년상(年上)에 투출(透出)하여 정재격(正財格)이다. 그리고 월일시지(月日時支) 해묘미(亥卯未)로 목국(木局)을 이루었으며 묘중을목(卯中乙木)이 월상(月上)에 투출(透出)하여 상관(傷官)과 재(財)가 태왕(太旺)이다. 다행히 신금일주(辛金日柱)는 자좌(自坐) 미중기토(未中己土)에 근(根)하고 년지진토(年支辰土)에 생(生)을 받으며 시상신금(時上辛金) 비견(比肩)이 있으나 신약사주(身弱四柱)로 많은 재(財)를 제(制)하고 일주(日柱)를 보신(補身)하는 금비견겁(金比肩劫)이 용신(用神)이며 토인수(土印綬)는 희신(喜神)이 된다. 이 사주는 여자(女子)의 사주로서 어려운 환경에 자라나 고생을 많이 하다가 29세 신금대운(申金大運)부터 장사를 하여 43세 미토대운(未土大運)까지 수억금을 벌었으며 44세 경금대운(庚金大運)에 월상을목(月上乙木)과 을경합(乙庚合)으로 합거(合去)되어 손해를 많이 보고 있는 사주다.

❶ 세운정해년(歲運丁亥年): 변화, 이사, 전근, 수술, 내외불화
❷ 질병(疾病): 폐(肺), 기관지(氣管支)
❸ 남녀성격: (남) 과감 용단, 냉정하다, 고집 대단, 정복력 강함, 노력은 많이 하나 실속이 없다, 재복 있다, 처궁불미, 성격이 까다롭다, 편식한다, 옷에 신경 쓴다
　　　　　(여) 냉정하다, 사람 사귀다 한번 틀어지면 다시 안 봄, 부궁불미, 재가, 정부, 말조심, 요리솜씨, 친모봉양, 인덕 없다

세운 · 질병 · 남녀성격의 해설 (歲運 · 疾病 · 男女性格의 解說)

❶ 세운정해년(歲運丁亥年)= ※변화, 이사, 전근, 수술, 내외불화는 ※세운정해년(歲運丁亥年)의 해수(亥水)는 일지미토(日支未土)와 해미(亥未)로 삼합(三合)이 되므로 세운(歲運)에서 일지(日支) 삼합운(三合運)이 들어오면 ※**변화가 생긴다든가 또는 이사를 한다든가 또는 직장을 옮기는 일이 많다.** 그리고 ※**수술**은 ※세운정해년(歲運丁亥年)의 해수(亥水)는 신금일주의 상관(傷官)으로 세운(歲運)에서 일지(日支) 상관운(傷官運)이 들어오면 ※**수술을 조심해야 한다.** 그리고 ※**내외불화**는 ※세운정해년(歲運丁亥年)의 정화(丁火)는 신금일주의 편관(偏官)으로 세운(歲運)에서 일주(日柱)를 극(剋)하는 운(運)이 들어오면 ※**집에서나 밖에서나 윗사람이나 아랫사람이나 불화가 많이 생긴다.**

❷ 질병(疾病)은 일주(日柱)에서 발생(發生)한다.

❸ 남녀성격은 일주(日柱)에서 발생(發生)한다.

정해년 (丁亥年)

57년(음) 7월 13일 묘(卯)시 여자

癸	壬	戊	丁
卯	子	申	酉

60	50	40	30	20	10
甲	癸	壬	辛	庚	己
寅	丑	子	亥	戌	酉

이 사주는 임수일주(壬水日柱)가 초가을 신월(申月)에 출생하여 장생(長生)하고 년지유금(年支酉金) 인수(印綬)와 일지자수(日支子水) 양인(羊刃)이 있어 일주(日柱)는 신왕사주(身旺四柱)다. 신왕사주(身旺四柱)에는 일주(日柱)를 제(制)하는 관살(官殺)이 좋은데 월상무토(月上戊土) 편관(偏官)이 있다고 하나 그 무토(戊土)는 근(根)이 없으며 자좌신금(自坐申金)에 실기(泄氣)가 심(甚)하여 용신(用神)으로 쓸 수가 없다. 용신(用神)을 약(弱)할 때에는 용신(用神)을 돕는 자가 용신(用神)인데 월상정화(月上丁火) 정재(正財)로 용신(用神)하고자 하나 그 정화(丁火)도 근(根)이 없으며 자좌유금(自坐酉金)에 사지(死地)에 앉아 용신(用神)으로 쓸 수가 없다. 다행히 시지묘목(時支卯木) 상관(傷官)이 있어 묘목상관(卯木傷官)으로 용신(用神)한다. 그러므로 이런 사주를 가상관격(假傷官格)이라고 한다. 이 사주는 여자의 사주로서 일찍 남편과 이혼하고 사업을 하였으나 고생을 많이 하고 혼자 살고 있는 사주다. 부궁(夫宮)이 부실한 것은 일간지(日干支) 임자생(壬子生)의 공망(空亡)은 시지묘목(時支卯木)으로 일시지(日時支)에 공망(空亡)이 있으면 부궁이 부실하다.

❶ 세운정해년(歲運丁亥年): 이별수, 손재, 신액
❷ 질병(疾病): 냉(冷), 혈압(血壓), 신장(腎臟), 방광(膀胱)
❸ 남녀성격: (남) 털털한 성격, 마음이 넓다, 성질 조급, 고집 대단, 노력은 많이 하나 실속이 없다, 여자 많다, 처궁불미, 용두사미, 돈이 잘 빠져나간다, 꾀가 많다, 신경 예민
　　　　　　(여) 남자 같은 시원한 성격, 새것을 좋아함, 부궁불미, 정부, 재가, 남에게 시기를 많이 받는다, 독수공방, 직업여성

세운·질병·남녀성격의 해설 (歲運·疾病·男女性格의 解說)

❶ 세운정해년(歲運丁亥年)= ※이별수, 손재, 신액은 ※세운정해년(歲運丁亥年)의 해수(亥水)는 임수일주(壬水日柱)의 비견(比肩)으로 신왕(身旺)한 여자(女子) 사주에 세운(歲運)에서 비견겁운(比肩劫運)이 들어오면 ※가정에 불화가 많이 생긴다든가 또는 남편과 떨어져 산다든가 또는 이혼한다든가 또는 남편이 사망하는 수도 있다. 그리고 ※손재, 신액은 ※세운정해년(歲運丁亥年)의 정화(丁火)는 임수일주(壬水日柱)의 정재(正財)로 신왕(身旺)한 사주에 재(財)가 쇠약(衰弱)한데 세운(歲運)에서 재운(財運)이 들어오면 ※손재수나 건강을 조심해야 한다.

❷ 질병(疾病)은 일주(日柱)에서 발생(發生)한다.

❸ 남녀성격은 일주(日柱)에서 발생(發生)한다.

정해년 (丁亥年)

66년(음) 8월 26일 진(辰)시 남자

甲	壬	戊	丙
辰	寅	戌	午

60	50	40	30	20	10
甲	癸	壬	辛	庚	己
辰	卯	寅	丑	子	亥

이 사주는 임수일주(壬水日柱)가 계추술월(季秋戌月)에 출생하여 실시(失時)하고 술중무토(戌中戊土)가 월상(月上)에 투출(透出)하여 편관격(偏官格)이다. 그리고 년지오화(年支午火)와 월지술토(月支戌土)와 일지인목(日支寅木)으로 인오술(寅午戌) 화국(火局)을 이루어 재살(財殺)이 태왕(太旺)이다. 그러나 임수일주(壬水日柱)를 도와주는 인수(印綬)나 비견겁(比肩劫)이 하나도 없으므로 쇠극격(衰極格)에 해당한다. 쇠(衰)한 자는 상관식신(傷官食神)으로 설기(泄氣)하여 더욱더 쇠(衰)하게 하는 동시 일주(日柱)를 극(剋)하는 관살(官殺)을 제(制)하여야 하기 때문에 시상갑목(時上甲木) 식신(食神)이 용신(用神)이며 화재(火財)는 희신(喜神)이 된다. 이 사주는 남자(男子)의 사주로서 중소기업에 근무하다가 40세 임수대운(壬水大運)에 퇴사하여 사업을 경영하여 평범하게 지냈고 45세 인목대운(寅木大運)에 사업이 번창하고 있으나 자식(子息) 한 명 잃었는데 시간지(時干支) 갑진(甲辰)은 백호관살(白虎官殺)이며 일간지(日干支) 임인(壬寅)의 공망(空亡)은 시지진토(時支辰土)로서 백호관살(白虎官殺)에 공망(空亡)을 맞으면 자손액(子孫厄)을 조심해야 한다.

❶ 세운정해년(歲運丁亥年): 관재, 손재, 신액
❷ 질병(疾病): 신장(腎臟), 방광(膀胱), 냉(冷), 습(濕), 치질(痔疾), 임질(淋疾), 비색증(鼻塞症)
❸ 남녀성격: (남) 털털한 성격, 지혜롭다, 원만하다, 환경에 적응 잘함, 영리하다, 행운이 따른다, 항상 바쁨, 용기 있다, 타의 군림, 성질 급, 처 덕 있다, 장모봉양
(여) 남자 같은 시원한 성격, 새것을 좋아함, 영리하다, 남편을 꺾는다, 부궁불미, 정부, 자손귀자, 요리솜씨, 사회활동하면 인기

세운 · 질병 · 남녀성격의 해설 (歲運 · 疾病 · 男女性格의 解說)

❶ 세운정해년(歲運丁亥年)= ※관재, 손재, 신액은 ※세운정해년(歲運丁亥年)의 정화(丁火)는 임수일주(壬水日柱)의 정재(正財)로 원명사주(源命四柱)에 재살(財殺)이 태왕(太旺)인데 세운(歲運)에서 재(財)나 관살운(官殺運)이 들어오면 ※관재수를 조심해야 하며 또는 손재수를 조심해야 하며 또는 건강을 조심해야 한다.

❷ 질병(疾病)은 신장, 방광, 냉, 습은 일주(日柱)에서 발생하며 ※치질, 임질, 비색증은 ※임수일주(壬水日柱)가 화토재살(火土財殺)이 태왕(太旺)이면 ※치질과 임질과 축농증과 비염과 코막힘을 조심해야 한다.

❸ 남녀성격은 일주(日柱)에서 발생(發生)한다.

정해년 (丁亥年)

66년(음) 6월 15일 축(丑)시 여자

辛	壬	乙	丙
丑	辰	未	午

58	48	38	28	18	8
己	庚	辛	壬	癸	甲
丑	寅	卯	辰	巳	午

이 사주는 임수일주(壬水日柱)가 하계미월(夏季未月)에 출생하여 실시(失時)하고 미중을목(未中乙木)이 월상(月上)에 투출(透出)하여 상관격(傷官格)이다. 그리고 년지오화(年支午火)와 오미(午未)로 화국(火局)을 이루고 일시지(日時支) 진축토(辰丑土)가 있어 재살(財殺)이 태왕(太旺)이다. 그러나 임수일주(壬水日柱)는 사고(自庫)인 신중계수(辰中癸水)에 근(根)하고 시상신금(時上辛金) 인수(印綬)가 축중신금(丑中辛金)에 근(根)하여 일주(日柱)를 생(生)하므로 살인상생(殺印相生)으로 금인수(金印綬)가 용신(用神)이며 수비견겁(水比肩劫)은 희신(喜神)이 된다. 이 사주는 여자(女子)의 사주로서 상관격(傷官格)을 놓은 사람들은 고집이 대단하며 무서운 것이 없으며 재주가 비범하며 팔방미인(八方美人)이며 임기응변과 기술, 예능에 소질이 있어 옷가게를 경영하여 28세 임진대운(壬辰大運)에 돈을 많이 벌어 결혼도 하고 잘살았으나 38세 신금대운(辛金大運)에 사업을 확장하여 무리하게 경영하다가 년상병화(年上丙火)와 대운신금(大運辛金)과 병신합(丙辛合)으로 합거(合去)되어 재산을 탕진하고 힘들게 살고 있는 사주다.

❶ 세운정해년(歲運丁亥年): 관재, 손재, 신액, 신경과민
❷ 질병(疾病): 냉(冷), 풍질(風疾), 신장(腎臟), 혈압(血壓)
❸ 남녀성격: (남) 털털한 성격, 일찍 사회에 진출, 임전무퇴, 자립정신, 재간 있다, 박력 있다, 속전속결, 처궁불미, 어린 시절 잔병, 자손근심, 아이디어가 좋다
　　　　　　(여) 남자 같은 시원한 성격, 새것을 좋아함, 부궁불미, 재가, 정부, 독수공방, 일가부양, 풍파가 많다

🔵 세운 • 질병 • 남녀성격의 해설 (歲運 · 疾病 · 男女性格의 解說)

❶ 세운정해년(歲運丁亥年)= ※관재, 손재, 신액, 신경과민은 ※세운정해년(歲運丁亥年)의 정화(丁火)는 임수일주(壬水日柱)의 정재(正財)로 원명사주(源命四柱)에 재살(財殺)이 태왕(太旺)인데 세운(歲運)에서 재(財)나 관살운(官殺運)이 들어오면 **※관재수나 손재수나 건강을 조심해야 한다.** 그리고 **※신경과민은** ※세운정해년(歲運丁亥年)의 해수(亥水)는 일지진토(日支辰土)와 진해(辰亥)로 귀문관살(鬼門關殺)이 되므로 세운(歲運)에서 일지(日支) 귀문(鬼門) 관살운(關殺運)이 들어오면 **※그해에는 모든 일에 신경을 많이 쓰게 된다.**

❷ 질병(疾病)은 일주(日柱)에서 발생(發生)한다.

❸ 남녀성격은 일주(日柱)에서 발생(發生)한다.

정해년(丁亥年)

62년(음) 9월 13일 축(丑)시 남자

辛	壬	庚	壬
丑	午	戌	寅

59	49	39	29	19	9
丙	乙	甲	癸	壬	辛
辰	卯	寅	丑	子	亥

이 사주는 임수일주(壬水日柱)가 계추술월(季秋戌月)에 출생하여 실시(失時)하고 술중신금(戌中辛金)이 시상(時上)에 투출(透出)하여 인수격(印綬格)이다. 그리고 지지(地支)는 년월일지(年月日支) 인오술(寅午戌)로 화국(火局)을 이루어 재살(財殺)이 태왕(太旺)이다. 다행히 임수일주(壬水日柱)는 무근(無根)이라 하나 시상신금(時上辛金)은 자좌(自坐) 축중신금(丑中辛金)에 근(根)하였으며 월상경금(月上庚金)은 술중신금(戌中辛金)에 근(根)하여 임수일주(壬水日柱)를 생(生)하므로 금인수(金印綬)가 용신(用神)이며 수비견겁(水比肩劫)은 희신(喜神)이 된다. 이 사주는 남자(男子)의 사주로서 운동을 전공하여 계수대운(癸水大運)까지 선수생활을 하며 잘살았으며 34세 축토대운(丑土大運)에 체육관을 경영하여 평범하게 살다가 49세 을목대운(乙木大運)에 월상경금(月上庚金)과 을경합(乙庚合)으로 합거(合去)되어 재산을 탕진하고 처(妻)와 이혼(離婚)하고 그 이후로도 운(運)이 없어 힘들게 살고 있는 사주다. 처궁(妻宮)이 부실한 것은 일시지(日時支) 축오(丑午)는 원진살(怨嗔殺)이며 술중정화(戌中丁火)는 화재(火財)의 고장(庫藏)으로서 일시지(日時支)에 원진살(怨嗔殺)이 있고 화재(火財)의 고장(庫藏)이 있으면 처궁(妻宮)이 부실하여 재혼(再婚)하거나 혼자 사는 사람들이 많다. 그리고 재(財)는 돈도 되고 처(妻)도 된다.

❶ 세운정해년(歲運丁亥年): 관재, 손재, 신액
❷ 질병(疾病): 신장(腎臟), 방광(膀胱)
❸ 남녀성격: (남) 털털한 성격, 고집 대단, 신경 예민, 지혜롭다, 명랑하다, 예의 있다, 준법 정신, 처 덕 있다, 처궁불미, 성실하다, 눈치가 빠름, 운동 잘함
　　　　　　(여) 남자 같은 시원한 성격, 새것을 좋아함, 미모 수려, 남편 덕, 정부, 부궁불미, 자손 덕, 눈치가 빠름, 신경 예민, 이성수신

세운·질병·남녀성격의 해설 (歲運·疾病·男女性格의 解說)

❶ 세운정해년(歲運丁亥年)= ※관재, 손재, 신액은 ※세운정해년(歲運丁亥年)의 정화(丁火)는 임수일주(壬水日柱)의 정재(正財)로 원명사주(源命四柱)에 재살(財殺)이 태왕(太旺)인데 세운(歲運)에서 재(財)나 관살운(官殺運)이 들어오면 ※관재수를 조심해야 하며 또는 손재수를 조심해야 하며 또는 건강을 조심해야 한다.

❷ 질병(疾病)은 일주(日柱)에서 발생(發生)한다.

❸ 남녀성격은 일주(日柱)에서 발생(發生)한다.

정해년 (丁亥年)

61년(음) 12월 29일 사(巳)시 여자

<table>
<tr><td>乙</td><td>壬</td><td>辛</td><td>辛</td></tr>
<tr><td>巳</td><td>申</td><td>丑</td><td>丑</td></tr>
</table>

51	41	31	21	11	1
丁	丙	乙	甲	癸	壬
未	午	巳	辰	卯	寅

이 사주는 임수일주(壬水日柱)가 동계축월(冬季丑月)에 출생하여 실시(失時)하고 년지축토(年支丑土)와 시간지(時干支) 을사(乙巳)로 신약사주(身弱四柱)같이 보인다. 그러나 축토(丑土)는 습토(濕土)며 축중신금(丑中辛金)이 년월(年月)에 투출(透出)하여 살인상생(殺印相生)으로 임수일주(壬水日柱)를 생(生)하고 임수일주(壬水日柱)는 자좌신금(自坐申金)에 장생(長生)하여 일주(日柱)는 약화위강(弱化爲强)으로 신왕사주(身旺四柱)다. 그러므로 신왕사주(身旺四柱)에는 일주(日柱)를 제(制)하는 관살(官殺)이나 식신상관(食神傷官)으로 설기(泄氣)하면 좋은데 년월(年月) 양축토(兩丑土)는 습토(濕土)며 년월상(年月上) 양신금(兩辛金)에 설기(泄氣)가 심(甚)하여 용신(用神)으로 쓸 수가 없다. 그러므로 용신(用神)이 약(弱)할 때에는 용신(用神)을 돕는 자가 용신(用神)이 되므로 시지사중(時支巳中) 병화재(丙火財)로 용신(用神)한다. 이 사주는 여자(女子)의 사주로서 공부는 많이 못하였으나 장사를 배워 36세 사화대운(巳火大運)에 수억금을 벌었으며 41세 병화대운(丙火大運)에 년상신금(年上辛金)과 병신합(丙辛合)으로 합거(合去)되어 손해를 조금 보았으나 46세 오화대운(午火大運)에 사업이 번창하여 수억금을 벌어 잘살고 있는 사주다.

❶ 세운정해년(歲運丁亥年): 이별수, 손재, 신액
❷ 질병(疾病): 냉(冷), 신장(腎臟), 방광(膀胱)
❸ 남녀성격: (남) 털털한 성격, 원만하다, 활발하다, 지혜롭다, 포용력, 만인의 신망, 고집 대단, 박력 있다, 영리하다, 일독십지, 처 덕 있다
　　　　　 (여) 남자 같은 시원한 성격, 새것을 좋아함, 영리하다, 부궁불미, 정부, 예능, 문학에 소질 있다, 친모봉양

세운 • 질병 • 남녀성격의 해설 (歲運 · 疾病 · 男女性格의 解說)

❶ 세운정해년(歲運丁亥年)= ※이별수, 손재, 신액은 ※세운정해년(歲運丁亥年)의 해수(亥水)는 임수일주(壬水日柱)의 비견(比肩)으로 신왕(身旺)한 여자(女子) 사주에 세운(歲運)에서 비견겁운(比肩劫運)이 들어오면 ※가정에 불화가 많이 생긴다든가 또는 남편과 떨어져 산다든가 또는 이혼한다든가 또는 남편이 사망하는 수도 있다. 그리고 ※손재, 신액은 ※세운정해년(歲運丁亥年)의 정화(丁火)는 임수일주(壬水日柱)의 정재(正財)로 신왕(身旺)한 사주에 재(財)가 쇠약(衰弱)한데 세운(歲運)에서 재운(財運)이 들어오면 ※손재수를 조심해야 하며 또는 건강을 조심해야 한다.

❷ 질병(疾病)과 ❸ 남녀성격은 일주(日柱)에서 발생(發生)한다.

정해년 (丁亥年)

62년(음) 2월 20일 사(巳)시 여자

乙	壬	癸	壬
巳	戌	卯	寅

56	46	36	26	16	6
丁	戊	己	庚	辛	壬
酉	戌	亥	子	丑	寅

이 사주는 임수일주(壬水日柱)가 중춘묘월(中春卯月)에 출생하여 실시(失時)하고 묘중을목(卯中乙木)이 시상(時上)에 투출(透出)하여 상관격(傷官格)이다. 그리고 년지묘목(年支卯木)과 인묘(寅卯)로 목국(木局)을 이루고 일시지(日時支) 사술(巳戌)로 재관(財官)이 태왕(太旺)으로 신약사주(身弱四柱)다. 임수일주(壬水日柱)는 무근(無根)이며 자좌살지(自坐殺地)에 앉았으며 년월(年月) 양임계수(兩壬癸水) 비견겁(比肩劫)은 자좌(自坐) 인묘목(寅卯木)에 설기(泄氣)가 심(甚)하여 임수일주(壬水日柱)를 도울 수가 없다. 그러므로 수생목(水生木) 목생화(木生火) 화생토(火生土)로 사주(四柱)의 기(氣)는 일지(日支) 술중무토(戌中戊土)에 집중하여 종살격(從殺格)이므로 술중무토(戌中戊土) 편관(偏官)이 용신(用神)이며 화재(火財)는 희신(喜神)이 된다. 이 사주는 여자(女子)의 사주로서 전업주부로 살다가 남편(男便)과 사별(死別)하고 사업을 경영하였으나 46세 무토대운(戊土大運)에 월상계수(月上癸水)와 무계합(戊癸合)으로 합거(合去)되어 손해를 많이 보았으며 51세 술토대운(戌土大運)부터는 사업이 번창하여 돈을 많이 벌 것으로 생각된다. 부궁(夫宮)이 부실한 것은 임술일주(壬戌日柱)는 백호관살(白虎官殺)이며 년간지(年干支) 임인생(壬寅生)의 공망(空亡)은 시지사화(時支巳火)로서 일시지(日時支)에 공망(空亡)이 있어 부궁(夫宮)이 더욱더 부실한 사주다.

🌀 세운·질병·남녀성격의 해설 (歲運·疾病·男女性格의 解說)

❶ 세운정해년(歲運丁亥年)= ※관재, 손재, 신액은 ※세운정해년(歲運丁亥年)의 정화(丁火)는 임수일주(壬水日柱)의 정재(正財)로 원명사주(源命四柱)에 재살(財殺)이 태왕(太旺)인데 세운(歲運)에서 재(財)나 관살운(官殺運)이 들어오면 ※관재수를 조심해야 하며 또는 손재수를 조심해야 하며 또는 건강을 조심해야 한다.

❷ 질병(疾病)과 ❸ 남녀성격은 일주(日柱)에서 발생(發生)한다.

정해년 (丁亥年)

戊	壬	戊	庚
申	申	寅	子

57	47	37	27	17	7
甲	癸	壬	辛	庚	己
申	未	午	巳	辰	卯

이 사주는 임수일주(壬水日柱)가 초봄 인월(寅月)에 출생하여 실시(失時)하고 인중무토(寅中戊土)가 월시상(月時上)에 투출(透出)하여 편관격(偏官格)으로 신약사주(身弱四柱)다. 그러나 임수일주(壬水日柱)는 일시지(日時支) 양신금(兩申金)에 장생(長生)하고 신궁경금(申宮庚金)이 년상(年上)에 투출(透出)하고 년지자수(年支子水)에 양인(羊刃)을 두어 일주(日柱)는 악화위강(弱化爲强)으로 신왕사주(身旺四柱)다. 신왕사주(身旺四柱)에는 일주(日柱)를 제(制)하는 관살(官殺)이 좋은데 월상무토(月上戊土)는 자좌인목(自坐寅木)에 살지(殺地)라고 하나 무토(戊土)의 생궁(生宮)이며 용신(用神)으로 쓸 수가 있다. 그러므로 월시상(月時上) 양무토(兩戊土) 편관(偏官)이 용신(用神)이며 화재(火財)는 희신(喜神)이 된다. 이 사주는 남자(男子)의 사주로서 사업을 경영하였으나 42세 오화대운(午火大運)에 운이 잘 들어와 수억금을 벌었으며 47세 계수대운(癸水大運)에 사업을 확장하여 경영하였으나 월상무토(月上戊土)와 대운계수(大運癸水)와 무계합(戊癸合)으로 합거(合去)되어 재산을 탕진하였고 52세 미토대운(未土大運)에 사업이 번창하여 재산을 복구하고 있는 중이다.

❶ 세운정해년(歲運丁亥年): 손재, 처액
❷ 질병(疾病): 냉(冷), 신장(腎臟), 방광(膀胱)
❸ 남녀성격: (남) 털털한 성격, 원만하다, 활발하다, 지혜롭다, 포용력, 만인의 신망, 고집 대단, 박력 있다, 영리하다, 일독십지, 처 덕 있다
　　　　　(여) 남자 같은 시원한 성격, 새것을 좋아함, 영리하다, 부궁불미, 정부, 예능, 문학에 소질 있다, 친모봉양

🕐 세운·질병·남녀성격의 해설 (歲運·疾病·男女性格의 解說)

❶ 세운정해년(歲運丁亥年)= ※손재, 처액은 ※세운정해년(歲運丁亥年)의 정화(丁火)는 임수일주(壬水日柱)의 정재(正財)로 신왕(身旺)한 남자(男子) 사주에 재(財)가 쇠약(衰弱)한데 세운(歲運)에서 재운(財運)이 들어오면 ※손재수를 조심해야 하며 또는 가정에 불화가 많이 생긴다든가 또는 처가 가출한다든가 또는 처의 건강을 조심해야 한다.

❷ 질병(疾病)은 일주(日柱)에서 발생(發生)한다.

❸ 남녀성격은 일주(日柱)에서 발생(發生)한다.

정해년 (丁亥年)

51년(음) 2월 26일 묘(卯)시 여자

癸	壬	辛	辛
卯	申	卯	卯

51	41	31	21	11	1
丁	丙	乙	甲	癸	壬
酉	申	未	午	巳	辰

이 사주는 임수일주(壬水日柱)가 중춘묘월(中春卯月)에 출생하여 실시(失時)하였으며 상관격(傷官格)으로 설기(泄氣)가 심(甚)하다. 그러나 임수일주(壬水日柱)는 년월(年月) 양신금(兩辛金)이 투출(透出)하여 일주(日柱)를 생(生)하여 주고 임수일주(壬水日柱)는 자좌신금(自坐申金)에 장생(長生)하였으며 시상계수(時上癸水) 비겁(比劫)이 있어 일주(日柱)는 신왕사주(身旺四柱)다.

신왕사주(身旺四柱)에는 관살(官殺)로 용신(用神)함이 좋은데 일주(日柱)를 제(制)하는 관살(官殺)은 없고 설기(泄氣)하는 상관(傷官)이 년월지(年月支) 양묘목(兩卯木)과 시지묘목(時支卯木)에 있어 시지묘목(時支卯木) 상관(傷官)으로 용신(用神)한다. 이 사주는 여자(女子)의 사주로서 전업주부로 살다가 41세 병화대운(丙火大運)에 보험설계사로 일하며 평범하게 살다가 51세 정화대운(丁火大運)에 임대 사업을 하였으나 일주임수(日柱壬水)와 대운정화(大運丁火)와 정임합(丁壬合)으로 합거(合去)되어 재산을 탕진하고 그 이후로도 운(運)이 없어 힘들게 살아가고 있는 사주다.

❶ 세운정해년(歲運丁亥年): 이별수, 손재, 신액

❷ 질병(疾病): 냉(冷), 신장(腎臟), 방광(膀胱)

❸ 남녀성격: (남) 털털한 성격, 원만하다, 활발하다, 지혜롭다, 포용력, 만인의 신망, 고집 대단, 박력 있다, 영리하다, 일독십지, 처 덕 있다

　　　　　 (여) 남자 같은 시원한 성격, 새것을 좋아함, 영리하다, 부궁불미, 정부, 예능, 문학에 소질 있다, 친모봉양

세운·질병·남녀성격의 해설 (歲運 · 疾病 · 男女性格의 解說)

❶ 세운정해년(歲運丁亥年)= ※이별수, 손재, 신액은 ※세운정해년(歲運丁亥年)의 해수(亥水)는 임수일주(壬水日柱)의 비견(比肩)으로 신왕(身旺)한 여자(女子) 사주에 세운(歲運)에서 비견겁운(比肩劫運)이 들어오면 ※가정에 불화가 많이 생긴다든가 또는 남편과 떨어져 산다든가 또는 이혼한다든가 또는 남편이 사망하는 수도 있다. 그리고 ※손재, 신액은 ※세운정해년(歲運丁亥年)의 정화(丁火)는 임수일주(壬水日柱)의 정재(正財)로 신왕(身旺)한 사주에 재(財)가 쇠약(衰弱)한데 세운(歲運)에서 재운(財運)이 들어오면 ※손재수를 조심해야 하며 또는 건강을 조심해야 한다.

❷ 질병(疾病)은 일주(日柱)에서 발생(發生)한다.

❸ 남녀성격은 일주(日柱)에서 발생(發生)한다.

정해년 (丁亥年)

54년(음) 11월 29일 미(未)시 남자

<table>
<tr><td>己</td><td>癸</td><td>丙</td><td>甲</td></tr>
<tr><td>未</td><td>丑</td><td>子</td><td>午</td></tr>
</table>

55	45	35	25	15	5
壬	辛	庚	己	戊	丁
午	巳	辰	卯	寅	丑

이 사주는 계수일주(癸水日柱)가 중동자월(中冬子月)에 출생하여 록근(祿根)하고 자좌(自坐) 축중계수(丑中癸水)에 근(根)하였으나 월상병화(月上丙火)는 년지오화(年支午火)에 근(根)하고 일시지(日時支) 축미토(丑未土) 편관(偏官)과 미중기토(未中己土) 편관(偏官)이 시상(時上)에 투줄(透出)하여 수생목(水生木) 목생화(木生火) 화생토(火生土)로 사주(四柱)의 기(氣)는 시상기토(時上己土)에 집결되어 있으므로 일주(日柱)는 신약사주(身弱四柱)다. 그러므로 금인수(金印綬)가 용신(用神)이며 수비견겁(水比肩劫)은 희신(喜神)이 된다. 이 사주는 남자(男子)의 사주로서 사업을 경영하여 35세 경금대운(庚金大運)에 운(運)이 잘 들어와 수억금을 벌었으며 40세 진토대운(辰土大運)에 평범하게 지내다가 45세 신금대운(辛金大運)에 월상병화(月上丙火)와 병신합(丙辛合)으로 합거(合去)되어 재산을 탕진하고 그 이후로도 운(運)이 없어 고생을 많이 하다가 55세 임수대운(壬水大運)에 희신운(喜神運)이 들어와 사업을 복구하고 평범하게 살고 있는 사주다.

❶ 세운정해년(歲運丁亥年): 관재, 손재, 신액
❷ 질병(疾病): 신장(腎臟), 방광(膀胱), 풍질(風疾), 치질(痔疾), 임질(淋疾), 비색증(鼻塞症)
❸ 남녀성격: (남) 털털한 성격, 근면 성실, 지혜롭다, 지구력 있다, 근심 많다, 처궁불미, 준법정신, 새벽잠이 없다
　　　　　　(여) 남자 같은 시원한 성격, 새것을 좋아함, 이성수신, 애교 많다, 정부, 재가, 부궁불미, 남자들의 인기

☯ 세운·질병·남녀성격의 해설 (歲運·疾病·男女性格의 解說)

❶ 세운정해년(歲運丁亥年)= ※관재, 손재, 신액은 ※세운정해년(歲運丁亥年)의 정화(丁火)는 계수일주(癸水日柱)의 편재(偏財)로 원명사주(源命四柱)에 재살(財殺)이 태왕(太旺)인데 세운(歲運)에서 재(財)나 관살운(官殺運)이 들어오면 ※관재수를 조심해야 하며 또는 손재수를 조심해야 하며 건강을 조심해야 한다.

❷ 질병(疾病)은 신장, 방광, 풍질은 일주(日柱)에서 발생(發生)하며 ※치질, 임질, 비색증은 ※계수일주(癸水日柱)가 화토재살(火土財殺)이 태왕(太旺)이면 ※치질과 임질과 축농증이나 비염이나 코막힘을 조심해야 한다.

❸ 남녀성격은 일주(日柱)에서 발생(發生)한다.

정해년 (丁亥年)

甲	癸	乙	癸
寅	亥	卯	巳

58	48	38	28	18	8
辛	庚	己	戊	丁	丙
酉	申	未	午	巳	辰

이 사주는 계수일주(癸水日柱)가 중춘묘월(中春卯月)에 출생하여 실시(失時)하고 묘중을목(卯中乙木)이 월상(月上)에 투출(透出)하여 식신격(食神格)이다. 그리고 시간지(時干支) 갑인(甲寅) 상관(傷官)이 있어 상관식신(傷官食神)이 태왕(太旺)이다. 그러나 계수일주(癸水日柱)는 자좌해수(自坐亥水)에 근(根)하였으나 신약사주(身弱四柱)로서 많은 상관식신(傷官食神)을 제(制)하고 일주(日柱)를 보신(補身)하는 금인수(金印綬)가 용신(用神)이며 수비견겁(水比肩劫)은 희신(喜神)이 된다. 이 사주는 여자(女子)의 사주로서 전업주부로 살다가 48세 경금대운(庚金大運)에 부동산에 투자하다가 월상을목(月上乙木)과 대운경금(大運庚金)과 을경합(乙庚合)으로 합거(合去)되어 손해를 많이 보았으며 병(病)까지 얻어 자궁(子宮)을 수술한 사주다. 자궁(子宮) 수술하게 된 것은 년지사화(年支巳火)와 시지인목(時支寅木)과 인사형살(寅巳刑殺)이며 상관식신(傷官食神)이 태왕(太旺)하고 형살(刑殺)이 있으면 자궁(子宮)과 유방(乳房)을 조심해야 한다. 그러나 58세 신금대운(辛金大運)이 들어와 사업이 번창하여 수억금을 벌어 잘살고 있는 사주다.

❶ 세운정해년(歲運丁亥年): 변화, 이사, 전근, 자연재앙
❷ 질병(疾病): 심장(心臟), 냉(冷)
❸ 남녀성격: (남) 털털한 성격, 차분한 성격, 마음이 깊다, 외유내강, 타인 존경, 준법정신, 영리하다, 총명하다, 연구심, 노력으로 끝을 본다, 장수한다, 신앙심
　　　　　 (여) 남자 같은 시원한 성격, 새것을 좋아함, 부군 덕, 부궁불미, 독수공방, 정부, 재가, 친정형제 걱정 많이 한다, 자손귀자, 돈이 잘 빠져나감, 신앙심

세운·질병·남녀성격의 해설 (歲運·疾病·男女性格의 解說)

❶ 세운정해년(歲運丁亥年)= ※변화, 이사, 전근, 자연재앙은 ※세운정해년(歲運丁亥年)의 해수(亥水)는 일지해수(日支亥水)와 해해(亥亥)로 삼합(三合)이 되므로 세운(歲運)에서 일지(日支) 삼합운(三合運)이 들어오면 ※변화가 생긴다든가 또는 이사를 한다든가 또는 직장을 옮기는 일이 많다. 그리고 ※자연재앙은 ※세운정해년(歲運丁亥年)의 해수(亥水)는 일지해수(日支亥水)와 해해(亥亥)로 똑같은 오행(五行)이므로 세운(歲運)에서 일지(日支) 같은 운(運)이 들어오면 ※자연재앙을 조심해야 한다.

❷ 질병(疾病)은 일주(日柱)에서 발생(發生)한다.

❸ 남녀성격은 일주(日柱)에서 발생(發生)한다.

정해년 (丁亥年)

53년(음) 10월 12일 유(酉)시 남자

辛	癸	癸	癸
酉	酉	亥	巳

53	43	33	23	13	3
丁	戊	己	庚	辛	壬
巳	午	未	申	酉	戌

이 사주는 계수일주(癸水日柱)가 초겨울 해월(亥月)에 출생하여 득령(得令)하고 년월(年月) 양계수(兩癸水) 비견(比肩)이 투출(透出)하고 일시지(日時支) 양유금(兩酉金) 인수(印綬)와 유중신금(酉中辛金) 인수(印綬)가 시상(時上)에 투출(透出)하여 일주(日柱)는 신왕사주(身旺四柱)다. 신왕사주(身旺四柱)에는 일주(日柱)를 제(制)하는 관살(官殺)이나 식신상관(食神傷官)으로 설기(泄氣)하면 좋은데 일주(日柱)를 제(制)하는 관살(官殺)은 없고 년지사중(年支巳中) 병화재(丙火財)가 있어 사중(巳中) 병화재(丙火財)로 용신(用神)한다. 이 사주는 남자(男子)의 사주로서 사업을 경영하였으나 초년(初年)에는 운(運)이 없어 고생을 많이 하다가 43세 무토대운(戊土大運)에 월상계수(月上癸水)와 무계합(戊癸合)으로 합거(合去)되어 재산을 탕진하고 처(妻)와 이혼(離婚)하고 혼자 살다가 48세 오화대운(午火大運)에 다른 사업을 경영하여 크게 성공하여 수억금 벌고 있는 사주다. 처궁(妻宮)이 부실한 것은 비견겁(比肩劫)이 태왕(太旺)하고 재(財)가 쇠약(衰弱)하면 처궁(妻宮)이 부실하여 재혼(再婚)하거나 혼자 사는 사람들이 많다.

❶ 세운정해년(歲運丁亥年): 손재, 처액
❷ 질병(疾病): 신장(腎臟), 심장(心臟), 방광(膀胱), 냉(冷)
❸ 남녀성격: (남) 털털한 성격, 성격이 까다롭다, 매사 철두철미, 박력이 모자란다, 영리하다, 총명하다, 암기력, 남에게 잘함, 호인이다, 고독 자초, 처 덕 있다
　　　　　(여) 남자 같은 시원한 성격, 새것을 좋아함, 정이 많다, 부궁불미, 정부, 인덕 없다, 눈물 많다

🔵 세운 · 질병 · 남녀성격의 해설 (歲運 · 疾病 · 男女性格의 解說)

❶ 세운정해년(歲運丁亥年)= ※손재, 처액은 ※세운정해년(歲運丁亥年)의 정화(丁火)는 계수일주(癸水日柱)의 편재(偏財)로 신왕(身旺)한 남자(男子) 사주에 비견겁(比肩劫)이 태왕(太旺)이고 재(財)가 쇠약(衰弱)한데 세운(歲運)에서 재운(財運)이 들어오면 ※손재수를 조심해야 하며 또는 가정에 불화가 많이 생긴다든가 또는 처가 가출한다든가 또는 처의 건강을 조심해야 한다.

❷ 질병(疾病)은 일주(日柱)에서 발생(發生)한다.

❸ 남녀성격은 일주(日柱)에서 발생(發生)한다.

정해년 (丁亥年)

53년(음) 6월 21일 진(辰)시 남자

丙	癸	己	癸
辰	未	未	巳

58	48	38	28	18	8
癸	甲	乙	丙	丁	戊
丑	寅	卯	辰	巳	午

이 사주는 계수일주(癸水日柱)가 하계미월(夏季未月)에 출생하여 실시(失時)하고 미중기토(未中己土)가 월상(月上)에 투출(透出)하여 편관격(偏官格)으로 신약사주(身弱四柱)다. 그리고 년지 사화(年支巳火)와 월지미토(月支未土)와 사미(巳未)로 화국(火局)을 이루고 사중병화(巳中丙火)가 시상(時上)에 투출(透出)하여 재살(財殺)이 태왕(太旺)이다. 계수일주는 무근(無根)이며 미중기토(未中己土)에 살지(殺地)에 앉았으며 년상계수(年上癸水)도 무근(無根)이며 자좌사화(自坐巳火)에 절궁(絶宮)에 앉아 계수일주를 도울 수가 없다. 그러므로 이 사주는 종살격(從殺格)으로 기토편관(己土偏官)이 용신(用神)이며 화재(火財)는 희신(喜神)이 된다. 이 사주는 남자(男子)의 사주로서 건축현장에 일용직으로 일하다가 28세 병진대운(丙辰大運)부터 건축자재 사업을 하여 운(運)이 잘 들어와 돈을 수억금을 벌었으며 38세 을목대운(乙木大運)부터는 사업이 부실하여 손해를 조금 보다가 48세 갑목대운(甲木大運)에 월상기토(月上己土)와 갑기합(甲己合)으로 합거(合去)되어 재산을 탕진하고 힘들게 살고 있는 사주다.

❶ 세운정해년(歲運丁亥年): 변화, 이사, 전근, 관재, 손재, 신액
❷ 질병(疾病): 신장(腎臟), 비(脾), 위(胃)
❸ 남녀성격: (남) 털털한 성격, 의리 있다, 신용 있다, 인내심, 지구력, 순진하다, 심술 많다, 꾸준히 노력으로 결실, 성격이 까다롭다, 옷에 신경, 신앙심, 편식, 처궁불미
(여) 남자 같은 시원한 성격, 새것을 좋아함, 남편복이 없다, 정부, 재가, 인덕 없다

세운·질병·남녀성격의 해설 (歲運·疾病·男女性格의 解說)

❶ 세운정해년(歲運丁亥年)= ※ 변화, 이사, 전근, 관재, 손재, 신액은 ※세운정해년(歲運丁亥年)의 해수(亥水)는 일지미토(日支未土)와 해미(亥未)로 삼합(三合)이 되므로 세운(歲運)에서 일지(日支) 삼합운(三合運)이 들어오면 ※변화가 생긴다든가 또는 이사를 한다든가 또는 직장을 옮기는 일이 많다. 그리고 ※관재, 손재, 신액은 ※세운정해년(歲運丁亥年)의 정화(丁火)는 계수일주(癸水日柱)의 편재(偏財)로 원명사주(源命四柱)에 재살(財殺)이 태왕(太旺)인데 세운(歲運)에서 재(財)나 관살운(官殺運)이 들어오면 ※관재수를 조심해야 하며 또는 손재수를 조심해야 하며 또는 건강을 조심해야 한다.

❷ 질병(疾病)과 ❸ 남녀성격은 일주(日柱)에서 발생(發生)한다.

정해년(丁亥年)

68년(음) 2월 26일 인(寅)시 여자

甲	癸	乙	戊
寅	巳	卯	申

56	46	36	26	16	6
己	庚	辛	壬	癸	甲
酉	戌	亥	子	丑	寅

이 사주는 계수일주(癸水日柱)가 중춘묘월(中春卯月)에 출생하여 실시(失時)하고 묘중을목(卯中乙木)이 월상(月上)에 투출(透出)하여 식신격(食神格)이다. 그리고 시간지(時干支) 갑인(甲寅)으로 상관식신(傷官食神)이 태왕(太旺)이다. 다행히 계수일주(癸水日柱)는 년지신금(年支申金) 인수(印綬)가 있어 많은 상관식신(傷官食神)을 제(制)하고 계수일주(癸水日柱)를 생(生)하므로 신궁경금(申宮庚金) 인수(印綬)가 용신(用神)이며 수비견겁(水比肩劫)은 희신(喜神)이 된다. 이 사주는 여자(女子)의 사주로서 손재주가 있어 편물을 배워 26세 임수대운(壬水大運)부터 사업을 경영하여 45세 해수대운(亥水大運)까지 수억금을 벌었으나 46세 경금대운(庚金大運)에는 월상을목(月上乙木)과 을경합(乙庚合)으로 합거(合去)되어 손해를 많이 보았으며 남편과 이혼하고 병(病)까지 얻어 자궁(子宮)을 수술한 사주다. 자궁(子宮)을 수술하게 된 것은 일지사화(日支巳火)와 시지인목(時支寅木)과 인사형살(寅巳刑殺)이 되므로 상관식신(傷官食神)이 태왕(太旺)하고 형살(刑殺)이 있으면 자궁(子宮)과 유방(乳房)을 조심해야 한다. 그리고 부궁(夫宮)이 부실한 것은 여자(女子) 사주에 상관식신(傷官食神)이 태왕(太旺)이면 부궁(夫宮)이 부실한데 년간지(年干支) 무신생(戊申生)의 공망(空亡)은 시지인목(時支寅木)으로 일시지(日時支)에 공망(空亡)이 있으면 부궁(夫宮)이 더욱더 부실한 사주다.

❶ 세운정해년(歲運丁亥年): 관재, 수술, 자연재앙
❷ 질병(疾病): 비뇨기(泌尿器), 장(臟)
❸ 남녀성격: (남) 털털한 성격, 인정 많다, 처세가 좋다, 외유내강, 자기 실속, 욕심 많다, 영리하다, 처 덕 있다, 자손귀자, 학업 장애
　　　　　　(여) 남자 같은 시원한 성격, 새것을 좋아함, 부궁불미, 이성 고민, 정부, 재복 있다

🌐 세운·질병·남녀성격의 해설(歲運·疾病·男女性格의 解說)

❶ 세운정해년(歲運丁亥年)= ※관재, 수술, 자연재앙은 ※세운정해년(歲運丁亥年)의 해수(亥水)는 일지사화(日支巳火)와 사해충(巳亥沖)으로 세운(歲運)에서 일지충운(日支沖運)이 들어오면 ※관재수를 조심해야 하며 또는 수술을 조심해야 해며 또는 자연재앙을 조심해야 한다.

❷ 질병(疾病)은 일주(日柱)에서 발생(發生)한다.

❸ 남녀성격은 일주(日柱)에서 발생(發生)한다.

정해년(丁亥年)

68년(음) 8월 9일 사(巳)시 남자

이 사주는 계수일주가 중추유월(中秋酉月)에 출생하여 득령(得令)하고 유중신금(酉中辛金)이 월상(月上)에 투출(透出)하여 인수격(印綬格)이며 년지신금(年支申金)과 신유(申酉)로 금국(金局)을 이루어 일주(日柱)는 신왕사주(身旺四柱)다. 신왕사주에는 일주를 제(制)하는 관살(官殺)이 좋은데 년상무토(年上戊土) 정관(正官)으로 용신(用神)하고자 하나 그 무토정관(戊土正官)은 신유금(申酉金) 인수(印綬)에 설기(泄氣)가 심(甚)하여 힘이 없으므로 용신(用神)으로 쓸 수가 없다. 용신(用神)이 약(弱)할 때에는 용신(用神)을 돕는 자가 용신이 되므로 시지사중(時支巳中) 병화재(丙火財)로 용신한다. 그리고 목(木) 상관식신(傷官食神)은 희신(喜神)이 된다. 이 사주는 남자의 사주로서 38세 축토대운(丑土大運)에 의원을 개원하였으나 43세 병화대운(丙火大運)에 월상신금(月上辛金)과 병신합(丙辛合)으로 합거(合去)되어 재산을 탕진하고 처(妻)와 이혼한 사주다. 처궁(妻宮)이 부실한 것은 일간지(日干支) 계묘생(癸卯生)의 공망(空亡)은 시지사화(時支巳火)로서 처궁이 부실하다.

❶ 세운정해년(歲運丁亥年): 변화, 이사, 전근, 손재, 처액
❷ 질병(疾病): 풍질(風疾), 신장(腎臟), 방광(膀胱), 냉(冷)
❸ 남녀성격: (남) 털털한 성격, 만인 신망, 영리하다, 인자하다, 남에게 잘함, 준법정신, 고집
　　　　　　 대단, 식복 있다, 처궁불미, 처 덕 있다, 소심하다, 운동 잘함, 마음 약
　　　　　　 (여) 남자 같은 시원한 성격, 새것을 좋아함, 부궁불미, 자손근심, 정부, 재가,
　　　　　　 애교 많다, 생리통이 심하다, 침착하다, 인내심, 눈물 많다, 인덕 있다

⊙ 세운·질병·남녀성격의 해설(歲運·疾病·男女性格의 解說)

❶ 세운정해년(歲運丁亥年)= ※변화, 이사, 전근, 손재, 처액은 ※세운정해년(歲運丁亥年)의 해수(亥水)는 일지묘목(日支卯木)과 해묘(亥卯)로 삼합이 되므로 세운에서 일지(日支) 삼합운(三合運)이 들어오면 ※변화가 생긴다든가 또는 이사를 한다든가 또는 직장을 옮기는 일이 많다. 그리고 ※손재, 처액은 ※세운정해년(歲運丁亥年)의 정화(丁火)는 계수일주의 편재(偏財)로 신왕(身旺)한 남자 사주에 재(財)가 쇠약(衰弱)한데 세운에서 재운(財運)이 들어오면 ※손재수를 조심해야 하며 또는 가정에 불화가 많이 생긴다든가 또는 처가 가출한다든가 또는 처의 건강을 조심해야 한다.

❷ 질병(疾病)은 일주(日柱)에서 발생(發生)한다.

❸ 남녀성격은 일주(日柱)에서 발생(發生)한다.

정해년 (丁亥年)

67년(음) 9월 13일 사(巳)시 여자

丁	癸	庚	丁
巳	丑	戌	未

58	48	38	28	18	8
丙	乙	甲	癸	壬	辛
辰	卯	寅	丑	子	亥

이 사주는 계수일주(癸水日柱)가 계추술월(季秋戌月)에 출생하여 실시(失時)하고 술중정화(戌中丁火)가 년시상(年時上)에 투출(透出)하여 편재격(偏財格)이며 년월일지(年月日支) 축술미(丑戌未)로 토국(土局)을 이루어 재살(財殺)이 태왕(太旺)이다. 다행히 계수일주(癸水日柱)는 축중계수(丑中癸水)에 근(根)하고 월상경금(月上庚金) 인수(印綬)는 술중신금(戌中辛金)에 근(根)하여 화생토(火生土) 토생금(土生金) 금생수(金生水)로 월상경금(月上庚金) 인수(印綬)가 용신(用神)이며 수비견겁(水比肩劫)은 희신(喜神)이 된다. 이 사주는 여자의 사주로서 초년(初年)에는 부모의 음덕(蔭德)으로 공부를 많이 하였으나 33세 축토대운(丑土大運)부터 운(運)이 없어 취업이 잘 안되어 사업을 경영하다가 손해를 많이 보았고 43세 인목대운(寅木大運)에 경금용신(庚金用神)이 인목대운(寅木大運)에 절궁(絶宮)으로 재산을 탕진하고 남편(男便)과 이혼(離婚)하고 혼자 살고 있는 사수다. 부궁(夫宮)이 부실한 것은 계축일주(癸丑日柱)는 백호관살(白虎官殺)이므로 여자(女子) 사주에 백호관살(白虎官殺)이 있으면 십중팔구(十中八九) 재혼(再婚)하거나 혼자 사는 사람들이 많다.

❶ 세운정해년(歲運丁亥年): 관재, 손재, 신액
❷ 질병(疾病): 신장(腎臟), 방광(膀胱), 풍질(風疾), 기관지(氣管支), 자궁(子宮)
❸ 남녀성격: (남) 털털한 성격, 근면 성실, 지혜롭다, 지구력 있다, 근심 많다, 처궁불미, 준법정신, 새벽잠이 없다
　　　　　(여) 남자 같은 시원한 성격, 새것을 좋아함, 이성수신, 애교 많다, 정부, 재가, 부궁불미, 남자들의 인기

🔵 세운 · 질병 · 남녀성격의 해설 (歲運 · 疾病 · 男女性格의 解說)

❶ 세운정해년(歲運丁亥年)= ※관재, 손재, 신액은 ※세운정해년(歲運丁亥年)의 정화(丁火)는 계수일주(癸水日柱)의 편재(偏財)로 원명사주(源命四柱)에 재살(財殺)이 태왕(太旺)인데 세운(歲運)에서 재(財)나 관살운(官殺運)이 들어오면 ※관재수를 조심해야 하며 또는 손재수를 조심해야 하며 또는 건강을 조심해야 한다.

❷ 질병(疾病)은 신장, 방광, 풍질은 일주(日柱)에서 발생(發生)하며 ※기관지, 자궁은 ※계수일주(癸水日柱)가 화토재살(火土財殺)이 태왕(太旺)이면 ※기관지와 자궁을 조심해야 한다.

❸ 남녀성격은 일주(日柱)에서 발생(發生)한다.

정해년(丁亥年)

59년(음) 8월 16일 묘(卯)시 여자

乙	癸	癸	己
卯	卯	酉	亥

57	47	37	27	17	7
己	戊	丁	丙	乙	甲
卯	寅	丑	子	亥	戌

이 사주는 계수일주가 중추유월(中秋酉月)에 출생하여 득령(得令)하고 월상계수(月上癸水) 비견(比肩)은 년지해수(年支亥水)에 근(根)하여 일주(日柱)는 신왕사주(身旺四柱)다. 신왕사주에는 일주(日柱)를 제(制)하는 관살(官殺)이 좋은데 년상기토(年上己土) 편관(偏官)으로 용신(用神)하고자 하나 그 기토(己土)는 무근(無根)이며 왕수(旺水)에 쓸려가 힘이 없으므로 용신을 쓸 수가 없다. 다행히 시간지(時干支) 을묘목(乙卯木) 식신(食神)이 있어 식신(食神)으로 설기(泄氣)한다. 이런 사주를 가상관격(假傷官格)이라고 한다. 그러므로 목(木) 상관식신(傷官食神)이 용신(用神)이 된다. 이 사주는 여자의 사주로서 초년(初年)에 공부를 많이 하여 교사로서 근무하며 평범하게 살다가 52세 인목대운(寅木大運)에 교장으로 승진한 사주다.

❶ 세운정해년(歲運丁亥年): 이별수, 변화, 이사, 전근, 자연재앙
❷ 질병(疾病): 풍질(風疾), 신장(腎臟), 방광(膀胱), 냉(冷)
❸ 남녀성격: (남) 털털한 성격, 인정 많다, 처세가 좋다, 외유내강, 자기 실속, 욕심많다, 영리하다, 처 덕 있다, 자손귀자, 학업 장애
　　　　　(여) 남자 같은 시원한 성격, 새것을 좋아함, 부궁불미, 이성 고민, 정부, 재복 있다

🌓 세운·질병·남녀성격의 해설(歲運·疾病·男女性格의 解說)

❶ 세운정해년(歲運丁亥年)= ※이별수, 변화, 이사, 전근, 자연재앙은 ※세운정해년(歲運丁亥年)의 해수(亥水)는 계수일주(癸水日柱)의 비겁(比劫)으로 신왕(身旺)한 여자(女子) 사주에 세운(歲運)에서 비견겁운(比肩劫運)이 들어오면 ※가정에 불화가 많이 생긴다든가 또는 남편과 떨어져 산다든가 또는 이혼한다든가 또는 남편이 사망하는 수도 있다. 그리고 ※변화, 이사, 전근은 ※세운정해년(歲運丁亥年)의 해수(亥水)는 일지묘목(日支卯木)과 해묘(亥卯)로 삼합(三合)이 되므로 세운(歲運)에서 일지(日支) 삼합운(三合運)이 들어오면 ※변화가 생긴다든가 또는 이사를 한다든가 또는 직장을 옮기는 일이 많다. 그리고 ※자연재앙은 ※세운정해년(歲運丁亥年)의 해수(亥水)는 년지해수(年支亥水)와 해해(亥亥)로 똑같은 오행(五行)이므로 세운(歲運)에서 년지(年支) 같은 운(運)이 들어오면 ※자연재앙을 조심해야 한다.

❷ 질병(疾病)은 일주(日柱)에서 발생(發生)한다.

❸ 남녀성격은 일주(日柱)에서 발생(發生)한다.

實戰 四柱 命理
실전 사주 명리

발행일 : 2025.10.20

지은이 : 松岩 김서경

발행인 : 윤영수

발행처 : 한국학자료원

주　소 : 은평구 연서로37길 40-1 지하 1

전　화 : 02)3159-8050

팩　스 : 02)3159-8051

문　의 : 010-4799-9729

등록번호 : 제312-1999-074호

* 잘못된 책은바꿔 드립니다.
  이 책은 저작권법의 보호를 받는 저작물입니다.
  무단 전재와 복재를 금하며 책의 내용 일부나
  전체를 사용시 한국학자료원의 허가를 요합니다.

정가 50,000원